王先謙撰

後漢書集解

中華書局影印

圖書在版編目(CIP)數據

後漢書集解/(清)王先謙撰. —北京:中華書局,1983.10
(2025.2 重印)
ISBN 978-7-101-00864-7

Ⅰ.後… Ⅱ.王… Ⅲ.①中國-古代史-東漢時代-紀傳體②後漢書-注釋 Ⅳ.K234.204.2

中國版本圖書館 CIP 數據核字(2006)第 120668 號

後漢書集解

(全二册)

〔清〕王先謙 撰

*

中華書局出版發行

(北京市豐臺區太平橋西里 38 號 100073)

http://www.zhbc.com.cn

E-mail:zhbc@zhbc.com.cn

北京建宏印刷有限公司印刷

*

787×1092 毫米 1/16 · 85¾印張

1983 年 10 月第 1 版 2025 年 2 月第 8 次印刷

印數:10101-10400 册 定價:390.00 元

ISBN 978-7-101-00864-7

影印説明

《後漢書》注本以王先謙之《後漢書集解》最爲完備，此書廣收諸家考證，資料豐富，最便學者。但過去印數較少，目前較爲難得。爲滿足研究工作者的需要，我們根據一九一五年虚受堂刊本影印出版。

中華書局編輯部

一九八一年十一月

序

范蔚宗氏後漢書拔起衆家之後獨至今存其襃尚學術表章節義旣不蹈前人所譏班馬之失至於比類精審屬詞麗密極才人之能事雖文體不免隨時而學識幾於邁古矣司馬續志經劉氏注補自今觀之其禮儀祭祀分部不明光武卽位祝文已載帝紀而文內竄入誅赤眉靑犢後事祭祀宗廟謬以元成哀平四帝三世代四親廟與范書紀傳不合乃其巨失昔人言八志因范書幸存葢徼詞也唐章懷注成於衆手皆以爲美猶有憾國朝惠棟全書補注刊見粵海堂叢書中無人爲之合併余服膺此書有年於遺文奧義覆加推闡惠氏外廣徵古說請益同人所得倍夥爰取而刊行之因念是書章懷注後歷千年而惠氏爲補注更二百年而余爲集解纂述之事何其遼哉而余以衰年又值流離奔走之際孤心獨力未一輟業緜歷數載黽勉有成未始非是書之幸也琴川毛氏汲古閣序云刊范史時適當崇禎順治之際今余再刊又丁國變倘亦有運數存其間邪烏虖唏已乙卯仲秋月朔長沙王先謙撰

後漢書集解述略

范氏撰後漢書原定十紀十志八十列傳合爲百篇本史通正史篇葢取與班氏前漢書相應其敘例論贊始均別行范獄中書云紀傳例爲舉其大略劉昭補志序云范敘例所論備精與奪章懷注光武紀安紀並曾引范敘例之文自應別有傳述隋志別有范氏後漢讚論四卷唐志作論贊五卷宋志始不著錄當由已無單行本紀傳先成十志未及徧作久遂全佚章懷注帝后紀十皇女下云沈約謝儼傳范所撰十志一皆託儼捘撰垂畢遇范敗悉蠟以覆車不復得按此所引沈約儼傳宋書不載今無可考但范有百官志已見帝后紀有禮樂志輿服志見東平王蒼傳有五行志天文志見蔡邕傳又南齊書文學傳檀超掌史職議立十志百官依范曄合州郡是范志齊時尚有存者超目見能舉其例至梁乃全佚恐蠟以覆車之說特指餘志未成者也序例疑亦未備劉昭補志序云序或未周寖至並亡范傳載范獄中爲書與甥姪敘其作後漢書大略自負特甚然固不愧體大而思精也書云吾狂釁覆滅豈復可言汝等皆當以罪人棄之然平生行己在懷猶應可尋至於能不意中所解汝等或不悉知吾少嬾學問晚成人年三十許政始有向耳自爾以來轉爲心化推老將至者亦當未已也往往有微解言乃不能自盡爲性不尋注書心氣惡小苦思便憒悶口機又不調利以此無談功至於所通解處皆自得之於胷懷耳文章轉進但才思少難所以每於操筆其所成篇殆無全稱者常恥作文士文患其事盡於形情急於藻義牽其旨韻移其意雖時有能者大較多不免此累政可類工巧圖繢竟無得也常謂情志所託故當以意爲主以文傳意以意爲主則其旨必見以文傳意則其詞不流然後抽其芬芳振其金石耳此中情性旨趣千條百品屈曲有成理自謂頗識其數嘗爲人言多不能賞意或異故也性別宮商識淸濁斯自然也觀古今文人多不全了此處縱有會此者不必從根本中來言之皆有實證非爲空談年少中謝莊最有其分手筆差易文不拘韻故也吾思乃無定方特能擠難適輕重所稟之分猶當未盡但多公家之言少於事外遠致以此爲恨亦由無意於文名故也本未關史書政恆覺其不可解耳旣造後漢轉得統緒詳觀古今著述及許論殆少可意者班氏最有高名旣任情無例不可甲乙辨後贊於理近無所得唯志可推耳博贍不可及之整理未必愧也吾雜傳論皆有精意深旨旣有裁味故約其詞句至於循吏以下及六夷諸序論筆勢縱放實天下之奇作其中合者往往不減過秦篇嘗共比方班氏所作非但不愧之而已欲偏作諸志前漢所有者悉令備雖事不必多且使見文得盡又欲因事就卷內發論以正一代得失意復未果贊自是吾文之傑思殆無一字空設奇變不窮同含異體乃自不知所稱之此書行故應有賞音者紀傳例爲舉其大略耳諸細意甚多自古體大而思精未有此也恐世人不能盡之多貴古賤今所以稱情狂言耳吾於音

樂聽功不及自揮但所精非雅聲爲可恨然至於一絕處亦復何異邪其中體趣言之不盡弦外之意虛響之音不知所從而來雖少許處而旨態無極亦嘗以授人士庶中未有一毫似者此永不傳矣吾書雖小小有意筆勢不快餘竟不成就每愧此名案此書官本錄附全書之後題曰自序依南史省去吾狂釁覆滅至汝等或不悉知四十三字循吏傳注係摘錄論摩太史別攄見解往往突過蘭臺贊體用詩以代序述亦馬班之遺範殆自劉昭作注早合紀傳並行論贊至隋唐尚有單行本則初原別行自屬可據然謂宋志始無單行之著錄疑合紀傳始於宋則章懷注已先合之矣謂即始於唐則蕭子顯南齊書論後著贊史通謂即依范書誤本是梁世又已先合之矣惟謂合自劉昭集注本者最爲近之第范見刑時書未大成以贊繼論原未必范意如此唐志論贊五卷隋志原作讚論四卷卷數出入雖不可曉但論贊必係各爲卷故贊亦可置論前也且某論某贊先亦必各有小題乃可單行而紀傳之合數人爲一卷者卷仍止一贊論則隨人而立或有或無勢不能論與贊共一題尤非各爲卷不能編次自小題爲合者所省遂全失眞面否則既可別行者即可附於書後另爲卷矣而晁公武陳振孫洪邁輒援史通所指摘一二事過相菲薄雖范之夸詡有同空穴來風而劉知幾徧訶前人即馬班亦嘗

警備至何有於范顧所指如創爲皇后紀及傳王喬左慈詭譎事何焯已明其不足爲累矧呂后有紀昉自馬班本陳浩官本考證校語華嶠著後漢書且以皇后配天作合前史作外戚傳以繼末編爲非其義特易爲皇后紀以次帝紀本晉書華嶠傳則范之后紀固因而非創柏翳石槨史記秦紀書之圯上授書穀城化石前書張良傳仍載之王左詭譎雖多既已迸之方術尚安足疵范獄中書沈約已云自序並實劉昭首爲范書作注亦云良跨眾氏知幾雖嘗短范然仍極稱其長曰簡而且周疏而不漏論早定矣翟公巽作東漢通史偶議范書冗漏王應麟歎曰史裁如范千古能有幾人公巽何物妄加譏貶耶然則晁陳洪之於范拾史通牙後慧以人廢言並力詆贊辭謂爲佻巧失史家之體而忘改述呼贊范實同班其說亦著於史通蕭選輯文於史論史述贊班范並取體豈有異蜉蚍撼樹亦與公巽同爲不自量也

後漢著述在范前者自東觀漢記以下無慮數十家東觀漢記其始班固陳宗尹敏孟異作世祖本紀及光武時功臣列傳劉珍李尤作建武以後至永初間紀傳伏無忌黃景作諸王王子功臣恩澤侯表南單于西羌傳地理志邊韶崔實朱穆曹壽作皇后外戚儒林傳實壽又與延篤雜作百官表及順帝功臣傳共成一百十四篇其後馬日磾蔡邕楊彪盧植著作東觀又就紀傳之可成者接續之詳見史通隋志載一百四十三卷專家之作則謝承後漢書一百三十卷薛瑩後漢記一百卷司馬彪續漢書八十三卷華嶠後漢書九十七卷謝沈後漢書一百二十二卷張瑩後漢南記五十五卷袁山松後漢書一百卷袁宏後漢紀三十卷張璠後漢紀三十卷袁曄獻帝春秋十卷劉芳劉艾作漢靈獻二帝紀六卷樂資山陽公載記十卷王粲漢末英雄記十卷侯瑾漢皇德記三十卷及漢獻帝起居注五卷均見隋志又劉義慶後漢書五十八卷孔衍後漢尚書六卷後漢春秋六卷張溫後漢尚書十四卷見新舊唐志范氏原以東觀記爲本書見明八王傳首又廣集學徒窮覽舊籍刪煩補略取資實宏然進退眾家以成一家之言筆削所關談何容易王鳴盛推詳書法類次信其悉合班書則整理之間彌見良工心苦乃孔

歐孟章宗源以皇后作紀及紀傳論序偶取華嶠之言遂謂范書全本華書趙翼亦謂後漢成書既多范氏采擇自易斯不然矣史通嘗謂言漢中興史者唯范袁二家袁紀出范之前且抑居范後觀袁紀自序謂眾漢書煩穢雜亂多不次敘華書即在袁指斥之中范獄中書且欲淩班豈復措意華氏華書遭晉東徙又三唯存一少可依據三譜十典范氏未倣其例亦未沿其名而曰全本華書可云孟浪昔班造前漢太半據龍門成書而潛精積思猶至二十餘年始就范時舊籍唐志多存而章懷注中識其所因於華氏者亦僅寥寥六事不關紀傳正文劉趙湻于江劉周趙傳序袁安傳論桓馮傳論猶失之於馮衍以上中興二十八將論首七句肅宗紀論首二句章懷皆著爲華嶠之辭又班固傳論然亦身陷大戮以上則著爲略華嶠之辭蓋實以嶠辭未善改之雖晚末有陳志可資視班之因於史記者抑又甚艱皇云易乎荀董以下十傳及東夷烏桓鮮卑傳多因三國志

范書隋志載九十七卷新舊唐志則云九十二卷宋志則云九十卷以十紀八十列傳篇各爲卷計之惟宋志卷數與今本合隋唐志所載或多七卷或多五卷當由就紀傳之繇重者分出子卷隋所分者唐又閒取而合之是以卷數不同實則此書歷代相承紀傳具在並無亡佚也前爲范書作注者劉昭而外尚有吳均劉熙二家均有齊春秋三十卷遞見隋唐志而後漢書注九十卷見梁書文學傳隋志已不著錄必由早亡熙有孟子注七卷亦遞見隋唐志而范注一百二十二卷惟新唐志載之宋志復不著錄則亦晚出旋佚其得失舉無可考至昭所爲范後漢書注劉知幾有吐核棄滓之譏知其采輯衆漢異同略如裴松之之注三國志昭既爲范書作注病其無志復取司馬彪續漢書八志注而補之其自序甚詳可爲明證全序已刻入續志集解中溯梁書昭

傳昭集注范後漢書本一百八十卷隋志則云一百二十五卷新舊唐志則惟存補注五十八卷宋志則惟存補注後漢志三十卷似其注至隋已稍殘闕至唐遂無幾存知幾雖猶及見其書亦未必果睹其全矣第唐時功令習後漢書者並昭所注志爲一史見通志選舉略故續志注三十卷得以保存至宋不廢耳章宗源乃謂唐志所載之五十八卷既稱補注疑專指馬彪志注又謂新唐志所載之劉熙范注一百二十二卷亦劉昭之誤以唐志范書本九十二卷合以續志三十卷適成一百二十二卷也此無論昭之注范梁書隋志所載分卷皆有不符且續志僅八篇昭猶分卷三十豈范書紀傳爲篇九十而僅分多二卷抑唐志范書卷數已不同隋豈梁人著書反能默合唐志卷數至疑補注爲專指補志則尤失審詳史通補注之名稱本謂擬衆史之異辭補前書之所闕若裴松之三國志陸澄劉昭兩漢書劉彤晉紀劉孝標世說之類又云劉昭采范所損以爲補注是昭所爲後漢書注本通稱補注後世惟見昭續志注不見昭范書注故疑或有別也宗源世推好學而亦有此誤說何耶

以續志補范昉自劉昭昭之後漢書注固已合志於紀傳矣昭自序有云迺借舊志注以補之分爲三十卷以合范史然此自劉氏一家之學范書原本則仍止紀十卷傳八十卷未嘗闌入續志也章懷爲范作注自係據范原本閒引續志之說必別之曰續漢志又析范書九十卷爲一百卷以展成數明見唐志新舊志同皆爲無志之證宋志不數章懷分出之卷故仍題九十卷推攷太宗淳化五年初刻本及眞宗景德二年校定本猶無續志也及眞宗乾興元年孫奭誤以續志三十卷爲昭自作以述范者始奏請合刻補闕國子監

奉牒依奏施行牒云中書門下牒國子監翰林侍講學士尚書工部侍郎知審官院事兼判國子監孫奭奏臣忝膺朝命獲厠近班思有補於化文輒干塵於睿覽竊以先王典訓在述作以惟明歷代憲章徵簡策而何見鋪觀載籍博攷前聞制禮作樂之功世存沿襲天文地理之說率有異同馬遷八書於焉咸在班固十志得以備詳光武嗣西漢而興范曄繼東觀之作成當世之茂典列三史以並行克由聖朝刊布天下雖紀傳之類與遷固以皆同書志之間在簡編而或闕臣竊見劉昭注補後漢志三十卷據宋志作補注此[illegible]謂劉蓋范曄作之於前劉昭述之於後始因亡逸終遂補全綴其遺文申之奧義至於輿服之品具載規程職官之宜各存制度儻加鉛槧仍俾雕鎪庶成一家之書以備前史之闕伏況晉宋書等例各有志獨茲後漢有所未全其後漢志三十卷欲望聖慈許令校勘雕印如允臣所奏乞差臣與學官同共校勘兼乞差劉崇超都大管句伏候敕旨牒奉敕宜令國子監依孫奭所奏施行牒至准敕故牒乾興元年十一月十四日牒案此牒乾興監本刻列卷首奭謂范作於前劉述於後雖誤以志爲即昭所撰述尚知非范原著景祐初余靖重校後漢亦云十志未成至梁劉昭補成之亦仍奭說也自洪邁以下則直以八志爲范作劉注失之彌遠矣遂共成一百二十卷而後世必謂范書原已析爲一百卷章懷作注始復爲九十卷宋志因而題之不思范書志未成從無百卷之說惟章懷注本始有之安得

據宋志九十卷之題並沒在前之新舊唐志或又謂章懷注范全本劉昭八志注用昭原文故仍昭名以爲識別甚且謂章懷於紀傳則改昭注於八志注則不改者以注紀傳易注志難乃避難而趨易不思昭之補注唐志所載已僅存五十八卷除去志注三十卷屬於紀傳者僅矣章懷果何從全據之乎抑詳觀章懷之注范不減於顏監之注班惜非一手所成（據新唐書與章懷共任爲後漢注者有張大安劉訥言革希玄許叔牙成玄一史藏諸周寶寧等見章懷本傳又見張公謹岑長倩傳）不免有踳駁漏略之處然多主故訓與昭補注之體既殊而所引據各書率爲唐志所著錄亦何事借徑於昭惟皆誤以章懷所注後漢書本有八志疑其既全取昭志之注必不能不並取昭紀傳之注耳夫章懷果已合昭所注志於紀傳則唐時習後漢書者自已兼習八志何又於選舉別申功令以後漢並劉昭所注志

爲一史宋時孫奭何又特請合刊不經之談所當深辨也

宋本後漢書景德以前既尚無志則後世疑無志者爲宋民間俗本或不盡然自乾興改刊志復附入迄仁宗景祐元年余靖又上言文字舛譌爰命王洙與靖偕赴崇文院讎對靖洙悉取館閣諸本參校凡增五百一十二字損一百四十三字改正四百一十一字（見景祐二年九月中書門下牒文此文亦刻景祐刊誤本卷首官本已節錄）及嘉祐七年仁宗讀後漢書見墾田字皆作懇又詔劉攽等分手校正故兩漢刊誤世傳三劉同作（謂攽與兄敞及敞子奉世）而東漢刊誤史乃專屬之攽（見宋史攽本傳）高宗南遷至紹興未重刊監本蓋始以攽說附入注文之後今原書久佚反賴監本存之官本已照轉刊而汲古本原未有此集解以汲古本爲主故并攽說於解中孝宗淯熙間吳仁傑又撰兩漢刊誤補遺今存十卷雖與宋志卷數適合而言後漢書者僅得兩卷解中仍從采掇元胡三省注通鑑於章懷注時有引伸所取亦多通標曰通鑑胡注

官本考證最爲精審集解全錄其官本文字有與汲古本異者亦詳記之近儒致力於後漢書莫勤於惠棟所著後漢書補注既已備載而侯康之後漢書補注續沈銘彝之後漢書注又補均主羽翼惠氏有可采者亦應不遺他如陳景雲（兩漢書舉正）王鳴盛（十七史商榷）錢大昕（三史拾遺廿二史考異）錢大昭（兩漢書辨疑）趙翼（廿二史劄記）洪亮吉（四史發伏）沈欽韓（兩漢書疏證）周壽昌（兩漢書注補正）於後漢書博引旁徵所見有同有異但經采取各著其名間或意涉未安竊附己說及出友朋商訂者並加識別以存其眞

劉昭補注梁書本傳亦曰集注者謂專集後漢同異以爲注也史通譏其言盡非要事皆不急或未免過甚其辭然必隸事爲

多而略於訓詁矣今觀所注八志徧及經傳前史反多主解釋文字證明故實初非專采後漢同異當由衆家後漢馬彪而外措意於志者本自無多而又阨於永嘉如華典雖成（華嶠十典未成而終嶠中子徹少子暢踵成之）旋已不可復識故無幾同異可舉注體亦因之少變昭自序固云狹見寡陋匪同博遠及其所值微得論列概可知也又昭於天文志第三卷五行志第四卷皆全卷無注亦必亡佚緣唐以前書皆手寫傳布甚稀一有闕殘或被刊落即無從補復近儒有追論及之者皆入集解至關於典制名物後世無徵即亦不敢強爲之說

宋熊方著補後漢年表十卷錢大昭惜其繆漏更爲補表八卷盧文弨亟稱其精確誠後來居上矣然謂當與續志並繫於范書之後則范書原未嘗有表但可與所撰後漢郡國令長攷同

爲治范書者之一助耳必附入之反形其贅范氏十志除百官禮樂輿服五行天文五門見本書外如南齊書所載尚有州郡一門已見前注是十志已具其六范獄中書欲令前漢所有者悉備州郡固可代地理而律厤刑法食貨郊祀溝洫藝文非四門所能容也或已附郊祀於禮樂省溝洫入州郡耶至律厤刑法食貨藝文必各立一門乃能備前漢所有劉昭見范志全闕補以馬彪八志百官輿服五行天文名同乎范而禮儀不言樂祭祀統言郊與范之禮樂志殆必不侔郡國之名雖猶夫州郡固亦未兼溝洫律厤具矣而無刑法食貨藝文皆未足彌范氏之憾是以錢大昭侯康各有後漢藝文志之補顧藝文本以攷一代經籍之存亡補者用力雖多而東漢增出之書亡佚於齊梁間者隋唐人已無從輯錄則亦但能考其所存莫能考其所亡故均無取

前漢書各本文字之異宋人精校勘者類能臚舉而詳識之後漢源流尟有述者但自宋初有板本後鏤板雖始唐末至周顯德中乃用以刊經籍至後漢書之有刻本則又自宋淳化命官分校三史始官書多兩漢並刊如淳化本太宗淳化五年刊於杭州朱彝尊經義考載葉夢得云淳化中以史記前後漢書付有司摹自是書籍刊鏤者益多景德本眞宗咸平中命刁衎晁迥與丁遜覆校兩漢書板本景德間奏上乾興本即眞宗乾興初孫奭奏請以劉昭後漢志補注三十卷合刊者景祐本即仁宗景祐初余靖刊誤本熙寧本即仁宗嘉祐末命劉敞等分校至神宗熙寧初成書奏上之本紹興本刊自高宗紹興末年訖孝宗時始成書元趙孟頫有家藏本王世貞錢謙益皆爲之跋明南北雍本即南北監本明自英宗正統間始有官刊經籍其時王振用事由司禮監主之亦稱監本故國子監所刊經史恥於無別易監言雍南國子監刊修二十一史成於世宗嘉靖十一年係就監中十七史舊板考對修補宋史板取廣東朱英所刊遼金二史原無板購求善本翻刻輳集而成然四史皆用舊板故後漢南雍本亦爲時重北國子監合刻二十一史係神宗萬厤二十四年開雕成於三十四年者皆有前漢即有後漢可攷而知今世所傳則惟紹興以後之本及元小字本麻沙坊本亦係兩漢並刊明閩本明周采周琉柯喬等刊亦有前漢書北宋以前之本未有能見之者遭亂辟地聚書滋難其所未詳以俟來者

汲古閣本卷首集解本不別立目錄卽用此本卷首目錄以便檢查仍準前書補注之例又此本書內每卷第一行皆上列小題某紀某傳第幾下列大題後漢書幾大題帝后紀終後漢書十列傳卽始後漢書十一傳與紀直接爲編次八志自後漢書一至後漢書三十別爲大題不相屬雖猶存古本規模目錄則式同前書列志目於紀目後傳目前但於紀志傳各立小題標明卷數原無大題雖未免目與書岐而編目以志居紀傳之中要爲史家相承通例今亦不敢妄有改易

范曄後漢書凡九十八篇總一百三十卷〔集解〕黃山曰范書紀傳原共九十篇篇爲一卷見宋志章懷作注分光武紀皇后紀桓馮列傳蘇楊郎襄列傳班彪列傳馬蔡列傳袁劉列傳及儒林文苑方術三列傳各爲上下兩卷增多十卷別見唐志然觀劉昭范書集注作一百八十卷亦明見梁書昭傳是分卷固不自章懷始特章懷注乃釐爲百卷耳續志八篇昭注復析爲三十卷故篇卷凡總兩數懸異如此惟志八篇本司馬彪之作而此題統稱范後漢書究嫌無別

十帝紀一十二卷　唐章懷太子賢注

八志三十卷　劉昭補注

八十列傳八十八卷　唐章懷太子賢注

皇明崇禎十有六年歲在尚章叶洽寎月上巳琴川毛氏開雕索隱曰尚章癸也爾雅作昭陽今從史記厤書〔集解〕黃山曰汲古閣本後漢書無宋乾興元年孫奭奏請並劉昭補志合刊牒文亦無景祐元年余靖奏請刊誤牒文蓋所據宋本原非監本故文字視監本多異而亦往往有勝監本者南宋私家刻本書籍流傳後代如廖氏世綵堂余氏有勤堂等凡六七家皆稱善本毛氏收藏既富所據必別有至精之本

後漢書目錄

帝紀一十卷

劉昆　注丹
任安　楊政
張興　戴憑
孫期　歐陽歙
牟長　宋登
張馴　尹敏
周防　孔僖
楊倫（集解）黃山曰倫原誤綸據本傳正

第六十九卷儒林下

高詡　包咸
魏應　伏恭
任末　景鸞

薛漢　杜撫
召馴　楊仁
趙曅　衞宏
董鈞　丁恭
周澤　鍾興
甄宇　樓望
程曾　張玄
李育　何休
服虔　潁容（集解）黃山曰潁原誤穎據本傳正
謝該　許慎
蔡玄

第七十卷文苑上

杜篤　王隆
夏恭　傅毅
黃香　劉毅
李尤　蘇順
劉珍　葛龔
王逸　崔琦
邊韶

第七十卷文苑下

張升　趙壹
劉梁　邊讓
酈炎　侯瑾
高彪　張超

禰衡

第七十一卷獨行

譙玄　李業
劉茂　溫序
彭脩　索盧放
周嘉　范式
李善　王忳
張武　陸續
戴封　李充
繆肜（集解）黃山曰肜原誤彤據本傳正　陳重
雷義　范丹（集解）錢大昭曰閩本作范冉注云一名丹黃山曰官本正同閩本案本傳范冉字史雲注冉或作丹是目錄當以冉爲正字此本既無注直作范丹

第十九卷郡國一 一一九二

河南 河內

河東 弘農

京兆 馮翊

扶風

右司隸

第二十卷郡國二 一二〇九

潁川 汝南

梁國 沛國

陳國 魯國

右豫州

魏郡 鉅陸

常山 中山

安平 河間

清河 趙國

勃海

右冀州

第二十一卷郡國三 一二三七

陳留 東郡

東平 任城

泰山 濟北

山陽 濟陰

右兗州

東海 琅邪

彭城 廣陵

下邳

右徐州

第二十二卷郡國四 一二四〇

濟南 平原

樂安 北海

東萊 齊國

右青州

南陽 南郡

江夏 零陵

桂陽 武陵

長沙

右荆州

九江 丹陽

廬江 會稽

吳郡 豫章

右揚州

第二十三卷郡國五 一二六九

漢中 巴郡

廣漢 蜀郡

犍爲 牂牁〔集解〕黃山曰官本牂作牂

越巂 益州

永昌 廣漢屬國

蜀郡屬國 犍爲屬國

右益州

隴西　漢陽

武都　金城

安定　北地

武威　張掖

酒泉　敦煌

張掖屬國　張掖居延屬國

右涼州

上黨　太原

上郡　西河

五原　雲中

定襄　鴈門

朔方

右并州

涿郡　廣陽

代郡　上谷

漁陽　右北平

遼西　遼東

玄菟　樂浪

遼東屬國

右幽州

南海　蒼梧

鬱林　合浦

交趾　九眞

日南

右交州

十二帝后紀一十二卷

八十列傳八十八卷

志三十卷〔集解〕黃山曰此行不著志數亦以别異於范書

附官本目錄

范書敘例既亡編次大指莫能盡識然十紀八十列傳各小題皆范所自定就其分卷分篇觀之莫不各有微意至卷首目錄乃傳是書者所加唐以前蓋固有之列小題於前次子目於後原以小題過簡非子目不明也轉寫者或見子目已詳反覺小題爲贅任意芟去亦尚有芟未盡者如汲古本猶存光武十王一小題是矣顧小題主目也子目乃目之注也去小題則紀傳分合之用意不可復識此其失也自宋乾興監本附入劉昭所注之續志三十卷目錄復有增改其景德以前之監本目錄今並無得而徵南宋迄明監本相承一成不變私家本則雖加入志目未敢盡改其舊故時或有異官本目錄則原依監本合續志通作一百二十卷與書相應論者謂監本馬范無別致洪邁孫承澤輩誤以八志同爲范作但洪氏所見本既即如此益知其來已久仍爲乾興舊式剟官本目錄卷合第分條理精審前後一律尤有勝汲古本處可以參觀而得故準前書補注之例附著於後

後漢書目錄

宋　宣　城　太　守　范　曄　撰

梁　剡　令　劉　昭　補　志

唐　章　懷　太　子　賢　注

帝后紀一十二

志三十　　共一百三十卷

列傳八十八

帝后紀

後漢書卷一上

帝紀第一上

光武上 秀

後漢書卷一下

帝紀第一下

光武下

後漢書卷二

帝紀第二

明帝 莊

後漢書卷三

帝紀第三

章帝 炟

後漢書卷四

帝紀第四

和帝 肇

殤帝 隆

青眚　屋自壞
訛言　旱
謠　狼食人

後漢書卷二十四
志第十四　五行二
災火　草妖
羽蟲孽　羊禍

後漢書卷二十五
志第十五　五行三
大水　水變色
大寒　雹
冬雷　山鳴
魚孽　蝗

後漢書卷二十六
志第十六　五行四
地震　山崩
地陷　大風拔樹
螟　牛疫

後漢書卷二十七
志第十七　五行五
射妖　龍蛇孽
馬禍　人痾
人化　死復生
疫　投蜺

後漢書卷二十八
志第十八　五行六
日蝕　日抱
日赤無光　日黃珥
日中黑　虹貫日
月蝕非其月

後漢書卷二十九
志第十九　郡國一
河南　河內
河東　弘農
京兆　馮翊
扶風
右司隸

後漢書卷三十
志第二十　郡國二
潁川　汝南
梁國　沛國
陳國　魯國
右豫州
魏郡　鉅鹿
常山　中山
安平　河間
清河　趙國
勃海

右冀州

後漢書卷三十一

志第二十一　郡國三

陳留　東郡

東平　任城

泰山　濟北

山陽　濟陰

右兗州

東海　琅邪

彭城　廣陵

下邳

右徐州

後漢書卷三十二

志第二十二　郡國四

濟南　平原

樂安　北海

東萊　齊國

右青州

南陽　南郡

江夏　零陵

桂陽　武陵

長沙

右荆州

九江　丹陽

廬江　會稽

吳郡　豫章

右揚州

後漢書卷三十三

志第二十三　郡國五

漢中　巴郡

廣漢　蜀郡

犍爲　牂牁

越巂　益州

永昌　廣漢屬國

蜀郡屬國　犍爲屬國

右益州

隴西　漢陽

武都　金城

安定　北地

武威　張掖

酒泉　敦煌

張掖屬國　張掖居延屬國

右涼州

上黨　太原

上郡　西河

五原　雲中

定襄　鴈門

朔方

禰衡

後漢書卷一百十一

列傳第七十一獨行

譙玄　李業

劉茂　温序

彭脩　索盧放

周嘉　范式

李善　王忳

張武　陸續

戴封　李充

繆彤　陳重

雷義　范冉一名丹

戴就　趙苞

向栩　諒輔

劉翊　王烈

後漢書卷一百十二上

列傳第七十二上方術

任文公　郭憲

許楊　高獲

王喬　謝夷吾

楊由　李南

李郃　段翳

廖扶　折象

樊英

後漢書卷一百十二下

列傳第七十二下方術

唐檀　公沙穆

許曼　趙彥

樊志張　單颺

韓說　董扶

郭玉　華佗

徐登　費長房

薊子訓　劉根

左慈　計子勳

上成公　解奴辜

甘始　王眞

王和平

後漢書卷一百十三

列傳第七十三逸民

野王二老　向長

逢萌　周黨

王霸　嚴光

井丹　梁鴻

高鳳　臺佟

韓康　矯愼

戴良　法眞

漢濱老父　陳留老父

龐公

後漢書卷一百十四

列傳第七十四列女

鮑宣妻　王霸妻

姜詩妻　周郁妻

曹世叔妻　樂羊子妻

陳文矩妻　孝女曹娥

許升妻　袁隗妻

龐淯母　劉長卿妻

皇甫規妻　陰瑜妻

盛道妻　孝女叔先雄

董祀妻

後漢書卷一百十五

列傳第七十五

東夷

後漢書卷一百十六

列傳第七十六

南蠻　西南夷

後漢書卷一百十七

列傳第七十七

西羌

後漢書卷一百十八

列傳第七十八

西域

後漢書卷一百十九

列傳第七十九

南匈奴前書直言匈奴傳不言南北今稱南者明其爲北生義也以南單于向化尤深故舉其順者以冠之東觀記稱匈奴南單于列傳范曄因去其單于二字

後漢書卷一百二十

列傳第八十

烏桓　鮮卑

光武起後漢乙酉歲改建武元年傳及十二帝至獻帝建安二十五年庚申凡一百九十五年

官本跋尾

原任詹事臣浩謹言按范氏後漢書隋志云九十七卷唐志云九十二卷論贊五卷今論贊附於紀傳共九十卷蓋自唐章懷作注付秘書省傳之至今其篇第如此唐志又云賢注後漢書一百卷以紀傳中分上下卷者凡十也劉昭注補志三十卷陳振孫云本別爲一書至乾興初孫奭建議校勘補亡借闕館閣書目乃直以爲百二十卷今考經籍志云後漢書一百二十五卷范氏本劉昭注則志之合於書亦不自奭始矣晁以道謂范書創爲后紀及采風俗通抱朴子詭譎事失史之體按呂后有紀見於前書不可謂創何焯云東京諸后臨朝者六范書自合史家之變未可議也王喬左慈附見於方術原未予立傳又何譏焉陳氏又云劉昭所注乃司馬彪續漢書之八志今考章懷注所引續漢書文多與志同其言足信然先范氏而有作者若劉珍之東觀記謝承薛瑩華嶠謝沈袁山松諸家之書張瑩之漢南記今無一存者而彪書之志以附於漢書而傳非其幸歟范氏既未嘗爲序卷目皆後人所定一志而分爲數帙一傳而並列數人皆非史氏之舊馬班可作當不謂然然作者便於編輯讀者便於檢稽不啻爲晉宋以後史書導之先路矣兹奉

敕校勘監本漶漫剝落有他本可據者釐而正之疑不可考者仍之刊誤諸家在景祐以前者間爲補綴自吳仁傑刊誤補遺而下有前人所未及發者亦分別采輯以備參考刊刻既竣臣浩復與同事諸臣詳審校勘錄爲後漢書考證若干條汲深而後知綆之短掃迅而後知葉之多爲悚爲慚罔知所措

臣謹識

又一葉

原任詹事臣陳浩庶子臣朱良裘侍讀臣齊召南洗馬臣陸宗楷編修臣孫人龍原任編修臣杭世駿檢討臣萬松齡恩貢生臣曾尙渭等奉

敕恭校刊

光武帝紀第一上〔集解〕陳浩曰按班固傳固與陳宗尹敏孟異共成世祖本紀則此紀本固等所撰今考三國志注載漢晉陽秋等書所引紀中語有今書不載者是爲范史所更定也先謙曰此刻一準前書用汲古閣本惟因集解附列已名參同官本餘悉仍舊

後漢書一上

宋　宣城太守范曄撰

唐　章懷太子賢注

王先謙集解

世祖光武皇帝諱秀字文叔禮祖有功而宗有德光武中興故廟稱世祖謚法能紹前業曰光克定禍亂曰武伏侯古今注曰秀之字曰茂伯仲叔季兄弟之次長兄伯升次仲故字文叔焉〔集解〕劉攽曰按後漢以光武諱改秀才爲茂材郎前漢詔舉秀才異等史官亦追改之前書武紀元封五年詔注應劭曰舊言秀才避光武諱是也惠棟曰洪邁云漢高祖諱邦荀悅云之字曰國惠帝諱盈之字曰滿謂臣下所避以相代也蓋之字之義訓變左傳周史以周易見陳侯者陳侯使筮之遇觀之否謂觀六四變而爲否也他皆倣此棟謂之猶適也適則變矣易繫辭曰惟變所適京房論卦有適變是也避諱改文與卦變同故云之南陽蔡陽人南陽郡今鄧州縣也蔡陽縣故城在今隨州棗陽縣西南〔集解〕齊召南曰按隨州隨字應作隋

自隋文帝省隨爲隋唐初因之是以唐書新舊二志並作隋州也先謙曰南陽郡今河南南陽府蔡陽縣唐初省在今棗陽縣西南凡言在今某地皆謂故城後不復出高祖九世之孫也〔集解〕錢大昕曰按紀傳所述世數多不一例此紀光武爲高祖九世孫自高祖至光武九世實八世孫也皇后紀伏后爲大司徒湛八世孫自湛至后八世實七世孫也至劉永傳稱梁孝王八世孫自孝王至永父立已八世矣如依二紀之例亦當云九世孫也班史諸表自始封至子孫曾孫玄孫玄孫之子卽爲六世此以封爵之世次言故合始封計之他傳則否孔光傳云孔子十四世孫自孔子至光實十五世推此論之當以永傳爲是出自景帝生長沙定王發長沙郡今潭州縣也〔集解〕劉攽曰按文言出自景帝生長沙定王發文意不足蓋此生字當作子字惠棟曰案東觀記世祖紀曰世祖光武皇帝高祖九世孫承文景之統出自長沙定王定王生舂陵節侯本書自明范氏易其文而義反晦耳先謙曰長沙國今長沙府治發前書有傳發生舂陵節侯買舂陵鄉名本屬零陵泠道縣在今永州唐興縣北元帝時徙南陽仍號舂陵故城今在隨州棗陽縣東事具宗室四王傳〔集解〕先謙曰舂陵今棗陽縣東本南陽白水鄉買孫仁從也光武改章陵縣買生鬱林太守外鬱林郡今郴州縣前書曰郡守秦官秩二千石景帝更名太守〔集解〕先謙曰鬱林今潯州府貴縣唐爲貴州縣作郴蓋誤外生鉅鹿都尉回鉅鹿郡今邢州縣也前書曰都尉本郡尉秦官也掌佐守典武職秩比二千石景帝更名都尉〔集解〕先謙曰鉅鹿今順德府平鄉縣回仁從弟回生南頓令欽南頓縣屬汝南郡故城在今陳州項城縣西前書曰令長皆秦官也萬戶以上爲令秩千石至六百石不滿萬戶爲長秩五百石至三百石〔集解〕先謙曰南頓今陳州府項城縣北五十里欽生光武〔集解〕先謙曰生於濟陽縣舍母樊重女年九歲而孤養於叔父良〔集解〕惠棟曰東觀記年九歲而南頓君卒隨其叔父在蕭入小學棟案宗室四王傳良平帝時爲蕭令身長七尺三寸美須眉大口隆準日角隆高也許負云鼻頭爲準鄭玄尚書中候注云日角謂庭中骨起狀如日〔集解〕惠棟曰朱建平相書云額有龍犀入髮左角日右角月王天下也孝經援神契云伏羲大目山準日角宋均曰日角額有骨表取象如日所出房所立有星也性勤於稼穡種曰稼斂曰穡而兄伯升好俠養士常非笑光武事田業比之高祖兄仲仲郃陽侯喜也能爲產業見前書王莽天鳳中王莽建國六年改爲天鳳〔集解〕劉攽曰註按莽號始建國年凡三字此少一始字迺之長安〔集解〕惠棟曰東觀記因學世事朝政每下必先聞知具爲同舍解說南陽大人賢者往來長安爲之邸閭稽疑議受尚書略通大義東觀記曰受尚書於中大夫廬江許子威資用乏與同舍生韓子合錢買驢令從者僦以給諸公費莽末天下連歲災蝗寇盜鋒起言賊鋒銳競起字或作蜂喻多也〔集解〕何若瑤曰荀子王制篇嘗試之說鋒起楊注謂如鋒刃齊起言銳而難拒也地皇三年天鳳六年改爲地皇南陽荒饑韓詩外傳曰一穀不升曰歉二穀不升曰饑三穀不升曰饉四穀不升曰荒五穀不升曰大侵諸家賓客多爲小盜光武避

吏新野新野屬南陽郡今鄧州縣續漢書曰伯升賓客劫人上避吏於新野鄧晨家〔集解〕先謙曰新野南陽縣在今新野縣治南晨光武姊壻董宣傳湖陽公主云文叔爲白衣時臧亡匿死吏不敢至門是帝之好俠頗似伯升非壹於謹厚者也樊曄傳帝微時以事拘於新野曄爲市吏餽餌一笥蓋在此時因賣穀於宛東觀記曰時南陽旱饑而上田獨收宛縣屬南陽郡故城今鄧州南陽縣也〔集解〕先謙曰今南陽府治宛人李通等以圖讖說光武云劉氏復起李氏爲輔圖河圖也讖符命之書讖驗也言爲王者受命之徵驗也易坤靈圖曰漢之臣李陽也光武初不敢當然獨念兄伯升素結輕客必舉大事且王莽敗亡已兆天下方亂遂與定謀於是迺市兵弩十月與李通從弟軼等起於宛時年二十八十一月有星孛於張前書音義曰孛星光芒短蓬然張南方宿也續漢志曰張爲周地星孛於張東南行卽翼軫之分翼軫楚地是楚地將有兵亂後一年正月光武起兵舂陵攻南陽斬阜賜等殺其士衆數萬人光武都雒陽居周地除穢布新之象光武遂將賓客還舂陵時伯升已會衆起兵初諸家子弟恐懼皆亡逃自匿曰伯升殺我及見光武絳衣大冠董巴

輿服志曰大冠者謂武官冠之東觀記曰上時絳衣大冠將軍服也集解劉攽曰註案當云大冠者謂武冠武官冠之少武冠二字**皆驚曰謹厚者亦復爲之**集解惠棟曰東觀記曰上爲人仁智明達多權略樂施愛人在家重慎畏事故云謹厚者也**迺稍自安伯升於是招新市平林兵**新市縣屬江夏郡故城在今郢州富水縣東北平林地名在今隨州隨縣東北集解惠棟曰前書新市朱鮪平林陳牧等也水經注隨郡平林縣城與新市接界故中興之始兵有新市平林之號先謙曰新市即江夏侯國南新市在今安陸府京山縣東北平林在今隨州東北**與其帥王鳳陳牧西擊長聚**廣雅曰聚居也音慈諭反前書音義曰小於鄉曰聚集解先謙曰官本牧作收齊召南云收應作牧劉玄傳平林人陳牧惠棟云齊武王傳曰居長聚**光武初騎牛殺新野尉迺得馬**前書曰尉秦官秩四百石至二百石也**進屠唐子鄉**例曰多所誅殺曰屠唐子鄉有唐子山在今唐州湖陽縣西南集解先謙曰注例謂范例唐子山在今南陽府唐縣南百里唐因以名州山麓西南有唐子亭即唐子鄉也**又殺湖陽尉**湖陽屬南陽郡今唐州縣也東觀記曰劉終詐稱江夏吏誘殺之集解先謙曰湖陽在今南陽府唐縣南**軍中分財物不均眾恚恨欲反攻諸劉光武斂宗人所得物悉以與之眾迺悅進拔棘陽**縣名屬南陽郡在棘水之陽古謝國也故城在今唐州湖陽縣西北棘音己力反集解惠棟曰范氏例曰得城爲拔其例別爲一卷今亡先謙曰棘陽南

陽縣在今新野縣東北史記楚懷王與秦昭王盟于黃棘即此**與王莽前隊大夫甄阜**王莽置六隊郡置大夫一人職如太守南陽爲前隊河內爲後隊潁川爲左隊弘農爲右隊河東爲兆隊滎陽爲祈隊隊音遂**屬正梁丘賜**王莽每隊置屬正一人職如都尉**戰於小長安**續漢書曰清陽縣有小長安聚故城在今鄧州南陽縣南集解惠棟曰謝沈書光武攻清陽不下引兵欲攻宛至小長安與甄阜戰敗於清水杜佑曰南陽漢宛縣縣南三十七里有小長安樂史曰在清水之東**漢軍大敗還保棘陽**

更始元年集解陳浩曰張衡傳衡條上司馬遷班固所敘與典籍不合者十餘事又言更始居位人無異望光武初爲其將然後即眞宜以更始之號建於光武之初書數上竟不聽可知今紀所載更始元年二年亦范史承用張衡之說改定者非班固等所撰本紀舊文也**正月甲子朔漢軍復與甄阜梁丘賜戰於沘水西大破之斬阜賜**沘水在今唐州沘陽縣南廬江灊縣亦有沘水與此別也沘音比集解惠棟曰沘亦作泚水經泚水出泚陽東北大胡山李吉甫云水南去縣二里出慈丘縣東南大湖山謝沈書甄阜等敗光武於小長安乘勝南渡黃淳水前營皆阻兩川謂臨泚水絕後橋示無還心漢兵擊之二軍潰溺死黃淳水者二萬人事具齊武王傳先謙曰作泚者誤字也伯升傳作泚詳彼注**伯升又破王莽納言將軍嚴尤秩宗將軍陳茂於淯陽**前書曰納言虞官也掌出納王命所謂喉舌之官也歷秦漢不置王莽改大司農爲之桓譚新論云莊尤字伯石此言嚴避明帝諱也秩宗虞官也掌郊廟之事周謂之宗伯秦漢不置王莽改太常爲秩宗後又典兵故納言秩宗皆有將軍號也淯陽縣屬南郡故城在今鄧州南陽縣南在淯水之陽淯音育集解惠棟曰李吉甫云淯水東去縣三里南都賦曰淯水蕩其胸是也先謙曰注淯水上在字衍官本無淯陽南陽縣在今南陽縣南六十里元統志南陽縣西南有故城俗呼爲綠楊村古淯陽城也**進圍宛城二月辛巳立劉聖公爲天子**集解錢大昕曰范史於淮陽王聖公齊武王續皆字而不名蓋殊於諸王也漢書王莽傳聖公伯升皆不名惠棟曰前書三月辛巳朔案劉玄傳亦作二月前書誤**以伯升爲大司徒光武爲太常偏將軍**前書曰奉常秦官景帝更名太常應劭漢官儀曰欲令國家盛大社稷常存故稱太常老子曰偏將軍處左上將軍處右東觀記曰時無印得定武侯家丞印佩之入朝**三月光武別與諸將徇昆陽定陵郾皆下之**徇略也昆陽定陵郾皆縣名並屬潁川郡昆陽故城在今許州葉縣北郾今豫州郾城縣也定陵故城在今郾城西北郾音於建反集解惠棟曰前書四月世祖與王常等別攻潁川下昆陽郾定陵師古注郾音一扇反先謙曰昆陽在今南陽府葉縣治定陵在今南陽府舞陽縣北十五里郾縣在今許州郾城縣西南五里俗稱道州城**多得牛馬財物穀數十萬斛轉以饋宛下莽聞阜賜死漢帝立大懼遣大司徒王尋大**

司空王邑王莽時哀章所獻金匱圖有王尋姓名王邑王商子於莽爲從父兄弟也集解惠棟曰前書表曰建平元侯邑以況弟紹封王莽篡位爲隆信公**將兵百萬其甲士四十二萬人**集解惠棟曰前書莽遣邑馳傳之洛陽與司徒王尋發眾郡兵百萬平定山東邑至洛陽州郡各選精兵牧守自將定會者四十二萬人**五月到潁川復與嚴尤陳茂合**潁川郡今洛州陽翟縣也集解先謙曰今禹州治**初光武爲春陵侯家訟逋租於尤尤見而奇之**逋違也春陵侯敞即光武季父也東觀記曰爲季父故春陵侯詣大司馬府訟地皇元年十二月壬寅前租二萬六千斛芻藁錢若干萬時宛人朱福亦爲舅訟租於尤尤止車獨與上語不視福上歸戲福曰嚴公寧視卿邪集解陸宗楷曰壬寅前書作乙未齊召南曰朱福即朱祜朱祜傳注引東觀記云祜作福避安帝諱也陳浩曰劉攽刊誤於周章傳云安帝名祜此作祜字誤於朱祜傳云祜或作祜蓋安帝名祜朱仲先亦名祜故東京史臣改從福以避諱也今考范史各本及資治通鑑皆作朱祜惟綱目作朱祜惠棟曰賈逵左傳注曰言初者隔其年後有禍福將終之乃言初也**及是時城中出降尤者言光武不取財物但會兵計策尤笑曰是美須眉者耶何爲迺如是初王莽徵天下能爲兵法者六十三家數百人**集解惠棟曰藝文志凡兵書五十三家省十家重入蹵鞠一家出司馬法入禮案此則七略所載兵書本六十三家至班氏校書省

爲五十三家也前書徵諸明兵法六十三家術者各持圖書並吕爲軍吏選練武衛招募猛士說文曰募廣求之也旌旗輜重千里不絕周禮曰析羽爲旌熊虎爲旗輜車名釋名曰輜廁也謂軍糧什物雜廁載之吕其累重故稱輜重重音直用反時有長人巨無霸王莽連率韓博上言有奇士長一丈大十圍自謂巨無霸出於蓬萊東南五城西北詔如海濱軺車不能載三馬不能勝臥則枕鼓吕鐵箸食見前書集解先謙曰官本注詔作昭是前書作昭長一丈大十圍吕爲壘尉鄭玄注周禮云軍壁曰壘崔瑗中壘校尉箴曰堂堂黃帝設爲壘壁壘壁尉者主壘壁之事又驅諸猛獸猛或作獷獷猛貌也音古猛反虎豹犀象之屬吕助威武自秦漢出師之盛未嘗有也光武將數千兵徼之於陽關聚名也酈元水經注曰潁水東南經陽關聚聚夾潁水相對在今洛州陽翟縣西北諸將見尋邑兵盛反走馳入昆陽皆惶怖憂念妻孥孥子也欲散歸諸城光武議曰今兵穀既少而外寇彊大并力禦之功庶可立如欲分散埶無俱全且宛城未拔謂伯升圍之未拔也不能相救昆陽卽破一日之間諸部亦滅矣今不同心膽共舉功名反欲守妻子財物邪諸將怒曰劉將軍何敢如是光

武笑而起集解先謙曰東觀記云惟王常是帝計會候騎還言大兵且至城北軍陳數百里不見其後諸將遽相謂曰更請劉將軍計之光武復爲圖畫成敗諸將憂迫皆曰諾時城中唯有八九千人光武迺使成國上公王鳳廷尉大將軍王常留守夜自與驃騎大將軍宗佻驃騎大將軍武帝置自霍去病始佻音大堯反五威將軍李軼等十三騎王莽置五威將軍其衣服依五方之色吕威天下李軼初起猶假吕爲號出城南門於外收兵時莽軍到城下者且十萬光武幾不得出幾音祁既至郾定陵悉發諸營兵而諸將貪惜財貨欲分留守之光武曰今若破敵珍珤萬倍珤古寶字大功可成如爲所敗首領無餘何財物之有衆迺從嚴尤說王邑曰昆陽城小而堅今假號者在宛集解惠棟曰前書今稱尊號者在宛下案時宛城尚未拔不得云在宛前書是也胡三省云假號者謂更始也亟進大兵亟急也音紀力反彼必奔走宛敗昆陽自服邑曰吾昔吕虎牙將軍圍翟義坐不生得吕見責讓翟義字文仲方進少子爲東郡太守王莽居攝義心惡之

迺立東平王雲子信爲天子義自號柱天大將軍吕誅莽莽迺使孫建王邑等將兵擊義破之義亡自殺故坐不生得坐音才臥反見前書今將百萬之衆遇城而不能下何謂邪遇或爲過遂圍之數十重列營百數雲車十餘丈雲車卽樓車稱雲言其高也升之吕望敵猶墨子云公輸般爲雲梯之械集解惠棟曰服虔左傳注樓車所以窺望敵軍兵法所謂雲梯也瞰臨城中俯視曰瞰音苦暫反旗幟蔽野廣雅曰幟幡也音熾埃塵連天鉦鼓之聲聞數百里說文曰鉦鐃也似鈴或爲地道衝輣橦城衝橦車也詩曰臨衝閑閑許慎曰輣樓車也輣音步耕反積弩亂發矢下如雨城中負戶而汲集解惠棟曰言戶內穿井故云負戶通典一百五十八卷作負楯王鳳等乞降不許尋邑自吕爲功在漏刻意氣甚逸夜有流星墜營中晝有雲如壞山當營而隕不及地尺而散吏士皆厭服續漢志曰雲如壞山謂營頭之星也占曰營頭之所墜其下覆軍殺將血流千里厭音一葉反六月己卯光武遂與營部俱進自將步騎千餘前去大軍四五里而陳尋邑亦遣兵數千合戰光武奔之斬首數十級秦法斬首一賜爵一級故因謂斬首爲級諸部喜曰劉將軍平生見小敵怯今見大敵

勇甚可怪也且復居前請助將軍光武復進尋邑兵卻諸部共乘之斬首數百千級集解通鑑胡注自數百級以至千級也連勝遂前時伯升拔宛已三日而光武尚未知迺僞使持書報城中集解惠棟曰東觀記曰遂令輕卒將書與城中諸將云宛下兵到而陽墮其書尋邑得之不憙憙音許記反集解惠棟曰案憙與喜古字通劉寬碑陰聞喜字作憙說文云憙喜樂也諸將既經累捷膽氣益壯無不一當百光武迺與敢死者三千人從城西水上衝其中堅敢死謂果敢而死者凡軍事中軍將最尊居中吕堅銳自輔故曰中堅也尋邑陳亂乘銳崩之遂殺王尋集解惠棟曰前書世祖悉發郾定陵兵數千人來救昆陽尋邑易之自將萬餘人行陳敕諸營皆按部無得動獨迎與漢兵戰不利大軍不敢擅相救漢兵乘勝殺尋城中亦鼓譟而出中外合埶震呼動天地莽兵大潰走者相騰踐奔殪百餘里間殪仆也音於計反或作噎會大雷風屋瓦皆飛雨下如注滍川盛溢水經曰滍水出南陽魯陽縣西堯山東南經昆陽城北東入汝滍音直理反集解先謙曰滍水俗名沙河出今魯山縣西吳大嶺東經寶豐葉舞陽諸縣入汝卽左傳晉楚夾水而軍之泜水也虎豹皆股戰士卒爭赴溺

死者以萬數，水爲不流。（數過於萬，故以萬爲數。）王邑、嚴尤、陳茂輕騎乘死人度水逃去。盡獲其軍實輜重，車甲珍寶，不可勝算，舉之連月不盡，或燔燒其餘。（集解惠棟曰：師古曰燔，焚也，音扶元反。李吉甫云燒車水在許州葉縣南二十四里，光武破王尋，燒其輜重於此水濆，因名。）光武因復徇下潁陽。（縣名，屬潁川郡，故城在今許州。集解先謙曰：在今許州城西南。）會伯升爲更始所害，光武自父城馳詣宛謝。（父城縣，古應國也，屬潁川郡，故城在今許州葉縣東北。以伯升見害，心不自安，故謝。集解先謙曰：父城，潁川縣，在今寶豐縣東四十里，縣志有父城保。）司徒官屬迎弔光武，（集解通鑑胡注：伯升官屬也。）光武難交私語，深引過而已。（集解先謙曰：引爲伯升之過。）未嘗自伐昆陽之功，又不敢爲伯升服喪，飲食言笑如平常。更始以是慙，拜光武爲破虜大將軍，封武信侯。九月庚戌，三輔豪傑共誅王莽，傳首詣宛。（三輔謂京兆、左馮翊、右扶風，其在長安中分領諸縣。淮南子曰：智過百人謂之豪。白虎通云：賢過萬人曰傑。時城中少年朱弟、張魚等攻莽於漸臺，商人杜吳殺莽，校尉公賓就斬莽首，將軍申屠建等傳首詣宛。集解萬松齡曰：朱，監本作于，宋本作宋。案前書莽傳作朱。惠棟曰：三輔舊事屠兒杜虞手殺莽，東觀記亦作杜虞，吳、虞古字通。）更始將

後漢書一上　七

北都洛陽，以光武行司隸校尉，使前整修宮府。（前書曰：司隸校尉，本周官，武帝初置，持節，從中都官徒千二百人，督大姦猾，後罷其兵，察三輔、三河、弘農，秩比二千石。音義云：以掌徒隸而巡察，故曰司隸。集解惠棟曰：鄭元周禮注，漢始置司隸，亦使將徒治道溝渠之役，後稍尊之，使主官府及近郡。）於是置僚屬，（集解先謙曰：官本置作致，古通用。惠棟云：致，通鑑作置，此與九年初致青巾立校尉官、十五年致三校尉官，皆當作置，而紀作致者，疑古字通也。）作文移，（東觀記曰：文書移與屬縣也。集解惠棟曰：王幼學云移，箋表之類也，官曹公府不相臨敬，則爲移。）從事司察，一如舊章。（續漢書曰：司隸置從事史十二人，秩皆百石，主督促文書，察舉非法。）時三輔吏士東迎更始，見諸將過，皆冠幘，（漢官儀曰：幘者，古之卑賤不冠者之所服也。方言曰：覆髻謂之幘，或謂之承露。）而服婦人衣，諸于繡䘿，（前書音義曰：諸于，大掖衣也，如婦人之袿衣。字書無䘿字，續漢書作裾，並音其物反。楊雄方言曰：襜褕，其短者自關之西謂之䄡裾。郭璞注云：俗名裾掖。此即是諸于上加繡裾，如今之半臂也。或繡下有擁字。集解劉攽曰：繡䘿及注，案言字書無䘿，即無音矣，何得言並，明衍此字。惠棟曰：諸于，說文云衧，諸衧也，省作于。玉篇尤夫切。續志云衣婦人衣繡擁髶，故注云或繡下有擁字也。先謙曰：正文於字誤，當依注作于，官本不誤。）莫不笑之，或有畏而走者。（續漢志曰：時知者見之，以爲服之不中，身之災也，迺奔入邊郡避之，是服妖也。其後更始遂爲赤眉所殺。）及見司隸僚屬，

皆歡喜不自勝。老吏或垂涕曰：「不圖今日復見漢官威儀！」由是識者皆屬心焉。（集解惠棟曰：東觀記三輔官府吏東迎洛陽者，見更始諸將過者已數十輩，皆冠幘，衣婦人衣，大爲長安所笑，知者或畏其衣，奔亡入邊郡。及見司隸官屬，皆相指視之，極望老吏或垂涕曰：粲然復見官府儀體。賢者蟻附。）及更始至洛陽，迺遣光武以破虜將軍行大司馬事。十月，持節北度河，（漢官儀曰：太尉，秦官也，武帝更名大司馬。節所以爲信也，以竹爲之，柄長八尺，以旄牛尾爲其眊三重。馮衍與田邑書曰：今以一節之任，建三軍之威，豈特寵其八尺之竹，犛牛之尾哉。續漢志曰：更始時南方有童謠云：諧不諧，在赤眉；得不得，在河北。後更始爲赤眉所殺，是不諧也；光武由河北而興，是得之也。集解惠棟曰：周禮鄭注今時使者持節，賈公彥云竹使符也。東觀記更始欲以近親巡行河北，大司徒賜言上一可用，更始以上爲大司馬，安集河北。陳繼儒云：眊音佴，羽衣，一名兜鍪。）鎮慰州郡。所到部縣，輒見二千石、長吏、三老、官屬，下至佐史，（二千石謂郡守也。長吏謂縣令長及丞尉也。三老者，鄉官也。高祖置。前書曰：舉人年五十已上，有修行，能率衆者，置以爲三老，每鄉一人，擇鄉三老爲縣三老，與令長丞尉以事相教，復其傜戍。續漢志曰：每刺史皆有從事史、假佐，每縣各置諸事曹史也。集解劉攽曰：注各置諸事曹史，案文多一事字。先謙曰：州牧所蒞曰部，郡守所蒞曰縣。）考察黜陟，如州牧行部事。（漢初遣丞相史分刺州，武帝改置刺史，察州，秩六百石，成帝更名牧，秩二千石。漢官典儀曰：刺史行郡國，省察政教，黜陟能否，斷理冤獄也。）

後漢書一上　八

輒平遣囚徒，除王莽苛政，（說文曰：苛，小草也，言政繁細。禮記曰：苛政猛於虎。）復漢官名。吏人喜悅，爭持牛酒迎勞。進至邯鄲，（邯鄲，縣名，屬趙國，今洺州縣也。前書音義：邯，山名；鄲，盡也。城郭字皆從邑，因以名焉。集解姚之駰曰：上至邯鄲，趙王庶兄胡子進馬醢。先謙曰：邯鄲在今廣平府邯鄲縣西南，舊志十里趙王城。）故趙繆王子林（繆王，景帝七代孫，名元。前書曰：元坐殺人，爲大鴻臚所奏，謚曰繆，音謬。東觀記曰林作臨字。）說光武曰：「赤眉今在河東，但決水灌之，百萬之眾可使爲魚。」（赤眉賊帥樊崇等恐其眾與王莽兵亂，皆朱其眉以相別，故曰赤眉。續漢書曰：是時上平河北，過邯鄲，林進見，言赤眉可破。上問其故，對曰：河水從列人北流，如決河水灌之，皆可令爲魚。上不然之。列人縣故城在今洺州肥鄉縣東北。集解先謙曰：注列人，鉅鹿縣，在今廣平府肥鄉縣東北，寰宇記十五里。）光武不答，去之眞定。（縣名，屬眞定國，今恒州縣也。集解先謙曰：今正定府正定縣治。）林於是迺詐以卜者王郎爲成帝子子輿，（前書曰：立國將軍孫建奏云，不知何一男子遮臣車前，自稱漢氏劉子輿，成帝下妻子也，劉帝當復，故郎因而稱之。集解先謙曰：官本注劉帝作劉氏。據郎傳，林亦疑惑，以爲眞成帝子。）十二月，立郎爲天子，（集解惠棟曰：袁紀十二月壬辰也。）都邯鄲，遂遣使者降下郡國。

二年正月光武以王郎新盛迺北徇薊縣名屬涿郡今幽州縣也本字從契從邑見說文集解先謙曰今順天府大興縣治王郎移檄購光武十萬戶說文曰檄以木簡為書長尺二寸謂之檄曰徵召也又曰以財有所求曰購魏武奏事曰若有急則插以雞羽謂之羽檄而故廣陽王子劉接廣陽王名嘉武帝五代孫起兵薊中以應郎城內擾亂轉相驚恐言邯鄲使者方到二千石以下皆出迎於是光武趣駕南轅趣急也讀曰促晨夜不敢入城邑舍食道旁至饒陽縣名屬安平國在饒河之陽故城在今瀛州饒陽縣東北集解先謙曰在今深州饒陽縣東史記趙封長安君以饒也官屬皆乏食光武迺自稱邯鄲使者入傳舍客館也傳音知戀反下同傳吏方進食從者飢爭奪之傳吏疑其偽迺椎鼓數十通椎音直追反紿言邯鄲將軍至紿言欺誑也音殆官屬皆失色光武升車欲馳既而懼不免徐還坐曰請邯鄲將軍入久迺駕去傳中人遙語門者閉之門長曰天下詎可知而閉長者乎遂得南出晨夜兼行蒙犯霜雪蒙冒也天時寒面皆破裂至呼沱河山海經云太戲之山滹沱之水出焉在今代州繁畤縣東流經定州深澤縣東南即光武所度處今俗猶謂之危度口臣賢案呼沱河舊在饒陽南至魏太祖曹操因饒河故瀆決令北注新溝水所以今在饒陽縣北無船適遇冰合得過續漢書曰時冰滑馬僵迺各以囊盛沙布冰上度焉未畢數車而陷進至下博城西下博縣屬信都國在博水之下故曰下博故城在今冀州下博縣南集解惠棟曰李吉甫云在縣南二十里應劭曰太山有博故此加下先謙曰在今深州東南三十里遑惑不知所之有白衣老父在道旁老父蓋神人也今下博縣西猶有祠堂集解惠棟曰酈元云漢氏中興始基之矣尋求老父不得議者以為神指曰努力集解惠棟曰公羊傳尚速有悔於予身何休云尚猶努力信都郡為長安守去此八十里信都郡今冀州也集解惠棟曰時更始都長安故云為長安守先謙曰前志信都國景帝二年為廣川國宣帝甘露三年復故然百官表成帝永始二年有信都太守是國為郡矣哀帝建平二年徙定陶王景為信都王則信都又為國莽篡既為公明年廢則國又為郡矣此文可互證光武即馳赴之信都太守任光開門出迎世祖因發旁縣得四千人先擊堂陽貰縣皆降之堂陽及貰並屬鉅鹿郡堂陽在堂水之陽今冀州縣故城在今冀州鹿城縣西南貰音時夜反集解先謙曰堂陽在今冀州新河縣西貰縣在今保定府東鹿縣西南後漢省入鄡王莽和戎卒正邳彤亦舉郡降東觀記曰王莽分鉅鹿為和戎郡卒正職如太守

又以昌城人劉植宋子人耿純昌城縣屬信都國故城在今冀州西北宋子縣屬鉅鹿郡故城在今趙州平棘縣北集解先謙曰昌城在今冀州西北後漢改阜城屬安平國宋子在今趙州北後漢省入平棘城當為成城亦通作各率宗親子弟據其縣邑以奉光武於是北降下曲陽縣名屬鉅鹿郡常山郡有上曲陽故此言下集解先謙曰在今正定府晉州西眾稍合樂附者至有數萬人復北擊中山中山國一名中人亭故城在今定州唐縣東北張曜中山記曰城中有山故曰中山集解先謙曰今定州拔盧奴縣名屬中山國故城在今定州安喜縣水經注曰縣有黑水故池水黑曰盧不流曰奴因以為名集解先謙曰今定州治漢中山國治莽篡之後國皆為郡注中山國由後事据續志為言所過發奔命兵前書音義曰舊時郡國皆有材官騎士若有急難權取驍勇者聞命奔赴故謂之奔命移檄邊部共擊邯鄲郡縣還復響應南擊新市真定元氏防子皆下之新市縣屬鉅鹿郡故城在今恒州東北元氏房子屬常山郡並今趙州縣也防與房同古字通用集解惠棟曰案隸法防字其戶皆在側或作防及昉者皆誤也先謙曰官本注無同字新市在今新樂縣西南縣志四十五里新城鋪真定今正定縣元氏今元氏縣並屬正定府房子在今趙州高邑縣西南因入趙界時王郎大將李育屯柏人縣名屬趙國今邢州縣故城在縣之西北集解先謙曰在今順德府唐山縣西漢兵不知而進前部偏將朱浮鄧禹為育所破亡失輜重光武在後聞之收浮禹散卒與育戰於郭門大破之盡得其所獲育還保城攻之不下於是引兵拔廣阿縣名屬鉅鹿郡故城在今趙州象城縣西北集解先謙曰在今趙州隆平縣東縣志十二里舊城村會上谷太守耿況漁陽太守彭寵上谷郡故城在今嬀州懷戎縣漁陽郡在漁水之陽今幽州縣集解惠棟曰東觀記上圍邯鄲未下彭寵遣米糒魚鹽以給軍糧先謙曰上谷郡治沮陽今宣化府懷來縣南漁陽郡治漁陽今順天府密雲縣西南各遣其將吳漢寇恂等將突騎來助擊王郎突騎言能衝突軍陣集解何若瑤曰前書刑法志是猶以鞿而御駻突如淳注突惡馬也突騎言衝突如惡馬更始亦遣尚書僕射謝躬討郎漢官儀曰尚書四員武帝置成帝加一為五有侍曹尚書主丞相御史事二千石尚書主刺史二千石事戶曹尚書主人庶上書事主客尚書主外國四夷事成帝加三公尚書主斷獄事僕射秦官也僕主也古者重武事每官必有主射以督課之謝躬為尚書僕射集解劉攽曰注有侍曹尚書案前書皆太常侍曹少一常字先謙曰官本考證云前書作常侍曹尚書無太字光武因大饗士卒遂東圍鉅鹿王郎守將王饒堅守月餘不下郎遣將倪宏劉奉倪音五兮反率數萬人救鉅鹿光武逆戰於

南䜌縣名屬鉅鹿郡故城在今邢州柏人縣東北左傳齊國夏伐晉取欒卽其地也其後南徙故加南今俗謂之倫城聲之轉也䜌音力全反〔集解〕先謙曰在今順德府鉅鹿縣北斬首數千級四月進圍邯鄲連戰破之五月甲辰拔其城誅王郎〔集解〕何焯曰誅郎則河北定光武始有土收文書得吏人與郎交關謗毁者數千章〔集解〕惠棟曰東觀記得吏民謗毁公言可擊者數千章漢律曰與罪人交關三日以上皆應知情胡三省云關通也王幼學云交結關通也光武不省會諸將軍燒之曰令反側子自安反側不安也詩國風曰展轉反側更始遣侍御史持節立光武爲蕭王蕭縣屬沛郡今徐州縣也續漢志曰更始使侍御史黃黨封上爲蕭王悉令罷兵詣行在所蔡邕獨斷曰天子自四海爲家故謂所居爲行在所光武辭曰河北未平不就徵自是始貳於更始貳離異也〔集解〕惠棟曰春秋傳王貳於虢蓋用其語何若瑤曰以河北未平爲詞是但內有二心非外顯與更始離異李注未允是時長安政亂四方背叛〔集解〕何焯曰此皆聖公所不能辦者光武取天下於羣雄之手故先撮序之梁王劉永擅命睢陽縣名屬梁郡今宋州也擅專也〔集解〕先謙曰睢陽在今歸德府商邱縣南公孫述稱王巴蜀蜀有巴郡故總言之李憲自立爲淮南王淮南郡今壽州也〔集解〕先謙曰漢初淮南國除爲九

江郡李憲起於此故仍淮南之名魏晉隋爲淮南郡唐爲壽州壽春郡注淮南郡於義未安今鳳陽府壽州也秦豐自號楚黎王習鑿齒襄陽記曰秦豐黎丘鄉人黎丘楚地故稱楚黎王黎丘故城在今襄州率道縣北〔集解〕惠棟曰余知古渚宮故事曰豐少有雄氣王莽末結鄉里豪傑起兵掠荊州十二縣據襄陽之黎邱自稱楚黎王先謙曰續志邔有黎邱城是也在今襄陽府宜城縣北章懷注書時尚名率道天寶初改宜城水經注沔水東南逕黎邱故城西其城下對繕洲秦豐居之故更名秦洲張步起琅邪郡有琅邪山故城在今海州朐山縣東北〔集解〕劉攽曰案此文不足以上下注觀之郡下少一名字城下少一在字先謙曰在今青州府諸城縣北董憲起東海郡名今海州縣〔集解〕先謙曰今沂州府郯城縣延岑起漢中郡名故城在今梁州南鄭縣東北〔集解〕先謙曰今陝西漢中府南鄭縣東北田戎起夷陵縣名屬南郡有夷山故曰夷陵今硤州縣也故城在今縣東西北〔集解〕先謙曰在今宜昌府東湖縣東並置將帥侵略郡縣又別號諸賊銅馬大彤高湖〔集解〕惠棟曰鄧晨伏隆傳皆作胡重連〔集解〕惠棟曰袁紀作董連鐵脛大搶尤來上江青犢五校檀鄉五幡五樓富平獲索等諸賊或以山川土地爲名或以軍容彊盛爲號銅馬賊帥東山荒禿上淮況等大彤渠帥樊重尤來渠帥樊崇五校賊帥高扈檀鄉賊帥董次仲五樓賊帥張文富平賊帥徐少獲索賊帥古師郎等並見東觀記〔集解〕錢大昕曰按鐵脛上江五樓紀不載其後事馮異傳擊破鐵脛於北平吳漢傳與偏將軍馮異擊昌城五樓賊張文等破之惠棟曰徐少字異卿見伏湛傳古師郎伏隆傳作右師郎先謙曰搶當爲槍耿弇傳作大槍古書从手从木之字多通作各領部曲續漢志曰大將軍營有五部部三校尉部下有曲曲有軍候一人眾合數百萬人所在寇掠光武將擊之先遣吳漢北發十郡兵幽州牧苗曾不從漢遂斬曾而發其眾秋光武擊銅馬於鄡縣名屬鉅鹿郡故城在今冀州鹿城縣東鄡音苦堯反前書紀年曰備鞅封於鄡臣賢按下文云吳漢將突騎來會清陽又追至館陶並與鄡相近俗本多誤作鄔而蕭該音一古反云屬太原郡臧矜音作鄔一建反云屬襄陽郡並誤也〔集解〕惠棟曰隋書經籍志蕭該范漢音三卷矜當作競經籍志范漢音訓三卷陳宗道先生臧競撰先謙曰鄡在今保定府東鹿縣東水經注作鄡地形志作鄡通典作鄡寰宇記作鄡並非吳漢將突騎來會清陽縣名屬清河郡今貝州縣故城在州西北〔集解〕先謙曰在今廣平府清河縣東寰宇記三十五里後漢省賊數挑戰挺身獨戰也古謂之致師見左傳挑音徒了反光武堅營自守有出鹵掠者輒擊取之鹵與虜同郭璞注爾雅曰掠奪取也絕其糧道積月餘日賊食盡夜遁去追至館陶大破之館陶縣屬魏郡今魏州縣〔集解〕先謙曰今東昌府縣受降未盡而高湖重連從東南來與銅馬餘眾合光武復與大戰

於蒲陽悉破降之封其渠帥爲列侯前書音義曰蒲陽山蒲水所出在今定州北平縣西北本或作滿陽渠大也尚書殲厥渠魁列侯卽徹侯也稱列者言見序列也〔集解〕先謙曰蒲陽卽今保定府之滿城縣也陳俊傳作滿陽前志曲逆縣注張晏云濡水於城北曲而西流故曰曲逆水經注濡水出蒲陰縣西昌安郡南亦謂之曲逆水又東與蘇水合又東得蒲水口又東入博水元和志濡水在北平縣西五里舊志祁水出伊祁山東至滿城縣境曰方順河土人以曲逆名不美故改之案河有二流一在完縣北流逕縣東一在完縣西流逕縣南至縣東南合爲一北卽古蒲水西有五雲石曰二泉合流而東卽古濡水之源石曰泉郎古蘇水也降者猶不自安〔集解〕惠棟曰東觀記諸將未能信賊賊亦兩心光武知其意敕令各歸營勒兵乃自乘輕騎案行部陳降者更相語曰蕭王推赤心置人腹中安得不投死乎投死猶言致死〔集解〕通鑑胡注投托也託以死也惠棟曰東觀記作效死由是皆服悉將降人分配諸將眾遂數十萬故關西號光武爲銅馬帝赤眉別帥與大彤青犢十餘萬眾在射犬續漢志曰野王縣有射犬聚故城在今懷州武德縣北也〔集解〕先謙曰在今懷慶府河內縣東北光武進擊大破之眾皆散走使吳漢岑彭襲殺謝躬於鄴〔集解〕先謙曰鄴魏郡治在今彰德府臨漳縣西府志二十里鄴鎮青

犢赤眉賊入函谷關攻更始函谷谷名因谷以名關舊在弘農湖城縣西前書楊僕爲樓船將軍有功恥居關外武帝迺爲徙於新安故關在今洛州新安縣之東集解先謙曰函谷故關在今陝州靈寶縣西南里許秦故關也武帝元鼎三年徙新安以故關爲宏農縣前書顏注今桃林縣南有洪溜澗水即古函谷其水北流入河夾河岸尚有舊關餘迹後關在靈寶縣西南十二里光武迺遣鄧禹率六裨將引兵而西以乘更始赤眉之亂時更始使大司馬朱鮪舞陰王李軼等屯洛陽舞陰縣屬南陽郡故城在今唐州泌陽縣西北集解先謙曰在今南陽府泌陽縣西北光武亦令馮異守孟津以拒之孔安國注尚書云孟地名在洛北都道所湊古今以爲津論衡曰武王伐紂八百諸侯同於此盟故曰盟津俗名治戍津今河陽縣津也集解先謙曰在今懷慶府孟縣南十八里

建武元年春正月平陵人方望平陵昭帝陵也因以爲縣故城在今咸陽縣西北集解惠棟曰前書宣元六王傳更始時嬰在長安平陵方望等頗知天文以爲更始必敗嬰本統當立者也共起兵將嬰至臨涇立爲天子先謙曰平陵右扶風縣在今咸陽縣西北十五里立前孺子劉嬰爲天子平帝崩王莽立楚孝王孫廣戚侯顯子嬰爲孺子莽篡位廢爲定安公更始遣丞相李松擊斬之集解通鑑胡注李通從弟光武北擊

後漢書一上　十三

尤來大搶五幡於元氏集解先謙曰在今正定府元氏縣西北縣志十五里漢常山郡治追至右北平連破之北平縣屬中山國今易州永樂縣也臣賢案東觀記續漢書並無右字此加右誤也營州西南別有右北平郡故城非此也集解先謙曰北平在今保定府滿城縣西舊志二里眺山下搶當爲搶又戰於順水北酈元水經注云徐水經北平縣故城北光武追銅馬五幡破之於順水即徐水之別名也在今易州本或作愼者誤也集解惠棟曰袁紀及耿弇傳皆作愼先謙曰前志北平縣徐水東至高陽入博水即順水也詳水經易水注乘勝輕進反爲所敗賊追急短兵接短兵謂刀劒也楚辭曰車錯轂兮短兵接光武自投高岸集解惠棟曰袁宏紀漢軍大壞王親揮刀以御賊未交鋒耿弇射之賊不得前岸高不得上王自投馬下水經注云自投崖下遇突騎王豐集解惠棟曰豐後爲中郎將見馬武傳下馬授光武光武撫其肩而上顧笑謂耿弇曰幾爲虜嗤集解惠棟曰袁宏紀王撫豐背曰幾爲賊所笑弇頻射卻賊得免士卒死者數千人散兵歸保范陽縣名在范水之陽屬涿郡故城在今易州易縣東南集解先謙曰在今保定府定興縣南縣志四十里故城鎮軍中不見光武或云已沒東觀記曰上已乘王豐小馬先到矣營門不覺諸將不知所爲吳漢曰卿曹努力曹輩也王兄子在南陽何憂無主兄子謂伯升子章及興也衆恐懼數日迺定賊雖戰勝而素懾大威懾懼也音之涉反客主不相知夜遂引去大軍復進至安次縣名屬勃海郡今幽州縣也故城在縣東集解先謙曰在今順天府東安縣西北縣志四十里俗呼古縣與戰破之斬首三千餘級賊入漁陽迺遣吳漢率耿弇陳俊馬武等十二將軍集解惠棟曰耿弇傳光武遣弇與吳漢景丹蓋延朱祐邳彤耿純劉植岑彭祭遵堅鐔王霸陳俊馬武十三將軍幷弇爲十四也追戰於潞東潞縣名屬漁陽郡今幽州潞縣也有潞水因以爲名蕭該音義云潞屬上黨臣賢案潞與漁陽相接言上黨潞者非也集解先謙曰在今順天府通州東及平谷大破滅之平谷縣屬漁陽郡故城在今潞縣北集解先謙曰在今順天府平谷縣東北縣志十二里城子莊朱鮪遣討難將軍蘇茂攻溫今洛州縣集解先謙曰溫河內縣在今懷慶府溫縣西南三十里亦曰蘇城馮異寇恂與戰大破之斬其將賈彊集解惠棟曰水經注持節使者賈彊於是諸將議上尊號馬武先進曰天下無主如有聖人承敝而起雖仲尼爲相孫子爲將猶恐無能有益反水不收後悔無及言早當即尊位以定衆心今執謙退失於事機也孫子名武吳王闔閭將善用兵有兵法十三篇反音翻大王雖執謙退奈宗廟社稷何

後漢書一上　十四

宜且還薊即尊位迺議征伐今此誰賊而馳騖擊之乎誰謂未有主也前書音義曰直騁曰馳亂馳曰騖集解惠棟曰陳仁錫云言何等賊易與耳不煩擊也先謙曰既即尊位則不順命者乃賊耳今則以誰爲賊乎注皆非光武驚曰何將軍出是言可斬也武曰諸將盡然光武使出曉之使曉諭諸將迺引軍還至薊夏四月公孫述自稱天子光武從薊還集解惠棟曰東觀記上發薊還士衆喜樂師行鼓舞歌詠八荒震動過范陽命收葬吏士至中山諸將復上奏曰漢遭王莽宗廟廢絕豪傑憤怒兆人塗炭尚書曰人墜塗炭孔安國注云若陷泥墜火無救之者王與伯升首舉義兵更始因其資以據帝位而不能奉承大統敗亂紀綱盜賊日多羣生危蹙蹙迫也音子六反大王初征昆陽王莽自潰後拔邯鄲北州弭定參分天下而有其二跨州據土帶甲百萬言武力則莫之敢抗論文德則無所與辭臣聞帝王不可以久曠天命不可以謙拒惟大王以社稷爲計萬姓爲心光武又不聽集解惠棟曰東觀記上破賊入漁陽諸將上尊號上不許議曹掾張祉言俗以爲燕人愚方定

大事反與愚人相守非計也上大笑行到南平棘縣名屬常山郡今趙州縣故城在縣南集解先謙曰舊志在今趙州南三里前志平棘時亦謂之南平棘諸將復固請之光武曰寇賊未平四面受敵何遽欲正號位乎諸將且出耿純進曰天下士大夫捐親戚棄土壤從大王於矢石之閒者其計固望其攀龍鱗附鳳翼以成其所志耳揚雄法言曰攀龍鱗附鳳翼巽以揚之今功業即定天人亦應而大王留時逆衆不正號位純恐士大夫望絕計窮則有去歸之思無爲久自苦也大衆一散難可復合時不可留衆不可逆純言甚誠切光武深感曰吾將思之行至鄗縣名今趙州高邑縣也鄗音火各反集解惠棟曰此師古音也韋昭呼告反闞駰云讀磽确則口交切也先謙曰在今趙州伯鄉縣北新志二十一里故城市光武先在長安時同舍生彊華續漢書曰彊華潁川人也彊音其兩反自關中奉赤伏符集解惠棟曰東觀記時傳聞不見赤伏符文軍中所上未信到鄗上所與在長安同舍諸生彊華在長安奉赤伏符詣鄗與上會風俗通曰昔有大夫彊劒姓諸彊其良反一作强見廣韻巨良切曰劉秀發兵捕不道四夷雲集龍鬬野四七之際火爲主四七二十八也自高祖至光武初起合二百二十八年即四七之際也漢火德故火爲主也羣臣因復奏曰受命之符人應爲大謂彊華奉赤伏符也萬里合信不議同情周之白魚曷足比焉尚書中候曰武王伐紂度孟津中流白魚躍入王舟長三尺赤文有字告以伐紂之意也今上無天子海內淆亂符瑞之應昭然著聞宜荅天神以塞羣望光武於是命有司設壇場於鄗南千秋亭五成陌壇謂築土場謂除地秦法十里一亭南北爲阡東西爲陌其地在今趙州柏鄉縣水經注曰亭有石壇壇有圭頭碑其陰云常山相隴西狄道馬能所造壇廟之東枕道有兩石翁仲南北相對焉集解劉攽曰莽壇廟之東案自上初無說廟之文明多一廟字何焯曰地理志鄗莽曰禾成亭當時即位於此蓋亦取與光武名相應也惠棟曰史記高祖功臣表有禾成孝侯公孫耳或漢元以來本名禾成後改高邑也六月己未即皇帝位集解惠棟曰濟陽宮碑作乙未燔燎告天天高不可達故燔柴以祭之庶高煙上通也爾雅云祭天曰燔柴燔音煩燎音力弔反禋于六宗精意以享謂之禋續漢志平帝元始中謂六宗爲易卦六子之氣水火雷風山澤也光武中興遵而不改至安帝即位初改六宗爲天地四方之宗祠於洛陽之北戌亥之地望于羣神山林川谷能興致雲雨者皆曰神不可徧至故望而祭之尚書曰望于山川徧于羣神其祝文曰皇天上帝后土神祇眷顧降命

屬秀黎元爲人父母屬音燭秀不敢當羣下百辟不謀同辭詩大雅曰百辟卿士鄭玄注云百辟畿內諸侯也咸曰王莽篡位秀發憤興兵破王尋王邑於昆陽誅王郎銅馬於河北平定天下海內蒙恩上當天地之心下爲元元所歸元元謂黎庶也元元猶言喁喁可矜怜之辭也集解何若瑤曰前書文帝紀以全元元之民顏注元元善意也讖記曰劉秀發兵捕不道卯金修德爲天子卯金劉字也春秋演孔圖曰卯金刀名爲赤帝後次代周集解劉攽曰注揄班固傳注爲下合有一劉字秀猶固辭至于再至于三羣下僉曰皇天大命不可稽留敢不敬承於是建元爲建武大赦天下改鄗爲高邑是月赤眉立劉盆子爲天子甲子前將軍鄧禹擊更始定國公王匡於安邑大破之安邑縣屬河東郡今蒲州縣也集解齊召南曰按定國上公乃匡之初封至此時爲比陽王久矣例以前文言舞陰王李軼後文言遣執金吾賈復擊更始郾王尹遵則此文之定國公亦范書刊削之未盡者錢大昕曰劉聖公傳匡封比陽王與紀異先謙曰安邑在今解州夏縣北縣志十五里夏王城斬其將劉均秋七月辛未拜前將軍鄧禹爲大司徒丁丑以野王令王梁爲大司空野王縣屬河內郡故城在今懷州時據赤伏符文故從縣宰而超拜之事具梁傳集解先謙曰野王今懷慶府治壬午以大將軍吳漢爲大司馬偏將軍景丹爲驃騎大將軍大將軍耿弇爲建威大將軍偏將軍蓋延爲虎牙大將軍偏將軍朱祐爲建義大將軍集解先謙曰祐當正作祜詳本傳諸本皆誤茲特於紀中明之中堅將軍杜茂爲大將軍時宗室劉茂自號厭新將軍王莽號新室言欲厭勝之率衆降封爲中山王己亥幸懷縣名屬河內郡故城在今懷州武陟縣西天子所行必有恩幸故稱幸集解先謙曰懷在今懷慶府武陟縣西南遣耿弇率彊弩將軍陳俊軍五社津水經注曰鞏縣北有五社津一名土社津有山臨河其下有穴潛通淮浦有渚謂之鮪渚呂覽云武王伐紂至鮪水即此地集解先謙曰五社津在今河南府鞏縣鄭元所云有五社渡爲五社津也備滎陽以東使吳漢率朱祐及廷尉岑彭前書廷尉秦官也聽獄必質於朝廷與衆共之尉平也故稱廷尉執金吾賈復前書曰中尉秦官武帝改爲執金吾吾禦也掌執兵革以禦非常揚化將軍堅鐔等十一將軍鐔音徒南反圍朱鮪於洛陽八月壬子祭社稷癸丑祠高祖太宗世宗於懷宮進幸河陽集解先謙曰河陽河內縣在今孟縣

西三十五里更始虞臣王田立降虞臣縣屬東郡城在今濮州雷澤縣北也集解先謙曰在今曹州府范縣東南縣志七十里義東保九月赤眉入長安更始奔高陵集解先謙曰高陵左馮翊治在今西安府高陵縣西一里辛未詔曰漢制度曰帝之下書有四一曰策書二曰制書三曰詔書四曰誡敕策書者編簡也其制長二尺短者半之篆書起年月日稱皇帝以命諸侯王三公以罪免亦賜策而以隸書用尺一木兩行唯此爲異也制書者帝者制度之命其文曰制詔三公皆璽封尙書令印重封露布州郡也詔書者詔告也其文曰告某官云如故事誡敕者謂敕刺史太守其文曰有詔敕某官它皆倣此集解劉攽曰注告某官云案文當更有云字先謙曰官本注木作寸更始破敗棄城逃走妻子裸袒流冗道路冗音人勇反冗散也朕甚愍之今封更始爲淮陽王淮陽郡故城在今陳州宛丘縣西南集解先謙曰今陳州府治吏人敢有賊害者罪同大逆甲申以前高密令卓茂爲太傅高密縣屬高密國今密州縣故城在今縣之西南卓以平帝時爲密令故曰前集解何焯曰注卓應改茂錢大昕曰茂傳作密令注密今洛州密縣也傳稱天下大蝗河南二十餘縣皆被其災獨不入密縣界則茂作令在河南之密非高密矣紀衍高字章懷不能改正隨文注之以致自相牴牾[illegible]密縣城東門南[illegible]密令卓茂祠先謙曰密在今開封府密縣東南春秋鄭新城也辛卯朱鮪舉城降冬十月癸丑車駕入洛陽幸南宮卻非殿

遂定都焉蔡質漢典職儀曰南宮至北宮中央作大屋複道三道行天子從中道從官夾左右十步一衞兩宮相去七里又洛陽宮閣名有卻非殿臣賢案俗本或作御北殿者誤集解惠棟曰帝王世紀洛陽古成周之舊基城東西六里一十步南北九里一百步時人謂洛陽爲東京長安爲西京遣岑彭擊荊州郡賊十一月甲午幸懷劉永自稱天子十二月丙戌至自懷赤眉殺更始而隗囂據隴右集解劉攽曰案史記事有相連則用而字今赤眉自殺更始隗囂自據隴右明此而字衍文盧芳起安定郡名今涇州縣集解先謙曰在今涇州北十五里破虜大將軍叔壽集解惠棟曰案壽潁川人見馮異傳孫恤曰叔姓左傳魯公子叔弓之後擊五校賊於曲梁戰歿曲梁屬廣平國今洛州縣也集解先謙曰今廣平府永年縣治

二年春正月甲子朔日有食之續漢志曰在危八度虛危齊地賊張步擁兵據齊至五年迺破大司馬吳漢率九將軍擊檀鄉賊於鄴東大破降之庚辰封功臣皆爲列侯大國四縣餘各有差下詔曰人情得足苦於放縱快須臾之欲忘愼罰之義尙書曰罔不明德愼罰亦克用勸孔安國注云愼刑罰亦能用勸善也惟諸將業遠功大誠欲傳於無窮宜如臨深淵如履薄冰戰戰慄慄日愼一日太公金匱曰黃帝居人上惴惴若臨深淵舜居人上矜矜如履薄冰禹居人上慄慄如不滿日敬勝怠則吉義勝欲則昌日愼一日壽終無殃其顯效未詶名籍未立者大鴻臚趣上續漢志曰大鴻臚卿一人中二千石掌諸王入朝及拜諸侯封者趣音促朕將差而錄之博士丁恭議曰古帝王封諸侯不過百里史記太史公曰武王成康所封數百而同姓五十地不過百里故利以建侯取法於雷易屯卦震下坎上震爲雷初九曰利建侯又曰震驚百里故封諸侯地方百里以法雷也集解惠棟曰逸禮王度記曰諸侯封不過百里象雷震百里所潤與同也雷者陰中之陽也諸侯象也諸侯比王者爲陰南面賞罰爲陽法雷也七十里五十里差功德也孝經緯援神契曰王者之後稱公大國稱侯皆千乘象雷震百里彊幹弱枝集解惠棟曰春秋緯漢含孳曰彊幹弱流天之道宋均曰流猶枝也尙書大傳曰彊幹弱枝尊天子卑諸侯也所以爲治也集解錢大昕曰章懷避唐諱凡治字多改爲理或爲化今本閒有作治者皆宋人校改今封諸侯四縣不合法制帝曰古之亡國皆以無道未嘗聞功臣地多而滅亡者迺遣謁者卽授印綬前書曰謁者秦官掌賓讚受事員七十人秩比六百石中興但三十人蔡質典職儀曰皆選儀容端正任奉使者前書曰諸侯王金璽盭綬列侯金印紫綬盭音戾草名也似艾可染綠因以名綬也集解劉攽曰注蔡質典職儀案前後注皆云漢典職儀明脫一漢字策

曰在上不驕高而不危制節謹度滿而不溢敬之戒之傳爾子孫長爲漢藩藩屏也言建諸侯所以爲國之藩蔽也詩大雅曰四國于藩壬午更始復漢將軍鄧曄輔漢將軍于匡降集解惠棟曰曄匡皆南陽析人見前書皆復爵位壬子集解惠棟曰考異云案正月甲子朔不應有壬子誤起高廟建社稷於洛陽立郊兆於城南始正火德色尙赤漢禮制度曰人君之居前有朝後有寢終則制廟以象朝後制寢以象寢光武都洛陽迺合高祖以下至平帝爲一廟藏十一帝主於其中元帝次當第八光武第九故立元帝爲祖廟後遂而不改續漢志曰立社稷於洛陽在宗廟之右皆方壇四面及中各依方色無屋有牆門而已白虎通曰天子之壇方五丈諸侯之壇半天子之壇社者土也人非土不立非穀不食故封土立社示有土也稷者五穀之長得陰陽中和之氣故祭之也續漢書曰制郊兆於洛陽城南七里爲壇八陛中又爲重壇天地位皆在壇上其外壇上爲五帝位青帝位在甲寅赤帝位在丙巳黃帝位在丁未白帝位在庚申黑帝位在壬亥其外爲壝重營皆紫以象紫宮有通道以爲門日月在營內南道日在東月在西北斗在北道之西外營中營凡千五百一十四神高皇帝配食焉北郊在洛陽城北四里方壇四陛地祇位南面西上高皇后配西面皆在壇上地理羣后從食皆在壇下中嶽在未四嶽各依其方淮海俱在東河在西濟在北江在南餘山川各如其方漢初土德色尙黃至此始明火德徽幟尙赤服色於是乃正集解劉攽曰注

立元帝爲祖廟案以世數言之元帝乃是光武考非祖也作祖字誤惠棟曰東觀記自漢草創德運正朔服色未有所定高祖因秦以十月爲正以漢水德立北畤而祠黑帝至孝文賈誼公孫宏以爲秦水德漢當爲土德至孝武兒寬司馬遷猶從土德自上即位案圖讖推五運漢爲火德周蒼漢赤木生火赤代蒼故上都洛陽制郊祀於城南行夏之時犧牲尚黑明火德之運徵幟尚赤四時隨色郊祀帝堯以配天宗祀高祖以配上帝又案前書郊祀志劉向父子以爲帝出於震故包羲氏始受水德其後以母傳子終而復始自神農黃帝下歷唐虞三代而漢得火焉故高祖始起神母夜號著赤帝之符旗章遂赤自得天統矣鄭展曰向父子雖有此議時不施行至光武建武二年乃用火德色尚赤耳蘇輿曰色尚赤應統犧牲旗幟言之夏時早定不能因此而獨存犧牲之色尚赤周制則牲用騂東觀記之說恐未審 是月赤眉焚西京宮室發掘園陵園謂塋域陵謂山墳寇掠關中大司徒鄧禹入長安遣府掾奉十一帝神主納於高廟漢官儀曰司徒府掾屬三十一人秩千石十一帝謂高祖至平帝神主以木爲之方尺二寸穿中央達四方天子主長尺二寸諸侯主長一尺虞主用桑練主用栗衞宏舊漢儀曰已葬收主爲木函藏廟太室中西壁坎中去地六尺一寸祭則立主於坎下集解惠棟曰許愼五經異義公羊說虞而作主古春秋左氏說既葬反虞天子九虞九虞者以柔日九虞十六日也諸侯七虞十二日也大夫五虞八日也士三虞四日也既虞然後祔死者於先死者祔而作主謂桑主也期年然後作栗主謹案左氏說與禮同漢舊儀曰上林給栗木也五經異義又云三王之代小祥以前主用桑者始死尚質故不相變既練易之遂藏於廟以爲祭主 眞定王楊臨邑侯讓謀反楊景帝七代孫讓即楊弟集解錢大昕曰劉植耿純傳皆作楊耿純傳臨作林遣前將軍耿純誅之二月己酉幸修武縣名屬河內郡本殷之甯邑韓詩外傳曰武王伐紂勒兵於甯改曰修武今懷州縣也集解先謙曰今衞輝府獲嘉縣治大司空王梁免壬子以太中大夫宋弘爲大司空遣驃騎大將軍景丹率征虜將軍祭遵等二將軍擊弘農賊破之因遣祭遵圍蠻中賊張滿蠻中聚名故戎蠻子國在今汝州西南俗謂之麻城集解先謙曰蠻城在今汝州西南續志新城有鄤聚古鄤氏今名蠻中水經注汝水東歷麻解城北故鄤鄉城也謂之蠻中俗以爲麻解城非也漁陽太守彭寵反攻幽州牧朱浮於薊延岑自稱武安王於漢中辛卯至自修武三月乙未大赦天下詔曰頃獄多冤人用刑深刻集解汪文臺曰藝文類聚五十一引續漢書作惟酷吏殘賊用刑深刻獄多冤人朕甚愍之孔子云刑罰不中則民無所措手足論語之文集解汪文臺曰續漢書下有自今以後有犯者將正厥辜二語其與中二千石諸大夫博士議郎議省刑法遣執金吾賈復率二

將軍擊更始郾王尹遵破降之遵或作尊驍騎將軍劉植擊密賊戰歿密縣屬河南郡今洛州縣集解先謙曰注見前遣虎牙大將軍蓋延率四將軍伐劉永夏四月圍永於睢陽更始將蘇茂殺淮陽太守潘蹇集解惠棟曰通鑑注案姓譜云周文王之子季孫食采於潘因氏曰潘晉有潘父楚有潘崇而附劉永甲午封叔父良爲廣陽王兄子章爲太原王章弟興爲魯王春陵侯嫡子祉爲城陽王城陽國故城在今沂州臨沂縣南集解先謙曰今沂州府莒州治五月庚辰封更始元氏王歙爲泗水王泗水國今兗州縣也集解先謙曰國都凌後廢屬廣陵郡今徐州府宿遷縣地故眞定王楊子德爲眞定王周後姬常爲周承休公武帝封周後姬嘉爲周子南君成帝封姬延爲周承休公常即延之後承休所封故城在今汝州東北集解惠棟曰恩澤侯表常姬嘉子建武二年更封承休侯十三年封於觀爲衞公也承休國屬潁川先謙曰在今汝州東括地志一名梁崔塢癸未詔曰民有嫁妻賣子欲歸父母者恣聽之敢拘執論如律六月戊戌立貴人郭氏爲皇后子彊爲皇太子大赦天下增郎謁者從官秩各一等前書曰郎官掌守門戶出充車騎有議郎中郎侍郎郎中秩六百石已下丙午封宗子劉終爲淄川王淄川國今淄川縣集解先謙曰前漢治劇十三年併北海惠棟曰終泗水王劉歙子始起兵時誘殺湖陽尉秋八月帝自將征五校丙辰幸內黃縣名屬魏郡今相州縣集解先謙曰在今彰德府內黃縣西縣志二十里舊縣城大破五校於羛陽降之羛陽聚名屬魏郡故城在今相州堯城縣東諸本有作苐者誤也左傳云晉荀盈如齊逆女還卒於戲陽杜預注云內黃縣北有戲陽城戲與羛同音許宜反集解惠棟曰郡國志內黃有羛陽聚酈元曰在縣北世謂之義陽郭也案墨翟書以羛爲義見說文先謙曰羛陽在今內黃南戲陽在縣北注以戲陽爲即羛陽蓋誤遣游擊將軍鄧隆救朱浮與彭寵戰於潞集解先謙曰寵守漁陽移治潞隆軍敗績蓋延拔睢陽劉永奔譙今亳州縣集解先謙曰今潁州府亳州治破虜將軍鄧奉據淯陽反九月壬戌至自內黃驃騎大將軍景丹薨延岑大破赤眉於杜陵縣名屬京兆周之杜伯國在今萬年縣東南集解先謙曰在今西安府咸甯縣東南關中饑民相食冬十一月以廷尉岑彭爲征南大將軍率八將軍討鄧奉於堵鄉水經注曰堵水南經小堵鄉在今唐州方城縣堵音者集解先謙曰今南陽府裕州地銅馬青犢尤來餘賊共立孫登爲天子於上郡春秋保乾圖曰

賊臣起名孫登巧用法多技方蓋立㠯應之上郡故城在今涇州上縣東南〔集解〕先謙曰今綏德州治 登將樂玄殺登㠯其眾五萬餘人降遣偏將軍馮異代鄧禹伐赤眉使太中大夫伏隆持節安輯青徐二州招張步降之爾雅曰輯和也音集 十二月戊午詔曰惟宗室列侯爲王莽所廢先靈無所依歸朕甚愍之其並復故國若侯身已殁屬所上其子孫見名尚書封拜屬所謂侯子孫所屬之郡縣也錄其見名上於尚書封拜之 是歲蓋延等大破劉永於沛西沛今徐州縣也〔集解〕先謙曰在今徐州府沛縣東 初王莽末天下旱蝗黃金一斤易粟一斛至是野穀旅生旅寄也不因播種而生故曰旅今字書作穭音呂古字通〔集解〕惠棟曰晉灼曰野生曰旅今之饑民采旅生也旅穭古字者案書序周公既得嘉禾旅天子之命史記旅作魯古文魯字如旅故旅亦作魯耳何若瑤曰釋詁旅眾也穀不因播種而生故曰野眾多故曰旅下五年云是歲野穀漸少田畝益廣以野穀與田畝對舉田畝播種者也漸少承此眾多言則訓眾是 麻尗尤盛野蠶成繭被於山阜人收其利焉

三年春正月甲子㠯偏將軍馮異爲征西大將軍杜茂爲驃騎大

將軍大司徒鄧禹及馮異與赤眉戰於回溪溪名也俗名回坑在今洛州永寧縣東〔集解〕先謙曰在今河南府永寧縣東北元和志三十六里 禹異敗績征虜將軍祭遵破蠻中斬張滿辛巳立皇考南頓君已上四廟壬午大赦天下閏月乙巳大司徒鄧禹免馮異與赤眉戰於崤底大破之崤山名底阪也一名嶔岑山在今洛州永寧縣西北〔集解〕惠棟曰公羊傳曰殽之嶔巖杜預曰殽在宏農澠池縣西二殽之間南谷中谷深委曲兩山相嶔也陸德明釋文殽本又作崤戶交反劉昌宗音豪先謙曰崤底在永寧縣西北七十里崤谷之底也有崤底關迴谿亦名崤坂底當爲胝此通作字說文秦謂陵坂曰胝 餘眾南向宜陽縣名屬弘農郡韓國都也故城在今洛州福昌縣東韓城是也〔集解〕先謙曰在今河南府宜陽縣東 帝自將征之己亥幸宜陽甲辰親勒六軍大陳戎馬大司馬吳漢精卒當前中軍次之驍騎武衛分陳左右赤眉望見震怖遣使乞降丙午赤眉君臣面縛面偝也謂反偝而縛之〔集解〕何若瑤曰史索隱面縛縛手於背而面向前也又一義 奉高皇帝璽綬蔡邕獨斷曰皇帝六璽皆玉螭虎紐文曰皇帝行璽皇帝之璽皇帝信璽天子行璽天子之璽天子信璽皆㠯武都紫泥封之玉璽譜曰傳國璽是秦始皇初定天下所刻其玉出藍田山丞相李斯所書其文曰受命于天既壽永昌高祖至霸上秦王子嬰獻之至王莽篡位就元后求璽不與㠯威逼之迺出璽投地璽上螭一角缺及莽敗李松持璽詣宛上更始更始敗璽入赤眉劉盆子既敗㠯奉光武 詔㠯屬城門校尉前書曰城門校尉掌京師城門屯兵秩比二千石也 戊申至自宜陽己酉詔曰羣盜縱橫賊害元元盆子竊尊號亂惑天下朕奮兵討擊應時崩解十餘萬眾束手降服先帝璽綬歸之王府斯皆祖宗之靈士人之力朕曷足㠯享斯哉享當也 其擇吉日祠高廟〔集解〕惠棟曰風俗通云漢舊注沛人語初發聲皆言其其者楚言也高祖始登帝位教令言其後以爲常耳 賜天下長子當爲父後者爵人一級二月己未祠高廟受傳國璽劉永立董憲爲海西王海西縣屬琅邪郡〔集解〕先謙曰海西廢縣今海州地 張步爲齊王步殺光祿大夫伏隆而反幸懷遣吳漢率二將軍擊青犢於軹西大破降之軹縣屬河內郡故城在今洛州濟源縣東南〔集解〕先謙曰在今懷慶府濟源縣南十三里 三月壬寅㠯大司徒司直伏湛爲大司徒續漢志曰光武即位依武帝故事置司徒司直建武十一年省 彭寵陷薊城寵自立爲燕王帝自將征鄧奉幸堵陽夏四月大

破鄧奉於小長安斬之馮異與延岑戰於上林破之關中上林苑也 吳漢率七將軍與劉永將蘇茂戰於廣樂大破之廣樂地闕今宋州虞城縣有長樂故城蓋避隋煬帝諱 虎牙大將軍蓋延圍劉永於睢陽五月己酉車駕還宮乙卯晦日有食之續漢志曰日在柳十四度柳河南也時樊崇謀作亂其七月伏誅 六月壬戌大赦天下耿弇與延岑戰於穰大破之穰縣屬南陽郡今鄧州縣〔集解〕先謙曰在今南陽府鄧州外城東南隅 秋七月征南大將軍岑彭率三將軍伐秦豐戰於黎丘大破之獲其將蔡宏〔集解〕先謙曰元統志襄陽府棗陽縣東北三十里有岑彭城相傳彭征秦豐時築城收馬於此 庚辰詔曰吏不滿六百石下至墨綬長相有罪先請續漢志曰縣大者置令一人千石其次置長四百石小者三百石侯國之相亦如之皆掌理人並秦制〔集解〕惠棟曰鄭眾周禮注議貴若今時吏墨綬有罪先請是也賈公彥云漢法丞相中二千石金印紫綬御史大夫二千石銀印黃綬縣令六百石銅印墨綬 男子八十㠯上十歲㠯下〔集解〕惠棟曰鄭眾周禮注今時律令年未滿八歲八十㠯上非手殺人他皆不坐 及婦人從坐者自非不道〔集解〕惠棟曰張斐律表云逆節絕理謂之不道 詔所名捕皆不得繫詔書有名而特

捕者集解惠棟曰前書平帝紀元始元年詔曰詔所名捕張晏曰名捕謂下詔時所捕也棟案漢有捕律在九篇中當驗問者即就驗女徙雇山歸家前書音義曰令甲女子犯徒遣歸家每月出錢雇人於山伐木名曰雇山蓋延拔睢陽獲劉永而蘇茂周建立永子紆為梁王冬十月壬申幸舂陵祠園廟集解惠棟曰李吉甫云世祖父南頓君陵在隨州棗陽縣東二十七里因置酒舊宅集解惠棟曰東觀記光武征秦豐幸舊宅水經注白水陂之陽有光武故宅基址存焉所謂白水鄉也光武征豐幸舊邑張平子以為眞人南巡觀舊里焉大會故人父老光武舊宅在今隨州棗陽縣東南宅南二里有白水焉即張衡所謂龍飛白水也集解惠棟曰李吉甫云在縣東南三十里十一月乙未至自舂陵涿郡太守張豐反涿郡故城在今幽州范陽縣集解先謙曰今順天府涿州治是歲李憲自稱天子西州大將軍隗囂奉奏時鄧禹承制命囂為西州大將軍專制涼州朔方事集解錢大昕曰隗囂傳自稱西州上將軍自是名震西州命囂為西州大將軍每及西州之事公孫述傳使西州豪傑來歙傳西州未附西州方略西州士大夫皆信重之西州新破竇融傳西州地埶局促西州豪傑遂復附從馬援傳因留西州常獨為西州言拔自西州卒破西州耿恭傳安豐侯竇融昔在西州鄧隲傳涼部叛羌搖蕩西州杜林傳問以經書故舊及西州事林前於西州得漆書古文尚書申屠剛傳西州發兵人人懷憂龐參傳方今西州流民擾動乃為西州士大夫所笑虞詡傳辟西州豪傑為掾屬橋玄傳上邽姜岐守道隱居名聞西州皇甫規傳爰自西州侵及涇陽自以西州豪傑鄭太傳明公出自西州趙壹傳竊伏西州皆謂涼州也陳龜傳西州豪右并兼廉范傳父客死於蜀漢范遂流寓西州西州平歸鄉里任文公傳西州智士死我乃當之謂益州也陳龜傳今西州邊鄙土地堉埆則兼并涼二州言之光武紀後拔邯鄲北州弭定彭寵傳使謁者韓鴻持節徇北州北州眾多疑惑是時北州破散而漁陽差完吳漢傳北州擾惑北州震駭鄧禹傳北州略定景丹傳景將軍北州大將劉植傳北州疑惑朱浮傳北州憂恐劉虞傳以恩厚得眾懷被北州烏桓傳北州乃定皆謂幽州也崔寔傳寔從兄烈有重名于北州[illegible]伏恭傳由是北州多為伏氏學[illegible]謂冀州也溫序傳將兵平定北州陳龜傳便習弓馬雄於北州董卓傳乞將之北州效力邊垂謂并州也魯恭傳是時東州多盜賊鄭太傳東州鄭玄學該古今謂青州也伏湛傳東州號為伏不鬬云[illegible]謂徐州也陳俊傳東州新平則兼青徐二州言之樊準傳今雖有西屯之役宜先東州之急鄧皇后紀又遣水潦東州饑荒此又兼兗冀徐諸州言之矣王常傳更始不量愚臣任以南州[illegible]桓帝紀盜賊徵發南州尤甚謂荊州也郭太傳始至南州過袁奉高不宿而去從叔度累日不去謂豫州也[illegible]張綱傳南州晏然許荊傳郡濱南州徐穉傳此必南州高士徐孺子也謂揚州也張綱為廣陵太守在徐州部而與揚境密邇故亦有南州之稱矣南蠻傳南州水土溫暑謂交州也鄭均傳前安邑令毛義淳潔之風東州稱仁方術傳會稽謝夷吾出自東州義盧江人盧江會稽皆屬揚州當云南州

而稱東州者揚在洛陽之東南職方氏東南曰揚州故亦可稱東州也劉焉傳南陽三輔民數萬戶流入益州焉悉收以為眾名曰東州兵此因益州在西故呼中土為東州非史家之通稱也建義大將軍朱祐率祭遵與延岑戰於東陽斬其將張成東陽聚名也故城在今鄧州南臨淮郡復有東陽縣非此地也集解先謙曰續志育陽有東陽聚即此在今南陽府鄧州南州志蓋即今之穰東鎮四年春正月甲申大赦天下二月壬子幸懷壬申至自懷遣右將軍鄧禹率二將軍與延岑戰於武當破之武當縣屬南陽郡有武當山今均州縣也集解先謙曰在今襄陽府均州北通典云延岑築元和志謂延岑城在穀城誤夏四月丁巳幸鄴己巳進幸臨平縣名屬鉅鹿郡故城在今定州鼓城縣東南集解錢大昕曰續志無此縣蓋建武六年所省先謙曰在今正定府晉州東南遣大司馬吳漢擊五校賊於箕山大破之吳漢傳曰東郡箕山五月進幸元氏集解惠棟曰東觀記光武北征彭寵陰后從行生孝明帝於元氏傳舍辛巳進幸盧奴集解惠棟曰東觀記為征彭寵故遣征虜將軍祭遵率四將軍討張豐於涿郡斬豐六月辛亥車駕還宮七月丁亥幸譙遣捕虜將軍馬武偏將軍王霸圍

劉紆於垂惠垂惠聚名在今亳州山桑縣西北一名禮城集解惠棟曰續志汝南山桑有垂惠聚先謙曰在今潁川府蒙城縣西北舊志二十里董憲將賁休以蘭陵城降憲圍之前書曰賁赫賁音肥今姓作賁音奔蘭陵縣屬東海郡故城在今沂州丞縣東集解劉攽曰注案文當云今姓作奔音如此便足不當更云今姓作賁音奔也多一賁字倒一奔字先謙曰在今兗州府嶧縣東五十里虎牙大將軍蓋延率平狄將軍龐萌救賁休不克蘭陵為憲所陷秋八月戊午進幸壽春今壽州縣集解先謙曰今鳳陽府壽州治太中大夫徐惲擅殺臨淮太守劉度惲坐誅遣揚武將軍馬成率三將軍伐李憲九月圍憲於舒縣名故城在今廬州廬江縣西集解先謙曰今同冬十月甲寅車駕還宮太傅卓茂薨十一月丙申幸宛遣建義大將軍朱祐率二將軍圍秦豐於黎丘十二月丙寅進幸黎丘是歲集解惠棟曰東觀記自王莽末天下旱蝗連年百穀不成元年之初耕作者少民饑饉黃金一斤易粟一石至二年秋天下野穀旅生麻菽尤盛或生苽菜果實野蠶成繭被山民收其絮採獲穀果以為蓄積是歲野穀生者稀少而南畝亦益闢矣征西大將軍馮異與公孫述將程焉戰於陳倉破之集解何焯曰焉字疑作烏先謙曰陳倉在今鳳翔府

寶雞縣東

五年春正月癸巳，車駕還宮。二月丙午，大赦天下。捕虜將軍馬武、偏將軍王霸拔垂惠。乙丑，幸魏郡。今相州也。〔集解〕先謙曰：今彰德府安陽縣東北。壬申，封殷後孔安爲殷紹嘉公。武帝封孔吉爲殷紹嘉公，安即吉之裔也。〔集解〕惠棟曰：恩澤侯表殷紹嘉侯孔何齊綏和元年二月以殷後孔子世吉適子封，後六月進爵爲公，元始二年更爲宋公。彭寵爲其蒼頭所殺。漁陽平。秦呼人爲黔首，謂奴爲蒼頭者，以別於良人也。大司馬吳漢率建威大將軍耿弇擊富平、獲索賊於平原，大破降之。平原郡，今德州縣也。〔集解〕先謙曰：在今濟南府平原縣南二十五里。復遣耿弇率二將軍討張步。三月癸未，徙廣陽王良爲趙王，始就國。平狄將軍龐萌反，殺楚郡太守孫萌而東附董憲。遣征南大將軍岑彭率二將軍伐田戎於津鄉，大破之。南郡有津鄉，故城在今荊州江陵縣東。〔集解〕先謙曰：荊州記江陵縣東三里有津鄉，今屬荊州府。夏四月，旱，蝗。河西大將軍竇融始遣使貢獻。五月丙子，詔曰：「久旱傷麥，秋種未下，朕甚憂之。將殘吏未勝，

獄多冤結，元元愁恨，感動天氣乎？其令中都官、三輔、郡、國出繫囚，前書音義曰：中都官，謂京師諸官府也。國謂諸侯王國也。〔集解〕惠棟曰：前書宣帝紀後元二年上遣使者分條中都官獄繫者。續漢書武帝置中都官獄二十六所，世祖皆省，惟廷尉及洛陽有詔獄。又宣帝紀神爵元年發三輔中都官從弛刑。衛宏漢舊儀曰：都邸獄理天下郡國上計，屬大鴻臚；東市獄屬京兆尹；西市獄屬左馮翊。辠非犯殊死，一切勿案，殊死謂斬刑。殊，絕也。左傳曰：「斬其木而弗殊。」一切謂權時，非久制也。並見前書音義。見徒免爲庶人。務進柔良，退貪酷，各正厥事焉。」臣賢案：范曄序例云帝紀略依春秋，唯孛彗、日食、地震書，餘悉備於志。流俗本於此下多有「甲中白虹見南北竟天」者，誤。它皆放此。六月，建義大將軍朱祐拔黎丘，獲秦豐。而龐萌、蘇茂圍桃城，任城國有桃聚，故城在今兖州任城縣北。〔集解〕劉攽曰：正文案文多一而字，說與上同。先謙曰：後漢任城國治任城，今爲濟寧州治，桃聚所在未詳。帝時幸蒙，縣名，屬梁國，故城在今宋州北。因自將征之。先理兵任城，遒進救桃城，大破萌等。秋七月丁丑，幸沛，祠高原廟。前書音義曰：原，再也。謂已立廟，更立者爲原。〔集解〕惠棟曰：徐廣引東觀記曰上幸豐，祠高祖於原廟。棟案：史記高紀曰孝惠五年思高祖之樂沛，以沛宮爲高祖原廟是也。詔修復西京園陵。進幸湖陵，征董憲。湖陵縣屬山陽郡，故城在今兖州方與縣東，一名湖陸。〔集解〕先謙曰：在今濟寧州魚臺縣東南六十里。又幸蕃。縣名，屬魯國，故城在今徐州滕縣。蕃音皮。〔集解〕先謙曰：今兖州府滕縣。遂攻董憲於昌慮，大破之。昌慮縣屬東海郡，故城在今徐州滕縣東南，古邾國之濫邑也。左傳曰「邾庶其以濫來奔」，即此地。〔集解〕先謙曰：在今滕縣東南六十里。八月己酉，進幸郯。縣名，屬東海郡，故城在今泗州下邳縣東北。郯音談。〔集解〕先謙曰：在今沂州府。留吳漢攻劉紆、董憲等，車駕轉徇彭城、下邳。吳漢拔郯，獲劉紆。漢進圍董憲、龐萌於朐。縣名，屬東海郡，故城在今海州朐山縣西。音其于反。〔集解〕先謙曰：在今海州朐縣南。冬十月，還，幸魯，使大司空祠孔子。耿弇等與張步戰於臨淄，大破之。臨淄，今青州縣。〔集解〕先謙曰：在今青州府臨淄縣北八里。帝幸臨淄，進幸劇。縣名，在今青州壽光縣南，故紀國城也。〔集解〕先謙曰：在今青州府壽光縣西，城內有臺高九尺，俗呼紀臺城。張步斬蘇茂以降，齊地平。初起太學。陸機洛陽記曰：太學在洛陽城故開陽門外，去宮八里，講堂長十丈，廣三丈。〔集解〕惠棟曰：東觀記初起太學，宮諸生吏民子弟及民以義助作。上自齊歸，幸太學，賜博士弟子有差。車駕還宮，幸太學，賜博士弟子各有差。十一月壬寅，大司徒伏湛免。尚書令侯霸爲大司徒。十二月，盧芳自稱天子於九原。縣名，屬五原郡，故城在今勝州銀城縣。〔集解〕先謙曰：在今烏喇特旗東南境。

西州大將軍隗囂遣子恂入侍。交阯牧鄧讓率七郡太守遣使奉貢。交阯郡，今交州縣也，南濱大海。輿地志云：其夷足大指開折，兩足並立，指則相交。阯與趾同，古字通。應劭漢官儀曰：始開北方，遂交於南，爲子孫基阯也。七郡謂南海、蒼梧、鬱林、合浦、交阯、九眞、日南，並屬交州。見續漢書。〔集解〕先謙曰：漢交阯牧治今廣東西及越南國，後改交州。詔復濟陽二年徭役。濟陽縣故城在今曹州冤句縣西南。皇考南頓君初爲濟陽令，呂哀帝建平元年帝生於濟陽宮，故復之。前書音義曰：復謂除其賦役也。復音福。〔集解〕先謙曰：濟陽在今開封府儀封縣北，舊志五十里。是歲，野穀漸少，〔集解〕惠棟曰：符瑞志建武初野繭穀充給百姓，其後耕蠶稍廣，二事漸息。田畝益廣焉。〔集解〕劉攽曰：章懷注書避世字作代，作葉；民字作人；治字作理。作化所引他書亦皆易之，後人不知，或輒改還本字，又不能都換之，亦有誤改代爲世者，雖不甚害義，聊記之以曉學者。

光武帝紀卷第一上終

後漢書集解卷一上校補

光武帝紀上世祖光武皇帝注光武中興官本中下有葉字

與王莽前隊大夫甄阜注河東爲兆隊兆官本作北誤

更始元年正月甲子朔據下文二月辛巳逆推正月甲子非朔朔字衍且前書莽傳止著四年正月不言日而下書三月辛巳朔雖與本書異月然辛巳既爲朔亦不應正月復有甲子朔也

時有長人巨無霸無前書莽傳作毋周壽昌曰莽改其姓曰巨母氏毋母字近也

吕爲壘尉注堂堂黃帝黃官本作皇非

諸於繡𧝓注自關之西官本之作而

迺遣光武至持節北度河集解上一可用案聚珍本東觀記作帝第一可用

陳繼儒云毦音餌羽衣一名兜鍪案惠引陳說必有誤一名兜鍪非鍪上飾毦羽衣身所衣兜鍪首所戴必不能通詁據一切經音義二引通俗文毛飾曰毦毦上重毛亦曰毦此節毦二重其飾當略與稍同飾用毛亦非用羽也

可使爲魚注在今洺州肥鄉縣東北洺官本誤洛

鄖遣將倪宏注倪音五兮反官本無音字

又別號諸賊至尤來錢大昭曰水經注鄒山記徂來山在兗州梁父奉高博城三縣界今猶有美松赤眉樊崇保此山自號尤來三老

各領部曲注部三校尉錢大昭曰今續志作部校尉一人

光武擊銅馬於鄡注並誤也官本無也字

封其渠帥爲列侯注卽徹侯也官本無也字

或云已沒注營門不覺官本營上有而字

何遽欲正號位乎官本遽作據

自關中奉赤伏符集解時傳聞不見赤伏符文軍中所姚之駰東觀記輯本作時傳聞赤伏符不見文章軍中所

盧方起安定方官本同錢大昭曰閩本作芳案後文及本傳均作芳不應此獨岐出通鑑亦作芳當從閩本

二月己酉幸修武至辛卯至自修武三月乙未大赦天下洪亮吉曰己酉辛卯不同月下三月二字當在辛卯上范史誤倒案本年正月係甲子朔則二月己酉已屆望後矣不惟二月無辛卯卽三月亦不當有乙未袁紀書三月乙酉大赦天下不作乙未也范書月日踳駮之處不可枚舉書闕有間無從悉正

持節安輯青徐二州注爾雅曰輯和也音集官本無此注

立皇考南頓君已上四廟錢大昭曰春陵節侯鬱林太守鉅鹿都尉南頓令也

進幸黎丘是歲集解東觀記至益關矣此卽本書五年事東觀記列於五年是歲野穀漸少下而見於四年耳惠氏引補當著其年之異不合羼廁於此

帝時幸蒙注縣名屬梁國故城在今宋州北在今歸德府商邱縣東北二十二里

遂攻董憲於昌慮注古郳國之濫邑也官本無也字

初起太學集解初起太學宮諸生吏民子弟及民以義助作據聚珍本東觀記宮字及吏下民字皆衍

交阯牧鄧讓率七郡太守遣使奉貢注七郡謂南海蒼梧鬱林合浦交阯九眞日南並屬交州見續漢書錢大昭曰七郡太守爲江夏太守侯登武陵太守王堂長沙相韓福桂陽太守張隆零陵太守田翕蒼梧太守杜穆交阯太守錫光明見岑彭傳此別爲說非

光武帝紀卷第一下

宋　宣城太守范曄撰

唐　章懷太子賢注

王先謙集解

六年春正月丙辰改舂陵鄉爲章陵縣〔集解〕先謙曰注見上卷世世復傜役比豐沛無有所豫高祖豐沛邑人故代代復今比之也復音福〔集解〕齊召南曰按應作沛豐邑人高祖乃沛縣之豐邑人及即位後始置豐縣與沛縣並言豐沛也辛酉詔曰往歲水旱蝗蟲爲災穀價騰躍言踴貴也人用困乏朕惟百姓無以自贍惻然愍之其命郡國有穀者給稟說文稟賜穀也音筆錦反高年鰥寡孤獨及篤癃無家屬貧不能自存者如律大戴禮曰六十無妻曰鰥五十無夫曰寡禮記曰幼而無父曰孤老而無子曰獨爾雅曰篤困也蒼頡曰癃病也漢律今亡〔集解〕惠棟曰案注當云癃罷病也晉平公罷病是也師古云罷疲病也音隆二千石勉加循撫無令失職職猶常也揚武將軍馬成等拔舒獲李憲二月大司馬吳漢拔朐

獲董憲龐萌山東悉平諸將還京師置酒賞賜〔集解〕惠棟曰東觀記二月吳漢下朐城天下悉定唯獨公孫述隗囂未平上曰取此兩子置度外乃休諸將置酒賞賜之三月公孫述遣將任滿寇南郡今荊州也〔集解〕先謙曰今同夏四月丙子幸長安始謁高廟〔集解〕汪文臺曰御覽五百三十一引袁山松書云長安遭赤眉亂宮室焚盡唯有高廟遂居之遂有事十一陵有事謂祭也左傳曰有事於太廟高祖長陵惠帝安陵文帝霸陵景帝陽陵武帝茂陵昭帝平陵宣帝杜陵元帝渭陵成帝延陵哀帝義陵平帝康陵〔集解〕惠棟曰三輔故事光武至長安宮闕燒盡徙都洛陽取十二陵合爲高廟作十二室太常卿一人別治長安主知齋祠謂之高廟令遣虎牙大將軍蓋延等七將軍從隴道伐公孫述〔集解〕先謙曰說文隴天水大阪也五月己未至自長安隗囂反蓋延等因與囂戰於隴阺諸將敗績〔集解〕先謙曰文選上林賦注坻下阪道也坻是阺借字寇恂傳囂拒隴阺辛丑詔曰惟天水隴西安定北地並郡名天水今秦州安定今涇州北地今寧州隴西今渭州〔集解〕先謙曰天水今鞏昌府通渭縣隴西今蘭州府狄道州安定今平涼府固原州北地今慶陽府環縣東南吏人爲隗囂所詿誤者說文曰詿亦誤也音古賣反又三輔遭難赤眉有犯法不道者前書音義曰律殺不辜一家三人爲不道自殊死已下皆赦除之六月辛卯詔曰夫張官置吏所以爲人也管子曰張官置吏所以奉主之法〔集解〕惠棟曰白虎通列土爲疆非爲諸侯張官設府非爲卿大夫皆爲民也今百姓遭難戶口耗少而縣官吏職所置尚繁其令司隸州牧漢官儀曰司隸校尉部河南河內右扶風左馮翊京兆河東弘農七郡於河南洛陽故謂東京爲司隸各實所部〔集解〕通鑑胡注所部郡縣各考覈其實也惠棟曰應劭皇甫謐皆言王莽篡位續以更始赤眉之亂邊陲蕭條障塞破壞光武中興海內人民十有二存或空置太守令長故令司隸州牧各實所部爲裁省郡國張本省減吏員縣國不足置長吏可并合者并音必政反上大司徒大司空二府〔集解〕惠棟曰王充論衡郡言事二府曰敢言之司空曰上檢案孔廟置卒史碑前言魯相平行長史事下守長擅扣頭死罪敢言之司徒司空府左方云平皇恐扣頭死罪上司空府是也於是條奏并省四百餘縣吏職減損十置其一代郡太守劉興擊盧芳將賈覽於高柳戰歿高柳縣屬代郡故城在今雲州定襄縣〔集解〕先謙曰在今大同府陽高縣西北初樂浪人王調據郡不服樂浪郡故朝鮮國也在遼東〔集解〕先謙曰今平壤城已歸日領秋遣樂浪太守王遵擊之郡吏殺調降遣前將軍李通率二將軍與公孫述將戰於西城

破之西城縣屬漢中今金州縣也〔集解〕先謙曰在今興安府西北夏蝗秋九月庚子赦樂浪謀反大逆殊死已下丙寅晦日有食之〔集解〕惠棟曰續漢志在尾八度史官不見郡以聞冬十月丁丑詔曰吾德薄不明寇賊爲害彊弱相陵元元失所詩云日月告凶不用其行詩小雅鄭玄注云告凶告天下以亡之徵也行道度也不用之者謂相干犯永念厥咎內疚於心疚病也詩曰憂心孔疚其勑公卿舉賢良方正各一人武帝建元元年始詔舉賢良方正直言極諫之士也百僚並上封事無有隱諱宣帝始令羣臣得奏封事以知下情有司修職務遵法度十一月丁卯詔王莽時吏人沒入爲奴婢不應舊法者皆免爲庶人十二月壬辰大司空宋弘免癸巳詔曰頃者師旅未解用度不足故行什一之稅謂十分而稅其一也孟子曰夏五十而貢殷七十而助周百畝而徹其實皆什一也今軍士屯田糧儲差積武帝初通西域始置校尉屯田其令郡國收見田租三十稅一如舊制景帝二年令人出田租三十而稅一今依景帝故云舊制隗囂遣將行巡寇扶風行巡姓名漢有行姓爲趙相見風俗通〔集解〕惠棟曰孫愐云行姓周有大行人之官其後氏焉漢有

行宏爲任城相征西大將軍馮異拒破之是歲初罷郡國都尉官集解劉攽曰案
郡有都尉國有中尉此時罷郡都尉官耳不當有國字始遣列侯就國匈奴遣使來獻使中
郎將報命漢官儀曰使匈奴中郎將擁節秩比二千石匈奴傳云令中郎將韓統報命賂遺金幣
七年集解惠棟曰東觀後記本紀云建武七年正月詔羣臣奏事無得言聖人又舊制上書以青布囊素裹封書不中式不得
上既上詣北軍待報前後相塵連歲月乃決上躬親萬機急於下情乃令尙書啟封則用不得刮璽書取具文字而已奏詣闕平旦
上其有當見及冤結者常以日出時騶騎馳出召入其餘遇中使者出報郎罷去如神遠近不偏幽隱上達民莫敢不用情又曰追
念前世園陵至盛王侯外戚葬埋僭侈吏民相效浸以無限詔詰天下令薄葬春正月丙申詔中都官三
輔郡國出繫囚非犯殊死皆一切勿案其罪見徒免爲庶民集解錢大
昕曰章懷注范史避太宗諱民字皆改爲人如光武紀兆人塗炭爲人父母祖宗之靈士人之力是也今本仍有作民者則宋以後
校書者回改然亦有不當改而妄改者如建武七年詔郡國出繫囚見徒免爲庶民十一年詔敢炙灼奴婢論如律免所以炙灼者
爲庶民十二年詔隴蜀民被略爲奴婢自訟者及縣官未報一切免爲庶民十三年詔益州民自八年以來被略爲奴婢者皆一切
免爲庶民十四年詔益涼二州奴婢自八年以來自訟在所官一切免爲庶民殤帝延平元年詔宗室坐事沒入宮者今悉免遣及

後漢書一下　三

掖庭宮人皆爲庶民此庶民本當作庶人校書者不知庶民與庶人有別而一例改之然建武五年詔郡國出繫囚見徒免爲庶人
六年詔王莽時吏人沒入爲奴婢不應舊法者皆免爲庶人此兩處仍未改也凡律言庶人者對奴婢及有罪者而言與它處泛稱
庶民者不同今本有改有不改由當時校書不出一手故爾又崔寔傳引景帝詔曰加笞與重罪無異幸而不死不可爲民此亦不
當改而妄改者也又一卷之中或改或否如明帝紀中元二年詔流人無名數欲自占者人一級永平三年詔流人無名數欲自占
者人一級十七年詔流人無名數欲占者人一級而永平十二年十八年俱云流民無名數欲占者人一級魯恭傳前云萬人之命
在於一舉後云萬民者天之所生又有一文重見而或改或否如光武紀民無所措手足章帝紀人無所措手足梁統傳人無所厝
手足郎顗傳安上理人莫善於理張純傳安上治民莫善於禮趙典傳又如逸民傳章懷本改爲逸人今雖已回改而法雄傳中逸人
字仍未改皆校書者之不學也耐罪亡命吏以文除之耐輕刑之名前書音義曰一歲刑爲罰作二歲刑已
上爲耐耐音乃代反亡命謂犯耐罪而背名逃者令吏爲文簿記其姓名而除其罪恐遂逃不歸因失名籍集解惠棟曰江邃文釋
云漢令完而不髡曰耐如淳云律耐爲司寇耐爲鬼薪白粲耐猶任也應劭云輕罪不至於髡完其耏鬢故曰耏古耐字從彡髮膚
之意也杜林以爲法度之字皆從寸後改如是晉灼云命者名也謂脫名籍而逃匿則削除名籍故以逃爲亡命又詔曰
世以厚葬爲德薄終爲鄙至於富者奢僭貧者單財單盡也法令不

能禁禮義不能止倉卒迺知其咎倉卒謂喪亂也諸厚葬者皆被發掘故迺知其咎惡也其
布告天下令知忠臣孝子慈兄悌弟薄葬送終之義二月辛巳罷
護漕都尉官集解惠棟曰應劭漢官儀侍御史出督州郡稅賦漕軍糧言督軍糧侍御史至後漢復有護漕都尉官建
武七年省三月丁酉詔曰今國有衆軍並多精勇宜且罷輕車騎士材
官樓船士及軍假吏漢官儀曰高祖命天下郡國選能引關蹶張材力武猛者以爲輕車騎士材官樓船常以
立秋後講肄課試各有員數平地用車騎山阻用材官水泉用樓船軍假吏謂軍中權置吏也今悉罷之今還復民伍
公孫述立隗囂爲朔寧王癸亥晦日有食之集解惠棟曰續志在畢五度袁宏紀是時
宰相多以功舉官人率由舊恩天子勤吏治俗頗苛刻因是變也避正殿寢兵不聽事五日詔曰
吾德薄致災謫見日月謫罰也音直革反左傳曰人君爲政不用善自取謫於日月之災也戰慄恐
懼夫何言哉今方念愆庶消厥咎其令有司各修職任奉遵法度
惠茲元元百僚各上封事無有所諱其上書者不得言聖夏四月
壬午詔曰比陰陽錯謬日月薄食百姓有過在予一人大赦天下

後漢書一下　四

公卿司隸州牧舉賢良方正各一人遣詣公車朕將覽試焉公車門名
公車所在因以名焉漢官儀曰公車掌殿司馬門天下上事及徵召皆總領之五月戊戌前將軍李通爲
大司空甲寅詔吏人遭饑亂及爲青徐賊所略爲奴婢下妻欲去
留者恣聽之杜預左傳云不以道取爲略集解惠棟曰方言就室曰搜於道曰略略強取也棟案漢盜律有劫略之科
敢拘制不還以賣人法從事言從賣人之事以結其罪集解惠棟曰盜律云略人略賣人和賣和買人
爲奴婢者死陳羣新律序曰盜律有和賣買人案此則漢律盜篇有賣人之條前二年詔曰敢拘執論如律所謂律者卽賣人法也
是夏連雨水漢忠將軍王常爲橫野大將軍八月丁亥封前河間
王邵爲河間王隗囂寇安定征西大將軍馮異征虜將軍祭遵擊
卻之冬盧芳所置朔方太守田颯音立集解惠棟曰史炤釋文音立王幼學音思合反案颯後爲
漁陽太守見斥彰長田君碑雲中太守喬扈集解惠棟曰盧芳傳作橋喬氏狀云本橋氏黃帝後至漢始去木
元和姓纂橋山支孫守冢者爲氏棟案陳球碑云司空喬元蓋當時已有借用者矣各舉郡降是歲省長水
射聲二校尉官前書音義曰長水地名胡騎所屯射聲謂工射者也夜中聞聲則射之因以爲名二校尉皆武帝置

今省之
八年春正月中郎將來歙襲略陽縣名屬天水郡故城在今秦州隴城縣西北集解惠棟曰闞駰十三州志畧陽道在天水郡東六十里即故冀城也宋白續通典云在隴城縣東六十里即故冀城魏黃初中改爲隴城先謙曰在今秦州秦安縣東北九十里殺隗囂守將而據其城夏四月司隸校尉傅抗下獄死集解先謙曰官本抗作亢隗囂攻來歙不能下閏月帝自征囂河西太守竇融集解錢大昕曰按河西非郡名不當有太守當依前五年作河西大將軍率五郡太守與車駕會高平五郡謂隴西金城天水酒泉張掖高平縣名屬安定後改爲高平今原州縣集解劉攽曰注案高平縣名後改爲高平不成文理蓋合有一郡字萬承蒼曰注案高平本非郡名蓋高平縣後改爲平高見唐志錢大昕曰隴西天水二郡非竇融所統當從融傳以武威敦煌足五郡之數隴右潰隗囂奔西城遣大司馬吳漢征南大將軍岑彭圍之進幸上邽不降上邽縣名屬隴西郡故邽戎邑今秦州縣集解先謙曰在今秦州西南命虎牙大將軍蓋延建威大將軍耿弇攻之潁川盜賊寇沒屬縣河東守守兵亦叛集解劉攽曰案文多一守字若云大守之兵又不合去太字京師騷動秋大水八

月帝自上邽晨夜東馳九月乙卯車駕還宮庚申帝自征潁川盜賊皆降安丘侯張步叛歸琅邪安丘縣屬北海郡今密州縣有渠丘亭集解先謙曰今青州府安邱縣西南寰宇記二十里琅邪太守陳俊討獲之戊寅至自潁川冬十月丙午幸懷十一月乙丑至自懷公孫述遣兵救隗囂吳漢蓋延等還軍長安天水隴西復反歸囂十二月高句驪王遣使奉貢是歲大水左傳曰平原出水爲大水集解惠棟曰東觀記郡國比大水涌泉盈溢杜林以爲倉卒時兵權擅作威強民雖皆降散猶尚有遺脫長吏制御無術令得復熾元元侵淩之所致

九年春正月隗囂病死其將王元周宗復立囂子純爲王徙鴈門吏人於太原三月辛亥初致青巾左校尉官集解劉攽曰案前史廢置官皆用置字書置立也致字訓送詣上文光武爲司隸致僚屬招致之義可作致字今建此官宜作置蓋緣前文遂誤此字改作置無疑先謙曰置致字古通用前漢書置多作致上文致僚屬致亦置之借字劉說非公孫述遣將田戎任滿據荊門水經注曰江水東歷荊門虎牙之間荊門山在南上合下開其狀似門虎牙山在北石壁色紅間有白文類牙故以名也此二山楚之西塞也在今硤州夷陵縣東南集解先謙曰在今宜昌府東湖縣東南三十里夏六月丙戌幸緱氏登轘轅緱氏縣有緱氏山轘轅山有轘轅坂並在洛陽之東南集解先謙曰緱氏今屬河南府偃師縣轘轅山在偃師東南接鞏登封二縣界遣大司馬吳漢率四將軍擊盧芳將賈覽於高柳戰不利秋八月遣中郎將來歙監征西大將軍馮異等五將軍討隗純於天水驃騎大將軍杜茂與賈覽戰於繁畤縣名屬鴈門郡今代州縣集解通鑑胡注案唐代州繁畤雖存漢縣名然非古繁畤也畤音止先謙曰漢繁畤縣在今大同府渾源州界唐繁畤縣在今代州繁畤縣東茂軍敗績是歲省關都尉前書曰秦官也武帝置復置護羌校尉官漢官儀曰武帝置秩比二千石持節以護西羌王莽亂遂罷時班彪議宜復其官以理冤結帝從之以牛邯爲護羌校尉都於隴西令居縣集解錢大昭曰西羌傳與此同然溫序傳建武六年已爲護羌校尉似非九年始置

十年春正月大司馬吳漢率捕虜將軍王霸等五將軍擊賈覽於高柳匈奴遣騎救覽諸將與戰卻之修理長安高廟集解惠棟曰理本治字避諱改焉他倣此夏征西大將軍馮異破公孫述將趙匡於天水斬之征西

大將軍馮異薨秋八月己亥幸長安祠高廟遂有事十一陵戊戌進幸汧縣名屬右扶風故城在今隴州汧源縣集解先謙曰在今鳳翔府隴州南隗囂將高峻降冬十月中郎將來歙等大破隗純於落門前書曰天水冀縣有落門聚在今渭州隴西縣東南有落門山落門水出焉集解先謙曰在今鞏昌府伏羌縣西通志四十里有永寧鎮即羌之大落門谷其將王元奔蜀純與周宗降隴右平先零羌寇金城隴西金城郡故城在今蘭州廣武縣之西南集解先謙曰今蘭州府皋蘭縣西南來歙率諸將擊羌於五谿大破之續漢志曰隴西襄武縣有五谿聚集解先謙曰在今鞏昌府隴西縣東庚寅車駕還宮是歲省定襄郡定襄故城在今勝州界集解先謙曰漢縣十二並在今歸化城左右成樂武進定襄改屬雲中都武襄陰武皋定陶武要復陸省桐過駱縣武成仍屬定襄益以雁門之善無中陵爲五縣此後復設也徙其民於西河郡名今石州離石縣集解先謙曰今汾州府永寧州治泗水王歙薨淄川王終薨

十一年春二月己卯詔曰天地之性人爲貴其殺奴婢不得減罪己酉幸南陽集解惠棟曰考異云袁紀三月己酉幸南陽案上有二月己卯以長歷考之二月壬申朔己卯八日也己

酉庚午皆在三月己酉上脫三月字還幸章陵祠園陵城陽王祉薨庚午車駕還宮閏月征南大將軍岑彭率三將軍與公孫述將田戎任滿戰於荆門大破之獲任滿威虜將軍馮駿圍田戎於江州縣名屬巴郡今渝州巴縣集解先謙曰今重慶府巴縣岑彭遂率舟師伐公孫述平巴郡夏四月丁卯省大司徒司直官漢官儀曰武帝置丞相司直元壽二年改丞相爲大司徒司直仍舊今省先零羌寇臨洮縣名屬隴西郡故城在今岷州集解先謙曰今鞏昌府岷州六月中郎將來歙率揚武將軍馬成破公孫述將王元環安於下辯縣名屬武都郡今成州同谷縣舊名武街城集解惠棟曰孫愐云環姓古有楚賢者環淵後有環濟安遣閒人刺殺中郎將來歙閒謀也謂伺候閒隙也帝自將征公孫述秋七月次長安左傳例曰凡師出一宿爲舍再宿爲信過信爲次八月岑彭破公孫述將侯丹於黃石卽黃石灘也水經注曰江水自涪陵東出百里而屆於黃石在今涪州涪陵縣集解惠棟曰歐陽忞云涪州涪陵縣有黃石灘一名横石岑彭破侯丹於黃石卽此輔威將軍臧宮與公孫述將延岑戰於沈水大破之水經注曰沈水出廣漢縣下入涪水本或作沉水及沉水者並非王

元降至自長安癸亥詔曰敢炙灼奴婢論如律免所炙灼者爲庶民冬十月壬午詔除奴婢射傷人弃市律公孫述遣閒人刺殺征南大將軍岑彭馬成平武都集解先謙曰成縣西有武都縣故城前漢郡治古白馬氐地因隴西太守馬援擊破先零羌徙致天水隴西扶風集解惠棟曰杜佑云宣帝代先零種寇金城趙充國立屯田且討且招降者三萬餘人置金城屬國以處之自後賓服光武建武中初寇金城馬援討破降之徙七千口於三輔禹貢雍州宗周豐鎬之舊也及建武中以馬援領隴西太守討叛羌徙其餘種於關中居馮翊河東空地故段熲疏曰當煎作寇馬文淵徙之三輔是也十二月大司馬吳漢率舟師伐公孫述是歲省朔方牧幷幷州朔方郡在今夏州朔方縣北上幷音必政反集解先謙曰前書朔方郡三封縣班注武帝元狩三年城朔方縣班注金連鹽澤青鹽澤皆在南元和志以爲郡治三封閻若璩云當治朔方是也今蒙古鄂爾多斯右翼南境有喀刺莽尼池烏藍池卽漢二澤一統志謂三封故城在套外河西岸今鄂爾多斯後旗正西河外元和志謂卽夏州長澤縣地非是吳卓信云志又以唐什賁故城爲漢朔方縣而云近在唐朔方縣理之北不知漢之朔方在上郡北與河北相近唐之朔方縣在今楡林西南本漢上郡地若如元和志所言則漢之朔方在今楡林邊內而上郡轉在朔方之北矣非是先謙案据諸說章懷注亦誤漢武置朔方郡後別稱朔方州置刺史監河西諸郡事今省刺史而以所統朔方五原二郡及河以西之金城武威張掖酒泉敦煌五郡幷入他州也幷州下疑奪涼州二字全祖望云自顏注平當傳謬言朔方不在十三州之內則以司隸爲一部是益以東京之制爲武帝制宋王應麟因之區分其目載入通鑑地理通釋如涼州刺史部隴西金城天水武威張掖酒泉敦煌安定北地九郡幷州刺史部太原上黨西河朔方五原雲中定襄雁門八郡不知前漢之涼州止武都隴西天水安定北地五郡幷州止太原上黨西河雲中定襄雁門六郡其朔方五原二郡及河以西之金城武威張掖酒泉敦煌五郡共七郡爲朔方州所統也先謙案今既省朔方牧則幷州止統朔方五原二郡而河西之金城武威張掖酒泉敦煌五郡幷入涼州無疑故知誤奪涼州二字益唐初本已如此矣初斷州牧自還奏事前書音義曰刺史每歲盡則入奏事京師今斷之哀帝改刺史曰州牧

十二年春正月大司馬吳漢與公孫述將史興戰於武陽斬之武陽縣屬犍爲郡故城在今眉州隆山縣東也集解先謙曰在今眉州彭山縣東十里三月癸酉詔隴蜀民被略爲奴婢自訟者及獄官未報一切免爲庶民夏甘露降南行唐縣名屬常山郡今恒州縣集解先謙曰在今正定府行唐縣北舊志三十里六月黃龍見東阿今濟州縣集解先謙曰在今兗州府陽穀縣東北五十里阿城鎭秋七月威虜將軍馮駿拔江州獲田戎

九月吳漢大破公孫述將謝豐於廣都斬之廣都今益州集解先謙曰在今成都府華陽縣東南輔威將軍臧宮拔涪城斬公孫恢涪城今綿州縣也恢述之弟集解先謙曰涪城在今綿州涪縣東北大司空李通罷冬十一月戊寅吳漢臧宮與公孫述戰於成都大破之述被創夜死辛巳吳漢屠成都夷述宗族及延岑等廣雅曰夷猶滅也集解惠棟曰常璩華陽國志漢盡誅公孫氏及延牙等諸將帥二十餘人十二月辛卯揚武將軍馬成行大司空事是歲九眞徼外蠻夷張游率種人內屬九眞今愛州縣集解先謙曰今屬法領越南國封爲歸漢里君省金城郡屬隴西參狼羌寇武都武都今武州也參音所今反集解先謙曰前漢武都治武都後漢治下辨皆在唐成州不在武州也注誤隴西太守馬援討降之詔邊吏力不足戰則守追虜料敵不拘以逗留法說文曰逗留止也前書音義曰逗是曲行避敵也漢法軍行逗留畏愞者斬追虜或近或遠量敵進退不拘以軍法直取勝敵爲務也逗古住字横野大將軍王常薨遣驃騎大將軍杜茂將衆部施刑屯北邊施讀曰弛弛解也前書音義曰謂有赦令去其鉗釱赭衣謂之弛刑築亭候亭候伺候望敵之所前書曰秦法十

里一亭亭有長漢因之不改修烽燧前書音義曰邊方備警急作高土臺臺上作桔皋桔皋頭有兜零以薪草置其中常低之有寇即燃火舉之以相告曰烽又多積薪寇至即燔之望其煙曰燧晝則燔燧夜迺舉烽廣雅曰兜零籠也集解何若瑶曰今廣雅作篝篝籠也

十三年春正月庚申大司徒侯霸薨戊子詔曰往年已敕郡國異味不得有所獻御今猶未止非徒有豫養導擇之勞豫養謂未至獻時豫前養之導亦擇也集解惠棟曰顏之推云導訓擇相如封禪書曰導一莖六穗於庖是也說文作䆃至迺煩擾道上疲費過所集解惠棟曰周禮司關以節傳出之鄭元云如今移過所文書其令太官勿復受續漢志曰太官令一人秩六百石掌御膳飲食明敕下以遠方口實所以薦宗廟自如舊制漢官儀曰口實膳羞之事也

二月遣捕虜將軍馬武屯滹沱河以備匈奴盧芳自五原亡入匈奴丙辰詔曰長沙王興眞定王得河間王邵中山王茂皆襲爵爲王不應經義以其服屬既疏不當襲爵爲王集解錢大昕曰眞定王得即建武二年所封眞定王楊子德也德得古字通此景帝子常山憲王之後也中山王茂光武族父建武元年封亦長沙定王之後河間王邵建武七年以故

河間王封未詳其世系長沙王興當亦定王之後史不爲立傳而本紀亦不載受封年月疑與邵皆更始所封也惠棟曰案注非也周制頒爵不過五等公侯伯子男無封王者故云不應經義朱祐傳祐奏古者人臣受封不加王爵可改諸王爲公帝即施行故有是詔十五年詔封諸王爲公十七年仍進爵爲王也詳見下其以興爲臨湘侯臨湘縣今潭州長沙縣集解先謙曰今長沙府長沙縣得爲眞定侯邵爲樂成侯樂城縣故城在今瀛州樂府縣西北集解劉攽曰注案府當作壽齊召南曰唐無樂府縣其深州樂壽縣初隸瀛州舊唐志樂壽漢樂成縣是其證也先謙曰在今河間府獻縣東南寰宇記十六里注樂城誤當作成茂爲單父侯今宋州縣音善甫集解先謙曰在今曹州府單縣南一里其宗室及絕國封侯者凡一百三十七人丁巳降趙王良爲趙公太原王章爲齊公魯王興爲魯公集解錢大昕曰齊武王傳建武二年立章爲太原王十一年徙章爲齊王是章由齊王降封公紀云太原王者誤也齊魯二王降封本傳俱不載建武十九年進齊魯公爵爲王傳亦不書皆史之疏也庚午以殷紹嘉公孔安爲宋公周承休公姬常爲衞公集解惠棟曰恩澤侯表姬常於建武二年爲周承休侯五年侯武嗣十三年更爲衞公然則姬常當作姬武也續漢志亦誤作常志又云以爲漢賓在三公上省并西京十三國廣平屬鉅鹿眞定屬常山河間屬信都城陽屬琅邪泗水屬廣陵淄川屬高密膠東屬北海六安屬廬江廣陽屬上谷據此惟有九國云十三誤也集解錢大昕曰續志北海國下云建武十三年省淄川高密膠東三國餘以其縣屬益其時以高密四縣封鄧禹膠東六縣封賈復故不立王國而並屬之北海高密與淄川同在省并之內非以淄川屬高密也志又稱世祖并省郡國十今并高密計之正合十國之數乃知紀云十三國者誤衍三字而淄川下又衍屬字耳章懷注據紀文止有九國以證十三之誤則知唐初此本已誤矣

三月辛未沛郡太守韓歆爲大司徒丙子行大司空馬成罷夏四月大司馬吳漢自蜀還京師於是大饗將士班勞策勳班布也謂徧布勞來之其有功者以策書紀其勳也勞音力到反功臣增邑更封凡三百六十五人其外戚恩澤封者四十五人罷左右將軍官前書曰左右將軍周官也秦漢因之至此罷建威大將軍耿弇罷益州傳送公孫述瞽師郊廟樂器葆車輿輦於是法物始備瞽無目之人也爲樂師取其無所見於音聲審也郊廟之器鐏彝之屬也樂器鐘磬之屬葆車謂上建羽葆也合聚五采羽名爲葆輿者車之總名也輦者駕人以行法物謂大駕鹵簿儀式也時以草創未暇今得之始備集解通鑑胡注法物即上樂器葆車輿輦之類惠棟曰西京賦曰垂翟葆建羽旗前書韓延壽傳曰在東郡試騎士

治飾兵車植羽葆也時兵革既息天下少事文書調役務從簡寡調謂發也至迺十存一焉甲寅冀州牧竇融爲大司空五月匈奴寇河東秋七月廣漢徼外白馬羌豪率種人內屬廣漢今益州雒縣也徼猶塞也音吉弔反羌有百五十四種在廣漢西北者爲白馬羌集解惠棟曰書序西旅獻獒鄭元云獒讀爲豪西戎無君名強大有政者爲酋豪也先謙曰廣漢郡今成都府漢州九月日南徼外蠻夷獻白雉白兔日南郡屬交州集解先謙曰今屬法領越南國冬十二月甲寅詔益州民自八年以來被略爲奴婢者謂公孫述時也皆一切免爲庶民或依託爲人下妻欲去者恣聽之敢拘留者比青徐二州以略人法從事集解惠棟曰盜律云略人略賣人爲奴婢者死功臣表曲逆侯陳何元光五年坐略人妻弃市是也復置金城郡前年省并隴西

十四年春正月起南宮前殿匈奴遣使奉獻使中郎將報命中郎將劉襄也夏四月辛巳封孔子後志爲褒成侯平帝封孔均爲褒成侯志均子也古今志曰志時爲密令集解惠棟曰恩澤侯表元始元年以孔子世褒成烈君霸曾孫均封褒成侯奉孔子祀越嶲人任貴自稱

太守遣使奉計越巂郡武帝置本邛都也巂水名因越巂水而置郡故以名焉計謂人庶民籍若今計帳集解先謙曰越巂今寗遠府西昌縣治秋九月平城人賈丹殺盧芳將尹由來降平城屬雁門郡今雲州定襄縣也集解先謙曰在今大同府大同縣東是歲會稽大疫會稽今越州縣集解陳景雲曰是時會稽理吳至順帝分置吳郡徙會稽理山陰乃爲唐之越州地耳注微誤何焯曰古今注以爲十三年莎車國鄯善國遣使奉獻莎車鄯善並西域國名鄯音市戰反十二月癸卯詔益涼二州奴婢自八年以來自訟在所官一切免爲庶民賣者無還直

十五年春正月辛丑大司徒韓歆免自殺事見侯霸傳丁未有星孛於昴汝南太守歐陽歙爲大司徒建義大將軍朱祐罷丁未有星孛於營室集解錢大昕曰丁未重出當有一誤以天文志證之似下丁未誤也予以四分術推得是年正月戊寅朔則丁未爲月之三十日彗星見四十九日而滅其滅當在三月十九日乙未而志云二月乙未滅亦誤二月徙鴈門代郡上谷三郡民集解惠棟曰續志吏民六萬餘口置常關居庸關以東前書曰代郡有常山關上谷郡居庸縣有關時胡寇數犯邊故徙之集解劉攽曰據注文及他處盡云常山關正文少一山字初巴蜀既平大

司馬吳漢上書請封皇子不許重奏連歲三月迺詔羣臣議大司空融固始侯通膠東侯復高密侯禹太常登等奏議曰古者封建諸侯以藩屏京師藩蔽也屏蔽也詩大雅曰介人維藩大邦維屏毛萇注云當用公卿諸侯爲藩屏也公羊傳曰京者何大也師者何衆也天子之居必有衆大之辭言之集解劉攽曰注必有按今公羊云必以作有非也周封八百史記曰唐虞協和萬國逮于夏商或數千蓋周封八百也集解先謙曰宋本注逮作遝下有國字同姓諸姬並爲建國左傳曰虞虢焦滑霍楊韓魏皆姬姓也夾輔王室尊事天子享國永長爲後世法故詩云大啟爾宇爲周室輔詩魯頌也宇居也周成王封周公子伯禽於魯言大開爾居以爲我周家之輔高祖聖德光有天下亦務親親封立兄弟諸子不違舊章陛下德橫天地興復宗統褒德賞勳親睦九族孔安國注尚書云九族謂上至高祖下至玄孫功臣宗室咸蒙封爵多受廣地或連屬縣今皇子賴天能勝衣趨拜陛下恭謙克讓抑而未議羣臣百姓莫不失望宜因盛夏吉時定號位以廣藩輔禮記月令天子孟夏迎夏於南郊還迺封諸侯行爵出祿明親親尊宗廟重社稷應古合舊厭塞衆心臣請大司空上輿地圖廣雅曰輿載也言載在地者皆圖畫之司空掌土地故令上之集解惠棟曰周禮大司徒掌建邦之土地之圖鄭元曰土地之圖若今司空郡國輿地圖賈公彥曰輿者車輿其前列曲地形不可正方故云輿地圖也前書曰武帝元狩六年御史大夫奏輿地圖請所立國名立齊燕廣陵三王太常擇吉日具禮儀制曰可夏四月戊申以太牢告祠宗廟丁巳使大司空融告廟封皇子輔爲右翊公集解史炤曰右馮翊也胡三省曰三輔有左馮翊無稱右者右翊封國史無所考惠棟曰光武十王傳建武十五年封輔爲右馮翊公焉爲左馮翊公蓋以馮翊一郡中分而封二公故稱左右何云無所考史說是也英爲楚公陽爲東海公康爲濟南公蒼爲東平公延爲淮陽公荊爲山陽公衡爲臨淮公焉爲左翊公京爲琅邪公癸丑追謚兄伯升爲齊武公兄仲爲魯哀公集解惠棟曰陶藻齊職儀云建武初朱祐議以爲土無二王臣爵皆不過公於是悉封郡公十七年又依舊稱王六月庚午復致屯騎長水射聲三校尉官七年罷集解劉攽曰致亦當作置說同十四年先謙曰說見前改青巾左校尉爲越騎校尉詔下州郡檢覈墾田頃畝墾闢也及戶口年紀集解惠棟曰趙德麟云年紀者紀記也記其年之數又考實二千石長吏阿枉不平者冬十一月甲戌大司徒

歐陽歙下獄死十二月庚午關內侯戴涉爲大司徒盧芳自匈奴入居高柳是歲驃騎大將軍杜茂免虎牙大將軍蓋延薨

十六年春二月交阯女子徵側反略有城邑三月辛丑晦日有食之集解惠棟曰續志在昴七度爲獄事時諸郡太守坐度田不實世祖怒殺十餘人然後深悔之秋九月河南尹張伋及諸郡守十餘人坐度田不實皆下獄死東觀記曰刺史太守多爲詐巧不務實核苟以度田爲名聚人田中幷度廬屋里落聚人遮道啼呼郡國大姓及兵長羣盜處處並起攻劫在所害殺長吏郡縣追討到則解散去復屯結青徐幽冀四州尤甚冬十月遣使者下郡國聽羣盜自相糾擿擿猶發也音它狄反五人共斬一人者除其罪集解惠棟曰顏師古云赦其本罪案成帝鴻嘉四年有是令也吏雖逗留回避故縱者集解惠棟曰律說出罪爲故縱前書昭帝紀始元四年廷尉李种坐故縱死罪弃市也皆勿問聽以禽討爲效其牧守令長坐界內盜賊而不收捕者又以畏愞捐

城委守者皆不曰爲負委守謂弃其所守也集解蘇輿曰前書注晉灼云令丞尉治一縣崇敎化亡犯法者輒遷有盜賊滿三日不覺者則尉事也令覺之自除二尉負其二春秋繁露考功名篇言考試法九分三三列之有上中下以一爲最五爲中九爲殿有餘歸之於中中而上者有得中而下者有負得少者以一益之至於四負多者以四減之至於一皆逆行此變舊制但以獲盜多少總課殿最其餘不除負也但取獲賊多少爲殿最殿後也謂課居後也最凡要之首也言課居先也唯蔽匿者迺罪之於是更相追捕賊並解散徙其魁帥於它郡賦田受稟使安生業自是牛馬放牧邑門不閉盧芳遣使乞降十二月甲辰封芳爲代王初王莽亂後貨幣雜用布帛金粟是歲始行五銖錢武帝始爲五銖錢王莽時廢今始行之

十七年春正月趙公良薨二月乙亥晦集解錢大昕曰五行志作乙未惠棟曰袁紀作乙未司馬光據長歷三月丙申朔帝紀誤日有食之東觀記曰上以日食避正殿讀圖讖多御坐廡下淺露中風發疾苦眩甚左右有白大司馬史病苦如此不能動搖自強從公出乘以車行數里病差四月二日車駕宿偃師病差數日入南陽界到葉以車騎省留數日行黎陽兵馬千餘匹遂到章陵起居平愈集解惠棟曰續志在胃九度胃供養之官也其十月廢郭后詔曰不可以奉

供養夏四月乙卯南巡狩皇太子及右翊公輔楚公英東海公陽濟南公康東平公蒼從幸潁川進幸葉章陵葉縣故楚葉公邑屬南郡今許州縣也葉音式涉反集解齊召南曰南郡當作南陽郡唐葉縣本隸許州至開元後改隸汝州先謙曰在今南陽府葉縣南三十里舊縣店五月乙卯車駕還宮六月癸巳臨淮公衡薨秋七月妖巫李廣等羣起據皖城縣名屬廬江郡故城在今舒州有皖水音下板反集解惠棟曰袁紀作費登當亦是卷人維汜之弟子所載者異耳先謙曰皖城今安慶府潛山縣遣虎賁中郎將馬援驃騎將軍段志討之九月破皖城斬李廣等冬十月辛巳廢皇后郭氏爲中山太后立貴人陰氏爲皇后進右翊公輔爲中山王食常山郡本恒山郡避文帝諱改爲常山故城在今趙州元氏縣西集解先謙曰在今正定府元氏縣西其餘九國公皆即舊封進爵爲王集解蘇輿曰前以不應經義除封王之制此復仍舊殆以更前漢祖制爲嫌與案古者王爲天子專號帝爲追尊故五等不容有王秦始皇自稱爲帝則王列通爵其不能應經義理勢然也甲申幸章陵修園廟祠舊宅觀田廬置酒作樂賞賜時宗室諸母因酣悅相與語曰文叔少時謹信與人不款曲唯直柔耳今迺能如此帝聞之大笑曰吾理天下亦欲以柔道行之迺悉爲舂陵宗室起祠堂有五鳳皇見於潁川之郟縣郟今汝州郟城縣也東觀記曰鳳高八尺五彩羣鳥並從行列蓋地數頃停一十七日集解先謙曰官本無五字郟今汝州郟縣十二月至自章陵是歲莎車國遣使貢獻

十八年春二月蜀郡守將史歆叛集解惠棟曰華陽國志建武十八年吳漢盡誅公孫氏蜀郡史歆怨吳漢之殘掠蜀也擁郡自保世祖以天下始平民未忘兵而歆倡之事宜必克復遣漢平蜀遣大司馬吳漢率二將軍討之圍成都甲寅西巡狩幸長安三月壬午祠高廟遂有事十一陵歷馮翊界進幸蒲坂祠后土漢官儀曰祭地於河東汾陰后土宮宮曲入河古之祭地澤中方丘也以夏至日祭其禮儀如祭天蒲坂縣屬河東郡后土祠在今蒲州汾陰縣西北集解先謙曰在今蒲州府榮河縣夏四月甲戌車駕還宮癸酉詔曰集解萬松齡曰諸本皆同按癸酉移前甲戌移後寫者誤倒耳下文又云戊申幸河內戊子至河內按四月甲戌亥得有戊申戊字明是甲字之訛觀下戊子可見今邊郡盜穀五十斛罪至於死開殘吏妄殺之路其蠲除此法同之內郡遣伏

波將軍馬援率樓船將軍段志等擊交阯賊徵側等戊申幸河內戊子至自河內五月旱盧芳復亡入匈奴秋七月吳漢拔成都斬史歆等壬戌赦益州所部殊死已下冬十月庚辰幸宜城縣屬南郡楚之鄢邑也故城在今襄州率道縣南集解先謙曰在今襄陽府宜城縣南還祠章陵十二月乙丑車駕還宮是歲罷州牧置刺史武帝元封五年初置部刺史掌奉詔條察州秩六百石員十三人成帝綏和元年更名牧秩二千石哀帝建平二年復爲刺史元壽二年復爲牧經王莽變革至建武元年復置牧今改置刺史

十九年春正月庚子追尊孝宣皇帝曰中宗始祠昭帝元帝於太廟漢官儀曰光武弟雖十二於父子之次於成帝爲兄弟於哀帝爲諸父於平帝爲祖父皆不可爲之後上至元帝於光武爲父故上繼元帝而爲九代故河圖云赤九會昌謂光武也然則宣帝爲曾祖故追尊及祠之集解劉攽曰注案世數宣帝於光武猶是祖此多一曾字錢大昕曰祭祀志是年雒陽高廟四時加祭孝宣孝元凡五帝此云昭帝誤成帝哀帝平帝於長安舂陵節侯以下四世於章陵妖巫單臣傅鎭等反據原武集解通鑑胡注原武屬河南尹先謙曰今開封府陽武縣地太中大夫臧宮圍之夏四月拔原武

斬臣鎮等伏波將軍馬援破交阯斬徵側等因擊破九眞賊都陽
等降之閏月戊申進趙齊魯三國公爵爲王六月戊申詔曰春秋之義
立子以貴公羊傳曰立嫡以長不以賢立子以貴不以長桓公何以貴母貴也母貴則子貴子以母貴母以子貴集解劉
攽曰注母貴則子貴案公羊本文當云母貴則子何以貴此少何以二字東海王陽皇后之子宜承大
統皇太子彊崇執謙退願備藩國父子之情重久違之其以彊爲
東海王立陽爲皇太子改名莊秋九月南巡狩壬申幸南陽進幸
汝南南頓縣舍置酒會賜吏人復南頓田租歲集解劉攽曰案文不見歲數明少一
字近下二十年復濟陽六歲顯宗復元氏六歲則此當初復五歲增一歲則六歲與後事同矣是漏五字也惠棟曰東觀記本紀十
九年上幸南陽汝南至南頓止令舍大署濟陽吏民復南頓田租一歲吏民叩頭言皇考居此日久陛下識知寺舍每來輒加厚恩
但復一歲少薄願復十歲云云劉貢父時東觀書尚存故置不觀輒以臆說而云漏五字此宋人之蔽亦古今之蔽也父老
前叩頭言皇考居此日久陛下識知寺舍蔡邕獨斷曰陛階陛也與天子言不敢指斥故
云陛下風俗通曰寺司也諸官府所止皆曰寺光武嘗從皇考至南頓故識知官府寺舍每來輒加厚恩願賜

復十年帝曰天下重器常恐不任日復一日安敢遠期十歲乎吏
人又言陛下實惜之何言謙也帝大笑復增一歲進幸淮陽梁沛
西南夷寇益州郡常璩華陽國志云武帝元封二年叟夷反將軍郭昌討平之因開爲益州郡故城在今昆明晉
寧縣是也集解先謙曰今雲南府晉寧州遣武威將軍劉尚討之越巂太守任貴謀叛
十二月劉尚襲貴誅之是歲復置函谷關都尉九年省今復置集解劉攽曰正文致
亦當作置此注中亦有作置也先謙曰正文置當從官本作致方與劉注相應修西京宮室
二十年春二月戊子車駕還宮夏四月庚辰大司徒戴涉下獄死
古今注曰坐入故太倉令奚涉罪集解惠棟曰竇融傳坐所舉人盜金下獄與注異涉冀州清河人見張湛傳大司空竇
融免五月辛亥大司馬吳漢薨匈奴寇上黨天水遂至扶風六月
庚寅廣漢太守蔡茂爲大司徒太僕朱浮爲大司空壬辰左中郎
將劉隆爲驃騎將軍行大司馬事武帝省太尉置大司馬將軍成帝賜金印紫綬置官屬祿比丞
相哀帝去將軍位在司徒上見前書乙未徙中山王輔爲沛王秋東夷韓國人率衆

詣樂浪內附東夷有辰韓卞韓馬韓謂之三韓國也集解官本考證曰卞韓應作弁韓冬十月東巡狩
甲午幸魯進幸東海楚沛國十二月匈奴寇天水壬寅車駕還宮
是歲省五原郡徙其吏人置河東復濟陽縣徭役六歲
二十一年春正月武威將軍劉尚破益州夷平之夏四月安定屬
國胡叛屯聚青山青山在今慶州馬嶺縣西北集解萬松齡曰按慶州祇有馬嶺縣無烏嶺縣惠棟曰郡國志北
地參䜌縣故屬安定有青山續漢書安定屬國人本屬國降胡也居參䜌青山中其豪帥號盧芳頭少劉先謙曰官本烏作馬故曾氏紹之青山
在今慶陽府環縣西寰宇記馬嶺山與青山相連在馬嶺縣西一里遣將兵長史陳訢討平之訢音
欣秋鮮卑寇遼東遼東太守祭肜大破之冬十月遣伏波將軍馬
援出塞擊烏桓不克匈奴寇上谷中山其冬鄯善王車師王等十
六國皆遣子入侍奉獻願請都護都護官帝置始以鄭吉爲之秩比二千石都總也言總護南北
道居烏壘城察西域諸國動靜以聞事見前書帝以中國初定未遑外事迺還其侍子厚
加賞賜

二十二年春閏月丙戌幸長安祠高廟遂有事十一陵二月己巳
至自長安夏五月乙未晦日有食之集解惠棟曰續志在柳七度京師宿也柳爲上倉祭祀穀
也近輿鬼輿鬼爲宗廟十九年有司奏立近帝四廟至此三年不立廟故示象也秋七月司隸校尉蘇鄴
下獄死九月戊辰地震裂集解惠棟曰續志郡國四十二地震南陽尤甚制詔曰集解劉攽曰案
史無有書制詔曰者唯下三公及它官詔有云制詔某官史亦不著曰字明此多一制字也說者云武后諱詔曾改此詔作制後人
因誤重之也日者地震南陽尤甚夫地者任物至重靜而不動者也而
今震裂咎在君上鬼神不順無德災殃將及吏人朕甚懼焉其令
南陽勿輸今年田租芻稾遣謁者案行其死罪繫囚在戊辰以前
減死罪一等徒皆弛解鉗衣絲絮弛解脫也鉗鑷也鈦也音奇炎反前書音義曰鈦足鉗也
音徒計反又大蓋反舊法在徒役者不得衣絲絮今赦許之集解惠棟曰張斐漢晉律序鈦狀如跟衣著足下重六斤以代臏至
魏武改以代刖也賜郡中居人壓死者棺錢人三千其口賦逋稅而廬宅
尤破壞者勿收責漢儀注曰人年十五至五十六出賦錢人百二十爲一算又七歲至十四歲出口錢人二十以供

天子至武帝時又口加三錢㠯補車騎馬逋稅謂欠田租也吏人死亡或在壞垣毀屋之下而家羸弱不能收拾者其㠯見錢穀取傭爲尋求之冬十月壬子大司空朱浮免癸丑光祿勳杜林爲大司空是歲齊王章薨青州蝗匈奴薁鞬日逐王比薁音於六反鞬音紀言反比其名也遣使詣漁陽請和親使中郎將李茂報命集解惠棟曰顏師古云薁音郁鞬居言反南匈奴傳二十二年左賢王蒲奴立爲單于比不得立既懷憤恨而匈奴中連年旱蝗單于畏漢乘其敝乃遣使詣漁陽求和親於是遣李茂報命而比密遣人奉匈奴地圖詣西河太守求內附案此則李茂所報者乃蒲奴非比也比內附在二十三年烏桓擊破匈奴匈奴北徙幕南地空前書音義曰沙土曰幕鄣今磧也詔罷諸邊郡亭候吏卒

二十三年春正月南郡蠻叛集解惠棟曰南蠻傳南郡潳山蠻雷遷等遣武威將軍劉尚討破之徙其種人於江夏郡名故城在今安州雲夢縣東南集解惠棟曰杜佑云其後沔中蠻是也先謙曰江夏郡今德安府雲夢縣東南元和志涓水之北有江夏故城周數里据山川言之此城南近夏水餘址寬大前漢郡理也夏五月丁卯大司徒蔡茂薨秋八月丙戌大司空杜林薨九月辛

未陳留太守玉況爲大司徒況字文伯京兆人玉音肅集解惠棟曰三輔決錄杜陵有玉氏音肅冬十月丙申大僕張純爲大司空高句驪率種人詣樂浪內屬十二月武陵蠻叛寇掠郡縣遣劉尚討之戰於沅水武陵郡今朗州也沅水名出牂柯東北過臨沅縣至長沙入洞庭湖集解先謙曰武陵今常德府武陵縣尚軍敗歿是歲匈奴薁鞬日逐王比率部曲遣使詣西河內附集解何焯曰宣帝置西河北地屬國以處匈奴降者故詣西河內附

二十四年春正月乙亥大赦天下匈奴薁鞬日逐王比遣使款五原塞求扞禦北虜秋七月武陵蠻寇臨沅縣名屬武陵郡故城在今朗州武陵縣集解先謙曰在今常德府武陵縣西沅水逕平山在縣西三十里即逕縣城然後歷枉渚縣在今府城西或謂在府城東者非遣謁者李嵩中山太守馬成討蠻不克於是伏波將軍馬援率四將軍討之詔有司申明舊制阿附蕃王法武帝時有淮南衡山之謀作左官之律設附益之法前書音義曰人道尚右言捨天子仕諸侯爲左官左僻也阿曲附益王侯者將有重法是爲舊制今更申明之集解惠棟曰漢律鄭元章句曰封諸侯過限曰附益或曰阿媚王侯有重法也袁安傳曰阿附反虜法與同罪是也冬十月匈奴薁鞬日逐王比自立爲南單于於是分爲南北匈奴集解惠棟曰案東觀記時十二月癸丑也

二十五年春正月遼東徼外貊人貊人穢貊國人也貊音陌寇右北平漁陽上谷太原集解陳景雲曰太原二字非衍即誤貊人入寇東邊諸郡不能西至太原內地也東夷傳同遼東太守祭肜招降之烏桓大人來朝大人謂渠帥也集解惠棟曰注謂字衍據魏書云烏桓大人郝旦等九千餘人率眾向化先謙曰官本注大人作烏桓南單于遣使詣闕貢獻奉蕃稱臣又遣其左賢王擊破北匈奴卻地千餘里三月南單于遣子入侍戊申晦日有食之集解惠棟曰續志在畢十五度畢爲邊兵其冬蠻夷爲寇害伏波將軍馬援等破武陵蠻於臨沅冬十月扶餘王遣使奉獻夫餘國在海東去玄菟千餘里是歲烏桓大人率眾內屬集解惠棟曰通鑑考異云上既著烏桓來朝此又紀內屬蓋始獨大人來朝後乃率種族內屬耳詣闕朝貢

二十六年春正月詔有司增百官奉續漢志曰大將軍三公奉月三百五十斛秩中二千石奉月百八十斛二千石月百二十斛比二千石月百斛千石月九十斛比千石月八十斛六百石月七十斛比六百石月五十五斛四百

石月五十斛比四百石月四十五斛三百石月四十斛比三百石月三十七斛二百石月三十斛比二百石月二十七斛百石月十六斛斗食月十一斛佐史月八斛凡諸受奉錢穀各半奉音扶用反集解惠棟曰東觀記詔曰前以用度不足吏祿薄少今益其奉自三公下至佐史各有差先謙曰官本注作千石月八十斛無月九十斛比千石七字其千石已上減於西京舊制六百石已下增於舊秩初作壽陵初作陵未有名故號壽陵蓋取久長之義也漢自文帝以後皆預作陵今循舊制也集解惠棟曰東觀記四月始營陵地於臨平亭南詔曰無爲山陵陂池裁令流水而已迭興之後亦無邱壟使合古法今日月已逝當預自作臣子奉承不得有加乃令陶人作瓦器又曰臨平望平陰河水洋洋舟船泛泛善矣夫周公孔子有不得存者安得松喬與之而共遊乎文帝曉終始之義景帝所謂孝也故遭反覆霸陵獨完非成法耶將作大匠竇融上言園陵廣袤無慮所用前書曰將作少府秦官掌宮室景帝改爲大匠秩二千石說文曰南北曰袤東西曰廣廣雅曰無慮都凡也謂請園陵都凡制度也袤音茂帝曰古者帝王之葬皆陶人瓦器木車茅馬禮曰塗車芻靈自古有之鄭玄注云芻靈束茅爲人馬也集解先謙曰官本禮曰作禮記使後世之人不知其處太宗識終始之義景帝能述遵孝道遭天下反覆而霸陵獨完受其福豈不美哉謂赤眉入長安惟霸陵不掘今所制地

不過二三頃無爲山陵陂池裁令流水而已言不起山陵裁令封土陂池不停水而已陂音普何反池音徒何反集解惠棟曰顏師古刊謬正俗云陂池當讀如坡陀猶言靡迤耳言不須高作山陵但令小隆起坡陁然裁得流泄水潦耳今讀者謂爲陂池令得流水非也案潘岳關中記曰霸陵文帝陵也上有池有四出道以瀉水則陂池之說不爲無據遣中郎將段郴授南單于璽綬令入居雲中郡名在今勝州北郴音丑林反集解惠棟曰應劭漢官儀遣郴迎單于於五原塞因授以璽綬先謙曰雲中郡治雲中縣今大同府西北塞外托克托城也始置使匈奴中郎將將兵衞護之中郎將卽段郴也漢官儀曰使匈奴中郎將屯西河美稷縣也南單于遣子入侍奉奏詣闕集解惠棟曰東觀記南單于遣使詣闕奉蕃稱臣入居雲中遣使上獻駱駝二頭文馬十匹於是雲中五原朔方北地定襄鴈門上谷代八郡民歸於本土遣謁者分將施刑補理城郭施與弛同解見上發遣邊民在中國者布還諸縣皆賜以裝錢集解胡三省曰賜錢爲辦裝也轉輸給食東觀記曰時城郭丘墟埽地更爲上悔前徙之

二十七年夏四月戊午大司徒玉況薨五月丁丑詔曰昔契作司

徒禹作司空皆無大名其令二府去大朱祐奏宜令三公並去大名以法經典帝從其議又改大司馬爲太尉驃騎大將軍行大司馬劉隆卽日罷集解劉攽曰案二漢稱行者皆云行某官事不如今但云行某官也明此少一事字以太僕趙憙爲太尉大司農馮勤爲司徒益州郡徼外蠻夷率種人內屬北匈奴遣使詣武威乞和親武威郡故城在今涼州姑臧縣西北故涼城是也集解先謙曰今爲涼州府武威縣冬魯王興齊王石始就國

二十八年春正月己巳徙魯王興爲北海王以魯國益東海賜東海王彊虎賁旄頭鍾虡之樂漢官儀曰虎賁千五百人戴鶡尾屬虎賁中郎將又云舊選羽林爲旄頭被髮先驅魏文帝列異傳曰秦文公時梓樹化爲牛以騎擊之騎不勝或墮地髻解被髮牛畏之入水故秦因是置旄頭騎使先驅爾雅曰木謂之虡所以懸鍾磬也說文曰虡飾爲猛獸夏六月丁卯沛太后郭氏薨集解何焯曰此緣下捕諸侯賓客書廢后薨例不見紀也案廣陵思王傳與東海王彊書曰太后尸柩在堂洛陽吏以次捕斬賓客至有一家三尸伏堂者痛甚矣因詔郡縣捕王侯賓客坐死者數千人時更始子鯉因沛獻王輔殺劉盆子兄恭故王侯賓客多坐死秋八月戊寅東海王彊沛王輔楚王英濟南王康淮陽王延始就國冬十月癸酉詔死罪繫囚皆一切募下蠶室蠶室宮刑獄名有刑者畏風須暖作窨室蓄火如蠶室因以名焉窨音一禁反見前書音義其女子宮謂幽閉也北匈奴遣使貢獻乞和親

二十九年春二月丁巳朔日有食之集解惠棟曰續志在東壁五度東壁爲文章先是皇子諸王各招來文章談說之士詔捕諸王客皆被以苛法世祖不早爲明設刑禁一時治之過差故天示象遣使者舉寃獄出繫囚庚申賜天下男子爵人二級鰥寡孤獨篤癃貧不能自存者粟人五斛夏四月乙丑詔令天下繫囚自殊死已下及徒各減本罪一等其餘贖罪輸作各有差

三十年春正月鮮卑大人內屬朝賀二月東巡狩甲子幸魯進幸濟南閏月癸丑車駕還宮有星孛于紫宮夏四月戊子徙左翊王焉爲中山王五月大水賜天下男子爵人二級鰥寡孤獨篤癃貧

不能自存者粟人五斛秋七月丁酉幸魯國集解劉攽曰案幸處皆不言國明此多一字復濟陽縣是年徭役冬十一月乙酉至自魯

三十一年夏五月大水戊辰賜天下男子爵人二級鰥寡孤獨篤癃貧不能自存者粟人六斛癸酉晦日有食之集解惠棟曰續志在柳五度是夏蝗集解惠棟曰王充論衡蝗起太山郡西南過陳留河南遂入夷狄所集鄉縣以千百數秋九月甲辰詔令死罪繫囚皆一切募下蠶室其女子宮是歲陳留雨穀集解惠棟曰論衡曰陳留雨穀穀下蔽地案視穀形若茨而黑有似於稗實也形如稗實杜預注左傳云稗草之似穀者音蒲解反北匈奴遣使奉獻

中元元年集解惠棟曰考異云續志以建武三十二年爲建武中元元年紀年通譜云據紀志俱出范氏而所載不同此必傳寫脫誤今官書累經校定學者失於精審但見紀元復有建武二字輒以意刪去斯爲謬矣梁武帝大同大通之號俱有中字是亦憲章於此棟案宋說是也惟以紀志俱出范氏爲未審耳沈約撰符瑞志亦言建武中元元年知衆漢書所載決不同於范也春正月東海王彊沛王輔楚王英濟南王康淮陽王延趙王盱皆

來盱音況于反丁卯東巡狩集解劉攽曰案天子適諸侯曰巡守守音狩耳字不作狩狩田獵之名春秋天王狩於河陽彼直謂狩獵不與巡守同而此書巡守字皆作狩不可盡改又案他書亦多作巡狩字蓋世俗相傳迷誤已久以彼證字或眞以狩字爲是故祖論之以曉學者二月己卯幸魯進幸太山北海王興齊王石朝于東嶽辛卯柴望岱宗登封太山甲午禪于梁父岱宗太山也梁父太山下小山也封謂聚土爲壇墠謂除地而祭改墠爲禪神之也續漢志曰時上御輦升山即位於壇南北面尚書令奉玉牒檢皇帝以寸三分璽親封之藏玉牒已以石覆訖尚書令以五寸印封石檢畢皇帝再拜禪祭地於梁陰以高后配山川羣神從祀焉其玉牒文祕刻石文辭多不載集解汪文臺曰御覽五百三十六引河圖會昌符云漢大興之道在九代之王封乎太山刻石著紀禪於梁父退省考功又初學記五引袁宏書云光武封泰山雲氣成宮闕三月戊辰司空張純薨夏四月癸酉車駕還宮己卯大赦天下復嬴博梁父奉高四縣屬太山郡故城在今兗州博城縣界集解陳景雲曰故城上當有博字先謙曰嬴縣今泰安府萊蕪縣博梁父奉高皆今泰安縣地勿出今年田租芻稾改年爲中元行幸長安戊子祀長陵五月乙丑至自長安六月辛卯太僕馮魴爲司空乙未司徒馮勤薨是夏京師醴泉涌出尚書中候曰俊乂在官則醴泉出也飮之者固疾皆愈惟眇蹇者不瘳又有赤草生於水崖赤草朱草也大戴禮曰朱草日生一葉至十五日已後日落一葉周而復始郡國頻上甘露羣臣奏言地祇靈應而朱草萌生孝經援神契曰德至草木則朱草生孝宣帝每有嘉瑞輒以改元神爵五鳳甘露黃龍列爲年紀集解惠棟曰藝文志有漢大年紀五篇臣瓚注漢書亦引漢帝年紀是也蓋以感致神祇表彰德信是以化致升平稱爲中興今天下清寧靈物仍降陛下情存損挹推而不居豈可使祥符顯慶没而無聞宜令太史撰集太史史官之長也前書音義曰太史公武帝置位在丞相之上以傳來世帝不納常自謙無德每郡國所上輒抑而不當故史官罕得記焉秋郡國三蝗冬十月辛未司隸校尉東萊李訢爲司徒甲申使司空告祠高廟集解惠棟曰東觀記司空馮魴曰高皇帝與羣臣約非劉氏不王呂太后賊害三趙謂高帝子趙幽王友趙恭王恢趙隱王如意專王呂氏賴社稷之靈祿產伏誅呂產呂祿並呂后兄弟子呂后崩各擁南北軍欲爲亂周勃陳平等誅之天命幾墜危朝

更安呂太后不宜配食高廟同祧至尊薄太后母德慈仁薄太后高帝姬孝文帝之母孝文皇帝賢明臨國子孫賴福延祚至今其上薄太后尊號曰高皇后配食地祇遷呂太后廟主于園四時上祭園謂塋域也於中置寢十一月甲子晦日有食之集解惠棟曰續志在斗二十度是歲初起明堂靈臺辟雍及北郊兆域大戴禮云明堂者凡九室一室有四戶八牖三十六戶七十二牖以茅蓋上員下方赤綴戶也白綴牖也禮圖又曰建武三十一年作明堂上員下方十二堂法日辰九室法九州室八窻八九七十二法一時之王室有十二戶法陰陽之數胡伯始云古清廟蓋以茅今蓋以瓦下藉茅存古制也漢官儀曰明堂四面起土作壍上作橋壍中無水明堂去平城門二里所天子出從平城門先歷明堂迺至郊祀又曰辟雍去明堂三百步車駕臨辟雍從北門入三月九月皆於中行鄉射禮辟雍以水周其外以節觀者諸侯曰泮宮東西南有水北無下天子也漢宮閣疏曰靈臺高三丈十二門天子曰靈臺諸侯曰觀臺漢官儀北郊壇在城西北角去城一里所謂方壇四陛但存壇祠舍而已其鼓吹樂及舞人御帳皆從南郊之具地祇位南面西上高皇后配西面皆在壇上地理羣神從食壇下南郊焚燎北郊埋犢集解劉攽曰注去城一里所謂方壇四陛案謂當作爲上文云去城一里所句爲方壇四陛傳寫之誤以爲爲謂以所屬下句甚無謂也惠棟曰水經注靈臺光武所築高六丈方二十步先謙曰官本注存作有宣布圖讖於天下復濟陽南頓是年傜役參狼羌寇武都敗郡兵隴西太守劉盱遣軍救之及武都郡兵討叛羌皆破之

二年春正月辛未初立北郊祀后土東夷倭奴國王遣使奉獻倭在帶方東南大海中依山島爲國二月戊戌帝崩於南宮前殿年六十二伏侯古今注曰是歲在丁巳集解惠棟曰蔣杲云光武以二十八歲起兵中更始二年建武三十一年中元二年則崩時乃六十三歲祭祀志封禪刻石文已云在位三十二年年六十二則崩年六十三無疑矣此二字疑傳寫誤也遺詔曰朕無益百姓皆如孝文皇帝制度務從約省文帝葬皆以瓦器不以金銀銅□錫爲飾因其山不起墳刺史二千石長吏皆無離城郭無遣吏及因郵奏說文曰郵境上行書舍也集解劉攽曰案文多一無字光武崩諸侯有奔喪之義光武從事簡約既敕刺史二千石無離城郭又不得遣吏及因郵奏事不近事情明此多一無字無疑蓋凡弔喪及赴葬皆遣吏及因郵也廉范傳肅宗崩廬江嚴麟奉章云云此則遣吏之證初帝在兵間久厭武事且知天下疲耗思樂息肩左傳曰息肩于晉自隴蜀平後非儆急未嘗復言軍旅皇太子嘗問攻戰之事帝曰昔衞靈公問陳孔子不對

此非爾所及論語衞靈公問陳於孔子曰俎豆之事則嘗聞之矣軍旅之事未之學也每旦視朝日側
迺罷數引公卿郎將講論經理夜分迺寐分猶半也集解惠棟曰東觀記上常自細書一札十行報郡縣旦聽朝至日晏夜講經聽誦坐則功臣特進在側論時政畢道古今事次說在家所識鄉里能吏次第比類又道忠臣孝子義夫節士坐者莫不激揚悽愴欣然和悅羣臣爭論上前常連日夜皇太子見帝勤勞不怠承
間諫曰陛下有禹湯之明而失黃老養性之福黃帝老子願頤愛精神
優游自寧帝曰我自樂此不爲疲也雖身濟大業兢兢如不及故
能明慎政體總攬權綱量時度力舉無過事退功臣而進文吏戢
弓矢而散馬牛雖道未方古斯亦止戈之武焉左傳曰於文止戈爲武也
論曰皇考南頓君初爲濟陽令以建平元年十二月甲子夜生光
武於縣舍蔡邕光武碑文云光武將生皇考以令舍不顯開宮後殿居之而生集解惠棟曰宗室四王傳南頓君娶同郡樊重女字嫺都生光武也令舍不顯依濟陽宮碑及東觀記皆云令舍下溼東觀記世祖紀濟陽有武帝行過宮常封閉上將生皇考以令舍下溼開宮後殿居之今作不顯蓋傳寫之誤論衡曰後殿第二內中有赤光照室中東觀記曰光照堂中盡明如晝欽異焉使卜者王長占之集解惠棟曰論衡皇考召功曹吏充蘭使出問卜與馬下卒蘇永俱之卜者王長孫所沈濤曰此見吉驗篇范書傳寫脫孫字長辟左右辟音頻亦反曰此兆吉不可言

是歲縣界有嘉禾生一莖九穗因名光武曰秀明年方士有夏賀
良者上言哀帝云漢家歷運中衰當再受命於是改號爲太初元
年稱陳聖劉太平皇帝以厭勝之及王莽篡位忌惡劉氏以錢文
有金刀故改爲貨泉或以貨泉字文爲白水眞人後望氣者蘇伯
阿集解惠棟曰論衡謁者蘇伯阿爲王莽使至南陽遙望見舂陵郭唶曰唶歎也音子夜反氣佳哉鬱鬱葱葱然及始起兵還舂陵遠望舍南火光赫然屬
天有頃不見集解惠棟曰論衡元帝之初有鳳凰下濟陽宮故今濟陽宮有鳳凰廬始與李父等俱起到柴界中遇賊兵惶惑走濟舊廬比到見光若火正赤在舊廬道南光耀幢幢上屬天有頃不見初道士西門君惠集解惠棟曰桓譚新論曲陽侯王根迎方士西門君惠從其學養生卻老之術前書曰衞將軍王涉素養道士西門君惠惠好天文讖記爲涉言星孛埽宮室劉氏當復興國師公姓名是也李守等亦云集解惠棟曰守李通父事具通傳劉秀當爲

天子其王者受命信有符乎不然何以能乘時龍而御天哉易曰時乘六龍以御天集解汪文臺曰類聚十二御覽九十引司馬書論曰昔羿浞篡夏數十年少康生焉仍牧正能修德復夏厥勳大矣然尚有虞思及靡有鬲內外之助至於光武承王莽之篡起自匹庶一民尺土靡有憑馬發迹於昆陽以數千屠百萬非睿智之主孰能堪之討賊平亂克復炎漢號稱中興者無以加之矣中國既定柔遠以德愛愼人命下及徭賦武功既備抗文德修經術動績宏矣初學記五御覽三十九引袁書論曰前漢自成哀以下天地縱橫巨猾竊命劉氏舊澤猶存踐一作雖而瞻烏之望殆絕世祖以渺渺之冑起於白水之濱身屈無妄之力位與羣豎並列於時懷璽者十餘建旗者數百高才者居南面疾足者爲之王公茫茫九州瓜分鬻切泯泯蒼生塵消鼎沸我扇之以仁風驅之以天威雪霜被而茨棘枯橫網振而逆鱗埽羣材畢湊人鬼與能數年之間廓清四海雖曰中興與夫始一作業者庸有異乎誠哉馬生之言固以寥闊大度同符高祖又資等一作太宗之仁兼孝宣之明一人之體其殆周乎故能享有神器據乎萬物之上矣類聚十二御覽九十引薛瑩後漢書贊曰王莽之際天下雲亂英雄並發其跨州據郡僭制者多矣人皆冀於非望然考其聰明仁勇自無光武儔也加以寬博宏納計慮如神是以任光寶融望風景附馬援一見覩顏識奇故能以十餘年間埽除羣凶清復海內豈非天人之所輔贊哉古者師不內御而光武命將皆授以方略使奉圖而進其有違失無不折傷意豈文史之過乎不然雖聖人其猶病諸

贊曰炎正中微大盜移國漢以火德王故曰炎正大盜謂王莽篡位也莊子曰田成子一日殺齊君而盜其國向所謂智者不反爲大盜積者乎集解惠棟曰東觀記序漢以炎精布耀或幽而光九縣飆回三精霧塞九縣九州也飆回謂亂也三精日月星也霧塞言昏昧也精或爲象集解顧起元曰左傳夷於九縣注云楚滅九國非也九爲陽數之極故書傳凡言九者皆指其極也范書九縣飆回正用此語人厭淫詐神思反德光武誕命靈貺自甄誕大也書曰誕膺天命甄明也靈貺謂佳氣神光之類也沈幾先物深略緯文幾者動之微也物事也沈深之幾先見於事也謚法經緯天地曰文集解吳仁傑曰文選作緯天恐當從文選爲是又馮衍傳周宣齊威猶有申伯召虎夷吾吉甫注吉甫謂尹吉甫按吉甫當作成父謂王子成父也若尹吉甫不應序於夷吾之下又黃瓊傳忠臣懼死而杜口萬夫怖禍而木舌注引法言金口木舌按金口木舌木鐸也所以振文事辭意不類疑木當作束楚漢春秋人銜枚馬束舌李尋曰智者結舌顏注謂不敢出言也惠棟曰案文與下羣雲爲一均口聲不應又作天字吳說非先謙曰天亦均也說未必非尋邑百萬貔虎羣貔執夷虎屬也書曰如虎如貔言其猛勇也長轂雷野高鋒彗雲長轂兵車雷野言其聲盛淮南子曰雷以爲車輿彗埽也音詳銳反英威既振新都自焚王莽初封爲新都侯史記曰周武王伐紂紂衣其寶玉自焚而死莽雖被殺滅亡與紂同故假以言之虔劉庸代紛紜梁趙虔劉皆殺也左

傳曰虔劉我邊垂謂公孫述稱帝於庸蜀盧芳據代郡也紛紜喩亂也梁謂劉永趙謂王郎也 三河未澄，四關重擾。三河河南河北河東也未澄謂朱鮪等據洛州未歸光武也四關謂長安四塞之國重擾謂更始已定關中劉盆子入關殺更始發掘諸陵也 神旌迺顧，遷行天討。周禮曰析羽爲旌稱神者猶言神兵神算也詩云迺眷西顧書云天討有罪也 金湯失險，車書共道。前書曰金城湯池不可攻矣金目喩堅湯取其熱光武所擊皆失其險固也禮記曰天下車同軌書同文 靈慶既啟，人謀咸贊。靈慶謂符讖也左傳曰天啟之也人謀謂羣下勸郎尊號也易曰人謀鬼謀百姓與能贊助也 明明廟謨，赳赳雄斷。詩曰明明天子淮南子曰運籌於廟堂之上決勝千里之外赳赳武貌也 於赫有命，系隆我漢。於赫歎美之詞音烏詩云有命既集系猶繫也集解錢大昕曰蔚宗宋人不應有我漢之稱此必沿東觀舊文先謙曰東觀記楊正爲京兆功曹光武崩京兆尹出西域賈胡共起帷帳設祭尹車過帳賈牽車令拜尹疑止車正在前導曰禮天子不食支庶況夷乎敕壞祭乃去

虛受堂　壹

光武帝紀卷第一下 終　　後漢書一下

後漢書集解卷一下校補

光武帝紀下謫見日月注謫罰也 官本罰作責

是歲省長水射聲二校尉官注射聲謂工射者也 官本無也字

與車駕會高平集解劉攽曰注案高平縣名 至 當從融傳以武威敦煌足五郡之數 高平平高均即今平涼府固原州治

破公孫述將王元環安於下辯注縣名屬武都郡今成州同谷縣舊名武衛城 在今階州成縣西三十里

岑彭破公孫述將侯丹於黃石注在今涪州涪陵縣 唐涪陵縣治今重慶府涪州黃石即橫石灘亦謂之石梁銅柱

威虜將軍馮峻拔江州 峻官本同案前文及岑彭傳均作駿从馬此獨从山明誤

二月乙亥晦日有食之注大司馬史 史官本作吏誤

夏四月乙卯南巡狩 至 五月乙卯車駕還宮 錢大昭曰四月乙卯南巡狩則五月不得又有乙卯二者必有一誤案本年二月乙亥晦日食通鑑據長麻從續志袁紀作乙未晦如二月晦乙亥則四月有乙卯五月誤如二月晦乙未則五月有乙卯四月誤惟二月書乙亥晦六月亦不當有癸巳而此紀下有六月癸巳臨淮公薨之文是二月晦確爲乙未而四月乙卯必誤矣

卷一下校補　一

妖巫李廣等羣起據皖城 皖官本作晥案皖春秋國名見路史字或作睆从目或作晥从日並通

是歲罷州牧置刺史注成帝綏和元年 元年官本作三年誤

夏四月拔原武集解通鑑胡注 至 陽武縣地 案此解應移上據原武句下

秋東夷韓國人率衆詣樂浪內附 詣官本作請非

使中郎將李茂 中郎將原本脫將字據南匈奴傳補錢大昭曰閩本監本俱有將字案官本亦有將字

烏桓大人來朝集解官本注大人作烏桓 案文當云大人烏桓謂渠帥也互脫二字

其千石已上減於西京舊制六百石已下增於舊秩 錢大昭曰西京百官受奉之制前書不載顏師古注百官表所云漢制與章懷引續漢志相同案惟比六百石月五十五斛顏注作六十斛大略即用續志其增減之數不可攷矣

今所制地官本今作令

冬十一月乙酉至自魯乙酉官本作丁酉與通鑑合

中元元年集解惠棟曰至知衆漢書所載決不同於范也案中元元年書法東觀記袁紀均同通鑑胡注歷引洪氏隸釋及祭祀志東夷傳以證中元元年之上仍應冠以建武二字並謂通鑑亦止書中元元年非不取宋說乃從簡易實則改年異於改元前書帝紀亦惟改元則著年號如文景之改年中元後元皆不復出年號此自史例相承范書亦本如此也而宋乃疑爲脫誤刪去豈溫公而同其所見乃惠氏猶是宋說謂知衆漢書所載決不同於范果何據乎

趙王盱皆來案盱本傳作栩明紀永平五年亦作栩六年仍作盱章紀建初六年亦作盱

無遺吏及因郵奏集解劉攽曰至此則遺吏之證周壽昌曰案無遺吏及因郵奏東觀記詔語亦同則此無字非多也至廉范傳肅宗崩奔喪敬陵廬江郡掾嚴麟奉章弔國俱會於路時范爲蜀郡太守且離城郭矣大抵光武一時權詔非爲定制故肅宗時已不奉行是周氏意劉舉肅宗時事不足以證光武此詔也今觀續志禮儀下大喪明有部刺史二千石列侯在國者及關內侯宗室長吏因郵奉奏諸侯王遣大夫一人奉奏之文以典制論似劉說可

信然事爲典制所有者若許其行遺詔自可不及正惟不許其行乃特及之耳況本文承上無離城郭言即省此一無字仍未見即許其遺吏及因郵奏也又何必省之耶

贊曰炎正中微注漢以火德王故曰炎正案炎正文選作炎政李注中微謂平世衰也是以政爲政事光武誕命光武文選作世祖深略緯文集解吳仁傑曰文選作緯天至顏注謂不敢出言也案文選今本亦作緯文胡克家考異云袁本作天茶陵本作文何焯云作文者後來轉依今范書誤改左震曰馮衍傳以下宜散列各傳本文集解中高鋒彗雲鋒文選作旗觀李注引東都主人曰戈鋋彗雲則旗仍鋒之譌注音詳銳反官本詳作議明明廟謨文選謨作謀系隆我漢集解錢大昕曰蔚宗宋人不應有我漢之稱此必沿東觀舊文案此句文選作系我皇漢著一皇字尤似當時史臣口脗未知二本孰爲原文

顯宗孝明帝紀第二　後漢書二

宋　宣　城　太　守　范　曄　撰

唐　章　懷　太　子　賢　注

王先謙集解

顯宗孝明皇帝諱莊諡法曰照臨四方曰明伏侯古今注曰莊之字曰嚴集解惠棟曰袁山松後漢書曰帝諱陽一名莊字子麗東觀記曰建武四年五月甲申皇子陽生上以赤色名之曰陽風俗通曰明帝與光武同月生光武第四子也母陰皇后帝生而豐下杜預注左傳云豐下蓋面方也東觀記云帝豐下兌上項赤色有似堯於十歲能通春秋光武奇之集解惠棟曰東觀記皇子陽至十三年通春秋上循其頭曰吳季子陽對曰愚戇無比及阿乳母以問師傅曰少推誠對師傅無以易其辭建武十五年封東海公十七年進爵爲王十九年立爲皇太子集解惠棟曰東觀記本紀曰上幼而聰明睿知容貌壯麗世祖異焉數問以政議應對敏達謀謨甚深溫恭好學敬愛師傅所以承事兄弟親密九族內外周洽世祖愈珍上德以爲宜承先緒建武十七年十月詔廢郭皇后立陰貴人以爲皇后以東海王立爲皇太子治尙書備師法兼通九經略舉大義博觀羣書以助術學無所

不照汪文臺曰御覽五百九十一引華嶠後漢書云明帝自制五行章句先謙曰劉隆傳光武見陳留吏牘上有書視之云潁川宏農可問河南南陽不可問帝詰吏由趣吏不肯服抵言於長壽街上得之帝怒時顯宗爲東海公年十二在幄後言曰吏受郡敕當欲以墾田相方耳帝曰即如此何故言河南南陽不可問對曰河南帝城多近臣南陽帝鄉多近親田宅踰制不可爲準帝令虎賁將詰問吏吏乃實首服如顯宗對建武十九年妖巫單臣傅鎮等入原武自稱將軍臧宮圍之數攻不下帝問公卿諸侯王方略顯宗時爲東海王獨對曰妖巫相劫執無久立其中必有悔欲亡者但外圍急不得走耳宜小挺緩令得逃亡逃亡則一亭長足以禽矣帝從之賊衆分散遂斬臣鎮等師事博士桓榮學通尙書集解先謙曰詳具榮傳中元二年二月戊戌即皇帝位年三十尊皇后曰皇太后三月丁卯葬光武皇帝於原陵帝王紀曰原陵方三百二十步高六丈在臨平亭東南去洛陽十五里有司奏上尊廟曰世祖夏四月丙辰詔曰予未小子集解惠棟曰尚書顧命王曰眇眇予末小子奉承聖業夙夜震畏不敢荒寧先帝受命中興德侔帝王協和萬邦假於上下假至也音格懷柔百神惠於鰥寡懷安也柔和也禮曰凡山林能興雲致雨者皆曰神有天下者祭百神懷柔百神也書曰惠於鰥寡集解惠棟曰漢書谷永傳引書云懷保小人惠于鰥寡蔡邕石經同今書作惠鮮僞

孔氏注云加惠鮮乏鰥寡之人說迂曲不若從石經漢書爲正朕承大運繼體守文創基之主則尚武功以定禍亂其次繼體而立者則守文德穀梁傳曰承明繼體則守文之君也不知稼穡之艱難懼有廢失聖恩遺戒顧重天下目元元爲首集解惠棟曰此遺詔中文史不載也公卿百僚將何目輔朕不逮其賜天下男子爵人二級前書音義曰男子者謂戶內之長也商鞅謂秦制爵二十級一公士二上造三簪褭四不更五大夫六官大夫七公大夫八公乘九五大夫十左庶長十一右庶長十二左更十三中更十四右更十五少上造十六大上造十七駟車庶長十八大庶長十九關內侯二十徹侯人賜爵者有罪得贖貧者得賣與人三老孝悌力田人三級三老孝悌力田三者皆鄉官之名三老高帝置孝悌力田高后置所以勸導鄉里助成風化也文帝詔曰孝悌天下之大順也力田爲生之本也三老衆人之師也其以戶口率置員事見前書得移與子若同產同產子漢制賜爵自公士已上不得過公乘故過者得移授也同產同母兄弟也集解惠棟曰劉劭爵制曰吏民爵不得過公乘得貰與子若同產及流人無名數欲自占者人一級無名數謂無文簿也占謂自歸首也集解劉攽曰及流人無名數案他處詔書皆上有脫無名數則云及流人云云此無故不當有及字三年詔亦無可互驗惠棟曰宣帝紀地節二年詔曰流民自占八萬餘口師古曰占者謂自隱度其戶口而著名籍也占音之

贍反鰥寡孤獨篤癃粟人十斛其施刑及郡國徒在中元元年四月己卯赦前所犯而後捕繫者悉免其刑又邊人遭亂爲內郡人妻在己卯赦前一切遣還邊恣其所樂中二千石下至黃綬漢制二千石以上銅印黃綬也貶秩贖論者悉皆復秩還贖方今上無天子下無方伯公羊傳曰上無天子下無方伯此制引以爲謙也集解惠棟曰集覽正誤云此因光武初崩故云與公羊義不同棟案此正誤臆說章懷注是也章帝建初七年詔亦云上無明天子下無賢方伯豈當時亦因明帝初崩耶若涉淵水而無舟楫夫萬乘至重而壯者慮輕帝謙言年尚少壯思慮輕淺故須賢人輔弼實賴有德左右小子賴恃也左右助也高密侯禹元功之首東平王蒼寬博有謀並可目受六尺之託臨大節而不橈六尺謂年十五已下大節謂大事橈屈也音女孝反其目禹爲太傅蒼爲驃騎將軍太尉憙告謚南郊趙憙也應劭風俗通曰禮臣子無爵謚君父之義也故羣臣累其功美葬日遣太尉於南郊告天而謚之司徒訢奉安梓宮李訢也梓宮以梓木爲棺風俗通曰宮者存時所居緣生事死因以爲名司空魴將校復土馮魴也將校謂將領五校兵以穿壙也前書音義曰復土主穿壙塡墓事也言下棺訖復以上爲墳故言復土其封憙爲節鄉侯訢爲安鄉侯魴爲楊邑侯

秋九月燒當羌寇隴西敗郡兵於允街允街縣名也允音鉛街音佳屬金城郡故城在今涼州昌松縣東南城臨麗水一名麗水城集解先謙曰在今涼州府平番縣南赦隴西囚徒減罪一等勿收今年租調又所發天水三千人亦復是歲更賦更謂戍卒更相代也賦謂雇更之錢也前書音義曰更有三品有卒更有踐更有過更古正卒無常人皆當迭爲之一月一更是爲卒更貧者欲得雇更錢次直者出錢雇之月一千是爲踐更古者天下人皆當戍邊三日亦名爲更不可人人自行三日成當行者不可往卽還因任一歲次直者出錢三百雇之謂之過更集解劉攽曰注有一月二更案文多一錢有字緣一月字似有故衍因任一歲案任當作住遣謁者張鴻討叛羌於允吾允吾縣名屬金城郡故城在今蘭州廣武縣西南允音鉛吾音牙集解先謙曰今蘭州府皋蘭縣地在河北皋蘭縣西北注闕是蘭之誤鴻軍大敗戰歿冬十一月遣中郎將竇固監捕虜將軍馬武等二將軍討燒當羌十二月甲寅詔曰方春戒節人目耕桑其敕有司務順時氣使無煩擾禮記孟春之月布德和令行慶施惠仲春無作大事以妨農事天下亡命殊死目下聽得贖論死罪入縑二十匹右

趾至髡鉗城旦舂十四匹前書音義曰右趾謂刖其右足次刖左足次劓次黥次髡鉗爲城旦舂城旦者晝日伺寇虜夜暮築長城舂者婦人犯罪不任軍役之事但令舂以食徒者完城旦舂至司寇作三匹完者謂不加髡鉗而築城也次鬼薪白粲次隸臣妾次司寇作其未發覺詔書到先自告者半入贖今選舉不實邪佞未去權門請託殘吏放手放手謂貪縱爲非也百姓愁怨情無告訴有司明奏罪名並正舉者舉非其人並正舉主之罪集解惠棟曰應劭漢官儀曰建武八年世祖詔方今選舉賢佞朱紫錯用自今以後審四科辟召及刺史二千石察舉茂才尤異者孝廉廉吏務盡實覈選擇英俊賢行廉潔平端於縣邑務受試以職有非其人臨計過署不便習曹事書疏不端正不如詔書有司奏罪名并正舉者又郡縣每因徵發輕爲姦利詭責羸弱先急下貧其務在均平無令枉刻

永平元年春正月帝率公卿已下朝於原陵如元會儀漢官儀曰古不墓祭秦始皇起寢於墓側漢因而不改諸陵寢皆以晦望二十四氣三伏社臘及四時上飯其親陵所宮人隨鼓漏理被枕具盥水陳莊具天子以正月上原陵公卿百官及諸侯王郡國計吏皆當軒下占其郡國穀價四方改易欲先帝魂魄聞之也元會儀見下夏

五月太傅鄧禹薨戊寅東海王彊薨遣司空馮魴持節視喪事賜升龍旄頭鑾輅龍旂旄頭見光武紀鑾鈴也在鑣交龍爲旂唯天子用之今特賜以葬六月乙卯葬東海恭王秋七月捕虜將軍馬武等與燒當羌戰大破之募士卒戍隴右賜錢人三萬八月戊子徙山陽王荆爲廣陵王遣就國是歲遼東太守祭肜使鮮卑擊赤山烏桓大破之斬其渠帥赤山在遼東西北數千里越巂姑復夷叛姑復縣名集解先謙曰前志姑復臨池澤在南陳澧云即今永北廳程海姑復近鶉礲金沙二江合流處州郡討平之集解惠棟曰續志益州擊姑復蠻夷大牟替滅斬首傳詣洛陽

二年春正月辛未宗祀光武皇帝於明堂帝及公卿列侯始服冠冕衣裳玉佩絇屨以行事漢官儀曰天子冠通天諸侯王冠遠遊三公諸侯冠進賢三梁卿大夫尚書二千石博士冠兩梁二千石已下至小吏冠一梁天子公卿特進諸侯祀天地明堂皆冠平冕天子十二旒三公九卿諸侯七其纓各如其綬色玄衣纁裳周禮曰王祀昊天上帝則服大裘而冕祀五帝亦如之三禮圖曰冕以三十升布染而爲之廣八寸長尺六寸前圓後方前下後高有俛伏之形故謂之冕欲人之位彌高而志彌下故以名焉董巴輿服志曰顯宗初服冕衣裳以祀天地衣裳

以玄上纁下乘輿備文日月星辰十二章三公諸侯用山龍九章卿已下用華蟲七章皆五色采乘輿刺繡公卿已下皆織成陳留襄邑獻之徐廣車服注曰漢明帝案古禮備其服章天子郊廟衣皁上絳下前三幅後四幅衣畫而裳繡禮記曰古之君子必佩玉君子於玉比德焉天子佩白玉諸侯佩山玄玉大夫佩水蒼玉世子佩瑜玉周禮屨人掌王赤舃青絇鄭玄注云赤舃爲上冕服之舃也絇屨鼻頭以青絲飾之絇音劬三禮圖曰屨複下曰舃其色各隨裳色集解劉攽曰注二千石已下至小吏案上文已云二千石冠兩梁此則多一二字禮畢登靈臺使尚書令持節詔驃騎將軍三公曰今令月吉日宗祀光武皇帝於明堂以配五帝五經通義曰蒼帝靈威仰赤帝赤熛怒黃帝含樞紐白帝白招矩黑帝叶光紀牲幣及玉各依方色集解劉攽曰注白招矩案禮作白招拒音矩不便作矩也禮備法物樂和八音詠祉福舞功德祉亦福也詠謂詩云降福穰穰之類景帝詔曰歌者所以發德舞者所以明功其班時令勑羣后班布也時令謂月令也四時各有令若有乖舛必致妖災故告之集解劉攽曰正文案此詔方敘行禮事未有敕下語則此其字爲衍文下文自有其令天下云云事畢升靈臺望元氣吹時律觀物變元氣天氣也王者承天心理禮樂通上下四時之氣也故望之焉時律者即月令孟春律中太簇仲春律中夾鍾之類大戴禮曰聖人截十二管察八音之清濁謂之律呂律呂不正則諸氣不和周禮保章氏以五雲之色辨吉凶水旱豐荒之祲象

鄭司農注云以二至二分觀雲色青爲蟲白爲喪赤爲兵荒黑爲水黃爲豐故春秋傳曰凡分至啟閉必書雲物爲備故也杜預注云物謂氣色災變也羣僚藩輔宗室子孫眾郡奉計百蠻貢職奉計謂計吏也詩曰因時百蠻百言眾多也獨言蠻通四夷也烏桓濊貊咸來助祭單于侍子骨都侯亦皆陪位斯固聖祖功德之所致也朕以闇陋奉承大業親執圭璧恭祀天地周禮曰四圭尺有二寸以祀天又曰以蒼璧禮天以黃琮禮地以青圭禮東方以赤璋禮南方以白琥禮西方以玄璜禮北方仰惟先帝受命中興撥亂反正以寧天下撥理也公羊傳曰撥亂世反之正莫近於春秋封泰山建明堂立辟雍起靈臺恢弘大道被之八極淮南子曰九州之外有八寅八寅之外有八紘八紘之外有八極而胤子無成康之質羣臣無呂旦之謀明帝自謂無成康之時刑措不用四十餘年集解劉攽曰注案文意當更有成康之質四字然後云成康之時盥洗進爵踧踖惟慙鄭玄注論語云踧踖敬恭貌盥音管素性頑鄙臨事益懼故君子坦蕩蕩小人長戚戚坦蕩明達之貌戚戚常憂懼也其令天下自殊死以下謀反大逆皆除之百僚師尹其勉修厥職順行時令敬若昊天以綏兆人若順也三

月臨辟雍初行大射禮儀禮曰大射之禮王將祭射宮擇士以助祭也張虎侯熊侯豹侯其制若今之射的矣謂之爲侯者天子射中之可以服諸侯也天子侯中一丈八尺畫以雲氣焉王以六耦射三侯樂以騶虞九節諸侯以四耦射二侯樂以貍首七節孤卿大夫以三耦射一侯樂以采蘋五節士以二耦射豻侯樂以采蘩三節集解劉攽曰注儀禮曰大射之禮案此非儀禮本文不合著曰字秋九月沛王輔楚王英濟南王康淮陽王延東海王政來朝冬十月壬子幸辟雍初行養老禮詔曰光武皇帝建三朝之禮而未及臨饗三朝之禮謂中元元年初起明堂辟雍靈臺也眇眇小子屬當聖業尚書康王曰眇眇予末小子孔安國注云眇眇猶微微也間暮春吉辰初行大射令月元日東觀記曰十月元日復踐辟雍尊事三老兄事五更安車輭輪供綏執授侯王設醬公卿饌珍朕親袒割執爵而酳孝經援神契曰尊事三老父象也宋均注曰老人知天地之事者安車坐乘之車輭輪以蒲裹輪輭音而兗反三老就車天子親執綏授之說文綏車中把也五更老人知五行更代事者漢官儀曰三老五更皆取有首妻男女全具者續漢志曰養三老五更先吉日司徒上太傅若講師故三公人名用其德行年耆高者三公一人爲三老次卿一人爲五更皆服緇紵大袍單衣皁緣領袖中衣冠進賢扶玉杖五更亦如之不杖皆齋于太學講堂其日

乘輿先到辟雍禮畢殿坐于東廂遣使者安車迎三老五更天子迎于門屏交拜導自阼階三老自賓階升東面三公設几杖九卿正履天子親袒割俎執醬而饋執爵而酳五更南面三公進供禮亦如之明日皆詣闕謝以其於己禮大隆也醬醢也珍謂肴羞之屬卽周禮八珍之類鄭玄注儀禮云酳漱也所以潔口音胤集解劉攽曰注老人知天地之事案本以知天地人三才故謂之三老則此之字當作人也惠棟曰玉杖當作王杖祝哽在前祝噎在後老人食多哽咽故置人於前後祝之令其不哽噎也升歌鹿鳴下管新宮鹿鳴詩小雅篇名也新宮小雅逸篇也升登也登堂而歌所以重人聲也燕禮曰升歌鹿鳴下管新宮集解惠棟曰案此則後漢時新宮之樂尚存八佾具脩萬舞於庭佾列也謂舞者行列也左氏傳曰天子八佾諸侯六大夫四士二夫舞所以節八音而行八風故自八以下萬亦舞也詩云公庭萬舞朕固薄德何以克當易陳負乘詩刺彼己易曰負且乘致寇至負也者小人之事也乘也者君子之器也小人而乘君子之器盜思奪之矣詩曰彼己之子不稱其服也永念慙疚無忘厥心三老李躬集解惠棟曰躬常山人見東觀記胡注桓榮傳及袁紀詔獨言桓榮不及李躬棟案不言李躬者省文也年耆學明五更桓榮授朕尚書詩曰無德不報無言不酬詩大雅也其賜榮爵關內侯食邑五千戶三老五更皆以二千石祿養終厥身其賜天下三老

酒人一石肉四十斤有司其存耆耋禮記曰六十曰耆七十曰耋釋名曰耆指也不從力役指事使人也耋鐵也皮膚變黑色如鐵也恤幼孤惠鰥寡稱朕意焉中山王焉始就國甲子西巡狩幸長安祠高廟集解汪文臺曰文選張衡東京賦注引華嶠書云明帝至長安迎取飛廉幷銅馬置上西門平樂觀遂有事於十一陵歷覽館邑會郡縣吏勞賜作樂集解惠棟曰東觀記時有縣三老上章云陛下入東都臣望顏色儀類先帝臣一驩喜百姓嚴設如舊時臣二驩喜見吏賞賜識先帝時事臣三驩喜陛下聽用直諫嘿然受之臣四驩喜陛下至明懲艾酷吏視人如赤子臣五驩喜進賢用能各得其所臣六驩喜天下太平德合於堯臣七驩喜帝令上殿欲觀上衣因舉虎頭衣以畏三老十一月甲申遣使者以中牢祠蕭何霍光帝謁陵園過式其墓東觀漢記曰蕭何墓在長陵東司馬門道北百步又云霍光墓在茂陵東司馬門道南四里式敬也禮記曰行過墓必式進幸河東所過賜二千石令長以下至於掾史各有差續漢志曰郡國及縣諸曹皆置掾史癸卯車駕還宮十二月護羌校尉竇林下獄死集解惠棟曰東觀記林奉使羌顛岸降詣林林欲以爲功効奏言大豪後顛岸兄顛吾復詣林林言其第一豪問事狀林對前後兩屈林以誣罔詣獄上不忍誅免官後涼州刺史奏林贓罪復收繫羽林監遂死獄中棟案林爲竇融從兄子也是歲始迎氣於五郊續漢書曰迎氣五郊之兆四方之兆各依其位中央之兆在未壇皆二尺立春之日迎春於東郊祭青帝句芒車服皆青歌青陽八佾舞雲翹之舞立夏之日迎夏於南郊祭赤帝祝融車服皆赤歌朱明八佾舞雲翹之舞先立秋十八日迎黃靈於中兆祭黃帝后土車服皆黃歌朱明八佾舞雲翹育命之舞立秋之日迎秋於西郊祭白帝蓐收車服皆白歌白藏八佾舞育命之舞立冬之日迎冬於北郊祭黑帝玄冥車服皆黑歌玄冥八佾舞育命之舞少府陰就子豐殺其妻酈邑公主就坐自殺酈縣屬南陽郡酈音櫟集解先謙曰在今南陽府內鄉縣東北

三年春正月癸巳詔曰朕奉郊祀登靈臺見史官正儀度儀謂渾儀以銅爲之置於靈臺王者正天文之器也度謂日月星辰之行度也史官卽太史掌天文之官也夫春者歲之始也始得其正則三時有成正謂日月五星不失其次也三時謂春夏秋左傳曰務其三時比者水旱不節邊人食寡政失於上人受其咎有司其勉順時氣勸督農桑去其螟蜮以及蝥賊爾雅曰食苗心曰螟食節曰賊食根曰蝥蜮一名短狐今之水弩含沙射人爲災言此者欲令臣下順時行政勿侵擾也集解錢大昕曰蜮當爲蟘卽螣字爾雅作蟘注以爲短狐失之詳刑愼罰集解惠棟曰古

文尚書呂刑曰度作詳刑以詰四方又曰告爾詳刑鄭元注云詳審察之也愼罰見康誥明察單辭單辭猶偏辭也集解惠棟曰呂刑曰明清于單辭何若璩曰朱浮傳注言無正據也夙夜匪懈以稱朕意二月甲寅太尉趙憙司徒李訢免丙辰左馮翊郭丹爲司徒己未南陽太守虞延爲太尉甲子立貴人馬氏爲皇后皇子炟音丁達反爲皇太子賜天下男子爵人二級三老孝悌力田人三級流人無名數欲占者人一級鰥寡孤獨篤癃貧不能自存者粟人五斛夏四月辛酉封皇子建爲千乘王千乘國名今青州縣故城在今淄州高苑北集解先謙曰今青州府高苑縣地羨爲廣平王六月丁卯有星孛于天船北天船星名續漢志曰天船爲水彗出之爲大水是歲伊洛水溢到津城門伏侯古今注曰彗長三尺所見三十五日乃去秋八月戊辰改大樂爲大予樂尚書琁璣鈐曰有帝漢出德洽作樂名予故據琁璣鈐改之漢官儀曰大予樂令一人秩六百石壬申晦日有蝕之集解惠棟曰續志在氐二度氐爲宿宮是時明帝作北宮袁宏紀是時刑法嚴峻人懷憂懼因是變也詔曰朕奉承祖業無有善政日月薄蝕彗孛見天水旱不節稼穡不成人無宿儲下

生愁墊儲積也墊溺也音丁念反雖夙夜勤思而智能不逮昔楚莊無災以致戒懼說苑曰楚莊王見天不見妖而地不出孽則禱于山川曰天其忘余歟此能求過于天必不逆諫矣魯哀禍大天不降譴春秋感精符曰魯哀公時政彌亂絕不日食政亂之類當致日食之變而不應者譴之何益告之不悟故哀公之篇絕無日食之異〔集解〕惠棟曰案春秋哀公十有四年五月庚申朔日有食之注謂哀公之篇絕無日食之異此緯書之謬緣春秋古文後出止據公穀兩傳故劉向集亦云春秋二百四十年日食三十六不數哀公也今之動變儻尚可救有司勉思厥職以匡無德古者卿士獻詩百工箴諫國語曰天子聽政公卿至于庶士獻詩師箴百工諫庶人傳語近臣進規而後王斟酌事焉其言事者靡有所諱冬十月蒸祭光武廟禮記曰冬祭曰蒸蒸眾也冬物畢成可祭者眾初奏文始五行武德之舞前書曰文始舞者本舜韶舞也高祖六年更名曰文始其舞人執羽籥五行者本周舞也秦始皇二十六年更名曰五行其舞人冠冕衣服法五行色武德者高祖四年作言行武以除亂也其舞人執干戚光武草創禮樂未備今始奏之故云初也甲子車駕從皇太后幸章陵觀舊廬〔集解〕惠棟曰東觀記上與皇太后幸南陽章陵周觀舊廬召見陰鄧故人上在於道所見吏勞賜省事畢步行觀部署不用輦車十二月戊辰至自章陵是歲起北宮及諸

官府京師及郡國七大水

四年春〔集解〕汪文臺曰御覽二十九引司馬書云永平四年詔曰比來水旱饑饉加有軍旅正旦無陳朝賀之儀二月辛亥詔曰朕親耕藉田以祈農事禮記曰天子親耕于東郊爲藉田千畝冕而朱紘躬秉耒耜五經要義曰天子藉田以供上帝之粢盛所以先百姓而致孝敬也藉蹈也言親自蹈履于田而耕之續漢志云正月始耕既事告祠先農漢舊儀曰先農即神農炎帝也祠以太牢百官皆從皇帝親執耒耜而耕天子三推三公五孤卿十大夫十二士庶人終畝乃致藉田倉置令丞以給祭天地宗廟以爲粢盛〔集解〕先謙曰官本注致作置京師冬無宿雪春不燠沐燠暖也音於六反沐潤澤也言無暄潤之氣也煩勞羣司積精禱求積精猶儲積也說文云告事求福曰禱〔集解〕何若璩曰管子中不精者心不治注精誠至之謂也積精猶積誠注非而比再得時雨宿麥潤澤其賜公卿半奉有司勉遵時政務平刑罰秋九月戊寅千乘王建薨冬十月乙卯司徒郭丹司空馮魴免丙辰河南尹范遷爲司徒太僕伏恭爲司空十二月陵鄉侯梁松下獄死坐縣飛書誹謗五年春二月庚戌驃騎將軍東平王蒼罷歸藩琅邪王京就國冬十月行幸鄴與趙王栩會鄴常山三老言於帝曰上生於元氏願蒙優復詔曰豐沛濟陽受命所繇加恩報德適其宜也今永平之政百姓怨結而吏人求復令人愧笑重逆此縣之拳拳重難也拳拳猶勤勤也禮記曰得一善則拳拳服膺而不息其復元氏縣田租更賦六歲勞賜縣掾史及門闌走卒續漢志曰五伯鈴下侍閤門闌部署街里走卒皆有程品多少隨所典領〔集解〕惠棟曰元和郡縣志引後漢書曰賜縣掾吏及門闌走卒錢至自鄴十一月北匈奴寇五原十二月寇雲中南單于擊卻之是歲發遣邊人在內郡者賜裝錢人二萬

六年春正月沛王輔楚王英東平王蒼淮陽王延琅邪王京東海王政趙王盱北海王興齊王石來朝二月〔集解〕惠棟曰宋志作三月王雒山出寶鼎雒或作雄〔集解〕惠棟曰東觀記作雄廬江太守獻之夏四月甲子詔曰昔禹收九牧之金鑄鼎以象物〔集解〕惠棟曰春秋傳云昔夏之方有德也遠方圖物貢金九牧鑄鼎象物不指何君墨子天柱篇以爲夏啟之事墨子在春秋時當得其實漢時皆以爲夏禹事失之使人知神姦不逢惡氣

夏禹之時令遠方圖畫山川奇異之物使九州之牧貢金鑄鼎以象之令人知鬼神百物之形狀而備之故入山林川澤魑魅罔兩莫能逢之惡氣謂罔兩之類事見左傳遭德則興遷于商周周德既衰鼎淪亡史記曰周鼎亡入泗水中秦始皇過彭城齋戒欲出周鼎於泗水使千人沒水求之不得祥瑞之降以應有德方今政化多僻何以致茲易曰鼎象三公易曰鼎折足覆公餗〔集解〕通鑑胡注此蓋易緯之辭惠棟曰案鼎三足象三公故云前漢彭宣曰三公鼎足承君是也胡云易緯之辭何所據耶豈公卿奉職得其理邪太常其以礿祭之日禮記曰夏祭曰礿音藥礿薄也夏物未成祭尚薄陳鼎於廟以備器用賜三公帛五十匹九卿二千石半之先帝詔書禁人上事言聖而閒者章奏頗多浮詞自今若有過稱虛譽尚書皆宜抑而不省示不爲諂子蚩也冬十月行幸魯祠東海恭王陵會沛王輔楚王英濟南王康東平王蒼淮南王延琅邪王京東海王政十二月還幸陽城遣使者祠中岳壬午車駕還宮東平王蒼琅邪王京從駕來朝皇太后

七年春正月癸卯皇太后陰氏崩二月庚申葬光烈皇后集解通鑑胡注西京諸后皆從帝謚惟衞思后許恭哀后不以壽終而別追謚之從帝謚而又加一字自陰后始秋八月戊辰北海王興薨是歲北匈奴遣使乞和親

八年春正月己卯司徒范遷薨漢官儀曰遷字子閭沛人也集解惠棟曰遷事見郭丹傳三月辛卯太尉虞延爲司徒衞尉趙憙行太尉事遣越騎司馬鄭衆報使北匈奴初置度遼將軍屯五原曼柏武帝拜范明友爲度遼將軍至此復置焉以中郎將吳常行度遼將軍曼柏縣在今勝州銀城縣集解何焯曰前書昭紀元鳳三年以中郎將范明友爲度遼將軍此與南匈奴傳注皆誤作武帝秋郡國十四雨水冬十月北宮成丙子臨辟雍養三老五更禮畢詔三公募郡國中都官死罪繫囚減罪一等勿笞詣度遼將軍營屯朔方五原之邊縣妻子自隨便占著邊縣占著謂附名籍集解惠棟曰史記田叔列傳因占著名數索隱言卜占而自占著家口名數猶今附籍然也占音之豔反父母同產欲相代者恣聽之其大逆無道殊死者一切募下蠶室亡命者令贖罪各有差凡徒者賜弓弩衣糧壬寅晦日有食之既既盡也集解惠棟曰續志在斗十一度斗吳也廣陵於天文屬吳後二年廣陵王荆坐謀反自殺詔曰朕以無德奉承大業而下貽人怨上動三光日食之變其災尤大春秋圖讖所爲至譴春秋感精符曰人主含天光據璣衡齊七政操八極故君明聖天道得正則日月光明五星有度日明則道正不明則政亂故常戒以自敕厲日食皆象君之進退爲盈縮當春秋撥亂日食三十六故曰至譴也集解劉攽曰正文春秋圖讖所爲至譴案文爲當作謂先謙曰官本道正作政理爲謂古字通作永思厥咎在予一人羣司勉修職事極言無諱於是在位者皆上封事各言得失宣帝始令羣臣得奏封事以知下情封有正有副領尚書者先發副封所言不善屏而不奏後魏相奏去副封以防擁蔽帝覽章深自引咎迺以所上班示百官詔曰羣僚所言皆朕之過人寃不能理吏黠不能禁而輕用人力繕修宮宇集解惠棟曰謂起北宮及諸官府也出入無節集解惠棟曰洪範五行傳曰出入不節奪民農時及有姦謀則木不曲直喜怒過差昔應門失守關雎刺世春秋說題辭曰人主不正應門失守故歌關雎以感之宋均注曰應門聽政之處也言不以政事爲務則有宣淫之心關雎樂而不淫思得賢人與之共化修應門之政者也薛君

韓詩章句曰詩人言雎鳩貞潔慎匹以聲相求隱蔽于無人之處故人君退朝入于私宮后妃御見有度應門擊柝鼓人上堂退反宴處體安志明今時大人內傾于色賢人見其萌故詠關雎說淑女正容儀以刺時飛蓬隨風微子所歎管子曰無儀法程式飛搖而無所定謂之飛蓬飛蓬之問明王不聽此言微子未詳集解沈濤曰注正引管子以解飛蓬則微子當作微管六朝人每以管仲爲微管傳亮爲宋公修張良廟教云微管之歎撫事彌深任昉爲范始興作求立太宰碑表云道被如仁功參微管百辟勸進今上牋云經綸草昧歎深微管謝朓和王著作八公山詩云微管寄明牧宋書武帝紀永初元年詔曰至於德參微管動濟倉生謝靈運傳謝玄勳參微管宜有及後嗣皆是後人校范書者以微管爲不詞改爲微子淺妄甚矣野客叢書數微管事甚悉然亦有誤舉者如潘岳詩豈敢陋微管今文選本作豈敢陋微言非微管也又劉義傳臣以頑昧獨獻微管謂管窺之微見不可概論永覽前戒竦然兢懼徒恐薄德久而致怠耳北匈奴寇西河諸郡

九年春三月辛丑詔郡國死罪囚減罪與妻子詣五原朔方占著所在死者皆賜妻父若男同產一人復終身其妻無父兄獨有母者賜其母錢六萬又復其口算口算已見光武紀夏四月甲辰詔郡國以公田賜貧人各有差令司隸校尉部刺史歲上墨綬長吏視事三歲已上理狀尤異者各一人與計偕上偕俱也所徵之人令與計吏俱上及尤不政理者亦以聞是歲大有年穀梁傳曰五穀皆熟書大有年爲四姓小侯開立學校置五經師袁宏漢紀曰永平中崇尚儒學自皇太子諸王侯及功臣子弟莫不受經又爲外戚樊氏郭氏陰氏馬氏諸子弟立學號四姓小侯置五經師以非列侯故曰小侯禮記曰庶方小侯亦其義也集解惠棟曰案漢有學師宋恩等題名其稱師者二十人易掾二人易師三人尚書掾尚書師各三人詩掾四人春秋掾文學孝經掾各一人文學師四人蓋當時郡國皆置五經師而五經又各有師故魏德公曰經師易獲人師難遭也

十年春二月廣陵王荆有罪自殺國除夏四月戊子詔曰昔歲五穀登衍鄭玄注周禮云五穀黍稷麥麻尗也登成也衍饒也音以戰反今茲蠶麥善收其大赦天下方盛夏長養之時蕩滌宿惡以報農功百姓勉務桑稼以備災害吏敬厥職無令愆墮閏月甲午南巡狩幸南陽祠章陵日北至又祠舊宅北至夏至也禮畢召校官弟子作雅樂奏鹿鳴校學也鹿鳴詩小雅篇名

宴羣臣嘉賓之詩帝自御塤篪和之以娛嘉賓鄭玄注周禮云塤燒土爲之大如鴈子鄭衆曰有六孔世本曰暴辛公作篪以竹爲之長尺四寸有八孔〔集解〕惠棟曰聶崇義云舊圖雅篪長尺四寸頌篪尺二寸前書志孔光奏主調篪員二人注篪七空廣雅曰八孔還幸南頓勞饗三老官屬冬十一月徵淮陽王延會平輿縣名屬汝南郡故城在今豫州汝陽縣東北輿音預〔集解〕先謙曰在今汝寧府汝陽縣東北六十里徵沛王輔會睢陽十二月甲午車駕還宮

十一年春正月沛王輔楚王英濟南王康東平王蒼淮陽王延中山王焉琅邪王京東海王政來朝秋七月司隸校尉郭霸下獄死是歲漅湖出黃金廬江太守以獻漅湖湖名音子小反在今廬州合肥縣東南〔集解〕惠棟曰論衡云廬江皖侯國民際有湖皖民小男曰陳爵陳挺年皆十歲以上相與釣於湖涯挺先釣爵去挺四十步所見湖涯有酒罇色正黃沒水中爵以爲銅也涉水取滑重不能舉挺望見往助之涉水未持罇頓衍更爲盟槃動行入深淵中不見挺爵留顧見如錢等正黃數百千枝即共掇摝各得滿手走歸示其家爵父國故免吏字君賢驚曰安所得此爵言其狀君賢曰此黃金也即馳與爵俱往到金處水中尚多賢自涉水掇取挺鄰伍並聞俱競採之合得十餘斤賢自言於相相言太守太守遣吏收取遣門下掾程躬奏獻

後漢書二　十二

具言得金狀書曰如章則可不如章有正法躬奉詔書歸示太守郎復因郤上得黃金實狀如前章事寢十二年賢等上書曰賢等得金湖水中郡牧獻訖今不得直詔書曰視時金價畀賢等金直先謙曰漅一作巢地理通釋湖爲巢縣地後陷爲湖合肥巢廬江三縣分湖爲界時麒麟白雉醴泉嘉禾所在出焉〔集解〕惠棟曰論衡云孝明時致麒麟甘露醴泉神雀白雉紫芝嘉禾金出鼎見離木復合

十二年春正月益州徼外夷哀牢王相率內屬於是置永昌郡罷益州西部都尉西南夷傳曰罷益州西部所領六縣合爲永昌郡置哀牢博南二縣去洛陽七千里在今匡州匡川縣西〔集解〕先謙曰即今永昌府保山永平等縣夏四月遣將作謁者王吳修汴渠自滎陽至于千乘海口汴渠即莨蕩渠也汴自滎陽首受河所謂石門在滎陽山北一里過汴以東積石爲堤亦號金隄成帝陽嘉中所作也五月丙辰賜天下男子爵人二級三老孝悌力田人三級流民無名數欲占者人一級鰥寡孤獨篤癃貧無家屬不能自存者粟人三斛詔曰昔曾閔奉親竭歡致養曾參字子輿閔損字子騫並孔子弟子皆有孝行也仲尼葬子有棺無槨論語曰鯉也死有棺而無槨喪貴致哀禮存寍儉今百姓送終之制競爲奢靡生者無擔石之儲而財力盡於墳土前書音義曰擔音丁濫反言一石之儲方言作甔云甖也齊東北海岱之間謂之甔郭璞注曰所謂家無甔石之儲者也埤蒼曰大罌也字或作儋音丁甘反伏臘無糟糠而牲牢兼於一奠史記曰秦德公始爲伏祠歷忌曰伏者何也金氣伏藏之日也四氣代謝皆以相生至於立秋以金代火金畏於火故庚日必伏月令孟冬之月臘先祖說文云臘冬至後祭百神始皇更臘曰嘉平奠喪祭也〔集解〕惠棟曰經籍志雜忌歷二卷高堂隆撰糜破積世之業以供終朝之費子孫飢寒絕命於此豈祖考之意哉又車服制度恣極耳目田荒不耕游食者眾游食謂浮食者有司其申明科禁宜於今者宣下郡國秋七月乙亥司空伏恭罷乙未大司農牟融爲司空冬十月司隸校尉王康下獄死是歲天下安平人無徭役歲比登稔百姓殷富粟斛三十牛羊被野

十三年春二月帝耕於藉田禮畢賜觀者食〔集解〕惠棟曰東觀記有一諸生前舉手曰善哉文王之遇太公也上書板曰生非太公予亦非文王也三月河南尹薛昭下獄死夏四月

後漢書二　十三

汴渠成辛巳行幸滎陽巡行河渠乙酉詔曰自汴渠決敗六十餘歲王景傳曰平帝時汴河決壞加頃年以來雨水不時汴流東侵日月益甚水門故處皆在河中漭瀁廣溢莫測圻岸圻埒也蕩蕩極望不知綱紀今兗豫之人多被水患乃云縣官不先人急好興它役〔集解〕先謙曰官本曰作云又或以爲河流入汴幽冀蒙利故曰左隄彊則右隄傷左右俱彊則下方傷宜任水埶所之使人隨高而處公家息壅塞之費百姓無陷溺之患議者不同南北異論朕不知所從久而不決今既築隄理渠絕水立門河汴分流復其舊迹陶丘之北漸就壤墳爾雅曰丘再成曰陶丘孫炎曰形如累兩盂也郭璞曰今濟陰定陶城中有陶丘也尚書曰厥土惟黑壤下土墳壚孔安國曰無塊曰壤墳起也故薦嘉玉絜牲以禮河神禮記曰凡祭玉曰嘉玉儀禮曰絜牲剛鬣東過洛汭歎禹之績水北曰汭洛汭洛水入河處也績功也河洛皆禹所加功故歎之今五土之宜反其正色周禮曰山林川澤丘陵墳衍原隰謂之五土也色謂其黃白青黑之類孔安國曰水所去土復其性也濱渠下田賦

與貧人無令豪右得固其利賓近也豪右大家也集解惠棟曰固規固也庶繼世宗瓠
子之作瓠子隄名也武帝元封二年發卒數萬人塞瓠子決河沈白馬玉璧令羣臣皆負薪塡河在今濮州濮陽縣西也
因遂度河登太行進幸上黨壬寅車駕還宮冬十月壬辰晦日有
食之集解惠棟曰續志在尾十七度三公免冠自劾制曰冠履勿劾災異屢見咎
在朕躬憂懼遑遑未知其方將有司陳事多所隱諱使君上壅蔽
下有不暢乎昔衞有忠臣靈公得守其位論語孔子曰衞靈公無道季康子曰夫如是奚
其不喪孔子曰仲叔圉治賓客祝鮀主宗廟王孫賈主軍旅夫如是奚其喪集解錢大昕曰下兩治字作主蓋章懷所改此治賓客
之治又後人回解今何以和穆陰陽消伏災譴刺史太守詳刑理冤存恤
鰥孤勉思職焉十一月楚王英謀反廢國除遷於涇縣涇縣屬丹陽郡今宣
州縣故城在縣東有涇水出蕪湖因氷立名集解先謙曰在今寧國府涇縣西所連及死徙者數千人是
歲齊王石薨
十四年春三月甲戌司徒虞延免自殺夏四月丁巳鉅鹿太守南

陽邢穆爲司徒穆字綏公宛人前楚王英自殺夏五月封故廣陵王荆子
元壽爲廣陵侯初作壽陵集解蘇輿曰建武二十六年初作壽陵此明帝預自制陵書法宜有別後又云
帝初作壽陵裁令流水而已卽用光武制以文核之並不當云初作
十五年春二月庚子東巡狩辛丑幸偃師詔亡命自殊死以下贖
死罪縑四十匹右趾至髡鉗城旦舂十匹完城旦至司寇五匹犯
罪未發覺詔書到日自告者半入贖徵沛王輔會睢陽進幸彭城
癸亥帝耕于下邳三月徵琅邪王京會良成良成縣名屬東海故城在今泗州下邳縣
北集解先謙曰在今徐州府邳州北徵東平王蒼會陽都陽都縣名屬琅邪郡故城在今沂州沂水縣南集解
先謙曰今同又徵廣陵侯及其三弟會魯祠東海恭王陵還幸孔子宅
祠仲尼及七十二弟子親御講堂孔子宅在今兗州曲阜縣故魯城中歸德門內闕里之中背洙
面泗矍相圃之東北也七十二子顏閔之徒漢春秋曰帝時升廟立羣臣中庭北面皆再拜帝進爵而後坐命皇太子
諸王說經又幸東平東平國名故城在今鄆州東集解惠棟曰東觀記幸東平王宮先謙曰今泰安府東平州

東二十里無鹽故城辛卯進幸大梁大梁城魏惠王所築故城在今汴州集解先謙曰在今開封府祥符縣西北
至定陶祠定陶恭王陵恭王元帝子康夏四月庚子車駕還宮改信都爲
樂成國臨淮爲下邳國封皇子恭爲鉅鹿王黨爲樂成王衍爲下
邳王暢爲汝南王昞爲常山王長爲濟陰王濟陰郡今曹州集解先謙曰在今曹州府
定陶縣東南四十里賜天下男子爵人三級郎從官二十歲已上帛百匹十
歲已上二十匹十歲已下十匹官府吏五匹書佐小史三匹令天
下大酺五日前書音義曰漢律三人已上無故羣飲罰金四兩今恩詔橫賜得令聚會飲食五日酺布也言天子布恩
於天下史記趙惠文王三年大赦置酒大酺五日集解劉攽曰正文從官二十歲以上又云十歲以下案郎從官不可年十歲以下
者以十七年事校之脫視事二字惠棟曰案周禮族師職春秋祭酺鄭元曰酺者爲人物烖害之神也又毛詩箋曰周時百室有祭
酺合醵之歡孔穎達曰後世聽民聚飲皆謂之酺漢時每有嘉慶令民大酺五日是其事也服虔音蒲乙巳大赦天
下其謀反大逆及諸不應宥者皆赦除之冬車騎校獵上林苑周禮
校人掌王田獵之馬故曰校獵謂以木相貫穿爲欄校以遮禽獸十二月遣奉車都尉竇固駙馬

都尉耿秉屯涼州前書曰奉車都尉掌乘輿駙馬都尉掌天子之副馬駙副也並武帝置秩二千石
十六年春二月遣太僕祭肜出高闕高闕山名因以名塞在朔方北集解惠棟曰袁紀出朔方
高闕塞水經注云史記趙武靈王既襲胡服自代並陰山下至高闕爲塞山下有長城其山中斷望若闕焉故有高闕之名闕口有
城跨山結局謂之高闕戍上古迄今常置重捍以坊塞道先謙曰据水經河水注河水自朔方郡窳渾縣來爲北河東逕高闕南衞
青敗右賢王於高闕卽此又東逕臨河縣故城北又東逕陽山南吳卓信云臨河縣在北河之南今楡林邊外河套內奉車
都尉竇固出酒泉集解先謙曰今肅州駙馬都尉耿秉出居延本匈奴地名也武帝因以
名縣屬張掖郡在今甘州張掖縣東北集解先謙曰水經注居延澤在居延縣故城東北尙書所謂流沙者也一統志流沙在今安
西府沙州衞西騎都尉來苗出平城伐北匈奴竇固破呼衍王於天山呼衍
匈奴王號天山卽祁連山一名雪山今名折羅漢山在伊州北祁音時集解先謙曰在今甘州府張掖縣西南二百里留兵
屯伊吾盧城本匈奴中地名旣破呼衍卽其地置宜禾都尉以爲屯田今伊州納職縣伊吾故城是也集解先謙曰今
鎭西府宜禾縣也耿秉來苗祭肜並無功而還夏五月淮陽王延謀反發
覺癸丑司徒邢穆駙馬都尉韓光坐事下獄死所連及誅死者甚

眾坐與延同謀戊午晦日有食之六月丙寅大司農西河王敏爲司徒漢官儀曰敏字叔公并州隰城人也秋七月淮陽王延徙封阜陵王阜陵縣名屬九江郡故城在今滁州全椒縣南九月丁卯詔令郡國中都官死罪繫囚減死罪一等勿笞詣軍營屯朔方敦煌妻子自隨父母同產欲求從者恣聽之女子嫁爲人妻勿與俱謀反大逆無道不用此書是歲北匈奴寇雲中雲中太守廉范擊破之

十七年春正月甘露降於甘陵集解錢大昕曰按清河之甘陵本厝縣安帝始改名不應此時先有之恐有譌惠棟曰通鑑考異皇后紀原陵甘露降於樹然則實降原陵也此誤以原爲甘北海王睦薨二月乙巳司徒王敏薨二月癸丑汝南太守鮑昱爲司徒是歲甘露仍降樹枝內附仍頻也內附謂木連理也前書終軍曰眾枝內附是無外也芝草生殿前神雀五色翔集京師西南夷哀牢儋耳集解惠棟曰師古注儋音丁甘反字本作瞻僬僥槃木白狼動黏諸種前後慕義貢獻山海經曰周僥國在三首國東爲人短小冠帶一名僬僥國語曰僬僥氏三尺短之至也楊孚異物志曰儋耳南方夷生則鏤其頰皮連耳匡分爲數支狀如雞腸纍纍下垂至肩集解惠棟曰楊孚當作孚漢議郎楊孚字孝先撰異物志一卷見廣志及經籍志西域諸國遣子入侍夏五月戊子公卿百官以帝威德懷遠神物顯應迺並集朝堂集解通鑑胡注班固西都賦云左右廷中朝堂百僚之位蕭曹魏丙謀謨乎其上蓋在殿廷左右也奉觴上壽壽者人之所欲故卑下奉觴進酒皆言上壽制曰天生神物以應王者遠人慕化實繇有德朕以虛薄何以享斯唯高祖光武聖德所被不敢有辭其敬舉觴太常擇吉日策告宗廟其賜天下男子爵人二級三老孝悌力田人三級流人無名數欲占者人一級鰥寡孤獨篤癃貧不能自存者粟人三斛郎從官視事十歲以上者帛十匹中二千石二千石下至黃綬集解劉攽曰案文既云中二千石下至黃綬不須更比二千石明多此三字貶秩奉贖在去年以來皆還贖秋八月丙寅令武威張掖酒泉敦煌張掖郡故匈奴昆邪王地也漢官儀曰張國臂掖故曰張掖故城在今甘州張掖縣西北及張掖屬國繫囚右趾已下任兵者任堪也皆一切勿

後漢書二　十六

治其罪詣軍營冬十一月遣奉車都尉竇固駙馬都尉耿秉騎都尉劉張出敦煌昆侖塞昆侖山名因以爲塞在今肅州酒泉縣西南山有昆侖之體故名之周穆王見西王母于此山有石室王母臺集解先謙曰今肅州西南擊破白山虜於蒲類海上遂入車師西河舊事曰白山冬夏有雪故曰白山匈奴謂之天山過之皆下馬拜焉去蒲類海百里之內集解惠棟曰應劭曰蒲類匈奴中海名在燉煌北晉灼曰匈奴傳有蒲類海初置西域都護戊己校尉宣帝初置鄭吉爲都護護三十六國秩比二千石元帝置戊己校尉有丞司馬各一人秩比六百石戊己中央也鎮覆四方見漢官儀亦處西域鎮撫諸國是歲改天水爲漢陽郡

十八年春三月丁亥詔曰其令天下亡命自殊死已下贖死罪縑三十匹集解惠棟曰應劭云今贖罪入三十匹縑是也棟案應氏謂今者中興以後也惠帝時人錢六萬得免死罪也右趾至髡鉗城旦舂十匹完城旦至司寇五匹吏人犯罪未發覺詔書到自告者半入贖夏四月己未詔曰自春已來時雨不降宿麥傷旱集解惠棟曰案宿麥秋種夏收春時不雨故傷旱也秋種未下政失厥中憂懼而已其賜天下男子爵人二級及流民無名數集解劉攽曰及流民無名數多一及字欲占者人一級鰥寡孤獨篤癃貧不能自存者粟人三斛理冤獄錄輕繫二千石分禱五嶽四瀆郡界有名山大川能興雲雨者周禮職方氏掌天下之地揚州其山曰會稽其川曰三江荊州其山曰衡山其川曰江漢豫州其山曰華山其川曰滎洛青州其山曰沂山其川曰淮泗兗州其山曰岱山其川曰河泲雍州其山曰嶽其川曰涇汭幽州其山曰醫無閭其川曰河泲冀州其山曰霍其川曰漳幷州其山曰恒其川曰虖池此謂九州名山大川也集解先謙曰官本雨上有致字是長吏各絜齋禱請冀蒙嘉澍說文曰時雨所以澍生萬物淮南子曰春雨之灌萬物無地不澍無物不生澍音之戍反六月己未有星孛於太微焉耆寇茲攻西域都護陳睦悉沒其眾集解惠棟曰袁紀作陳穆北匈奴及車師後王圍戊己校尉耿恭集解劉攽曰檢詳耿恭傳恭作戊校此不合有已字也吳仁傑曰顏注百官表有戊校尉己校尉其究不然屯田始置校尉領護田卒但以屯田校尉爲稱後乃爲戊己校尉表初不言有戊校己校兩官偏考前書紀傳亦無有爲戊校尉己校尉者如徐普才護郭欽皆兼戊己爲官稱獨烏孫傳云徒己校屯烏壘顏注有戊己兩校兵此直徒己校以理揆之是特兵有戊校己校之分尉則兼戊己爲官稱也顏亦知己校爲兵而云兩尉者殆見後書西

後漢書二　十七

域傳序言元帝置戊己二校尉遂爲此說而范亦以後漢有戊校尉因謂元帝所置爲二尉耳其實兩都設官之制不同先漢有戊校己校兵而尉之官稱則兼戊己後漢有戊己校尉戊校尉而各以校兵爲名其可以此而律彼哉又東都凡兩置戊己校尉永平十七年恭寵皆爲戊己校尉者以此兩人各將戊校己校兵故也永元三年復置戊己校尉將兩校兵如故又置戊校己校尉則以所將止戊校兵耳戊己校尉自恭寵之後有任尚索頵戊己司馬有曹寬凡紀傳言戊己校尉無慮十數並同一辭惟車師後王傳載戊部候嚴皓戊校尉閻詳後書言戊校者獨此一事其屬又有後部司馬章懷注司馬郎屬戊校尉所統和帝時置戊校尉鎮車師後部是也且戊校尉永元所置刊誤謂但和帝以後事云戊己校尉者皆多己字猶之可也若恭寵爲校尉自在孝明世乃曰恭作戊校此不合有己字豈別有據耶又馬融傳校隊按部前後有屯甲乙相伍戊己爲堅注謂戊己居中堅也詩曰中田有廬蘇黄門謂田中爲廬以便田事二校之設自兵屯言之則以其中堅而命名可也然二校之外乃無所謂甲乙諸屯則其命名之意殆如詩所云取其居屯田之中以便田事而已

秋八月壬子帝崩於東宮前殿年四十八遺詔無起寢廟藏主於光烈皇后更衣別室禮藏主於廟既不起寢廟故藏於后之易衣別室更易也帝初作壽陵制令流水而已石槨廣一丈二尺長二丈五尺無得起墳東觀記曰陵東北作廡長三丈五步外爲小廚財足祠祀集解劉攽曰注案三丈五步不成文理當作五尺萬年之後埽地而祭杅水脯糒而已說文曰杅飲器音于方言曰盌謂之盂說文曰糒乾飯也過百日唯四時設奠置吏卒數人供給灑埽勿開修道敢有所興作者以擅議宗廟法從事前書曰擅議宗廟者棄市集解惠棟曰韋玄成傳初高后時患臣下妄非議先帝廟寢園官故定著令敢有擅議者棄市至元帝改制蠲除此令成帝又復之帝遵奉建武制度無敢違者後宮之家不得封侯與政東觀記曰光武閔傷前代權臣太盛外戚與政上濁明主下危臣子后族陰郭之家不過九卿親屬榮位不能及許史王氏之半耳集解劉攽曰注上濁明主案文當作上濁主明惠棟曰東觀記自上郎位遵奉建武之政有加而無損初世祖閔傷前世權臣太盛外戚豫政漢家中興唯宣帝取法至於建武朝無權臣外族陰郭之家不過九卿親屬勢位不能及許史王氏之半至永平后妃外家貴者裁家一人備列將校尉在兵馬官充奉宿衛闔門而已無封侯豫政者自皇子之封皆減舊制諸王皆當畧與楚淮陽相比什減三四曰我子不當與先帝子等又國遠而小易於爲善節儉謙約如此館陶公主光武女爲子求郎不許而賜錢千萬謂羣臣曰郎官上應列宿出宰百里史記曰太微宮後二十五星郎位也苟非其人則民受其殃是以難之故吏稱其官民安其業遠近肅服戶口滋殖焉

論曰明帝善刑理法令分明日晏坐朝幽枉必達內外無倖曲之私在上無矜大之色斷獄得情號居前代十二十斷其二言少刑也集解吳仁傑曰前書刑法志自建武永平朝無威福之臣邑無豪傑之使以口率計斷獄少於成哀之間什八可謂清矣范氏所謂前代即成哀之間注不指此而汎言之未之盡也故後之言事者莫不先建武永平之政而鍾離意宋均之徒常以察慧爲言並見本傳夫豈弘人之度未優乎集解汪文臺曰御覽九十一類聚十二引華嶠書云世祖既以吏事自嬰帝尤任文法總攬威柄權不借下值天下初定四民樂業戶口衣食滋殖斷獄得情號居前世十二中興以來追蹤宣帝大以鍾離意之廉法一作信諫諍懇懇以寬和爲首以此推之斯亦難以德言者也一作讓得一作而又薛瑩書云明帝自在儲宮而聰允之德著矣及臨萬幾約一作以身率禮恭奉遺業一以貫之雖夏啟周成繼體持統無以加焉是以海內乂安四夷賓服斷獄希少有治平之風號曰顯宗不亦宜乎

贊曰顯宗丕承業業兢兢危心恭德政察姦勝危心言常危懼姦勝猶勝奸佞備章朝物省薄墳陵朝物謂朝儀文物也永懷廢典下身遵道廢典謂明堂辟雍之禮歷於漢不行下身謂進爵授綬之類登臺觀雲臨雍拜老懋惟帝績增光文考懋勉也書曰惟我文考光于四海

紀卷第二終

後漢書集解卷二挍補

明帝紀帝生而豐下注帝豐下兌上兌官本作銳與聚珍本東觀記合案前書天文志隨北端銳史記天官書銳作兌明古字通用

其賜天下男子爵人二級注商鞅謂秦制爵二十級至十五少上造官本謂作爲少作小

爵過公乘注漢制賜爵官本制作置

臨大節而不橈注橈屈也官本文注橈均作撓

司空魴將校復土注以穿壙也官本穿上有主字

亦復是歲更賦注有一月一更至月一千一更一千官本一皆作二劉氏刊誤亦作二更據前書昭紀如湻注作一更二千知兩本各有一誤字

越巂姑復夷叛州郡討平之集解續志益州擊姑復蠻夷大牟替滅續志天文中原作益州發兵擊姑復蠻夷太牟替滅陵案西南夷傳王莽政亂益州郡夷棟蠶若豆等起兵殺郡守越巂姑復夷人大牟亦皆叛是大牟乃夷人名又云永平元年姑復夷復叛益州刺史發兵討破之斬其渠帥傳首京師是主兵者爲刺史

其令天下自殊死已下謀反大逆皆除之官本除上有赦字

令月元日官本令作今

是歲始迎氣於五郊注壇皆二尺二尺官本作三尺是

去其螟蜮已及蟊賊注食節曰賊官本無此四字

有星孛於天船北注彗長三尺所見三十五日乃去官本所作許

屯五原曼柏注曼柏縣在今勝州銀城縣官本句末有也字曼柏今榆林府府谷縣北鄂爾多斯黃河西岸集解此與南匈奴傳注皆誤作武帝侯康曰通鑑胡三省注引章懷此文實作昭帝疑今作武帝爲傳寫之誤胡所見猶是善本也

春秋圖讖所謂至譴注故君明聖天道得正至日明則道正官本天道作人道道正作政理

飛蓬隨風微子所歎注明王不聽明王官本作明主與今管子原文合

爲四姓小侯開立學校注又爲外戚樊氏郭氏陰氏馬氏諸子弟立學號四姓小侯周壽昌曰馬援子防傳防子鉅爲常從小侯六年正月以鉅當冠特拜爲黃門侍郎知小侯爲侯家子未冠之稱案鄧禹傳禹少子鴻好籌策永平中以爲小侯引入與議邊事曰爲曰以爲必實有此爵名不得謂是侯家子之通稱顏氏家訓謂以年小獲封故曰小侯最爲得之通鑑胡注據東平王蒼傳送列侯印十九枚諸王子五歲以上能趨拜者皆令帶之意四姓小侯亦猶是與顏說正合又通典職官引漢官儀其功臣四姓爲朝侯侍祠侯皆在卿校下鄧禹傳注引漢官儀以肺腑親公主子孫奉墳墓于京師亦隨時朝見是爲隈諸侯則小侯所帶印亦必有朝侯侍祠侯隈諸侯之別故曰列侯印也桓紀建和二年賜四姓及梁鄧小侯帛則小侯已不止四姓秦彭傳永平七年彭以貴人兄隨四姓小侯擢爲開陽城門候則雖非后族不爲小侯亦得援四姓之例隨同擢官

昔歲五穀登衍注五穀黍稷麥麻尗也尗官本作豆與周禮原注合

漅湖出黃金廬江太守以獻集解書曰如章則可據論衡原文書上脫一詔字

河汴分流復其舊迹通鑑胡注河汴之隄決壞則汴水東侵而與河合今隄成則河東北入海而汴西南入泗

是分流復其舊迹也

陶丘之北漸就壤墳注郭璞曰今濟陰定陶城中有陶丘也今曹州府定陶縣西南有定陶故城漢濟陰郡治也陶丘亦在西南去縣七里有亭曰陶丘亭

庶繼世宗瓠子之作注在今濮州濮陽縣西也前書武紀元封二年至瓠子臨決河注服虔曰瓠子隄名在東郡白馬蘇林曰在鄄城以南濮陽以北廣百步深五丈案白馬廢縣在今衛輝府滑縣東二十里濮陽縣即今大名府開州南境有瓠子口即漢瓠子故蹟也水經河水又東北過濮陽縣北瓠子河出焉是蘇氏謂在濮陽以北者爲可據章懷以謂在濮陽縣西者蓋唐置濮州於鄄城之右濮陽之左則濮陽當州之西而瓠子當縣之西北亦可言西也又濮陽之西即今滑縣境亦即後漢白馬縣故地

初作壽陵集解蘇輿曰至並不當云初作前書武紀建元二年初置茂陵邑成紀建始二年以渭城延陵亭部爲初陵晉書索綝傳漢天子即位一年而爲陵天下貢賦三分之一充山陵武帝饗年久長比崩而茂陵不復容物又前書陳湯傳成帝起初陵數年後樂霸陵曲亭南更營之有司議故陵因天性據眞土處執高敞旁近祖考前又已有十年功緒宜還復故陵是初作云者著經始之年對繼作爲辭陵各有初前世或即名初陵不害其辭之相襲也且其制

昉自文帝若謂此紀不當言初將何解於武成二紀之言初乎

賜天下男子爵人三級官本三作二

徙封阜陵王注阜陵縣名屬九江郡故城在今滁州全椒縣南在今滁州全椒縣東南

二月癸丑汝南太守鮑昱爲司徒二月官本作三月錢大昭曰南雍本閩本俱作三月案通鑑亦作三月此作二月與上文複明爲誤字

神物顯應官本神作祥

令武威張掖酒泉敦煌注張掖郡 至 故城在今甘州張掖縣西北今爲甘州府張掖縣治

初置西域都護戊己校尉注宣帝初 至 鎮撫諸國錢大昭曰西域都護是年初置不知罷於何時和帝紀永元三年復置安帝紀永初元年復罷志亦不載戊己校尉是年初置章帝紀建初元年罷西域傳建初三年復置嗣後復罷和帝紀永元三年復置志皆不載

圍戊己校尉耿恭集解劉攽曰 至 殆如詩所云取其居屯田之中以便田事而已案袁紀耿恭爲戊己校尉關寵爲戊己校尉恭屯金蒲城寵屯折中城相去千餘里夫相去至踰千里自當各爲一部是後漢明有二戊己校尉或元帝設置時制本如此後漢沿之至和帝時苦其擊捉乃析言之而於命官之義已乖必謂和帝又別置戊校尉亦必無之事也帝所增置止戊部候仍兵候耳通鑑兼采袁紀而改書恭爲戊校尉寵爲己校尉於史究無確證

法令分明侯康曰潛夫論述赦篇昔孝明帝時制舉茂才汪繼培據御覽舉當作茂才揚州過闕謝恩賜食事訖問何異聞對曰巫有劇賊九人刺史數以竊汪繼培曰竊當作緝郡訖不能得帝曰汝非部南郡從事邪對曰是帝乃振怒曰賊發部中而不能擒才何以爲茂捶數百便免官而切讓州郡十日之間賊即伏誅又御覽卷二百六十七引漢官儀明帝臨觀見洛陽令車騎意河南尹及至而非尤其太盛赦夫軒䡖崎傴師長治有能名以事詣臺因取賜之皆其法令分明之事也

肅宗孝章帝紀第三　後漢書三

宋　宣　城　太　守　范　曄　撰

唐　章　懷　太　子　賢　注

王先謙集解

肅宗孝章皇帝諱炟顯宗第五子也謚法曰溫克令儀曰章伏侯古今注曰炟之字曰著音丁達反母賈貴人集解惠棟曰帝王世紀孝章皇帝以中元三年生於京師其母姓祕不出號其墓曰長信家永平三年立爲皇太子少寬容好儒術顯宗器重之集解惠棟曰東觀記永平三年二月以皇子立爲太子年四歲幼而聰達才敏多識世事動容進止聖表有異壯而仁明謙恕溫慈惠和寬裕廣博親愛九族矜嚴方厲威而不猛既志于學始治尚書遂兼五經周覽古今無所不觀由是上敬重之每事諮焉十八年八月壬子即皇帝位年十九尊皇后曰皇太后壬戌葬孝明皇帝于顯節陵帝王紀曰顯節陵方三百步高八丈其地故富壽亭也西北去洛陽三十七里集解先謙曰續漢書載鮑昱諫帝欲下羨道見禮儀志注

冬十月丁未大赦天下賜民爵人二級爲父後及孝悌力田人三級脫無名數及流人欲占者人一級爵過公乘得移與子若同產子鰥寡孤獨篤㾮貧不能自存者粟人三斛詔曰朕以眇身託于王侯之上統理萬機懼失厥中兢兢業業未知所濟深惟守文之主必建師傅之官詩不云乎不愆不忘率由舊章詩大雅也鄭玄云愆過也率循也由用也言成王之令德不過誤不違失皆循用舊典文章謂周公之禮法行太尉事節鄉侯憙三世在位爲國元老趙熹光武時爲太尉明帝時行太尉事故曰三代在位元長也詩曰方叔元老司空融融牟融典職六年勤勞不怠其以熹爲太傅融爲太尉並錄尚書事武帝初以張子孺領尚書事錄尚書事由此始集解惠棟曰陶藻職官要錄云尚書有錄名自此始因是以來每帝初即位輒置太傅錄尚書事羅泌云書內于大麓自孔安國以爲大錄萬機之政而桓譚新論以爲麓者領錄天下之事若今之尚書然蓋自漢以來有是說矣是以章帝置太傅錄尚書事羅苹云錄尚書事自牟融始宋百官志成帝初王鳳錄尚書事章懷注以爲始於張子孺皆誤西京無錄尚書止有領尚書平尚書事鳳止領尚書事爾先謙曰由此始即謂由融始注不誤三事大夫莫肯夙夜小雅之所傷也詩雨無正之文也三事三公也鄭玄注云幽王在外三公及諸侯隨而行者皆無復君臣之禮

不肯晨夜省王予違汝弼汝無面從尚書益稷之文也孔安國注云我違道汝當以義輔正我無面從我股肱之正義也羣后百僚勉思厥職各貢忠誠以輔不逮申敕四方稱朕意焉十一月戊戌蜀郡太守第五倫爲司空詔征西將軍耿秉屯酒泉酒泉今肅州縣也前書音義曰城下有泉其味若酒因名酒泉也遣酒泉太守段彭集解惠棟曰袁宏紀作殷彭救戊己校尉耿恭甲辰晦日有食之集解惠棟曰續志在斗二十一度是時明帝既崩馬太后制爵祿故陽不勝於是避正殿寢兵不聽事五日詔有司各上封事十二月癸巳有司奏言孝明皇帝聖德淳茂劬勞日昃身御浣衣日昃日昳尚書曰文王自朝至于日中昃不遑暇食食無兼珍澤臻四表尚書曰光被四表遠人慕化僬僥儋耳款塞自至款扣僬僥儋耳解見明紀克伐鬼方開道西域鬼方遠方易曰高宗伐鬼方三年克之威靈廣被無思不服以烝庶爲憂不以天下爲樂備三雍之教躬養老之禮作登歌正雅樂博貫六藝周禮保氏教之六藝一曰禮二曰樂三曰射四曰馭五曰書六曰數前書藝文志曰以禮樂春秋易詩書爲六藝博貫謂究極深幽耳集解劉攽曰

注前書藝文志曰以禮樂春秋案文多一曰字先謙曰官本考證云雅宋本作子王應麟困學紀聞云東都賦本作正予樂五臣改作雅樂不舍晝夜集解惠棟曰東觀記孝明紀上夜讀衆書乙更盡乃寐先五更起率常如此聰明淵塞著在圖讖河圖曰圖出代九天開明受用嗣興十代以光又括地象曰十代禮樂文雅並出謂明帝也至德所感通於神明功烈光於四海仁風行於千載而深執謙謙自稱不德無起寢廟埽地而祭除日祀之法春秋外傳曰日祭月祀時享祖禰則日祭高曾則月祀二祧則時享今此除日祀之法從時月之祭集解劉攽曰注三祧則時享案自古但有二祧無三祧明三字誤惠棟曰許慎五經異義云古春秋左氏說古者先王日祭於廟月薦於高曾謹案叔孫通宗廟有日祭之禮知古而然也棟案叔孫通漢禮日祭於寢月祭於廟時祭於便殿明帝遺詔無起寢廟故除日祀之法也韋昭國語注曰日祭祭於祖考謂上食也省送終之禮遂藏主於光烈皇后更衣別室天下聞之莫不悽愴陛下至孝烝烝奉順聖德臣愚以爲更衣在中門之外處所殊別宜尊廟曰顯宗其四時禘祫於光武之堂閒祀悉還更衣續漢書曰五年再殷祭三年一祫五年一禘父爲昭南向子爲穆北向禘以夏四月祫以冬十月禘之爲言諦諦審昭穆尊卑之義祫者合也冬十月五穀成故骨肉合飲食於祖

廟謂之殷祭四時之祭外有五月嘗麥三伏立秋嘗粢盛酎十月嘗稻等謂之閒祀郎各於更衣之殿更衣者非正處也園中有寢有便殿寢者陵上正殿便殿寢側之別殿即更衣也集解劉攽曰注立秋嘗粢盛酎案漢制立秋嘗粢粢稷也八月飲酎此文誤出一盛字少八月飲三字先謙曰注四時之祭官本之作正共進武德之舞如孝文皇帝祫祭高廟故事前書高廟奏武德文始五行之舞制曰可是歲牛疫京師及三州大旱詔勿收兗豫徐州田租芻稾其以見穀賑給貧人集解劉攽曰案詔無它語不當有其字建初元年春正月詔三州郡國方春東作恐人稍受稟往來煩劇或妨耕農稟給也稍爲少少給之不頓與集解劉攽曰注案文爲當作謂先謙曰爲謂字同其各實覈尤貧者計所貸并與之并音必政反流人欲歸本者郡縣其實稟令足還到聽過止官亭無雇舍宿長吏親躬無使貧弱遺脫小吏豪右得容姦妄前書曰百石已下有斗食佐吏之秩言小吏也詔書既下勿得稽留刺史明加督察尤無狀者無狀謂其罪惡尤大其狀無可寄言故云無狀它皆類此丙寅詔曰比年牛多疾疫墾田減少穀價頗貴人以流亡方春東作宜及時務二千石勉

勸農桑弘致勞來羣公庶尹各推精誠專急人事罪非殊死須立秋案驗有司明慎選舉進柔良退貪猾順時令理冤獄五教在寬帝典所美五教謂父義母慈兄友弟恭子孝也尚書舜典曰汝作司徒敬敷五教在寬愷悌君子大雅所歎愷樂悌易也詩大雅洞酌篇曰愷悌君子民之父母布告天下使明知朕意酒泉太守段彭討擊車師大破之罷戊己校尉官二月武陵澧中蠻叛武陵郡今澧州水經曰澧水出武陵充縣西歷山之北也三月甲寅山陽東平地震己巳詔曰集解惠棟曰杜佑云建武中詔三公郡國守相歲舉茂才廉吏所徵舉率皆特拜不復簡試士或矯飾誇議漸生章帝建初元年始復用前漢丞相故事以四科辟士凡所舉士先試之以職乃得充選其德行尤異不宜試職者疏於他狀舉非其人兼正舉者罪朕以無德奉承大業夙夜慄慄不敢荒寧孔安國注尚書曰不敢荒怠自安寧而災異仍見與政相應朕既不明涉道日寡又選舉乖實俗吏傷人官職耗亂刑罰不中可不憂與昔仲弓季氏之家臣子游武城之小宰孔子猶誨以賢才問以得人論語仲弓爲季氏宰問政子曰赦小過舉賢才子游爲武城宰孔子謂之曰汝

得人焉爾乎明政無大小以得人爲本夫鄉舉里選必累功勞今刺史守相不明眞僞茂才孝廉歲以百數既非能顯而當授之政事甚無謂也每尋前世舉人貢士或起甽畝不繫閥閱說文曰甽田中之溝音工犬反史記曰明其等曰閥積其功曰閱言前代舉人務取賢才不拘門地敷奏以言則文章可採明試以功則政有異迹敷陳奏進也令各陳進其言則知其能否尚書曰敷奏以言明試以功則政之類文質彬彬朕甚嘉之彬彬雜半之貌其令太傅三公中二千石二千石郡國守相舉賢良方正能直言極諫之士各一人夏五月辛酉初舉孝廉郎中寬博有謀集解惠棟曰潛夫論云明經寬博武猛治劇此皆名自命而號自定也任典城者以補長相任堪使也典主也長謂縣長相謂侯相秋七月辛亥詔以上林池籞田賦與貧人籞禁苑也音語前書音義曰折竹以繩懸連之使人不得往來謂之籞八月庚寅有星孛于天市史記曰房爲天駟東北曲十二星曰旗旗中四星曰天市九月永昌哀牢夷叛集解惠棟曰續書天文志是時蠻夷陳縱等及哀牢王類反冬十月武陵郡兵討叛蠻破降之十一月阜陵王

後漢三　四

延謀反貶爲阜陵侯

二年春三月辛丑詔曰比年陰陽不調饑饉屢臻集解惠棟曰論衡云建初孟年中州頗歉潁川汝南民流四散聖主憂懷詔書數至充奏記郡守宜禁奢侈以備用乏言不納用退題記章名曰備乏深惟先帝憂人之本本謂稼穡詔書曰不傷財不害人誠欲元元去末歸本而今貴戚近親奢縱無度嫁娶送終尤爲僭侈有司廢典莫肯舉察春秋之義以貴理賤集解惠棟曰穀梁傳之文也今自三公竝宜明糾非法宣振威風朕在弱冠未知稼穡之艱難區區管窺豈能照一隅哉史記扁鵲曰以管窺天以隙視文其科條制度所宜施行在事者備爲之禁先京師而後諸夏公羊傳曰春秋內中國而外諸夏內諸侯而外夷狄王者欲一乎天下曷以內外之辭言自近者始也集解劉攽曰注案公羊本文曷爲以內外之辭言之言自近者始也少之言二字甲辰罷伊吾盧屯兵永平十六年置永昌越巂益州三郡民夷討哀牢破平之夏四月戊子詔還坐楚淮陽事徙者四百餘家令歸本郡癸巳詔齊相省冰紈方空縠吹綸絮紈素也冰言色鮮潔如冰釋名曰縠紗也方空者紗薄如空也或曰空孔也即今之方目紗也綸似絮而細吹者言吹噓可成亦紗也前書齊有三服官故詔齊相罷之六月燒當羌叛金城太守郝崇討之敗績羌遂寇漢陽秋八月遣行車騎將軍馬防討平之十二月戊寅有星孛于紫宮

三年春正月己酉宗祀明堂禮畢登靈臺望雲物大赦天下三月癸巳立貴人竇氏爲皇后賜爵人二級三老孝悌力田人三級民無名數及流民欲占者人一級鰥寡孤獨篤癃貧不能自存者粟人五斛夏四月己巳罷常山呼沱石臼河漕石臼河名也在今定州唐縣東北時鄧訓上言此漕難成遂罷之漕水運也音才到反行車騎將軍馬防破燒當羌於臨洮臨洮縣名屬隴西郡即今岷山之州集解惠棟曰防傳破羌在三年春先謙曰臨洮今鞏昌府岷州唐爲岷州和政郡注山之二字蓋衍閏月西域假司馬班超擊姑墨大破之姑墨西域國名去長安八千一百五十里冬十二月丁酉以馬防爲車騎將軍武陵漊中蠻叛漊水名音婁源出今澧州崇義縣西北山

後漢三　五

是歲零陵獻芝草集解惠棟曰論衡云零陵泉陵女子傅寗宅土中忽生芝草五本太守沈酆遣門下掾衍盛獻之詔會公卿郡國上計吏民皆在以芝草告示天下續漢書曰芝長者尺四寸短者七八寸太守使功曹齎之以獻

四年春二月庚寅太尉牟融薨夏四月戊子立皇子慶爲皇太子賜爵人二級三老孝悌力田人三級民無名數及流人欲自占者人一級鰥寡孤獨篤癃貧不能自存者粟人五斛己丑徙鉅鹿王恭爲江陵王汝南王暢爲梁王常山王昞爲淮陽王辛卯封皇子伉音抗爲千乘王全爲平春王平春縣屬江夏郡集解先謙曰今汝甯府信陽州西北五月丙辰車騎將軍馬防罷甲戌司徒鮑昱爲太尉南陽太守桓虞爲司徒虞字仲春馮翊人集解惠棟曰東觀記虞字伯春遷尚書僕射據法斷事周密平正以爲能擢爲南陽太守袁紀云虞馮翊萬年人初爲魯令以父母老去官二親既終乃仕稍遷南陽太守表賢黜惡校練名實豪吏無所容其奸百姓悅之建武以來太守名稱無及虞者及爲三公無他異政六月癸丑皇太后馬氏崩秋七月壬戌葬明德皇太后集解劉攽曰按陰后不稱太則此太衍字也錢大昕曰按光烈章德和熹安思順烈桓思靈思諸后之葬皆書皇后

此獨書太后太字疑衍冬牛大疫集解惠棟曰續志是時竇皇后以宋貴人子爲太子寵幸令人求何貴人過隙以讒毀之章帝不知竇后不善厥咎霧也十一月壬戌詔曰蓋三代導人教學爲本前書曰三代之道鄉里有教夏曰教殷曰序周曰庠集解劉攽曰夏曰教教當作校漢承暴秦襃顯儒術建立五經爲置博士其後學者精進雖曰承師亦別名家言雖承一師之業其後觸類而長更爲章句則別爲一家之學孝宣皇帝吕爲去聖久遠學不厭博故遂立大小夏侯尙書後又立京氏易大小夏侯謂夏侯勝勝從兄子建也京氏京房也至建武中復置顏氏嚴氏春秋大小戴禮博士嚴氏謂嚴彭祖顏氏謂顏安樂大小戴戴德戴聖也此皆所吕扶進微學尊廣道蓺也中元元年詔書五經章句煩多議欲減省至永平元年長水校尉儵樊儵奏言先帝大業當吕時施行欲使諸儒共正經義頗令學者得吕自助孔子曰學之不講是吾憂也又曰博學而篤志切問而近思仁在其中矣論語文也講猶習也篤厚也志記也言人能博涉學而後識之切問於己所未悟之事近思己所能及之事好學亦仁之一分故仁在其中矣集解錢大昕曰按博學以

下乃子夏之言非孔子語蔡邕傳小能小善雖有可觀孔子以爲致遠恐泥亦子夏語也漢書蓺文志引雖小道必有可觀者焉王充論衡引死生有命紂之不善不如是之甚皆以爲孔子語說者以爲古人引書多誤其實非也攷蓺文志云論語者孔子應答弟子時人及弟子相與言而接聞于夫子之語也云接聞于夫子則其言皆孔子所取矣故漢人引論語雖弟子之言皆歸之孔子非由記憶之誤於戲其勉之哉於是下太常將大夫博士議郎郎官博士屬太常故云下及諸生諸儒會白虎觀講議五經同異使五官中郎將魏應承制問續漢志曰五官中郎將比二千石侍中湻于恭奏帝親稱制臨決如孝宣甘露石渠故事前書甘露三年詔諸儒講五經異同蕭望之等平奏其議上親制臨決焉又曰施讎甘露中論五經於石渠閣三輔故事曰石渠閣在未央殿北藏秘書之所作白虎議奏今白虎通是歲甘露降泉陵洮陽二縣二縣屬零陵郡泉陵城在今永州零陵縣北洮陽故城在今湘源縣西北集解惠棟曰論衡云甘露下泉陵零陵洮陽始安冷道五縣榆柏梅李葉皆洽溥威委流漉民嗽吮之甘如飴蜜先謙曰泉陵在今永州零陵縣舊唐志州北二里洮陽在今桂林府全州北州志三十五里故州灘

五年春二月庚辰朔日有食之集解惠棟曰續志在東壁八度東壁爲文章是時羣臣爭經多相非毀者詔曰朕新離供養去年馬太后崩愆咎眾著上天降異大變隨之詩不云乎亦孔之醜詩小雅曰朔日辛卯日有食之亦孔之醜孔甚也醜惡也又久旱傷麥憂心慘切公卿已下其舉直言極諫能指朕過失者各一人遣詣公車將親覽問焉其吕巖穴爲先勿取浮華前書鄒陽曰顯巖穴之士甲申詔曰春秋書無麥苗重之也春秋莊公七年秋大水無麥苗公羊傳曰一災不書待無麥然後書無苗何休注曰不書穀至麥苗獨書人食最重也去秋雨澤不適今時復旱如炎如焚炎焚言熱氣甚韓詩旱魃爲虐如炎如焚凶年無時而爲備未至朕之不德上累三光震慄忉忉痛心疾首忉音刀詩曰憂心忉忉又曰疢如疾首前代聖君博思咨諏咨諏謀也音子余反雖降災咎輒有開匱反風之應武王有疾周公作請命之書藏於金匱後管蔡流言成王疑周公天乃大風禾木盡偃成王啟金匱得書乃郊天謝過天乃反風起禾事見尙書今予小子徒慘慘而已其令二千石理冤獄錄輕繫禱五嶽四瀆及名山能興雲致雨者冀蒙不崇朝徧雨天下之報尙書大傳曰五嶽皆觸石出雲膚寸而合不崇朝而雨天下務加肅敬焉三

月甲寅詔曰孔子曰刑罰不中則人無所措手足今吏多不良擅行喜怒或案不吕罪迫脅無辜致令自殺者一歲且多於斷獄甚非爲人父母之意也書曰元后作人父母有司其議糾舉之荆豫諸郡兵討破武陵澧中叛蠻夏五月辛亥詔曰朕思遲直士側席異聞遲猶希望也音持二反側席謂不正坐所以待賢良也集解惠棟曰曲禮有憂者側席而坐鄭元注側猶特也不布他面席案側席與儀禮側殺側受醴之側同憂在進賢故側席注非何若瑤曰史衛將軍傳索隱遲者待也思遲直士思待直士也注說不詞其先至者各吕發憤吐懣略聞子大夫之志矣集解惠棟曰賈逵國語注曰親而近之故曰子大夫皆欲置於左右顧問省納建武詔書又曰堯試臣吕職不直吕言語筆札書舜典曰朕其試哉又曰歷試諸艱札簡也今外官多曠竝可吕補任戊辰太傅趙憙薨冬始行月令迎氣樂東觀記曰馬防上言聖人作樂所以宣氣致和順陰陽也臣愚以爲可因歲首發太簇之律奏雅頌之音以迎和氣時以作樂器費多遂獨行十月迎氣樂也是歲零陵獻芝草集解惠棟曰論衡云生泉陵男子周服宅上六本色狀如三年芝并前凡十一本汪文臺曰司馬書記獻芝草見類聚八十七九十八又

御覽九百八十五載司馬書記五年零陵女子傅甯宅內生紫芝五株長者尺四寸短者七八寸太守沈豐使功曹齎芝以聞帝告
示天下又一事有八黃龍見於泉陵伏侯古今注曰見零陵泉陵湘水中相與戲其二大如馬有角六枚大如
駒無角集解惠棟曰論衡云湘水去泉陵城七里水上聚石曰燕室邱臨水有俠山其下巖壑水深不測二黃龍見長出十六丈身
大於馬舉頭顧望狀如圖中畫龍燕石邱民皆觀見之去龍可數十步又見狀如駒馬小大凡六出水遊戲陵上蓋二龍之子也并
二龍爲八出入移時乃入西域假司馬班超擊疏勒破之
六年春二月辛卯琅邪王京薨夏五月辛酉趙王盱薨集解錢大昕曰趙王
良傳子節王栩嗣立四十年薨而本紀中元元年永平六年竝書趙王盱惟永平五年書趙王栩必有一誤栩與盱音相近而譌也
六月丙辰太尉鮑昱薨辛未晦日有食之秋七月癸巳以大司農
鄧彪爲太尉
七年春正月沛王輔濟南王康東平王蒼中山王焉東海王政琅
邪王宇來朝夏六月甲寅廢皇太子慶爲清河王立皇子肇爲皇
太子己未徙廣平王羨爲西平王秋八月飲酎高廟禘祭光武皇
帝孝明皇帝前書高廟飲酎奏武德五行之舞音義云正月旦作酒八月成名曰酎酎者言醇也武帝時因八月嘗酎令
諸侯出金助祭所謂酎金也丁孚漢儀式曰九眞交阯日南者用犀角二長九寸若瑇瑁甲一鬱林用象牙一長三尺已上若翠羽
各二十準以當金集解劉攽曰者字似當作皆甲辰詔書云集解劉攽曰案文少一曰字官本考證曰此注應在書云
二字之上謂詔字下脫去曰字也祖考來假明哲之祀假音格格至也尚書夔曰於予擊石拊石搏拊琴瑟
以詠祖考來格言明哲祭祀則能致祖考之神來至予末小子質又菲薄仰惟先帝烝烝之
情前修禘祭以盡孝敬朕得識昭穆之序寄遠祖之思今年大禮
復舉加以先帝之坐言顯宗神坐今新加之悲傷感懷樂以迎來哀以送往
雖祭亡如在而空虛不知所裁庶或饗之豈亡克慎肅雍之臣辟
公之相肅敬雍和相助也詩大雅曰有來雍雍至止肅肅相維辟公天子穆穆言百辟諸侯來助祭皆有肅雍之德無懈慢
也集解惠棟曰逸齋詩補傳云賢之此注豈韓齊魯三家以頌爲雅耶雅頌昔嘗亂矣賴孔子刪詩然後雅頌各得其所賢欲復亂
之耶皆助朕之依依依依思慕之意今賜公錢四十萬卿半之及百官執事
各有差九月甲戌幸偃師東涉卷津卷縣名屬河南郡也卷音丘權反集解先謙曰今懷慶府

原武縣至河內下詔曰車駕行秋稼觀收穫因涉郡界皆精騎輕行
無它輜重不得輒修橋道遠離城郭遣吏逢迎刺探起居刺探謂候伺也
探音湯勘反出入前後以爲煩擾動務省約但患不能脫粟瓢飲耳晏子
相齊食脫粟之飯孔子曰顏回一瓢飲所過欲令貧弱有利無違詔書遂覽淇園前書
音義曰淇園衞之苑也己酉進幸鄴勞饗魏郡守令已下至于三老門闌走
卒賜錢各有差勞賜常山趙國吏人復元氏租賦三歲辛卯車駕
還宮詔天下繫囚減死一等勿笞詣邊戍妻子自隨占著所在父
母同產欲相從者恣聽之有不到者皆以乏軍興論軍興而致闕乏當死刑也
集解惠棟曰鄭元周禮注縣官徵聚物曰興今之軍興是也尚書費誓峙乃糗糧無敢不逮汝則有大刑孔安國云汝則有乏軍興
之死刑孔穎達云興軍征伐而有乏少謂之乏軍興今律乏之軍興者斬及犯殊死一切募下蠶室其
女子宮繫囚鬼薪白粲已上前書曰鬼薪白粲已上皆三歲刑也男子爲鬼薪取薪以給宗廟女子爲白粲
使擇米白粲粲然皆減本罪各一等輸司寇作亡命贖死罪入縑二十匹
右趾至髡鉗城旦舂十匹完城旦至司寇三匹吏人有罪未發覺
詔書到自告者半入贖冬十月癸丑西巡狩幸長安丙辰祠高廟
遂有事十一陵遣使者祠太上皇於萬年太上皇高祖父也名煓音它官反一名執嘉三
輔黃圖曰高祖初都洛陽太上皇崩葬櫟陽北原陵號萬年仍令置萬年縣在今櫟陽東北故祭祀焉集解先謙曰萬年今西安府
咸甯縣治以中牢祠蕭何霍光進幸槐里集解先謙曰槐里今西安府興平縣東南岐山得
銅器形似酒罇獻之集解惠棟曰東觀記朱色青黃有古文符瑞志詔在道晨夕以爲百官熱酒又獲
白鹿集解惠棟曰符瑞志得白鹿於臨平觀帝曰上無明天子下無賢方伯已見明帝紀
人之無良相怨一方詩小雅也良善也言王者所爲無有善者各相與於一方而怨之義見韓詩斯器
亦曷爲來哉公羊傳曰孔子抱麟而泣曰孰爲來哉孰爲來哉又幸長平御池陽宮前書音義
曰長平坂在池陽南有長平觀去長安五十餘里集解先謙曰前書宣帝紀上自甘泉宿池陽宮登長平坂坂在今西安府涇陽縣
西南十里池陽宮在涇陽縣西北八里東至高陵造舟於涇而還造至也謂次比舟令相至爲橋而度
也爾雅曰天子造舟諸侯維舟大夫方舟士特舟集解先謙曰高陵今西安府高陵縣每所到幸輒會郡縣

吏人勞賜作樂十一月詔勞賜河東守令掾吕下十二月丁亥車駕還宮是歲京師及郡國螟

八年春正月壬辰東平王蒼薨三月辛卯葬東平憲王賜鑾輅龍旂夏六月北匈奴大人率眾款塞降冬十二月甲午東巡狩幸陳留梁國淮陽潁陽戊申車駕還宮詔曰五經剖判去聖彌遠章句遺辭乖疑難正恐先師微言將遂廢絕非所吕重稽古求道眞也其令羣儒選高才生受學左氏穀梁春秋古文尚書毛詩吕扶微學廣異義焉是歲京師及郡國螟

元和元年春正月中山王焉來朝日南徼外蠻夷獻生犀【集解】惠棟曰東觀記作白犀白雉劉欣明交州記曰犀其毛如豕蹏有三甲頭如馬有三角鼻上角短額上頭上角長異物志曰角中特有光耀白理如線自本達末則爲通天犀閏月辛丑濟陰王長薨二月甲戌詔曰王者八政吕食爲本尚書洪範八政一曰食是爲政本【集解】惠棟曰書大傳八政何以先食傳曰食者萬物之始人事之

所本也故八政先食故古者急耕稼之業致耒耜之勤耒耜農器也耒其柄耜其刃節用儲蓄吕備凶災是吕歲雖不登而人無饑色自牛疫已來穀食連少良繇吏教未至刺史二千石不吕爲負負猶憂也其令郡國募人無田欲徙它界就肥饒者恣聽之到在所賜給公田爲雇耕傭賃種餉餉糧也古餉字音式上反貰與田器勿收租五歲除算三年其後欲還本鄉者勿禁夏四月己卯分東平國封憲王蒼子尚爲任城王六月辛酉沛王輔薨秋七月丁未詔曰律云掠者唯得榜笞立蒼頡篇曰掠問也廣雅曰榜擊也音彭說文曰笞擊也立謂立而考訊之【集解】惠棟曰劉伯莊云掠音亮考掠也又令丙箠長短有數令丙爲篇之次也前書音義曰令有先後有令甲令乙令丙又景帝京師定箠令箠長五尺本大一寸其竹也末薄半寸其平去節故曰長短有數也【集解】劉攽曰注景帝京師定箠令案景帝定令行於天下不止京師京師衍字也蓋景似京師似帝因爾誤出自往者大獄已來掠考多酷鉆鑽之屬大獄謂楚王英等事也鉆音其廉反說文曰鉆鉗也國語曰中刑用鑽鑿皆謂慘酷其肌膚也【集解】惠棟曰鉆曹憲音巨炎反王幼學云鉆通作鉗倉頡篇鉗鈦也鈦從蓋反說文在頭曰鉗在足曰鈦鑽去其臏蓋骨音作嗅反注鉆銸也銸曹憲音竹涉反慘苦無極念其痛毒怵然動心書曰鞭作官刑豈云若此孔安國注尚書曰以鞭爲理官事之刑宜及秋冬理獄明爲其禁八月甲子太尉鄧彪罷大司農鄭弘爲太尉癸酉詔曰朕道化不德吏政失和元元未諭抵罪於下寇賊爭心不息邊野邑屋不修修或作充永惟庶事思稽厥衷與凡百君子共弘斯道中心悠悠將何吕寄其改建初九年爲元和元年郡國中都官繫囚減死一等勿笞詣邊縣妻子自隨占著在所其犯殊死一切募下蠶室其女子宮繫囚鬼薪白粲吕上皆減本罪一等輸司寇作亡命者贖各有差丁酉南巡狩詔所經道上郡縣無得設儲跱儲積也跱具也言不豫有蓄備命司空自將徒支柱橋梁柱音竹主反有遣使奉迎探知起居二千石當坐其賜鰥寡孤獨不能自存者粟人五斛九月乙未東平王忠薨【集解】惠棟曰續志是年八月乙未晦九月不應復有乙未紀誤辛丑幸章陵祠舊宅

園廟見宗室故人賞賜各有差冬十月己未進幸江陵詔廬江太守祠南嶽又詔長沙零陵太守祠長沙定王舂陵節侯鬱林府君還幸宛十一月己丑車駕還宮賜從者各有差十二月壬子詔曰書云父不慈子不祇兄不友弟不恭不相及也祇敬也左傳胥臣云康誥曰父不慈子不祇兄不友弟不恭不相及也今康誥之言事同而文異往者妖言大獄所及廣遠一人犯辜禁至三屬即三族也謂父族母族及妻族莫得垂纓仕宦王朝如有賢才而沒齒無用朕甚憐之非所謂與之更始也諸吕前妖惡禁錮者一皆蠲除之左傳曰以重幣錮之杜預注曰禁錮勿令仕也吕明棄咎之路但不得在宿衞而已

二年春正月乙酉詔曰令云人有產子者復勿算三歲【集解】惠棟曰高祖七年令也杜佑理道要訣云漢高帝每歲人常賦百二十錢至孝文時省儉至四十武帝事邊費廣人產子三歲則出口錢孝宣減人算三十孝成減四十光武有產子復以三年之算今諸懷妊者說文曰妊孕也賜胎養穀人三斛

復其夫勿算一歲著㠯爲令又詔三公曰方春生養萬物莩甲前書音義曰莩葉裏白皮也易曰百果甲坼也集解惠棟曰周易解彖傳雷雨作而百果草木皆甲宅鄭氏曰皮曰甲根曰宅宜助萌陽㠯育時物其令有司罪非殊死且勿案驗及吏人條書相告不得聽受條事條也襲息事甯人敬奉天氣立秋如故夫俗吏矯飾外貌似是而非揆之人事則悅耳論之陰陽則傷化朕甚饜之甚苦之安靜之吏悃愊無華說文云悃愊至誠也悃音苦本反愊音孚逼反日計不足月計有餘莊子曰有庚桑子者偏得老聃之道以居畏壘之山畏壘之人相與云庚桑子之始來吾洒然異之今吾日計之不足歲計之有餘庶幾其聖人乎如襄城令劉方方字伯況平原人吏人同聲謂之不煩雖未有它異斯亦殆近之矣間敕二千石各尚寬明而今富姦行賂於下貪吏枉法於上集解惠棟曰漢律有受賕枉法之科令復申之故下云勉思舊令也使有罪不論而無過被刑甚大逆也夫㠯苛爲察㠯刻爲明㠯輕爲德㠯重爲威四者或興則下有怨心吾詔書數下冠蓋接道集解惠棟曰胡注謂奉詔出使者相接於道也數所角反而吏不加理人或失職其咎安在勉思舊令稱朕意焉

二月甲寅始用四分麻續漢書曰時待詔張盛京房鮑業等以四分麻請與待詔楊岑等共課歲餘盛等所中多四分之麻始頒施行集解錢大昕曰京房當作景防詔曰今山川鬼神應典禮者尚未咸秩秩序也言山川之神尚未咸皆次序而祭之書曰咸秩無文其議增修羣祀㠯祈豐年丙辰東巡狩己未鳳皇集肥城肥城縣名屬太山郡故城在今濟州平陰縣東南集解錢大昕曰郡國志無此縣惠棟曰水經注曰集肥城句窳亭復其租先謙曰肥城今泰安府肥城縣前漢屬泰山郡後漢屬濟北國後省乙丑帝耕於定陶詔曰三老尊年也孝悌淑行也力田勤勞也國家甚休之其賜帛人一匹勉率農功使使者祠唐堯於成陽靈臺成陽縣屬濟陰郡郭緣生述征記曰成陽縣東南有堯母慶都墓上有祠廟堯母陵俗亦名靈臺大母集解先謙曰成陽在今曹州府濮州東南接曹州界辛未幸太山柴告岱宗有黃鵠三十從西南來經祠壇上東北過于宮屋翱翔升降進幸奉高壬申宗祀五帝于汶上明堂前書曰濟南人公玉帶上黃帝時明堂圖中有一殿四面無壁以茅蓋通水水圜宮垣爲複道上有樓從西南入名曰崑崙以拜祀上帝於是上作明堂於汶上如帶圖焉汶水出太山朱虛縣萊蕪山集解惠棟曰水經注帝東巡太山立行宮於汶陽執金吾耿恭屯城門於汶上基壍存焉案恭傳未嘗爲執金吾或別有據也癸酉告祠二祖四宗二祖謂高祖世祖四宗謂文帝爲太宗武帝爲世宗宣帝爲中宗明帝爲顯宗大會外內羣臣丙子詔曰朕巡狩岱宗柴望山川告祠明堂㠯章先勳其二王之後禮記曰存二王之後尊賢不過二代公羊傳曰存二王之後所以通三正也漢之二王殷周之後也先聖之胄東觀記曰孔子後褒成侯等咸來助祭東后蕃衛東后謂東方國君也諸侯爲天子蕃屏故曰蕃衛伯父伯兄仲叔季弟幼子童孫尚書呂刑文皆天子同姓諸侯有父叔兄弟子孫列者故總而同之集解先謙曰官本注同作言百僚從臣宗室眾子要荒四裔要荒二服名要服去王城二千里荒服去王城二千五百里要者言可要束以文教荒者言其荒忽無常也裔遠也謂荒服之外也沙漠之北葱嶺之西西河舊事曰葱嶺山名在敦煌西其山高大多葱故以爲名也集解先謙曰官本注末也作焉冒耏之類字書曰耏多須貌音而面或曰西域人多著冒而長須故舉以爲言也集解劉攽曰注西域人多著冒長案文當有一須字緣紀文言冒耏跋涉懸度西域傳曰懸度者石山也谿谷不通以繩索相引而度去陽關五千八百五十里陵踐阻絕駿奔郊時駿疾也音俊尚書駿奔走在廟郊時祭天處也前書音義曰時神靈之居止者集解惠棟曰案梅氏武成衍在廟二字周頌有之涉此而訛耳咸來助祭祖宗功德延及朕躬予一人空虛多疚纂承尊明疚病也纂繼也盥洗享薦慙愧祗慄詩不云乎君子如祉亂庶遄已小雅之詩也遄速也已止也祉福也鄭玄注云福者福賢者謂爵祿之也如此則亂亦庶幾可疾止也麻數既從靈燿著明麻數既從謂行四分麻也靈燿著明謂日月貞明亦欲與士大夫同心自新其大赦天下諸犯罪不當得赦者皆除之復博奉高嬴無出今年田租芻稾戊寅進幸濟南濟南縣名故城在今淄州長山縣西北集解先謙曰此在漢爲濟南都尉治也三月己丑進幸魯祠東海恭王陵庚寅祠孔子於闕里及七十二弟子賜褒成侯及諸孔男女帛壬辰進幸東平祠憲王陵陵在今鄆州須昌縣東集解先謙曰憲王君也陵在今泰安府東平州東北五里甲午遣使者祠定陶太后恭王陵太后即元帝傅昭儀也定陶恭王康其陵在今曹州濟陰縣北集解先謙曰陵在今曹州府曹縣西北五十里乙未幸東阿北登太行山至天井關太行山在今澤州晉城縣南今太行山上關南有天井泉三所也集解惠棟曰李吉甫云天井故關一

名太行關在晉城縣四十五里太行山上先謙曰在今澤州府鳳臺縣南夏四月乙巳客星入紫宮集解錢大昕曰天文志作元年四月丁巳乙卯車駕還宮庚申假于祖禰假至也音格禰父廟易曰王假有廟告祠高廟五月戊申詔曰乃者鳳皇黃龍鸞鳥比集七郡孫柔之瑞圖曰鸞鳥者赤神之精鳳皇之佐雞身赤尾色赤被五彩鳴中五音人君進退有度親疏有序則至也比類也或一郡再見及白烏神雀甘露屢臻祖宗舊事或班恩施武帝時芝草生于甘泉宮宣帝時嘉穀玄稷降于郡國神雀仍集皆大赦天下其賜天下吏爵人三級高年鰥寡孤獨帛人一匹經曰無侮鰥寡惠此煢獨加賜河南女子百戶牛酒前書音義蘇林曰男賜爵女子賜牛酒姚察云女子謂賜爵者之妻史記封禪書百戶牛一頭酒十石臣賢案此女子百戶若是戶頭之妻不得更稱為戶此謂女戶頭即今之女戶也天下稱慶恩當普洽所以男戶賜爵女子賜牛酒集解惠棟曰經籍志漢書訓纂三十卷陳吏部尚書姚察撰令天下大酺五日賜公卿已下錢帛各有差及洛陽人當酺者布戶一匹城外三戶共一匹賜博士員弟子見在太學者布人三匹令郡國上明經者口十萬已上五人不滿十萬三人改廬

江爲六安國江陵復爲南郡建初四年改爲江陵國今又復之徙江陵王恭爲六安王集解官本考證曰此句之下何焯校本增廣平王羨爲西平王八字今諸本俱無存以備考秋七月庚子詔曰春秋於春每月書王者重三正慎三微也三正謂天地人之正所以有三者由有三微之月王者所當奉而成之禮記曰正朔三而改文質再而復三微者三正之始萬物皆微物色不同故王者取法焉十一月時陽氣始施於黃泉之下色皆赤赤者陽氣故周爲天正色尚赤十二月萬物始牙而色白白者陰氣故殷爲地正色尚白十三月萬物莩甲而出其色皆黑人得加功展業故夏爲人正色尚黑尚書大傳曰夏以十三月爲正平旦爲朔殷以十二月爲正雞鳴爲朔周以十一月爲正夜半爲朔必以三微之月爲正者當爾之時物皆尚微王者受命當扶微理弱奉成之義也集解錢大昕曰此禮三正記之文注脫三正二字惠棟曰禮記曰正朔三而改此禮緯文非禮記也注訛三微者三正之始萬物皆微此說未盡案易緯乾鑿度曰天氣三微而成一著三著而成一體鄭元注五日爲一微十五日爲一著冬至陽始生積十五日至小寒爲一著至大寒爲二著至立春爲三著故曰三著而成體冬至周正小寒商正立春夏正故曰重三正慎三微律十二月立春不以報囚報猶論也立春陽氣至可以施生故不論囚集解惠棟曰說文報當罪人也从㚔从𠬝𠬝服罪也鞫窮理罪人也月令冬至之後有順陽助生之文月令仲冬是月也日短至陰陽爭諸生蕩君子身欲甯事欲靜以待陰陽之所定也集解惠棟曰鴻範五行傳自冬日至數四十六日迎春於東堂號曰助天生朔令云云此夏月令也祭祀志注皇覽曰迎禮春夏秋冬之樂又順天道是故距冬至日四十六日天子迎春於東堂號曰助天生上云順天道天陽也是順陽助生乃明堂月令之明文也注止採今文月令短日至諸文非書義也而無鞫獄斷刑之政朕咨訪儒雅稽之典籍以爲王者生殺宜順時氣其定律無以十一月十二月報囚九月壬辰詔鳳皇黃龍所見亭部無出二年租賦東觀記曰鳳皇見肥城句窳亭槐樹上古今注云黃龍見洛陽元延亭部窳音庾加賜男子爵人二級先見者帛二十匹近者三匹太守三十匹令長十五匹丞尉半之詩云雖無德與汝式歌且舞詩小雅也取雖無大德要有喜悅之心欲歌舞也式用也它如賜爵故事丙申徵濟南王康中山王焉會烝祭冬十一月壬辰日南至初閉關梁易曰先王以至日閉關商旅不行王弼注曰冬至陰之復夏至陽之復故爲復即至於寂然大靜先王則天地而行者也三年春正月乙酉詔曰蓋君人者視民如父母集解先謙曰官本君人作人君有憯怛之憂有中和之教匍匐之救周禮鄉司徒以鄉三物教萬民一曰六德謂智仁聖義中和詩

邶風曰凡民有喪匍匐救之集解先謙曰官本鄉司徒作大是其嬰兒無父母親屬及有子不能養食者稟給如律丙申北巡狩濟南王康中山王焉西平王羨六安王恭樂成王黨淮陽王昞任城王尚沛王定皆從辛丑帝耕于懷二月壬寅告常山魏郡清河鉅鹿平原東平郡太守相曰朕惟巡狩之制以宣聲教考同遐邇解釋怨結也集解先謙曰官本怨結作結冤今四國無政不用其良詩小雅曰日月告凶不用其行四國無政不用其良言四方之國無政者由天子不用善人也駕言出游欲親知其劇易集解惠棟曰案病有劇易謂增劇及變易也帝欲親知民之疾苦故言劇易也太公六韜曰知人饑渴習人劇易蓋古有是語易音以豉反前祠園陵遂望祀華霍華霍山名也今在廬江灊縣西南亦名天柱山爾雅曰華山爲西嶽霍山爲南嶽東柴岱宗爲人祈福今將禮常山遂徂北土歷魏郡經平原升踐隄防詢訪耆老咸曰往者汴門未作深者成淵淺則泥塗追惟先帝勤人之德謂永平十二年修汴渠底績遠圖復禹弘業尚書曰覃懷底績孔安國注云底置績功也遠圖猶長算也言能復禹爲理水之大功聖跡滂

流至于海表不克堂構朕甚慙焉尚書曰若考作室既底法厥子乃不肯堂矧肯構月令孟春善相丘陵土地所宜月令孟春之月善相丘陵阪險原隰土地所宜五穀所殖以教導人必躬親之田事既飭今肥田尚多未有墾闢其悉以賦貧民給與糧種務盡地力勿令游手所過縣邑聽半入今年田租以勸農夫之勞乙丑敕侍御史司空曰方春所過無得有所伐殺車可以引避引避之集解惠棟曰東觀記敕御史司空道橋所過歷樹木方春日無得有所伐輅車可引避也騑馬可輟解輟解之夾轅者爲服馬服馬外爲騑馬詩云敦彼行葦牛羊勿踐履詩大雅云鄭玄注曰敦敦然道旁之葦牧牛羊者無使踐履折傷之況於人乎集解先謙曰官本注云作也禮人君伐一草木不時謂之不孝禮記孔子曰伐一樹殺一獸不以其時非孝也俗知順人莫知順天其明稱朕意戊辰進幸中山遣使者祠北嶽集解惠棟曰符瑞志以太牢具祠北嶽山見黃白氣有神魚躍出十數出長城史記蒙恬爲秦築長城西自臨洮東至海癸酉還幸元氏祠光武顯宗於縣舍正堂明日又祠顯宗于始生堂皆奏樂明帝生于常山元氏傳舍也三月丙子詔高邑令祠光武於卽位壇集解惠棟曰裴松之案漢記詔高邑縣祠卽位壇五成陌李吉甫云世祖廟一名壇亭柏鄉縣北十四里鄗縣故城南七里卽世祖卽位之千秋亭也後於此立廟復元氏七年徭役己卯進幸趙庚辰祠房山於靈壽靈壽縣名屬常山郡今恒州縣也房山在今恒州房山縣縣西北俗名王母山上有王母祠集解劉攽曰下縣字疑衍先謙曰靈壽在今正定府靈壽縣西北縣志十里靈壽村房山王母祠元和志云漢武帝所立今王母觀是也辛卯車駕還宮賜從行者各有差夏四月丙寅太尉鄭弘免大司農宋繇爲太尉繇字叔路長安人集解惠棟曰袁紀作宗由五月丙子司空第五倫罷太僕袁安爲司空秋八月乙丑幸安邑觀鹽池許愼云河東鹽池袤五十一里廣七里周百一十六里今蒲州虞鄉縣西集解先謙曰在今解州東二里安邑縣南十里九月至自安邑冬十月北海王基薨燒當羌叛寇隴西是歲西域長史班超擊斬疏勒王

章和元年春三月護羌校尉傅育追擊叛羌戰歿夏四月丙子令郡國中都官繫囚減死一等詣金城戍六月戊辰司徒桓虞免癸

卯司空袁安爲司徒光祿勳任隗爲司空桓虞字仲春馮翊萬年人隗字仲和南陽宛人集解惠棟曰與建初三年注重出秋七月癸卯齊王晃有罪貶爲蕪湖侯蕪湖縣名屬丹陽故城在今宣州當塗縣東南集解先謙曰在今太平府蕪湖縣東府志三十里湖城周十九里遺址略存壬子淮陽王昞薨鮮卑擊破北單于斬之燒當羌寇金城護羌校尉劉盱討之集解錢大昕曰以西羌傳校之其時校尉乃張紆非劉盱也斬其渠帥壬戌詔曰朕聞明君之德啟迪鴻化緝熙康乂光照六幽緝熙光明也六幽謂六合幽隱之處也訖惟人面靡不率俾仁風翔于海表威霆行乎鬼區鬼區卽鬼方然後敬恭明祀膺五福之慶獲來儀之貺尚書五福一曰壽二曰富三曰康甯四曰攸好德五曰考終命來儀謂鳳也書曰鳳皇來儀朕以不德受祖宗弘烈乃者鳳皇仍集麒麟並臻甘露宵降嘉穀滋生芝草之類歲月不絕朕夙夜祗畏上天無以彰于先功今改元和四年爲章和元年秋令是月養衰老授几杖行糜粥飲食月令仲秋之令其賜高年二人共布帛各一匹以爲醴酪死罪囚犯法在丙子赦前而後捕繫者皆減死勿笞詣金城戍八月癸酉南巡狩壬午遣使者祠昭靈后於小黃園小黃縣屬陳留郡故城在今汴州陳留縣東北漢舊儀曰昭靈后高祖母起兵時死小黃北後爲作園廟于小黃櫟陳留風俗傳曰沛公起兵野戰喪皇妣于黃鄉天下平定仍使使者以梓宮招魂幽野於是丹蛇在水自洒濯之入于梓宮其浴處有遺髮故謚曰昭靈夫人集解劉攽曰注天下平定仍使使者案仍當作乃仍者重複之辭無用于此先謙曰小黃在今開封府陳留縣東北括地志三十三里甲申徵任城王尙會睢陽戊子幸梁己丑遣使祠沛高原廟豐枌榆社前書音義曰枌白楡高祖里社在豐縣東北十五里原廟解見光武紀乙未幸沛祠獻王陵徵會東海王政乙未晦日有食之集解錢大昕曰五行志在元和元年此上文已書乙未幸沛又重書乙未盧文弨曰五行志作元和誤也攷是年七月九月俱丙申朔與八月乙未正合若元和元年八月是甲寅朔九月是甲申朔安得八月乙未晦乎九月庚子幸彭城東海王政沛王定任城王尙皆從辛亥幸壽春壬子詔郡國中都官繫囚減死罪一等詣金城戍犯殊死者一切募下蠶室其女子宮繫囚鬼薪白粲已上減罪一等輸司寇作亡命者

贖死罪縑二十四右趾至髡鉗城旦舂七匹完城旦至司寇三匹吏民犯罪未發覺詔書到自告者半入贖復封阜陵侯延爲阜陵王己未幸汝陰縣名屬汝南郡今潁川縣〔集解〕先謙曰今潁州府阜陽縣治冬十月丙子車駕還宮北匈奴屋蘭儲等率衆降是歲西域長史班超擊莎車大破之月氏國遣使獻扶拔師子扶拔似麟無角拔音步末反〔集解〕惠棟曰郭義恭廣志曰符拔如麟黑皮有鱗甲甲可以辟惡也汪文臺曰初學記八十九引續漢書作符拔

二年春正月濟南王康阜陵王延中山王焉來朝壬辰〔集解〕惠棟曰袁宏紀二月壬辰帝崩於章德前殿〔集解〕惠棟曰章德殿在北宮見東觀記清河王慶傳年三十三〔集解〕惠棟曰蔣杲云案即位十九在位十三年年三十二紀稱三十三者傳寫誤也遺詔無起寢廟一如先帝法制

論曰魏文帝稱明帝察察章帝長者以上華嶠之辭章帝素知人厭明帝苛切事從寬厚感陳寵之義除慘獄之科寵時爲尚書以吏政嚴切乃上書除慘酷之科五十餘條具本傳也深元元之愛著胎養之令元和二年令諸懷妊者賜穀人三斛奉承明德太后盡心孝道割裂名都以崇建周親周至也平徭簡賦而人賴其慶又體之以忠恕文之以禮樂故迺蕃輔克諸羣后德讓謂之長者不亦宜乎在位十三年郡所上符瑞合於圖書者數百千所〔集解〕先謙曰官本郡下有國字嗚呼懋哉懋美也〔集解〕惠棟曰東觀記序云書云孝于惟孝友于兄弟聖之至要也乾乾夕惕寅畏皇天帝王之上行也明德慎罰湯文所務也密靜天下容於小大高宗之極致也肅宗兼茲四德以繼祖考羣下百僚力誦聖德紀述明詔不能辯章豈敢空言增廣以累日月之光棟案孝于惟孝古文論語文也俗作孝乎屬上讀古文易曰君子終日乾乾夕惕若夤厲无咎許慎曰夤敬也故云乾乾夕惕寅畏皇天今俗本亦脫夤字今文尚書無逸述高宗曰密靜殷邦至于大小無時或怨汪文臺曰御覽九十一引袁山松書云孝章皇帝宏裕有餘明斷不足閨房讒惑外戚擅寵惜乎若明章二主損有餘而補不足則古之賢君矣又薛瑩書云章帝以繼世承平天下無事敬奉神明友于兄弟息省徭賦綏靜兆民除苛法蠲禁錮抑有仁賢之風矣是以陰陽協和而百姓安樂衆瑞並集不可勝載考之圖籍有徵云爾

贊曰肅宗濟濟天性愷悌於穆后德諒惟淵體於穆歎美也尚書曰齊聖廣淵也

左右蓺文斟酌律禮蓺文謂諸儒講五經同異帝親稱制論決也律謂詔云立春不以報囚也禮謂修禘祫登靈臺之屬思服帝道弘此長懋儒館獻歌戎亭虛候獻歌謂崔駰游太學時上四巡等頌氣調時豫憲平人富

後漢書集解卷三校補

章帝紀詩不云乎不愆不忘率由舊章注鄭玄云官本鄭玄下有注字

詔征西將軍耿秉屯酒泉注因名酒泉也官本也作焉酒泉今肅州治

勑勞日昃昃官本作昊說文厢日在西方時側也从日仄聲易曰日厢之離臣鉉等曰今俗別作昊非是案今易厢作昃海篇昃亦作昊而昃無可考蓋又昊之譌變皆厢俗體

閒祀悉還更衣注園中有寢有便殿寢者陵上正殿便殿寢側之別殿即更衣也錢大昭曰惠士奇云東京廟制異室同堂合祭於堂是爲正殿閒祀於室是爲便殿便殿爲更衣則閒祀非正祭矣西京舊制日祭於寢月祭於廟時祭於便殿寢日四上食廟歲二十五祠便殿歲四祠則便殿乃時祭也與東京不同而閒祀皆於陵寢諸儒以爲非禮而罷之

詔三州郡國錢大昭曰三州兗豫徐也

小吏豪右得容姦妄注有斗食佐吏之秩吏官本作史是

武陵澧中蠻叛注水經曰澧水出武陵充縣西歷山之北也案水經澧水原作出武陵充縣西歷山東過其縣南又東過零陽縣之北章懷引作歷山之北誤也武陵郡今常德府武陵縣西充縣今澧州安福縣

夏五月辛酉初舉孝廉郎中官本辛酉作辛卯

罷常山呼沱石臼河漕注石臼河名也在今定州唐縣東北唐縣今保定府唐縣南八里

西域假司馬班超擊姑墨侯康曰據本傳當作軍司馬此與下五年均誤

春秋書無麥苗重之也注不書穀案公羊注原作不書穀名此脫名字便失文義

飲酎高廟禘祭光武皇帝孝明皇帝注名曰酎者言醇也官本作名曰酎酎者言醇也

岐山得銅器形似酒罇獻之集解惠棟曰 至 以爲百官熱酒案聚珍本東觀記原作美陽得銅酒罇采色青黃有古文此作岐山得者前書地里志右扶風美陽禹貢岐山在西北續志美陽有岐山蓋記著其縣此詳其地也

三月辛卯葬東平憲王錢大昭曰辛卯傳作己卯

宗祀五帝于汶上明堂集解惠棟曰水經注 至 或別有據也案於汶上三字在城門二字上各本皆誤倒聚珍本據永樂大典正侯康曰詳是時耿秉爲執金吾耿恭乃耿秉之誤

其二王之後注公羊傳曰存二王之後所以通三正也侯康曰公羊傳無此文乃隱二年注文正原作統

進幸濟南集解此在漢爲濟南都尉治也故城今濟南府歷城縣東七十五里

徙江陵王恭爲六安王集解官本考證曰 至 存以備考周壽昌曰從廣平王羨爲西平王已見上建初七年六月與羨本傳合不應此又書從何校誤增不足存

律十二月立春不㠯報囚集解籀窮理罪人也案六字緣說文籀與報連文誤衍

㠯爲王者生殺宜順時氣其定律無㠯十一月十二月報囚錢大昭曰漢舊事斷獄報重常盡三冬之月帝始改用冬初十月見陳寵傳

詔鳳皇黃龍所見亭部無出二年租賦注東觀記鳳皇見肥城句窳亭槐樹上鳳皇官本作黃龍與聚珍本東觀記原文合惟句窳亭記作窳亭無句字

有中和之教注鄉司徒官本注作大司徒是

遂望祀華霍注華霍山名也 至 霍山爲南嶽案注文首末均華霍並舉而中間十二字單說霍山今上當有脫誤灊縣在今六安州霍山縣東北三十里

底績遠圖官本文注底均作厎

遣使者祠北嶽出長城注史記蒙恬爲秦築長城西自臨洮東至海通鑑胡注此非秦長城乃趙所築長城也

幸安邑觀鹽池注許慎云 至 今蒲州虞鄉縣西案續志劉注引楊佺期洛陽記作長七十里廣七里水經注即山海經所謂鹽販之澤也

鮮卑擊破北單于名優留單于見南匈奴傳

月氏國遣使獻扶拔師子集解惠棟曰 至 作符拔錢大昭曰月氏疑當作安息西域傳安息國章和元年遣使獻師子符拔大月氏國不載其事

郡所上符瑞合於圖書者數百千所侯康曰東觀記章帝時鳳皇見百三十九麒麟五十二白虎二十九黃龍三十四青龍黃鵠鸞鳥神馬神雀九尾狐三足烏赤烏白兎白鹿白燕白鵲甘露嘉瓜秬秠明珠芝英華苹朱草連理實日月不絕載于史官不可勝紀

孝和孝殤帝紀第四

宋 宣城太守范曄撰

唐 章懷太子賢注

王先謙集解

孝和皇帝諱肇謚法曰不剛不柔曰和伏侯古今注曰肇之字曰始肇音兆臣賢案許愼說文肇音大可反上諱也但伏侯許愼竝漢時人而帝諱不同蓋應別有所據集解錢大昕曰說文云上諱者乃从戈之肇非从支之肇且說文無反切乃後人所增益章懷以爲說文有音者非也今本說文用孫愐唐韻切音讀肇爲直小切與兆音同不知何以有大可切之音疑卽直小兩字之譌肅宗第四子也母梁貴人爲竇皇后所譖憂卒竇后養帝以爲己子建初七年立爲皇太子集解惠棟曰東觀記上幼岐嶷至總角孝順聰明寬和篤仁孝章由是深珍之以爲宜承天位年四歲以皇子立爲太子初治尚書遂兼覽書傳好古樂道無所不照章和二年二月壬辰卽皇帝位年十歲尊皇后曰皇太后太后臨朝三月丁酉改淮陽爲陳國今陳州集解先謙曰今陳州府楚郡爲彭城國今徐州集解先謙曰今徐州府西平

幷汝南郡西平縣故柏子國也在今豫州吳房縣西北集解先謙曰今汝甯府西平縣西六安復爲廬江郡卽今廬州廬江縣西故舒城是集解先謙曰六安今六安州廬江郡今廬州府遺詔徙西平王羨爲陳王六安王恭爲彭城王癸卯葬孝章皇帝于敬陵在洛陽城東南三十九里古今注曰陵周三百步高六丈二尺庚戌皇太后詔曰先帝以明聖奉承祖宗至德要道天下清靜庶事咸甯今皇帝以幼年煢煢在疚疚病也煢煢然在憂病之中也煢或作嬛詩周頌云嬛嬛在疚朕且佐助聽政外有大國賢王竝爲藩屏內有公卿大夫統理本朝恭己受成夫何憂哉孔子曰舜何爲哉恭己正南面而已尚書曰予小子垂拱仰成然守文之際必有內輔以參聽斷侍中憲朕之元兄行能兼備忠孝尤篤先帝所器親受遺詔當以舊典輔斯職焉憲固執謙讓節不可奪今供養兩宮兩宮謂帝宮太后宮宿衞左右厥事已重亦不可復勞以政事故太尉鄧彪元功之族三讓彌高元功謂高密侯禹也彪父邯中興初有功封鄳侯父卒彪讓國異母弟鳳論語孔子曰泰伯三以天下讓民無得而稱焉鄭玄注云泰伯周太王之長子欲讓其弟季歷

太王有疾太伯因適吳越採藥太王薨而不返季歷爲喪主一讓也季歷赴之不來奔喪二讓也終喪之後遂斷髮文身三讓也彪讓封弟故以比之鄳音莫杏反海內歸仁爲羣賢首先帝褒表欲以崇化今彪聰明康彊可謂老成黃耇矣老成言老而有成德也詩大雅曰雖無老成人黃謂髮落更生黃者耇亦老也詩序曰外尊事黃耇其以彪爲大傅賜爵關內侯錄尚書事百官總己以聽古者君在諒闇百官總己之職事以聽于冢宰錄尚書事則冢宰之任也朕庶幾得專心內位於戲羣公其勉率百僚各修厥職愛養元元綏以中和稱朕意焉辛酉有司上奏孝章皇帝集解惠棟曰崔駰諡議云臣聞號者功之表諡者行之跡據德錄功各當其實孝經曰天地明察神明章矣唐書數堯之德曰平章百姓言天之常德也詩曰雕琢其章金玉其相亹亹文王綱紀四方又曰倬彼雲漢爲章于天喻文王聖德有金玉之質猶雲漢之天也舉表析義四方附矣易曰先天而天不違後天而奉天時臣愚以爲宜上尊號曰章崇弘鴻業德化普洽垂意黎民留念稼穡文加殊俗武暢方表界惟人面集解先謙曰官本界作戒無思不服巍巍蕩蕩莫與比隆巍巍乎其有成功蕩蕩乎人無能名焉孔子美帝堯之詞見論語周頌曰於穆清廟肅雝顯相清廟文王廟也於穆歎美之詞言助祭者

禮儀敬且和也請上尊廟曰肅宗共進武德之舞制曰可癸亥陳王羨彭城王恭樂成王黨下邳王衍梁王暢始就國建初三年章帝不忍與諸王乖離皆留京師今遣之國夏四月丙子謁高廟丁丑謁世祖廟戊寅詔曰昔孝武皇帝致誅吳越集解先謙曰官本吳作胡是故權收鹽鐵之利武帝使孔僅東郭咸陽乘傳舉行天下鹽鐵作官府收利私家更不得鑄鐵煮鹽以奉師旅之費自中興以來匈奴未賓永平末年復修征伐先帝卽位務休力役然猶深思遠慮安不忘危探觀舊典復收鹽鐵欲以防備不虞甯安邊境而吏多不良動失其便以違上意先帝恨之故遺戒郡國罷鹽鐵之禁縱民煮鑄入稅縣官如故事前書音義曰縣官謂天子其申敕刺史二千石奉順聖旨勉弘德化布告天下使明知朕意五月京師旱詔長樂少府桓郁侍講禁中長樂宮之少府也郁桓榮子也冬十月乙亥以侍中竇憲爲車騎將軍伐北匈奴安息國遣使獻師子扶拔扶拔解見章紀

永元元年春三月甲辰初令郎官詔除者得占丞尉以比秩爲眞漢官儀曰羽林郎出補三百石丞尉自占丞尉小縣丞尉三百石其次四百石比秩爲眞皆所以優之集解劉攽曰案文云丞尉小縣三百石其次四百石已足不當更有丞尉字夏六月車騎將軍竇憲出雞鹿塞今在朔方窳渾縣北闕騆十三州志云窳渾縣有大道西北出雞鹿塞窳音羊主反集解先謙曰前書朔方郡窳渾縣有道西北出雞鹿塞雞鹿塞亦見匈奴傳紀要在故夏州西北度遼將軍鄧鴻出槅陽塞槅陽縣屬九原郡故城在今勝州銀城縣界槅音固集解先謙曰前志作槅郎魏固陽也魏世家惠王築長城塞固陽正義築長城自鄭濱洛北達銀州至勝州固陽縣爲塞南單于出滿夷谷滿夷谷闕集解惠棟曰滿一作蒲胡注在美稷縣西北與北匈奴戰于稽落山集解惠棟曰胡注唐太宗以斛薩部地置稽落州蓋因山以名之大破之追至和渠北鞮海集解何焯曰竇憲傳及通鑑皆作私渠比鞮海惠棟曰當從憲傳竇憲遂登燕然山集解惠棟曰前書匈奴傳貳師引兵還至速邪烏燕然山師古曰速邪烏地名也燕然山在其中燕音一千反刻石勒功而還北單于遣弟右溫禺鞮王鞮音丁兮反奉奏貢獻秋七月乙未會稽山崩集解惠棟曰續志會稽南方大名山也是時竇太后攝政兄憲專權閏月丙子詔曰匈奴背叛爲害久遠

賴祖宗之靈師克有捷醜虜破碎遂掃厥庭詩曰仍執醜虜庭謂單于所常居也役不再籍猶言不籍再舉集解先謙曰籍藉古通作萬里清蕩非朕小子眇身所能克堪有司其案舊典告類薦功以章休烈類祭天也書曰類于上帝薦進也以功進告于天九月庚申以車騎將軍竇憲爲大將軍以中郎將劉尚爲車騎將軍冬十月令郡國弛刑輸作軍營其從出塞者集解劉攽曰案遷徙者不可投之塞外明此徙字是從字刑雖未竟皆免歸田里庚子阜陵王延薨是歲郡國九大水

二年春正月丁丑大赦天下二月壬午日有食之東觀記曰史官不覺涿郡言之集解惠棟曰續志在奎八度己亥復置西河上郡屬國都尉官前書西河美稷縣上郡龜茲縣並有屬國都尉其秩比二千石十三州志曰典屬國武帝置掌納匈奴降者也哀帝省幷大鴻臚故今復置之集解何焯曰光武紀建武六年罷郡國都尉官故屬國都尉亦省此復置之與典屬國何與夏五月庚戌分太山爲濟北國分樂成涿郡勃海爲河間國丙辰封皇弟壽爲濟北王開爲河

閭王淑爲城陽王紹封故淮陽王昞子側爲常山王賜公卿已下至佐史錢布各有差己未遣副校尉閻礱集解惠棟曰依竇憲傳及西域傳皆作閻磐此作礱蓋磐字之訛討北匈奴取伊吾盧地集解惠棟曰胡注西域傳章帝建初元年罷伊吾屯田北匈奴遣兵守其地今復擊取之丁卯紹封故齊王晃子無忌爲齊王北海王睦子威爲北海王車師前後王並遣子入侍車師有後王前王前王卽後王之子其庭相去五百里月氏國遣兵攻西域長史班超超擊降之六月辛卯中山王焉薨秋七月乙卯大將軍竇憲出屯涼州九月北匈奴遣使稱臣冬十月遣行中郎將班固報命南單于遣左谷蠡王師子左谷蠡匈奴王號師子名也谷音鹿蠡音離出雞鹿塞擊北匈奴於河雲北大破之

三年春正月甲子皇帝加元服元首也謂加冠於首儀禮冠者先筮日後筮賓東觀記曰時太后詔袁安爲賓賜束帛乘馬集解惠棟曰杜佑案黃香集和帝冠乘金根車駕六元虬至廟成禮乃回軫反宮朝服以饗宴撞太蔟之庭鍾咸獻壽焉賜諸侯王公將軍特進漢官儀曰諸侯功德優盛朝廷所敬異者賜位特進在三公下中二千石列侯宗室子孫在京師奉朝請者黃金奉朝請無員三公外戚宗室諸侯多奉朝請漢律春曰朝秋曰請將大夫郎吏從官帛將謂五官及左右郎將也大夫謂光祿太中中散諫議大夫也十三州志曰大夫皆掌顧問應對言議夫之言扶也言能扶持君父也賜民爵及粟帛各有差大酺五日郡國中都官繫囚死罪贖縑至司寇及亡命各有差庚辰賜京師民酺布兩戶共一匹二月大將軍竇憲遣左校尉耿夔出居延塞居延縣屬張掖郡居延澤在東北武帝使伏波將軍路博德築遮虜障於居延城集解先謙曰紀要在今甘州府西北千二百里陳澧云居延澤卽尚書流沙今蒙古額濟納舊土爾扈特索博鄂模圍北單于於金微山大破之獲其母閼氏閼氏匈奴后之號也音焉支夏六月辛卯尊太后母比陽公主東海恭王彊女集解先謙曰官本太后上有皇字爲長公主辛丑阜陵王种薨阜陵王延之子集解錢大昕曰光武十王傳作沖說文無种字卽沖也冬十月癸未行幸長安詔曰北狄破滅名王仍降仍頻也西域諸國納質內附豈非祖宗迪哲重光之鴻烈歟迪蹈也言由祖宗蹈履明智有重光累聖之德成此大業也書曰茲四人迪哲又曰宣重光也寤寐歎息想

望舊京其賜行所過二千石長吏已下及三老官屬錢帛各有差鰥寡孤獨篤癃貧不能自存者粟人三斛十一月癸卯祠高廟遂有事十一陵詔曰高祖功臣蕭曹爲首有傳世不絕之義曹相國後容城侯無嗣集解錢大昕曰顧淞云此詔蕭曹並舉而獨云曹相國後無嗣則鄼侯有後矣今据前書功臣表鄼侯九世孫禹王莽建國元年更爲蕭鄉侯莽敗絕而平陽侯十世孫宏光武建武二年以舉兵佐軍紹封傳子曠表云今見則孟堅修史時尙存也此與詔正相反未知其審予按韋彪傳亦云建初七年詔求蕭何後封何末孫熊爲鄼侯建初二年已封曹參後曹湛爲平陽侯故不及焉則曹之有後審矣而一云建武所封一云建初所封其名又復互異且班表章傳皆云平陽侯而此詔稱容成侯皆事之可疑者也朕望長陵東門見二臣之壠東觀記曰蕭何墓在長陵東司馬門道北百步廟記云曹參冢在長陵旁道北近蕭何冢循其遠節每有感焉忠義獲寵古今所同可遣使者以中牢祠大鴻臚求近親宜爲嗣者須景風紹封以章厥功續漢志曰大鴻臚掌封拜諸侯及其嗣春秋考異郵曰夏至四十五日景風至則封其有功也集解惠棟曰白虎通德論云封諸侯以夏何陽氣盛養故封諸侯盛養賢也先謙曰官本注封下無其字十二月復置西域都護騎都尉戊己校尉官集解劉攽曰案西域傳此時但置戊校尉多一己字庚辰至自長安減弛刑徒從駕者刑五月

四年春正月北匈奴右谷蠡王於除鞬自立爲單于款塞乞降於除鞬其名也鞬音九言反遣大將軍左校尉耿夔授璽綬東觀記曰賜玉具劍羽蓋車一駟中郎將持節衞護焉三月癸丑司徒袁安薨閏月丁丑太常丁鴻爲司徒夏四月丙辰大將軍竇憲還至京師六月戊戌朔日有食之集解惠棟曰續志在七星二度又曰行近軒轅在左角爲太后是月太后兄弟憲等自殺丙辰郡國十三地震集解惠棟曰春秋漢含孳云女子盛臣制命則地動拆畔震起山崩淪是時竇太后攝政兄憲專權將以是受禍也竇憲潛圖弒逆庚申幸北宮詔收捕憲黨射聲校尉郭璜郭況子也東觀記曰璜作瑝音同璜子侍中舉集解錢大昕曰天文志郭舉爲侍中射聲校尉舉父璜長樂少府皇后紀竇憲傳亦同紀似誤衞尉鄧疊疊弟步兵校尉磊皆下獄死使謁者僕射續漢書曰謁者僕射一人秩千石爲謁者臺率主謁者天子出奉引也收憲大將軍印綬遣憲及弟篤景就國到皆自殺是夏旱蝗

秋七月己丑太尉宋由坐黨憲自殺八月辛亥司空任隗薨任光子也癸丑大司農尹睦爲太尉錄尚書事錄謂總領之也錄尚書自牟融始也丁巳賜公卿吕下至佐史錢穀各有差冬十月己亥宗正劉方爲司空十二月壬辰詔今年郡國秋稼爲旱蝗所傷其什四吕上勿收田租芻稾有不滿者吕實除之所損十不滿四者以見損除也集解惠棟曰鄭元周禮注斂法豐年從正凶荒則損若今十傷二三實除減半賈公彥曰漢時十分之內傷二分三分餘有七分八分在實除減半者謂就七分八分爲實在乃減去半不稅於半內稅之以凶荒所優饒民法也武陵零陵澧中蠻叛燒當羌寇金城

五年春正月乙亥宗祀五帝於明堂遂登靈臺望雲物大赦天下戊子千乘王伉薨辛卯封皇弟萬歲爲廣宗王廣宗縣名今貝州宗城縣隋煬帝諱廣故改爲宗城集解惠棟曰水經注皇太子萬年廣宗屬鉅鹿郡先謙曰在今廣平府威縣東南縣志二十里故宗城二月戊戌詔有司省減內外廄及涼州諸苑馬說文曰廄馬舍也漢官儀曰未央大廄長樂承華等廄令皆秩六百石又云牧師諸苑三十六所分置西北邊分養馬三十萬頭自京師離宮果園上林廣成囿悉吕假貧民恣得采捕不收其稅丁未詔曰去年秋麥入少恐民食不足其上尤貧不能自給者戶口人數往者郡國上貧民吕衣履釜鬵爲貲而豪右得其饒利鬵音尋方言曰甑自關而東謂之鬵貧人既計釜甑以爲資財懼於役重多即賣之以避科稅豪富之家乘賤買故得其饒利詔書實覈說文云覈考實事也欲有吕益之而長吏不能躬親反更徵召會聚令失農作愁擾百姓若復有犯者二千石先坐甲寅太傅鄧彪薨戊午隴西地震集解惠棟曰續志儒說民安土者也將大動行大震也九月於除難鞬叛也三月戊子詔曰選舉良才爲政之本科別行能必由鄉曲周禮鄉大夫掌其鄉之政教考其德行察其道藝三年而舉賢能者於王而郡國舉吏不加簡擇故先帝明敕在所令試之吕職乃得充選漢官儀曰建初八年十二月己未詔書辟士四科一曰德行高妙志節清白二曰經明行修能任博士三曰明曉法律足以決疑能案章覆問文任御史四曰剛毅多略遭事不惑明足照姦勇足決斷才任三輔令皆存孝悌清公之行自今以後審四科辟召及刺史二千石察舉茂才尤異孝廉吏務實校試以職有非其人不習曹事正舉者故不以實法集解先謙曰官本注一曰上有其字文作才未有也字

又德行尤異不須經職者別署狀上而宣布吕來出入九年二千石曾不承奉恣心從好司隸刺史訖無糾察訖竟也今新蒙赦令且復申敕後有犯者顯明其罰在位不吕選舉爲憂督察不吕發覺爲負負亦憂也非獨州郡也是吕庶官多非其人下民被姦邪之傷由法不行故也庚寅遣使者分行貧民舉實流亢亢散也流散者舉案其實而給之開倉賑稟三十餘郡夏四月壬子封阜陵王种兄魴爲阜陵王种無嗣故以魴襲也六月丁酉郡國三雨雹東觀記曰大如雁子秋九月辛酉廣宗王萬歲薨無子國除匈奴單于於除鞬叛集解何焯曰匈奴上當有北字惠棟曰續志作於除鞬鞬無北字遣中郎將任尚討滅之壬午令郡縣勸民蓄蔬食吕助五穀蓄積也其官有陂池令得采取勿收假稅二歲假猶租賃冬十月辛未太尉尹睦薨漢官儀曰睦字伯師鞏人十一月乙丑太僕張酺爲太尉是歲武陵郡兵破叛蠻降之護羌校尉貫友討燒當羌羌乃遁去南單于安國叛骨都侯喜斬之集解惠棟曰通鑑以爲永平六年事據南單于傳亦屬五年通鑑誤也

六年春正月永昌徼外夷遣使譯獻犀牛大象己卯司徒丁鴻薨二月乙未遣謁者分行稟貸三河兗冀青州貧民許侯馬光自殺東觀記曰光前坐黨附竇憲歸國爲憲客奴所誣告乃自殺丁未司空劉方爲司徒太常張奮爲司空三月庚寅詔流民所過郡國皆實稟之其有販賣者勿出租稅漢循周法商賈有稅流人販賣故矜免之又欲就賤還歸者復一歲田租更賦復音福丙寅詔曰朕吕眇末奉承鴻烈陰陽不和水旱違度濟河之域凶饉流亡尚書曰濟河惟兗州言東南據濟西北距河而未獲忠言至謀所吕匡救之策寤寐永歎用思孔疚孔甚也疚病也詩云憂心孔疚惟官人不得於上黎民不安於下有司不念寬和而競爲苛刻覆案不急吕妨民事不急謂非要集解惠棟曰漢律四篇有告劾傳覆告爲人所告也劾爲人所劾也傳傳捕覆覆案也見陳羣新律序不急謂細故也甚非所吕上當天心下濟元元也思得忠良之士吕輔朕之不逮其令三

公中二千石二千石內郡守相舉賢良方正能直言極諫之士各一人集解惠棟曰杜佑云漢諸帝凡日食地震山崩川竭天地大變皆詔天下郡國舉賢良方正極言直諫之士率以爲常昭巖穴披幽隱遣詣公車前書音義曰公車署名也公車所在故以名焉漢官儀曰公車令一人秩六百石掌殿門諸上書詣闕下者皆集奏之凡所徵召亦總領之朕將悉聽焉帝乃親臨策問選補郎吏夏四月蜀郡徼外羌率種人遣使內附五月城陽王淑薨無子國除章帝子也六月己酉初令伏閉盡日漢官舊儀曰伏日萬鬼行故盡日閉不干它事秋七月京師旱詔中都官徒各除半刑謫其未竟五月已下皆免遣丁巳幸洛陽寺寺官舍也風俗通云寺嗣也理事之吏嗣續於其中錄囚徒舉冤獄收洛陽令下獄抵罪司隸校尉河南尹皆左降未及還宮而澍雨西域都護班超大破焉耆尉黎斬其王集解先謙曰官本黎作犂自是西域降服納質者五十餘國南單于安國從弟子逢侯率叛胡亡出塞九月癸丑㠯光祿勳鄧鴻行車騎將軍事與越騎校尉馮柱行度遼將軍朱徽集解劉攽曰案文少一事字使匈奴中郎將杜崇討之冬十一月護烏桓校尉任尚率烏桓鮮卑大破逢侯闕駰十三州志曰護烏桓擁節秩比二千石武帝置以護內附烏桓既而并於匈奴中郎將中興初班彪上言宜復此官以招附東胡乃復更置焉馮柱遣兵追擊復之集解劉攽曰案文少一破字詔㠯勃海郡屬冀州武陵漊中蠻叛郡兵討平之

七年春正月行車騎將軍鄧鴻集解劉攽曰案文亦少一事字度遼將軍朱徽中郎將杜崇皆下獄死時南單于安國與崇不相平乃上書告崇崇令斷其章緣此驚叛安國卒見殺帝後知之皆徵下獄夏四月辛亥朔日有食之集解惠棟曰續志在觜觿爲葆旅主收斂儒說葆旅宮中之象收斂貪妒之象明年三月陰后立鄧貴人有寵陰后妒忌之後遂廢帝引見公卿問得失令將大夫御史謁者博士議郎郎官會廷中各言封事十三州志曰侍御史周官郎柱下史秩六百石掌注記言行糾諸不法員十五人出有所案則稱使者焉謁者秦官也員七十人皆選孝廉年未五十曉解儐贊者歲盡拜縣令長史及都官府丞長史博士秦官博通古今秩皆六百石孝武初置五經博士後稍增至十四員取聰明威重一人爲祭酒主領焉議郎郎官皆秦官也宂無所掌秩六百石或四百石集解劉攽曰注歲盡拜縣令長史及都官府丞長史案文多一史字若是王國長

史則當并守丞言之明此但是令長耳下文又自有長史也詔曰元首不明化流無良政失於民讁見于天讁譴也責也禮曰陽事不得謫見于天日爲之食深惟庶事五教在寬是㠯舊典因孝廉之舉㠯求其人武帝元光元年董仲舒初開其議詔郡國舉孝廉各一人有司詳選郎官寬博有謀才任典城者三十人任堪也音仁林反既而悉㠯所選郎出補長相長縣長相侯相也十三州志云縣爲侯邑則令長爲相秩隨令長本秩五月辛卯改千乘國爲樂安國千乘故城在今淄州高苑縣北樂安故城在今青州博昌縣南集解先謙曰前漢封李蔡爲樂安侯表在博昌後置縣屬千乘郡後漢屬樂安國今青州府博興縣南是六月丙寅沛王定薨秋七月乙巳易陽地裂易陽縣在易水之陽今易州也集解惠棟曰續志京房易傳曰地裂者臣下分離不肯相從也是時南單于衆乖離漢軍進討九月癸卯京師地震集解惠棟曰續志儒說奄官無陽猶婦人也是時帝幸中常侍鄭衆蔡倫二人始用權也

八年春二月己丑立貴人陰氏爲皇后賜天下男子爵人二級三老孝悌力田三級民無名數及流民欲占者一級鰥寡孤獨篤癃貧不能自存者粟人五斛夏四月癸亥樂成王黨薨甲子詔賑貸并州四郡貧民五月河內陳留蝗南匈奴右溫禺犢王叛爲寇秋七月行度遼將軍龐奮集解劉攽曰亦少一事字九年行征西將軍劉尚下亦同越騎校尉馮柱追討之斬右溫禺犢王車師後王叛擊其前王八月辛酉飲酎詔郡國中都官繫囚減死一等詣敦煌戍其犯大逆募下蠶室其女子宮自死罪已下至司寇及亡命者入贖各有差九月京師蝗吏民言事者多歸責有司詔曰蝗蟲之異殆不虛生禮記月令曰孟夏行春令則蝗蟲爲災洪範五行傳曰貪利傷人則蝗蟲損稼萬方有罪在予一人而言事者專咎自下非助我者也朕寤寐恫矜思弭憂釁尚書曰恫矜乃身孔安國注曰恫痛也矜病也言知痛病在身欲除之也矜音古頑反集解惠棟曰矜與瘝同昔楚嚴無災而懼解見明紀成王出郊而反風成王疑周公天乃大風禾則盡偃王乃出郊祭天乃反風起禾事見尚書將何㠯匡朕不逮㠯塞災變百僚師尹勉修厥職刺史二千石詳刑辟理冤虐恤鰥寡矜

孤弱思惟致災興蝗之咎庚子復置廣陽郡高帝時燕國也昭帝元鳳元年爲廣陽郡宣帝本始元年更爲國也集解先謙曰建武十三年併入上谷郡今復置冬十月乙丑北海王威有罪自殺北海郡今青州縣集解先謙曰在今青州昌樂縣西北十里十二月辛亥陳王羨薨丁巳南宮宣室殿火集解惠棟曰續志是時和帝幸北宮竇太后在南宮明年太后崩也

九年春正月永昌徼外蠻夷及撣國重譯奉貢撣音擅東觀記作擅俗本以禪字相類或作禪者誤也說文曰譯傳四夷之語也集解先謙曰官本注譯下有所以二字三月庚辰隴西地震癸巳濟南王康薨西域長史王林擊車師後王斬之夏四月丁卯封樂成王黨子巡爲樂成王六月蝗旱戊辰詔今年秋稼爲蝗蟲所傷皆勿收租更芻稾若有所損失以實除之餘當收租者亦半入其山林饒利陂池漁採以贍元元勿收假稅秋七月蝗蟲飛過京師八月鮮卑寇肥如肥如縣屬遼西郡前書音義曰肥子奔燕燕封於此今平州也集解先謙曰在今永平府盧龍縣北遼東太守祭參下獄死東觀記曰鮮卑千餘騎攻肥如城殺略吏人祭參坐沮敗下獄誅閏

月辛巳皇太后竇氏崩丙申葬章德皇后燒當羌寇隴西殺長吏遣行征西將軍劉尚越騎校尉趙世等討破之集解錢大昕曰西羌傳作趙代蓋章懷避唐諱改之趙熹傳亦作代此紀作世又唐以後人回改九月庚申司徒劉方策免自殺甲子追尊皇妣梁貴人爲皇太后冬十月乙酉改葬恭懷梁皇后于西陵謚法曰正德美容曰恭執義揚善曰懷東觀記曰改殯承光宮儀比敬園初后葬有闕竇后崩後乃議改葬十一月癸卯光祿勳河南呂蓋爲司徒蓋字君王宛陵人也十二月丙寅司空張奮罷壬申太僕韓稜爲司空己丑復置若盧獄官前書曰若盧獄屬少府漢舊儀曰主鞫將相大臣也

十年春三月壬戌詔曰隄防溝渠所以順助地理通利壅塞禮記月令曰季春之月修利隄防導達溝瀆開通道路無有障塞今廢慢懈弛不以爲負刺史二千石其隨宜疏導勿因緣妄發以爲煩擾將顯行其罰夏五月京師大水東觀記曰京師大雨南山水流出至東郊壞人廬舍秋七月己巳司空韓稜薨八月丙子大常大山巢堪爲司空堪字次朗太山南城人九月庚戌復置廩犧官漢官儀曰廩犧令一人秩六百石也冬十月五州雨水十二月燒當羌豪迷唐等率種人詣闕貢獻戊寅梁王暢薨

十一年春二月遣使循行郡國稟貸被災害不能自存者令得漁采山林池澤不收假稅丙午詔郡國中都官徒及篤癃老小女徒各除半刑其未竟三月者皆免歸田里夏四月丙寅大赦天下集解惠棟曰崔寔大赦賦云惟漢之十一年四月大赦滌惡弃穢與海內更始亹亹乎思隆平之進也己巳復置右校尉官東觀記曰置在西河鵠澤縣集解錢大昕曰郡國志無鵠澤縣蓋後漢幷省據此紀則和帝時尚未省也秋七月辛卯詔曰吏民踰僭厚死傷生是以舊令節之制度頃者貴戚近親百僚師尹莫肯率從有司不舉怠放日甚又商賈小民或忘法禁奇巧靡貨流積公行其在位犯者當先舉正市道小民但且申明憲綱勿因科令加虐羸弱

十二年春二月旄牛徼外白狼貗薄夷率種人內屬闕駰十三州志曰旄牛縣屬蜀郡前書曰旄牛所出歲貢其尾以爲節旄集解惠棟曰續志蜀郡旄牛徼外夷白狼貗薄種王唐繒等率種人口十七萬歸義內屬賜金印紫綬錢帛詔貸被災諸郡民種糧賜下貧鰥寡孤獨不能自存者及郡國流民聽入陂池漁采以助蔬食三月丙申詔曰比年不登百姓虛匱匱乏也京師去冬無宿雪以其經冬故言宿也今春無澍雨黎民流離困於道路朕痛心疾首靡知所濟瞻仰昊天何辜今人詩大雅周宣王遇旱之詩言今人何罪而天令饑饉乎三公朕之腹心而未獲承天安民之策數詔有司務擇良吏今猶不改競爲苛暴侵愁小民以求虛名委任下吏假埶行邪是以令下而姦生禁至而詐起董仲舒曰法出而姦生令下而詐起巧法析律飾文增辭禮記王制曰析言破律也貨行於言辠成乎手朕甚病焉公卿不思助明好惡將何以救其咎罰咎罰既至復令災及小民若上下同心庶或有瘳其賜天下男子爵人二級三老孝悌力田

三級民無名數及流民欲占者人一級鰥寡孤獨篤癃貧不能自存者粟人三斛壬子賜博士員弟子在太學者布人三匹武帝時置博士弟子太常擇人年十八以上儀狀端正者補焉昭帝增員滿百人宣帝倍之元帝更設員千人成帝更增員三千人夏四月日南象林蠻夷反象林縣屬日南郡今鬱林州〔集解〕先謙曰今屬法領越南國郡兵討破之閏月賑貸敦煌張掖五原民下貧者穀戊辰秭歸山崩秭歸縣屬南郡古之夔國今歸州也袁山松曰屈原此縣人既被流放忽然蹔歸其姊亦來因名其地爲秭歸秭亦姊也東觀記曰秭歸山高四百餘丈崩塡谿水壓殺百餘人〔集解〕先謙曰今宜昌府歸州治六月舞陽大水賜被水災尤貧者穀人三斛秋七月辛亥朔日有食之〔集解〕惠棟曰續志在翼八度荆州宿也明年冬南郡蠻夷反九月戊午太尉張酺免丙寅大司農張禹爲太尉冬十一月西域蒙奇兜勒二國遣使內附賜其王金印紫綬是歲燒當羌復叛

十三年春正月丁丑帝幸東觀覽書林閱篇籍〔集解〕惠棟曰東觀記十三年春正月上日以五經義異書傳意殊親幸東觀覽書林閱篇籍博選術藝之士㠯充其官二月任城

王尙薨丙午賑貸張掖居延朔方日南貧民及孤寡羸弱不能自存者秋八月詔象林民失農桑業者賑貸種糧稟賜下貧穀食己亥北宮盛饌門閣火護羌校尉周鮪擊燒當羌破之荆州雨水九月壬子詔曰荆州比歲不節今茲淫水爲害淮南子曰女媧積蘆灰以止淫水高誘注云平地出水爲淫水餘雖頗登而多不均浹浹洽〔集解〕先謙曰官本無注深惟四民農食之本慘然懷矜其令天下半入今年田租芻稾有宜㠯實除者如故事貧民假種食皆勿收責冬十一月安息國遣使獻師子及條枝大爵西域傳曰安息國居和櫝城去洛陽二萬五千里條枝國臨西海出師子大雀郭義恭廣志曰大爵頸及身膺蹄都似橐駝舉頭高八九尺張翅丈餘食大麥其卵如甕卽今之駝鳥也丙辰詔曰幽并涼州戶口率少〔集解〕惠棟曰胡三省曰幽州大郡戶猶十萬餘惟元菟戶一千五百二十四并州大郡三萬餘小郡不滿二千涼州大郡不滿三萬燉煌七百四十八而已邊役衆劇束脩良吏進仕路狹撫接夷狄㠯人爲本其令緣邊郡口十萬㠯上歲舉孝廉一人不滿十萬二歲舉一人五萬㠯下三歲舉一人鮮卑寇右北平遂入漁陽漁陽太守擊破之戊辰司徒呂蓋罷十二月丁丑光祿勳魯恭爲司徒辛卯巫蠻叛寇南郡巫縣屬南郡故城在今夔州巫山縣也〔集解〕先謙曰今夔州府巫山縣東

十四年春二月乙卯東海王政薨繕修故西海郡平帝時金城塞外羌獻地以爲西海郡也光武建武中省金城入隴西郡至是復繕修之金城卽今蘭州縣也徙金城西部都尉㠯戍之〔集解〕惠棟曰續志每屬國置都尉一人比二千石金城屬國宣帝神爵二年置也三月戊辰臨辟雍饗射大赦天下夏四月遣使者督荆州兵討巫蠻破降之庚辰賑貸張掖居延敦煌五原漢陽會稽流民下貧穀各有差五月丁未初置象林將兵長史官闞駰十三州志曰將兵長史居在日南郡又有將兵司馬去雒陽九千六百三十里六月辛卯廢皇后陰氏后父特進綱自殺秋七月甲寅詔復象林縣更賦田租芻稾二歲壬子常山王側薨是秋三州雨水冬十月甲申詔兗豫荆州今年水雨淫過多傷農功其令被害什四㠯上皆半

入田租芻稾其不滿者㠯實除之辛卯立貴人鄧氏爲皇后丁酉司空巢堪罷〔集解〕惠棟曰東觀記堪爲司空十四年自乞上印綬賜千石俸十一月癸卯大司農徐防爲司空是歲初復郡國上計補郎官上計今計吏也前書音義曰舊制使郡丞奉歲計武帝元朔中令郡國舉孝廉各一人與計偕拜爲郎中中廢今復之

十五年春閏月乙未詔流民欲還歸本而無糧食者過所實稟之疾病加至醫藥其不欲還歸者勿強二月詔稟貸潁川汝南陳留江夏梁國敦煌貧民前書音義曰陳留本鄭邑也後爲陳所幷故曰陳留今汴州縣也江夏郡高帝置河水自江別至南郡華容爲夏水過郡入江故曰江夏〔集解〕先謙曰官本注鄭邑下無也字夏四月甲子晦日有食之〔集解〕惠棟曰續志在東井二十二度五月戊寅南陽大風六月詔令百姓鰥寡漁采陂池勿收假稅二歲秋七月丙寅濟南王錯薨錯音七故反復置涿郡故鹽鐵官續漢書曰其郡縣有鹽官鐵官者隨事廣狹置令長及丞秩次皆如縣也〔集解〕何焯曰涿郡故安縣有鐵官無鹽官此鹽字乃安字之訛錢大昕曰鹽當作安郡國志涿郡故安縣下注云案本紀永元十五年復置縣鐵官前志涿郡有鐵

官無鹽官是其證也惠棟曰地理通釋曰永元十五年復置涿郡故安鐵官蔣杲曰北宋本漢書作故安棟案地理志涿郡有鐵官五行志曰征和二年涿郡鐵官鑄鐵鐵銷皆飛上去兩志皆不言故安有鐵官或前漢涿郡治故安未之詳也九月壬午南巡狩清河王慶濟北王壽河間王開並從賜所過二千石長吏已下三老官屬及民百年者錢布各有差是秋四州雨水冬十月戊申幸章陵祠舊宅癸丑祠園廟會宗室於舊廬勞賜作樂戊午進幸雲夢臨漢水而還雲夢今安州縣也卽在雲夢澤中集解先謙曰唐雲夢縣漢爲安陸縣地十一月甲申車駕還宮賜從臣及留者公卿已下錢布各有差十二月庚子琅邪王宇薨有司奏以爲夏至則微陰起靡草死可以決小事禮記月令曰孟夏之月靡草死麥秋至斷薄刑決小罪鄭玄注云靡草薺亭歷之屬臣賢案五月一陰爻升可以言微陰今月令云孟夏乃是純陽之月北言夏至者與月令不同是歲初令郡國以日北至案薄刑集解惠棟曰胡注案安帝永初元年魯恭言自永元十五年案薄刑改用孟夏則夏至乃謂夏之初至范史以日北至書之其誤後人甚矣棟案有司奏以爲夏至則微陰起夏至必孟夏之說胡說是也決小事亦當依月令作決小罪孟夏決小罪者乾鑿度陰始于巳形於未巳四月也鹽鐵論大夫曰金生于巳刑罰小加故薺麥夏死言四月陰初生薺麥死當順時令決小罪也鄭元注月令以孟夏之令爲非未通于古

十六年春正月己卯詔貧民有田業而以匱乏不能自農者貸種糧二月己未詔兗豫徐冀四州比年雨多傷稼禁沽酒夏四月遣三府掾分行四州貧民無以耕者爲雇犂牛直五月壬午趙王商薨秋七月旱戊午詔曰今秋稼方穗而旱雲雨不霑疑吏行慘刻不宣恩澤妄拘無罪幽閉良善所致其一切囚徒於法疑者勿決以奉秋令禮記月令曰孟秋之月命有司修法制繕囹圄具桎梏斷薄刑決小罪方察煩苛之吏顯明其罰辛酉司徒魯恭免庚午光祿勳張酺爲司徒辛巳詔令天下皆半入今年田租芻稾其被災害者以實除之貧民受貸種糧及田租芻稾皆勿收責八月己酉司徒張酺薨冬十月辛卯司空徐防爲司徒大鴻臚陳寵爲司空十一月己丑行幸緱氏登百岯山郎柏岯山也在洛州緱氏縣南爾雅云山一成曰岯東觀記作坯並音平眉反流俗本或作秠者誤也集解先謙曰山在今河南府偃師縣南五十里賜百官從臣布各有差北匈奴遣使稱臣貢獻十二月復置遼東西部都尉官西部都尉安帝時以爲屬國都尉在遼東郡昌黎城也

元興元年春正月戊午引三署郎召見禁中漢官儀三署謂五官署也左右署也各置中郎將以司之郡國舉孝廉以補三署郎年五十以上屬五官其次分在左右署凡有中郎議郎侍郎郎中四等無員禁中者門戶有禁非侍御者不得入故謂禁中選除七十五人補謁者長相高句驪寇郡界夏四月庚午大赦天下改元元興宗室以罪絕者悉復屬籍集解惠棟曰禮記大傳曰繫之以姓而弗別鄭元曰繫之弗別謂若今宗室屬籍也孔穎達曰漢之同族有屬籍則周家繫之以姓是也復屬籍者向以罪除其籍今復令宗正著之也五月癸酉雍地裂東觀記曰右扶風雍地裂流俗本雍下有州者誤也集解先謙曰今鳳翔府鳳翔縣治秋九月遼東太守耿夔擊貊人破之冬十二月辛未帝崩于章德前殿年二十七立皇子隆爲皇太子賜天下男子爵人二級三老孝悌力田人三級民無名數及流民欲占者人一級鰥寡孤獨篤癃貧不能自存者粟人三斛

自竇憲誅後帝躬親萬機每有災異輒延問公卿極言得失前後符瑞八十一所自稱德薄皆抑而不宣集解惠棟曰東觀記朝無寵族政如砥矢惠澤沾濡鴻恩茂篤外憂庶績內勤經藝自左右近臣皆誦詩書德教在寬仁恕並洽是以黎元寧康萬國協和貞符瑞應八十餘品帝讓而不宣故靡得而紀舊南海獻龍眼荔支十里一置五里一候南海郡秦置今廣州縣也廣雅曰益智龍眼也交州記曰龍眼樹高五六丈似荔支而小廣州記曰子似荔支而員七月熟荔支樹高五六丈大如桂樹實如雞子甘而多汁似安石榴有甜醋者至日禺中翕然俱赤卽可食置謂驛也集解先謙曰今廣州府南海縣奔騰阻險死者繼路時臨武長汝南唐羌縣接南海臨武縣屬桂陽郡今郴州縣也集解惠棟曰羅泌云羌本名堯後人惡其僭而改之先謙曰臨武今桂陽州縣羌字伯游宋蘇軾荔支詩無人舉觴酹伯游也乃上書陳狀帝下詔曰遠國珍羞本以薦奉宗廟苟有傷害豈愛民之本其敕太官勿復受獻由是遂省焉謝承書曰唐羌字伯游辟公府補臨武長縣接交州舊獻龍眼荔支及生鮮獻之驛馬晝夜傳送之至有遭虎狼毒害頓仆死亡不絕道經臨武羌乃上書諫曰臣聞上不以滋味爲德下不以貢膳爲功故天子食太牢爲尊不以果實爲珍伏

見交阯七郡獻生龍眼等鳥驚風發南州土地惡蟲猛獸不絕於路至於觸犯死亡之害死者不可復生來者猶可救也此二物升殿未必延年益壽帝從之章報羌郎弃官還家不應徵召著唐子三十餘篇

論曰自中興㠯後逮于永元雖頗有弛張而俱存不擾是㠯齊民歲增闢土世廣也齊平偏師出塞則漠北地空都護西指則通譯四萬西域傳曰班超定西域五十餘國皆降服西至海瀕四萬里皆重譯貢獻豈其道遠三代術長前世將服叛去來自有數也[集解]汪文臺曰御覽九十一引續漢書云孝和年十四能折外戚驕橫之權郎昭帝斃上官之類矣朝政遂一民安職業勤恤本務苑囿希幸遠夷稽服西域開泰郡國言符瑞八十餘品咸懼虛妄抑而不宣云爾又東觀記序云穆宗之嗣世正身履道以奉大業賓禮耆艾動式舊典宮無嬪嬙鄭衛之讌囿無槃樂遊畋之豫躬履至元作德虛靜自損是以屢獲豐年遠近承風云爾

孝殤皇帝諱隆謚法曰短折不成曰殤古今注曰隆之字曰盛和帝少子也元興元年十二月辛未夜即皇帝位時誕育百餘日誕大也詩大雅誕彌厥月先生如達鄭玄注云大矣后稷之在其母懷也終人道十月而生詩又云載生載育育長也達音它末反尊皇后曰皇太后太后臨

朝儀見皇后紀北匈奴遣使稱臣詣敦煌奉獻

延平元年春正月辛卯太尉張禹爲太傅司徒徐防爲太尉參錄尚書事[集解]惠棟曰應劭漢官儀載辛卯冊書曰太尉張禹三世在位黃髮罔愆忠孝彌篤司徒徐防以臺閣機密施政牧守其以禹爲太傅以防爲太尉錄尚書事百官總己㠯聽封皇兄勝爲平原王癸卯光祿勳梁鮪爲司徒漢官儀曰鮪字伯元河東平陽人也三月甲申葬孝和皇帝于愼陵在洛陽東南三十里俗本作順者誤[集解]劉攽曰紀書孝和葬愼陵章懷注云俗本作順陵者誤臣攽案皇后紀和熹皇后合葬順陵以爲皇后紀誤而靈帝父孝仁皇稱愼陵世數不遠陵名必不相襲參校前後孝和實葬順陵言愼乃更爲誤耳疑此亦非章懷之失蓋傳寫誤以順爲愼亦因以愼爲順耳尊廟曰穆宗丙戌清河王慶濟北王壽河閒王開常山王章始就國夏四月庚申詔罷祀官不在祀典者東觀記曰鄧太后雅性不好淫祀鮮卑寇漁陽漁陽太守張顯追擊戰沒丙寅㠯虎賁中郎將鄧騭爲車騎將軍司空陳寵薨五月辛卯皇太后詔曰皇帝幼沖承統鴻業朕且權禮佐助聽政[集解]官本考證曰禮字疑有誤宋本無禮字亦不成句姑仍監本兢兢寅畏寅敬也不知所濟深惟至治之本道化在前刑罰在後將稽中和廣施慶惠與吏民更始其大赦天下自建武㠯來諸犯禁錮詔書雖解有司持重多不奉行其皆復爲平民壬辰河東垣山崩垣縣今絳州縣也古今注曰山崩長七丈廣四丈[集解]先謙曰垣今絳州垣曲縣六月丁未太常尹勤爲司空郡國三十七雨水詔曰[集解]先謙曰官本詔上有己未二字自夏㠯來陰雨過節煗氣不效效猶驗也將有厥咎寤寐憂惶未知所由昔夏后惡衣服菲飲食孔子曰吾無間然菲薄也間非也今新遭大憂且歲節未和徹膳損服庶有補焉其減太官導官尚方內署諸服御珍膳靡麗難成之物太官令周官也秩千石典天子廚膳導官掌擇御米導擇也尚方掌作御刀劍諸器物內署掌內府衣物秩皆六百石並見續漢書丁卯詔司徒大司農長樂少府曰朕㠯無德佐助統政夙夜經營懼失厥衷思惟治道由近及遠先內後外自建武之初㠯至于今八十餘年宮人歲增房御彌廣又宗室坐事

沒入者猶託名公族甚可愍焉今悉免遣[集解]惠棟曰案蔡邕集是時免遣者六百餘人及掖庭宮人皆爲庶民㠯抒幽隔鬱滯之情抒舒也食汝反諸官府郡國王侯家奴婢姓劉及疲癃羸老皆上其名務令實悉秋七月庚寅敕司隸校尉部刺史秦有監御史監諸郡漢興省之但遣丞相史分刺諸州無有常官孝武帝初置刺史十三人秩六百石成帝更爲牧秩二千石建武十八年復爲刺史十二人各主一州其一州屬司隸校尉諸州常以八月巡行所部郡國錄囚徒考殿最初歲盡詣京都奏事中興但因計吏見續漢書曰夫天降災戾應政而至閒者郡國或有水災妨害秋稼朝廷惟咎憂惶悼懼而郡國欲獲豐穰虛飾之譽遂覆蔽災害多張墾田不揣流亡揣音初委反競增戶口掩匿盜賊令姦惡無懲署用非次選舉乖宜貪苛慘毒延及平民平民謂善人也書曰延及平人刺史垂頭塞耳阿私下比不畏于天不愧于人詩小雅也假貸之恩不可數恃自今㠯後將糾其罰二千石長吏其各實覈所傷害爲除田租芻稾八月辛亥帝崩癸丑殯于崇德前殿年二歲

集解惠棟曰東觀記序曰孝殤襁褓承統寢疾不豫天命早崩國祚中絕社稷無主天下敖然賴皇太后孔子稱有婦人焉信哉

贊曰孝和沈烈率繇前則王赫自中賜命彊慝慝惡也謂誅竇憲等抑沒祥符登顯時德謂用鄧彪等委政也殤世何早平原弗克平原王勝以固疾不得立也左傳曰弗克負荷集解先謙曰官本注固作痼

後漢書集解卷四校補

和帝紀諱肇集解錢大昕曰至疑卽直小兩字之譌侯康曰今本說文戈部肇上諱攴部肇擊也戶部肁始開也依古今注之字曰始則字當作肁而經傳多叚肇爲肁故注亦引作肇惟玉篇肇俗肇字五經文字肇作肇譌是肇乃肇之別體段玉裁謂說文本無肇淺人竄入似得之注引說文上諱肇卽作肇知當時說文尚無攴部之肇否則各爲一部何容混邪但何以有可大之音此實不可解案官本文注肇皆作肇可大之大當爲天之誤

章和二年二月壬辰卽皇帝位案據此益足證章紀壬辰帝崩於章德前殿壬辰之上實脫二月二字或反因章紀疑此書二月有誤則未攷東觀記袁紀也

太后臨朝通鑑胡注蔡邕獨斷曰少帝卽位太后卽代攝政臨前殿朝羣臣太后東面少帝西面羣臣上書奏事皆爲兩通一詣太后一詣少帝

界惟人面集解官本界作戒案章紀作訖惟人面訖界戒皆有止義猶云窮極也戒界本又通作唐書天文志一行以爲天下山河之象存乎兩戒是也

安息國遣使獻師子扶拔注扶拔解見章紀官本章下有帝字

其從出塞者集解劉攽曰至明此從字是從字周壽昌曰此皆刑徙非遷徙劉說誤案劉言不可投之塞外正指有罪投荒而言意謂漢法止於徙邊無令從出塞外之理非誤也特從出塞者因從邊被掠或逃亡出塞故從刑未竟耳若從征出塞者其於本刑已免矣無所謂未竟則仍不必改字

復置西河上郡屬國都尉官集解何焯曰至與典屬國何與洪亮吉曰前書百官表典屬國秦官武帝時增置都尉丞候耳其省并在成帝河平元年亦非哀帝時志說蓋非此注引之誤案志以省并爲在哀帝時誠誤至典屬國雖爲秦官漢則自武帝始置屬國都尉固隸於典屬國者也又成帝雖省典屬國而屬國都尉仍存終前漢之世劉歆班穉竇融等皆嘗爲是官則至哀帝時亦仍存矣又續志載建武六年省諸郡都尉關都尉唯邊郡往往置都尉及屬國都尉是屬國都尉建武時明明未省何說尤非當由河西上郡經囂述之亂其官久廢至是乃得復置耳

紹封故淮陽王昞子側爲常山王案明八王傳和帝立昞小子側復爲常山王奉昞後蓋距昞之薨國絕三年矣曰小子曰復爲常山王或因昞長子防早卒而有孫章議立未定或因淮陽不能仍有故封議改未定而通鑑注謂因國有大喪今乃紹封然亦何必遲至三年之久斯不然矣

擊北匈奴於河雲北河雲匈奴地名見南匈奴傳注

皇帝加元服集解惠棟曰至咸獻壽焉袁紀儀用新禮通鑑據之本書詳曹褒傳

圍北單于於金微山通鑑胡注唐太宗以僕固部置金微都督府胡意府即山所在也攷唐書回鶻傳僕骨亦日僕固在多覽葛之東蓋今之恰克圖地唐邊多僑治僕固府僑治朔方金微府僑治僕固一也其實金微山郎隋唐以來之金山尚在今科布多之南境參贊大臣所轄河西金山兩額魯特其一郎因此山得名北史云北匈奴爲竇憲所逐單于度金微山西走康居此皆北匈奴右地僕固部爲漢烏揭國舊地乃北匈奴左境若見逐於此無由西走康居矣金微山再南郎車師後王國度沙漠郎至燉煌郡玉門關在焉梁元帝驄馬驅云試上金微山還看玉關路亦其一證胡說未審

尊太后母比陽公主爲長公主漢制長公主儀服同蕃王爲公主尊崇者之加號見后紀

皐陵王种堯注皐陵王延之子案延原本誤种已正

曹相國後容城侯無嗣集解錢大昕曰至皆事之可疑者也侯康曰此必章帝建初二年復封曹湛已改國容城未幾又絕故詔云然韋彪傳偶沿舊名而誤耳據后紀明帝永平三年已封皇女奴爲平陽公主至建初八年公主子馮奮復襲主爵爲平陽侯則在公主受封時曠必已薨國必已絕前表於曠雖注今見然攷孟堅修史自永平至建初凡歷二十餘年表或據初修時言之已而曠薨國絕未及追改否則一地固不容兩封同時尤不應有兩平陽侯也案班固卒時表志未竟且功臣表實續前

史乃固父彪遺業亦未必固所自爲曹昭踵成斷不敢改父兄之舊而彪之卒在光武建武三十年其時曠或尚存故彪云今見逮明帝永平初必已中絕故三年得以其國移封公主章帝復封曹湛不能奪公主之國故改封容城亦斷在此時侯說可謂有據至韋彪傳或竟出淺人妄改未必本誤攷容城國前志屬涿郡續志雖闕但觀魏志裴注引王沈魏書云漢高祖之起曹參以功封平陽侯世襲爵土絕而復紹至今適嗣國於容城則改國容城魏時尚有傳無可疑矣

見二臣之壠注廟記云錢大昭曰廟闕本作廣案廟記一卷見隋經籍志無撰名唐志同前書郊祀志外戚傳注及史記秦本紀正義均引釋廟家所在不當作廣又梁書吳均傳均著廟記十卷

武陵零陵澧中蠻叛案零陵當作零陽郎武陵郡屬縣也後漢武陵郡治當今常德府武陵縣西與澧州接壤零陽縣治郎今澧州慈利縣東境澧中蠻郎澧水之蠻並屬武陵故紀並舉之若零陵郡之蠻相距甚遠不當與澧中蠻錯舉南蠻傳肅宗建初元年澧中蠻陳從等反叛入零陽蠻界是兩蠻接近之證又載和帝永元四年冬漊中澧中蠻潭戎等反而不及零陽疑此叛蠻實澧中蠻之在零陽者尚非零陽蠻故其辭略耳若果有零陵蠻同叛則傳不應不詳矣又後載安帝元初中有零陵蠻羊孫陳湯等千餘人著赤幘稱將軍事章懷注仍以零陽釋之則陵字亦陽字之譌與此正同

詔有司省減內外廄及涼州諸苑馬注牧師諸苑師官本作帥誤

許侯馬光自殺洪亮吉曰傳作許陽侯此脫一字

收洛陽令下獄抵罪司隸校尉河南尹皆左降周壽昌曰洛陽令爲陳歆見張奮傳司隸校尉爲周紆見酷吏傳

詔以勃海郡屬冀州錢大昭曰由幽州改屬

既而悉以所選郎出補長相注縣爲侯官本無爲字

易陽地裂注易陽縣在易水之陽今易州也在今廣平府永年縣西十五里

光祿勳河南呂蓋爲司徒注蓋字君玉錢大昭曰魯恭傳注又引漢官儀作字君上

己巳復置右校尉官注東觀記置在西河鵠澤縣集解錢大昕曰郡國志至尚未省也案右校尉官不見於前志續志亦未詳注引東觀記文聚珍本和紀復不載此條僅附見於佚文此紀前於四年北單于款塞乞降書遣大將軍左校尉耿夔授璽綬夔本傳同而竇憲傳又有遣右校尉耿夔等擊北虜之文疑夔嘗更爲之但此左右校尉乃大將軍官屬與此年特復者無涉至袁紹傳載靈帝時置西園八校尉注引樂資山陽公載記淳于瓊爲右校尉事尤在後亦與此不侔惟據注引東觀記置在西河鵠澤縣可知與前二年復置西河上郡

屬國都尉官一事必有關屬又光武紀建武九年致青巾左校尉官十五年改爲越騎校尉右校尉當亦光武所置而中廢者但已無可致詳矣前志西河郡鵠澤孟康音告師古音古督反而皆不著其地所在李兆洛以爲當在今山西境攷詩唐風揚之水從子于鵠陸音戶毒反與顏合傳云曲沃邑易林亦作師云揚水潛鑿使石絜白衣素表朱戲游皋沃豫之大過亦作皋澤王念孫謂皋鵠古同聲則皋澤卽鵠澤準以曲沃地望當在今山西絳州聞喜縣之西水經注涑水自聞喜來西合沙渠水西南逕左邑縣故城南故曲沃秦改爲左邑詩所謂從子于鵠者也然左邑聞喜前志均屬河東郡不解鵠澤之名何以又在西河續志河東無左邑而云聞喜邑本曲沃劉注曲沃在縣東北數里與晉相去六七百里全祖望謂魏之西河自焦虢桃林之塞西抵關洛其界最廣秦以其東界併入內史而西界併入上郡漢武帝置西河郡特分秦上郡所屬地人武帝未以河東屬司隸司隸郎秦內史也昭帝時又嘗改屬并州則與西河同隸一州未幾復故紛更之際邑改名遷宜不免耳

北宮盛饌門閣火通鑑胡注盛饌門閣御廚門閣也晉書天文志紫宮垣東北維外六星曰天廚主盛饌皇居則象於天極故北宮有盛饌門閣

安息國遣使獻師子及條枝大爵注舉頭高八九尺官本頭作頸

繕修故西海郡注平帝時至卽今蘭州縣也案西海郡前志續志皆不載惟見前書平

紀及王莽傳乃莽誘塞外羌獻鮮水海允谷鹽池增置原與金
城各爲一郡而前志金城郡載昭帝始元六年置莽曰西海蓋
莽居攝後以其地不足當一郡遂併金城於西海改允街爲修
遠而以允谷附入之改臨羌爲監羌而以鮮水海鹽池附入之
耳齊召南云莽所置西海郡在臨羌塞外西海曰僊海亦曰鮮
水海即今青海也光武中興郡名皆復漢舊故有金城而無西
海臨羌塞外之地羣羌出没亦不暇復理今始溯平帝時
舊治繕修設守藉以備羌續志無之則未幾復罷可知矣

疾病加至醫藥 官本至作致

是秋四州雨水 錢大昭曰四州兖豫徐冀也

進幸雲夢臨漢水而還注雲夢今安州縣也即在雲夢澤中 案前志南郡編縣江夏郡西陵縣均有雲夢官又前志南郡華容縣續志南郡華容侯國均云雲夢澤在南漢時華容故城今荆州監利縣西北監利石首皆其故地編故城今安陸荆門州界地連襄陽之南漳西陵故城今黃州黃岡縣西北兼漢陽黃陂縣之南境和帝幸南陽謁原陵地爲今襄陽府之棗陽境則進幸雲夢以至編爲最近之循編而東即臨漢水矣若唐之雲夢縣即今德安雲夢縣地漢世尚爲雲夢澤中心似無由至且距漢水抑遠矣

冬十月辛卯司空徐防爲司徒 官本無冬字

復置遼東西部都尉官注西部都尉安帝時以爲屬國都尉在遼東郡昌黎城也 案前志遼東郡無無慮下云西部都尉治章懷言置應仍在無慮也前續志遼東郡均無昌黎惟續志遼東屬國別領六城首曰昌遼故天遼屬遼西而前志遼西郡又有交黎而無天遼且安紀元初二年八月遼東鮮卑圍無慮縣九月又攻夫犂營注夫犂縣名屬遼東屬國不獨與續志不合亦與此注言昌黎城者兩岐惠棟推考衆書乃悟昌遼即昌黎天遼即夫犂亦即前志遼西之交黎改屬者遼與黎犂聲近而變夫作天交形近而譌並詳安紀及續志集解

高句驪寇郡界 案通鑑作高句驪王宮入遼東塞寇略六縣此郡上應補遼東二字

是曰齊民歲增闢土世廣注齊平也 官本無此注

殤帝紀朕且權禮佐助聽政集解官本考證曰禮字疑有誤 案孟子男女授受不親禮也嫂溺援之以手者權也此權禮二字所本趙注所謂反經而善者也周禮地官一曰慈幼賈疏謂鄭注生子三人與之母二人與之餼皆是越語范蠡欲速報吳爲此權禮使國民衆多是唐人說經尚相承有是語朕且權禮即指佐助聽政爲權禮耳似非字誤

其減太官導官尚方內署諸服御珍膳靡麗難成之物注內署掌內府衣物 錢大昭曰內署當作內者注亦誤續志少府屬官有內者令掌中布張諸衣物案漢官有謁者內謁者不聞有內者且內者二字名官於義無當續志之內者令未必非即內署令之譌觀通鑑胡注引章懷此注亦與正文同作內署則宋明本皆如此矣呂强傳每郡國貢獻先輸中署注亦云中署內署也則內署非有誤可知

八月辛亥帝崩集解天下敖然 聚珍本東觀記敖作嗸

孝安帝紀第五　　後漢書五

宋　宣　城　太　守　范　曄　撰

唐　章　懷　太　子　賢　注

王先謙集解

恭宗孝安皇帝[集解]何焯曰案和帝既不冠以穆宗此紀恭宗二字衍祭祀志安帝以讒害大臣廢太子及崩無上宗之奏後以自建武以來無毀者故遂常祭因以其陵號稱恭宗故此紀雖仍前史廟曰恭宗之文未及刊削然獨無尊字尤與前諸紀迥異明是不知者謬加也錢大昕曰獻帝初平元年有司奏和穆安順桓四帝無功德不宜稱宗故和帝順帝桓帝紀倶不稱某宗獨此紀書恭宗蓋刪之不盡也諱祐諡法曰寬容和平曰安伏侯古今注曰祐之字曰福[集解]惠棟曰說文祜上諱徐鍇云安帝名也从示古聲祐當作祜肅宗孫也父清河孝王慶母左姬帝自在邸第倉頡篇曰邸舍也說文云屬國之舍也前書音義曰第謂有甲乙之次第數有神光照室又有赤蛇盤於牀第之間第牀簣也[集解]惠棟曰東觀記及符瑞志於皆作紆易林曰盤紆九曲似當作紆年十歲好學史書史書者周宣王太史籀所作之書也凡五十五篇可以教幼童和帝稱之數見禁中

[集解]惠棟曰東觀記孝安皇帝清河孝王第二子也少聰明敏達慈仁惠和寬容博愛好樂施予孝王常異之年十歲善史書喜經籍和帝甚嘉重焉號曰諸生數燕見在中特加賞賜下及玩弄之物諸王子莫得與比延平元年慶始就國鄧太后特詔留帝清河邸八月殤帝崩太后與兄車騎將軍鄧騭定策禁中其夜使騭持節以王青蓋車迎帝齋于殿中續漢志曰皇太子皇子皆安車朱班輪青蓋金華蚤皇子爲王錫以乘之故曰王青蓋車皇孫則綠車皇太后御崇德殿百官皆吉服洛陽南宮有崇德殿不可以凶事臨朝故吉服也羣臣陪位引拜帝爲長安侯不卽立爲天子而封侯者不欲從微卽登皇位皇太后詔曰先帝聖德淑茂早棄天下朕奉皇帝夙夜瞻仰日月冀望成就豈意卒然顚沛天年不遂悲痛斷心朕惟平原王素被痼疾念宗廟之重思繼嗣之統唯長安侯祜質性忠孝小心翼翼翼翼敬愼也詩曰惟此文王小心翼翼能通詩論篤學樂古仁惠愛下年已十三有成人之志親德係後莫宜於祜係卽繼也禮昆弟之子猶己子禮記檀弓之文春秋之義爲人後者爲之子不以父命辭王父命爲人後者謂出繼於人也王父謂祖也穀梁傳曰衞靈公廢太子蒯聵立孫輒不受父之命而受王父命[集解]何焯曰不以父命辭者引傳文見不必受命於慶也何若瑤曰此公羊傳文注引穀梁非是其以祜爲孝和皇帝嗣奉承祖宗按禮儀奏又作策命曰惟延平元年秋八月癸丑皇太后曰咨長安侯祜孝和皇帝懿德巍巍光于四海大行皇帝不永天年前書音義曰禮有大行人有小行人主謚號官也韋昭云大行者不反之辭也天子崩未有謚故稱大行也穀梁傳曰大行受大名風俗通曰天子新崩未有謚故且稱大行皇帝義兩通[集解]何若瑤曰韋應說是朕惟侯孝章帝世嫡皇孫謙恭慈順在孺而勤孺幼也或作在孺平勤[集解]何若瑤曰上云年十歲好學史書作而是宜奉郊廟承統大業今以侯嗣孝和皇帝後其審君漢國允執其中一人有慶萬民賴之皇帝其勉之哉讀策畢大尉奉上璽綬卽皇帝位年十三太后猶臨朝公羊傳曰猶者可止之辭也[集解]惠棟曰東觀記帝謙讓格勤孜孜經書志在供養委政長樂宮九月庚子謁高廟辛丑謁光武廟六州大水[集解]惠棟曰袁山松書六州河濟渭雒洧水盛長泛溢傷秋稼己未遣謁者分行虛實舉災害賑乏絕丙

寅葬孝殤皇帝于康陵陵在愼陵塋中庚地高五丈五尺周二百八步[集解]劉攽曰紀書殤帝葬康陵臣攽案前書平帝已名康陵不當重複章懷注云在愼陵塋中庚地庚與康相似但少許不同然檢續漢志亦作康又質帝年敍康陵在恭陵上都是康字不知此字自章懷已前誤之耶或者後人傳寫一處誤之遂都改令同也然章懷注語則似作庚無疑乙亥隕石于陳留[集解]惠棟曰續志陳留雷有石隕地四天文志曰隕星也董仲舒以爲從高反下之象或以爲庶民惟星隕民困之象也西域諸國叛攻都護任尚遣副校尉梁慬救尚擊破之慬音勤冬十月四州大水雨雹詔以宿麥不下宿舊也麥必經年而熟故稱宿賑賜貧人十二月甲子清河王薨使司空持節弔祭車騎將軍鄧騭護喪事乙酉罷魚龍曼延百戲漢官典儀曰作九賓樂舍利之獸從西方來戲於庭入前殿激水化成比目魚嗽水作霧化成黃龍長八丈出水遨戲於庭炫燿日光曼延者獸名也張衡西京賦所云巨獸百尋是爲曼延音以戰反

永初元年春正月癸酉朔大赦天下蜀郡徼外羌內屬東觀記曰徼外羌龍橋等六種慕義降附戊寅分犍爲南部爲屬國都尉[集解]何焯曰南部近刻誤作南郡稟司隸兗豫徐冀并州貧民司隸領河南河內河東弘農郡於洛陽魏末因爲司州[集解]惠棟曰案袁紀時稱兗

豫徐冀幷六州民饑故稟給之也三月丙午以廣成游獵地廣成苑名在汝州西集解先謙曰廣成聚有廣成苑在今汝州西四十里及被災郡國公田假與貧民丁卯分清河國封帝弟常保為廣川王廣川縣屬信都國故城在今冀州棗彊縣東北集解錢大昕曰安帝弟名常保子亦名保當有一誤先謙曰廣川在今棗強縣東三十里庚午司徒梁鮪薨三月癸酉日有食之集解惠棟曰續志三月二日也在胃二度胃主廩倉是時太后專政去年大水傷稼倉廩為虛詔公卿內外衆官郡國守相舉賢良方正有道術之士明政術達古今能直言極諫者各一人己卯永昌徼外僬僥種夷貢獻內屬甲申葬清河孝王贈龍旗虎賁夏五月甲戌長樂衛尉魯恭為司徒前書曰衛尉秦官掌宮門衛屯兵也長樂建章甘泉宮皆隨所掌以為官名秩中二千石也丁丑詔封北海王睦孫壽光侯普為北海王九眞徼外夜郎蠻夷舉土內屬九眞郡名今愛州縣六月戊申爵皇太后母陰氏為新野君集解惠棟曰獨斷云異姓婦女以恩澤封者曰君比長公主丁巳河東地陷集解惠棟曰續志東西四步南北百二十步深三丈五尺壬戌罷西域都護先零種羌叛斷

隴道大為寇掠遣車騎將軍鄧騭征西校尉任尚討之集解惠棟曰西羌傳永初元年冬事丁卯赦除諸羌相連結謀叛逆者罪秋九月庚午詔三公明申舊令禁奢侈無作浮巧之物殫財厚葬是日太尉徐防免以災異屢見也辛未司空尹勤免以雨水漂流也集解惠棟曰陳寵傳勤以雨水傷稼策免癸酉調揚州五郡租五郡謂九江丹陽廬江吳郡豫章也揚州領六郡會稽最遠蓋不調也集解顧炎武曰順帝紀永建四年分會稽為吳郡安帝時未有吳郡止五郡無可疑者注非惠棟云永初七年調零陵桂陽丹陽豫章會稽租米則會稽非以遠故不調明矣注兩失之先謙曰官本租下有米字贍給東郡濟陰陳留梁國下邳山陽丁丑詔曰自今長吏被考竟未報考謂考問其狀也報謂斷決也自非父母喪無故輒去職者劇縣十歲平縣五歲以上乃得次用壬午詔太僕少府減黃門鼓吹以補羽林士漢官儀曰黃門鼓吹百四十五人羽林左監主羽林八百人右監主九百人廄馬非乘輿常所御者皆減半食乘輿天子所乘車輿也不敢斥言尊者故稱乘輿見蔡邕獨斷諸所造作非供宗廟園陵之用皆且止丙戌詔死罪以下及亡命贖各有

差庚寅太傅張禹為太尉太常周章為司空漢官儀曰章字次叔荆州隨縣人也冬十月倭國遣使奉獻倭國去樂浪萬二千里男子黥面文身以其文左右大小別尊卑之差見本傳辛酉新城山泉水大出東觀記曰突壞人田水深三丈集解惠棟曰河南之新城山也十一月丁亥司空周章密謀廢立集解先謙曰章與王尊叔元茂等欲閉宮門捕鄧氏兄弟誅常侍鄭衆蔡倫劫刺尚書廢皇太后封皇帝為遠國王見章傳策免自殺戊子敕司隸校尉冀幷二州刺史民訛言相驚集解惠棟曰續志民訛言相驚司隸幷冀州民人流移時太后專政婦人以順為道故禮夫死從子之命今專主事此不從而僭也弃捐舊居老弱相攜窮困道路其各敕所部長吏躬親曉諭若欲歸本郡在所為封長檄不欲勿強封謂印封之也長檄猶今長牒也欲歸者皆給以長牒為驗強音其兩反十二月乙卯潁川太守張敏為司空是歲郡國十八地震集解惠棟曰續志時太后攝政專事於是陰類並勝西羌亂連十餘年四十一雨水集解惠棟曰續志郡國四十一縣三百一十五雨水四瀆溢傷秋稼壞城國殺人民或山水暴至二十八大風雨雹

二年春正月稟河南下邳東萊河內貧民古今注曰時州郡大飢米石二千人相食老弱

相弃道路車騎大將軍鄧騭為種羌所敗於冀西續漢書曰種羌九千餘戶在隴西臨洮谷冀縣屬天水郡也集解劉攽曰正文案官無車騎大將軍者明大字衍騭後乃為大將軍耳先謙曰冀注見光武紀二月乙丑遣光祿大夫樊準呂倉分行冀兗二州稟貸流民夏四月甲寅漢陽城中火集解惠棟曰續志元年五月戊寅熒惑逆行守心前星注云韓楊占曰多火災明年漢陽火也先謙曰漢陽天水更名燒殺三千五百七十人五月旱丙寅皇太后幸洛陽寺及若盧獄錄囚徒賜河南尹廷尉卿及官屬以下各有差即日降雨六月京師及郡國四十大水大風雨雹東觀記曰雹大如芋魁雞子風拔樹發屋秋七月戊辰集解惠棟曰黃長睿云鄧騭討羌符曰永初二年六月丁未朔二十日丙寅得車騎將軍莫府文書上郡屬國都尉中二千石守丞廷義縣令三水十月丁未到府受印綬發夫討叛羌急急如律令按紀元年夏先零種羌叛遣車騎將軍鄧騭征西校尉任尚討之二年正月騭為羌所敗於冀西七月戊辰詔有羌貊畔戾之語其年十月庚寅任尚與羌戰於平羌十一月辛酉拜騭大將軍召還則紀所書日月及漢簡參攷之簡云六月丁未朔則二十日正得丙寅而戊辰乃此月二十二日也六月末既有戊辰則七月不應復有之而紀是年復有戊辰之詔蓋紀誤也又紀是年七月之後繼書閏月閏月有辛丑九月有庚子亦當復有辛

丑則是年閏當在七月據漢簡六月丁未朔則後百二十日得兩丁未正合也而據紀於七月閏則丁未當在九月矣又與簡不合亦紀誤也詔曰昔在帝王承天理民莫不據琁機玉衡以齊七政孔安國尚書注曰琁美玉也以琁爲機以玉爲衡二者正天文之器也七政日月五星各異其政制即今之渾儀集解惠棟曰僞孔氏尚書注出於東晉漢人所未見者不當用孔說以注漢書且下云明習災異陰陽之度旋機之數者各使指變以聞則非加僞孔氏說明矣伏生書大傳曰旋機者何傳曰旋者還也機者幾也微也其變幾微而所動者大謂之旋機是故旋機謂之北極鄭元注曰七政謂春秋冬夏天文地理人道所以爲政也詔云承天治民則七政爲四時天地人非日月五星也朕以不德遵奉大業而陰陽差越變異並見萬民饑流羌貊叛戾夙夜克己憂心京京詩小雅曰憂心京京爾雅曰京京憂也閒令公卿郡國舉賢良方正遠求博選開不諱之路冀得至謀以鑒不逮而所對皆循尚浮言無卓爾異聞卓爾高遠之貌也論語曰如有所立卓爾其百僚及郡國吏人集解劉攽曰案此不成文理當有一令字何焯曰案下云各使指變以聞則不當有令字也有道術明習災異陰陽之度琁機之數者各使指變以聞二千石長吏明以詔書博衍幽隱衍猶引也朕將親覽

待以不次冀獲嘉謀以承天誡閏月辛丑廣川王常保薨無子國除癸未蜀郡徼外羌舉土內屬東觀記曰徼外羌薄申等八種舉眾降九月庚子詔王主官屬墨綬下至郎謁者續漢書曰王國有中大夫秩比六百石謁者比四百石郎中二百石集解劉攽曰正文二漢諸侯王未嘗有主稱蓋是國字前書多言王國此注中亦有王國文主字作國無疑也或謂主指公主案公主但有家令無郎謁者又此詔文但言國相移名其非公主明矣或者傳寫見後有王主之文遂誤於此其經明任博士居鄉里有廉清孝順之稱才任理人者國相歲移名與計偕上尚書公府通調令得外補移書也調選也冬十月庚寅稟濟陰山陽玄菟貧民征西校尉任尚與先零羌戰于平襄尚軍敗績平襄縣屬天水郡故襄戎邑也集解先謙曰前漢天水治平襄今鞏昌府通渭縣十一月辛酉拜鄧騭爲大將軍徵還京師留任尚屯隴右先零羌滇零稱天子於北地滇零羌名音丁田反遂寇三輔東犯趙魏南入益州殺漢中太守董炳十二月辛卯稟東郡鉅鹿廣陽安定定襄沛國貧民廣漢塞外參狼羌降分廣漢北部爲

屬國都尉是歲郡國十二地震

三年春正月庚子皇帝加元服元服謂加冠也士冠禮曰令月吉辰加爾元服鄭玄云元首也大赦天下賜王主貴人公卿以下金帛各有差男子爲父後及三老孝悌力田爵人二級流民欲占者人一級遣騎都尉任仁討先零羌不利羌遂破沒臨洮縣名屬隴西郡集解先謙曰注見光武紀高句驪遣使貢獻三月京師大飢民相食壬辰公卿詣闕謝詔曰朕以幼沖奉承鴻業不能宣流風化而感逆陰陽至令百姓飢荒更相噉食永懷悼歎若墜淵水咎在朕躬非群司之責而過自貶引重朝廷之不德貶引謂貶損引過也重音直用反其務思變復以助不逮癸巳詔以鴻池假與貧民續漢書曰鴻池在洛陽東二十里假借也令得漁采其中壬寅司徒魯恭免夏四月丙寅大鴻臚九江夏勤爲司徒勤字伯宗壽春人也集解錢大昕曰按范史三公除拜皆載於本紀其人無傳者則書郡以顯用班史公卿表之例也夏勤事已附見樊儵傳延光二年東萊劉熹爲司徒熹名見馮魴傳陽嘉二年沛國施延爲太尉延名

見陳忠傳於例皆不必書郡惠棟曰謝承書九江夏勤字伯宗家貧作履供食常作一量履斷置不賣出行妻賣以糴米勤歸適炊熟怪問何所得米妻以實告勤責妻曰賣毀物欺取其直也因弃不食仕至司徒三公以國用不足奏令吏人入錢穀得爲關內侯虎賁羽林郎五大夫集解惠棟曰通鑑作五官大夫案王符潛夫論今時權時令募運民耕邊入穀遠郡千斛近郡二千斛拜爵五大夫又光和二年義井陴陰稱五大夫者三十二人益當時以貲受爵本有是官始於永初盛於光和司馬氏以後漢無是爵增入官字殊違本義也前書注五大夫第九爵官府吏緹騎營士各有差續漢志曰執金吾緹騎二百人緹赤黃色營士謂五校營士也漢官儀曰屯騎越騎步兵射聲各領士七百人長水領士千三百六十七人也己巳詔上林廣成苑可墾闢者賦與貧民甲申清河王虎威薨五月丙申封樂安王寵子延平爲清河王丁酉沛王正薨癸丑京師大風六月烏桓寇代郡上谷涿郡秋七月海賊張伯路等寇略緣海九郡遣侍御史龐雄督州郡兵討破之集解惠棟曰華陽國志將略大鴻臚龐雄字宣孟巴郡宕渠人雄事具法雄傳庚子詔長吏案行在所皆令種宿麥蔬食務盡地力其貧者給種餉九月鴈門烏桓及鮮卑

叛敗五原郡兵於高渠谷東觀記曰戰九原高梁谷渠梁相類必有誤也冬十月南單于叛圍中郎將耿种於美稷十一月遣行車騎將軍何熙討之集解劉攽曰案文少一事字十二月辛酉郡國九地震乙亥有星孛于天苑天苑星名集解惠棟曰續志彗星起天苑南東北指長六七尺色蒼白天苑爲外軍彗星出其南爲外兵也是歲京師及郡國四十一雨水雹續漢書曰雹大如鴈子也集解惠棟曰續志劉向以爲雹陰脅陽也是時太后以陰專陽政幷涼二州大飢人相食

四年春正月元日會徹樂不陳充庭車每大朝會必陳乘輿法物車輦於庭故曰充庭車也以年飢故不陳集解惠棟曰續漢書詔曰比年飢加有軍旅且勿設戲作樂正旦無陳充庭車也鄭元周禮注曰漢朝上計律陳屬車於庭張衡東京賦曰孟春元日羣后旁戾龍路充庭鸞旂拂霓沈約曰舊有充庭之物臨軒大會陳輿車輦旌鼓於殿庭辛卯詔曰三輔比遭寇亂人庶流冗除三年逋租過更口算芻稾前書音義曰天下人皆戍邊三日不可人人自行行者自戍三日不可往復還因便住一歲諸不行者出錢三百入官官以給戍者言過其本更之日故曰過更又曰人年十五至五十六出賦錢人百二十爲一算也稟上郡貧民各有差海賊

張伯路復與勃海平原劇賊劉文河周文光等攻厭次集解先謙曰今武定府惠民縣秦曰厭次漢改富平後漢永平五年復故殺縣令遣御史中丞王宗督青州刺史法雄討破之度遼將軍梁慬遼東太守耿夔討破南單于於屬國故城丙午詔減百官及州郡縣奉各有差二月丁巳稟九江貧民南匈奴寇常山乙丑初置長安雍二營都尉官漢官儀曰京兆虎牙扶風都尉以涼州近羌數犯三輔將兵衛護園陵扶風都尉居雍縣故俗人稱雍營焉西羌傳云虎牙都尉居長安乙亥詔曰自建初以來諸祅言它過坐徙邊者各歸本郡其沒入官爲奴婢者集解惠棟曰漢律云罪人妻子沒爲奴婢黥面高誘呂覽注律坐父兄沒入爲奴此亦據漢律免爲庶人詔謁者劉珍及五經博士校定東觀五經諸子傳記百家藝術整齊脫誤是正文字洛陽宮殿名曰南宮有東觀前書曰凡諸子百六十九家言百家舉全數也三月南單于降先零羌寇褒中縣名屬漢中郡今梁州褒城縣集解先謙曰在今漢中府褒城縣東南漢中太守鄭勤戰歿集解惠棟曰華陽國志作廑棟案廑與勤古字通徙金城郡都襄武襄武縣名屬隴西郡今渭州縣集解錢大昕曰漢時郡所治亦曰都臧洪傳徙爲東郡太守都東武陽是也先謙曰襄武在今鞏昌府隴西縣西南金城郡治允吾今蘭州府皋蘭縣地也爲羌所偪故徙焉戊子杜陵園火癸巳郡國九地震集解惠棟曰九續志作四夏四月六州蝗東觀記曰司隸豫兗徐青冀六州集解惠棟曰續志是時西羌寇亂軍眾征距連十餘年丁丑大赦天下秋七月乙酉三郡大水己卯騎都尉任仁下獄死九月甲申益州郡地震冬十月甲戌新野君陰氏薨東觀記曰新野君薨贈以玄玉赤紱賻錢三千萬布三萬匹使司空持節護喪事大將軍鄧騭罷

五年春正月庚辰朔日有食之集解惠棟曰續志在虛八度正月王者統事之正日也虛空名也是時太后攝政帝不得行事俱不得其正若王者位虛故於正月陽不克示象也丙戌郡國十二地震己丑太尉張禹免甲申光祿勳李脩爲太尉漢官儀曰脩字伯游豫州襄城人也集解惠棟曰世系云脩爲東郡太守太常鄉武之子二月丁卯詔省減郡國貢獻太官口食先零羌寇河東遂至河內三月詔隴西徙襄武安定徙美陽安定郡今涇州也美陽縣故城在今武功縣北集解先謙曰在今乾州武功縣西南安定舊治高平縣今平涼府固原州北地徙池陽北地郡今寧州也池陽縣故城在今涇陽縣北也集解先謙曰在今西安府涇陽縣西北北地舊治馬嶺縣今地詳光武紀下

上郡徙衙上郡今綏州也衙縣故城在同州白水縣東北左傳曰秦晉戰于彭衙即此也集解先謙曰在今廣漢府白水縣東北上郡舊治膚施縣今綏德州夫餘夷犯塞殺傷吏人閏月丁酉赦涼州河西四郡戊戌詔曰朕以不德奉郊廟承大業不能興和降善爲人祈福災異蜂起寇賊縱橫夷狄猾夏猾亂也夏華夏也戎事不息百姓匱乏疲於徵發重以蝗蟲滋生害及成麥秋稼方收甚可悼也朕以不明統理失中亦未獲忠良以毗闕政傳曰顛而不扶危而不持則將焉用彼相矣公卿大夫將何以匡救濟斯艱厄承天誡哉蓋爲政之本莫若得人褒賢顯善聖制所先濟濟多士文王以寧詩大雅之詞也思得忠良正直之臣以輔不逮其令三公特進侯中二千石二千石郡守諸侯相舉賢良方正有道術達於政化能直言極諫之士各一人及至孝行與眾卓異者集解先謙曰官本無行字幷遣詣公車朕將親覽焉

六月甲辰樂成王巡薨秋七月己巳詔三公特進九卿校尉（九卿奉常光祿衞尉太僕鴻臚廷尉少府宗正司農校尉謂城門屯騎越騎步兵長水胡騎等集解劉攽曰注胡騎字誤當作射聲上三年注中甚明說又在後）舉列將子孫明曉戰陳任將帥者九月漢陽人杜琦王信叛（東觀記曰琦自稱安漢將軍）與先零諸種羌攻陷上邽城十二月漢陽太守趙博遣客刺殺杜琦（東觀記曰漢陽故吏杜習手刺殺之）是歲九州蝗郡國八雨水

六年春正月庚申詔越巂置長利高望始昌三苑又令益州郡置萬歲苑犍爲置漢平苑（犍爲郡名前書音義曰故夜郎國也故城在今眉州隆山縣西北也集解先謙曰漢治僰道今敘州府宜賓縣後漢治武陽今眉州彭山縣東）三月十州蝗夏四月乙丑司空張敏罷己卯太常劉愷爲司空五月旱丙寅詔令中二千石下至黃綬一切復秩還贖賜爵各有差戊辰皇太后幸雒陽寺錄囚徒理寃獄六月壬辰豫章員谿原山崩（員谿闕集解惠棟曰續志各六十三所）辛巳大赦天下遣侍御史唐喜討漢陽賊王信破斬之（續漢志曰傳信首詣洛陽梟穀城門外）冬十一月辛丑護烏桓校尉吳祉下獄死是歲先零羌滇零死子零昌復襲僞號

七年春正月庚戌皇太后率大臣命婦謁宗廟（喪服傳曰命夫者男子之爲大夫也命婦者其大夫之妻也臣賢案東觀續漢袁山松謝沈書古今注皆云六年正月甲寅謁宗廟此云七年庚戌疑紀誤也集解萬承蒼曰按東觀下脫一記字續漢下脫一書字）二月丙午郡國十八地震夏四月乙未平原王勝薨丙申晦日有食之（集解惠棟曰續志在東井一度）五月庚子京師大雩（左傳曰龍見而雩杜預注云謂建巳之月龍星角亢見東方雩遠也遠爲百穀求膏雨周禮司巫曰若國大旱則帥巫而舞雩鄭玄注云雩吁也嗟而求雨集解何若瑤曰公羊傳言雩則旱見大雩者大旱也不得以常雩比注引左傳非）秋護羌校尉侯霸騎都尉馬賢破先零羌八月丙寅京師大風蝗蟲飛過洛陽詔賜民爵郡國被蝗傷稼十五已上勿收今年田租不滿者以實除之九月調零陵桂陽丹陽豫章會稽租米（零陵郡名今永州縣也丹陽郡名今潤州江寧縣也餘並見上集解先謙曰二漢丹陽治宛陵今宣城寧國二縣漢宛陵地）賑給南陽廣陵下邳彭城山陽廬江九江飢民又調濱水縣穀輸敖倉（詩曰搏狩于敖即此也秦於此築太倉亦曰敖庾在今鄭州滎陽縣西北東觀記曰濱水縣彭城廣陽廬江九江穀九十萬斛送敖倉）

元初元年春正月甲子改元元初賜民爵人二級孝悌力田人三級爵過公乘得移與子若同產同產子民脫無名數及流民欲占者人一級鰥寡孤獨篤癃貧不能自存者穀人三斛貞婦帛人一匹二月己卯日南地坼（東觀記曰坼長百八十二里廣五十六里集解惠棟曰考異云二月己卯三月癸酉日食本志及表記皆云三月己卯日南地坼案長歷是年二月壬辰朔無己卯三月壬戌朔癸酉十二日不應日食二月當是乙卯三月當是癸亥）三月癸酉日有食之夏四月丁酉大赦天下京師及郡國五旱蝗詔三公特進列侯中二千石二千石郡守舉敦厚質直者各一人五月先零羌寇雍城六月丁巳河東地陷秋七月蜀郡夷寇蠶陵殺縣令（蠶陵縣屬蜀郡故城在今翼州翼水縣西有蠶陵山因以爲名焉集解先謙曰在今松潘廳疊溪營西）九月乙丑太尉李脩罷先零羌寇武都漢中絕隴道辛未大司農山陽司馬苞爲太尉（謝承書曰苞字仲成東緡人也）冬十月戊子朔日有食之（集解惠棟曰續志在尾十度尾爲後宮繼嗣之宮也是時上甚幸閻貴人將立故示不善將爲繼嗣禍也）先零羌敗涼州刺史皮陽於狄道（集解惠棟曰西羌傳作皮楊）乙卯詔除三輔三歲田租更賦口算（解見光武紀也）十一月是歲郡國十五地震

二年春正月詔稟三輔及并涼六郡流冗貧人蜀郡青衣道夷奉獻內屬（青衣道縣名在大江青衣二水之會今嘉州龍遊縣也東觀記曰青衣蠻夷堂律等歸義集解先謙曰今雅州府名山縣）修理西門豹所分漳水爲支渠以溉民田（史記曰西門豹爲鄴令發人鑿十二渠引水灌田所鑿之渠在今相州鄴縣西也）二月戊戌遣中謁者收葬京師客死無家屬及棺槨朽敗者皆爲設祭其有家屬尤貧無以葬者賜錢人五千辛酉詔三輔河內河東上黨趙國太原各修理舊渠通利水道以溉公私田疇（前書音義曰美田曰疇）三月癸亥京師大風先零羌寇益州遣

中郎將尹就討之夏四月丙午立貴人閻氏爲皇后五月京師旱河南及郡國十九蝗甲戌詔曰朝廷不明庶事失中災異不息憂心悼懼被蝗以來七年于茲而州郡隱匿裁言頃畝裁與纔同古字通今羣飛蔽天爲害廣遠所言所見寧相副邪三司之職內外是監旣不奏聞又無舉正天災至重欺罔罪大今方盛夏且復假貸以觀厥後假貸猶寬容也盛夏不可卽加刑罰故且寬容其務消救災眚安輯黎元六月丙戌太尉司馬苞薨謝承書曰苞爲太尉常食麤飯著布衣妻子不歷官舍會司徒楊震爲樊豐等所譖連及苞苞乞骸骨未見聽以疾薨也集解何焯曰永寧元年十二月劉愷罷楊震始爲司徒苞之薨在其前六年甚矣謝書之失實也洛陽新城地震裂秋七月辛巳太僕太山馬英爲太尉英字文思兗州益縣人也八月遼東鮮卑圍無慮縣屬遼東郡慮音閭有醫無閭山因以爲名焉集解何若瑤曰慮閭通作臨淮郡取慮音秋閭釋地醫無閭漢志閭作慮先謙曰無慮今錦州府廣寧縣九月又攻夫犂營殺縣令夫犂縣名屬遼東屬國集解惠棟曰鮮卑傳作扶黎章懷注縣名屬遼東屬國胡注以爲兩漢無此縣棟案遼東屬國有昌黎縣都尉所治昌黎卽前漢之交黎也夫交相似而誤耳俗本郡國志昌黎訛昌遼交黎訛天遼辨見本志注壬午晦日有食之集解惠棟曰續志在心四度心爲王者明久失位也冬十月遣中郎將任尚屯三輔詔郡國中都官繫囚減死一等勿笞詣馮翊扶風屯妻子自隨占著所在女子勿輸不輸作也亡命死罪以下贖各有差其吏人聚爲盜賊有悔過者除其罪集解先謙曰官本無過字乙未右扶風仲光安定太守杜恢京兆虎牙都尉耿溥與先零羌戰於丁奚城東觀記曰至北地靈州丁奚城也集解先謙曰丁奚城在今寧夏府靈州界光等大敗並沒左馮翊司馬鈞下獄自殺東觀記曰安定太守杜恢與鈞等幷威擊羌恢乘勝深入爲虜所害鈞擁兵不救收鈞下獄也十一月庚申郡國地震集解先謙曰官本國下有十字十二月武陵澧中蠻叛州郡擊破之東觀記曰蠻田山高少等攻城殺長吏州郡募五里蠻夷六亭兵追擊山等皆降賜五里六亭渠率金帛各有差己酉司徒夏勤罷庚戌司空劉愷爲司徒光祿勳袁敞爲司空

三年春正月甲戌修理太原舊溝渠溉灌官私田酈元水經注曰昔智伯遏晉水以灌晉陽後人蹤其遺跡蓄以爲沼分爲二派北瀆卽智氏故渠也其瀆乘高東北注入晉陽城以溉灌東南出城注於汾水今所修溝渠卽謂此東平陸上言木連理東平陸縣名古厥國也屬東平國今兗州平陸縣也序例曰凡瑞應自和帝以上政事多美近於有實故書見於某處自安帝以下王道衰缺容或虛飾故書某處上言也集解先謙曰東平陸在今兗州府汶上縣北蒼梧鬱林合浦蠻夷反叛蒼梧郡今梧州縣也合浦郡今廉州縣也集解先謙曰蒼梧郡今梧州府蒼梧縣合浦郡今廉州府合浦縣二月遣侍御史任逴督州郡兵討之逴音丁角反郡國十地震三月辛亥日有食之集解惠棟曰續志在婁五度史官不見遼東以聞丙辰赦蒼梧鬱林合浦南海吏人爲賊所迫者夏四月京師旱集解惠棟曰劉昭云時西羌寇亂軍屯相繼連十餘年五月武陵蠻復叛州郡討破之癸酉度遼將軍鄧遵率南匈奴擊先零羌於靈州破之靈州縣名屬北地郡故城在今慶州馬領縣西北集解先謙曰官本馬作烏越巂徼外夷舉種內屬六月中郎將任尚遣兵擊破先零羌於丁奚城秋七月武陵蠻復叛州郡討平之緱氏地坼九月辛巳趙王宏薨冬十一月蒼梧鬱林合浦蠻夷降丙戌初聽大臣二千石刺史行三年喪文帝遺詔以日易月於後大臣遂以爲常至此復遵古制也癸卯郡國九地震十二月丁巳任尚遣兵擊破先零羌於北地

四年春二月乙巳朔日有食之集解錢大昕曰五行志作乙亥惠棟曰續志在奎九度史官不見七郡以聞奎主武庫兵其十月八日壬戌武庫火燒兵器也乙卯大赦天下壬戌武庫災夏四月戊申司空袁敞薨己巳鮮卑寇遼西遼西郡兵與烏桓擊破之遼西郡故城在今平州東陽樂城是五月丁丑太常李郃爲司空集解官本考證曰監本郃訛邪今改正六月戊辰三郡雨雹集解惠棟曰續志大如杅杯及雞子殺六畜秋七月辛丑陳王鈞薨京師及郡國十雨水詔曰今年秋稼茂好垂可收穫而連雨未霽霽雨止也懼必淹傷夕惕惟憂思念厥咎夫霖雨者人怨之所致左傳曰凡雨三日以上爲霖京房別對災異曰人勞怨苦雨水絕道其武吏以威暴下文吏妄行苛刻鄉吏因公生姦爲百姓所患苦者有司顯明其罰又月令仲秋養衰老授几杖行糜粥鄭玄注云助老氣也行猶賜也集解惠棟曰漢法民年九十以上有受鬻法粥淖糜也呂

氏春秋八月紀曰養衰老授几杖行糜粥飲食高誘曰今之八月比戶賜高年鳩杖粉糜是也方今案比之時東觀記曰方今八月案比之時謂案驗戶口次比之也【集解】惠棟曰鄭元周禮注曰今時八月案比儀禮注曰仲秋之月縣道皆案戶比民皇后紀曰漢法常因八月算人郡縣多不奉行雖有糜粥糠粃相半【集解】惠棟曰東觀記糠粃泥土相半不可飲食長吏怠事莫有躬親甚違詔書養老之意其務崇仁恕賑護寡獨稱朕意焉九月護羌校尉任尚使客刺殺叛羌零昌冬十一月己卯彭城王恭薨十二月越巂夷寇遂久殺縣令遂久縣屬越巂郡【集解】惠棟曰通鑑考異云西南夷傳云五年叛先謙曰縣在今寧遠府鹽源縣西甲子任尚及騎都尉馬賢與先零羌戰于富平上河大破之富平縣屬北地郡故城在今靈州回樂縣西南酈元水經注曰河水於此有上河之名也【集解】先謙曰富平在今寧夏府靈州西南虔人羌率眾降虔人羌號也東觀記曰虔人種羌大豪恬狠等詣度遼將軍降隴右平是歲郡國十三地震

五年春正月越巂夷叛二月壬戌中山王憲薨三月京師及郡國五旱詔稟遭旱貧人夏六月高句驪與穢貊寇玄菟郡名在遼東秋七

月越巂蠻夷及旄牛豪叛殺長吏旄牛縣屬蜀郡華陽國志曰在邛崍山表也【集解】先謙曰在今雅州府清溪縣南丙子詔曰舊令制度各有科品漢令今亡【集解】惠棟曰蔡邕表志曰永平初詔書下車服制度中宮皇太子親服重繒厚練浣已復御率下以儉諸侯王以下至於士庶嫁娶被服各有科品當傳萬世揚光聖德桓紀永興二年詔曰申明舊令如永平故事是也欲令百姓務崇節約遭永初之際人離荒戹朝廷躬自菲薄去絕奢飾食不兼味衣無二綵比年雖獲豐穰尚乏儲積而小人無慮不圖久長嫁娶送終紛華靡麗至有走卒奴婢被綺縠著珠璣綺文繒縠紗也璣珠不圓者也京師尚若斯何以示四遠設張法禁懇惻分明而有司惰任訖不奉行秋節既立鷙鳥將用鷙鳥謂鷹鸇之類也廣雅曰鷙執也以其能服執眾鳥月令孟秋鷹乃祭鳥始用行戮言有司怠惰不遵法令將欲糾其罪順秋行誅同鷹鸇之鷙擊也且復重申以觀後效八月丙申朔日有食之【集解】惠棟曰續志在翼十八度史官不見張掖以聞鮮卑寇代郡殺長吏冬十月鮮卑寇上谷十二月丁巳中郎將任尚有辠弃市是歲郡國十四地震

六年春二月乙巳京師及郡國四十二地震或坼裂水泉涌出壬子詔三府選掾屬高第能惠利牧養者各五人光祿勳與中郎將選孝廉郎寬博有謀清白行高者五十人出補令長丞尉乙卯詔曰夫政先京師後諸夏月令仲春養幼小存諸孤季春賜貧窮賑乏絕省婦使表貞女所以順陽氣崇生長也鄭玄云婦使謂組紃之事其賜民尤貧困孤弱單獨穀人三斛貞婦有節義十斛甄表門閭旌顯厥行節謂志操義謂推讓甄明也旌章也里門謂之閭旌表者若今樹闕而顯之三月庚辰始立六宗祀於洛城西北續漢志曰元初六年以尚書歐陽家說謂六宗者在天地四方之中為上下四方之宗以元始中故事謂六宗易六子之氣日月雷公風伯山澤者非也乃更六宗祠於戌亥之地禮比大社也夏四月會稽大疫遣光祿大夫將太醫循行疾病賜棺木漢官儀太醫令一人秩六百石【集解】惠棟曰鄭眾周禮注今時一室二尸則官與之棺漢金布令曰不幸死死所為櫝傳歸所居縣賜以衣棺除田租口賦沛國勃海大風雨雹五月京師旱六月丁丑樂成王賓薨丙戌平原王得薨

秋七月鮮卑寇馬城搜神記曰昔秦人築城於武周塞以備胡將成而崩者數矣有馬馳走周旋反覆父老異之因依以築城城乃不崩遂以名焉其故城今朔州也【集解】通鑑胡注案續志搜神記所云乃雁門郡之馬邑此乃代郡之馬城注誤惠棟曰案十三州志馬城在高柳東二百四十里先謙曰在今宣化府懷安縣東度遼將軍鄧遵率南單于擊破之九月癸巳陳王竦薨十二月戊午朔日有食之既【集解】惠棟曰續志在須女十一度如昏狀女主惡之後二歲太后崩郡國八地震是歲永昌益州蜀郡夷叛與越巂夷殺長吏燔城邑益州刺史張喬討破降之

永寧元年春正月甲辰任城王安薨三月丁酉濟北王壽薨車師後王叛殺部司馬沈氏羌寇張掖沈氏羌號也續漢志曰羌在上郡西河者號沈氏也夏四月丙寅立皇子保為皇太子改元永寧大赦天下賜王主三公列侯下至郎吏從官金帛又賜民爵及布粟各有差己巳紹封陳王羨子崇為陳王濟北王子萇為樂成王河間王子翼為平原王壬午琅邪王壽薨六月沈氏種羌叛寇張掖護羌校尉馬賢討沈氏

羌破之秋七月乙酉朔日有食之集解惠棟曰續志在張十五度史官不見酒泉以聞冬十月己巳司空李郃免癸酉衛尉廬江陳襃爲司空襃字伯仁舒縣人也自三月至是月京師及郡國三十三大風雨水十二月永昌徼外撣國遣使貢獻撣音擅戊辰司徒劉愷罷遼西鮮卑降癸酉太常楊震爲司徒是歲郡國二十三地震夫餘王遣子詣闕貢獻燒當羌叛

建光元年春正月幽州刺史馮煥集解惠棟曰馮煥殘碑云煥字平侯巴郡宕渠人也率二郡太守討高句驪穢貊不克二月癸亥大赦天下賜諸園貴人謂宮人無子守園陵者也王主公卿已下錢布各有差以公卿校尉尚書子弟一人爲郎舍人三月癸巳皇太后鄧氏崩丙午葬和熹皇后丁未樂安王寵薨戊申追尊皇考清河孝王曰孝德皇皇妣左氏曰孝德皇后祖妣宋貴人曰敬隱皇后夏四月穢貊復與鮮卑寇遼東遼東太守蔡諷集解惠棟曰諷一作風追擊戰歿丙辰以廣川幷清河國丁巳

尊孝德皇元妃耿氏爲甘陵大貴人甘陵孝德皇后之陵也因以爲縣今貝州清河縣東也甲子樂成王萇有辠廢爲臨湖侯續漢書曰坐輕慢不孝故貶臨湖縣名屬廬江郡也集解惠棟曰通鑑作蕪湖侯己巳令公卿特進侯中二千石二千石郡國守相舉有道之士各一人賜鰥寡孤獨貧不能自存者穀人三斛甲戌遼東屬國都尉龐奮集解惠棟曰攷異云此延光元年事也紀誤以建爲延承僞璽書殺玄菟太守姚光五月庚辰特進鄧騭及度遼將軍鄧遵並以譖自殺乳母王聖與中黃門李閏等誣告尚書鄧訪等謀廢立宗族皆免官騭與遵皆自殺丙申貶平原王翼爲都鄉侯秋七月己卯改元建光大赦天下壬寅太尉馬英薨集解惠棟曰攷異云傳作策罷誤棟案後漢無馬英傳當據劉愷傳也八月護羌校尉馬賢討燒當羌於金城不利甲子前司徒劉愷爲太尉鮮卑寇居庸關九月雲中太守成嚴擊之戰歿鮮卑圍烏桓校尉於馬城度遼將軍耿夔救之戊子幸衛尉馮石府續漢書曰賜賞寶劍玉玦雜繒布等集解劉攽曰按文多一賞字贊語注可驗是秋京師及郡國二十九雨水集解惠棟曰續志是時羌反久未平百姓屯戍不解愁苦冬十一月己丑集解惠棟曰續志爲九月己丑郡國三十五地震集解惠棟曰續志是時安帝不能明察信宮人及阿母聖等讒言破壞鄧太后家於是專聽信聖及宦者中常侍皆得擅寵也或坼裂詔三公以下各上封事陳得失遣光祿大夫案行賜死者錢人二千除今年田租其被災甚者勿收口賦鮮卑寇玄菟庚子復斷大臣二千石以上服三年喪集解何焯曰從尚書令祝諷尚書孟布議也見陳忠傳癸卯詔三公特進侯卿校尉舉武猛堪將帥者各五人集解惠棟曰潛夫論茂才孝廉賢良方正武猛治劇此皆名自命而號自定也丙午詔京師及郡國被水雨傷稼者隨頃畝減田租甲子初置漁陽營兵伏侯古今注曰置營兵千人也冬十二月高句驪馬韓穢貊圍玄菟城夫餘王遣子與州郡幷力討破之

延光元年春二月夫餘王遣子將兵救玄菟夫餘王子尉仇台也集解惠棟曰高驪傳云尉仇擊高句驪馬韓穢貊破之遂遣使貢獻三月丙午改元延光

大赦天下還徙者復戶邑屬籍賜民爵及三老孝悌力田人二級加賜鰥寡孤獨篤癃貧不能自存者粟人三斛貞婦帛人二匹夏四月癸未京師郡國二十一雨雹集解惠棟曰續志大如雞子傷稼是時帝信讒無辜死者多癸巳司空陳襃免集解惠棟曰陳忠傳襃以地震策免五月庚戌宗正彭城劉授爲司空漢官儀曰宗正卿秩中二千石授字孟春徐州武原人也己巳改樂成國爲安平封河間王開子得爲安平王六月郡國蝗秋七月癸卯京師及郡國十三地震高句驪降虔人羌叛攻穀羅城穀羅屬西河郡集解先謙曰在今套內之南接榆林邊界度遼將軍耿夔討破之八月戊子陽陵園寢火景帝陵也集解惠棟曰續志凡災發於先陵此太子將廢之象也若曰不當廢太子以自翦則火不當害先陵之寢也辛卯九眞言黃龍見無功無功縣屬九眞郡己亥詔三公中二千石舉刺史二千石令長相視事一歲以上至十歲清白愛利能敕身率下防姦理煩有益於人者無拘官簿清白謂貞正也愛利謂愛人而利之也無拘官簿謂受超遷之不拘常牒也集解劉攽曰注案文受當作將

刺史與所部郡國太守相舉墨綬隱親悉心勿取浮華墨綬謂令長之屬也隱親猶親自隱也悉盡也言令三公以下各舉所知皆隱審盡心勿取浮華不實者集解何若瑤曰公羊序故遂隱括疏隱謂隱審也荀子彊國篇楊注敦比精審躬親之謂九月甲戌郡國二十七地震冬十月鮮卑寇雁門定襄十一月鮮卑寇太原燒當羌豪降十二月九眞徼外蠻夷貢獻內屬是歲京師及郡國二十七雨水大風殺人詔賜壓溺死者年七歲已上錢人二千其壞敗廬舍失亡穀食粟人三斛又田被淹傷者一切勿收田租若一家皆被災害而弱小存者郡縣爲收斂之虔人羌反攻穀羅城度遼將軍耿夔討破之

二年春正月旄牛夷叛寇靈關殺縣令靈關道屬越巂郡集解先謙曰在今雅州府蘆山縣西北益州刺史蜀郡西部都尉討之詔還三署郎三署解見和帝紀及吏人能通古文尙書毛詩穀梁春秋各一人丙辰河東潁川大風夏六月壬午郡國十一大風九眞言嘉禾生東觀記曰禾百五十六本七百六十八穗丙申北海王普薨秋七月丹陽山崩集解惠棟曰續志崩四十七所八月庚午初令三

署郎通達經術任牧民者視事三歲已上皆得察舉九月郡國五雨水冬十月辛未太尉劉愷罷甲戌司徒楊震爲太尉光祿勳東萊劉熹爲司徒熹字季明青州長廣人也十一月甲辰校獵上林苑鮮卑敗南匈奴於曼柏是歲分蜀郡西部爲屬國都尉京師及郡國三地震

三年春二月丙子東巡狩丁丑告陳留太守集解惠棟曰獨斷云詔書者詔告也其文曰告某官官如故事是爲詔書祠南頓君光武皇帝于濟陽復濟陽今年田租芻稾庚寅遣使者祠唐堯於成陽古成伯國也故城在今濮州雷澤縣北述征記云成陽東南有堯冢集解先謙曰成陽在今曹州府濮州東南堯陵在今荷澤縣東北五十里舊雷澤城西與濮州連界戊子濟南上言鳳皇集臺縣丞霍收舍樹上臺縣屬濟南郡故城在今齊州平陵縣北集解先謙曰在今濟南府歷城縣東北三十里賜臺長帛五十匹丞二十匹集解惠棟曰符瑞志賜臺長疑帛十五匹收二十匹疑臺長名收卽霍收也案下文云尉半之蓋十匹也五十匹當作十五匹黃山曰瑞見臺縣不應賜長反少於丞章紀賜帛丞尉皆半此丞倍尉因鳳集丞舍也志數之異不可據惠說殆非尉半之吏卒人三匹鳳皇所過亭部無出今年田租賜男子爵人二級辛卯幸太山柴告岱宗太山王者告代之處爲五嶽之宗故曰岱宗燔柴以告天齊王無忌北海王普樂安王延來朝集解何焯曰北海王普於上年薨此乃恭王翼嗣位來朝普當作翼壬辰宗祀五帝于汶上明堂癸巳告祀二祖六宗二祖高祖光武也六宗謂孝文曰太宗孝武曰代宗孝宣曰中宗孝元曰高宗孝明曰顯宗孝章曰肅宗集解何焯曰六宗爲太宗世宗中宗顯宗肅宗穆宗也中興後孝元不復稱宗孝和穆宗之號至獻帝時始省注誤勞賜郡縣作樂三月甲午陳王崇薨戊戌祀孔子及七十二弟子於闕里自魯相令丞尉及孔子親屬婦女諸生悉會賜褒成侯已下帛各有差還幸東平至東郡歷魏郡河內壬戌車駕還京師幸太學是日太尉楊震免夏四月乙丑車駕入宮假于祖禰假音格格至也壬戌沛國言甘露降豐縣戊辰光祿勳馮石爲太尉五月南匈奴左日逐王叛使匈奴中郎將馬翼討破之日南徼外蠻夷內屬六月鮮卑寇玄菟庚午閬中山崩閬中縣屬巴郡臨閬中水因以爲名今隆州縣也集解先謙曰今保寧府閬中縣唐隆州先天後改閬州辛未扶風言白鹿見雍辛巳遣侍御史分行靑冀二州災害督

錄盜賊秋七月丁酉初復右校令左校丞官續漢志曰將作大匠屬官有左右校皆有令丞中興未置今始復日南徼外蠻豪帥詣闕貢獻馮翊言甘露降頻陽衙頻陽縣故城在今雍州美原縣西南衙見上潁川上言木連理集解惠棟曰符瑞志甘露降左馮翊頻陽左馮翊衙有木連理潁川定陵有木連理蓋左馮翊之衙縣潁川之定陵皆有木連理也如紀言則甘露降頻陽及衙矣此省文之訛白鹿麒麟見陽翟集解惠棟曰符瑞志白鹿見左馮翊麒麟見陽翟鮮卑寇高柳梁王堅薨明帝孫節王暢之子也八月辛巳大鴻臚耿寶爲大將軍戊子潁川上言麒麟一白虎二見陽翟九月丁酉廢皇太子保爲濟陰王常侍江京等譖之也乙巳詔郡國中都官死辠繫囚減罪一等詔敦煌隴西及度遼營漢官儀曰度遼將軍屯五原曼柏縣也集解劉攽曰正文詔敦煌案文詔當作詣其右趾已下及亡命者贖各有差辛亥濟南上言黃龍見歷城歷城縣屬濟南國今齊州縣也集解先謙曰今

府治濟南庚申晦日有食之【集解】錢大昕曰五行志作庚寅惠棟曰續志在氐十五度氐爲宿宮中宮也時上聽讒言廢太子冬十月行幸長安壬午新豐上言鳳皇集西界亭今新豐縣西南有鳳皇原俗傳云卽此時鳳皇所集之處也【集解】惠棟曰符瑞志集新豐西界槐樹先謙曰新豐在今西安府臨潼縣東北丁亥會三輔守令掾史於長安作樂闋月乙未祠高廟遂有事十一陵歷觀上林昆明池遣使者祠太上皇于萬年以中牢祠蕭何曹參霍光十一月乙丑至自長安十二月乙未琅邪言黃龍見諸縣諸縣名故城在今密州諸城縣西南【集解】惠棟曰續志是時安帝聽讒免太尉楊震震自殺又帝獨有一子以爲太子信讒廢之是皇不中故有龍孽是時多用佞媚故以爲瑞應先謙曰諸在今青州府諸城縣西南三十里是歲京師及諸郡國二十三地震三十六雨水疾風雨雹【集解】劉攽曰案文衍一諸字史文未嘗有如此者四年春正月壬午東郡言黃龍二麒麟一見濮陽縣名屬東郡卽古昆吾國帝顓頊之墟今濮州縣【集解】先謙曰在今大名府開州西南舊志二十里二月乙亥下邳王衍薨甲辰南巡狩三月戊午朔日有食之【集解】惠棟曰續志在胃十二度隴西酒泉朔方各以狀上史官不覺庚

後漢書五　九九

申幸宛帝不豫辛酉令大將軍耿寶行太尉事祠章陵園廟告長沙零陵太守祠定王節侯鬱林府君乙丑自宛還丁卯幸葉帝崩于乘輿年三十二秘不敢宣所在上食問起居如故【集解】惠棟曰閻后與兄衞尉顯中常侍江京等共隱匿不令羣臣知上崩遣司徒劉喜等分詣郊廟告天請命載入北宮庚午夕發喪明年張衡上封事曰方今道路流言僉曰孝安皇帝南巡路崩從駕左右行慝之臣欲徵諸國王子故不發喪衣車還宮僞遣大臣並禱請命是也庚午還宮辛未夕乃發喪尊皇后爲皇太后太后臨朝以后兄大鴻臚閻顯爲車騎將軍定策禁中立章帝孫濟北惠王壽子北鄉侯懿東觀記及續漢書並曰北鄉侯犢今作懿蓋二名甲戌濟南王香薨光武曾孫高王錯之子也乙酉北鄉侯卽皇帝位夏四月丁酉太尉馮石爲太傅石字次初荊州湖陽人也馮魴之孫司徒劉熹爲太尉參錄尚書事前司空李郃爲司徒辛卯大將軍耿寶中常侍樊豐侍中謝惲【集解】錢大昕曰后妃傳惲爲虎賁中郎將非侍中也侍中當是加官周廣乳母野王君王聖坐相阿黨豐惲廣下獄死寶自殺聖徙鴈門己酉葬孝安皇帝于恭陵在今洛州東北二十七里伏侯古今注曰陵山周二百六十丈高十五丈也廟曰恭宗六月乙巳大赦天下詔先帝巡狩所幸皆半入今年田租秋七月西域長史班勇西域都護之長史也擊車師後王斬之丙午東海王肅薨冬十月丙午越巂山崩【集解】惠棟曰續志殺四百餘人丙午天子會日也是時閻太后專政其十一月中黃門孫程等殺江京立順帝誅閻后兄弟辛亥少帝薨【集解】黃山曰少帝書薨少者未成乎帝之名史記呂后紀兩立孝惠子皆書少帝未復書誅班書從之蓋未成乎帝則書薨可書誅亦可此史例亦是漢制或據春秋書子般卒公羊謂未踰年不稱君范史書少帝爲誅非也諸侯踰年而後卽位故春秋公卽位必在元年未卽位不書公天子柩前卽位大斂後稱王白虎通引顧命爲證故景王四月崩春秋六月卽書王猛不待踰年明矣是冬京師大疫

論曰孝安雖稱尊享御而權歸鄧氏至乃損徹膳服克念政道然令自房帷威不逮遠始失根統歸成陵敝遂復計金授官永初元年令吏人入錢穀得至關內侯也移民逃寇羌旣轉盛詔隴西徙襄武安定徙美陽北地徙池陽推咎台衡以答天眚台謂三台三公象也衡平也言天下所取平伊尹爲阿衡卽其義也旣云哲婦亦惟家之索矣

後漢書五　虛受堂　百

哲智也索盡也謂鄧后專制國柄也詩曰哲夫成城哲婦傾城書曰牝雞之晨惟家之索【集解】汪文臺曰御覽九十一引薛書云安帝之初委政太后十有餘年及親萬機佞邪始進閹官用事寵加私愛阿母王聖勢傾朝廷遂樹姦黨搖動儲副山陵未乾蕭牆作難兵交禁省社稷殆危

贊曰安德不升秕我王度秕穀不成也諭政教之穢左傳祈招之詩曰思我王度【集解】惠棟曰晉語悼公言於諸大夫曰抑人之有元君將稟命焉若稟命而棄之是焚穀也其稟不材是穀不成也韋昭云不材不可用也不成謂秕也晉語又云軍無秕政韋昭云秕以穀喻也降奪儲嫡開萌邪蠹儲嫡謂太子也邪蠹謂江京等也馮石承歡楊公逢怒續漢志曰上賜衞尉馮石寶劍玉玦雜繒布等故曰承歡也楊公楊震逢怒謂樊豐等譖震云有恚恨心帝免之【集解】劉攽曰注續漢志案前又作漢書今此作志志不記如此事作書是彼日而微遂祲天路日君道也微不明也祲陰陽相侵之氣也詩曰彼月而微此日而微言君道闇亂政化陵遲漢祚衰微自此而始故言遂祲天路也

孝安帝紀卷第五終　　後漢書五

後漢書集解卷五校補

安帝紀恭宗孝安皇帝集解何焯曰至刪之不盡也案此解應在下注祐之字曰福下惠氏引說文應卽次於其後紀文諱祜二字不應離句

好學史書注史書者至可以教幼童王鳴盛曰藝文志史籀十五篇此云五十五篇上五字衍周壽昌曰藝文志注載史籀大篆十五篇建武時已亡六篇則此時僅存九篇亦不得仍言十五篇惟志載漢興閭里書師合蒼頡爰歷博學三篇斷六十字以爲一章凡五十五章并爲蒼頡篇與此數適合疑章懷緣此誤說也又清河王慶傳安帝生母左小娥善史書蓋卽帝學所本

和帝稱之官本稱上有常字數見禁中集解數燕見在中聚珍本東觀記在作省

大行皇帝不永天年注穀梁傳曰大行受大名侯康曰見穀梁桓十八年傳注

九月庚子謁高廟辛丑謁光武廟六州大水己未遣謁者分行虛實舉災害賑乏絕丙寅葬孝殤皇帝于康陵周壽昌曰由下永初元年春正月癸酉朔逆推至延平元年秋八月癸丑計八月當爲癸卯朔卽中有小盡三月亦當爲丙午朔則癸丑爲初八日丙寅爲二十一

日不得到九月疑九字有誤故庚子辛丑己未日辰顛倒錯出也

乙亥隕石于陳留乙亥官本作乙酉誤續志及通鑑並作乙亥也

龍魚龍曼延百戲注漢官典儀曰儀官本作職孫星衍曰隋志漢官典職儀式二卷漢衛尉蔡質撰唐志蔡質漢官典儀一卷諸書所引又有作蔡質漢官典職漢官典職儀者皆後人省文也

分犍爲南郡爲屬國都尉集解何焯曰南部近刻誤作南郡案續志犍爲屬國注云故郡南部都尉官本作南部不誤

詔封北海王睦孫壽光侯普爲北海王詔通鑑引紀文同胡注說作紹蓋永元八年北海王威既以有罪自殺不得立後此乃更封非眞紹也普袁紀作並非

贈給東郡濟陰陳留梁國下邳山陽官本梁國下有陳國二字

倭國遣使奉獻注倭國去樂浪萬二千里樂浪官本作洛陽案東夷傳大倭王居邪馬臺國樂浪郡徼去其國萬二千里則作樂浪是也

賜河南尹廷尉卿及官屬目下各有差卽日降雨周壽昌曰鄧后紀幸洛陽寺錄冤獄有因被誣卽時收洛陽令下獄抵罪則安得有賜河南尹及官屬等事案周嘉傳載嘉從弟暢爲河南尹永初二年夏旱久禱無應暢因收葬洛城傍客死骸骨凡萬餘人應時澍雨歲乃豐稔位至光祿勳是年爲河南尹者正周暢掩骼埋胔與平反庶獄同足感召天和受賞固宜紀因得雨連類書之實則各爲一事耳聚珍本東觀記亦詳載和熹后錄囚事其被誣之囚爲杜冷足補范書之闕惟范於后紀第言令抵罪則與尹無涉東觀記乃並謂尹左遷正與此文相反且周暢實無左遷之事記或緣和帝永元六年因旱錄囚司隸校尉河南尹皆左降相涉而誤也

莫不據琁機玉衡㠯齊七政官本文注機均作璣

與先零羌戰于平襄注平襄縣屬天水郡故襄戎邑也洪亮吉曰應云屬漢陽郡永平十七年所更名

校定東觀五經諸子傳記百家藝術注前書曰凡諸子百六十九家言錢大昭曰六當作八閩本不誤案官本亦作八

丙戌郡國十二地震案續志無二字

詔三公特進九卿校尉注校尉謂城門屯騎越騎步兵長水胡騎等官本長水列胡騎之後

太常劉凱爲司空凱官本同錢大昭云當作愷案劉愷劉般子此紀後文亦作愷

豫章員谿原山崩注員谿闕官本闕下有也字

五月庚子京師大雩注周禮司巫曰官本巫下有職字

九月調零陵桂陽丹陽豫章會稽租米注零陵郡名今永州縣也

丹陽郡名今潤州江寧縣也官本注縣下皆無也字

民脫無民數及流民欲占者民數之民官本作名是也

二月己卯日南地坼三月癸酉日有食之至冬十月戊子朔日有食之洪亮吉曰日南地坼五行志作三月己卯逆推至此年正月甲子則己卯定在三月當以五行志爲是惟己卯後同月不得有癸酉日且一歲不容有兩日食細校五行志乃知此係永初元年三月事范史複載耳案續志元初元年但載十月戊子朔一食而不言再食則三月食之爲誤複可見范氏於是紀本多疏舛考異輒改日辰以遷就之視洪爲短矣

十一月是歲郡國十五地震洪亮吉曰十一月下有闕文

變心悼懼官本悼作惶

洛陽新城地震裂官本無震字

冬十月遣中郎將任尚屯三輔通鑑考異曰按西羌傳司馬鈞抵罪後尚乃屯三輔是遣尚一節當移左馮翊司馬鈞下獄自殺後

東平陸上言木連理注序例曰至故書某處上言也錢大昭曰序例之說亦未盡然桓帝政事有何可美而紀不書上言也

初聽大臣二千石刺史行三年喪錢大昭曰劉愷傳舊制公卿二千石刺史不得行三年喪由是內外眾職並廢喪禮元初中鄧太后詔長吏以下不為親行服者不得典城選舉陳忠因上言孝宣帝舊令人從軍屯及給事縣官者大父母死未滿三月皆勿徭令得葬送請依此制太后從其言宦官不便之建光元年從尚書令祝諷尚書孟布等議復斷大臣二千石以上服三年喪

鮮卑寇遼西遼西郡兵與烏桓擊破之注遼西郡故城在今平州東陽樂城是今永平府撫寧縣西

與先零羌戰于富平上河大破之注酈元水經注曰河水於此有上河之名也通鑑胡注上河西羌傳作河上案水經注並引前漢馮參為上河典農都尉則作上河是

高句驪與穢貊寇玄菟注郡名在遼東案當云在遼東東脫一東字今在興京北

及旄牛豪叛注旄牛縣屬蜀郡華陽國志曰在邛崍山表也案旄牛前志屬蜀郡續志屬蜀郡屬國分蜀郡為屬國都尉尚在後延光二年故注不遽改屬屬國印官本作邛是也

鷙鳥將用注鷙鳥謂鷹鸇之類也官本無謂字

甄表門閭旌顯厥行注甄明也旌章也官本無明下也字

改元永寧王伯厚曰文選放歌行注引崔元始正論永寧詔曰鐘鳴漏盡洛陽城中不得有行者紀不載

紹封陳王羨子崇為陳王官本紹作詔

沈氏種羌叛寇張掖錢大昭曰三月已書沈氏羌寇張掖矣此沈氏以下八字重出

樂安王寵薨官本樂安二字誤倒

為甘陵大貴人注甘陵孝德皇后之陵也因以為縣今貝州清河縣東也官本陵下無也字甘陵續志屬清河國今東昌府清平縣南

廢為臨湖侯注臨湖縣名屬廬江郡也今廬州府無為州西南八十里

五月庚辰特進鄧騭至並已譖自殺庚辰官本作庚申誤通鑑亦作庚辰

加賜鰥寡孤獨篤癃貧不能自存者粟人二斛貞婦帛人二匹官本二皆作三

攻穀羅城注穀羅屬西河郡錢大昭曰續志西河郡無穀羅縣蓋後來并省此時尚未省也

九真言黃龍見無功注無功縣屬九真郡案續志作無功前志作無切今法領越南國清化府地

虔人羌反攻穀羅城度遼將軍耿夔討破之案文多一反字虔人羌叛攻穀羅城已見上文七月耿夔至是始討破之耳承上攻穀羅城為文不當更書反

京師及郡國三地震錢大昭曰續志作京都郡國三十二地震

濟南上言鳳皇集臺縣丞霍收舍樹上侯康曰張衡東巡誥云惟二月初吉帝將狩于岱嶽展義省方觀民設教丙寅朏率羣賓備法駕以祀于東門屆于靈宮是日也有鳳雙集于臺壬辰祀上帝于明堂案此文不繫何年以此紀上下文攷之則在是年也

賜臺長帛五十匹丞二十匹官本二作三非

幸太山柴告岱宗注太山王者告代之處代官本作岱誤

戊戌祀孔子及七十二弟子於闕里戊戌官本作戊辰誤

初復右校令左校丞官注續漢志曰至今始復侯康曰此當作右校左校令丞官以續志言左右校皆有令丞劉注並言安帝復也

馮翊言甘露降頻陽衙注頻陽縣故城在今雍州美原縣西南衙見上頻陽今西安府富平縣東北五十里

乙酉北鄉侯即皇帝位周壽昌曰乙酉疑是乙亥之誤既以辛未定策立之恐不能遲至十五日始即位也案袁紀上幸宛當祠章陵覺體不安乙丑疾篤自宛還徵濟北河間王子年十四以下七歲以上詣京師丁卯帝崩於葉不發喪庚午還宮辛未乃發喪皇后與兄閻顯謀以所徵濟北王子北鄉侯懿為帝嗣是定策之日北鄉侯已在京師青蓋入宮即可援立原無遲至十餘日始即位之理但乙酉即位袁紀通鑑皆無異或別有故耶

葬孝安皇帝于恭陵注在今洛州東北二十七里通鑑胡注引此注洛州作洛陽是也官本洛州亦作陽高十五丈也官本無也字

孝順孝沖孝質帝紀第六

宋 宣 城 太 守 范 曄 撰
唐 章 懷 太 子 賢 注
王先謙集解

孝順皇帝諱保謚法曰慈和徧服曰順伏侯古今注曰保之字曰守安帝之子也母李氏為閻皇后所害永寧元年立為皇太子集解惠棟曰東觀記上幼有簡厚之質體有敦慤之性寬仁溫惠始入小學誦孝經章句和熹皇后甚嘉之以為宜奉大統年六歲永寧元年立為皇太子受業尚書兼資敏達延光三年安帝乳母王聖大長秋江京前書曰長秋皇后官本秦官將行也景帝更名大長秋或用中人或用士人秩二千石中興常用宦者中常侍樊豐譖太子乳母王男廚監邴吉殺之集解汪文臺曰御覽九十二引書云帝為太子四歲避疾嘗居阿母王聖第第新治乳母王男廚監邴吉以為犯土忌不可御與江京樊豐及聖二女永等相是非聖永譖男吉皆物故太子數為歎息王聖等懼有後禍遂與豐京共搆陷太子太子坐廢為濟陰王明年三月安帝崩北鄉侯立濟陰王以廢黜不得上殿親臨梓宮悲號不食內外羣僚莫不哀之及北鄉侯薨車騎將軍閻顯及江京與中常侍劉安陳達等白太后祕不發喪而更徵立諸國王子集解惠棟曰續漢書云江京等徵濟北河閒王子欲以為嗣乃閉宮門屯兵自守十一月丁巳京師及郡國十六地震是夜中黃門孫程等十九人十九人見孫程傳共斬江京劉安陳達等迎濟陰王於德陽殿西鍾下漢官儀曰崇賢門內德陽殿也集解惠棟曰太子既廢因於請室程等就鍾下迎之也漢書司馬遷傳云五伯囚於請室如湻曰請室請罪之室若今之鍾下也即皇帝位年十一近臣尚書以下從輦到南宮登雲臺召百官尚書令劉光等奏言孝安皇帝聖德明茂早弃天下陛下正統當奉宗廟而姦臣交搆遂令陛下龍潛蕃國從太子廢為王故曰龍潛蕃國羣僚遠近莫不失望天命有常北鄉不永漢德盛明福祚孔章孔甚也章明也近臣建策左右扶翼內外同心稽合神明陛下踐祚奉遵鴻緒為郊廟主承續祖宗無窮之烈

上當天心下猒民望而卽位倉卒典章多缺請條案禮儀分別具
奏制曰可乃召公卿百僚使虎賁羽林士屯南北宮諸門漢官儀曰書稱
虎賁三百人言其猛怒如虎之奔赴也孝武建元三年初置期門平帝元始元年更名虎賁郎又武帝太初元年初置建章營騎後
更名羽林以天有羽林之星故取名焉又取從軍死事之子孫養羽林官敎以五兵號曰羽林孤兒光武中興以征伐之士勞苦者
爲之故曰羽林士閻顯兄弟聞帝立率兵入北宮尚書郭鎭與交鋒刃遂
斬顯弟衞尉景戊午遣使者入省奪得璽綬乃幸嘉德殿遣侍御
史持節收閻顯及其弟城門校尉耀執金吾晏竝下獄誅己未開
門罷屯兵壬戌詔司隸校尉惟閻顯江京近親當伏辜誅其餘務
崇寬貸壬申謁高廟癸酉謁光武廟乙亥詔益州刺史罷子午道
通襃斜路子午道平帝時王莽通之三秦記曰子午長安正南山名秦領谷一名樊川襃斜漢中谷名南谷名襃北谷名
斜首尾七百里集解惠棟曰初高祖興於漢中由子午道出散入秦定帝位後以子午塗路澁難更隨圍谷復通堂光凡此四道埃
昌允艱明帝永平四年詔開斜鑿通石門中遭元二橋梁斷絕子谷復循延光末司隸校尉犍爲武陽楊渙字孟文奏請廢子順帝

從之自永初襃斜斷絕至此凡十五年見楊孟文石門頌己卯葬少帝㠯諸王禮司空劉授免
東觀記曰以阿附惡逆辟召非其人策罷賜公卿㠯下錢穀各有差十二月甲申㠯少
府河南陶敦爲司空敦字文理京縣人也集解惠棟曰案陶氏家傳云敦爲司空當朝正色其令郡
國守相視事集解劉攽曰案他處上有詔語則下有其令云云無有特出其字者明多此字未滿歲者一
切得舉孝廉吏漢法視事滿歲乃得舉今帝新卽位施恩惠雖未滿歲得令舉人癸卯尚書奏請
下有司收還延光三年九月丁酉㠯皇太子爲濟陰王詔書奏可
京師大疫辛亥詔公卿郡守國相舉賢良方正能直言極諫之士
各一人尚書令㠯下從輦幸南宮者皆增秩賜布各有差
永建元年春正月甲寅詔曰先帝聖德享祚未永早弃鴻烈姦慝
緣間人庶怨讟上干和氣疫癘爲災朕奉承大業未能寍濟蓋至
理之本稽弘德惠蕩滌宿惡與人更始其大赦天下賜男子爵人
二級爲父後三老孝悌力田三級流民欲自占者一級鰥寡孤獨

篤癃貧不能自存者粟人五斛貞婦帛人三匹坐法當徙勿徙亡
徒當傳勿傳徒囚逃亡當傳捕者放之勿捕宗室㠯罪絕皆復屬籍其與閻顯江
京等交通者悉勿考勉修厥職㠯康我民辛未皇太后閻氏崩辛
巳太傅馮石太尉劉熹司徒李郃免馮石字次初東觀記曰馮劉以阿黨權貴李郃以人多疾
疫免二月甲申葬安思皇后丙戌太常桓焉爲太傅大鴻臚朱寵爲
太尉參錄尚書事長樂少府九江朱倀爲司徒朱寵字仲威京兆杜陵人朱倀字孫
卿壽春人也倀音丑良反賜百官隨輦宿衞及拜除者布各有差集解劉攽曰案文云及拜
除者隨輦宿衞乃是賞功拜除者未知何謂蓋傳寫之誤當云賜百官隨輦宿衞拜除者布各有差拜除謂已遷升其官布又加賜
明衍一及字也隴西鍾羌叛護羌校尉馬賢討破之夏五月丁丑詔幽幷
涼州刺史使各實二千石㠯下至黃綬實謂驗實之也二千石太守也黃綬丞尉也前書曰
比二百石以上銅印黃綬年老劣弱不任軍事者上名嚴敕障塞繕設屯備立
秋之後簡習戎馬六月己亥封濟南王錯子顯爲濟南王秋七月

庚午衞尉來歷爲車騎將軍八月鮮卑寇代郡代郡太守李超戰
歿九月辛亥初令三公尚書入奏事冬十月辛巳詔減死辠㠯下
徙邊其亡命贖各有差丁亥司空陶敦免鮮卑犯邊庚寅遣黎陽
營兵出屯中山北界告幽州刺史其令緣邊郡增置步兵列屯塞
下調五營弩師郡舉五人令敎習戰射調選也五營五校也謂長水步兵射聲胡騎車騎等
五校尉也集解劉攽曰正文案調五營弩師何爲更言舉明此舉字是與字一郡與五人敎習也又注案此五校之名大誤檢百官
志有屯騎越騎步兵長水射聲今此誤云胡騎車騎當改胡作屯車作越且二漢有車騎將軍及騎都尉官耳無車騎校尉也又胡
騎中興長水矣所以知非章懷之誤者安紀永初三年注五校引用漢官儀甚明壬寅廷尉張皓爲司空
甲辰詔㠯疫癘水潦令人半輸今年田租傷害什四㠯上勿收責
不滿者㠯實除之十二月辛巳賜王主貴人公卿㠯下布各有差
二年春正月戊申樂安王鴻來朝丁卯常山王章薨二月鮮卑寇
遼東玄菟甲辰詔稟貸荊豫兗冀四州流冗貧人所在安業之疾

病致醫藥護烏桓校尉耿曄率南單于擊鮮卑破之三月旱遣使者錄囚徒疏勒國遣使奉獻夏六月乙酉追尊諡皇妣李氏爲恭愍皇后葬于恭北陵西域長史班勇敦煌太守張朗討焉耆尉犂危須三國破之並遣子貢獻秋七月甲戌朔日有食之集解惠棟曰續志在翼九度壬午太尉朱寵司徒朱倀罷庚子太常劉光爲太尉錄尚書事光祿勳許敬爲司徒劉光字仲遼即太尉劉矩之弟許敬字鴻卿平輿人集解錢大昕曰劉矩傳稱叔父劉光此注誤風俗通劉矩父字叔遼惠棟曰許氏譜敬字鴻卿安帝時爲光祿勳謝承書敬鄉吏有誣君者會於縣令坐敬拔刀斷席曰敬不忍與惡人同席應劭漢官儀載崔瑗表云許敬年且百歲猶居相位袁宏紀敬值竇鄧閻氏之盛直道而進三家之敗多所染汚敬謗不及已當世以此奇之陶宏景云敬父名勇公府掾辛丑下邳王成薨

三年春正月丙子京師地震漢陽地陷裂集解惠棟曰續志是時順帝阿母宋娥及中常侍張昉等用權甲午詔實覈傷害者賜年七歲以上錢人二千一家被害郡縣爲收斂乙未詔勿收漢陽今年田租口賦集解惠棟曰袁宏紀乙未詔京師地動漢陽尤甚加以比年民饑夙夜祇懔羣公卿士其深思古典有以消災復異救此下民忠信嘉謀靡有所諱

夏四月癸卯遣光祿大夫案行漢陽及河內魏郡陳留東郡稟貸貧人六月旱遣使者錄囚徒理輕繫甲寅濟南王顯薨秋七月丁酉茂陵園寢災帝縞素避正殿爾雅曰縞皓也繒之精白者曰縞辛亥使太常王龔持節告祠茂陵九月鮮卑寇漁陽冬十二月己亥太傅桓焉免東觀記曰無清介辟召策罷是歲車騎將軍來歷罷

四年春正月丙寅詔曰朕託王公之上涉道日寡政失厥中陰陽氣隔寇盜肆暴庶獄彌繁憂悴永歎疢如疾首詩云君子如祉亂庶遄已解見章紀三朝之會朔旦立春嘉與海內洗心自新其赦天下從甲寅赦令已來復秩屬籍三年正月已來還贖其閻顯江京等知識婚姻禁錮一原除之妻父曰婚壻父曰姻一猶皆也務崇寬和敬順時令遵典去苛以稱朕意丙子帝加元服冠也集解惠棟曰開元禮義鑒云漢順帝冠用曹褒新禮四加初加緇布進賢次爵弁武弁次通天皆如高祖廟以禮謁見世祖者賜王主貴人公卿以下金帛各有差賜男子爵及流民欲占者人一級爲父後三老孝悌力田人二級鰥寡孤獨篤癃貧不能自存帛人一匹二月戊戌詔以民入山鑿石發洩藏氣敕有司檢察所當禁絕如建武永平故事集解惠棟曰六韜云人主敢壞名山壅塞大川則歲多大水五穀不成前書貢禹上言曰鑿地數百丈銷陰氣之精地藏空虛不能含氣出雲斬伐林木亡有時禁水旱之災未必不由此也夏五月壬辰詔曰海內頗有災異朝廷修政太官減膳珍玩不御而桂陽太守文礱音力公反集解惠棟曰袁宏紀作漢陽都尉不惟竭忠宣暢本朝而遠獻大珠以求幸媚今封以還之五州雨水秋八月庚子遣使實覈死亡收斂稟賜丁巳太尉劉光司空張皓免東觀記曰以陰陽不和久託病策罷九月復安定北地上郡歸舊土安帝永初五年徙今復之癸酉大鴻臚龐參爲太尉錄尚書事太常王龔爲司空冬十一月庚辰司徒許敬免東觀記曰爲陵轢使官策罷二千石祿終身集解劉攽曰注陵轢使官案文官當作者

鮮卑寇朔方十二月乙卯宗正劉崎爲司徒崎字叔峻華陰人也是歲分會稽爲吳郡枸彌國遣使貢獻集解先謙曰官本枸作拘各處皆作拘此本從手從木字通作

五年春正月疏勒王遣侍子及大宛莎車王皆奉使貢獻夏四月京師旱辛巳詔郡國貧人被災者勿收責今年過更京師及郡國十二蝗集解惠棟曰續志是時鮮卑寇朔方用眾征之冬十月丙辰詔郡國中都官死罪繫囚皆減罪一等詣北地上郡安定戍乙亥定遠侯班始坐殺其妻陰城公主腰斬始班超孫也尚順帝姑陰城公主東觀記曰陰城公主名賢得集解惠棟曰續志作堅得伏侯古今注五年夏熒惑守氐諸侯有斬者是冬班始腰斬馬市同產皆棄市

六年春二月庚午河間王開薨三月辛亥復伊吾屯田章帝建初二年罷也復置伊吾司馬一人秋九月辛巳繕起太學集解惠棟曰述征記太學在國學東二百步學堂裏有大學贊碑記曰建武二十七年立太學堂永建六年制下府繕治并立諸生房舍千餘閻陽嘉元年畢刊於碑有太尉龐參司徒劉琦太常孔扶將作大匠胡廣答制水經注載碑文云建武二十七年造太學年積毀壞永建六年九月詔書修太學刻

石紀事用工作徒十一萬二千人陽嘉九年八月作畢 護烏桓校尉耿曄遣兵擊鮮卑破之丁酉于闐王遣侍子貢獻冬十一月辛亥詔曰連年災潦冀部尤甚比獨除實傷贍卹窮匱而百姓猶有弃業流亡不絕疑郡縣用心怠惰恩澤不宣易美損上益下書稱安民則惠易益卦曰損上益下人悅無疆惠愛也尚書曰安人則惠黎人懷之其令冀部勿收今年田租芻稾十二月日南徼外葉調國撣國遣使貢獻東觀記曰葉調國王遣使師會詣闕貢獻以師會爲漢辯義葉調邑君賜其君紫綬及撣國王雍田亦賜金印紫綬撣音擅集解先謙曰官本注辯作歸田作由 壬申客星出牽牛于闐王遣侍子詣闕貢獻

陽嘉元年春正月乙巳立皇后梁氏賜爵人二級三老孝悌力田三級爵過公乘得移與子若同產同產子民無名數及流民欲占著者人一級鰥寡孤獨篤癃貧不能自存者粟人五斛二月海賊曾旌等寇會稽殺句章鄞鄮三縣長三縣皆屬會稽郡鄮縣今越州縣也句章故城在今鄮縣

西鄞故城在鄮縣東南鄞音銀鄮音茂集解錢大昕曰天文志作曾於古書旌或作旍於當是旍之譌先謙曰三縣今皆屬甯波府句章今慈谿定海二縣鄞今奉化及象山縣鄮今鄞鎮海二縣 攻會稽東部都尉詔緣海縣各屯兵戍丁巳皇后謁高廟光武廟詔稟甘陵貧人大小口各有差京師旱庚申勑郡國二千石各禱名山嶽瀆遣大夫謁者詣嵩高首陽山幷祠河洛請雨首陽山在洛陽東北也 戊辰雩㠯冀部比年水潦民食不贍詔案行稟貸勸農功賑乏絕甲戌詔曰政失厥和陰陽隔幷冬鮮宿雪春無澍雨分禱祈請靡神不禜說文曰禜設緜蕝爲營以祈水旱禜音詠詩曰靡神不舉集解錢大昕曰雲漢詩云上下奠瘞靡神不宗毛訓宗爲尊漢時三家詩必有作禜字者祭法雩宗祭水旱也鄭讀宗爲禜是宗與禜通注以靡神不舉釋之似未然 深恐所在慢違如在之義論語曰祭神如神在今遣侍中王輔等持節分詣岱山東海滎陽河洛盡心祈焉濟水四瀆之一至河南溢爲滎澤故於滎陽祠焉 三月揚州六郡妖賊章河等集解錢大昕曰續志作章何寇四十九縣殺傷長吏庚寅帝臨辟雍饗射大赦天下改元陽嘉詔宗室絕屬籍者一切復籍稟冀州尤貧民勿收今年更租口賦夏五月戊寅阜陵王恢薨秋七月史官始作候風地動銅儀時張衡爲太史令作之 丙辰㠯太學新成試明經下第者補弟子增甲乙科員各十人前書音義曰甲科謂作簡策難問列置案上在試者意投射取而荅之謂之射策上者爲甲次者爲乙若錄政化得失顯而問之謂之對策也 除郡國耆儒九十人補郎舍人九月詔郡國中都官繫囚皆減死一等亡命者贖各有差鮮卑寇遼東冬十一月甲申望都蒲陰狼殺女子九十七人望都縣名屬中山國今定州縣也章帝改曲逆爲蒲陰亦屬中山與望都相近故城在今定州北東觀記亦作蒲本多作滿滿字者誤也東觀又云爲不祠北岳所致詔曰政失厥中狼災爲應至乃殘食孤幼博訪其故山岳尊靈固所望秩而比不奉祠淫刑放濫害加孕婦也集解劉攽曰注本多作滿滿字者誤案文多一滿字惠棟曰女子續志作童兒案東觀記詔云害加孕婦毒流未生當是殘食女子所孕兒也案東觀記云中山相朱遂到官不出奉祠北嶽詔曰災暴緣類符驗不虛政失厥中云云殘食孤幼案東觀記作孩幼先謙曰望都在今保定府望都縣西北舊志三十里曲逆改蒲陰在今保定府完縣東南 詔賜狼所殺者錢人三千辛卯初令郡國舉孝廉限年四

十㠯上諸生通章句文吏能牋奏乃得應選其有茂才異行若顏淵子奇不拘年齒史記曰顏回魯人好學年二十九髮盡白早死新序曰子奇年十八齊君使之化阿至阿鑄其庫兵以爲耕器出倉廩以賑貧窮阿縣大化 十二月丁未東平王敞薨庚戌復置玄菟郡屯田六郡集解陳景雲曰六郡當作六部玄菟屬縣六每縣置屯田一部也錢大昭曰東夷傳作六部 閏月丁亥令諸㠯詔除爲郎年四十㠯上課試如孝廉科者得參廉選歲舉一人戊子客星出天苑集解惠棟曰續志客星氣白廣二尺長五丈起天苑西南郎顗傳曰閏十月十七日己丑也 辛卯詔曰間者㠯來吏政不勤故災咎屢臻盜賊多有退省所由皆㠯選舉不實官非其人是㠯天心未得人情多怨書歌股肱詩刺三事尚書益稷篇帝作歌曰元首明哉股肱良哉詩小雅曰三事大夫莫肯夙夜邦君諸侯莫肯朝夕也今刺史二千石之選歸任三司三司三公也郎太尉司空司徒也歸猶委任也其簡序先後情覈高下歲月之次文武之宜務存厥中集解先謙曰官本中作衷 庚子恭陵百丈廡災恭陵安帝陵也廡廊屋也說文曰堂下周屋曰廡也集解惠棟曰續志太尉李固以爲奢僭所致陵之

初造禍及枯骨規廣治之尤飾是歲起西苑修飾宮殿

二年春二月甲申詔曰吳郡會稽飢荒貸人種糧集解惠棟曰顏師古云貸音吐戴反種五穀種也音之勇反三月使匈奴中郎將王稠率左骨都侯等擊鮮卑破之辛酉除京師耆儒年六十已上四十八人補郎舍人及諸王國郎夏四月復置隴西南部都尉官武帝元朔四年初置南部都尉於隴西臨洮縣中興以來廢至此復置之也集解錢大昭曰馬防傳建初二年羌豪布橋等圍南部都尉於臨洮則肅宗時有此官也此云復置則不知廢於何時己亥京師地震集解惠棟曰續志是時爵號宋娥爲山陽君五月庚子詔曰朕以不德統奉鴻業無以奉順乾坤協序陰陽災眚屢見咎徵仍臻地動之異發自京師矜矜祗畏不知所裁羣公卿士將何以匡輔不逮奉荅戒異異不空設必有所應其各悉心直言厥咎靡有所諱戊午司空王龔免集解惠棟曰本傳云以地震策免六月辛未太常魯國孔扶爲司空扶字仲淵集解惠棟曰扶爲孔子十九世孫見闕里祖庭記疏勒國獻師子封牛東觀記曰疏勒王盤

遣使文時詣闕師子似虎正黃有頿耏尾端茸毛大如斗封牛其領上肉隆起若封然因以名之即今之峯牛丁丑洛陽地陷集解惠棟曰續志宣德門地坼長八十五丈近郊地是月旱秋七月己未太尉龐參免八月己巳大鴻臚沛國施延爲太傅延字君子蘄縣人也集解惠棟曰魏文帝甄表狀云延清公潔白進士許國臨難不顧名著漢朝案延事弁詳陳寵傳注四年延免官注東觀記云以選舉貪汚策罷則陳寵傳注仍載及甄表狀似非實錄故范史無傳鮮卑寇代郡冬十月庚午行禮辟雍奏應鍾始復黃鍾作樂器隨月律子爲黃鍾律長九寸聲有輕重長短度量皆出黃鍾隨月律謂月令正月律中太簇二月律中夾鍾三月律中姑洗四月律中仲呂五月律中蕤賓六月律中林鍾七月律中夷則八月律中南呂九月律中無射十月律中應鍾十一月律中黃鍾十二月律中大呂東觀記曰元和以來音戾不調復修如舊典簇音湊

三年春二月己丑詔以久旱京師諸獄無輕重皆且勿考竟集解惠棟曰劉熙釋名云獄死曰考竟考得其情竟其命於獄也須得澍雨三月庚戌益州盜賊劫質令長殺列侯夏四月丙寅車師後部司馬率後部王加特奴等掩擊匈奴大破之獲其季母五月戊戌制詔曰昔我太宗丕顯之德假于上下儉以恤民政致康乂朕秉事不明政失厥道天地譴怒大變仍見春夏連旱寇賊彌繁元元被害朕甚愍之嘉與海內洗心更始其大赦天下自殊死以下謀反大逆諸犯不當得赦者皆赦除之賜民年八十以上米人一斛肉二十斤酒五斗九十以上加賜帛人二匹絮三斤秋七月庚戌鍾羌寇隴西漢陽冬十月護羌校尉馬續擊破之十一月壬寅司徒劉崎司空孔扶免集解惠棟曰魯國先賢傳云孔氏仲淵爲司空以地震免案紀志三年無地震事或史闕文也乙巳大司農南郡黃尚爲司徒光祿勳河東王卓爲司空黃尚字伯河南郡邵人也王卓字仲遼河東解人也邵音求紀反丙午武都塞上屯羌及外羌攻破屯官驅畧人畜

四年春二月丙子初聽中官得以養子爲後世襲封爵自去冬旱至于是月謁者馬賢擊鍾羌大破之夏四月甲子太尉施延免東觀記曰以選舉貪汚策罷也戊寅執金吾梁商爲大將軍前太尉龐參爲太尉六

月己未梁王匡薨秋七月己亥濟北王登薨閏月丁亥朔日有食之集解惠棟曰續志在角五度史官不見零陵以聞冬十月烏桓寇雲中十一月圍度遼將軍耿曄於蘭池續漢志曰雲中郡沙南縣有蘭池城發諸郡兵救之烏桓退走十二月甲寅京師地震

永和元年春正月夫餘王來朝乙卯詔曰朕秉政不明災眚屢臻典籍所忌震食爲重今日變方遠地搖京師東觀記曰陽嘉四年詔曰朕以不德謫見于天零陵言日食京師不覺故此言日變方遠集解劉攽曰正文日變方遠案注引東觀記曰零陵言日食則是遠方也言方遠無理與注皆誤惠棟曰遠方皆言日變故云方遠言災異之深也咎徵不虛必有所應羣公百僚其各上封事指陳得失靡有所諱己巳宗祀明堂登雲臺集解何焯曰此靈臺也緣近下避火雲臺而誤雍本同改元永和大赦天下秋七月偃師蝗集解惠棟曰續志以去年冬烏桓寇沙南用衆征之冬十月丁亥承福殿火帝避御雲臺十一月丙子太尉龐參罷十二月象林蠻夷叛乙巳以前司空王龔爲太尉

二年春正月武陵蠻叛圍充縣又寇夷道充縣屬武陵郡故城在澧州崇義縣東北充音衝夷道屬南郡也〔集解〕先謙曰充今澧州安福縣夷道在今荆州府宜都縣西北　二月廣漢屬國都尉擊破白馬羌〔集解〕惠棟曰續志廣漢屬國都尉故北部都尉屬蜀郡安帝時以爲屬國都尉別領三城　武陵太守李進擊叛蠻破之三月辛亥北海王翼薨乙卯司空王卓薨丁丑光祿勳馮翊郭虔爲司空虔字君賢池陽人也〔集解〕惠棟曰袁宏紀作乾　夏四月丙申京師地震五月日南叛蠻攻郡府秋七月九眞交阯二郡兵反八月庚子熒惑犯南斗熒惑火星也南斗北方之宿也前書音義曰犯謂七寸內光芒相及　江夏盜賊殺鄳長鄳縣屬江夏郡故城在今復州竟陵縣東鄳音朱〔集解〕先謙曰在今黃州府黃岡縣西北二十里　冬十月甲申行幸長安所過鰥寡孤獨貧不能自存者賜粟人五斛庚子幸未央宮會三輔郡守都尉及官屬勞賜作樂十一月丙午祠高廟丁未遂有事十一陵丁卯京師地震十二月乙亥至自長安

三年春二月乙亥京師及金城隴西地震二郡山岸崩地陷戊子太白犯熒惑〔集解〕惠棟曰續志二月辛巳太白晝見戊子在熒惑西南光芒相犯太白者將軍之官又爲西州晝見陰盛與君爭明熒惑與太白相犯爲兵喪　夏四月九江賊蔡伯流寇郡界及廣陵殺江都長戊戌遣光祿大夫案行金城隴西賜壓死者年七歲已上錢人二千一家皆被害爲收斂之除今年田租尤甚者勿收口賦閏月蔡伯流等率衆詣徐州刺史應志降續漢書曰志字仲節汝南南頓人也曾祖父順　己酉京師地震五月吳郡丞羊珍反〔集解〕惠棟曰續書天文志曰吳郡太守行丞事羊珍與越兵弟葉吏民吳銅等二百餘人起兵反殺吏民燒官亭民舍攻太守府太守王衡距守吏民格殺珍等　攻郡府太守王衡破斬之六月辛丑琅邪王遵薨九眞太守祝良交阯刺史張喬慰誘日南叛蠻降之嶺外平續漢書曰祝良字邵卿長沙臨湘人　秋七月丙戌濟北王多薨八月己未司徒黃尚免九月己酉光祿勳長沙劉壽爲司徒壽字伯長臨湘人也〔集解〕惠棟曰長沙耆舊傳云壽常夢乘通天幰車飛渡北門後果至司徒　丙戌令大將軍三公各舉故刺史二千石及見令長郎謁者四府掾屬剛毅武猛有謀謨任將帥者各二人特進卿校尉各一人冬十月燒當羌寇金城護羌校尉馬賢擊破之羌遂相招而叛十二月戊戌朔日有食之〔集解〕惠棟曰續志在須女十一度史官不見會稽以聞

四年春正月庚辰中常侍張逵蘧政楊定等有罪誅事見梁商傳也　逵及弘農太守張鳳安平相楊皓下獄死三月乙亥京師地震夏四月癸卯護羌校尉馬賢討燒當羌大破之戊午大赦天下賜民爵及粟帛各有差五月戊辰封故濟北惠王壽子安爲濟北王〔集解〕惠棟曰傳作安國　秋八月太原郡旱民庶流冗癸丑遣光祿大夫案行稟貸除更賦冬十月戊午校獵上林苑歷函谷關而還十一月丙寅幸廣成苑

五年春二月戊申京師地震夏四月庚子中山王弘薨南匈奴左部句龍大人吾斯車紐等叛圍美稷美稷縣屬西河郡也〔集解〕先謙曰在今汾州府汾陽縣西北　五月度遼將軍馬續討吾斯車紐破之使匈奴中郎將陳龜迫殺南單于己丑晦日有食之〔集解〕惠棟曰續志在東井三十三度東井三輔宿又近輿鬼輿鬼爲宗廟其秋西羌爲寇三輔陵園　且凍羌寇三輔殺令長且音子余反　丁丑令死辠已下及亡命贖各有差九月令扶風漢陽築隴道塢三百所置屯兵辛未太尉王龔罷且凍羌寇武都燒隴關隴山之關也今名大震關在今隴州汧源縣西也〔集解〕先謙曰在今鳳翔府隴州西隴山下　壬午太常桓焉爲太尉丁亥徙西河郡居離石離石縣名在郡南五百九十里西河本都平定縣至此徙於離石〔集解〕先謙曰今汾州府永寧州治　上郡居夏陽朔方居五原句龍吾斯等東引烏桓西收羌胡寇上郡立車紐爲單于冬十一月辛巳遣使匈奴中郎將張耽擊破之車紐降

六年春正月丙子征西將軍馬賢與且凍羌戰於射姑山〔集解〕惠棟曰續志射姑山在北地　賢軍敗沒安定太守郭璜下獄死詔貸王侯國租一歲閏月鞏唐羌寇隴西遂及三輔二月丁巳有星孛於營室〔集解〕惠棟曰續

志彗星見東方長六七尺色青白西南指營室及墳墓星營室者天子常居墳墓主死彗星起而在營室墳不出五年天下有大喪後四年帝崩 三月武都太守趙沖（集解）惠棟曰應奉及西羌傳皆作武威胡三省云傳云詔沖督河西四部兵爲節度則武威太守爲是武都西北接漢陽東北接扶風南接漢中無緣遠督河西四郡兵也討鞏唐羌破之庚子司空郭虔免丁巳河閒王政薨丙午太僕趙戒爲司空戒字志伯蜀郡成都人也夏五月庚子齊王無忌薨使匈奴中郎將張耽大破烏桓羌胡於天山東觀記曰耽將吏兵繩索相懸上通天山（集解）惠棟曰南匈奴傳亦作通天山鞏唐羌寇北地（集解）惠棟曰考異云西羌傳作罕種羌秋七月甲午詔假民有貲者戶錢一千八月丙辰大將軍梁商薨壬戌河南尹梁冀爲大將軍九月諸種羌寇武威辛亥晦日有食之（集解）惠棟曰續志在尾十一度尾主後宮繼嗣之宮也以爲繼嗣不興之象冬十月癸丑徙安定居扶風北地居馮翊十一月庚子以執金吾張喬行車騎將軍事將兵屯三輔

漢安元年春正月癸巳宗祀明堂大赦天下改元漢安二月丙辰詔大將軍公卿舉賢良方正能探賾索隱者各一人賾幽深也索求也秋七月始置承華廄東觀記曰時以遠近獻馬衆多園廄充滿始置承華廄令秩六百石八月南匈奴左部大人句龍吾斯與薁鞬臺耆等反叛薁音於六反鞬音居言反丁卯遣侍中杜喬光祿大夫周舉守光祿大夫郭遵馮羨欒巴張綱周栩劉班等八人分行州郡班宣風化舉實臧否九月庚寅（集解）官本考證曰宋本無庚寅二字廣陵盜賊張嬰等寇郡縣冬十月辛未太尉桓焉司徒劉壽免甲戌行車騎將軍張喬罷（集解）劉攽曰案文少一事字十一月壬午司隸校尉趙峻爲太尉大司農胡廣爲司徒峻字伯師下邳徐人也癸卯詔大將軍三公選武猛試用有效驗任爲將校者各一人是歲廣陵賊張嬰等詣太守張綱降

二年春二月丙辰鄯善國遣使貢獻夏四月庚戌護羌校尉趙沖與漢陽太守張貢擊燒當羌於參綠破之參綠縣屬安定郡綠音力全反（集解）胡三省曰當當作何燒當燒何羌兩種也先謙曰參綠在今慶陽府安化縣西北六月乙丑熒惑犯鎮星（集解）惠棟曰續志熒惑犯鎮星爲大人忌明年帝崩丙寅立南匈奴守義王兜樓儲爲南單于（集解）惠棟曰袁宏紀在元年六月胡三省云自永和五年吾斯車紐反陳龜逼殺單于休利南庭虛位至是始立單于冬十月辛丑令郡國中都官繫囚殊死以下出縑贖各有差其不能入贖者遣詣臨羌縣居作二歲甲辰減百官奉丙午禁沽酒又貸王侯國租一歲閏月趙沖擊燒當羌於阿陽破之阿陽縣屬漢陽郡故城在今秦川隴城縣西北（集解）先謙曰今平涼府靜寧州治十一月使匈奴中郎將馬寔遣人刺殺句龍吾斯十二月揚徐盜賊攻燒城寺殺略吏民是歲涼州地百八十震

建康元年春正月辛丑詔曰隴西漢陽張掖北地武威武都自去年九月已來地百八十震山谷坼裂壞敗城寺殺害民庶夷狄叛逆賦役重數內外怨曠惟咎歎息其遣光祿大夫案行宣暢恩澤

惠此下民勿爲煩擾三月庚子沛王廣薨領護羌校尉衞瑤追討叛羌破之瑤音居南郡江夏盜賊寇掠城邑州郡討平之夏四月使匈奴中郎將馬寔擊南匈奴左部（集解）通鑑胡注左部即句龍吾斯之黨破之於是胡羌烏桓悉詣寔降辛巳立皇子炳爲皇太子改年建康大赦天下賜人爵各有差秋七月丙午清河王延平薨八月揚徐盜賊范容周生等寇掠城邑遣御史中丞馮赦督州郡兵討之（集解）惠棟曰滕撫傳九江范容周生等相聚反亂屯據歷陽爲江淮巨患遣御史中丞馮緄將兵督揚州刺史燿九江太守鄧顯討之案此則馮赦當作馮緄袁宏紀作馮放亦誤庚午帝崩于玉堂前殿時年三十遺詔無起寢廟斂以故服珠玉玩好皆不得下

論曰古之人君離幽放而反國祚者有矣莫不矯鑒前違審識情僞無忘在外之憂離遭也矯正也左傳曰晉侯在外十九年矣險阻艱難備嘗之矣人之情僞盡知之矣（集解）惠棟曰僖二十三年左傳叔詹論晉公子重耳曰離外之患而天不靖晉國殆將啓之乎無忘在外之憂如管仲爲齊桓公曰願君無

忘在莒是也故能中興其業觀夫順朝之政殆不然乎何其傚僻之多
與殆近也言順帝傚前之僻不能改正也〔集解〕惠棟曰昭六年左傳曰叔向曰楚辟我衷若何效辟詩曰爾之教矣民胥效矣行我而已焉用效人之辟詩曰民胥效矣故云傚僻之多

孝沖皇帝諱炳諡法曰幼少在位曰沖司馬彪曰沖幼早夭故諡曰沖伏侯古今注曰炳之字曰明順帝之
子也母曰虞貴人建康元年立爲皇太子其年八月庚午卽皇帝
位年二歲尊皇后曰皇太后太后臨朝丁丑以太尉趙峻爲太傅
大司農李固爲太尉參錄尚書事〔集解〕惠棟曰應劭漢官儀載沖帝冊書曰舊舅氏輔翼股肱三公國之楨幹朝廷所取以成斷金太尉趙峻二世掌典樞衡有匪石不貳之心大司農李固公族之苗裔忠正不回有史魚之風今以峻爲太傅固爲太尉與大將軍冀兼參錄尚書事九月丙午葬孝順皇帝于憲陵在洛陽西十五里陵高八丈四尺周三百步廟曰敬宗是日京師及太原鴈門地震三郡水涌
土裂庚戌詔三公特進侯卿校尉舉賢良方正幽逸修道之士各
一人百僚皆上封事已未九江太守丘騰有罪下獄死東觀記曰騰知罪法深大懷挾姦巧積留道路下獄死也

揚州刺史尹耀九江太守鄧顯討賊范容等於
歷陽軍敗耀顯爲賊所歿冬十月日南蠻夷攻燒城邑交阯刺史
夏方招誘降之壬申常山王儀薨己卯零陵太守劉康坐殺無辜
下獄死十一月九江盜賊徐鳳馬勉等稱無上將軍攻燒城邑己
酉令郡國中都官繫囚減死一等徙邊謀反大逆不用此令十二
月九江賊黃虎等攻合肥是歲羣盜發憲陵護羌校尉趙沖追擊
叛羌於鸇陰河戰歿涼州姑臧縣東南有鸇陰縣故城因水以爲名〔集解〕先謙曰在今蘭州府靖遠縣西北
永嘉元年〔集解〕錢大昕曰史繩祖學齋佔畢記淳熙二年邛州蒲江縣上乘院僧闢地得古甕封石有文二十九字云永憙元年二月十二日蜀郡臨邛漢安鄉安定里公乘校官掾王幽字珍儒繩祖大父勤齋先生予堅跋之略云永憙之號不見于史漢沖帝卽位改元史傳相承以爲永嘉憙嘉文字易亂一年而改見於它文者幾希非此刻出於今日孰知沖帝永嘉之爲永憙也惠棟曰袁宏紀作元嘉何焯曰宋史慶長以邛州蒲江縣發地所得石刻作永憙定爲永喜之誤案左雄傳中有迄於永憙察選清平之文則永嘉者永憙之誤也春正月戊戌帝崩于玉堂前殿年三歲清河王蒜
徵至京師

孝質皇帝諱纘諡法忠正無邪曰質古今注曰纘之字曰繼肅宗玄孫曾祖父千乘貞
王伉祖父樂安夷王寵父勃海孝王鴻母陳夫人沖帝不豫大將
軍梁冀徵帝到洛陽都亭及沖帝崩皇太后與冀定策禁中丙辰
使冀持節以王青蓋車迎帝入南宮丁巳封爲建平侯其日卽皇
帝位年八歲〔集解〕惠棟曰東觀記帝年八歲貌質純淑好學尊師有聞於郡國己未葬孝沖皇帝
于懷陵在洛陽西北十五里伏侯古今注曰高四丈六尺周百八十三步廣陵賊張嬰等復反攻
殺堂邑江都長堂邑縣屬廣陵郡今揚州六合縣也〔集解〕先謙曰堂邑今江寧府六合縣江都今揚州府江都縣九江賊徐鳳等攻殺曲陽東城長故曲陽縣屬九江郡在淮曲之陽城在今豪州定遠縣西北東城縣故城在定遠縣東南也〔集解〕先謙曰曲陽在今鳳陽府鳳臺縣東北因東海郡有曲陽故此加西東城在今鳳陽府定遠縣東南
甲申謁高廟乙酉謁光武廟二月豫章太守虞續坐贓下獄死

乙酉大赦天下賜人爵及粟帛各有差還王侯所削戶邑彭城王
道薨叛羌詣左馮翊梁竝降三月九江賊馬勉稱皇帝〔集解〕惠棟曰黃一作皇案滕撫傳勉稱皇帝在建康元年又案黃與皇古字通見帝堯碑及靈臺碑陰先謙曰官本作皇九江都尉滕撫
討馬勉范容周生大破斬之東觀記曰傳勉頭及所帶玉印鹿皮冠黃衣詣洛陽詔懸夏城門外章示百姓夏四月壬申雩庚辰濟北王安薨丹陽賊陸宮等圍陳燒亭寺
丹陽太守江漢擊破之〔集解〕惠棟曰謝承書曰江漢字子甫遷丹陽太守是時大江劇賊余來等劫擊牛渚丹陽邊水諸縣居民殿略良善經歲爲害漢到郡會集勁士修整戰具鉤鑲刀盾大戟長矛弓弩勁兵轉送承接余來亟戰失利遂見梟獲孝順嘉其功賜以劍佩五月甲午詔曰朕以不德託母天下布政不明每
失厥中自春涉夏大旱炎赫憂心京京爾雅曰京京憂也故得禱祈明祀〔集解〕劉攽曰案文云得無理當是復字冀蒙潤澤前雖得雨而宿麥頗傷比日陰雲
還復開霽寤寐永歎重懷慘結寤覺也寐臥也詩曰寤寐永歎唯憂用老將二千石令
長不崇寬和暴刻之爲乎其令中郎官繫囚罪非殊死考未竟者
一切任出以須立秋任保也〔集解〕惠棟曰任出謂責保出因須秋乃斷也郡國有名山大澤

能興雲雨者二千石長吏各絜齋請禱竭誠盡禮又兵役連年死亡流離或支骸不斂或停棺莫收朕甚愍焉昔文王葬枯骨人賴其德（呂氏春秋曰周文王使人掘地得死人骸文王曰更葬之吏曰此無主文王曰有天下者天下之主今我非其主邪遂令吏以衣棺葬之天下聞之曰文王賢矣澤及枯骨又況人乎）今遣使者案行若無家屬及貧無資者隨宜賜卹以慰孤魂是月下邳人謝安應募擊徐鳳等斬之丙辰詔曰孝殤皇帝雖不永休祚而卽位踰年君臣禮成孝安皇帝承襲統業而前世遂令恭陵在康陵之上先後相踰失其次序非所以奉宗廟之重垂無窮之制昔定公追正順祀春秋善之（魯閔公立二年而薨次僖公立僖雖是閔庶兄然常爲閔臣位次當在閔下後文公卽位乃進僖公神位居閔之上左傳曰躋僖公逆祀也定公八年經書從祀先公從順也順祀謂退僖神位於閔下穀梁曰從祀先公貴正也）其令恭陵次康陵憲陵次恭陵（集解惠棟曰案帝紀延光四年十一月己卯葬少帝以諸王禮侯瑾皇德傳曰北鄉侯未卽帝位不成君以王禮葬惠學士曰順帝之前唯少帝而云憲陵次恭陵恭陵豈少帝陵耶帝無諡焉得稱陵棟案蔡邕獨斷曰少帝未踰年而崩不入廟以陵爲廟者三殤帝康陵沖帝懷陵質帝靜陵獨不及少帝也蘇輿曰殤帝康陵安帝恭陵並見本紀安帝於殤帝爲兄而嗣位在殤後輿春秋閔僖一例今正廟序以繼統爲先後故詔引順祀之文少帝不當言陵惠說大誤）以序親秩爲萬世法六月鮮卑寇代郡秋七月庚寅阜陵王代薨廬江盜賊攻尋陽（集解先謙曰在今黃州府黃梅縣北）又攻盱台（音吁夷今楚州縣也集解先謙曰今泗州盱眙縣時屬下邳國）滕撫遣司馬王章擊破之九月庚戌太傅趙峻薨冬十一月己丑南陽太守韓昭坐贓下獄死（東觀記曰強賦一億五千萬檻車徵下獄）丙午中郎將滕撫擊廣陵賊張嬰破之丁未中郎將趙序坐事弃市（東觀記曰取錢縑三百七十五萬集解惠棟曰滕撫傳序坐畏懦不進詐增首級徵還弃市與此異）歷陽賊華孟自稱黑帝（集解惠棟曰漢赤行故稱黑帝以厭之）攻殺九江太守楊岑滕撫率諸將擊孟等大破斬之

本初元年春正月丙申詔曰昔堯命四子以欽天道（四子謂羲仲羲叔和仲和叔也書曰乃命羲和欽若昊天）鴻範九疇休咎有象（尚書曰天乃錫禹洪範九疇孔安國注云洪大也範法也疇類也言天與禹洛出書神龜負文而出列於背有數至於九禹遂因而第之以成九類其八曰庶徵有休徵咎徵之應休美也咎惡也徵驗也人君行善政則百穀用成家用平康是休徵也政有乖失則百穀用不成家用不寧是咎徵也休之與咎皆象人君之政故言休咎有象也象或作家）夫瑞以和降異因逆感禁微應大前聖所重（言君政純和則瑞氣降若逆時令則災異感所禁雖微其應乃大前聖所重卽謂唐堯欽若昊天箕子休咎之應集解惠棟曰此據洪範五行傳也傳曰孟春之月其禁田獵不宿飲食不享出入不節奪民農時及其奸謀所謂禁微也應大者如木不曲直火不炎上是也）頃者州郡輕慢憲防競逞殘暴造設科條陷入無罪或以喜怒驅逐長吏恩阿所私罰枉仇隟至令守闕訴訟前後不絕送故迎新人離其害怨氣傷和以致災眚書云明德慎罰（眚過也明德慎罰尚書康誥之言）方春東作育微敬始其敕有司罪非殊死且勿案驗以崇在寬（言東作之時須育養細微敬事之始禮記月令孟春之月無殺蟲胎夭飛鳥無麛無卵慶賜遂行無有不當書曰敬敷五教五教在寬）

壬子廣陵太守王喜坐討賊逗留下獄死二月庚辰詔曰九江廣陵二郡數離寇害殘夷最甚（謂比年張嬰寇廣陵華孟寇九江也）生者失其資業死者委尸原野昔之爲政一物不得其所若己爲之（尚書曰一夫弗獲則曰時予之辜）況我元元嬰此困毒方春戒節賑濟乏戹掩骼埋胔之時（月令孟春之月行慶施惠下及兆民又曰掩骼埋胔鄭玄注曰爲死氣逆生氣也骨枯曰骼肉腐曰胔）其調比郡見穀出稟窮弱收葬枯骸務加埋卹以稱朕意夏四月庚辰令郡國舉明經年五十以上七十以下詣太學自大將軍至六百石皆遣子受業歲滿課試以高第五人補郎中次五人太子舍人又千石六百石四府掾屬三署郎四姓小侯先能通經者各令隨家法（四府掾屬謂大將軍府掾屬二十九人太尉府掾屬二十四人司徒府三十一人司空府二十九人漢官左右中郎將皆秦官也比二千石三署郎皆屬焉三署謂五官署左右署也儒生爲詩者謂之詩家禮者謂之禮家故言各隨家法也四姓小侯解見明紀也集解劉攽曰注漢官左右中郎將案文少一儀字胡三省曰此時蓋以梁氏入四姓陰竇諸后族衰廢者未必得豫也惠棟曰案胡說非也明帝時止樊郭陰馬稱四姓小侯其後繼爲后族者亦得稱小侯桓紀建和二年賜四姓及梁鄧小侯帛則梁鄧不入四姓明矣虞延傳有小侯鄧衍州輔碑有小侯鄧晨衍在永平初已不在四姓之列此其證也）其高第者上名牒（集解通鑑胡注名牒者書名於牒上之惠棟曰案名牒蓋官簿之屬也）當以次賞進五月庚寅徙樂安王爲勃

海王海水溢戊申使謁者案行收葬樂安北海人爲水所漂沒死者又稟給貧羸庚戌太白犯熒惑集解惠棟曰續志太白犯熒惑爲逆謀閏月一日帝爲梁冀所鴆崩也六月丁巳大赦天下賜民爵及粟帛各有差閏月甲申大將軍梁冀潛行鴆弒帝崩于玉堂前殿集解惠棟曰洛陽故宮名曰洛陽南宮有玉堂前殿年九歲丁亥太尉李固免戊子司徒胡廣爲太尉司空趙戒爲司徒與梁冀參錄尚書事太僕袁湯爲司空

贊曰孝順初立時髦允集爾雅曰髦俊也郭璞注曰士中之俊猶毛中之髦時張晧王龔龐參張衡李郃李固黃瓊之儔也匪砥匪革終淪嬖習砥礪也革改也淪沒也言順帝初升天位又羣賢總集不能因茲自礪改革前非而終溺於私嬖近習也謂封孫程等十九人爲侯又詔中官養子聽襲封爵之類保阿傳土后家世及保安也阿倚也言可依倚以取安傳姆之類也傳土謂阿母山陽君宋娥更相貨賂求增邑土也后家謂拜后父梁商爲大將軍商薨仍拜子冀爲大將軍弟不疑爲河南尹集解何焯曰傳土謂聽中官得以養子世襲沖夭未識質弒以聰陵折在運天緒三終言陵遲夭折在於時運所以天之胄緒頻致三終也

孝順孝沖孝質帝紀卷第六 終

後漢書集解卷六校補

順帝紀即皇帝位案少帝以辛亥薨至丁巳順帝始即位中虛帝位五日矣

使虎賁羽林士屯南北宮諸門注孝武建元三年建元官本作建武誤

罷子午道通褒斜路注子午長安正南山名秦領谷領官本作嶺案前書嚴助傳輿轎而隃領項昭注領山嶺也是領即古嶺字褒斜漢中谷名名官本譌石集解見楊孟文石門頌沈銘彝曰今褒斜縣有二漢碑一漢中太守鄐君碑立於永平六年一司隸校尉楊孟文石門頌立於建和二年皆開褒斜道者

司空劉授免注以阿附惡逆辟召非其人案指辟中常侍李閏兄及皇后兄執金吾閻顯所薦親厚事附見楊震傳

三老孝悌力田三級錢大昭曰閩本田下有人字案官本亦作人三級

長樂少府九江朱倀爲司徒注朱倀字孫卿壽春人也案壽春屬九江郡侯康曰風俗通司徒九江朱倀以年老爲司隸虞詡所奏耳目不聰明見掾屬大怒曰顯而不扶焉用彼相君勞臣辱何用爲于是東閣祭酒周舉曰昔聖帝明王莫不原象日月星辰以爲鏡戒熒惑比有變異豈能手書密以上聞倀曰可自力也舉爲創草手書密上上覽倀表嘉其忠謨倀目數病手能細書詡案大臣苟肆私意坐上謝倀蒙慰勞焉

二年春正月戊申樂安王鴻來朝官本失未提行

五州雨水洪亮吉曰續志不書左雄傳祇言司冀則知災異失傳多矣案續志明載順帝永建四年司隸荊豫兗冀部淫雨傷稼洪言志不書非也至雄傳載四年司冀復有大水注引天鏡經云大水自平地出此自另爲一事非指雨水而續志大水門失書則志之失

分會稽爲吳郡沈銘彝曰漢時分郡遼闊即如會稽一郡幾及今之江浙二省嬾眞子錄云攷漢會稽郡爲縣二十有六吳即蘇州也烏傷即婺州也毗陵即常州也山陰即越州也由拳即秀州也太末即衢州也烏程即湖州也餘姚即杭州也鄞即四明也以此考之則今浙東西並蘇松常乃漢之一郡耳

日南徼外葉調國撣國遣使貢獻注及撣國王雍田錢大昭曰西南夷傳作雍由調

攻會稽東部都尉侯康曰宋書州郡志會稽東部都尉前漢治鄞後漢分會稽爲吳郡疑都尉徙治章安也三國

志虞翻傳注引會稽典錄朱育之言曰元鼎五年除東越因以其地爲治而立東部都尉後徙章安陽朔元年又徙治鄞或有寇害復徙句章二書載會稽東部都尉所治不同朱育言陽朔以前徙章安其說未可信陽朔成帝年號章安則光武所置縣何得陽朔時已徙于此且章安即冶冶更名都尉旣治冶可奚更徙當以沈志爲正至朱育謂初治冶又徙句章或亦可與沈志參觀也隸釋引李宗諤圖經亦謂元鼎中立東部都尉治冶即本朱育說東部都尉兩漢志皆不載然據此紀及朱育沈約之言兩漢有此都尉甚明又楊雄傳東南一尉孟康注會稽東部都尉也杜篤論都賦都尉東南劉昭律厤志注引袁山松書劉洪于延熹中拜會稽東部都尉三國志張紘傳載紘于建安中爲會稽東部都尉全琮傳載琮父柔于靈帝時拜會稽東部都尉衛尉卿衛方碑稱方由膠東令遷會稽東部都尉金石錄有漢會稽東部都尉路君闕銘論衡遭虎篇有會稽東部都尉禮文伯王子鳳皆可爲此記證者也案前書武紀遷東越民於江淮遂虛其地事已在元封元年冶之立縣當又稍後朱育謂爲元鼎五年誤至後徙章安徙或改字之譌育漢末入不應並章安即故冶亦不知也前志會稽郡錢塘西部都尉治回浦南部都尉治均見班注獨不詳東部都尉治蓋此官實中興始置前漢尚無孟注沈志亦未可泥惟續志會稽郡有東部侯國而紀傳所載無東部侯惠氏棟疑侯國字誤衍錢大昕說詳郡國然有東部之名在亦足證此官後漢宜有矣

詣嵩高首陽山注首陽山在洛陽東北也 官本注末無也字

增甲乙科員各十人注在試者意投射取而荅之 官本在作任

文吏能牋奏 官本吏作史誤

其有茂才異行若顏淵子奇不拘年齡 侯康曰武班年二十五舉孝廉見武氏石闕銘武榮年三十六舉孝廉見執金吾丞武榮碑鄭益恩年二十三舉孝廉見御覽三百六十二引鄭玄別傳鄭炎卒年才二十八而遺令有察孝廉之語皆所謂不拘年齒者也然左雄傳載廣陵孝廉徐淑年未及舉援詔書顏回子奇自解爲雄窮詰譴卻則固仍以年格爲重

大鴻臚沛國施延爲太傅 官本太傅作太尉是

偃師蝗 錢大昭曰偃師屬河南尹

冬十月丁亥承福殿火 洪亮吉曰續志作丁未以下云十一月丙子推之志爲是

武陵蠻叛圍充縣又寇夷道注夷道屬南郡也 官本注末無也字

夏四月丙申京師地震 錢大昭曰續志作四月庚申

八月庚子熒惑犯南斗江夏盜賊殺邾長 侯康曰是年八月敦煌太守裴岑將郡兵三千人誅呼衍王等有紀功碑今在巴爾庫爾而本紀及南匈奴傳俱不載

殺江都長 錢大昭曰江都屬廣陵郡

光祿勳長沙劉壽爲司徒集解惠棟曰長沙耆舊傳至後果爲司徒 侯康曰御覽三百六十四引長沙耆舊傳云劉壽少時遇相師曰君腭有玉枕必至公也又三百六十六引長沙耆舊傳云劉壽少遇相師相師曰耳爲天柱今君耳有城郭必興家邦

與且凍羌戰於射姑山集解惠棟曰續志射姑山在北地 案續天文志其年征西將軍馬賢擊西羌於北地射姑山下此作射姑山古謝與射音義通惟續郡國志北地郡不載此山

太僕趙戒爲司空注戒字志伯 錢大昭曰乙瑛碑作意伯避桓帝名案戒袁紀作誠

遣詣臨羌縣居作二歲 錢大昭曰臨羌屬金城郡

趙沖擊燒當羌於阿陽破之注阿陽縣屬漢陽郡故城在今秦川隴城縣西北 阿陽官本作河陽注作河陽縣屬天水郡故城在今秦州隴城縣西北錢大昭曰阿陽監本作河陽誤官本蓋沿監本之失而西羌傳仍作阿陽注亦仍作屬漢陽郡不誤也惟此本西羌傳文注阿又皆作河彼此互岐考明帝

永平十七年已改天水爲漢陽不應注仍稱天水此內官本之誤唐隴城縣自屬隴右道秦州而作秦川又此本之誤或刻本字殘缺耳前志天水續志漢陽均止有阿陽則二本作河陽者皆誤觀通鑑亦作阿陽胡注引章懷此注亦作秦州足以訂二本之誤矣

質帝紀攻殺堂邑江都長 錢大昭曰堂邑當稱令費鳳碑鍾離意傳並云堂邑令

九江賊徐鳳等攻殺曲陽東城長注曲陽縣屬九江郡在淮曲之陽故城在今豪州定遠縣西北東城縣故城在定遠縣東南也 錢大昭曰東城前志本屬九江郡建初元年以東城益下邳國今云九江或王以過削仍隸九江也侯康曰十七史商榷曲陽縣前志九江東海二郡皆有之續志東海曲陽故屬下邳九江曲陽加西字此處不知是范氏誤脫去西字耶抑李賢誤以爲九江屬也案此是范氏誤脫西字觀李注曲陽東城同在唐之定遠縣其地毗連故令長同時爲徐鳳所殺若下邳之曲陽則去東城遠矣又下邳屬九江爲侯國亦不得稱長也十七史商榷又云東城縣前志屬九江續志無今據此紀則似後漢實有此縣矣竊謂錢氏侯氏均不免過信李注不思唐人於地理最疏不能無失也明八王傳建初四年[illegible]以九江之鍾離當塗東城歷陽全椒益下邳國前志下邳本東海縣故東海之曲陽並入下邳國今續志明有東城及曲陽則錢氏疑東城或土

以過例仍隸九江非也曲陽國既與東城同屬下邳自必接近且前志於東海曲陽九江曲陽均引應劭說謂在淮曲之陽其爲一地分屬兩郡如常山鉅鹿之上下曲陽亦可概見則侯氏必謂下邳之曲陽去東城遠亦非也前志九江曲陽本爲國東海曲陽則爲縣建武十年淄川王終薨封其小子鳳爲曲陽侯時下邳尚未爲王國不知此侯國置於何郡[illegible]隸闕[illegible]就令即爲東海之曲陽至徐鳳反時或國廢復爲縣亦事之常如新息汝南侯國也而吳懽爲新息令觀賈彪爲新息長高城重合皆勃海侯國也而陸康爲高城令周磐爲重合令此類不勝枚舉志東城之仍屬下邳國而但疑曲陽侯國不得稱長尤非通論又建初四年益下邳之五縣據續志乃僅存一東城徐皆還屬九江使東城亦如錢說削歸九江不應志獨不爲改截志於九江之當塗並云有馬丘聚徐鳳反於此如以下邳益封論則鳳等直爲反於國中曲陽東城明當同屬下邳國非紀文之誤脫正章懷之誤注矣

丹陽賊陸宮等圍陳燒亭寺 陳官本作城是

書云明德愼罰 官本作書曰

且勿案驗呂崇在寬注書曰敬敷五教五教在寬 五教二字官本不重出與唐監本尚書合案史記殷本紀汝爲司徒而敬敷五教五教在寬又鄧禹傳光武拜禹大司徒策亦云敬敷五教五教在寬知漢世

經師相承皆如此此注重五教二字章懷必有所本

一物不得其所若己爲之注尙書曰一夫弗獲 官本無曰字

以高弟五人補郎中 弟官本作第此本作弟固郎古第字但他處又往往作第殊不一律 四府掾屬

三署郎注漢官左右中郎將皆秦官也比二千石三署郎皆屬

焉集解劉攽曰注漢官左右中郎將案文少一儀字 案隋經籍志漢官五卷應劭注漢官儀十卷應劭撰此注自引漢官非脫字續百官志稱故新汲令王隆作小學漢官篇隋志另著爲漢官解詁而劉昭補注動引漢官唐六典亦屢引之則其書固唐世所共見也孫氏星衍有校輯漢官一卷失收此條或亦因劉指爲漢官儀疑不能定故置之然據太平御覽職官部及北堂書鈔設官部引漢官儀雖均有此條而文首尾互異則此非引漢官儀益明矣

先能通經者各令隨家法注儒生爲詩者謂之詩家禮者謂之禮家故言各隨家法也 顧炎武曰家法謂如詩有齊魯韓毛通齊詩者自以爲齊詩教授通魯詩者自以爲魯詩教授韓毛及五經皆然乃所謂家法耳魯丕傳言法異者各令其自說師法及徐防傳言伏見太學試五經博士弟子皆以意說不從家法是也

閏月甲申大將軍梁冀潛行鴆弒帝崩于玉堂前殿集解惠棟曰

洛陽故宮名曰洛陽南宮有玉堂前殿 案惠氏此說應移於順帝紀庚午帝崩于玉堂前殿下

時髦允集注郭璞注曰 官本曰作云

經綸變習注又詔中宮養子聽襲封爵之類 官本注末有也字

宋　宣城太守范曄撰
唐　章懷太子賢注
王先謙集解

孝桓皇帝諱志諡法曰克敵服遠曰桓志之字曰意集解惠棟曰車騎將軍馮緄碑孝桓皇帝以命將軍討彊夷有桓桓烈缺之姿因諡爲桓肅宗曾孫也祖父河間孝王開父蠡吾侯翼順帝時開上書願分蠡吾縣以封翼帝許之蠡吾故城在今瀛州博野縣西蠡音禮集解惠棟曰依東觀記帝爲翼長子先謙曰蠡吾今在保定府博野縣西南母匽氏諱明本蠡吾侯之媵妾史記曰匽姓咎繇之後也匽音偃翼卒帝襲爵爲侯本初元年梁太后徵帝到夏門亭洛陽城北面西頭門也門外有萬壽亭將妻以女弟妻音七計反會質帝崩太后遂與兄大將軍冀定策禁中閏月庚寅使冀持節以王青蓋車續漢志曰皇太子皇子皆安車朱班輪青蓋金華蚤故曰王青蓋車也迎帝入南宮其日卽皇帝位時年十五太后猶臨朝政東觀記曰太后御卻非殿秋七月乙卯葬孝質皇帝于靜陵在洛陽東南三十里陵高五丈五尺周百三十八步齊王喜薨辛巳謁高廟光武廟集解何焯曰光武廟上疑脫壬午謁三字丙戌詔曰孝廉廉吏皆當典城牧民禁姦舉善興化之本恒必由之詔書連下分明懇惻而在所翫習遂至怠慢選舉乖錯害及元元頃雖頗繩正猶未懲改方今淮夷未殄軍師屢出本初元年廬江賊攻盱台廣陵賊張嬰等殺江都長盱台江都並近淮故言淮夷時中郎將滕撫屢擊破之其餘衆猶未殄也百姓疲悴困於徵發庶望羣吏惠我勞民蠲滌貪穢以祈休祥其令秩滿百石十歲以上有殊才異行迺得參選臧吏子孫不得察舉集解惠棟曰貢禹言孝文皇帝時貴廉潔賤貪汙賈人贅壻及吏坐贓者皆禁錮不得爲吏也杜絕邪僞請託之原令廉白守道者得信其操信音申古字通各明守所司將觀厥後九月戊戌追尊皇祖河間孝王曰孝穆皇夫人趙氏曰孝穆皇后皇考蠡吾侯曰孝崇皇冬十月甲午尊皇母匽氏爲孝崇博園貴人博本漢蠡吾縣之地也帝既追尊父爲孝崇皇其陵曰博陵置園廟焉故曰博

園在今瀛州博野縣西貴人位次皇后金印紫綬

建和元年春正月辛亥朔日有食之集解惠棟曰續志在營室三度史官不見郡國以聞是時梁太后攝政詔三公九卿校尉各言得失戊午大赦天下賜吏更勞一歲男子爵人二級爲父後及三老孝悌力田人三級鰥寡孤獨篤癃貧不能自存者粟人五斛貞婦帛人三匹災害所傷什四以上勿收田租其不滿者以實除之二月荆揚二州人多餓死遣四府掾分行賑給沛國言黃龍見譙夏四月庚寅京師地震詔大將軍公卿校尉舉賢良方正能直言極諫者各一人又命列侯將大夫將謂五官左右虎賁羽林中郎將也大夫謂光祿大夫太中大夫中散大夫諫議大夫御史謁者千石六百石博士議郎郎官各上封事指陳得失議郎比六百石博士掌通古今比六百石郎官謂三署中郎將下之屬官也有中郎侍郎郎中又詔大將軍公卿郡國舉至孝篤行之士各一人集解惠棟曰漢槃陽令碑陰有至孝涅夔君威則漢有至孝科也壬辰詔州郡不得迫脅驅遂長吏長吏臧滿三十萬而不糾舉者刺史二千石以縱避爲罪若有擅相假印綬者與殺人同弃市論丙午詔郡國繫囚減死罪一等勿笞唯謀反大逆不用此書又詔曰比起陵塋作靜陵也殄歷時歲補注先謙曰殄卽彌字官本作彌力役既廣徒隸尤勤頃雨澤不沾密雲復散儻或在茲易曰密雲不雨自我西郊其令徒作陵者減刑各六月是月立阜陵王代兄勃遒亭侯便爲阜陵王使光武玄孫也阜陵王恢之子以順帝陽嘉中封勃遒亭侯今改封也遒音子由反本傳作便親紀傳不同蓋有誤郡國六地裂水涌井溢續漢志曰水溢壞城寺室屋殺人時梁太后攝政兄冀枉殺李固杜喬芝草生中黃藏府漢官儀曰中黃藏府掌中幣帛金銀諸貨物也六月太尉胡廣罷大司農杜喬爲太尉集解錢大昭曰本傳喬由大司農遷大鴻臚光祿勳然後爲太尉非由大司農爲太尉也紀似誤秋七月勃海王鴻薨章帝曾孫也樂安夷王寵之子質帝之父也梁太后改封勃海立帝弟蠡吾侯悝爲勃海王乙未立皇后梁氏集解惠棟曰考異云皇后紀袁紀皆云八月而無日以長歷考之七月戊申朔無乙未乙未八月十八日此上脫八月二字棟案續漢志建和元年八月

壬寅熒惑犯輿鬼質星則七月不應爲戊申朔長歷誤也乙未後壬寅七日應在八月又二十九日爲九月之丁卯也九月丁卯，京師地震。太尉杜喬免。冬十月，司徒趙戒爲太尉，戒字志伯蜀郡人也司空袁湯爲司徒，前太尉胡廣爲司空。十一月，濟陰言有五色大鳥見于己氏。續漢志曰時以爲鳳凰政旣衰缺梁冀專權皆羽孽也己氏縣名屬濟陰郡故城在今宋州楚丘縣也古戎州己氏之邑也集解先謙曰在今曹州府曹縣東南戊午，減天下死罪一等，戍邊。清河劉文反，殺國相謝暠，集解惠棟曰清河王傳文等劫相謝暠章懷注曰帝紀謝作射蓋紀傳不同案此則章懷時帝紀謝本作射也三輔決錄云漢末大鴻臚射咸本姓謝名服天子以爲將軍出征姓謝名服不祥改之爲射氏名咸案此謝氏至漢末時始改射故吳時有射慈嵩在桓帝初不應先作射氏當從傳爲正欲立清河王蒜爲天子，事覺伏誅。蒜坐貶爲尉氏侯，徙桂陽，自殺。尉氏縣屬陳留郡今汴州縣也集解先謙曰今開封府縣前太尉李固、杜喬皆下獄死。續漢志曰順帝之末京都童謠曰直如弦死道邊曲如鉤反封侯曲如鉤謂梁冀胡廣等直如弦謂李固等陳留盜賊李堅自稱皇帝，伏誅。東觀記曰江舍及李堅等

二年春正月甲子，皇帝加元服。庚午，大赦天下。賜河間、勃海二王

黃金各百斤，河間王建勃海王悝彭城諸國王各五十斤，彭城王定公主、大將軍、三公、特進、侯、中二千石、二千石、將、大夫、郎吏、從官、四姓及梁、鄧小侯、諸大夫以下帛，各有差。集解先謙曰官本諸下大夫作夫人年八十以上賜米、酒、肉，九十以上加帛二匹，緜三斤。三月戊辰，帝從皇太后幸大將軍梁冀府。白馬羌寇廣漢屬國，殺長吏，益州刺史率板楯蠻討破之。板楯西南蠻之號夏四月丙子，封帝弟顧爲平原王，集解錢大昕曰河間王開傳更封帝兄都鄉侯碩爲平原王與紀互異奉孝崇皇祀。尊孝崇皇夫人馬氏爲孝崇園貴人。嘉禾生大司農帑藏。說文曰帑者金布所藏之府也帑佗朗反五月癸丑，北宮掖廷中德陽殿及左掖門火，車駕移幸南宮。六月，改清河爲甘陵。立安平王得子經侯理爲甘陵王。安平今定州縣也經今貝州經城縣集解先謙曰在今廣平府威縣北舊志五十里經鎮堡秋七月，京師大水。河東言木連理。集解汪文臺曰御覽九百七十八引袁山松書又云河東瓜兩體共蔕冬十月，長平陳景自號黃帝子，集解先謙曰官本作皇帝子王會汾云皇監本作黃今從宋本按黃帝子義亦可通猶前書言白帝子赤帝子也署置官屬，又南頓管伯亦稱眞人，並圖舉兵，悉伏誅。

三年春三月甲申，彭城王定薨。夏四月丁卯晦，日有食之。續漢志曰在東井二十三度東井主法梁太后枉殺公卿犯天法也五月乙亥，詔曰：「蓋聞天生蒸民，不能相理，爲之立君，使司牧之。君道得於下，則休祥著乎上；庶事失其序，則咎徵見乎象。已上略成帝詔詞間者日食毀缺，陽光晦暗，朕祗懼潛思，匪遑啟處。遑暇也啟跪也詩小雅曰王事靡盬不遑啟處傳不云乎：『日食修德，月食修刑。』公羊傳之文也集解蘇輿曰公羊傳無此文語見管子昔孝章帝愍前世禁徙，故建初之元，並蒙恩澤，流徙者使還故郡，沒入者免爲庶民。先皇德政，可不務乎！其自永建元年迄乎今歲，凡諸妖惡，支親從坐，及吏民減死徙邊者，悉歸本郡；唯沒入者不從此令。」六月庚子，詔大將軍、三公、特進、侯，其與卿、校尉舉賢良方正、能直言極諫之士各一人。乙卯，震

憲陵寢屋。秋七月庚申，廉縣雨肉。續漢志曰肉似羊肺或大如手五行傳云棄法律逐功臣時則有羊禍時則有赤眚赤祥是時梁太后攝政兄冀專權枉誅李固杜喬天下冤之廉縣屬北地郡也八月乙丑，有星孛于天市。前書曰旗星中四星名曰天市集解惠棟曰續漢志曰彗星芒長五尺見天市中東南指色黃白九月戊辰不見京師大水。九月己卯，地震。庚寅，地又震。詔死罪以下及亡命者贖，各有差。郡國五山崩。冬十月，太尉趙戒免。司徒袁湯爲太尉，大司農河內張歆爲司徒。歆字敬讓集解惠棟曰歆修武人見魏志十一月甲申，詔曰：「朕攝政失中，災眚連仍，三光不明，陰陽錯序。監寐寤歎，疢如疾首。監寐言雖寢而不寐也寤覺也集解錢大昕曰監寐猶假寐也監假聲相近劉陶傳屛營彷徨不能監寐袁紹傳我將君臣監寐悲歎今京師厮舍死者相枕，厮舍賤役人之舍郡縣阡陌，處處有之，甚違周文掩骼之義。其有家屬而貧無以葬者，給直，人三千，喪主布三匹；若無親屬，可於官壖地葬之，壖官之餘地也前書音義曰壖城郭旁地音奴喚而緣二反表識姓名，爲設祠祭。又徙在作部，疾病致醫藥，死亡厚埋藏。民有不能自

振及流移者禀穀如科州郡檢察務崇恩施以康我民

和平元年春正月甲子大赦天下改元和平己亥詔曰集解何焯曰若以甲子下赦則己亥歸政當在二月疑日有誤曩者遭家不造先帝早世謂順帝崩也詩周頌曰閔予小子遭家不造鄭玄注云造成也言成王遭武王崩家道未成永惟大宗之重深思嗣續之福詢謀台輔稽之兆占既建明哲克定統業天人協和萬國咸寧元服已加將即委付而四方盜竊頗有未靜故假延臨政以須安謐幸賴股肱禦侮之助殘醜消蕩謂建和二年長安陳景反南頓管伯等謀反並伏誅民和年稔普天率土遐邇洽同遠覽復子明辟之義尚書曰周公曰朕復子明辟復還也子謂成王也辟君也謂周公攝政已久故復還明君之政於成王今太后亦還政於帝也近慕先姑歸授之法先姑謂安帝閻皇后也爾雅曰婦人謂夫之父曰舅夫之母曰姑在則曰君舅君姑歿則曰先舅先姑也及今令辰皇帝稱制羣公卿士虔恭爾位戮力一意勉同斷金金者剛之物也言人能同心則其利可以斷之也易曰二人同心其利斷金展也大成則所望矣詩小雅曰允矣君子展也大成鄭玄注云允信也展成也

後漢書七　五

大成□謂致太平也言誠能致太平是所望也二月扶風妖賊裴優自稱皇帝伏誅裴姓優名也風俗通曰裴伯益之後甲寅皇太后梁氏崩三月車駕徙幸北宮甲午葬順烈皇后夏五月庚辰尊博園匽貴人曰孝崇皇后秋七月梓橦山崩梓橦縣屬廣漢郡今始州縣也有梓潼水集解先謙曰今綿州梓潼縣冬十一月減天下死罪一等徙邊戍

元嘉元年春正月京師疾疫使光祿大夫將醫藥案行癸酉大赦天下改元元嘉二月九江廬江大疫甲午河間王建薨夏四月己丑安平王得薨河間孝王開之子初爲樂成王後改曰安平京師旱任城梁國飢民相食司徒張歆罷光祿勳吳雄爲司徒集解惠棟曰雄字季高河南原武人見孔廟置守廟百石孔和碑秋七月武陵蠻叛冬十月司空胡廣罷十一月辛巳京師地震閏月庚午任城王崇薨太常黃瓊爲司空

二年春正月西域長史王敬爲于寘國所殺敬殺于寘王建故國人殺之丙辰京師地震夏四月甲寅孝崇皇后匽氏崩庚午常山王豹薨五月辛卯葬孝崇皇后于博陵秋七月庚辰日有食之集解惠棟曰續志在翼四度史官不見廣陵以聞翼主倡樂時上好樂遊八月濟陰言黃龍見句陽縣名屬濟陰郡左傳曰盟于句瀆之丘是也故城在今曹州乘氏縣北一名穀丘集解先謙曰在今曹州府荷澤縣北句陽店金城言黃龍見允街允街縣名屬金城郡音緣街集解先謙曰在今涼州府平番縣冬十月乙亥京師地震十一月司空黃瓊免十二月特進趙戒爲司空右北平太守和旻坐臧下獄死

永興元年春二月張掖言白鹿見三月丁亥幸鴻池夏五月丙申大赦天下改元永興丁酉濟南王廣薨無子國除秋七月郡國三十二蝗集解惠棟曰續志是時梁冀秉政無謀憲苟貪權作虐河水溢百姓飢窮流亢道路至有數十萬戶冀州尤甚詔在所賑給乏絕安慰居業冬十月太尉袁湯免太常胡廣爲太尉司徒吳雄罷司空趙戒免以太僕黃

後漢書七　六

瓊爲司徒光祿勳房植爲司空集解惠棟曰植字伯武清河人魏明帝甄表狀曰植少履清苦孝友忠正歷位州郡政成化行既登三事靖恭衮服雖季文相魯晏嬰在齊清風高節不是過也十一月丁丑詔減天下死罪一等徙邊戍是歲武陵太守應奉招誘叛蠻降之

二年春正月甲午大赦天下三月辛丑初聽刺史二千石行三年喪服集解蘇輿曰安帝元初三年曾聽大臣二千石刺史行三年喪此初當云復癸卯京師地震詔公卿校尉舉賢良方正能直言極諫者各一人詔曰比者星辰繆越集解惠棟曰續志閏月丁酉太白晝見坤靈震動災異之降必不空發敕己修政庶望有補其輿服制度有踰侈長飾者皆宜損省長音直亮反郡縣務存儉約申明令如永平故事集解惠棟曰永平十二年五月丙辰詔也袁宏紀云永平十二年上以天下無事俗頗奢靡乃詔有司申明舊事整車服六月彭城泗水增長逆流張衡對策曰水者五行之首逆流者人君之恩不能下及而致逆也詔司隸校尉部刺史曰蝗災爲害水變仍至五穀不登人無宿儲其令所傷郡國種蕪菁以助人食京師蝗東海

朐山崩朐山名也在今海州朐山縣南九月丁卯朔日有食之集解惠棟曰續志在角五度所鄭宿也十一月泰山盜賊羣起於天文屬鄭也詔曰朝政失中雲漢作旱雲漢詩大雅篇名也周宣王時大旱故作詩曰倬彼雲漢昭回于天鄭玄注云雲漢天河也倬然轉運於天時旱渴雨故宣王夜視天河望其候焉川靈涌水蝗螽孳蔓殘我百穀太陽虧光飢餧荐臻其不被害郡縣當爲飢餧者儲天下一家趣不糜爛則爲國寶其禁郡國不得賣酒祠祀裁足太尉胡廣免司徒黃瓊爲太尉閏月光祿勳尹頌爲司徒頌字公孫鞏人滅天下死罪一等徒邊戍蜀郡李伯詐稱宗室當立爲太初皇帝伏誅冬十一月甲辰校獵上林苑遂至函谷關賜所過道傍年九十已上錢各有差太山琅邪賊公孫舉等反叛殺長吏

永壽元年春正月戊申大赦天下改元永壽二月司隸冀州飢人相食司隸州部洛陽敕州郡賑給貧弱若王侯吏民有積穀者一切貸得十分之三貸音吐得反又音徒得反以助稟貸其百姓吏民者以見錢雇直雇猶

酬也王侯須新租迺償也須待夏四月白烏見齊國六月洛水溢壞鴻德苑續漢志曰水溢至津城門漂流人物時梁冀專政疾害忠良威權震主後遂誅滅也南陽大水司空房植免太常韓縯爲司空縯音翼善反詔太山琅邪遇賊者勿收稅賦復更筭三年又詔被水死流失屍骸者令郡縣鉤求收葬及所唐突壓溺物故七歲已上賜錢人二千壞敗廬舍亡失穀食尤貧者稟人二斛巴郡益州郡山崩益州郡名也武帝置諸本無郡字者誤也秋七月初置太山琅邪都尉官漢官儀曰秦郡有尉一人典兵禁捕盜賊景帝更名都尉建武十年省唯邊郡往往置都尉及屬國都尉今二郡寇賊不息故置南匈奴左薁鞬臺耆且渠伯德等叛集解惠棟曰張奐傳南匈奴左薁鞬臺耆且渠□伯德等叛也寇美稷美稷西河縣也集解先謙曰注見順紀安定屬國都尉張奐討除之

二年春正月初聽中官得行三年服中官常侍以下二月甲申東海王臻薨三月蜀郡屬國夷叛秋七月鮮卑寇雲中太山賊公孫舉等寇青兗徐三州遣中郎將段熲討破斬之冬十一月置太官右監丞官漢官儀曰太官右監丞秩比六百石也十二月京師地震

三年春正月己未大赦天下夏四月九真蠻夷叛太守兒式討之戰歿遣九真都尉魏朗擊破之復屯據日南閏月庚辰晦日有食之集解惠棟曰續志在七星二度史官不見近國以聞六月初以小黃門爲守宮令置冗從右僕射官漢官儀曰守宮令一人黃門冗從僕射一人並秩六百石集解錢大昕曰右字衍京師蝗秋七月河東地裂冬十一月司徒尹頌薨集解惠棟曰考異云袁紀在六月長沙蠻叛寇益陽縣名屬長沙國在益水之陽今潭州縣也故城在縣東集解先謙曰今長沙府縣司空韓縯爲司徒太常北海孫朗爲司空朗字代平集解惠棟曰趙明誠云漢三公名朗北海高密人

延熹元年春三月己酉初置鴻德苑令漢官儀曰苑令一人秩六百石夏五月己酉大會公卿以下賞賜各有差甲戌晦日有食之集解惠棟曰續志在柳七度京師宿也京師蝗六月戊寅大赦天下改元延熹丙戌分中山置博陵郡以奉孝崇皇園陵博陵郡故城在今瀛州博野縣也後徙安平集解錢大昕曰按隸釋靈臺碑有博陵蠡吾

管遵又孔彪碑陰故吏有博陵安平六人博陵安國三人博陵高陽一人博陵南深澤二人安國蠡吾故屬中山安平南深澤高陽故屬河間然則博陵一郡兼得中山安平河間之地不獨分中山也[illegible]大雩秋七月己巳雲陽地裂甲子太尉黃瓊免太常胡廣爲太尉冬十月校獵廣成遂幸上林苑集解通鑑胡注此上林苑在洛陽西十二月鮮卑寇邊使匈奴中郎將張奐率南單于擊破之

二年春二月鮮卑寇鴈門集解惠棟曰鮮卑傳殺數百人大抄掠而去己亥阜陵王便薨蜀郡夷寇蠶陵殺縣令三月復斷刺史二千石行三年喪夏京師雨水六月鮮卑寇遼東秋七月初造顯陽苑集解惠棟曰蔡邕集題顯陽苑於城西人徒凍飢不得其命者甚眾置丞丙午皇后梁氏崩乙丑葬懿獻皇后于懿陵大將軍梁冀謀爲亂八月丁丑帝御前殿詔司隸校尉張彪將兵圍冀第收大將軍印綬冀與妻皆自殺衞尉梁淑河南尹梁胤屯騎校尉梁讓越騎校尉梁忠長水校尉梁戟等及中外宗親數十

人皆伏誅太尉胡廣坐免司徒韓縯司空孫朗下獄東觀記曰並坐不衞宮止長壽亭減死一等以爵贖之集解惠棟曰黃瓊傳曰廣縯朗皆坐阿附梁冀免廢也壬午立皇后鄧氏追廢懿陵爲貴人冢詔曰梁冀姦暴濁亂王室孝質皇帝聰敏早茂冀心懷忌畏私行殺毒永樂太后親尊莫二和平元年有司奏太后所居皆以永樂爲稱置官屬太僕少府焉冀又遏絕禁還京師謂太后常居博園不得在洛陽使朕離母子之愛隔顧復之恩禍害深大罪釁日滋賴宗廟之靈及中常侍單超徐璜具瑗左悺說文曰悺憂也音工奐反今作心旁官卽悹字也今相傳音綰唐衡尙書令尹勳等激憤建策內外協同漏刻之閒桀逆梟夷梟縣首於木也斯誠社稷之祐臣下之力宜班慶賞以酬忠勳其封超等五人爲縣侯勳等七人爲亭侯五縣侯謂單超新豐侯徐璜武原侯具瑗東武陽侯左悺上蔡侯唐衡汝陽侯七亭侯謂尹勳宜陽都鄉霍諝鄴都亭張敬山陽西鄉歐陽參修武仁亭李瑋宜陽金門虞放免句呂都亭周永下邳高遷鄉於是舊故恩私多受封爵大司農黃瓊爲太尉光祿大夫中山祝恬爲司徒恬字伯休盧奴人

大鴻臚梁國盛允爲司空允字伯代集解惠棟曰案司徒盛允碑允字伯世梁國虞人也初置祕書監官漢官儀祕書監一人秩六百石集解惠棟曰東觀記掌古今文字考合異同皇甫規與張奐書曰從兄祕書它何動靜是也冬十月壬申行幸長安乙酉幸未央宮甲午祠高廟十一月庚子遂有事十一陵壬寅中常侍單超爲車騎將軍十二月己巳至自長安賜長安民粟人十斛園陵人五斛行所過縣三斛燒當等八種羌叛寇隴右護羌校尉段熲追擊於羅亭破之東觀記曰追到積石山卽與羅亭相近在今鄯州也天竺國來獻

三年春正月丙申大赦天下丙午車騎將軍單超薨閏月燒當羌叛寇張掖護羌校尉段熲追擊於積石大破之積石山在今鄯州龍支縣南卽禹貢云導河積石是也集解先謙曰龍支南之小積石山在今甘肅河州西北七十里山之西北百二十里爲積石關章懷注誤認爲禹貢積石杜佑通典踵之蔡沈援以釋尙書後人遂合大小積石爲一班注金城郡河關下云積石山在西南羌中卽今西甯邊外西南五百三十餘里之大雪山爲青海諸山之冠唐時名大積石元史誤爲崑崙者也詳見先謙前書補注白馬令李雲坐直諫下獄死夏四月上郡言甘露降五月甲戌漢中山崩集解惠棟曰續志是時上寵恣中常侍單超等六月辛丑司徒祝恬薨七月司空盛允爲司徒太常虞放爲司空放字子仲陳留人也長沙蠻寇郡界九月太山琅邪賊勞丙等復叛寇掠百姓遣御史中丞趙某史闕名持節督州郡討之丁亥詔無事之官權絕奉豐年如故冬十一月日南蠻賊率衆詣郡降勒姐羌圍允街勒姐羌號也姐音子野反段熲擊破之太山賊叔孫無忌攻殺都尉侯章十二月遣中郎將宗資討破之集解惠棟曰事具趙彥傳武陵蠻寇江陵車騎將軍馮緄討皆降散荊州刺史度尙討長沙蠻平之集解惠棟曰考異云事在五年重出

四年春正月辛酉南宮嘉德殿火戊子丙署火丙署署名也續漢志曰丙署長七人秩百石黃綬宦者爲之主中宮別處大疫二月壬辰武庫火司徒盛允免大司農种暠爲司徒三月省冗從右僕射官永壽三年置太尉黃瓊免夏四月太

常劉矩爲太尉甲寅封河閒王開子博爲任城王五月辛酉有星孛于心丁卯原陵長壽門火己卯京師雨雹東觀記曰大如雞子續漢志曰誅段過差寵小人也六月京兆扶風及涼州地震庚子岱山及博尤來山並頹裂博今博城縣也太山有徂來山一名尤來己酉大赦天下司空虞放免前太尉黃瓊爲司空犍爲屬國夷寇鈔百姓益州刺史山昱擊破之零吾羌與先零諸種並叛寇三輔秋七月京師雩減公卿以下奉貸王侯半租占賣關內侯虎賁羽林緹騎營士五大夫錢各有差九月司空黃瓊免大鴻臚劉寵爲司空冬十月天竺國來獻南陽黃武與襄城惠得昆陽樂季訞言相署皆伏誅先零沈氐羌與諸種羌寇幷涼二州十一月中郎將皇甫規擊破之十二月夫餘王遣使來獻

五年春正月省大官右監丞永壽二年置壬午南宮丙署火三月沈氐羌寇張掖酒泉壬午濟北王次薨夏四月長沙賊起寇桂陽蒼梧

東觀記曰時攻沒蒼梧取銅虎符太守甘定刺史侯輔各奔出城桂陽郡在桂水之陽今連州縣集解先謙曰唐連州桂陽縣即連州治今廣東連州也故攻沒梧州驚馬逸象突入宮殿乙丑恭陵東闕火安帝陵也集解錢大昕曰五行志作恭北陵恭北陵者順帝母李氏陵也戊辰虎賁掖門火己巳太學西門自壞五月康陵園寢火殤帝陵也長沙零陵賊起攻桂陽蒼梧南海交阯遣御史中丞盛修督州郡討之不克乙亥京師地震詔公卿各上封事甲申中藏府丞祿署火集解惠棟曰丞五行志作承秋七月己未南宮承善闥火爾雅曰宮中門謂之闈廣雅曰闈謂之闥烏吾羌寇漢陽隴西金城諸郡兵討破之八月庚子詔減虎賁羽林任寺不任事者半奉勿與冬衣東觀記曰以京師水旱疫病帑藏空虛虎賁羽林不任事者任寺減半奉據此謂簡選疲弱不勝軍事者留任寺也其公卿以下給冬衣之半艾縣賊焚燒長沙郡縣寇益陽殺令東觀記曰時賊乘刺史車屯據臨湘居太守舍賊萬人以上屯益陽殺長吏艾縣名屬豫章郡故城在今洪州建昌縣又零陵蠻亦叛寇長沙己卯罷琅邪都尉官永壽元年置冬十月武陵蠻叛寇江陵南郡太守李肅坐奔北棄市集解惠棟曰續志肅坐蠻夷賊攻盜郡縣取財物一億已上入府取銅虎符肅背敵走不救城郭棄市也辛丑以太常馮緄為車騎將軍討之假公卿以下奉又換王侯租以助軍糧出濯龍中藏錢還之十一月馮緄大破叛蠻於武陵京兆虎牙都尉宗謙坐臧下獄死京兆虎牙都尉屯長安見西羌傳集解惠棟曰續志作宋謙滇那羌寇武威張掖酒泉太尉劉矩免太常楊秉為太尉

六年春二月戊午司徒种暠薨三月戊戌大赦天下衛尉潁川許栩為司徒栩字季關鄢人夏四月辛亥康陵東署火五月鮮卑寇遼東屬國秋七月甲申平陵園寢火平陵昭帝陵也桂陽盜賊李研等寇郡界武陵蠻復叛太守陳奉與戰大破降之隴西太守孫羌討滇那羌破之八月車騎將軍馮緄免冬十月丙辰校獵廣成遂幸函谷關上林苑十一月司空劉寵免南海賊寇郡界十二月衛尉周景為司空

七年春正月庚寅沛王榮薨二月癸亥隕石于鄠夏四月丙寅梁王成薨五月己丑京師雨雹集解惠棟曰續志是時鄧后僭侈驕恣專幸明年廢以憂死其家皆誅也秋七月辛卯趙王乾薨野王山上有死龍荊州刺史度尚擊零陵桂陽盜賊及蠻夷大破平之冬十月壬寅南巡狩庚申幸章陵祠舊宅遂有事於園廟賜守令以下各有差戊辰幸雲夢臨漢水還幸新野祠湖陽新野公主魯哀王壽張敬侯廟光武姊湖陽長公主新野長公主兄魯哀王舅壽張敬侯樊重並光武時立廟護羌校尉段熲擊當煎羌破之十二月辛丑車駕還宮

八年春正月遣中常侍左悺之苦縣祠老子史記曰老子者楚苦縣厲鄉曲里人也名耳字聃姓李氏為周守藏史有神廟故就祠之苦縣屬陳國故城在今亳州谷陽縣也苦音戶又如字集解先謙曰在今歸德府鹿邑縣東十里勃海王悝謀反降為癭陶王癭陶縣屬鉅鹿郡故城在今趙州癭陶縣西南集解先謙曰在趙州寧晉縣西南丙申晦日有食之集解惠棟曰續志在營室十三度營室之中女主象也其二月鄧皇后坐酗上送暴室自殺家屬被誅也詔公卿校尉舉賢良方正己酉南宮嘉德署黃龍見千秋萬歲殿火集解錢大昕曰按此上承正月丙申晦日食則己酉上當脫二月兩字五行志亦云二月也依此文似龍見一事火災又一事志於黃龍下無見字萬歲殿下多皆字則黃龍亦是殿名與嘉德署同日火也太僕左稱有辠自殺癸亥皇后鄧氏廢河南尹鄧萬世鄧后之叔父虎賁中郎將鄧會下獄死鄧后之兄子護羌校尉段熲擊罕姐羌破之三月辛巳大赦天下夏四月甲寅安陵園寢火惠帝陵也丁巳壞郡國諸房祀房謂祠堂也王渙傳曰時唯密縣存故太傅卓茂廟洛陽留令王渙祠濟陰東郡濟北河水清集解吳仁傑曰襄楷上疏曰案古帝王未有河清者也清者屬陽濁者屬陰當濁而反清者陰欲為陽也豈諸侯有規京都計邪仁傑案楷言良有理蓋臣者君之陰諸侯者天子之陰后妃為人主之陰夷狄為中國之陰觀延熹以後凡有河清之異非國有大故下人謀叛則后妃與政夷狄亂華也後漢及隋唐五行志載河清事指為災異漢隋二史又皆著其事應其說自楷發之又京房易傳河水清天下平故鮑照張暢皆有河清頌後齊至以此紀元而近世中外表賀蓋以為不可逢之嘉瑞也孔毅父論祥瑞不可憑引代宗河清幸陝事以證要之河清本非祥瑞事往時編會要者分別部居乃列之休證門中豈偶未之思歟獨襄楷推原咎證固善但恨其猶惑

易傳之説以春秋書麟爲比云又漢以來河清而史不著事應者皆可推言之也建寧四年河水清鮮卑寇荊州宋元嘉二十四年河濟俱清後三年魏人至瓜步唐武德九年河清建成兄弟自相魚肉正觀十四年以後比三年河清劉蘭齊王張亮相繼以畔誅二十三年河清有國卹永徽調露間河清者四則應在武后開元中河清則應在祿山乾元二年河清不三年有國卹寶應元年河清明年代宗幸陝建中四年河清涇原兵變十四年河清李錡以不軌聞其爲不祥甚矣五月壬申龍太山都尉官永壽元年置集解顧炎武曰泰山都尉孔宙碑云宙以延熹四年卒蓋卒後四年官遂廢矣然泰山都尉實不始於永壽光武時嘗置之見文苑傳丙戌太尉楊秉薨集解錢大昕曰風俗通六月九日未明太尉楊秉暴薨應劭與秉同時其記日月當可信丙辰緱氏地裂桂陽胡蘭朱蓋等復反攻沒郡縣轉寇零陵零陵太守陳球拒之遣中郎將度尚長沙太守抗徐等擊蘭蓋大破斬之謝承書曰抗徐字伯徐丹陽人少爲郡佐史有膽智策略三府表徐有將率之任特遷長沙太守風俗通曰衞大夫三抗之後漢有抗喜爲漢中太守蒼梧太守張敘爲賊所執集解惠棟曰天文志荊州刺史芝交阯刺史葛祗皆爲賊所拘略又桂陽太守任胤集解惠棟曰任字伯嗣南郡編人也見成皋令任君碑背敵畏懦皆弃市閏月甲午南宮長秋和歡殿後鉤楯掖庭朔平署火長秋宮名漢官曰朔平署司馬一人六月段熲擊當煎羌於湟中大破之湟水名在今鄯州湟水縣秋七月太中大夫陳蕃爲太尉八月戊辰初令郡國有田者畝斂稅錢畝十錢也集解通鑑胡注宦者傳張讓等說帝斂天下田畝稅十錢非此時事也蓋漢法田租三十稅一而計畝斂錢則自此始九月丁未京師地震冬十月司空周景免太常劉茂爲司空茂字叔盛彭城人也辛巳立貴人竇氏爲皇后勃海妖賊蓋登等蓋音古盍反稱太上皇帝有玉印珪璧鐵券相署置皆伏誅續漢書曰時登等有玉印五皆如白石文曰皇帝信璽皇帝行璽其三無文字璧二十二珪五鐵券十一開王廟帶玉綬衣絳衣相署置也十一月壬子德陽殿西閤黃門北寺火延及廣義神虎門燒殺人廣義神虎洛陽宮西門也在企商門外袁山松書曰是時連月火災諸宮寺或一日三發又夜有訛言擊鼓相驚陳蕃等上疏諫曰唯善政可以已之書奏不省集解汪文臺曰是年又有劉瓆茂諫亦見五行志注使中常侍管霸之苦縣祠老子集解惠棟曰孔氏譜曰桓帝位老子廟於苦縣之賴鄉畫孔子像於壁孔疇爲陳相立孔子碑於像前今見存老子銘曰延熹八年八月甲子皇上尚德宏道含閎光大存神養性意在凌雲是以潛心黃軒同符高宗夢見老子尊而祀之於時陳相邊韶典國之禮

演而銘之云云洪适曰水經注載蒙城王子喬碑亦云延熹八年八月帝遣使致祠國相王璋乃紀銘遺烈蓋威宗方修神仙之事故一時郡國競作銘表

九年春正月辛亥朔日有食之集解錢大昕曰五行志作辛卯惠棟曰續漢志曰在營室三度史官不見郡國以聞谷永以爲王朝尊者惡之其明年宮車晏駕詔公卿校尉郡國舉至孝沛國戴異得黃金印無文字遂與廣陵人龍尚等共祭井作符書稱太上皇伏誅東觀記曰戴異鉏田得金印到廣陵以與龍尚己酉詔曰比歲不登人多飢窮又有水旱疾疫之困盜賊徵發南州尤甚謂長沙桂陽零陵等郡也並屬荊州災異日食譴告累至政亂在予仍獲咎徵其令大司農絕今歲調度徵求及前年所調未畢者勿復收責其災旱盜賊之郡勿收租餘郡悉半入三月癸巳京師有火光轉行人相驚譟司隸豫州飢死者什四五至有滅戶者遣三府掾賑稟之陳留太守韋毅坐臧自殺夏四月濟陰東郡濟北平原河水清司徒許栩免五月太常胡廣爲司徒六月南匈奴及烏桓鮮卑寇緣邊九郡秋七月沈氏羌寇武威張掖詔舉武猛三公各二人卿校尉各一人太尉陳蕃免庚午祠黃老於濯龍宮集解汪文臺曰御覽七百二引續漢書云祠老子於濯龍宮設華蓋八座七百五十六引云用淳金釦器初學記二十四御覽百九十七引云濯龍園在洛陽西北角也遣使匈奴中郎將張奐擊南匈奴烏桓鮮卑九月光祿勳周景爲太尉南陽太守成瑨集解惠棟曰瑨車騎將軍馮緄碑作晉太原太守劉質並以譖弃市時小黃門趙津犯法質考殺之宦官怨恚有司承旨奏質等集解惠棟曰質馮緄碑及天文志作瓆錢大昕曰按陳蕃王允劉般襄楷傳俱作劉瓆攷說文無瓆字當以質爲正也瑨質被誅弃市據陳蕃傳在延熹八年時蕃爲太尉上疏極諫明年李膺等以黨事下獄蕃又疏諫帝惡其切直托以辟召非人策免紀書此事於蕃免官之後似失其次矣[illegible]脫九司空劉茂免大秦國王遣使奉獻時國王安敦獻象牙犀角瑇瑁集解先謙曰此泰西通中國之始大秦在漢爲羅馬在今爲義大利國冬十二月洛城傍竹柏枯傷集解惠棟曰考異云案續漢志係延熹七年事紀誤光祿勳汝南宣酆爲司空酆字伯應封東陽亭侯南匈奴烏桓率眾詣張奐降司隸校尉李膺等二百

餘人受誣爲黨人並坐下獄書名王府河內牢修告之事具劉淑傳

永康元年春正月先零羌寇三輔中郎將張奐破平之當煎羌寇武威護羌校尉段熲追擊於鸞鳥大破之鸞鳥縣名屬武威郡鸞音雚〔集解〕先謙曰在今涼州府武威縣南西羌悉平夫餘王寇玄菟太守公孫域與戰破之夏四月先零羌寇三輔五月丙申〔集解〕惠棟曰志作丙午京師及上黨地裂〔集解〕惠棟曰續志洛陽高平永壽亭上黨泫氏地廬江賊起寇郡界壬子晦日有食之〔集解〕惠棟曰續志在輿鬼一度儒說壬子淯水日而陽不克將有水害其八月六州大水渤海盜賊詔公卿校尉舉賢良方正六月庚申大赦天下悉除黨錮改元永康時李膺等頗引宦者子弟宦官多懼請帝以天時當赦帝許之故除黨錮也丙寅阜陵王統薨秋八月魏郡言嘉禾生甘露降巴郡言黃龍見續漢志曰時人欲就池浴見池水濁因戲相恐此中有黃龍語遂行人間郡欲以爲美故上言之時史以書帝紀桓帝政化衰闕而多言瑞應皆此類也先儒言瑞興非時則爲妖孽而人言生龍皆龍孽也〔集解〕惠棟曰通鑑云郡吏傅堅諫曰此走卒戲耳太守不聽六州大水勃海海溢詔州郡賜溺死者七歲

已上錢人二千一家皆被害者悉爲收斂其亡失穀食稟人三斛冬十月先零羌寇三輔使匈奴中郎將張奐擊破之十一月西河言白兔見〔集解〕惠棟曰案符瑞志當作白雉十二月壬申復瘦陶王悝爲勃海王丁丑帝崩于德陽前殿年三十六戊寅尊皇后曰皇太后太后臨朝是歲復博陵河間二郡比豐沛

論曰前史稱桓帝好音樂善琴笙前史謂東觀記飾芳林而考濯龍之宮薛綜注東京賦云濯龍殿名芳林謂兩旁樹木蘭也考成也既成而祭之左傳曰考仲子之宮也〔集解〕惠棟曰東京賦云濯龍芳林九谷八溪注云洛陽圖經曰濯龍池名故歌曰濯龍望如海河橋渡如雷芳林苑名設華蓋以祠浮圖老子浮圖今佛也續漢志曰祀老子於濯龍宮文罽爲壇飾淳金銀器設華蓋之坐用郊天樂斯將所謂聽於神乎左傳曰史嚚曰國將興聽於人將亡聽於神及誅梁冀奮威怒天下猶企其休息而五邪嗣虐流衍四方五邪謂單超徐璜左悺唐衡具瑗也自非忠賢力爭屢折姦鋒忠賢謂李膺陳蕃竇武黃瓊朱穆劉淑劉陶等各上書極諫以折宦官等姦謀之鋒也雖願依斟流彘亦不可得已帝王紀曰夏帝相爲羿所逐相乃都商丘依同姓諸侯斟灌斟尋氏史記曰周厲王好利暴虐周人相與畔而襲厲王王出奔于彘言帝寵幸宦豎令執威權賴忠臣李膺等竭力諫爭以免篡弒之禍不然則雖願如夏相依斟周王流彘不可得也斟灌斟尋國故城在今青州彘晉地也〔集解〕汪文臺曰御覽九十二引薛瑩書云漢德之衰有自來矣而桓帝繼之以淫暴封殖宦豎羣妖滿側姦黨彌興賢良被辜政荒民散亡徵漸積逮至靈帝遂傾四海豈不痛哉左傳曰國於天地有與立焉不數世淫不能斃也信夫

贊曰桓自宗支越躋天祿越謂非次也躋升也天祿天位也左傳子家羈曰天祿不再政移五倖刑淫三獄倖佞也淫濫也五倖即上五邪也三獄謂李固杜喬李雲杜眾成瑨劉質也傾宮雖積皇身靡續帝王紀曰紂多發美女以充傾宮之室婦人衣綾紈者三百餘人據桓帝納三皇后又博採宮女五六千人並無子也

桓帝紀第七終

後漢書集解卷七校補

桓帝紀母匽氏注史記曰匽姓咎繇之後也匽音偃案注引史記未審所出龍門書無此說也續志河南郡匽師注引皇覽北有咎繇祠疑繇後居此以地爲姓又匽本與偃通姓苑咎繇生曲阜其後爲偃氏

立皋陵王代兄勃遒亭侯便爲皋陵王注以順帝陽嘉中封勃爲遒亭侯錢大昭曰注勃爲二字當乙閩本亦誤今案官本依監本轉刊二字仍誤倒知各本皆未正也

芝草生中黃藏府錢大昭曰續志少府屬官有中藏府令注云掌中幣帛金銀諸貨物此云中黃疑衍黃字注亦誤案曹植令云今皇帝捐乘車之副竭中黃之府是漢自有中黃藏府也

司徒趙戒爲太尉注戒字志伯蜀郡人也案注已見順紀永和六年誤複

封帝弟顧爲平原王集解錢大昕曰至與紀互異侯康曰孝崇匽皇后紀又作帝弟平原王石竊謂作碩者是顧則形近之誤石則聲近之誤也作帝弟者是東觀記稱桓帝爲蠡吾侯長子則帝不得有兄也案石碩古通作並非誤字

其自永建元年迄乎今歲官本乎作于

廉縣雨肉注廉縣屬北地郡也今平涼府固原州東北

今京師廝舍死者相枕注廝舍賤役人之舍官本注末有也字

可於官壖地葬之注壖城郭旁地音奴喚而戀二反官本戀作變

己亥詔曰集解何焯曰至疑日有誤己亥官本同案袁紀作己丑通鑑作乙丑當以通鑑爲正

詔在所賑給乏絕錢大昭曰在所閩本作所在

光祿勳房植爲司空集解惠棟曰至清風高節不是過也侯康曰蔡邕司空房植碑公言非法度不出于口行非至公不萌于心治身則伯夷之絜也儉嗇則季文之約也盡忠則史魚之直也剛平則山甫之勵也總茲四德式是百辟夙夜匪懈以事一人枉絲髮樹私恩不爲也討無禮當彊禦弗避也是以功隆名顯在世孤特不獲愷悌寬厚之譽享年垂老至于積世門無立車堂無宴客衣不變裁食不兼味雖易之貞厲詩之羔羊無以加也案植見李固及黨錮傳而在官無可表見故范書不爲別立傳也

東海朐山崩注朐山名也在今海州朐山縣南續志東海郡朐縣注引山海經都洲在海中一曰郁洲郭璞曰在縣界世俗傳此山在蒼梧從來上皆有南方樹木案水經淮水注游水歷朐縣與沭合又逕朐山西山側有朐縣故城是朐山即在朐縣境也朐縣本秦所置兩漢因之北周改置朐山縣隋唐因之明始省入海洲故城在今海州南四里許

初置太山琅邪都尉官注建武十年省十年官本作七年據光武紀及續志皆六年之譌

置冗從右僕射官注漢官儀至並秩六百石官本注末有也字集解錢大昕曰右字衍案後延熹四年三月省冗從右僕射官亦有右字則此非衍也詳續志少府屬有中黃門冗從僕射一人大長秋屬又有中宮黃門冗從僕射一人秩皆六百石此承上守宮令言之則少府屬也蓋原止一人桓帝偶增置一人遂有左右之名不及五年即又併省故漢官儀不復著錄厥後獻帝建安四年以執金吾榮郃爲尚書左僕射衞臻爲尚書右僕射尚書僕射分置左右當即仿此

屯騎校尉梁驤錢大昭曰驤閩本作讓梁冀傳亦作讓案官本同作讓此作驤誤

光祿大夫中山祝恬爲司徒侯康曰據風俗通恬曾爲侍中尚書僕射令豫章太守大將軍從事中郎司隸校尉又續志司徒注引應劭說中山祝恬踐周召之列當軸處中忘謇諤之節憚首尾之譏又恬諂事梁冀見黃瓊傳

大鴻臚梁國盛允爲司空注允字伯代集解惠棟曰司徒盛允碑允字伯世案水經注引同洪亮吉云賢避太宗諱改

五月甲戌漢中山崩集解惠棟曰續志是時上寵恣中常侍單超等案本年正月單超已書薨漢中山以五月崩續志猶舉寵單超爲驗明誤惠氏據補亦非

太常虞放爲司空錢大昭曰案虞延傳放以尚書爲司空今案錢說非也延傳稱放桓帝時爲尚書後爲司空坐水災免言後則非直自尚書遷矣蓋其間嘗爲太常傳略之

遣御史中丞趙某注史闕名官本注末有也字

武陵蠻寇江陵車騎將軍馮緄討皆降散荊州刺史度尚討長沙蠻平之集解惠棟曰考異云事在五年重出案後五年十月緄始由太常爲車騎將軍十一月大破叛蠻於武陵與緄傳及緄碑文合此爲重出度尚自右校令擢爲荊州刺史亦在延熹五年乃朱穆應詔舉尚以代荊州刺史劉度據南蠻傳度與南郡太守李肅同獲罪帝徵肅棄市度滅死一等紀書肅坐奔北棄市亦在五年則可推知尚爲刺史討蠻同屬五年事矣今載入三年紀而五年紀無之是爲誤出

丙署火注丙署長七人秩百石百石官本作四百石與續志合此脫四字

益州刺史山昱錢大昭曰廣韻山姓周有山師之官掌山林後以官爲氏或云古烈山氏之後案前書王莽傳封山遵爲褒謀子奉皋陶後是山姓當爲皋陶苗裔也

艾縣賊焚燒長沙郡縣注艾縣名屬豫章郡故城在今洪州建昌縣在今南昌府義寧州西

秋七月辛卯趙王乾薨野王山上有死龍錢大昭曰襄楷傳七年六月十三日河內野王山上有龍死長可數十丈續志作六月壬子此云七月似誤案野王今懷慶河內縣治

勃海王悝謀反降爲癭陶王癭官本文注皆作廮後同案通鑑仍作癭袁紀作定陶誤

護羌校尉段熲擊罕姐羌破之錢大昭曰罕姐閩本作勒姐案官本亦作勒姐與熲傳合惟通鑑作罕姐仍與此同

罷太山都尉官注永壽元年置集解泰山都尉實不始於永壽光武時曾置之見文苑傳侯康曰見文苑傳謂見夏恭傳也恭傳云光武初即位召拜郎中再遷太山都尉攷西京舊制諸郡皆有都尉光武建武六年始省恭之拜官在未省以前與桓紀原不相背案顧說乃惠氏所引顧上仍應補惠棟曰三字侯說永壽元年初置太山琅邪都尉官章懷注巳及之

丙戌太尉楊秉薨集解錢大昕曰至應劭與秉同時其記日月當可信侯康曰蔡中郎集太尉楊公碑云延熹八年五月丙戌薨范史蓋本諸此蔡亦與秉同時而泐石之文較之私家著述尤可信不得以風俗通疑史文也

丙辰緱氏地裂案續志乃六月丙辰也紀文脫六月二字且五月旣書壬申於前不應有丙辰也

蒼梧太守張敘爲賊所執集解惠棟曰至皆爲賊所拘略案續志芝葛稢被賊拘略列在任亂之前與亂皆棄市紀略不書或因刺史官輕然志數戮臣而遺張敘實志之疏

南宮長秋和歡殿後鉤楯掖庭朔平署火注漢官曰朔平署司馬一人漢官官本作漢官儀通鑑胡注此朔平司馬署也百官志朔平司馬主北宮北門案續志此條注亦引漢官云員吏五人衞士百一十七人則作漢官儀非

段熲擊當煎羌於湟中大破之注湟水名在今鄯州湟水縣說文湟水出金城臨羌塞外東入河文選注湟水左右羌之所居曰湟中唐湟水縣今西寧府碾伯縣治

畝斂稅錢集解通鑑胡注至而計畝斂錢則自此始沈銘彝曰馬貴與云章帝時穀貴乃封錢以布帛爲租則錢帛蓋嘗迭用矣此所云畝斂稅錢乃出於常賦三十取一之外今所謂稅錢始此

勃海妖賊蓋登等注蓋音古盍反官本注無音字

延及廣義神虎門燒殺人注廣義神虎洛陽宮西門也官本注無也字

巴郡言黃龍見注因戲相恐此中有黃龍因戲相恐續志及通鑑引並同官本注作因相戲恐蓋據袁紀改

飾芳林而考濯龍之宮注考仲子之宮也官本注末無也字

孝靈帝紀第八　後漢書八

宋　宣　城　太　守　范　曄　撰

唐　章　懷　太　子　賢　注

王先謙集解

孝靈皇帝諱宏謚法曰亂而不損曰靈伏侯古今注曰宏之字曰大集解沈宇曰據伏湛傳注章懷親見伏侯古今注其書終於質帝不及桓帝今桓獻二紀注俱無伏侯古今注曰六字獨此紀有之蓋傳寫者妄增耳肅宗玄孫也曾祖河間孝王開祖淑父萇世封解瀆亭侯淑以河間王子封爲解瀆亭侯萇襲父封故言世封也解瀆亭在今定州義封縣東北也集解錢大昕曰按董皇后紀亦稱解瀆侯萇獨河間王開傳作長古書長萇多通用帝襲侯爵母董夫人桓帝崩無子皇太后與父城門校尉竇武定策禁中使守光祿大夫劉儵持節將左右羽林至河間奉迎續漢志曰桓帝之初京都童謠曰城上烏尾畢逋公爲吏子爲徒一徒死百乘車車班班入河間河間姹女工數錢以錢爲室金爲堂室上慊慊春黃粱粱下有懸鼓我欲擊之丞卿怒城上烏者處高獨食不與下共謂人主多聚斂也公爲吏子爲徒者言蠻夷叛逆父既爲軍吏子弟又爲卒徒往擊之也一徒死百乘車者言前一人討胡既死矣後又遣百乘車往也車班班者言乘輿班班入河間迎靈帝也姹女數錢言帝既立其母永樂太后好聚金以爲堂室也石上慊慊者言太后雖積金錢猶慊慊常若不足使人舂黃粱而食之也我欲擊之者言太后教帝使賣官受錢天下忠篤之士怨望欲擊鼓求見卿懸鼓者復怒而止我也

建寧元年春正月壬午城門校尉竇武爲大將軍己亥帝到夏門亭東觀記曰到夏門外萬壽亭羣臣謁見使竇武持節以王青蓋車迎入殿中庚子即皇帝位年十二集解惠棟曰考異云袁紀初立爲嗣詔書云年十有二建寧二年誅黨人時云年十四袁紀是也棟案魚豢典略云建寧二年帝時年十三歲宦官用事排疾士人與范書合汪文臺曰御覽五百八十一引謝承書云靈帝善鼓琴吹洞簫改元建寧以前太尉陳蕃爲太傅與竇武及司徒胡廣參錄尚書事集解惠棟曰應劭漢官儀載冊書云故太尉陳蕃忠亮謇諤有不吐茹之節司徒胡廣惇德允元五世從政今以蕃爲太傅與廣參錄尚書事使護羌校尉段熲討先零羌二月辛酉葬孝桓皇帝于宣陵在洛陽東南三十里高十二丈周三百步廟曰威宗庚午謁高廟辛未謁世祖廟大赦天下賜民爵及帛各有差段熲大破先零羌於逢義山山在今原州高平縣逢一作逢集解惠棟曰漢之高平唐之平高縣當作平高先謙曰即今固原州閏月甲午追尊皇祖爲孝元皇夫人夏氏爲孝元皇后考爲孝仁皇集解先謙曰御覽百九十九引續漢書云帝封河間王子庾爲濟南王奉孝仁祀夫人董氏爲慎園貴人慎園在今瀛州樂壽縣東南俗呼爲皇陵夏四月戊辰太尉周景薨司空宣酆免長樂衞尉王暢爲司空五月丁未朔日有食之詔公卿以下各上封事及郡國守相舉有道之士各一人又故刺史二千石清高有遺惠爲衆所歸者皆詣公車太中大夫劉矩爲太尉六月京師雨水秋七月破羌將軍段熲復破先零羌於涇陽涇陽縣名屬安定故城在原州平涼縣南也集解先謙曰今平涼府平涼縣八月司空王暢免宗正劉寵爲司空九月丁亥集解惠棟曰考異云按長歷是年九月乙巳朔無丁亥當從袁紀作辛亥中常侍曹節矯詔誅太傅陳蕃大將軍竇武及尚書令尹勳侍中劉瑜屯騎校尉馮述皆夷其族皇太后遷于南宮太后與竇武密謀欲誅曹節今武等既誅故太后被遷司徒胡廣爲太傅錄尚書事司

空劉寵爲司徒大鴻臚許栩爲司空冬十月甲辰晦日有食之令天下繫囚罪未決入縑贖各有差十一月太尉劉矩免太僕沛國聞人襲爲太尉姓聞人名襲字定卿風俗通曰少正卯魯之聞人其後氏焉十二月鮮卑及濊貊寇幽并二州

二年春正月丁丑大赦天下三月乙巳尊慎園董貴人爲孝仁皇后續漢志曰置永樂宮儀如桓帝尊匽貴人之禮夏四月癸巳大風雨雹集解惠棟曰續漢志拔郊道樹十圍以上百餘株詔公卿以下各上封事五月太尉聞人襲罷司空許栩免六月司徒劉寵爲太尉太常許訓爲司徒訓字季師平輿人太僕長沙劉囂爲司空囂字重寧集解惠棟曰風俗通云司空劉囂以黨諸常侍致位公輔秋七月破羌將軍段熲大破先零羌於射虎塞外谷東羌悉平九月江夏蠻叛州郡討平之丹陽山越賊集解通鑑胡注山越本亦越人依阻山險不納王租故曰山越圍太守陳夤夤擊破之冬十月丁亥中常侍侯覽諷有司奏前司空虞放太僕

杜密長樂少府李膺司隸校尉朱瑀〔集解〕錢大昕曰按黨錮及竇武傳皆作朱寓此作瑀誤同時有長樂五官史朱瑀乃宦官黨於曹節者觀此別是一人潁川太守巴肅沛相荀昱河內太守魏朗山陽太守翟超皆爲鉤黨下獄鉤謂相牽引也事見劉淑李膺傳死者百餘人妻子徙邊諸附從者錮及五屬五屬謂五服內親也制詔州郡大舉鉤黨於是天下豪傑及儒學行義者一切結爲黨人續漢志曰建寧中京都長者皆以葦方笥爲裝具時有識者竊言葦笥郡國讖箴也後黨人禁錮會赦有疑者皆獻廷尉人名悉入方笥中庚子晦日有食之〔集解〕王會汾曰晦監本訛朔從宋本改按上文已序冬十二月事係此語於年終當作晦字元年二年日食皆在十月晦晦而日食司天者失其御也錢大昕云五行志作戊戌此誤惠棟曰續志右扶風以聞十一月太尉劉寵免太僕郭禧爲太尉字公房扶溝人也禧音僖〔集解〕惠棟曰趙明誠曰郭氏世爲陽翟人自躬以下皆葬陽翟其墓尚存今太尉郭禧碑缺處猶有陳留扶溝字疑禧嘗寓居是邑其卒也返葬故鄉注遂以爲扶溝人恐誤洪适云案郭禧碑既云扶溝華門應劭漢官儀又云孝靈太尉扶溝郭禧郭旻碑云禧之子五原守洪奉柩歸葬舊鄉則史注初不誤也鮮卑寇并州是歲長樂太僕曹節爲車騎將軍百餘日罷〔集解〕汪文臺曰御覽百九十八引袁

山松書是年爵乳母趙克爲平氏君

三年春正月河內人婦食夫河南人夫食婦三月丙寅晦日有食之〔集解〕惠棟曰續志梁相以聞夏四月太尉郭禧罷〔集解〕惠棟曰案後碑禧罷爲太中大夫卒於光和二年太中大夫聞人襲爲太尉秋七月司空劉囂罷八月大鴻臚喬玄爲司空〔集解〕惠棟曰東鼎銘云八月丁丑九月執金吾董寵下獄死冬濟南賊起攻東平陵東平陵縣名屬濟南國故城在今濟州東鬱林烏滸民相率內屬烏滸南方夷號也廣州記曰其俗食人以鼻飮水口中進噉如故〔集解〕惠棟曰異物志烏滸者南夷別名也其種族爲人所殺則居其死所且伺殺主若有過之者是與非之者則伏而食之

四年〔集解〕汪文臺曰御覽九百十六引謝承書云是年河南上言二鳳皇二鸞鳥集原縣春正月甲子帝加元服大赦天下賜公卿已下各有差唯黨人不赦二月癸卯地震海水溢河水清三月辛酉朔日有食之太尉聞人襲免〔集解〕惠棟曰案蔡質漢官典職儀載建寧四年七月立宋皇后儀稱太尉襲使持節奉璽綬襲於三月罷不應七月尚與立后之事何焯云蔡氏所載是詔書不應有誤當是本紀所書拜罷未審也太僕李咸爲太尉字元卓汝南西平人〔集解〕惠棟曰蔡邕李公碑咸孝和皇帝時爲尚書歷僕射令徵拜將作大匠大司農大鴻臚太僕遷太尉詔公卿至六百石各上封事大疫使中謁者巡行致醫藥司徒許訓免司空橋玄爲司徒〔集解〕惠棟曰中鼎銘云三月丁丑夏四月太常來豔爲司空豔字季德南陽新野人〔集解〕惠棟曰華嶠書豔好學下士開館養徒少歷顯位靈帝時位至司空五月河東地裂〔集解〕惠棟曰續志十二處裂合長十里百七十步廣者三十餘步深不見底雨雹山水暴出〔集解〕惠棟曰續志漂壞廬舍五百餘家秋七月司空來豔免癸丑立貴人宋氏爲皇后執金吾宋酆女前年入掖庭爲貴人〔集解〕何焯曰禮儀志載蔡質所記立后儀下詔之日非癸丑乃乙未太尉奉璽綬者乃聞人襲非李咸疑范氏誤司徒橋玄免太常宗俱爲司空俱字伯儷南陽安衆人〔集解〕惠棟曰姓苑載南陽安衆宗氏云後漢五官中郎將伯伯子司隸校尉河內太守均均族兄遼東太守京京子司隸校尉意意孫司空俱司空俱碑云祖父司隸校尉父長沙太守公以察孝爲城門候歷郎中議郎五官中郎將越騎校尉汝南太守少府令僕太常遂拜司空前司空許栩爲司徒冬鮮卑寇并州

熹平元年春三月壬戌太傅胡廣薨夏五月己巳大赦天下改元熹平長樂太僕侯覽有罪自殺六月京師雨水癸巳皇太后竇氏崩秋七月甲寅葬桓思皇后宦官諷司隸校尉段熲捕繫太學諸生千餘人時有人書朱雀闕云天下大亂公卿皆尸祿故捕之事見宦者傳冬十月勃海王悝被誣謀反丁亥悝及妻子皆自殺十一月會稽人許生自稱越王寇郡縣東觀記曰會稽許昭聚衆自稱大將軍立父生爲越王攻破郡縣〔集解〕何焯曰許生吳志作許昌許昭作許韶惠棟曰天文志臧洪傳皆作許生晉諱昭故作韶當從本紀遣揚州刺史臧旻丹陽太守陳夤討破之〔集解〕惠棟曰夤天文志作寅通鑑同十二月司徒許栩罷大鴻臚袁隗爲司徒鮮卑寇并州是歲甘陵王恢薨〔集解〕錢大昕曰清河王慶傳梁太后立安平孝王子經侯理爲甘陵王是爲威王理立二十五年薨子貞王定嗣定立四年薨子獻王忠嗣別無名恢者攷理以桓帝建和二年封至熹平元年恰二十五年則恢與理實一人也

二年春正月大疫使使者巡行致醫藥丁丑司空宗俱薨二月壬

午大赦天下以光祿勳楊賜爲司空三月太尉李咸免集解惠棟曰李公碑公遷台司位太尉功遂身退以疾自遜求歸田里告老致仕七十有六熹平四年薨夏五月以司隸校尉段熲爲太尉沛相師遷坐誣罔國王下獄死國王陳愍王寵也臣賢案陳敬王傳云國相師遷又東觀記曰陳行相師遷奏沛相魏愔前爲陳相與陳王寵交通明魏愔爲沛相此言師遷爲沛相蓋誤也集解惠棟曰陳敬王傳中常侍王甫奏前相魏愔職在匡正而所爲不端國相師遷誣告其王皆誅死注當云沛相魏愔坐前爲王相時無輔道之功所爲不端陳相師遷坐誣罔國王病下獄死范史沿襲舊史衍沛相而脫陳相也六月北海地震東萊北海海水溢續漢志曰時出大魚二枚各長八九丈高二丈餘秋七月司空楊賜免太常潁川唐珍爲司空集解惠棟曰案世系珍四世祖尚書令林王莽封建德侯生蔚國除從居潁川生武威長忠惠生侍御史賁賁生珍續漢書珍中常侍唐衡弟冬十二月日南徼外國重譯貢獻太尉段熲罷鮮卑寇幽幷二州癸酉晦日有食之集解惠棟曰續志在虛二度是時中常侍曹節王甫等專權

三年春正月夫餘國遣使貢獻二月己巳大赦天下大常陳耽爲

太尉耽字漢公東海人也三月中山王暢薨無子國除集解錢大昕曰按中山王焉傳穆王暢立三十四年薨子節王稚嗣無子國除是暢本有子而國亦未卽除也夏六月封河間王利子康爲濟南王奉孝仁皇祀秋洛水溢冬十月癸丑令天下繫囚罪未決入縑贖十一月揚州刺史臧旻率丹陽太守陳夤大破許生於會稽斬之任城王博薨十二月鮮卑寇北地北地太守夏育追擊破之鮮卑又寇幷州司空唐珍罷永樂少府許訓爲司空

四年春三月詔諸儒正五經文字刻石立于太學門外集解惠棟曰羊頭山記曰學堂洛陽南陽關門外長十丈廣三丈堂前石經四部本碑凡四十八枚西尙書周易公羊十六碑南禮記五碑東論語三碑有諫議大夫馬日磾議郎蔡邕名水經注光和六年刻石鏤碑載五經立於太學講堂前東側蔡邕自書丹於碑閻若璩云案洪氏隸釋蓋諸儒受詔在熹平而碑成則光和年也余故以杜甫詩苦縣光和尙骨立光和指石經言封河間王建孫佗爲任城王建桓帝弟也集解錢大昕曰光武十王傳佗爲建子非建孫夏四月郡國七大水五月丁卯大赦天下延陵園災成帝陵也在今咸陽縣西遣使者持節告祠延陵鮮卑寇幽州六月弘農三輔螟遣守宮令之鹽監穿渠爲民興利前漢地理志及續漢郡國志並無鹽今蒲州安邑縣西南有鹽城監也集解劉攽曰注鹽城當作鹽池耳及無鹽字下當有一監字說文監字訓爲鹽池然則注家案地志求監所在則無之二漢志不謂池爲監也而據今所見則有池云令郡國遇災者減田租之半其傷害什四以上勿收責冬十月丁巳令天下繫囚罪未決入縑贖拜沖帝母虞美人爲憲園貴人順帝虞美人也憲園在洛陽東北貭帝母陳夫人爲渤海孝王妃渤海孝王鴻之夫人也改平準爲中準漢官儀曰平準令一人秩六百石也使宦者爲令列於內署自是諸署悉以閹人爲丞令

五年夏四月癸亥大赦天下益州郡夷叛太守李顒討平之復崇高山名爲嵩高山前書武帝祠中嶽改嵩高爲崇高東觀記曰使中郎將堂谿典請雨因上言改之名爲嵩高山集解惠棟曰堂谿典嵩高山闕銘曰中郎將堂谿典伯幷熹平四年來請雨嵩高廟趙明誠曰漢史云五年誤也大雩使侍御史行詔獄亭部理冤枉原輕繫休囚徒五月太尉陳耽罷司

空許訓爲太尉閏月永昌太守曹鸞坐訟黨人弃市訟謂申理之也其言切直帝怒檻車送槐里獄掠殺之也詔黨人門生故吏父兄子弟在位者皆免官禁錮六月壬戌太常南陽劉逸逸字大迴安眾人爲司空秋七月太尉許訓罷光祿勳劉寬爲太尉冬十月壬午御殿後槐樹自拔倒豎司徒袁隗罷十一月丙戌光祿大夫楊賜爲司徒十二月甘陵王定薨試太學生年六十以上百餘人除郎中太子舍人至王家郎郡國文學吏漢官儀曰太子舍人王家郎中並秩二百石無員是歲鮮卑寇幽州沛國言黃龍見譙集解惠棟曰光祿大夫橋玄問太史令單颺曰此何祥也颺曰其國後當有王者興不及五十年當復見天事恆象此其徵也

六年春正月辛巳大赦天下二月南宮平城門及五庫東垣屋自壞平城門洛陽城南門也蔡邕曰平城門正陽之門與宮連郊祀法駕所從出門之最尊者武庫禁兵所藏東垣庫之外障易傳曰小人在位厥妖城門自壞集解惠棟曰案謝承書及續漢志皆云光和元年事疑紀誤也夏四月大旱七州蝗鮮卑寇三邊謂東西與北邊市賈民爲宣陵孝子者數十人皆除太子

舍人秋七月司空劉逸免衞尉陳球爲司空集解錢大昕曰球傳其時爲廷尉非衞尉惠棟曰球後碑乃遷衞尉遂作司空球傳不載其由衞尉遷司空也八月遣破鮮卑中郎將田晏出雲中使匈奴中郎將臧旻與南單于出鴈門護烏桓校尉夏育出高柳並伐鮮卑晏等大敗冬十月癸丑朔日有食之集解惠棟曰續志趙相以聞太尉劉寬免帝臨辟雍辛丑京師地震辛亥令天下繫囚罪未決入縑贖十一月司空陳球免集解惠棟曰本傳以地震免十二月甲寅太常河南孟戫爲太尉戫字叔達音乙六反集解錢大昕曰按成陽堯廟碑濟陰太守河南匽師孟府君諱郁字敬達治尚書經歷典六郡威教若神即其人也戫與郁同碑立於永康元年至熹平六年相距十年矣注云字叔達而碑云敬達叔敬二文相似碑已亡失莫能決其然否何焯曰蜀志孟光傳注引續漢書云郁中常侍孟賁之弟惠棟曰案郁當作戫郁字敬達河南偃師人桓帝永嘉初爲濟陰太守見隸釋蜀志誤以郁爲戫也庚辰司徒楊賜免太常陳耽爲司空鮮卑寇遼西永安太僕王旻下獄死永安宮之太僕也

光和元年春正月合浦交阯烏滸蠻叛招引九眞日南民攻沒郡

縣太尉孟戫罷二月辛亥朔日有食之癸丑光祿勳陳國袁滂爲司徒滂字公熹集解惠棟曰滂爲梁相良之孫良字厚卿扶樂人少子璋謁者生滂袁宏紀曰滂字公熙閎之孫也純素寡欲終不言人之短當權寵之盛或以同異致禍滂獨中立於朝故愛憎不及焉己未地震始置鴻都門學生鴻都門名也於內置學時其中諸生皆敕州郡三公舉召能爲尺牘辭賦及工書鳥篆者相課試至千人焉集解汪文臺曰御覽二百一引華嶠書置學下有畫孔子及七十二弟子像十字文選任昉讓吏部封侯表注引華書其諸生皆敕州郡三公舉用辟召或出爲刺史太守入爲尚書侍中乃有封侯賜爵者士君子皆恥與爲列焉三月辛丑大赦天下改元光和太常常山張顥爲太尉顥字智明搜神記曰顥爲梁相新雨後有鵲飛翔近地令人擿之墮地化爲圓石顥命椎破得一金印文曰忠孝侯印集解何焯曰續漢書張顥中常侍張奉弟夏四月丙辰地震侍中寺雌雞化爲雄司空陳耽免太常來豔爲司空五月壬午有白衣人入德陽殿門亡去不獲東觀記曰白衣人言梁伯夏教我上殿與中黃門桓賢語因忽不見六月丁丑有黑氣墮所御温德殿庭中東觀記曰墮所御温明殿庭中如車蓋隆起奮迅五色有頭體長十餘丈形貌似龍秋七月壬子青虹見御坐玉堂後殿庭中洛陽宮殿名南宮有口玉堂前後殿據楊賜傳云墮嘉德殿前集解汪文臺曰初學記二引薛瑩書云虹晝見御所居崇德後殿前庭中色青赤八月有星孛于天市九月太尉張顥罷太常陳球爲太尉司空來豔薨集解惠棟曰袁宏紀豔以久病罷不云薨也冬十月屯騎校尉袁逢爲司空皇后宋氏廢后父執金吾酆下獄死丙子晦日有食之集解惠棟曰續志在箕四度箕爲後宮口舌是月上聽讒廢宋后十一月太尉陳球免集解惠棟曰本傳以日食免十二月丁巳光祿大夫橋玄爲太尉是歲鮮卑寇酒泉京師馬生人京房易傳曰諸侯相伐厥妖馬生人集解惠棟曰續志司徒長史馮巡馬所生也初開西邸賣官自關內侯虎賁羽林入錢各有差山陽公載記曰時賣官二千石二千萬四百石四百萬其以德次應選者半之或三分之一於西園立庫以貯之私令左右賣公卿公千萬卿五百萬集解惠棟曰桓乾世論云靈帝置西園之邸賣爵號曰禮錢錢積如屋封塗漆書傳子曰靈帝時牓門賣官於是太尉段熲司徒崔烈太尉樊陵司徒張溫之徒皆入錢上千萬下五百萬以買三公熲數征伐有大功烈有北州重名溫有傑才陵能偶時皆一時顯士猶以貨取位而況於劉囂唐珍張顥之黨乎

二年春大疫使常侍中謁者巡行致醫藥三月司徒袁滂免集解惠棟曰袁宏紀云二月丁巳免大鴻臚劉郃爲司徒郃字季承集解惠棟曰袁宏紀作劉劭誤案郃漁陽泉州人先爲濟陰太守見帝堯碑續漢志曰御史劉脩建議立靈帝以脩爲侍中侯覽爲其親近逼殺之朝廷少長思其功效乃拔用其弟郃致位司徒也乙丑太尉橋玄罷太中大夫段熲爲太尉京兆地震司空袁逢罷太常張濟爲司空濟字元江細陽人集解惠棟曰濟張酺曾孫見酺傳夏四月甲戌朔日有食之辛巳中常侍王甫及太尉段熲並下獄死丁酉大赦天下諸黨人禁錮小功已下皆除之時上祿長和海上言黨人錮及五族有乖典訓帝從之集解先謙曰上祿長和海官本作和淳非東平王瑞薨集解先謙曰官本瑞作端五月衞尉劉寬爲太尉秋七月使匈奴中郎將張修有罪下獄死時張修擅斬單于呼徵更立羌渠爲單于故坐死冬十月甲申司徒劉郃永樂少府陳球衞尉陽球步兵校尉劉納謀誅宦者事泄皆下獄死巴郡板楯蠻叛遣御史中丞蕭瑗督益州刺史討之不剋十二月光祿勳楊賜爲司徒鮮卑寇幽

幷二州是歲河間王利薨洛陽女子生兒兩頭四臂京房易傳曰二首下不一也厥妖人生兩頭集解惠棟曰續漢志曰雒陽上西門女子生兒兩頭異肩共胸俱前向以爲不祥墮地弃之自此之後朝廷霿亂政在私門上下無別二頭之象

三年春正月癸酉大赦天下二月公府駐駕廡自壞公府三公府也駐駕停車處也廡廊屋也音無禹反續漢志云南北四十餘閒壞三月梁王元薨夏四月江夏蠻叛六月詔公卿舉能通尚書書集解顧炎武曰尚書上脫古文二字毛詩左氏穀梁春秋各一人悉除議郎秋表是地震涌水出表是縣屬酒泉郡故城在今甘州張掖縣西北集解惠棟曰續志自三年秋至明年春酒泉表氏地八十餘動涌水出城中官寺民舍皆頓縣易處更築城郭氏與是古字通先謙曰在今肅州高臺縣西八月令繫囚罪未決入縑贖各有差冬閏月有星孛于狼弧二星名也鮮卑寇幽幷二州十二月己巳立貴人何氏爲皇后南陽宛人也車騎將軍何眞女也集解惠棟曰袁宏紀在十一月是歲作畢圭靈昆苑畢圭苑有二東畢圭苑周一千五百步中有魚梁臺西畢圭苑周三千三百步並在洛陽宣平門外也

四年春正月初置騄驥廏丞領受郡國調馬騄驥善馬也調謂徵發也集解何焯曰調馬爲調夏之馬猶言過馬也注謂徵發似誤豪右辜榷馬一匹至二百萬前書音義曰辜障也榷專也謂障餘人賣買而自取其利二月郡國上芝英草夏四月庚子大赦天下交阯刺史朱儁討交阯合浦烏滸蠻破之六月庚辰雨雹續漢書曰雹大如雞子秋七月河南言鳳皇見新城集解惠棟曰續志此羽孽也沈約云五色大鳥見新城民皆謂之鳳皇先謙曰新城在今河南府洛陽縣南羣鳥隨之賜新城令及三老力田帛各有差九月庚寅朔日有食之太尉劉寬免衞尉許馘爲太尉集解惠棟曰應劭漢官儀馘三公云孝靈時有吳郡陽羨許馘季軟許劭撰太尉舊言馘自司農遷衞尉也袁宏紀作許彧案馘諫議大夫荆之孫也荆在循吏傳閏月辛酉北宮東掖庭永巷署災永巷宮中署名也漢官儀曰令一人宦者爲之秩六百石掌宮婢侍使集解劉攽曰注侍使案使當作史部給尚書郎侍史之類司徒楊賜罷冬十月太常陳耽爲司徒集解惠棟曰袁宏紀三年閏月楊賜久病罷十月陳耽爲司徒考異以爲誤置閏於去年案長歷此年閏十月以紀考之閏九月是鮮卑寇幽幷二州是歲帝作列肆於後宮使諸采女販賣更相盜竊爭鬬帝著商估服飲宴爲樂又於西園弄狗著進賢冠帶綬三禮圖曰進賢冠文官服之前高七寸後高三寸長八寸續漢志曰靈帝寵用便嬖子弟轉相汲引賣關內侯直五百萬令長强者貪如豺狼弱者略不類物實狗而冠也昌邑王見狗冠方山冠龔遂曰王之左右皆狗而冠集解汪文臺曰續五行志注弄狗下有以配人三字又駕四驢帝躬自操轡驅馳周旋京師轉相放效續漢志曰驢者乃服重致遠上下山谷野人之所用耳何有帝王君子而驂駕之乎天意若曰國且大亂賢愚倒植凡執政者皆如驢也集解汪文臺曰書鈔百四十五引續漢書云帝好胡服胡俗京師貴戚皆競爲之

五年春正月辛未大赦天下二月大疫三月司徒陳耽免夏四月旱太常袁隗爲司徒五月庚申永樂宮署災續漢志曰德陽前殿西北入門內永樂太后宮署災秋七月有星孛于太微巴郡板楯蠻詣太守曹謙降癸酉令繫囚罪未決入縑贖八月起四百尺觀於阿亭道冬十月太尉許馘罷集解惠棟曰袁宏紀馘坐辟召謬錯免太常楊賜爲太尉校獵上林苑歷函谷關巡狩于廣成苑十二月還幸太學集解惠棟曰典略云帝幸太學自就碑作賦

六年春正月日南徼外國重譯貢獻二月復長陵縣比豐沛三月辛未大赦天下夏大旱秋金城河水溢五原山岸崩始置圃囿署以宦者爲令冬東海東萊琅邪井中冰厚尺餘大有年集解惠棟曰考異云今年夏大旱縱使秋成亦不得爲大有年史雜書之非實也汪文臺曰書鈔百五十九引續漢書所載與范書同

中平元年春二月鉅鹿人張角自稱黃天其部師有三十六萬集解官本考證曰師當作帥萬當作方何焯曰三十六方見皇甫嵩傳不知何自訛寫爲万復緣注引續漢書謂相沿不察也惠棟曰萬袁宏紀作坊今作萬疑万字之誤案何晏景福殿賦云屯坊列署三十有二星居宿陳綺錯鱗比辛壬癸甲爲之名秩李善注云聲類曰方別屋也方與坊古字通蓋張角列部署爲三十六坊各有甲乙以別之也皆著黃巾同日反叛續漢書曰三十六萬餘人安平甘陵人各執其王以應之安平王續甘陵王忠三月戊申以河南尹何進爲大將軍將兵屯都亭置八關都尉官都亭在洛陽八關謂函谷廣成伊闕大谷轘轅旋門小平津孟津也集解先謙曰在今河南府宜陽縣東北漢函谷關新關之南塞也水經注惠水流逕關城北二十里其城西走塞垣東抗惠水八關都尉官治此壬子大赦天下黨人還諸徙者時中常侍呂強

言於帝曰黨錮久積若與黃巾合謀悔之無救帝懼皆赦之 唯張角不赦詔公卿出馬弩舉列將子孫及吏民有明戰陣之略者詣公車遣北中郎將盧植討張角左中郎將皇甫嵩右中郎將朱儁討潁川黃巾庚子南陽黃巾張曼成攻殺郡守褚貢夏四月太尉楊賜免太僕弘農鄧盛爲太尉 盛字伯能 司空張濟罷大司農張溫爲司空朱儁爲黃巾波才所敗 集解通鑑胡注案姓譜云波姓也其先事王莽爲波水將軍子孫以爲氏 侍中向栩張鈞坐言宦者下獄死 時鈞上書曰今斬常侍懸其首於南郊以謝天下郎兵自消也帝以章示常侍故下獄也集解惠棟曰袁宏紀作均 汝南黃巾敗太守趙謙於邵陵 邵陵縣名屬汝南郡故城在今豫州郾城縣東集解先謙曰在今許州郾城縣東三十五里 廣陽黃巾殺幽州刺史郭勳及太守劉衞五月皇甫嵩朱儁復與波才等戰於長社大破之 長社今許州縣也故城在長葛縣西集解先謙曰在今許州長葛縣北 六月南陽太守秦頡 集解惠棟曰水經注頡都人也以江夏都尉出爲南陽太守習鑿齒襄陽耆舊記曰頡字初起 擊張曼成斬之交阯屯兵執刺史及合浦太守來達自稱柱天將軍遣交阯刺史賈琮討平之皇甫嵩朱儁大破汝南黃巾於西華 西華縣屬汝南郡在今陳州項城縣西集解先謙曰在今陳州府西華縣南 詔嵩討東郡朱儁討南陽盧植破黃巾圍張角於廣宗宦官誣植抵罪 植連破張角垂當拔之小黃門左豐言於帝曰盧中郎固壘息軍以待天誅帝怒遂檻車徵植減死一等集解先謙曰廣宗在今廣平府威縣東 遣中郎將董卓攻張角不剋洛陽女子生兒兩頭共身 續漢志曰上西門外女子生兒兩頭異肩共胸以爲不祥墮地弃之其後政在私門上下無別二頭之象集解惠棟曰續志六月壬申雒陽男子劉倉居上西門外妻生男兩頭共身注所引續漢志乃光和二年事爲失考也 秋七月巴郡妖巫張修反寇郡縣 劉艾紀曰時巴郡巫人張修療病愈者雇以米五斗號爲五斗米師集解惠棟曰考異云裴松之以爲張修應是張衡案張魯傳祖父陵父衡皆爲五斗米道衡死魯復行之劉焉司馬張修與魯同擊漢中魯襲殺修非其父也 河南尹徐灌下獄死八月皇甫嵩與黃巾戰於倉亭獲其帥 其帥卜己也倉亭在東郡 乙巳詔皇甫嵩北討張角九月安平王續有罪誅國除冬十月皇甫嵩與黃巾賊戰于廣宗獲張角弟梁角先死迺戮其屍 發棺斷頭傳送馬市 以皇

甫嵩爲左車騎將軍十一月皇甫嵩又破黃巾于下曲陽 集解先謙曰注見光武紀 斬張角弟寶湟中義從胡北宮伯玉與先零羌叛以金城人邊章韓遂爲軍帥攻殺護羌校尉伶徵金城太守陳懿 伶姓也周有大夫伶州鳩 癸巳朱儁拔宛城斬黃巾別帥孫夏詔減太官珍羞御食一肉廄馬非郊祭之用悉出給軍十二月己巳大赦天下改元中平是歲下邳王意薨無子國除 集解錢大昕曰下邳王衍傳中平元年意薨子哀王宜嗣數月薨無子建安十一年國除是意亦有子 郡國生異草備龍蛇鳥獸之形 風俗通曰亦作人狀操持兵弩一一備具續漢志曰龍蛇鳥獸其狀毛羽頭目足翅皆具是歲黃巾賊起漢遂微弱

二年春正月大疫琅邪王據薨二月己酉南宮大災火半月迺滅 續漢志曰時燒靈臺殿樂成殿延及北闕度道西燒嘉德和驩殿 己亥廣陽門外屋自壞 洛陽城西面南頭門也集解錢大昕曰五行志作癸亥子以四分術推得是年二月庚子朔不得有己亥日紀誤 稅天下田畝十錢 以修宮室 黑山賊張牛角等十餘輩並起所在寇鈔司徒袁隗免三月廷尉崔烈爲司徒北宮伯玉等寇三輔遣左車騎將軍皇甫嵩討之不剋夏四月庚戌大風雨雹五月太尉鄧盛罷太僕河南張延爲太尉 延字公威歆之子集解惠棟曰延河內人誤作河南 秋七月三輔螟左車騎將軍皇甫嵩免八月以司空張溫爲車騎將軍討北宮伯玉九月特進楊賜爲司空冬十月庚寅司空楊賜薨 集解錢大昕曰以四分術推是月丙申朔無庚寅庚寅乃九月二十四日也月日必有一誤 光祿大夫許相爲司空 相字公弼平輿人許訓之子集解惠棟曰延熹六年衞尉潁川許栩爲司徒汝南先賢傳曰許劭宗人許栩沈沒榮利致位司徒舉宗莫不匍栩門承風而驅官以賄成惟劭不過其門棟案劭本傳云劭從祖敬敬子訓訓子相並爲三公相以能詔事宦官故自致台司數遣請劭劭終不候之相平輿人與劭同里必許相之誤也 前司徒陳耽諫議大夫劉陶坐直言下獄死十一月張溫破北宮伯玉於美陽 集解先謙曰在今乾州武功縣西 因遣盪寇將軍周慎追擊之圍榆中 縣名故城在今蘭州金城縣東也集解先謙曰在今蘭州府金縣西北 又遣中郎將董卓討先零羌慎卓並不克鮮卑寇幽并二州是歲造萬金堂於

西園集解汪文臺曰御覽九十二引續漢書云造萬金堂以爲私藏引取司農金錢繒帛積之於中洛陽民生兒兩頭四臂

三年春二月江夏兵趙慈反殺南陽太守秦頡庚戌大赦天下太尉張延罷車騎將軍張溫爲太尉中常侍趙忠爲車騎將軍復修玉堂殿鑄銅人四黃鍾四其音中黃鍾也子爲黃鍾及天祿蝦蟆又鑄四出文錢天祿獸也時使掖廷令畢嵐鑄銅人列於蒼龍玄武闕外鍾懸於玉堂及雲臺殿前天祿蝦蟆吐水於平門外事具宦者傳案今鄧州南陽縣北有宗資碑旁有兩石獸鐫其膊一曰天祿一曰辟邪據此即天祿辟邪並獸名也漢有天祿閣亦因獸以立名集解惠棟曰前書西域傳孟康注桃拔一名符拔似鹿長尾一角者或爲天祿兩角者或爲辟邪獻帝春秋曰靈帝作錢猶五銖而有四道連於邊輪識者以爲妖竊言錢有四道京師將破壞此錢四出散於四方乎還如其言汪文臺曰御覽九百四十九華嶠書云又作翻車渴烏施於橋西灑南北郊路以省百姓灑道之費五月壬辰晦日有食之六月荊州刺史王敏討趙慈斬之車騎將軍趙忠罷秋八月懷陵上有雀萬數悲鳴因鬬相殺懷陵沖帝陵也續漢志曰天戒若曰諸懷爵祿而尊厚者還相自害也冬十月武

陵蠻叛寇郡界郡兵討破之前太尉張延爲宦人所譖下獄死十二月鮮卑寇幽并二州

四年集解汪文臺曰御覽八百七十七引袁山松書是年雲氣如足相次重疊彌天春正月己卯大赦天下二月滎陽賊殺中牟令中牟今鄭州縣劉艾紀曰令落皓及主簿潘業臨陣不顧皆被害集解先謙曰中牟在今開封府中牟縣東姓苑洛氏本作落己亥南宮內殿罘罳自壞前書音義曰罘罳連闕曲閣也音浮思三月河南尹何苗討滎陽賊破之拜苗爲車騎將軍夏四月涼州刺史耿鄙討金城賊韓遂鄙兵大敗遂寇漢陽漢陽太守傅燮戰沒扶風人馬騰漢陽人王國並叛寇三輔太尉張溫免司徒崔烈爲太尉五月司空許相爲司徒光祿勳沛國丁宮爲司空宮字元雄集解惠棟曰宮先爲蒼梧太守見吳志士燮傳六月洛陽民生男兩頭共身劉艾紀曰上西門外劉蒼妻生也集解惠棟曰此中平元年六月壬申事注誤引也漁陽人張純與同郡張舉舉兵叛集解劉攽曰按他處叛賊未嘗言舉兵者當由其人名舉故衍攻殺右北平太守劉政遼東太守楊終集解惠棟曰水經注作楊紘護烏桓校尉公綦稠等集解錢大昕曰劉虞傳作箕稠舉兵自稱天子寇幽冀二州集解劉攽曰按張舉自稱天子誤出一兵字秋九月丁酉令天下繫囚罪未決入縑贖冬十月零陵人觀鵠觀姓鵠名集解惠棟曰吳志長沙賊區星自稱將軍與此異也自稱平天將軍寇桂陽長沙太守孫堅擊斬之十一月太尉崔烈罷大司農曹嵩爲太尉集解惠棟曰華嶠書嵩時賂中官及輸西園錢一億萬故位至太尉十二月休屠各胡叛是歲賣關內侯假金印紫綬傳世入錢五百萬集解何焯曰光和元年已賣關內侯此則并傳世也

五年春正月休屠各胡寇西河殺郡守邢紀丁酉大赦天下二月有星孛于紫宮黃巾餘賊郭太等集解惠棟曰太本作泰范氏以家諱改也起於西河白波谷集解惠棟曰薛瑩漢書亦言郭太起於西河白波谷時謂之白波鎮西河在洛陽北千二百里通鑑據宋白續通典以爲在河南河清縣者非先謙曰孝獻紀首李注引薛書作白波谷稱白波賊寇太原河東三月休屠各胡攻殺并州刺史張懿遂與南匈奴左部胡合殺其單于夏四月

汝南葛陂黃巾攻沒郡縣葛陂在今豫州新蔡縣西北集解先謙曰據章懷注陂在今汝甯府新蔡縣北項城縣南明統志云在汝陽縣西南一統志駁之太尉曹嵩罷五月永樂少府樊陵爲太尉陵字德雲胡陽人也六月丙寅大風太尉樊陵罷益州黃巾馬相攻殺刺史郗儉自稱天子集解惠棟曰華陽國志涼州黃巾逆賊馬相趙祗等聚眾緜竹殺縣令李升募疲役之民一二日中得數千人遣王饒趙播等進攻雒城殺刺史儉并下蜀郡犍爲旬月之間破壞三郡相自稱天子眾以萬數案蜀志儉河南郾師人郗正之祖父也又寇巴郡殺郡守趙部益州從事賈龍擊相斬之集解惠棟曰華陽國志部州從事賈龍素領家兵在犍爲之青衣率吏民攻相破滅之州界清淨郡國七大水集解惠棟曰案袁山松書山陽梁沛彭城下邳東海琅邪七縣也秋七月射聲校尉馬日磾爲太尉八月初置西園八校尉樂資山陽公載記曰小黃門蹇碩爲上軍校尉虎賁中郎將袁紹爲中軍校尉屯騎校尉鮑鴻爲下軍校尉議郎曹操爲典軍校尉趙融爲助軍左校尉馮方爲助軍右校尉諫議大夫夏牟爲左校尉淳于瓊爲右校尉凡八校尉皆統於蹇碩司徒許相罷司空丁宮爲司徒光祿勳南陽劉弘爲司空字子高安眾人衞尉董重爲驃騎將軍九月南單于叛與白波賊寇河東

集解惠棟曰考異云匈奴傳六年帝崩之後於扶羅乃與白波賊爲寇紀誤遣中郎將孟益集解惠棟曰水經注作孟盜率騎都尉公孫瓚討漁陽賊張純等冬十月壬午御殿後槐樹自拔倒豎集解劉攽曰熹平五年書十月壬午御殿後槐樹自拔倒豎中平五年又書十月壬午御殿後槐樹自拔倒豎年數月日無少異者蓋必有一誤青徐黃巾復起寇郡縣甲子帝自稱無上將軍耀兵於平樂觀平樂觀在洛陽城內集解劉攽曰中平五年十月又書甲子帝稱無上將軍云云壬午到甲子凡四十五日非一月所能兼也則中平所記爲衍矣又案續漢志中平五年亦無此異惠棟曰薛綜東京賦注曰平樂觀名也爲土場於上以作樂使遠觀之謂之平樂觀在城西也汪文臺曰水經穀水注引華嶠書云帝於平樂觀下起大壇上建十二重五采華蓋高十丈壇東北爲小壇復建九重華蓋高九丈列奇兵騎士數萬人天子住大蓋禮畢天子躬擐甲稱無上將軍行陣三匝而還設祕戲以示遠人先謙曰續漢書十二重作十重見書鈔及御覽七百二以下文九重高九丈例之華書蓋衍二字十一月涼州賊王國圍陳倉右將軍皇甫嵩救之遣下軍校尉鮑鴻討葛陂黃巾巴郡板楯蠻叛遣上將軍別部司馬趙瑾討平之公孫瓚與張純戰於石門大破之時烏桓反叛與賊張純等攻薊中故瓚追擊之石門山名在今營州西南集解

惠棟曰水經注溫水又東南逕石門峽山高嶄絕壁立洞口開俗謂之石門口是歲改刺史新置牧

六年春二月左將軍皇甫嵩大破王國於陳倉三月幽州牧劉虞購斬漁陽賊張純下軍校尉鮑鴻下獄死夏四月丙午朔日有食之集解惠棟曰續志其月陝辰宮車晏駕太尉馬日磾免幽州牧劉虞爲太尉集解惠棟曰袁宏紀三月乙丑光祿劉虞爲大司馬領幽州牧丙辰帝崩于南宮嘉德殿年三十四戊午皇子辯卽皇帝位年十七集解惠棟曰考異云張璠漢紀年十四尊皇后曰皇太后太后臨朝大赦天下改元爲光熹封皇弟協爲渤海王後將軍袁隗爲太傅與大將軍何進參錄尚書事上軍校尉蹇碩下獄時蹇碩謀欲立渤海王協發覺集解劉攽曰正文蹇碩下獄案碩以此時誅明少一死字五月辛巳驃騎將軍董重下獄死董重皇后之弟子也集解陳景雲曰皇后上脫孝仁二字據皇后紀當云兄子注弟子亦誤六月辛亥孝仁皇后董氏崩辛酉葬孝靈皇帝于文陵在洛陽西北三十里陵高十二丈周回三百步雨水秋七月甘陵王忠薨庚寅孝仁皇后歸葬河間愼陵徙

渤海王協爲陳留王司徒丁宮罷八月戊辰中常侍張讓段珪等殺大將軍何進於是虎賁中郎將袁術燒東西宮攻宦者庚午張讓段珪等劫少帝及陳留王幸北宮德陽殿何進部曲將吳匡與車騎將軍何苗戰於朱雀闕下苗敗斬之辛未司隸校尉袁紹勒兵收僞司隸校尉樊陵河南尹許相及諸閹人無少長皆斬之讓珪等復劫少帝陳留王集解黃山曰少帝未成乎帝之名說詳安紀或援春秋晉獻公卒奚齊立未踰年見弒不稱君疑此亦不當稱帝尤誤無論天子卽位不待踰年況帝嵩安帝嫡長卽位已再改元未聞失德賊臣董卓廢而弒之卓誅原當復號立謚遭時紛亂大禮未行豈奚齊庶孽可比乎走小平津小平津在今鞏縣西北續漢志曰時京師童謠曰侯非侯王非王千乘萬騎上北邙案獻帝未有爵號爲段珪等所執公卿百官皆隨其後到河上乃得還集解惠棟曰御覽引郡國志曰陝州平陸縣小平津張讓劫獻帝處南岸有句陳壘尚書盧植追讓等斬數人其餘投河而死獻帝春秋曰河南中部掾閔貢見天子出奔騎追之北到河上天子飢渴貢宰羊進之厲聲責讓等曰君以閹宦之隸刀鋸之賤越從污泥扶侍日月賣弄國恩階賤爲貴劫迫帝王蕩覆王室假息漏刻遊魂河津自亡新以來姦臣賊子未有如君者今

不速死吾射殺汝讓等惶怖叉手再拜叩頭向天子辭曰臣等死陛下自愛遂投河而死集解通鑑胡注漢官儀諸郡置五部督郵以監屬縣河南尹置四部督郵中部爲掾御覽引獻帝春秋曰比曉到河上注脫曉字復誤比爲北也帝與陳留王協夜步逐螢光行數里集解先謙曰螢官本作熒熒亦可通詳余詩三家義集疏豳風東山篇得民家露車共乘之集解通鑑胡注露車者上無巾蓋四旁無帷裳蓋民家以載物者耳辛未還宮集解陳景雲曰上文已書辛未不應復書大赦天下改光熹爲昭甯并州牧董卓殺執金吾丁原司空劉弘免董卓自爲司空集解汪文臺曰御覽百九十六引續漢書云卓住兵屯陽苑使者就拜司空九月甲戌董卓廢帝爲弘農王集解先謙曰王後事詳皇后傳自六月雨至于是月

論曰秦本紀說趙高譎二世指鹿爲馬史記曰趙高欲爲亂恐羣臣不聽迺先設驗持鹿獻胡亥曰馬也亥曰丞相誤也以問羣臣左右或言馬或言鹿者高皆陰法中之自此左右不敢言之也而趙忠張讓亦給靈帝不得登高臨觀時宦官並起第宅擬則宮室帝常登永安侯臺宦官恐望見之乃使趙忠等諫曰人君不當登高登高則百姓散離自是不敢復登臺榭見宦官傳故知亡敵者同其致矣然則靈

常之爲靈也優哉集解惠棟曰左傳君子是以知齊靈公之爲靈也汪文臺曰御覽九十二引薛瑩贊云漢氏中興至於延平而世業損矣沖質短祚孝桓無嗣母后稱制姦臣執政孝靈以支庶而登至尊由藩侯而紹皇統不恤宗緒不祗天命上虧三光之明下傷億兆之望於時爵服橫流官以賄成自公侯卿士降於皁隸遷官襲級無不以貨刑戮無辜摧仆忠賢佞諛在側直言不聞是以賢智退而窮處忠良擯於下位遂至姦邪蠭起法防墮壞夷狄並侵盜賊糜沸小者呑城邑大者連州郡編戶搔動人人思亂[illegible]當斯之時已無天子矣會靈帝卽世則禍尋其後宮室焚滅郊社無主危自上起覃及華夏使京室爲墟海內蕭條豈不痛哉

贊曰靈帝負乘委體宦孽易曰負且乘致寇至言帝以小人而乘君子之器微亡備兆小雅盡缺詩小雅曰小雅廢則四夷交侵中國微矣缺亦廢也麋鹿霜露遂棲宮衞史記曰伍子胥諫吳王吳王不聽子胥曰臣今見麋鹿遊于姑蘇之臺宮中生荊棘露沾衣也言帝爲政負亂任寄不得其人尋以獻帝遷播洛陽丘墟故麋鹿棲宮衞也衞協韻音于別反

[illegible]紀卷第八終

後漢書集解卷八校補

靈帝紀桓帝崩無子侯康曰御覽卷六引豫章列士傳周騰字叔逵爲御史桓帝欲南郊平明出拜騰仰首曰王者象星今宮中宿策馬星不出動帝何出焉四更皇子卒遂止據此則桓帝嘗有子但早殤耳其生何名卒何年則不可知

夏四月戊辰太尉周景薨司空宣酆免長樂衞尉王暢爲司空錢大昭曰史晨後碑建寧元年四月十一日戊子到官據此則是月爲戊寅朔不得有戊辰本紀誤今案下文五月朔爲丁未逆推四月小盡恰爲戊寅朔其不當有戊辰日甚明但查袁紀亦書夏四月戊辰以王暢爲司空則誤不自范書始

冬十月甲辰晦日有食之一歲日再食前書五行志所紀春秋惟襄二十一年二十四年漢惟高三年文三年續志所紀亦惟靈建寧元年光和元年五行家案驗後來言之鑿鑿曉人致麻亦謂前月在交初一度日食則至後月之朔日猶在交之末度未出食竟月行天既而來及於日或可更食則猶以謂日行差交之適然近世推步益精乃知每十八年日食當四十一次月食當二十九次遂年日食次數恆多於月食特月食時全球共見日食惟一處能見之耳然自春秋訖兩漢中國一歲日再食者亦必不僅如兩志所紀史官不見則略之而案驗後來直無其事矣

太僕沛國聞人襲爲太尉侯康曰御覽三百五十三引謝承書聞人襲爲郡督郵行則負擔臥則無被連

犢皮以自覆不受人一飡之費

執金吾董寵下獄死同董寵孝仁后兄坐矯董后屬請獲罪事見后紀

攻東平陵注東平陵縣名屬濟南國故城在今濟州東今在濟南府歷城縣東七十五里

太尉聞人襲免集解惠棟曰至當是本紀所書拜罷未審也案袁紀建寧四年三月朔日有蝕之太尉劉寵司空喬玄以災異免太尉者不作聞人襲其他之拜罷亦多與范書異則何說信也

夏四月郡國七大水案續志但云郡國三水

遣守宮令之鹽監穿渠爲民興利注前漢地理志及續漢郡國志並無鹽令蒲州安邑縣西南有鹽城監也錢大昭曰注監字當在上無鹽下閩本不誤案官本注末無監也二字集解劉攽曰注鹽城當作鹽池耳及無鹽字下當有一監字說文監字訓爲鹽池然則注家案地志求監所在則無之二漢志不謂池爲監也而據今所見則有池云今案官本依監

本轉刊監本注末亦無監也字故劉氏刊誤直欲於無鹽下補監字是木注末原有監也字故錢氏辨疑但據閩本謂無鹽字下當在無鹽下惟據上說則紀鹽爲地名注亦今蒲州安邑縣西南有鹽城監也句正釋紀鹽二監字此監字亦仍不可移去無鹽下亦仍係另脫一監字閩本或出臆改未必可信也蒲州唐爲河中府注仍稱蒲州當是章懷作注時尚未改續志河東郡安邑有鹽池無鹽城唐百官志亦有鹽池監無鹽城監劉氏謂城當作池是也惟說文訓鹽池者乃監字非監字劉忽郡書燕說殊難索解豈劉疑監本鹽之譌其刊誤中亦有脫文耶續志水利掌於司空守官令係少府屬官而遣使穿渠者史記河渠書河東守番係請穿渠引汾溉皮氏汾陰下引河溉汾陰蒲坂下作渠田數歲河移徙渠不利田者不能償種久之河東渠田廢予越人令少府以爲稍入蓄此項渠田租稅後漢仍入少府故穿渠仍遣少府屬官耳

太常南陽劉逸注逸字大迴官本注無逸字

冬十月癸丑朔日有食之 至 辛丑京師地震辛亥令天下繫囚罪未決入縑贖錢大昭曰癸丑續志作癸酉依本紀十月爲癸丑朔則是月不得有辛丑辛亥依續志爲癸酉朔則是月可以有辛丑而辛亥終當在下月紀疑有誤今案續志是本雖作癸酉官本仍作癸丑與紀無異京師地震則續志各本皆作辛丑惟袁紀於癸丑朔日食下接書地震不另出日似兩事同日辛丑或即癸丑之誤至辛亥誤否則其事無可考矣

太常河南孟戫爲太尉注戫字叔達音乙六反集解錢大昕曰 至 蜀志誤以郁爲戫也侯康曰後漢書考異及補表皆以孟戫孟郁爲一人惠氏分之是也蜀志孟光傳河南洛陽人漢太尉孟郁之族若濟陰太守碑則是縣不同也章懷注戫字叔達濟陰太守碑字敬達是字不同人也戫郁雖可相通而實分二字故說文兩收之是名不同也蜀志之誤無疑今案袁紀孟戫之戫即皆作郁則援說文爲之分辨終是不確蓋後漢實有兩孟郁蜀志孟光傳所引本即此紀之孟戫志注所稱中常侍孟賁之弟也明年戫罷太常一常山張顥繼爲太尉顥亦即中常侍張奉之弟宦族方盛事同一轍蜀志初不誤至濟陰太守碑立於桓帝永康元年碑中明言諱郁則前卒已久抑無爲太尉之事固與范書陳志皆不相涉自別爲一人

始置鴻都門學生注舉召能爲尺牘辭賦及工書鳥篆者相課試至千人焉集解汪文臺曰 至 士君子皆恥與爲列焉侯康曰後魏書江式傳開鴻都時諸方獻篆無出蔡邕者張懷瓘書斷師宜官南陽人靈帝好書徵天下工書於鴻都門至數百人八分稱宜官爲最大則一字徑丈小乃方寸千言張彥遠歷代名畫記劉旦楊魯並光和中畫手待召尚方畫于洪都學原注二人並見謝承後漢書今案汪氏所引二事已詳見蔡邕傳

大赦天下諸黨人禁錮小功已下皆除之注時上祿長和海上言

集解先謙曰上祿長和海官本作和浮非惠棟曰和浮黨錮傳作和海是惠所據本紀亦作浮也姓譜和本羲和之後一云卞和後

東平王瑞薨集解官本瑞作端錢大昭曰瑞當作端閩本不誤是錢所據本亦作瑞也觀東平王蒼傳原作端則作瑞明誤

立貴人何氏爲皇后注車騎將軍何貞女也洪亮吉曰貞當作眞誤后曰本貞居家作立貞一歲後始贈此職此注即云車騎將軍女恐非賻一官及追封侯均在下年與后紀合注誤惟后爲貴人時進已再遷虎賁中郎將出爲潁川太守明見進傳未贈一官疑贈官在前追爵諡在後史連類書之遂不先後無別章懷注或又別有所本也后出居家不曰紀進傳贊也並同袁紀但云以良家子選入掖庭不曰居家也

冬東海東萊瑯邪井中冰厚尺餘錢大昭曰東海續五行志作北海

安平王續有罪誅錢大昭曰續本傳作樂成靖王傳也惟此本傳作續官本仍作續案安平乃樂成改封與紀同觀通鑑引傳文亦作續則作績者誤

光祿大夫許相爲司空注相字公弼平輿人許訓之子集解惠棟曰 至 必許相之誤也案惠說是也相父訓事見許劭傳汝南先賢傳之許劭即許相之人訓其從祖敬之子相固其兄弟行也訓以建寧二年爲司徒閱十六年而相爲司空又二年亦爲司徒均具袁紀所謂沈沒榮利致位司徒與先賢傳合又呂強傳言相由侍中爲列侯繼爲蕃輔不念爾祖而交結邪黨下比群佞亦與劭傳所謂能紹事官故自致台司封侯則先賢傳所稱許與劭宗人其爲相無疑矣若許栩顯川鄢人與劭相先後亦不同縣斷非劭同宗其爲司徒尚在延熹十六年與相尤時不相接何父訓始爲司徒劭與栩尤時六年不相過其門乎

江夏兵趙慈反殺南陽太守秦頡案慈並攻沒六縣羊續繼爲南陽太守發兵與荊州刺史王敏討平之附見續傳

初置西園八校尉注樂資山陽公載記曰 至 凡八校尉皆統於蹇碩案袁紹傳注亦引此節載記惟涓于瓊作淳于瓊小異又何進傳載西園八校尉不著左右校尉何人如趙融爲助軍左校尉進傳則無左字涓于亦與載記無異而紹本傳並作爲佐至袁紹爲中軍校尉進傳作爲佐軍校尉軍校尉袁紀八月置西園三軍及典軍校尉助軍以小黃門蹇碩爲上軍校尉虎賁中郎將袁紹爲中軍校尉屯騎校尉鮑洪爲下

軍校尉議郎曹操爲典軍校尉四校尉職名進傳及載記罔皆相合而助軍校尉亦不著何人且並無八校尉之名稱故通鑑專取樂資說以載記究較詳審也

公孫瓚與張純戰於石門大破之注石門山名在今營州西案瓚本傳作戰於屬國石門傳注作在今營州柳城西南視紀爲詳集解惠棟曰水經注溫水又東南逕石門峽案言溫水誤說在鮑邱水篇溫泉水下酈注明載瓚戰事故惠氏取之然顧炎武日知錄謂水經所指乃漁陽之石門非遼東屬國之石門當以柳城爲是通典柳城有石門山據顧說則酈注蓋不足取

收僞司隸校尉樊陵河南尹許相何進傳讓珪等爲詔以故太尉樊陵爲司隸校尉少府許相爲河南尹詔出僞爲故稱僞許相會否爲少府無考袁紀作故司空許相亦誤相於中平四年已由司空爲司徒五年始罷也

遂趨宮衞注衞協韻音于別反官本衞字在協韻二字下

孝獻帝紀卷第九　後漢書九

宋　宣　城　太　守　范　曄　撰

唐　章　懷　太　子　賢　注

王先謙集解

孝獻皇帝諱協靈帝中子也謚法曰聰明睿智曰獻協之字曰合張璠記曰靈帝以帝似己故名曰協帝王紀曰協字伯和集解惠棟曰續志靈帝少子母王美人爲何皇后所害中平六年四月少帝即位封帝爲勃海王徙封陳留王九月甲戌即皇帝位年九歲遷皇太后於永安宮董卓遷也洛陽宮殿名曰永安宮周迴六百九十八丈故基在洛陽故城中大赦天下改昭寧爲永漢丙子董卓殺皇太后何氏初令侍中給事黃門侍郎員各六人續漢志曰侍中比二千石無員漢官儀曰侍中左蟬右貂本秦丞相史往來殿中故謂之侍中分掌乘輿服物下至褻器虎子之屬武帝時孔安國爲侍中以其儒者特聽掌御唾壺朝廷榮之至東京時屬少府亦無員駕出則一人負傳國璽操斬蛇劍乘輿中官俱止禁中又曰給事黃門侍郎六百石無員掌侍從左右給事中使關通中外應劭曰黃門侍郎每日暮向青瑣門拜謂之夕郎輿服志曰禁門曰黃闥以中人主之故號曰黃門令然則黃門郎給事黃闥之內故曰黃門郎本既無員於此各置六人也獻帝起居注曰自誅黃門後侍中侍郎出入禁中機事頗露由是王允奏侍中黃門不得出入不通賓客自此始也集解劉攽曰注乘輿中官俱止禁中案文當云參乘與中官俱止禁中少一參字誤一輿字賜公卿已下至黃門侍郎家一人爲郎已補宦官所領諸署侍於殿上靈帝熹平四年改平準爲中準使宦官爲令自是諸內署令丞悉以閹人爲之故今並令士人代領之乙酉已太尉劉虞爲大司馬董卓自爲太尉加鈇鉞虎賁禮記曰諸侯賜鈇鉞然後專殺說文曰鈇莝刀也蒼頡篇曰鈇斧也加鈇鉞者得專殺也丙戌太中大夫楊彪爲司空甲午豫州牧黃琬爲司徒遣使弔祠故太傅陳蕃大將軍竇武等冬十月乙巳葬靈思皇后白波賊寇河東薛瑩書曰黃巾郭泰等起於西河白波谷時謂之白波賊董卓遣其將牛輔擊之十一月癸酉董卓爲相國集解何焯曰爲上脫自字十二月戊戌司徒黃琬爲太尉司空楊彪爲司徒光祿勳荀爽爲司空省扶風都尉置漢安都護扶風都尉比二千石武帝元鼎四年置中興不改至此以羌擾三輔故省之置都護令總

統西方集解官本考證監本西字訛四從宋本改詔除光熹昭寧永漢三號還復中平六年

初平元年春正月山東州郡起兵以討董卓辛亥大赦天下癸酉董卓殺弘農王白波賊寇東郡二月乙亥太尉黃琬司徒楊彪免庚辰董卓殺城門校尉伍瓊督軍校尉周珌珌音必東觀記曰周珌豫州刺史愼之子也續漢書魏志並作毖音祕以光祿勳趙謙爲太尉謝承書曰謙字彥信太尉趙戒之孫蜀郡成都人也太僕王允爲司徒丁亥遷都長安董卓驅徙京師百姓悉西入關自留屯畢圭苑壬辰白虹貫日三月乙巳車駕入長安〔集解〕惠棟曰獻帝宗廟祝嘏辭云乃以二月丁亥來祀雒越三月丁巳至於長安案下文云己酉董卓焚洛陽宮廟己酉在丁巳前袁宏紀又作己巳未知孰是幸未央宮未央宮蕭何所造也張璠記曰將入宮日大雨晝晦翟雉飛入長安宮〔集解〕惠棟曰通鑑云居京兆府舍己酉董卓焚洛陽宮廟及人家戊午〔集解〕惠棟曰戊上脫四月二字董卓殺太傅袁隗太僕袁基夷其族隗紹之叔父基袁術之母兄卓以山東兵起依紹術爲主故誅其親屬獻帝春秋曰尺口以上男女五十餘人皆下獄死夏五月司空荀爽薨六月辛丑光祿大夫种

拂爲司空大鴻臚韓融少府陰修執金吾胡母班風俗通云胡母姓本陳胡公之後也公子完奔齊遂有齊國齊宣王母弟別封母鄉遠本胡公近取母邑故曰胡母氏也將作大匠吳修越騎校尉王瓌安集關東後將軍袁術河內太守王匡各執而殺之英雄記曰匡字公節太山人也輕財好施以任俠聞爲袁紹河內太守唯韓融獲免董卓壞五銖錢更鑄小錢光武中興除王莽貨泉更用五銖錢冬十一月庚戌鎭星熒惑太白合於尾是歲有司奏和安順桓四帝無功德不宜稱宗又恭懷敬隱恭愍三皇后並非正嫡不合稱后皆請除尊號制曰可和帝號穆宗安帝號恭宗順帝號敬宗桓帝號威宗和帝尊母梁貴人曰恭懷皇后安帝尊祖母宋貴人曰敬隱皇后順帝尊母李氏曰恭愍皇后孫堅殺荊州刺史王叡王氏譜曰叡字通曜晉太保祥伯父也吳錄曰叡素遇堅無禮堅此時欲殺叡叡曰我何罪堅曰坐無所知叡窮迫刮金飲之而死又殺南陽太守張咨〔集解〕惠棟曰英雄記咨字子儀潁川人亦知名

二年春正月辛丑大赦天下二月丁丑董卓自爲太師袁術遣將孫堅與董卓將胡軫戰於陽人陽人聚名屬河南郡故城在今汝州梁縣西史記秦滅東周徙其君於陽人聚卽此地也〔集解〕惠棟曰英雄記軫字文才先謙曰陽人聚在今汝州梁縣西四十里亦名陽人城梁縣在今汝州東軫軍大敗董卓遂發掘洛陽諸帝陵夏四月董卓入長安六月丙戌地震秋七月司空种拂免光祿大夫濟南淳于嘉爲司空太尉趙謙罷太常馬日磾爲太尉九月蚩尤旗見于角亢天官書曰蚩尤之旗類彗而後曲象旗熒惑之精也呂氏春秋云其色黃上白下見則王者征伐四方角亢蒼龍之星冬十月壬戌董卓殺衛尉張溫十一月青州黃巾寇太山太山太守應劭擊破之黃巾轉寇勃海公孫瓚與戰於東光復大破之東光今滄州縣〔集解〕先謙曰今河間府東光縣東是歲長沙有人死經月復活

三年春正月丁丑大赦天下袁術遣將孫堅攻劉表於襄陽堅戰歿袁紹及公孫瓚戰于界橋今貝州宗城縣東有古界城近枯漳水則界橋在此也瓚軍大敗夏四月辛巳誅董卓夷三族司徒王允錄尚書事總朝政遣使

者張种撫慰山東青州黃巾擊殺兗州刺史劉岱於東平東郡太守曹操大破黃巾於壽張降之五月丁酉大赦天下〔集解〕惠棟曰考異云案是年正月大赦及李傕求赦王允曰一歲不再赦然則五月必無赦也丁未征西將軍皇甫嵩爲車騎將軍董卓部曲將李傕郭汜樊稠張濟等反攻京師六月戊午陷長安城太常种拂太僕魯旭〔集解〕惠棟曰魯旭魯恭傳謙子大鴻臚周奐三輔決錄注曰奐字文明茂陵人城門校尉崔烈越騎校尉王頎並戰歿頎音祈吏民死者萬餘人李傕等並自爲將軍己未大赦天下李傕殺司隸校尉黃琬甲子殺司徒王允皆滅其族〔集解〕惠棟曰張璠漢紀傕誅允及妻子十餘人丙子前將軍趙謙爲司徒秋七月庚子太尉馬日磾爲太傅錄尚書事八月遣日磾及太僕趙岐持節慰撫天下車騎將軍皇甫嵩爲太尉司徒趙謙罷九月李傕自爲車騎將軍郭汜後將軍樊稠右將軍張濟鎭東將軍濟出屯弘農甲申司空淳于嘉爲司徒光祿大夫楊

彪爲司空並錄尚書事冬十二月太尉皇甫嵩免光祿大夫周忠爲太尉參錄尚書事

四年春正月甲寅朔日有食之袁宏記曰時未晡八刻太史令王立奏曰晷過度無變也朝臣皆賀帝令候焉未晡一刻而食賈詡奏曰立司候不明疑誤上下請付理官帝曰天道遠事驗難明欲歸咎史官益重朕之不德也〔集解〕惠棟曰續志在營室四度是時李傕郭汜專政丁卯大赦天下〔集解〕惠棟曰袁宏紀五月丁卯三月袁術殺揚州刺史陳溫據淮南〔集解〕錢大昕曰裴松之注魏志引英雄記謂溫自病死非術所殺攷異亦取之長安宣平城門外屋自壞三輔黃圖曰長安城東面北頭門也夏五月癸酉無雲而雷六月扶風大風雨雹華山崩裂太尉周忠免太僕朱儁爲太尉錄尚書事下邳賊闕宣自稱天子風俗通曰闕姓也承闕黨童子之後也縱橫家有闕子著書〔集解〕顧炎武曰讖文言代漢者當塗高當塗而高者闕也故闕宣自稱天子孫愐曰闕姓出下邳漢有荊州刺史闕翊雨水遣侍御史裴茂〔集解〕惠棟曰茂字巨光河東聞喜人裴潛之父也案世系云燉煌太守裴遵自雲中從光武平隴蜀徙居河東安邑安順之際徙聞喜曾孫曄并州刺史度遼將軍生子茂也孫愐曰裴伯益之後封於䣆鄉因以爲氏後徙封解邑乃去邑

從衣至燉煌太守裴遵始自雲中徙居河東訊詔獄原輕繫六月辛丑天狗西北行前書音義曰有聲爲天狗無聲爲枉矢〔集解〕惠棟曰獻帝春秋曰初平四年六月流星起織女東南行天市中蛇行有尾長七八尺色赤照地又流星如斛長六七寸小者六七枚隨之光照地又流星西北行有聲如雷望之如火下照地是曰天狗九月甲午試儒生四十餘人上第賜位郎中次太子舍人下第者罷之詔曰孔子歎學之不講講習也論語之文不講則所識日忘今耆儒年踰六十去離本土營求糧資不得專業結童入學〔集解〕惠棟曰越絕書曰范蠡其始居楚也生於宛橐伍戶之虛其爲結童之時一癡一醒時人盡以爲狂白首空歸長委農野永絕榮望朕甚愍焉其依科罷者聽爲太子舍人劉艾獻帝紀曰時長安中爲之謠曰頭白皓然食不充糧裹衣褰裳當還故鄉聖主愍念悉用補郞舍是布衣被服玄黃冬十月太學行禮車駕幸永福城門臨觀其儀賜博士㠯下各有差辛丑京師地震有星孛于天市袁宏紀曰孛于天市將從天子移都其後上東遷之應也司空楊彪免太常趙溫爲司空公孫瓚殺大司馬劉虞十二月辛丑地震司空趙溫免乙巳衞尉張喜爲司空獻帝春秋曰喜作嘉是歲琅邪王容薨

興平元年春正月辛酉大赦天下改元興平甲子帝加元服〔集解〕惠棟曰時司徒淳于嘉爲賓加賜元纁駟馬見禮儀志注也二月壬午追尊謚皇妣王氏爲靈懷皇后甲申改葬于文昭陵丁亥帝耕于藉田三月韓遂馬騰與郭汜樊稠戰於長平觀遂騰敗績左中郎將劉範前益州刺史种劭戰歿前書音義曰長平阪名也上有觀在池陽宮南去長安五十里今涇水南原眭城是也袁宏紀曰是時馬騰以李傕等專亂以益州刺史劉焉宗室大臣遣使招引共誅傕焉遣子範將兵就騰故涼州刺史种劭太常拂之子也拂爲傕所害劭欲報仇遂爲此戰夏六月丙子分涼州河西四郡爲廱州謂金城酒泉燉煌張掖丁丑地震戊寅又震乙巳晦日有食之帝避正殿寢兵不聽事五日大蝗秋七月壬子太尉朱儁免戊午太常楊彪爲太尉錄尚書事三輔大旱自四月至于是月帝避正殿請雨遣使者洗囚徒原輕繫洗謂蕩滌也是歲穀一斛五十萬豆麥一斛二十萬人相食啖白骨委積

帝使侍御史侯汶〔集解〕錢大昕曰自是歲以下百一十五字又見董卓傳當刪彼存此惠棟曰汶字文林太原中都人見宗俱碑陰出太倉米豆爲飢人作糜粥經日而死者無數帝疑賦卹有虛迺親於御坐前量試作糜迺知非實袁宏紀曰時敕侍中劉艾取米豆五升於御前作糜得滿三盂於是詔尚書曰米豆五升得糜三盂而人委頓何也使侍中劉艾出讓有司於是尚書令㠯下皆詣省閣謝〔集解〕劉攽曰案閣當作閤閤門也詣閣無理奏收侯汶考實詔曰未忍致汶于理可杖五十自是之後多得全濟八月馮翊羌叛寇屬縣郭汜樊稠擊破之九月桑復生椹人得㠯食司徒淳于嘉罷冬十月長安市門自壞㠯衞尉趙溫爲司徒錄尚書事十二月分安定扶風爲新平郡是歲揚州刺史劉繇與袁術將孫策戰于曲阿策字伯符孫堅子曲阿今潤州縣〔集解〕先謙曰今鎮江府丹陽縣治繇軍敗績孫策遂據江東吳志曰孫策既破繇遂度兵據會稽策自領會稽太守太傅馬日磾薨于壽春壽春縣名屬九江郡今壽春縣也〔集解〕先謙曰今鳳陽府壽州治

二年春正月癸丑大赦天下〔集解〕惠棟曰考異云袁紀作癸酉案長歷是月癸卯朔無癸酉二月乙亥李傕殺樊稠而與郭汜相攻三月丙寅李傕脅帝幸其營焚宮室夏四月甲午立貴人伏氏爲皇后丁酉郭汜攻李傕矢及御前山陽公載記曰時弓弩並發矢下如雨及御所止高樓殿前帷簾也〔集解〕惠棟曰蔡邕獨斷云天子所在曰御前是日李傕移帝幸北塢服虔通俗文曰營居曰塢一曰庳城也山陽公載記曰時帝在南塢傕在北塢時流矢中傕左耳乃迎帝幸北塢帝不肯從强之乃行大旱五月壬午李傕自爲大司馬六月庚午張濟自陝來和傕汜秋七月甲子車駕東歸郭汜自爲車騎將軍楊定爲後將軍楊奉爲興義將軍董承爲安集將軍並侍送乘輿張濟爲驃騎將軍還屯陝八月甲辰幸新豐冬十月戊戌郭汜使其將伍習夜燒所幸學舍逼脅乘輿楊定楊奉與郭汜戰破之壬寅幸華陰〔集解〕先謙曰後漢屬宏農郡今同州府華陰縣露次道南是夜有赤氣貫紫宮獻帝春秋曰赤氣廣六七尺東至寅西至戌地張濟復反與李傕郭汜合十一月庚午李

傕郭汜等追乘輿戰於東澗〔集解〕惠棟曰獻帝春秋十一月丙寅車駕東行到黃卷亭庚午乘輿到宏農董卓傳大戰於宏農東澗王師敗績〔集解〕蘇輿曰此沿春秋書法時天子無兵稱非其實也或書官軍爲宜殺光祿勳鄧泉〔集解〕錢大昕曰五行志作鄧淵此作泉者章懷避諱改衞尉士孫瑞〔集解〕惠棟曰三輔決錄注瑞字君榮扶風人又見王允傳廷尉宣播大長秋苗祀獻帝春秋播作璠也步兵校尉魏桀〔集解〕惠棟曰桀桂陽人先爲破敵都尉見續漢書侍中朱展射聲校尉沮儁風俗通曰沮姓也黃帝時史官沮誦之後音側余反壬申幸曹陽露次田中曹陽澗名在今陝州西南七里俗謂之七里澗崔浩云自南山北通於河〔集解〕惠棟曰晉灼漢書注曹陽亭也在宏農東十二里杜佑云陝郡西四十五里有曹陽澗王劭學云露次言露室也周禮掌次注次謂幄也先謙曰曹陽在陝州靈寶縣東縣志十里好陽鋪楊奉董承引白波帥胡才李樂韓暹及匈奴左賢王去卑率師奉迎與李傕等戰破之十二月庚辰車駕遁進李傕等復來追戰王師大敗殺略宮人少府田芬〔集解〕惠棟曰五行志作田邠大司農張義等皆戰歿進幸陝〔集解〕先謙曰今陝州陝縣夜度河〔集解〕汪文臺曰御覽八百十七引華嶠書云董承夜潛過白先具舟船爲應帝步出營臨河岸高不得下時伏德扶中宮一手持十匹絹乃取德絹連續挽而下餘人匍匐岸側或自投死亡文選西征賦注引同乙亥幸安邑〔集解〕惠棟曰獻帝春秋乘輿到安邑使侍中史跱太僕韓融奉詔詔張濟悉遣宮人公卿以下婦女及乘輿服物車馬諸見略者皆詣安邑跱音直理切是歲袁紹遣將麴義與公孫瓚戰於鮑丘鮑丘水名出北塞中南流經九莊嶺東俗謂之大榆河又東南經漁陽縣故城東是瓚之戰處見水經注瓚軍大敗

建安元年春正月癸酉郊祀上帝於安邑大赦天下改元建安二月韓暹攻衞將軍董承夏六月乙未幸聞喜秋七月甲子車駕至洛陽幸故中常侍趙忠宅〔集解〕惠棟曰獻帝春秋云在城西丁丑郊祀上帝大赦天下己卯謁太廟八月辛丑幸南宮楊安殿〔集解〕惠棟曰獻帝春秋云帝使張楊繕治宮室名曰揚安殿癸卯安國將軍張楊爲大司馬韓暹爲大將軍楊奉爲車騎將軍是時宮室燒盡百官披荆棘依牆壁閒州郡各擁彊兵而委輸不至羣僚飢乏尚書郎已下自出採稆稆音呂埤蒼曰穭自生也稆與穭同或飢死牆壁閒或爲兵士所殺辛亥鎭東將軍曹操自領司隸校

尉錄尚書事曹操殺侍中臺崇尚書馮碩等風俗通曰金天氏裔孫曰臺駘其後氏焉山陽公載記曰臺字作壺〔集解〕劉攽曰注山陽公載記曰案文多一曰字惠棟曰董卓傳注引袁宏紀亦作壺崇案孫愐廣韻臺姓下云漢有侍中臺崇徒哀切又十六國春秋臺產字國初上洛人漢侍中臺崇之後作壺者非封衞將軍董承爲輔國將軍伏完等十三人爲列侯〔集解〕劉攽曰案文多一爲字錢大昕曰按董卓傳是時封董承伏完等十餘人爲列侯董承下不當有爲字十三人者董承伏完丁中种輯鍾繇郭溥董芬劉艾韓斌楊眾羅邵伏德趙蕤也觀袁但伏完襲父爵不其侯當在桓靈之世豈待此時始封列侯此史文之可疑者竊意完但增加食戶其子德別受列侯之封耳惠棟曰伏后紀建安元年拜完輔國將軍又云皇女華適不其侯輔國將軍伏完皆爲字安加之明證贈沮儁爲宏農太守庚申遷都許〔集解〕惠棟曰王應麟云漢潁川許縣本許國魏文帝改曰許昌春秋佐助期曰漢以許昌失天下鄜元曰魏承漢歷改名許昌也先謙曰今許州許縣己巳幸曹操營九月太尉楊彪司空張喜罷冬十一月丙戌曹操自爲司空行車騎將軍事百官總己已聽

二年春袁術自稱天子三月袁紹自爲大將軍夏五月蝗秋九月

漢水溢是歲飢江淮間民相食袁術殺陳王寵孫策遣使奉貢

三年夏四月遣謁者裴茂率中郎將段煨討李傕夷三族獻帝起居注曰傳傕首到許有詔高懸之也集解惠棟曰魏略茂靈帝時歷縣令郡守尚書建安初以奉使率導關中諸將討傕有功封列侯也世系茂封陽吉平侯呂布叛冬十一月盜殺大司馬張楊十二月癸酉曹操擊呂布於徐州斬之

四年春三月袁紹攻公孫瓚于易京獲之公孫瓚頻失利迺臨易河築京以自固故號易京其城三重周迴六里今內城中有土京在幽州歸義縣南爾雅曰絕高謂之京非人爲之丘集解先謙曰在今保定府雄縣西北衞將軍董承爲車騎將軍夏六月袁術死是歲初置尚書左右僕射集解惠棟曰應劭漢官儀以執金吾榮郃爲左僕射衞臻爲右僕射晉志僕射分置左右蓋自此始風俗通營姓周成王卿士營伯之後漢有京兆尹營郃榮當作營也營金傾切武陵女子死十四日復活續漢志曰女子李娥年六十餘死瘞於城外有行人聞家中有聲告家人出之

五年春正月車騎將軍董承偏將軍王服越騎校尉种輯集解錢大昕曰董卓傳作長水校尉受密詔誅曹操集解惠棟曰獻帝起居注承等與劉備等兵發而備出承謂服曰郭多有數百兵壞李傕數萬人但足下與吾同否耳服曰惶懼不敢當且兵又少承曰舉訖得曹公成兵顧不足耶服曰今京師豈有所任乎承曰長水校尉种輯議郎吳碩是吾腹心辦事者遂定計事洩壬午曹操殺董承等夷三族秋七月立皇子馮爲南陽王壬午南陽王馮薨集解王會汾曰監本脫馮字今從宋本按他處王薨皆書名但此句蒙上立皇子馮爲南陽王文雖無馮字亦可九月庚午朔日有食之詔三公舉至孝二人九卿校尉郡國守相各一人皆上封事靡有所諱曹操與袁紹戰於官度裴松之北征記曰中牟臺下臨汴水是爲官度袁紹曹操壘尚存焉在今鄭州中牟縣北紹敗走冬十月辛亥有星孛于大梁大梁西之分東海王祗薨是歲孫策死爲許貢客所射傷弟權襲其餘業權字仲謀

六年春三月丁卯朔日有食之集解錢大昕曰五行志作十月癸未

七年夏五月庚戌袁紹薨集解蘇輿曰紹操書薨正著其不臣之罪與孫策異于寘國獻馴象馴象謂隨人意也是歲越巂男子化爲女子集解惠棟曰續漢志時周羣上言哀帝時亦有此意將有易代之事也

八年冬十月己巳公卿初迎冬於北郊斯禮久廢故曰初總章始復備八佾舞袁宏紀云迎氣北郊始用八佾佾列也謂舞者之行列往因亂廢今始備之總章樂官名古之安代樂初置司直官督中都官司直秩比二千石武帝元狩五年置掌佐丞相舉不法也建武十一年省今復置之集解惠棟曰漢名臣奏張禹奏曰案今丞相奏事司直持案長史持簿棟案其時司直掌督中都官不屬司徒也

九年秋八月戊寅曹操大破袁尚平冀州自領冀州牧冬十月有星孛于東井十二月賜三公已下金帛各有差自是三年一賜已爲常制

十年春正月曹操破袁譚於青州斬之魏書曰操攻譚不剋迺自執桴鼓應時破之夏四月黑山賊張燕率衆降魏志曰燕本姓褚常山眞定人也黃巾起燕合聚少年爲羣盜萬餘人博陵人張牛角爲主牛角死燕代爲主故改姓張燕剽勇軍中號曰張飛燕衆至百萬號曰黑山賊秋九月賜百官尤貧者金帛各有差

十一年春正月有星孛于北斗三月曹操破高幹於幷州獲之典論曰上洛都尉王琰敗之追斬其首集解惠棟曰謝承書幹字元才才志宏邈文武秀出秋七月武威太守張猛集解惠棟曰典略曰猛字叔威奐少子也殺雍州刺史邯鄲商袁宏漢紀曰雍州作涼州也是歲立故琅邪王容子熙爲琅邪王濟北北海阜陵下邳常山甘陵濟陰平原八國皆除集解錢大昕曰通鑑作齊北海閩本亦是齊字今本作濟轉寫之譌也明帝子濟陰王長早薨無後安帝廢太子保爲濟陰王其後入承大統卽順帝也此後無封濟陰者必濟北之譌先謙曰官本濟北作齊

十二年秋八月曹操大破烏桓於柳城斬其蹋頓蹋頓匈奴王號柳城縣名屬遼西郡今營州縣集解何焯曰其字應衍先謙曰柳城卽後魏之營州遼金之興中府在今錦州邊界冬十月辛卯有星孛于鶉尾鶉尾巳之分也乙巳黃巾賊殺濟南王贇河間孝王五代孫十一月遼東太守公孫康殺袁尚袁熙

十三年春正月司徒趙溫免集解惠棟曰考異云獻帝起居注十五年案是年罷三公不至十五年也夏六月罷三公官置丞相御史大夫癸巳曹操自爲丞相秋七月

曹操南征劉表八月丁未光祿勳郗慮爲御史大夫〔續漢書曰慮字鴻豫山陽高平人也少受學於鄭玄〕壬子曹操殺太中大夫孔融夷其族是月劉表卒少子琮立琮以荊州降操冬十月癸未朔日有食之〔集解惠棟曰續志在尾十二度〕曹操以舟師伐孫權權將周瑜敗之於烏林赤壁

十四年冬十月荊州地震

十五年春二月乙巳朔日有食之

十六年秋九月庚戌曹操與韓遂馬超戰於渭南遂等大敗關西平〔曹瞞傳曰時婁子伯說操曰今天寒可起沙爲城以水灌之可一夜而成公從之比明城立超遂數挑戰不利操縱虎騎夾擊大破之超遂走涼州〕是歲趙王赦薨

十七年夏五月癸未誅衞尉馬騰夷三族六月庚寅晦日有食之秋七月洧水潁水溢螟八月馬超破涼州殺刺史韋康〔集解惠棟曰三國志注康字元將京兆人父端從涼州牧徵爲太僕康代爲涼州刺史時人榮之爲超所圍堅守歷時救軍不至遂爲超殺〕九月庚戌立皇子熙爲濟陰王懿爲山陽王邈爲濟北王敦爲東海王〔山陽公載記曰時許靖在巴郡聞立諸王曰將欲歙之必姑張之將欲奪之必姑與之其孟德之謂乎集解錢大昕曰東海王祇以建安五年薨子羡嗣魏受禪始除不應別封皇子當是北海之譌〕冬十二月星孛于五諸侯〔五諸侯星名也〕

十八年春正月庚寅復禹貢九州〔獻帝春秋曰時省幽并州以其郡國并於冀州省司隸校尉及涼州以其郡國并爲雍州省交州并荊州益州於是有兗豫青徐荊揚冀益雍也九數雖同而禹貢無益州有梁州然梁益亦一地也集解胡三省曰割司州之河東河內馮翊扶風及幽并二州皆入冀州涼州所統悉入雍州又以司州之京兆入焉又以司州之宏農河南入豫州交州併入荊州則省司涼幽并而復禹貢之九州矣此曹操自領冀州牧欲廣其所統以制天下耳〕夏五月丙申曹操自立爲魏公加九錫〔案禮含文嘉曰九錫謂一曰車馬二曰衣服三曰樂器四曰朱戶五曰納陛六曰虎賁七百人七日斧鉞八曰弓矢九曰秬鬯〕大雨水〔集解惠棟曰續志六月獻帝起居注七月〕徙趙王珪爲博陵王是歲歲星鎮星熒惑俱入太微〔是年秋三星逆行入太微守帝座五十日〕彭城王和薨

十九年夏四月旱五月雨水劉備破劉璋據益州冬十月曹操遣將夏侯淵討宋建于枹罕獲之〔枹罕縣屬金城郡今河州縣也魏志曰淵字妙才沛國譙人也集解錢大昕曰天文志作宋建董卓傳作宗建三國志亦作宋建先謙曰今蘭州府河州治〕十一月丁卯曹操殺皇后伏氏滅其族及二皇子〔山陽公載記曰劉備在蜀聞之遂發喪〕

二十年春正月甲子立貴人曹氏爲皇后賜天下男子爵人一級孝悌力田二級賜諸王侯公卿以下穀各有差秋七月曹操破漢中張魯降

二十一年夏四月甲午曹操自進號魏王五月己亥朔日有食之秋七月匈奴南單于來朝是歲曹操殺琅邪王熙國除〔坐謀欲渡江被誅〕

二十二年夏六月丞相軍師華歆爲御史大夫〔集解錢大昕曰魏志華歆傳魏國初建爲御史大夫是歆爲魏國之御史大夫非漢廷之御史大夫也劉昭注百官志云建安十三年罷司空置御史大夫御史大夫郗慮免不得補致建安十九年廢皇后伏氏慮尚在職至二十一年封魏王操則宗正劉艾行御史大夫事二十五年禪位則太常張音行御史大夫事然則郗慮以後漢廷無眞授御史大夫其說信矣魏志太祖紀書華歆爲御史大夫而不書郗慮慮爲漢臣歆爲魏臣故也歆之除授不當書於漢紀且使歆而得書則鍾繇爲相國何以轉不書乎蔚宗未達官制因有此誤〕冬有星孛于東北是歲大疫

二十三年春正月甲子少府耿紀丞相司直韋晃起兵誅曹操不克夷三族〔三輔決錄曰時有京兆金禕字德偉自以代爲漢臣迺發憤與耿紀韋晃欲挾天子以攻魏南援劉備事敗夷三族集解陳景雲曰決錄下當有注字趙岐卒於建安六年不及見此事輔岐決撰錄三〕三月有星孛于東方〔杜預注左傳云平旦眾星皆沒而孛星迺見故不言所在之次〕

二十四年春二月壬子晦日有食之夏五月劉備取漢中秋七月庚子劉備自稱漢中王八月漢水溢冬十一月孫權取荊州

二十五年春正月庚子魏王曹操薨〔魏志曰操字孟德薨時年六十六〕子丕襲位〔魏志曰丕字子桓操之太子〕二月丁未朔日有食之三月改元延康〔集解官本考證曰監本延字訛建按建康順帝年號從宋本改〕冬十月乙卯皇帝遜位魏王丕稱天子〔遜讓也獻

後漢書九　十

後漢書九　十一

帝春秋曰帝時召羣臣卿士告祠高廟詔太常張音持節奉策璽綬禪位於魏王迺爲壇於繁陽故城魏王登壇受皇帝璽綬集解惠棟曰魏受禪碑作十月辛未受禪於漢歐陽修云據裴松之注魏志漢實以十月乙卯策詔魏王使張愔奉璽綬而魏王辭讓往返三四而後受也又據侍中劉廙奏問太史令許芝今月十七日乙未可治壇墠又據尚書桓階等奏云輒下太史令擇元辰今月二十九日可登壇受命蓋自十七日乙未至二十九日正得辛未以此據之漢魏二紀皆謬而獨此碑爲是也紀乙卯遜位者書其初命而略其往返辭讓遂失實耳**奉帝爲山陽公**山陽縣名屬河內郡故城在今懷州修武縣西北集解先謙曰在今懷慶府修武縣西北三十五里**邑一萬戶位在諸侯王上奏事不稱臣受詔不拜以天子車服郊祀天地宗廟祖臘皆如漢制都山陽之濁鹿城**濁鹿一名濁城亦名清陽城在今懷州修武東北**四皇子封王者皆降爲列侯明年劉備稱帝于蜀孫權亦自王於吳於是天下遂三分矣魏青龍二年三月庚寅山陽公薨**集解先謙曰獻帝棄位安受魏封於卒書薨而被以魏年號皆以示貶或疑當準春秋公薨于乾侯例仍書帝崩然昭公孫齊魯固未嘗別立君也**自遜位至薨十有四年年五十四謚孝獻皇帝八月壬申以漢天子禮儀葬于禪陵**續漢書曰天子葬太僕駕四輪輈爲賓車大練爲屋幙中黃門虎賁各二十人執紼司空擇土造穿太史卜日將作作黃腸題湊便房如禮大駕太僕御方相氏黃金四目蒙熊皮玄衣朱裳執戈揚楯立乘四馬先驅旂長三仞十有二旒曳地畫日月升龍書旐曰天子之柩謁者二人立乘六馬爲次太常跪哭日十五舉音止哭晝漏上請發司徒河南尹先引車轉太常日請拜送車著白絲三糾紼長三十丈圍七寸六行行五十人公卿已下子弟凡三百人皆素幘委貌冠衣素裳挽校尉三百人皆赤幘不冠持幢幡皆銜枚羽林孤兒巴歈擢歌者六十人爲六列司馬八人執鐸至陵南羨門司徒跪請就下房都導東園武士奉入房執事下明器太祝進醴獻司空將校復土嫺音徒了反帝王紀曰禪陵在濁鹿城西北十里在今懷州修武縣北二十五里陵高二丈周回二百步劉澄之地記云以漢禪魏故以名焉集解劉攽曰注太常跪哭日十五舉音止案漢志日字作曰在哭字上**置園邑令丞太子早卒孫康立五十一年晉太康六年薨子瑾立四年太康十年薨子秋立二十年永嘉中爲胡賊所殺國除**

論曰傳稱鼎之爲器雖小而重故神之所寶不可奪移左氏傳王孫滿曰桀有昏德鼎遷於商商紂暴虐鼎遷於周德之休明雖小重也其姦回昏亂雖大輕也故言神之所寶不可奪移**至今負而趨者此亦窮運之歸乎**言神器至重被人負而趨走者斯亦窮盡之運歸於此時乎言不可復振也莊子曰藏舟於壑藏山於澤謂之固矣然而有力者負之而趨而昧者不知集解官本考證曰今應作令惠棟曰司馬彪云舟水物山陸居者藏之壑非人意所求謂之固有力者或能取之**天厭漢德久矣山陽其何誅焉**厭㤀誅責也漢自和帝以後政教陵遲故言天厭漢德久矣禍之來也非獨山陽公之過其何所誅責乎左傳宋子魚曰天既厭商德孔子曰於予予何誅集解劉攽曰注子予何誅案今論語下予當作與汪文臺曰案御覽九十二袁山松書云獻帝崎嶇危亂之間飄薄萬里之衢萍流蓬轉嶮岨備經自古帝王未之有也觀其天性慈愛弱而神惠若輔之以德眞守文令主也曹氏始於勤王終至滔天遂力制羣雄負鼎而趨然因其利器假而不反迴山倒海遂移天日昔一田常假湯武而殺君操因堯舜而竊國所乘不同濟其盜賊之身也善乎莊生之言竊鉤者誅竊國者爲諸侯諸侯之門仁義在焉信矣

贊曰獻生不辰身播國屯辰時也播遷也言獻帝生不逢時身既播遷國又屯難詩曰我生不辰左傳曰震蕩播越**終我四百永作虞賓**春秋孔演圖曰劉四百歲之際褒漢王輔皇王以期有名不就宋均注曰褒族人爲漢王以自輔以當有應期名見攝錄者故名不就也虞賓謂舜以堯子丹朱爲賓虞書曰虞賓在位是也以喻山陽公爲魏之賓也集解官本考證曰監本虞訛作商今改正

後漢書集解卷九校補

獻帝紀九月董卓殺皇太后何氏周壽昌曰此及下初平元年正月董卓殺弘農王建安十九年十一月曹操殺皇后伏氏三殺字皆宜正作弑謹案通鑑輯覽皆已改書弑此周說所本惟詳觀袁紀書中和六年九月丙子太后何氏崩董卓殺之也十一月乙巳葬靈思何皇后中和六年九月甲戌卓脅太后與羣臣廢帝爲弘農王初平元年正月癸丑卓殺弘農王建安十九年十一月丁卯皇后伏氏廢曹操使人收后殺之於何太后既書崩書葬則史固不能又書弑故范書於后紀卓傳皆明言弑而於紀第言殺也至弘農伏后則其見害皆在既廢之後史自不能仍書弑故范書亦皆以殺言之蓋修史者例據舊史成文崩則書崩殺則書殺所以存實錄前漢王莽既奏貶傅太后丁太后位號班書於外戚傳卽名之曰孝元傅昭儀定陶丁姬非敢如孔子之作春秋得加以訂正此經史之別也司馬通鑑書法謹嚴而於三殺字皆因而不改其知此矣

吕補宦官所領諸署侍於殿上注靈帝熹平四年改平準爲中準熹平原誤建元據靈紀查改錢大昭曰建元當作熹平是錢所據本亦原作建元也

三月乙巳車駕入長安集解惠棟曰至袁宏紀又作己巳未知孰是案丁巳己巳皆與下己酉戊午懸隔故通鑑仍從范書

幸未央宮集解惠棟曰通鑑云居京兆府舍案通鑑本云居京兆府舍後乃稍葺宮室而居之又董卓傳云是時唯有高廟京兆府舍遂便時幸馬後移未央宮是特初至長安時居京兆府舍耳既書幸未央宮則已在宮室修葺之後此解當移上車駕入長安下

己酉董卓焚洛陽宮廟及人家戊午集解惠棟曰戊上脫四月二字案由三月乙巳至戊午僅十四日由己酉至戊午僅十日不必改月也他書亦無載殺袁隗等爲四月之事不審惠氏何據

董卓殺太傅袁隗太僕袁基夷其族案己酉戊午兩事皆卓留屯洛陽時所爲車駕西遷而隗基不獲從殆早爲卓拘執注男女五十餘人五十官本注作五千誤

大鴻臚韓融至安集關東案韓融等之赴關東紀傳皆以謂在卓殺袁隗等後關東諸軍本推袁紹爲盟主卓既殺其父兄而乃使人往關東安集解譬何以爲辭惟魏志紹傳卓遣執金吾胡母班將作大匠吳修齎詔書喻紹紹使河內太守王匡殺之卓聞紹得關東乃悉誅紹宗族太傅隗等此則遣使赴關東在前殺隗基在後於理爲近

三年春正月丁丑大赦天下袁術遣將孫堅攻劉表於襄陽堅戰歿案通鑑堅被黃祖部曲兵射殺敘在二年冬十月後注載考異云范書初平三年春堅死吳志孫堅傳亦云初平三年英雄記曰初平四年正月七日死袁紀初平三年五月山陽公載記載策表曰臣年十七喪失所怙裴松之按策以建安五年卒時年二十六計堅之亡策應十八而此表云十七則爲不符張璠漢紀及胡沖吳曆並以堅初平二年死此爲是而本傳誤也今從之

五月丁酉大赦天下集解惠棟曰考異云至然則五月必無赦也案呂布傳言允既不赦涼州人由是卓將李傕等遂相結還攻長安是當時誅董卓後確曾布赦特不赦涼州人耳至一歲不再赦之語果出自允則必在五月丁酉之後蓋以正月丁丑之赦卓主之五月詔書必已更正除去不算也否則正月之赦與卓一事無涉允於理亦不能援以拒卓黨之請且袁紀亦載有五月一赦傕丁酉作丁未小異通鑑竟因一歲不再赦一語信其必無而削之故周壽昌疑其不然但周謂傕等擁兵在外何難矯詔則亦非也無論傕之舉兵方以不赦我曹爲辭激怒其衆必不矯赦卽矯赦於外史亦必不書矣特靈帝中平元年郎當一歲再赦通鑑明載似一歲非不可再赦允語自卓黨出不見於允傳是否爲傕等假設之辭尚不可知耳

四年春正月甲寅朔日有食之注太史令王立奏曰晷過度無變也至益重朕之不德也侯康曰魏志武帝紀注引張璠漢紀初天子敗於曹陽欲浮河東下侍中太史令王立曰自去春太白犯鎮星於牛斗過天津熒惑又逆行守河北不可犯也由是天子遂不北渡河將自軹關東出立又謂宗正劉艾曰前太白守天關與熒惑會金火交會革命之象也漢祚終矣晉魏必有興者是王立占驗本精此偶失之耳立又嘗說孝經六隱令朝廷行之消姦邪見東觀記及袁紀

六月扶風大風雨雹續志作右扶風雹如斗

甲子帝加元服侯康曰南齊書禮志初平四年士孫瑞議曰蝕廢社而不廢郊通典載此文廢社作廢冠是也議云案八座書以爲正月之日太陽虧曜謫見于天而冠者必有祼亯之儀金石之樂飲燕之娛獻醻之報是爲聞哭不祇肅見異不懷惕蓋帝本當于四年行冠禮因日蝕改

遂騰敗績左中郎將劉範前益州刺史种劭戰歿注馬遺子範將兵就騰就官本作執誤

經曰而死者無數無數官本作無降案無降猶言不貶少亦可通

詔曰未忍致汶于理可杖五十洪亮吉曰此杖御史之始

分安定扶風爲新平郡錢大昭曰袁山松云分安定之鶉觚右扶風之漆案續志無新平郡鶉觚漆仍各隸

本郡以志所據尚係永和版籍西遷以後天子寄生郡縣荒殘權時之建置志不復紀也今爲邠涇二州地

是夜有赤氣貫紫宮注東至寅西至戌地官本地作也

露次田中集解王幼學云露次言露室也案此解當在上文露次道南下又道南田中均不得言室室當爲宿之譌

東海王祗薨案祗與南陽王馮皆獻帝子詳見孔融傳

袁紹薨錢大昭曰袁術僭稱故書死紹未改臣節故書薨集解蘇輿曰紹操書薨正著其不臣之罪與孫策異案袁紹曹操死以其官當時必循舊例告喪於朝以希飾終之榮故史亦以薨言之然以未覓出於僭號奪位猶得書薨仍爲漢幸之也

曹操破袁譚於青州斬之侯康曰御覽三百五引英雄記建安中曹操于南皮攻袁譚斬之操作鼓吹自稱萬歲于馬上舞也今案袁紹傳袁譚奔南皮戰敗被斬高幹實亡奔荊州爲上洛都尉捕斬續志南皮冀州勃海縣上雒司隸京兆國而此紀書破譚於青州明年書破幹於并州則均就所領州言之非事實故袁紀仍書曹操攻袁譚於南皮大破斬之而於高幹則但書曹操征高幹斬之不著其地也

卷九校補 三

武威太守張猛殺雍州刺史邯鄲商洪亮吉曰典略載此事在十四年與紀不同注袁宏漢紀曰雍州作涼州也通鑑胡注風俗通邯鄲以國爲姓余謂非也蓋以邑爲姓左傳晉有邯鄲午雍州治武威侯康曰通鑑興平元年河西四郡以去涼州治遠隔以河寇上書求別置州六月丙子詔以陳留邯鄲商爲雍州刺史典治之則作涼州者非案雍州之雍官本文注均作廱前書百官表有廱太宰太祝令丞如湻注五畤在廱是廱亦可通雍也

濟北北海阜陵下邳常山甘陵濟陰平原八國皆除集解錢大昕曰至必濟北之譌先謙曰官本濟北作齊錢大昭曰孜諸王傳齊王承北海康王阜陵王赦下邳哀王宜常山王暠甘陵獻王忠濟北王政平原王碩此八王皆于建安十一年國除汲古本有濟北而無齊闕本有齊而無濟北兩本俱有濟陰皆誤今案濟北闕本作齊官本亦作齊則監本之作齊可知通鑑所據者當是北宋監本故與今官本全同齊字不誤濟陰則皆誤侯康據通鑑胡三省注謂濟陰據范史當是濟北蓋范史原文濟陰二字原是濟北胡所見本如此竊謂胡所見本必與汲古本同但八國中別有一濟北耳若果濟陰作濟北可直訂其誤何云當是耶

曹操大破烏桓於柳城斬其蹋頓注蹋頓匈奴王號柳城縣名屬遼西郡今營州縣集解何焯曰其字應衍先謙曰柳城即後魏之營州案烏桓傳蹋頓爲遼西烏桓王丘力居從子代丘力居立爲王是蹋頓乃烏桓王名故何氏謂其字應衍不解注何以釋爲匈奴王號柳城前漢遼西縣後漢爲遼東屬國轄地雖續志不載縣已省并而其名仍附見於公孫瓚烏桓等傳營州公孫康據遼東時已設置亦不始於後魏也

有星孛於鶉尾注鶉尾已之分也官本注末無也字

敦爲東海王集解錢大昕曰至當是北海之譌侯康曰孔融傳建安五年南陽王馮東海王祗薨注云並獻帝子孜獻帝九歲即位建安五年年才二十不得有孫則東海之封建安五年已絕故今以封敦無庸改爲北海也今案孔融傳明言南陽東海二王諸在沖齓聖慈哀悼禮同成人是東海王祗並未成人安得有嗣封之子既無子則國絕故以改封敦侯說是也至錢氏大昕之說則承東海恭王彊傳之誤考彊傳彊曾孫孝王臻立三十一年薨子懿王祗嗣祗立四十四年薨子羨嗣二十年魏受禪以爲崇德侯以傳證紀則建安五年薨之東海王祗是東海王臻之子非獻帝皇子而與融傳爲不合矣然融傳明有故事必不至誤且敦爲東海王袁紀通鑑前後皆同又蜀志許靖傳注引山陽公載記視章懷爲詳亦云敦爲東海王則東海斷非北海之譌大一國不能兩封意東海恭王之國傳至孝王臻薨後紀無紹封明文或以絕除或又改封均未可定其誤固在彼不在此也

卷九校補 四

討朱建于枹罕獲之注枹罕縣屬金城郡案前志屬金城續志改屬隴西

皇后紀卷第十上

集解錢大昕曰晉書稱華嶠作後漢書九十七卷有帝紀十二卷皇后紀二卷先是東觀漢紀依班固之例作外戚傳嶠以爲皇后配天作合前史作外戚傳以繼末篇非其義也故易爲皇后紀以次帝紀其後王隱撰晉書亦從華嶠之例范書因之何焯以爲東京皇后臨朝者六范氏作皇后紀合史家之變爲得其實此臆說也 後漢書十上

宋 宣城太守范曄撰

唐 章懷太子賢注

王先謙集解

夏殷以上后妃之制其文略矣周禮王者立后鄭玄注禮記曰后之言後言在夫之後也三夫人九嬪二十七世婦八十一女御以備內職焉后正位宮闈同體天王夫人坐論婦禮鄭玄注周禮云夫人之於后猶三公之於王坐而論婦禮也九嬪掌教四德九嬪比九卿周禮曰九嬪掌婦學之法以教九御也四德謂婦德婦言婦容婦功也世婦主喪祭賓客婦服也明其能服事於人也比二十七大夫周禮世婦掌祭祀賓客喪紀之事祭之日涖陳女宮之具凡內羞之物掌弔臨于卿大夫之喪集解惠棟曰王昭禹曰執箕帚以事人者謂之婦記曰納女於天子備酒掃婦之事人有廣嗣之義故謂之世婦女御序于王之燕寢御謂進御于王也比八十一元士周禮曰女御敘于王之燕寢以歲時獻功事也頒官分務各有典司女史彤管記功書過周禮云女史掌王后之禮書內令凡后之事以禮從也鄭玄注云亦如太史之於王也彤管赤管筆也詩云詒我彤管注云古者后夫人必有女史彤管之法也居有保阿之訓動有環珮之響列女傳曰齊孝公孟姬華氏之女從孝公遊車奔姬墮車碎孝公使駟馬立車載姬姬泣曰妾聞妃下堂必從傅母保阿進退則鳴玉珮環今立車無軿非敢受命進賢才以輔佐君子哀窈窕而不淫其色詩序云關雎樂得淑女以配君子憂在進賢不淫其色哀窈窕思賢才而無傷善之心毛萇注云窈窕幽閒也集解先謙曰官本正文及注並作哀窈窕是也哀與思同義孔子所謂哀而不傷也哀字鄭君所改非所以能述宣陰化修成內則周禮內宰職曰以陰禮教六宮以婦職之法教九御閨房肅雍險謁不行也肅敬也雍和也謁請也言能輔佐君子和順恭敬不行私謁詩序曰雖則王姬猶執婦道以成肅雍之德又曰而無險詖私謁之心故康王晚朝關雎作諷前書音義曰后夫人雞鳴佩玉去君所周康王后不然故詩人歎而傷之見魯詩宣后晏起姜氏請愆列女傳曰周宣姜后齊侯之女也宣王常夜臥晏起后夫人不出房姜后既出乃脫簪珥待罪於永巷使傅母通言於王曰妾不才淫心見矣至使君王失禮而晏起以見君王樂色忘德敢請罪惟君王之命王曰寡人之過夫人何辜遂勤政事成中興之名焉及周室東遷禮序凋缺幽王時申侯犬戎共攻殺幽王于驪山之下太子宜臼立是爲平王東遷洛邑以避犬戎政遂微弱諸侯僭縱軌制無章齊桓有如夫人者六人左傳曰桓公多內寵有如夫人者六人長衞姬少衞姬鄭姬葛嬴密姬宋華子也晉獻升戎女爲元妃元妃嫡夫人也史記曰晉獻公伐驪戎得驪姬愛幸立以爲妃終於五子作亂桓公六夫人生六子桓公卒立公子昭於是公子無虧公子元公子潘公子商人公子雍等五公子皆求立公子昭奔宋是作亂也冢嗣遘屯冢大也遘遇也屯難也晉獻公受驪姬之譖殺太子申生故曰遇屯也爰逮戰國風憲逾薄適情任欲顛倒衣裳上曰衣下曰裳詩曰綠兮衣兮綠衣黃裳鄭玄曰綠衣黑今反以黃爲裏非其禮制諭妾上僭也以至破國亡身不可勝數斯固輕禮弛防先色後德者也秦并天下多自驕大宮備七國史記曰始皇破六國寫放其宮室作之咸陽北坂上南臨渭水殿屋複道周閣相屬所得諸侯美人以充入之并秦爲七也爵列八品前書曰漢興因秦之稱號正嫡稱皇后妾皆稱夫人又有美人良人八子七子長使少使之號漢興因循其號而婦制莫釐釐理高祖帷薄不修大戴禮曰大臣坐汙穢男女無別者不曰汙穢曰帷薄不修謂周昌入奏事高祖擁戚姬是不修也孝文衽席無辨鄭玄注禮記曰衽臥席也孝文幸慎夫人每與皇后同坐是無辨也然而選納尚簡飾玩少華自武元之後世增淫費至乃掖庭三千增級十四婕妤一娙娥二容華三充衣四已上武帝置昭儀五元帝置美人六良人七七子八八子九長使十少使十一五官十二順常十三舞涓共和娛靈保林良娣使夜者十四此六官品秩同爲一等也妖幸毀政之符集解先謙曰官本幸作倖是外姻亂邦之迹前史載之詳矣

及光武中興斲彫爲朴彫爲刻鏤也史記曰漢興破觚而爲圜斲彫而爲朴六宮稱號唯皇后貴人鄭玄注周禮曰皇后正寢一燕寢五是爲六宮也夫人已下分居后貴人金印紫綬奉不過粟數十斛又置美人宮人采女三等集解惠棟曰風俗通采女案采者擇也並無爵秩歲時賞賜充給而已漢法常因八月算人漢儀注曰八月初爲算賦故曰算人遣中大夫與掖庭丞及相工於洛陽鄉中閱視良家童女年十三以上二十以下姿色端麗合法相者載還後宮擇視可否迺用登御所以明慎聘納詳求淑哲明帝聿遵先旨宮教頗修登建嬪后必先令德內無出閫之言閫門限也禮記曰外言不入於閫內言不出於閫也權無私溺之授

可謂矯其敝矣向使因設外戚之禁編著甲令前書音義曰甲令者前帝第一令也有甲令乙令丙令改正后妃之制貽厥方來豈不休哉雖御已有度而防閑未篤故孝章以下漸用色授恩隆好合遂忘淄蠹淄黑也蠹食木蟲以諭傾敗也集解惠棟曰淄文選作濤自古雖主幼時艱王家多釁必委成冢宰簡求忠賢未有專任婦人斷割重器唯秦芊太后始攝政事芊音亡爾反故穰侯權重於昭王家富於嬴國太后昭王母也號宣太后史記曰昭王立年少宣太后自知事以同母弟魏冉爲將軍任政封爲穰侯太后攝政始於此也漢仍其謬知患莫改東京皇統屢絕權歸女主外立者四帝謂安質桓靈臨朝者六后章帝竇太后和熹鄧太后安思閻太后順烈梁太后桓思竇太后靈思何太后也莫不定策帷帟委事父兄貪孩童以久其政集解惠棟曰周章傳鄧太后以皇子勝痾不可奉承宗廟貪殤帝孩抱養爲己子故言之抑明賢以專其威周禮幕人掌幃帟幄幕之事鄭玄注曰帟幄中坐上承塵也殤帝崩鄧太后與兄騭等迎立安帝年十三沖帝崩梁太后與兄冀迎立質帝年八歲質帝崩太后與兄冀迎立桓帝年十五桓帝崩竇太后與兄武迎立靈帝年十二集解惠棟曰明賢謂清河王蒜也任重

道悠利深禍速身犯霧露於雲臺之上霧露謂疾病也不可指言死故假霧露以喻之靈帝時中常侍曹節矯詔遷太后於雲臺謝弼上封事曰伏惟皇太后援立明聖幽居空宮如有霧露之疾陛下當何面目以見天下集解先謙曰官本畜作言是家嬰縲絏於圄犴之下縲索也絏繫也囹圄周獄名也鄉亭之獄曰犴音五旦反謂外戚等被誅也湮滅連踵傾輈繼路踵跡也輈車轅也賈誼曰前車覆後車誡而赴蹈不息燋爛爲期終於陵夷大運淪亡神寶陵夷猶頹替神寶帝位也詩書所歎略同一揆故考列行跡以爲皇后本紀雖成敗事異而同居正號者並列于篇其以私恩追尊非當時所奉者則隨它事附出謂安帝母左姬及祖母宋貴人之類並見清河孝王傳集解惠棟曰劉良文選注追尊謂生非繼奉承宗廟祭祀而死後追尊者他事謂不隨王后之事也親屬別事各依列傳其餘無所見則係之此紀謂賈貴人虞美人之類是也集解錢大昕曰此言后妃親屬如陰馬鄧竇之倫事跡昭著別爲列傳其無事可見者附入此紀不更立外戚傳若郭況閻顯鄧康之類是也注似未達其旨以纘西京外戚云爾纘繼也集解惠棟曰謂繼前漢外戚傳也

光武郭皇后諱聖通真定槀人也槀縣名故城在今恒州槀城縣西集解沈濤曰前志真定縣有槀城此與馮衍傳但曰槀則前書疑衍城字後人據後代地名增之耳後漢並無此縣續志云趙郡槀城後齊廢下曲陽入焉改爲槀城縣夫曰改爲則齊前無城字可知而地形志云鉅鹿郡槀城前漢屬真定後漢屬邯鄲晉罷太和十二年復城字當亦據後世地名增之此縣晉時始罷今後志無之當有奪文先謙曰前志作槀城見地理五行二志不應錄此與續志同傳無城字而以前志有城字爲後人所增設此延難也餘見郡國志今正定府槀城縣西南邱頭莊爲郡著姓父昌讓田宅財產數百萬與異母弟國人義之仕郡功曹娶真定恭王女號郭主恭王名普景帝七代孫生后及子況昌早卒郭主雖王家女而好禮節儉有母儀之德更始二年春光武擊王郎至真定因納后有寵及即位以爲貴人建武元年生皇子彊帝善況小心謹慎年始十六拜黃門侍郎二年貴人立爲皇后彊爲皇太子封況緜蠻侯集解陳景雲曰緜蠻當是綿曼之誤真定屬縣也郡國志無之蓋後已省李賢曰春秋戎蠻子公羊作曼蠻曼二字古通借先謙曰今正定府獲鹿縣北以后弟貴重賓客輻湊況恭謙下士頗得聲譽集解惠棟曰拾遺記云況累居富勢閉門優游未曾干世事爲一時之智也十四年遷城門校尉其後后以寵稍衰數

懷怨懟十七年遂廢爲中山王太后進后中子右翊公輔爲中山王以常山郡益中山國徙封況大國爲陽安侯陽安縣屬汝南郡故城在今豫州朗山縣故道國城是也集解先謙曰在今汝寧府確山縣東北后從兄竟以騎都尉從征伐有功封爲新郪侯官至東海相新郪縣屬汝南郡故城在今潁州汝陰縣西北郪丘城是也郪音七私反集解先謙曰在今潁州府太和縣北舊志七十里訛爲宋王城竟弟匡爲發干侯發干縣屬東郡故城在今博州堂邑縣西南集解先謙曰在今東昌府堂邑縣西南官至太中大夫集解錢大昕曰新郪侯竟發干侯匡歷官具詳於後此文依史通點煩之例可省二十字后叔父梁早終無子其壻南陽陳茂以恩澤封南䜌侯䜌音力全反集解先謙曰注見光武紀二十年中山王輔復徙封沛王后爲沛太后況遷大鴻臚帝數幸其第會公卿諸侯親家飲燕賞賜金錢縑帛豐盛莫比京師號況家爲金穴集解惠棟曰拾遺記況累金數億家僮四百餘人以黃金爲器闕下有藏金府列武士以衛之錯雜寶以飾臺榭其寵者皆以玉器盛食故東京謂郭家爲瓊廚金穴二十六年后母郭主薨帝親臨喪送葬百官大會遣使者迎昌喪柩與主

合葬追贈昌陽安侯印綬諡曰思侯二十八年后薨葬於北芒（集解汪文臺曰御覽百三十七引續漢書作葬北陵）帝憐郭氏詔況子璜尙淯陽公主除璜爲郎顯宗即位況與帝舅陰識陰就並爲特進數授賞賜（集解劉攽曰案文授當作受）恩寵俱渥禮待陰郭每事必均永平二年況卒贈賜甚厚帝親自臨喪諡曰節侯子璜嗣元和三年肅宗北巡狩過眞定會諸郭朝見上壽引入倡飲甚歡（說文曰倡樂也聲類曰俳）以太牢具上郭主冢賜粟萬斛錢五十萬永元初璜爲長樂少府（長樂少府掌皇太后宮秩二千石居長信宮曰長信少府長樂宮曰長樂少府）子舉爲侍中兼射聲校尉及大將軍竇憲被誅舉以憲女壻謀逆故父子俱下獄死家屬徙合浦（郡名今廉州縣集解先謙曰今廉州府合浦縣東北七十五里）宗族爲郎吏者悉免官新郪侯竟初爲騎將（前書曰車戶騎將屬光祿秩比千石）從征伐有功拜東海相永平中卒子嵩嗣嵩卒追坐染楚王英事國廢建初二年章帝紹封嵩子勤爲伊亭侯勤無子國除發干侯匡官至太中大夫建武三十年卒子勳嗣勳卒子駿嗣永平十三年亦坐楚王英事失國建初三年復封駿爲觀都侯卒無子國除郭氏侯者凡三人皆絕國

論曰物之興衰情之起伏理有固然矣而崇替去來之甚者必唯寵惑乎當其接牀第承恩色雖險情贅行莫不德焉（說文曰贅肬也老子曰餘食贅行河上公注曰行之無當爲贅莊子曰附贅懸肬言醜惡也）及至移意愛析嬿私雖惠心妍狀愈獻醜焉愛升則天下不足容其高歡隊故九服無所逃其命斯誠志士之所沈溺君人之所抑揚未或違之者也郭后以衰離見貶恚怨成尤而猶恩加別館增寵黨戚至乎東海逡巡去就以禮使後世不見隆薄進退之隙不亦光於古乎

光烈陰皇后諱麗華（諡法曰執德遵業曰烈東觀記有陰子公者生子方方生幼公公生君孟名睦即后之父也今世本睦作陸集解惠棟曰孫愐案風俗通曰管修自齊適楚爲陰大夫其後氏焉子方宣帝時人見陰興傳）南陽新野人初光武適新野聞后美心悅之後至長安見執金吾車騎甚盛因歎曰仕宦當作執金吾娶妻當得陰麗華更始元年六月遂納后於宛當成里（集解惠棟曰御覽引郡國志鄧州皇后城即迎陰后處）時年十九及光武爲司隸校尉方西之洛陽令后歸新野及鄧奉起兵后兄識爲之將后隨家屬徙淯陽止於奉舍光武即位令侍中傅俊迎后（集解先謙曰水經注魯陽關水逕皇后城西建武元年世祖遣侍中傅俊持節迎光烈皇后於淯陽俊發兵三百餘人宿衞皇后道歸京師蓋稅舍所在故城得其名矣）與胡陽甯平主諸宮人俱到洛陽以后爲貴人（甯平縣屬淮陽故城在今亳州谷陽縣西南集解先謙曰胡當爲湖見宋弘傳）帝以后雅性寬仁欲崇以尊位后固辭以郭氏有子終不肯當故遂立郭皇后建武四年從征彭寵生顯宗於元氏九年有盜劫殺后母鄧氏及弟訢（音欣）帝甚傷之迺詔大司空曰吾微賤之時娶於陰氏因將兵征伐遂各別離幸得安全俱脫虎口（莊子曰孔子見盜跖謂柳下惠曰幾不免於虎口）以貴人有母儀之美

宜立爲后而固辭弗敢當列於媵妾（爾雅曰媵送也孫炎曰送女曰媵）朕嘉其義讓許封諸弟未及爵土而遭患逢禍母子同命愍傷于懷小雅曰將恐將懼惟予與汝將安將樂汝轉弃予（谷風之詩風人之戒）可不愼乎其追爵諡貴人父陸爲宣恩哀侯弟訢爲宣義恭侯以弟就嗣哀侯後及尸柩在堂使太中太夫拜授印綬如在國列侯禮魂而有靈嘉其寵榮十七年廢皇后郭氏而立貴人制詔三公曰皇后懷執怨懟數違教令不能撫循它子訓長異室宮闈之內若見鷹鸇（爾雅曰宮中小門謂之闈）既無關雎之德而有呂霍之風（集解蘇輿曰后以寵衰怨懟則無他罪著見喻以呂霍未免深文光武黜呂廟祀而進薄[illegible]祔神亦因於此）豈可託以幼孤恭承明祀今遣大司徒涉（戴涉也）宗正吉持節（集解惠棟曰劉吉也韋昭國語注漢宗正用諸劉是也）其上皇后璽綬陰貴人鄉里良家歸自微賤（公羊傳曰婦人謂嫁曰歸）自我不見于今三年（詩豳風東山之詞也）宜奉宗廟爲天下母主者詳案舊典時尙尊號

異常之事非國休福不得上壽稱慶后在位恭儉少嗜玩不喜笑謔性仁孝多矜慈七歲失父雖已數十年言及未嘗不流涕帝見常歎息顯宗即位尊后爲皇太后永平三年冬帝從太后幸章陵置酒舊宅會陰鄧故人諸家子孫並受賞賜七年崩在位二十四年年六十合葬原陵明帝性孝愛追慕無已（集解惠棟曰東觀記上長思遠慕至踰年迺率諸侯王公主外戚郡國計吏上陵如會殿前禮）十七年正月當謁原陵夜夢先帝太后如平生歡既寤悲不能寐即案歷明旦日吉遂率百官及故客上陵其日降甘露於陵樹帝令百官采取以薦會畢帝從席前伏御牀視太后鏡奩中物（奩鏡匣也音廉）感動悲涕令易脂澤裝具（集解胡三省曰沈約云漢因秦上陵皆有寢廟故稱寢殿起居衣服象生人之具古寢之意也）左右皆泣莫能仰視焉

明德馬皇后諱某（諡法曰忠和純淑曰德諱某者史失其名下皆類此）伏波將軍援之小女也少喪父母兄客卿敏惠早夭母藺夫人（集解惠棟曰清河王傳夫人母爲宋揚姑）悲

傷發疾慌惚后時年十歲幹理家事勑制僮御（幹正也廣雅曰僮御皆使者也集解汪文臺曰御覽百三十七引續漢書云出入計校最一以貫之）內外諮稟事同成人初諸家莫知者後聞之咸歎異焉后嘗久疾太夫人令筮之（集解惠棟曰東觀記至卜者家爲卦問咎祟所在卜者卦定釋蓍仰天歎問之卜者乃曰此女雖年少後必將貴遂爲帝妃不可言也）筮者曰此女雖有患而當大貴兆不可言也後又呼相者使占諸女見后大驚曰我必爲此女稱臣然貴而少子若養它子者得力迺當踰於所生初援征五溪蠻卒於師虎賁中郎將梁松黃門侍郎竇固等因譖之由是家益失埶又數爲權貴所侵侮后從兄嚴不勝憂憤白太夫人絕竇氏婚求進女掖庭乃上書曰臣叔父援孤恩不報（孤負也）而妻子特獲恩全戴仰陛下爲天爲父人情既不得死使欲求福竊聞太子諸王妃匹未備援有三女大者十五次者十四小者十三儀狀髮膚上中以上（東觀記曰明帝馬皇后美髮爲四起大髻但以髮成尚有餘繞髻三匝眉不施黛獨左眉角小缺補之如粟嘗稱疾而終身得意）皆孝順小心婉靜有禮（婉順）願下相工簡其可否如有萬一援不朽於黃泉矣又援姑姊妹並爲成帝婕妤葬於延陵臣嚴幸得蒙恩更生冀因緣先姑當充後宮由是選后入太子宮（集解惠棟曰續漢書建武二十八年也）時年十三奉承陰后傍接同列禮則修備上下安之遂見寵異常居後堂顯宗即位以后爲貴人時后前母姊女賈氏亦以選入生肅宗帝以后無子命令養之謂曰人未必當自生子但患愛養不至耳后於是盡心撫育勞悴過於所生肅宗亦孝性淳篤恩性天至母子慈愛始終無纖介之間（纖猶微細也介間隙也）后常以皇嗣未廣每懷憂歎薦達左右若恐不及後宮有進見者每加慰納若數所寵引輒增隆遇永平三年春有司奏立長秋宮（皇后所居宮也長者久也秋者萬物成孰之初也故以名焉請立皇后不敢指言故以宮稱之集解惠棟曰續漢書云有司奏立長秋宮以率八妾八妾者劉向洪範五行傳曰御廩夫人八妾所舂米之藏以奉宗廟者也師古注一娶九女正

嫡一餘者妾也故云八妾）帝未有所言皇太后曰馬貴人德冠後宮即其人也遂立爲皇后先是數日夢有小飛蟲無數赴著身又入皮膚中而後飛出既正位宮闈愈自謙肅身長七尺二寸方口美髮能誦易好讀春秋楚辭尤善周官董仲舒書（周官周禮也仲舒書玉杯蕃露清明竹林之屬也蕃音繁集解惠棟曰續漢書云誦易經習詩論春秋略記大義讀楚辭尤善賦頌疾其浮華聽論輒摘其要讀光武紀至有獻千里馬寶劍者上以馬駕鼓車劍賜騎士手不持珠玉后未嘗不歎息）常衣大練裙不加緣（大練大帛也杜預注左傳曰大帛厚繒也太后兄廖上書曰今陛下躬服厚繒是也集解汪文臺曰御覽三十七引續漢書云身衣大帛御者秃袴不緣）朔望諸姬主朝請（漢律春曰朝秋曰請）望見后袍衣疏麤反以爲綺縠就視迺笑后辭曰此繒特宜染色故用之耳六宮莫不歎息帝常幸苑囿離宮后輒以風邪露霧爲戒辭意款備多見詳擇帝幸濯龍中（續漢志曰濯龍園名也近北宮）並召諸才人下邳王已下皆在側請呼皇后帝笑曰是家志不好樂（集解惠棟曰是家猶云是人也王常御此家幸下說諸將與此同）雖來無歡是以遊

娛之事希嘗從焉〔集解〕惠棟曰東觀記后不喜出入遊觀希嘗臨御窗望續漢書作窗牖十五年帝按地圖將封皇子悉半諸國后見而言曰諸子食數縣於制不已儉乎帝曰我子豈宜與先帝子等乎歲給二千萬足矣時楚獄連年不斷囚相證引坐繫者甚眾后慮其多濫乘間言及惻然帝感悟之夜起彷偟爲思所納思后所納之言〔集解〕汪文臺曰續漢書云下有非臣下所得聞句卒多有所降宥時諸將奏事及公卿較議難平者廣雅曰較明也〔集解〕通鑑胡注平決也難平難決者也王幼學云平音病平其不平曰平帝數以試后后輒分解趣理各得其情每於侍執之際輒言及政事多所毗補而未嘗以家私干故寵敬日隆〔集解〕惠棟曰故舊本作欲李氏政作故續漢書云后志在克己奉上不以私家干朝廷也始終無衰及帝崩肅宗即位尊后曰皇太后〔集解〕汪文臺曰續漢書云太后下詔告三輔二千石無得令馬氏婚親因權屬託奸亂吏治犯者正法以聞諸貴人當徒居南宮太后感析別之懷各賜王赤綬加安車駟馬白越三千端白越越布雜布二千匹黃金十斤自撰顯

宗起居注〔集解〕惠棟曰抱朴子前漢時有禁中起居注荀悅申鑒最凡二十一首其十九曰復內注記則漢起居應在宮中爲女史之任也削去兄防參醫藥事〔集解〕汪文臺曰續漢書云明帝體不安召黃門防本參醫藥夙夜勤勞帝請曰黃門舅旦夕供養且一年既無褒異又不錄勤勞無迺過乎太后曰吾不欲令後世聞先帝數親后宮之家故不著也建初元年欲封爵諸舅太后不聽明年夏大旱言事者以爲不封外戚之故有司因此上奏宜依舊典漢制外戚以恩澤封侯故曰舊典也太后詔曰凡言事者皆欲媚朕以要福耳昔王氏五侯同日俱封成帝封太后弟王譚王商王立王根王逢時等同時爲關內侯其時黃霧四塞不聞澍雨之應又田蚡竇嬰寵貴橫恣傾覆之禍爲世所傳田蚡景帝王皇后同母弟武安侯也爲丞相貪驕與淮南王霸上私語後薨武帝曰使武安侯在者族矣竇嬰文帝竇皇后兄子魏其侯也爲丞相坐與灌夫朋黨弃市也故先帝防慎舅氏不令在樞機之位樞機近要之官也春秋運斗樞曰北斗第一天樞第二旋第三機也諸子之封裁令半楚淮陽諸國常謂我子不當與先帝子等今有司奈何欲以馬氏比陰氏乎吾爲天下母而身服大練食不求甘左右但著帛布無香薰之飾者欲身率下也以爲外親見之當傷心自勑但笑言太后素好儉前過濯龍門上見外家問起居者車如流水馬如游龍倉頭衣綠褠領袖正白褠臂衣今之臂韝以縛左右手於事便也〔集解〕惠棟曰胡三省云臂韝之韝旁從革此所謂綠褠褠單衣也下文言領袖正白則爲單衣之褠而非臂韝之韝明矣顧視御者不及遠矣故不加譴怒但絕歲用而已冀以默愧其心而猶懈怠無憂國忘家之慮知臣莫若君況親屬乎吾豈可上負先帝之旨下虧先人之德重襲西京敗亡之禍哉固不許西京外戚呂祿呂產竇嬰上官桀安父子霍禹等皆被誅帝省詔悲歎復重請曰漢興舅氏之封侯猶皇子之爲王也太后誠存謙虛奈何令臣獨不加恩三舅乎且衛尉年尊兩校尉有大病衛尉太后兄廖兩校尉兄防兄光也如令不諱使臣長抱刻骨之恨宜及吉時不可稽留太后報曰吾反覆念之思令兩善〔集解〕通鑑胡注兩善謂國家無濫恩而外

戚亦以安全也豈徒欲獲謙謙之名〔集解〕惠棟曰通鑑作謙讓而使帝受不外施之嫌哉以恩澤封爵外家爲外施也昔竇太后欲封王皇后之兄竇太后文帝后也王皇后景帝后也兄即王信封爲蓋侯後丞相條侯言受高祖約無軍功非劉氏不侯條侯周亞夫也前書曰高祖與功臣約非劉氏不王非有功不侯不如約天下共擊之今馬氏無功於國〔集解〕惠棟曰東觀記太后曰吾自念親屬皆無柱石之功俗語曰時無赭燒黃土豈得與陰郭中興之后等邪常觀富貴之家祿位重疊猶再實之木其根必傷文子曰再實之木根必傷掘藏之家後必殃也且人所以願封侯者欲上奉祭祀下求溫飽耳今祭祀則受四方之珍衣食則蒙御府餘資〔集解〕通鑑胡注自西都以來皇后家祀其父母太官供具御府令掌中衣服及補浣之屬飲食則太官主之此言衣食皆資於御府概言之也斯豈不足而必當得一縣乎吾計之孰矣勿有疑也夫至孝之行安親爲上〔集解〕通鑑胡注楊子曰孝莫大於甯親甯親莫大於得四表之驩心惠棟曰李善云論語摘輔像曾子未嘗不問安親之道也今數遭變異穀價數倍憂惶晝夜不安坐臥而欲先營外封違慈母之拳拳乎拳拳猶勤勤也音權

吾素剛急有匈中氣〔集解〕惠棟曰玉篇胸膺也亦作匈不可不順也若陰陽調和邊境清靜然後行子之志吾但當含飴弄孫方言曰飴餳也陳楚宋衞之間通語不能復關政矣時新平主家御者失火延及北閣後殿太后以爲己過起居不歡時當謁原陵自引守備不愼慙見陵園遂不行〔集解〕惠棟曰東觀記后素謹愼小感輒自責如平生事舅姑時初太夫人葬起墳微高〔集解〕惠棟曰漢律列侯墳高四丈關內侯以下至庶人各有差太后以爲言兄廖等卽時減削其外親有謙素義行者輒假借溫言賞以財位〔集解〕何焯曰位字疑如有纖介則先見嚴恪之色然後加譴其美車服不軌法度者便絕屬籍遺歸田里廣平鉅鹿樂成王車騎朴素無金銀之飾帝以白太后太后卽賜錢各五百萬於是內外從化被服如一〔集解〕惠棟曰東觀記明德后詔書流布咸稱正德王主諸室莫敢犯禁時廣平樂成王在邸入問起居帝望見車騎鞍勒皆純黑無金銀綵飾馬不踰六尺於是以白太后卽賜錢各五百萬於是施親戚被服自此始諸家惶恐倍於永平時迺置織室蠶於濯龍中前書有東織西織屬

少府平帝改名織室數往觀視以爲娛樂常與帝旦夕言道政事及教授諸小王論語經書述敍平生雍和終日四年天下豐稔方垂無事帝遂封三舅廖防光爲列侯並辭讓願就關內侯太后聞之曰聖人設教各有其方知人情性莫能齊也禮記王制曰凡居人材必因天地寒暖燥濕廣谷大川異制人居其間異俗修其教不易其俗齊其政不易其宜中國戎夷五方之人皆有性也不可推移吾少壯時但慕竹帛志不顧命言少慕古人書名竹帛不顧命之長短今雖已老而復戒之在得論語孔子曰少之時戒之在色及其老也戒之在得得貪嗇也言彌復吝惜封爵不欲濫封親戚也故日夜惕厲思自降損惕懼也厲危也居不求安食不念飽冀乘此道不負先帝所以化導兄弟共同斯志欲令瞑目之日無所復恨何意老志復不從哉萬年之日長恨矣廖等不得已受封爵而退位歸第焉太后其年寢疾不信巫祝小醫數勑絕禱祀至六月崩在位二十三年年四十餘〔集解〕惠棟曰建武二十八年后年十三入太子宮至建初四年崩年止四十也合葬顯節陵

賈貴人南陽人建武末選入太子宮中元二年生肅宗而顯宗以爲貴人帝既爲太后所養專以馬氏爲外家故貴人不登極位賈氏親族無受寵榮者及太后崩迺策書加貴人王赤綬續漢書曰諸侯王赤綬也〔集解〕惠棟曰建初四年八月甲午詔曰賈貴人者奉侍先帝劬勞帷幄建初之後以至親供養長樂宮昏定晨省夙夜匪懈今賜貴人赤綬安車一駟永巷宮人二百御府雜帛二萬匹大司農黃金千斤錢二萬詔既早離皇太后幸復承子道中心依依昊天罔極安車一駟永巷宮人二百永巷宮中署名也後改爲掖庭永巷宮人卽宮婢也御府雜帛二萬匹大司農黃金千斤錢二千萬〔集解〕惠棟曰帝王世紀章帝母姓祕不出號其墓曰長信冢蔡邕集中水侯弟伏波將軍女在淑媛作合孝明誕生孝章蓋當時臣子不敢斥言章帝爲賈貴人所生以未受尊號故也

章德竇皇后諱某扶風平陵人〔集解〕錢大昕曰馬皇后援之少女梁貴人竦之女鄧皇后訓之孫和帝陰皇后光烈后兄識之曾孫獻帝曹皇后操之中女援竦禹識皆有傳操之大父騰亦見宦者傳故史不言某郡縣人竇皇后融之曾孫女而又書扶風平陵人伏皇后湛之八世孫而又書琅邪東武人是自亂其例也班超彪之少子而又書扶風平陵人黃瓊香之子而又書江夏安陸人荀彧淑之曾孫而又書潁川潁陰人鄭太衆之曾孫而又書河南開封人周舉防之子而又書汝南汝

陽人皇甫嵩規之兄子而又書安定朝那人伏恭湛之兄子而又書琅邪東武人袁紹湯之孫袁術逢之子而又書汝南汝陽人李固郃之子而又書漢中南鄭人法眞雄之子而又書扶風郿人周燮燕之後而又書汝南安城人皆緐複可省大司徒融之曾孫也祖穆父勳坐事死事在竇融傳勳尚東海恭王彊女沘陽公主〔集解〕先謙曰沘當作泚下同餘見光武紀后其長女也家既廢壞數呼相工問息耗薛氏韓詩章句曰耗惡也息耗猶言善惡也〔集解〕惠棟曰倉頡篇耗消也董仲舒對策云察天下之息耗師古注息生也耗虛也韓非子適觀息耗萬不失一淮南子息耗減益通於不訾義並同見后者皆言當大尊貴非臣妾容貌年六歲能書親家皆奇之建初二年后與女弟俱以選例入見長樂宮進止有序風容甚盛肅宗先聞后有才色數以訊諸姬傅訊問也傅謂傅母及見雅以爲美馬太后亦異焉因入掖庭見於北宮章德殿后性敏給傾心承接稱譽日聞明年遂立爲皇后妹爲貴人七年追爵謚后父勳爲安成思侯安成縣屬汝南郡故城在今豫州吳房縣東南后寵幸殊特專固後宮初宋貴人生皇太子慶梁貴人生和帝后既

無子並疾忌之數問於帝漸致疏嫌因誣宋貴人挾邪媚道遂自殺廢慶爲清河王語在慶傳梁貴人者梁竦之女也少失母爲伯母舞陰長公主所養(長公主光武女梁松尚焉)年十六建初二年亦與中姊俱選入掖庭爲貴人四年生和帝后養爲己子欲專名外家而忌梁氏八年迺作飛書以陷竦(飛書若今匿名書也)竦坐誅貴人姊妹以憂卒自是宮房惵息(惵懼也音牒周書曰臨捕以威而氣惵懼也)后愛日隆及帝崩和帝卽位尊后爲皇太后皇太后臨朝尊母泚陽公主爲長公主益湯沐邑三千戶兄憲弟篤景並顯貴擅威權後遂密謀不軌永元四年發覺被誅九年太后崩未及葬而梁貴人姊嫕(音一計反集解惠棟曰嫕袁紀作憑)上書陳貴人枉歿之狀太尉張酺司徒劉方司空張奮上奏依光武黜呂太后故事(中元元年黜呂后不宜配食高廟)貶太后尊號不宜合葬先帝百官亦多上言者帝手詔曰竇氏雖不遵法度而太后常自減損朕

奉事十年深惟大義禮臣子無貶尊上之文恩不忍離義不忍虧案前世上官太后亦無降黜(上官太后昭帝后也父安與燕王謀反誅太后以年少又霍光外孫故不廢也)其勿復議於是合葬敬陵在位十八年帝以貴人酷歿斂葬禮闕迺改殯於承光宮上尊謚曰恭懷皇后(謚法曰敬事尊上曰恭慈仁哲行曰懷)追服喪制百官縞素與姊大貴人俱葬西陵(集解通鑑胡注西陵蓋以其地在敬陵之西故稱西陵猶薄太后在霸陵南因謂之南陵也)儀比敬園(敬園安帝祖母宋貴人之園也集解錢大昕曰注說非也章帝葬敬陵以竇皇后合葬而梁太后別葬西陵史稱儀比敬園者謂置令丞守衞如敬陵之制百官志每園陵令各一人掌守園陵案行掃除故稱敬陵曰敬園猶西京之高園文園也若清河王慶之母宋貴人別葬樊濯聚和帝時慶欲求作祠堂恐有自同恭懷梁后之嫌遂不敢言安得有敬園之稱乎其後安帝嗣立追尊祖母爲敬隱皇后距恭懷改葬二十餘年矣祭祀志安帝建光元年追尊祖母陵曰敬北陵亦就陵寢祭太常領如西陵此則敬北陵之儀比西陵耳章懷何不攷其年代而妄爲之說乎)

和帝陰皇后諱某光烈皇后兄執金吾識之曾孫也(集解惠棟曰袁宏紀后祖父永明帝時爲侍中親幸左右父綱爲屯騎校尉)后少聰慧善書蓺永元四年選入掖庭以先后近屬故得爲貴人有殊寵八年遂立爲皇后自和熹鄧后入宮(熹音許其反)愛寵稍衰數有恚恨后外祖母鄧朱出入宮掖十四年夏有言后與朱共挾巫蠱道(巫師爲蠱故曰巫蠱左傳注曰蠱惑也)事發覺帝遂使中常侍張慎與尚書陳褒於掖庭獄雜考案之朱及二子奉毅與后弟軼輔敞辭語相連及以爲祠祭祝詛大逆無道奉毅輔考死獄中帝使司徒魯恭持節賜后策上璽綬遷於桐宮以憂死立七年葬臨平亭部(葬于亭部內之地也集解惠棟曰說文塡徒隸所居曰女牢一曰亭部靈帝紀熹平五年使侍御史行詔獄亭部理冤枉原輕繫休囚徒是則輕罪居亭部也)父特進綱自殺軼敞及朱家屬徙日南比景縣(集解先謙曰下卷閻后傳注當移此)宗親內外昆弟皆免官還田里永初四年鄧太后詔赦陰氏徙者歸故郡還其資財五百餘萬

和熹鄧皇后諱綏(蔡邕曰謚法有功安人曰熹)太傅禹之孫也父訓護羌校尉(集解惠棟曰續漢書訓有五男二女長騭次京悝弘閶女燕次綏綏卽后也次容燕早卒有子女娥甫在襁褓時后年十二傷娥早孤養視撫育慈恩深至)

母陰氏光烈皇后從弟女也后年五歲太傅夫人愛之自爲翦髮夫人年高目冥誤傷后額(集解惠棟曰東觀記[illegible]忍痛忍不言一額盡傷)忍痛不言左右見者怪而問之后曰非不痛也太夫人哀憐爲斷髮難傷老人意故忍之耳六歲能史書(史書周宣王太史籀所作大篆十五篇也前書曰教學童之書也集解惠棟曰東觀記后六歲諸兄持后髮后曰身體髮膚受之父母不敢毀傷孝之始也奈何弄人髮乎)十二通詩論語諸兄每讀經傳輒下意難問(下意猶出氣也)志在典籍不問居家之事母常非之曰汝不習女工以供衣服乃更務學寧當舉博士邪后重違母言晝修婦業暮誦經典家人號曰諸生父訓異之事無大小輒與詳議(集解惠棟曰袁宏紀云訓閨庭甚嚴諸子進見未嘗賜席子於后事無大小每輒咨之弟郃曰平生不與諸男語今豈年衰耶訓曰我不衰是女雖小諸兒無及者必益於我家是以奇之)永元四年當以選入會訓卒后晝夜號泣終三年不食鹽菜憔悴毀容親人不識之后嘗夢捫天(捫摸也)蕩蕩正青若有鍾乳狀(集解惠棟曰東觀記滑如磄碲有若鍾乳)迺

仰噉飲之以訊諸占夢言堯夢攀天而上湯夢及天而咶之咶音是集解惠棟曰周宣夢書昔聖帝明皇之時神氣炤然先見故堯夢乘龍上天湯夢布令天下後皆有天下咶東觀記作舐荀卿子曰伏而咶天注咶與舐同咶亦作狧用舌食也斯皆聖王之前占吉不可言又相者見后驚曰此成湯之法也續漢書曰相者待詔相工蘇文曰此成湯之骨法集解汪文臺曰御覽百三十七引續漢書云相者待詔相工蘇太家人竊喜而不敢宣后叔父陔言常聞活千人者子孫有封兄訓爲謁者使修石臼河集解何焯曰使修當作罷修惠棟曰修本治字罷治石臼河爲不辭矣袁紀治石臼河甚有方活數千人蓋訓先治之後知其難成而復罷之也歲活數千人天道可信家必蒙福初太傅禹歎曰吾將百萬之衆未嘗妄殺一人其後世必有興者集解先謙曰其字當衍七年后復與諸家子俱選入宮后長七尺二寸姿顏姝麗姝美色也詩曰彼姝者子絕異於衆左右皆驚八年冬入掖庭爲貴人時年十六恭肅小心動有法度承事陰后夙夜戰兢接撫同列常克己以下之集解惠棟曰馬融論語注克己約身也雖宮人隸役皆加恩借集解

後漢書十上　十五

通鑑胡注既有以恩之又假借以辭色帝深嘉焉及后有疾特令后母兄弟入親醫藥不限以日數后言於帝曰宮禁至重而使外舍久在內省外舍外家上令陛下有幸私之譏集解惠棟曰幸私通鑑作私幸下使賤妾獲不知足之謗上下交損誠不願也帝曰人皆以數入爲榮貴人反以爲憂深自抑損誠難及也每有讌會諸姬貴人競自修整簪珥光采袿裳鮮明說文簪笄也珥瑱也以玉充耳釋名曰婦人上服曰袿而后獨著素裝服無飾集解汪文臺曰初學記十引續漢書云衣不擇采裝不務飾其衣有與陰后同色者即時解易若並時進見則不敢正坐離立離並也禮記曰離坐離立無往參焉行則僂身自卑帝每有所問常逡巡後對不敢先陰后言帝知后勞心曲體歎曰修德之勞迺如是乎後陰后漸疏每當御見輒辭以疾時帝數失皇子后憂繼嗣不廣數選進才人集解通鑑胡注西漢宮中爵號無才人蓋東都所置也以博帝意陰后見后德稱日盛不知所爲遂造祝詛欲以爲害帝嘗寢病危甚

陰后密言我得意不令鄧氏復有遺類后聞迺對左右流涕言曰我竭誠盡心以事皇后竟不爲所祐而當獲罪於天婦人雖無從死之義然周公身請武王之命武王有疾周公爲之請命於太王王季文王曰若爾三王有丕子之責于天以旦代某之身也越姬心誓必死之分越姬楚昭王之姬越王句踐女也昭王燕遊越姬從謂姬曰樂乎對曰樂則樂矣而不可久也王曰願與子生死若此姬曰君王樂遊要妾以死不敢聞命後王病有赤雲夾日如飛鳥王問周太史史曰是害王身請移於將相王曰將相於孤猶股肱也不聽姬曰大哉君王之德妾請從王死矣昔日遊樂是以不敢聽命今君王復禮國人爲君王死何況妾乎妾願先驅狐狸於地下昔日口雖不言心許之矣妾聞信者不負其心遂自殺故曰心誓事見列女傳也上以報帝之恩中以解宗族之禍下不令陰氏有人豕之譏高帝愛幸戚夫人帝崩呂太后斷夫人手足去眼熏耳使居鞠室中名曰人彘也即欲飲藥宮人趙玉者固禁之因詐言屬有使來集解通鑑胡注屬之欲反會也上疾已愈后信以爲然迺止明日帝果瘳十四年夏陰后以巫蠱事廢后請救不能得帝便屬意焉后愈稱篤疾深自閉絕會有司奏建長秋宮帝曰皇后之

後漢書十上　十六

尊與朕同體承宗廟母天下豈易哉唯鄧貴人德冠後庭迺可當之至冬立爲皇后辭讓者三然後即位手書表謝深陳德薄不足以充小君之選是時方國貢獻競求珍麗之物自后即位悉令禁絕歲時但供紙墨而已帝每欲官爵鄧氏后輒哀請謙讓故兄騭終帝世不過虎賁中郎元興元年帝崩長子平原王有疾而諸皇子夭沒前後十數後生者輒隱祕養於人間殤帝生始百日后迺迎立之尊后爲皇太后集解黃山曰殤帝生始百日何能躬上皇太后尊號特草臣稱詔書尊之耳然自是閻梁諸太后沿爲典制矣太后臨朝和帝葬後宮人並歸園太后賜周馮貴人策曰朕與貴人託配後庭共歡等列十有餘年不獲福祐先帝早弃天下孤心煢煢煢煢孤持之貌也詩曰煢煢在疚靡所瞻仰夙夜永懷感愴發中今當以舊典分歸外園慘結增歎燕燕之詩曷能喻焉詩邶序曰衛莊姜送歸妾也其詩曰燕燕于飛差池其羽之子于歸遠送于野瞻望不及泣涕如雨其賜貴人王青蓋車

采飾輅驂馬各一駟黃金三十斤雜帛三千匹白越四千端又賜馮貴人王赤綬以未有頭上步搖環珮加賜各一具周禮王后首服爲副所以副首爲飾若今步搖也釋名曰皇后首副其上有垂珠步則搖也是時新遭大憂法禁未設宮中亡大珠一篋太后念欲考問必有不辜集解通鑑胡注考問則下之獄辭所連及必有無辜而被逮者乃親閱宮人觀察顏色卽時首服又和帝幸人吉成御者共枉吉成以巫蠱事集解惠棟曰漢律敢蠱人及教令者棄市王制執左道鄭氏曰若今巫蠱袁宏紀成御者志恨成乃爲桐人書太后姓字埋之遂下掖庭考訊辭證明白太后以先帝左右待之有恩平日尚無惡言今反若此不合人情更自呼見實覈果御者所爲莫不歎服以爲聖明常以鬼神難徵淫祀無福乃詔有司罷諸祠官不合典禮者又詔除建武以來諸犯妖惡及馬竇家屬所被禁錮者皆復之爲平人減太官導官尚方內者服御珍膳靡麗難成之物漢官儀曰太官主膳羞也前書音義曰導官主導擇米以供祭祀尚方掌工作刀劍諸物及刻玉爲器漢官儀曰內者主帷帳並署名也集解惠棟曰方言東齊言布帛之細者曰綾秦晉曰靡郭璞曰靡細好也薛君韓詩章句曰靡好也自非供陵廟稻粱米不得導擇集解先謙曰導當作䆃前書百官表少府屬有䆃官朝夕一肉飯而已舊太官湯官經用歲且二萬萬經常也太后敕止曰殺省珍費集解惠棟曰曰字誤當作日自是裁數千萬及郡國所貢皆減其過半悉斥賣上林鷹犬其蜀漢釦器九帶佩刀並不復調蜀蜀郡也漢廣漢郡也二郡主作供進之器元帝時貢禹上書蜀廣漢主金銀器各用五百萬是也釦音口以金銀緣器也止畫工三十九種又御府尚方織室錦繡冰紈綺縠金銀珠玉犀象瑇瑁彫鏤玩弄之物皆絕不作離宮別館儲峙米糒薪炭悉令省之儲峙猶蓄積也糒乾飯也又詔諸園貴人其宮人有宗室同族若羸老不任使者令園監實覈上名自御北宮增喜觀閱問之恣其去留卽日免遣者五六百人及殤帝崩太后定策立安帝猶臨朝政以連遭大憂百姓苦役大憂謂和帝殤帝崩殤帝康陵方中祕藏方中陵中也冢藏之中故言祕也及諸工作事事減

約十分居一詔告司隸校尉河南尹南陽太守曰每覽前代外戚賓客假借威權輕薄謥詷言怱遽也謥音七洞反詷音洞至有濁亂奉公集解通鑑胡注言其挾勢恣橫奉公之吏爲所濁亂也高誘云濁亂也爲人患苦咎在執法怠懈不輒行其罰故也今車騎將軍騭等雖懷敬順之志而宗門廣大姻戚不少賓客姦猾多干禁憲干犯也其明加檢敕勿相容護自是親屬犯罪無所假貸集解惠棟曰續漢書后性謙愼兄弟中外皆先帝所寵自攝政之後內檢左右外抑宗族太后愍陰氏之罪廢赦其徙者歸鄉敕還資財五百餘萬永平元年集解惠棟曰依安帝紀乃永初元年事平當作初爵號太夫人爲新野君萬戶供湯沐邑湯沐者取其賦稅以供湯沐之具也二年夏京師旱親幸洛陽寺錄冤獄有囚實不殺人而被考自誣羸困輿見集解惠棟曰東觀記便輿見便當作篧郭璞注三倉曰篧輿土器說文篧竹輿也畏吏不敢言將去舉頭若欲自訴太后察視覺之卽呼還問狀具得枉實集解通鑑胡注得其見枉之實也卽時收洛陽令下獄抵罪行未還宮澍雨大降集解惠棟曰東觀記太后稱制永初二年三月京師旱至五月朔太后幸洛陽省獄舉冤囚杜冷不殺人自誣被掠羸困便輿見畏吏不敢自理吏將去徼疾舉頭若欲有言太后察覺之卽呼還問狀遂信卽時收令下獄抵罪尹左遷行未還宮澍雨大降三年秋太后體不安左右憂惶禱請祝辭願得代命太后聞之卽譴怒竊敕掖庭令以下但使謝過祈福不得妄生不祥之言集解惠棟曰東觀記左右咸流涕歎太后臨大病不自顧而念兆民後病瘳豈非天地之應與舊事歲終當饗遣衞士舊事衞士得代歸者上親饗焉前書蓋寬饒傳曰歲盡當代上臨饗罷衞卒是也大儺逐疫禮記月令有大儺旁磔土牛以送寒氣鄭玄注云儺陰氣也此月之中日歷虛危有墳墓四星之氣爲厲鬼隨彊陰出以害人故儺卻之也太后以陰陽不和軍旅數興詔饗會勿設戲作樂減逐疫侲子之半侲子逐疫之人也音振薛綜注西京賦云侲之言善也善童幼子也續漢書曰大儺選中黃門子弟年十歲以上十二以下百二十人爲侲子皆赤幘皁製執大鼗悉罷象橐駝之屬豐年復故太后自入宮掖從曹大家受經書集解惠棟曰續漢書后自入宮遂博覽五經傳記圖讖內事風角占候老子孟子禮記法言不觀浮華申韓之書兼天文算數晝省王政夜則誦讀而患其謬誤懼乖典章迺博

選諸儒劉珍等及博士議郎四府掾史五十餘人詣東觀讐校傳記讐對也集解惠棟曰劉向別錄云讐校者一人持本一人讀對若怨家故曰讐校事畢奏御賜葛布各有差又詔中官近臣於東觀受讀經傳以教授宮人左右習誦朝夕濟濟及新野君薨太后自侍疾病至乎終盡憂哀毀損事加於常集解惠棟曰東觀記羸瘦骨立不能自勝贈以長公主赤綬集解惠棟曰案獨斷異姓婦女以恩澤封者儀比長公主也東園祕器玉衣繡衾東園署名屬少府主作凶器故言祕也又賜布三萬匹錢三千萬騭等遂固讓錢布不受使司空持節護喪事儀比東海恭王謚曰敬君太后諒闇既終諒闇居喪之廬也或爲諒陰諒信也陰默也言居喪信默不言集解先謙曰官本此下正文有久旱太后比三日幸洛陽錄囚徒理出死罪三十六人耐罪八十人其餘減罪死右趾以下至司寇三十入字此脫七年正月初入太廟齋七日至公卿百僚各有差庚戌謁宗廟率命婦羣妾相禮儀相助也儀禮曰命夫者男子之爲大夫也命婦者大夫之妻也與皇帝交獻親薦成禮而還周禮宗廟祭之日旦王服衮冕而入立於阼后服副褘從王而入王以圭瓚酌鬱鬯以獻尸次

后以璋瓚酌鬱鬯以獻尸此謂交獻也卒事凡九獻焉集解惠棟曰袁宏紀五年冬謁者劉珍上言曰竊見永平初虎賁中郎將梁松言皇太后宜入廟與陛下交獻以彰至孝之心孝明皇帝務遵經典使公卿博士議時太傅鄧禹奏宜如松言光烈皇后於是入廟皇太后宜入宗廟如光烈皇后故事事下公卿僉曰宜如珍言棟案母子交獻古無是禮故孝明皇帝使公卿博士議也因下詔曰凡供薦新味多非其節或鬱養強孰集解通鑑胡注鬱養強孰者言物非其時未及成孰爲土室蓄火其下使土氣蒸暖鬱而養之彊使先時成孰也彊音其兩反或穿掘萌牙味無所至而夭折生長豈所以順時育物乎傳曰非其時不食論語曰不時不食言非其時物則不食之前書邵信臣曰不時之物有傷於人不宜以奉供養自今當奉祠陵廟及給御者皆須時乃上凡所省二十三種自太后臨朝水旱十載四夷外侵盜賊內起每聞人飢或達旦不寐而躬自減徹以救災阨故天下復平歲還豐穰元初五年平望侯劉毅平望縣屬北海郡今青州北海縣西北平望臺是也一名望海臺也集解先謙曰在今青州府壽光縣東郡國志無益省以太后多德政欲令早有注記上書安帝曰臣聞易載羲農而皇德著易繫辭曰古者庖羲氏之王天下仰觀象於天俯觀法於地於是始畫八卦以

通神明之德以類萬物之情庖羲氏沒神農氏作斲木爲耜揉木爲耒耒耜之利以教天下伏羲神農爲三皇故言皇德也書述唐虞而帝道崇故雖聖明必書功於竹帛流音於管弦竹謂簡冊帛謂縑素黃帝以下六代樂皆所以章顯功德是流音於管弦伏惟皇太后膺大聖之姿體乾坤之德易曰聖人與天地合其德齊蹤虞妃比跡任姒虞妃卽舜妻娥皇女英也任文王母姒武王母也孝悌慈仁允恭節約杜絕奢盈之源防抑逸欲之兆正位內朝流化四海易家人卦曰女正位乎內正家而天下定矣禮記曰東夷西戎南蠻北狄謂之四海及元興延平之際國無儲副仰觀乾象參之人譽援立陛下爲天下主永安漢室綏靜四海又遭水潦東州飢荒延平元年安帝初卽位六州大水永初元年稟司隸兗豫徐冀并六州貧人也垂恩元元冠蓋交路菲薄衣食躬率羣下損膳解驂以贍黎苗廣雅云苗眾也惻隱之恩猶視赤子隱痛也尚書曰若保赤子惟人其康乂也克己引愆顯揚仄陋崇晏晏之政尚書考靈燿曰文塞晏晏敷在寬之教敷布也尚書曰五教在寬興滅國繼絕世錄功臣復宗室追還徙人蠲除禁錮政非惠和不圖於心

制非舊典不訪於朝弘德洋溢充塞宇宙洋溢言多洪澤豐沛漫衍八方華夏樂化戎狄混并丕功著於大漢碩惠加於生人巍巍之業可聞而不可及蕩蕩之勳可誦而不可名古之帝王左右置史禮記玉藻曰動則左史書之言則右史書之漢之舊典世有注記集解惠棟曰藝文志漢著記百九十卷五行志凡漢著記十二世二百一十二年谷永言災異有八世著記久不塞除之語荀悅有復內外注記之說云先帝故事有起居日用動靜之節必書焉宜復其式內史掌之以紀內事夫道有夷崇治有進退若善政不述細異輒書是爲堯湯負洪水大旱之責而無咸熙假天之美咸皆也熙廣也尚書曰庶績咸熙言堯之朝政眾功皆廣假音格至也尚書曰祐我烈祖格于皇天言伊尹佐湯功至於天也堯洪水九載湯大旱七年高宗成王有雊雉迅風之變而無中興康寧之功也高宗殷王也小乙之子名武丁當祭成湯有飛雉升鼎耳而雊高宗修德殷道中興成王疑周公乃有雷電大風之變成王改過幾刑措也上考詩書有虞二妃周室三母尚書曰釐降二女于媯汭嬪于虞三母謂后稷母姜嫄文王母太任武王母太姒也詩大雅曰厥初生民時維姜嫄又曰太任有身生此文王又曰太姒嗣徽音則百斯男也修行佐德詩云既有烈考亦有

文母是佐德也集解劉攽曰注案今詩皆作右字右有音耳不當作有也思不踰閾閾門限也左傳曰婦人送迎不出門見兄弟不踰閾未有內遭家難外遇災害覽總大麓經營天物麓錄也言大錄萬機之政書曰納于大麓又日暴殄天物也功德巍巍若茲者也宜令史官著長樂宮注聖德頌以敷宣景燿勒勳金石縣之日月易曰縣象著明莫大於日月攄之罔極以崇陛下烝烝之孝帝從之廣雅曰攄舒也孔安國注尚書曰烝烝猶進進也六年太后詔徵和帝弟濟北河閒王子男女年五歲以上四十餘人又鄧氏近親子孫三十餘人並爲開邸第蒼頡篇曰邸舍也教學經書躬自監試尚幼者使置師保朝夕入宮撫循詔導恩愛甚渥詔告也迺詔從兄河南尹豹越騎校尉康等曰吾所以引納羣子置之學官者實以方今承百王之敝時俗淺薄巧僞滋生五經衰缺不有化導將遂陵遲故欲褒崇聖道以匡失俗傳不云乎飽食終日無所用心難矣哉論語孔子言也言人終日飽食不措心于道義難矣哉言終無遠大也今末世貴戚食祿之家溫衣美飯乘堅驅良堅謂好車良謂善馬也墨子曰聖王爲衣服之法堅車良馬不知貴也而面牆術學不識臧否尚書曰弗學面牆也斯故禍敗所從來也永平中四姓小侯皆令入學小侯解見明紀所以矯俗厲薄反之忠孝先公既以武功書之竹帛兼以文德教化子孫先公謂鄧禹禹有子十三人各使守一藝故曰文德也故能束修不觸羅網言能自約束修整也誡令兒曹上述祖考休烈下念詔書本意則足矣其勉之哉康以太后久臨朝政心懷畏懼託病不朝太后使內人問之時宮婢出入多能有所毀譽其耆宿者皆稱中大人所使者乃康家先婢亦自通中大人康聞詬之曰汝我家出爾敢爾邪婢怨還說康詐疾而言不遜太后遂免康官遣歸國絕屬籍永寧二年二月寢病漸篤乃乘輦於前殿見侍中尚書因北至太子新所繕宮還大赦天下賜諸園貴人王主羣僚錢布各有差詔曰朕以無德託母天下而薄祐不天早離大憂延平之際海內無主元元尼運危於累卵說苑曰晉靈公驕奢造九層之臺國困人貧恥功不成令曰左右諫者斬也荀息求見公曰諫邪息曰不敢臣能累十二博棊加九雞子其上公曰危哉息曰復有危於此者公爲九層之臺男女不得耕織社稷一滅君何所望君曰寡人之過乃壞臺焉勤勤苦心不敢以萬乘爲樂上欲不欺天愧先帝下不違人負宿心誠在濟度百姓以安劉氏自謂感徹天地當蒙福祚而喪禍內外傷痛不絕內外謂新野君薨及和殤二帝崩也頃以廢病沈滯久不得侍祠自力上原陵加欬逆唾血遂至不解存亡大分無可奈何公卿百官其勉盡忠恪以輔朝廷三月崩在位二十年年四十一集解汪文臺曰御覽百三十七引續漢書作丙午日合葬順陵

論曰鄧后稱制終身號令自出術謝前政之良身闕明辟之義前政謂周公也辟君也尚書曰朕復子明辟言周公攝位復還成王今太后不還故曰闕也至使嗣主側目斂衽於虛器器謂神器諭帝位也直生懷懣懸書於象魏象魏闕也直生杜根等上書請太后還政借之儀者殆其惑哉借猶假也殆近也言太后不還政於安帝近可惑也然而建光之後王柄有歸太后建光之中崩歸政安帝集解何焯曰后崩在未改元之前注云中者誤建光紀年亦不及經歲也遂乃名賢戮辱便孽黨進帝寵用乳母王聖及其女伯榮出入宮掖通傳姦賂太尉楊震及鄧騭等皆被中官譖誅也衰斁之來茲焉有徵斁敗也安帝臨政衰敗逾甚故曰有徵也故知持權引謗所幸者非己焦心卹患自強者唯國言執持朝權以招眾謗者所幸不爲己身唯憂國也是以班母一說闔門辭事太后兄大將軍騭以母憂上書乞身太后不許以問班昭乃許之語見昭傳也愛姪微愆髡剔謝罪太后兄騭子鳳受遺事洩騭遂髡妻及鳳以謝天下語見騭傳將杜根逢誅未值其誠乎誠信也言未爲太后所信但蹊田之牛奪之已甚左傳申叔時曰牽牛以蹊人之田而奪之牛牽牛以蹊者信有罪矣而奪之牛罰已重矣此喻杜根上書雖曰有罪太后殺之爲過甚也

皇后紀卷第十上終

後漢書集解卷十上校補

皇后紀上宮備七國周壽昌曰宮監本作官據注寫放其宮室云云則作宮爲是案官本亦作官爵列八品案八原作九據文選正錢大昭曰九文選作八又前書外戚傳考證齊召南曰後書云奉爵列九品是錢齊所據本皆原作九也官本作八與選合

增級十四注此六官品秩同爲一等也官本六官作六宮注末無也字

抑明賢以專其威注迎立靈帝年十二十二官本作十三誤

光武郭皇后紀眞定稾人也集解先謙曰前志作稾城見地理五行二志至餘見郡國志錢大昭曰郭后居稾縣之漆里別見劉椬傳今案地理志眞定國武帝元鼎四年置本治稾城郡國志常山國高帝置建武十三年省眞定國以其縣屬則稾城已倂入常山國之眞定縣故續志無此縣名又前志稾城莽曰稾實去實言稾蓋中興初之改名也郭后立於建武二年時眞定國未省史據以書耳

帝善況小心謹愼錢大昭曰善閩本作美

帝親臨喪送葬官本脫親字

卷十上校補　一

永平二年況卒贈賜甚厚況卒二字官本或誤爲二年

復封駿爲觀都侯卒無子國除案桓帝建和二年賜四姓及梁鄧小侯帛是郭氏國雖絕封未絕也

光烈陰皇后紀與胡陽甯平主諸宮人俱到洛陽注甯平縣屬淮陽故城在今亳州谷陽縣西南案甯平縣前漢屬淮陽後漢屬陳國今歸德府鹿邑縣西南五十里集解先謙曰胡當爲湖見宋弘傳錢大昭曰湖陽公主光武姊甯平公主光武妹今案湖陽前志南陽縣續志南陽邑然據前書高紀還攻胡陽遇番君別將梅鋗是湖陽之湖本一作胡也故城今南陽府唐縣南八十里

俱脫虎口注幾不免於虎口官本注末有也字

時尚尊號官本尙作上

即案歷明旦日吉周壽昌曰古者以卜筮日占其吉凶至漢以來厤書具載不煩占筮也禮儀志每月朔旦太史上其月厤漢樂府焦仲卿妻古詩有日視厤復開書便利此月內六合正相應良吉三十日今已二十七卿可去成婚郎此案厤是已觀反支歸忌等具本書各傳注載最明今案日厤之厤古通作歷

明德馬皇后紀白太夫人絕竇氏婚求進女掖庭周壽昌曰絕婚而求進女事似相連而及豈三女中有一約婚於竇至是始絕之耶馬氏各傳不言與竇氏別有婚姻也今案馬嚴絕竇氏婚自因竇固與梁松相比譖陷馬氏之故惟絕婚與離婚停婚異左傳杞宣公來朝請絕叔姬而無絕婚是特謂絕不與爲婚非已約婚而停之之謂蓋竇氏當日或有怙勢求婚狎侮馬氏之事嚴憤絕之而因上書進女掖庭耳

歲給二千萬周壽昌曰攷證云此句下一本有諸史並闕後事故不知所終十一字宋本無案贊十一字於本句二千萬下足矣之上殊不可通當在後賈貴人傳末錢二千萬句下蓋以同爲二千萬致誤也惟有此十一字之本今既未見不知是原本之誤刋抑攷證之誤指耳

故寵敬日隆侯康曰東觀記后嘗有不安時在敬法殿東箱上令太夫人及兄弟得入見

倉頭衣綠褠領袖正白集解惠棟曰胡三省云至明矣案惠引胡三省說與今通鑑本注有異

時新平主家御者失火案新平主不見於后紀末新平縣名亦未嘗爲國疑東平琅邪諸女封縣公主者也周壽昌謂若王家主太后不至引爲己過然觀下文太后自引守備不愼止重不及備外火耳

卷十上校補　二

賞以財位集解何焯曰位字疑周壽昌曰位自是官位如馬廖馬防之加特進馬嚴之拜將軍長史皆在太后時無疑也案諸馬進位雖在太后時然官位惟天子主之太后不稱制無由輒賞外親以官況賢如明德方力拒肅宗之封三舅豈肯輒以官位授所親此何氏之所以不能無疑於位字非謂無以解位字也竊謂位字直物字轉寫之譌耳

於是內外從化被服如一集解惠棟曰東觀記明德后詔書流布至於是施親戚被服自此始案今聚珍本東觀記外戚傳云廣平鉅鹿樂成王在邸入朝問起居上望見車騎鞍勒皆純黑無金銀飾馬不踰六尺于是白太后即賜錢各五百萬太后詔書流布咸稱至德莫敢犯禁與惠氏所引前後文倒易無王主諸室四字有鉅鹿二字正德作至德文字亦異至於是施親戚被服自此始十字尤聚珍本所無語亦不可曉當由補注文更有脫誤

賈貴人南陽人侯康曰御覽一百三十七引續漢書云明德馬后之姨女

章德竇皇后紀數呼相工問息耗注息耗猶言善惡也集解惠棟曰至義並同周壽昌曰大戴記易本命云息土之人美耗土之人醜息生也耗損也即盛衰意注訓善惡微隔今案周說猶惠說也竊謂前書天文志言候息耗者入國邑視封畺田疇之整治城郭室屋門戶之潤澤次至車服畜產精華實

息者吉虛耗者凶準此則相工之於相人亦視息耗以審吉凶耳

例入見長樂宮進止有序風容甚盛侯康曰御覽一百三十七引續漢書云奉事長樂宮下至侍御貢獻遺皆得其忻心

和熹鄧皇后紀諸兄每讀經傳輒下意難問注下意猶出氣也周壽昌曰注意隔下意猶禮下氣怡色之謂難問辯難詰問也案前書蒯通傳未嘗卑節下意以求仕周說下意義與彼合惟輒相難問方事辯詰抑豈下氣怡色之時仍非確詰耳竊謂章懷注氣字即意字之誤下意猶出意者謂別出己意與諸兄論難戰國策秦策下兵三川高注下兵出兵也此下得訓出之證桓榮傳帝輒引榮及弟子升堂執經自爲下說注下說謂下語而講說之也下意難問與下語講說之下同

若有鍾乳狀集解東觀記滑如磃䃗案今聚珍本東觀記無如磃䃗三字䃗蓋䃙之俗體

入親醫藥官本親作視

歲時但供紙墨而已通鑑胡注毛晃云楮藉不知所始後漢蔡倫以魚網木皮爲紙俗以爲紙始於倫非也前書外戚傳已有赫蹏紙矣墨膠煤爲之案蔡倫傳自古書契多編以竹簡其用縑帛者謂之爲紙縑貴而簡重並不便於人倫

卷十上校補　三

乃造意用樹膚麻頭及敝布魚網以爲紙元興元年奏上之是倫奏上所造紙后即位已閱四年矣其在即位之初所供紙仍縑帛也周壽昌乃謂倫造紙在永元年間其未奏上時已流用於宮掖然倫傳載倫永元九年監作祕劍及諸器械亦未嘗言已造紙尚方用品未經奏上宮掖尤不得先用

以未有頭上步搖環珮加賜各一具官本無頭上二字

輕薄謥詷注言怱遽也謥音七洞反詷音洞侯康曰一切經音義八引通俗文曰言過謂之謥詷又引纂文曰謥詷急也

羸困輿見集解惠棟曰東觀記便輿見便當作箯史記張耳陳餘列傳上使泄公持節問之箯輿前箯徐廣音鞭索隱引服虔音編編竹木如今峻可以糞除也何休注公羊筍音峻筍者竹箯一名編

卽時收洛陽令下獄抵罪集解太后察覺之卽呼還問狀遂信卽時收令下獄抵罪案聚珍本東觀記太后察覺之作太后察視覺之多一視字與紀文合遂信作遂得伸理

平望侯劉毅錢大昭曰毅北海敬王子建初二年封永元中坐事失侯此當云故平望侯案毅事具文苑傳

流音於管弦注黃帝以下六代樂皆所以章顯功德官本皆作音

崇晏晏之政注尚書考靈燿曰文塞晏晏周壽昌曰考靈燿文㥶晏晏第五倫陳寵傳注俱引之又郅壽傳傷㥶晏之化注引鄭注道德純備謂之㥶寬容覆載謂之晏此注㥶作塞古今字異也究以作㥶爲是監本作基誤今案說文㥶塞本各爲一字㥶下云實也虞書曰剛而㥶今書已通作塞又禮中庸不變塞焉鄭注云塞猶實又前書敘傳下塞淵其德顏注亦云塞實也是經史之通㥶於塞相承已久周所據本文㥶及㥶晏兩處文注皆作㥶自用本字第汲古本紀傳文注則皆作塞官本此注塞作基係承監本之譌餘亦皆作塞無作㥶者

弘德洋溢充塞宇宙注洋溢言多官本四字注在弘德洋溢句下

漢之舊與世有注記官本記作紀

縣之日月注易曰縣象著明莫大於日月官本於作乎

而薄祐不天周壽昌曰祐當作祜史避安帝諱改

但蹊田之牛奪之已甚注此喻杜根上書雖曰有罪太后殺之爲過甚也洪亮吉曰玩上語意當爲安帝雖昏庸然太后據政不歸爲奪之已甚不指杜根也注似誤

卷十上校補　四

皇后紀卷第十下　後漢書十下

宋　宣　城　太　守　范　曄　撰

唐　章　懷　太　子　賢　注

王先謙集解

安思閻皇后諱姬（諡法曰謀慮不愆曰思）河南滎陽人也祖父章永平中爲尙書以二妹爲貴人章精力曉舊典久次當遷以重職顯宗爲後宮親屬竟不用出爲步兵校尉（漢官儀曰比二千石掌宿衞兵屬北軍中候也）章生暢暢生后后有才色元初元年以選入掖庭甚見寵愛爲貴人二年立爲皇后后專房妒忌帝幸宮人李氏生皇子保遂鴆殺李氏（鴆毒鳥也食蝮以其羽畫酒中飲之立死）三年以后父侍中暢爲長水校尉封北宜春侯（北宜春縣屬汝南郡以豫章有宜春故此加北故城在今豫州汝陽縣西南也集解先謙曰在今汝寧府汝陽縣西南）食邑五千戶四年暢卒諡曰文侯子顯嗣建光元年鄧太后崩帝始親政

事顯及弟景耀晏並爲卿校典禁兵延光元年更封顯長社縣侯（長社縣屬潁川郡前書音義曰其社中樹暴長故名長社今許州縣集解先謙曰縣字衍注見靈紀）食邑萬三千五百戶追尊后母宗爲滎陽君（續漢志曰婦人封君儀比公主油軿軿車帶綬以采組爲緄帶各如其綬色黃金辟邪加其首爲帶）顯景諸子年皆童齓（大戴禮曰男八歲而齓女七歲而齓齓毁齒也音初刃反）並爲黃門侍郎后寵既盛而兄弟頗與朝權后遂與大長秋江京中常侍樊豐等共譖皇太子保廢爲濟陰王四年春后從帝幸章陵帝道疾崩於葉縣后顯兄弟及江京樊豐等謀曰今晏駕道次（晏晚也臣下不敢斥言帝崩猶言晚駕而出集解胡三省曰道次猶言路次也）濟陰王在內邂逅公卿立之還爲大害乃僞云帝疾甚徙御臥車行四日驅馳還宮（集解胡三省曰自葉至雒陽六百餘里）明日詐遣司徒劉熹詣郊廟社稷告天請命其夕乃發喪尊后曰皇太后皇太后臨朝（蔡邕獨斷曰少帝卽位太后卽代攝政臨前殿朝羣臣太后東面少帝西面羣臣奏事上書皆爲兩通一詣后一詣少帝）以顯爲車騎將軍儀同三司太后欲久

專國政貪立幼年與顯等定策禁中迎濟北惠王子北鄉侯懿（惠王名壽章帝子也）立爲皇帝顯忌大將軍耿寶（耿弇之弟舒之孫）位尊權重威行前朝乃風有司奏寶及其黨與中常侍樊豐虎賁中郎將謝惲惲弟侍中篤篤弟大將軍長史宓（善文曰惲字伯周宓字仲周篤字季周集解陳景雲曰善文書名陶靖節聖賢羣輔錄亦引之但作者姓名無攷耳隋經籍志不載此書錢大昕曰案唐藝文志總集類有杜預善文四十九卷陳氏偶未檢及又秦辯士遺秦將章邯書在善文中見裴駰注史記李斯傳）侍中周廣阿母野王君王聖聖女永永壻黃門侍郎樊嚴等更相阿黨互作威福探刺禁省更爲唱和皆大不道豐惲廣皆下獄死家屬徙比景（比景縣名屬日南郡前書音義曰日居於頭上日景在己下故名之集解先謙曰官本注無景上日字考證云景字上監本多一日字從如湻原注減）宓嚴減死髡鉗貶寶爲則亭侯遣就國自殺王聖母子徙鴈門於是景爲衞尉耀城門校尉晏執金吾兄弟權要威福自由少帝立二百餘日而疾篤（集解黃山曰少帝卽位至薨凡二百三十四日）顯兄弟及江京等皆在左右京引

顯屏語曰北鄉侯病不解（集解通鑑胡注解散也言病纏於身而不散也）國嗣宜時有定前不用濟陰王今若立之後必當怨又何不早徵諸王子簡所置乎（集解惠棟曰簡擇也置立也）顯以爲然及少帝薨京白太后徵濟北河間王子未至而中黃門孫程合謀殺江京等立濟陰王是爲順帝顯景晏及黨與皆伏誅遷太后於離宮家屬徙比景明年太后崩（集解惠棟曰周舉傳永建元年正月帝朝太后於東宮從李郃之請也）在位十二年合葬恭陵帝母李氏瘞在洛陽城北帝初不知莫敢以聞及太后崩左右白之帝感悟發哀親到瘞所更以禮殯（集解通鑑胡注殯用皇后禮也）上尊諡曰恭愍皇后葬恭北陵爲策書金匱藏于世祖廟（在恭陵之北因以爲名漢官儀曰置陵園令食監各一人秩皆六百石金匱緘之以金）

順烈梁皇后諱妠（諡法曰執德尊業曰烈聲類曰妠妠娶也音納）大將軍商之女恭懷皇后弟之孫也后生有光景之祥（集解惠棟曰續漢書后有光景之祥及長聰敏仰承兄姊俯接弟妹）

（恩情周悉）少善女工好史書九歲能誦論語治韓詩（韓嬰所傳詩也）大義略舉常以列女圖畫置於左右以自監戒（劉向撰列女傳八篇圖畫其象　集解惠棟曰劉向七略別錄曰臣向與黃門侍郎歆所校列女傳種類相從為七篇以著禍福榮辱之效是非得失之分畫之於屏風四堵）父商深異之竊謂諸弟曰我先人全濟河西所活者不可勝數（商曾祖統更始二年補中郎將酒泉太守使安集涼州時西河擾亂眾議以統素有威信乃推統與竇融共完全五郡）雖大位不究而積德必報若慶流子孫者儻興此女乎永建三年與姑俱選入掖庭時年十三相工茅通見后驚再拜賀曰此所謂日角偃月（集解惠棟曰戰國策司馬喜云犀角偃月乃帝王之后也）相之極貴臣所未嘗見也太史卜兆得壽房（集解惠棟曰藝文志龜書五十二卷沈氏云古之卜者有繇辭周禮三兆其頌皆千有二百東觀記作戴房沈濤曰下文云乃於壽安殿立貴人為皇后蓋應壽房之兆則作戴房者誤）又筮得坤之比（易坤卦六五爻變而之比九五象曰顯比之吉位正中也九五居得其位下應於上故吉）遂以為貴人常特被引御從容辭於帝曰夫陽以博施為德陰以不專為義螽斯則百福之所由興也（詩國風序

曰言后妃若螽斯不妬忌則子孫眾多也詩大雅曰太姒嗣徽音則百斯男也）願陛下思雲雨之均澤識貫魚之次序（易曰雲行雨施品物流形剝卦曰貫魚以宮人寵無不利剝坤下艮上五陰而一陽眾陰在下駢頭相次似貫魚也）使小妾得免罪謗之累由是帝加敬焉陽嘉元年春有司奏立長秋宮以乘氏侯商先帝外戚（商祖姑章帝貴人生和帝也）春秋之義娶先大國（公羊傳曰天子娶於紀紀本子爵也先襃為侯言王者不娶於小國也）梁小貴人宜配天祚正位坤極（正其內位居陰德之極也易曰女正位乎內也）帝從之乃於壽安殿立貴人為皇后（壽安是德陽宮內殿名　集解惠棟曰東京賦壽安永寧薛綜注殿以休令為名美時君之德在應門之內也東觀記曰是時自冬至春不雨立后之日嘉澍沾渥）后既少聰惠深覽前世得失雖以德進不敢有驕專之心每日月見謫（謫責也禮記云陽事不得謫見於天日為之食陰事不得謫見於天月為之食）輒降服求愆建康元年帝崩后無子美人虞氏子炳立是為沖帝尊后為皇太后太后臨朝沖帝尋崩復立質帝猶秉朝政時揚徐劇賊寇擾州郡西羌鮮卑及日南蠻夷攻城暴掠賦斂煩數官民困竭太后夙夜勤勞推心仗賢委任太尉李固等拔用忠良務崇節儉其貪叨罪慝多見誅廢（貪財曰叨慝惡也）分兵討伐羣寇消夷故海內肅然宗廟以寧而兄大將軍冀鴆殺質帝專權暴濫忌害忠良數以邪說疑誤太后遂立桓帝而誅李固太后又溺於宦官多所封寵以此天下失望和平元年春歸政於帝太后寢疾遂篤乃御輦幸宣德殿見宮省官屬及諸梁兄弟詔曰朕素有心下結氣從間以來加以浮腫逆害飲食寢以沈困（寢漸也）比使內外勞心請禱私自忖度日夜虛劣不能復與羣公卿士共相終竟援立聖嗣恨不久育養見其終始今以皇帝將軍兄弟委付股肱其各自勉焉後二日而崩在位十九年年四十五合葬憲陵

虞美人者以良家子年十三選入掖庭（續漢志曰美人父詩為郎中詩父衡屯騎校尉）又生女舞陽長公主自漢興母氏莫不尊寵順帝既未加美人爵號

而沖帝早夭大將軍梁冀秉政忌惡佗族故虞氏抑而不登但稱大家而已陳夫人者家本魏郡少以聲伎入孝王宮得幸生質帝亦以梁氏故榮寵不及焉（集解惠棟曰續漢書梁冀欲專權令帝母不得至京都又帝短祚是以外家無他寵）熹平四年小黃門趙祐（續漢志曰小黃門六百石宦者無員掌侍左右受尚書事上在內宮關通中外及中宮以下眾事諸公主及王大妃等疾苦則使問之　集解惠棟曰祐北海人與于肅等五人不爭威權稱為清忠見宦者傳）議郎卑整上言（風俗通曰卑氏鄭大夫卑諶之後漢有卑躬為北平太守　集解惠棟曰整雁門人案孫恤引胡太傅碑亦作卑整蔡邕集及袁紀皆作畢整作畢字者誤也前書古今人表鄭卑湛師古曰卑音脾湛音諶今論語左傳皆從俗作諶蓋為何晏杜預所亂）春秋之義母以子貴（公羊傳曰桓公幼而貴隱公長而卑桓何以貴母貴也母貴則子何以貴子以母貴母以子貴）隆漢盛典尊崇母氏凡在外戚莫不加寵今沖帝母虞大家質帝母陳夫人皆誕生聖皇而未有稱號夫臣子雖賤尚有追贈之典況二母見在不蒙崇顯之次無以述遵先世垂示後世也帝感其言乃拜虞大家為憲陵貴人陳夫人為勃海孝王妃（孝王

名鴻章帝子千乘貞王伉之孫鴻生質帝帝立徙勃海焉使中常侍持節授印綬遣太常以三牲告憲陵懷陵靜陵焉懷陵沖帝陵靜陵質帝陵

孝崇匽皇后諱明匽音偃爲蠡吾侯翼媵妾蠡吾侯翼河間王開子和帝孫生桓帝。桓帝即位明年追尊翼爲孝崇皇陵曰博陵以后爲博陵貴人和平元年梁太后崩乃就博陵尊后爲孝崇皇后集解惠棟曰桓帝詔曰博園匽貴人覆高明之懿德容淑美之嘉會與天合靈篤生厥躬欲報之德詩所感歎今以貴人爲孝崇皇后遣司徒持節奉策授璽綬齋乘輿器服備法物宮曰永樂集解通鑑胡注續漢志德陽前殿西北入門內有永樂宮置太僕少府以下皆如長樂宮故事漢官儀曰帝祖母稱長信宮帝母稱長樂宮故有長信少府長樂少府及職吏皆宦者爲之又置虎賁羽林衛士起宮室分鉅鹿九縣爲后湯沐邑在位三年元嘉二年崩以帝弟平原王石爲喪主石蠡吾侯翼子桓帝兄斂以東園畫梓壽器玉匣飯含之具禮儀制度比恭懷皇后東園署名屬少府掌爲棺器梓木爲棺以漆畫之稱壽器者欲其久長也猶如壽堂壽宮壽陵之類也漢舊儀曰梓棺長

二丈廣四尺玉匣者腰已下爲柙至足亦縫以黃金爲縷飯含者以珠玉實口使司徒持節大長秋奉弔祠賵錢四千萬公羊傳曰貨財曰賵布四萬匹中謁者僕射典護喪事侍御史護大駕鹵簿漢官儀曰天子車駕次第謂之鹵簿有大駕法駕小駕大駕公卿奉引大將軍參乘太僕御屬車八十一乘備千乘萬騎侍御史在左駕馬詢問不法者今儀比車爲故以侍御史監護焉詔安平王得河間王建勃海王悝悝音恢長社益陽二長公主長社公主桓帝姊耿弇弟霸玄孫援尚焉益陽公主桓帝妹侍中寇榮從兄子尚焉集解先謙曰官本注霸作霸援作援與諸國侯三百里內者及中二千石二千石令長相皆會葬將作大匠復土繕廟合葬博陵

桓帝懿獻梁皇后諱女瑩謚法曰溫和聖善曰懿聰明叡智曰獻順烈皇后之女弟也帝初爲蠡吾侯梁太后徵欲與后爲婚未及嘉禮嘉禮婚禮會質帝崩因以立帝明年有司奏太后曰春秋迎王后于紀在塗則稱后公羊傳曰祭公來逆王后于紀傳曰祭公者何天子之三公其稱王后何王者無外其辭成矣今大將軍冀女弟膺紹聖善膺當也紹嗣也聖善謂母也言娶妻當嗣親也詩云母氏聖善集解陳景雲曰膺紹聖善謂堪繼太后聖善之德注未了結婚之際有命既集謂太后先有令許結親也詩云天監下民有命既集也集解先謙曰官本下民作在下是宜備禮章時進徵幣徵成也納幣以成婚請下三公太常案禮儀集解惠棟曰漢雜事云太常宏奏可於是悉依孝惠皇帝納后故事集解惠棟曰續漢書如孝惠孝平故事聘黃金二萬斤納采鴈璧乘馬束帛一如舊典漢書舊儀聘皇后黃金萬斤呂后爲惠帝娶魯元公主女故特優其禮也儀禮曰納采用鴈鄭玄注云納其采擇之禮用鴈取順陰陽往來也周禮王者穀圭以聘女鄭玄注云士大夫以上乃以玄纁束帛天子加以穀圭諸侯加以大璋然禮稱以圭此云用璧形制雖異爲玉同也乘馬四匹馬也雜記曰納幣一束束五兩兩五尋然則每端二丈集解惠棟曰漢雜事云以黃金二萬斤馬十二匹元纁穀璧以章典禮姚士粦云檢晉志云漢高后制聘二百斤馬十二匹注以爲四匹非也建和元年六月集解惠棟曰漢雜事云六月庚子始入掖庭八月立爲皇后集解惠棟曰漢雜事云八月乙未時太后秉政而梁冀專朝故后獨見寵幸自下莫得進見后藉姊兄廕埶恣極奢靡宮幄彫麗服御珍華巧飾制度兼倍前世及皇太后崩恩愛稍衰后既無子潛懷怨忌每宮人孕育鮮得全者帝雖迫畏梁冀不敢譴

怒然見御轉稀至延熹二年后以憂恚崩在位十三年葬懿陵其歲誅梁冀廢懿陵爲貴人冢焉

桓帝鄧皇后諱猛女和熹皇后從兄子鄧香之女也母宣初適香生后改稼梁紀紀者大將軍梁冀妻孫壽之舅也后少孤隨母爲居因冒姓梁氏冀妻見后貌美永興中進入掖庭爲采女絕幸采擇也以因采擇而立名明年封兄鄧演爲南頓侯位特進演卒子康嗣及懿獻后崩梁冀誅立后爲皇后帝惡梁氏改姓爲薄封后母宣爲長安君四年有司奏后本郎中鄧香之女不宜改易它姓於是復爲鄧氏追封贈車騎將軍安陽侯印綬更封宣康大縣宣爲昆陽君康爲沘陽侯賞賜巨萬計巨大也大萬謂萬萬也集解先謙曰沘亦當爲泚宣卒賵贈葬禮皆依后母舊儀以康弟統襲封昆陽侯位侍中統從兄會集解惠棟曰會天文志作魯襲安陽侯爲虎賁中郎將又封統弟秉爲淯陽侯宗族

皆列校郎將【集解】通鑑胡注列校謂北軍五校郎將郎三署郎中郎將帝多內幸博采宮女至五六千人及驅役從使【集解】通鑑胡注驅役者嬖幸挾勢驅掠良人以供掖庭役使者也從使者趨勢附力樂從而爲之使也復兼倚於此而后恃尊驕忌與帝所幸郭貴人更相譖訴八年詔廢后送暴室以憂死漢官儀曰暴室在掖庭內丞一人主宮中婦人疾病者其皇后貴人有罪亦就此室也立七年葬在北邙從父河南尹萬世及會皆下獄死統等亦繫暴室【集解】惠棟曰天文志時又有越騎校尉鄧弼侍中監羽林左騎鄧德右騎鄧壽議郎鄧秉皆繫暴室免官爵歸本郡財物沒入縣官

桓思竇皇后諱妙章德皇后從祖弟之孫女也父諱武【集解】先謙曰官本無三字考證云此句下監本有父諱武三字注王會汾云按下文有太后父大將軍武句此處不復須注且后父亦不當言諱也明是後人添入今從宋本刪延熹八年鄧皇后廢后以選入掖庭爲貴人其冬立爲皇后而御見甚稀帝所寵唯采女田聖等永康元年冬帝寢疾遂以聖等九女皆爲貴人及崩無嗣后爲皇太后太后臨朝定策

後漢書十下　七

立解犢侯宏【集解】先謙曰犢當爲瀆下脫亭字官本有是爲靈帝太后素忌忍積怒田聖等桓帝梓宮尚在前殿遂殺田聖又欲盡誅諸貴人中常侍管霸蘇康苦諫乃止時太后父大將軍武謀誅宦官而中常侍曹節等矯詔殺武遷太后於南宮雲臺家屬徙比景竇氏雖誅帝猶以太后有援立之功建寧四年十月朔率羣臣朝于南宮親饋上壽黃門令董萌漢官儀曰黃門令秩六百石因此數爲太后訴怨帝深納之供養資奉有加於前中常侍曹節王甫疾萌附助太后誣以謗訕永樂宮靈帝母所居也訕謗毀也萌坐下獄死熹平元年太后母卒於比景后感疾而崩立七年合葬宣陵

孝仁董皇后諱某河間人爲解犢侯萇夫人萇河間孝王開孫淑之子也【集解】先謙曰侯上脫亭字官本有生靈帝建寧元年帝即位追尊萇爲孝仁皇陵曰慎陵以后爲慎園貴人及竇氏誅明年帝使中常侍迎貴人并徵貴人兄寵到京師上尊號曰孝仁皇后居南宮嘉德殿嘉德殿在九龍門內宮稱永樂拜寵執金吾後坐矯稱永樂后屬請下獄死及竇太后崩始與朝政使帝賣官求貨自納金錢盈滿堂室中平五年以后兄子衛尉脩侯重脩今德州縣故城在縣南脩今作蓨音條【集解】先謙曰在今河間府景州南州志十三里南條城爲驃騎將軍領兵千餘人初后自養皇子協數勸帝立爲太子而何皇后恨之議未及定而帝崩何太后臨朝重與太后兄大將軍進權勢相害后每欲參干政事太后輒相禁塞后忿恚詈言曰汝今輈張怙汝兄耶輈張猶彊梁也【集解】惠棟曰尚書無逸篇譸張爲幻陸德明云譸竹求反馬融本作輈爾雅及詩作侜同侜張誑也揚雄國三老箴云負乘覆餗姦寇侏張李善注輈與侏古字通張由切丁度云李頤說作屈侜張似人而非也續漢書后憤恚噴罵曰汝欲怪大將軍耶敕驃騎斬大將軍頭來與此異也當敕驃騎斷何進頭來何太后聞以告進進與三公及弟車騎將軍苗等奏孝仁皇后使故中常侍夏惲永樂太僕封諝等交通州郡漢官儀曰永樂太僕用中人爲之辜較在

後漢書十下　八

所珍寶貨賂悉入西省辜較解見靈紀西省即謂永樂宮之司蕃后故事不得留京師蕃后謂平帝母衛姬時王莽擅政恐其專權后不得留在京師故云故事也輿服有章膳羞有品請永樂后遷宮本國奏可何進遂舉兵圍驃騎府收重重免官自殺【集解】先謙曰疑當作免重官重自殺而傳寫倒脫也后憂怖疾病暴崩【集解】通鑑考異云案九州春秋太后憂懼自殺在位二十三年民間歸咎何氏喪還河間合葬慎陵

靈帝宋皇后諱某扶風平陵人也肅宗宋貴人之從曾孫也【集解】劉攽曰案宋貴人安得有從曾孫姓宋者當是脫一父字汪文臺曰御覽百三十七引續漢書貴人之從孫建寧三年選入掖庭爲貴人明年立爲皇后父酆執金吾封不其鄉侯不其縣屬琅邪郡故城在今萊州即墨縣西南蓋其縣之鄉也其音基決錄注酆字伯遇【集解】錢大昕曰案伏湛於建武六年封不其侯傳國八世至獻帝時始絕而宋酆於靈帝之世得封不其鄉侯者伏氏食邑三千六百戶除所食之外尚有它鄉也先謙曰在今萊州府即墨縣西南縣志二十七里不其社后無寵而居正位後宮幸姬衆共譖毀初中常侍王甫枉誅勃海王悝及妃宋氏熹平元年王甫誣悝與中常侍鄭颯交通欲迎立悝悝自殺妃死獄

中也妃即后之姑也甫恐后怨之乃與太中大夫程阿共搆言皇后挾左道祝詛禮記曰執左道以亂眾殺無赦鄭玄注云左道若巫蠱也帝信之光和元年遂策收璽綬后自致暴室以憂死在位八年父及兄弟並被誅諸常侍小黃門在省闥者皆憐宋氏無辜共合錢物收葬廢后及酆父子歸宋氏舊塋皐門亭詩云迺立皐門注云王之郭門曰皐門漢官儀曰十二門皆有亭帝後夢見桓帝怒曰宋皇后有何罪過而聽用邪孽使絕其命勃海王悝既己自貶又受誅斃今宋氏及悝自訴於天上帝震怒上帝天也震動也書曰帝乃震怒也罪在難救夢殊明察帝既覺而恐以事問於羽林左監許永續漢志曰羽林左監一人秩六百石主羽林左騎右亦如之永或作詠集解惠棟曰謝承書永字游光靈帝時爲司隸校尉是時奄寺在內並貴幸用勢於時永舉法無所迴避中官子弟爲令長官者並棄官去威烈風行於是深見怨於宦官遂見誣譖當下廷尉永謂友人曰永年七十庶幾以忠義致身未得殲姦人之首而先賊受害何能復入奏對刀筆吏遂仰藥而死曰此何祥其可禳乎禳謂除也永對曰宋皇后親與陛下共承宗廟母臨萬國歷

年已久海內蒙化過惡無聞而虛聽讒妬之說以致無辜之罪身嬰極誅禍及家族天下臣妾咸爲怨痛勃海王悝桓帝母弟也處國奉藩未嘗有過集解惠棟曰史弼傳弼遷北軍中候是時北海王悝素行險辟僭傲多不法弼懼其驕悖爲亂乃上封事帝以至親不忍下其事後悝竟坐逆謀貶爲癭陶王蔡邕集亦云悝懷逆謀黜封癭陶王洪适案趙相劉衡碑云勃海王帝之家弟不遵憲典君以特選爲郎中令如史所載則勃海王死非其罪似作碑者附會時論辭有溢惡然威宗紀延熹八年書勃海王悝謀反降爲癭陶王後二年復國則勃海王亦非身蹈行治者孝靈之夢則齊諧家所志也棟案孝靈之夢載在干寶搜神范氏撰方術傳多取材於干氏非實錄也陛下曾不證審遂伏其辜昔晉侯失刑亦夢大厲被髮屬地左傳曰晉侯夢大厲被髮及地搏膺而踊曰殺余孫不義余得請於帝矣杜預注曰厲鬼趙氏之先祖也晉侯先殺趙同趙括故怒也天道明察鬼神難誣宜并改葬以安冤魂反宋氏之徙家復勃海之先封以消厥咎帝弗能用尋亦崩焉

靈思何皇后諱某南陽宛人家本屠者以選入掖庭風俗通曰漢以八月算人后家以金帛賂遺主者以求入也集解惠棟曰續漢書進父眞死以妹倚黃門得入掖庭案何進傳蹇碩與趙忠書曰中常侍郭勝進同郡人也太后及進之貴幸勝有力焉然則幸由郭勝得入掖庭也長七尺一寸生皇子辯養於史道人家號曰史侯道人謂道術之人也獻帝春秋曰靈帝數失子不敢正名養道人史子眇家號曰史侯集解先謙曰官本助作眇拜后爲貴人甚有寵幸性彊忌後宮莫不震懾光和三年立爲皇后明年追號后父眞爲車騎將軍舞陽宣德侯因封后母興爲舞陽君時王美人任娠左傳曰邑姜方娠杜預注曰懷胎爲娠音之刃反一音身畏后乃服藥欲除之而胎安不動又數夢負日而行四年生皇子協后遂鴆殺美人集解惠棟曰續漢書渴飲米粥遂暴薨帝大怒欲廢后諸宦官固請得止董太后自養協號曰董侯

王美人趙國人也集解李賡芸曰后紀序曰同居正號者並列於篇私恩追尊者隨事附出此紀例也卷內自貴人以下皆應附各紀之末不應另傳此必非范氏之舊先謙曰元書不提行正應隨事附見之例下文紀序何后事甚明證也此自後人傳寫之誤李說非祖父苞集解惠棟曰袁宏紀苞治尚書父章襲苞業居貧有子二人男斌女曰榮榮即后也五官中郎將美人豐姿色聰敏有才明能書會計會計謂總會其數而筭以良

家子應法相選入掖庭帝愍協早失母又思美人作追德賦令儀頌中平六年帝崩皇子辯即位尊后爲皇太后太后臨朝后兄大將軍進欲誅宦官反爲所害舞陽君亦爲亂兵所殺并州牧董卓被徵將兵入洛陽陵虐朝廷遂廢少帝爲弘農王集解黃山曰既謂少帝當書皇子辯非詳靈紀而立協是爲獻帝扶弘農王下殿北面稱臣太后鯁涕群臣含悲莫敢言董卓又議太后踧迫永樂宮至令憂死逆婦姑之禮乃遷於永安宮因進酖弒而崩在位十年董卓令帝出奉常亭舉哀華延儁洛陽記曰城內有奉常亭公卿皆白衣會不成喪也有因事系服而朝謂之白衣會左傳曰不書葬不成喪合葬文昭陵初太后新立當謁二祖廟欲齋輒有變故如此者數竟不克時有識之士心獨怪之後遂因何氏傾沒漢祚焉明年山東義兵大起討董卓之亂卓乃置弘農王於閣上使郎中令李儒進酖曰服此藥可以辟惡王曰我無疾是欲殺我耳不

肯飲强飲之不得已乃與妻唐姬及宮人飲讌別酒行王悲歌曰天道易兮我何艱棄萬乘兮退守蕃逆臣見迫兮命不延逝將去汝兮適幽玄因令唐姬起舞姬抗袖而歌抗舉也曰皇天崩兮后土頹史記周烈王崩周人爲齊威王曰天崩地拆也集解先謙曰官本爲作謂古字通身爲帝兮命夭摧死生路異兮從此乖奈我煢獨兮心中哀因泣下嗚咽坐者皆歔欷王謂姬曰卿王者妃執不復爲吏民妻自愛從此長辭遂飲藥而死時年十八唐姬潁川人也王薨歸鄉里父會稽太守瑁欲嫁之姬誓不許及李傕破長安遣兵鈔關東略得姬傕因欲妻之固不聽而終不自名不自名少帝之姬也袁宏紀曰爲傕所略不敢自言尚書賈詡知之魏志曰詡字文和姑臧人少時漢陽閻忠見而異之曰詡有良平之才以狀白獻帝帝聞感愴乃下詔迎姬置園中使侍中持節拜爲弘農王妃初平元年二月葬弘農王於故中常侍趙忠成壙中趙忠元有成壙因而葬焉謚曰懷王帝求母王美人兄

斌斌將妻子詣長安賜第宅田業拜奉車都尉興平元年帝加元服有司奏立長秋宮詔曰朕稟受不弘遭值禍亂未能紹先以光故典皇母前薨未卜宅兆禮章有闕中心如結詩云心如結兮三歲之感蓋不言吉且須其後於是有司乃奏追尊王美人爲靈懷皇后改葬文昭陵儀比敬恭二陵敬章帝陵恭安帝陵集解陳景雲曰謂如恭懷梁后葬敬西陵恭愍李后葬恭北陵之禮不言西北者省文耳注非使光祿大夫持節行司空事奉璽綬斌與河南尹駱業復土斌還遷執金吾封都亭侯凡言都亭者並城內亭也漢法大縣侯位視三公小縣侯位視上卿鄉□亭侯視中二千石也食邑五百戶病卒贈前將軍印綬謁者監護喪事長子端襲爵

獻帝伏皇后諱壽琅邪東武人東武今密州諸城縣集解先謙曰今青州府諸城縣治大司徒湛之八世孫也父完沈深有大度襲爵不其侯尚桓帝女陽安公主陽安縣屬汝南郡故城在今豫州郾山縣東北集解先謙曰注已見上卷此重出爲侍中初平元年從大駕西遷長安后時入掖庭爲貴人興平二年立爲皇后完遷執金吾帝尋而東歸李傕郭汜等追敗乘輿於曹陽集解先謙曰注見帝紀帝乃潛夜度河走度所在今陝州陝縣北水經曰銅翁仲所沒處是獻帝東遷潛度所六宮皆步行出營周禮曰王后率六宮之人鄭玄注曰六宮之人夫人以下分居后之六宮者后手持縑數匹董承使符節令孫徽以刃脅奪之殺傍侍者血濺后衣濺音子見反既至安邑御服穿敝唯以棗栗爲糧建安元年拜完輔國將軍儀比三司完以政在曹操自嫌尊戚乃上印綬拜中散大夫尋遷屯騎校尉十四年卒子典嗣集解先謙曰官本興作典自帝都許守位而已宿衞兵侍莫非曹氏黨舊姻戚議郎趙彥嘗爲帝陳言時策曹操惡而殺之其餘內外多見誅戮操後以事入見殿中帝不任其憤因曰君若能相輔則厚不爾幸垂恩相捨操失色俛仰求出舊儀三公領兵朝見令虎賁執刃挾之操出顧左右汗流浹背浹徹也音子協反自後不敢

復朝請董承女爲貴人操誅承而求貴人殺之帝以貴人有妊說文曰妊孕也音仁蔭反累爲請不能得后自是懷懼乃與父完書言曹操殘逼之狀令密圖之完不敢發至十九年事乃露泄操追大怒遂逼帝廢后假爲策曰皇后壽得由卑賤登顯尊極自處椒房漢官儀曰皇后稱椒房取其蕃實之義也詩云椒聊之實蕃衍盈升二紀于兹既無任姒徽音之美太任文王母太姒武王母徽美也詩云太姒嗣徽音又乏謹身養己之福左傳曰人受天地之中以生謂之命能者養之以福不能者敗以取禍而陰懷妒害苞藏禍心弗可以承天命奉祖宗今使御史大夫郗慮持節策詔其上皇后璽綬蔡邕獨斷曰皇后赤綬玉璽續漢志曰乘輿黃赤綬四綵黃赤縹紺淳黃圭綬長二丈九尺九寸五百首太皇太后皇太后其綬皆與乘輿同退避中宮遷于它館嗚呼哀哉自壽取之未致于理爲幸多焉又以尚書令華歆爲郗慮副魏志曰華歆字子魚平原高唐人代荀彧爲尚書令慮字鴻豫山陽高平人勒兵入宮收后閉戶藏壁中集解劉攽曰案文少一后字歆就牽后出集解惠棟曰曹瞞傳歆壞戶發壁牽后出也時帝在

外殿引慮於坐后被髮徒跣行泣過訣曰不能復相活邪帝曰我亦不知命在何時顧謂慮曰郗公天下寧有是邪遂將后下暴室以幽崩所生二皇子皆酖殺之后在位二十年兄弟及宗族死者百餘人母盈等十九人徙涿郡

獻穆曹皇后諱節謚法曰布德執義曰穆魏公曹操之中女也建安十八年操進三女憲節華為夫人聘以束帛玄纁五萬匹小者待年於國留住於國以待年長十九年並拜為貴人及伏皇后被弒明年立節為皇后魏受禪遣使求璽綬后怒不與如此數輩后乃呼使者入親數讓之以璽抵軒下抵擲也軒闌校也集解先謙曰官本璽下有綬字因涕泣橫流曰天不祚爾集解惠棟曰續漢書作天不祚此璽左右皆莫能仰視后在位七年魏氏既立以后為山陽公夫人自後四十一年魏景初元年薨合葬禪陵車服禮儀皆依漢制集解先謙曰續漢書云孝獻曹后丞相魏王操之女也名憲建安十八年上納操二女憲節於後宮皆為貴人明年憲為皇后帝禪位於魏憲拜山陽夫人見御覽百三十七又云獻穆曹皇后諱節操女也魏受禪遣使求璽綬后怒以璽綬投軒下因涕泣橫流曰天不祚此璽見書鈔百三十一御覽六百八十二俱見汪氏文臺所輯引先謙案憲無薨年節安得為后禪位之後仍是憲拜夫人置節何地顯然謬誤所當駁正

論曰漢世皇后無謚皆因帝謚以為稱雖呂氏專政上官臨制亦無殊號上官昭帝后也中興明帝始建光烈之稱其後並以德為配至於賢愚優劣混同一貫故馬竇二后俱稱德焉其餘皇帝之庶母集解先謙曰官本皇作唯是及蕃王承統以追尊之重特為其號若恭懷孝崇之比是也初平中蔡邕始追正和熹之謚蔡邕集謚議曰漢世母氏無謚至于明帝始建光烈之稱是後轉因帝號加之以德上下優劣混而為一違禮大行受大名小行受小名之制謚法有功安人曰熹帝后一體禮亦宜同大行皇太后謚宜為和熹其安思順烈以下皆依而加焉

贊曰坤惟厚載陰正乎內易曰坤厚載物又曰女正位乎內男正位乎外詩美好逑逑匹也詩云窈窕淑女君子好逑言后妃有關雎之德為君子好匹易稱歸妹歸妹兌下震上歸妹卦也婦人謂嫁曰歸妹為少女之稱兌為少陰震為長陽少陰而承長陽悅以動之歸妹之象也以六五與九二相應五為王侯故易言帝乙歸妹祁祁皇孋言觀貞淑祁祁眾多也孋亦儷也觀示也言諸后皆示其貞淑皇為儷案字書無孋字相傳音麗茲改音離集解惠棟曰漢郭甫碑曰先生有四男三女高賢姣孋富貴顯榮其季女文明穎川之夫人也戰國策鄒忌妻曰公姣且麗則孋即麗也媚茲良哲承哉天祿集解先謙曰官本哉作我是班政蘭閨宣禮椒屋班固西都賦曰後宮則掖庭椒房后妃之室蘭林蕙草披香發越蘭林殿名故言蘭閨椒屋即椒房也既云德升亦曰幸進德升謂馬鄧等也幸進謂闕和之類也身當隆極族漸河潤公羊傳曰河海潤千里也視景爭暉方山並峻乘剛多阻行地必順易屯卦象曰六二之難乘剛也又坤卦曰牝馬地類行地無疆王弼注云地之所以得無疆者以卑順行之故也咎集驕滿福協貞信慶延自己禍成誰釁

漢制皇女皆封縣公主儀服同列侯漢法大縣侯視三公其尊崇者加號長公主儀服同蕃王蔡邕曰帝女曰公主姊妹曰長公主建武十五年封武陽公主為長公主即是帝女尊崇亦為長非惟姊妹也輿服志曰長公主赤罽軿車與諸侯同綬也諸王女皆封鄉亭公主儀服同鄉亭侯鄉亭侯視中二千石肅宗唯特封東平憲王蒼琅邪孝王京女為縣公

主東平王傳曰封蒼女五人為縣公主孝王女傳不見其數其後安帝桓帝妹亦封長公主同之皇女案鄧禹玄孫少府褒尚舞陰長公主耿弇曾孫侍中良尚漢陽公主岑彭玄孫魏郡守熙尚涅陽長公主來歙玄孫虎賁中郎將定尚平氏長公主並安帝妹也長社益陽公主桓帝妹也解見上集解錢大昭曰漢陽公主當從耿弇傳作濮陽長公主惠棟曰長社公主桓帝姊注誤為桓帝妹其皇女封公主者所生之子襲母封為列侯馮定獲嘉公主子襲封獲嘉侯馮奮平陽公主子襲封平陽侯此其類也皆傳國於後鄉亭之侯則不傳襲其職僚品秩事在百官志沈約謝儼傳曰范曄所撰十志一皆託儼搜撰垂畢遇曄敗悉蠟以覆車宋文帝令丹陽尹徐湛之就儼尋求已不復得一代以為恨其志今闕續漢志曰諸公主家令一人六百石丞一人三百石其餘屬吏增減無常漢官儀曰長公主傳一人私府長一人食官一人永巷長一人家令一人秩皆六百石各有員吏而鄉公主傳一人秩六百石僕一人六百石家丞一人三百石也集解錢大昕曰按蔚志今已失傳其名目可攷者有五行天文志見蔡邕傳有禮樂輿服志見東平王蒼傳有百官志見此紀不足別載故附于后紀末

皇女義王建武十五年封舞陽長公主適延陵鄉侯太僕梁松舞陽縣屬潁川郡松梁統之子其傳云尚光武女舞陰公主又鄧訓傳舞陰公主子梁扈有罪訓與交通此云舞陽誤也集解錢大昕曰

舞陰與涅陽館陶二主同時以皇女封但當云公主耳其加長字當在明章之世史家省文併作一事書之也蔡邕獨斷云帝女曰公主姊妹曰長公主此漢家故事章懷据此文謂帝女尊崇亦爲長非唯姊妹失其旨矣松坐誹謗誅

皇女中禮十五年封涅陽公主適顯親侯大鴻臚竇固涅陽屬南郡顯親縣屬漢陽郡固竇融子集解先謙曰涅陽在今南陽府鎮平縣南顯親今秦州秦安縣西北肅宗尊爲長公主

皇女紅夫十五年封館陶公主適駙馬都尉韓光光坐與淮陽王延謀反誅

皇女禮劉十七年封淯陽公主適陽安侯長樂少府郭璜璜郭況子也璜坐與竇憲謀反誅

皇女綬綬一作綏二十一年封酈邑公主適新陽侯世子陰豐豐害主誅死酈縣屬南陽郡音擲亦反新陽縣屬汝南郡豐陰就子集解先謙曰酈邑注見帝紀新陽今潁州府太和縣西北縣志六十里信陽城

世祖五女

皇女姬永平二年封獲嘉長公主適楊邑侯將作大匠馮柱獲嘉縣屬河內郡楊邑縣屬太原郡柱馮魴子集解先謙曰獲嘉今衞輝府新鄉縣西南十二里柱子石襲封縣南十里又有馮石城石所築楊邑本或作陽邑在今太原府太谷縣東南十五里

皇女奴三年封平陽公主平陽縣屬河東郡適大鴻臚馮順順勤子也集解先謙曰官本考證云監本誤作馮魴子也從宋本改

皇女迎迎或作延三年封隆慮公主隆慮縣屬河內郡集解先謙曰今彰德府林縣治適牟平侯耿襲牟平縣屬東萊郡襲耿弇弟舒之子集解先謙曰今登州府城東南九十里

皇女次三年封平氏公主平氏縣屬南陽郡既不言所適不顯始終蓋史闕之也宅皆倣此集解先謙曰平氏今南陽府桐柏縣西

皇女致三年封沁水公主沁水縣屬河內郡集解先謙曰今懷慶府濟源縣東北適高密侯鄧乾乾鄧震之子禹之孫

皇女小姬十二年封平皋公主平皋縣屬河內郡集解先謙曰今懷慶府溫縣東適昌安侯侍中鄧蕃昌安縣屬高密國蕃鄧襲子禹之孫也

皇女仲十七年封浚儀公主適軼侯軼志作軑音伏師古曰又音徒系反黃門侍郎王度軑縣屬江夏郡度王符子霸之孫集解惠棟曰江夏郡有軑侯國王霸傳亦作軑先謙曰今光州光山縣西北

皇女惠十七年封武安公主適征羌侯世子黃門侍郎來稜征羌縣屬汝南郡稜襃之子歙之孫集解先謙曰征羌今許州郾城縣東南安帝尊爲長公主

皇女臣建初元年封魯陽公主魯陽縣屬南陽郡集解先謙曰魯陽今汝州魯山縣治

皇女小迎元年封樂平公主樂平太清縣屬東郡章帝更名集解先謙曰今東昌府堂邑縣東南四十里

皇女小民元年封成安公主成安縣屬潁川郡集解先謙曰今汝州東南

顯宗十一女

皇女男建初四年封武德長公主

皇女王四年封平邑公主平邑縣屬代郡今魏郡昌樂東北又有平邑城集解先謙曰今大同府陽高縣西南適黃門侍郎馮由

皇女吉永元五年封陰安公主陰安縣屬魏郡集解先謙曰今大名府清豐縣北

肅宗三女

皇女保延平元年封修武長公主修武縣屬河內郡集解先謙曰注見帝紀

皇女成元年封共邑公主共縣屬河內郡集解先謙曰今衞輝府輝縣治

皇女利元年封臨潁公主臨潁縣屬潁川郡集解先謙曰今許州臨潁縣西北舊志十五里適卽墨侯侍中賈建卽墨縣屬膠東國建賈參子復之曾孫集解先謙曰今萊州府平度州東南舊志俗名康王城

皇女興元年封聞喜公主聞喜縣屬河東郡集解先謙曰今絳州聞喜縣西南

和帝四女

皇女生永和三年封舞陽長公主集解先謙曰今南陽府舞陽縣西

皇女成男三年封冠軍長公主冠軍縣屬南陽郡集解先謙曰今南陽府鄧州西北

皇女廣永和六年封汝陽長公主汝陽縣屬汝南郡集解先謙曰今陳州府商水縣西北

順帝三女

皇女華延熹元年封陽安長公主適不其侯輔國將軍伏完完伏湛五世孫集解何焯曰以伏后紀及湛傳參校五世誤當作七世

皇女堅七年封潁陰長公主潁陰縣屬潁川郡集解先謙曰今許州治

皇女修九年封陽翟長公主

桓帝三女

皇女某光和三年封萬年公主

靈帝一女

皇后紀卷第十下終　後漢書十下

後漢書集解卷十下校補

皇后紀下安思閻皇后紀追尊后母宗爲滎陽君注婦人封君儀比公主油軿車公主之公原誤宮據續志正油軿車今續志作油畫軿車

詐遣司徒劉熹錢大昭曰喜當作憙案本書安紀順紀皆作熹通鑑此亦作熹惟袁紀兩見皆作喜

其夕乃發喪尊后曰皇太后皇太后臨朝案安帝崩太子保既廢所立未定而先尊后爲皇太后先事臨朝不知尊將誰屬然其後桓思竇后亦即援此爲例矣悖理亂制又西京以來所未有也

孝崇匽皇后紀乃就博陵尊后爲孝崇皇后周壽昌曰后始制於梁太后繼復爲梁冀所制冀未誅而后已崩雖尊爲后未得一日供養京師也

詔安平王豹錢大昭曰豹疑當作續

長社益陽二長公主注長社公主桓帝姊耿弇弟爵玄孫援尚焉

集解官本注爵作霸授作援案據耿弇傳作霸作援知爵授皆譌字

桓帝鄧皇后紀詔廢后送暴室以憂死周壽昌曰五行志鄧后坐酗上送暴室令自殺則非但以憂死也

立七年葬在北邙錢大昭曰在閩本作于案官本亦作於

桓思竇皇后紀父諱武集解先謙曰官本無三字考證云至今從宋本刪案今各舊本父諱武三字皆作正文顧炎武云諱字衍意謂緣上有諱妙之諱故誤衍也是顧所據本三字亦正文矣據官本考證則北監本三字乃爲注文此又有別蓋如爲正文官本卽亦不得遽刪也

黃門令董萌注黃門令秩六百石注令原作之據正文改錢大昭曰之當作令是錢所據本注令亦原作之也官本不誤

熹平元年太后母卒於比景后感疾而崩太后下原無母字據通鑑補王鳴盛曰太后之下脫母字后之上脫太字是王所據本亦原與是本同官本依監本轉刊后上仍脫太字惟通鑑二字均不脫蓋卽王說所本也

孝仁董皇后紀以后兄子衞尉脩侯重注脩今作蓨音條官本文注脩均作修蓨亦作蓚音條作音修案前志信都國脩莽曰脩治顏注脩音條功臣表周勃封國字亦作修外戚恩澤侯表序脩侯犯色字仍作脩顏注皆音條周亞夫傳則徑作條續志改屬勃海郡字還作修晉志則作蓨然觀史記周勃世家注引徐廣云表

昔作脩似作脩亦不自晉始大抵脩修脩條可通作而昔則一以條爲正也至官本注之作脩音修始沿監本之失

初后自養皇子協侯康曰御覽一百三十七引續漢書暴室嗇夫朱直擁養獨擇乳母歲餘永樂后自將護

靈帝宋皇后紀肅宗宋貴人之從曾孫也集解劉攽曰案宋貴人安得有從曾孫姓宋者　至　貴人之從孫周壽昌曰宋貴人但不得有曾孫姓宋者耳今云從曾孫自是同父兄弟之曾孫不待於從下加父字案袁紀皇后宋氏宋隱之從孫也考肅宗宋貴人卽清河王慶之母安帝追謚爲敬隱后宋隱之從孫乃宋隱后從孫之訛與續漢書說合作從曾孫仍脫父字

父鄷執金吾封不其鄉侯集解錢大昕曰　至　尚有它鄉也案不其縣後漢已省據袁紀鄷作豐不其鄉侯作不期侯續志東萊郡有不期侯國故屬琅邪卽不其縣地也

以事問於羽林左監許永集解惠棟曰謝承書永字游光靈帝時爲司隸校尉侯康曰姚氏補逸引謝書云永爲司隸校尉舉法無所迴避京師號曰許游光案馬融廣成頌捎罔兩拂游光張平子東京賦殪野仲而殲游光注野仲游光惡鬼也然則許永不當取以爲字當是時人畏其舉法避之如鬼魅因舉以相目耳魏志夏侯太初傳注引魏略云李豐兄弟如游光亦以鬼目人也又續五行志一載太常許永與中常侍管霸蘇康代作脣齒者疑非一人今案黨錮傳羊陟遷尚書令以前太尉劉寵司隸校尉許永等人清亮在公薦舉升進帝嘉之拜陟河南尹會黨事起免官禁錮卒於家是許永爲司隸校尉在羊陟未爲河南尹之前錢大昕補表載陟爲河南尹係光和元年宋后卽以是年十月廢則永是時已爲司隸校尉不應後反降爲羽林左監惠氏侯氏各引謝書亦皆無永爲羽林左監事其爲非對夢之許永可知矣惟五行志之許永官本作許詠與章懷注永或作詠正合觀宋后之以憂死諸常侍小黃門在省闥者既皆憐宋氏無辜合錢收葬詠與宦官比爲后及勃海王悝乞恩亦正所以迎合宦官史特不以人廢言耳是許永雖非一而對夢之許永似卽五行志之永或作詠者矣然管霸蘇康均於靈帝卽位之初爲竇武奏誅詠在前已官太常亦不應於靈帝末年反降爲羽林左監意管蘇誅時詠亦坐廢武死乃因緣宦官復進也

靈思何皇后紀卓乃置弘農王於閣上　至　王薨歸鄉里侯康曰御覽九十二引英雄記云置王閣上薦之以棘召王太傅責之曰弘農王病困何故不白遂遣兵迫守太醫致藥卽日王及妃唐氏皆薨今紀明載唐姬潁川人王薨歸鄉里則謂妃與王同日薨者誤也

葬弘農王於故中常侍趙忠成壙中沈銘彝曰趙岐之壽藏侯覽之壽冢與此所云成壙皆卽後世生壙壽壙也案宦者傳趙忠因與張讓等共謀殺何進爲袁紀所捕斬盡其家宅皆沒入官

食邑五百戶戶官本作石誤

獻帝伏皇后紀父完沈深有大度襲爵不其侯通典後漢獻帝皇后父伏完朝賀公廷完拜如丞臣及皇后在離宮后拜如子禮三公八座議不決鄭玄議曰春秋桓九年祭公來遂逆王后於紀九年紀季姜歸於京師嫁於天子雖已女成言曰王后明當時之尊得加父母也紀季姜歸於京師更稱其字得行禮而戒之其尊安可加父母今不其亭侯在京師禮事出入宜從臣禮若后適離宮及歸寍父母從子禮案伏湛傳建武六年徙封湛爲不其侯邑三千六百戶遣就國則本縣侯也續志功大者食縣小者食鄉亭今鄭議稱完爲不其亭侯則後世固已降封矣不其縣後漢既改爲不期國或其國內之一鄉一亭仍存不其之名宋鄭自爲不期不其鄉侯伏完自爲不其亭侯名同而爵固殊也

六宮皆步行出營注周禮曰王后率六宮之人鄭玄注曰六宮之人夫人以下分居后之六宮者率原譌爲年以下原譌爲天下皆依錢校本正官本不誤

完已政在曹操自嫌尊戚乃上印綬　至　十四年卒案袁紀建安十九年冬十一月丁卯皇后伏氏廢曹操使人收后后見殺之日后父完及宗族死者百有餘人曹瞞傳亦云將后殺之完及宗族死者數百人據此紀則后見殺時完前卒已六年矣又魏志建安十九年十一月漢皇后伏氏坐昔與父故屯騎校尉完書云帝以董承被誅怨恨公辭甚醜惡發聞后廢黜死兄弟皆伏法言坐昔與完書言故屯騎校尉亦爲完已前卒之辭言兄弟皆伏法而不及父亦與范合

子興嗣集解官本興作典案袁紀完生五男一女長男德次雅次后次均次尊次朗無名與典者

操追大怒錢大昭曰閩本無追字

獻穆曹皇后紀以后爲山陽公夫人自後四十一年魏景初元年薨周壽昌曰自後四十一年案魏志爲魏主奐景元元年志載其年六月己未故漢獻帝夫人節薨此作景初誤景初乃魏明帝紀元也

合葬禪陵車服禮儀皆依漢制集解先謙曰　至　先謙案憲無薨年節安得爲后禪位之後仍是憲拜夫人置節何地顯然謬誤所當駁正案魏志建安十八年秋七月天子聘公三女爲貴人少者待年於國二十年正月天子立公中女爲皇后是操納於天子者本有三女而立爲皇后者本中女節也故范氏據以入紀袁紀乃云操以二女爲貴人大貴人立爲皇后自係本馬彪續書之說然陳壽作志於晉初漢魏事多所親歷目睹自較詳確可據

論曰漢世皇后無謚　至　中興明帝始建光烈之稱洪亮吉曰此本蔡邕和熹謚議

然攷前書宣帝許后已謚共哀不得謂光烈始也今案蔡議言漢世后氏無謚就常例言耳若前漢衞思后許共哀乃因皆不壽終追爲之謚自屬變例故不之數非蔡竟忘前世事也

其餘皇帝之庶母集解先謙曰官本皇作唯是 錢大昭曰閩本南監本皇均作惟

恭懷孝崇之比是也 官本恭上有如字 初平中蔡邕始正和熹之謚注蔡邕集謚議曰 至 謚法有功安人曰熹 熹原譌爲同據蔡邕集改官本不誤 帝后一體禮亦宜同大行皇太后謚宜爲和熹 案因帝號加謚始自光烈至累行議謚蓋又自和熹始

漢制皇女皆封縣公主儀服同列侯其尊崇者加號長公主儀服同蕃王注蔡邕曰帝女曰公主姊妹曰長公主 沈銘彝曰帝姑曰太主見前書東方朔傳 建武十五年封武陽公主爲長公主 武陽官本同案下文皇女義王注文及注釋均作舞陽則此注作武陽誤 諸王女皆封鄉亭公主儀服同鄉亭侯 沈銘彝曰前漢王女曰王主言王自主婚也亦曰翁主翁父也言父自主婚也見高成二紀及各注又王吉傳漢家列侯尚公主諸侯則國人承翁主晉灼曰娶天子女則曰尚公主國人娶諸侯女曰承翁主尚承皆卑下之名也今案綜上諸說前漢王女無并封公主之制有之當惟和親外國以翁主爲公主耳若後漢雖封有縣與鄉亭之分而概曰公主故王主翁主之名不復見於史

其後安帝桓帝妹亦封長公主同之皇女注案鄧禹玄孫少府褒尙舞陰長公主 至 並安帝妹也 班超傳超孫始尚清河孝王女陰城公主順帝之姑亦安帝之妹也注漏未數

皇女義王建武十五年封舞陽長公主 舞陽原作武陽誤同前注據本注改官本不誤 注梁松統之子其傳云尙光武女舞陰公主 案今梁統傳作尚舞陰長公主此省長字

皇女中禮十五年封涅陽公主適顯親侯大鴻臚竇固注固竇融子 案固乃融弟友之子自有傳不知注何以亦誤說

皇女奴三年封平陽公主 洪亮吉曰馮勤傳稱平陽長公主蓋肅宗時所加下平皋公主小姬浚儀公主仲鄧禹王霸傳皆稱長公主與此同 注平陽縣屬河東郡 今平陽府臨汾縣西南

皇女致三年封沁水公主 錢大昭曰五行志作長公主

皇女仲十七年封浚儀公主適軑侯注軑志作軑音伏師古曰又音徒系反 案此章懷據前書地理志文注訂誤也軼乃軑之譌下軑縣同伏乃汰之譌軑本从大得聲故有汰杕二音而世俗相承从犬今王霸傳仍作軑侯是其證也章懷本欲訂从犬之誤故引前志兼及孟顏二音以正其讀以爲音定則所从自定不虞後來寫官仍以从犬者爲正字反別增造一从央不經之軑字以當本字又因从犬而譌汰音爲伏音展轉承譌晚近字書亦遂據以加入官本但正軑字之不當从犬而於軑字疑以傳疑亦姑從蓋闕矣然前志具在不難覆案且从央之字何由得有伏音要亦易辨也

皇女小民元年封成安公主注成安縣屬潁川郡 案前志成安有二一屬潁川郡者爲侯國屬陳留郡者乃爲縣後漢皆已省

皇女王四年封平邑公主適黃門侍郎馮由 由即馮順之子勤之孫也平邑勤傳作平安傳注引東觀記又作安平

皇女利元年封臨潁公主適郎中賈建注建賈參子復之曾孫 據復傳建尚主在安帝元初元年主於安帝爲姊妹故傳稱長公主

靈帝一女 一原作二據錢校改官本不誤案後漢縣公主不附此紀者如光武姊妹湖陽新野𨛦平三長公主安帝諸妹舞陰濮陽

涅陽平氏陰城五長公主桓帝姊妹長社益陽二長公主均以本非皇女不入質帝靈帝之由外藩入繼有同安桓史不言其有姊妹當由無可考見他如質穆之尚內黃公主伏晨之尚高平公主傳記均無系何帝則其不入亦必本非皇女也惟獻帝皇女有幾此紀乃全闕蓋自蔡邕被禍後東觀失記如靈帝女萬年公主已不能詳其名況獻帝女耶故無所據以書也然魏志述獻后言山陽公奉二女以嬪於魏又御覽三百八十九引三輔決錄竇叔高名元爲上郡計吏朝會數百人儀狀絕眾天子異之詔以公主妻之叔高時已自有妻不敢以聞方欲迎婦與訣未發而詔召叔高就第成婚藝文類聚三十亦云後漢竇元形貌絕異天子以公主妻之趙岐之成決錄在獻帝西遷之後此條言稱天子與魏志述操事稱獻帝爲天子略同則竇元所尚公主疑亦獻帝皇女之一但其封邑與名皆無可考矣至歐陽詢之纂類聚則又轉載漢人記述耳

劉玄劉盆子列傳第一　後漢書十一

宋　宣　城　太　守　范　曄　撰

唐　章　懷　太　子　賢　注

王先謙集解

劉玄字聖公光武族兄也爾雅曰族父之子相謂爲族昆弟帝王紀曰舂陵戴侯熊渠生蒼梧太守利利生子張納平林何氏女生更始弟爲人所殺聖公結客欲報之客犯法續漢書曰時聖公聚客家有酒請游徼飲賓客醉歌言朝亨兩都尉游徼後來用調羹味游徼大怒縛捶數百聖公避吏於平林吏繫聖公父子張聖公詐死使人持喪歸舂陵吏乃出子張聖公因自逃匿王莽末南方飢饉人庶羣入野澤掘鳧茈而食之爾雅曰芍鳧茈郭璞曰生下田中苗似龍鬚而細根如指頭黑色可食芍音胡了反鳧茈續漢書作符訾集解先謙曰官本食之下有更相侵奪四字此脫東觀記亦有新市人王匡王鳳爲平理諍訟集解胡三省曰諍與爭同晉王沈釋時論闒茸勇敢於饕諍叶韻平聲惠棟曰諍字通見唐扶頌遂推爲渠帥集解惠棟曰孔安國云渠大也衆數百人

於是諸亡命馬武王常成丹等往從之共攻離鄉聚藏於綠林中離鄉聚謂諸鄉聚離散去城郭遠者大曰鄉小曰聚前書曰收合離鄉置大城中即其義也綠林山在今荊州當陽縣東北也集解蒿承蒼曰離鄉乃聚名若南陽之夕陽聚南郡之藍口聚丹陽聚皆是也郡國志於南新市侯國下注案本傳有離鄉聚綠林山則離鄉聚與綠林均爲地名可知章懷注非惠棟曰李吉甫云山在荊門軍當陽縣東南百二十里歐陽忞云即當陽長坂也曹操追劉備而張飛拒之於此數月間人七八千人集解先謙曰官本上人作至是東觀記亦作至地皇二年王莽年也荊州牧某史闕名也發奔命二萬人攻之匡等相率迎擊於雲杜雲杜縣名屬江夏郡故城在今復州沔陽縣西北集解先謙曰今漢陽府沔陽州西北大破牧軍殺數千人盡獲輜重續漢書曰牧欲北歸隨武等復遮擊之鉤牧車屏泥刺殺其驂乘然不敢殺牧也集解劉攽曰案馬謂之驂人謂之參乘只合用參字惠棟曰春秋宣二年傳使其驂乘謂之曰云云不必改作參遂攻拔竟陵竟陵縣名屬江夏郡故城在今郢州長壽縣南集解先謙曰今德安府天門縣西北轉擊雲杜安陸安陸郡屬江夏郡今安州縣也集解先謙曰官本注上郡作縣是今德安府之安陸雲夢應城漢陽府之孝感黃陂皆漢安陸地多略婦女還入綠林中至有五萬餘口州郡不能制三年大疾疫死者且半乃各分散

引去王常成丹西入南郡號下江兵王匡王鳳馬武及其支黨朱鮪張卬等續漢書卬作印集解通鑑考異云司馬彪續漢書卬作印袁宏後漢紀作斤皆誤宜從范史史炤釋文曰卬音魚央反北入南陽號新市兵皆自稱將軍七月匡等進攻隨未能下隨縣屬南陽郡今隨州縣集解先謙曰今德安府隨州治平林人陳牧廖湛廖音力弔反集解先謙曰平林鄉在今隨州東北八十里復聚衆千餘人號平林兵以應之聖公因往從牧等爲其軍安集掾欲其安集軍衆故權以爲官名是時光武及兄伯升亦起舂陵與諸部合兵而進四年正月破王莽前隊大夫甄阜屬正梁丘賜斬之號聖公爲更始將軍衆雖多而無所統一諸將遂共議立更始爲天子二月辛巳設壇場於淯水上沙中集解惠棟曰水經注淯水出宏農盧氏縣攻離山東南過南陽西鄂縣西北又東過宛縣南諸將立聖公于斯水之上陳兵大會更始即帝位南面立朝羣臣素懦弱羞愧流汗舉手不能言於是大赦天下建元曰更始元年集解惠棟曰東觀記聖公號更始將軍自破甄阜等衆庶來降十餘萬□將立劉氏南陽英雄皆歸望於伯升漢兵

以新市平林爲本其將帥素習聖公因欲立之而朱鮪等立壇城南淯水上詣伯升呂植通禮經爲謁者將立聖公爲天子議以示諸將馬武王匡以爲王莽未滅不如且稱王張卬拔劍擊地曰稱天公尚可稱天子何謂不可於是諸將起與聖公至於壇所奉通天冠進聖公於是聖公乃拜冠南面而立改元爲更始元年悉拜置諸將以族父良爲國三老王匡爲定國上公王鳳成國上公朱鮪大司馬伯升大司徒陳牧大司空餘皆九卿將軍集解胡三省曰匡鳳皆位上公而加定國成國美號也九卿將軍職爲九卿各帶將軍之號仍王莽之制也五月伯升拔宛六月更始入都宛城盡封宗室及諸將爲列侯者百餘人更始忌伯升威名遂誅之以光祿勳劉賜爲大司徒集解胡三省曰賜與更始同祖蒼梧太守利前鍾武侯劉望起兵略有汝南集解通鑑考異曰王莽傳作劉聖胡三省曰王子侯表鍾武節侯度長沙定王之孫成帝元延二年侯則紹封其後不見或者望乃則之子歟鍾武在義陽郡界水經注師水過義陽郡城東逕鍾武故城南鍾武縣名屬江夏郡零陵亦有鍾武非此時王莽納言將軍嚴尤秩宗將軍陳茂既敗於昆陽往歸之八月望遂自立爲天子以尤爲大司馬茂爲丞相王莽使太師王匡國將哀章守洛

陽風俗通曰哀姓魯哀公之後因謚㠯爲姓〔集解〕惠棟曰前書云章廣漢梓潼人學問長安素無行好爲大言考異曰袁紀作裦章誤更始遣定國上公王匡攻洛陽西屛大將軍申屠建丞相司直李松攻武關〔集解〕胡三省曰李松通之從弟三輔震動是時海內豪傑翕然響應皆殺其牧守自稱將軍用漢年號㠯待詔命旬月之間徧於天下長安中起兵攻未央宮九月東海人公賓就斬王莽於漸臺風俗通曰公賓姓也魯大夫公賓庚之後漸臺太液池中臺也爲水所漸潤故以爲名〔集解〕惠棟曰論衡云漢誅王莽兵頓昆陽死者萬數軍至漸臺血流沒趾前書云商人杜吳殺莽校尉東海公賓就故大行治禮見吳問綬主所在曰室中西北陬間就識斬莽首持詣王憲東觀記云杜虞殺莽於漸臺東海公賓就得其首傳詣宛封滑侯孫愐云公賓複姓左傳魯有公賓庚收璽綬傳首□詣宛更始時在便坐黃堂取視之喜曰莽不如是當與霍光等寵姬韓夫人笑曰若不如是帝焉得之乎更始悅乃懸莽首於宛城市是月拔洛陽生縛王匡哀章至皆斬之十月使奮威大將軍劉信〔集解〕胡三省曰信大司徒賜兄顯之子擊殺劉望於汝南幷誅嚴尤陳茂更始

遂北都洛陽㠯劉賜爲丞相申屠建李松自長安傳送乘輿服御又遣中黃門從官奉迎遷都二年二月更始自洛陽而西〔集解〕先謙曰東觀記云關中咸想望天子更始遂西發雒陽初發李松奉引馬驚奔觸北宮鐵柱門三馬皆死續漢書曰馬禍也時更始失道將亡之徵初王莽敗唯未央宮被焚而已其餘宮館一無所毀宮女數千備列後庭自鍾鼓帷帳輿輦器服太倉武庫官府市里不改於舊更始既至居長樂宮升前殿郎吏㠯次列庭中更始羞怍俛首刮席不敢視怍顏色變也俛俯也〔集解〕惠棟曰王幼學云刮摩也正義云言羞怍而俯首至於坐席劉子元云聖公身在微賤已能結客報仇避難綠林名曰豪傑安有貴爲人主而反至於斯者乎將作者曲筆阿時獨成光武之美諛言媚主用雪伯升之怨也且中興之史出於東觀或明帝所定或馬后所刊而炎祚靈長簡書莫改遂使他姓追撰空傳僞錄者矣諸將後至者更始問虜掠得幾何左右侍官皆宮省久吏各驚相視〔集解〕先謙曰東觀記云更始媿恧俯刮席與小常侍語郎吏怪之李松與棘陽人趙萌說更始宜悉王諸功臣朱鮪爭之㠯爲高祖約非劉氏不

王更始乃先封宗室太常將軍劉祉爲定陶王劉賜爲宛王劉慶爲燕王劉歙爲元氏王大將軍劉嘉爲漢中王劉信爲汝陰王〔集解〕胡三省曰祉舂陵康侯敞之子大宗也慶敞之弟嘉敞之弟子歙更始之叔父後遂立王匡爲比陽王王鳳爲宜城王朱鮪爲膠東王衞尉大將軍張卬爲淮陽王廷尉大將軍王常爲鄧王執金吾大將軍廖湛爲穰王申屠建爲平氏王尙書胡殷爲隨王柱天大將軍李通爲西平王西平縣屬汝南郡故城在今豫州郾城縣南也〔集解〕先謙曰今汝寧府西平縣西五威中郎將李軼爲舞陽王水衡大將軍成丹爲襄邑王大司空陳牧爲陰平王陰平縣屬廣漢國〔集解〕先謙曰今階州文縣西北驃騎大將軍宋佻爲潁陰王〔集解〕惠棟曰光武紀及通鑑皆作宗佻尹尊爲郾王唯朱鮪辭曰臣非劉宗不敢干典遂讓不受乃徙鮪爲左大司馬劉賜爲前大司馬使與李軼李通王常等鎭撫關東〔集解〕惠棟曰通鑑云朱鮪劉賜與李軼等鎭撫關東又使李通鎭荊州王常行南陽太守事㠯李松爲丞相趙萌爲右大司馬

共秉內任更始納趙萌女爲夫人有寵遂委政於萌日夜與婦人飲讌後庭羣臣欲言事輒醉不能見時不得已乃令侍中坐帷內與語諸將識非更始聲出皆怨曰成敗未可知遽自縱放若此韓夫人尤嗜酒每侍宴〔集解〕先謙曰官本宴作飲東觀記同見常侍奏事輒怒曰帝方對我飲正用此時持事來乎起抵破書案抵擊也趙萌專權威福自己郎吏有說萌放縱者更始怒拔劍擊之自是無復敢言萌私忿侍中引下斬之更始救請不從〔集解〕惠棟曰東觀記趙萌以私事捽侍中侍中曰陛下救我更始言大司馬縱之萌曰臣不受詔遂斬之捽才骨反時李軼朱鮪擅命山東王匡張卬橫暴三輔其所授官爵者皆羣小賈豎或有膳夫庖人〔集解〕惠棟曰東觀記更始在長安官爵多羣小里閭語曰使兒居市決作者不能得傭之市空返問何故曰今日騎都尉往會日也由是四方不復信向京師三輔舊事云更始遣將軍李松攻王莽居兒賣餅者皆從之居見杜虞手殺莽故其時所授官爵皆屠沽之輩也多著繡面衣錦袴襜褕諸于罵詈道中襜褕諸于見光武紀續漢志曰時智者見之以爲服之不中身之災也乃奔入

邊郡避之是服妖也其後爲赤眉所殺也長安爲之語曰竈下養中郎將爛羊胃騎都
尉爛羊頭關內侯公羊傳曰炊亨爲養〔集解〕惠棟曰張超誚青衣賦云或於馬廄廚門竈下何休公羊註曰炊烹
者曰養王幼學云養去聲前書倪寬爲弟子都養注云養造食軍帥將軍豫章李淑上書諫曰〔集解〕
劉攽曰案是時多置軍師鄧禹傳亦作軍師將軍此當作師方今賊寇始誅王化未行百官有
司宜愼其任夫三公上應台宿九卿下括河海春秋漢含孳曰三公在天爲三台九
卿爲北斗故三公象五嶽九卿下河海二十七大夫法山陵八十一元士法谷阜合爲帝佐以匡綱紀〔集解〕先謙曰官本注下作法
是初學記十二御覽二百二十八引謝承書台宿作垣宿故天工人其代之陛下定業雖因下
江平林之埶斯蓋臨時濟用不可施之既安宜釐改制度更延英
俊因才授爵以匡王國今公卿大位莫非戎陳尚書顯官皆出庸
伍資亭長賊捕之用漢法十里一亭亭上一長捕賊掾專捕盜賊也〔集解〕劉攽曰注捕賊掾案前書合作賊捕
掾先謙曰官本注上作置是而當輔佐綱維之任唯名與器聖人所重今以所
重加非其人望其毗益萬分興化致理譬猶緣木求魚升山採珠

求之非所不可得也孟子對梁惠王曰以若所爲求若所欲猶緣木求魚也〔集解〕周壽昌曰注梁惠當作齊宣海內望此
有以闚度漢祚臣非有憎疾以求進也但爲陛下惜此舉厝敗材
傷錦所宜至慮孟子謂齊宣王曰爲巨室則必使工師求大木工師得大木則王喜以爲能勝其任也匠人斲而小
之則王怒以爲不勝其任矣左傳子產謂子皮曰子有美錦不使人學製焉大官大邑身之所庇而使學者製焉其爲美錦不亦重
乎未嘗操刀而使之割其傷實多也惟割既往謬妄之失思隆周文濟濟之美割絕也詩
大雅曰濟濟多士文王以寧更始怒繫淑詔獄自是關中離心四方怨叛諸將
出征各自專置牧守州郡交錯不知所從十二月赤眉西入關三
年正月平陵人方望立前孺子劉嬰爲天子初望見更始政亂度
其必敗謂安陵人弓林等曰〔集解〕胡三省曰姓譜云弓魯大夫叔弓之後又孔子弟子有仲弓又有馯
臂子弓前定安公嬰平帝之嗣雖王莽簒奪而嘗爲漢主今皆云劉
氏眞人當更受命欲共定大功何如林等然之乃於長安求得嬰
將至臨涇立之今涇州縣也〔集解〕先謙曰今涇州鎭原縣西二里聚黨數千人望爲丞相

林爲大司馬更始遣李松與討難將軍蘇茂等擊破皆斬之又使
蘇茂拒赤眉於弘農茂軍敗死者千餘人三月遣李松會朱鮪與
赤眉戰於蓩鄉蓩音莫老反字林云毒草也因以爲地名續漢志弘農有蓩鄉東觀記曰徐宣樊崇等人至弘農枯
樅山下與更始將軍蘇茂戰崇北至蓩鄉轉至湖湖郎湖城縣也以此而言其蓩蓋在今虢州湖城縣之閒〔集解〕王補曰其蓩通鑑
注作其地是松等大敗棄軍走死者三萬餘人時王匡張卬守河東爲
鄧禹所破還奔長安卬與諸將議曰赤眉近在鄭華陰閒旦暮且
至今獨有長安見滅不久不如勒兵掠城中以自富轉攻所在東
歸南陽收宛王等兵〔集解〕先謙曰謂劉賜時蓋在南陽事若不集復入湖池中爲
盜耳申屠建廖湛等皆以爲然共入說更始更始怒不應莫敢復
言及赤眉立劉盆子更始使王匡陳牧成丹趙萌屯新豐李松軍
掫以拒之掫音子侯反續漢志曰新豐有鴻門亭掫城即此也張卬廖湛胡殷申屠建等與
御史大夫隗囂合謀欲以立秋日貙膢時共劫更始前書音義曰貙獸以立秋

日祭獸王者亦此日出獵用祭宗廟冀州北郡以八月朝作飲食爲膢其俗語曰膢臘社伏貙音丑于反膢音婁〔集解〕惠棟曰袁宏
紀申屠建等勸更始讓帝位更始不應建等謀劫之也先謙曰此時赤眉未至光武初起亦不在張卬等意計中欲更始讓位何人
袁紀謬也俱成前計侍中劉能卿知其謀以告之更始託病不出召張
卬等卬等皆入將悉誅之惟隗囂不至更始狐疑使卬等四人且
待於外廬卬與湛殷疑有變遂突出獨申屠建在更始斬之卬與
湛殷遂勒兵掠東西市昏時燒門入戰於宮中更始大敗明旦將
妻子車騎百餘東奔趙萌於新豐更始復疑王匡陳牧成丹與張
卬等同謀乃並召入牧丹先至卽斬之〔集解〕錢大昕曰鄧禹傳言更始諸將王匡胡殷成丹
等皆詣宗廣降則丹未嘗斬也二傳必有一誤王匡懼將兵入長安與張卬等合李松還
從更始與趙萌共攻匡卬於城內連戰月餘匡等敗走更始徙居
長信宮三輔黃圖曰從洛門至周廟門有長信宮在其中赤眉至高陵匡等迎降之遂共
連兵而進更始城守使李松出戰敗死者二千餘人赤眉生得松

時松弟汎爲城門校尉赤眉使使謂之曰開城門活汝兄汎卽開門九月赤眉入城更始單騎走從厨城門出三輔黃圖曰洛城門王莽改曰建子門其內有長安厨官俗名之爲厨城門今長安故城北面之中門是也諸婦女從後連呼曰陛下當下謝城更始卽下拜復上馬去初侍中劉恭以赤眉立其弟盆子自繫詔獄聞更始敗乃出步從至高陵止傳舍集解惠棟曰謝承書云恭從獄中出參械出街中逢京兆尹解惲呼解君載我我更始之忠臣也卽帝敗我弟又爲赤眉所立惲使後車載之前行見定陶王劉祉解其械言帝在渭中船上遂相隨見更始右輔都尉嚴本本或作平或作丕集解惠棟曰前書有陽陵嚴本恐失更始爲赤眉所誅將兵在外號爲屯衞而實囚之集解王補曰光武紀九月赤眉入長安更始奔高陵辛未詔封更始爲淮陽王吏民有敢賊害者罪同大逆此東都一代君臣大義瞭然之本也范史旣著其事於紀中而此傳並不一及非略也紀傳體異此史法之所係也赤眉下書曰聖公降者封長沙王過二十日勿受更始遣劉恭請降赤眉使其將謝祿往受之十月更始遂隨祿肉袒詣長樂宮上璽綬於盆子赤眉坐更始置庭中將

殺之劉恭謝祿爲請不能得遂引更始出劉恭追呼曰臣誠力極請得先死拔劍欲自刎赤眉帥樊崇等遽共救止之乃赦更始封爲畏威侯劉恭復爲固請竟得封長沙王更始常依謝祿居劉恭亦擁護之三輔苦赤眉暴虐皆憐更始而張卬等已爲慮集解胡三省曰卬等攻更始恐其得位而禍及己故深以爲慮也謂祿曰今諸營長多欲篡聖公者一旦失之合兵攻公自滅之道也於是祿使從兵與更始共牧馬於郊下因令縊殺之劉恭夜往收藏其屍光武聞而傷焉詔大司徒鄧禹葬之於霸陵有三子求歆鯉明年夏求兄弟與母東詣洛陽帝封求爲襄邑侯奉更始祀歆爲穀孰侯鯉爲壽光侯求後徙封成陽侯求卒子巡嗣復徙封灌澤侯襄邑卽春秋襄牛地也今爲縣在宋州西穀孰縣屬梁國在宋州東南壽光縣屬北海郡今青州縣也灌澤縣今澤州縣故曰徙封集解錢大昕曰灌澤當爲濩澤先謙曰襄邑今歸德府睢州西二里穀孰在歸德府商邱縣東南壽光今青州府縣濩澤在今澤州府陽城縣西巡卒子姚嗣集解王補曰劉氏史通編次篇云更始升壇改元寒暑三易世祖稱臣北面臣節不虧旣而兵敗長安祚歸高邑兄亡弟及歷數相承作者乃抑聖公於傳內登文叔於紀首事等躋僖位先不啻夫東觀秉筆容或詔於當時後來所修理當刊革者也又稱謂篇更始中興漢室光武所臣雖得業不成而歷數終在班范二史皆以劉元爲目不刪其僭乎補案劉氏所說與張衡暗合實爲通鑑綱目二書之先導故鄙見亦以立傳爲未安

論曰周武王觀兵孟津退而還師以爲紂未可伐斯時有未至者也史記曰武王卽位太公望爲師周公旦爲輔召公畢公之徒左右王師東觀兵孟津時諸侯不期而會者八百皆曰紂可伐矣武王曰未可乃還師漢起驅輕黠烏合之衆輕黠謂輕銳桀黠也烏合如烏鳥之羣合也不當天下萬分之一而旌旃之所撝及撝與麾同書文之所通被莫不折戈頓顙爭受職命非唯漢人餘思固亦幾運之會也夫爲權首鮮或不及左傳曰無始禍前書曰無爲權首將受其咎陳項且猶未興況庸庸者乎

劉盆子者太山式人式縣名中興縣廢集解先謙曰前志式泰山縣續志分置濟北皆無式而有成或由形近致譌成在今寗陽縣北式究不知何在城陽景王章之後也章高帝孫朱虛侯也祖父憲元帝

時封爲式侯父萌嗣王莽篡位國除因爲式人焉天鳳元年琅邪海曲有呂母者子爲縣吏犯小罪宰論殺之海曲縣名故城在密州莒縣東續漢書曰呂母子名育爲游徼犯罪也集解先謙曰海曲當作海西辨詳前志然此字誤久今沂州府日照縣西十里呂母怨宰密聚客規以報仇母家素豐貲產數百萬乃益釀醇酒買刀劍衣服少年來酤者皆賒與之視其乏者輒假衣裳不問多少數年財用稍盡少年欲相與償之呂母垂泣曰所以厚諸君者非欲求利徒以縣宰不道枉殺吾子欲爲報怨耳諸君寗肯哀之乎少年壯其意又素受恩皆許諾其中勇士自號猛虎遂相聚得數十百人東觀記曰賓客徐次子等自號搤虎搤音於責反力可搤虎言其勇也今爲猛字搤與猛相類也因與呂母入海中招合亡命集解惠棟曰李吉甫云今東海有呂母固卽舊集之所也樂史云呂母固在東海縣北三十七里巨平山南嶺上高二里呂母還海中保此以爲固遂號呂母固先謙曰呂母固在今日照縣南衆至數千呂母自稱將軍引兵還攻破海曲執縣宰諸吏叩頭爲宰請母曰吾子犯小

罪不當死而為宰所殺殺人當死又何請乎〔集解〕先謙曰官本何作可義並通遂斬之以其首祭子家復還海中後數歲琅邪人樊崇起兵於莒東觀記曰樊崇字細君〔集解〕惠棟曰袁山松書及東觀記皆云天鳳五年事前書曰赤眉力子都樊崇等先謙曰今沂州府莒州治眾百餘人轉入太山自號三老〔集解〕惠棟曰水經注云徂徠山亦曰尤崍山赤眉渠帥樊崇所保也故崇自號尤崍三老時青徐大饑寇賊蜂起羣盜以崇勇猛皆附之一歲閒至萬餘人崇同郡人逢安東海人徐宣謝祿楊音東觀記曰逢安字少子東莞人也徐宣字驕穉謝祿字子奇皆東海臨沂人也〔集解〕劉攽曰案逢字從夆音龐字自從夆非借逢為龐音此傳內皆誤先謙曰官本作逢不誤各起兵合數萬人復引從崇共還攻莒不能下轉掠至姑幕姑幕縣名故城在今密州莒縣東北古薄姑氏之國〔集解〕先謙曰今青州府諸城縣西南五十里因擊王莽探湯侯田況大破之王莽改北海益縣曰探湯殺萬餘人遂北入青州所過虜掠還至太山留屯南城南城縣屬東海郡有南城山因以為名也〔集解〕先謙曰今沂州府費縣西南九十里初崇等以困窮為寇無攻城徇地之計眾既寖盛乃相與為約殺人者

後漢書十一　九

死傷人者償創以言辭為約束無文書旌旗部曲號令其中最尊者號三老次從事次卒吏汎相稱曰臣人〔集解〕劉攽曰案三老從事卒史皆是漢小吏名或鄉官也赤眉之起不知自名官府取耳目所熟者為稱呼故有此號後人不曉誤以史為吏字卒吏絕無義理當改為卒史又案前書言盜賊亶稱巨人今此為臣人亦誤也當作巨王莽遣平均公廉丹太師王匡擊之崇等欲戰恐其眾與莽兵亂乃皆朱其眉㠯相識別〔集解〕惠棟曰集覽云識與誌同記也別異也由是號曰赤眉〔集解〕王補曰通鑑此下有匡丹合將銳士十餘萬人所過放縱東方為之說曰寧逢赤眉不逢太師太師尚可更始殺我赤眉遂大破丹匡軍殺萬餘人追至無鹽無鹽縣名故城在今鄆州須昌縣東〔集解〕先謙曰今泰安府東平州東二十里廉丹戰死王匡走〔集解〕惠棟曰前書赤眉別校董憲等數萬人在梁郡王匡進擊之廉丹隨之合戰成昌兵敗匡走丹使吏持其印綬符節付匡曰小兒可走吾不可遂止戰死崇又引其兵十餘萬復還圍莒數月或說崇曰莒父母之國奈何攻之乃解去〔集解〕汪文臺曰御覽八百十八引袁山松書云莒人出縑千匹以自贖乃散去時呂母病死其眾分入赤眉青犢銅馬中赤眉遂寇東海與王莽沂平大尹王莽改東海郡曰沂平以郡守為大尹戰敗死者數千人乃引去掠楚沛汝南潁川還入陳留攻拔魯城轉至濮陽會更始都洛陽遣使降崇崇等聞漢室復興卽留其兵自將渠帥二十餘人隨使者至洛陽降更始皆封為列侯崇等既未有國邑而留眾稍有離叛乃遂亡歸其營將兵入潁川分其眾為二部崇與逢安為一部徐宣謝祿楊音為一部崇安攻拔長社南擊宛斬縣令而宣祿等亦拔陽翟引之梁今汝州梁縣也〔集解〕先謙曰今汝州東汝水南擊殺河南太守赤眉眾雖數戰勝而疲敝厭兵厭倦皆日夜愁泣思欲東歸崇等計議慮眾東向必散不如西攻長安更始二年冬崇安自武關宣等從陸渾關武關在今商州上洛縣東河圖括地象曰武關山為地門上為天齊星前書曰陸渾縣有關在今洛州伊闕縣西南〔集解〕先謙曰武關今商州東一百八十五里陸渾關今河南府嵩縣北舊志七十里兩道俱入三年正月俱至弘農與更始諸將連戰剋勝眾遂大集乃分萬人為一營凡三十營營置三老從事各一

後漢書十一　十

人進至華陰軍中常有齊巫〔集解〕胡三省曰齊巫齊國之巫鼓舞祠城陽景王㠯求福助以其定諸呂安社稷故郡國多為立祠焉盆子承其後故軍中祠之〔集解〕惠棟曰沈約云漢時城陽國人以劉章有功於漢為之立祠青州諸郡轉相放效濟南尤盛巫狂言景王大怒曰當為縣官何故為賊縣官謂天子也有笑巫者輒病軍中驚動時方望弟陽怨更始殺其兄乃逆說崇等曰更始荒亂政令不行故使將軍得至於此今將軍擁百萬之眾西向帝城而無稱號名為羣賊不可㠯久不如立宗室挾義誅伐㠯此號令誰敢不服崇等㠯為然而巫言益甚前及鄭今華州縣〔集解〕先謙曰今同州府華州北乃相與議曰今迫近長安而鬼神如此當求劉氏共尊立之六月遂立盆子為帝自號建世元年初赤眉過式掠盆子及二兄恭茂皆在軍中恭少習尚書略通大義及隨崇等降更始卽封為式侯㠯明經數言事拜侍中從更始在長安盆子與茂留軍中屬右校卒吏劉俠卿〔集解〕劉攽曰案吏當為史說並見上惠棟曰袁山松書作仲卿

下同主芻牧牛號曰牛吏及崇等欲立帝求軍中景王後者得七十餘人唯盆子與茂及前西安侯劉孝最爲近屬崇等議曰聞古天子將兵稱上將軍乃書札爲符曰上將軍又㠯兩空札置笥中札簡也笥篋也遂於鄭北設壇場祠城陽景王諸三老從事皆大會陛下〔集解〕王補曰陛下即階下非誤也官本及鄭氏通志皆然列盆子等三人居中立㠯年次探札盆子最幼後探得符諸將乃皆稱臣拜盆子時年十五被髮徒跣敝衣赭汗〔集解〕惠棟曰王幼學云赭汗面赤而流汗惶懼之意見衆拜恐畏欲啼茂謂曰善藏符盆子即齧折弃之〔集解〕惠棟曰王幼學云齧折以口嚙齧以手屈折復還依俠卿俠卿爲制絳單衣半頭赤幘幘巾所以覆髻也續漢書曰童子幘無屋示未成人也半頭幘即空頂幘也其上無屋故以爲名董仲舒繁露曰㠯赤統者幘尚赤盆子承漢統故用赤也東宮故事曰太子有空頂幘一枚即半頭幘之製也〔集解〕惠棟曰東宮故事晉張敞撰直綦履綦履文也蓋直刺其文㠯□爲飾也乘軒車大馬赤屏泥赤屏泥謂㠯緹油屏泥於軾前絳襜絡襜帷也車上施帷㠯屏蔽者交絡之㠯爲飾續漢志曰王公列侯安車加交絡帷裳也而猶從牧兒遨崇雖起勇力而爲衆所宗然不知書數徐宣故縣獄吏能通易經遂共推宣爲丞相崇御史大夫逄安左大司馬謝祿右大司馬自楊音㠯下皆爲列卿軍及高陵與更始叛將張卬等連和遂攻東都門三輔黃圖曰宣平門長安城東面北頭第一門也其外郭門名東都門入長安城更始來降盆子居長樂宮諸將日會論功爭言讙呼讙譁也讙音火完反拔劍擊柱〔集解〕惠棟曰袁山松書云赤眉諸將自言欲爲某王欲得某官爭言號呼拔劍擊柱不能相一三輔郡縣營長遣使貢獻兵士輒剽奪之剽劫也又數虜暴吏民百姓保壁由是皆復固守至臘日崇等乃設樂大會盆子坐正殿中黃門持兵在後公卿皆列坐殿上酒未行其中一人出刀筆書謁欲賀古者記事書於簡冊謬誤者以刀削而除之故曰刀筆其餘不知書者起往請之請其書己名也各各屯聚更相背向大司農楊音按劍罵曰諸卿皆老傭也今日設君臣之禮反更殽亂殽亦亂也〔集解〕先謙曰官本注殽作殺是兒戲尚不如此皆可格殺

相拒而殺之曰格更相辯鬭而兵衆遂各踰宮斬關入掠酒肉互相殺傷衞尉諸葛穉聞之勒兵入格殺百餘人乃定盆子惶恐日夜啼泣獨與中黃門共臥起唯得上觀閣而不聞外事時掖庭中宮女猶有數百千人自更始敗後幽閉殿門掘庭中蘆菔根爾雅曰葖蘆菔音步北反菔字或作葍捕池魚而食之死者因相埋於宮中有故祠甘泉樂人尚共擊鼓歌舞衣服鮮明甘泉宮有祭祠之所樂人謂掌祭天之樂者也見盆子叩頭言飢盆子使中黃門稟之米人數斗〔集解〕先謙曰御覽四百八十六引袁山松書米人數斗作粟數升後盆子去皆餓死不出劉恭見赤眉衆亂知其必敗自恐兄弟俱禍密教盆子歸璽綬習爲辭讓之言建武二年正月朔崇等大會劉恭先曰諸君共立恭弟爲帝德誠深厚立且一年殽亂日甚誠不足㠯相成恐死而無所益願得退爲庶人更求賢知唯諸君省察崇等謝曰此皆崇等罪也恭復固請或曰此寍式侯事耶劉恭爲式侯言衆立天子非恭所預恭惶恐起去盆子乃下牀解璽綬叩頭曰今設置縣官而爲賊如故吏人貢獻輒見剽劫流聞四方莫不怨恨不復信向此皆立非其人所致願乞骸骨避賢聖必欲殺盆子以塞責者無所離死離避也誠冀諸君肯哀憐之耳因涕泣噓唏唏與欷同崇等及會者數百人莫不哀憐之乃皆避席頓首曰臣無狀負陛下請自今已後不敢復放縱因共抱持盆子帶㠯璽綬盆子號呼不得已既罷出各閉營自守三輔翕然稱天子聰明百姓爭還長安市里且滿得二十餘日〔集解〕王補曰袁紀通鑑並作後二十餘日是赤眉貪財物復出大掠城中糧食盡遂收載珍寶因大縱火燒宮室引兵而西過祠南郊車甲兵馬最爲猛盛衆號百萬盆子乘王車駕三馬續漢志曰王車朱班輪青蓋左右騑駕三馬從數百騎乃自南山轉掠城邑與更始將軍嚴春戰於郿破春殺之遂入安定北地至陽城番須中〔集解〕先謙曰來歙傳伐山開道從番須回

（中經至洛陽東觀記作自安民縣之陽城從番須回中伐樹木開山道至洛陽是陽城乃安民縣地與番須相近而檢覈地志與番須近者無安民縣名疑有誤字番須在安定郡或是安定郡之安定縣而譌爲安民耳存俟再考）逢大雪坑谷皆滿士多凍死乃復還發掘諸陵取其寶貨遂汙辱呂后屍凡賊所發有玉匣殮者率皆如生（漢儀注曰自腰以下以玉爲札長尺廣一寸半爲匣下至足綴以黃金縷謂之爲玉匣也〔集解〕先謙曰官本注一寸作二寸）故赤眉得多行婬穢大司徒鄧禹時在長安遣兵擊之於郁夷（郁夷縣屬右扶風也〔集解〕先謙曰今鳳翔府隴州西）反爲所敗禹乃出之雲陽九月赤眉復入長安止桂宮（長安記曰桂宮在未央宮北亦曰北宮）時漢中賊延岑出散關屯杜陵逢安將十餘萬人擊之鄧禹以逢安精兵在外唯盆子與羸弱居城中乃自往攻之會謝祿救至夜戰槀街中（三輔舊事曰長安城中有槀街）禹兵敗走延岑及更始將軍李寶合兵數萬人與逢安戰於杜陵岑等大敗死者萬餘人寶遂降安而延岑收散卒走寶乃密使人謂岑曰子努力還戰吾當於內反之表裏合埶可大破也岑卽還挑戰安等空營擊之寶從後悉拔赤眉旌幟更立己幡旗安等戰疲還營見旗幟皆白大驚亂走自投川谷死者十餘萬（〔集解〕先謙曰御覽三百四十一引袁山松書云蘇茂與寶同降拔幟之計茂亦預焉）逢安與數千人脫歸長安時三輔大飢人相食（〔集解〕先謙曰東觀記云黃金一斤易豆五斗）城郭皆空白骨蔽野遺人往往聚爲營保各堅守不下赤眉虜掠無所得十二月乃引而東歸衆尚二十餘萬隨道復散光武乃遣破姦將軍侯進等屯新安建威大將軍耿弇等屯宜陽分爲二道以要其還路敕諸將曰賊若東走可引宜陽兵會新安賊若南走可引新安兵會宜陽明年正月鄧禹自河北度擊赤眉於湖（湖縣故城在今虢州湖城縣西南〔集解〕先謙曰今陝州閿鄉縣東四十里）禹復敗走赤眉遂出關南向征西大將軍馮異破之於崤底（崤底卽崤坂也在今洛州永寧縣西北〔集解〕先謙曰注見光武紀）帝聞乃自將幸宜陽盛兵以邀其走路（〔集解〕先謙曰東觀記光武作飛䖟箭以攻赤眉）赤眉忽遇大軍驚震不知所爲乃遣劉恭乞降（〔集解〕惠棟曰宜陽城東南北三面峭絕劉盆子降光武處歐陽忞云）曰盆子將百萬衆降陛下何以待之帝曰待汝以不死耳樊崇乃將盆子及丞相徐宣以下三十餘人肉袒降上所得傳國璽綬更始七尺寶劍及玉璧各一積兵甲宜陽城西與熊耳山齊（宜陽縣故城韓國城也在今洛州福昌縣東酈元水經注曰洛水之北有熊耳山雙巒競舉狀同熊耳在宜陽西也〔集解〕王補曰劉氏史通盆子旣亡弃甲信多必與山比峻則未之有甚也抑亦太誓血流漂杵之徒與補案劉說最當孟氏所謂吾於武成取二三策而已先謙曰宜陽注見光武紀）帝令縣厨賜食衆積困餧十餘萬人皆得飽飫明旦大陳兵馬臨洛水令盆子君臣列而觀之謂盆子曰自知當死不對曰罪當應死猶幸上憐赦之耳帝笑曰兒大黠宗室無蚩者（釋名曰蚩癡也）又謂崇等曰得無悔降乎朕今遣卿歸營勒兵鳴鼓相攻決其勝負不欲强相服也徐宣等叩頭曰臣等出長安東都門君臣計議歸命聖德百姓可與樂成難與圖始故不告衆耳今日得降猶去

虎口歸慈母誠歡誠喜無所恨也帝曰卿所謂鐵中錚錚傭中佼佼者也（說文曰錚錚金也鐵之錚錚言微有剛利也錚音初耕反佼音古巧反佼好貌也詩曰佼人僚兮今相傳云音胡巧反言佼佼者見傭之人稍爲勝也〔集解〕惠棟曰水經注佼佼作皦皦先謙曰官本注見作凡是）又曰諸卿大爲無道所過皆夷滅老弱溺社稷汧井竈（溺音奴弔反〔集解〕先謙曰汧誤字官本作汚是）然猶有三善攻破城邑（〔集解〕劉攽曰案文當云攻城破邑）周徧天下本故妻婦無所改易是一善也立君能用宗室是二善也餘賊立君迫急皆持其首降自以爲功諸卿獨完全以付朕是三善也乃令各與妻子居洛陽賜宅人一區田二頃其夏樊崇逢安謀反誅死楊音在長安時遇趙王良有恩賜爵關內侯與徐宣俱歸鄉里卒於家劉恭爲更始報殺謝祿自繫獄赦不誅帝憐盆子賞賜甚厚以爲趙王郎中（〔集解〕胡三省曰趙王良帝叔父也以盆子爲其國郎中）後病失明賜滎陽均輸官地以爲列肆（均輸官名屬司農肆市列也桓寬鹽鐵論云郡國諸侯各以其方物貢輸往來物多苦惡不償其費故郡國置輸官以相給運故

曰均輸使食其稅終身

贊曰聖公靡聞假我風雲易曰雲從龍風從虎聖人作而萬物覩假借也言聖公初起無所聞知借我中興風雲之便始順歸歷終然崩分赤眉阻亂阻恃也盆子探符雖盜皇器皇器猶神器謂天位也乃食均輸

列傳第十一終　後漢書十一

後漢書集解卷十一校補

劉玄傳及其支黨朱鮪張卬等北入南陽號新市兵張熷曰王常傳卬與王常成丹皆爲下江兵與紀異

號聖公爲更始將軍案更始將軍王莽以甄豐廉丹爲之見前書莽傳此與立國將軍等號皆莽所新增聖公初起用其職名及立爲天子卽用爲年號苟且無識仍是盜賊行耳宜其不終也

東海人公賓就注公賓姓也魯大夫公賓庚之後見左氏哀公八年傳

五威中郎將李軼爲舞陽王錢大昭曰光武紀馮異耿純傳並作舞陰王今案官本此亦作舞陰袁紀作武陰武蓋亦舞之誤

大司空陳牧爲陰平王注陰平縣屬廣漢國案前漢陰平國屬東海郡後漢改縣屬同今兗州府嶧縣西南三十里是也又前漢陰平道屬廣漢郡後漢分屬廣漢屬國則今階州文縣西是矣注據陰平道言雖亦可言縣但屬前漢言不當言國屬後漢言當云屬國亦不當僅言國耳

或有膳夫庖人沈銘彝曰庖人前書東方朔傳作胞人今案前書百官表敘亦作胞人禮祭統云胞者肉吏之賤者也則从肉當爲正字然前書顏注均云胞與庖通又莊子庚桑楚湯以胞人籠伊尹釋文本又作庖則此作庖人亦非誤

譬猶緣木求魚注孟子對梁惠王曰集解周壽昌曰注梁惠當作齊宣案官本梁惠作齊宣

與赤眉戰於務鄉注務音莫老反字林云毒草也因以爲地名續漢志弘農有務鄉錢大昭曰說文蓩卷耳也蓩毒艸也注引字林以爲毒草則其字當从艸从婺若作務是卷耳艸矣又今續志作有務鄉字並不从艸案據注音莫老反仍務音故後省爲務斷非蓩之誤乃字林誤解耳

巡卒子姚嗣集解王補曰至故鄙見亦以立傳爲未安錢大昕曰南陽宗室同時舉義非有素定之分伯升見戮光武勢不能安雖受更始官爵亦由漢高之於義帝耳更始前無所承後無所授始則因人以成事繼遂失道而破亡史家惡莽之篡黜地皇而紀更始之年固爲得之若欲列諸本紀則失地之君春秋所貶豈宜躋於中興令主之上哉范氏登之傳首篇中稱字而不名準以史法最爲得中劉氏以兄終弟及例之未免疑不於倫矣今案班氏前書律厤志首名更始爲帝袁氏後漢紀尤極論更始不得成爲君張衡劉知幾雖所見略同實已各有所本但光武既不廢更始年號班志自不得不帝之袁論之誣至謂長安猶存建武之號已立爲道未盡不思光武兄弟本自首義其先已非有藉

於更始宛城拔昆陽勝然後更始稍有憑藉反忌伯升而殺之是更始名爲光武族兄而固不反兵之仇矣遣徇河北未嘗授之以軍努力信都乃得因而再起則其後亦非有藉於更始其間受更始爵命皆非得已王夫之嘗論之故既破王郎即不受徵罷兵此東漢得失之幾也況更始之立由羣盜無異王郎盆子王郎雖滅赤眉已西攻長安公孫述復躍馬稱帝更始號令且不能行於一城之內矣光武不自立無以新天下之耳目漢豈能復興哉然使更始終不降赤眉雖失地被擒而死猶可說也抑既請降於盆子爲侯爲王尚何兄終弟及之有昔高帝起沛名爲應陳涉爲漢王則立由項羽馬遷入陳涉世家入項羽本紀及班氏斷代爲史皆擯諸列傳早有前例光武紀之用更始紀年亦猶高紀之用秦紀年取便隸事耳餘詳張衡傳集解

劉盆子傳殺人當死又何請乎集解先謙曰官本何作可義並通謹案袁紀作何與此同

崇同郡人逢安注東觀記曰逢音龐集解劉攽曰案逢字從夆至先謙曰官本作逢不誤謹案官本作逢乃校刻時所改若監本本從夆不誤則劉氏不必刊矣

屬右校卒吏劉俠卿集解劉攽曰案吏當爲史說並見上案赤眉稱號最尊者三老次從事次卒吏袁紀所述亦同劉氏上云當改爲卒史說甚精確但謂三老從事卒史皆是漢小吏名則頗嫌無別

此右校卒吏通鑑已改爲卒史劉氏與修通鑑得用已說胡注謂漢注卒史百石九卿寺及諸郡及軍行部校皆有之則亦考之未詳夫赤眉以三老爲尊所云從事卒史必其同等必皆小吏固也秦時有郡三老見本書王景傳漢則自高帝以來唯縣鄉置三老鄉三老在亭長嗇夫之間明見前續百官表志誠小吏矣從事則自司隸校尉都官從事以下卒史則自廷尉文學卒史以下前書王尊由郡決曹史舉幽州刺史從事顏注引漢儀注刺史得擇所部二千石卒史從事必刺史始能擇其重可知兒寬由博士掌故選補廷尉文學卒史見注謂不習事不署曹漢博士掌故皆六百石故蘇林於文學卒史注曰六百石舊郡皆有自非無本臣瓚乃引漢注謂卒史秩百石顏注是之不知卒史固有百石者而實不止於百石黃霸郎嘗爲二百石卒史矣儒林傳序載武帝時有左右內史大行卒史郡太守卒史至元帝好儒始於郡國置五經百石卒史別之曰百石卒史則其他不皆百石也況武帝時所選補其原秩有比二百石以上者亦必無反補百石卒史之理也又龔遂守勃海上遣使者徵遂議曹王生願從史記滑稽傳作文學卒史王先生者自請與太守俱可悟公府諸曹掾郎以卒史署兒寬之不得署由見謂不習事王生郎文學卒史之署議曹者耳前漢公府所辟掾史經上言者比古元士其秩率由比二百石至比四百石見漢舊注尤不應概以百石卒史當之蕭何尹翁歸張敞均嘗爲郡太守卒史可以類推就令如胡注軍行部校皆有卒史何至與三老皆爲小吏故劉說失在無別胡引臣瓚說斷卿寺諸郡卒史皆百石失在考之未詳也唯續志百官五劉注引漢官載河南尹員吏於諸縣有秩諸屬吏外有百石卒史二百五十人益是鄉各一人故多至二百數十此則與三老同爲小吏者今各本注史仍誤吏然百石卒史置自元帝有儒林傳序可證斷不容作吏又王常傳注引東觀記上稱江夏卒史此史字各本皆不誤是劉說終精確不易矣

今日設君臣之禮反更殽亂注肴亦亂也集解先謙曰官本注作殽是謹案官本注作殽取與正文應也然觀下文肴亂日甚正文本作肴知此處正文作殽乃緟刻之誤注蓋本不誤也

幽閉殿門官本門作內

王劉張李彭盧列傳第二　後漢書十二

宋　宣城太守范　曄　撰

唐　章懷太子賢　注

王先謙集解

王昌一名郎，趙國邯鄲人也。素爲卜相工，明星歷，常以爲河北有天子氣。時趙繆王子林景帝七代孫也。集解惠棟曰：袁宏紀邯鄲劉胡子等假漢威勢，惑亂吏民，詐以卜者王郎爲成帝子云云。林蓋字胡子也。先謙曰：據下云林等愈動疑惑，則林不知子輿是詐，此詐者別一人，然則胡子非林字也。好奇數術數任俠於趙魏間，多通豪猾，而郎與之親善。初，王莽篡位，長安中或自稱成帝子子輿者，莽殺之。王莽傳曰：時男子武仲自稱劉子輿。郎緣是詐稱眞子輿，云「母故成帝謳者，嘗下殿卒僵，須臾有黃氣從上下，半日乃解，遂妊身就館。趙后欲害之，趙飛燕也。僞易它人子，以故得全。東觀記曰：宮婢生子正與同時，即易之也。子輿年十二，集解劉攽曰：案上下文皆言子輿，此少一子字。識命者郎中李曼卿識命謂知天命也。集解蘇輿曰：識命者謂郎與命者郎中李曼卿相識，命者即推星命人之稱，猶卜人稱日者，相人稱相者耳。王補曰：蘇說是，舊注迂回。蓋郎素爲卜相工，明星歷，其所識亦從其類耳。與俱至蜀；十七，到丹陽；丹陽，楚所封也，在今歸州秭歸縣東也。集解先謙曰：官本也作地，是。二十，還長安；展轉中山，來往燕趙，以須天時。須，待也。林等愈動疑惑，乃與趙國大豪李育、張參等通謀，規共立郎。會人間傳赤眉將度河，林等因此宣言赤眉當立劉子輿，以觀衆心，百姓多信之。更始元年十二月，林等遂率車騎數百，晨入邯鄲城，止於王宮，故趙王之宮也。立郎爲天子。林爲丞相，李育爲大司馬，張參爲大將軍。分遣將帥，徇下幽、冀。移檄州郡曰：「制詔部刺史、郡太守：集解劉攽曰：案文多下一曰字。凡有曰字，皆史臣所加，詔不自言曰也。朕，孝成皇帝子子輿者也。昔遭趙氏之禍，因以王莽篡殺，賴知命者將護朕躬，東觀記曰：知命者謂侍郎韓公等。集解萬承蒼曰：案上文已言識命者郎中李曼卿，此知命者即曼卿也。先謙曰：案東觀記不言曼卿，所據各異也。解形河濱，削迹趙魏。解形猶脫身也。王莽竊位，獲罪於天，天命佑

漢，故使東郡太守翟義、嚴鄉侯劉信擁兵征討，出入胡漢。普天率土，知朕隱在人間。南嶽諸劉，爲其先驅。聖公、光武本自舂陵北徙，故舂陵近衡山，故曰南嶽諸劉也。朕仰觀天文，乃興於斯，以今月壬辰即位趙宮。休氣熏蒸，應時獲雨。蓋聞爲國，子之襲父，古今不易。劉聖公未知朕，故且持帝號。諸興義兵，咸以助朕，皆當裂土享祚子孫。已詔聖公及翟太守，亟與功臣詣行在所。天子所在曰行在所。疑刺史二千石皆聖公所置，未覩朕之沈滯，或不識去就，強者負力，負，恃也。弱者惶惑。今元元創痍，已過半矣，痍，傷也。朕甚悼焉，故遣使者班下詔書。」郎以百姓思漢，既多言翟義不死，故詐稱之，以從人望。於是趙國以北，遼東以西，皆從風而靡。明年，光武自薊得郎檄，集解蘇輿曰：光武紀，郎移檄購光武十萬戶。南走信都，走，趣也，音子豆反。發兵徇旁縣，遂攻柏人，不下。議者以爲守柏人不如定鉅鹿，光武乃引兵東北圍鉅鹿。郎太守王饒據城，數十日連攻不剋。耿純說曰：「久守王饒，士衆疲敝，不如及大兵精銳，進攻邯鄲。若王郎已誅，王饒不戰自服矣。」光武善其計，乃留將軍鄧滿續漢書滿作蒲。守鉅鹿，而進軍邯鄲，屯其郭北門。郎數出戰不利，乃使其諫議大夫杜威持節請降。威雅稱郎實成帝遺體。光武曰：「設使成帝復生，天下不可得，況詐子輿者乎！」集解王補曰：成方遂、王之明皆以妖妄僞冒，乘隙媚奸，盈廷恇怯，幾致大亂。雋不疑用經訓斷疑，聲重漢室；方遂比以誣罔不道，要斬東市。王之明之獄，黃得功、劉良佐力爲申訟，後世猶有疑其枉者，可歎也。王郎假附成帝遺體，僭竊尊號，罪在不赦。光武於杜威持節請降之頃，斥之曰：「設使成帝復生，天下不可得，況詐子輿者乎！」所謂折以大義，則亂萌立絕也。大哉王言！當機立斷，不假計較，不須廷議。天亶神武之聰，爲萬世人紀立極。後有際斯變者，得其說而存之，弭亂誅妖，孰大於是。威請求萬戶侯，光武曰：「顧得全身可矣。」顧猶念也。集解王補曰：注見劉盆子傳。袁紀作「一戶不可，顧得全身耳」。威曰：「邯鄲雖鄙，并力固守，尚曠日月，終不君臣相率但全身而已。」遂辭而去。因急攻之，二十餘日，郎少傅李立爲反間，開門內漢兵，遂拔邯鄲。郎夜亡走，道死，追斬之。

劉永者梁郡睢陽人梁孝王八世孫也傳國至父立元始中立與平帝外家衞氏交通衞氏平帝母家也中山衞子豪之女爲王莽所誅更始卽位永先詣洛陽紹封爲梁王都睢陽永聞更始政亂遂據國起兵以弟防爲輔國大將軍防弟少公御史大夫封魯王遂招諸郡豪傑集解先謙曰官本無郡字監本同沛人周建等竝署爲將帥攻下濟陰山陽沛楚淮陽汝南凡得二十八城又遣使拜西防賊帥山陽佼彊爲橫行將軍西防縣名故城在今宋州單父縣北佼音絞集解惠棟曰胡氏案姓譜云春秋絞國卽佼也後改從人漢有佼彊王幼學云絞古巧反字或作姣案春秋隱十年取防杜注高平昌邑縣西南有西防城昌邑於後漢屬山陽章懷於蓋延傳注亦言春秋時宋之西防城非無據也先謙曰漢有防東縣今濟甯州金鄉縣西南故城是也西防城在縣西其南卽單縣境本春秋時宋防邑地後謂之西防城後漢置防東縣在西防之東故取名焉章懷以西防爲縣非也是時東海人董憲集解惠棟曰袁宏紀憲字僑卿東海朐人父爲人所殺憲聚客報怨眾稍多遂攻屬縣起兵據其郡而張步亦定齊地永遣使拜憲翼漢大將軍步輔漢大將軍與共連兵遂專據東方及更始敗永自稱天子建武二年夏光武遣虎牙大將軍蓋延等伐永初陳留人蘇茂爲更始討難將軍與朱鮪等守洛陽鮪既降漢茂亦歸命光武因使茂與蓋延俱攻永軍中不相能茂遂反殺淮陽太守掠得數縣據廣樂而臣於永永以茂爲大司馬淮陽王蓋延遂圍睢陽數月拔之永將家屬走虞虞縣名屬梁國故城在今宋州虞城縣集解先謙曰今歸德府虞城縣西南三里虞人反殺其母及妻子永與麾下數十人奔譙蘇茂佼彊周建合軍救永爲蓋延所敗集解惠棟曰袁宏紀茂建將三萬人攻延於蒲西延逆擊大破之茂奔還廣樂彊建從永走保湖陵三年春永遣使立張步爲齊王董憲爲海西王於是遣大司馬吳漢等圍蘇茂於廣樂周建率眾救茂茂建戰敗棄城復還湖陵而睢陽人反城迎永反音幡吳漢與蓋延等合軍圍之城中食盡永與茂建走酇今亳州縣也酇音在何反集解先謙曰今歸德府永城縣西南酇縣鄉諸將追急永將慶吾斬永首降封吾爲列侯蘇茂周建奔垂惠集解惠棟曰袁山松郡國志云山桑縣有垂惠聚共立永子紆爲梁王佼彊還保西防四年秋遣捕虜將軍馬武騎都尉王霸圍紆建於垂惠集解洪頤煊曰光武紀王梁傳俱作偏將軍王霸王霸傳光武卽位拜爲偏將軍並將臧宮傅俊兵而以宮俊爲騎都尉四年秋使霸與捕虜將軍馬武東討周建於垂惠此騎都尉王霸蓋涉宮俊而訛蘇茂將五校兵救之紆建亦出兵與武等戰不剋而建兄子誦反閉城門拒之建茂紆等皆走建於道死茂奔下邳與董憲合紆奔佼彊五年遣驃騎大將軍杜茂攻佼彊於西防彊與劉紆奔董憲時平狄將軍龐萌反叛遂襲破蓋延集解王補曰此與蓋延傳皆言萌襲破延與東觀記異注見延傳引兵與董憲連和自號東平王屯桃鄉之北桃鄉故城在今兖州龔丘縣西北也集解惠棟曰任城有桃聚萌所據也前漢屬東平故萌自號東平王前志泰山有桃鄉縣非此

龐萌集解先謙曰官本提行監本同案前標總目無龐萌汲古本是山陽人初亡命在下江兵中更始立以爲冀州牧將兵屬尚書令謝躬共破王郎及躬敗萌乃歸降集解惠棟曰袁宏紀萌與世祖謝躬俱平邯鄲萌謂躬曰劉公不可信也躬以告世祖世祖喻而安之及上誅謝躬而萌率眾降上奪其眾謂萌曰前在邯鄲知之何速耶萌曰知之久矣光武卽位以爲侍中萌爲人遜順甚見信愛帝嘗稱曰可以託六尺之孤寄百里之命者解見明紀龐萌是也拜爲平狄將軍與蓋延共擊董憲時詔書獨下延而不及萌萌以爲延譖己集解惠棟曰袁宏紀萌與延爭權懼延譖己遂勒兵反也自疑遂反帝聞之大怒乃自將討萌與諸將書曰吾嘗以龐萌社稷之臣將軍得無笑其言乎集解王補曰光武嘗以社稷臣許龐萌及萌反叛自將討之其與諸將書首輒自任失人失言之咎不稍諱飾所謂恢廓大度同符高祖帝王自有眞也後世帝鑒無恠先後相違史並載之徒見其自戾而已老賊當族其各厲兵馬會睢陽憲聞帝自討龐萌乃與劉紆蘇茂佼彊去下邳還蘭陵集解先謙曰注見光武紀使茂彊助萌合兵三萬急圍桃城集解惠棟曰桃城卽桃鄉也東郡燕縣有桃城非此帝時幸蒙集解先謙曰今歸德府商邱縣東北聞之乃留輜重自將輕騎三千步卒數萬晨夜馳赴師次任城集解惠棟曰袁宏紀桃城告急上將輕騎二千步兵數萬晨夜至亢父百官疲倦請可且宿上不聽復行十里宿任城也去

桃鄉六十里旦日諸將請進賊亦勒兵挑戰帝不聽乃休士養銳以挫其鋒城中聞車駕至衆心益固時吳漢等在東郡馳使召之萌等乃悉兵攻城二十餘日衆疲困而不能下及吳漢與諸將到乃率衆軍進桃城而帝親自搏戰大破之萌茂彊夜弃輜重逃奔董憲乃與劉紆悉其兵數萬人屯昌慮自將銳卒拒新陽新陽縣屬東海郡〔集解〕先謙曰地闕帝先遣吳漢擊破之憲走還昌慮漢進守之憲恐乃招誘五校餘賊步騎數千人屯建陽去昌慮三十里建陽縣屬東海郡故城在今沂州承縣北承音時證反〔集解〕先謙曰官本承並作丞當作承建陽今兗州府嶧縣西帝至蕃蕃音皮又音婆去憲所百餘里諸將請進帝不聽知五校乏食當退敕各堅壁以待其敝頃之五校糧盡果引去帝乃親臨四面攻憲三日復大破之衆皆奔散遣吳漢追擊之佼彊將其衆降蘇茂奔張步憲及龐萌走入繒山繒縣名故城在今沂州承縣東北繒山即其縣之山也〔集解〕先謙曰繒即鄫也在今兗州府嶧縣東八十里數日

吏士聞憲尚在復往往相聚得數百騎迎憲入郯城〔集解〕先謙曰剡誤官本作郯是下同在今沂州府郯城縣西三十里故縣社吳漢等復攻拔郯憲與龐萌走保朐縣名屬東海郡今海州朐山縣西有故朐城秦始皇立石以為東闕門即此地也劉紆不知所歸軍士高扈斬其首降梁地悉平吳漢進圍朐明年城中穀盡憲萌潛出襲取贛榆贛榆縣名今海州東海縣也贛音貢琅邪太守陳俊攻之憲萌走澤中會吳漢下朐城進盡獲其妻子〔集解〕劉攽曰案文多一進字憲乃流涕謝其將士曰妻子皆已得矣為吳漢所得也嗟乎久苦諸卿乃將數十騎夜去欲從間道歸降而吳漢校尉韓湛追斬憲於方與方與音防預〔集解〕先謙曰在今沂州府魚臺縣北方與人黔陵亦斬萌皆傳首洛陽封韓湛為列侯黔陵為關內侯〔集解〕先謙曰官本無下為字是

張步字文公琅邪不其人也漢兵之起步亦聚衆數千轉攻傍縣下數城自為五威將軍遂據本郡更始遣魏郡王閎為琅邪太守步拒之不得進閎為檄曉喻吏人降得贛榆等六縣收兵數千人與步戰不勝時梁王劉永自以更始所立貪步兵彊承制拜步輔漢大將軍忠節侯督青徐二州使征不從命者步貪其爵號遂受之乃理兵於劇劇縣名在今青州壽光縣南也以弟弘為衞將軍弘弟藍玄武大將軍藍弟壽高密太守遣將徇太山東萊城陽膠東北海濟南齊諸郡皆下之步拓地寖廣寖漸也兵甲日盛王閎懼其衆散乃詣步相見欲誘以義方步大陳兵引閎怒曰步有何過君前見攻之甚閎按劍曰太守奉朝命而文公擁兵相距閎攻賊耳何謂甚邪步嘿然良久離席跪謝乃陳樂獻酒待以上賓之禮令閎關掌郡事關通也建武三年光武遣光祿大夫伏隆持節使齊拜步為東萊太守劉永聞隆至劇乃馳遣立步為齊王步即殺隆而受永命是時帝方北憂漁陽南事梁楚故步得專集齊地據郡十二及劉永

死步等欲立永子紆為天子自為定漢公置百官王閎諫曰梁王以奉本朝之故是以山東頗能歸之今尊立其子將疑衆心且齊人多詐汲黯目公孫弘之詞宜且詳之步乃止五年步聞帝將攻之以其將費邑為濟南王屯歷下冬建威大將軍耿弇破斬費邑進拔臨淄步以弇兵少遠客可一舉而取乃悉將其衆攻弇於臨淄步兵大敗還奔劇帝自幸劇步退保平壽今青州北海縣也〔集解〕先謙曰在今萊州府濰縣西南三十里蘇茂將萬餘人來救之茂讓步曰以南陽兵精延岑善戰而耿弇走之大王奈何就攻其營既呼茂不能待邪〔集解〕惠棟曰王幼學云謂張步既已求救於我也步曰負負無可言者負愧也再言之者愧之甚〔集解〕惠棟曰王幼學云負負猶言負罪負罪帝乃遣使告步茂能相斬降者封為列侯步遂斬茂使使奉其首降步三弟各自繫所在獄皆赦之封步為安丘侯後與家屬居洛陽王閎亦詣劇降八年夏步將妻子逃奔臨淮與弟弘蘭〔集解〕先謙曰蘭誤官

本作藍欲招其故衆乘船入海琅邪太守陳俊追擊斬之王閎者王莽叔父平阿侯譚之子也哀帝時爲中常侍時倖臣董賢爲大司馬寵愛貴盛閎屢諫忤旨哀帝臨崩以璽綬付賢曰無妄以與人時國無嗣主內外恇懼閎白元后請奪之卽帶劒至宣德後闥三輔黃圖曰未央宮有宣德殿闥宮中門也舉手叱賢曰宮車晏駕國嗣未立公受恩深重當俯伏號泣何事久持璽綬以待禍至邪賢知閎必死不敢拒之乃跪授璽綬閎馳上太后朝廷壯之及王莽簒位潛忌閎乃出爲東郡太守集解錢大昕曰莽傳有兗州牧壽良卒正王閎卽其人也壽良本東郡屬縣故史家依本名書之不用莽所改名也然莽雖分壽良爲郡仍改東郡爲治亭未嘗以壽良爲東郡則史所書未核矣諸傳中如和成卒正導江卒正朔調連率沂平太尹之類皆用莽所改名史何以變其例閎懼誅常繫藥手內莽敗漢兵起閎獨完全東郡三十餘萬戶歸降更始

李憲者潁川許昌人也集解洪亮吉曰案許縣獻帝徙都後始改許昌前漢安得有此名此史誤王莽時爲廬江屬令王莽每郡置屬令職如都尉莽末江賊王州公等起衆十餘萬攻掠郡縣莽以憲爲偏將軍廬江連率擊破州公莽敗憲據郡自守更始元年自稱淮南王建武三年遂自立爲天子置公卿百官擁九城衆十餘萬四年秋光武幸壽春遣揚武將軍馬成等擊憲圍舒廬江舒縣集解先謙曰注見光武紀至六年正月拔之憲亡走其軍士帛意帛姓也宋帛產之後也見韓非子也追斬憲而降憲妻子皆伏誅封帛意漁浦侯後憲餘黨淳于臨等猶聚衆數千人屯灊山攻殺安風令灊山安豐皆縣名屬廬江郡灊縣故城今壽州也集解劉攽曰案傳作安風注作安豐安風安豐皆是縣名從傳是王會汾曰郡國志安風安豐皆屬廬江郡安風爲侯國而安豐則縣也傳言殺令似當從注作安豐先謙曰灊山山名非縣也注誤寰宇記山在懷甯縣西北二十里高三千七百丈周二百五十里有三峯天柱山潛山皖山也灊縣在今六安州霍山縣東北三十里安豐在今潁州府霍邱縣西南揚州牧歐陽歙遣兵不能剋帝議欲討之廬江人陳衆爲從事白歙請得喻降臨曉喻其意而降之也集解惠棟曰謝承書云光武遣司空李通率師擊之州牧惶怖恐獲罪戾衆於是自請以恩信曉喻降之於是乘單車駕白馬往說而降之灊山人共生爲立祠號白馬陳從事云

彭寵字伯通南陽宛人也父宏哀帝時爲漁陽太守偉容貌能飲飯飯音扶遠反有威於邊王莽居攝誅不附己者宏與何武鮑宣並遇害集解洪頤煊曰前書何武傳莽陰誅不附己者元始三年呂寬等事起連引諸所欲誅上黨鮑宣南陽彭偉杜公子偉卽宏也寵少爲郡吏地皇中爲大司空士王莽時九卿分屬三公每一卿置元士三人集解劉攽曰案王莽傳一卿置大夫三人一大夫置士三人此文不具少置大夫三人一大夫八字從王邑東拒漢軍到洛陽聞同產弟在漢兵中懼誅卽與鄉人吳漢亡至漁陽抵父時吏抵歸也更始立使謁者韓鴻持節徇北州謂幽幷也承制得專拜二千石已下鴻至薊以寵漢並鄉閭故人相見歡甚卽拜寵偏將軍行漁陽太守事漢安樂令安樂縣名屬漁陽郡故城在今幽州潞縣西北也集解先謙曰今順天府順義縣西南及光武鎭慰河北至薊以書招寵寵具牛酒將上謁會王郎詐立傳檄燕趙遣將徇漁陽上谷急發其兵北州衆多疑惑欲從之吳漢說寵從光武語在漢傳會上谷太守耿況亦使功曹寇恂詣寵結謀共歸光武寵乃發步騎三千人以吳漢行長史及都尉嚴宣護軍蓋延狐奴令王梁狐奴縣名屬漁陽郡集解先謙曰今順天府順義縣東北與上谷軍合而南及光武於廣阿光武承制封寵建忠侯賜號大將軍遂圍邯鄲寵轉糧食前後不絕及王郎死光武追銅馬北至薊寵上謁自負其功意望甚高負恃也光武接之不能滿以此懷不平不能滿其意故心不平也光武知之以問幽州牧朱浮浮對曰前吳漢北發兵時大王遺寵以所服劒又倚以爲北道主人寵謂至當迎閤握手交歡並坐今既不然所以失望浮因曰王莽爲宰衡時甄豐旦夕入謀議時人語曰夜半客甄長伯長伯豐字也豐平帝時爲少府王莽簒位時爲更始將軍及莽簒位後豐意不平卒以誅死光武大笑以爲不至於此及卽位吳漢王梁

寵之所遣並爲三公而寵獨無所加愈怏怏不得志歎曰我功當爲王但爾者陛下忘我邪（集解胡三省曰爾猶言如此也袁宏紀載寵語曰今但若是陛下忘我邪）是時北州破散而漁陽差完有舊鹽鐵官寵轉以貿穀（貿易也）積珍寶益富彊朱浮與寵不相能浮數譖搆之建武二年春詔徵寵寵意浮賣己上疏願與浮俱徵又與吳漢蓋延等書盛言浮枉狀（枉譖己之狀也）固求同徵帝不許益以自疑而其妻素剛不堪抑屈固勸無受召寵又與常所親信吏計議皆懷怨於浮莫有勸行者（集解惠棟曰東觀記曰浮密奏寵上徵之寵既自疑其妻勸寵無應徵令漁陽大郡兵馬衆多奈何爲人所奏而棄此去寵與所親信吏計議吏皆怨浮勸寵止不應徵）帝遣寵從弟子后蘭卿喻之寵因留子后蘭卿遂發兵反拜署將帥自將二萬餘人攻朱浮於薊分兵徇廣陽上谷右北平又自以與耿況俱有重功而恩賞並薄數遣使要誘況況不受輒斬其使秋帝使游擊將軍鄧隆救薊隆軍潞南浮軍雍奴（集解先謙曰潞今順天府通州雍奴今武清縣）

遣吏奏狀帝讀檄怒謂使吏曰（集解胡三省曰遣吏來使故曰使吏）營相去百里其埶豈可得相及比若還（若汝也）北軍必敗矣寵果盛兵臨河以拒隆（集解惠棟曰河潞河也在城西三十里酈元云今遺壁故壘存焉）又別發輕騎三千襲其後大破隆軍浮遠遂不能救引而去明年春寵遂拔右北平上谷數縣遣使以美女縉綵賂遺匈奴要結和親單于使左南將軍七八千騎往來爲游兵以助寵又南結張步及富平獲索諸豪桀皆與交質連衡（交質謂交相爲質也左傳曰交質往來道路無壅前書音義曰以利合曰從以威力相脅曰橫）遂攻拔薊城自立爲燕王其妻數惡夢又多見怪變（東觀記曰夢羸袒冠幘踰城髠徒推之又寵堂上聞蝦蟇聲在火鑪下鑿地求之不得也）卜筮及望氣者皆言兵當從中起寵疑子后蘭卿質漢歸（集解惠棟曰王幼學云質如字正誤云質當音致）故不信之使將兵居外無親於中五年春寵齋獨在便室（便坐之室非正室也）蒼頭子密等三人（集解惠棟曰秦呼民黔首謂奴爲蒼頭者以別於良人也）因寵臥寐共縛著牀告外吏

云大王齋禁皆使吏休偽稱寵命教收縛奴婢各置一處（集解劉攽曰案文多一命字教即勑下之言下文自有命字）又以寵命呼其妻妻入大驚（東觀記曰妻入驚曰奴反奴乃捽其妻頭擊其頰）寵急呼曰趣爲諸將軍辦裝（呼奴爲將軍欲其赦己也）於是兩奴將妻入取寶物留一奴守寵寵謂守奴曰若小兒我素所愛也今爲子密所迫劫耳解我縛當以女珠妻汝家中財物皆與若小奴意欲解之視戶外見子密聽其語遂不敢解於是收金玉衣物至寵所裝之被馬六匹（集解胡三省曰加馬以鞍勒曰被馬）使妻縫兩縑囊昏夜後解寵手令作記告城門將軍云今遣子密等至子后蘭卿所速開門出勿稽留之（稽停也）書成即斬寵及妻頭置囊中便持記馳出城因以詣闕封爲不義侯（集解王補曰權德輿云伯通之叛命子密之戕君同歸於亂罪不相蔽宜各致於法昭示王度反乃爵於五等又以不義爲名且舉以不義莫可侯也此而可侯漢爵爲不足勸矣春秋書齊豹盜三叛人名之義無乃異於是乎先謙曰東觀記云詔封寵者封侯朝廷以奴殺主不義復不可不封乃封子密爲不義侯）明旦閤門不開官

屬踰牆而入見寵尸驚怖其尚書韓立等共立寵子午爲王以子后蘭卿爲將軍國師韓利斬午首詣征虜將軍祭遵降夷其宗族

盧芳字君期安定三水人也居左谷中（續漢志曰三水縣有左右谷故城在今涇州安定縣南集解先謙曰漢三水縣在今平涼府固原州北）王莽時天下咸思漢德芳由是詐自稱武帝曾孫劉文伯曾祖母匈奴谷蠡渾邪王之姊爲武帝皇后生三子遭江充之亂太子誅皇后坐死中子次卿亡之長陵小子回卿逃於左谷霍將軍立次卿迎回卿回卿不出因居左谷生子孫卿孫卿生文伯常以是言誑惑安定閒王莽末乃與三水屬國羌胡起兵更始至長安徵芳爲騎都尉使鎮撫安定以西更始敗三水豪桀共計議以芳劉氏子孫宜承宗廟乃共立芳爲上將軍西平王（欲平定西方故以爲號）使使與西羌匈奴結和親單于曰（集解惠棟曰是時匈奴單于乃呼韓邪單于之子呼都而尸道單于也名輿）匈奴本與漢約爲兄弟（高祖時與冒頓單于約爲兄弟）

後匈奴中衰呼韓邪單于歸漢漢爲發兵擁護世世稱臣呼韓邪單于降漢入朝宣帝擁護國內遂定今漢亦中絕劉氏來歸我亦當立之令尊事我乃使句林王將數千騎迎芳句音古侯反集解惠棟曰東觀記屬國胡數千畔在參蠻芳從之自稱西平王會匈奴句林王將兵來降參蠻胡芳因隨入匈奴也芳與兄禽弟程俱入匈奴單于遂立芳爲漢帝㠯程爲中郎將將胡騎還入安定初五原人李興隨昱集解胡三省曰姓譜隨侯之後又杜伯之玄孫爲晉大夫食采於隨曰隨會朔方人田颯代郡人石鮪閔堪各起兵自稱將軍建武四年單于遣無樓且渠王入五原塞塞屬五原郡因以爲名與李興等和親告興欲令芳還漢地爲帝五年李興閔堪引兵至單于庭迎芳與俱入塞都九原縣九原縣名故城在勝州銀山縣也集解先謙曰漢五原郡治九原縣在今大同府大同縣西北大河外今馬喇特旗東南境掠有五原朔方雲中定襄鴈門五郡並置守令與胡通兵侵苦北邊六年芳將軍賈覽將胡騎擊殺代郡太守劉興集解惠棟曰東觀記興將數百騎攻覽上狀檄至光武知其必敗報書曰欲復進兵恐失其頭首也詔書到興已爲覽所殺長史得檄以爲國家坐知千里也王補曰按馮異傳異擊盧芳將賈覽匈奴薁鞬日逐王破之芳後㠯事誅其五原太守李興兄弟而其朔方太守田颯雲中太守橋扈恐懼叛芳舉郡降光武令領職如故後大司馬吳漢驃騎大將軍杜茂數擊芳並不剋十二年芳與賈覽共攻雲中久不下其將隨昱留守九原欲脅芳降芳知羽翼外附心膂內離遂弃輜重與十餘騎亡入匈奴其眾盡歸隨昱昱乃隨使者程恂詣闕拜昱爲五原太守封鐫胡侯鐫謂琢鑿之故以爲名下有鐫羌侯即其類昱弟憲武進侯十六年芳復入居高柳高柳縣名故城在今雲州定襄縣集解先謙曰在今大同府陽高縣西北與閔堪兄林使使請降集解王補曰匈奴聞漢求盧芳貪得財帛乃遣芳還降望得其賞而芳以自歸爲功不稱匈奴所遣單于復恥言其計故賞遂不行由是大恨入寇尤深見本書南匈奴傳乃立芳爲代王堪爲代相林爲代太傅賜繒二萬匹因使和集匈奴芳上疏謝曰臣芳過託先帝遺體弃在邊陲社稷遭王莽廢絕㠯是子孫之憂所宜

後漢書十二　十一

其誅故遂西連羌戎北懷匈奴單于不忘舊德權立救助是時兵革並起往往而在臣非敢有所貪覬覬望也期於奉成宗廟興立社稷是㠯久僭號位十有餘年罪宜萬死陛下聖德高明躬率眾賢海內賓服惠及殊俗㠯胏附之故胏附若肝肺相附著猶言親戚也集解惠棟曰司馬貞云胏附音柹府柹木札也附木皮也以喻人主疏末之親如木札出於木樹皮附於樹詩云如塗塗附注云附木皮也赦臣芳罪加㠯仁恩封爲代王使備北藩無㠯報塞重責冀必欲和輯匈奴輯音才入反郭景純云古集字不敢遺餘力負恩負猶背也謹奉天子玉璽思望闕庭詔報芳朝明年正月其冬芳入朝南及昌平昌平縣名故城在今幽州昌平縣東南集解先謙曰今順天府昌平州東南有詔止令更朝明歲芳自道還憂恐乃復背叛遂反與閔堪閔林相攻連月匈奴遣數百騎迎芳及妻子出塞芳留匈奴中十餘年病死初安定屬國胡與芳爲寇集解錢大昕曰郡國志不載安定屬國然光武紀建武二十一年安定屬國胡叛桓帝紀永壽元年南匈奴叛安定屬國都尉張奐討之又隸釋劉寬碑陰有安定屬國都尉孟扶可證東京有安定屬國都尉也及芳敗胡人還鄉里積苦縣官徭役其中有駮馬少伯者素剛壯二十一年遂率種人反叛與匈奴連和屯聚青山青山在今慶州有青山水集解先謙曰慶陽府環縣西有青山即此續志注北地參䜌縣有青山乃遣將兵長史陳訢呂忱云訢古欣字率三千騎擊之少伯乃降徙於冀縣冀縣屬天水郡今秦州伏羌縣集解先謙曰注見光武紀

論曰傳稱盛德必百世祀左傳晉侯問於史趙曰陳其遂亡乎對曰未也臣聞盛德必百代祀虞之代數未也孔子曰寬則得眾夫能得眾心則百世不忘矣觀更始之際劉氏之遺恩餘烈英雄豈能抗之哉然則知高祖孝文之寬仁結於人心深矣周人之思邵公愛其甘棠詩序曰甘棠美邵伯也邵伯聽訟於甘棠之下周人思之不伐其樹又況其子孫哉劉氏之再受命蓋㠯此乎若數子者豈有國之遠圖哉集解劉攽曰案文國上少一字不成文理蓋有經字也周壽昌曰案明言此數子之所爲非有國之遠圖何嘗不成文理劉氏添經字無謂因時擾攘苟恣縱而已耳然猶㠯附假宗室能掘

強歲月之間（掘強謂強梁也前書伍被謂淮南王安曰掘強江淮之間苟延歲月之命集解先謙曰掘是倔之誤）觀其智略固無足吕憚漢祖發其英靈者也（言此數子非漢祖之敵不足畜發英靈而憚畏之也）

贊曰天地閉革（革改也易曰天地閉賢人隱又曰天地革而四時成湯武革命順乎天而應乎人）野戰羣龍（喻英雄並起也易曰龍戰于野其血玄黃又曰羣龍无首吉也）昌芳僭詐梁齊連鋒（梁王劉永齊王張步）寵負強地（據漁陽也）憲縈深江（起廬江也）實惟非律代委神邦（易曰師出以律律法也言反叛非用師之法故更代破滅委棄其神皋之國伏於光武也）

後漢書集解卷十二校補

王昌傳時趙繆王子林注景帝七代孫也（案注與光武紀注同然平干繆王元乃景帝曾孫七字皆誤）集解惠棟曰袁宏紀邯鄲劉胡子等至然則胡子非林字也（案胡子爲趙王庶兄已具光武紀集解故不贅及據聚珍本東觀記帝至邯鄲趙王庶兄胡子進狗牒馬醢故趙繆王子臨說帝決水灌赤眉胡子立邯鄲卜者王郎爲天子前書景十三王傳趙敬肅王彭祖再傳至孫懷王尊中絕宣帝以尊弟哀王高紹封高傳子共王充充傳子王隱莽篡位貶爲公胡子當即隱之庶兄武帝時以親親故別立敬肅王小子偃爲平干王傳子繆王元元薨以前罪子不得立國除平干即廣平臨即林也以林爲郎元子不曰故平干王子而曰故趙王子未知何說然林與胡子之爲兩人則甚明）

識命者郎中李曼卿注識命謂知天命也集解蘇輿曰識命者謂郎與命者郎中李曼卿相識至其所識亦各從其類耳（案昌詐言趙后欲害之不得意以爲殆有天命故章懷說識命爲知天命即下文賴知命者將護朕躬亦當作如此說方合詐言之體雖此所謂郎中李曼卿與東觀記所謂侍郎韓公等者未知是一是二然郎中侍郎皆官也命者業也世必無儼然士夫而專以業名者微論乖立言之體史亦當無此書法槩古之星命家或名星者或名術者未聞有命者之稱周壽昌謂識命即今所謂算命人固誤矣然猶與下文知命者同說也蘇氏乃就周意別自爲說以識爲相識之識王氏又從而和之卻皆忘此爲昌自詭告人之辭非史家紀實之語語出於史則謂方以類聚昌所識亦不過命者未嘗不可而年甫十二未必即已爲卜相工昌仍可疑也今辭出於昌如謂人識己而將護之斯於辭爲不害若在己甫識一命者郎隨之浪游此不可告人之事何足惑人反不如並此識字去之之爲得矣）

林等因此宣言赤眉當立劉子輿以觀眾心（案袁紀當下有至字）

南嶽諸劉爲其先驅注聖公光武至故曰南嶽諸劉也（錢大昭曰莽始建國元年分四方爲四嶽故有南嶽之稱猶云南方耳隗囂傳云威命四布宣風中岳與此同意諸劉謂嚴鄉侯信安眾侯崇徐鄉侯快陵鄉侯曾扶恩侯貴等亦不專指光武疑注誤）

遂攻柏人不下至光武乃引兵東北圍鉅鹿（張熷曰柏人即今順德府唐山縣鉅鹿在其東南傳云東北誤）

劉永傳又遣使拜西防賊帥山陽佼彊爲橫行將軍注西防縣名

故城在今宋州單父縣北集解惠棟曰至章懷以西防為縣非也謹案惠氏引左傳杜注昌邑縣西南有西防城說本續志山陽郡昌邑劉注實則劉氏亦非能實驗所有也前志山陽郡有西陽侯國吳卓信謂今金鄉縣西有西防城本春秋宋防邑隱十年敗宋取防杜注高平昌邑縣西南有西防城是也後書劉永傳注西防縣名二漢志無西防縣疑陽為防之誤已見補注攷西陽為東平思王子頃侯竝封國明見前書王子侯表固不得指為西防之誤而前志以西陽繫山陽郡之末東漢無其國續志卽以防東繫山陽郡之末西漢亦無其縣準以地望則西陽當卽防東抑卽西防矣晉縣無防東蓋已併入高平國之昌邑故杜注云然劉氏卽以漢昌邑當之未合也唐縣並無昌邑蓋又併入宋州之單父故章懷注云然杜茂傳云時西防復反迎佼彊茂率捕虜將軍馬武進攻西防數月拔之準以史家得城邑曰拔之例指為縣名亦似別有所本或莽廢漢諸侯國之時嘗改西陽國為西防縣以別於江夏郡縣之西陽後又轉改為防東兩志皆未及詳著耳

殺淮陽太守案太守為潘蹇見光武紀

時平狄將軍龐萌反錢大昭曰平狄蓋延傳作平敵

屯建陽去昌慮三十里注建陽縣屬東海郡故城在今沂州承縣

北集解先謙曰官本承並作丞當作承謹案建陽前漢東海郡侯國非縣後漢省丞亦漢東海郡故縣然兩漢志均作承

襲取贛榆注贛榆縣名今海州東海縣也案贛榆本前漢琅邪郡屬縣後漢改屬東海郡在今海州贛榆縣東北

張步傳建武三年光武遣光祿大夫伏隆持節使齊錢大昭曰伏隆使齊傳在二年冬此云三年疑誤今案光武紀劉永立步為齊王與步殺隆均在三年二月蓋隆本以二年冬往使以三年春被害此傳文蒙下步卽殺隆而及永命言之取與紀合非誤也

王閎亦詣劇降侯康曰御覽三百六十八引王閎本事曰閎為琅邪太守張步欲誅之閎出東武城門馬奔墮車折齒閎心惡之移病歸府遂得免

閎屢諫忤旨侯康曰閎忤旨事見前書董賢傳又有諫尊寵董賢疏並見漢紀

彭寵傳地皇中為大司空士士原譌事據錢校改官本不誤

盧芳傳居左谷中注續漢志曰三水縣有左右谷張熷曰今續志三水下但有劉注云有左谷盧芳所居亦無右字

乃與三水屬國羌胡起兵錢大昭曰時安定屬國都尉治三水縣故言三水屬國侯康曰都尉治三水縣西南去安定郡三百四十里見水經河水注

期於奉成宗廟官本成作承

初安定屬國胡與芳為寇安定原誤為安國據錢校改官本不誤錢大昭曰安國疑當作安定是錢所據本亦誤也

集解桓帝紀永壽元年南匈奴叛安定屬國都尉張奐討之案永壽元年奐由議郎遷安定屬國都尉亦見本傳又隸釋劉寬碑陰有安定屬國都尉孟扶侯康曰蓋勳傳注引續漢書曰父字思齊官至安定屬國都尉亦一證也

徙於冀縣注今秦州伏羌縣伏原譌奉據唐志正官本不誤錢大昭曰奉羌闞本作伏羌是錢所據本亦譌伏為奉官本依監本又與闞本合也

周人之思邵公邵官本文注均作召案古字通作

野戰羣龍注又曰羣龍无首吉也官本无作無

隗囂公孫述列傳第三　後漢書十三

宋　宣城　太守范曄撰

唐　章懷　太子賢注

王先謙集解

隗囂【集解】惠棟曰姓源韻譜云天水隗氏出於大隗氏先謙曰官本前一行隗囂傳三字下有囂音五高反五字字季孟天水成紀人也成紀縣名故城在今秦州隴城縣西北【集解】先謙曰今秦州秦安縣治少仕州郡王莽國師劉歆引囂爲士王莽置國師位上公士其屬官也莽置九卿分屬三公每一卿置大夫三人一大夫置元士三人歆死囂歸鄉里【集解】惠棟曰前書云地皇四年遣七公幹士隗囂等七十二人分下赦令曉諭囂等既出因逃亡矣季父崔素豪俠能得衆聞更始立而莽兵連敗於是乃與兄義及上邽人楊廣冀人周宗謀起兵應漢囂止之曰夫兵凶事也史記范蠡曰兵者凶器戰者逆德宗族何辜崔不聽遂聚衆數千人攻平襄殺莽鎮戎大尹平襄縣名屬天水郡故城在今秦州伏羌縣西北王莽改天水郡曰鎮戎郡守曰大尹【集解】惠棟曰

前書云大尹李育先謙曰平襄今鞏昌府通渭縣西南崔廣等以爲舉事宜立主以一衆心咸謂囂素有名好經書遂共推爲上將軍囂辭讓不得已曰諸父衆賢不量小子必能用囂言者乃敢從命衆皆曰諾囂既立遣使聘請平陵人方望以爲軍師平陵縣名屬右扶風也【集解】通鑑胡注武王伐紂以太公爲師尚父田單守卽墨以一卒爲神師韓信既破趙師事李左車皆軍師也後遂以爲官稱望至說囂曰足下欲承天順民輔漢而起今立者乃在南陽王莽尚據長安雖欲以漢爲名其實無所受命將何以見信於衆乎宜急立高廟稱臣奉祠所謂神道設教求助人神者也易觀卦曰聖人神道設教而天下服矣且禮有損益質文無常削地開兆除地以開兆域茅茨土階以致其肅敬雖未備物神明其舍諸囂從其言遂立廟邑東祀高祖太宗世宗【集解】惠棟曰東觀記乃立高祖太宗之廟胡注平襄邑之東也李吉甫云今廟在秦州上邽縣東北五里囂等皆稱臣執事史奉璧而告史祝史也璧者所以禮神也祝畢有司穿坎于庭周禮司盟掌盟載之法也鄭玄注曰載盟辭也書其辭於策殺牲取血坎其牲加書於上而埋之牽馬操刀奉盤錯鍉遂割牲而盟臣賢按蕭該音引字詁鍉卽題音徒啟反方言曰宋楚之間謂盎爲題據下文云鍉不濡血明非盎盎之類前書匈奴傳云漢遣韓昌等與單于及大臣俱登諾水東山刑白馬單于以徑路刀金留犂撓酒應劭曰留犂飯匕也撓攪也以匕攪血而歃之今亦奉盤措匙而歃也以此而言題卽匙字錯置也音七故反曰凡我同盟三十一將十有六姓允承天道興輔劉宗如懷姦慮明神殛之殛誅也高祖文皇武皇俾墜厥命厥宗受兵族類滅亡有司奉血鍉進護軍舉手揖諸將軍曰鍉不濡血歃不入口是欺神明也厥罰如盟既而薶血加書一如古禮【集解】惠棟曰杜預春秋釋例云盟者殺牲載書大國制其言小國尸其事珠槃玉敦以奉流血而同歃事畢移檄告郡國曰漢復元年七月己酉朔己巳上將軍隗囂白虎將軍隗崔【集解】通鑑胡注崔本自署右將軍白虎居右又起兵於西方白虎主之因改右將軍號白虎將軍左將軍隗義右將軍楊廣明威將軍王遵雲旗將軍周宗等告州牧部監郡卒正連率大尹尹尉隊大夫屬正屬令莽以周官王制之文置卒正連率大尹大尹職如大守屬令屬長職如都尉置

州牧部監二十五人見禮如三公監位上大夫各主五郡公氏作牧侯氏卒正伯氏連率子氏屬令男氏屬長皆代其官其無爵者爲尹又置六隊部置大夫職如太守【集解】劉攽曰大尹尹一尉隊大夫案王莽置六尉六隊郡各置大夫故云尉隊大夫此多一尹字又注云又置六隊部置大夫少六尉二字部又當作郡也故新都侯王莽慢侮天地悖道逆理【集解】惠棟曰逆理逆節絕理漢律所謂不道也鴆殺孝平皇帝【集解】惠棟曰顏籀漢注云帝春秋益壯以母衛太后故怨不悅莽自知益疏簒殺之謀由是生因到臘日上椒酒置藥酒中故翟義移書云莽鴆殺孝平皇帝簒奪其位矯託天命僞作符書莽遣五威將軍王奇等班符命四十二篇於天下言當代漢之意欺惑衆庶震怒上帝反戾飾文以爲祥瑞大風毀莽王露堂又拔其昭寧堂池東楡樹大十圍莽乃曰念紫閣仙圖天意立太子正其名乃立其子臨爲太子以爲祥應也戲弄神祇歌頌禍殃戲弄神祇謂仙人掌旁有白頭公青衣莽曰皇祖叔父子僑欲來迎我也歌頌禍殃謂莽作告天策自陳功勞千餘言能誦策文者除以爲郎至五十餘人【集解】劉攽曰案本傳作五千人楚越之竹不足以書其惡前書朱光世曰南山之竹不足以盡我詞囂以楚越多竹故引以爲言也【集解】惠棟曰呂氏春秋明理篇荊越之竹猶不能書高誘注楚越竹所出也天下昭然所共聞見今略舉大端以喩吏民蓋天爲父地爲母尚書曰惟天地萬物父母禍福

之應各以事降莽明知之而冥昧觸冒不顧大忌詭亂天術援引史傳王莽每有災禍皆引史傳以文飾之前書說符侯崔發言於莽曰周禮及春秋左氏國有大災則哭以厭之故周易稱先號咷而後笑宜呼嗟告天以求救莽乃率羣臣至南郊陳其符命因搏心大哭昔秦始皇毀壞謚法以一二數欲至萬世史記曰秦始皇初并天下制曰太古有號無謚中古有號死而以行為謚如此則子議父臣議君自今以來除謚法朕為始皇帝後世以計數至於萬世傳之無窮而莽下三萬六千歲之歷言身當盡此度莽令太史推三萬六千歲厤紀六歲一改元布告天下循亡秦之軌推無窮之數是其逆天之大罪也分裂郡國斷截地絡絡猶經絡也謂莽分坼郡縣斷割疆界也田為王田賣買不得莽更名天下田曰王田不得賣買規錮山澤奪民本業莽制名山大澤不得採取造起九廟窮極土作莽九廟一曰黃帝太初祖廟二曰虞帝始祖昭廟三曰陳胡王統祖穆廟四曰齊敬王代祖昭廟五曰濟北愍王王祖穆廟六曰濟南伯王尊禰昭廟七曰元城孺子王尊禰穆廟八曰陽平頃王昭廟九曰新都顯王穆廟殿皆重屋太祖廟東西南北各四十丈高十七丈餘半之為銅樽櫨飾以金銅琱文窮極百工之巧功費數百鉅萬卒徒死者萬數也集解劉攽曰窮極土作案文土當作工凡興作不專在土也又注七曰元城孺子王案本王翁孺故稱孺王不當有子字周

壽昌曰土作即興造土木意舉土以該木也禮無作土功亦指土木工言土字似不必改作工發冢河東攻劫丘壟此其逆地之大罪也尊任殘賊信用姦佞誅戮忠正覆按口語集解惠棟曰口語單辭之類無左證者也赤車奔馳續漢志曰小使車赤轂白蓋赤帷從騶騎四十人法冠晨夜冤繫無辜續漢志曰法冠一曰柱後高五寸侍御史服之妄族眾庶行炮烙之刑除順時之法莽作焚如之刑燒殺陳良終帶等二十七人莽又作不順時之令春夏斬人此為不順時之法灌以醇醯裂以五毒莽以董忠反收忠宗族以醇醯毒藥白刃叢棘并一坎而薶之集解惠棟曰翟義傳莽發方進及先祖冢在汝南者以棘五毒并葬之如淳注野葛狼毒之屬也政令日變官名月易莽州郡官名改無常制乃至歲復變吏一郡至五易名而還復其故吏人不能紀也貨幣歲改時百姓便安漢五銖錢以莽錢大小兩行難知皆私以五銖錢市買莽患之下書諸挾五銖錢者比非井田制投四裔吏民昏亂不知所從商旅窮窘號泣市道設為六管管主也莽設六管之令謂酤酒賣鹽鐵器鑄錢名山大澤此為六也皆令縣官主稅收其利增重賦斂刻剝百姓厚自奉養苞苴流行財入公輔禮記曰苞苴簞笥問人者莽令七公六卿兼號將軍分鎮大郡皆使為姦於外貨賂為市侵漁百姓上下貪賄莫相檢考民坐挾銅

炭沒入鍾官莽時關東大饑蝗人犯鑄錢伍人相坐沒入為官奴婢其男子檻車兒女子步以鐵鎖其頸傳詣鍾官以十萬數到者易其夫婦愁苦死者什六七鍾官主鑄錢之官也徒隸殷積數十萬人工匠飢死長安皆臭既亂諸夏狂心益悖北攻強胡南擾勁越莽令十二部將同時十道並出大擊匈奴莽改句町王為侯其王邯怨怒不附莽諷牂柯大尹周歆詐殺邯邯弟承起兵攻殺歆西侵羌戎東摘濊貊摘擾也西羌龐恬傅幡等怨莽奪其地為西海郡遂反攻西海太守陳永莽又發高句麗兵伐胡不欲行郡強迫之皆亡出塞為寇使四境之外並入為害緣邊之郡江海之瀕滌地無類瀕涯也滌蕩也蕩地無遺類也故攻戰之所敗苛罰之所陷飢饉之所夭疾疫之所及以萬萬計其死者則露尸不掩生者則奔亡流散幼孤婦女流離係虜此其逆人之大罪也是故上帝哀矜降罰于莽妻子顛殞還自誅刈顛踣也殞絕也莽殺其子宇臨等妻王氏以莽數殺其子涕泣失明病卒大臣反據亡形已成大司馬董忠國師劉歆衛將軍王涉涉曲陽侯根之子也皆結謀內潰司命孔仁納言嚴尤秩宗陳茂舉眾外降莽置五威司命孔仁敗降更始餘並見光武紀今山

東之兵二百餘萬已平齊楚下蜀漢定宛洛據敖倉守函谷威命四布宣風中岳中岳嵩高也謂更始至洛陽興滅繼絕封定萬國遵高祖之舊制修孝文之遺德有不從命武軍平之馳使四夷復其爵號莽貶句町王為侯西域盡改其王為侯單于曰服于高句麗曰下句麗今皆復其爵號然後還師振旅櫜弓臥鼓周禮曰出曰理兵入曰振旅詩周頌曰載戢干戈載櫜弓矢櫜韜也臥猶息也申命百姓各安其所庶無負子之責百姓稱負流亡責在君上既安其業則無責也集解錢大昕曰史記魯世家若爾三王是有負子之責于天小司馬云尚書負為丕鄭玄讀丕曰負負子謂負上天之責也章懷注非詿誤之辭囂乃勒兵十萬擊殺雍州牧陳慶將攻安定安定大尹王向集解惠棟曰前書云安定卒正王旬莽從弟平阿侯譚之子也威風獨能行其邦內屬縣皆無叛者囂乃移書於向喻以天命反覆誨示終不從於是進兵虜之以徇百姓然後行戮安定悉降而長安中亦起兵誅王莽囂遂分遣諸將徇隴西武都金城武威張掖酒泉敦煌皆下之更始二年遣使徵囂及崔義等

囂將行方望㠯爲更始未可知固止之囂不聽望㠯書辭謝而去
集解先謙曰望旣去以明年正月立前孺子劉嬰爲天子已爲丞相敗死詳劉玄傳曰足下將建伊呂之業
弘不世之功不世者言非代之所常有也而大事草創草創謂初始也英雄未集㠯望
異域之人疵瑕未露望平陵人以與囂別郡故言異域欲先崇郭隗想望樂毅新序
云郭隗謂燕昭王曰王誠欲致士請從隗始隗且見事況賢於隗者乎於是昭王爲隗築宮而師之樂毅自魏往騶衍自齊往劇辛
自趙往士爭赴燕故欽承大旨順風不讓將軍㠯至德尊賢廣其謀慮動
有功發中權基業已定大勳方緝今俊乂並會羽翮比肩管子曰桓公謂
管仲曰寡人之有仲父猶飛鴻之有羽翼耳望無耆耇之德而猥託賓客之上猥猶濫也誠
自愧也雖懷介然之節欲潔去就之分誠終不背其本貳其志也
何則范蠡收責句踐乘偏舟於五湖偏舟特舟也收責謂收其罪責也史記曰范蠡與句踐滅
吳爲書辭句踐曰臣聞主憂臣勞主辱臣死昔者君王辱於會稽所以不死爲此事也今旣雪恥臣請從會稽之誅乃裝其輕寶珠
玉自與其私徒屬乘舟浮海以行計然云范蠡乘偏舟於江湖集解劉攽曰偏舟案史傳皆作扁舟扁特也不當用偏字咎犯

謝罪文公亦逡巡於河上逡巡不進也左傳曰晉公子重耳反國及河子犯以璧授公子曰臣負羈紲從
君巡於天下臣之罪多矣臣猶知之而況君乎請由此亡公子曰所不與舅氏同心者有如白水夫㠯二子之賢
勒銘兩國猶削跡歸愆請命乞身望之無勞蓋其宜也望聞烏氏
有龍池之山烏氏縣名屬安定郡故城在今涇州安定縣東也集解先謙曰在今平涼府平涼縣西北涇水北彈箏峽
口微徑南通與漢相屬其傍時有奇人聊及閒暇廣求其眞顧將
軍勉之集解王補曰袁紀囂固留望遂去囂等遂至長安更始㠯爲右將軍崔義
皆卽舊號集解通鑑胡注就其舊號而授之隗囂違方望之言而從更始違馬援之言而叛光武始則幾至殺身後則終
於滅族擇木之難也其冬崔義謀欲叛歸囂懼并禍卽㠯事告之崔義誅死
更始感囂忠㠯爲御史大夫明年夏赤眉入關三輔擾亂流聞光
武卽位河北囂卽說更始歸政於光武叔父國三老良更始不聽
諸將欲劫更始東歸囂亦與通謀事發覺更始使使者召囂囂稱
疾不入因會客王遵周宗等勒兵自守更始使執金吾鄧曄謝承書曰

曄南陽南鄉人以勁悍廉直爲名集解洪亮吉曰前志南陽無南鄉縣續志有之蓋從後追書耳將兵圍囂囂閉
門拒守至昏時遂潰圍與數十騎夜斬平城門關三輔黃圖曰長安城南面西頭
門亡歸天水復招聚其衆據故地自稱西州上將軍及更始敗三
輔耆老士大夫皆奔歸囂囂素謙恭愛士傾身引接爲布衣交㠯
前王莽平河大尹長安谷恭恭改清河爲平河集解先謙曰官本注恭作莽是爲掌野大
夫平陵范逡爲師友趙秉蘇衡鄭興爲祭酒前書音義曰禮飲酒必祭示有先也故稱
祭酒祭祀時唯長者以酒沃酹申屠剛杜林爲持書持書郎持書侍御史秩六百石集解惠棟曰袁紀作治書
先謙曰本治書避唐高宗諱改持楊廣王遵周宗及平襄人行巡阿陽人王捷長
陵人王元爲大將軍東觀記曰元杜陵人阿陽縣名屬天水郡本爲河陽者誤也杜陵金丹之
屬爲賓客集解惠棟曰丹嘗續司馬遷史記見劉知幾史通故下云囂賓客多文學生衆時班彪亦爲囂賓客彪集有與
金昭卿書丹蓋字昭卿也由此名震西州集解先謙曰官本川作州是聞於山東建武二年
大司徒鄧禹西擊赤眉屯雲陽禹裨將馮愔引兵叛禹集解通鑑考異云鄧
禹傳愔叛禹在建武元年今云二年蓋愔以元年冬未叛延及二年囂拜官在二年也西向天水囂迎擊破

之於高平縣名今原州高平縣集解陳景雲曰注高平當作平高盡獲輜重於是禹承制遣
使持節命囂爲西州大將軍得專制涼州朔方事及赤眉去長安
欲西上隴囂遣將軍楊廣迎擊破之又追敗之於烏氏涇陽閒涇陽
縣名屬安定郡今原州平原縣南涇陽故城是也集解先謙曰今平涼府平涼縣西四十里囂旣有功於漢又
受鄧禹爵署其腹心議者多勸通使京師三年囂乃上書詣闕光
武素聞其風聲報㠯殊禮言稱字用敵國之儀所㠯慰藉之良厚
慰安也藉薦也言安慰而薦藉之良甚也集解王補曰光武始以殊禮遇隗囂此兵機也張步之勢與才下囂無算然乘其北憂漁
陽南事梁楚而步遂得專集齊地據郡十二以此例囂設方其上書詣闕遽正君臣之禮囂必不服而招誘關東羣盜必投其隙以
煽合從之謀協規公孫并力拒漢中興之業未可期也帝因竇融降附旣用河西扼隴蜀之亢又以柔懷隴坻孤蜀之勢不戰而屈
人兵此討之得者及羣盜蕩平天下底定乃始專精西討隴滅則蜀舉天戈一揮坐受其成自然之勢也時陳倉人呂
鮪擁衆數萬與公孫述通寇三輔囂復遣兵佐征西大將軍馮異

擊之走囂遣使上狀帝報吕手書[集解]惠棟曰鄭康成云手猶親也漢詔令皆人主自親其文故第五倫讀詔書而歎息也曰慕樂德義思相結納昔文王三分猶服事殷孔子曰周之德可謂至德三分天下有其二以服事殷但駑馬鉛刀不可強扶周禮校人掌六馬駑馬最下者也說文鉛青金也似錫而色青賈誼云鉛刀爲銛言駑馬鉛刀不可強扶持而用也數蒙伯樂一顧之價戰國策曰蘇代爲燕說齊未見齊王先說淳于髡曰人有賣駿馬者比三旦立市市人莫之知往見伯樂曰臣有駿馬欲賣之比三旦立於市市人莫與言願子還而視之去而顧之臣請獻一朝之價伯樂如其言一旦而價十倍也而蒼蠅之飛不過數步卽託驥尾得吕絕羣張敞書曰蒼蠅之飛不過十步自託騏驥之尾乃騰千里之路然無損於騏驥得使蒼蠅絕羣也見敞傳隔於盜賊聲問不數將軍操執款款扶傾救危南距公孫之兵北禦羌胡之亂是吕馮異西征得吕數千百人躑躅三輔躑躅猶踟躕也微將軍之助則咸陽已爲佗人禽矣今關東寇賊往往屯聚志務廣遠多所不暇未能觀兵成都與子陽角力角力猶爭力也如令子陽到漢中三輔願因將軍兵馬鼓旗相當儻肯如言蒙天之福

卽智士計功割地之秋也秋一歲中成功之時故舉以爲言管仲曰生我者父母成我者鮑子事見史記自今吕後手書相聞勿用傍人解構之言解構猶間構也[集解]先謙曰淮南俶眞訓孰肯解構人間之事與此解構同詩經或作邂逅又作邂覯字異義同皆言適然會遇也帝欲囂用手書勿以傍人倉卒相傳恐其爲詞所掩不達本意自是恩禮愈篤其後公孫述數出兵漢中遣使吕大司空扶安王印綬授囂[集解]通鑑胡注謂相扶助而安也囂自吕與述敵國恥爲所臣乃斬其使出兵擊之連破述軍吕故蜀兵不復北出時關中將帥數上書言蜀可擊之狀帝吕示囂因使討蜀吕效其信囂乃遣長史上書盛言三輔單弱劉文伯在邊文伯盧芳字也[集解]萬承蒼曰盧芳詐稱武帝曾孫劉文伯故當時之人但知爲劉文伯不知爲盧芳文伯非芳字也芳字君期見本傳未宜謀蜀帝知囂欲持兩端不願天下統一於是稍黜其禮正君臣之儀[集解]通鑑胡注帝與囂書初用敵國禮今黜其禮惠棟曰東觀記囂負隴城之固納王元之說雖遣子春卿入質猶持兩端世祖於是稍黜其禮正君臣之義此囂持兩端當在五年初囂與來歙馬援相善故帝數使歙援

奉使往來勸令入朝許吕重爵囂不欲東連遣使深持謙辭言無功德須四方平定退伏閭里五年復遣來歙說囂遣子入侍囂聞劉永彭寵皆已破滅乃遣長子恂隨歙詣闕吕爲胡騎校尉封鐫羌侯胡騎校尉武帝置秩二千石也鐫謂鐫鑿也[集解]先謙曰官本注謂作猶而囂將王元王捷常吕爲天下成敗未可知不願專心內事元遂說囂曰昔更始西都四方響應天下喁喁謂之太平喁喁眾口向上也一旦敗壞大王幾無所厝今南有子陽北有文伯江湖海岱王公十數謂張步據齊董憲起東海李憲守舒劉紆居垂惠佼彊周建秦豐等各據州郡而欲牽儒生之說棄千乘之基儒生謂馬援說囂歸光武[集解]通鑑胡注儒生謂鄭興班彪等羈旅危國吕求萬全此循覆車之軌計之不可者也今天水完富士馬最強北收西河上郡東收三輔之地按秦舊迹表裏河山秦外山而內河左傳曰表裏山河[集解]先謙曰官本河山作山河元請吕一丸泥爲大王東封函谷關[集解]惠棟曰水經注函谷關邃岸天高空谷幽深澗道之峽車不方軌號曰天險故西京賦曰

巖嶮周固衿帶易守此萬世一時也若計不及此且畜養士馬據隘自守曠日持久吕待四方之變圖王不成其弊猶足吕霸前書徐樂曰圖王不成其弊足以霸也要之魚不可脫於淵老子曰魚不可脫於泉脫失也失泉則涸矣神龍失埶卽還與蚯蚓同愼子曰騰蛇游霧飛龍乘雲雲罷霧除與蚯蚓同失其所乘故也囂心然元計雖遣子入質猶負其險阸欲專方面於是游士長者稍稍去之東觀記曰杜林先去餘稍稍相隨東詣京師六年關東悉平帝積苦兵閒吕囂子內侍公孫述遠據邊垂乃謂諸將曰且當置此兩子於度外耳因數騰書隴蜀說文曰騰傳也[集解]惠棟曰淮南子云子產騰辭高誘注騰傳也告示禍福囂賓客掾史多文學生每所上事當世士大夫皆諷誦之[集解]先謙曰東觀記云囂故宰府掾史善爲文書每上書移檄士大夫莫不諷誦與此微異故帝有所辭答尤加意焉囂復遣使周游詣闕先到爲異營游爲仇家所殺[集解]惠棟曰袁宏紀帝遣大中大夫來歙持節送馬援周遊先生長安怨家殺遊其弟爲囂雲旗將軍來歙恐其怨恨卽與援俱還長安帝遣衞尉銚期持珍寶繒帛賜囂期

至鄭被盜鄭今華州縣是也〔集解〕先謙曰注見劉盆子傳亡失財物帝常稱囂長者務欲
招之聞而歎曰吾與隗囂事欲不諧使來見殺得賜道亡會公孫
述遣兵寇南郡南郡今荊州也乃詔囂當從天水伐蜀因此欲以潰其心
腹囂復上言〔集解〕王補曰袁紀囂復上書止討蜀曰蜀道危險棧閣敗絕丈尺之地側不得通述性嚴酷上下相患須
其罪惡孰著大呼響應之勢也白水險阻棧閣絕敗白水縣有關屬廣漢郡棧閣者山路懸險棧木為閣道
又多設支闗支柱障閡〔集解〕王補曰來歙傳作多設疑故帝知其終不為用叵欲討之
叵猶遂也遂西幸長安遣建威大將軍耿弇等七將軍從隴道伐蜀先
使來歙奉璽書喻旨囂疑懼即勒兵使王元據隴坻坻坂也郭仲產秦州記曰
隴山東西百八十里在隴州汧源縣西伐木塞道謀欲殺歙歙得亡歸諸將與囂戰
大敗各引退囂因使王元行巡侵三輔征西大將軍馮異征虜將
軍祭遵等擊破之囂乃上疏謝曰吏人聞大兵卒至驚恐自救臣
囂不能禁止兵有大利不敢廢臣子之節親自追還〔集解〕通鑑胡注此因王元

隴坻之捷而有嫚書也昔虞舜事父大杖則走小杖則受家語孔子謂曾子之詞也臣雖
不敏敢忘斯義今臣之事在於本朝賜死則死加刑則刑如遂蒙
恩更得洗心死骨不朽有司以囂言慢請誅其子恂帝不忍復使
來歙至汧汧水名因以為縣屬右扶風故城在今隴州汧源縣南〔集解〕先謙曰今鳳翔府隴州南賜囂書曰
昔柴將軍與韓信書柴將軍柴武也韓信韓王信也信反入匈奴與漢戰故武與之書也云陛下寬
仁諸侯雖有亡叛而後歸輒復位號不誅也以囂文吏曉義理故
復賜書深言則似不遜略言則事不決今若束手復遣恂弟歸闕
庭者則爵祿獲全有浩大之福矣浩亦大也吾年垂四十在兵中十歲
〔集解〕惠棟曰東觀記吾年已三十餘在兵中十歲所更非一也厭浮語虛辭即不欲勿報囂知帝
審其詐遂遣使稱臣於公孫述〔集解〕王補曰囂於光武既臣之而復叛之於公孫述既恥之而又臣
之首施兩端進退失據無一可者明年述以囂為朔寧王欲其甯靜北邊也遣兵往來為
之援埶〔集解〕通鑑胡注張形勢以為之援也秋囂將步騎三萬侵安定至陰槃陰槃縣名

屬安定郡今涇州縣〔集解〕先謙曰今邠州長武縣西北馮異率諸將拒之囂又令別將下隴
攻祭遵於汧兵並無利乃引還帝因令來歙以書招王遵遵乃與
家屬東詣京師拜為太中大夫封向義侯續漢書云遵降封上雒侯遵字子春
霸陵人也父為上郡太守遵少豪俠有才辯雖與囂舉兵而常有
歸漢意曾於天水私於來歙曰吾所以戮力不避矢石者〔集解〕先謙曰官
本戮作勠是豈要爵祿哉徒以人思舊主先君蒙漢厚恩思効萬分耳
又數勸囂遣子入侍前後辭諫切甚囂不從故去焉八年春來歙
從山道襲得略陽城囂出不意懼更有大兵乃使王元拒隴坻行
巡守番須口番須口與回中相近並在汧〔集解〕惠棟曰秦紀云出雞頭過回中雞頭即笄頭也同在安定朝那應劭以
為回中在安定高平則番須亦當在安定界但未詳其所在耳王孟塞雞頭道雞頭山道也雞或作笄一名崆峒山
在今原州西〔集解〕惠棟曰前書有藍田王孟史記云黃帝東至于海登丸山西至于崆峒登雞頭即此山也李吉甫云雞頭山在成
州上祿縣東北二十里樂史云在高平縣西一百里雍州記曰雞頭山在鄠縣淮南子高誘注笄頭山在臨涇西前志又有开頭山

在涇陽縣西或云即笄頭也先謙曰山在今平涼府平涼縣西隴坻在漢天水郡番須雞頭瓦亭皆在安定郡章懷云在汧誤詳來
歙傳第自來未確指番須之所在耳牛邯軍瓦亭安定烏支縣有瓦亭故關有瓦亭川水在今原州南〔集解〕惠棟曰李
吉甫云瓦亭故關在原州高平縣南七十里隴山北垂先謙曰官本注南作西平涼府固原州南瓦亭山西麓有瓦亭關接隆德華
亭二縣界通鑑唐貞觀三年太宗踰隴山至西瓦亭觀馬牧舊志今隆德縣西北四十里有牛營砦相傳牛邯營軍此蓋即西瓦亭
也囂自悉其大眾圍來歙公孫述亦遣其將李育田弇助囂攻略
陽連月不下帝乃率諸將西征之數道上隴使王遵持節監大司
馬吳漢留屯於長安遵知囂必敗滅而與牛邯舊故知其有歸義意
以書喻之曰遵與隗王歃血盟為漢〔集解〕先謙曰官本無血字是自經歷虎口
踐履死地已十數矣于時周洛以西周洛謂東都也無所統壹故為王策
欲東收關中北取上郡進以奉天人之用退以懲外夷之亂數年
之間冀聖漢復存當挈河隴奉舊都以歸本朝生民以來臣人之
埶未有便於此時者也而王之將吏羣居穴處之徒穴處言所識不遠也人

人抵掌(說文抵側擊也戰國策曰蘇秦與李兌抵掌而談也)欲爲不善之計遵與孺卿日夜所爭害幾及身者豈一事哉前計抑絕後策不從所以吟嘯扼腕垂涕登車(扼持也史記云天下之士莫不扼腕以言之)幸蒙封拜得延論議(遵爲大中大夫在論議之職)每及西州之事未嘗敢忘孺卿之言今車駕大眾已在道路吳耿驍將雲集四境而孺卿以奔離之卒拒要阨(集解先謙曰官本阨作扼同)當軍衝視其形埶何如哉夫智者覩危思變賢者泥而不滓(在泥滯之中而不滓污也)是以功名終申策畫復得故夷吾束縛而相齊(新序曰桓公與管仲鮑叔甯戚飲桓公謂鮑叔曰姑爲寡人祝乎鮑叔奉酒而起祝曰吾君無忘出莒也使管子無忘束縛從魯也使甯戚無忘其飯牛於車下也)黥布以劍以歸漢(黥布爲楚淮南王高祖使隨何說布乃杖劍歸漢王也集解先謙曰官本上以作杖)是去惡就義功名並著今孺卿當成敗之際遇嚴兵之鋒可爲怖慄宜斷之心胸參之有識邪得書沈吟十餘日乃謝士眾歸命洛陽拜爲太中大夫於是囂大將十三人屬縣十六眾十餘萬皆降

王元入蜀求救囂將妻子奔西城從楊廣(西城縣名屬漢陽郡一名始昌城在今秦州上邽縣西南集解惠棟曰隴西西縣城也後屬漢陽注以爲西城縣非也陳景雲曰注中城字衍先謙曰西縣今秦州西南)而田弇李育保上邽詔告囂曰若束手自詣父子相見保無佗也高皇帝云橫來大者王小者侯(田橫爲齊王天下既定橫與賓客五百人居海島高祖使召之曰橫來大者王小者侯事見前書)若遂欲爲黥布者亦自任也(云必不歸降遂如黥布亦任之也)囂終不降於是誅其子恂使吳漢與征南大將軍岑彭圍西城耿弇與虎牙大將軍蓋延圍上邽車駕東歸(潁川賊起故東歸)月餘楊廣死囂窮困其大將王捷別在戎丘(集解惠棟曰戎或作戎兵非史記王子侯表有戎邱侯讓水經漾水注戎邱城在西城西北戎溪水逕其南)登城呼漢軍曰爲隗王城守者皆必死無二心願諸軍亟罷(亟音紀力反)請自殺以明之遂自刎頸死(何休公羊傳云刎割也)數月王元行巡周宗將蜀救兵五千餘人乘高卒至鼓譟大呼曰百萬之眾方至漢軍大驚未及成陳元等決圍殊死戰遂得入城迎囂歸冀會吳漢等食盡退去於是安定北地天水隴西復反爲囂九年春囂病且餓出城餐糗糒(鄭康成注周禮曰糗熬大豆與米也說文曰糒乾飯也集解先謙曰東觀記云時民饑饉乃噉弩煮履)恚憤而死(續漢志曰王莽末天水童謠曰出吳門望緹羣見一蹇人言欲上天令天可上地上安得人時囂初起兵於天水後意稍廣欲爲天子遂破滅囂少病蹇吳門冀郭門名也有緹羣山集解先謙曰東觀記云恚憤腹脹而死)王元周宗立囂少子純爲王明年來歙耿弇蓋延等攻破落門(落門聚名也有落門谷水在今秦州伏羌縣西集解惠棟曰本志作雒在天水冀縣先謙曰通志伏羌縣西四十里有永寧鎮即羌之大落門谷)周宗行巡苟宇趙恢等將純降宗恢及諸隗分徙京師以東(集解通鑑胡注隗純降而徙其族以其西州強宗恐其後復爲患也)純與巡宇徙弘農唯王元留爲蜀將及輔威將軍臧宮破延岑元舉眾詣宮降元字惠孟初拜上蔡令遷東平相坐墾田不實下獄死(決錄曰平陵之王惠孟鏘激昂囂述困於東平也)牛邯字孺卿狄道人有勇力才氣雄於邊垂及降大司空司直杜林(集解劉攽曰案司空無司直當作徒字杜林傳亦可見)

大中大夫馬援並薦之以爲護羌校尉與來歙平隴右十八年純與賓客數十騎亡入胡至武威捕得誅之

論曰隗囂援旗糾族(援引也糾收也)假制明神(謂立高祖考文等廟而祭之也集解先謙曰官本注考作孝是)迹夫創圖首事有以識其風矣終於孤立一隅介于大國(東逼於漢南拒於蜀左傳曰介于二大國之間)隴坻雖隘非有百二之埶(百二者以秦地險固二萬人當諸侯百萬人前書曰田肯賀高祖秦得百二焉集解先謙曰官本注險作陝是)區區兩郡(隴西天水也)以禦堂堂之鋒(兵書云無擊堂堂之陣言光武親征之也魏武)至使窮廟策竭征徭身歿眾解然後定之則知其道有足懷者所以棲有四方之桀(四方雄桀者多棲集而有之)士至投死絕亢而不悔者矣(亢喉嚨也謂王捷自刎也)夫功全則譽顯業謝則釁生回成喪而爲其議者或未聞焉(成喪猶成敗也言事之成敗在于天命不由人力能回爲此議者寡故未之聞也)若囂命會符運敵非天力雖坐論西伯豈多嗤乎(天力謂光武天所授也言不遇光武爲敵則不謝西伯也嗤笑也集解惠棟曰鄭興傳云囂矜己自飾常以爲西伯復作又見公孫述傳王補

曰隗囂之覶文王其猶梟鸞之異乎以彼妄自矜飾詐稱以覊絡賓從誑詭將吏與竇融公孫述爭為雄長地丑是杜林班彪申屠
剛之羞也范史稱其坐論西伯未可多嗤謬矣猥曰回成喪而為議不知矯誣之過適足貽亂賊以口實也
公孫述字子陽扶風茂陵人也東觀記曰其先武帝時以吏二千石自無鹽徙焉哀帝時
以父任為郎任保任也東觀記曰成帝末述父仁為侍御史任為太子舍人稍增秩為郎焉集解惠棟曰前書音義云
漢儀注吏二千石以上視事滿三年得任同產若子一人為郎周壽昌曰案傳宜云以父仁侍御史任太子舍人遷為郎庶任字為
有根侍御史亦不能郎任子為郎也後父仁為河南都尉秦置郡尉典兵禁捕盜賊景帝更名都尉秩比二千
石也而述補清水長清水縣名屬天水郡今秦州縣集解惠棟曰袁宏紀成帝時為清水長案東觀記述成帝末為
郎而傳云哀帝時所載不同未詳孰是先謙曰清水縣今秦州清水縣西五十里牛頭山下仁以述年少遣門
下掾隨之官州郡有掾皆自辟除之常居門下故以為號月餘掾辭歸白仁曰述非待
教者也後太守以其能使兼攝五縣政事修理姦盜不發郡中謂
有鬼神言明察也集解汪文臺曰續漢書鬼神作神明見類聚五十御覽三百六十七王莽天鳳中為導
江卒正居臨邛王莽改蜀郡曰導江太守曰卒正臨邛今邛州縣也復有能名及更始立豪

傑各起其縣以應漢南陽人宗成集解先謙曰漢宗氏多出南陽安眾自稱虎牙將
軍入略漢中又商人王岑亦起兵於雒縣商今商州雒縣也雒縣屬廣漢郡今益州縣
也集解先謙曰商今商州東雒今成都府漢州北自稱定漢將軍殺王莽庸部牧以應成
王莽改益州為庸部其牧宋遵也集解惠棟曰華陽國志作朱遵犍為士女讚云白虜狂僭亂離斯圮孝仲縶馬社稷是死遵字孝
仲武陽人也公孫僭號遵為犍為郡功曹領軍拒戰於六水門眾少不敵乃埋車輪絆馬必死為述所殺光武嘉之追贈復漢將軍
新津縣圖經曰光武追贈遵輔漢將軍吳漢表為置祠一曰遵失首退至此地絆馬乾以手摸頭始知失首於是土人感而義之乃
為置祠號為健兒廟後改勇士祠眾合數萬人述聞之遣使迎成等成等至成都
虜掠暴橫述意惡之召縣中豪傑謂曰天下同苦新室思劉氏久
矣故聞漢將軍到馳迎道路今百姓無辜而婦子係獲集解惠棟曰王劭學
云謂妻與子皆被係累以為臧獲也正誤云案此但謂婦子皆被係累虜獲也袁宏紀作俘獲室屋燒燔此寇賊
非義兵也吾欲保郡自守以待真主諸卿欲并力者即留不欲者
便去豪傑皆叩頭曰願效死述於是使人詐稱漢使者自東方來

假述輔漢將軍蜀郡太守兼益州牧印綬乃選精兵千餘人西擊
成等集解通鑑胡注臨邛在成都西南述兵自臨邛迎擊宗成等非西向也傳誤比至成都眾數千人
遂攻成大破之成將垣副殺成以其眾降風俗通曰垣秦邑也因以為姓秦始皇有將垣
齮東觀記曰副以漢中亭長聚眾降成自稱輔漢將軍二年秋更始遣柱功侯李寶益州刺
史張忠將兵萬餘人徇蜀漢述恃其地險眾附有自立志乃使其
弟恢恢本或作悏於緜竹擊寶忠大破走之緜竹縣名屬廣漢郡今益州縣也故城在今縣東集
解先謙曰今綿州西南七十里由是威震益部功曹李熊說述曰方今四海波蕩
匹夫橫議將軍割據千里地什湯武枚乘諫吳王曰湯武之土不過百里若奮威德
以投天隙天時之間隙也集解惠棟曰列子說符篇云投隙抵時應事無方霸王之業成矣宜改
名號以鎮百姓述曰吾亦慮之公言起我意於是自立為蜀王都
成都蜀地肥饒兵力精強遠方士庶多往歸之邛筰君長邛筰皆西南夷
國名筰音昨見西南夷傳皆來貢獻李熊復說述曰今山東饑饉人庶相食兵

所屠滅城邑丘墟蜀地沃野千里土壤膏腴無塊曰壤果實所生無穀
而飽左思蜀都賦曰戶有橘柚之園又曰瓜疇芋區前書卓王孫曰吾聞岷山之下沃野下有蹲鴟至死不飢女工之
業覆衣天下左思蜀都賦曰百室離房機杼相和衣音於既反名材竹幹器械之饒不可
勝用竹幹竹箭也內盛曰器外盛曰械又有魚鹽銅銀之利丙穴出嘉魚在漢中蜀有鹽井又有銅陵
山其朱提界出銀朱音上朱反提音上移反浮水轉漕之便北據漢中杜褒斜之險東
守巴郡拒扞關之口史記曰楚肅王為扞關以拒蜀故基在今硤州巴山縣集解惠棟曰續漢志云巴郡魚復
縣扞水有扞關李文子云史記張儀說楚曰秦西有巴蜀大船下水而浮一日三百餘里不至十日而拒扞關扞關驚則黔中巫郡
非王之有矣史記索隱以為扞關即魚復江關今瞿唐關顏師古註輿地廣記郡縣志皆仍其說惟李賢以為峽州巴山縣樂史寰
宇記峽州長陽縣有古扞關城存即巴山縣地此為得之扞關實楚地史記楚肅王所築今巫郡江關乃屬巴地故張儀云拒扞
關則黔中上郡非秦有拒抵也至若黔中巫郡皆在楚扞關之外也蓋扞關乃楚之扞關江關乃巴蜀之江關也述據扞關則荊門
虎牙在扞關之內皆其設險之地豈肯先自隘而但守魚復之江關哉故辨之以正地理之關地方數千里戰士
不下百萬見利則出兵而略地無利則堅守而力農東下漢水以

竊秦地南順江流㠯震荊揚所謂用天因地成功之資今君王之聲聞於天下而名號未定志士狐疑宜卽大位使遠人有所依歸述曰帝王有命吾何足㠯當之熊曰天命無常百姓與能（詩曰天命靡常易曰百姓與能也）能者當之王何疑焉述夢有人語之曰八厶子系十二爲期（說文云厶音私系音係胡計反）覺謂其妻曰雖貴而祚短若何妻對曰朝聞道夕死尙可況十二乎會有龍出其府殿中夜有光耀述㠯爲符瑞因刻其掌文曰公孫帝建武元年四月遂自立爲天子號成家（以起成都故號成家〔集解〕先謙曰以成爲國號也與袁術稱仲家同義）色尙白（〔集解〕惠棟曰華陽國志云述以莽尙黃乃服色尙白自以興西方爲金行也）建元曰龍興元年㠯李熊爲大司徒㠯其弟光爲大司馬恢爲大司空改益州爲司隸校尉蜀郡爲成都尹（漢以京師爲司隸校尉部置京兆尹中興以洛陽爲司隸校尉部置河南尹故述斆焉）越巂任貴（〔集解〕惠棟曰前書云粵巂蠻夷任貴殺太守枚根自立爲邛穀王先謙曰越巂今寧遠府）亦殺王莽大尹而據郡降述遂使將軍侯丹開白水關（在漢陽西縣梁州記曰關城西南有白水關也〔集解〕惠棟曰梁州記齊都官尙書劉澄之撰先謙曰白水關在今保寧府昭化縣西北通志百二十里東接陰平西達平武北連文縣最爲要隘）北守南鄭（今梁州縣也故城在今縣東北也〔集解〕先謙曰今漢中府南鄭縣東）將軍任滿從閬中下江州（閬中江州皆縣名並屬巴郡閬中今隆州縣也江州故城在渝州巴縣西〔集解〕先謙曰閬中今保寧府閬中縣西江州今重慶府巴縣涪西漢水而下）東據扞關於是盡有益州之地自更始敗後光武方事山東未遑西伐關中豪桀呂鮪等往往擁衆㠯萬數莫知所屬多往歸述（時延岑據藍田王歆據下邽各稱將軍擁兵事見馮異傳）皆拜爲將軍遂大作營壘陳車騎肄習戰射會聚兵甲數十萬人積糧漢中築宮南鄭又造十層赤樓帛蘭船（蓋以帛飾其蘭檻也）多刻天下牧守印章備置公卿百官使將軍李育程烏（〔集解〕惠棟曰光武紀及馮異傳俱作烏案華陽志當從烏）將數萬衆出陳倉與李鮪徇三輔（〔集解〕先謙曰官本李作呂是）三年征西將軍馮異擊鮪育於陳倉大敗之（〔集解〕惠棟曰通鑑考異本紀四年馮異與述將程焉戰陳倉破之異傳同此誤以四年爲三年）鮪育奔漢中五年延岑

田戎爲漢兵所敗皆亡入蜀岑字叔牙南陽人（東觀記曰筑陽縣人）始起據漢中又擁兵關西關西所在破散（〔集解〕劉攽曰案文多兩關西字）走至南陽略有數縣戎汝南人初起兵夷陵轉寇郡縣（〔集解〕先謙曰東觀記戎西平人與同郡陳義客夷陵爲羣盜更始元年義戎將兵陷夷陵義自稱上大將軍戎自稱埽地大將軍）衆數萬人岑戎並與秦豐合豐俱㠯女妻之及豐敗故二人皆降於述述㠯岑爲大司馬封汝寧王戎翼江王六年述遣戎與將軍任滿出江關下臨沮夷陵間（華陽國志曰巴楚相攻故置江關舊在赤甲城後移在江州南岸對白帝城故基在今夔州復縣南臨沮縣名侯國屬南郡故城在今荊州當陽縣西北夷陵縣名屬南郡今硤州縣也故城在今縣西北〔集解〕劉攽曰注今夔州復縣案文少一魚字惠棟曰案此註與岑彭傳注同今華陽國志云巴楚數相攻伐故置扞關陽關及沔關漢世治江州不言有江關也司馬貞以爲江關卽瞿唐關案前書地理志云巴郡魚復縣江關都尉治郡國志魚復有扞關然則扞關當作江關也先謙曰臨沮今安陸府當陽縣西北夷陵今宜昌府東湖縣東）招其故衆因欲取荊州諸郡竟不能剋是時述廢銅錢置鐵官錢（置鐵官以鑄錢）百姓貨幣不行蜀中童謠言曰黃牛白腹五銖當復好事者竊言王莽稱黃述自號白五銖錢漢貨也言天下當幷還劉氏述亦好爲符命鬼神瑞應之事妄引讖記㠯爲孔子作春秋爲赤制而斷十二公（尙書考靈耀曰孔子爲赤制故作春秋赤者漢行也言孔子作春秋斷十二公象漢十二帝）明漢至平帝十二代歷數盡也（據漢十一帝言十二代者幷數呂后）一姓不得再受命（〔集解〕惠棟曰周語叔向云吾聞之一姓不再興今周其興乎韋昭曰一姓一代也逸周書王子晉曰自太皞以下至於堯舜未有一姓而再有天下者陳景雲曰姓不再命尙書帝命驗之文見詩文王篇正義）又引籙運法曰廢昌帝立公孫括地象曰帝軒轅受命公孫氏握（籙運法括地象並河圖名也〔集解〕先謙曰官本籙並作錄）援神契曰西太守乙卯金謂西方太守而乙絕卯金也（乙軋也述言西方太守能軋絕卯金也）五德之運黃承赤而白繼黃金據西方爲白德而代王氏得其正序又自言手文有奇及得龍興之瑞數移書中國冀㠯感動衆心帝患之乃與述書曰圖讖言公孫卽宣帝也（〔集解〕通鑑胡注宣帝有公孫病已之符）代漢者當塗高君豈高之身邪（東觀記曰光武與述

書曰承赤者黃也姓當塗其名高也集解洪頤煊曰三國志周羣傳父舒少學術於廣漢楊厚人有問春秋讖曰代漢者當塗高此何謂也舒曰當塗高者魏也鄉黨學者私傳其語文選景福殿李注引獻帝紀又以爲故白馬令李雲之言乃復以掌
文爲瑞王莽何足效乎王莽詐以鐵契石龜文圭玄印等爲符瑞言不足倣傚也君非吾賊臣
亂子倉卒時人皆欲爲君事耳何足數也數責也君日月已逝妻子
弱小當早爲定計可以無憂天下神器不可力爭老子云天下神器不可爲也
宜留三思集解王補曰華陽國志引此書曰西狩獲麟讖曰乙子卯金即乙未歲授劉氏非西方之守也光廢昌帝立子公孫即霍光廢昌邑王立孝宣帝也黃帝姓公孫自以土德君所知也漢家九百二十歲以蒙孫亡受以丞相其名當塗高高豈君身邪吾自繼祖而興不稱受命求漢之斷莫過王莽近張滿作惡兵圖得之歎曰爲大文所誤恐君復誤也其詞與本傳大異所釋讖記尤足破述之迷誤署曰公孫皇帝述不荅明年隗囂稱臣於述述騎都
尉平陵人荊邯見東方漸平集解先謙曰官本漸作將兵且西向說述曰兵者
帝王之大器古今所不能廢也左傳宋子罕曰天生五材廢一不可誰能去兵聖人以興亂人以廢廢興存亡之術皆兵之由也昔秦失其守豪桀竝起漢祖無前人之迹立錐之
地言漢祖起自布衣無公劉太王之業也枚乘諫吳王書曰舜無立錐之地以有天下起於行陣之中躬自
奮擊兵破身困者數矣然軍敗復合創愈復戰軍敗謂戰於睢水上爲楚所破後得韓信軍復大振也創愈謂在於成皐間項王射傷漢王胸後復戰何則前死而成功踰於卻就於
滅亡也集解劉攽曰案文下於字當作而在文勢不可併用兩於字也惠棟曰東觀記云死而成功愈於坐而滅亡隗
囂遭遇運會割有雍州兵強士附威加山東隴西天水皆雍州之地故言割有也囂傳云名震西州流聞山東是威加也遇更始政亂復失天下眾庶引領四方瓦解淮南子曰武王伐紂左操黃鉞右秉白旄而麾之則瓦解而走囂不及此時推危乘勝以爭天命而
退欲爲西伯之事尊師章句賓友處士章句謂鄭興等也處士謂方望等也偃武息
戈卑辭事漢喟然自以爲武王復出也集解惠棟曰武王一本作文王何焯書西伯戡黎先儒皆以爲武王也先謙曰官本武作文以上文文義推之西伯謂文王是也惠說非王補曰袁紀通鑑均作文王令漢帝釋
關隴之憂以囂居西無東之意故置之度外而不爲憂專精東伐四分天下而有其三
使西州豪傑咸居心於山東集解先謙曰官本居作歸是發間使召攜貳間使謂來

歙馬援等也攜貳謂王遵鄭興杜林牛邯等相次而歸光武則五分而有其四若舉兵天水必
至沮潰天水既定則九分而有其八陛下以梁州之地內奉萬乘
外給三軍百姓愁困不堪上命將有王氏自潰之變王氏謂王莽也臣之
愚計以爲宜及天下之望未絕豪傑尚可招誘急以此時發國內
精兵令田戎據江陵臨江南之會倚巫山之固巫山在今夔州巫山縣東也築
壘堅守傳檄吳楚長沙以南必隨風而靡令延岑出漢中定三輔
天水隴西拱手自服如此海內震搖冀有大利述以問羣臣博士
吳柱曰昔武王伐殷先觀兵孟津八百諸侯不期同辭然猶還師
以待天命未聞無左右之助而欲出師千里之外以廣封疆者也
邯曰今東帝無尺土之柄集解通鑑胡注謂光武驅烏合之眾鄒陽云周用烏集而王
跨馬陷敵所向輒平不亟乘時與之分功亟急也而坐談武王之說
是效隗囂欲爲西伯也述然邯言欲悉發北軍屯士及山東客兵
集解通鑑胡注述倣漢制亦置北軍山東之人僑寓於蜀者述以爲兵故曰客兵使延岑田戎分出兩道
與漢中諸將合兵并埶蜀人及其弟光以爲不宜空國千里之外
決成敗於一舉固爭之述乃止延岑田戎亦數請兵立功終疑不
聽述性苛細察於小事敢誅殺而不見大體好改易郡縣官名然
少爲郎習漢家制度出入法駕法駕屬車三十六乘公卿不在鹵簿中侍中驂乘奉車都尉御前驅九斿大旗鳳皇闟戟皮軒鑾旗旄騎旄頭之騎也陳置陛戟然後輦出房闥又立其
兩子爲王食犍爲廣漢各數縣羣臣多諫以爲成敗未可知戎士
暴露而遽王皇子示無大志傷戰士心述不聽唯公孫氏得任事
由此大臣皆怨集解王補曰此皆述敗亡之由八年帝使諸將攻隗囂述遣李育
將萬餘人救囂囂敗并沒其軍蜀地聞之恐動述懼欲安眾心成
都郭外有秦時舊倉述改名白帝倉述以色尚白故改之自王莽以來常空
述即詐使人言白帝倉出穀如山陵百姓空市里往觀之述乃大

會羣臣問曰白帝倉竟出穀乎皆對言無述曰詭言不可信道隗王破者復如此矣俄而囂將王元降述以爲將軍明年使元與領軍環安拒河池河池今鳳州縣也集解惠棟曰孫愐云環姓古有楚賢者環淵姓譜曰楚環列尹之後河池屬武都郡又遣田戎及大司徒任滿南郡太守程汎將兵下江關破虜將軍馮駿等集解惠棟曰蔣杲云岑彭傳馮駿爲威虜將軍案文破下脫威字拔巫及夷陵夷道夷道縣名屬南郡故城在今硤州夷都縣西集解先謙曰巫在夔州府巫山縣東夷道今荊州府宜都縣西北因據荊門荊門山名也在今硤州夷都縣西北今猶有故城基址在山上十一年征南大將軍岑彭攻之滿等大敗述將王政斬滿首降於彭田戎走保江州江州縣名屬巴郡故城今渝州巴縣集解先謙曰已見上此複出城邑皆開門降彭遂長驅至武陽武陽縣名故城在今眉州集解先謙曰注見光武紀帝乃與述書陳言禍福以明丹青之信楊雄法言曰王者之言炳若丹青集解惠棟曰王莽傳云明告以生活丹青之信說文云青東方色也木生火從丹丹青之信言必然李善云丹青不渝故以方誓王補曰文選阮籍詠懷詩注引東觀漢記光武詔曰明設丹青之信廣開束手之路述省書歎息以示所親

太常常少光祿勳張隆隆少皆勸降述曰廢興命也豈有降天子哉左右莫敢復言集解惠棟曰華陽國志云尚書解文卿大夫鄭文伯初亦諫述繫之暴室六年二子幽死中郎將來歙急攻王元環安安使刺客殺歙述復令刺殺岑彭十二年述弟恢及子壻史興並爲大司馬吳漢輔威將軍臧宮所破戰死自是將帥恐懼日夜離叛述雖誅滅其家猶不能禁帝必欲降之乃下詔喻述曰往年詔書比下比頻也開示恩信勿以來歙岑彭受害自疑今以時自詣則家族完全若迷惑不喻委肉虎口痛哉柰何將帥疲倦吏士思歸不樂久相屯守詔書手記不可數得朕不食言集解王補曰光武之詔喻公孫述曰開示恩信勿以來歙岑彭自疑其赦耿弇則曰張步前殺伏隆若步來歸命吾當詔大司徒釋其怨所謂治天下亦以柔道行之也帝王大度三代下吾於光武見之述終無降意九月吳漢又破斬其大司徒謝豐執金吾袁吉漢兵遂守成都述謂延岑曰事當柰何岑曰男兒當死中求生可坐窮乎財物易聚耳不宜有愛述乃悉散金帛募敢死士五千餘人以配岑於市橋市橋卽七星之一橋也李膺益州記曰沖星橋舊市橋也在今成都縣西南四里僞建旗幟幟幡也幟音昌忌反又式志反鳴鼓挑戰而潛遣奇兵出吳漢軍後襲擊破漢漢墮水緣馬尾得出十一月臧宮軍至咸門成都北面有二門其西者名咸門述視占書云虜死城下大喜謂漢等當之乃自將數萬人攻漢使延岑拒宮大戰岑三合三勝自旦及日中軍士不得食並疲漢因令壯士突之述兵大亂被刺洞胷墮馬吳漢傳云護軍高午奔陣刺述殺之集解惠棟曰華陽國志云述兵敗漢騎士高午以戟刺述中頭卽墜馬叩心者數十人都知是述前取其首與此異也左右輿入城述以兵屬延岑其夜死集解惠棟曰樂史云述冢在蜀州江源縣東一十三里高三丈周迴二十步故老傳云此冢銅作鉸絡五里故亂離發掘莫之陷也明旦岑降吳漢乃夷述妻子盡滅公孫氏并族延岑遂放兵大掠焚述宮室帝聞之怒以譴漢又讓漢副將劉尚集解惠棟曰東觀記作禹曰城降三日吏人從服孩兒老母口以萬數一旦放兵縱火聞之可爲酸鼻

尚宗室子孫集解惠棟曰東觀記家有弊帚享之千金禹宗室子孫故當更職云云禹卽尚也嘗更吏職何忍行此仰視天俯視地觀放麑啜羹二者孰仁韓子曰孟孫獵得麑使秦西巴持之其母隨而呼秦西巴不忍而與其母戰國策曰樂羊爲魏將而攻中山其子在中山中山君亨其子而遺之羹樂羊啜之盡一杯而攻拔中山良失斬將弔人之義也良猶甚也集解王補曰光武敕馮異曰三輔塗炭無所依訴今之征伐要在平定安集之耳無爲郡縣所苦其平蜀之日讓劉尚曰孩兒老母口以萬數一旦放兵縱火聞之可爲酸鼻良失斬將弔民之義也於異則戒之於前於尚則痛之於後仁愛之誠奕世如揭孟子曰不嗜殺人者能一之不其信與初常少張隆勸述降不從並以憂死帝下詔追贈少爲太常隆爲光祿勳以禮改葬之其忠節志義之士並蒙旌顯謂李業譙玄等見獨行傳集解惠棟曰華陽國志云蜀郡王皓王嘉廣漢李業刎首死節表其門閭犍爲朱遵絆馬死戰贈以將軍爲之立祠費貽任永君業馮信等閉門索隱公車特徵文齊守益州封爲列侯董君習禮明詩貢爲博士程烏李育以有才幹皆擢用之於是西土咸悅莫不歸心焉

論曰昔趙佗自王番禺趙佗眞定人因漢初天下未定自立爲南越王番禺縣屬南海郡故城在今廣州西

南越志曰有番山禺山因以爲名公孫亦竊帝蜀漢推其無他功能而至於後亡者將吕地邊處遠非王化之所先乎述雖爲漢吏無所馮資徒吕文俗自憙遂能集其志計道未足而意有餘不能因隙立功吕會時變方乃坐飾邊幅邊幅猶有邊緣以自矜持吕高深自安昔吳起所吕慙魏侯也史記曰魏武侯浮西河而下中流而顧曰美哉乎河山之固此魏之寶也吳起對曰在德不在險及其謝臣屬審廢興之命與夫泥首銜玉者異日談也干寶晉記曰吳王孫皓將其子瑾等泥首面縛降王濬左傳曰許男面縛銜璧以見楚子璧玉也

贊曰公孫習吏隗王得士漢命已還二隅方跱天數有違江山難恃違猶去也

後漢書集解卷十三校補

隗囂傳史奉璧而告注璧者所以禮神也官本禮作祀

奉盤錯鍉注以此而言題即匙字題官本作鍉案承上文正字詁即題之誤作題是

反戾飾文吕爲祥瑞注大風毀莽玉露堂玉露官本作玉路案前書莽傳地皇元年七月大風毀王路堂而莽於始建國元年改未央宮曰壽成室前殿日王路堂亦見本傳服虔注云如言路寢也是則作玉露誤即作玉路仍誤一字乃立其子臨爲太子以爲祥應也案莽傳以子臨爲皇太子安爲新嘉辟在始建國元年地皇元年乃據紫閣仙圖謂臨有兄而稱太子爲名不正改立安爲新遷王臨爲統義陽王注說亦誤

援引史傳注故周昜稱先號咷而後笑宜呼嗟告天以求救宜呼嗟告天與前書莽傳合官本作宜乎嗟呼告天多一乎字呼嗟二字亦誤倒

設爲六管注謂酤酒賣鹽鐵器鑄錢名山大澤此爲六也此爲官本作此謂與上謂字複明誤

沒入鍾官注傳詣鍾官八十萬數張熠曰據莽傳八乃以之誤

西侵羌戎注西羌麗恬傳幡等幡原譌幡據錢校改官本不誤

而大事草創注草創謂初始也官本初始作始造

更始使執金吾鄧曄注曄南陽南鄉人以勁悍廉直爲名官本注脫以字

囂迎擊破之於高平官本迎作逆

叵欲討之注叵猶遂也案班超傳欲因此叵平諸國注義同周壽昌云疑借作頗

豈要爵祿哉官本祿作位

囂將妻子奔西城注西城縣名屬漢陽郡一名始昌城集解陳景雲曰注中城字衍案公孫述傳述遂使將軍侯丹開白水關注明云在漢陽西縣足知此城字爲誤衍也又晉志漢西縣晉改曰始昌故注謂一名始昌城

公孫述傳喟然自巳爲武王復出也官本無爲字

不亟乘時與之分功注亟急也官本無此注

使元與領軍環安拒河池集解河池屬武都郡今秦州徽縣西十五里

拔巫及夷陵夷道注夷道縣名屬南郡故城在今硤州夷都縣西案注及下荆門注兩夷都均應作宜都官本不誤

日明丹青之信注楊雄法言曰楊官本作揚案雄姓前書本傳雖據雄自序从手而古書相承多从木亦自有所據已見前書雄傳補注故不具

宗室四王三侯列傳第四　後漢書十四

宋　宣　城　太　守　范　曄　撰

唐　章　懷　太　子　賢　注

王先謙集解

齊武王縯字伯升縯引也音衍光武之長兄也性剛毅慷慨有大節自見王莽篡漢常憤憤懷復社稷之慮不事家人居業傾身破産交結天下雄俊莽末盗賊羣起南方尤甚伯升召諸豪桀計議曰王莽暴虐百姓分崩今枯旱連年兵革並起東觀記曰王莽末天下大旱蝗蟲蔽天盗賊羣起四方潰畔此亦天亡之時復高祖之業定萬世之秋也集解胡三省曰言定天下傳之萬世此其時也衆皆然之於是分遣親客使鄧晨起新野光武與李通李軼起於宛伯升自發舂陵子弟合七八千人部署賓客自稱柱天都部柱天者若天之柱也都部者都統其衆也集解沈欽韓曰案李寶亦爲柱天將軍後魏尒朱榮遂踵爲天柱大將軍都部猶都統宋將兵者因號都部署蘇輿曰前漢有柱天侯見史記使宗室劉嘉往誘新市平林兵王匡陳牧等集解惠棟曰新市兵王匡朱鮪平林兵陳牧廖湛等也合軍而進屠長聚集解王補曰多所殺戮曰屠見光武紀注及唐子鄉殺湖陽尉進拔棘陽因欲攻宛至小長安集解王補曰小長安聚名也續漢書淯陽縣有小長安聚故城杜佑通典南陽漢宛縣縣南三十七里有小長安與王莽前隊大夫甄阜屬正梁丘賜戰時天密霧漢軍大敗姊元弟仲皆遇害宗從死者數十人集解王補曰宗下疑奪室字然奪文既久故通鑑變易其文曰元及三女皆死縯弟仲及宗從死者數十人伯升復收會兵衆還保棘陽阜賜乘勝留輜重於藍鄉比陽縣有藍鄉集解惠棟曰續志南陽棘陽縣有藍鄉伯升襲甄阜處先謙曰鄧州新野縣東有藍鄉引精兵十萬南渡潢淳水酈元注水經曰赭水二湖流注合爲黄水又南經棘陽縣之黄淳聚又謂之黄淳水在今唐州湖陽縣藹該音淳水諄者誤集解劉攽曰潢字據注唯當作黄沈欽韓曰一統志赭水自裕州西南流經唐縣西爲黄水先謙曰官本注諄上水作作字是臨沘水集解惠棟曰續志作比水水經注作沘水云水出沘陽縣東北大胡山南與澧水合謂之派水光武斬阜賜於斯水也沈欽韓曰南陽郡比陽縣應劭注比水所出縣從水得名則沘當爲比呂覽處方篇齊章子與荆人夾沘水

而軍泚亦誤作泚卽斯水也東海王彊女泚陽公主亦誤泚一統志泚水一名泌水出泌陽縣銅山西南逕唐縣曰唐河又逕新野入淯水水道提綱泌阿有二源南源出泌陽東銅山西流數十里北源出縣東北大胡山西流合銅山水爲泌水也阻兩川閒爲營絕後橋示無還心新市平林見漢兵數敗阜賜軍大至各欲解去伯升甚患之會下江兵五千餘人至宜秋宜秋聚名在泚陽縣〔集解〕通鑑胡注續志南陽平氏縣有宜秋聚先謙曰今唐縣東南乃往爲說合從之埶下江從之語在王常傳伯升於是大饗軍士設盟約休卒三日分爲六部潛師夜起襲取藍鄉盡獲其輜重明旦漢軍自西南攻甄阜下江兵自東南攻梁丘賜至食時賜陳潰阜軍望見散走漢兵急追之卻迫潢湻水斬首溺死者二萬餘人遂斬阜賜王莽納言將軍嚴尤秩宗將軍陳茂聞阜賜軍敗引欲據宛伯升乃陳兵誓衆焚積聚破釜甑鼓行而前破釜甑示必死也鼓行而前言無所畏也史記曰項羽北救趙渡河沈船破釜甑〔集解〕惠棟曰周書小明武解鼓行參呼以正什伍孔晁云言士率奮厲也尉繚子曰鼓行交鬭則前行進爲犯難與尤茂遇育陽下戰大破之

斬首三千餘級尤茂弃軍走伯升遂進圍宛自號柱天大將軍王莽素聞其名大震懼購伯升邑五萬戶黃金十萬斤位上公使長安中官署及天下鄉亭皆畫伯升像於塾旦起射之蕭該音義亦作塾引字林塾門側堂也東觀記續漢書並作埻案說文云射臬也廣雅埻的也埻音之允反〔集解〕惠棟曰太公金匱云武王伐紂丁侯不朝尚父乃畫丁侯於策三旬射之丁侯病大劇莽蓋法古爲厭勝之術也呂氏春秋正月紀萬人操弓共射一招招無不中高誘云招埻的也說文埻射臬也讀若準沈欽韓曰塾鄉亭所治處吏民投最故畫其象使人人得射之食貨志里胥坐右塾鄰長坐左塾里宰疏漢時在街置室檢彈一室之民卽此作埻非王補曰袁紀作使旦起射之無於塾二字先謙曰傳統官署鄉亭言之則從東觀記續漢書作埻爲是自阜賜死後百姓日有降者衆至十餘萬諸將會議立劉氏以從人望豪桀咸歸於伯升而新市平林將帥樂放縱憚伯升威明而貪聖公懦弱〔集解〕惠棟曰袁宏紀南陽英雄及王常皆投歸伯升然漢兵以新市平林爲本其將帥起草野苟樂放縱無爲國之略皆憚伯升而狎聖公先共定策立之然後使騎召伯升示其議伯升曰諸將軍幸欲尊立宗室其德甚厚然愚鄙之見竊有未同今赤眉起青徐衆數十萬聞南陽立宗室恐赤眉復有所立如此必將內爭〔集解〕通鑑胡注其後果立盆子今王莽未滅而宗室相攻是疑天下而自損權〔集解〕通鑑胡注言宗室爭立則天下莫知所從是疑天下之心而自損其權也非所以破莽也且首兵唱號鮮有能遂陳勝項籍卽其事也舂陵去宛三百里耳未足爲功遽自尊立爲天下準的〔集解〕沈欽韓曰文子上德篇質的張而矢射集使後人得承吾敝前書宋義曰戰勝則兵疲我承其敝非計之善者也今且稱王以號令若赤眉所立者賢相率而往從之若無所立破莽降赤眉然後舉尊號亦未晚也願各詳思之諸將多曰善將軍張卬拔劍擊地〔集解〕通鑑考異卬續漢書作印袁紀作斤皆誤曰疑事無功史記曰趙武靈王欲被胡服肥義曰疑事無功疑行無名〔集解〕沈欽韓曰東觀記馬武王匡以爲王莽未滅不如且稱王張卬拔劍擊地曰稱天公尚可稱天子何爲不可今日之議不得有二衆皆從之聖公既卽位拜伯升爲大司徒封漢信侯由是豪桀失望多不服平林後部攻新野不能下新野宰登城言曰

王莽改令長爲宰東觀記曰其宰潘臨也〔集解〕王補曰袁紀亦云其宰潘臨得司徒劉公一信願先下及伯升軍至卽開城門降五月伯升拔宛六月光武破王尋王邑自是兄弟威名益甚更始君臣不自安遂共謀誅伯升乃大會諸將以成其計更始取伯升寶劍視之繡衣御史申屠建隨獻玉玦繡衣御史武帝置衣繡者尊寵之也玦決也令早決斷〔集解〕通鑑胡注申屠卽申徒更始竟不能發及罷會伯升舅樊宏謂伯升曰昔鴻門之會范增舉玦以示項羽史記曰項王留沛公飲項伯東向坐范增南向坐沛公北向坐范增數目項王舉所佩玉玦者三項王默然不應鴻門地名在新豐東七十里今建此意得無不善乎伯升笑而不應〔集解〕惠棟曰袁宏紀世祖惡之謂伯升曰事欲不善伯升笑曰恆如是耳初李軼諂事更始貴將貴將朱鮪等也光武深疑之常以戒伯升曰此人不可復信又不受〔集解〕先謙曰東觀記伯升作攻城鬭車上曰地車不可用誰當獨居此上者伯升曰此兵法也上曰兵法但有所圖畫者實不可用伯升遂作之後有司馬犯軍令當斬坐鬭車上伯升部將宗人劉稷數陷陳潰圍勇冠三軍時將兵擊魯陽魯陽縣屬南郡今汝州魯山縣也〔集解〕沈

謙曰注見公主傳郡當作陽聞更始立怒曰本起兵圖大事者伯升兄弟也今更始何爲者邪更始君臣聞而心忌之以稷爲抗威將軍稷不肯拜集解通鑑胡注不肯拜受抗威之命也更始乃與諸將陳兵數千人先收稷將誅之伯升固爭李軼朱鮪因勸更始并執伯升即日害之有二子建武二年立長子章爲太原王興爲魯王十一年徙章爲齊王十五年追謚伯升爲齊武王集解錢大昕曰北海王興傳亦云十五年追謚仲爲魯哀王然攷之本紀建武十五年四月癸丑追謚兄伯升爲齊武公兄仲爲魯哀公謚號雖同王公爵異以情事推之是歲封皇子十人皆爲公又前二年降封趙齊魯三王爲公則追謚兩兄亦必以公爵明矣至十七年皇子封公者皆進爲王十九年又進趙齊魯三國公爲王然後伯升與仲皆追稱爲王耳二傳所書蓋未得其實章少孤光武感伯升功業不就撫育恩愛甚篤以其少貴欲令親吏事故使試守平陰令試守者稱職滿歲爲眞平陰縣屬河南郡應劭云在平津南故曰平陰魏文帝改爲河陰故城在今洛陽縣東北濟州平陰縣東北五里亦有平陰故城集解惠棟曰衛宏漢舊儀云長安三輔令取治劇皆試守小冠滿歲爲眞以次遷奉引則大冠前書音義云試守者試守一歲乃爲眞食其全俸先謙曰

平陰今河南府孟津縣東遷梁郡太守今宋州也集解洪亮吉曰前書梁孝王傳傳國至王莽時絕至章帝建初四年汝南王暢始徙封梁王中間七十餘年皆空作郡故劉攽傳亦書梁郡睢陽人續漢志作梁國蓋從建初後言之耳先謙曰梁郡今歸德府立二十一年薨謚曰哀王子殤王石嗣殤作煬集解劉攽曰案殤者不成人之名今王石立二十四年不可以殤謚蓋是煬字惠棟曰何敞傳作煬王建武二十七年石始就國三十年封石弟張爲下博侯永平十四年封石二子爲鄉侯集解惠棟曰石子暢封都鄉侯見何敞傳暢弟陽見袁宏紀石立二十四年薨子晃嗣下博侯張以善論議十六年與奉車都尉竇固等續漢志奉車都尉比二千石無員掌御乘輿車並出擊匈奴後進者多害其能數被譖訴建初中卒肅宗下詔褒揚之復封張子它人奉其祀晃及弟利侯剛與母太姬宗更相誣告集解沈欽韓曰西京制諸侯王母皆稱太后東京制損於前宜稱太妃傳中皆作太姬宋書后妃傳改諸國太妃曰太妃嫓音集韻姬或作妃姬盈之切讀作怡者是也北齊書恩倖傳穆提婆號曰太姬則南北朝皆有太姬之稱唐宋遂別爲太儀見王建宮詞及李燾續通鑑長編一百十一郎太姬也章和元年有司奏請免晃剛爵爲庶人徙丹陽丹陽故郡城在今潤州江寧縣東南集解先謙曰丹陽郡治宛陵今宣城寧國二縣地帝不忍下詔曰朕聞人君正屏有所不聽白虎通曰所以設屏何以自障也示不極臣下之敬也天子德大故外屏諸侯德小故內屏宗尊爲小君諸侯之妻稱爲小君宮衞周備出有輜軿之飾輜軿有擁蔽之車也列女傳曰齊孝公華孟姬謂公曰妾聞妃后踰閾必乘安車輜軿下堂必從傅母保阿進退則鳴玉佩內飾則結綢繆所以正心一意自斂制也入有牖戶之固殆不至如譖者之言何休注公羊傳曰如其事曰訴加誣言曰譖晃剛愆乎至行濁乎大倫濁猶汙也倫理也孔子曰欲潔其身而亂大倫甫刑三千莫大不孝集解王補曰五行之屬三千而罪莫大於不孝此孝經文也詔作甫刑疑因聲近致誤朕不忍置之于理其貶晃爵爲蕪湖侯蕪湖解見章紀削剛戶三千於戲小子不易大道控于法理以墮宗緒控引也墮毀也其遣謁者收晃及太姬璽綬晃立十七年而降爵晃卒子無忌嗣帝以伯升首創大業而後嗣罪廢心常愍之時北海亦絕無後及崩遺詔復二國永元二年乃復封無忌爲齊王是爲惠王立五十二年薨子頃王喜嗣立五年薨子承嗣建

安十一年國除

論曰大丈夫之鼓動拔起其志致蓋遠矣若夫齊武王之破家厚士豈游俠下客之爲哉下客謂毛遂馮煖之徒也集解陳景雲曰下客謂折節下士也注非其慮將存乎配天之絕業而痛明堂之不祀也王者以遠祖配天以父配上帝於明堂將以存其絕業復其祭祀及其發舉大謀在倉卒擾攘之中使信先成於敵人新野宰潘臨云請劉公一信而降赦岑彭以顯義初彭守宛食盡降漢諸將欲誅之伯升曰今舉大事當表義士不如封之以勸其後更始封彭爲歸德侯若此足以見其度矣志高慮遠禍發所忽謂不用樊宏光武之言忽輕也司馬相如曰禍故多藏於隱微而發於人之所忽也嗚呼古人以蜂蠆爲戒蠆蠍也左傳臧文仲謂魯君曰君其無謂邾小蜂蠆有毒而況國乎蓋謂此也詩云敬之敬之命不易哉詩周頌也

北海靖王興集解先謙曰官本提行是建武二年封爲魯王嗣光武兄仲初南頓君娶同郡樊重女字嫺都嫺胡間反說文嫺雅也集解沈欽韓曰袁紀作歸都嫺都性婉順自爲童女不正容服不出於房宗族敬焉生三男三女長男

伯升次仲次光武長女黄次元次伯姬皇妣以初起兵時病卒宗人樊巨公收斂焉集解惠棟曰袁宏紀世祖即位擢爲中大夫建武二年封黄爲湖陽長公主集解惠棟曰適騎都尉胡珍伯姬爲寧平長公主集解惠棟曰適固始侯李通元與仲俱歿於小長安追爵元爲新野長公主十五年追謚仲爲魯哀王興其歲試守緱氏令爲人有明略集解惠棟曰張瑩漢記興性敦篤仁厚長有明略袁宏紀興求賢好善郡中翕然善聽訟甚得名稱遷弘農太守亦有善政續漢書曰弘農縣吏張申有伏罪興收申案論郡中震慄時年旱分遣文學循行屬縣理冤獄宥小過應時甘雨降澍視事四年上疏乞骸骨徵還京師奉朝請二十七年始就國明年以魯國益東海續漢書曰二郡二十九縣租入倍諸王也故徙興爲北海王三十年封興子復爲臨邑侯臨邑縣屬東海故城在今濟州東亦名馬坊城也集解沈欽韓曰漢志屬東郡此誤舊唐志臨邑縣屬齊州注云濟州亦誤臨邑今濟南府臨邑縣北三十五里中元二年又封興二子爲縣侯顯宗器重興每有異政輒乘驛問焉集解惠棟曰東觀記每朝廷有異政京師雨澤秋稼好醜輒乘驛問焉其見親重如此

立三十九年薨集解惠棟曰傅毅集北海王誄云永平七年北海靜王薨於是境内市不交易塗無征旅農不修畝室無女工感傷慘怛若喪厥親俯哭后土仰愬皇旻於惟郡英烈後靜思勤銘惟王勳德是昭是明存隆其實光曜其聲終始之際於斯爲榮乃作誄曰覽視昔初若論往代有國有家篇籍攸載貴勢不驕滿罔不溢莫能履道聲色以卒惟王建國作此藩輔撫綏方域承翼京室對揚休嘉光昭其則溫恭朝夕敦循伊德厥德日新珪璋令名流惠民隸彌軫皇情白日幽光雰霧杳冥如何景命奄忽以傾嗚呼哀哉劉勰曰傅毅之誄北海云白日幽光雰霧杳冥始序致感遂爲後式景而效者彌取於工矣子敬王睦嗣睦少好學博通書傳光武愛之數被延納顯宗之在東宮尤見幸待入侍諷誦出則執轡乘輿尊者居中執轡在左中興初禁網尚闊而睦性謙恭好士千里交結自名儒宿德莫不造門集解惠棟曰袁宏紀時虛己折節以禮接之前書敘傳父黨揚子雲以下莫不造門也由是聲價益廣永平中法憲頗峻睦乃謝絶賓客放心音樂然性好讀書常爲愛翫歲終遣中大夫奉璧朝賀中大夫王國官也續漢志曰中大夫比六百石無員掌奉王使京都奉璧賀正月及使諸國本皆持節後去節爾雅曰肉倍好謂之璧好孔也召而謂之曰朝廷設問寡人朝廷謂天子也大夫將何辭以對

使者曰大王忠孝慈仁敬賢樂士臣雖螻蟻敢不以實睦曰吁子危我哉吁音于孔安國注尚書曰吁者疑怪之聲也此乃孤幼時進趣之行也東觀記續漢書並云是吾幼時狂惷之行也集解沈欽韓曰燕策蘇代曰今臣爲仁義者自完之道非進取之術也進趣義同大夫其對以孤襲爵以來志意衰惰聲色是娛犬馬是好使者受命而行其能屈申若此初靖王薨悉推財產與諸弟雖王車服珍寶非列侯制皆以爲分然後隨以金帛贖之睦能屬文作春秋旨義終始論及賦頌數十篇集解王補曰今皆佚又善史書當世以爲楷則及寢病帝驛馬令作草書尺牘十首說文云牘書版也蓋長一尺因取名焉集解沈欽韓曰張懷瓘書斷章草者漢黄門令史游所作也衛恒李誕並云漢初有草法不知其始王愔云元帝時史游作急就章解散隸體兼書之漢俗簡惰漸以行之此乃存字之梗概損隸之規矩縱任奔逸赴速急就因草創之義謂之草書北海王睦此開創草書之先也至建初中杜度善草見稱於章帝詔使草書上奏魏文帝亦令劉廣通草書上事蓋因章奏後世謂之章草立十年薨子哀王基嗣永平十八年封基二弟爲縣侯二弟爲鄉侯建初二年又封基弟毅

爲平望侯基立十四年薨無子肅宗憐之不除其國永元二年和帝封睦庶子斟鄉侯威爲北海王集解沈欽韓曰廢斟縣在萊州府濰縣東奉睦後立七年威以非睦子又坐誹謗檻車徵詣廷尉道自殺永初元年鄧太后復封睦孫壽光侯普爲北海王是爲頃王延光二年復封睦少子爲亭侯普立七年薨集解官本考證曰諸本同案普以安帝永初元年封至延光元年爲十七年傳脫十字子恭王翼嗣立十四年薨子康王嗣無後建安十一年國除初臨邑侯復好學能文章永平中每有講學事輒令復典掌焉與班固賈逵共述漢史傅毅等皆宗事之集解惠棟曰袁宏紀建初二年長水校尉耿恭薦復素好邊事明略卓異反以微過歸國宜令以功自效令復將烏桓兵所向必剋也復子騊駼及從兄平望侯毅並有才學永寧中鄧太后召毅及騊駼入東觀與謁者僕射劉珍與平望侯毅並在文苑傳集解洪頤煊曰胡廣傳稱臨邑侯劉騊駼騊駼嗣父爵而本傳不言先謙曰官本誤作騊是著中興以下名臣列士傳騊駼又自造賦頌書論凡四篇集解王補曰藝

文類聚六引騶駼郡太守箴十二語一作崔瑗文選嵆白馬賦趙至與嵆茂齊書陸機皇太子宴玄圃詩三注所引皆止大漢遵周化洽九區二語又與類聚全异騶駼所造見於文選注北堂書鈔御覽有玄根頌零句頌或作賦又上書諫鑄錢事見藝文類聚六十六與李子堅書零句見文選注與竇季瑋書零句見北堂書鈔

趙孝王良字次伯光武之叔父也平帝時舉孝廉爲蕭令光武兄弟少孤良撫循甚篤及光武起兵以事告良大怒東觀記曰光武初起兵良搏手大呼曰我欲詣納言嚴將軍叱上起去出閤令人視之還白方坐啗脯良復讙呼上言不可讙露明旦欲去前白良曰欲竟何時詣嚴將軍所良意下曰我爲詐汝耳當復何苦乎曰汝與伯升志操不同今家欲危亡而反共謀如是既而不得已從軍至小長安漢兵大敗良妻及二子皆被害續漢書曰阜陽移書於良曰老子不卒宗族單絝騎牛哭且行何足賴哉更始立以良爲國三老從入關更始敗良閒光武卽位乃亡奔洛陽建武二年封良爲廣陽王五年徙爲趙王始就國十三年降爲趙公頻歲來朝十七年薨于京師凡立十六年子節王栩嗣栩音況羽反集解官本考證曰栩字章帝紀作盱錢大昕

曰光武紀建武十七年正月趙公良薨十九年四月進趙齊魯三國公爵爲王是栩初襲公爵又二年始進爲王史於降封公之後卽書節王栩嗣文雖簡而意不貫先謙曰傳失載復爵爲王事故致然建武三十年封栩三子爲鄉侯集解先謙曰官本三作二建初二年復封栩十子爲亭侯栩立四十年薨子頃王商嗣永元三年封商三弟爲亭侯元興元年封商四子爲亭侯集解先謙曰官本元年上無元興二字考證云監本元年上無年號萬承蒼云汲古閣本作元興元年似應從增但趙王商以章帝建初七年立至和帝永元十二年薨是爲二十三年元興元年封商四子不應載於商未薨之前史家特蒙上文封商三弟而類敍之耳商立二十三年薨子靖王宏集解先謙曰宏下脫嗣字立十二年薨子惠王乾嗣元初五年封乾二弟爲亭侯是歲趙相奏乾居父喪私娉小妻小妻妾也又白衣出司馬門坐削中丘縣王宮門有兵衞亦爲司馬門東觀記曰乾私出國到魏郡鄴易陽止宿亭令奴金盜取亭席金與亭佐孟常爭言以刃傷常部吏追逐乾藏逃金絞殺之懸其屍道邊樹相國舉奏詔書削中丘縣屬趙國故城在今邢州內丘縣西隋室諱忠故改爲內焉集解劉攽曰注削中丘縣屬趙國案文當更有中丘二字先謙曰今順德府內丘縣西時郎中南陽程堅集解惠棟曰魚豢典略曰堅字謀甫南陽舞陰人仁孝淸潔居貧無資以摩鏡自給不受人施諸嫗共漂更相呼食有或不食相謂曰子非程謀甫何爲不食耶母喪哀號歷下有馬每聞堅哭輒淚出暫輟芻草先賢行狀曰堅爲沘陽尉貧無車馬每出常步行案水經注堅官至南郡太守海內先賢傳曰故南郡太守南陽程堅本履仁孝秉志淸潔少讓財兄子仕郡縣居貧無資磨鏡自給沈欽韓曰事引見御覽四十一四百二十五魏略傳其人疑非此程堅素有志行拜爲乾傅堅輔以禮義乾改悔前過堅列上復所削縣本初元年封乾一子爲亭侯乾立四十八年薨子懷王豫嗣豫薨子獻王赦嗣集解錢大昕曰趙王赦以建安十六年薨而阜陵王赦亦以建安中薨此二王同時同名此事之可疑者赦薨子珪嗣建安十八年徙封博陵王集解沈欽韓曰魏志建安十八年以冀州十郡封曹操爲魏公趙國在封內故徙封立九年魏初以爲崇德侯集解沈欽韓曰郎魏志所稱名號侯也裴松之云今之虛封蓋自此始

城陽恭王祉字巨伯東觀記初名終後改爲祉光武族兄春陵康侯敞之子也敞曾祖父節侯買以長沙定王子集解惠棟曰東觀記春陵宗室傳云長沙定王中子封於零道之春陵鄉集解錢大昕曰前志續志俱作泠道爲春陵侯買卒子戴侯熊渠嗣

熊渠卒子考侯仁嗣集解惠棟曰東觀記宗室傳作孝侯李善云考或作孝非也洪頤煊曰前書王子侯表作孝侯仁仁以春陵地埶下溼山林毒氣上書求減邑內徙東觀記曰考侯仁於時見戶一百七十六上書願減戶從南陽留子男昌不貢墓元帝許之集解先謙曰官本注不貢作守墳是元帝初元四年徙封南陽之白水鄉猶以春陵爲國名遂與從弟鉅鹿都尉回及宗族往家焉仁卒子敞嗣敞謙儉好義盡推父時金寶財產與昆弟荊州刺史上其義行拜廬江都尉南陽郡是荊州所管故刺史上其行義也續漢書曰侯等助祭明堂以例益戶二百敞以有行義拜爲廬江都尉也歲餘會族兄安衆侯劉崇起兵安衆康侯丹長沙定王子崇郎丹之玄孫之子集解沈欽韓曰王子侯表康侯丹子節侯山柎子繆侯毋妨子釐侯褒子侯歆子侯崇崇於敞爲族子非族兄王莽畏惡劉氏徵敞至長安免歸國東觀記曰敞臨廬江歲餘遭旱行縣人持枯稻自言稻皆枯吏强責租敞應曰太守事也載枯稻至太守所酒數行以語太守太守曰無有敞以枯稻示之太守曰都尉事耶敞怒叱太守曰鼠何敢爾刺史舉奏莽徵到長安免就國集解周壽昌曰據語是詈太守之詞鼠下應有子字魏志王允曰關東鼠子欲何爲邪睒車志陸士衡詈盧充曰鬼子敢爾語氣正同先謙曰周說是也東觀記正作鼠子何敢爾先是平

帝時歆與崇俱朝京師助祭明堂平帝時王莽輔政祫祭明堂諸侯王二十八人列侯伯二十人宗室子九百餘人徵助祭也崇見莽將危漢室私謂歆曰安漢公擅國權羣臣莫不回從回曲社稷傾覆至矣太后春秋高天子幼弱謂元后平帝也高皇帝所以分封子弟蓋爲此也歆心然之及崇事敗歆懼欲結援樹黨乃爲祉娶高陵侯翟宣女爲妻宣丞相方進之子也襲父侯爵東觀記曰歆爲嫡子祉娶宣子女婿爲妻宣使嫡子姬送女入門二十餘日義起兵也會宣弟義起兵欲攻莽南陽捕殺宣女祉坐繫獄歆因上書謝罪願率子弟宗族爲士卒先莽新居攝欲慰安宗室故不被刑誅及莽篡立劉氏爲侯者皆降稱子食孤卿祿孤者特也卑於公尊於卿特置之故曰孤禮記上農夫食九人諸侯下士視上農夫中士倍下士上士倍中士下大夫信上士卿四大夫祿也後皆奪爵集解先謙曰通鑑考異云諸侯王表皆云莽篡位貶爲公明年廢王子侯表但云絕或云免皆在始建國元年案二年立國將軍建奏請諸劉爲諸侯者以戶多少就五等之差亦不云奪爵也不知奪爵在幾年案王莽傳五威將帥七十二人還奏事漢諸王爲公者悉上璽綬爲民則知劉氏奪爵在始建國二年司馬失考也及歆卒祉遂

特見廢又不得官爲吏祉以故侯嫡子行淳厚宗室皆敬之及光武起兵祉兄弟相率從軍前隊大夫甄阜盡收其家屬繫宛獄及漢兵敗小長安祉挺身還保棘陽甄阜盡殺其母弟妻子集解王補曰此卽齊武王傳所謂宗室從死者數十人也更始立以祉爲太常將軍紹封舂陵侯從西入關封爲定陶王別將擊破劉嬰於臨涇及更始降於赤眉祉乃間行亡奔洛陽是時宗室唯祉先至光武見之歎甚東觀記曰祉以建武二年三月見于懷宮建武二年封爲城陽王賜乘輿御物集解惠棟曰蔡邕獨斷云乘輿出於律律曰敢盜乘輿服御物謂天子所服食者也天子至尊不敢渫瀆言之故託之於乘輿乘猶載也輿猶車也車馬衣服追諡歆爲康侯十一年祉疾病上城陽王璽綬願以列侯奉先人祭祀帝自臨其疾祉薨年四十三諡曰恭王竟不之國葬於洛陽北芒十三年封祉嫡子平爲蔡陽侯以奉祉祀平弟堅爲高鄉侯初建武二年以皇祖皇考墓爲昌陵置陵令守視後改爲章陵因以

舂陵爲章陵縣十八年立考侯康侯廟比園陵置嗇夫嗇夫本鄉官主知賦役多少平其差品園陵置之知祭祀徵求諸事詔零陵郡奉祠節侯戴侯廟以四時及臘歲五祠焉臘歲終祭神之名也置嗇夫佐吏各一人集解劉攽曰案後漢志縣小吏有嗇夫有佐史則此吏字當作史也平後坐與諸王交通國除永平五年顯宗更封平爲竟陵侯平卒子眞嗣眞卒子禹嗣禹卒子嘉嗣

泗水王歙字經孫歙音許及反集解惠棟曰袁宏紀字經世光武族父也歙子終與光武少相親愛漢兵起始及唐子集解先謙曰子下脫鄉字終誘殺湖陽尉更始立歙從入關封爲元氏王終爲侍中更始敗歙終東奔洛陽建武二年立歙爲泗水王終爲淄川王今淄州縣也十年歙薨封小子燀爲堂谿侯燀字林云灼也音充善反續漢志汝南吳房縣有堂谿亭燀或作煇集解沈欽韓曰堂谿城在汝寧府西平縣西北百里奉歙後終居喪思慕哭泣二十餘日亦薨封長子柱爲邔侯邔縣屬南郡故城在今襄州邔音其紀反集解沈欽韓曰邔縣襄陽府宜城縣東北以奉終祀又奉終子鳳曲

陽侯曲陽縣屬東海郡故城在今海州朐山縣西南集解沈欽韓曰今海州西南先謙曰下奉當作封官本不誤歙從父弟茂年十八漢兵之起茂自號劉失職續漢志曰茂自號爲劉先職集解先謙曰先職無義自號失職是也形近而訛官本正文失亦誤先亦聚衆京密間京縣屬河南郡鄭之京邑故城在今鄭州滎陽縣東南密縣屬河南郡故城在今密縣東南集解先謙曰京今開封府滎陽縣東南密注見光武紀稱厭新將軍攻下潁川汝南衆十餘萬人光武旣至河內茂率衆降封爲中山王十三年宗室爲王者皆降爲侯更封茂爲穰侯集解錢大昕曰光武紀茂封單父侯茂弟匡亦與漢兵俱起建武二年封宜春侯集解沈欽韓曰今袁州府宜春縣治先謙曰此疑是汝南郡之宜春在今汝寧府汝陽縣西南宗室封不至豫章也此宜春後曰北宜春建武初必未加北爲人謙遜永平中爲宗正子浮嗣封朝陽侯朝陽縣屬南郡故城在今鄧州穰縣南今謂之朝城集解惠棟曰兩漢志南郡無朝陽縣當作南陽濟南亦有朝陽後漢爲東朝陽先謙曰今南陽府鄧州東南浮弟尙永平中爲征西將軍浮傳國至孫護無子封絕延光中護從兄瓌與安帝乳母王聖女伯榮私通遂娶伯榮爲妻得紹護封爲朝陽侯位

侍中及王聖敗貶爵爲亭侯

安城孝侯賜字子琴光武族兄也祖父利蒼梧太守蒼梧郡今梧州縣也賜少孤兄顯報怨殺人吏捕顯殺之賜與顯子信賣田宅同抛普交反財產結客報吏續漢書曰王莽時諸劉抑廢爲郡縣所侵蔡陽國釜亭侯長醉詢更始父子張子張怒刺殺亭長後十餘歲亭長子報殺更始弟騫賜兄顯欲爲報怨賓客轉劫人發覺州郡殺顯獄中賜與顯子信結客陳政等九人燔燒殺亭長妻子四人集解劉攽曰注釜亭侯長案下文云刺殺亭長則此當云釜侯亭長蓋此亭名釜侯也陳景雲曰詢當作訽玉篇訽罵也皆亡命逃伏遭赦歸會伯升起兵乃隨從攻擊諸縣更始既立以賜爲光祿勳封廣漢侯及伯升被害代爲大司徒將兵討汝南未及平更始又以信爲奮威大將軍代賜擊汝南賜與更始俱到洛陽更始欲令親近大將徇河北未知所使賜言諸家子獨有文叔可用大司馬朱鮪等以爲不可更始狐疑賜深勸之乃拜光武行大司馬持節過河是日以賜爲丞相令先入關修宗廟宮室還迎更始都長安封賜爲宛王拜前大司馬使持節鎭撫關東二年春賜就國於宛典將六部兵伯升初起置六部之兵後赤眉破更始賜所領六部亦稍散畔乃去宛保育陽聞光武卽位乃西之武關近更始妻子將詣洛陽集解先謙曰官本近作迎是帝嘉賜忠建武二年封爲愼侯愼縣屬汝南郡故城在今潁州潁上縣西北集解先謙曰在今潁州府潁上縣四十里江口鎭十三年更增戶邑定封爲安成侯集解先謙曰在汝寧府汝陽縣東南官本成作城奉朝請以賜有恩信故親厚之數蒙讌私時幸其弟集解先謙曰官本弟作第是恩賞特異賜輒賑與故舊無有遺積帝爲營冢堂起祠廟置吏卒如春陵孝侯二十八年卒子閔嗣三十年帝復封閔弟嵩爲白牛侯白牛蓋鄉亭之號也今在鄧州東也集解惠棟曰水經云湍水南過冠軍縣東又東過白牛邑南世祖建武中封劉嵩爲侯國也沈欽韓曰今鄧州東北三十里白牛店先謙曰官本閔作閔是下同坐楚事謂楚王英謀反辭語相連國除閔卒子商嗣徙封爲白牛侯商卒子昌嗣初信爲更始討平汝南因封爲汝陰王汝陰屬汝南郡

故城卽今潁州汝陰縣也集解先謙曰今潁州治信遂將兵平定江南據豫章光武卽位桂陽太守張隆擊破之集解先謙曰隆見岑彭傳降在建武六年前信乃詣洛陽降以爲汝陰侯永平十三年亦坐楚事國除

成武孝侯順字平仲光武族兄也父慶續漢志慶字翁敖春陵侯敞同產弟順與光武同里閈閈里門也少相厚更始卽位以慶爲燕王順爲虎牙將軍會更始降赤眉慶爲亂兵所殺順乃間行詣光武拜爲南陽太守建武二年封成武侯成武縣屬山陽郡今曹州縣也集解洪亮吉曰案成武中興後移屬濟陽沈欽韓曰在今曹州府東南百里邑戶最大租入倍宗室諸家八年使擊破六安賊六安郡廬州也集解沈欽韓曰胡注云賢以唐之廬州爲漢之廬江郡可也若漢之六安實在唐之壽州界劉昫地理志漢六安國故城在縣南此爲可據案桓譚傳注亦云六安在壽州安豐縣南而此乖異者良以諸人分撰學有優劣未通加檢勘耳因拜爲六安太守集解洪亮吉曰據志則建武十一年順尚爲六安太守郡國志注言十年省六安國屬廬江誤矣當從本紀十三年爲是數年帝欲徵之吏人上書請留十一年卒帝使使者迎

喪親自臨弔子遵嗣坐與諸王交通降爲端氏侯端氏縣屬河東郡故城在今澤州端氏縣西北集解沈欽韓曰沁水縣志端氏聚卽三家遷晉君處在縣東四十五里其北三十五里則漢時縣治也遵卒子弇嗣弇卒無嗣國除永平十年顯宗幸章陵追念舊恩封順弟子三人爲鄉侯初順叔父弘東觀記曰弘字孺孫先起義兵卒娶於樊氏皇妣之從妹也生二子敏國與母隨更始在長安建武二年詣洛陽光武封敏爲甘里侯潁川潁上縣西北有甘城集解沈欽韓曰寰宇記故甘城漢爲縣縣志廢城在潁州潁上縣西北志明時置甘城驛於此章懷注訛潁州爲潁川國爲弋陽侯弋陽縣屬汝南郡侯國也故城在今光州定城縣西也集解先謙曰今光州西敏通經有行永平初官至越騎校尉弘弟梁以俠氣聞東觀記曰梁字季少更始元年起兵豫章欲徇江東自號就漢大將軍暴病卒東觀記曰病筋攣卒

順陽集解沈欽韓曰在今南陽府淅川縣東懷侯嘉字孝孫光武族兄也父憲續漢志曰憲字翁君春陵侯敞同產弟嘉少孤性仁厚南頓君養視如子後與伯

升俱學長安習尚書春秋及義兵起嘉隨更始征伐漢軍之敗小長安也嘉妻子遇害更始卽位以爲偏將軍及攻破宛封興德侯遷大將軍擊延岑於冠軍降之更始旣都長安以嘉爲漢中王扶威大將軍持節就國都於南鄭衆數十萬建武二年延岑復反攻漢中圍南鄭嘉兵敗走岑遂定漢中進兵武都爲更始柱功侯李寶所破〔集解〕先謙曰官本實作寶是岑走天水公孫述遣將侯丹取南鄭嘉收散卒得數萬人以寶爲相從武都南擊侯丹不利還軍河池下辨河池縣屬武都郡一名仇池今鳳州縣也下辨縣名今成州同谷縣也〔集解〕惠棟曰武都有下辨道見前志及李弇碑題名班固云邑有蠻夷曰道注以爲縣名非也周壽昌曰稱道亦卽縣也下辨武都屬縣尚有平樂道嘉陵道循成道皆縣名皆屬武都惠謂注非殆偶未照也百官表云皇太后皇后公主所食曰邑有蠻夷曰道邑字屬上讀惟續志云縣有蠻夷曰道非班語惠亦誤引先謙曰河池今秦州徽縣西下辨今階州成縣西復與延岑連戰岑引北入散關散關故城在今陳倉縣南十里有散谷水因取名焉〔集解〕先謙曰寶雞縣大散關亦曰散關在縣西南大散嶺上爲秦蜀襟喉距和尚原才咫尺至

陳倉嘉追擊破之更始鄧王廖湛將赤眉十八萬攻嘉嘉與戰於谷口谷口縣故城今醴泉縣東北四十里酈元水經注曰涇水東經九嵕山東中山西謂之谷口〔集解〕洪頤煊曰王常傳更始西到長安封爲鄧王劉玄傳大將軍王常爲鄧王執金吾廖湛爲穰王此作鄧王誤先謙曰谷口今西安府醴泉縣東北七十里大破之嘉手殺湛遂到雲陽就穀李寶等聞鄧禹西征擁兵自守勸嘉且觀成敗光武聞之告禹曰孝孫素謹善少且親愛〔集解〕惠棟曰袁紀嘉與齊武王俱學長安而與世祖尤相親先謙曰世祖徇河北嘉薦陳俊後在漢中又薦賈復各見本傳當是長安輕薄兒誤之耳禹卽宣帝旨嘉乃因來歙詣禹於雲陽三年到洛陽從征伐拜爲千乘太守六年病上書乞骸骨徵詣京師十三年封爲順陽侯秋復封嘉子廥爲黃李侯十五年嘉卒子參嗣有罪削爲南鄉侯永平中參爲城門校尉參卒子循嗣循卒子章嗣

贊曰齊武沈雄義戈乘風以義舉兵乘風雲之會也倉卒匪圖亡我天工城陽早協趙孝晚同泗水三侯或恩或功

宗室四王三侯列傳第四終 後漢書十四

後漢書集解卷十四挍補

齊武王縯傳自稱柱天都部集解沈欽韓曰案李寶亦爲柱天將軍　至　蘇輿曰前漢有柱天侯見史記今案前書翟方進傳翟義起兵誅莽寶自稱柱天大將軍伯升之始稱柱天都部蓋卽託義以起又本書賈琮傳交阯屯兵反亦自稱柱天將軍至史記曹相國世家柱天侯反於衍氏索隱謂柱天侯不知其誰封柱天在廬江潛縣然前書地理志潛縣但有天柱山名山大澤不以封既無以山爲封地之理且天柱亦不能作柱天說不解索隱以何由有此誤洪吉謂柱天止是夸大之辭不必實有其地竊以爲誠如洪說亦必稱侯者自以柱天爲名非由於封授也劉漢高既定天下始設二等之封柱天侯之反在漢未定天下以前當係秦楚降將既降復叛似不能指爲前漢所有也

至小長安集解王補曰　至　有小長安案此皆光武紀注及集解惠說所已詳不應重錄

宗從死者數十人集解王補曰　至　及宗從死者數十人案宗從卽本書鄧騭傳之門從袁紹傳之親從梁書夏侯亶傳之族從指羣從子弟言也王以從死爲說葢偶有未照然漢軍不幸大敗倉猝戰死及家屬遇害者皆出意外不得言從死伯升未死亦無所謂從也

南渡潢淯水注酈元注水經曰赭水二湖流注合爲黃水赭官本作諸今案水經注淯水篇赭水官本作堵水諸葢堵之譌寰宇記唐州方城縣本漢堵陽縣有堵水是也蕭該音淯水諄者誤集解先謙曰官本注諄上水作作字是錢大昭曰水當爲作南監本不誤是錢本誤與此同官本與南監本合也

自號柱天大將軍案袁紀云自號柱天將軍無大字

皆畫伯升像於塾旦起射之注蕭該音義亦作塾引字林塾門側堂也東觀記續漢書竝作埻集解沈欽韓曰　至　則從東觀記續漢書作埻爲是錢大昭曰塾字說文新附古用埻

繡衣御史申徒建隨獻玉玦案建當卽伯升所殺醫者申屠臣之子弟或族人也

十五年追謚伯升爲齊武王集解錢大昕曰　至　二傳所書葢未得其實案此紀前自并執伯升起後至故試守平陰令止文字全與東觀記同葢東觀諸臣略去降王爲公一節范書因循未改耳

子殤王石嗣注殤作煬集解劉攽曰　至　何敞傳作煬王案官本無殤作煬三字注周壽昌曰監本亦無毛本注是後人因劉氏刊誤而加何敞傳仍作殤知舊本固如是也今詳惠氏本傳補注出子殤王石補云何敞傳作煬王而何敞傳則出齊煬王補云齊武王傳哀王薨子殤王石嗣注云殤作煬是惠所據本何敞傳殤固作煬與毛本異而於本傳亦有三字注不獨毛本有注矣周以爲注是後人所加非也特監本相承無注故劉有刊誤之說官本依監本轉刻自宜亦無注耳

出有輜輧之飾注保阿進退則鳴玉佩官本佩作珮

殆不至如譖者之言注加誣言曰譖官本言作焉案今公羊傳何注但作加誣曰譖

濁乎大倫注孔子曰欲潔其身而亂大倫案語出子路

甫刑三千莫大不孝集解王補曰　至　詔作甫刑疑因聲近致誤案五刑之屬三千孝經本引甫刑文也周本紀甫侯言於王作修刑辟墨罰之屬千劓罰之屬千臏罰之屬五百宮罰之屬三百大辟之罰其屬二百五刑之屬三千命曰甫刑周禮掌戮云凡殺其親者焚之易突如其來如焚如死如棄如鄭注震爲長子爻失正不知所如不孝之罪五刑莫大焉得用議貴之辟刑若如所犯之罪焚如殺其親之刑死如殺人之刑也棄如流宥之刑是不孝罪大漢世經說相承如此亦不必定本孝經

帝以伯升首創大業官本脫首字

古人以蜂蠆爲戒葢謂此也謂官本作畏

追爵元爲新野長公主適西華侯鄧晨晨自有傳

趙孝王良傳永興元年封商四子爲亭侯集解先謙曰　至　史家特蒙上文封商三弟而類敘之耳案官本考證謂元興二字應增而疑封在商既薨之後不應載於商未薨之前竊謂商薨宏嗣果封在元興元年則當稱宏弟不當仍稱商子既云商子則其封自在商未薨之前元年或是六年形近之誤而此元興二字正當從官本刪耳又商薨在永元十六年考證作十二年亦誤

城陽恭王祉傳上書求減邑內徙注東觀記曰考侯仁於時見戶一百七十六一百官本作四百與今東觀記合

畱子男昌不貲墓集解先謙曰官本注不貲作守墳是錢大昭曰不貲是守墳二字之譌南監本不誤是錢所據本注亦譌爲不貲官本與南監本合也

會族兄安眾侯劉崇起兵集解沈欽韓曰至崇於敞爲族子非族
兄今案前書年表舂陵侯買三傳至敞安眾侯丹五傳始至崇則崇且爲敞族孫非僅族子也惟侯歎無諡似嘗絕封而崇
之嗣立表亦不著爲六世疑本以四世紹封表誤爲嗣章懷又沿其誤耳李通傳注引謝承書謂崇爲長沙定王五代孫是其
一證或謂崇乃寵之譌然寵亦崇從父弟也
徵敞至長安免歸國注太守曰都尉事耶耶官本作也與今東觀記合案太守辭窮意惡
敞多事故反詰以譏之因觸敞怒耳作耶義似較長
助祭明堂注列侯伯二十八伯官本作百與前書平紀合案汲古本千百間作仟佰故佰輒誤伯
欲結援樹黨援原譌授據錢校改官本不誤
泗水王歙傳封小子煇爲堂谿侯注煇或作煇官本煇作惲
又奏終子鳳曲陽侯集解先謙曰下奏當作封官本不誤錢大昭曰奉當
作封南監本不誤是錢所據本誤與此同官本與南監本合也
茂自號劉失職注續漢志曰茂自號爲劉先職集解先謙曰至官

本正文失亦誤先錢大昭曰失閩本作先周壽昌曰監本正文亦作先惟本是先職則注不必更引續漢志
以見異同仍疑毛本爲是
浮弟尙永平中爲征西將軍永平官本作永元是錢大昭曰劉尙永元元年以中郎將爲車騎將軍九
年行征西將軍此作永平誤是錢所據本亦誤永平也
安城孝侯賜傳同抛財產錢大昭曰抛非古字古作抱史記三代世表云抱之山中注音普茅反是也班
勇傳今不廓開朝廷之德而抱屯戍之費亦同抛隸變而譌爲抛爾案說文抛爲新附字徐鉉以爲左氏通用摽謂詩摽有梅
摽落也義亦同然左傳長木之斃無不摽也摽仍訓擊非落義且落義亦異於抛惟公羊傳曹子摽劍而去之摽訓麾於抛
義爲近耳史公以抱爲抛抱於說文爲捊之或體字从手从包於今讀抛聲亦合章懷黃臺瓜辭四摘抱蔓歸葢仍以抱爲抛
也惟班勇傳抱乃拘之譌錢作抛說非是
結客報吏注蔡陽國釜亭侯長侯官本作侯賜
兄顯欲爲報怨官本無顯字集解劉攽曰至則當此云釜侯亭長葢
此亭名釜侯也案聚珍本漢官舊儀載漢制設十里一亭亭長亭候五里一郵郵間相去二里半司姦盜亭長
持三尺板以劾賊索繩以收執盜又史記留侯世家索隱引漢官舊儀云按郵乃今之候葢本郵人兼候人亭長兼候長故舊
儀言設亭長亭候而司姦盜者亦止一亭長亭候長本卽亭長也劉說乃承監本侯字之譌而誤
時幸其弟集解先謙曰官本弟作第是錢大昭曰弟古第字案汲古本弟第通作已見帝紀
帝復封闔弟嵩爲白牛侯集解先謙曰官本闔作閔是下同錢大昭曰
闔閩本作閔下同是錢所據本亦誤闔官本並與閩本合也
因封爲汝陰王注汝陰屬汝南郡故城卽今潁州汝陰縣也屬汝南郡
官本作屬汝州南郡潁州官本作潁川郡皆誤
成武孝侯順傳因拜爲六安太守集解洪亮吉曰據志則建武十
一年順尙爲六安太守志乃傳之誤郡國志注言十年省六安國屬
廬江誤矣當從本紀十三年爲是錢大昭曰六安本王國莽篡國除爲郡故有太守
降爲端氏侯注端氏縣屬河東郡錢大昭曰既降封必非縣侯矣傳文端氏下疑脫一字今案大
縣侯改封小縣亦降也
光武封敏爲甘里侯注潁川潁上縣西北有甘城潁上原作潁王據錢校改官本不誤錢大

昭曰潁川有潁陽潁陰無潁王監本作潁上當從之今案以潁
王名縣兩漢志所無亦隋唐所未有王字之爲譌文固矣但潁
上縣亦隋唐始有之隋屬汝陰唐屬潁州故沈欽韓謂潁川亦潁
州之譌以爲章懷乃據唐時州縣言也然章懷釋地之例就
唐言者必著今以別之卽下釋弋陽侯國亦先舉漢地後及今
地以此推之則本注潁州之上必更有脫誤未可臆度惟唐之
潁上本卽漢汝南之愼縣與弋陽同屬一郡敏國兄弟同時受
封國當相去不遠其卽爲寰宇記所指之甘城可知前漢宣帝
嘗以愼縣七百九十戶侯都護鄭吉國曰安遠莽敗始絕見前
書吉傳並功臣表甘里侯國當亦同於安遠而名異耳錢云潁
川無潁王是其所據
本注亦作潁王也

李王鄧來列傳第五

後漢書十五

宋　宣城太守范曄撰

唐　章懷太子賢注

王先謙集解

李通字次元〔集解〕汪文臺曰初學記十一書鈔五十二引華嶠書云字文元沈欽韓曰東觀記宛大姓李伯玉從弟軼則通又字伯玉南陽宛人也世以貨殖著姓父守身長九尺容貌絕異為人嚴毅居家如官廷續漢書曰守居家與子孫尤謹閨門之內如官廷也初事劉歆好星曆讖記為王莽宗卿師平帝五年王莽攝政郡國置宗師以主宗室益時尊之故曰宗卿師也〔集解〕通鑑胡注莽置宗師主漢宗室耳此宗卿師莽篡位時所置也先謙曰官本注時作特是通亦為五威將軍從事出補巫丞有能名王莽置五威將軍從事謂驅使小官也前書秦御史監郡與蕭何從事辨之巫縣屬南郡故城在今夔州巫山縣北也〔集解〕沈欽韓曰從事如唐大使所辟賓僚判官以下至支使是也驅使官則行僮幹及節度使之別奏傔人是也章懷泥而一之非先謙曰官本無官下也字巫注見前莽末百姓愁怨通素聞守說讖云劉

氏復興李氏為輔〔集解〕王補曰袁紀守治家與子孫如官府少事劉歆好星曆讖記之言云漢當復興李氏為輔私竊議之非一朝也私常懷之且居家富逸為閭里雄以此不樂為吏乃自免歸及下江新市兵起南陽騷動騷亦動也通從弟軼〔集解〕惠棟曰軼字季文見馮異傳亦素好事乃共計議曰今四方擾亂新室且亡漢當更興南陽宗室獨劉伯升兄弟汎愛容眾可與謀大事通笑曰吾意也會光武避事在宛〔集解〕陳景雲曰它處皆作避吏此音相似而誤通聞之即遣軼往迎光武續漢書曰先是李通同母弟申徒臣能為醫難使伯升殺之上恐其怨不欲與軼相見軼數請上乃強見之軼深達通意上乃許往意不安貿半面佩刀懷之至通舍通甚悅掘上手得半面刀謂上曰一何武也上曰倉卒時以備不虞耳〔集解〕惠棟曰東觀記作公孫臣袁宏紀作申屠臣先謙曰官本注掘作握是光武初以通士君子相慕也故往荅之及相見共語移日掘手極歡〔集解〕惠棟曰袁宏紀時通病臥室內世祖與通兄儉弟寵及軼語儉等喜悅入室候通通掘手極歡移日先謙曰官本掘作握是通因具言讖文事光武初殊不意未敢當之時守在長安光武乃微觀通曰〔集解〕先謙曰穀梁傳常事曰視非常曰觀觀謂以其家重大事指示之感動其意慮也即如此當如宗卿師何通曰已自有度矣度計度也音大各反因復備言其計〔集解〕沈欽韓曰東觀記諸李遂與南陽府掾史張順等通謀光武既深知通意乃遂相約結定謀議期以材官都試騎士日漢法以立秋日都試騎士謂課殿最也翟義誅王莽以九月都試日勒車騎材官士是也欲劫前隊大夫及屬正前隊大夫謂南陽太守甄阜也屬正謂梁丘賜也因以號令大眾乃使光武與軼歸舂陵舉兵以相應遣從兄子季之長安以事報守季於道病死守密知之欲亡歸素與邑人黃顯相善時顯為中郎將聞之謂守曰今關門禁嚴君狀貌非凡將以此安之不如詣闕自歸事既未然脫可免禍守從其計即上書歸死章未及報留闕下會事發覺〔集解〕先謙曰謂通在宛事發覺也東觀記云王莽前隊大夫誅謀反者通得亡走〔集解〕惠棟曰東觀記次元聞事發覺被馬欲亡馬駕在轅中惶遽著鞭上馬出門顧見車方自覺止莽聞之乃繫守於獄而黃顯為請曰守聞子無狀無狀謂禍大不可名言其狀也不敢逃亡守義自信歸命宮闕臣顯願質守俱東曉說其子

如遂悖逆令守北向刎首以謝大恩莽然其言會前隊復上通起兵之狀莽怒欲殺守顯爭之遂并被誅及守家在長安者盡殺之南陽亦誅通兄弟門宗六十四人皆焚尸宛市時漢兵亦已大合通與光武李軼相遇棘陽遂共破前隊殺甄阜梁丘賜更始立以通為柱國大將軍輔漢侯〔集解〕沈欽韓曰楚有柱國官此取為號從至長安更拜為大將軍封西平王軼為舞陰王通從弟松為丞相更始使通持節還鎮荊州通因娶光武女弟伯姬是為寧平公主寧平縣屬淮陽國也〔集解〕先謙曰今歸德府鹿邑縣西南五十里光武即位徵通為衛尉建武二年封固始侯〔集解〕惠棟曰水經注固始縣故寢也寢邱在南故藉邱名縣通慕叔敖受邑故光武以嘉之更名固始拜大司農帝每征討四方常令通居守京師鎮撫百姓修宮室起學官五年春代王梁為前將軍六年夏領破姦將軍侯進捕虜將軍王霸等十營〔集解〕沈欽韓曰捕虜是馬武霸傳為討虜將軍擊漢中賊賊謂延岑也公孫述遣兵赴救通等

與戰於西城破之西城縣屬漢中郡也集解先謙曰注見光武紀還屯田順陽順陽縣名屬南郡哀帝改為博山故城在今鄧州穰縣西集解洪亮吉曰郡應作陽先謙曰本漢析縣之順陽鄉哀帝置博山侯國明帝改順陽此以後縣名追書之章懷注未合在今南陽府淅川縣東時天下略定通思欲避榮寵以病上書乞身集解洪亮吉曰此蒙上六年夏之文下云其夏引拜為大司空攷通為司空在建武七年五月則此應云明年夏引拜為大司空否則以病乞身亦應加明年二字省此二字增一其字遂覺敘事不清詔下公卿羣臣議大司徒侯霸等曰王莽篡漢傾亂天下通懷伊呂蕭曹之謀建造大策扶助神靈輔成聖德破家為國忘身奉主有扶危存亡之義功德最高海內所聞通以天下平定謙讓辭位夫安不忘危宜令通居職療疾欲就諸侯不可聽於是詔通勉致醫藥以時視事其夏引拜為大司空通布衣唱義助成大業重以寗平公主故特見親重然性謙恭常欲避權埶素有消疾消消中之疾也周禮天官職曰春有痟首疾鄭玄注云痟酸削也集解惠棟曰王懋云消首消中二疾本異而其字又不同章懷注消中之疾是矣乃復引周官為證是以消首消中為一義矣沈欽韓

曰素問陰陽別論胃中熱精液枯涸水穀即消謂之曰消說文痟酸痟頭痛自為宰相謝病不視事連年乞骸骨帝每優寵之令以公位歸第養疾通復固辭積二歲乃聽上大司空印綬以特進奉朝請有司奏請封諸皇子帝感通首創大謀即日封通少子雄為召陵侯集解沈欽韓曰藝文類聚引東觀記作新市侯每幸南陽常遣使者以太牢祠通父冢十八年卒謚曰恭侯帝及皇后親臨弔送葬子音嗣音卒子定嗣定卒子黃嗣黃卒子壽嗣東觀記曰黃字作箕也李軼後為朱鮪所殺集解先謙曰事詳光武紀更始之敗李松戰死唯通能以功名終永平中顯宗幸宛詔諸李隨安眾宗室會見安眾縣屬南陽郡故城在鄧州東謝承書曰安眾侯劉崇長沙定王五代孫南陽宗室也與宗人討莽有功隨光武河北破王郎朝廷高其忠壯策文嗟嘆以厲宗室安眾諸劉皆其後集解顧炎武曰崇當從漢表作寵今以紹封為名崇殊為舛錯惠棟曰安眾侯紹封者有劉宣子高見卓茂傳陳景雲曰崇死於莽未篡漢之先建武二年從父弟寵紹封此傳寫誤也沈欽韓曰紀要安眾在南陽府西南三十里並受賞賜恩寵篤焉

論曰子曰富與貴是人之所欲不以其道得之不處也李通豈知夫所欲而未識以道者乎夫天道性命聖人難言之況乃億測微隱猖狂無妄之禍微隱謂讖文也莊子曰猖狂妄行易无妄卦曰无妄之往何之矣鄭玄注云妄之言望人所望宜正行必有所望行而无所望是失其正何可往也郎史記朱英曰代有無望之福又有無望之禍是也汙滅親宗以觖一切之功哉停水曰汙言族滅而汙池之也觖望也音巨瑞反一切謂權時也集解先謙曰史記盧綰傳為羣臣觖望韋昭注觖猶冀也冀亦望也索隱釋為猶怨望也而後異解生也昔蒙穀負書不徇楚難戰國策曰吳楚戰於柏舉吳師入郢蒙穀奔入宮負離次之典浮江逃於雲夢之中後昭王反郢五官失法百姓昏亂蒙穀獻典五官得法百姓大化校蒙穀之功與存國相若封之執圭蒙穀怒曰穀非人臣也社稷之臣也苟社稷血食余豈患無君乎遂弃於歷山也集解沈欽韓曰楚策離次一作雞次歷山一作磨山即墨用齊義雪燕恥史記曰燕昭王伐齊湣王敗出亡燕人入臨菑盡取齊寶燒其宮室宗廟下齊七十餘城其不下者唯獨莒即墨後齊田單以即墨擊破燕軍悉復所亡城故曰雪也彼之取舍所立其殆與通異乎

王常字顏卿集解先謙曰東觀記北堂書鈔載常字並同潁川舞陰人也東觀記曰其先鄖人常父

博成哀間轉客潁川舞陽因家焉集解先謙曰陰官本作陽是王莽末為弟報仇亡命江夏命者名也言背其名籍而逃亡也久之與王鳳王匡等集解惠棟曰前書云江夏陳牧王匡等起兵雲杜綠林中集解惠棟曰雲杜在江夏郡又新市有綠林水經注新市大陽山南有三王城王匡王鳳王常所屯故謂之三王城聚眾數萬人以常為偏裨攻傍縣後與成丹張印別入南郡藍口號下江兵續漢志曰南郡編縣有藍口聚集解沈欽韓曰藍口聚在荊門州北紀要藍水城在安陸府西南本編縣之藍口聚宋僑立蓮芍縣西魏改為藍水王莽遣嚴尤陳茂擊破之常與丹印收散卒入蔞谿蔞音力于反集解沈欽韓曰紀要蔞谿在隨州北今堙劫略鍾龍間盛弘之荊州記曰禾陽縣北有石龍山在今安州應山縣東北又隨州隨縣東北有三鍾山也集解沈欽韓曰寰宇記山有石狀如覆鍾眾復振引軍與荊州牧戰於上唐大破之上唐鄉名故城在今隨州棗陽縣東北也集解惠棟曰續志南陽章陵縣有上唐鄉水經注上唐本蔡陽縣之上唐鄉春秋時唐國也沈欽韓曰唐置唐城縣今為唐城鎮紀要今隨州西北八十五里遂北至宜秋續漢志曰南郡有宜秋聚也集解惠棟曰續志平氏縣有宜秋聚屬南陽非南郡也是時漢兵與新市平林眾俱敗於小長安各欲解去伯升聞下江軍在宜秋即與

光武及李通俱造常壁曰願見下江一賢將議大事成丹張卬共推遣常伯升見常說以合從之利以利合曰從也常大悟曰王莽篡弒殘虐天下百姓思漢故豪桀並起今劉氏復興卽眞主也誠思出身爲用輔成大功伯升曰如事成豈敢獨饗之哉遂與常深相結而去常還具爲丹卬言之丹卬負其衆皆曰大丈夫旣起當各自爲主何故受人制乎常心獨歸漢乃稍曉說其將帥集解惠棟曰前書薛宣傳宣移書責櫟陽令謝游曰故使掾平鐫令晉灼注王常爲光武鐫說其將帥此謂以微言鐫鑿之也此傳言鐫說謂以正言鐫鑿使之合并也今本鐫說作曉說晉灼所據乃東觀記當從之曰往日成哀衰微無嗣故王莽得承閒篡位旣有天下而政令苛酷積失百姓之心民之謳吟思漢非一日也故使吾屬因此得起夫民所怨者天所去也民所思者天所與也舉大事必當下順民心上合天意功乃可成若負強恃勇觸情恣欲雖得天下必復失之以秦項之埶尙至夷覆況今布衣相

聚草澤以此行之滅亡之道也今南陽諸劉舉宗起兵觀其來議事者皆有深計大慮王公之才與之并合必成大功此所以祐吾屬也下江諸將雖屈強少識然素敬常乃皆謝曰無王將軍吾屬幾陷於不義願敬受教卽引兵與漢軍及新市平林合於是諸部齊心同力銳氣益壯遂俱進破殺甄阜梁丘賜及諸將議立宗室唯常與南陽士大夫同意欲立伯升而朱鮪張卬等不聽及更始立以常爲廷尉大將軍封知命侯別徇汝南沛郡集解劉攽曰案沛在山東王常此時力未及往蓋是南郡沛南絕相類也還入昆陽與光武共擊破王尋王邑集解王補曰袁紀昆陽之役諸將怒曰劉將軍何以敢如此世祖笑而夫唯王常然世祖之計及戰世祖留王鳳王常守昆陽更始西都長安以常行南陽太守事令專命誅賞東觀記曰誅不從命封拜有功封爲鄧王食八縣賜姓劉氏常性恭儉遵法度南方稱之更始敗建武二年夏常將妻子詣洛陽肉袒自歸光武見常甚歡勞之曰王廷尉良

苦良甚也言苦軍事也每念往時共更艱戹何日忘之更經也艱戹謂帝敗小長安造常壁與常共破甄阜及王尋等也莫往莫來豈違平生之言乎平生言謂常云劉氏眞主也誠思出身爲用輔成大功常乃久事更始不早歸朝帝微以責之故下文云吾與廷尉戲耳詩衞風曰莫往莫來悠悠我思常頓首謝曰臣蒙大命得以鞭策託身陛下策馬檛也言執策以從之始遇宜秋後會昆陽幸賴靈武輒成斷金伯升與常深相結故曰斷金易繫辭曰二人同心其利斷金集解惠棟曰同人火上同於天同性之卦同性則同德同德合義故二人同心其利斷金韋昭注國語曰一心不二曰同也更始不量愚臣任以南州謂以廷尉行南陽太守赤眉之難喪心失望謂赤眉入長安破更始以爲天下復失綱紀聞陛下卽位河北心開目明今得見闕庭死無遺恨帝笑曰吾與廷尉戲耳吾見廷尉不憂南方矣謂南陽也乃召公卿將軍以下大會具爲羣臣言常以匹夫興義兵明于知天命故更始封爲知命侯與吾相遇兵中尤相厚善特加賞賜拜爲左曹前書曰左右曹平尙書事封山桑侯山桑縣屬沛郡今亳州縣集解沈欽韓曰今潁州府蒙城縣北三十七里後帝於大會

中指常謂羣臣曰此家率下江諸將集解通鑑胡注此家猶言此人也案袁宏紀作此人輔翼漢室心如金石眞忠臣也是日遷常爲漢忠將軍集解惠棟曰東觀記作中案中忠古字通故列傳或作中先謙曰名漢忠以顯異之當定作忠遣南擊鄧奉董訢令諸將皆屬焉又詔常北擊河閒漁陽平諸屯聚五年秋攻拔湖陵又與帝會任城因從破蘇茂龐萌進攻下邳常部當城門戰一日數合賊反走入城常追迫之城上射矢雨下帝從百餘騎自城南高處望常戰力甚馳遣中黃門詔使引還賊遂降又別率騎都尉王霸共平沛郡賊東觀記曰沛郡賊苗虛也六年春徵還洛陽令夫人迎常於舞陽歸家上冢西屯長安拒隗囂七年使使者持璽書卽拜常爲橫野大將軍位次與諸將絕席絕席謂尊顯之也漢官儀曰御史大夫尙書令司隸校尉皆專席號三獨坐常別擊破隗囂將高峻於朝那朝那縣屬安定郡也集解惠棟曰峻據高平第一城常破之於朝那也皆屬安定郡先謙曰朝那在今平涼府平涼縣西北囂遣將過烏氏集解惠棟曰氏音支續志作枝或作支常要

擊破之轉降保塞羌諸營壁皆平之九年擊內黃賊破降之後北屯故安拒盧芳 故安縣屬涿郡故城在今易州易縣東南也集解先謙曰在今易州東南 十二年薨于屯所謚曰節侯子廣嗣三十年徙封石城侯 石城故城在今復州沔陽縣東南也集解先謙曰唐復州沔陽縣今沔陽州地在漢爲雲杜州陵二縣境無石城遺迹也漢石城屬丹陽郡在今池州府貴池縣西七十里不知因何致誤 永平十四年坐與楚事相連國除

鄧晨字偉卿南陽新野人也世吏二千石 東觀記曰晨曾祖父隆揚州刺史祖父勳交阯刺史 父宏豫章都尉晨初娶光武姊元 集解惠棟曰袁宏紀晨家富於財少受易好節義世祖與之善以姊妻之 王莽末光武嘗與兄伯升及晨俱之宛與穰人蔡少公等讌語少公頗學圖讖言劉秀當爲天子或曰是國師公劉秀乎光武戲曰何用知非僕邪坐者皆大笑晨心獨喜 東觀記曰晨與上共載出逢使者不下車使者怒頗加恥辱上稱江夏卒史晨更名侯家丞使者以其詐將至亭欲罪之新野宰潘叔爲請得免集解洪亮吉曰齊武王縯傳注引東觀記新野宰潘臨蓋叔是臨之字觀此則臨與光武及晨素有恩後小長安之敗臨遂汙晨宅焚冢墓蓋迫于法令耳

先謙曰官本注丞作承 及光武與家屬避吏新野舍晨廬 集解惠棟曰樂史云鄧州穰縣鄧晨宅宅有大樹晨每依蔭於其下李吉甫云晨宅在新野縣北二十四里 甚相親愛晨因謂光武曰王莽悖暴盛夏斬人 集解惠棟曰袁宏紀莽行一切之法犯罪輒斬之名曰不順時令 此天亡之時也 王莽地皇元年下書曰方出軍行師有趨讙犯者斬無須時於是春夏斬人都市百姓震懼也集解劉攽曰注有趨讙犯者案前書犯字下少一法字 往時會宛獨當應邪光武笑不答及漢兵起晨將賓客會棘陽漢兵敗小長安諸將多亡家屬光武單馬遁走遇女弟伯姬與共騎而奔前行復見元趣令上馬元以手撝曰行矣不能相救無爲兩沒也 集解惠棟曰杜預女記云主以手麾上曰行矣文叔努力早建大功追兵方至不能相救無爲兩沒也上駐馬重呼之主曰不駃馳但忘免我更當三人死也且急自脫我身何有 會追兵至元及三女皆遇害 集解惠棟曰杜預女記云主生一男三女長子汎乃元所生 漢兵退保棘陽而新野宰乃汙晨宅 集解惠棟曰汙一作洿 焚其冢墓宗族皆恚怒曰家自富足何故隨婦家人入湯鑊中晨終無恨色更始立以晨爲偏將軍與光武略地潁川俱夜出昆陽城擊破王尋王邑又別徇陽翟以東至京密皆下之 京密二縣名屬河南郡京故城在今鄭州滎陽東南也密故城在滎陽東南也 更始北都洛陽以晨爲常山太守會王郎反光武自薊走信都晨亦間行會於鉅鹿下自請從擊邯鄲光武曰偉卿以一身從我不如以一郡爲我北道主人乃遣晨歸郡光武追銅馬高胡羣賊於冀州 集解劉攽曰案賊本以地自名故常如他處作湖字惠棟曰光武紀作湖 晨發積射士千人 積與迹同古字通用謂尋迹而射之 集解惠棟曰前書王尊傳云將迹射士千人逐捕師古云迹射言尋迹而射取之也射音食亦反 又遣委輸給軍不絕光武即位封晨房子侯 房子今趙州縣也集解洪亮吉曰房子屬常山郡水經注晨封漢中之房陵與此不同未知誰是 錢大昕[illegible] 沈欽韓曰在趙州高邑縣西南縣志俗呼倉房村 帝又感悼姊沒於亂兵追封謚元爲新野節義長公主立廟于縣西封晨長子汎爲吳房侯 吳房今豫州縣也集解先謙曰今汝寧府遂平縣西四十里 以奉公主之祀建武三年徵晨還京師數讌見說故舊平生爲歡晨從容謂帝曰僕竟辯之

光武前語晨曰何用知非僕乎故晨有此言也集解沈欽韓曰此僕字即光武自稱之僕辯當作辦先謙曰官本注曰作云 帝大笑從幸章陵拜光祿大夫使持節監執金吾賈復等擊平邵陵新息賊 新息今豫州縣也集解先謙曰今光州息縣治 四年從幸壽春留鎮九江晨好樂郡職由是復拜爲中山太守吏民稱之常爲冀州高第 中山屬冀州於冀州所部郡課常爲第一也 十三年更封南緣侯 緣音力全反 入奉朝請復爲汝南太守十八年行幸章陵徵晨行廷尉事從至新野置酒酣讌賞賜數百千萬復遣歸郡晨興鴻郤陂數千頃田 鴻郤陂名在今豫州汝陽縣東成帝時關東水陂溢爲害翟方進爲丞相奏罷之集解先謙曰陂利最大壞於翟方進復於許楊詳在楊傳晨善用人之功也 汝土以殷魚稻之饒流衍它郡也 衍饒 明年定封西華侯復徵奉朝請二十五年卒詔遣中謁者備公主官屬禮儀 漢官儀曰長公主官屬傅一人員吏五人騶僕射五人私府長食官長永巷令家令各一人也 招迎新野主魂與晨合葬於北芒乘輿與中宮親臨喪送葬謚曰惠侯小子棠嗣後徙封武當侯棠卒子固嗣固

卒子國嗣國卒子福嗣永建元年卒無子國除

來歙字君叔歙音許及反集解惠棟曰世系云來氏出自子姓商之支孫食采於郲因以爲氏其後避難去邑秦末徙新野漢功臣表有軑侯來蒼南陽新野人也六世祖漢有才力武帝世以光祿大夫副樓船將軍楊僕擊破南越朝鮮父仲東觀記仲作沖集解惠棟曰袁宏紀亦作沖哀帝時爲諫大夫集解惠棟曰袁紀及世系皆作諫議大夫先謙曰官本考證云哀帝監本訛安帝從汲古閣本改娶光武祖姑生歙集解周壽昌曰諸本同案下文王遵云君叔陛下之外兄也此祖姑字必有誤惠棟曰東觀記歙有大志慷慨治左氏春秋袁宏紀歙兄弟五人光武甚親敬之數共往來長安漢兵起王莽以歙劉氏外屬乃收繫之賓客共篡奪得免更始卽位以歙爲吏從入關數言事不用以病去歙女弟爲漢中王劉嘉妻嘉遣人迎歙因南之漢中更始敗歙勸嘉歸光武遂與嘉俱東詣洛陽帝見歙大歡卽解衣以衣之東觀記曰解所被襜襦以衣歙也拜爲大中大夫是時方以隴蜀爲憂獨謂歙曰今西州未附西州謂隗囂也子陽稱帝

後漢書十五　九

道里阻遠諸將方務關東思西州方略未知所任其謀若何歙因自請曰臣嘗與隗囂相遇長安其人始起以漢爲名今陛下聖德隆興臣願得奉威命開以丹青之信楊子法言曰聖人之言明若丹青也囂必束手自歸則述自亡之埶不足圖也帝然之建武三年歙始使隗囂五年復持節送馬援因奉璽書於囂旣還復往說囂囂遂遣子恂隨歙入質集解先謙曰官本遂作隨是拜歙爲中郎將時山東略定帝謀西收囂兵與俱伐蜀復使歙喻旨囂將王元說囂多設疑故集解通鑑胡注疑疑難故故事也久冘豫不決冘豫不定之意也說文曰冘冘行貌也音淫東觀記曰狐疑不決也集解惠棟曰毛晃云冘字從犬曲埃足古與冘字同或音淫者誤盧植傳論亦言冘豫注亦音淫蜀有冘豫堆歙素剛毅遂發憤質責囂曰質正也國家以君知臧否曉廢興故以手書暢意足下推忠誠遣伯春委質囂子恂字伯春是臣主之交信也集解惠棟曰東觀記云是君臣父子信也今反欲用佞惑之言爲族滅之計叛主負子違背忠信乎吉凶之決在

於今日欲前刺囂囂起入部勒兵將殺歙歙徐杖節就車而去囂愈怒王元勸囂殺歙使牛邯將兵圍守之囂將王遵諫曰愚聞爲國者愼器與名爲家者畏怨重禍器車服也名爵號也言名與器不可妄授也俱愼名器則下服其命輕用怨禍則家受其殃今將軍遣子質漢內懷它志名器逆矣外人有議欲謀漢使輕怨禍矣古者列國兵交使在其閒左傳曰晉欒書伐鄭鄭人使伯蠲行成晉人殺之非禮也兵交使在其閒可也所以重兵貴和而不任戰也何況承王命籍重職而犯之哉集解先謙曰籍藉通假字君叔雖單車遠使而陛下之外兄也光武之姑子故曰外兄也害之無損於漢而隨以族滅昔宋執楚使遂有析骸易子之禍左傳曰楚使申舟聘齊不假道於宋華元曰楚不假道鄙我也乃殺之楚子聞之遂圍宋宋人懼使華元夜入楚師告子反曰寡君使元以病告弊邑易子而食析骸以爨也小國猶不可辱況於萬乘之主重以伯春之命哉歙爲人有信義言行不違及往來游說皆可案覆西州士大夫皆信重之多爲其言故得免

後漢書十五　十

而東歸八年春歙與征虜將軍祭遵襲略陽遵道病還分精兵隨歙合二千餘人伐山開道從番須回中番須回中竝地名番音盤武帝元封四年幸雍通回中道前書音義曰回中在汧汧今隴州汧源縣也集解惠棟曰東觀記歙與祭遵所部護軍王忠右輔將軍朱寵將二千人皆持鹵刀斧自安民縣之楊城從番須回中伐樹木開山道至略陽夜襲囂拒守將軍金梁等皆殺之番須卽行巡所守番須口王劭學云正義云番須谷名在扶風汧縣案番須回中皆在安定諸家所注皆非也前書武帝紀元封四年通回中道應劭云回中在安定高平有險阻蕭關在其北孟康云回中在北地有山險如淳云黃圖回中宮在汧也師古云回中言在汧者或取安定回中爲名非今所通道棟案天水隴西安定北地隗囂所據故王元拒隴坻在天水郡行巡守番須口王孟塞雞頭道牛邯軍瓦亭皆在安定則回中在安定無疑章懷劉昭以爲在汧縣者非也徑至洛陽徑南也集解先謙曰官本洛作略是斬囂守將金梁因保其城囂大驚曰何其神也東觀記曰上聞得略陽甚悅左右怪上數破大敵今得小城何足以喜然上以略陽囂所依阻心腹已壞則制其支體也乃悉兵數萬人圍略陽斬山築堤激水灌城集解惠棟曰水經注今其水自城北注川一水二川蓋隗囂所堨以灌略陽也歙與將士固死堅守矢盡乃發屋斷木以爲兵集解先謙曰書鈔百二十五引續漢書云登城相射矢盡乃發屋斷木以

爲箭文義較晰御覽三百四十九引同囂盡銳攻之自春至秋其士卒疲弊帝乃大發關東兵自將上隴〔集解〕沈欽韓曰東觀記囂圍略陽世祖詔歆曰桃花水出松槃皆至郁夷陳倉分部而進松槃或作船槃疑轉般之誤囂衆潰走圍解於是置酒高會勞賜歆班坐絕席在諸將之右賜歆妻縑千匹詔使留屯長安悉監護諸將歆因上書曰〔集解〕王補曰袁紀此書首有隗囂雖死西州未平二語餘亦小異公孫述以隴西天水爲藩蔽故得延命假息今二郡平蕩則述智計窮矣宜益選兵馬儲積資糧昔趙之將帥多賈人高帝重之以懸賞高帝十年陳豨反於趙代其將多賈人帝多以金購豨將皆降〔集解〕先謙曰官本作懸之以重賞是今西州新破兵人疲饉若招以財穀則其衆可集臣知國家所給非一用度不足然有不得已也帝然之於是大轉糧運東觀記曰詔於汧積穀六萬斛驢四百頭負馱詔歆率征西大將軍馮異建威大將軍耿弇虎牙大將軍蓋延揚武將軍馬成武威將軍劉尙入天水擊破公孫述將田弇趙匡明年攻拔落門聚名也解見光武紀

隗囂支黨周宗趙恢及天水屬縣皆降初王莽世羌虜多背叛而隗囂招懷其酋豪遂得爲用及囂亡後五谿先零諸種〔集解〕惠棟曰東觀記云五谿六種沈欽韓曰五谿聚在鞏昌府隴西縣東數爲寇掠皆營壍自守州郡不能討歆乃伏修攻具〔集解〕先謙曰官本伏作大是率蓋延劉尙及太中大夫馬援等進擊羌於金城大破之斬首虜數千人獲牛羊萬餘頭穀數十萬斛又擊破襄武賊傅栗卿等襄武縣屬隴西郡也〔集解〕先謙曰注見光武紀隴西雖平而人飢流者相望流謂流離以就食也歆乃傾倉廩轉運諸縣以賑贍之於是隴右遂安而涼州流通焉十一年歆與蓋延馬成進攻公孫述將王元環安於河池下辯〔集解〕惠棟曰依李弇題名當作辨陷之乘勝遂進蜀人大懼使刺客刺歆未殊〔集解〕通鑑胡注未殊謂未絕也馳召蓋延延見歆因伏悲哀不能仰視歆叱延曰虎牙何敢然〔集解〕通鑑胡注延爲虎牙大將軍故以虎牙稱之今使者中刺客無以報國故呼巨卿欲相屬以軍事而反效兒女子涕泣乎刃雖在身不能勒兵斬公邪延收淚強起受所誡歆自書表曰臣夜人定後〔集解〕通鑑胡注日入而羣動息故中夜謂之人定惠棟曰杜預云人定者亥也爲何人所賊傷中臣要害〔集解〕顧炎武曰素問岐伯對黃帝云脈有要害先謙曰官本有注何人謂不知何人也八字臣不敢自惜誠恨奉職不稱以爲朝廷羞夫理國以得賢爲本太中大夫段襄骨鯁可任骨鯁喻正直也說文曰鯁魚骨也食骨留咽中爲鯁願陛下裁察又臣兄弟不肖肖似也不似猶不賢也〔集解〕先謙曰官本注在被罪下終恐被罪陛下哀憐數賜教督投筆抽刃而絕〔集解〕通鑑胡注凡爲人所刺者刃在身猶未死抽刃則氣絕矣帝聞大驚省書覽涕乃賜策曰中郎將來歙攻戰連年平定隴羌憂國忘家忠孝彰著遺命遇害嗚呼哀哉使太中大夫贈歙中郎將征羌侯印綬謚曰節侯謁者護喪事喪還洛陽乘輿縞素臨弔送葬以歙有平羌隴之功故改汝南之當鄉縣爲征羌國焉征羌故城在今豫州郾城縣東南也〔集解〕錢大昕曰案汝南郡之當鄉縣字疑衍水經注征羌縣故召陵縣之安陵鄉安陵亭也洪頤煊曰地理郡國兩志不言故當鄉范滂傳

汝南征羌人李注謝承書云汝南細陽人疑當鄉縣東京初年割細陽所置故承以滂爲細陽人子襃嗣十三年帝嘉歙忠節復封歙弟由爲宜西侯東觀記曰宜西鄉侯襃卒子稜尙顯宗女武安公主〔集解〕惠棟曰公主名惠稜早歿襃卒以稜子歷爲嗣

論曰世稱來君叔天下信士夫專使乎二國之閒豈厭詐謀哉而能獨以信稱者良其誠心在乎使兩義俱安而已不私其功也

歷字伯珍少襲爵以公主子永元中爲侍中監羽林右騎羽林騎武帝置宣帝令中郎將騎都尉監羽林見前書永初三年遷射聲校尉永寧元年代馮石爲執金吾延光元年尊歷母爲長公主二年遷歷太僕明年中常侍樊豐與大將軍耿寶侍中周廣謝惲等共譖陷太尉楊震震遂自殺歷謂侍御史虞詡曰耿寶託元舅之親寶女弟爲清河王慶姬即安帝嫡母也故寶於帝爲元舅〔集解〕惠棟曰袁宏紀作耿珍誤榮寵過厚不念報國恩而傾側姦臣誣奏楊公傷害忠良其天禍亦將至矣遂絕周廣謝惲不與交通時皇

太子驚病不安避幸安帝乳母野王君王聖舍太子乳母王男廚監邴吉等以爲聖舍新繕修犯土禁[集解]沈欽韓曰論衡調時篇世俗起土興工歲月有所食所食之城必有死者歲則太歲也不可久御聖及其女永與大長秋江京及中常侍樊豐王男邴吉等互相是非聖永遂誣譖男吉皆幽囚死家屬徙比景太子思男等數爲歎息京豐懼有後害妄造虛無構讒太子及東宮官屬帝怒召公卿以下會議廢立耿寶等承旨皆以爲太子當廢歷與太常桓焉廷尉張皓議曰經說年未滿十五過惡不在其身[集解]王補曰昭二十三年公羊傳尹氏立王子朝何休注尹氏貶王子朝不貶者年未滿十歲未知欲富貴不當坐明罪在尹氏此議言經說年未滿十五過惡不在其身蓋漢時治經者舊有此說故來歷等據之以爭濟陰王何休據之以詁王子朝耳若濟陰王廢時年才十歲見張皓所上疏詳皓傳且男吉之謀皇太子容有不知宜選忠良保傅輔以禮義廢置事重此誠聖恩所宜宿留帝不從宿留猶停留也宿留音秀溜是日遂廢太子爲濟陰王時監太子家小黃門籍建

中傳高梵等梵音扶汎反[集解]惠棟曰胡氏音房戎反先謙曰官本注反作切皆以無罪徙朔方歷乃要結光祿勳祋諷祋音丁外反[集解]惠棟曰袁紀作祝諷案諷蜀之廣漢人華陽國志亦作祋胡氏音丁活反宗正劉瑋將作大匠薛皓侍中閭丘弘[集解]惠棟曰袁紀中郎將閭丘宏陳光趙代[集解]惠棟曰下云施延陳光趙代等竝爲公卿蔡質漢儀有廷尉趙世疑卽代又趙熹子亦名代和帝時卒非此施延太中大夫朱倀倀音丑羊反第五頡頡音下結反中散大夫曹成諫議大夫李尤[集解]惠棟曰袁宏紀作李泰誤符節令張敬續漢書曰符節令秩百石[集解]惠棟曰敬後封山陽西鄉侯見劉瑜傳沈欽韓曰百石上應有六字持書侍御史龔調續漢志曰持書侍御史秩六百石也[集解]惠棟曰華陽國志調字叔侯巴郡安漢人官至荊州刺史羽林右監孔顯漢官儀羽林左右監屬光祿也城門司馬徐崇衛尉守丞樂闓守丞兼守之丞也長樂未央廄令鄭安世等[集解]惠棟曰大司農眾之子十餘人續漢志曰未央廄令一人長樂廄令一人主乘輿馬也俱詣鴻都門證太子無過龔調據法律明之以爲男吉犯罪皇太子不當坐帝與左右患之乃使中常侍奉詔脅羣臣曰父子一體天性自然以義割恩爲天下也歷諷等不識大典而與羣小共爲讙譁外見忠直而內希後福飾邪違義豈事君之禮朝廷廣開言事之路故且一切假貸若懷迷不反當顯明刑書諫者莫不失色薛皓先頓首曰固宜如明詔歷怫然字林曰怫鬱也怫音扶勿反[集解]通鑑胡注怫然憤鬱之見于色者廷詰皓曰屬通諫何言而今復背之屬近也通猶共也近言其諫何乃相背也大臣乘朝車處國事固復輾轉若此乎周禮曰卿乘夏縵大夫乘墨車輾轉不定也詩曰展轉反側乃各稍自引起歷獨守闕連日不肯去帝大怒乃免歷兄弟官削國租黜公主不得會見歷遂杜門不與親戚通時人爲之震慄及帝崩閻太后起歷爲將作大匠順帝卽位朝廷咸稱社稷臣於是遷爲衞尉祋諷劉瑋閭丘弘等先卒皆拜其子爲郎朱倀倀音丑良反施延陳光趙代等竝爲公卿任職徵王男邴吉家屬還京師厚加賞賜籍建高梵等悉蒙顯擢永建元年[集解]惠棟曰通鑑云七月庚午拜歷車騎將軍弟祉爲步

兵校尉超爲黃門侍郎三年母長公主薨歷稱病歸弟[集解]先謙曰官本弟作第是服闋復爲大鴻臚陽嘉二年卒官子定嗣定尚安帝妹平氏長公主[集解]周壽昌曰平氏是淸河王慶之四女名直得王女皆封縣稱長公主以安帝卽位所封也順帝時爲虎賁中郎將定卒子虎嗣桓帝時爲屯騎校尉弟豔字季德少好學下士開館養徒少歷顯位靈帝時再遷司空

贊曰李鄧豪贍舍家從讖鄧晨代以吏二千石爲豪李通家富爲贍也少公雖孚宗卿未驗孚信也言蔡少公論讖其事雖信而李守被誅是未驗也王常知命功惟帝念王常更始中爲知命侯後歸朝上錄其功封爲列侯故曰帝念款款君叔斯言無玷玷缺也方獻三捷永墜一劍小雅采薇詩曰豈敢定居一月三捷

李王鄧來列傳第五終　後漢書十五

後漢書集解卷十五校補

李通傳李通字次元集解汪文臺曰至則通又字伯玉案據東觀記通尙有兄條弟寵則伯玉或其兄字通居次故字次元文仍次字之譌文耳

通聞之卽遣軼往迎光武注掘上手得半臿刀集解先謙曰官本本又與聞本合也

注掘作握是案本注掘上手及下正文掘手極歡兩掘字錢大昭謂皆當從閩本作握是錢所據本誤與此同官

令守北向刎首㠯謝大恩官本此下有刎割也三字注

還屯田順陽集解先謙曰至此以後縣名追書之章懷注未合謹案前志明云博山侯國哀帝置故順陽是未置之前本名順陽也吳卓信據平當傳當嘗以察廉爲順陽長是順陽未改侯國之前又本爲縣也莽篡國除則復爲順陽縣迄建武十三年光武封族兄嘉爲順陽侯縣又復爲侯國續志南陽順陽侯國故博山是也通屯田尙在建武六年固猶爲縣章懷注似無不合至前志應劭注謂博山明帝始改順陽顏掾已駁之矣

素有消疾集解沈欽韓曰素問陰陽別論至謂之曰消案陰陽別論但云二陽結謂之消王冰注二陽結謂胃及大腸俱熱結也腸胃藏熱則喜消水穀不如沈說

令㠯公位歸弟養疾弟官本作第古字通用

卽日封通少子雄爲召陵侯集解沈欽韓曰藝文類聚引東觀記作新市侯案今聚珍本東觀記仍作邵陵侯

詔諸李隨安眾宗室會見集解惠棟曰安眾侯紹封者有劉宣子高見卓茂傳案宣與寵自係一人名因形近而譌

彼之取舍官本取作趣古字通用

王常傳王常字顏卿集解先謙曰東觀記北堂書鈔載常字幷同謹案今聚珍本東觀記不載常字潁川舞陰人也集解陰官本作陽是錢大昭曰陰當作陽是錢所據本亦誤陰也

起兵雲杜綠林中集解惠棟曰雲杜在江夏郡又新市有綠林案前漢志有兩新市一爲國屬鉅鹿一爲縣屬中山皆與綠林無涉後漢鉅鹿新市國省而江夏復增置南新市侯國續志劉注云

案本傳有離鄉聚綠林惠氏所指新市有綠林者正南新市也誤脫南字耳其地在雲杜之南蓋卽割雲杜增置者莽時所謂綠林當然尙在雲杜非有二也至章懷劉玄傳注謂綠林山在當陽縣東北李吉甫又謂在當陽縣東南則皆據其西面言之固亦相去不遠也

往日成哀衰微無嗣官本日作者

此所㠯祚吾屬也錢大昭曰此字下通鑑有天字

別徇汝南沛郡集解劉攽曰案沛在山東王常此時力未及往蓋是南郡案漢沛郡與汝南接壤前漢沛郡之山桑城父後漢皆屬汝南是其證常徇汝南自可至沛郡似不誤且汝南沛郡均在南陽之東北南郡則在南陽之西南常軍徇汝南其勢不能兼及南郡轉似不合矣

鄧晨傳王莽悖暴盛夏斬人集解惠棟曰至名曰不順時令案此解當併入下文集解劉攽說之後

此天亡之時也注方出軍行師敢有趍讙犯者斬無須時案莽傳作敢有趨讙犯法者輒論斬毋須時語較明白本注蓋脫法字也又趍官本注作趨與莽傳原文合莽傳顏注趍讀謂趨走而讙譁也惟據說文走趨注字釋名疾行曰趨疾趨曰走趍爲雙聲字趍下云趍趙久也久下云行遲曳久久也軍行銜枚疾走似無讙譁之理讙譁則必逗遛不前行當遲不當疾疑作趍爲是

元㠯手搖曰行矣集解惠棟曰至主曰不駛馳案駛音苦夬反不駛馳猶云不速馳卽快之本字

光武追銅馬高胡羣賊於冀州集解劉攽曰至光武紀作湖案高胡本前漢國名有高胡侯陳夫乞馬班二表均止作胡

常爲冀州高弟官本弟亦作第

後徙封武當侯官本無侯字

來歙傳來歙字君叔集解惠棟曰至漢功臣表有軟侯來蒼案史表軟侯利倉書表作黎朱倉小司馬說史記謂漢書利倉作朱倉者非黎字耳倉或作蒼然無作來蒼者惠引殊誤

久冘豫不決注說文曰冘冘行貌案今說文冘下作淫淫行皃惟玉篇廣韻同作冘冘行貌集解惠棟曰毛晃云冘字從犬曲其足古與尤字同或音淫者誤案此惠氏據通鑑胡注所引毛晃禮部韻略之說也今詳說文冘字入冂部从人出冂尤字入乙部从乙又聲形與義迥別惟

尣字尳曲脛也从大象偏曲之形乃部首字與毛所謂曲其足者合然亦从大而非从犬且與尣尤兩字音讀皆異決無相同之理毛乃就隸形之近影射臆說其不經甚矣**盧植傳論亦言尣豫注亦音淫蜀有尣豫堆**案此乃惠氏自說也但范書尣豫兼見馬援竇武等傳注皆音淫以今說文淫淫行皃推之音淫自不得云誤尣豫本即猶豫亦作猶與乃雙聲字因聲以見義王念孫廣雅疏證已詳言之通鑑胡注謂尣讀與猶同本自了當毛晃之說亦欲通猶於尣而轉失之鑿胡取以爲證則非古猶與淫本皆讀若遙同音相假一如與之於豫曲禮定猶與釋文謂與本亦作豫淮南兵略訓擊其猶猶陵其與與楊雄羽獵賦淫淫與與前後要遮淫淫即尣尣抑即猶猶也益州記灩澦堆又作猶預樂府作淫豫而坤元錄即作尣豫惠引及此其亦有見於毛說之迂謬乎

何況承王命籍重職而犯之哉職官本作質

遂有析骸易子之禍注弊邑弊官本注作敝與左傳合案汲古本敝多作弊即獘之俗體古書恆通用

開道從番須回中注番須回中並地名官本注名下有也字

斬囂守將金梁因保其城注心腹已壞則制其支體也錢大昭曰支體下脫易字案今聚珍本東觀記及通鑑所引均有易字袁紀則亦但云心腹已壞制其支體無易字也

卷十五校補　三

高帝重之曰懸賞集解先謙曰官本作懸之以重賞是錢大昭曰當從閩本作高帝懸之以重賞是錢所據本亦原作重之以懸賞官本兼與閩本合也

歙乃伏修攻具集解先謙曰官本伏作大是錢大昭曰伏閩本作大是錢所據本伏本作伏伏修猶云密修義亦可通官本則又兼與閩本合也

又擊破襄武賊傅立卿等注襄武縣屬隴西郡也官本注脫隴字**集解先謙曰注見光武紀**案即建武十年擊羌於五谿也

省書覽涕案覽當作擥通鑑引作攬屈子懷沙思美人兮擥涕而竚眙洪補注云擥猶拔也

故改汝南之當鄉縣爲征羌國焉注征羌故城在今豫州郾城縣東南也今地已詳公主傳**集解錢大昕曰**至**疑當鄉縣東京初年割細陽所置**案續志安陵鄉屬召陵而安陵亭屬征羌水經注則謂鄉與亭皆屬故召陵皆併入征羌說雖不同而征羌與召陵今同爲許州郾縣境細陽故城則今在潁州府太和縣境以今證昔征羌自近召陵不近細陽洪氏之說本於錢坫前書補注已正之矣惟征羌果即從召陵析出則本傳當言分不當言改既云改則必先分爲縣乃改爲國惟當鄉之爲縣早已無徵故水經注削而不言章懷注亦略而不紀耳歙本縣侯錢大昕乃謂縣字宜衍則尤不足據也

聖及其女永錢大昭曰王聖女順帝紀泗水王傳及宦者傳並作伯榮此獨作永與彼不同今案順紀不載伯榮事惟兼見陳忠楊震傳然永名亦並見閻皇后紀非獨此也詳伯榮爲朝陽侯劉瓌妻永爲黃門侍郎樊嚴妻明係各爲一人皆聖女也所難索解者諸傳言王聖事前皆僅及伯榮不及永逮後聖下獄則又僅及永不及伯榮袁紀通鑑亦然斯則書闕有間矣

長樂未央廄令鄭安世等集解惠棟曰大司農衆之子案此解應移置下文說未央廄令注下並於大司農上增安世二字

廷詰皓曰詰原誤誥據錢校改官本不誤

大臣乘朝車注詩曰官本作詩云

皆拜其子爲郎朱倀注倀音丑亙反案上文已注此誤復

王常知命功惟帝念注王常更始中爲知命侯後歸朝上錄其功封爲列侯故曰帝念錢大昭曰常傳光武勞之曰王廷尉甚苦每念往時共更艱戹何日忘之故云功惟帝念也注誤今案章懷注亦據常傳光武具爲羣臣言常更始時受封知命之由一節未嘗不出念常功也第惟帝念功乃左傳所引夏書中語宜並詳所出耳

卷十五校補　四

鄧寇列傳第六 鄧禹子訓孫騭 寇恂曾孫榮 後漢書十六

宋 宣城 太守范曄 撰

唐 章懷 太子賢 注

王先謙集解

鄧禹字仲華南陽新野人也年十三能誦詩〔集解〕惠棟曰東觀記禹篤于經書袁宏紀結髮殖業著名鄉閭受業長安時光武亦游學京師禹年雖幼而見光武知非常人遂相親附數年歸家及漢兵起更始立豪桀多薦舉禹禹不肯從及聞光武安集河北卽杖策北渡〔集解〕惠棟曰東觀記禹自南陽發北徑渡河追及於鄴光武見之甚歡謂曰我得專封拜生遠來寧欲仕乎〔集解〕惠棟曰東觀記世祖曰我得拜除長吏生還來寧欲仕耶還當作遠也禹曰不願也光武曰卽如是何欲爲〔集解〕劉攽曰案文多一爲字不然當云欲何爲沈欽韓曰爲字助詞不如劉所說禹曰但願明公威德加於四海禹得效其尺寸垂功名於竹帛耳〔集解〕通鑑胡注漢初未有紙以竹簡及縑素書故言竹帛光武笑因留宿間語間私也禹進說曰更始雖都關西今山東未安赤眉青犢之屬動以萬數三輔假號往往羣聚更始既未有所挫而不自聽斷諸將皆庸人屈起屈音求勿反〔集解〕惠棟曰桓譚新論云更始帝到長安其大臣辟除東宮之事爲下所非笑但爲小衞樓半城而居以是知其將相非蕭曹之儔也東觀記屈作崛說文勃起曰崛張揖埤蒼曰崛特起也魚勿切志在財幣爭用威力朝夕自快而已非有忠良明智深慮遠圖欲尊主安民者也〔集解〕王補曰袁紀此下有歷觀往古聖人之興二科而已天時與人事也今以天時觀之更始既立而災變方興以人事觀之帝王大業非凡夫所任四方分崩離析論語曰邦分崩離析〔集解〕先謙曰官本無注形埶可見明公雖建藩輔之功猶恐無所成立於今之計莫如延攬英雄務悅民心立高祖之業救萬民之命以公而慮天下不足定也〔集解〕通鑑胡注鄧禹爲中興元功實本諸此光武大悅因令左右號禹曰鄧將軍常宿止於中與定計議及王郎起兵光武自薊至信都使禹發奔命得數千人令自將之別攻拔樂陽樂陽縣名屬常山郡

〔集解〕沈欽韓曰今正定府獲鹿縣東北後漢省從至廣阿東觀記曰上率禹等擊王郎橫野將軍劉發大破之上過禹營禹進炙魚上餐啗勞勉吏士威嚴甚厲衆皆竊言劉公眞天人也〔集解〕官本考證曰發本或作奉先謙曰廣阿今趙州隆平縣東十二里舊城村光武舍城樓上披輿地圖〔集解〕通鑑胡注武帝時羣臣請王皇子御史奏輿地圖索隱曰謂地爲輿者天地有覆載之德故謂天爲蓋謂地爲輿故地圖稱輿地圖疑自古有此名非始漢也指示禹曰天下郡國如是今始乃得其一〔集解〕惠棟曰東觀記我乃始得一處子前言以吾慮天下不足定何也禹曰方今海內殽亂人思明君猶赤子之慕慈母古之興者在德薄厚不以大小史記蘇秦說趙王曰堯無三夫之分舜無咫尺之地禹無百人之聚湯武之士不過三千立爲天子誠得其道也光武悅時任使諸將多訪於禹禹每有所舉者皆當其才光武以爲知人〔集解〕先謙曰如以吳漢爲諸將莫及賈復有將帥節用寇恂爲河內太守銚期將兵爲能皆是各見本傳使別將騎與蓋延等擊銅馬於清陽〔集解〕先謙曰今廣平府清河縣東後漢省延等先至戰不利還保城爲賊所圍禹遂進與戰破之生獲其大將從光武追賊至滿陽〔集解〕沈欽韓曰滿乃蒲之誤蒲陽山在保定府完縣西北章帝改曲逆曰蒲陰故城在完縣東南連大克獲北州略定〔集解〕先謙曰東觀記云禹破鄗鄡誅王郎有智謀諸將鮮及及赤眉西入關更始使定國上公王匡襄邑王成丹抗威將軍劉均〔集解〕沈欽韓曰袁山松書作抗威王及諸將分據河東弘農以拒之赤眉衆大集王匡等莫能當光武籌赤眉必破長安欲乘釁并關中而方自事山東〔集解〕王鳴盛曰河北之山莫大於太行故謂太行以東爲山東光武安集河北使禹別攻諸處皆在今河北彰德大名廣平眞定等府而言方自事山東是謂河北爲山東也德以滿東北之爲訕禹破樊參等軍遂定河東光武策云平定山西是謂河東爲山西也漢河東太原上黨諸郡皆在太行西卽今太原平陽蒲州潞安汾州澤州等府自漢以來名稱不易近儒謂惟河東一郡在山西非也又鄭興傳更始諸將皆山東人勸留洛陽勿遷都長安興說更始曰陛下一朝建號山西雄桀爭誅王莽開關郊迎注山西謂陝山以西也陝隘也俠夾切大約禹傳山東山西據太行分東西此傳山西卽謂關中今西安等府是其指陝山以西固不待言而所云山東者亦指陝山以東注雖未及可以意揣與禹傳山東山西無涉蘇輿曰張步傳梁王以奉本朝之故是以山東頗能歸之此卽以齊地爲山東今濟南諸府也隗囂傳由此名震西州聞于山東此山東自指河北吳蓋陳臧傳論至于山西旣定威臨天下又以隴蜀爲山西未知所寄以禹沈深有大度故授以西討之略乃拜

爲前將軍持節中分麾下精兵二萬人遣西入關令自選偏裨曰下可與俱者於是曰韓歆爲軍師〔集解〕惠棟曰歆南陽人爲河內太守光武使衞文說降之以爲禹軍師先謙曰歆前事見岑彭傳後爲大司徒自殺見侯霸傳李文李春程慮爲祭酒慮字或爲憲字〔集解〕惠棟曰袁紀作憲馮愔爲積弩將軍樊崇爲驍騎將軍宗歆爲車騎將軍鄧尋爲建威將軍耿訢爲赤眉將軍左于爲軍師將軍引而西建武元年正月禹自箕關將入河東箕關在今王屋縣東〔集解〕沈欽韓曰在懷慶府濟源縣河東都尉守關不開禹攻十日破之獲輜重千餘乘進圍安邑數月未能下更始大將軍樊參將數萬人度大陽欲攻禹大陽縣屬河東郡前書音義曰大河之陽春秋秦伯伐晉自茅津濟杜預云河東大陽縣也〔集解〕沈欽韓曰在解州平陸縣東北十五里禹遣諸將逆擊於解南大破之斬參首解縣屬河東郡故城在今蒲州桑泉縣東南也〔集解〕先謙曰今解州治於是王匡成丹劉均等合軍十餘萬復共擊禹禹軍不利樊崇戰死會日暮戰罷軍師韓歆及諸將見兵埶已摧皆勸禹夜去禹不

聽明日癸亥匡等曰六甲窮日不出〔集解〕周壽昌曰六甲以甲子始周行一帀至癸亥止故謂爲窮日禮月令日窮於次月窮於紀亦歲終云窮也禹因得更理兵勒眾明旦匡悉軍出攻禹禹令軍中無得妄動既至營下因傳發諸將鼓而並進大破之匡等皆棄軍亡走禹率輕騎急追獲劉均及河東太守楊寶持節中郎將弭彊皆斬之收得節六印綬五百兵器不可勝數遂定河東〔集解〕通鑑考異曰劉玄傳王匡張卬守河東爲鄧禹所破奔還長安鄧禹傳無卬名承制拜李文爲河東太守悉更置屬縣令長曰鎮撫之是月光武即位於鄗使使者持節拜禹爲大司徒策曰制詔前將軍禹深執忠孝與朕謀謨帷幄決勝千里高祖曰運籌帷幄之中決勝千里之外吾不如子房孔子曰自吾有回門人日親史記曰顏回年二十九髮白早死孔子哭之慟曰自吾有回門人益親也斬將破軍平定山西功效尤著百姓不親五品不訓〔集解〕錢大昕曰史記五帝紀作五品不馴正義讀馴爲訓周禮地官有土訓鄭司農讀訓爲馴馴訓古通用訓者順也與遜義亦同劉愷傳調訓五品周舉傳五品不訓責在司徒謝夷吾傳下使五品咸訓於嘉時先謙曰尚書古文作不遜一作不愻今文作不馴亦作不訓詳余所著孔傳參正汝作司徒敬敷五教五教在寬五品五常也父義母慈兄友弟恭子孝言五常之教務在寬也〔集解〕先謙曰官本考證云第六卷帝紀注引書亦複出五教二字與今尚書文不同先謙案今古文皆當重五教二字詳余所著參正今遣奉車都尉授印綬封爲酇侯食邑萬戶敬之哉酇縣今屬南陽郡故城在襄州穀城縣東北禹時年二十四遂渡汾陰河〔集解〕沈欽韓曰汾陰故城在蒲州府榮河縣北縣志河舊在縣西五里今去縣僅七十步入夏陽〔集解〕先謙曰今同州府韓城縣南二十里更始中郎將左輔都尉公乘歙左輔郎左馮翊也三輔皆有都尉引其眾十萬與左馮翊兵共拒禹於衙衙縣名屬左馮翊解在安紀禹復破走之而赤眉遂入長安是時三輔連覆敗赤眉所過殘賊百姓不知所歸聞禹乘勝獨剋而師行有紀紀綱紀也言有條貫而不殘暴皆望風相攜負曰迎軍降者日曰千數眾號百萬禹所止輒停車住節住或作柱曰勞來之父老童稚垂髮戴白垂髮童幼也戴白父老也滿其車下莫不感悅於是名震關西帝嘉之數賜書襃美諸將豪桀皆勸禹徑攻長安

禹曰不然今吾眾雖多能戰者少前無可仰之積仰猶恃也音魚向反後無轉饋之資赤眉新拔長安財富充實鋒銳未可當也夫盜賊羣居無終日之計財穀雖多變故萬端寧能堅守者也上郡北地安定三郡土廣人稀饒穀多畜吾且休兵北道就糧養士曰觀其弊乃可圖也於是引軍北至栒邑栒邑縣屬右扶風故城在今豳州三水縣東北栒音荀〔集解〕先謙曰今三水縣東北禹所到擊破赤眉別將諸營保郡邑皆開門歸附〔集解〕先謙曰到栒邑後有張宗勇戰見宗傳西河太守宗育遣子奉檄降禹遣詣京師京師謂洛陽也公羊傳曰天子所居曰京師帝曰關中未定而禹久不進兵下敕曰司徒堯也亡賊桀也〔集解〕王補曰宋溫革隱窟雜志引李漢老云古者詔令多矣天子自爲之故漢武帝詔淮南王令相如視草而光武詔鄧禹曰司徒堯也赤眉桀也使臣下代言其敢爲是語乎王厚齋困學紀聞亦曰漢詔令人主自親其文光武詔曰司徒堯也赤眉桀也明帝詔曰方今上無天子下無方伯豈代言者所爲哉長安吏人遑遑無所依歸宜曰時進討鎮慰西京繫百姓之心〔集解〕先謙曰東觀記云今長安饑民孰不延望禹猶執前意

乃分遣將軍別攻上郡諸縣更徵兵引穀歸至大要大要縣名屬北地郡〔集解〕惠棟曰前志作大𨜟古要字沈欽韓曰在今慶陽府寧州東南遣馮愔宗歆守栒邑二人爭權相攻愔遂殺歆因反擊禹〔集解〕先謙曰東觀記禹征之爲愔所敗禹遣使㠯聞帝〔集解〕劉攽曰案文遣使以聞卽是白天子矣不須用帝字明衍帝問使人愔所親愛爲誰對曰護軍黃防帝度愔防不能久和埶必相忤因報禹曰縛馮愔者必黃防也乃遣尙書宗廣〔集解〕惠棟曰袁宏紀作宋廣持節降之後月餘防果執愔將其衆歸罪更始諸將王匡胡殷成丹等皆詣廣降與其東歸至安邑道欲亡廣悉斬之愔至洛陽赦不誅二年春遣使者更封禹爲梁侯食四縣時赤眉西走扶風禹乃南至長安軍昆明池大饗士卒率諸將齋戒擇吉日修禮謁祠高廟收十一帝神主遣使奉詣洛陽因循行園陵爲置吏士奉守焉〔集解〕汪文臺曰御覽五百三十一引謝承書云因收十二帝神主以故高廟郎來輔守高廟令行京兆尹承事按行埽除諸園陵爲置卒吏奉守焉遣輔奉主詣京師禹引兵與延

岑戰於藍田〔集解〕先謙曰今西安府藍田縣西不克復就穀雲陽〔集解〕沈欽韓曰今邠州淳化縣西北漢中王劉嘉詣禹降嘉相李寶倨慢無禮禹斬之〔集解〕先謙曰亦因其勸嘉且見成敗之故見宗室傳寶弟收寶部曲擊禹殺將軍耿訢自馮愔反後禹威稍損又乏食歸附者離散而赤眉復還入長安禹與戰敗走至高陵〔集解〕惠棟曰縣屬左馮翊軍士飢餓者皆食棗菜〔集解〕劉攽曰案文多一者字軍旣饑餓則皆食棗菜若書者字則似有不餓者矣先謙曰東觀記棗菜一作棗葉或作藻菜帝乃徵禹還敕曰赤眉無穀自當來東吾折捶笞之〔集解〕先謙曰捶一作箠文選報任少卿書注箠楚皆杖木之名也又云箠與捶同以之笞人同謂之箠楚非諸將憂也無得復妄進兵禹慙於受任而功不遂數㠯飢卒徼戰輒不利三年春與車騎將軍鄧弘擊赤眉遂爲所敗衆皆死散事在馮異傳獨與二十四騎還詣宜陽〔集解〕惠棟曰縣屬宏農謝上大司徒梁侯印綬有詔歸侯印綬數月拜右將軍延岑自敗於東陽〔集解〕惠棟曰南陽育陽邑有東陽聚見續漢志沈欽韓曰東陽城在鄧州東遂與秦豐合四年春復寇順陽間遣禹護復漢將軍鄧曄輔漢將軍于匡擊破岑於鄧追至武當復破之〔集解〕沈欽韓曰紀要鄧城在襄陽府東北二十里武當城今均州治岑奔漢中餘黨悉降十三年天下平定諸功臣皆增戶邑定封禹爲高密侯食高密昌安夷安淳于四縣高密國名今密州縣也昌安夷安竝屬高密國昌安故城在今密州安丘縣外城也夷安故城在今密州高密縣外城也淳于縣名屬北海郡故城在今密州安丘縣東北也帝㠯禹功高封弟寬爲明親侯其後左右將軍官罷〔集解〕續漢志曰前後左右將軍皆主征伐事訖皆罷也㠯特進奉朝請〔集解〕惠棟曰沈約云東京罷省三公外戚宗室諸侯多奉朝請奉朝請者奉朝會請召而已禹內文明篤行淳備事母至孝天下旣定常欲遠名埶有子十三人各使守一埶〔集解〕沈欽韓曰袁宏紀各命通一經修整閨門〔集解〕惠棟曰袁宏紀禹事寡嫂盡禮敬教養子孫皆可㠯爲後世法資用國邑不修產利帝益重之中元元年復行司徒事從東巡狩封岱宗顯宗卽位㠯禹先帝元功拜爲太傅進見東向甚見尊寵臣當北面尊如賓故令東向〔集解〕王鳴盛曰室中以東向爲尊其在堂上則君南面以臨

臣北面拜後分侍兩傍固以在左而西向者爲尊在右而東向者爲卑也三代以上君燕其臣皆在室中則臣固有居賓位而東向者矣或君東向臣南北向其賤者西向立侍亦可如鴻門之會是明章之際敬大臣禮師傅禹進見東向蓋在室中待以賓禮帝蓋南向也李賢不分堂上室中而混言之耳先謙曰書鈔六十五續漢書作拜太子太傅進見東宮甚有優寵蓋誤居歲餘寢疾〔集解〕惠棟曰袁宏紀禹遭光武皇帝憂悲哀吐血因發病薨帝數自臨問㠯子男二人爲郎永平元年年五十七薨謚曰元侯帝分禹封爲三國長子震爲高密侯襲爲昌安侯珍爲夷安侯禹少子鴻好籌策永平中㠯爲小侯引入與議邊事帝㠯爲能拜將兵長史率五營士屯雁門肅宗時爲度遼將軍永元中與大將軍竇憲俱出擊匈奴有功徵行車騎將軍〔集解〕劉攽曰檢和帝紀有事字明此脫一事字也先謙曰東觀記位在九卿上絕坐出塞追畔胡逢侯坐逗留下獄死高密侯震卒子乾嗣乾尙顯宗女沁水公主〔集解〕惠棟曰名致永元十四年陰皇后巫蠱事發乾從兄奉㠯后舅被誅乾從坐國除元興元年和帝復封乾本國拜侍中乾卒子成嗣成

卒子褒嗣褒尚安帝妹舞陰長公主集解周壽昌曰舞陰爲清河王慶次女名別得桓帝時爲少府褒卒長子某嗣少子昌襲母爵爲舞陰侯集解惠棟曰皇后紀其皇后封公主者所生之子襲母封爲列侯皆傳國于後拜黃門侍郎昌安侯襲嗣子藩亦尚顯宗女平皋長公主平皋縣名屬河內郡故城在今懷州武德縣西集解惠棟曰志作平睪睪皋古字通和帝時爲侍中夷安侯珍子康少有操行兄良襲封無後永初六年紹封康爲夷安侯時諸紹封者皆食故國半租康以皇太后戚屬獨三分食二以侍祠侯漢官儀曰諸侯功德優盛朝廷所敬者位特進在三公下其次朝侯在九卿下其次侍祠侯其次下士小國侯以肺腑親公主子孫奉墳墓於京師亦隨時朝見是爲隈諸侯也康太后從兄以親侍祀得紹封也集解劉攽曰注隈諸侯案隈當作偎事在獨斷也沈欽韓曰下士疑作下土連下小國侯讀周壽昌曰諸侯位特進者稱特侯見本書禮儀志侍祠侯又見張奮劉般等傳又般爵爲侍祠侯還爲朝侯百官志注引胡廣制度曰是爲猥諸侯不云作偎也隈偎猥通用古今字作猥似較合廣雅猥眾也先謙曰官本注朝侯作列侯爲越騎校尉康以太后久臨朝政宗門盛滿數上書長樂宮諫爭宜崇公室自損私權言甚切至太后不

後漢書十六　七

從康心懷畏懼永寧元年遂謝病不朝太后使內侍者問之時宮人出入多能有所毀譽其中耆宿皆稱中大人所使者乃康家先婢亦自通中大人康聞詬之詬罵也音許遘反曰汝我家出亦敢爾邪婢怨恚還說康詐疾而言不遜太后大怒遂免康官遣歸國絕屬籍及從兄隲誅隲音質安帝徵康爲侍中順帝立爲太僕有方正稱名重朝廷以病免加位特進陽嘉三年卒謚曰義侯

論曰夫變通之世君臣相擇家語孔子曰君擇臣而任之臣亦擇君而事之斯最作事謀始之幾也幾者事之微也易訟卦曰君子以作事謀始鄧公羸糧徒步觸紛亂而赴光武方言曰羸檐集解先謙曰官本檐作擔古通作可謂識所從會矣於是中分麾下之軍以臨山西之隙至使關河響動懷赴如歸功雖不遂而道亦弘矣及其威損栒邑兵散宜陽褫龍章於終朝就侯服以卒歲褫音直紙反又敕紙反龍章袞龍之服也謂禹爲赤眉所敗上司徒印綬也易訟卦曰或錫之鞶帶終朝三褫之榮悴交而下無二色進退用而上無猜情使君臣之美後世莫闕其間不亦君子之致爲乎

訓字平叔禹第六子也少有大志不好文學禹嘗非之顯宗即位初以爲郎中訓樂施下士士大夫多歸之東觀記曰訓謙恕下士無貴賤見之如舊朋友子往來門內視之如子有過加鞭扑之教大醫皮巡從獵上林還暮宿殿門下寒疝病發時訓直事聞巡聲起往問之巡曰冀得火以熨背訓身至太官門爲求火不得乃以口噓其背復呼同廬郎共更噓至朝遂愈也永平中理虖沱石臼河集解惠棟曰伏侯古今注永平十年作常山呼沱河蒲吾渠通漕船水經注司馬彪郡國志常山南行唐縣有石臼谷蓋資以乘呼沱之水轉山東之漕也從都慮至羊腸倉酈元水經注云汾陽故城積粟所在謂之羊腸倉在晉陽西北石隥縈委若羊腸焉故以爲名今嵐州界羊腸阪是也石臼河解見明紀集解惠棟曰水經注慮作盧欲令通漕水運曰漕太原吏人苦役連年無成轉運所經三百八十九隘隘音乙賣反前後沒溺死者不可勝算建初三年拜訓謁者使監領其事集解惠棟曰水經注云監護水功訓考量隱括隱審量括之也孫卿子曰拘木必待隱括蒸揉然後直也拘音鉤謂曲者也集解惠

後漢書十六　八

棟曰劉熙孟子注隱度也括量也荀子云府然若渠堰隱括之于己也知大功難立具以上言肅宗從之遂罷其役更用驢輦歲省費億萬計全活徒士數千人會上谷太守任興欲誅赤沙烏桓怨恨謀反集解沈欽韓曰烏桓傳言烏桓死者神靈歸赤山祭形傳作赤山烏桓此赤沙疑赤山之誤先謙曰如沈說烏桓下似當重烏桓二字詔訓將黎陽營兵屯狐奴以防其變漢官儀曰中興以幽冀幷州兵克定天下故於黎陽立營以謁者監之狐奴縣屬漁陽郡也訓撫接邊民爲幽部所歸六年遷護烏桓校尉黎陽故人多攜將老幼集解惠棟曰將扶也字亦作攜樂隨訓徙邊東觀記曰訓故吏最貧羸者舉國念訓常所服藥北州少乏又知訓好青泥封書從黎陽步推鹿車於洛陽市藥還過趙國易陽幷載青泥一襆至上谷遺訓其得人心如是集解惠棟曰襆當作樸鮮卑聞其威恩皆不敢南近塞下東觀記曰吏士常大病瘧轉易至數十人訓身爲煮湯藥咸得平愈其無妻者爲適配偶集解先謙曰東觀記作數千人十字蓋誤八年舞陰公主子梁扈有罪訓坐私與扈通書徵免歸閭里東觀記曰燕人思慕爲之作歌也元和三年盧水胡反畔以訓爲謁者乘傳到武威拜張掖太守集解惠棟曰東觀記以身率下河西改俗鄰郡

則之章和二年護羌校尉張紆誘誅燒當種羌迷吾等由是諸羌大怒謀欲報怨朝廷憂之公卿舉訓代紆為校尉諸羌激忿遂相與解仇結婚交質盟詛鄭玄注周禮云大事曰盟小事曰詛集解先謙曰張紆事可與西羌傳參看眾四萬餘人期冰合度河攻訓先是小月氏胡分居塞內勝兵者二三千騎集解劉攽曰案前書皆但言勝兵若干此誤出者字先謙曰前書西域傳省去者字耳然勝字應讀平聲有者字亦可非誤出皆勇健富彊每與羌戰常以少制多雖首施兩端首施猶首鼠也集解沈欽韓曰史記萬石張叔傳如淳注施讀曰移漢亦時收其用時迷吾子迷唐別與武威種羌合兵萬騎來至塞下未敢攻訓先欲脅月氏胡訓擁衞稽故令不得戰稽故謂稽畱事故也東觀記稽故字作諸故也集解惠棟曰平準書稽市物踊躍韋昭云稽畱待之司馬貞云稽者停也留也議者咸以羌胡相攻縣官之利以夷伐夷不宜禁護訓曰不然今張紆失信眾羌大動經常屯兵不下二萬轉運之費空竭府帑說文曰帑金帛所藏音宅莽反涼州吏人命縣絲髮原諸胡所以難得意者皆

恩信不厚耳今因其迫急以德懷之庶能有用遂令開城及所居園門悉驅羣胡妻子內之嚴兵守衞羌掠無所得掠劫奪也又不敢逼諸胡因即解去由是湟中諸胡湟中月氏胡所居今鄯州湟水縣也皆言漢家常欲鬭我曹今鄧使君待我以恩信開門內我妻子乃得父母咸歡喜叩頭曰唯使君所命訓遂撫養其中少年勇者數百人以為義從羌胡俗恥病死每病臨困輒以刀自刺訓聞有困疾者輒拘持縛束不與兵刃使醫藥療之愈者非一小大莫不感悅於是賞賂諸羌種使相招誘迷唐伯父號迷吾集解沈欽韓曰西羌傳號吾即迷吾弟此多一迷字又非伯父乃將其母及種人八百戶自塞外來降訓因發湟中秦胡羌兵四千人出塞掩擊迷唐於寫谷東觀記曰寫作雁集解沈欽韓曰顧炎武郡國利病書西寧衞下云雁谷在今臨羌縣西鄧訓掩擊羌迷唐處斬首虜六百餘人得馬牛羊萬餘頭迷唐乃去大小榆兩國名也見西羌傳集解惠棟曰水經注河水逕西海郡南又東逕允川而歷大榆谷小榆谷此二榆土地肥美羌

所依阻也沈欽韓曰行都司志榆谷在金城西二百里案在西寧府西南邊外先謙曰官本注國作谷是居頗巖谷眾悉破散其春復欲歸故地就田業訓乃發湟中六千人集解通鑑胡注夾湟兩岸之地通謂之湟中沈欽韓曰一統志湟河番名波洛沖克河在西寧邊外西北青海之東源出噶爾藏嶺入西寧西川邊內為西寧河又東南三百餘里至莊浪衞降唐堡入大通河鞹桔湟中城在西寧邊外西北令長史任尚將之縫革為船置於箄上以渡河箄木筏也音步佳反掩擊迷唐廬落大豪多所斬獲復追逐奔北會尚等夜為羌所攻於是義從羌胡并力破之斬首前後一千八百餘級獲生口二千人馬牛羊三萬餘頭一種殆盡一種謂迷唐也迷唐遂收其餘部遠徙廬落西行千餘里諸附落小種皆背畔之燒當豪帥東號稽顙歸死東號羌名餘皆款塞納質於是綏接歸附威信大行遂罷屯兵各令歸郡唯置弛刑徒二千餘人分以屯田為貧人耕種修理城郭塢壁而已永元二年大將軍竇憲將兵鎮武威憲以訓曉羌胡方略上求俱行訓初厚於馬氏不為

諸竇所親及憲誅故不離其禍也離遭訓雖寬中容眾而於閨門甚嚴兄弟莫不敬憚諸子進見未嘗賜席接以溫色四年冬病卒官時年五十三吏人羌胡愛惜旦夕臨者日數千人戎俗父母死恥悲泣皆騎馬歌呼至聞訓卒莫不吼號或以刀自割又刺殺其犬馬牛羊曰鄧使君已死我曹亦俱死耳前烏桓吏士皆奔走道路訓前任烏桓校尉時吏士也至空城郭吏執不聽以狀白校尉徐傿傿歎息曰此義也傿音於建反集解通鑑胡注傿蓋為烏桓校尉先謙曰官本傿作鄢乃釋之遂家家為訓立祠每有疾病輒此請禱求福集解先謙曰此字疑衍或此上奪於字元興元年和帝以訓皇后之父使謁者持節至訓墓賜策追封謚曰平壽敬侯平壽縣屬北海郡故城在今青州北海縣中宮自臨百官大會訓五子騭京悝弘閶悝音口回反集解惠棟曰東觀記悝字叔昭閶字季昭騭字昭伯騭東觀記作陟少辟大將軍竇憲府及女弟為貴人騭兄弟皆

除郎中及貴人立是爲和熹皇后騭三遷虎賁中郎將京悝弘閶皆黃門侍郎京卒於官延平元年拜騭車騎將軍儀同三司集解先謙曰東觀記復出儀同三司四字爲是始自騭也集解惠棟曰東觀記儀同三司有開府之號始自騭也李涪云騭爲開府儀同三司謂別開一府得比三公悝虎賁中郎將弘閶皆侍中殤帝崩太后與騭等定策立安帝悝遷城門校尉弘虎賁中郎將自和帝崩後騭兄弟常居禁中集解惠棟曰東觀記鄧悝傳云自延平之初以國新遭大憂故悝兄弟率常在中供養兩宮騭謙遜不欲久在內連求還第集解惠棟曰東觀記悝兄弟上疏自陳愚闇糞朽幸得遭値明盛兄弟充列顯位並侍帷幄預聞政事無拾遺一言之助以補萬分而久在禁省日月益長罪責日深惟陛下哀矜之先謙曰官本弟作第下同歲餘太后乃許之永初元年封騭上蔡侯集解沈欽韓曰今汝寧府上蔡縣西悝葉侯集解沈欽韓曰今南陽府葉縣南三十里弘西平侯西平縣屬汝南郡故城在今豫州郾城縣南集解先謙曰注見光武紀閶西華侯西華縣屬汝南郡也集解先謙曰注見光武紀官本注末無也字食邑各萬戶騭以定策功增邑三千戶騭等辭讓不獲遂逃避使者間關詣闕間關猶崎嶇也上疏自陳曰臣兄弟汙穢無分可採言無分寸可收採也過以外戚遭値明時也過誤託日月之末光被雲雨之渥澤易曰夫聖人者與天地合其德日月齊其明又云雲行雨施天下平也並統列位光昭當世不能宣贊風美補助清化誠慙誠懼無以處心陛下躬天然之姿體仁聖之德遭國不造仍離大憂造成也仍頻也大憂和帝殤帝崩開日月之明運獨斷之慮援立皇統奉承大宗聖策定於神心休烈垂於不朽本非臣等所能萬一而猥推嘉美並享大封猥曲也伏聞詔書驚惶慙怖追觀前世傾覆之誡前代外戚上官安霍禹之屬皆被誅戮也退自惟念不寒而慄惟思也不寒而慄言恐懼也前書曰義縱爲定襄太守郡中不寒而慄也臣等雖無逮及遠見之慮猶有庶幾戒懼之情常母子兄弟內相敕厲冀以端慤畏愼一心奉戴上全天恩下完性命刻骨定分有死無二終不敢橫受爵土以增罪累惶窘征營集解惠棟曰小顏云征營惶恐不自安之意也昧死陳乞太后不聽騭頻上疏至於五六乃許之

其夏涼部畔羌搖蕩西州朝廷憂之於是詔騭將左右羽林北軍五校士及諸部兵擊之車駕幸平樂觀餞送騭西屯漢陽使征西校尉任尚從事中郎司馬鈞與羌戰大敗時以轉輸疲弊百姓苦役冬徵騭班師班還也集解惠棟曰案西羌傳騭于元年冬屯漢陽二年冬敗于平襄洪适云帝紀班師在二年十一月傳有脫字也沈欽韓曰黃伯思東觀餘論近歲關右人發地得古甕中有東漢時竹簡永初二年討羌符與范書紀二年班師合明冬上脫文朝廷以太后故遣五官中郎將迎拜騭爲大將軍軍到河南使大鴻臚親迎中常侍齎牛酒郊勞王主以下候望於道既至大會羣臣賜束帛乘馬駟馬曰乘寵靈顯赫光震都鄙集解通鑑胡注王主諸王及諸公主也鄧騭西征無功而還當引罪求自貶以謝天下據勢持權以受榮寵於心安乎君子是以知其不終也時遭元二之灾臣賢案元二即元元也古書字當再讀者即於上字之下爲小二字言此字當兩度言之後人不曉遂讀爲元二或同之陽九或附之百六良由不悟致斯乖舛今岐州石鼓銘凡重言者皆爲二字明驗也集解杭世駿曰案王充論衡恢國篇云今上嗣位元二之間嘉德布流三年零陵生芝草四年甘露降五縣五年芝復生六年黃龍見蓋章帝時事考之本紀所書建初三年以後諸瑞皆同則知所謂元二者謂建初元年二年也既稱嘉德布流以致祥瑞其爲非災眚之語益可決疑安帝永初元年二年先零滇羌叛寇郡國地震大水鄧騭以二年十一月拜大將軍則知所謂元二者謂永初元年二年也凡漢碑重文不皆用小二字豈有范史一部唯獨一處如此惠棟曰趙明誠云漢司隸楊孟文開石門頌云中遭元二西戎虐殘橋梁斷絕若讀爲元元則爲不成文理疑當時自有此語漢書注未必然也洪适云案漢刻如北海相景君及李翕夫人之碑凡重文皆以小二字贅其下此碑有蒸蒸明明世世勤勤亦不再出上一字然非若元二遂書爲大二字也又孔耽碑云遭元二轗軻人民相食若作元元則下文不應又言人民注之非明矣人士荒飢死者相望盜賊羣起四夷侵畔集解惠棟曰洪适云安帝紀書永初二年之間萬民飢流羌貊叛戾石門頌所云西戎殘虐橋梁斷絕又未秋隕霜稼苗夭殘終年不登匱餧之患正是鄧騭出師時也人士當作人民騭等崇節儉罷力役推進天下賢士何熙祋諷祋姓也音丁外反又音丁活反羊浸集解先謙曰官本浸作祲李郃陶敦等列於朝廷辟楊震朱寵陳禪置之幕府故天下復安四年母新野君寢病騭兄弟並上書求還侍養太后以閶最少孝行尤著特聽之賜安車駟馬及新野君薨騭等復乞身行服章連上太后許之集解王補曰本書太后欲不許以問曹昭昭上

疏言其能以禮讓宜見矜允詳列女曹世叔妻傳騭等既還里弟竝居冢次閶至孝骨立有聞當時集解周壽昌曰案時值永初三年詔大臣行三年喪故騭上書得請而兄弟廬墓終喪貴戚中尤難得又桓郁傳云肅宗即位郁以母憂乞身詔聽以侍中行服郁子焉安帝永甯中以母憂自乞聽以大夫行喪踰年詔奪服拜官周槃傳和帝時以思母棄官還鄉母歿哀幾毀滅服終遂廬墓側此皆永初以前事其載在漢碑者司隸魯峻以母喪乞身廬墓縈陽令楊君上虞長度尚皆以叔父憂去官此事度尚傳未載西鄂長陽嘉以伯母憂思善侯相楊著以從兄統郃陽令曹全以同產弟憂廣平令仲定以姊憂皆解官而歸此皆可補史闕及服闋詔喻騭還輔朝政更授前封騭等叩頭固讓乃止於是竝奉朝請位次在三公下特進侯上在特進列侯之上及其有大議乃詣朝堂與公卿參謀元初二年弘卒太后服齊衰帝絲麻竝宿幸其第弘少治歐陽尚書授帝禁中歐陽生字和伯千乘人事伏生武帝時人集解先謙曰東觀記宏字叔紀天資善學年十五治歐陽尚書師事劉述常在師門布衣徒行講誦孜孜不輟奴醉擊長壽亭長亭長將詣第白之宏即見亭長賞錢五千厲之曰直健當然異日奴復與宮中衛士忿爭士箠奴宏聞又與五千宏收恤故舊無所失父所厚同郡郎中王臨年老貧乏宏常居業給足乞與衣裘輿馬施之終竟諸儒多歸附之初疾病遺

言悉以常服不得用錦衣玉匣有司奏贈弘驃騎將軍位特進封西平侯太后追思弘意不加贈位衣服但賜錢千萬布萬匹騭等復辭不受詔大鴻臚持節即弘殯封子廣德為西平侯將葬有司復奏發五營輕車騎士禮儀如霍光故事霍光薨宣帝遣太中大夫侍御史持節護喪事中二千石修莫府冢上賜玉衣梓宮便房黃腸題湊輼輬車黃屋左纛輕車材官五校士以送葬也集解先謙曰東觀記云有司請加諡曰昭成侯太后皆不聽但白蓋雙騎門生輓送白蓋車也集解沈欽韓曰續志千石以上皁繒覆蓋三百石以皁布蓋二百石以下白布蓋又騎吏千石以下至三百石縣長二人此白蓋雙騎庶士之禮後以帝師之重分西平之都鄉封廣德弟甫德為都鄉侯四年又封京子黃門侍郎珍為陽安侯邑三千五百戶集解沈欽韓曰京子於夷安侯珍為從祖不應同名袁宏紀云封京子寶為陽安侯五年悝閶相繼竝卒皆遺言薄葬不受爵贈集解先謙曰東觀記閶字季昭于時國家每有災異水旱閶側身暴露憂懼顦顇形於顏色公卿以下咸高尚焉漢興以來為外戚儀表閶出則陪乘入侍左右忠言善謀先納聖善匡輔之言朝夕獻納雖內得於上身在親近不敢自恃兢兢之心彌以篤固也鄧太后報閶

日長歸冥冥往而不反太后竝從之乃封悝子廣宗為葉侯閶子忠為西華侯自祖父禹教訓子孫皆遵法度深戒竇氏章帝竇皇后竇勳女祖穆及叔父俱尚主穆交通輕薄屬託郡縣干亂政化後竝坐怨望謀不軌被誅故鄧氏深引為誡也檢敕宗族闔門靜居也騭子侍中鳳嘗與尚書郎張龕書屬郎中馬融集解惠棟曰永初三年融為鄧騭舍人四年拜郎中也宜在臺閣又中郎將任尚嘗遺鳳馬後尚坐斷盜軍糧檻車徵詣廷尉檻車謂以板四周為檻無所見鳳懼事泄先自首於騭騭畏太后遂髡妻及鳳以謝集解惠棟曰騭妻寇恂之女孫也天下稱之建光元年太后崩未及大斂帝復申前命封騭為上蔡侯位特進帝少號聰敏及長多不德而乳母王聖見太后久不歸政慮有廢置常與中黃門李閏侯伺左右集解王補曰此下通鑑有共毀短太后於帝帝每懷忿懼先謙曰官本閏作閏是及太后崩宮人先有受罰者集解惠棟曰李郃別傳云宮人趙任等也懷怨恚因誣告悝弘閶先從尚書鄧訪集解惠棟曰袁宏紀作防取廢帝故事謀立平原王得和帝長子平原王勝

無嗣鄧太后立樂安王寵子得為平原王集解萬承蒼曰案得當作翼安帝紀及章八王傳可據得又無子以翼為嗣安帝黜此貶翼為都鄉侯注失考正帝聞追怒令有司奏悝等大逆無道遂廢西平侯廣德葉侯廣宗西華侯忠陽安侯珍都鄉侯甫德皆為庶人騭以不與謀但免特進遣就國宗族皆免官歸故郡沒入騭等貲財田宅徙鄧訪及家屬於遠郡郡縣逼迫廣宗及忠皆自殺又徙封騭為羅侯羅縣屬長沙國集解先謙曰在今長沙府湘陰縣東北六十里騭與子鳳竝不食而死騭從弟河南尹豹集解沈欽韓曰東觀記豹字伯庠遷大匠工無虛張之繕徒無饑寒之色御覽二百五十二引李郃別傳日豹為將作大匠河南尹缺豹欲得之上及騭兄弟欲用難便召拜詔令公卿舉騭以旨遣人諷公卿悉舉豹公曰司隸河南尹當整頓京師御貴戚今反使親家為之不可為後法公舉司隸羊袤不舉豹坐免京師見不得尹恨公卿不舉對七大夫曰李公能不舉故我不得尹耶案此云河南尹豹則豹竟得之也先謙曰豹欲得尹容有之或亦后意所屬以騭之賢而以旨諷公卿舉豹必無是事所謂盡信書不如無書也度遼將軍舞陽侯遵集解先謙曰東觀記遵元初中為度遼將軍討擊羌虜斬首八百餘級得鎧弩刀矛戰楯匕首二三千枚破匈奴得釜鑊二三千枚得匕首三千枚詔賜駮犀劍遵破諸羌詔賜遵金剛鮮卑

緄帶一具虎賁鞶囊一金錯刀五十辟把刀墨再屈環橫刀金錯屈尺八佩刀各一金蚩尤辟兵鉤一將作大匠暢皆自殺唯廣德兄弟㠯母閻后戚屬得留京師大司農朱寵痛隲無罪遇禍乃肉袒輿櫬櫬親身棺也上疏追訟隲曰伏惟和熹皇后聖善之德爲漢文母詩凱風曰母氏聖善文母文王之母太任也言太后有聖智之善比於文母也集解惠棟曰一說文母謂太姒見列女傳兄弟忠孝同心憂國宗廟有主王室是賴殤帝崩太后與隲定立安帝故曰是賴功成身退讓國遜位歷世外戚無與爲比當亨積善履謙之祐易曰積善之家必有餘慶又曰鬼神害盈而福謙而橫爲宮人單辭所陷集解通鑑胡注兩造不備又無左證者爲單辭利口傾險反亂國家罪無申證申明白也獄不訊鞫訊問也鞫窮也遂令隲等罹此酷濫一門七人竝不㠯命七人謂隲從弟豹遵暢隲子鳳鳳從弟廣宗忠也屍骸流離怨魂不反逆天感人率土喪氣宜收還冢次寵樹遺孤奉承血祀㠯謝亡靈血祀謂祭廟殺牲取血以告神也寵知其言切自致廷尉詔免官歸田里衆庶多爲隲稱枉帝意頗悟乃譴讓州郡以逼迫廣宗等故也還葬洛陽北芒舊塋公卿皆會喪莫不悲傷之詔遣使者

祠㠯中牢諸從昆弟皆歸京師及順帝卽位追感太后恩訓愍隲無辜乃詔宗正復故大將軍鄧隲宗親內外朝見皆如故事除隲兄弟子及門從十二人悉爲郎中擢朱寵爲太尉錄尚書事寵字仲威京兆人初辟隲府稍遷潁川太守集解惠棟曰袁宏紀寵京兆杜陵人也初爲潁川太守表孝悌儒義理冤獄撫孤老功曹主簿皆選明經有高行者每出行縣使文學祭酒佩經書前驅頓止亭傳輒復教授周旋阡陌勸課農桑寵以正月歲首宴賜羣吏問功曹吏鄭凱曰聞貴郡山川多產奇士前賢往哲可得聞乎對曰鄙郡炳嵩山之靈受中岳之精是以聖賢龍蟠俊乂鳳集昔許由巢父恥受堯禪洗耳河濱重道輕帝遁世高峙樊仲父者志絜心遐恥飲山河之功賤天下之重抗節參雲公儀許由俱出陽城留侯張良奇謀輔世元算入微濟生民之命恢帝王之略功成而不居爵厚而不受出于輔成胡元安體曾參之至行履樂正之純業喪親泣血骨立形存精誠洞于神明雉兔集其左右出于潁陽彪義山英姿秀偉逸才挺出究孔聖之房奧存文武于將墜文麗春華辭蔚藻績出于昆陽杜伯夷經學稱于師門政事熙于國朝清身不苟有於陵之操損己存公有公儀之節以榮華爲塵埃以富貴爲厚累草廬蓬門藜藿不供出于定陵寵曰太原周伯況汝南周彥祖皆辭徵聘之寵隱林藪之中清邁夷齊節擬古人恐貴郡之士未有如此者也凱對曰此二賢但讓公卿之榮耳若許由不受堯位樊仲父不屈當世以此准之不以遠乎寵徵入爲大鴻臚拜太尉棟案鄭凱字召公見會稽典錄治理有聲集解劉攽曰案他處無治理竝出者蓋本以理字代治後人誤兩存之周壽昌曰前書循吏傳序故二千石有治理效輒以璽書勉厲朱博傳人爲長安令京師治理是治理兩字范郎本於班也貢父亦殊疏舛及拜太尉集解惠棟曰謝承書云寵爲太尉家貧食脫粟飯臥布被朝廷賜錦被粱肉皆不敢受封安鄉侯甚加優禮廣德早卒甫德更召徵爲開封令集解劉攽曰案已言召又云徵文理重疊蓋多一召字學傳父業喪母遂不仕閻妻耿氏有節操痛鄧氏誅廢子忠早卒乃養河南尹豹子嗣爲閻後耿氏教之書學遂㠯通博稱永壽中與伏無忌延篤著書東觀官至屯騎校尉禹曾孫香子女爲桓帝后帝又紹封度遼將軍遵子萬世爲南鄉侯拜河南尹及后廢萬世下獄死其餘宗親皆復歸故郡鄧氏自中興後累世寵貴凡侯者二十九人公二人大將軍㠯下十三人中二千石十四人列校二十二人州牧郡守四十八人其

餘侍中將大夫郎謁者不可勝數集解惠棟曰東觀記無將字錢大昕曰竇憲傳亦云其爲侍中將大夫郎吏十餘人班史百官表侍中加官所加官或列侯將軍卿大夫將都尉至郎中亡員如淳曰將謂郎將以下也金日磾傳亦有侍中諸曹將大夫之文或疑將上有奪文非是東京莫與爲比

論曰漢世外戚自東西京十有餘族高帝呂后昭帝上官后宣帝霍后成帝趙后平帝王后章帝竇后和帝鄧后安帝閻后桓帝竇后順帝梁后靈帝何后等家或以貴盛驕奢或以攝位權重皆以盈極被誅也非徒豪橫盈極自取災故必於貽釁後主㠯至顚敗者其數有可言焉後主謂嗣君也言外戚握權者當先帝時或容免禍必貽罪釁於嗣君以至傾覆數猶理也其致敗之理可得言焉何則恩非己結而權已先之言外戚之家承隆寵於先帝不結恩於後主故權勢先在其身也情疏禮重而枉性圖之圖謀也其人既居權要禮數不可不重故後主枉其本性與之圖謀政事非心所好也來寵方授地既害之後來寵者方欲授之要職而先代權臣見居其地必須除舊方得授新是地既害之也隙開埶謝讒亦勝之君臣有隙上下離心則權寵之人形勢漸謝於是讒人構會尋亦勝也悲哉隲悝兄弟委遠時柄忠勞王室而終莫之免斯樂生所㠯泣而辭燕也樂毅忠於燕昭

王其子惠王立而疑樂毅樂毅懼而奔趙趙王謂樂毅曰燕力竭於齊其主信讒國人不附其可圖乎毅伏而垂涕曰臣事昭王猶事大王也臣若獲戾於宅國沒身不忍謀趙徒隸況其後嗣乎

寇恂字子翼上谷昌平人也世為著姓集解惠棟曰風俗通蘇忿生為周武王司寇其後以官為寇氏陳留風俗傳浚儀有寇氏黃帝之後恂初為郡功曹集解惠棟曰袁宏紀恂好學為郡功曹太守耿況甚重之王莽敗更始立使使者徇郡國集解惠棟曰孟康云徇畧也如淳云徇音撫徇之徇徇其人民曰先降者復爵位恂從耿況迎使者於界上集解惠棟曰水經注居庸關在沮陽城東南六十里居庸界故關名矣使者入上谷耿況迎之于居庸關即是關也況上印綬使者納之一宿無還意恂勒兵入見使者就請之使者不與曰天王使者功曹欲脅之邪恂曰非敢脅使君君者尊之稱也竊傷計之不詳也今天下初定國信未宣使君建節銜命以臨四方郡國莫不延頸傾耳望風歸命今始至上谷而先墮大信墮毀也沮向化之心生離畔之隙將復何以號令它郡乎且耿府君在上谷久為吏人所親今易之得賢則造次未安不賢則祇生亂集解先謙曰官本祇下有更字考證云監本無更字為

使君計莫若復之以安百姓使者不應恂叱左右以使者命召況況至恂進取印綬帶況使者不得已乃承制詔之況受而歸及王郎起遣將徇上谷急況發兵集解王鳴盛曰當作急發況兵恂與門下掾閔業共說況曰邯鄲拔起難可信向拔卒也集解沈欽韓曰禮少儀毋拔來注拔疾也與此義同昔王莽時所難獨有劉伯升耳今聞大司馬劉公伯升母弟尊賢下士士多歸之可攀附也況曰邯鄲方盛力不能獨拒如何恂對曰今上谷完實控弦萬騎舉大郡之資可以詳擇去就恂請東約漁陽齊心合眾邯鄲不足圖也況然之乃遣恂到漁陽結謀彭寵恂還至昌平襲擊邯鄲使者殺之奪其軍遂與況子弇等俱南及光武於廣阿拜恂為偏將軍號承義侯從破羣賊數與鄧禹謀議禹奇之因奉牛酒共交歡光武南定河內而更始大司馬朱鮪等盛兵據洛陽又幷州未安光武難其守非其人不可故難之問於鄧禹曰諸將誰可使守河內者集解先謙曰書鈔六十五引續漢書云光武欲定河內謂鄧禹曰朕有河內猶高祖有關中非蕭何誰能鎮之為吾舉如蕭何者作帝語與此微異禹曰昔高祖任蕭何於關中無復西顧之憂所以得專精山東集解王鳴盛曰此山東與鄭康成傳以山東無足問乃西入關事扶風馬融並與史記秦紀引賈生言秦幷兼諸侯山東三十餘郡山東豪俊並起亡秦之山東同亦皆謂陝山以東終成大業今河內帶河為固戶口殷實北通上黨南迫洛陽寇恂文武備足有牧人御眾之才非此子莫可使也乃拜恂河內太守行大將軍事光武謂恂曰河內完富吾將因是而起昔高祖留蕭何鎮關中吾今委公以河內堅守轉運給足軍糧率厲士馬防遏它兵勿令北度而已光武於是復北征燕代恂移書屬縣講兵肄射肄習也伐淇園之竹為矢百餘萬前書音義曰淇園衛之苑多竹篠也集解惠棟曰戴凱之竹譜云淇園衛地殷紂竹箭園也見班彪志淮南子曰烏號之弓貫淇園之箭也為矢東觀記作治矢養馬二千匹收租肆百萬斛轉以

給軍朱鮪聞光武北而河內孤使討難將軍蘇茂副將賈彊將兵三萬餘人度鞏河攻溫鞏溫並今洛州縣也臨黃河故曰鞏河也集解通鑑胡注鞏河即五社津也先謙曰官本注無二也字檄書至恂即勒軍馳出並移告屬縣發兵會於溫下軍吏皆諫曰今洛陽兵度河前後不絕宜待眾軍畢集乃可出也恂曰溫郡之藩蔽失溫則郡不可守遂馳赴之旦日合戰而偏將軍馮異遣救及諸縣兵適至士馬四集幡旗蔽野恂乃令士卒乘城鼓譟大呼言曰劉公兵到蘇茂軍聞之陳動恂因奔擊大破之追至洛陽遂斬賈彊茂兵自投河死者數千生獲萬餘人恂與馮異過河而還自是洛陽震恐城門晝閉時光武傳聞朱鮪破河內有頃恂檄至大喜曰吾知寇子翼可任也諸將軍賀集解何焯曰軍誤疑作畢惠棟曰河內定則天下不足憂故諸將皆賀也因上尊號於是即位時軍食急乏恂以輦車驪駕轉輸前後不絕前書音義曰驪駕併駕也輦車人挽行也尚書升斗以稟百官帝

數策書勞問恂同門生茂陵董崇集解周壽昌曰同門生師門共學之稱論語包咸注同門爲朋皇侃疏同處師門曰朋觀後恂好學聘能爲左氏春秋親受學焉是崇必素與恂共學者也亦見王丹傳說恂曰上新即位四方未定而君侯吕此時據大郡內得人心外破蘇茂威震鄰敵功名發聞此讒人側目怨禍之時也集解先謙曰東觀記時作府當是昔蕭何守關中悟鮑生之言而高祖悅漢王與項羽相拒京索蕭何留守關中上數使使勞苦何鮑生謂何曰今君王暴衣露蓋數勞苦君者有疑君心爲君計者遣君子孫昆弟能勝兵者悉詣軍何從其計高祖大悅今君所將皆宗族昆弟也無乃當吕前人爲鏡戒恂然其言稱疾不視事

帝將攻洛陽先至河內恂求從軍帝曰河內未可離也數固請不聽乃遣兄子寇張姊子谷崇將突騎願爲軍鋒帝善之皆吕爲偏將軍建武二年恂坐繫考上書者免是時潁川人嚴終趙敦聚衆萬餘與密人賈期連兵爲寇恂免數月復拜潁川太守與破姦將軍傒進俱擊之數月斬期首郡中悉平定集解沈欽韓曰東觀記郡天生旅䵷豆收得一萬餘斛以給諸營

封恂雍奴侯邑萬戶執金吾賈復在汝南部將殺人於潁川部將謂軍部之下小將也恂捕得繫獄時尚草創軍營犯法率多相容恂乃戮之於市復吕爲恥還過潁川謂左右曰吾與寇恂竝列將帥而今爲其所陷大丈夫豈有懷侵怨而不決之者乎今見恂必手劒之恂知其謀不欲與相見谷崇曰崇將也得帶劒侍側卒有變足吕相當恂曰不然昔藺相如不畏秦王而屈於廉頗者爲國也史記曰秦王與趙王飲於澠池秦王請趙王鼓瑟秦御史書曰某年某月趙王爲秦王鼓瑟藺相如前請秦王擊缶秦王怒不許相如曰五步之內相如請得以頸血濺大王矣秦王不懌爲擊缶相如顧趙御史書曰某年某月秦王爲趙王擊缶秦羣臣曰請以趙十五城爲秦王壽相如曰請以秦咸陽爲趙王壽竟酒不能相加既罷歸國趙拜相如爲上卿位在廉頗之上頗曰我有攻城野戰之功相如徒以口舌爲勞而位居我上我見必辱之相如出望見廉頗輒引車避之舍人諫相如曰夫以秦王相如能廷叱之何畏廉將軍哉吾念彊秦不敢加兵於趙者蓋以吾兩人也今兩虎鬭必不俱全吾所以先公家之急而後私讎也區區之趙尚有此義吾安可吕忘之乎乃敕屬縣盛供具儲酒醪說文曰醪兼汁滓酒

執金吾軍入界一人皆兼二人之饌饌具也恂乃出迎於道稱疾而還賈復勒兵欲追之而吏士皆醉遂過去集解王補曰李伯紀迂論云將相當先國事而後私怨藺相如引車以避廉頗寇恂託疾以避賈復是也若修怨逞憾不恤國事如張延賞之沮李晟罷其兵柄力主會盟而致平涼之辱劉仁軌之憤李敬元表請爲帥以代己而致覆師之禍其賢不肖之相去豈不遠哉恂遣谷崇吕狀聞帝乃徵恂恂至引見時復先在坐欲起相避帝曰天下未定兩虎安得私鬬集解沈欽韓曰秦策兩虎相鬬而駑犬受其弊今日朕分之分猶解也於是竝坐極歡遂共車同出結友而去恂歸潁川東觀記曰郡中政理盜賊不入三年遣使者即拜爲汝南太守即就也又使驃騎將軍杜茂將兵助恂討盜賊盜賊清淨郡中無事恂素好學乃修鄉校敎生徒聘能爲左氏春秋者親受學焉七年代朱浮爲執金吾明年從車駕擊隗囂而潁川盜賊羣起帝乃引軍還謂恂曰潁川迫近京師當吕時定惟念獨卿能平之耳從九卿復出吕憂國可知也集解惠棟曰王幼學云七制解云時恂爲執金

吾雖非九卿亦陪卿也案劉熙釋名云漢置十二卿其六曰執金吾也沈欽韓曰前書百官表太常至執金吾秩皆中二千石毋將隆傳隆遷執金吾上詔曰隆位九卿恂對曰潁川剽輕聞陛下遠踰阻險有事隴蜀故狂狡乘間相詿誤耳狡猾也說文曰詿亦誤也音挂如聞乘輿南向賊必惶怖歸死臣願執銳前驅即日車駕南征恂從至潁川盜賊悉降而竟不拜郡百姓遮道曰願從陛下復借寇君一年恂前爲潁川太守故曰復借也乃留恂長社鎮撫吏人受納餘降初隗囂將安定高峻擁兵萬人據高平弟一高平縣屬安定郡續漢志曰高平有弟一城也集解先謙曰官本弟竝作第帝使待詔馬援招降峻由是河西道開中郎將來歙承制拜峻通路將軍封關內侯後屬大司馬吳漢共圍囂於冀及漢軍退峻亡歸故營復助囂拒隴阺及囂死峻據高平畏誅堅守建威大將軍耿弇率太中大夫竇士武威太守梁統等圍之一歲不拔十年帝入關將自征之恂時從駕諫曰長安道里居中應接近便從洛陽至高平長安爲中安定隴西

必懷震懼此從容一處集解惠棟曰從容安然自在之意可已制四方也今士馬疲倦方履險阻非萬乘之固前年潁川可為至戒帝不從進軍及汧汧縣屬扶風故城在今隴州汧源縣南也峻猶不下帝議遣使降之乃謂恂曰卿前止吾此舉今為吾行也若峻不即降引耿弇等五營擊之恂奉璽書至第一峻遣軍師皇甫文出謁辭禮不屈恂怒將誅文諸將諫曰高峻精兵萬人率多彊弩西遮隴道連年不下今欲降之而反戮其使無乃不可乎恂不應遂斬之遣其副歸告峻曰軍師無禮已戮之矣欲降急降不欲固守峻惶恐即日開城門降諸將皆賀因曰敢問殺其使而降其城何也恂曰皇甫文峻之腹心其所取計者也今來辭意不屈必無降心全之則文得其計殺之則峻亡其膽是以降耳諸將皆曰非所及也遂傳峻還洛陽恂經明行修名重朝廷所得秩奉厚施朋友故人及從吏士常曰吾因士大夫已

致此其可獨享之乎時人歸其長者已為有宰相器十二年卒諡曰威侯子損嗣集解惠棟曰水經注作楫恂同產弟及兄子姊子已軍功封列侯者凡八人終其身不傳於後初所與謀閔業者恂數為帝言其忠賜爵關內侯官至遼西太守十三年復封損庶兄壽為洨侯洨縣屬沛郡洨音胡交反集解沈欽韓曰在鳳陽府靈璧縣南五十里濠城集後徙封損扶柳侯扶柳縣屬信都郡故城在今冀州信都縣西也集解惠棟曰建武三十年徙封也水經注作扶都誤沈欽韓曰今冀州西南七十里蒲笠城損卒子羗嗣徙封商鄉侯羗卒子襲嗣恂女孫為大將軍鄧騭夫人由是寇氏得志於永初間安帝永初元年鄧太后臨朝故得志也恂曾孫榮

論曰傳稱喜怒已類者鮮矣左傳曰晉范武子變將老召其子文子曰吾聞之喜怒以類者鮮矣而易者實多也集解先謙曰官本注變作會是夫喜而不比怒而思難者其唯君子乎子曰伯夷叔齊不念舊惡怨是用希於寇公而見之矣

榮少知名桓帝時為侍中性矜潔自貴於人少所與與黨與也已此見害於權寵而從兄子尚帝妹益陽長公主帝又聘其從孫女於後宮左右益惡之延熹中遂陷已罪辟與宗族免歸故郡吏承望風旨持之浸急榮恐不免奔闕自訟未至刺史張敬追劾榮已擅去邊有詔捕之榮逃竄數年會赦令不得除積窮困乃自亡命中上書曰自從也集解惠棟曰袁宏紀乃亡命山中上書王補曰東都外戚以鄧騭之賢而不獲免然猶賴朱寵追訟得以表暴寇榮以無罪見誅無人為之申雪故范史詳載亡命中所上書所以深悲之也而鄭氏通志既刪去書文又謫其辭語忿怨其識下於范氏遠矣善夫袁宏論之曰寇榮之心良可哀矣然終至滅亡者豈非命也哉臣聞天地之於萬物也好生帝王之於萬人也慈愛陛下統天理物為萬國覆作人父母先慈愛後威武先寬容後刑辟自生齒已上咸蒙德澤大戴禮曰男子八月生齒女子七月生齒也而臣兄弟獨已無辜為專權之臣所見批抵說文曰抵側擊也批音片兮反抵音之氏反集解先謙曰官本注兮作支青蠅之人所共構會青蠅詩小雅曰營營青蠅止于樊愷悌君子無信讒言青蠅能污白使黑污黑使白喻佞人變亂善惡已臣婚姻王室謂臣將撫其背

奪其位退其身受其埶於是遂作飛章已被於臣欲使墜萬仞之阬踐必死之地令陛下忽慈母之仁發投杼之怒史記曰昔曾參之處費魯人又有與曾參同姓名殺人人告其母曰曾參殺人其母織自若也又一人告之曰曾參殺人其母尚織自若也又一人告之曰曾參殺人其母乃投杼下機踰牆而走夫以曾參之賢其母猶生疑於三告尚書背繩墨案空劾繩墨謂法律也不復質确其過寘於叢棘之下質正也确實也說文云确音胡角反此苦角反嚴棘為獄也易坎上六曰繫用徽纆寘于叢棘也集解沈欽韓曰詩毛傳獄确也音義盧植云相質觳爭訟者也崔云字當為确說文确磬石也非此義先謙曰官本注為作謂為謂通便奏正臣罪司隸校尉馮羨佞邪承旨廢於王命集解沈欽韓曰於當為干先謙曰沈說是蓋干訛為于因改為於也驅逐臣等不得旋踵臣奔走還郡沒齒無怨臣誠恐卒為豺狼橫見噬食故冒死欲詣闕披肝膽布腹心刺史張敬好為諂諛張設機網復令陛下興雷電之怒司隸校尉應奉河南尹何豹集解惠棟曰豹何休之父也官至少府洛陽令袁騰集解惠棟曰騰袁良子陳國扶樂人也官至尚書郎並驅爭先若赴仇敵罰及死沒髡剔墳墓集解通鑑

胡注謂翦伐松柏如人之髮剔也但未掘壙出尸剖棺露胔耳胔謂骨之尙有肉者也月令曰掩骼
埋胔音才賜反又在移反昔文王葬枯骨解見順紀也公劉敦行葦世稱其仁大雅行葦
之詩曰敦彼行葦牛羊勿踐履言公劉之時仁及草木敦然道傍之葦牧牛羊者無使踐履折傷之況於人乎故榮以自喻焉集解
惠棟曰班彪北征賦云慕公劉之遺德及行葦之不傷趙曄吳越春秋云公劉慈仁行不履生草運車以避葭葦曄習韓詩義當見
韓詩又案王符潛夫論曰詩云敦彼行葦牛羊勿踐履方苞方體惟葉泥泥公劉厚德恩及草木牛羊六畜且猶感德是漢儒皆以
行葦爲公劉詩也先謙曰列女辯通傳弓人之妻亦云公劉之行牛羊踐葭葦惻然爲民痛之劉向習魯詩是魯說亦如此今
殘酷容媚之吏無折中處平之心不顧無辜之害而興虛誣之誹
欲使嚴朝必加濫罰是已不敢觸突天威而自竄山林已俟陛下
發神聖之聽啟獨覩之明拒讒慝之謗絕邪巧之言救可濟之人
援沒溺之命不意滯怒不爲春夏息春夏長養萬物故不宜怒矣淹恚不爲順
時怠遂馳使郵驛布告遠近嚴文剋剝痛於霜雪張羅海內設罝
萬里逐臣者窮人迹追臣者極車軌雖楚購伍員史記曰楚人伍奢爲平王太子

建太傅費無忌譖殺奢奢子員字子胥奔吳楚購之得伍員者賜粟五萬石爵執圭漢求季布無已過也季布
爲項羽將數窘漢王項羽滅高祖購季布千金敢舍匿罪三族臣遇罰已來三赦再贖無驗之罪
足已蠲除無驗謂無罪狀可按驗也而陛下疾臣愈深有司咎臣甫力甫始也力甚也
止則見埽滅行則爲亡虜苟生則爲窮人極死則爲冤鬼集解惠棟曰袁
宏紀作殛死天廣而無已自覆地厚而無已自載蹈陸土而有沈淪之
憂遠巖牆而有鎮壓之患精誠足已感於陛下而哲王未肯悟如
臣犯元惡大憝憝惡也言元惡之人大爲人之所惡也足已陳於原野備刀鋸鋸刖刑也
國語曰刑有五大者陳諸原野矣陛下當班布臣之所坐已解眾論之疑臣思入
國門坐於肺石之上使三槐九棘平臣之罪周禮秋官云左九棘孤卿大夫位焉右九
棘公侯伯子男位焉面三槐三公位焉左嘉石平罷人右肺石達窮人而閭闔九重閭闔天門也陷穽步
設穽阬穽也舉趾觸罘罝說文曰罘兔網也罝亦兔網也音浮嗟動行絓羅網無緣至萬
乘之前永無見信之期矣集解先謙曰信讀曰伸國君不可讐匹夫讐之則

一國盡懼左傳曰晉侯之豎頭須曰國君而讐匹夫懼者甚眾也臣奔走已來三離寒暑離歷
陰陽易位當煖反寒春常淒風淒風寒風也左傳曰春無淒風夏降霜雹月令仲夏行冬
令則雹凍傷穀又連年大風折拔樹木風爲號令前書翼奉曰凡風者天之號令所以譴告人也
春夏布德月令春天子布德行惠發倉廩賑窮乏夏行封慶賜無不欣悅也議獄緩死之時易中孚象
曰君子以議獄緩死也集解惠棟曰謂中孚十一月也願陛下思帝堯五教在寬之德企成湯
避遠讒夫之誡劉向說苑曰湯大旱七年使人持鼎祝山川祝曰政不節邪包苴行邪讒夫昌邪宮室崇邪女謁盛
邪使人疾邪何不雨之極也已竄風旱已弭災兵集解惠棟曰周禮小祝文臣聞勇者不逃
死智者不重困重猶惜也集解沈欽韓曰晉語智不重困勇不逃死固不爲明朝惜垂盡之
命願赴湘沅之波從屈原之悲史記曰屈原事楚懷王王受讒流屈原於江南屈原憂愁悲思遂投
湘沅而死沈江湖之流弔子胥之哀史記曰伍子胥爲吳行人被宰嚭所譖吳王賜屬鏤之劒以死王取
其尸盛以鴟夷浮之於江中矣臣功臣苗緒生長王國懼獨含恨已葬江魚之腹
無已自別於世屈原曰寧赴湘沅葬於江魚之腹也不勝狐死首丘之情營魂識路

之懷禮檀弓曰古人有言狐死正首丘仁也楚詞曰願徑逝而未得魂識路之煢煢老子曰載營魄猶營魂也犯冒王
怒觸突帝禁伏於兩觀陳訴毒痛兩觀闕也孔子攝司寇誅少正卯於兩觀之下然後登
金鑊入沸湯糜爛於熾爨之下九死而未悔楚詞曰雖九死猶未悔也悲夫久
生亦復何聊葢忠臣殺身已解君怒孝子殞命已盜親怨故大舜
不避塗廩浚井之難廩倉也浚深也史記曰舜父瞽叟常欲殺舜使舜塗廩從下焚廩舜乃以兩笠自扞而下
後又使穿井舜爲匿空旁出舜既入深父乃與象共下土實之舜從旁空出去申生不辭姬氏讒邪之謗
申生晉獻公太子獻公用驪姬之讒而殺申生事見左氏傳也臣敢忘斯議集解劉攽曰案文議當作義不自
斃已解明朝之忿哉乞已身塞重責願陛下匄兄弟死命匄乞也音蓋
使臣一門頗有遺類已從陛下寬饒之惠先死陳情臨章涕泣泣
血漣如易曰乘馬班如泣涕漣如言居不獲安行無所適窮困闚厄無所委仰者帝省章愈怒遂誅榮
寇氏由是衰廢集解通鑑考異袁紀置此事於延熹元年而范書榮傳云延熹中被罪榮書又云遇罰以來三赦再
贖不知榮死果在何年

贊曰元侯淵謨乃作司徒明啟帝略肇定秦都勳成智隱靜其如愚論語孔子曰吾與回言終日不違如愚也子翼守溫蕭公是埒也埒等係兵轉食吕集鴻烈誅文屈賈有剛有折誅皇甫文屈於賈復

鄧寇列傳第六終　後漢書十六

後漢書集解卷十六校補

鄧禹傳四方分奔離析析官本譌析

從至廣阿注擊王郎橫野將軍劉發集解官本考證曰發本或作奉錢大昭曰發閩本作奉案今官本或仍作奉或闕字而據考證則當作發意必初刻作奉後乃改補爲發所補發字久復失脫也

披輿地圖集解通鑑胡注至疑自古有此名非始漢也案此胡氏引史記三王世家文及小司馬注也惟惠氏棟據虞喜志林謂輿地圖漢家所畫非出古遠今觀周禮大司徒之職掌建邦土地之圖鄭注土地之圖若今司空郡國輿地圖以司空郡國爲名則固非漢莫屬矣賈疏乃謂自蕭何收秦圖籍至後漢乃有是圖則亦非是班志前漢御史大夫本掌圖籍而武帝時王諸皇子即由御史奏輿地圖成帝時更名御史大夫爲大司空此輿地圖自仍爲司空所有封國則奏必已詳載郡國矣光武所披即是圖也否則草創時何遽有之乎

制詔前將軍禹官本禹上有鄧字

封爲酇侯注酇縣今屬南陽郡故城在襄州穀城縣東北張熷曰今字衍唐志南陽無酇縣今案酇前漢國後漢縣前續志均屬南陽在今襄陽光化縣北注今字亦應移在字下

共拒禹於衙注解在安紀官本在作見

輒停車住節注住或作柱柱官本作拄案拄本通作柱觀韓文鼎也不可以柱車知至唐猶然

諸營保郡邑皆開門歸附保小城也禮月令四鄙入保檀弓邇負杖入保者息皆指都邑小城

下敕曰司徒堯也亡賊桀也集解王補曰至豈代言者所爲哉沈銘彝曰漢文帝賜鼂錯書曰書云狂夫之言而明主自擇焉今則不然言者不狂而擇者不明亦自親其文案此不惟在光武明帝前並在武帝前矣

愔遂殺歆因反擊禹錢大昭曰據隗囂傳愔叛在建武二年此敘在二年春前則元年也

從都慮至羊腸倉注石臼河解見明紀張熷曰明紀無見章紀

詔訓將黎陽兵屯狐奴以防其變注狐奴縣屬漁陽郡也今順天順義縣東北三十里

燒當豪帥東號稽顙歸死注東號羌名錢大昭曰東號東吾子也

始自騭也集解惠棟曰東觀記儀同三司有開府之號始自騭也侯康曰晉志云漢殤帝延平元年鄧騭爲車騎將軍儀同三司儀同之名始自此也及魏黃權以車騎將軍開府儀同三司開府之名起于此也則鄧騭但稱儀同不稱開府東觀記本無有開府之號句惠誤引今案以儀同三司及開府名官雖或如晉志自鄧騭黃權始而其事則已具見於前葢漢以司馬司徒司空爲三公亦名三司司馬主兵即太尉又稱三府掾屬皆得自辟召至開府儀同三司則將軍制也前漢武帝亟用兵大將軍衞青票騎將軍霍去病皆兼大司馬位光武中興吳漢亦以大將軍爲大司馬均在三司之中故不另開府及明帝以弟東平王蒼爲驃騎大將軍輔政置長史掾史員四十人位在三公上開東閣延英雄班固奏記說王一則曰幕府新開廣延羣俊再則曰宜及府開以慰遠方是爲後漢開府之始然儀淩三司固不必下同三司也章帝建初三年令舅車騎將軍馬防與九卿絕席班同三司袁紀作位逾九卿班同三府通考引作班同三司是又即爲後漢儀同三司之始既同三司自得開府辟召故明帝並令防置掾吏十人歲舉吏二人袁紀騭之以車騎將軍儀同三司明即用防故事觀黃權雖實開府而蜀志權傳仍止云遷車騎將軍儀同三司而已固不待明言開府也

援立皇統奉承大宗大官本譌太

褒諷褒官本文注均作襃誤

騭等既還里弟官本亦作第

又徙封騭爲羅侯注羅縣屬長沙國張熷曰國當作郡案張說是也騭徙封在安帝時自不應仍據前志爲說又袁紀羅侯作沙羅侯攷前續志皆無沙羅縣名亦誤

甫德更召徵爲開封令集解劉攽曰至益多一召字案更召徵者謂更三府薦舉或召或徵以能治劇爲開封令也葢甫德自以學通行修致官非由恩澤門蔭入仕者又周禮天官宰夫掌百官府之徵令鄭注別異諸官之八職以備王之徵召則召徵兩字亦非不可連文劉說似迂

禹曾孫香之女爲桓帝后張熷曰子字衍案前書莽傳請博採二王後及周公孔子世列侯在長安者適子女則泛言女亦可云子女此傳指香女言不應著子字后紀鄧香之女也明此子字亦之字之譌

其餘侍中將大夫郎謁者不可勝數集解惠棟曰東觀記無將字至或疑將上有奪文非是侯康曰錢說是章帝紀建初四年下太常將大夫博士議郎郎官和帝紀永元三年賜將大夫郎吏從官帛七年令將大夫御史謁者各言封事桓帝紀建和元年命列侯將大夫御史謁者各上封事二年賜將大夫郎吏從官以下帛各有差翟酺傳詔將大夫六百石以上又藝文類聚卷四十六引李郃別傳博士著兩梁冠朝會隨將大夫例是將大夫之文史傳屢見章懷于和帝紀注云將謂五官及左右郎將也于桓帝紀注云將謂五官左右虎賁羽林中郎將也通鑑胡注亦同是前人注解又甚明而何氏焯乃謂將字上下有脫誤偶然失檢遽爾獻疑惠氏反引誤本東觀記爲證失之矣御覽卷二百十二引謝承書翟酺傳作將軍大夫六百石祀范書多一軍字乃後人妄增亦如東觀記之無將字乃後人妄刪皆由讀後漢書不熟故耳

斯樂生所㠯泣而辭燕也注樂毅忠於燕昭王至況其後嗣乎錢大昭曰閩本注乎下有事見古史考五字案官本依監本轉刊注末亦有事見史記四字兩說互岐殆皆非原注所有

寇恂傳恂㠯輦車驪駕注輦車人挽行也挽原誤俛據前書正官本不誤

復㠯爲恥官本恥下有歎字

從九卿復出㠯憂國可知也案知字衍通鑑引傳文無知字袁紀作從九卿復爲二千石以憂國可也亦無知字

爲洨侯注洨音胡交反官本胡作故

子曰伯夷叔齊至於寇公而見之矣官本此下有注云論語孔子之言

於人少所與注與黨與也案禮運諸侯以禮相與吾與女弗如也皇疏與許也

令陛下忽慈母之仁官本慈母作參母案袁紀仍作慈母發投杼之怒注史記曰昔曾參之處費魯人又有與曾參同姓名殺人官本注無之字又字夫以曾參之賢官本注夫作矣連上文爲句

但未掘壙出尸剖棺露胔耳注月令曰掩骼埋胔音才賜反又在移反埋官本譌理移官本誤侈

議獄緩死之時注君子以議獄緩死也官本注無也字

企成湯避遠讒夫之誡注何不雨之極也官本也亦作邪

沉江湖之流弔子胥之哀注吳王賜屬鏤之劍以死吳王原誤文王據史記正官本不誤王取其尸盛以鴟夷浮之於江中矣官本注末無矣字

㠯葬江魚之腹注寧赴湘沅湘沅官本作湘流與王逸楚辭本合史記亦作常流此作沅者流沅形近兼涉傳文願赴湘沅之波句而譌也

九死而未悔官本無而字注楚詞曰雖九死猶未悔也官本猶作而

申生不辭姬氏讒邪之謗注事見左氏傳也官本注末無也字

馮岑賈列傳第七

宋 宣 城 太 守 范 曄 撰

唐 章 懷 太 子 賢 注

王先謙集解

馮異字公孫潁川父城人也父城縣名故城在今許州葉縣東北汝州郟城縣亦有父城集解沈欽韓曰父城在今汝州寶豐縣西北若汝州郟城之父城乃前志沛郡之城父非父城也注誤 好讀書通左氏春秋孫子兵法孫子名武善用兵吳王闔廬之將也作兵法十三篇見史記 漢兵起異以郡掾監五縣與父城長苗萌集解惠棟曰風俗通苗姓楚大夫伯棼之後賁皇奔晉食采于苗因而氏焉 共城守為王莽拒漢光武略地潁川攻父城不下屯兵巾車鄉巾車鄉名也在父城界集解沈欽韓曰鄉在寶豐縣東 異間出行屬縣間出猶微行行音下孟反 為漢兵所執時異從兄孝及同郡丁綝呂晏東觀記曰綝字幼春定陵人也伉健有武略綝音丑心反集解惠棟曰丁鴻父也說文云綝讀若郴小顏音丑林反 並從光武因共薦異得召見異曰異一夫之用不足為彊弱有老母在城中願歸據五城以效功報德光武曰善異歸謂苗萌曰今諸將皆壯士屈起多暴橫獨有劉將軍所到不虜掠觀其言語舉止非庸人也可以歸身苗萌曰死生同命敬從子計光武南還宛更始諸將攻父城者前後十餘輩異堅守不下及光武為司隸校尉道經父城異等即開門奉牛酒迎光武署異為主簿苗萌為從事異因薦邑子銚期銚音姚 叔壽集解惠棟曰孫愐云叔姓左傳魯公子叔弓之後光武破虜將軍叔壽洪頤煊曰異潁川父城人銚期潁川郟人則同郡亦謂之邑子故彭寵南陽宛人光武蔡陽人耿弇傳云漁陽太守彭寵公之邑人 段建左隆等東觀記及續漢書段並作殷字 光武皆以為掾史從至洛陽更始數欲遣光武徇河北諸將皆以為不可是時左丞相曹竟子詡為尚書竟字子期山陽人也後死於赤眉之難見前書詡音虛羽反 父子用事異勸光武厚結納之及度河北詡有力焉自伯升之敗光武不敢顯其悲戚每獨居輒不御酒肉集解惠棟曰蔡邕云御進也 枕席有涕泣處異獨叩頭

寬譬哀情光武止之曰卿勿妄言異復因間進說曰天下同苦王氏思漢久矣今更始諸將從橫暴虐從音子用反橫音胡孟反所至虜掠百姓失望無所依戴今公專命方面施行恩德夫有桀紂之亂乃見湯武之功人久飢渴易為充飽猶言凋殘之後易流德澤宜急分遣官屬循行郡縣理冤結集解先謙曰結謂民有鬱結不得申理者下枉結同布惠澤光武納之至邯鄲遣異與銚期乘傳撫循屬縣錄囚徒存鰥寡亡命自詣者除其罪陰條二千石長吏同心及不附者上之及王郎起光武自薊東南馳晨夜草舍舍止息也至饒陽無蔞亭無蔞亭名在今饒陽縣東北蔞音力于反集解先謙曰東觀記無作蕪亭在今深州饒陽縣東北隋置蕪蔞縣在東北三十五里亭在縣北草蘆村時天寒烈眾皆飢疲異上豆粥明旦光武謂諸將曰昨得公孫豆粥飢寒俱解及至南宮南宮縣名屬信都國今冀州縣也集解先謙曰在今冀州南宮縣西遇大風雨光武引車入道傍空舍異抱薪鄧禹爇火爇音而悅反光武對竈燎衣燎炙也異復進麥飯菟肩

集解先謙曰東觀記云及至南宮閻王郎軍將至異進一笥麥飯菟肩洪頤煊云釋草蒂菟葵郭注頗似葵而葉狀如藜有毛汋啖之滑又蒨戎葵注今蜀葵也似葵華如木槿華菟肩葵名一本作菟肩因復度虖沱河至信都光武紀云度虖沱河至下博城西見白衣老父曰信都去此八十里耳是自北而南此傳先言至南宮後言度虖沱河南宮在虖沱河南百有餘里又似自南而北紀傳兩文全相乖背迹其地理紀是傳非諸家之書並然亦未詳其故使異別收河間兵還拜偏將軍從破王郎封應侯應國名周武王子所封也杜預注春秋曰應國在襄城父縣西南異為人謙退不伐行與諸將相逢輒引車避道東觀記續漢書云異敕吏士非交戰受敵常行諸營之後相逢引車避之由是無爭道變鬭者也進止皆有表識言其進退有常處也軍中號為整齊每所止舍諸將並坐論功異常獨屏樹下軍中號曰大樹將軍及破邯鄲乃更部分諸將各有配隸隸屬也袁崧書曰先時諸將同營吏卒多犯法集解先謙曰官本注崧書作山松軍士皆言願屬大樹將軍光武以此多之多重也別擊破鐵脛於北平北平縣名屬中山國故城在今易州永樂縣也集解先謙曰今保定府滿城縣治又降匈奴于林闟頓王匈奴王號山陽公載記曰頓字作碓前書音義闟音蹋頓音碓集解錢大昕曰案頓碓聲相近說文無闟字當是蹋字之譌三國魏志作蹋頓惠棟曰注記下曰字衍因從平河北時更始遣舞陰王李軼廩丘王田立大司馬朱鮪白虎公陳僑東觀記僑字作矯將兵號三十萬與河南太守武勃共守洛陽光武將北徇燕趙以魏郡河內獨不逢兵而城邑完全倉廩實乃拜寇恂為河內太守異為孟津將軍孟地名古今以為津統二郡軍河上與恂合埶以拒朱鮪等異乃遺李軼書曰愚聞明鏡所以照形往事所以知今孔子家語曰孔子觀周明堂四門之墉有堯舜桀紂之象謂從者曰明鏡所以察形古事所以知今集解沈欽韓曰大戴禮保傅篇明鏡者所以察形也往古者所以知今也昔微子去殷而入周項伯畔楚而歸漢史記曰微子名啟紂之庶兄周武王伐紂微子乃持祭器肉袒面縛造於軍門武王乃釋其縛復其位項伯名纏項籍之季父素善張良高祖因良與伯結婚項籍謀害漢王伯以身翊蔽之籍誅乃歸漢也周勃迎代王而黜少帝霍光尊孝宣而廢昌邑少帝孝惠後宮之子名弘惠帝崩周勃以弘非惠帝之子乃黜之迎立代王昭帝崩無嗣霍光乃迎立武帝孫昌邑王賀賀無道光廢之而立宣帝彼皆畏天知命覩存亡之符見廢興之事故能成功於一時

垂業於萬世也茍令長安尚可扶助延期歲月疏不間親遠不踰近季文豈能居一隅哉長安謂更始季文李軼字言軼與更始疏遠獨居一隅理難支久欲其早圖去就集解顧炎武曰言季文于更始為親近之臣當在朝秉政豈得居此一隅注失其指反以為疏遠非何焯曰一隅謂河北今長安壞亂赤眉臨郊王侯搆難大臣乖離綱紀已絕時更始大臣張卬申屠建隗囂等以赤眉入關謀劫更始歸南陽是大臣乖離也四方分崩異姓並起是故蕭王跋涉霜雪經營河北方今英俊雲集百姓風靡雖邠岐慕周不足以踰史記曰古公亶父修后稷之業積德行義國人皆戴之戎翟攻之不忍戰其人乃與其私屬去邠止於岐下邠人舉國扶老攜弱盡復歸古公於岐山之下集解先謙曰官本踰作喻並通季文誠能覺悟成敗亟定大計論功古人亟急也古人卽謂微子項伯等轉禍為福在此時矣如猛將長驅嚴兵圍城雖有悔恨亦無及已初軼與光武首結謀約加相親愛及更始立反共陷伯升雖知長安已危欲降又不自安乃報異書曰軼本與蕭王首謀造漢結死生之約同榮枯之計今軼守洛陽將軍鎮孟津

俱據機軸機弩牙也軸車軸也皆在物之要故聖諭馬集解先謙曰注聖誤官本作取是千載一會思成
斷金易曰二人同心其利斷金唯深達蕭王願進愚策曰佐國安人軼自通書
之後不復與異爭鋒故異因此得北攻天井關拔上黨兩城天井關在
□太行山下解見章紀集解沈欽韓曰紀要天井關在澤州南四十五里當太行絕頂其南即羊腸坂道又南下河南
成皋已東十三縣及諸屯聚皆平之降者十餘萬武勃將萬餘人
攻諸畔者異引軍度河與勃戰於士鄉下續漢書曰士鄉亭名屬河南郡集解惠棟曰郡
國志河南雒陽縣有士鄉聚馮異斬武勃處注以爲亭名誤沈欽韓曰紀要士鄉聚在故洛城東故洛陽城在河南府東北二十里大破斬
勃獲首五千餘級軼又閉門不救異見其信效具曰奏聞光武故
宣露軼書東觀記曰上報異曰軼多詐不信人不能得其要領今移其書集解先謙曰官本注今作令令朱鮪
知之鮪怒遂使人刺殺軼由是城中乖離多有降者鮪乃遣討難
將軍蘇茂將數萬人攻溫鮪自將數萬人攻平陰曰綴異平陰縣名屬河
南郡綴謂連綴也集解沈欽韓曰紀要平陰在河南府孟津縣東一里異遣校尉護軍將軍將兵集解

劉攽曰案異爲孟津將軍軍有護軍爾云護軍將軍非也緣下有將兵字明衍將軍二字與寇恂合擊茂破之
集解先謙曰詳恂傳異因度河擊鮪鮪走異追至洛陽環城一帀而歸移檄
上狀諸將皆入賀并勸光武即帝位光武乃詔異詣鄗問四方動
靜異曰三王反畔更始敗亡三王謂張卬爲淮陽王廖湛爲穰王胡殷爲隨王更始欲殺卬等遂勒兵
掠東西市入戰於宮中更始大敗集解先謙曰考異云異與李軼書云王侯構難大臣乖離勸稱尊號亦曰三王反叛更始敗亡案
是年六月光武即位後鄧禹破王匡匡與張卬等奔長安乃謀劫更始然則三王反叛在光武即位之後夏秋之交異安得於四月
前言之或史家潤色其言致此差失耳天下無主宗廟之憂在於大王宜從眾議上
爲社稷下爲百姓光武曰我昨夜夢乘赤龍上天集解惠棟曰周宣夢書云昔聖
帝明皇之時神氣炤見故堯夢乘龍上天舜夢擊天鼓後皆有天下覺悟心中動悸異因下席再拜
賀曰此天命發於精神周易乾卦九五曰飛龍在天大人造也莊子曰其夢也神交故言天命發於精神集
解惠棟曰案袁宏紀天命作天帝命也心中動悸大王重慎之性也異遂與諸將定議
上尊號建武二年春定封異陽夏侯夏音賈集解惠棟曰前漢屬淮陽後漢屬陳國先謙曰今

陳州府太康縣治引擊陽翟賊嚴終趙根集解劉攽曰案文少一軍字他傳中言引軍者甚多破之
詔異歸家上冢使太中大夫齎牛酒續漢志曰太中大夫秩千石掌顧問論議屬光祿令
二百里內太守都尉已下及宗族會焉集解惠棟曰東觀記別下潁川太守都尉及三百里
內長吏皆會使太中大夫致牛酒宗族會郡縣給費時赤眉延岑暴亂三輔郡縣大姓各擁
兵眾大司徒鄧禹不能定乃遣異代禹討之車駕送至河南賜曰
乘輿七尺具劍具謂以寶玉裝飾之東觀記作玉具劍敕異曰三輔遭王莽更始之
亂重曰赤眉延岑之酷元元塗炭無所依訴今之征伐非必略地
屠城要在平定安集之耳諸將非不健鬬然好虜掠卿本能御吏
士念自修敕集解惠棟曰東觀記作修整無爲郡縣所苦異頓首受命引而西
所至皆布威信弘農羣盜稱將軍者十餘輩皆率眾降異東觀記曰黽池
霍郎陝王長湖濁惠華陰陽沈等稱將軍者皆降集解惠棟曰王或作主非王長陝人也孫愐云濁姓漢書貨殖傳濁氏以胃脯而連
騎直角切先謙曰官本作主長異與赤眉遇於華陰集解先謙曰今同州府華陰縣治相拒六十

餘日戰數十合降其將劉始王宣等東觀記宣作重五千餘人三年春遣
使者即拜異爲征西大將軍會鄧禹率車騎將軍鄧弘等引歸與
異相遇禹弘要異共攻赤眉集解惠棟曰王幼學云要去聲約也陳氏云要平聲亦訓約論語久要是
也異曰異與賊相拒且數十日雖屢獲雄將餘眾尚多可稍曰恩
信傾誘難卒用兵破也上今使諸將屯黽池要其東而異擊其西
一舉取之此萬成計也禹弘不從弘遂大戰移日赤眉陽敗集解惠棟
曰東觀記作佯敗陽與佯通棄輜重走車皆載土曰豆覆其上兵士飢爭取之
赤眉引還擊弘弘軍潰亂異與禹合兵救之赤眉小卻異曰士卒
飢倦可且休禹不聽復戰大爲所敗死傷者三千餘人禹得脫歸
宜陽異棄馬步走上回谿阪回谿今俗所謂回阬在今洛州永寧縣東北其谿長四里闊二丈深二丈
五尺也集解沈欽韓曰紀要回溪在河南府永寧縣北六十里與麾下數人歸營復堅壁收其散
卒招集諸營保數萬人與賊約期會戰使壯士變服與赤眉同伏

於道側旦日赤眉使萬人攻異前部異裁出兵以救之裁小出兵所以示弱也賊見埶弱遂悉眾攻異異乃縱兵大戰日昃賊氣衰伏兵卒起衣服相亂赤眉不復識別眾遂驚潰追擊大破於崤底集解惠棟曰續志黽池有二崤崤音豪又戶交反沈欽韓曰案文破下少一之字紀要崤底在永寧縣西北七十里降男女八萬人餘眾尚十餘萬東走宜陽降璽書勞異曰集解王補曰降上宜有帝字赤眉破平士吏勞苦始雖垂翅回谿終能奮翼黽池以鳥為喻可謂失之東隅收之桑榆淮南子曰至於衡陽是謂隅中又前書谷子雲曰太白出西方六十日法當參天今已過期尚在桑榆間桑榆謂晚也集解惠棟曰御覽引淮南子曰日臻于衡陽是謂禺中日垂西景在樹端謂之桑榆許慎云言其光在桑榆樹上東隅即禺中也隅與禺古文通方論功賞以荅大勳時赤眉雖降眾寇猶盛延岑據藍田王歆據下邽秦武公伐邽戎致之也隴西有上邽故此有下也芳丹據新豐續漢書芳作茅集解惠棟曰孫愐云芳姓也風俗通云漢有幽州刺史芳乘蔣震據霸陵霸陵文帝陵因以為縣名故秦芷陽縣集解先謙曰芷是芷之誤張邯據長安公孫守據長陵楊周據谷口谷口縣名屬左馮翊故城在今醴泉縣東北呂鮪據陳倉角閎據汧集解惠棟曰孫愐云角姓也漢有角善叔駱蓋延據盩厔集解惠棟曰通鑑無蓋字任良據鄠汝章據槐里集解通鑑胡注汝姓也商有汝鳩汝房春秋有汝齊汝寬後漢有汝郁各稱將軍擁兵多者萬餘少者數千人轉相攻擊異且戰且行屯軍上林苑中延岑既破赤眉自稱武安王拜置牧守欲據關中引張邯任良共攻異異擊破之斬首千餘級諸營保守附岑者皆來降歸異岑走攻析析縣名楚之白羽邑也即今鄧州內鄉縣異遣復漢將軍鄧曄輔漢將軍于匡要擊岑大破之降其將蘇臣等八千餘人岑遂自武關走南陽集解沈欽韓曰紀要武關在商州東北八十里與鄧州內鄉接界時百姓飢餓人相食黃金一斤易豆五升集解王補曰袁紀作穀五斗道路隔斷委輸不至軍士悉以果實為糧詔拜南陽趙匡為右扶風將兵助異并送縑穀軍中皆稱萬歲異兵食漸盛乃稍誅擊豪桀不從令者褒賞降附有功勞者悉遣其渠帥詣京師散其眾歸本業威行關中唯呂

鮪張邯蔣震遣使降蜀其餘悉平明年公孫述遣將程焉集解惠棟曰依公孫述傳及華陽志當作烏將數萬人就呂鮪出屯陳倉異與趙匡迎擊大破之焉退走漢川異追戰於箕谷集解沈欽韓曰紀要箕谷在鳳翔府寶雞縣東南四十里谷口有石如門曰石門廣二步深八步高一丈相傳蜀五丁所開漢高通之以避子午之險復破之還擊破呂鮪營保降者甚眾其後蜀復數遣將閒出異輒摧挫之賈逵注國語曰折其鋒曰挫懷來百姓申理枉結出入三歲上林成都成都言歸附之多也史記曰一年成邑三年成都異自以久在外不自安上書思慕闕廷願親帷幄帝不許後人有章言異專制關中斬長安令威權至重百姓歸心號為咸陽王帝使以章示異東觀記曰使者宋嵩西上因以章示異異惶懼上書謝曰臣本諸生遭遇受命之會充備行伍過蒙恩私位大將爵通侯通侯即徹侯避武帝諱改焉受任方面以立微功謂西方一面專以委之皆自國家謀慮愚臣無所能及臣伏自思惟以詔敕戰攻每輒如意時以私心斷決未嘗不有

悔國家獨見之明久而益遠乃知性與天道不可得而聞也論語子貢曰夫子之文章可得而聞也夫子之言性與天道不可得而聞集解惠棟曰薛瑩後漢書光武贊曰古者師不內御而光武命將皆授以方略使奉圖而進其違失無不折傷豈文史之過乎不然雖聖人其猶病諸王補曰薛贊見藝文類聚帝王部引補案師不內御薛瑩所疑未為失也然觀諸將傳所載世祖廟算之勝與馮異謝書云云知當日誠有然者非誣也顧安得神武如世祖者以再遭盛治乎先謙曰官本無注當兵革始起擾攘之時豪桀競逐逐爭也迷惑于數集解先謙曰官本于作千是臣以遭遇託身聖明在傾危溷殽之中尚不敢過差而況天下平定上尊下卑而臣爵位所蒙巍巍不測乎誠冀以謹敕遂自終始見所示臣章戰慄怖懼伏念明主知臣愚性固敢因緣自陳詔報曰將軍之於國家義為君臣恩猶父子何嫌何疑而有懼意六年春異朝京師引見帝謂公卿曰是我起兵時主簿也為吾披荊棘定關中荊棘榛梗之謂以喻紛亂既罷使中黃門賜以珍寶衣服錢帛詔曰倉卒無蔞亭豆粥虖沱河麥飯厚意久不報集解王補曰袁

紀少末句異稽首謝曰臣聞管仲謂桓公曰願君無忘射鉤臣無忘檻車齊國賴之史記管仲將兵遮莒道射桓公中鉤後魯桎梏管仲而送於齊齊以爲相說苑曰管仲桎梏檻車中非無媿也自裁也新序曰齊桓公與管仲飲酒酣管仲上壽曰願君無忘出奔於莒也臣亦無忘束縛於魯也此云射鉤檻車義亦通臣今亦願國家無忘河北之難小臣不敢忘巾車之恩謂光武獲異於巾車而赦之集解王補曰先儒謂三代以下君臣交盡其美惟東漢爲最盛范史於諸將各存其略於馬武綜紀其槩三復恩禮意者其揭此以示帝鑑之先務乎吾獨於馮異傳而深慨焉傳稱人有言異專制關中者帝即以章示異異謝曰託身聖明在傾危溷殽之中尚不敢過差況天下平定上尊下卑誠冀以謹敕遂自始終詔報曰將軍之於國家義爲君臣恩猶父子何嫌何疑而有懼意由是觀之異不以被謗而匿誠於帝帝不以聞譖而衰愛於異坦然昭明略無纖介假而蕭何周勃劉基幸遇斯時則利賈人之金不待申雪於衞尉持兵見守太后可無冒絮之提胡惟庸亦何敢挾醫視病以售其奸哉昔魏文侯示樂羊子以謗書唐太宗斥論房元齡者於嶺表後世頌之然方之豆粥麥飯之見勞河北巾車之相勉上下交儆如聞咈俞葢有誠僞之別焉顧獨失之於馬援是則千古之遺憾也後數引讖見定議圖蜀留十餘日令異妻子隨異還西夏遣諸將上隴爲隗囂所敗乃詔異軍栒邑未至隗囂乘勝使其

將王元行巡將二萬餘人下隴因分遣巡取栒邑異即馳兵欲先據之諸將皆曰虜兵盛而新乘勝不可與爭宜止軍便地徐思方略異曰虜兵臨境忸忕小利忸忕猶慣習也謂慣習前事而復爲之爾雅曰忸復也郭景純曰謂慣忕復爲之也忸音尼丑反忕音逝集解惠棟曰王幼學云左傳一夫不可狃注狃女九反亦忕也忕習也張揖雜志云忕音曳云忸忕過度周壽昌曰忸猶狃也忸忕之忕亦應从犬不从大左傳莫敖狃於蒲騷之役杜注狃忕也足徵忸狃亦古字通遂欲深入若得栒邑三輔動搖是吾憂也夫攻者不足守者有餘孫子兵法之文今先據城以逸待勞非所以爭也潛往閉城偃旗鼓行巡不知馳赴之異乘其不意卒擊鼓建旗而出巡軍驚亂奔走追擊數十里大破之祭遵亦破王元於汧於是北地諸豪長耿定等悉畔隗囂降異上書言狀不敢自伐孔安國注尚書曰自矜曰伐諸將或欲分其功帝患之乃下璽書曰制詔集解惠棟曰獨斷云制書帝者制度之命也其文曰制詔三公凡制書有印使符下遠近皆璽封尚書令印重封大司馬虎牙建威漢中捕虜武威將軍虜兵猥下三

輔驚恐大司馬吳漢也虎牙蓋延也建威耿弇也漢中王常也捕虜馬武也武威劉尚也廣雅曰猥衆也集解劉攽曰案王常傳中當作忠惠棟曰案漢呂君碑以中勇顯名古忠字亦作中也先謙曰忠中非不可通假然定作忠爲是若引碑文借字爲言後將無所適從矣栒邑危亡在於旦夕集解王補曰袁紀多出諸將狐疑莫有先發將軍獨決奇算摧敵殄寇四語北地營保按兵觀望今偏城獲全虜兵挫折使耿定之屬復念君臣之義征西功若丘山猶自以爲不足孟之反奔而殿亦何異哉孟之反魯大夫魯與齊戰魯師敗之反殿是其功也將入魯門乃策其馬曰吾非敢後馬不進是謙而不自伐也今遣太中大夫賜征西吏士死傷者醫藥棺斂大司馬已下親弔死問疾以崇謙讓於是使異進軍義渠幷領北地太守事義渠縣名屬北地郡集解沈欽韓曰在慶陽府寧州西北青山胡率萬餘人降異青山在北地參巒界青山中水所出也續漢書曰安定屬國人本屬國降胡也居參巒青山中其豪帥號肥頭少卿集解劉攽曰注參巒案地理志巒當作䜌異又擊盧芳將賈覽匈奴薁鞬日逐王破之薁音於六反上郡安定皆降異復領安定太守事九年春祭遵卒詔異守征虜將軍幷將其營及隗囂

死其將王元周宗等復立囂子純猶總兵據冀公孫述遣將趙匡等救之集解洪亮吉曰此別一趙匡帝復令異行天水太守事攻匡等且一年皆斬之東觀記曰時賜馮異璽書曰聞吏士精銳水火不避購賞之賜必不令將軍負丹青失斷金諸將共攻冀不能拔欲且還休兵集解惠棟曰休猶弛也鄭康成云弛釋下之若今休兵鼓之屬是也異固持不動常爲衆軍鋒明年夏與諸將攻落門未拔落門聚名在冀縣有落門山病發薨于軍謚曰節侯長子彰嗣集解沈欽韓曰水經注作璋明年帝思異功復封彰弟訢爲析鄉侯十三年更封彰東緡侯食三縣東觀記曰東緡縣名屬山陽郡左傳曰齊侯伐宋圍緡即此地也在今兗州金鄉縣集解沈欽韓曰今金鄉縣東北二十里永平中徙封平鄉侯東觀記曰永平五年封平鄉侯食鬱林潭中彰卒子普嗣有罪國除東觀記曰坐鬭殺游徼會赦國除永初六年安帝下詔曰夫仁不遺親義不忘勞興滅繼絕善善及子孫古之典也論語曰興滅國繼絕世公羊傳曰善善及子孫惡惡止其身昔我光武受命中興恢弘聖緒橫被四表昭假上下昭明也假至也上下天地假音格集解錢大昕曰橫被

卽書光被也漢書王莽傳昔唐堯橫被四表無以加之王襃傳化溢四表橫被無窮班固西都賦亦云橫被六合蓋堯典光被字漢儒傳授本作橫矣釋言桄熲充也桄卽橫字古文光爲灮與黃相似故橫或爲桄孔傳出于魏晉之閒堯典橫已作光而訓光爲充猶存古義後世因作光煇解失漢儒之本旨矣先謙曰尚書光被四表格于上下今古文同今文一作橫被一作廣被格一作假詳余所著孔傳參正光耀萬世祉祚流衍垂於罔極予末小子夙夜永思追惟勳烈披圖案籍建武元功二十八將佐命虎臣讖記有徵蓋蕭曹紹封傳繼於今和帝永和四年詔紹封蕭曹之後以彰厥功也況此未遠而或至乏祀朕甚愍之其條二十八將無嗣絕世若犯罪奪國其子孫應當統後者分別署狀上集解惠棟曰狀功狀也東觀記曰詔書令功臣家各自記功狀不得自增加以變時事或自道先祖形貌表相無益事實復曰齒長一寸龍顏虎口奇毛異骨形容極變亦非詔書之所知也將及景風章敍舊德顯茲遺功焉春秋考異郵曰夏至四十五日景風至宋均注曰景風至則封有功也於是紹封普子晨爲平鄉侯明年二十八將絕國者皆紹封焉

岑彭集解惠棟曰風俗通云古岑子國之後世系曰岑氏出自姬姓周文王異母弟耀子渠武王封爲岑子其地梁國北岑亭是也子孫因以爲氏世居南陽棘陽岑音鈫針切字君然南陽棘陽人也棘音紀力反王莽時守本縣長漢兵起攻拔棘陽彭將家屬奔前隊大夫甄阜阜怒彭不能固守拘彭母妻令効功自補彭將賓客戰鬬甚力及甄阜死彭被創亡歸宛與前隊貳嚴說共城守前隊大夫貳甄阜之副也姓嚴名說東觀記云貳師嚴尤共城守計嚴尤爲大司馬又非貳師與此不同漢兵攻之數月城中糧盡人相食彭乃與說舉城降諸將欲誅之大司徒伯升曰彭郡之大吏執心堅守是其節也今舉大事當表義士不如封之㠯勸其後更始乃封彭爲歸德侯歸德縣名屬北地郡集解沈欽韓曰紀要歸德城在慶陽府東北百里令屬伯升及伯升遇害彭復爲大司馬朱鮪校尉從鮪擊王莽揚州牧李聖殺之定淮陽城鮪薦彭爲淮陽都尉更始遣立威王張卬與將軍繇偉鎭淮陽風俗通曰東越王繇句踐之後其後繇爲姓東觀記曰繇作溼集解惠棟曰繇一作搖見廣韻偉反擊走卬彭引兵攻偉破之遷潁川太守會舂陵劉茂集解惠棟曰茂泗水王歙從父見歙傳

起兵略下潁川彭不得之官乃與麾下數百人從河內太守邑人韓歆會光武徇河內歆議欲城守彭止不聽旣而光武至懷歆迫急迎降集解惠棟曰袁宏紀王至河內太守韓歆謀將城守修武人衞文多奇計爲異素知之異言于王使衞文說歆令降岑彭亦勸歆遂從之光武知其謀大怒收歆置鼓下將斬之中將軍最尊自執旗鼓若置營則立旗以爲軍門幷設鼓戮人必於其下集解劉攽曰注中將軍案文當爲中軍將召見彭彭因進說曰今赤眉入關更始危殆權臣放縱矯稱詔制道路阻塞四方蜂起羣雄競逐百姓無所歸命竊聞大王平河北開王業此誠皇天祐漢士人之福也彭幸蒙司徒公所見全濟未有報德旋被禍難永恨於心今復遭遇願出兵自效集解先謙曰官本兵作身是光武深接納之集解先謙曰御覽三百三十九引謝承書云光武以彭爲南安將軍而不言何時疑當在此存攷彭因言韓歆南陽大人大人謂大家豪右可㠯爲用乃貰歆貰寬也㠯爲鄧禹軍師集解先謙曰事見禹傳更始大將軍呂植將兵屯淇園集解沈欽韓曰紀要淇園在衞輝府淇縣西北地名禮河社彭說降之於是拜彭爲刺姦大將軍使督察眾營續漢書曰時更始尚書令謝躬將六將軍屯鄴兵橫暴爲百姓所苦上先遣吳漢往收之故拜彭爲刺姦將軍集解沈欽韓曰案文當爲大將軍刺姦時光武爲大將軍彭爲其刺姦耳先謙曰東觀記云光武使吳漢收謝躬令彭助漢爲方略事見漢傳督察眾營者禁侵暴也授㠯常所持節從平河北光武卽位拜彭廷尉歸德侯如故行大將軍事續漢書曰彭鎭河內馮異先攻洛陽朱鮪大出軍欲擊彭時天霧鮪以爲彭已去令其兵皆穫黍彭乃進擊大破之與大司馬吳漢大司空王梁建義大將軍朱祐右將軍萬修執金吾賈復驍騎將軍劉植楊化將軍堅鐔積射將軍侯進偏將軍馮異祭遵王霸等圍洛陽數月朱鮪等堅守不肯下帝㠯彭嘗爲鮪校尉令往說之鮪在城上彭在城下相勞苦歡語如平生彭因曰彭往者得執鞭侍從蒙薦舉拔擢常思有㠯報恩今赤眉已得長安更始爲三王所反解見上文集解惠棟曰三王謂張卬廖湛胡殷也皇帝受命平定燕趙盡有幽冀之地百姓歸心賢俊雲集親率大兵來攻洛陽天下之事逝其

去矣公雖嬰城固守將何待乎嬰繞也謂以城自嬰繞而守之鮪曰大司徒被害時鮪與其謀與音預又諫更始無遣蕭王北伐誠自知罪深彭還具言於帝〔集解〕惠棟曰東觀記彭還河陽白上上謂彭復往曉之也帝曰夫建大事者不忌小怨鮪今若降官爵可保況誅罰乎河水在此吾不食言指河以爲信言其明白也彭復往告鮪鮪從城上下索曰必信可乘此上彭趣索欲上趣向也鮪見其誠卽許降〔集解〕惠棟曰東觀記鮪見其不疑卽日旦蚤與會上東門外彭如期往與鮪交馬語後五日鮪將輕騎詣彭顧敕諸部將曰堅守待我我若不還諸君徑將大兵上轘轅歸郾王更始傳尹尊爲郾王乃面縛與彭俱詣河陽東觀記曰詣行在所河津亭〔集解〕惠棟曰東觀記鮪輕騎詣彭降彭爲殺羊具食鮪身爲降虜未見諸公諸將不敢食彭卽令鮪自縛與俱詣行在所河津亭也帝卽解其縛召見之復令彭夜送鮪歸城明旦悉其衆出降拜鮪爲平狄將軍封扶溝侯〔集解〕惠棟曰東觀記鮪後改封成德侯鮪淮陽人後爲少府前書曰少府秦官秩二千石續漢書曰少府掌中服御諸物衣服寶貨珍膳之屬傳封累代〔集解〕惠棟曰東

觀記鮪元孫祀坐殺人國除建武二年使彭擊荊州〔集解〕先謙曰書鈔六十四彭說降朱鮪遷征南將軍治軍整齊秋毫無犯下犨葉等十餘城犨縣名屬南陽郡故城在今汝州魯山縣東南葉今許州葉縣也續漢書曰彭南擊荊州至城安昆陽犨葉舞陽堵陽平氏棘陽胡陽處處皆破其屯聚〔集解〕先謙曰犨在今汝州魯山縣東南五十五里葉在今南陽府葉縣南三十里舊縣店是時南方尤亂南郡人秦豐據黎丘自稱楚黎王略十有二縣東觀記曰豐邔縣人少學長安受律令歸爲縣吏更始元年起兵攻得邔宜城若編臨沮中沮廬襄陽鄧新野穰湖陽蔡陽兵合萬人邔音求紀反〔集解〕惠棟曰袁宏紀豐南郡黎鄉人沈欽韓曰案中廬縣名文多一沮字董訢起堵鄉許邯起杏南陽復陽縣有杏聚〔集解〕先謙曰堵陽在今南陽府裕州東六里復陽在今南陽府桐柏縣東又更始諸將各擁兵據南陽諸城帝遣吳漢伐之漢軍所過多侵暴時破虜將軍鄧奉謁歸新野怒吳漢掠其鄉里遂返擊破漢軍獲其輜重屯據淯陽與諸賊合從秋彭破杏降許邯遷征南大將軍復遣朱祐賈復及建威大將軍耿弇漢中將軍王常〔集解〕劉攽曰中當作忠武威將軍郭守越騎將軍劉宏偏將軍劉嘉耿植等與彭并力

討鄧奉先擊堵鄉而奉將萬餘人救董訢訢奉皆南陽精兵彭等攻之連月不剋三年夏帝自將南征至葉董訢別將將數千人遮道車騎不可得前彭奔擊大破之帝至堵陽鄧奉夜逃歸淯陽續漢書曰奉令候伏道旁見車騎一日不絕歸語奉奉遂夜遁董訢降彭復與耿弇賈復及積弩將軍傅俊騎都尉臧宮等從追鄧奉於小長安小長安解見光武紀帝率諸將親戰〔集解〕惠棟曰東觀記時奉拒上于瓜里上親搏戰降之夕陽下瓜里夕陽聚皆在宛縣大破之奉迫急乃降帝憐奉舊功臣且釁起吳漢欲全宥之彭與耿弇諫曰鄧奉背恩反逆暴師經年致賈復傷痍朱祐見獲陛下既至不知悔善而親在行陳兵敗乃降若不誅奉無以懲惡於是斬之奉者西華侯鄧晨之兄子也車駕引還令彭率傅俊臧宮劉宏等三萬餘人南擊秦豐拔黃郵黃郵聚名也在南陽新都縣〔集解〕惠棟曰都當作野豐與其大將蔡宏拒彭等於鄧數月不得進帝怪以讓彭彭懼於是夜勒兵馬申令軍

中使明旦西擊山都山都縣名屬南陽郡舊南陽之赤鄉秦以爲縣故城在今襄州義淸縣東北〔集解〕沈欽韓曰紀要在襄陽府西北八十里乃緩所獲虜令得逃亡歸以告豐豐卽悉其軍西邀彭彭乃潛兵度沔水擊其將張楊於阿頭山大破之沔水源出武都東狼谷中卽漢水之上源也阿頭山在襄陽也〔集解〕沈欽韓曰阿頭山在襄陽府西九里從川谷閒伐木開道直襲黎丘擊破諸屯兵豐聞大驚馳歸救之彭與諸將依東山爲營豐與蔡宏夜攻彭彭豫爲之備出兵逆擊之豐敗走追斬蔡宏更封彭爲舞陰侯秦豐相趙京舉宜城降〔集解〕惠棟曰袁宏紀漢兵起豐與同鄉蔡張趙京等起兵衆數千人拜爲成漢將軍與彭共圍豐於黎丘時田戎擁衆夷陵東觀記曰田戎西平人與同郡人陳義客夷陵爲羣盜更始元年義戎將兵陷夷陵陳義自稱黎丘大將軍戎自稱埽地大將軍襄陽耆舊記曰戎號周成王義稱臨江王聞秦豐被圍懼大兵方至欲降而妻兄辛臣諫戎曰今四方豪桀各據郡國洛陽地如掌耳續漢書曰辛臣爲戎作地圖圖彭寵張步董憲公孫述等所分郡國云洛陽所得如掌耳〔集解〕先謙曰官本注分作得不如按甲以觀其變戎曰

㠯秦王之彊猶爲征南所圍豈況吾邪降計決矣四年春戎乃留辛臣守夷陵自將兵沿江泝沔止黎丘刻期日當降而辛臣於後盜戎珍寶從閒道先降於彭而㠯書招戎集解惠棟曰袁宏紀臣從彭營與戎書曰吾將軍已奏我封五千戶侯虛心相待願急來無拘前圖戎疑必賣己遂不敢降東觀記曰戎至期日灼龜卜降兆中析遂止不降集解先謙曰官本注析作拆是而反與秦豐合彭出兵攻戎數月大破之其大將伍公詣彭降戎亡歸夷陵帝幸黎丘勞軍封彭吏士有功者百餘人彭攻秦豐三歲斬首九萬餘級豐餘兵裁千人又城中食且盡帝㠯豐轉弱令朱祐代彭守之使彭與傅俊南擊田戎大破之遂拔夷陵追至秭歸秭歸縣名今歸州解見和紀戎與數十騎亡入蜀盡獲其妻子士眾數萬人彭㠯將伐蜀漢而夾川谷少水險難漕運留威虜將軍馮駿軍江州江州縣名今渝州巴縣也東觀記曰長沙中尉馮駿將兵詣彭璽書拜駿爲威虜將軍集解沈欽韓曰江州今重慶府巴縣疑駿此時未能越巴峽或江關之誤郎捍關也江關在宜昌府長陽縣西七十里

先謙曰下文方言田戎亡保江州此江州是誤文都尉田鴻軍夷陵領軍李玄軍夷道自引兵還屯津鄉當荊州要會津鄉縣名所謂江津也東觀記曰津鄉當荊揚之咽喉集解惠棟曰續志南郡江陵縣有津鄉津鄉鄉名非縣名也沈欽韓曰紀要津鄉在荊州府枝江縣西三里喻告諸蠻夷降者奏封其君長初彭與交阯牧鄧讓厚善與讓書陳國家威德東觀記曰讓夫人光烈皇后姊也又遣偏將軍屈充集解惠棟曰袁宏紀作房充移檄江南班行詔命於是讓與江夏太守侯登武陵太守王堂長沙相韓福桂陽太守張隆零陵太守田翕蒼梧太守杜穆集解惠棟曰袁宏紀作杜稷交阯太守錫光等集解惠棟曰華陽國志哀平之世西城縣民錫光字長沖爲交州刺史徙交阯太守王莽篡位拒郡不附莽方有事海內未以爲意尋值所在兵起遂自守更始卽祚正其本官世祖嘉其忠節徵拜爲大將軍朝侯祭酒封鹽水侯相率遣使貢獻悉封爲列侯或遣子將兵助彭征伐續漢書曰張隆遣子曄將兵詣彭助征伐上以曄爲率義侯不總遣子故言或於是江南之珍始流通焉六年冬徵彭詣京師數召讌見厚加賞賜復南還津鄉有詔過家上冢大長秋㠯朔望問

太夫人起居大長秋皇后屬官漢法列侯之母方稱太夫人也集解惠棟曰王楙云漢碑有書太夫人爲泰夫人者或以爲異余謂漢人多書太爲泰如前漢書泰平泰一泰甚之類是范氏避家諱故後漢書皆書泰爲太如郭泰鄭泰爲郭太鄭太是也漢碑所以書泰夫人先謙曰問起居猶言問安耳八年彭引兵從車駕破天水與吳漢圍隗囂於西城時公孫述將李育將兵救囂守上邽帝留蓋延耿弇圍之而車駕東歸敕彭書曰兩城若下便可將兵南擊蜀虜人苦不知足既平隴復望蜀每一發兵頭鬚爲白彭遂壅谷水灌西城城未沒丈餘東觀記曰時以縑囊盛土爲隄灌西城谷水從地中數丈涌出故城不拔續漢書云以縑盛土爲隄囂將行巡周宗將蜀救兵到囂得出還冀漢軍食盡燒輜重引兵下隴延岑亦相隨而退囂出兵尾擊諸營彭殿爲後拒尾謂尋其後而擊之凡軍在前曰啟在後曰殿東觀記曰彭東入弘農界百姓持酒肉迎軍曰蒙將軍爲後拒全子弟得生還也故諸將能全師東歸彭還津鄉九年公孫述遣其將任滿田戎程汎將數萬人乘枋箄下江關枋箄以竹木爲之浮於水上爾雅曰舫泭也郭景純曰水中簰筏也華陽國志曰巴楚相攻故置江

關舊在赤甲城後移在江南岸對白帝城故基在今夔州魚復縣南枋郎舫字古通用耳箄音步佳反泭音匹俱反擊破馮駿及田鴻李玄等遂拔夷道夷陵據荊門虎牙解見光武紀橫江水起浮橋關樓立欑柱絕水道集解通鑑胡注欑徂宮反以木爲柱曰欑柱惠棟曰說文欑竹杖也從木贊聲一曰叢木結營山上集解惠棟曰水經注任滿等據險爲浮橋橫江以絕水路營壘跨山以塞陸道㠯拒漢兵彭數攻之不利於是裝直進樓船冒突露橈數千艘竝船名樓船之上施樓橈小檝也爾雅曰檝謂之橈露橈謂露檝在外人在船中冒突取其觸冒而唐突也橈音饒集解惠棟曰北堂書鈔引越絕書云闔閭見子胥敢問船軍之備何如對曰船名大翼小翼突冒樓船橋船令船軍之教比陵軍之法乃可用之大翼者當陵軍之重車小翼者當陵軍之輕車突冒者當陵軍之衝車樓船者當陵軍之行樓車也橋船者當陵軍之輕足驃騎也沈欽韓曰注爾雅誤文見方言十一年春彭與吳漢及誅虜將軍劉隆輔威將軍臧宮驍騎將軍劉歆發南陽武陵南郡兵又發桂陽零陵長沙委輸棹卒凡六萬餘人棹卒持棹行船也東觀記作濯前書鄧通以濯船爲黃頭郎濯音直教反集解先謙曰官本注濯作櫂騎五千匹皆會荊門吳漢㠯三郡棹卒多費糧穀集解王補曰通鑑作多費糧穀先謙曰官

本賛作賛是欲罷之彭以蜀兵盛不可遣上書言狀帝報彭曰大司馬習用步騎不曉水戰荊門之事一由征南公為重而已集解通鑑胡注彭時為征南大將軍故稱征南公彭乃令軍中募攻浮橋先登者上賞於是偏將軍魯奇應募而前時天風狂急彭奇船逆流而上集解陳景雲曰時奇應募以偏師獨進彭見敵勢已摧乃悉軍並進耳彭不與奇同行此文不合有彭字錢大昕曰天當為大字之譌直衝浮橋而攢柱鉤不得去續漢書曰時天東風其攢柱有反把鉤奇船不得去集解先謙曰官本攢皆作欑是奇等乘埶殊死戰因飛炬焚之風怒火盛橋樓崩燒彭復悉軍順風並進所向無前蜀兵大亂溺死者數千人斬任滿生獲程汎而田戎亡保江州彭上劉隆為南郡太守自率臧宮劉歆長驅入江關令軍中無得虜掠所過百姓皆奉牛酒迎勞彭見諸耆老為言大漢哀愍巴蜀久見虜役故興師遠伐以討有罪為人除害讓不受其牛酒百姓皆大喜悅爭開門降詔彭守益州牧所下郡輒行太守事東觀記曰彭若出界即以太守號付後將軍選官屬守州中長史集解劉攽曰注長史案長史是王國官守令皆長吏也此宜作吏彭到江州以田戎食多難卒拔留馮駿守之自引兵乘利直指墊江攻破平曲墊江縣名屬巴郡今忠州縣也墊音徒協反平曲地闕集解惠棟曰李文子云墊江即今合州宋白續通典曰忠州墊江縣本後漢臨江縣地後魏恭帝分臨江置墊江縣合州石鏡縣本漢墊江縣凡合州管下諸縣皆漢墊江地也平曲未詳然彭既指墊江從涪水上平曲則在今遂甯潼川之地也沈欽韓曰紀要平曲城今重慶府定遠縣西荅在涪水濱以波平水曲為名收其米數十萬石公孫述使其將延岑呂鮪王元及其弟恢悉兵拒廣漢及資中資中縣名屬犍為郡其地在今資州資陽縣集解沈欽韓曰廣漢今潼川府遂甯縣東北資中今資州資陽縣北又遣將侯丹率二萬餘人拒黃石集解沈欽韓曰紀要橫石灘在涪州西大江中明志作黃石灘亦曰石梁彭乃多張疑兵使護軍楊翕與臧宮拒延岑等自分兵浮江下還江州泝都江而上都江成都江也集解沈欽韓曰水經注巴郡江州對二水口右則涪內水左則蜀外水紀要都江外水岷江之通稱襲擊侯丹大破之因晨夜倍道兼行二千餘里徑拔武陽武陽解見光武紀使精騎馳廣都廣都縣名屬蜀郡故城在今益州成都縣

東南集解先謙曰注見光武紀去成都數十里埶若風雨所至皆奔散初述聞漢兵在平曲故遣大兵逆之及彭至武陽繞出延岑軍後蜀地震駭述大驚以杖擊地曰是何神也集解惠棟曰李文子云岑自廣漢入涪水以拒墊江而彭下墊江由江州復上都江拔武陽此蜀人所以為神也史謂自都江倍道兼行二千里至武陽蓋夸詞之誤矣彭所營地名彭亡集解惠棟曰續志武陽有彭亡聚李吉甫云眉州彭山縣彭亡城亦曰平無城彭祖家于此而死故曰彭亡初岑彭至其地改曰平無若曰巴蜀已平無復賊也沈欽韓曰彭亡山在彭山縣東北亦曰彭模觀[illegible][illegible]通鑑作平模聞而惡之欲徙會日暮蜀刺客詐為亡奴降夜刺殺彭彭首破荊門長驅武陽持軍整齊秋毫無犯毫毛也秋毛喻細也高祖曰吾入關秋毫無所取集解先謙曰官本毫作豪邛穀王任貴聞彭威信數千里遣使迎降前書音義曰任貴越巂夷殺太守枚根自立為邛穀王會彭已薨帝盡以任貴所獻賜彭妻子謚曰壯侯蜀人憐之為立廟武陽歲時祠焉子遵嗣徙封細陽侯細陽縣名屬汝南郡故城在今潁川汝陰縣西集解沈欽韓曰今潁川府太和縣東十三年帝思彭功復封遵弟淮為穀陽侯穀陽縣名屬沛郡集解沈欽韓曰今鳳陽府靈壁縣西南遵永平中為屯騎校尉遵卒子伉嗣伉音口葬反伉卒子杞嗣東觀記曰杞作起元初中坐事免元初三年坐事失國建光元年安帝復封杞細陽侯順帝時為光祿勳杞卒子熙嗣尚安帝妹涅陽長公主集解惠棟曰公主名侍男少為侍中虎賁中郎將朝廷多稱其能遷魏郡太守魏郡秦時置故城在今相州安陽縣東北集解沈欽韓曰藝文類聚引東觀記北堂書鈔引華嶠書俱作東郡招聘隱逸與參政事無為而化視事二年輿人歌之曰我有枳棘岑君伐之枳棘多榛梗以喻寇盜充斥也我有蟊賊岑君遏之蟊賊食禾稼蟲名以喻姦吏侵漁也狗吠不驚足下生氂氂長毛也犬無追吠故足下生氂含哺鼓腹焉知凶災哺食也鼓擊也我喜我生獨丁斯時丁猶當也美矣岑君於戲休茲於戲歎美之詞見爾雅於音烏戲音許宜反集解先謙曰類聚十九御覽四百六十五引休作在熙卒子福嗣為黃門侍郎

賈復字君文南陽冠軍人也少好學習尚書事舞陰李生李生奇之謂門人曰賈君之容貌志氣如此而勤於學將相之器也王莽末為縣掾迎鹽河東會遇盜賊等比十餘人皆放散其鹽復獨完

以還縣〔集解〕惠棟曰東觀記等輩欺沒其鹽復獨完致縣中縣中稱其信時下江新市兵起復亦聚眾數百人於羽山〔集解〕沈欽韓曰禹山在鄧州西南七十里禹羽聲同疑卽羽山自號將軍更始立乃將其眾歸漢中王劉嘉以爲校尉復見更始政亂諸將放縱乃說嘉曰臣聞圖堯舜之事而不能至者湯武是也堯禪舜舜禪禹湯乃放桀武王誅紂故言不能至者圖湯武之事而不能至者桓文是也齊桓公小白晉文公重耳春秋之時周衰二君霸有海內圖桓文之事而不能至者六國是也六國謂韓趙魏燕齊楚分裂中夏各自跨據又不逮桓文定六國之規欲安守之而不能至者亡六國是也今漢室中興大王以親戚爲藩輔天下未定而安守所保所保得無不可保乎嘉曰卿言大非吾任也大司馬劉公在河北必能相施第持我書往施用也第但也〔集解〕先謙曰官本不作必是復遂辭嘉受書北度河及光武於柏人〔集解〕惠棟曰袁宏紀復與朱祐陳俊俱北及世祖于柏人也因鄧禹得召見光武奇之禹亦稱有將帥節於是署復破虜將軍督盜賊〔集解〕沈欽韓曰

光武以破虜將軍行大司馬事故署復爲督盜賊亦如太守府有門下督盜賊通鑑直云以復爲破虜將軍誤矣袁宏紀署復爲都督蓋漢魏以來領兵將軍帳下有護軍有都督呂範請於孫策曰願暫領都督佐將軍部分是也光武以朱祐爲護軍而稱復曰賈督實始於此復馬羸羸力佳反光武解左驂以賜之驂者服外之馬也東觀記續漢書左並作右官屬以復後來而好陵折等輩調補鄗尉〔集解〕王補曰調上疑奪請字光武曰賈督有折衝千里之威方任以職勿以擅除東觀記曰時上置兩府官屬復與段孝共坐孝謂復曰卿將軍督我大司馬督不得共坐復曰俱劉公吏有何尊卑官屬以復不遜上調官屬補長吏共白欲以復爲鄗尉上署報不許也〔集解〕先謙曰官本下以作得是光武至信都以復爲偏將軍及拔邯鄲遷都護將軍〔集解〕通鑑胡注宣帝置西域都護甘延壽之擊郅支也自謂爲都護將軍前漢末以爲將軍號也至此乃以命復從擊青犢於射犬大戰至日中賊陳堅不卻光武傳召復曰吏士皆飢可且朝飯復曰先破之然後食耳於是被羽先登被猶負也析羽爲旌旗將軍所執先登先赴敵也〔集解〕惠棟曰國語晉攻狄叔虎被羽先升敗之韋昭云羽鳥羽繫于背若今軍將負眊矣吳志云甘甯負眊帶鈴陳祥道云後世之被羽蓋古衣徽之遺制也所向皆靡賊乃敗走諸將咸服其勇

又北與五校戰於眞定〔集解〕惠棟曰元和志追賊于眞定之揵鄉揵鄉在眞定縣北二十里沈欽韓曰志又云定州唐縣北九里有寡婦城漢賈復追銅馬五校於此語訛轉呼爲寡婦大破之復傷創甚光武大驚曰我所以不令賈復別將者爲其輕敵也果然失吾名將聞其婦有孕生女邪我子娶之生男邪我女嫁之不令其憂妻子也復病尋愈追及光武於薊相見甚懽大饗士卒令復居前擊鄴賊破之光武卽位拜爲執金吾封冠軍侯先度河攻朱鮪於洛陽與白虎公陳僑戰連破降之建武二年益封穰朝陽二縣更始郾王尹尊及諸大將在南方未降者尙多帝詔諸將議兵事未有言沈吟久之乃以檄叩地〔集解〕惠棟曰孔安國論語注叩擊也曰郾最彊宛爲次誰當擊之復率然對曰臣請擊郾帝笑曰執金吾擊郾吾復何憂大司馬當擊宛遂遣復與騎都尉陰識驍騎將軍劉植南度五社津擊郾連破之月餘尹尊降盡定其地引東擊更始淮陽太守暴汜汜降屬

縣悉定其秋南擊召陵新息平定之新息縣名屬汝南郡故城在今豫州新息縣西南也明年春遷左將軍別擊赤眉於新城澠池閒連破之新城今伊闕縣〔集解〕惠棟曰續志新城屬河南尹澠池在宏農陝縣東觀記云南擊赤眉新城轉西入關擊盆子于澠池破之與帝會宜陽降赤眉復從征伐未嘗喪敗數與諸將潰圍解急身被十二創〔集解〕先謙曰征鄧奉復傷痍見岑彭傳帝以復敢深入希令遠征而壯其勇節常自從之〔集解〕通鑑胡注常以復自從也故復少方面之勳東觀記曰吳漢擊蜀未破上書請復自助上不遣諸將每論功自伐復未嘗有言帝輒曰賈君之功我自知之〔集解〕王補曰古今創業中興之會諸將爭功不決因而致亂者史不絕書觀夫栒邑初捷帝郎璽書勞馮異曰諸將狐疑莫有先發將軍功若丘山猶自以爲不足賈復以敢深入希令遠征故少方面之勛而帝輒曰賈君之功我自知之如此則涓埃之報悉邀帝簡坐沙偶語拔劍擊柱之隙何自而生哉十三年定封膠東侯食郁秩壯武下密卽墨梃胡觀陽凡六縣六縣皆屬膠東國壯武故城在今萊州卽墨縣西下密在今青州北海縣東北卽墨在今萊州膠水縣東南梃胡故城在今萊州昌陽縣西北觀陽在昌陽縣東梃一音廷〔集解〕惠棟曰梃一作挻挻縣前漢屬膠東後漢屬北海胡字衍注誤沈欽韓曰水

經注拒縣故城王莽之郁秩也案郁秩本膠東國縣非莽改紀要拒城在高密縣南三十里舊志拒城在膠州西南九十里郁秩當更在其西先謙曰官本作挺壯武在卽墨縣西六十里下密城在濰縣西三十里一統志挺今登州府萊陽縣南七里觀陽今萊陽縣東南七十里觀山之陽復知帝欲偃干戈修文德不欲功臣擁衆京師乃與高密侯鄧禹竝剽甲兵敦儒學廣雅曰剽削也謂削除甲兵東觀記曰復闔門養威重授易經起大義帝深然之遂罷左右將軍復㠯列侯就第加位特進東觀記曰上以天下既定思念欲完功臣爵土不令以吏職爲過故皆以列侯就第也復爲人剛毅方直多大節既還私第闔門養威重朱祐等薦復宜爲宰相帝方㠯吏事責三公集解先謙曰官本事作士故功臣竝不用是時列侯唯高密固始膠東三侯與公卿參議國家大事恩遇甚厚高密侯鄧禹固始侯李通三十一年卒集解惠棟曰袁宏紀云三十年謚曰剛侯子忠嗣忠卒子敏嗣建初元年集解惠棟曰袁宏紀元年三月也坐誣告母殺人國除肅宗更封復小子邯爲膠東侯集解惠棟曰袁宏紀四月丙戌詔曰蓋襃德賞功興亡繼絕所以昭孝事親以旌善人故仁不遺德義不忘勞先王之令典也故特進膠東侯佐命河北列在元功今復孫敏頑凶失道自陷刑以喪爵土朕甚憐之其封復子邯爲膠東侯邯弟宗爲卽墨侯各一縣邯卒子育嗣育卒子長嗣宗字武孺少有操行多智略初拜郎中稍遷建初中爲朔方太守舊內郡徙人在邊者率多貧弱爲居人所僕役不得爲吏宗擢用其任職者與邊吏參選轉相監司集解沈欽韓曰師氏注司猶察也㠯擿發其姦或㠯功次補長吏故各願盡死匈奴畏之不敢入塞東觀記曰匈奴常犯塞得生口問太守爲誰曰賈武孺曰盧賈將軍子邪曰是皆放遣還是後更不入塞徵爲長水校尉宗兼通儒術每讌見常使與少府丁鴻等論議於前集解惠棟曰東觀記宗性方正奉職愛士及在朝廷數言便宜深見親異賞賜殊特上美宗既有武節又善經術每燕會令與當世大儒司徒丁鴻問難經傳章和二年卒朝廷愍惜焉子參嗣參卒子建嗣元初元年尚和帝女臨潁長公主集解惠棟曰公主名利主兼食潁陰許合三縣數萬戶時鄧太后臨朝光寵最盛㠯建爲侍中順帝時爲光祿勳

論曰中興將帥立功名者衆矣唯岑彭馮異建方面之號自函谷㠯西方城㠯南方城山名一名黃城山在今唐州方城縣東北也兩將之功實爲大焉若馮賈之不伐岑公之義信信謂朱鮪知其誠而降義謂荊人奉牛酒讓不受乃足㠯感三軍而懷敵人故能剋成遠業終全其慶也昔高祖忌柏人之名違之㠯全福征南惡彭亡之地留之㠯生災柏人縣名也高祖嘗欲宿於柏人曰柏人者迫於人也不宿而去後竟有貫高之事豈幾慮自有明惑將期數使之然乎

贊曰陽夏師克實在和德膠東鹽吏征南宛賊奇鋒震敵遠圖謀國集解惠棟曰左傳云榮成伯曰遠圖者忠也

馮岑賈列傳第七終　後漢書十七

後漢書集解卷十七校補

馮異傳屯兵巾車鄉注巾車鄉名也官本注無也字

及同郡丁綝呂晏注綝字幼春定陵人也官本注無也字

左丞相曹竟子詡爲尚書注竟字子期山陽人也官本注無也字

人久飢渴易爲充飽注猶言凋殘之後易流德澤左震曰孟子飢者易爲食渴者易爲飲文正用此語案注易流德澤卽本德之流行爲訓

鄧禹爇火注音而悅反案爇各本同據音亦非誤字說文爇溫也溫火謂不使竈冷孟子如火益爇與廉范傳言爇火異爇謂燃之也東觀記作鄧禹吹火吹亦謂不使火熄

異復進麥飯菟肩集解先謙曰東觀記云及至南宮聞王郎軍將至異進一笥麥飯兔肩謹案此引東觀記馮異傳文言既至南宮聞王郎軍至異進麥飯兔肩乃度虖沱河至信都與范書合下文詔書所謂虖沱河麥飯也乃東觀記世祖紀則云帝至饒陽止蕪蔞亭大風雨異進一笥麥飯兔肩聞王郎兵至復驚去至南宮是既進麥飯兔肩乃往南宮直誤虖沱河麥飯爲蕪蔞亭矣惟菟均作兔

因復度虖沱河至信都注光武紀云度虖沱河至下博城西至亦未詳其故案聚珍本東觀記世祖本紀云帝至饒陽聞王郎兵至復驚去至南宮馮異傳云上自薊東南馳夜至饒陽眾皆饑疲及至南宮聞王郎軍將至因度虖沱河而王霸傳則云上從邯鄲避郎兵晨夜馳騖南至下曲陽虖沱河乃不言南宮范書光武紀但云出饒陽南出過虖沱河進至下博城西亦不言南宮而異霸兩傳一言南宮一言下曲陽又皆如東觀所記前志信都國信都王都故漳河故虖沱皆在北東入海水經濁漳水注漳水上承虖沱東逕樂鄉縣北饒陽縣南又東南逕武邑郡北而入衡水章懷光武紀注亦言虖沱河舊在饒陽南前漢饒陽屬涿郡下曲陽屬鉅鹿郡新莽分鉅鹿爲和戎郡卽治下曲陽與饒陽皆在故虖沱河之北下博南宮皆在故虖沱河之南皆屬信都國下博又在信都之北而南宮則在信都東南光武如由饒陽至南宮必先度虖沱河既至南宮卽可西北向信都無用復度虖沱河固不必經下博更無從至下曲陽此易明也且光武度虖沱河處章懷紀注謂在今定州深澤縣東南唐深澤曲陽同屬定州亦惟自下曲陽度河爲合其自虖沱南出至下博縣故城西亦見濁漳水注以上言南至下曲陽虖沱河言南出過虖沱河至下博言自虖沱南出至下博皆爲自北而南范紀是而傳非矣惟章懷所謂南宮在虖沱河南百有餘里者就東漢故縣城言也其在前漢嘗爲萬六千六百戶侯國見班表或其境已至故虖沱河北則又當別論耳

從破王郎封應侯注杜預注春秋曰應國在襄城成父縣西南案今杜注作在襄陽城父縣西南見左僖二十四年傳下攷晉志襄城無成父縣襄陽亦無城父縣當作襄城父城縣西南父城漢屬潁川前志父城下注云應鄉故國周武王弟所封水經滍水注滍水自魯陽來東逕應城南故應鄉應侯之國詩所謂應侯順德者也父城故城在今汝州寶豐縣東四十里父城保應城在今寶豐縣西南

乃更部分諸將各有配隸注袁崧書曰集解官本注崧書作山松案當作袁山松書曰官本仍脫書字又北宋刻本各書止計直行不論橫格書中夾注每三字約占正文二字地步故行末率多參差小字筆畫緐者卽占正文一字地步其筆畫簡者則一兩字僅占一字地步繙刻者偶不經意遇兩字可合者便譌成一字是本山松譌爲崧蓋亦由此

王侯構難大臣乖離注時更始大臣張卬至是大臣乖離也侯康曰張卬等謀劫更始事在後注說非也據劉聖公傳時李軼朱鮪擅命山東王匡張卬橫暴三輔所謂構難乖離當指此

得北攻天井關拔上黨兩城注天井關在太行山下解見章紀集解沈欽韓曰紀要天井關在澤州南四十五里當太行絕頂其南卽羊腸坂道柳從辰曰余至太行山見所稱天井關者已無關其地則山中有溝非絕頂也澤州志另有攷今案注言關在山下紀要謂在絕頂據柳說乃在山中查章紀注本言在太行山上不應此注又言在山下則下字顯爲上字之譌蓋無論在絕頂在山中皆得言在山上若在山下則與山離矣章紀注又言關南有天井泉三所亦經沁水注引蔡邕曰太行山上有天井關在井北遂以名焉正與關南有天井泉之注合能確得天井所在則可得故關所在矣李吉甫謂天井關一名太行關一統志謂今名雄定關又名平陽關皆云在山上

弘農羣盜稱將軍者十餘輩皆率眾降異注稱將軍者皆降者原誤等據東觀記正官本不誤

餘眾尙十餘萬東走宜陽降錢大昭曰劉盆子傳光武敕諸將曰賊若東走可引宜陽兵會新安賊若南走可引新安兵會宜陽是宜陽在關以南也本紀云餘眾南向宜陽盆子傳亦云赤眉遂出關南向此作東走非今案袁紀通鑑並作東走且赤眉由長安向南陽道出弘農本東南行故盆子傳亦言三輔大飢赤眉虜掠無所得乃引而東歸及由湖戰勝鄧禹軍乃西出關南向實仍折而東南行故馮異得擊之於崤底餘眾由崤底向宜陽則固宜東行不得南行也惟上文異言上使諸將屯黽池要其東而異擊其西下文光武璽書又言異奮翼黽池是異軍先本在黽池之西後乃退至黽池與諸

將合兵見東觀記一戰而勝所云嶠底當即在黽池左近餘衆如由黽池走宜陽則亦可云南行璽書勞異曰集解王補曰降上宜有帝字案此因通鑑作帝降璽書而爲說也實則通鑑敘光武平赤眉事不免小誤據范書本紀赤眉餘衆向宜陽帝自將征之己亥幸宜陽赤眉遣使乞降劉盆子傳亦云馮異破之於嶠底帝聞乃自將幸宜陽赤眉遣劉恭乞降必赤眉已降然後可破平觀下文璽書明有赤眉破平士吏勞苦及方論功賞吕答大勳之語則璽書勞異必已在受降之後降字自應連上東走宜陽爲句又本傳於敘璽書之下即云時赤眉雖降其言赤眉降亦即應上走宜陽降也通鑑乃於帝降璽書勞異云云之後另敘赤眉餘衆東向宜陽乞降則前後倒置而赤眉破平之語不可通矣況既言璽書自可知爲帝所下何待於璽書上更贅帝字觀東觀記袁紀皆止璽書勞異四字未嘗於璽書上加字則通鑑之誤益明

將數萬人就呂鮪錢大昭曰呂鮪隗囂傳同公孫述傳呂作李案官本述傳亦作呂

未至隗囂乘勝錢大昭曰閩本未下有及字案官本亦作未及至與閩本同

忸忕小利忕官本作忕从犬與監本合注爾雅曰忸復也郭景純曰謂慣忕復爲之也案今爾雅忸作狃郭注作狃忕復爲集解周壽昌曰忸猶狃也忸忕之忕亦應从犬不从大案周謂忸猶狃是也謂忕亦應从犬則顯與雅訓不合又詩四月毛傳廢忕也字亦从大釋文讀時世反通儒如盧文弨阮元皆謂忕从大得聲从犬者訛又說文繫篆狃犬性忕也段玉裁謂心部愧字即忕之訛文已改从曳之愧爲从大之忕諸說早如重規疊矩周氏蓋未之詳也

其將王元周宗等周宗二字原誤倒據囂傳正官本不誤

蓋蕭曹紹封傳繼於今注和帝永和四年案永和四年乃永元三年之誤

岑彭傳楊化將軍堅鐔楊官本作楊是

建武二年使彭擊荊州錢大昭曰光武紀遣彭擊荊州羣賊在建武元年十月下犨葉等十餘城注續漢書曰彭南擊荊州至城安昆陽犨葉舞陽堵陽平氏棘陽胡陽處處皆破其屯聚案漢荊州郡國並無城安昆陽舞陽惟潁川郡有之乃豫州境今皆爲河南地蓋與荊州南陽近接故連類而及耳城當作成

略十有二縣案十有兩字當乙轉

董訢起堵鄉集解先謙曰堵陽在今南陽府裕州東六里案水經清水注堵水自棘陽來南逕小堵鄉謂之小堵水東源方七八步騰湧若沸故世名之騰沸水南流逕于堵鄉謂之堵水建武三年祭遵引兵南擊董訢于堵鄉以水氏縣故有堵陽之名是堵鄉亦即在堵陽縣也光武紀注以小堵鄉當之似誤

怒吳漢掠其鄉里遂返擊破漢軍返官本同乃反之誤

沿江泝沔止黎丘錢大昭曰止當作上

而夾川谷少水險難漕運錢大昭曰谷當作穀案古谷穀亦可通作書堯典宅西曰昧谷周禮縫人注引作度西曰柳穀史記五帝本紀徐廣說一作柳谷又前書王莽傳穀風迅疾從東北來顏注穀風即谷風則沿誤有由也

乘枋箄下江關注箄音步佳反佳官本作佳誤

橫江水起浮橋關樓錢大昭曰關樓通鑑作關樓胡注猶今城上敵樓也

吳漢吕三郡棹卒多貲糧穀集解先謙曰官本貲作費是錢大昭曰貲閩本作費是官本兼與閩本合

貲復傳不能相施第持我書往注施用也第但也第原皆作弟據錢校改官本不誤集解先謙曰官本不作必是謹案此言光武遠在河北不能知復而用之勸復往就光武耳作不亦自可通通鑑改作必能相用則語意皆變刊後漢書者遂亦改不爲必矣

光武解左驂吕賜之注東觀記續漢書左並作右案袁紀仍作左

方任吕職勿吕擅除集解先謙曰官本下吕作得是錢大昭曰勿吕閩本作勿得是錢所據本亦作勿吕官本兼與閩本合也

又北與五校戰於眞定集解定州唐縣北九里有寡婦城漢賈復追銅馬五校於此語訛轉呼爲寡婦案水經滱水注蒲水又東南歷壙逕陽安關下出關北流又東流逕夏屋故城其城東側因阿仍墉築一城世謂之寡婦城賈復從光武追銅馬五幡于北平所作也世俗音轉故有是名矣此即李志所本又汝水篇注桓水有二源奇導于賈復城合爲一瀆逕賈復城北復南擊郾所築也俗語訛謬謂之寡婦城是賈復城非一其訛則同

定封膠東侯至凡六縣注挺胡故城在今萊州昌陽縣西北昌陽原誤昌黎據唐志查改官本不誤

並剽甲兵敦儒學注復闔門養威重授易經起大義授官本作受與今聚珍本

師受易之事下言起大義亦教者之事非學者之事復本經生（東觀記合又東觀記起作知今案上言閭門養威重則似無從師受易之事下言起大義亦教者之事非學者之事復本經生益如鄧禹之以經授諸子耳）

吕擿發其姦（擿官本作擿誤）

尚和帝女臨潁長公主（潁官本作穎非）

吳蓋陳臧列傳第八　後漢書十八

宋　宣　城　太　守　范　曄　撰

唐　章　懷　太　子　賢　注

王先謙集解

吳漢字子顏南陽宛人也家貧給事縣爲亭長王莽末吕賓客犯法乃亡命至漁陽（命名也謂脫其名籍而逃亡）資用乏吕販馬自業往來燕薊間所至皆交結豪桀更始立使使者韓鴻徇河北（續漢書曰雒陽人韓鴻爲謁者使持節降河北拜除二千石【集解】洪頤煊曰彭寵傳寵南陽宛人與鄉人吳漢亡至漁陽更始立使謁者韓鴻持節徇北州鴻至薊以寵漢並鄉閭故人相見歡甚注雒陽是南陽之譌）或謂鴻曰吳子顏奇士也可與計事鴻召見漢甚悅之遂承制拜爲安樂令（安樂縣名屬漁陽郡故城在今幽州潞縣西北【集解】先謙曰注見彭寵傳）會王郎起北州擾惑漢素聞光武長者獨欲歸心乃說太守彭寵曰漁陽上谷突騎天下所聞也君何不合二郡精銳附劉公擊邯鄲此一時之功也（一時言不可再遇也）寵吕爲然而官屬皆欲附王郎寵不能奪漢乃辭出止外亭念所吕譎眾未知所出（譎詐也未知欲出何計以詐也【集解】王補曰此二語袁紀作所以調其眾者）望見道中有一人似儒生者漢使人召之爲具食（續漢書曰時道路多飢人來求食者似儒生漢召故先爲具食【集解】劉攽曰案注文漢召下少一之字）問吕所聞生因言劉公所過爲郡縣所歸邯鄲舉尊號者實非劉氏漢大喜卽詐爲光武書移檄漁陽使生齎吕詣寵令具吕所聞說之漢復隨後入寵甚然之於是遣漢將兵與上谷諸將并軍而南所至擊斬王郎將帥（續漢書曰攻薊誅王郎大將趙閎等）及光武於廣阿（【集解】惠棟曰袁宏紀漢時及廣阿聞城中車騎甚眾漢乃勒兵問曰此何兵曰大司馬公也時王郎亦遣大司馬略地漢復問曰大司馬何公也對曰劉公也漢聞之喜卽進兵城下地理志廣阿縣屬鉅鹿郡）拜漢爲偏將軍既拔邯鄲（續漢書曰時上使漢等將突騎揚兵戲馬士騎馳環邯鄲城乃圍之）賜號建策侯漢爲人質厚少文造次不能吕辭自達（【集解】王補曰達下袁紀有然沈勇有智畧六字）鄧禹及諸將多知之數相薦

擧乃得召見遂見親信常居門下集解惠棟曰東觀記漢再三召見其後勤勤不離公門上親信之先進故將皆怨曰吳將軍晝夜不離公門左右殊不可爲也光武將發幽州兵夜召鄧禹問可使行者禹曰間數與吳漢言其人勇鷙有智謀廣雅曰鷙執也凡鳥之勇銳獸之猛悍者皆名鷙也諸將鮮能及者卽拜漢大將軍集解惠棟曰東觀記上既破邯鄲誅王郎召禹宿夜語曰欲北發幽州突騎諸將誰可使者禹曰吳漢與鄧宏俱客蘇宏宏稱道之禹數與語其人勇鷙有謀諸將鮮能及者上于是以漢爲大將軍持節北發十郡突騎更始幽州牧苗曾聞之陰勒兵敕諸郡不肯應調調發也漢乃將二十騎先馳至無終無終本山戎國也無終山名因爲國號漢爲縣名屬右北平故城在今幽州漁陽縣也集解沈欽韓曰今薊州治舊志以今玉田縣爲古無終考玉田乃唐初析置之無終非漢縣曾曰漢無備出迎於路漢卽撝兵騎收曾斬之而奪其軍北州震駭城邑莫不望風弭從弭猶服也遂悉發其兵引而南與光武會清陽諸將望見漢還士馬甚盛皆曰是寧肯分兵與人邪及漢至莫府上兵簿莫大也兵簿軍士之名帳集解周壽昌曰莫讀如幕史記李牧傳市租皆輸入莫府索隱崔浩云將帥理無常處以幕帟爲府署故曰幕府字當作幕諸將人人多請之光武曰屬者恐不與人屬猶近也今所請又何多也諸將皆慙初更始遣尚書令謝躬率六將軍攻王郎不能下會光武至共定邯鄲而躬裨將虜掠不相承稟集解惠棟曰袁宏紀躬所領諸將多放縱爲百姓所苦躬不能整又數與王違戾常欲襲之以爲兵強故止光武深忌之雖俱在邯鄲遂分城而處然每有以慰安之躬勤於職事集解惠棟曰袁宏紀躬勤於吏事每至所在理冤結決詞訟光武常稱曰謝尚書眞吏也故不自疑躬集解萬承蒼曰案文勢當作故躬不自疑既而率其兵數萬還屯於鄴時光武南擊青犢謂躬曰我追賊於射犬必破之尤來在山陽者埶必當驚走若以君威力擊此散虜必成禽也躬曰善及青犢破而尤來果北走隆慮山躬乃留大將軍劉慶魏郡太守陳康守鄴自率諸將軍擊之窮寇死戰其鋒不可當躬遂大敗死者數千人光武因躬在外乃使漢與岑彭襲其城漢先令辯士說陳康曰蓋聞上智不處

危以僥倖僥猶求也中智能因危以爲功下愚安於危以自亡危亡之至在人所由不可不察今京師敗亂四方雲擾公所聞也蕭王兵強士附河北歸命公所見也謝躬內背蕭王外失衆心公所知也今公據孤危之城待滅亡之禍義無所立節無所成不若開門內軍轉禍爲福免下愚之敗收中智之功此智之至者也康然之於是康收劉慶及躬妻子開門內漢等及躬從隆慮歸鄴不知康已反之乃與數百騎輕入城漢伏兵收之手擊殺躬其衆悉降續漢書曰時岑彭已在城中將躬詣傳舍出白漢漢至躬在彭前伏漢曰何故與鬼語遂殺之躬字子張南陽人初其妻知光武不平之常戒躬曰君與劉公積不相能而信其虛談不爲之備終受制矣躬不納故及於難光武北擊羣賊續漢書曰從擊銅馬重連高胡皆破之漢常將突騎五千爲軍鋒數先登陷陣及河北平漢與諸將奉圖書上尊號光武卽位拜爲大司馬更封舞陽侯建武二年

春漢率大司空王梁建義大將軍朱祐大將軍杜茂執金吾賈復揚化將軍堅鐔偏將軍王霸騎都尉劉隆馬武陰識共擊檀鄉賊於鄴東漳水上大破之水經曰□漳水源出上黨長子縣西發鳩山東北至昌亭與虖池河合集解惠棟曰東觀記檀鄉賊帥董次仲也降者十餘萬人帝使使者璽書定封漢爲廣平侯食廣平斥漳曲周廣年凡四縣四縣皆屬廣平郡廣平故城在今洺州永年縣西北廣年在今永年縣東北斥漳在今洺州洺水縣曲周故城在今洺州曲州縣西南廣年避煬帝諱故改爲永年縣集解惠棟曰斥漳漢碑皆作斥章萬松齡曰唐書地理志無洺水縣唐初洺州有清漳池水二縣先謙曰官本注曲州作曲周是此注洺水當作池水復率諸將擊鄴西山賊黎伯卿等及河內修武悉破諸屯聚車駕親幸撫勞復遣漢進兵南陽擊宛涅陽酈穰新野諸城皆下之引兵南與秦豐戰黃郵水上破之南陽新野縣有黃郵水黃郵聚也又與偏將軍馮異擊昌城五樓賊張文等又攻銅馬五幡於新安皆破之明年春率建威大將軍耿弇虎牙大將軍蓋延擊青犢於軹西大破降之又率驃

騎大將軍杜茂彊弩將軍陳俊等圍蘇茂於廣樂〔集解〕惠棟曰東觀記蘇茂殺淮陽太守得其郡營廣樂劉永將周建別招聚收集得十餘萬人救廣樂〔集解〕惠棟曰東觀記茂將其精兵突至湖陸與劉永相會漢將輕騎迎與之戰不利墯馬傷膝還營建等遂連兵入城諸將謂漢曰大敵在前而公傷臥衆心懼矣漢乃勃然裹創而起椎牛饗士令軍中曰賊衆雖多皆劫掠羣盜勝不相讓敗不相救此上兩句在左傳鄭大夫公子突之詞也〔集解〕周壽昌曰注大夫二字衍非有仗節死義者也今日封侯之秋諸君勉之於是軍士激怒人倍其氣旦日建茂出兵圍漢漢選四部精兵黃頭吳河等前書鄧通爲黃頭郎音義曰土勝水故刺船郎著黃帽號黃頭也〔集解〕沈欽韓曰枚乘傳遺羽林黃頭循江而下吳河人姓名及烏桓突騎三千餘人齊鼓而進續漢書曰漢躬被甲拔戟令諸部將曰聞雷鼓聲皆大呼俱大進後至者斬遂鼓而進之〔集解〕劉攽曰注俱大進按文多一大字惠棟曰東觀記所載與此同無大字刊誤是建軍大潰反還奔城漢長驅追擊爭門並入大破之茂建突走漢留杜茂陳俊等守廣樂自將兵

助蓋延圍劉永於睢陽永既死二城皆降明年又率陳俊及前將軍王梁擊破五校賊於臨平追至東郡箕山大破之北擊清河長直及平原五里賊皆平之東觀記及續漢書長直並作長垣按長垣縣名在河南不得言北擊而范書作長直當是賊號或因地以爲名時鬲縣五姓共逐守長據城而反鬲縣名屬平原郡故城在今德州西北五姓蓋當土彊宗豪右也鬲音革〔集解〕沈欽韓曰紀要今濟南府德平縣東十里諸將爭欲攻之漢不聽曰使鬲反者皆守長罪也敢輕冒進兵者斬乃移檄告郡使收守長而使人謝城中五姓大喜卽相率歸降諸將乃服曰不戰而下城非衆所及也冬漢率建威大將軍耿弇漢中將軍王常等〔集解〕劉攽曰中當作忠擊富平獲索二賊於平原〔集解〕惠棟曰東觀記云富平賊帥徐少獲索賊帥古師郎等明年春賊率五萬餘人夜攻漢營軍中驚亂漢堅臥不動有頃乃定卽夜發精兵出營突擊大破其衆因追討餘黨遂至無鹽無鹽縣名屬東平國故城在今鄆州東〔集解〕沈欽韓曰上云擊賊平原下云進擊渤海中間不得云至東平之無鹽也當是無棣之誤元和志滄州鹽山縣本齊無棣邑進擊渤海皆平之又從征董憲圍朐城明年春拔朐朐縣名解見光武紀斬憲事以見劉永傳〔集解〕先謙曰官本以作已是東方悉定振旅還京師會隗囂畔夏復遣漢西屯長安八年從車駕上隴遂圍隗囂於西城帝勑漢曰諸郡甲卒俱坐費糧食若有逃亡則沮敗衆心宜悉罷之漢等貪幷力攻囂遂不能遣糧食日少吏士疲役逃亡者多及公孫述救至漢遂退敗十一年春率征南大將軍岑彭等伐公孫述〔集解〕先謙曰東觀記田戎將兵下江關至南郡據浮橋於江上漢鋸絕橫橋大破之及彭破荊門長驅入江關漢留夷陵裝露橈船橈短楫也音人遙反〔集解〕惠棟曰注見岑彭傳將南陽兵及弛刑募士三萬人泝江而上會岑彭爲刺客所殺漢幷將其軍十二年春〔集解〕惠棟曰通鑑云春正月與公孫述將魏黨公孫永戰於漁涪津大破之續漢書曰犍爲郡南安縣有漁涪津在縣北臨大江南中志曰漁涪津廣數百步〔集解〕沈欽韓曰漁涪津在嘉定府夾江縣西三里先謙曰官本正文漁作魚遂圍武陽述遣子壻史興將五千人救

之漢迎擊與盡殄其衆因入犍爲界〔集解〕沈欽韓曰今嘉定敘州二府眉瀘資三州皆漢犍爲郡地郡治僰道今宜賓縣治也此入界乃指郡治言之也諸縣皆城守漢乃進軍攻廣都拔之遣輕騎燒成都市橋橋名也解見公孫述傳武陽以東諸小城皆降帝戒漢曰成都十餘萬衆不可輕也但堅據廣都待其來攻勿與爭鋒若不敢來公轉營迫之須其力疲乃可擊也漢乘利遂自將步騎二萬餘人進逼成都去城十餘里阻江北爲營作浮橋使副將武威將軍劉尚東觀記續漢書尚字並作禹將萬餘人屯於江南相去二十餘里帝聞大驚讓漢曰比勑公千條萬端〔集解〕通鑑胡注言詳細也何意臨事勃亂〔集解〕通鑑胡注勃與悖同既輕敵深入又與尚別營事有緩急不復相及賊若出兵綴公以大衆攻尚尚破公卽敗矣幸無它者〔集解〕通鑑胡注言幸無他虞不至喪敗也急引兵還廣都詔書未到述果使其將謝豐袁吉將衆十許萬〔集解〕通鑑胡注十許萬者約言之也分爲二十餘營幷出攻漢使別將萬餘人〔集解〕先謙

曰將字下少一將字則句不圓通鑑別將下重將字劫劉尚令不得相救漢與大戰一日兵敗走入壁豐因圍之漢乃召諸將厲之〔集解〕惠棟曰毛晃云勉厲之厲有修飾振起之意曰吾共諸君踰越險阻轉戰千里〔集解〕惠棟曰王幼學云轉陟兗反轉相戰鬬也所在斬獲遂深入敵地至其城下而今與劉尚二處受圍埶既不接其禍難量欲潛師就尚於江南幷兵禦之若能同心一力人自為戰大功可立如其不然敗必無餘成敗之機在此一舉諸將皆曰諾於是饗士秣馬閉營三日不出乃多樹旛旗使煙火不絕夜銜枚引兵與劉尚合軍豐等不覺明日乃分兵拒江北自將攻江南漢悉兵迎戰自旦至晡遂大破之斬謝豐袁吉獲甲首五千餘級於是引還廣都留劉尚拒述具以狀上而深自譴責帝報曰公還廣都甚得其宜述必不敢畧尚而擊公也畧猶過也若先攻尚公從廣都五十里悉步騎赴之適當值其危困破之必矣自是漢與述戰於廣

都成都之閒八戰八剋遂軍於其郭中〔集解〕通鑑胡注成都郭中述自將數萬人出城大戰漢使護軍高午唐邯將數萬銳卒擊之述兵敗走高午奔陳刺述殺之事已見述傳旦日城降斬述首傳送洛陽明年正月漢振旅浮江而下至宛詔令過家上冢賜穀二萬斛十五年復率揚武將軍馬成捕虜將軍馬武北擊匈奴徙鴈門代郡上谷吏人六萬餘口置居庸常關以東〔集解〕劉攽曰常下當有一山字十八年蜀郡守將史歆反於成都自稱大司馬攻太守張穆穆踰城走廣都歆遂移檄郡縣而宕渠楊偉朐䏰徐容等宕渠朐䏰二縣名皆屬巴郡朐音劬䏰音忍宕渠山名因以名縣故城在今渠州流江縣東北俗名車騎城是也十三州志朐音春䏰音閏其地下溼多朐䏰蟲因以名縣故城在今夔州雲安縣西萬戶故城是也〔集解〕先謙曰宕渠在今順慶府渠縣界朐䏰在今夔州府雲陽縣西萬戶壩起兵各數千人以應之帝以歆昔為岑彭護軍曉習兵事故遣漢率劉尚及太中大夫臧宮將萬餘人討之漢入武都乃發廣漢巴蜀三郡兵圍成

都百餘日城破誅歆等漢乃乘桴沿江下巴郡楊偉徐容等惶恐解散漢誅其渠帥二百餘人徙其黨與數百家於南郡長沙而還漢性彊力〔集解〕沈欽韓曰六韜奇兵篇將不彊力則三軍失其職每從征伐帝未安恒側足而立諸將見戰陳不利或多惶懼失其常度漢意氣自若方整厲器械激揚士吏〔集解〕惠棟曰東觀記漢性忠厚篤于事上自初從征伐常在左右上未安則側足屏息上安然後退舍兵有不利軍營不如意常獨繕檠弓戟閱戰具兵馬激揚吏士帝時遣人觀大司馬何為還言方修戰攻之具乃歎曰吳公差彊人意〔集解〕惠棟曰王幼學云謂漢甚起發人意思隱若一敵國矣隱威重之貌言其威重若敵國前書周亞夫謂劇孟曰大將得之若一敵國矣每當出師朝受詔夕卽引道初無辦嚴之日嚴卽裝也避明帝諱故改之故能常任職以功名終及在朝廷〔集解〕惠棟曰袁宏紀漢在朝廷惟公天下嘗旱公卿請雨不得漢乃悉出其僮僕一時免之斤斤謹質形於體貌爾雅曰明明斤斤察也李巡曰斤斤精詳之察也孫炎曰重慎之察也斤音靳漢嘗出征妻子在後買田業漢還讓之曰軍師在外吏士不足何多買田

宅乎遂盡以分與昆弟外家東觀記曰漢但修里宅不起第夫人先死薄葬小墳不作祠堂也二十年漢病篤車駕親臨問所欲言對曰臣愚無所知識唯願陛下愼無赦而已〔集解〕王補曰蜀志裴注有言丞相亮惜赦者亮答曰治蜀以大德不以小惠故匡衡吳漢不願為赦先帝亦言吾周旋陳元方鄭康成閒每見啟告治亂之道悉矣曾不語赦也若劉景升父子歲歲赦宥何益於治乎及薨有詔悼愍〔集解〕惠棟曰杜篤集大司馬吳漢誄曰篤以為堯隆稷契舜嘉皋陶伊尹佐殷呂尚翼周若此五臣功無與儔今漢吳公追而六之乃作誄曰朝失鯁臣國喪爪牙天子愍悼中宮咨嗟四方殘暴公不征茲征茲海內公其攸平泯泯羣黎賴公以甯勳業既崇持盈守虛功成卽退挹而損諸死而不朽名勒丹書功著金石與日月俱東觀記曰篤與美陽令交遊數從請託不諧頗相恨令怒收篤送京師會大司馬吳漢薨世祖詔諸儒誄之篤于獄中為誄辭最高帝美之賜帛免刑賜謚曰忠侯東觀記曰有司議以武為謚詔特賜曰忠侯發北軍五校輕車介士送葬如大將軍霍光故事漢置南北軍五校尉解見順帝紀輕車兵車也介士甲士也霍光傳云以北軍五校尉輕車介士載光尸以輼輬車黃屋左纛軍陳至茂陵不以南軍者重之也子哀侯成嗣為奴所殺〔集解〕先謙曰東觀記云無後國除與此異蓋誤二十八年分漢封為三國〔集解〕錢大昕曰漢封廣平侯食廣平斥漳曲周廣年四縣此所封乃

汝南之濯陽新蔡南陽之筑陽與廣平遠不相涉何分漢封爲三國乎或後來徙封汝南而范史失載耳云成子旦爲濯陽侯濯陽縣名屬汝南郡在濯水之陽因以爲名其地今豫州吳房縣也音効[集解]先謙曰在今汝寧府遂平縣東南以奉漢嗣旦弟盱盱音火俱反爲筑陽侯成弟國爲新蔡侯筑陽縣名屬南陽郡古穀國也在筑水之陽故城在今襄州穀城縣西新蔡縣名屬汝南郡蔡平侯自蔡徙此故加新字今豫州縣也筑音逐[集解]先謙曰筑陽在今襄陽府穀城縣東新蔡今汝寧府新蔡縣治旦卒無子國除建初八年徙封盱爲平春侯平春縣名屬江夏郡[集解]先謙曰注見章紀以奉漢後盱卒子勝嗣初漢兄尉爲將軍從征戰死封尉子彤爲安陽侯安陽縣名屬汝南郡古江國也故城在今豫州新息縣西南[集解]先謙曰在今汝寧府正陽縣西南帝以漢功大復封弟翕爲褒親侯吳氏侯者凡五國初漁陽郡尉嚴宣與漢俱會光武於廣阿光武以爲偏將軍封建信侯建信縣名屬千乘國[集解]沈欽韓曰紀要今青州府高苑縣西北二十五里

論曰吳漢自建武世常居上公之位終始倚愛之親差彊人意是倚之也遂見親信是愛之也諒由質簡而彊力也子曰剛毅木訥近仁論語文剛毅謂強而能斷木樸慤貌訥忍於言也四者皆仁之質若加文則成仁矣故言近仁斯豈漢之方乎方比也昔陳平智有餘以見疑周勃質朴忠而見信高祖謂呂后曰陳平智有餘然難獨任是見疑也又曰周勃重厚少文安劉氏者必勃是見信也夫仁義不足以相懷則智者以有餘爲疑而朴者以不足取信矣懷依也言若仁義之心足相依信則情無疑阻若彼此之誠未協仁義不足相依則智者翻以有餘見疑朴者以愚直取信

蓋延字巨卿漁陽要陽人也要陽縣名光武時省[集解]沈欽韓曰漢縣在古北口外承德州西今爲承德府古白檀城之西北身長八尺彎弓三百斤邊俗尚勇力而延以氣聞歷郡列掾州從事所在職辦古者三公下至郡縣皆有掾屬續漢志曰建武十八年立刺史十三人人主一州皆有從事史假佐每郡皆置諸曹掾郡中列掾非一延並爲之故言歷也漁陽屬幽州東觀記云延爲幽州從事彭寵爲太守召延署營尉[集解]沈欽韓曰別於縣尉也續志亦有障塞尉行護軍及王郎起延與吳漢同謀歸光武續漢書曰并與孤奴令王良同勸寵[集解]先謙曰官本注孤作狐良作梁是延至廣阿拜偏將軍號建功侯從平河北光武卽位以延爲虎牙將軍[集解]惠棟曰東觀記安平侯傳云虎牙大將軍建武二年更封安平侯遣南擊敖倉轉攻酸棗封丘皆拔酸棗封丘二縣名屬陳留郡酸棗故城在今滑州縣也封丘故城在今汴州縣也[集解]劉攽曰按文皆拔下不可無一之字先謙曰酸棗今衞輝府延津縣北十五里封丘今開封府封丘縣治其夏督驃馬都尉馬武騎都尉劉隆護軍都尉馬成偏將軍王霸等南伐劉永先攻拔襄邑續漢書曰時劉永別將許德據襄邑延攻而拔之[集解]先謙曰注見更始傳進取麻鄉麻鄉縣名故城在今宋州碭山縣東北[集解]惠棟曰兩漢無麻鄉縣或是鄉名沈欽韓曰今徐州府碭山縣西北有麻城集遂圍永於睢陽數月盡收野麥夜梯其城入永驚懼引兵走出東門東觀記云走出魚門然則東門名魚門也[集解]惠棟曰續志梁國睢陽有魚門延追擊大破之永棄軍走譙延進攻拔薛斬其魯郡太守薛縣名屬魯國故城在今徐州滕縣東南東觀記曰魯郡太守梁丘壽也[集解]先謙曰薛在今兗州府滕縣東南四十四里而彭城扶陽杼秋蕭皆降扶陽縣名屬沛郡杼秋縣名屬梁國故城在今徐州蕭縣西北杼食汝反[集解]先謙曰官本注食上有音字彭城今徐州府銅山縣治扶陽在今蕭縣西南杼秋今碭山縣東六十里蕭縣在今蕭縣西北又破永沛郡太守斬之東觀記曰沛郡太守陳修永將蘇茂佼彊周建

等三萬餘人佼彊姓名也周大夫原伯佼之後也救永共攻延與戰於沛西大破之永軍亂遁沒溺死者太半永棄城走湖陵蘇茂奔廣樂延遂定沛楚臨淮修高祖廟置嗇夫祝宰樂人楚郎今彭城縣也臨淮郡名今泗州下邳縣高祖廟在今徐州沛縣東故泗水亭中卽高祖爲亭長之所也嗇夫主知廟事東觀記曰時蓋延因齋戒祠高祖廟[集解]惠棟曰東觀記安平侯傳云永等反走溺水者半後與戰連破之遂平沛楚臨淮悉降延令沛修高廟置嗇夫祝宰樂人因齋戒祠高祖廟三年睢陽復反城迎劉永反音翻延復率諸將圍之百日收野穀永乏食突走延追擊盡得輜重永爲其將所殺永弟防舉城降四年春延又擊蘇茂周建於蘄蘄縣名屬沛郡大澤鄉蘄音機進與董憲戰留下皆破之留縣名屬楚國故城在今徐州沛縣東南因率平狄將軍龐萌攻西防西防縣名春秋時宋之西防城故城在今宋州單父縣北[集解]先謙曰注見光武紀拔之復追敗周建蘇茂於彭城茂建亡奔董憲將賁休舉蘭陵城降前書有賁赫音肥今有此姓賁音奔[集解]劉攽曰注賁音奔按文多一賁字先謙曰注見光武紀憲聞之自郯圍休時延及龐萌在楚請往救之帝勑曰

可直往擣郯則蘭陵必自解擣擊也東觀記作擊字集解通鑑胡注擣擣虛也此兵所謂攻其必救也郯縣名屬東海延等已賚休城危遂先赴之憲逆戰而陽敗延等遂逐退因拔圍入城集解劉攽曰按文多一遂字緣下有遂字誤之明日憲大出兵合圍延等懼遽出突走因往攻郯帝讓之曰間欲先赴郯者以不意故耳今既奔走賊計已立圍豈可解乎延等至郯果不能克而董憲遂拔蘭陵殺賁休延等往來要擊憲別將於彭城郯邳之間戰或日數合頗有剋獲帝以延輕敵深入數以書誡之東觀記載延上疏辭曰臣幸得受干戈誅逆虜奉職未稱久留天誅常恐汙辱名號不及等倫天下平定已後曾無尺寸可數不得預竹帛之編明詔深閔儆戒備具每事奉循詔命必不敢爲國之憂也及龐萌反攻殺楚郡太守集解惠棟曰本紀在五年劉平傳云郡守孫萌引兵襲敗延延走北渡泗水破舟檝壞津梁僅而得免東觀記續漢書皆云萌攻延延與戰破之詔書勞延曰龐萌一夜反畔相去不遠營壁不堅殆令人齒欲相擊而將軍有不可動之節吾甚美之此傳言僅而得免與彼不同帝自將而東徵延與大司馬吳漢漢忠將軍王常前將軍

王梁捕虜將軍馬武討虜將軍王霸等會任城討龐萌於桃鄉集解惠棟曰任城有桃聚即桃鄉也又並從征董憲於昌慮皆破平之六年春遣屯長安九年隗囂死延西擊街泉略陽清水諸屯聚皆定街泉略陽清水諸縣皆屬天水郡十一年與中郎將來歙攻河池未剋以病引還拜爲左馮翊將軍如故續漢書曰視事四年人敬其威信集解惠棟曰袁宏紀延爲京兆尹事多犯法華嶠書亦云延代鮮于裒爲馮翊多非法續書所載非實錄也宏以爲京兆尹亦誤十三年增封定食萬戶十五年薨於位子扶嗣扶卒子側嗣永平十三年坐與舅王平謀反伏誅國除永初七年鄧太后紹封延曾孫恢爲蘆亭侯東觀記作盧亭恢卒子遂嗣

陳俊字子昭南陽西鄂人也江夏郡有鄂故此加西也故城在今鄧州向城縣南也集解先謙曰今南陽府南陽縣南少爲郡吏集解惠棟曰袁宏紀少學長安歸爲郡吏更始立以宗室劉嘉爲太常將軍俊爲長史集解洪頤煊曰順陽懷侯嘉傳更始即位以爲偏將軍及攻破宛遷大將軍劉玄傳乃先封宗室大將軍劉嘉爲漢中王嘉未嘗爲太常將軍當是大將軍之譌蘇輿曰更始時光武爲太常偏將軍城陽王祉曾爲太常將軍或嘉傳偶失載將軍號此處非譌文光武徇河北嘉遣書薦俊光武以爲安集掾東觀記曰俊初調補曲陽長上曰欲與君爲左右小縣何足貪乎俊即拜解印綬上以爲安集掾從擊銅馬於清陽進至滿陽集解惠棟曰光武紀作蒲陽案前志中山曲逆縣有蒲陽山章帝改爲蒲陰作滿者誤也先謙曰作蒲是作滿者亦未誤詳拜彊弩將軍華嶠書曰拜爲彊弩偏將軍賜絳衣九百領以衣中堅同心士集解惠棟曰袁宏紀世祖以俊爲彊弩將軍將中堅士俊教習進退皆應旗鼓案中堅謂中軍堅銳之兵杜茂爲中堅將軍是也先謙曰今本東觀記作三百領與五校戰於安次俊下馬手接短兵所向必破追奔二十餘里斬其渠帥而還光武望而歎曰戰將盡如是豈有憂哉五校引退入漁陽所過虜掠俊言於光武曰宜令輕騎出賊前使百姓各自堅守壁以絕其食可不戰而殄也光武然之遣俊將輕騎馳出賊前視人保壁堅完者勑令固守放散在野者因掠取之賊至無所得遂散敗及軍還光武謂俊曰困此虜者將軍策也及即位封俊爲列侯建武二年春攻匡賊下四縣匡賊即匡城縣賊也東觀記作匡城賊匡城古匡邑

也故城在今滑州匡城縣南集解惠棟曰續志陳留長垣縣有匡城更封新處侯新處縣名屬中山國集解沈欽韓曰今定州東北後漢廢引擊頓丘降三城頓丘縣名屬東郡故城在今魏州頓丘縣北陰安城是也集解先謙曰在今衞輝府濬縣西其秋大司馬吳漢承制拜俊爲彊弩大將軍別擊金門白馬賊於河內皆破之金門白馬並山名在今洛州福昌縣西南有金門白馬水益賊起於二水因以爲名集解沈欽韓曰續志宏農宜陽縣有金門山水經注白馬溪水出宜陽山澗有大石厥狀似馬故谿澗以物色受名也四年轉徇汝陽及項又拔南武陽南武陽縣名屬泰山郡故城在今沂州費縣西集解先謙曰在今沂州府費縣西北七十里是時太山豪桀多擁眾與張步連兵吳漢言於帝曰非陳俊莫能定此郡於是拜俊太山太守行大將軍事張步聞之遣其將擊俊戰於嬴下嬴縣名屬太山郡嬴音盈集解先謙曰在今泰安府萊蕪縣西北俊大破之追至濟南收得印綬九十餘步時擬私封爵人之印綬稍攻下諸縣遂定太山五年與建威大將軍耿弇共破張步事在弇傳時琅邪未平乃徙俊爲琅邪太守領將軍如故齊地素聞俊名入界盜賊皆解散俊

將兵擊董憲於贛榆贛榆縣名屬東海郡贛音貢進破朐賊孫陽平之八年張步畔還琅邪俊追討斬之帝美其功詔俊得專征靑徐華嶠書曰賜俊璽書曰將軍元勳大著威震靑徐兩州有警得專征之俊得撫貧弱集解先謙曰得字緣上文而誤衍表有義集解汪文臺曰書鈔七十四引續漢書作撫恤貧弱表有行義檢制軍吏不得與郡縣相干百姓歌之數上書自請願奮擊隴蜀詔報曰東州新平大將軍之功也負海猾夏盜賊之處國家以爲重憂且勉鎭撫之十三年增邑定封祝阿侯祝阿縣名屬平原郡集解沈欽韓曰通志今濟南府長淸縣東北三十里明年徵奉朝請二十三年卒子浮嗣徙封蘄春侯蘄春今蘄州縣也東觀記曰詔書以祝阿益濟南國故徙浮封蘄春侯蘄音祈集解惠棟曰蘄春縣名屬江夏浮卒子專嗣專卒子篤嗣

臧宮字君翁潁川郟人也郟縣名今汝州郟城縣也集解先謙曰注見光武紀少爲縣亭長游徼續漢書曰每十里一亭亭有長以禁盜賊每鄉有游徼掌循禁姦盜也後率賓客入下江兵中爲校尉因從光武征戰諸將多稱其勇光武察宮勤力少言甚親

納之及至河北以爲偏將軍從破羣賊數陷陳卻敵光武卽位以爲侍中騎都尉建武二年封成安侯成安縣名屬潁川郡集解先謙曰注見公主傳明年將突騎與征虜將軍祭遵擊更始將左防韋顏華嶠書韋字作韓於沮陽酇集解沈欽韓曰沮陽當爲湼陽與酇皆屬南陽郡悉降之三年將兵徇江夏擊代鄉鍾武竹里皆下之鍾武縣名屬江夏郡故城在今中州鍾山縣西南集解先謙曰鍾武在今汝甯府信陽州東南竹里今鄖陽府竹山縣地帝使太中大夫華嶠書曰使張明也持節拜宮爲輔威將軍七年更封期思侯期思縣名屬汝南郡故城在今光州固始縣西北集解先謙曰今同擊梁郡濟陰皆平之十一年將兵至中盧屯駱越中盧縣名屬南郡故城在今襄州襄陽縣南蓋駱越人徙於此因以爲名集解先謙曰中盧在今襄陽府南漳縣西南是時公孫述將田戎任滿與征南大將軍岑彭相拒於荆門彭等戰數不利越人謀畔從蜀宮兵少力不能制會屬縣送委輸車數百乘至集解先謙曰東觀記云送委輸牛車三百餘兩至宮夜使鋸斷城門限令車聲回轉出入至旦越人候伺者聞車聲不絕

而門限斷相告以漢兵大至其渠帥乃奉牛酒以勞軍營宮陳兵大會擊牛釃酒饗賜慰納之釃音所宜反說文曰下酒也詩注曰以筐曰釃也越人由是遂安宮與岑彭等破荆門別至垂鵲山通道出秭歸至江州岑彭下巴郡使宮將降卒五萬從涪水上平曲集解通鑑胡注水經涪水出廣漢屬國剛氏道徼外東南流經涪縣北又東南逕綿竹縣北郎臧宮泝涪至平陽鄉之地涪水又東南與建始水合水發平洛郡西溪西南流屈而東西流意此卽平曲也惠棟曰涪水至廣漢入於墊江岑彭傳云彭引兵直指墊江攻破平曲則平曲當在墊江之下李文子以爲彭旣指墊江從涪水上平曲則在今遂甯潼川之境未詳孰是公孫述將延岑盛兵於沅水沅水出廣漢解見光武紀集解錢大昕曰光武紀建武十一年臧宮與公孫述將延岑戰于沈水注引水經注沈水出廣漢縣下入涪水本或作沅水及沈水者並非則此沅字乃沈之譌惠棟曰續志廣漢有沈水帝紀亦作沈水胡三省云今潼川府通泉縣北有沈水李文子云案今中江縣有一水入涪臧宮旋平綿竹必自今中江水也時宮衆多食少轉輸不至而降者皆欲散畔郡邑復更保聚觀望成敗宮欲引還恐爲所反反音翻會帝遣謁者將兵詣岑彭有馬七百匹宮矯制取以自益晨夜進兵

多張旗幟集解惠棟曰袁宏紀宮取謁者兵疎行陣而多旗鼓登山鼓譟右步左騎挾船而引呼聲動山谷岑不意漢兵卒至登山望之大震恐宮因從擊集解劉攽曰按從擊無理當作縱字先謙曰從卽縱也劉說似是而非大破之斬首溺死者萬餘人水爲之濁流延岑奔成都其衆悉降盡獲其兵馬珍寶華嶠書曰上璽書勞宮賜吏士絳縑六千匹自是乘勝追北降者以十萬數人好陽而惡陰北方幽陰之地故軍敗者皆謂之北史記樂書曰北者敗也而近代音北爲背失其指矣集解蘇輿曰說文北乖也从二人相背國語韋注北古之背字軍奔則彼此相失故取乖背之義謂敗爲北章懷注非軍至平陽鄉集解通鑑胡注水經注臧宮泝涪至平陽公孫述將王元降遂拔緜竹涪水經緜竹縣北則平陽鄉當在緜竹縣界沈欽韓曰紀要在潼川州西北蜀將王元舉衆降進拔綿竹破涪城斬公孫述弟恢復攻拔繁郪繁縣名屬蜀郡繁江名因以爲縣名故城在今益州新繁縣北郪縣名屬蜀郡故城在今益州郪縣北郪音皮集解沈欽韓曰繁城今新繁縣北二十里故郪城今郪縣北五里前後收得節五印綬千八百是時大司馬吳漢亦乘勝進營逼成都宮連屠大城兵馬旌旗甚盛乃乘兵入小雒郭門歷成都城

下張載注蜀都賦云漢武帝元鼎二年立成都郭十八門小雒郭門益其數焉集解先謙曰乘兵無義詳文意當是陳兵音近而譌也至吳漢營飲酒高會漢見之甚歡謂宮曰將軍向者經虜城下震揚威靈風行電照然窮寇難量還營願從它道矣宮不從復路而歸賊亦不敢近之進軍咸門成都北面東頭門與吳漢竝滅公孫述帝以蜀新定拜宮爲廣漢太守十三年增邑更封酇侯十五年徵還京師以列侯奉朝請定封朗陵侯朗陵縣名屬汝南郡故城在今豫州朗山縣西南集解先謙曰今汝寧府確山縣西南三十五里十八年拜太中大夫十九年妖巫維汜弟子單臣傅鎮等復妖言相聚入原武城維或作緱集解惠棟曰馬援傳汜先生誅十七年其弟子李廣攻沒晥城援擊破斬之至是年臣等復妖言相聚也先謙曰原武今懷慶府陽武縣治劫吏人自稱將軍於是遣宮將北軍及黎陽營數千人圍之賊穀食多數攻不下士卒死傷帝召公卿諸侯王問方略皆曰宜重其購賞時顯宗爲東海王獨對曰妖巫相劫埶無久立其中必有悔欲亡者但外圍急不

後漢書十八　十四

得走耳宜小挺緩挺解也令得逃亡逃亡則一亭長足以禽矣帝然之卽勑宮徹圍緩賊賊衆分散遂斬臣鎮等宮還遷城門校尉復轉左中郎將擊武谿賊至江陵降之武谿水名今在辰州盧谿縣宮以謹信質樸故常見任用後匈奴飢疫自相分爭帝以問宮宮曰願得五千騎以立功帝笑曰常勝之家難與慮敵吾方自思之二十七年宮乃與楊虛侯馬武上書曰匈奴貪利無有禮信窮則稽首安則侵盜緣邊被其毒痛內國憂其抵突抵解也集解先謙曰官本考證曰解字似當作觸虜今人畜疫死旱蝗赤地赤地言在地之物皆盡說苑曰晉平公時赤地千里疲困之力不當中國一郡萬里死命縣在陛下福不再來時或易失左傳曰大福不再蒯通曰時者難遇而易失也豈宜固守文德而墮武事乎今命將臨塞厚縣購賞喻告高句驪烏桓鮮卑攻其左發河西四郡謂張掖酒泉武威金城也天水隴西羌胡擊其右如此北虜之滅不過數年臣恐陛下仁恩不忍謀臣狐疑令萬世刻石之功不立於聖世詔報曰集解王補曰袁紀系此詔於二十八年三月誤黃石公記曰柔能制剛弱能制彊卽張良於下邳圯所見老父出一編書者集解惠棟曰黃石公記序云黃石者神人也有上畧中畧下畧河圖云黃石公謂張良曰讀此爲劉帝師隋經籍志梁有黃石公記三卷今三畧引軍讖與此同故曰有德之君以下至雖成必敗皆見下篇柔者德也剛者賊也弱者仁之助也彊者怨之歸也故曰有德之君以所樂樂人無德之君以所樂樂身樂人者其樂長樂身者不久而亡舍近謀遠者勞而無功集解惠棟曰三畧作釋近下同舍與釋古字通舍遠謀近者逸而有終逸政多忠臣勞政多亂人故曰務廣地者荒務廣德者彊有其有者安貪人有者殘殘滅之政雖成必敗今國無善政災變不息左傳曰國無善政則自取讁於日月之災百姓驚惶人不自保而復欲遠事邊外乎孔子曰吾恐季孫之憂不在顓臾顓臾魯附庸之國魯卿季氏貪其土地欲伐而兼之時孔子弟子冉有仕於季氏孔子責之冉有曰今夫顓臾固而近季氏之邑今不取恐爲子孫之憂孔子曰吾恐季孫之憂不在顓臾而在蕭牆之內也集解先謙曰官本無注且北狄尚彊

後漢書十八　十五

而屯田警備傳聞之事恒多失實公羊傳曰見者異辭聞者異辭傳聞者異辭誠能舉天下之半以滅大寇豈非至願苟非其時不如息人自是諸將莫敢復言兵事者宮永平元年卒謚曰愍侯子信嗣信卒子震嗣震卒子松嗣元初四年與母別居國除永甯元年鄧太后紹封松弟由爲朗陵侯

論曰中興之業誠艱難也然敵無秦項之彊人資附漢之思雖懷璽紆紱跨陵州縣璽解見光武紀白虎通曰天子朱紱諸侯赤紱上廣一尺下廣二尺法天一地二也長三尺法天地人也董巴輿服志曰古者上下皆有紱所以殊貴賤也自五霸遞興以紱非兵服於是去紱也殊名詭號千隊爲羣尚未足以爲比功上烈也至於山西既定威臨天下謂誅隗囂公孫述戎羯喪其精膽羣帥賈其餘壯羯本匈奴別部分散居其上黨武鄉羯室因號羯胡此總謂戎夷耳不指於羯也左傳曰欲勇者賈余餘勇斯誠雄心尚武之幾先志翫兵之日幾會也翫習也先志者乘勝之志也臧宮馬武之徒撫鳴劍而抵掌志馳於伊吾之北矣

（屈原曰撫長劒而玉珥曹植結交篇曰利劒鳴手中說文曰抵側擊也集解惠棟曰曹植求自試表曰撫劒東顧而心已馳于吳會矣）光武審黃石存包桑（周易否卦九五曰其亡其亡繫于包桑言聖人居天位不可以安常自危懼乃是繫于包桑也包本也繫于桑本言其固也）閉玉門以謝西域之質卑祠幣以禮匈奴之使（西域傳曰建武二十一年西域十八國俱遣子弟入侍天子以中國初定皆還其侍子匈奴傳曰建武二十八年匈奴遣使詣闕貢馬及裘乞和親帝報曰單于國內虛耗貢物裁以通禮何必馬裘令贈繒五百匹斬馬劒一是卑詞幣禮也集解先謙曰官本祠作詞是）其意防蓋已弘深豈其顛沛平城之圍忍傷黥王之陳乎（平城縣名今雲州定襄縣高祖七年擊韓王信至平城被匈奴圍七日乃解十二年高祖親擊淮南王黥布在陳爲流矢所中顛沛狼狽也顛音丁千反）

贊曰吳公鷙彊實爲龍驤（戰國策曰廉頗爲人勇鷙而愛士白起視瞻不轉者執志彊也驤舉也若龍之舉言其威盛鄒陽曰神龍驤首奮翼則浮雲出流）電埽羣孽風行巴梁虎牙猛力功立睢陽宮俊休休是亦鷹揚（詩曰良士休休又曰惟師尚父時惟鷹揚）

吳蓋陳臧列傳第八　終

後漢書集解卷十八校補

吳漢傳故不自疑躬集解萬承蒼曰案文勢當作故躬不自疑（案躬字連下文爲句萬說誤）

食廣平斥漳曲周廣年凡四縣注斥漳在今洺州洺水縣集解萬松齡曰唐書地理志無洺水縣唐初洺州有清漳洺水二縣先謙曰此注洺水當作洺水（謹案洺水隋縣名屬冀州武安郡在今廣平曲周縣東南疑章懷作注時此縣尚未幷省也）

黃頭吳河等注土勝水（土原譌士據錢校改官本不誤）

擊富平獲索二賊於平原（錢大昭曰本紀列五年二月蓋據破降二賊時言之）

漢乘利遂自將步騎二萬餘人（二萬袁紀通鑑並同官本二誤三）

使副將武威將軍劉向（錢大昭曰向當作尙南監本不誤案官本即依監本轉刊故亦作尙汲古本此文雖作向注及後文仍作尙則向字顯爲誤文或疑袁紀於此亦向尙岐出又王士正謂向即劉植子據本書劉植傳亦作向不作尙則似尙皆向之譌其實王說非也攷劉尙與劉植同時將兵植爲驍騎將軍尙爲武威將軍光武紀建武十九二十一二十三年屢書武威將軍劉尙皆不作向尙始從來歙馬成轉戰隴蜀遂副吳漢軍破成都滅公孫述並見歙成述傳後復襲誅越巂太守任貴破平益州夷南郡蠻終以討五谿蠻深入戰沒又見馬援及南蠻西南夷傳事蹟多於劉植果爲植子當附見植傳而植傳載植子向僅嗣封昌城侯徙封東武陽侯卒子述嗣未嘗爲將軍亦非戰沒則向非即尙明矣）

漢使護軍高午唐邯（錢大昭曰護軍高午續天文志作護軍將軍）

初無辦嚴之日注嚴即裝也避明帝諱故改之（錢大昭曰上文裝露橈船又岑彭傳裝直進樓船均仍作裝蓋蔚宗承用舊文改之有未盡耳）

如大將軍霍光故事注霍光傳云　至　軍陳至茂陵（案此與前鄧禹傳載禹孫弘卒有司復奏禮儀如霍光故事注雖互有詳略仍嫌複出）

蓋延傳歷郡列掾州從事所在職辦注續漢志曰　至　每郡皆置諸曹掾（案延爲郡掾州從事在中興前章懷引建武時州郡官制說之又未能稽合前世殊乖注釋之體雖班表略於掾屬然如朱博以太常掾察廉補安陵丞後去官入京兆歷曹史列掾出爲督郵書掾所部職辦王尊爲郡決曹史數歲以令舉幽

州刺史從事皆具班書非不可資取證也

共攻延與戰於沛西官本重延字是

延又擊蘇茂周建於蘄注蘄縣名屬沛郡有大澤鄉今鳳陽宿州南蘄縣鄉蘄縣集進與董憲戰畱下皆破之注畱縣名屬楚國故城在今徐州沛縣東南今同因率平狄將軍龐萌攻西防狄各本皆作敵據萌傳正注西防縣名至在今宋州單父縣北案此注及集解均應在下文拔之下

㠯不意故耳左震曰孫子云出其不意

北渡泗水破舟檝壞津梁原作北渡泗泗水破舟檝壞津梁重泗字據錢攷省官本不重錢大昭曰泗字閩本不重是錢所據本亦重泗字官本又與閩本合也惟重泗字者謂延既渡泗泗水人因爲之破舟檝壞津梁以斷追兵故延得免於說亦通

延西擊街泉略陽清水諸屯聚皆定注街泉略陽清水諸縣皆屬天水郡街泉今秦州秦安縣東北餘已見前

拜爲左馮翊將軍如故集解惠棟曰袁宏紀延爲京兆尹至宏以爲京兆尹亦訛案袁紀建武十五年書左馮翊蓋延薨不如惠說

陳俊傳嘉遺書薦俊錢大昭曰遺疑遣字之譌案陳蕃傳亦言大將軍梁冀時遺書詣蕃有所請託不得通使者詐求謁蕃怒笞殺之是遺書爲遣使通書非字有譌也

大司馬吳漢承制拜俊爲彊弩大將軍錢大昭曰本紀及吳漢弇等傳但言彊弩將軍無大字蓋本以彊弩將軍行大將軍事猶下文拜太山太守行大將軍事也案俊拜彊弩將軍已見上文漢制雜號將軍無方面之任是時當遣俊別擊金門白馬賊故加拜爲大將軍仍本號拜之一如虎牙橫野諸大將軍耳觀下文詔報曰東州新平大將軍之功則雖詔書亦稱大將軍史不應不書大特以既拜太守則改書實官光武紀之書琅邪太守耿弇傳之書太山太守是也其稱彊弩將軍固皆在未拜大將軍之前也惟吳漢傳載漢率彊弩將軍陳俊等圍蘇茂於廣樂事在建武三年春則俊之拜大將軍別擊金門白馬賊應在三年秋是以本傳於敘破賊下即接書四年轉循汝陽及項而上文引擊頓邱降三城必亦在三年傳於此失書三年遂不免滋疑矣別擊金門白馬賊於河內皆破之注蓋賊起於二水官本水作山

四年轉循汝陽及項項原誤頃據官本正錢大昭曰頃閩本作項是官本又與閩本合也

戰於嬴下注嬴縣名案官本注嬴上別有續漢書曰四字

臧宮傳潁川郟人也郟原作頰據本注及官本改錢大昭曰南監本作郟案官本作郟卽本監本惟夾郟頰古本通作

通道出秭歸秭原作秭案隷寫朿韦同

自是乘勝追北注史記樂書曰北者敗也而近代音北爲背失其指矣集解蘇輿曰至章懷注非前書高紀沛公項羽追北至城陽服虔曰師敗曰北韋昭曰古背字也背去而走也師古曰北陰幽之處故謂退敗奔走者爲北老子曰萬物向陽而負陰許愼說文解字云北乖也史記樂書曰紂爲朝歌北鄙之音朝歌者不時北者敗也鄙者陋也是知北卽訓乖訓敗無勞借音韋昭之徒並爲妄矣師古說主於駁韋伸服而王念孫謂古北背本同音不爲借音又力斥顏說爲鑿章懷此注卽本顏說王氏已言之蘇氏之駁章懷亦卽本王說也今案北之訓敗義本龍門服氏承之不得爲鑿敗則士卒乖散於說文之訓北爲乖義亦一貫是顏之伸服說已圓足必改北爲背須從背背之義引而伸之抑仍不過至反背之形而止矣去而走則韋氏所淤設經典凡言背言背盟背德皆無去走之義也不獨此也兩軍相見由於不合不合卽背也是故有背逆背畔之名辭今戰敗又言背則其說挸而難明奔北古多連文若北亦訓背去而走則其義複而近累史記淮陰侯傳云折北不救呂覽忠廉篇云將眾則必不撓北皆以訓敗爲確若訓背則於義窒矣惟北敗亦本同音相訓顏氏之失在昧於古音而又援引老子加入陰幽之說耳

內國憂其抵突注抵解也集解官本考證曰解字似當作觸官本解作觸案據考證之說則各本皆作解官本依監本轉刊亦作解故考證疑也今各官本皆已改作觸則於考證說不合

疫困之力錢大昭曰之當作乏

耿弇列傳第九（弟國 國子秉 秉弟夔 國弟子恭）　後漢書十九

宋　宣城　太守　范　曄　撰

唐　章　懷　太　子　賢　注

王先謙集解

耿弇字伯昭（〔集解〕惠棟曰水經注作昭伯）扶風茂陵人也其先武帝時㠯吏二千石自鉅鹿徙焉（武帝時徙吏二千石高貲富人及豪桀幷兼之家於諸陵也）父況字俠游㠯明經爲郎與王莽從弟伋共學老子於安丘先生（稽康聖賢高士傳曰安丘望之字仲都京兆長陵人少持老子經恬淨不求進宦號曰安丘丈人成帝聞欲見之望之辭不肯見爲巫醫於人間也〔集解〕惠棟曰皇甫謐高士傳望之著老子章句故老子有安丘之學扶風耿況王伋等皆師事之從受老子先謙曰官本注稽作嵇）後爲朔調連率（王莽改上谷郡曰朔調守曰連率）弇少好學習父業（袁崧書曰弇少學詩禮明銳有權謀）常見郡尉試騎士建旗鼓肄馳射由是好將帥之事（漢官儀曰歲終郡試之時講武勒兵因以校獵簡其材力也〔集解〕劉攽曰常見郡尉試騎士按漢謂郡試騎士講武爲都試後人不曉妄改爲尉注所云郡字亦合作都且講武不專在都尉何得云尉試乎都試見前書惠棟曰郡尉者郡謂太守尉謂都尉也漢官解詁都尉一人副佐太守言與太守俱受銀印部符之任爲一郡副將然俱主其武職不預民事舊時以八月都試講習其射力以備不虞皆絳衣戎服示揚威武折衝厭難也東觀記亦作郡尉見北堂書鈔卷六十三隸東觀記續漢書皆作肄）及王莽敗更始立諸將略地者前後多擅威權輒改易守令況自㠯莽之所置懷不自安時弇年二十一乃辭況奉奏詣更始因齎貢獻㠯求自固之宜及至宋子會王郎詐稱成帝子輿起兵邯鄲（〔集解〕萬承蒼曰諸本同按成帝子下當複出一子字）弇從吏孫倉衛包（〔集解〕惠棟曰袁宏紀作苞）於道共謀曰劉子輿成帝正統捨此不歸遠行安之弇按劒曰子輿弊賊卒爲降虜耳我至長安與國家陳漁陽上谷兵馬之用還出太原代郡反覆數十日歸發突騎㠯轔烏合之眾（轔轢也音力刃反〔集解〕惠棟曰孫愐云轔車踐也王幼學音吝）如摧枯折腐耳觀公等不識去就族滅不久也倉包不從遂亡降王郎弇道聞光武在盧奴乃馳北上謁光武留署門下吏（〔集解〕劉攽曰按百官志公府有門史又祭

遵亦爲門下史知此當作史字）弇因說護軍朱祐求歸發兵㠯定邯鄲光武笑曰小兒曹乃有大意哉（〔集解〕周壽昌曰大意卽大志也）因數召見加恩慰（續漢書曰弇還檄與況陳上功德自嫌年少恐不見信宜自來況得檄立發至昌平見上也〔集解〕惠棟曰袁宏紀況馳至昌平遣小子舒獻馬馬）弇因從光武北至薊聞邯鄲兵方到光武將欲南歸召官屬計議弇曰今兵從南來不可南行漁陽太守彭寵公之邑人（寵南陽宛人也）上谷太守卽弇父也發此兩郡控弦萬騎邯鄲不足慮也光武官屬腹心皆不肯曰死尙南首奈何北行入囊中（漁陽上谷北接塞垣至彼路窮如入囊也）光武指弇曰是我北道主人也會薊中亂（續漢書曰弇歸主人食未巳薊中擾亂上駕出南城門頗遮絕輜重城中相掠弇既與上相失以馬與城門亭長乃得出也）光武遂南馳官屬各分散弇走昌平就況（昌平縣名屬上谷郡今幽州縣故城在□縣東也〔集解〕先謙曰注見盧芳傳）因說況使寇恂東約彭寵（〔集解〕惠棟曰恂時爲況功曹）各發突騎二千匹步兵千人弇與景丹寇恂及漁陽兵合軍而南所過擊斬王郎大將九卿校尉㠯下

四百餘級得印綬百二十五節二斬首三萬級定涿郡中山鉅鹿淸河河閒凡二十二縣遂及光武於廣阿是時光武方攻王郎傳言二郡兵爲邯鄲來眾皆恐旣而悉詣營上謁光武見弇等說曰當與漁陽上谷士大夫共此大功乃皆㠯爲偏將軍使還領其兵加況大將軍興義侯得自置偏裨弇等遂從拔邯鄲時更始徵代郡太守趙永而況勸永不應召令詣於光武（〔集解〕先謙曰官本於作于考證云于字似衍文）光武遣永復郡永北還而代令張曄據城反畔乃招迎匈奴烏桓㠯爲援助光武㠯弇弟舒爲復胡將軍使擊曄破之永乃得復郡時五校賊二十餘萬北寇上谷況與舒連擊破之賊皆退走更始見光武威聲日盛君臣疑慮乃遣使立光武爲蕭王令罷兵與諸將有功者還長安遣苗曾爲幽州牧韋順爲上谷太守蔡充爲漁陽太守竝北之部時光武居邯鄲宮晝臥溫明殿（漢趙王如意之殿也故基

在今洺州邯鄲縣內弇入造牀下請閒因說曰今更始失政君臣淫亂諸將擅命於畿內〔集解〕王會汾曰諸本同按下云貴戚縱橫於都內句相對爲文畿內當作畿外諸將方征伐四方不得云內也觀注自明貴戚縱橫於都內更始傳曰李軼朱鮪擅命山東王匡張卬橫暴三輔〔集解〕通鑑胡注都內謂長安萬承蒼曰按貴戚謂趙萌也更始傳更始納萌女爲夫人萌專權威福自己注但以王匡張卬當之猶未得也天子之命不出城門所在牧守輒自遷易百姓不知所從士人莫敢自安虜掠財物劫掠婦女懷金玉者至不生歸元元叩心〔集解〕沈欽韓曰列子說符篇孟氏之父子叩胷而讓施氏先謙曰謂以手自擊其心胷也更思莽朝又銅馬赤眉之屬數十輩輩數十百萬聖公不能辦也辦猶成也音蒲莧反其敗不久公首事南陽破百萬之軍今定河北北據天府之地前書曰關中所謂金城天府弇以河北富饒故以喻焉〔集解〕劉攽曰河北北據按文多一北字以義征伐發號響應天下可傳檄而定天下至重不可令它姓得之閒使者從西方來欲罷兵不可從也今吏士死亡者多弇願歸幽州益發精兵以集其大計〔集解〕劉攽曰按文多一其

字光武大悅續漢書曰光武初見弇言起坐曰卿失言我斬卿弇曰大王哀厚弇如父子故披赤心爲大王陳事上曰我戲卿耳〔集解〕惠棟曰東觀記更始使侍御史黃黨即封世祖爲蕭王罷兵耿弇曰今使來欲罷兵不可聽也兵一罷不可復會也上曰國家已都長安天下大定何用兵爲弇曰青徐大賊銅馬赤眉之屬數輩輩數十萬眾皆東至海所嚮無前聖公不能辦也敗必不久帝曰卿失言我斬卿弇曰大王哀厚弇如父子故披赤心爲大王陳事上曰我戲卿耳何以言之弇曰百姓患苦王莽苛刻日久聞劉氏復興莫不欣喜望風從化如去虎口就慈母倒戟橫矢不足以喻明公首事南陽破昆陽敗百萬師今復定河北以義征伐表善懲惡躬自克薄以待士民發號響應望風而至天下至重公可自取無令他姓得之上曰卿若東得无爲人道之弇曰此重事不敢爲人道也乃拜弇爲大將軍與吳漢北發幽州十郡兵弇到上谷收韋順蔡充斬之漢亦誅苗曾於是悉發幽州兵引而南從光武擊破銅馬高湖赤眉青犢又追尤來大槍五幡於元氏弇常將精騎爲軍鋒輒破走之光武乘勝戰慎水上〔集解〕惠棟曰慎本紀作順虜危急殊死戰時軍士疲弊遂大敗奔還壁范陽數日乃振壁謂築壘壁也賊亦退去從追至容城小廣陽安次連戰破之容城縣名屬涿郡故城在今易州道縣也廣陽國有

廣陽縣故曰小廣陽及安次縣名竝在今幽州也〔集解〕官本考證曰諸本同道縣地理志作遒縣先謙曰容城今保定府容城縣治廣陽在今順天府良鄉縣西北光武還薊復遣弇與吳漢景丹蓋延朱祐邳彤耿純劉植岑彭祭遵堅鐔王霸陳俊馬武十三將軍追賊至潞東及平谷平谷解見光武紀再戰斬首萬三千餘級遂窮追於右北平無終土垠之閒無終土垠竝縣名屬右北平郡無終故城在今漁陽縣土垠故城在今平州西南垠音銀〔集解〕先謙曰無終今順天府薊州治土垠在今遵化州豐潤縣東縣志十里南關城至浚靡而還浚靡縣名屬右北平故城在今漁陽縣北靡音麻〔集解〕錢大昕曰前志續志俱作俊靡先謙曰今遵化州西北浚蓋俊之譌賊散入遼西遼東或爲烏桓貊人所鈔擊略盡光武即位拜弇爲建威大將軍與驃騎大將軍景丹彊弩將軍陳俊攻厭新賊於敖倉〔集解〕沈欽韓曰即厭新將軍劉茂皆破降之建武二年更封好時侯食好時美陽二縣〔集解〕洪亮吉曰案好時縣中興後省永元二年耿秉復封美陽食邑三千戶以郡國志攷之右扶風十五城戶止萬七千三百美陽一邑戶不得獨多疑此時弇子孫已止食好時一舊縣[illegible]亦沈欽韓曰好時今乾州東十里好時村三年延岑自

武關出攻南陽下數城穰人杜弘率其眾以從岑弇與岑等戰於穰大破之斬首三千餘級生獲其將士五千餘人得印綬三百杜弘降岑與數騎遁走東陽弇從幸舂陵因見自請北收上谷兵未發者定彭寵於漁陽取張豐於涿郡〔集解〕先謙曰豐後事詳祭遵傳還收富平獲索東攻張步以平齊地帝壯其意乃許之四年詔弇進攻漁陽弇以父據上谷本與彭寵同功〔集解〕先謙曰彭寵傳寵自以與耿況俱有重功恩賞並薄數遣使要誘況輒斬其使又兄弟無在京師者自疑不敢獨進上書求詣洛陽詔報曰將軍出身舉宗爲國所向陷敵功效尤著何嫌何疑而欲求徵且與王常共屯涿郡勉思方略〔集解〕王補曰此與詔報馮異同一推心置腹處況聞弇求徵亦不自安遣舒弟國入侍帝善之進封況爲隃麋侯隃麋縣名屬右扶風故城在今隴州汧陽縣東南隃音踰〔集解〕先謙曰在今鳳翔府汧陽縣東乃命弇與建義大將軍朱祐漢忠將軍王常等擊望都故安西山賊十餘營皆破之望都縣名屬中山國堯母

慶都山在南故以名焉故城在今定州唐縣東北故安縣名故城在今易州易縣東南【集解】惠棟曰水經注云世祖令耿況擊故安西山賊吳耐蠡符雹上十餘營皆破之雹上謂雹水之上也先謙曰望都注見順紀故安注見王常傳時征虜將軍祭遵屯良鄉良鄉縣名屬涿郡驍騎將軍劉喜屯陽鄉陽鄉縣名屬涿郡故城在今幽州故安縣西北【集解】先謙曰在今順天府固安縣西北以拒彭寵寵遣弟純將匈奴二千餘騎寵自引兵數萬分爲兩道以擊遵喜胡騎經軍都軍都縣名屬廣陽郡有軍都山在西北今幽州昌平縣【集解】先謙曰今順天府昌平州西北舒襲破其衆斬匈奴兩王寵乃退走況復與舒攻寵取軍都五年寵死天子嘉況功使光祿大夫持節迎況袁崧書曰使光祿大夫樊宏詔況曰惟況功大不宜監察從事邊郡寒苦不足久居其詣行在所【集解】先謙曰官本崧作山松下同賜甲第奉朝請封牟平侯【集解】王鳴盛曰牟平上脫舒爲二字通鑑因其誤遣弇與吳漢擊富平獲索賊於西原【集解】先謙曰官本西作平是大破之降者四萬餘人因詔弇進討張步弇悉收集降卒結部曲置將吏率騎都尉劉歆太山太守陳俊引兵而東從朝陽橋濟河以度朝陽縣名屬濟南郡在朝水之陽今朝城在濟水北有漯河在今齊州臨濟縣東【集解】周壽昌曰度渡也前書賈誼傳循度江河下文弇度河王霸傳護度皆是先謙曰朝陽今濟南府章邱縣西北黃子鴻云以水經注元和志寰宇記諸書考之濟水最南漯水在中河水最北今小清河所經自歷城而大清河所經自歷城以上至東阿固皆濟水故道自濟水所行而東如章邱鄒平長山新城高苑博興樂安諸縣皆古歷城東北如濟陽齊東青城諸縣皆故漯水所行蒲臺以北則故河水所經蓋宋時河嘗行漯瀆及河去則大清河兼行河漯二瀆其小清河所行則斷爲濟水故道也自與漯水合而清河之名遂被於漯據水經漯水逕著縣故城南著即今濟陽縣南有大清河是知大清河即漯其水自歷城入濟陽乃近世所決非唐清河入海之故道也濟陽之流日盛則章邱之流日微故劉豫取濼水使東以益之其所行者實濟水故道而志家反以濟陽之大清河爲古濟舛謬殊甚然大清河自歷城入濟陽及濱州以東入海之道不知決於何年意者宋熙甯時河嘗合北清河入海始開此道金明昌五年河復由此入海久而後去流益深廣此大清河所以浩浩而小清河所以屢濬屢塞也與先謙曰自來言濟漯者黃說最析此弇所度者漢濟河也章懷兼注唐世漯河故備錄黃說以資數千年水道變易之證張步聞之乃使其大將軍費邑軍歷下歷下城在今齊州歷城縣也【集解】惠棟曰本紀云濟南王費邑又分兵屯祝阿祝阿今齊州縣也故城在今山茌縣東北【集解】先謙曰祝阿注見陳俊傳別於太山鍾城列營數十以待弇【集解】沈欽韓曰鍾城今濟南府禹城縣東南百餘里

通鑑胡注鍾城在泰山郡界故曰泰山鍾城弇度河先擊祝阿自旦攻城未中而拔之【集解】惠棟曰通鑑云日未中先謙曰齊河縣志云本祝阿縣也縣東一里有耿濟鎮因弇渡河拔此故名見齊乘郎今大清河橋口鎮故開圍一角令其衆得奔歸鍾城鍾城人聞祝阿已潰大恐懼遂空壁亡去費邑分遣弟敢守巨里巨里聚名也一名巨合城在今齊州全節縣東南也【集解】惠棟曰續志濟南歷城縣有巨里聚水經注巨里三面有城西有深坑坑西即弇所營也沈欽韓曰齊乘巨里在歷城縣東七十里宋改爲龍山鎮通志全節城在歷城縣東六十餘里弇進兵先脅巨里使多伐樹木揚言以塡塞阬塹數日有降者言邑聞弇欲攻巨里謀來救之弇乃嚴令軍中趣修攻具宣勑諸部後三日當悉力攻巨里城陰緩生口令得亡歸歸者以弇期告邑邑至日果自將精兵三萬餘人來救之弇喜謂諸將曰吾所以修攻具者欲誘致邑耳今來適其所求也卽分三千人守巨里自引精兵上岡阪爾雅曰山脊曰岡坡者曰阪乘高合戰大破之臨陣斬邑旣而收首級以示巨里城中城中兇懼兇恐懼聲音呼勇反【集解】惠棟曰春秋傳云曹人兇懼說文兇擾恐也从人在凶下費敢悉衆亡歸張步弇復收其積聚縱兵擊諸未下者平四十餘營遂定濟南時張步都劇【集解】先謙曰劇注見光武紀使其弟藍將精兵二萬守西安西安縣名屬齊郡故城在今青州臨淄縣西北【集解】惠棟曰東觀記云元武將軍藍沈欽韓曰通志西安在濟南府新城縣東三里今索鎮諸郡太守合萬餘人守臨淄相去四十里弇進軍畫中畫中邑名也畫音胡麥反故城在今西安城東南有澅水因名焉【集解】沈欽韓曰畫邑今青州府臨淄縣西北二十里先謙曰孟子去齊宿于晝晝卽畫之訛居二城之間【集解】惠棟曰東觀記弇引軍營臨淄西安之間案臨淄卽劇也先謙曰臨淄非劇觀下文自明惠注誤弇視西安城小而堅且藍兵又精臨淄名雖大而實易攻【集解】惠棟曰東觀記臨淄諸郡相與雜居人不專一其聲雖大而虛易攻弇內欲攻之告令軍中治攻具乃勑諸校會會猶集也後五日攻西安藍聞之晨夜儆守至期夜半弇勑諸將皆蓐食前書音義曰未起而牀蓐中食也【集解】周壽昌曰左傳僖二十八年秣馬蓐食杜注早食於牀蓐也與音義同會明至臨淄城護軍荀梁等爭之以爲宜速攻西安弇曰不然西安聞吾欲攻之日夜爲備臨淄出

不意而至必驚擾吾攻之一日必拔拔臨淄卽西安孤張藍與步隔絶必復亡去所謂擊一而得二者也若先攻西安不卒下〔集解〕惠棟曰東觀記西安城堅精兵二萬人攻之未可卒下頓兵堅城死傷必多縱能拔之藍引兵還奔臨淄幷兵合埶觀人虛實吾深入敵地後無轉輸旬月之閒〔集解〕先謙曰東觀記作旬日之閒是也不戰而困諸君之言未見其宜遂攻臨淄半日拔之入據其城張藍聞之大懼遂將其衆亡歸劇弇乃令軍中無得妄掠劇下須張步至乃取之㠯激怒步步聞大笑曰㠯尤來大彤十餘萬衆〔集解〕王鳴盛曰尤來大槍皆賊名號而耿弇傳兩處作大彤劉植伏隆傳亦然未詳先謙曰官本作槍下同吾皆卽其營而破之〔集解〕通鑑胡注卽就也今大耿兵少於彼弇況之長子故呼爲大耿又皆疲勞足可摧乎〔集解〕先謙曰官本作何足摧乎乃與三弟藍弘〔集解〕先謙曰官本弘作弘壽及故大彤渠帥重異等兵重姓異名〔集解〕通鑑胡注姓譜云南正重之後號二十萬至臨淄大城東將攻弇袁崧書曰弇上書曰臣據臨淄深塹高壘張步從劇縣來攻疲勞飢渴欲進誘而攻之欲去隨而擊之臣依營而戰精銳百倍以逸待勞以實擊虛旬日之閒步首可獲上是其計也弇先出淄水

上與重異遇突騎欲縱弇恐挫其鋒令步不敢進故示弱㠯盛其氣乃引歸小城陳兵於內伏琛齊地記曰小城內有漢景王祠〔集解〕沈欽韓曰紀要臨淄有大城又有小城縣志今爲古城店步氣盛直攻弇營與劉歆等合戰弇升王宮壞臺望之臨淄本齊國所都卽齊王宮中有壞臺也東觀記作環臺視歆等鋒交乃自引精兵㠯橫突步陳於東城下大破之飛矢中弇股㠯佩刀截之左右無知者至暮罷弇明旦復勒兵出是時帝在魯聞弇爲步所攻自往救之未至陳俊謂弇曰劇虜兵盛可且閉營休士㠯須上來弇曰乘輿且到臣子當擊牛釃酒㠯待百官反欲㠯賊虜遺君父邪〔集解〕王補曰不欲以賊虜遺君父人臣之盛節也乃出兵大戰自旦及昏復大破之殺傷無數城中溝塹皆滿弇知步困將退豫置左右翼爲伏㠯待之兩傍伏兵如鳥之翼人定時〔集解〕惠棟曰人定亥也步果引去伏兵起縱擊追至鉅昧水上鉅昧水名一名巨洋水在今青州壽光縣西〔集解〕惠棟曰水經注巨洋水出朱虛縣東泰山袁宏謂之鉅昧王韶謂之巨蔑亦或曰朐瀰北過劇縣西耿弇破張步於臨淄追至於是水也胡三省云昧音莫葛反其字從日從末洪頤煊曰水經巨洋水注亦或曰朐瀰皆一水也洋當作洋玉篇洋亡爾切亦瀰字前書地理志引邶詩河水洋洋卽河水瀰瀰後人譌作洋字八九十里僵尸相屬收得輜重二千餘兩步還劇兄弟各分兵散去後數日車駕至臨淄自勞軍羣臣大會弟謂弇曰〔集解〕先謙曰官本弟作帝是昔韓信破歷下㠯開基前書曰齊屯田於歷下以備韓信擊破之〔集解〕先謙曰官本注韓作漢是今將軍攻祝阿㠯發迹此皆齊之西界功足相方而韓信襲擊已降前書曰酈食其說齊王田廣廣降之乃與食其縱酒罷守備韓信聞齊已降欲止蒯通說信令擊之食其音異基也將軍獨拔勍敵其功乃難於信也又田橫亨酈生及田橫降高帝詔衞尉不聽爲仇前書曰齊既破橫走居海島高帝召之橫曰臣亨陛下使酈食其今聞其弟商爲衞尉臣恐懼不敢奉詔高帝詔酈商曰橫卽至敢動者族之張步前亦殺伏隆若步來歸命吾當詔大司徒釋其怨大司徒伏湛卽隆之父〔集解〕王補曰步時猶未降卽於勞弇勑中言詔大司徒釋其怨所以歆動步歸誠之意蓋光武神勇大智盡寓於仁柔中矣又事尤

相類也將軍前在南陽建此大策謂弇從帝幸舂陵時請收上谷兵定彭寵取張豐平張步等常㠯爲落落難合落落猶疏闊也有志者事竟成也弇因復追步步奔平壽平壽縣名屬北海郡故城在今青州北海縣〔集解〕沈欽韓曰紀要今濰縣西南三十里通志云卽濰縣治乃肉袒負斧鑕於軍門鑕鍖也示必死鍖音竹林反弇傳步詣行在所而勒兵入據其城樹十二郡旗鼓東觀記曰弇凡平城陽琅邪高密膠東東萊北海齊千乘濟南平原泰山臨淄等〔集解〕先謙曰注等下脫郡字東觀記有令步兵各㠯郡人詣旗下衆尚十餘萬輜重七千餘兩皆罷遣歸鄉里弇復引兵至城陽降五校餘黨祝阿餘黨也齊地悉平振旅還京師六年西拒隗囂屯兵於漆漆縣名屬西扶風故城在今幽州新平縣也漆水在西〔集解〕先謙曰官本注屬下西作右幽作豳是漆今邠州治八年從上隴明年與中郎將來歙分部徇安定北地諸營保皆下之弇凡所平郡四十六屠城三百未嘗挫折十二年況疾病乘輿數自臨幸復㠯國弟廣舉竝爲中郎將弇兄弟六人皆垂青紫省侍醫藥當代㠯爲榮及況卒謚烈侯

少子霸襲況爵，十三年增弇戶邑，上大將軍印綬，罷，上音時掌反以列侯奉朝請。每有四方異議，輒召入問籌策。〔集解〕王補曰：武溪之役，弇得望弟舒書奏之，見馬援傳。賈胡之譏，其信然乎？入問籌策，未見其悉當也。年五十六，永平元年卒，謚曰愍侯。子忠嗣。忠以騎都尉擊匈奴於天山，有功。忠卒，子馮嗣。馮卒，子良嗣，一名無禁，延光中尚安帝妹濮陽長公主，〔集解〕惠棟曰：名久長，見清河王傳。位至侍中。良卒，子協嗣。隃麋侯霸卒，子文金嗣。文金卒，子喜嗣。喜卒，子顯嗣，為羽林左監。顯卒，子援嗣，尚桓帝妹長社公主，為河陽太守。後曹操誅耿氏，唯援孫弘存焉。決錄注云：援字伯緒，官至河東太守也。牟平侯舒卒，子襲嗣，尚顯宗女隆慮公主。〔集解〕惠棟曰：名延。襲卒，子寶嗣。寶女弟為清河孝王妃。及安帝立，尊孝王母為孝德皇后，以妃為甘園大貴人。〔集解〕錢大昕曰：安帝紀建光元年追尊皇考清河孝王曰孝德皇，皇妣左氏曰孝德皇后，祖妣宋貴人曰敬隱皇后，又追尊孝德皇元妃耿氏為甘陵大貴人。此傳以孝德皇后為孝王之母，謬矣。甘園，甘陵之園也。帝以寶元舅之重，使監羽林左車騎，〔集解〕劉攽曰：案百官志羽林左右監，監左右騎，不合有車字。官本考證曰：志字監本訛作序，今改正。位

後漢書十九　九

至大將軍，而附事內寵，與中常侍樊豐、帝乳母王聖等譖廢皇太子為濟陰王，及排陷太尉楊震，議者怨之。寶弟子承襲公主爵，為林慮侯。林慮即上隆慮也，至此避殤帝諱改焉。位至侍中。安帝崩，閻太后以寶等阿附嬖倖，共為不道，策免寶及承，皆貶爵為亭侯，遣就國。寶於道自殺，國除。決錄注曰：寶字君達。大貴人數為耿氏請，陽嘉三年，順帝遂詔封寶子箕牟平侯，〔集解〕劉攽曰：按前後皆作紹封，此誤。為侍中；以恆為陽亭侯；承為羽林中郎將。其後貴人薨，大將軍梁冀從承求貴人珍玩，不能得，冀怒，風有司奏奪其封。承惶恐，遂亡匿於穰。數年，冀推迹得之，乃并族其家十餘人。

論曰：淮陰廷論項王，審料成埶，則知高祖之廟勝矣。淮陰侯韓信也。史記韓信說高祖曰：「項王特匹夫之勇，婦人之仁也。名雖霸，實失天下心。今大王入關，秋毫無所取，秦人無不欲得大王王秦者。今大王舉而東，三秦可傳檄而定。」於是漢王舉兵定三秦。廟勝，謂謀兵於廟而勝敵。弇決策河北，〔集解〕劉攽曰：按他傳贊語無單言名者，明少一耿字，下文乃可言弇耳。定計南陽，亦見光武之業成矣。然弇自剋拔全齊，而無復尺寸功。夫豈不懷？懷，思也。言豈不思重立大功乎。將時之度數，不足以相容乎？三世為將，道家所忌，史記曰：秦使王翦之孫王離擊趙，或曰：「王離，秦之名將，舉之必矣。」客曰：「不然。夫將三代必敗，以其殺伐多也。其後受其不祥。」〔集解〕劉攽曰：注以其殺伐多也，按文多一也字。而耿氏累葉以功名自終。將其用兵欲以殺止殺乎？何其獨能隆也！

國字叔慮，東觀記慮作憲。〔集解〕先謙曰：初學記十二引續漢書作慮。建武四年，初入侍，光武拜為黃門侍郎。應對左右，帝以為能，〔集解〕惠棟曰：續漢書國疏敏有識，于時見問，常多合意。遷射聲校尉。七年，射聲官罷，拜駙馬都尉。父況卒，國於次當嗣，上疏以先侯愛少子霸，固自陳讓，有詔許焉。後歷頓丘、陽翟、上蔡令，所在吏人稱之。徵為五官中郎將。是時烏桓、鮮卑屢寇外境，國素有籌策，數言邊事，帝器之。及匈奴薁鞬日逐王比自立為呼韓邪單

後漢書十九　十

于，款塞稱藩，願扞禦北虜。事下公卿。議者皆以為天下初定，中國空虛，夷狄情偽難知，不可許。國獨曰：「臣以為宜如孝宣故事受之，宣帝甘露二年，呼韓邪單于款塞請朝，帝發所過郡二千騎迎之，寵以殊禮，位在諸侯王上，贊謁稱臣而不名。令東扞鮮卑，北拒匈奴，率厲四夷，完復邊郡，使塞下無晏開之警，晏，晚也。有警急則開門晚也。萬世有安寧之策也。」〔集解〕劉攽曰：按文多有字，緣上言無，遂安生此對文，非也。帝從其議，遂立比為南單于。由是烏桓、鮮卑保塞自守，北虜遠遁，中國少事。

二十七年，代馮勤為大司馬。〔集解〕惠棟曰：袁宏紀國官至大司農。何焯曰：帝紀勤以十七年自大司農為司徒，馬當改農。先謙曰：東觀記亦作大司農。又上言宜置度遼將軍、左右校尉，屯五原，以防逃亡。永平元年，卒官。顯宗追思國言，後遂致度遼將軍、〔集解〕劉攽曰：按致當作置。先謙曰：致、置古同字。左右校尉，如其議焉。〔集解〕惠棟曰：續漢書云：國為大司農，曉邊事，能論議，數上便宜事，天子器之。國二子：秉、夔。

秉字伯初，有偉體，腰帶八圍。博通書記，能說司馬兵法，尤好將帥

之略以父任爲郎數上言兵事〔集解〕惠棟曰袁宏紀永平十三年匈奴頻犯塞秉因上書言事也常以中國虛費邊陲不寧其患專在匈奴以戰去戰〔集解〕惠棟曰司馬法云以戰止戰雖戰可也盛王之道顯宗既有志北伐陰然其言永平中召詣省闥問前後所上便宜方略拜謁者僕射遂見親幸每公卿會議常引秉上殿訪以邊事多簡帝心〔集解〕沈欽韓曰袁宏紀載秉議云孝武時始事匈奴援引弓之類并左衽之屬故不可得而制也漢既得河西四郡及居延朔方徙民以充之根據未堅匈奴猶出爲寇其後羌胡分離四郡堅固居延朔方不可傾拔虜遂失其肥饒蓄兵之地惟有西域俄復內屬呼韓邪單于請款塞是故其勢易乘也今之單于形勢相似然西域尚未內屬北虜未有釁作臣愚以爲當先擊白山得伊吾車師通烏孫諸國以斷其右臂未可先擊匈奴也伊吾亦有匈奴呼衍一部破此復爲折其左角觀往者漢兵出匈奴輒爲亂五單于爭未必不以五將之出故也今可先擊白山以觀其變擊匈奴未晚也案其後竇固出酒泉擊呼衍破白山皆如秉計十五年拜駙馬都尉十六年以騎都尉秦彭爲副與奉車都尉竇固等俱伐北匈奴虜皆奔走不戰而還〔集解〕惠棟曰袁宏紀秉出張掖居延塞擊匈林王到沐樓山度莫六百里絕無水草得生口辭云匈林王轉北逐水草秉欲將輕騎追之都尉秦彭止之而還十七年夏詔秉與固合兵萬四千騎復出白山擊車師車師

有後王前王前王即後王之子其廷相去五百餘里固以後王道遠山谷深士卒寒苦欲攻前王秉議先赴後王以爲并力根本則前王自服固計未決秉奮身而起曰請行前乃上馬引兵北入衆軍不得已遂進並縱兵抄掠斬首數千級收馬牛十餘萬頭後王安得震怖從數百騎出迎秉而固司馬蘇安欲全功歸固即馳謂安得曰漢貴將獨有奉車都尉天子姊壻固尚光武女涅陽公主明帝姊也爵爲通侯當先降之安得乃還更令其諸將迎秉秉大怒被甲上馬麾其精騎徑造固壁言曰車師王降訖今不至請往梟其首固大驚曰且止將敗事秉厲聲曰受降如受敵〔集解〕沈欽韓曰吳子論將篇備者出門如見敵遂馳赴之安得惶恐走出門脫帽抱馬足降東觀記曰脫帽趨抱馬蹏也〔集解〕惠棟曰說文冃小兒蠻夷頭衣也丁度云冃或作帽秉將以詣固其前王亦歸命遂定車師而還

明年秋肅宗即位拜秉征西將軍遣案行涼州邊境勞賜保塞羌胡進屯酒泉置戊己校尉〔集解〕惠棟曰關寵耿恭也先謙曰官本置作救是建初元年拜度遼將軍視事七年匈奴懷其恩信徵爲執金吾甚見親重帝每巡郡國及幸宮觀秉常領禁兵宿衞左右除三子爲郎章和二年復拜征西將軍副車騎將軍竇憲擊北匈奴大破之事并見憲傳封秉美陽侯〔集解〕洪亮吉曰蒙上章和二年之文未另著年月考水經注和帝永元元年封秉彭侯二年更封美陽知秉定封在永元二年與竇憲冠軍侯同封也食邑三千戶秉性勇壯而簡易於事〔集解〕先謙曰書鈔六十四引華嶠書作與士簡易軍行常自被甲在前休止不結營部然遠斥候明要誓有警軍陳立成士卒皆樂爲死永元二年代桓虞爲光祿勳明年夏卒時年五十餘賜以朱棺玉衣將作大匠穿冢假鼓吹五營騎士三百餘人送葬謚曰桓侯〔集解〕沈欽韓曰袁紀作壯侯匈奴聞秉卒舉國號哭或至棃面流血棃即剺字古通用也剺割也音力私反〔集解〕惠棟曰剺與剓同音力咨反見廣雅說文云剺剝也劃也

長子沖嗣及竇憲敗以秉竇氏黨國除沖官至漢陽太守曾孫紀少有美名辟公府曹操甚敬異之稍遷少府〔集解〕惠棟曰三輔決錄注紀字季行遷侍中守少府紀以操將篡漢建安二十三年與太醫令吉丕丕或作平〔集解〕惠棟曰元和姓纂云尹吉甫之後以王父字爲氏漢有漢中太守吉恪隸法丕平字相似三輔決錄又作本也丞相司直韋況晃謀起兵誅操〔集解〕沈欽韓曰獻帝紀及魏志止云韋晃況晃二字衍不克夷三族于時衣冠盛門坐紀罹禍滅者衆矣

夔字定公少有氣決永元初爲車騎將軍竇憲假司馬北擊匈奴轉車騎都尉〔集解〕劉攽曰按官無車騎都尉明衍車字萬承蒼曰是時竇憲爲車騎將軍故夔之官轉爲車騎都尉其後憲爲大將軍夔之官又轉爲大將軍左校衛車字非衍也惠棟曰袁宏紀止云騎都尉故劉云然三年憲復出河西以夔爲大將軍左校尉將精騎八百出居延塞直奔北單于廷於金微山〔集解〕沈欽韓曰金微山在喀爾喀部界內斬閼氏名王已下五千餘級單于與數騎脫亡盡獲其匈奴珍寶財畜〔集解〕官本考證曰推尋文義其字當是衍文去塞

五千餘里而還自漢出師所未嘗至也乃封夔粟邑侯粟邑縣名屬左馮翊故城在今同州白水縣西北〔集解〕先謙曰今同官本粟並作粟是會北單于弟左鹿蠡王於除鞬自立為單于眾八部二萬餘人來居蒲類海上遣使款塞以夔為中郎將持節衞護之及竇憲敗夔亦免官奪爵土後復為長水校尉拜五原太守遷遼東太守元興元年貊人寇郡界夔追斬其渠帥永初三年南單于檀反畔使夔率鮮卑及諸郡兵屯鴈門與車騎將軍何熙共擊之熙推夔為先鋒而遣其司馬耿溥劉祉將二千人與夔俱進到屬國故城〔集解〕沈欽韓曰前志西河郡美稷縣屬國都尉治美稷故城在鄂爾多斯左翼中旗東南單于遣薁鞬日逐王三千餘人遮漢兵夔自擊其左令鮮卑攻其右虜遂敗走追斬千餘級殺其名王六人獲穹廬車重千餘兩馬畜生口甚眾鮮卑馬多羸病遂畔出塞夔不能獨進以不窮追左轉雲中太守後遷行度遼將軍事夔勇而有氣數侵陵匈奴中郎將鄭戩音剪元初元年坐徵下獄以減死論笞二百建光中復拜度遼將軍時鮮卑攻殺雲中太守成嚴圍烏桓校尉徐常於馬城馬城縣名屬代郡故城在今雲州定襄縣秦始皇初築城輒崩壞其後有馬周章馳走因隨馬迹起城故以名馬〔集解〕王會汾曰按因馬迹築城是雁門之馬邑非代郡之馬城章懷此注益誤記漢書注耳洪亮吉曰案前志續志引搜神記太康地志等書皆以此事屬馬邑惟水經注云或以為代之馬城當是此注所本先謙曰今宣化府懷安縣北夔與幽州刺史龐參救之追虜出塞而還後坐法免卒於家

恭字伯宗國弟廣之子也少孤慷慨多大略有將帥才永平十七年冬騎都尉劉張出擊車師請恭為司馬與奉車都尉竇固及從弟駙馬都尉秉破降之始置西域都護戊己校尉乃以恭為戊己校尉〔集解〕何焯曰己字衍惠棟曰東觀記袁宏紀皆云恭為戊己校尉屯後王部金蒲城寵為戊己校尉屯前王柳中城吳仁傑刊誤補遺亦同今流俗本闕寵下止云己校尉故何氏以恭是戊校尉衍己字也但漢雖有戊己兩校尉不應以是改恭傳本文先謙曰御覽百九十二引續漢書亦作兩戊己校尉屯後王部金蒲城金蒲城車師後王城廷也今延州蒲昌縣

城是也〔集解〕沈欽韓曰注延州字誤當是庭州舊唐志西州有蒲昌縣東南有蒲類海庭州有蒲類縣元和志西州蒲昌縣本名金蒲城車師後王庭也今為鎮西府奇台縣謁者關寵為己校尉〔集解〕先謙曰官本己上有戊字引劉攽曰案戊己本是兩校尉故耿恭關寵各為一校今都為戊己校尉蓋流俗不知漢書以理觀之恭是戊校寵是己校也屯前王柳中城柳中郎今西州縣〔集解〕先謙曰官本無郎字柳中注見西域傳屯各置數百人恭至部移檄烏孫示漢威德大昆彌已下皆歡喜遣使獻名馬及奉宣帝時所賜公主博具武帝元封中遣江都王建女細君為公主嫁與烏孫昆莫賜乘輿服御官屬侍御數百人贈送甚盛蓋後宣帝賜以博具也願遣子入侍恭乃發使齎金帛迎其侍子明年三月北單于遣左鹿蠡王二萬騎擊車師恭遣司馬將兵三百人救之道逢匈奴騎多皆為所歿匈奴遂破殺後王安得而攻金蒲城恭乘城搏戰以毒藥傅矢傳語匈奴曰漢家箭神〔集解〕惠棟曰東觀記作神箭其中瘡者〔集解〕惠棟曰瘡東觀記作創必有異因發彊弩射之虜中矢者視創皆沸遂大驚會天暴風雨隨雨擊之殺傷甚眾匈奴震怖相謂曰漢兵神眞可畏也遂解去恭以疏勒城〔集解〕通鑑胡注此疏勒城在車師後部非疏勒國城也據西域疏勒國去長史所居五千里後部去長史所居五百里耿恭自後部金蒲城移據疏勒城其後范羌又自前部交河城從山北至疏勒迎恭審觀本末則非疏勒國城明矣傍有澗水可固五月乃引兵據之七月匈奴復來攻恭恭募先登數千人直馳之胡騎散走匈奴遂於城下擁絕澗水恭於城中穿井十五丈不得水吏士渴乏笮馬糞汁而飲之笮謂壓笮也〔集解〕惠棟曰廣雅笮盛也曹憲音側白反孫愐云笮酒器也證俗文作酢云壓酒具也袁宏紀作柞恭仰歎曰聞昔貳師將軍拔佩刀刺山飛泉涌出貳師大宛中城名昔武帝時使李廣利伐大宛期至貳師城因以為號也今漢德神明豈有窮哉乃整衣服向井再拜為吏士禱有頃水泉奔出眾皆稱萬歲乃令吏士揚水以示虜東觀記曰恭親自挽籠於是令士且勿飲先和泥塗城并揚示之虜出不意以為神明遂引去時焉耆龜茲攻歿都護陳睦〔集解〕惠棟曰袁宏紀作穆北虜亦圍關寵於柳中會顯宗崩救兵不至車師復畔與匈奴共攻恭恭厲士眾擊走之後王夫人

先世漢人常私以虜情告恭又給以糧餉數月食盡窮困乃煮鎧弩食其筋革恭與士推誠同死生故皆無二心而稍稍死亡餘數十人單于知恭已困欲必降之復遣使招恭曰若降者當封爲白屋王[集解]惠棟曰張華博物志北方五狄一曰匈奴二曰穢貊三曰密吉四曰單于五曰白屋潘勗魏公九錫文曰單于白屋請吏率職李善云白屋今靺鞨也妻以女子恭乃誘其使上城手擊殺之炙諸城上虜官屬望見號哭而去單于大怒更益兵圍恭不能下初關寵上書求救時肅宗新即位乃詔公卿會議司空第五倫以爲不宜救[集解]王補曰王大之言恭所守者先帝之命所持者漢廷之節死而不易其心斯忠臣之操乎車師可不屯而恭必不可棄明矣倫獨非人臣子與山陵無宿草忽疾而委其銜命之臣於原野怨懟君父以寄其惡怒於孤臣尚足爲天子大臣乎司徒鮑昱議曰今使人於危難之地急而棄之外則縱蠻夷之暴內則傷死難之臣誠令權時後無邊事可也匈奴如復犯塞爲寇陛下將何以使將又二部兵人裁各數十二部謂關寵及恭也匈奴圍之歷旬不

下[集解]惠棟曰班固耿恭守疏勒城賦日兮月兮扼重圍故云歷旬也是其寡弱盡力之效也[集解]王補曰袁紀此下有兵家先名後實可令敦煌酒泉太守各將精騎二千多其幡幟倍道兼行以赴其急匈奴疲極之兵必不敢當四十日間足還入塞帝然之乃遣征西將軍耿秉屯酒泉行太守事遣秦彭[集解]惠棟曰彭時爲騎都尉副耿秉或作段彭非也段彭時爲酒泉太守王補曰帝紀遣酒泉太守段彭救戊己校尉耿恭通鑑從之惠說非與謁者王蒙皇甫援[集解]通鑑胡注姓譜云宋有皇父充石宋之公族也漢初有皇甫鸞自魯徙茂陵改父爲甫發張掖酒泉敦煌三郡及鄯善兵合七千餘人建初元年正月會柳中擊車師攻交河城前書曰車師前王居交河城河水分流遶城下故號交河去長安八千一百五十里故城在今西州交河縣也[集解]先謙曰注詳西域傳斬首三千八百級獲生口三千餘人駝驢馬牛羊三萬七千頭北虜驚走車師復降東觀記曰車師太子比持訾降會關寵已殁[集解]惠棟曰袁宏紀關寵病死以喪歸蒙等聞之便欲引兵還先是恭遣軍吏范羌至敦煌迎兵士寒服羌因隨王蒙軍俱出塞羌固請迎恭

諸將不敢前乃分兵二千人與羌從山北迎恭[集解]惠棟曰袁宏紀柳中至金蒲相去千餘里遇大雪丈餘軍僅能至城中夜聞兵馬聲以爲虜來大驚羌乃遙呼曰我范羌也漢遣軍迎校尉耳城中皆稱萬歲開門共相持涕泣明日遂相隨俱歸虜兵追之且戰且行吏士素飢困發疏勒時尚有二十六人隨路死殁三月至玉門玉門關名屬敦煌郡在今沙州臣賢案酒泉郡又有玉門縣據東觀記曰至敦煌明即玉門關也唯餘十三人衣屨穿決形容枯槁中郎將鄭衆[集解]通鑑胡注衆先以軍司馬與馬廖擊車師至敦煌拜中郎將爲恭已下洗沐易衣冠上疏曰耿恭以單兵固守孤城當匈奴之衝對數萬之衆連月踰年心力困盡鑿山爲井煮弩爲糧出於萬死無一生之望前後殺傷醜虜數千百計卒全忠勇不爲大漢恥恭之節義古今未有宜蒙顯爵以厲將帥及恭至雒陽鮑昱奏恭節過蘇武宜蒙爵賞[集解]先謙曰文選任昉奏彈曹景宗注引謝承書云胡爽曰耿恭以甲兵守孤城於絕域疑亦同時奏恭之言於是拜爲

騎都尉以恭司馬石修爲雒陽市丞張封爲雍營司馬軍吏范羌爲共丞共今衛州共城縣餘九人皆補羽林恭母先卒及還追行喪制有詔使五官中郎將按東觀記馬嚴[集解]先謙曰官本按作據齎牛酒釋服奪情不令追服明年遷長水校尉其秋金城隴西羌反恭上疏言方略詔召入問狀乃遣恭將五校士三千人副車騎將軍馬防討西羌恭屯枹罕數與羌接戰明年秋燒當羌降防還京師恭留擊諸未服者首虜千餘人獲牛羊四萬餘頭勒姐姐音紫又子也反[集解]惠棟曰水經注湟水又東勒且谿水注之在金城安夷縣東南即勒姐也燒何羌等十三種數萬人皆詣恭降初恭出隴西上言故安豐侯竇融昔在西州甚得羌胡腹心今大鴻臚固即其子孫前擊白山功冠三軍宜奉大使鎮撫涼部令車騎將軍防屯軍漢陽以爲威重由是大忤於防忿恭薦竇固奪其權[集解]沈欽韓曰袁宏紀恭又薦臨邑劉復素好邊事明畧卓異反以微過歸國宜令以功自效復將烏桓兵所向必克由是忤於防也及防還監營謁者李譚承旨

奏恭不憂軍事被詔怨望坐徵下獄集解惠棟曰東觀記云恭坐將兵不憂事肆心縱欲飛鷹走狗遊戲道上虜至不敢出得詔書怨懟徵下獄免官歸本郡卒於家集解王補曰鮑昱訟恭節過蘇武不爲虜羌歸拜都尉賞不償勞巳失旌功厲節之義復因薦固忤防下獄免官何以勸善邪子溥爲京兆虎牙都尉溥音普漢官儀曰京兆虎牙都尉扶風郡比二千石以涼州近羌數犯三輔將兵護園陵集解劉攽曰案注文言扶風郡不成文理當云扶風都尉誤一字少一字檢百官志是時置此兩官也元初二年擊畔羌於丁奚城集解沈欽韓曰明志豐州千戶所南有故丁奚城軍敗遂歿詔拜溥子宏瞱竝爲郞瞱字季遇順帝初爲烏桓校尉遇或作過時鮮卑寇緣邊殺代郡太守瞱率烏桓及諸郡卒出塞討擊大破之鮮卑震怖數萬人詣遼東降自後頻出輒克獲威振北方遷度遼將軍耿氏自中興巳後迄建安之末大將軍二人將軍九人卿十三人尙公主三人列侯十九人中郞將護羌校尉及刺史二千石數十百人遂與漢興衰云

論曰余初讀蘇武傳感其茹毛窮海不爲大漢羞蘇武武帝時使匈奴匈奴乃幽囚武於大窖中絕不飲食天雨雪武卧齧雪與旃毛并咽之數日不死匈奴以爲神乃徙武北海上無人處二十年乃還也

後覽耿恭疏勒之事喟然不覺涕之無從嗟哉義重於生巳至是乎孟子曰生者我所欲義者亦我所欲二者不可俱捨生而取義也昔曹子抗質於柯盟曹子魯大夫曹劌也一曰曹沬史記曰齊桓公與魯莊公會於柯而盟曹沬執匕首劫齊桓公曰齊强魯弱而大國侵魯亦巳甚矣今城壞壓境君其圖之桓公乃盡還魯之侵地而與之盟相如申威於河表相如解見寇恂傳也蓋巳決一旦之負異乎百死之地也巳爲二漢當疏高爵集解先謙曰疏猶輕也言如蘇耿之忠當不惜封以高爵宥十世左傳曰晉范宣子之殺叔向之弟羊舌虎而囚叔向於是祁奚聞之見宣子曰謀而鮮過惠訓不倦者叔向有焉猶將十世宥之以勸能者也而蘇君恩不及嗣恭亦終塡牢戶追誦龍蛇之章巳爲歎息史記曰晉文公返國賞從亡者介子推不言祿祿亦不及縣書宮門曰龍欲上天五蛇爲輔龍巳升天四蛇各入其宇一蛇獨怨終不見處也

贊曰好畤經武能畫能兵往收燕卒來集漢營請問趙殿釃酒齊城況舒率從亦旣有成國圖久策分此凶狄謂耿國議立日逐王爲南單于由是鮮卑保塞自守北虜遠遁也秉洽胡情夔單虜迹集解先謙曰單同殫窮盡也慊慊伯宗枯泉飛液

耿弇列傳第九終

後漢書集解卷十九校補

耿弇傳弇少好學習父業注袁崧書曰官本崧作山松是

會薊中亂注續漢書曰官本書作志

諸將擅命於畿內集解王會汾曰至畿內當作畿外案漢以三輔爲畿內長安爲都內此云畿內似卽指諸將之橫暴三輔者若畿外則太泛矣且當時奉更始詔命征伐外出者本得承制封拜可無擅命之嫌光武卽是也如言擅命畿外先無以處光武立辭之體亦不應爾此弇所以專就都內畿內言也王說蓋非

聖公不能辦也注辦猶成也案說文無辦字皆當作辯說文辯治也不能治卽謂不能平此賊蜀志費褘傳必能辦賊義亦同注訓成非左震曰前書項籍傳使公主某事不能辦此文正用此語

光武乘勝戰愼水上集解愼本紀作順案愼當作順說詳光武紀

從追至容城小廣陽安次集解先謙曰容城今保定府容城縣治

廣陽在今順天府良鄉縣西北案安次已詳光武紀

穰人杜弘案弘字不見六書柳河東集襄陽丞趙君墓誌云曾祖曰弘安字彙補弘都歎切音旦蓋直誤認爲說文弘字

卷十九校補　一

弡卽彈之重文从丸不从几提而同之其謬甚矣觀杜弘名傳凡兩見後文耿援之孫亦名弘又張步三弟其一復作弘一傳中遂有四弘字而他處不槪見也觀步弟弘官本作弘據步本傳原是弘字乃悟弘卽弘之俗體唐世相沿有此字故柳集亦然也

封牟平侯集解王鳴盛曰牟平上脫舒爲二字通鑑因其誤案王說是又袁紀建武四年封況爲險虜侯舒爲牟平侯以賞取軍都之功實同在一年范著封牟平侯於況奉朝請之後乃補敘也且上言況奉朝請卽以列侯奉朝請也是況險虜之封早定矣後文敘況卒少子襲爵仍書險虜侯霸而舒則直書牟平侯舒其文亦皆甚明乃宋熊方補表猶書況爲牟平烈侯誤也

遣弇與吳漢擊富平獲索賊於西原集解先謙曰官本西作平是據錢大昭辨疑閩本亦作平

乃使其大將軍費邑軍歷下上軍字官本誤作車

費敢悉衆亡歸張步亡原誤忘據錢校改官本不誤

居二城之間集解惠棟曰至案臨淄卽劇也先謙曰臨淄非劇觀下文自明惠注誤侯康曰劇屬北海臨淄屬齊非一地卽字當屬與字之誤否則衍字今案臨淄卽在劇縣之西實也字爲西字之譌耳侯說仍非

吕尤來大彤十餘萬衆集解王鳴盛曰尤來大槍至官本作槍下同案光武紀別號諸賊銅馬大彤高湖重連鐵脛大搶尤來上江清犢五校檀鄉五幡五樓富平獲索等各領部曲又赤眉別帥與大彤青犢十餘萬衆在射犬光武進擊大破之又光武北擊尤來大槍五幡於元氏又東觀記大彤渠帥樊重尤來渠帥樊崇是大彤卽是大彤而大槍原別爲一部尤來渠帥與大彤渠帥本屬一家東觀記亦連文舉之則或與大槍合或又與大彤合殆不足異堅鐔傳載鐔別擊破大槍於盧奴蓋是時大槍已不與他賊合矣官本之改作大槍當係承監本之失未見其允王氏謂大彤見劉植傳亦誤乃見耿純傳

羣臣大會弟謂弇曰集解先謙曰官本弟作帝是錢大昭曰弟是帝字之譌南監本不誤案官本作帝卽依監本轉刊是本作弟乃第字於義亦通

顯卒子援嗣尙帝妹長社公主爲河陽太守注援字伯緒官至河東太守也錢大昭曰河陽當從注作河東

卷十九校補　二

及安帝立尊孝王母爲孝德皇后集解錢大昕曰至此傳以孝德皇后爲孝王之母誤矣案尊孝王爲句母爲孝德皇后別爲句也錢讀蓋誤

使監羽林左車騎位至大將軍案羽林左監僅比六百石而爲宿衞要官寶故得藉以交通宮禁洊歷九卿而致位大將軍非由羽林左監卽爲大將軍也

寶弟子承襲公主爵錢大昭曰寶旣襲父爵則襲母隆慮公主爵者必是寶弟矣傳云寶弟子疑衍子字案此或承父已前卒也

弇決策河北集解劉攽曰至明少一耿字錢大昭曰閩本弇上有耿字今案閩本於劉氏所刊正之處往往脗合明係卽據劉說改補不盡可憑也

訪吕邊事多簡帝心集解沈欽韓曰袁宏紀載秉議云孝武時始事匈奴援引弓之類今案袁紀匈奴二字原重幷左衽之屬屬原作類虜遂失其肥饒畜兵之地蓄原作畜今之單于原作今有南單于得伊吾車師通烏孫諸國原作得伊吾破車師通使烏孫諸國伊吾亦有匈奴呼衍一部呼衍上原有南字破

此復爲折其左角原作左臂五單于爭未必不以五將之出故也原作五單于爭來必不以五將出之故也凡箸述家引近儒說或從刪節若引古書則不容輕改原文此或所據袁紀本有異耳

章和二年復拜征西將軍至封秉美陽侯集解洪亮吉曰至知秉

定封在永元二年案水經渭水注渭水東北流與彰川合水出西南溪下東北至彰縣南永元元年和帝封耿秉爲侯國又雍水南逕美陽縣西章和二年更封彰侯耿秉爲侯國此章和二字朱趙本同作永元官本校語以爲誤非也秉封彰侯既在和帝永元初自不應更封美陽侯反在章帝章和世章帝本以章和二年正月崩竇憲即於是年因都鄉侯暢來弔國憂得罪自求擊匈奴贖死秉以征西將軍爲憲副其拜官必徇在章和二年南匈奴傳作永元元年儀請擊破北虜之年勅許之次年乃爲和帝永元元年大破匈奴勒石燕然憲封武陽侯秉與同功故亦封彰侯此水經注可證者也袁紀謂永元元年憲封武陽侯秉即封美陽侯亦誤永元二年憲改封冠軍侯秉亦改封美陽侯洪說是矣水經注之誤爲章和二年者即緣本傳蒙上章和二年爲文偶未加詳耳

吕夔爲大將軍左校尉錢大昭曰南匈奴傳作右校尉

獲穹廬車重千餘兩案車重並見皇甫嵩傳卽輜重也古止曰重左傳楚重至於邲是已

乃吕恭爲戊己校尉集解何焯曰己字衍案錢大昭曰閩本不誤今恭與關寵皆應作爲戊己校尉非此衍己字乃下脫戊字說已見光武紀校補閩本無己字乃據刊誤說刪之耳

及奉宣帝時所賜公主博具注嫁與烏孫昆莫賜乘輿服御官屬侍御數百人注賜乘輿服御原誤賜爲刺據前書正官本不誤

斬首三千八百級至唯餘十三人原三皆譌爲王據錢按改官本不誤

吕爲二漢當疏高爵集解先謙曰疏猶輕也案史記黥布傳疏爵而貴之注引漢書音義疏分也禹洪江疏河是也前書英布傳張晏說同此訓猶輕也及後單同殫兩條查底本皆非師說

銚期王霸祭遵傳第十祭遵從弟彤

宋　宣　城　太　守　范　曄　撰

唐　章　懷　太　子　賢　注

王先謙集解

銚期集解惠棟曰銚音兆又徒弔切孫恆云高誘注銚讀曰葦苕之苕字次況潁川郟人也長八尺二寸容貌絕異矜嚴有威父猛爲桂陽太守卒期服喪三年鄉里稱之光武略地潁川聞期志義召署賊曹掾漢官儀曰東西曹掾比四百石餘掾比三百石賊曹主盜賊之事從徇薊集解惠棟曰東觀記從平河北時王郎檄書到薊薊中起兵應郎光武趨駕出百姓聚觀諠呼滿道遮路不得行期騎馬奮戟瞋目大呼左右曰蹕周禮隸僕掌蹕宮中之事鄭衆曰止行清道也若今警蹕說文趩與蹕同集解惠棟曰漢舊儀云皇帝輦動稱警出殿則傳蹕止人清道沈欽韓曰明統志洗馬溝在順天府城西南四十里日下舊聞洗馬溝卽銚期奮戟處衆皆披靡披普彼反及至城門門已閉攻之得出行至信都吕期

爲裨將與傅寬吕晏俱屬鄧禹徇傍縣又發房子兵禹吕期爲能獨拜偏將軍授兵二千人集解先謙曰官本授作援是寬晏各數百人還言其狀光武甚善之使期別徇眞定宋子攻拔樂陽稾肥纍樂陽縣名屬常山郡今恆州稾城縣也故城在縣西肥纍故肥子國也漢以爲縣故城在今稾城縣西南並屬眞定國纍音力追反集解錢大昕曰注常山郡下脫稾字班志本作稾城此云稾者省文也郡國志無此三縣蓋建武中併省先謙曰樂陽注見鄧禹傳稾肥纍皆在今稾城縣西南並屬正定府從擊王郎將兒宏劉奉於鉅鹿下兒音五奚反期先登陷陳手殺五十餘人被創中額攝幘復戰攝猶正也集解劉攽曰按幘爲馬肩汗期被創中額則是幘字先謙曰東觀記正作幘遂大破之王郎滅拜期虎牙大將軍乃因間說光武曰河北之地界接邊塞人習兵戰號爲精勇今更始失政大統危殆海內無所歸往明公據河山之固擁精銳之衆吕順萬人思漢之心則天下誰敢不從光武笑曰卿欲遂前蹕邪唯天子得稱警蹕時銅馬數十萬衆入清陽博平博平縣名屬東郡在今博州縣也集解沈欽韓曰在今東昌府博平縣西

北三十里期與諸將迎擊之連戰不利期乃更背水而戰所殺傷甚多會光武救至遂大破之追至館陶皆降之從擊青犢赤眉于射犬賊襲期輜重期還擊之手殺傷數十人身被三創而戰方力力苦戰也遂破走之光武即位封安成侯安城縣名屬汝南郡故城在今豫州汝陽縣東南也集解先謙曰官本注安城作安成是注見宗室傳食邑五千戶時檀鄉五樓賊入繁陽內黃繁陽縣名故城在今相州內黃縣東北內黃故城在西北集解先謙曰二縣俱今彰德府內黃縣地又魏郡大姓數反覆而更始將卓京京或作原謀欲相率反鄴城帝以期為魏郡太守行大將軍事期發郡兵擊卓京破之斬首六百餘級京亡入山追斬其將校數十人獲京妻子進擊繁陽內黃復斬數百級郡界清平督盜賊李熊鄴中之豪而熊弟陸謀欲反音翻集解先謙曰官本作反音翻注在迎檀鄉下城迎檀鄉或以告期期不應告者三四期乃召問熊熊叩頭首服願與老母俱就死期曰為吏儻不若為賊樂者可歸與老母往就陸也必以在城中為吏不如為賊之樂即任將母往就弟使吏送出城熊行求得陸將詣鄴城西門陸不勝愧感自殺以謝期期嗟歎以禮葬之而還熊故職於是郡中服其威信建武五年行幸魏郡以期為太中大夫從還洛陽又拜衞尉期重於信義自為將有所降下未嘗虜掠及在朝廷憂國愛主其有不得於心必犯顏諫諍帝嘗輕與期門近出前書武帝將出必與北地良家子期於殿門故曰期門期頓首車前曰臣聞古今之戒變生不意誠不願陛下微行數出帝為之回輿而還集解王補曰世祖在洛陽常欲小出車駕已御銚期諫曰天下未甯臣誠不願陛下微行數出即時還車見蜀志譙周傳十年卒東觀記曰期疾病使使者存問加賜醫藥甚厚其母問期當封何子期言受國家恩深常慙負如死不知當何以報國何宜封子也上甚憐之集解先謙曰期薦馮勤見勤傳帝親臨襚歛贈以衞尉安成侯印綬謚曰忠侯子丹嗣復封丹弟統為建平侯建平縣名屬沛郡故城在今亳州酇縣西北一名馬頭城集解惠棟曰水經注作平輿屬汝南也後徙封丹葛陵侯葛陵縣名故城在汝南故鮦陽縣也集解沈欽韓曰今汝甯府新蔡縣西北五十里以近葛陂

而名丹卒子舒嗣舒卒子羽嗣羽卒子蔡嗣

王霸字元伯潁川潁陽人也世好文法東觀記曰祖父為詔獄丞父為郡決曹掾漢官儀決曹主罪法事霸亦少為獄吏常慷慨不樂吏職其父奇之遣西學長安漢兵起光武過潁陽霸率賓客上謁曰將軍興義兵竊不自知量貪慕威德願充行伍光武曰夢想賢士共成功業豈有二哉集解先謙曰言心與霸同遂從擊破王尋王邑於昆陽還休鄉里及光武為司隸校尉道過潁陽霸請其父願從父曰吾老矣不任軍旅汝往勉之霸從至洛陽及光武為大司馬以霸為功曹令史集解劉攽曰按功曹有史耳不當有令字惠棟曰霸為光武屬歷功曹令史之職也東觀記亦同劉以為不當有令字非從度河北賓客從霸者數十人稍稍引去光武謂霸曰潁川從我者皆逝而子獨留努力疾風知勁草及王郎起光武在薊郎移檄購光武光武令霸至市中募人將以擊郎市人皆大笑舉手邪揄之說文曰歋歈手相笑也歋音弋支反歈音踰或音由此云邪揄語輕重不同集解孫星衍曰說文作歋瘉並無歈字云人相笑相歋瘉亦不云手相笑瘉既不成偏旁且字從欠許氏又必無訓為手相笑之理賢之誤明矣先謙曰官本注歈作瘉霸慚懅而退懅亦慙也音遽光武即南馳至下曲陽傳聞王郎兵在後從者皆恐及至虖沱河候吏還白集解惠棟曰候吏東觀記作導吏下同河水流澌澌音斯無船不可濟官屬大懼光武令霸往視之霸恐驚眾欲且前阻水還集解先謙曰東觀記云霸欲如實還報恐驚官屬雖不可渡且臨水止尚可為阻即詭曰冰堅可度官屬皆喜光武笑曰候吏果妄語也遂前比至河河冰亦合乃令霸護度堅護度也集解先謙曰注無義疑奪文未畢數騎而冰解集解惠棟曰東觀記比至河流澌冰合可履馬欲僵各以囊盛沙布冰上乃渡渡未畢數車而冰陷光武謂霸曰安吾眾得濟免者卿之力也霸謝曰此明公至德神靈之祐雖武王白魚之應無以加此今文尚書曰武王度盟津白魚躍入王舟光武謂官屬曰王霸權以濟事殆天瑞也以為軍正集解先謙曰東觀記謂官屬曰王霸從我勞苦前遇冰變權詞以安吏士是天瑞也為善不賞無以勸後即日以霸為軍正爵關內侯既

至信都發兵攻拔邯鄲霸追斬王郎得其璽綬封王鄉侯從平河北常與臧宮傅俊共營霸獨善撫士卒死者脫衣以歛之傷者躬親以養之〔集解〕劉攽曰按文脫衣可言以歛之躬親不宜復有以字光武即位以霸曉兵愛士可獨任拜爲偏將軍幷將臧宮傅俊兵而以宮俊爲騎都尉建武二年更封富波侯富波縣名屬汝南郡在今豫州〔集解〕沈欽韓曰在今潁州府阜陽縣南四年秋帝幸譙使霸與捕虜將軍馬武東討周建於垂惠蘇茂將五校兵四千餘人救建而先遣精騎遮擊馬武軍糧武往救之建從城中出兵夾擊武武恃霸之援戰不甚力爲茂建所敗武軍奔過霸營大呼求救霸曰賊兵盛出必兩敗努力而已乃閉營堅壁軍吏皆爭之霸曰茂兵精銳其衆又多吾吏士心恐而捕虜與吾相恃〔集解〕周壽昌曰馬武恃霸之援霸軍亦恃武之助故云相恃兩軍不一此敗道也今閉營固守示不相援賊必乘勝輕進捕虜無救其戰自倍如此茂衆疲勞吾承其

弊乃可剋也茂建果悉出攻武合戰良久霸軍中壯士路潤等數十人〔集解〕惠棟曰孫愐云路姓本自帝摯之後斷髮請戰霸知士心銳乃開營後出精騎襲其背茂建前後受敵驚亂敗走霸武各歸營賊復聚衆挑戰霸堅臥不出方饗士作倡樂茂雨射營中中霸前酒樽安坐不動軍吏皆曰茂前日已破今易擊也霸曰不然蘇茂客兵遠來糧食不足故數挑戰以徼一切之勝徼要也一切猶權時也今閉營休士所謂不戰而屈人之兵善之善者也〔集解〕通鑑胡注孫子曰百戰百勝非善之善者也不戰而屈人兵善之善者也霸蓋用其言茂建既不得戰乃引還營其夜建兄子誦反閉城拒之茂建遁去誦以城降五年春帝使太中大夫持節拜霸爲討虜將軍六年屯田新安八年屯田函谷關擊滎陽中牟盜賊皆平之九年霸與吳漢及橫野大將軍王常建義大將軍朱祐破姦將軍侯進等五萬餘人擊盧芳將賈覽閔堪於高柳匈奴遣騎助芳漢軍

遇雨戰不利吳漢還洛陽令朱祐屯常山王常屯涿郡侯進屯漁陽璽書拜霸上谷太守領屯兵如故捕擊胡虜無拘郡界拘猶限也明年霸復與吳漢等四將軍六萬人出高柳擊賈覽詔霸與漁陽太守陳訢將兵爲諸軍鋒匈奴左南將軍將數千騎救覽霸等連戰與平城下〔集解〕先謙曰官本與作於是平城注見光武紀破之追出塞斬首數百級霸及諸將還入鴈門與驃騎大將軍杜茂會攻盧芳將尹由於崞繁畤不剋崞及繁畤皆縣名屬鴈門郡並今代州縣也有崞山焉崞音郭〔集解〕先謙曰二縣皆在今大同府渾源州西十三年增邑戶更封向侯向縣名屬沛郡左傳曰莒人入向案今密州莒縣南又有向城〔集解〕沈欽韓曰今鳳陽府懷遠縣東北四十八里是時盧芳與匈奴烏桓連兵寇盜尤數緣邊愁苦詔霸將弛刑徒六千餘人與杜茂治飛狐道飛狐道在今蔚州飛狐縣北通嬀州懷戎縣卽古之飛狐口也堆石布土築起亭障自代至平城三百餘里凡與匈奴烏桓大小數十百戰頗識邊事數上書言宜與匈奴結和親又陳委

輸可從溫水漕水經注曰溫餘水出上谷居庸關東又東過軍都縣南又東過薊縣北益通以運漕也以省陸轉輸之勞事皆施行後南單于烏桓降服北邊無事霸在上谷二十餘歲三十年定封淮陵侯淮陵縣屬臨淮郡〔集解〕先謙曰在今泗州盱眙縣西北永平二年以病免後數月卒子符嗣徙封軑侯軑縣名屬夏郡軑音大〔集解〕惠棟曰案皇后紀注音伏孟康音狄先謙曰在今黃州府蘄水縣西四十里符卒子度嗣度尚顯宗女浚義長公主〔集解〕先謙曰官本義作儀是爲黃門郎度卒子歆嗣

祭遵字弟孫祭音側界反〔集解〕通鑑胡注姓譜云周公第五子祭伯其後以爲氏潁川潁陽人也少好經書家富給而遵恭儉惡衣服喪母負土起墳嘗爲部吏所侵結客殺之初縣中以其柔也既而皆憚焉及光武破王尋等還過潁陽遵以縣吏數進見光武愛其容儀署爲門下史從征河北爲軍市令〔集解〕通鑑胡注從軍者非一處人故於軍中立市使相貿易置令以治之惠棟曰軍與民市價不畫一設立市令以防強奪非於軍中立市也東觀記光武皇帝雖發師旁縣人馬席薦鞴靽皆有成賈而貴不侵民樂與官市此其證也舍中

兒犯法遵格殺之光武怒命收遵時主簿陳副諫曰明公常欲衆軍整齊今遵奉法不避是教令所行也光武乃貰之貰猶赦也以爲刺姦將軍〔集解〕通鑑胡注王莽置左右刺姦使督姦猾光武因以爲將軍號惠棟曰續志將軍屬有外刺刺姦主罪法謂諸將曰當備祭遵〔集解〕周壽昌曰說文備猶慎也大戴記小辨篇事戒不虞曰知備鄧惲傳無掩人不備猶防也言慎防之也亦作避鮑永傳貴戚且斂手以避二鮑是也吾舍中兒犯法尚殺之必不私諸卿也尋拜爲偏將軍從平河北以功封列侯建武二年春拜征虜將軍定封潁陽侯與驃騎大將軍景丹建義大將軍朱祐漢忠將軍王常騎都尉王梁〔集解〕惠棟曰東觀記王梁時爲中郎將臧宮等入箕關箕關解在鄧禹傳〔集解〕惠棟曰東觀記作天中關南擊弘農厭新柏華蠻中賊東觀記曰柏華聚也〔集解〕沈欽韓曰紀要柏谷在陝州靈寶縣西南朱陽鎮有柏谷亭柏華蓋柏谷之誤弩中遵口洞出流血〔集解〕惠棟曰東觀記舉褒掩口血流褒中衆見遵傷稍引退遵呼叱止之士卒戰皆自倍遂大破之時新城蠻中山賊張滿新城縣名屬河南郡今伊闕縣也〔集解〕惠棟曰續志新城有鄤聚今名蠻中說

文作緣中也屯結險隘爲人害詔遵攻之遵絕其糧道滿數挑戰遵堅壁不出而厭新柏華餘賊復與滿合遂攻得霍陽聚有霍陽山故名焉俗謂之張侯城在今汝州西南〔集解〕惠棟曰水經注春秋傳曰爲一昔之期襲梁及霍服虔云梁霍周南鄙也霍陽山水東北流逕霍陽聚東世謂之華滓城非也在河南梁縣遵乃分兵擊破降之明年春張滿飢困城拔生獲之初滿祭祀天地自云當王既執歎曰讖文誤我乃斬之夷其妻子遵引兵南擊鄧奉弟終於杜衍破之杜衍縣名屬河南郡故城在今鄧州南陽縣西南〔集解〕惠棟曰終一作衆古字通水經注云上自宛遣遵擊衆破之進兵涅陽也沈欽韓曰杜衍今南陽府西南二十三里注河南當作南陽時涿郡太守張豐執使者舉兵反自稱無上大將軍與彭寵連兵四年遵與朱祐及建威大將軍耿弇驍騎將軍劉喜俱擊之遵兵先至急攻豐豐功曹孟厷執豐降說文曰厷臂上也厷音古弘字〔集解〕惠士奇曰厷古肱字肱誤爲宏先謙曰官本注字作反初豐好方術有道士言豐當爲天子以五綵囊裹石繫豐肘云石中有玉璽豐信之遂反既執當斬猶曰肘石

有玉璽遵爲椎破之豐乃知被詐仰天歎曰當死無所恨諸將皆引還〔集解〕王補曰劉揚造癭揚之讖以惑衆張豐寶肘石之璽以自迷與夫張滿之讖文誤我公孫述之八厶子系十二爲期范史皆詳著之以戒好爲符命鬼神瑞應之事者遵受詔留屯良鄉拒彭寵因遣護軍傅玄襲擊寵將李豪於潞大破之斬首千餘級相拒歲餘數挫其鋒黨與多降者及寵死遵進定其地六年春詔遵與建威大將軍耿弇虎牙大將軍蓋延漢忠將軍王常捕虜將軍馬武驍騎將軍劉歆武威將軍劉向等〔集解〕惠棟曰王士正云劉植傳歆植之從兄□字細君與植弟喜皆繼植爲驍騎將軍封浮陽侯向植之子嗣植爲昌城侯徙封東武陽侯歆乃向之從伯父也從天水伐公孫述續漢書曰上幸廣陽城門設祖道閱過諸將以遵新破漁陽令最在前師次長安時車駕亦至而隗囂不欲漢兵上隴辭說解故解故謂解脫事故以爲辭說帝召諸將議皆曰可且延囂日月之期益封其將帥以消散之遵曰囂挾姦久矣今若按甲引時則使其詐謀益深而蜀警倍增固不如遂進帝從之乃遣遵爲前

行隗囂使其將王元拒隴坻遵進擊破之追至新關〔集解〕惠棟曰時遵道病還遣護軍王忠右部將軍朱寵隨中郎將來歙伐樹開道至略陽襲隗囂見東觀記沈欽韓曰漢時隴關亦有新故二關唐後則以大震關爲故關安戎關爲新關俱在隴州西新關去故關三十里及諸將到與囂戰並敗引退下隴乃詔遵軍汧耿弇軍漆征西大將軍馮異軍栒邑大司馬吳漢等還屯長安自是後遵數挫囂事已見馮異傳八年秋復從車駕上隴及囂破帝東歸過汧幸遵營勞饗士卒作黃門武樂良夜乃罷黃門署名前書曰是時名倡皆集黃門武樂執干戚以舞也良猶深也或作久〔集解〕沈欽韓曰黃門郎黃門鼓吹天子所以宴樂羣臣武樂卽短簫鐃歌軍樂也時遵有疾詔賜重茵覆以御蓋復令進屯隴下及公孫述遣兵救囂吳漢耿弇等悉奔還遵獨留不卻東觀記曰時遵屯汧詔書曰將軍連年距難衆兵卽卻復獨按部功勞爛然兵退無宿戒糧食不豫具今乃調度恐力不堪國家知將軍不易亦不遺力今送縑千匹以賜吏士九年春卒於軍遵爲人廉約小心克己奉公賞賜輒盡與士卒家無私財身衣韋袴布被夫人裳不加緣帝以是重焉緣或

作綵集解惠棟曰東觀記作綵及卒愍悼之尤甚遵喪至河南縣詔遣百官先會喪所車駕素服臨之望哭哀慟集解先謙曰東觀記云上車駕素服往弔望城門舉音遂哭而慟還幸城門過其車騎東觀記曰上還幸城門閱過喪車瞻望涕泣涕泣不能已喪禮成復親祠以太牢如宣帝臨霍光故事霍光薨宣帝及上官太后親臨光喪使太中大夫任宣侍御史五人持節護喪事東觀記曰時下宣帝臨霍將軍儀令公卿讀視以爲故事詔大長秋謁者河南尹護喪事大司農給費博士范升上疏追稱遵曰臣聞先王崇政尊美屏惡孔子曰尊五美屏四惡昔高祖大聖深見遠慮班爵割地與下分功著錄勳臣集解惠棟曰前書樊酈傳贊曰勤功帝籍慶流子孫又功臣表云究其本末幷序位次盡于孝文以昭元功之侯籍師古云籍謂名錄高紀所云通侯籍也頌其德美生則寵以殊禮奏事不名入門不趨前書曰蕭何奏事不名入門不趨死則疇其爵邑世無絕嗣疇等也言功臣死後子孫襲封世世與先人等丹書鐵券傳於無窮前書高祖與功臣剖符作誓丹書鐵契金匱石室藏之宗廟斯誠大漢厚下安人長久之德所以累世十餘歷載數百漢興至此二百餘年言數

百者謂以百數之廢而復興絕而復續者也陛下以至德受命先明漢道集解劉攽曰案文當作光明褒序輔佐封賞功臣同符祖宗征虜將軍潁陽侯遵不幸早薨陛下仁恩爲之感傷遠迎河南惻怛之慟形於聖躬喪事用度仰給縣官重賜妻子不可勝數送死有以加生厚亡有以過存矯俗厲化卓如日月卓高也古者臣疾君視臣卒君弔前書賈山上書曰古之賢君於其臣也尊其爵祿而親之疾則臨視之無數死則往弔哭之臨其小斂大斂可謂盡禮也故臣下竭力盡死以報其上集解惠棟曰荀子大畧篇君于大夫三問其疾三臨其喪于士一問一臨德之厚者也陵遲已來久矣及至陛下復興斯禮羣下感動莫不自厲臣竊見遵修行積善竭忠於國北平漁陽西拒隴蜀先登坻上即隴坻上深取略陽眾兵既退獨守衝難衝兵衝也謂吳漢耿弇等悉奔還唯遵獨留不卻制御士心不越法度所在吏人不知有軍言不侵擾清名聞於海內廉白著於當世所得賞賜輒盡與吏士身無奇衣家無私財集解周壽昌曰奇衣即禮記所謂異服也左傳龐奇無常杜注

雜色奇怪非常之服同產兄午以遵無子娶妾送之遵乃使人逆而不受自以身任於國不敢圖生慮繼嗣之計臨死遺誡牛車載喪薄葬洛陽問以家事終無所言任重道遠死而後已論語孔子曰仁以爲己任不亦重乎死而後已不亦遠乎集解先謙曰官本無注遵爲將軍取士皆用儒術對酒設樂集解惠棟曰東觀記作娛樂必雅歌投壺雅歌謂歌雅詩也禮記投壺經曰壺頸修七寸腹修五寸口徑二寸半容斗五升壺中實小豆爲其矢之躍而出也矢以柘若棘長二尺八寸無去其皮取其堅而重投之勝者飲不勝者以爲優劣也又建爲孔子立後奏置五經大夫集解周壽昌曰續志有五經博士祭酒秩六百石無大夫或奏而未行也一稱學官祭酒見劉寬傳又蘇竟傳云爲博士講書祭酒注王莽置六經祭酒秩上卿每經各一人竟爲講書祭酒雖在軍旅不忘俎豆集解先謙曰東觀記作不忘王室可謂好禮悅樂守死善道者也禮生有爵死有諡爵以殊尊卑諡以明善惡臣愚以爲宜因遵薨論敘眾功詳案諡法以禮成之諡法周書之篇周公制焉顯章國家篤古之制爲後嗣法集解王補曰范升此疏後世請諡請卹之權輿也帝乃下升章以示公卿至葬車駕

復臨贈以將軍侯印綬朱輪容車介士軍陳送葬容車容飾之車象生時也介士甲士也東觀記曰遣校尉發騎士四百人被玄甲兜鍪兵車軍陳送葬集解沈欽韓曰續志大駕甘泉鹵簿金根容車中黃門尚衣奉衣登容則容車載死者衣冠所謂魂車也諡曰成侯集解沈欽韓曰袁紀作威侯既葬車駕復臨其墳存見夫人室家集解周壽昌曰謂帝臨存而召見之也前書嚴助傳使重臣臨存本書馬援傳援間至河內過存伯春曹操短歌行越陌度阡枉用相存其後會朝帝每歎曰安得憂國奉公之臣如祭征虜者乎遵之見思如此東觀記曰上數嗟嘆衛尉銚期見上感慟對曰陛下至仁哀念祭遵不已羣臣各懷慙懼也無子國除兄午官至酒泉太守從弟肜

肜字次孫早孤以至孝見稱遇天下亂野無煙火而獨在冢側每賊過見其尙幼而有志節皆奇而哀之光武初以遵故拜肜爲黃門侍郎常在左右及遵卒無子帝追傷之以肜爲偃師長令近遵墳墓四時奉祠之肜有權略視事五歲縣無盜賊課爲第一遷襄賁令襄賁縣名屬東海郡故城在今沂州臨沂縣南賁音肥集解沈欽韓曰今沂州府蘭山縣西南百二十里時天下

郡國尚未悉平，襄賁盜賊白日公行。彤至，誅破姦猾，殄其支黨，數年，襄賁政清。璽書勉勵，增秩一等，賜縑百匹。當是時，匈奴、鮮卑及赤山烏桓連和強盛，數入塞殺略吏人。朝廷以為憂，益增緣邊兵，郡有數千人，又遣諸將分屯障塞。〔集解〕先謙曰官本及作又 帝以彤為能，建武十七年，拜遼東太守。至則厲兵馬，廣斥候，〔集解〕惠棟曰東觀記作遠斥候許慎淮南子注斥廣候視也 彤有勇力，能貫三百斤弓。〔集解〕惠棟曰崔寔政論云永平建初之際去戰未久官兵勁利有祭太僕之弩至今擅名天下史記伍子胥傳伍胥貫弓司馬貞云劉氏音貫為彎又音古患反貫謂滿張弓一云貫謂上弦也儀禮鄉射禮云不貫不釋注云貫猶中也古文貫作關是貫與關通 虜每犯塞，常為士卒鋒，數破走之。二十一年秋，鮮卑萬餘騎寇遼東，彤率數千人迎擊之，自被甲陷陳，虜大奔，投水死者過半，遂窮追出塞，虜急，皆棄兵裸身散走，斬首三千餘級，獲馬數千匹。自是後鮮卑震怖，畏彤不敢復闚塞。彤以三虜連和，卒為邊害，卒終也三虜謂匈奴鮮卑及赤山烏桓 二十五年，乃使招

呼鮮卑，示以財利。其大都護偏何鮮卑名也〔集解〕通鑑胡注偏氏高辛後急就章有偏呂何先謙曰以鮮卑偏氏為高辛後或未必然 遣使奉獻，願得歸化，彤慰納賞賜，稍復親附。其異種滿離、高句驪之屬，遂駱驛款塞，上貂裘好馬，〔集解〕惠棟曰東觀記鮮卑奉馬一匹貂裘二領 帝輒倍其賞賜。其後偏何邑落諸豪並歸義，願自効。彤曰：「審欲立功，當歸擊匈奴，斬送頭首乃信耳。」偏何等皆仰天指心曰：「必自効！」即擊匈奴左伊秩訾部，斬首二千餘級，持頭詣郡。其後歲歲相攻，輒送首級受賞賜。自是匈奴衰弱，邊無寇警，鮮卑、烏桓並入朝貢。彤為人質厚重毅，體貌絕眾。撫夷狄以恩信，皆畏而愛之，故得其死力。初，赤山烏桓數犯上谷，為邊害，〔集解〕惠棟曰烏桓傳赤山在遼東西北數十里 詔書設購賞，功責州郡，不能禁。〔集解〕劉攽曰按文功當作切 彤乃率厲偏何，遣往討之。永平元年，偏何擊破赤山，斬其魁帥，〔集解〕惠棟曰王沈魏書云漁陽烏丸大人欽志賁帥種人叛鮮卑還為寇害彤募殺志賁遂破其眾 持首詣彤，塞外震讋。音之涉反 彤之威

聲暢於北方，西自武威，東盡玄菟及樂浪，胡夷皆來內附，野無風塵。乃悉罷緣邊屯兵。十二年，徵為太僕。彤在遼東幾三十年，衣無兼副。〔集解〕惠棟曰續漢書彤素清有道而衣無副儲 顯宗既嘉其功，又美彤清約，拜日，賜錢百萬，馬三匹，衣被刀劍，下至居室什物，大小無不悉備。帝每見彤，常歎息以為可屬以重任。後從東巡狩，過魯，坐孔子講堂，顧指子路室謂左右曰：「此太僕之室。太僕，吾之禦侮也。」尚書大傳曰孔子曰吾有四友焉自吾得回也門人加親是非胥附邪自吾得賜也遠方之士日至是非奔走邪自吾得師也前有光後有輝是非先後邪自吾得由也惡言不至門是非禦侮邪 十六年，使彤以太僕將萬餘騎與南單于左賢王信伐北匈奴，期至涿邪山。〔集解〕惠棟曰袁宏紀作涿邪王山王幼學云涿邪山匈奴中山在漠北案北史魏太武帝伐柔然循弱水西行至涿邪山即此邪音以奢反史記作涂古字通 信初有嫌於彤，行出高闕塞九百餘里，得小山，乃妄言以為涿邪山。彤到不見虜而還，坐逗留畏懦下獄免。彤性沈毅內重，自恨見詐無功，出獄數日，歐血死。

臨終謂其子曰：「吾蒙國厚恩，奉使不稱，微績不立，身死誠慙恨，義不可以無功受賞。死後，若悉簿上所得賜物，若汝也皆為文簿而上之 身自詣兵屯，效死前行，以副吾心。」既卒，其子逢上疏具陳遺言。帝雅重彤，方更任用，聞之大驚，召問逢疾狀，嗟歎者良久焉。烏桓、鮮卑追思彤無已，每朝賀京師，常過冢拜謁，仰天號泣乃去。遼東吏人為立祠，四時奉祭焉。彤既葬，子參遂詣奉車都尉竇固，從軍擊車師，有功，稍遷遼東太守。永元中，鮮卑入郡界，參坐沮敗，下獄死。〔集解〕先謙曰東觀記鮮卑千餘騎攻肥如城殺略吏人祭參坐沮敗下獄誅 彤子孫多為邊吏者，皆有名稱。

論曰：祭彤武節剛方，動用安重，雖條侯、穰苴之倫，不能過也。條侯周亞夫也為將軍軍於細柳文帝幸其營亞夫持兵揖曰介冑之士不拜請以軍禮見文帝曰此真將軍也穰苴齊人田穰苴也齊景公使為將軍使莊賈往穰苴與約曰旦日日中會於軍門穰苴先至賈後至於是遂斬莊賈以徇三軍士皆振慄 且臨守偏海，政移獷俗，獷古猛反又音久永反 徼人請符以立信，胡貊數級於郊下，徼人

謂徼外人偏何等也符驗也爲偏何請還自效以驗內屬之信數級謂偏何斬匈奴送首級受賞賜至乃臥鼓邊亭滅烽幽障者將三十年古所謂必世而後仁豈不然哉三十年爲一世言承化久也論語孔子曰如有王者必世而後仁而一眚之故以致感憤眚過也左傳曰不以一眚掩大德眚音所景反惜哉畏法之敝也畏法猶嚴法也

贊曰期啟燕門霸冰虖河祭遵好禮臨戎雅歌彤抗遼左邊庭懷和

銚期王霸祭遵卷第十 終

後漢書集解卷二十校補

銚期傳攻拔樂陽稾肥纍注今恆州稾城縣也案注與后紀注同據新舊唐志凡眞定稾城石邑行唐井陘靈壽諸縣章懷指爲恆州縣者皆屬鎭州考鎭州原爲恆州元宗天寶元年始改爲常山郡肅宗乾元元年復爲恆州元和十五年憲宗崩避穆宗諱乃改鎭州章懷時固尚爲恆州也

封安成侯注安城縣名集解先謙曰官本注城作成是案前志安成卽續志之安城也章懷成作城亦非字有誤

王霸傳未畢數騎而冰解集解惠棟曰東觀記比至河流澌冰合可履案聚珍本東觀記作比至冰合可渡無河流澌三字惠引乃承輯本之誤

徙封軑侯注軑縣名屬江夏郡軑音大軑官本文注均譌軑从犬音大之大讀若汱官本亦譌犬集解惠棟曰案皇后紀注軑音伏案伏卽汱之譌已詳后紀校補惠所據本亦从犬作軑是與官本同誤也

度尚顯宗女浚義長公主集解先謙曰官本義作儀是謹案汲古本后紀亦作浚儀故書儀義本通作汲古本儀多作義於目錄禮儀志之儀已然當由古本相承不敢輕改非皆誤字也

祭遵傳當死無所恨官本無所字

武威將軍劉向等集解惠棟曰王士正云至乃向之從伯父也案向亦當從光武紀作尚惠氏補注本官本皆作尚二錢洪沈侯周張各家皆無說則其所據本亦必皆作尚可知也惟王本同作向故謂卽劉植子其誤已詳吳漢傳校補

而蜀警倍增固不如遂進倍官本作備連固字爲句亦通

身衣韋袴布被袴官本作絝同布被猶言布衣鹽鐵論救匱篇故公孫弘布被倪寬練袍衣若僕妾俗以爲衾被非

尊美屏惡注孔子曰尊五美屏四惡案官本無注

身無奇衣集解周壽昌曰奇衣卽禮記所謂異服也左傳龎奇無常杜注雜色奇怪非常之服案荀子非相篇今世俗之亂君鄉曲之儇子莫不美麗姚冶奇衣婦飾楊注奇衣珍異之衣范升疏殆卽本此若雜色奇怪非常之服本在所禁無者多矣周說非

又建爲孔子立後錢大昭曰建疑當作遵案遵不能擅爲孔子立後其說非也前書鄒陽傳爰盎等皆建以爲不

可顏注建謂立議又東平思王宇傳建欲使我輔佐天子顏注建謂立其議是建卽建議史家相承有此文法

從弟彤案彤通鑑或作彤本書南匈奴鮮卑傳亦或作彤

卽擊匈奴左伊秩訾部秩原本作祑官本作袟均誤據前書匈奴傳正又本書鮮卑傳作北匈奴左伊育訾部毛詩載生載育時維后稷育與爲韻則知與秩亦同聲相通也

大僕吾之禦侮也注尙書大傳傳官本誤傳

邊庭懷和官本庭作廷

任李萬邳劉耿列傳第十一任光子隗

宋　宣城太守范曄撰

唐　章懷太子賢注

王先謙集解

任光字伯卿南陽宛人也少忠厚〔集解〕惠棟曰袁宏紀光好黃老言爲人純厚爲鄉里所愛初爲鄉嗇夫郡縣吏續漢志曰三老游徼郡所署也秩百石掌一鄉人其鄉小者縣署嗇夫一人主知人善惡爲役先後知人貧富爲賦多少漢兵至宛軍人見光冠服鮮明令解衣將殺而奪之會光祿勳劉賜適至視光容貌長者乃救全之光因率黨與從賜爲安集掾拜偏將軍與世祖破王尋王邑更始至洛陽以光爲信都太守及王郎起郡國皆降之光獨不肯遂與都尉李忠令萬修信都令也功曹阮況五官掾郭唐等續漢志曰五官掾掌署諸曹事同心固守廷掾持王郎檄東觀記扶柳縣廷掾詣府白光光斬之於市以徇百姓發精

兵四千人城守更始二年春世祖自薊還狼狽不知所向〔集解〕惠棟曰謝承書世祖與銚期出薊至廣陽欲南行也傳聞信都獨爲漢拒邯鄲卽馳赴之〔集解〕王補曰進至下博城西遑惑不知所之有白衣老父在道旁指曰努力信都爲長安守去此八十里光武卽馳赴之見帝紀光等孤城獨守恐不能全故恐之獨守無援聞世祖至大喜吏民皆稱萬歲卽時開門與李忠萬修率官屬迎謁世祖入傳舍謂光曰伯卿今埶力虛弱欲俱入城頭子路刁子都兵中〔集解〕先謙曰考異云范書作力子都劉攽云力當作刁音彫今通鑑猶作力而此書反改作刁失其舊矣王莽傳亦作力孫愐云力姓黃帝佐力牧之後何如邪光曰不可世祖曰卿兵少如何光曰可募發奔命出攻傍縣若不降者恣聽掠之人貪財物則兵可招而致也世祖從之拜光爲左大將軍〔集解〕惠棟曰水經注云左將軍無大字封武成侯留南陽宗廣領信都太守事使光將兵從光乃多作檄文曰大司馬劉公將城頭子路刁子都兵百萬衆從東方來擊諸反虜遣騎馳至鉅鹿界中吏民得檄傳相告語

世祖遂與光等投暮入堂陽界 投至也堂陽今冀州縣也集解先謙曰注見光武紀 使騎各持炬火彌滿澤中光炎燭天地舉城莫不震驚惶怖其夜即降旬日之間兵眾大盛因攻城邑遂屠邯鄲 集解王補曰邯鄲遂破任光邳彤二人之功也 迺遣光歸郡城頭子路者東平人姓爰名曾字子路與肥城劉詡起兵盧城頭 盧縣名屬太山郡今濟州縣集解沈欽韓曰明統志今濟南府長清縣西南二十里 故號其兵爲城頭子路曾自稱都從事詡稱校三老寇掠河濟閒眾至二十餘萬更始立曾遣使降拜曾東萊郡太守 今萊州集解劉攽曰按他處復字郡名皆不言郡太守明此衍先謙曰今萊州府 詡濟南太守皆行大將軍事是歲曾爲其將所殺眾推詡爲主更始封詡助國侯令罷兵歸本郡刁子都者東海人也起兵鄉里鈔擊徐兗界眾有六七萬更始立遣使降拜子都徐州牧爲其部曲所殺餘黨復相聚與諸賊會於檀鄉 今兗州瑕丘縣東北有檀鄉集解沈欽韓曰檀城在兗州府城北亦曰檀鄉 因號爲檀鄉檀鄉渠帥董次仲始起茌

平 茌平縣名屬東郡故城在今博州聊城縣東茌音仕疑反集解先謙曰今東昌府茌平縣治 遂渡河入魏郡清河與五校合眾十餘萬建武元年世祖入洛陽遣大司馬吳漢等擊檀鄉明年春大破降之是歲更封光阿陵侯 阿陵縣名屬涿郡也集解沈欽韓曰今河閒府任丘縣東北先謙曰官本注末無也字 食邑萬戶五年徵詣京師奉朝請其冬卒子隗嗣後阮況爲南陽太守 集解惠棟曰況事見朱暉傳 郭唐至河南尹皆有能名

隗字仲和少好黃老清靜寡欲所得奉秩常以賑卹宗族牧養孤寡 集解先謙曰官本牧作收是 顯宗聞之擢奉朝請 集解沈欽韓曰魏晉後貴胄起家拜奉朝請者始於此 遷羽林左監 續漢志曰羽林有左右監一人各六百石主左右羽林騎 虎賁中郎將又遷長水校尉肅宗即位雅相敬愛數稱其行以爲將作大匠 前書曰將作少府秦官也景帝更名將作大匠秩二千石 將作大匠自建武以來常謁者兼之至隗迺置貞焉建初五年遷太僕八年代竇固爲光祿勳所歷皆有稱章和元年拜司空隗義行內修不求名譽而已沈正見重於世 集解惠棟曰袁山松書云隗元默守貞 和帝即位大將軍竇憲秉權專作威福內外朝臣莫不震懾時憲擊匈奴國用勞費隗奏議徵憲還前後十上獨與司徒袁安同心畢力持重處正鯁言直議無所回隱 持重謂守正也執議不移回邪也隱避也 語在袁安傳永元四年薨子屯嗣帝追思隗忠擢屯爲步兵校尉徙封西陽侯 西陽縣名屬山陽郡也集解沈欽韓曰續志山陽郡西陽已省此當爲江夏之西陽今黃州府黃岡縣東 屯卒子勝嗣 東觀漢記曰勝字作騰 勝卒子世嗣徙封北鄉侯 北鄉縣名屬齊郡集解先謙曰今青州府地

李忠字仲都 集解惠棟曰袁宏紀字仲卿 東萊黃人也 黃今萊州縣也故城在縣東南集解先謙曰今登州府黃縣治 父爲高密都尉 臣賢案東觀記續漢書並云中尉又郡國志高密侯百官志皇子封每國傅相各一人中尉一人比二千石職如郡都尉主盜賊高密非郡爲都字者誤集解劉攽曰注高密侯按文侯當作國高密實王國不當作侯也 忠元始中以父任爲郎署中數十人而忠獨以好禮修整稱王

莽時爲新博屬長 王莽改信都國曰新博郡尉曰屬長也 郡中咸敬信之更始立使使者行郡國即拜忠都尉官忠遂與任光同奉世祖以爲右大將軍 集解惠棟曰東觀記無大字 封武固侯時世祖自解所佩綬以帶忠 東觀志曰上初至不脫衣帶衣服垢薄使忠解澣長襦忠更作新袍袴解支小單衣襪而上之集解沈欽韓曰解支當作鮮支廣雅鮮支絹也小單衣蓋汗衫集解先謙曰官本注志作記是 因從攻下屬縣至苦陘 苦陘縣名屬中山國章帝改曰漢昌自此已後隨代改之今定州唐昌縣是也集解先謙曰今正定府無極縣東北 世祖會諸將問所得財物 集解王補曰更始既入長安居長樂宮升前殿諸將後至者更始問虜掠得幾何左右侍官皆宮省久吏驚愕相視此與世祖會諸將問所得財物何以異蓋世祖欲以察諸將之廉貪其特賜李忠所以愧厲諸將也事有跡似而情殊者此類是也 唯忠獨無所掠世祖曰我欲特賜李忠諸卿得無望乎即以所乘大驪馬及繡被衣物賜之 馬色黑而青曰驪 進圍鉅鹿未下王郎遣將攻信都信都大姓馬寵等開城內之收太守宗廣及忠母妻 集解先謙曰廣事見鄧禹傳而後事無聞豈死於此役耶 而令親屬招呼忠時寵弟從忠爲校尉忠即時召見責數

吕背恩反城因格殺之諸將皆驚曰家屬在人手中殺其弟何猛也忠曰若縱賊不誅則二心也世祖聞而美之謂忠曰今吾兵已成矣將軍可歸救老母妻子宜自募吏民能得家屬者賜錢千萬來從我取忠曰蒙明公大恩思得效命誠不敢內顧宗親世祖迺使任光將兵救信都光兵於道散降王郎無功而還會更始遣將攻破信都忠家屬得全世祖因使忠還行太守事收郡中大姓附邯鄲者誅殺數百人及任光歸郡忠迺還復爲都尉建武二年更封中水侯中水縣屬涿郡前書音義曰此縣在兩河之間故曰中水故城在今瀛州樂壽縣西北集解沈欽韓曰明統志今河間府獻縣西北三十里食邑三千戶其年徵拜五官中郎將從平龐萌董憲等六年遷丹陽太守是時海內新定南方海濱江淮多擁兵據土忠到郡招懷降附其不服者悉誅之旬月皆平忠吕丹陽越俗不好學嫁娶禮義衰於中國乃爲起學校習禮容春秋鄉飲校亦學也禮記曰鄉飲酒之義主人拜迎賓於庠門之外三揖而後至階三讓而後升所以致尊讓也六十者坐五十者立侍以聽政役所以明尊長也合諸鄉射教之鄉飲酒之禮而孝悌之行立鄭玄注曰春秋以禮會民於州序也選用明經郡中向慕之墾田增多三歲閒流民占著者五萬餘口著音直略反十四年三公奏課爲天下第一遷豫章太守病去官東觀記曰病溼痺免徵詣京師十九年卒子威嗣威卒子純嗣永平九年坐母殺純叔父國除東觀記曰永平二年坐純母禮殺威弟季永初七年鄧太后復封純琴亭侯純卒子廣嗣

萬修字君游扶風茂陵人也更始時爲信都尉集解王鳴盛曰事見前光忠傳尉當作令先謙曰官本作令與太守任光都尉李忠共城守迎世祖拜爲偏將軍封造義侯及破邯鄲拜右將軍從平河北建武二年更封槐里侯與揚化將軍堅鐔俱擊南陽集解先謙曰討董訢鄧奉等未剋而病卒於軍子普嗣徙封泫氏侯泫氏縣名屬上黨郡西有泫谷水故以爲名今澤州高平縣也泫音胡涓反集解沈欽韓曰紀要今澤州高平縣東十里普卒子親嗣徙封扶柳侯扶柳縣名故城在今冀州信都縣西集解先謙曰今冀州西南六十里親卒無子國除永初七年鄧太后紹封修曾孫豐爲曲平亭侯豐卒子熾嗣永建元年熾卒無子國除延熹二年桓帝紹封修玄孫恭爲門德亭侯

邳彤集解惠棟曰風俗通云奚仲爲夏車正自薛封于邳其後以爲氏邳符悲切字偉君信都人也父吉爲遼西太守彤初爲王莽和成卒正東觀漢記曰王莽分鉅鹿爲和成郡居下曲陽以彤爲卒正也集解惠棟曰本紀作和戎胡三省王應麟本皆作戎惟水經注作和城世祖徇河北至下曲陽彤舉城降復吕爲太守留止數日世祖北至薊會王郎兵起使其將徇地所到縣莫不奉迎唯和成信都堅守不下彤聞世祖自薊還失軍欲至信都乃先使五官掾張萬督郵尹綏選精騎二千餘匹緣路迎世祖軍彤尋與世祖會信都集解惠棟曰水經注彤與上會信都南安城鄉上大悅世祖雖得二郡之助而兵眾未合議者多言可因信都兵自送西還長安彤廷對曰議者之言皆非也吏民歌吟思漢久矣故更始舉尊號而天下嚮應三輔清宮除道吕迎之一夫荷戟大呼則千里之將無不捐城遁逃虜伏請降自上古吕來亦未有感物動民其如此者也集解先謙曰其字當衍又卜者王郎假名因埶驅集烏合之眾遂震燕趙之地況明公奮二郡之兵集解通鑑胡注二郡信都和成揚嚮應之威吕攻則何城不克吕戰則何軍不服今釋此而歸集解惠棟曰釋一作失先謙曰作失非也下有空失云云豈徒空失河北必更驚動三輔墮損威重集解通鑑胡注墮讀曰隳先謙曰案袁宏紀作隳非計之得者也若明公無復征伐之意則雖信都之兵猶難會也何者明公既西則邯鄲城民不肯捐父母背城主而千里送公其離散亡逃可必也集解萬承蒼曰王郎方據邯鄲其民安得送光武還長安邯鄲城三字必傳寫之訛考異作邯鄲勢成下文城主作成主亦於事理不切邯鄲城民當作二郡之民謂和成信都二郡也葢承上文奮二郡之兵而言王補曰蜀志譙周傳引此文與范史無一字之異故漢春秋袁紀及淮陽王紀俱有改易於義未安竊意邯鄲城城字當從通鑑作成三字句絕謂光武西則邯鄲成也民字屬下句讀城主仍從范史作城謂信都和成也民亦自主二郡言

不待訓釋如此則范史非有誤也先謙曰王說是世祖善其言而止即日拜彤爲後大將軍和成太守如故使將兵居前北至堂陽堂陽已反屬王郎彤使張萬尹綏先曉譬吏民世祖夜至即開門出迎引兵擊破白奢賊於中山自此常從戰攻信都復反爲王郎郎所置信都王捕繫彤父弟及妻子使爲手書呼彤曰降者封爵不降族滅彤涕泣報曰事君者不得顧家彤親屬所以至今得安於信都者劉公之恩也公方爭國事彤不得復念私也會更始所遣將攻拔信都郎兵敗走彤家屬得免及拔邯鄲封武義侯建武元年更封靈壽侯靈壽縣名故城在今恒州靈壽縣西北集解先謙曰在今正定府靈壽縣西北行大司空事帝入洛陽拜彤太常月餘日轉少府是年免復爲左曹侍中前書曰侍中有左右曹入侍天子故曰侍中集解錢大昕曰侍中與左右曹皆爲加官而職事各別非侍中有左右曹之分也續志中興有左右曹据此傳則光武中興尚有左曹亦當有右曹矣常從征伐六年就國彤卒子湯嗣九年徙封樂陵侯樂陵縣名屬平原郡故城在今滄州樂陵縣東也集解先謙曰今武定府樂陵縣西南十九年湯卒子某嗣史闕名也無子國除元初元年鄧太后紹封彤孫音爲平亭侯音卒子柴嗣初張萬尹綏與彤俱迎世祖皆拜偏將軍亦從征伐萬封重平侯綏封平臺侯重平縣名屬勃海郡故城在今安德縣西北臣賢案平臺縣屬常山郡諸本多云平壹者誤也集解錢大昕曰此注據前志郡國志無此二縣蓋建武後併省王懋竑云平臺前志屬濟南注屬常山誤予謂濟南止有臺縣無平臺縣漢書刊本誤以鄒平之平連下臺字後人因讀爲平臺耳沈欽韓曰重平今河間府吳橋縣南

論曰凡言成事者以功著易顯謀幾初者以理隱難昭幾者事之先見者也斯固原情比迹所宜推察者也若迺議者欲因二郡之眾建入關之策委成業臨不測而世主未悟謀夫景同邳彤之廷對其爲幾乎語曰一言可以興邦論語魯定公謂孔子之言也斯近之矣

劉植字伯先鉅鹿昌城人也集解洪亮吉曰昌城屬信都郡國志屬安平俱非鉅鹿史誤洪頤煊曰邳彤傳李注東觀記王莽分鉅鹿爲和成郡居下曲陽昌成之改屬鉅鹿當在此時王郎起植與弟喜從兄歆東觀記曰喜作嘉字共仲歆字細君也集解洪頤煊曰岑彭傳偏將軍劉嘉傳與彭并力討鄧奉嘉即喜也率宗族賓客聚兵數千人據昌城聞世祖從薊還迺開門迎集解惠棟曰水經注云世祖下堂陽植率宗親子弟據邑以奉世祖世祖以植爲驍騎將軍喜歆偏將軍皆爲列侯時眞定王劉揚起兵以附王郎眾十餘萬世祖遣植說揚揚乃降世祖因留眞定納郭后后即揚之甥也故以此結之迺與揚及諸將置酒郭氏漆里舍漆園即郭氏所居之里名也集解劉攽曰案文無故忽有園字蓋本是里字揚擊筑爲歡因得進兵拔邯鄲從平河北建武二年更封植爲昌城侯討密縣賊戰歿子向嗣帝使喜代將植營復爲驍騎將軍封觀津侯觀津縣名故城在今德州蓨縣西北集解沈欽韓曰明統志今河間府景州西北連冀州武邑縣界東觀記建武九年封喜卒復以歆爲驍騎將軍封浮陽侯浮陽縣名屬勃海郡在浮水之陽今滄州清池縣也集解沈欽韓曰明統志今滄州東南四十里故城即漢浮陽縣喜歆從征伐皆傳國於後向徙封東武陽侯東武陽縣屬東郡在武水之陽故城在今魏州華陽縣南集解沈欽韓曰注華陽誤隋志莘縣後周置武陽郡莘與華相似又衍陽字明統志武陽城在東昌府莘縣東東武陽今曹州府朝城縣西卒子述嗣永平十五年坐與楚王英謀反國除

耿純字伯山鉅鹿宋子人也父艾爲王莽濟平尹莽改定陶國曰濟平也集解洪亮吉曰章懷蓋本班史地理志原注然考定陶國之設在宣帝甘露二年國立一年省元帝永光八年復從山陽王定陶至哀帝建平二年徙定陶王爲信都王而定陶國遂廢距王莽建國元年此十年中必更復爲濟陰郡莽蓋由濟陰改濟平非由定陶改也使十年中定陶尚空作國則前史地理志又應列入城陽高密諸國中不應作濟陰郡矣地理志蓋從其後而書而列此八字爲注則誤此則又從班志而誤也劉永傳攻下濟陰山陽等郡此傳及馬武傳擊劉永于濟陰又案濟陰作郡而中山作國蓋由中山王入即帝位後太皇太后封東平思王孫桃鄉侯子成都爲中山王奉孝王後至王莽時絕故地理志尚列作國耳觀此則定陶後之復爲濟陰郡可知純學於長安因除爲納言士王莽法古置納言之官即尚書也每官皆置士故曰納言士也王莽敗更始立使舞陰王李軼降諸郡國純父艾降還爲濟南太守時李軼兄弟用事專制方面賓客游說者甚眾純連求謁不得通久之迺得見說軼曰大王以龍虎之姿遭風雲之時易曰雲從龍風從虎奮迅拔起期月之間兄弟稱王拔猶卒也拔音步末反期音朞而德信

不聞於士民功勞未施於百姓寵祿暴興此智者之所忌也前書陳嬰母謂嬰曰暴得富貴者不祥也故云智者之所忌也兢兢自危猶懼不終而況沛然自足可以成功者乎公羊傳曰力沛然若有餘何休注曰沛有餘優饒貌輒奇之且以其鉅鹿大姓迺承制拜爲騎都尉授以節令安集趙魏會世祖渡河至邯鄲純即謁見世祖深接之純退見官屬將兵法度不與它將同遂求自結納獻馬及縑帛數百匹世祖北至中山留純邯鄲會王郎反東觀記曰王郎舉尊號欲收純純持節與從吏夜遁出城駐節道中詔取行者車馬得數十騎歸宋子與從兄訢宿植俱詣上所在盧奴言王郎所反之狀集解先謙曰注末所之二字蓋衍世祖自薊東南馳純與從昆弟訢宿植共率宗族賓客二千餘人續漢書曰皆衣縑襜褕絳衣也集解先謙曰東觀記作絳巾老病者皆載木自隨奉迎於育左傳曰又如是而嫁將就木焉木謂棺也老病者恐死故載以從軍育縣名故城在冀州集解沈欽韓曰前志鉅鹿郡有貰縣一統志今保定府東鹿縣西南此育字誤據通鑑則沿訛已久拜純爲前將軍封耿鄉侯鄗元注水經曰郎水北有耿鄉光武封耿純爲侯國俗謂之宜安城其故城在今恆州槀城縣西南也集解沈欽韓曰槀城縣志故耿鄉故縣西一里注郎上脫成字訢宿植皆偏將軍使與純居前降宋子從攻下曲陽及中山是時郡國多降邯鄲者純恐宗家懷異心迺使訢宿歸燒其廬舍世祖問純故對曰竊見明公單車臨河北非有府藏之蓄重賞甘餌可以聚人者也黃石公記曰芳餌之下必有懸魚重賞之下必有死夫易曰何以聚人曰財故純引之徒以恩德懷之是故士眾樂附今邯鄲自立北州疑惑純雖舉族歸命老弱在行集解惠棟曰袁宏紀云老弱充行猶恐宗人賓客半有不同心者故燔燒屋室絕其反顧之望世祖歎息及至鄗世祖止傳舍鄗大姓蘇公反城開門內王郎將李惲純先覺知將兵逆與惲戰大破斬之從平邯鄲又破銅馬時赤眉青犢上江大彤鐵脛五幡十餘萬眾並在射犬世祖引兵將擊之純軍在前去眾營數里賊忽夜攻純雨射營中矢下如雨也士多死傷純勒部曲堅守不動選敢死二千人俱持彊弩各傅三矢使銜枚間行傅著

也繞出賊後齊聲呼譟彊弩並發賊眾驚走追擊遂破之馳騎白世祖世祖明旦與諸將俱至營勞純曰昨夜困乎純曰賴明公威德幸而獲全世祖曰大兵不可夜動故不相救耳軍營進退無常卿宗族不可悉居軍中迺以純族人耿伋爲蒲吾長蒲吾縣名屬常山郡故城在今恆州靈壽縣南集解沈欽韓曰今正定府平山縣東南悉令將親屬居焉世祖即位封純高陽侯集解先謙曰在今保定府高陽縣東擊劉永於濟陰下定陶初純從攻王郎墮馬折肩時疾發迺還詣懷宮懷河內縣名有離宮焉集解先謙曰在今懷慶府武陟縣西南帝問卿兄弟誰可使者純舉從弟植於是使植將純營純猶以前將軍從時眞定王劉揚復造作讖記云赤九之後癭揚爲主漢以火德故云赤也光武於高祖九代孫故云九揚病癭欲以惑眾與綿曼賊交通綿曼縣名屬眞定國故城在今恆州石邑縣西北俗音訛謂之人文故城也集解錢大昕曰古音文如岷與曼聲相近先謙曰今正定府獲鹿縣北建武二年春遣騎都尉陳副游擊將軍鄧隆徵揚揚閉城門不內副等

乃復遣純持節行赦令於幽冀所過並使勞慰王侯密敕純曰劉揚若見因而收之純從吏士百餘騎與副隆會元氏俱至眞定止傳舍揚稱病不謁以純眞定宗室之出男子謂姊妹之子爲出也遣使與純書欲相見純報曰奉使見王侯牧守不得先詣如欲面會宜出傳舍時揚弟林邑侯讓及從兄細東觀記續漢書細並作紺集解先謙曰林當從帝紀作臨各擁兵萬餘人揚自恃眾強而純意安靜即從官屬詣之兄弟並將輕兵在門外揚入見純純接以禮敬因延請其兄弟皆入迺閉閤悉誅之因勒兵而出眞定震怖無敢動者帝憐揚讓謀未發並封其子復故國純還京師因自請曰臣本吏家子孫幸遭大漢復興聖帝受命備位列將爵爲通侯天下略定臣無所用志願試治一郡盡力自効帝笑曰卿既治武復欲修文邪迺拜純爲東郡太守時東郡未平純視事數月盜賊清寧四年詔純將兵擊更始東平太守

范荊荊降進擊太山濟南及平原賊皆平之居東郡四歲集解汪文臺曰書鈔七十四引續漢書云在郡四年抑强扶弱令行禁止時發干長有罪純案奏圍守之奏未下長自殺純坐免以列侯奉朝請從擊董憲道過東郡百姓老小數千隨車駕涕泣曰願復得耿君集解先謙曰據紀帝幸湖陵征董憲事在建武五年帝謂公卿曰純年少被甲冑爲軍吏耳治郡迺能見思若是乎六年定封爲東光侯東光今滄州縣也續漢書曰六年上令諸侯就國純上書自陳前在東郡案誅涿郡太守朱英親屬今國屬涿誠不自安制書報曰侯前奉公行法朱英久吏曉知義理何時當以公事相是非然受堯舜之罰者不能愛己也已更擇國土令侯無介然之憂乃更封純爲東光侯也集解先謙曰官本注末無也字東光注見獻紀純辭就國帝曰文帝謂周勃丞相吾所重君爲我率諸侯就國今亦然也純受詔而去至鄴賜穀萬斛到國弔死問病民愛敬之八年東郡濟陰盜賊羣起遣大司空李通橫野大將軍王常擊之帝以純威信著於衞地東郡舊衞地也遣使拜太中大夫使與大兵會東郡東郡聞純入界盜賊

九千餘人皆詣純降大兵不戰而還璽書復以爲東郡太守吏民悅服十三年卒官諡曰成侯子阜嗣集解洪亮吉曰案水經注淮之西爲平阿縣故城建武十三年世祖更封耿阜爲侯國是阜嗣爵後從東光徙平阿後更徙莒鄉傳略之耳植後爲輔威將軍封武邑侯武邑縣名屬信都今冀州縣也集解先謙曰今冀州武邑縣治宿至代郡太守封遂鄉侯集解錢大昕曰寒朗傳有隧鄉侯耿建蓋卽宿之後訢爲赤眉將軍封著武侯從鄧禹西征戰死雲陽凡宗族封列侯者四人關內侯者三人爲二千石者九人

阜徙封莒鄉侯永平十四年坐同族耿歙與楚人顏忠辭語相連國除建初二年肅宗追思純功紹封阜子盱爲高亭侯盱卒無嗣帝復封盱弟騰續漢書云封騰高亭侯也卒子忠嗣忠卒孫緒嗣

贊曰任邳識幾嚴城解扉解猶開也委佗還旅二守焉依委音於危反佗音移行貌也旅衆也還旅謂自薊而還也二守謂任光爲信都太守邳彤爲和成太守也左傳曰平王東遷晉鄭焉依言光武失軍而南還依任邳以成功集解顧炎武曰委蛇之蛇音徒河反亦作佗注誤讀爲移純植義發奉兵佐威集解王補曰任光李忠萬修邳彤劉植耿純此六人者幷爲合傳蓋偉其邯鄲之功也夫光武之困薊中較高帝之相持滎陽其危蓰倍蓰焉當是時光武以昆陽之捷爲天下觀聽所繫而內見忌於更始其不與伯升同羅於禍者特幸耳羣盜若樊崇張步劉永李憲盧芳田戎秦豐蘇茂十數輩又環伺而抵其隙王郎市井妖人耳冒僞劉宗僭尸大號而趙國以北遼東以西望風響應幽冀陸沈賊氛愈熾是又益一赤眉其禍烈於北有文伯也光武急起而剿滅之此固經營大業者之定勢然方北行至薊王郎且以十萬戶移檄見購矣募兵則市人舉手邪揄矣廣陽王子嘉起兵薊中互相搆煽是更臥榻之鼾入室之戈矣倉卒虖沱僅而得濟呼吸存亡之交危不容喘彼耽耽者幸其一跌則王郎搤吭羣盜十數輩爲之掎角非若滎陽之僅與楚敵易於撐拄也光武卒以信都和成二郡之衆濟屯出險不旬月閒兵不摧折遂制巨寇之死命而王業以立世皆侈稱昆陽之役孰知邯鄲之尤爲偉績乎都其謀略任邳爲最四人者類皆抒赤忠以抗大難恢恢乎佐命之元功也雖或南陽未克病卒軍中討賊密縣旋卽戰沒元從未久齎志長終顯宗追爲圖畫並厠雲臺謂夫中興巨創漢祚復隆實有賴於斯焉昔人顧言萬修劉植立功無多應以奉使捐軀之來歙向先附義之鄧晨易茲圖像不知其人是以論世奮一孔以逞臆私吾見其陋而已

任李萬邳劉耿列傳第十一　終

後漢書集解卷二十一校補

任光傳軍人見光冠服鮮明錢大昭曰服之華麗者謂之鮮明前書辛慶忌傳性好輿馬號爲鮮明王吉傳皆好車馬衣服其自奉養極爲鮮明游俠傳率皆嬴車小馬不上鮮明說皆同

狼貝沈銘彝曰儒林傳論作狼狽知貝狽通用博物典彙狼前二足長後二足短狽前二足短後二足長狼無狽不立狽無狼不行又李密陳情表齊書紀僧眞傳均作狼狽今案說文無狽字當作犻或作狽者猶犻可爲狽䟺亦可爲䟧也狼狽謂如狼之跋前疐後進退顛沛耳不必據典彙之說以狽爲獸名說文犻固非獸也馬融廣成頌云顛犻頓躓犻卽同沛至以貝爲狽雖出同音相假而義不可通疑仍狽之誤

欲俱入城頭子路刁子都兵中集解先謙曰考異云范書作力子都劉攽云力當作刁音彫今通鑑猶作力而此書反改作刁失其舊矣王莽傳亦作力孫恒云力姓黃帝佐力牧之後謹案考異所指劉攽之說卽見王莽傳則劉氏乃刊前書之誤非刊范書之誤不解考異何以誤班作范今范書官本雖作力並無劉氏刊誤之說也竊謂劉氏既以前書之作力爲非若范書亦作力不應不爲刊正惟范書本作刁故劉不爲說其或作力者正後人誤

改耳史記貨殖傳有刁間姓苑刁姓出勃海齊豎刁之後也刁間齊人子都亦東海人以地準之亦似劉說爲確惟刁字本卽刀字前書莽傳及貨殖傳均仍作刀故易與力掍齊召南謂通鑑本亦作刀子都則作力者又翻刻之誤矣

五年徵詣京師奉朝請其冬卒沈銘彝曰于欽齊乘云樂安城西二里有任光冢今案光國於河間而卒於京師不應冢墓又在山東疑有誤

擢奉朝請案奉朝請爲漢制列侯免官留居京師之名隗嗣父爵爲侯原無職位不得留居京師擢之使與免官列侯等異數也

持重處正㥏言直議注持重謂守正也執議不移案執議不移乃釋㥏言句義也上應補㥏言謂三字於執議不移上

李忠傳父爲高密都尉注又郡國志高密侯至爲都字者誤集解劉攽曰注高密侯按文侯當作國高密實王國不當作侯也今案高密前漢爲王國後漢爲侯國注所引乃續志作侯明不誤特奪國字耳劉謂不當作侯非也高密王國莽篡雖嘗廢爲郡其時都尉已改屬長且忠父仕在元始中故知當作中尉也

世祖會諸將問所得財物集解王補曰至此類是也案問所得財物嫌與更始事相類錢大昭以爲此本用任光發奔命攻傍縣之說不降者恣聽掠之爲權宜集兵之計然范史措辭究爲失愼若如東觀記作上問諸將破賊所得物唯忠獨無所掠斯辭不害意矣

嫁娶禮義衰於中國官本義作儀

邳彤傳邳彤案蜀志譙周傳作邳彤

今釋此而歸集解惠棟曰釋一作失先謙曰作失非也案古文釋爲舍見儀禮則釋此猶言舍此耳

何者明公既西則邯鄲城民不肯捐父母背城主而千里送公集解萬承蒼曰至民亦自主二郡言不待訓釋今案本傳上文議者多言可因信都兵自送西還長安本單指信都言邳形謂雖信都之兵猶難會也亦係單指信都言皆與和成無涉萬氏乃謂邯鄲之兵改二郡之民是並上文語氣亦未審矣邯鄲猶言王郎耳光武如棄信都之城不守則城與民卽爲邯鄲城民邯鄲便爲城主矣城民之充兵者顧重父母自不肯背城主而陷其父母是傳文本自明白易曉邯鄲城民本對上信都之兵言城主亦對上城民言則如撫我則后虐我則讐之則都不須改字

更封靈壽侯注故城在今恆州靈壽縣西北恆州說詳銚期傳校補

劉植傳封觀津侯注觀津縣名故城在今德州蓨縣西北案唐志蓨縣屬冀州係代宗永泰後所改章懷時原屬德州也

耿純傳奮迅拔起注拔猶卒也卒官本作卒案前書陳勝項籍傳贊乘勢拔起隴畝之中晉灼曰拔音卒拔之拔鄧展曰疾起也蓋卽章懷注所本且前寃栒傳邯鄲拔起注已云拔卒也則卒自係譌字

隨車駕涕泣曰官本曰作云

紹封阜子盱爲高亭侯盱卒無嗣帝復封盱弟滕官本盱作旴

委佗還旅注委音於危反佗音移官本作委佗音移衍委字

宋　宣　城　太　守　范　曄　撰

唐　章　懷　太　子　賢　注

王先謙集解

朱祐字仲先南陽宛人也東觀記曰祐作福避安帝諱集解劉攽曰案注引東觀記安帝諱則此人當名祐前後皆誤矣先謙曰攷異云范書袁紀祐皆作祐東觀記皆作福避安帝諱祐說文祐字無解云上諱然則祐名當作示旁古古今之古不當作左右之右也案攷異說至晰今刊范書仍作祐以存其眞少孤歸外家復陽劉氏復陽縣名屬南陽郡集解先謙曰復陽注見前往來舂陵世祖與伯升皆親愛之伯升拜大司徒以祐爲護軍及世祖爲大司馬討河北復以祐爲護軍前書曰護軍都尉秦官平帝元始元年更名護軍也集解惠棟曰袁宏紀伯升敗祐常獨怨望世祖每短絕之祐自洛陽將之河北劉嘉謂祐曰子將何之祐曰將之長安劉素奇世祖知祐有舊謂祐曰子與劉公善胡不北乎嘉有勢若吏欲託之劉公祐曰若是願與之俱乃給其車馬使賈復陳俊與祐俱北及世祖于柏人常見親幸舍止於中祐侍讌從容曰長安政亂公有日角之相此天命也日角解在光武紀世祖曰召刺姦收護軍王莽置左右刺姦使督姦猾祐乃不敢復言從征河北常力戰陷陣續漢書曰祐至南䜌爲賊所傷上親候視之以爲偏將軍封安陽侯世祖即位拜爲建義大將軍建武二年更封堵陽侯堵陽縣名屬南陽郡故城在今唐州方城縣堵音者集解先謙曰注見光武紀冬與諸將擊鄧奉於淯陽祐軍敗爲奉所獲集解惠棟曰袁宏紀鄧奉董訢兵甚精諸將連戰不利奉乘勝生執祐也明年奉破乃肉袒因祐降帝復祐位而厚加慰賜遣擊新野隨皆平之隨縣名屬南陽郡故城在今隨州隨縣也集解先謙曰注見光武紀延岑自敗於穰遂與秦豐將張成合祐率征虜將軍祭遵與戰於東陽大破之東陽聚名在南陽集解先謙曰今鄧州南之穰東鎮臨陣斬成延岑敗走歸豐祐收得印綬九十七東觀記曰收得所盜茂陵武帝廟衣印綬進擊黃郵降之賜祐黃金三十斤四年率破姦將軍侯進輔威將軍耿植代征南大將軍岑彭圍秦豐於黎丘破其將張康於蔡陽斬之帝自至黎丘使御史中丞李由持璽書招豐豐出惡言不肯降車駕引還敕祐方略祐盡力攻之明年夏城中窮困豐乃將其母妻子九人肉袒降祐輜車傳豐送洛陽斬之大司馬吳漢劾奏祐廢詔受降違將帥之任集解王補曰袁紀漢劾奏朱祐云秦豐狡猾連年固守陛下親踰山川遠至黎丘開日月之信而豐悖逆天下所聞當伏誅滅以謝百姓祐不即斬截以示四方而廢詔令聽受豐降無將帥之任大不敬帝不加罪祐還與騎都尉臧宮會擊延岑餘黨陰酇筑陽三縣賊悉平之祐爲人質直尙儒學將兵率衆多受降以克定城邑爲本不存首級之功又禁制士卒不得虜掠百姓軍人樂放縱多以此怨之九年屯南行唐拒匈奴行唐今恆州縣也集解先謙曰注見光武紀十三年增邑定封鬲侯鬲縣名屬平原郡集解先謙曰在今濟南府德州北食邑七千三百戶東觀記曰祐自陳功薄而國大願受南陽五百戶足矣上不敎集解先謙曰官本注敎作許是十五年朝京師上大將軍印綬因留奉朝請祐奏古者人臣受封不加王爵可改諸王爲公帝即施行集解惠棟曰案陶藻齊職儀祐奏在建武初故十三年丙辰詔曰長沙王興眞定王得河間王邵中山王茂皆襲爵爲王不應經義改封侯也章懷注以興等服屬既疏不當襲爵爲王失之蘇輿曰建武十三年施行十六年復舊見光武紀又奏宜令三公並去大名以法經典後遂從其議集解蘇輿曰建武二十七年三公去大見續志案司空司徒司馬爲三公見韓詩外傳周官有大司徒大司馬大司空並對小爲言祐蓋不取古周禮說也祐初學長安帝往候之祐不時相勞苦而先升講舍後車駕幸其第帝因笑曰主人得無舍我講乎以有舊恩數蒙賞賚東觀記曰上在長安時嘗與祐共買蜜合藥上追念之賜祐白蜜一石問何如在長安時共買蜜乎其親厚如此二十四年卒子商嗣商卒子演嗣永元十四年坐從兄伯爲外孫陰皇后巫蠱事免爲庶人和帝陰后吳房侯陰綱女也爲巫蠱事廢永初七年鄧太后紹封演子沖爲鬲侯

景丹集解惠棟曰孫愐云景姓齊景公之後後漢有景丹字孫卿馮翊櫟陽人也少學長安王莽時舉四科東觀記曰王莽時舉有德行能言語通政事明文學之士丹以言語爲固德侯相有幹事稱遷朔調連率副貳朔調上谷也副貳屬令也更始立遣使者徇上

谷丹與連率耿況降復爲上谷長史王郎起丹與況共謀拒之況使丹與子弇及寇恂等將兵南歸世祖世祖引見丹等笑曰邯鄲將帥數言我發漁陽上谷兵吾聊應言然王郎將帥數云欲發二郡兵以拒光武時光武聊應然之猶今兩軍遥相戲弄也集解顧炎武曰謂邯鄲將帥有此言我亦聊以此言應之不能必二郡之果來也本文自明注乃謂王郎欲發之謬矣王補曰通鑑無然字多出我亦發之句蓋從袁紀何意二郡良爲吾來東觀記曰上在廣阿聞外有大兵自來登城勒兵在西門樓上問何等兵丹等對曰上谷漁陽兵上曰爲誰來乎對曰爲劉公卽請丹入人人勞勉恩意甚備集解通鑑考異曰袁紀作艮牧爲吾來宜從丹傳惠棟曰東觀記云上勞勉丹出至城外兵所勒馬坐鞍置旃毦毦上設酒肉先謙曰官本注上谷上曰作言自來二字互倒當作聞大兵來上自登城於文始順勒馬坐鞍置旃毦毦上御覽作下馬坐鞍旃毦上爲合方與士大夫共此功名耳拜丹爲偏將軍號奉義侯從擊王郎將兒宏等於南䜌兒音五兮反郎兵迎戰漢軍退卻續漢書曰南䜌賊迎擊上營得上鼓車輜重數乘也丹等縱突騎擊大破之追奔十餘里死傷者從橫丹還世祖謂曰吾聞突騎天下精兵今乃見其戰樂可言邪遂從征

河北世祖卽位以讖文用平狄將軍孫咸行大司馬衆咸不悅詔舉可爲大司馬者東觀記曰載讖文曰孫咸征狄也集解惠棟曰東觀記今以平狄將軍孫咸行大司馬事咸以武名官以應圖讖袁宏紀作孫臧羣臣所推唯吳漢及丹帝曰景將軍北州大將是其人也然吳將軍有建大策之勳謂發漁陽兵也又誅苗幽州謝尚書其功大苗曾謝躬舊制驃騎將軍官與大司馬相兼也前書武帝置大司馬號大將軍驃騎將軍也乃以吳漢爲大司馬而拜丹爲驃騎大將軍集解惠棟曰續志驃騎大將軍位在公下建武二年定封丹櫟陽侯帝謂丹曰今關東故王國雖數縣不過櫟陽萬戶邑集解先謙曰言櫟陽殷富勝它縣夫富貴不歸故鄉如衣繡夜行故以封卿耳前書武帝謂朱買臣之詞集解先謙曰官本注詞作語丹頓首謝秋與吳漢建威大將軍耿弇建義大將軍朱祐執金吾賈復偏將軍馮異強弩將軍陳俊左曹王常騎都尉臧宮等從擊破五校於羛陽聚名也解見光武紀降其衆五萬人會陝賊蘇況攻破弘農生獲郡守丹時病東觀記曰丹從上至懷病瘧見上在前瘧發寒慄上笑曰聞壯士不病瘧今漢大將軍反病瘧邪使黃門扶起賜醫藥還歸洛陽病遂加集解沈欽韓曰李石續博物志瘧鬼不能病巨人故曰壯士不病瘧帝以其舊將欲令強起領郡事乃夜召入謂曰賊迫近京師但得將軍威重臥以鎭之足矣集解沈欽韓曰袁宏紀上夜召丹以檄示之曰弘農太守無任爲賊所害今聞赤眉從西方來恐蘇況舉郡以應之弘農迫近京師今將軍雖疾病但臥而鎭之耳丹不敢辭乃力疾拜命將營到郡續漢書曰將營兵西到弘農也十餘日薨子尚嗣徙封余吾侯余吾縣名屬上黨故城在今潞州屯留縣西北集解惠棟曰案水經注建武六年封先謙曰今潞安府屯留縣西尚卒子苞嗣苞卒子臨嗣無子國絕永初七年鄧太后紹封苞弟遽爲監亭侯

王梁字君嚴漁陽安陽人也集解洪亮吉曰安陽屬五原然梁傳言太守彭寵以爲狐奴令則梁爲漁陽人無疑但縣名誤耳洪頤煊曰當是要陽之譌沈欽韓曰一統志承德州人物王梁要陽人正作要陽爲郡吏太守彭寵以梁守狐奴令與蓋延吳漢俱將兵南及世祖於廣阿拜偏將軍既拔邯鄲賜爵關內侯從平河北拜野王令與河內太守寇

恂南拒洛陽北守天井關朱鮪等不敢出兵世祖以爲梁功及卽位議選大司空而赤伏符曰王梁主衞作玄武玄武北方之神龜蛇合體帝以野王衞之所徙史記曰衞元君自濮陽徙於野王玄武水神之名司空水土之官也於是擢拜梁爲大司空封武強侯集解惠棟曰水經注漳水又東逕武邑縣南又東逕武強縣北又東逕武隧縣故城南案武邑屬信都武隧屬河間獨武強無攷水經注又云漳水又東北合張平口故溝上承武強淵淵之西南之側有武彊縣故治故淵得名焉東觀漢記云光武拜王梁爲大司空以爲侯國也水經又云大河左瀆又東北逕長樂郡武彊縣故城東注云長樂故信都也晉太康五年改從今名案兩漢志信都無武彊縣或係鄉亭之名晉時始置縣耳沈欽韓曰今深州武彊縣南五里舊城建武二年與大司馬吳漢等俱擊檀鄉有詔軍事一屬大司馬梁輒發野王兵帝以其不奉詔勑令止在所縣而梁復以便宜進軍帝以梁前後違命大怒遣尚書宗廣持節軍中斬梁廣不忍乃檻車送京師既至赦之月餘以爲中郎將行執金吾事北守箕關集解惠棟曰東觀記梁爲中郎將與景丹祭遵合擊蠻中賊破之詔梁別守天井關水經云河水西合溁

水注云水出垣縣黃屋西山濝溪夾山東南流故城東濝關也光武遣梁北守濝關天井關即是關也擊赤眉別校降之三年春轉擊五校追至信都趙國破之悉平諸屯聚冬遣使者持節拜梁前將軍四年春擊肥城文陽拔之肥城縣名屬太山郡故城在今濟州平陰縣東南文音汶故城在今兗州泗水縣西〔集解〕惠棟曰文陽縣名屬魯郡郡國志作汶先謙曰肥城注見光武紀汶陽今兗州府甯陽縣東北進與驃騎大將軍杜茂擊佼彊蘇茂於楚沛間拔大梁齧桑前書音義曰齧桑縣名或曰城名史記張儀與齊楚會戰齧桑〔集解〕沈欽韓曰胡渭錐指云沛縣西南有齧桑亭而捕虜將軍馬武偏將軍王霸亦分道並進歲餘悉平之五年從救桃城〔集解〕惠棟曰即桃鄉也在任城破龐萌等梁戰尤力拜山陽太守鎮撫新附將兵如故數月徵入代歐陽歙為河南尹梁穿渠引穀水注洛陽城下東寫鞏川及渠成而水不流七年有司劾奏之梁慙懼上書乞骸骨乃下詔曰梁前將兵征伐眾人稱賢故擢典京師建議開渠為人興利〔集解〕先謙曰人當作民此避唐諱未回改者旅力既愆迄無成功旅眾也愆過也言眾

力已過而功不成百姓怨讟談者讙譁讟謗也雖蒙寬宥猶執謙退君子成人之美論語載孔子之言也其以梁為濟南太守十三年增邑定封阜成侯阜成屬渤海今冀州縣〔集解〕先謙曰今冀州西北五十里十四年卒官子禹嗣禹卒子堅石嗣堅石追坐父禹及弟平與楚王英謀反棄市國除

杜茂字諸公南陽冠軍人也初歸光武於河北為中堅將軍〔集解〕惠棟曰漢有中堅士故置將軍以率之見華嶠書及袁宏紀光武紀云衡其中堅馬融云戊己為堅中堅猶中權也常從征伐世祖即位拜大將軍封樂鄉侯樂鄉屬信都國〔集解〕沈欽韓曰紀要今深州西南三十里北擊五校於眞定進降廣平建武二年更封苦陘侯與中郎將王梁擊五校於魏郡清河東郡悉平諸營保降其持節大將三十餘人續漢書曰降其渠帥大將軍杜猛持節光祿大夫董敦等三郡清靜道路流通〔集解〕通鑑作邊路流通胡三省曰自洛陽至漁陽上谷路出三郡三郡既平則邊路流通矣明年遣使持節拜茂為驃騎大將軍擊沛郡拔芒芒縣名也郡國志曰後名臨睢屬沛國〔集解〕先謙曰在今歸德府永城縣東北甫城鄉時西防復反〔集解〕惠棟曰注見上迎佼彊五年春茂率捕虜將軍馬武進攻西防數月拔之彊奔董憲東方既平七年詔茂引兵北屯田晉陽廣武以備胡寇廣武縣名屬太原郡〔集解〕先謙曰在今代州西十五里九年與雁門太守郭涼擊盧芳將尹由於繁畤繁畤縣名今代州縣也〔集解〕先謙曰注見王霸傳芳將賈覽率胡騎萬餘救之茂戰軍敗引入樓煩城樓煩縣名屬雁門郡故城在今代州崞縣東北崞音郭〔集解〕先謙曰漢樓煩在今雁門關北時盧芳據高柳與匈奴連兵數寇邊民帝患之十二年遣謁者段忠將眾郡弛刑配茂鎮守北邊因發邊卒築亭候修烽火又發委輸金帛繒絮供給軍士并賜邊民冠蓋相望茂亦建屯田驢車轉運先是雁門人賈丹霍匡解勝等為尹由所略由以為將帥與共守平城〔集解〕惠棟曰縣名屬雁門丹等聞芳敗遂共殺由詣郭涼涼上狀皆封為列侯詔送委輸金帛賜茂涼軍吏及平城降民自是盧芳城邑稍稍來降涼誅其豪右郭氏之屬〔集解〕先謙曰官本郭作郁鎮撫

羸弱旬月間雁門且平芳遂亡入匈奴帝擢涼子為中郎宿衞左右涼字公文右北平人也身長八尺氣力壯猛雖武將然通經書多智略尤曉邊事有名北方初幽州牧朱浮辟為兵曹掾擊彭寵有功封廣武侯十三年增茂邑更封脩侯脩縣名屬信都國也〔集解〕先謙曰一作條見皇后紀十五年坐斷兵馬廩縑斷猶割截也使軍吏殺人免官削戶邑定封參蘧鄉侯十九年卒子元嗣永平十四年坐與東平王等謀反〔集解〕劉攽曰案王平顏忠是楚王同時謀反者多連士大夫故杜元坐之傳寫之誤遂作東平王東平何嘗反也減死一等國除永初七年鄧太后紹封茂孫奉為安樂亭侯

馬成字君遷南陽棘陽人也少為縣吏世祖徇潁川以成為安集掾調守郟令郟縣名今汝州縣也〔集解〕先謙曰注見光武紀及世祖討河北成即棄官步負〔集解〕惠棟曰東觀記云成羸衣步擔渡河謁上追及於蒲陽以成為期門從征伐世祖即位再遷護軍都尉建武四年拜揚武將軍督誅虜將軍劉隆振

威將軍宋登射聲校尉王賞發會稽丹陽九江六安四郡兵擊李憲時帝幸壽春設壇場祖禮遣之應劭風俗通曰謹案禮傳共工氏之子曰修好遠游舟車所至足跡所逮靡不窮覽故祀以爲祖神祖徂也進圍憲於舒令諸軍各深溝高壘憲數挑戰成堅壁不出守之歲餘至六年春城中食盡乃攻之遂屠舒斬李憲追擊其黨與盡平江淮地七年夏封平舒侯平舒屬代郡〔集解〕沈欽韓曰廣靈縣志縣西四十里平木村南俗呼平水城卽舒之誤八年從征破隗囂㠯成爲天水太守將軍如故冬徵還京師九年代來歙守中郎將率武威將軍劉向等破河池遂平武都河池縣一名仇池屬武都郡今鳳州縣也〔集解〕先謙曰注見光武紀明年大司空李通罷㠯成行大司空事〔集解〕錢大昕曰光武紀馬成平武都在建武十一年其行大司空事在十二年與傳異居府如眞數月復拜揚武將軍十四年屯常山中山㠯備北邊幷領建義大將軍朱祐營又代驃騎大將軍杜茂繕治障塞自西河至渭橋西河今勝州富昌縣也渭橋本名橫橋在今咸陽縣東南〔集解〕沈欽韓曰隋志勝州改榆林領榆林富昌金河三縣舊唐志勝州初領榆林河濱連谷銀城四縣後割連谷銀城置麟州通典元和志不言富昌廢於何時一統志富昌在鄂爾多斯左翼前旗界隋勝州在左翼後旗後漢西河郡治離石故城今汾州府永甯縣治注僅指富昌一縣疏矣河上至安邑前書曰河上地名故秦內史高帝二年改爲河上郡武帝分爲左馮翊太原至井陘太原今并州也井陘今屬常山郡常山今恒州縣也中山至鄴皆築保壁起烽燧十里一候在事五六年帝㠯成勤勞徵還京師邊人多上書求請者復遣成還屯及南單于保塞北方無事拜爲中山太守上將軍印綬領屯兵如故二十四年南擊武谿蠻賊無功武谿水在今辰州盧谿縣西上太守印綬二十七年定封全椒侯全椒縣名今滁州縣也〔集解〕先謙曰今滁州全椒縣治就國三十二年卒子衞嗣衞卒子香嗣徙封棘陵侯香卒子豐嗣豐卒子玄嗣玄卒子邑嗣邑卒子醜嗣桓帝時㠯罪失國延熹二年帝復封成玄孫昌爲益陽亭侯〔集解〕惠棟曰益陽縣之亭也屬長沙郡

劉隆字元伯南陽安衆侯宗室也王莽居攝中隆父禮與安衆侯崇起兵誅莽事泄隆㠯年未七歲故得免及壯學於長安更始拜爲騎都尉謁歸謁請也謂請假歸也迎妻子置洛陽聞世祖在河內卽追及於射犬〔集解〕惠棟曰袁宏紀隆單身歸王㠯爲騎都尉與馮異共拒朱鮪李軼等軼遂殺隆妻子建武二年封亢父侯亢父縣名屬東平國故城在今兗州任城縣南〔集解〕先謙曰今濟甯州南五十里四年拜誅虜將軍討李憲憲平遣隆屯田武當武當今均州縣也〔集解〕先謙曰注見光武紀十一年守南郡太守歲餘上將軍印綬〔集解〕先謙曰官本郡作餘是十三年增邑更封竟陵侯是時天下墾田多不㠯實又戶口年紀互有增減十五年詔下州郡檢覈其事而刺史太守多不平均或優饒豪右侵刻羸弱百姓嗟怨遮道號呼時諸郡各遣使奏事帝見陳留吏牘上有書視之云潁川弘農可問河南南陽不可問帝詰吏由趣〔集解〕通鑑胡注由從也問是書之所從來也趣向也問是書之意其所向爲何如也惠棟曰晉語司空季子云我命筮曰尚有晉國筮告我曰利建侯得國之務也吉孰大焉韋昭云務猶趣也與由趣同蓋當時之語如此吏

不肯服抵言於長壽街上得之抵欺也〔集解〕惠棟曰風俗通云京師有長壽街萬歲街街者攜也離也四出之路攜離而別帝怒時顯宗爲東海公年十二在幄後言曰吏受郡勑當欲㠯墾田相方耳〔集解〕胡三省曰相方求問其墾田之數以相比也帝曰卽如此何故言河南南陽不可問對曰河南帝城多近臣南陽帝鄉多近親田宅踰制不可爲準帝令虎賁將詰問吏吏乃實首服如顯宗對如是遣謁者考實具知姦狀明年隆坐徵下獄其疇輩十餘人皆死帝㠯隆功臣特免爲庶人明年復封爲扶樂鄉侯〔集解〕惠棟曰淮南國之鄉也後爲縣屬陳國沈欽韓曰寰宇記在陳州太康縣西北四十里㠯中郎將副伏波將軍馬援擊交阯蠻夷徵側等隆別於禁谿口破之交阯郡麊泠縣有金溪穴相傳音訛謂之禁溪則徵側等所敗處也其地今峯州新昌縣也麊音糜泠音零獲其帥徵貳之妹斬首千餘級降者二萬餘人還更封大國爲長平侯長平縣屬汝南郡〔集解〕先謙曰在今陳州府西華縣東北十八里及大司馬吳漢薨隆爲驃騎將軍行大司馬事隆奉法自守視

事八歲上將軍印綬罷賜養牛上樽酒十斛前書音義曰稻米一斗得酒一斗爲上樽稷米一斗爲中樽粟米一斗爲下樽也以列侯奉朝請三十年定封愼侯愼縣名屬汝南郡也〔集解〕先謙曰今潁州府潁上縣四十里江口鎭中元二年卒謚曰靖侯子安嗣

傅俊字子衞潁川襄城人也世祖徇襄城俊以縣亭長迎軍拜爲校尉襄城收其母弟宗族皆滅之從破王尋等東觀記曰傅俊從上迎擊王尋等於陽關漢兵反走還汝水上上以手飲水澡盥鬢眉塵垢謂俊曰今日罷倦甚諸卿寧憊邪〔集解〕惠棟曰陸績云憊困劣也以爲偏將軍別擊京密破之遣歸潁川收葬家屬及世祖討河北俊與賓客十餘人北追及於邯鄲上謁世祖使將潁川兵常從征伐世祖即位以俊爲侍中建武二年封昆陽侯三年拜俊積弩將軍與征南大將軍岑彭擊破秦豐因將兵徇江東揚州悉定〔集解〕先謙曰從鄧惲言禁軍士橫暴見惲傳七年卒謚曰威侯子昌嗣徙封蕪湖侯蕪湖縣名屬丹陽郡〔集解〕沈欽韓曰水經過水注龍亢縣建武十三年世祖封傅昌爲侯國其事蓋在從蕪湖之先建初中遭母憂因上書以國貧不願之封乞錢五十萬爲關內侯肅宗怒貶爲關內侯竟不賜錢永初七年鄧太后復封昌子鐵爲高置亭侯〔集解〕沈欽韓曰續志潁川陽翟有高氏侯一統志高氏亭在許州府禹州西南氏置聲同而訛

堅鐔字子伋東觀記伋作皮潁川襄城人也爲郡縣吏世祖討河北或薦鐔者因得召見以其吏能署主簿又拜偏將軍從平河北別擊破大槍於盧奴世祖即位拜鐔揚化將軍封㶏彊侯㶏彊縣名屬汝南郡㶏音於靳反〔集解〕沈欽韓曰今許州臨潁縣東與諸將攻洛陽而朱鮪別將守東城者爲反間私約鐔晨開上東門上東門洛陽故城東面北頭第一門也鐔與建義大將軍朱祜乘朝而入與鮪大戰武庫下洛陽記曰建始殿東有太倉倉東有武庫藏兵之所殺傷甚衆至旦食乃罷朱鮪由是遂降又別擊內黃平之建武二年與右將軍萬脩徇南陽諸縣而堵鄉人董訢反宛城獲南陽太守劉驎鐔乃引兵赴宛選敢死士夜自登城斬關而入訢遂棄城走還堵鄉

鄧奉復反新野攻破吳漢時萬脩病卒鐔獨孤絕南拒鄧奉北當董訢一年間道路隔塞糧饋不至鐔食蔬菜與士卒共勞苦每急輒先當矢石石謂發石以投人也墨子曰備城者積石百枚重十鈞已上者〔集解〕惠棟曰左傳云親受矢石服虔云古者以石爲箭鏑國語有隼于陳侯之庭楛矢貫之石砮是也身被三創以此能全其衆及帝征南陽擊破訢奉以鐔爲左曹常從征伐六年定封合肥侯〔集解〕先謙曰今廬州府合肥縣北二十六年卒子鴻嗣鴻卒子浮嗣浮卒子雅嗣

馬武字子張南陽湖陽人也少時避讎客居江夏王莽末竟陵西陽三老起兵於郡界〔集解〕惠棟曰西陽縣名屬江夏郡武往從之從入綠林中遂與漢軍合更始立以武爲侍郎與世祖破王尋等拜爲振威將軍與尚書令謝躬共攻王郎及世祖拔邯鄲請躬及武等置酒高會因欲以圖躬不剋既罷獨與武登叢臺故趙王臺也在今潞州邯鄲城中〔集解〕官本考證曰注潞州當作洺州案邯鄲縣唐貞觀後隸洺州屬河北道潞州屬河東道惠棟曰續志趙國邯鄲有叢臺劉劭趙都賦云結靈閣于南宇立叢臺于少陽從容謂武曰吾得漁陽上谷突騎欲令將軍將之何如武曰駑怯無方略世祖曰將軍久將習兵豈與我掾史同哉武由是歸心及謝躬誅死武馳至射犬降世祖見之甚悅引置左右每勞饗諸將武輒起斟酌於前〔集解〕惠棟曰袁宏紀武自以新屬甚卑恭不敢與南陽時等王善之世祖以爲歡復使將其部曲至鄴武叩頭辭以不願世祖愈美其意因從擊羣賊世祖擊尤來五幡等敗於愼水〔集解〕錢大昕曰光武紀作順水注本或作愼水者誤武獨殿還陷陣故賊不得追及殿鎭後也音丁殿反言兵敗而鎭其後也進至安定次小廣陽即廣平亭也在今幽州范陽縣西南以有廣陽國故謂此亭爲小廣陽也〔集解〕陳景雲曰安次渤海屬縣也以光武紀耿弇傳證之則定字之衍明矣小廣陽亦以弇傳爲是注不出一人之手故多互誤錢大昕曰李注不言安定所在知定字後人妄加非章懷本之誤先謙曰洼詳弇傳武常爲軍鋒力戰無前諸將皆引而隨之故遂破賊窮追至平谷浚靡而還平谷縣名屬漁陽郡浚靡縣名屬右北平郡靡音縻世祖即位以武爲侍中騎都尉〔集解〕惠棟曰案袁宏紀武嘗爲騎都尉而本傳不載封山都侯

建武四年與虎牙將軍蓋延等討劉永武別擊濟陰下成武楚丘拜捕虜將軍明年龐萌反攻桃城武先與戰破之會車駕至萌遂敗走六年夏與建威大將軍耿弇西擊隗囂漢軍不利引下隴囂追急武選精騎還為後拒身被甲持戟奔擊殺數千人集解劉攽曰案文言武持戟奔擊何能殺數千人明千是十字惠棟曰東觀記云武身被兜鍪鎧甲持戟奔擊武中矢傷囂兵乃退諸軍得還長安十三年增邑更封鄃侯鄃縣名屬平原郡故城在今德州平原縣西南鄃音俞集解先謙曰今濟南府平原縣西南五十里將兵北屯下曲陽備匈奴集解惠棟曰續志武與騎都尉劉納閻興軍下曲陽臨平呼沱以備胡也坐殺軍吏受詔將妻子就國武徑詣洛陽上將軍印綬削戶五百定封為揚虛侯集解錢大昕曰注不言揚虛所在案漢書齊悼惠王子將閭封揚虛侯沈欽韓曰今濟南府禹城縣西南因留奉朝請帝後與功臣諸侯讌語從容言曰諸卿不遭際會自度爵祿何所至乎高密侯禹先對曰臣少嘗學問可郡文學博士帝曰何言之謙乎卿鄧氏子志行修整何為不

掾功曹餘各以次對至武曰臣以武勇可守尉督盜賊帝笑曰且勿為盜賊自致亭長斯可矣武為人嗜酒闊達敢言闊達大度也敢言謂言果敢而無所隱也時醉在御前面折同列言其短長無所避忌帝故縱之以為笑樂帝雖制御功臣而每能回容宥其小失回曲也曲法以容也遠方貢珍甘必先徧賜列侯而太官無餘有功輒增邑賞不任以吏職故皆保其福祿終無誅譴者二十五年武以中郎將將兵擊武陵蠻夷還上印綬集解王補曰馬援病卒武與梁松毀惡援於上薏苡之讒武復與於陵侯侯昱以章言其狀事詳袁紀通鑑及本書援傳姤功誣善武可知矣顯宗初西羌寇隴右覆軍殺將朝廷患之復拜武捕虜將軍以中郎將王豐副與監軍使者竇固右輔都尉陳訢將烏桓黎陽營三輔募士光武置黎陽營見鄧訓傳涼州諸郡羌胡兵及弛刑合四萬人擊之到金城浩亹與羌戰浩亹縣名屬金城郡故城在今蘭州廣武縣西南浩音閤亹音門集解沈欽韓曰今西甯府碾伯縣東斬首六百級又戰於洛都谷為羌所敗湟水

一名洛都水西自吐谷渾界入在今鄯州湟水縣集解惠棟曰續志金城浩亹縣有雒都谷馬武破羌處沈欽韓曰紀要洛都谷在西甯衛東北死者千餘人羌乃率眾引出塞武復追擊到東西邯大破之酈元水經注曰邯川城左右有水自北出南經邯亭注于河蓋以此水分流謂之東西邯也在今廓州化陰縣東集解沈欽韓曰陰當作隆舊唐志後漢燒當羌之地後魏置石城郡廢帝因縣內化隆谷改為化隆縣後因置廓州邯川水在碾伯縣東南斬首四千六百級獲生口千六百人餘皆降散武振旅還京師增邑七百戶并前千八百戶永平四年卒子檀嗣坐兄伯濟與楚王英黨顏忠謀反國除永初七年鄧太后紹封武孫震為漻亭侯漻音胡巧又力彫反集解先謙曰官本注巧下有反字震卒子側嗣

論曰中興二十八將前世以為上應二十八宿集解惠棟曰張衡東京賦云受鉞四七共工以除未之詳也然咸能感會風雲奮其智勇風雲已具聖公傳稱為佐命亦各志能之士也易通卦驗曰黃佐命鄭玄注云黃者火之子佐命張良是也已上皆華嶠之辭議者多非光武不以功臣任職至使英姿茂績委而勿用然原夫深圖

遠算固將有以焉爾若乃王道既衰降及霸德王謂周也霸謂齊桓晉文公猶能授受惟庸勳賢皆序如管隰之迭升桓世先趙之同列文朝可謂兼通矣史記曰管仲隰朋修齊國之政齊人皆悅事之管子曰管仲寢疾桓公問之若不可諱政將安移之對曰隰朋可國語云文公使趙衰為卿辭曰先軫有謀臣不若也乃使先軫佐下軍公曰趙衰其所讓皆社稷之衛也集解沈欽韓曰晉語趙衰下合有三讓二字降自秦漢世資戰力至於翼扶王運皆武人屈起屈起猶勃起也音其勿反亦有鬻繒屠狗輕猾之徒灌嬰睢陽販繒者樊噲沛人以屠狗為事皆從高祖或崇以連城之賞集解惠棟曰前書贊云藩國大者跨州兼郡連城數十或任以阿衡之地樊噲封為舞陽侯灌嬰為丞相封為潁陰侯阿倚也衡平也言天下依倚而取平也故埶疑則隙生力侔則亂起勢位過則君臣相疑侔等也蕭樊且猶縲紲信越終見葅戮不其然乎蕭何為丞相為人請上林中空地上大怒乃下廷尉械繫之燕王盧綰反樊噲以相國擊燕人有惡噲黨於呂氏帝大怒使陳平即軍中斬噲平畏呂氏執噲詣長安韓信封為淮陰侯人上書告信反呂后使武士縛信斬之彭越為梁王呂后令其舍人告越謀反遂夷宗族刑法志曰夷三族者梟其首菹其骨肉彭越韓信皆受此誅自茲以降迄于孝武宰輔五世莫非

公侯〔自高祖至于孝武凡五代也其中宰輔皆以公侯勳貴爲之〕遂使縉紳道塞賢能蔽壅〔縉赤色也紳帶也或作搢搢插也謂插笏於帶也〕朝有世及之私下多抱關之怨〔世及謂父子相繼也禮記曰大人世及以爲禮抱關謂守門者前書曰蕭望之署小苑東門候王仲翁謂望之曰不肯碌碌反抱關爲〕其懷道無聞委身草莽者亦何可勝言故光武鑒前事之違存矯枉之志〔矯正也違失也枉曲也孟子曰矯枉者過其正集解王補曰前書贊云漢興懲强秦之敗大啟九國可謂矯枉過其正也先謙曰官本考證云今本孟子無此語〕雖寇鄧之高勳耿賈之鴻烈分土不過大縣數四所加特進朝請而已〔鄧禹爲大司徒封高密侯食邑四縣耿弇好畤侯食邑二縣奉朝請賈復封膠東侯凡食六縣以列侯加特進〕觀其治平臨政課職責咎將所謂導之吕政齊之吕刑者乎〔論語曰導之以政齊之以刑人免而無恥集解先謙曰官本無注〕若格之功臣其傷已甚〔格正也若以上法繩正功臣則於其有害也集解劉攽曰注於其有害也按文少一人字〕何者直繩則虧喪恩舊撓情則違廢禁典〔集解惠棟曰李善云第五倫上疏曰臣愚以爲貴戚可封侯以富之不當職事以任之何者繩以法則傷恩私以親則違憲〕選德則功不必厚舉勞則人或未賢參任則羣心難塞並列則其敝未遠〔參任謂兼勳賢而任之則羣臣之心各有觀望故難塞也若遵高祖並用功臣則其敝未遠〕不得不校其勝否即吕事相權〔勝否猶可否即就也權謂平其輕重〕故高秩厚禮允答元功峻文深憲責成吏職建武之世侯者百餘若夫數公者則與參國議分均休咎〔賈復傳曰帝方以吏事責三公故功臣遂不用是時列侯唯高密固始膠東三侯與公卿參議國家大事恩遇甚厚也〕其餘並優吕寬科完其封祿莫不終吕功名延慶于後昔留侯吕爲高祖悉用蕭曹故人〔前書曰上望見諸將往往偶語張良曰此謀反耳陛下起布衣爲天子而所封皆蕭曹故人耳相聚謀反也見高紀集解先謙曰官本注人下耳作故是〕而郭伋亦譏南陽多顯〔郭伋傳曰光武以伋爲并州牧帝引見伋因言選補眾職當簡天下賢俊不宜專用南陽人也帝深納其言〕鄭興又戒功臣專任〔鄭興傳曰興徵爲太中大夫上疏曰道路咸曰朝廷欲用功臣功臣用則人位謬矣〕夫崇恩偏授易起私溺之失至公均被必廣招賢之路意者不其然乎永平中顯宗追感前世功臣乃圖畫二十八將於南宮雲臺其外又有王常李通竇融卓茂合三十二人故依其本第係之篇

末吕志功臣之次云爾〔集解先謙曰官本作一行排列故首鄧禹次即馬成次吳漢次王梁也二十八將當以此本次第爲正〕

太傅高密侯鄧禹　中山太守全椒侯馬成

大司馬廣平侯吳漢　河南尹阜成侯王梁

左將軍膠東侯賈復　琅邪太守祝阿侯陳俊

建威大將軍好畤侯耿弇　驃騎大將軍參蘧侯杜茂

執金吾雍奴侯寇恂　積弩將軍昆陽侯傅俊

征南大將軍舞陽侯岑彭　左曹合肥侯堅鐔

征西大將軍陽夏侯馮異　上谷太守淮陽侯王霸

建義大將軍鬲侯朱祐　信都太守阿陵侯任光

征虜將軍潁陽侯祭遵　豫章太守中水侯李忠

驃騎大將軍櫟陽侯景丹　右將軍槐里侯萬修

虎牙大將軍安平侯蓋延　太常靈壽侯邳彤

衛尉安成侯銚期　驍騎將軍昌成侯劉植

東郡太守東光侯耿純　橫野大將軍山桑侯王常

城門校尉朗陵侯臧宮　大司空固始侯李通

捕虜將軍揚虛侯馬武　大司空安豐侯竇融

驃騎將軍慎侯劉隆　太傅宣德侯卓茂〔集解萬承蒼曰羅點聞見錄云後漢二十八將名次不可曉薛伯宣常州云舊本漢書作兩重排列謂上一重鄧禹居首次吳漢次賈復次耿弇下一重馬成居首次王梁次陳俊次杜茂後人重刊遂錯訛此極有理范蔚宗論云其外又有王常李通竇融卓茂合三十二人今本乃以王常承臧宮李通馬武竇融卓茂爲序則將上下重誤合而爲一明矣承蒼案小學紺珠載二十八將名次正與薛常州所言符合較今本後漢書所列二十八人次第凡偭奇數十四人名俱在前凡偭偶數十四人名俱在後其末別載王常李通竇融卓茂四人合爲三十二人蓋王伯厚所見後漢書猶是未誤刻時本也又案薛季宣字士龍嘗知常州此稱薛伯宣常州亦恐有誤王補曰胡三省云雲臺功臣之次以鄧禹吳漢賈復耿弇寇恂岑彭馮異朱祐祭遵景丹蓋延銚期耿純臧宮馬武劉隆爲一列馬成王梁陳俊杜茂

傅俊堅鐔王霸任光李忠萬修邳彤劉植王常李通竇融卓茂爲一列其說正與薛常州合是上下兩列每列各以十六人爲數也若小學紺珠則每列人止十四外又別載王常李通竇融卓茂四人於末通鑑因認橫列爲縱次而誤然稔知增益四人不當錯入二十八將數內故并置純宮武隆於期植之後而常通融茂猶尚末淆其序若誤刊本范史及鄭氏通志則徑將上下兩列先奇後偶硬相排比遂使常通融茂亦參伍於純宮武隆之間其誤益甚於是范論所謂依其本篇係之篇末以志功臣之次者盡失其舊矣此本盎猶存其概焉先謙曰陽夏或作夏陽非淮陽誤本傳作淮陵羣輔錄作淮陰

贊曰帝績思乂庸功是存庸勳也言將興帝績則念勳功之臣也有來羣后捷我戎軒捷勝也謂寇鄧之徒翼佐王烈戎車所至皆克捷也婉孌龍姿儷景同飜婉孌猶親愛也龍姿謂光武也儷齊也偶也言諸將齊景飜飛而舉大功也

虛受堂　圭

朱景王杜馬劉傅堅馬列傳第十二終　後漢書二十二

後漢書集解卷二十二校補

朱祜傳朱祜集解劉攽曰案注引東觀記安帝諱則此人當名祜前後皆誤矣先謙曰至仍作祜以存其眞謹案范書凡祜字皆實祜字當由范氏別有所避耳否則以宋人述漢事不應並安帝名亦改之也

㠯祜爲護軍至復㠯祜爲護軍注前書曰至更名護軍也案此注原在上㠯祜爲護軍句下涉下集解而誤

遣擊新野隨皆平之注故城在今隨州隨縣也官本句末無也字

九年屯南行唐注行唐今恆州縣也恆州說詳銚期傳校補

祜初學長安至主人得無舍我講乎錢大昭曰文選爲范尙書讓吏部封侯第一表注引東觀記初上學長安時過朱祜祜嘗留上須講竟乃談話及帝登位車駕幸祜第問主人得無去我講乎祜曰不敢案選注所引與今聚珍本東觀記僅數字小異

景丹傳景丹集解孫恫云景姓齊景公之後後漢有景丹案孟子時有景春爲縱橫之學者或是齊人若屈原時之景差則楚人爲楚公族之後

虛受堂　卷二十二校補　一

世祖引見丹等笑曰邯鄲將帥數言我發漁陽上谷兵吾聊應言然集解顧炎武曰至蓋從袁紀案據袁紀作吾聊應一言我亦發之則章懷說非謬

㠯讖文用平狄將軍孫咸爲大司馬注東觀記曰載讖文曰孫咸征狄也案官本注文下有劉攽曰按注文多一日字集解失載

王梁傳㠯梁守狐奴令案狐奴縣屬漁陽說已見前沈銘彝云今順義縣東北二十五里有狐奴山山之西南百步有漢狐奴縣故址水經注云水不流曰奴

擊肥城文陽拔之注文音汶集解惠棟曰文陽縣名屬魯郡郡國志作汶案前志屬魯國續志屬魯郡實皆作汶陽侯康據孔廟禮器碑有文陽蔣元道文陽王逸則又皆假文爲汶知文汶本可通作

旅力既愆迄無成功注旅眾也周壽昌曰旅力既愆本書秦誓文章懷引旅爲眾亦即用僞孔傳之說王鳴盛尙書後案云傳說非也旅與呂同漢書律厤志大呂呂旅也是旅呂音義同說文呂脊骨重文作膂脊骨爲人身之

幹故膂强則身健艮士頭已白故不強王粱乞骸骨必年已老則旅從膂訓尤宜今案詩北山旅力方剛桑柔靡有旅力朱集傳皆已讀旅爲膂廣雅膂力也王氏疏證並嘗引申之另詳韋虎傳集解此傳詔書承上爲人與利來則旅力自屬梁一身言與衆力無涉周說是

君子成人之美注論語載孔子之言也官本無此注

杜茂傳進攻西防西防原誤西攻據錢校改官本不誤錢大昭曰閩本不誤是官本又與閩本合也

九年與雁門太守郭涼案涼應作涼下同

涼誅其豪右郭氏之屬集解官本郭作郤錢大昭曰郭閩本作郤

更封脩候集解先謙曰一作條見皇后紀案條脩古通作已詳后紀挍補

馬成傳率武威將軍劉向等向官本作尙是

太原至井陘注太原今幷州也案唐志太原縣屬河東道北京太原府太原府原爲幷州元宗開元十一年始改置井陘今屬常山郡常山今恒州縣也案注誤乃井陘屬常山郡今恒州縣也注中上今字下常山字皆衍恒州說已見前

劉隆傳歲郡上將軍印綬集解先謙曰官本郡作餘是錢大昭曰郡當作餘南監本不誤

帝詰吏由趣集解通鑑胡注至蓋當時之語如此案趣訓急讀如促屢見前書紀傳本書光武紀趣駕南轅注亦云趣急也讀曰促詰吏由趣卽謂詰吏得書之由急蓋吏受郡敕爲書以報郡俾知各郡墾田情事書雖誤漏要非重罪帝詰之急故恐懼不肯遽服也胡氏說趣爲向卽以本義解之已嫌失讀惠氏又引韋昭之說以猶趣爲由趣彌形其鑿據晉語韋注本云務猶趣也古趣雖同趣然韋訓乃謂務猶趣向之趣耳非以兩字爲訓也說文務趣也卽韋說所本論語君子務本皇疏云務猶向也前書王吉傳竊見當世趣務顏注云趣讀曰趣趣向也以諸說證之知惠氏並誤會韋注矣

帝令虎賁將詰問吏錢大昭曰虎賁將疑卽虎賁中郎將

隆別於禁谿口破之注交阯郡麊泠縣有金溪穴案穴水經注作究詳後馬援傳集解

堅鐔傳建武二年與右將軍萬脩案凡官本作脩者汲古本皆作修此忽岐出不合

馬武傳獨與武登叢臺注在今潞州邯鄲城中集解官本考證曰至注潞州當作洺州按邯鄲縣貞觀後隸洺州今案考證以潞爲洺之誤是也惟謂邯鄲武德初隸紫州貞觀後隸洺州則亦未究也邯鄲舊唐志屬磁州新唐志則屬惠州蓋昭宗天佑三年又改磁州爲惠州舊志略之耳磁洺本皆隋故州名邯鄲隋始屬磁州磁州廢乃屬洺州唐武德元年復置磁州僅領三縣四年乃割洺州之邯鄲等四縣增屬焉貞觀元年磁州復廢邯鄲還屬洺州洺潞形近而譌至考證之所謂紫州又卽磁州之誤故集解削之

吕武爲侍中騎都尉集解惠棟曰案蓋延傳武嘗爲騎都尉而本傳不載案騎都尉乃騎馬都尉之譌脫

武別擊濟陰下成武楚丘濟陰已見明紀成武後漢屬濟陰前漢屬山陽前志山陽郡成武有楚丘亭齊桓公所城遷衞文公於此陳奐曰成武楚丘春秋戎伐凡伯於楚丘是也衞文所徙之楚丘在東郡濮陽縣西白馬縣東班志誤案陳說亦本續志劉注成武今曹州城武縣治楚丘郎在其西南

或任吕阿衡之地注阿倚也衡平也言天下依倚而取平也案注說本毛詩商頌鄭箋史記殷本紀則云伊尹名阿衡說文伊下云殷聖人阿衡尹治天下者是亦以阿衡爲名也地猶言職任

竇融列傳第十三 弟子固 玄孫章 曾孫憲　後漢書二十三

宋　宣　城　太　守　范　曄　撰

唐　章　懷　太　子　賢　注

王先謙集解

竇融字周公，扶風平陵人也。七世祖廣國，集解惠棟曰：世系云廣國生詡，詡生賞，賞生邕，邕生猛，猛生秀，秀生敷，敷生融。恩澤侯表廣國生定，定生常生，與世系異。錢大昕曰：此傳失書融高祖名。孝文皇后之弟，封章武侯。章武縣屬勃海郡，故城在今滄州魯縣也。集解先謙曰：官本注魯縣也作魯城縣，考證云諸本同。按郡國志應作魯城縣。融高祖父宣帝時以吏二千石自常山徙焉。集解洪亮吉曰：前書外戚傳廣國自文帝時已家于長安，豈後嗣復歸常山，至高祖又從常山徙平陵耶？惠棟曰：案世系竇賞襲章武侯，徙扶風平陵，為融五世祖也。融早孤。集解惠棟曰：袁宏紀融家貧，少時為驃騎將軍王舜令史。王莽居攝中，為強弩將軍司馬，強弩將軍即莽明義侯王俊。集解惠棟曰：俊當作駿。案翟義傳趙明等自稱將軍，攻燒官寺，強弩將軍王駿以無功免，復以城門將軍趙恢為強弩將軍，將兵西。二月，明等殄滅，諸縣悉平。融以軍功封男，當為趙恢司馬也。東擊翟義，還攻槐里，槐里趙明、霍鴻等起兵以應翟義，王邑等破義，還合軍擊明、鴻等，滅之。融時隨其軍也。見前書。以軍功封建武男。東觀記、續漢書並云寧武男。女弟為大司空王邑小妻。家長安中，出入貴戚，連結閭里豪傑，以任俠為名。然事母兄，養弱弟，內修行義。王莽末，青、徐賊起，太師王匡匡，王舜之子。請融為助軍，與共東征。及漢兵起，融復從王邑敗於昆陽下，歸長安。漢兵長驅入關，王邑薦融，拜為波水將軍，前書音義曰：波水在長安南。賜黃金千斤，引兵至新豐。莽敗，融以軍降更始大司馬趙萌，萌以為校尉，甚重之，薦融為鉅鹿太守。融見更始新立，東方尚擾，不欲出關，而高祖父嘗為張掖太守，從祖父為護羌校尉，集解沈欽韓曰：王莽傳有護羌校尉竇況。從弟亦為武威太守，累世在河西，知其土俗，獨謂兄弟曰：「天下安危未可知。河西殷富，帶河為固，張掖屬國精兵萬騎，漢邊郡皆置屬國。一旦緩急，杜絕河津，足以自守，此遺種處也。」遺，留也。可以保全不畏絕滅。兄弟皆然之。融於是日往守萌，守猶求也。

辭讓鉅鹿，圖出河西。圖，謀也。萌為言更始，乃得為張掖屬國都尉。融大喜，即將家屬而西。既到，撫結雄傑，懷輯羌虜，輯，和也。甚得其歡心，河西翕然歸之。是時酒泉太守梁統、金城太守庫鈞、前書音義曰：庫，姓，即倉庫吏後也。今羌中有姓庫，音舍，云承鈞之後也。集解錢大昕曰：案下文云以鈞為金城太守，則此時未為太守，疑亦是都尉也。古讀庫有舍音，猶車音尺遮反，余音食遮反。廣韻禡部有庫字，云姓也，此流俗之字。王鳴盛曰：舍古音若庶，西域則奢上聲，其音開口呼之。唐以後佛書盛，故其音變。今松江府有庫公山。說文庫，兵車藏也。广部無庫字，此流俗妄造，正如角里別造用字代之。鄭樵通志氏族略載庫氏音舍，天台、括蒼有此姓，此妄據委巷小人之姓以為典實，不足信。惠棟曰：善文云鈞字巨公。沈欽韓曰：樵本廣韻、風俗通，御非妄撰。廣韻十一暮又云庫亦虜複姓。新唐書董衡釋音庫狄音赦，是作舍音者，即虜複姓省從庫，與庫相混耳。張掖都尉史苞、三輔決錄注：苞字叔文，茂陵人也。酒泉都尉竺曾、集解惠棟曰：案竺曾當從竹，弟晏乃從竺。見何氏姓苑。胡三省引姓譜云孤竹君之後。善文云曾字巨公。敦煌都尉辛彤，集解惠棟曰：善文云彤字大房。又云梁統與庫鈞等號河西五守。並州郡英俊，融皆與為厚善。及更始敗，融與梁統等計議曰：「今天下擾亂，未知所歸。河西斗絕在羌胡中，斗，峻絕也。前書曰成山斗入海。不同心戮力則不能自守；戮，并力也。權鈞力齊，復無以相率。當推一人為大將軍，共全五郡，觀時變動。」議既定，而各謙讓，咸以融世任河西，為吏人所敬向，乃推融行河西五郡大將軍事。集解惠棟曰：晉書地理志秦美陽甘泉宮本匈奴鑄金人祭天之處。匈奴既失甘泉，使休屠、渾邪王等居涼州之地。二王降漢，漢置張掖、酒泉、敦煌、武威郡，後又置金城，謂之河西五郡。是時，武威太守馬期、張掖太守任仲並孤立無黨，乃共移書告示之，二人即解印綬去。於是以梁統為武威太守，史苞為張掖太守，竺曾為酒泉太守，辛彤為敦煌太守，庫鈞為金城太守。融居屬國，領都尉職如故，置從事監察五郡。河西民俗質樸，而融等政亦寬和，上下相親，晏然富殖。修兵馬，習戰射，明烽燧之警，羌胡犯塞，融輒自將與諸郡相救，皆如符要，赴敵不失期契也。每輒自破之。其後匈奴懲乂，懲，創也。說文云：乂亦懲也。稀復侵寇，而保塞羌胡皆震服親附，安定、北地、上郡流人避凶飢者，歸之不絕。融等遙聞光武即位而心欲東向以河西隔遠未能自通時隗囂先稱建武年號融等從受正朔囂皆假其將軍印綬囂外順人望內懷異心使辯士張玄游說河西曰（集解惠棟曰傅幹王命敘云張元慕蘇秦蒯通之業周旋囂遣西說竇融言未及終而梁統已誅之矣）更始事業已成尋復亡滅此一姓不再興之效今卽有所主便相係屬一旦拘制自令失柄後有危殆雖悔無及今豪傑競逐雌雄未決（項羽謂高祖曰願與沛公決雌雄）當各據其土宇與隴蜀合從（前書音義曰以利合爲從以威勢相脅曰橫）高可爲六國下不失尉佗（佗姓趙眞定人也陳勝起佗行南海尉遂王有南越故曰尉佗也）融等於是召豪傑及諸太守計議其中智者皆曰漢承堯運（左傳曰陶唐氏旣衰其後有劉累學擾龍事孔甲爲御龍氏春秋時晉卿士會卽其後也士會奔秦後歸晉其處者爲劉氏戰國時劉氏自秦獲於魏魏遷大梁都于豐號豐公卽太上皇父也故曰漢承堯運）歷數延長今皇帝姓號見於圖書（謂河圖赤伏符曰劉秀發兵捕不道）自前世博物道術之士谷子雲夏賀良等建明漢有再受命之符言之久矣（前書成帝時谷永上書曰陛下當陽數之標季涉三七之節紀哀帝時夏賀良言赤精子讖漢家歷運中衰當再受命矣）故劉子駿改易名字冀應其占（劉歆以哀帝建平元年改名秀字穎叔冀應符命）及莽末道士西門君惠言劉秀當爲天子遂謀立子駿事覺被殺出謂百姓觀者曰劉秀眞汝主也皆近事暴著（暴露也著見也）智者所共見也除言天命且以人事論之今稱帝者數人而洛陽土地最廣甲兵最彊號令最明觀符命而察人事它姓殆未能當也諸郡太守各有賓客或同或異融小心精詳遂決策東向五年夏遣長史劉鈞奉書獻馬先是帝聞河西完富地接隴蜀常欲招之以逼囂述亦發使遺融書遇鈞於道卽與俱還帝見鈞歡甚禮饗畢乃遣令還賜融璽書曰制詔行河西五郡大將軍事屬國都尉勞鎮守邊五郡兵馬精彊倉庫有蓄民庶殷富外則折挫羌胡內則百姓蒙福威德流聞虛心相望道路隔塞邑邑何已長史所奉書獻馬悉至深知厚意今益州有公孫子陽

天水有隗將軍方蜀漢相攻權在將軍舉足左右便有輕重（蒯通曰猶與楚卽楚勝與漢卽漢捷集解先謙曰官本注捷作勝）以此言之欲相厚豈有量哉諸事具長史所見將軍所知王者迭興千載一會（言時難得而易失也）欲遂立桓文輔微國當勉卒功業（周室微弱齊桓晉文輔之以霸天下）欲三分鼎足連衡合從亦宜以時定（蒯通說韓信曰三分天下鼎足而立）天下未幷吾與爾絕域非相吞之國今之議者必有任囂效尉佗制七郡之計（秦胡亥時南海尉任囂病且死召龍川令趙佗語曰番禺負山險阻南北東西數千里頗有中國人相輔此亦一州之主可爲國故召公卽令行南國尉事地理志曰蒼梧鬱林合浦交阯九眞南海日南皆越之分也此爲七郡也效致也流俗本作教者誤也集解通鑑胡注尉佗之時未有七郡光武據後來置郡言之劉攽曰令行南國尉事按文國當作海）王者有分土無分民（集解惠棟曰地理志文也）自適己事而已（集解惠棟曰王幼學云謂宜自謀順適己身之事）今以黃金二百斤賜將軍便宜輒言因授融爲涼州牧璽書旣至河西咸驚以爲天子明見萬里之外網羅張立（一作玄集解周壽昌曰時隗囂遣辯士張玄游說光武察玄所說而以璽書詔融立字當正作玄）之情融卽復遣鈞上書曰臣融竊伏自惟幸得託先后末屬蒙恩爲外戚累世二千石至臣之身復備列位假歷將帥（假猶濫也集解洪亮吉曰融以前爲將軍由隗囂所假及行河西五郡大將軍事又屬權時所推故云假耳非濫叨之義也）守持一隅以委質則易爲辭以納忠則易爲力書不足以深達至誠故遣劉鈞口陳肝膽自以底裏上露長無纖介（底裏皆露言無藏隱集解惠棟曰揚雄與劉歆書曰謹歸誠底裏不敢違信王幼學云底裏猶底蘊也露批露也先謙曰長讀如長物之長猶言餘也）而璽書盛稱蜀漢二主三分鼎足之權任囂尉佗之謀竊自痛傷臣融雖無識猶知利害之際順逆之分豈可背眞舊之主事姦僞之人廢忠貞之節爲傾覆之事棄已成之基求無冀之利此三者雖問狂夫猶知去就而臣獨何以用心謹遣同產弟友詣闕口陳區區友至高平（高平今涼州縣也集解陳景雲曰唐涼州無高平縣當云原州平高縣）會囂反叛道絕馳還遣司馬席封間行通書（東觀記及續漢書席皆作虞字）帝復遣席封賜融友書所以尉藉之甚

備（尉藉解見隗囂傳）融既深知帝意乃與隗囂書責讓之曰伏惟將軍國富政修士兵懷附親遇戹會之際國家不利之時（謂漢遭王莽篡奪也）守節不回（回邪也）承事本朝後遣伯春（囂子恂之字也）委身於國無疑之誠於斯有效融等所以欣服高義願從役於將軍者良爲此也而忿悁之間（悁恚也集解惠棟曰王幼學云忿怨也悁縈年反亦忿也戰國策魯連曰棄忿悁之節）改節易圖君臣分爭上下接兵（言違背光武也）委成功造難就（委棄也）去從議爲橫謀（去從背山東也爲橫通西蜀也）百年累之一朝毀之豈不惜乎殆執事者貪功建謀以至於此（言隗囂執政事者貪有其功而立此逆謀也）融竊痛之當今西州地勢局迫人兵離散（集解先謙曰人作民下生人同）易以輔人難以自建計若失路不反聞道猶迷（淮南子曰通於道者如車軸不運於己而與轂致數千里不通於道者若迷惑告以東西南北然猶復迷惑矣）不南合子陽則北入文伯耳（文伯盧芳也集解先謙曰芳詐爲劉文伯故以文伯稱之）夫負虛交而易強禦恃遠救而輕近敵（負亦恃也易輕也恃公孫述而輕光武也易音以豉反）未見其利

也融聞智者不危衆以舉事仁者不違義以要功今以小敵大於衆何如（言危衆也）棄子徼功於義何如（言違義也）且初事本朝稽首北面忠臣節也（稽首拜天子禮也禮君南嚮荅陽之義臣北面荅君也）及遣伯春垂涕相送慈父恩也俄而背之謂吏士何忍而棄之謂留子何（留子謂見在之子對伯春故曰留也）自起兵以來轉相攻擊城郭皆爲丘墟生人轉於溝壑今其存者非鋒刃之餘則流亡之孤（集解先謙曰郎則同字）迄今傷痍之恥未愈哭泣之聲尚聞幸賴天運少還而大將軍復重於難（集解先謙曰通鑑無大字前後稱將軍此不得忽加大字明傳寫誤衍）是使積痾不得遂瘳幼孤將復流離其爲悲痛尤足憠傷痛之可爲酸鼻（宋玉曰孤子寡婦寒心酸鼻）庸人且猶不忍況仁者乎融聞爲忠甚易得宜實難（左傳曰忠爲令德非其人猶不可況不令乎）憂人大過以德取怨（詩曰不以我爲德反以我爲讐）知且以言獲罪也區區所獻唯將軍省焉（集解王補曰王夫之曰說人罷兵歸附而以强弱論我居强而孰甘其弱激之而已以天命論天之視聽自民置民不言而託之杳茫之符瑞妄人不難僞作以惑衆而亂滋甚惟融之爲言如此囂雖不聽而己愴於心心愴而氣奪矣秦隴聞之將不樂爲囂用漢之荷戈以起負糧以饋者亦知上之非忍毒我而禍自彼發不容已也仁人之言其利溥哉且融全河西以歸命實踐此言以免民於死非徒言也竇氏之裔與漢始終一念之永百年之澤矣）囂不納融乃與五郡太守共砥厲兵馬上疏請師期帝深嘉美之乃賜融以外屬圖及太史公五宗外戚世家（景帝子十三人爲王而母五人同母者爲一宗故曰五宗言景帝以竇氏所生而致子孫衆多也）魏其侯列傳（竇嬰太后從兄子也封魏其侯魏其縣屬琅邪郡）詔報曰每追念外屬孝景皇帝出自竇氏（出生也爾雅曰男子謂姊妹之子曰出）定王景帝之子朕之所祖昔魏其一言繼統以正（梁孝王景帝弟也亦竇太后所生梁王朝因昆弟燕飲是時景帝未立太子酒酣帝從容曰千秋之後傳梁王太后驩竇嬰引卮酒進上曰天下者高祖天下父子相傳漢之約也帝何以得傳梁王帝遂止矣）長君少君尊奉師傅（長君竇太后兄也少君太后弟廣國之字也絳灌等以兩人所出微爲擇師傅長者有節行者與居長君少君由此爲退讓君子不以富貴驕人見前書）修成淑德施及子孫（施延也音羊豉反）此皇太后神靈上天祐漢也從天水來者寫將軍所讓隗囂書（集解王鳴盛曰曲禮器之溉者不寫

其餘皆寫注謂傳之器中漢人因借爲傳鈔書寫之字前書藝文志孝武世建藏書之策置寫書之官）痛入骨髓畔臣見之當股慄慙愧忠臣則酸鼻流涕義士則曠若發矇（說文曰曠明也有眸子而無見曰矇前書揚雄曰乃今日發矇廓然光照矣集解惠棟曰家語云三子者既得聞此論于夫子也煥若發矇焉）非忠孝慤誠孰能如此（說文曰慤謹也慤或作愨）豈其德薄者所能克堪囂自知失河西之助族禍將及欲設間離之說亂惑眞心轉相解搆（相解說而結搆）以成其姦又京師百僚不曉國家及將軍本意多能採取虛僞誇誕妄談令忠孝失望傳言乖實毀譽之來皆不徒然不可不思今關東盜賊已定大兵今當悉西將軍其抗厲威武以應期會融被詔郎與諸郡守將兵入金城初更始時先零羌封何諸種殺金城太守居郡隗囂使使賂遺封何與共結盟欲發其衆融等因軍出進擊封何大破之斬首千餘級得牛馬羊萬頭穀數萬斛因並河揚威武（並音蒲浪反）伺候車駕時大兵未進融乃引還帝以融信

效著明益嘉之詔右扶風修理融父墳塋祠以太牢數馳輕使致遺四方珍羞〔集解〕通鑑胡注遺以四方珍羞厚融且示四方來服能致遠物也梁統乃使人刺殺張玄遂與囂絕皆解所假將軍印綬七年夏酒泉太守竺曾以弟報怨殺人而去郡東觀記曰曾弟嬰報怨殺屬國侯王肩等曾慙而去郡〔集解〕惠棟曰何氏姓苑作晏孫愐云竺本姓竹後漢擬陽侯竺晏報怨有仇以胄姓名賢不改其族乃加二字以存夷齊而移于琅琊莒縣融承制拜曾為武鋒將軍更以辛肜代之秋隗囂發兵寇安定帝將自西征之先戒融期會遇雨道斷且囂兵已退乃止融至姑臧姑臧縣名屬武威郡今涼州縣也西河舊事曰涼州城昔匈奴故蓋臧城後人音訛名姑臧也〔集解〕先謙曰今涼州府武威縣治被詔罷歸融恐大兵遂久不出乃上書曰隗囂聞車駕當西臣融東下士眾騷動計且不戰囂將高峻之屬皆欲逢迎大軍後聞兵罷峻等復疑囂揚言東方有變西州豪傑遂復附從囂又引公孫述將令守突門突門守城之門墨子曰城百步為一突門也臣融孤弱介在其間杜預注左傳云介猶間也雖承

威靈宜速救助國家當其前臣融促其後緩急迭用首尾相資囂勢排迮排迮謂壓迫也不得進退此必破也若兵不早進久生持疑則外長寇讎內示困弱復令讒邪得有因緣臣竊憂之惟陛下哀憐帝深美之八年夏車駕西征隗囂融率五郡太守及羌虜小月氏等小月氏西胡國名步騎數萬輜重五千餘兩與大軍會高平第一高平今原州縣郡國志云高平有第一城〔集解〕沈欽韓曰今平涼府固原州治融先遣從事問會見儀適猶言儀注也是時軍旅代興諸將與三公交錯道中或背使者交私語帝聞融先問禮儀甚善之以宣告百僚乃置酒高會引見融等待以殊禮拜弟友為奉車都尉從弟士太中大夫遂共進軍囂眾大潰城邑皆降帝高融功下詔以安豐陽泉蓼安風四縣四縣並屬廬江郡安豐今壽州縣也故城在今霍山縣西北安風本漢六安國及陽泉故城並在今安豐縣南杜預注左傳曰蓼在今安豐蓼音了〔集解〕劉攽曰蓼安按文多安字此縣名蓼而已先謙曰東觀記不重安字劉說是安豐在今光州固始縣東陽泉在今潁州府霍邱縣西安風在霍邱西南蓼在今固始縣東北七十里蓼城岡封融為安豐侯〔集解〕惠棟曰東觀記詔封融云行河西五郡大將軍梁州牧張掖屬國都尉融執志忠孝扶微救危仇疾反虜隗囂率屬五郡精兵羌胡畢集兵不血刃而虜土崩瓦解功既大矣篤意分明斷之不疑吾甚嘉之其以六安安豐陽泉蓼安風四縣封融為安豐侯弟友為顯親侯顯親縣故城在今秦州成紀縣東南也〔集解〕先謙曰顯親漢陽縣在今秦州秦安縣西北遂以次封諸將帥武鋒將軍竺曾為助義侯武威太守梁統為成義侯張掖太守史苞為褒義侯金城太守庫鈞為輔義侯酒泉太守辛肜為扶義侯封爵既畢乘輿東歸悉遣融等西還所鎮融以兄弟並受爵位久專方面懼不自安數上書求代詔報曰吾與將軍如左右手耳韓信亡蕭何自追之人曰丞相何亡高祖聞之如失左右手耳見前書數執謙退何不曉人意勉循士民無擅離部曲及隴蜀平詔融與五郡太守奏事京師官屬賓客相隨駕乘千餘兩馬牛羊被野融到詣洛陽城門上涼州牧張掖屬國都尉安豐侯印綬詔遣使者還侯印綬引見就諸侯位賞賜恩寵傾動京

師數月拜為冀州牧十餘日又遷大司空融自以非舊臣一旦入朝在功臣之右〔集解〕惠棟曰董勛答禮云職高者名錄在上于人為右職卑者名錄在下于人為左是以謂下遷為左每召會進見容貌辭氣卑恭已甚帝以此愈親厚之融小心久不自安數辭讓爵位〔集解〕先謙曰東觀記云不欲傳子因侍中金遷口達至誠金遷安上之曾孫安上日磾弟倫之子遷哀帝時為尚書令見前書〔集解〕先謙曰官本注無見前書三字又上疏曰臣融年五十三有子年十五質性頑鈍臣融朝夕教導以經藝不得令觀天文見讖記誠欲令恭肅畏事恂恂循道不願其有才能何況乃當傳以連城廣土享故諸侯王國哉因復請間求見帝不許後朝罷逡巡席後帝知欲有讓遂使左右傳出它日會見迎詔融曰日者知公欲讓職還土日者猶往日也故命公暑熱且自便今相見宜論他事勿得復言融不敢重陳請二十年大司徒戴涉坐所舉人盜金下獄〔集解〕王補曰帝紀夏四月庚辰大司徒戴涉下獄死注引古今注曰坐入故太倉令奚涉罪而此傳但言坐所舉人

（謚金徵異）帝㠯三公參職不得已乃策免融明年加位特進二十三年代陰興行衞尉事特進如故又兼領將作大匠弟友爲城門校尉兄弟並典禁兵融復乞骸骨（說苑曰晏子任東阿乞骸骨以避賢者之路）輒賜錢帛太官致珍奇及友卒帝愍融年衰遣中常侍中謁者卽其臥內强進酒食融長子穆尚內黃公主（集解錢大昕曰內黃公主不見於皇后紀疑諸王女周壽昌曰紀載所適亦無適竇穆者或是他王女遺其父名漢制王女亦稱公主惟封鄉亭不封縣而內黃沘陽皆縣名東平王蒼傳舊典諸王女皆封鄉主乃獨封蒼五女爲縣公主是也）代友爲城門校尉穆子勳（集解惠棟曰世系云穆五子勳宣褒霸嘉）尚東海恭王彊女沘陽公主（集解先謙曰沘陽亦沘陽之誤下同）友子固亦尚光武女湼陽公主（集解惠棟曰袁宏紀作沮陽案皇后紀本傳是也先謙曰東觀記亦作沮陽）顯宗卽位㠯融從兄子林爲護羌校尉竇氏一公兩侯三公主四二千石（一公大司空也兩侯安豐顯親也四二千石衞尉城門校尉護羌校尉中郞將）皆相與並時自祖及孫官府邸第相望京邑奴婢㠯千數於親戚功臣中莫與爲比永平二年林㠯罪誅事在西羌傳帝由是數下詔切責融戒㠯竇嬰田蚡禍敗之事（田蚡武帝王皇后異父弟也爲丞相搆會竇嬰之罪使至誅戮事見前書）融惶恐乞骸骨詔令歸第養病歲餘聽上衞尉印綬賜養牛上樽酒（集解惠棟曰衞宏漢書儀云丞相有疾皇帝法駕親至問疾從西門入及瘳視事則賜以養牛上樽酒融以列侯嘗爲大司空亦得從丞相之例也）融在宿衞十餘年年老子孫縱誕多不法穆等遂交通輕薄屬託郡縣干亂政事㠯封在安豐欲令姻戚悉據故六安國遂矯稱陰太后詔令六安侯劉盱去婦因㠯女妻之五年盱婦家上書言狀帝大怒乃盡免穆等官諸竇爲郞吏者皆將家屬歸故郡獨留融京師穆等西至函谷關有詔悉復追還會融卒時年七十八謚曰戴侯賻送甚厚帝㠯穆不能修尚（不能修整自高尚也）而擁富貲居大第常令謁者一人監護其家居數年謁者奏穆父子自失埶數出怨望語帝令將家屬歸本郡唯勳㠯沘陽主壻留京師穆坐賂遺小吏（集解沈欽韓曰此必關通爲姦利大不道故罪至重特史不詳耳）郡捕繫與子宣俱死平陵獄勳亦死洛陽獄（集解惠棟曰洛陽詔獄也建初三年竇后立追謚勳爲安成思侯周壽昌曰固傳云父勳被誅馬嚴傳奏言竇勳受誅其家不宜親近京師而此云死洛陽獄葢議罪應誅未及服刑而先死獄中也）久之詔還融夫人與小孫一人居洛陽家舍十四年封勳弟嘉爲安豐侯食邑二千戶奉融後和帝初爲少府及勳子大將軍憲被誅免就國嘉卒子萬全嗣（集解惠棟曰世系云嘉三子潛奉萬全）萬全卒子會宗嗣萬全弟子武別有傳

論曰竇融始㠯豪俠爲名拔起風塵之中（拔音步末反拔卒也亦音彭八反義兩通）㠯投天隙（投會天之間隙）遂蟬蛻王侯之尊（說文曰蟬蛻所解皮也言去微至貴也蛻音稅）終膺卿相之位此則徼功趣埶之士也及其爵位崇滿至乃放遠權寵恂恂似若不能已者又何智也（言融之心實欲去權貴以帝不納故常恂恂恭順似若不得已然者也）嘗獨詳味此子之風度雖經國之術無足多談而進退之禮良可言矣

固字孟孫少㠯尚公主爲黃門侍郞（續漢書曰給事黃門侍郞六百石）好覽書傳喜兵法貴顯用事中元元年襲父友封顯親侯顯宗卽位遷中郞將監羽林士（續漢志曰宣帝命中郞將騎都尉監羽林秩比二千石）後坐從兄穆有罪廢于家十餘年時天下又安帝欲遵武帝故事擊匈奴通西域㠯固明習邊事（固舊隨融在河西曉知邊事也）十五年冬拜爲奉車都尉（續漢志曰比二千石掌御乘輿）㠯騎都尉耿忠爲副（忠弇子也）謁者僕射耿秉爲駙馬都尉秦彭爲副皆置從事司馬並出屯涼州明年固與忠率酒泉敦煌張掖甲卒及盧水羌胡（按湟水東經臨羌縣故城北又東盧溪水注之水出西南盧川卽其地也集解惠棟曰史炤云盧水北地胡也見西南夷傳沈欽韓曰明志甘州衞東南有盧水亦曰沮渠川紀要北史沮渠蒙遜世居張掖臨松盧水卽此川）萬二千騎出酒泉塞耿秉秦彭率武威隴西天水募士及羌胡萬騎出居延塞（居延塞在今甘州張掖縣東北）又太僕祭肜度遼將軍吳棠（集解惠棟曰袁宏紀作吳常）將河東北地西河羌胡及南單于兵萬一千騎出高闕塞（高闕山名

在朔方北騎都尉來苗護烏桓校尉文穆將太原鴈門代郡上谷漁陽右北平定襄郡兵及烏桓鮮卑萬一千騎出平城塞固忠至天山卽祁連山也今在西州交河縣東北今名祁縣羅漫山〔集解〕沈欽韓曰元和志天山東名折羅漫山在西州前庭縣北三十里注有脫誤天山有二名祁連山者在今甘州府張掖縣西南名白山者在唐之伊州今哈密城北百二十里固所至乃哈密白山也擊呼衍王斬首千餘級呼衍王走追至蒲類海蒲類海今名婆悉海在今庭州蒲昌縣東南也〔集解〕沈欽韓曰注蒲昌當作蒲類元和志庭州蒲類縣貞觀十四年置蒲類海今名巴爾庫勒海在鎭西府城西北十五里留吏士屯伊吾盧城伊吾今伊州縣也本匈奴地明帝置宜禾都尉以爲屯田故地今伊州納職縣伊吾故小城地是耿秉秦彭絕漠六百餘里至三木樓山匈奴中山名〔集解〕惠棟曰袁宏紀作沐樓山沈欽韓曰紀要山在甘肅鎭舩舳東北塞外來苗文穆至匈奴河水上〔集解〕劉攽曰案匈河水名多一奴字前書匈河去令居千里虜皆奔走無所獲祭彤吳棠坐不至涿邪山〔集解〕通鑑胡注北史云循弱水西行得涿邪山沈欽韓云今在喀爾喀部界免爲庶人時諸將唯固有功加位特進明年復出玉門擊西域詔耿秉及騎都尉劉張皆去符傳以屬固專將兵者並有符傳擬合之取信今去符皆受固之節度固遂破白山降車師事已具耿秉傳固在邊數年羌胡服其恩信東觀記曰羌胡見客炙肉未熟人人長跪前割之血流指間進之于固固輒爲啗不穢賤之是以愛之如父母也〔集解〕惠棟曰袁宏紀長水校尉耿恭上言安豐侯竇融懷集羌胡開其懽心子孫于今樂聞竇氏大鴻臚固前擊白山盧水胡閒固至三日而兵合卒剋白山盧水固之力也沈欽韓曰釋名貊炙全體炙之各自以刀割出於胡貊肅宗卽位以公主修敕慈愛累世崇重加號長公主增邑三千戶徵固代魏應爲大鴻臚帝以其曉習邊事每被訪及建初三年追錄前功增邑一千三百戶七年代馬防爲光祿勳明年復代馬防爲衞尉〔集解〕汪文臺曰御覽二百三十引續漢書云固爲衞尉卿兩宮宿衞見重當時仁厚謙恭甚有名稱固久歷大位甚見尊貴賞賜租祿貲累巨億而性謙儉愛人好施士以此稱之章和二年卒謚曰文侯子彪至射聲校尉先固卒無子國除

憲字伯度父勳被誅憲少孤建初二年女弟立爲皇后拜憲爲郎

稍遷侍中虎賁中郎將弟篤爲黃門侍郎兄弟親幸並侍宮省賞賜累積寵貴日盛自王主及陰馬諸家莫不畏憚憲恃宮掖聲埶遂以賤直請奪沁水公主園田沁水公主明帝女主逼畏不敢計〔集解〕王補曰逼畏通鑑通志皆然謂因逼脅而畏之不敢與之計較也後肅宗駕出過園指以問憲憲陰喝不得對陰喝猶噎塞也陰音於禁反喝音一介反或作嗚音烏故反〔集解〕通鑑胡注喝呵也許葛反陰密也潛也當帝問之時密訶左右不得對也觀帝以趙高指鹿爲馬責憲則陰喝之義可知矣案續志上幸公主田覺之問憲憲又上言借之也沈欽韓曰方帝指問何能密訶左右仍從賢注噎塞解爲是齊策侗疑虛猲高注猲喘息懼貌猲喝義同後發覺帝大怒召憲切責曰深思前過奪主田園時何用愈趙高指鹿爲馬愈猶差也趙高解見靈帝紀〔集解〕先謙曰官本注無趙下七字久念使人驚怖昔永平中常令陰黨陰博鄧疊三人更相糾察以陰鄧皆外戚恐其踰侈故使更相糾察也博陰興之子故諸豪戚莫敢犯法者而詔書切切切切猶勤勤也猶以舅氏田宅爲言今貴主尚見枉奪何況小人哉國家棄憲如孤雛腐鼠耳鳥子生而啄者曰雛憲大震懼皇后爲毀服深謝良久乃得解使以田還主雖不繩其罪然亦不授以重任〔集解〕沈欽韓曰袁宏紀元和三年太尉鄭宏數陳竇憲權勢太甚爲憲不容坐宏漏洩奏事詰讓收印綬宏乞骸未許疾篤上言竇憲之姦惡貫天連地海內疑惑言憲何術以迷主上流言噂沓深可歎息田氏篡齊六卿分晉漢事不遠炳然可見云云比范書宏傳所載尤爲深切然則當章帝世憲被寵任橫溢如此宏言至迫若剝膚而章帝貽謀不臧遂階無窮之禍覗明帝之察察何如哉和帝卽位太后臨朝憲以侍中內幹機密幹主也或曰古管字也〔集解〕沈欽韓曰幹當爲幹出宣誥命肅宗遺詔以篤爲虎賁中郎將篤弟景瓌並中常侍〔集解〕錢大昕曰中常侍宦者之職非外戚所宜居恐有誤於是兄弟皆在親要之地憲以前太尉鄧彪有義讓先帝所敬而仁厚委隨委隨猶順從也故尊崇之以爲太傅令百官總己以聽其所施爲輒外令彪奏內白太后事無不從〔集解〕通鑑胡注王莽用孔光之故智也又屯騎校尉桓郁累世帝師而性和退自守故上書薦之令授經禁中所以內外協附莫生疑異憲性果急睚眦之怨莫不報復睚音語解反眦音仕懈反廣雅睚裂也或謂裂眦瞋目貌史記曰范睢睚

眦之怨必報初永平時謁者韓紆嘗考劾父勳獄憲遂令客斬紆子㠯首祭勳冢齊殤王子都鄉侯暢齊殤王名石伯升孫章之子集解劉攽曰案殤當作煬說在齊王傳彼既有子不得謚殤明矣沈欽韓曰袁宏紀作郁鄉先謙曰官本注殤誤殤來弔國憂章帝崩也暢素行邪僻與步兵校尉鄧疊親屬數往來京師因疊母元自通長樂宮得幸太后被詔召詣上東門憲懼見幸分宮省之權遣客刺殺暢於屯衞之中屯兵宿衞之所而歸罪於暢弟利侯剛乃使侍御史與青州刺史雜考剛等後事發覺太后怒閉憲於內宮憲懼誅自求擊匈奴㠯贖死會南單于請兵北伐乃拜憲車騎將軍金印紫綬官屬依司空依準也長史一人千石掾屬二十九人令史及御屬三十二人見續漢志也集解先謙曰官本注末無也字㠯執金吾耿秉爲副發北軍五校漢有南北軍中候一人六百石掌臨立營見續漢志集解劉攽曰注南北軍中候按漢有北軍中候耳衍南字又掌臨立營臨當作監立當作五吳仁傑曰凡軍皆有候北軍總于中尉故其候曰中候張蒼任人爲中候是也其後中尉更名執金吾則中候之官亦隨之而改始元中有執金吾陳茂是也南軍總于衞尉其候官自名衞候

安得有中候耶刊誤言是也黎陽雍營緣邊十二郡騎士漢官儀曰光武中興以幽冀幷州兵騎克定天下故於黎陽立營以謁者監之又曰扶風都尉部在雍縣以涼州近羌數犯三輔將兵衞護園陵故俗稱雍營及羌胡兵出塞明年憲與秉各將四千騎及南匈奴左谷蠡王師子師子其名也萬騎出朔方雞鹿塞集解沈欽韓曰明志榆林衞西北有雞鹿塞南單于屯屠河屯屠河單于名也將萬餘騎出滿夷谷度遼將軍鄧鴻鄧禹少子及緣邊義從羌胡八千騎與左賢王安國萬騎出椆陽塞椆陽在五原郡椆音固集解沈欽韓曰今在吳喇忒旗北故九原城東北先謙曰前志作椆陽此誤皆會涿邪山憲分遣副校尉閻盤司馬耿夔耿譚將左谷蠡王師子右呼衍王須訾等呼衍其號因以爲姓匈奴貴種也今呼延姓是其後須訾名也精騎萬餘與北單于戰於稽落山大破之集解惠棟曰王幼學云稽落山匈奴中山在燕然山南虜眾崩潰單于遁走追擊諸部遂臨私渠北鞮海匈奴中海名也集解惠棟曰一作渤鞮見初學記云渤海之南水名海者則有渤鞮海私渠海也斬名王已下萬三千級獲生口馬牛羊橐駝百餘萬頭橐音託集解先謙曰官本注在橐下於是

溫犢須日逐溫吾夫渠王柳鞮等八十一部率眾降者前後二十餘萬人憲秉遂登燕然山集解通鑑胡注北史燕然山在菟園水北沈欽韓曰杭愛山在鄂爾渾河之北直陝西寍夏北二千里許抵俄羅斯國界千餘里當即古燕然山去塞三千餘里刻石勒功紀漢威德令班固作銘集解惠棟曰呂忱字林云銘題勒也曰惟永元元年秋七月有漢元舅曰車騎將軍竇憲寅亮聖明登翼王室寅敬亮信也尚書曰二公弘化寅亮天地登升也翼輔也納于大麓惟清緝熙孔安國注尚書曰麓錄也納之使大錄萬機也周頌曰維清緝熙鄭玄注云光明也乃與執金吾耿秉述職巡御理兵於朔方左傳曰小有述職大有巡功又曰出曰理兵鷹揚之校螭虎之士爰該六師鷹揚如鷹之飛揚也詩云惟師尚父時惟鷹揚螭山神獸形也史記曰如熊如羆如貔如離徐廣曰離與螭同該備也詩云整我六師以修我戎暨南單于東烏桓西戎氐羌侯王君長之羣驍騎三萬元戎輕武長轂四分暨及也元戎兵車也詩云元戎十乘以先啟行輕武言疾也長轂兵車雲輜蔽路萬有三千餘乘輜車也稱雲言多也勒㠯八陣莅㠯威神兵法有八陣圖集解惠棟曰李善云雜兵書云八陣者一曰方陣二曰圓陣三曰牝陣四曰牡

陣五曰衞陣六曰輪陣七曰浮沮陣八曰雁行陣玄甲耀日朱旗絳天玄甲鐵甲也前書曰發厲國之玄甲也遂陵高闕下雞鹿經磧鹵絕大漠沙土曰漠直度曰絕斬溫禺㠯釁鼓血尸逐㠯染鍔溫禺尸逐皆匈奴王號也周禮殺人以血塗鼓謂之釁鍔刃也然後四校橫徂星流彗埽蕭條萬里野無遺寇於是域滅區單反旆而旋考傳驗圖窮覽其山川遂踰涿邪跨安侯乘燕然躡冒頓之區落焚老上之龍庭四校四面之校橫徂橫行也星流彗埽言疾也安侯水名冒頓單于頭曼子也區落謂東滅東胡西走月氏南取樓煩悉收秦所奪匈奴地冒頓子稽粥號老上單于匈奴五月大會龍庭祭其先天地鬼神今皆焚蕩之上㠯攄高文之宿憤光祖宗之玄靈下㠯安固後嗣恢拓境宇振大漢之天聲高帝被冒頓單于圍于平城七日孝文帝時匈奴寇邊殺太守帝欲自征太后不許拓開也天聲雷霆之聲甘泉賦曰天聲起兮勇士厲恢大也茲所謂一勞而久逸暫費而永寍者也揚雄曰以爲不一勞者不久逸不暫費者不永寍也乃遂封山刊石昭銘上德上猶至也老子曰上德不德是以有德集解周壽昌曰上德君上之德也上云紀漢威德下云熙帝載兮振萬世皆是此意銘功而歸美於君體裁應爾注非其辭曰鑠王師兮征荒

裔鑠美也詩曰於鑠王師遵養時晦勦凶虐兮截海外勦絶截整齊也詩云相土烈烈海外有截夐其邈兮亘地界夐邈皆遠也亘竟也封神丘兮建隆嵑神丘卽燕然山也方者謂之碑圓者謂之碣嵑碣也協韻音其例反熙帝載兮振萬世熙廣也載事也書曰奮庸熙帝之載憲乃班師而還遣軍司馬吳氾梁諷奉金帛遺北單于宣明國威而兵隨其後時虜中乖亂氾諷所到輒招降之前後萬餘人遂及單于於西海上宣國威信致㠯詔賜單于稽首拜受諷因說宜修呼韓邪故事保國安人之福言依附漢家自保護其國也宣帝時呼韓邪單于款塞朝于甘泉宮請留居光祿塞下有急保漢受降城也單于喜悅卽將其眾與諷俱還到私渠海聞漢軍已入塞乃遣弟右溫禺鞮王奉貢入侍隨諷詣闕憲㠯單于不自身到奏還其侍弟南單于於漠北遺憲古鼎集解惠棟曰宋志曰漢北酒泉崔駰集時駰爲憲主簿作銘云鼎耳革其行塞雉膏不食方雨虧悔終吉有福足勝公餗乃珍於高思危在滿戒溢可以永年天之大律容五斗其傍銘曰仲山甫鼎其萬年子子孫孫永保用憲乃上之詔使中郎將持節卽五原拜憲大將軍封武陽侯食邑二萬戶憲固辭封賜策許焉舊大將軍位在三公下置官屬依太尉續漢志太尉長史千石掾屬二十四人令史及御屬二十二人也集解先謙曰官本注末無也字憲威權震朝廷公卿希旨奏憲位次太傅下三公上長史司馬秩中二千石從事中郎二人六百石自下各有增振旅還京師於是大開倉府勞賜士吏其所將諸郡二千石子弟從征者悉除太子舍人續漢志曰太子舍人秩二百石無員更直宿衞也是時竇篤爲衞尉景瓌皆侍中奉車駙馬都尉四家競修第宅窮極工匠明年詔曰大將軍憲前歲出征克滅北狄朝加封賞固讓不受舅氏舊典竝蒙爵土西漢故事帝舅皆封侯其封憲冠軍侯邑二萬戶篤郾侯景汝陽侯瓌夏陽侯各六千戶憲獨不受封遂將兵出鎭涼州㠯侍中鄧疊行征西將軍事爲副北單于㠯漢還侍弟復遣車諧儲王等款居延塞欲入朝見願請大使憲上遣大將軍中護軍班固行中郎將與司馬梁諷迎之會北單于爲南匈奴所破被創遁走固至私渠海而還憲㠯北虜微弱遂欲滅之明年復遣右校尉耿夔司馬任尙趙博等將兵擊北虜於金微山大破之克獲甚眾北單于逃走不知所在憲既平匈奴威名大盛㠯耿夔任尙等爲爪牙鄧疊郭璜爲心腹班固傅毅之徒皆置幕府㠯典文章刺史守令多出其門集解汪文臺曰袁安傳注袁山松書云憲日益橫盡樹其私人於名都大郡河南尹王調漢陽太守朱敞南陽太守滿殷高丹等皆其賓客尙書僕射郅壽樂恢竝㠯忤意相繼自殺壽郅惲子由是朝臣震懾望風承旨而篤進位特進得舉吏漢法三公得舉吏見禮依三公景爲執金吾瓌光祿勳權貴顯赫傾動京都雖俱驕縱而景爲尤甚奴客緹騎依倚形埶侵陵小人漢官儀曰執金吾緹騎二百人說文曰緹帛丹黃色也言奴客及緹騎竝爲縱橫也强奪財貨篡取罪人妻略婦女商賈閉塞如避寇讎有司畏懦莫敢舉奏太后聞之使謁者策免景官㠯特進就朝位

瓌少好經書節約自修出爲魏郡遷潁川太守集解劉攽曰案文魏郡下少太守二字竇氏父子兄弟竝居列位充滿朝廷叔父霸爲城門校尉霸弟褒將作大匠褒弟嘉少府其爲侍中將大夫郎吏十餘人憲既負重勞陵肆滋甚四年封鄧疊爲穰侯疊與其弟步兵校尉磊及母元又憲女壻射聲校尉郭舉舉父長樂少府璜太后居長樂宮故有少府秩二千石皆相交結元舉竝出入禁中舉得幸太后遂共圖爲殺害帝陰知其謀乃與近幸中常侍鄭眾定議誅之㠯憲在外慮其懼禍爲亂忍而未發會憲及鄧疊班師還京師詔使大鴻臚持節郊迎賜軍吏各有差憲等既至帝乃幸北宮詔執金吾五校尉勒兵屯衞南北宮閉城門收捕疊磊璜舉皆下獄誅家屬徙合浦遣謁者僕射收憲大將軍印綬更封爲冠軍侯憲及篤景瓌皆遣就國帝㠯太后故不欲名誅憲爲選嚴能相督察之憲篤景到國皆迫令自殺

宗族賓客以憲爲官者皆免歸本郡瓌以素自修不被逼迫明年坐稟假貧人稟給也假貸貧人非侯家之法故坐焉徙封羅侯不得臣吏人羅縣屬長沙郡在今岳州湘陰縣東北集解先謙曰今湘陰縣東北六十里初竇后之譖梁氏憲等豫有謀焉永元十年梁棠兄弟棠及兄雍雍弟翟並梁竦子也徙九眞還路由長沙逼瓌令自殺後和熹鄧后臨朝永初三年詔諸竇前歸本郡者與安豐侯萬全俱還京師萬全少子章

論曰衞青霍去病資強漢之眾連年以事匈奴國秏太半矣而猾虜未之勝後世猶傳其良將豈非以身名自終邪竇憲率羌胡邊雜之師一舉而空朔庭至乃追奔稽落之表飲馬北鞮之曲銘石負鼎薦告清廟列其功庸兼茂於前多矣而後世莫稱者章末釁以降其實也降損也是以下流君子所甚惡焉論語曰紂之不善不如是之甚也是以君子惡居下流天下之惡皆歸焉集解先謙曰官本無注夫二三子得之不過房幄之間非復

搜揚仄陋選舉而登也二三子謂衞霍及憲也皆緣椒房幃幄之恩耳當青病奴僕之時衞青本平陽公主家童所生相者見之曰貴人官至封侯青笑曰人奴之生無笞罵足矣安得封侯哉竇將軍念咎之日謂太后閉之南宮欲誅之日也乃庸力之不暇思鳴之無晨吳志諸葛瑾曰失旦之雞復思一鳴也何意裂膏腴享崇號乎東方朔稱用之則爲虎不用則爲鼠信矣以此言之士有懷琬琰以就煨塵者亦何可支哉琬琰美玉也楚詞曰懷琬琰以爲心支計也亦何可計言其多也

章字伯向少好學有文章與馬融崔瑗同好更相推薦融集與竇伯向書曰孟陵奴來賜書見手跡歡喜何量見於面也書雖兩紙紙八行行七字永初中三輔遭羌寇章避難東國家於外黃外黃縣屬陳留郡城在今汴州雍州縣東集解先謙曰官本注雍下州作丘是居貧蓬戶蔬食莊子原憲編蓬爲戶論語顏回飯蔬食也躬勤孝養然講讀不輟太僕鄧康鄧珍之子禹之孫聞其名請欲與交章不肯往康以此益重焉是時學者稱東觀爲老氏臧室道家蓬萊山老子爲守臧史復爲柱下史四方所記文書皆歸柱下事見史記言東觀經籍多也蓬萊海中神山爲仙府幽經秘錄並皆在焉集解惠棟曰張衡云蓬萊太史祕府道家所貴衡再得之竊爲幸也沈約云漢東京圖籍在東觀故使名儒碩學著作東觀撰述國史康遂薦章入東觀爲校書郎順帝初章女年十二能屬文以才貌選入掖庭有寵與梁皇后並爲貴人擢章爲羽林郎將續漢志曰羽林郎秩二百石無員常宿衞侍從也遷屯騎都尉章謙虛下士收進時輩甚得名譽是時梁竇並貴各有賓客多交搆其間章推心待之故得免於患貴人早卒帝追思之無已詔史官樹碑頌德章自爲之辭集解沈欽韓曰藝文類聚崔瑗竇貴人誄曰貴人雖歿遺德尊著施金石垂後昆蓋碑卽瑗所撰貴人歿後帝禮待之無衰永和五年遷少府漢安二年轉大鴻臚建康元年梁后稱制集解惠棟曰東觀記孝順梁皇后傳云順帝崩沖帝在襁褓太后攝政初章德竇后嫉害恭懷皇后獨生聖嗣陷以非辜家屬坐徙九眞章德后之從父昆弟章女爲貴人與太后竝寵章致位大鴻臚及上晏駕后登至尊章惶怖太后內無忌刻之心遂不以舊惡介意章自免卒于家中子唐集解惠棟曰世系云章三子陶唐統有俊才官至虎賁中郎將

贊曰悃悃安豐亦稱才雄楚辭曰悃悃款款也王逸注曰志純一也亦猶實也提契河右奉圖歸忠奉圖者謂旣奉外戚圖乃歸于漢也孟孫明邊伐北開西叶韻音先憲實空漢遠兵金山集解沈欽韓曰阿爾泰山在喀爾喀部卽古金山在特思河西北綿亘二千餘里高入霄漢盛夏積雪不消爲西北諸山之祖聽笳龍庭鏤石燕然笳胡樂也老子作之雖則折鼎王靈以宣鼎三足三公象折足者言其不勝任也易曰鼎折足覆公餗也

竇融列傳第十三終　　後漢書二十三

竇融傳融高祖父宣帝時吕吏二千石自常山徙焉集解洪亮吉曰至惠棟曰案世系竇賞襲章武侯徙扶風平陵爲融五世祖據史記侯表章武侯廣國傳子完孫常坐謀殺人未殺罪國除前書恩澤侯表完作定常作常生此緣史表題名誤連坐罪之坐作常坐故班表又譌坐爲生作常生其實止名常耳賞形近當卽一人前書外戚傳廣國本觀津人家於清河掠賣轉徙至長安聞竇后貴上書自陳因得通顯始雖居長安其子嗣侯必已就國長安固非其家也古世系由一世上至五世本逆數之高祖卽亦可云五世祖但常失侯在武帝元狩元年而其家遷扶風平陵則在宣帝時蓋常始因失國還常山子孫有爲吏至二千石者宣帝時又自常山徙扶風平陵世系誤兩徙爲一也

金城太守厙鈞集解錢大昕曰案下文云吕鈞爲金城太守則此時未爲太守疑亦是都尉也詳下文係連類而及仍吕鈞爲金城太守耳不必如錢說

酒泉都尉竺曾集解惠棟曰案竺曾當從竹至孤竹君之後今案通鑑胡注引姓譜下又云一曰天竺國之後錢大昭據前書西域傳已有謁者竺次則竺姓非東漢人避仇始改矣

下不失尉佗注佗行南海尉左震曰注文尉下當有事字今案漢職官有行領試守假之別凡言行者其下固皆應有事字而范書及李注往往省去事字劉氏刊誤亦未能偏刊竊謂此如後世之有署事而公文但言署某官耳未必皆誤脫也

友至高平注高平今涼州縣也集解陳景雲曰唐涼州無高平縣當云原州平高縣今案高平前已見光武紀本傳後文與大軍會高平第一注皆言今原州縣不應此又岐出自由原涼形近而譌

守節不回注回邪也案不回猶言不轉也不易也注說誤

迄今傷痍之恥未愈恥官本作體與袁紀合

遂矯稱陰太后詔令六安侯劉盱去婦侯康曰光武中元元年有隴西太守劉盱討叛羌破之亦見西羌傳或卽其人

封勳弟嘉爲安豐侯食邑二千戶奉融後和帝初爲少府侯康曰魏志杜恕傳昔漢安帝時少府竇嘉辟廷尉郭躬無罪之兄子猶見舉奏章劾紛紛案彼文作安帝或誤

追至蒲類海注蒲類海今名婆悉海在今庭州蒲昌縣東南也集解沈欽韓曰注蒲昌當作蒲類元和志庭州蒲類縣貞觀十四年置今案舊志西州蒲昌貞觀十四年於始昌故城置縣東南有蒲類海胡人呼爲婆悉海是注蒲昌不誤又新志蒲昌本隸庭州後來屬西州則注庭州亦不誤至蒲類舊志謂郎以海名縣亦不得云在縣東南新志蒲類原隸西州後來始屬庭州武后長安二年改庭州爲北庭都護府事固在章懷已卒之後蒲類亦於肅宗寶應元年更名後庭元和志直以貞觀始置之蒲類屬庭州則尤考之未詳也

來苗文穆至匈奴河水上集解劉攽曰案匈河水名多一奴字前書匈河去令居千里案南匈奴傳右部從匈奴河水西繞天山劉氏亦云匈河自是水名妄出奴字又前書匈奴傳趙破奴萬餘騎出令居數千里至匈奴河水臣瓚曰水名也與武紀注同未嘗言名有誤刊誤則據破奴本傳但云匈河爲衍奴字蓋以破奴爲匈河將軍攻胡至匈河水其傳再言匈河皆無奴字耳然史記前後漢書匈奴傳皆作匈奴河有奴字前表從票侯趙破奴亦作匈奴河將軍有奴字故周壽昌疑匈奴河偶稱匈河者不過省文也且破奴以本從票騎將軍擊匈奴遂以從票爲侯名以嘗至匈奴河水遂以匈河爲將軍名從票騎可省爲從票匈奴河何不可省爲匈河詔制既有定稱水名且緣而改易此周氏之說有可信者劉氏刊誤必據一事而盡改之似猶未觀其通也

國家棄憲如孤雛腐鼠耳案袁紀云難彫之人不可汲引吾捐棄汝等如孤雛腐鼠爾

發北軍五校注漢有南北軍中候一人六百石集解劉攽曰注南北軍中候案漢有北軍中候耳衍南字至刊誤言是也今案注當是漢有南北軍北軍中候一人南北軍下誤脫北軍二字耳傳言北軍注應先釋所起無突舉北軍中候之理也

南單于屯居河南匈奴傳河作何同

出擱陽塞集解沈欽韓曰今在吳喇忒旗北吳本亦作烏譯音無定也擱本紀作楓从木皆楓字轉寫之譌

遂臨私渠北鞮海私帝紀作和北原作北字殘似比據論文正

憲秉遂登燕然山集解沈欽韓曰杭愛山至當卽古燕然山案燕然山已見和紀章懷無注前書匈奴傳貳師引兵還至速邪烏燕然山顏注亦不能詳其地蓋唐雖置燕然州而實寄在靈州之迴樂縣乃僑治州與漢之燕然山無涉不能據以爲說故通鑑胡注別引北史以說之攷魏書蠕蠕傳言世祖緣栗水西行過漢

將竇憲故壘亥於兎園水分路接討東至瀚海西接張掖水北渡燕然山當在今之喀爾喀部近儒皆謂卽杭愛山則固在今札薩克圖汗之東北當三音諾顏之中部也

寅亮聖明注寅敬亮信也尙書曰二公弘化寅亮天地案二古文原作貳傳謂副貳三公弘大道化敬信天地之教則作二非矣爾雅釋詁寅進也亮右也右者助也毛詩六月傳殷曰寅車先疾也鄭箋寅進也又大明涼彼武王釋文云韓詩作亮相也相亦助也前書莽傳引詩亮彼武王顏注亮助也寅亮聖明對登翼王室爲文本謂進助聖明自章懷注誤引僞書選注亦沿其誤矣

焚老上之龍庭注匈奴五月大會龍庭祭其先天地鬼神案前書匈奴傳作五月大會龍城本書南匈奴傳言匈奴俗歲有三龍祠又祠後因會諸部議國事曰龍會均不言龍庭注直以龍城爲龍庭選注亦同皆未必合也當是匈奴諸王庭稱王庭單于庭則稱龍庭耳

士有懷琬琰㠯就煨塵者案說文灰死火餘㶳也廣雅煨㶳也是煨塵猶灰塵

居貧蓬戶蔬食注論語顏回飯蔬食也案蔬古但作疏論語飯疏食飲水釋文本或作蔬皇侃義疏本亦作蔬周禮聚斂疏材釋文並云菜也惟注以爲顏回則誤

虛受堂 卷二十三校補 三

擢章爲羽林郎將注續漢志曰羽林郎秩二百石無員常宿衞侍從也案續志羽林中郎將比二千石主羽林郎羽林郎比三百石常選六郡良家補之注言羽林郎秩二百石疑誤又章原爲校書郎漢時校書無專官以郎居其任則謂之校書郎以郎中居其任則謂之校書郎中是章官本郎也擢官不應仍爲羽郎羽林郎主宿衞宮省尤非所以處文士且傳文明云擢爲羽林郎將當卽羽林中郎將猶劉隆傳虎賁中郎將省言虎賁將耳注以羽林郎說之尤誤

雖則折鼎王靈㠯宣注易曰鼎折足覆公餗也官本注末無也字

馬援列傳第十四 子廖 子防 兄子嚴 族孫稜

後漢書二十四

宋 宣 城 太 守 范 曄 撰

唐 章 懷 太 子 賢 注

王先謙集解

馬援字文淵扶風茂陵人也其先趙奢爲趙將號曰馬服君子孫因爲氏馬服者言能服馭馬也史記曰趙惠文王以奢有功賜爵號爲馬服君武帝時㠯吏二千石自邯鄲徙焉東觀記曰徙茂陵成懽里曾祖父通㠯功封重合侯坐兄何羅反被誅重合縣屬勃海郡故城在今滄州樂陵縣東馬何羅與江充相善充既誅遂懼罪及己謀反伏誅集解惠士奇曰馬前書作莽莽馬音同古文通說者謂明德后惡之改字爲莽非也周壽昌曰武帝至後漢光武初更入帝將百五十年而馬通至援尙止四代恐其世系尙有未確至馬易爲莽本前書武紀注孟康說通鑑胡注復轉引之前書武昭紀西域傳俱作馬通則孟說可信惠駮非也較合蘇輿曰據世系通是援高祖先謙曰官本注末有事見前書四字故援再世不顯祖及父不得爲顯任東觀漢記通生賓宣帝時以郎持節號使君使君生仲仲官至玄武司馬仲生援集解惠棟曰世系云賓三子慶昌襃昌生仲案此

虛受堂 一

則仲爲賓孫與傳異也援三兄況余員東觀記曰況字君平余字聖卿員字季主集解先謙曰官本考證云一本作字長平並有才能王莽時皆爲二千石況河南太守余中壘校尉員增山連率集解惠棟曰袁宏紀況封窮虜侯余封致符子次兄員皆二千石封侯蔡邕集曰余爲中水侯援年十二而孤少有大志諸兄奇之嘗受齊詩意不能守章句東觀記曰受齊詩師事潁川蒲昌集解惠棟曰前書云蒲昌字君都受詩于匡衡爲詹事蒲一作滿案廣韻蒲字下云風俗通漢有詹事蒲昌作滿者疑誤先謙曰官本蒲作滿王會汾云監本作蒲昌案王莽傳滿昌爲講詩祭酒今從宋本改乃辭況欲就邊郡田牧東觀記曰援以況出爲河南太守次兩兄爲吏京師見家用不足乃辭況欲就邊郡畜牧也況曰汝大才當晚成集解沈欽韓曰老子大器晩成良工不示人㠯朴集解錢大昕曰朴古璞字木皮爲朴故玉之皮亦曰朴鼠朴與玉璞本非異文也說文無璞字且從所好從其所請也會況卒援行服朞年不離墓所敬事寡嫂不冠不入廬廬舍也集解先謙曰東觀記云援外類倜儻簡易而內重禮事寡嫂雖在閫內必幘然後見後爲郡督郵集解惠棟曰袁宏紀或薦援有大器由是爲曹督郵也送囚至司命府王莽置司命官上公已下皆糾察囚有重罪援哀而縱之遂亡命北地遇赦因留牧畜賓客多歸

附者遂役屬數百家續漢書曰過北地任氏畜牧自援祖賓本客天水父仲又嘗爲牧師令是時員爲護苑使者故人賓客皆依援集解陳景雲曰注帥當作師前漢有牧師令轉游隴漢間嘗謂賓客曰丈夫爲志窮當益堅老當益壯因處田牧至有牛馬羊數千頭穀數萬斛既而歎曰凡殖貨財產貴其能施賑也集解汪文臺曰御覽八百三十七引華嶠書云凡殖財者貴以施也否則守錢虜耳集解惠棟曰虜袁宏紀作奴乃盡散以班昆弟故舊身衣羊裘皮袴王莽末四方兵起莽從弟衞將軍林廣招雄俊乃辟援及同縣原涉爲掾涉字巨先見前書薦之於莽莽以涉爲鎭戎大尹王莽改天水爲鎭戎改太守爲大尹集解惠棟曰袁宏紀涉爲穎川太守案涉本傳袁紀誤也地理志作塡戎音竹眞反援爲新城大尹莽改漢中爲新城及莽敗援兄員時爲增山連率莽改上郡爲增山連率亦太守也莽法典郡者公爲牧侯稱卒正伯稱連率其無封爵者爲尹也與援俱去郡復避地涼州世祖卽位員先詣洛陽帝遣員復郡集解惠棟曰水經注世祖以員爲上郡太守卒於官援因留西州隗囂甚敬重之以援爲綏德將軍與決籌策是時公

孫述稱帝於蜀囂使援往觀之援素與述同里閈說文曰閈閭也杜預注左傳閈閭門也相善以爲既至當握手歡如平生而述盛陳陛衞以延援入交拜禮畢使出就館更爲援制都布單衣東觀記曰都作荅史記曰荅布千匹前書音義曰荅布白疊布也何承天纂文曰都致錯履無極皆布名方言曰禪衣江淮南楚之閒謂之褋關之東西謂之禪衣集解錢大昕曰都荅聲相近惠棟曰神秋下旬碑云孤嗣禪梵是單禪古字通也司馬相如凡將篇云黃潤纖美宜制禪揚雄蜀都賦云筒中黃潤一端數金述所制當是蜀布也交讓冠會百官於宗廟中立舊交之位述鸞旗旄騎解在公孫述傳警蹕就車磬折而入磬折者屈身如磬之曲折敬也禮饗官屬甚盛欲授援以封侯大將軍位賓客皆樂留援曉之曰天下雄雌未定公孫不吐哺走迎國士哺食也史記周公誡伯禽曰吾一沐三握髮一飯三吐哺猶恐失天下士心也與圖成敗反修飾邊幅言若布帛修整其邊幅也左傳曰如布帛之有幅焉爲之度使無遷如俑人形禮記曰謂爲俑者不仁鄭玄云俑偶人也有面目機發有似於生人也俑音勇集解先謙曰官本俑作偶此子何足久稽天下士乎稽留也因辭歸謂囂曰子陽井底蛙耳言述志識褊狹如坎井之蛙事見莊子而妄自尊大不如專意東方建武四年冬囂使援奉書洛陽集解惠棟曰東觀記囂遣援奏課京師袁宏紀援與拒蜀侯國遊先俱奏章詣京師初到召詣尚書有頃中黃門一人引入也援至引見於宣德殿世祖迎笑謂援曰卿遨遊二帝間今見卿使人大慙集解何焯曰謙言恐不如囂述也惠棟曰東觀記無大字援頓首辭謝因曰當今之世非獨君擇臣也臣亦擇君矣家語曰君擇臣而任之臣亦擇君而事之集解沈欽韓曰亦見晏子內篇問上臣與公孫述同縣少相善臣前至蜀述陛戟而進臣集解先謙曰官本進上有後字東觀記亦有臣今遠來陛下何知非刺客姦人而簡易若是東觀記曰援初到敕令中黃門引入時上在宣德殿南廡下但幘坐故云簡易也帝復笑曰卿非刺客顧說客耳援曰天下反覆盜名字者不可勝數盜猶竊也今見陛下恢廓大度同符高祖乃知帝王自有眞也帝甚壯之援從南幸黎丘轉至東海及還以爲待詔使太中大夫來歙持節送援西歸隴右隗囂與援共臥起問以東方流言及京師得失流猶傳也援說囂曰前到朝廷上引

見數十東觀記曰凡十四見每接讌語自夕至旦才明勇略非人敵也且開心見誠無所隱伏闊達多大節略與高帝同經學博覽政事文辯前世無比囂曰卿謂何如高帝援曰不如也高帝無可無不可此論語孔子自言己之所行也今上好吏事動如節度又不喜飲酒囂意不懌曰如卿言反復勝邪然雅信援故遂遣長子恂入質援因將家屬隨恂歸洛陽居數月而無它職任集解惠棟曰袁宏紀援才略兼人又好縱橫之畫故未得官待詔而已援以三輔地曠土沃而所將賓客猥多乃上書求屯田上林苑中帝許之會隗囂用王元計意更狐疑狐性多疑故曰狐疑援數以書記責譬於囂囂怨援背己得書增怒其後遂發兵拒漢援乃上疏曰臣援自念歸身聖朝奉事陛下本無公輔一言之薦左右爲容之助鄒陽書曰蟠木成萬乘之器者左右爲之容臣不自陳陛下何因聞之夫居前不能令人輊居後不能令人軒言爲人無所輕重也詩云如輊如軒輊音陟利反集解惠棟曰服虔通俗文云車後重曰

軒前重曰輊輕音陟利切沈欽韓曰淮南人間訓置之前而不輦錯之後而不軒與人怨不能爲人患〔集解〕沈欽韓曰管子樞言篇愛人甚而不能利憎人甚而不能害臣所恥也故敢觸冒罪忌昧死陳誠臣與隗囂本實交友〔集解〕王補曰袁紀此下有今聞與來歙書深更怨臣臣自計無負於囂初囂遣臣東謂臣曰本欲爲漢願足下往觀之〔集解〕王補曰袁紀作僕北面稱臣加以本欲爲漢足下往觀其政於汝意可卽專心矣及臣還反報以赤心實欲導之於善非敢譎以非義而囂自挾姦心盜憎主人左傳晉伯宗妻曰盜憎主人民惡其上怨毒之情遂歸於臣臣欲不言則無以上聞〔集解〕沈欽韓曰袁宏紀作無以報陛下願聽詣行在所極陳滅囂之術得空匈腹申愚策退就隴畝死無所恨帝乃召援計事援具言謀畫因使援將突騎五千往來游說囂將高峻任禹之屬下及羌豪爲陳禍福以離囂支黨〔集解〕先謙曰官本支作友劉攽云案文友當作支援又爲書與囂將楊廣使曉勸於囂曰春卿無恙春卿楊廣字前別冀南天水冀縣也〔集解〕先謙曰在今鞏昌府伏羌縣南寂無音驛援閒還長

後漢書二十四　四

安因留上林竊見四海已定兆民同情而季孟閉拒背畔爲天下表的表猶標也言爲標準謂射的也言背叛之罪爲天下所指射也〔集解〕沈欽韓曰史炤云表卑遙反肆師表齍盛注故書表爲標徵識也常懼海內切齒思相屠裂故遺書戀戀以致惻隱之計乃聞季孟歸罪於援而納王游翁諂邪之說游翁王元字也〔集解〕洪頤煊曰隗囂傳元請以一丸泥爲大王東封函谷關元字惠孟李注引決錄平陵王惠孟此稱游翁當是其別字自謂函谷以西舉足可定以今而觀竟何如邪援閒至河內過存伯春存猶問也見其奴吉從西方還說伯春小弟仲舒望見吉欲問伯春無它否竟不能言曉夕號泣婉轉塵中又說其家悲愁之狀不可言也夫怨讎可刺不可毀援聞之不自知其下也〔集解〕先謙曰官本其作泣是援素知季孟孝愛曾閔不過夫孝於其親豈不慈於其子可有子抱三木而跳梁妄作自同分羹之事乎三木者謂桎梏及械也司馬遷曰衣赭關三木分羹謂樂羊也解見公孫述傳季孟平生自言所以擁兵衆者欲以保全父母之國而完墳墓也又言

苟厚士大夫而已〔集解〕通鑑胡注卽其所常言以感人悟物者而窮其本情而今所欲全者將破亡之所欲完者將毀傷之所欲厚者將反薄之季孟嘗折愧子陽而不受其爵愧猶辱也今更共陸陸陸陸猶祿碌也欲往附之將難爲顏乎若復責以重質當安從得子主給是哉〔集解〕通鑑胡注言蜀若復責質子當何從得子以爲質也往時子陽獨欲以王相待謂欲封爲朔甯王也而春卿拒之今者歸老更欲低頭與小兒曹共槽櫪而食〔集解〕惠棟曰史炤云果木華實相半曰槽櫪斷棹也博雅木下支謂之椑櫪先謙曰槽櫪疑以飼馬之具爲喻併肩側身於怨家之朝乎字林併音旦正反〔集解〕先謙曰官本注旦作卑男兒溺死何傷而拘游哉游浮也今國家待春卿意深宜使牛孺卿與諸耆老大人大人謂豪傑也〔集解〕先謙曰孺卿牛邯字共說季孟若計畫不從眞可引領去矣前披輿地圖見天下郡國百有六所〔集解〕錢大昕曰案班史地理志郡國百有三此據平帝元始之籍也今云百有六所豈王莽以後又有增置乎洪亮吉曰前書諸侯王表孝平時繼絕有廣德廣世廣宗之國皆王莽篡後始絕而地理志不載援所言百有六所內蓋有此三國此可以補前志之闕奈何欲以區

後漢書二十四　五

區二邦以當諸夏百有四乎春卿事季孟外有君臣之義內有朋友之道言君臣邪固當諫爭語朋友邪應有切磋爾雅曰骨曰切象曰磋言朋友之道如切磋以成器也詩云如切如磋如琢如磨豈有知其無成而但萎腇咋舌叉手從族乎萎腇耎弱也萎音於僞反腇音乃罪反〔集解〕惠棟曰王幼學云萎腇蓄縮貌咋舌不言貌叉手不動貌謂豈可蓄縮而噤聲措手以就族滅乎正誤云咋與齰通齰也前灌夫傳齰舌自殺及今成計殊尚善也過是欲少味矣且來君叔天下信士朝廷重之其意依依常獨爲西州言援以食爲諭商朝廷尤欲立信於此商度也必不負約援不得久留願急賜報〔集解〕先謙曰東觀記載援與楊廣書曰車丞相高祖園寢郎一月九遷爲丞相者知武帝恨誅衞太子上書訟之上下文闕意蓋以世祖意急滅囂故以車丞相款動廣也本書蓋刪之廣竟不答八年帝自西征囂至漆漆縣屬右扶風〔集解〕先謙曰注見耿弇傳諸將多以王師之重不宜遠入險阻計冘豫未決冘行貌也義見說文豫亦未定也冘音以林反會召援夜至帝大喜引入具以羣議質之廣雅曰質定也援因說隗囂將帥有土崩之埶兵進有必破之狀又於帝前

聚米爲山谷指畫形埶開示衆軍所從道徑往來分析曲折昭然可曉帝曰虜在吾目中矣明旦遂進軍至第一𠫤衆大潰第一解見寶融傳九年拜爲太中大夫副來歙監諸將平涼州自王莽末西羌寇邊遂入居塞內金城屬縣多爲虜有來歙奏言隴西侵殘非馬援莫能定十一年夏璽書拜援隴西太守〔集解〕惠棟曰風俗通云漢有牛崇爲隴西主簿馬文淵爲太守羊喜爲功曹涼部云三牲備具援乃發步騎三千人擊破先零羌於臨洮〔集解〕先謙曰注見光武紀斬首數百級獲馬牛羊萬餘頭守塞諸羌八千餘人詣援降諸種有數萬屯聚寇鈔拒浩亹隘浩亹音告門縣名屬金城郡浩水名也亹者水流夾山間兩岸深若門也詩曰鳧鷖在亹亦其義也今俗呼此水爲閤門河蓋疾言之耳〔集解〕惠棟曰浩孟康闞駰皆音閤先謙曰注見馬武傳援與揚武將軍馬成擊之羌因將其妻子輜重移阻於允吾谷允吾音鈆牙〔集解〕沈欽韓曰紀要今蘭州西北二百里援乃潛行間道掩赴其營羌大驚潰復遠徙唐翼谷中〔集解〕顧炎武曰西甯衞下唐翼谷在允吾谷西馬伏波破羌處援復追討之羌引精兵聚北山上援陳軍向山而分遣數百騎繞襲其後乘夜放火擊鼓叫譟虜遂大潰凡斬首千餘級援以兵少不得窮追收其穀糧畜產而還援中矢貫脛帝以璽書勞之賜牛羊數千頭〔集解〕吳仁傑曰案莊周書腓無胈脛無毛急就章股腳膝體脛爲柱踝跟踵相近聚顏注脛胻骨也腨腓腸也然則脛與腓腸相近而不同援之中矢實貫腓腸書貫脛則乖其實矣又腓腸亦謂之䏿山海經無䏿之國䏿或作綮郭注云綮腓腸也莊周書技經肯綮之未嘗集韻以綮爲筋肉結處不言與䏿通蓋偶忘山海經注耳惠棟曰東觀記云中矢貫腓腸上聞賜羊三千牛三百頭以養病援盡班諸賓客是時朝臣以金城破羌之西破羌縣名屬金城郡故城在今鄯州湟水縣西〔集解〕先謙曰在今碾伯縣東五十里塗遠多寇議欲棄之援上言破羌以西城多完牢易可依固其田土肥壤無塊曰壤〔集解〕惠棟曰袁宏紀援上疏云亢吾以西數十里一城城皆完堅舊制置塞因山阻谷其蹊徑輒有候尉故虜不得安動也案亢吾當作允吾沈欽韓曰方言膿肥也廣雅膿盛也壤當爲膿灌溉流通如令羌在湟中湟水名據前書出金城臨羌縣東至允吾入河今鄯州湟水縣取其名也一名樂都水〔集解〕先謙曰湟水在破羌城南門前過上出靑海下入黃河流一千餘里其地謂之湟中則爲害不休不可棄也帝然之於是詔武威太守東觀記曰梁統也令悉還金城客民金城客人在武威者歸者三千餘口使各反舊邑援奏爲置長吏繕城郭起塢候字林曰塢小障也一曰小城字或作隖音一古反開導水田勸以耕牧郡中樂業〔集解〕惠棟曰水經注援爲狄道開渠引濫水種秔稻又遣羌豪楊封譬說塞外羌皆來和親又武都氐人背公孫述來降者援皆上復其侯王君長賜印綬〔集解〕周壽昌曰案塞外各侯王君長新莽時皆貶其位號故援皆奏復之帝悉從之乃罷馬成軍十三年武都參狼羌與塞外諸種爲寇殺長吏援將四千餘人擊之至氐道縣氐道縣屬隴西郡縣管蠻夷曰道〔集解〕劉攽曰注管當作有是漢書本文後人不曉誤之先謙曰在今秦州府淸水縣西南上邽東南下辯東北羌在山上援軍據便地奪其水草不與戰羌遂窮困豪帥數十萬戶亡出塞諸種萬餘人悉降於是隴右淸靜援務開寬信恩以待下〔集解〕劉攽曰案此不成文理當云開恩信寬以待下先謙曰東觀記正作務開恩信寬以待下任吏以職但總大體而已〔集解〕汪文臺曰書鈔七十四華嶠書云遇長吏如兄弟委以任之賓客故人日滿

其門諸曹時白外事援輒曰此丞掾之任何足相煩續漢志曰郡當邊戍丞爲長吏又置諸曹掾史頗哀老子使得遨游若大姓侵小民黠羌欲旅距此乃太守事耳旅距不從之貌〔集解〕先謙曰旅距聚衆相拒耳注非傍縣嘗有報仇者吏民驚言羌反百姓奔入城郭狄道長詣門狄道縣屬隴西郡今蘭州縣也〔集解〕通鑑胡注隴西治狄道故得詣門白太守請閉城發兵援時與賓客飲大笑曰燒虜何敢復犯我燒虜卽燒羌也曉狄道長歸守寺舍曉喻也寺舍官舍也良怖急者可牀下伏良甚也〔集解〕先謙曰官本牀作牀是後稍定郡中服之視事六年徵入爲虎賁中郎將〔集解〕沈欽韓曰袁宏紀上從容問援曰吾甚恨前殺牧守多也援曰死得其罪何多之有但死者既往不可復生上大笑其順時不忤皆此類也初援在隴西上書言宜如舊鑄五銖錢事下三府三府奏以爲未可許事遂寢及援還從公府求得前奏難十餘條乃隨牒解釋東觀記曰凡十三難援一一解之條奏其狀也更具表言帝從之〔集解〕王補曰援上書請復鑄五銖錢曰富國之本在於食貨宜如舊鑄五銖錢見晉書食貨志天下賴其便援自還京師數被進見爲人

明須髮眉目如畫東觀記曰援長七尺五寸色理髮膚眉目容貌如畫閑於進對尤善述前世行事每言及三輔長者下至閭里少年皆可觀聽自皇太子諸王侍聞者莫不屬耳忘倦又善兵策帝常言伏波論兵與我意合〔集解〕先謙曰此史文從其後官稱之每有所謀未嘗不用初卷人維汜卷縣名屬河南郡故城在今鄭州原武縣西北〔集解〕先謙曰注見章紀訞言稱神有弟子數百人坐伏誅後其弟子李廣等宣言汜神化不死以誑惑百姓十七年遂共聚會徒黨攻沒皖城皖縣名屬廬江郡今舒州懷甯縣皖音下板反又下管反〔集解〕先謙曰注見光武紀殺皖侯劉閔自稱南嶽太師遣謁者張宗將兵數千人討之復為廣所敗於是使援發諸郡兵合萬餘人擊破廣等斬之〔集解〕先謙曰東觀記云擊尋陽山賊上書曰除其竹木譬如嬰兒頭多蟣蝨而剃之蕩蕩蟣蝨無所復依書奏上大悅出付尚書盡數日敕黃門取頭蝨章持入因取小黃門頭有蝨者皆剃之又交阯女子徵側及女弟徵貳反徵側者麊泠縣雒將之女也嫁為朱鳶人詩索妻甚雄勇交阯太守蘇定以法繩之側忿故反攻沒其郡九眞日南合浦蠻夷皆應之

寇略嶺外六十餘城側自立為王於是璽書拜援伏波將軍東觀記曰援上書臣所假伏波將軍印書伏字犬外嚮城皐令印皐字為白下羊丞印四下羊尉印白下人人下羊即一縣長吏印文不同恐天下不正者多符印所以為信也所宜齊同薦曉古文字者事下大司空正郡國印章奏可用〔集解〕惠棟曰顧炎武詩云文淵印下羊此傳注熊朋來鐘鼎篆韻序云皐字以誥聲羊字非羊也郭忠恕佩觿引注云羊工九反宋本後漢書亦有作羊者或从白从斧故云白下人人下羊以扶樂侯劉隆為副扶樂縣名屬九眞郡〔集解〕錢大昕曰案陳國有扶樂縣隆封國當在此未必遠至九眞也隆傳云鄉侯通鑑胡注九眞無扶樂縣水經注扶樂鄉在扶溝縣也督樓船將軍段志等〔集解〕惠棟曰袁宏紀又有平樂侯韓宇段志作殷志也南擊交阯軍至合浦而志病卒詔援并將其兵遂緣海而進隨山刊道千餘里刊除也〔集解〕先謙曰東觀記云援好事至荔浦見冬筍名曰苞筍上言禹貢厥包橘柚疑謂是也其味美於春夏筍十八年春軍至浪泊上〔集解〕惠棟曰水經注云葉榆水過交阯麊泠縣北分為五水絡交阯郡中其南水自麊泠縣東逕封溪縣北東逕浪泊馬援以其地高自西里進屯焉先謙曰浪泊元史大羅城路大羅城西街之西即今西湖見大越史記注與賊戰破之斬首數千級降者萬餘人援追徵側等至禁谿〔集解〕沈欽韓曰紀要禁谿在越南太原府境數敗之賊遂散走明年正月斬徵側徵貳傳首洛陽越志

云徵側兵起都麊泠縣及馬援討之奔入金溪穴中二年乃得之〔集解〕通鑑胡注在麊泠縣西南沈欽韓曰穴當為究水經鬱水注引竺枝扶南記曰山溪瀨中謂之究葉榆水注援將兵討側側走入金溪究中三歲乃得紀要究山在太原府西弄石縣境有巖洞可通行舟或曰即金溪究也封援為新息侯食邑三千戶援乃擊牛釃酒勞饗軍士釃酒濾也詩曰釃酒有藇毛萇注云以筐曰釃釃音所宜反從容謂官屬曰吾從弟少游常哀吾慷慨多大志曰士生一世但取衣食裁足乘下澤車周禮曰車人為車行澤者欲短轂行山者欲長轂短轂則利長轂則安也御款段馬款猶緩也言形段遲緩也為郡掾吏守墳墓鄉里稱善人斯可矣致求盈餘但自苦耳當吾在浪泊西里間〔集解〕先謙曰東觀記里下有鳴字虜未滅之時下潦上霧毒氣重蒸〔集解〕劉攽曰案文重當作熏周壽昌曰案重蒸言下潦上霧兩重相蒸也不必改熏先謙曰東觀記作熏案重字亦通仰視飛鳶跕跕墮水中鳶鳴也跕跕墮貌也跕音都牒泰牒二反臥念少游平生時語〔集解〕惠棟曰孔安國論語注云平生猶少時也何可得也今賴士大夫之力被蒙大恩猥先諸君紆佩金紫且喜且慙吏士皆伏稱萬歲援將樓船大小二千餘艘戰士二

萬餘人擊九眞賊徵側餘黨都羊等自無功至居風無功居風二縣名並屬九眞郡居風今愛州〔集解〕沈欽韓曰一統志都陽十八砦在思恩府西北六百里今土司治紀要居風今越南國清化府西北都羊帝紀作都陽山名御覽五百九十四引東觀記援征都陽山賊上頭蝨章云云官本東觀記作尋陽山賊例誤以都為尋移前破皖賊下斬獲五千餘人嶠南悉平嶠嶺嶠也爾雅曰山銳而高曰嶠嶠音渠廟反廣州記曰援到交阯立銅柱為漢之極界也〔集解〕沈欽韓曰水經注建武十九年九月馬援上言臣謹與交阯精兵萬二千人與大兵合二萬人船車大小二千艘自入交阯於今為盛十月援南入九眞至無功縣賊渠降進入餘發渠帥朱伯棄郡亡入深林巨藪犀象所聚羣牛數千頭時見象數十百為羣又分兵入無編縣至居風縣帥不降並斬級數十百九眞乃靖云袁宏紀徙其渠帥數百家於零陵援奏言西于縣戶有三萬二千西于縣屬交阯郡故城在今交州龍編縣東也遠界去庭千餘里庭縣庭也請分為封溪望海二縣許之封溪望海縣並屬交阯郡援所過輒為郡縣治城郭穿渠灌溉以利其民條奏越律與漢律駮者十餘事駮乖舛也與越人申明舊制以約束之自後駱越奉行馬將軍故事駱者越別名〔集解〕先謙曰東觀記云援平交阯上言太守蘇定張眼視錢目討賊怯於戰功宜加切敕後定果下獄二十年秋振旅還京師軍吏

經瘴疫死者十四五賜援兵車一乘朝見位次九卿援好騎善別名馬於交阯得駱越銅鼓乃鑄爲馬式式法也裴氏廣州記曰俚獠鑄銅爲鼓鼓唯高大爲貴面闊丈餘初成懸于庭剋晨置酒招致同類來者盈門豪富子女以金銀爲大釵執以叩鼓叩竟留遺主人也還上之因表曰夫行天莫如龍行地莫如馬史記平準書曰以爲在天莫如龍在地莫如馬馬者甲兵之本國之大用安寧則㠯別尊卑之序有變則㠯濟遠近之難昔有騏驥一日千里伯樂見之昭然不惑伯樂秦穆公時善相馬者也桓寬鹽鐵論曰騏驥負鹽車垂頭于太行之阪見伯樂則噴而長鳴近世有西河子輿亦明相法子輿傳西河儀長孺長孺傳茂陵丁君都君都傳成紀楊子阿臣援嘗師事子阿受相馬骨法考之於行事輒有驗効臣愚㠯爲傳聞不如親見視景不如察形今欲行之於生馬則骨法難備具又不可傳之於後孝武皇帝時善相馬者東門京東門姓也京名也鑄作銅馬法獻之有詔立馬於魯班門外則更名魯班門曰金馬門臣謹依儀氏

輢中帛氏口齒謝氏脣鬐丁氏身中備此數家骨相㠯爲法援銅馬相法曰水火欲分明水火在鼻兩孔間也上脣欲急而方口中欲紅而有光此馬千里頷下欲深下脣欲緩牙欲前向牙欲去齒一寸則四百里牙劍鋒則千里目欲滿而澤腹欲充膁欲小季肋欲長縣薄欲厚而緩縣薄股也腹下欲平滿汗溝欲深長而膝本欲起肘腋欲開膝欲方蹄欲厚三寸堅如石輢音居奇反集解劉攽曰注牙欲去齒一寸案文多欲字又汗溝欲深長而案文而當在長字上惠棟曰注腹下欲平滿唐宋舊本皆云脅堂欲平滿馬高三尺五寸圍四尺四寸有詔置於宣德殿下集解惠棟曰東觀記云德陽殿下㠯爲名馬式焉初援軍還將至故人多迎勞之平陵人孟冀名有計謀於坐賀援援謂之曰吾望子有善言反同衆人邪昔伏波將軍路博德開置七郡裁封數百戶漢書曰平南越以爲南海蒼梧鬱林合浦交阯九眞日南朱崖儋耳九郡今此言七郡則與前書不同也集解王會汾曰案九郡乃武帝紀中語至昭帝始元五年罷儋耳元帝初元三年罷珠厓故前書地理志交州刺史部止有七郡此注言與前書不同殆失考耳今我微勞猥饗大縣功薄賞厚何㠯能長久乎先生奚用相濟冀曰愚不及援曰方今匈奴烏桓尚擾北邊欲自請擊之男兒要當死於邊野以馬革裹尸還葬耳集解惠棟曰史記鄒陽傳云子胥鴟夷服虔云用馬革作囊以裹尸何能卧牀上在兒女子手中邪冀曰諒爲烈士當如此矣還月餘會匈奴烏桓寇扶風援以三輔侵擾園陵危逼因請行許之自九月至京師十二月復出屯襄國襄國縣名屬趙國今邢州龍崗縣也集解先謙曰在今順德府邢臺縣南百泉村詔百官祖道援謂黃門郎梁松竇固曰凡人爲貴當使可賤如卿等欲不可復賤居高堅自持勉思鄙言松後果以貴滿致災固亦幾不免明年秋援乃將三千騎出高柳行雁門代郡上谷障塞集解惠棟曰東觀記云援行亭鄣到右北平詔書賜援鉅鹿縑三百匹烏桓候者見漢軍至虜遂散去援無所得而還援嘗有疾梁松來候之獨拜牀下援不答集解惠棟曰漢雜事云援小病松拜牀下援於牀上坐視不爲禮姚信士緯云援憑几而見梁竇子弟袁宏紀云援於人汎愛多容然見爵位而無實者笑曰刀不應齒士不聞耳何足畜乎有奇異於衆者雖在少賤必異待之松去後諸子問曰梁伯孫帝壻松尙舞陰公主爾雅曰女子之夫爲壻貴重朝廷公卿已下莫不憚

之大人奈何獨不爲禮援曰我乃松父友也松父統也雖貴何得失其序乎禮記曰見父之執不謂之進不敢進不謂之退不敢退不問不敢對鄭玄曰敬父同志如事父也松由是恨之二十四年武威將軍劉尙擊武陵五溪蠻夷酈元注水經云武陵有五溪謂雄溪樠溪西溪潕溪辰溪悉是蠻夷所居故謂五溪蠻皆槃瓠之子孫也土俗雄作熊樠作朗潕作武在今辰州界集解先謙曰東觀記劉尙作劉禹深入軍沒援因復請行時年六十二帝愍其老未許之援自請曰臣尙能被甲上馬帝令試之援據鞍顧眄以示可用帝笑曰矍鑠哉是翁也矍鑠勇貌也東觀記作矆哉是翁矆音許縛反集解先謙曰官本注曤作矆遂遣援率中郎將馬武耿舒劉匡孫永等將十二郡募士及弛刑四萬餘人征五溪援夜與送者訣謂友人謁者杜愔曰集解惠棟曰袁宏紀作杜憶吾受厚恩年迫餘日索索盡也集解王補曰通鑑作年迫日索無餘字常恐不得死國事今獲所願甘心瞑目但畏長者家兒或在左右或與從事殊難得調介介獨惡是耳長者家兒謂權要子弟等介介猶耿耿也集解通鑑胡注調和也援固慮耿舒之難與共事梁松竇

固之邇言矣明年春軍至臨鄉東觀記曰二月到武陵臨鄉也集解先謙曰臨鄉益鄉名存攷遇賊攻縣援迎擊破之斬獲二千餘人皆散走入竹林中初軍至下雋下雋縣名屬長沙國故城今辰州沅陵縣雋音字兗反集解沈欽韓曰沅陵在武陵西下雋屬長沙郡不應反在武陵西也紀要亦云注誤當在常德府沅江縣界先謙曰歷代地志皆以武昌府通城岳州府巴陵臨湘諸縣當漢下雋當日進兵時事無從攷覈矣有兩道可入從壺頭則路近而水嶮壺頭山名也在今辰州沅陵東武陵記曰此山頭與東海方壺山相似神仙多所游集因名壺頭山也集解惠棟曰水經注壺頭山高一百里廣韻三百里山下有援停軍處徑曲多險其中紆折千灘元和志云在沅陵縣東四十九里沈欽韓曰壺頭山在沅陵縣東北百三十里接常德府桃源縣界從充則塗夷而運遠充縣名屬武陵郡充音昌容反集解先謙曰注見順紀帝初以爲疑及軍至耿舒欲從充道援以爲棄日費糧不如進壺頭搤其喉咽搤持也集解先謙曰官本注持作搤充賊自破以事上之帝從援策三月進營壺頭賊乘高守隘水疾船不得上會暑甚士卒多疫死援亦中病遂困乃穿岸爲室以避炎氣武陵記曰壺頭山邊有石窟卽援所穿室也室內有蛇如百斛船大云是援之餘靈也集解沈欽韓曰崔豹古今注

武溪深乃馬援南征之所作也援門生爰寄善吹笛援作歌以和之名曰武溪深曲曰滔滔武溪一何深鳥飛不度獸不能臨嗟哉武溪多毒淫賊每升險鼓譟援輒曳足以觀之左右哀其壯意莫不爲之流涕耿舒與兄好畤侯弇書曰前舒上書當先擊充糧雖難運而兵馬得用軍人數萬爭欲先奮今壺頭竟不得進大衆怫鬱行死誠可痛惜前到臨鄉賊無故自致集解先謙曰致與至同若夜擊之卽可殄滅伏波類西域賈胡到一處輒止言似商胡所至之處輒停留賈音古㠯是失利今果疾疫皆如舒言弇得書奏之帝乃使虎賁中郎將梁松乘驛責問援因代監軍會援病卒集解先謙曰降繼事詳宗均傳松宿懷不平以援往受其拜遂因事陷之集解王補曰袁紀松未至而援已死松與馬武毀惡援於上帝大怒追收援新息侯印綬集解王補曰古今論援者袁宏以爲過恃才爲之不已則是葸畏養望者反優矣其說非也惟胡寅最當事理其言曰梁松坐馬援書叩頭流血帝所親見也而使之乘驛責援代監其軍援請營壺頭耿舒請從充道兩事俱上帝從援策尋復聽舒告援失利誣陷之言又自松口帝平日料敵制勝明見萬里之外乃於此舉屢失事宜得非春秋既高智有所困邪不然何臣如援而不保令終其爲君德之累豈小小哉初兄子嚴敦並喜譏議並余之子也喜音許吏反而通輕俠客援前在交阯還書誡之曰吾欲汝曹聞人過失如聞父母之名耳可得聞口不可得言也好論議人長短妄是非正法謂譏刺時政也集解惠棟曰通鑑作政法案注當從政此吾所大惡也寧死不願聞子孫有此行也汝曹知吾惡之甚矣所以復言者施衿結褵申父母之戒說文曰衿交衽也詩云親結其褵毛萇注云褵婦人之褘也女施衿結帨爾雅曰褵緌也郭璞注曰卽今之香纓也儀禮父戒女曰戒之敬之夙夜無違命母戒之曰戒之敬之夙夜無違宮事也集解沈欽韓曰陳祥道禮書纓帶曰衿帶結而垂曰褵欲使汝曹不忘之耳龍伯高敦厚周愼口無擇言謙約節儉廉公有威吾愛之重之願汝曹效之杜季良豪俠好義憂人之憂樂人之樂淸濁無所失輕重合宜集解先謙曰言人無賢不肖待之如一父喪致客數郡畢至吾愛之重之不願汝曹效也效伯高不得猶爲謹敕之士所謂刻鵠不成尚類鶩者也鶩鴨也集解通鑑胡注毛晃曰舒鳧俗謂之鴨可畜而不能高飛者曰鴨野生而高飛者曰鶩效季良不

得陷爲天下輕薄子所謂畫虎不成反類狗者也集解惠棟曰漢律云捕虎一購錢三千其狗半之捕豺一購錢百爾雅釋獸云熊虎醜其子狗也說文孔子曰視犬之字如畫狗也先謙曰此引俗諺極不類者反以相形非必指熊虎之子也玉篇熊虎子曰豿與狗不同訖今季良尚未可知郡將下車輒切齒州郡㠯爲言吾常爲寒心是㠯不願子孫效也季良名保京兆人時爲越騎司馬續漢書曰越騎司馬秩千石保仇人上書訟保爲行浮薄亂羣惑衆伏波將軍萬里還書㠯誡兄子集解惠棟曰王充云父兄在千里之外且死遺教戒之書此言當爲伏波發也而梁松竇固㠯之交結集解先謙曰㠯字無義疑當作與音近而訛將扇其輕僞敗亂諸夏書奏帝召責松固㠯訟書及援誡書示之松固叩頭流血而得不罪詔免保官伯高名述亦京兆人爲山都長山都縣屬南陽郡故城在今襄州義淸縣東北今名固城也集解先謙曰在今襄陽府襄陽縣西北由此擢拜零陵太守今永州也初援在交阯常餌薏苡實用能輕身省慾㠯勝瘴氣神農本草經曰薏苡味甘微寒主風溼痺下氣除筋骨邪氣久服輕身益氣南方薏苡實大援欲㠯爲種軍

還載之一車時人㠯爲南土珍怪權貴皆望之援時方有寵故莫㠯聞及卒後有上書譖之者㠯爲前所載還皆明珠文犀（犀之有文彩也）馬武與於陵侯侯昱等（昱司徒侯霸之子也）皆㠯章言其狀帝益怒援妻孥惶懼不敢㠯喪還舊塋裁買城西數畝地槀葬而已（裁僅也與纔同槀草也㠯不歸舊塋時權葬故稱槀【集解】惠棟曰水經注云援墓在石馬亭西睢水所經也）賓客故人莫敢弔會嚴與援妻子草索相連詣闕請罪帝乃出松書㠯示之方知所坐（【集解】王補曰征蠻之役援功垂成而病卒宗均席其威信承制招降以收其成均之功即援之功罪於何有陷之者梁松馬武耿舒也海內不聞其過家人不知所坐賈胡之譏明珠之譖何以示天下乎光武於援家伏闕請罪則出松書以示之松固在中則以朱勃所上章使讀之於朱勃之血誠申訟則不報馬所謂介介惡是者援蓋早慮之矣馬革裹葬恰慰平生特難爲推心置腹明見萬里之光武解耳故嘗謂怒收新息侯印酷於韓彭之菹醢也）上書訴冤前後六上辭甚哀切然後得葬又前雲陽令同郡朱勃詣闕上書曰臣聞王德聖政不忘人之功（周書曰記人之功忘人之過宜爲君也）采其一美不求備於衆（論語周公謂魯公曰不使大臣怨乎不以無求備於一人）

故高祖赦蒯通而以王禮葬田橫（蒯通說韓信背漢高祖徵通至釋不誅田橫初自稱齊王漢定天下橫猶以五百人保于海島高祖追橫橫自殺以王禮葬之並見前書也）大臣曠然咸不自疑夫大將在外讒言在內微過輒記大功不計誠爲國之所慎也故章邯畏口而奔楚（章邯爲秦將使人請事至咸陽趙高不見有不信之心使還報邯畏趙高讒之遂降項羽）燕將據聊而不下（史記曰燕將攻下聊城人或讒之于燕燕將懼誅因保守聊城不敢歸聊卽今博州聊城縣也）豈其甘心末規哉悼巧言之傷類也（末規猶下計也詩云巧言如簧類善也）竊見故伏波將軍新息侯馬援（【集解】王補曰此下袁紀有以四年冬始歸正朔當此之時虜述矯號於益州隗囂擁兵於隴冀豪傑睢盱且自爲政）拔自西州欽慕聖義間關險難（間關猶崎嶇也）觸冒萬死孤立羣貴之間傍無一言之佐馳深淵入虎口豈顧計哉（戰國策曰魏安釐王畏秦將入朝周訢止之王曰許綰爲我祝曰若入不出請徇寡人以首周訢對曰今有人謂臣入不測之泉而徇臣以鼠首可乎綰之首猶鼠首也因王於不測之秦而徇王以首竊爲王不取也司馬遷書曰垂餌虎口又曰夫人臣出萬死不顧一生之計赴公家之難謂援使隗囂也）寧自知當要七郡之使徼封侯之福邪八年車駕西討隗囂國計狐疑衆營未集援建宜進之策卒破西州及吳漢下隴冀路斷隔（【集解】王補曰書鈔此下有豪強叛城西羌殺吏二語）唯獨狄道爲國堅守士民飢困（【集解】惠棟曰東觀記民饑餓噉弩煮履也）寄命漏刻援奉詔西使鎮慰邊衆乃招集豪傑曉誘羌戎謀如涌泉埶如轉規（規員也孫子曰戰如轉員石於萬仞之山者埶也【集解】王補曰文選王仲宣誄注引作轉圜）遂救倒懸之急（孟子曰當今之時行仁政人悅之猶解於倒懸也）存幾亡之城（幾音祈幾近也）兵全師進因糧敵人隴冀略平而獨守空郡（守音式授反）兵動有功師進輒克銖鋤先零緣入山谷猛怒力戰飛矢貫脛又出征交阯土多瘴氣援與妻子生訣無悔吝之心（吝猶恨也）遂斬滅徵側克平一州（南海蒼梧鬱林合浦交阯日南九眞皆屬交州）閒復南討立陷臨鄉師已有業未竟而死吏士雖疫援不獨存夫戰或㠯久而立功或㠯速而致敗深入未必爲得不進未必爲非人情豈樂久屯絕地不生歸哉惟援得事朝廷二十二年北出塞漠南渡江海觸冒

害氣僵死軍事（僵仆也）名滅爵絕國土不傳海內不知其過衆庶未聞其毀卒遇三夫之言橫被誣罔之讒（韓子曰龐共與魏太子質於邯鄲共謂魏王曰今一人言市有虎王信乎王曰否二人言信乎王曰否三人言王信乎曰寡人信之龐共曰夫市無虎明矣然三人言誠市有虎今邯鄲去魏遠於市謗臣者過三人願王熟察之）家屬杜門葬不歸墓怨隙並興宗親怖慄死者不能自列生者莫爲之訟臣竊傷之夫明主醲於用賞（【集解】沈欽韓曰洪範傳農厚也疏引鄭注農讀爲醲說文醲厚酒也）約於用刑高祖嘗與陳平金四萬斤㠯間楚軍不問出入所爲豈復疑㠯錢穀間哉夫操孔父之忠而不能自免於讒此鄒陽之所悲也（史記鄒陽言曰昔者魯聽季孫之說而逐孔子宋信子罕之計而囚墨翟夫以孔墨之辯不能自免於讒諛【集解】先謙曰官本注言作書是）詩云取彼讒人投畀豺虎豺虎不食投畀有北有北不受投畀有昊（詩小雅巷伯篇也畀與也昊昊天也投與昊天制其罰也）此言欲令上天而平其惡惟陛下留思豎儒之言（言其僮豎無知也高祖曰豎儒幾敗吾事）無使功臣懷恨黃泉臣聞春秋之義罪㠯功除（公羊傳曰夏滅項孰

滅之齊滅之曷爲不言齊滅爲桓公諱也以桓公常有繼絕存亡之功故君子爲之諱也聖王之祀臣有五義禮記曰夫聖王之制祀也法施於人則祀之以死勤事則祀之以勞定國則祀之能禦大災則祀之能捍大患則祀之若援所謂以死勤事者也願下公卿平援功罪宜絕宜續以厭海內之望臣年已六十常伏田里竊感欒布哭彭越之義前書曰彭越爲梁王欒布爲梁大夫使於齊越以謀反梟首洛陽詔有收視者捕之布使還奏事越頭下祠而哭之冒陳悲憤戰慄闕庭書奏報歸田里集解王補曰袁紀書奏不報歸田里時梁松竇固等在中上問知朱勃乎對曰故雲陽令因以所上章使讀之松固驚相謂曰如是陛下不甚罪伏波也補案本傳報上奪不字通鑑作帝意稍解勃字叔陽年十二能誦詩書常候援兄況勃衣方領能矩步續漢書音義曰頸下施衿領正方學者之服也矩步者回旋皆中規矩辭言嫺雅嫺音閒嫺雅猶沈靜也司馬相如曰雍容嫺雅援裁知書見之自失況知其意乃自酌酒慰援曰朱勃小器速成智盡此耳卒當從汝稟學勿畏也稟受也朱勃未二十右扶風請試守渭城宰渭城縣名故城在今咸陽縣東北前書音義曰試守者試守一歲乃爲眞食其全俸及援爲將軍封侯而勃

位不過縣令援後雖貴常待以舊恩而卑侮之勃愈身自親及援遇讒唯勃能終焉肅宗即位追賜勃子穀二千斛東觀記曰章帝下詔曰告平陵令丞縣人故雲陽令朱勃建武中以伏波將軍爵土不傳上書陳狀不顧罪戾懷旌善之志有烈士之風詩云無言不讎無德不報其以縣見穀二千斛賜勃子若孫勿令遠詣闕謝初援兄子壻王磐子石子石磐字也王莽從兄平阿侯仁之子也集解惠棟曰東觀記馬嚴姊壻父平阿侯王述案恩澤表刺侯仁生述則磐當爲仁孫也莽敗磐擁富貲居故國爲人尚氣節而愛士好施有名江淮閒後游京師與衞尉陰興大司空朱浮齊王章共相友善援謂姊子曹訓曰王氏廢姓也子石當屏居自守而反游京師長者長者謂豪俠者也集解通鑑胡注長者謂諸貴戚郎前所云長者家兒是也陳景雲曰長者猶貴人鄭衆辭皇太子山陽王之聘梁松諷以長者意不可違是也錢大昕曰魏文帝詔曰三世長者知被服五世長者知飲食是長者爲貴人之稱王補曰袁紀援謂所親曰王子石俠士也今游京師在長者閒用氣自行多所陵折其敗必也後歲餘磐果與司隸校尉蘇鄴丁鴻事相連坐死洛陽獄而磐子肅復出入北宮及王侯

邸第援謂司馬呂种曰是援行軍之司馬也建武之元名爲天下重開自今以往海內日當安耳但憂國家諸子並壯而舊防未立舊防諸侯王子不許交通賓客若多通賓客則大獄起矣卿曹戒慎之及郭后薨有上書者以爲肅等受誅之家客因事生亂集解劉攽曰案肅即是受誅之家不當云客蓋是容字容有此事也慮致貫高任章之變張敖爲趙王其相貫高高祖不禮趙王高恥之置人壁中欲害高祖又任章父宣霍氏女壻坐謀反誅宣帝祠昭帝廟章乃玄服夜入廟待帝至欲爲逆發覺伏誅並見前書帝怒乃下郡縣收捕諸王賓客更相牽引死者以千數呂种亦豫其禍臨命歎曰馬將軍誠神人也集解王補曰袁紀种歎曰馬生之言其神乎永平初援女立爲皇后顯宗圖畫建武中名臣列將於雲臺雲臺在南宮也以椒房故獨不及援東平王蒼觀圖言於帝曰何故不畫伏波將軍像帝笑而不言至十七年援夫人卒乃更修封樹起祠堂建初三年肅宗使五官中郎將持節追策謚援曰忠成侯四子廖防光客卿客卿幼而岐嶷年六

歲能應接諸公專對賓客嘗有死罪亡命者來過客卿逃匿不令人知外若訥而內沈敏援甚奇之以爲將相器故以客卿字焉張儀虞卿並爲客卿故取名焉事見史記援卒後客卿亦夭沒

論曰馬援騰聲三輔遨游二帝及定節立謀以干時主將懷負鼎之願蓋爲千載之遇焉伊尹負鼎以干湯光武與竇融書曰千載之遇也然其戒人之禍智矣謂誡竇固梁松王磐呂种等皆如所言也而不能自免於讒隙豈功名之際理固然乎居功名之地讒搆易興而能免之者少矣夫利不在身以之謀事則智慮不私己以之斷義必厲誠能回觀物之智而爲反身之察若施之於人則能恕自鑒其情亦明矣見人之謂智自見之謂明以自見之明爲見人之用其於物理豈不通乎

廖字敬平少以父任爲郎東觀記曰廖少習易經清約沈靜援擊武溪無功卒于師廖不得嗣爵明德皇后既立拜廖爲羽林左監虎賁中郎將顯宗崩受遺詔典掌門禁遂代趙熹爲衞尉肅宗甚尊重之時皇太后躬履節儉事從

簡約廖慮美業難終上疏長樂宮㠯勸成德政曰臣案前世詔令㠯百姓不足起於世尚奢靡故元帝罷服官前書音義曰齊國舊有三服之官春獻冠幘縰爲首服紈素爲冬服輕綃爲夏服元帝約省故罷之成帝御浣衣哀帝去樂府哀帝卽位詔罷鄭衛之音減郊祭及武樂等人數也然而侈費不息至於衰亂者百姓從行不從言也書曰違上所命從厥攸好夫改政移風必有其本傳曰吳王好劒客百姓多創瘢楚王好細腰宮中多餓死墨子曰楚靈王好細腰而國多餓人也長安語曰當時諺也城中好高髻四方高一尺城中好廣眉四方且半額城中好大袖四方全匹帛斯言如戲有切事實前下制度未幾後稍不行〔集解〕劉攽曰案文有未幾則不當更有後字盖本是復字也雖或吏不奉法良由慢起京師今陛下躬服厚繒斥去華飾素簡所安發自聖性言儉素約簡后之所安〔集解〕惠棟曰東觀記太后曰吾爲萬乘之主身衣大練縑裙也此誠上合天心下順民望浩大之福莫尚於此陛下既已得之自然猶宜加㠯勉勗法太宗之隆德戒成哀之不終太宗孝文也玄默爲化身衣弋綈成帝下詔務從儉約禁斷綺縠女樂嫁娶葬埋過制唯青緑人所常服不禁哀帝初卽位易帷帳去錦繡乘輿席緣綈繒而已成帝以趙飛燕哀帝以董賢爲儉並不終易曰不恒其德或承之羞恒卦九三爻辭也巽下震上鄭玄注云巽爲進退不恒其德之象又玄體兌兌爲毁折後或有羞辱也〔集解〕先謙曰官本注玄作互是誠令斯事一竟竟猶終也則四海誦德聲薰天地薰猶蒸也言芳聲薰天地也神明可通金石可勒而況於行仁心乎況於行令乎願置章坐側㠯當瞽人夜誦之音瞽人無目者也古者瞽師教國子誦六詩前書禮樂志云乃采詩夜誦夜誦者其辭或祕不可宣露故於夜中歌誦也太后深納之朝廷大議輒㠯詢訪廖性質誠畏慎不愛權埶聲名盡心納忠不屑毁譽王逸注楚辭云屑顧也有司連據舊典奏封廖等累讓不得已建初四年遂受封爲順陽侯㠯特進就第每有賞賜輒辭讓不敢當京師㠯是稱之子豫爲步兵校尉太后崩後馬氏失埶廖性寬緩不能敎勒子孫豫遂投書怨誹又防光奢侈好樹黨與八年有司奏免豫遣廖防光就封豫隨廖歸國考

擊物故物無也故事也謂死也〔集解〕惠棟曰劉熙釋名云漢以來謂死爲物故言其諸物皆就朽故也後詔還廖京師永元四年卒和帝㠯廖先帝之舅厚加賵賻使者弔祭王主會喪謚曰哀侯子遵嗣徙封程鄉侯遵卒無子國除元初三年鄧太后詔封廖孫度爲潁陽侯〔集解〕官本考證曰詔當作紹

防字江平〔集解〕先謙曰東觀記作公平別本又作字孝孫書鈔六十四引華嶠書同永平十二年與弟光俱爲黃門侍郎〔集解〕先謙曰東觀記云永平十五年上始欲征匈奴與竇固等議出兵調度皆以爲塞外草美可不須穀馬其各以下缺固等兵到燉煌當出塞上請馬穀上以固言前後相違怒不與穀皆言案軍出塞無穀馬故事防言宣帝時五將出征其奏言匈奴候騎得漢馬矢見其中有粟卽知漢兵出以故引去以是言之馬當與穀上善其用意徼至敕下調馬穀防遂見親近肅宗卽位拜防中郎將稍遷城門校尉建初二年金城隴西保塞羌皆反羌東吾燒當之後也以其父滇吾降漢乃入居塞內故稱保塞拜防行車騎將軍事〔集解〕汪文臺曰書鈔六十四引華嶠書云位列九卿班同三府與耿恭同征盧水羌㠯長水校尉耿恭副將北軍五校兵及諸郡積射士三萬人擊之軍到冀而羌豪布橋等

圍南部都尉於臨洮防欲救之臨洮道險車騎不得方駕防乃別使兩司馬將數百騎分爲前後軍去臨洮十餘里爲大營多樹幡幟揚言大兵旦當進羌候見之馳還言漢兵盛不可當明旦遂鼓譟而前羌虜驚走因追擊破之斬首虜四千餘人遂解臨洮圍防開以恩信燒當種皆降唯布橋等二萬餘人在臨洮西南望曲谷酈元注水經云望曲在臨洮西南去龍桑城二百里〔集解〕先謙曰在今岷州西南十二月羌又敗耿恭司馬及隴西長史於和羅谷死者數百人明年春防遣司馬夏駿將五千人從大道向其前潛遣司馬馬彭將五千人從間道衝其心腹又令將兵長史李調等將四千人繞其西三道俱擊復破之斬獲千餘人得牛羊十餘萬頭羌退走夏駿追之反爲所敗防乃引兵與戰於索西又破之索西縣名故城在今岷州和政縣東亦名臨洮東城亦謂之赤城沙州記云從東洮至西洮一百二十里東洮卽謂此城〔集解〕惠棟曰水經注防與耿恭從五溪檻檻谷出索西與羌戰破之築索西城在隴西臨洮縣

也布橋迫急將種人萬餘降詔徵防還拜車騎將軍城門校尉如故〔集解〕惠棟曰東觀記上嘉防功令史官作頌頌其功伐袁宏紀三年八月辛巳還京師車駕幸其第厚加賞賜使防歲舉吏二人防貴寵最盛與九卿絕席光自越騎校尉遷執金吾四年封防潁陽侯光爲許陽侯〔集解〕惠棟曰案下詔稱許侯陽字衍東觀記光字叔山監越騎時五校尉令在北軍營中光以爲五校尉主禁兵武備所以宿衞兩宮不宜在一處表請二校尉附北宮詔許越騎射聲治寺北宮洪頤煊曰和帝紀許侯馬光自殺陽是衍字兄弟二人各六千戶防㠯顯宗寢疾入參醫藥又平定西羌增邑千三百五十戶〔集解〕惠棟曰東觀記云特以前參醫藥勤勞省闥綏安西羌增封侯國以襄城羹亭一千二百五十戶防身帶三綬貴寵至盛屢上表讓位俱㠯特進就第皇太后崩明年拜防光祿勳〔集解〕先謙曰東觀記云將緹騎宿衞宮省光爲衞尉防數言政事多見采用是冬始施行十二月迎氣樂防所上也解見章帝紀〔集解〕先謙曰東觀記十二月作十月引見章紀子鉅爲常從小侯以小侯故得常從也六年正月㠯鉅當冠禮記曰二十弱冠儀禮曰士冠筮於廟門主人玄冠朝服有司如主人服卒筮旅占告吉若不吉卽筮遠日如初前期三日筮賓如筮日之儀

陳服于房中西墉下東領北上始加緇布冠次皮弁次加爵弁嫡子冠于阼以著代也三加而彌尊冠而字之敬其名也祝曰令月吉辰加爾元服棄爾幼志順爾成德〔集解〕劉攽曰注士冠筮于廟門案文少一日字先謙曰官本注筮日作求日特拜爲黃門侍郎肅宗親御章臺下殿〔集解〕惠棟曰東京賦云其內則含德章臺天祿宣揚薛綜云皆在應門之內也陳鼎俎自臨冠之明年防復㠯病乞骸骨詔賜故中山王田廬中山王焉以郭太后少子故獨留京師建武三十年徙封中山永平二年就國故以其田廬賜防也㠯特進就第防兄弟貴盛奴婢各千人已上資產巨億皆買京師膏腴美田又大起第觀連閣臨道彌亘街路〔集解〕惠棟曰東觀記近帶城郭妨困小民多聚聲樂曲度比諸郊廟曲度謂曲之節度也賓客奔湊四方畢至京兆杜篤之徒數百人常爲食客居門下刺史守令多出其家歲時賑給鄉閭故人莫不周給防又多牧馬畜賦歛羌胡帝不喜之數加譴敕所㠯禁遏甚備由是權埶稍損賓客亦衰八年因兄子豫怨謗事有司奏防兄弟奢侈踰僭濁亂聖化〔集解〕惠棟曰東觀記爲司隸校尉梁松所奏也先謙曰據松傳歿于顯宗永平四年馬氏之敗在肅宗建初八年松歿久矣悉免就國臨上路詔曰舅氏一門俱就國封四時陵廟無助祭先后者朕甚傷之其令許侯思愆田廬有司勿復請留之於京守田廬而思愆過也㠯慰朕渭陽之情渭陽詩秦風也秦康公送舅晉文公于渭之陽念母之不見也其詩曰我見舅氏如母存焉光爲人小心周密喪母過哀東觀記曰光遭母喪哀痛感傷形悴骨立帝㠯是特親愛之〔集解〕先謙曰東觀記云章帝與光詔曰朝送鹿膾甯用飯也乃復位特進子康黃門侍郎永元二年光爲太僕〔集解〕惠棟曰東觀記云光視事減省諸費歲千萬以上康爲侍中及竇憲誅光坐與厚善復免就封後憲奴誣光與憲逆自殺東觀記曰奴名玉當初竇氏有事玉當亡私從光乞不與恨去懷挾欲中光官捕得玉當因告言光與憲有惡謀光以被誣不能自明乃自殺光死後憲他奴郭扈自出證明光憲無惡謀光子朗上書迎光喪葬舊塋詔許之家屬歸本郡本郡復殺康而防及廖子遵皆坐徙封丹陽防爲翟鄉侯租歲限三百萬不得臣吏民防後㠯江南下溼上書乞歸本郡和帝聽之十三年卒子鉅嗣後爲長水校尉永初七年鄧太后詔諸馬

子孫還京師隨四時見會如故事復紹封光子朗爲合鄉侯〔集解〕惠棟曰案水經注朗一作復永甯元年封也合鄉屬東海郡

嚴字威卿父余王莽時爲揚州牧嚴少孤東觀記曰余卒時嚴七歲依姊壻父九江連率平河侯王述明年母復終會述失郡居沛郡建武三年余外孫右扶風曹貢爲梧安侯相迎嚴歸養視之至四年叔父援從車駕東征過梧安乃將兄弟西嚴年十三至洛陽留寄郎朱仲孫舍大奴步護視之也〔集解〕惠棟曰袁宏紀余王莽時封致符子蔡邕集余封中水侯也又注平河侯述元始四年嗣建武二年封先謙曰注河字誤援傳亦作平阿而好擊劍習騎射東觀記曰嚴從其故門生肆都學擊劍習騎射〔集解〕劉攽曰注其故門生案門生無故者當是叔字其叔門生也周壽昌曰案東觀記原文四年叔父援乃將嚴西嚴從其故門生云云俱主援立說其字郎指援援之故門生也注係截引故字句微闕後乃白援從平原楊太伯講學專心墳典能通春秋左氏東觀記曰從司徒祭酒陳元受之因覽百家羣言遂交結英賢京師大人咸器異之大人長者之稱也仕郡督郵援嘗與計議委㠯家事弟敦〔集解〕惠棟曰敦女宗姜娶太僕趙岐見三輔決錄世系作敷字孺卿亦知名援卒後嚴乃與敦俱歸安陵居鉅下決錄注曰鉅下地名

也三輔稱其義行號曰鉅下二卿明德皇后既立〔集解〕先謙曰嚴上書見后傳嚴乃閉門自守猶復慮致譏嫌遂更徙北地斷絕賓客永平十五年皇后敕使移居洛陽顯宗召見嚴進對閑雅意甚異之有詔留仁壽闥與校書郎杜撫班固等雜定建武注記常與宗室近親臨邑侯劉復等論議政事甚見寵幸後拜將軍長史將北軍五校士羽林禁兵三千人屯西河美稷美稷縣名衞護南單于聽置司馬從事牧守謁敬同之將軍敕嚴過武庫祭蚩尤武庫掌兵器令一人秩六百石前書音義曰蚩尤古天子好五兵故今祭之見高祖紀帝親御阿閣阿曲也觀其士眾時人榮之肅宗即位徵拜侍御史中丞〔集解〕惠棟曰徵拜侍御史復遷中丞也東觀記云嚴拜御史中丞賜冠幘衣服車馬嚴舉劾案章申明舊典奉法察舉無所迴避百僚憚之除子鱄爲郎鱄音持兗反〔集解〕先謙曰官本注持作時令勸學省中勸勉也前書王鳳薦班伯於成帝宜勸學召見宴昵殿是也其冬有日食之災嚴上封事〔集解〕先謙曰東觀記云肅宗初立汲汲欲知下情引納敕嚴有所見聞輒言曰臣聞日者眾陽之

長食者陰侵之徵書曰無曠庶官天工人其代之尚書咎繇之詞言王者代天官人也故考績黜陟以明褒貶尚書曰三載考績三考黜陟幽明無功不黜明陰盛陵陽臣伏見方今刺史太守專州典郡不務奉事盡心爲國而司察偏阿取與自己同則舉爲尤異異則中以刑法中音陟仲反〔集解〕先謙曰官本注陟作丁不即垂頭塞耳採取財賂今益州刺史朱酺〔集解〕洪頤煊曰西南夷傳永平中益州刺史梁國朱輔好立功名慷慨有大畧李注東觀記輔作酺梁國寗陵人也揚州刺史倪說倪音五兮反說音悅涼州刺史尹業等每行考事輒有物故考案也又選舉不實曾無貶坐是使臣下得作威福也故事州郡所舉上奏司直察能否以懲虛實前書武帝元狩五年初置司直比二千石掌佐丞相舉不法續漢書曰光武以武帝故事置司直居丞相府助督錄諸州建武十八年省之今宜加防檢式遵前制舊丞相御史親治職事唯丙吉以年老優游不案吏罪丙吉字少卿魯人也宣帝時爲丞相掾史有罪終無所驗公府不案吏自吉始也見前書於是宰府習爲常俗更共罔養以崇虛名罔養猶依違也或

未曉其職便復遷徙誠非建官賦祿之意宜敕正百司各責以事州郡所舉必得其人若不如言裁以法令傳曰上德以寬服民其次莫如猛故火烈則人望而畏之水懦則人狎而翫之爲政者寬以濟猛猛以濟寬左傳鄭子產誡子太叔爲政之詞也如此綏御有體災眚消矣眚亦災也書奏帝納其言而免酺等官建初元年遷五官中郎〔集解〕何焯曰郎下脫將字東觀記云嚴爲五官中郎將邊境每有事輒下車處便宜上勞以手書除三子爲郎嚴數薦達賢能申解冤結多見納用復以五官中郎將行長樂衞尉事二年拜陳留太守嚴當之職乃言於帝曰昔顯親侯竇固誤先帝出兵西域置伊吾盧屯煩費無益又竇勳受誅其家不宜親近京師是時勳女爲皇后竇氏方寵時有側聽嚴言者以告竇憲兄弟由是失權貴心嚴下車明賞罰發姦慝〔集解〕先謙曰風聞令曹褒雜治宅郡盜徒見褒傳郡界清靜時京師訛言賊從東方來百姓奔走轉相驚動諸郡遑急各以

狀聞嚴察其虛妄獨不爲備詔書敕問使驛係道嚴固執無賊後卒如言與郡四年〔集解〕惠棟曰東觀記建初中嚴病遣功曹史李龔奉章詣闕上召見龔問疾病形狀以黃金十斤葛縛佩刀書刀革帶付龔賜嚴遣太醫送方藥坐與宗正劉軼少府丁鴻等更相屬託徵拜太中大夫十餘日遷將作大匠七年復坐事免後既爲竇氏所忌遂不復在位及帝崩竇太后臨朝嚴乃退居自守訓教子孫永元十年卒于家時年八十二弟敦官至虎賁中郎將嚴七子謂固伉歆鱄融留續唯續融知名續字季則七歲能通論語十三明尚書十六治詩博觀羣籍〔集解〕惠棟曰袁宏紀續博覽古今同郡班固著漢書百篇其七表及天文志有錄無書續盡踵而成之周壽昌曰續奉詔繼固成天文志見曹世叔妻傳而此傳不載善九章算術劉徽九章算術曰方田第一粟米第二差分第三少廣第四商功第五均輸第六盈不足第七方程第八句股第九順帝時爲護羌校尉〔集解〕惠棟曰續先爲張掖太守永康五年代韓皓爲校尉也遷度遼將軍〔集解〕惠棟曰永和元年遷也所在有威恩稱融自有傳

棱字伯威援之族孫也少孤依從兄毅共居業恩猶同產毅卒無子棱心喪三年東觀記曰毅張掖屬國都尉建初中仕郡功曹舉孝廉及馬氏廢肅宗以棱行義徵拜謁者章和元年遷廣陵太守時穀貴民飢奏罷鹽官以利百姓賑貧羸薄賦斂興復陂湖溉田二萬餘頃吏民刻石頌之東觀記曰棱在廣陵蝗蟲入江海化爲魚蝦興復陂湖增歲租十餘萬斛永元二年轉漢陽太守有威嚴稱大將軍竇憲西屯武威棱多奉軍費侵賦百姓憲誅坐抵罪後數年江湖多劇賊以棱爲丹陽太守棱發兵掩擊皆禽滅之轉會稽太守集解先謙曰東觀記詔詰會稽車牛不務堅强車皆以桃枝細簟治亦有聲轉河內太守永初中坐事抵罪卒于家

贊曰伏波好功爰自冀隴南靜駱越西屠燒種徂年已流壯情方勇明德既升家祚以興廖乏三趣防遂驕陵左氏傳曰宋正考甫三命滋益恭一命而僂再命而傴三命而俯循牆而走亦莫余敢侮

馬援列傳第十四終　後漢書二十四

後漢書集解卷二十四校補

馬援傳因留牧畜賓客多歸附者注是時員爲護苑使者錢大昭曰護苑使者前書百官表雖不載此官然王音嘗薦谷永爲之見永傳今案袁紀亦作護苑吏

而簡易若是注時上在宣德殿南廡下但幘坐但官本作袒與聚珍本東觀記合今案說文但裼也裼但也古袒作但故通鑑亦作但幘坐

乃上書求屯田上林苑中帝許之官本無帝字

夫居前不能令人輊輊原譌輕據注正官本不誤注輊音陟利反官本陟作丁

不自知其下也集解先謙曰官本其作泣是錢大昭曰知其下當有泣字南監本其作泣案通鑑其亦作泣知本無其字

來歙奏言隴西侵殘案侵讀作寖古字通

援中矢貫脛集解吳仁傑曰案莊周書腓無胈脛無毛至惠棟曰東觀記云中矢貫腓脹案集解引東觀記當置吳說之前吳說始有著檢刊誤補遺原係引東觀記後加以案語但全錄之惠說自可省也又今聚珍本東觀記作貫腓脛不作腓脹俗字當作腸說文脛胻也胻脛耑也腓脛腨也腨腓腸也足由厀至踝其間謂之脛脛之言莖也如莖之載物也腓腸即謂脛骨後之肉亦曰膊腸易咸其腓鄭注訓腓爲膊腸是矣分言之則前爲脛後爲腓莊子腓無胈脛無毛胈者毳毛也毛者豪毛足脛之毛前多長豪後則茸毳統言之則但曰脛曰胻史記龜策傳壯士斬其胻即斮朝涉之脛前書賈誼傳一脛之大幾如要山海經大幽有赤脛之民赤水有長脛之國皆不得謂言脛不及腓且矢即著於腓腸既已貫腓腸尤不得謂無與於脛脛固其主名也吳氏必謂書貫脛爲非不太泥乎

上書言宜如舊鑄五銖錢錢大昭曰王莽始建國元年廢五銖錢故請復之

又交阯女子徵側及女弟徵貳反注嫁爲朱䳒人詩索妻案水經葉榆水注朱䳒雒將子名詩索䳒泠雒將女名徵側爲妻側爲人有膽勇將詩起賊馬援將兵討側詩走入金溪究趙一淸曰索妻猶言娶婦范史作嫁爲朱䳒人詩索妻繆矣案據水經注言將詩言側詩明止名詩

於是璽書拜援伏波將軍注丞印四下羊丞原作承據東觀記正官本不誤案丞古亦通作承

擊九眞賊徵側餘黨都羊等集解都羊帝紀作都陽案羊陽古通作如左氏傳之夷羊五晉語作夷陽午戰國策之樂羊古今人表作樂陽又緱民校尉碑歐陽尚書作歐羊尚書皆是

子輿傳西河儀長孺案氏族畧儀姓衞大夫儀封人之後然潛夫論志氏姓帝舜之後有儀氏禹時有儀狄見戰國策又左傳陳有儀行父皆在前

備此數家骨相吕爲法注蹄欲厚三寸案厚三寸與齊民要術合官本三作二

昔伏波將軍路博德開置七郡裁封數百戶注漢書曰平南越吕爲南海蒼梧鬱林合浦交阯九眞日南朱崖儋耳九郡今此言七郡則與前書不同也集解王會汾曰案九郡乃武帝紀中語至此注言與前書不同殆失考耳今案儋耳珠崖後雖相繼作罷而傳文乃就路博德開置之始言之故章懷以爲不合王氏反謂注爲失考非又章懷所云九郡乃據前書路博德傳文非據武紀紀固未明言九郡也但竇融傳已云任囂效尉佗制七郡其於佗當時情事亦未必合直是南海七郡本爲當時慣語故援亦忘數儋耳珠崖耳

矍鑠哉是翁也注矍鑠勇貌也官本注無也字

明年春至臨鄉集解臨鄉葢鄉名存攷通鑑胡注引水經注武陵郡沅南縣建武中所置縣在沅水之陰因以沅南爲名縣治故城昔馬援討臨鄉所築也今案臨鄉之名傳凡三見耿舒言前到臨鄉賊無故自致朱勃

言閒復南討立陷臨鄉而後世求其地之所在殊無可據以確定者以朱勃書立陷臨鄉水經注援討臨鄉觀之似本奚蠻地名水經沅水注又言臨沅縣南對沅南縣荆州記則謂臨沅縣南臨沅水水源出牂柯且蘭縣至郡界分爲五溪援討臨鄉而建城治則沅南縣葢即臨鄉故地而亦分臨沅以增置之耳齡德武陵縣南七十里西以地邇臨沅故有臨鄉之名以縣在沅南故建沅南之號胡氏之引水經注意固有在也

松宿懷不平注以援往受其拜案祖道之盡言還書之啟釁皆松所不平似不盡在受拜也

兄子嚴敦並喜譏議注喜音許吏反官本注吏作慮

皆明珠文犀注犀之有文彩也案之當作角

槀葬而已注吕不歸舊塋時權葬故稱槀案時權二字當乙

馳深淵入虎口豈顧計哉注謂援使隗囂也案援本爲囂送質子畱京師而囂忽背漢則援與囂子同爲陷於深淵虎口也援爲隗囂使漢未嘗爲漢使隗囂注說葢誤

埶如轉規注規員也孫子曰戰如轉員石於萬仞之山者埶也案轉規猶轉圜取其埶之順也前書梅福傳昔高祖納善若不及從諫如轉圜顏注可證集解王補曰文選王仲宣誄注引作轉圜案此引作圜當係誤字陸倕石闕銘計如投水思若轉規選注引此仍作規

銖鋤先零銖官本作誅是

土多瘴氣瘴原作障據錢攷改官本不誤

猝遇三夫之言横被誣罔之讒注韓子曰龐共與魏太子質於邯鄲至願主熟察之案龐共魏策作龐葱願主魏策亦作願王

臣年已六十常伏田里案觀下文報歸田里則朱勃上書之時必尚未歸田里安得云常伏田里常葢當之誤

書奏報歸田里集解王補曰袁紀書奏不報歸田里至補案本傳報上奪不字案袁紀不字必係誤衍果不報則但書不報文義已足歸田里不必書也又罷歸田里乃漢制廢斥名詞因不報而自歸亦不必言歸田里當時帝方盛怒勃固無不待報而擅歸之理勃書本自陳年已六十當伏田里故帝報許之不以其訟伏波爲罪卽意稍解也

吕當瞽人夜誦之音注夜誦者其辭或祕不可宣露故於夜中歌誦也錢大昭曰夜誦樂官名已詳前書禮樂志章懷乃承顏注之誤

而羌豪布橋等圍南部都尉於臨洮錢大昭曰案前書臨洮本南部都尉治

防乃别使兩司馬將數百騎錢大昭曰兩司馬郎下文司馬夏駿司馬馬彭也案續志將軍長史司馬皆止一人此有兩司馬葢特置今案兩司馬葢有一假者

羌又敗耿恭司馬及隴西長史於和羅谷錢大昭曰續志郡當邊戍者丞爲長史

遷廣陵太守至賑貧羸薄賦斂官本斂作稅注棱在廣陵蝗蟲入江海化爲魚蝦官本注蟲作虫非

卓魯魏劉列傳第十五 魯恭弟丕 後漢書二十五

宋 宣城太守范曄撰

唐 章懷太子賢注

王先謙集解

卓茂字子康〔集解〕先謙曰李善文選注作字子容南陽宛人也父祖皆至郡守茂元帝時學於長安事博士江生江生魯人江翁也昭帝時爲博士號魯詩宗見前書習詩禮及歷算究極師法稱爲通儒性寬仁恭愛鄉黨故舊雖行能與茂不同而皆愛慕欣欣焉東觀記曰茂爲人恬蕩樂道推實不爲華貌行己在於淸濁之間自束髮至白首與人未嘗有爭競初辟丞相府史事孔光光稱爲長者時嘗出行有人認其馬茂問曰子亡馬幾何時對曰月餘日矣茂有馬數年心知其謬嘿解與之挽車去〔集解〕先謙曰東觀記作乃步輓車去顧曰若非公馬幸至丞相府歸我他日馬主別得亡者乃詣府送馬叩頭謝之茂性不好爭如此

後呂儒術舉爲侍郎給事黃門遷密令密今洛州密縣也〔集解〕先謙曰注見宗室傳勞心諄諄視人如子諄諄忠謹之貌也詩曰誨爾諄諄音之順反舉善而教〔集解〕周壽昌曰風俗通汝南太守歐陽歙下教云蓋舉善以教則不能者勸三國魏志徐邈傳詔曰舉善而教仲尼所美顧劭傳舉善以教風化大行知漢魏以來讀論語法師承皆如此口無惡言吏人親愛而不忍欺之家語曰宓子賤爲單父宰人不忍欺人常有言部亭長受其米肉遺者部謂所部也茂辟左右問之曰亭長爲從汝求乎爲汝有事囑之而受乎〔集解〕先謙曰囑俗字東觀記作屬將平居自呂恩意遺之乎人曰往遺之耳茂曰遺之而受何故言邪人曰竊聞賢明之君使人不畏吏吏不取人今我畏吏是呂遺之吏既卒受故來言耳茂曰汝爲敝人矣凡人所呂貴於禽獸者呂有仁愛知相敬事也今鄰里長老尙致饋遺此乃人道所呂相親況吏與民乎吏顧不當乘威力強請求耳凡人之生羣居雜處故有經紀禮義呂相交接〔集解〕先謙曰東觀記義作儀汝獨不欲修之寧能高飛遠走不在人間邪亭長素善吏歲時遺之禮也人曰苟如此律何故禁之茂笑曰律設大法禮順人情今我呂禮教汝汝必無怨惡呂律治汝何所措其手足乎一門之內小者可論大者可殺也且歸念之於是人納其訓吏懷其恩初茂到縣有所廢置吏人笑之鄰城聞者皆嗤其不能河南郡爲置守令茂不爲嫌理事自若東觀記曰守令與茂並居久之吏人不歸往守令數年教化大行道不拾遺平帝時〔集解〕惠棟曰續漢書云元始中天下大蝗河南二十餘縣皆被其災獨不入密縣界〔集解〕先謙曰書鈔七十八引續漢書作河內二十縣河南作河內蝗類聚五十引與傳同督郵言之漢書志曰郡監縣有五部部有督郵掾以察諸縣也太守不信自出案行見乃服焉是時王莽秉政置大司農六部丞勸課農桑王莽攝政置大司農部丞十三人人部一州勸課農桑令書及東觀記並言六部遷茂爲京部丞密人老少皆涕泣隨送及莽居攝呂病免歸郡常爲門下掾祭酒不肯作職吏更始立呂茂爲侍中祭酒續漢志曰侍中無員掌侍左右顧問應對本有僕射一人中興轉爲祭酒從至長安知更始政亂呂年老乞骸骨歸時

光武初卽位先訪求茂茂詣河陽謁見東觀記曰茂時年七十餘矣乃下詔曰前密令卓茂束身自修執節淳固誠能爲人所不能爲夫名冠天下當受天下重賞故武王誅紂封比干之墓表商容之閭王子比干紂殺之商容殷賢臣武王入殷命閎天封比干之墓命畢公表商容之閭表旌顯也閭里門也事見史記今呂茂爲太傅封褒德侯食邑二千戶東觀記續漢書皆作宣德侯〔集解〕洪頤煊曰二十八將論亦作太傅宣德侯卓茂賜几杖車馬衣一襲絮五百斤單複具謂之襲〔集解〕惠棟曰東觀記云金五百斤復呂茂長子戎爲太中大夫次子崇爲中郎給事黃門建武四年薨賜棺槨冢地車駕素服親臨送葬〔集解〕蘇輿曰茂於顯宗時圖畫雲臺案茂無武功徒以節行見重光武特舉以風末俗故後世承其意附於功臣之列也桓帝延熹中悉毀諸祭祀惟特詔密縣存故太傅卓茂廟見循吏傳子崇嗣徙封汎鄉侯官至大司農汎鄉在琅邪郡不其縣崇卒子棽嗣棽音丑金反又所金反棽卒子訢嗣訢卒子隆嗣永元十五年隆卒無子國除初茂與同

縣孔休陳留蔡勳安衆劉宣楚國龔勝上黨鮑宣六人同志不仕王莽時並名重當時集解劉攽曰案文多一時字前後言不仕王莽者多矣不須時字也休字子泉哀帝初守新都令新都縣也屬南陽郡集解先謙曰本以新野之都鄉爲縣封莽後漢仍省入謂之東鄉後王莽秉權休去官歸家及莽篡位遣使齎玄纁束帛請爲國師遂歐血託病杜門自絕集解先謙曰休事見王莽傳光武卽位求休勳子孫賜穀㠯旌顯之劉宣字子高安衆侯崇之從弟知王莽當篡乃變名姓抱經書隱避林藪建武初乃出光武㠯宣襲封安衆侯集解顧炎武曰漢書表云安衆侯崇居攝元年舉兵爲王莽所滅侯寵建武二年以崇從弟紹封宣或卽寵之誤擢龔勝子賜爲上谷太守勝鮑宣事在前書勳事在玄孫邕傳集解王補曰光武之侯卓茂嘉其不仕王莽故詔特言束身自修執節淯固范史於傳末類紀同志六人事得其旨矣通鑑僅以謂旌循吏大爲失之再觀平蜀之日忠節志義之士並蒙旌顯益知光武崇尚名義意有專屬而東都志節之盛實基乎是唐贈堯君素宋表韓通明徵巴延資中其諸昉於此與

論曰建武之初雄豪方擾虓呼者連響嬰城者相望虓虎怒也詩曰闞如虓虎嬰城言以城自嬰繞斯固倥傯不暇給之日字書曰倥傯窮困也給足也日促事多不暇給足也卓茂斷斷小宰無他庸能斷斷猶專一也書曰斷斷猗無它技集解惠棟曰廣雅云斷斷誠也曹憲音都玩切時已七十餘矣而首加聘命優辭重禮其與周燕之君表閭立館何異哉史記燕昭王卽位欲雪齊恥㠯招賢者得郭隗爲築宮而師事之於是蘊憤歸道之賓蘊積也越關阻捐宗族㠯排金門者衆矣夫厚性寬中近於仁犯而不校鄰於恕校報也鄰近也曾子曰犯而不校率斯道也怨悔曷其至乎怨謂爲人所怨也悔恨也

魯恭字仲康扶風平陵人也集解洪亮吉曰水經注引戴延之西征記焦氏山北數山漢司隸校尉魯恭葬山南此蓋別一魯恭係山陽金鄉人其先出於魯頃公爲楚所滅遷於下邑集解惠棟曰史記作卞邑徐廣云卞一作下因氏焉世吏二千石哀平閒自魯而徙祖父匡王莽時爲羲和有權數號曰智囊匡設六筦之法以窮工商故曰權數父某建武初爲武陵太守卒官時恭年十二弟丕七歲晝夜號踊不絕聲郡中賻贈無所受公羊傳曰貨財曰賻乃歸服喪禮過成人鄉里奇之十五與母及丕俱居太學習魯詩高祖時魯申公詩也閉戶講誦絕人閒事兄弟俱爲諸儒所稱集解惠棟曰東觀記云閉門講誦兄弟雙高學士爭歸之太尉趙熹慕其志每歲時遺子問㠯酒糧皆辭不受問遺也恭憐丕小欲先就其名託疾不仕郡數㠯禮請謝不肯應母強遣之恭不得已而西因留新豐教授建初初丕舉方正恭乃始爲郡吏太傅趙熹聞而辟之肅宗集諸儒於白虎觀恭特㠯經明得召與其議與音豫熹復舉恭直言待詔公車拜中牟令恭專㠯德化爲理不任刑罰集解汪文臺曰類聚五十御覽二百六十七引續漢書云道民以孝推誠而治訟人許伯等爭田累守令不能決集解惠棟曰東觀記云宿訟許伯等爭陂澤田積年州郡不決恭爲平理曲直皆退而自責輟耕相讓亭長從人借牛而不肯還之牛主訟於恭恭召亭長敕令歸牛者再三猶不從恭歎曰是教化不行也欲解印綬去掾史泣涕共留之續漢志曰縣置掾史如郡亭長乃慙悔還牛詣獄受罪恭貰不問貰寬貸也音時夜反

於是吏人信服集解惠棟曰袁宏紀民李勉爲母所言恭召就責問因爲陳父母恩德勉慙悔返建初七年郡國螟傷稼犬牙緣界不入中牟河南尹袁安聞之疑其不實使仁恕掾肥親往廉之仁恕掾主獄屬河南尹見漢官儀廉察也恭隨行阡陌俱坐桑下有雉過止其傍傍有童兒親曰兒何不捕之兒言雉方將雛親瞿然而起瞿音久住反集解先謙曰東觀記作親默然有頃與恭訣曰所㠯來者欲察君之政迹耳今蟲不犯境此一異也化及鳥獸此二異也豎子有仁心此三異也久留徒擾賢者耳還府具㠯狀白安集解汪文臺曰御覽類聚引續漢書云安美其治以勵屬縣是歲嘉禾生恭便坐庭中便坐於便側之處非正室也續漢書云恭謙不矜功封以言府府卽奏上尹以檄勞曰君以名德久屈中牟物產之化流行天降休瑞應行而生尹甚嘉之安因上書言狀帝異之會詔百官舉賢良方正恭薦中牟名士王方帝卽徵方詣公車禮之與公卿所舉同方致位侍中恭在事三年州舉尤

異會遭母喪去官吏人思之後拜侍御史和帝初立議遣車騎將軍竇憲與征西將軍耿秉擊匈奴恭上疏諫曰集解王補曰疏首有竊見竇憲耿秉銜使奉命暴師於外見御覽四百五十三引東觀記陛下親勞聖思日昃不食憂在軍役誠欲已安定北垂爲人除患定萬世之計也臣伏獨思之未見其便社稷之計萬人之命在於一舉數年已來秋稼不熟人食不足倉庫空虛國無蓄積會新遭大憂人懷恐懼章帝崩也陛下躬大聖之德履至孝之行盡諒陰三年集解王補曰盡疑衍字聽於冢宰百姓闕然三時不聞警蹕之音三時秋夏冬也天子出警入蹕和帝章和二年二月即位明年春議擊匈奴帝在諒陰不出故百姓三時不聞警蹕莫不懷思皇皇若有求而不得禮記檀弓曰魯人顏丁善居喪始死皇皇焉如有求而不得言百姓思帝故恭引之今乃已盛春之月興發軍役擾動天下已事戎狄誠非所已垂恩中國改元正時由內及外也萬民者天之所生天愛其所生猶父母愛其子一物有不得其所者則天氣爲之舛錯

況於人乎故愛人者必有天報昔太王重人命而去邠故獲上天之祐史記古公修后稷公劉之業國人皆戴之戎翟攻之人人皆怒欲戰古公曰人以我故戰殺人父子予不忍爲乃與私屬盡去邠止於岐山邠人舉國扶老攜弱盡復歸於岐下旁國聞之亦多歸附古公乃營築城郭室屋而邑之人皆歌頌其德武王即位追宗古公爲太王夫戎狄者四方之異氣也蹲夷踞肆與鳥獸無別夷平也肆放也言平坐踞傲肆放無禮也若雜居中國則錯亂天氣汙辱善人是已聖王之制羈縻不絕而已字書曰羈馬絡頭也蒼頡篇曰縻牛韁也集解惠棟曰應劭漢官儀云馬曰羈牛曰縻言四夷如牛馬之受羈縻也今邊境無事宜當修仁行義尙於無爲令家給人足安業樂產夫人道乂於下則陰陽和於上祥風時雨覆被遠方夷狄重譯而至矣易曰有孚盈缶終來有它吉易比卦辭也孚誠信也缶土器也王弼注云親孚天下著信盈缶應者豈一道而來故必有它吉也集解先謙曰官本注親孚作親乎言甘雨滿我之缶誠來有我而吉已比卦坤下坎上坤爲土缶之象也坎爲水雨之象也坎在坤上故曰甘雨滿我之缶有誠信則它人來附而吉也集解劉攽曰誠來有我而吉已案文此我當爲它注文甚明惠棟曰上云祥風時雨覆被遠方則他謂遠方也荀爽註比初六爻之初在應外以喻殊俗聖王之信光被四表絕域殊俗皆來親比故无咎也象曰比之初六有他吉也荀註云缶者應內以喻中國孚既盈滿中國終來及初非應故曰它也象云有他吉者謂信及非應然後吉也子夏易傳亦云非應曰他也夫已德勝人者昌已力勝人者亡今匈奴爲鮮卑所殺集解惠棟曰殺通鑑作破案袁宏紀章和元年冬十月北匈奴爲鮮卑所殺降者十餘萬遠臧於史侯河西去塞數千里而欲乘其虛耗利其微弱是非義之所出也前太僕祭肜遠出塞外卒不見一胡而兵已困矣永平十六年竇固祭肜耿秉來苗等四道出擊匈奴固至天山擊走呼衍王肜坐不至涿邪山無所見而還下獄免爲庶人也白山之難不絕如綖白山即天山也言肜固俱擊匈奴固至天山肜還下獄同歷艱危故曰如綖公羊傳曰中國不絕若綖也都護陷沒士卒死者如積永平末年焉耆龜茲共攻沒都護陳睦殺吏士二千餘人迄今被其辜毒孤寡哀思之心未弭仁者念之以爲累息奈何復欲襲其迹不顧患難乎今始徵發而大司農調度不足度音大各反集解通鑑胡注今人多讀如本字使者在道分部督趣趣音促上下相迫民間之急亦已甚矣三輔并涼少雨麥根枯焦牛死日甚此其

不合天心之效也羣僚百姓咸曰不可陛下獨奈何以一人之計棄萬人之命不卹其言乎上觀天心下察人志足以知事之得失臣恐中國不爲中國豈徒匈奴而已哉惟陛下留聖恩集解劉攽曰案文恩當作思休罷士卒已順天心書奏不從每政事有益於人恭輒言其便無所隱諱其後拜爲魯詩博士由是家法學者日盛遷侍中數召讌見問已得失賞賜恩禮寵異焉遷樂安相章帝孫千乘王寵相也和帝改千乘國爲樂安國故城在今淄州高苑縣北集解先謙曰唐淄州高苑今青州府高苑縣治是時東州多盜賊羣輩攻劫諸郡患之恭到重購賞開恩信說文曰以財相賕曰購其渠帥張漢等率支黨恭上已漢補博昌尉博昌尉屬千乘國今青州縣也集解先謙曰今青州府博興縣南二十里其餘遂自相捕擊盡破平之州郡已安永元九年徵拜議郎八月飲酎齋會章臺詔使小黃門特引恭前其夜拜侍中敕使陪乘集解惠棟曰續漢志侍中顧問應對法駕出則多識者一人參乘餘皆騎在乘輿後勞問甚渥冬遷光祿

勳選舉清平京師貴戚莫能枉其正十二年代呂蓋爲司徒漢官儀曰呂蓋字君上范陵人集解錢大昕曰和帝紀在十三年先謙曰范陵官本作苑陵案和紀九年呂蓋爲司徒注云蓋字君玉宛陵人官本同續志河南尹正作苑陵苑宛本通范則誤字君上亦君玉之殘形十五年從巡狩南陽除子撫爲郎中賜駙馬從駕駙副也非正所乘皆爲副說文曰駙馬副馬也時弟丕亦爲侍中兄弟父子並列朝廷後坐事策免續漢書曰坐族弟弘農都尉炳事免官也殤帝即位以恭爲長樂衛尉永初元年復代梁鮪爲司徒漢官儀曰鮪字伯元河東平陽人也初和帝末下令麥秋得案驗薄刑而州郡好以苛察爲政因此遂盛夏斷獄恭上疏諫曰臣伏見詔書敬若天時若順也尚書堯典曰乃命羲和欽若昊天敬授人時憂念萬民爲崇和氣罪非殊死且勿案驗進柔良退貪殘奉時令言順月令以行事也所以助仁德順昊天致和氣利黎民者也舊制至立秋乃行薄刑自永元十五年以來改用孟夏而刺史太守不深惟憂民息事之原進良退殘之化月令曰孟夏命太尉贊桀俊遂賢良舉長大行爵出祿必當其

位因以盛夏徵召農人拘對考驗連滯無已集解通鑑胡注連謂獄辭相連及也滯謂留滯不決也司隸典司京師四方是則漢官儀曰司隸校尉董領京師及三輔三河弘農而近於春月分行諸部託言勞來貧人而無隱惻之實煩擾郡縣廉考非急逮捕一人罪延十數逮及也辭所連及即追捕之集解王補曰袁紀作有疑罪延及良人數十人上逆時氣下傷農業案易五月姤用事東觀記曰五月姤卦用事姤卦巽下乾上初六一陰爻生五月之卦也本多作后古字通集解惠棟曰案卦氣圖姤五月之卦也王補曰袁紀作案易消息四月乾卦用事經曰乾以美利利天下又曰時乘六龍以御天五月姤卦用事經曰后以施令誥四方誥理也易姤卦象曰天下有風姤后以施令誥四方乾爲天君之象也后君也故以喻人君施令也集解錢大昕曰鄭康成易誥作詰注云詰止也此傳云君以夏至之日施命令止四方行者則恭所引易亦作詰矣後人據王輔嗣本改爲誥爾惠棟曰陸氏經典釋文誥四方鄭元王肅皆作詰四方詰止也與魯恭合東觀書自作詰後人習于王弼之學改詰爲誥非後漢本文也先謙曰官本君之象也下有巽爲風號令之象也八字言君以夏至之日施命令止四方行者所以助微陰也易復卦曰先王以至日閉關商旅不行故夏至宜止行也五月陰氣始生故曰微陰行者尚止之況於逮召考掠

集解王補曰袁紀此下有擾百姓三字奪其時哉比年水旱傷稼人飢流冗冗散也今始夏百穀權輿陽氣胎養之時爾雅曰權輿始也萬物皆含胎長養之時自三月以來陰寒不暖物當化變而不被和氣月令孟夏斷薄刑集解惠棟曰高誘云斷者定其輕重而施行也出輕繫行秋令則苦雨數來五穀不熟鄭玄注禮記云申之氣乘之也苦雨白露之類也時物得而傷也又曰仲夏挺重囚益其食挺猶寬也集解惠棟曰高誘云挺者緩也行秋令則草木零落酉之氣乘之也八月宿直昴爲獄主殺人傷於疫大陵之氣爲害也大陵星名春秋合誠圖曰大陵主死喪也夫斷薄刑者謂其輕罪已正集解通鑑胡注謂已結正也不欲令久繫故時斷之也集解王補曰袁紀作謂正罪不欲令久繫不謂可考正罪法也故出輕繫明不欲拘之也臣愚以爲今孟夏之制可從此令其決獄案考皆以立秋爲斷以順時節育成萬物則天地以和刑罰以清矣初肅宗時斷獄皆以冬至之前自後論者互多駮異鄧太后詔公卿以下會議恭議奏曰集解王補曰袁紀此議與上聯爲一疏夫陰陽之氣相扶而行發動用事各有

時節若不當其時則物隨而傷王者雖質文不同而茲道無變四時之政行之若一月令周世所造而所據皆夏之時也謂氣候及星辰昏旦皆夏時也其變者唯正朔服色犧牲徽號器械而已夏以建寅爲正服色犧牲徽號器械皆尚黑殷以建丑爲正尚白周以建子爲正尚赤周以夜半爲朔殷以雞鳴爲朔夏以平旦爲朔祭天地宗廟曰犧卜得吉曰牲徽號旌旗之名也器械禮樂之器及甲兵也故曰殷因於夏禮周因於殷禮所損益可知也易曰潛龍勿用龍以喻陽氣易乾卦初九爻辭言十一月十二月陽氣潛藏未得用事雖煦嘘萬物養其根荄荄草根也荄音該又音皆而猶盛陰在上地凍水冰陽氣否隔閉而成冬故曰履霜堅冰陰始凝也馴致其道至堅冰也易坤卦象辭也馴順也言陰以卑順爲道漸至顯著猶自履霜而至堅冰言五月微陰始起至十一月堅冰至也夫王者之作因時爲法孝章皇帝深惟古人之道助三正之微定律著令三正三微也前書音義曰言陽氣始施萬物微而未著故曰微一曰天統謂周十一月建子爲正天始施之端也二曰地統謂殷十二月建丑爲正地始化之端也三曰人統謂夏十三月建寅爲正人始成之端

也冀承天心順物性命㠯致時雍然從變改㠯來年歲不熟穀價常貴人不寧安小吏不與國同心者率入十一月得死罪賊不問曲直便即格殺雖有疑罪不復讞正一夫吁嗟王道爲虧集解惠棟曰鮑昱傳云一人吁嗟王政爲虧蓋古有是語未詳所出況於衆乎易十二月集解王補曰袁紀作十一月中孚曰君子㠯議獄緩死易中孚象辭也稽覽圖中孚十二月卦也可令疑罪使詳其法大辟之科盡冬月乃斷其立春在十二月中者勿㠯報囚如故事報囚謂奏請報決也後卒施行恭再在公位選辟高第至列卿郡守者數十人而其耆舊大姓集解王補曰通鑑作門下耆生蓋从袁紀或不蒙薦舉至有怨望者恭聞之曰學之不講是吾憂也講習也論語孔子之言也諸生不有鄉舉者乎終無所言言人患學之不習耳若能究習自有鄉里之舉豈待要三公之辟乎集解王補曰袁紀學者受業必躬核問難道成然後謝遣之學者曰魯公謝與議論不可虛得也恭性謙退奏議依經潛有補益然終不自顯故不㠯剛直爲稱三年㠯老病策罷集解惠棟曰袁宏紀恭自爲三公常稱病不視事上輒遣小黃門問疾喻令强起者數矣至是遂稱疾篤賜錢三十萬六年年八十一卒于家㠯兩子爲郎長子謙爲隴西太守有名績謙子旭集解惠棟曰蔡邕集云侍中魯旭牧守宣藩剖符數郡何焯云旭疑非謙之子當有脫誤官至太僕從獻帝西入關與司徒王允同謀共誅董卓及李傕入長安旭與允俱遇害

丕字叔陵集解惠棟曰東觀記作平隸法丕平字相類未詳孰是李充傳亦作平先謙曰丕亦作平因譌爲平耳性沈深好學孳孳不倦孳孳不怠之意遂杜絕交游不答侯問之禮士友常㠯此短之而丕欣然自得遂兼通五經㠯魯詩尚書教授爲當世名儒後歸郡爲督郵功曹所事之將無不師友待之建初元年肅宗詔舉賢良方正大司農劉寬舉丕時對策者百有餘人唯丕在高第集解王補曰丕策見袁紀十六除爲議郎遷新野令視事朞年州課第一擢拜青州刺史務在表賢明慎刑罰七年坐事下獄司寇論司寇刑名也決罪曰論言奏而論決之前書曰司寇二歲刑也元和元年徵再遷拜趙相門生就學者常百餘人關東號之曰五經復興魯叔陵趙王商嘗欲避疾商趙王良之孫便時移住學宮丕止不聽學宮謂學舍也集解先謙曰不聽移入也官本宮作官是王乃上疏自言詔書下丕丕奏曰臣聞禮諸侯薨於路寢大夫卒於嫡室路寢嫡室皆正寢禮喪大記之文死生有命未有逃避之典也學官傳五帝之道修先王禮樂教化之處王欲廢塞㠯廣游讌事不可聽詔從丕言王㠯此憚之其後帝巡狩之趙特被引見難問經傳厚加賞賜在職六年嘉瑞屢降吏人重之永元二年遷東郡太守丕在二郡爲人修通溉灌百姓殷富數薦達幽隱名士續漢書曰薦王恭等皆備帷幄近臣集解先謙曰官本恭作龔明年拜陳留太守視事三期後坐稟貧人不實徵司寇論十一年復徵再遷中散大夫續漢志曰秩六百石無員時侍中賈逵薦丕道埶深明宜見任用和帝因朝會召見諸儒丕與侍中賈逵尚書令黃香等相難數事帝善丕說罷朝特賜冠幘履韈衣一襲丕因上疏曰

臣㠯愚頑顯備大位犬馬氣衰猥得進見論難於前無所甄明甄別也衣服之賜誠爲優過臣聞說經者傳先師之言非從己出不得相讓相讓則道不明若規矩權衡之不可枉也規圓也矩方也權秤錘衡秤衡難者必明其據說者務立其義集解通鑑胡注漢儒專門名家各守師說故發難者必明其師之說以爲據答難者亦必務立大義以申其師之說浮華無用之言不陳於前故精思不勞而道術愈章法異者各令自說師法博觀其義覽詩人之旨意察雅頌之終始明舜禹皋陶之相戒尚書帝舜謂禹曰臣作朕股肱耳目禹戒舜曰安汝止慎乃在位咎繇戒禹曰慎厥身修思永惇敘九族在知人禹曰吁咸若時惟帝其難之是相誡也顯周公箕子之所陳周公作無逸立政二篇以戒成王箕子爲武王陳洪範九疇之義並見尚書觀乎人文化成天下易賁卦曰觀乎天文以察時變觀乎人文以化成天下注云解天之文則時變可知解人文則化成可爲也集解先謙曰官本注解人文作解人之文陛下既廣納謇謇㠯開四聰無令芻蕘㠯言得罪芻蕘採薪者也大雅板詩曰詢于芻蕘也既顯巖穴㠯求仁賢無使幽遠獨有遺失十三年遷爲侍中

免永初二年詔公卿舉儒術篤學者大將軍鄧騭舉丕再遷復爲侍中左中郎將再爲三老三老解見明帝紀也五年年七十五卒于官

魏霸字喬卿集解汪文臺曰御覽五百十二初學記十七引續漢書云字嶠卿先謙曰東觀記與傳同一本作字延年濟陰句陽人也句音鉤集解先謙曰今曹州府菏澤縣北三十五里世有禮義霸少喪親兄弟同居州里慕其雍和建初中舉孝廉集解先謙曰東觀記云建初中爲郎霸孤兄弟子來候霸以所乘車馬遣送之至成皋郎官有乘皁蓋車者見兄子乘車疑而格殺之霸聞悲淚晝夜泣涕至病八遷和帝時爲鉅鹿太守集解先謙曰東觀記爲鉅鹿太守妻子不到官舍常念兄嫂在家勤苦而己獨尊樂故常服麤糲不食魚肉之味婦親蠶桑服機杼子躬耕農與兄弟同苦樂不得有異鄉里皆慕其行化之御覽初學記同又云臨郡終不遣吏歸鄉里引謝承書以簡朴寬恕爲政掾史有過要先誨其失不改者乃罷之集解先謙曰東觀記云性清約質樸爲政寬恕正色而已不求備于人掾史有過輒私責數不改休罷終不暴揚其惡吏或和毀訴霸輒稱它吏之長終不及人短言者懷慙譖訟遂息永元十六年徵拜將作大匠集解惠棟曰東觀記霸爲將作大匠吏皆懷恩人自竭節作業無譴過之事明

年和帝崩典作順陵時盛冬地凍中使督促數罰縣吏以厲霸霸撫循而已初不切責而反勞之曰今諸卿被辱大匠過也吏皆懷恩力作倍功延平元年代尹勤爲太常明年以病致仕爲光祿大夫集解惠棟曰東觀記霸妻死長兄伯爲娶妻送至官舍霸笑曰年老兒子備具矣何用空養他家老嫗爲即自入辭其妻手奉案前跪霸曰夫人視老夫復何中直而遂失計義不敢相屈即拜而出妻慙求去遂送還之永初五年拜長樂衞尉以病乞身復爲光祿大夫卒於官

劉寬字文饒弘農華陰人也謝承書曰寬少學歐陽尚書京氏易尤明韓詩外傳星官風角筭歷皆究極師法稱爲通儒未嘗與人爭勢利之事也隅角也觀四隅之風占之也集解先謙曰官本注風隅作風角隅角也作角隅也爲是父崎順帝時爲司徒崎音丘宜反集解惠棟曰太尉劉寬碑云公之考乃作司徒輔毗安順動載二葉寬嘗行有人失牛者乃就寬車中認之寬無所言下駕步歸有頃認者得牛而送還叩頭謝曰慙負長者隨所刑罪寬曰物有相類事容脫誤幸勞見歸何爲謝之州里服其不校校報也論語曰曾子曰犯而不校桓帝時大將軍辟五遷司徒長史大將軍梁冀也集解惠棟曰案陶宏景眞誥寬曾舉方正碑云公浮雲之志三公莫能致之大將以禮脇命舉高第拜侍御史遷梁令喪舊君以棄官三府並招博士徵皆辭疾不就司隸察茂材太尉舉有道公車徵拜議郎司徒長史入登侍中歐陽修曰據碑止四遷爾博士未嘗拜也傳至大中大夫始云遷其前自長史入登侍中史闕書也時京師地震特見詢問再遷出爲東海相東海王彊曾孫臻之相也延熹八年徵拜尚書令集解惠棟曰洪适云碑云延熹八年地震有詔詢異自侍中轉拜尚書遷東海相南陽太守後碑亦同傳以問地震相東海在前而八年所拜乃尚書令案帝紀延熹八年九月丁未京師地震傳之誤也遷南陽太守集解汪文臺曰書鈔七十四引華嶠書云爲南陽太守教民種柘養蠶織履生民之利典歷三郡溫仁多恕雖在倉卒未嘗疾言遽色常以爲齊之以刑民免而無恥吏人有過但用蒲鞭罰之集解通鑑胡注古者鞭用生皮爲之示辱而已終不加苦事有功善推之自下災異或見引躬克責每行縣止息亭傳輒引學官祭酒及處士諸生執經對講續漢書曰博士祭酒秩六百石祭酒本僕射也中興改爲祭酒處士有道藝而在家者見父老慰以農里之言少年勉以孝悌之訓人感德興

行日有所化集解汪文臺曰書鈔七十四引華嶠書云好爲諸生講論經義不嚴而治靈帝初徵拜太中大夫侍講華光殿洛陽宮殿簿云華光殿在華林園內遷侍中賜衣一襲轉屯騎校尉遷宗正轉光祿勳熹平五年代許訓爲太尉漢官儀曰許訓字季師平輿人靈帝頗好學藝每引見寬常令講經寬常於坐被酒睡伏被加也爲酒所加也被音平寄反集解惠棟曰陶宏景云上賜酒伏地睡詔問故乃荅曰臣任責重大恆憂心如醉且使奴至市買菜奴盜用錢飲酒晏乃還臥於閤內又不得菜既醒乃罵之爲死狗罵畢即東帶來恐奴從後自殺所以慮之不覺忽然睡耳顧見哀恕案此則合後事爲一時事未詳孰是帝問太尉醉邪寬仰對曰臣不敢醉但任重責大憂心如醉帝重其言寬簡略嗜酒不好盥浴說文曰澡手曰盥音管京師以爲諺嘗坐客遣蒼頭市酒迂久大醉而還迂久猶良久也客不堪之罵曰畜產寬須臾遣人視奴疑必自殺顧左右曰此人也罵言畜產辱孰甚焉故吾懼其死也夫人欲試寬令恚伺當朝會集解先謙曰官本期作朝是東觀記作朝書鈔百二十九引東觀記亦云伺當朝會裝嚴已訖使侍婢奉肉羹翻汙朝衣婢

遷收之寬神色不異乃徐言曰羹爛汝手集解汪文臺曰書鈔百四十四引續漢書云得無爛汝手乎更衣而入曾不變色其性度如此海內稱爲長者後以日食策免拜衛尉集解惠棟曰碑云固疾遜位拜光祿大夫遷衛尉歐陽修云不書光祿大夫史闕也光和三年復代段熲爲太尉在職三年以日變免又拜永樂少府遷光祿勳以先策黃巾逆謀先策謂預知也以事上聞封逐鄉侯六百戶逐音錄中平二年卒集解惠棟曰碑云二月丁卯年六十六贈車騎將軍印綬位特進謚曰昭烈侯集解惠棟曰碑云天子閔悼惻怛發手筆爲策使右中郎將張梁持節臨弔賜琀璧襚有加典禮復使五官中郎將何夔持節謚曰昭烈侯夏四月庚戌葬　先謙曰官本烈作列子松嗣官至宗正

贊曰卓魯款款情慤德滿款款忠誠也仁感昆蟲愛及胎卵童兒不捕雉也寬霸臨政亦稱優緩

卓魯魏劉列傳第十五終　後漢書二十五

後漢書集解卷二十五校補

卓茂傳性寬仁恭愛注推實不爲華貌官本推作雅案作雅實與通鑑合作推實亦與東觀記合推實卽推誠非字有誤

光武以宣襲封安衆侯集解顧炎武曰至宣或卽寵之誤陳景雲曰據謝承書安衆侯有預討王莽佐平王郎大功非避世者今案謝承書言安衆侯事見李通傳注其書以安衆侯爲劉崇本繆誤不足據宣與寵自係一人其隱本以避禍既出自當致力功名與諸劉同也

魯恭傳魯恭字仲康扶風平陵人也集解洪亮吉曰水經注載延之西征記焦氏山北數山漢司隸校尉魯恭葬山南此蓋別一魯恭係山陽金鄉人今案洪說失考據水經濟水注引西征記本云焦氏山北數里漢司隸校尉魯峻穿山得白蛇白兎不葬更葬山南鑿而得金故曰金鄉山其作數山作魯恭者皆誤本刊誤已詳著之矣又峻字仲嚴山陽昌邑人見漢故司隸校尉忠惠父魯君碑亦非金鄉人金鄉縣後漢始增置輿地廣記謂卽分昌邑縣地置之其先出於魯傾公案傾乃頃之誤史記魯世家可證

與母及丕俱居太學習魯詩案此文當有脫誤婦人不能同居太學習經也

盡諒陰三年集解王補曰盡疑衍字今案竇憲求擊匈奴以贖死在和帝諒陰之初時太后稱制從憲言以鄧彪爲太傅錄尚書事百官總己以聽用兵匈奴內則太后主之外則使彪主之恭知非帝意而不敢言及太后但舉諒陰之制歸咎冢宰意謂既已逾年改元可自制止不必盡諒陰三年不言耳盡字非衍

遠臧於史侯河西錢大昭曰史侯南匈奴傳作安侯

前太僕祭彤閣本彤多作彤致與从丹之彤掍亦有竟譌爲形者此依本傳正

白山之難不絕如綖注白山卽天山也官本注無也字言彤固俱擊匈奴固至天山彤還下獄同歷艱危故以如綖案白山之難至以爲累息乃通言一事蓋指北匈奴攻車師耿恭救之被陷幾死惟餘十三人得還故曰不絕如綖也據耿秉傳秉與竇固出白山擊車師又竇固傳固遂破白山降車師是恭救車師亦必戰於白山恭傳范羌從山北迎恭所謂山卽白山也若竇固到蒲類海破白山走呼衍王斬首千餘級覩袁是乃白山之勝不得云白山之難且與都護陳睦之陷沒無涉注說殆誤

敬若天時注若順也尚書堯典曰乃命羲和欽若昊天敬授人時

案易後天而奉天時虞翻注云謂承天時行順也引書分天時爲二事似未合

趙王商嘗欲避疾便時移住學宮集解先謙曰至官本宮作官是 謹案前書何武傳行部必先即學官見諸生汲古本文注作官官本文注又皆作宮禮天子曰辟雍諸族曰頖宮學宮即頖宮也趙本王國似作宮不誤

魏霸傳典作順陵 錢大昭曰殤帝紀作愼陵注云俗本作順陵者誤

劉寬傳父崎順帝時爲司徒集解惠棟曰太尉劉寬碑云公之考乃作司徒輔毗安順勳載二葉 錢大昭曰據碑文是崎於安帝時已爲司徒碑言當時事必不誤今安紀寬傳皆不載疑范書失實今案崎於永建四年始由宗正爲司徒見順紀其在安帝時雖未爲司徒亦固在九卿之列不礙言輔毗也碑文但舉後官似不必泥

嘉平五年代許訓爲太尉 錢大昭曰嘉當作熹

寬常於坐被酒睡伏 案常當作嘗涉上常令講經而謁

伺當期會集解先謙曰官本期作朝是至伺當朝會 謹案前書陳遵傳叩首白當對尚書有期會狀凡詣尚書期會亦當朝服將事期會不常有故必伺之朝見有常期不必伺也且朝與會乃兩事言伺於於文反滯似作期會不誤

以先策黃巾逆謀 錢大昭曰太尉劉寬碑云先是時也狂寇張角妖逆公仰覩見象上過其源未逮誅討亂作不旋帝乃追寶先謀賜之土田 今案此寬明星官學之證也

伏侯宋蔡馮趙牟韋列傳第十六 伏湛子隆 後漢書二十六

宋 宣 城 太 守 范 曄 撰

唐 章 懷 太 子 賢 注

王先謙集解

伏湛字惠公琅邪東武人也九世祖勝字子賤所謂濟南伏生者也湛高祖父孺武帝時客授東武因家焉父理爲當世名儒以詩授成帝爲高密太傅別自名學爲高密王寬傳也寬武帝玄孫廣陵王胥後也前書儒林傳曰伏理字君游受詩於匡衡由是齊詩有匡伏之學故言別自名學也集解惠棟曰君游前書作斿君湛性孝友少傳父業教授數百人成帝時以父任爲博士弟子五遷至王莽時爲繡衣執法武帝置繡衣御史王莽改御史曰執法故曰繡衣執法也使督大姦遷後隊屬正王莽改河內爲後隊更始立以爲平原太守時倉卒兵起天下驚擾而湛獨晏然教授不廢謂妻子曰夫一穀不登國君徹膳禮記曰年穀不登君膳不祭肺今民皆飢奈何獨飽乃共食麤糲麤糲米也九章算術曰粟五十糲率三十一斛粟得六斗米爲糲也悉分奉祿以賑鄉里來客者百餘家時門下督素有氣力謀欲爲湛起兵湛惡其惑眾即收斬之徇首城郭以示百姓集解通鑑胡注諸郡各有門下督主兵衞惠棟曰案袁紀時郡中不安湛移書屬縣不得相侵陵天生蒸民爲立君非久亂也且養老育幼以待眞主門下督欲起兵湛曰孔子誅少正卯爲其惑眾也即誅督以示百姓於是吏人信向郡內以安平原一境湛所全也光武即位知湛名儒舊臣欲令幹任內職也幹主徵拜尚書集解惠棟曰案袁山松書湛於建武二年拜尚書使典定舊制時大司徒鄧禹西征關中帝以湛才任宰相拜爲司直行大司徒事車駕每出征伐常留鎮守總攝羣司建武三年遂代鄧禹爲大司徒封陽都侯陽都縣名屬城陽國故城在今沂州沂水縣東集解先謙曰注見明紀時彭寵反於漁陽帝欲自征之湛上疏諫曰臣聞文王受命而征伐五國五國謂西伯受命伐犬夷伐密須伐耆伐邗伐崇見史記集解惠棟曰伏生尚書大傳云文王受命二年伐邗三年伐密須四年伐犬夷五年伐耆六年伐崇必先詢之同姓然

後謀之羣臣加占蓍龜目定行事書曰謀及卿士謀及卜筮又曰文王唯卜用克綏受茲命詩大雅曰爰始爰謀爰契我龜故謀則成卜則吉戰則勝集解惠棟曰尚書大傳云周公先謀于同姓同姓從然後謀于朋友朋友從然後謀于天下天下從然後加之蓍龜是以君子聖人謀義不謀不義故謀必成卜義不卜不義故卜必吉以義擊不義故戰必勝是以君子聖人謀則吉戰則勝其詩曰帝謂文王詢爾仇方同爾兄弟目爾鉤援與爾臨衝目伐崇墉詩大雅也仇匹也鉤援梯所引上城也臨臨車也衝衝車也墉城也崇侯倡紂爲無道故伐焉集解蘇輿曰玩湛疏意似以詢爲咨詢之詢仇方猶匹類詢爾仇方卽所謂謀之羣臣同爾弟兄卽所謂詢之同姓言詢謀僉同也故下云復願遠覽文王重兵博謀先謙曰官本兄弟作弟兄墉並作庸崇國城守先退後伐左氏傳曰文王聞崇德亂而伐之軍三旬而不降退修政而復伐之因壘而降所目重人命俟時而動故參分天下而有其二集解惠棟曰東觀記載伏惠公諫曰文王享國五十伐崇七年而三分天下有其二至武王四海乃賓周壽昌曰湛少傳父業此應是齊詩說也與毛傳義略同惟毛傳仇匹也鄭箋怨耦曰仇仇方謂旁國爲暴亂大惡者女當謀征討之以和協女兄弟之國似箋傳意微異伏引詩作弟兄與方爲韻必齊詩如此毛詩作兄弟陳奐毛詩傳疏亦改作弟兄然觀鄭箋及正義俱作兄弟知毛詩固如此也陛下承大亂之極受命而帝興

明祖宗出入四年而滅檀鄉制五校降銅馬破赤眉誅鄧奉之屬不爲無功今京師空匱資用不足未能服近而先事邊外且漁陽之地逼接北狄黠虜困迫必求其助又今所過縣邑尤爲困乏種麥之家多在城郭聞官兵將至當已收之矣大軍遠涉二千餘里士馬罷勞轉糧艱阻今兗豫青冀中國之都而寇賊從橫未及從化漁陽目東本備邊塞地接外虜貢稅微薄安平之時尚資內郡況今荒耗豈足先圖而陛下捨近務遠弃易求難四方疑怪百姓恐懼集解先謙曰官本恐作怨誠臣之所惑也復願遠覽文王重兵博謀近思征伐前後之宜顧問有司使極愚誠采其所長擇之聖慮目中土爲憂念帝覽其奏竟不親征時賊徐異卿等異卿卽獲索賊帥徐少也集解惠棟曰按東觀記獲索賊帥古師郎富平賊帥徐少下云據富平作獲索者誤也萬餘人據富平連攻之不下富平縣名屬平原郡故城今棣州厭次縣也集解先謙曰今武定府惠民縣東南唯云願降司徒伏公帝

知湛爲青徐所信向遣到平原異卿等卽日歸降護送洛陽湛雖在倉卒造次必於文德目爲禮樂政化之首顛沛猶不可違顛沛猶僵仆也是歲奏行鄉飲酒禮集解惠棟曰鄭元儀禮鄉飲酒禮注云今郡國十月行此飲酒禮又曰今郡國行鄉飲酒之禮元冠而衣皮弁服服虔應劭云漢家郡縣饗射祭祀皆似士禮而行之樂縣笙磬籩俎皆如士制遂施行之其冬車駕征張步留湛居守時蒸祭高廟冬祭曰蒸也而河南尹司隸校尉於廟中爭論湛不舉奏坐策免六年徙封不其侯邑三千六百戶遣就國不其縣名屬琅邪郡其音基後南陽太守杜詩上疏薦湛曰臣聞唐虞目股肱康文王目多士寧是故詩稱濟濟書曰良哉大雅詩曰濟濟多士尚書曰股肱良哉臣詩竊見故大司徒陽都侯伏湛自行束修訖無毀玷訖竟也玷缺也自行束修謂年十五以上集解惠棟曰王莽傳云自初束修師古云束修謂初學官之時周壽昌曰蓋漢時必年十五而始入學官也故注云年十五以上篤信好學守死善道經爲人師行爲儀表前在河內朝歌及居平原朝歌河內縣名也故城在今衞州衞縣西王莽改河內爲後隊謂湛爲後隊屬

正也集解先謙曰朝歌今衞輝府淇縣東北吏人畏愛則而象之遭時反覆不離兵凶秉節持重有不可奪之志陛下深知其能顯目宰相之重眾賢百姓仰望德義微過斥退久不復用有識所惜集解王補曰御覽引東觀漢記作識者愍惜儒士痛心臣竊傷之湛容貌堂堂國之光暉堂堂盛威儀也智略謀慮朝之淵藪髫髮厲志白首不衰埤蒼曰髫髦也髫髮謂童子垂髮也集解先謙曰髫髮東觀記作齠齔實足目先後王室名足目光示遠人先後相導也詩大雅曰予曰有先後先音先見反後音胡口反集解先謙曰官本注口作豆古者選擢諸侯目爲公卿是故四方回首仰望京師左傳曰鄭武公莊公爲平王卿士東觀記曰詩上書武公莊公所以砥礪蕃屏勸進忠信令四方諸侯咸樂回首仰望京師柱石之臣宜居輔弼柱石承棟梁也前書曰延年曰將軍爲國柱石尚書大傳曰古者天子必有四鄰前曰疑後曰承左曰輔右曰弼天子有問無以對責之疑可志而不志責之承可正而不正責之輔可揚而不揚責之弼可出入禁門補缺拾遺臣詩愚戇不足目知宰相之才竊懷區區敢不自竭臣前爲侍御史上封事言湛公廉愛下好惡分明累世儒學

素持名信經明行修通達國政尤宜近侍納言左右舊制九州五尚書令一郡二人蓋舊制九州共選五人以任尚書令則一郡乃有二人故欲以湛代一人之處〔集解〕先謙曰官本注令改今引劉攽曰案正文令合作今尚書令不可有五人若言令一郡二人又無義改作今乃與注合可以湛代頗爲執事所非但臣詩蒙恩深渥所言誠有益於國雖死無恨故復越職觸冒以聞十三年夏徵敕尚書擇拜吏日未及就位因讌見中暑病卒賜祕器帝親弔祠遣使者送喪修冢二子隆翕翕嗣爵卒子光嗣光卒子晨嗣東觀記曰晨尚高平公主晨謙敬博愛好學尤篤以女孫爲順帝貴人奉朝請位特進卒子無忌嗣亦傳家學博物多識順帝時爲侍中屯騎校尉永和元年詔無忌與議郎黃景校定中書五經諸子百家藝術中書內中之書也藝文志曰諸子凡一百八十九家言百家舉其成數也藝謂書數射御術謂醫方卜筮元嘉中桓帝復詔無忌與黃景崔寔等共撰漢記〔集解〕惠棟曰史通云無忌與諫議大夫黃景作諸王王子功臣恩澤侯表南單于西羌傳地理志又自采集古今刪

著事要號曰伏侯注其書上自黃帝下盡漢質帝爲八卷見行于今無忌卒子質嗣官至大司農質卒子完嗣尚桓帝女陽安長公主〔集解〕惠棟曰公主名華先謙曰注見皇后紀女爲孝獻皇后〔集解〕惠棟曰袁宏紀完生五男一女長男德次雅次后次均次尊次朗曹操殺后〔集解〕周壽昌曰殺應改作弒誅伏氏國除初自伏生已後世傳經學清靜無競故東州號爲伏不鬭云

隆字伯文少以節操立名東觀記隆作盛字伯明〔集解〕惠棟曰案殤帝諱隆隆之字曰盛故改爲盛仕郡督郵建武二年詣懷宮光武甚親接之時張步兄弟各擁彊兵據有齊地拜隆爲太中大夫持節使青徐二州招降郡國隆移檄告曰乃者猾臣王莽殺帝盜位〔集解〕周壽昌曰殺應改作弒宗室興兵除亂誅莽故羣下推立聖公以主宗廟而任用賊臣殺戮賢良三王作亂盜賊從橫忤逆天心三王見聖公傳卒爲赤眉所害皇天祐漢聖哲應期〔集解〕惠棟曰李善云尚書刑德放曰河圖帝王終始存亡之期陛下神武奮發以少制眾故尋邑以百萬之軍潰散於昆陽王郎以全趙之師土崩於邯鄲全趙謂舉趙之地大彤高胡望旗消靡鐵脛五校莫不摧破梁王劉永幸以宗室屬籍〔集解〕惠棟曰禮記大傳云繫之以姓而弗別鄭氏云繫之以姓弗別若今宗室屬籍也爵爲侯王不知厭足自求禍棄遂封爵牧守造爲詐逆今虎牙大將軍屯營十萬已拔睢陽劉永奔迸家已族矣此諸君所聞也不先自圖後悔何及青徐羣盜得此惶怖獲索賊右師郎等六校即時皆降右或爲古張步遣使隨隆東觀記步遣其掾孫昱隨之詣闕上書獻鰒魚郭璞注五蒼云鰒似蛤偏著石廣志曰鰒無鱗有殼一面附石細孔雜雜或七或九本草云石決明一名鰒魚音步角反〔集解〕先謙曰官本注五作三是其冬拜隆光祿大夫復使於步并與新除青州牧守及都尉俱東詔隆輒拜令長以下隆招懷綏緝多來降附帝嘉其功比之酈生酈生酈食其也說齊王廣下齊七十餘城食其音異基即拜步爲東萊太守而劉永亦復遣使立步爲齊王步貪受王爵尤豫未決尤音以今反隆曉譬曰高祖與天下約

非劉氏不王今可得爲十萬戶侯耳步欲留隆與共守二州隆不聽二州青州徐州也求得反命步遂執隆而受永封隆遣閒使上書曰臣隆奉使無狀言罪大也受執凶逆雖在困戹授命不顧又吏人知步反畔心不附之願以時進兵無以臣隆爲念臣隆得生到闕廷受誅有司此其大願若令沒身寇手以父母昆弟長累陛下累託也音力僞反陛下與皇后太子永享萬國與天無極帝得隆奏召父湛流涕以示之曰隆可謂有蘇武之節武帝時蘇武使匈奴會衞律所將降者陰相與謀劫單于母閼氏歸漢事發單于使衞律考其事召武受辭武不屈節引佩刀自刺單于欲降武武不降杖節牧羊海上臥起操持節節髦盡落在匈奴中十九年乃得歸漢見前書也恨不且許而遽求還也〔集解〕王補曰延平陳氏曰伏隆之求還足以成命矣死而無憾安用且許之乎光武之言所以慰其父耳其後步遂殺之時人莫不憐哀焉五年張步平車駕幸北海詔隆中弟咸收隆喪賜給棺斂太中大夫護送喪事詔告琅邪作冢以子瑗爲郎中〔集解〕惠棟曰漢法死事之子除郎中

侯霸集解惠棟曰金鄉長侯成碑云其先出自豳岐周文之後封于鄭鄭共仲賜氏曰侯氏厥嗣宣多以功佐國要明齊魯嘉會自邠因以爲家焉漢之興也侯公納策濟太上皇于鴻溝之阨謚曰安國君曾孫酺封明統侯元孫霸西漢表酺作輔字君房河南密人也族父淵以宦者有才辯任職元帝時佐石顯等領中書號曰大常侍成帝時任霸爲太子舍人漢官儀曰太子舍人選良家子孫秩二百石霸矜嚴有威容家累千金不事產業篤志好學師事九江太守房元集解惠棟曰前書云瑯邪房鳳字子元九江太守穀梁春秋有房氏之學傳曰房元者葢舉其字猶朱普字公文東觀記稱朱文是也治穀梁春秋爲元都講東觀記曰從鍾寗君受律也集解惠棟曰百官公卿表元始三年尚書令潁川鍾元寗君爲大理王莽初五威司命陳崇舉霸德行遷隨宰王莽置五威司命將軍又改縣令長曰宰隨縣名屬南陽郡今隨州縣也集解惠棟曰王莽傳云莽置五威司命中城曰關將軍策命統睦侯陳崇作司命也又曰司命司上公以下縣界曠遠濱帶江湖而亡命者多爲寇盜霸到即案誅豪猾分捕山賊縣中清靜再遷爲執法刺姦王莽傳曰置執法左右刺姦選能吏侯霸等分督六尉六隊如漢刺史糾案埶位者無所疑憚後爲淮平大尹政

理有能名王莽改臨淮郡爲淮平及王莽之敗霸保固自守卒全一郡更始元年遣使徵霸東觀記曰遣謁者侯盛荊州刺史費遂齎璽書徵霸百姓老弱相攜號哭遮使者車或當道而臥皆曰願乞使君復留朞年民至乃戒乳婦勿得舉子侯君當去必不能全使者慮霸就徵臨淮必亂不敢授璽書具以狀聞會更始敗道路不通建武四年光武徵霸與車駕會壽春拜尚書令時無故典朝廷又少舊臣霸明習故事收錄遺文條奏前世善政法度有益於時者皆施行之每春下寬大之詔奉四時之令皆霸所建也月令春布德行慶施惠下人故曰寬大奉四時謂依月令也集解惠棟曰續志立春之日下寬大書曰制詔三公方春東作敬始愼微動作從之罪非殊死且勿案驗皆須麥秋退貪殘進柔良下當用者如故事明年代伏湛爲大司徒封關內侯在位明察守正奉公不回十三年霸薨集解王補曰霸薦閻楊帝疑有姦崇山黃鉞之怒何遽凜凜邪則霸之薨於位特幸耳帝深傷惜之親自臨弔下詔曰惟霸積善清絜視事九年漢家舊制丞相拜日封爲列侯漢自高祖以列侯爲丞相武帝以元勳先命皆盡拜公孫弘爲丞相封平津侯因以爲故事集解惠棟曰王符潛夫論云孝武皇帝封爵丞相以襃有德後亦承之建武乃絕朕以軍師暴露功臣未封緣忠臣之義不欲相踰未及爵命奄然而終嗚呼哀哉於是追封謚霸則鄉哀侯集解惠棟曰金鄉長侯君碑云霸封於陵侯洪适云丞相封侯自平津始光武以功臣未封故霸但侯關內既薨方追封則鄉其子昱徙封於陵爾謂霸封於陵非也食邑二千六百戶子昱嗣臨淮吏人共爲立祠四時祭焉集解先謙曰霸議李通不宜就國見通傳劾朱浮敗亂幽州見浮傳欲交王丹而見拒見丹傳辟閔貢見周燮等傳序致書嚴光見光傳以薦閻楊見疑見馮勤傳以沛郡太守韓歆代霸爲大司徒歆字翁君南陽人集解先謙曰歆降世祖後因岑彭言免誅尋爲鄧禹軍師後爲中書令請立費易左春秋見岑彭鄧及范升傳以從攻伐有功封扶陽侯好直言無隱諱帝每不能容嘗因朝會聞帝讀隗囂公孫述相與書歆曰亡國之君皆有才桀紂亦有才帝大怒以爲激發歆又證歲將飢凶指天畫地言甚剛切坐免歸田里帝猶不釋復遣使宣詔責之司隸校尉鮑永固請不

能得集解先謙曰永以此出爲東海相見永傳歆及子嬰竟自殺歆素有重名死非其罪眾多不厭厭音一葉反帝乃追賜錢穀以成禮葬之成禮具禮也言不以非命而降其葬禮後千乘歐陽歙清河戴涉相代爲大司徒集解洪亮吉曰案中興時三公不封侯自戴涉蔡茂始先謙曰歙納郅惲言涉以鮑昱守高都長見惲昱傳坐事下獄死集解王補曰通鑑大司徒戴涉坐入故太倉令奚涉罪下獄死胡注無罪加之以罪曰入自是大臣難居相任集解王補曰韓歆既以非罪自殺歐陽歙戴涉又皆不得其死設以功臣任吏職其能免於葅醢乎類敘於此以志慨也然觀明初汪胡之獄株累元勳雖宋濂不得免焉而還念建武君臣於史所謂大臣難居相位三公多見罪退者又未敢過爲苛論也其後河南蔡茂京兆王況王音肅集解先謙曰宮本玉並作王魏郡馮勤皆得薨位況字文伯性聰敏爲陳留太守以德行化人遷司徒四年薨昱後徙封於陵侯於陵縣名屬濟南郡故城在今淄州長山縣南集解先謙曰今濟南府長山縣西南二十里王補曰昱毀伏波與馬武上章言狀見馬援傳永平中兼太僕昱卒子建嗣建卒子昌嗣

宋弘字仲子京兆長安人也父尚成帝時至少府集解惠棟曰百官公卿表無尚

名班史闕也哀帝立吕不附董賢違忤抵罪弘少而温順哀平間作侍中王莽時爲共工王莽改少府曰共工集解惠棟曰案前書天鳳中宏爲幷州牧將兵擊匈奴也赤眉入長安遣使徵弘逼迫不得已行至渭橋自投於水家人救得出因佯死獲免光武卽位徵拜太中大夫建武二年代王梁爲大司空封栒邑侯栒音荀所得租奉分贍九族集解先謙曰東觀記云當受俸得鹽令諸生糶諸生以賤不糶弘怒悉賤糶不與民爭利家無資產吕清行致稱集解惠棟曰袁山松書云宏爲司空秉政恭約輕財重義有公儀子之風徙封宣平侯帝嘗問弘通博之士弘乃薦沛國桓譚才學洽聞幾能及揚雄劉向父子幾音祈洽浹洽也幾近也前書班固曰谷永經書汎爲疏達不能浹洽如劉向父子及揚雄也故弘引焉集解惠棟曰李殿學云宏在固前如何反引漢書注誤於是召譚拜議郎給事中帝每讌輒令鼓琴好其繁聲弘聞之不悅悔於薦舉伺譚內出正朝服坐府上遣吏召之譚至不與席而讓之曰吾所吕薦子者欲令輔國家吕道德也而今數進鄭聲吕亂雅頌非忠正者也論語孔子曰惡鄭聲之亂雅樂也史記曰鄭音好濫淫志也集解惠棟曰包咸論語注鄭聲淫聲之哀者惡其亂雅能自改邪將令相舉吕法乎譚頓首辭謝良久乃遣之後大會羣臣帝使譚鼓琴譚見弘失其常度帝怪而問之弘乃離席免冠謝曰臣所吕薦桓譚者望能吕忠正導主而令朝廷耽悅鄭聲臣之罪也集解王補曰宋宏於是君子矣既召譚而責之又訟言於帝前引爲己罪譚果知讖之非經獨奈何進繁聲以求悅邪此之謂不知類也帝改容謝使反服其後遂不復令譚給事中弘推進賢士馮翊桓梁三十餘人或相及爲公卿者及猶繼也集解惠棟曰班固奏記東平王云司空掾桓梁宿儒盛名德冠州里七十從心行不踰矩蓋清廟之光輝當世之俊彥也先謙曰官本雅作推義並通弘當讌見集解劉攽曰案文當合作嘗御坐新屏風集解惠棟曰東觀記云新施屏風疑脫施字圖畫列女集解惠棟曰劉向七略別傳云臣向與黃門侍郎歆所校列女傳種類相從爲七篇以著禍福榮辱之效是非得失之分畫女于屏風四堵是漢時列女皆圖之屏風也帝數顧視之弘正容言曰未見好德如好色者帝卽爲徹之笑謂弘曰聞義則服可乎集解惠棟曰管子弟子職篇云見善從之聞義則服對曰陛

下進德臣不勝其喜時帝姊湖陽公主新寡集解洪亮吉曰水經注泚水下引漢日南太守胡著碑子珍騎都尉尚湖陽長公主卽光武之伯姊是主適珍而寡也帝與共論朝臣微觀其意主曰宋公威容德器羣臣莫及帝曰方且圖之後弘被引見帝令主坐屏風後因謂弘曰諺言貴易交富易妻人情乎弘曰臣聞貧賤之交不可忘集解惠棟曰一本交作知東觀記作交先謙曰官本作知糟糠之妻不下堂帝顧謂主曰事不諧矣弘在位五年坐考上黨太守無所據免歸第言無罪狀可據數年卒無子國除弘弟嵩以剛彊孝烈著名官至河南尹嵩子由章和間爲太尉坐阿黨竇憲策免歸本郡自殺由二子漢登登在儒林傳漢字仲和吕經行著名舉茂才四遷西河太守永建元年爲東平相度遼將軍爲東平王蒼曾孫端相也立名節吕威恩著稱遷太僕上病自乞拜太中大夫卒策曰太中大夫宋漢清修雪白集解惠棟曰葛龔薦郝彥文云雪白冰折皦然耀世也正直無邪前在方外仍統軍實仍頻也統領也軍實謂軍之所資也左傳曰隮軍實集解惠棟曰李善云鄭氏云軍所以討獲曰實懷柔異類莫匪嘉績戎車戢邊人用寍予錄乃勳引登九列因病退讓守約彌堅將授三事未尅而終朝廷愍悼怛其愴然詩不云乎肇敏戎功用錫爾祉大雅江漢之詩也吉甫美宣王能興衰撥亂命召公平淮夷毛萇注云肇謀也敏疾也戎大也功事也祉謂福慶其令將相大夫會葬加賜錢十萬及其在賓吕全素絲羔羊之絜焉詩國風曰羔羊之皮素絲五紽退食自公委蛇委蛇退食減膳也言卿大夫皆衣羔羊之裘素絲自減膳食從於公事行步委蛇自得集解先謙曰官本賓作殯是子則字元矩爲鄢陵令亦有名迹拔同郡韋著扶風法眞稱爲知人則子年十歲與蒼頭共弩射蒼頭弦斷矢激誤中之卽死奴叩頭就誅則察而恕之潁川荀爽深吕爲美時人亦服焉

論曰中興吕後居台相總權衡多矣其能吕任職取名者豈非先遠業後小數哉遠業謂德禮小數謂名法也故惠公造次急於鄉射之禮君房

入朝先奏寬大之令夫器博者無近用道長者其功遠蓋志士仁人所爲根心者也（根猶本也）君子㠯之得固貴矣㠯之失亦得矣（以之得謂行道義而得固可貴矣以之失謂行道義而失亦爲得也）宋弘止繁聲戒淫色其有關雎之風乎（詩序曰關雎樂得淑女以配君子憂在進賢不淫其色也）

蔡茂字子禮河内懷人也哀平間㠯儒學顯徵試博士對策陳災異㠯高等擢拜議郞遷侍中遇王莽居攝㠯病自免不仕莽朝會天下擾亂茂素與竇融善因避難歸之融欲㠯爲張掖太守固辭不就每所餉給計口取足而已後與融俱徵復拜議郞再遷廣漢太守有政績稱時陰氏賓客在郡界多犯吏禁茂輒糾案無所回避會洛陽令董宣舉糾湖陽公主帝始怒收宣既而赦之茂喜宣剛正欲令朝廷禁制貴戚乃上書曰臣聞興化致教必由進善康國寧人莫大理惡陛下聖德係興（集解先謙曰官本係作重是）再隆大命卽位

後漢書二十六　十

㠯來四海晏然誠宜夙興夜寐雖休勿休然頃者貴戚椒房之家數因恩埶干犯吏禁殺人不死傷人不論臣恐繩墨棄而不用（繩墨諭章程也）斧斤廢而不舉（斧斤謂刑戮也賈誼曰釋斤斧之用也）近湖陽公主奴殺人西市而與主共輿出入宮省逋罪積日冤魂不報洛陽令董宣直道不顧干主討姦陛下不先澄審召欲加箠當宣受怒之初京師側耳及其蒙宥天下拭目今者外戚憍逸賓客放濫宜敕有司案理姦罪使執平之吏永申其用㠯厭遠近不緝之情光武納之（緝叶也）建武二十年代戴涉爲司徒（集解周壽昌曰案建武二十七年始稱司徒去大字此句司徒上無大字脫也馮勤傳司徒侯霸脫大字同）在職清儉匪懈二十三年薨于位時年七十二賜東園梓棺賻贈甚厚（東園署名主作棺也）茂初在廣漢夢坐大殿極上有三穗禾茂跳取之得其中穗輒復失之（屋之大者古通呼爲殿也極殿梁也前書音義曰三輔閒謂屋梁爲極）㠯問主簿郭賀賀離席慶曰大殿者宮府之形象也極而有禾人臣之上祿也取中穗是中台之位也於字禾失爲秩雖曰失之乃所㠯得祿秩也袞職有闕君其補之（三公服袞畫爲龍龍首袞袞然故言龍袞詩曰袞職有闕仲山甫補之）旬月而茂徵焉乃辟賀爲掾賀字喬卿雒陽人（集解惠棟曰華陽國志賀廣漢雒人衍陽字）祖父堅伯（集解惠棟曰華陽國志云堅□鳥桓校尉）父游君並修清節不仕王莽賀能明法（集解惠棟曰華陽國志賀初爲太守黃幸戶曹有事與漢中太守李榮俱被徵賀勸星行詣詔獄自歸得免榮稽留詔殺之由是顯名太守蔡茂命爲主簿表賀明律令稍遷侍中尚書僕射司隸校尉荊州刺史）累官建武中爲尚書令在職六年曉習故事多所匡益拜荊州刺史引見賞賜恩寵隆異及到官有殊政百姓便之歌曰厥德仁明郭喬卿忠正朝廷上下平顯宗巡狩到南陽特見嗟歎賜㠯三公之服黼黻冕旒（三公服袞冕黼若斧形黻若兩己相背冕以木爲之衣以帛玄上纁下廣八寸長尺六寸旒謂冕前後所垂玉也天子十二旒上公九旒）敕行部去襜帷（集解惠棟曰劉昭云舊典傳車驂駕乘赤帷裳唯賀爲冀州刺史去襜帷也）使百姓見其容服㠯章有德每所經過吏人指㠯相示

後漢書二十六　十一

莫不榮之永平四年徵拜河南尹㠯清靜稱在官三年卒詔書愍惜賜車一乘錢四十萬

馮勤字偉伯魏郡繁陽人也曾祖父揚宣帝時爲弘農太守有八子皆爲二千石趙魏間榮之號曰萬石君焉（集解惠棟曰東觀記云趙魏號曰馮萬石）兄弟形皆偉壯唯勤祖父偃長不滿七尺常自恥短陋恐子孫之似也（東觀記偃爲黎陽令）乃爲子伉娶長妻伉生勤長八尺三寸八歲善計（計筭術也）初爲太守銚期功曹有高能稱期常從光武征伐政事一㠯委勤勤同縣馮巡等舉兵應光武謀未成而爲豪右焦廉等所反（反音幡）勤乃率將老母兄弟及宗親歸期期悉㠯爲腹心薦於光武初未被用後乃除爲郞中給事尚書（東觀記魏郡太守范橫上疏薦勤然始除之）㠯圖議軍糧在事精勤遂見親識每引進帝輒顧謂左右曰佳乎吏也由是使典諸侯封事勤差量功次輕重國土遠近地勢豐薄不相

踰越莫不厭服焉自是封爵之制非勤不定帝益以爲能尚書衆事皆令總錄之司徒侯霸薦前梁令閻楊（集解惠棟曰王霸傳作陽）楊素有譏議帝常嫌之既見霸奏疑其有姦大怒賜霸璽書曰崇山幽都何可偶（崇山南裔也幽都北裔也偶對也言將殺之不可得流徙也尚書舜流共工于幽州放驩兜于崇山集解惠棟曰李賢莊子集解云幽都即幽州也何若瑤曰疑霸有姦類共兜比周故云何可偶下明言黃鉞云云此句無將殺之意也李注未審）黃鉞一下無處所（鉞斧也以黃金飾之所以戮人）欲以身試法邪將殺身以成仁邪使勤奉策至司徒府勤還陳霸本意申釋事理帝意稍解拜勤尚書僕射職事十五年以勤勞賜爵關內侯遷尚書令拜大司農三歲遷司徒先是三公多見罪退帝賢勤欲令以善自終乃因讌見從容戒之曰朱浮上不忠於君下陵轢同列竟以中傷至今（朱浮爲大司空坐賣弄國恩免又爲陵轢同列帝銜之惜其功不忍加罪）死生吉凶未可知豈不惜哉人臣放逐受誅雖復追加賞賜賻祭不足以償不訾之身（訾量也言無訾量也比之貴重之極也訾與資同集解先謙曰注言無訾量也比之七字官本作言無量可比之）

忠臣孝子覽照前世以爲鏡誡能盡忠於國事君無二則爵賞光乎當世功名列於不朽可不勉哉勤愈恭約盡忠號稱任職勤母年八十每會見詔敕勿拜令御者扶上殿謂諸王曰使勤貴寵者此母也其見親重如此中元元年薨（東觀記曰中元元年車駕西幸長安祠園陵還勤讌見前殿盡日歸病因病喘逆上使大醫療視賞賜錢帛遂薨集解先謙曰官本注歸病作歸府是）帝悼惜之使者弔祠賜東園祕器賵贈有加勤七子長子宗嗣至張掖屬國都尉中子順尚平陽長公主終於大鴻臚（平陽主明帝女）建初八年以順中子奮襲主爵爲平陽侯薨無子永元七年詔書復封奮兄羽林右監勁爲平陽侯奉公主之祀奮弟由黃門侍郎尚平安公主（章帝女也臣賢案東觀記亦云安平皇后紀云由尚平邑公主紀傳不同未知孰是集解劉攽曰案傳作平安注云安平必有一誤然安平是縣名則安平是矣錢大昕曰予謂平安亦縣名屬廣陵郡貢父偶未檢耳平安與平邑只一字之異未可遽以安平爲是也）勁薨子卯嗣卯延光中爲侍中薨子留嗣

趙憙（集解惠棟曰東觀記作喜喜與熹古字通小顏匡謬正俗云熹熾盛也音與僖同故趙熹字伯陽取此義耳末世傳寫誤爲喜字先謙曰各本皆作憙續漢書作熹）字伯陽南陽宛人也少有節操從兄爲人所殺無子憙年十五常思報之乃挾兵結客後遂往復仇而仇家皆疾病無相距者憙以因疾報殺非仁者心且釋之而去顧謂仇曰爾曹若健遠相避也仇皆臥自搏（自搏猶叩頭也集解王鳴盛曰吳志韋曜傳孫皓收曜付獄曜上辭曰謹叩頭五五百下兩手自搏裴松之雖無注然上文既言叩頭下文即言自搏則自搏非叩頭李注誤叩頭以首叩地自搏以手自搏擊悔過而痛自責之意也）後病愈悉自縛詣憙憙不與相見後竟殺之更始即位舞陰大姓李氏擁城不下更始遣柱天將軍李寶降之不肯云聞宛之趙氏有孤孫憙信義著名願得降之更始乃徵憙憙年未二十既引見更始笑曰繭栗犢豈能負重致遠乎（犢角如繭栗言小也禮記曰天地之牲角繭栗集解先謙曰官本注栗繭作繭栗是）即除爲郎中行偏將軍事使詣舞

陰而李氏遂降憙因進入潁川擊諸不下者歷汝南界還宛更始大悅謂憙曰卿名家駒努力勉之（武帝謂劉德爲千里之駒故以憙比之）會王莽遣王尋王邑將兵出關更始乃拜憙爲五威偏將軍使助諸將拒尋邑於昆陽光武破尋邑憙被創有戰勞還拜中郎將封勇功侯更始敗憙爲赤眉兵所圍迫急乃踰屋亡走與所友善韓仲伯等數十人攜小弱越山阻徑出武關仲伯以婦色美慮有彊暴者而已受其害欲棄之於道憙責怒不聽因以泥塗仲伯婦面載以鹿車身自推之（風俗通曰俗說鹿車窄小裁容一鹿）每道逢賊或欲逼略憙輒言其病狀以此得免既入丹水（丹水縣名屬南陽郡故城在今鄧州內鄉縣西南臨丹水）遇更始親屬皆裸跣塗炭飢困不能前（塗炭者若陷泥墜火喻窮困之極也）憙見之悲感所裝縑帛資糧悉以與之將護歸鄉里時鄧奉反於南陽憙素與奉善數遺書切責之而讒者因言憙與奉合謀帝以爲疑（集解惠棟曰袁宏紀詔憙屬建威將

軍以功自贖及奉敗帝得憙書乃驚曰趙憙眞長者也卽徵憙引見賜鞍馬待詔公車時江南未賓道路不通㠯憙守簡陽侯相集解洪亮吉曰前續志荊州屬皆無簡陽縣侯放憙不肯受兵東觀記曰敕憙從騎都尉儲融受兵二百人通利道路憙白上不願受融兵單車馳往度其形況上許之單車馳之簡陽吏民不欲內憙憙乃告譬呼城中大夫集解先謙曰官本夫作人是示㠯國家威信其帥卽開門面縛自歸由是諸營壁悉降荊州牧奏憙才任理劇詔㠯爲平林侯相集解錢大昕曰案平林縣兩漢志亦無之蓋建武初置不久卽省亦未知何人所封也光武紀注平林在今隨州隨縣東北攻擊羣賊安集已降者縣邑平定後拜懷令大姓李子春先爲琅邪相豪猾幷兼爲人所患憙下車聞其二孫殺人事未發覺卽窮詰其姦收考子春二孫自殺京師爲請者數十終不聽時趙王良疾病將終車駕親臨王問所欲言王曰素與李子春厚今犯罪懷令趙憙欲殺之願乞其命帝曰吏奉法律不可枉也更道它所欲王無復言

後漢書二十六　十四

旣薨帝追感趙王乃貰出子春其年遷憙平原太守時平原多盜賊憙與諸郡討捕斬其渠帥餘黨當坐者數千人憙上言惡惡止其身公羊傳曰善善及子孫惡惡止其身可一切徙京師近郡帝從之乃悉移置潁川陳留於是擢舉義行誅鋤姦惡後青州大蝗侵入平原界輒死歲屢有年百姓歌之二十六年帝延集內戚讌會歡甚諸夫人各各前言趙憙篤義多恩往遭赤眉出長安皆爲憙所濟活帝甚嘉之後徵憙入爲太僕引見謂曰卿非但爲英雄所保也婦人亦懷卿之恩集解惠棟曰魚豢典畧憙爲平原太守百官大會光武問憙在郡何如咸稱憙政有跡時親家諸夫人皆會會罷諸夫人言憙篤義多恩從長安還護妾等衣食生活使得衆今日之富貴非獨能臨人也厚加賞賜二十七年拜太尉賜爵關內侯時南單于稱臣烏桓鮮卑並來入朝帝令憙典邊事思爲久長規規謀也憙上復緣邊諸郡幽幷二州由是而定復音伏謂建武六年徙雲中五原人於常山居庸關至二十六年復令還雲中五原東觀記曰草創苟合未有還人蓋憙至此請徙之令盡也集解惠棟曰案緣邊諸郡袁宏紀云代郡朔方五原雲中定襄鴈門郡錢大昕曰案本紀建武十五年徙鴈門代上谷三郡民置常山居庸關以東二十六年雲中五原朔方北地定襄鴈門上谷代八郡民歸於本土上谷代屬幽州鴈門雲中諸郡屬幷州注但舉雲中五原則止有幷州不得言二州矣三十年憙上言宜封禪正三雍之禮中元元年從封泰山及帝崩憙受遺詔典喪禮是時藩王皆在京師自王莽篡亂舊典不存皇太子與東海王等雜止同席集解惠棟曰雜止續漢書作雜坐憲章無序憙乃正色橫劒殿階扶下諸王以明尊卑時藩國官屬出入宮省與百僚無別憙乃表奏謁者將護分止它縣諸王並令就邸集解通鑑胡注諸王國各置邸洛陽唯朝晡入臨整禮儀嚴門衛內外肅然永平元年封節鄉侯三年春坐考中山相薛修事不實免修光武子中山王焉相也其冬代竇融爲衛尉八年代虞延行太尉事集解惠棟曰案紀當在七年應劭漢官儀明帝欲更太尉府時憙以新造北宮表陳之其冬臨辟雍見太尉府獨卑陋皆在七年也居府如眞後遭母憂上疏乞身行喪禮顯宗不許遣使者爲釋服賞賜恩寵

後漢書二十六　十五

甚渥憙內典宿衛外幹宰職正身立朝未嘗懈惰及帝崩復典喪事再奉大行禮事修舉肅宗卽位進爲太傅集解惠棟曰東觀記詔云行太尉事趙憙二葉在位爲國元老其以憙爲太傅錄尚書事擢諸子爲郎吏者七人長子代集解惠棟曰漢官儀及和帝紀皆作世給事黃門建初五年憙疾病帝親幸視及薨車駕往臨弔時年八十四謚曰正侯子代嗣官至越騎校尉集解惠棟曰漢官儀代永平中爲侍中洪頤煊曰百官志補注引漢官儀明帝欲復更太尉府時公趙憙長子世爲侍中和帝紀永元九年燒當羌寇隴西越騎校尉趙世等討破之此作代避唐諱來歷傳西羌傳亦作趙代永元中副行征西將軍劉尚征羌坐事下獄集解惠棟曰西羌傳坐畏愞徵下獄免疾病物故和帝憐之賜祕器錢布贈越騎校尉節鄉侯印綬子直嗣官至步兵校尉直卒子淑嗣無子國除

牟融字子優北海安丘人也少博學以大夏侯尚書教授大夏侯名勝宣帝時人也門徒數百人名稱州里以司徒茂才爲豐令司徒舉爲茂才也豐令徐州縣

也視事三年縣無獄訟為州郡最司徒范遷薦融忠正公方經行純備宜在本朝并上其理狀漢官儀曰范遷字子廬沛人也永平五年入代鮑昱為司隸校尉集解惠棟曰續漢書云典司京師執憲持平多所舉正百僚敬憚之八年代包咸為大鴻臚十一年代鮭陽鴻為大司農鮭陽姓也音胡佳反是時顯宗方勤萬機集解先謙曰官本機作幾公卿數朝會每輒延謀政事判折獄訟融經明才高善論議朝廷皆服其能帝數嗟歎㠯為才堪宰相明年代伏恭為司空恭字叔齊伏湛同產兄子也見東觀記舉動方重甚得大臣節肅宗即位以融先朝名臣代趙憙為太尉與憙參錄尚書事建初四年薨車駕親臨其喪時融長子麟歸鄉里帝以其餘子幼弱敕太尉掾史教其威儀進止贈賵恩寵篤密焉又賜冢塋地於顯節陵下除麟為郎

韋彪字孟達扶風平陵人也集解先謙曰徐穉傳注引謝承書云韋氏為三輔冠族高祖賢

宣帝時為丞相祖賞哀帝時為大司馬集解惠棟曰前書云賞韋宏子以詩授哀帝至大司馬車騎將軍彪孝行純至父母卒哀毀三年不出廬寢服竟羸瘠骨立異形醫療數年乃起好學洽聞雅稱儒宗建武末舉孝廉除郎中以病免復歸教授安貧樂道恬於進趣三輔諸儒莫不慕仰之集解惠棟曰三輔決錄云彪與上黨太守公孫伯達河陽長魏仲達同時齊名世號三達顯宗聞彪名永平六年召拜謁者賜以車馬衣服三遷魏郡太守肅宗即位以病免徵為左中郎將長樂衛尉數陳政術每歸寬厚比上疏乞骸骨拜為奉車都尉秩中二千石賞賜恩寵侔於親戚建初七年車駕西巡狩以彪行太常從數召入問以三輔舊事禮儀風俗彪因建言今四巡舊都集解先謙曰官本四作西是宜追錄高祖中宗功臣中宗宣帝襃顯先勳紀其子孫帝納之行至長安乃制詔京兆尹右扶風求蕭何霍光後時光無苗裔唯封何末孫熊為酇侯建初二年已封曹參後曹湛為平陽侯故不復及焉乃厚賜彪錢珍羞食物使歸平陵上冢還拜大鴻臚是時陳事者多言郡國貢舉率非功次故守職益懈而吏事寖疏咎在州郡有詔下公卿朝臣議彪上議曰伏惟明詔憂勞百姓垂恩選舉務得其人夫國以簡賢為務賢以孝行為首孔子曰事親孝故忠可移於君是以求忠臣必於孝子之門孝經緯之文也夫人才行少能相兼是以孟公綽優於趙魏老不可以為滕薛大夫論語孔子之言也公綽魯大夫趙魏皆晉卿之邑也家臣稱老公綽性寡欲趙魏老優閒無事滕薛小國大夫職煩故不可為也忠孝之人持心近厚鍛練之吏持心近薄蒼頡篇曰鍛椎也鍛練猶成熟也言深文之吏入人之罪猶工冶陶鑄鍛練使之成熟也前漢路溫舒上疏曰鍛練而周內之集解惠棟曰古鍛鍊字皆作鍊唯路溫舒傳作練又冀州從事郭君碑云服職鍛湅李善文選注云說文云鍊化金鍊與練古字通先謙曰官本練並作鍊下同三代之所㠯直道而行者在其所㠯磨之故也論語孔子曰吾之於人誰毀誰譽如有所譽者其有所試矣斯三代之所以直道而行也彪引之者言古之用賢皆磨礪選練然後用之士宜㠯才行為先不可

純㠯閥閱史記曰明其等曰閥積功曰閱然其要歸在於選二千石集解先謙曰東觀記云二千石皆以選出京師剖符典千里蓋亦彪此議中語而范史刪之二千石賢則貢舉皆得其人帝深納之彪以世承二帝吏化之後多㠯苛刻為能二帝光武明帝也集解先謙曰官本吏作更是又置官選職不必㠯才因盛夏多寒上疏諫曰臣聞政化之本必順陰陽伏見立夏㠯來當暑而寒殆㠯刑罰刻急郡國不奉時令之所致也農人急於務而苛吏奪其時賦發充常調而貪吏割其財此其巨患也夫欲急人所務當先除其所患天下樞要在於尚書百官志曰尚書主知公卿二千石吏官上書外國夷狄事故曰樞要集解汪文臺曰御覽五百十二謝承書云其源在尚書尚書典樞機天下事一皆決之不可不察尚書之選豈可不重而間者多從郎官超升此位雖曉習文法長於應對然察察小慧類無大能宜簡嘗歷州宰素有名者雖進退舒遲時有不速然端心向公奉職周密宜鑒嗇夫捷急之對嗇夫官名也文帝出上林登虎圈因問上林尉禽獸簿不能對虎圈嗇夫從旁代對

響應無窮文帝拜嗇夫爲上林令張釋之曰夫絳侯東陽侯言事曾不能出口豈效此嗇夫喋喋利口捷急哉文帝曰善遂不拜嗇夫爲上林令深思絳侯木訥之功也木質也訥遲鈍也前書曰周勃木彊少文又曰安劉氏者必勃往時楚獄大起故置令史吕助郎職而類多小人好爲姦利今者務簡可皆停省又諫議之職應用公直之士通才謇正有補益於朝者今或從徵試輩爲大夫也輩類又御史外遷動據州郡並宜清選其任責吕言績其二千石視事雖久而爲吏民所便安者宜增秩重賞勿妄遷徙維留聖心書奏帝納之元和二年春東巡狩吕彪行司徒事從行還吕病乞身帝遣小黃門太醫問病賜吕食物彪遂稱困篤章和二年夏使謁者策詔曰彪吕將相之裔勤身飭行出自州里在位歷載中被篤疾連上求退君年在耆艾禮記曰七十曰耆五十曰艾不可復吕加增恐職事煩碎重有損焉其上大鴻臚印綬其遣太子舍人詣中臧府受賜錢二十萬續漢志曰中臧府令一人秩六百石掌幣帛金錢貨

物也永元元年卒詔尚書故大鴻臚韋彪在位無愆方欲錄用奄忽而卒其賜錢二十萬布百匹穀三十斛彪清儉好施祿賜分與宗族家無餘財著書十二篇號曰韋卿子族子義集解惠棟曰前書云元成子頃侯寬寬子僖侯育育子節侯沈自賢傳國至元孫乃絕世系云尚書令浚育之子生豹兄弟義字季節高祖父玄成元帝時爲丞相初彪獨徙扶風故義猶爲京兆杜陵人焉兄順集解惠棟曰京兆舊事云順歷位樂平相去官以琴書自娛不應三公之命後爲平輿令吏民立祠社中字叔文平輿令有高名平輿縣名屬汝南郡故城在今豫州汝陽縣東北集解先謙曰注見明紀次兄豹字季明數辟公府輒吕事去司徒劉愷復辟之集解惠棟曰京兆舊事云豹爲武陽令友人羅陵揵爲縣丞卒官喪柩流離豹棄官致喪歸比辟公府輒棄去司徒劉愷尤敬之謂曰卿吕輕好去就集解先謙曰東觀記作卿輕人好去就爵位不躋也躋升今歲垂盡當選御史意在相薦子其宿留乎宿留待也宿音秀留音力救反集解惠棟曰司馬貞云宿留遲待之意若依字讀則言宿而留文是有所待並通豹曰犬馬齒衰旅力已劣旅眾也尚書曰番番良士旅力既愆集解何若瑤曰注本北山詩傳廣雅膂力也王氏疏證大雅桑柔靡有旅力周語四軍之帥旅力方剛義並與膂同膂力一聲之轉訓旅爲眾失之仰慕崇恩故未能自割且眩瞀滯疾不堪久待眩風疾也瞀亂也謂視不明之貌也眩音縣瞀音亡遘反集解惠棟曰依三輔決錄待當作侍先謙曰官本注遘作溝選薦之私非所敢當遂跣而起愷追之徑去不顧安帝西巡徵拜議郎義少與二兄齊名集解惠棟曰京兆舊事云清河太守韋文高三子順豹義皆以學行知名時人號章氏三君案世系韋育生浚尚書令浚當字文高也初仕州郡集解惠棟曰京兆舊事云義少好學不求榮利四十乃仕太傅桓焉辟舉理劇爲廣都長廣都縣名屬蜀郡故城在今益州成都縣東南集解先謙曰注見光武紀甘陵陳二縣令甘陵故城在今貝州清河縣西北陳屬梁國今陳州集解先謙曰今東昌府清平縣南陳今陳州府懷甯縣治政甚有績官曹無事牢獄空虛數上書順帝陳宜依古典考功黜陟徵集名儒大定其制又譏切左右貶刺竇氏言既無感而久抑不遷吕兄順喪去官比辟公府不就廣都爲生立廟及卒三縣吏民爲義舉哀若喪考妣豹子著字休明少吕經行知名集解汪文臺曰徐穉傳注引謝承書云著少修節操持京氏易韓詩博通術藝

先謙曰著爲宋則所拔見宋弘傳不應州郡之命大將軍梁冀辟不就延熹二年桓帝公車備禮徵至霸陵稱病歸乃入雲陽山采藥不反有司舉奏加罪帝特原之復詔京兆尹重吕禮敦勸著遂不就徵敦猶逼也靈帝即位中常侍曹節吕陳蕃竇武既誅海內多怨欲借寵時賢吕爲名假借時賢寵榮以求美名用解怨謗白帝就家拜著東海相東海王懿相也即東海王彊四代孫詔書逼切不得已解巾之郡巾幅巾也既服冠冕故解幅巾政任威刑爲受罰者所奏坐論輸左校左校署名屬將作也又後妻憍恣亂政吕之失名竟歸爲姦人所害隱者恥之

贊曰堪霸奮庸維寧兩邦尚書曰有能奮庸熙帝之載孔安國注曰奮起也庸功也兩邦謂湛爲平原大守霸爲淮平太守淮人孺慕徐寇要降徐寇謂徐異卿也願要降司徒伏公弘實體遠仁不忘本謂不忘糟糠妻也壹政多迹彪明理損牟公簡帝身終上衰

伏侯宋蔡馮趙牟韋列傳第十六　終　後漢書二十六

伏湛傳九世祖勝字子賤所謂濟南伏生者也侯康曰王觀國學林云名勝者濟南伏生也字子賤者宓不齊也范書誤矣康案顏氏家訓書證篇單父東門有子賤碑漢世所立言濟南伏生卽子賤之後據此知伏生之字必不與遠祖同范書誠誤今案史記儒林傳伏生本不載名字惟張晏注據伏氏碑謂其名勝亦不言有字伏氏碑自卽顏氏所指碑矣碑且無字范氏何從得其字蓋字子賤本卽宓子賤之譌范氏偶不經意遂成大錯耳

然後謀之羣臣官本之作於

臣詩竊見故大司徒陽都侯伏湛案湛時已徙封不其仍稱陽都侯蓋據爲大司徒時言之

侯霸傳光武徵霸與車駕會壽春車駕原作車騎據錢校改官本不誤錢大昭曰騎閩本作駕拜尙書令錢大昭曰建武三年霸奏朱浮罪當伏誅時已爲尙書令則非四年始拜矣今案通鑑考異雖疑霸奏浮罪爲拜尙書令後始追劾之然浮傳言霸劾浮罪帝不忍以浮代賈復爲執金吾而復傳載復建武二年以執金吾擊郾明年遷左將軍與帝會宜陽降赤眉皆建武三年事也則浮之代復爲執金吾亦必在三年似不得謂霸之劾浮爲追劾疑霸本於在郡時知浮激反彭寵狀特奏劾之史誤援後官書之耳

歆字翁君南陽人洪亮吉曰岑彭傳言邑人韓歆則歆南陽棘陽人也

帝猶不懌官本懌作釋

其後河南蔡茂案茂河內懷人具本傳此作河南形近而譌官本不誤

宋弘傳乃薦沛國桓譚才學洽聞洽聞官本同注亦訓作洽洪亮吉四史發伏引作博聞並注云汲古本博作洽未知洪所據何本其注亦當有異矣又考東觀記亦作洽聞惟袁紀則作博聞耳幾能及揚雄劉向父子注前書班固曰至故弘引焉集解惠棟曰李殿學云弘在固前如何反引漢書注誤今案洪亮吉等亦多如李說以注爲誤然詳註所謂引非指引班說乃指引揚雄劉向父子耳若注竟誤以班書釋弘說則不必贅故弘引焉四字矣蓋東漢言通博之士必推揚雄劉向父子固是恆言注舉班氏之論谷永用此比例也

弘雅進馮翊桓梁三十餘人案三疑等之誤蓋三十餘人似太多且文法固應有一等字也

嵩子由章和閒爲太尉錢大昭曰章和當作元和

仍統軍實注軍實謂軍之所資也左傳曰覈軍實集解惠棟曰李善云鄭氏云軍所㠯討獲曰實案左傳言軍實處義各有當宣十二年傳在軍無日不討軍實而申儆之杜注軍實軍器僖三十三年傳墮軍實而長寇讎杜無說當從鄭氏之訓隱五年傳歸而飲至以數軍實杜注飲於廟以數車徒器械及所獲也則又兼上二義言之傳言漢在外方仍統軍實自以軍器之訓爲合卽注軍之所資是矣章懷作注遇有兩義者每並舉之藉以通異訓其舉左傳墮軍實與軍資之說本不相蒙若惠引鄭說是墮軍實之軍實究非此所謂軍實也

㠯之失亦得矣注謂行道義而失亦爲得也官本注也作矣

蔡茂傳陛下聖德係興集解先謙曰官本係作重是謹案釋詁係繼也又本書安紀親德係後莫宜於祜章懷注云係卽繼也是係興卽繼興作係亦非誤字

臣恐繩墨棄而不用注繩墨論章程也官本論作謂

賀字喬卿雒陽人集解惠棟曰華陽國志賀廣漢雒人衍陽字案華陽國志載郭賀均雒人自不誤惟東觀記亦謂賀洛陽人則誤不自范始祖父堅伯集解惠棟曰華陽國志云堅烏桓校尉今案堅伯華陽國志正作堅以下文父游君觀之似傳文乃舉其祖父之

字堅伯蓋卽堅字漢人無二名偶有之皆以字行者也惟惠氏直以堅爲堅伯而不加考證殊疏

累官建武中爲尙書令案累官下當有脫文

歌曰厥德仁明郭喬卿忠正朝廷上下平案東觀記載歌止厥德文明治有殊政八字

顯宗巡狩到南陽案明帝南巡狩幸南陽紀在永平十年到官本作至

馮勤傳中元元年薨注車駕西幸長安祠園陵園原譌固據東觀記正官本不誤

趙熹傳仇皆臥自搏注自搏猶叩頭也集解王鳴盛曰至悔過而痛自責之意也今案王說辯矣然注云猶叩首也周禮春官辨九拜四曰振動鄭大夫云動讀爲董書亦或爲董振董以兩手相擊也釋文云今倭人拜以兩手相擊如鄭大夫之說蓋古之遺法吳志韋曜傳所謂兩手自搏便是兩手相擊是固九拜之一也又魏志甄后傳注引魏略鄴城破文帝入紹舍見紹妻及后后怖以頭伏姑膝上紹妻兩手自搏蓋后伏紹妻膝上紹妻不能起爲禮曜被囚亦不能起爲禮與此傳仇皆病臥不能起爲禮同故均之以自搏代叩首耳

載㠯鹿車注裁容一鹿裁官本作載非

皆祼跣塗炭注塗炭者若陷泥墜火喻窮困之極也案此塗炭連上祼跣爲文

不能作爲驗言注說非孟子坐於塗炭趙注塗泥炭墨也

憲上復緣邊諸郡幽并二州由是而定注謂建武六年徙雲中五原人於常山居庸閒案閒常作關謂常山關居庸關也常山關在代郡居庸關在上谷中隔長城亘千餘里不能謂徙於其閒明矣又光武紀建武六年但令縣國不足置長吏者并合之藉以省減吏員無徙邊郡人民事其年代郡太守劉興戰歿郡地陷於盧芳七年冬盧芳所置朔方太守田颯雲中太守喬扈始各擧郡降十年省定襄郡徙其民於河西十一年省朔方牧并并州未言徙其民十三年盧芳始自五原亡入匈奴又并廣陽國屬上谷則上谷時仍未徙十五年乃徙鴈門代郡上谷三郡民置常關居庸關以東而亦未及雲中五原惟據南匈奴傳十三年匈奴寇河東州郡不能禁於是漸徙幽并邊人於常山關居庸關已東似十四十五年已漸有徙者則二郡之徙或尙在鴈門代郡上谷之前至注作建武六年則必誤以是時二郡皆爲盧芳所據芳傳可證光武必無由徙其民也否則或十二十六年芳乞降之後匈奴大根入寇尤深又大徙之注脫十字耳然紀傳亦未載也

副行征西將軍劉尙征羌案和紀事在永元九年又袁紀作執金吾劉尙益尙以執金吾行征西將軍事袁紀書其本官耳此與建武時武威將軍劉尙名同人異

卷二十六校補　三

章彪傳建初二年已封曹參後曹湛爲平陽侯錢大昭曰和帝紀永元三年詔以曹相國後容城侯無嗣求近親紹封則參後之紹封非平陽乃容城也案錢說是已詳和紀校補

鍛練之吏注蒼頡篇曰鍛椎也案鍛椎也文選長笛賦注引蒼頡篇同官本椎作推誤集解惠棟曰丟鍊與練古字通案一切經音義古文鍊漱涷三形今作練同故郭碑一作涷

不可純已閥閱注史記曰明其等曰閥積功曰閱案章紀或起甽畝不繫閥閱注引史記略同今史表實作積日曰閱不作積功也又門在左曰閥在右曰閱閥閱猶言門地故章紀注亦云務取賢才不拘門地此義蓋同

時有不遠不遠官本作不逮是

穀三十斛三十官本作三千是

已陳藩竇武既誅竇武官本作竇氏誤

宣張二王杜郭吳承鄭趙列傳第十七　後漢書二十七

宋　宣　城　太　守范　曄　撰

唐　章　懷　太　子　賢　注

王先謙集解

宣秉字巨公馮翊雲陽人也少修高節顯名三輔哀平際見王氏據權專政侵削宗室有逆亂萌遂隱遁深山州郡連召常寢疾不仕集解先謙曰官本寢作稱王莽爲宰衡辟命不應周公爲太宰伊尹爲阿衡莽欲兼之故以爲號及莽篡位又遣使者徵之秉固稱疾病更始卽位徵爲侍中建武元年拜御史中丞前書曰御史中丞秦官秩千石在殿中蘭臺掌圖籍祕書外督部刺史內領侍御史糾察百僚光武特詔御史中丞與司隸校尉尙書令續漢志曰尙書令一人千石秦官武帝用宦者成帝用士人也會同並專席而坐故京師號曰三獨坐明年遷司隸校尉務舉大綱簡略苛細百僚敬之說文曰苛細草也以喻煩雜也秉性節約常服布被蔬食瓦器集解惠棟曰袁宏紀云布被瓦器食則魚飧汪文臺曰御覽八百十八引續漢書云居不粟馬出無從車帝

虛受堂　一

嘗幸其府舍見而歎曰楚國二龔不如雲陽宣巨公二龔謂龔勝字君賓龔舍字君倩二人皆以淸苦立節著名事見前書卽賜布帛帳帷什物周禮幕人掌帷幕幄鄭玄曰在旁曰帷爾雅曰幬謂之帳軍法五人爲伍二五爲什則共其器物故通謂生生之具爲什物集解劉攽曰案帳帷當作帷帳注文先解帷後帳是其次矣四年拜大司徒司直司直武帝元狩五年置比二千石掌佐丞相舉不法哀帝元壽二年改丞相爲大司徒中興因而不改猶置司直至建武十一年省司直置長史一人署諸曹事至二十七年司徒又去大字見前書及續漢書所得祿奉輒已收養親族其孤弱者分與田地自無擔石之儲前書音義曰齊人名小甖爲擔今江淮人謂一石爲一擔擔音丁濫反六年卒於官帝敏惜之集解劉攽曰案文敏當作愍除子彪爲郎東觀記曰彪官至玄菟太守

張湛字子孝扶風平陵人也矜嚴好禮動止有則居處幽室必自修整集解先謙曰東觀記云以篤行純淑鄉里歸德雖居幽室闇處必自整頓雖遇妻子若嚴君焉周易家人卦曰家有嚴君焉父母之謂也集解先謙曰有上脫人字官本有及在鄉黨詳言正色詳審也三

輔吕爲儀表儀法也表正也書曰儀表萬邦人或謂湛僞詐湛聞而笑曰我誠詐也人皆詐惡我獨詐善不亦可乎成哀間爲二千石王莽時歷太守都尉建武初爲左馮翊在郡修典禮設條教政化大行後告歸平陵望寺門而步告請也告歸謂請假歸寺門卽平陵縣門也風俗通曰寺者嗣也理事之吏嗣續於其中也〔集解〕惠棟曰袁宏紀云湛被徵當還馮翊曰舊令尹之政必以告新令尹湛曰君以德進湛以罪退逡巡而去主簿進曰明府位尊德重不宜自輕郡守所居曰府府者尊高之稱前書韓延壽爲東郡太守門卒謂之明府亦其義也湛曰禮下公門軾輅馬輅大也君所居曰輅寢車曰輅車馬曰輅馬軾車前橫木也乘車必正立有所敬則撫軾謂小俛也禮記曰大夫士下公門式輅馬鄭玄云所以廣敬孔子於鄉黨恂恂如也論語之文也鄭玄云恂恂恭順貌也父母之國所宜盡禮何謂輕哉史記孔子謂門弟子曰魯墳墓所處父母之國也詩曰惟桑與梓必恭敬止也五年拜光祿勳前書光祿勳本名郎中令秦官武帝改焉秩中二千石掌大夫郎中從官光武臨朝或有惰容湛輒陳諫其失常乘白馬帝每見湛輒言白馬生且復諫矣〔集解〕先謙曰東觀記作帝每有異政輒曰白馬生云云書鈔五十三御覽四百五十二引續漢書同似語意較明七年吕病乞身拜光祿大夫〔集解〕先謙曰湛對光武爲鮑永解釋見永傳代王丹爲太子太傅及郭后廢建武十七年廢因稱疾不朝拜太中大夫居中東門候舍漢官儀曰洛陽十二門東面三門最北門名上東門次南曰東中門每門校尉一人秩二千石司馬一人秩千石候一人秩六百石候舍蓋候之所居故時人號曰中東門君帝數存問賞賜後大司徒戴涉被誅涉字叔平冀州清河人也坐所舉人盜金下獄〔集解〕王補曰古今注坐入故太倉令奚涉罪見帝紀注帝彊起湛吕代之湛至朝堂遺失溲便溲小便也溲音所流反因自陳疾篤不能復任朝事遂罷之後數年卒於家

王丹字仲回京兆下邽人也哀平時仕州郡王莽時連徵不至家累千金隱居養志好施周急周急謂周濟困急也孔子曰君子周急不繼富每歲農時輒載酒肴於田間候勤者而勞之東觀記曰載酒肴便于田頭大樹下飲食勸勉之因留其餘酒肴而去〔集解〕惠棟曰齊民要術云於田頭樹下飲食勸勉之因留其餘肴而去其墯孏者恥不致丹皆兼功自厲孏與嬾同音力亶反邑聚相率吕致殷富其輕黠游蕩廢業爲患者輒曉其父兄使黜責之没者則賻給親自將護其有遭喪憂者輒待丹爲辦〔集解〕惠棟曰東觀記云丹聞里有喪輒度其資用教之儉約因爲其制日定葬喪其親不過留殯一月其下以輕重差焉鄉鄰吕爲常行之十餘年其化大洽風俗吕篤丹資性方絜疾惡彊豪時河南太守同郡陳遵關西之大俠也遵字孟公杜陵人也見前書其友人喪親遵爲護喪事賻助甚豐丹乃懷縑一匹陳之於主人前曰如丹此縑出自機杼遵聞而有慙色自吕知名欲結交於丹丹拒而不許東觀記曰更始時遵爲大司馬出使匈奴過辭於丹丹曰俱遭反覆唯我二人爲天所遺今子當之絕域無以相贈贈子以不拜遂揖而別遵甚悅之會前將軍鄧禹西征關中軍糧乏丹率宗族上麥二千斛禹表丹領左馮翊稱疾不視事免歸後徵爲太子少傅〔集解〕惠棟曰續漢書丹爲太子少傅謇謇正直名德重于當時時大司徒侯霸欲與交友及丹被徵遣子昱候於道昱迎拜車下丹下荅之昱曰家公欲與君結交〔集解〕惠棟曰丹時爲三公故曰家公焦氏易林云災及家公何爲見拜丹曰君房有是言丹未之許也〔集解〕先謙曰丹蓋因霸爲中常侍任子又仕王莽故輕之丹子有同門生喪親家在中山白丹欲往奔慰結侶將行丹怒而撻之東觀記曰丹怒撻之五十令寄縑吕祠焉東觀記曰寄帛二匹以祠焉或問其故丹曰交道之難未易言也世稱管鮑次則王貢史記曰管夷吾潁上人嘗與鮑叔牙游叔牙知其賢管仲貧困嘗欺鮑叔鮑叔牙終善遇之管仲曰生我者父母知我者鮑叔前書王吉字子陽貢禹字少翁並琅邪人也二人相善時人爲之語王陽在位貢禹彈冠言其趣舍同也張陳凶其終蕭朱隙其末張耳陳餘初爲刎頸交後搆隙耳後爲漢將兵殺陳餘于泜水之上蕭育字次君朱博字子元二人爲友著聞當代後有隙不終故時以交爲難並見前書故知全之者鮮矣時人服其言客初有薦士於丹者因選舉之而後所舉者陷罪丹坐吕免客慙懼自絕而丹終無所言尋復徵爲太子太傅乃呼客謂曰子之自絕何量丹之薄也不爲設食吕罰之相待如舊〔集解〕惠棟曰袁宏紀時衛尉銚期執金吾寇恂亦慕而友之名重當世其後遜位卒于家

王良字仲子東海蘭陵人也少好學習小夏侯尙書夏侯建大夏侯勝之從兄

子也建受尚書於勝號小夏侯見前書王莽時寢病不仕集解先謙曰官本寢作稱是教授諸生千餘人集解惠棟曰汝南先賢傳曰郭憲學貫祕典師事東海王仲子也建武二年大司馬吳漢辟不應三年徵拜諫議大夫數有忠言以禮進止朝廷敬之遷沛郡太守至蘄縣稱病不之府官屬皆隨就之良遂上病篤乞骸骨徵拜太中大夫六年代宣秉為大司徒司直在位恭儉妻子不入官舍布被瓦器時司徒史鮑恢集解惠棟曰恢扶風人鮑昱為司隸辟為都官從事也以事到東海過候其家而良妻布裙曳柴從田中歸東觀記曰徒跣曳柴恢告曰我司徒史也故來受書欲見夫人妻曰妾是也苦掾無書掾即謂鮑恢司徒之掾史也言勞苦相過更無書信恢乃下拜歎息而還聞者莫不嘉之後以病歸一歲復徵至滎陽疾篤不任進道集解先謙曰言不能前行乃過其友人友人不肯見曰不有忠言奇謀而取大位何其往來屑屑不憚煩也楊雄方言曰屑屑不安也秦晉曰屑屑郭景純曰往來貌遂拒之良慙自後連徵輒稱病詔以玄纁聘之遂不應集解惠棟曰論衡云近世蘭陵王仲子皆盧君陽寢位久病不應上徵可謂養名矣後光武

幸蘭陵遣使者問良所疾苦不能言對詔復其子孫邑中徭役卒于家

論曰夫利仁者或借仁以從利體義者不期體以合義此言履行仁義其事雖同原其本心眞僞各異利仁者謂心非好仁但以行仁則於己有利故假借仁道以求利耳若天性自然體合仁義者舉措云為不期於體而冥然自合禮記曰仁者安仁智者利仁畏罪者強仁與人同功其仁未可知與人同過其仁則可知季文子妾不衣帛魯人以為美談文子魯卿季孫行父之謚也無衣帛之妾無食粟之馬君子是以知季文子忠於公室相三君矣而無私積可不謂忠乎事見左傳集解惠棟曰公羊傳云魯人至今以為美談公孫弘身服布被汲黯譏其多詐公孫弘淄川人也武帝時為丞相汲黯曰弘以三公而身服布被詐也事見前書事實未殊而譽毀別議何也將體之與利之異乎宣秉王良處位優重而秉甘疏薄良妻荷薪可謂行過乎儉然當世咨其清人君高其節豈非臨之以誠哉語曰同言而信則信在言前同令而行則誠在令外不其然乎眞僞之迹既殊人之信否亦異同言而信謂體仁與利仁二人同出言而人信服其眞者不信其僞者則知信不由言故言信在言前也同令而行意非同也此皆子思子累德篇之言故稱語曰張湛不屑矜僞之誚斯不僞矣屑猶介也王丹難於交執之道斯知交矣

杜林字伯山扶風茂陵人也案杜鄴傳鄴本魏郡繁陽人也武帝時徙茂陵父鄴成哀間為涼州刺史林少好學沈深家既多書又外氏張竦父子喜文采鄴字子夏祖父皆至郡守鄴少孤其母張敞女也鄴從敞子吉學得其家書竦即吉之子也博學文雅過於敞見前書集解惠棟曰書斷云林尤工古文過于鄴也故世言小學由杜公林從竦受學博洽多聞時稱通儒風俗通曰儒者區也言其區別古今居則翫聖哲之詞動則行典籍之道稽先王之制立當時之事此通儒也若能納而不能出能言而不能行講誦而已無能往來此俗儒也初為郡吏王莽敗盜賊起林與弟成及同郡范逡孟冀等逡音七倫反集解惠棟曰冀平陵人智謀之士見馬援傳將細弱俱客河西道逢賊數千人遂掠取財裝褫奪衣服褫解也音直紙反拔刃向林等將欲殺之冀仰曰願一言而死將軍知天神乎言知天道有神乎赤眉兵眾百萬所

向無前而殘賊不道卒至破敗今將軍以數千之眾欲規霸王之事不行仁恩而反遵覆車不畏天乎賈誼曰前車覆後車誡詩曰不畏于天不媿于人賊遂釋之俱免于難隗囂素聞林志節深相敬待以為持書平集解劉攽曰案文多一平字蓋舊作治書讀者以平音治字章懷已改作持後人又妄留平字也後因疾告去辭還祿食囂復欲令彊起遂稱篤囂意雖相望且欲優容之望猶恨也東觀記曰林寄囂地終不降志辱身至簪蒿席草不食其粟也集解惠棟曰見梁統與林書也乃出令曰杜伯山天子所不能臣諸侯所不能友禮記曰儒有上不臣天子下不事諸侯慎靜尚寬砥厲廉隅其規為有如此者蓋伯夷叔齊恥食周粟史記曰伯夷叔齊孤竹君之子也兄弟讓位歸文王後武王東伐紂伯夷叔齊扣馬諫曰父死不葬爰及干戈可謂孝乎以臣伐君可謂仁乎武王平殷亂而二人恥之義不食周粟餓死于首陽山今且從師友之位須道開通使順所志林雖拘於囂而終不屈節建武六年弟成物故囂乃聽林持喪東歸既遣而悔追令刺客楊賢於隴坻遮殺之賢見林身推鹿車載致弟喪乃歎曰當今之世誰能行義

我雖小人何忍殺義士因亡去光武聞林已還三輔乃徵拜侍御史引見問㠯經書故舊及西州事甚悅之賜車馬衣被羣僚知林㠯名德用甚尊憚之京師士大夫咸推其博洽東觀記曰林與馬援同鄉里素相親厚援從南方還時林馬適死援令子持馬一匹遺林曰朋友有車馬之饋可且以備乏林受之居數月林遣子奉書曰將軍內施九族外有賓客望恩者多林父子兩人食列卿祿常有盈今送錢五萬援受之謂子曰人當以此爲法是杜伯山所以勝我也博廣也洽徧也言其所聞見廣大也河南鄭興東海衞宏等皆長於古學宏字敬仲在儒林傳興嘗師事劉歆林既遇之欣然言曰林得興等固諸矣使宏得林且有㠯益之及宏見林闇然而服濟南徐巡〔集解〕惠棟曰袁宏紀作徐兆案說文引徐巡說又書斷所載皆作巡袁氏誤也始師事宏後皆更受林學林前於西州〔集解〕惠棟曰東觀記作河西得㓒書古文尚書一卷常寶愛之〔集解〕先謙曰官本實作寶是雖遭艱困握持不離身出㠯示宏等曰林流離兵亂常恐斯經將絕〔集解〕惠棟曰袁宏紀云林每遭困阨自謂不能濟於眾也猶握抱此經獨歎息曰古文之學將絕於此耶何意東海衞子濟南

徐生復能傳之是道竟不墜於地也古文雖不合時務然願諸生無悔所學宏巡益重之於是古文遂行明年大議郊祀制多㠯爲周郊后稷漢當祀堯詔復下公卿議議者僉同帝亦然之林獨㠯爲周室之興祚由后稷漢業特起功不緣堯祖宗故事所宜因循定從林議東觀記載議曰當今政卑易行禮簡易從人無愚智思仰漢德基業特起不因緣堯堯遠于漢人□不曉信言提其耳終不說諭后稷近周人所知之又據以興基由其祚詩曰不愆不忘率由舊章宜如舊制以解天下之惑〔集解〕王補曰此議詳見祭祀志上補注引東觀書後代王良爲大司徒司直林薦同郡范逡趙秉申屠剛及隴西牛邯等〔集解〕惠棟曰案隗囂傳逡等皆囂賓客掾史逡爲師友秉爲祭酒申屠剛爲持書林先與逡等同寓河西故薦之〔集解〕王補曰林上書薦鄭興見興傳皆被擢用士多歸之十一年司直官罷㠯林代郭憲爲光祿勳內奉宿衞外總三署三署左右中郎將及五官中郎將皆管郎官也見續漢書周密敬愼選舉稱平郎有好學者輒見誘進朝夕滿堂〔集解〕先謙曰書鈔五十三引續漢書云士以是高而慕附之十四年羣臣上言古者肉刑嚴

重則人畏法令今憲律輕薄故姦軌不勝左傳曰凡亂在外爲姦在內爲軌〔集解〕周壽昌曰左成十七年傳文軌即宄虞書寇賊姦宄史記作寇賊姦軌集註鄭氏云由外爲姦在內爲軌司刑鄭注同但軌作宄耳宜增科禁㠯防其源〔集解〕惠棟曰案袁宏紀爲梁統所上便宜也統奏見本傳詔下公卿林奏曰夫人情挫辱則義節之風損法防繁多則苟免之行興孔子曰導之㠯政齊之㠯刑民免而無恥導之㠯德齊之㠯禮有恥且格皆論語之言也政謂禁令刑謂刑罰格來也言爲政之法初訓導之以禁令若有違則整齊之以刑罰則人但免罪而已而無恥慙之心若敎導之以道德整齊之以禮義則人皆有恥慙之心且皆來服〔集解〕惠棟曰鄭元云格來也古之明王深識遠慮動居其厚不務多辟周之五刑不過三千五刑謂墨劓剕宮大辟也尚書五刑篇曰五刑之屬三千〔集解〕先謙曰官本書下五作呂是大漢初興詳覽失得故破矩爲圜斲雕爲樸蠲除苛政更立疏網史記曰漢興破觚而爲圜斲雕而爲樸號爲網漏吞舟之魚觚亦方也老子曰天網恢恢疏而不漏海內歡欣人懷寬德及至其後漸㠯滋章吹毛索疵詆欺無限老子曰法令滋章盜賊多有前書曰有司吹毛求疵索求也詆欺謂飾非成釁非其本罪〔集解〕惠棟曰韓非子云古之全大體者不吹毛而求小疵不洒垢而察難知果桃菜茹之饋集㠯成臧小事無妨於

義㠯爲大戮故國無廉士家無完行至於法不能禁令不能止上下相遁爲敝彌深遁猶回避也前書曰上下相匿以避文法焉臣愚㠯爲宜如舊制不合翻移帝從之後皇太子彊求乞自退封東海王故重選官屬㠯林爲王傅從駕南巡狩時諸王傅數被引命或多交游不得應詔唯林守愼有召必至餘人雖不見譴而林特受賞賜又辭不敢受帝益重之東觀記曰王又以師數加饋遺林不敢受常辭以道上稟假有餘若以車重無所置之明年代丁恭爲少府恭字子然山陽人在儒林傳二十二年復爲光祿勳頃之代朱浮爲大司空博雅多通稱爲任職相〔集解〕惠棟曰袁宏紀林自爲九卿至三公輒每上封事及與朝廷之議常依經附古不苟隨于眾爲任職相上亦雅重之明年薨帝親自臨喪送葬除子喬爲郎詔曰公侯子孫必復其始左氏傳晉大夫辛廖之言〔集解〕惠棟曰左傳作辛廖賢者之後宜宰城邑〔集解〕惠棟曰昭三十一年公羊傳云曷爲通濫賢者子孫宜有地也其㠯喬爲丹水長丹水縣屬

南陽〔集解〕先謙曰今南陽府淅川縣西

論曰夫威彊以自禦力損則身危飾詐以圖己詐窮則道屈而忠信篤敬蠻貊行焉者誠以德之感物厚矣（論語曰子張問行子曰言忠信行篤敬雖蠻貊之邦行矣）故趙孟懷忠匹夫成其仁（趙孟晉大夫趙盾也左傳曰晉靈公不君趙盾驟諫之靈公患焉使鉏麑賊之晨往寢門闢矣盛服將朝尚早坐而假寐麑退而言曰不忘恭敬民之主也賊民之主不忠棄君之命不信有一於此不如死也觸槐而死趙盾遂得全論語曰有殺身以成仁無求生以害仁）杜林行義烈士假其命易曰人之所助者順有不誣矣（易繫辭曰天之所助者信人之所助者順不誣言必蒙天人之助也）

郭丹字少卿南陽穰人也父稚（〔集解〕惠棟曰東觀記丹累世千石父稚爲丹買田宅居業）成帝時爲廬江太守有清名丹七歲而孤小心孝順後母哀憐之爲鬻衣裝買產業也（鬻賣）後從師長安（〔集解〕惠棟曰東觀記云丹師事公孫昌敬重常持蒲編席人異之袁宏紀云昌淮陽人）買符入函谷關（符即繻也前書音義曰舊出入關皆用傳傳煩因裂繻帛分持後復出合之以爲符信買符非眞符也東觀記曰丹從宛人陳洮買入關符既入關封符乞人也〔集解〕惠棟曰御覽六帖引東觀記洮皆作兆）乃慨然歎

曰丹不乘使者車終不出關（續漢志曰諸侯使車皆朱班輪四幅赤衡軛〔集解〕先謙曰官本軛作軶）既至京師常爲都講（〔集解〕惠棟曰袁宏紀是時滿昌爲王莽講學大夫門下生甚眾而昌獨禮異丹由是嚴尤王尋更辟請也）諸儒咸敬重之大司馬嚴光請丹（〔集解〕惠棟曰即嚴尤伯石也近刻皆作光誤）辭病不就王莽又徵之遂與諸生逃於北地更始二年三公舉丹賢能徵爲諫議大夫持節使歸南陽安集受降丹自去家十有二年果乘高車出關如其志焉更始敗諸將悉歸光武並獲封爵丹獨保平氏不下爲更始發喪衰經盡哀（喪服斬衰裳上曰衰下曰裳麻在首要皆曰經首經象緇布冠腰經象大帶經之言實衰之言摧明中實摧痛也平氏縣名屬南陽郡）建武二年遂潛逃去敝衣閒行涉歷險阻求謁更始妻子奉還節傳（〔集解〕惠棟曰張瑩漢南紀丹絕跡棄車纏節裹傳從武關出謁更始）因歸鄉里太守杜詩請爲功曹丹薦鄉人長者自代而去（〔集解〕惠棟曰東觀記丹薦陰巨程胡魯歆自代）詩乃歎曰昔明王興化卿士讓位（毛萇詩傳曰虞芮之君爭田相謂曰西伯仁人也盍往質焉乃相與朝周至其朝士讓爲大夫大夫讓爲卿二國君乃慙而退）今功曹推賢可謂至德敕以丹事編署黃堂以爲後法（黃堂太守之廳事）十三年大司馬吳漢辟舉高第再遷幷州牧有清平稱轉使匈奴中郎將遷左馮翊永平三年代李訢爲司徒在朝廉直公正與侯霸杜林張湛郭伋齊名相善明年坐考隴西太守鄧融事無所據策免五年卒于家時年八十七以河南尹范遷有清行代爲司徒遷字子盧（〔集解〕何焯曰漢官儀作子閭惠棟曰案帝紀注作閭牟融傳注引漢官儀又作盧皆誤）沛國人初爲漁陽太守以智略安邊匈奴不敢入界及在公輔有宅數畝田不過一頃復推與兄子其妻嘗謂曰君有四子而無立錐之地（史記楚優孟曰孫叔敖子無立錐之地）可餘奉祿以爲後世業遷曰吾備位大臣而蓄財求利何以示後世在位四年薨家無擔石焉後顯宗因朝會問羣臣郭丹家今何如宗正劉匡對曰（〔集解〕惠棟曰匡泗水王歙之從父弟建武初封宜春侯永平初爲宗正）昔孫叔敖相楚馬不秣粟妻不衣帛子孫竟蒙寢丘之封（孫叔敖楚莊王之相也期思縣人史記曰楚之處士虞丘相進之相楚上下和合吏無姦邪遂霸諸侯呂覽曰叔敖將死戒其子曰王數封我矣吾不受也我死王則封汝必無受利地楚越之間有寢丘者此其地不利而名甚惡可長有者唯此也孫叔敖死王以美地封其子其子辭請寢丘至今不失寢丘縣名後漢改爲固始今光州固始縣也有孫叔敖祠焉）

丹出典州郡入爲三公而家無遺產（〔集解〕惠棟曰東觀記劉匡對曰丹爲三公典州牧郡田畝不增）子孫困匱帝乃下南陽訪求其嗣長子宇官至常山太守少子濟趙相

吳良字大儀齊國臨淄人也初爲郡吏（東觀記曰良爲郡議曹掾）歲旦與掾史入賀門下掾王望舉觴上壽諂稱太守功德（東觀記曰王望言曰齊郡敗亂遭離盜賊不聞雞鳴犬吠之音明府視事五年土地開闢盜賊滅息五穀豐熟家給人足今日歲首請上雅壽掾史皆稱萬歲）良於下坐勃然進曰望佞邪之人欺諂無狀願勿受其觴（東觀記曰良時跪曰門下掾佞詔明府勿受其觴盜賊未盡人庶困乏今良曹掾尚無絝望曰議曹惰窳自無絝甯足爲不家給人足邪太守曰此生言是賜良鰒魚百枚也〔集解〕惠棟曰注今良一本作今議是先謙曰東觀記亦作良文義可通作議者非）太守斂容而止讌罷轉良爲功曹恥以言受進終不肯謁時驃騎將軍東平王蒼聞

而辟之署爲西曹（集解）惠棟曰東觀記良爲司徒長史以清白方正稱東平王蒼辟爲西曹掾蒼甚相敬愛（集解）先謙曰東觀記云數諫諍多善策上疏薦良曰臣聞爲國所重必在得人報恩之義莫大薦士竊見臣府西曹掾齊國吳良資質敦固公方廉恪躬儉安貧白首一節言雖耆耄志節不衰又治尚書學通師法東觀記曰良習大夏侯尚書經任博士行中表儀宜備宿衞以輔聖政臣蒼榮寵絕矣憂責深大絕猶極也私慕公叔同升之義懼於臧文竊位之罪公叔文子衞大夫公孫拔之謚也文子家臣名僎操行與文子同文子乃升進之於公與之同爲大夫臧文仲魯大夫臧孫辰也時柳下惠爲士師文仲知其賢而不進達之孔子譏之曰臧文仲其竊位者歟知柳下惠之賢而不與立事並見論語也（集解）王會汾曰拔字監本誤作枝今從宋本作拔案毛奇齡論語稽求篇曰公叔文子名公叔發注疏古本孔安國注作公叔拔此據世本衞獻公孫公叔拔若公孫枝是秦大夫字子桑秦穆公時臣非文子矣相傳明代國學生有罰修十三經注疏壞板者以枝拔形相近陰改拔作枝以傳會朱注至今莫辨今此傳注宋本尚作拔奇齡之言益信而有徵矣周壽昌曰阮氏元論語注疏校勘記云衞大夫公孫枝皇本枝作拔釋文出公孫拔云皮八反禮記檀弓下公叔文子卒鄭注文子衞獻公之孫名拔或作發疏引世本亦作拔困學紀聞亦云衞

公孫發注謂公叔文子論語孔注作公孫拔是王伯厚所見本尚作拔字錢氏大昕養新錄云公孫文子朱注作公孫枝王伯厚以爲傳寫之誤予嘗見倪士毅四書輯釋載朱文公論語注公叔文子衞大夫公孫拔也又引吳氏程云拔皮八反俗本作枝誤卽公叔發乃知今世所行集註本非考亭之舊伯厚所見亦是誤本據此則集解集注諸本枝字皆形近傳寫之誤此疏中作技尤誤壽昌案奇齡平日專攻朱子故力闢集注而不知朱子舊本原未誤作枝也其云明代國學生改拔作枝卽有此事亦必是見坊行本多作枝轉認拔爲誤字不必定從朱注起見也先謙曰懼於文義未安疑於當作干或干誤寫爲于後人改作於耳竊慕與懼干正相對爲文敢秉愚瞽犯冒嚴禁顯宗以示公卿曰前以事見良鬚髮皓然衣冠甚偉夫薦賢助國宰相之職蕭何舉韓信設壇而拜不復考試蕭何薦韓信于高祖曰陛下必欲爭天下非信無可與計者漢王於是設壇場拜信爲大將軍見前書今以良爲議郎永平中車駕近出而信陽侯陰就干突禁衞車府令徐匡（集解）惠棟曰續漢志云車府令主乘輿諸車也東觀記云齊國徐匡鉤就車收御者送獄鉤留也（集解）惠棟曰王幼學云古兵有鉤有鑲引來曰鉤推去曰鑲晏嬰云曲兵將鉤之是也詔書譴匡匡乃自繫良上言曰信陽侯就倚恃外戚干犯乘輿無人臣禮爲大不敬匡執法守

正反下於理臣恐聖化由是而弛也弛廢帝雖赦匡猶左轉良爲卽丘長卽丘縣名屬東海郡卽左氏傳之祝丘也故城在今沂州臨沂縣東南（集解）洪亮吉曰案此縣中興後移屬琅邪先謙曰今沂州府蘭山縣東南後遷司徒長史哀帝改丞相爲大司徒司直仍舊中興因之不改建武十一年省司直置長史每處大議輒據經典不希旨偶俗以徼時譽希猶瞻望也後坐事免復拜議郎卒于官

承宮字少子世本承姓衞大夫成叔承之後也琅邪姑幕人也（集解）先謙曰姑幕在今青州府諸城縣西南五十里少孤年八歲爲人牧豕鄉里徐子盛者以春秋經授諸生數百人宮過息廬下樂其業因就聽經遂請留門下續漢書曰宮過徐子盛好之因棄其豬而留聽經豬主怪其不還求索得宮欲笞之門下生共禁止因留之爲諸生拾薪執苦數年勤學不倦續漢書曰宮嘗出行得虎所殺鹿持歸肉分門下取皮上師師不受宮因棄之人問其故宮曰既已與人義不可復取經典既明乃歸家教授遭天下喪亂遂將諸生避地漢中後與妻子之蒙陰山蒙陰縣名屬太山郡有蒙山在今沂州新泰縣東南（集解）惠棟曰東觀記作華陰山或宮從漢

中之華陰也肆力耕種禾黍將熟人有認之者宮不與計推之而去由是顯名三府更辟皆不應三府謂太尉司徒司空府永平中徵詣公車（集解）惠棟曰袁宏紀樊鯈與宮友善薦之于朝車駕臨辟雍詔宮拜博士遷左中郎將數納忠言陳政（集解）何焯曰政下當有脫文論議切慤（集解）惠棟曰東觀記數納忠諫論議直切袁宏紀云數納忠言守正不希苟容朝臣憚其節名播匈奴時北單于遣使求得見宮顯宗敕自整飾宮對曰夷狄眩名非識實者也臣狀醜不可以示遠宜選有威容者續漢書曰夷狄聞臣虛稱故欲見臣臣醜陋形寢不如選長大有威容者示之也帝乃以大鴻臚魏應代之十七年拜侍中祭酒建初元年卒肅宗褒歎賜以冢地妻上書乞歸葬鄉里復賜錢三十萬續漢書曰宮子疊官至濟陰太守

鄭均字仲虞東平任城人也少好黃老書（集解）先謙曰東觀記云治尚書好黃老淡泊無欲清靜自守不慕游宦兄爲縣吏東觀記曰兄中爲縣游徼（集解）先謙曰官本注中作仲頗受禮遺均數諫止不聽卽脫身爲傭（集解）先謙曰官本卽作則則卽古通歲餘得錢帛（集解）先謙曰東

觀記作得數萬錢歸吕與兄曰物盡可復得爲吏坐臧終身捐棄兄感其言遂爲廉潔均好義篤實養寡嫂孤兒恩禮敦至東觀記曰均失兄養孤兒兄子甚篤已冠娶出令別居並門盡推財與之使得一尊其母然後隨護視賑給之集解惠棟曰通典云太宗以嫂叔無服侍中魏徵等議云事嫂見稱載籍非一鄭仲虞則其見必冠孔伋則哭之爲位案傳無其見必冠事當在衆漢書也周壽昌曰此無兄卒二字於文義不足東觀記義較顯然孤兒兄子四字於文複晦應作養兄孤子馬援傳敬事寡嫂不冠不入廬則事嫂必冠語相合而是馬非鄭蓋魏引均事微誤先謙曰官本注娶下有妻字常稱疾家廷不應州郡辟召郡將欲必致之使縣令譎將詣門也譎詐既至卒不能屈均於是客於濮陽濮陽今濮州縣集解先謙曰今直隸大名府開州南建初三年司徒鮑昱辟之後舉直言並不詣六年公車特徵再遷尚書數納忠言肅宗敬重之後吕病乞骸骨拜議郎告歸因稱病篤帝賜吕衣冠東觀記曰均遣子英奉章詣闕詔召見英問均所苦賜以冠幘錢布元和元年詔告廬江太守東平相曰以毛義廬江人鄭均東平人故告二郡守相也議郎鄭均束脩安貧恭儉節整前在機密吕病致仕守善貞固黃髮不怠又前安邑令毛義躬履遜讓比徵辭病淯潔之風東州稱仁書不云乎章厥有常吉哉章明也吉善也言爲天子當明顯其有常德者優其稟餼則政之善也尚書咎繇謨之言其賜均義穀各千斛常吕八月長吏存問賜羊酒顯茲異行東觀記曰賜羊一頭酒二斗終其身問遺賢良必以八月諸物老成故順其時氣助養育之也故月令仲秋之月養衰老授几杖行糜粥飲食鄭玄注云助老氣也集解惠棟曰八月存問後漢制也前漢常以五月見昭帝紀明年帝東巡過任城乃幸均舍集解惠棟曰魏書高士傳帝自往終不肯起曰陛下何惜不爲上世君令臣得爲偃息之民敕賜尚書祿吕終其身續漢志曰尚書秩六百石祿每月七十石故時人號爲白衣尚書永元中卒于家

趙典字仲經蜀郡成都人也父戒爲太尉謝承書曰典太尉戒之叔子也集解惠棟曰華陽國志戒父義士趙定以延仁赴義濟恤貧乏爲業傳贊云定以游俠稱又華陽國志云典戒之孫又戒傳亦云少府典祖也而目錄獨云戒第二子志又以趙謙爲戒之孫而傳云典兄子又似本傳不誤未詳孰是桓帝立吕定策封廚亭侯集解惠棟曰華陽國志戒諡文侯典少篤行隱約隱猶靜也約儉也博學經書弟子自遠方至謝承書曰典學孔子七經河圖洛書內外藝術靡不貫綜受業者百有餘人建和初四府表薦四府太尉司徒司空大將軍府也謝承書曰典性明達志節清亮益州舉茂才以病辭太尉黃瓊胡廣舉有道方正皆不應桓帝公車徵對策爲諸儒之表徵拜議郎侍講禁內再遷爲侍中時帝欲廣開鴻池典諫曰鴻池汎溉已且百頃猶復增而深之非所吕崇唐虞之約已遵孝文之愛人也帝納其言而止墨子曰堯舜堂高三尺土階三等茅茨不翦采椽不斵飯土簋歠土鉶糲粱之飯藜藿之羹夏日葛衣冬日鹿裘是約己也文帝嘗欲作露臺召匠計之曰直百金帝曰百金中人十家之產何以臺爲宮室苑囿無所增益有不便輒弛以利人是愛人也父卒襲封出爲弘農太守轉右扶風公事去官徵拜城門校尉轉將作大匠遷少府又轉大鴻臚時恩澤諸侯吕無勞受封羣臣不悅而莫敢諫典獨奏曰夫無功而賞勞者不勸上忝下辱亂象干度左傳曰國無政不用善則自取讁於日月之災故政不可不慎務三而已一曰擇人二曰因人三曰從時前書曰成帝時同日封王氏五侯其日天氣赤黃霧四塞哀帝封丁傅日亦然是不用善人則亂象干度且高祖之誓非功臣不封史記功臣侯表曰高祖與功臣約曰非劉氏不王非有功不侯不如是天下共擊之宜一切削免爵土吕存舊典帝不從頃之轉太僕遷太常朝廷每有災異疑議輒咨問之謝承書曰天子宗典道懿尊爲國師位特進七爲列卿寢布被食用瓦器也典據經正對無所曲折每得賞賜輒分與諸生之貧者後吕諫爭違旨免官就國會帝崩時禁藩國諸侯不得奔弔典慨然曰身從衣褐之中致位上列褐織毛布之衣貧者所服且烏鳥反哺報德況於士邪小爾雅曰純黑而反哺者謂之烏春秋元命苞曰烏孝鳥也遂解印綬符策付縣而馳到京師州郡及大鴻臚並執處其罪而公卿百寮嘉典之義表請吕租自贖詔書許之再遷長樂少府衞尉公卿復表典篤學博聞宜備國師集解惠棟曰徐堅云國師即太師也會病卒謝承書曰靈帝即位典與竇武王暢陳蕃等謀共誅中常侍曹節侯覽趙忠等皆下獄自殺不言病卒集解惠棟曰初學記大司農下引續漢書云趙典爲大司農閉門却掃非德不交又典預八俊之列見羣輔錄及華陽國志而本傳闕如謝承所載非無據也洪頤煊曰黨錮傳序李膺荀昱杜密王暢劉祐魏朗趙典朱寓爲八俊後三君八俊等三十五人其名迹存者並載乎篇惟趙典名見而已是范史以八俊趙典與此趙典爲二人故所載不同使

者弔祠賓太后復遣使兼贈印綬謚曰獻侯與兄子謙謙弟溫相繼爲三公謙字彥信初平元年代黃琬爲太尉獻帝遷都長安以謙行車騎將軍集解劉攽曰案文少一事字惠棟曰華陽國志云時董卓秉政欲遷天子長安謙與司府荀爽固諫不聽謙奉大駕西幸封洛亭侯爲前置明年病罷復爲司隸校尉車師王侍子爲董卓所愛數犯法謙收殺之卓大怒殺都官從事而素敬憚謙故不加罪轉爲前將軍遣擊白波賊有功封郫侯郫音盤眉反集解先謙曰在今成都府郫縣北五十里李傕殺司徒王允集解先謙曰官本傕並作傕後代允爲司徒集解先謙曰官本後作復是數月病免拜尙書令集解惠棟曰華陽國志拜尙書令太僕三年薨是年卒謚曰忠侯溫字子柔初爲京兆郡丞前書三輔丞武帝元鼎四年置秩六百石集解惠棟曰華陽國志云順桓之世溫爲巴郡太守于時板楯數反溫到郡以恩信服降之于是宕渠出九穗之禾朐忍有連理之木遷京兆丞歎曰大丈夫當雄飛安能雌伏遂棄官去遭歲大饑散家糧以振窮餓所活萬餘人獻帝西遷都爲侍中同輿輦至長安封江南亭侯

代楊彪爲司空免頃之復爲司徒錄尙書事時李傕與郭汜相攻傕遂虜掠禁省劫帝幸北塢外內隔絕傕素疑溫不與己同乃內溫於塢中又欲移乘輿於黃白城集解惠棟曰注見董卓傳溫與傕書曰公前託爲董公報讐然實屠陷王城殺戮大臣天下不可家見而戶說也今與郭汜爭睚眥之隙以成千鈞之讐睚眥解見竇融傳二十斤爲鈞言其重集解先謙曰官本注二作二是人在塗炭各不聊生曾不改悟遂成禍亂朝廷仍下明詔欲令和解上命不行威澤日損而復欲移轉乘輿更幸非所此誠老夫所不達也於易一爲過再爲涉三而弗改滅其頂凶滅沒也周易大過上六曰過涉滅頂凶王弼曰處大過之極過之甚者也涉難過甚故至于滅頂凶也集解惠棟曰風俗通涉始于足足率長十寸十寸則尺一躍三尺法天地人再躍則涉所謂一爲過再爲涉注引王注與溫語無涉不如早共和解引軍還屯上安萬乘下全人民豈不幸甚傕大怒欲遣人殺溫董卓從弟應集解惠棟曰袁宏紀李傕從弟先謙曰董卓二字實傳寫之誤溫故掾也諫之數日乃獲免集解惠棟曰袁宏紀帝問侍中常洽曰傕不知臧否溫言太切可爲寒心洽曰李應已解之矣帝乃悅常璩云初父侯與李固胡廣議立清河王蒜而梁冀欲立蠡吾趙戒脅而從之使李固枉死君子以爲卓傕之惡甚于梁冀謙摩卓之牙溫弄傕之爪雖逼權勢以道陳訓賢其祖遠矣常洽字茂尼江原人爲傕所殺溫從車駕都許集解惠棟曰華陽國志云曹公入從天子都許政出諸侯禮待溫居公位十五年也建安十三年以辟司空曹操子丕爲掾操怒奏溫辟忠臣子弟集解何焯曰忠字衍惠棟曰何說非也忠臣猶中臣古字通用謂中朝臣也李固傳云詔書禁侍中尙書中臣子弟不得爲吏察孝廉故操以是奏免溫也選舉不實免官是歲卒年七十二

贊曰宣鄭二王奉身淸方杜林據古張湛矜莊典以義黜謂棄郡奔喪以租贖罪也宮由德揚大儀鵠髮見表憲王鵠髮白髮也集解惠棟曰高誘呂覽注云鵠讀如浩浩昊天之浩浩猶顥頭白兒少卿志仕終乘高箱

宣張二王杜郭吳承鄭趙列傳第十七終　　後漢書二十七

後漢書集解卷二十七校補

宣秉傳常寢疾不仕集解官本寢作稱今案王良傳王莽時寢病不仕官本亦作稱病疑皆依監本刊改劉攽傳常守志臥疾不屈朝命寢卽臥也上言守志則臥疾非眞下言不仕則寢疾寢病皆非眞無待更言稱疾稱病又稱疾稱病爲臨時辭謝之詞寢疾寢病則預託癡廢以避徵辟王莽之橫暴亦非臨時辭謝所能免也

楚國二龔注龔勝字君實實官本作賓與前書二龔傳合

卽賜布帛帳帷什物錢大昭曰今人名一切器用爲什物本此注軍法至故通謂生生之具爲什物案什物一名什器史記五帝本紀舜作什器於壽邱索隱云什器什數也葢人家常用之器非一故以十爲數猶今云什物也正義別引顏師古說以軍法之什伍解什器章懷此注卽本於顏

帝敏惜之集解劉攽曰案文敏當作愍錢大昭曰敏與閔古字通今案前書人表宋愍公徐幹中論作敏公是敏亦與愍通皆不須改字

張湛傳雖遇妻子若嚴君焉注周易家人卦曰官本無周字

王良傳王莽時寢病不仕集解先謙曰官本寢作稱是謹案寢病亦可通已

詳宣秉傳又此傳後文有輒稱病句作稱病尤嫌其複論衡謂良寢位久病亦卽寢病也

杜林傳恥食周粟注而二人恥之官本恥作非

定從林議案林原議全載東觀記及續志劉注其末云乃軍師在外祭可且如元年郊祭故事據續志光武建武元年卽位郊天羣神皆從未以祖配林謂且如元年故事者以議旣不能遽定且仍緩以祖配耳續志又云隴蜀平後乃增廣郊祀高帝配食在中壇上則事當已在十二年後矣雖仍追從林議而在林七年建議之時配固尙未定爲高帝此云定從林議乃援後事終言之也又祖堯之說起於建武二年議者以圖讖著伊堯赤帝之子俱與后稷並受命而王漢劉祖堯宜令郊祀帝堯以配天宗祀高祖以配上帝有司奏議卽謂追跡先代無郊其五運之祖者故禹不郊白帝周不郊帝嚳漢雖唐之苗堯以厤數命舜高祖赤龍火德承運而起當以高祖配斯時林未還三輔已有先林駁之者當由光武信讖故久不決也注東觀記載議曰至后稷近周人所知之又據呂與基由其祚案原文作后稷近周民戶知之世據以興基由其祚東觀記及續志注所引並同此注戶作所乃字之譌民改人世改又則避太宗諱也

又辭不敢受注若以車重案若字譌東觀記作苦謂苦車重不能勝也

二十二年復爲光祿勳案東觀記建武八年間郡國七大水涌泉盈溢杜林以爲倉卒時兵擅權作威張氏雖皆降散猶尙有遺脫長吏制御無術令得復熾元元侵陵之所致也上疏諭之全疏數百言續志劉注已載而袁紀乃載於二十一年云是時郡國大水百姓饑饉光祿勳杜林上疏今據光武紀惟八年秋一書大水二十一年無之又本傳載林始代郭憲爲光祿勳事在十一年後由東海王傅遷少府至二十二年乃復爲光祿勳大水之疏無論在八年在二十一年林官皆非光祿勳其誤明矣

明年薨案林二十二年由光祿勳爲大司空明年薨是薨於二十三年也與紀合袁紀謂薨於二十四年亦誤

郭丹傳買符入函谷關注買符非眞符也謂買他人符非眞己符

大司馬嚴光請丹集解惠棟曰卽嚴尤伯石也近刻皆作光誤案官本光作尤

衰經盡哀注麻在首要皆曰經首經象緇布冠腰經象大帶案要腰不應岐出明有一誤官本皆作腰

吳良傳信陽侯陰就錢大昭曰陰興傳作新陽侯注云新陽縣屬汝南郡新信古字通今案馮衍傳仍作新陽侯又后紀亦作新陽侯世子陰豐注同今其地在潁州太和縣西北六十里尙名信陽城則新陽固卽信陽矣

承宮傳經典旣明乃歸家教授錢大昭曰樊儵傳云承宮爲海內大儒

拜侍中祭酒錢大昭曰侍中本有僕射一人中興改爲祭酒

鄭均傳養寡嫂孤兒恩禮敦至注養孤兒兒子甚篤已冠娶出令別居集解周壽昌曰孤兒兒子四字於文複晦應作養兄孤子今案鮑永傳悉以財產與孤弟子此直當作孤兄子兒字乃涉下兒字誤衍也先謙曰官本注娶下有妻字謹案今東觀記原無妻字

敕賜尙書祿以終其身故時人號爲白衣尙書沈銘彝曰此後世在家食祿之始

趙典傳亂象千度注一曰擇人二曰因人三曰從時案此引左氏昭七年傳文也擇人官本人作善誤因人傳原作因民章懷避改

諡曰獻侯周壽昌曰傳敘典病卒後弔祠贈諡非下獄自殺甚明上注引謝承書所載葢誤今案袁紀陳竇之被禍亦無趙典王暢以建寧元年八月罷司空明年卒於家暢罷時難猶未作則陳竇之謀暢必不與乃謝承書亦指爲下獄自殺其不足據可知且當時陳竇之黨其家屬皆遷徙廢錮而趙王子姪相繼通顯尤不與謀之明證也至八俊之趙典黨錮傳但見

其名不能詳其官閥字籍固非此趙典然亦決無與陳竇同謀之事袁紀譏謝承書錯謬其一端歟

温字子柔初爲京兆郡丞錢大昭曰京兆前後漢皆不稱郡此郡字衍　集解惠棟曰温

爲巴郡太守至遷京兆丞案由太守爲丞不得云遷當有誤

大丈夫當雄飛安能雌伏案禮記羽者嫗伏釋文伏扶又切前書五行志元帝初元中丞相府史家雌雞伏子顔注伏房富反均讀去聲作房六反者誤

典㠯義黜注謂棄郡奔喪案郡當作國　宮由德揚宮官本譌官

綏乘高箱錢大昭曰箱車箱也謂果乘高車出關也

桓譚馮衍列傳第十八上　後漢書二十八上

宋　宣　城　太　守　范　曄　撰

唐　章　懷　太　子　賢　注

王先謙集解

桓譚字君山沛國相人也相縣名故城在今徐州符離縣西北集解先謙曰今鳳陽府宿州西北父成帝時爲太樂令譚㠯父任爲郎集解惠棟曰桓子新論云昔孝成帝時余爲樂府令凡所典倡優技樂蓋且千人　因好音律宮商角徵羽謂之五聲成文謂之音律謂六律黃鍾太蔟姑洗蕤賓無射夷則善鼓琴博學多通徧習五經皆詁訓大義不爲章句說文曰詁訓古言也章句謂離章辨句委曲枝派也能文章集解惠棟曰東觀記云譚能文有絶才　尤好古學數從劉歆揚雄辨析疑異集解惠棟曰如與揚子雲辨蓋天與劉子駿論方士養生及士龍求雨頓牟礠石陳平解平城之圍皆見新論中　性耆倡樂倡俳優也集解惠棟曰新論云揚子雲大才而不曉音余頗離雅操而更爲新弄子雲曰事淺易善深者難識卿不好雅頌而悅鄭聲宜也　簡易不修威儀而憙非毁俗儒由是多見排抵抵擊也音紙　哀平閒位不過郎傅皇后父孔鄉侯晏深善於譚傅皇后哀帝后是時高安侯董賢寵幸女弟爲昭儀皇后日已疏晏嘿嘿不得意譚進說曰昔武帝欲立衞子夫陰求陳皇后之過子夫衞皇后也本平陽主家謳者得幸於武帝生男據遂立爲皇后陳皇后武帝姑長公主嫖女也擅寵十餘年無子聞子夫得幸幾死者數焉上怒遂挾婦人媚道事覺廢居長門宮嫖音匹妙反見前書而陳后終廢子夫竟立今董賢至愛而女弟尤幸殆將有子夫之變可不憂哉晏驚動曰然爲之奈何譚曰刑罰不能加無罪邪枉不能勝正人夫士㠯才智要君女㠯媚道求主集解惠棟曰內宰職云禁其奇衺鄭康成云若今媚道　皇后年少希更艱難或驅使醫巫外求方技集解惠棟曰新論云傳太后聞史子心作金成可以作延年藥乃除爲郎舍之北宮此不可不備又君侯㠯后父尊重而多通賓客必借㠯重埶貽致譏議不如謝遣門徒務執謙愨此脩己正家避禍之道也晏曰善遂罷遣常客常或作賓入白皇后如譚所戒後賢果風太醫令眞欽使求傅氏罪過

遂逮后弟侍中喜集解劉攽曰案傳喜非后弟當是嘉詔獄無所得乃解故傅氏終全於哀帝之時及董賢爲大司馬聞譚名欲與之交譚先奏書於賢說以輔國保身之術賢不能用遂不與通當王莽居攝篡弒之際天下之士莫不競襃稱德美作符命以求容媚譚獨自守默然無言集解顧炎武曰前書翟義傳莽依周書作大誥遣大夫桓譚等班行諭告當反位孺子之意還封譚爲明告里附城是曾受莽封爵史爲諱之爾王補曰荀悅漢紀及通鑑皆援據班史明斥桓譚附莽之事論者動言其以非讖見黜則蔚宗飾詞誤之也刮黨阿大逆之汚褻爲自守默然益不僅爲之諱爾莽時爲掌樂大夫集解惠棟曰新論云余前爲典樂大夫有烏鳴于庭樹上而府中門下皆爲憂懼後余與典樂謝侯爭鬬俱坐免去更始立召拜太中大夫世祖即位徵待詔上書言事失旨不用後大司空宋弘薦譚拜議郎給事中集解先謙曰譚侍上鼓琴爲繁聲爲弘所責見弘傳因上疏陳時政所宜曰臣聞國之廢興在於政事政事得失由乎輔佐輔佐賢明則俊士充朝而理合世務輔佐不明則論失時宜而舉多過事夫有國之君俱欲興

化建善然而政道未理者其所謂賢者異也昔楚莊王問孫叔敖曰寡人未得所以爲國是也莊王名旅穆王商臣之子也孫叔敖楚賢相也言欲爲國於是未知何以得之叔敖曰國之有是眾所惡也恐王不能定也王曰不定獨在君亦在臣乎對曰君驕士曰士非我無從富貴士驕君曰君非士無從安存人君或至失國而不悟士或至飢寒而不進君臣不合則國是無從定矣莊王曰善願相國與諸大夫共定國是也事見新序善政者視俗而施教察失而立防威德更興文武迭用然後政調於時而躁人可定躁猶動也謂躁撓不定之人也集解惠棟曰周易云躁人之詞多躁人謂私議國政之人也昔董仲舒言理國譬若琴瑟其不調者則解而更張事見前書夫更張難行而拂眾者亡拂違也音扶拂反是故賈誼以才逐而鼂錯以智死賈誼洛陽人也事文帝爲博士每詔令下諸老先生未能言誼盡爲之對人人各如其志所出絳灌之屬害之文帝亦疏之乃以誼爲長沙太傅鼂錯潁川人也事文帝爲太子家令號曰智囊景帝即位爲御史大夫請削諸侯之郡後七國反以誅錯爲名遂腰斬錯見前書世雖有殊能而終莫敢談者懼於前事也且設法禁者非能盡塞天下之姦皆合眾人之所欲也大抵取便國利事多者則可矣夫張官置吏以理萬人縣賞設罰以別善惡惡人誅傷則善人蒙福矣今人相殺傷雖已伏法而私結怨讐子孫相報後忿深前至於滅戶殄業而俗稱豪健故雖有怯弱猶勉而行之此爲聽人自理而無復法禁者也今宜申明舊令集解惠棟曰王襃集僮約注云漢時官不禁報怨鄭眾周禮注云今二千石以令解仇怨後復相報移徙之蓋舊有是令今宜復申之也若已伏官誅而私相傷殺者雖一身逃亡皆徙家屬於邊其相傷者加常二等不得雇山贖罪雇山解見光武紀如此則仇怨自解盜賊息矣夫理國之道舉本業而抑末利是以先帝禁人二業錮商賈不得宦爲吏高祖時令賈人不得衣絲乘車市井子孫不得宦爲吏此所以抑并兼長廉恥也今富商大賈多放田貨集解先謙曰官本田作錢案東觀記作田貨中家子弟爲之保役中家猶中等也保役可保信也趨走與

臣僕等勤收稅與封君比入收稅謂舉錢輸息利也東觀記曰中家子爲之保役受計上疏趨走俯伏譬若臣僕坐而分利也是以眾人慕效不耕而食至乃多通侈靡以淫耳目今可令諸商賈自相糾告若非身力所得皆以臧畀告者畀與也東觀記載譚言曰賈人多通侈靡之物羅紈綺繡雜綵玩好以淫人耳目而竭盡其財是爲下樹奢媒而置貧本也求人之儉約富足何可得乎夫俗難卒變而人不可暴化宜抑其路使之稍自衰焉畀音必二反如此則專役一己不敢以貨與人事寡力弱必歸功田畝田畝修則穀入多而地力盡矣又見法令決事輕重不齊或一事殊法同罪異論姦吏得因緣爲市所欲活則出生議所欲陷則與死比是爲刑開二門也今可令通義理明習法律者校定科比科謂事條比謂類例一其法度班下郡國蠲除故條如此天下方知而獄無怨濫矣方猶法也集解先謙曰知方誤倒官本作知方書奏不省是時帝方信讖多以決定嫌疑又醻賞少薄天下不時安定譚復上疏曰臣前獻瞽言未蒙詔報不勝憤懣冒死復陳愚夫策謀

有益於政道者𠂤合人心而得事理也凡人情忽於見事而貴於異聞觀先王之所記述咸𠂤仁義正道爲本非有奇怪虛誕之事葢天道性命聖人所難言也自子貢𠂤下不得而聞況後世淺儒能通之乎論語子貢曰夫子之文章可得而聞也夫子之言性與天道不可得而聞也鄭玄注云性謂人受血氣以生有賢愚吉凶天道七政變動之占也集解惠棟曰鄭康成中庸注云天命謂天所命生人者也是謂性命木神則仁金神則義火神則禮水神則信土神則智孝經說云性者生之質命人所稟受度也今諸巧慧小才伎數之人增益圖書矯稱讖記伎謂方伎醫方之家也數謂數術明堂羲和史卜之官也圖書卽讖緯符命之類也𠂤欺惑貪邪詿誤人主焉可不抑遠之哉東觀記載譚書云矯稱孔丘爲讖記以誤人主也集解惠棟曰新論云讖出河圖洛書但有兆眹而不知後人妄復加增依托孔邪誤之甚也臣譚伏聞陛下窮折方士黃白之術甚爲明矣黃白謂以藥化成金銀也方士有方術之士也而乃欲聽納讖記又何誤也其事雖有時合譬猶卜數隻偶之類言偶中也集解惠棟曰隻偶猶奇耦注言偶中非陛下宜垂明聽發聖意屛羣小之曲說述五經之正義略靁

同之俗語詳通人之雅謀靁之發聲衆物同應俗人無是非之心出言同者謂之靁同禮記曰無靁同集解惠棟曰案論衡云通書千篇以上萬卷以下宏暢雅閑審定文讀而以教授爲人師者通人也又臣聞安平則尊道術之士有難則貴介胄之臣介甲也胄兜鍪也今聖朝興復祖統爲人臣主而四方盜賊未盡歸伏者此權謀未得也臣譚伏觀陛下用兵諸所降下既無重賞𠂤相恩誘或至虜掠奪其財物是𠂤兵長渠率各生狐疑黨輩連結歲月不解古人有言曰天下皆知取之爲取而莫知與之爲取言先饒與之後乃可取之老子曰將欲廢之必固興之將欲奪之必固與之陛下誠能輕爵重賞與士共之則何招而不至何說而不釋何向而不開何征而不剋如此則能𠂤狹爲廣𠂤遲爲速亡者復存失者復得矣帝省奏愈不悅其後有詔會議靈臺所處楊衒之洛陽記曰平昌門直南大道東是明堂大道西是靈臺也集解惠棟曰袁宏紀云是歲起明堂辟雍靈臺初議靈臺位上欲以讖決之也案時靈臺所處未定故議之官本考證曰衒字諸本皆訛作衍今改正帝謂譚曰吾欲讖決之何如集解惠棟曰許愼五經異義引公羊說靈臺在國之東南二十五里韓詩說在南方七里之內左氏說在太廟之中詩緯含神霧云作邑于豐起靈臺則靈臺在邑之內故世祖欲以讖決之也譚默然良久曰臣不讀讖集解惠棟曰東觀記云臣生不讀讖帝問其故譚復極言讖之非經集解先謙曰讖誠非經然光武以讖卽位天下共知此非它事比亦應稍爲諱也帝大怒曰桓譚非聖無法集解惠棟曰孝經云非聖人者無法孔安國傳云聖人制作禮樂而敢非之是無法也將下斬之集解惠棟曰將扶也古樂府云出郭相扶將字林又作將譚叩頭流血集解惠棟曰公羊昭二十五年傳再拜顙何休云顙者猶今叩頭矣良久乃得解集解惠棟曰東觀記云由是失旨遂不復轉遷出爲六安郡丞六安郡故城在今壽州安豐縣南集解錢大昕曰六安前志爲王國莽篡後葢廢爲郡故成武孝侯順以建武八年拜六安太守譚爲郡丞亦在建武初也建武十三年省併西京諸國惟眞定河閒泗水城陽淄川以宗室封王見於紀傳若廣平高密膠東六安廣陽未見有封王者葢已改國爲郡猶沿西京舊名耳先謙曰今六安州治意忽忽不樂道病卒集解惠棟曰謝承書云感而作賦因思大道遂發病卒時年七十餘初譚著書言當世行事二十九篇號曰新論上書獻之世祖善焉新論一曰本造二王霸三求輔四言體五見徵六譴非七啟寤八祛蔽九正經十識通十一離事十二道賦十三辨惑十四述策十五閔友十

六琴道本造閔友琴道各一篇餘並有上下東觀記曰光武讀之敕言卷大令皆別爲上下凡二十九篇集解惠棟曰譚自序云余爲新論述古今亦欲興治也何異春秋褒貶耶今有疑者所謂蚌異蛤二五爲非十也譚見劉向新序陸賈新語乃爲新論莊周寓言乃云堯問孔子淮南子共工爭帝地維絕亦皆爲妄作故世人多云短書不可用然論天間莫明于聖人莊周等雖虛誕故當採其善何云盡棄耶琴道一篇未成肅宗使班固續成之東觀記曰琴道未畢但有發首一章所著賦誄書奏凡二十六篇集解惠棟曰經籍志云梁有桓譚集五卷元和中肅宗行東巡狩至沛使使者祠譚冢鄉里𠂤爲榮

馮衍字敬通京兆杜陵人也東觀記曰其先上黨潞人曾祖父奉世徙杜陵集解惠棟曰王符潛夫論云鄭大夫有馮簡子後韓有馮亭爲上黨守嫁禍于趙以致長平之變秦有將軍馮劫與李斯俱誅有馮唐與文帝論將帥祖野王元帝時爲大鴻臚野王字君卿奉世之長子也東觀記曰野王生座襲父爵爲關內侯座生衍華嶠書曰衍祖父立生滿年十七喪父早卒滿生衍集解惠棟曰前書云衍奉世長子譚譚弟野王注誤又前書云立字聖卿奉世子也衍幼有奇才年九歲能誦詩至二十而博通羣書集解惠棟曰潛夫論云衍篤學重義諸儒號曰德行雍雍馮敬通王莽時諸公多薦舉之者衍辭不肯仕時天下兵起

莽遣更始將軍廉丹討伐山東丹辟衍爲掾與俱至定陶莽追詔丹曰倉廩盡矣府庫空矣可以怒矣可以戰矣將軍受國重任不捐身於中野無以報恩塞責丹惶恐夜召衍以書示之衍因說丹曰衍聞順而成者道之所大也逆而功者權之所貴也於正道雖違逆而事有成功者謂之權所謂反經合義者也是故期於有成不問所由論於大體不守小節昔逢丑父伏軾而使其君取飲稱於諸侯左氏傳齊晉戰于鞍晉卿韓厥逐及齊侯齊臣逢丑父乃與齊侯易位使齊侯御車韓厥將及齊侯丑父令齊侯如華泉取飲韓厥乃獻丑父於郤克郤克將戮之呼曰自今無有代其君任患者有一於此將爲戮乎郤子曰人不難以死免其君我戮之不祥赦之以勸事君者鄭蔡仲立突而出忽終得復位美於春秋蓋以死易生以存易亡君子之道也祭仲鄭大夫突及忽皆鄭莊公子也莊公薨太子忽當立公子突宋之出也故宋人執鄭祭仲公羊傳曰祭仲何以不名賢也何賢乎以爲知權其知權奈何宋人執之謂曰爲我出忽而立突祭仲不從其言則君必死國必亡從其言則君可以生易死國可以存易亡古人有權者祭仲是也權者反乎經後有善者也行權有道殺人以自生亡人以自存君子不爲也詭於眾意寧

後漢書二十八上　六

國存身賢智之慮也詭違也故易曰窮則變集解劉攽曰案文多一曰字變則通通則久是以自天祐之吉无不利皆周易下繫之辭集解先謙曰官本注末有也字若夫知其不可而必行之破軍殘眾無補於主身死之日負義於時負猶失也知者不爲勇者不行且衍聞之得時無怠怠解也言當急趨時張良以五世相韓椎秦始皇博浪之中張良大父開地相韓昭侯宣惠王襄哀王父平相釐王悼惠王五代相韓謂良父及祖相韓之五王也後秦滅韓良家僮三百人乃悉以家財求客刺秦王得力士爲鐵椎重百二十斤擊始皇於博浪沙中博浪地名在鄭州武陽縣南椎音力追反謂擊之也勇冠乎賁育名高乎泰山孟賁夏育並古之勇士也前書音義曰孟賁生拔牛角夏育衛人力舉千鈞也將軍之先爲漢信臣廉褒襄武人宣帝時爲後將軍郎丹之先集解惠棟曰案廉范傳帝問范云卿與右將軍褒大司馬丹有親屬乎范對曰褒臣之曾祖丹臣之祖也案此褒乃丹之父也新室之興英俊不附今海內潰亂人懷漢德甚於詩人思召公也愛其甘棠而況子孫乎人所歌舞天必從之詩小雅曰雖無德與汝式歌且舞言漢氏之德人歌舞之也尚書曰人之所欲天必從之方今爲將軍計莫若屯據大郡集解惠棟曰屯據袁宏紀作先據鎮撫吏士砥厲其節百里之內牛酒日賜納雄桀之士詢忠智之謀要將來之心待從橫之變興社稷之利除萬人之害則福祿流於無窮功烈著於不滅何與軍覆於中原身膏於草野與猶如也功敗名喪恥及先祖哉聖人轉禍而爲福智士因敗而爲功願明公深計而無與俗同丹不能從進及睢陽復說丹曰蓋聞明者見於無形智者慮於未萌況其昭晢者乎晢明也商鞅謂秦孝公曰愚者闇於成事智者見於未萌凡患生於所忽禍發於細微司馬相如曰禍故多藏於隱微而發於人之所忽也敗不可悔時不可失公孫鞅曰有高人之行負非於世有獨見之慮見贅於人語見史記商君傳贅猶惡也史記贅作疑集解惠棟曰贅袁宏紀作疑故信庸庸之論破金石之策庸常也金石以諭堅也襲當世之操失高明之德夫決者智之君也疑者事之役也役猶賤也時不重至公勿再計丹不聽遂進及無鹽與赤眉戰死無鹽縣名屬東平郡故城在今鄆州須昌縣東集解惠棟曰丹時新拔索盧恢城復進而與赤眉別校董憲戰

後漢書二十八上　七

于成昌而死衍乃亡命河東華嶠書曰丹死衍西歸吏以亡軍下司命乘傳逐捕故亡命更始二年遣尚書僕射鮑永行大將軍事安集北方永字君長司隸校尉宣之子衍因以計說永曰衍聞明君不惡切慤之言以測幽冥之論忠臣不顧爭引之患以達萬機之變慤實也幽冥謂深遠也爭引謂引事與君爭也事非一塗故曰萬機之變也書曰一日二日萬機東觀記衍更始時爲偏將軍與鮑永相善更始既敗固守不以時下建武初爲揚化大將軍掾辟鄧禹府數奏記於禹陳政言事自明君以下皆是諫鄧禹之詞非勸鮑永之說不知何據有此乖違集解先謙曰章懷見下文唏血昆陽等語以爲非光武莫當不知其時更始爲君不妨歸美諸將虜掠逆倫絕理云云鄧禹將兵何嘗有此鎮太原撫上黨正爲鮑永而發豈爲鄧禹發哉以一二語而疑全文東觀記固謬章懷引之尤爲無識王補曰建武初衍未辟鄧禹府禹亦未至幷州至罷兵未降見黜之後始詣鄧禹耳斷以范書作說鮑永爲是是故君臣兩興功名兼立銘勒金石令問不忘今衍幸逢寬明之日將値危言之時危猶高也論語曰天下有道危言危行豈敢拱默避罪而不竭其誠哉伏念天下離王莽之害久矣始自東郡之師離遭也莽居攝元年翟義起兵于東郡莽發八將軍以擊之東郡今滑州也繼以西海之役莽居攝元年西

羌麗恬傳播等怨莽奪其地爲西海郡攻西海太守程永莽遣護羌校尉竇況擊之巴蜀沒於南夷莽篡位貶西南夷昫町王爲侯王邯怨恨攻益州殺大尹陳隆莽發巴蜀吏士擊之出入三年死者十七八集解先謙曰官本注陳作程是緣邊破於北狄莽建國二年烏珠單于遣左賢王入雲中大殺吏人大輩萬餘中輩數千殺鴈門朔方太守略吏人畜產不可勝數緣邊虛耗也遠征萬里暴兵累年暴露也禍拏未解兵連不息拏謂相連引也刑法彌深莽以地皇元年以後爲不須時令自是春夏斬人於市賦斂愈重眾彊之黨橫擊於外百僚之臣貪殘於內元元無聊飢寒並臻父子流亡夫婦離散廬落丘墟田疇蕪穢疾疫大興災異蠭起於是江湖之上海岱之濵風騰波涌更相駘藉莽時江湖海澤麋沸青徐荊楚之地搔擾前書音義曰駘蹈也今此爲駘古字通集解惠棟曰法言云胎藉三正司馬光云胎當爲駘徒來切蹋也藉字夜切天官書云兵相駘藉蘇林云駘音臺登蹋也四垂之人肝腦塗地死亡之數不啻太半殃咎之毒痛入骨髓匹夫僮婦咸懷怨怒僮猶賤也皇帝吕聖德靈威龍興鳳舉率宛葉之眾將散亂之兵喢血昆陽集解劉攽曰案喢血是盟時喢血此當作喋與前書同也長驅武關破

後漢書二十八上　八

百萬之陣摧九虎之軍莽末下江兵鄧曄王匡攻武關莽乃拜將軍九人皆以虎爲號以捍匡等擊破六虎敗走三虎乃保京師倉曄等乃開武關迎更始雷震四海席卷天下席卷言無餘也攘除禍亂誅滅無道一朞之閒海內大定繼高祖之休烈脩文武之絕業社稷復存炎精更輝德冠往初功無與二此上二句司馬相如封禪書之詞天下自吕去亡新就聖漢當蒙其福而賴其願樹恩布德易吕周洽其猶順驚風而飛鴻毛也言其易也王褒聖主得賢臣頌曰翼乎如鴻毛遇順風也然而諸將虜掠逆倫絕理倫亦理也集解惠棟曰張裴律表云逆節絕理謂之不道殺人父子妻人婦女燔其室屋略其財產飢者毛食寒者裸跣毛草也臣賢案衍集毛字作無今俗語猶然者或古亦通用集解錢大昕曰古音無如模聲轉爲毛今荊楚猶有此音先謙曰官本注用作乎冤結失望無所歸命今大將軍吕明淑之德秉大使之權統三軍之政存撫并州之人惠愛之誠加乎百姓高世之聲聞乎羣士故其延頸企踵而望者非特一人也且大將軍之事豈得珪璧其行束脩其心而已哉言當恢廓

規模不可空自淸潔徒約束脩身而已將定國家之大業成天地之元功也昔周宣中興之主齊桓霸彊之君耳猶有申伯召虎夷吾吉甫申伯周宣王之元舅也召虎召穆公也吉甫謂尹吉甫也皆周宣王臣並見毛詩夷吾管仲之字也集解惠棟曰吳仁傑補遺云吉甫當作成父謂王子成父也若尹吉甫不應序于夷吾之下攘其蝱賊蝱賊食禾稼蟲名諭姦盜侵漁也蝱音牟集解先謙曰官本蝱並作蝥字同諭通作喻安其疆宇況乎萬里之漢明帝復興而大將軍爲之梁棟此誠不可吕忽也左傳子產謂子皮曰子於鄭國棟也棟折榱崩僑將壓焉且衍聞之兵久則力屈人愁則變生今邯鄲之賊未滅眞定之際復擾邯鄲謂王郎也眞定謂劉揚也而大將軍所部不過百里守城不休戰軍不息兵革雲翔百姓震駭奈何自怠不爲深憂夫并州之地東帶名關北逼彊胡井陘關也要害之塞故曰名關東觀記作石陘關年穀獨熟人庶多資斯四戰之地攻守之場也如其不虞何吕待之故曰德不素積人不爲用備不豫具難吕應卒史記子貢說晉君曰慮不先定不可以應卒卒音倉忽反今生人之命縣於將軍將軍

後漢書二十八上　九

所杖必須良才宜改易非任更選賢能夫十室之邑必有忠信東觀記曰無謂無賢路有聖人審得其人吕承大將軍之明雖則山澤之人集解劉攽曰案此文雖則字顚倒當作則雖云云無不感德思樂爲用矣然後簡精銳之卒發屯守之士三軍旣整甲兵已具相其土地之饒觀其水泉之利制屯田之術習戰射之教則威風遠暢人安其業矣若鎭太原撫上黨收百姓之歡心樹名賢之良佐天下無變則足吕顯聲譽一朝有事則可吕建大功惟大將軍開日月之明發深淵之慮監六經之論觀孫吳之策孫武吳王闔廬將吳起魏文侯將並著兵書也省羣議之是非詳眾士之白黑白黑猶賢愚也吕超周南之迹垂甘棠之風令夫功烈施於千載富貴傳于無窮伊望之策何吕加茲伊尹吕望永既素重衍爲且受使得自置偏裨乃吕衍爲立漢將軍東觀記曰時永得置偏裨將五人也領狼孟長屯太原狼孟縣名屬太原郡故城在今并州陽曲縣東北集解先謙曰今太原府陽曲縣東北三十六里與上黨太守

田邑等繕甲養士扞衞幷土及世祖即位遣宗正劉延攻天井關與田邑連戰十餘合延不得進邑迎母弟妻子爲延所獲東觀記曰鄧禹使積弩將軍馮愔將兵擊邑愔悉得邑母弟妻子後邑聞更始敗乃遣使詣洛陽獻璧馬即拜爲上黨太守東觀記曰遣騎都尉弓里游諫大夫何叔武即拜邑爲上黨太守集解惠棟曰弓姓漢有弓林見劉玄傳因遣使者招永衍永衍等疑不肯降而忿邑背前約東觀記衍與邑素誓刎頸俱受重任衍乃遺邑書曰蓋聞晉文出奔而子犯宣其忠晉文公重耳辟麗姬之難出奔狐偃勸令返國遂爲霸主子犯即狐偃字也趙武逢難而程嬰明其賢趙盾晉卿生趙朔朔娶晉成公姊爲夫人晉景公三年大夫屠岸賈誅趙氏殺趙朔滅其族朔妻有遺腹走公宮趙朔客程嬰公孫杵臼杵臼謂程嬰曰胡不死程嬰曰朔之婦有遺腹若幸而生男吾奉之即女也吾徐死耳居無何朔妻生男屠岸賈聞之乃索于宮中夫人置兒于綺中祝曰趙宗滅乎若號即不滅若無聲及索兒竟無聲程嬰曰今一索不得後必復索之杵臼乃取它嬰兒負之匿山中諸將共攻殺杵臼幷孤兒然趙氏眞孤乃在程嬰所即趙武也居十五年晉景公乃立趙武爲卿而復其田邑事見史記二子之義當矣今三王背叛赤眉危國三王見更始傳天下蠢動社稷顚隕蠢動喻衆

是忠臣立功之日志士馳馬之秋也伯玉擢選剖符專宰大郡文帝初與郡守始爲銅虎符竹使符分持其一以爲瑞信剖即分也夫上黨之地有四塞之固東帶三關西爲國蔽三關謂上黨關壺口關石陘關也陘音形奈何舉之以資彊敵開天下之匈假仇讎之刃豈不哀哉張儀說楚王曰秦下甲攻衞陽晉大開天下匈李斯曰所謂借寇兵而齎盜糧也衍聞之委質爲臣無有二心委質猶屈膝也左傳曰策名委質貳乃辟也臣無二心古之制也集解惠棟曰服虔左傳解誼云古者始仕必先書其名于策委死之質于君然後爲臣示必死節也挈缾之智守不假器解見左傳是以晏嬰臨盟擬以曲戟不易其辭晏子春秋曰齊大夫崔杼弒齊莊公乃劫諸大夫盟有敢不盟者戟鉤其頸劍承其心曰不與崔氏而與公室者盟神視之言不疾指不至血者死所殺者七人而後及晏子晏子奉血仰天曰崔氏無道而殺其君若有能復崔氏而嬰不與盟神視之遂仰而飲血崔氏曰晏子與我則齊國吾與共之不與我則戟在脰劍在心子圖之晏子曰劫吾以刃而失其意非勇也留吾以利而背其君非義也詩云愷悌君子求福不回嬰可回而求福乎曲刃鉤之直兵推之嬰不革矣崔子遂釋之謝息守郕脅以晉魯不喪其邑左傳孟孫之家臣謝息孟孫從魯昭公如楚謝息爲孟孫守郕邑晉人來理杞田季孫將以郕邑與之謝息不可曰夫子從君而守臣喪邑雖

吾子亦有猜焉季孫曰君之在楚於晉罪也又不聽晉魯罪重矣晉師必至吾無以待之謝息曰古人有言挈瓶之智守不假器季孫曰吾與子桃辭以無山與之萊柞乃遷于桃杜預注曰挈瓶汲器諭小智也魯國下縣東南有桃虛萊柞二山名由是言之內無鉤頸之禍外無桃萊之利臣賢案謝息得桃邑萊山故言無桃萊之利也且爲萊字似棗文又連桃後學者以桃棗易明桃萊難悟不究始終輒改萊爲棗衍集又作萊或故作棗展轉乖僻爲謬矣而被畔人之聲蒙降城之恥竊爲左右羞之且邾庶其竊邑畔君以要大利曰賤而必書莒牟夷以土地求食而名不滅是以大丈夫動則思禮行則思義未有背此而身名能全者也庶其邾大夫以邾邑漆閭丘奔魯故言竊邑畔君以要利也牟夷莒大夫竊牟婁及防茲來奔昭公二十一年邾黑肱以濫來奔左傳曰以地畔求食而已不求其名賤而必書以名其人終爲不義不可滅已是故君子動則思禮行則思義或求名而不得或欲蓋而名彰此所爲三畔人名者也爲伯玉深計莫若與鮑尙書同情戮力顯忠貞之節立超世之功如以尊親係累之故能捐位投命歸之尙書大義既全敵人紓怨紓緩也音舒上不損剖符之責下足救老幼之命申眉高談無愧天下若乃貪

上黨之權惜全邦之實衍恐伯玉必懷周趙之憂上黨復有前年之禍史記曰趙孝成王時韓上黨太守馮亭使人至趙曰韓不守上黨入之於秦其吏人皆安爲趙不欲爲秦有城市邑十七願再拜入之趙趙王大喜召平陽君豹告曰馮亭入城市邑十七受之何如豹曰聖人甚惡無故之利夫秦蠶食韓氏地中絕不令相通韓氏所以不入於秦者欲嫁其禍於趙必勿受也趙王不聽遂發兵取上黨於是秦人圍趙阬其卒四十萬秦又圍邯鄲又攻西周拔之故言懷周趙之憂前年猶往時集解何焯曰周疑禍字之訛注非洪亮吉曰前年蓋指劉延攻上黨時昔晏平仲納延陵之誨終免欒高之難延陵邑名吳公子季札所封故以號焉左傳魯襄二十九年季札聘齊見晏平仲曰子速納邑與政無邑無政乃免于難晏子因陳桓子以納邑與政是以免于欒高之難欒謂子雅高謂子尾皆齊大夫左氏魯昭公八年欒高作難晏子無罪孫林父違穆子之戒故陷終身之惡孫林父衞大夫孫文子也穆子魯大夫叔孫豹也左傳衞侯使孫林父聘魯且尋盟公登亦登叔孫穆子相趨進曰諸侯之會寡君未嘗後衞君今吾子不後寡君寡君未知所過孫子無辭亦無悛容穆子曰孫子必亡爲臣而君過而不悛亡之本也至襄十四年孫林父逐出衞獻公獻公復入國林父遂以戚邑畔是陷于終身之惡以爲伯玉聞此至言必若刺心自非嬰城而堅守則策馬而不顧也言不過爲二塗而已聖人轉禍而爲福智士因

敗以成勝願自彊於時無與俗同邑報書曰僕雖駑怯亦欲爲人
者也豈苟貪生而畏死哉曲戟在頸不易其心誠僕志也間者老
母諸弟見執於軍而邑安然不顧者豈非重其節乎若使人居天
地壽如金石要長生而避死地可也今百齡之期未有能至老壯
之間相去幾何誠使故朝尚在忠義可立雖老親受戮妻兒橫分
邑之願也間者上黨黠賊大衆圍城義兵兩輩入據井陘邑親潰
敵圍拒擊宗正即劉延自試智勇非不能當誠知故朝爲兵所害新
帝司徒已定三輔謂鄧禹也隴西北地從風響應其事昭昭日月經天
河海帶地不足以比言明白也死生有命富貴在天論語子夏之詞天下存亡
誠云命也邑雖沒身能如命何夫人道之本有恩有義義有所宜
恩有所施君臣大義母子至恩今故主已亡義其誰爲老母拘執
恩所當留而厲以貪權誘以策馬抑其利心必其不顧何其愚乎

後漢書二十八上　十二

邑年三十歷位卿士性少嗜慾情厭事爲集解惠棟曰東觀記邑本傳載邑書曰邑年二
十歷卿大夫號歸罷厭事少所嗜慾號歸猶告歸也況今位尊身危財多命殆鄙人知之何
疑君子君長敬通君長鮑永字也揭節垂組自相署立揭音其謁反謂負也蓋仲由
使門人爲臣孔子譏其欺天孔子有疾仲由欲使門人爲臣以大夫之禮葬孔子孔子謂曰由之行詐
也吾誰欺欺天乎事見論語君長據位兩州加以一郡衍集鮑永行將軍事安集并州擁兵屯太原與
太原李仲房同心并力集解洪頤煊曰注引衍集義不明析鮑永傳行大將軍事持節將兵安集河東并州朔部朔部即朔方郡也
朔方別置刺史不在十三州之列郭伋傳十一年省朔方刺史屬并州時尚未省故與并部爲兩州河東郡不屬并州是謂一郡兩
州而河東畔國兵不入彘閒更始敗故諸國畔也不入彘言不征之也彘縣名屬河東郡順帝改曰永安
上黨見圍不窺大谷即上所謂黠賊所圍城者也大谷自太原趣上黨之道不窺言不來救也今并州大谷縣
西有大谷是也宗正臨境莫之能援兵威屈辱國權日損三王背畔赤眉
害主未見兼行倍道之赴昔墨翟累繭救宋申包胥重胝存楚衞
女馳歸唁兄之志衞女衞宣公庶子頑之女爲許穆公夫人其兄即戴公衞失國曰唁衞懿公爲狄所滅戴公乃

立廬于曹邑許穆夫人閔衞亡思歸唁之不得乃賦載馳之詩事見左傳主亡一歲莫知定所虛冀妄
言苟肆鄙塞未能事生安能事死未知爲臣焉知爲主豈厭爲臣
子思爲君父乎欲搖泰山而蕩北海言不可也孟子曰挾泰山而超北海也事敗身
危要思邑言衍不從或訛言更始隨赤眉在北訛僞也永衍信之故
屯兵界休界休縣屬太原郡今汾州縣方移書上黨云皇帝在雍以惑百姓永
遣弟升及子壻張舒誘降涅城東觀記曰升及舒等謀使營尉李匡先反涅城開門內兵殺其縣長
馮晏立故謁者祝回爲涅長涅縣名屬上黨郡故城在今潞州鄉縣之西涅音奴結反集解先謙曰官本注無之字舒家在
上黨邑悉繫之又書勸永降永不荅東觀記載邑書曰愚聞丈夫不釋故而改圖哲士不徼幸
而出危今君長故主敗不能死新帝立不肯降擁衆而據壁欲襲六國之從與邑同事一朝內爲刎頸之盟興兵背畔攻取涅城破
君長之國壞父母之鄉首難結怨輕弄凶器人心難知何意君長當爲此計昔者韓信將兵無敵天下功不世出略不再見威執項
羽名出高帝不知天時就亨於漢知伯分國既有三晉欲大無已身死地分頭爲飲器君長銜命出征擁帶徒士上黨阨不能救河
東畔不能取朝有顚沛之憂國有分崩之禍上無仇牧之節下無不占之志天之所壞人不能支君長將兵不與韓信同日而論威

後漢書二十八上　十三

行得衆不及智伯萬分之半不見天時不知厭足欲明人臣之義當先知故主之未然欲貪天下之利宜及新主之未爲今故主已
敗新主既成四海爲羅網天下爲敵人舉足遇害動搖觸患履深淵之薄冰不爲號涉千鈞之發機不知懼何如其知也絕鮑氏之
姓廢子都之業誦堯之言服桀之行悲夫命也張舒內行邪孽不遵孝友疏其父族外附妻黨已收三族將行其法能逃不自詣者
舒也能夷舒宗者子也永邑遂結怨焉集解惠棟曰新序云齊崔杼弒莊公有陳不占者聞難將赴之比去餐則失匕上車失軾遂
往聞戰鬭之聲恐駭而死注不占事指此自是與邑有隙邑字伯玉馮翊人也後爲漁
陽太守東觀記曰邑馮翊蓮芍人也其先齊諸田父豐爲王莽著威將軍邑有大節涉學藝能善屬文爲漁陽太守未到官
道病徵還爲諫議大夫病卒集解惠棟曰前書王莽封田豐爲世睦侯奉敬王後永衍審知更始已歿乃
共罷兵幅巾降於河內不加冠幘但以一幅巾飾首而已集解惠棟曰東觀記云永與衍共罷兵幅巾而居
後歸世祖帝怨衍等不時至永以立功得贖罪遂任用之立功謂說下懷集解通鑑
胡注案攷異不取下懷事當以永討平魯郡爲功也事見本傳而衍獨見黜永謂衍曰昔高祖賞
季布之罪誅丁固之功季布項羽將數窘漢王漢王即位赦布以爲郎中丁固季布母弟爲項羽將亦窘高
祖高祖急顧謂丁固曰兩賢豈相厄哉丁公引還高祖即位丁固謁見高祖曰使項王失天下者丁公也遂斬之今遣明

主亦何憂哉衍曰記有之人有挑其鄰人之妻者挑其長者長者詈之挑其少者少者報之後其夫死而取其長者或謂之曰夫非罵爾者邪曰在人欲其報我在我欲其罵人也此並陳軫對秦王之詞也見戰國策引之者言己爲故主守節亦冀新帝重之也挑音徒了反夫天命難知人道易守守道之臣何患死亡頃之帝以衍爲曲陽令曲陽縣名屬常山郡故城在今定州彭城縣西也集解劉攽曰按彭城不在定州當作鼓城也先謙曰今定州曲陽縣西誅斬劇賊郭勝等降五千餘人論功當封以讒毀故賞不行建武六年日食續漢志曰建武六年九月丙寅晦日有食之史官不見郡以聞衍上書陳八事集解惠棟曰六年詔百僚並上封書于是衍上書也案袁紀在七年其一曰顯文德二曰褒武烈三曰修舊功四曰招俊傑五曰明好惡六曰簡法令七曰差秩祿八曰撫邊境書奏帝將召見初衍爲狠孟長以罪摧陷大姓令狐略是時略爲司空長史讒之於尚書令王護尚書周生豐曰衍所以求見者欲毀君也風俗通曰周生姓也豫章舊志曰豐字偉防太山南武陽

人也建武七年爲豫章太守清約儉惠集解惠棟曰羅泌云帝堯之後有周生氏經籍志云豫章舊志三卷晉會稽太守熊默撰護等懼之卽共排間衍遂不得入後衛尉陰興新陽侯陰就以外戚貴顯深敬重衍衍遂與之交結由是爲諸王所聘請興及就並光烈皇后母弟也衍集與陰就書曰衍聞神龍驤首幽雲景蒸明聖修德志士思名是以意同情合聲比相應也伏見君侯忠孝之性慈仁懇懃論議周密思慮深遠顧以微賤數蒙聖恩被侯大惠衍年老被病恐一旦無祿命先犬馬懷抱不報齎恨入冥思剖肝膽有以塞責方今天下安定四海咸服蒙恩更生之臣無所效其死力側聞東平山陽王壯當之國擇除官屬衍不自量願侯白以衍備門衞郗語曰水不激不能破舟矢不激不能飲羽不念舊惡名賢所高負責之臣欲言不敢惟侯哀憐深留聖心則闔棺之日魂復何恨尋爲司隸從事帝懲西京外戚賓客故皆以法繩之大者抵死徙其餘至貶黜衍由此得罪嘗自詣獄有詔赦不問時衍又與就書曰奏曹掾馮衍叩頭死罪衍材素愚駑行義污穢外無鄉里之譽內無汗馬之勞猥蒙明府天覆之德華寵重疊間者掾史疑衍之罪眾呴飄山當爲灰土賴蒙明察揆其素行復保首領倍知厚德篤於慈父浸淫飢膚滲漉骨髓德重山嶽澤深河海前送妻子還淄縣遭雨逢暑以七月還至陽武聞詔捕諸王賓客惶怖詣闕冀先事自歸十一月到十二日書報歸田里卽日束手詣洛陽詔獄十五日夜詔書勿問得出遭雨又疾大困冀高世之德施以田子老馬之恩賜以秦穆駿馬之恩使長有依歸以效忠心集解惠棟曰袁宏紀時衍與呂种王磐皆以諸王賓客下獄种磐死獄中衍被赦出廢西歸于家种磐事見馬援傳先謙曰官本注十一月作十一日是故郡閉門自保不敢復與親故通

桓譚馮衍列傳第十八上終

桓譚傳中家子弟爲之保役注保役可保信也案方言自關而東陳魏宋楚之閒保庸謂之甬郭注保言可保信也此連役字爲訓非

天下方知集解先謙曰方知誤倒官本作知方錢大昭曰南監本作知方

譬猶卜數隻偶之類卜原作十錢大昭曰閩本作小南監本作卜案官本依監本作卜並與通鑑合故改從之

其後有詔會議靈臺所處注楊衒之洛陽記曰衒原作衍據御覽改官本不誤

吾欲讖決之何如錢大昭曰閩本欲下有以字今案東觀記袁紀通鑑均有以字

時年七十餘案譚之卒不著何年袁紀因中元元年起明堂辟雍靈臺追敘初議靈臺位上問譚譚對忤旨出爲六安郡丞道病卒時年七十餘通鑑因之亦附載譚事於中元元年意所謂初者當在建武十二年隴蜀既平增廣郊祀之時而譚亦旋卒也其證有三譚於西漢成帝時卽以父任爲郎又爲樂府令歷哀平兩世凡十一年又更新莽更始至建武初元凡二十年其齒當已六十矣卒年僅七十餘則仕光武朝不過十許年也劉順拜六安太守在建武八年而六安之省併卽在建武十三年譚爲六安郡丞亦當在未併省之前又譚二次上疏尚感齊之疇賞少薄天下不時安定則其時隴蜀必未全平接書其後會議靈臺所處距上疏時亦必不遠也

馮衍傳張良以五世相韓注父平相釐王悼惠王悼官本作倬誤

啗血昆陽集解劉攽曰案啗血是盟時啗血此當作喋與前書同也案前書文紀新喋血京師史記喋作啑前書王陵傳始與高帝唼血而盟史記唼亦作啑索隱又云或作啗是喋唼啑啗古本通作又史記魏豹彭越傳論喋血乘勝徐廣云一作唼則本通言歃血耳說史漢者必據服虔說以喋爲蹀非也

飢者毛食集解錢大昕曰古音無如模聲轉爲毛沈銘彝曰前書功臣表序靡有孑遺耗矣孟康曰耗音毛顏注今俗語猶謂無爲毛文選注蒼頡篇耗消也越人多謂無爲耗五代史黃幡綽傳賜緋毛魚袋謂無魚袋也佩觿集河朔人謂無爲毛蓋聲之轉高齋漫錄東坡毳飯云酒也毛菜也毛飯也毛卽借河朔土音以爲說也

自置偏裨裨官本作稗誤

開天下之匈注秦下甲攻衛陽晉大開天下匈官本注匈作胷

謝息守郕脅以晉魯不喪其邑注左傳至乃還于桃案注引傳文顛倒

莒牟夷以土地求食而名不滅注昭公二十一年邾黑肱以濫來

奔官本注二作三是此所爲三畔人名者也官本爲作謂

衍恐伯玉必懷周趙之憂集解何焯曰周疑禍字之訛注非錢大昭曰周當是害字之誤今案害周形近易誤視何說爲勝下句有禍字亦不當作禍也

終免欒高之難注欒謂子雅高謂子尾皆齊大夫左氏魯昭公八年欒高作難案注引傳文欠明直似子雅子尾當作難矣當云欒高謂欒施高彊齊大夫子雅子尾之子昭公十年因難奔魯此作八年蓋承杜注之誤實則八年難未成也

拒擊宗正正原譌王據上下文改官本不誤

幅巾降於河內注不加冠幘加原譌知據錢校改官本不誤

馮衍傳第十八下　後漢書二十八下

宋　宣城　太守　范　曄　撰

唐　章懷　太　子　賢　注

王先謙集解

建武末上疏自陳曰臣伏念高祖之畧而陳平之謀毁之則疏譽之則親史記曰魏無知薦陳平於高祖高祖以平爲將絳灌等咸譖平曰雖美丈夫如冠玉耳居家盜嫂今大王令護軍諸將金多者得善處金少者得惡處高祖讓魏無知無知曰臣所言者能也陛下所問者行也楚漢相拒臣進奇謀之士盜嫂受金又何足疑高祖乃令平盡護諸將也以文帝之明而魏尚之忠繩之以法則爲罪施之以德則爲功魏尚槐里人文帝時爲雲中守匈奴不近雲中後坐上首虜差六級下之吏罰作之馮唐諫文帝曰臣愚以爲陛下法太明罰太重賞太輕帝悅是日令唐持節赦尚復以爲雲中守也逮至晚世董仲舒言道德見妒於公孫弘史記曰董仲舒爲人廉直公孫弘習春秋不如董生弘希時用事位至公卿仲舒以弘爲從諛弘嫉之時膠西王帝兄驕縱弘乃言於上曰獨仲舒可使相膠西膠西王素聞仲舒亦善待之李廣奮節於匈奴

見排於衞青史記曰李廣隴西成紀人也爲前將軍從衞青討匈奴青不使當匈奴廣乃失道後期青令對簿廣乃引刃自刎知與不知莫不流涕此忠臣之常所爲流涕也臣衍自惟微賤之臣上無無知之薦下無馮唐之說乏董生之才寡李廣之勢而欲免讒口濟怨嫌豈不難哉臣衍之先祖以忠貞之故成私門之禍衍之祖馮參忠正不屈節於王氏五侯參姊爲中山王太后後爲哀帝祖母傅太后陷以大逆參自殺親族死者十七人見前書集解惠棟曰衍之祖東觀記及本傳皆云野王唯華嶠書以爲馮立則參爲衍從祖也而臣衍復遭擾攘之時值兵革之際不敢回行求時之利回邪也事君無傾邪之謀將帥無虜掠之心衞尉陰興敬慎周密內自修勑外遠嫌疑故敢與交通興知臣之貧數欲本業之欲遺其財爲立基本生業也臣自惟無三益之才不欲處三損之地固讓而不受之論語載孔子言曰益者三友損者三友故衍引以爲言也昔在更始太原執貨財之柄居倉卒之間據位食祿二十餘年而財產歲狹居處日貧家無布帛之積出無輿馬之飾於今遭淸明之時飭躬力行之秋力行謂盡力行善道也禮記曰好問近於智力行近乎仁也而怨讎叢興譏議橫世蓋富貴易爲善貧賤難爲工也疏遠壠畝之臣無望高闕之下惶恐自陳以救罪尤書奏猶以前過不用衍不得志退而作賦又自論曰集解何焯曰自論卽賦之序惠棟曰案衍所著有自序官錄等篇北堂書鈔九十八引馮敬通自序云年衰歲暮自悼迄無成功將棲遲肥饒之野殖菽生產誦習道德云云又本傳注云序所謂通覛千里覽見舊都皆與自論畧同不當爲此賦之序何說非也馮子以爲夫人之德不碌碌如玉落落如石老子道德經之辭也言可貴可賤皆非道眞玉貌碌碌爲人所貴石形落落爲人所賤賤既失矣貴亦未得言當處才不才之間風興雲蒸一龍一蛇與道翺翔與時變化夫豈守一節哉風興雲蒸言相須也東方朔誡子書曰聖人之道一龍一蛇形見神藏與物變化隨時之宜無有常處化音協韻音花集解惠棟曰管子云一龍一蛇一日五化淮南子云至道無爲一龍一蛇盈縮卷舒與時變化蛇音徒河反用之則行舍之則藏進退無主屈伸無常故曰有法無法因時爲業有度無度與物趣舍史記司馬談之詞也言法度是非皆隨時俗物所趣則向之所舍則違之所謂隨時之義也常務道德之實而不求當世之名闊

略杪小之禮蕩佚人間之事放蕩縱逸拘恒俗也不正身直行恬然肆志顧嘗好俶儻之策時莫能聽用其謀顧猶及也俶儻卓異貌也喟然長歎自傷不遭遭遇也久棲遲於小官不得舒其所懷棲遲猶偃息也抑心折節意悽情悲夫伐冰之家不利雞豚之息言食厚祿不當求小利也禮記曰畜馬乘不察於雞豚伐冰之家不畜牛羊伐冰謂卿大夫以上以其喪祭得賜冰故言伐冰也韓詩外傳曰天子不言多少諸侯不言利害大夫不言委積駟馬之家不恃雞豚之息伐冰之家不恃牛羊之入也委積之臣不操市井之利韓詩外傳曰千乘之君不通貨財委積之臣不操市井之利是以貧窮有所勸而孤寡有所措也況歷位食祿二十餘年而財產益狹居處益貧惟夫君子之仕行其道也慮時務者不能興其德爲身求者不能成其功言不可兼也去而歸家復羈旅於州郡身愈據職家彌窮困卒離飢寒之災有喪元子之禍先將軍葬渭陵哀帝之崩也營之以爲園奉世爲右將軍郎衍之曾祖故言先將軍渭陵元帝陵在長安北五十里哀帝義陵在長安北四十六里奉世墓入義陵塋中所以衍不得入葬而別求也於是以新豐之東鴻門之上壽

安之中太上皇思東歸乃遷豐邑人於此立縣故曰新豐鴻門阪名前書音義曰在新豐東十七里舊大道北下阪口地埶高敞四通廣大南望酈山北屬涇渭東瞰河華龍門之陽三晉之路龍門河所經今絳州縣也三晉謂韓趙魏也西顧酆鄗周秦之丘宮觀之墟酆鄗二水名周文王都酆武王都鄗秦本封在隴西秦縣周平王東遷以後秦始有岐州之地故總言周秦之丘丘亦墟也【集解】先謙曰官本注州作周通視千里覽見舊都遂定塋焉衍墓在今新豐縣南四里【集解】惠棟曰樂史云衍墓在昭應縣西四里漢之新豐也退而幽居蓋忠臣過故墟而歔欷孝子入舊室而哀歎史記曰箕子朝周過殷墟咸生禾黍箕子傷之欲哭則不可欲泣爲其近婦人乃作麥秀之詩殷人聞之皆爲流涕禮記檀弓曰反哭升堂反諸其所作也入室反諸其所養也反而亡焉失之哀於是爲甚也每念祖考著盛德於前垂鴻烈於後遭時之禍墳墓蕪穢春秋蒸嘗昭穆無列司馬相如賦曰墳墓蕪穢而不修父爲昭子爲穆昭南面穆北面也年衰歲暮悼無成功將西田牧肥饒之野殖生產修孝道營宗廟廣祭祀然後闔門講習道德觀覽乎孔老之論庶幾乎松喬之福列仙傳赤松子神農時雨師也服水玉能入火自燒常止西王母石室中能隨風上

下王子喬周靈王太子晉也好吹笙作鳳鳴游伊洛之間道人浮丘公接以上嵩高山遂仙去也上隴阪陟高岡游精宇宙流目八紘尹文子曰四方上下曰宇蒼頡篇曰舟輿所屆曰宙淮南子曰九州之外乃有八夤八夤之外乃有八紘也歷觀九州山川之體追覽上古得失之風愍道陵遲傷德兮崩夫覩其終必原其始故存其人而詠其道疆理九野經營五山眇然有思陵雲之意疆界也理正也九野謂九州之野經營猶往來五山卽五嶽也【集解】先謙曰官本注正也下有詩曰我疆我理六字此脫乃作賦自厲命其篇曰顯志顯志者言光明風化之情昭章玄妙之思也其辭曰開歲發春兮百卉含英開發皆始也爾雅曰春爲發生卉草也楚辭曰獻歲發春兮甲子之朝兮汨吾西征君子舉事尚早故以朝言之汨行貌楚辭曰汨吾南征汨音于筆反發軔新豐兮裴回鎬京軔止車木也將行故發之陵飛廉而太息兮登平陽而懷傷飛廉觀名武帝元封二年立于長安上有銅飛廉因以名焉前書音義曰飛廉神禽能致風氣有角有蛇尾文如豹文平陽縣名故城在今岐州岐山縣西南【集解】錢大昕曰案兩漢三輔無平陽縣史記秦本紀甯公徙居平陽正義云岐山縣有平陽鄉鄉內有平陽聚洪頤煊曰前書郊祀志雍大雨壞平陽宮垣黃圖秦有平陽宮故與飛廉觀對

言之注誤先謙曰官本注有蛇尾有作而是悲時俗之險阸兮哀好惡之無常時既險薄所以好惡不同楚辭曰悲時俗之迫阨也棄衡石而意量兮隨風波而飛揚衡秤衡也三十斤爲鈞四鈞爲石言時人棄衡石以意測量喻背法度也隨風波而飛揚言無志操也紛綸流於權利兮親靁同而妒異獨耿介而慕古兮豈時人之所憙言時俗溺于權利也同己則親之異己則妒之今己不與之同所以見惡也沮先聖之成論兮䫉名賢之高風忽道德之珍麗兮務富貴之樂耽沮敗也䫉陵也耽亦樂也言時人之行如此【集解】沈濤曰風從凡聲故與耽均下與陵均又讀爲兮先謙曰官本䫉並作邈是遵大路而裴回兮履孔德之窈冥固衆夫之所眩兮孰能觀於無形遵循也大路大道也老子曰大道汎兮又曰孔德之容窈兮冥兮其中有精又曰大象無形孔之爲言空也窈冥謂幽玄也道以空爲主故無物而不容時俗眩于名利孰能覩大象無形哉【集解】先謙曰官本注汎作泛行勁直㠯離尤兮羌前人之所有內自省而不慙兮遂定志而弗改離遭也尤過也羌語發聲也言古人有爲勁直行而遭尤過者有之矣卽屈原賈誼之流也衍內自省察不慙于古人遂守志不改也欣吾黨之唐虞兮愍吾生之愁勤聊發憤而揚情兮將㠯蕩夫

憂心傷己不逢堯舜也蕩散也往者不可攀援兮來者不可與期病沒世之不稱兮願橫逝而無由言唐虞往不可攀援而及將來賢哲又不可豫期所病終身之後名譽不稱又願縱橫遠逝而其路無由也論語孔子曰君子疾沒世而名不稱焉陟雍畤而消搖兮超略陽而不反念人生之不再兮悲六親之日遠雍縣名屬右扶風故城在今岐州雍縣南畤者止也神靈之所止也史記曰秦并天下祠雍四畤漢加黑帝謂之五畤消搖猶觀望也超過也略陽縣名屬天水郡今隴州隴城縣也六親夫婦父子兄弟也陟九嵕而臨嶻嶭兮聽涇渭之波聲嶻嶭山一名嵳峩在今三原縣北嶻音才結反嶭音五結反【集解】先謙曰嶻卽巀字顧鴻門而歔欷兮哀吾孤之早零何天命之不純兮信吾罪之所生傷誠善之無辜兮齎此恨而入冥零落也吾孤早零卽上所謂喪元子者也子既早歿未有邪僻故云誠善辜罪也冥謂地也齎恨入冥言死有餘恨也嗟我思之不遠兮豈敗事之可悔雖九死而不眠兮恐餘殃之有再淚汍瀾而雨集兮氣滂浡而雲披心怫鬱而紆結兮意沈抑而內悲言已往者託于貴戚之權幾陷誅戮之罪此由我思慮不深遠已敗之事悔之無及雖復九死而目不瞑言怨恨之深也楚辭曰雖九死其猶未悔眠卽瞑也

今縱飭躬自勗又恐殃禍至再所以涙落意沈氣憤心結也集解惠棟曰汍瀾猶萑蘭也息夫躬絶命辭云涕泣流兮萑蘭臣瓚云萑蘭泣涕闌干也萑音完瞰太行之嵯峩兮觀壺口之崢嶸悼巨墓之蕪穢兮恨昭穆之不榮太行山在上黨南壺口山在上黨東衍之遠祖馮亭為韓上黨守以上黨降趙趙封亭三萬戶號華陽君死因葬上黨其墓在今潞州上黨縣西衍在關中遥相望之郎序所謂通視千里覽見舊都者也嵯峩高大貌崢嶸深邃貌歲忽忽而日邁兮壽冉冉其不與恥功業之無成兮赴原野而窮處與猶待也楚辭曰日忽忽其將暮又曰老冉冉其將至功業無成情多憂憤故赴原野而窮居也昔伊尹之干湯兮七十說而乃信皋陶釣於靁澤兮賴虞舜而後親無二士之遭遇兮抱忠貞而莫達率妻子而耕耘兮委厥美而不伐伊尹名摯負鼎俎以干湯七十說而乃信謂年七十說湯乃得信也皇甫謐帝王記曰伊摯豐下鋭上色黑而短僂身而下聲年七十而不遇湯聞其賢設朝禮而見之摯乃說湯致於王道信音申呂氏春秋曰舜陶于河濱漁于靁澤今言皋陶未詳靁澤在今濮州靁澤縣東也集解惠棟曰案太公六韜呂尚釣崖文王卜之為舜占得皋陶然則皋陶先嘗釣于靁澤為舜所舉也但古書散逸無從取證耳又日衍集揚節賦云馮子耕於鄜山之阿渭水之陰廢弔問之禮絶游宦之路眇然有超物之心無偶物之志韓盧抑而

不縱兮騏驥絆而不試獨慷慨而遠覽兮非庸庸之所識戰國策曰齊欲伐魏淳于髡謂齊王曰韓盧天下之壯犬也淮南子曰絆騏驥而求千里衍喻己有高才而不申所以獨慷慨遠覽非庸庸之徒所能識也識協韻音志卑衞賜之阜貨兮高顏回之所慕重祖考之洪烈兮故收功於此路卑賤也阜積也衍賤子貢貨殖慕顏回樂道所以不從流俗專心貞固者以其祖考功業隆大若苟求富貴恐致黜辱故於此路收功也循四時之代謝兮分五土之刑德相林麓之所產兮嘗水泉之所殖修神農之本業兮採軒轅之奇策追周棄之遺教兮軼范蠡之絶跡周禮五土一曰山林二曰川瀆三曰丘陵四曰墳衍五曰原隰家語曰地東西為緯南北為經山為積德川為積刑穀梁傳曰林屬於山曰麓周禮曰山林動物宜毛殖物宜皁淮南子曰汾水濁宜麻濟水和宜麥河水調宜菽洛水輕利宜禾渭水多力宜黍江水肥宜稻管子曰四七二十八尺而至於泉其水白而甘宜黍秫三七二十一尺而至於泉其水黃而有臭宜大菽與麥二七一十四尺至於泉其味鹹宜稻與麥此嘗水泉之所殖也周易曰神農氏斲木為耜揉木為耒耒耜之利以教天下蓋取諸益周書曰神農之時天雨粟神農耕而種之軒轅黃帝也大戴禮曰黃帝時播種百穀草木節用水火財物人得其利周棄帝嚳之子為兒之時其游戲好種樹麻菽及成人遂好耕農相地之宜人皆法則之帝堯聞之舉棄為農師天下得其利故言遺教軼過也范蠡南陽人事越王句踐苦身戮力竟滅吳報恥既而以為大名之下難以久居乃與其私屬乘舟浮海以行變姓名適齊為鴟夷子皮之陶為朱公終身不返是絶迹也陟隴山以踰望兮眇然覽於八荒踰猶遥也古字通八荒八方荒遠之地覽河華之泱漭兮望秦晉之故國憤馮亭之不遂兮慍去疾之遭惑馮亭以上黨降趙秦破趙於長平而亭死故言不遂慍怨也馮去疾為秦丞相胡亥九年用趙高計始皇大臣咸見誅戮無遺脫者是遭惑也亭及去疾皆衍之先故遠懷憤怨也泱音烏朗反漭音莽集解惠棟曰上黨記云馮亭冢在壺關城西五里流山岳而周覽兮徇碣石與洞庭浮江河而入海兮泝淮濟而上征碣石海畔山也在今平州東洞庭湖名也中有洞庭山在今岳州西南衍既不同流俗情多憤怨故假言涉歷江山周流河海屈原云吾將遠逝以自適路修遠以周流之類也瞻燕齊之舊居兮歷宋楚之名都哀羣后之不祀兮痛列國之為墟燕都今薊縣也齊都營丘今臨淄縣也宋都睢陽今宋州也楚初都丹陽在歸州後都郢在今荊州至考烈王為秦所逼又徙都壽春今壽州也不祀言皆絶也臧文仲曰咎陶庭堅不祀也馳中夏而升降兮路紆軫而多艱講聖哲之通論兮心惛憶而紛紜紆軫猶盤曲也惛憶猶鬱結也

紛紜猶瞀亂也惛音普遥反惟天路之同軌兮或帝王之異政堯舜煥其蕩蕩兮禹承平而革命惟思也言思上天之路軌躅則同而帝王政教參差有異班固曰仰天路而同軌白虎通曰德合天者稱帝仁義合者稱王故言異政也煥文章貌蕩蕩化平暢貌論語孔子曰惟天為大惟堯則之煥乎其有文章蕩蕩乎人無能名焉堯舜同道故兼言之舜禪位于禹禹承堯舜之後而改制度禪子故曰承平革命也集解惠棟曰語云承平者叶之承亂者革之今禹言革命者魏高堂隆議云舜禹雖繼平受禪猶制禮樂改正朔以應天順民是也并日夜而幽思兮終悇憛而洞疑高陽邈其超遠兮世孰可與論茲孔子曰吾嘗終日不食終夜不寢以思楚辭云心悇憛而懷惑廣蒼云悇憛禍福未定也悇音它乎反憛音它紺反或作悇憏悇音丑加反憏音丑制反未定也高陽帝顓頊之號也洞亦不定也史記曰虛陽洞疑又曰高陽氏沈深而有謀疏通而知事以其有謀而疏通故欲與之論事訊夏啟於甘澤兮傷帝典之始傾頌成康之載德兮詠南風之歌聲訊問也啟禹子也尚書曰啟與有扈大戰于甘之野孔安國注云有扈與夏同姓恃親而不恭故啟征之於甘野甘在今鄠縣啟既德薄同姓相攻故傷帝典之傾也易曰德積載史記曰成康之際天下安甯刑錯三十餘年而不用周南召南謂國風之首篇歌文王之德故詠之也非舜南風之歌思唐虞之晏晏兮揖稷契與為朋苗裔紛其條

暢兮至武湯而勃興尚書考靈耀曰放勛欽明文思晏晏鄭玄注曰寬容覆載謂之晏稷名棄爲堯后稷契爲
堯司徒契十四葉孫號湯滅夏桀而王有天下后稷十六葉孫號周武王滅殷紂而王天下勃盛貌也左傳曰其興也勃焉昔三
后之純粹兮每季世而窮禍弔夏桀於南巢兮哭殷紂於牧野三后
夏殷周也惜其不能始終純茂每至末代必窮其災禍湯放桀于南巢武王滅紂于牧野周之季業幽王爲西戎所殺也離騷曰昔
三后之純粹何桀紂之猖披南巢地名廬州巢縣也孔安國曰牧野紂近郊三十里地名也在今衞州詔伊尹於亳
郊兮亨呂望於酆州功與日月齊光兮名與三王爭流詔召也亳湯都在京
兆杜陵亭呂望周太師翼周滅殷者也酆文王所都水中可居曰洲也集解先謙曰官本注在下六字在水中上楊朱號
乎衢路兮墨子泣乎白絲知漸染之易性兮怨造作之弗思淮南子曰
楊子見逵路而哭之爲其可以南可以北傷其本同而末異也墨子曰墨子見染絲歎曰染於蒼則蒼染於黃則黃五入之則爲五
色故染不可不愼非獨絲也國亦有染湯染伊尹紂染惡來也先王正道規摹有常苟生穿鑿則岐路競起故墨子知漸染之易性
楊朱悲造作之弗思美關雎之識微兮愍王道之將崩拔周唐之盛德兮捃
桓文之譎功薛夫子韓詩章句曰詩人言雎鳩貞絜以聲相求必于河之洲蔽隱無人之處故人君動靜退朝入于私

宮妃后御見去留有度今人君內傾于色大人見其萌故詠關雎說淑女正容儀也方言曰捃取也譎詐也齊桓公晉文公俱有霸
功孔子曰晉文公譎而不正齊桓公正而不譎時周衰政亂桓文能統率諸侯翼戴天子故取其一切之功也集解惠棟曰王充論
衡云周衰而詩作蓋康王時也康王德缺于房大臣刺晏故詩作張超誚青衣賦云周室將衰康王晏起畢公喟然深思古道感彼
關雎性不雙侶願得周公妃以窈窕防微杜漸諷誦君父孔氏大之列冠篇首又曰案世系薛漢父方邱字夫子世習韓詩父子以
章句著名何焯曰周唐疑周康之訛忿戰國之遘禍兮憎權臣之擅彊黜楚子於南
郢兮執趙武於湨梁周室衰微七國交爭是爲戰國時吳楚僭號皆稱王孔子修春秋以蠻夷大者不過子故
音黜曰子又春秋稱公會晉宋衞鄭曹莒邾薛杞于湨梁戊寅大夫盟公羊傳曰諸侯皆在言大夫盟何信在大夫何言乎信在大
夫徧刺天下之大夫也曷爲徧刺天下之大夫君若綴旒然趙武晉卿趙文子也時晉爲盟主文子晉之正卿而爲不臣之行故欲
執之也湨水名在河內軹縣東南至溫入河爾雅曰梁莫大于湨梁湨音古覓反善忠信之救時兮惡詐
謀之妄作聘申叔於陳蔡兮禽荀息於虞虢申叔楚莊王時賢臣申叔時者也左傳陳
夏徵舒弒靈公楚莊王伐陳殺夏徵舒因滅陳爲縣申叔時諫莊王曰夏徵舒弒其君其罪大矣討而戮之君之義也諸侯之從曰
討有罪也今縣陳貪其富也以討召諸侯而以貪終之無乃不可乎王曰善哉吾末之聞也乃復封陳聘謂問之也時僣任陳而兼

言蔡者蓋以陳蔡相近因連言之也荀息晉大夫左傳曰晉荀息請以屈產之乘垂棘之璧假道于虞以伐虢公曰是吾寶也對曰
若得道于虞猶外府也乃假道于虞以滅虢師還遂襲虞滅之誅犂鋤之介聖兮封臧倉之愬知
媄子反於彭城兮爵管仲於夷儀犂鋤齊大夫介猶間也韓子曰仲尼爲政於魯道不拾遺齊景
公患之犂鋤曰去仲尼猶吹毛耳君何不遺魯公以女樂以驕其意魯君樂之必怠於政仲尼必諫諫而不聽必輕絕魯景公曰善
乃令犂鋤以女樂遺魯哀公樂之公怠于政仲尼諫不聽遂去之孟子曰魯平公將出嬖人臧倉請曰它日君出必命有司所之今
已駕矣敢請公曰吾將見孟子曰何爲輕身以先於匹夫者以爲賢乎禮義由賢者出孟子之後喪踰前喪君無見焉公曰諾樂
正子見孟子曰君將來見孟子嬖人有臧倉者沮君君是以不來孟子曰吾之不遇魯侯天也臧氏之子焉能使予不遇哉愬猶譖也知謂
明于事也子反楚大夫也名側案媄字呂忱音仕脊反勉也東觀記作譏字此雖作媄蓋亦譏刺之意也春秋經書宋楚平公羊傳
曰外平不書此何以書貶曷爲貶平者在下何休注云譏子反華元專盟不受君命故貶之然則子反違命盟蓋以平宋城下而言
彭城者彭城宋之邑故舉以言之左傳宋大夫魚石等出奔楚楚伐宋取彭城以封魚石宋人圍彭城楚子重救彭城伐宋此言子
反蓋衍誤也如曰不然或別有所據管仲齊桓公之相名夷吾夷儀邢邑也翟人滅邢管仲輔齊桓公築夷儀以封邢邢遷如歸於
是天下諸侯知桓公之不爲己動也是故天下歸之唯能用管夷吾而霸功立事見國語以其能輔主成業故就夷儀而爵賞也集

解劉攽曰注云倉曰君何爲輕身以先於匹夫者案全文何當作所錢大昕曰此以媄子反與爵管仲對文則非譏刺之意子反平
宋意壬恤鄰管仲封邢功存繼絕故敬通嘉美之媄當爲饌與下文饎女齊饗楙舉同義言欲飲食之也先謙曰官本鋤並作鉏封
作討注公怠作果怠是疾兵革之寖滋兮苦攻伐之萌生沈孫武於五湖兮
斬白起於長平寖漸也孫武吳王闔廬將也善用兵越絕書曰太湖周三萬六千頃虞翻云太湖有五湖故謂之五
湖滆湖洮湖射湖貴湖及太湖爲五湖並太湖之小支俱連太湖故太湖兼得五湖之名在今湖州東也史記曰白起郿人也事秦
昭王以上將軍擊趙於長平前後阬斬首虜四十五萬長平地名在今澤州也惡叢巧之亂世兮毒縱橫
之敗俗流蘇秦於洹水兮幽張儀於鬼谷叢細也毒恨也關東爲從關西爲橫蘇秦洛陽
人也師事鬼谷先生爲從說說關東六國爲從親以畔秦會于洹水之上刳白馬而盟張儀魏人也與蘇秦同師爲關西橫說說六
國令事秦皆尚誑詐不遵道德洹水出汲郡林慮縣鬼谷名郎鬼谷先生所居地在今洛州洛陽城北叢或作聚義亦通集解先
謙曰官本注作說關西六國令事秦劉攽曰關西何緣有六國明衍關西二字澄德化之陵遲兮烈刑罰
之峭峻燔商鞅之法術兮燒韓非之說論陵遲言頹替也澄猶清也烈慘也商鞅姓公孫
氏好刑名之學事秦孝公變法令使人什五相司犯禁相連坐不告姦者要斬告姦者與斬敵同賞匿姦者與降敵同罰人有二男

以上不分異者倍其罰行之四年秦人富強韓非韓之諸公子也亦好刑名法術之學口吃不能言著書作孤憤五蠹內外儲說難十餘萬言皆尚法術少仁恩並見史記誚始皇之跋扈兮投李斯於四裔滅先王之法則兮禍寖淫而弘大誚責也跋扈猶強梁也李斯上蔡人為秦丞相上書曰今諸生不師今而學古惑亂黔首臣請非秦記皆燒之天下敢有藏詩書百家語者皆燒之令下三十日不燒黥為城旦制曰可是滅先王之法則援前聖以制中兮矯二主之驕奢饁女齊於絳臺兮饗椒舉於章華援引也矯正也饁餉也女齊晉大夫司馬侯也絳晉國所都國語曰晉平公為九層之臺又曰叔向見司馬侯之子撫而泣曰自其父之死吾莫與事君矣昔者其父始之我終之我始之夫子終之無不可者是女齊事君必有規諫必諫作臺但書典散亡無以言耳椒舉楚大夫伍舉也饗宴也章華臺名在南郡華容縣楚語曰靈王為章華之臺與椒舉升王曰臺美乎對曰臣聞國君服寵以為美安人以為樂不聞其以木土之崇高為美先君莊王為瓠居之臺高不過望國氣大不過容宴豆用不煩官府人不廢時務今君為此臺國人疲焉財用盡焉臣不知其美二王謂晉楚之君二或作亡集解惠棟曰晉語云悼公與司馬侯升臺而望曰樂夫對曰臨下之樂則樂矣德義之樂則未也公曰何謂德義對曰諸侯之為日在君側以其善行以其惡戒可謂德義矣公曰孰能對曰羊舌肸習于春秋乃召叔向使傅太子彪注失考先謙曰官本瓠作匏氣作氛是摛道德之光耀兮匡衰世

之眇風褒宋襄於泓谷兮表季札於延陵摛布也眇微也公羊傳曰宋公及楚戰於泓之陽楚人濟泓而來有司曰迨其未畢濟而擊之宋公曰不可吾聞之也君子不厄人于險吾雖亡國之餘寡人不忍行也既濟未畢陳有司復曰請擊之宋公曰不可吾聞君子不鼓不成列已陳然後擊之宋師大敗故君子大其不鼓不成列臨大事而不忘大禮以為文王之戰亦不過此季札吳王壽夢之少子也封於延陵昆弟四人札最少而賢壽夢卒諸兄欲立之札棄其室而耕乃捨之泓音烏萌反集解惠棟曰風音方愔反顧炎武云今山西人讀風猶作方愔反摭仁智之英華兮激亂國之末流觀鄭僑於溱洧兮訪晏嬰於營丘摭拾也鄭僑鄭大夫公孫僑也溱洧鄭二水名鄭詩曰溱與洧溜其清矣晏嬰齊大夫晏平仲也爾雅曰水出其左曰營丘齊有營丘周衰政亂子產晏嬰皆有賢行輔其君也事見左傳國語集解先謙曰官本注溜作瀏日曀曀其將暮兮獨於邑而煩惑夫何九州之博大兮迷不知路之南北曀曀陰晦貌也詩曰曀曀其陰楚詞曰回朕車以復路及行迷之未遠駟素虯而馳騁兮乘翠雲而相佯就伯夷而折中兮得務光而愈明四馬曰駟虯龍之無角者也楚詞曰駟玉虯以乘翳兮爾雅曰馬高八尺為龍司馬相如曰駟蒼螭兮六素虯相佯猶逍遙也伯夷孤竹君之子周武王時義士不食周粟隱於首陽山揚雄反騷曰將折中乎重華列仙傳曰務光者夏時人也殷湯伐桀因光

而謀光曰非吾事也至殷武丁時武丁欲以為相光不從遂投於梁山衍退不仕與務光辭相佯事相得故曰愈明愈猶益也集解顧炎武曰明古音謨郎反以字母求之似當作彌郎反款子高於中野兮遇伯成而定慮欽貞人之美德兮淹躊躇而弗去莊子曰伯成子高唐虞時為諸侯至禹為天子乃去而耕禹往見之曰堯理天下吾子立為諸侯堯授舜舜受予子去而耕其故何也子高曰昔堯理天下至公無私不賞而人勸不罰而人畏今子賞而不勸罰而不威德自此衰刑自此作夫子盍行無留吾事耕而不顧款誠也貞人即謂子高躊躇猶蹢躅也東觀記曰高字作喬謂仙人王子喬也義亦通集解先謙曰官本注蹢作躑記下無曰字意斟愖而不澹兮俟回風而容與求善卷之所存兮遇許由於負黍軔吾車於箕陽兮秣吾馬於潁滸聞至言而曉領兮還吾反乎故宇斟愖猶遲疑也澹定也俟待也容與猶從容也莊子曰舜以天下讓善卷善卷曰吾日出而作日入而息逍遙天地之間吾何以天下為哉遂入深山莫知所終許由字武仲堯時高士隱居箕山堯以天下讓由由不受惡聞其言遂洗耳於潁水負黍亭名在洛州陽城縣西南許由墓在其南秣謂食馬以粟字林曰滸水涯也愖音市林反或作堪字集解惠棟曰京相璠春秋地名云負黍在潁川陽城縣西南二十七里世謂之黃城覽天地之幽奧兮統萬物之維綱究陰陽之變化兮昭五德之精光自此

以下既反故宇乃欲尋覽天地究極陰陽幽奧謂深邃也維綱猶宗指也五德五行之德也施之於物則為金木水火土施之於人則為仁義禮智信也躍青龍於滄海兮豢白虎於金山鑿巖石而為室兮託高陽以養仙神雀翔於鴻崖兮玄武潛於嬰冥伏朱樓而四望兮採三秀之華英天有二十八宿成龍虎龜鳳之形在地為四靈東方為青龍西方為白虎南方為朱雀北方為龜蛇豢養也金山西方之精也神雀謂鳳也玄武謂龜蛇位在北方故曰玄身有鱗甲故曰武嬰冥猶晦昧所謂幽都也衍既反故宇欲鑿巖石為室託高明之處以養神仙又假言龍虎之疇在於四面為其威援也前書曰仙人好樓居故云伏朱樓而四望也楚詞曰採三秀於山閒王逸曰謂芝草也東觀記及衍集秀字作英字作靈次下云食五芝之茂英此若是芝不宜重說但不知三奇是何草也范改奇為秀恐失之矣纂前修之夸節兮曜往昔之光勳披綺季之麗服兮揚屈原之靈芬纂繼也前修猶前賢也夸大也楚詞曰謇吾法夫前修又曰紛獨有此夸節往昔光勳謂衍之先人有功烈於前代去疾子明之類也已今繼往賢之高節所以光曜也綺季四皓之一也前書曰四皓隨太子入侍鬚眉皓白衣冠甚偉楚漢春秋曰四人冠偉冠佩銀環衣服甚鮮故言麗服也楚詞曰畦留夷與揭車雜杜衡與芳芷屈原皆喻身有令德故衍欲揚其靈芬也集解先謙曰官本注偉冠作韋冠高吾冠之岌岌兮長吾佩之洋洋飲六

醴之清液兮食五芝之茂英岌岌高貌洋洋美也楚詞曰高余冠之岌岌長吾佩之陸離王逸注云傷己懷德不用故高冠長佩尊其威儀整斯服飾以異於眾也六醴蓋六氣也楚詞曰餐六氣而飲沆瀣茅君內傳曰句曲山上有神芝五種一曰龍仙芝似交龍之相負服之爲太極仙卿第二名參成芝赤色有光其枝葉如金石之音折而續之即復如故服之爲太極大夫第三名燕胎芝其色紫形如葵葉上有燕象光明洞徹服一株拜爲太清龍虎仙君第四名夜光芝其色青其實正白如李夜視其實如月光照洞一室服一株爲太清仙官第五名曰玉芝剖食拜三官正眞御史集解先謙曰官本注正眞作正員揵六枳而爲籬兮築蕙若而爲室播蘭芷於中庭兮列杜衡於外術自此以下說籬宇庭除皆樹芬芳卉木喻己立身行道依仁履義猶屈原扈江蘺與薜芷紉秋蘭以爲佩之類也揵立也枳芬木也晏子曰江南爲橘江北爲枳枳之爲木芳而多刺可以爲籬此云六枳東觀記作八枳案周書呂刑篇曰嗚呼汝何敬非時何擇非德德枳維大人大人枳維公公枳維卿卿枳維大夫大夫枳維士登登皇皇維在國枳維都都枳維邑邑枳維家家枳維欲無疆言上下相維遞爲藩蔽也其數有八與東觀記同此爲六蕙香草也杜杜若也蘭即澤蘭也芷白芷也一名苻蘺一名葯杜衡其狀若葵其臭如蘼蕪術路也集解劉攽曰案注文方總其賦自當列敘其文云自此以下說籬室庭術後人不曉誤作宇除非先謙曰官本蘺並作籬注蘺宇作籬室呂刑作小開是苻作符維在則作口維國王會汾云登登皇皇口維國監本作登登皇維在國案此汲

冢周書原文也汲冢書於字闕處皆作口妄意增改益令讀者不知所謂今正之攢射干雜蘼蕪兮構木蘭與新夷光扈扈而煬燿兮紛郁郁而暢美華芳嗟其發越兮時恍惚而莫貴非惜身之埳軻兮憐眾美之憔悴攢聚也射干烏翼也蘼蕪似蛇牀而香其根即芎藭也木蘭樹也香味俱似桂而皮薄新夷亦樹也其花甚香扈扈光彩盛也暢通也郁郁香氣也嗟盛也發越氣傍射也司馬相如曰煌煌扈扈照曜巨野又曰郁郁菲菲眾香發越恍惚猶輕忽也楚詞曰然埳軻而留滯王逸曰埳軻不遇也衍被擯斥沈淪猶草木之漏鬱芬芳遇風霜而零落也夷音恊韻異美音恊韻媚游精神於大宅兮抗玄妙之常操處清靜以養志兮實吾心之所樂大宅謂天地抗舉也老子曰玄之又玄眾妙之門樂音五孝反集解惠棟曰枚乘七發云陽氣見于眉宇之間幾滿大宅淮南子云大丈夫乘雲凌霄與造化者俱縱志舒節以馳大區高誘云區宅也大宅謂天也山峩峩而造天兮林冥冥而暢茂鸞回翔索其羣兮鹿哀鳴而求其友此言所居之處山林飛走之狀也索求也詩曰求其友聲也誦古今目散思兮覽聖賢以自鎮嘉孔丘之知命兮大老聃之貴玄德與道其孰寶兮名與身其孰親陂山谷而閒處兮守寂寞而存神鎮重也古之聖

賢多固窮以守道故覽之以自鎮也孔子曰五十而知天命又曰不知命無以爲君子玄者幽寂之謂也老子曰萬物莫不尊道而貴德又曰道者萬物之奧也善人之所寶又曰名與身孰親陂謂傍其邊側也陂音巨義反史記曰陂山通道是也道以寂寞爲主神不外營故常存也鎮協韻竹人反閒音閑集解劉攽曰注陂巨義反切不得巨當作兵夫莊周之釣魚兮辭卿相之顯位於陵子之灌園兮似至人之髣髴蓋隱約而得道兮羌窮悟而入術離塵垢之窈冥兮配喬松之妙節莊子曰莊子釣於濮水楚王使大夫二人往見焉曰願以境內累也莊子持竿不顧曰吾聞楚有神龜死已三千歲矣王以巾笥而藏之廟堂之上爲此龜者寧死留骨而貴乎寧其生而曳尾塗中乎使者曰寧生曳尾塗中莊子曰往矣吾將曳尾於塗中列女傳曰於陵子終賢楚王欲以爲相使使者往迎之子終出謝使者遂與妻俱逃而爲人灌園孟子曰客居於陵故曰於陵子也至人守眞養志言髣髴似之也二子雖病一時而聲流萬古蓋隱居因約而反得道之精窮棲悟理入賢人之術離塵垢之窈冥也超然高邁配松喬之妙節也集解先謙曰官本注筒作笥是惟吾志之所庶兮固與俗其不同既俶儻而高引兮願觀其從容庶幾守道與俗不同俶儻猶卓異也凡言觀者非在己之言從容猶在後也衍雖擯斥當年身窮志沮而令聞期於不朽聲芳縣諸日月故曰願觀其從容

顯宗即位又多短衍以文過其實遂廢於家衍娶北地女任氏爲妻悍忌不得畜媵妾悍急也集解惠棟曰衍集云敬通有一婢任酷妒之擊婢無所不至敬通乃棄遣之因與婦弟書云先謙曰東觀記作北地任氏女是也此誤倒兒女常自操井臼老竟逐之遂埳壈於時衍集載衍與婦弟任武達書曰天地之性人有喜怒夫婦之道義有離合先聖之禮士有妻妾雖宗之眇微尙欲逾制年衰歲暮恨入黃泉遭遇嫉妒家道崩壞五子之母足尙在門五年已來日盛歲劇以白爲黑以非爲是造作端末妄生首尾無罪無辜讒口嗷嗷亂匪降天生自婦人青蠅之心不重破國嫉妒之情不憚喪身牝雞之晨維家之索古之大患今始於衍醉飽過差輒爲桀紂房中調戲布散海外張目抵掌以有爲無痛徹蒼天毒流五臟愁令人不賴生忿令人不顧禍入門著牀繼嗣不育紡績織紝子無一女工家貧無僮賤爲匹夫故舊見之莫不悽愴曾無憫惜之恩惟一婢武達所見頭無鈫澤面無脂粉形骸不蔽手足抱土不原其窮不揆其情跳梁大叫呼若入冥販糖之妾不忍其態計婦當去久矣念兒曹小家無宅使哀憐姜豹常爲奴婢惻惻焦心事事腐腸諷諷藉籍不可聽聞暴虐此婢不死如髮半年之間膿血橫流婢病之後姜竟舂炊豹又觸冒泥塗心爲愴然縑縠放散冬衣不補端坐化亂一縷不貫既無婦道又無母儀忿見侵犯恨見狠藉依倚鄭令如居天上持質相劫詞語百車劍戟在門何暇有讓百弩環舍何可彊復舉宗達人解說詞如循環口如布轂懸幡竟天擊鼓動地心不爲惡身不爲摇宜詳居錯且自爲計無以上書告訴相恐狗吠不驚自信其情不去此婦則家不寧不去此婦則家不淸不去

此婦則福不生不去此婦則事不成自恨以華盛時不早自定至於垂白家貧身賤之日養癰長疽自生禍殃衍以室家紛然之故捐棄衣冠側身山野絕交游之路杜仕宦之門闔門不出心專耕耘以求衣食何敢有功名之路哉然有大志不戚戚於賤貧居常慷慨歎曰衍少事名賢經歷顯位懷金垂紫揭節奉使金謂印也紫謂綬也揭持也音求謁反不求苟得常有凌雲之志三公之貴千金之富不得其願不概於懷概猶屑也金或作乘集解惠棟曰概感也苦代反莊子云我獨何能無概然貧而不衰賤而不恨年雖疲曳猶庶幾名賢之風曳猶頓也修道德於幽冥之路以終身名爲後世法居貧年老卒于家所著賦誄銘說問交德誥慎情衍集有問交一篇慎情一篇集解惠棟曰文選注引之任昉文章緣起云誥漢司隸從事馮衍作書記說自序官錄說策五十篇衍集見有二十八篇集解惠棟曰經籍志衍集五卷肅宗甚重其文子豹

豹字仲文集解先謙曰官本與上連文年十二母爲父所出後母惡之嘗因豹夜寐欲行毒害豹逃走得免集解周壽昌曰東觀記云後母惡之常因豹夜臥引刀斫之豹正起中

被獲免此蓋各逐所聞書之記較本書微詳耳先謙曰記所引與晉王祥事同敬事愈謹而母疾之益深時人稱其孝衍與宣孟書曰居室之義人之大倫思厚歡和之節樂定金石之固又自傷前遣不良比有去兩婦之名事誠不得不然豈中心之所好哉觀其書意似此妻又見出之長好儒學以詩春秋教麗山下麗音力之反鄉里爲之語曰道德彬彬馮仲文論語曰文質彬彬然後君子鄭玄注彬彬雜半貌也舉孝廉拜尚書郎忠勤不懈每奏事未報常俯伏省閤或從昏至明肅宗聞而嘉之使黃門持被覆豹集解惠棟曰三輔決錄亦云天子默使人持被覆之敕令勿驚由是數加賞賜是時方平西域以豹有才謀拜爲河西副校尉和帝初數言邊事奏置戊己校尉城郭諸國復率舊職遷武威太守視事二年河西稱之復徵入爲尚書永元十四年卒於官

論曰夫貴者負埶而驕人才士負能而遺行其大略然也二子不其然乎史記曰魏太子擊逢文侯之師田子方引車下道子方不爲禮太子擊曰富貴者驕人乎貧賤者驕人乎子方曰貧賤者驕人耳夫諸侯驕人則失其國大夫驕人則失其家貧賤者行不合言不用則去之楚越若脫躧然奈何同之哉士負能而遺行也負恃也馮衍之引挑妻之譬得矣夫納妻皆知取詈己者而取士則不能何也豈非反妒情易而恕義情難光武雖得之於鮑永猶失之於馮衍自此以上皆華嶠之詞夫然後義直所以見屈於既往守節故以彌阻於來情嗚呼衍爲更始舉哀既降執義守直既行之於己光武屈而不用故言義直所以見屈于既往也則守節之人見衍被黜彌阻難於將來集解先謙曰官本無後字是

贊曰譚非讖術衍晚委質道不相謀詭時同失詭違也言二人之道不相同俱以違時咸被擯斥也體兼上才榮微下秩

馮衍傳第十八下終　後漢書二十八下

後漢書集解卷二十八下校補

馮衍傳董仲舒言道德見妒於公孫弘注膠西王素聞仲舒亦善待之據史記儒林傳仲舒下脫有行二字

見排於衞青衞原誤魏據注改官本不誤錢大昭曰南監本不誤

衍不得志退而作賦又自論曰集解何焯曰自論卽賦之序惠棟曰至皆與自論略同不當爲此賦之序何說非也今案自論篇終明云乃作賦自厲命其篇曰顯志則何說是矣惠氏引北堂書鈔及本傳注皆卽自論中語書鈔亦謂之自序賦注云卽序者則又直以爲卽賦之序而惠氏必曰不當爲此賦之序可謂好立異矣且何氏謂自論卽賦之序原未嘗謂不當名自論也古人賦成然後作序故序可別行文選列陸機豪士賦序於序類卽其例劉勰文心雕龍殿以序志別爲一篇亦卽雕龍之序也

不碌碌如玉落落如石案碌碌落落老子原作琭琭珞珞釋文珞音洛又音歷注玉貌碌碌案貌官本並作形

不利雞豚之息注禮記曰畜馬千乘不察於雞豚千官本作十今案禮記文本作畜馬乘乘固四馬也千乃涉下乘字誤衍十又改訂之誤

孝子入舊室而哀歎注反而亡焉失之哀於是爲甚案今禮記注疏本哀作矣屬上失之爲句似誤

懇名賢之高風注懇陵也集解先謙曰官本懇並作邈是謹案注訓懇爲陵則作邈爲是說文懇美也似作懇原自可通且下文高陽懇其超遠兮章懷不另出注官本亦同作懇則此節文注之作邈恐亦改訂之誤

心愊憶而紛紜注愊憶猶鬱結也錢大昭曰愊憶與愊億同前書陳湯傳策慮愊億顔注愊億憤怒之貌

終悇憛而洞疑錢大昭曰說文悆憛也知悇憛古作悆憛注楚辭云心悇憛而懷惑官本惑作感案楚辭七諫本作心悇憛而煩冤王注冤一作怨懷惑懷感蓋均煩怨之譌史記曰虛愓洞疑案史記蘇秦傳作恫疑虛喝索隱云喝亦作猲高誘云虛猲喘息懼貌也此引作愓洞恐非

至湯武而勃興注后稷十六葉號周武王號官本作孫是

享呂望於酆州州官本作洲與注合今案說文州下云水中可居曰州並引詩云在河之州別無从水之洲今毛詩作在河之洲爾雅釋水作水中可居曰洲皆非正字周書王會解白州比閭注仍作水中可居曰州又山海經海外北經范林州環其下淮南墬形訓宵明燭光在河州注皆云州水中可居者至釋名釋水亦仍作州故徐鉉校定說文已云今別作洲非是可知注文作洲則誤傳文作州不誤也

執趙武於湨梁注湨音古覓反案原注連上湨梁出音無音上湨字依錢校增官本有

娭子反於彭城兮注春秋經書宋楚平宋楚平官本作宋人及楚人平取與經合

欽眞人之美德兮官本美德作德美

採三秀之華英注炇下云食五芝之茂英炇當爲按之譌

揵六枳而爲蘺兮注登登皇皇維在國枳維都維在官本作□維國王會汾考證謂監本原作登登皇維在國據周書原文改正是監本視汲古本維上更脫一皇字在下別多一國字今攷朱右曾所校釋之足本周書則作登登皇皇君枳維國國枳維都並不闕字乃知維在固當作維國而維國之上尚脫君枳二字王氏僅於維國上作一□所見仍非足本抑亦考證未詳其數爲八與東觀記同此爲六案據所引周書文於六枳八枳均有未合今詳周書此節上文云汝謀斯何嚮非翼維有共枳則是六八皆共之譌

吕詩春秋教麗山下錢大昭曰麗山卽驪山也在京兆新豐縣

申屠剛鮑永郅惲列傳第十九　後漢書二十九

宋　宣　城　太　守　范　曄　撰

唐　章　懷　太　子　賢　注

王先謙集解

申屠剛字巨卿扶風茂陵人也七世祖嘉文帝時爲丞相剛質性方直常慕史鰌汲黯之爲人史記曰史鰌字子魚衞大夫也論語孔子曰直哉史魚邦有道如矢邦無道如矢前書汲黯字長孺武帝時爲主爵都尉好直諫時人謂之汲直集解惠棟曰東觀記涉獵書記果于行義仕郡功曹平帝時王莽專政朝多猜忌遂隔絕帝外家馮衞二族不得交官剛常疾之馮謂馮昭儀平帝祖母也衞謂衞姬平帝母也號中山太后王莽專政馮衞二族皆不得至京師交通仕宦見前書及舉賢良方正因對策曰臣聞王事失則神祇怨怒姦邪亂正故陰陽謬錯此天所以譴告王者欲令失道之君曠然覺悟懷邪之臣懼然自刻者也懼驚也音紀住反刻猶責也今朝廷不考功校德而虛

納毀譽數下詔書張設重法抑斷誹謗禁割論議罪之重者乃至腰斬傷忠臣之情挫直士之銳殆乖建進善之旌縣敢諫之鼓旌旛也淮南子曰禹縣鍾鼓磬鐸置鞀以待四方之士爲幡曰敎導寡人以道者擊鼓喻以義者擊鍾告以事者振鐸語以憂者擊磬有獄訟者搖鞀帝王紀曰堯置敢諫之鼓集解惠棟曰逸禮保傅篇云立進善之旌縣誹謗之木建招諫之鼓鄧析子轉辭篇云堯置敢諫之鼓舜立誹謗之木湯有司直之人武有戒愼之銘闢四門之路明四目之義也孔安國注尚書曰開闢四方之門未開者謂廣致衆賢也明四目謂廣視於四方使下無壅塞也臣聞成王幼少周公攝政聽言下賢均權布寵無舊無新唯仁是親尚書大傳曰武王入殷周公曰各安其宅各田其田無故無新唯仁之親動順天地舉措不失然近則召公不悅遠則四國流言尚書曰周公爲師相成王爲左右召公不悅言周公既還政成王宜其自退今復爲相故不悅也四國謂管蔡商奄也成王幼小周公攝政四國流言曰公將不利於孺子集解劉攽曰注云周公爲師相成王爲左右案文少召公爲保四字夫子母之性天道至親今聖主幼小始免繦緥免離也平帝卽位時年九歲故云始免繦緥前書音義曰繈落也緥被也緥或作褓也集解先謙曰官本小作少卽位以來至親分離外戚杜隔恩不得通且漢家之制雖任英賢猶援姻戚親疏相錯杜塞間隙誠所以安宗廟重社稷也今馮衞無罪久廢不錄或處窮僻不若民庶誠非慈愛忠孝承上之意夫爲人後者自有正義至尊至卑其埶不嫌是以人無賢愚莫不怨集解先謙曰官本不下有爲字姦臣賊子以之爲便不諱之變誠難其慮今之保傅非古之周公周公至聖猶尙有累何況事失其衷不合天心者哉昔周公先遣伯禽守封於魯以義割恩寵不加後伯禽周公旦之子也周公相成王先封伯禽於魯令就國守封後謂伯禽也周公身既尊寵不令伯禽復加榮貴以自抑損也東觀記曰昔周公豫防禍首先遣伯禽守封於魯離斷至親以義割恩使己尊寵不加其後故配天郊祀三十餘世自伯禽至頃公爲楚考烈王所滅凡三十四公魯以周公大聖之後故郊祀配天一如天子之禮霍光秉政輔翼少主修善進士名爲忠直而尊其宗黨摧抑外戚昭帝時霍光輔政其子禹及兄孫雲山等皆中郎將奉車都尉昆弟諸壻皆奉朝請給事中唯昭帝外家趙氏無一在位者集解先謙曰官本尊下有崇字結貴據權至堅至固終沒之後受禍滅門霍光

薨後其子禹宣帝時爲大司馬謀反發覺禹腰斬母顯及諸女昆弟皆棄市方今師傅皆以伊周之位據賢保之任以此思化則功何不至不思其危則禍何不到損益之際孔父攸歎說苑曰孔子讀易至損益則喟然而歎子夏問曰夫子何爲歎孔子曰夫自損者益自益者缺吾是以歎之矣持滿之戒老氏所愼老子曰持而盈之不如其巳止也言執滿必傾不如止也蓋功冠天下者不安威震人主者不全今承衰亂之後繼重敝之世公家屈竭賦斂重數苛吏奪其時貪夫侵其財百姓困乏疾疫夭命盜賊羣輩且以萬數軍行衆止竊號自立興軍而行擁衆而止無畏憚於危亡也攻犯京師燔燒縣邑謂平帝始元三年陽陵人任橫等自稱將軍盜武庫兵攻宮寺出囚徒也至乃訛言積弩入宮宿衞驚懼自漢興以來誠未有也國家微弱姦謀不禁六極之效危於累卵尚書大傳曰貌之不恭厥極惡言之不從厥極憂視之不明厥極疾聽之不聰厥極貧心之不容厥極凶短折皇極不建厥極弱也王者承天順地典爵主刑不敢以天官私其宗不敢以天罰輕其親陛下宜遂聖明之德昭然覺悟遠述帝王之

迹近尊孝文之業文帝卽位使將軍薄昭迎薄太后於代剛欲使平帝迎中山太后至京師者也集解先謙曰官本注無者字差五品之屬納至親之序五品五常之敎也尚書舜命契曰汝作司徒敬敷五敎左傳史克曰舜舉八元使布五敎於四方父義母慈兄友弟恭子孝亟遣使者徵中山太后置之別宮令時朝見又召馮衞二族裁與冗職冗散也使得執戟親奉宿衞吕防未然之符吕抑患禍之端上安社稷下全保傅內和親戚外絕邪謀書奏莽令元后下詔曰剛所言僻經妄說元后元帝后王莽之姑也違背大義其罷歸田里後莽篡位剛遂避地河西轉入巴蜀往來二十許年及隗囂據隴右欲背漢而附公孫述剛說之曰愚聞人所歸者天所與人所畔者天所去也伏念本朝謂光武也躬聖德舉義兵龔行天罰所當必摧集解惠棟曰當猶向也誠天之所福非人力也將軍本無尺土孤立一隅宜推誠奉順與朝并力上應天心下醻人望爲國立功可吕永年今文尚書曰立功立事可以永年也嫌疑之事聖人所絕吕將軍之

威重遠在千里動作舉措可不愼與今璽書數到委國歸信欲與將軍共同吉凶布衣相與尙有沒身不負然諾之信況於萬乘者哉烈士傳曰羊角哀左伯桃二人爲死友欲仕於楚道阻遇雨雪不得行飢寒自度不俱生伯桃謂角哀曰俱死之後骸骨莫收內手捫心知不如子生恐無益而棄子之能我樂在樹中角哀聽之伯桃入樹中而死楚平王愛角哀之賢以上卿禮葬伯桃角哀夢伯桃曰蒙子之恩而獲厚葬正苦荊將軍冢相近今月十五日當大戰以決勝負角哀至期日陳兵馬詣其冢作三桐人自殺下而從之此殁身不負然諾之信也今何畏何利久疑如是卒有非常之變上負忠孝下愧當世言從漢何畏附蜀何利而久疑不決夫未至豫言固常爲虛及其已至又無所及是吕忠言至諫希得爲用誠願反覆愚老之言集解王補曰剛明天人之理與鄧惲上書王莽相似是時班彪著王命論馬援與楊廣書欲以譬曉隗囂然皆遜此至誠囂不納遂畔從述建武七年詔書徵剛集解通鑑考異案七年囂已臣公孫述必不用詔書當在六年將歸與囂書曰愚聞專己者孤拒諫者塞孤塞之政亡國之風也雖有明聖之姿猶屈己從眾故慮無遺策舉無過事夫聖人不吕獨見爲明而吕萬物爲心順人者昌逆人者亡此古今之所共也將軍吕布衣爲鄉里所推廊廟之計既不豫定廊殿下屋也廟太廟也國事必先謀於廊廟之所也動軍發眾又不深料今東方政敎日睦百姓平安而西州發兵人人懷憂騷動惶懼莫敢正言羣眾疑惑人懷顧望非徒無精銳之心其患無所不至夫物窮則變生事急則計易其埶然也夫離道德逆人情而能有國有家者古今未有也將軍素吕忠孝顯聞是吕士大夫不遠千里慕樂德義今苟欲決意徼幸此何如哉夫天所祐者順人所助者信易繫辭之言也如未蒙祐助令小人受塗地之禍毀壞終身之德敗亂君臣之節汙傷父子之恩不從光武是亂君臣之節也遣子恂入質而背之是傷父子之恩也眾賢破膽可不愼哉囂不納剛到拜侍御史遷尙書令集解惠棟曰東觀記蹇蹇多直言無所屈撓續漢書云剛在尙書數犯顏正色百僚憚之光武嘗欲出遊剛吕隴蜀未平不宜宴安逸豫諫不見聽遂吕頭軔乘輿輪帝

遂爲止軔謂以頭止車輪也王逸注楚詞曰軔止輪木也集解惠棟曰太元云車軔馬止不可以行馮衍賦云軔吾車于箕陽則軔爲止義也王逸音刃說文云軔礙車也從車刃聲止本作支或作搘時內外羣官多帝自選舉加吕法理嚴察職事過苦尙書近臣至迺捶撲牽曳於前集解王補曰尙書近臣至捶撲牽曳於前其明代廷杖之作俑乎羣臣莫敢正言剛每輒極諫又數言皇太子宜時就東宮簡任賢保吕成其德帝並不納吕數切諫失旨數年出爲平陰令復徵拜太中大夫吕病去官卒於家

鮑永字君長上黨屯留人也屯留今潞州縣也集解洪亮吉曰前書鮑宣傳宣旣被刑遷徙之上黨遂家于長子此云屯留或永後復從長子徙耳父宣哀帝時任司隸校尉爲王莽所殺莽輔政誅不附己者故殺宣集解惠棟曰潛夫論云齊有鮑叔世爲卿大夫晉有鮑癸漢有鮑宣累世忠直魏文帝列異傳云故司隸校尉上黨鮑子都少時舉上計掾于道中遇一書生獨行無伴卒得心痛子都下車爲掩摩奄忽而亡不知姓氏有素書一卷銀十餅卽賣一餅以資殯殮餘銀及素書著腹上埋之謂曰若子魂靈有知當令子家知子在此今使命不獲久留遂辭而去京師有驄馬隨之人莫能得近唯子都得近子都歸行失道遇一關內侯家日暮往宿見主人呼奴通刺奴出見馬入白侯曰外客盜騎昔所失

驗馬侯曰鮑子都上黨高士必應有語問曰若此乃吾昔年無故失之君何以致此馬子都曰昔上計遇一書生卒死道中具述其事侯乃驚愕曰此吾兒也侯迎喪開槨視銀書如言侯乃舉家詣闕上薦子都聲名遂顯辟公府侍御史豫州牧司隸校尉至子永孫昱並爲司隸其在公皆復乘驄馬故京師歌之曰鮑氏驄三入司隸再入公馬雖疲行步工案宣本勃海高城人後爲司隸被刑乃從之上黨遂家長子今宣始爲上計掾而云上黨高士者非實錄也永少有志操習歐陽尚書歐陽生字和伯千乘人受尚書於伏生見前書事後母至孝集解惠棟曰宣妻桓氏女見列女傳妻嘗於母前叱狗而永卽去之去音丘呂反初爲郡功曹莽以宣不附己欲滅其子孫都尉路平集解惠棟曰風俗通云漢有上黨都尉露平露當作路承望風旨規欲害永太守苟諫擁護集解惠棟曰孫愐云苟姓出河內河南西河三望國語云本自黃帝之子漢有苟參古厚切召以爲吏常置府中永因數爲諫陳興復漢室翦滅篡逆之策諫每戒永曰君長幾事不密禍倚人門永感其言及諫卒自送喪歸扶風路平遂收永弟升太守趙興到聞迺歎曰我受漢茅土王者封五色土爲社封諸侯則各割其方面土與之燾以黃土苴以白茅使歸立社也不能立節而鮑宣死之豈可害

其子也敕縣出升復署永功曹時有矯稱侍中止傳舍者集解惠棟曰風俗通云諸侯及使者有傳信乃得舍于傳耳今刺史行部車號傳車從事督郵興欲謁之永疑其詐諫不聽而出興遂駕往永迺拔佩刀截馬當匈迺止當匈以韋爲之也集解惠棟曰袁宏紀永當州門拔佩刀截鞅興爲還車後數日莽詔書果下捕矯稱者永由是知名舉秀才不應更始二年徵再遷尚書僕射行大將軍事持節將兵安集河東并州朔部得自置偏裨集解先謙曰東觀記云得置偏裨將五人輒行軍法永至河東因擊靑犢大破之更始封爲中陽侯中陽縣屬西河郡今汾州孝義縣也集解先謙曰在今汾州府寧鄉縣西永雖爲將率而車服敝素爲道路所識東觀記曰永好文德雖行將軍常衣皁襜褕路稱鮑尚書兵馬俗本或有爲上加不者誤也時赤眉害更始三輔道絕光武卽位遣諫議大夫儲大伯風俗通曰儲姓齊大夫儲子之後也持節徵永詣行在所永疑不從迺收繫大伯東觀記曰封大伯所持節於晉陽傳合壁中遣信人馳至長安也集解劉攽曰注文傳合案文傳合當作舍遣使馳至長安既知更始已亡迺發喪出大伯等

封上將軍列侯印綬悉罷兵但幅巾與諸將及同心客百餘人詣河內幅巾謂不著冠但幅巾束首也帝見永問曰卿衆所在永離席叩頭曰臣事更始不能令全誠慙以其衆幸富貴故悉罷之也幸希帝曰卿言大而意不悅集解通鑑胡注帝雖謂永言大而以其降晚意懷不悅也時攻懷未拔帝謂永曰我攻懷三日而兵不下關東畏服卿可且將故人自往城下譬之卽拜永諫議大夫至懷迺說更始河內太守於是開城而降集解通鑑考異案光武未都洛陽以前屢幸懷又祠高祖於懷宮並無更始河內太守據懷事本紀亦無攻懷一節帝大喜東觀記曰永說下懷上大喜與永對食集解惠棟曰東觀記永至懷謂太守曰足下所以堅不下者未知孰是也今聖主卽位天下已定不降何待耶賜永洛陽商里宅東觀記曰賜洛陽上商里宅陸機洛陽記曰上商里在洛陽東北本殷頑人所居故曰上商里宅也固辭不受時董憲裨將屯兵於魯侵害百姓迺拜永爲魯郡太守永到擊討大破之降者數千人唯別帥彭豐虞休皮常等集解惠棟曰孫愐云皮姓出下邳各千餘人稱將軍不肯下頸之孔子闕里無故荊

棘自除闕里解見明帝紀從講堂至於里門永異之集解惠棟曰連叢子云鮑府君謂孔子建曰爲之柰何對曰庠序之儀廢來久矣今誠修之民必觀焉且憲豐爲盜或聚或散非有堅固部曲也若行饗射之禮內爲禽之之備外示以簡易憲等無何依衆觀化可因而縛也府君從之用格憲等謂府丞及魯令曰方今危急而闕里自開斯豈夫子欲令太守行禮助吾誅無道邪迺會人衆修鄉射之禮請豐等共會觀視欲因此禽之豐等亦欲圖永迺持牛酒勞饗而潛挾兵器永覺之手格殺豐等禽破黨與帝嘉其略封爲關內侯遷揚州牧時南土尚多寇暴永以吏人痍傷之後迺緩其銜轡銜轡喻法律以控御人也說苑曰理國譬若張琴大絃急則小絃絕矣故急於其銜轡者非千里之馭也示誅彊橫而鎭撫其餘百姓安之會遭母憂去官悉以財產與孤弟子建武十一年徵爲司隸校尉帝叔父趙王良尊戚貴重永以事劾良大不敬東觀記曰時良從送中郎將來歙喪還入夏城門中與五官將軍相逢道迫良怒召門候岑尊叩頭馬前永劾奏良曰今月二十七日車駕臨故中郎將來歙喪還車駕過須臾趙王良從後到與右中郎將張邯相逢城門中道迫狹叱邯

旋車又召候岑尊詰責使前走數十步按良諸侯藩臣蒙恩入侍知尊帝城門候吏六百石而肆意加怒令叩頭都道奔走馬頭前
無藩臣之禮大不敬也〔集解〕劉攽曰注五官將軍案五官無將軍之稱蓋軍字本是車字先謙曰袁宏紀尊作遵誤　由是朝
廷肅然莫不戒愼迺辟扶風鮑恢爲都官從事恢亦抗直不避彊
禦帝常曰貴戚且宜斂手以避二鮑〔集解〕周壽昌曰東觀記作詔策曰貴戚云云御覽三百七
十引作京師語曰貴戚斂手避二鮑案此作帝語爲是此不得有詔策亦非京師語也　其見憚如此〔集解〕惠棟曰續
漢書云永性矜嚴公正百僚忌難每朝各加戒愼也　永行縣到霸陵路經更始墓引車入陌
墓在今萬年縣東北南北爲阡東西爲陌　從事諫止之永曰親北面事人寧有過墓不
拜雖以獲罪司隸所不避也遂下拜哭盡哀而去西至扶風椎牛
上苟諫冢帝聞之意不平問公卿曰奉使如此何如太中大夫張
湛對曰〔集解〕先謙曰據湛傳當是光祿大夫太中二字誤拜太中大夫已在稱疾不朝之後也　仁者行之宗
忠者義之主也〔集解〕惠棟曰東觀記仁者百行之宗忠者禮義之主　仁不遺舊忠不忘君行
之高者也帝意迺釋後大司徒韓歆坐事建武十五年歆坐直言免也　永固請

之不得以此忤帝意出爲東海相坐度田事不實被徵諸郡守多
下獄永至成皋詔書迎拜爲兗州牧便道之官東觀記曰詔書迎下永曰君晨夜目
犯霜露精神亦已勞矣以君帷幄近臣其以永爲兗州牧也〔集解〕惠棟曰漢律云吏二千石以上告歸歸寧不過在所者便道之官
無問永未至行在令便道之官者優之也　視事三年病卒子昱
論曰鮑永守義於故主斯可以事新主矣恥以其衆受寵斯可以
受大寵矣若迺言之者雖誠而聞之未譬譬猶曉也　豈苟進之悅易以
情納持正之忤難以理求乎言詔曲則易入剛直則難進也　誠能釋利以循道居
方以從義方直也　君子之槩也
昱字文泉〔集解〕惠棟曰東觀記作淵先謙曰避唐高祖諱改書鈔六十一續漢書云字守文　少傳父學客
授於東平建武初太行山中有劇賊太守戴涉〔集解〕先謙曰戴涉後爲大司徒坐事
下獄死見竇融傳霸等傳　聞昱鮑永子有智略迺就謁請署守高都長高都縣屬上黨
郡故城在今澤州也〔集解〕先謙曰今澤州府鳳臺縣治　昱應之遂討擊羣賊誅其渠帥道路

開通由是知名後爲沘陽長政化仁愛境內清淨東觀記曰沘陽人趙堅殺人繫
獄其父母詣昱自言年七十餘唯有一子適新娶今繫獄當死長無種類涕泣求哀昱憐其言令將妻入獄解械止宿遂任身有子
〔集解〕錢大昕曰沘當作比注同郎南陽之沘陽也竇皇后傳母沘陽公主亦誤　荊州刺史表上之再遷中
元元年拜司隸校尉詔昱詣尚書使封胡降檄檄軍書也若今之露布也　光武
遣小黃門〔集解〕惠棟曰袁宏紀小黃門宗廣　問昱有所怪不對曰臣聞故事通官
文書不著姓又當司徒露布漢官儀曰羣臣上書公卿校尉諸將不言姓凡制書皆璽封尚書令重封
唯赦贖令司徒印露布州郡也〔集解〕惠棟曰注言赦令贖令司徒印封也　怪使司隸下書而著姓也帝
報曰吾固欲令天下知忠臣之子復爲司隸也昱在職奉法守正
有父風〔集解〕何焯曰謂昱父永繼父宣爲司隸復居宣位也　永平五年坐救火遲免後拜汝
南太守郡多陂池歲歲決壞年費常三千餘萬昱迺上作方梁石
洫洫渠也以石爲之猶今之水門也　水常饒足溉田倍多人以殷富十七年代王
敏爲司徒〔集解〕王補曰昱爲司徒疏救耿恭關寵見耿恭傳　賜錢帛什器帷帳除子得爲

郎〔集解〕劉攽曰案後皆作德字義無兩子名得德者知此字誤惠棟曰袁宏紀得作德郎作黃門侍郎餘詳下　建初元
年大旱穀貴肅宗召昱問曰旱既太甚將何以消復災眚〔集解〕通鑑胡注
消復者消去災異而復其常　對曰臣聞聖人理國三年有成論語孔子曰如有用我者朞月而已
可也三年乃有成功　今陛下始踐天位刑政未著如失得〔集解〕先謙曰官本下如作有是
何能致異但臣前在汝南典理楚事永平十三年楚王英謀反連坐者在汝南昱時主劾之也
繫者千餘人恐未能盡當其罪先帝詔言大獄一起冤者過半又
諸徙者骨肉離分孤魂不祀〔集解〕王補曰袁紀此下有骸骨流離死生被毒　一人呼嗟王
政爲虧宜一切還諸徙家屬蠲除禁錮興滅繼絕死生獲所如此
和氣可致帝納其言東觀記曰時司徒例訟久者至數十年比例輕重非其事類錯雜難知昱奏定辭訟七卷
決事都目八卷以齊同法令息遏人訟也〔集解〕惠棟曰袁宏紀上郎詔坐淮陽事者令歸本郡注辭訟七卷者陳寵傳寵爲昱撰辭
訟比七卷決事科條皆以事類相從昱奏上之其後公府奉以爲法決事都目八卷者晉書刑法志云司徒鮑公撰嫁娶辭訟爲法
比都目鄭衆周禮注云八成者行事有八篇若今決事比先謙曰官本注徙下例作辭東觀記作例　四年代牟融爲

太尉六年薨年七十餘子德集解惠棟曰上云徐子得爲郎法雄傳作得此又作德張衡集云南陽太守鮑得則得即德故諸傳或作得或作德也修志節有名稱累官爲南陽太守時歲多荒災唯南陽豐穰吏人愛悅號爲神父時郡學久廢德迺修起橫舍橫學也字又作黌集解惠棟曰張衡南陽文學儒林贊曰南陽太守上黨鮑得愍文學之弛廢懷儒林之陵遲乃命匠修而新之崇肅肅之儀揚濟濟之化備俎豆黼冕行禮奏樂又尊饗國老宴會諸儒百姓觀者莫不勸服集解惠棟曰崔瑗南陽文學頌云昔聖人制禮樂也將以統天理物經國序民立均出度因其可利而利之俾不失其性也故觀禮則體敬聽樂則心和然後知反其性而正其身焉取律于天以和聲採言于聖以成謀以和邦國以諧萬民以序賓旅以悅遠人其觀威儀省禍福也出言觀聽于是乎取之頌曰民生如何導以禮樂乃修禮官奮其羽籥我國既洽我俗既敦神樂民則嘉生乃口無言不酬其得宜光先民既沒賴茲舊章我禮既經我樂既馨三事不敘莫識其形劉覢云崔瑗文學蔡邕樊渠竝致美于序而簡約乎篇在職九年徵拜大司農卒於官集解惠棟曰德徵拜大司農卒於南陽見崔瑗集王補曰竇憲衛陳寵乃白太后令典喪事欲因過中之德爲說憲弟夏陽侯瓌得解見寵傳子昻集解惠棟曰孝子傳云昻德少子字叔雅有孝義節行初德被病數年昻俯伏左右衣不緩帶及處喪毀瘠三年抱負迺行服闋遂潛於墓次不關時務舉孝廉辟公府連徵不至集解先謙曰文選盧諶贈劉琨詩注引謝承書云節士鮑昻有鴻漸浮雲之志卒於家

後漢書二十九　九

郅惲字君章汝南西平人也潛夫論曰周先姑氏封於燕河東有郅都汝南有郅君章音與古姑同而其字異然前書音義郅音之日反年十二失母居喪過禮及長理韓詩嚴氏春秋韓韓嬰也作詩內外傳嚴嚴彭祖也受公羊於眭孟專門教授見儒林傳明天文厤數王莽時寇賊羣發惲迺仰占玄象歎謂友人曰方今鎮歲熒惑竝在漢分翼軫之域爾雅曰中央鎮星東方歲星南方熒惑翼軫者南方鶉尾之宿楚之分野演孔圖曰卯金刀名爲劉中國東南出荊州故爲漢分也去而復來漢必再受命福歸有德如有順天發策者必成大功時左隊大夫逯竝素好士王莽以潁川爲左隊郡守爲大夫逯姓竝名風俗通曰逯秦邑也其大夫氏焉逯音錄集解惠棟曰前書有著武將軍逯竝後封同風侯爲大司馬翟義傳云將作大匠蒙鄉侯逯竝爲橫壄將軍風俗通云逯秦邑廣雅云鹿錄二音惲說之曰當今上天垂象智者以昌愚者以亡昔伊尹自鬻輔商立功全人鬻自衒賣也史記曰伊尹欲干湯而無因乃爲有莘氏媵臣負鼎俎以滋味說湯乃任以國政也惲竊不遜敢希伊尹之蹤應天人之變明府儻不疑逆俾成天德竝奇之使署爲吏惲不諂曰昔文王拔呂尙於渭濱高宗禮傅說於巖築桓公取管仲於射鉤故能立弘烈就元勳未聞師相仲父而可爲吏位也師呂望也相傅說也仲父管仲也非闚天者不可與圖遠君不授驥以重任驥亦俛首裹足而去耳惲以驥自喻因自稱驥史記曰吳兵入郢申包胥走秦求救晝夜馳驅足腫蹠盩裂裳裹足鵠立秦庭盩音戾遂不受署西至長安迺上書王莽曰臣聞天地重其人惜其物故運機衡垂日月機衡北斗也含元包一甄陶品類前書志曰太極元氣含三爲一謂三才未分包而爲一甄也者陶人旋轉之輪也言天地造化品物如陶匠之成眾品者也集解劉攽曰注包而爲一甄也者案文也字當在甄上顯表紀世圖錄豫設表明也紀年也言天豫設圖錄之書顯明帝王之年代也集解惠棟曰即錄圖也始于秦末見呂氏春秋漢歷久長孔爲赤制言孔丘作緯著歷運之期爲漢家之制漢火德尙赤故云爲赤制即春秋感精符云墨孔生爲赤制是也集解惠棟曰後漢魯相晨孔子廟碑

後漢書二十九　十

云孔子乾坤所挺西狩獲麟爲漢制作故孝經援神契云元邪制命帝卯行又尙書考靈曜云卯生倉際觸期稽度爲赤制公羊疏云春秋說云伏羲作八卦邪合而演其文績而出其神作春秋以改亂制又云邪覽史記援引古圖推集天變爲漢帝制法陳敘圖籙又云邪水精治法爲赤制功又云黑龍生爲赤必告示象使知命又云經十有四年春西狩獲麟赤受倉失權周滅火起薪采得麟以此數文言之春秋爲漢制明矣不使愚惑殘人亂時智者順以成德愚者逆以取害神器有命不可虛獲上天垂戒欲悟陛下令就臣位轉禍爲福上天垂戒謂鎮歲熒惑竝在漢分也劉氏享天永命陛下順節盛衰享受也永長也漢家受天長命運祚未絕勸莽當順其時之盛衰衰則取之盛則還也取之以天還之以天可謂知命矣集解王補曰王厚齋曰郅惲上書王莽云取之以天還之以天莽猶能赦之此祖伊之得全於殷紂之世也若不早圖是不免於竊位也竊盜也孔子曰臧文仲其竊位者歟且堯舜不以天顯自與故禪天下堯舜盛德天之所顯猶不自與以位禪人言堯之禪舜舜禪於禹也陛下何貪非天顯以自累也天爲陛下嚴父臣爲陛下孝子父教不可廢子諫不可拒惟陛下留神莽大怒即收繫詔獄劾以大逆猶以惲據經讖難即害之

使黃門近臣脅惲令自告狂病恍惚不覺所言惲遂瞋目詈曰所
陳皆天文聖意非狂人所能造遂繫須冬會赦得出遂與同郡鄭
敬南遁蒼梧遁隱也蒼梧山名也山海經曰南方蒼梧之丘蒼梧之川其中有九疑山焉舜之所葬也在今永州唐興
縣東南建武三年又至廬江因遇積弩將軍傅俊東徇揚州俊素聞
惲名遂禮請之上為將兵長史授以軍政惲遂誓眾曰無掩人不
備窮人屈尼集解先謙曰官本屈作於不得斷人支體裸人形骸放淫婦女俊
軍士猶發冢陳尸掠奪百姓惲諫俊曰昔文王不忍露白骨解見順帝
紀武王不以天下易一人之命呂氏春秋曰武王伐紂至鮪水紂使膠鬲候周問武王曰何日至武
王曰將以甲子日至膠鬲行天大雨日夜不休武王疾行不輟軍吏諫之武王曰吾疾行以救膠鬲之死也故能獲天
地之應剋商如林之旅天地之應謂夜雨止畢陳白魚入舟之類剋勝也商殷號也旅眾也如林言眾多尚
書曰武王伐紂率其旅若林會于牧野集解劉攽曰注武王伐紂率其旅若林案文伐字下少一殷字將軍如何不
師法文王而犯逆天地之禁多傷人害物虐及枯尸取罪神明今

不謝天攺政無以全命願將軍親率士卒收傷葬死哭所殘暴以
明非將軍本意也從之百姓悅服所向皆下七年俊還京師而上
論之上音時掌反惲恥以軍功取位遂辭歸鄉里縣令卑身崇禮請以
為門下掾惲友人董子張者父先為鄉人所害東觀記曰子張父及叔父為鄉里盛
氏一時所害也及子張病將終惲往候之子張垂歿視惲歔欷不能言惲
曰吾知子不悲天命而痛讎不復也子在吾憂而不手子亡吾手
而不憂也言子在吾憂子仇未能報而不須手自揮鋒子若亡吾直為子手刃仇人更不須心懷憂也集解惠棟曰袁宏
紀載惲語曰吾知子不悲天命長短而痛心二父讎不復也二父謂父及叔父蘇輿曰手謂手殺之宋書薛安都傳小子無宜適鄉
往與手甚快通鑑宇文化及揚言曰何用持此物出丞還與手與此手字義並同子張但目擊而已目擊謂熟
視之也莊子曰目擊而道存也惲即起將客遮仇人取其頭以示子張子張見而
氣絕惲因而詣縣以狀自首令應之遲縣令不欲其自首詣獄故應對之緩也惲曰
為友報讎吏之私也奉法不阿君之義也虧君以生非臣節也趨
出就獄令跣而追惲不及遂自至獄令拔刀自向以要惲曰子不
從我出敢以死明心惲若不出欲自刺以明心也惲得此遂出因病去久之太
守歐陽歙請為功曹集解先謙曰歙後為大司徒坐事下獄死見儒林傳汝南舊俗十月亨
會百里內縣皆齎牛酒到府讌飲時臨亨禮訖歙教曰西部督郵
繇延繇姓咎繇之後繇音遙集解惠棟曰繇與謠同孫愐引詩曰我歌且繇潛夫論有謠姓即繇也注繇姓咎繇之後見風俗
通天資忠貞禀性公方摧破姦凶不嚴而理今與眾儒共論延功
顯之於朝太守敬嘉厥休牛酒養德主簿讀書教集解惠棟曰袁宏紀及風俗通
皆云主簿讀教衍書字戶曹引延受賜惲於下坐愀然前曰司正舉觥愀變色貌
司正舉禮儀者觥罰爵也以角為之詩小雅曰兕觥其觩旨酒思柔觥音古橫反以君之罪告謝於天按
延資性貪邪外方內員言延外示方直而內實柔弱也孔子曰色厲而內荏朋黨搆姦罔上
害人所在荒亂怨慝並作明府以惡為善股肱以直從曲此既無
君又復無臣惲敢再拜奉觥歙色慙動不知所言門下掾鄭敬進

曰君明臣直功曹言切明府德也可無受觥哉歙意少解曰實歙
罪也敬奉觥遂受罰也集解先謙曰此與吳良傳諫正太守事略相似惲遂免冠謝曰昔虞舜
輔堯四罪咸服左傳曰舜臣堯乃流四凶族尚書曰舜流共工于幽州放驩兜于崇山竄三苗于三危殛鯀于羽山
四罪而天下咸服也讒言弗庸孔任不行庸用也孔甚也任佞也故能作股肱帝用有
歌尚書曰股肱喜哉元首起哉惲不忠孔任是昭昭顯也惲自責不忠故使甚佞之人昭顯也豺虎
從政豺虎貪獸以比繇延也既陷誹謗又露所言露顯也又對眾顯言夫繇延之罪也集解先謙曰官
本注無夫字罪莫重焉請收惲延以明好惡歙曰是重吾過也重再也遂
不讌而罷惲歸府稱病延亦自退鄭敬素與惲厚見其言忤歙遂
相招去曰子廷爭繇延君猶不納延今雖去其埶必還言歙後必召延也
直心無諱誠三代之道三代夏殷周也論語曰三代之所以直道而行也然道不同者不
相為謀吾不能忍見子有不容君之危盍去之乎惲曰孟軻以彊
其君之所不能為忠量其君之所不能為賊孟子對齊宣王曰力足以舉百鈞而不足

以舉一羽明足以察秋毫之末而不見輿薪則王許之乎曰否孟子曰今恩足以及禽獸而功不至於百姓者獨何與然則一羽之不舉爲不用力焉輿薪之不見爲不用明焉百姓之不見保爲不用恩焉故王之不王不爲也非不能也曰不爲者與不能者之形何以異曰挾太山以超北海語人曰我不能是誠不能也爲長者折枝語人曰我不能是不爲也非不能也此彊其君之所不能爲也又曰惻隱之心仁之端也羞惡之心義之端也辭讓之心禮之端也是非之心智之端也人之有是四端也猶其有四體也有是囗四端囗自謂不能者自賊者也謂其君不能者賊其君者也惲業已彊之矣障君於朝障蔽也君謂歆也言歆將以牛酒賞鋶延而惲障蔽不聽之既有其直而不死職罪也延退而惲又去不可敬迺獨隱於弋陽山中弋陽縣屬汝南郡前書云弋陽山在縣西北也集解先謙曰注見宗室傳居數月歆果復召延惲於是迺去從敬止漁釣自娛留數十日惲志在從政既迺喟然而歎謂敬曰天生俊士㠯爲人也鳥獸不可與同羣論語孔子之言子從我爲伊呂乎將爲巢許乎而父老堯舜也若爲巢父許由則以堯舜爲父老之人也集解萬承蒼曰父老堯舜若曰爲野老於堯舜之世耳注恐非是先謙曰萬說得之東觀記父老二字作去王補云惲意謂敬能與我爲伊呂以用世乎抑將欲爲巢許以父老終於堯舜時也庶與敬答語爲合若從東觀記作去則謂將爲巢許而去堯舜以高引也語意並顯不須如注之轉迂

敬曰吾足矣初從生步重華於南野步猶尋也重華舜字也南野謂蒼梧也謂來歸爲松子赤松子也敬以歸鄉隱遁自謂同之劉向列仙傳曰赤松子神農時雨師至崑崙山常止西王母石室隨風上下炎帝少女追之得仙俱去也今幸得全軀樹類樹類謂有胤嗣集解惠棟曰袁宏紀作種類還奉墳墓盡問學道敬汝南人今隱弋陽不離墳墓集解先謙曰官本問學作學問是雖不從政施之有政是亦爲政也論語孔子之言也言隱遁好道在家孝弟亦從政之義也吾年耄矣安得從子子勉正性命勿勞神㠯害生惲於是告別而去敬字次都清志高世光武連徵不到謝沈書曰敬閑居不修人倫新遷都尉逼爲功曹廳事前樹時有清汁以爲甘露敬曰明府政未能致甘露此青木汁耳辭病去隱處精學蛾破中陰就虞延並辟不行同郡鄧敬因折芰爲坐以荷薦肉瓠瓢盈酒言談彌日蓬廬華門琴書自娛光武公車徵不行按王莽改新蔡縣爲新遷也惲遂客居江夏教授郡舉孝廉爲上東城門候洛陽城東面北頭門也帝常出獵車駕夜還惲拒關不開帝令從者見面於門閒集解惠棟曰袁宏紀云上令從門舉火射帝面故下云火明遼遠案漢時城門有離載下雌之禁以防姦非故帝令舉火射面也惲曰火明遼

遼集解先謙曰東觀記遼作燎遂不受詔帝迺迴從東中門入東中門也明日惲上書諫曰昔文王不敢槃于游田㠯萬人惟憂槃樂也尚書無逸曰文王不敢槃于游田曰萬人惟政之共也集解先謙曰官本正文惟作爲而陛下遠獵山林夜㠯繼晝其如社稷宗廟何暴虎馮河未至之戒誠小臣所竊憂也書奏賜布百匹集解惠棟曰東觀記云由是上特重之貶東中門候爲參封尉參封縣屬琅邪郡集解先謙曰當在青州府境今闕後令惲授皇太子韓詩侍講殿中及郭皇后廢建武十七年廢惲迺言於帝曰臣聞夫婦之好父不能得之於子得猶制御也司馬遷曰妃匹之愛君不能得之臣父不能得之子況卑下乎況臣能得之於君乎是臣所不敢言雖然願陛下念其可否之計無令天下有議社稷而已帝曰惲善恕己量主知我必不有所左右而輕天下也左右猶向背也言其齊等集解惠棟曰王幼學云恕己謂誘其功于己量主謂揣其意于君量平聲正誤云恕己謂能推己之心以度人也案恕己量主卽鼂錯所云內恕及人正誤得之也又曰七制解云光武自謂惲知我廢后必無偏徇而輕視天下也此帝自飾辭正誤云案此謂必不偏愛而動搖國本也太子彊乃郭后所生恐后既廢併及太子

后既廢而太子意不自安惲迺說太子曰久處疑位上違孝道下近危殆昔高宗明君吉甫賢臣及有纖介放逐孝子家語曰曾參妻爲梨蒸不熟因出之終身不娶其子請焉曾參曰高宗以後妻殺孝子尹吉甫以後妻放伯奇吾上不及高宗中不比吉甫知其得免於非乎遂不娶春秋之義母㠯子貴太子宜因左右及諸皇子引愆退身奉養母氏以明聖教不背所生太子從之帝竟聽許惲再遷長沙太守集解汪文臺曰書鈔七十四引華嶠書云惲拜長沙太守崇教化表異行先是長沙有孝子古初集解惠棟曰孫愐云古姓周太王去邠適岐稱古公其後氏焉遭父喪未葬鄰人失火初匍匐柩上以身扞火火爲之滅惲甄異之以爲首舉後坐事左轉芒長芒縣屬沛國故城在今亳州永城縣北一名臨睢城東觀記曰坐前長沙太守張禁多受遺送千萬以惲不推劾故左遷也又免歸避地教授避地謂隱遁也東觀記曰芒守丞韓龔受大盜丁仲錢阿擁之加笞八百不死入見惲稱仲健惲怒以所杖鐵杖捶龔龔出怨懟遂殺仲惲故坐免著書八篇㠯病卒子壽

壽字伯孝善文章㠯廉能稱舉孝廉稍遷冀州刺史時冀部屬郡

多封諸王賓客放縱類不檢節（類猶皆也）壽案察之無所容貸迺使部從事專住王國又徙督郵舍王宮外（近王宮置督郵舍以察王得失）動靜失得卽時騎驛言上奏王罪及劾傅相於是藩國畏懼並爲遵節視事三年冀土肅清三遷尚書令朝廷每有疑議常獨進見肅宗奇其智策擢爲京兆尹郡多强豪姦暴不禁三輔素聞壽在冀州皆懷震竦各相檢敕莫敢干犯壽雖威嚴而推誠下吏皆願効死莫有欺者以公事免復徵爲尚書僕射是時大將軍竇憲以外戚之寵威傾天下憲嘗使門生齎書詣壽有所請託壽卽送詔獄前後上書陳憲驕恣引王莽以誡國家是時憲征匈奴海內供其役費而憲及其弟篤景並起第宅驕奢非法百姓苦之壽以府藏空虛軍旅未休遂因朝會譏刺憲等厲音正色辭旨甚切憲怒陷壽以買公田誹謗下吏當誅侍御史何敞上疏理之曰臣聞聖王闢四門開

四聰延直言之路下不諱之詔立敢諫之旗聽歌謠於路（歌謠謂詩也禹置敢諫之幡解已見上禮記王制曰命太師陳詩觀民風鄭玄注云陳詩謂采其詩而示之）爭臣七人以自鑒照（孔子曰天子有爭臣七人）考知政理違失人心輒改更之故天人並應傳福無窮臣伏見尚書僕射郅壽坐於臺上與諸尚書論擊匈奴言議過差及上書請買公田遂繫獄考劾大不敬臣愚以爲壽機密近臣匡救爲職若懷默不言其罪當誅今壽違衆正議以安宗廟豈其私邪又臺閣平事分爭可否雖唐虞之隆三代之盛猶謂諤諤以昌不以誹謗爲罪（史記趙良謂商君曰千人之諾諾不如一士之諤諤武王諤諤以昌殷紂嘿嘿以亡）請買公田人情細過可裁隱忍壽若被誅臣恐天下以爲國家橫罪忠直賊傷和氣忤逆陰陽臣所以敢犯嚴威不避夷滅觸死瞽言非爲壽也（論語曰侍於君子有三愆未見顏色而言謂之瞽也）忠臣盡節以死爲歸臣雖不知壽度其甘心安之誠不欲聖朝行誹謗之誅以傷塞晏之化（鄭玄注尚書考靈曜云道德純備謂之塞寬容覆載謂之晏）杜塞忠直垂譏無窮臣敞謬豫機密言所不宜罪名明白當塡牢獄先壽僵仆萬死有餘書奏壽得減死論徙合浦（今廣州縣集解劉攽曰案今合浦是廉州縣作廣誤）未行自殺家屬得歸鄉里

贊曰鮑永沈吟晚迺歸正志達義全先號後慶（易曰先號咷而後笑謂初凶後吉也）申屠對策郅惲上書有道雖直無道不愚

申屠剛鮑永郅惲列傳第十九終

後漢書二十九

後漢書集解卷二十九校補

申屠剛傳是吕人無賢愚莫不怨集解官本不下有爲字 錢大昭曰閩本不下有爲字

昔周公先遣伯禽守封於魯吕義割恩注離斷至親 離官本譌雖

而尊其宗黨集解官本尊下有崇字 錢大昭曰閩本尊下有崇字

持滿之戒老氏所慎注言執滿必傾 官本執作埶

六極之效注聽之不聰厥極貪 貪官本作貧是

往來二十許年 官本許作餘

鮑永傳事後母至孝 後母官本同另一官本作父母父字有改補痕

安集河東幷州朔部 錢大昭曰舊有朔方刺史故云朔部建武十一年省

遣諫議大夫儲大伯注齊大夫儲子之後也 錢大昭曰前書王莽傳有中郎儲夏

但幅巾與諸將及同心客百餘人詣河內注幅巾謂不著冠但幅

巾束首也 錢大昭曰傅子漢末王公多委王服以幅巾爲雅是以袁紹崔鈞之徒雖爲將帥皆著縑巾今案幅巾漢世士人未仕無官位者之首服也韋著解巾之郡見韋義傳注云既服冠冕故解幅巾是已永等還著幅巾明不敢以故官位見也

我攻懷三日不下 至 於是開城而降集解通鑑考異 至 本紀亦無

攻懷一節 今案永之歸光武通鑑載於建武二年袁紀則載於元年紀載更始被害在元年十二月永知更始已亡乃罷兵詣河內則固當在二年也又紀載二年二月幸修武修武卽河內縣也前至河內必幸懷此乃不幸懷而幸修武意必是時之懷已爲更始河內大守乘閒竊據故幸修武以攻懷耳攻懷甫三日而永適至郎說下之紀是以略而不載必疑范書爲誤何以東觀記亦詳著之耶

賜永洛陽商里宅注故曰上商里宅也 上原譌工據錢校改官本不誤

迺拜永爲魯郡太守 錢大昭曰列女傳亦云永爲魯郡太守案建武二年封兄子興爲魯王當云魯相不當云郡太守今案興封魯王在二年四月永破董憲裨將殺彭豐等蓋皆在興未封之前

唯別帥彭豐虞休皮常等集解皮姓出下邳 錢大昭曰前書儒林傳有瑯邪皮容後漢有涼州刺史皮揚

永吕事劾戹大不敬注還大夏城門中 錢大昭曰大當作入洛陽十二城門夏門位在亥今案錢說雖與東觀記合然書鈔六十一引續漢書則與此注同又陶宏景眞誥郎宗占知京師大火燒大夏門則似作大亦非誤

蒙恩入侍知尊帝 案東觀記原文知上有當字各本皆脫

路經更始墓引車入陌注南北爲阡東西爲陌 案阡陌本田閒徑路之名或作仟伯風俗通謂河東以東西爲阡南北爲陌此蓋因地勢而異制疆理南東不同故阡陌亦不同耳至墓閒之道亦名阡陌其詳雖不可知然如前書原涉傳以墓道爲仟與此傳之以墓道爲陌正復相對但言仟者不兼伯言陌者不兼阡是必南北爲墓則道曰阡東西爲墓則道曰陌也

昱在職奉法守正有父風集解何焯曰謂昱父永繼父宣爲司隸復居宣位也 周壽昌曰廣博物志六十七司隸校尉鮑宣子永孫昱並爲司隸及其爲公皆乘驄馬故京師歌曰鮑氏驄三入司隸再入公馬雖瘦行步工樂府詩集八十五引同

賜錢帛什器帷帳 什器說詳宣秉傳校補

如如失得集解先謙曰官本下如作有是 錢大昭曰下如字南監本是有字

在職九年徵拜大司農卒於官集解惠棟曰 至 見崔瑗集 侯康曰張衡大司農鮑德誄有云羌髦作虐艱我西鄰君斯整旅耀武月頻蠢戎虜是借是震據誄文則德在南陽嘗有拒羌戎之功而史不載又德嘗爲黃門侍郎見陳寵傳

郅鄆傳郅鄆注郅音之日反 日原譌目據錢校改官本不誤

方今鎭歲熒惑並在漢分翼軫之域去而復來漢必再受命 錢大昭曰續天文志失載

窮人屈厄集解官本屈作於 錢大昭曰屈閩本作於今案郎顗傳幽隱屈厄無掩人不備窮人屈厄郎謂無掩人於不備窮人於屈厄均之不必明言於也

昔文王不忍露白骨注解見順帝紀 官本無帝字

敬字次都清志高世注新遷都尉逼爲功曹 侯康曰都尉爲高懿見御覽十二引汝南先賢傳

隱處精學蛾陂中 侯康曰御覽七十二引汝南先賢傳鄭敬去吏隱居於蟻陂之陽以漁釣自娛

彈琴詠詩常兀坐於陂側隨杞柳之蔭鋪茅蘼爲席今案蟻古通作蛾禮學記蛾子時術之釋文讀蛾爲蟻可證

帝迺迴從東中門入張熠曰續百官志作中東門錢大昭曰此與何湯事略同湯事在謝承書桓榮傳注引之今案桓榮傳注引作更從中東門入與續志合

又免歸避地教授注稱仲健健原誤建據東觀記正官本不誤

各相檢敕莫敢干犯干原譌于據錢校改官本不誤

蘇竟楊厚列傳第二十上　後漢書三十上

宋　宣　城　太　守　范　曄　撰

唐　章　懷　太　子　賢　注

王先謙集解

蘇竟字伯況扶風平陵人也平帝世竟以明易爲博士講書祭酒王莽置六經祭酒秩上卿每經各一人竟爲講尚書祭酒善圖緯能通百家之言王莽時劉歆等共典校書集解劉攽曰案文劉歆上少一與字拜代郡中尉集解劉攽曰案郡無中尉當作都惠棟曰案中尉謂中部都尉也治且如縣代郡又有東西二都尉故云中尉時匈奴擾亂北邊多罹其禍竟終完輯一郡光武即位就拜代郡太守使固塞以拒匈奴建武五年冬盧芳略得北邊諸郡集解惠棟曰五原朔方雲中定襄雁門五郡也帝使偏將軍隨弟屯代郡隨姓弟名也弟音悌集解惠棟曰風俗通云隨姓隨侯之後漢有博士隨何後漢有扶風隨蕃竟病篤以兵屬弟詣京師謝罪拜侍中數月以病免初延岑護軍鄧仲況擁兵據南陽陰縣爲寇陰縣名屬南陽郡故城在今襄州穀城縣界北而劉歆兄子龔爲其謀主臣賢案前書及三輔決錄並云向曾孫今言歆兄子則不同也集解惠棟曰東觀記云劉歆子恭恭與龔古文通洪頤煊曰龔又見下文意林引新論劉子政子子駿子駿兄子伯玉俱是通人未知是其人否前書王莽傳又有明德侯劉龔竟時在南陽與龔書曉之曰君執事無恙執事猶言左右也敬前人故呼其執事者爾雅曰恙憂也走昔以摩研編削之才走謂馳走之人謙稱也猶司馬遷與任少卿書云牛馬走之類也說文曰編次也削謂簡也一曰削書刀也研音午見反集解惠棟曰顏之推云古者書誤則削之故左傳云削而投之是也或即謂札爲削王褒童約曰書削代牘先謙曰削謂簡是也東觀記正作簡與國師公從事出入校定秘書劉歆爲王莽國師公也竊自依依末由自遠蓋聞君子愍同類而傷不遇人無愚智莫不先避害然後求利先定志然後求名昔智果見智伯窮兵必亡故變名遠逝智果智伯臣也逝去也戰國策曰智伯與韓魏共圍趙智伯之臣智果說智伯曰韓魏二主色動而意必背君矣不如殺之智伯曰晉陽旦暮將拔之而饗其利乃有它心不可子勿復言智果見言之不聽出更其姓爲輔氏遂去不見其後韓魏乃反殺智伯三分其地果或作過陳平知項王爲天所棄故歸心高祖皆

智之至也陳平初事項羽後知羽必敗乃仗劍渡河歸漢見前書也聞君前權時屈節北面延牙延岑字牙屈節謂臣事也集解惠棟曰公孫述傳岑字叔牙迺後覺悟棲遲養德爾雅曰棲遲息偃也言後息偃養德不復事延牙也詩小雅曰或棲遲偃仰先世數子又何以加謂智果陳平也君處陰中土多賢士若以須臾之間研考異同揆之圖書測之人事則得失利害可陳於目何自負畔亂之困不移守惡之名乎集解惠棟曰當作首惡與君子之道何其反也世之俗儒末學醒醉不分而稽論當世集解先謙曰官本世作時疑誤視聽或謂天下迭興未知誰是稱兵據土可圖非冀或曰聖王未啟宜觀時變倚彊附大顧望自守二者之論豈其然乎夫孔丘祕經為漢赤制祕經幽祕之經即緯書也赤制解見郅惲傳集解惠棟曰春秋緯演孔圖云烏化為書孔子奉以告天赤爵銜書上化為黃玉刻曰孔提命作應法為赤制玄包幽室文隱事明包藏也玄緯書玄祕藏於幽室文雖微隱事甚明驗且火德承堯雖昧必亮昧暗也亮明也言漢承唐堯劉累之後以火德王雖遭王莽篡奪一時暗昧今光武中興必盛明也承積世之祚握無窮之符王氏

雖乘間偷篡而終嬰大戮支分體解宗氏屠滅非其效歟王莽傳曰校尉公賓就斬莽首軍人分裂莽身支節肌肉臠分三輔舊事曰臠切千段皇天所以眷顧踟蹰憂漢子孫者也踟蹰猶裵回也論者若不本之於天參之於聖猥以師曠雜事輕自眩惑說士作書亂夫大道焉可信哉師曠雜事雜占之書也前書曰陰陽書十六家有師曠八篇也諸儒或曰今五星失晷天時謬錯五星謂東方歲星南方熒惑星西方太白星北方辰星中央鎮星失晷失於常度辰星久而不效不效謂出入失度也太白出入過度熒惑進退見態鎮星繞帶天街歲星不舍氐房前書曰昴畢間為天街氐房東方之宿歲星歲舍一次當次舍於氐房今不舍之是變常也以為諸如此占歸之國家蓋災不徒設皆應之分野各有所主夫房心即宋之分東海是也前書天文志曰卯為房心宋之分也集解錢大昕曰東海與魯相近似不當宋分尾為燕分漁陽是也前書天文志曰寅為尾箕燕之分也東海董憲迷惑未降漁陽彭寵逆亂擁兵王赫斯怒命將並征故熒惑應此憲寵受殃太白辰星自亡新之末失行算度以至於今或

守東井或沒羽林東井南方之宿天官書曰北宮虛危南方有眾星曰羽林天軍算或作舛或裹回藩屏或躑躅帝宮帝宮北辰也藩屏兩旁之星也裹回謂縈繞淹留躑躅謂上下不去也或經天反明或潛藏久沈或衰微闇昧或煌煌北南或盈縮成鉤或偃蹇不禁盈縮猶進退曲如鉤形也偃蹇高而明大無禁制皆大運蕩除之祥聖帝應符之兆也賊臣亂子往往錯互指麾妄說傳相壞誤集解劉攽曰案文壞當作註註音卦壞音怪聲相近故誤之由此論之天文安得遵度哉迺者五月甲申天有白虹自子加午廣可十丈長可萬丈正臨倚彌倚彌即黎丘秦豐之都也蓋秦豐黎丘一名倚彌也是時月入于畢畢為天網畢西方宿也主網羅無道之君故武王將伐紂上祭於畢求助天也史記曰周武王即位九年上祭于畢東觀兵於孟津也集解王鳴盛曰助天當作天助洪頤煊曰史記集解馬融曰畢文王墓地名也以為星名當是太誓今文家說夫仲夏甲申為八魁曆法春二月己巳丁丑夏三月甲申壬辰秋三月己亥丁未冬三月甲寅壬戌為八魁集解王會汾曰監本壬戌作壬寅案上文言春三月己巳丁丑夏三月甲申壬辰秋三月己亥丁未則十二支中皆越四位取之獨除去子午卯酉不用也冬甲

寅當配以壬戌作壬寅者非是定從宋本惠棟曰案元珠密語八魁云春己巳丁巳夏甲子壬戌秋己亥丁未冬甲午壬辰與此異也八魁上帝開塞之將也主退惡攘逆流星狀似蚩尤旗或曰營頭或曰天槍出奎而西北行至延牙營上散為數百而滅奎為毒螫主庫兵春秋合誠圖曰奎主武庫之兵也此二變郡中及延牙士眾所共見也是故延牙遂之武當今均州縣也託言發兵實避其殃今年比卦部歲集解惠棟曰師比二卦主歲也主歲之法始于乾坤歲終則從其次屯蒙需訟師比等是也二卦十二爻而期一歲陽右行陰左行間時而治六辰其說詳乾鑿度坤主立冬坎主冬至集解惠棟曰坤十月卦主立冬坎四正卦主冬至也水性滅火南方之兵受歲禍也比卦坤下坎上坎為水也德在中宮刑在木木勝土刑制德今年兵事畢已中國安寧之效也五七之家三十五姓彭秦延氏不得豫焉春秋運斗樞曰五七三十五人皆共一德集解惠棟曰此亦據緯書如何怪惑依而恃之葛纍之詩求福不回其若是乎詩大雅曰莫莫葛纍施于條枚愷悌君子求福不回注云葛延蔓于木之枝而茂盛喻子孫依緣先人之功而起也回違也言不違先祖之道圖讖之占眾變之

驗皆君所明善惡之分去就之決不可不察無忽鄙言夫周公之善康叔以不從管蔡之亂也史記曰周公以成王命伐殷殺管叔放蔡叔以殷餘人封康叔爲衞君景帝之悅濟北以不從吳濞之畔也濟北王志高帝孫齊王肥之子也吳楚反時堅守不從景帝賢之徙封爲淄川王也自更始以來孤恩背逆歸義向善臧否粲然可不察歟良醫不能救無命彊梁不能與天爭扁鵲之見桓侯項王之敵漢祖也故天之所壞人不得支支持也左傳曰晉汝叔寬曰天之所壞不可支也眾之所爲不可干也〔集解〕惠棟曰外傳文先謙曰官本汝作女宜密與太守劉君共謀降議仲尼棲棲墨子遑遑憂人之甚也班固曰棲棲遑遑孔席不煖墨突不黔也屠羊救楚非要爵祿莊子曰楚昭王失國屠羊說走而從於王昭王反國將賞從亡者及屠羊說屠羊說曰大王失國說失屠羊大王反國說亦反屠羊臣之爵祿已復矣又何賞之有遂不受也茅焦干秦豈求報利秦始皇遷太后于咸陽宮又撲殺兩弟齊人茅焦解衣伏質入諫始皇乃迎太后歸于咸陽爵茅焦爲上卿焦辭不受事見說苑也盡忠博愛之誠憤滿不能已耳又與仲況書諫之文多不載於是仲況與龔遂降龔字孟公長安人善論議

後漢書三十上　四

扶風馬援班彪並器重之三輔決錄注曰唯有孟公論可觀者班叔皮與京兆丞郭季通書曰劉孟公藏器于身用心篤固實瑚璉之器宗廟之寶也〔集解〕惠棟曰三輔決錄云長安劉氏惟有孟公談者取則班固亦言孟公篤論士也竟終不伐其功潛樂道術作記誨篇及文章傳於世年七十卒於家

楊厚〔集解〕惠棟曰華陽國志作序字仲桓廣漢新都人也祖父春卿善圖讖學為公孫述將漢兵平蜀春卿自殺〔集解〕王補曰隴蜀各有楊春卿一見馬援傳援與書首曰春卿無恙注春卿楊廣字一見楊厚傳祖父春卿善圖讖學嚴可均疑爲一人而范史誤分然補案隗囂傳建武八年囂將妻子奔西城從楊廣月餘楊廣死厚傳春卿爲公孫述將蜀平自殺其死先後異一爲囂將者春卿其字爲述將者春卿其名名與字異二廣上邦人春卿廣漢新都人其里居又異三史有明文畔然不侔不得因廣字春卿疑爲一人也臨命戒子統曰吾綈袠中說文曰綈厚繒也綈音提有先祖所傳祕記為漢家用爾其修之統感父遺言服闋辭家從犍為周循學習先法又就同郡鄭伯山受河洛書及天文推步之術益都耆舊傳曰統字仲通曾祖父仲續舉河東方正拜祁令甚有德惠人爲立祠樂益部風俗因留家新都代修儒學以夏侯尚書相傳〔集解〕惠棟曰河洛書共八十一篇仲續華陽國志作仲績建初中為彭城令一州大旱統推陰陽消伏〔集解〕惠棟曰統傳夏侯尚書洪範中有陰陽消伏之法今不傳而畧見于伏生五行傳縣界蒙澤太守宗湛使統為郡求雨亦即降澍袁山松書曰統在縣休徵時序風雨得節嘉禾生于寺舍人庶稱神也自是朝廷災異多以訪之統作家法章句及內讖二卷解說〔集解〕惠棟曰華陽國志云統事華里先生炎高高戒統曰漢九世王出圖書與卿適應之建武初天下求通內讖二卷者不得永平中刺史張志舉統方正司徒魯恭辟掾與恭共定音律上家法章句及二卷解說案巴漢志內讖者孔子內讖桓譚書所云矯稱孔邱爲讖記是也位至光祿大夫為國三老〔集解〕惠棟曰華陽國志云統遷侍中光祿大夫以年老道深養于辟雍授几杖爲三老年九十卒統生厚厚母初與前妻子博不相安〔集解〕惠棟曰華陽國志云博字仲達統長子厚年九歲思令和親迺託疾不言不食母知其旨懼然改意懼音九具反〔集解〕惠棟曰司馬貞音劬恩養加篤博後至光祿大夫厚少學統業精力思述初安帝永初二年太白入北斗洛陽大水續漢志曰時正月己亥太白入北斗中以爲貴相凶也又京師及郡國四十一雨水

後漢書三十上　五

鄧太后專政也〔集解〕錢大昕曰五星行道皆在黃道左右無緣得入北斗史言入斗皆南斗也續志太白入斗中凡再見俱無北字知爲後人妄增且太白入斗在永初三年此云二年亦誤時統為侍中厚隨在京師朝廷以問統統對年老耳目不明子厚曉讀圖書粗識其意鄧太后使中常侍承制問之厚對以為諸王子多在京師容有非常宜亟發遣各還本國亟音紀力反太后從之星尋滅不見又剋水退期日皆如所言除為中郎太后特引見問以圖讖厚對不合免歸袁山松書曰鄧后問厚曰大將軍鄧騭應輔臣星不對曰不應以此不合其旨復習業犍為不應州郡三公之命方正有道公車特徵皆不就〔集解〕惠棟曰謝沈書云厚潛身藪澤耦耕誦經司徒楊震表薦其高操公車特徵不就益州刺史焦參行部致謁厚惡其苛暴時耕于大澤委鉏疾逝參志恚之收其妻子繫欲致厚還不知所在乃出其妻子永建二年順帝特徵詔告郡縣督促發遣厚不得已行到長安以病自上因陳漢三百五十年之戹春秋命厤序曰四百年之間閉四門聽外難羣異並賊官有孽臣州有兵亂五七弱暴漸之効也宋均注云五七三百五十歲當順帝漸微四方多逆賊也宜蠲法改憲之道蠲明也

及消伏災異凡五事制書褒述有詔太醫致藥太官賜羊酒及至拜議郎三遷爲侍中特蒙引見訪㠯時政四年厚上言今夏必盛寒當有疾疫蝗蟲之害是歲果六州大蝗疫氣流行後又連上西北二方有兵氣宜備邊寇車駕臨當西巡感厚言而止至陽嘉三年西羌寇隴右明年烏桓圍度遼將軍耿曄永和元年復上京師應有水患又當火災三公有免者蠻夷當反畔是夏洛陽大水殺千餘人至冬承福殿災太尉龐參免荊交二州蠻夷賊殺長吏寇城郭又言陰臣近戚妃黨當受禍（陰私也集解顧炎武曰陰臣謂婦人下文宋阿母是也惠棟曰公羊春秋云定十四年城莒父何休云或說無冬者坐受女樂今聖人去冬陰臣之象則陰臣爲婦人審矣注訓私非也）明年宋阿母與宦者褒信侯李元等遘姦廢退（阿母順帝乳母山陽君宋娥也）後二年中常侍張逵等復坐誣罔大將軍梁商專恣悉伏誅每有災異厚輒上消救之法而閹宦專政言不得信時大將軍梁冀威權傾朝遣

弟侍中不疑㠯車馬珍玩致遺於厚欲與相見厚不荅固稱病求退帝許之賜車馬錢帛歸家修黄老教授門生上名錄者三千餘人（集解惠棟曰華陽國志厚弟子雒昭約節宰緜竹寇懽文儀蜀郡何萇幼正侯祈伯升巴郡周舒叔布及任安董枝等皆徵聘辟舉馳名當世）太尉李固數薦言之太初元年（集解惠棟曰依華陽國志當作本初）梁太后詔備古禮㠯聘厚（古禮謂以束帛加璧安車蒲輪等）遂辭疾不就建和三年太后復詔徵之經四年不至年八十二卒於家策書弔祭鄉人謚曰文父（集解惠棟曰華陽國志云厚年八十三卒天子痛悼詔謚曰文父與此異也）門人爲立廟郡文學掾史春秋饗射常祠之

蘇竟楊厚列傳第二十上　終　　後漢書三十上

後漢書集解卷三十上校補

蘇竟傳據南陽陰縣爲寇注陰縣名屬南陽郡故城在今襄州穀城縣界北（在今襄陽光化縣西）

不移守惡之名乎集解惠棟曰當作首惡（今案守惡誠誤但首惡之名見史記惟爲人君父者當之龔但爲仲況謀主亦不應即斥爲首惡或爲同惡之譌）

夫孔丘祕經爲漢赤制集解惠棟曰春秋緯衍孔圖云至孔提命作應法爲赤制（今案爲赤制一作爲制赤雀集但衍孔圖又云丘水精治法爲赤制功並見公羊經傳解詁隱公第一疏所引亦爲漢赤制之證也）

今五星失晷注中央鎭星（案此注及下文鎭星之鎭官本皆作塡古字通作）失晷失於常度（前書班固述高祖紀第一五星同晷顏注晷景也又文選李注晷光景也王念孫云五星光不及地不得有景晷即軌字聲相同故字相通說文氿水厓枯土也引爾雅水醮曰氿今爾雅作厬氿之通作厬猶晷之通作軌矣今案王說是此注訓晷爲常度亦謂軌道也）

㠯爲諸如此占（案已上所言星變續志皆不載）

夫房心即宋之分東海是也集解錢大昕曰東海與魯相近似不當宋分（今案東海地本屬楚前書天文志房心爲宋今楚地是傳說不誤也）

迺者五月甲申天有白虹自子加午廣可十丈長可萬丈正臨倚彌（案此事續志亦不載）

倚彌即黎丘秦豐之都也注蓋秦豐黎丘一名倚彌也（案秦豐黎丘鄉人其地屬楚故稱楚黎王見光武紀注又續志南郡邔侯國有犂丘城劉注朱祜禽秦豐蘇嶺山黎犂古通作）

夫仲夏甲申爲八魁注厤法春二月己巳丁丑（官本二作三是）

故天之所壞人不得支注左傳曰至不可干也集解惠棟曰外傳文（案注引左傳見內傳定公元年外傳周語則據爲衛彪傒引周詩曰天之所支不可壞也其所壞亦不可支也語句微異惠氏以注引左傳爲外傳殆偶不照）

仲尼棲棲墨子遑遑憂人之甚也注班固曰棲棲遑遑孔席不煖

墨突不黔也案竟在固前而章懷引固荅賓戲文爲注特借以證成竟說非謂竟用固說也文選李注引文子曰墨子無黔突孔子無煖席非以貪祿慕位欲起天下之利除萬民之害也竟言憂人之甚意蓋本此

楊厚傳統作家法章句錢大昭曰郎春卿緯表中先祖所傳祕記也

厚對不合免歸注大將軍鄧騭應輔臣星不星原誤以據袁書改官本不誤

宜鐲法改憲之道錢大昭曰春秋保乾圖云三百年斗麻改憲

是夏洛陽大水官本大作暴與續志劉注合

郎顗襄楷列傳第二十下　後漢書三十下

宋　宣　城　太　守范　曄　撰

唐　章　懷　太　子　賢　注

王先謙集解

郎顗集解通鑑胡注姓譜魯懿公孫費伯城郎因居之子孫以爲氏字雅光北海安丘人也父宗字仲綏學京氏易善風角星算六日七分京氏京房也作易傳風角謂候四方四隅之風以占吉凶也星算謂善天文算數也易稽覽圖曰甲子卦氣起中孚六日八十分日之七鄭玄注云六以候也八十分爲一日之七者一卦六日七分也集解惠棟曰六日七分其法以坎離震兌爲四正卦卦主一時每卦六爻爻主一氣共主二十四氣餘六十卦每卦六爻爻主一日凡主三百六十日餘有五日四分日之一每日分爲八十分五日分爲四百分四分日之一又爲二十分是爲四百二十分六十卦分之六七四百二十分每卦各得七分是爲六日七分十一月未濟蹇頤中孚復十二月屯謙睽升臨正月小過蒙益漸泰二月需隨晉解大壯三月豫訟蠱革夬四月旅師比小畜乾五月大有家人井咸姤六月鼎豐渙履遯七月恒節同人損否八月巽萃大畜賁觀九月歸妹无妄明夷困剝十月艮既濟噬嗑大過坤卦氣起中孚中孚爲三公復爲天子屯爲諸侯謙爲大夫睽爲九卿升還從三公周而復始復臨泰大壯夬乾息卦也姤遯否觀剝坤消卦也消息爲辟卦餘爲雜卦四方爲伯之卦卦氣之說始于孟喜章句其後京房楊雄谷永皆依以爲說詳棟所撰易漢學賣卜自奉奉音扶用反安帝徵之對策爲諸儒表後拜吳令吳縣名屬會稽郡今蘇州是也時卒有暴風宗占知京師當有大火記識時日遣人參候果如其言集解惠棟曰陶宏景眞誥云宗學精道術占候風氣後一日有暴風經窗閒占知京師大火燒大夏門遣人往參果爾案宗事詳方術傳注諸公聞而表上以博士徵之宗恥以占驗見知聞徵書到夜縣印綬於縣廷而遁去遂終身不仕顗少傳父業兼明經典隱居海畔延致學徒常數百人晝研精義夜占象度勤心銳思朝夕無倦州郡辟召舉有道方正不就順帝時災異屢見陽嘉二年正月公車徵顗迺詣闕拜章曰臣聞天垂妖象地見災符所以譴告人主責躬修德使正機平衡流化興政也易內傳曰凡災異所生各以其政變之則除消之亦除易稽覽圖曰凡異所生災所起各以其政變之則除其不

可變則施之亦除鄭玄注曰改其政者謂失火令則行水令失土令則行木令失金令則行火令則災除去也不可變謂殺賢者也施之者死者不可復生封祿其子孫使得血食則災除也伏惟陛下躬日昃之聽溫三省之勤論語曾子曰吾日三省吾身也思過念咎務消祇悔祇大也易復卦初九曰無祇悔元吉集解顧炎武曰祇訓大非也惠棟曰侯果易注祇大往被陰剝所以有悔覺非復故无大咎章懷之訓盇本侯果周壽昌曰韓康伯注云祇大也訓較侯果允明方今時俗奢佚淺恩薄義夫救奢必於儉約拯薄無若敦厚

安上理人莫善於禮修禮遵約盇惟上興革文變薄事不在下故

周南之德關雎政本周南詩序曰關雎風之始也所以風化天下而正夫婦也故夫婦爲政本也集解先謙曰官本注本上有之字本立道生風行草從澄其源者流清溷其本者末濁天

地之道其猶鼓籥㠯虛爲德自近及遠者也籥如笛六孔鼓籥其形內虛而氣無窮老子曰天地之間其猶橐籥虛而不屈動而愈出伏見往年㠯來園陵數災陽嘉元年冬恭陵百丈廡災永建元年秋茂陵園寢災炎光熾猛驚動神靈易天人應曰集解惠棟曰天人應易緯篇名君

子不思遵利茲謂無澤厥災孽火燒其宮又曰君高臺府犯陰侵

陽厥災火又曰上不儉下不節災火並作燒君室集解先謙曰官本君作居自

頃繕理西苑修復太學永建六年修太學也宮殿官府多所搆飾昔盤庚遷

殷去奢卽儉帝王紀曰盤庚以耿在河北迫近山川自祖辛以來奢淫不絕乃渡河將徙都亳之殷地人咨嗟相怨不欲從盤庚乃作書三篇以告喻之今尚書盤庚三篇是也亳在偃師夏后卑室盡力致美論語孔子曰禹惡衣服而致美乎黻冕卑宮室而盡力乎溝洫又魯人爲長府閔子騫曰仍舊貫何必改作長府魯之府名也仍因也貫事也言因舊事則可何必更作見論語臣愚㠯爲諸所繕修事可省減

稟卹貧人賑贍孤寡此天之意也人之慶也仁之本也儉之要也

焉有應天養人爲仁爲儉而不降福者哉土者地祇陰性澄靜集解惠棟曰坤彖云安貞月令云晏陰皆澄靜之義宜㠯施化之時集解惠棟曰益彖云天施地生虞仲翔易繫辭云坤化成物故漢儒言易皆云天施地化今易誤爲作敬而勿擾竊見正月㠯來陰闇連日易

內傳曰集解惠棟曰漢時以讖緯之書爲內學故稱內傳久陰不雨亂氣也蒙之比也蒙

者君臣上下相冒亂也易稽覽圖曰日食之比陰得陽蒙之比也陰冒陽也鄭玄注云蒙氣也比非一也邪臣謀覆冒其君先霧從夜昏起或從夜半或平旦君不覺悟日中不解遂成蒙君復不覺悟下爲霧也比音庇集解劉攽曰注云陰得陽案得當作覆又陽字下合有也字又曰欲德不用集解先謙曰官本欲作賢非厥異常陰夫

賢者化之本雲者雨之具也得賢而不用猶久陰而不雨也集解惠棟曰京房易飛候云何以知賢人隱師曰視四方常有大雲五色具而不雨其下賢人隱矣又頃前數日寒過其

節冰既解釋還復凝合夫寒往則暑來暑往則寒來易繫辭之文也此言

日月相推寒暑相避㠯成物也今立春之後火卦用事集解錢大昕曰鄭康成注稽覽圖云維卦九三上六決溫九三上九微溫[illegible]立春之後小過用事九三上六決溫之卦故云火卦惠棟曰謂大過蒙益漸泰也當溫而寒集解惠棟曰王充論衡云易京氏布六十四卦於一歲之中六日七分一卦用事卦有陰陽氣有升降陽升則溫陰升則寒違反時節由功賞不至而刑罰必加也宜須立秋順

氣行罰㠯伏案飛候參察眾政京房作易飛候集解惠棟曰飛卦之飛伏也候謂消息十二卦七十二爻主七十二候也㠯爲立夏之後當有震裂涌水之害又比熒惑失度盈

縮往來涉歷輿鬼環繞軒轅天官書曰輿鬼南方之宿軒轅黃龍體女主後宮之象也火精南

方夏之政也政有失禮不從夏令則熒惑失行熒惑南方主夏爲禮爲視禮虧視失不行夏令則熒惑逆行也見天文志正月三日至乎九日三公卦凡卦法一爲元士二爲大夫三爲三公四爲諸侯五爲王位六爲宗廟前書曰梁人焦延壽字贛長於災變分六十四卦更直日用事以風雨寒溫爲候音義云分卦直日之法爻主一日卽三日九日並爲三公之日也集解錢大昕曰案注說非也京氏卦氣直日之法坎離震兌之用事分至之首得八十分日之七十三餘卦皆主六日八十分日之七郞宗父子世傳六日七分卽其術也今以四分術推陽嘉二年前十一月甲戌朔二十九日壬寅冬至坎卦用事次日癸卯十二月朔也自癸卯至戊申中孚卦用事己酉至甲寅復卦用事乙卯至庚申屯卦用事辛酉至丙寅謙卦用事丁卯至壬申睽卦用事癸酉至戊寅升卦用事癸酉閏十二月朔日也己卯至甲申臨卦用事乙酉至庚寅小過卦用事辛卯至丙申蒙卦用事丁酉至癸卯益卦用事[illegible]盡甲辰至己酉漸卦用事漸主正月三公之卦也是歲正月壬寅朔甲辰爲月之三日甲辰至己酉盡六日而尙有餘分故云正月三日至九日三公卦也自正月九日至二月九日泰需隨晉解五卦更代用事而及于大壯故顗再上書言令月九日至十四日大壯用事令月謂二月也惠棟曰案京房易傳云初爻三日二爻三日三爻三日名九日自初爻至三爻爲九日三爲三公故云三日至乎九日三公卦也注一爲元士以下乾鑿度文先謙曰官本句末有也字三公上應台階

下同元首春秋元命包曰魁下六星兩兩而比曰三台前書音義曰泰階三台也又黃帝泰階六符經曰泰階者天之三階也上階爲天子中階爲諸侯公卿大夫下階爲士庶人三階平則陰陽和風雨時尚書曰君爲元首臣作股肱言三公上象天之台階下與人君同體也政失其道則寒陰反節節彼南山詠自周詩詩小雅曰節彼南山維石巖巖赫赫師尹民具爾瞻注云節高峻貌也喻三公之位人所高嚴也赫赫顯盛也師尹三公也言三公之位天下之人共瞻視之股肱良哉著於虞典而今之在位競託高虛納累鍾之奉忘天下之憂六斛四斗曰鍾左傳曰四斗爲豆四豆爲區四區爲釜四釜爲鍾也【集解】劉攽曰注四斗爲豆案斗當作升又云四釜爲鍾四當作十棲遲偃仰寢疾自逸被策文得賜錢卽復起矣何疾之易而愈之速㠯此消伏災眚興致升平其可得乎今選舉牧守委任三府三公也長吏不良既咎州郡州郡有失豈得不歸責舉者而陛下崇之彌優自下慢事愈甚所謂大網疏小網數謂緩於三公切於州郡也三公非臣之仇臣非狂夫之作所謂發憤忘食懇懇不已者【集解】先謙曰謂爲字古通所謂猶所爲也官本作所以誠念朝廷欲致興平非不能面譽也臣

生長草野不曉禁忌披露肝膽書不擇言伏鑕鼎鑊死不敢恨謹詣闕奉章伏待重誅書奏帝復使對尚書使就尚書更對也頡對曰臣聞明王聖主好聞其過忠臣孝子言無隱情臣備生人倫視聽之類而稟性愚慤【集解】先謙曰官本慤作戇不識忌諱故出死忘命懇懇重言重再也誠欲陛下修乾坤之德開日月之明披圖籍案經典覽帝王之務識先後之政如有闕遺退而自改本文武之業擬堯舜之道攘災延慶號令天下此誠臣頡區區之願夙夜夢寐盡心所計謹條序前章暢其旨趣謂前詣闕所上章也條便宜七事具如狀對

一事陵園至重聖神攸馮而災火炎赫迫近寢殿魂而有靈猶將驚動尋宮殿官府近始永平歲時未積便更修造又西苑之設禽畜是處離房別觀本不常居而皆務精土木營建無已消功單賄巨億爲計易內傳曰人君奢侈多飾宮室其時旱其災火是故魯僖遭旱修政自勑下鐘鼓之縣休繕治之官春秋考異郵曰僖公三年春夏不雨於是僖公憂閔玄服避舍釋更徭之逋罷軍寇之誅去苛刻峻文慘毒之教所蠲浮令四十五事曰方今天旱野無生稼寡人當死百姓何訪不敢煩人請命願撫萬人害以身塞無狀禱已舍齋南郊雨大澍也【集解】先謙曰官本注訪作罪是雖則不寍而時雨自降左傳僖公六月雨由此言之天之應人敏於影響也敏疾今月十七日戊午徵日也陽嘉二年正月【集解】錢大昕曰納音之法戊午屬火於五音爲徵故以戊午爲徵日日加申日在申時也風從寅來丑時而止丑寅申皆徵也不有火災必當爲旱南方爲徵故爲火及旱也願陛下校計繕修之費永念百姓之勞罷將作之官減彫文之飾損庖廚之饌退宴私之樂易中孚傳曰陽感天不旋日易中孚傳曰陽感天不旋日諸侯不旋時大夫不過朞鄭玄注云陽者天子爲善一日天立應以善爲惡一日天立應以惡諸侯爲善一時天立應以善爲惡一時天立應以惡大夫爲善一歲天亦立應以善爲惡一歲天亦立應以惡一說云不旋日立應之不過時三辰間不過朞從今旦至明日也陽卽指天子也【集解】錢大昕曰此易稽覽圖之文也其書首言甲子卦氣起中孚故漢儒謂之中孚傳先謙曰官本注明日作明旦如是則景雲降集眚沴息矣景雲五色雲也一曰慶雲孝經援神契曰德至山陵則景雲出頡以園陵火災故引之也眚沴謂災氣

二事去年㠯來兌卦用事類多不効易傳曰有貌無實佞人也有實無貌道人也寒溫爲實淸濁爲貌易稽覽圖曰有實無貌屈道人也有貌無實佞人也鄭玄注曰有寒溫無貌濁淸淨此賢者屈道仕于不肖君也有貌濁淸淨無寒溫此佞人以便巧仕于世也今三公皆令色足恭外厲內荏㠯虛事上無佐國之實故淸濁効而寒溫不効也是㠯陰寒侵犯消息易稽覽圖曰侵消息者或陰專政或陰侵陽鄭玄注溫卦以溫侵寒卦以寒侵陽者君也陰者臣也專君政事亦陰侵陽也【集解】惠棟曰消息謂泰正月泰卦用事占曰日乘則有妖風日蒙則有地裂如是三年則致日食陰侵其陽漸積所致立春前後溫氣應節者詔令寬也其後復寒者無寬之日也【集解】惠棟曰所謂有貌無實先謙曰官本日作實是夫十室之邑必有忠信率土之人豈無貞賢未聞朝廷有所賞拔非所㠯求善贊務弘濟元元宜採納良臣㠯助聖化

三事臣聞天道不遠三五復反春秋合誠圖曰至道不遠三五而反宋均注云三三正也五五行也

三正五行王者改代之際會也能於此際自新如初則通無窮也今年少陽之歲法當乘起恐後年已往將遂驚動涉歷天門災成戊己戊亥之間爲天門也【集解】劉攽曰案文戊當作戌注云戌亥之間是也惠棟曰戌亥乾位黃帝占云乾爲天門今春當旱夏必有水臣以六日七分候之可知夫災眚之來緣類而應行有玷缺則氣逆於天精感變出以戒人君王者之義時有不登則損滋徹膳數年以來穀收稍減家貧戶饉歲不如昔百姓不足君誰與足水旱之災雖尚未至然君子遠覽防微慮萌老子曰人之飢也以其上食稅之多也故孝文皇帝綈袍革舄木器無文前書曰孝文帝身衣弋綈足履革舄兵木無刃衣縕無文約身薄賦時致升平今陛下聖德中興宜遵前典惟節惟約天下幸甚易曰天道無親常與善人【集解】惠棟曰當在易緯又太公金匱亦有此語是故高宗以享福高宗殷王武丁也尚書大傳曰武丁祭成湯有雉飛升鼎耳而雊祖己曰雉者野鳥升於鼎者欲爲用也無則遠方將有來朝者故武丁內反諸己以思先王之道三年編髮重譯來朝者六國孔子曰吾於高宗彤日見德之有報之疾也帝王紀曰高宗享國五十有九年年百歲也宋景以延年呂氏春秋曰宋景公時熒惑在心召子韋問焉子韋曰禍當君雖然可移宰相公曰宰相寡人所與理國家也曰可移于人公曰人死寡人將誰爲君曰可移于歲公曰歲饑人餓誰以我爲君乎子韋曰君有至德之言三天必三賞君熒惑必退三舍一舍行七里星當一年君延二十一年矣熒惑可退三舍也【集解】先謙曰官本注里作星可作果是

四事臣竊見皇子未立儲宮無主仰觀天文太子不明洪範五行傳曰心之大星天王也其前星太子也後星庶子也熒惑以去年春分後十六日在婁五度婁西方宿也推步三統熒惑今當在翼九度翼南方宿也今反在柳三度柳東方宿也則不及五十餘度言熒惑行遲也【集解】洪頤煊曰律厤志翼九度至柳三度相距四十五度與三統星度不同去年八月二十四日戊辰熒惑歷輿鬼東入軒轅出后星北東去四度北旋復還軒轅者後宮也熒惑者至陽之精也天之使也熒惑南方火盛陽之精也天文要集曰天有五帝五星爲之使【集解】惠棟曰春秋緯文耀鉤云赤帝熛怒之神爲熒惑晉灼漢書注云熒惑常以十月入太微受制而出行列宿司無道出入無常也姚察訓纂云熒惑方伯象司察妖孽而出入軒轅繞

還往來易曰天垂象見吉凶其意昭然可見矣禮天子一娶九女嫡媵畢具【集解】惠棟曰逸禮王度記文也公羊傳云諸侯娶一國則二國往媵之以姪娣從今宮人侍御動以千計或生而幽隔人道不通鬱積之氣上感皇天故遣熒惑入軒轅理人倫垂象見異以悟主上昔武王下車出傾宮之女表商容之閭尚書大傳曰武王入殷表商容之閭歸傾宮之女以理人倫以表賢德故天授以聖子成王是也今陛下多積宮人以違天意故皇胤多夭嗣體莫寄詩云敬天之怒不敢戲豫詩大雅板篇之文也注云戲豫逸豫也方今之福莫若廣嗣廣嗣之術可不深思宜簡出宮女恣其姻嫁則天自降福子孫千億惟陛下丁寧再三留神於此左右貴倖亦宜惟臣之言以悟陛下蓋善言古者合於今善言天者合於人前書武帝詔曰善言天者必有徵於人善言古者必有驗於今【集解】惠棟曰黃帝內經素問文也又荀子曰善言古者必有節于今善言天者必有徵于人願訪問百僚有違臣言者臣當受苟言之罪論語孔子曰君子於其言無所苟而已矣

五事臣竊見去年閏十月十七日己丑夜有白氣從西方天苑趨左足入玉井數日迺滅續漢志曰時客星氣白廣二尺長五丈起天苑西南天官書曰西有勾曲九星三處羅一曰天旗二曰天苑三曰九斿參星下四小星爲玉井其外四星左右肩股也【集解】錢大昕曰案顗上便宜七事在陽嘉二年順帝紀陽嘉元年閏月戊子客星出天苑卽其事也紀書閏月於十二月之後則是閏十二月也以四分術推之是歲閏餘十八閏當在十二月後其月癸酉朔十七日恰得己丑此傳云閏十月者誤也十字蓋衍文或當云閏十二月惠棟曰案本紀及天文志皆云閏月戊子洪頤煊曰十月下脫二字也春秋曰有星孛于大辰大辰者何大火也春秋昭十七年有星孛于大辰爾雅曰大辰房心尾也孫炎曰龍星明者可以爲時候故曰大辰【集解】惠棟曰何休云大火爲心徐彥疏左氏傳心爲大火是也大火爲大辰罰又爲大辰爾雅曰罰謂之大辰也【集解】惠棟曰何休云伐爲參伐也大火與罰天所以示民時早晚天下所取正故謂之大辰辰時也北極亦爲大辰爾雅曰北極謂之北辰李巡曰北極天心也居北方正四時謂之北辰也【集解】惠棟曰何休云北辰北極天之中也常居其所迷惑不知東西者須視北辰以別心伐所在以上皆公羊傳文所以孛一宿而連三宿者言北辰王者之宮也【集解】惠棟曰何休云房心天子明堂布政之宮凡中宮無節【集解】惠棟曰李殿學云北辰中宮政教亂逆【集解】惠棟

曰李殿學云大火明堂威武衰微集解惠棟曰李殿學云參伐主兵事則此三星以應之也罰者白虎其宿主兵其國趙魏天官書曰參爲白虎下有三星曰罰爲斬刈之事故主兵昴畢之閒趙魏之分也變見西方亦應三輔凡金氣爲變發在秋節西方白氣入玉井是金氣之變也臣恐立秋以後趙魏關西將有羌寇畔戾之患宜豫宣告諸郡使敬授人時輕徭役薄賦斂勿妄繕起堅倉獄備守衛以選賢能以鎭撫之回易也金精之變責歸上司上司謂司馬也建武二十七年改爲太尉韓詩外傳曰司馬主天陰陽不調星辰失度責之司馬故云責歸上司也集解惠棟曰謝承書云金精之變太尉所掌宜責以災異故云謂司馬宜以五月丙午遣太尉服干戚建井旟干楯也戚斧也西方主兵故太尉執持楯斧所以厭金氣也井南方火宿也鳥隼曰旟也以火勝金故畫井星之文於旟而建之也書玉板之策引白氣之異書祝辭于玉板也於西郊責躬求愆謝咎皇天消滅妖氣蓋以火勝金轉禍爲福也以五月丙午日火勝金也六事臣竊見今月十四日乙卯巳時白虹貫日凡日傍色氣白而

純者名爲虹貫日中者侵太陽也見于春者政變常也方今中官外司各各考事考劾也其所考者或非急務又恭陵火災主名未立立猶定也時考問火者姓名未定也延多所收捕備經考毒尋火爲天戒以悟人君可順而不可違可敬而不可慢陛下宜恭己內省以備後災凡諸考案並須立秋又易傳曰公能其事集解惠棟曰亦指爻之三公公能其事以驗卦候知之序賢進士後必有喜反之則白虹貫日以甲乙見者則譴在中台譴責也韓詩外傳曰三公者何司空司徒司馬也司馬主天司空主地司徒主人故陰陽不調星辰失度責之司馬山陵崩絕川谷不流責之司空五穀不殖草木不茂責之司徒甲乙東方主春生殖五穀之時也而白虹以甲乙日見明責在司徒也自司徒居位陰陽多謬時劉崎爲司徒至陽嘉三年策免久無虛己進賢之策天下興議異人同咨咨嗟歎也且立春以來金氣再見謂元年閏十二月己丑夜有白氣入玉井二年正月乙卯白虹貫日此金氣再見金能勝木必有兵氣宜黜司徒以應天意陛下不早攘之將負臣言遺患百姓集解先謙曰官本攘作禳

七事臣伏惟漢興以來三百三十九歲於詩三基高祖起亥仲二年今在戌仲十年基當作朞謂以三朞之法推之也詩氾歷樞曰凡推其數皆從亥之仲起此天地所定位陰陽氣周而復始萬物死而復蘇大統之始故王命一節爲之十歲也集解錢大昕曰案詩三基者蓋詩氾歷樞之別名猶稽覽圖稱中孚傳也其法蓋以三百六十歲爲一周十二辰各三十年一辰又別爲孟仲季各十年故下云戌仲已竟來年入季也惠棟曰案漢堯母碑以基爲朞鄭氏注儀禮云古文朞皆作基詩氾歷樞曰卯酉爲革政午亥爲革命神在天門出入候聽宋均注云神陽氣君象也天門戌亥之閒乾所據者集解惠棟曰京房易傳云戌亥乾本位荀爽易傳云消息之卦坤位在亥下有伏乾又乾鑿度云乾漸九月九月建戌乾又西北之卦位在亥故云戌亥之閒乾所據也言神在戌亥司候帝王興衰得失厥善則昌厥惡則亡於易雄雌祕歷集解惠棟曰易雄雌祕歷者推卦氣陰陽之書也謂之雄雌者雄生酉仲太初是雌生戌仲太始是二者爲氣形之始易之所由生也案詩緯推度災云陽本爲雄陰本爲雌雄生八月仲節號曰太初雌生戌仲號曰太始雄雌俱行三節雄曰物魂號曰太素然則八月酉仲爲太初屬雄九月戌仲爲太始屬雌十月亥仲爲太素屬物魂三氣相接至于子仲然後天地分也推數起亥仲猶卦氣起中孚至復而後一陽生也頤推漢元以來起亥仲至戌仲亥爲革命五際之一也祕歷備有其義故引之今值

困乏集解惠棟曰陽嘉元二正值戌仲九月建戌困于消息爲九月卦也凡九二困者衆小人欲共困害君子也集解惠棟曰易乾鑿度云困之九二有中和居亂世交于小人經曰困而不失其所其唯君子乎易困卦之辭也集解惠棟曰荀爽云謂二雖掩陰陷險猶不失中與正陰合故通也喻君子雖陷險中不失中和之行也唯獨賢聖之君遭困遇險能致命遂志不去其道易困卦曰澤無水困君子以致命遂志困卦坎下兌上坎爲水兌爲澤水在澤下是謂竭涸之象故以喻困致命遂志謂君子委命固窮不離于道也集解惠棟曰易緯以困九二爲文王故云陛下迺者潛龍養德幽隱屈厄謂順帝爲太子時廢爲濟陰王即位之元紫宮驚動歷運之會時氣已應然猶恐妖祥未盡君子思患而豫防之臣以爲戌仲已竟來年入季集解惠棟曰戌季也文帝改法除肉刑之罪漢法肉刑三謂黥也劓也左右趾也文帝除之當黥者髡鉗城旦春當劓者笞三百當左右趾者笞五百也至今適三百載自文帝十三年除肉刑至順帝陽嘉二年合三百年也宜因斯際大蠲法令官名稱號輿服器械事有所更變大爲小去奢就儉集解惠棟曰韓詩云宋襄公去奢即儉機衡之政除煩爲簡改元更始招求幽隱舉方正

徵有道博採異謀開不諱之路臣陳引際會　集解惠棟曰際會謂卯酉午戌亥陰陽終始際會惠士奇曰卯酉爲革政午戌亥爲革命是爲五際言變革際會之間　恐犯忌諱書不盡言未敢究暢臺詰顗曰對云白虹貫日政變常也朝廷率由舊章何所變易而言變常又言當大蠲法令革易官號或云變常以致災或改舊以除異何也又陽嘉初建復欲改元據何經典其以實對顗對曰方春東作布德之元陽氣開發養導萬物王者因天視聽奉順時氣宜務崇溫柔遵其行令　禮記月令孟春天子命相布德和令行慶施惠下及兆民仲春安萌牙養幼少存諸孤省囹圄去桎梏止獄訟是遵其行令也　而今立春之後考事不息秋冬之政行乎春夏故白虹春見掩蔽日曜凡邪氣乘陽則虹蜺在日斯皆臣下執事刻急所致殆非朝廷優寬之本此其變常之咎也又今選舉皆歸三司非有周召之才而當則哲之重　尚書曰知人則哲　每有選用輒參之掾屬　參豫也　公府門巷賓客填集送去迎來財貨無已其當遷者競相薦謁各遣子弟充塞道路開長姦門興致浮僞非所謂率由舊章也尚書職在機衡宮禁嚴密　北斗魁星第三爲機第五爲衡於天文爲喉舌李固對策曰陛下之有尚書猶天有北斗斗主爲喉舌斟酌元氣運乎四時出納王命也集解先謙曰官本注乎作平　私曲之意差不得通偏黨之恩或無所用選舉之任不如還在機密　欲使尚書專掌選也　臣誠愚戇不知折中斯固遠近之論當今之宜又孔子曰漢三百載計歷改憲　春秋保乾圖曰陽起于一天帝爲北辰氣成于三以立五神三五展轉機以動運故三百歲斗歷改憲也集解劉攽曰案文計當作斗注文可見葢斗字似草書計字後人因誤之　三百四歲爲一德五德千五百二十歲五行更用　易乾鑿度孔子曰立德之數先立木金水火土德各三百四歲五德備凡千五百二十歲太終復初故曰五行更用更猶變改也　王者隨天譬猶自春徂夏改青服絳者也　禮記月令孟春天子衣青衣服蒼玉孟夏則衣朱衣服赤玉也　自文帝省刑適三百年而輕微之禁漸已殷積王者之法譬猶江河當使易避而難犯也故易曰易則易知簡則易從易簡而天下之理得矣今去奢即儉以先天下

改易名號隨事稱謂易曰君子之道或出或處同歸殊塗一致百慮是知變常而善可以除災變常而惡必致於異今年仲竟來年入季仲終季始歷運變改故可改元所以順天道也臣顗愚蔽不足以答聖問顗又上書薦黃瓊李固　集解黃山曰或疑瓊傳無爲光祿大夫及中退事固自由對策拜官均不合有顗薦今案傳載瓊永建二年遷尚書令出爲魏郡太守據瓊孫琬傳瓊初爲魏郡太守在桓帝建和元年上距順帝永建三年凡十八年則非即以尚書令出守可知葢必嘗於陽嘉元年以前再遷光祿大夫因事引退范書略之耳固傳陽嘉二年有地動山崩火災之異公卿舉固對策拜議郎順紀京師地震在是年四月洛陽地陷在是年六月而顗言今月九日至十四日大壯用事則薦尚在二月均之無可致疑也　並陳消災之術曰臣前對七事要政急務宜于今者所當施用誠知愚淺不合聖德人賤言廢當受誅罰　論語孔子曰不以人廢言　怔營惶怖靡知厝身臣聞刳舟剡楫將欲濟江海也　易曰黃帝刳木爲舟剡木爲楫　聘賢選佐將以安天下也昔唐堯在上羣龍爲用　羣龍喻賢臣也鄭玄注易乾卦云爻皆體乾羣龍之象舜既受禪禹與稷契咎繇之屬並在朝　文武創德周召作輔是以能建天地之功增日月之耀者也詩云赫赫王命仲山甫將之邦國若否仲山甫明之　詩大雅也將行也若順也順否謂臧否謂善惡也言國有善惡仲山甫皆明之　宣王是賴以致雍熙陛下踐祚以來勤心眾政而三九之位未見其人　三公九卿也　是以災害屢臻四國未寧　四方之國　臣考之國典驗之聞見莫不以得賢爲功失士爲敗且賢者出處翔而後集　論語色斯舉矣翔而後集　爵以德進則其情不苟然後使君子恥貧賤而樂富貴矣若有德不報有言不讎來無所樂進無所趣　無賞罰也集解先謙曰官本賞罰作爵賞是　則皆懷歸藪澤修其故志矣夫求賢者上以承天下以爲人不用之則逆天統違人望逆天統則災眚降違人望則化不行災眚降則下吁嗟化不行則君道虧四始之缺五際之戹其咎如此　四始謂關雎爲國風之始鹿鳴爲小雅之始文王爲大雅之始清廟爲頌之始缺猶廢也翼奉傳曰易有陰陽五際孟康曰韓詩外傳云五際卯酉午戌亥也陰陽終始際會之歲于此則有變改之政集解惠棟曰詩緯含神霧云集微揆著上統元皇下序四始羅列五際推度災

云建四始五際而八節通汎歷樞云午亥之際爲革命卯辰之際爲改正辰在天門出入候聽卯天保也酉祈父也午采芑也亥大明也大明在亥水始也四牡在寅木始也嘉魚在巳火始也鴻鴈在申金始也豈可不剛健篤實集解惠棟曰易大畜彖文漢儒以剛健篤實爲句矜矜慄慄已守天功盛德大業乎易繫辭曰日新之謂盛德富有之謂大業臣伏見光祿大夫江夏黃瓊耽道樂術清亮自然被褐懷寶含味經籍家語子路問于孔子曰有人于此被褐而懷玉何如子曰國無道隱可也國有道則袞冕而執玉也又果于從政明達變復言明于變異消復之術也集解惠棟曰注見傳朝廷前加優寵賓于上位瓊入朝日淺謀謨未就因已喪病致命遂志老子曰大音希聲大器晚成聲震宇內謂之大音其動有時故希聲也無所不容謂之大器其功既博故晚成也善人爲國三年迺立論語孔子曰苟有用我者期月而已可也三年乃成功又曰善人爲邦百年可以勝殘去殺天下莫不嘉朝廷有此良人而復怪其不時還任陛下宜加隆崇之恩極養賢之禮徵反京師已慰天下又處士漢中李固年四十通游夏之藝履顏閔之仁潔白之節情同皦日忠貞之操好是正直卓冠

古人當世莫及元精所生王之佐臣元爲天精謂之精氣春秋演孔圖曰正氣爲帝間氣爲臣宮商爲佐秀氣爲人也集解惠棟曰御覽引演孔圖云宮商爲姓謂吹律定姓也注緣傳佐臣而誤從佐也天之生固必爲聖漢宜蒙特徵已示四方夫有出倫之才不應限已官次昔顏子十八天下歸仁論語曰顏淵問仁孔子曰克己復禮爲仁一日克己復禮天下歸仁焉子奇稚齒化阿有聲子奇齊人年十八爲阿邑宰出倉廩以振貧乏邑內大化見說苑若還瓊徵固任已時政伊尹傅說不足爲比則可垂景光致休祥矣臣顗明不知人伏聽眾言百姓所歸臧否共歎願汎問百僚覈其名行有一不合則臣爲欺國惟留聖神不以人廢言謹復條便宜四事附奏於左集解惠棟曰漢時言事附奏左帷顗薦瓊固復以便宜四事附奏左帷也一云左左方也傳讀爲敷

一事孔子作春秋書正月者敬歲之始也公羊傳曰元年春正月元年者何君之始年也春者何歲之始也王者則天之象因時之序宜開發德號爵賢命士流寬大之澤垂仁厚之德禮記正月迎春于東郊還迺賞公卿諸侯大夫於朝命相布德和令行慶施惠下及兆人慶賞遂行無有不當集解惠棟曰寬大之澤卽寬大之詔順助元氣含養庶類如此則天文昭爛星辰顯列五緯循軌四時和睦五緯五星集解惠棟曰易乾鑿度云五緯順軌四時和栗宋均云和栗氣和而嚴正天官書日月五星順入軌道韋昭云謂循軌道不邪逆也不則太陽不光天地溷濁時氣錯逆霾霧蔽日爾雅曰風而雨土爲霾自立春已來累經旬朔未見仁德有所施布但聞罪罰考掠之聲夫天之應人疾於影響而自從入歲常有蒙氣月不舒光日不宣曜日者太陽以象人君政變於下日應於天清濁之占隨政抑揚天之見異事無虛作豈獨陛下倦於萬機集解蘇輿曰豈獨猶豈也襄楷傳豈獨好之而使之然乎水經河水注引楷疏云豈獨諸侯有窺京師也語意並同帷幄之政有所闕歟帷幄謂謀謨之臣也何天戒之數見也臣願陛下發揚乾剛援引賢能勤求機衡之寄已獲斷金之利易曰二人同心其利斷金臣之所陳輒已太陽爲先者明其不可久闇急當改正其異雖微其事甚重臣言雖約其旨甚廣惟陛下乃眷臣章深留明思

二事孔子曰靁之始發大壯始君弱臣彊從解起集解惠棟曰案卦氣圖大壯解皆二月卦大壯辟卦也解三公卦也雷乘乾曰大壯大壯用事當雷反潛君弱臣強之徵也今月九日至十四日大壯用事消息之卦也於此六日之中靁當發聲發聲則歲氣和王道興也周書時訓曰春分之日玄鳥至又五日雷乃發聲雷不發聲諸侯失人也集解惠棟曰大壯六爻爻主一日故六日郎顗集上書曰雷二月出地百八十三日雷出則萬物出八月入地百八十三日雷入則萬物入入能除害出則興利人君象也棟案雷出爲豫雷入爲隨隨八月卦易曰雷出地奮豫豫卦坤下震上坤爲地震爲雷雷在地上故曰雷出地豫奮動也豫喜也集解惠棟曰案卦氣圖豫外卦屬春分二月卦也先王已作樂崇德殷薦之上帝殷盛也薦進也上帝天帝也雷動於地萬物喜豫作樂之象靁者所已開發萌芽集解先謙曰官本芽作牙辟陰除害萬物須靁而解貣雨而潤易解卦曰天地解而雷雨作雷雨作而百果草木皆甲坼也故經曰靁已動之雨已潤之易說卦文王者崇寬大順春令則靁應節不則發動於冬當震反潛故易傳曰當靁不靁太陽弱也今蒙氣不除日月變色則其效也天網恢恢疏而不失老子之文也隨

時進退應政得失大人者與天地合其德與日月合其明易乾卦文言之辭也大人天子也璇璣動作與天相應靁者號令其德生養號令殆廢當生而殺則靁反作其時無歲雷以冬鳴則歲饑也陛下若欲除災昭祉順天致和宜察臣下尤酷害者亟加斥黜以安黎元則太皓悅和靁聲迺發太皓天也

三事去年十月二十日癸亥太白與歲星合於房心太白在北歲星在南相離數寸光芒交接房心者天帝明堂布政之宮春秋元命包曰房四星心三星〔集解〕惠棟曰徐彥公羊疏文耀鉤云房心為中央火星天王位若相對言之則房為明堂心為天王矣既有天王復有明堂布政之象孝經鉤命決曰歲星守心年穀豐歲星守心為重華故年豐也尚書洪範記曰〔集解〕惠棟曰前書藝文志劉向五行傳記十一卷本傳曰洪範五行傳論也天文志劉向廣洪範災條作五紀皇極之論以參往行之事沈約云伏生創記大傳五行之體始詳劉向廣衍洪範休咎之文益備月行中道移節應期德厚交福重華留之天官書曰歲星一曰攝提一曰重華也重華者謂歲星在

心也今太白從之交合明堂金木相賊而反同合太白金也歲星木也金剋木故相賊也此已陰陵陽臣下專權之異也房心東方其國主宋卯為房心宋之分也石氏經曰石氏魏人石中夫也見藝文志〔集解〕劉攽曰案前書中夫當作申夫歲星出左有年出右無年今金木俱東歲星在南是為出右恐年穀不成宋人飢也陛下宜審詳明堂布政之務然後妖異可消五緯順序矣五緯五星也

四事易傳曰陽無德則旱陰僭陽亦旱陽無德者人君恩澤不施於人也陰僭陽者祿去公室臣下專權也自冬涉春訖無嘉澤數有西風反逆時節春當東風也朝廷勞心廣為禱祈薦祭山川暴龍移市董仲舒春秋繁露曰春旱以甲乙日為蒼龍一長八尺居中央為小龍五各長四尺於東方皆東向其間相去八尺小童八人皆齋三日服青衣而舞之夏以丙丁日為赤龍服赤衣季夏以戊己日為黃龍服黃衣秋以庚辛日為白龍服白衣冬以壬癸日為黑龍服黑衣牲各依其方色皆燔雄雞燒猳豬尾於里北門及市中以祈焉禮記歲旱魯穆公問於縣子縣子曰為之徙市不亦可乎見檀弓篇臣聞皇天感物不為偽動災變應人要在責己若令雨可請降水可攘止〔集解〕先謙曰官本攘作禳則歲無隔并〔集解〕惠棟曰水旱隔并也太平可待然而災害不息者患不在此也不在祈禱立春已來未見朝廷賞錄有功表顯有德存問孤寡賑恤貧弱而但見洛陽都官奔車東西收繫纖介牢獄充盈臣聞恭陵火處比有光曜比頻也時恭陵百丈廡災仍有光曜不絕明此天災非人之咎丁丑大風掩蔽天地風者號令天之威怒皆所已感悟人君忠厚之戒又連月無雨將害粟麥若一穀不登〔集解〕惠棟曰穀梁傳云一穀不升謂之嗛二穀不升謂之飢則飢者十三四矣陛下誠宜廣被恩澤貸贍元元昔堯遭九年之水人有十載之蓄者簡稅防災為其方也簡少也方法也願陛下早宣德澤已應天功若臣言不用朝政不改者立夏之後迺有澍雨於今之際未可望也若政變於朝而天不雨則臣為誣上愚不知量分當鼎鑊書奏特詔拜郎中辭不就郎去歸家至四月京師地震遂陷陽嘉二年四月己亥地震六月丁丑洛陽地陷是月旱也其夏

大旱秋鮮卑入馬邑城破代郡兵明年西羌寇隴右陽嘉二年七月種羌寇隴西皆略如顗言後復公車徵不行同縣孫禮者積惡凶暴好為游俠與其同里人常慕顗名德欲與親善顗不顧已此結怨遂為禮所殺

襄楷字公矩平原隰陰人也風俗通曰襄姓楚大夫襄老之後隰陰縣在隰水之南故城在今齊州臨邑縣西也〔集解〕錢大昕曰隰當作濕郡國志平原郡有濕陰縣濕他合反卽漯水也班志作漯陰案說文濟漯字本作濕隸省作濕燥濕字本作溼後世借濕為燥溼字而以漯為水名不知漯為濕之譌也其正作濕者多與隰相亂左氏哀十年傳注濟南有隰陰縣陸德明誤音習惠棟曰孫愐云襄姓魯莊公子襄仲之後子孫以謚為氏後漢有襄楷好學博古善天文陰陽之術桓帝時宦官專朝政刑暴濫又比失皇子災異尤數延熹九年楷自家詣闕上疏曰臣聞皇天不言已文象設教堯舜雖聖必歷象日月星辰察五緯所在故能享百年之壽為萬世之法堯年一百一十七歲舜年一百一十二歲言百年舉全數臣竊見去歲五月熒惑入太微犯帝坐

出端門不軌常道天官書曰太微南四星中爲端門軌猶依也集解惠棟曰續漢志云五月壬午熒惑入太微右執法軌亦道也言不以常道爲軌注訛其閏月庚辰太白入房犯心小星集解惠棟曰續志閏月己未太白犯心前星也震動中耀中耀天王也傍小星者天王子也夫太微天廷五帝之坐集解惠棟曰詩含神霧云五精星坐其東蒼帝坐神名靈威仰精爲青龍之類是也而金火罰星揚光其中太白金也熒惑火也天文志曰逆夏令傷火氣罰見熒惑逆秋令傷金氣罰見太白故金火並爲罰星也於占天子凶又俱入房心法無繼嗣今年歲星久守太微逆行西至掖門還切執法天官書曰端門左右星爲掖門太微南四星爲執法切謂迫近也集解惠棟曰續志九年正月壬辰歲星入太微中五十八日出端門也先謙曰官本注謂作爲歲爲木精好生惡殺而淹留不去者咎在仁德不修誅罰太酷前七年十二月熒惑與歲星俱入軒轅逆行四十餘日而鄧皇后誅集解惠棟曰續志十二月乙丑熒惑犯軒轅第二星歲星犯軒轅爲女主憂也其冬大寒殺鳥獸害魚鼈城傍竹柏之葉有傷枯者續漢志曰延熹元年洛陽城傍竹柏葉有傷者集解惠棟曰元年當作七年臣聞於師曰柏傷竹枯不出

三年天子當之今洛陽城中人夜無故叫呼云有火光人聲正諠續漢志曰桓帝延熹九年三月京師有火光轉行人相驚譟於占亦與竹柏枯同自春夏已來連有霜雹及大雨雷集解何焯曰雷下有脫誤而臣作威作福刑罰急刻之所感也太原太守劉瓆南陽太守成瑨志除姦邪其所誅翦皆合人望謝承書曰劉瓆字文理平原人遷太原太守郡有豪彊中官親戚爲百姓所患瓆深疾之到官收其魁帥殺之所臧匿主人悉坐伏誅桓帝徵詣廷尉以瓆宗室不忍致之於刑使自殺成瑨字幼平弘農人遷南陽太守時桓帝美人外親張子禁怙恃榮貴不畏法網瑨與功曹岑晊捕子禁付宛獄笞殺之桓帝徵瑨詣廷尉下獄死瓆音質瑨音晉集解惠棟曰瓆一作質古字通車騎將軍馮緄碑瑨作晉古字通注收其魁帥案陳蕃傳乃小黃門趙津也而陛下受閹豎之譖乃遠加考逮三公上書乞哀瓆等不見採察時太尉陳蕃司徒劉矩司空劉茂共上書訟瓆等帝不納而嚴被譴讓集解惠棟曰陳蕃傳帝得奏愈怒竟無所納憂國之臣將遂杜口矣臣聞殺無罪誅賢者禍及三世黃石公三畧曰傷賢者殃及三世蔽賢者身當其害達賢者福流子孫疾賢者名不全自陛下即位已來頻行誅伐梁寇孫鄧並見族滅梁冀寇榮孫壽鄧萬世等也其從坐者又非其數李雲上書明主所不當諱杜衆乞死諒以感悟聖朝時弘農五官掾杜衆傷雲以忠諫獲罪遂上書云願與李雲同日死也曾無赦宥而并被殘戮天下之人咸知其冤漢興以來未有拒諫誅賢用刑太深如今者也永平舊典諸當重論皆須冬獄先請後刑所以重人命也頃數十歲以來州郡翫習又欲避請讞之煩廣雅曰讞疑也謂罪有疑者讞於廷尉也集解惠棟曰前書景紀後元年詔云獄疑者讞有司所不能決移廷尉周禮訝士云有治于士者造焉鄭康成云如今郡國亦遣主者吏詣廷尉議者此請讞之義也輒託疾病多死牢獄長吏殺生自己死者多非其罪魂神冤結無所歸訴淫厲疾疫自此而起淫過也左傳曰陰淫寒疾陽淫熱疾昔文王一妻誕致十子史記曰太姒文王正妃也其長子伯邑考次武王發次管叔鮮次周公旦次蔡叔度次曹叔振鐸次成叔武次霍叔處次康叔封冄季載同母兄弟十人也今宮女數千未聞慶育宜修德省刑以廣螽斯之祚詩國風序曰螽斯后妃子孫衆多也言若螽斯不妒忌則子孫衆多也注云螽斯蚣蝑也凡有情慾者無不妒忌惟蚣蝑不爾各得受氣而生子故以喻焉祚福也又七年六月十三日河內

野王山上有龍死長可數十丈延熹七年也袁山松書曰長可百餘丈扶風有星隕爲石聲聞三郡夫龍形狀不一小大無常故周易況之大人帝王以爲符瑞大人天子也乾卦九五曰飛龍在天大人造也九五處天子之位故以飛龍喻焉尚書中候曰舜沈璧于淸河黃龍負圖出水或聞河內龍死諱以爲蛇夫龍能變化蛇亦有神皆不當死昔秦之將衰華山神操璧以授鄭客曰今年祖龍死祖龍謂秦始皇也樂資春秋後傳曰使者鄭客入函谷至平舒見素車白馬曰吾華山君願以一牘致滈池君子之咸陽過滈池見一大梓樹有文石取以叩樹當有應者以書與之鄭客如其言見宮闕如王者居謁者出受書入有頃云今年祖龍死始王逃之死於沙丘史記曰始王崩于沙丘平臺沙丘在今邢州平鄉縣東北集解先謙曰官本王並作皇王莽天鳳二年訛言黃山宮有死龍之異王莽傳曰時訛言黃龍墮地死黃山宮中百姓奔走往觀者乃有萬數莽惡之捕繫詰語所從起而竟不得後漢誅莽光武復興虛言猶然況於實邪夫星辰麗天猶萬國之附王者也下將畔上故星亦畔天集解惠棟曰前書五行志成帝永始二年星隕谷永對曰星辰附離于天猶庶民附離王者也王者失道紀綱廢頓下將畔去故星畔而隕以見其象楷蓋用永語

也

石者安類墜者失埶春秋五石隕宋其後襄公爲楚所執左傳魯僖公十六年隕石于宋五隕星也至二十年諸侯會宋公于盂於是楚執宋公以伐宋秦之亡也石隕東郡史記始皇三十六年有墜星下東郡至地爲石人或刻其石曰始皇死而地分始皇聞之盡取石傍舍誅之因燔其石〔集解〕劉攽曰注盡取石傍舍誅之案史記作石傍居人舍字誤今隕扶風與先帝園陵相近桓帝延熹七年隕石于鄠鄠屬扶風與高帝諸陵相近也〔集解〕惠棟曰續漢志云延熹七年三月癸亥隕石扶風一鄠又隕石二皆有聲如雷不有大喪必有畔逆案春秋㠯來及古帝王未有河清及學門自壞者也延熹五年太學西門自壞八年濟陰東郡濟北河水清也〔集解〕惠棟曰續漢志八年四月濟北河水清九年四月濟陰東郡濟北平原河水清臣㠯爲河者諸侯位也孝經援神契曰五嶽視三公四瀆視諸侯也清者屬陽濁者屬陰河當濁而反清者陰欲爲陽諸侯欲爲帝也太學天子教化之宮其門無故自壞者言文德將喪教化廢也京房易傳曰河水清天下平今天垂異地吐妖人厲疫三者並時而有河清猶春秋麟不當見而見孔子書之㠯爲異也公羊傳曰西狩獲麟何以書記異也何以異麟非中國獸也〔集解〕劉攽曰注何異案文當云何異爾先謙曰水經河水注引續漢書楷疏曰春秋記注未有河清而今有之易乾鑿度曰上天將降嘉應河水先清京房易傳曰河水清天下平今天垂異地吐妖民厲疫三者並作而有河清春秋麟不當見而見孔子書以爲異河者諸侯之象清者陽明之徵豈獨諸侯有窺京師也文微異臣前上琅邪宮崇受于吉神書不合明聽于姓吉名也神書即今道家太平經也其經以甲乙丙丁戊己庚辛壬癸爲部每部一十七卷也〔集解〕惠棟曰葛洪神仙傳云宮崇者琅邪人也有文才著書百餘卷師事仙人于吉漢元帝時隨吉於曲陽泉上遇天仙授吉青縑朱字太平經十部吉行之得道此書多論陰陽否泰災眚之事有天道地道人道云治國者用之以長生此其旨也臣聞布穀鳴於孟夏蟋蟀吟於始秋物有微而志信人有賤而言忠布穀一名戴紝一名戴勝蟋蟀促織也春秋考異郵曰孟夏戴勝降立秋促織鳴言雖微物不失信也紝音女林反臣雖至賤誠願賜清閒極盡所言書奏不省十餘日復上書曰臣伏見太白北入數日復出東方其占當有大兵中國弱四夷强臣又推步熒惑今當出而潛必有陰謀皆由獄多冤結忠臣被戮德星所㠯久守執法亦爲此也德星歲星也陛下宜承天意理察冤獄爲劉瓆成瑨虧除

罪辟追錄李雲杜眾等子孫夫天子事天不孝則日食星鬬比年日食於正朔延熹八年正月辛巳朔日食九年正月辛卯朔日食〔集解〕沈宇曰案紀志延熹八年日食並在正月晦日逢丙申不在正朔且法亦無兩年正朔俱逢辛之理注蓋有意傅合正文故遷就其說但楷云比年日食正朔當得其實而紀志俱不符不可解錢大昕曰案本紀八年正月丙申晦日有食之九年正月辛亥朔日有食之五行志亦同惟九年作辛卯朔當以辛卯爲正兩食雖有晦朔之異而並在正月故楷言比年日食正朔此無足疑三光不明五緯錯戾前者宮崇所獻神書專㠯奉天地順五行爲本亦有興國廣嗣之術其文易曉參同經典而順帝不行故國胤不興太平經興帝王篇曰眞人問神人曰吾欲使帝王立致太平豈可聞邪神人言但順天地之道不失銖分則立致太平元氣有三名太陽太陰中和形體有三名天地人天有三名爲日月星北極爲中也地有三名爲山川與平土人有三名爲父母子政有三名爲君臣人此三者常相得腹心不失銖分使其同一憂合成一家立致太平延年不疑也又問曰今何故其生子少也天師曰善哉子之言也但施不得其意耳如令施其人欲生也開其玉戶施種於中比若春種於地也十十相應和而生其施不以其時比若十月種物於地也十十盡死固無生者眞人欲重知其審今無子之女雖日百施其中猶無所生也不得其所生之處比若此矣是故古者聖賢不妄施於不生之地也名爲亡種竭氣而無所生成今太平氣到或有不生子者反斷絕天地之統使國少人理國之道多人則國富少人則國貧今天上皇之氣已到天皇氣生物乃當萬倍其初天地〔集解〕惠棟曰洪邁云所謂十十蓋言十種十生無一失耳其盡死之義亦然孝沖孝質頻世短祚臣又聞之得主所好自非正道神爲生虐故周衰諸侯㠯力征相尚於是夏育申休宋萬彭生任鄙之徒生於其時並多力之人也夏育衞人力舉千鈞宋萬宋人殺湣公遇大夫仇牧於門批而殺之齒著門闔彭生齊人拉魯桓公幹而殺之范睢曰以任鄙之力焉而死申休未詳何世也〔集解〕惠棟曰王褒洞簫賦云桀跖鬻博李善云鬻夏育也古字同博申博也陸機夏博贊云夏育之猛千載所希申博角勇臨額奮椎育博並舉疑申休即申博也殷紂好色妲己是出妲己蘇人之美女也獻於紂紂納以爲妻常與沈湎於酒事見列女傳葉公好龍眞龍游廷子張見魯哀公七日哀公不禮子張曰君之好士有似葉公子高之好龍也葉公子高好畫龍天龍聞之降之窺頭於牖葉公子高見之棄而反走五色無主是葉公子高好夫似龍而非好眞龍也事見新序今黃門常侍天刑之人〔集解〕惠棟曰天刑見莊子猶言天疾大閹也胡三省謂人受薰腐之刑得罪于天非也陛下愛待兼倍常寵係嗣未兆〔集解〕先謙曰官本係作繼豈不爲此天官宦者星不在紫宮而在天市明當給使主市里

也山陽公載記曰市垣二十二星而帝座居其中宦者四星唯供市買之事也今迺反處常伯之位實非天意常伯侍中也尚書曰常伯常任又聞宮中立黃老浮屠之祠浮屠卽佛陀但聲轉耳並謂佛也解見楚王英傳也集解先謙曰官本注末無也字此道清虛貴尚無爲好生惡殺省慾去奢今陛下嗜慾不去殺罰過理既乖其道豈獲其祚哉或言老子入夷狄爲浮屠或聞言當時言也老子西入夷狄始爲浮屠之化集解先謙曰官本注無聞字浮屠不三宿桑下不欲久生恩愛精之至也言浮屠之人寄桑下者不經三宿便卽移去示無愛戀之心也集解王補曰王厚齋云東漢有佛書而諸臣議論無述其言者惟襄楷云浮屠不三宿桑下天神遺以好女浮屠曰此但革囊盛血遂不眄之四十二章經天神獻玉女於其佛佛曰此是革囊盛衆穢耳集解先謙曰官本注無其字其守一如此迺能成道今陛下婬女豔婦極天下之麗甘肥飲美單天下之味集解惠棟曰單與殫同奈何欲如黃老乎集解王補曰通鑑自永平以來臣民雖有習浮屠術者而天子未之好至帝始篤好之常躬自禱祠由是其法浸盛故楷言及之書上卽召詔尚書問狀集解劉攽曰案文詔當作詔楷曰臣聞古者本無宦臣集解先謙曰官本臣作官武帝末春秋高數游後宮始置之耳元帝時任宦者石顯爲中書令前將軍蕭望之等曰尚書百官之本宜以公正處之武帝游宴後廷故用宦者非古制也宜罷中書宦官應古不近刑人之法後稍見任至於順帝遂益繁熾今陛下爵之十倍於前至今無繼嗣者豈獨好之而使之然乎尚書上其對詔下有司處正尚書承旨奏曰集解通鑑胡注承旨謂承宦官風指也宦者之官非近世所置漢初張澤爲大謁者佐絳侯誅諸呂張澤閹人也絳侯周勃誅諸呂乃迎立代王入宮顧麾左右執戟皆罷兵有數人不肯去宦者令張澤喻告之乃去此其佐誅諸呂之功見前書孝文使趙談參乘而子孫昌盛文帝使宦者趙談參乘袁盎伏車前曰陛下獨奈何與刀鋸餘人載於是上笑推下趙談談泣而下車文帝生景帝其後昌盛也楷不正辭理指陳要務而析言破律違背經藝假借星宿僞託神靈謂上于吉神書也造合私意誣上罔事請下司隸正楷罪法收送洛陽獄帝以楷言雖激切然皆天文恒象之數故不誅猶司寇論刑前書曰司寇二歲刑初順帝時琅邪宮崇詣闕上其師于吉於曲陽泉水上所得神書百七

十卷皆縹白素朱介青首朱目號太平清領書今潤州有曲陽山有神溪水定州有曲陽山有神溪水海州有曲陽城北有羽潭水壽州有曲陽城又有北溪水而于吉宮崇並琅邪人蓋東海曲陽是也縹青白也素縑也以朱爲介道首標也目題目也太平經曰吾書中善者悉使青下而丹目合乎吾之道迺丹青之信也青者生仁而有心赤者太陽天上之正色也江表傳時有道士琅邪于吉先寓居東方來吳會立精舍燒香讀道書制作符水以療病吳會人多事之孫策嘗於郡城樓上請會賓客吉乃盛服趨度門下諸將賓客三分之二下樓拜之掌客者禁訶不能止策卽令收之諸事之者悉使婦女入見策母請之母謂策曰于先生亦助軍作福醫護將士不可殺之策曰昔南陽張津爲交州刺史舍前聖典訓廢漢家法律常著絳袙頭鼓琴焚香讀邪俗道書云以助化卒爲蠻夷所殺此甚無益諸君但未悟耳今此子已在鬼錄勿復費紙筆也卽催斬之縣首於市集解王鳴盛曰吳志策傳裴注亦引此而云順帝至建安中五六十歲吉是時已百年策死在建安五年之四月大約距殺吉時不久先謙曰官本注生仁作主仁天上無上字其言以陰陽五行爲家而多巫覡雜語太平經曰天失陰陽則亂其道地失陰陽則亂其財人失陰陽則絕其後君臣失陰陽則其道不理四時失陰陽則爲災今天垂象爲人法故當承順之也又曰天上有常神聖要語時下授人以言用使神吏應氣而往來也人衆得之謂神咒也咒百中百十中十其咒有可使神爲除災疾用之所向無不愈也有司奏崇所上妖妄不經迺收臧之後

張角頗有其書焉及靈帝卽位以楷書爲然太傅陳蕃舉方正不就鄉里宗之每太守至輒致禮請集解先謙曰官本下至作致是中平中與荀爽鄭玄俱以博士徵不至卒于家集解何焯曰九州春秋云陳蕃子逸與術士平原襄楷會于冀州刺史王芬坐楷云天文不利宦者黃門常侍眞族滅矣逸喜芬曰若然芬願驅除於是與許攸等結謀此楷後事而傳不載洪頤煊曰袁宏紀中平五年九月己未詔曰頃選舉失所多非其人儒法雜錄學道寖微處士荀爽陳紀韓融李楷耽道樂古志行高潔淸貧隱約爲衆所歸其以爽等各補博士皆不至李楷疑卽襄楷之譌

論曰古人有云善言天者必有驗於人前書武帝策茂才之詞也而張衡亦云天文歷數陰陽占候今所宜急也郎顗襄楷能仰瞻俯察參諸人事禍福吉凶既應引之教義亦明此益道術所以有補於時後人所當取鑒者也然而其敝好巫故君子不以專心焉好巫謂好鬼神之事也范甯穀梁傳曰左氏豔而富其敝也巫也集解先謙曰官本注末無也字

贊曰仲桓術深蒲車屢尋頻徵不至蘇竟飛書淸我舊陰陰縣屬南陽與光武同郡

故云我舊也 襄郎災戒實由政注

郎顗襄楷列傳第二十下終　後漢書三十下

後漢書集解卷三十下校補

郎顗傳易內傳曰凡災異所生至消之亦除注鄭玄注曰官本曰作云

災火並作災官本作炎今案左傳云凡火人火曰火天火曰災就並作言作災爲長

易內傳曰集解惠棟曰漢時以讖緯之書爲內學故稱內傳案惠氏此說應移置上文易內傳曰下

欲德不用集解先謙曰官本欲作賢非楊樹達曰欲德不用茲謂張見前書五行志閩本亦誤

是故魯僖遭旱至休繕治之官注方今天旱官本天作大

無寬之日也集解先謙曰官本日作實是錢大昭曰閩本日作實

涉歷天門災成戊己注戌亥之閒爲天門也戌原作戊據錢校改官本不誤集解劉攽曰案文戊當作戌注云戌亥之閒是也今案正文戊己之戊不容改戌當仍因注文戌亥誤作戊亥故刊正之而說有脫誤蓋本云案注文戊當作戌下文神在天門宋均注云戌亥之閒是也

有白氣從西方天苑注天官書曰西有句曲九星三處羅西有官本注作西方誤

以甲乙見者則讉在中台注山陵崩絕川谷不流案注原作陵崩川絕山谷不流據韓詩外傳改官本與韓詩外傳合柳從辰曰今韓詩外傳絕作竭

詩云赫赫王命官本云作曰仲山甫將之邦國若否仲山甫明之注順否謂臧否謂善惡也官本注上謂作猶與毛詩鄭箋合

其咎如此官本如作由

耽道樂術官本作耽樂道術被褐懷寶注子曰國無道原作國無國據家語正官本不誤

元精所生王之佐臣注春秋演孔圖曰正氣爲帝官本注演孔二字誤倒

孔子曰雷之始發大壯始君弱臣彊從解起錢大昭曰稽覽圖云太陽一二以上自雷雷聲君弱臣彊雷從解起鄭注太陽謂一月大壯一二者陽爻在上雷聲盛聞于人得自雷其卦中消息

故易傳曰當雷不雷太陽弱也錢大昭曰稽覽圖云當雷不雷太陽弱不當雷而雷太陽弱鄭注春分之後當雷不雷君弱于道德也秋分之後不當雷而雷此君弱于度誅罰不行邪臣跋扈于下陽氣放洩則雷冬行亂冬傷

陽也

易傳曰陽無德則旱陰僭陽亦旱 錢大昭曰稽覽圖云陽無德則旱害物陰僭陽亦旱害物觀其政以別之

暴龍移市注禮記至見檀弓篇 官本無篇字今案注上文明言禮記則下文不必更言見檀弓疑末句本後人妄增

襄楷傳三公上書乞哀瓆等不見採察注時太尉陳蕃至帝不納 錢大昭曰注本陳蕃傳其說誤也說詳蕃傳

臣伏見太白北入數日 錢大昭曰續天文志九年六月壬戌太白入輿鬼

係嗣未兆集解官本係作繼 今案係繼古通作已見前通鑑亦作係嗣

詔下有司處正尙書承旨奏曰集解通鑑胡注承旨謂承宦官風指也 案接詔下有司處正言承旨自係承帝意旨通鑑省去上文四十餘字故胡氏誤爲之說耳

其言㠯陰陽五行爲家注四時失陰陽 官本四時上多五行二字

郭杜孔張廉王蘇羊賈陸列傳第二十一　後漢書三十一

宋　宣　城　太　守　范　曄　撰

唐　章　懷　太　子　賢　注

王先謙集解

郭伋字細侯扶風茂陵人也 集解先謙曰東觀記云河南人與此異 高祖父解 前書云解字分伯河內軹人徙茂陵也 集解何焯曰解已族安得有後范之疏至此周壽昌曰云族乃一時官刑未必盡殄其苗裔解當時豪俠或有感恩而藏其遺孤者范去漢未遠序人世系當有所本未可遽議其疏莽何羅以謀逆被誅而馬伏波之族大興於後漢何羅罪亦在夷族者先謙曰官本注分作翁 武帝時㠯任俠聞父梵爲蜀郡太守伋少有志行哀平閒辟大司空府三遷爲漁陽都尉王莽時爲上谷大尹 王莽改太守爲大尹集解洪頤煊曰前書地理志上谷郡莽曰朔調耿弇傳父況爲朔調連率此稱上谷誤 遷幷州牧更始新立三輔連被兵寇百姓震駭强宗右姓 右姓猶高姓也 各擁衆保營莫肯先附更始素聞伋名徵拜左馮翊使鎭撫百姓世祖卽位拜雍州牧再轉爲尙書令數納忠諫爭建武四年出爲中山太守明年彭寵滅轉爲漁陽太守漁陽旣離王莽之亂重㠯彭寵之敗 離猶遭也 民多猾惡寇賊充斥 杜預注左傳曰充滿斥見也 伋到示㠯信賞糾戮渠帥盜賊銷散時匈奴數抄郡界邊境苦之伋整勒士馬設攻守之略匈奴畏憚遠迹不敢復入塞民得安業在職五歲戶口增倍後潁川盜賊羣起九年徵拜潁川太守 集解惠棟曰趙岐三輔決錄云茂陵郭伋爲潁川化如時雨 召見辭謁 因辭而謁見也 帝勞之曰賢能太守去帝城不遠河潤九里冀京師幷蒙福也 莊子曰河潤九里澤及三族集解惠棟曰陸德明云河從乾位來乾陽數九也 君雖精於追捕而山道險阸自鬬當一士耳深宜愼之伋到郡招懷山賊陽夏趙宏 陽夏縣名屬陳國夏公雅反集解先謙曰注見馮異傳 襄城召吳等數百人皆束手詣伋降悉遣歸附農 集解通鑑胡注附農附于農籍也 因自劾專命 謂擅放降賊也 帝美其策不㠯咎之後宏吳等黨與聞伋威信遠自江南或從幽冀

不期俱降駱驛不絕駱驛連續十一年省朔方刺史屬幷州帝㠯盧芳據北土迺調伋爲幷州牧過京師謝恩帝卽引見幷召皇太子諸王宴語終日賞賜車馬衣服什物伋因言選補眾職當簡天下賢俊不宜專用南陽人集解惠棟曰通鑑云是時在位多鄉曲故舊故伋言及之帝納之伋前在幷州素結恩德及後入界所到縣邑老幼相攜逢迎道路所過問民疾苦聘求耆德雄俊設几杖之禮朝夕與參政事禮記曰謀於長者必操几杖以從之集解先謙曰書鈔七十二引續漢書云分祿以養之始至行部到西河美稷有童兒數百各騎竹馬集解王補曰史通暗惑云晉陽無竹古今共知假令傳檄宅方蓋亦事同大夏訪知商賈不可多得況在童孺彌復難求羣戲而乘如何克辦然史記趙世家毋卹剖竹得朱書貨殖傳山西饒材竹則晉陽未嘗無竹也道次迎拜伋問兒曹何自遠來曹輩也對曰聞使君到喜故來奉迎伋辭謝之及事訖諸兒復送至郭外問使君何日當還伋謂別駕從事計日當告之集解劉攽曰案文多一當字上文問者可云當此下文著當字無理先謙曰類聚五十文選沈約齊安陸昭王

碑文注引續漢書並無當字劉說是也行部既還先期一日伋爲違信於諸兒集解惠棟曰東觀記伋念負諸童兒違猶負也伋念先期而入是爲負信于諸兒蔣杲云違當作達非也遂止於野亭須期迺入是時朝廷多舉伋可爲大司空帝㠯幷部尚有盧芳之儆儆急也且匈奴未安欲使久於其事故不召集解洪頤煊曰鄭興傳建武六年徵爲太中大夫明年上疏云今公卿大夫多舉漁陽太守郭伋可大司空者而不以時定則公卿之舉伋爲大司空當在九年以前迄十一年而尚未定伋知盧芳夙賊夙舊也難卒㠯力制常嚴烽候明購賞㠯結寇心芳將隋昱集解劉攽曰案隋字至隋時方去辵單作隋今此宜作隨遂謀脅芳降伋芳迺亡入匈奴伋㠯老病上書乞骸骨二十二年徵爲太中大夫賜宅一區及帷帳錢穀㠯充其家伋輒散與宗親九族無所遺餘明年卒時年八十六帝親臨弔賜冢塋地

杜詩字君公河內汲人也少有才能仕郡功曹有公平稱更始時辟大司馬府建武元年歲中三遷爲侍御史安集洛陽時將軍蕭廣放縱兵士暴橫民間百姓惶擾詩勑曉不改遂格殺廣還㠯狀聞世祖召見賜㠯棨戟漢雜事曰漢制假棨戟以代斧鉞崔豹古今注曰棨戟前驅之器也以木爲之後代刻僞無復典刑以赤油韜之亦謂之油戟亦曰棨戟王公以下通用之以前驅也集解惠棟曰說文棨傳信也復使之河東誅降逆賊楊異等詩到大陽大陽縣名屬河東郡集解先謙曰注見鄧禹傳聞賊規欲北度集解惠棟曰規當作規淮南子云心知規高誘云規謀也言賊欲謀北渡河也迺與長史急焚其船部勒郡兵將突騎趁擊斬異等賊遂翦滅拜成皋令成皋縣屬河南郡今洛州汜水縣是集解先謙曰在今開封府汜水縣西北視事三歲舉政尤異再遷爲沛郡都尉轉汝南都尉所在稱治七年遷南陽太守性節儉而政治清平㠯誅暴立威善於計略省愛民役造作水排鑄爲農器排音蒲拜反冶鑄者爲排以吹炭今激水以鼓之也排當作橐古字通用也集解先謙曰官本考證云橐字諸本皆譌作橐從宋本改用力少見功多百姓便之又修治陂池廣拓土田郡內比室殷足時人方於召信臣比室猶比屋也前書曰召信臣字翁卿九江壽春人也遷南陽太守爲人興利務在富之開通溝渠凡十數處故

南陽爲之語曰前有召父後有杜母詩自㠯無勞不安久居大郡求欲降避功臣迺上疏曰陛下亮成天工克濟大業偃兵修文羣帥反旅反旅謂班師也海內合和萬世蒙福天下幸甚唯匈奴未讋聖德威侮二垂讋猶曉也威虐也侮慢也二垂謂西與北也陵虐中國邊民虛耗不能自守臣恐武猛之將雖勤亦未得解甲櫜弓也櫜韜也音高詩曰載櫜弓矢也夫勤而不息亦怨勞而不休亦怨怨恨之師難復責功臣伏覩將帥之情功臣之望冀一休足於內郡休足止行役也然後卽戎出命不敢有恨臣愚㠯爲師克在和不在眾春秋左氏傳文也陛下雖垂念北邊亦當頗泄用之泄猶雜也昔湯武善御眾故無忿鷙之師鷙擊也湯武順天應人其所征討皆弔伐而已故無忿怒而擊也陛下起兵十有三年將帥和睦士卒鳧藻言其和睦歡悅如鳧之戲於水藻也集解惠棟曰注見劉陶傳今若使公卿郡守出於軍壘則將帥自厲壘軍壁厲勉也士卒之復比於宿衞則戎士自百復謂優寬也音福續漢志曰羽林郎秩比三百石掌侍從

〔宿衞言士卒得比於鄗則人百其勇〕何者天下已安各重性命大臣已下咸懷樂土不譬其功而厲其用無㠯勸也陛下誠宜虛歀數郡㠯俟振旅之臣重復厚賞加於久役之士如此緣邊屯戍之師競而忘死乘城拒塞之吏〔集解惠棟曰李奇云乘守也韋昭云乘登也〕不辭其勞則烽火精明守戰堅固聖王之政必因人心今猥用愚薄塞功臣之望誠非其宜臣詩伏自惟忖本㠯史吏一介之才〔史吏謂初爲郡功曹也書曰如有一介臣也集解惠棟曰介古賀反周壽昌曰案一切經音義十五引易劉瓛注云介微也虞翻易注云介纖也孟子一介不以與人一介不以取諸人左傳一介行李唐王勃滕王閣序一介書生即此似不宜引一介臣〕遭陛下創制大業賢俊在外空乏之間超受大恩收養不稱〔集解劉攽曰案收養無義合作牧養二漢通謂守令爲牧養也〕奉職無效久竊祿位令功臣懷慍誠惶誠恐八年上書乞避功德陛下殊恩未許放退臣詩蒙恩尤深義不敢苟冒虛請誠不勝至願願退大郡受小職及臣齒壯力能經營劇事如使臣詩必有補益復受大位

雖析珪受爵所不辭也惟陛下哀矜帝惜其能遂不許之詩雖好推賢〔集解先謙曰疏薦伏湛見湛傳〕數進知名士清河劉統及魯陽長董崇等初禁網尚簡但㠯璽書發兵未有虎符之信詩上疏曰臣聞兵者國之凶器聖人所愼舊制發兵皆㠯虎符其餘徵調竹使而已符策合會取爲大信所㠯明著國命斂持威重也〔說文曰符信也漢制以竹長六寸分而相合前書文帝二年初與郡守爲銅虎符竹使符音義曰銅虎符第一至第五發兵遣使符合乃聽之竹使符以竹五寸鐫刻篆書亦第一至第五也集解惠棟曰鄭康成周禮注云今時徵郡守以竹使符〕間者發兵但用璽書或㠯詔令如有姦人詐僞無由知覺愚㠯爲軍旅尚興賊虜未殄徵兵郡國宜有重愼可立虎符㠯絕姦端昔魏之公子威傾鄰國猶假兵符㠯解趙圍若無如姬之仇則其功不顯〔秦昭王已破趙長平又進圍邯鄲魏昭王之子無忌號信陵君其姊爲趙惠文王弟平原君夫人平原君數遺公子書請救于魏魏王使將軍晉鄙將十萬眾救趙實持兩端以觀望平原君使者相屬謂公子曰今邯鄲旦暮降秦魏救不至獨不憐公子姊邪公子患之過侯嬴問之嬴屏人語曰嬴聞晉鄙兵符常在王臥內而如姬最幸力能竊之嬴聞如姬父爲人所殺公子使客斬其仇頭敬進如姬姬爲公子死無所辭公子誠一開口以請如姬姬必諾公子從其計如姬果盜晉鄙兵符與公子於是遂矯魏王令奪晉鄙兵進擊秦軍解去事見史記也〕事有煩而不可省費而不得已葢謂此也書奏從之詩身雖在外盡心朝廷讜言善策隨事獻納視事七年政化大行十四年坐遣客爲弟報仇被徵會病卒司隸校尉鮑永上書言詩貧困無田宅喪無所歸詔使治喪郡邸賻絹千匹〔集解先謙曰東觀記云賻絹七千匹〕

孔奮字君魚扶風茂陵人也曾祖霸元帝時爲侍中奮少從劉歆受春秋左氏傳歆稱之謂門人曰吾已從君魚受道矣〔言君魚之道已過於己也集解惠棟曰孔子通左氏傳義詁訓序云君魚少從劉子駿受春秋左氏傳其于講業最明精究其義子駿自以才學不若也其或訪經傳于子駿輒曰幸問孔君魚吾已還從之諮道矣由是大以春秋見稱當世先謙曰官本注也作矣〕遭王莽亂奮與老母幼弟避兵河西建武五年河西大將軍竇融請奮署議曹掾守姑臧長八年賜爵關內侯〔集解惠棟曰東觀記七年詔書以奮在姑臧治有絕迹賜爵關內侯〕時天下擾亂唯河西獨安而姑臧稱爲富邑通貨羌胡市日四

合〔古者爲市一日三合周禮曰大市日側而市百族爲主朝時而市商賈爲主夕時而市販夫販婦爲主今既人貨殷繁故一日四合也〕每居縣者不盈數月輒至豐積奮在職四年財產無所增事母孝謹雖爲儉約奉養極求珍膳躬率妻子同甘菜茹〔廣雅曰茹食也集解惠棟曰續漢書云妻子飲食但葱韭陶潛云夫人情莫不欲厚其親然亦有分焉奮則難繼能致儉以全其義者鮮矣蘇輿曰菜茹平列史記公儀子相魯食茹而美漢書食貨志還廬樹桑菜茹有畦王莽傳雖生菜茹而人不食顏注並云茹所食之菜晰矣初學記引東觀記趙孝夫婦先食菜茹令弟妻同食飯据此知茹不專訓食章懷注非馬融廣成頌芳茹甘荼章懷注茹菜也不誤〕時天下未定士多不修節操而奮力行淸潔爲眾人所笑或㠯爲身處脂膏不能㠯自潤〔集解惠棟曰周易屯之九五云屯其膏小貞吉大貞凶漢書谷永傳引此文孟康注云膏者所以入潤肌膚爵祿亦所以養人也君吝則凶臣吝則吉奮守姑臧賜爵關內侯爵祿可謂厚矣而猶儉約益苦東觀記所云置脂膏中亦不能自潤然爲人臣義當如是此謂小貞吉也〕徒益苦辛耳〔集解劉攽曰案文益當在徒字上〕奮既立節治貴仁平〔集解汪文臺曰書鈔七十八續漢書云奮以仁義爲治抑强扶弱〕太守梁統深

相敬待不吕官屬禮之常迎於大門引入見母〔集解〕汪文臺曰類聚五十續漢書云常迎於大門敬以師友書鈔七十八同隴蜀既平河西守令咸被徵召財貨連轂彌竟川澤唯奮無資單車就路姑臧吏民及羌胡更相謂曰孔君清廉仁賢舉縣蒙恩如何今去不共報德遂相賦斂牛馬器物千萬吕上追送數百里奮謝之而已一無所受既至京師除武都郡丞時隴西餘賊隗茂等〔集解〕惠棟曰茂囂族人見西南夷傳夜攻府舍殘殺郡守賊畏奮追急迺執其妻子〔集解〕先謙曰東觀記云妻時在郡欲吕爲質奮年已五十唯有一子終不顧望遂窮力討之吏民感義莫不倍用命焉郡多氐人〔集解〕惠棟曰武都即白馬氐之地便習山谷其大豪齊鍾留者爲羣氐所信向奮迺率厲鍾留等令要遮鈔擊共爲表裏賊窘懼逼急迺推奮妻子吕置軍前冀當退卻而擊之愈厲遂禽滅茂等奮妻子亦爲所殺世祖下詔褒美拜爲武都太守奮自爲府丞已見敬重及拜太

守舉郡莫不改操爲政明斷甄善疾非甄明也見有美德愛之如親其無行者忿之若仇郡中稱爲清平弟奇游學洛陽〔集解〕惠棟曰東觀記奮篤於骨肉弟奇在洛陽爲諸生分俸祿以供給其糧用四時送衣下至脂燭每有所食甘美輒分減以遺奇柎脯詩分減及魏經一字本此人以為出華嚴非也奮吕奇經明當仕上病去官守約鄉閭卒於家奇博通經典作春秋左氏删删定其義也〔集解〕惠棟曰孔子通左氏傳義詁訓序云先生名奇字子異褒成君次孺第二子之後也雅好儒術淡忽榮祿不願從政遂删撮左氏傳之難者集爲義詁發伏闇幽讚明聖祖之道以祛後學著書未畢而早世不永宗人子通痛其不遂惜茲大訓不行于世乃校其篇目各如本第并序答問凡三十一卷奮晚有子嘉官至城門校尉作左氏說云說猶今之疏也

張堪字君游南陽宛人也爲郡族姓堪早孤讓先父餘財數百萬與兄子年十六受業長安志美行厲諸儒號曰聖童〔集解〕惠棟曰東觀記治梁邱易才美而高京師號曰聖童世祖微時見堪志操常嘉焉及即位中郎將來歙薦堪召拜郎中三遷爲謁者使送委輸縑帛并領騎七千匹詣大司馬吳漢伐公孫述在道追拜蜀郡太守〔集解〕通鑑胡注時成都未破先署蜀郡太守以招懷蜀人先謙曰東觀記云堪守蜀郡公孫述遣擊之堪有同心之士三千人相謂曰張君養我曹爲今日也乃選擇水軍三百人斬竹爲箄渡水遂免難時漢軍餘七日糧陰具船欲遁去堪聞之馳往見漢說述必敗〔集解〕惠棟曰袁宏紀曰說如字不宜退師之策漢從之〔集解〕惠棟曰袁宏紀初漢軍糧盡具舟將退謂堪曰禍將至矣軍有七日糧而轉輸不至必爲虜擒不如退也堪乃止之與傳異迺示弱挑敵述果自出戰死城下成都既拔堪先入據其城〔集解〕先謙曰漢先遣堪入成都鎮撫吏民檢閱庫藏收其珍寶悉條列上言〔集解〕惠棟曰袁宏紀府藏珍寶皆有簿券秋毫無私秋毫者喻細也慰撫吏民蜀人大悅在郡二年徵拜騎都尉後領驃騎將軍杜茂營擊破匈奴於高柳拜漁陽太守捕擊姦猾賞罰必信吏民皆樂爲用匈奴嘗吕萬騎入漁陽堪率數千騎奔擊大破之郡界吕靜迺於狐奴開稻田八千餘頃勸民耕種吕致殷富百姓歌曰桑無附枝麥穗兩岐〔集解〕通鑑胡注蠶月既採桑斫去繁枝留其特長者則來年桑特茂盛麥率一莖一穗無兩岐者故以爲瑞

張君爲政樂不可支視事八年匈奴不敢犯塞帝嘗召見諸郡計吏〔集解〕惠棟曰袁宏紀爲明帝事與此異問其風土及前後守令能否蜀郡計掾樊顯進曰漁陽太守張堪昔在蜀漢仁吕惠下〔集解〕惠棟曰漢東觀記作其屬下句讀威能討姦前公孫述破時珍寶山積捲握之物足富十世捲握猶掌握也謂珠玉之類也〔集解〕惠棟曰前書食貨志云晁錯云珠玉金銀其爲物輕微易藏在于把握可以周海內而無飢寒之患而堪去職之日乘折轅車布被囊而已帝聞良久歎息良猶甚也拜顯爲魚復長魚復縣屬巴郡故城在今夔州人復縣北赤甲城是〔集解〕惠棟曰東觀記云上以顯陳堪行有效即除爲漁陽令也方徵堪會病卒帝深悼惜之下詔褒揚賜帛百匹〔集解〕惠棟曰東觀記光武詔曰平原丞李善稱張堪于故令范遷令人面熱汗出其賜堪家新縑百匹以表廉吏是則稱堪者不獨樊顯也李善字次孫見獨行傳范遷字公闓永平中爲司徒詔云故令范遷疑有誤也蘇輿曰虞延於永平八年代范遷爲司徒見延傳蓋遷初爲令後至司徒也故字統生死言之如楊震傳故太尉震陰興傳永平詔稱故侍中衛尉關內侯興此謂物故者也春秋繁露郊事對臣湯承制以郊事問故膠東相董仲舒張楷傳順帝詔云故長陵令張楷班固傳竊見故司空掾桓梁伏湛傳杜詩奏故大司徒陽都侯

伏湛廉范傳故蜀郡太守廉叔度好周人窮急鄭玄傳應劭因自贊曰故太山太守應仲遠此類甚多不備舉並屬生者爲言詔詞故令非誤先謙曰我朝文書生者稱前任死者稱原任較有分別

廉范〔集解〕惠棟曰陶潛孝傳作範古字通字叔度京兆杜陵人趙將廉頗之後也漢興吕廉氏豪宗自苦陘徙焉苦陘縣屬中山國章帝更名漢昌世爲邊郡守或葬隴西襄武故因仕焉曾祖父褒〔集解〕惠棟曰見劉輔傳百官公卿表云褒字子上成哀間爲右將軍祖父丹王莽時爲大司馬庸部牧王莽改益州爲庸部皆有名前世范父遭喪亂客死於蜀漢范遂流寓西州西州謂巴蜀也西州平歸鄉里年十五辭母西迎父喪〔集解〕惠棟曰袁宏紀范辭母入蜀迎父喪母憐其小謂曰汝家惟汝一身遭世亂恐滅絕不得奉宗祀今僅得全奈何復棄我遠去范固自請母不能止遂與客俱西入蜀蜀郡太守張穆丹之故吏迺重資送范范無所受與客步負喪歸葭萌葭萌縣名屬廣漢郡今利州益昌縣卽漢葭萌地也〔集解〕先謙曰在今保寧府昭化縣南載船觸石破沒范抱持棺柩遂俱沈溺〔集解〕惠棟曰水經注晉壽水有津關亦廉叔度抱父柩自沈處衆傷其義鉤求得之〔集解〕惠棟曰袁宏紀衆相與共鉤求一日乃得共抱懸良久乃蘇乃療救僅免於死穆聞復馳遣使持前資物追范范又固辭〔集解〕惠棟曰東觀記穆持筒中布數篋與范范曰石生堅蘭生香前後相違不忍行也遂不受歸葬服竟〔集解〕惠棟曰袁宏紀初范之入蜀以良田百餘頃屬故吏毛仲范歸仲子叔奉仲遺命以田歸范范以物無常主在人卽有推田與之詣京師受業事博士薛漢漢字公子見儒林傳京兆隴西二郡更請召皆不應永平初隴西太守鄧融備禮謁范爲功曹謁請也會融爲州所舉案舉其罪案驗之范知事譴難解欲吕權相濟迺託病求去融不達其意大恨之范於是東至洛陽變名姓求代廷尉獄卒居無幾融果徵下獄〔集解〕惠棟曰會稽典錄云盛吉字君達山陰人司徒虞延辟西曹掾時隴西太守鄧融以臧罪徵詣廷尉前後考驗歷歲不服明帝下三府遺精能掾吏就考劾到詔獄但敕主者供湯沐飲食不去問事明日復往解融桎梏安徐以情實告曰君若無臧强見誣枉君其列辭當相仰理如審有罪不得誣罔國家融感吉意卽移辭首服范遂得衞侍左右盡心勤勞融怪其貌類范而殊不意迺謂曰卿何似我故功曹邪范訶之曰君困厄瞀亂邪鄭玄注禮記曰瞀目不明之貌語遂絕融繫出困

病范隨而養視及死竟不言身自將車送喪致南陽〔集解〕先謙曰官本致作至葬畢迺去後辟公府會薛漢坐楚王事誅楚王英謀反也故人門生莫敢視范獨往收斂之吏吕聞顯宗大怒召范入詰責曰薛漢與楚王同謀交亂天下范公府掾不與朝廷同心而反收斂罪人何也范叩頭曰臣無狀愚戇吕爲漢等皆已伏誅不勝師資之情罪當萬坐老子曰善人爲不善人之師不善人爲善人之資也帝怒稍解問范曰卿廉頗後邪與右將軍褒大司馬丹有親屬乎范對曰褒臣之曾祖丹臣之祖也帝曰怪卿志膽敢爾因貰之貰赦也由是顯名舉茂才數月再遷爲雲中太守〔集解〕惠棟曰袁宏紀范爲溫令數月遷雲中太守會匈奴大入塞烽火日通故事虜入過五千人〔集解〕劉攽曰案文上人當作入移書傍郡〔集解〕惠棟曰東觀記故事虜出度五千人乃移書傍郡求助吏白今虜兵度出五千請移警檄吏欲傳檄求救〔集解〕惠棟曰王劭案春秋後語云文二尺檄許慎云檄尺二書范不聽自率士卒拒之〔集解〕惠棟曰東觀記遂選精兵自將出至近縣令老弱城守而追之虜衆盛而范兵不敵會日暮令軍士各交縛兩炬三頭爇火營中星列用兩炬交縛如十字爇其三頭手持一端使敵人望之疑兵士之多虜遙望火多謂漢兵救至大驚待旦將退范迺令軍中蓐食晨往赴之蓐食早起食於寢蓐中也斬首數百級虜自相轔藉死者千餘人轔轢也藉相蹈藉也由此不敢復向雲中後頻歷武威武都二郡太守隨俗化導各得治宜〔集解〕先謙曰書鈔七十五華嶠書云范爲武原太守下車申明賞罰誅鋤姦猾表用良吏武下原字未知是否建初中遷蜀郡太守其俗尚文辯好相持短長范每厲吕淳厚不受偸薄之說成都民物豐盛邑宇逼側舊制禁民夜作吕防火災而更相隱蔽燒者日屬范迺毀削先令但嚴使儲水而已百姓爲便迺歌之曰廉叔度來何暮不禁火民安作平生無襦今五袴作協韻音則護反〔集解〕惠棟曰東觀記作作[illegible]在蜀數年〔集解〕先謙曰東觀記云百姓皆喜家得其願時生子皆以廉名者千數坐法免歸鄉里〔集解〕惠棟曰楊終傳范爲州所考遣終兄郡吏鳳候終終爲游說坐徙北地范世在邊廣田地積財粟悉吕賑宗族

朋友肅宗崩范奔赴敬陵時廬江郡掾嚴麟奉章弔國俱會於路麟乘小車塗深馬死不能自進范見而愍然命從騎下馬與之不告而去麟事畢不知馬所歸迺緣蹤訪之集解王會汾曰監本作緣縱謂縱馬任其所之隨後訪之也諸本或作蹤則上下文義不貫從監本義長惠棟曰縱當作蹤古字通續漢書作沿路先謙曰官本作縱或謂麟曰故蜀郡太守廉叔度好周人窮急今奔國喪獨當是耳麟亦素聞范名㠯爲然卽牽馬造門謝而歸之世伏其好義然依倚大將軍竇憲㠯此爲譏卒於家初范與洛陽慶鴻集解惠棟曰袁宏紀洛陽亭長爲刎頸交時人稱曰前有管鮑後有慶廉鴻慷慨有義節位至琅邪會稽二郡太守集解惠棟曰干寶搜神記何敞吳郡人少好道義隱居里以大旱民物憔悴太守慶鴻遣戶曹掾致謁奉印綬煩守無錫敞不受追歎而言曰郡界有災安能得懷道因跋涉之縣駐明星屋中蝗蝝消死敞卽遁去後舉方正皆不就卒于家所在有異迹

論曰張堪廉范皆㠯氣俠立名觀其振危急赴險阸有足壯者堪

之臨財范之忘施亦足㠯信意而感物矣信音伸若夫高祖之召欒布欒布梁人爲人所略賣爲奴梁王彭越贖爲梁大夫使于齊漢召彭越以謀反夷三族詔有收視者輒捕之布還奏事彭越頭下祠而哭之吏捕以聞上召罵曰若與彭越反邪布曰今漢一徵兵于梁彭王不行而疑㠯爲反則人人自危也上乃釋布拜爲都尉也明帝之引廉范加怒㠯發其志就戮更延其寵聞義能徙誠君道所尚然情理之樞亦有開塞之感焉戶之開闔必由於樞情之通塞必在於感然高帝明帝初怒欒布廉范後感其義而赦之集解先謙曰官本然作言

王堂字敬伯廣漢郪人也集解先謙曰郪縣在今潼州府三臺縣南初舉光祿茂才光祿舉之爲茂才也遷穀城令治有名迹穀城縣屬東郡故城在今濟州東阿縣東集解先謙曰今泰安府東阿縣治永初中西羌寇巴蜀爲民患集解惠棟曰華陽國志永初二年梁州羌反入漢中殺太守董炳擾動巴中詔書遣中郎將尹就攻討連年不剋三府舉堂治劇拜巴郡太守堂馳兵赴賊斬虜千餘級巴庸清靜吏民生爲立祠庸卽上庸縣也故城在今房州清水縣西也集解惠棟曰華陽國志堂初臨郡進賢達士舉孝子嚴永隱士黃錯名儒陳髦俊士張璊皆至大位先謙曰上庸縣在今鄖陽府竹山縣東南刺史張喬表其治能遷右扶風安帝西巡阿母王聖中常侍江京等並請屬於堂堂不爲用集解惠棟曰華陽國志帝舅車騎將軍閻顯大將軍竇憲中常侍江京等屬託輒拒之掾史固諫之堂曰吾蒙國恩豈可爲權寵阿意㠯死守之阿曲也卽日遣家屬歸閉閤上病果有誣奏堂者會帝崩京等悉誅堂㠯守正見稱永建二年徵入爲將作大匠四年坐公事左轉議郞續漢志曰議郞秩六百石無員復拜魯相政存簡一至數年無辭訟遷汝南太守搜才禮士不苟自專迺教掾史曰古人勞於求賢逸於任使故能化清於上事緝於下其憲章朝右簡覈才職集解先謙曰官本考證曰職字應照宋本作識委功曹陳蕃匡政理務拾遺補闕任主簿應嗣集解惠棟曰鍾岏良吏傳堂爲汝南太守屬城多闇弱堂簡選四部都郵奏免四十餘人以陳蕃爲功曹應嗣爲主簿庶循名責實集解惠棟曰語見愼子察言觀効爲自是委誠求當不復妄有辭敎郡內稱治時大將軍梁商及尚書令袁湯㠯求屬不行並恨

之後廬江賊迸入弋陽界堂勒兵追討卽便奔散而商湯猶因此風州奏堂在任無警免歸家年八十六卒遺令薄斂瓦棺㠯葬子穉清行不仕集解惠棟曰華陽國志堂長子博少子穉穉字叔起屢拒孝廉公府十五辟公車徵及授二千石徵以太常終不詣年八十一卒門人錄其本行謚曰憲父癸未詔書以安車聘請會已亡曾孫商益州牧劉焉㠯爲蜀郡太守有治聲集解惠棟曰華陽國志博子遵遵子商字文表博學多聞州牧劉璋辟爲治中試守蜀郡太守商勸璋攬奇拔雋甚善匡救薦致名士皆至州右職

蘇章字孺文扶風平陵人也集解惠棟曰袁宏紀字孺父京兆茂陵人八世祖建武帝時爲右將軍前書曰建以校尉從大將軍靑擊匈奴封平陵侯中子武最知名也集解洪亮吉曰案著八世祖建則明非蘇武後矣注引中子武最知名贅說祖父純字桓公有高名性強切而持毀譽持執也執毀譽之謂品藻其臧否士友咸憚之至迺相謂曰見蘇桓公患其教責人不見又思之三輔號爲大人大人長老之稱言尊事之也集解惠棟曰蘇氏爲扶風著姓故云大人如岑彭稱韓歆爲南陽大人是也永平中爲奉車都尉竇固軍出擊北匈奴車師有

功〔集解〕劉攽曰案竇固自爲奉車都尉蘇純但從之耳爲當作從封中陵鄉侯官至南陽太守章少博學能屬文〔集解〕汪文臺曰書鈔一百三十五御覽七百十一引謝承書蘇章字士成北海人負笈追師不遠萬里安帝時舉賢良方正對策高第爲議郎數陳得失其言甚直出爲武原令武原縣屬楚國故城在今泗州下邳縣北〔集解〕先謙曰在今徐州府邳州西北八十里泇口社時歲飢輒開倉廩活三千餘戶順帝時遷冀州刺史故人爲清河太守章行部案其姦臧酒請太守爲設酒肴〔集解〕惠棟曰三輔決錄云案得其好貨乃設酒接以溫顏陳平王之好甚歡〔集解〕先謙曰官本王作生是太守喜曰人皆有一天我獨有二天〔集解〕通鑑胡注謂章必能覆蓋其惡也章曰今夕蘇孺文與故人飲者私恩也明日冀州刺史案事者公法也遂舉正其罪州境知章無私望風畏肅換爲并州刺史以折折權豪忤旨坐免〔集解〕先謙曰官本上折作摧是隱身鄉里不交當世後徵爲河南尹不就時天下日敝民多悲苦論者舉章有幹國才朝廷不能復用卒於家兄曾孫不韋

不韋字公先父謙初爲郡督郵時魏郡李暠爲美陽令與中常侍具瑗交通貪暴爲民患前後監司畏其勢援莫敢糾問〔集解〕先謙曰官本糺作糾及謙至部案得其臧論輸左校謙累遷至金城太守去郡歸鄉里漢法免罷守令自非詔徵不得妄到京師而謙後私至洛陽時暠爲司隸校尉收謙詰掠死獄中暠父因刑其尸以報昔怨〔集解〕先謙曰官本父作又是不韋時年十八徵詣公車會謙見殺不韋載喪歸鄉里瘞而不葬仰天歎曰伍子胥獨何人也子胥父伍奢爲楚王所殺子胥復仇鞭平王之尸解見寇榮傳迺藏母於武都山中武都郡名其地在今成州上祿縣界有仇池山東西懸絕壁立百仞故藏於其中也遂變名姓盡以家財募劒客邀暠於諸陵閒不剋會暠遷大司農時右校芻廥在寺北垣下說文云廥芻稾藏音工外反垣牆也〔集解〕惠棟曰大司農寺也不韋與親從兄弟潛入廥中夜則鑿地晝則逃伏如此經月遂得傍達暠之寢室出其牀下值暠在廁因殺其妾并及小兒留書而去暠大驚懼迺布棘於室以板藉地一夕九徙雖家人莫知其處每出輒劒戟隨身壯士自衞不韋知暠有備迺日夜飛馳竟到魏郡掘其父阜冢斷取阜頭以祭父墳又標之於市曰李君遷父頭暠匿不敢言而自上退位歸鄉里私掩塞冢槨捕求不韋歷歲不能得憤恚感傷發病嘔血死〔集解〕先謙曰官本嘔作歐同不韋後遇赦還家迺始改葬行喪士大夫多譏其發掘冢墓歸罪枯骨不合古義唯任城何休方之伍員〔集解〕惠棟曰公羊傳論伍員云事君猶事父也此其爲可以復讐奈何曰父不受誅子復讐可也何休推公羊之義以不韋復讐合于古義太原郭林宗聞而論之曰子胥雖云逃命而見用彊吳憑闔廬之威因輕捍之眾〔集解〕先謙曰官本捍作悍是雪怨舊郢曾不終朝而但鞭墓戮尸以舒其憤竟無手刃後主之報豈如蘇子單特孑立靡因靡資強仇豪援據位九卿城闕天阻宮府幽絕埃塵所不能過霧露所不能沾不韋毀身燋慮出於百死冒觸嚴禁陷族

禍門雖不獲逞爲報已深況復分骸斷首以毒生者毒苦也使暠懷忿結不得其命猶假手神靈以斃之也力唯匹夫功隆千乘比之於員不以優乎議者於是貴之後太傅陳蕃辟不應爲郡五官掾

初弘農張奐睦於蘇氏而武威段熲與暠素善後奐熲有隙及熲爲司隸以禮辟不韋不韋懼之稱病不詣熲既積憤於奐因發怒迺追咎不韋前報暠事以爲暠表治謙事被報見誅君命天也而不韋仇之又令長安男子告不韋多將賓客奪舅財物遂使從事張賢等就家殺之迺先以鴆與賢父曰若賢不得不韋便同飲此賢到扶風郡守使不韋奉謁迎賢即時收執并其一門六十餘人盡誅滅之諸蘇以是衰破又段熲爲楊球所誅〔集解〕先謙曰官本楊作陽王會汾云案段熲事具載陽球本傳諸本並誤作楊今改正又官本作及是天下以爲蘇氏之報焉

羊續字興祖太山平陽人也〔集解〕洪亮吉曰平陽縣中興時省其先七世二千石

卿校祖父𠐛集解惠棟曰一作祲安帝時司隸校尉集解惠棟曰安帝時河南尹缺公卿皆舉鄧豹李郃獨薦祲見郃別傳父儒桓帝時爲太常續㠯忠臣子孫拜郎中集解先謙曰忠臣郎中臣忠中通作見趙典傳去官後辟大將軍竇武府及武敗坐黨事禁錮十餘年幽居守靜及黨禁解復辟太尉府四遷爲盧江太守集解汪文臺曰初學記二十一引謝承書云爲盧江太守以清率下半月一炊惟臥一幅布幬幬穿敗糊紙以補之御覽四百二十五六百九十九同書鈔三十八引幬作裯又云瓦器盛漿後揚州黃巾賊攻舒焚燒城郭續發縣中男子二十㠯上皆持兵勒陳其小弱者悉使負水灌火會集數萬人幷埶力戰大破之郡界平後安風賊戴風等作亂安風縣屬盧江郡續復擊破之斬首三千餘級生獲渠帥其餘黨輩原爲平民原免也賦與佃器使就農業中平三年江夏兵趙慈反叛殺南陽太守秦頡攻沒六縣拜續爲南陽太守當入郡界迺羸服間行侍童子一人觀歷縣邑採問風謠然後迺進其令長貪絜吏民良猾悉逆知其狀

郡內驚竦莫不震懾迺發兵與荆州刺史王敏共擊慈斬之獲首五千餘級屬縣餘賊並詣續降續爲上言宥其枝附集解惠棟曰枝黨及附賊者也賊既清平迺班宣政令候民病利損於人曰病益於人曰利百姓歡服時權豪之家多尚奢麗續深疾之常敝衣薄食車馬羸敗集解汪文臺曰御覽三百六十九謝承書云續爲南陽太守志在矯俗裳不下膝彈琴出肘八百五十五引云鹽豉共一壺書鈔百四十六同府丞嘗獻其生魚續受而懸於庭丞後又進之續迺出前所懸者㠯杜其意集解汪文臺曰書鈔三十八御覽四百二十五九百三十六謝承書云續好啖生魚府丞焦儉以三月望餉鯉魚一頭續不爲意而懸之于庭少有皮骨明年三月儉復致一枚續乃出所懸枯魚以示儉遂終身不復食續妻集解惠棟曰羊氏家傳云續娶濟北星重女案星姓惟見此後與子祕俱往郡舍集解先謙曰官本往作詣續閉門不內妻自將祕行其資藏唯有布衾敝袛裯鹽麥數斛而已說文曰袛裯短衣也廣雅云卽襦袮也袛音丁奚反裯音丁勞反顧敕祕曰吾自奉若此何㠯資爾母乎使與母俱歸六年靈帝欲㠯續爲太尉集解惠棟曰袁山松漢書云太尉劉虞讓位於續時

拜三公者皆輸東園禮錢千萬集解何焯曰東疑作西先謙曰書鈔四十謝承書類聚六十七書鈔百二十九御覽六百九十三袁山松書並作東園令中使督之名爲左騶騶騎士也其所之往輒迎致禮敬厚加贈賂續迺坐使人於單席舉縕袍㠯示之縕故絮也集解惠棟曰范泰古今善言云續出黃紙補袍以示使者時人謠曰天下清苦羊興祖曰臣之所資唯斯而已左騶白之帝不悅㠯此故不登公位而徵爲太常未及行會病卒時年四十八遺言薄斂不受賵遺集解汪文臺曰書鈔三十八引謝承書云病困謂子祕曰吾有馬一匹賣以買棺牛車一乘載喪勿受郡送也舊典二千石卒官賻百萬府丞焦儉遵續先意一無所受詔書襃美敕太山太守㠯府賻錢賜續家云

賈琮字孟堅東郡聊城人也聊城今博州縣舉孝廉再遷爲京兆令集解劉攽曰案無京兆縣又未可爲尹明多兆字是河南京縣令也先謙曰劉說是京縣在今開封府滎陽縣東南二十一里有政理迹舊交阯土多珍產明璣翠羽犀象瑇瑁異香美木之屬莫不自出說文曰璣珠之不圓者異物志曰翠鳥形似鸞背赤而翠青其羽可以爲飾廣雅曰瑇瑁形似䵹出南海巨延州也前後

刺史率多無清行上承權貴下積私賂財計盈給輒復求見遷代故吏民怨叛中平元年交阯屯兵反執刺史及合浦太守自稱柱天將軍靈帝特敕三府精選能吏有司舉琮爲交阯刺史琮到部訊其反狀咸言賦斂過重百姓莫不空單京師遙遠告寃無所民不聊生自活集解劉攽曰案文自活非本傳文是注以解聊生耳故聚爲盜賊琮卽移書告示各使安其資業招撫荒散蠲復傜役集解先謙曰官本役作役誅斬渠帥爲大害者簡選良吏試守諸縣歲間蕩定百姓㠯安巷路爲之歌曰賈父來晚使我先反今見清平吏不敢飯集解通鑑胡注言吏不敢過民家而飯也飯扶晚反在事三年爲十三州最徵拜議郎時黃巾新破兵凶之後郡縣重斂因緣生姦詔書沙汰刺史二千石更選清能吏迺㠯琮爲冀州刺史集解惠棟曰案蜀志太常劉焉覩靈帝政治衰缺王室多故乃建議言刺史太守貨賂爲官割剝百姓以致離叛可選清名重臣以爲牧伯鎮安方夏注續漢書曰是時用劉虞爲幽州劉焉爲益州劉表爲荆州賈琮爲冀州虞等皆海內清名之士

或從列卿尚書以選爲牧伯各以本秩居任云云而靈帝紀于中平五年亦云是歲改刺史新置牧則琮時爲冀州牧不當仍稱刺史矣舊典傳車驂駕垂赤帷裳〔集解〕惠棟曰風俗通今刺史行部號傳車魏志云漢刺史稱傳車其吏言從事居無常治續志大使車立乘駕駟赤帷持節者重導迎於州界及琮之部升車言曰刺史當遠視廣聽糾察美惡何有反垂帷裳以自掩塞乎迺命御者褰之百城聞風自然竦震其諸臧過者望風解印綬去唯瘿陶長濟陰董昭觀津長梁國黃就當官待琮於是州界翕然靈帝崩大將軍何進表琮爲度遼將軍卒於官

陸康字季寧吳郡吳人也祖父續在獨行傳父襃〔集解〕惠棟曰世系云襃字叔明有志操連徵不至康少仕郡以義烈稱〔集解〕惠棟曰謝承書云康少惇孝弟勤修操行太守李肅察孝廉肅後坐事伏法康斂尸送喪還潁川行服禮終舉茂才刺史臧旻舉爲茂才除高成令高成縣屬勃海郡也〔集解〕先謙曰今天津府鹽山縣東南三十里縣在邊垂舊制令戶一人具弓弩以備〔集解〕惠棟曰崔豹古今注云伍伯一曰戶伯漢制兵吏五人一戶竈置一伯漢諸公行則戶伯率其伍以導引也

不虞不得行來行來猶往來也長吏新到輒發民繕修城郭康至皆罷遣百姓大悅以恩信爲治寇盜亦息州郡表上其狀光和元年遷武陵太守轉守桂陽樂安二郡所在稱之時靈帝欲鑄銅人而國用不足迺詔調民田畝斂十錢而比水旱傷稼百姓貧苦康上疏諫曰臣聞先王治世貴在愛民省傜輕賦以寧天下除煩就約以崇簡易易曰乾以易知坤以簡能而天下之理得矣故萬姓從化靈物應德末世衰主窮奢極侈造作無端興制非一勞割自下以從苟欲勞苦割剝於下人也故黎民吁嗟陰陽感動陛下聖德承天當隆盛化而卒被詔書畝斂田錢鑄作銅人伏讀惆悵悼心失圖〔集解〕惠棟曰左傳文夫什一而稅周謂之徹孟子曰夏后氏五十而貢殷人七十而助周人百畝而徹其實皆什一也徹者通也言其法度可通萬世而行也故魯宣稅畝而蝝災自生公羊傳曰初稅畝者何履畝而稅也何休注云宣公無恩信於人人不肯盡力於公田起履踐案行擇其畝穀好者稅取之蝝螽子也公羊傳冬蝝生此言蝝生何上變古易常也注云上謂宣公變易公田舊制而稅畝也〔集解〕惠棟曰鄭元論語注云徹通也爲天下之通法哀公增賦而孔子非之左傳曰季孫欲以田賦使冉有訪諸仲尼仲尼私於冉有曰子季孫若欲行而法則周公之典在若欲苟而行之又何訪焉〔集解〕王會汾曰注以字監本作益案左氏傳本作以今從原文改正豈有聚奪民物以營無用之銅人捐捨聖戒自蹈亡王之法哉謂秦始皇鑄銅人十二卒致滅亡也傳曰君舉必書書而不法後世何述焉陛下宜留神省察改敝從善以塞兆民怨恨之望書奏內倖因此譖康援引亡國以譬聖明大不敬檻車徵詣廷尉侍御史劉岱典考其事岱爲表陳解釋免歸田里復徵拜議郎會廬江賊黃穰等與江夏蠻連結十餘萬人攻沒四縣拜康廬江太守康申明賞罰擊破穰等餘黨悉降帝嘉其功拜康孫尚爲郎中獻帝即位天下大亂康蒙險遣孝廉計吏奉貢朝廷詔書策勞加忠義將軍秩中二千石時袁術屯兵壽春部曲飢餓遣使求委輸兵甲康以其叛逆閉門不通內修戰備將以禦之術大怒

遣其將孫策攻康〔集解〕惠棟曰吳志策昔曾詣康康不見使主簿接之策常銜恨術遣策攻康謂曰前錯用陳紀每恨本意不遂今若得康廬江眞卿有也圍城數重康固守吏士有先受休假者〔集解〕惠棟曰漢律吏五日得一休沐言休息以洗浴也皆遁伏還赴暮夜緣城而入受敵二年城陷月餘發病卒年七十宗族百餘人遭離飢戹死者將半朝廷愍其守節拜子儁爲郎中少子績仕吳爲鬱林太守博學善政見稱當時幼年曾謁袁術懷橘墮地者也有名稱績字公紀吳志有傳

贊曰伋牧朔藩信立童昏詩守南楚〔集解〕官本考證曰守字監本作定從宋本改正蘇輿曰南楚謂南陽南陽屬荊州春秋演孔圖卯金刀名爲劉中國東南出荊州謂光武起南陽也鄭興傳興說更始曰陛下起自荊楚更始亦起南陽故云民作謠言奮馳單乘堪爲毀轅范得其朋易曰西南得朋廉范遷蜀郡太守百姓便之蜀在西南故曰得朋也〔集解〕何焯曰得朋謂與慶鴻爲刎頸交也注誤堂任良肱謂委任功曹陳蕃主簿應嗣郡中大化也二蘇勁烈羊賈廉能季寧拒策城隕衝輣輣兵車也音彭協韻音普滕反

郭杜孔張廉王蘇羊賈陸列傳第二十一　終　　後漢書三十一

後漢書集解卷三十一校補

郭伋傳省朔方刺史屬并州錢大昭曰武帝置刺史十三人成帝更爲牧哀帝建平二年復爲刺史元壽二年復爲牧經王莽變革建武元年復置牧十八年罷州牧置刺史傳云朔方刺史誤也當從本紀作朔方牧觀下文云迺調伋爲并州牧則是時安得有刺史耶

各騎竹馬道次迎拜錢大昭曰閩本馬下有于字案官本馬下亦有於字

伋謂別駕從事錢大昭曰刺史行部則別駕從事奉引錄衆事今名雖爲牧職仍刺史故其制同

杜詩傳字君公君公東觀記同官本作公君誤倒

聞賊規欲北度集解惠棟曰規當作規至謀也案國策齊無天下之規章注規謀也晉書石勒記載張賓曰宜及其未有備密規進據罕城即密謀也禮儒行其規爲有如此者孔疏釋爲規度所爲之事規與度皆器名引伸皆有謀義猶籌算字也本書謀皆作規不必如惠說改字

造作水排鑄爲農器注今激水以鼓之也今兩漢博聞引同官本作令案魏志韓暨爲監冶謁者舊時冶作馬排每用馬百匹更作人排又費功力暨乃因長流爲水排利益三倍知暨法亦本於詩耳水排即今水碓

章懷以橐籥之吹炭爲言蓋著排名所由起而其法本自冶人發明今用水激則有異也排當作橐古字通用也錢大昭曰排古字橐俗字

孔奮傳市日四合注周禮曰大市日側而市百族爲主朝時而市百賈爲主夕時而市販夫販婦爲主官本朝時上有朝市二字夕時上有夕市二字與今周禮文合

張堪傳麥穗兩岐集解通鑑胡注至故以爲瑞錢大昭曰通鑑穗作秀

足富十世富袁紀同官本作當非

拜顯爲魚復長注故城在今夔州人復縣北赤甲城是柳從辰曰唐地理志貞觀二十三年改人復爲奉節此不得仍稱人復案章懷作注於釋地多承用隋代舊名所見已多蓋新更之名尚無圖經可據其相助爲理者仍爲隋時學者沿襲用之未及改正不足爲異也

廉范傳不禁火民安作集解惠棟曰東觀記作作厝案今聚珍本東觀記作作堵作厝堵三字皆與火袴通協承上夜作言以作爲長

平生無襦今五袴侯康曰華陽國志作來時我單衣去時重五絝

王堂傳遷穀城令錢大昭曰漢制大縣置令小縣置長此云穀城令而張遷碑則稱穀城長蓋縣之大小亦時有更易也

豈可爲權寵阿意目死守之注阿曲也官本注在阿意下

曾孫商益州牧劉焉目爲蜀郡太守有治聲集解惠棟曰華陽國志至皆至州右職侯康曰蜀志許靖傳注引益州耆舊傳劉璋辟商爲治中從事荆州牧劉表及儒者宋忠咸聞其名遺書與商敘致殷勤許靖號爲臧否至蜀見商而稱之曰設使商生於華夏雖王景興無異也璋以商爲蜀郡太守修學廣農百姓便之在郡十載卒於官案此與華陽國志說合是商爲蜀郡太守實不在焉時

蘇章傳目折折權豪忤旨坐免集解先謙曰官本上折作摧是錢大昭曰上折閩本南監本均作摧

太原郭林宗聞而論之錢大昭曰何休稱名而郭泰稱字蔚宗避家諱

羊續傳太山平陽人也集解洪亮吉曰平陽縣中興時省錢大昭曰續志

泰山郡無平陽前志泰山郡有東平陽案春秋宣八年城平陽杜注今泰山有平陽縣梁履繩曰魯有兩平陽此東平陽也在今泰安府新泰縣西北四里蓋據一統志新泰縣西北有平陽故城也前志泰山郡之平陽別之曰東知相承已久晉武泰始中改爲新泰洪亮吉補三國疆域志東平陽漢舊縣中興後省魏復立晉書羊祜傳以泰山郡平陽等五縣爲南城郡是東平陽亦可止稱平陽杜注春秋時仍稱平陽則尚未改新泰

祖父侵集解惠棟曰一作祲侯康曰一作浸鄧騭傳推進天下賢士何熙祋諷羊浸李郃陶敦等即其人也御覽二百五十二引李郃別傳亦作浸案官本鄧騭傳仍作祲

後安風賊戴風作亂注安風縣屬廬江郡安風續志爲侯國今潁州府霍邱縣西南一百三十里并見李憲傳集解

舉緼袍以示之集解惠棟曰至天下清苦羊興祖興原譌續據本傳正侯康曰惠引出御覽六百九十三然續字與祖非字續祖三君八俊錄又云天下清苦羊嗣祖則以此事屬之羊陟疑古今善言誤也案惠引御覽作續祖未加辨正蓋偶有不照

賈琮傳東郡聊城人也注聊城今博州縣今東昌府聊城縣西北十五里

垂赤帷裳集解惠棟曰風俗通至赤帷持節者重導錢大昭曰詩淇水湯湯漸車帷裳注帷裳童容也其上有蓋四方旁垂而下謂之襜顯宗賜荊州刺史郭賀三公之服敕行部去襜帷使百姓見其容服以章有德明當時刺史之車皆有之

迺命御者褰之案刺史車帷非奉敕書不敢去故但褰之

陸康傳除高成令注高成縣屬渤海郡也集解先謙曰今天津府鹽山縣東北三十里謹案續志勃海郡有高城侯國無高成縣然黨錮傳巴肅勃海高城人也注云高城縣故城在今滄州鹽山縣南似高成固即高城矣改縣爲侯國續志蓋就其後言之

樊宏陰識列傳第二十二 宏子儵 族曾孫準 識弟興 後漢書三十二

宋 宣 城 太 守 范 曄 撰

唐 章 懷 太 子 賢 注

王先謙集解

樊宏字靡卿南陽湖陽人也世祖之舅其先周仲山甫封於樊因而氏焉樊今襄州安養縣也集解惠棟曰王符潛夫論云昔仲山甫亦姓樊諡穆仲封于南陽南陽者在今河內後有樊傾子續漢書云仲山甫封于樊因氏國焉爰自宅陽徙居湖陽 爲鄉里著姓父重字君雲世善農稼好貨殖重性溫厚有法度三世共財子孫朝夕禮敬常若公家其營理產業物無所棄課役童隸各得其宜故能上下勠力財利歲倍至乃開廣田土三百餘頃其所起廬舍皆有重堂高閣陂渠灌注酈元水經注曰湖水支分東北爲樊氏陂東西十里南北五里亦謂之几亭陂東樊氏故宅樊氏既滅庾氏取其陂故諺曰陂汪汪下田良樊氏失業庾氏昌其陂至今猶名爲樊陂在今鄧州新野縣之西南也集解先謙曰官本几作凡 又池魚牧畜有求必給注集解惠棟曰續漢書云起廬舍高樓連閣陂池灌注竹木成林六畜牧放魚蠃梨果檀棘桑麻閉門成市兵弩器械貲至百萬其興工造作爲無窮之巧不可言富擬封君世祖之少數歸外氏及之長安齎送甚至先謙曰不可言上疑脫文 嘗欲作器物先種梓漆時人嗤之然積㠯歲月皆得其用向之笑者咸求假焉貲至巨萬而賑贍宗族恩加鄉閭外孫何氏兄弟爭財重恥之㠯田二頃解其忿訟縣中稱美推爲三老年八十餘終其素所假貸人間數百萬遺令焚削文契債家聞者皆慙爭往償之債音側界反集解先謙曰官本債並作責 諸子從敕竟不肯受 宏少有志行王莽末義兵起劉伯升與族兄賜俱將兵攻湖陽城守不下賜女弟爲宏妻湖陽由是收繫宏妻子令出譬伯升集解先謙曰官本譬作辟考證云辟字一本作譬注曉喻也 宏因留不反湖陽軍帥欲殺其妻子長吏㠯下共相謂曰樊重子父禮義恩德行於鄉里雖有罪且當在後會漢兵日盛湖陽惶急未敢殺之遂得免脫更始立欲㠯宏爲將宏叩頭辭曰

書生不習兵事竟得免歸與宗家親屬作營壍自守老弱歸之者千餘家時赤眉賊掠唐子鄉多所殘殺欲前攻宏營宏遣人持牛酒米穀勞遺赤眉赤眉長老先聞宏仁厚皆稱曰樊君素善且今見待如此何心攻之引兵而去遂免寇難世祖卽位拜光祿大夫位特進次三公建武五年封長羅侯長羅縣名屬陳留郡故城在今滑州匡城縣東北〔集解〕洪亮吉曰案此縣亦中興時省先謙曰今大名府長垣縣北十三年封弟丹爲射陽侯在射水之陽水經注日泚水西南流射水注之水出射城北建武十三年封樊重少子丹爲射陽侯卽其國也案臨淮郡別有射陽縣疑遠非此地也〔集解〕洪亮吉曰水經注謝水出謝城詩所謂申伯番番既入于謝是也世祖封丹爲謝陽侯卽其國是射字本作謝無由與臨淮之射陽縣混注所引不知何本且既云非臨淮之射陽又注云縣在射水之陽亦誤惠棟曰樊毅碑云謝陽之孫古謝字作射注誤先謙曰注泚亦誤泚一統志河南汝甯府古蹟云謝城在羅山縣西北三十里淮河之南浉河東北相傳古申伯所都葢卽射陽兄子尋玄鄉侯族兄忠更父侯〔集解〕惠棟曰東觀記從子沖更父侯顧炎武云更父卽亢父也十五年定封宏壽張侯十八年帝南祠章陵過湖陽祠重墓追爵謚爲

壽張敬侯立廟於湖陽車駕每南巡常幸其墓賞賜大會宏爲人謙柔畏愼不求苟進常戒其子曰富貴盈溢未有能終者吾非不喜榮埶也天道惡滿而好謙前世貴戚皆明戒也易曰天道虧盈而益謙人道惡盈而好謙也保身全己豈不樂哉每當朝會輒迎期先到俯伏待事時至迺起〔集解〕惠棟曰袁宏紀每當朝會輒俯伏須漏盡雖令不朝恐有謬誤猶晨詣闕上以是尤重之帝聞之常勑騶騎臨朝迺告勿令豫到宏所上便宜及言得失輒手自書寫毀削草本公朝訪逮不敢眾對宗族染其化未嘗犯法帝甚重之及病困車駕臨視留宿問其所欲言宏頓首自陳無功享食大國誠恐子孫不能保全厚恩令臣魂神慙負黃泉願還壽張食小鄉亭帝悲傷其言而竟不許二十七年卒遺勑薄葬一無所用㠯爲棺柩一臧不宜復見如有腐敗傷孝子之心使與夫人同墳異臧〔集解〕惠棟曰袁宏紀各自一延道通鑑胡注古夫婦合葬詩曰穀則異室死則同穴是也同墳異臧自宏始帝善其令

㠯書示百官因曰今不順壽張侯意無㠯彰其德且吾萬歲之後欲㠯爲式賻錢千萬布萬匹謚曰恭侯〔集解〕王補曰建光十八年帝追謚重爲敬侯及二十七年宏卒謚曰恭侯范書甚明而通鑑胡注宏帝舅也謚敬侯曰恭侯溫公避國諱也大誤贈㠯印綬車駕親送葬子儵嗣帝悼宏不已復封少子茂爲平望侯平望縣屬北海郡故城在今青州北海縣西北俗名平望臺也〔集解〕先謙曰注見安帝紀樊氏侯者凡五國明年賜儵弟鮪及從昆弟七人合錢五千萬

論曰昔楚頃襄王問陽陵君曰君子之富何如對曰假人不德不責食人不使不役親戚愛之眾人善之假貸人者不自以爲德不責其報也食善人者不使役之故眾人稱善也說苑曰楚王問莊辛之言也〔集解〕劉攽曰注食善人者不使役之案食人而已何故輒擇善人明此是養字或云當云善食人者若迺樊重之折契止訟其庶幾君子之富乎分地㠯用天道〔集解〕惠棟曰孝經文實廩㠯崇禮節管子曰倉廩實而知禮節取諸理化則亦可㠯施於政也與夫愛而畏者何殊間哉左傳曰是以其人畏而愛之何殊間哉言不異也間音古

莧反

儵字長魚〔集解〕劉攽曰樊儵字長魚案儵非魚類與名不合疑本是儵字儵卽魚名可爲字也又案儵弟名鮪知作儵無疑惠棟曰莊子儵魚之儵亦作儵徐邈音條李軌音由則知儵儵古字通也郭顯卿字指曰儵爚電光也又春秋傳公子取季隗生伯儵陸德明云儵直由反本又作儵音同周壽昌曰東觀記作儵不作儵謹約有父風事後母至孝〔集解〕惠棟曰東觀記儵事母至孝母病癰晝夜匍伏不離左右至爲吮癰及母卒哀思過禮毀病不自支世祖常遣中黃門朝暮送饘粥饘糜也服闋就侍中丁恭受公羊嚴氏春秋嚴彭祖也建武中禁網尚濶諸王既長各招引賓客㠯儵外戚爭遣致之而儵清靜自保無所交結及沛王輔事發貴戚子弟多見收捕儵㠯不豫得免帝崩儵爲復土校尉復土校尉主葬事復土於壙也永平元年拜長水校尉與公卿雜定郊祠禮儀㠯讖記正五經異說〔集解〕蘇輿曰經緯之雜葢始于此自光武以讖記成業于是張純請建辟雍自言案七經讖其後曹充請制禮樂博引讖文曹襃次序禮事雜以五經讖記賈逵且引圖讖證左氏起廢學矣鄭君時以讖記說經亦風氣使然也北海周澤琅邪承宮

竝海內大儒，儵皆㠯爲師友而致之於朝。上言郡國舉孝廉，率取年少能報恩者，耆宿大賢多見廢棄，宜勅郡國簡用良俊。〔集解〕周壽昌曰：後順帝陽平初年，尚書令左雄立孝廉限年課試法，云自今孝廉年不滿四十不得察舉，皆先詣公府，諸生試家法，文吏課牋奏，有不承科令者正其罪法。帝從之，班下郡國，皆本樊儵此言也。當時儵此言，顯宗雖從之，未能立法，故尚不行。又議刑辟宜須秋月，㠯順時氣。顯宗竝從之。二年，㠯壽張國益東平王，徙封儵燕侯。燕，縣名，屬東郡。〔集解〕先謙曰：在今衞輝府延津縣北。其後廣陵王荊有罪，帝㠯至親悼傷之，詔儵與羽林監南陽任隗雜理其獄。事竟，奏請誅荊。引見宣明殿，〔集解〕惠棟曰：殿在北宮。帝怒曰：「諸卿㠯我弟故，欲誅之，卽我子，卿等敢爾邪！」儵仰而對曰：「天下高帝天下，非陛下之天下也。春秋之義，君親無將，將而誅焉。公羊傳之文也。將者，將爲弒逆之事也。是㠯周公誅弟，季友鴆兄，經傳大之。周公之弟管蔡二叔流言於國云周公攝政將不利於成王，故周公誅之。左傳曰「周公殺管叔而𥻦蔡叔，夫豈不愛王室故也」，杜預注曰「𥻦，放也」。又曰魯莊公有疾，叔牙欲立公子般，友遂鴆叔牙殺之。公羊傳曰「季子殺母兄何善其誅不得避兄，君臣之義也」。上𥻦音薩。〔集解〕劉攽曰：注「何善其誅不得避兄」，案文「其」當作「爾」。臣等㠯荊屬託母弟，陛下留聖心，加惻隱，故敢請耳。如今陛下子，〔集解〕劉攽曰：案文「今」當作「令」。臣等專誅而已。」專謂不請也。〔集解〕惠棟曰：專誅謂如呂步舒治淮南獄，專斷於外，不先請也。帝歎息良久。儵益㠯此知名。〔集解〕先謙曰：荊傳，有司舉奏請誅之，荊自殺。其後弟鮪爲子賞求楚王英女敬鄉公主，儵聞而止之，曰：「建武時，吾家竝受榮寵，一宗五侯。謂宏封長羅侯，弟丹射陽侯，兄子尋玄鄉侯，族兄忠更父侯，宏又封壽張侯也。〔集解〕洪亮吉曰：案五侯宜爲壽張、射陽、玄鄉、更父及少子茂爲平望侯。若長羅則改封壽張，安得析之爲二？註誤。惠棟曰：宏傳云建武二十七年，帝復封少子茂爲平望侯，樊氏侯者凡五國，則五侯當數平望，宏不得兼二侯也。騎都尉樊君碑云「樊氏以帝元舅，顯受茅土，封寵五國」，壽張以功德加位特進云云，則壽張不兼二侯明矣。時特進一言，女可㠯配王，男可㠯尚主，宏爲特進。但㠯貴寵過盛，卽爲禍患，故不爲也。且爾一子，柰何棄之於楚乎？」鮪不從。十年，儵卒，贈賵甚厚，謚曰哀侯。帝遣小黃門張音問所遺言。先是河南縣亡失官錢，典負者典謂主典，負謂欠負。坐死及罪徙者甚眾，遂委責於人，㠯償其耗。鄉部吏司因此爲姦。儵常疾之，又野王歲獻甘醪、膏餳，醪，醇酒汁滓相將也。每輒擾人，吏㠯爲利，儵竝欲奏罷之，疾病未及得上。音歸具㠯聞，帝覽之而悲歎，勅二部竝令從之。〔集解〕先謙曰：儵諫顯宗賜朱浮死事，未章著，見浮傳。

長子汜嗣。㠯次子郴、梵爲郎。〔集解〕周壽昌曰：案下止云梵字文高，無郴字，東觀記同，是明衍郴字，蓋林旁涉梵字頭，邑涉郎字旁而誤也。其後楚事發覺，帝追念儵謹恪，又聞其止鮪婚事，故其諸子得不坐焉。梵字文高，爲郎二十餘年，三署服其重慎。三署解見和帝紀也。〔集解〕惠棟曰：東觀記梵爲郎，每當直事，常晨駐車待漏，雖在閑署，冠帶不解于身，每齋祠，恐失時，張燈俯伏，爲郎二十三載，未嘗被奏。先謙曰：官本注末無也字。悉推財物二千餘萬與孤兄子，官至大鴻臚。汜卒，子時嗣。時卒，子建嗣。建卒，無子，國絕。永寧元年，鄧太后復封建弟盼。盼卒，子尙嗣。初，儵刪定公羊嚴氏春秋章句，世號樊侯學，教授門徒前後三千餘人。〔集解〕蘇輿曰：張霸從儵受嚴氏公羊春秋，以儵刪嚴氏春秋辭繁，減定爲二十萬言，更名張氏學，見霸傳。弟子潁川李修、九江夏勤，皆爲三公。勤字伯宗，〔集解〕惠棟曰：謝承書云勤家貧，作履供食，常作一量履，斷勤置不賣，出行，妻賣以羅米。勤歸，見炊熟，怪問何所得米，妻以實告。勤責曰：「妻賣毀物，欺取其直也。」因棄不食。爲京、宛二縣令，零陵太守，所在有理能稱，安帝時位至司徒。

準字幼陵，宏之族曾孫也。準或作准。〔集解〕惠棟曰：案東觀記作准。周壽昌曰：據此，唐初已出准字。或謂宋避蔡準、寇準諱，始用准代準，稱平准務者，非也。字林仌部「准，平也」，與準同。漢桐柏准源廟碑「准則大聖」，是漢已出准字，又不止樊準之名。然亦鄉壁虛造之字也。字林准字，郭忠恕佩觿、古今韻會皆引之。玉篇及漢隸字源云準俗作准，廣韻、集韻並云准俗準字，正韻軫部准、準兩字並存，則以准卽準之重文也。父瑞，好黃老言，淸靜少欲。準少勵志行，修儒術，㠯先父產業數百萬讓孤兄子。永元十五年，和帝幸南陽，準爲郡功曹，〔集解〕惠棟曰：案東觀記準先爲別駕從事，監職公正，不發私書，世稱冰淸。召見，帝器之，拜郎中，從車駕還宮，特補尙書郎。鄧太后臨朝，儒學陵替，準迺上疏曰：

臣聞賈誼有言，人君不可㠯不學。故雖大舜聖德，孳孳爲善；孟子曰「雞鳴而起，孜孜爲善者，舜之徒也」。〔集解〕先謙曰：官本注孜孜作孳孳。成王賢主，崇明師傅。尙書曰「召公爲保，周公爲師相成王爲左右也及光武皇帝受命中興羣雄崩擾旌旗亂野〔集解〕惠棟曰東觀記載準疏云羣雄擾于冀州旌旗亂于大澤東西誅戰不遑啟處然猶投戈講藝息馬論道〔集解〕惠棟曰東觀記云光武數召諸將置酒賞賜坐席之間以要其死力當此之時賊檄日以百數憂不可勝上猶以餘閒講經藝至孝明皇帝兼天地之姿用日月之明庶政萬機無不簡心而垂情古典〔集解〕惠棟曰皇覽聖賢冢墓記云漢明帝時公卿大夫諸儒八十餘人論五經誤失符節令宋九上言臣聞昭王與呂不韋好書皆以書葬王至尊不韋久貴冢皆以黃腸題湊處地高燥未壞臣願發昭王不韋冢游意經藝每饗射禮畢正坐自講諸儒竝聽四方欣欣雖闕里之化矍相之事誠不足言孔子闕里人也禮記云孔子射於矍相之圃蓋觀者如堵牆也又多徵名儒以充禮官如沛國趙孝瑯邪承宮等或安車結駟告歸鄉里安車坐乘之車也告歸謂休假歸也或豐衣博帶從見宗廟其餘以經術見優者布在廊廟故朝多皤皤之良華首之老皤皤白首貌也音步河反書曰皤皤良士華首謂白首也〔集解〕周壽昌曰皤皤訓白華不得又訓白華黑白相雜之貌也禮玉藻大夫元華注華黃色也陳蕃傳謇愕之操華首彌固注引新序齊宣王對閭邱卬曰夫

士亦華髮墮顛而後可用故世亦謂之華顛每讌會則論難衎衎共求政化衎衎和樂貌也詳覽羣言響如振玉孟子曰金聲而玉振之也朝者進而思政罷者退而備問小大隨化雍雍可嘉期門羽林介冑之士悉通孝經〔集解〕惠棟曰前書儒林傳期門羽林之士悉令通孝經章句博士議郎一人開門徒衆百數開門謂開一家之說化自聖躬流及蠻荒匈奴遣伊秩訾王大車且渠來入就學八方肅清上下無事是以議者每稱盛時咸言永平今學者益少〔集解〕劉攽曰案文益當作益遠方尤甚博士倚席不講〔集解〕惠棟曰漢高眹修周公禮殿記云禮壞樂崩風俗混亂誦讀已絕倚席散離儒者競論浮麗忘謇謇之忠習譊譊之辭譊譊諠言也音鐃前書曰昔秦穆公說譊譊之言也文吏則去法律而學詆欺詆亦欺也〔集解〕惠棟曰前書廷尉論律云詔書無以詆欺成罪師古曰詆毀也音丁禮反銳錐刀之鋒斷刑辟之重德陋俗薄以致苛刻左傳曰鄭人鑄刑書叔向使貽子產書曰今子相鄭立謗政鑄刑書人知爭端矣將棄禮而徵于書錐刀之末將盡爭之鄭其敗乎杜預注云錐刀喻小事也昔孝文竇后性好黃老而清靜之化流景武之間臣愚以

爲宜下明詔博求幽隱發揚巖穴寵進儒雅有如孝宮者徵詣公車以俟聖上講習之期公卿各舉明經及舊儒子孫進其爵位使纘其業復召郡國書佐使讀律令如此則延頸者日有所見傾耳者月有所聞伏願陛下推述先帝進業之道周易曰君子進德修業太后深納其言是後屢舉方正敦樸仁賢之士準再遷御史中丞〔集解〕惠棟曰東觀記執憲御下舉正非法百僚震悚永平之初〔集解〕孫人龍曰明帝永平元年戊午至和帝永元元年己丑相隔三十餘年前既云永元十五年準爲郡功曹上復云遷御史中丞則此安得復云永平之初當是安帝永初之初耳連年水旱災異郡國多被飢困準上疏曰臣聞傳曰飢而不損茲曰太厥災水洪範五行傳之文也言下人飢饉君上不能損減謂之爲太太猶甚也春秋穀梁傳曰〔集解〕惠棟曰襄二十四年傳也五穀不登謂之大侵大侵之禮百官備而不製官職備列不造作也〔集解〕惠棟曰傳登作升備作布羣神禱而不祠禱請而已無祭祀也〔集解〕惠棟曰范甯云周書大荒有禱無祠案見羅匡解祠作祭由是言之調和陰陽實在儉節朝廷雖勞心元元事從省約

而在職之吏尚未奉承夫建化致理〔集解〕官本考證云致字監本誤作之今從宋本改正由近及遠故詩曰京師翼翼四方是則韓詩之文也翼翼然盛也今可先令太官尚方考功〔集解〕劉攽曰案功當作工考工官名見前書上林池籞諸官實減無事之物前書百官表曰少府掌山海池澤之稅屬官有太官考工尚方上林中十池監也太官掌御膳飲食考工主作器械尚方主作刀劍器物籞者於池苑中以竹緜聯之爲禁籞也實減謂實覆其數減之也〔集解〕王會汾曰宋本竹字下有帛字案此謂以竹爲藩籬耳帛何所用之當因下有緜字故誤也從諸本刪五府調省中都官吏京師作者五府謂太傅太尉司徒司空大將軍也調徵發也省減也中都官吏在京師之官吏也作謂營作者也〔集解〕通鑑胡注是時不拜大將軍獨鄧騭爲車騎將軍耳如此則化及四方人勞省息伏見被災之郡百姓凋殘恐非賑給所能勝贍雖有其名終無其實可依征和元年故事武帝征和元年詔曰當今務在禁苛暴止擅賦力本農桑無乏武備而已〔集解〕通鑑胡注案此乃征和四年詔也征和元年當有遣使慰安故事遣使持節慰安尤困乏者徙置荆揚孰郡既省轉運之費且令百姓各安其所今雖有西屯之役宜先東州之急時先零羌斷隴道大爲寇害遣車騎

將軍鄧隲征西校尉任尚討之故曰西屯役也東州謂冀兗州時又遣光祿大夫樊準呂倉分冀兗二州廩貸流人也如遣使者與二千石隨事消息悉留富人守其舊土轉尤貧者過所衣食誠父母之計也衣音於既反食音飤〔集解〕先謙曰官本注飤作飼願以臣言下公卿平議太后從之悉以公田賦與貧人〔集解〕通鑑胡注賦布也卽擢準與議郎呂倉竝守光祿大夫準使冀州倉使兗州準到部開倉稟食稟給〔集解〕先謙曰官本稟竝作廩慰安生業流人咸得蘇息還拜鉅鹿太守時飢荒之餘人庶流迸家戶且盡準課督農桑廣施方略朞年間穀粟豐賤數十倍而趙魏之郊數爲羌所鈔暴準外禦寇虜內撫百姓郡境以安五年轉河內太守時羌復屢入郡界準輒將兵討逐修理塢壁說文曰塢小障也威名大行視事三年以疾徵三轉爲尚書令明習故事〔集解〕惠棟曰東觀記云明習漢家故事周密畏愼遂見任用元初三年代周暢爲光祿勳五年卒於官

陰識字次伯南陽新野人也光烈皇后之前母兄也其先出自管仲管仲七世孫修自齊適楚爲陰大夫因而氏焉秦漢之際始家新野及劉伯升起義兵識時游學長安聞之委業而歸率子弟宗族賓客千餘人往詣伯升伯升迺以識爲校尉更始元年遷偏將軍從攻宛別降新野淯陽杜衍冠軍胡陽五縣竝屬南陽郡也〔集解〕先謙曰胡當作湖二年更始封識陰德侯行大將軍事建武元年光武遣使迎陰貴人於新野并徵識識隨貴人至以爲騎都尉更封陰鄉侯二年以征伐軍功增封〔集解〕惠棟曰謂與吳漢等破檀鄉賊也識叩頭讓曰天下初定將帥有功者衆臣託屬掖庭仍加爵邑不可以示天下帝甚美之以爲關都尉鎭函谷遷侍中以母憂辭歸十五年定封原鹿侯原鹿縣屬汝南郡俗本鹿作慶者誤〔集解〕先謙曰今潁州府阜陽縣南及顯宗立爲皇太子以識守執金吾輔導東宮帝每巡郡國識常留鎭守京師委以禁兵入雖極言正議及與賓客語未嘗及國事帝敬重之常指識以勅戒貴戚激厲左右焉識所用掾史皆簡賢者〔集解〕惠棟曰續漢書云識常慕仲山甫匪躬之節所用掾吏皆天下俊哲如虞廷傅寬薛愔等多至公卿校尉顯宗卽位拜爲執金吾位特進永平二年卒贈以本官印綬謚曰貞侯子躬嗣躬卒子璜嗣永初七年爲奴所殺無子國絕永甯元年鄧太后以璜弟淑紹封淑卒子鮪嗣躬弟子綱〔集解〕惠棟曰袁宏紀云綱父永明帝時爲侍中女爲和帝皇后封綱吳房侯〔集解〕惠棟曰袁宏紀作防侯云是時綱上疏辭位以特進侯就第綱弟鳳爲郎中位特進三子軼輔敞皆黃門侍郎后坐巫蠱事廢綱自殺輔下獄死軼敞徙日南

識弟興

興字君陵光烈皇后母弟也爲人有膂力建武二年爲黃門侍郎守期門僕射典將武騎從征伐平定郡國興每從出入常操持小蓋障翳風雨〔集解〕惠棟曰周禮王后輦車有羽蓋鄭康成云以羽作小蓋爲翳日又輪人注云乘輿無蓋賈公彥云凡

蓋所以表尊亦所以禦雨躬履塗泥率先期門〔集解〕先謙曰東觀記云泥塗狹隘自投車下脫袴解履涉淖至踝光武所幸之處輒先入淸宮甚見親信雖好施接賓然門無俠客〔集解〕惠棟曰袁宏紀居則博觀五經訪問政事尊賢下士廣求得失獻善替否薦達後進好施接人門無俠客通鑑胡注西都之季萬章樓護陳遵等皆俠游於貴近之門至於此時亦有杜保王磐之徒與同郡張宗〔集解〕惠棟曰自有傳上谷鮮于裒〔集解〕惠棟曰裒後爲京兆尹見第五倫傳不相好知其有用猶稱所長而達之友人張汜杜禽與興厚善以爲華而少實但私之以財終不爲言是以世稱其忠平〔集解〕惠棟曰東觀記興盡忠竭思不以私好害公義第宅苟完裁蔽風雨〔集解〕惠棟曰袁宏紀興嘗稱豐屋之戒若不修德雖有崇臺廣廈猶傳舍也九年遷侍中賜爵關內侯帝後召興欲封之置印綬於前興固讓曰臣未有先登陷陣之功而一家數人竝蒙爵土令天下觖望誠爲盈溢觖音羌志反前書音義曰觖猶冀也一音決猶望之也〔集解〕何若瑤曰史索隱觖望猶怨望也文選吳都賦引臣瓚注謂相觖而怨望也此不當作冀望解臣蒙陛下貴人恩澤至厚富貴已極不可復加至誠不願帝嘉興之

讓不奪其志貴人問其故興曰貴人不讀書記邪亢龍有悔易乾卦上九爻曰亢龍有悔窮之災也亢極也龍以喻君言居上體之極則有悔吝之災也夫外戚家苦不知謙退嫁女欲配侯王取婦眄睨公主愚心實不安也富貴有極人當知足夸奢益爲觀聽所譏貴人感其言深自降挹集解通鑑胡注以器俯而取水曰挹人之謙下者亦曰挹卒不爲宗親求位十九年拜衞尉集解汪文臺曰初學記十二引續漢書云陰興爲衞尉每諸將遠出征身行勞問無所愛惜御覽二百三十同亦輔導皇太子明年夏帝風眩疾甚後以興領侍中集解惠棟曰東觀記二十年六月上風眩黃癉病發甚以衞尉關內侯陰興爲侍中陳景雲曰後當作復興前官侍中故言復領受顧命於雲臺廣室尚書曰成王將崩命召公作顧命孔安國注云臨終之命曰顧命洛陽南宮有雲臺廣德殿會疾瘳召見興欲以代吳漢爲大司馬興叩頭流涕固讓曰臣不敢惜身誠虧損聖德不可苟冒至誠發中感動左右帝遂聽之二十三年卒時年三十九興素與從兄嵩不相能然敬其威重集解惠棟曰張方賢楚國先賢傳陰嵩字文玉衞尉興之從祖兄也少喪父母與叔父居恭謙

婉順溫良節儉王莽末義兵起乃與叔父避世蒼梧後徵拜謁者以叔父憂去官興疾病帝親臨問以政事及羣臣能不興頓首曰臣愚不足以知之然伏見議郎席廣集解通鑑胡注姓譜云席其先姓籍避項羽諱改姓席氏謁者陰嵩竝經行明深踰於公卿興沒後帝思其言遂擢廣爲光祿勳嵩爲中郎將監羽林十餘年以謹勑見幸顯宗卽位拜長樂衞尉遷執金吾永平元年詔曰故侍中衞尉關內侯興典領禁兵從平天下當以軍功顯受封爵又諸舅比例應蒙恩澤興皆固讓安平里巷輔導朕躬有周昌之直前書曰周昌沛人也爲御史大夫爲人强力敢直言極諫也在家仁孝有曾閔之行不幸早卒朕甚傷之賢者子孫宜加優異其以汝南之鮦陽封興子慶爲鮦陽侯鮦陽故城在今豫州新蔡縣北在鮦水之陽也音紂集解惠棟曰公羊之義善善及子孫賢者子孫宜有地也先謙曰鮦陽在今汝甯府新蔡縣東北七十里慶弟博爲濦强侯濦强縣屬汝南郡在濦水之北集解惠棟曰博一作傅論衡云濦强侯傅縣書市里誹謗聖政今上每思犯奪爵土以弟員嗣陰氏袁宏紀建初元年三月丙午博坐驕溢免爲庶人四月丙戌詔復封興子員爲濦强侯先謙曰注見堅鐔傳博弟員丹竝爲郎慶推田宅財物悉與員丹集解惠棟曰張瑩漢南記云慶以明尚書修儒術推居第園田奴婢錢悉分與員丹慶但佩白綬而已當代稱之帝以慶義讓擢爲黃門侍郎集解惠棟曰楚國先賢傳云上以慶閨門孝悌行義敦密褒顯朝廷以勵親戚擢爲羽林右監

慶卒子琴嗣建初五年興夫人卒肅宗使五官中郎將持節卽墓賜策追諡興曰翼侯琴卒子萬全嗣萬全卒子桂嗣集解惠棟曰案雜事祕辛云侍中萬全大鴻臚桂祕辛僞書未可取信興弟就嗣父封宣恩侯後改封爲新陽侯新陽縣屬汝南郡故城在今豫州眞陽縣西南集解官本考證云監本作屬汝郡脫南字又故城監本誤作故地今俱從宋本改正先謙曰注見公主傳就善談論朝臣莫及集解惠棟曰袁宏紀馬太后詔云新陽侯雖剛强微失理然有方略據地談論一朝無雙然性剛傲不得眾譽集解惠棟曰袁宏紀就剛强不順理頗以貴勢傲物顯宗卽位以就爲少府位特進就子豐尙酈邑公主光武女也公主驕妒豐亦狷急狷疾也音絹永平二年遂殺主被誅父母當坐皆自殺國除帝以舅氏故不極其刑陰氏侯者凡四人初陰氏世奉管仲之祀謂爲

相君宣帝時陰子方者至孝有仁恩臘日晨炊而竈神形見雜五行書曰竈神名禪字子郭衣黃衣夜被髮從竈中出知其名呼之可除凶惡宜市豬肝泥竈令婦孝集解惠棟曰東觀記子方以累積恩德爲神所饗子方再拜受慶家有黃羊因以祀之集解惠棟曰杜公瞻荊楚歲時記注云以黃犬祭之謂爲黃羊自是以後暴至巨富田有七百餘頃輿馬僕隸比於邦君子方常言我子孫必將彊大至識三世而遂繁昌集解惠棟曰子方識曾祖父見東觀記故後常以臘日祀竈而薦黃羊焉

贊曰權族好傾后門多毀樊氏世篤陰亦戒侈恂恂苗肖傳龜襲紫恂恂恭順貌也公侯皆紫綬金印龜鈕見應劭漢官儀

樊宏陰識列傳第二十二　終　後漢書三十二

後漢書集解卷三十二校補

樊宏傳十三年封弟丹爲射陽侯集解惠棟曰樊毅碑云謝陽之孫古謝字作射注誤 案東觀記載宏建武十三年封謝侯此蓋卽宏弟丹封謝陽侯之駁文陰識爲帝后兄元年已更封若宏者從龍最早且爲帝元舅不應至十三年始受侯封也

遺勑薄葬至傷孝子之心 侯康曰金樓子云樊靡卿言葬禮惟約沐浴並終制令掘埳氣絶令兩人輦尸卽埳止婦人之送禁弔祭之賓後亡者不得入藏不得封樹

詔儵與羽林監南陽任隗雜理其獄 錢大昭曰隗傳作羽林左監此脫左字

季友鴆兄注魯莊公有疾叔牙欲立公子般友遂鴆叔牙殺之 案叔牙乃欲立公子慶父而殺公子般故季友鴆之欲立公子般者乃季友非叔牙注說誤

一宗五侯注兄子壽玄鄉侯 官本注兄子下衍弟字

以次子郴梵爲郎集解周壽昌曰案下止云梵字文高至是明衍郴字 柳從辰曰袁紀亦云以儵兩子郴梵爲郎與本傳合周說非也

如沛國趙孝 錢大昭曰孝傳但言其節行不著其爲名儒史失之疏

五年卒於官 錢大昭曰五年閩本作其年

陰識傳如虞延傳寬薛愔等多至三公 延官本作延案虞延傳延仕執金吾府在建武初陰識守執金吾在顯宗立爲皇太子時乃建武十八年以後事其時延外仕久矣建武二十四年延爲洛陽令收考陰氏客馬成誅之終爲陰氏所中傷其非陰識掾吏甚明虞延自別一人官本混爲虞延誤也

興皆固讓 官本無皆字

封興子慶爲鯛陽侯注鯛陽至音紂 侯康曰鯛音紂本孟康漢書地志注攷說文鯛讀若絝襱洪氏漢魏音云鯛無紂音當是孟康反作紂紅傳寫脫誤錢少詹大昕按亦同然玉篇廣韻已有紅紂二音則其誤早在唐前故章懷小顏俱音紂也

朱馮虞鄭周列傳第二十三　後漢書三十三

宋　宣城太守范曄撰

唐　章懷太子賢注

王先謙集解

朱浮字叔元沛國蕭人也 集解惠棟曰世系云朱氏出自曹姓周武封于邾爲楚所滅子孫去邑爲朱氏世居沛國相縣前漢大司馬長史朱翊生浮前書云大司馬董賢死尸埋獄中賢所厚吏沛人朱翊自劾去大司馬府買棺衣收賢尸葬之王莽聞之大怒以它辠擊殺翊也 初從光武爲大司馬主簿遷偏將軍從破邯鄲光武遣吳漢誅更始幽州牧苗曾迺拜浮爲大將軍幽州牧守薊城 集解蘇輿曰光武至薊見彭寵不平以問浮浮對見寵傳 遂討定北邊建武二年封武陽侯 集解先謙曰官本作舞陽王會汾云監本作武陽宋本作舞陽案舞陽屬潁川郡武陽屬犍爲郡又郡有東武陽泰山郡有南武陽侯國當建武之初徐兗未平蜀漢爲公孫述所據則此所封者當是潁川郡之舞陽從宋本爲是 食三縣浮年少有才能頗欲厲風迹 風化之迹也 收士心辟召州中名宿涿郡王岑之屬以爲從事 岑後爲梁州牧

及王莽時故吏二千石皆引置幕府迺多發諸郡倉穀稟贍其妻子漁陽太守彭寵以爲天下未定師旅方起不宜多置官屬以損軍實 謂甲兵儲糧也左傳曰縻軍實也 不從其令浮性矜急自多 矜誇多自取也集解周壽昌曰自多猶自滿也注作多自取全非本意 頗有不平因以峻文詆之 峻嚴切也詆誣也集解何若瑤曰前書汲黯傳注詆毀辱也似更協 寵亦很强兼負其功嫌怨轉積 集解蘇輿曰孔融傳操與書云彭寵傾亂起自朱浮 浮密奏寵遣吏迎妻而不迎其母又受貨賄殺害友人多聚兵穀意計難量寵既積怨聞之遂大怒而舉兵攻浮浮以書質責之 質正也集解官本考證云一本聞下無之字不成句今仍監本 曰蓋聞智者順時而謀愚者逆理而動常竊悲京城太叔以不知足而無賢輔卒自棄於鄭也 左傳曰鄭武公娶于申曰武姜生莊公及共叔段及莊公卽位武姜爲之請京使居謂之京城太叔既而太叔將襲鄭公命子封伐京京叛太叔段段出奔共也 伯通以名字典郡 彭寵字伯通也以名字顯著也集解惠棟曰李善云名字謂聲名遠聞也漢書云陳遵張竦俱著名字 有佐命之功 光武初鎭

河北寵遣吳漢等發步兵三千人先歸光武及圍邯鄲寵轉食前後不絕也臨人親職愛惜倉庫而浮秉征伐之任欲權時救急〔集解〕王補曰李善注言朱浮所以招致賓客者此亦權時救急也二者皆爲國耳卽疑浮相譖何不詣闕自陳而爲族滅之計乎朝廷之於伯通〔集解〕王補曰蔡邕獨斷云朝廷者不敢指斥君故言朝廷恩亦厚矣委以大郡任以威武光武賜寵號大將軍故云任以威武也事有柱石之寄情同子孫之親柱石以屋爲喻也匹夫媵母尚能致命一餐左傳曰趙盾田于首山舍于翳桑見靈輒餓問曰三日不食矣食之後晉靈公欲殺趙盾輒爲公甲士倒戟以禦公徒而免盾媵母未詳也豈有身帶三綬職典大邦寵爲漁陽太守建忠侯大將軍故帶三綬〔集解〕惠棟曰李善云三綬者古人兼官者一官一綬而不顧恩義生心外畔者乎伯通與吏人語何以爲顏行步拜起何以爲容坐臥念之何以爲心引鏡窺影何施眉目舉措建功何以爲人惜乎棄休令之嘉名造梟鴟之逆謀梟鴟卽鴟梟也其子適大還食其母說文云不孝鳥也捐傳世之慶祚招破敗之重災高論堯舜之道不忍桀紂之性生爲世笑死爲愚鬼

不亦哀乎伯通與耿俠游俱起佐命同被國恩俠游耿況字也況爲上谷太守初與寵結謀共歸光武也俠游謙讓屢有降挹之言挹損也而伯通自伐以爲功高天下往時遼東有豕生子白頭〔集解〕惠棟曰李善云白頭豕未詳周壽昌曰蓋此是俗諺也初學記二十九引東觀記同案黃河以北豕皆黑毛無白者至南方則豕多黑白相雜亦有純白者故有遼東白頭豕云云至今驗之猶然也異而獻之行至阿東〔集解〕先謙曰官本作河東見羣豕皆白懷慙而還若以子之功論於朝廷則爲遼東豕也今迺愚妄自比六國六國之時其埶各盛廓土數千里勝兵將百萬故能據國相持多歷年世今天下幾里列郡幾城奈何以區區漁陽〔集解〕惠棟曰廣雅云區區小也而結怨天子此猶河濱之人捧土以塞孟津〔集解〕惠棟曰淮南子云土勝水者非以一墣塞江也多見其不知量也方今天下適定海內願安士無賢不肖皆樂立名於世而伯通獨中風狂走自捐盛時〔集解〕官本考證曰監本作自損顧炎武曰損當作捐今從改先謙曰案文選亦作捐內聽驕婦之失計外信讒邪之諛言浮密奏寵上徵之寵妻勸寵無應徵

又與所親信計議吏皆怨浮勸寵止不應徵也長爲羣后惡法永爲功臣鑒戒豈不誤哉定海內者無私讎勿以前事自誤〔集解〕惠棟曰誤一作疑願留意顧老母幼弟凡舉事無爲親厚者所痛而爲見讎者所快寵得書愈怒愈猶益也攻浮轉急明年涿郡太守張豐亦舉兵反時二郡畔戾北州憂恐浮以爲天子必自將兵討之而但遣游擊將軍鄧隆陰助浮浮懷懼以爲帝怠於敵不能救之迺上疏曰昔楚宋列國俱爲諸侯莊王以宋執其使遂有投袂之師魏公子顧朋友之要觸冒彊秦之鋒夫楚魏非有分職匡正之大義也莊王但爲爭彊而發忿公子以一言而立信耳左傳曰楚莊王使申舟無畏聘于齊曰無假道于宋宋人殺無畏莊王聞之投袂而起遂發兵圍宋史記魏公子無忌魏昭王之少子封信陵君仁而好士食客三千人公子姊爲趙平原君勝妻秦圍邯鄲求救於魏魏以秦彊不敢救公子乃竊兵符奪晉鄙軍以救趙秦兵遂解也今彭寵反叛張豐逆節以爲陛下必棄捐它事以時滅之既歷時月寂寞無音從圍城而不救〔集解〕先謙曰從

與縱同猶放也放逆虜而不討臣誠惑之昔高祖聖武天下既定猶身自征伐未嘗寧居高祖定天下之後猶自征匈奴陳豨黥布等也陛下雖興大業海內未集而獨逸豫不顧北垂百姓遑遑無所繫心三河冀州曷足以傳後哉今秋稼已熟復爲漁陽所掠張豐狂悖姦黨日增連年拒守吏士疲勞甲胄生蟣蝨弓弩不得弛鄭玄注周禮曰弛釋下也上下焦心相望救護仰希陛下生活之恩〔集解〕惠棟曰王莽傳云明告以生活丹靑之信詔報曰往年赤眉跋扈長安跋扈猶暴橫也〔集解〕惠棟曰毛詩云無然畔援鄭康成云畔援猶跋扈也吾策其無穀必東果來歸降今度此反虜埶無久全其中必有內相斬者今軍資未充故須後麥耳須待也浮城中糧盡人相食會上谷太守耿況遣騎來救浮浮迺得遁走南至良鄉其兵長反遮之兵長兵之長帥也浮恐不得脫迺下馬刺殺其妻僅以身免城降於寵尚書令侯霸奏浮敗亂幽州搆成寵罪徒勞軍師不能死節罪當伏誅〔集解〕通鑑考異案霸傳明年乃

爲尚書令益追劾之帝不忍㠯浮代賈復爲執金吾徙封父城侯後豐寵並自敗帝㠯二千石長吏多不勝任時有纖微之過者必見斥罷交易紛擾百姓不寧六年有日食之異浮因上疏曰臣聞日者衆陽之所宗君上之位也凡居官治民據郡典縣皆爲陽爲上爲尊爲長若陽上不明尊長不足則干動三光垂示王者干犯也三光日月星也五典紀國家之政禮記曰温柔敦厚詩敎也疏通知遠書敎也絜靜精微易敎也恭儉莊敬禮敎也屬辭比事春秋敎也鴻範別災異之文鴻範尚書篇名箕子爲武王陳政道陰陽之法災異卽咎徵之類也皆宣明天道㠯徵來事者也徵驗也陛下哀愍海內新離禍毒保宥生人宥寬也集解惠棟曰孔平仲云宥合作佑王補曰莊子在宥篇云聞在宥天下益宥亦訓保義不必作佑孔說太拘使得蘇息而今牧人之吏多未稱職小違理實輒見斥罷豈不粲然黑白分明哉淮南子曰聖人見是非若黑白之別於目淸濁之形於耳也然㠯堯舜之盛猶加三考考謂考其功最也尚書舜典曰三載考績三考黜陟幽明也大漢之興亦累功効吏皆積久養老於

官至名子孫因爲氏姓前書武帝時漢有天下已七十餘年爲吏者長子孫居官者以爲姓號人人自愛而重犯法音義曰時無事吏不數轉至於子孫而不轉職今倉氏庫氏因以爲姓卽倉庫吏之後也當時吏職何能悉理論議之徒豈不誼譁蓋㠯爲天地之功不可倉卒艱難之業當累日也而間者守宰數見換易迎新相代疲勞道路尋其視事日淺未足昭見其職既加嚴切人不自保各相顧望無自安之心有司或因睚眦㠯騁私怨苟求長短求媚上意二千石及長吏迫於舉劾懼於刺譏故爭飾詐僞㠯希虛譽斯皆羣陽騷動日月失行之應夫物暴長者必夭折功卒成者必亟壞如摧長久之業而造速成之功非陛下之福也天下非一時之用也海內非一旦之功也願陛下游意於經年之外望化於一世之後孔子曰如有王者必世而後仁見論語天下幸甚帝下其議羣臣多同於浮自是牧守易代頗簡舊制州牧奏二千石長吏不任位者事皆先下三公三公遣掾史案驗然後黜退帝時用明察不復委任三府而權歸刺舉之吏刺舉卽州牧也浮復上疏曰陛下淸明履約率禮無違自宗室諸王外家后親皆奉遵繩墨無黨埶之名至或乘牛車齊於編人集解王補曰史記平準書自天子不能具鈞駟而將相或乘牛車此言漢興接秦之弊耳及孝武時衆庶街巷有馬阡陌成羣而乘字牝者擯而不得聚會浮言諸王外戚或乘牛車齊於編人則其失勢甚矣斯固法令整齊下無作威者也求之於事宜㠯和平而災異尤見者集解先謙曰官本尤作猶是而豈徒然天道信誠不可不察竊見陛下疾往者上威不行下專國命卽位㠯來不用舊典信刺舉之官黜鼎輔之任至於有所劾奏便加退免覆案不關三府罪譴不蒙澄察陛下㠯使者爲腹心而使者㠯從事爲耳目是爲尚書之平決於百石之吏使者刺史也續漢志曰每州有從事秩百石耳目謂令采察也平謂平決也故羣下苛刻各自爲能兼㠯私情容長憎愛在職皆競張空虛㠯要時利故有罪者心不厭服無咎者坐被空文不可經盛

衰貽後王也貽遺也夫事積久則吏自重重猶愛惜也吏安則人自靜傳曰五年再閏天道迺備周天三百六十五度四分度之一日行一度一年十二月除小月六日卽一歲三百五十四日是爲每歲日行天餘一十一度四分度之一不匝一年餘十一日四分日之一故三年卽餘三十三日四分日之三閏月又小是五年卽得再閏夫㠯天地之靈猶五載㠯成其化況人道哉臣浮愚戇不勝惓惓願陛下留心千里之任省察偏言之奏七年轉太僕浮又㠯國學既興宜廣博士之選迺上書曰夫太學者禮義之宮敎化所由興也陛下尊敬先聖垂意古典宮室未飾干戈未休而先建太學造立橫舍橫學也或作黌義亦同比日車駕親臨觀饗將㠯弘時雍之化顯勉進之功也雍和也書曰黎民於變時雍雍乃勉勸也尋博士之官爲天下宗師使孔聖之言傳而不絕舊事策試博士必廣求詳選爰自畿夏延及四方是㠯博舉明經唯賢是登畿王畿夏華夏也漢官儀曰博士秦官也武帝初置五經博士後增至十四人太常差選有聰明威重一人爲祭酒總領綱紀其舉狀曰生事愛敬喪沒如禮通易尚書孝經論語兼綜

載籍窮微闡奧隱居樂道不求聞達身無金痍痼疾世六屬不與妖惡交通王侯賞賜行應四科經任博士下言某官某甲保舉集解惠棟曰注世別本作卅音先合反洪頤煊曰通典卷二十七引後漢督郵板狀文俱同惟闡奧下有師事某官經明受謝見授門徒尚五十人以上正席謝坐三郡三人二十六字張酺傳郡吏王青者前郡守以青身有金夷竟不能舉前書薛宣傳宣子況賕客楊明令創申咸面目使不居位此皆身有金痍不得保舉之證學者精勵遠近同慕伏聞詔書更試五人唯取見在洛陽城者臣恐自今吕往將有所失求之密邇容或未盡而四方之學無所勸樂凡策試之本貴得其眞非有期會不及遠方也又諸所徵試皆私自發遣非有傷費煩擾於事也語曰中國失禮求之於野劉歆移書太常曰夫禮失求之於野古文不猶愈於野乎臣浮幸得與講圖讖與音預故敢越職帝然之二十年代竇融爲大司空二十二年坐賣弄國恩免集解惠棟曰東觀記云賣國恩以爲威福二十五年徙封新息侯集解洪亮吉曰案馬援傳是年帝收援新息侯印綬故浮徙封也帝吕浮陵轢同列每銜之陵轢猶欺蔑也惜其功能不忍加罪永平中有人單辭告浮事者單辭謂無正據也書曰明

清于單辭顯宗大怒賜浮死長水校尉樊儵言於帝曰唐堯大聖兆人獲所獲得也尚優游四凶之獄厭服海內之心優游謂優柔也四凶者鯀共工驩兜三苗左傳曰舜流四凶族今云堯者舜爲堯臣而流之也書曰四罪而天下咸服使天下咸知然後殛罰殛誅也音紀力反浮事雖昭明而未達人聽宜下廷尉章著其事帝亦悔之集解惠棟曰世系云浮子永下邳太守

論曰吳起與田文論功文不及者三朱買臣難公孫弘十策弘不得其一終之田文相魏公孫宰漢誠知宰相自有體也史記魏置相田文吳起不悅謂田文曰請與子論功可乎田文曰可起曰將三軍使士卒樂死敵國不敢謀子孰與起田文曰不如子起曰理百官親萬人實府庫子孰與起田文曰不如子吳起曰守西河秦人不敢東向韓趙賓從子孰與起田文曰不如子吳起曰此三者子皆出吾下而位加吾上何也田文曰主少國疑大臣未附百姓不信方是時屬之於子乎屬之於我乎吳起默然良久曰屬之於子矣田文曰此乃吾所以居子上也吳起方乃自知不如武帝時方築朔方公孫弘諫以爲罷弊中國上使朱買臣難弘發十策弘不得一故曾子曰君子所貴乎道者三三謂動容貌正顏色出辭氣事見論語籩豆之事則有司存籩豆禮器也小細之務有司所主非人君之事也而光武明帝躬好吏事亦吕課覈三公課其殿最覈其得失其人或失而其禮稍薄至有誅斥詰辱之累任職責過一至於此追感賈生之論不亦篤乎賈誼曰廉恥禮節以繩君子故有賜死而無戮辱是以黥劓之罪不及大夫以其離主上不遠也是時人告周勃謀反繫長安卒無事故誼以此譏上也朱浮議諷苛察欲速之弊然矣論語孔子曰無欲速無見小利欲速則不達見小利則大事不成以光武帝明察煩刻故引之焉得長者之言哉前書龔遂爲渤海郡太守王生謂遂曰君即見上問君何以化渤海宜曰聖主之力非小臣之力也既至前上果問遂對如王生言天子悅曰君安得長者之言而稱也集解惠棟曰如章懷注則似以朱浮議諷爲長者之言也然上言追感賈生之論不亦篤乎又云焉得長者之言詞意相同恐未然也范于循吏傳序云建武永平之間吏事刻深故朱浮數上諫書箴切峻政鍾離意亦規諷殷勤以長者爲言而不能得其意謂二帝不能崇長者之治與此論略同也先謙曰文長者上少一此字致異論紛然然范無它意也官本聖主之力作聖主之德

馮魴字孝孫南陽湖陽人也其先魏之支別食菜馮城因吕氏焉東觀記曰其先魏之別封曰華侯華侯孫長卿食菜馮城因以氏焉魴父名揚也集解劉攽曰食菜案菜當作采音乃爲菜耳

秦滅魏遷於湖陽爲郡族姓王莽末四方潰畔魴迺聚賓客招豪傑作營壍吕待所歸待眞主也是時湖陽大姓虞都尉反城稱兵先與同縣申屠季有仇而殺其兄謀滅季族季亡歸魴魴將季欲還其營道逢都尉從弟長卿來欲執季魴叱長卿曰我與季雖無素故士窮相歸要當吕死任之卿爲何言遂與俱歸季謝曰蒙恩全集解先謙曰官本全上有得字死無吕爲報恩集解先謙曰恩字當衍有牛馬財物願悉獻之魴作色曰吾老親弱弟皆賊城中集解何焯曰皆下當有在字今日相與尚無所顧何云財物乎季慚不敢復言魴自是爲縣邑所敬信故能據營自固時天下未定而四方之士擁兵矯稱者甚眾唯魴自守兼有方略光武聞而嘉之建武三年徵詣行在所見於雲臺南宮雲臺也拜虞令虞縣屬梁國本虞國舜後所封之邑今宋州虞城縣也爲政敢殺伐吕威信稱遷郟令後車駕西征隗囂潁川盜賊羣起郟賊延褒等眾三千餘人攻

圍縣舍，魴率吏士七十許人力戰連日，弩矢盡，城陷，魴遁去。帝聞郡國反，卽馳赴潁川，魴詣行在所。〔集解〕洪亮吉曰：案水經注引漢書世祖自潁川往梁瞿鄉，馮魴先詣行在所，引蓋屬謝承等書。帝案行鬬處，知魴力戰，迺嘉之曰：「此健令也。所當討擊，勿拘州郡。」褒等聞帝至，皆自髡剔，剔音他狄反。聲類曰：亦鬀字，音他計反，謂剃去髮也。〔集解〕惠棟曰：續漢書上詣紀氏，羣賊自降。負鈇鑕，說文曰：鈇，剉刃也。鑕，椹也。音質。〔集解〕惠棟曰：司馬貞云公羊傳加之鈇質，何休云要斬之罪。崔浩云質，斬椹也。又郭璞注三倉云質，莝椹也。將其眾請罪。帝且赦之，使魴轉降諸聚落，縣中平定。詔迺悉㠯褒等還魴誅之。魴責讓㠯行軍法，皆叩頭曰：「今日受誅，死所無恨。」魴曰：「汝知悔過伏罪，今一切相赦，聽各反農桑，爲令作耳目。」皆稱萬歲。是時每有盜賊，竝爲褒等所發，無敢動者，縣界清淨。十三年，遷魏郡太守。二十七年，㠯高第入代趙熹爲太僕。中元元年，從東封岱宗，行衞尉事。還，代張純爲司空，賜爵關內侯。二年，帝崩，使魴持節起原陵，更封楊邑鄉侯，食

三百五十戶。永平四年，坐考隴西太守鄧融，聽任姦吏，策免，削爵土。六年，顯宗幸魯，復行衞尉事。七年，代陰嵩爲執金吾。魴性矜嚴公正，在位數進忠言，多見納用。十四年，詔復爵土。〔集解〕惠棟曰：東觀記云明帝詔曰：「馮魴以忠孝典兵，出入八年，數進忠言正諫，其還故爵爲楊邑侯，賜以王玦。」明年，東巡郡國，留魴宿衞南宮。東觀記曰：敕魴車駕發後，將緹騎宿玄武門複道上，領南宮吏士，保給牀蓐，子孫得到魴所。〔集解〕先謙曰：官本注保下有官字。王會汾云宋本、毛本皆無官字。案文義當云領南宮吏士官給牀蓐，保字疑衍，否則有缺文。先謙案：今本東觀記領南宮吏士下有南宮複道多惡風寒，老人居之且病痱，若向南者多取帷帳，東西完塞諸窻，望令緻密卅三字，無保給牀蓐四字。建初三年，㠯老病乞身，肅宗許之。其冬，爲五更，詔魴朝賀就列侯位。元和二年卒，時年八十六。子柱嗣，尚顯宗女獲嘉長公主。〔集解〕周壽昌曰：案獲嘉，顯宗長女，名姬。少爲侍中，㠯恭肅謙約稱，位至將作大匠。柱卒，子定嗣，官至羽林郎將。定卒，無子，國除。定弟石襲母公主封獲嘉侯，亦爲侍中，稍遷衞尉。能取悅當世，爲安帝所寵。帝嘗幸其府，留飲十許日，〔集解〕惠棟曰：袁宏紀云九月戊子，帝幸其府，十二月丙申乃還宮，與此異。賜駮犀具劒、佩刀，以班犀飾劒也。〔集解〕先謙曰：東觀記同。初學記二十引謝承書作駭犀玉具劒。紫艾綬，艾卽盭綠色也，其色似艾。玉玦各一。半環曰玦，以飾帶也。拜子世爲黃門侍郎，世弟二人皆郎中。自永初兵荒，王侯租秩多不充，於是特詔㠯它縣租稅足石，令如舊限，足音卽諭反。歲入穀三萬斛，錢四萬。遷光祿勳，遂代楊震爲太尉。及北鄉侯立，章帝孫濟北惠王壽之子懿也。遷太傅，與太尉東萊劉熹參錄尚書事。順帝旣立，石與熹皆㠯阿黨閻顯、江京等策免，復爲衞尉。卒，子代嗣。〔集解〕劉攽曰：子世爲郎，子代嗣，案世本名代，前拜爲郎時作世，後嗣立時作代，蓋後人見其名疑代，以爲避太宗諱所改，遂還作世，而忘其後尚皆作代也。今前後不同，遂似兩人，當定從一。所以知世卽代者，拜家一人爲郎，必是長子，自然嗣立者，非他人也。代卒，弟承嗣，爲步兵校尉。石弟珖，珖音光。和帝時詔封楊邑侯，〔集解〕劉攽曰：案侯國絕而復續者皆曰紹封，前後非一，今此曰詔，誤。亦㠯石寵，官至城門校尉。卒，子肅嗣，爲黃門侍郎。〔集解〕先謙曰：東觀記云魴父子兄弟並帶靑紫，三代侍中。

虞延字子大，陳留東昬人也。東昬縣故城在今汴州陳留縣東北。東昬屬山陽郡，俗本爲緍者，誤也。延初生，其上有物若一匹練，遂上昇天，占者㠯爲吉。〔集解〕惠棟曰：王充論衡云子大生時，以夜適免母身，母見其上若一匹練狀，經天上，天明以問人，人皆曰吉，貴氣與天通。及長，長八尺六寸，要帶十圍，力能扛鼎。說文曰：扛，鼎橫關對舉也。扛音江。少爲戶牖亭長。〔集解〕惠棟曰：戶牖，陳留東屬鄉也。時王莽貴人魏氏謝承書曰：莽貴人魏氏以椒房之寵，威傾郡縣。賓客放從，〔集解〕劉攽曰：案當作縱，古文雖通，而注不音，明其當作縱也。并下侈從同。延率吏卒突入其家捕之，㠯此見怨，故位不升。性敦朴，不拘小節，又無鄉曲之譽。王莽末，天下大亂，延常嬰甲胄，擁衞親族，扞禦鈔盜，賴其全者甚眾。〔集解〕王補曰：全下疑有脫字。延從女弟年在孩乳，其母不能活之，棄於溝中，延聞其號聲，哀而收之，養至成人。謝承書曰：養育成人，以妻同縣人王氏。建武初，仕執金吾府，除細陽令。細陽縣屬汝南郡，故城在今潁州汝陰縣西北。〔集解〕先謙曰：注見岑彭傳。每至歲時伏臘，輒休遣徒繫，各使歸家，竝感其恩德，應期而還。有囚於家被病，自載詣獄，旣

至而死〔集解〕惠棟曰續漢書云既至城門而死故下云殯于門外 延率掾吏〔集解〕先謙曰官本作率吏掾史引劉攽云案郡有掾有史總名爲吏此宜爲史王會汾云案正文掾史上加吏字不成文句詳劉攽刊誤當是正文作延率掾吏故駁正吏當爲史也 殯於門外百姓感悅之後去官還鄉里太守富宗聞延名召署功曹〔富姓宗名〕〔集解〕惠棟曰袁宏紀作傅宗 宗性奢靡車服器物多不中節〔集解〕惠棟曰袁宏紀云宗輿服出入擬于王侯 延諫曰昔晏嬰輔齊鹿裘不完〔晏子曰晏子布衣鹿裘以朝公曰夫子之家若此之貧也奚衣之惡也〕季文子相魯妾不衣帛〔左傳曰季文子相魯妾不衣帛馬不食粟〕以約失之者鮮矣宗不悅延即辭退居有頃宗果以侈從被誅臨當伏刑擥涕而歎曰恨不用功曹虞延之諫光武聞而奇之二十年東巡路過小黃高帝母昭靈后園陵在焉〔小黃縣屬陳留郡故城在今汴州陳留縣東北漢官儀注曰高帝母起兵時死小黃北後爲作陵廟於小黃陳留風俗傳云沛公起兵野戰喪皇妣於黃鄉天下平乃使使者梓宮招魂幽野有丹蛇在水自洗濯入於梓宮其浴處仍有遺髮故謚曰昭靈夫人因作園陵寢殿司馬門鐘虡衞守小黃有祭器籩豆鼎俎之屬十四種廟基尚存焉〕時延爲部督郵詔呼引見〔集解〕惠棟曰袁宏紀云車駕過外黃

詔問陳留太守當有功曹虞延耶太守對曰今爲南部督郵乃引見問諫前太守時事延具以狀對 問園陵之事延進止從容占拜可觀其陵樹株蘖皆諳其數〔株根也蘖伐木更生也〕〔集解〕先謙曰官本枝作株是 俎豆犧牲頗曉其禮帝善之敕延從駕到魯還經封丘城門門下小不容羽蓋〔封丘今汴州縣也〕〔集解〕惠棟曰續漢志云乘輿羽蓋華蚤注云徐廣云翠羽蓋黃裏所謂黃屋車也東京賦云植翠羽之高蓋薛綜云今謂之羽蓋車 帝怒使撻侍御史延因下見引咎以爲罪在督郵言辭激揚有感帝意迺制詔曰以陳留督郵虞延故貰御史罪〔貰放也〕延從送車駕西盡郡界賜錢及劍帶佩刀還郡於是聲名遂振二十三年司徒玉況辟焉〔謝承書曰況字文伯京兆杜陵人也代爲三輔名族該總五經志節高亮爲陳留太守性聰敏善行德教永平十五年蝗蟲起泰山彌衍兗豫過陳留界飛逝不集五穀獨豐章和元年詔以況爲司徒玉姓音宿〕〔集解〕先謙曰官本玉作王王會汾云玉篇金玉之玉魚錄反點在中畫下其音宿者點在中畫上監本作玉今改從王光武帝紀建武二十三年以陳留太守玉況爲大司徒注引謝承書誤 時元正朝賀帝望而識延遣小黃門馳問之即日召拜公車令〔集解〕汪文臺曰御覽二百九引謝承書云延辟司徒侯霸府正旦百官朝賀上望見延在公府掾屬中馳小黃門問曰故陳留督郵延非耶對曰是遂前召見 明年遷洛陽令是時陰氏有客馬成者常爲姦盜延收考之陰氏屢請獲一書輒加篣二百〔篣捶也音彭〕信陽侯陰就〔就光烈皇后弟也就本傳信作新〕迺訴帝譖延多所冤枉帝迺臨御道之館親錄囚徒延陳其獄狀可論者在東無理者居西成迺回欲趨東延前執之謂曰爾人之巨蠹久依城社不畏熏燒〔齊景公問晏子曰理國何患對曰患社鼠公曰何謂社鼠對曰社鼠不可熏人君之左右亦國之社鼠也〕今考實未竟宜當盡法成大呼稱枉陛戟郎以戟刺延叱使置之〔續漢志曰凡郎官皆主執戟宿衞也〕帝知延不私謂成曰汝犯王法身自取之呵使速去後數日伏誅於是外戚斂手莫敢干法在縣三年遷南陽太守〔集解〕汪文臺曰書鈔七十五引謝承書云延廣宣德化勤修政教寬刑宥罰囹圄空虛盜賊弭息 永平初有新野功曹鄧衍〔集解〕惠棟曰東觀記作鄧寅 以外戚小侯每豫朝會而容姿趨步有出於衆顯宗目之顧左右曰朕之儀貌豈若此人特賜輿馬衣服延以衍雖有容儀而無實行

未嘗加禮帝既異之迺詔衍令自稱南陽功曹詣闕〔謝承書曰帝賜輿馬衣服劍佩刀錢二萬南陽計吏歸具以啟延延知衍華不副實行不配容積三年不用於是上乃自敕衍稱南陽功曹詣闕〕既到拜郎中遷玄武司馬〔玄武宮之北門也每宮城門皆有司馬一人秩千石見續漢志〕衍在職不服父喪帝聞之迺歎曰知人則哲惟帝難之信哉斯言衍慙而退由是以延爲明三年徵代趙憙爲太尉八年代范遷爲司徒歷位二府十餘年無異政績會楚王英謀反陰氏欲中傷之使人私以楚謀告延延以英藩戚至親不然其言又欲辟幽州從事公孫弘〔郡國有從事主督促文書察舉非法皆州自辟除故通爲百石卽功曹從事理中從事之類是也見續漢志〕〔集解〕惠棟曰論衡云盧奴令田光與公孫弘等謀反其且覺時狐鳴光舍屋上光心惡之其後事發覺坐誅續漢志云延與楚王英黨與黃初公孫弘等交通皆自殺或下獄伏誅 以弘交通楚王而止並不奏聞及英事發覺詔書切讓延遂自殺〔集解〕惠棟曰樂史云延墓在東明縣西北三十里 家至清貧子孫不免寒餒〔餒餓也謝承書曰身沒之後家貧空子孫同衣而出并日而食〕延從曾孫放字子仲〔集解〕惠棟曰蔡邕陳留索昏庫

上里社銘云延弟曾孫放字子卿少爲太尉楊震門徒及震被譖自殺順帝初放
詣闕追訟震罪由是知名桓帝時爲尚書以議誅大將軍梁冀功
封都亭侯後爲司空集解惠棟曰銘云歷太僕太常而至司空坐水災免性疾惡宦官
遂爲所陷靈帝初與長樂少府李膺等俱以黨事誅

鄭弘字巨君會稽山陰人也孔靈符會稽記曰射的山南有白鶴山此鶴爲仙人取箭漢太尉鄭弘嘗采薪得一遺箭頃有人覓弘還之問何所欲弘識其神人也曰常患若耶溪載薪爲難願旦南風暮北風後果然故若耶溪風至今猶然呼爲鄭公風也從祖吉宣帝時爲西域都護謝承書曰其曾祖父本齊國臨淄人官至蜀郡屬國都尉武帝時徙彊宗大姓不得族居將三子移居山陰因遂家焉長子吉雲中都尉西域都護中子兗州刺史少子舉孝廉理劇東部候也弘少爲鄉嗇夫謝承書曰爲靈文鄉嗇夫愛人如子續漢志曰其鄉小者縣署嗇夫一人主知人善惡爲役先後知人貧富爲賦多少平其差品也集解惠棟曰虞預會稽典錄云宏爲靈文鄉嗇夫民有弟用兄錢者未還之嫂詐訴之宏宏賣中單爲叔還錢兄聞之慙愧遣其婢索錢還宏宏不受太守第五倫行春太守常以春行所主縣勸人農桑振救乏絕見續漢志見而深奇之召署督郵集解惠棟曰會稽典錄云宏爲郡督郵上計吏時計掾句

章任尚居素溫富乘鮮車駕肥馬宏恆在後尚輒罵宏無慍容宏尚在京師遊學既而俱見府君府君所問宏無不對而尚不知出又問宏掾行道數相摧辱何以不答宏謝曰過奉顯使無光國之美馬羸行遲時恐失期賀以相催促自是其宜愚聞兩虎共鬬大者必傷小者必死兩爲無益故不敢答府君歎曰此謂長者太守所不能也舉孝廉弘師同郡河東太守焦貺集解惠棟曰袁宏紀云宏事博士陳留焦貺門徒數百人貺當舉明經其妻勸貺鄭生有卿相才應此舉也從之周壽昌曰傳云同郡河東太守焦貺則貺應爲會稽人袁作陳留人有異至紀作博士此作太守則袁紀述其始傳述其後也楚王
英謀反發覺以疏引貺疏書也貺被收捕疾病於道亡沒妻子閉繫
詔獄掠考連年諸生故人懼相連及皆改變名姓以逃其禍弘獨
髡頭負鈇鑕詣闕上章爲貺訟罪顯宗覺悟即赦其家屬弘躬送
貺喪及妻子還鄉里由是顯名拜爲騶令騶今兗州也謝承書曰弘勤行德化部人王逢等得路遺寶物縣於道衢求主還之魯國當春大旱五穀不豐騶因獨致雨偏熟永平十五年蝗起太山流被郡國過騶界不集郡因以狀聞詔書以爲不然遣使案行如言也集解惠棟曰會稽典錄云詔云朕治京師尚不能攘蝗騶令何人而令消弭遣案驗之
政有仁惠民稱蘇息遷淮陰太守謝承書曰弘消息繇賦政不煩苛行春大旱隨車致雨白鹿方道挾轂而行弘怪問主簿黃國曰鹿爲吉爲凶國拜賀曰聞三公車轓畫作鹿明府必爲宰相集解劉攽曰案漢郡無淮陰者當是淮陽此時未爲陳國也下文又少一初字惠棟曰會稽典錄云宏遷臨淮太守郡人徐憲在喪致哀白鳩巢廬側宏舉爲孝廉朝廷稱爲白鳩郎案虞預樂史皆云宏爲臨淮太守劉攽聽說以爲當作淮陽非也四遷建初集解先謙曰初下當另有初字誤脫爲尚書令舊制尚書郎限滿補縣長令史丞尉集解惠棟曰漢官儀云尚書臺初入臺爲郎中滿歲爲侍郎五歲遷大縣令也弘奏以爲臺職雖尊而酬賞甚薄至於開
選多無樂者樂音五孝反請使郎補千石令史爲長集解劉攽曰案文少一令字但云千石不知何官但云史不合上文帝從其議集解惠棟曰會稽典錄云請使郎補縣令令史爲長上從其議自此爲始案百官志令千石長四百石小者三百石也弘前後所陳有補益王政者皆著之南宮以
爲故事集解惠棟曰謝承書自序云承父嬰爲尚書郎每讀高祖及光武之後將相名臣策文通訓條在南宮祕于省閣爲臺郎升複道取急因得開覽案弘所陳事詳見袁宏紀出爲平原相集解錢大昭曰平原爲國在殤帝建平元年當建初時未有此國也考建初四年封皇子全爲平春王未幾王薨國除此平原或平春之誤徵拜侍中建初八
年代鄭眾爲大司農舊交阯七郡貢獻轉運皆從東冶東冶縣屬會稽郡太

康地理志云漢武帝名爲東冶後改爲東侯官今泉州閩縣是集解惠棟曰前志治縣屬會稽後漢光武改曰章安晉書地理志云後漢改東冶爲候官都尉案前漢有冶縣無東冶後漢有東部候國或云即候官之誤也汎海而至風波艱阻
沈溺相係弘奏開零陵桂陽嶠道於是夷通嶠嶺也夷平也集解洪頤煊曰前書武紀元鼎五年遣路博德出桂陽下湟水楊僕出豫章下湞水歸義越侯嚴出零陵下離水是零陵桂陽嶠道本舊時所有弘特修通之閩粵傳樓船將軍僕上書請擊東粵令諸校留屯豫章梅嶺待命此即出豫章下湞水之道至今遂爲常路今謂范曄時也在職二年所息省三億萬計時歲天下遭旱邊方有警人食
不足而帑藏殷積說文曰帑金布所藏之府弘又奏宜省貢獻減徭費以利飢
人帝順其議元和元年代鄧彪爲太尉集解汪文臺曰書鈔五十引謝承書云弘爲太尉固讓不就西曹掾曰天子已白陵廟宜當拜又云永和之初太尉鄭弘臨朝謇諤日旰忘食御覽十一引謝承書云章和元年有詔以鄭弘爲太尉時旱朝廷百僚皆暴請雨夏炎熱小雨羣官即還舍宏獨曰不旋大雨如注稼穡遂豐時舉將第五倫集解惠棟曰傳子云漢武元光初郡國舉孝廉元封五年舉秀才歷世相承皆向郡國稱故吏爲司空班次在下
每正朔朝見弘曲躬而自卑帝問知其故遂聽置雲母屏風分隔

其間以雲母飾屛風也由此㠯爲故事在位四年奏尚書張林阿附侍中竇憲而素行臧穢又上洛陽令楊光憲之賓客在官貪殘竝不宜處位書奏吏與光故舊因㠯告之光報憲憲奏弘大臣漏洩密事帝詰讓弘收上印綬弘自詣廷尉詔敕出之因乞骸骨歸未許病篤上書陳謝幷言竇憲之短集解惠棟曰事見袁宏紀帝省章遣醫占弘病比至已卒臨沒悉還賜物敕妻子褐巾布衣素棺殯殮㠯還鄉里集解先謙曰東觀記云爲太尉以日食免與此異

周章字次叔南陽隨人也叔或作升初仕郡爲功曹時大將軍竇憲免封冠軍侯就國章從太守行春到冠軍太守猶欲謁之章進諫曰今日公行春豈可越儀私交且憲椒房之親執傾王室而退就藩國禍福難量明府剖符大臣千里重任剖符解見杜詩傳舉止進退其可輕乎太守不聽遂便升車章前拔佩刀絕馬鞅於是廼止及憲被

誅公卿㠯下多㠯交關得罪太守幸免㠯此重章舉孝廉六遷爲五官中郎將延平元年爲光祿勳永初元年代魏霸爲太常其冬代尹勤爲司空是時中常侍鄭眾蔡倫等皆秉埶豫政章數進直言初和帝崩鄧太后㠯皇子勝有痼疾痼猶廢也不可奉承宗廟貪殤帝孩抱養爲己子故立之㠯勝爲平原王及殤帝崩羣臣㠯勝疾非痼意咸歸之太后㠯前既不立恐後爲怨迺立和帝兄淸河孝王子祐是爲安帝集解劉攽曰案安帝名祜此作祐字之誤也見說文亦作祜章㠯眾心不附遂密謀閉宮門集解惠棟曰續志章與王尊叔元茂等謀欲閉宮門也誅車騎將軍鄧騭兄弟及鄭眾蔡倫劫尚書廢太后於南宮封帝爲遠國王遂遠之國也而立平原王事覺勝策免章自殺家無餘財諸子易衣而出幷日而食集解黃山曰此文勝字當在事覺上安紀永初元年司空周章密謀廢立策免自殺平原懷王勝傳延平元年封八年薨與紀合則勝無策免事諸王之廢亦不得爲策免此策免自屬章也勝有痼疾安紀勝傳亦皆明載殤帝生始百日養於民閒和帝崩始迎立之見鄧皇后紀則謂后養爲己子故立之及勝疾非痼均不過據當時章所自執之詞非事實矣

論曰孔子稱可與立未可與權論語載孔子之詞也立謂立功立事也權也者反常者也公羊傳曰權者何權者反乎經然後有善也將從反常之事必資非常之會會際也使夫舉無違妄志行名全周章身非負圖之託武帝欲立昭帝爲太子乃畫周公負成王圖賜霍光德乏萬夫之望詩云顒顒昂昂萬夫之望王無絕天之釁地有既安之埶書曰紂自絕於天結怨於人也集解王會汾曰諸本同案王字當作主主卽謂安帝也而創慮於難圖希功於理絕不已悖乎也悖逆如令君器易已下議卽斗筲必能叨天業則狂夫豎臣亦自奮矣孟軻有言曰有伊尹之心則可無伊尹之心則篡矣孟子曰公孫丑問曰伊尹放太甲於桐宮人大悅太甲賢又反之人大悅賢者之爲人臣也其君不賢故可放歟孟子答以此言於戲方來之人戒之哉

贊曰朱定北州激成寵尤勍用降帑帑虜也延感歸因鄭讎怨偶代相爲仇左傳曰怨偶曰仇周章反道小智大謀易曰智小而謀大力少而任重鮮不及矣

朱馮虞鄭周列傳第二十三終　後漢書三十三

後漢書集解卷三十三校補

朱浮傳浮性矜急自多集解周壽昌曰自多猶自滿也注作多自取全非本意案多對少言莊子吾未嘗以此自多者吾在天地之間猶小石小木之在大山也方存乎見少又奚以自多韓詩外傳道雖近不行不至事雖小不爲不成每自多者出人不遠矣是自多乃言自足也多自取謂不肯取諸人以爲善亦是自足意

勿已前事自誤集解惠棟曰誤一作疑案文選作疑又書中如臨人親職及此猶河濱之人文選人本作民此宋本失未改回臨鏡窺影文選影作景舉措見功文選措作厝此古今字之別捐傳世之慶祚文選世作葉多歷年世文選世作所此又宋本改回之誤行至阿東文選阿亦作河此毛刻之失若已此之功論於朝廷文選功下有高字與上文已爲功高天下應內聽驕婦之失計文選驕作嬌凡此同爲文字之異固不僅誤一作疑也李善注文選例不改選文此注則多本章懷之舊而引伸之本書集解王補引蔡邕獨斷一條亦本善注所有

而災異尤見者集解先謙曰官本尤作猶是錢大昭曰閩本作猶

顯宗大怒賜浮死錢大昭曰浮死之後國必除矣史不言國除失之案不言國除文意亦未了蓋本有脫誤

焉得長者之言哉集解惠棟曰如章懷注至與此略同也周壽昌曰此惜浮之明於料事而不能保身也若使如龔遂有王生之教使天子稱爲長者之言安得卒攖帝怒而死也章懷引證是而未別加論釋故意不顯惠說誤案周說實善會注意蓋本傳前著浮之矜急自多論又斷浮之議諷苛察浮之死固自取也追感賈生之論是責君焉得長者之言是責臣文義各有所屬惠乃疑爲詞意相同疏矣浮之譏諷既苛察且欲速卽明非長者之言特所謂長者之言就言論不必就人論焉得者謂不能得與前書龔遂傳君安得之意有別至本書循吏傳序亦是言不能得耳周必牽入王生轉失范氏立論本旨

馮魴傳皆自鬄剔注剔音他狄反聲類曰亦鬄字音他計反謂剃去髮也案鬄於說文當爲鬀與髢之本文說文作鬄者迴別自俗書混鬄爲鬀而音義遂晦章懷音剔爲他狄反卽已剔爲鬀音鬄爲他計反則讀鬄爲鬀矣說文鬀鬀髮也髡鬀髮也鬀鬀髮也鬀鬀雖可互通而連用之則爲雙聲疊韻字於義又微有辨故說文鬀下特申之曰大人曰髡小兒曰鬀盡及身毛曰鬄是鬄剔卽鬀鬄謂既自髡其髮又自盡去其身毛也太史公報任少卿書其次鬄毛髮嬰金鐵受辱謂髡鉗之刑也鬄亦卽鬀之沿譌

死所無恨錢大昭曰所無當作無所

與太尉東萊劉喜參錄尚書事錢大昭曰喜本紀作憙

虞延傳延率掾吏集解劉攽云案郡有掾有史總名爲吏爲吏原譌爲史今正

時延爲部督郵錢大昭曰部應作郡玩下文已陳留督郵虞延故句可見案續志郡監屬縣有五部督郵通典東西南北中爲五部延爲陳留南部督郵並見袁紀小黃縣在虞延部中故曰部督郵錢說誤

還經封丘注封丘今汴州縣也今衞輝府封邱縣治

二十三年司徒玉況辟焉集解王會汾云至注引謝承書誤案玉自有宿音史記封禪書公玉帶玉卽音肅不必改字且說文玉本無點尤不容分玉王爲兩字又光武紀建武二十七年大司徒玉況薨詔始令二府去大則在二十三年自應仍稱大司徒傳脫大字況既卒在建武時謝承書永平之誤益明矣

有新野功曹鄧衍集解惠棟曰東觀記作鄧寅案寅當卽演之誤衍演通作

鄭宏傳宏師同郡河東太守焦貺集解惠棟曰袁宏紀云宏事博士陳留焦貺至傳述其後也柳從辰曰今學海堂本袁紀但云博士焦貺無陳留二字蓋據後文宏送貺喪及妻子於陳留遂假定其爲陳留人耳案焦貺似卽樂恢傳之焦永是則其名尚難確定安能確定其爲何郡人

拜爲騶令集解惠棟曰會稽典錄至遺案驗之柳從辰曰書鈔七十八引會稽典錄云宏爲鄒令魯國當春霜隕殺物鄒縣獨無也案此與注引謝承書春旱事相反或刪爲一年事

遷淮陰太守集解劉攽曰案漢郡無淮陰者當是淮陽此時未爲陳國也下文又少一初字惠棟曰會稽典錄云宏遷臨淮太守至案虞預樂史皆云宏爲臨淮太守劉攽臆說已爲當作淮陽非也柳從辰曰書鈔七十引謝承書作臨淮太守御覽二百六引同御覽二百六十亦引作淮陰太守與本傳同詳光武建武十五年立子衡爲臨淮公未及進爵爲王而薨無子國除則國必復爲郡故朱暉嘗爲臨淮太守顯宗永平十五年又改臨淮爲下邳國已封子衍卽不應仍有臨淮太守據章懷引謝承書永平十五年蝗起太山宏尚爲鄒令遷官當在改置下邳國之後抑不當更作臨淮太守矣案柳說是也楚獄起永平十三年十一月十四年四月王英自殺十五年四月改臨淮爲下邳國均見明紀改國距楚獄之起中間僅隔年餘宏時爲貺上章訟罪又送貺喪還葬後乃拜騶令則爲令自當在十五年矣謝承書固爲近之也郡已更名置國安得復有臨淮太守乎惟淮陽王延於永平十六年已罪徙封阜陵國復爲郡宏蓋適於

是時遷爲太守肅宗建初四年復徙常山王昞爲淮陽王郡復爲國宏亦入爲尚書令耳倂爲陳國又在其後也陽陰不過字小異劉說固無失惠反以爲臆說而據徐憲事以證其當爲臨淮太守憲事亦見干寶搜神記而不言憲爲臨淮人雖與虞預典錄同出晉人紀載而事爲正史所不著正恐難盡恃耳

舊交阯七郡錢大昭曰七郡南海蒼梧鬱林合浦交阯九眞日南也或疑交阯當作交州然度尙傳亦云交阯刺史是交阯與朔方並刺史也案續志劉注引王範交廣春秋交州原治交阯之嬴𨻻本先置刺史後改州

元和元年代鄧彪爲太尉集解汪文臺曰至稼穡遂豐案肅紀宏於元和元年八月代鄧彪爲太尉三年四月免書鈔御覽引謝承書一作永和之初一作章和元年皆元和之誤其不足據類如此且宏爲太尉雖前後閱三年實則不滿二年而本傳後文乃云在位四年亦誤

周章傳其冬代尹勤爲司空錢大昭曰章爲司空安紀在永初元年九月冬當作秋

梁統列傳第二十四　後漢書三十四

子松　竦　曾孫商　玄孫冀

宋　宣　城　太　守　范　曄　撰

唐　章　懷　太　子　賢　注

王先謙集解

梁統字仲寧安定烏氏人晉大夫梁益耳卽其先也東觀記曰其先與秦同祖出於伯益別封於梁梁益耳見左傳氏音支統高祖父子都自河東遷居北地子都子橋東觀記橋子溥溥子延吕明軍謀特除西域司馬延生統吕貲十萬徙茂陵至哀平之末歸安定統性剛毅而好法律集解惠棟曰袁宏紀云統少治春秋初仕州郡更始二年召補中郎將使安集涼州拜酒泉太守會更始敗赤眉入長安統與竇融及諸郡守集解惠棟曰謂金城張掖敦煌諸郡起兵保境謀共立帥初吕位次咸共推統統固辭曰昔陳嬰不受王者吕有老母也前書曰陳嬰故東陽令史少年殺其令相聚數千人迺請立嬰爲王嬰母謂曰吾自爲汝家婦聞先故未嘗貴今暴得大名不祥不如有所屬嬰迺不敢

爲王集解劉攽曰注吾自爲案前書云自吾爲今統內有尊親又德薄能寡誠不足吕當之遂共推融爲河西大將軍更吕統爲武威太守爲政嚴猛威行鄰郡建武五年統等各遣使隨竇融長史劉鈞詣闕奉貢願得詣行在所詔加統爲宣德將軍八年夏光武自征隗囂統與竇融等將兵會車駕及囂敗封統爲成義侯同產兄巡從弟騰並爲關內侯拜騰酒泉典農都尉悉遣還河西十二年統與融等俱詣京師吕列侯奉朝請更封高山侯集解錢大昕曰高山縣名屬臨淮郡拜太中大夫除四子爲郎統在朝廷數陳便宜吕爲法令旣輕下姦不勝宜重刑罰吕遵舊典迺上疏曰集解惠棟曰東觀記光武留心庶獄然自王莽篡位之後舊章不存法網弛縱無以懲肅統乃上書也臣竊見元哀二帝輕殊死之刑吕一百二十三事手殺人者減死一等東觀記曰元帝初元五年輕殊死刑三十四事哀帝建平元年輕殊死刑八十一事其四十二事手殺人者減死一等自是吕後著爲常準故人輕犯法吏易殺人臣聞立君之

道仁義爲主仁者愛人義者政理愛人㠯除殘爲務政理㠯去亂爲心刑罰在衷無取於輕是㠯五帝有流殛放殺之誅唐虞時流共工放驩兜殺三苗殛鯀堯爲五帝之一故舉言焉三王有大辟刻肌之法大辟罪之大者謂死刑也刻肌謂墨劓臏刖〔集解〕周壽昌曰東觀記此兩句上無是以二字放殺作放竄下尙有是以五帝三王之刑除殘去亂鞭朴不可弛于家刑法不可廢於國征伐不可偃於天下用之有本末行之有逆順耳七句本傳皆節去故孔子稱仁者必有勇論語載孔子之言也五帝三王皆以仁義而化而能用肉刑以正俗是爲勇也又曰理財正辭禁民爲非曰義易繫辭曰何以守位曰仁何以聚人曰財理財正辭禁人爲非曰義繫辭亦孔子作故稱又曰高帝受命誅暴平蕩天下約令定律誠得其宜高祖定天下使蕭何次律令文帝寬惠柔克遭世康平克能也言以和柔能理俗也尙書帝典曰高明柔克也〔集解〕先謙曰官本注無帝典二字唯除省肉刑相坐之法它皆率由無革舊章秦法一人有罪并其家室文帝除肉刑并相坐律令餘則仍舊不改〔集解〕先謙曰官本注並作坐是武帝値中國隆盛財力有餘征伐遠方軍役數興豪傑犯禁姦吏弄法故重首匿之科著知從之律凡首匿者爲謀自藏匿罪人至

宣帝時除子匿父母妻匿夫孫匿祖父母罪餘至殊死上請知從謂見知故縱武帝時立見知故縱之罪使張湯等著律並見前書〔集解〕先謙曰官本注爲謀上多每字㠯破朋黨㠯懲隱匿宣帝聰明正直總御海內臣下奉憲無所失墜因循先典天下稱理至哀平繼體而卽位日淺聽斷尙寡丞相王嘉輕爲穿鑿虧除先帝舊約成律數年之間百有餘事王嘉字公仲平陵人案嘉傳及刑法志並無其事統與嘉時代相接所引固不妄矣但班固略而不載也〔集解〕王鳴盛曰近儒謂王嘉以建平二年十月爲御史大夫三年四月爲丞相元壽元年三月下獄死爲相不過二期安得數年之間虧除百餘事宜乎班史之不取愚則以嘉爲相出入三年矣祭遵傳大漢累世十餘歷載數百注云漢興至此二百餘年言數百者謂以百數之須知古人自有此等文法二百年可稱數百載二年何不可稱數年班史紕漏多矣不害爲良史若以耳食之見有意尊班抑范則非也惠棟曰東觀記載統奏云元帝法律少所改更孝成孝哀卽位日淺聽斷尙寡丞相王嘉等猥以數年之間虧除先帝舊約定令斷律凡百餘事云云統言王嘉等明不專指嘉也前書何武傳服罪者爲虧除顏注虧減也減除其狀或不便於理或不厭民心謹表其尤害於體者傅奏於左體政體也傅音附〔集解〕惠棟曰左左帷也先謙曰尙書敷奏今文作傅奏伏惟陛下包元履德〔集解〕惠棟曰東觀記云包五常履九德權

時撥亂撥理也公羊傳曰撥亂代反之正功踰文武德侔高皇誠不宜因循季末衰亂之軌回神明察考量得失宣詔有司詳擇其善〔集解〕惠棟曰東觀記云頤陛下宣詔有司悉舉初元建平之所穿鑿考其輕重察其化俗足知政教所處擇其善者而從其不善者而改之云云案刑法志載元帝議減律令詔書成帝河平中復下詔議減死刑蓋自初元以至建平代有虧除故統欲復舉而詳擇之定不易之典施無窮之法天下幸甚事下三公廷尉議者㠯爲隆刑峻法非明王急務施行日久豈一朝所釐釐猶改也統今所定不宜開可〔集解〕周壽昌曰開啟也謂啟其端也言不宜開嚴刑之端而可其奏也統復上言曰有司㠯臣今所言不可施行尋臣之所奏非曰嚴刑竊謂高帝㠯後至乎孝宣其所施行多合經傳宜比方今事驗之往古聿遵前典事無難改不勝至願願得召見若對尙書近臣口陳其要〔集解〕周壽昌曰若卽或也是今之所謂雙請帝令尙書問狀統對曰聞聖帝明王制立刑罰故雖堯舜之盛猶誅四凶經曰天討有罪五刑五庸哉尙書咎繇謨之詞也庸用也言天以五刑討有罪用五刑必當

也又曰爰制百姓于刑之衷尙書呂刑云士制百姓於刑之中孔安國注云咎繇作士制百官於刑之中此作爰爰於也義亦通衷音丁仲反下同〔集解〕先謙曰官本注末有也字孔子曰刑罰不衷則人無所厝手足也厝置衷之爲言不輕不重之謂也春秋之誅不避親戚左傳曰大義滅親又曰周公殺管叔夫豈不愛王室故也〔集解〕蘇輿曰公羊莊三十二年傳誅不得避兄君臣之義也注宜引此所㠯防患救亂坐安衆庶豈無仁愛之恩貴絕殘賊之路也自高祖之興至於孝宣君明臣忠謀謨深博猶因循舊章不輕改革海內稱理斷獄益少至初元建平所減刑罰百有餘條初元元帝年也建平哀帝年也〔集解〕官本考證曰何焯云前書初元則刑法志中載元帝議減律令詔書若哀帝則並無減刑罰事想以成帝河平中復下詔減死刑統因誤以爲哀帝之建平注家並不細尋遂以爲班固失之畧耳而盜賊浸多歲㠯萬數間者三輔從橫羣輩並起從音子用反橫音戶孟反至燔燒茂陵火見未央其後隴西北地西河之賊越州度郡萬里交結攻取庫兵劫略吏人詔書討捕連年不獲東觀記統對尙書狀曰元壽二年三輔盜賊羣輩並起至燔燒茂陵都邑煙火見未央宮前代未嘗

所有其後隴西新興北地任橫任崖西河灒泥越州度郡萬里交結或從遠方四面會合遂攻取庫兵劫畧吏人國家開封侯之科以軍法追捕僅能破散也集解劉攽曰注前代未嘗所有案文當云前代所未嘗有先謙曰官本注灒作曹案東觀記本作灒作所未嘗有是時以天下無難百姓安平而狂狡之埶猶至於此皆刑罰不衷愚人易犯之所致也由此觀之則刑輕之作反生大患惠加姦軌而害及良善也故臣統願陛下采擇賢臣孔光師丹等議孔光字子夏師丹字公仲並哀帝時丞相光明習漢制及法令丹初以論議深博徵入爲光祿大夫皆有議見前書議上遂寢不報上音時掌反集解周壽昌曰光武紀建武二年三月特詔省刑法三年詔所名捕皆不得繫五年大赦天下又詔出繫囚罪非犯殊死一切勿案五年詔三輔自殊死以下皆赦除之七年出繫囚非犯殊死皆一切勿案其罪皆十二年以前事自梁統陳奏雖經公卿駁議上寢其言然從此終帝世無赦除之詔也後出爲九江太守定封陵鄉侯集解惠棟曰應劭地理風俗記東武城西南七十里有陵鄉故縣水經注云陵鄉世謂之梁侯城案東武城屬清河國洪頤煊曰皇后紀舞陰長公主適延陵鄉侯太僕梁松此傳陵上脫延字明帝紀亦作陵鄉侯梁松統在郡亦有治迹吏人畏愛之卒於官子松嗣

松字伯孫少爲郎尙光武女舞陰長公主集解周壽昌曰舞陰名義王世祖長女再遷虎賁中郎將松博通經書明習故事與諸儒修明堂辟雍郊祀封禪禮儀常與論議寵幸莫比光武崩受遺詔輔政永平元年遷太僕松數爲私書請託郡縣二年發覺免官遂懷怨望四年冬迺縣飛書誹謗下獄死國除飛書者無根而至若飛來也卽今匿名書也集解王補曰案本書馬援傳松於援宿懷不平因事搆陷帝大怒追收援新息侯印綬馬嚴與援妻子草索相連詣闕請罪帝乃出松書以示之方知所坐則松之傾險不勝誅矣范史備詳援傳而於松傳不一及焉是謂史法子扈後以恭懷皇后從兄永元中擢爲黃門侍郎歷位卿校尉溫恭謙讓亦敦詩書永初中爲長樂少府松弟竦

竦字叔敬少習孟氏易孟喜字長卿東海人見前書弱冠能教授後坐兄松事與弟恭俱徙九眞既祖南土歷江湖濟沅湘湖謂洞庭湖在今岳州水經云沅水出牂柯且蘭縣注云入洞庭會于江湘水出零陵始安縣陽海山至巴丘入于江感悼子胥屈原以非辜沈身迺作悼騷賦繫玄石而沈之東觀記載其文曰彼仲尼之佐魯兮先嚴斷而後弘衍雖離讒以鳴邑兮卒暴誅於兩觀殷伊周之協德兮暨太甲而俱寧豈齊量其幾微兮徒信己以榮名雖吞刀以奉命兮抉目背於門閭吳荒萌其已殖兮可信顏於王廬圖往鏡來兮關北在篇君名既泯沒兮後辟亦然屈平濯德兮絜顯芬香句踐罪種兮越嗣不長重耳忽推兮六卿卒強趙隕鳴犢兮秦人入疆樂毅奔趙兮燕亦是喪武安賜命兮昭以不王蒙宗不幸兮長平顚荒范父乞身兮楚項不昌何爾生不先後兮惟洪勳以遐邁服荔裳如朱紱兮騁鸞輅於犇瀨歷蒼梧之崇丘兮宗虞氏之俊乂臨眾瀆之神林兮東敕職於蓬碣祖聖道而垂典兮褒忠孝以爲珍既匡救而不得兮必殞命而後仁惟賈傅其違指兮何楊生之敗眞彼皇麟之高舉兮熙太清之悠悠臨岷川以愴恨兮指丹海以爲期集解王會汾曰注關北在篇言關逢比干以直諫死其事著在篇籍也諸本皆誤作關北楊生敗眞謂楊雄作反騷義乖貞烈也監本誤作欺眞今從宋本改惠棟曰雖吞刀以奉命雖當作胥謂伍員也惟賈傅其違指兮楊愼云賈誼弔屈原爲違旨先謙曰注伊周當作伊尹顯宗後詔聽還本郡竦閉門自養以經籍爲娛著書數篇集解惠棟曰袁宏紀作經書數篇名曰七序班固見而稱曰孔子著春秋而亂臣賊子懼左傳書齊豹曰盜三叛人名以懲不義善人勸焉淫人懼焉孟子云仲尼成春秋亂臣賊子懼梁竦作七序而竊位素餐者慚性好施不事產業長

嫂舞陰公主贍給諸梁親疎有序特重敬竦雖衣食器物必有加異竦悉分與親族自無所服服猶用也竦生長京師不樂本土自負其才鬱鬱不得意嘗登高遠望歎息言曰大丈夫居世生當封侯死當廟食禮記曰諸侯五廟卿大夫三廟士一廟如其不然閑居可以養志詩書足以自娛州郡之職徒勞人耳後辟命交至竝無所就有三男三女集解惠棟曰袁宏紀竦長女憑及二貴人憑卽樊調妻嫕肅宗納其二女皆爲貴人小貴人生和帝竇皇后養以爲子而竦家私相慶後諸竇聞之恐梁氏得志終爲己害建初八年遂譖殺二貴人而陷竦等以惡逆詔使漢陽太守鄭據傳考竦罪死獄中家屬復徙九眞辭語連及舞陰公主坐徙新城使者護守新城今洛州伊闕縣也宮省事密莫有知和帝梁氏生者永元九年竇太后崩松子扈遺從兄禪禪古禪字也奏記三府以爲漢家舊典崇貴母氏而梁貴人親育聖躬不蒙尊號求得申議求申諱而

也議之太尉張酺引禮訊問事理會後召見〔集解〕惠棟曰袁宏紀會以蝗飛過京師召見對說因具言禮記也因白禮奏記之狀帝感慟良久〔集解〕惠棟曰毛晃云良頗也良久頗久也或曰良久少久也曰於君意若何酺對曰春秋之義母以子貴〔集解〕見光武紀漢興以來母氏莫不隆顯臣愚以爲宜上尊號追慰聖靈存錄諸舅以明親親帝悲泣曰非君孰爲朕思之會貴人姊南陽樊調妻嫕嫕音於計反上書自訟曰妾同產女弟貴人前充後宮蒙先帝厚恩得見寵幸皇天授命誕生聖明而爲竇憲兄弟所見譖訴使妾父竦冤死牢獄骸骨不掩老母孤弟遠徙萬里獨妾遺脫逸伏草野常恐沒命無由自達今遭值陛下神聖之運親統萬機羣物得所憲兄弟姦惡既伏辜誅海內曠然各獲其宜妾得蘇息拭目更視迺敢昧死自陳所天臣以君爲天故云所天妾聞太宗即位薄氏蒙榮文帝即位尊薄太后爲皇太后封弟昭爲軹侯太后母前死櫟陽迺追尊太后父爲靈文侯會稽郡置園邑三百家櫟陽亦置靈文夫人園令如靈文侯園儀也宣帝繼統史族復興史良娣宣帝祖母也宣帝初生母王夫人死無所歸史良娣母貞君養視焉宣帝即位以舊恩封史恭三子高爲樂陵侯曾爲將陵侯玄爲平臺侯妾門雖有薄史之親獨無外戚餘恩誠自悼傷妾父既冤不可復生母氏年殊七十殊猶過也及弟棠等遠在絕域不知死生願乞收竦朽骨使母弟得歸本郡則施過天地存殁幸賴〔集解〕王補曰案本書竇皇后紀及袁宏紀是時三公請依光武黜呂太后故事貶竇太后尊號不宜合葬敬陵帝手詔曰竇氏雖不遵法度而太后常自減損朕奉事十年深惟大義禮臣子無貶尊上之文恩不忍離義不忍虧案前世上官太后亦無降黜其勿復議帝覽章感悟迺下中常侍掖庭令驗問之嫕辭證明審遂得引見〔集解〕惠棟曰袁宏紀上乃別見嫕嫕具自陳說上歔欷流涕也具陳其狀迺留嫕止宮中連月乃出賞賜衣被錢帛第宅奴婢旬月之閒累資千萬嫕素有行操帝益愛之加號梁夫人擢樊調爲羽林左監調光祿大夫宏兄之曾孫也宏光武舅也於是追尊恭懷皇后其冬制詔三公大鴻臚曰夫孝莫大於尊尊親親其義一也禮記曰上正祖禰尊尊也下正子孫

親親也詩云父兮生我母兮鞠我撫我畜我長我育我顧我復我出入腹我欲報之德昊天罔極詩小雅也毛萇注云鞠養也撫厚也鄭玄注云畜起也育覆育也顧旋視也復反覆也腹懷抱也極已也欲報父母之德昊天乎我心無已也朕不敢興事覽於前世太宗中宗實有舊典太宗文帝也中宗宣帝也追命外祖以篤親親其追封謚皇太后父竦爲褒親愍侯比靈文順成恩成侯昭帝母趙婕妤帝即位追封婕妤父爲順成侯宣帝追封母王夫人父迺始爲恩成侯各置園廟也魂而有靈嘉斯寵榮好爵顯服以慰母心遣中謁者與嫕及扈備禮西迎竦喪竦死漢陽獄故自西迎也〔集解〕先謙曰官本注獄下有中字故下無自字詣京師改殯賜東園畫棺玉匣衣衾東園署名主知棺槨漢儀注王侯葬腰已下玉爲札長尺廣二寸半爲匣下至足綴以黃金縷爲之匣字或作柙也建塋於恭懷皇后陵傍帝親臨送葬百官畢會徵還竦妻子封子棠爲樂平侯〔集解〕惠棟曰樂平縣名屬濟陰郡先謙曰今東昌府堂邑縣東南四十里棠弟雍乘氏侯〔集解〕惠棟曰乘氏縣名屬濟陰郡先謙曰今曹州府鉅野縣西南雍弟翟單父侯〔集解〕惠棟曰單父縣名屬濟陰先謙曰注見光武紀邑各五千戶位皆特進賞賜第宅奴婢車馬兵弩什物以巨萬計寵遇光於當世諸梁內外以親疏並補郎謁者棠官至大鴻臚雍少府棠卒子安國嗣延光中爲侍中有罪免官諸梁爲郎吏者皆坐免

商字伯夏雍之子也少以外戚拜郎中遷黃門侍郎永建元年襲父封乘氏侯三年順帝選商女及妹入掖庭遷侍中屯騎校尉陽嘉元年女立爲皇后妹爲貴人加商位特進〔集解〕惠棟曰袁宏紀商上書讓曰祿命過厚受祖考多福又託日月末光以斗筲之材乘君子之器懼有負乘之累不守歷世之榮誠不如舊制與左賢同科書十餘上帝輒敦喻之商又上書讓校尉曰臣託椒房被蒙榮寵兼官二職非材所堪受寵戰慄驚懼惶戚不遑甯處披露赤誠敢遂狂狷謹上屯騎校尉印綬上乃許焉以特進就第更增國土賜安車駟馬其歲拜執金吾二年封子冀爲襄邑侯商讓不受三年以商爲大將軍固稱疾不起四年使太常桓焉奉策就第即拜商迺詣闕受命明年夫人陰氏薨〔集解〕惠棟曰案雜事祕辛商夫人陰桂之女追號開封君開封縣故城在今汴州浚儀縣南〔集解〕先謙曰今開封府祥符

縣南五十里。贈印綬。商自以戚屬居大位，每存謙柔，〔集解〕惠棟曰：東觀記商爲朝廷敬憚，其委任自前世外戚禮遇尊顯所未曾有，商門無駐馬請謁之賓，謙虛抱損，九命彌恭，漢興以來妃后之家亦無商比。虛己進賢，辟漢陽巨覽〔集解〕惠棟曰：孫愐云巨姓，漢有巨武，爲荊州刺史。其呂切。上黨陳龜爲掾屬，李固、周舉爲從事中郎，於是京師翕然，稱爲良輔，帝委重焉。東觀漢記：商少持韓詩，兼讀眾書傳記，天資聰敏，昭達萬情，舉措動作，直推雅性，務在誠實，不爲華飾。孝友著于閨閾，明信結于友朋。其在朝廷，儼恪矜嚴，威而不猛。退食私館，接賓待客，寬和肅敬。憂人之憂，樂人之樂，皆若在己。輕財貨，不爲之畜積，故衣裘裁足卒歲，奴婢車馬供用而已。朝廷由是敬憚委任焉。〔集解〕先謙曰：官本注不爲下無之字。每有飢饉，輒載租穀於城門，賑與貧餧，不宣己惠。〔集解〕先謙曰：東觀記云：商嘗曰多藏厚亡，爲子孫累。每租奉到及兩宮賞賜，便置中門外，未嘗入藏，悉分與昆弟中外。饑年穀貴，有餓餧，輒遣蒼頭以車載米菜錢，於四城外給與貧民。檢御門族，未嘗以權盛干法。而性慎弱無威斷，頗溺於內豎。以小黃門曹節等用事於中，遂遣子冀、不疑與爲交友，然宦者忌商寵任，反欲陷之。永和四年，中常侍張逵、蘧政，內者令石光、內者署名，令一人，秩六百石，屬少府。見漢官儀也。

尚方令傅福、冗從僕射杜永連謀，共譖商及中常侍曹騰、孟賁，〔集解〕惠棟曰：續志張逵等與騰、賁爭權也。云欲徵諸王子，圖議廢立，請收商等案罪。帝曰：「大將軍父子我所親，騰、賁我所愛，必無是，但汝曹共妒之耳。」逵等知言不用，懼迫，〔集解〕通鑑胡注：言既不用，懼禍且及也。遂出矯詔收縛騰、賁於省中。帝聞震怒，敕宦者李歙急呼騰、賁釋之，收逵等，悉伏誅。〔集解〕惠棟曰：續志逵等自知事不從，各奔走，或自刺，解貂蟬投草中逃亡，皆得免。辭所連染及在位大臣。商懼多侵枉，迺上疏曰：「春秋之義，功在元帥，罪止首惡。春秋經書「虞師、晉師滅下陽」，公羊傳曰：「虞，微國也，曷爲序于大國之上？使虞首惡也。曷爲使虞首惡？虞受賂假滅國者道，以取亡焉。」〔集解〕惠棟曰：范文子後入，恐代帥受名，是功在元帥也。先謙曰：官本注上使作表，下使作序。故賞不僭溢，刑不淫濫，五帝、三王所以同致康乂也。左傳曰：「善爲國者，賞不僭而刑不濫。賞僭則懼及淫人，刑濫則懼及善人。若不幸而過，寧僭無濫。」竊聞考中常侍張逵等，辭語多所牽及。大獄一起，無辜者眾，死囚久繫，纖微成大，言久繫則細微之事引牽而成大也。非所以順迎和氣，平政成化也。禮記月令：「孟春之月，天子親帥三公、九卿、諸侯、大夫以迎春於東郊，命相布德和令，行慶施惠，下及兆人也。」〔集解〕先謙曰：官本注兆人作兆民，蓋後人迴改。宜早訖竟，以止逮捕之煩。」逮，及也。辭所連及，即追捕之也。帝迺納之，罪止坐者。

六年秋，商病篤，〔集解〕惠棟曰：袁宏紀商疾篤，移歸舊第。敕子冀等曰：「吾以不德，享受多福，生無以補益朝廷，死必耗費帑藏，衣衾飯唅玉匣珠貝之屬，何益朽骨。唅，口實也。白虎通曰：「大夫飯以玉，唅以貝；士飯以珠，唅以貝也。」百僚勞擾，紛華道路，秖增塵垢，雖云禮制，亦有權時。權時謂不依禮也。〔集解〕王補曰：袁宏紀作「但增塵埃，我生平所不願，雖有聖人之制，亦有權時之宜」。方今邊境不寧，盜賊未息，〔集解〕王補曰：袁宏紀此下有「朝廷用度常若不足」。豈宜重爲國損！氣絕之後，載至冢舍，即時殯斂。斂以時服，皆以故衣，無更裁制。殯已開冢，冢開即葬。祭食如存，無用三牲。孝子善述父志，不宜違我言也。」禮記曰：「孝子善述父之志，善成人之事。」〔集解〕王補曰：袁宏紀篇末作「上無損於國，下從吾本意。孝子善述人之志，忠臣每事依先公，必從吾言，使魂神有知，無恨於黃泉」。及薨，〔集解〕先謙曰：御覽五百五十二引續漢書云：大將軍梁商三月上巳日會洛水，倡樂畢極，終以薤露歌之，坐中流淚。其年八月而商薨。帝親臨喪。諸

子欲從其誨，朝廷不聽，賜以東園朱壽之器、銀鏤、黃腸、玉匣、什物二十八種，壽器，棺也。以朱飾之，以銀鏤之。前書音義曰：「以柏木黃心爲椁，曰黃腸也。」〔集解〕劉攽曰：案文衍一之字。錢二百萬，布三千匹。皇后錢五百萬，布萬匹。及葬，贈輕車介士，輕車，兵車也。介士，甲士也。賜謚忠侯。中宮親送，〔集解〕先謙曰：官本同。王會汾云：監本誤作中官。案商女爲順帝后，妹爲貴人，此中宮謂皇后親送父喪也。若中官，則中常侍謁者之屬，不得云親送矣。今改正。帝幸宣陽亭，每城門皆有亭，即宣陽門之亭也。〔集解〕通鑑胡注：洛陽城十二門，無宣陽門。案董卓傳孫堅進洛陽宣陽城門，注云：洛陽記洛陽城南面有四門，從東第三門。瞻望車騎。東觀記云：初，帝作誄曰：「孰云忠侯，不聞其音。背去國家，都茲玄陰，幽居冥冥，靡所宜窮也。」子冀嗣。

冀字伯卓，〔集解〕先謙曰：官本卓作車。爲人鳶肩豺目，鳶，鴟也。鴟肩上竦也。豺目，目豎也。洞精矘眄，洞，通也。矘音宅蕩反。說文曰：「目睛直視。」口吟舌言，謂語吃不能明了。〔集解〕周壽昌曰：案非口吃之謂也。口吟，口中喁嚅私讌，聽之不絕聲，審之不成句，傷寒論中所謂鄭聲也。舌言，言出口即欬，不明白宣示，所謂含胡也。皆奸人相也。裁能書計。少爲貴戚，逸遊自恣。性嗜酒，能挽滿、彈棊、挽滿，猶引強也。藝經曰：「彈棊，兩人對局，白黑棊各六枚，先列棊相當，更先彈也。其局以石爲之。」格五、前書吾丘壽王善格五。音義云：「簺也。」音蘇代反。說文曰：「簺，行棊相塞

謂之簺鮑宏簺經曰簺有四采塞白乘五是也至五卽格不得行故謂之格五〔集解〕惠棟曰劉昫云鮑宏博簺經一卷六博楚詞曰琨蔽象棊有六博王逸注云投六箸行六棊故云六博鮑宏博經曰用十二棊六棊白六棊黑所擲頭謂之瓊瓊有五采刻為一畫者謂之塞刻為兩畫者謂之白刻為三畫者謂之黑一邊不刻者五塞之間謂之五塞〔集解〕惠棟曰劉昫云鮑宏小博經一卷蹴鞠劉向別錄曰蹴鞠者傳言黃帝所作或曰起戰國之時蹴鞠兵埶也所以講武知有材也意錢之戲何承天纂文曰詭億一曰射意一曰射數卽攤錢也又好臂鷹走狗騁馬鬬雞初為黃門侍郎轉侍中虎賁中郎將越騎步兵校尉〔集解〕先謙曰東觀記云拜步兵校尉上書列校之職上應天工下厭羣望實非愚臣所宜執金吾〔集解〕汪文臺曰御覽二百三十七引謝承書云冀為執金吾歲朝託疾不朝司隸楊雄治之詔以二月俸贖罪永和元年拜河南尹冀居職暴恣多非法父商所親客洛陽令呂放頗與商言及冀之短商以讓冀冀卽遣人於道刺殺放而恐商知之迺推疑於放之怨仇〔集解〕通鑑胡注惡自冀出欲嫁之他人故託其詞疑放之怨仇為之請以放弟禹為洛陽令安慰放家欲以滅口〔集解〕通鑑胡注注非也冀請于商以放弟為令謂必急於捕賊而陰使禹滅其兄之宗親賓客以快己忿耳周壽昌曰冀推疑於放之仇家而以其弟禹為令注故云云然殺之則

可曰滅口既官放弟以安慰其家是塞口以泯怨也注云滅口誤使捕之盡滅其宗親賓客百餘人商薨未及葬順帝迺拜冀為大將軍〔集解〕先謙曰司馬光云成帝不能選任賢俊委政舅家可謂闇矣猶知王立之不材棄而不用順帝援大柄授之后族梁冀頑嚚凶暴著於平昔而使之繼父之位終於悖逆蕩覆漢室較於成帝闇又甚焉弟侍中不疑為河南尹及帝崩沖帝始在繈褓太后臨朝詔冀與太傅趙峻太尉李固參錄尚書事冀雖辭不肯當而侈暴滋甚沖帝又崩冀立質帝帝少而聰慧知冀驕橫嘗朝羣臣目冀曰〔集解〕通鑑胡注目者眡目而著視之此跋扈將軍也跋扈猶強梁也〔集解〕惠棟曰毛詩云無然畔援鄭康成云畔援跋扈也孔穎達云跋扈凶橫自恣之貌漢唐扶頌云夷粵拚掘拚與跋古字通胡氏釋跋扈穿鑿不可依据今所不取陸德明云跋蒲末反扈音戶冀聞深惡之遂令左右進鴆加煮餅〔集解〕通鑑胡注煮餅今湯餅也帝卽日崩復立桓帝而。枉害李固及前太尉杜喬海內嗟懼語在李固傳建和元年益封冀萬三千戶增大將軍府舉高第茂才官屬倍於三公漢官儀三公府有長史一人司徒府掾屬三十一人令史及御屬三十六人也又封不疑為潁陽侯不疑弟蒙西平侯冀子胤襄邑侯各萬戶和平元年重增封冀萬戶幷前所襲合三萬戶弘農人宰宣素性佞邪欲取媚於冀迺上言大將軍有周公之功今既封諸子則其妻宜為邑君詔遂封冀妻孫壽為襄城君兼食陽翟租歲入五千萬加賜赤紱比長公主長公主儀服同藩王解見皇后紀壽色美而善為妖態作愁眉嗁妝墮馬髻折腰步齲齒笑風俗通曰愁眉者細而曲折嗁妝者薄拭目下若嗁處墮馬髻者側在一邊折腰步者足不任體齲齒笑者若齒痛不忻忻始自冀家所為京師翕然皆倣效之齲音丘禹反〔集解〕惠棟曰馬縞古今注云墮馬髻今無復作者倭墮髻一云墮馬之餘形也呂氏春秋市邱之鼎視之蝺焉高誘云蝺讀如齲齒之齲蓋當時之語也洪頤煊曰齲當作齵說文齵齒不正也考工記鄭注人之牙齒參差謂之齵詩曰巧笑之瑳瑳卽齵字說文齵齒參差卽巧笑之貌風俗通以為若齒痛不忻忻失其義矣以為媚惑冀亦改易輿服之制作平上軿車鄭玄注周禮云軿猶屏也所用自蔽隱也蒼頡篇云衣車也形制上平異於常也埤幘狹冠埤下也音頻爾反一音皮彼反折上巾蓋折其巾之上角也擁身扇大扇也狐尾單衣後裾曳地如狐尾也壽性鉗忌鉗鋷也言性忌害如鉗之鋷物也鋷

音女輒反〔集解〕惠棟曰鉗謂飛鉗也忌忌克也鉗亦作箝許慎云箝籋也謂箝籋其舌也說文云鉗以鐵有所劫束也方言云鉗也郭璞鉗害也又惡也能制御冀冀甚寵憚之初父商獻美人友通期於順帝友姓也東觀記友作支通期有微過以歸商商不敢留而出嫁之冀卽遣客盜還通期會商薨冀行服於城西私與之居壽伺冀出多從蒼頭篡取通期歸截髮刮面笞掠之欲上書告其事冀大恐頓首請於壽母壽亦不得已而止冀猶復與私通生子伯玉匿不敢出壽尋知之使子胤誅滅友氏冀慮壽害伯玉常置複壁中冀愛監奴秦宮官至太倉令得出入壽所壽見宮輒屏御者託以言事因與私焉宮內外兼寵威權大震刺史二千石皆謁辭之冀用壽言多斥奪諸梁在位者外以謙讓而實崇孫氏宗親〔集解〕惠棟曰案壽兄孫禮為沛相見風俗通壽從子孫訓宗昕不知書因壽氣力起家拜太倉令冒名而為侍中卿校尉郡守長吏者十餘人皆貪叨凶淫各遣私客籍屬縣富人被以它罪籍謂疏錄之也閉

獄掠拷使出錢自贖貲物少者至於死徙扶風人士孫奮居富而性吝冀因㠯馬乘遺之摯虞三輔決錄注曰士孫奮字景卿少爲郡五官掾起家得錢貲至一億七千萬富聞京師也從貸錢五千萬〔集解〕惠棟曰三輔決錄注云平陵士孫奮富聞京師而性儉悋嘗宿客舍屋錢直甚少主人曰君士大夫惜錢如此欲作士孫景卿邪不知實是景卿從子瑞辟梁冀掾奮送絹五匹食以乾魚冀問奮何以相送瑞以實對冀乃以一乘安車遺奮從貸錢五千萬也瑞字君榮見王允傳奮㠯三千萬與之〔集解〕汪文臺曰類聚八十四引續漢書作奮以五百萬與之御覽八百三十五引五千萬作二十萬五百萬作十萬冀大怒迺告郡縣認奮母爲其守臧婢云盜白珠十斛紫金千斤㠯叛遂收拷奮兄弟死于獄中悉沒貲財億七千餘萬其四方調發歲時貢獻皆先輸上第於冀上第第一也乘輿迺其次焉〔集解〕惠棟曰獨斷云天子至尊不敢渫瀆言之故託之于乘輿乘猶載也輿猶車也天子以天下爲家不以京師宮室爲常處則當乘車輿以行天下故羣臣託乘輿以言之吏人齎貨求官請罪者〔集解〕通鑑胡注請罪謂請求以脫罪也道路相望冀又遣客出塞交通外國廣求異物因行道路發取妓女御者〔集解〕劉攽曰案古無妓字當作伎而使人

復乘埶橫暴妻略婦女〔集解〕通鑑胡注妻者私他人之婦女若已妻然不以道取之曰略毆擊吏卒〔集解〕先謙曰官本毆作歐所在怨毒〔集解〕通鑑胡注毒痛也冀迺大起第舍〔集解〕惠棟曰袁宏紀云冀于洛陽城門內起甲第而壽亦對街爲宅殫極土木互相誇競堂寢皆有陰陽奧室奧深室也連房洞戶洞通也謂相當也柱壁雕鏤加㠯銅漆窗牖皆有綺疎青瑣牖小窻也綺疎謂鏤爲綺文青瑣謂刻爲瑣文而以青飾之也圖㠯雲氣仙靈〔集解〕汪文臺曰御覽百八十八引張璠漢記云冀起臺殿梁柱椽桷鏤爲青龍白虎畫以丹青雲氣臺閣周通更相臨望飛梁石磴陵跨水道架虛爲橋若飛也金玉珠璣異方珍怪充積臧室遠致汗血名馬〔集解〕先謙曰東觀記云永昌太守鑄黃金蛇獻之冀益州刺史种暠發其事又廣開園囿採土築山十里九坂㠯象二崤二崤山在今洛州永寧縣西北深林絕澗有若自然奇禽馴獸飛走其間冀壽共乘輦車〔集解〕惠棟曰毛晃云輦車步挽車也漢書注駕人以行曰輦車張羽葢飾㠯金銀遊觀第內多從倡妓鳴鐘吹管酣謳竟路或連繼日夜㠯騁娛恣客到門不得通皆請謝門者門者累千金

又多拓林苑禁同王家西至弘農東界滎陽南極魯陽北達河淇包含山藪遠帶丘荒〔集解〕惠棟曰袁宏紀諸有山藪丘荒皆樹旗大題曰民不得犯周旋封域殆將千里又起菟苑於河南城西經亙數十里發屬縣卒徒繕修樓觀數年迺成移檄所在調發生菟刻其毛㠯爲識〔集解〕惠棟曰鄭康成周禮注氐物皆有刻識謂刻而識之也識音式人有犯者罪至刑死嘗有西域賈胡不知禁忌誤殺一菟轉相告言坐死者十餘人〔集解〕惠棟曰張璠漢記云死者十三人冀二弟嘗私遣人出獵上黨冀聞而捕其賓客一時殺三十餘人無生還者冀又起別第於城西㠯納姦亡〔集解〕通鑑胡注謂姦民及亡命者或取良人悉爲奴婢至數千人名曰自賣人元嘉元年帝㠯冀有援立之功欲崇殊典迺大會公卿共議其禮於是有司奏冀入朝不趨劒履上殿謁贊不名禮儀比蕭何事見王莽傳也〔集解〕通鑑胡注蕭何惟劒履上殿入朝不趨何嘗謁贊不名也君前臣名禮也冀何如人而寵秩之至此乎悉㠯定陶陽成餘戶增封爲四縣比鄧禹

冀初封襄邑襲封乘氏更以定陶陽成是四縣〔集解〕通鑑胡注陽成當作成陽與定陶乘氏皆屬濟陰郡先謙曰官本注是作足是賞賜金錢奴婢綵帛車馬衣服甲第比霍光㠯殊元勳每朝會與三公絕席絕席別也十日一入平尚書事謂平議也宣布天下爲萬世法冀猶㠯所奏禮薄意不悅專擅威柄凶恣日積機事大小莫不諮決之宮衛近侍竝所親樹樹置也禁省起居纖微必知〔集解〕惠棟曰袁宏紀省中咳唾之音冀必知之百官遷召皆先到冀門牋檄謝恩〔集解〕通鑑胡注字書牋表也識也書也左雄傳文吏課牋奏自後世言之奏者達之天子牋者用之中宮東宮將相大臣檄者徵召傳令用之非所以謝恩也竊意自蔡倫造紙之後用紙書者曰牋用木書者曰檄故言牋檄謝恩也然後敢詣尚書下邳人吳樹爲宛令之官辭冀冀賓客布在縣界㠯情託樹樹對曰小人姦蠹比屋可誅明將軍㠯椒房之重處上將之位宜崇賢善㠯〔集解〕通鑑胡注比毗寐反連次也補朝闕〔集解〕通鑑胡注補朝政之闕宛爲大都士之淵藪自侍坐㠯來未聞稱一長者而多託非人誠非敢聞冀默然不悅樹到縣遂誅殺冀客

爲人害者數十人由是深怨之樹後爲荆州刺史臨去辭冀冀爲設酒因鴆之樹出死車上又遼東太守侯猛初拜不謁冀託以他事迺腰斬之時郎中汝南袁著〔集解〕惠棟曰陳羣汝頴士論云汝南袁公著爲甲科郎中上書欲治梁冀頴川士雖務忠謹未有能投命直言者也年十九見冀凶縱不勝其憤迺詣闕上書曰臣聞仲尼歎鳳鳥不至河不出圖自傷卑賤不能致也今陛下居得致之位又有能致之資此董仲舒對策之詞著引而略之也而和氣未應賢愚失序者埶分權臣上下壅隔之故也夫四時之運功成則退易繫辭曰寒往則暑來暑往則寒來寒暑相推而歲成焉老子曰功成名遂身退天之道也高爵厚寵鮮不致災今大將軍位極功成可爲至戒宜遵懸車之禮高枕頤神薛廣德爲御史大夫乞骸骨賜安車四馬懸其安車傳子孫欲令冀遵致仕之禮也〔集解〕先謙曰官本注四作駟傳曰木實繁者披枝害心〔集解〕惠棟曰史記范雎言也若不抑損權盛將無以全其身矣左右聞臣言將側目切齒臣特以童蒙見拔故敢忘忌諱昔舜禹相戒無若丹朱尚書禹謂帝舜曰無若丹朱傲惟慢遊是好周公戒成王無如殷王紂尚書周公戒成

後漢書三十四 十四

王曰無若殷王受之迷亂酗於酒德哉願除誹謗之罪以開天下之口書得奏御冀聞而密遣掩捕著迺變易姓名後託病偽死結蒲爲人市棺殯送冀廉問知其詐廉察也陰求得笞殺之隱蔽其事學生桂陽劉常當世名儒素善於著冀召補令史以辱之〔集解〕惠棟曰漢舊儀云丞相選二千石書佐試書補令史令史皆斗食遷補御史三輔決錄云丁邯舉孝廉爲郎故侍郎以令史久次補之世祖始改用孝廉邯稱病不就詔問病差爲郎否對曰臣不病恥以孝廉爲令史職耳時太原郝絜胡武皆危言高論危亦高謂峻也與著友善先是絜等連名奏記三府薦海內高士而不詣冀冀追怒之又疑爲著黨勑中都官移檄捕前奏記者竝殺之遂誅武家死者六十餘人絜初逃亡知不得免因輿櫬奏書冀門書入仰藥而死家迺得全及冀誅有詔以禮祀著等冀諸忍忌皆此類也不疑好經書善待士冀陰疾之因中常侍白帝轉爲光祿勳又諷眾人共

薦其子胤〔集解〕惠棟曰別傳作嗣爲河南尹胤一名胡狗時年十六容貌甚陋不勝冠帶道路見者莫不嗤笑焉不疑自恥兄弟有隙遂讓位歸第與弟蒙閉門自守冀不欲令與賓客交通陰使人變服至門記往來者南郡太守馬融江夏太守田明初除過謁不疑冀諷州郡以它事陷之〔集解〕惠棟曰司馬貞云謁謂以札書姓名若今之通刺胡三省云言過其門因而謁之禮不專案胡說非也冀與不疑有隙融明不知而謁之冀因以他事陷之也皆髡笞徙朔方融自刺不殊明遂死於路永興二年封不疑子馬爲頴陰侯〔集解〕惠棟曰袁宏紀馬作焉胤子桃爲城父侯〔集解〕惠棟曰袁紀桃作桃又建和元年封也冀一門前後七封侯三皇后〔集解〕通鑑胡注冀祖雍封乘氏侯冀封襄邑侯又嗣乘氏侯又封其子胤襄邑侯弟不疑頴陽侯蒙西平侯不疑子馬頴陰侯胤子桃城父侯是七封侯也恭懷順烈懿獻三皇后六貴人二大將軍夫人女食邑稱君者七人尚公主三人其餘卿將尹校五十七人〔集解〕通鑑胡注卿九卿也將中郎將也尹河南尹也校諸校尉也在位二十餘年〔集解〕通鑑胡注順帝永和六年冀爲大將軍至延熹二年凡十九年窮極滿盛威行內外百寮側目莫敢違命天子恭己而不

後漢書三十四 十五

得有所親豫帝既不平之延熹二年太史令陳授〔集解〕惠棟曰別傳作援因小黃門徐璜陳災異日食之變咎在大將軍〔集解〕惠棟曰事詳別傳王補曰略見本書五行志六延熹元年注引梁冀別傳冀聞之諷洛陽令收考授死於獄帝由此發怒初掖庭人鄧香妻宣生女猛香蓋掖庭署人之名香卒宣更適梁紀梁紀者冀妻壽之舅也壽引進猛入掖庭見幸爲貴人冀因欲認猛爲其女以自固迺易猛姓爲梁時猛姊壻邴尊爲議郎冀恐尊沮敗宣意沮壞也恐尊壞敗宣意不從其改梁姓也迺結刺客於偃城刺殺尊〔集解〕惠棟曰續志冀使太倉令秦宮刺殺尊而又欲殺宣宣家在延熹里與中常侍袁赦相比相鄰比也冀使刺客登赦屋欲入宣家赦覺之鳴鼓會眾以告宣宣馳入以白帝帝大怒遂與中常侍單超具瑗〔集解〕通鑑胡注具姓也左傳有具丙唐衡左悺徐璜等五人成謀誅冀語在宦者傳冀心疑超等迺使中黃門張惲入省宿以防其變〔集解〕通鑑胡注使惲入禁中直宿以防超等而無上旨徑使惲入自恃威行宮省故然具

瑗勑吏收惲㠯輒從外入欲圖不軌帝因是御前殿召諸尚書入發其事使尚書令尹勳持節勒丞郎㠯下皆操兵守省閤斂諸符節送省中使黃門令具瑗將左右廄騶騶騎士也集解通鑑胡注大僕有左駿廄令右駿廄令從可知也虎賁羽林都候劒戟士續漢志曰左右都候各一人秩六百石主劒戟士徼循宮中及天子有所收考也合千餘人與司隸校尉張彪共圍冀第使光祿勳袁盱音吁持節收冀大將軍印綬徙封比景都鄉侯冀及妻壽卽日皆自殺集解汪文臺曰御覽八百八十五引張璠漢記云梁冀池中船無故自覆後被誅悉收子河南尹胤叔父屯騎校尉讓及親從衞尉淑越騎校尉忠集解惠棟曰忠冀之叔父見華陽國志長水校尉戟等諸梁及孫氏中外宗親送詔獄無長少皆棄市不疑蒙先卒其它所連及公卿列校刺史二千石死者數十人故吏賓客免黜者三百餘人朝廷爲空唯尹勳袁盱及廷尉邯鄲義在焉是時事卒從中發卒音七訥反使者交馳公卿失其度官府市里鼎沸

數日廼定百姓莫不稱慶收冀財貨縣官斥賣集解惠棟曰周禮太府幣餘之賦鄭康成云古賣國之斥幣賈公彥云謂之斥幣者謂指斥與人也合三十餘萬萬㠯充王府用減天下稅租之半集解惠棟曰王劭學云用字當屬下句用因也用是除減天下稅租之半散其園囿㠯業窮民錄誅冀功者集解王會汾曰案者字當在功字上封尚書令尹勳㠯下數十人

論曰順帝之世梁商稱爲賢輔豈㠯其地居亢滿而能㠯愿謹自終者乎亢上極之名也愿慤也夫宰相運動樞極感會天人樞謂斗樞也極北極也中於道則易㠯興政乖於務則難乎御物商恊回天之埶屬彫弱之期而匡朝郵患未聞上術憔悴之音載謠人口雖輿粟盈門何救阻飢之戹阻難也書曰黎人阻飢也永言終制未解尸官之尤尸官猶尸祿終制謂薄葬也況廼傾側孽臣商遺冀不疑與曹節等爲交友也傳寵凶嗣㠯至破家傷國而豈徒然哉

贊曰河西佐漢統亦定算謂統初與竇融定計歸光武褒親幽憤升高累歎商恨善柔冀遂貪亂善柔失刑斷之道也

梁統列傳第二十四終　後漢書三十四

後漢書集解卷三十四校補

梁統傳吕貲十萬徙茂陵錢大昭曰閩本十作千案前書武帝元朔二年徙郡國豪傑及貲三百萬以上于茂陵則貲十萬者明不中徙十字疑本誤

拜騰酒泉典農都尉侯康曰前志農都尉武帝初置續志農都尉主屯田殖穀劉注引魏志曹公置典農中郎將秩二千石典農都尉秩六百石或四百石典農校尉秩比二千石是漢官本無典字操始加之耳水經河水注上河在西河富平縣馮參為上河典農都尉所治然考前書參傳仍但云農都尉道元蓋誤以後世官名稱之此傳之誤亦同

更封高山侯集解錢大昕曰高山縣名屬臨淮郡案高山縣續志屬下邳國今洪澤湖中故泗州之東

義者政理案政與正通理本治字章懷避改下文天下稱理及或不便於理皆同

故重首匿之科著知從之律注凡首匿者為謀自藏匿罪人錢大昭曰閩本注自亦作首

丞相王嘉至百有餘事集解王鳴盛曰近儒謂王嘉案此近儒指何焯

誠不宜因循季末衰亂之軌官本亂作微錢大昭曰閩本作微

議者吕為隆刑峻法錢大昭曰議者指杜林見林傳

至初元建平所減刑罰百有餘條集解何焯云至遂吕為班固失之略耳案梁統身歷哀平之世何至對狀申議並誤年號尚書又曷為不駁之且東觀記明有哀帝建平元年輕殊死刑八十一事之文蓋卽成帝河平中下詔議減之案至哀帝建平初乃定議實減統對狀據其終言之固非有誤也

迺作悼騷賦繫玄石而沈之集解先謙曰注伊周當作伊尹謹案官本注亦作伊尹

家屬復從九眞辭語連及舞陰公主坐徙新城柳從辰曰袁紀作家屬與舞陰公主居新野與此異案舞陰乃長公主不言長蓋降也二貴人早失母舞陰為其伯母實長養之故辭連及見后紀

松子扈遺從兄禶注禶古禪字也柳從辰曰袁紀禶作擅

封子棠為樂平侯集解惠棟曰樂平縣名屬濟陰郡柳從辰曰續志東郡樂平侯國故清章帝更名前志注引應劭說同故其地今與東昌之堂邑近也案東郡雖與濟陰毗連續志濟陰郡之離狐廩丘卽由東郡改屬而樂平之屬濟陰則前續志皆未言當係惠氏之誤

請吕放弟禹為洛陽令集解通鑑胡注至吕快已忿耳侯康曰李注不誤而胡氏誤趙紹祖云放之宗親孰有親於其弟者乎禹而滅其兄之宗親賓客是自滅也蓋既推求放之仇怨而殺之又使捕仇怨家之宗親賓客而盡滅之則無人為被誣殺者告理己之嫁惡於人可冀終無後患卽吕放官予其弟而使為己用是外為安慰放家而實則欲以滅口也

齵齒笑集解洪頤煊曰齵當作齺至失其義矣錢大昭曰次兒繹云說文竘匠也讀若齵方言竘或謂之巧然則齵齒笑猶巧笑也案說文齒部有齺無齵故洪氏吕為當改字然牙部𤘅之重文正作齵是說文本有齵字卽𤘅字耳故立部竘下注引之錢氏借方言吕通齵之訓可謂說簡而明

而實崇孫氏宗親集解惠棟曰至拜太倉令侯康曰御覽二百四十二壽從弟安以童幼拜黃門侍郎羽林監

悉吕定陶陽成餘戶增封為四縣比鄧禹注冀初封襄邑襲封乘氏更吕定陶陽成是四縣案上文陽嘉二年封商子冀為襄邑侯商讓未受故建和元年又封冀子

亂為襄邑侯則冀僅襲乘氏並未受封襄邑茲云四縣蓋並其子封國數之又冀建和和平兩次益封必皆取之定陶陽成兩縣餘戶亦無幾故冀謂禮薄意不悅也

比屋可誅集解通鑑胡注比毗寐反連次也沈銘彝曰前書王莽傳堯舜之世比屋可封本書楊終傳亦言堯舜之民可比屋而封桀紂之民可比屋而誅案此出陸賈新語已見楊終傳注

冀召補令史吕辱之集解惠棟曰漢舊儀云至耻吕孝廉為令史職耳案續志劉注引梁冀別傳元嘉二年加冀禮儀增掾屬舍人令史官騎鼓吹各十人冀辱劉常當卽在是時續志大將軍府原有掾屬二十九人令史及御屬三十一人官騎三十人及鼓吹大將軍職如三公漢舊注公令史百石自中興以後注不說石數又稱班固記漢承秦置官本末皆孝武奢廣之事世祖節約之制宜為常憲則中興大將軍府令史必已減於百石減於百石卽斗食矣世祖改用孝廉為郎丁邯雖以非儒職不肯為然後遂沿為故事安帝時郡國耆儒皆補郎舍人冀乃補常為斗食小吏是重屈辱之也

冀諷州郡吕他事陷之集解惠棟曰至冀因吕它事陷之也案冀諷有司奏融在郡貪濁見融本傳

無少長皆棄市侯康曰水經河水注載梁暉字始娥漢大將軍梁冀後冀誅入羌暉祖父爲羌所推爲渠帥是冀後未絕也

百姓莫不稱慶侯康曰常璩犍爲士女讚趙敦字建侯武陽人也初爲新都令德禮宣流三司及大將軍梁冀辟辟終不詣冀辟書不絕後冀自殺使者監守不使人弔問敦獨往弔祭訖自拘有司天子赦之

張曹鄭列傳第二十五

後漢書三十五

宋　宣　城　太　守　范　曄　撰

唐　章　懷　太　子　賢　注

王先謙集解

張純字伯仁京兆杜陵人也高祖父安世宣帝時爲大司馬衞將軍封富平侯臣賢案張安世昭帝元鳳六年以右將軍宿衞忠謹封富平侯今此言宣帝封誤也宣帝卽位但益封萬戶耳集解洪亮吉曰范史蓋承大司馬衞將軍文順敘下耳若言昭帝封富平侯宣帝時爲大司馬衞將軍豈不煩耶且言爲衞將軍正屬宣帝時不當以此駁范史也[illegible]惠棟曰鄺元案陳留風俗傳云陳留尉氏縣安陵鄉故富平也是乃安世所食邑父放爲成帝侍中純少襲爵土集解惠棟曰前書表云建平元年嗣王莽建國四年更爲張鄉侯也哀平間爲侍中王莽時至列卿遭值篹僞多亡爵土純吕敦謹守約保全前封集解王鳴盛曰純六世祖湯酷吏也父放佞倖也純哀平間爲侍中列侯九百二人爲莽求九錫純列名於首王莽時至列卿則又仕異姓者也旣以敦謹保全前封又以禮爲中興名臣異哉建武初先來詣闕

故得復國五年拜太中大夫集解官本考證曰監本誤作二年從宋本改使將潁川突騎安集荊徐揚部督委輸督促也委輸轉運也監諸將營後又將兵屯田南陽遷五官中郎將有司奏列侯非宗室不宜復國光武曰張純宿衞十有餘年其勿廢更封武始侯食富平之半武始縣屬魏郡富平縣屬平原郡也集解惠棟曰前書云更封富平之別鄉然則武始爲富平鄉名也鄺元云安世子延壽徙封平原安世之封邑在陳留別邑在魏郡洪亮吉曰武始縣亦中興時省純在朝歷世明習故事集解惠棟曰前書云純恭儉自修明習漢家制度故事有敬侯遺風建武初舊章多闕每有疑議輒吕訪純自郊廟婚冠喪紀禮儀多所正定帝甚重之吕純兼虎賁中郎將數被引見一日或至數四過一以至於四也集解惠棟曰純別傳云一日數見東觀記云純素重愼周密時上封事輒削去草續漢書亦云純吕宗廟未定昭穆失序十九年迺與太僕朱浮各奏言陛下興於匹庶蕩滌天下誅鉏暴亂興繼祖宗竊吕經義所紀人事眾心雖實同創革而名爲中興宜奉先帝恭承祭祀者也元帝吕來宗

廟奉祀高皇帝爲受命祖孝文皇帝爲太宗孝武皇帝爲世宗皆如舊制又立親廟四世推南頓君以上盡於春陵節侯南頓令欽即光武之父春陵侯買光武高祖也禮爲人後者則爲之子既事大宗則降其私親大宗謂元帝也據代相承高祖至元帝八代光武即高帝九代孫以代數相推故繼體元帝故曰既事大宗下又云宣元皇帝尊爲祖父又曰自元帝以上祭于洛陽成帝以下祭于長安其義明矣降其私親謂春陵以下不別序昭穆〔集解〕先謙曰大或作太非今禘祫高廟陳序昭穆而春陵四世君臣竝列以卑廁尊不合禮意設不遭王莽而國嗣無寄推求宗室以陛下繼統者安得復顧私親違禮制乎昔高帝以自受命不由太上宣帝以孫後祖不敢私親故爲父立廟獨羣臣侍祠臣愚謂宜除今親廟以則二帝舊典願下有司博采其議詔下公卿大司徒戴涉大司空竇融議宜以宣元成哀平五帝四世代今親廟宣元皇帝尊爲祖父可親奉祠成帝以下有司行事別爲南頓君立皇考廟其祭上至春陵節侯羣

臣奉祠以明尊尊之敬親親之恩帝從之是時宗廟未備自元帝以上祭于洛陽高廟成帝以下祠于長安高廟其南頓四世隨所在而祭焉明年純代朱浮爲太僕二十三年代杜林爲大司空在位慕曹參之迹務於無爲〔集解〕先謙曰官本有注曹參惠帝時代蕭何爲相國遵蕭何法無所變更十九字選辟掾史皆知名大儒明年上穿陽渠引洛水爲漕上音時丈反陽渠在洛陽城南〔集解〕惠棟曰水經注王梁爲河南尹將引穀水以溉京都渠成而水不流故以坐免及純堰洛而通漕洛中公私懷贍是渠今引穀水蓋純之創也案陸機洛陽記劉澄之永初記言城之西面有陽渠周公制之亦謂之九曲瀆百姓得其利二十六年詔純曰禘祫之祭不行已久矣三年不爲禮禮必壞三年不爲樂樂必崩宜據經典詳爲其制純奏曰禮三年一祫五年一禘春秋傳曰大祫者何合祭也毀廟〔集解〕王補曰續漢志作毀廟之主陳於太祖及未毀廟之主皆登合食乎太祖五年而再殷周禮三年一祫五年一禘又公羊傳曰大祫者何合祭也合祭奈何毀廟主陳于太祖未毀主皆升合食于太祖五年而再殷祭注云殷盛也謂三年祫五年禘也〔集解〕惠士奇曰三年五年之說周禮無文說文以爲出于周禮殊不可解周壽昌曰許氏在漢時周禮古本尚存不能以今時所傳槪之漢舊制三年一祫毀廟主合食高廟存廟主未嘗合祭元始五年諸王公列侯廟會始爲禘祭臣賢按平帝元始五年春祫祭明堂諸侯王列侯宗室助祭賜爵金帛今純及司馬彪書並云禘祭蓋禘祫俱是大祭名可通也又前十八年親幸長安亦行此禮續漢書曰十八年上幸長安詔太常行禘禮於高廟序昭穆父爲昭南向子爲穆北向也〔集解〕王補曰續漢志北向下有父子不並坐而孫從王父先謙曰官本注末無也字禮說三年一閏天氣小備五年再閏天氣大備故三年一祫五年一禘禘之爲言諦諦定昭穆〔集解〕王補曰續漢志諦定作諦諟尊卑之義也禘祭以夏四月夏者陽氣在上陰氣在下四月乾卦用事故言陽氣在上也故正尊卑之義也祫祭以冬十月冬者五穀成熟物備禮成故合聚飲食也〔集解〕王補曰續漢志合聚上有骨肉二字斯典之廢於茲八年自十八年至此〔集解〕惠棟曰續志及本傳皆云十九年與朱浮共奏至二十六年合八年之數則十八年當作十九以十八年曾行禘禮故也王補曰案續漢志此云祖宗廟未定且合祭謂可如禮施行以時定議帝從之自是禘祫

遂定時南單于及烏桓來降邊境無事百姓新去兵革歲仍有年家給人足仍頻也純以聖王之建辟雍所以崇尊禮義既富而教者也論語曰子適衛冉有僕子曰庶矣哉冉有曰既庶矣又何加焉曰富之既富矣又何加焉曰敎之也迺案七經讖明堂圖讖驗也解見光武紀七經謂詩書禮樂易春秋及論語河閒古辟雍記孝武太山明堂制度武帝時河閒獻王德獻雅樂對三雍宮有其書記也又武帝封太山濟南人公玉帶上黃帝時明堂圖明堂中有一殿四面無壁以茅蓋水環宮垣爲複道上有樓也〔集解〕先謙曰官本注末無也字及平帝時議平帝時起明堂徵天下通一藝以上皆議于公車也欲具奏之未及上會博士桓榮上言宜立辟雍明堂章下三公太常而純議同榮帝迺許之三十年純奏上宜封禪曰自古受命而帝治世之隆必有封禪以告成功焉禮記曰因名山升中于天鄭玄注曰謂巡狩至于方嶽燔柴祭天告以諸侯之成功也樂動聲儀曰以雅治人風成於頌動聲儀樂緯篇名也有周之盛成康之間郊配封禪皆可見也書曰歲二月東巡狩至于岱宗柴則封禪之義也臣伏見陛下受中興之命平

海內之亂修復祖宗撫存萬姓天下曠然咸蒙更生恩德雲行惠澤雨施易曰雲行雨施品物流行集解先謙曰官本注流行作流形黎元安寧夷狄慕義詩云受天之祜四方來賀下武之詩也鄭玄注云言武王受此萬年之壽輔佐之臣亦宜蒙餘福也今攝提之歲蒼龍甲寅德在東宮爾雅曰太歲在寅曰攝提格建武三十年太歲在甲寅時歲德在東宮前書音義曰蒼龍太歲也集解吳仁傑曰龍名有三左傳龍見而雩此謂東方七宿爲蒼龍之象又曰蛇乘龍此謂歲星木精木爲蒼龍故歲星亦龍名又淮南書以青龍爲天神之貴青龍即太歲異名王莽銅權銘歲在大梁龍集戊辰者以歲爲歲星龍爲太歲也魏文昌殿鍾虡銘歲在丙申龍次大火則是以歲爲太歲龍爲歲星與前說相反然義得兩通至純傳所云案是年大歲在寅故言攝提之歲然又云蒼龍甲寅則是龍與歲疊指太歲而言駁矣德在東宮以歲在寅與甲相值甲位在東方故也王莽傳亦云蒼龍癸酉德在中宮經云癸德在中宮案杜欽言戊土中宮之部今癸北宮而云中宮者以癸爲戊妃耳此與純傳小異莽傳又云今年刑在東方是歲壬申申刑寅故也宜及嘉時遵唐帝之典繼孝武之業以二月東巡狩封于岱宗明中興勒功勳復祖統報天神禪梁父祀地祇傳祚子孫萬世之基也中元元年帝遂東巡岱宗以純視御史大夫從視比也幷上

元封舊儀及刻石文武帝元封元年封禪儀令侍中皮弁搢紳射牛行事封廣丈二高九尺有玉牒書書祕其事皆禁禪肅然天子親拜衣上黃江淮間一茅三脊爲神藉五色土雜封縱遠方奇獸飛禽之屬也集解王補曰文略見通典五十四三月薨諡曰節侯子奮嗣

奮字稺通父純臨終敕家丞曰司空無功於時猥蒙爵土身死之後勿議傳國東觀記曰家丞名歙奮兄根少被病光武詔奮嗣爵奮稱純遺敕固不肯受集解惠棟曰東觀記純薨大行移書問嗣翁上奮中元二年詔封奮奮上書曰根不病哀臣小稱疾令翁移臣臣時在城南冢廬見純前告翁語自以兄弟不當蒙爵土之恩願下有司詔不聽帝以奮違詔敕收下獄奮惶怖遂襲封永平四年隨例歸國奮少好學節儉行義常分損租奉奉音扶用反贍卹宗親雖至傾匱而施與不怠十年儋耳降附儋耳郡武帝置故城即今儋州義倫縣也集解錢大昭曰按本紀儋耳諸國貢獻公卿奉觴上壽在永平十七年此脫七字奮來朝上壽引見宣平殿應對合旨顯宗異其才以爲侍祠侯名臣子孫侍祠封侯解見鄧禹傳建初元年拜左中郎將轉五官中郎將遷長水校尉七年爲將作大匠章和元年免永元元年復拜城門校尉四年遷長樂衞尉明年代桓郁爲太常六年代劉方爲司空時歲災旱祈雨不應遂上表曰比年不登人用飢匱今復久旱秋稼未立立成也陽氣垂盡歲月迫促夫國以民爲本民以穀爲命政之急務憂之重者也臣蒙恩尤深受職過任夙夜憂懼章奏不能款心集解先謙曰官本款作敘願對中常侍疏奏疏猶條錄也即時引見復口陳時政之宜明日和帝召太尉司徒幸洛陽獄錄囚徒收洛陽令陳歆即大雨三日

奮在位清白無它異績九年以病罷在家上疏曰聖人所美政道至要本在禮樂五經同歸而禮樂之用尤急孔子曰安上治民莫善於禮移風易俗莫善於樂又曰揖讓而化天下者禮樂之謂也禮記樂記孔子之辭也先王之道禮樂可謂盛矣孔子謂子夏曰禮以修外樂以制內丘已矣夫禮稽命徵之辭也宋均注云修外飾容貌也修內蕩滌心性也已矣夫恨不制作禮樂也

又曰禮樂不興則刑罰不中刑罰不中則民無所厝其手足臣以爲漢當制作禮樂是以先帝聖德數下詔書愍傷崩缺而衆儒不達議多駁異臣累世台輔奮七代祖湯武帝時爲御史大夫六代祖子儒宣帝時爲衞將軍領尚書父純光武時爲司空集解先謙曰官本儒作孺是而大典未定私竊惟憂不忘寢食臣犬馬齒盡誠冀先死見禮樂之定先死謂未死之前也十三年更召拜太常復上疏曰漢當改作禮樂圖書著明見曹襃傳王者化定制禮功成作樂禮記樂記之文功成化定同耳功謂王業化謂敎人也謹條禮樂異議三事願下有司以時考定昔者孝武皇帝光武皇帝封禪告成而禮樂不定事不相副先帝已詔曹襃章帝初曹襃於東觀以序禮事依準舊典凡百五十篇奏之也今陛下但奉而成之猶周公斟[illegible]文武之道非自爲制誠無所疑周公制禮皆斟酌文武之美德爲之等制不自述也今先帝已詔曹褒非陛下出意何所疑而不爲也詩頌曰於乎不顯文王之德之純假以溢我我其收之駿惠我文王又曰執競武王無競維烈也久執謙謙令大漢之業不以時成非所以章顯祖宗

功德建太平之基爲後世法〔集解〕王補曰疏見書鈔五十三引續漢書帝雖善之猶未施行其冬復㠯病罷明年卒於家子甫嗣官至建城門候建城門洛陽南面西門也當洛水浮橋漢官儀曰候一人秩六百石也〔集解〕王會汾曰舊本皆作建城門案百官志洛陽十二門其一津門每門候一人秩六百石屬城門校尉以其當洛水浮橋故稱津城門也宜從監本作津甫卒子吉嗣永初三年吉卒無子國除自昭帝封安世至吉傳國八世張安世字子孺昭帝時爲右將軍始封富平侯卒子延壽嗣卒子勃嗣卒子臨嗣卒子放嗣卒子純嗣建武初改封武始侯卒子奮嗣卒子甫嗣卒子吉嗣無子國除此言八代者除安世始封也經歷篡亂二百年間篡亂謂王莽也張子孺昭帝元鳳六年封至永初三年合一百八十二年故曰間也未嘗譴黜封者莫與爲比

曹褒字叔通魯國薛人也父充持慶氏禮前書沛人慶普字孝公爲東平太傅受禮於后倉號慶氏禮也〔集解〕錢大昕曰持本是治字章懷避諱改之隗囂傳中屠剛杜林爲持書杜林傳爲持書平來歷傳持書侍御史龔調蔡邕傳注太伯端委以持周禮皆本治字而唐人改爲持也邳惲傳理韓詩嚴氏春秋則治經之治或改爲持或改爲理初無一定若侯霸傳治穀梁春秋吳良傳又治尚書此又校書者轉改周壽昌曰梁商傳注引東觀漢記商少持韓詩持字與此同治讀去

聲故持亦非嫌名建武中爲博士從巡狩岱宗定封禪禮〔集解〕惠棟曰充議封禪事見續志還受詔議立七廟三雍大射養老禮儀五帝及天地爲七廟三雍以下解見明帝紀〔集解〕先謙曰官本廟並作郊顯宗即位充上言漢再受命仍有封禪之事而禮樂崩闕不可爲後嗣法五帝不相沿樂三王不相襲禮禮記正文也言損益不同大漢當自制禮〔集解〕官本考證曰監本脫去當字從宋本增㠯示百世帝問制禮樂云何充對曰河圖括地象曰有漢世禮樂文雅出尚書琁機鈐曰有帝漢出德洽作樂名予帝善之下詔曰今且改太樂官曰太予樂歌詩曲操㠯俟君子操猶曲也劉向別錄曰君子因雅琴之適故從容以致思焉其道閉塞悲愁而作者名其曲曰操言遇災害不失其操也拜充侍中作章句辯難於是遂有慶氏學褒少篤志有大度結髮傳充業博雅疏通尤好禮士常憾朝廷制度未備〔集解〕汪文臺曰御覽六百十一引謝承書云褒尤好禮事常感朝廷制度未備明此士當作事憾感皆可通慕叔孫通漢禮儀〔集解〕官本考證曰監本叔孫通下有爲字從宋本去晝夜研精沈吟專思寢則懷抱筆札行則誦習文書當其念至忘所之適初舉孝廉再遷圉令圉縣屬陳留故城在今汴州雍丘縣南也〔集解〕惠棟曰案東觀記褒先拜車府令故云再遷也先謙曰圉縣在今開封府杞縣南㠯禮理人㠯德化俗〔集解〕汪文臺曰書鈔七十八引續漢書云褒遷圉令正身率下舉動遵禮以德化俗五穀豐熟盜賊咸感化之也時它郡盜徒五人來入圉界吏捕得之陳留太守馬嚴聞而疾惡風縣殺之褒敕吏曰夫絕人命者天亦絕之皋陶不爲盜制死刑管仲遇盜而升諸公禮雜記云孔子曰管仲遇盜取二人焉上以爲公臣注云此人但居惡人之中使犯法耳今承旨而殺之是逆天心順府意也其罰重矣如得全此人命而身坐之吾所願也遂不爲殺嚴奏褒耎弱免官〔集解〕汪文臺曰書鈔七十八續漢書云愛民救死爲太守馬嚴疾惡免官百姓涕泣歸郡爲功曹徵拜博士會肅宗欲制定禮樂元和二年下詔曰河圖稱赤九會昌十世㠯光十一㠯興九謂光武十謂明帝十一謂章帝也尚書琁機鈐曰述堯理世平制禮樂放唐之文緯本文云使帝王受命用吾道述堯理代平制禮放唐之文化洽作樂名斯在宋均注云述修也予末小子託于

數終曷㠯纘興崇弘祖宗仁濟元元帝命驗曰順堯考德題期立象宋均注曰堯巡省于河洛得龜龍之圖書舜受禪後習堯禮得之演以爲考河命題五德之期立將起之象凡三篇在中候也且三五步驟優劣殊軌孝經鉤命決曰三皇步五帝驟三王馳宋均注云步謂德隆道備日月爲步時事彌順日月亦驟勤思不已日月乃馳是優劣也〔集解〕先謙曰官本考證云注順疑煩之譌又事字舊本作士先謙案備官本作用況予頑陋無㠯克堪雖欲從之末由也已每見圖書中心恧焉褒知帝旨欲有興作迺上疏曰昔者聖人受命而王莫不制禮作樂㠯著功德功成作樂化定制禮所㠯救世俗致禎祥爲萬姓獲福於皇天者也〔集解〕王補曰後漢紀作治定制禮所以協和天人示人軌則也故御應見瑞乃作今皇天降祉嘉瑞並臻制作之符甚於言語言明白也宜定文制著成漢禮丕顯祖宗盛德之美章下太常太常巢堪〔集解〕通鑑胡注巢姓有巢氏之後春秋有巢牛臣㠯爲一世大典非褒所定不可作〔集解〕先謙曰官本作作許是帝知羣僚拘攣難與圖治拘攣猶拘束也前書鄒陽曰能越拘攣之語也朝廷禮憲宜時刊立明年復下詔曰

朕吕不德膺祖宗弘烈廼者鸞鳳仍集麟龍並臻甘露宵降嘉穀滋生赤草之類紀於史官赤草即朱草也大戴禮曰朱草日生一葉至十五日十六日日落一葉周而復始也朕夙夜祗畏上無吕彰於先功下無吕克稱靈物漢遭秦餘禮壞樂崩且因循故事未可觀省有知其說者各盡所能褒省詔廼歎息謂諸生曰昔奚斯頌魯韓詩曰新廟奕奕奚斯所作薛君傳云是詩公子奚斯所作也考甫詠殷正考甫孔子之先也作商頌十二篇夫人臣依義顯君竭忠彰主行之美也當仁不讓吾何辭哉遂復上疏具陳禮樂之本制改之意拜褒侍中從駕南巡既還吕事下三公未及奏詔召玄武司馬班固玄武司馬主玄武門續漢志云宮掖門每門司馬一人秩比千石也問改定禮制之宜固曰京師諸儒多能說禮宜廣招集共議得失帝曰諺言作舍道傍三年不成會禮之家名爲聚訟言相爭不定也互生疑異筆不得下昔堯作大章集解惠棟曰樂動聲儀云堯樂曰大章舜樂曰大韶禹曰大夏武曰大武一夔足矣夔堯樂官也呂氏春秋曰魯哀公問于孔子曰樂正夔一

足矣集解惠棟曰韓非子外儲說曰魯哀公問于孔子曰吾聞夔一足信乎曰夔人也何故一足彼其無他異而獨通于聲堯曰夔一而足矣使爲樂正章和元年正月廼召褒詣嘉德門集解惠棟曰嘉德殿之門也東京賦云九龍之內寔曰嘉德令小黃門持班固所上叔孫通漢儀十二篇集解惠棟曰王充論衡云高祖詔通制作儀品十六篇而復定儀禮見在十六篇前書禮樂志云通所撰禮儀與律令同錄藏于理官敕褒曰此制散略多不合經散略猶疏略也集解惠棟曰沈文阿云叔孫定禮尤失前憲奠贄不珪致享無帛公王同璧鴻臚奏賀若此數事未聞于古南史云今宜依禮條正使可施行於南宮東觀盡心集作褒既受命廼次序禮事依準舊典雜吕五經讖記之文撰次天子至於庶人冠婚吉凶終始制度吕爲百五十篇寫吕二尺四寸簡集解惠棟曰孝經緯鉤命決云春秋二尺四寸書之故六經之策皆稱長二尺四寸其年十二月奏上帝吕衆論難一故但納之不復令有司平奏會帝崩和帝即位褒廼爲作章句帝遂吕新禮二篇冠集解惠棟曰漢名臣奏云詔褒先序禮樂以帝新一篇冠首擢褒監羽林左騎漢官儀曰羽林左騎秩六百石領羽林屬光祿勳也集解劉攽曰注羽林左騎案百官志騎當

作監永元四年遷射聲校尉後太尉張酺尚書張敏等奏褒擅制漢禮破亂聖術宜加刑誅帝雖寢其奏而漢禮遂不行集解惠棟曰東觀記張酺傳云酺拜太尉章帝詔褒案漢儀制漢禮酺以爲褒制禮非禎祥之特達有似異端之術上疏曰褒不被刑誅無以絕毀實亂道之路袁宏紀初賈逵明古學曹褒制漢禮酺嘗非之及爲太尉上疏陳其不可書五奏上知酺守學不通寢其奏也褒在射聲營舍有停棺不葬者百餘所褒親自履行問其意故吏對曰此等多是建武吕來絕無後者不得埋掩褒廼愴然爲買空地悉葬其無主者設祭吕祀之集解汪文臺曰御覽二百四十二引續漢書云吏士咸稱其仁遷城門校尉將作大匠時有疾疫褒巡行病徒爲致醫藥經理饘粥多蒙濟活七年出爲河內太守集解汪文臺曰書鈔五十四引續漢書河內作河南御覽二百三十六引同時春夏大旱集解惠棟曰東觀記云春至六月無雨糧穀湧貴集解先謙曰官本湧作踊褒到廼省吏幷職退去姦殘澍雨數降其秋大熟百姓給足流宂皆還集解惠棟曰東觀記宂作民後坐上災害不實免有頃徵再遷復爲侍中褒博物識

古爲儒者宗十四年卒官作通義十二篇演經雜論百二十篇又傳禮記四十九篇教授諸生千餘人慶氏學遂行於世

論曰漢初天下創定朝制無文叔孫通頗採經禮參酌秦法雖適物觀時有救崩敝然先王之容典蓋多闕矣容禮容也典法則也謂行禮威儀俯仰之容貌也文帝時魯徐生以容爲禮官孫襄亦善爲容容或作宏義亦通也是吕賈誼仲舒王吉劉向之徒懷憤歎息所不能已也賈誼等以叔孫通禮制疏略並尚書對策請更改作皆不從所以歎息也班固曰今大漢久曠大義此賈誼仲舒王吉劉向之徒所爲發憤而增歎也見前書集解先謙曰官本尚作上賁文宣之遠圖明懿美而終莫或用賁用也言用文帝宣帝美略遠猷而終不能用賈誼等言誼文帝時人王吉宣帝時人集解劉攽曰遠圖明懿美案文遠圖下多一明字何焯曰美字衍先謙曰官本注猷作謀故知自燕而觀有不盡矣禮記曰孔子之喪有自燕來觀者舍於子夏氏子夏曰聖人之葬人與人之葬聖人也子何觀焉有不盡矣言未備也孝章永言前王明發興作明發謂發夕至明也詩曰明發不寐專命禮臣撰定國憲洋洋乎盛德之事焉洋洋美也而業絕天算議黜異端斯道竟復墜

矣業絕天算謂章帝晏駕也議黜異端謂張酺等奏褒擅制禮遂不行也夫三王不相襲禮五帝不相沿樂所以咸莖異調中都殊絕咸咸池黃帝樂也莖六莖顓頊樂也見前書異調言古今不同也中都魯邑名也家語曰孔子爲中都宰制爲養生送死之節殊絕猶斷絕也言古樂不同舊禮亦絕也況物運遷回情數萬化制則不能隨其流變品度未足定其滋章言時代遷移繁省不定也斯固世主所當損益者也且樂非夔襄而新音代起律謝皐蘇而制令亟易夔舜樂官襄魯樂官也皐陶虞士官蘇忿生周武王之司寇也修補舊文獨何猜焉言刑樂數改而修禮則疑之禮云禮云曷其然哉歎其不能定也

鄭玄字康成北海高密人也八世祖崇哀帝時尚書僕射玄少爲鄉嗇夫前書曰鄉有嗇夫掌聽訟收賦稅也得休歸集解汪文臺曰書鈔七十七引續漢書云得休不歸家常詣學官不樂爲吏父數怒之不能禁鄭玄別傳曰玄年十一二隨母還家正臘會同列十數人皆美服盛飾語言閑通玄獨漠然如不及母私督數之乃曰此非我志不在所願也遂造太學受業集解惠棟曰杜密傳云密召署郡職遣就學也師事京兆第五元集解惠棟曰案元別傳故兗州刺史也先始通京氏

易集解惠棟曰續漢書無始字公羊春秋三統歷九章算術三統歷劉歆所撰九章算術周公所作也凡有九篇方田一粟米二差分三步廣四均輸五方程六傍要七盈不足八鉤股九集解厲宗萬曰案魏劉徽九章算經序云周公制禮有九數九章是矣不云周公作算術也算術起於商高見周髀惠棟曰劉徽九章算經序云伏羲氏始畫八卦作九九之術以合六爻之變記稱隸首作數周公制禮而有九數九數之流則九章是矣漢北平侯張蒼大司農耿壽昌皆以善算命世蒼等因舊文之遺殘各稱刪補故較其目則與古或異而所論者多近語也又從東郡張恭祖受周官禮記左氏春秋韓詩古文尚書以山東無足問者迺西入關因涿郡盧植事扶風馬融融門徒四百餘人升堂進者五十餘生融素驕貴玄在門下三年不得見集解惠棟曰元別傳云季長后戚嫚于待士元不得見住左右自起精廬迺使高業弟子傳受於玄集解惠棟曰別傳云時涿郡盧子幹爲門人冠首按鄭志答炅模云爲記注時就盧君耳先師亦然盧君卽子幹也先師謂張恭祖輩鄭先通韓詩故也玄日夜尋誦未嘗怠倦會融集諸生考論圖緯聞玄善算迺召見於樓上集解惠棟曰裴啓語林云融嘗筭渾天不合召元令筭一轉便決眾咸駭伏玄因從質諸疑義問畢辭歸集解惠棟曰別傳云季長不解剖裂七事元思得五子幹思得三季長謂子幹曰吾與汝皆弗如也在門下七年以母老歸養融喟然謂門人曰鄭生今去吾道東矣前書曰田何受易于丁寬學成寬東歸何謂門人曰易東矣玄自遊學十餘年迺歸鄉里家貧客耕東萊集解惠棟曰三齊略記云鄭司農常居南成城南山中教授黃巾亂乃遣生徒崔琰諸賢于此揮涕而散學徒相隨已數百千人及黨事起迺與同郡孫嵩等四十餘人俱被禁錮嵩字賓實見趙岐傳遂隱修經業杜門不出時任城何休好公羊學遂著公羊墨守言公羊義理深遠不可駁難如墨翟之守城也左氏膏肓說文曰肓隔也心下爲膏喻左氏之疾不可爲也穀梁廢疾玄迺發墨守鍼膏肓起廢疾休見而歎曰康成入吾室操吾矛以伐我乎初中興之後范升陳元李育賈逵之徒爭論古今學集解錢大昕曰古學謂左氏春秋今學則公穀二家也范升李育主公羊說陳元賈逵主左氏說後馬融答北地太守劉瓌及玄答何休義據通深由是古學遂明靈帝末黨禁解大將軍何進聞而辟之州郡以進權戚不敢違意遂迫脅玄不得已而詣之進爲設几杖禮待甚優玄

不受朝服而以幅巾見集解王鳴盛曰韋彪傳彪之族孫著入山采藥不就徵靈帝卽位中常侍曹節白帝就家拜著東海相不得已解巾之郡注巾幅巾也既服冠冕故解幅巾馮衍傳衍審知更始已沒乃幅巾降於河內注不加冠幘但以一幅巾飾首而已鮑永傳永知更始亡上將軍列侯印綬悉罷兵但幅巾詣河內注幅巾謂不著冠但幅巾束首也周磐傳公府三辟皆不應臨終戒其子斂用濯衣幅巾注幅巾不加冠也符融傳融幅巾奮褎談辭如雲注幅巾者以一幅爲之也逸民韓康傳亭長見康柴車幅巾以爲田叟也又法眞傳恬靜不交人事太守請見之乃幅巾詣謁三國魏志華歆傳孫策略地江東歆幅巾奉迎沈約宋書禮志云漢末王公名士多委王服以幅巾爲雅是也一宿逃去時年六十弟子河內趙商等集解惠棟曰元自序云趙商字子聲河內溫人博學有秀才能講難而吃不能劇談自遠方至者數千後將軍袁隗表爲侍中以父喪不行國相孔融深敬於玄屣履造門屣謂納履未正曳之而行言趨賢急也告高密縣爲玄特立一鄉曰昔齊置士鄉管仲相桓公制國爲二十一鄉工商鄉六士鄉十五以居工商士也事見國語也越有君子軍皆異賢之意也吳越相攻越王句踐乃中分其師爲左右軍以其私卒君子六千人爲中軍注云君子王所親近有至行者見國語鄭君好學實懷明德昔太史公廷尉吳公謁者僕射鄧公皆漢之

名臣又南山四皓有園公夏黃公潛光隱耀世加其高皆悉稱公（吳公文帝時爲河南守鄧公景帝時爲謁者僕射太史公司馬談武帝時四皓高帝時也有園公夏黃公角里先生綺里季也須眉皓白故言皓秦時隱于商雒南山以待天下之定漢興迎而致之也）然則公者仁德之正號不必三事大夫也今鄭君鄉宜曰鄭公鄉（集解官本考證曰宜字監本誤作且今照宋本改）昔東海于公僅有一節猶或戒鄉人侈其門閭（一節謂決獄也昭帝時東海于公爲縣獄吏決獄平郡爲生立祠號曰于公祠先是于公閭門壞父老方共修之于公曰少高大其門令容駟馬車我決獄多陰德子孫必有興者也）矧迺鄭公之德而無駟牡之路可廣開門衢令容高車號爲通德門董卓遷都長安公卿舉玄爲趙相道斷不至（趙王虔之相也）會黃巾寇青部迺避地徐州（集解惠棟曰商芸小說曰元在徐州孔文舉欲其返郡敦請懇惻使人繼踵又教曰鄭公久遊南夏今艱難稍平儻有歸來之思無寓人于室毁傷其藩垣林木必繕治牆宇以俟還及歸融告僚屬昔周人尊師謂之尚父今可咸曰鄭君不得稱名也廣記云）徐州牧陶謙接㠯師友之禮建安元年自徐州還高密道遇黃巾賊數萬人見玄皆拜相約不敢入縣境玄後嘗疾篤自慮㠯書戒子益恩曰（集解惠棟曰別傳云名益字益恩也）吾家舊貧不爲父母羣弟所容（集解周壽昌曰不爲父母羣弟所容一語不應出之康成錢氏曝書雜記云陳仲魚元刻後漢書康成傳無不字與唐史承節所撰鄭康成祠碑云吾家舊貧爲父母羣弟所容之語相合今本作不爲父母羣弟所容乃刻之誤此一字關係先賢不小此善本之所以可貴而善讀者必須善校也又金石萃編七十六所載史氏碑文及阮元山左金石志跋語云爲父母羣弟所容者言徒學不能爲吏以益生產爲父母羣弟所含容始得去厮役之吏游學周秦故傳曰少爲鄉嗇夫得休歸常詣學舍父怒之而已云爲所容儒者之言也范史因爲父怒而加不字與司農本意相反然有元刻可證則亦非范史妄加是誤刻者誣康成而並誣蔚宗也先謙曰官本羣作昆）去厮役之吏（厮賤也集解惠棟曰袁宏紀云元爲嗇夫隱恤孤苦閭里安之太守杜密異之爲除吏錄使得極學）游學周秦之都往來幽幷兗豫之域獲覲乎在位通人處逸大儒得意者咸從捧手有所授焉（處逸謂處士隱逸之大儒集解惠棟曰孔子三朝記云孔子受業而有疑捧手問之不當避席）遂博稽六藝粗覽傳記時覩祕書緯術之奧年過四十迺歸供養假田播殖㠯娛朝夕遇閹尹擅埶坐黨禁錮十有四年而蒙赦令舉賢良方正有道辟大將軍三司府

公車再召比牒併名早爲宰相（比牒猶連牒也併名謂齊名也言連牒齊名被召者幷爲宰相也併音步鼎反）惟彼數公懿德大雅克堪王臣故宜式序（式用也序列也）吾自忖度無任於此但念述先聖之元意思整百家之不齊亦庶幾㠯竭吾才故聞命罔從而黃巾爲害萍浮南北復歸邦鄉入此歲來已七十矣宿素衰落仍有失誤案之禮典便合傳家（傳家謂家事傳子孫也曲禮曰七十老而傳）今我告爾㠯老歸爾㠯事將閒居㠯安性覃思㠯終業自非拜國君之命問族親之憂展敬墳墓觀省野物胡嘗扶杖出門乎家事大小汝一承之咨爾煢煢一夫曾無同生相依其勗求君子之道研讚勿替（集解劉攽曰案文讚當作鑽惠棟曰別傳作研鑽）敬愼威儀㠯近有德（詩大雅民勞篇之言也）顯譽成於僚友德行立於己志若致聲稱亦有榮於所生可不深念邪可不深念邪吾雖無紱冕之緒頗有讓爵之高（謂頻被辟不就也集解惠棟曰抱朴子云獻帝時鄭康成州辟舉賢良方正茂才公府十四辟皆不就公車徵右中郎博士趙相侍中大司農皆不起）自樂㠯論贊之功庶不遺後人之羞末所憒憒者徒㠯亡親墳壟未成所好羣書率皆腐敝不得於禮堂寫傳定與其人（其人謂好學者也前書司馬遷曰僕誠已著此書傳之其人也集解惠棟曰別傳云北海有元儒林講堂先謙曰官本傳定作定傳是）日西方暮其可圖乎家今差多於昔勤力務時無恤飢寒菲飲食薄衣服節夫二者尚令吾寡恨若忽忘不識亦已焉哉時大將軍袁紹總兵冀州遣使要玄大會賓客玄最後至迺延升上坐身長八尺飲酒一斛（集解惠棟曰別傳云紹一見元歎曰吾本謂鄭君東州名儒今乃是天下長者夫以布衣雄世斯豈徒然哉及去餞之城東必欲元醉會者三百餘人皆離席奉觴自旦及暮度元飲三百餘桮而温克之容終日無怠）秀眉明目容儀温偉紹客多豪俊竝有才說見玄儒者未㠯通人許之競設異端百家互起玄依方辯對咸出問表皆得所未聞莫不嗟服時汝南應劭亦歸於紹因自贊曰故太山太守應中遠（集解惠棟曰遠當作瑗具本傳注）北面稱弟子何如玄笑曰仲尼之門考㠯四科（四科謂德行言語政事文學顏淵閔子騫及子

游子夏並見論語也回賜之徒不稱官閥劭有慙色紹迺舉玄茂才表爲左中郎將皆不就公車徵爲大司農給安車一乘所過長吏送迎玄迺以病自乞還家五年春夢孔子告之曰起起今年歲在辰來年歲在巳北齊劉晝高才不遇傳論玄曰辰爲龍巳爲蛇歲在龍蛇賢人嗟玄以讖合之蓋謂此也〔集解〕先謙曰官本注過作遇是既寤以讖合之知命當終有頃寢疾時袁紹與曹操相拒於官度官度津名也在今鄭州中牟縣北前書音義曰於滎陽下引河東南爲洪溝北通宋鄭淮泗郎今官度令其子譚遣使逼玄隨軍不得已載病到元城縣疾篤不進其年六月卒〔集解〕惠棟曰裴松之云英雄記載太祖董卓歌辭云德行不虧缺變故自難常鄭康成行酒伏地氣絕郭景圖命盡于園桑如此之文則元無疾而卒餘書不見故載錄之樂史云元墓在高密縣西北十里高士傳云元載病至魏郡元城病篤卒葬于劇東後以墓壞歸葬礪阜阜在高密城西北五十里又元卒弟子趙商爲撰碑銘見孝經疏年七十四〔集解〕惠棟曰元別傳云康成以永建二年七月戊寅生年八九歲能下算乘除案永建二年至建安五年適得七十四也洪頤煊曰順帝紀永建二年七月甲戌朔日有食之是鄭君以永建二年七月五日生遺令薄葬自郡守以下嘗受業者〔集解〕惠棟曰元弟子

自趙商而下如張逸冷剛孫皓王贊劉琰田瓊炅模八人見鄭志陳鏗鮑遺劉德陳鑠王權崇精馬昭崇翔汎閎九人見鄭記宋均見孝經疏公孫方程秉孫炎及郗慮已下五人見魏志及本傳也縗絰赴會千餘人門生相與撰玄答諸弟子問五經依論語作鄭志八篇〔集解〕錢大昕曰按隋書經籍志鄭志十一卷魏侍中鄭小同撰鄭記六卷鄭玄弟子撰與此傳不合攷孝經正義云鄭君卒後其弟子追論師所著述及應對時人謂之鄭志鄭之弟子分證門徒各述所言更爲問答編錄其語謂之鄭記是鄭志出於諸弟子明矣鄭氏門人見於鄭志與鄭記者有趙商張逸劉琰炅模田瓊孫皓冷剛任厥汜閎閎一作陳鏗焦氏崇精鮑遺王權崇翔焦喬[illegible]等傳惟載河內趙商一人餘人爵里不可攷先謙曰此與上互有出入故並存之凡玄所注周易〔集解〕惠棟曰經籍志九卷儒林傳云馬融授元元自敘云爲袁譚所逼來至元城乃注周易尚書〔集解〕惠棟曰經籍志九卷亦融所授毛詩〔集解〕惠棟曰經籍志二十卷儀禮〔集解〕惠棟曰經籍志十七卷禮記〔集解〕惠棟曰經籍志二十卷論語〔集解〕惠棟曰經籍志十卷何晏論語序云元就魯論篇章考之齊古爲之注孝經〔集解〕錢大昕曰按蔚宗述康成所注有孝經而謝承薛瑩司馬彪袁山松諸家皆無之隋志但云鄭氏注舊唐志始實以康成邢昺孝經疏謂鄭君弟子作鄭志目錄記鄭所注書不及孝經趙商作康成碑銘亦不言注孝經則非鄭所注審矣三禮皆康成注流傳至今乃本傳有儀禮禮記而無周禮此轉寫之脫譌惠棟曰康成未嘗注孝經劉子元嘗辨之樂史云沂州費縣南城山鄭元漢末遭黃巾之難客于徐州今孝經序鄭氏所作其序云僕避于南城山棲遲岩谷之下念昔先人餘暇述夫子之志而注孝經蓋康成胤孫所作公羊疏以爲鄭稱也劉子元辨詳見孝經疏尚書大傳〔集解〕惠棟曰經籍志三卷序云蓋自伏生也伏生爲秦博士至孝文時年且百歲張生歐陽生從其學而授之音聲猶有訛誤先後猶有差舛重以篆隸之殊不能無失生終後數子各論所聞以己意彌縫其闕別作章句又特撰大義因經屬指名之曰傳劉子政校書得而上之凡四十一篇至康成始詮次爲八十三篇載見中興書目也中候〔集解〕惠棟曰十八篇乾象厤〔集解〕惠棟曰晉書志云靈帝時會稽東部都尉劉洪作乾象厤獻帝建安元年鄭元受其法以爲窮幽極微又加注釋焉又著天文七政論魯禮禘祫義〔集解〕惠棟曰鄭禘祫志云儒家之說禘祫也通俗不同或云歲祫終禘或云三年一禘五年再禘學者競傳其間是用訩訩爭論從數百年來矣竊念春秋者書天子諸侯中失之事得禮則善違禮則譏可以發起是非故據而述焉六藝論〔集解〕杭世駿曰按公羊疏云鄭公先作六藝論訖然後注書毛詩譜〔集解〕惠棟曰宋均詩譜序云我先師北海鄭司農又云夷厲已上歲數不明太史年表自共和始歷宣幽平王而得春秋次第以立斯譜駁許慎五經異議答臨孝存周禮難〔集解〕杭世駿曰按毛詩棫樸疏云臨碩幷引詩三處六師之文以難周禮鄭釋之則孝存名碩也錢大昕曰臨孝存名碩北海人范史多稱人字孔融傳郡人甄子然臨孝存知名早卒皆字而不名惠棟曰賈公彥云林孝

存以爲武帝知周官末世瀆亂不驗之書故作十論七難以排棄之惟鄭元遍覽羣經知周禮者乃周公致太平之迹故能荅林碩之論難故周禮義得條通孝存名碩林通作臨羅泌云趙稷奔臨茲施隮之晉邑有臨氏凡百餘萬言案謝承書曰玄所注與此略同不言注孝經唯此書獨有也〔集解〕王鳴盛曰今所行十三經注疏內孝經注據疏云是唐開元中御製而疏則但題宋邢昺奉敕較定當非昺撰新唐書元行沖傳云元宗自注孝經詔行沖爲疏立于學官然則此疏是行沖作明矣若藝文志所列梁皇侃唐賈公彥孔穎達行沖皆有孝經疏彼三家所疏蓋用鄭康成注也鄭注自魏晉以來有之又有孔安國注則出於隋劉炫殆即炫作行沖於御製序疏中謂孔鄭二家皆非眞實又引齊陸澄說謂鄭注非康成所注又於篇首疏中歷詆鄭注爲僞其驗有十二又載開元七年劉子元司馬貞兩家議子元欲行孔廢鄭貞則以鄭爲優孔爲僞行沖雖並黜兩家而其意則尤不許者鄭也又有傳注者不知何人作序一篇云子元駁鄭有十謬七惑大約行沖十二驗即祖子元餘睡觀范蔚宗以爲出康成則可信矣乃自唐以來孔鄭並亡已久近日孔注從日本傳至中土而鄭注獨不可得誠恨事也玄質於辭訓通人頗譏其繁至於經傳洽孰稱爲純儒齊魯間宗之〔集解〕王鳴盛曰案攷之北史及三國王粲傳鄭學天下所宗豈但齊魯蔚宗此言稍陋然論云鄭康成括囊大典網羅眾家刪裁繁誣刊改漏失自是學者略知所歸贊云元定義乖孔書遂明其推重如此則蔚宗非不知康成者齊魯間一語或偶承謝承華嶠之舊耳其門人山陽郗慮

至御史大夫東萊王基清河崔琰著名於世又樂安國淵任嘏慮字鴻豫基字伯興魏鎮南將軍安樂鄉侯琰字季珪魏東西曹掾遷中尉淵字子尼魏司空掾遷太僕嘏字昭先魏黃門侍郎也集解劉攽曰注魏東西曹掾案崔琰但作東曹掾多一西字錢大昕曰案魏志基卒於元帝景元二年不言年壽若干而基碑云年七十二溯其生年當在初平元年庚午康成以建安五年庚辰卒其時基僅十一歲不得在弟子之列恐范史誤也基治經常申鄭而駁王肅故蔚宗疑爲康成弟子要是私淑鄭學非親受業者也惠棟曰續漢書云慮山陽高平人少受業于元建安初爲侍中崔琰述初賦序云琰性頑口訥至二十九粗關書傳聞北海有鄭徵君者當世名儒遂往造焉涉淄水歷祀馬過祀都之律登鐵山以望高密樂史云元別傳云淵始未知名元稱之曰國子尼美才也吾觀其人必爲國器嘏列傳云嘏樂安博昌人世爲著姓夙智早成故鄉人爲之語蔣氏翁任氏童孫愐云任姓出樂安黃帝二十五子十二人各以德爲姓第一爲任氏陳景雲曰王基年輩乃肅之儔非郗慮匹也同時又有樂安孫炎亦非肅黨短鄭氏炎本受學於鄭氏門人而唐孔氏詩疏誤以爲鄭氏之徒恐范史之失類此時並童幼玄稱淵爲國器嘏有道德其餘亦多所鑒拔皆如其言

玄惟有一子益恩孔融在北海舉爲孝廉集解惠棟曰元別傳云時益恩年二十三及融爲黃巾所圍益恩赴難隕身集解惠棟曰別傳云時年二十七周壽昌曰案本傳建安元年康成

後常疾篤自慮以書戒子益恩有云入此歲來已七十矣此又云融爲黃巾所圍益恩赴難隕身案融傳董卓舉融爲北海相又云時黃巾復來侵暴融乃出屯都昌爲賊管亥所圍融逼急乃遣東萊太史慈求救於平原相劉備案此初平二年事據傳云云益恩赴難當在此役時康成年六十五距建安初元益恩亡已五年何能康成七十時尚有書戒之若七十兩字爲六十外槪辭則傳明稱建安元年且書中案之禮典便合傳家語正引曲禮七十曰老而傳之文惟融傳建安元年爲袁譚所攻城夜陷乃奔山東妻子爲譚所虜康成遺子益恩赴難或即此時范史誤袁譚二字作黃巾耳有遺腹子玄㠯其手文似己名之曰小同魏氏春秋曰小同高貴鄉公時爲侍中嘗詣司馬文王文王有密疏未之屏也如廁還問之曰卿見吾疏乎荅曰不見文王曰寧我負卿無卿負我遂酖之集解王鳴盛曰傳次張純曹襃之後此有深意正是極盡尊崇蓋純襃皆漢名臣手定典禮康成終身處士未嘗一日登朝乃躋之使與並列自康成外何休服虔許慎皆但入儒林不升列傳此與司馬子長進孔子於世家義同惠棟曰別傳云元以太歲在丁卯生此男以丁卯日生又手理與元相似故名之曰小同也先謙曰官本注不見上有我字考證云我字衍

論曰自秦焚六經聖文埃滅埃塵也漢興諸儒頗修藝文及東京學者亦各名家而守文之徒滯固所稟稟受滯固猶固執也言學者各守所見不疏通也異端紛紜互相詭激遂令經有數家家有數說章句多者或迺百餘萬言學徒勞而少功後生疑而莫正鄭玄括囊大典網羅眾家括結也易坤卦曰括囊无咎也刪裁繁誣集解先謙曰官本誣作蕪刊改漏失自是學者略知所歸王父豫章君每考先儒經訓而長於玄王父祖父也爾雅曰父之父爲王父也范曄祖父甯字武子晉武帝時爲豫章太守經義每以玄爲長也常以爲仲尼之門不能過也及傳授生徒並專以鄭氏家法云言甯教授專崇鄭學也

贊曰富平之緒承家載世載重也易師卦曰大君有命開國承家也伯仁先歸釐我國祭釐理也言純釐理禘祫之祭也玄定義乖襃修禮缺孔書遂明漢章中輟孔書謂六經也輟止也中輟謂曹襃禮不行也

張曹鄭列傳第二十五 終

後漢書集解卷三十五校補

張純傳更封武始侯食富平之半案前書張安世子延壽嗣侯租入歲千餘萬數上書讓減乃由陳留徙國平原戶口如故而租税減半今徙封武始又減其半是再減矣注武始縣屬魏郡富平縣屬平原郡也武始前漢縣在今廣平府邯鄲縣西南續志不載蓋改侯國後旋省也富平前漢侯國續志載明帝更名厭次今武定府惠明縣東四十里集解惠棟曰前書云至別邑在魏郡案前書本云國在陳留別邑在魏郡徙封平原幷一國又云純建武中更封富平之別鄉爲武始侯是惠氏兩條本皆具於前書而必別引酈注所轉載者反嫌文義倒置矣惟徙封平原既云幷一國自不應復有別鄉且平原去魏郡益遠尤不能兼食魏郡之武始是則所謂更封富平之別鄉者仍承上國在陳留而言卽謂別邑之在魏郡者非謂平原之徙亦有別鄉也

三年不爲樂樂必崩官本下有論語載宰我之言也八字注

元始五年諸王公列侯廟會始爲禘祭注臣賢按平帝元始五年五原譌三據傳文正蓋禘祫俱是大祭名可通也案禘祫之說聚訟千載然皆分禘祫爲兩祭孔穎達說禮始合而一之章懷蓋據以爲說耳實則此乃今古文之異不能强合也春秋文二年八月大事于大廟公羊傳謂爲祫而左傳謂爲禘孔疏欲解其紛乃曰祫卽禘也然禮王制天子犆礿祫禘祫嘗祫烝此對犆言祫固非大祫卽夏祭曰禘亦非大禘祫大祫大禘皆必數年始一舉此今古文家所同其不同者僅禘祫大小之辨而已五年而再殷祭今文家雖有是例然前書韋賢傳言壹禘壹祫班固南巡頌既禘祖於西都又將祫於南庭則皆先禘而後祫非古文家所主三歲祫五歲禘矣平帝元始五年之祭前書明云是祫而純必謂是禘蓋純主古文說以祭適在於五年有合於五年一禘實則平帝之立至是年始大事于大廟準以公羊之說大事卽爲大祫況祫祭明堂所用自是祫禮豈可强改其名哉

曹襃傳議立七廟注五帝及天地爲七廟集解先謙曰官本廟並作郊錢大昭曰閩本皆作郊謹案注以五帝及天地爲七作郊是

三王不相襲禮注言損益不同官本注末有也字

慕叔孫通漢禮儀集解官本考證曰監本叔孫通下有爲字從宋本去柳從辰曰御覽六百十一引謝承書及東觀記袁宏紀皆有爲字案襃慽朝廷制度未備欲爲通所爲有者是

非襃所定不可作集解先謙曰官本作作許是錢大昭曰閩本作許

難與國治官本治作始錢大昭曰閩本作始

出爲河內太守集解汪文臺曰書鈔五十四引續漢書河內作河南御覽二百三十六引同柳從辰曰書鈔舊本譌內爲南孔本已辨正至御覽二百三十六引續漢書譌襃爲裒然亦無爲河南太守句不審汪氏何以誤記又御覽二百六十引本書仍作河內太守則本書固不誤也

流宂皆還集解惠棟曰東觀記宂作民柳從辰曰宂民無定居也光武詔流宂道路又御覽二百六十引此宂作寓案光武詔見本紀建武元年章懷注宂散也和紀永元五年遣使者分行貧民舉實流宂注亦同又安紀元初二年正月詔稟三輔及幷涼六郡流宂貧人是流宂乃范書常用字章懷旣嘗爲宂字出注亦必范書本文如此非其所避改東觀記之作民蓋本異文或經范氏修改耳至御覽之作寓直宂字之沿譌

又傳禮記四十九篇案襃之禮學傳其父業出於慶氏慶氏與大小戴氏同受禮於后蒼卽曲臺所記是也本書橋公祖傳七世祖仁從同郡戴德學著禮記章句四十九篇觀襃所傳亦爲四十九篇可知四十九篇者本自后氏相傳如此而隋志所云二戴刪併之數殊不足據也

中都殊絕注殊絕猶斷絕也案易繫云天下同歸而殊塗殊亦訓異不必訓斷也蜀志諸葛亮傳注引漢晉春秋曹操智計殊絕於人正謂其才之異絕無人能及如作斷絕說反窒矣

鄭康成傳嘗詣學官侯康曰世說文學篇注引元別傳元少好學書數十三誦五經好天文占候風角隱術年十七見大風起詣縣曰某時當有火災至時果然智者異之又御覽八百三十九引元別傳元年十六號曰神童民有獻嘉禾者欲表府文辭鄙略元爲改作又著頌一篇侯相高其才爲修冠禮

九章算術注九章算術周公作也凡有九篇方田一粟米二差分三步廣四均輸五方程六旁要七盈不足八鉤股九官本步作少是案周公未嘗作算阮氏疇人傳言之已詳本書馬援傳注引劉徽九章算術方田第一粟米第二差分第三少廣第四商功第五均輸第六盈不足第七方程第八句股第九自第五以下次列與本注異又本注有旁要而無商功及觀周禮地官保氏鄭注九數爲方田粟米差分少廣商功均輸方程贏不足旁要而云今有重差夕桀句股釋文謂夕桀二字非鄭注然則鄭術倘不取夕桀要其法則漢已增於古次列亦視章懷兩注小異但說鄭術者取之周官鄭注較得其眞

不必三事大夫也案詩小雅鄭箋三事謂三卿三公錢大昭據宋宏劉愷左雄周虞諸傳謂當時亦槪稱三公爲三事也

吾家舊貧不爲父母羣弟所容集解周壽昌曰不爲父母羣弟所

容一語不應出之康成至是誤刻者誣康成而並誣蔚宗也案周壽昌引衆說以證刻本爲誤其意善矣然鄭君戒子書首言吾家舊貧本謂家貧而父母羣弟力薄不能並容爲吏又非所樂乃發憤游學耳果爲所容而違遠游之戒拂父母之意又曷可耶大抵古人於此等處稱心而談原無忌諱正不必曲爲之解觀後文迺歸供養假田播殖則前之貧可知末所憤憤者猶以亡親墳壟未成則孝思不匱又可知今據後改前於文義轉覺其窒

飲酒一斛集解惠棟曰別傳云至終日無怠錢大昭曰御覽七百五十九引續漢書元飲三百餘杯不醉案此與惠引別傳正合

公車徵爲大司農沈銘彝曰先君欒源問荅云先生未嘗爲大司農以有公車之徵後人遂以大司農稱之如華歆薦小同表云故大司農鄭元當時之學名冠華夏爲世儒宗是也又中平五年徵爲博士不至而朱雋傳亦有博士鄭元之稱

凡元所注周易尚書毛詩儀禮禮記論語孝經集解錢大昕曰至乃本傳有儀禮禮記而無周禮此轉寫之脫漏錢大昭曰毛詩是箋衞宏傳亦云鄭氏作毛詩箋然箋亦注之類故以注槩之董鈞傳亦云鄭氏作周官注此獨失載案古禮惟十七篇漢興高堂生傳之卽

補　卷三十五校補　三

儀禮是矣禮記出於二戴慶氏所以輔儀禮不別名家周官本無師經新莽盜竊遂以瀆亂廢絕鄭興好古以授子衆傳之葢自馬融作傳鄭氏作注始逮門徒東京習禮者僅一董鈞能傳慶氏學故儒林傳以周官傳授本末附著鈞傳後史家有互見例周官中興本不列學官無妨互見卽鄭興馬融傳亦未言衆傳周官融有周官傳也

齊魯閒宗之集解王鳴盛曰至或承華嶠之舊耳案後漢經師輩出不獨鄭君而洙泗之傳則莫盛於齊魯言齊魯閒宗之他可知矣此自立言之體不得遽疑爲陋

鄭范陳賈張列傳第二十六　後漢書三十六

宋　宣城太守范曄撰

唐　章懷太子賢注

王先謙集解

鄭興字少贛河南開封人也集解惠棟曰世系云鄭君生當時漢大司農居滎陽開封生韜韜生江都守仲仲生房房生趙相季季生議郎奇奇生穉穉生御史中丞賓賓生興少學公羊春秋晚善左氏傳遂積精深思通達其旨同學者皆師之東觀記曰興從博士金子嚴爲左氏春秋天鳳中王莽年也將門人從劉歆講正大義左氏義也歆美興才使撰條例章句訓詁及校三統厤說文曰詁訓古言也音古度反三統厤劉歆撰謂夏殷周厤也更始立以司直李松行丞相事先入長安松以興爲長史令還奉迎遷都更始諸將皆山東人咸勸留洛陽興說更始曰陛下起自荆楚權政未施更始起南陽南陽屬荆州故曰荆楚也一朝建號而山西雄桀爭誅王莽開關郊迎

補　虛受堂　一

者何也山西謂陝山以西也此天下同苦王氏虐政而思高祖之舊德也今久不撫之臣恐百姓離心盜賊復起矣春秋書齊小白入齊不稱侯未朝廟故也小白齊桓公也春秋齊小白入于齊公羊傳曰曷爲以國氏當國也其言入何篡辭也今議者欲先定赤眉而後入關是不識其本而爭其末恐國家之守轉在函谷言若不早都關中有人先入則國家鎭守轉在函谷也雖臥洛陽庸得安枕乎庸用也更始曰朕西決矣拜興爲諫議大夫集解先謙曰官本建作諫案魏志鄭渾傳注作諫議大夫明建字誤也書鈔引華嶠書同使安集關西及朔方涼益三州還拜涼州刺史會天水有反者攻殺郡守興坐免時赤眉入關東道不通興迺西歸隗囂虛心禮請集解劉攽曰案文少一囂字而興恥爲之屈稱疾不起集解蘇輿曰此疑非事實興爲涼州刺史囂爲西州將軍已有僚屬之誼豈有囂禮請而興反恥屈辱者興自言以將軍僚屬歸身明德幸蒙覆載之恩得全性命云云是興實自歸囂也此殆其子孫以囂後敗爲之諱飾而史仍之耳囂矜己自飾常以爲西伯復作西伯文王也作起也迺與諸將議自立爲王興聞而說囂曰春秋

傳云口不道忠信之言爲嚚耳不聽五聲之和爲聾左傳富辰諫周襄王之辭間者諸將集會無迺不道忠信之言大將軍之聽無迺阿而不察乎昔文王承積德之緒加之以叡聖三分天下尙服事殷孔子曰三分天下有其二以服事殷及武王卽位八百諸侯不謀同會皆曰紂可伐矣武王以未知天命還兵待時史記曰武王觀兵孟津諸侯不期而會者八百人皆曰紂可伐矣王曰汝未知天命乃還師後聞紂殺比干囚箕子乃告諸侯以伐之故曰待時也高祖征伐累年猶以沛公行師今令德雖明世無宗周之祚威略雖振未有高祖之功而欲舉未可之事昭速禍患集解劉攽曰案文昭當作招周壽昌曰昭明也言明速禍患也不必改作招無迺不可乎惟將軍察之嚻竟不稱王後遂廣置職位以自尊高興復止嚻曰夫中郞將太中大夫使持節官皆王者之器非人臣所當制也孔子曰惟器與名不可以假人左傳杜預注曰器車服名爵號也不可以假人者亦不可以假於人也無益於實有損於名非尊上之意也嚻病之而止病由難也集解先謙曰官本由作猶字通用也下同及嚻遣子恂入侍將行興因恂求歸葬父母嚻不聽而徙興舍益其秩禮興入見嚻曰前遭赤眉之亂以將軍僚舊故敢歸身明德興嘗爲涼州刺史嚻爲西州將軍故曰僚舊也幸蒙覆載之恩復得全其性命興聞事親之道生事之以禮死葬之以禮祭之以禮奉以周旋弗敢失墜周旋由遵奉也左傳季文子曰先大夫臧文仲教行父事君之禮奉以周旋弗敢失墜也今爲父母未葬請乞骸骨若以增秩徙舍中更停留是以親爲餌由釣餌也無禮甚矣將軍焉用之嚻曰嚻將不足留故邪興曰將軍據七郡之地七郡天水隴西武威張掖酒泉敦煌金城擁羌胡之衆以戴本朝德莫厚焉威莫重焉居則爲專命之使入必爲鼎足之臣興從俗者也不敢深居屏處因將軍求進不患不達因將軍求入何患不親此興之計不逆將軍者也興業爲父母請不可以已願留妻子獨歸葬將軍又何猜焉嚻曰幸甚促爲辦裝遂令與妻子俱東時建

武六年也侍御史杜林先與興同寓隴右迺薦之曰竊見河南鄭興執義堅固敦悅詩書左傳趙襄曰臣亟聞郤穀之言矣郤穀說禮樂而敦詩書也集解先謙曰官本注襄作衰是好古博物見疑不惑有公孫僑觀射父之德左傳子產辨黃熊晉侯聞之曰博物君子也觀射父楚大夫也對昭王以重黎羲和事見國語宜侍帷幄典職機密昔張仲在周燕翼宣王而詩人悅喜張仲周宣王時賢臣也燕樂也翼敬也詩小雅曰侯誰在矣張仲孝友惟陛下留聽少察以助萬分迺徵爲太中大夫集解錢大昕曰鄭康成注周禮稱興爲鄭大夫衆爲鄭司農興以縣令終而稱大夫舉其貴者稱之也明年三月晦日食集解惠棟曰案紀七年三月癸亥晦也興因上疏曰春秋以天反時爲災地反物爲妖人反德爲亂亂則妖災生左傳晉伯宗之辭天反時爲災謂寒暑易節也地反物爲妖謂羣物失性也往年以來讁告連見意者執事頗有闕焉案春秋昭公十七年夏六月甲戌朔日有食之杜預注曰於周爲六月於夏爲四月純陽用事陰氣未動而侵陽也傳曰日過分而未至言過春分而未及夏至也三辰有災三辰日月星也於是百官降物降物素服君不舉不舉盛饌避移時避正寢過日食時也樂用鼓奏鼓伐鼓祝用幣用幣於社史用辭用辭以自責此以上皆左傳載魯大夫答季平子之詞也今孟夏純乾用事陰氣未作其災尤重夫國無善政則讁見日月變告之來不可不愼其要在因人之心擇人處位也左傳晉士文伯曰國無政不用善則自取讁於日月之災故政不可不愼也務三而已一曰擇人二曰因人三曰從時也堯知鯀不可用而用之者屈己之明因人之心也齊桓反政而相管仲晉文歸國而任郤縠者是不私其私擇人處位也史記曰桓公與兄子糾爭位糾使管仲將兵遮道射桓公鉤帶及桓公卽位任政於管仲也又晉文公自秦歸國懷公故臣郤芮謀燒公宮殺文公宦者勃鞮告之後文公以郤縠爲中軍帥縠卽郤芮之族文公不以爲仇而任焉言唯賢是用不私其私也今公卿大夫多舉漁陽太守郭伋可大司空者而不以時定集解沈欽韓曰郭伋傳伋并州牧朝廷多舉伋可爲大司空伋之牧并州在建武十一年以後而其守漁陽與興此疏則建武六七年間也疑公卿之舉本在伋爲漁陽時伋傳或顚倒道路流言咸曰朝廷若用功臣集解惠棟曰袁宏紀建武七年二月日蝕是時宰相多以功舉率由舊恩天子勤吏治俗頗苛刻因是變也功臣用則人位謬矣集解通鑑胡注人不稱其位

不宜人也其願陛下上師唐虞下覽齊晉以成屈己從眾之德以濟羣臣讓善之功濟成也夫日月交會數應在朔而頃年日食每多在晦先時而合皆月行疾也日君象而月臣象君亢急則臣下促迫故行疾也〔集解〕王鳴盛曰此條足與洪範鄭注相發今年正月繁霜自爾以來率多寒日正月夏之四月此亦急咎之罰書曰急恆寒若〔集解〕惠棟曰尚書大傳云聽之不聰是謂不謀厥咎急厥罰恆寒天於賢聖之君猶慈父之於孝子也丁寧申戒欲其反政故災變仍見此迺國之福也今陛下高明而羣臣惶促宜留思柔克之政垂意洪範之法克能也柔克謂和柔而能立事也尚書洪範曰高明柔克〔集解〕何若瑤曰釋詁克勝也較訓能爲允博採廣謀納羣下之策〔集解〕王補曰袁宏紀載此疏大異書奏多有所納帝嘗問興郊祀事曰吾欲以讖斷之何如興對曰臣不爲讖帝怒曰卿之不爲讖非之邪興惶恐曰臣於書有所未學而無所非也帝意迺解〔集解〕惠棟曰袁宏紀上乃解曰言不當如是耶興數言政事依經守義文章溫雅〔集解〕惠棟曰續漢書興爲大中大夫數上便宜多見用朝廷每有謀議輒訪焉其論說依經守正眾莫能屈也謝承書章作詞然以不善讖故不能任九年使監征南積弩營於津鄉征南將軍岑彭積弩將軍傅俊屯津鄉以拒公孫述津鄉在今荊州也會征南將軍岑彭爲刺客所殺興領其營遂與大司馬吳漢俱擊公孫述述死詔興留屯成都頃之侍御史舉奏興奉使私買奴婢坐左轉蓮勺令蓮勺縣屬左馮翊故城在今同州下邽縣東北蓮音輦勺音酌〔集解〕沈欽韓曰渭南縣志今縣東北七十里來化鎮是時喪亂之餘郡縣殘荒興方欲築城郭修禮教以化之會以事免興好古學尤明左氏周官〔集解〕惠棟曰左氏見上經典序錄云王莽時劉歆爲國師始建立周官經以爲周禮河南緱氏杜子春受業於歆還家以教門徒好學之士鄭興父子等多往師之案今康成所注周禮多引子春及二鄭之說長於歷數自杜林桓譚衛宏之屬莫不斟酌焉斟酌謂取其意指也世言左氏者多祖於興〔集解〕先謙曰官本無於字而賈逵自傳其父業故有鄭賈之學興去蓮勺後遂不復仕客授閿鄉閿音聞古字也建安中改作閿〔集解〕沈欽韓曰說文閿低目視也弘農湖縣有閿鄉廣韻閿俗作閺前書孟康注古閺字从門中旻建安中正改作閿蓋建安中改作閿非聞也此注亦誤爲聞三公連辟不肯應卒於家子眾

眾字仲師〔集解〕先謙曰魏志鄭渾傳注作子師年十二從父受左氏春秋精力於學明三統歷作春秋難記條例〔集解〕惠棟曰經籍志鄭眾春秋左氏傳條例九卷沈欽韓曰公羊疏云眾作長義十九條十七事專論公羊之短左氏之長兼通易詩知名於世建武中皇太子及山陽王荊因虎賁中郎將梁松以縑帛聘請眾欲爲通義〔集解〕沈欽韓曰光武十王傳沛獻王輔作五經論時號之曰沛王通論通義亦此類如白虎通義是也引籍出入殿中〔集解〕先謙曰東觀記作請眾欲爲通籍遺縑帛眾謂松曰太子儲君無外交之義漢有舊防〔集解〕惠棟曰王幼學云防謂漢家舊制也防通作坊禮記經解云以舊坊爲無所用而壞之者坊音房本又作防蕃王不宜私通賓客遂辭不受松復風眾以長者意不可逆眾曰犯禁觸罪不如守正而死太子及荊聞而奇之亦不強也及梁氏事敗梁松坐縣飛書誹謗下獄死事見梁統傳也賓客多坐之唯眾不染於辭永平初辟司空府以明經給事中再遷越騎司馬漢官儀曰越騎司馬一人秩千石也〔集解〕惠棟曰東觀記盧江獻鼎詔召眾問齊桓公之鼎在柏寢臺見何書春秋左傳有鼎事幾眾對狀除爲郎中案此事在永平五年復留給事中是時北匈奴遣使求和親八年顯宗遣眾持節使匈奴眾至北庭虜欲令拜眾不爲屈單于大怒圍守閉之不與水火欲脅服眾眾拔刀自誓單于恐而止迺更發使隨眾還京師朝議欲復遣使報之眾上疏諫曰臣伏聞北單于所以要致漢使者欲以離南單于之眾堅三十六國之心也武帝開通西域本三十六國〔集解〕通鑑胡注謂堅其心者欲使之專附匈奴又當揚漢和親誇示鄰敵令西域欲歸化者局促狐疑懷土之人絕望中國耳漢使既到便偃蹇自信信音伸若復遣之虜必自謂得謀其羣臣駮議者不敢復言駮議謂勸單于歸漢如是南庭動搖烏桓有離心矣〔集解〕通鑑胡注南單于庭在西河美稷動搖謂欲出塞北去烏桓本附匈奴漢置校尉領護使不得與匈奴交通離心謂其心不親附漢而貳於匈奴也南單于久居漢地具知形埶萬分離析旋爲邊害今幸有度遼之眾揚威北垂雖勿報答不敢爲患明帝八年初置度遼將軍屯五

原曼柏 帝不從，復遣衆。衆因上言：「臣前奉使不爲匈奴拜，單于恚恨，故遣兵圍臣。今復銜命，必見陵折。臣誠不忍持大漢節對氈裘獨拜。〔集解〕惠棟曰：焦氏易林云「旃裘氈國，文禮不飾」。前書匈奴傳「衣其皮革，被旃裘」，胡三省云：旃與氈同。如令匈奴遂能服臣，將有損大漢之强。」帝不聽。衆不得已，既行，在路連上書固爭之。詔切責衆，追還繫廷尉，會赦歸家。其後帝見匈奴來者，問衆與單于爭禮之狀，皆言匈奴中傳衆意氣壯勇，雖蘇武不過。迺復召衆爲軍司馬，使與虎賁中郎將馬廖擊車師。至敦煌，拜爲中郎將，使護西域。會匈奴脅車師，圍戊己校尉，衆發兵救之。遷武威太守，謹修邊備，虜不敢犯。遷左馮翊，政有名迹。建初六年，代鄧彪爲大司農。是時肅宗議復鹽鐵官，衆諫以爲不可。武帝時國用不足，乃賣鹽鐵，置官以主之，昭帝罷之，今議欲復之。詔數切責，至被奏劾，衆執之不移。帝不從。在位以淸正稱。其後受詔作春秋刪十九篇。八年，卒官。子安世，亦傳家業，

爲長樂、未央廄令。續漢志曰：廄令一人，秩六百石。延光中，安帝廢太子爲濟陰王，安世與太常桓焉、太僕來歷等共正議諫爭。及順帝立，安世已卒，追賜錢帛，除子亮爲郎。衆曾孫公業，自有傳。

范升〔集解〕惠棟曰：論衡及東觀記皆作叔，疑傳寫誤也。字辯卿，代郡人也。少孤，依外家居。九歲通論語、孝經，及長，習梁丘易、老子，教授後生。宣帝時梁丘賀之爲也。〔集解〕先謙曰：官本注「爲」作「易」，是。王莽大司空王邑辟升爲議曹史。時莽頻發兵役，徵賦繁興，升迺奏記邑曰：「升聞子以人不間於其父母爲孝，臣以下不非其君上爲忠。論語孔子曰：「孝哉閔子騫！人不間於其父母昆弟之言。」間，非也。言子騫之孝化其父母兄弟，言人無非之者。忠臣事君，有過卽諫，在下無有非君者，是忠臣也。〔集解〕錢大昕曰：漢書杜鄴對策言「孔子善閔子騫守禮不苟從親，所行無非理者，故無可間也」。范升說與鄴略同，蓋漢儒相承古義。先謙曰：官本注無「孔子」及「間非也」五字。今衆人咸稱朝聖，皆曰公明。蓋明者無不見，聖者無不聞。〔集解〕沈欽韓曰：文子道德篇：「聞而知之，聖也；見而知之，智也。」今天下之事，昭昭於日月，震震於雷霆，而朝云不見，公云不聞，則元元焉所呼天？公以爲是而不言，則過小矣；知而從令，則過大矣。二者於公無可以免，宜乎天下歸怨於公矣。朝以遠者不服爲至念，升以近者不悅爲重憂。〔集解〕通鑑胡注：遠者不服，謂四夷也；近者不悅，謂人心不便於莽之法令也。今動與時戾，事與道反，馳騖覆車之轍，探湯敗事之後，賈誼曰：「前車覆，後車誡。」論語曰：「見不善如探湯。」後出益可怪，晚發愈可懼耳。方春歲首，而動發遠役，藜藿不充，田荒不耕，穀價騰躍，斛至數千，吏人陷於湯火之中，非國家之人也。如此，則胡貊守關，靑徐之寇在於帷帳矣。王莽時靑、徐二郡爲寇，號靑徐賊。〔集解〕劉攽曰：胡貊守關，案「關」當作「闕」，方喻迫近，不當云關。升有一言，可以解天下倒縣，免元元之急，不可書傳，願蒙引見，極陳所懷。」邑雖然其言，而竟不用。升稱病乞身，邑不聽，令乘傳使上黨。升遂與漢兵會，因留不還。建武二年，光武徵詣懷宮，拜議郞，遷博士，上疏讓曰：「臣與博士梁恭、山陽太守呂羌俱修梁丘易。二臣年竝耆艾，經學深

明，而臣不以時退，與恭竝立，深知羌學，又不能達，達，進也。慙負二老，無顏於世。誦而不行，知而不言，不可開口以爲人師，願推博士以避恭、羌。」帝不許，然由是重之，數詔引見，每有大議，輒見訪問。時尚書令韓歆上疏，欲爲費氏易、左氏春秋立博士，費直字長翁，善易，長於卦筮，見前書。詔下其議。四年正月，朝公卿、大夫、博士，見於雲臺。帝曰：「范博士可前平說。」〔集解〕惠棟曰：王充云「春秋爲漢制法，論衡爲漢平說」。平說者，謂平其然否而下說，猶平奏、平署之類也。升起對曰：「左氏不祖孔子，而出於丘明，〔集解〕惠棟曰：劉知幾云「仲尼之時，魯國賢者無不從之游，獨邱明不在弟子之籍。若邱明眞受經作傳者，豈得不在弟子之籍哉？邱明自用其意說經，汎以舊章常例通之于史，第可以見成敗耳，褒貶之意非邱明所盡也」，以其不受經也。師徒相傳，又無其人，〔集解〕惠棟曰：劉向別錄云「左邱明授曾申，申授吳起，起授其子期，期授楚人鐸椒，椒作抄撮八卷，授虞卿，虞卿作抄撮九卷，授荀卿，荀卿授張蒼」。案此則傳左氏者非遂無人，但漢人傳經各守師說，謂之家學。左氏自漢元以來不立學官，傳者絕少，故升謂無其人也。且非先帝所存，無因得立。」遂與韓歆及太中大夫許淑等〔集解〕王會汾曰：監本、舊本俱缺「太」字。案前書百官公卿表

大夫掌議論有太中大夫諫大夫武帝太初元年更名中大夫爲光祿大夫秩比二千石續志太中大夫千石無員屬光祿勳別無中大夫之名又案北海靖王傳云歲終遣中大夫奉璧朝賀注中大夫王國官也引續志曰中大夫比六百石掌奉王使京都亦見東平王蒼傳然則兩漢官制固有不同太初以前王朝有中大夫在東京則爲王府官屬之名矣今范升所與論難未必偏及王國使臣故依毛本增太字惠棟曰淑字惠卿魏郡人官至太中大夫杜預春秋釋例序云劉子駿創通大義賈景伯許惠卿皆先儒之美者也律麻志亦云太中大夫許淑）互相辯難日中迺罷升退而奏曰臣聞主不稽古無㠯承天臣不述舊無㠯奉君陛下愍學微缺勞心經蓺情存博聞故異端競進近有司請置京氏易博士羣下執事莫能據正京氏既立費氏怨望左氏春秋復㠯比類亦希置立京費已行次復高氏（沛人高相善易與費直同時見前書）春秋之家又有騶夾（前書曰騶氏無師夾氏未有其書也〔集解〕惠棟曰阮孝緒七錄云建武中騶夾氏皆絕婁壽云騶氏鏡銘作騶司馬遷云齊有三騶子班固傳並作鄒則知二字通用先謙曰官本注有作知）如令左氏費氏得置博士高氏騶夾五經奇異並復求立各有所執乖戾分爭從之則失道不從則失人將恐陛下必有厭倦之聽孔子曰博學約之弗叛矣夫（論語孔子之言弗叛言不違道也〔集解〕先謙曰官本注叛作畔）夫學而不約必叛道也顏淵曰博我㠯文約我㠯禮孔子可謂知教顏可謂善學矣老子曰學道日損損猶約也又曰絕學無憂絕末學也今費左二學無有本師而多反異（〔集解〕惠棟曰王伯厚述晁氏云先儒謂費直專以彖象文言參解易爻以彖象文言雜入卦中者自費氏始故云反異也）先帝前世有疑於此故京氏雖立輒復見廢疑道不可由疑事不可行詩書之作其來已久孔子尚周流遊觀至於知命自衞反魯迺正雅頌（孔子以魯哀公十一年自衞還魯是時道衰樂廢孔子來還迺正之故雅頌各得其所見史記）今陛下草創天下紀綱未定雖設學官無有弟子詩書不講禮樂不修奏立左費非政急務孔子曰攻乎異端斯害也已（攻猶習也異端謂奇技也〔集解〕惠棟曰何晏云攻治也善道有統故殊塗而同歸異端不同歸也何若瑤曰鄭玄傳競設異端百家互起訓奇技非）傳曰聞疑傳疑聞信傳信而堯舜之道存（穀梁傳曰信以傳信疑以傳疑公羊傳曰君子曷爲春秋樂堯舜之道也）願陛下疑先帝之所

疑信先帝之所信㠯示反本明不專己天下之事所㠯異者㠯不一本也易曰天下之動貞夫一也（易下繫之文也）又曰正其本萬事理（易今無此文也〔集解〕王會汾曰案此必易緯之辭凡漢人說經所引緯書若春秋元命苞等則曰春秋說易乾鑿度等則曰易說尚書大傳等則曰尚書說今范升引易緯遂蒙上易曰爲文注家於易本文中求之固無此文耳惠棟曰劉向說苑引易云建其本而萬物理失之毫釐差以千里程迴云易緯通卦驗之文）五經之本自孔子始謹奏左氏之失凡十四事時難者㠯太史公多引左氏升又上太史公違戾五經謬孔子言及左氏春秋不可錄三十一事詔㠯下博士後升爲出妻所告坐繫得出（〔集解〕惠棟曰見楊政傳）還鄉里永平中爲聊城令坐事免卒于家

陳元字長孫（〔集解〕汪文臺曰御覽二百三十六引華嶠書云字襄孫）蒼梧廣信人也（廣信故城在今梧州蒼梧縣）父欽（〔集解〕惠棟曰許愼五經異義引奉德侯陳欽說春秋）習左氏春秋事黎陽賈護與劉歆同時而別自名家（元父欽字子佚以左氏授王莽自名陳氏春秋故曰別也賈護字季君並見前書也）王莽從欽受左氏學㠯欽爲猒難將軍（猒一葉反）元少傳父業爲之訓詁銳精覃思至不與鄉里通㠯父任爲郎建武初元與桓譚杜林鄭興俱爲學者所宗時議欲立左氏傳博士范升奏㠯爲左氏淺末不宜立元聞之迺詣闕上疏曰陛下撥亂反正文武並用（撥理也語見公羊傳）深愍經蓺謬雜眞僞錯亂每臨朝日輒延羣臣講論聖道知丘明至賢親受孔子（〔集解〕惠棟曰沈重云嚴氏春秋引觀周篇云孔子將修春秋與左丘明乘如周觀書于周史歸而修春秋之經丘明爲之傳共爲表裏）而公羊穀梁傳聞於後世（〔集解〕惠棟曰桓譚新論云左氏傳世後百餘年魯穀梁赤作春秋殘略多有遺文又有齊人公羊高緣經文作傳彌失其本事左氏傳經猶衣之表裏相待而成經而無傳使聖人閉門思之十年不能知也東觀記載陳元奏云光武興立左氏而桓譚衞宏並共詆訾故中道而廢與新論殊乖後人疑之）故詔立左氏博詢可否示不專己盡之羣下也今論者沈溺所習翫守舊聞固執虛言傳受之辭（〔集解〕惠棟曰何休注公羊春秋言孔子知秦將燔詩書其說口授相傳至漢公羊氏及弟子胡母敬等乃始記于竹帛故云虛言傳受之詞）㠯非親見實事

之道左氏孤學少與與猶黨也遂爲異家之所覆冒集解先謙曰覆冒猶言蒙蔽不令人見夫至音不合眾聽故伯牙絕絃伯牙善鼓琴鍾子期善聽相與爲友子期死伯牙破琴絕絃不復鼓琴以時人莫之能聽也見呂覽至寶不同眾好故卞和泣血卞和得寶玉獻楚武王王示玉人曰石也刖其右足武王沒後復獻之文王復曰石也刖其左足至成王時卞和抱其璞於郊泣盡以血繼之王乃使玉尹攻之果得寶玉事見韓子也仲尼聖德而不容於世仲尼去魯斥齊逐乎宋衛困於陳蔡之間見史記況於竹帛餘文其爲雷同者所排固其宜也非陛下至明孰能察之臣元竊見博士范升等所議奏左氏春秋不可立及太史公違戾凡四十五事案升等所言前後相違皆斷截小文媟黷微辭已年數小差掇爲巨謬媟狎也黷垢濁也掇拾也音丁括反遺脫纖微指爲大尤抉瑕擿釁抉音於決反掩其弘美所謂小辯破言小言破道者也大戴記小辯篇孔子曰小辯破言小言破義小義破道升等又曰先帝不以左氏爲經故不置博士後主所宜因襲臣愚以爲若先帝所行而後主必行者則盤庚不當遷于殷

周公不當營洛邑盤庚都耿自耿遷于殷文王都酆武王都鎬周公輔成王營洛邑陛下不當都山東也往者孝武皇帝好公羊衛太子好穀梁有詔詔太子受公羊不得受穀梁集解劉攽曰有詔詔太子案文多一詔字孝宣皇帝在人間時聞衛太子好穀梁於是獨學之及即位爲石渠論而穀梁氏興石渠閣以藏祕書在未央殿北宣帝甘露三年詔諸儒韋玄成梁丘賀等講論五經於石渠也集解惠棟曰前書劉向傳云初立穀梁春秋徵更生受穀梁講論五經于石渠至今與公羊竝存此先帝後帝各有所立不必其相因也孔子曰純儉吾從眾至於拜下則違之論語孔子曰麻冕禮也今也純儉吾從眾拜下禮也今拜乎上泰也雖違眾吾從下何晏注云麻冕緇布冠也古績麻三十升以爲之純絲也絲易成故從儉臣之與君行禮者下拜然後升時臣驕泰故於上拜今從下禮之恭也夫明者獨見不惑於朱紫聽者獨聞不謬於清濁故離朱不爲巧眩移目離朱黃帝時明目者也一號離婁慎子曰離朱之明察毫末於百步之外師曠不爲新聲易耳桓譚新論曰晉師曠善知音衛靈公將之晉宿於濮水之上夜聞新聲召師涓告之曰爲我聽寫之曰臣得之矣遂之晉晉平公饗之酒酣靈公曰有新聲願奏之乃令師涓鼓琴未終師曠止之曰此亡國之聲

也方今干戈少弭戎事略戢留思聖藝眷顧儒雅採孔子下拜之義卒淵聖獨見之旨集解錢大昕曰章懷注本避唐諱改淵爲深或爲泉今本諸淵字皆後人回改如章帝紀聰明淵塞諒惟淵體安帝紀若墜淵水陳寵傳曾是淵執劉愷傳沈重淵懿文苑傳椒酒淵流逸民傳覆巢竭淵方術傳何故敗我灌龍淵儒林傳歷神淵鄭康成傳之國淵西羌傳之馬文淵皆是也分明黑白建立左氏解釋先聖之積結洮汰學者之累惑洮汰猶洗濯也使基業垂於萬世後進無復狐疑則天下幸甚臣元愚鄙嘗傳師言如得以褐衣召見俯伏庭下褐織毛爲布貧者之服也誦孔氏之正道理丘明之宿冤若辭不合經事不稽古退就重誅雖死之日生之年也書奏下其議范升復與元相辯難凡十餘上帝卒立左氏學太常選博士四人元爲第一帝以元新忿爭迺用其次司隸從事李封於是諸儒以左氏之立論議讙譁自公卿以下數廷爭之會封病卒左氏復廢元以才高著名辟司空李通府集解沈欽韓曰案經典序錄元爲司空南閣祭酒北堂書鈔引華嶠書云元辟司空掾宋宏受罪上書訟之言甚切直案宏建武六年坐考上黨太守無所據免七年李通爲司空是元辟司空府當於宋宏時也

時大司農江馮上言宜令司隸校尉督察三公事下三府元上疏曰臣聞師臣者帝賓臣者霸言以臣爲師以臣爲賓也集解沈欽韓曰燕策郭隗先生曰帝者與師處王者與友處霸者與臣處亡國與役處諸子竝同袁宏紀作賓臣者王故武王以太公爲師齊桓以夷吾爲仲父孔子曰百官總己聽於冢宰論語文也近則高帝優相國之禮蕭何爲相國高帝賜劍履上殿入朝不趨太宗假宰輔之權太宗孝文也申屠嘉爲丞相坐府召太中大夫鄧通欲誅之孝文使持節召通令人謝嘉故曰假權也及亡新王莽遭漢中衰專操國柄以偷天下偷竊也況己自喻不信羣臣奪公輔之任損宰相之威以刺舉爲明徼訐爲直至迺陪僕告其君長子弟變其父兄王莽時開吏告其將奴婢告其主集解惠棟曰陪僕猶陪臺也左傳申無宇曰僚臣僕僕臣臺罔密法峻大臣無所措手足然不能禁董忠之謀身爲世戮董忠爲王莽大司馬共劉歆等謀誅莽事發覺死也故人君患在自驕不患驕臣失在自任不在任人是以文王有日昃之勞周公執吐

握之萘尚書曰文王自朝至于日中昃不遑暇食史記曰伯禽封魯周公誡之曰我文王之子武王之弟成王之叔父亦不賤矣我一沐三握髮一飯三吐哺以待士猶恐失天下之賢人汝無以國驕人也不聞其崇刺舉務督察也方今四方尚擾天下未一百姓觀聽咸張耳目陛下宜修文武之聖典襲祖宗之遺德勞心下士屈節待賢誠不宜使有司察公輔之名帝從之宣下其議司察猶督察也李通罷元後復辟司徒歐陽歙府數陳當世便事郊廟之禮帝不能用以病去年老卒於家子堅卿有文章

賈逵字景伯扶風平陵人也九世祖誼文帝時爲梁王太傅爲文帝子梁王揖之傅也曾祖父光爲常山太守宣帝時以吏二千石自洛陽徙焉父徽集解惠棟曰經典序錄云徽字元伯潁陰令從劉歆受左氏春秋兼習國語周官又受古文尚書於塗惲風俗通曰塗姓塗山氏之後惲字子真受尚書於胡常見前書集解洪亮吉曰案前書儒林傳則胡常授徐敖敖始授惲此注蓋誤學毛詩於謝曼卿集解惠棟曰儒林傳云九江謝曼卿善毛詩

作左氏條例二十一篇逵悉傳父業弱冠能誦左氏傳及五經本文以大夏侯尚書教授集解沈欽韓曰逵爲古學而教授仍用今文蓋利祿之途非是則莫肯來學終漢之世兼通五經古學者惟賈馬鄭三君耳雖爲古學兼通五家穀梁之說五家謂尹更始劉向周慶丁姓王彥等皆爲穀梁見前書也自爲兒童常在太學不通人閒事身長八尺二寸諸儒爲之語曰問事不休賈長頭性愷悌多智思俶儻有大節愷樂也悌易也言有和樂簡易之德也俶儻卓異也尤明左氏傳國語爲之解詁五十一篇左氏三十篇國語二十一篇也集解惠棟曰韋昭國語解序云鄭大司農爲國語訓注解疑釋滯昭晰可觀至于細碎有所闕略侍中賈君敷而衍之其所發明大義略舉爲已憭矣永平中上疏獻之顯宗重其書寫藏祕館時有神雀集宮殿官府冠羽有五采色帝異之以問臨邑侯劉復臨邑東郡縣也復齊武王伯升孫北海王興子復不能對薦逵博物多識帝迺召見逵問之對曰昔武王終父之業鸑鷟在岐鸑鷟鳳之別名也周大夫內史過對周惠王曰周之興也鸑鷟鳴于岐山事見國語宣帝威懷戎狄神雀仍集此胡降之徵也仍頻也宣帝時神雀再見改爲年號後匈奴降服呼韓入朝也帝勅蘭臺給筆札使作神雀頌集解惠棟曰論衡云永平中神雀羣集孝明詔上爵頌百官頌上文比瓦石惟班固賈逵傅毅楊終侯諷五頌金玉孝明覽焉拜爲郎與班固竝校祕書應對左右肅宗立降意儒術特好古文尚書左氏傳建初元年詔逵入講北宮白虎觀南宮雲臺帝善逵說使出左氏傳大義長於二傳者集解王會汾曰監本出字上有發字案發出並舉古人無此等文今從宋本逵於是具條奏之集解惠棟曰何休公羊序云傳春秋者非一本據亂而作其中多非常異義可怪之論說者疑惑至有倍經任意反傳違戾者是以講誦師言至于百萬猶有不解時加釀嘲辭援引他經失其句讀以無爲有甚可閔笑者不可勝記也至使賈逵緣隙奮筆以爲公羊可奪左氏可與休所指蓋顏嚴之徒說公羊者也經典序錄云逵受詔列公羊穀梁不如左氏四十事奏之名曰左氏長義徐彥公羊疏云逵作長義四十一條云公羊理短左氏理長鄭衆亦作長義十九條十七事專論公羊之短左氏之長在逵之前衆雖扶左氏而毀公羊但不與讖合逵作長義奏御于帝幾廢公羊也曰臣謹擿出左氏三十事尤著明者斯皆君臣之正義父子之紀綱其餘同公羊者什有七八或文簡小異無害大體至如祭仲紀季伍子胥叔術之屬

左氏義深於君父公羊多任於權變左傳宋人執鄭祭仲曰不立突將死祭仲許之遂出昭公而立厲公杜預注云祭仲之如宋非會非聘見誘被拘廢長立少故書名罪之公羊傳曰祭仲者何鄭相也何以不名賢也何賢乎祭仲以爲知權也其知權奈何宋人執之謂之曰爲我出忽而立突祭仲不從其言則君必死國必亡從其言則君可以生易死國可以存易亡古之有權者祭仲之權是也左傳紀季以酅入于齊紀侯大去其國賈逵以爲紀季不能兄弟也同心以存國迺背兄歸仇書以譏之公羊傳曰紀季者何紀侯之弟也何以不名賢也何賢乎服罪也其服罪奈何請後立廟以存姑姊妹左傳楚平王將殺伍奢召伍奢子伍尚伍員曰來吾免而父尚謂員曰聞免父之命不可以莫之奔親戚爲戮不可以莫之報父不可棄名不可廢子胥奔吳遂以吳師入郢卒復父仇公羊傳曰父受誅子復仇推刃之道也公羊不許子胥復仇是不深父也左傳曰冬邾黑肱以濫來奔賤而書名重地故也君子曰名之不可不慎以地叛雖賤必書地以名其人終爲不義不可滅已是以君子動則思禮行則思義公羊傳冬黑肱以濫來奔又何以無邾婁通濫也曷爲通濫賢者子孫宜好地賢者孰謂謂叔術也何賢乎叔術讓國也集解蘇輿曰祭仲出忽終以復辟紀季之奔由於君命現蘩鸕伍子胥傳有父不受誅子可復仇之文是固以復仇許之也叔術妻嫂傳亦以公扈子之說闕之矣逵欲附會公羊之失不深究本末致詬病公羊者至今未已詳見余春秋董義述因畧著其說於此先謙曰官本注又作文好作有是其相殊絕固以甚遠而冤抑積久莫肯分明臣以永

平中上言左氏與圖讖合者集解惠棟曰方術傳序云光武信讖言鄭興賈逵以附同稱顯興傳無附會讖之事而逵傳有之明附同有別先帝不遺芻蕘省納臣言寫其傳詁藏之祕書建平中建平哀帝年也侍中劉歆欲立左氏不先暴論大義而輕移太常恃其義長詆挫諸儒諸儒內懷不服相與排之排擯却也劉歆建立左氏哀帝令歆與諸儒講論其義諸博士不肯置對歆乃移書太常以責之故被排擯事見前書孝哀皇帝重逆眾心故出歆為河內太守從是攻擊左氏遂為重讎至光武皇帝奮獨見之明興立左氏穀梁會二家先師不曉圖讖故令中道而廢凡所以存先王之道者要在安上理民也今左氏崇君父卑臣子強幹弱枝勸善戒惡至明至切至直至順左傳曰翼戴天子加之以恭又曰君命天也天可仇乎委質策名貳乃辟也父敎子貳何以事君又曰棄父之命惡用子矣以有無父之國則可是崇君父卑臣子也左氏王人雖微序在諸侯之上又曰五大不在邊五細不在庭末大必折尾大不掉是強幹弱枝也又曰盡而不汙懲惡而勸善非聖人誰能修之史記曰孔子曰我欲載之空言不如見之行事深切著明也集解沈欽韓曰賈氏五大謂太子母弟貴寵公子公孫累世正卿也鄭眾云太

子晉申生居曲沃是也母弟鄭共叔段居京是也貴寵公子若棄疾在蔡是也公孫若無知食渠邱是也累世正卿甯殖居蒲孫氏居戚是也五細賤妨貴少陵長遠間親新間舊小加大也不在庭不當使居朝廷為政春秋戰國時事又與後世不同故趙安陽君封於代而作亂孟嘗君封於薛而外市韓非楊摧云數披其木無使枝茂楚子使棄疾為蔡公申無宇言親者貴者宜居中疏者卑者宜處邊歷言貴戚大臣據邑之禍尋其文義瞭然可曉賈鄭據左氏本文條疏之義確不易杜預撥棄先儒而引五官五正等以解之於無宇陳戒本旨了無所關且三代異物損益隨時故先帝博觀異家各有所採易有施孟復立梁丘施讐孟喜梁丘賀也尚書歐陽復有大小夏侯歐陽和伯大夏侯勝小夏侯建也並見前書集解惠棟曰劉歆七畧云尚書直言也始歐陽氏先名之大夏侯小夏侯復立于學官三家之學于今傳之今三傳之異亦猶是也又五經家皆無以證圖讖明劉氏為堯後者而左氏獨有明文春秋晉大夫蔡墨曰陶唐氏既衰其後有劉累學擾龍事孔甲范氏其後也范會自秦還晉其處者為劉氏明漢承堯後也集解惠棟曰劉焯謂左氏稱在夏為陶唐氏其處者為劉氏非魯史本文迺漢儒欲其傳特為此語以漢出堯後獨左氏為有明文以此求重於世又案堯母慶都碑稱昔者慶都游觀河濱感赤龍交始生堯漢感赤龍堯之苗胄許叔重亦言堯親慶都出觀于河有赤龍負圖而至曰赤龍受天之圖有人赤衣光面八采皆襲圖讖之說而

為之附會耳蔡邕典引注云春秋左氏傳云陶唐氏既衰其後劉累者在夏為御龍氏在商為豕韋氏在周為唐杜氏成王滅唐宣王殺杜伯杜伯之子隰叔奔晉其後士會奔秦而復歸其子留秦者為劉氏以是明之漢為堯後五經家皆言顓頊代黃帝而堯不得為火德史記曰黃帝崩其孫昌意之子立是為帝顓頊當時五經家同為此說若以顓頊代黃帝農師以土德王即顓頊當為金德高辛為水德堯為木德漢承堯後自然不得為火德也集解先謙曰官本注無農師二字左氏以為少昊代黃帝即圖讖所謂帝宣也左氏傳曰黃帝氏以雲紀少昊氏以鳥紀是以少昊代黃帝也河圖曰大星如虹下流華渚女節意感生白帝朱宣宋均注曰朱宣少昊氏也集解惠棟曰注華渚宋均云渚名如令堯不得為火則漢不得為赤其所發明補益實多陛下通天然之明建大聖之本改元正厤垂萬世則改元謂改建初九年為元和元年正厤謂元和二年始用四分厤也是以麟鳳百數嘉瑞雜遝雜遝言多也章帝時鳳皇見百三十九麒麟五十二白虎二十九黃龍三十四神雀白燕等史官不可勝紀見東觀記集解先謙曰官本二十作一十猶朝夕恪勤游情六蓺研機綜微靡不審覈覈實也若復留意廢學以廣聖見庶幾無所遺失矣廢學謂左氏傳也書奏帝嘉之賜布五百匹衣一襲令

逵自選公羊嚴顏諸生高才者二十人教以左氏公羊高作春秋傳號曰公羊春秋嚴彭祖顏安樂俱受公羊春秋故公羊有嚴顏之學見前書也集解先謙曰官本注無也字與簡紙經傳各一通竹簡及紙也集解周壽昌曰簡是舊傳紙是後寫者自是遂多用紙而竹簡希矣逵母常有疾帝欲加賜以校書例多特以錢二十萬使潁陽侯馬防與之謂防曰賈逵母病此子無人事於外無人事謂不廣交通也屢空則從孤竹之子於首陽山矣屢數也空乏也史記曰伯夷叔齊孤竹君之子也隱於首陽山卒餓死也逵數為帝言古文尚書與經傳爾雅詁訓相應詔令撰歐陽大小夏侯尚書古文同異集解惠棟曰許沖上說文云先帝詔侍中騎都尉逵修理舊文殊藝異術王教一端苟有可以加于國者靡不悉集孔穎達云古文尚書與夏侯等同而經字多異夏侯等書宅嵎夷為宅嵎鐵昧谷曰柳谷心腹腎腸曰憂腎陽劓刵劅剠云臏宮劓割頭庶剠是也逵集為三卷帝善之復令撰齊魯韓詩與毛氏異同并作周官解故韓固齊人也為齊詩申公魯人也為魯詩韓嬰為韓詩毛萇為毛詩故謂齊魯韓詩也集解孫人龍曰案前書賈誼為左氏傳訓故又藝文志有魯故二十五卷師古注云故者通其指義也今流俗毛詩改故訓傳為詁字失真則此注自應作故字解惠棟曰馬融

周官序云成帝命劉歆考理祕書始得列序著于錄略知其周公致太平之迹永平初杜子春年且九十能通其讀鄭眾賈逵往受業也鄭康成序云鄭少贛仲師衞次仲賈景伯馬季長皆作周禮解詁賈公彥云劉歆弟子死喪徒有里人河南杜子春尚在永平之初年且九十家于南山能通其讀頗說其說鄭眾賈逵往受業馬眾逵洪雅博聞又以經書記轉相證明遂解行于世眾解不行先謙曰官本注齊魯韓詩作事之指義是遷逵爲衞士令北宮衞士令一人掌南北宮秩比六百石見續漢志也集解先謙曰官本注無也字八年迺詔諸儒各選高才生受左氏穀梁春秋古文尚書毛詩由是四經遂行於世皆拜逵所選弟子及門生集解周壽昌曰鄭康成傳馬融門徒四百餘人又有高業弟子康成沒門生相與撰其問答諸弟子之詞依論語作鄭志李固傳固下獄門生王調貫械上書證其枉及固死陳屍於路固弟子郭亮負鐵鑕乞收固屍集古錄孔宙碑陰跋云親受業者爲弟子轉相傳授者爲門生宙碑殘缺其稱弟子者十人門生四十三人足證弟子門生之別爲千乘王國郎千乘王伉宣帝子也朝夕受業黃門署學者皆欣欣羨慕焉和帝即位永元三年以逵爲左中郎將八年復爲侍中領騎都尉內備帷幄兼領祕書近署甚見信用逵薦東萊司馬均陳國汝郁帝即徵之並蒙優禮均字少賓

安貧好學隱居教授不應辟命信誠行乎州里鄉人有所計爭輒令祝少賓祝詛也東觀記曰爭曲直者輒言敢祝少賓乎心不直者終不敢祝也集解顧炎武曰注非也言敢于少賓之前發誓乎事之如神明也古人文簡爾何焯曰祝與呪同指少賓以誓也不直者終無敢言位至侍中以老病乞身帝賜以大夫祿歸鄉里郁字叔異集解沈欽韓曰文選四十六注引東觀記作字幼異性仁孝東觀記曰郁年五歲母病不能食郁常抱持啼哭亦不食母憐之強爲飯宗親共異之因字曰異也集解先謙曰今本東觀記作強爲餐飯欺言已愈□郁視母色未平輒不食宗親共異之及親歿遂隱處山澤後累遷爲魯相集解惠棟曰東觀記郁再徵載病詣公車尚書敕郁自力受拜郁乘輦白衣詣止車門臺遣兩當關扶郁入拜郎中以德教化百姓稱之流人歸者八九千戶逵所著經傳義詁及論難百餘萬言又作詩頌誄書連珠酒令凡九篇集解沈欽韓曰隋志賈逵集一卷梁有二卷學者宗之後世稱爲通儒應劭風俗通義曰授先王之制立當時之事綱紀國體原本要化此通儒也然不修小節當世以此頗譏焉故不至大官永元十三年卒時年七十二朝廷愍惜除兩子爲太子舍人

論曰鄭賈之學行乎數百年中遂爲諸儒宗集解惠棟曰漢晉諸儒稱康成云鄭君稱逵曰賈侍中是爲儒宗也亦徒有以焉爾言賈鄭雖爲儒宗而不爲帝所重故曰亦徒有以焉爾集解先謙曰注非也言鄭賈學顯亦以善讖焉爾桓譚以不善讖流亡鄭興以遜辭僅免賈逵能附會文致最差貴顯賈逵附會文致謂引左氏明漢爲堯後也集解閻若璩曰隋志讖緯篇云賈逵之徒獨非之與此不合蓋隋志不詳考傳中所奏而誤讀張衡疏內侍中賈逵摘讖互異三十餘事諸言讖者皆不能說之文以爲逵首非讖不知逵第摘其互異處並未有所非也世主以此論學悲矣哉言時主不重經而重讖也

張霸字伯饒蜀郡成都人也年數歲而知孝讓集解惠棟曰東觀記有所噉必先讓父母雖出入飲食自然合禮鄉人號爲張曾子七歲通春秋復欲進餘經父母曰汝小未能也霸曰我饒爲之故字曰饒焉饒猶益也集解何若瑤曰上云復欲進餘經既曰復何又曰益饒餘也言爲之有餘力先謙曰猶言優爲之後就長水校尉樊儵受嚴氏公羊春秋遂博覽五經諸生孫林劉固段著等慕之各市宅其傍以就學焉舉孝廉光祿主事稍遷光祿勳之主事也見漢官儀永元中

爲會稽太守表用郡人處士顧奉集解惠棟曰張勃吳錄云奉字季鴻儒林傳云奉受嚴氏春秋于豫章程曾公孫松等奉後爲潁川太守松爲司隸校尉並有名稱其餘有業行者皆見擢用集解惠棟曰案華陽國志霸致達名士奉松而外又有畢海胡母官萬虞先王演李根皆至大位郡中爭厲志節習經者以千數道路但聞誦聲集解惠棟曰益部耆舊傳云霸舉賢士勸教講授一郡慕化但聞誦聲又野無遺寇民語曰城上烏哺父母府中諸吏皆孝子初霸以樊儵刪嚴氏春秋猶多繁辭迺減定爲二十萬言更名張氏學霸始到越賊未解郡界不寧集解惠棟曰益部耆舊傳霸入海捕賊遭疾風晦冥波水涌起士卒驚白霸霸曰無得恐太守奉法追賊必不爲害須臾風靜波止迺移書開購明用信賞賊遂束手歸附不煩士卒之力童謠曰棄我戟集解先謙曰類聚十五引續漢書作棄子戟捐我矛盜賊盡吏皆休視事三年謂掾曰太守起自孤生致位郡守蓋日中則移月滿則虧史記蔡澤之辭也易豐卦曰日中則昃月盈則食也老氏有言知足不辱遂上病後徵四遷爲侍中集解惠棟曰華陽國志霸在郡十年以有道徵拜議郎遷侍中也時皇后兄虎

賁中郎將鄧隲當朝貴盛，聞霸名行，欲與爲交，霸逡巡不答，衆人笑其不識時務。後當爲五更，會疾卒（〔集解〕惠棟曰：華陽國志霸遷侍中，遂受五更尊禮于文學。案漢官儀云三老五更皆取有首妻男女完具，是以國三老袁良碑云羣司以君父子俱列三臺，夫人結髮上爲三老，知結髮爲首妻也。然常璩載霸妻馬氏撫霸前妻子女恩愛若一，則後妻亦得爲五更矣），年七十。遺勑諸子曰：「昔延州使齊，子死嬴博，因坎路側，遂以葬焉（嬴博二縣名，屬泰山郡。禮記曰延陵季子適齊，其長子死於嬴博之間，因葬焉）。今蜀道阻遠，不宜歸塋，可止此葬，足臧髮齒而已。務遵速朽，副我本心。人生一世，但當畏敬於人，若不善加己，直爲受之。」諸子承命，葬於河南梁縣（〔集解〕惠棟曰：華陽國志霸妻馬氏名敬司，霸卒，葬河南，敬司與諸子還蜀。疾病，遺令告諸子曰：「舜葬蒼梧，二妃不從，汝父在梁，吾自在蜀，亦各其志，勿違吾敕。」遂葬蜀），因遂家焉。將作大匠翟酺等與諸門人追錄本行，謚曰憲文（〔集解〕惠棟曰：華陽國志作文父，贊云猗歟文父，叡發幼童，德譖會稽，道崇辟雍）。中子楷。

楷字公超（〔集解〕惠棟曰：孝德傳公超至孝自然，喪親哀毁，每讀詩見素冠棘人，未嘗不掩泗焉），通嚴氏春秋、

古文尚書，門徒常百人。賓客慕之，自父黨夙儒，偕造門焉，車馬塡街，徒從無所止，黃門及貴戚之家，皆起舍巷次，以候過客往來之利。楷疾其如此，輒徙避之。家貧無以爲業，常乘驢車至縣賣藥，足給食者，輒還鄉里。司隸舉茂才，除長陵令，不至官。隱居弘農山中，學者隨之，所居成市，後華陰山南遂有公超市。五府連辟，舉賢良方正，不就（五府，太傅、太尉、司徒、司空、大將軍也。〔集解〕惠棟曰：韋嗣立云古者取士，先鄉曲之譽，然後辟于州，州已試，然後辟五府，五府著聞，乃升諸朝）。漢安元年，順帝特下詔告河南尹曰（〔集解〕惠棟曰：釋名云上敕下曰告。告，覺也，使之覺悟知己意也。獨斷曰詔書者，詔誥也，有三品，其文曰告某官官，如故事，是謂詔書）：「故長陵令張楷行慕原憲，操擬夷齊（原憲，魯人，字子思，孔子弟子，清約守節，貧而學道），輕貴樂賤，竄跡幽藪，高志確然，獨拔羣俗（〔集解〕惠棟曰：一作羣儒）。前此徵命，盤桓未至，將主者翫習於常，優賢不足（〔集解〕惠棟曰：今文尚書云優賢揚歷），使其難進歟？」郡時以禮發遣，楷復告疾不到。性好道術，能作五里霧。時關西人裴優亦能爲三里霧，自以不如楷，從學之，楷避不肯見。桓帝卽位，優遂行霧作賊，事覺被考，引楷言從學術，楷坐繫廷尉詔獄，積二年，恆諷誦經籍，作尚書注。後以事無驗，見原還家。建和三年，詔安車備禮聘之，辭以篤疾不行。年七十，終于家。子陵。

陵字處沖，官至尚書。元嘉中，歲首朝賀，大將軍梁冀帶劍入省，陵呵叱之，令出，勑羽林虎賁奪冀劍。冀跪謝，陵不應，卽劾奏冀，請廷尉論罪，有詔以一歲俸贖，而百僚肅然。初，冀弟不疑爲河南尹（〔集解〕惠棟曰：謝承、袁宏皆以梁胤爲冀弟，冀子別名胡狗。案不疑與胤先後爲河南尹，故衆漢書彼此互異。但東漢二名絕少，或胤卽不疑字也。蔡邕集云商子冀、冀子不疑等皆以罪受戮，是胤字不疑爲一人無疑焉。蘇輿曰：梁商傳遣子冀、不疑與曹節爲交友，冀傳弟侍中不疑爲河南尹，封潁陽侯，子胤襄邑侯。又云冀陰疾不疑，因中常侍白帝轉爲光祿勳，諷衆薦其子胤爲河南尹。是范史以不疑、胤爲二人，明蔡集爲誤），舉陵孝廉。不疑疾陵之奏冀，因謂曰：「昔舉君，適所以自罰也。」陵對曰：「明府不以陵不肖，誤見擢序，今申公憲，以報私恩。」不疑有愧色。弟玄（〔集解〕先謙曰：官本弟上有陵字）。

玄字處虛，沈深有才略，以時亂不仕。司空張溫數以禮辟，不能致。中平二年，溫以車騎將軍出征涼州賊邊章等，將行，玄自田廬被褐帶索，要說溫曰：「天下寇賊雲起，豈不以黃門常侍無道故乎？聞中貴人公卿以下當出祖道於平樂觀，明公總天下威重，握六師之要，若於中坐酒酣，鳴金鼓，整行陣，召軍正執有罪者誅之，引兵還屯都亭，以次翦除中官，解天下之倒懸，報海內之怨毒，然後顯用隱逸忠正之士，則邊章之徒宛轉股掌之上矣。」溫聞大震，不能對，良久謂玄曰：「處虛，非不悅子之言，顧吾不能行，如何！」玄迺歎曰：「事行則爲福，不行則爲賊。今與公長辭矣。」卽仰藥欲飲之。溫前執其手曰：「子忠於我，我不能用，是吾罪也，子何爲當然！且出口入耳之言，誰今知之！」（左傳曰：言出於余口，入於爾耳。〔集解〕先謙曰：今當爲令之誤。文言出於子口，入於我耳，我不言，誰令

他人知之語意自順）玄遂去隱居魯陽山中（山在今汝州南）及董卓秉政聞之辟吕為掾舉侍御史不就卓臨之吕兵不得已強起至輪氏道病終（輪氏縣屬潁川郡故城在今洛州洛陽縣城西南〔集解〕先謙曰今河南府登封縣西）

贊曰中世儒門賈鄭名學眾馳一介爭禮氈幄（一介單使也左傳曰君亦不使一介行李告於寡君氈幄謂匈奴也）升元守經義偏情較（〔集解〕先謙曰官本較作駮）霸貴知止辭交戚里公超善術所舍成市

鄭范陳賈張列傳第二十六終　後漢書三十六

後漢書集解卷三十六校補

鄭興傳興乃西歸隗囂虛心禮請集解劉攽曰案文少一囂字（案興免官當還河南以東道不通故且西依隗囂以避亂隗囂二字既連上西歸為句則虛心禮請上明是另奪一囂字矣如將隗囂二字連下虛心禮請為句則興非西人何得逕云西歸）

而興恥為之屈稱疾不起集解蘇輿曰此疑非事實（至）而史仍之耳（案後文興對囂言吕將軍僚舊故敢歸身明德緣興前拜涼州刺史囂為西州將軍同僚有舊故云僚舊乃引囂為己僚舊並未自承為囂僚屬刺史主一州亦非州將屬也囂傳更始敗三輔耆老士大夫皆奔歸囂囂素謙恭愛士傾身引接為布衣交興之歸囂在免官後已無所屬囂之禮請非不欲任以職事興既不屈則亦仍為客但受其禮秩聽其致館授餐而已故杜林之薦興謂興執義堅固也如謂歸囂即臣事囂是伯夷太公之歸文王非因其善養老矣蘇說殊誤）

春秋傳云（官本云作曰）

將軍據七郡之地注七郡（至）金城（官本句末有也字）

時建武六年也（柳從辰曰光武紀囂子恂入侍見建武五年十二月蓋興時未克與恂偕故次年乃得行）

有公孫僑觀射父之德注對昭王以重黎羲和事見國語（官本注事上有之字）

道路流言咸曰朝廷若用功臣（錢大昭曰若疑當作欲案通鑑即作欲）

左轉蓮勺令注故城在今同州下邳縣東北（官本下邳作下邽是）

子安世亦傳家業為長樂未央廄令注續志廄令一人秩六百石（案來歙傳亦作長樂未央廄令鄭安世注引續漢志作未央廄令一人長樂廄令一人今詳續志則未央為廄令長樂為廄丞蓋是時安世實兼兩官故通稱令而章懷兩注皆言之未審也）

范升傳升集解惠棟曰論衡及東觀記皆作叔疑傳寫誤也（柳從辰曰論衡作陳元范叔見案書篇東觀記則今聚珍本亦作范升又書鈔七十七引華嶠書作范升御覽二百三十六引華嶠書又作范叔）

陳元傳字長孫集解汪文臺曰御覽二百三十六引華嶠書云字襄孫（柳從辰曰御覽二百三十六無此文書鈔六十七引華嶠書有之）

蒼梧廣信人也注廣信故城在今梧州蒼梧縣今梧州府蒼梧縣治有詔詔太子受公羊不得受穀梁集解劉攽曰有詔詔太子案文多一詔字案上詔字指詔書下詔字謂詔告文義亦各有當不得爲多

賈逵傳又受古文尚書於塗惲注風俗通曰至惲字子眞惲原皆作憚據前書儒林傳改南監本官本亦均作惲

吕問臨邑侯詡復注臨邑東郡縣也今濟南府臨邑縣北三十五里

無人事於外注無人事謂不廣交通也案章懷原上逵不通人間事爲說此逵爲兒童在太學時事耳此云無人事於外猶言無生事在外也拾遺記逵門徒來學不遠萬里贈獻者積粟盈倉世謂舌耕此逵之生事也自爲郎校中秘書應對左右又奉令選高才生敎以左氏不復能接外之門徒而生事自絀孟子言人事之不齊亦謂未能盡力於耕也若以廣交通取給於人爲人事於說多滯

詔令撰歐陽大小夏侯尚書古文同異集解惠棟曰至心腹腎腸曰憂腎陽案惠述孔穎達一條卽見孔氏尚書疏虞書下阮氏挍勘記引孫志祖云憂腎陽乃優賢揚之譌優賢揚歷語見魏志管甯傳及左思魏都賦又隸釋載漢成陽令唐扶頌亦有優賢颺歷之文今觀管甯傳裴松之注明云今文尚書曰優賢揚歷魏都賦劉淵林注並云尚書盤庚曰優賢揚歷故知憂腎陽確爲誤文而今文乃連歷字作句也

爲千乘王國郎注千乘王伉宣帝子也官本注宣作章是

又作詩頌誄書連珠酒令侯康曰類聚五十七引傅元連珠序謂連珠興於漢章帝之世班固賈逵傅毅三子受詔作之又云賈逵儒而不豔而劉勰文心則云楊雄覃思文闍業深綜述碎文璅語肇爲連珠以下擬者間出杜篤賈逵之曹劉珍潘勗之輩欲穿明珠多貫魚目據此則連珠不始於賈逵等也

張霸傳老氏有言官本氏作子

後當爲五更會疾卒集解惠棟曰華陽國志霸遷侍中遂受五更尊禮於文學柳從辰曰華陽國志注云文當作太案志謂已受五更尊禮與傳說不合

諸子承命葬於河南梁縣集解惠棟曰華陽國志至三妃不從柳從辰曰今志三作二據孔穎達檀弓正義引帝王世紀三妃謂長妃娥皇次妃女英癸比也作二非案志言霸妻敬司與諸子皆還蜀亦與本傳後文及楷傳說不合

中子楷柳從辰曰據華陽國志霸四子前妻生三男敬司產一男名光超是中子楷乃霸前妻子

至輪氏輪續志同前志作綸

桓榮丁鴻列傳第二十七　後漢書三十七

宋　宣城　太守范曄撰

唐　章懷　太子賢注

王先謙集解

桓榮字春卿【集解】汪文臺曰書鈔云字子春沛郡龍亢人也續漢志曰榮本齊人遷于龍亢至榮六葉東觀記曰榮本齊桓公後也桓公作伯支庶用其謚立族命氏焉【集解】沈欽韓曰懷遠縣志龍亢今縣西北七十五里俗名柴王城少學長安習歐陽尚書事博士九江朱普朱普字公文受業於平當爲博士徒眾尤盛見前書【集解】惠棟曰東觀記云榮事九江朱文郎普字見經典序錄先謙曰今本東觀記作朱文剛貧窶無資字林曰窶空也常客傭以自給精力不倦十五年不窺家園至王莽篡位迺歸會朱普卒榮奔喪九江負土成墳因留教授徒眾數百人莽敗天下亂榮抱其經書與弟子逃匿山谷雖常飢困而講論不輟後復客授江淮閒建武十九年年六十餘始辟大司徒府【集解】洪亮吉曰時大司徒戴涉時顯宗始立爲皇太子選求明經迺擢榮弟子豫章何湯爲虎賁中郎將以尚書授太子世祖從容問湯從音七容反本師爲誰湯對曰事沛國桓榮帝卽召榮令說尚書甚善之謝承書曰何湯字仲弓豫章南昌人也榮門徒常四百餘人湯爲高弟以才明知名榮年四十無子湯乃去榮妻爲更娶生三子榮甚重之後拜郎中守開陽門候上微行夜還湯閉門不納更從中東門入明旦召詣大官賜食諸門候皆奪俸建武十六年夏旱公卿皆暴露請雨洛陽令著車蓋出門湯將衛士鉤令車收案有詔免令官拜湯虎賁中郎將上嘗歎曰糾糾武夫公侯干城何湯之謂也湯以明經當授太子推薦榮榮拜五更封關內侯榮嘗言曰此皆何仲弓之力也【集解】周壽昌曰漢法以無子出妻爲常律若在後世駭人聽聞矣又漢時頗多夫婦之獄如馮衍兩出其妻黃允附貴出妻范升爲出妻所控被繫幾困於獄殆一時風氣使然榮之出妻或別有不得已非但以無子也先謙曰官本注當作嘗拜爲議郎賜錢十萬入使授太子【集解】劉攽曰案文入使當作使人先謙曰書鈔五十六引續漢書正作使入授太子每朝會輒令榮於公卿前敷奏經書【集解】先謙曰書鈔五十六引續漢書云上輒令榮於公卿前說經因問長安時舊事帝稱善曰得生幾晚會歐陽博士缺帝欲用榮榮叩頭讓曰臣經術淺薄不如同門生郎中彭

閎揚州從事皋弘帝曰俞往汝諧續漢書曰閎字作明俞然也然其所舉敕令往言汝能和諧此官謝承書曰皋弘字奉卿吳郡人也家代爲冠族少有英才與桓榮相善子徽至司徒長史也因拜榮爲博士引閎弘爲議郎車駕幸太學會諸博士論難於前榮被服儒衣溫恭有蘊藉蘊藉猶言寬博有餘也蘊音於問切【集解】先謙曰官本切作反辯明經義每以禮讓相厭不以辭長勝人儒者莫之及厭服也音一葉反特加賞賜又詔諸生雅吹擊磬盡日迺罷吹管奏雅頌也後榮入會庭中詔賜奇果受者皆懷之榮獨舉手捧之以拜帝笑指之曰此眞儒生也以是愈見敬厚常令止宿太子宮【集解】惠棟曰抱朴子云明帝在東宮從榮受孝經積五年榮薦門下生九江胡憲侍講迺聽得出旦一入而已榮嘗寢病太子朝夕遣中傅問病賜以珍羞帷帳奴婢謂曰如有不諱無憂家室也不諱謂死也死者人之常故言不諱也後病愈復入侍講二十八年大會百官詔問誰可傅太子者羣臣承望上意皆言太子舅執金吾原鹿侯陰識可言可任也博士張佚正色曰今陛下立太子爲陰氏乎爲天下乎卽爲陰氏則陰侯可爲天下則固宜用天下之賢才帝稱善曰欲置傅者以輔太子也今博士不難正朕況太子乎卽拜佚爲太子太傅而以榮爲少傅賜以輜車乘馬榮大會諸生陳其車馬印綬曰今日所蒙稽古之力也可不勉哉榮以太子經學成畢上疏謝曰臣幸得侍帷幄執經連年而智學淺短無以補益萬分今皇太子以聰叡之姿通明經義觀覽古今儲君副主莫能專精博學若此者也斯誠國家福祐天下幸甚臣師道已盡皆在太子謹使掾臣汜再拜歸道續漢書曰三公東西曹掾四百石餘掾比二百石歸猶謝也太子報書曰莊以童蒙學道九載而典訓不明無所曉識夫五經廣大聖言幽遠非天下之至精豈能與於此此上二句周易之繫辭與音預況以不才敢承誨命昔之先師謝弟子者有矣上則通達經旨分明章句前書丁寬受學於田何學成何謝寬寬東歸何謂門人曰易東

矣是先師謝弟子下則去家慕鄉求謝師門韓詩外傳曰孔子行見皐魚哭孔子曰子非有喪何哭悲也皐魚曰吾少而好學周流諸侯以沒吾親樹欲靜而風不止子欲養而親不待往而不可追者年也去而不見者親也孔子曰弟子識之於是門人辭歸者十有三也今蒙下列集解先謙曰言在弟子之列不敢有辭願君愼疾加餐重愛玉體史記曰伏闇太后玉體不安君子於玉比德故以言也三十年拜爲太常榮初遭倉卒與族人桓元卿同飢厄而榮講誦不息集解惠棟曰東觀記云與元卿俱捃拾投間輒誦詩元卿嗤榮曰但自苦氣力何時復施用乎榮笑不應及爲太常元卿歎曰我農家子豈意學之爲利迺若是哉東觀漢記曰榮爲太常元卿來候榮榮諸弟子謂曰平生笑盡氣力今何如元卿曰我安能知此哉顯宗卽位尊㠯師禮甚見親重拜二子爲郞榮年踰八十自㠯衰老數上書乞身輒加賞賜乘輿嘗幸太常府令榮坐東南集解先謙曰官本南作面是設几杖會百官驃騎將軍東平王蒼㠯下及榮門生數百人天子親自執業集解通鑑胡注執業猶執經也汪文臺曰初學記十二引華嶠書作執經每言輒曰太師在是東觀記曰時執經生避位發難上謙曰太師在是也旣罷悉㠯大官供具賜太常家其恩禮若此永平二年三雍初成拜榮爲五更三雍宮也謂明堂靈臺辟雍前書音義曰皆叶天人雍和之氣爲之故謂三雍五更解見明紀每大射養老禮畢帝輒引榮及弟子升堂執經自爲下說下說謂下語而講說之也迺封榮爲關內侯集解通鑑考異帝紀載詔文上言李躬而下獨封榮似脫躬字榮傳袁紀詔獨言桓榮不及李躬今闕疑食邑五千戶東觀記曰榮以尚書授朕十有餘年詩云日就月將示我顯德行迺封之集解沈欽韓曰東觀記作五百戶爲是先謙曰東觀記云後以五更祿終其身榮每疾病帝輒遣使者存問太官大醫相望於道集解先謙曰官本作大官太醫是及篤上疏謝恩讓還爵土帝幸其家問起居入街下車擁經而前集解沈欽韓曰宋書禮志國子太學生執一卷以代手版蓋明帝以弟子自處撫榮垂涕賜㠯牀茵帷帳刀劍衣被良久迺去自是諸侯將軍大夫問疾者不敢復乘車到門皆拜牀下榮卒帝親自變服臨喪送葬賜冢塋於首山之陽首陽山在今偃師縣西北也除兄子二人補四百石都講生八人補二百石其餘門徒多至公卿華嶠書曰榮弟子丁

鴻學最高子郁嗣華嶠書曰榮長子雍早卒少子郁嗣

論曰張佚訐切陰侯㠯取高位危言犯衆義動明后知其直有餘也若夫一言納賞志士爲之懷恥秦兵圍趙時魯仲連在趙因說令退兵平原君趙勝乃以千金爲仲連壽連笑曰所貴於天下之士者能排患解紛而無取也卽有取者是商賈之事而連不忍爲也遂去終身不復見史記集解先謙曰官本注下記下俱有也字受爵不讓風人所㠯興歌詩小雅角弓篇曰受爵不讓至於己斯亡風人猶詩人也而佚廷議爭援自居全德佚諫云當用天下之賢才而乃自當其任故曰自居全德全德言無玷缺也莊子曰是謂全德意者㠯廉不足乎昔樂羊食子有功見疑西巴放麑㠯罪作傅並解見吳漢傳集解黃山曰注誤乃見公孫述傳蓋推仁審僞本乎其情君人者能㠯此察則眞邪幾於辨矣幾近也鉅依反集解先謙曰眞蓋貞之誤

郁字仲恩少㠯父任爲郞敦厚篤學傳父業㠯尙書教授門徒常數百人榮卒郁當襲爵上書讓於兄子汎集解惠棟曰袁宏紀上書讓孤兄子又東觀記孤兄子一人學方起當是雍之子顯宗不許不得已受封悉㠯租入與之帝㠯郁

先師子有禮讓甚見親厚常居中論經書問㠯政事稍遷侍中東觀記曰永平十四年爲議郞遷侍中也帝自制五家要說章句令郁校定於宣明殿華嶠書曰帝自制五行章句此言五家卽謂五行之家也宣明殿在德陽殿後東觀記曰上謂郁曰卿經及先師致復文雅其冬上親於辟雍自講所制五行章句已復令郁說一篇上謂郁曰我爲孔子卿爲子夏起予者商也又問郁曰子幾人能傳學郁曰臣子皆未能傳學孤兄子一人學方起上曰努力教之有起者卽白之集解沈欽韓曰五家謂歐陽林尊平當朱普桓榮也華書作五行似專言洪範五行蓋非㠯侍中監虎賁中郞將集解劉攽曰案漢無監虎賁官蓋是兼字與丁鴻同也永平十五年入授皇太子經遷越騎校尉詔敕太子諸王各奉賀致禮郁數進忠言多見納錄東觀記曰皇太子賜郁鞍馬刀劍郁乃上疏皇太子曰伏見太子體性自然包含今古謙謙允恭天下共見郁父子受恩無以明益夙夜慙懼誠思自竭愚以爲太子上當合聖心下當卓絕於衆宜思遠慮以光朝廷肅宗卽位郁㠯母憂乞身詔聽㠯侍中行服華嶠書曰郁上書乞身天子憂之有詔公卿議議者皆以郁身爲名儒學者之家可許之於是詔郁以侍中行服也建初二年遷屯騎校尉和帝卽位富於春秋侍中竇憲自㠯外戚之重欲令少主頗涉經學上

疏皇太后曰：禮記云天下之命懸於天子，天子之善成乎所習，習與智長則切而不勤，集解沈欽韓曰大戴禮保傅篇作切而不攘賈誼傳及新書作切而不媿化與心成則中道若性。昔成王幼小，越在襁保，周公在前，史佚在後，太公在左，召公在右。中立聽朝，四聖維之，是以慮無遺計，舉無過事。自禮記以下至此以上皆大戴禮之文也切而不勤謂習與智長則常自切厲而不須勤敕若性猶自然也襁縮也保小兒被也保當作褓古字通也史佚成王時史官名佚賢者也維持也遺失也孝昭皇帝八歲即位，大臣輔政，亦選名儒韋賢、蔡義、夏侯勝等入授於前，平成聖德。韋賢字長孺魯國鄒人治魯詩蔡義河內溫人也爲韓詩給事中也夏侯勝魯人也字長公治歐陽尚書並見前書近建初元年，張酺、魏應、召訓亦講禁中。酺等並自有傳集解惠棟曰本傳作駰徐廣云駰古訓字臣伏惟皇帝陛下躬天然之資，集解惠棟曰桓譚新論云聖人天然之姿所以絕人遠者也先謙曰官本資作姿宜漸教學，而獨對左右小臣，未聞典義。昔五更桓榮親爲帝師，子郁結髮敦尚，繼傳父業，故再以校尉入授先帝，父子給事禁省，更歷四世。今白

首好禮經，行篤備，又宗正劉方，宗室之表，善爲詩經，集解錢大昕曰方平原人范史無傳攷章帝元和二年詔書稱襄城令劉方則其時方尚爲縣令至永元四年由宗正拜司空首尾裁八年爾頗怪其遷轉之驟今觀竇憲疏乃知方以宗室通經術故有不次之擢也先帝所襃，宜令郁、方並入教授，以崇本朝，光示大化。」由是遷長樂少府，復入侍講。頃之，轉爲侍中奉車都尉。集解惠棟曰東觀記永元二年西謁園陵郁兼羽林中郎將上賜馬二匹并鞍勒防汗永元四年，代丁鴻爲太常。明年，病卒。郁教授二帝，恩寵甚篤，賞賜前後數百千萬，顯於當世。門人楊震、朱寵，皆至三公。鄧騭傳曰朱寵字仲威京兆人也篤行好學從桓榮授尚書位至太尉

初，榮受朱普學章句四十萬言，浮辭繁長，多過其實。長音直亮反及榮入授顯宗，減爲二十三萬言。郁復刪省定成十二萬言。由是有桓君大小太常章句。集解洪頤煊曰伏恭傳初父黯章句繁多恭迺減省浮詞定爲二十萬言張奐傳初牟氏章句浮詞繁多有四十五萬餘言奐減爲九萬言諸儒章句惟趙岐孟子章指傳於今數衍文義其大指如今之鄉塾講章荅當時博士傳習設科射策利祿所在士爭趨之通儒不之覽焉蘇輿曰時承前漢家法謹嚴之後即文字增減亦別自爲學如榮減普章句即不爲朱氏學郁省榮章句即不爲大桓君學樊儵刪嚴氏春秋號樊侯學張氏爲儵弟子復爲減定更名張氏學亦其例也

子普嗣，傳爵至曾孫。郁中子焉，能世傳其家學。華嶠書曰郁六子普延焉俊鄷良普嗣侯傳國至曾孫絕鄷良子孫皆博學有才能孫鸞，曾孫彬，並知名。

焉字叔元，少以父任爲郎。明經篤行，有名稱。永初元年，入授安帝，三遷爲侍中步兵校尉。永寧中，順帝立爲皇太子，以焉爲太子少傅，月餘，遷太傅，以母憂自乞，聽以大夫行喪。踰年，詔使者賜牛酒奪服，集解沈欽韓曰後世所謂奪情皇甫謐碑尋詔奪情復其舊任趙昇朝野類要云已解官持服而朝廷特再推用者名起復起復即奪情也今人以禫後即吉爲起復者誤即拜光祿大夫，遷太常。時廢皇太子爲濟陰王，焉與太僕來歷、廷尉張皓諫，不能得，事已具來歷傳。順帝即位，拜太傅，與太尉朱寵並錄尚書事。焉復入授經禁中，因謙見建言，宜引三公、尚書入省事。省猶視也集解惠棟曰周禮內史職云凡四方之事內史讀之鄭康成云若今尚書入省事賈公彥云漢法奏事讀之故舉以況之也帝從之。以焉前廷議守正，封陽平

侯，集解先謙曰今東昌府莘縣治固讓不受。視事三年，坐辟召禁錮者爲吏免。復拜光祿大夫。陽嘉二年，代來歷爲大鴻臚。數日，遷爲太常。永和五年，代王龔爲太尉。漢安元年，以日食免。明年，卒於家。弟子傳業者數百人，黃瓊、楊賜最爲顯貴。焉孫典。華嶠書曰焉長子衡早卒中子順順子典

典字公雅，復傳其家業，華嶠書曰典十二喪父母事叔母如事親立廉操不取於人門生故吏問遺一無所受也以尚書教授潁川，門徒數百人。舉孝廉爲郎。居無幾，會國相王吉以罪被誅，沛相故人親戚莫敢至者。典獨棄官收斂歸葬，服喪三年，負土成墳，爲立祠堂，盡禮而去。辟司徒袁隗府，舉高第，拜侍御史。是時宦官秉權，典執政無所回避。集解劉攽曰案典爲御史非執政者政當作正常乘驄馬，京師畏憚，爲之語曰：「行行且止，避驄馬御史。」及黃巾賊起，滎陽典奉使督軍。賊破，還，以牾宦官賞不行。在御史七年不調，華嶠書作十年後出爲郎。靈帝崩，大將軍何進秉政，典與同謀議，三遷羽林中

郎將華嶠書曰遷平津都尉鉤盾令羽林中郎將也集解劉攽曰案平津非郡何得有都尉蓋是平準令誤準爲津因轉令爲都尉也典又爲鉤盾令故知其必是中都官也陳景雲曰靈帝中平元年因黃巾之變特置八關都尉官平津其一也見帝紀注劉說非獻帝即位三公奏典前與何進謀誅閹宦功雖不遂忠義炳著詔拜家一人爲郎賜錢二十萬從西入關拜御史中丞賜爵關內侯車駕都許遷光祿勳建安六年卒於官集解先謙曰官本無於字

鸞字始春焉弟子也東觀記曰鸞父良龍舒侯相也少立操行縕袍糟食不求盈餘東觀記曰鸞貞亮之性著乎幼沖學覽六經莫不貫綜推財孤寡分賄友朋泰於待賢狹於養己常著大布縕袍糲食醋餐也集解沈欽韓曰糟食蓋苦食也文苑英華符載謝李巽書糟心服道亦與糟食義同㠯世濁州郡多非其人耻不肯仕年四十餘時太守向苗有名迹集解惠棟曰孫愐云向姓出河內本自殷宋桓公支子向父肸肸孫戌以王父字爲氏迺舉鸞孝廉遷爲膠東令始到官而苗卒鸞即去職奔喪終三年然後歸淮汝之間高其義後爲已吾汲二縣令東觀記曰除陳留已吾長旬月間遷河內汲令集解沈欽韓曰已吾今歸德府甯陵縣西南甚有名迹諸公並

薦復徵辟拜議郎集解劉攽曰案徵則上徵之辟則諸府辟之議郎當云徵而已明多辟字上陳五事舉賢才審授用黜佞倖省苑囿息役賦書奏御悟內豎故不省㠯病免中平元年年七十七卒於家子曄

曄字文林一名嚴東觀記嚴作儼集解沈欽韓曰水經注沛國桓儼避地會稽聞陳業履行高潔往候不見儼後浮海南入交州臨去遺書與業不因行李繫白樓柱而去尤修志介集解先謙曰志介猶言志節姑爲司空楊賜夫人初鸞卒姑歸寧赴哀將至止於傳舍整飾從者而後入曄心非之及姑勞問終無所言號哭而已賜遣吏奉祠因縣發取祠具曄拒不受後每至京師未嘗舍宿楊氏其貞忮若此忮堅也賓客從者皆秪其志行集解汪文臺曰文選曹植求通親親表注引謝承書云桓儼鄙營氣類經緯士人任昉王文憲集序注同先謙曰官本秪作祇是一餐不受於人仕爲郡功曹後舉孝廉有道方正茂才三公並辟皆不應初平中天下亂避地會稽遂浮海客交阯東觀記曰儼到吳郡揚州刺史劉繇振給穀食衣服所乏者悉不受後東適會稽住止山陰縣故魯相鍾離意舍太守王朗餉給糧食布帛牛羊一無所當臨去之際屋中尺寸之物悉疏付主人纖微不漏移居揚州從事屈豫室中中庭橘樹一株遇實熟乃以竹藩樹四面風吹落兩實以繩繫著樹枝每當危亡之急其志彌固賓客從者皆肅其行也集解沈欽韓曰注屈豫室中謝承書云罷鄮縣居之越人化其節至閭里不爭訟爲凶人所誣遂死于合浦獄

彬字彥林焉之兄孫也父麟集解沈欽韓曰麟一作驎見天中記文士傳字元鳳早有才惠華嶠書曰鄭生麟也集解惠棟曰文士傳云驎伯父焉爲太尉驎年十二在坐焉告客曰此吾弟子有異才殊能作詩賦客乃爲詩曰甘羅十二揚烏九齡昔有二子今則桓生驎即應聲答曰邈矣甘羅超等絕倫伊彼楊烏命世稱賢嗟予蠢弱殊才偉年仰慙二子俯愧過言桓帝初爲議郎入侍講禁中㠯直道忤左右出爲許令許縣名今許州許昌縣也病免會母終麟不勝喪未祥而卒年四十一所著碑誄讚說書凡二十一篇案摯虞文章志麟文見在者十八篇有碑九首誄七首七說一首沛相郭府君書一首集解沈欽韓曰舊唐志桓麟集二卷文心雕龍雜文篇自桓麟七說以下左思七諷以上枝附景從十有餘家御覽八百五十引桓麟七說曰香其爲飯雜以粳菰散如細蚔摶如凝膚北堂書鈔亦多引桓麟七說彬少與蔡邕齊名初

舉孝廉拜尚書郎時中常侍曹節女壻馮方亦爲郎彬厲志操與左丞劉歆右丞杜希同好交善未嘗與方共酒食之會方深怨之遂章言彬等爲酒黨事下尚書令劉猛猛雅善彬等不舉正其事節大怒劾奏猛㠯爲阿黨請收下詔獄在朝爲之寒心猛意氣自若旬日得出免官禁錮彬遂㠯廢光和元年卒於家年四十六諸儒莫不傷之所著七說集解沈欽韓曰七說乃麟所作已見上御覽五百九十引傅玄七林序曰枚乘作七發傅毅劉廣崔駰李尤桓麟崔琦劉梁桓彬之徒承流而作者紛焉七激傅毅七依崔駰七說桓麟七蠲崔琦爲鄙七舉劉梁七誤之應譏之篇案彬所作蓋七謨也北堂書鈔七謨是傅玄作然玄自序作七林書鈔誤及書凡三篇蔡邕等共論序其志僉㠯爲彬有過人者四夙智早成岐嶷也夙早也岐行貌也嶷然有所識也詩曰克岐克嶷也集解劉攽曰案蔡邕本以早成爲一德傳寫之誤反以岐嶷在下當云夙智岐嶷早成也學優文麗至通也仕不苟祿絕高也辭隆從窊絜操也窊下也音烏瓜反迺共樹碑而頌焉劉猛琅邪人桓帝時爲宗正直道不容自免歸家靈帝即位

太傅陳蕃大將軍竇武輔政復徵用之

論曰伏氏自東西京相襲爲名儒㠯取爵位謂伏生已後至伏湛也中興而桓氏尤盛自榮至典世宗其道父子兄弟代作帝師受其業者皆至卿相顯乎當世孔子曰古之學者爲己今之學者爲人論語云也爲人者憑譽㠯顯物爲己者因心㠯會道桓榮之累世見宗豈其爲己乎

丁鴻字孝公〔集解〕先謙曰李善文選注作字季公潁川定陵人也父綝字幼春王莽末守潁陽尉世祖略地潁陽潁陽城守不下綝說其宰遂與俱降世祖大喜厚加賞勞㠯綝爲偏將軍因從征伐綝將兵先度河移檄郡國攻營略地下河南陳留潁川二十一縣建武元年拜河南太守及封功臣帝令各言所樂諸將皆占豐邑美縣唯綝願封本鄉或謂綝曰人皆欲縣子獨求鄉何也綝曰昔孫叔敖敕其子受

封必求墝埆之地孫叔敖楚相也墝埆瘠薄之地叔敖將死戒其子曰王封汝必無居地利也楚越之間有寢丘者甚惡可長有以食也事見呂氏春秋〔集解〕先謙曰官本地利作利地是無事字末有也字今綝能薄功微得鄉亭厚矣帝從之封定陵新安鄉侯食邑五千戶後徙封陵陽侯〔集解〕沈欽韓曰今池州府石埭縣東鴻年十三從桓榮受歐陽尚書三年而明章句善論難爲都講遂篤志精銳布衣荷擔不遠千里初綝從世祖征伐鴻獨與弟盛居憐盛幼小而共寒苦及綝卒鴻當襲封上書讓國於盛不報既葬迺挂縗絰於冢廬而逃去留書與盛曰鴻貪經書不顧恩義弱而隨師弱少也生不供養死不飯唅〔集解〕王補曰戰國策鄒魯之臣生則不得事養死則不得飯含然且欲行天子之禮於鄒魯之臣不果納皇天先祖竝不祐助身被大病不任茅土任堪也〔集解〕王補曰袁宏紀作身被大病上不任爲蕃輔下不能守土前上疾狀願辭爵仲公仲公盛之字也章寢不報迫且當襲封謹自放棄逐求良醫如遂不瘳永歸溝壑鴻初與九江人鮑駿〔集解〕惠棟曰袁宏紀作俊同事桓榮甚相友善及鴻亡封與駿遇於東海陽狂不識駿駿迺止而讓之曰昔伯夷吳札亂世權行故得申其志耳伯夷孤竹君之子讓其弟叔齊餓死于首陽之山吳札吳王壽夢之季子也諸兄欲讓其國季子乃舍其室而耕皆是權時所行非常之道也伯夷當紂時吳札當周之末故言亂也春秋之義不㠯家事廢王事春秋衞靈公卒孫輒立父蒯聵與輒爭國公羊傳曰輒者曷爲蒯聵之子然則曷爲不立蒯聵而立輒蒯聵無道靈公逐之而立輒然則輒之義可以立乎曰可不以父命辭於王命不以家事辭於王事故駿引以爲言也今子㠯兄弟私恩而絕父不滅之基可謂智乎鴻感悟垂涕歎息迺還就國開門教授鮑駿亦上書言鴻經學至行顯宗甚賢之續漢書載駿書曰臣聞武王克殷封比干之墓表商容之閭二人無功下車先封之表善顯仁爲國之砥礪也伏見丁鴻經明行修志節清妙由是上賢之也永平十年詔徵鴻至卽召見說文侯之命篇周平王東遷洛邑晉文侯仇有輔佐之功平王賜以車馬弓矢而策命之因以名篇事見尚書也賜御衣及綬稟食公車稟給也公車署名公車所在因以名諸待詔者皆居以待命故令給食焉與博士同禮頃之拜侍中十三年兼射聲校尉建初四年徙封魯陽鄉侯東觀記曰魯陽鄉在尋陽郡也〔集解〕

先謙曰官本注郡作部王會汾云案傳言鄉侯明非南陽郡之魯陽邑故注引東觀記以證之尋陽屬廬江郡而昧者或改此注部字爲郡字兩漢何嘗有尋陽郡耶洪亮吉云案尋陽郡晉惠帝永興元年始立漢時止有尋陽縣屬廬江郡此郡字蓋縣字之誤尋陽縣蓋別有魯陽鄉與屬南陽郡之魯陽不同故下記又云以廬郡爲六安國故又徙封馬亭洪頤煊云馬亭在尋陽見郡國志補注其地與魯陽相近肅宗詔鴻與廣平王羨及諸儒樓望成封桓郁賈逵等論定五經同異於北宮白虎觀廣平王羨明帝子也東觀記曰與太常樓望少府成封屯騎校尉桓郁衞士令賈逵等集議也白虎門名於門立觀因以名之焉〔集解〕惠棟曰初學記江徵陳留志云望字次子雍邱人也少受春秋于少府丁子然以節操稱故有傳使五官中郎將魏應主承制問難侍中淳于恭奏上帝親稱制臨決鴻㠯才高論難最明諸儒稱之帝數嗟美焉時人歎曰殿中無雙丁孝公東觀記曰上歎嗟其才號之曰殿中無雙丁孝公賜錢二十萬續漢書亦同而此書獨作時人歎也受賞賜擢徙校書〔集解〕劉攽曰案漢校書者郎官而已鴻已爲二千石不當以校書爲擢徙也明衍校書二字惠棟曰案如劉說則擢徙二字無所附麗或作尚書遂代成封爲少府門下由是益盛遠方至者數千人彭城劉愷北海巴茂九江朱倀皆至公

鄉元和三年徙封馬亭鄉侯東觀記曰元和二年車駕東巡狩鴻以少府從上奏曰臣聞古之帝王統治天下五載巡狩至于岱宗柴祭于天望秩山川協時月正日同斗斛權衡使人不爭陛下尊履蒸蒸奉承弘業祀五帝於明堂配以光武二祖四宗咸有告祀瞻望太山嘉澤降澍柴祭之日白氣上升與燎煙合黃鵠羣翔所謂神人以和答響之休符也上善焉又曰以廬郡爲六安國所以徙封爲馬亭侯集解官本考證曰注以廬江郡爲六安國監本脫江字今照宋本增惠棟曰孝明八王傳彭城王恭以元和二年徙封六安王以廬江郡爲國也和帝即位遷太常永元四年代袁安爲司徒是時竇太后臨政憲兄弟各擅威權鴻因日食上封事曰臣聞日者陽精守實不虧君之象也月者陰精盈毀有常臣之表也故日食者臣乘君陰陵陽月滿不虧下驕盈也集解惠棟曰釋名云日實也光明盛實也月缺也滿則缺也昔周室衰季皇甫之屬專權於外黨類彊盛侵奪主埶則日月薄食周室衰謂幽王時也皇甫即幽王后之黨也詩小雅曰皇甫卿士番維司徒家伯維宰仲允膳夫其類非一故言之屬也集解先謙曰官本家宰依毛改故詩曰十月之交朔日辛卯日有食之亦孔之醜十月之交詩小雅篇名也孔甚也醜惡也周之十月夏之八月也八月朔日月交而日食陰侵陽臣侵君

之象也日辰之義日爲君辰爲臣辛金也卯木也又以卯侵金故甚惡也集解惠棟曰蔣杲云案日當改作月坊本訟訛已久不可不正春秋日食三十六弒君三十二變不空生各以類應夫威柄不以放下利器不以假人劉向上書云弒君三十六今據春秋與劉向同而東觀及續漢范氏諸本皆云三十二蓋誤也威柄謂周禮之八柄即爵祿生置予奪廢誅也利器謂國之權埶假借也左傳曰唯器與名不可以假人集解惠棟曰老子云國之利器不可以示人東觀記云夫帝王不以重器假人覽觀往古近察漢興傾危之禍靡不由之是以三桓專魯田氏擅齊六卿分晉諸呂握權統嗣幾移哀平之末廟不血食三桓謂季孫氏叔孫氏仲孫氏三家皆出自魯桓公故言三桓並專權魯國至魯昭公遂爲季氏所逐平子乃攝行君事田氏陳敬仲之後因自陳奔齊改爲田氏遂執齊政至田和乃篡齊六卿謂晉之智氏中行氏范氏韓氏趙氏魏氏並專晉政韓趙魏卒三分晉國也諸呂謂呂產呂祿也產領南軍祿領北軍謀危劉氏故曰統嗣幾移集解王補曰袁宏紀此下有此皆失其權柄以勢假人者也故雖有周公之親而無其德不得行其埶也言親賢兼重方可執政孟子曰有伊尹之心則可無伊尹之心則篡也今大將軍雖欲敕身自約不敢僭差然而天下遠近皆惶怖承旨刺史二千石初除謁辭集解

通鑑胡注初除而謁之官則辭求通者求通名也待報者得謁與不得謁得辭與不得辭皆待報也惠棟曰初除謁辭于大將軍然後之官也胡氏以爲初除則謁之官則辭殊爲費解王補曰觀下文雖奉符璽受臺敕不敢便去畢竟以胡注爲長求通待報雖奉符璽受臺敕集解通鑑胡注初除者詣尚書臺受敕不敢便去久者至數十日集解惠棟曰案漢制長史初除詔書治嚴冀州諸郡不過五日唯尚書郎一月所以優之也背王室向私門此迺上威損下權盛也人道悖於下效驗見於天雖有隱謀集解王補曰袁宏紀作雖欲隱諱神照其情垂象見戒以告人君間者月滿先節過望不虧易曰天垂象見吉凶故言見戒也月滿先節謂未及望而滿也東觀記亦云作先節俗本作失節字之誤也此臣驕溢背君專功獨行也陛下未深覺悟故天重見戒誠宜畏懼以防其禍詩云敬天之怒不敢戲豫詩大雅也雷電震耀天怒也戲豫猶逸豫也不敢自逸所以敬天也若敕政責躬杜漸防萌則凶妖銷滅害除福湊矣夫壞崖破巖之水源自涓涓干雲蔽日之木起於蔥青禁微則易救末者難人莫不忽於微細以致其大恩不忍誨義不忍割去事之後未然之明鏡也集解通鑑胡注言禍伏於既微人多忽之及發見之後昭昭而不可掩是爲未然之明鏡

臣愚以爲左官外附之臣前書左官附益阿黨之法設左官者人道尚右舍天子而事諸侯爲左官外附謂背正法而附私家依託權門傾覆諂諛以求容媚者宜行一切之誅間者大將軍再出威振州郡莫不賦斂吏人遣使貢獻大將軍雖不受而物不還主部署之吏無所畏憚縱行非法不伏罪辜故海內貪猾競爲姦吏小民吁嗟怨氣滿腹臣聞天不可以不剛不剛則三光不明三光日月星也天道尚剛周易曰乾健也天道終日乾乾是其剛也集解王應麟曰春秋繁露天不剛則列星亂其行君不堅則邪臣亂其官故爲天者務剛其氣爲君者務堅其政丁鴻封事言出于此王不可以不彊不彊則宰牧從橫宜因大變改政匡失以塞天意書奏十餘日帝以鴻行太尉兼衞尉屯南北宮於是收竇憲大將軍印綬憲及諸弟皆自殺時大郡口五六十萬舉孝廉二人小郡口二十萬并有蠻夷者亦舉二人帝以爲不均下公卿會議鴻與司空劉方上言凡口率之科宜有

階品蠻夷錯雜不得爲數自今郡國率二十萬口歲舉孝廉一人四十萬二人六十萬三人八十萬四人百萬五人百二十萬六人不滿二十萬二歲一人不滿十萬三歲一人帝從之六年鴻薨賜贈有加常禮子湛嗣湛卒子浮嗣浮卒子夏嗣東觀記及續漢書夏字作夔也

論曰孔子曰泰伯三以天下讓民無德而稱焉此上論語載孔子之言也鄭玄注云泰伯周太王之長子次子仲雍次子季歷太王見季歷賢又生文王有聖人表故欲立之而未有命太王疾泰伯因適吳越採藥太王歿而不返季歷爲喪主一讓也季歷赴之不來奔喪二讓也免喪之後遂斷髮文身三讓也三讓之美皆蔽隱不著故人無德而稱焉孟子曰聞伯夷之風者貪夫廉懦夫有立志若迺泰伯以天下而違周伯夷率絜情以去國竝未始有其讓也違去也未始猶未嘗也言泰伯伯夷率性清潔超然去國未嘗故有求讓之名故泰伯稱至德伯夷稱賢人後世聞其讓而慕其風徇其名而昧其致所以激詭行生而取與妄矣徇營也言二子非故立讓風以求聲譽故至德稱於前古後代之人直欲營慕其名而昧其深致所以激射詭譎之行生而取與之間多詐妄矣至夫鄧彪劉愷讓其弟以取義使弟受非服而已厚其名於義不亦薄乎彪讓國異母弟荆及鳳愷以國讓弟憲帝皆許焉弟不當襲爵故言非服而彪愷豈獨受美名而陷弟於不義也集解惠棟曰華嶠書厚作享君子立言非苟顯其理將以啟天下之方悟者立行非獨善其身將以訓天下之方動者言行之所開塞可無愼哉原丁鴻之心主於忠愛乎何其終悟而從義也異夫數子類乎徇名者焉集解惠棟曰以上皆華嶠之詞

贊曰五更待問應若鳴鐘禮記曰夙夜強學以待問又曰善待問者如撞鐘扣之以小者則小鳴扣之以大者則大鳴待其從容而後盡其聲不善荅問者反此也庭列輜駕堂修禮容穆穆帝則擁經以從從就也丁鴻翼翼讓而不飾高論白虎深言日食春秋經書日有食之杜預注云日食者月掩日聖人不言月掩日而以日食爲文闕於所不見也

桓榮丁鴻列傳第二十七終　後漢書三十七

後漢書集解卷三十七校補

桓榮傳沛郡龍亢人也錢大昭曰尋下文事沛國桓榮句郡當作國案此新莽時沛國絕嘗爲郡故以郡言之至顯宗爲太子後已徙中山王輔爲沛王故何湯攺以國言之與後劉平傳之始言楚郡終言楚國例同注續漢志曰官本志作書是

入使授太子集解先謙曰書鈔至正作使入授太子謹案書鈔一本無入字

拜榮爲五更榮原誤雍據明紀正官本不誤

食邑五千戶集解沈欽韓曰東觀記作五百戶爲是柳從辰曰明紀及袁紀均作五千戶案沈意關內侯爵卑不當食數千戶耳然丁綝以鄉侯食五千戶見丁鴻傳矣榮之封侯出顯宗異數抑未可以常封論也且章懷注已引東觀記而不著其封戶之有異則今作五百戶疑反誤

詔聽以侍中行服注華嶠書曰至於是詔郁以侍中行服也錢大昭曰時公卿刺史二千石不得行三年喪惟桓郁桓焉聽其行喪皆以爲名儒破格許之眞異數也然焉喪甫踰年已詔使者賜牛酒奪服矣

門人楊震朱寵皆至三公注鄧隲傳曰至位至太尉本書附隲於鄧禹傳注所引鄧隲傳自係隲專傳但未詳所本寵由大鴻臚遷太尉在永建元年見順紀又紀注載寵爲京兆杜陵人

宜引三公尙書入省事注省猶視也官本也作事

居無幾會相國王吉以罪被誅官本脫居字

縕袍糟食不求盈餘注東觀記曰至糲食醋飧也今本東觀記醋作麤案史記音義小飯曰飧醋猶借作酢謂飧味變也糲食本卽謂麤糲之食不當復作麤飧由音轉而譌集解沈欽韓曰糟食蓋苦食也柳從辰曰前書食貨志貧者食糟糠又鍾離意傳載欒崧爲郎食糟糠御覽八百五十四引華嶠書一作食糟糟食卽糟糠之食不必別爲說案糟無苦義糟心服道之糟自當如法言重黎篇讀爲精

時太守向苗錢大昭曰鸞沛國人苗當爲國相桓典之爲孝廉國相王吉舉之是其證此云太守誤

一名嚴集解沈欽韓曰水經注至繫白樓柱而去柳從辰曰檢水經注作白樓亭柱上文山有白樓亭此脫亭字

避地會稽注一無所當官本當作留是柳從辰曰今本東觀記亦作留

至閭里不爭訟官本爭誤爲

所著七說集解沈欽韓曰七說乃麟所作已見上至書鈔誤侯康曰本傳注引虞摯文章志稱彬父麟著七說一首藝文類聚卷五十七亦載桓麟七說則七說爲麟所著無疑其子不應蹈襲其名類聚引傳元七謨序有桓麟無桓彬而御覽五百九十引七謨序則有麟又有彬名在劉梁之下類聚引七謨序有七激七興七依七疑七說七觸七舉諸篇以後文觀之則七激傳毅作七興劉廣世作七依崔駰作七疑李尤作七說桓麟作七觸崔琦作七舉劉梁作御覽引七謨序無七興七疑蓋傳寫者脱漏而七舉之下乃多七誤則七誤必桓彬所著而本傳譌爲七說也柳從辰曰御覽五百九十引文章流別論云傅子集古今七篇品之名曰七林而書鈔則仍謂七謨爲傳元作御覽亦本作傅元七謨序而沈引作七林序實誤案文章流別論明言傳元集古今七篇品之名曰七林則七林乃其所輯書名非篇名其自序作七林亦指書名言之七謨則其所作篇名也玉海云傳元作七謨又集七林是其證沈改御覽而駁書鈔以就其說適成大錯既改謨爲林更指誤爲謨以七謨爲卽桓彬作然七誤猶之七激七疑本非譌字況藝文類聚亦引作傳元七謨序序既不譌誤字自無由譌仍以侯氏之說爲得之盖章懷注既以七說屬桓麟則彬傳必非本作七說而準以類聚之不及七誤因亦不數桓彬正足爲彬作七誤之證也

丁鴻傳得鄉亭厚矣錢大昭曰漢法大縣侯位視三公小縣侯位視上卿鄉亭侯位視中二千石

亂世權行注皆是權時所行皆是官本作是皆

春秋之義不㠯家事廢王事注春秋衞靈公卒至故駿引以爲言也柳從辰曰袁紀作漢有舊制春秋不以家事廢王事故與衞輒之立也案注引公羊傳刪節字句過多如輒者曷爲者也去下者也二字甚妨文義

數受賞賜擢徙校書集解劉攽曰案漢校書者郎官而已至或作尚書案劉意擢徙二字承上數受賞賜爲一句不必有所附麗尚書六百石亦非二千石擢徙之官惠說仍誤矣前書劉向傳向嘗以光祿大夫領校書事此傳文亦但云校書未言校書郞則賞賜擢徙與校書自各爲一事原不必校書定爲官名

故詩曰十月之交朔日辛卯集解惠棟曰蔣杲云至不可不正案此條應在朔日辛卯下

故雖有周公之親而無其德不得行其埶也注孟子曰有伊尹之心則可無伊尹之心則篡也官本心皆依孟子今文作志案周章傳論已引作心館本周廣業據爲孟子異本是也

月滿先節注東觀記亦云作先節案文多一云字

大將軍雖不受錢大昭曰閩本雖下有云字

張法滕馮度楊列傳第二十八　後漢書三十八

宋　宣　城　太　守　范　曄　撰

唐　章　懷　太　子　賢　注

王先謙集解

張宗字諸君南陽魯陽人也王莽時爲縣陽泉鄉佐續漢書曰鄉佐主佐鄉收稅賦會莽敗義兵起宗迺率陽泉民三四百人起兵略地西至長安更始吕宗爲偏將軍宗見更始政亂因將家屬客安邑及大司徒鄧禹西征定河東宗詣禹自歸禹聞宗數多權謀迺表爲偏將軍禹軍到栒邑赤眉大眾且至禹吕栒邑不足守欲引師進就堅城而眾人多畏賊追憚爲後拒禹迺書諸將名於竹簡署其前後亂著笥中令各探之笥以竹爲之鄭玄注禮記云圓曰簞方曰笥宗獨不肯探曰死生有命張宗豈辭難就逸乎禹歎息謂曰將軍有親弱在營奈何不顧

宗曰愚聞一卒畢力百人不當萬夫致死可吕橫行宗今擁兵數千吕承大威何遽其必敗乎集解先謙曰遽下疑奪知字遂留爲後拒諸營既引兵宗方勒厲軍士堅壘壁吕死當之禹到前縣議曰吕張將軍之眾當百萬之師猶吕小雪投沸湯雖欲勠力集解先謙曰勠官本作戮惠棟曰賈逵云戮力一心也當作勠高誘戰國策注云勠其字从力其埶不全也迺遣步騎二千人反還迎宗宗引兵始發而赤眉卒至宗與戰卻之迺得歸營於是諸將服其勇及還到長安宗夜將銳士入城襲赤眉中牟貫胛胛背上兩膞間集解先謙曰官本牟作矛是又轉攻諸營保爲流矢所激皆幾至於死及鄧禹徵還光武吕宗爲京輔都尉秦每郡有尉一人典兵禁景帝更名都尉武帝元鼎四年置京輔都尉各一人二千石見前書也集解劉攽曰案武帝置三輔都尉此注下文又有各字明脫左右輔三字將突騎與征西大將軍馮異共擊關中諸營保破之遷河南都尉建武六年都尉官省拜太中大夫八年潁川桑中盜賊羣起宗將兵擊定之後青冀盜賊屯聚山澤宗吕謁者督諸郡兵討平之十六年瑯邪北海盜賊復起宗督二郡兵討之迺設方略明購賞皆悉破散於是沛楚東海臨淮羣賊懼其威武相捕斬者數千人青徐震慄後遷瑯邪相其政好嚴猛敢殺伐永平二年卒於官

法雄字文彊扶風郿人也齊襄王法章之後秦滅齊子孫不敢稱田姓故吕法爲氏法章齊湣王子也法章子建立爲秦所滅見史記宣帝時徙三輔世爲二千石雄初仕郡功曹續漢志曰郡皆置諸曹掾史功曹史主選功勞也辟太傅張禹府舉雄高第除平氏長平氏縣屬南陽郡故城今唐州平氏縣也集解先謙曰注見公主傳善政事好發擿姦伏盜賊稀發吏人畏愛之南陽太守鮑得上其理狀遷宛陵令集解惠棟曰屬河南一作苑先謙曰宛陵在今開封府新鄭縣東北洧川縣西北永初三年海賊張伯路等三千餘人冠赤幘服絳衣自稱將軍寇濱海九郡殺二千石令長初遣侍御史龐雄督州郡兵擊之伯路等乞降尋復屯聚

明年伯路復與平原劉文河等三百餘人稱使者攻厭次城殺長吏厭次今棣州縣是也集解先謙曰注見光武紀轉入高唐高唐今博州縣集解先謙曰今濟南府禹城縣西四十里之高唐漢縣也齊高唐邑在其縣南地實相近唐屬淄州其博州之高唐漢爲靈縣今高唐州注誤燒宮寺出繫囚渠帥皆稱將軍共朝謁伯路冠五梁冠佩印綬漢官儀曰諸侯冠進賢三梁卿大夫尚書二千石冠兩梁千石吕下至小吏冠一梁無五梁制者也集解惠棟曰冠無五梁故贊云矯安冕服也先謙曰官本伯路下更有伯路二字是黨眾浸盛迺遣御史中丞王宗持節發幽冀諸郡兵合數萬人迺徵雄爲青州刺史與王宗并力討之連戰破賊斬首溺死者數百人餘皆奔走收器械財物甚眾會赦詔到賊猶吕軍甲未解不敢歸降於是王宗召刺史太守共議皆吕爲當遂擊之雄曰不然兵凶器戰危事史記范蠡之辭勇不可恃勝不可必賊若乘船浮海深入遠島攻之未易也及有赦令可且罷兵吕慰誘其心埶必解散然後圖之可不戰而定也宗善其言卽罷兵賊聞大喜迺還所

略人而東萊郡兵獨未解甲賊復驚恐遁走遼東止海島上五年
春乏食復抄東萊間雄率郡兵擊破之賊逃還遼東遼東人李久
等共斬平之於是州界清靜雄每行部錄囚徒察顏色多得情僞
長吏不奉法者皆解印綬去在州四年遷南郡太守斷獄省少戶
口益增郡濱帶江沔水經曰沔水出武都沮縣東狼谷中至江夏沙羨縣北南入于江羨音夷又有雲
夢藪澤雲夢澤今在安州永初中多虎狼之暴前太守賞募張捕反爲所
害者甚衆雄迺移書屬縣曰凡虎狼之在山林猶人之居城市古
者至化之世猛獸不擾禮記曰大道之行四靈以爲畜龍以爲畜故魚鮪不淰鳳以爲畜故鳥不獝麟以爲
畜故獸不狘是不擾之也皆由恩信寬澤仁及飛走太守雖不德敢忘斯義記
到其毁壞檻穽不得妄捕山林檻謂捕獸之機也穽謂穽地陷獸也是後虎害消息
集解先謙曰官本消作稍益誤稍息不得云人安也人以獲安在郡數歲歲常豐稔稔孰也初
平中卒官集解孫人龍曰案自安帝永初三年己酉至獻帝初平元年庚午凡八十餘年前稱三年徵爲青州刺史此云

後漢書三十八 三

初平當是元初之誤陳詩庭曰汪本初平作元初子眞在逸人傳集解錢大昕曰逸人郎逸民章懷避諱改爲人
字後來追改不及徧檢它傳故或改或否耳列女王霸妻傳亦云霸已見逸人傳趙岐傳漢有逸人姓趙名嘉
滕撫字叔輔北海劇人也初仕州郡稍遷爲涿令有文武才用太
守以其能委任郡職兼領六縣續漢志涿郡領七縣除涿以外有道故安范陽良鄉北新城方城六
縣使撫兼領之集解先謙曰官本注道作遒是風政修明流愛于人在事七年道不拾遺
順帝末揚徐盜賊羣起磐牙連歲磐牙謂相連結集解官本考證曰牙字是乎字之誤惠棟曰孫
愐云互俗作乎前書劉向傳宗族磐互易大畜豶豕之牙鄭康成讀爲互易說互體亦作牙音吾建康元年九江
范容周生等集解惠棟曰車騎將軍馮緄碑作朱生案漢以前周與朱同音張由反范容周生揚徐羣盜非有名籍可
考止據其當時所傳姓名故碑史所載各異也相聚反亂屯據歷陽歷陽今和州縣集解先謙曰今和州治
爲江淮巨患遣御史中丞馮緄將兵督揚州刺史尹耀集解惠棟曰本紀作
燿九江太守鄧顯討之燿顯軍敗爲賊所殺又陰陵人徐鳳馬勉
等集解沈欽韓曰陰陵今鳳陽府定遠縣西北復寇郡縣殺略吏人鳳衣絳衣帶黑綬

稱無上將軍勉皮冠集解惠棟曰東觀記云鹿皮冠也黃衣帶玉印稱皇帝集解惠棟
曰質帝紀云稱黃帝案下文華孟稱黑帝當時皆以黃爲土德以代漢黑爲水德以滅火則皇字應作黃又紀載勉稱黃帝在永嘉
元年三月與傳異帝堯碑以皇爲黃靈臺碑陰以黃爲皇知黃皇古字通築營於當塗山中當塗縣之山也在今
宣州集解吳仁傑曰案有兩當塗縣一在九江郡一在宣州宣之當塗晉成帝始置東都固未之有惠棟曰續志九江當塗有馬邱
聚徐鳳反于此當塗在唐屬濠州注誤也荀淑傳注亦同惟下邳惠王傳注云當塗在今濠州鍾離縣西南此獨得之益章懷所注
不出一人之手故也迺建年號置百官遣別帥黃虎攻沒合肥合肥故城在今廬州北也
集解先謙曰注見堅鐔傳明年廣陵賊張嬰等復聚衆數千人反據廣陵朝廷
博求將帥三公舉撫有文武才拜爲九江都尉與中郎將趙序助
馮緄合州郡兵數萬人共討之又廣開賞募錢邑各有差集解通鑑胡注
錢賜錢邑封邑梁太后慮羣賊屯結諸將不能制又議遣太尉李固未及
行會撫等進擊大破之斬馬勉范容周生等千五百級徐鳳遂將
餘衆攻燒東城縣東城縣故城在今濠州定遠縣東南集解通鑑胡注東城屬九江郡先謙曰注見質紀下

後漢書三十八 四

邳人謝安應募率其宗親設伏擊鳳斬之封安爲平鄉侯集解沈欽韓曰
今順德府平鄉縣西北邑三千戶拜撫中郎將督揚徐二州事撫復進擊張
嬰斬獲千餘人趙序坐畏懦不進詐增首級徵還棄市又歷陽賊
華孟自稱黑帝攻九江殺郡守集解惠棟曰本紀太守楊岑撫乘勝進擊破之
斬孟等三千八百級虜獲七百餘人牛馬財物不可勝算於是東
南悉平振旅而還以撫爲左馮翊除一子爲郎撫所得賞賜盡分
於麾下性方直不交權埶宦官懷忿及論功當封太尉胡廣時錄
尚書事承旨奏黜撫天下怨之卒於家
馮緄字鴻卿集解惠棟曰車騎將軍馮緄碑云字皇卿巴郡宕渠人也宕渠縣故城在今渠州東北緄
音古本反少學春秋司馬兵法謝承書曰緄學公羊春秋史記曰司馬穰苴者田完之苗裔也當景公時善用
兵至齊威王時使大夫追論古者司馬兵法而附穰苴其中號曰司馬穰苴也集解惠棟曰緄碑云少耽學問習父業治春秋嚴氏韓
詩倉氏兼律大杜父煥集解惠棟曰馮煥殘碑云煥字平侯安帝時爲幽州刺史集解沈欽韓曰隸釋

有元初六年十二月賜幽州刺史馮煥詔洪氏云煥有墓闕題云豫州幽州刺史馮使君神道必是自豫徙幽而賜此詔煥猶在豫故其前尚稱故官也疾忌姦惡數致其罪時玄菟太守姚光亦失人和建光元年〔集解〕通鑑考異曰案帝紀建光元年十二月高驪圍元菟而高驪傳有姚光上言蓋光實以延光元年被殺紀傳皆誤以延為建怨者迺詐作璽書譴責煥光賜以歐刀〔集解〕通鑑胡注古歐冶子善作劒故謂劒為歐刀烏侯反又下遼東都尉龐奮使速行刑奮卽斬光收煥煥欲自殺緄疑詔文有異止煥曰大人在州志欲去惡實無它故必是凶人妄詐規肆姦毒願以事自上甘罪無晚煥從其言上書自訟果詐者所為徵奮抵罪〔集解〕惠棟曰魏書公孫淵傳云安帝建光元年遼東屬國都尉龐奮受三月乙未詔書曰收幽州刺史馮煥元菟太守姚光推案無乙未詔書遣侍御史幽州收考姦臣矯制者會煥病死獄中〔集解〕惠棟曰馮煥殘碑卒于永寧二年四月洪适云建光之元卽永寧二年是歲七月改元煥以四月終故碑尚用舊年也帝愍之賜煥光錢各十萬以子為郎中緄由是知名家富好施賑赴窮急為州里所歸愛初舉孝廉七遷〔集解〕惠棟曰車騎將軍碑云弱冠詔除郎還吏仕郡歷諸曹史督郵主簿

五官掾功曹舉孝廉除右郎中蜀郡廣都長郡察廉吏州舉尤異遷犍為武陽令誅疾豪彊以公去官部廣漢別駕治中從事辟司空府侍御史為廣漢屬國都尉〔集解〕惠棟曰趙明誠案碑自舉孝廉為廣漢屬國都尉凡十一遷而為中丞與督使徐揚二州討賊皆在為都尉前徵拜御史中丞順帝末以緄持節督揚州諸郡軍事與中郎將滕撫擊破羣賊〔集解〕惠棟曰車騎將軍碑云督使徐揚二州討賊范突朱生徐鳳馬勉張嬰等坐迫州郡進兵正法復辟司徒府也遷隴西太守〔集解〕惠棟曰碑云坐問吏辜旬不分去官沈欽韓曰辜旬若今之保辜限後鮮卑寇邊以緄為遼東太守曉喻降集虜皆弭散弭止也徵拜京兆尹轉司隸校尉所在立威刑遷廷尉太常〔集解〕沈欽韓曰趙明誠云緄為遼東太守以前嘗為治書侍御史遷尚書遂為廷尉未嘗拜京兆尹及司隸校尉也時長沙蠻寇益陽屯聚積久至延熹五年眾轉盛而零陵蠻賊復反應之合二萬餘人攻燒城郭殺傷長吏又武陵蠻夷悉反寇掠江陵間〔集解〕惠棟曰風俗通武陵蠻夷黃高攻燒南郡荊州刺史劉度〔集解〕惠棟曰渚宮舊事度延熹初為刺史南郡太守李肅竝奔走荊南皆沒於是拜緄為車騎將軍將兵十餘萬討之詔策緄

曰蠻夷猾夏久不討攝猾亂也夏華夏也攝持也書曰蠻夷猾夏各焚都城蹈藉官人州郡將吏死職之臣相逐奔竄曾不反顧可愧言也將軍素有威猛是以擢授六師六師猶六軍也詩云整我六師以修我戎也前代陳湯馮傅之徒以寡擊眾陳湯字子公山陽瑕丘人也元帝時為西域副校尉矯發西域諸國兵四萬人誅斬郅支單于傳首長安縣於藁街馮奉世字子明上黨潞人也宣帝時以衞尉持節送大宛諸國客到伊修城時莎車王萬年殺漢使者子明乃以節告諸國王發兵五千人擊莎車殺其王傳首詣長安傅介子北地人昭帝時為平樂監時樓蘭國數反覆霍光白遣介子與士卒齎金幣以賜外國為名至樓蘭樓蘭王與介子飲乃令壯士二人刺殺之持首詣闕〔集解〕先謙曰官本注衞尉作衞候郅支夜郎樓蘭之戎頭懸都街夜郎西南夷之國也成帝時夜郎王興數不從命牂柯太守陳立行縣至夜郎召興興從邑君數十人見立立數責因斷興頭案夜郎王首不傳京師殺之者陳立又非陳湯馮傅此葢泛論誅戮戎夷耳衞霍北征功列金石是皆將軍所究覽也衞青霍去病俱出擊匈奴青至窴顏山斬首九千級去病斬首七萬餘級次封狼居胥山迺還也今非將軍誰與修復前迹進赴之宜權時之策將軍一之出郊之事不復內御一猶專也言出郊以外不復由內制御也淮南子曰凡命將主親授鉞曰從此上至

天將軍制之將答曰國不可從外理軍不可從中御也〔集解〕沈欽韓曰三略軍勢云出軍行師將在自專進退內御則功難成已命有司祖于國門祖道祭也鄭玄注禮記云天子九門路門也應門也雉門也庫門也皋門也國門也近郊門也遠郊門也關門也詩不云乎進厥虎臣闞如虓虎敷敦淮濆仍執醜虜將軍其勉之詩大雅也當周宣王時徐方淮夷反叛宣王乃進其虎猛之臣謂方叔召虎之類也虓虎怒聲也水涯曰濆敷布也醜眾也仍因也言布兵敦逼淮水之涯因執得眾虜引詩戒緄令其勉也時天下饑饉帑藏虛盡每出征伐常減公卿奉祿假王侯租賦前後所遣將帥宦官輒陷以折耗軍資往往抵罪緄性烈直不行賄賂懼為所中迺上疏曰埶得容姦伯夷可疑苟曰無猜盜跖可信莊子曰孔子與柳下季為友弟名曰盜跖從卒九千人橫行侵暴諸侯驅人馬牛取人婦女貪得無親萬人苦之〔集解〕沈欽韓曰商子畫策篇勢不能為姦雖跖可信也勢得為姦雖伯夷可疑也故樂羊陳功文侯示以謗書樂羊魏將軍也史記曰魏文侯令樂羊將而攻中山三年而拔之樂羊反而論功文侯示之謗書一篋樂羊再拜曰此非臣之功也願請中常侍一人監軍財費尚書朱穆奏緄以財自嫌失大臣之節有詔勿劾〔集解〕惠棟曰袁宏紀載穆奏曰臣聞

出郊之事將軍制之所以崇威信合事宜也卽緄有嫌不當荷任卽緄無嫌義不見疑樂羊戰國陪臣猶賴見信之主以全其功況
唐虞之朝而有猜嫌之事哉緄設虛端以自阻衞爲臣不忠帝寢其奏 緄軍至長沙賊聞悉詣營道乞
降營道今道州縣也集解先謙曰在今永州府寧遠縣西 進擊武陵蠻夷斬首四千餘級受
降十萬餘人荊州平定集解惠棟曰碑云南征五谿蠻夷黃加少高相法氏趙伯潘鴻等斬首萬級沈溺以
千數降者十萬人收逋賓布卌萬匹潘鴻見度尙傳桂陽宿賊 詔書賜錢一億固讓不受振旅還
京師推功於從事中郞應奉集解通鑑胡注將軍出征從事中郞職參謀議 薦以爲司隷
校尉集解汪文臺曰初學記二十引謝承書云緄表奏應奉賜金錯刀一具 而上書乞骸骨朝廷不
許監軍使者張敞集解惠棟曰渚宮舊事作張叔 承宦官旨奏緄將傳婢二人集解
惠棟曰渚宮舊事作侍婢 戎服自隨又輒於江陵刻石紀功請下吏案理尙書
令黃儁奏議以爲罪無正法不合致糾會長沙賊復起攻桂陽武
陵緄以軍還盜賊復發策免集解惠棟曰碑云緄臨當受封以讒言奏河內太守中常侍左悺弟坐遜
位 頃之拜將作大匠轉河南尹上言舊典中官子弟不得爲牧人

職集解王補曰案碑以此爲最後爲廷尉時所奏與本傳異 帝不納復爲廷尉集解沈欽韓曰案傳三言緄爲
廷尉而碑則一爲廷尉於車騎將軍之前一爲廷尉於末此處廷尉衍文也 時山陽太守單遷以罪繫
獄緄考致其死遷故車騎將軍單超之弟中官相黨遂共誹章誣
緄坐與司隷校尉李膺大司農劉祐俱輸左校集解惠棟曰碑云緄拜廷尉表荊州
刺史李隗南陽太守成瑨太原太守劉瓆不宜以重論坐正法作左校 應奉上疏理緄等得免後拜
屯騎校尉復爲廷尉集解惠棟曰碑云復廷尉奏中臣子弟不宜典牧州郡獲過左右遜位 卒于官
集解沈欽韓曰碑云永康元年十二月薨皇甫規傳永康元年夏日食應詔言劉祐馮緄正直多怨流放家門緄卒於是年知已經
罷斥非卒官也水經潛水注宕渠縣有車騎將軍馮緄桂陽太守李溫冢二子之靈常以三月還鄉漢水暴長郡縣吏民莫不於水
上祭之 緄弟允集解惠棟曰華陽國志作元字公信案律麻志有五官郞中馮光熹平中上言麻元不正或卽元之誤也
清白有孝行能理尙書善推步之術推步謂究日月五星之度昏旦節氣之差 拜降虜
校尉終于家謝承書曰緄子鸞舉孝廉除郞中
度尙集解惠棟曰荊州刺史度侯碑云其先出顓頊與楚同姓熊嚴之後敍亦世掌位統國法度元和姓纂度姓云古掌度之
官 字博平山陽湖陸人也家貧不修學行不爲鄉里所推舉續漢書曰
尙少喪父事母至孝通京氏易古文尙書爲吏淸潔有文武才略與此不同 積困窮迺爲宦者同郡侯
覽視田得爲郡上計吏拜郞中除上虞長上虞縣故城在今越州餘姚縣西集解惠棟曰
案曹娥碑在元嘉元年沈欽韓曰袁宏紀尙初爲上虞長縣民故洛陽市長淳于翼學問淵深大儒舊名常隱於田里希見長吏尙
往候之晨到其門翼不卽相見主簿白還不聽停車待之翼晡乃見尙尙宗其道德極談乃退其優賢表善皆此類也案以續漢書
謝承書及袁紀核尙爲人非不修學行者也未有已無學行而能優賢表善者也 爲政嚴峻明於發擿姦
非吏人謂之神明謝承書曰尙進善愛人坐以待旦擢門下書佐朱儁恆歎述之以爲有不凡之操儁後官至車
騎將軍遠近奇尙有知人之鑒 遷文安令文安縣故城在今瀛州文安縣東北集解沈欽韓曰今順天府文安縣東縣志
縣東北柳河鎭有古城上有漢縣今趙蘷祠卽文安故城也 遇時疾疫穀貴人飢尙開倉廩給
營救疾者百姓蒙其濟時冀州刺史朱穆行部見尙甚奇之延熹
五年長沙零陵賊合七八千人自稱將軍入桂陽蒼梧南海交阯
交阯刺史及蒼梧太守望風逃奔二郡皆沒遣御史中丞盛修募

兵討之不能剋豫章艾縣人六百餘人集解沈欽韓曰紀要艾縣在南昌府寧州西百里龍
岡坪先謙曰案上下文衍一人字 應募而不得賞直怨恚遂反焚燒長沙郡縣寇
益陽益陽縣在今益水之陽故城在今潭州益陽縣東集解先謙曰注見桓紀官本注無上今字王會汾云案在益水之陽此
前書音義中語也監本在字下加今字無義理去之 殺縣令衆漸盛又遣謁者馬睦督荊州
刺史劉度擊之軍敗睦度奔走桓帝詔公卿舉任代劉度者尙書
朱穆舉尙自右校令擢爲荊州刺史集解惠棟曰尙先以從父憂去官吏舉孝廉爲右校令至
是擢拜荊州刺史見度侯碑 尙躬率部曲與同勞逸廣募雜種諸蠻夷明設購
賞進擊大破之降者數萬人桂陽宿賊渠帥卜陽潘鴻等集解通鑑胡注
宿賊言積久爲賊也 畏尙威烈徙入山谷尙窮追數百里遂入南海破其三
屯多獲珍寶而陽鴻等黨衆猶盛尙欲擊之而士卒驕富莫有鬭
志尙計緩之則不戰逼之必逃亡迺宣言卜陽潘鴻作賊十年習
於攻守今兵寡少未易可進當須諸郡所發悉至爾迺幷力攻之

申令軍中〔集解〕通鑑胡注申令者既下令而申言之申重也恣聽射獵兵士喜悅大小皆相與從禽尙迺密使所親客潛焚其營珍積皆盡獵者來還莫不涕泣尙人人慰勞深自咎責〔集解〕通鑑胡注以失火自咎責也因曰卜陽等財寶足富數世諸卿但不并力耳所亡少少何足介意衆聞咸憤踊尙敕令秣馬蓐食明旦徑赴賊屯陽鴻等自以深固不復設備吏士乘銳遂大破平之尙出兵三年〔集解〕通鑑胡注延熹五年尙刺荆州至是三年矣羣寇悉定七年封右鄉侯遷桂陽太守〔集解〕沈欽韓曰金石錄荆州刺史度尙碑云封右鄉侯遷遼東太守拜中郞將復拜荆州刺史以故秩居碑不言爲桂陽又不言卒於遼東太守趙明誠云皆史之誤明年徵還京師時荆州兵朱蓋等徵戍役久〔集解〕先謙曰官本徵作征財賞不贍忿恚復作亂與桂陽賊胡蘭等三千餘人復攻桂陽焚燒郡縣太守任胤〔集解〕惠棟曰胤字伯嗣具帝紀注棄城走賊衆遂至數萬轉攻零陵太守陳球固守拒之於是以尙爲中郞將將幽冀黎陽烏桓步騎二萬六千人救球

又與長沙太守抗徐等發諸郡兵并執討擊大破之斬蘭等首三千五百級餘賊走蒼梧詔賜尙錢百萬餘人各有差時抗徐與尙俱爲名將數有功徐字伯徐丹陽人鄉邦稱其膽智初試守宣城長悉移深林遠藪椎髻鳥語之人置於縣下宣城縣故城在今宣州南陵縣東椎獨髻也音直追反鳥語謂語聲似鳥也書曰鳥夷卉服〔集解〕錢大昕曰禹貢島夷漢書地理志作鳥夷鄭康成王肅本皆同故章懷引以證鳥語之義後人依今本改鳥字爲島而此注遂成贅文矣王會汾曰案宣城屬丹陽郡其地自春秋以後久隸中土雖有山谿而非阻絕安得有深林遠藪椎髻鳥語之人此傳宣字當作安安城爲長沙屬邑與辰沅相近苗獠雜處盜賊時作故抗徐制之使不得逞也且詳上下文義前序荆州攻桂陽零陵而度尙與長沙太守抗徐擊破之此追序抗徐爲安城長已能約束羣盜繼又擊破公孫舉等後乃接云及在長沙宿賊皆平以見前爲邑宰後爲郡守皆在長沙累著成績也章懷見上文有鄉邦稱其膽智語遂以試守邑長亦係丹陽且舉鳥夷卉服以實鳥語不知禹貢冀州之鳥夷與丹陽郡絕不相涉先謙曰注引鳥夷當作島夷後人妄改王說宣城當作安城案安城之城本作成漢屬長沙後屬豫章在今吉安府安福縣西郎令宣城可疑何能執古書一通作之字以爲當是安成且徐破賊遷官皆在太山不在長沙矣而臆揣一由安成以爲邑宰郡守皆在長沙之據讀古書不能如此武斷

是境內無復盜賊後爲中郞將宗資別部司馬擊大山賊公孫舉等〔集解〕先謙曰官本大作太下同破平之〔集解〕沈欽韓曰以紀傳參攷公孫舉者段熲也平叔孫無忌者宗資也抗徐爲宗資司馬此作公孫舉誤斬首三千餘級封烏程東鄉侯五百戶烏程今湖州縣〔集解〕先謙曰今湖州府治遷大山都尉寇盜望風奔亡及在長沙宿賊皆平卒於官桓帝詔追增封徐五百戶并前千戶復以尙爲荆州刺史尙見胡蘭餘黨南走蒼梧懼爲己負〔集解〕通鑑胡注負罪負也懼以不能盡滅羣賊爲罪蘇輿曰漢世課吏之法有誅有負負多則有譴罰故云然先謙曰蘇說是迺僞上言蒼梧賊入荆州界於是徵交阯刺史張磐下廷尉辭狀未正會赦見原〔集解〕惠棟曰通鑑考異云檢帝紀此後未有赦不知會何赦也案帝紀延熹八年三月辛巳大赦天下磐不肯出獄方更牢持械節〔集解〕通鑑胡注竹約爲節械節亦械之刻約處也說文云械桎梏也鄭康成月令注云桎梏今械也獄吏謂磐曰天恩曠然而君不出何也磐因自列曰前長沙賊胡蘭作難荆州餘黨散入交阯磐身膺甲冑〔集解〕惠棟曰謝承書膺作嬰涉危履險討擊凶患斬殄渠

帥餘燼鳥竄冒遁還奔荆州刺史度尙懼磐先言怖畏罪戾戾亦罪也伏奏見誣磐備位方伯爲國爪牙爪牙以猛獸爲喻言爲國之捍衞也詩曰祈父予王之爪牙也而爲尙所枉受罪牢獄大事有虛實〔集解〕劉攽曰案文大當作夫惠棟曰大謝承書作夫法有是非磐實不辜赦無所除如忍以苟免永受侵辱之恥生爲惡吏死爲敝鬼乞傳尙詣廷尉〔集解〕惠棟曰胡注以傳車召致廷尉棟案漢律四篇有告劾傳覆故永建元年詔曰亡徒當傳勿傳度有罪當傳捕之非傳召之謂面對曲直足明眞僞尙不徵者磐埋骨牢檻終不虛出望塵受枉廷尉以其狀上詔書徵尙到廷尉辭窮受罪以先有功得原磐字子石丹陽人以清白稱終于廬江太守〔集解〕惠棟曰謝承書磐傳云磐以操行淸廉見稱爲廬江太守尋陽令嘗餉一奩甘其子年七歲就取一枚磐奪取付還外卒因私以兩[illegible]與兒磐奪兒甘鞭卒曰何故行賂于吾子京師諺曰聞淸白張子石尙後爲遼東太守數月鮮卑率兵攻尙與戰破之戎狄憚畏年五十延熹九年卒于官〔集解〕惠棟曰案蔡邕集有度侯碑見文選注即隸釋所載荆州刺史碑是

楊璇字機平，會稽烏傷人也。高祖父茂，本河東人，從光武征伐，爲威寇將軍，封烏傷新陽鄉侯。建武中就國，傳封三世，有罪國除，因而家焉。父扶，交阯刺史，有理能名。兄喬，爲尚書，容儀偉麗，數上言政事，〔集解〕沈欽韓曰：謝承書喬字聖達，爲尚書侍郎，轉左丞，自在臺閣，閑練漢家故事，前後上表陳國政便宜，拜尚書，夙夜周愼，退食自公，儀表偉麗，每朝賀，百僚側目。案一本作楊高字聖建，高乃喬隸之訛。先謙曰：側目疑屬目之誤。桓帝愛其才貌，詔妻以公主，喬固辭不聽，遂閉口不食，七日而死。璇初舉孝廉，稍遷，靈帝時爲零陵太守。是時蒼梧、桂陽猾賊相聚，攻郡縣，賊衆多而璇力弱，吏人憂恐。璇迺特制馬車數十乘，以排囊盛石灰於車上，排囊卽今囊袋也。排音蒲拜反。〔集解〕沈欽韓曰：排字本爲橐，一切經音義云又作鞴、排二形，謂煅家用吹火令熾者也。繫布索於馬尾，又爲兵車，專彀弓弩，剋共會戰。〔集解〕劉攽曰：案已言會戰，何用共字？蓋本是期字，誤作其，遂轉作共也。迺令馬車居前，順風鼓灰，賊不得視，因以火燒布，布然馬驚，奔突賊陣，因使後車弓弩亂發，鉦鼓鳴震。羣盜波駭破散，〔集解〕通鑑胡注：波駭者，蓋喻以物擊水，一波動，萬波隨而駭動也。追逐傷斬無數，梟其渠帥，郡境以清。梟，懸也。荊州刺史趙凱，〔集解〕惠棟曰：渚宮故事云度尚徵還，以天水趙凱爲刺史。誣奏璇實非身破賊，而妄有其功。璇與相章奏，凱有黨助，遂檻車徵璇。防禁嚴密，無由自訟，〔集解〕惠棟曰：謝承書云璇爲凱橫奏，檻車徵，奪其筆硯。迺嚙臂出血，書衣爲章，具陳破賊形執，又言凱所誣狀，潛令親屬詣闕通之。詔書原璇，拜議郎，凱反受誣人之罪。璇三遷爲渤海太守，所在有異政。以事免。後尚書令張溫特表薦之，徵拜尚書僕射。以病乞骸骨，卒於家。

論曰：安順以後，風威稍薄，寇攘寖橫，緣隙而生，剽人盜邑者不闋時月，闋，息也。假署皇王者蓋以十數。或託驗神道，或矯妄冕服。〔集解〕惠棟曰：謂張伯路冠五梁、徐鳳冠鹿皮之類是也。然其雄渠魁長，未有聞焉，猶至壘盈四郊，奔命首尾。壘，軍壁也。禮記曰「四郊多壘，卿大夫之辱」。奔命，謂有命卽奔赴之。左傳曰「余必使爾罷於奔命」也。若夫數將者，竝宣力勤慮，以勞定功，宣，布也。尚書曰「宣力四方」。禮記曰「以勞定國則祀之」。而景風之賞未甄，膚受之言互及。景風至則行賞，解見和紀。甄，明也。膚受，謂得皮膚之言而受之，不深知其情核者也。孔子曰「膚受之愬不行焉，可謂明矣」。〔集解〕先謙曰：官本同。王會汾云：風字監本訛昌。案易通卦驗、春秋攷異郵並有此語，漢唐人經疏中常引之，今改正。以此而推，政道難乎以免。論語孔子曰：「不有祝鮀之佞，難乎免於今之世矣。」〔集解〕先謙曰：官本注佞下有「而有宋朝之美」六字。

贊曰：張宗禪禹，敢殿後拒。殿音丁見反。江淮海岱，虔劉寇阻。虔劉皆殺也。其誰清之？雄、尚、緄、撫。璇能用譎，亦云振旅。

張法滕馮度楊列傳第二十八終　　後漢書三十八

後漢書集解卷三十八校補

張宗傳亂著笥中注鄭元注禮記云圓曰篿 柳從辰曰鄭注見曲禮篿應作簞官本亦誤

法雄傳遷宛陵令集解惠棟曰屬河南亦作菀 柳從辰曰宛陵屬丹陽郡今甯國府宣城縣地案惠氏謂一作菀固明指河南郡之菀陵地今在開封者也惠或別有所本

猛獸不擾注故獸不狘 官本狘譌狨

滕撫傳九江范容周生等集解惠棟曰車騎將軍馮緄碑作朱生 案馮緄碑作范突朱生亦不作范容

築營於當塗山中集解吳仁傑曰案有兩當塗縣一在九江郡至蓋章懷所注不出一人之手故也 柳從辰曰九江郡當塗在今鳳陽府懷遠縣東南

馮緄傳巴郡宕渠人也注宕渠縣故城在今渠州東北 今綏定府渠縣東北

建光元年集解通鑑考異曰至紀傳皆誤以延爲廷 案考異據高驪傳有姚光上言遂謂光之被殺實在延光元年紀傳作建光元年者皆誤不知光死於建光元年紀傳尚不誤而高驪傳之載姚光上言實大誤也安紀載光之被殺在建光元年四月甲戌有日可據上溯永甯元年七月乙酉朔則日固不誤建光改元在是年七月其前仍稱永甯二年而馮煥碑載煥卒於永甯二年四月光死煥始被收死獄中則月亦不誤安得謂其年有誤乎高驪傳載馮煥姚光之戰敗在建光元年春蔡諷之戰歿在建光元年夏此與紀合者也至以高驪王宮率馬韓濊貊圍玄菟與扶餘王遣子尉仇台與州郡并力討破之皆在建光元年秋與紀不合則已誤且謂宮之死亦在是年而即繼以姚光上言請因喪擊之夫宮死在破敗之後上言又在宮死之後紀載扶餘王遣子擊破高驪等遣使貢獻已在延光元年二月而高驪傳皆以屬之明年遂成詰降之前則尤大誤意當時上言者雖或有人而必非姚光且陳寵傳亦不載陳忠有駁姚光上言之事故不可信

會煥病死獄中 沈銘彝曰前書宣帝紀瘐死獄中蘇林曰病也囚徒病律名爲瘐

帝不納復爲廷尉集解沈欽韓曰至此處廷尉衍文也 案沈說殊誤碑云復治書侍御史尚書遼東太守廷尉太常車騎將軍此一爲廷尉於車騎將軍之前也又云以謠言奏河內太守中常侍左悺弟坐遜位拜將作大匠河南尹復拜廷尉此再爲廷尉也表荊州刺史李隗南陽太守成晉太原太守劉瓆 案桓紀作成瑨劉瓆 不宜以重論坐正法作左校後詔書特貰拜屯騎校尉復廷尉此三爲廷尉也本傳載緄官位事迹多與碑異獨三爲廷尉正與碑合

拜降虜校尉 柳從辰曰華陽國志作降虜都尉案續志無此官名蓋臨時所置 終于家注謝承書曰緄子鸞舉孝廉除郎中 柳從辰曰華陽國志云元子遵字文衡尚書郎

度尚傳得爲上計吏拜郎中除上虞長 錢大昭曰度尚碑云初奉歲計拜郎中除上虞長

注上虞故城在今越州餘姚縣西 今紹興府上虞縣西北

大小皆相與從禽 官本禽作命誤

悉移深林遠藪椎髻鳥語之人注書曰島夷卉服 夷原譌衣據禹貢正官本不誤

會赦見原集解惠棟曰通鑑考異云至三月辛巳大赦天下 案桓紀赦在三月而尚與抗徐破賊在五月傳言會赦乃尚復爲荊州刺史後事故考異云未見惠說非

尚後爲遼東太守數月鮮卑率兵攻尚與戰破之戎狄懼畏 錢大昭曰據本紀及鮮卑傳鮮卑寇遼東屬國在延熹六年尚之討平當在是時至尚與抗徐擊破桂陽賊胡蘭等事在八年傳中後字誤案讀范書者每以尚傳與尚碑不符而致疑於史如傳云封右鄉侯遷桂陽太守碑作遷遼東太守沈欽韓引趙明誠之說

信爲史誤然洪景伯又疑作桂陽者爲合謂羣賊十年逋誅最後深藏桂陽山谷間尚多設方略始能翦除恐或就守其壞不可得而辨也今觀碑於遷遼東太守後繼以拜中郎將復拜荊州刺史按之於傳兩拜固符惟碑無遷桂陽太守傳以爲遼東太守列作後官是有異耳是必尚於破平桂陽宿賊之後本當遷桂陽太守又改遼東太守皆在七年之末於時未久其明年之徵還實還自遼東而非還自桂陽碑以甫還桂陽旋改遼東遂略桂陽而不數傳惟誤守遼東爲後事遂並誤微還爲自桂陽而因亟數桂陽也洪氏疑守桂陽爲事所宜有是也然碑云遷遼東太守旬月之間蕆貉甯輯與傳所謂爲遼東太守數月戎狄懼畏事仍相符則碑必非誤桂陽爲遼東明矣錢氏疑守遼東非後事亦是也而必據以爲事當在延熹六年則不確無論遼東屬國乃都尉所治非卽遼東郡而傳明言尚出兵三年羣寇悉平則三年中必無守遼東之事碑雖殘闕而於爲右校令下云是時南蠻蠢動擢拜則擢拜者當然爲荊州刺史而非遼東太守傳與碑說亦相符足以證守遼東之不在六年若必於桓紀鮮卑傳求合則延熹九年紀傳皆有鮮卑寇緣邊九郡之文未必遼東不在九郡之列是轉爲傳後爲遼東太守數月九年卒官增一證據但果終於遼東太守則碑不當仍云以故秩居而有荊州刺史之題名傳之誤卽此可見今推守遼東爲在延熹七年雖紀傳未言而尚碑可考況鮮卑本有遼東鮮卑遼西鮮卑各部落當檀石槐肆虐之時遼東郡之破寇無常殆不勝載碑僅云葳貉甯輯傳亦僅云因攻戰破尤非必應徧載之事也傳既有守遼東數月之事而仍載其遷桂陽太守則傳

亦必非誤遼東為桂陽又明矣年五十延熹九年卒於官集解惠棟曰蔡邕集有度侯碑見文選注郎隸釋所載荊州刺史碑是案文選三國名臣贊注引蔡邕度侯碑朗鑒出於自然英風發於天骨題曰度侯是尚免官後得食故秩未奪爵土遂以侯終而傳爲遼東太守卒官之誤益見矣且尚復爲荊州刺史在破胡蘭後紀載尚破胡蘭爲延熹八年五月復拜刺史又在其後經過張磐會赦不肯出獄尚被徵詣廷尉辭窮受罪已乃得原計八年且畢矣九年尚即卒距出獄無幾時安得曰後爲遼東太守乎

楊璇傳會稽烏傷人也烏傷今金華府義烏縣治

劉趙淳于江劉周趙列傳第二十九　後漢書三十九

宋　宣城太守范曄撰

唐　章懷太子賢注

王先謙集解

孔子曰夫孝莫大於嚴父嚴父莫大於配天則周公其人也配天謂宗祀文王於明堂以配上帝集解惠棟曰劉知幾云華嶠後漢同班氏如劉平江革等傳其序先言孝道次述毛義養親此則前漢王貢傳體其篇以四皓爲始也嶠言辭簡質敘致溫雅味其宗旨亦孟堅之亞與子路曰傷哉貧也生無㠯養死無㠯葬子曰啜菽飲水孝也事見禮記啜音昌悅反廣雅云啜食也夫鐘鼓非樂云之本而器不可去論語孔子曰樂云樂云鐘鼓云乎哉言樂之所貴者移風易俗也非謂鐘鼓而已然而不可去鐘鼓去音丘呂反三牲非致孝之主而養不可廢孝經曰雖日用三牲猶爲不孝言孝子者以和顏悅色爲難也非謂三牲而已然不可闕甘旨存器而亡本樂之遁也遁失也言盛飾鐘簴之器而亡移風之本是失樂之意也集解惠棟曰遁一作過調器㠯和聲樂之成也崇養㠯傷行孝之累也不義而崇養更爲親憂是孝之累也修己㠯致祿養之大也故言能大養則周公之祀致四海之祭言㠯義養則仲由之菽甘於東鄰之牲易曰東鄰殺牛不如西鄰之禴祭集解先謙曰官本注末有也字夫患水菽之薄干祿㠯求養者是㠯恥祿親也干求也謂不以道求祿故可恥也存誠㠯盡行孝積而祿厚者此能㠯義養也集解惠棟曰華嶠書下又云孔子稱孝哉閔子騫人不間于其父母昆弟之言言其孝皆合于道莫可復間也先代石氏父子稱孝子慶相齊人慕其言而治此殆所謂孝乎惟孝友于兄弟施于有政是亦爲政也中興廬江毛義少節家貧㠯孝行稱南陽人張奉慕其名往候之坐定而府檄適至㠯義守令檄召書也東觀記曰義爲安陽尉府檄到當守令也義奉檄而入喜動顏色奉者志尚士心賤之自恨來固辭而去及義母死去官行服數辟公府爲縣令進退必㠯禮後舉賢良公車徵遂不至張奉歎曰賢者固不可測往日之喜迺爲親屈也斯蓋所謂家貧親老不擇官而仕者也韓詩外傳曾子曰任重道遠不擇地而息家貧親老不擇官而仕建初中章帝下詔

褒寵義賜穀千斛常以八月長吏問起居加賜羊酒壽終於家安帝時汝南薛包孟常【集解】惠棟曰先賢傳云西平人先謙曰東觀記包作苞 好學篤行喪母以至孝聞及父娶後妻而憎包分出之包日夜號泣不能去至被毆杖不得已廬於舍外旦入而灑埽父怒又逐之迺廬於里門昏晨不廢積歲餘父母慙而還之後行六年服喪過乎哀既而弟子求分財異居包不能止迺中分其財奴婢引其老者曰與我共事久若不能使也【集解】惠棟曰若汝也風俗通作汝 田廬取其荒頓者頓猶廢也曰吾少時所理意所戀也器物取朽敗者曰我素所服食身口所安也弟子數破其產輒復賑給建光中公車特徵至拜侍中包性恬虛【集解】惠棟曰先賢傳云苞歸先人冢側種稻種芋稻以祭祀芋以充飯耽道說禮元虛無爲 稱疾不起以死自乞有詔賜告歸加禮如毛義告請假也漢制吏病滿三月當免天子優賜其告使得帶印綬將官屬歸家養病謂之賜告也【集解】惠棟曰案孟康注漢書言和帝時予賜皆絕包在建光中不應尚有賜告之禮或包稱疾不起天子優禮賜之羣臣不用此書也 年八十餘以壽終若二子者推至誠以爲行行信於心而感於人以成名受祿致禮斯可謂能以孝養也若夫江革劉般數公者之義行猶斯志也撰其行事著於篇自此以上竝華嶠之詞也【集解】王補曰此類傳體也劉氏史通列傳篇云亦有事跡雖寡名行可崇寄在他篇爲其標冠若商山四皓事列王陽之首廬江毛義名在劉平之上是也故鄭氏通志即以毛義冠孝友傳首惟鄭志刪華嶠序前百七十許字分毛義薛包各自爲篇則盡失范史之舊矣

劉平字公子楚郡彭城人也【集解】官本考證曰諸本同王會汾曰案彭城屬楚國至後漢章帝改楚國爲彭城國則兩漢並無楚郡之名疑此二字後人妄增也洪亮吉曰案前書地理志高帝置楚國宣帝地節元年更爲彭城郡黃龍元年宣帝以封子囂復故名傳至王莽時絕至建武十五年光武始封子英于楚蓋中間十餘年國廢作郡故此云楚郡彭城人然地理志囂徙封楚在黃龍元年囂傳則云甘露三年表復云四年未知孰是又下守菑邱長注菑邱屬彭城國此則從章帝改名後書 本名曠顯宗後改爲平王莽時爲郡吏守菑丘長菑丘縣屬彭城國【集解】沈欽韓曰今宿州東北六十里 政教大行其後每屬縣有劇賊輒令平守之所至皆理由是一郡稱其能更始時天下亂平弟仲爲賊所殺其後賊復忽然而至平

扶侍其母奔走逃難仲遺腹女始一歲平抱仲女而棄其子母欲還取之平不聽曰力不能兩活仲不可以絕類【集解】惠棟曰詩云永錫爾類鄭氏以爲族類荀子禮論云先祖者類之本也無先祖惡出注云類種鄭敬云全軀樹類注云謂有肖嗣是也 遂去不顧與母俱匿野澤中平朝去求食逢餓賊將亨【集解】劉攽曰案文少一之字 平叩頭曰今旦爲老母求菜【集解】惠棟曰袁宏紀爲老母采茹 老母待曠爲命願得先歸食母畢還就死食音飼下同 因涕泣賊見其至誠哀而遣之平還既食母訖因白曰屬與賊期義不可欺遂還詣賊衆皆大驚相謂曰嘗聞烈士迺今見之子去矣吾不忍食子於是得全【集解】惠棟曰東觀記平既免乃擴莢得三升豆以謝恩 建武初平狄將軍龐萌反於彭城攻敗郡守孫萌平時復爲郡吏冒白刃伏萌身上被十創困頓不知所爲號泣請曰願以身代府君賊迺斂兵止曰此義士也勿殺遂解去萌傷甚氣絕有頃蘇渴求飲平傾其創血以飲之後數日萌竟死平迺裹創扶送萌喪至其本縣後舉孝廉拜濟陰郡丞太守劉育甚重之任以郡職上書薦平會平遭父喪去官服闋拜全椒長全椒縣屬九江郡【集解】先謙曰注見馬成傳 政有恩惠百姓懷感【集解】惠棟曰華嶠書平爲全椒令掾吏五日一朝罷門闌卒署各遣就農袁宏紀云平使掾吏卒五日一來治所餘日令各就農桑官閒事簡民人懷感盜賊屏息 人或增貲就賦或減年從役刺史太守行部獄無繫囚人自以得所不知所問所或作何【集解】先謙曰自以得所自以爲得所也前書如此句法皆無爲字如人人自以得上意之類甚多 唯班詔書而去【集解】惠棟曰華嶠書先是縣多虎爲害平到修政選進儒良黜貪殘視事三月虎皆渡江而去 後以病免顯宗初尚書僕射鍾離意上書薦平及琅邪王望東萊王扶曰臣竊見琅邪王望楚國劉曠東萊王扶皆年七十執性恬淡所居之處邑里化之修身行義應在朝次臣誠不足知人竊慕推上進賢之義書奏有詔徵平等特賜辦裝錢至皆拜議郎竝數引見平再遷侍中永平三年拜宗正數薦達名士承宮郇恁等恁字君大見黃憲傳恁音人甚反【集解】官

本考證曰郇字一本作荀在位八年以老病上疏乞骸骨卒於家

王望字慈卿客授會稽自議郎遷青州刺史甚有威名是時州郡災旱百姓窮荒望行部道見飢者裸行草食五百餘人愍然哀之因以便宜出所在布粟給其稟糧〔集解〕劉攽曰案稟倉稟也稟給穀也明此當作稟爲作褐衣許慎注淮南子曰楚人謂袍爲短褐事畢上言帝以望不先表請章示百官詳議其罪時公卿皆以爲望之專命法有常條鍾離意獨曰昔華元子反楚宋之良臣不稟君命擅平二國春秋之義以爲美談春秋楚子圍宋宋人及楚人平公羊傳曰外平不書此何以書大其平乎己也何大其平乎己莊王圍宋有七日之糧爾盡此不勝將去而歸爾於是使司馬子反乘堙而闚宋城宋華元亦乘堙而出見之子反曰子之國何如華元曰憊矣曰何如曰易子而食之析骸而炊之子反曰諾吾軍有七日之糧爾盡此不勝將去而歸爾揖而去之反於莊王莊王怒曰吾使子往視之子曷爲告之子反曰以區區之宋猶有不欺人之臣可以楚而無乎是以告之王曰諾引師而去之故君子大其平乎己也〔集解〕劉攽曰春秋之義以爲美談案文當作義之春秋之義宅處可用此據上下文則不安也今望懷義忘罪當仁不讓若繩之

以法忽其本情將乖聖朝愛育之旨帝加意議〔集解〕先謙曰官本加作嘉是赦而不罪

王扶字子元掖人也掖今萊州縣〔集解〕先謙曰今萊州府掖縣治少修節行客居琅邪不其縣所止聚落化其德小於鄉曰聚廣雅曰落居也國相張宗謁請不應欲強致之遂杖策歸鄉里連請固病不起〔集解〕劉攽曰案文當作固以病不起太傅鄧禹辟不至後拜議郎會見恂恂似不能言恂恂恭順之貌然性沈正不可干以非義當世高之永平中臨邑侯劉復復光武兄伯升之孫北海王興之子也著漢德頌盛稱扶爲名臣云

趙孝字長平沛國蘄人也蘄音機〔集解〕先謙曰官本機作幾父普王莽時爲田禾將軍王莽時置田禾將軍屯田北邊〔集解〕惠棟曰前書王莽建國三年以尚書大夫趙並爲田禾將軍發戍卒屯田北假以助軍糧案普從日並聲王莽傳有大司徒遂並恩澤侯表云蒙鄉侯逯普王莽篡位爲大司徒是普並字通孫叔敖碑陰譜字作譙嵩山石闕銘云並天四海莫不蒙恩顧炎武云並天普天古文省是古多以並爲普任孝爲郎每告歸常白衣步擔〔集解〕先謙曰官本檐作擔是嘗從長安還欲止郵亭亭長先時聞孝當過以有長者客掃洒待之素聞孝高名故以爲長者客也洒與灑通音所買反〔集解〕沈濤曰孝爲將軍子故亭長敬之猶前書相如傳言令有重客耳下云聞田禾將軍子當從長安來可見亭長重將軍子非重孝高名孝既至不自名不稱名也〔集解〕沈欽韓曰御覽百八十五引東觀記但稱書生寄止於亭門塾長不肯內因問曰〔集解〕先謙曰東觀記亭長難之告有貴客過灑埽不欲穢污地良久乃聽止吏因問曰聞田禾將軍子當從長安來何時至乎孝曰尋到矣於是遂去華嶠書曰孝報云二日至矣及天下亂人相食孝弟禮爲餓賊所得孝聞之即自縛詣賊曰禮久餓羸瘦不如孝肥飽賊大驚並放之謂曰可且歸更持米糒來孝求不能得復往報賊願就亨衆異之遂不害鄉黨服其義〔集解〕沈欽韓曰北堂書鈔引東觀記建武初天下新定穀食尚少孝得穀炊將熟時弟他出至暮始同孝待之同飯雖蔬食菜羹兄弟怡怡初學記又引云粟炊將熟使弟與妻偕出己夫婦已先食菜茹及弟歸云已食矣令弟妻同食飯也州郡辟召進退必以禮舉孝廉不應永平中辟太尉府顯宗素聞其行詔拜諫議大夫遷

侍中又遷長樂衞尉復徵弟禮爲御史中丞禮亦恭謙行己類於孝帝嘉其兄弟篤行欲寵異之詔禮十日一就衞尉府大官送供具令共相對盡歡數年禮卒帝令孝從官屬送喪歸葬後歲餘復以衞尉賜告歸卒于家孝無子〔集解〕惠棟曰孝有女字阿爲周郁妻見列女傳拜禮兩子爲郎時汝南有王琳巨尉者年十餘歲喪父母因遭大亂百姓奔逃惟琳兄弟獨守冢廬號泣不絕弟季出遇赤眉將爲所哺哺食之也音補胡反琳自縛請先季死賊矜而放遣由是顯名鄉邑後辟司徒府薦士而退琅邪魏譚少閒者時亦爲飢寇所獲等輩數十人皆束縛以次當亨賊見譚似謹厚獨令主爨暮輒執縛賊有夷長公夷姓也特哀念譚密解其縛語曰汝曹皆應就食急從此去對曰譚爲諸君爨恆得遺餘餘人皆茹草萊不如食我長公義之相曉赦遣並得俱免〔集解〕官本考證曰俱字疑衍惠棟曰東觀記長公義之即相謂此兒有義可哀縱也賊遂皆放之數十人皆得

腕又云譚有一孤兄子年一二歲常自養視遭饑饉分升合以相存活譚時有一女生裁數月念無穀食終不能兩全棄其女養活兄子州郡高其義譚永平中爲主家令公主家令又齊國兒萌子明兒音五兮反[集解]沈欽韓曰論衡齊世篇琅邪兒子明兄死收養其孤愛不異於己子歲敗穀盡不能兩活餓殺其子活兄之子臨淮許君叔亦養兄孤子歲倉卒之時餓其親子活兄之子與子明同義案東觀記亦云齊國臨淄人論衡云琅邪誤也梁郡車成子威二人兄弟並見執於赤眉將食之萌成叩頭乞以身代賊亦哀而兩釋焉[集解]惠棟曰謝承書云梁國車成字子威兄恩都爲赤眉所得欲爨之成叩頭曰兄瘦我肥欲得代之賊感其義俱放之

淯于恭字孟孫北海淯于人也北淯于縣故城在今密州安丘縣東故淯于國也[集解]先謙曰在今青州府安丘縣東北三十里善說老子淸靜不慕榮名家有山田果樹人或侵盜輒助爲收採[集解]先謙曰東觀記云以謙儉推讓爲節家有山田橡樹人有盜取之者恭助爲收拾載之歸乃知是恭橡盜載橡還之恭不受又見偷刈禾者恭念其愧因伏草中盜去迺起里落化之[集解]惠棟曰東觀記恭家井在門外上有盆鄰里牧牛而爭飲牛恭惡其爭多置器其上爲預汲水滿之小兒復爭恭各語其父母父母乃禁怒之王莽末歲飢兵起恭兄崇將爲盜所烹恭請代得

與俱免後崇卒恭養孤幼教諭學問[集解]先謙曰官本諭作誨有不如法輒反用杖自箠以感悟之兒慙而改過初遭賊寇百姓莫事農桑恭常獨力田耕鄉人止之曰時方淆亂死生未分何空自苦爲恭曰縱我不得它人何傷墾耨不輟後州郡連召不應遂幽居養志潛於山澤舉動周旋必由禮度建武中郡舉孝廉司空辟皆不應客隱琅邪黔陬山遂數十年黔陬縣之山也黔陬故城在今密州諸城縣東北[集解]沈欽韓曰今萊州府膠州西南七十里先謙曰官本注末有也字建初元年肅宗下詔美恭素行告郡賜帛二十匹遣詣公車除爲議郎引見極日訪以政事遷侍中騎都尉禮待甚優其所薦名賢無不徵用進對陳政皆本道德帝與之言未嘗不稱善五年病篤使者數存問卒於官詔書襃歎賜穀千斛刻石表閭除子孝爲太子舍人

江革字次翁齊國臨淄人也少失父獨與母居遭天下亂盜賊並起革負母逃難備經阻險常採拾以爲養數遇賊或劫欲將去革輒涕泣求哀言有老母辭氣愿款有足感動人者愿謹也款誠也賊以是不忍犯之或迺指避兵之方華嶠書曰語以避兵道也遂得俱全於難革轉客下邳窮貧裸跣行傭以供母[集解]先謙曰東觀記云下邳知其孝市賈輒與好善者雖無錢任貰與之便身之物莫不必給[集解]官本考證曰諸本同必當作畢建武末年與母歸鄉里[集解]惠棟曰東觀記革專心養母幅巾屐履每至歲時縣當案比案驗以比之猶今貌閱也[集解]沈欽韓曰據鄭司農云漢時八月案比則漢一歲一閱也唐制六典戶部每歲一造計帳三年一造戶籍則周官三年大比之事也北史裴蘊傳時戶口多漏蘊素知其情因是條奏皆令貌閱若一人不實則官司解職革以母老不欲搖動自在轅中輓車不用牛馬由是鄉里稱之曰江巨孝巨大也華嶠書曰臨淄令楊音高之設特席顯異巨孝於稠人廣眾中親奉錢以助供養也太守嘗備禮召革□以母老不應及母終至性殆滅嘗寢伏冢廬服竟不忍除郡守遣丞掾釋服因請以爲吏永平初舉孝廉爲郎補楚太僕月餘自劾去楚王英馳遣官

屬追之遂不肯還復使中傅贈送辭不受後數應三公命輒去建初初太尉牟融舉賢良方正再遷司空長史肅宗甚崇禮之遷五官中郎將每朝會帝嘗使虎賁扶侍及進拜恆目禮焉獨視之也時有疾不會輒大官送醪膳恩寵有殊於是京師貴戚衛尉馬廖侍中竇憲慕其行各奉書致禮革無所報受華嶠書曰終不報書一無所受帝聞而益善之後上書乞骸骨轉拜諫議大夫賜告歸因謝病稱篤[集解]惠棟曰袁宏紀革遣子奐詣闕謝病篤元和中天子思革至行制詔齊相曰諫議大夫江革前以病歸今起居何如夫孝百行之冠眾善之始也國家每惟志士未嘗不及革縣以見穀千斛賜巨孝常以八月長吏存問致羊酒以終厥身華嶠書曰致羊一頭酒二斛[集解]惠棟曰案章帝此詔用昭帝賜韓福故事也如有不幸祠以中牢由是巨孝之稱行於天下及卒詔復賜穀千斛

劉般字伯興宣帝之玄孫也宣帝封子囂於楚是爲孝王孝王生

思王衍〔集解〕惠棟曰諸侯王表云囂薨懷王芳嗣芳薨無後陽朔二年思王衍以孝王子紹封衍生王紆紆生般自囂至般積累仁義世有名節而紆尤慈篤早失母同產弟原鄉侯平尚幼〔集解〕惠棟曰案王子侯表楚思王子有安睦侯平無原鄉也紆親自鞠養常與共臥起飲食及成人未嘗離左右平病卒紆哭泣歐血數月亦歿初紆襲王封因值王莽篡位廢爲庶人因家於彭城般數歲而孤獨與母居王莽敗天下亂太夫人聞更始卽位太夫人般之母也前書音義曰列侯之妻稱夫人列侯死子復爲列侯母稱太夫人迺將般俱奔長安會更始敗復與般轉側兵革中西行上隴遂流至武威般雖尚少而篤志修行講誦不怠其母及諸舅㠯爲身寄絕域死生未必必或作分也不宜苦積若此〔集解〕先謙曰官本積作精是數㠯曉般般猶不改其業建武八年隗囂敗河西始通般卽將家屬東至洛陽修經學於師門明年光武下詔封般爲菑丘侯奉孝王祀使就國後㠯國屬楚王〔集解〕洪頤煊曰案前書地理志菑丘本屬楚國未知此時改屬何郡

後漢書三十九　八

徙封杼秋侯杼秋縣屬梁國杼音是與反〔集解〕先謙曰注見蓋延傳十九年行幸沛詔問郡中諸侯行能太守薦言般束修至行爲諸侯師束修謂謹束修潔也帝聞而嘉之迺賜般綬錢百萬繒二百匹二十年復與車駕會沛因從還洛陽賜穀什物留爲侍祠侯永平元年㠯國屬沛徙封居巢侯居巢縣屬廬江郡也〔集解〕沈欽韓曰今巢縣東北五里復隨諸侯就國數年揚州刺史觀恂〔集解〕惠棟曰音灌孫恂云觀姓楚有觀起薦般在國口無擇言行無怨惡宜蒙旌顯顯宗嘉之十年徵般行執金吾事從至南陽還爲朝侯明年兼屯騎校尉時五校官顯職閑而府寺寬敞輿服光麗伎巧畢給故多㠯宗室肺腑居之肺腑天子之親屬也〔集解〕先謙曰肺腑當作肺附解在盧芳傳每行幸郡國般常將長水胡騎從帝嘗欲置常平倉宣帝時大司農耿壽昌請令邊郡皆築倉以穀賤時增其價而糴之以利農穀貴時減價而糶之名曰常平倉公卿議者多㠯爲便般對曰常平倉外有利民之名而內實侵刻百姓豪右因緣爲姦小民不能得其平置之不便帝迺止先是時下令禁民二業謂農者不得商賈也〔集解〕惠棟曰黃香傳田令商者不農此當在田令中又㠯郡國牛疫通使區種增耕氾勝之書曰上農區田法區方深各六寸間相去七寸一畝三千七百區丁男女種十畝至秋收區三升粟畝得百斛中農區田法方七寸深六寸間相去二尺一畝千二十七區丁男女種十畝秋收粟畝得五十一石下農區田法方九寸深六寸間相去三尺秋收畝得二十八石旱卽以水沃之而吏下檢結多失其實百姓患之般上言郡國㠯官禁二業至有田者不得漁捕今濱江湖郡率多鰥桑民資漁採㠯助口實且㠯冬春閑月不妨農事夫漁獵之利爲田除害有助穀食無關二業也又郡國㠯牛疫水旱墾田多減故詔勑區種增進頃畝㠯爲民也而吏舉度田欲令多前多於前歲至於不種之處亦通爲租可申勑刺史二千石務令實覈其有增加皆使與奪田同罪帝悉從之華嶠書曰奪作脫也〔集解〕王會汾曰注曰字衍當去脫應改敓惠棟曰奪脫古字通見山海經注肅宗卽位㠯爲長樂少府建初二年遷宗正般妻卒厚加賵贈及賜冢塋地於顯

後漢書三十九　九

節陵下般在位數言政事〔集解〕惠棟曰東觀記建初元年遷宗正在朝竭忠盡節憂國事夙夜不怠數納嘉謀其收恤九族行義尤著時人稱之年六十建初三年卒子憲嗣憲卒子重嗣憲兄愷

愷字伯豫㠯當襲般爵讓與弟憲遁逃避封久之章和中有司奏請絕愷國肅宗美其義特優假之假借也愷猶不出積十餘歲至永元十年有司復奏之侍中賈逵因上書曰孔子稱能㠯禮讓爲國於從政乎何有論語之文也何有者言何難之有也竊見居巢侯劉般嗣子愷素行孝友謙遜潔清讓封弟憲潛身遠迹有司不原樂善之心而繩㠯循常之法原本也繩政也〔集解〕王會汾曰政當作正懼非長克讓之風成含弘之化前世扶陽侯韋玄成玄成字少翁韋賢薨讓封於兄弘宣帝高其節以爲河南太守元帝時爲御史大夫又爲丞相見前書也近有陵陽侯丁鴻鄳侯鄧彪鴻讓國於弟盛和帝時爲司徒彪讓國於弟荊鳳明帝時爲太尉鄳音盲竝㠯高行潔身辭爵未聞貶削而皆登三事今愷景仰前修

有伯夷之節 景猶慕也詩云景行行止前修前賢也楚辭曰謇吾法夫前修〔集解〕先謙曰官本作景化孫人龍云案景化宋本作景仰 宜蒙矜宥全其先功以增聖朝尚德之美和帝納之下詔曰故居巢侯劉般嗣子愷當襲般爵而稱父遺意致國弟憲遁亡七年〔集解〕蘇輿曰自章帝建初三年至和帝永元十年已二十年矣故上文言積十餘歲此七字有誤疑是積字聲近而訛 所守彌篤蓋王法崇善成人之美其聽憲嗣爵遭事之宜後不得以爲比迺徵愷拜爲郎稍遷侍中愷之入朝在位者莫不仰其風行遷步兵校尉十三年遷宗正免復拜侍中遷長水校尉永初元年代周章爲太常愷性篤古貴處士每有徵舉必先巖穴論議引正辭氣高雅〔集解〕沈欽韓曰藝文類聚引華嶠書云諸儒爲之語曰難經伉伉劉太常 永初六年〔集解〕蘇輿曰上已出永初明衍二字 代張敏爲司空元初二年代夏勤爲司徒舊制公卿二千石刺史不得行三年喪由是內外衆職竝廢喪禮元初中鄧太后詔長吏以下不爲親行服者不得典城選舉時有上言牧守

宜同此制詔下公卿議者以爲不便愷獨議曰詔書所以爲制服之科者蓋崇化厲俗以弘孝道也今刺史一州之表二千石千里之師 前書杜欽曰卽以二千石守千里之地任兵馬之重不宜去郡也 職在辯章百姓宣美風俗 尚書曰九族既睦辯章百姓鄭玄注云辯別也章明也〔集解〕先謙曰尚書今古文平章百姓一作辯章一作辨章一作便章詳余所撰孔傳參正 尤宜尊重典禮以身先之而議者不尋其端至於牧守則云不宜是猶濁其源而望流淸曲其形而欲景直不可得也 前書杜欽曰今淫僻之化流而欲黎庶敦朴猶濁其源而求流淸也 太后從之時征西校尉任尚以姦利被徵抵罪尚曾副大將軍鄧騭騭黨護之而太尉馬英司空李郃承望騭旨不復先請卽獨解尚臧錮愷不肯與議後尚書案其事二府竝受譴咎 二府卽馬英李郃 朝廷以此稱之視事五歲永寧元年稱病上書致仕有詔優許焉加賜錢三十萬以千石祿歸養河南尹常以歲八月致羊酒時安帝始親政事朝廷多稱愷之德帝迺遣

問起居厚加賞賜會馬英策罷〔集解〕惠棟曰安紀英於建光元年七月壬寅薨不云策罷 尚書陳忠上疏薦愷曰臣聞三公上則台階下象山岳 前書音義曰泰階者天之三階也上階爲天子中階爲諸侯公卿大夫下階爲士庶人春秋漢含孳曰三公象五岳 股肱元首鼎足居職 易曰鼎折足覆公餗鼎足三公之象 協和陰陽調訓五品 五品五常之敎也三公燮理陰陽敬敷五敎也〔集解〕惠棟曰虞書五品不遜史記云五品不馴漢書引書云五品不訓訓與馴古字通 考功量才以序庶僚遭烈風不迷遇迅雨不惑位莫重焉 尚書納舜于大麓烈風雷雨不迷史記曰堯使舜入山林川澤暴風雨舜行不迷堯以爲聖也 而今上司缺職未議其人臣竊差次諸卿考合衆議咸稱太常朱倀少府荀遷臣父寵前忝司空倀遷竝爲掾屬具知其能倀能說其經書而用心褊狹〔集解〕王會汾曰案其字衍當去 遷嚴毅剛直而薄於藝文伏見前司徒劉愷沈重淵懿道德博備克讓爵土致祚弱弟躬浮雲之志兼浩然之氣 孔子曰不義而富於我如浮雲孟子曰我善養浩然之氣而無怨害則塞乎天地之間也言愷有仲尼孟軻之德也〔集解〕先謙曰官本注富下有且貴二字是 頻歷二司舉動得禮

二司謂爲司徒司空 以疾致仕側身里巷處約思純〔集解〕惠棟曰左傳云在約思純杜預云無濫心 進退有度百僚景式海內歸懷 景慕以爲法式〔集解〕先謙曰官本注在景式下 往者孔光師丹近世鄧彪張酺皆去宰相復序上司 孔光成帝時丞相哀帝時免後以日食徵詣公車復爲丞相師丹哀帝時代王莽爲大司馬後爲大司空鄧彪明帝時爲太尉章帝元和元年賜策罷和帝卽位以彪爲太傅錄尚書事張酺和帝永元五年爲太尉後策免十五年復爲司徒 誠宜簡練卓異以厭衆望書奏詔引愷拜太尉安帝初淸河相叔孫光坐臧抵罪遂增錮二世釁及其子 二世謂父子俱禁錮 是時居延都尉范邠復犯臧罪詔下三公廷尉議司徒楊震司空陳褒廷尉張晧議依光比 比類也以邠類叔孫光亦錮及子也比音庇 愷獨以爲春秋之義善善及子孫惡惡止其身所以進人於善也 公羊傳曰曹公孫會自鄸出奔宋畔也曷爲不言畔爲公子喜時之後諱也春秋爲賢者諱也何賢乎公子喜時讓國也君子之善善也長惡惡也短惡惡止其身善善及子孫賢者子孫故君子爲其諱也 尚書曰上刑挾輕下刑挾重 今尚書呂刑篇曰上刑適輕下服下刑適重上服謂二罪俱發原其本情須有虧減故言適輕適重此言挾輕挾重意亦不殊但與

今尚書不同耳集解先謙曰古文作適輕適重此作挾者今文也段玉裁云以策字隸多作筴例之適之爲挾恐亦類此書疏云上刑適輕者若今律重罪應贖輕罪應居作官當者以居作官爲重下刑適重者謂若二者俱是贓罪罪從重科輕贓亦備是爲輕并數也蓋劉用今文家說如此如令使臧吏禁錮子孫以輕從重懼及善人左傳曰刑濫則懼及善人集解劉攽曰如令使臧吏案文多一如字沈欽韓曰以罪人連染坐之輕者臧吏終身禁錮坐之重者令子孫同禁錮是爲以輕從重也非先王詳刑之意也尚書周穆王曰有邦有土告汝詳刑鄭玄注云詳審察之也有詔太尉議是視事三年以疾乞骸骨久迺許之下河南尹禮秩如前歲餘卒于家詔使者護喪事賜東園祕器錢五十萬布千匹少子茂字叔盛亦好禮讓歷位出納出納謂尚書喉舌之官也出謂受上言宣於下納謂聽下言傳於上桓帝時爲司空會司隸校尉李膺等抵罪而南陽太守成瑨太原太守劉瓆下獄當死茂與太尉陳蕃司徒劉矩共上書訟之集解錢大昕曰據本紀時爲司徒者乃胡廣非劉矩也陳蕃傳與此同帝不悅有司承旨劾奏三公茂遂坐免建寧中復爲太中大夫卒於官

周磐字堅伯集解惠棟曰汝南先賢傳作盤云盤字堅伯江夏都尉遺腹子也汝南安成人徵士燮之宗也燮自有傳祖父業建武初爲天水太守磐少游京師學古文尚書洪範五行左氏傳好禮有行非典謨不言諸儒宗之居貧養母儉薄不充嘗誦詩至汝墳之卒章慨然而歎韓詩曰汝墳辭家也其卒章曰魴魚赬尾王室如燬雖則如燬父母孔邇薛君章句赬赤也燬烈火也孔甚也邇近也言魴魚勞則尾赤君子勞苦則顏色變以王室政教如烈火矣猶觸冒而仕者以父母甚迫近飢寒之憂爲此祿仕集解周壽昌曰案韓詩外傳云枯魚銜索幾何不蠹二親之壽忽如過隙樹木欲茂霜露不凋使賢士欲成其名二親不待家貧親老不擇官而仕詩曰雖則如燬云云列女傳周南妻傳家貧親老不擇官而仕詩曰云云說與韓詩同迺解韋帶就孝廉之舉以韋皮爲帶未仕之服也求仕則服革帶故解之賈山上書曰布衣韋帶之士也和帝初拜謁者除任城長遷陽夏重合令陽夏屬淮南郡重合屬勃海郡集解洪亮吉曰案前志陽夏屬南陽國續志則屬陳兩漢皆無淮南郡魏始有之又非陽夏所屬注蓋誤先謙曰重合今武定府樂陵縣西頻歷三城皆有惠政集解惠棟曰謝承書云磐初爲安陵令以從弟暢爲司隸縣屬州部換陽平令復換重合令磐以歷二縣恥復經三城遂去還家立精舍教授學徒守先人冢廬遠方知名後思母

棄官還鄉里及母歿哀至幾於毀滅服終遂廬於冢側教授門徒常千人公府三辟皆以有道特徵磐語友人曰昔方回攴父嗇神養和不以榮利滑其生術嗇愛惜也滑亂也列仙傳曰方回堯時隱人也堯聘之練食雲母隱於五柞山至夏啟末爲人所劫閉之室中從求道回化而去高士傳曰堯舜各以天下讓攴父攴父曰予適有勞憂之病方且療之未暇理天下也莊子作攴伯集解惠棟曰呂氏春秋云論早定而知早嗇知早嗇則精不竭高誘云嗇愛也愛精神故不竭李康運命論云不愛其身而嗇其神李善注云呂氏春秋云凡事之本必理其身嗇其大寶注云嗇愛也寶身也先謙曰官本攴並作支吾親以歿矣從物何爲遂不應物猶事也建光元年年七十三歲朝會集諸生講論終日歲朝歲旦因令其二子曰吾日者夢見先師東里先生與我講於陰堂之奧東南隅謂之奧陰堂幽暗之室又入其奧死之象也既而長歎豈吾齒之盡乎若命終之日桐棺足以周身外椁足以周棺斂形懸封濯衣幅巾斂形謂衣覆其形懸封謂直下棺不爲埏道也濯衣浣衣也不更新制幅巾不加冠也封音窆編二尺四寸簡寫堯典一篇集解惠棟曰鄭元論語序云易詩書禮樂春秋策皆一尺四寸孝經謙半之論語八寸策者三分居

一又謙焉并刀筆各一以置棺前示不忘聖道其月望日無病忽終學者以爲知命焉磐同郡蔡順字君仲亦以至孝稱汝南先賢傳曰蔡順事母至孝井桔槔朽在母生年上而順憂不敢理之俄而有扶老藤生繞之遂堅固焉順少孤養母集解惠棟曰東觀論云王莽亂人相食君仲取桑椹赤黑異器賊問所以君仲云黑與母赤自食賊義之遺鹽二斗受而不食周斐汝南先賢傳云母至婚家因飲酒變吐順恐中毒乃嘗其吐母生瘡出膿以口嗽之嘗出求薪有客卒至卒音千訥反母望順不還迺噬其指噬嚙也順卽心動棄薪馳歸跪問其故母曰有急客來吾噬指以悟汝耳母年九十以壽終未及得葬里中災火將逼其舍順抱伏棺柩號哭叫天火遂越燒它室順獨得免太守韓崇集解惠棟曰陶宏景云崇字長季吳郡毗陵人也初仕宛陵令蝗不集界累遷汝南太守陰皇后葬京師近郡二千石妻當會園陵而崇獨淸素妻忿崇哭泣詔問其故太常馮奚答曰汝南太守韓崇淸苦遠尙味道忘身享重官而妻自紡績政化仁簡視民如傷深達奇博有君子之鑒斯則昏夕之夜光陛下之子產也妻不通寒儉之節哭怨無衣不足以顯崇明德上奇之加崇俸祿秩中二千石後孝明帝巡狩汝南上治崇府崇使妻出仕孤獨老嫗家上聞歎曰韓崇所謂百鍊不銷也賜縑五十匹崇積十四年政化洽

著舉天下最年七十四沈欽韓曰謝承書韓崇遷汝南太守詔引見賜車馬劍革帶上敕曰汝南朕之腹心任亦京師也召爲東閤祭酒母平生畏雷自亡後每有雷震順輒圜冢泣曰順在此崇聞之每雷輒爲差車馬到墓所太守鮑衆舉孝廉順不能遠離墳墓遂不就年八十終於家

趙咨字文楚東郡燕人也燕故城今滑州胙城縣也古南燕之國也〔集解〕先謙曰今衞輝府延津縣東三十五里父暢爲博士咨少孤有孝行州郡召舉孝廉竝不就延熹元年大司農陳猗〔集解〕先謙曰官本猗作猗舉咨至孝有道仍遷博士靈帝初太傅陳蕃大將軍竇武爲宦者所誅咨迺謝病去太尉楊賜特辟使飾巾出入請與講議以幅巾爲首飾不加冠冕舉高第累遷敦煌太守以病免還躬率子孫耕農爲養盜嘗夜往劫之咨恐母驚懼迺先至門迎盜因請爲設食謝曰老母八十疾病須養居貧朝夕無儲乞少置衣糧妻子物餘〔集解〕惠棟曰蔣杲云物餘當作餘物一無所請盜皆慙歎跪而辭曰

所犯無狀干暴賢者言畢奔出咨追以與之不及由此益知名徵拜議郎辭疾不到詔書切讓州郡以禮發遣前後再三不得已應召復拜東海相之官道經滎陽令敦煌曹暠咨之故孝廉也咨爲敦煌太守時薦暠爲孝廉迎路謁候咨不爲留暠送至亭次望塵不及謂主簿曰趙君名重今過界不見必爲天下笑卽棄印綬追至東海謁咨畢辭歸家其爲時人所貴若此咨在官清簡〔集解〕惠棟曰謝承書人遺其雙枯魚嗽之二歲不盡以儉化俗計日受奉豪黨畏其儉節視事三年以疾自乞徵拜議郎抗疾京師〔集解〕劉攽曰案抗無義當是被字將終告其故吏朱祇蕭建等使薄斂素棺籍以黃壤棺中置土以藉其屍也欲令速朽早歸后土不聽子孫改之迺遺書敕子胤曰夫含氣之倫有生必終蓋天地之常期自然之至數是以通人達士鑒茲性命以存亡爲晦明死生爲朝夕故其生也不爲娛亡也不爲戚夫亡者元氣去體貞魂游散反素復始歸於無端元氣天之氣也貞正也復旋也端際也太素太始天地之初也言人既死正魂游散反於大素旋於太始無復端際者也〔集解〕惠棟曰廣雅云太初氣之始也太始形之始也太素質之始也詩緯云陽本爲雄陰本爲雌物本爲魂雄雌但行三節而雄合物魂號曰太素也三未分別號曰渾淪既已消仆還合糞土土爲棄物豈有性情而欲制其厚薄調其燥溼邪但以生者之情不忍見形之毀迺有掩骼埋窆之制易曰古之葬者衣以薪藏之中野後世聖人易之以棺椁易繫辭之文也棺椁之造自黃帝始劉向曰棺椁之作自黃帝始案禮記曰殷人棺椁至殷而加飾爰自陶唐逮於虞夏猶尚簡樸或瓦或木及至殷人而有加焉禮記有虞氏之瓦棺夏后氏之堲周殷人棺椁古史考曰禹作土堲以周棺堲音卽七反周室因之制兼二代復重以牆翣之飾禮記曰周人牆置翣盧植曰牆載棺車箱也三禮圖曰翣以竹爲之高二尺四寸廣三尺衣以白布柄長五尺葬時令人執之於柩車傍也表以旌銘之儀禮記曰銘明旌也以死者爲不可別故以其旗識之〔集解〕劉攽曰表以旌銘之儀案旌銘合作銘旌先謙曰官本注其旗作其旗招復含斂之禮招復謂招魂復魄也含以玉珠寶口也斂以衣服斂屍也禮記曰凡復男子稱名婦人稱字穀梁傳曰貝玉曰含禮記曰小斂於戶內大斂於

阼也殯葬宅兆之期期謂諸侯五日而殯五月而葬大夫三日而殯三月而葬士二日而殯踰月而葬宅兆葬之塋域也棺椁周重之制禮記曰天子之棺四重鄭玄注云諸公三重諸侯再重大夫一重士不重又曰君松椁大夫柏椁士雜木椁注云天子七重諸公四重諸侯三重大夫再重士一重也〔集解〕沈欽韓曰七重七當作五衣衾稱襲之數凡小斂諸侯大夫士皆用複衾君錦衾大夫縞衾士緇衾又曰天子襲十二稱諸公九稱諸侯七稱大夫五稱士三稱小斂尊卑同十九稱大斂天子百稱上公九十稱侯伯七十稱大夫五十稱士三十稱衣單複具曰稱其事煩而害寶品物碎而難備然而秩爵異級貴賤殊等自成康以下其典稍乖至於戰國漸至穨陵戰國當春秋時也穨陵謂穨廢陵遲法度衰毀上下僭雜終使晉侯請隧隧謂掘地爲埏道王之葬禮也諸侯則懸柩故請之也左傳晉文公朝于襄王請隧不許秦伯殉葬左傳秦伯任好卒任好秦繆公名也以子車氏奄息仲行鍼虎殉葬國人哀之爲賦黃鳥之詩也陳大夫設參門之木〔集解〕惠棟曰案門疑作同檀弓篇下云陳乾昔寢疾屬其子曰必大爲吾棺使吾二婢子夾我陳乾昔死其子曰以殉葬非禮也況又同棺乎弗果殺此所謂參同者歟宋司馬造石槨之奢宋司馬桓魋也自爲石椁三年不成孔子曰若是其靡也死不如速朽之愈也見禮記爰曁暴秦違道廢德滅三代之制興淫邪之

法國貲糜於三泉人力單於酈墓玩好窮於糞土伎巧費於窀穸（窀厚也穸夜也厚夜猶長夜也秦始皇初卽位營葬驪山役徒七十餘萬人下錮三泉宮觀百官奇器珍怪莫不畢備令匠作弩矢有所穿近矢輒射之以水銀爲百川江河大海上具天文以人魚爲膏燭事見史記集解劉攽曰注人魚爲膏燭案文膏當在爲字上先謙曰酈驪借字）自生民已來厚終之敝未有若此者雖有仲尼重明周禮（謂周公制禮之後仲尼自衞反魯又定之也）墨子勉已古道猶不能禦也（禦止也言猶不能止其奢侈墨子曰古者聖人制爲葬埋之法棺三寸足以朽體衣衾三領足以覆惡堯葬卭之山滿坎無窆舜葬紀市禹葬會稽皆下不及泉上無遺臭三王者豈財用不足哉）是已華夏之士爭相陵尙違禮之本事禮之末務禮之華棄禮之實單家竭財已相營赴廢事生而營終亡替所養而爲厚葬（替廢也）豈云聖人制禮之意乎記曰喪雖有禮哀爲主矣又曰喪與其易也寧戚今則不然并棺合椁已爲孝愷豐貲重襚已昭惻隱（穀梁傳曰衣衾曰襚音遂）吾所不取也昔舜葬蒼梧二妃不從（二妃娥皇女英也禮記曰舜葬於蒼梧蓋二妃未之從也）豈有匹配之會守常之所乎聖主明

王其猶若斯況於品庶禮所不及古人時同卽會（謂呂望爲太師死葬於周其子封於齊比五代皆反葬於周此時同則會也）時乖則別（謂舜葬於蒼梧二妃不從）動靜應禮臨事合宜王孫裸葬（王孫者楊王孫也臨終令其子曰吾死可爲布囊盛尸入地七尺旣下從足脫其囊以身親土遂裸葬見前書）墨夷露骸（墨夷謂爲墨子之學者名夷之欲見孟子孟子曰吾聞墨之治喪以薄爲其道也蓋上世嘗有不葬其親者其親死則舉而委之於壑見孟子）皆達於性理貴於速變梁伯鸞父歿卷席而葬身亡不反其尸（梁伯鸞父護寓於北地而卒卷席而葬鴻後出關適吳及卒葬於吳要離冢傍）彼數子豈薄至親之恩亡忠孝之道邪況我鄙闇不德不敏薄意內昭志有所慕（薄微也）上同古人下不爲咎果必行之勿生疑異恐爾等目厭所見耳諱所議必欲改殯已乖吾志故遠采古聖近揆行事已悟爾心但欲制坎令容棺槨棺歸卽葬（歸到東郡也）平地無墳勿卜時日葬無設奠勿留墓側無起封樹於戲小子其勉之哉吾蔑復有言矣朱祇蕭建送喪到家（謝承書曰咨在京師病困故吏蕭建經營之咨豫自買小素棺使人取乾黃土細擣篩之聚二十石臨卒謂建曰亡後自著所有故巾單衣先置土於棺內尸其中以擁其上集解先謙曰官本祇作秖引劉攽曰朱秖案一傳中祇秖不同當從一）子肖不忍父體與土并合欲更改殯祇建譬已顧命（譬曉也）於是奉行時稱咨明達

贊曰公子長平臨寇讓生淳于仁悌巨孝已名居巢好讀遂承家祿伯豫逡巡方迹孤竹文楚薄終喪朽惟速周能感親齋神養福（感思也謂誦詩至汝墳思養親而求仕也齋神養福謂不應辟召以壽終也左傳曰能者養之以福集解先謙曰周能二句當在文楚二句上前諸傳贊皆順敘末四語亦別無用意之處不應倒置也）

劉趙淳于江劉周趙列傳第二十九終　　後漢書三十九

後漢書集解卷三十九校補

序奉者志倚士 官本士下有也字

汝南薛包孟常集解先謙曰東觀記包作苞 官本常作嘗謹案風俗通云有薛孟嘗者與子弟共居弟子常求分力不能止奴婢引其老者曰與吾共事汝不能使之田屋取其荒壞者曰我少時所作意所戀也器物取其久者曰我服食久身安之也外有共分之名內實十三耳所記略與序同葢漢世於有名德者輒爲七言句以表其字故范名字並舉班書儒林等傳已有先例作嘗爲是

至被毆杖 官本毆作歐柳從辰曰說文徐氏云毆以杖擊也東觀記作毆是案毆卽驅字謂驅之出不去又杖之故不得已而廬於舍外也古書毆亦通毆但作毆於義仍未確

撰其行事著於篇集解王補曰至則盡失范史之舊矣 案通志自爲書何用沿范史之舊此條自惟鄭志以下應渻

劉平傳仲不可已絕類集解惠棟曰詩云永錫爾類至注云謂有肖嗣是也 錢大昭曰左氏襄二十三年傳子展廢良而立太叔曰請舍子明之類

平狄將軍龐萌反於彭城攻敗郡守孫萌 錢大昭曰是時彭城非郡不得有守本紀作楚郡太守

被十創 錢大昭曰十閩本作七

拜全椒長注全椒縣屬九江郡 官本注末有也字

楚國劉曠 案上書稱楚國者以楚郡時已復爲國也

趙孝傳已有長者客集解沈濤曰孝爲將軍子至非重孝高名 陳景雲曰長者客猶言貴客卽下言田禾將軍子是也注未明了侯康曰意林引風俗通云禮云羣居五人長者必異席今呼權貴作長者非也據此知漢時以長者爲貴人之稱長者客猶云貴人客御覽百九十四引續漢書正作貴客又馬援傳云但畏長者家兒又云而反游京師長者此二文亦專指權貴章懷于前注不誤于後注云長者謂豪俠則誤胡三省已辨之而未知爲漢人之常譚故復引風俗通以正其失

竝得俱免集解官本考證曰俱字疑衍 案俱免屢見本書則俱非衍字當是竝字爲遂之譌耳

致諭學問集解先謙曰官本諭作誨 錢大昭曰諭閩本作誨是官本與閩本合也

縱我不得宅人何傷 錢大昭曰言我雖不得宅人得之亦無傷也案如錢說則宅人當作與人矣葢本謂事無傷於宅人故勉爲之得失所不計

江革傳字次翁 柳從辰曰袁紀作次伯

自在轅中輓車不用牛馬 柳從辰曰袁紀革不爲修飾之行務適親意而已嘗自爲母炊爨不任妻子

劉般傳紆哭泣毆血 官本毆作歐是

後已國屬楚王集解洪頤煊曰案前書地理志菑丘本屬楚國未知此時改屬何郡 柳從辰曰劉平傳平守菑邱長注云縣屬彭城國係從章帝改名後書未改名前亦屬楚國惟後漢楚之封國始於建武十五年其前嘗復爲郡詳見平傳集解洪說中則菑邱此時本屬楚郡也案光武紀建武五年龐萌反殺楚郡太守孫萌則楚嘗復爲郡明矣

時五校官顯職閑 錢大昭曰五校者屯騎越騎步兵長水射聲校尉也皆掌宿衛兵

般常將長水胡騎從 錢大昭曰續漢志長水校尉有司馬胡騎司馬各一人 帝嘗欲置常平

倉 官本嘗作曾

卒多蠶桑 官本多作少是

憲卒子重嗣 官本憲作位誤

於從政乎何有注論語之文也何有者何難之有也 官本無此注

是猶濁其源而望流清注前書杜欽曰 官本注無杜欽二字

卽獨解倘臧錮 漢法臧吏皆禁錮故云臧錮

已墜眾望 官本墜作厥案古書厥壓蹷通作

遂增錮二世注二世 官本注世作代未改

非先王詳刑之意也注尚書至告汝詳刑 官本汝作爾柳從辰曰今本詳作祥乃後改之失見孔傳參正

太原太守劉瓆 柳從辰曰桓紀瓆作質案互見馮緄傳校補

周磐傳順少孤養母集解賊義之 今東觀記義作異

趙咨傳妻子物餘集解惠棟曰蔣杲云物餘當作餘物柳從辰曰東觀記作餘物御覽四百十二引東觀記同案餘存也妻子物餘猶云妻子物存者皆可聽取明不爲妻子請也改作餘物則與妻子並列於義反窒

干暴賢者錢大昭曰閩本暴作冒

反素復始集解惠棟曰廣雅云至號曰渾淪沈銘彝曰太易太初太始太素及渾淪諸名目皆本列子天瑞篇

豐貲重襚襚原譌隧據本注正官本文注均譌襚

朱祇蕭建送喪到家集解先謙曰官本祇作秖至當從一謹案朱名本傳凡三見此依汲古本前一左从禾後二左从衣官本前一後一左均从示中一从禾其右从氏則同是有三作矣但官本於从衣之字輒譌从示似祇仍祇之譌

班彪列傳第三十上自東都主人以下分爲下卷　後漢書四十上

宋　宣　城　太　守　范　曄　撰

唐　章　懷　太　子　賢　注

王先謙集解

班彪字叔皮扶風安陵人也集解錢大昕曰班超傳云扶風平陵人當有一誤祖況成帝時爲越騎校尉父稚哀帝時爲廣平太守廣平郡今名州永平縣也隋室諱廣改焉集解洪頤煊曰前書敘傳哀帝即位出稺爲西河屬國都尉遷廣平相地理志廣平國武帝置爲平干國宣帝時復故諸侯王表平干繆王元五鳳二年坐殺謁者會薨不得代則自平干廢後廣平仍爲郡哀帝建平三年正月王漢以夷王弟紹封廣平是稱先還廣平太守後隨國改爲相敘傳據終後言之故所載不同沈欽韓曰注名州永平縣當作洺州永年縣今廣平府雞澤縣東二十里舊城村

彪性沈重好古年二十餘更始敗三輔大亂時隗囂擁眾天水彪乃避難從之集解惠棟曰摯虞流別論云更始時彪避難涼州發長安至安定作北征賦囂問彪曰往者周亡戰國並爭天下分裂數世然後定意者從橫之事集解惠棟曰意前書作抑古字通論語抑與之與石經亦作意薛君韓詩章句云抑意也復起於今乎將承運迭興在於一人也願生試論之集解惠棟曰生先生也對曰周之廢興與漢殊異昔周爵五等諸侯從政本根既微枝葉彊大故其末流有從橫之事埶數然也漢承秦制改立郡縣主有專己之威臣無百年之柄至於成帝假借外家外家謂王鳳王商等並輔政領尚書事也哀平短祚國嗣三絕哀帝在位六年平帝在位五年故曰短祚成哀平俱無子是三絕也故王氏擅朝因竊位號危自上起傷不及下成帝威權借於外家是危自上起也漢德無害於百姓是傷不及下也是以即眞之後天下莫不引領而歎十餘年間中外搔擾遠近俱發假號雲合咸稱劉氏不謀同辭謂王郎盧芳等並詐稱劉氏也方今雄桀帶州域者皆無七國世業之資而百姓謳吟思仰漢德已可知矣囂曰生言周漢之埶可也至於但見愚人習識劉氏姓號之故而謂漢家復興疏矣昔秦失其鹿劉季逐而羈之集解王補曰羈前書敘傳作掎師古注掎偃持其足也音居蟻反通鑑亦作掎用左

傳晉人角之諸戎掎之時人復知漢乎太公六韜曰取天下如逐鹿鹿得天下共分其肉也集解沈欽韓曰囂起兵奉祠高廟稱臣彪在隗氏時囂猶陽奉漢何至直稱其字此與諸將勸進光武而云伯升皆史文之誤彪既疾囂言又傷時方艱乃著王命論以爲漢德承堯有靈命之符王者興祚非詐力所致欲以感之而囂終不寤遂避地河西河西大將軍竇融以爲從事深敬待之接以師友之道彪乃爲融畫策事漢總河西以拒隗囂及融徵還京師光武問曰所上章奏誰與參之融對曰皆從事班彪所爲帝雅聞彪材因召入見舉司隸茂才拜徐令以病免司隸舉爲茂才也徐縣屬臨淮郡後數應三公之命輒去彪既才高而好述作遂專心史籍之間武帝時司馬遷著史記自太初以後闕而不錄太初武帝年號後好事者頗或綴集時事然多鄙俗不足以踵繼其書好事者謂揚雄劉歆陽城衡褚少孫史孝山之徒也集解沈欽韓曰衞是衡之誤御覽八百十五引桓譚新論云陽城子張名衡蜀郡人論衡對作篇陽城子張作樂經楊子雲造玄[illegible]城氏漢有諫議大夫陽城公衡郎其人衍公字史通正史篇諸好事者若馮商衛衡揚雄

史岑梁審肆仁晉馮段肅金丹馮衍韋融蕭奮劉恂等相次撰續迄於哀平間猶名史記高誘云陽城姓漢有少府陽城延百官表作陽成成城古通陽城衡華陽國志作陽城子元彪乃繼採前史遺事傍貫異聞作後傳數十篇集解沈欽韓曰至建武中彪以爲馮商等作其言鄙俗不足以踵繼前史又雄歆褒美僞新誤後惑衆不當垂之後代者也作後傳六十五篇因斟酌前史而譏正得失其略論曰唐虞三代詩書所及世有史官以司典籍禮記曰動則左史書之言則右史書之見於史籍者夏太史終古殷太史向摯周太史儋也見呂氏春秋暨於諸侯國自有史左傳魯季孫召外史掌惡臣衛史華龍滑曰我太史也楚有左史倚相故孟子曰楚之檮杌晉之乘魯之春秋其事一也乘者興於田賦乘馬之事檮杌者嚚凶之類興於記惡之誡春秋以二始舉四時以記萬事遂各因以爲名其記事一也見趙岐孟子注定哀之間魯定公哀公也魯君子左丘明論集其文作左氏傳三十篇又撰異同號曰國語二十篇集解惠棟曰論衡云國語左氏之外傳也左氏傳經辭語尚略故復選錄國語之辭以實之由是乘檮杌之事遂闇不行於時爲闇也其書今亡而左氏國語獨章又有記錄黃帝以來至春秋時帝王公侯卿大夫號曰世本一十五篇集解

惠棟曰顏之推云世本左邱明所書此說出皇甫謐帝王世紀傳子曰楚漢之際有好事者作世本上錄黃帝下逮漢末春秋之後七國並爭秦幷諸侯則有戰國策三十三篇漢興定天下太中大夫陸賈記錄時功作楚漢春秋九篇集解惠棟曰司馬貞云陸賈記項氏與漢高祖初起及說惠文間事劉知幾云晏子虞卿呂氏陸賈其書篇第本無年月而亦謂之春秋孝武之世太史令司馬遷採左氏國語刪世本戰國策據楚漢列國時事上自黃帝下訖獲麟武帝泰始二年登隴首獲白麟遷作史記絕筆於此年也作本紀世家列傳書表凡百三十篇而十篇缺焉十篇謂遷歿之後亡景紀武紀禮書樂書兵書將相年表日者傳三王世家龜策傳靳歙列傳遷之所記從漢元至武則以絕其功也集解先謙曰官本則字在絕下考證云舊本作從漢元至武則絕其功也毛本作從漢元至武則以絕其功也皆不成文理今從監本至於採經摭傳集解惠棟曰司馬貞云案字書摭拾也音之赤反分散百家之事甚多疏略不如其本務欲以多聞廣載爲功論議淺而不篤其論術學則崇黃老而薄五經黃帝老子道家也五經儒家也遷序傳曰道家使人精神專一動合無形贍足萬物此謂崇黃老也又曰儒者博而寡要勞而少功此謂

薄五經也序貨殖則輕仁義而羞貧窮史記貨殖傳序曰家貧親老妻子輭弱歲時無以祭祀飲食被服不足以自適如此不慙恥則無所比矣無巖處奇士之行而長貧賤語仁義亦足羞也集解沈欽韓曰史通雜說上太史公述儒林則不取游夏之文學著循吏則不言冉季之政事至於貨殖爲傳則以子貢居先成人之美不其闕如道游俠則賤守節而貴俗功史記游俠傳序曰季次原憲行君子之德義不苟合當世當世亦笑之終身空室蓬戶褐衣疏食不厭今游俠其行雖不軌於正義然其言必信於行必果已諾必誠不愛其軀赴士之戹薾有足道者今拘學或抱咫尺之義久孤於世豈若卑論儕俗與世沈浮而取榮名哉集解王補曰晁氏云後世愛遷者多以此論爲不然謂遷特感當世之所失憤其身之所遭寓之於書有所激而爲此耳非其心之所謂誠然也不察其心而驟譏之過矣此其大敝傷道所以遇極刑之咎也極刑謂遷被腐刑也遷與任安書曰最下腐刑極矣然善述序事理辯而不華質而不野文質相稱蓋良史之才也誠令遷依五經之法言同聖人之是非意亦庶幾矣易曰顏氏之子其殆庶幾乎夫百家之書猶可法也若左氏國語世本戰國策楚漢春秋太史公書今之所以知古後之所由觀前聖人之耳目也司馬遷序帝王則曰本紀公侯傳國則曰

世家卿士特起則曰列傳又進項羽陳涉而黜淮南衡山謂遷著項羽本紀又陳涉起於隴畝數月被殺無子孫相繼著爲世家淮南衡山漢室之王肖當世家而編之列傳言進退之失也集解何焯曰淮南衡山之不爲世家與淮陰黥彭同例細意委曲條例不經若遷之著作採獲古今貫穿經傳至廣博也一人之精文重思煩故其書刊落不盡尙有盈辭多不齊一刊削也謂削落繁蕪仍有不盡若序司馬相如舉郡縣著其字至蕭曹陳平之屬及董仲舒竝時之人不記其字或縣而不郡者蓋不暇也史記衛青者平陽人也張釋之堵陽人竝不顯郡之類也集解周壽昌曰注於本文蕭曹陳平董仲舒之外引衛張之類亦未備他不具論最著者如韓信樊噲張蒼周昌酈竝時之李廣賈誼亦皆未有字也蓋古人稱名字不甚顯或前已遺之無從補載非不暇之謂也若縣而不郡蓋郡所同也縣所獨也舉縣而郡可知非若同名之縣必載郡名始別之也今此後篇愼覈其事整齊其文不爲世家唯紀傳而已傳曰殺史見極平易正直春秋之義也彪復辟司徒王況府王音肅集解沈欽韓曰是時司徒上有大字時東宮初建諸王國竝開建武二十三年王況爲司徒十九年建明帝爲太子十七年封諸王而官

後漢書四十上　四

屬未備師保多闕彪上言曰孔子稱性相近習相遠也見論語集解王會汾曰案宋本作見何論蓋何晏注論語故唐人以何氏本爲何論後人不考所由認爲錯誤改作論語義雖無害要須仍古人之舊不必竄易也賈誼曰爲習與善人居不能無爲善猶生長於齊不能無齊言也習與惡人居不能無爲惡猶生長於楚不能無楚言也賈誼上疏之辭是已聖人審所與居而戒愼所習昔成王之爲孺子出則周公召公太史佚入則太顚閎天南宮括散宜生左右前後禮無違者左傳曰自郊勞至於贈賄禮無違者故成王一日卽位天下曠然太平是已春秋愛子教已義方不納於邪驕奢淫佚所自邪也左傳衞大夫石碏諫衞莊公之辭也集解惠棟曰服虔左氏解詁云言此四者過從邪起詩云詒厥孫謀已宴翼子言武王之謀遺子孫也詩大雅也詒遺也宴安也翼敬也言文王遺其孫以善謀武王以安敬之道遺其子子謂成王也漢興太宗使鼂錯導太子已法術文帝時鼂錯爲博士上言曰人主所以顯功揚名者以知術數也今皇太子所讀書多矣而未知術數願陛下擇聖人之術以賜太子上善之拜錯爲太子家令賈誼教梁王已詩書賈誼爲梁王太傅梁王文帝之少子名揖愛而好書故令誼傅之及至中宗亦令劉向王襃蕭望之周堪之徒已文章儒學保訓東宮已下中宗宣帝也時元帝爲太子宣帝使王襃劉向張子僑等之太子宮娛侍太子朝夕讀誦蕭望之爲太傅周堪爲少傅竝見前書莫不崇簡其人就成德器今皇太子諸王雖結髮學問修習禮樂而傅相未置賢才官屬多闕舊典宜博選名儒有威重明通政事者已爲太子太傅東宮及諸王國備置官屬又舊制太子食湯沐十縣設周衞交戟五日一朝因坐東廂省視膳食其非朝日使僕中允旦旦請問而已明不媟黷廣其敬也漢官儀曰皇太子五日一至臺因坐東廂省視膳食以法制敕大官尙食宰吏其非朝日使僕中允旦旦請問明不媟黷所以廣敬也太子僕一人秩千石中允一人四百石主門衞徼巡書奏帝納之後察司徒廉爲望都長吏民愛之察舉也司徒薦爲廉集解王會汾曰諸本同案正文及注廉字上皆脫一孝字前云舉司隸茂才注司隸舉爲茂才也文法正與此同沈欽韓曰望都今保定府慶都縣西北三十里建武三十年年五十二卒官所著賦論書記奏事合九篇集解沈欽韓曰文選有北征賦藝文類聚

後漢書四十上　五

有彪悼離騷其它竝見兩書舊唐志班彪集二卷二子固超超別有傳

論曰班彪已通儒上才傾側危亂之閒行不踰方論語孔子曰可謂仁之方鄭玄注云方猶道也言不失正仕不急進貞不違人敷文華已緯國典守賤薄而無悶容彼將已世運未弘非所謂賤焉恥乎何其守道恬淡之篤也孔子曰邦有道貧且賤焉恥也言彪當中興之初時運未泰故不以貧賤爲恥何守道淸靜之固也恬淡猶淸靜也篤固也

固字孟堅年九歲能屬文誦詩書集解惠棟曰東觀記固九歲能作賦頌數入讀書禁中每巡守輒獻賦頌先謙曰官本書作賦及長遂博貫載籍九流百家之言無不窮究九流謂道儒墨名法陰陽農雜縱橫所學無常師不爲章句舉大義而已性寬和容衆不已才能高人諸儒已此慕之謝承書曰固年十三王充見之拊其背謂彪曰此兒必記漢事集解沈欽韓曰充著論衡數稱班固其案書篇云今尙書郎班固其對作篇自言於建初初奏記郡守則充爲掾固已爲郎名輩在先豈得云充呼固小兒乎謝書多虛誣充其鄉里先輩務欲矜夸不自知乖謬也永平初東平王蒼已至戚爲

驃騎將軍輔政開東閤延英雄時固始弱冠奏記說蒼曰奏進也記書也前書待詔鄭朋奏記於蕭望之奏記自朋始也集解惠棟曰任昉文章緣起云奏記漢江都董仲舒詣公孫宏奏記案仲舒奏記今載古文苑將軍㠯周召之德立乎本朝承休明之策建威靈之號號驃騎將軍也昔在周公今也將軍詩書所載未有三此者也唯蒼與周公二人而已傳曰必有非常之人然後有非常之事有非常之事然後有非常之功司馬相如喻蜀之辭固幸得生於清明之世豫在視聽之末私㠯螻蟻竊觀國政螻蟻謂細微也誠美將軍擁千載之任躡先聖之蹤千載謂自周公至明帝時千餘載也先聖謂周公也體弘懿之姿據高明之埶博貫庶事服膺六蓺白黑簡心求善無厭淮南子曰聖人見是非若白黑之別於目左傳曰求善不厭集解先謙曰官本注末有也字採擇狂夫之言不逆負薪之議負薪賤人也三略曰負薪之語廊廟之言也竊見幕府新開廣延羣俊四方之士顛倒衣裳詩曰東方未明顛倒衣裳言士爭歸之急遽也將軍宜詳唐殷之舉察伊皋之薦舜舉皋陶湯舉伊尹令遠近無偏幽隱必達期於

總覽賢才收集明智爲國得人㠯寧本朝則將軍養志和神優游廟堂光名宣於當世集解沈欽韓曰詩皇矣傳光大也遺烈著於無窮竊見故司空掾桓梁集解惠棟曰梁馮翊人見宋宏傳宿儒盛名冠德州里七十從心行不踰矩論語孔子曰七十而從心所欲不踰矩言恣心之所爲皆闇合於法則蓋清廟之光輝當世之俊彥也詩周頌曰於穆清廟肅雝顯相濟濟多士秉文之德鄭玄注曰顯光也言桓梁可參多士助祭於清廟爲光輝也爾雅曰髦俊也美士爲彥集解周壽昌曰周頌作秉文之德此注作執義同字異下傳典引對越天地注亦引詩作秉不作執唐諱昞秉與兩同音嫌名也唐於丙字作景可證後注引詩仍作秉或後人回改又章懷作注如後文楊秉之類難改人名勢不能悉避也京兆祭酒晉馮集解惠棟曰案史通馮當撰次漢史以續史記孫愐云晉姓本自唐叔虞之後以晉爲氏魏有晉鄙結髮修身白首無違好古樂道玄默自守古人之美行時俗所莫及扶風掾李育育字元春見儒林傳經明行著教授百人客居杜陵茅室土階京兆扶風二郡更請徙㠯家貧數辭病去集解先謙曰官本徙作徒溫故知新論議通明廉清修潔行能純備雖前世名儒國家所器韋平孔翟無㠯加焉韋賢平當孔光翟方進也流俗本平字作玄誤宜令考績㠯參萬事京兆督郵郭基孝行著於州里經學稱於師門政務之績有絕異之效如得及明時秉事下僚進有羽翮奮翔之用退有杞梁一介之死說苑曰趙簡子遊於西河而歎曰安得賢士而與處焉舟人古乘對曰鴻鵠高飛所恃者六翮也背上之毛腹下之毳加之滿把飛不能爲之益高不知門下左右客千人亦有六翮之用乎將盡毛毳也又曰齊莊公攻莒杞梁與華周進鬬壞軍陷陣三軍不敢當至莒城下殺二十七人而死也集解沈欽韓曰古乘新序作固桑說苑尊賢篇作古乘韓詩外傳作盍胥人表作古來循吏傳注作古桑乘來皆桑之誤吉又爲古之誤涼州從事王雍躬卞嚴之節文之㠯術蓺卞嚴卞莊子也新序曰卞莊子好勇養母戰而三北交遊非之國君辱之莊子受命顏色不變及母死三年齊與魯戰莊子請從至見於將軍曰初獨與母處是以戰而三北今母沒矣請塞責遂赴敵而鬬獲甲首而獻曰夫三北以養母也吾聞之節士不以辱生遂殺十人而死論語孔子曰卞莊子之勇冉求之藝文之以禮樂涼州冠蓋未有宜先雍者也古者周公一舉則三方怨曰奚爲而後已孫卿子曰周公東征西國怨曰何獨不來也南征而北國怨曰何獨後我也宜及府開㠯慰遠方弘農功曹史殷肅固集殷作段集解惠棟曰案史通肅與京

兆祭酒晉馮嘗撰史記以續史遷之書經籍志有段肅注春秋穀梁傳十四卷達學洽聞才能絕倫誦詩三百奉使專對此六子者皆有殊行絕才德隆當世如蒙徵納㠯輔高明此山梁之秋夫子所爲歎也秋猶時也論語孔子曰山梁雌雉時哉昔卞和獻寶㠯離斷趾離被也斷趾刖足也事見韓子靈均納忠終於沈身屈原字靈均納忠於楚忠不見信自沈於汨羅之水而死而和氏之璧千載垂光屈子之篇萬世歸善願將軍隆照微之明信日昃之聽信音申少屈威神咨嗟下問令塵埃之中永無荊山汨羅之恨蒼納之父彪卒歸鄉里固㠯彪所續前史未詳乃潛精研思欲就其業既而有人上書顯宗告固私改作國史者有詔下郡收固繫京兆獄盡取其家書集解惠棟曰袁宏紀云悉斂家書封上先是扶風人蘇朗僞言圖讖事下獄死固弟超恐固爲郡所覈考不能自明乃馳詣闕上書得召見具言固所著述意集解惠棟曰東觀記超詣闕上書具陳固不敢妄作但續父所記述漢事而郡亦上其書顯宗甚奇之召詣校書部

前書敘圖傳曰永平中爲郎典校祕書集解先謙曰敘圖傳當作固敘傳官本不誤除蘭臺令史漢官儀曰蘭臺令史六人秩百石掌書劾奏與前睢陽令陳宗集解惠棟曰論衡云揚子雲錄宣帝以至哀平陳平仲紀光武是宗字平仲也長陵令尹敏司隸從事孟異集解惠棟曰異當作冀扶風茂陵人見馬援杜林等傳沈欽韓曰史通正史篇作孟冀共成世祖本紀遷爲郎典校祕書固又撰功臣平林新市公孫述事作列傳載記二十八篇集解惠棟曰固爲功臣作列傳爲平林諸人作載記也唐太宗撰晉書爲石勒劉淵等作載記祖述於此奏之帝乃復使終成前所著書固以爲漢紹堯運以建帝業至於六世史臣六代謂武帝史臣謂司馬遷也集解沈欽韓曰六世句絕史臣誤連乃追述功德私作本紀編於百王之末厠於秦項之列史記起自黃帝漢最居其末也太初以後闕而不錄故探撰前記綴集所聞以爲漢書起元高祖終于孝平王莽之誅十有二世二百三十年高惠呂后文景武昭宣元成哀平十二代也幷王莽合二百三十年綜其行事傍貫五經上下洽通爲春秋考紀表志傳凡百篇紀十二表八志十列傳七十合百篇前書音義曰春秋考紀謂帝紀也言考覈時事具四時以立言如春秋之經

固自永平中始受詔潛精積思二十餘年至建初中乃成當世甚重其書學者莫不諷誦焉自爲郎後遂見親近時京師修起宮室濬繕城隍而關中耆老猶望朝廷西顧固感前世相如壽王東方之徒造構文辭終以諷勸相如作上林子虛賦吾丘壽王作士大夫論及驃騎將軍頌東方朔作客難及非有先生論其辭竝以諷諭爲主也乃上兩都賦盛稱洛邑制度之美以折西賓淫侈之論其辭曰有西都賓問於東都主人曰中興都洛陽故以東都爲主而謂西都爲賓也蓋聞皇漢之初經營也嘗有意乎都河洛矣輟而弗康實用西遷作我上都主人聞其故而覩其制乎皇大也尙書曰厥旣得吉卜則經營高祖五年劉敬說上都關中上疑之左右大臣皆山東人多勸都洛陽此爲有意都河洛矣張良曰洛陽其中小不過數百里四面受敵非用武之國關中金城千里天府之國也於是上卽日西都關中此爲輟而弗康也輟止也康安也集解先謙曰官本注劉作婁主人曰未也願賓攄懷舊之蓄念發思古之幽情廣雅曰攄舒也博我以皇道弘我以漢京賓曰唯唯漢之西都在于雍州實曰長安前書音義曰長安本秦之鄉名高祖都焉左據函谷二崤之阻表以泰華終南之山函谷關名也左傳曰崤有二陵其南陵夏后皋之墓其北陵文王之所避風雨故曰二崤太華山也山海經曰華首之西六十里曰大華終南長安南山也詩曰終南何有注云終南周之名山中南也集解錢大昕曰泰華文選作太華蔚宗避父諱如郭林宗鄭公業名皆作太此賦泰華泰紫泰淸之類必後人所改右界襃斜隴首之險帶以洪河涇渭之川襃斜谷名南口曰襃北口曰斜在今梁州隴首山名在今秦州洪大也華實之毛則九州之上腴焉華實之毛謂草木也左傳曰食土之毛前書曰秦地九州膏腴尙書雍州厥田上上防禦之阻則天下之奧區焉防禦謂關禁也揚雄衞尉箴曰設置山險盡爲防禦奧深也言秦地險固爲天下深奧之區域是故橫被六合三成帝畿前書音義曰關西爲橫被猶及也呂氏春秋曰神明通于六合高誘注云四方上下爲六合周禮曰方千里曰王畿三成謂周秦漢竝都之也周以龍興秦以虎視及至大漢受命而都之也龍興虎視喩盛强也孔安國尙書序曰漢室龍興易曰虎視眈眈仰寤東井之精俯協河圖之靈寤猶曉也協合也高祖至霸上五星聚于東井又河圖曰帝劉季日角戴勝斗胸龍股長七尺八寸昌光出軫五星聚井期之興天授圖地出道于張兵矜劉季起東井秦之分野明漢當代秦都關中集解先謙曰官本注于作予矜作鈐奉春建策留

侯演成奉春君婁敬也春者四時之始婁敬亦始建遷都之策故以號焉留侯張良也蒼頡篇曰演者引也天人合應以發皇明乃眷西顧實惟作京天謂五星聚東井也人謂婁敬等進說也皇明謂高祖也西顧謂入關也詩云乃眷西顧於是睎秦領睋北阜挾酆霸據龍首睎望也音希睋視也音蛾秦領在今藍田東南北阜卽今三原縣北有高阜東西橫亘者是也酆水出鄠縣南山豐谷霸水出藍田谷三秦記曰龍首山六十里頭入渭水尾達樊川在傍曰挾在上曰據也圖皇基於億載度宏規而大起肇自高而終平世增飾以崇麗歷十二之延祚故窮奢而極侈肇始也始自高祖終於平帝爲十二代也集解先謙曰固集及文選奢竝作泰此亦范史所改建金城其萬雉呀周池而成淵披三條之廣路立十二之通門金城言堅固也張良曰金城千里杜預注左傳云方丈爲堵三堵爲雉字林曰呀大空也音火加反周禮國方九里旁三門每門爲大路故曰三條鄭玄注周禮云司門若今城門校尉主王城十二門也內則街衢洞達閭閻且千九市開場貨別隧分人不得顧車不得旋闐城溢郭傍流百廛紅塵四合煙雲相連字林曰閭里門也閻里中門也且千言多也漢宮闕疏曰長安九市其六在道西三在道東隧列肆道也鄭玄注禮記曰廛市邸舍也集解惠棟曰黃圖云長安閭里一百六

十室居櫛比門巷修直於是既庶且富娛樂無疆都人士女殊異乎五方游士擬於公侯列肆侈於姬姜論語子適衞冉有僕子曰庶矣哉冉有曰既庶矣又何加焉曰富之詩周頌云惠我無疆疆境也詩小雅曰彼都人士毛萇注云城郭之域曰都五方謂四方及中央也前書曰秦地三方雜錯鄭玄注周禮曰肆市中陳物處也杜元凱注左傳云姬姜大國之女也集解先謙曰上言列肆則姬姜非謂女也但言其地物產之富耳鄉曲豪俊游俠之雄節慕原嘗名亞春陵連交合衆騁騖乎其中豪俊游俠謂朱家郭解原涉之類也原嘗謂平原君趙勝孟嘗君田文也春陵謂春申君黃歇信陵君無忌也並招致賓客名高天下也集解先謙曰文選俊作舉若乃觀其四郊浮游近縣則南望杜霸北眺五陵名都對郭邑居相承英俊之域紱冕所興冠蓋如雲七相五公浮游謂周流也杜霸謂杜陵霸陵在城南故南望也五陵謂長陵安陵陽陵茂陵平陵在渭北故北眺也並徙人以置縣邑故云名都對郭蒼頡篇曰紱綬也冕冠也其所徙者皆豪右富貲吏二千石故多英俊冠蓋之人如雲言多也詩曰出其東門有女如雲七相謂丞相車千秋長陵人黃霸王商並杜陵人也韋賢平當魏相王嘉並平陵人也五公謂田蚡爲太尉長陵人張安世爲大司馬朱博爲司空並杜陵人平晏爲司徒韋賢爲大司馬並平陵人也集解沈欽韓曰案百官表當云韋賞王氏小學紺珠亦沿其誤與乎

州郡之豪傑五都之貨殖三選七遷充奉陵邑蓋㠯彊幹弱枝隆上都而觀萬國前書音義曰五都謂洛陽邯鄲臨淄宛成都也三選選三等之人謂徙吏二千石及高貲富人及豪傑并兼之家於諸陵蓋以彊幹弱枝非獨爲奉山園也見前書自元帝已後不遷故唯七焉爾雅曰觀指示也選或爲徙義亦通封畿之內厥土千里逴犖諸夏兼其所有前書曰秦地沃野千里人以富饒逴犖猶超絕也逴音卓犖音呂角反諸夏謂中國也其陽則崇山隱天集解通鑑胡注關中有南山北山自終南太白連緜至商山爲南山幽林穹谷陸海珍藏藍田美玉商洛緣其隈鄠杜濱其足穹谷深谷東方朔曰漢興去三河之地止霸滻之西都涇渭之南此謂天下陸海之地也范子計然曰玉出藍田商及上洛皆縣名隈山曲也濱猶近也鄠杜二縣名近南山之足爾雅云麓山足也集解惠棟曰盛宏之荊州記上洛有商山班孟堅所謂商洛緣其隈高士傳謂地肺即此源泉灌注陂池交屬竹林果園芳草甘木郊野之富號曰近蜀孔安國注尚書曰澤障曰陂停水曰池前書曰巴蜀土肥美有山林竹樹蔬食果實之饒今南山亦有之與巴蜀相類故曰近蜀爾雅曰邑外曰郊郊外曰野其陰則冠㠯九嵕陪㠯甘泉集解通鑑胡注自甘泉連延至嶻嶭九嵕爲北山乃有靈宮起乎其中秦漢之所極觀淵雲之所頌歎

於是乎存焉陰謂北也九嵕山尤高峻故稱冠云甘泉山在雲陽北秦始皇於上置林光宮漢又起甘泉宮益壽延壽館通天臺故云秦漢之所極觀王褒字子淵作甘泉頌楊子雲作甘泉賦故云淵雲頌歎集解先謙曰黃圖林光宮胡亥所造從廣各五里在雲陽縣界注言始皇誤下有鄭白之沃衣食之源隄封五萬疆埸綺分溝塍刻鏤原隰龍鱗決渠降雨荷臿成雲五穀垂穎桑麻敷菜史記曰韓使水工鄭國說秦令引涇水爲渠傍北山東注洛溉田四萬餘頃名曰鄭國渠武帝時趙中大夫白公奏穿渠引涇水首起谷口尾入櫟陽溉田四千餘頃因名白渠時人歌之曰田於何所池陽谷口鄭國在前白渠起後舉臿爲雲決渠爲雨涇水一石其泥數斗且溉且糞長我禾黍衣食京師億萬之口前書曰天子畿方千里隄封百萬井音義曰隄謂積土爲封限也音丁兮反廣雅曰埸界也音亦周禮曰夫間有遂十夫有溝說文曰塍田畦也音繩刻鏤謂交錯如鏤也爾雅曰高平曰原下濕曰隰言如龍鱗之五色也五穀黍稷菽麥稻也爾雅曰禾穗謂之穎爾雅曰敷布也菜茂盛也音芬集解惠棟曰李善云菜與紛古字通沈欽韓曰鄭白渠在西安府涇陽縣西北先謙曰文選注臣瓚案舊說云提撮凡也言大舉頃畝也東郊則有通溝大漕潰渭洞河泛舟山東控引淮湖與海通波漕水運也蒼頡篇曰潰傍決也前書武帝穿漕渠通渭史記曰滎陽下引河東南爲鴻溝以與淮泗會西郊則有上囿禁苑林麓藪澤陂池連

乎蜀漢繚㠯周牆四百餘里離宮別館三十六所神池靈沼往往而在上囿謂上林苑也穀梁傳曰林屬於山爲麓鄭玄注周禮曰澤無水者曰藪繚猶繞也音了三輔黃圖曰上林有建章承光等一十一宮平樂繭觀等二十五凡三十六所三秦記曰昆明池中有神池通白鹿原詩曰王在靈沼其中乃有九眞之麟大宛之馬黃支之犀條枝之鳥踰崑崙越巨海殊方異類至三萬里宣帝詔曰九眞郡獻奇獸晉灼漢書注云駒形麟色牛角武帝時李廣利斬大宛王首獲汗血馬來又黃支國自三萬里貢生犀條枝國臨西海有大鳥卵如甕條枝與安息接武帝時安息國發使來獻之又曰崑崙山高二千五百里並見前書集解先謙曰官本麟並作麐是其宮室也體象天地經緯乎陰陽據坤靈之正位放泰紫之圓方圓象天方象地南北爲經東西爲緯楊雄司空箴曰普彼坤靈侔天作合放象也太紫謂太微紫宮也劉向七略曰明堂之制內有太室象紫宮南出明堂象太微春秋合誠圖曰太微其星十二四方史記天官書曰環之匡衞十二星藩臣皆曰紫宮是太微方而紫宮圓也集解沈欽韓曰易乾鑿度太一取其數以行九宮四正四維皆合於十五注太一出入所游息於紫宮之內外案此泰紫即此太一紫宮四正方而四維圓注謂太微方而紫宮圓非也先謙曰官本象下有乎字是樹天中之華闕豐冠山之朱堂因瓌材而究奇抗應龍之虹梁列

棼橑以布翼荷棟桴而高驤列子曰周穆王作中天之臺說文曰闕門觀也前書蕭何作東闕北闕豐
大也冠山謂在山之上也埤蒼曰瑰瑋珍奇也廣雅曰有翼曰應龍梁作應龍之形而又曲如虹也說文曰棼複屋之棟橑椽也翼
屋之四阿也荷負也驤舉也爾雅曰棟謂之桴音浮集解先謙曰官本天中作中天是雕玉瑱以居楹裁金
璧以飾璫發五色之渥采光爓朗以景彰廣雅曰瑱礩也音田瑱與礩通楹柱也雕玉以
礩以承柱也上林賦曰華榱璧璫韋昭注曰璫榱頭也渥光潤也爓音豔集解先謙曰官本注玉下以作爲是於是左墄
右平重軒三階閨房周通門闥洞開列鍾虡於中庭立金人於端
闈仍增崖而衡閾臨峻路而啟扉摯虞決疑要注曰墄者爲階級平者以文塼相亞次也域亦作
墄言階級勒墄然音七則反王逸楚辭注曰軒樓板也周禮夏后氏世室九階鄭玄注云南面三階三面各二也爾雅曰宮中之門
謂之闈小者謂之閨虡以懸鍾也史記秦始皇收天下兵器聚之咸陽銷以爲金人十二置宮中端闈宮正門也三輔黃圖曰秦宮
殿端門四達以則紫宮仍因也衡橫也閾門限集解劉攽曰注域亦作墄案文當云亦作域言墄字有作域者也下又云域言階級
勒墄是解墄義耳徇以離殿別寢承以崇臺閒館煥若列星紫宮是環徇猶
繞也崇高也閒音閑煥明也言周回宮館明若列星之環繞紫宮也環協韻音宦清涼宣溫神仙長年金

華玉堂白虎麒麟區宇若茲不可殫論三輔黃圖曰未央宮有清涼殿宣室殿中溫室殿金
華殿大玉堂殿中白虎殿麒麟殿長樂宮有神仙殿殫盡也集解官本考證曰宣室殿中溫室殿一本作宣寶中溫殿誤今從宋本
增改增盤業峨登降炤爛殊形詭制每各異觀乘茵步輦惟所息宴
增重也盤屈也業峨高也業音五臘反峨音我詭異也茵褥也駕人曰輦集解惠棟曰李善引漢官儀云皇后婕妤乘輦餘皆以茵
四人輿以行茵於田切沈欽韓曰五臣本呂注增盤閣名上敍殿名已訖此不應溢出一閣從此注是後宮則有掖
庭椒房后妃之室合歡增成安處常寧茝若椒風披香發越蘭林
蕙草鴛鸞飛翔之列漢官儀曰婕妤以下皆居掖庭三輔黃圖曰長樂宮有椒房殿前書曰班婕妤居增成舍
桓譚新論曰董賢女弟爲昭儀居舍號曰椒風漢宮閣名長安有披香殿鴛鸞殿飛翔殿餘未詳集解惠棟曰李善云漢宮閣名長
安有合歡殿昭陽特盛隆乎孝成屋不呈材牆不露形裛以藻繡絡以
綸連隨侯明月錯落其間金釭銜璧是爲列錢翡翠火齊流燿含
英懸黎垂棘夜光在焉昭陽殿成帝趙昭儀所居也說文曰裛纏也音於業反綸糾青絲綬也綸或作編淮
南子曰隨侯之珠和氏之璧高誘注云隨侯行見大蛇傷以藥傅之後蛇銜珠以報之因曰隨侯珠說文曰釭轂鐵也音江又音工

謂以黃金爲釭其中銜璧納之於璧帶爲行列歷歷如錢也前書曰昭陽殿壁帶往往爲黃金釭函藍田玉璧明珠翠羽飾之異物
志曰翠鳥形如燕赤而雄曰翡青而雌曰翠其羽可以飾幃帳集韻曰火齊珠也戰國策曰應侯謂秦王曰梁有懸黎左傳曰晉荀
息請以垂棘之璧假道於虞言懸黎垂棘之玉並夜有光輝也於是玄墀釦切玉階彤庭碝磩采
緻琳珉青熒珊瑚碧樹周阿而生前書曰昭陽殿中庭彤朱而殿上髹漆髹音休漆黑故曰玄墀
殿上地也又曰切皆銅沓黃金塗白玉階釦音口碝磩琳珉並石次玉者碝音而兗反磩音戚綵緻其文理密也青熒其光色也漢
武故事曰武帝起神堂植玉樹葺珊瑚爲枝以碧玉爲葉淮南子曰崑崙山有碧樹在其北高誘注云碧青石也謂以珠玉假爲樹
而植之於殿曲阿曲也集解先謙曰官本注葺作茸王會汾云茸字一本作葺按茸與葺皆非也此字當作叢因與茸同音故誤不
知者又妄改爲葺耳紅羅颯纚綺組繽紛精曜華燭俯仰如神薛綜西京賦注颯纚長袖
貌颯音素合反纚音山綺反綺文繒也組綬也繽紛盛貌燭照也言精采華飾照曜也戰國策張儀謂秦王曰彼周鄭之女粉白黛
黑立於衢非知而見之者以爲神也集解先謙曰官本西京賦注作注西京賦曰後宮之號十有四位窈
窕繁華更盛迭貴處乎斯列者蓋以百數前書曰漢興因秦之稱號正嫡稱皇后妾皆稱
夫人凡十四等有昭儀婕妤娙娥傛華美人八子充衣七子良人長使少使五官順常是爲十三等又有無涓共和娛靈保林良使

夜君秩祿同共爲一等合十四位也窈窕幽閑也繁華美麗也百數謂以百而數之也集解先謙曰官本注衣作依君作者左
右廷中朝堂百僚之位蕭曹魏邴謀謨乎其上蕭何曹參並沛人魏相字弱翁濟陰
人邴吉字少卿魯國人並爲丞相佐命則垂統輔翼則成化流大漢之愷悌蕩亡
秦之毒螫李陵書曰其餘佐命立功之士司馬相如曰垂統理順易繼也統業也禮記曰保者慎其身以輔翼之愷樂也
悌易也楊雄長楊賦曰今朝廷出愷悌行簡易王褒四子講德論曰秦之處位任政者並施毒螫前書曰孝惠高后之時海內得離
戰國之苦君臣俱欲無爲而天下晏然衣食滋殖又曰近觀漢相高祖開基蕭曹爲冠孝宣中興邴魏有聲是時黜陟有序衆職修
理公卿多稱其位海內興於禮讓也故令斯人揚龢樂之聲作畫一之歌功德著於
祖宗膏澤洽于黎庶孔叢子曰古之帝王功成作樂其功善者其樂和前書曰蕭何薨曹參代之百姓歌之曰
蕭何爲法較若畫一曹參代之守而勿失祖宗謂高祖中宗也集解先謙曰人當爲民亦唐避諱所改又有天祿石
渠典籍之府命夫諄誨故老名儒師傅講論乎六蓺稽合乎同異
三輔故事曰天祿石渠並閣名在未央宮北以閣祕書諄誨謂殷勤敎告也詩大雅曰誨爾諄諄鄭玄注云我敎告王口語諄諄然
諄音之純反六蓺謂詩書禮樂易春秋也稽考也前書甘露中詔諸儒講五經同異令蕭望之平奏其議集解沈欽韓曰黃圖石渠

閣蕭何造其下礲石爲渠以導水若今御溝因爲閣名漢宮殿疏云天祿麒麟閣蕭何造以藏祕書處賢才也又有承明
金馬著作之庭大雅宏達於茲爲羣元元本本周見洽聞啟發篇
章校理祕文承明殿前之廬也金馬署名也門有銅馬故名金馬門待詔者皆居之宏亦大也元其元本其本祕文祕
書也孝經鉤命決曰丘掇祕文也集解惠棟曰前書敘傳云元元本本數始于一周㠯鉤陳之位衛㠯嚴
更之署總禮官之甲科羣百郡之廉孝周環也前書音義曰鉤陳紫宮外星也宮衛之位亦
象之嚴更之署行夜之司也禮官奉常也有博士掌試策考其優劣爲甲乙之科郎前書曰太常以公孫宏爲下第是也言百郡舉
全數前書又曰興廉舉孝集解沈欽韓曰黃圖虎威章溝皆署名漢有長水中壘屯騎虎賁越騎步兵射聲胡騎八營宿衛王宮周
廬直宿處虎賁贅衣閹尹閽寺陛戟百重各有攸司虎賁宿衛之臣贅衣主衣之官贅綴
也音之銳反尚書曰綴衣虎賁閹尹閽寺並宦官周禮有閽人寺人陛戟執戟於陛也百重言多也攸所也司主也協韻音伺周
廬千列徼道綺錯廬謂宿衛之廬周於宮也千列言多也史記衛令曰周廬設卒甚謹徼道徼巡之道綺錯交錯
也前書曰中尉掌徼巡京師也輦路經營脩涂飛閣前書音義曰輦道閣道也涂亦塗也古字通用自未
央而連桂宮北彌明光而亘長樂陵墱道而超西墉混建章而外

屬設璧門之鳳闕上觚稜而棲金雀未央宮在西長樂宮在東桂宮明光宮在北言飛閣相連
也墱陛級也音丁鄧反墉城也混同也建章宮在城西屬連也前書曰建章宮其東則鳳闕高二十餘丈其南有璧門之屬說文
曰觚棱殿堂上最高之處也觚音孤棱音力登反其上棲金雀焉三輔故事曰建章宮闕上有銅鳳凰郎金雀也集解劉攽曰注鳳
闕門案文多一門字沈欽韓曰黃圖桂宮武帝造周四十餘里闕輔記桂宮在未央北中有明光殿土山複道從宮中西上城至建
章神明臺蓬萊山明光宮太初四年起在長樂宮後南與長樂相連屬內則別風之嶕嶢眇麗巧而
竦擢張千門而立萬戶順陰陽以開闔三輔故事曰建章宮東有折風闕關中記曰折風一
名別風嶕嶢高也嶕音焦嶢音堯前書曰建章宮庭爲千門萬戶闔謂之陰開謂之陽易曰闔戶謂之坤闢戶謂之乾集解沈欽韓
曰黃圖鳳皇闕武帝造高七十七丈五尺一名別風闕又名嶕嶢闕宋敏求長安志建章宮有折風闕薛綜注次門女闕也
在圜門內二百步據黃圖卽以爲鳳闕但賦於上已云璧門之鳳闕明爲鳳皇闕此別敘云內明在鳳闕內也爾乃正
殿崔巍層構厥高臨乎未央經駘盪而出馺娑洞枍詣與天梁上
反宇以蓋戴激日景而納光正殿卽前殿也層重也臨乎未央言高之極也關中記建章宮有駘盪馺
娑枍詣殿天梁亦宮名也駘音殆盪音蕩馺音素合反娑音素可反枍音烏計反爾雅曰蓋戴覆也反宇謂飛檐上反也激日謂日

激入於殿內也集解沈欽韓曰黃圖駘蕩春時景物駘蕩滿宮中也馺娑馬行疾皃七日之間偏宮中言宮之大也枍詣木名美木
茂盛天梁梁木至於天言宮之高也通雅枍詣卽檐也神明鬱其特起遂偃蹇而上躋軼雲
雨於太半虹霓回帶於棼楣雖輕信與僄狡猶愕眙而不敢階神明
臺名也躋升也偃蹇高貌也軼過也前書音義曰凡數三分有二爲太半說文曰棼棟也爾雅曰楣謂之梁郭璞云門戶上橫梁也
方言曰僄輕也音匹妙反鄭玄注禮記曰狡疾也字書曰愕驚也音五各反字林曰眙驚貌也音刃吏反集解王會汾曰案信字義
未安當從文選作迅惠棟曰方言云眙迅也西秦謂之眙沈欽韓曰長安志漢宮闕疏神明臺高五十丈上有九室常置九天道士
百人先謙曰官本注刃作丑攀井幹而未半目眴轉而意迷舍櫺檻而卻倚若
顛墜而復稽魂怳怳以失度巡回涂而下低井幹樓名也前書曰武帝作井幹樓高五
十丈輦道相屬焉蒼頡篇曰眴視不明也音眩櫺檻樓上欄楯也櫺音零稽留也既懲懼於登望降周流
以彷徨步甬道以縈紆又杳窱而不見陽淮南子曰甬道相連高誘注云甬道飛閣複道
也廣雅曰窈窱深也杳與窈通窱音他鳥反陽明也既創前之登望乃下巡于複道宮宇深邃又不見明也排飛闥而
上出若游目於天表似無依之洋洋飛闥上門也王逸注楚辭曰洋洋無所歸貌集解先謙

曰文選之作而是前唐中而後太液覽滄海之湯湯揚波濤於碣石激神
嶽之嶈嶈濫瀛洲與方壺蓬萊起乎中央前書曰建章宮其西唐中數十里音義曰唐庭
也其北太液池中有蓬萊方丈瀛洲壺梁象海中神山湯湯流貌也蒼頡篇曰濤大波也碣石海畔山也說文曰濫泛也列子曰海
中有神山一曰岱輿二曰員嶠三曰方壺四曰瀛洲五曰蓬萊集解沈欽韓曰黃圖唐中池周回二十里在建章宮太液池之南
於是靈草冬榮神木叢生巖峻崔崒金石崢嶸靈草神木謂不死藥也史記曰海中
神山仙人不死藥在焉崢嶸高峻也崔音徂回反崒音才律反崢音仕耕反嶸音宏抗僊掌以承露擢雙立
之金莖軼埃壒之混濁鮮顥氣之清英前書曰武帝時作銅柱承露仙人掌之屬三輔故事
云建章宮承露盤高二十丈大七圍以銅爲之上有仙人掌承露和玉屑飲之金莖卽銅柱也軼過也埃壒塵也鮮潔也說文曰顥
白貌音皓騁文成之丕誕馳五利之所刑庶松喬之羣類時游從乎斯
庭實列僊之攸館匪吾人之所寍丕大也誕欺也前書曰齊人李少翁以方士見上上拜爲文成
將軍言於上曰卽欲與神通宮室被服非象神神物不至乃作甘泉宮中爲臺畫天地泰一諸鬼神而置祭具以致天神又曰膠東
人欒大多方略而敢爲大言言曰臣常往東海中見安期羨門之屬乃拜爲五利將軍刑法也列仙傳曰赤松子者神農時雨師也

服水王以致神農又曰王子喬者周靈王太子晉道士浮丘公接以上嵩山爾乃盛娛游之壯觀奮大
武乎上圍因茲以威戎夸狄耀威而講事大武謂大陳武事也月令孟冬之月天子乃命
將帥講武習射御也集解先謙曰文選作耀威靈而講武事命荊州使起鳥詔梁野而驅獸毛
羣內闐飛羽上覆接翼側足集禁林而屯聚荊州江湘之地其俗習於捕鳥故使起之
梁野巴漢之人其俗習於逐獸故使其人驅之闐音田聚音才諭反水衡虞人理其營表種別羣分
部曲有署前書曰上林苑屬水衡都尉虞人掌山澤之官周禮曰虞人萊所田之野為表鄭司農曰表所以識正行列也
續漢書將軍領軍皆有部大將軍營五部部校尉一人部下有曲曲有軍候一人也罘罔連紘籠山絡野列
卒周匝星羅雲布鄭玄注禮記曰獸罟曰罘音浮紘網之綱於是乘鑾輿備法駕帥羣
臣披飛廉入苑門蔡邕獨斷曰天子至尊不敢渫瀆言之故託於乘輿天子車駕有大駕法駕小駕大駕則公卿
奉引備千乘萬騎法駕公卿不在鹵簿中惟執金吾奉引侍中驂乘飛廉館名武帝所作前書音義曰飛廉神禽能致風氣身似鹿
頭如雀有角而蛇尾文如豹文於館上作之因以名焉集解劉攽曰乘鑾輿案注所解乘輿之義則此多鑾字遂繞酆鎬
歷上蘭六師發胄百獸駭殫震震爚爚靁奔電激艸木塗地山淵

後漢書四十上　夫

反覆蹂蹸其十二三乃拗怒而少息酆文王所都在鄠縣東鎬武王所都在上林苑中三輔黃
圖云上林苑有上蘭觀尚書曰司馬掌邦政統六師又曰百獸率舞駭殫言驚懼也震震爚爚奔走貌爚音躍塗汙也反覆猶傾動
也車騎既多視之眩亂有似傾動蹂踐也音汝九反蹸轢也音力刃反拗猶抑也音於六反言且抑六師之怒而少停也集解惠棟
曰李善云字指曰爚爚電光也案震為雷爚為電故下雷奔電擊先謙曰官本胄作冑注奔走下有之字文選冑作逐爾乃
期門佽飛列刃鑽鍭要趹追蹤鳥驚觸絲獸駭值鋒機不虛掎弦
不再控矢無單殺中必疊雙飇飇紛紛矰繳相纏風毛雨血灑野
蔽天前書曰武帝與北地良家子期於殿門故號期門又曰募佽飛射士音義佽飛本秦左弋官也武帝改為佽飛官有一令
九丞在上林中紡矰繳弋鳧鴈歲萬頭以供宗廟蒼頡篇曰攢聚也鑽與攢通爾雅曰金鏃翦羽謂之鍭音侯廣雅曰趹奔也音決
機弩牙也說文曰掎偏引也音居綺反飇飇紛紛眾多也說文曰飇古飇字鄭玄注周禮曰結繳於矢謂之矰矰高也集解沈欽韓
曰說文趹馬行皃集韻一曰疾也平原赤勇士厲猨狖失木豺狼懾竄郭璞注山海經曰猿
似獼而大臂長便捷色黑蒼頡書曰狖似狸音以救反淮南子曰猨狖顛蹷而失木枝懾懼也音之葉反竄走也協韻音七外反
爾乃移師趨險並蹈潛穢窮虎奔突狂兕觸蹷潛深也穢謂榛穢之林虎兕之所居

也爾雅曰兕似牛郭璞曰一角青色重千斤廣雅曰蹷跳也音居衞反許少施巧秦成力折掎僄狡
扼猛噬脫角挫脰徒搏獨殺許少秦成並未詳僄佼之輕捷者說文曰搤捉也音厄搤與扼通噬齧
挫折也脰頸也徒空也謂空手搏殺之也爾雅曰暴虎徒搏也殺音所界反集解錢大昕曰人表下中有許幼豈即許少乎周壽昌
曰史記范雎說秦昭王夫以烏獲任鄙之力荊成夏育之勇注引許慎云荊成古勇士秦成疑荊成挾師豹拖熊螭
頓犀犛曳豪羆超迴壑越峻崖蹷巉巖鉅石隤松柏仆叢林摧草
木無餘禽獸殄夷師師子也說文曰拖曳也音徒可反杜預注左傳云螭山神獸形郭璞注山海經曰犀似牛而
猪頭黑色有三角一在頂上一在額上一在鼻上犛牛黑色出西南徼外犛音力之反爾雅曰羆似熊而黃巉巖山石高峻之貌也
殄盡也夷猶殺也於是天子乃登屬玉之館歷長楊之榭覽山川之體埶
觀三軍之殺獲原野蕭條目極四裔禽相鎮厭獸相枕藉前書宣帝幸萯
陽宮屬玉觀音義曰屬玉水鳥也似鵁鶄於觀上作之因以名焉三輔黃圖曰上林有長楊宮鄭玄注禮記曰土高曰臺有木曰榭
獲協韻音胡卦反楚詞曰山蕭條而無獸然後收禽會眾論功賜胙陳輕騎以行炰騰
酒車而斟酌割鮮野食舉烽命爵胙餘肉也左傳曰歸胙于公詩小雅曰炰之燔之毛萇注曰以

後漢書四十上　七

毛曰炰音步交反子虛賦曰割鮮染輪孔安國注尚書曰鳥獸新殺曰鮮集解惠棟曰論衡云車行酒騎行炙案古人以車騎行酒
肉故春秋傳云行爵食炙馬融廣成頌亦云清醪車湊燔炙騎將饗賜畢勞逸齊大輅鳴鑾容與
裴回集乎豫章之宇臨乎昆明之池大輅玉輅也周禮曰凡馭輅儀以鑾和為節鄭玄注曰鑾
在衡和在軾皆金鈴也三輔黃圖曰上林苑有豫章觀左牽牛而右織女似雲漢之無崖茂
樹蔭蔚芳艸被堤蘭茝發色曄曄猗猗若摛錦布繡燭耀乎其陂
漢宮闕疏曰昆明池有二石人牽牛織女之象也雲漢天河也郭璞注爾雅云茝香艸音昌改反曄曄猗猗美茂之貌說文曰摛舒
也玄鶴白鷺黃鵠鵁鸛鶬鴰鴇鶂鳧鷖鴻鴈朝發河海夕宿江漢
沈浮往來雲集霧散郭璞注爾雅云鵁似鳧腳近尾略不能地行江東謂之魚鵁音火交反說文曰鸛鸛雀也
爾雅曰鶬麋鴰音括郭璞注曰即鶬鴰也今關西呼為鴰鹿鴇似鴈而大無指音保鶂水鳥也莊子曰白鶂之相視眸子不運而風
化李巡注爾雅曰在野曰鳧在家曰鶩並鳴也鄭玄注詩云鷖鳧屬也音一兮反周處風土記曰鷺鷺鷀也以名自呼大如鷄生卵
於荷葉上毛萇注詩云大曰鴻小曰鴈於是後宮乘輚路登龍舟張鳳蓋建華旗袪
黼帷鏡清流靡微風澹淡浮埤蒼曰輚臥車也音仕板反淮南子曰龍舟鷁首浮吹以虞桓譚新論曰

乘車玉爪華芝及鳳皇三蓋上林賦曰乘法駕建華旗高誘注淮南子曰袪舉也澹隨風之貌也澹音走濫反淡音徒敢反櫂女謳鼓吹震聲激越營厲天鳥羣翔魚闚淵櫂楫也謳歌也震協韻音眞營聲也音火宏反集解沈欽韓曰黃圖昆明池中有龍首船常令宮女泛舟池中張鳳蓋建華旗作櫂歌雜以鼓吹帝御豫章觀臨觀招白閒下雙鵠揄文竿出比目招猶舉也弩有黃閒之名此言白閒蓋弓弩之屬本或作白鵰謂鳥也西京雜記曰越王獻高帝白鷴黑鷴各一雙說文曰揄引也音投文竿翠羽爲文飾也闞子曰魯人有好釣者以桂爲餌鍛黃金之鉤錯以銀碧垂翡翠之綸爾雅曰東方有比目魚不比不行集解惠棟曰御覽引風俗通云白鵰古弓名案下文揄文竿與白閒對以爲鳥者非也撫鴻幢御矰繳方舟並鶩俛仰極樂廣雅曰幢謂之幬幢音直江反卽舟中之幢蓋也本或作罿罿鳥網也音衝矰弋矢也繳以繫箭也方舟並兩舟也遂乃風舉雲搖浮遊普覽前乘秦領後越九嵕協韻音綜東薄河華西涉岐雍宮館所歷百有餘區行所朝夕儲不改供薄迫也岐山雍縣在扶風儲積也供協韻音九用反禮上下而接山川究休祐之所用採遊童之歡謠第從臣之嘉頌上下謂天地也接亦祭也究盡也用謂犧牲玉帛之物也列子曰堯理天下五十年不知天下理歟亂歟堯乃微服遊於康衢聞兒童謠曰立我烝人莫匪爾極不識不知順

帝之則言今同於堯也前書曰宣帝頗好神仙王褒張子僑等並待詔所幸宮館輒爲歌頌第其高下以差賜帛焉集解先謙曰官本注匪作非于斯之時都都相望邑邑相屬國籍十世之基家承百年之業士食舊德之名氏農服先疇之畎畝商修族世之所鬻工用高曾之規矩粲乎隱隱各得其所十世百年並舉全數也易曰食舊德貞厲終吉穀梁傳曰古者有士人商人農人工人淮南子曰古者至德之時賈便其肆農安其業大夫安其職而處士修其道也集解先謙曰籍藉通用若臣者徒觀迹乎舊墟聞之乎故老什分而未得其一端故不能徧舉也

班彪列傳第三十上 終　　後漢書四十上

後漢書集解卷四十上校補

班彪傳上扶風安陵人也集解錢大昕曰班超傳云扶風平陵人當有一誤柳從辰曰東觀記載班超亦爲安陵人則作平陵者誤案文選班彪北征賦注引漢書亦云扶風安陵人而載彪事略與本傳同曹大家東征賦注則明引范書云扶風曹世叔妻者同郡班彪之女也亦與今范書合獨於固兩都賦注引范書云北地人無論安陵平陵均屬扶風范不云北地卽據班書敍傳其先班壹避地樓煩則爲雁門人班況徙昌陵陵罷占數長安則爲京兆人雖其卒爲扶風人已不詳何時初無居北地郡事斯誠大謬矣

彪性沈重好古案文選注引漢書云性好莊老惟此說與范書異且班書敍傳言彪從兄嗣貴莊老之術叔皮唯聖人之道然後盡心焉明不爲莊老矣未知善所據何漢書也

時人復知漢乎集解沈欽韓曰至皆史文之誤案此條應在上文集解王補曰之前又此稱劉季乃據班書敍傳原文且劉季之稱見於讖記班在當時且不忌沈乃以稱伯升同告范史非也

拜徐令注徐縣屬臨淮郡案徐縣後屬下邳國此據未改國前言之耳今泗州盱眙縣西北八十里

從漢元至武則已絕其功也集解先謙曰至今從監本錢大昭曰閩本則字

在絕字下是閩本亦與監本同

道游俠則賤守節而貴俗功注於行必果官本注於作其

質而不野官本野作俚

因坐東廂廂注同官本注作箱

後察司徒廉爲望都長集解王會汾曰諸本同案正文及注廉字上皆脫一孝字案前書趙廣漢傳察廉爲陽翟令平當傳察廉爲順陽長栒邑令前書武紀元光元年初令郡國舉孝廉各一人元朔元年又詔有司議不舉孝廉者罪雖孝廉併科而舉孝察廉本自各爲一事大抵取士先孝試吏先廉中興一仍舊章至於察在司徒尤與郡國之舉孝廉有別王氏乃疑諸本文注廉上皆脫孝洵爲失考周氏後漢書注補正已非之然謂孝廉不當云察則察孝廉爲郎諸傳屢見吾丘宓陳倩表亦明云察臣孝廉矣

察伊皋之薦注舜舉皋陶官本舜作堯

光名宣於當世官本名作明

京兆祭酒錢大昭曰續漢志無考周磐傳太守韓崇召爲東閤祭酒司空孔扶碑有士曹屬東閣祭酒說文許沖表稱父

故太尉南閤祭酒此京兆祭酒疑亦京兆之屬官案蜀志秦宓傳廣陵太守請宓爲師友祭酒領五官掾南史陶潛傳家貧親老起爲州祭酒不勝吏職是晉漢相承州郡均有此職名京兆祭酒即爲京兆尹掾屬之職名無可疑也惟漢世祭酒猶云首領因事推定各有本官非如博士祭酒等爲特定官名固本志所不載

進有羽翮奮翔之用注舟人吉桑對曰集解沈欽韓曰吉桑至人

表作古來 柳從辰曰今人表作固來

目折西賓淫佚之論 官本佚作侈

右界褒斜隴首之險 褒原譌裦官本譌褎注皆同據文選訂正

帶目洪河涇渭之川 文選此下有眾流之隈汧涌其西語

則天下之奧區焉 錢大昭曰奧文選作隩注引說文隩四方之土可定居者也是奧墺隩古字通案說文墺隩異訓李善引說文字仍作隩而所引實墺字注故錢氏以爲三字可互通然如善說亦止奧墺兩字可通耳

是故橫被六合 錢大昭曰橫被即光被崔篆慰志賦聖德滂以橫被亦此意注引文穎說謂關西爲橫疑誤

度宏規而大起 度文選李善注引小爾雅云羌發聲也度與羌古字通度或爲慶也是善讀度爲羌也

五穀垂穎桑麻敷棻注爾雅曰禾穗謂之穎爾雅曰敷布也 案注連出兩爾雅曰注家無此體而各本皆同文選李善注引禾穗謂之穎作小雅曰此本小爾雅廣物篇文選注於小爾雅皆消稱小雅已嫌與引詩小雅掍此則脫去小字直與爾雅掍當急正之敷文選文注均作鋪東都賦敷鴻藻同毛詩鋪敦淮濆韓詩鋪亦作敷是古字本通作

西郊則有上囿禁苑注上囿謂上林苑也 柳從辰曰閣本注原無上字官本注有之或是依官本補案文選注作上囿禁苑即林苑也亦無上字則閣本非有脫誤明矣今檢集解底本亦原未補字知此爲刻本誤增

於是左墄右平 柳從辰曰字書玉部無瑊字應从土注同官本不誤案文選墄亦从土

徇目離殿別寢 文選殿作宮

增槃業峨 文選作增盤崔嵬

披香發越注漢宮閣名長安有披香殿 柳從辰曰閣文選注引作闕官本同御覽引亦同案文選注引漢宮闕名及漢宮闕疏他書引之亦有易闕爲閣者又後文左牽牛而右織女注引漢宮閣疏官本亦作閣而文選注則作闕也

金釭銜璧注謂以黃金爲釭其中銜璧納之於壁帶至昭陽殿壁帶 案前書音義壁帶謂壁中之橫帶也此壁字本从土今各本注皆从玉涉上銜璧而誤

周見洽聞 文選周作徧

脩涂飛閣 文選涂作除注除樓陛也

混建章而外屬 文選而下有連字

罘罔連紘注紘罘之網 案網當作綱各本皆誤

披飛廉注飛廉館名 官本名下有也字

六師發胄集解先謙曰官本胄作冑至文選冑作逐 謹案發胄發冑於義均窒字形又絕不類逐之譌蓋本是冒字易繫辭上傳冒天下之道虞注冒觸也又左傳冒於原獸冒亦訓貪

徒搏獨殺 搏文選同官本文注皆譌搏

舉燧命釂 文選作舉烽命釂

玄鶴白鷺 文選句上有鳥則二字

鶬鴰鴇鶂注鴇似鴈而大無指 官本指作趾文選注作似鴈無後指案指爪指也趾足也左傳闔廬傷將指即謂足指官本作趾誤

張鳳蓋建華旗注乘車玉爪華芝 案爪與蚤同作瓜者誤

揄文竿注闕子曰 闕官本作闞是

國籍十世之基家承百年之業注十世百年 官本注世作代未改

班固列傳第三十下　後漢書四十下

宋　宣　城　太　守　范　曄　撰

唐　章　懷　太　子　賢　注

王先謙集解

主人喟然而歎曰痛乎風俗之移人也子實秦人矜夸館室保界河山信識昭襄而知始皇矣惡睹大漢之云爲乎喟歎貌也前書曰人有剛柔緩急音聲不同繫水土之風氣謂之風好惡取舍動靜無常隨君上之情欲謂之俗保守也謂守河山之險以爲界昭襄昭王襄王也惡安也音烏夫大漢之開原也奮布衣㠯登皇極繇數朞而創萬世蓋六籍所不能談前聖靡得而言焉漢高祖曰吾以布衣提三尺劒取天下高祖起兵五年而卽帝位故云繇數朞繇卽由也孔安國注尚書云匝四時曰朞萬代盛言之也六籍六經也當此之時功有橫而當天討有逆而順人故婁敬度埶而獻其說蕭公權宜㠯拓其制時豈泰而安之哉計不得㠯已也橫音胡孟反高祖入關秦王子嬰降而五星聚於東井此功有橫而當天也逆謂以臣伐君前書陸賈曰湯武逆取而以順守之及高祖入關秦人爭獻牛酒此爲討有逆而順人也婁敬已見上又曰蕭何修未央宮上見壯麗甚怒何對曰天下未定故可因遂就宮室且天子以四海爲家非令壯麗無以威重且無令後代有以加也時豈奢侈而安之哉言天下初定計不得已而都西京也吾子曾不是睹顧燿後嗣之末造不亦闇乎顧反也燿炫燿也言吾子曾不睹度埶權宜之由而反炫燿後嗣子孫末代之所造非其盛稱武帝成帝神仙昭陽之事也【集解】惠棟曰儀禮記云夏之末造鄭氏云造作也今將語子㠯建武之理永平之事監乎泰淸㠯變子之或志淮南子曰太淸之化也和順以寂漠質直以素樸高誘注曰太淸無爲之化也往者王莽作逆漢祚中缺天人致誅六合相滅天人謂天意人事共相誅也于時之亂生民幾亡鬼神泯絕壑無完柩郛罔遺室原野厭人之肉川谷流人之血秦項之災猶不克半書契已來未之或紀也人者神之主生人既亡故鬼神亦絕也楊子法言曰秦將白起長平之戰坑四十萬人原野厭人之肉川谷流人之血也故下民號而上愬上帝懷而降鑒致命于聖皇上帝天也聖皇光武也懷猶愍念也降下也鑒視也言上天愍念下人之上愬故下視四海可以爲君者而致命于光武也於是聖皇乃握乾符闡坤珍

披皇圖稽帝文赫爾發憤應若興雲霆發昆陽憑怒雷震乾符坤珍謂天地符瑞也皇圖帝文謂圖緯之文也霆疾雷也發於昆陽謂破王尋王邑憑盛也言盛怒如雷之震協韻音眞遂超大河跨北嶽立號高邑建都河洛跨據也言光武度河據北嶽遂卽位于鄗而改鄗爲高邑也紹百王之荒屯因造化之盪滌體元立制繼天而作紹繼也屯難也高誘注淮南子云造化天地也滌除也作起也杜預注左傳云凡人君卽位欲體元以居正穀梁傳曰爲天下主者天也繼天者君也系唐統接漢緒茂育羣生恢復疆宇勳兼乎在昔事勤乎三五爾雅曰系繼也緒業也前書曰漢帝本系出自唐帝言光武能繼唐堯之統業也恢大也三五三王五帝也豈特方軌竝迹紛綸后辟理近古之所務蹈一聖之險易云爾哉軌轍也紛綸猶雜蹂也爾雅曰后辟君也險易猶理亂也言光武功德勤勞兼於前代百王非直一聖帝也且夫建武之元天地革命四海之內更造夫婦肇有父子君臣初建人倫實始斯乃虙羲氏之所㠯基皇德也易曰天地革而四時成又曰湯武革命爾雅曰九夷八狄七戎六蠻謂之四海基始也帝王紀曰虙犧氏風姓也制嫁娶之禮取犧牲以充庖廚以食天下故號庖犧後或謂之伏犧言光武更造夫婦如伏犧時也分州土立市朝作舟車造器械斯軒轅氏之所㠯開帝功也黃帝號軒轅氏前書昔在黃帝畫野分州易繫辭曰神農氏日中爲市黃帝堯舜垂衣裳而天下治刳木爲舟剡木爲楫服牛乘馬引重致遠以利天下弦木爲弧剡木爲矢弧矢之利以威天下言光武利人如軒轅也龔行天罰應天順民斯乃湯武之所㠯昭王業也尚書武王曰今予惟龔行天之罰易曰湯武革命順乎天而應乎人言光武征伐如湯武者也遷都改邑有殷宗中興之則焉卽土之中有周成隆平之制焉尚書曰盤庚遷于殷史記曰帝陽甲之時殷衰諸侯莫朝陽甲崩弟盤庚立自河北度河南居湯之故地行湯之政殷道復興尚書曰王來紹上帝自服于土中孔安國曰洛邑地埶之中也春秋命厤序曰成康之隆醴泉湧出言都洛陽如殷宗周成之制也不階尺土一人之柄同符乎高祖孟子曰紂去武丁未久也尺地莫非其有也一人莫非其臣也又曰舜文王相去千有餘歲若合符契【集解】惠棟曰東觀記云馬援曰天下反覆自盜名字者不可勝數今見陛下恢廓大度同符高祖克己復禮㠯奉終允恭乎孝文左傳仲尼曰古有志克己復禮仁也孫卿子曰生人之始死人之終也終始但善人道必矣尚書允恭克讓謂躬自儉約同於文帝也【集解】先謙曰官本注必作畢憲章稽古封岱勒成儀炳乎世宗憲章猶法則也禮記曰仲尼憲章文武尚書曰若稽古帝堯言法乎考古而封泰山勒石以記成功也炳明也

其禮儀明乎武帝也案六經而校德妙古昔而論功仁聖之事旣該帝王之道備矣六經謂詩書禮樂易春秋妙猶美也或作眇眇遠也該備也至于永平之際重熙而累洽盛三雍之上儀修袞龍之法服敷鴻藻信景鑠揚世廟正予樂人神之和允洽君臣之序旣肅熙光也洽浹也三雍謂明堂辟雍靈臺也永平二年正月宗祀光武皇帝於明堂禮畢登靈臺三月臨辟雍行大射禮周禮王之吉服享先王則袞冕鄭玄注曰袞卷龍衣也永平二年帝及公卿列侯始服冠冕衣裳敷布也鴻大也藻文藻也謂明帝禮畢登靈臺之後布詔于天下曰建明堂立辟雍起靈臺恢弘大道被之八極此爲布鴻藻也信讀曰申景大也鑠美也揚世廟謂上尊號光武廟曰世祖正予樂謂依讖文改大樂爲大予樂也乃動大路遵皇衢省方巡狩窮覽萬國之有無考聲教之所被散皇明以燭幽大路玉路也皇衢馳道也易曰先王以省方觀人設教尚書曰歲二月東巡狩又曰朔南暨聲教皇大也燭照也然後增周舊修洛邑翩翩巍巍顯顯翼翼光漢京于諸夏總八方而爲之極周成王都洛邑漢又增而修之故曰增周舊翩翩巍巍顯顯翼翼並宮闕顯盛之貌論語曰不如諸夏之亡詩商頌曰商邑翼翼四方之極極中也洛陽土之中也集解沈欽韓曰建武十四年春正月起南宮前殿明帝永平三年起北宮及諸官府八年冬十月北宮成蔡質漢典職儀云南宮至北宮中央作大屋複道三道行天子從中道從官夾左右十步一衞兩宮相去七里先謙曰翩翩二句文選作扇巍巍顯翼翼是以皇城之內宮室光明闕庭神麗奢不可踰儉不能侈言奢儉合禮也外則因原野以作苑順流泉而爲沼發蘋藻以潛魚豐圃草以毓獸制同乎梁騶義合乎靈囿蘋藻並水艸也詩小雅曰魚在在藻韓詩曰東有甫艸駕言行狩薛君傳曰甫博也有茂艸艸也毓亦育也魯詩傳曰古有梁騶者天子之田也詩大雅曰王在靈囿麀鹿攸伏毛萇注云囿所以域養禽獸也此言魚獸各得其所如文王之靈囿也集解先謙曰官本注甫艸作圃草甫博作圃博若乃順時節而蒐狩簡車徒以講武則必臨之以王制考之以風雅左傳臧僖伯曰春蒐夏苗秋獮冬狩皆於農隙以講事也杜預注云各隨時之閒也禮記王制曰天子諸侯無事則歲三田田不以禮曰暴天物也歷騶虞覽駟驖嘉車攻采吉日禮官正儀乘輿乃出詩國風序曰騶虞蒐田以時仁如騶虞毛萇注曰騶虞義獸白虎黑文不食生物又曰駟驖孔阜美襄公也始命有田狩之事其詩曰駟驖孔阜注曰驖驪也阜大也又小雅序曰車攻宣王復古也修車馬備器械復會諸侯於東都因田獵而選車徒焉其詩曰我車旣攻我馬旣同注云攻堅也又吉日詩曰我車旣好四牡孔阜宣帝詔曰禮官具禮儀也於是發鯨魚鏗華鍾

後漢書四十下 三

登玉輅乘時龍鳳蓋颯灑和鸞玲瓏天官景從祲威盛容鯨魚謂刻杵作鯨魚形也鏗謂擊之也音若耕反尚書大傳曰天子將出則撞黃鍾右五鍾皆應薛綜注西京賦云海中有大魚名鯨又有獸名蒲牢蒲牢素畏鯨魚鯨魚擊蒲牢輒大鳴呼凡鍾欲令其聲大者故作蒲牢於其上撞鍾者名爲鯨魚鍾有篆刻之文故曰華也馬高八尺以上曰龍月令春駕蒼龍各隨四時之色故曰時也玲瓏聲也蔡邕獨斷曰百官小吏曰天官祲亦盛也集解惠棟曰颯灑集作棽麗李善引劉歆七略云雨棽麗紛容悠悠說文曰棽木枝條棽麗兒沈欽韓曰祲當從攴選作寑言寑兵威而盛禮容也山靈護野屬御方神雨師汎灑風伯淸塵千乘雷起萬騎紛紜元戎竟野戈鋋彗雲羽旄埽霓旌旗拂天山靈山神也屬連也音燭方四方也雨師畢星也風伯箕星也韓子師曠謂晉平公曰黃帝合鬼神於太山風伯進埽雨師灑道蔡邕獨斷曰天子大駕備千乘萬騎詩小雅曰元戎十乘以先啓行毛萇注曰元大也夏后氏曰鉤車先正也殷曰寅車先疾也周曰元戎先良也說文曰鋋小矛也音市延反彗埽也音似銳反集解惠棟曰李善云屬御屬車之御也焱焱炎炎揚光飛文吐燄生風吹野燎山日月爲之奪明丘陵爲之搖震焱焱炎炎並戈矛車馬之光也說文曰焱火華也音以贍反震讀曰眞遂集乎中囿陳師案屯駢部曲列校隊勒三軍誓將

後漢書四十下 四

帥中囿囿中也續漢志曰大將軍營五部校尉一人部下有曲曲下有屯長一人駢一陳列也杜預注左傳曰百人爲隊鄭玄周禮注云天子六軍三居一偏故此言勒三軍也周禮羣吏聽誓于前斬牲以徇陳曰不用命者斬之鄭玄注云羣吏將帥也然後舉烽伐鼓以命三驅輕車霆發驍騎電騖游基發射范氏施御弦不失禽轡不詭遇飛者未及翔走者未及去穀梁傳曰三驅之禮一爲乾豆二爲賓客三爲充君之庖霆發電騖並言疾也游基養由基也淮南子曰楚有神白猨王自射之則搏矢而熙使養由基射之始調弓矯矢未發而猨擁木號矣范氏趙之御人也孟子曰趙簡子使王良終日不獲一禽反曰天下賤工也王良曰吾爲範我馳驅終日不獲一爲之詭遇一朝而獲十趙岐注曰範法也爲法度之御應禮之射終日不得遇一詭遇非禮射也則能獲十弦不失禽謂由基也轡不詭遇謂范氏也集解惠棟曰李善云括地圖云夏德盛二龍降之禹使范氏御之以行經南方章懷以范氏爲趙之御人引孟子以證之謬甚先謙曰以命文選作申令指顧倏忽獲車已實樂不極般殺不盡物馬蹠餘足士怒未泄先驅復路屬車案節高唐賦曰舉功先得獲車已實爾雅曰般樂也禮記曰樂不可極蹠猶屈也方言曰泄歇也漢官儀大駕屬車八十一乘子虛賦曰案節未舒謂駐節徐行也於是薦三犧效五牲禮神祇懷百靈覲明堂臨辟雍揚緝熙宣皇風登靈臺考

休徵
左傳鄭子太叔曰爲五牲三犧杜預注云五牲麋鹿麏狼兔三犧祭天地宗廟之犧也郊祭天也天神曰神地神曰祇百靈百神也詩曰懷柔百神御朝也謂朝諸侯於明堂詩大雅曰維清緝熙文王之典鄭玄注云緝熙光明也尚書曰休徵孔安國注云敘美行之驗集解先謙曰官本御並作覲
俯仰乎乾坤參象乎聖躬目中夏而布德瞰四裔而抗稜
易繫辭曰仰則觀象於天俯則觀法於地近取諸身遠取諸物聖躬謂天子也中夏中國也瞰音苦暫反四裔四夷也稜威也左傳曰德以柔中國刑以威四夷也集解惠棟曰漢書李奇注云神靈之威曰稜
西盪河源東澹海漘北動幽崖南趯朱垠
盪滌也河源在崑崙山前書曰威稜澹乎鄰國音義曰澹猶動也音徒濫反漘水涯音脣郭璞注爾雅曰涯上平坦而下水深者爲漘趯躍也音他歷反說文曰垠界也音銀集解惠棟曰說文云澹水搖也
殊方別區界絕而不鄰自孝武所不能征孝宣所不能臣莫不陸讋水慄奔走而來賓
爾雅曰讋懼也音之涉反
遂綏哀牢開永昌
綏安也哀牢西南夷號永平十二年其國王柳貌相率內屬以其地置永昌郡也
春王三朝會同漢京是日也天子受四海之圖籍膺萬國之貢珍內撫諸夏外接百蠻
春王猶左傳云春王正月也三朝元日也朝音陟遙反謂歲之朝月之朝日之朝前書谷永曰今年正月朔日食於三朝之會周禮曰時見曰會殷覜曰同賈逵注國語曰膺猶受也詩曰因時百蠻也
乃盛禮樂供帳置乎雲龍之庭陳百僚而贊羣后究皇儀而展帝容
供帳供設帷帳也供音九用反前書曰三輔長無供帳之勞戴延之記曰端門東有崇賢門次外有雲龍門贊引也
於是庭實千品旨酒萬鍾列金罍班玉觴嘉珍御太牢饗
庭實貢獻之物也左傳孟獻子曰臣聞聘而獻物於是有庭實旅百千品言多也說文曰鍾器也孔叢子曰堯飲千鍾罍酒器也詩曰我姑酌彼金罍珍八珍也太牢牛羊豕也饗協韻音香
爾乃食舉雍徹泰師奏樂陳金石布絲竹鍾鼓鏗鎗管絃曄煜
食舉謂當食舉樂也蔡邕禮樂志曰太子樂郊祀陵廟殿中諸食舉樂也雍詩篇名也謂食訖歌雍詩以徹也論語曰三家者以雍徹太師樂官也周禮太師掌六律六呂以合陰陽之聲也鏗音苦耕反鎗音楚庠反曄煜盛貌也煜音育集解先謙曰官本泰作太
抗五聲極六律歌九功舞八佾韶武備太古畢
左傳晏子曰五聲六律杜預注云五聲宮商角徵羽六律黃鍾太蔟姑洗蕤賓夷則無射尚書曰九功惟序九序惟歌九功謂金木水火土穀正德利用厚生也佾舞行也穀梁傳曰天子八佾韶舜樂名武武王樂名太古遠古也
四夷閒奏德廣所及僸佅兜離罔不具集
閒迭也音古莧反詩國風曰漢廣德廣所及也鄭玄注周禮云四夷之樂東方曰韎南方曰任西方曰株離北方曰禁禁字書作僸音渠禁反佅音摩葛反周禮僸作禁佅作韎兜作株也集解惠棟曰僸佅集作傑抹兜離猶侏儒古聲兜侏相近蔡琰詩云言兜離兮狀窈停樂元語曰南夷之樂曰兜西夷之樂曰禁北夷之樂曰昧東夷之樂曰離引見白虎通
萬樂備百禮曁皇歡浹羣臣醉降烟煴調元氣然後撞鍾告罷百僚遂退
萬樂百禮盛言之也曁至也易曰天地絪縕萬物化醇禮統曰天地者元氣之所生萬物之祖尚書大傳曰天子將入撞蕤賓之鍾左五鍾皆應撞音直江反
於是聖上親萬方之歡娛久沐浴乎膏澤懼其侈心之將萌而怠於東作也
尚書曰平秩東作注云歲起於春而始就耕集解先謙曰文選親作覩是
乃申舊章下明詔命有司班憲度昭節儉示大素
詩大雅曰率由舊章鄭玄注云舊典文章左傳臧哀伯曰大路越席大羹不致昭其儉也列子曰大素者質之始也集解先謙曰官本注致作和
去後宮之麗飾損乘輿之服御除工商之淫業興農桑之上務遂令海內棄末而反本背僞而歸眞女修織紝男務耕耘器用陶匏服尚素玄恥纖靡而不服賤奇麗而不珍捐金於山沈珠於淵
前書文帝詔曰農天下之本也而人或不務本而事末音義曰本農也末賈也背僞去彫飾也歸眞尚質素也杜預注左傳曰織紝織繒布也禮記曰器用陶匏陶瓦器也匏瓠也陸賈新語曰聖人不用珠玉而寶其身故舜棄黃金於嶄巖之山捐珠玉於五湖之川以杜淫邪之欲也

於是百姓滌瑕盪穢而鏡至清形神寂漠耳目不營嗜欲之原滅廉正之心生莫不優游而自得玉潤而金聲
瑕穢猶過惡也楊雄集曰滌瑕蕩穢淮南子曰形者生之舍神者生之制也又曰和順以寂漠尚書曰弗役耳目百度惟貞淮南子曰吾所謂有天下者自得而已禮記孔子曰君子比德于玉焉溫潤而澤仁也孟子曰孔子德如金聲也集解惠棟曰李善云尚書大傳云天下諸侯受命于周莫不磬折玉音金聲沈欽韓曰管子心術篇鏡大清者視乎大明
是曰四海之內學校如林庠序盈門獻酬交錯俎豆莘莘下舞上歌蹈德詠仁
前書平帝立學官郡國曰學縣道邑及侯國曰校鄉曰庠聚曰序詩曰獻酬交錯莘莘衆多也音所巾反禮記曰歌者在上貴人聲也又嗟歎之不足故手之舞之足之蹈之集解劉攽曰注平帝立學官案文多一學字
登降飫宴之禮既畢因相與嗟歎玄德讜言弘說咸含和而吐氣頌曰盛哉乎斯世
詩曰飲酒之飫毛萇注云不脫屨升堂謂之飫飫私也尚書曰玄德升聞字林曰讜美言也音黨集解惠棟曰說文云讜直言也趙岐引書云禹拜讜言周書祭公解曰王拜手稽首黨言
今論者但知誦虞夏之書詠殷周之詩講羲文之易論孔氏之春秋罕能精古今之清濁究漢德之

所由伏羲畫八卦文王作卦辭孔子作春秋清濁猶善惡也唯子頗識舊典又徒馳騁乎末流溫故知新已難而知德者鮮矣末流猶下流也謂諸子也前書曰不入於道德放縱於末流論語孔子曰溫故知新可以為師矣又曰由知德者鮮矣且夫辟界西戎險阻四塞修其防禦孰與處乎土中平夷洞達萬方輻湊辟遠也音匹亦反戰國策蘇秦說孟嘗君曰秦四塞之國也高誘注云四面有山關之固故曰四塞之國防禦謂關禁也輻湊如輻之湊於轂也前書武帝詔吾丘壽王曰子在朕前之時知畧輻湊也秦領九嵕涇渭之川曷若四瀆五嶽帶河泝洛圖書之淵四瀆江河淮濟也河圖曰天有四表以布精魄地有四瀆以出圖書爾雅曰泰山為東嶽衡山為南嶽華山為西嶽恆山為北嶽圖書之泉謂河洛也易繫辭曰河出圖洛出書也集解先謙曰官本注泉作淵是建章甘泉館御列仙孰與靈臺明堂統和天人館御謂設臺以進御神仙也禮含文嘉曰禮天子靈臺以考觀天人之際法陰陽之會也太液昆明鳥獸之囿曷若辟雍海流道德之富三輔黃圖曰辟雍水四周於外象四海也游俠踰侈犯義侵禮孰與同履法度翼翼濟濟也游俠即西賓云鄉曲豪俊游俠之雄踰侈謂列肆侈於姬姜等也爾雅曰翼翼敬也詩曰濟濟多士毛萇注云濟濟多威儀也子徒習秦阿房之

後漢書四十下　七

造天而不知京洛之有制也識函谷之可關而不知王者之無外也史記曰秦始皇作阿房宮造至也公羊傳曰王者無外也集解先謙曰官本無徒字主人之辭未終西都賓矍然失容逡巡降階惵然意下捧手欲辭主人曰復位今將喻子五篇之詩說文曰矍視遽之貌音許縛反周書曰臨攝以威而惵惵者猶恐懼也音徒頰反喻告也賓既卒業乃稱曰美哉乎此詩義正乎楊雄事實乎相如非唯主人之好學蓋乃遭遇乎斯時也楊雄作長楊羽獵賦司馬相如作子虛上林賦並文雖藻麗其事迂誕不如主人之言義正事實也小子狂簡不知所裁既聞正道請終身誦之其詩曰論語孔子曰吾黨之小子狂簡斐然成章不知所以裁之又曰不忮不求何用不臧子路終身誦之

明堂詩　於昭明堂明堂孔陽聖皇宗祀穆穆煌煌於音烏歎美之辭也詩周頌曰於昭于天孔甚也陽明也國風曰我朱孔陽聖皇宗祀謂祭光武於明堂也詩曰穆穆煌煌宜君宜王穆穆猶敬也煌煌猶美也上帝宴饗五位時序誰其配之世祖光武前書曰天神貴者太一太一佐曰五帝五位五帝也河圖曰蒼帝威靈仰赤帝赤熛怒黃帝含樞紐白帝白招矩黑帝叶光紀楊雄河東賦曰靈祇既饗五位時序謂各依其方而祭之普天率土各以其職猗與緝熙允懷多福詩小雅曰溥天之下莫非王土率土之濱莫非王臣溥亦普也孝經曰四海之內各以其職來助祭詩商頌曰猗歟那歟猗美也允信也懷來也詩大雅曰聿懷多福

辟雍詩　迺流辟雍辟雍湯湯聖皇莅止造舟為梁莅臨也詩小雅曰方叔莅止大雅曰造舟為梁毛萇注云天子造舟造至也謂連舟為浮梁也皤皤國老迺父迺兄抑抑威儀孝友光明說文曰皤皤老人貌也音步何反孝經援神契曰天子尊事三老兄事五更抑抑美也詩曰威儀抑抑爾雅曰善父母為孝善兄弟為友於赫太上示我漢行鴻化惟神永觀厥成於赫歎美也太上謂太古立德賢聖之人並著養老之禮今我漢家遵行之也鴻大也文子曰執玄德於心化馳如神詩周頌曰我客戾止永觀厥成爾雅曰觀示也集解先謙曰示我漢行謂示我漢家應行之正道也此用鹿鳴詩易周為漢班世治齊詩知齊義如此

靈臺詩　迺經靈臺靈臺既崇帝勤時登爰考休徵詩大雅曰經始靈臺崇高也時登以時登之休美也徵驗也三光宣精五行布序習習祥風祁祁甘雨三光日月星也宣布也精明也五行水火金木土布序謂各順其性無謬沴也習習和也詩小雅曰習習谷風禮斗威儀曰君正頌平則祥風至宋均注曰即景風也祁祁徐也詩小雅曰興雨祁祁尚書考靈耀曰熒惑順行甘雨時也集解先謙曰官本注正作政百穀

後漢書四十下　八

蓁蓁庶卉蕃蕪屢惟豐年於皇樂胥百言非一也尚書洪範曰百穀用成蓁蓁盛貌尚書曰庶艸蕃蕪爾雅曰蕃蕪豐也詩周頌曰綏萬邦屢豐年又曰於皇時周於音烏詩小雅曰君子樂胥受天之祜注云胥有才智之名

寶鼎詩　嶽修貢兮川效珍吐金景兮歊浮雲寶鼎見兮色紛縕煥其炳兮被龍文謂永平六年王雒山得寶鼎廬江太守獻之景光也說文曰歊氣出貌音火驕反史記曰秦武王與孟悅舉龍文之鼎登祖廟兮享聖神昭靈德兮彌億年時明帝詔曰其以礿祭之日陳鼎於廟以備器用彌終也萬萬曰億尚書曰公其以予萬億年敬天之休

白雉詩集解惠棟曰論衡云孝明時致麒麟甘露醴泉神雀白雉紫芝之嘉禾李善云東觀漢記章帝詔曰乃者白烏神雀屢臻降自京師啟靈篇兮披瑞圖獲白雉兮效素烏靈篇謂河洛之書也因集此題篇云白雉素烏歌故兼言效素烏集解沈欽韓曰文選此下有嘉祥阜兮集皇都句發皓羽兮奮翹英容絜朗兮於淳精皓白也翹尾也春秋元命包云烏者陽之精章皇德兮侔周成永延長兮膺天慶章明也侔等也孝經援神契曰周成王時越裳獻白雉慶讀曰卿及肅宗雅好文章固愈得幸數入讀書禁中或連日繼夜每行巡狩輒獻上賦頌朝廷有大

議使難問公卿辯論於前賞賜恩寵甚渥固自以二世才術位不過郎二代謂彪及固感東方朔楊雄自論以不遭蘇張范蔡之時作賓戲以自通焉東方朔荅客難曰使蘇秦張儀與僕並生曾不得掌故安敢望侍郎乎楊雄解嘲曰范雎魏之亡命也蔡澤山東之匹夫也有談范蔡於許史之間則狂矣固所作賓戲事見前書後遷玄武司馬續漢志曰宮掖門每門司馬一人秩比千石玄武司馬主玄武門天子會諸儒講論五經作白虎通德論令固撰集其事章帝建初四年詔諸王諸儒會白虎觀講議五經同異時北單于遣使貢獻求和親詔問羣僚議者或以爲匈奴變詐之國無內向之心徒以畏漢威靈逼憚南虜南匈奴也故希望報命以安其離叛今若遣使恐失南虜親附之歡而成北狄猜詐之計不可固議曰竊自惟思漢興以來曠世歷年兵纏夷狄尤事匈奴綏御之方其塗不一或脩文以和之或用武以征之或卑下以就之文帝與匈奴通關市妻以漢女贈厚其賂也集解先謙曰官本注贈作增是或臣服而致之宣帝時匈奴稽首臣服遣子入侍雖屈申無常所因時

異然未有拒絕棄放不與交接者也故自建武之世復修舊典數出重使前後相繼建武二年日逐王遣使詣漁陽請和親使中郎將李茂報命二十六年遣中郎將段郴授南單于印綬至於其末始乃暫絕永平八年復議通之而廷爭連日異同紛回多執其難少言其易先帝聖德遠覽瞻前顧後遂復出使事同前世先帝謂明帝也永平八年遣越騎司馬鄭眾報使北匈奴以此而推未有一世闕而不修者也今烏桓就闕稽首譯官集解沈欽韓曰百官表大鴻臚屬有譯官令康居月氏自遠而至匈奴離析名王來降三方歸服不以兵威此誠國家通於神明自然之徵也臣愚以爲宜依故事復遣使者上可繼五鳳甘露致遠人之會宣帝五鳳三年單于名王將眾五萬餘人來降稱臣朝賀甘露元年匈奴呼韓邪遣子右賢王入侍下不失建武永平羈縻之義虜使再來然後一往既明中國主在忠信且知聖朝禮義有常豈同逆詐示猜孤其善意乎集解先謙曰官本同作可是絕之未知其利通之不聞其害設後北虜稍彊能爲風塵

相侵擾則風塵起方復求爲交通將何所及不若因今施惠爲策近長固又作典引篇述敘漢德典謂堯典引猶續也漢承堯後故述漢德以續堯典以爲相如封禪靡而不典文雖靡麗而體無古典楊雄美新典而不實體雖典則而其事虛僞謂王莽事不實蓋自謂得其致焉其辭曰太極之原兩儀始分烟烟熅熅有沈而奧有浮而清易繫辭曰易有太極是生兩儀又曰天地絪縕萬物化醇蔡邕曰絪縕陰陽和一相扶貌也奧濁也易乾鑿度曰清輕者爲天濁沈者爲地沈浮交錯庶類混成庶類萬物也混猶同也老子曰有物混成先天地生肇命人主五德初始同乎草昧玄混之中人主謂天子也尚書曰成湯簡代夏作民主五德五行也初始謂伏犧始以木德王也木生火故神農以火德五行相生周而復始草昧謂草創暗昧也易曰天地草昧幽玄混沌之中謂三皇初起之時也集解先謙曰易作天造草昧注作天地官本同蓋誤踰繩越契寂寥而亡詔者系不得而綴也易繫辭曰上古結繩而化後代聖人易之以書契踰越並過也詔誥也言過繩契以上既無文字故寂寥而無文誥系謂易繫辭也故易繫而不得綴連也厥有氏號紹天闡繹者氏號謂太昊號庖犧氏炎帝號神農氏黃帝號軒轅氏之類紹繼也謂王者繼天而作闡開也繹陳也莫不開元於太昊皇初之

首上哉敻乎其書猶可得而修也易曰帝出於震始以木德王天下故曰皇初之首又曰古者庖犧氏之王天下也仰則觀象於天俯則觀法於地是其書可得而修也亞斯之世通變神化函光而未曜亞斯之代謂少昊顓頊高辛等雖通變神化而易繫不載其事故曰函光未曜若夫上稽乾則降承龍翼而炳諸典謨以冠德卓蹤者莫崇乎陶唐稽考乾天也論語孔子曰惟天爲大惟堯則之龍翼謂稷契等爲堯之羽翼易乾上九曰用九見羣龍无首吉鄭玄注云六爻皆體龍羣龍象也謂禹與稷契咎陶之屬並在於朝炳明也典謨謂堯典皋陶謨也爲道德之冠首蹤跡之卓異者莫異於陶唐爾雅曰崇高也陶唐舍胤而禪有虞虞亦命夏后稷契熙載越成湯武舍胤謂堯舍其子丹朱而禪于舜舜亦舍其子商均而禪禹書曰熙帝之載孔安國注云熙廣也載事也言稷契並能廣立功事於堯舜之朝越於也於是成其子孫湯武之業並得爲天子也湯契之後武王后稷之後股肱既周天乃歸功元首將授漢劉股肱謂稷契也既周謂其子孫並周徧得爲天子元首堯也言天更歸功於堯又將授漢以帝位俾其承三季之荒末值亢龍之災孽懸象暗而恆文乖彝倫斁而舊章缺俾使也三季三王之季也易乾文言曰亢龍有悔窮之災也孽亦災也易曰懸象著明莫大於日月乖謂失於常度也倫理也斁敗也尚書曰彝倫攸斁舊章缺謂秦燔

詩書故先命玄聖使綴學立制宏亮洪業表相祖宗贊揚迪哲備哉
燦爛眞神明之式也玄聖謂孔丘也春秋演孔圖曰孔子母徵在夢感黑帝而生故曰玄聖莊子曰恬澹玄聖
素王之道綴學立制謂爲漢家法制也宏洪竝大也亮信也表明也相助也迪蹈也哲智也言贊揚蹈履哲智之君謂高祖等也尚
書曰茲四人迪哲燦爛盛明也式法也集解惠棟曰制亦制也詳䣕恢傳注大戴禮小辯篇云綴學之徒劉歆書云綴學之士雖
前聖皐夔衡旦密勿之輔比茲褊矣皐皐陶也夔舜之典樂者衡謂阿衡即伊尹也旦周公也
密勿猶黽勉也茲謂孔子言皐夔等比之爲褊小矣是㠯高光二聖辰居其域時至氣動乃
龍見淵躍論語孔子曰譬如北辰居其所而眾星拱之時至氣動謂高祖聚形雲於碭山光武發佳氣於白水易乾卦九
二曰見龍在田九四曰或躍在淵竝喻漢初起拊翼而未舉則威靈紛紜海內雲蒸雷動電
熛胡縊莽分不莅其誅拊翼以雞爲喻言知將旦則鼓其翼而鳴前書曰張陳之交拊翼俱起以喻高祖光
武也紛紜盛貌也如雲之蒸言天下英傑爲漢者多也熛光也胡縊謂胡亥縊死也莽分謂公賓就斬莽也莅臨也言天下先爲漢
誅之高祖光武不親臨也集解先謙曰官本注多也作多矣然後欽若上下恭揖羣后正位度
宗有于德不台淵穆之讓靡號師矢敦奮撝之容尚書曰欽若昊天欽敬也若順

也上下謂天地也書曰格于上下羣后諸侯也易曰君子正位凝命也尚書曰延入翼室恤度宗度居也宗尊也前書曰舜讓于德
不台音義曰台讀曰嗣言二祖初即位居尊之時竝謙言於德不能嗣成帝功有此淵深穆敬之讓高祖初即位曰寡人聞帝者賢
者有也虛言無實之名非所取也光武即位固辭至於再三靡無也矢陳也敦猶迫遍也詩云矢於牧野又曰敦敦淮濆言漢取天
下無號令陳師敦迫奮武撝旄之容詩曰奮伐荊楚尚書曰王秉白旄以麾撝亦麾也言竝天人所推不尚威力也集解惠棟曰王顧
命度作宅古今字古文宅作庑故作度先謙曰官本注二祖作高祖謙言作讓言史記不台作不懌自敘又云唐堯遜位虞舜不台
索隱引大傳作不怡文選典引李注作舜擁于德不台是今文本作不台而懌怡二字乃以通用字釋之王莽傳引書作不嗣是古
文本作不嗣也盍㠯膺當天之正統受克讓之歸運蓄炎上之烈精蘊孔
佐之弘陳云爾正統謂漢承周爲火德尚書堯典曰允恭克讓謂漢承堯克讓之後歸運爲堯歸運於漢也炎上謂
火德烈精言盛也蘊藏也孔佐謂孔丘制作春秋及緯書以佐漢也即春秋演孔圖曰卯金刀名爲劉中國東南出荊州赤帝後次
代周是也謂大陳漢之期運也集解先謙曰官本注爲堯作謂堯洋洋乎若德帝者之上儀誥誓
所不及已洋洋美也若如也儀法也謂如此美德可謂五帝之上法也穀梁傳曰誥誓不及五帝盟詛不及三皇交質不
及五伯上下不相信服方有誥誓五帝之時上下和睦故誓不及集解沈欽韓曰交質不及五伯穀梁傳作交質子不及二伯謂齊

桓晉文也先謙曰官本注皇作王是鋪觀二代洪纖之度其賾可探也鋪徧也二代殷周也洪纖
猶大小也度法度也賾幽深也言徧觀殷周大小之法其幽深可探知之竝開迹於一匱同受侯甸之
所服奕世勤民㠯伯方統牧論語雖覆一匱注云匱盛土籠也侯服甸服謂諸侯也湯爲桀之諸侯文王
爲紂之諸侯奕猶重也自契至湯十四代后稷至文王十五代竝積勤勞於人也伯方猶方伯也謂湯爲夏伯文王爲殷伯竝統領
州牧集解先謙曰官本注論語雖覆一匱注云作孔子曰譬如平地雖覆一匱鄭玄注云乘其命賜彤弧黃戚
之威用討韋顧黎崇之不格周禮九命作伯彤弧赤弓黃戚黃金飾斧也禮記曰諸侯賜弓矢然後專
征伐賜斧鉞然後殺韋顧竝國名湯滅之詩殷頌曰韋顧既伐黎崇亦國名史記文王伐崇尚書曰西伯既戡黎格來也至乎
三五華夏京遷鎬亳遂自北面虎離其師革滅天邑三五未詳京師京都也武
王都鎬湯都亳詩云宅是鎬京武王成之尚書曰湯始居亳從先王居自從也北面謂臣也湯武竝以臣伐君史記曰如虎如羆如
豺如離於商郊音義曰離與螭同革改也易曰湯武革命天邑天子所都也尚書曰肆予敢求爾于天邑商集解劉攽曰注京師京
都也案文多一師字惠棟曰李善云參五猶參五分之也言殷周參五而分華夏之地然後乃始京遷于鎬亳也是故義
士偉而不敦武稱未盡護有慙德不其然與左傳曰武王克商遷九鼎於洛邑義士猶

曰薄德杜預注曰伯夷之屬也史記曰伯夷叔齊逢武王伐紂扣馬諫曰以臣弒君可謂仁乎偉猶異也敦厚也武周武王樂也論
語孔子曰謂武盡美矣未盡善也護湯樂也左傳延陵季子聘魯觀樂見舞大護者曰聖人之弘也而猶有慙德然猶於
穆猗那翕純皦繹㠯崇嚴祖考殷薦宗祀配帝發祥流慶對越天
地者舄奕乎千載豈不克自神明哉於歎辭也穆美也歎美周家之德詩周頌曰於穆清廟猶
亦歎辭也那多也歎美湯之德多也殷頌曰猗與那與論語子語魯太師樂曰樂其可知也始作翕如也縱之純如也皦如也繹如
也以成何晏注曰翕盛也純和諧也皦其音節明也鄭玄注云繹調達之貌此言殷周之代尚有於穆猗那之頌播之於翕純皦繹
之樂尊祖嚴父宗祀配天於明堂之中詩商頌曰濬哲惟商長發其祥言發禎祥以流慶於子孫周頌曰秉文之德對越在天舄奕
者猶蟬聯不絕也集解先謙曰詩傳舄大貌方言奕大也舄奕言光曜之大官本注亦歎下有之字猶上無者字誕略有
常審言行於篇籍光藻朗而不渝爾誕大也言殷周二代政化之迹大略有常也篇籍謂詩書
也朗明也渝變也言光彩文藻朗明而不變耳其餘殊異不能及於漢也矧夫赫赫聖漢巍巍唐基泝
測其源乃先孕虞育夏甄殷陶周矧況也漢承唐虞之基逆流曰泝孕懷也育養也甄陶謂造成
也前書音義曰陶人作瓦器謂之甄言虞夏殷周之先祖竝嘗爲堯臣集解劉攽曰注漢承唐虞之基案注解唐基耳何故輒出虞

字明當作堯然後宣二祖之重光，襲四宗之緝熙，神靈日燭，光被六幽，仁風翔乎海表，威靈行於鬼區，慝亡迴而不泯，微胡瑣而不頤。二祖高祖世祖也尚書曰宣重光襲重也四宗文帝爲太宗武帝爲代宗宣帝爲中宗明帝爲顯宗燭照也言如日之照六幽六合幽遠之地鬼區遠方也易曰高宗伐鬼方慝惡也迴遠也泯滅也瑣小也頤養也言凶惡者無遠而不滅微細者何小而不養也集解惠棟曰幽讀爲微說文𢆶部𢆶微也幽从山中𢆶𢆶亦聲故夫顯定三才昭登之績，匪堯不興，鋪聞遺策在下之訓，匪漢不弘。三才天地人也易曰兼三才而兩之登升也績功也言升天之功非堯不能興也尚書曰昭升于上鋪布也遺策堯之餘策謂堯典也在下謂後代子孫也言堯典爲子孫之訓非漢不能弘大也厥道至乎經緯乾坤，出入三光，外運混元，內浸豪芒，性類循理，品物咸亨，其已久矣。經緯天地言陰陽交泰也出入三光言日月星得其度也混元天地之總名也豪芒纖微也老子曰和陰陽節四時潤乎草木浸乎金石毫毛潤澤性生也循順也含生之類皆順於理尚書曰別生分類品物萬殊亨通也易曰含弘光大品物咸亨盛哉皇家帝世，德臣列辟，功君百王，榮鏡宇宙，尊無與抗。皇家帝代謂漢家歷代也列辟謂古之帝王也言漢家德可以臣彼列辟功可以君彼百王相如封禪書曰歷選列辟鏡猶光明也

抗猶敵也讀曰康乃始虔鞏勞謙，兢兢業業，貶成抑定，不敢論制作。爾雅曰虔鞏固也易曰勞謙君子有終吉言帝固爲勞謙也兢兢戒愼也業業危懼也禮記曰王者功成作樂理定制禮今不敢論制禮作樂之事言謙之甚也至令遷正黜色賓監之事煥揚宇內，而理官儒林屯朋篤論之士而不傳祖宗之彷彿，雖云優愼，無乃葸歟？遷正改正朔也黜色易服色也賓謂殷周二王之後爲漢之賓監視也視殷周之事以爲監戒論語孔子曰周監於二代屯衆也朋羣也不傳謂不制作篇籍以紀功德也彷彿猶梗概也論語孔子曰愼而無禮則葸鄭玄注云葸質慤貌也言雖優游謙愼無乃太質慤也於是三事嶽牧之僚，僉爾而進曰：陛下仰監唐典，中述祖則，俯蹈宗軌。三事三公也僉皆也躬奉天經，惇睦辯章之化洽，天經謂孝也孔子曰夫孝天之經謂章帝初卽位四時禘祫宗祀於明堂也尚書曰惇敘九族又曰九族旣睦辯章百姓鄭玄注云辯別也章明也惇厚也睦親也章帝性篤愛不忍與諸王乖離皆留京師也巡靖黎蒸，懷保鰥寡之惠浹。巡撫也靖安也黎蒸皆衆也懷思也保安也浹洽也尚書曰懷保小人惠鮮鰥寡謂章帝在位凡四巡狩賜人爵鰥寡孤獨不能自存者粟燔瘞縣沈，肅祇羣神之禮備。爾雅曰祭天曰燔柴祭地曰瘞埋祭山曰庪縣祭川曰浮沈肅祇恭敬也封禪書曰湯武至尊不失肅敬元和中詔曰朕巡狩岱宗柴望山川庪音居毀反是以鳳皇來儀集羽族於觀魏，肉角馴毛宗於外囿，擾緇文皓質於郊，升黃暉采鱗於沼，甘露宵零於豐草，三足軒翥於茂樹。尚書曰鳳皇來儀元和二年詔曰乃者鳳皇鸞鳥比集七郡羽族謂羣鳥隨之也觀魏門闕也肉角謂麟也伏侯古今注曰建初二年北海得一角獸大如麢有角在耳閒端有肉又元和二年麒麟見陳一角端如葱葉色赤黃擾馴也緇文皓質謂騶虞也說文曰騶虞白虎黑文尾長於身古今注曰元和三年白虎見彭城黃暉采鱗謂黃龍也建初五年有八黃龍見于零陵古今注曰元和二年甘露降河南三足烏集沛國軒翥謂飛翔上下也若乃嘉穀靈草，奇獸神禽，應圖合諜，窮祥極瑞者，朝夕坰牧，日月邦畿，卓犖乎方州，羨溢乎要荒。嘉穀嘉禾靈草芝屬古今注曰元和二年芝生沛如人冠大坐狀章和九年詔曰嘉穀滋生芝草之類歲月不絕奇獸神禽謂白虎白雉之屬也建初七年獲白鹿元和元年日南獻生犀白雉言應于瑞圖又合乎史諜也坰牧郊野也卓犖殊絕也羨音以戰反集解劉攽曰注如人冠大坐案文大當作衣冠如人衣冠坐也昔姬有素雉、朱烏、玄秬、黃鍪之事耳，君臣動色，左右相趨，濟濟翼翼，峨峨如也。孝經援神契曰周成王時越裳來獻白雉朱烏謂赤烏也尚書中候曰太子發度孟津有火自天止于王屋流爲赤烏玄秬黑黍也詩大雅曰誕降嘉種惟秬惟秠

黃鍪麥也謂赤烏銜牟麥而至也詩頌曰貽我來牟詩大雅曰濟濟多士又曰惟此文王小心翼翼又曰奉璋峨峨集解惠棟曰李善云韓詩云貽我嘉鍪薛君曰鍪大麥也今文泰誓得火烏之瑞使上附以周公書報王王動色變今文泰誓已亡此載見周禮疏也蓋用昭明寅畏承聿懷之福，亦以寵靈文武，貽燕後昆，覆以懿鑠，豈其爲身而有顓辭也？詩大雅曰昭明有融寅敬也尚書曰嚴恭寅畏承聿述也懷思也詩大雅曰昭事上帝聿懷多福貽遺也燕安也後昆子孫也言此並以光寵神靈文王武王之德遺安於子孫也詩大雅曰貽厥孫謀以燕翼子覆猶重也懿鑠並美也詩大雅曰我求懿德又曰於鑠王師詩人歌頌周之盛德當成康之時其成王康王豈獨爲身而自專之辭也並上寵文武之業下遺子孫之基也言今章帝旣獲符瑞之應亦宜同成康之事也集解先謙曰官本注遺安遺下有燕字是若然受之宜，亦勤恁旅力，以充厥道，啓恭館之金縢，御東序之祕寶，以流其占。受之謂漢受此符瑞也說文曰恁念也音人甚反旅陳也充當也恭肅之館謂廟中也金縢以金緘匱藏符瑞之書於其中也御猶陳也東序東廂也祕寶謂河圖之屬尚書曰天球河圖在東序孔安國注曰河圖八卦是也言啓金縢之書及河圖之卦以占之也流猶徧也集解沈欽韓曰廣雅釋詁恁思也夫圖書亮章天哲也，孔猷先命聖孚也，體行德本正性也，逢吉丁辰景命也。圖書河圖洛書也亮信章明哲智言

天授圖書者為天子所知也孔孔丘也猷圖也孚信也孔丘之圖先命漢家當須封禪此聖人之信也體行猶躬行也孔子曰夫孝德之本也易曰乾道變化各正性命丁當也辰時也景大也逢休吉之代當封禪之時此為天子之大命也順命以創制定性以和神答三靈之繁祉展放唐之明文茲事體大而允寤寐次于聖心瞻前顧後豈蔑清廟憚勑天乎命謂符瑞也答對也三靈天地人之神也繁多也祉福也展陳也放效也音甫往反效唐堯之文謂封禪也尚書璇璣鈐曰平制禮樂放唐之文茲事謂封禪之事大而且信也次止也寤寐常上於聖心言不可忘之也前謂前代帝王後謂子孫也蔑輕也憚難也勑正也言封禪之事皆述祖宗之德今乃推讓豈輕清廟而難正天命乎尚書曰勑天之命惟時惟幾伊考自邃古乃降戾爰茲作者七十有四人有不俾而假素罔光度而遺章今其如台而獨闕也伊維也邃古猶遠古也楚辭曰邃古之初戾至也言自遠古以來至於此也作者謂封禪者史記管仲曰自古封禪七十二君并武帝及光武為七十四君俾使也有天下不使其封禪而假為竹素之文者無有光揚法度而棄其文章不封禪者也台我也今其如我何獨闕也是時聖上固已垂精游神包舉藝文屢訪羣儒諭咨故老與之乎斟酌道德之淵源肴覈仁義之林藪以望元符之臻焉聖上謂章帝也

後漢書四十下　十五

諭告咨謀也道德仁義人所當行故以酒食為諭焉淵源林藪諭深邃也元天也符瑞也詩曰肴核惟旅覈亦核也謂果實之屬集解先謙曰官本注當作常是既成羣后之讜辭又悉經五繇之碩慮矣將絣萬嗣煬洪暉奮炎景扇遺風播芳烈久而愈新用而不竭汪汪乎丕天之大律其疇能亙之哉唐哉皇哉皇哉唐哉讜直言也繇兆辭音胄左傳曰先王卜征五年而歲習其祥不習則增修其德而改卜碩大也慮思也廣雅曰絣續也音方萌反景大也炎謂火德汪汪猶深也今文尚書泰誓篇曰立功立事可以永年丕天之大律鄭玄注云丕大也律法也疇誰也亙猶竟也唐哉謂堯也皇哉謂漢也言唯唐與漢唯漢與唐集解惠棟曰蔡邕注云絣使也李善云絣與栟古字通沈欽韓曰洪範鄭注卜五占之用謂雨濟圛蟊克也凡五兆皆有繇故此云五繇也先謙曰皇大也孔子曰大哉堯之為君故曰唐哉皇哉下皇謂漢與堯比德故曰唐哉固後以母喪去官集解惠棟曰固母樊叔皮之女也如淳云永元初大將軍竇憲出征匈奴以固為中護軍與參議北單于聞漢軍出遣使款居延塞欲脩呼韓邪故事朝見天子請大使憲上遣固行中郎將事將數百騎與虜使俱出居延塞迎之會南匈奴掩破北庭永元二年南單于出雞鹿塞擊北匈奴於河雲大破之固至私渠海聞虜中亂引還及竇憲敗固先坐免官固不教學諸子諸子多不遵法度吏人苦之初洛陽令种兢嘗行集解通鑑胡注姓譜种本仲氏避難改焉固奴干其車騎吏推呼之奴醉罵兢大怒畏憲不敢發心銜之及竇氏賓客皆逮考兢因此捕繫固遂死獄中時年六十一詔以譴責兢抵主者吏罪固所著典引賓戲應譏詩賦銘誄頌書文記論議六言在者凡四十一篇集解沈欽韓曰古文苑有固奕旨藝文類聚有固擬連珠御覽五百九十傅玄敘連珠者興於漢章帝之世班固賈逵傅毅三子受詔作之固喻美詞壯文體宏麗最得其體范史遺之

論曰司馬遷班固父子其言史官載籍之作大義粲然著矣議者咸稱二子有良史之才遷文直而事覈固文贍而事詳若固之序事不激詭不抑抗注激揚也詭毀也抑退也抗進也集解通鑑胡注激詭抑抗皆指史家作意以為文之病贍而不穢詳而有體使讀之者亹亹而不厭信哉其能成名也爾雅曰亹亹猶勉也彪固譏遷以為是非頗謬於聖人言遷所是非皆與聖人乖謬郎崇黃老而薄五經輕

後漢書四十下　十六

仁義而賤守節是也然其論議常排死節否正直集解通鑑胡注排死節謂言龔勝竟天年之類否正直謂言王陵汲黯之戇之類而不敘殺身成仁之為美固序游俠傳曰劇孟郭解之徒馳騖於閭閻雖其陷於刑辟自與殺身成名季路仇牧而不悔也古之正法五伯三王之皋人六國五伯之皋人四豪者又六國之皋人況於郭解之倫以匹夫之細竊殺生之權其皋不容於誅也集解沈欽韓曰尋論者之意謂如王章傳贊云不量輕重以陷刑戮何武等傳云依世則廢道違俗則危殆翟義傳云義不量力以覆其宗詞旨慨靡以此義固耳章懷注舉游俠傳論以貫之失華范之本意矣則輕仁義賤守節愈矣愈猶甚也集解王鳴盛曰此雖華嶠之辭而蔚宗取之故蔚宗力矯班失如黨錮獨行逸民等傳正所以表死節褒正直而敘殺身成仁之為美也諸列傳中亦往往見重仁義貴守節之意固傷遷博物洽聞不能以智免極刑謂下蠶室然亦身陷大戮此已上略華嶠之辭智及之而不能守之論語孔子之言也言有智而不能自守其身嗚呼古人之所以致論於目睫也史記齊使者至越曰幸也越之不亡也吾不遺其智之如目見毫毛而不見其睫也今越王知晉之失計不自知越人之過是目論也言班固譏遷被刑而不知身自遇禍

贊曰二班懷文裁成帝墳沈約宋書曰初謝儼作此贊云裁成典墳以示范曄曄改為帝墳比良

遷董謂司馬遷董狐也左傳曰董狐古之良史也兼麗卿雲司馬長卿楊子雲彪識皇命固迷世紛

班固列傳第三十下 終 後漢書四十下

後漢書集解卷四十下校補

班彪傳下案范書附傳例不標題今固名已見卷上小題止標主班彪列傳卷下忽標班固列傳是分卷補標之失

人喟然而歎曰文選主人上有東都二字

奮布衣目登皇極文選極作位

緜數朞而創萬世注萬代盛言之也官本注代改世

前聖靡得而言焉文選無而字

作舟車造器械斯軒轅氏之所目開帝功也文選車作輿斯下有乃字

應天順民文選民作人案此本人字而反作民亦後人改囘之誤

修袞龍之法服注始服冠冕衣裳官本注冠冕誤倒

乃動大路文選路作輅注大路玉路也官本玉譌王

順流泉而爲沼文選順作塡注云昭明諱順故改爲塡

焱焱炎炎注焱火華也音以瞻反柳從辰曰瞻乃贍之誤

吹野燎山文選作欽野歕山

輕車霆發文選作輣車霆激

游基發射文選游作由案文選陳琳檄吳將校部曲文圍守鄴城則將軍蘇游反爲內應注云魏志尙攻譚留蘇由守鄴公進軍到洹水由降游與由同

范氏施御注范氏趙之御人也 至 吾爲範我馳驅集解惠棟曰李善云 至 章懷以范氏爲趙之御人引孟子以證之誤甚侯康曰範我當作范氏章懷引此正以注范氏施御句也孫宣公孟子音義云範我或作范氏宋書樂志四君馬篇願爲范氏驅雕容步中纖豈效詭御子馳騁越危機與孟堅此賦皆用孟子[illegible]故章懷引孟子以證之何義門所見後漢書猶作范氏[illegible]惠氏譏章懷誤引孟子實不誤也惟章懷以范爲趙之御人以王良當之此則誤案張華博物志云禹使范成光[illegible]御龍以行域外則范氏名成光矣但左傳晉范宣子雖言其祖在夏爲御龍氏而孟堅則以御龍氏爲劉累而夏后爲孔甲顧劉累之後何以復稱范氏疑本一事而傳聞異辭要之御龍之范氏自當爲夏之御人章懷曰趙字疑亦涉下趙簡子而誤否則簡子時不得便爲趙且范氏與王良何涉章懷亦並未言卽趙王良也惟侯氏謂孟堅實用孟子或作本是也當時亦並無趙岐本也至章懷之引孟子並引趙注以釋範字實仍爲

範我並非范氏特引之專爲說下彎不詭遇原別爲一義與文選注引孟子正同惠氏必謂爲證上趨之御人亦似過拘

彎不詭遇文選彎作彎

南趯朱垠文選趯作燿

自孝武所不能征孝宣所不能臣文選作自孝武之所不征孝宣之所未臣

膺萬國之貢珍注賈逵注國語曰膺猶受也官本脫國語二字

外接百蠻文選接作綏

乃盛禮樂供帳文選作爾乃盛禮興樂供帳

鍾鼓鏗鎗鎗官作鏘文選作鎗

久沐浴乎膏澤文選久作又乎作於

除工商之淫業興農桑之上務文選除作抑上作盛

賤奇麗而不珍文選不作弗

形神寞漠注和順以寂寞官本注寞作漠文選注同耳目不營文選不作弗

卷四十下校補　二

俎豆莘莘注莘莘眾多也音所巾反巾文選注同官本注作申

西都賓矍然失容注矍視遽之貌音許縛反縛官本誤縛

今將喻子五篇之詩文選作今將授子以五篇之詩

容絜朗兮於淯精注春秋元命包云官本云作曰

每行巡狩輒獻上賦頌侯康曰固集有東巡頌南巡頌文皆不全

時北單于遣使貢獻遣原譌遺依後文正官本不誤

康居月氏自遠而至匈奴離析名王來降案章紀建初八年六月北匈奴大人率眾款塞降章和元年十月北匈奴屋蘭儲等率眾降月氏國遺使獻扶拔師子南匈奴傳亦言章和元年北庭大亂屈蘭儲卑胡都須等五十八部口二十萬勝兵八千人詣雲中五原朔方北地降二年正月肅宗崩和帝立十月竇太后以竇憲爲車騎將軍伐北匈奴雖紀傳文字詳略不同然自建初八年訖於章和二年其間絕無北單于遣使貢獻之事范列此事於固從竇憲出征之前殊不可攷

上可繼五鳳甘露致遠人之會注匈奴呼韓邪遣子右賢王入侍官本注脫子字

楊雄美新典而不實文選不作亡

同乎草昧文選乎作於

厥有氏號紹天闡繹者文選無者字

以冠德卓蹤者文選蹤作絕

虞亦命夏后文選虞上仍有有字

辰居其域文選辰作宸案說文宸屋宇也辰居本論語蔡邕注同字作宸者借通耳文選顏延年曲水詩序景屬宸居李善注亦引典引蔡注王融曲水詩序是以得一奉宸注云宸與辰同已見上文此爲借通之明證其本字仍當作辰然能辨者尠矣

同受侯甸之所服文選無所字

吕伯方統牧文選伯作方方作伯

乘其命賜彤弧黃戚之威用討韋顧黎崇之不格文選戚作鉞格作恪

卷四十下校補　三

是故義士偉而不敦文選偉作華

然猶於穆猗那文選然作亦

烏奕乎千載集解先謙曰至烏奕言光曜之大文選蔡邕注烏奕光曜流行貌

誕略有常至注言殷周二代政化之迹官本政作改

光被六幽集解惠棟曰幽讀爲微至丝亦聲案說文丝从二幺微也幽从山丝隱也丝得聲於幺幽得聲於丝借丝之訓以通幽之讀無例可通疑惠說本不如此傳其書者誤也經典幽本通黝訓爲黑色疑古幽字本从茲省聲如艸部之茲故讀與茲近班氏父子家學相承叔皮通幽賦以幽與姬災周龜爲韻孟堅此文以幽與基周熙區頤爲韻及東都賦以幽與衛無爲韻正復同例足證古音本相近矣

慝亡迴而不泯文選慝作匿迴作回

厥道至乎經緯至內浸豪芒文選厥道二字連上匪漢不宏爲句乎作於浸作沾

至令遷正黜色賓監之事注賓謂殷周二王之後爲漢之賓官本爲作謂誤

而理官儒林屯朋篤論之士而不傳祖宗之彷彿 文選朋作用論作壽又毛刻文選蔡邕注本屯作純不傳上無而字 羡溢乎要荒 文選羡作洋 宜亦勤恁旅力 宜亦文選作亦宜 吕充厥道 注充當也 官本充誤允 定性以和神 文選作因定以和神 寤寐次于聖心 至 憚勳天乎 宋刻文選心上無聖字注仍有之胡氏考異以爲脫字是也又文選天下有命字 與之乎斟酌道德之淵源 文選無乎字 既成羣后之讜辭 至 奮炎景 文選成作感炎景作景炎 而不敘殺身成仁之爲美 注自與殺身成名季路仇牧而不悔也 官本注季路上有若字與前書合惟前書仇牧下原有死字各本皆脫

第五鍾離宋寒列傳第三十一 第五倫曾孫種 宋均族子意 後漢書四十一

宋 宣城太守 范曄 撰

唐 章懷太子賢 注

王先謙集解

第五倫字伯魚京兆長陵人也其先齊諸田 史記曰陳公子完奔齊以陳字爲田氏應劭注云始食采於田改姓田氏 諸田徙園陵者多故吕次第爲氏 集解沈欽韓曰風俗通第八氏亦齊諸田之後田廣弟田英爲第八門田氏王莽時有講學大夫第八矯 倫少介然有義行王莽末盜賊起宗族閭里爭往赴之倫迺依險固築營壁有賊輒奮厲其衆引彊持滿吕拒之 引彊謂弓弩之多力者控引之持滿不發也 銅馬赤眉之屬前後數十輩皆不能下 東觀記曰時米石萬錢人相食倫獨收養孤兄子外孫分糧共食死生相守鄉里以此賢之 集解先謙曰官本注石作碩 倫始吕營長詣郡尹鮮于褒 風俗通曰武王封箕子於朝鮮其子食采於朝鮮因氏焉 褒見而異之署爲吏後褒坐事左轉高唐令 高唐縣屬平原郡故城在今齊州祝阿縣西 臨去握倫臂訣曰恨相知晚 訣別也東觀記曰倫步擔往候之留十餘日將倫上堂令妻子出相對以屬託焉 倫後爲鄉嗇夫平徭賦理怨結得人歡心自吕爲久宦不達遂將家屬客河東變名姓自稱王伯齊 集解惠棟曰袁紀作王伯春 載鹽往來太原上黨所過輒爲糞除而去 糞除猶掃除也 陌上號爲道士 集解惠棟曰東觀記閉門請求不復責舍宿直 親友故人莫知其處數年鮮于褒薦之於京兆尹閻興興即召倫爲主簿 集解惠棟曰袁宏紀褒爲謁者從車駕至長安言倫子輿復出爲郡吏也 時長安鑄錢多姦巧迺署倫爲督鑄錢掾領長安市 東觀記曰時長安市未有秩又鑄錢官姦軌所集無能整齊理之者興署倫督鑄錢掾領長安市其後小人爭訟皆云第五掾所平市無姦枉 集解先謙曰官本注軌作輕引劉攽曰注姦輕所集案姦軌無理當是軌字 倫平銓衡正斗斛市無阿枉百姓悅服每讀詔書常歎息曰此聖主也一見決矣等輩笑之曰爾說將尚不下安能動萬乘乎 華嶠書曰蓋延代鮮于褒爲馮翊多非法倫數切諫延恨之故滯不得舉 集解惠棟曰劉知幾云古者詔命皆人主所爲至近古則不然凡有詔敕皆責成羣下王應麟云漢詔令人主自親

其文猶近于書之典誥也倫曰未遇知己道不同故耳建武二十七年舉孝廉補淮陽國醫工長〔集解〕惠棟曰東觀記諸王當歸國詔書選三署郎補王家長吏除倫爲醫工長時輩除者多綬盡但假印倫請于王王賜之綬百官志云醫工長主醫藥比四百石隨王之國光武召見甚異之二十九年從王朝京師隨官屬得會見帝問以政事倫因此酬對政道帝大悅明日復特召入與語至夕帝戲謂倫曰聞卿爲吏篣婦公不過從兄飯〔集解〕先謙曰御覽四百二十五引續漢書作不過從弟兄飯寍有之邪倫對曰臣三娶妻皆無父少遭饑亂實不敢妄過人食華嶠書曰上復曰聞卿爲市掾人有遺母一笥餅者卿從外來見之奪母笥探口中餅信乎倫對曰實無此眾人以臣愚蔽故爲生是語也帝大笑倫出有詔以爲扶夷長扶夷縣屬零陵郡故城在今邵州武岡縣東北未到官追拜會稽太守〔集解〕惠棟曰謝承書云時吳郡沈豐爲郡主簿倫母老不能之官每至臘日常悲戀垂泣豐迎母至廣陵見大江畏水不敢渡豐祭神令子孫對母飲酒因醉卧便渡雖爲二千石躬自斬芻養馬妻執炊爨受俸裁留一月糧餘皆賤貿與民之貧羸者〔集解〕汪文臺曰北堂書鈔七十四引續漢書云爲政修理

清靜不煩妻子自爲炊爨俸祿常取赤米沈欽韓曰董昆字文通餘姚人清約守貧茹菜不厭郡守第五府君嘉其令名署上計吏舉察孝廉爲天下之最也會稽俗多淫祀好卜筮民常以牛祭神百姓財產以之困匱其自食牛肉而不以薦祠者發病且死先爲牛鳴前後郡將莫敢禁倫到官移書屬縣曉告百姓其巫祝有依託鬼神詐怖愚民皆案論之有妄屠牛者吏輒行罰民初頗恐懼〔集解〕先謙曰官本無頗字考證云一本初字下有頗字或祝詛妄言倫案之愈急後遂斷絕百姓以安永平五年坐法徵老小攀車叩馬嗁呼相隨日裁行數里不得前倫乃僞止亭舍陰乘船去眾知復追之〔集解〕惠棟曰東觀記百姓聞之乘船追之交錯水中其得民心如此及詣廷尉吏民上書守闕者千餘人是時顯宗方案梁松事亦多爲松訟者帝患之詔公車諸爲梁氏及會稽太守上書者勿復受會帝幸廷尉錄囚徒得免歸田里身自耕種〔集解〕惠棟曰東觀記躬與奴共發棘田種麥不交通人物數歲拜爲宕渠令宕渠縣故城在今渠州流江縣東北顯拔鄉佐玄賀賀後爲九江沛二郡守以清潔稱所在化行終於大司農〔集解〕惠棟曰華陽國志大司農玄賀宕渠人益部耆舊傳云賀字文和州辟爲從事舉姦摘伏口人無怨東觀記云賀爲九江太守行縣齎持乾糒但就溫湯而已倫在職四年遷蜀郡太守蜀地肥饒人吏富實掾史家貲多至千萬皆鮮車怒馬以財貨自達怒馬謂馬之肥壯其氣憤怒也倫悉簡其豐贍者遣還之更選孤貧志行之人以處曹任於是爭賕抑絕以財相貨曰賕音其又反又音求〔集解〕惠棟曰說文云賕以財物枉法相謝也從貝求聲古文尚書呂刑云惟貨惟求馬融云有求請賕也文職修理所舉吏多至九卿二千石時以爲知人視事七歲肅宗初立擢自遠郡代牟融爲司空〔集解〕沈欽韓曰華陽國志漢中趙瑤自扶風太守徙蜀郡司空張溫謂之曰昔第五伯魚自蜀郡爲司空今掃吾第以待足下矣蓋漢世以爲美談帝以明德太后故尊崇舅氏馬廖兄弟並居職任廖等傾身交結冠蓋之士爭赴趣之倫以后族過盛欲令朝廷抑損其權上疏曰臣聞忠不隱諱直不避害不勝愚狷昧死自表狷狂狷也〔集解〕周壽昌曰案狂與狷是兩等人不能訓狷爲狂狷也范冉傳以狷急不能從俗陰興傳豐亦狷急注狷疾也書曰臣無作威作福其害于而家凶于

而國尚書洪範之言〔集解〕惠棟曰鄭元尚書注云作福專爵賞也作威專刑罰也傳曰大夫無境外之交束脩之餽穀梁傳之文也束帛也脩脯也餽遺也近代光烈皇后雖友愛天至而卒使陰就歸國徙廢陰興賓客其後梁竇之家互有非法明帝即位竟多誅之自是洛中無復權戚書記請託一皆斷絕又譬諸外戚曰譬猶諭也苦身待士不如爲國戴盆望天事不兩施司馬遷書曰僕以爲戴盆何以望天也臣嘗刻著五臧書諸紳帶刻著五臧謂銘之於心也紳謂大帶垂之三尺論語曰子張書諸紳也而今之議者復以馬氏爲言竊聞衞尉廖以布三千匹城門校尉防以錢二百萬私贍三輔衣冠知與不知莫不畢給又聞臘日亦遺其在洛中者錢各五千越騎校尉光臘用羊三百頭米四百斛肉五千斤臣愚以爲不應經義惶恐不敢以不聞〔集解〕先謙曰以不聞疑作不以聞而誤倒陛下情欲厚之亦宜所以安之〔集解〕先謙曰宜下奪一思字臣今言

此誠欲上忠陛下下全后家裁蒙省察裁與纔同及馬防爲車騎將軍
當出征西羌集解惠棟曰建初三年倫又上疏曰臣愚曰爲貴戚可封侯曰
富之不當職事曰任之何者繩曰法則傷恩私曰親則違憲伏聞
馬防今當西征臣曰太后恩仁陛下至孝恐卒有纖介難爲意愛
恐卒然有小過愛而不罰則廢法也集解先謙曰官本爲作以聞防請杜篤爲從事中郎多賜財
帛篤爲鄉里所廢客居美陽女弟爲馬氏妻恃此交通在所縣令
苦其不法收繫論之今來防所議者咸致疑怪況乃曰爲從事集解
惠棟曰篤傳從擊西羌戰沒于射姑山則篤實死事倫言爲不讐矣將恐議及朝廷今宜爲選賢能
曰輔助之不可復令防自請人有損事望望物望也集解蘇輿曰事望猶名實苟有
所懷敢不自聞集解蘇輿曰自疑以之誤並不見省用倫雖峭直峭峻也然常疾
俗吏苛刻集解惠棟曰華嶠書倫常以中興以來二主好吏化俗尚苛刻政化之本宜先以寬和云化乃治字也及
爲三公值帝長者屢有善政乃上疏褒稱盛美因曰勸成風德曰

陛下卽位躬天然之德集解惠棟曰桓譚新論云聖人天然之姿所以絕人遠者也體晏晏之
姿曰寬弘臨下尚書考靈耀曰堯文塞晏晏爾雅曰晏晏溫和也集解惠棟曰梅賾尚書云欽明文思安安漢時皆
作晏晏思讀爲塞者讀思長言之讀塞短言之也晏與安古字通魏受禪表亦云欽明文塞晏晏出入四年前歲
誅刺史二千石貪殘者六人東觀漢記曰去年伏誅者刺史一人太守三人被死罪二人凡六人集解
先謙曰官本注被作減是斯皆明聖所鑒非羣下所及然詔書每下寬和而政
急不解務存節儉而奢侈不止者咎在俗敝羣下不稱故也集解王補
曰袁宏紀此下有臣聞爲政三年有成必世而後仁光武承王莽之餘頗曰嚴猛爲政後代
因之遂成風化郡國所舉類多辦職俗吏殊未有寬博之選曰應
上求者也陳留令劉豫冠軍令駟協並曰刻薄之姿臨人宰邑專
念掠殺務爲嚴苦吏民愁怨莫不疾之而今之議者反曰爲能違
天心失經義誠不可不愼也非徒應坐豫協亦當宜譴舉者譴責也集
解惠棟曰應劭漢官儀云丞相故事四科辟召及刺史二千石察舉茂才尤異者孝廉廉吏務盡實覈有非其人臨計過署不便習

官事書疏不端正不如詔書有司奏罪名并正舉者宜當作並務進仁賢曰任時政不過數人則
風俗自化矣臣嘗讀書記知秦曰酷急亡國又目見王莽亦曰苛
法自滅故勤勤懇懇實在於此又聞諸王主貴戚驕奢踰制京師
尙然何曰示遠故曰其身不正雖令不從論語孔子之言曰身教者從曰
言教者訟夫陰陽和歲乃豐君臣同心化乃成也其刺史太守曰
下拜除京師及道出洛陽者宜皆召見可因博問四方兼曰觀察
其人諸上書言事有不合者可但報歸田里不宜過加喜怒曰明
在寬臣愚不足採集解王會汾曰案臣愚不足採下當有脫句及諸馬得罪歸國而竇
氏始貴倫復上疏曰臣得曰空虛之質當輔弼之任素性駑怯位
尊爵重拘迫大義思自策厲雖遭百死不敢擇地又況親遇危言
之世哉論語孔子曰邦有道危言危行邦無道危行言遜鄭玄注云危猶高也據時高言高行必見危故以爲諭也今
承百王之敝人尙文巧咸趨邪路莫能守正伏見虎賁中郎將竇

憲椒房之親后妃以椒塗壁取其繁衍多子故曰椒房典司禁兵出入省闥年盛志美
卑謙樂善此誠其好士交結之方然諸出入貴戚者類多瑕釁禁
錮之人尤少守約安貧之節士大夫無志之徒更相販賣雲集其
門衆煦飄山聚蚊成雷前書中山靖王之語集解先謙曰前書作漂山注語官本作言蓋驕佚所從
生也三輔論議者集解先謙曰官本作議論至云曰貴戚廢錮當復曰貴戚浣
濯之猶解酲當曰酒也病酒曰酲詖險趣埶之徒誠不可親近蒼頡篇曰詖佞
諂也臣愚願陛下中宮嚴勑憲等閉門自守無妄交通士大夫防其
未萌慮於無形令憲永保福祿君臣交歡無纖介之隙此臣之至
所願也集解劉攽曰案文當云是所至願也多一之字倒一所字先謙曰據攽說所見本此臣二字益作是倫奉公
盡節集解惠棟曰東觀記云每上封事自作草不復示掾吏言事無所依違諸子或時諫止
輒叱遣之吏人奏記及便宜者亦并封上其無私若此性質慤少
文采在位曰貞白稱時人方之前朝貢禹前書曰貢禹字少翁瑯邪人也以明經潔行著

閭【集解】蘇輿曰胡廣追表袁彭有清潔之美比前朝貢禹第五倫見袁安傳然少蘊藉不修威儀蘊藉猶寬博也亦以此見輕或問倫曰公有私乎對曰昔人有與吾千里馬者吾雖不受每三公有所選舉心不能忘而亦終不用也吾兄子常病一夜十往【集解】劉攽曰麻延年云唐睿宗下詔用十起作元子事本出於此明當作起也退而安寢吾子有疾雖不省視而竟夕不眠若是者豈可謂無私乎連以老病上疏乞身元和三年賜策罷以二千石奉終其身加賜錢五十萬公宅一區後數年卒時年八十餘詔賜祕器衣衾錢布少子頡嗣【集解】劉攽曰倫未嘗有爵無緣言嗣明多此一字歷桂陽廬江南陽太守所在見稱順帝之爲太子廢也樊豐等譖之廢爲濟陰王頡爲太中大夫與太僕來歷等共守闕固爭帝卽位擢爲將作大匠卒官三輔決錄注曰頡字子陵爲郡功曹州從事公府辟舉高第爲侍御史南頓令桂陽南陽廬江三郡太守諫議大夫洛陽無主人鄉里無田宅客止靈臺中或十日不炊司隸校尉南陽左雄太史令張衡尚書廬江朱建孟興皆與頡故舊各致禮餉頡終不受【集解】惠棟曰水經注云頡永建中卒倫曾孫種

論曰第五倫峭覈爲方峭覈謂其性峻急好窮覈事情非夫愷悌之士【集解】沈欽韓曰倫之赤米布被非以概諸人也以律身也律人則刻律身何傷攀車上書去思如是非愷悌君子孰能之省其奏議惇惇歸諸寬厚惇惇純厚之貌也音敦將懲苛切之敝使其然乎昔人以弦韋爲佩蓋猶此矣韓子曰西門豹性急佩韋以自緩董安于性緩佩弦以自急也然而君子侈不僭上儉不偪下禮記曰管仲鏤簋而朱紘旅樹而反坫山節藻梲賢大夫也而難爲上也晏平仲祀其先人豚肩不揜豆賢大夫也而難爲下也君子上不僭上下不偪下豈尊臨千里而與牧圉等庸乎詎非矯激則未可以中和言也

種字興先少厲志義爲吏冠名州郡永壽中以司徒掾清詔使冀州廉察灾害風俗通曰汝南周勃辟大尉清詔使荆州又此言以司徒清詔使冀州蓋三公府有清詔員以承詔使也廉察也【集解】惠棟曰衞宏漢舊儀云故令丞相設四科之辟第一科補西曹南閤祭酒二科補議曹三科補四辭八奏四科補賊決其以清詔使案問事御史爲駕一封行赦令駕二封皆特自奏事各以所職劾中二千石以下洪頤煊曰范滂傳舉孝廉光祿四行時冀州飢荒盜賊並起以滂爲清詔使廉察之舉奏刺史二千石以下所刑免甚眾棄官奔走者數十人還以奉使稱職拜高密侯相是時徐兗二州盜賊羣輩高密在二州之郊種乃大儲糧稸勤吏士賊聞皆憚之桴鼓不鳴流民歸者歲終至數千家桴擊鼓杖也音夫以能換爲衞相周後衞公也【集解】王補曰前書薛宣傳宣卽以令奏賞與恭換縣換謂更任也又本書朱浮傳守宰數見換易遷兗州刺史中常侍單超兄子匡【集解】沈欽韓曰考異云楊秉傳作超弟宦者傳作超弟子爲濟陰太守負埶貪放種欲收舉未知所使會聞從事衞羽素抗厲乃召羽具告之謂曰聞公不畏彊禦今欲相委以重事若何對曰願庶幾於一割以鉛刀諭羽出遂馳至定陶閉門收匡賓吏親客四十餘人【集解】先謙曰官本作賓客親吏是六七日中糾發其臧五六十萬種卽奏匡并以劾超匡窘迫遣刺客刺羽羽覺其姦乃收繫客具得情狀州內震慄朝廷嗟歎之是時泰山賊叔孫無忌等暴橫一境州郡不能討羽說種曰中國安寧忘戰日久【集解】惠棟曰司馬法云天下雖安忘戰必危而泰山險阻寇猾不制

今雖有精兵難以赴敵羽請往譬降之種敬諾羽乃往備說禍福無忌卽帥其黨與三千餘人降【集解】沈欽韓曰考異云帝紀延熹三年十一月無忌攻殺都尉侯章又臧旻訟種書稱種所坐盜賊公負筋力未就然則種必不能降無忌此說妄也案考異謂單超已死與種事不相當容可致疑然亦止據楊秉傳爲河南尹事以至齟齬或秉傳之誤若單超陷種其事炤灼不應矛盾至衞羽說降無忌則應有之事段熲傳太山琅邪賊聚眾三萬人皇甫規傳叔孫無忌侵亂郡縣中郎將宗資討之未服方術傳趙彥爲宗資陳孤虛之法宜發五陽郡兵則其徒黨熾盛積爲巨寇羽雖說降三千餘人未盡消滅時宦官忿睢以喜怒爲功罪無劾外方上降內已定劾如此等事儕輩不少放異議范之妄未免冤抑單超積懷忿恨遂以事陷種【集解】沈欽韓曰考異云帝紀李雲死在延熹三年春袁紀在二年秋案楊秉傳三年坐救雲免歸田里其年冬復徵拜河南尹坐單匡使客任方刺衞羽繫獄亡走論作左校若如范書則雲死時單超已死案超傳以三年卒其在雲死前後尚不能定何得更能陷種又雲書所論立鄧后與封五侯事皆在二年袁紀似近之竟坐徙朔方超外孫董援爲朔方太守稸怒以待之初種爲衞相以門下掾孫斌賢善遇之及當徙斥斌具聞超謀乃謂其友人同縣閭子直及高密甄子然【集解】惠棟曰鄭志載答甄子然難禮蓋與臨碩孝存同爲康成

之友惜逸其名孔融敎高密令曰志士甄子然告困焉得愛釜庾之問以傷烈士之心與豆三斛沈欽韓曰劉知幾說爲甄守然曰盜憎其主從來舊矣第五使君當投裔土而單超外屬爲彼郡守夫危者易仆可爲寒心吾今方追使君庶免其難若奉使君㠯還將㠯付子二人曰子其行矣是吾心也於是斌將俠客晨夜追種及之於太原遮險格殺送吏〔集解〕惠棟曰還從有送吏猶今之解徒也因下馬與種斌自步從一日一夜行四百餘里遂得脫歸種匿於閭甄氏數年徐州從事臧昊上書訟之曰〔集解〕先謙曰官本昊作旻是魏志臧洪傳洪父旻以徐州從事辟司徒府臣聞士有忍死之辱必有就事之計故季布屈節於朱家前書曰季布楚人爲任俠有名數窘漢王高祖購求布千金布匿濮陽周氏周氏曰漢求將軍急敢進計布許之乃髡鉗布衣褐並其家僮之魯朱家所賣之朱家買置田舍言之高祖赦之後爲河東守管仲錯行於召忽說苑子路問於孔子曰昔者管仲欲立公子糾而不能召忽死之管仲不死是無仁也孔子曰召忽者人臣之材不死則三軍之虜也死之則名聞於天下矣何爲不死哉管子者天子之佐諸侯之相也死之則不免於溝瀆之中不死則功復用於天下夫何爲死之哉錯猶乖也此二臣

㠯可死而不死者〔集解〕先謙曰㠯可死當爲可㠯死非愛身於須臾貪命於苟活隱其智力顧其權略庶幸逢時有所爲耳卒遭高帝之成業齊桓之興伯遺其亡逃之行赦其射鉤之讎拔於囚虜之中信其佐國之謀信音申勳效傳於百世君臣載於篇籍假令二主紀過於纖介則此二臣同死於犬馬沈名於溝壑當何由得申其補過之功建其奇奧之術乎伏見故兗州刺史第五種傑然自建在鄉曲無苞苴之嫌苞苴饋遺也步廟堂無擇言之闕口無可擇之言也天性疾惡公方不曲故論者說淸高㠯種爲上序直士㠯種爲首春秋之義選人所長棄其所短錄其小善除其大過種所坐㠯盜賊公負筋力未就泰山之賊種不能討是力不足以禁之法當公坐故云公負也〔集解〕蘇輿曰漢世課吏牧守令長界內盜賊不收捕有負建武十六年詔弛其令但取獲賊多少爲殿最蓋未幾卽復舊制陳忠傳長吏防禦不前皆欲采獲虛名諱以盜賊爲負度尚傳尚爲荊州刺史見胡蘭餘黨南走蒼梧懼爲己負是也公負猶今言公罪蓋有他績則負可除耳皋至徵徙非有大惡昔

虞舜事親大杖則走家語孔子謂曾子之言也故種逃亡苟全性命冀有朱家之路㠯顯季布之會願陛下無遺須臾之恩令種有持忠入地之恨會赦出卒於家〔集解〕惠棟曰三輔決錄注種子巡字文休辟太尉掾與杜陵金敞韋端齊名時人號之京兆三休

鍾離意〔集解〕惠棟曰世本云鍾離與秦同祖其後因封爲姓字子阿會稽山陰人也少爲郡督郵〔集解〕惠棟曰意別傳云汝南黃讜拜會稽太守召意署北部督郵時郡中大疫黃君轉署意中部督郵會稽典錄云郡署意北部督郵烏程男子孫常常弟烈分居各得田半頃烈死歲飢常以稍米粟給妻子輒追計直作券沒取其田烈兒長大訟掾史議皆曰烈孫男兒遭飢賴常升合長大成人而更爭訟非順孫也意獨曰常身爲伯父當撫孤弱是人道正義稍以升合券取其田懷姦挾私貪利忘義烈妻子雖以田與常困迫之至非私義也請常田俾烈妻子於是衆議無以奪意之理沈欽韓曰北堂書鈔引意別傳曰西部都尉南陽任延以優文召縣曰都尉德薄思賢汲汲處士鍾離意正色鄉黨百行優備應合補吏檄到史掾以禮發遣者時部縣亭長有受人酒禮者〔集解〕先謙曰御覽二百五十三引續漢書酒禮作鷄酒府下記案考之記文符也案察之也意封還記入言於太守〔集解〕惠棟曰意別傳云太守黃君大怒驛

馬召意也曰春秋先內後外公羊傳曰春秋內其國而外諸夏內諸夏而外夷狄詩云刑於寡妻㠯御於家邦詩大雅之文刑見也御治也明政化之本由近及遠今宜先淸府內且闊略遠縣細微之愆太守甚賢之遂任㠯縣事建武十四年會稽大疫死者萬數疫癘氣也意獨身自隱親經給醫藥隱親謂親自隱恤之經給謂經營濟給之〔集解〕蘇輿曰旣云身自不必再言親恤矣隱親猶恤愛謂撫恤而慰愛之也釋名親襯也言相隱襯也蒼頡篇親愛也近也一切經音義儭至也近也儭隱親與隱儭同義所部多蒙全濟〔集解〕惠棟曰意別傳云意露車不冠身循行病者門入家賜與醫藥詣神廟爲民禱祭召錄醫師百人合和草藥恐醫小子或不良毒藥齊賊害民命先自吞嘗先後施行其所臨戶四千餘人並得差愈後日府君出行災害百姓攀車涕泣曰明府不須出也但得鍾離督郵民皆活也擧孝廉再遷〔集解〕惠棟曰意別傳太守賓翔召意署功曹又揚州刺史夏君三辟意署九江郡從事三府側席夏君見意曰刺史得京師書聞從事有令聞刺史何惜王家之爵不貢賢者乃表上尚書辟大司徒侯霸府〔集解〕惠棟曰意別傳云署議曹掾詔部送徒詣河內時冬寒徒病不能行路過弘農意輒移屬縣使作徒衣縣不得已與之而上書言狀〔集解〕惠棟曰意別傳云意使介出見

錢爲徒作褥袴各有升數令對曰被詔書不敢妄用錢意曰使者奉詔命循私行耶出錢使上尚書使者亦當上之意亦具以聞光武得奏以見霸〔集解〕顧炎武曰見當作視古示字作視謂以意奏示霸也惠棟曰意別傳云光武皇帝得上狀見司徒侯霸曰所使掾史何乃仁恕爲國用心乎如此則范書略其文耳視字仍當爲見也先謙曰此文見上有以字與別傳義殊當從顧說曰君所使掾何乃仁於用心誠良吏也意遂於道解徒桎梏在手曰梏在足曰桎恣所欲過與剋期俱至無或違者還以病免後除瑕丘令瑕丘今兗州縣也〔集解〕惠棟曰意別傳意遷東平瑕丘令男子兒值勇悍有力使弓弩飛射走獸百不脫一桀悖好犯長吏意到官召署捕盜掾敕謂之曰令昔破三軍之衆不用尺兵當縛暴虎不用尺繩但以良謀爲之耳掾之氣勢安若宜慎之因復召值子涉署門下將游徼私出入寺門無所關白收涉鞭之值亦至寺門吹氣大言言無上下意敕值能爲子屈者自縛謝令不則鞭殺其子值果自縛意告曰令前告汝當縛暴虎不用尺繩汝自視何如虎自縛耶敕獄械值父子結連其頭對榜嫐壯掾史陳諫乃貸之由是相率爲善吏有檀建者盜竊縣內意屏人問狀建叩頭服罪不忍加刑遣令長休建父聞之爲建設酒謂曰吾聞無道之君以刃殘人有道之君以義行誅子罪命也遂令建進藥而死〔集解〕惠棟曰別傳所

載與此異曰意爲瑕丘令立春遣戶曹史檀建賚靑幘幡白督郵督郵不受建留於家還白意言受他日意見督郵而督郵謝意言所以不受靑幘幡者已自有也意還召建問狀建惶怖叩頭意曰勿叩頭使外聞也出因轉署主記史假遣無期建歸家父問之曰朝大士衆賢能者多子何功才既獲顯榮假乃無期寵厚將何謂也得無有不信於賢主耶建長跪以靑幘幡意語父父嘿然有頃令妻設酒殺雞與建相樂謂建曰吾聞有道之君以義理殺人無道之君以血刃加人長假無期唯死不還將何以自裁乎酒畢進藥建遂物故二十五年遷堂邑令堂邑故城在今博州堂邑縣西北〔集解〕洪頤煊曰前書地理志堂邑屬臨淮郡郡國志屬廣陵郡質帝紀廣陵賊張嬰等反攻殺堂邑長李注縣屬廣陵郡今揚州六合縣也而此注失之縣人防廣爲父報讎〔集解〕惠棟曰袁宏紀廣遺腹子也繫獄其母病死廣哭泣不食意憐傷之乃聽廣歸家使得殯斂丞掾皆爭意曰罪自我歸義不累下遂遣之言罪歸於我不累於丞掾廣斂母訖果還入獄意密以狀聞廣竟得以減死論〔集解〕汪文臺曰書鈔引續漢書云意爲堂邑令治有政化百姓懷附顯宗即位徵爲尚書時交阯太守張恢坐臧千金徵還伏法以資物簿入大司農簿文記也詔班賜羣臣意得珠璣〔集解〕惠棟曰意別傳云交阯刺史張恢居官貪亂珠璣寶玩乃有百數也悉以委地

而不拜賜帝怪而問其故對曰臣聞孔子忍渴於盜泉之水曾參回車於勝母之閭惡其名也說苑曰邑名勝母曾子不入水名盜泉仲尼不飲醜其名也尸子又載其言〔集解〕惠棟曰尸子云孔子至于勝母暮矣而不宿過于盜泉渴矣而不飲惡其名也案淮南子及鹽鐵論云里名勝母曾子不入盇以名不順故也此臧穢之寶誠不敢拜帝嗟歎曰清乎尚書之言乃更以庫錢三十萬賜意轉爲尚書僕射車駕數幸廣成苑意以爲從禽廢政〔集解〕惠棟曰易象傳云即鹿无虞以從禽也常當車陳諫般樂遊田之事天子即時還宮永平三年夏旱而大起北宮意詣闕免冠上疏曰伏見陛下以天時小旱憂念元元降避正殿躬自克責而比日密雲遂無大潤易曰密雲不雨自我西郊豈政有未得應天心者耶昔成湯遭旱以六事自責曰政不節邪使人疾邪宮室榮邪女謁盛邪苞苴行邪讒夫昌邪帝王紀曰成湯大旱七年齋戒剪髮斷爪以己爲犧牲禱於山林之社以六事自責〔集解〕王補曰王應麟云六事自責本於荀子案見荀子大略篇章懷獨於此傳及周舉傳注俱引帝王紀故學齋正其失袁宏紀此下有今百姓須雨而天久旱

竊見北宮大作人失農時此所謂宮室榮也〔集解〕王補曰袁宏紀作是宮室營政不節之類也自古非苦宮室小狹但患人不安寧〔集解〕王補曰袁宏紀此下有詩曰雨我公田遂及我私言君臣相濟上下同憂也今天下疲弊衣食不充可謂憂矣宜且罷止以應天心臣意以匹夫之才無有行能久食重祿擢備近臣比受厚賜喜懼相半不勝愚贛征營辠當萬死征營不自安也〔集解〕惠棟曰韓非子云嘉厚純整穀之民也而世少之曰愚贛之民也官本考證云征當作怔帝策詔報曰〔集解〕通鑑胡注策詔者書詔於策也湯引六事咎在一人〔集解〕惠棟曰呂覽九月紀云湯克夏而天下旱五年不收湯乃以身禱於桑林曰余一人有罪無及萬夫萬夫有罪在余一人其冠履勿謝比上天降旱密雲數會朕戚然慙懼思獲嘉應故分布禱請闚候風雲北祈明堂南設雩場明堂在洛陽城南言北祈者蓋時修雩場在明堂之南今又勑大匠止作諸宮減省不急庶消災譴詔因謝公卿百僚遂應時澍雨焉說文云雨所以澍生萬物故曰澍音注時詔賜降胡子縑尚書案事誤以十爲百帝見司農上簿大怒召郎將笞之意因入叩頭曰過誤之

失常人所容若以懈慢爲愆則臣位大辠重郎位小辠輕咎皆在臣臣當先坐乃解衣就格格拘執也集解惠棟曰高誘淮南子注格榜牀也注以爲拘執失之帝意解使復冠而貰郎集解惠棟曰意別傳意爲尚書僕射其年匈奴羌胡歸義詔賜縑三百匹尚書侍郎廣陵暨鄤受詔誤以爲三千匹賜匈奴詔大怒鞭鄤欲死意獨排省閤入諫曰陛下德被四表恩及夷狄是以左衽之徒稽首來服愚闇刑疑從輕賞疑從重今陛下以鄤賞誤發雷電之威海內遐邇謂陛下貴微財而賤人命臣所不安明帝以意諫且鄤錯合大義恚損怒消貰鄤赦大官賜酒藥詔謂意曰非鍾離尚書朕幾降威於此郎帝性褊察好以耳目隱發爲明隱猶私也集解通鑑胡注隱者人君耳目所不及帝好以耳目窺其隱而發之故公卿大臣數被詆毀近臣尚書以下至見提拽集解通鑑胡注提讀如冒絜提文帝之提音大計反擲物以擊之也曳拖也引也錢大昭曰申屠剛傳尚書近臣至乃捶撲牽曳於前羣臣莫敢正言虞延傳建武二十年東巡還經封丘城門門下小不容羽蓋帝怒使撻侍御史此皆光武時事東都初制嚴切如此非獨明帝性褊察也左雄傳言九卿位亞三事班在大臣孝明皇帝始有撲罰皆非古典帝從之其後九卿無復捶撲者然則光武所捶撲止是尚書侍御史明帝則兼及九卿故史以褊察譏之常以事怒郎藥崧以杖撞之崧走入牀下帝怒甚疾言曰郎出郎出崧曰

天子穆穆諸侯煌煌曲禮之文也穆穆美也煌煌盛也未聞人君自起撞郎帝赦之朝廷莫不悚慄爭爲嚴切以避誅責唯意獨敢諫爭數封還詔書臣下過失輒救解之會連有變異集解惠棟曰袁宏紀永平三年八月壬申晦日有食之是時刑法嚴峻人懷憂懼因是變也意復上疏曰伏惟陛下躬行孝道修明經術郊祀天地畏敬鬼神憂恤黎元勞心不怠而天氣未和日月不明易通卦驗曰愚智同位則日月無光水泉涌溢寒暑違節者咎在羣臣不能宣化理職而以苛刻爲俗吏殺良人繼踵不絕百官無相親之心吏人無雍雍之志爾雅曰雍雍和也至於骨肉相殘毒害彌深感逆和氣以致天災百姓可以德勝難以力服先王要道民用和睦故能致天下和平災害不生禍亂不作鹿鳴之詩必言宴樂者鹿鳴詩小雅宴羣臣也其詩曰呦呦鹿鳴食野之苹我有嘉賓鼓瑟吹笙集解惠棟曰案鹿鳴詩云和樂且湛又云以宴樂嘉賓之心以人神之心洽然後天氣和也願陛下垂聖德揆萬機詔有司慎人命緩刑罰順時

氣以調陰陽垂之無極帝雖不能用然知其至誠亦以此故不得久留出爲魯相意別傳曰意爲魯相到官出私錢萬三千文付戶曹孔訢修夫子車身入廟拭几席劍履男子張伯除堂下草土中得玉璧七枚伯懷其一以六枚白意意令主簿安置几前孔子教授堂下牀首有懸甕意召孔訢問此何甕也對曰夫子甕也背有丹書人莫敢發也意曰夫子聖人所以遺甕欲以懸示後賢因發之中得素書文曰後世修吾書董仲舒護吾車拭吾履發吾笥會稽鍾離意璧有七張伯藏其一意即召問伯果服焉集解劉攽曰注錢萬三千文案古人言錢不曰文世俗乃有此文明多一文字惠棟曰仲舒通春秋洞天人性命之理故見諸讖書後德陽殿成漢宮殿名曰北宮中有德陽殿集解惠棟曰永平七年成沈欽韓曰藝文類聚引漢官典職曰德陽殿周游容萬人自偃師去宮四十五里激洛水於殿下百官大會帝思意言謂公卿曰鍾離尚書若在此殿不立集解先謙曰殿不立東觀記作不得此殿意視事五年以愛利爲化東觀記曰意在堂邑爲政愛利輕刑慎罰撫循百姓如赤子初縣市無屋意出奉錢帥人作屋人齎茅竹或持材木爭起趨作決日而成功作既畢爲解土祝曰興工役者令百姓無事如有禍祟令自當之人皆大悅集解惠棟曰王充論衡云世間繕治宅舍鑿地掘土功成作畢解謝土神名曰解土爲土偶人以象鬼形令巫祝延以解土神已祭之後心快意喜謂鬼神解謝殃禍可以除去先謙曰此注當在前爲堂邑令下誤入於此官本決作決

謂作爲人多殷富以久病卒官遺言上書陳升平之世難以急化宜少寬假帝感傷其意下詔嗟歎賜錢二十萬藥崧者河內人天性朴忠家貧爲郎常獨直臺上無被枕杫杫音思漬反謂俎几也方言云蜀漢之郊謂杫曰集解周壽昌曰方言注杫音賜集韻亦作榹杫板施於礎上柱下者廣雅作柣云閾也機也此爲近之於臺上枕門閫不必有俎几可枕也食糟糠帝每夜入臺輒見崧問其故甚嘉之自此詔太官賜尚書以下朝夕餐給帷被皁袍及侍史二人蔡質漢官儀曰尚書郎入直臺中官供新青縑白綾被或錦被晝夜更宿帷帳畫通中枕臥旃蓐冬夏隨時改易太官供食五日一美食下天子一等尚書郎伯使一人女侍史二人皆選端正者伯使從至止車門還女侍史絜被服執香爐燒燻從入臺中給使護衣服也崧官至南陽太守

宋均字叔庠南陽安衆人也集解通鑑胡注宗均范書作宋均趙明誠金石錄有漢司空宗俱碑案後漢宋均傳均族子意意孫俱靈帝時爲司空余嘗得宗資墓前龜膊上刻字因以後漢帝紀及姓苑姓纂諸書參考以謂自均以下其姓皆作宗而列傳轉寫爲宋誤也後得此碑益知前言之不謬黨錮傳注引謝承書云宗資字叔都南陽安衆人也家世爲漢將

相名臣祖父均自有傳則宋字傳寫誤也南蠻傳中敘受降事正作謁者宗均此即見於本書可參校者廣韻宗姓周卿宗伯之後出南陽論衡程才篇東海宗叔犀即此宋叔庠也張說宋璟遺愛頌尚書東漢之雅望黃門北齊之令德宋氏世名公濟其美蓋指均與宋欽道也然則此傳宗均訛爲宋均自唐已然父伯建武初爲五官中郎將均以父任爲郎時年十五好經書每休沐日輒受業博士通詩禮善論難至二十餘調補辰陽長辰陽今辰州辰溪縣集解先謙曰今辰州府辰溪縣西其俗少學者而信巫鬼均爲立學校禁絕淫祀人皆安之以祖母喪去官客游潁川後爲謁者會武陵蠻反圍武威將軍劉尚詔使均乘傳發江夏奔命三千人往救之前書音義曰擢選精勇聞命奔走謂之奔命也既至而尚已沒會伏波將軍馬援至詔因令均監軍與諸將俱進賊拒阸不得前及馬援卒於師軍士多溫溼疾病死者大半均慮軍遂不反乃與諸將議曰今道遠士病不可以戰欲權承制降之何如諸將皆伏地莫敢應均曰夫忠臣出境有可以安國家專之可也公羊傳曰聘禮大夫受命不受辭出境有以安社稷全國家者則專之可也乃矯制集解惠棟曰何休公羊注云詐稱曰矯調伏波司馬呂种守沅陵長命种奉詔書入虜營告以恩信因勒兵隨其後蠻夷震怖即共斬其大帥而降於是入賊營散其衆遣歸本郡爲置長吏而還均未至先自劾矯制之罪集解惠棟曰案矯制在賊律光武嘉其功迎賜以金帛令過家上冢集解通鑑胡注受命而出未復命則不當先過家今使過家上冢所以示寵榮也其後每有四方異議數訪問焉遷上蔡令時府下記禁人喪葬不得侈長長音直亮反禁之不得奢侈有餘均曰夫送終踰制失之輕者今有不義之民尚未循化而遽罰過禮非政之先竟不肯施行遷九江太守集解惠棟曰續漢書云均爲九江太守五日一聽事冬以日中夏以平旦袁宏紀云均悉省掾史閑督郵府內令與諸曹分休屬縣無事百姓安業焉郡多虎暴數爲民患常募設檻穽而猶多傷害檻爲機以捕獸穽謂穿地陷之均到下記屬縣曰夫虎豹在山黿鼉在水各有所託且江淮之有猛獸猶北土之有雞豚也今爲民患咎在殘吏而勞勤

張捕集解通鑑胡注張設也設爲機穽以伺鳥獸曰張裴炎猩猩銘所謂奴欲張我是也王補曰風俗通作咎在貪殘居職使然而反逐捕非政之本也非憂恤之本也其務退姦貪思進忠善可一去檻穽除削課制其後傳言虎相與東游度江集解沈欽韓曰應劭正失云虎巖棲穴處豈能犯陽侯凌波濤而橫厲若均登據三事德被四海虎豈可抱負相隨至鬼方絕域之地乎愚謂物理相感容有非意然東漢風尚標榜名浮於實贊筆尚論尤矜夸著作東觀則倣所先方志家乘靡成捕影故漢魏以下諸人搦管不啻汗牛如虎渡江一事劉平劉昆宋均皆有之率是而推躡迹比肩凡厥佳稱後先稗販考古之士所宜鑒別也北堂書鈔引益部耆舊傳云趙瑞爲緱氏令到任虎負其子出界中元元年山陽楚沛多蝗其飛至九江界者輒東西散去由是名稱遠近浚遒縣有唐后二山民共祠之浚遒縣屬廬江郡故城在今廬州慎縣南集解洪頤煊曰郡國志浚遒縣屬九江郡劉昭補注宋均傳縣有唐后二山是也注云屬廬江誤衆巫遂取百姓男女以爲公嫗以男爲山公以女爲山嫗猶祭之有尸主也集解先謙曰官本無一字歲歲改易既而不敢嫁娶前後守令莫敢禁均乃下書曰自今以後爲山娶者皆娶巫家勿擾良民於是遂絕集解惠棟曰風俗通云均到官主者白出錢給聘男子女均曰衆巫與神合契知其旨欲卒取小民不相當于是敕條巫家男女以備公嫗巫叩頭伏罪乃殺之永平元年遷東海相集解惠棟曰論衡云叔庠一本作庠爲東海相廣召幽隱春秋會饗設置三科以第補吏一府員吏儒生十九在郡五年坐法免官客授潁川而東海吏民思均恩化爲之作歌詣闕乞還者數千人顯宗以其能七年徵拜尚書令每有駁議集解惠棟曰蔡邕獨斷云其有疑事公卿百官會議若臺閣有所處正而獨執異意者曰駁議駁議曰某官某甲議以爲如是下言臣愚戇異議其合于上意者文報曰某官某甲議可多合上旨集解惠棟曰華嶠書云忠正直言數納策謀未嘗不合上意均嘗刪翦疑事帝以爲有姦大怒收郎縛格之諸尚書惶恐皆叩頭謝罪均顧厲色曰蓋忠臣執義無有二心若畏威失正均雖死不易志小黃門在傍入具以聞帝善其不撓即令貰郎遷均司隸校尉數月出爲河內太守政化大行均嘗寢病百姓耆老爲禱請旦夕問起居其爲民愛若此以疾上書乞免詔除子條爲太子舍人均自扶輿詣闕謝恩集解沈欽韓曰扶輿蓋漢晉人常言晉山濤傳遂扶輿還洛劉寔傳遂自扶輿冒險而至皇甫謐傳扶輿就道蓋勉強扶持之意

帝使中黃門慰問因留養疾司徒缺帝吕均才任宰相召入視其疾令兩騶扶之騶養馬者亦曰騶騎均拜謝曰天罰有罪所苦浸篤不復奉望帷幄因流涕而辭帝甚傷之召條扶侍均出賜錢三十萬均性寬和不喜文法常吕為吏能弘厚雖貪汙放縱猶無所言集解先謙曰官本言作害是至於苛察之人身或廉法而巧黠刻削毒加百姓灾害流亡所由而作及在尚書恆欲叩頭爭之吕時方嚴切故遂不敢陳帝後聞其言而追悲之建初元年卒于家族子意

意字伯志父京吕大夏侯尚書教授夏侯勝也至遼東太守意少傳父業顯宗時舉孝廉吕召對合旨擢拜阿陽侯相阿陽縣屬天水郡故城在今秦州隴城縣西北集解錢大昕曰案阿陽縣屬漢陽郡不云侯國而上黨之陽阿為侯國此阿陽或陽阿之誤建初中徵為尚書肅宗性寬仁而親親之恩篤故叔父濟南中山二王每數入朝特加恩寵及諸昆弟竝留京師不遣就國意吕為人臣有節不

宜踰禮過恩乃上疏諫曰陛下至孝烝烝恩愛隆深吕濟南王康中山王焉先帝昆弟特蒙禮寵聖情戀戀不忍遠離比年朝見久留京師崇吕叔父之尊同之家人之禮車入殿門卽席不拜集解惠棟曰卽就也分甘損膳賞賜優渥昔周公懷聖人之德有致太平之功然後王曰叔父加吕賜幣詩魯頌曰王曰叔父建爾元子俾侯于魯尚書曰周公既成洛邑成王命召公出取幣錫周公也今康焉幸吕支庶享食大國陛下卽位鐲除前過還所削黜衍食宅縣衍謂流衍傍食宅縣男女少長竝受爵邑恩寵踰制禮敬過度春秋之義諸父昆弟無所不臣集解惠棟曰白虎通云始封之君不臣諸父兄弟何不忍以己一日之功德加于諸父兄弟也故禮服傳云封君之子不臣諸父封君之孫盡臣之黃山曰公羊傳周公拜乎前魯拜乎後曰生以養周公死以為周公主卽諸父昆弟皆臣之義所吕尊尊卑卑強幹弱枝者也陛下德業隆盛當為萬世典法不宜吕私恩損上下之序失君臣之正又西平王羨等六王皆妻子成家官屬備具當早就蕃國為子孫基阯而

室第相望久磐京邑磐謂盤桓不去婚姻之盛過於本朝僕馬之眾充塞城郭驕奢僭擬寵祿隆過今諸國之封竝皆膏腴風氣平調道路夷近朝聘有期行來不難宜割情不忍吕義斷恩禮記曰門內之政恩揜義門外之政義斷恩發遣康焉各歸蕃國令羨等速就便時行日取便利之時也吕塞眾望帝納之章和二年集解惠棟曰袁宏紀為章和元年事鮮卑擊破北匈奴而南單于乘此請兵北伐因欲還歸舊庭時竇太后臨朝議欲從之意上疏曰夫戎狄之隔遠中國幽處北極爾雅曰東至於泰遠西至於邠國南至於濮鈆北至於祝栗謂之四極也界吕沙漠簡賤禮義無有上下強者為雄弱卽屈服自漢興吕來征伐數矣其所剋獲曾不補害光武皇帝躬服金革之難深昭天地之明故因其來降羈縻畜養邊人得生勞役休息於茲四十餘年矣今鮮卑奉順斬獲萬數中國坐享大功享受也而百姓不知其勞漢興功烈於斯為盛所吕然者夷虜相攻無損漢兵者

也臣察鮮卑侵伐匈奴正是利其抄掠及歸功聖朝實由貪得重賞今若聽南虜還都北庭則不得不禁制鮮卑鮮卑外失暴掠之願內無功勞之賞豺狼貪婪必為邊患今北虜西遁請求和親因宜其歸附集解王補曰官本作宜因吕為外扞巍巍之業無吕過此若引兵費賦吕順南虜則坐失上略去安卽危矣誠不可許會南單于竟不北從集解惠棟曰袁宏紀詔問執金吾耿秉言可聽師未出而帝寢疾遷司隸校尉永元初大將軍竇憲兄弟貴盛步兵校尉鄧疊河南尹王調故蜀郡太守廉范等羣黨出入竇門負執故縱集解先謙曰官本故作放是意隨違舉奏無所回避由是與竇氏有隙二年病卒孫俱靈帝時為司空漢官儀曰字伯儼也集解惠棟曰司空宗俱碑公諱俱字伯儼南陽安眾人祖父司隸校尉父長沙太守察孝為城門候歷郎中議郎五官中郎將越騎校尉汝南太守少府太僕太常遂拜司空洪适云碑與史皆合惟傳誤以宗為宋爾俱持國秉一歲有奇雖無別傳不詳其人賢否而宦者傳云熹平元年有人書朱雀門言天下大亂曹節王甫幽殺太后公卿皆尸祿無忠言者司隸劉猛以誹書而不肯急捕若俱者亦尸

祿一人之數也洪頤煊曰靈帝紀建寧四年太常宗俱爲司空

寒朗集解通鑑考異范書作寒陸龜蒙離合詩云初寒朗詠徘徊立惠棟曰袁紀作寋今有寋姓音件與袁紀合當從之胡注姓譜有寒姓諸侯后寒之後又曰周武王子寒侯之後棟案左傳邘晉應韓武之穆也寒與韓古字通字伯奇魯國薛人也生三日遭天下亂棄之荊棘數日兵解母往視猶尚氣息遂收養之及長好經學博通書傳以尚書教授舉孝廉永平中以謁者守侍御史與三府掾屬共考案楚獄顏忠王平等辭連及隧鄉侯耿建集解惠棟曰耿純傳宿封隧鄉侯非建也坐楚事爲耿阜以東光侯徙封莒鄉侯隧當作莒建當作阜朗陵侯臧信護澤侯鄧鯉曲成侯劉建集解通鑑胡注鄧鯉劉建無考案袁宏紀作灌澤侯劉鯉曲成侯賓建劉元傳元三子求歆鯉求爲襄邑侯鯉爲壽光侯求卒子巡嗣徙封灌澤侯然則灌澤侯乃劉巡非鯉也賓建亦無考建等辭未嘗與忠平相見是時顯宗怒甚吏皆惶恐諸所連及率一切陷入無敢以情恕者朗心傷其冤試以建等物色獨問忠平物色謂形狀也而二人錯愕不能對錯愕猶倉卒也錯音七故反愕音五故反集解惠棟曰史炤釋文云錯倉

各切或作措竦也愕逆各切相遇也或作愕李善云爾雅云遌見也與愕同朗知其詐乃上言建等無姦專爲忠平所誣疑天下無辜類多如此乃召朗入問曰集解先謙曰官本乃上有帝字是建等即如是忠平何故引之朗對曰忠平自知所犯不道故多有虛引冀以自明帝曰即如是四侯無事何不早奏獄竟而久繫至今邪朗對曰臣雖考之無事然恐海內別有發其姦者故未敢時上時上猶即上也上音時掌反帝怒罵曰吏持兩端促提下左右方引去集解惠棟曰袁宏紀將下捶之朗曰願一言而死小臣不敢欺欲助國耳帝問曰誰與共爲章對曰臣自知當必族滅不敢多汚染人誠冀陛下一覺悟而已臣見考四在事者咸共言妖惡大過集解先謙曰官本過作故臣子所宜同疾今出之不如入之可無後責是以考一連十考十連百又公卿朝會陛下問以得失皆長跪言舊制大辠禍及九族集解惠棟曰漢律云大逆不道父母妻子同產皆棄市尚書歐陽夏侯說云九族父族四母族三妻族二故云九族陛下大

恩裁止於身天下幸甚及其歸舍口雖不言而仰屋竊歎莫不知其多冤無敢牾陛下者集解惠棟曰許慎淮南子注云牾逆也臣今所陳誠死無悔帝意解詔遣朗出後二日車駕自幸洛陽獄錄囚徒理出千餘人後平忠死獄中朗乃自繫集解沈欽韓曰此重囚不應聽其自死故主者自繫今法猶然會赦免官復舉孝廉建初中肅宗大會羣臣朗前謝恩詔以朗納忠先帝拜爲易長易今易州縣也集解先謙曰今保定府雄縣治歲餘遷濟陽令以母喪去官百姓追思之章和元年上行東巡狩集解王會汾曰諸本同案東平王蒼傳中亦有此語疑行字衍過濟陽三老吏人上書陳朗前政治狀帝至梁召見朗詔三府爲辟首由是辟司徒府永元中再遷清河太守坐法免永初三年太尉張禹薦朗爲博士徵詣公車會卒時年八十四

論曰左丘明有言仁人之言其利博哉晏子一言齊侯省刑左氏傳曰齊景公謂晏子曰子之宅近市識貴賤乎於是景公繁於刑有鬻踊者故對曰踊貴而屨賤景公爲是省於刑君子曰仁人之言其利博哉踊謂刖足者屨集解蘇輿曰今左氏傳博作溥若鍾離意之就格請過寒朗之廷爭

冤獄篤矣乎仁者之情也夫正直本於忠誠則不詭詭詐也本於諫爭則絞切論語孔子曰直而無禮則絞絞急也彼二子之所本得乎天故言信而志行也言而見信諫而必從故曰志行

贊曰伯魚子阿知急去苛集解先謙曰官本知作嬌是臨官以絜匡帝以耆集解惠棟曰吳棫云耆詩戈切宋均達政禁此妖禜禜祭也于命反禽蟲畏德子民請病謂人爲之請禱也意明尊尊割恩藩屏穀梁傳曰爲尊者諱敵爲親者諱敗尊尊親親之義也意諫令諸王歸藩故云割恩藩屏音協韻必政反惵惵楚黎寒君爲命惵惵懼也黎衆也集解惠棟曰命讀爲名

第五鍾離宋寒列傳第三十一 終　　後漢書四十一

後漢書集解卷四十一挍補

第五倫傳倫少介然有義行柳從辰曰袁紀又言倫好黃老以孝行稱王莽末盜賊起宗族閭里爭往赴之官本赴作附柳從辰曰袁紀亦作爭往附之詣郡守鮮于褒錢大昭曰褒上谷人見陰興傳案陰興傳作于裒襃裒古通作也

左傳高唐令注高唐縣屬平原郡故城在今齊州祝阿縣西今濟南府禹城縣西南四十里

此聖主也一見決矣侯康曰東觀記作當何由一得見快矣今本快作決此據御覽六十三改五文義較勝如范史所云則是見詔書而決爲聖主耳與下文等輩笑之之言不相應案范意本謂倫自云一見光武即可決定之因已讀詔書易於取決不待再見也仍與東觀記說相合特記文頗似倫急欲得見措辭未善故改之今本東觀記固多修改但以范書證之舊本之作快要是譌字

有詔召爲扶夷長注扶夷縣屬零陵郡故城在今邵州武岡縣東北今寶慶府新寧縣東北案扶同夫熊君碑扶夷爲侯相續志夫夷侯國故屬長沙則改國在後明矣前志扶夷亦本零陵郡縣其改屬長沙當在中興之初然則倫時縣尚屬長沙非屬零陵也

數歲拜爲宕渠令注宕渠縣故城在今渠州流江縣東北續志宕渠屬巴郡今綏定府渠縣東北

顯拔鄉佐元賀集解惠棟曰華陽國志至賀字文和柳從辰曰今東觀記作字文宏从弓右厶案惠下引東觀記不言賀字有異或所見本與耆舊傳合

刻著五臧注作藏依正文改官本文注皆作藏柳從辰曰徐鉉云漢書通作臧从艸後人所加

恃此交通在所縣令苦其不法收繫論之案在所猶所在篤本杜林人嘗居美陽爲美陽令所收故云在所縣令事具文苑傳又篤被收在光武時其免罪後曾仕郡爲文學掾倫從數十年後追論之宜不見省

吾子有疾吾原本譌君御覽五百十二引作吾已據正官本不誤

歲終至數千家官本終作中

管仲錯行於召忽注昔者管仲欲立公子糾柳從辰曰官本注此仲字作子與說苑本文合案傳文既作管仲在子路之問亦不應一口兩稱官本葢踵今本說苑之誤

鍾離意傳意獨身自隱親集解蘇輿曰至隱親與隱儭同義柳從辰曰隱親袁紀作隱儭親儭形似而譌蘇說鑿矣案柳說是古隱與檃同鄧禹傳訓考量隱括彼注云隱審量括之也隱親猶言審親此注釋隱親之隱爲隱恤蘇氏並隱親二字說爲恤愛則皆就用心言之與身字不應

所部多蒙全濟部原譌步據意別傳意時本爲北部督郵步乃音近而譌已據正官本不誤

惡其名也注尸子又載其言官本注末有也字

昔成湯遭旱注帝王紀曰官本注紀作記非

常吕事怒郎藥崧常當作嘗各本皆失正

鹿鳴之詩注食野之萍官本萍作苹與毛詩合案萍即苹字與苹通作說文苹萍也無根浮水而生者萍苹也亦互訓鹿鳴之苹毛傳本訓萍此即爾雅萍蓱本萍其大者蘋之義鄭箋以水中之萍非鹿所食易爲藾蒿亦爾雅苹藾蒿之義然鄭義後起三家葢仍作萍故毛傳借以通訓

出爲魯相注閼此何甕也官本注此作其

以愛利爲化注或持材木爭起趣作官本注材誤林又今本東觀記起作赴御覽引同案趣作

卽是赴功趣上不當更言赴此今東觀記依御覽改字之失人皆大悅大悅官本注作悅服

無被枕杫集解周壽昌曰至不必有俎几可枕也案閣爲門當中所豎直橛既非可枕之物且門爲帝夜入臺所必經非可枕之處郎直宿自有常所亦不應枕當門其說窒矣又廣雅釋器明云梡櫟橛房杫虞程瑤俎几也周乃不之取而取釋宮之桀以當之殊嫌迂曲俎几者几之式同於俎非即俎也說文牀安身之几坐也桯牀前几臺中直夜自應有可憑之几注說本不誤周謂不必有似未確

宋均傳今爲民患官本患作害

浚遒縣有唐后二山集解洪頤煊曰至注云屬盧江誤今廬州府合肥縣南四十里

均性寬和不喜文法至灾害流亡所由而作柳從辰曰袁紀初上好用能吏卒多暴虐殘刻終皆毀敗均曰國家喜文法吏然文吏習爲欺謾而廉吏清在一己無益百姓流亡盜賊所由作也案袁紀意雖與傳略同而曰能吏曰文法吏曰文吏又曰廉吏屢易其名於說益窒緣文法吏並非眞能吏廉吏也范以身或廉法一語括之莫不了解固非眾漢書所及

擢拜阿陽侯相集解錢大昕曰至此阿陽或陽阿之誤阿陽今平涼府靜寧州南陽阿今澤州府鳳臺縣西北四十里

止是利其抄掠官本止作正

會南單于竟不北徙案南單于上書欲破北成南并爲一國未言欲還都北庭也意疏專重聽南單于北還爲不便益據當時推測之辭及見其竟不北徙乃出兵耳然尋其文義語殊未了集解惠棟曰袁宏紀至

而帝寢疾案袁紀以南單于上書爲章和元年事故以詔問耿秉亦屬之肅宗但據范書南匈奴傳載南單于所上書有孝章皇帝聖思遠慮等語則袁紀之誤明矣

寒朗傳寒朗集解通鑑考異至寒與韓古字通錢大昭曰寒姓前書游俠傳有陝人寒孺

與三府掾屬官本掾譌椽

上行東巡狩集解王會汾曰至疑行字衍案班彪傳下載固每行巡狩輒獻上賦頌文注亦同行安行也天子以四海爲家出即曰行所止曰行在所崩曰大行前書高紀曰行如武紀曰行幸又元封元年行遂東巡海上五年冬行南巡狩至于盛唐太初三年春正月行東巡海上本有前例王氏乃忽疑行字爲衍誤矣

晏子一言齊侯省刑注於是景公繁於刑官本注於是作于時

光武十王列傳第三十二　　後漢書四十二

宋　宣　城　太　守　范　曄　撰

唐　章　懷　太　子　賢　注

王先謙集解

光武皇帝十一子郭皇后生東海恭王彊沛獻王輔濟南安王康阜陵質王延中山簡王焉許美人生楚王英光烈皇后生顯宗東平憲王蒼廣陵思王荊臨淮懷公衡琅邪孝王京

東海恭王彊建武二年立母郭氏爲后集解沈欽韓曰案文少一皇字彊爲皇太子十七年而郭后廢彊常慼慼不自安數因左右及諸王陳其懇誠願備蕃國光武不忍遲回者數歲乃許焉十九年封爲東海王二十八年就國集解惠棟曰東觀記二十八年十月就國帝以彊廢不以過去就有禮故優以大封兼食魯郡合二十九縣集解洪亮吉曰續志二郡二十九縣租入倍諸王也今攷二郡祇十九縣下二字蓋衍文也錢大昕曰郡國志東海十三城贛榆本屬琅邪實十二城魯國六城幷之止十八縣而琅邪郡之開陽臨沂即邱繒下邳國之下邳曲陽司吾良成廣陵郡之海西泰山郡之南城費皆故屬東海故云二十九縣賜虎賁旄頭宮殿設鍾簴之縣擬於乘輿虎賁旄頭鍾簴解見光武紀縣音玄彊臨之國數上書讓還東海又因皇太子固辭帝不許深嘉歎之以彊章宣示公卿初魯恭王好宮室起靈光殿甚壯麗是時猶存恭王名餘景帝之子殿在今兖州曲阜城中故基東西二十丈南北十二丈高丈餘也集解惠棟曰水經注孔廟東南五百步有雙闕即靈光之南闕北百餘步即靈光殿東西廊廡別舍中間方七百餘步闕之東北有浴池方四十許步池中有釣臺方十步池臺悉石也遺基尚整故王延壽賦云周行數里仰不見日故詔彊都魯中元元年入朝從封岱山因留京師明年春帝崩冬歸國永平元年彊病顯宗遣中常侍鉤盾令將太醫乘驛視疾詔沛王輔濟南王康淮陽王延詣魯及薨集解錢大昭曰王五月戊寅薨紀作十月戊申誤臨命上疏謝曰臣蒙恩得備蕃輔特受二國宮室禮樂事事殊異巍巍無量訖無報稱而自修不謹連年被疾爲朝

廷憂念皇太后陛下哀憐臣彊感動發中數遣使者太醫令丞方伎道術絡繹不絕臣伏惟厚恩不知所言臣內自省視氣力羸劣日夜浸困浸漸也終不復望見闕庭奉承幃幄孤負重恩銜恨黃泉杜預注左傳云地中之泉故曰黃泉身既夭命孤弱復為皇太后陛下憂慮集解通鑑胡注言身既夭死而子孫又貽上之人憂慮也誠悲誠慙集解王補曰袁宏紀此句上有臣特蒙大恩兼大國息政小集解通鑑胡注息子也政其名袁宏紀政淫欲無行人也猥當襲臣後必非所以全利之也故彊以為言王補曰袁宏紀此下有如皇太后陛下深為規度誠願還東海郡天恩愍哀以臣無男之故無男無多男也處臣三女小國侯即婦人封侯也若呂后之妹呂須封為臨光侯蕭何夫人封為酇侯之類集解周壽昌曰此注誤也漢制皇女封縣公主視列侯諸王女封鄉亭公主視鄉亭侯彊長女泚陽公主適竇勳泚陽為縣視列侯故云小國侯也餘二女無考想亦封縣公主矣東漢無婦人封侯之事後東平王蒼五女皆封縣公主亦異數也此臣宿昔常計私計天恩不敢忘也今天下新罹大憂光武崩也惟陛下加供養皇太后數進御餐集解王補曰袁宏紀此下有避風氣終始天道臣彊困劣言不能盡意願

並謝諸王不意永不復相見也天子覽書悲慟集解惠棟曰東觀記上發魯相所上檄下牀伏地舉聲盡哀至長樂宮白太后也從太后出幸津門亭發哀津門洛陽南面西頭門也一名津陽門每門皆有亭使大司空持節護喪事集解通鑑胡注百官志司空掌水土事大喪掌將校復土今使護藩王喪殊禮也錢大昕曰袁宏紀馮魴也大字衍大鴻臚副宗正將作大匠親喪事贈以殊禮升龍旄頭鸞輅龍旂虎賁百人解並見光武及明帝紀集解先謙曰親官本作視詔楚王英趙王栩北海王興館陶公主比陽公主及京師親戚四姓夫人小侯皆會葬四姓小侯解見明帝紀夫人蓋小侯之母也帝追惟彊深執謙儉不欲厚葬以違其意於是特詔中常侍杜岑及東海傅相曰王恭謙好禮以德自終遺送之物務從約省衣足斂形茅車瓦器物減於制以彰王卓爾獨行之志前書曰卓爾不羣者河間獻王近之矣將作大匠留起陵廟彊立十八年年三十四子靖王政嗣政淫欲薄行後中山簡王薨政詣中山會葬私取簡王姬徐妃又盜迎掖庭出女豫州刺史魯相奏請誅政有詔削薛縣立四十四年薨子頃王肅嗣永元十六年封肅弟二十一人皆為列侯肅性謙儉循恭王法度永初中以西羌未平上錢二千萬元初中復上縑萬匹以助國費鄧太后下詔褒納焉立二十三年薨子孝王臻嗣永建二年封臻二弟敏儉為鄉侯臻及弟蒸鄉侯儉並有篤行母卒皆吐血毀眥眥或為瘠集解先謙曰官本眥作背沈欽韓曰莊子眥㓕可以休老眥子斯反亦作搣子淺反玉篇滅也此毀眥義同至服練紅兄弟追念初喪父幼小哀禮有闕因復重行喪制既祥之後而復練也禮記曰練衣黃裏縓緣縓即紅也縓音七絹反鄭玄注周禮曰淺絳也臻性敦厚有恩常分租秩賑給諸父昆弟國相籍褒具以狀聞順帝美之制詔大將軍三公大鴻臚曰東海王臻以近蕃之尊少襲王爵膺受多福未知艱難而能克己率禮集解惠棟曰馬融論語注克己約身也孝敬自然事親盡愛送終竭哀降儀從士寢苫三年左氏傳曰晏桓子卒晏嬰麤衰斬苴絰帶杖菅屨食粥居倚廬寢苫枕草其家老曰非大夫之禮也杜預

注云時士及大夫衰服各有不同集解沈欽韓曰雜記鄭注惟大夫以上乃能備儀盡飾士以下則以臣服君之斬衰為其父以臣從君而服之齊衰為其母與兄弟亦以勉人為高行也如禮注則士服為微輕據此詔更以士服為重蓋詔文從晚近之宜[illegible]服非禮意也安帝紀元初三年聽大臣刺史二千石行三年喪是平時貴者反不如禮與雜記所云正相反和睦兄弟恤養孤弱至孝純備仁義兼弘朕甚嘉焉夫勸善厲俗為國所先曩者東平孝王敞兄弟行孝喪母如禮有增戶之封詩云永世克孝念茲皇祖詩周頌之文克能也今增臻封五千戶儉五百戶光啟土宇以酬厥德立三十一年薨子懿王祗嗣集解先謙曰官本祗作祇初平四年遣子琬至長安奉章獻帝封琬汶陽侯拜為平原相祗立四十四年薨集解錢大昭曰東海之封至建安時必有廢絕國除之事故獻帝以東海封皇子祗薨又以封皇子敦若云魏室受禪則一國兩封必無是理蔚宗作傳但見舊史本紀有東海王祗薨之句遂誤以為東海恭王之後殊不知建安五年之東海王祗乃是獻帝之子見於孔融傳信而有徵也沈欽韓曰錢大昕於孔融傳言東海王祗非獻帝子然孔融有議則祗實獻帝子當云皇子誤出東海王三字遂至兩傳乖戾至建安十七年乃封皇子為王其時未建太子而立王皆出曹操之意祗未嘗就國則一國兩封庸何

傷乎若五年薨之南陽王馮東海王祇皆出追贈不足怪也子羨嗣二十年魏受禪以爲崇德侯

沛獻王輔建武十五年封右馮翊公集解劉攽曰光武紀輔封右翊公此多馮字誤天下亦無右馮翊郡也錢大昕曰中山王焉傳封左馮翊公與此傳同皆衍文也左翊右翊蓋取嘉名非分馮翊地爲左右十七年郭后廢爲中山太后故徙輔爲中山王幷食常山郡二十年復徙封沛王時禁網尚疏諸王皆在京師競修名譽爭禮四方賓客壽光侯劉鯉更始子也得幸於輔鯉怨劉盆子害其父因輔結客報殺盆子兄故式侯恭輔坐繫詔獄三日乃得出自是後諸王賓客多坐刑罰各循法度二十八年就國中元二年封輔子寶爲沛侯集解錢大昕曰沛爲王國之名不應更有沛侯疑字有譌永平元年封寶弟嘉爲僮侯僮縣屬臨淮郡故城在今泗州宿預縣西南集解先謙曰今泗州東北輔矜嚴有法度好經書善說京氏易集解惠棟曰東觀記永平五年秋京師少雨上御雲臺召王自取卦具自卦以周易林占之其繇曰蟻封穴戶大雨將集明日大雨

上卽以詔書問輔曰道豈有是邪輔上書曰按易卦震之蹇蟻封穴戶大雨將集蹇艮下坎上艮爲山坎爲水山出雲爲雨蟻穴居知雨將至故以蟻爲興文詔報曰善哉王次序之孝經論語傳及圖讖作五經論時號之曰沛王通論在國謹節終始如一集解惠棟曰東觀記奉藩以稱至沒身遵履法度未嘗犯禁稱爲賢王顯宗敬重數加賞賜集解先謙曰東觀記沛王楚王來朝就國明帝告諸王傳相王之子年五歲以上皆命帶列侯綬復送綬十九枚爲諸子在道欲急帶之也立四十六年薨子釐王定嗣釐音僖下皆同元和二年封定弟十二人爲鄉侯定立十一年薨子節王正嗣集解惠棟曰正世系作丐沈欽韓曰續天文志正作丐唐書世系表及獨孤常州集靈表並作丐表云輔生釐釐生定定生節節生丐彼文以謚爲名衍出兩代譜牒之無稽如此元興元年封正弟二人爲縣侯正立十四年薨子孝王廣嗣有固疾安帝詔廣祖母周領王家事周明正有法禮漢安中薨順帝下詔曰沛王祖母太夫人周秉心淑愼導王以仁使光祿大夫贈以妃印綬廣立三十五年薨子幽王榮嗣立二十年薨子孝王琮嗣薨子恭王曜嗣薨子契嗣魏受禪以爲崇德侯

楚王英以建武十五年封爲楚公十七年進爵爲王二十八年就國母許氏無寵故英國最貧小三十年以臨淮之取慮須昌二縣益楚國取慮縣故城在今泗州下邳縣西南案臨淮無須昌有昌陽縣蓋誤也取慮音秋閭集解洪亮吉曰郡國志臨淮無昌陽縣蓋中興時省須昌前志屬東郡續志屬東平國錢大昕曰取慮志仍屬下邳前志屬臨淮郡蓋楚國既除之後復其舊也先謙曰取慮在今徐州府睢寧縣西南自顯宗爲太子時英常獨歸附太子太子特親愛之及卽位數受賞賜永平元年特封英舅子許昌爲龍舒侯龍舒縣屬廬江郡故城在今廬江縣西也集解先謙曰今廬州府舒城縣治英少時好游俠交通賓客晚節更喜黃老學集解惠棟曰漢書顏注云晚節猶言末時也洪頤煊曰襄楷傳又聞宮中立黃老浮屠之祠皇甫嵩傳初鉅鹿張角奉事黃老道畜養弟子跪拜首過劉焉傳李注典略曰以老子五千文使都習號三國志烏丸傳裴注浮屠經曰浮屠所載與中國老子經相出入佛經未入中土以前學浮屠者皆誦黃老之言爲浮屠齋戒祭祀袁宏漢記浮屠佛也西域天竺國有佛道焉佛者漢言覺也將以覺悟羣生也其教以修善慈心爲主不殺生專務清靜其精者爲沙門沙門漢言息也蓋息意去欲而

歸於無爲又以爲人死精神不滅隨復受形生時善惡皆有報應故貴行善修道以練精神以至無生而得爲佛也佛長丈六尺黃金色項中佩日月光變化無方無所不入而大濟羣生初明帝夢見金人長大項有日月光以問羣臣或曰西方有神其名曰佛陛下所夢得無是乎於是遣使天竺問其道術而圖其形像焉集解王鳴盛曰袁紀息也作息心不入下有故能化通萬物六字曰下有其形長大四字又云有經數千萬以虛無爲宗苞羅精粗無所不統善爲宏闊勝大之言所求在一體之內而所明在視聽之外世俗之人以爲虛誕然歸於元微深遠難得而測故王公大人觀死生報應之際莫不矍然自失明帝感夢事見西域傳亦見魏書釋老志唐聖教序袁紀最在前魏書釋老志謂漢哀帝元壽元年博士弟子秦景憲受大月氏王使伊存口授浮屠經未之信了也後孝明帝遣郎中蔡愔博士弟子秦景等使天竺得佛經四十二章而已襄楷當桓帝時上封事所引天神獻女於佛賢注以爲出四十二章經是也今此書具存尚覺平實但就楷言繹之漢末佛書恐不止此一種若止此一種則楷安得言之娓如此又路粹誣奏孔融謂與禰衡放言父之於子當有何親其本意實爲情欲發耳子之於母亦復奚爲如寄物瓶中出則離矣此等邪說不出佛書而何至袁宏是東晉人言佛經有千萬言則較多於漢世矣然猶未熾盛也王巾簡栖卒於梁天監四年所撰頭陀寺碑李善注所引經僅有維摩經[illegible]華嚴經法華經一名妙法蓮華經涅盤經瑞應經勝鬘經金剛般若經大品經泥洹經摩訶摩耶經頭陀經金光明經彌勒成佛經灌頂經不退轉法經發迹經凡十六部所引論僅有涅盤論大

智度論百法論僧叡師十二法門序凡四部所引律僅有僧祇律
曇無羅讖凡二部如是而已若圓覺楞嚴等之精深者猶未著也
釋老志又言熙平元年詔遣沙門惠生使西域採諸經律正光三
年冬還京師得經論一百七十部行於世隋經籍志自魏有天
下至於禪讓佛經流通大集中國凡有四百一十五部合一千九
百一十九卷則其猥冗支蔓亦已甚矣至唐元奘法師往遊西域
十有七年窮歷道邦得三藏要文凡六百五十七部以歸貞觀十
九年二月六日奉敕於宏福寺翻譯布之中夏觀則較之南北
朝蓋已數倍之自開元以後南能北秀迭爲廢興下迄宋元益不
勝其繁矣秀水朱檢討謂太原縣西五里有山曰風峪風穴存焉
中有北齊天保時所刻佛經凡石柱一百二十有六又謂太原傳
山行平定山中見洞口石刻佛經林立與風峪等皆北齊天保間
刻又房山亦有之隋人刻此三種今皆不可見然
皆在魏後疑有出於一千九百十九卷之外者八年詔令天下
死罪皆入縑贖集解惠棟曰袁宏紀八年上臨辟雍禮畢詔天下死罪得以縑贖也英遣郎中令奉
黃縑白紈三十匹集解惠棟曰東觀記黃縑二十五匹白紈五匹詣國相曰託在蕃輔過
惡累積歡喜大恩奉送縑帛以贖愆辠國相以聞詔報曰楚王誦
黃老之微言尚浮屠之仁祠絜齋三月與神爲誓何嫌何疑當有
悔吝其還贖以助伊蒲塞桑門之盛饌伊蒲塞即優婆塞也中華翻爲近住言受戒行堪近

僧住也桑門即沙門集解惠棟曰塞郎釋也前書西域傳云塞王
南君罽賓塞種分散往往爲數國自疏勒以西北休循捐毒之屬
皆故塞種張騫傳云西擊塞王師古云塞音先得
反西域國名即佛經所謂釋種者釋塞聲相近因以班示諸國
中傅英後遂大交通方士集解惠棟曰論衡云道士劉春熒惑楚王英使食不清案劉春疑即濟南王康
傳劉子產也作金龜玉鶴刻文字以爲符瑞十三年男子燕廣告英與
漁陽王平顏忠等造作圖書有逆謀事下案驗有司奏英招聚姦
猾造作圖讖擅相官秩置諸侯王公將軍二千石大逆不道請誅
之帝以親親不忍乃廢英徙丹陽涇縣今宣州縣也集解先謙曰注見明紀賜湯沐
邑五百戶湯沐解見皇后紀也遣大鴻臚持節護送使伎人奴婢工技鼓吹
悉從得乘輜軿軿猶屏也自隱蔽之車蒼頡篇曰衣車也集解先謙曰官本工技作妓士引劉攽曰奴婢妓士案文
妓當作技士當作工又當工在技上上文伎人即是伎樂此工技是巧匠也梁節王傳中亦有工技也持兵弩行道
射獵極意自娛男女爲侯主者食邑如故楚太后勿上璽綬留住
楚宮明年英至丹陽自殺立三十三年國除詔遣光祿大夫持節
弔祠贈賵如法加賜列侯印綬以諸侯禮葬於涇遣中黃門占護
其妻子占護猶守護也集解沈欽韓曰方言占猶瞻也廣雅占視也悉出楚官屬無辭語者制
詔許太后曰國家始聞楚事幸其不然既知審實懷用悼灼庶欲
宥全王身令保卒天年而王不念顧太后竟不自免此天命也無
可奈何太后其保養幼弱勉彊飲食諸許願王富貴人情也集解惠棟
曰論衡云許氏與楚王謀議孝明曰許氏有屬于王欲王尊貴人情也聖心原之不繩于法已詔有司出其有
謀者令安田宅於是封燕廣爲折姦侯楚獄遂至累年其辭語相
連自京師親戚諸侯州郡豪傑及考案吏阿附相陷坐死徙者以
千數十五年帝幸彭城見許太后及英妻子於內殿悲泣感動左
右建初二年肅宗封英子楚侯种集解錢大昕曰當云封英子种楚侯傳寫顛倒耳五弟
皆爲列侯並不得置相臣吏人元和三年許太后薨復遣光祿大
夫持節弔祠因留護喪事賻錢五百萬又遣謁者備王官屬迎英

喪改葬彭城加王赤綬羽蓋華藻如嗣王儀續漢輿服志曰諸侯王赤綬四采長二丈
一尺皇子安車青蓋金華藻追爵謚曰楚厲侯章和元年帝幸彭城見英夫人
及六子厚加贈賜种後徙封六侯六縣名屬廬江郡集解惠棟曰前書志六安國有六縣後漢省
入廬江先謙曰官本六並作陸卒子度嗣度卒子拘嗣傳國於後
濟南安王康建武十五年封濟南公十七年進爵爲王二十八年
就國三十年以平原之祝阿安德朝陽平昌隰陰重丘六縣益濟
南國集解惠棟曰本志及宗俱碑作濕陰前書志作溼陰錢大昕曰朝陽即東朝陽平昌即西平昌隰蓋溼之譌續志無重丘
縣蓋後來所省前志朝陽本屬濟南不知何時改隸平原也中元二年封康子德爲東武城侯
東武城屬清河郡今貝州武城縣是康在國不循法度交通賓客其後人上書告康
招來州郡姦猾漁陽顏忠劉子產等又多遺其繒帛案圖書謀議
不軌事下考有司舉奏之顯宗以親親故不忍窮竟其事但削祝
阿隰陰東朝陽安德西平昌五縣東朝陽在今齊州臨濟縣東西平昌今德州般縣也般音補滿

反集解惠棟曰東朝陽卽上朝陽縣北海有平昌故此加西卽上昌平縣當是永平以後所加後復省沈欽韓曰紀要安德今濟南府陵縣西平昌在德平縣東北一里續志脫此縣　建初八年肅宗復還所削地康遂多殖財貨大修宮室奴婢至千四百人廏馬千二百匹私田八百頃奢侈恣欲游觀無節永元初國傅何敞上疏諫康曰蓋聞諸侯之義制節謹度然後能保其社稷和其人民集解先謙曰官本人民作民人注有孝經諸侯章之義也八字　大王以骨肉之親享食茅土當施張政令明其典法出入進止宜有期度輿馬臺隸應爲科品臺隸賤職也左氏傳曰人有十等王臣公公臣卿卿臣大夫大夫臣士士臣皁皁臣輿輿臣隸隸臣僚僚臣僕僕臣臺也集解惠棟曰科科條也品品制也　而今奴婢廏馬皆有千餘增無用之口以自蠶食言如蠶之食漸至衰盡也　宮婢閉隔失其天性感亂和氣又多起內第觸犯防禁費以巨萬巨大也大萬謂萬萬　而功猶未半夫文繁者質荒木勝者人亡荒廢也文彩繁多則質以之廢土木增構則人殫其力故云人亡集解惠棟曰袁宏紀云夫文繁者質枯木勝則人亡經傳所載也案文質之說見論語晉語云士茁謂知襄子曰今土木勝臣懼其不安人也室成三年而知氏亡此木勝人亡之說也　皆非所以奉禮承上傳福無窮者也故楚作章華以凶左氏傳楚靈王成章華之臺後卒被殺杜預注云臺在今南郡華容縣也　吳興姑蘇而滅姑蘇臺一名姑胥臺越絕書曰胥門外有九曲路闔廬以游姑蘇之臺以望湖中顧夷吾地記云橫山北有小山俗謂姑蘇臺今在蘇州吳縣西闔廬後被越殺之集解惠棟曰此顧夷所撰吳地記也吳訛吾　景公千駟民無稱焉論語齊景公有馬千駟死之日人無德而稱焉千駟四千匹　今數游諸第晨夜無節又非所以遠防未然臨深履薄之法也願大王修恭儉遵古制省奴婢之口減乘馬之數斥私田之富節游觀之宴以禮起居則敞乃敢安心自保惟大王深慮愚言康素敬重敞雖無所嫌牾然終不能改立五十九年薨子僖王錯嗣錯七故反集解先謙曰官本注七上有音字　錯爲太子時愛康鼓吹妓女宋閏使醫張尊招之不得錯怒自以劍刺殺尊國相舉奏有詔勿案永元十二年封錯弟七人爲列侯錯立六年薨子孝王香嗣永初二年封香弟四人爲列侯香篤行好經書初叔父篤

有罪不得封西平昌侯昱坐法失侯香乃上書分爵土封篤子丸昱子嵩皆爲列侯香立二十年薨無子國絕永建元年順帝立錯子皁陽侯顯爲嗣是爲釐王立三年薨子悼王廣嗣永建五年封廣弟文爲樂城亭侯廣立二十五年永興元年薨無子國除

東平憲王蒼建武十五年封東平公十七年進爵爲王蒼少好經書雅有智思集解惠棟曰東觀記蒼少有孝友之質寬仁宏雅袁宏紀蒼體貌長大進止有禮好古多聞雅有識度　爲人美須頾要帶十圍集解先謙曰東觀記要帶八尺二寸　顯宗甚愛重之及卽位拜爲驃騎將軍集解惠棟曰東觀記載明帝詔云東平王蒼寬博有謀可以托六尺之孤臨大節而不可奪其以蒼爲驃騎將軍　置長史掾史員四十人位在三公上四府掾史皆無四十人今特置以優之也集解先謙曰書鈔六十四引續漢書云辟當世名士虛己禮之　永平元年封蒼子二人爲縣侯二年以東郡之壽張須昌山陽之南平陽橐湖陵五縣益東平國南平陽縣故城今兗州鄒縣也橐縣一名高平故城在鄒縣西南湖陵故城在今兗州防與縣東南集解王會汾曰案前後書志山陽無橐有橐臣瓚音拓此傳與注橐字傳寫俱誤應改正錢大昕曰郡國志南平陽三縣仍屬山陽沈欽韓曰鄒縣志南平陽今縣西三十里平陽店橐遠屬常山諸本皆誤當作橐通志今金鄉縣東北二十里山陽城一統志湖陵在兗州府魚臺縣東六十里　是時中興三十餘年四方無虞蒼以天下化平宜修禮樂乃與公卿共議定南北郊冠冕車服制度集解通鑑胡注光武建武二年立南郊中元元年立北郊於雒陽城北四里今定其冠冕車服制度　及光武廟登歌八佾舞數語在禮樂與服志其志今亡　帝每巡狩蒼常留鎭侍衞皇太后四年春車駕近出觀覽城第第宅也有甲乙之次故曰第集解通鑑胡注雒陽城第宅也　尋聞當遂校獵河內集解通鑑胡注河內郡在雒陽城北百二十里　蒼卽上書諫曰臣聞時令盛春農事不聚眾興功禮記月令曰孟春之月無聚大眾無置城郭仲春之月無作大事以妨農事也　傳曰田獵不宿食飲不享出入不節則木不曲直此失春令者也尚書五行傳曰田獵不宿飲食不享出入不節奪人農時及有姦謀則木不曲直鄭玄注云木性或曲或直人所用爲器者也無故生不暢茂多有折槁是爲不曲直也前書音義曰不宿不預戒日也集解先謙曰官本注成作戒是　臣知車駕今出事從約省所過吏人諷誦甘棠之

德雖然動不㠯禮非所㠯示四方也惟陛下因行田野循視稼穡消搖仿佯弭節而旋 皆游散之意詩曰於焉消搖左氏傳曰橫流而仿佯前書音義曰弭節猶案節也言不盡意馳驅也 至秋冬乃振威靈整法駕備周衞設羽旄 旄謂注旄於竿首 詩云抑抑威儀惟德之隅 詩大雅之文也抑抑密也隅廉也言人審密於威儀抑抑然者其德必嚴正如宮室之制內繩直則外有廉隅 臣愚不勝憤懣伏自手書乞詣行在所極陳至誠帝覽奏即還宮蒼在朝數載多所隆益而自㠯至親輔政聲望日重意不自安上疏歸職曰臣蒼疲駑特爲陛下慈恩覆護在家被教導之仁升朝堂爵命之首制書褒美班之四海舉負薪之才升君子之器 負薪喻小人也易曰負且乘致寇至負也者小人之事乘也者君子之器以小人而乘君子之器則盜思奪之矣 凡匹夫一介尙不忘簞食之惠 簞竹器也圓曰簞方曰笥左氏傳曰晉宣子田於首山舍於翳桑見靈輒餓曰不食三日矣食之舍其半問之曰宦三年矣未知母之存否請遺之使盡之而爲簞食與肉以與之既而輒爲公介士倒戟以禦公徒而免之問何故曰翳桑之餓人也 況臣居宰相之位同氣之親哉宜當暴骸膏野

爲百僚先而愚頑之質加㠯固病誠羞負乘辱汙輔將之位將被詩人三百赤紱之刺 赤紱大夫之服也詩曹風曰彼己之子三百赤紱刺其無德居位者多也 今方域晏然要荒無儌 去王畿五百里曰甸服又五百里曰侯服又五百里曰綏服又五百里要服又五百里荒服儌備也音警 將遵上德無爲之時也文官猶可倂省武職尤不宜建昔象封有鼻不任㠯政 有鼻國名其地在今永州營道縣北史記曰舜弟象封於有鼻也 誠由愛深不忍揚其過惡前事之不忘來事之師也 集解沈欽韓曰趙策張孟談語賈子過秦論引作鄙諺 自漢興㠯來宗室子弟無得在公卿位者惟陛下審覽虞帝優養母弟遵承舊典終卒厚恩乞上驃騎將軍印綬退就蕃國願蒙哀憐帝優詔不聽其後數陳乞辭甚懇切五年乃許還國 集解惠棟曰袁宏紀詔云東平王比上書願歸蕃上將軍印綬謙讓日聞至誠懇惻蓋君子成人之美今其聽焉 而不聽上將軍印綬㠯驃騎長史爲東平太傅掾爲中大夫令史爲王家郎 漢官儀將軍掾屬二十九人中大夫無員令史四十一人也 加賜錢五千萬布十萬匹六年冬帝幸魯徵蒼從還京師明年皇太后崩既葬蒼乃歸國特賜宮人奴婢五百人布二十五萬匹及珍寶服御器物十一年蒼與諸王朝京師月餘還國帝臨送歸宮悽然懷思乃遣使手詔國中傅曰辭別之後獨坐不樂因就車歸伏軾而吟 集解惠棟曰莊子宣尼伏軾而歎韋昭云軾今小車中隆起者 瞻望永懷實勞我心誦及采菽㠯增歎息 采菽詩小雅之章也其詩曰采菽采菽筐之筥之君子來朝何錫與之毛萇注云菽所以芼太牢而待君子也 日者問東平王處家何等最樂王言爲善最樂其言甚大副是要腹矣 集解惠棟曰呂覽帶益三副高誘云副猶倍也言王之言大倍于要腹也 今送列侯印十九枚諸王子年五歲已上能趨拜者皆令帶之 集解惠棟曰史記三王世家太司馬臣去病上疏云皇子賴天能勝衣趨拜也 十五年春行幸東平賜蒼錢千五百萬布四萬匹帝㠯所作光武本紀示蒼蒼因上光武受命中興頌帝甚善之 集解惠棟曰東觀記上以問校書郎此與誰等皆言類相如揚雄前代史岑之比 㠯其文典雅特令校書郎賈逵爲之訓詁肅宗即位尊重恩禮

踰於前世諸王莫與爲比建初元年地震蒼上便宜其事留中 留禁中也 帝報書曰丙寅所上便宜三事朕親自覽讀反覆數周心開目明曠然發矇 韋昭注國語曰有眸子而無見曰矇集解惠棟曰禮記仲尼燕居云三子者既得聞此言也于夫子昭然若發矇也 間吏人奏事亦有此言但明智淺短或謂儻是復慮爲非何者災異之降緣政而見今改元之後年飢人流此朕之不德感應所致又冬春旱甚所被尤廣雖內用克責而不知所定得王深策快然意解詩不云乎未見君子憂心忡忡既見君子我心則降 詩國風也忡忡猶衝衝降下也 思惟嘉謀 集解先謙曰官本謀作謨 㠯次奉行冀蒙福應彰報至德特賜王錢五百萬後帝欲爲原陵顯節陵起縣邑蒼聞之遽上疏諫曰伏聞當爲二陵起立郭邑臣前頗謂道路之言疑不審實近令從官古霸問涅陽主疾 風俗通曰古姓周有古公亶父其後氏焉涅陽主光武女實固之妻也 使還乃知詔書已下竊見光武皇帝躬履儉約之行深睹始終之

分勤勤懇懇㠯葬制爲言故營壽陵地具稱古典詔曰無爲山陵陂池裁令流水而已孝明皇帝大孝無違奉承貫行貫行謂一皆遵奉也谷永曰一以貫行固執無違也至於自所營創尤爲儉省謙德之美於斯爲盛易曰謙德之柄臣愚㠯園邑之興始自彊秦古者丘隴且不欲其著明禮記曰古者墓而不墳故言不欲其著明豈況築郭邑建都郛哉穀梁傳曰人之所聚曰都杜預注左傳曰郛郭也上違先帝聖心下造無益之功虛費國用動搖百姓非所㠯致和氣祈豐年也又㠯吉凶俗數言之集解惠棟曰漢時有葬厤及圖墓書皆所謂吉凶俗數見王充論衡亦不欲無故繕修丘墓有所興起考之古法則不合稽之時宜則違人求之吉凶復未見其福陛下履有虞之至性追封禰之深思集解先謙曰官本封作祖然懼左右過議㠯累聖心臣蒼誠傷二帝純德之美不暢於無窮也惟蒙哀覽帝從而止自是朝廷每有疑政輒驛使諮問蒼悉心㠯對皆見納用三年帝饗衞士於南宮因從皇太后

周行掖庭池閣乃閱陰太后舊時器服愴然動容乃命留五時衣各一襲五時衣謂春青夏朱季夏黃秋白冬黑也衣單複具曰襲及常所御衣合五十篋餘悉分布諸王主及子孫在京師者各有差特賜蒼及琅邪王京書曰中大夫奉使親聞動靜嘉之何已歲月騖過山陵浸遠集解惠棟曰辛氏三秦記秦名天子冢曰長山漢曰陵故通名山陵孤心悽愴如何如何閒饗衞士於南宮集解先謙曰官本問作閒是因閱視舊時衣物聞於師曰集解惠棟曰見哀公問其物存其人亡不言哀而哀自至信矣惟王孝友之德亦豈不然今送光烈皇后假紒帛巾各一周禮追師掌王后之首服爲副編鄭玄云副婦人首服三輔謂之假紒續漢書帛字作皁集解惠棟曰紒一作髻曹憲案說文即籀文髻也李善云紒即髻字張揖上林賦注云紒髻後垂千子正文引此而爲髻字案紒髻結古字通及衣一篋可時奉瞻㠯慰凱風寒泉之思詩國風曰凱風美孝子也凱風自南吹彼棘心棘心夭夭母氏劬勞爰有寒泉在浚之下有子七人母氏勞苦寒泉在今濮州濮陽縣又欲令後生子孫得見先后衣服之製今魯國孔氏尚有仲尼車輿冠履明德盛者光靈遠也孔子廟在曲阜城中伍緝之從西征記曰魯人藏孔子所乘車於廟中是顏路所請者也獻帝時廟遇火燒之冠履解見鍾離意傳集解惠棟曰鍾離意別傳云意省堂有孔子小車乘皆朽敗意自糴俸顧漆膠之直請魯民治之及護几席劍履復得甕中素書云護吾履鍾離意其光武皇帝器服中元二年已賦諸國故不復送并遺宛馬一匹血從前髆上小孔中出常聞武帝歌天馬霑赤汗今親見其然也前書天馬歌曰太一況天馬下霑赤汗沫流赭也頃反虜尚屯將帥在外憂念遑遑未有閒甯閒音閑願王寶精神加供養苦言至戒望之如渴六年冬蒼上疏求朝明年正月帝許之特賜裝錢千五百萬其餘諸王各千萬帝㠯蒼冒涉寒露遣謁者賜貂裘說文曰貂鼠屬大而黃黑出丁零國集解先謙曰官本注爓下有也字東觀記云賜乘輿貂裘及大官食物珍果使大鴻臚竇固持節郊迎帝乃親自循行邸第豫設帷牀其錢帛器物無不充備下詔曰禮云伯父歸甯乃國儀禮曰覲禮諸侯至于郊王使皮弁用璧勞侯氏亦皮弁迎於帷門之外再拜天子賜舍曰賜伯父舍同姓西面北上異姓東面北上侯氏裨冕釋幣于禰乘墨車載龍旂弧韣乃朝以瑞玉有繅

天子負斧扆曰伯父實來余一人嘉之奉束帛四馬卓上九馬隨之奠幣再拜侯氏降天子辭於侯氏曰伯父無事歸甯乃邦侯氏再拜稽首而出集解先謙曰官本禮下無云字引劉攽曰詔曰禮伯父歸甯案帝意欲推尊諸王引用經義既下文有詩云即此亦當有禮云字此伯父歸甯之語本出儀禮也詩云叔父建爾元子詩魯頌之文也叔父謂周公也建元子謂封伯禽也敬之至也昔蕭相國加㠯不名優忠賢也見王莽傳集解先謙曰官本注王上有前書二字是況兼親尊者乎其沛濟南東平中山四王讚皆勿名讚謂讚者不唱其名集解通鑑胡注四王皆帝諸父故異其禮白虎通云諸父諸兄不名何諸父諸兄者親與己父兄有敵體之義也然則王者不名之臣不獨諸父兼諸兄也蒼既至集解先謙曰東觀記云引人不在贊拜之位升殿乃拜天子親答之其後諸王入宮輒㠯輦迎至省閤乃下集解惠棟曰省閤入禁中閤門也蒼㠯受恩過禮情不自甯上疏辭曰臣聞貴有常尊賤有等威左傳隨武子之辭也等威威儀有差等也卑高列序上下㠯理陛下至德廣施慈愛骨肉旣賜奉朝請咫尺天儀而親屈至尊降禮下臣每賜讌見輒興席改容中宮親拜事過典故臣惶怖戰慄誠不自安每會見踧踖無

所措置（陬踖謙讓貌）此非所以章示羣下安臣子也帝省奏歎息愈褒貴焉舊典諸王女皆封鄉主乃獨封蒼五女爲縣公主三月大鴻臚奏遣諸王歸國帝特留蒼賜以祕書列仙圖道術祕方至八月飲酎畢（飲酎解見章紀集解沈欽韓曰隋經籍志漢時阮倉作列仙圖）有司復奏遣蒼乃許之手詔賜蒼曰骨肉天性誠不以遠近爲親疏然數見顏色情重昔時念王久勞思得還休欲署大鴻臚奏不忍下筆顧授小黃門中心戀戀惻然不能言（大鴻臚奏王歸國小黃門受詔者）於是車駕祖送流涕而訣復賜乘輿服御珍寶輿馬錢布以億萬計蒼還國疾病帝馳遣名醫小黃門侍疾（集解惠棟曰東觀記蒼到國後病水氣喘逆上遣太醫丞相視之續漢書云詔遣太醫丞將高手醫視病）使者冠蓋不絕於道又置驛馬千里傳問起居明年正月薨詔告中傅封上蒼自建武以來章奏及所作書記賦頌七言別字（集解惠棟曰續漢志云凡別字之體皆從上起左右離合藝文志小學家有別字十三篇或曰別字辨俗字尹敏云讖書非聖人所作其中多近鄙別字是也未知孰是）歌詩並集覽焉（集解惠棟曰經籍志梁東平王蒼集五卷）遣大鴻臚持節（集解惠棟曰袁宏紀司空第五倫見上悼惜不已求依東海王故事自請護喪事上以東海王行天子禮舊制無三公出者乃遣大鴻臚持節護喪事）五官中郎將副監喪及將作使者凡六人令四姓小侯諸國王主悉會詣東平奔喪賜錢前後一億布九萬匹及葬策曰惟建初八年三月己卯皇帝曰咨王丕顯勤勞王室親受策命昭於前世出作蕃輔克慎明德率禮不越（率循也越違也）傅聞在下（傅音敷敷布也書曰克慎明德敷聞在下）昊天不弔不報上仁俾屏余一人夙夜煢煢靡有所終（俾使也屏蔽也左氏傳曰昊天不弔不慭遺一老俾屏余一人煢煢余在疚也）今詔有司加賜鸞輅乘馬龍旂九旒虎賁百人奉送王行匪我憲王其孰離之（離被也言非憲王誰更被此恩也）魂而有靈保茲寵榮嗚呼哀哉立四十五年子懷王忠嗣明年（集解惠棟曰元和元年也）帝乃分東平國封忠弟尚爲任城王餘五人爲列侯忠立十一年薨（集解洪頤煊曰憲王建初八年薨忠即以是年嗣章帝紀元和元年九月乙未東平王忠薨忠立僅一年十字衍）子孝王敞嗣元和三年行東巡守幸東平宮帝追感念蒼謂其諸子曰思其人至其鄉其處在其人亡因泣下沾襟遂幸蒼陵爲陳虎賁鸞輅龍旂以章顯之祠以太牢親拜祠坐哭泣盡哀賜御劍於陵前（陵在今鄆州東崍山南崍音魚委反集解惠棟曰水經注云無鹽縣有憲王蒼冢碑闕存焉沈欽韓曰崍山即危山明統志在東平州北五里今名王陵山）初蒼歸國驃騎時吏丁牧周栩以蒼敬賢下士（集解官本考證曰時字應從通鑑作府惠棟曰案東觀記蒼爲驃騎將軍開東閣延英雄上書表薦桓虞等虛己禮下與參政事）不忍去之遂爲王家大夫數十年事祖及孫帝聞皆引見於前既愍其淹滯且欲揚蒼德美即皆擢拜議郎牧至齊相栩上蔡令永元十年封蒼孫梁爲矜陽亭侯敞弟六人爲列侯敞喪母至孝國相陳珍（集解惠棟曰珍官至司隸校尉見黨錮傳）上其行狀永寧元年鄧太后增邑五千戶又封蒼孫二人爲亭侯敞立四十八年薨子頃王端嗣立四十七年薨子凱嗣立四十一年魏受禪以爲崇德侯

論曰孔子稱貧而無諂富而無驕未若貧而樂富而好禮者也若東平憲王可謂好禮者也若其辭至戚去母后豈欲苟立名行而忘親遺義哉蓋位疑則隙生累近則喪大（憂累既近所喪必大）斯蓋名哲之所爲歎息嗚呼遠隙以全忠釋累以成孝夫豈憲王之志哉（言其本志然也集解蘇輿曰言憲王去君兄離母后遠就藩國非其本志所以遠隙釋累耳注意似誤會）東海恭王遜而知廢（遜讓也）爲吳太伯不亦可乎（左傳曰晉大夫士蔿之辭也吳太伯周太王之長子讓其弟季歷因適吳越采藥太王歿而不反事見史記也）

任城孝王尚元和元年封食任城亢父樊三縣（亢父樊並屬東平國亢父故城在今兗州任城縣南樊故城在今瑕丘縣西南也集解沈欽韓曰任城今濟寧州治樊縣在兗州府滋陽縣西南亢父在濟寧州南五十里）立十八年薨子貞王安嗣永元十四年封安弟福爲桃鄉侯（集解惠棟曰任城有桃聚注云桃鄉也）永初四年封福弟亢爲當塗鄉侯安性輕易貪吝數微服出入游觀國中取官屬車馬刀劍下至衞士米肉皆不

與直元初六年國相行弘（集解惠棟曰宏元初元年爲五官中郎將見李氏家書）奏請廢之，安帝不忍，以一歲租五分之一贖罪。安立十九年薨，子節王崇嗣。順帝時羌虜數反，崇輒上錢帛佐邊費；及帝崩，復上錢三百萬助山陵用度，朝廷嘉而不受。立三十一年薨，無子，國絕。延熹四年，桓帝立河間孝王子恭爲參戶亭侯博爲任城王，以奉其祀。（杜預注左傳曰今丹水縣北有三戶亭故城在今鄧州內鄉縣西南也集解劉攽曰案文多一爲字又恭字合在上孝王名恭也洪頤煊曰前書地理志勃海郡有參戶縣濁漳水注應劭曰平舒縣西南五十里有參戶亭故縣也恭先封當在此）博有孝行，喪母服制如禮，增封三千戶。立十三年薨，無子，國絕。熹平四年，靈帝復立河間貞王建子新昌侯佗爲任城王，奉孝王後。立四十六年，魏受禪，以爲崇德侯。

阜陵質王延，建武十五年封淮陽公，十七年進爵爲王，二十八年就國。三十年，以汝南之長平、西華、新陽、扶桑四縣益淮陽國。（長平故城在今陳州宛丘縣西北西華故城在今溵水縣西北新陽故城在今豫州眞陽西南扶桑故城在今陳州泰康縣北也集解洪亮吉曰汝南無扶桑縣當是扶樂續志扶樂屬陳國錢大昕曰閩本作扶樂沈欽韓曰長平今陳州府西華縣東北十八里新陽今潁州府太和縣西北六十里先謙曰官本桑正作樂）延性驕奢而遇下嚴烈。永平中，有上書告延與姬兄謝弇及姊館陶主壻駙馬都尉韓光招姦猾，作圖讖，祠祭祝詛。事下案驗，光、弇被殺，辭所連及死徙者甚衆。有司奏請誅延，顯宗以延罪薄於楚王英，故特加恩，徙爲阜陵王，食二縣。延旣徙封，數懷怨望。建初中，復有告延與子男魴造逆謀者，有司奏請檻車徵詣廷尉詔獄。肅宗下詔曰：「王前犯大逆，罪惡尤深，有同周之管蔡，漢之淮南。（淮南厲王長高帝子文帝時反被遷於蜀而死也）經有正義，律有明刑。（公羊傳曰君親無將將而必誅前書曰大逆無道父母妻子同產無少長皆棄市）先帝不忍親親之恩，枉屈大法，爲王受愆，（愆過也反而不誅先帝之過故言爲王受過也）羣下莫不惑焉。今王曾莫悔悟，悖心不移，逆謀內潰，自子魴發，誠非本朝之所樂聞。朕惻

然傷心，不忍致王於理，今貶爵爲阜陵侯，食一縣。獲斯辜者，侯自取焉。於戲誡哉！」赦魴等罪，勿驗。使謁者一人監護延國，不得與吏人通。章和元年，行幸九江，賜延書，與車駕會壽春。帝見延及妻子，愍然傷之，乃下詔曰：「昔周之爵封千有八百，而姬姓居半者，所以楨幹王室也。朕南巡，望淮海，意在阜陵，遂與侯相見。侯志意衰落，形體非故，瞻省懷感，以喜以悲。今復侯爲阜陵王，增封四縣，并前爲五縣。」以阜陵下溼，（集解沈欽韓曰明志滁州全椒縣東南有故阜陵城）徙都壽春，加賜錢千萬，布萬匹，安車一乘，夫人諸子賞賜各有差。明年，入朝。立五十一年薨，子殤王沖嗣。永元二年，下詔盡削除前班下延事。沖立二年薨，無嗣，和帝復封沖兄魴，是爲頃王。永元八年，封魴弟十二人爲鄉亭侯。魴立三十年薨，子淮王恢嗣。（集解先謙曰官本淮作懷是）延光三年，封恢兄弟五人爲鄉亭侯。恢立十年薨，子節王代嗣。陽嘉二年，封代兄便親爲勃遒亭侯。代立十四年薨，無子，國絕。建和元年，桓帝立勃遒亭侯便親爲恢嗣，是爲恭王。立十三年薨，子孝王統嗣。立八年薨，子王赦立。建安中薨，無子，國除。

廣陵思王荊，建武十五年封山陽公，（集解惠棟曰歐陽忞云治射陽縣）十七年進爵爲王。荊性刻急隱害，（隱害謂陰害於人也）有才能而喜文法。光武崩，大行在前殿，荊哭不哀，而作飛書，封以方底，（方底囊所以盛書也前書曰綠綈方底）令蒼頭詐稱東海王彊舅大鴻臚郭況書與彊曰：「君王無罪，猥被斥廢，而兄弟至有束縛入牢獄者。（集解沈欽韓曰謂沛王輔前以劉鯉報殺劉恭事繫詔獄也）太后失職，別守北宮，（太后郭太后也職常也失其常位別遷北宮）及至年老，遠斥居邊，（封之於魯集解何焯曰居邊謂爲中山王太后注非）海內深痛，觀者鼻酸。及太后尸柩在堂，（集解惠棟曰沛太后郭氏建武二十八年薨也）洛陽吏以次捕斬賓客，至有一家三尸伏堂者，痛甚矣。（集解惠棟曰帝紀坐死者數千人）今天下有喪，弓弩張設甚備。間梁松敕

虎賁史曰吏吕便宜見非勿有所拘以便宜之事而有非者當卽行之勿拘常制也封侯難再得也郎官竊悲之爲王寒心累息累息猶疊息也今天下爭欲思刻賊王吕求功集解先謙曰官本此下有當有量邪若歸幷二國之衆可聚百萬君王爲之主鼓行而前功二十五字此脫易於太山破雞子集解惠棟曰此語未知所出墨子貴義篇是猶以卵投石也盡天下之卵其石猶是也不可毁也其言有似于此輕於四馬載鴻毛此湯武兵也今年軒轅星有白氣星家及喜事者喜事猶好事也喜音許氣反皆云白氣者喪軒轅女主之位又太白前出西方至午兵當起洪範五行傳曰太白少陰之星以己未爲界不得經天而行太白經天而行爲不臣今至午是爲經天也又太子星色黑至辰日輒變赤天官書曰心前星太子之位也夫黑爲病赤爲兵王努力卒事高祖起亭長陛下興白水何況於王陛下長子故副主哉上吕求天下事必舉下吕雪除沈沒之恥報死母之讐精誠所加金石爲開韓詩外傳曰昔者楚熊渠子夜行見寢石以爲伏虎彎弓而射之沒金飲羽下視知其石也因復射之矢躍無迹熊渠子見其誠心而金石爲之開而況人乎集解先謙曰官本注躍作摧當爲

秋霜無爲檻羊秋霜肅殺於物檻羊受制於人雖欲爲檻羊又可得乎竊見諸相工言王貴天子法也人主崩亡閭閻之伍尚爲盜賊欲有所望何況王邪夫受命之君天之所立不可謀也今新帝人之所置彊者爲右願君王爲高祖陛下所志陛下卽光武也無爲扶蘇將閭叫呼天也扶蘇秦始皇之太子將閭庶子也扶蘇以數諫始皇使與蒙恬守北邊始皇死於沙丘少子胡亥詐立賜扶蘇死將閭昆弟三人囚於內宮胡亥使謂將閭曰公子不臣罪當死將閭乃仰天而大呼天者三曰天乎吾無罪昆弟三人皆流涕伏劍自殺事見史記彊得書惶怖卽執其使封書上之顯宗吕荆母弟祕其事遣荆出止河南宮時西羌反荆不得志冀天下因羌驚動有變私迎能爲星者與謀議集解惠棟曰續志荆與沈涼謀逆葛洪云廣陵敬奉李頗傾竭府庫而不能救叛逆之誅帝聞之乃徙封荆廣陵王遣之國其後荆復呼相工謂曰我貌類先帝先帝三十得天下我今亦三十可起兵未相者詣吏告之荆惶恐自繫獄帝復加恩不考極其事下詔不得臣屬吏人唯食租如故集解

通鑑胡注恐其復謀不軌故不得臣屬吏民惟食國之租稅使相中尉謹宿衞之荆猶不改其後使巫祭祀祝詛有司舉奏請誅之荆自殺立二十九年死帝憐傷之賜謚曰思王十四年封荆子元壽爲廣陵侯服王璽綬食荆故國六縣又封元壽弟三人爲鄉侯集解沈欽韓曰唐書世系表荆子有俞鄉元侯平平生彪襲封事祖母以孝聞世號仁義侯明年帝東巡狩徵元壽兄弟會東平宮班賜御服器物又取皇子輿馬悉吕與之建初七年肅宗詔元壽兄弟與諸王俱朝京師元壽卒子商嗣商卒子條嗣傳國於後

臨淮懷公衡建武十五年立未及進爵爲王而薨無子國除

中山簡王焉建武十五年封左馮翊公集解劉攽曰光武紀封焉左翊公與右翊相配十七年進爵爲王焉吕郭太后少子故獨留京師三十年徙封中山王永平二年冬諸王來會辟雍事畢歸蕃詔焉與俱就國從吕虎賁官騎漢官儀騶騎王家名官騎集解惠棟曰袁宏紀詔賜羽林右騎爲虎賁又令上官屬子弟以爲官騎焉上疏

辭讓顯宗報曰凡諸侯出境必備左右集解蘇輿曰春秋繁露王道篇古者諸侯出疆必具左右備一師以備不虞定四年左氏傳若嘉好之事君行師從卿行旅從故夾谷之會司馬吕從穀梁傳曰公會齊侯於頰谷齊人鼓譟欲以執魯君孔子歷階而上命司馬止之左氏傳頰谷作夾谷今五國各官騎百人稱娖前行娖音楚角反稱娖猶齊整也行音胡郎反集解惠棟曰娖一作促古字通輿服志云諸侯王法駕官屬傳相以下皆備鹵簿似京都官騎張弓帶鞬遮迾出入稱課促稱促者所以促行徒也皆北軍胡騎便兵善射弓不空發中必決眥司馬相如子虛之文夫有文事必有武備所吕重蕃職也王其勿辭帝吕焉郭太后偏愛特加恩寵獨得往來京師十五年焉姬韓序有過焉縊殺之國相舉奏坐削安險縣安險屬中山郡集解惠棟曰案陳寵傳時汝南張郴爲[illegible]山相元和中肅宗復吕安險還中山立五十二年永元二年薨自中興至和帝時皇子始封薨者皆賻錢三千萬布三萬匹嗣王薨賻錢千萬布萬匹是時竇太后臨朝竇憲兄弟擅權太后及憲等東海出也爾雅曰女子之子謂出也集解惠棟曰憲母沘陽公主古人謂甥爲出故睦

於焉而重於禮加賻錢一億詔濟南東海二王皆會大爲修冢塋
開神道墓前開道建石柱以爲標謂之神道〔集解〕惠棟曰神道之稱始于西漢黃圖云陽陵門西出神道茂陵神道廣四十
三丈沈欽韓曰水經易水注代郡廣昌縣東南郎山其東謂之石虎岡後漢書云中山簡王焉之窆也厚其葬採涿郎山石以樹墳
塋陵隧碑獸並出此山有所遺二石虎後人因以名岡　平夷吏人冢墓以千數作者萬餘人
發常山鉅鹿涿郡柏黃腸雜木黃腸柏木黃心三郡不能備復調餘州郡
工徒及送致者數千人凡徵發搖動六州十八郡制度餘國莫及
子夷王憲嗣永元四年封憲弟十一人爲列侯憲立二十二年薨
子孝王弘嗣永寧元年封弘二弟爲亭侯弘立二十八年薨子穆
王暢嗣永和六年封暢弟荊爲南鄉侯暢立三十四年薨〔集解〕錢大昭曰
紀云無子國除誤　子節王稚嗣無子國除
琅邪孝王京建武十五年封琅邪公〔集解〕惠棟曰酈元云光武令城陽國爲琅邪以封京十
七年進爵爲王京性恭孝好經學顯宗尤愛幸賞賜恩寵殊異莫

與爲比永平二年以泰山之蓋南武陽華蓋縣故城在今沂州沂水縣西北南武陽縣故
城在今沂州費縣西又華縣故城在費縣東北也〔集解〕錢大昕曰案前志泰山郡有華縣而續志無之今據此傳則永平之世華縣
見在而三國志稱臧霸爲太山華人孔宙碑陰亦有題泰山華者疑華縣在東漢初未嘗并省志偶漏此一縣耳沈欽韓曰南武陽
今沂州府費縣西北七十里華縣今費縣東北六十里　東萊之昌陽盧鄉東牟六縣益琅邪
昌陽今萊州縣也故城在今聞登縣西南盧鄉故城在今昌陽縣西北東牟故城在聞登縣西北也〔集解〕沈欽韓曰通志昌陽在登
州萊陽縣東七十里昌山之陽盧鄉在萊陽縣西南四十里東牟在文登縣西北十里　五年乃就國光烈皇
后崩帝悉以太后遺金寶財物賜京京都莒好修宮室窮極伎巧
殿館壁帶皆飾以金銀壁帶壁中之橫木也以金銀爲釘飾其上數上詩賦頌德帝嘉
美下之史官京國中有城陽景王祠吏人奉祠神數下言宮中多
不便利京上書願徙宮開陽以華蓋南武陽厚丘贛榆五縣華縣蓋縣
南武陽屬泰山郡厚丘屬東海郡贛榆屬琅邪郡〔集解〕錢大昕曰此事在建初五年攷二志厚邱屬東海據此似又嘗改隸琅邪矣
易東海之開陽臨沂〔集解〕惠棟曰二縣後漢皆屬琅邪沈欽韓曰開陽在沂州北十五里肅宗許之

立三十一年薨葬東海即丘廣平亭有詔割亭屬開陽開陽縣屬東海郡故
城在今沂州臨沂縣北〔集解〕洪亮吉曰開陽此時已屬琅邪注尚云屬東海郡誤　子夷王宇嗣建初七年
封宇弟十三人爲列侯元和元年封孝王孫二人爲列侯宇立二
十年薨子恭王壽嗣永初七年封壽弟八人爲列侯立十七年薨
子貞王尊嗣〔集解〕錢大昭曰紀尊作遵延光二年封尊弟四人爲鄉侯尊立十
八年薨子安王據嗣永和五年封據弟三人爲鄉侯據立四十七
年薨子順王容嗣初平元年遣弟邈至長安奉章貢獻帝以邈爲
九江太守封陽都侯陽都縣屬城陽國故城在今沂州承縣南承音常證反〔集解〕洪亮吉曰建武中已有城陽
國屬琅邪此注作屬琅邪爲是容立八年薨國絕初邈至長安盛稱東郡太守曹
操忠誠於帝操以此德於邈建安十一年復立容子熙爲王在位
十一年坐謀欲過江被誅國除
贊曰光武十子胙土分王沛獻尊節楚英流放尊音祖本反禮記曰恭敬撙節鄭玄

注云撙趨也　延既怨詛荊亦觖望濟南陰謀琅邪驕宕中山臨淮無闕
天喪二王早終名聞未著也〔集解〕姜宸英曰無聞指中山天喪指臨淮也臨淮未爲王而薨無子國除故云若中山享國五十
二年矣而注云二王早終名聞未著非也東平好善辭中委相〔集解〕蘇輿曰言辭本朝棄相位而歸國也朱暉
傳暉遷泰山太守上疏乞留中與此中字義同　謙謙恭王實惟三讓

光武十王列傳第三十二 終　　後漢書四十二

後漢書集解卷四十二校補

東海恭王彊傳永平元年彊病至及薨集解錢大昭曰王五月戊寅薨紀作十月戊申誤柳從辰曰本書明帝紀及袁宏紀通鑑皆不誤未知錢氏所謂誤者何紀也

不復望見闕庭奉承幃幄官本幃作帷古書通作

比陽公主柳從辰曰比讀爲泚

彊立十八年柳從辰曰八疑六之譌案此從郭后十七年被廢追數之乃史之誤

降僕從士官本儀作議

沛獻王輔傳善說京氏易集解惠棟曰東觀記至以周易林占之柳從辰曰聚珍本東觀記作京師少雨上御雲臺召尚席取卦具自爲卦以周易卦林卜之與惠引略異案隋書經籍志易林十六卷易林變占十六卷焦贛撰焦氏易林無占法又京房傳儒林傳均不言有易林今所傳焦氏易林爲京房師而前書京房珠林有占法無餘辭莫能辨也本書崔駰傳崔篆著周易林六十四篇用決吉凶多所占驗時在建武初未知其術出京氏否經籍志又有卦林一卷亦未詳所本此條惠引作周易林聚珍本作周易卦林非小異矣

楚王英傳歡喜天恩恩原譌思錢大昭曰閩本作天恩今據正又官本作大恩與通鑑合

尚浮屠之仁祠通鑑祠作慈沈銘彝曰仁祠指佛寺唐時猶然權載之詩仁祠訪金碧是也溫公以祠爲慈非案漢以祠佛爲仁祠因以名其立祠之地耳前書陳勝傳又令廣之次所旁叢祠中師古注祠神祠也是漢以祠地爲祠之證特就詔書言言祠非言地

以助伊蒲塞桑門之盛饌注桑門即沙門沈銘彝曰瑞應經沙門之爲道舍妻子捐棄愛欲也北史盧光傳光崇信佛道嘗從周文獵于檀臺山帝遙指山上謂羣臣曰公等有所見否皆曰無所見光獨曰見一桑門帝曰是也即解圍而還令光於桑門立處造浮圖掘地得瓦鉢錫杖帝稱歎因立

懷用悼灼柳從辰曰悼傷也灼驚也傷其罹法而驚也案吳志周魴傳魴懷憂震灼此灼訓驚之義至蔡邕疏憂怖焦灼及本書劉陶傳心灼內熱則又憂心如焚之義

加王赤綬羽蓋華藻注續漢輿服志曰至金華藻案續志藻作瑵瑵本通爪又通瑵本謂車蓋上瑚飾緌藻故又可作藻也前書王莽傳金瑵羽葆師古注瑵讀曰爪謂蓋弓頭爲爪形張衡東京賦葩爪蕤曲莖辟綵注葩爪悉以金作華形蔡邕獨斷凡乘輿車皆羽蓋金華爪與瑵同顏注之爲爪形即辟注之作華形耳張衡思元賦昭綵藻與琱琭舊注藻華藻也是藻與華亦連文通訓

濟南安王康傳封康子德爲東武城侯注東武城屬清河郡今貝州武城縣是今曹州府朝城縣西四十里

招來州郡姦猾柳從辰曰袁紀康使中郎將張陽董臣招來州郡姦猾

漁陽顏忠劉子產等案康事不見明紀未知在楚獄前抑在後也據楚獄辭數萬人似以罪之重非濟南事獨在後也惟既削康五縣則有名姦猾當已見誅而漁陽顏忠乃英康兩傳並見必史之誤

民無稱焉注人無德而稱焉官本注人改民

立五十九年薨案康薨於永元九年見和紀上溯建武十五年立年適符光武十王中享國爲最久矣

永元十二年封錯弟七人爲列侯官本作十一年

東平憲王蒼傳要帶十圍錢大昭曰閩本十作八

拜爲驃騎將軍集解惠棟曰東觀記載明帝詔云至其以蒼爲驃騎將軍案此詔見本書明紀別引誤也

況臣居宰相之位至辱汙輔將之位案前世丞相稱宰相自哀帝改丞相爲大司徒於是大司徒亦即爲宰相平當爲丞相平晏爲大司徒故前書當傳謂漢興唯韋平父子至宰相是矣中興不復置相司徒乃有宰相之稱見本書伏湛傳變等傳蒼不官司徒乃自謂居宰相之位者蓋由明帝即位以鄧禹與蒼同輔政本沿前世孝惠孝文置左右丞相故事也又前世衛青爲大將軍而霍去病以驃騎將軍爲之輔大將軍爲大將則驃騎將軍爲輔將

伏軾而吟集解韋昭云軾今小車中隆起者案韋說見史記淮陰侯傳惠不引酈生伏軾而引莊子猶未能通漢制也前書蒯通傳作酈生一士伏軾即用史記語而酈食其傳亦作憑軾師古注云軾車前橫版隆起者也云憑軾者言但安坐乘車而游說蓋漢世安車坐乘於兩較間施板而坐憑之非復古車制昭漢末人見而知之左思魏都賦憑軾捶馬劉淵林注云軾車橫覆膝人所憑也皆不用古說非板不言覆非坐乘亦無膝可覆又其證矣

怏然意解錢大昭曰怏通鑑作恔注云恔然猶廓然也

近令從官古注古姓周有古公亶父其後氏焉錢大昭曰郅惲傳有長沙孝子古初廣韻云蜀志有廣漢功曹古牧案廣韻所引尙有北魏古弼錢氏不取者以北魏姓多後改也

今魯國孔氏注孔子廟在曲阜城中官本注曲阜上有魯字

禮云伯父歸寗乃國注侯氏再拜稽首而出官本注末有也字

踧踖無所措置注踧踖謙讓貌官本注末有也字案踧踖見論語馬注訓恭敬貌鄭注訓敬恭貌章懷改訓謙讓貌蓋誤以此言爲屬帝實則蒼豈敢謂帝無所措置仍自言也訓爲謙讓與訓爲恭敬皆於上文惶怖戰慄誠不自安下文無所措置意不相應惟廣雅釋訓云踧踖畏敬也是爲近之

乃獨封蒼五女爲縣公主案后紀云肅宗唯特封東平憲王蒼琅邪孝王京女爲縣公主今京傳不言京女封縣公主而此傳又言獨封蒼五女豈后紀有誤耶

輿馬錢布柳從辰曰東觀記輿馬作宰馬

惟建初八年三月己卯錢大昭曰紀作辛卯

夙夜煢煢案煢煢各本同與嬛嬛通詩閔予小子嬛嬛在疚前書匡衡傳引作煢煢是其證楚辭九章魂識路之煢煢張衡思元賦何孤行之煢煢其字相承从几雖與从卂之煢同爲从營省聲音義初無差別而自唐以來字書皆兩收之後人多妄改古書乃有煢無煢矣

子凱嗣立四十一年官本四作二

爲吳太伯注吳太伯周太王之長子讓其弟季歷因適吳越采藥

太王沒而不反官本上太王原注誤太爲文依下太王正官本不誤因適吳越采藥官本注適作過亦誤

桓帝立河閒孝王子蒜爲參戶亭侯博爲任城王以奉其祀集解

劉攽曰案文多一爲字又蒜字合在上孝王名蒜也案河間孝王名開不名蒜見章帝八王傳桓紀亦云延熹四年夏四月甲寅封河間王開子博爲任城王又樂成靖王傳復立濟北惠王子萇爲樂成王延光元年以河間孝王子得嗣靖王蓋謚以易名諸王既稱謚即不必定著其名蒜爲二字皆屬誤衍所多不止一爲字也

靈帝復立河閒貞王遜子新昌侯佗爲任城王案貞王名建靈紀及河間孝王傳皆同此作遜亦誤

廣陵思王荆傳夫黑爲病赤爲兵官本夫作天

中山簡王焉傳大爲修冢塋開神道注建石柱以爲標官本注標譌摽

琅邪孝王京傳殿館壁帶壁原譌从玉注皆从土不誤已據正官本文注皆譌从玉

永初元年封壽弟八人爲列侯立十七年薨案文立上脫壽字

朱樂何列傳第三十三 朱暉孫穆　　後漢書四十三

宋　宣　城　太　守　范　曄　撰

唐　章　懷　太　子　賢　注

王先謙集解

朱暉字文季南陽宛人也東觀記曰其先宋微子之後也以國氏姓周衰諸侯滅宋奔碭易姓爲朱後徙於宛也〔集解〕官本考證曰氏字疑當作爲惠棟曰朱公叔鼎銘云朱有殷之胄微子啟吕帝乙元子周武王封諸宋以奉成湯之祀至元子啟生公子朱其孫氏焉先謙曰今東觀記作氏家世衣冠〔集解〕惠棟曰朱公叔鼎銘云後至沛遷于南陽之宛遂大于宋爵位相襲暉早孤有氣決年十三王莽敗天下亂與外氏家屬從田閒奔入宛城東觀記曰暉外祖父孔休以德行稱於代也〔集解〕惠棟曰休字子泉見卓茂傳道遇羣賊白刃劫諸婦女略奪衣物昆弟賓客皆惶迫伏地莫敢動暉拔劒前曰財物皆可取耳諸母衣不可得今日朱暉死日也賊見其小壯其志笑曰童子內刀遂捨之而去初光武與暉父岑俱學長安

有舊故及卽位求問岑時已卒乃召暉拜爲郎暉尋吕病去卒業於太學性矜嚴進止必吕禮諸儒稱其高永平初顯宗舅新陽侯陰就慕暉賢自往候之暉避不見復遣家丞致禮續漢志曰諸侯家丞秩三百石暉遂閉門不受就聞歎曰志士也勿奪其節後爲郡吏太守阮況〔集解〕惠棟曰孫愐云阮姓出陳留音虞遠切嘗欲市暉婢暉不從東觀記曰暉爲督郵況當歸女欲買暉婢暉不敢與後況卒暉送其家金三斤及況卒暉乃厚贈送其家人或譏焉暉曰前阮府君有求於我所吕不敢聞命誠恐吕財貨汚君今而相送明吾非有愛也驃騎將軍東平王蒼聞而辟之甚禮敬焉正月朔旦蒼當入賀故事少府給璧〔集解〕周壽昌曰禮儀志歲首朝賀公侯璧蔡邕獨斷云三公奉璧上殿又決疑要注云古朝會皆執贄侯伯執珪子男執璧漢公卿以下所執如古禮茲云公侯璧則無所爲珪但有璧而已璧皆自備惟藩王則由少府給之也續百官志少府掌中服御諸物衣服寶貨珍膳之屬東平王朝正當是章帝建初七年是時陰就爲府卿貴驕吏傲不奉法蒼坐朝堂漏且盡而求璧不可得顧謂掾屬曰若之何暉望見少府主簿持璧卽往紿之曰紿欺也我數聞璧而未嘗見試請觀之主簿吕授暉暉顧召令史奉之奉之於蒼主簿大驚〔集解〕惠棟曰袁宏紀主簿驚曰少府當以朝暉叱之曰將軍何獨不朝也遽吕白就就曰朱掾義士勿復求更吕它璧朝蒼旣罷召暉謂曰屬者掾自視孰與藺相如屬向也與猶如也史記曰藺相如趙人也趙惠文王時得楚和氏璧秦昭王欲以十五城易之趙王使相如奉璧入秦秦王大喜無意償趙城相如乃前曰璧有瑕願指視王相如乃持璧卻立倚柱怒髮上衝冠曰臣觀大王無意償趙城邑故臣復取璧大王必欲急臣臣今頭與璧俱碎於柱矣相如持其璧睨柱欲以擊柱秦王恐其璧破乃謝之帝聞壯之及當幸長安欲嚴宿衞故吕暉爲衞士令再遷臨淮太守暉好節槩有所拔用皆厲行士〔集解〕先謙曰東觀記云表善黜惡抑強絕邪其諸報怨吕義犯率〔集解〕蘇輿曰率與律同犯率猶犯法謂以私人之義犯國家之法如郅惲爲友人董子張報父仇殺人詣縣自首令趣出獄陳公思以叔父仇格殺王子佑汝南太守胡廣特爲原遣並其事也張敏傳載建初中有侮辱人父而其子殺之肅宗貰其死刑遂定輕侮法敏駮議不可蓋吏生之爲權宜律赦之則長奸耳皆爲求其理多得生濟其不義之囚卽時僵仆僵偃仆踣

也吏人畏愛爲之歌曰強直自遂南陽朱季吏畏其威人懷其惠東觀記曰建武十六年四方牛大疫臨淮獨不鄰郡人多牽牛入界數年坐法免東觀記曰坐考長吏囚死獄中州奏免官〔集解〕先謙曰官本注吏作史引劉攽曰案臨淮郡無長史旣言囚死獄中當是吏字令長丞尉皆長吏也暉剛於爲吏見忌於上所在多被劾自去臨淮屛居野澤布衣蔬食不與邑里通鄉黨譏其介介特也言不與衆同建初中南陽大飢米石千餘暉盡散其家資吕分宗里故舊之貧羸者鄉族皆歸焉初暉同縣張堪素有名稱嘗於太學見暉甚重之接吕友道〔集解〕先謙曰東觀記暉以堪夙成名德未敢安也乃把暉臂曰欲吕妻子託朱生暉吕堪先達舉手未敢對自後不復相見堪卒暉聞其妻子貧困乃自往候視厚賑贍之〔集解〕惠棟曰東觀記歲送穀五十斛帛五匹以爲常暉少子頡怪而問曰大人不與堪爲友平生未曾相聞子孫竊怪之暉曰堪嘗有知己之言吾吕信於心也以堪先託妻子心已許之故言信於心也暉又與同郡陳揖交善揖卒有遺腹子友暉嘗哀

之及司徒桓虞爲南陽太守召暉子駢爲吏暉辭駢而薦友虞歎息遂召之其義烈若此〔集解〕先謙曰東觀記有趙勤傳不見於范史亦南陽人爲南陽太守桓虞功曹特類記之於此傳云勤字益卿〔御覽作鄉〕南陽人劉賜姊子童幼有志操賜國租適到時勤在旁賜指錢示勤曰拜乞汝二十萬勤曰拜而得錢非義所取終不肯拜〔一本作勤少孤嘗從人貸錢或以錢示勤曰汝起拜卽與汝勤曰拜汝得錢非義終不肯拜〕勤明達好學介然持立太守駱珍召署曹吏至掾督郵爲南陽太守桓虞功曹委以郡事虞下車葉令雍霸及新野令皆不道法乃署勤督郵到葉見霸不問縣事但高談清論以激勵之霸卽解印綬去勤還入新野界令聞霸已去遣吏奏記陳罪復還印綬去虞乃歎曰善吏如良鷹矣下韝卽中當有重客過欲屬一士令爲曹吏虞曰我有賢功曹趙勤當與議之客潛於內中聽虞乃問勤勤對曰恐未合衆客曰止止勿復道元和中肅宗巡狩告南陽太守問暉起居召拜爲尚書僕射歲中遷泰山太守暉上疏乞留中詔許之因上便宜陳密事深見嘉納詔報曰補公家之闕〔詩曰袞職有闕仲山甫補之〕不累清白之素斯善美之士也俗吏苟合阿意面從進無謇謇之志卻無退思之念〔易蹇卦艮下坎上艮爲山坎爲水山上有水蹇難之象也六二爻上應於五五爲君位二宜爲臣也居險難之時履當其位不以五在難私身遠害故曰王臣蹇蹇匪躬之故孝經曰退思補過蹇與謇同〔集解〕先謙曰官本注同作通〕

患之甚久惟今所言適我願也生其勉之〔集解〕先謙曰官本今作令引劉攽曰惟令所言案時暉未爲尚書令此令字是今字是時穀貴縣官經用不足〔經常也〔集解〕惠棟曰漢書儀云民田租芻藁以給經用也〕朝廷憂之尚書張林上言穀所吕貴由錢賤故也〔集解〕惠棟曰賈公彥云漢時穀入司農錢入少府可盡封錢一取布帛爲租吕通天下之用又鹽食之急者雖貴人不得不須官可自鬻〔前書曰因官器作鬻鹽音義云鬻古煮字〕又宜因交阯益州上計吏往來市珍寶收采其利武帝時所謂均輸者也〔武帝作均輸法謂州郡所出租賦并雇運之直官總取之市其土地所出之物官自轉輸於京謂之均輸〕於是詔諸尚書通議暉奏據林言不可施行事遂寢後陳事者復重述林前議吕爲於國誠便帝然之有詔施行暉復獨奏曰王制天子不言有無諸侯不言多少食祿之家不與百姓爭利今均輸之法與賈販無異鹽利歸官則下人窮怨布帛爲租則吏多姦盜誠非明主所當宜行〔集解〕劉攽曰案文當與宜不須竝存合去當字周壽昌曰古人多重文以申意如尚猶愈益等類不可勝數卽當宜竝用亦不止此一處不必去也後何敞傳宜當克己以疇四海之心亦宜當兩字連文帝卒吕林等言爲然得暉重議因發怒切責諸尚書暉等皆自繫獄三日詔敕出之曰國家樂聞駮議黃髮無愆詔書過耳〔黃髮老稱謂朱暉也〕何故自繫暉因稱病篤不肯復署議尚書令吕下惶怖謂暉曰今臨得譴讓奈何稱病其禍不細暉曰行年八十蒙恩得在機密當吕死報若心知不可而順旨雷同負臣子之義今耳目無所聞見伏待死命遂閉口不復言諸尚書不知所爲乃共劾奏暉帝意解寢其事〔集解〕沈欽韓曰和帝紀以肅宗遺詔罷鹽鐵之禁從民鑄煮則當其時事未嘗寢也後數日詔使直事郎問暉起居〔直事郎謂署郎當次直者〕太醫視疾太官賜食暉乃起謝〔集解〕通鑑胡注上旣加禮乃起謝所謂強直自遂也復賜錢十萬布百匹衣十領後遷爲尚書令吕老病乞身拜騎都尉賜錢二十萬和帝卽位竇憲北征匈奴暉復上疏諫頃之病卒〔華嶠書曰暉年五十失妻昆弟欲爲繼室暉歎曰時俗希不以後妻敗家者遂不復娶也〕子頡修儒術安帝時至陳相〔集解〕惠棟曰朱公叔鼎銘云考爲陳留太守不云陳相也頡子穆

穆字公叔〔集解〕先謙曰御覽九百三引謝承書云穆字文元年五歲便有孝稱父母有病輒不飲食差乃復常及壯耽學銳意講誦或時思至不自知亡失衣冠顚隊阬岸其父常吕爲專愚幾不知數馬足〔幾音近衣反前書曰石慶爲太僕上問車中幾馬慶以策數馬畢舉手曰六馬言穆用心專愚更甚也〕穆愈更精篤初舉孝廉〔謝承書曰穆少有英才學明五經性矜嚴疾惡不交非類年二十爲郡督郵迎新太守見穆曰君年少爲督郵因族埶爲有令德穆答曰郡中瞻望明府如仲尼謂非顏回不敢以迎孔子更問風俗人物太守甚奇之曰僕非仲尼督郵可謂顏回也遂歷職股肱舉孝廉也〔集解〕惠棟曰朱公叔鼎銘云初舉孝廉除郎中尚書侍郎獨念運際存亡之要乃陳五事諫謀深切退處畎畝以察天象驗應著焉又張璠漢記云太守問貞婦孝子隱閭未彰言于府穆曰方今聖道大行文武未墜于地家有貞婦戶有孝子比屋連棟不可勝數〕順帝末江淮盜賊羣起州郡不能禁或說大將軍梁冀曰朱公叔兼資文武海內奇士若吕爲謀主賊不足平也冀亦素聞穆名乃

辟之使典兵事甚見親任【集解惠棟曰朱公叔鼎銘云孝順晏駕賊發江淮時辟大將軍府實掌其事因拜宛陵令非其好也遂以疾辭復辟大將軍張璠漢記云梁冀第池中船無故自覆問朱穆穆曰舟所以濟渡萬物不施遊戲而已今覆者天成將軍濟渡萬民不可長念戲也】及桓帝卽位順烈太后臨朝穆以冀埶地親重望有以扶持王室因推災異奏記以勸戒冀曰穆伏念明年丁亥之歲刑德合於乾位【麻法太歲在丁壬歲德在北宮太歲在亥卯未歲刑亦在北宮故合於乾位也【集解】錢大昕曰漢書藝文志刑德七卷五音奇胲刑德二十一卷今皆不傳淮南天文訓言刑德合四歲而分十六歲而復合刑不得入中宮而遷于木則其說自漢初已有之矣今依其法衍之甲己之歲德在東宮乙庚之歲德在西宮丙辛之歲德在南宮丁壬之歲德在北宮戊癸之歲德在中宮故王莽傳云蒼龍癸酉德在中宮張純傳云蒼龍甲寅德在東宮也申子辰之歲刑在東方子刑卯也亥卯未之歲刑在北方卯刑子也寅午戌之歲刑在南方巳酉丑之歲刑在西方午酉自刑也翼氏風角云金剛火彊各守其鄉卯午酉自刑之謂也又云二陰竝行是以王者忌子卯卯子卯相刑之謂也蘇竟傳云德在中宮刑在木謂建武四年戊子之歲也此傳云丁亥之歲刑德合于乾位乾位謂北方也】易經龍戰之會其文曰龍戰于野其道窮也【易坤卦上六象詞也坤爻居上六故云其道窮也王弼注云陰之爲道卑順不逆乃全其美盛而不已同陽之地陽所不堪故戰於野【集解】惠棟曰案淮南子云陰陽相德則刑德合門坤上六在亥亥者乾本位也乾坤合居故有龍戰之災】謂陽道將勝而陰道負也今年九月天氣鬱冒五位四候【集解】惠棟曰五位謂侯大夫卿公辟也四侯坎離震兌也】連失正氣此互相明也【集解】王補曰袁宏紀此下有天地大驗四字】夫善道屬陽惡道屬陰【集解】蘇輿曰繁露陽尊陰卑篇惡之屬盡爲陰善之屬盡爲陽陽爲德陰爲刑】若修正守陽摧折惡類則福從之矣穆每事不逮所好唯學傳受於師時有可試願將軍少察愚言申納諸儒【申重也】而親其忠正絕其姑息【姑且也息安也小人之道苟且取安也禮記君子之愛人也以德細人之愛人也以姑息】專心公朝割除私欲廣求賢能斥遠佞惡【集解】王補曰此四語袁宏紀作宜專心公門然後能斥逐邪惡在篇首明年丁亥之歲上】夫人君不可不學當以天地順道漸漬其心宜爲皇帝選置師傅及侍講者得小心忠篤敦禮之士將軍與之俱入參勸講授師賢法古此猶倚南山坐平原也誰能傾之今年夏【集解】王補曰袁宏紀今年夏以下別爲一篇所謂附以密記也】月暈房星明年當有小厄宜急誅姦臣爲天下

後漢書四十三　五

所怨毒者以塞災咎【集解】惠棟曰袁宏紀穆意欲言宦官恐冀漏泄之狀不能已復附以密記云云】議郎大夫之位本以式序儒術高行之士今多非其人九卿之中亦有乖其任者惟將軍察焉又薦种暠欒巴等而明年嚴鮪【集解】沈宇曰案清河王李固杜喬傳皆作劉鮪且清河王傳云南陽妖賊劉鮪而李固傳云魏郡劉鮪未知孰是】謀立清河王蒜又黃龍二見沛國冀無術學遂以穆龍戰之言爲應【集解】惠棟曰穆所指謂人君左右不得其人恐小人長而君子消故有龍戰之言非冀所謂也】於是請暠爲從事中郎薦巴爲議郎舉穆高第爲侍御史【續漢書曰穆舉高第拜侍御史桓帝臨辟雍行禮畢公卿出虎賁置弓階上公卿下階皆避弓穆過呼虎賁曰執天子器何故投於地虎賁怖郎攝弓穆劾奏虎賁抵罪公卿皆慙曰朱御史可謂臨事不惑者也【集解】惠棟曰朱公叔鼎銘云再拜博士高第作侍御史矯枉董直罔肯阿順以黜其位潛于郎中羣公竝表乃遷議郎登于東觀纂業前史劉知幾云元嘉元年令大中大夫邊韶大軍營司馬崔實議郎朱穆曹壽雜作孝穆崇二皇及順烈皇后傳又增外戚傳入安思等后儒林傳入崔篆諸人號曰漢記案穆爲侍御史以不肯阿順免官復爲郎中及遷議郎與邊韶崔實增修漢記范史皆不載也先謙曰官本注呼作呵御覽二百四十七引謝承書以劾虎賁爲穆爲尙書歲初百官朝賀事事類賦注十二同御覽二百五十三引

後漢書四十三　六

張璠漢記亦云穆黨事禁錮徵拜尙書正月百官朝賀畢呵收虎賁也】時同郡趙康叔盛者隱於武當山清靜不仕以經傳敎授穆時年五十乃奉書稱弟子及康歿喪之如師其尊德重道爲當時所服常感時澆薄慕尙敦篤【集解】注文臺曰御覽九百三引謝承書云常養豬有病使人賣之於市語之曰如售當自告買者言病也賣豬者售不言病且直過多穆怪其故齎半直以還買豬者辭不敢穆棄錢而去】乃作崇厚論其辭曰夫俗之薄也有自來矣故仲尼歎曰大道之行也而丘不與焉【禮記曰仲尼歎曰大道之行三代之英丘未之逮也而有志焉鄭玄注曰大道謂三皇五帝時也】蓋傷之也夫道者以天下爲一在彼猶在己也故行違於道則愧生於心非畏義也事違於理則負結於意非憚禮也故率性而行謂之道【率循也子思曰天命之謂性率性之謂道修道之謂教也】得其天性謂之德【天之所命之謂性不失天性是謂德】德性失然後貴仁義【道德之性失仁義之迹彰】是以仁義起而道德遷【遷徙也】禮法興而湻樸散故道德以仁義爲薄湻樸以禮法爲賊也【老子曰失道而後德失德而後仁失仁而後義失義而後禮夫禮者忠性之薄

而亂之首也〔集解〕先謙曰官本注性作信夫中世之所敦已爲上世之所薄中世謂五帝時況又薄於此乎故夫天不崇大則覆幬不廣地不深厚則載物不博幬亦覆左傳曰如天之無不燾如地之無不載幬與燾同人不敦厖則道數不遠敦厖厚大也左傳曰人生敦厖數猶理也言人不敦厚不能入道之精理也昔在仲尼不失舊於原壤原壤孔子之舊也禮記曰原壤之母死孔子助之沐槨原壤登木而歌曰貍首之斑然執女手之卷然從者曰子未可以已乎夫子曰親者無失其爲親故者無失其爲故楚嚴不忍章於絕纓說苑曰楚莊王賜羣臣酒日暮燭滅乃有人引美人之衣者美人援絕其冠纓告王趣火來上視絕纓者王曰賜人酒使醉失禮奈何欲顯婦人之節而辱士乎乃命左右曰與寡人飲不絕冠纓者不懽羣臣百餘人皆絕去其冠纓乃上火也由此觀之聖賢之德敦矣老氏之經曰大丈夫處其厚不處其薄居其實不居其華故去彼取此此老子道德經之詞顧歡注曰道德爲厚禮法爲薄清虛爲實聲色爲華去彼華薄取此厚實〔集解〕惠棟曰顧歡老子義疏四卷夫時有薄而厚施行有失而惠用俗之凋薄以厚御之行之有失以惠待之郎上孔子楚莊是也故覆人之過者敦之道也救人之失者厚之行也往者馬援深昭此道可以爲德

誡其兄子曰吾欲汝曹聞人之過如聞父母之名耳可得聞口不得言斯言要矣遠則聖賢履之上世履踐也言敦厚之道孔子楚莊已踐履之近則邴吉張子孺行之漢廷宣帝時邴吉爲丞相不案吏曰夫以三公府案吏吾竊陋之子孺爲車騎將軍匿名遠權隱人過失〔集解〕錢大昕曰王懋竑云張安世不當獨稱字乃章懷所改也世皆改作代而人名不合改故稱其字故能振英聲於百世播不滅之遺風不亦美哉然而時俗或異風化不敦而尚相誹謗〔集解〕劉攽曰案下文有而字則然字下不宜更用而字謂之臧否記短則兼折其長貶惡則并伐其善悠悠者皆是其可稱乎悠悠多也稱舉也凡此之類豈徒乖爲君子之道哉將有危身累家之禍焉悲夫行之者不知憂其然故害興而莫之及也斯既然矣又有異焉人皆見之而不能自遷何則務進者趨前而不顧後榮貴者矜己而不待人智不接愚富不賑貧貞士孤而不恤賢者戹而不存故田蚡以尊顯致安國之金田蚡武帝王皇后同產弟爲太尉親貴用事韓安國爲梁王太傅坐法失官安國以五百金遺蚡蚡爲言太后卽召以爲北地都尉也淳于以貴埶引方進之言翟方進成帝時爲丞相淳于長元后姊子封定陵侯以能謀議爲九卿用事方進獨與長交稱薦之也夫以韓翟之操爲漢之名宰前書曰天子以韓安國爲國器拜御史大夫又曰翟方進智能有餘天子甚重之故言名宰也然猶不能振一貧賢薦一孤士又況其下者乎此禽息史魚所以專名於前而莫繼於後者也韓詩外傳曰禽息秦大夫薦百里奚不見納繆公出當車以頭擊闑腦乃精出曰臣生無補於國不如死也繆公感寤而用百里奚秦以大化禮大夫殯於正室士於適室韓子曰史魚衞大夫卒委柩後寢衞君弔而問之曰不能進蘧伯玉退彌子瑕以屍諫也故時敦俗美則小人守正利不能誘也時否俗薄雖君子爲邪義不能止也皆牽於時也何則先進者既往而不反後來者復習俗而追之是以虛華盛而忠信微刻薄稠而純篤稀斯蓋谷風有棄予之歎詩小雅曰習習谷風維風及雨將恐將懼維予與女將安將樂女轉棄予伐木有鳥鳴之悲矣詩小雅曰伐木丁丁鳥鳴嚶嚶出自幽谷遷于喬木嚶其鳴矣求其友聲也嗟乎世士誠躬師孔聖之崇則嘉楚嚴之美行希李老之雅誨思馬援之所尚鄙二宰之失度

美韓稜之抗正事具韓稜傳〔集解〕惠棟曰案上文未及稜事必有缺失穆集已亡無從是正貴丙張之弘裕賤時俗之誹謗則道豐績盛名顯身榮載不刊之德刊削也播不滅之聲然知薄者之不足厚者之有餘也〔集解〕劉攽曰案文然字下不可少後字明脫之彼與草木俱朽彼謂薄也此與金石相傾此謂厚也老子曰高下之相傾豈得同年而語並日而談哉又著絕交論亦矯時之作穆集載論其畧曰或曰子絕存問不見客亦不答也何故曰古者進退趨業無私遊之交相見以公朝享會以禮紀否則朋徒受習而已曰人將疾子如何曰寧受疾曰受疾可乎曰世之務交遊也久矣敦千乘不忌于君犯禮以追之背公以從之其愈者則孺子之愛也其甚者則求蔽過竊譽以贍其私事替義退公輕私重居勞於聽也或於道而求其私贍矣是故遂往不反而莫敢止焉是川瀆並決而莫之敢塞游蹟蹂稼而莫之禁也詩云威儀棣棣不可選也後生將復何述而吾不才焉能規此實悼無行子道多闕臣事多尤思復白圭重考古言以補往過時無孔堂思兼則滯匪有廢也則亦焉興是以敢受疾也不亦可乎文士傳曰世無絕交又與劉伯宗絕交書及詩曰昔我爲豐令足下不遭母憂乎親解縗經來入豐寺及我爲侍書御史足下親來入臺足下今爲二千石我下爲郎乃反因計吏以謁相與足下豈丞尉之徒我豈足下部民欲以此謂爲榮寵乎咄劉伯宗於仁義道何其薄哉其詩曰北山有鴟不潔其翼飛不正向寢不定息

飢則木攬飽則泥伏饕餮貪汙臭腐是食塡腸滿嘖嚐欲無極長鳴呼鳳謂鳳無德鳳之所趨與子異域永從此訣各自努力蓋因此而著論也〔集解〕惠棟曰宋本選作算見王氏詩攷算與選古文通侍書當作持書本治書御史也或云書字衍朱公叔鼎銘穆嘗爲宛陵令今云爲豐令未詳我下爲郎鼎銘所謂潛于郎中時也沈欽韓曰注文士傳曰世無絕交於上下文都無義理非脫文則錯出先謙曰官本部下無民字引劉攽曰注我足下部欲以此謁爲榮寵乎案文部字下少一民字梁冀驕暴不悛朝野嗟毒穆㠯故吏懼其釁積招禍復奏記諫曰古之明君必有輔德之臣規諫之官下至器物銘書成敗㠯防遺失黃帝作巾机之法孔甲有盤盂之誡太公陰謀曰武王衣之銘曰蠶桑苦女工難得新捐故後必寒鏡銘曰以鏡自照者見形容以人自照者見吉凶觴銘曰樂極則悲沈湎致非社稷爲危也故君有正道臣有正路說苑君道篇曰人君之道淸淨無爲務在博愛趨在任賢廣開耳目以察萬方不固溺於流俗不拘繫於左右臣術篇曰人臣之術順從復命無所敢專議不苟合位不苟尊必有益於國必有補於君也從之如升堂違之如赴壑今明將軍地有申伯之尊申國之伯周宣王之元舅位爲羣公之首冀絕席於三公一日行善天下歸仁論語曰一日克己復禮天下歸仁焉終朝爲惡四海傾覆頃者官人俱匱加㠯水蟲爲害水災及蝗蟲也京師諸官費用增多詔書發調或至十倍各言官無見財皆當出民搒掠割剝彊令充足〔集解〕惠棟曰袁宏紀載穆諫曰京師之費十倍于前河內一郡嘗調縑素綺縠八萬餘匹今乃十五萬匹官無見錢皆出于民民多流亡皆虛張戶口戶口既少而無貲者多當復割剝公賦重斂公賦既重私歛又深牧守長吏多非德選貪聚無厭遇人如虜或絕命於箠楚之下或自賊於迫切之求賊殺也又掠奪百姓皆託之尊府〔集解〕通鑑胡注尊府指大將軍府遂令將軍結怨天下吏人酸毒道路歎嗟昔秦政煩苛百姓土崩陳勝奮臂一呼天下鼎沸前書淮南王謂伍被曰陳勝吳廣起於大澤奮臂大呼天下響應也而面諛之臣猶言安耳秦胡亥時山東兵大起叔孫通謂胡亥曰鼠竊狗盜郡縣逐捕之不足憂諸生曰何先生言之諭也〔集解〕先謙曰官本諭作諛是諱惡不悛卒至亡滅昔永和之末綱紀少弛頗失人望四五歲耳而財空戶散下有離心馬免之徒〔集解〕惠棟曰蔣杲云帝紀作勉乘敝而起荊揚之間幾成大患質帝時九江賊馬免稱黃帝歷陽賊華孟稱黑帝竝九江都尉滕撫討斬之九江歷陽是荊揚之間也幸賴順烈皇后初政淸靜內

外同力僅乃討定今百姓戚戚困於永和內非仁愛之心可得容忍外非守國之計所宜久安也夫將相大臣均體元首共輿而馳同舟而濟輿傾舟覆患實共之豈可㠯去明即昧履危自安即就也主孤時困而莫之恤乎宜時易宰守非其人者減省第宅園池之費拒絕郡國諸所奉送內㠯自明外解人惑使挾姦之吏無所依託司察之臣得盡耳目憲度既張遠邇淸一則將軍身尊事顯德燿無窮天道明察無言不信惟垂省覽冀不納而縱放日滋遂復賂遺左右交通宦者任其子弟賓客㠯爲州郡要職穆又奏記極諫〔集解〕惠棟曰詳袁宏紀冀終不寤報書云如此僕亦無一可邪穆言雖切然亦不甚罪也永興元年河溢漂害人庶數十萬戶百姓荒饉流移道路冀州盜賊尤多故擢穆爲冀州刺史州人有宦者三人爲中常侍竝㠯檄謁穆穆疾之辭不相見冀部令長聞穆濟河解印綬去者四十餘人及到奏劾諸部至有自殺者㠯威略權宜盡誅賊渠帥舉劾權貴或乃死獄中有宦者趙忠喪父歸葬安平安平郡冀州所部僭爲璵璠玉匣偶人玉匣長尺廣二寸半衣死者自腰以下至足連以金縷天子之制也左傳曰陽虎將以璵璠歛杜預注云美玉名君所佩也偶人明器之屬也穆聞之下郡案驗吏畏其嚴明遂發墓剖棺陳尸出之而收其家屬帝聞大怒徵穆詣廷尉謝承書曰穆臨當就道冀州從事欲爲畫像置廳事上穆留板書曰勿畫吾形以爲重負忠義之未顯何形像之足紀也〔集解〕惠棟曰漢時郡府聽事壁皆有像贊注其淸濁進退上之司隸故從事欲畫穆形輸作左校左校署名屬將作掌左工徒〔集解〕通鑑胡注不以趙忠玉匣爲僭而以朱穆發墓爲罪昏暗之君豈有眞是非哉太學書生劉陶等〔集解〕何焯曰書字疑衍惠棟曰陶時在太學故云太學書生數千人詣闕上書訟穆曰伏見弛刑徒朱穆〔集解〕先謙曰官本弛作施古字通處公憂國拜州之日志淸姦惡誠㠯常侍貴寵父子兄弟布在州郡竟爲虎狼噬食小人故穆張理天綱補綴漏目羅取殘禍㠯塞天意由是內官咸共恚疾〔集解〕通鑑胡注內官即中官謗讟煩

興譏隙，仍作極其刑讁輸作左校。天下有識皆以穆同勤禹稷而被共鯀之戾，若死者有知，則唐帝怒於崇山，重華忿於蒼墓矣。（尚書曰放驩兜於崇山，孔安國注曰崇山南裔也。山海經曰有驩頭之國，帝堯葬焉。郭璞注云驩頭，驩兜也。禮記曰舜葬蒼梧之野。〔集解〕惠棟曰王充論衡云堯葬于冀州，或言葬于崇山。山海經曰狄山帝堯葬于陽鄗元曰狄山一名崇山。）當今中官近習（鄭玄注禮記云近習，天子所親幸者也。）竊持國柄，（周禮以八柄詔王馭羣臣，謂爵祿予置生奪廢誅也。）手握王爵，口含天憲，（〔集解〕通鑑胡注天憲，王法也，謂刑戮出于其口也。周壽昌曰本書宦者傳序即用此二語。）運賞則使餓隸富於季孫，（運，行也。論語曰季氏富於周公。〔集解〕惠棟曰漢書敘傳云信唯餓隸。）呼噏則令伊顏化爲桀蹠。（呼噏，吐納也。伊尹、顏回、夏桀、盜蹠也。〔集解〕通鑑胡注噏與吸同。）而穆獨亢然不顧身害。非惡榮而好辱，惡生而好死也，徒感王綱之不攝，（攝，持也。〔集解〕通鑑胡注攝傷整也。先謙曰官本攝並作攝，是。）懼天綱之久失，故竭心懷憂，爲上深計。臣願黥首繫趾，（黥首謂鑿額涅墨也。繫趾謂鈦其足也，以鐵著足曰鈦也。）代穆校作。」帝覽其奏，乃赦之。穆居家數年，（〔集解〕汪文臺曰御覽四百九十五引袁山松書云桓帝時南陽語曰朱公叔肅肅如松柏下風。）在

朝諸公多有相推薦者，於是徵拜尚書。（〔集解〕惠棟曰鼎銘云復徵拜議郎，病免官，徵拜尚書。汪文臺曰幼學記十一引謝承書云穆爲尚書，讜言正直。又御覽三百四十七謝承書云有虎賁當階置弓於地，謂羣僚曰「此天子弓，誰敢干越」，百僚皆避之。穆呵之曰「天子之弓，當戴之於首上，何敢置地，大不敬」，即收虎賁付獄治罪，眾皆肅然服之。事類賦注十三同。）穆既深疾宦官，及在臺閣，旦夕共事，志欲除之。乃上疏曰：「案漢故事，中常侍參選士人。建武以後，乃悉用宦者。自延平以來，浸溢貴盛，（〔集解〕先謙曰官本謚作益，是。）假貂璫之飾，處常伯之任，（璫以金爲之，當冠前，附以金貂也。漢官儀曰中常侍，秦官也。漢興，或用士人，銀璫左貂。光武以後，專任宦者，右貂金璫。常伯，侍中。〔集解〕惠棟曰漢官儀云侍中，周官也。成王時號曰常伯，選于侯伯，轉補袞闕，言其道德可常尊也。）天朝政事，一更其手，權傾海內，寵貴無極，子弟親戚，竝荷榮任，故汎濫驕溢，莫能禁禦。凶狡無行之徒，媚以求官，恃埶怙寵之輩，漁食百姓，窮破天下，空竭小人。愚臣以爲可悉罷省，遵復往初，率由舊章，更選海內清淳之士，明達國體者，以補其處。即陛下可爲堯舜之君，眾僚皆爲稷契之臣，兆庶黎

民蒙被聖化矣。」帝不納。後穆因進見，口復陳曰：「臣聞漢家舊典，置侍中、中常侍各一人，省尚書事，（省，覽也。）黃門侍郎一人，傳發書奏，（傳，通也。）皆用姓族。（引用士人有族望者。）自和熹太后以女主稱制，不接公卿，乃以閹人爲常侍，小黃門通命兩宮。（〔集解〕惠棟曰百官志云小黃門，宦者，無員，上在內宮，關通中外及中宮以下眾事。）自此以來，權傾人主，窮困天下。宜皆罷遣，博選耆儒宿德，與參政事。」帝怒，不應。穆伏不肯起。左右傳出，（傳聲令出。）良久乃趨而去。（〔集解〕先謙曰文選邱遲與陳伯之書注引袁書言穆上疏云「養魚沸鼎之中，棲鳥烈火之上，用之不時，必也燋爛」。案此劉陶疏語，見陶傳，袁書誤。）自此中官數因事稱詔詆毀之。穆素剛，不得意，居無幾，憤懣發疽。（疽，癰也。）延熹六年，卒，（〔集解〕惠棟曰朱公叔碑云六年四月丁巳卒于京師。鼎銘作乙巳。）時年六十四。祿仕數十年，蔬食布衣，家無餘財。公卿共表穆立節忠清，虔恭機密，守死善道，宜蒙旌寵。策詔襃述，追贈益州太守。（〔集解〕惠棟曰鼎銘載詔云「尚書朱穆立節忠亮，世篤爾行，虔恪機任，守死善道，不幸而卒，朝廷憫焉。今使謁者中郎楊賁贈益州刺史印綬，魂而

有靈，嘉其寵榮」。沈欽韓曰此殁而贈官之始。袁宏紀作益州刺史，爲是。）所著論、策、奏、教、書、詩、記、嘲，凡二十篇。（袁山松書曰穆著論甚美，蔡邕嘗至其家自寫之。〔集解〕沈欽韓曰御覽九百八十一文士傳曰朱穆作鬱金賦。舊唐志朱穆集二卷。）穆前在冀州，所辟用皆清德長者，多至公卿、州郡。子野，少有名節，仕至河南尹。（野字子遼，見荀爽薦文。）初，穆父卒，穆與諸儒考依古義，謚曰貞宣先生。（謚法曰清白守節曰貞，善聞周達曰宣。）及穆卒，蔡邕復與門人共述其體行，謚爲文忠先生。（袁山松書曰蔡邕議云魯季文子，君子以爲忠，而謚曰文子。又傳曰忠，文之實也。忠以爲實，文以彰之，遂共議穆。荀爽聞而非之，故張璠論曰夫謚者，上之所贈，非下之所造，故顏閔至德，不聞有謚。朱蔡各以衰世臧否不立，故私議之。〔集解〕惠棟曰張璠漢紀蔡嘗至穆家寫書，及穆卒，邕及門人共謚穆曰忠文。邕集曰門人陳季班等。又碑作忠文公，一作忠文子。）

論曰：朱穆見比周傷義，偏黨毀俗，（左傳曰頑嚚不友，是爲比周。杜預注云比，近也；周，密也。）志抑朋游之私，遂著絕交之論。蔡邕以爲穆貞而孤，又作正交而廣其志焉。（邕論略曰聞之前訓曰君子以朋友講習，而正人無有淫朋。是以古之交者，其義敦以正，其誓信以固。逮夫周德始

哀頌聲既寢伐木有鳥鳴之刺谷風有棄予之怨其所由來政之缺也自此以降彌以陵遲或缺其始終或强其比周或以縉紳忠其然而論者諄諄如也疾淺薄而攜貳者有之惡朋黨而絕交游者有之其論交也曰富貴則人爭趨之貧賤則人爭去之是以君子慎人所以交己審己所以交人富貴則無暴集之客貧賤則無棄舊之賓矣故原其所以來則知其所以去見其所以始則覩其所以終彼貞士者貧賤不待夫富貴富貴不驕乎貧賤故可貴也蓋朋友之道有義則合無義則離善則久要不忘平生之言惡則忠告善誨之否則止無自辱焉故君子不爲可棄之行不患人之遺己也信有可歸之德不病人之遠己也不幸或然則躬自厚而薄責於人怨其遠矣求諸己而不求諸人咎其稀矣夫遠怨稀咎之機咸在乎躬莫之能改也子夏之門人問交於子張而二子各有聞乎夫子然則以交誨也商也寬故告之以拒人師也褊故訓之以容衆各從其行而矯之至於仲尼之正教則汎愛衆而親仁故非善不喜非仁不親交游以方會友以文可無貶也穀梁子亦曰心志既通名譽不聞友之罪也今將患其流而塞其源病其末而刈其本無乃未若擇其正而黜其邪與其彼農皆黍而獨稷焉夫黍亦神農之嘉穀與稷竝爲粢盛也使交而可廢則黍其愆矣括二論而言之則刺薄者博而洽斷交者貞而孤孤有羔羊之節與其不獲已而矯時也走將從夫孤焉集解劉攽曰注否則止案否字當作不可先謙曰官本或以縉紳是患其然或作是莫之能改也無能字是蓋孔子稱上交不諂下交不黷易繫辭之言也又曰晏平仲善與人交子夏之門人亦問交與子張

竝見論語集解先謙曰官本與作於是故易明斷金之義易繫辭曰二人同心其利斷金詩載讌朋之誨詩小雅伐木序云讌友朋故舊也其詩曰伐木滸滸釃酒有藇釃音所宜反藇音序若夫文會輔仁直諒多聞之友時濟其益論語曰君子以文會友以友輔仁又曰益者三友友直友諒友多聞益矣紵衣傾蓋彈冠結綬之夫遂隆其好左傳曰吳季札以縞帶贈子產子產獻紵衣焉孔叢子曰孔子與程子相遇於塗傾蓋而語頃蓋謂駐車交蓋也前書曰王陽貢禹相與爲友朱博與蕭育爲友時稱蕭朱結綬王貢彈冠言其趣舍同相薦達斯固交者之方焉方道也至乃田竇衞霍之游客竇嬰孝文皇后從兄子封魏其侯游士賓客爭歸之武帝時爲丞相田蚡武帝王皇后同產弟爲太尉蚡以太后故親幸數言事多效士吏趨埶利者皆去嬰而歸蚡衞青拜大將軍青姊子霍去病爲驃騎將軍皆爲大司馬去病秩祿與大將軍等自是後青日衰而去病益貴青故人門下多去事去病輒得官爵也廉頗翟公之門賓史記曰廉頗趙人封爲信平君假相國長平之免歸也故客盡去及復用爲將客又至廉頗曰客退矣客曰吁君何見之晚也夫以市道交君有埶我即從君無埶即去此其理也又何怨焉下邽翟公爲廷尉賓亦塡門及廢門外可設爵羅後復爲廷尉賓客欲往翟公大署其門曰一死一生乃知交情一貧一富乃知交態一貴一賤交情乃見也進由埶合退由衰異又專諸荆卿之感激史記曰專諸堂邑人吳公子光以嫡嗣未得立請專諸刺吳王僚諸曰王僚可殺也母老子弱是其無如我何光乃置酒請王僚酒酣專諸置匕首魚炙之中以刺王僚立死又曰荆軻衞人也燕太子丹質於秦秦王政遇之不善丹怨亡歸與軻交結乃尊爲上卿故謂之荆卿軻入秦刺始皇不遂而死也侯生豫子之投身史記曰侯嬴魏隱士爲大梁夷門監者魏公子無忌請爲上客秦圍邯鄲嬴教公子竊兵符北救趙乃自剄又曰豫讓晉人趙襄子滅智伯讓曰士爲知己者死乃變名姓欲刺襄子襄子令執之遂伏劍而死情爲恩使命緣義輕皆㠯利害移心懷德成節非夫交照之本未可語失得之原也穆徒㠯友分少全因絕同志之求黨俠生敝而忘得朋之義易曰西南得朋蔡氏貞孤之言其爲然也古之善交者詳矣漢興稱王陽貢禹陳遵張竦前書曰陳遵字孟公杜陵人也張竦字伯松竦博學通達以廉儉自守而遵放縱不拘操行雖異然相親友也中世有廉范慶鴻陳重雷義云

樂恢字伯奇京兆長陵人也父親集解惠棟曰世系云親之先樂毅趙封望諸君毅孫臣叔漢封華成君子孫自趙徙長陵也爲縣吏得罪於令收將殺之恢年十一常俯伏寺門晝夜號泣集解惠棟曰東觀記常伏寺東門外凍地晝夜啼泣三輔決錄亦云案此與嬀皓事相類皓見會稽典錄

令聞而矜之即解出親恢長好經學事博士焦永集解惠棟曰袁宏紀作焦貺案鄭宏傳宏師河東太守焦貺坐楚王英事被收袁紀稱貺嘗爲博士後爲河東太守則永當爲貺也永爲河東太守恢隨之官閉廬精誦不交人物後永㠯事被考諸弟子皆㠯通關被繫爲交通關涉也恢獨皦然不污於法皦明也音公鳥反或從白作皦音亦同遂篤志爲名儒性廉直介立介特也行不合己者雖貴不與交信陽侯陰就集解沈欽韓曰就封新陽侯屬汝南郡信新古通二漢志信作新數致禮請恢恢絕不答後仕本郡吏太守坐法誅東觀記京兆尹張恂召恢署戶曹吏故人莫敢往恢獨奔喪行服坐㠯抵罪歸復爲功曹選舉不阿請託無所容同郡楊政集解惠棟曰政見儒林傳數衆毀恢後舉政子爲孝廉由是鄉里歸之集解汪文臺曰書鈔七十八引續漢書云樂恢[illegible]守陽令在職剛直本使[illegible]無爲令事辟司空牟融府會蜀郡太守第五倫代融爲司空恢㠯與倫同郡不肯留薦潁川杜安而退諸公多其行連辟之遂皆不應華嶠書曰安擢爲宛令以病去章帝行過潁川安上書召拜御史遷至巴郡太守而恢在家安與恢

書通問恢告吏口謝且讓之曰爲宛令不合志病去可也干人主
以闚覦非也遣平生操故不報安亦節士也年十三入太學號奇
童洛陽令周紆自往候安安謝不見京師貴戚慕其行或遺之書
安不發悉壁藏之及後捕案貴戚賓客安開壁出書印封如故集
解沈欽韓曰注年十三書
鈔引先賢行狀作年十五後徵拜議郎會車騎將軍竇憲出征匈
奴恢數上書諫爭朝廷稱其忠東觀記載恢上書諫曰春秋之義王者不理夷狄得其地不可墾發
得其人無益於政故明主之於夷狄羈縻而已孔子曰遠人不服
則修文德以來之以漢之盛不務修舜禹周公之德而無故興干
戈動兵革以求無用之物臣誠惑之入爲尚書僕射是時河南尹王調洛陽令李阜
與竇憲厚善縱舍自由恢劾奏調阜并及司隸校尉諸所刺舉無
所迴避貴戚惡之決錄注曰調字叔和爲河南尹永和二年坐買洛陽令同郡任稜竹田及上罷城東漕渠免官
集解惠棟曰袁宏紀司隸校尉司空蔡也憲弟夏陽侯瓌欲往候恢恢謝不與通憲兄
弟放縱而忿其不附己妻每諫恢曰昔人有容身避害何必㠯言
取怨恢歎曰吾何忍素餐立人之朝乎集解惠棟曰韓詩薛君章句云何爲素餐素者質也
人但有質樸而無治民之材故曰素餐遂上疏諫曰臣聞百王之失皆由權移於下

大臣持國常㠯埶盛爲咎伏念先帝聖德未永早棄萬國陛下富
於春秋纂承大業春秋謂年也言年少春秋尚多故稱富諸舅不宜幹正王室㠯示
天下之私經曰天地乖互眾物大傷集解沈欽韓曰易緯通卦驗乾氣退萬物傷此下疑並出
易緯而今不可考君臣失序萬人受殃政失不救其極不測方今之宜上
㠯義自割下㠯謙自引四舅可長保爵土之榮四舅謂竇憲弟篤景瓌也皇太
后永無慙負宗廟之憂誠策之上者也書奏不省時竇太后臨朝
和帝未親萬機恢㠯意不得行乃稱疾乞骸骨詔賜錢太醫視疾
恢薦任城郭均成陽高鳳集解錢大昕曰案逸民傳高鳳南陽葉人此成陽恐是南陽之譌或別有同姓
名者而遂稱篤拜騎都尉上書辭謝曰仍受厚恩無㠯報效夫政在
大夫孔子所疾論語孔子曰天下有道政不在大夫世卿持權春秋㠯戒左傳曰齊崔氏出奔
衞公羊傳曰崔氏者何齊大夫稱崔氏者何貶曷爲貶譏世卿也聖人懇惻不虛言也近世外戚
富貴必有驕溢之敗今陛下思慕山陵未遑政事諸舅寵盛權行

四方若不能自損誅罰必加臣壽命垂盡臨死竭愚惟蒙留神詔
聽上印綬乃歸鄉里竇憲因是風厲州郡迫脅恢遂飲藥死弟子
縗絰輓者數百人輓引柩也庶眾痛傷之後竇氏誅帝始親事恢門生
何融等上書陳恢忠節集解何焯曰時上書者自融之外有趙牧見明八王傳注除子巳爲郎
中三輔決錄注曰巳字伯文爲郎非其好也去官
何敞字文高扶風平陵人也其先家于汝陰六世祖比干學尚書
於鼂錯何氏家傳六世祖父比干字少卿經明行修兼通法律爲汝陰縣獄吏決曹掾平活數千人後爲丹陽都尉獄無冤
囚淮汝號曰何公征和三年三月辛亥天大陰雨比干在家日中
夢貴客車騎滿門覺以語妻語未已而門有老嫗可八十餘頭白
求寄避雨雨甚而衣履不霑漬雨止送出門乃謂比干曰公有陰
德今天錫君策以廣公之子孫因出懷中符策狀如簡長九寸凡
九百九十枚以授比干子孫佩印綬者當如此算比干年五十八
有六男又生三子本始元年自汝陰徙平陵代爲名族集解沈欽
韓曰御覽三百七十八引三輔決錄注曰張氏何氏得鉤何氏得算三
輔舊語云何氏算張氏鉤何氏肥張氏瘦言何氏肥人輒貴瘦人
輒賤張氏瘦者輒貴肥者輒賤搜神記京北長安有張氏者晝獨
處室有鳩自外入張氏惡之披懷而祝曰鳩來爲我禍邪飛上承

塵爲我福邪來入我懷鳩翻入懷以手探則不知鳩之所
在而得一金帶鉤焉遂寶之是後子孫昌盛有爲必倍武帝時
爲廷尉正集解沈欽韓曰作正者是三輔決錄注茂陵何比干漢武時丞相公孫宏舉爲廷尉右平獄無冤民號曰何公
顏注云宣帝始置左右平而決錄云漢武時爲廷尉右平誤矣與張湯同時湯持法深而比干務
仁恕數與湯爭雖不能盡得然所濟活者㠯千數後遷丹陽都尉
因徙居平陵敞父寵建武中爲千乘都尉㠯病免遂隱居不仕敞
性公正自㠯趣舍不合時務每請召常稱疾不應元和中辟太尉
宋由府由待㠯殊禮敞論議高常引大體多所匡正司徒袁安亦
深敬重之是時京師及四方累有奇異鳥獸草木言事者㠯爲祥
瑞敞通經傳能爲天官意甚惡之乃言於二公曰夫瑞應依德而
至災異緣政而生故鸜鵒來巢昭公有乾侯之戹春秋有鸜鵒來巢左傳魯大夫
師己曰文武之世童謠有之曰鸜鵒之羽公在外野往饋之馬鸜
鵒跦跦公在乾侯季平子逐昭公公孫於乾侯杜預注乾侯在魏
郡斥丘縣晉境內邑西狩獲麟孔子有兩楹之殯公羊傳西狩獲麟有以告孔子者曰有麏而角者何

孔子曰孰爲來哉孰爲來哉反袂拭面涕下沾袍曰吾道窮矣何氏注麟者太平之符聖人之類時得麟而死此亦天告夫子將沒之徵也禮記孔子謂子貢曰予疇昔夜夢坐奠於兩楹之閒焉殷人殯於兩楹之閒巨即殷人也予殆將死也遂寢疾七日而死海鳥避風臧文祀之君子譏焉國語曰海鳥爰居止於魯東門之外三日臧文仲使國人祭之展禽譏焉因曰今茲海其有風乎廣州之鳥恆知避風是歲海多大風冬暖文仲聞之曰吾過矣〔集解〕先謙曰官本注州作川是今異鳥翔於殿屋怪草生於庭際不可不察由安懼然不敢答懼音紀俱反〔集解〕先謙曰官本注俱作具居無何而肅宗崩時竇氏專政外戚奢侈賞賜過制倉帑爲虛帑音立朗反〔集解〕惠棟曰帑本古妻孥字服虔通俗文始以帑爲帑藏字敞奏記由曰〔集解〕沈欽韓曰案袁宏紀以章帝元和三年歲比不登諸王皆留京師賞賜過厚太尉掾何敞說宋由曰云云此傳則在竇憲秉政後和帝即位之初通鑑次此事在章和二年章帝未崩之前據敞奏記云公視事出入再期又言臘賜知在此年蓋帝紀以元和三年宋由代鄭宏爲太尉通鑑是也敞聞事君之義進思盡忠退思補過歷觀世主時臣無不各欲爲化垂之無窮然而平和之政萬無一者蓋㠯聖主賢臣不能相遭故也今國家秉聰明之弘道明公履晏晏之純德

晏晏溫和也君臣相合天下翕然治平之化有望於今孔子曰如有風我者三年有成今明公視事出入再朞宜當克己㠯醻四海之心禮一穀不升則損服徹膳禮記曰歲凶年穀不登君膳不祭肺損服減損服御天下不足若已使然而比年水旱人不收穫涼州緣邊家被凶害時西羌犯邊爲害也男子疲於戰陳妻女勞於轉運老幼孤寡歎息相依又中州內郡公私屈竭此實損膳節用之時國恩覆載賞賚過度但聞臘賜自郎官㠯上公卿王侯㠯下至於空竭帑藏損耗國資尋公家之用皆百姓之力明君賜賚宜有品制忠臣受賞亦應有度臘賜大將軍三公錢各二十萬牛肉二百斤粳米二百斛特進侯十五萬卿十萬校尉五萬尚書三萬侍中將大夫各二萬千石六百石各七千虎賁羽林郎二人共三千以爲祀門戶直見漢官儀也是㠯夏禹玄圭周公束帛尚書曰召公出取幣入錫周公〔集解〕惠棟曰鄭元尚書注云所賜之幣蓋璋以皮今明公位尊任重責深負大上當匡正綱紀下當濟安元元豈但空空無違而已哉〔集解〕通鑑胡注空當作悾悾悾謹愨也宜

先正己㠯率羣下還所得賜因陳得失奏王侯就國除苑囿之禁節省浮費賑恤窮孤則恩澤下暢黎庶悅豫上天聰明必有立應使百姓歌誦史官紀德豈但子文逃祿國語昔楚鬭子文三登令尹無一日之積成王聞子文朝不及夕也於是乎每朝設脯一束糗一筐以羞子文成王每出子文之祿必逃王止而後復人謂子文曰人生求富子逃之何也對曰從政者以庇人也人多曠者而我取富焉是勤人以自封也死無日矣我逃死非逃富也公儀退食之比哉史記公儀休相魯食茹而美拔園葵而棄之見布好而逐出其家婦燔其機云欲令農士女工安得售其貨乎比音庇〔集解〕先謙曰官本注售作奪引劉攽曰注安得奪其貨乎案文奪當作售得當作所也由不能用時齊殤王子都鄉侯暢奔弔國憂上書未報時章帝崩也殤王縯石齊武王名之孫也〔集解〕劉攽曰案殤字當作煬字說在本傳侍中竇憲遂令人刺殺暢於城門屯衞之中暢得幸竇太后故刺殺之而主名不立敞又說由曰劉暢宗室肺腑〔集解〕先謙曰官本腑作府茅土藩臣來弔大憂上書須報須待也親在武衞致此殘酷奉憲之吏莫適討捕適音的謂無指的討捕也蹤迹不顯主名不立敞備數股肱職典賊曹股肱謂手臂也

公府有賊曹主知盜賊也故欲親至發所㠯糾其變而二府㠯爲故事三公不與盜賊敞在太尉府二府謂司徒司空邴吉爲丞相不案事遂爲故事見馬防傳也昔陳平生於征戰之世猶知宰相之分云外鎮四夷內撫諸侯使卿大夫各得其宜陳平爲左丞相對文帝曰宰相者上佐天子理陰陽順四時下育萬物之宜外鎮撫四夷諸侯內親附百姓使卿大夫各得任其職焉〔集解〕先謙曰任天子官本任作佐是今二府執事不深惟大義惑於所聞公縱姦慝莫㠯爲咎惟明公運獨見之明昭然勿疑敞不勝所見請獨奏案由乃許焉二府聞敞行皆遣主者隨之主者謂主知盜賊之曹也於是推舉具得事實京師稱其正㠯高第拜侍御史時遂㠯竇憲爲車騎將軍大發軍擊匈奴而詔使者爲憲弟篤景並起邸第興造勞役百姓愁苦敞上疏諫曰臣聞匈奴之爲桀逆久矣平城之圍嫚書之恥匈奴冒頓以精兵三十萬騎圍高帝白登七日按白登在平東南十餘里高后時冒頓遺高后書曰陛下獨立孤憒獨居兩主不樂無以自娛願以所有易其所無孤憒冒頓自謂〔集解〕先謙曰官本注憒作僨是此二辱者臣子所爲捐軀而

必死高祖呂后忍怒還忿舍而不誅伏惟皇太后秉文母之操文母文王之妻太姒也詩曰既有烈考亦有文母陛下履晏晏之姿句奴無逆節之罪漢朝無可慙之恥而盛春東作歲起於東人始就耕故曰東作興動大役元元怨恨咸懷不悅而猥復爲衞尉篤奉車都尉景繕修館第彌街絕里臣雖斗筲之人鄭玄注論語筲竹器容斗二升集解先謙曰官本玄作氏誠竊懷怪曰爲篤景親近貴臣當爲百僚表儀今衆軍在道朝廷焦脣百姓愁苦縣官無用而遽起大第崇飾玩好非所曰垂令德示無窮也宜且罷工匠專憂北邊恤人之困書奏不省後拜爲尙書復上封事曰夫忠臣憂世犯主嚴顏譏刺貴臣至曰殺身滅家而猶爲之者何邪君臣義重有不得已也臣伏見往事國之危亂家之將凶皆有所由較然易知也較明昔鄭武姜之幸叔段左傳鄭武姜愛少子叔段莊公立武姜請以京封叔段謂之京城太叔後武姜引以襲鄭衞莊公之寵州吁左傳衞莊公寵庶子州吁州吁好兵公不禁大夫石碏諫曰臣聞愛子敎

之以義方弗納於邪莊公不從及卒適子桓公立州吁乃殺桓公而篡其位愛而不敎終至凶戾由是觀之愛子若此猶飢而食之曰毒適所曰害之也史記蘇秦曰飢人之所以飢而不食烏喙者爲其愈充腹而與餓死同患也伏見大將軍竇憲始遭大憂公卿比奏欲令典幹國事比頻也幹主也憲深執謙退固辭盛位懇懇勤勤言曰深至天下聞之莫不悅喜今踰年無幾大禮未終卒然中改兄弟專朝憲秉三軍之重篤景總宮衞之權而虐用百姓奢侈僭偪誅戮無罪肆心自快今者論議凶凶集解先謙曰官本凶凶作洶洶是咸謂叔段州吁復生於漢臣觀公卿懷持兩端不肯極言者曰爲憲等若有匪懈之志則已受吉甫襃申伯之命申伯周宣王元舅也有令德故尹吉甫作頌以美之其詩曰維嶽降神生甫及申申伯之德柔惠且直揉此萬邦聞于四國集解先謙曰官本命作功是如憲等陷於辠辜則自取陳平周勃順呂后之權呂后欲封呂祿呂產爲王王陵諫不許陳平周勃順旨而封之呂后崩平勃合謀卒誅產祿也終不曰憲等吉凶爲憂也臣敞區區集解惠棟曰廣雅云區區誠也王補曰袁宏紀作臣前連上便宜承陳得失非爲嫉妒憲等也誠欲計策兩安絕其緜緜塞其涓涓周金人銘曰涓涓不壅終爲江河緜緜不絕或成網羅也上不欲令皇太后損文母之號陛下有誓泉之譏左傳鄭武姜引太叔段襲莊公莊公寘姜氏於城潁誓之曰不及黃泉無相見也下使憲等得長保其福祐然臧獲之謀上安主父下存主母猶不免於嚴怒方言臧獲奴婢賤稱也史記曰蘇秦謂燕王曰客有遠爲吏其妻私人其夫將來私者憂之妻曰勿憂吾已爲作藥酒待之矣居三日其夫果至妻使妾舉藥酒而進之妾欲言酒之藥乎則恐逐其主母也欲勿言耶則恐殺其主父於是佯僵而棄酒主父怒笞之故妾僵而覆酒上存主父下存主母然終不免於笞集解王補曰袁宏紀此下有況臣微末敢竭愚忠哉臣伏惟累祖蒙恩至臣八世東觀記曰何修生成爲漢膠東相成生果爲太中大夫果生比干爲丹陽都尉比干生壽蜀郡太守壽生顯京輔都尉顯生鄖光祿大夫鄖生寵濟南都尉寵生敞八世也復曰愚陋旬年之間歷顯位備機近每念厚德忽然忘生雖知言必夷滅而冒死自盡者誠不忍目見其禍而懷默苟全駙馬都尉瓌雖在弱冠有不隱之忠比請退身願抑家權可與參謀聽順其意誠宗廟至計竇氏之福敞數切

諫言諸竇罪過憲等深怨之時濟南王康尊貴驕甚康光武少子也憲乃白出敞爲濟南太傅敞至國輔康曰道義數引法度諫正之康敬禮焉歲餘遷汝南太守集解惠棟曰三輔決錄云敞爲汝南太守帝南巡過郡郡有刻鏤屏風爲帝設之帝命侍中黃香銘之曰古典務農雕鏤傷民忠在竭節義在修身敞懼禮賢命士改修德化事見黃香集沈欽韓曰案此傳敞爲太守在和帝永元中則彼云章帝誤也敞疾文俗吏曰苛刻求當時名譽故在職曰寬和爲政立春日常召督郵還府督郵主司察愆過立春陽氣發生故召歸分遣儒術大吏案行屬縣顯孝悌有義行者及舉寃獄曰春秋義斷之集解惠棟曰案目春秋斷獄之法始於董仲舒前書藝文志有公羊董仲舒治獄十六篇應劭傳劭奏云故膠東相董仲舒老病致仕朝廷每有政議數遣廷尉張湯親至陋巷問其得失於是作春秋決獄二百三十二事動以經對言之詳矣前書五行志曰上使仲舒弟子呂步舒持斧鉞治淮南獄以春秋誼顓斷于外不請是曰郡中無怨聲百姓化其恩禮其出居者皆歸養其父母追行喪服出居謂與父母別居者其親先亡者自恨喪禮不足追行喪制也集解惠棟曰賈子新書云秦人有子家富子壯而出分抱朴子載漢時語云察孝廉父別居皆俗之薄也北海相景君碑云分子還養此云

出居者皆歸養蓋漢時循吏皆以美教化爲先務也推財相讓者二百許人東觀記曰高譚等百八十五人推財相讓置立禮官不任文吏又修理鮦陽舊渠百姓賴其利鮦陽縣屬汝南郡故城在今豫州新蔡縣北水經注云葛陂東出爲鮦水俗謂之三丈陂集解沈欽韓曰紀要鮦陽渠在汝寧府新蔡縣七十里墾田增三萬餘頃吏人共刻石頌敞功德及竇氏敗有司奏敞子與夏陽侯瓌厚善坐免官永元十二年復徵三遷五官中郎將常忿疾中常蔡倫集解先謙曰官本常下有侍字倫深憾之元興元年敞以祠廟嚴肅徵疾不齊後鄧皇后上太傅禹冢敞起隨百官會倫因奏敞詐病坐抵罪卒於家

論曰永元之際天子幼弱太后臨朝竇氏憑盛戚之權將有呂霍之變呂祿呂產也霍光之子禹幸漢德未衰大臣方忠袁任二公正色立朝袁安任隗也樂何之徒抗論柱下漢官儀曰侍御史周官也爲柱下史冠法冠案禮圖注云法冠執法者服之樂恢爲司隸何敞爲御史竝彈射糾察之官也集解陳景雲曰恢以尚書僕射劾奏司隸未嘗爲司隸也注誤故能挾幼主斷勦姦回之偪勦絕也集解劉攽曰故能挾幼主斷案文斷字上少一之字周壽昌曰挾與夾同謂夾輔也劉陶傳挾輔王室亦作挾沈欽韓曰勦絕之勦從刀不從力說文剿从刀喿聲引夏書天用剿絕其命勦勞也从力巢聲引春秋傳安用勦民不然國家危矣夫竇氏之間唯何敞可以免而特以子失交之故廢黜不顯大位惜乎過矣哉

贊曰朱生受寄誠不愆義公叔辟梁允納明刺絕交面朋崇厚浮僞楊雄法言曰朋而不心面朋也友而不心面友也浮僞者勸之以崇厚也恢舉謗已敞非祥瑞永言國倡甘心彊詖詖佞諂也竇憲兄弟奢僭上偪敞冒死切諫是甘心於彊詖之人也

朱樂何列傳第三十三終　　後漢書四十三

後漢書集解卷四十三校補

朱暉傳故以暉爲衛士令錢大昭曰續志南北宮衛士令各一人秩皆六百石再遷臨淮太守至吏畏其威人懷其惠注東觀記曰建武十六年四方牛大疫臨淮獨不錢大昭曰暉爲臨淮太守當在永平時續志建武十六年亦無牛疫事永平十八年云牛疫死蓋卽其時注誤柳從辰曰據明紀永平十五年改臨淮爲下邳國則十八年不得尚有臨淮太守本書災異不見續志者多有錢氏以志爲斷亦未確

堪卒暉聞其妻子貧困案堪爲蜀郡太守去職之日乘折轅車布被囊而已後拜漁陽太守卒官已見堪本傳此云妻子貧困固始終一節也

尚書張林錢大昭曰林竇憲所薦由眞定令遷尚書後以臧汚抵罪

絕其姑息注姑且也至以姑息柳從辰曰尸子云棄黎老之言用姑息之語注姑婦也息小兒也言婦孺之私也又呂氏春秋商王辟遠箕子爰近姑與息辰案姑息當指人說蓋絕其阿私之人耳尸子呂覽皆謬所見書注誤

又著絕交論注詩云威儀棣棣不可選也集解惠棟曰宋本選作

算錢大昭曰宋本閩本均作算選算古通見前書公孫劉田王楊蔡陳鄭傳贊此作選蓋淺學者妄改

下至器物銘書成敗注黃帝作巾机之法孔甲有盤盂之誡柳從辰曰二語本蔡邕銘論御覽引机作几盂作杅案机几盂杅雖本通作然據文選新刻漏銘事百巾机李善注引蔡邕銘論文字亦與章懷注同知御覽不盡可據

漂害人庶數十萬戶錢大昭曰續漢五行志注引此傳作數千萬戶

故穆張理天綱官本綱作網是

極其刑譴官本譴作譴

臣願黥首繫趾注繫趾謂鈦其足也以鐵著足曰鈦也案史記平準書鈦左趾集解引韋昭云鈦以鐵爲之著左趾以代刖也卽章懷注所本鈦原譌鈇已據正官本注不誤

假貂璫之飾處常伯之任注璫以金爲之當冠前附以金貂也官本注金貂作金蟬集解惠棟曰漢官儀云侍中周官也成王時號曰常伯選於侯伯轉補袞闕言其道德可常尊也柳從辰曰據孫輯本漢官儀作選於諸伯

拾遺補闕此作轉補衮闕轉或輔之譌案承上選於侯伯言轉亦可通但疑本是專字誤增車旁也又前書谷永傳戴金貂之飾執常伯之職顏注常伯侍中也伯長也常使長事者也一曰常任使之人此其長也是不取漢官儀說

故汎濫驕溢官本汎作放

穆因進見口復陳曰至亘久乃趨而出集解先謙曰文選邱遲與陳伯之書注至袁書誤柳從辰曰袁宏紀亦載養魚等語爲劉陶疏文選皇后紀論注亦引袁山松書誤作朱穆

延熹六年卒集解惠棟曰朱公叔碑云六年四月丁巳卒于京師侯康曰蔡邕朱公叔墳前石碑載穆顧命曰古者不崇墳不封墓祭服雖三年無不于寢今則易之吾不取也

追贈益州太守集解惠棟曰至袁宏紀作益州刺史爲是侯康曰經籍志亡書內有益州刺史朱穆集二卷又文選廣絕交論注引范書亦作贈益州刺史意今本作太守乃校刊之誤案蔡邕朱公叔碑首云忠文公益州太守朱君則固可爲贈太守之一證漢制州刺史雖巡行所部各郡以六條問事而秩僅六百石遠不逮太守故太守轉爲刺史遷途贈官亦例以太守爲重也

謚爲文忠先生注遂共議穆官本注議作謚集解惠棟曰至碑作忠文公一作忠文子侯康曰中郎集朱公叔謚議云本議曰忠文子按古之以子配謚者皆諸侯之臣也至于王室之卿大夫其尊與諸侯並故以公配府君王室亞卿也曰公猶可若稱子則降等多矣懼禮廢曰久將詭時聽周有仲山甫伯陽嘉父優老之稱也宋有正考父魯有尼父配謚之稱也可于公父之中擇一處焉集中朱公叔碑首云忠文公後云歆惟忠文時惟朱父蓋不稱子猶前議也而傳則稱先生豈當時以公父均駭聽聞故廢邕議不用耶忠文爲文忠亦非從蔡議

侯生孺子之投身注遂伏劍而死官本注無遂字

情爲恩使官本使作死

樂恢傳恢年十一柳從辰曰袁宏紀一作二

後仕本郡吏注署戶曹吏官本吏作史是

同郡楊政柳從辰曰袁紀作杜陵人楊正

恢數上書諫爭注東觀記載恢上書諫曰官本注無恢字

吾何忍素餐立人之朝乎集解惠棟曰韓詩薛君章句云何爲素餐素者質也柳從辰曰論衡量知篇云素者空也空虛無德飡人之祿故曰素飡此蓋用魯詩說

衆物大傷官本作天案易乾爲大否卦大往小來孔疏云陽主生息故曰大

世卿持權春秋已戒注左傳曰齊崔氏出奔衛案此春秋宣公十年經文也左傳二字乃春秋之誤各本皆未正

何敞傳故鸛鵒來巢昭公有乾侯之戹注左傳至晉境內邑官本注左下有氏字邑下有也字西狩獲麟孔子有兩楹之殯注公羊傳至何氏注官本注傳下注下皆有曰字

由安懼然不敢答注懼音紀俱反集解先謙曰官本注俱作具錢大昭曰懼然與瞿然同謹案懼讀爲瞿仍應作去聲說詳袁安傳集解官本作紀具反是

倉帑爲虛注帑音立朗反官本注立作它

使卿大夫各得其宜注使卿大夫各得任其職焉官本注焉作也

伏惟皇太后秉文母之操注亦有文母官本注末有也字

今者論議凶凶集解先謙曰官本凶凶作洶洶是謹案洶本水聲文選羽獵賦洶洶旭旭天動地吸李善注洶洶旭旭鼓動之聲又易林中心不同爭訟洶洶皆就人聲言後世文章家承用之然前書高紀天下匈匈顏注匈匈喧擾之意項籍傳注云讙擾之意東方朔傳注又云讙議之聲且本書虞詡傳郎作匈匈是不必更从水也蜀志注趙雲謂公孫瓚曰天下訩訩未知孰是鹽鐵論辨訟公門之下訩訩不可勝聽則又可作訩訩素問移精變氣論粗工兇兇原注兇兇謂不料事宜之可否也則亦可作兇兇晉語敵入而凶原注凶猶凶凶恐懼亦作兇是則此作凶凶仍可通

猶不免於嚴怒注客有遠爲吏官本吏作使

歲餘遷汝南太守集解惠棟曰三輔決錄云敞爲汝南太守帝南巡過郡至沈欽韓曰案此傳敞爲太守在和帝永元中則彼云章帝誤也柳從辰曰御覽七百一引三輔決錄正作和帝南巡過郡

三遷五官中郎將錢大昭曰張酺傳作左中郎將

鄧張徐張胡列傳第三十四　後漢書四十四

宋　宣　城　太　守　范　曄　撰

唐　章　懷　太　子　賢　注

王先謙集解

鄧彪字智伯，南陽新野人（續漢書曰其先楚人鄧況始居新野子孫以農桑爲業）太傅禹之宗也。父邯，中興初以功封鄳侯（鄳音莫庚反集解惠棟曰鄳屬江夏郡蘇林云鄳音盲沈欽韓曰今汝寧府羅山縣西南九里楚冥阨之地）仕至渤海太守。彪少勵志，修孝行。父卒，讓國與異母弟荊鳳（本或無荊集解惠棟曰東觀記彪以嫡長爲世子邯薨當嗣爵讓與鳳也）顯宗高其節，下詔許焉。後仕州郡，辟公府（東觀記曰彪與同郡宗武伯翟敬伯陳綏伯張弟伯同志好齊名南陽號曰五伯）五遷桂陽太守。永平十七年，徵入爲太僕。數年，喪後母（集解惠棟曰華嶠書彪遭後母憂毁瘠過禮）辭疾乞身，詔以光祿大夫行服（集解錢大昭曰鄧彪本太僕而以光祿大夫行服桓郁本越騎校尉而聽以侍中行服桓焉本太子太傅而聽以大夫行喪蓋侍中光祿大夫無定員亦無專職且非中二千石卿有以憂乞身者或可聽許其實仍遵舊制公卿二千石不行三年服也）服竟，拜奉車都尉，遷大司農。數月，代鮑昱爲太尉。彪在位清白（集解先謙曰東觀記云以廉讓率下）爲百僚式。視事四年，以疾乞骸骨。元和元年，賜策罷（集解惠棟曰袁宏紀載策曰惟君以曾閔之行禮讓之高故慕君德禮以屬黎民貪與君意其上太尉印綬君專精養和以輔天年）贈錢三十萬，在所以二千石奉終其身（集解先謙曰東觀記在所作所在）又詔太常四時致宗廟之胙（胙祭廟肉也禮凡預祭異姓則歸之胙同姓則留之宴彪不預祭而賜胙重之）河南尹遣丞存問，常以八月旦奉羊酒（東觀記曰賜羊一頭酒二石也）和帝即位，以彪爲太傅，錄尚書事，賜爵關內侯（集解汪文臺曰御覽二百六華嶠書云百官總己以聽於彪恩寵之異莫與爲比焉先謙曰官本內作中引劉攽曰案漢無關中侯中當作內字惠棟云北宋本作關中侯風俗通云漢武帝諱徹改曰通侯或曰列侯秦時六國將帥皆家關中故稱關內侯）永元初，竇氏專權驕縱，朝廷多有諫爭，而彪在位修身而已，不能有所匡正。又嘗奏免御史中丞周紆，紆前失竇氏旨，故頗以此致譏。然當時宗其禮讓。及竇氏誅，以老病上還樞機職，詔賜養牛酒而許焉。五年春，薨于位，天子親臨弔臨（集解王會汾曰諸本同案上臨字疑衍）

張禹字伯達，趙國襄國人也。祖父況族姊爲皇祖考夫人（皇祖考鉅鹿都尉回）數往來南頓，見光武。光武爲大司馬，過邯鄲，況爲郡吏，謁見光武。光武大喜，曰：「乃今得我大舅乎！」因與俱北，到高邑，以爲元氏令。遷涿郡太守。後爲常山關長。會赤眉攻關城，況戰歿（關縣屬常山郡今定州行唐縣西北有故關邑城東觀記曰況遷涿郡太守時年八十不任兵馬上疏乞身詔許之後詔問起居何如子歆對曰如故詔曰家人居不足贍且以一縣自養復以況爲常山關長會赤眉攻關城況出戰死上甚哀之集解顧炎武曰關縣見前漢志世祖省周壽昌曰關前漢常山屬縣後漢改欒城建武時尚未改故況爲其長也沈欽韓曰舊唐志鎭州有行唐縣定州有唐縣近常山之關者鎭州行唐非定州唐縣也注誤以鎭爲定關縣後省入欒城縣志北十里董保郵）父歆，初以報仇逃亡（東觀記曰歆守皐長有報父仇賊自出歆召囚詣閣曰欲自受其辭既入解械飲食便發遣遂棄官亡命逢赦出由是鄉里服其高義與此不同）後仕爲淮陽相，終於汲令（東觀記曰歆爲相時王新歸國賓客放縱干亂法禁歆將令尉入宮搜捕王白上歆坐左遷爲汲令卒官）

禹性篤厚節儉（東觀記曰禹好學習歐陽尚書事太常桓榮惡衣食）父卒，汲吏人賻送前後數百萬，悉無所受。又以田宅推與伯父，身自寄止。永平八年，舉孝廉，稍遷（集解先謙曰東觀記永平六年禹爲廷尉府北曹吏處事執平爲京師所稱明帝以其明達法理有張釋之風超遷非次拜廷尉此傳所無）建初中，拜楊州刺史（集解惠棟曰北宋本作揚案漢隸皆作楊後人惑於俗說改爲揚也）當過江行部，中土民皆以江有子胥之神，難於濟涉（酈元水經注曰吳王賜子胥死浮尸于江夫差悔與羣臣臨江設祭修塘道及壇吳人因爲立廟而祭焉）禹將度，吏固請不聽。禹厲言曰：「子胥如有靈，知吾志在理察枉訟，豈危我哉？」遂鼓楫而過。歷行郡邑，深幽之處莫不畢到，親錄囚徒，多所明舉。吏民希見使者，民懷喜悅，怨德美惡，莫不自歸焉。元和二年，轉兗州刺史，亦有清平稱。三年，遷下邳相。徐縣北界有蒲陽坡（東觀記曰坡水廣二十里徑且百里在道西其東有田可萬頃坡與陂同集解沈欽韓曰蒲陽陂在泗州西北）傍多良田，而堙廢莫修。禹爲開水門，通引灌溉，遂成孰田數百頃。勸率吏民假與種糧，親自勉勞，遂大收穀實。鄰郡貧者歸之，千餘戶室廬相屬，其居成市，〔集解〕先謙曰：官本居作下。後歲至墾千餘頃，民用溫給。東觀記曰：禹巡行守舍，止大樹下，食糒音憊。糗也，乾飯屑。飲水而已。後年鄰國貧人來歸之者，茅屋草廬千餘戶，居酤成市，墾田千餘頃，得穀百萬餘斛。〔集解〕劉攽曰：注禹巡行守舍止大樹下，案文多一守字，或云守當作常也。先謙曰：注茅屋草廬千餘戶，官本無餘字。音憊糗也四字是小字注，混入注中，則文意不屬。今東觀記無此四字，千餘頃作四千餘頃。功曹吏戴閏，故太尉掾也，權動郡內。有小譴，禹令自致徐獄，然後正其法。徐，縣名也。東觀記曰：閏當從行縣，從書佐假車馬什物，禹聞知，令直符責問，閏具以實對。禹以宰士惶恐首實，令自致徐獄也。〔集解〕惠棟曰：漢雜律有假借不廉之條，見陳羣新律序。前書王尊傳「直符吏詣閤下」，師古曰：直符吏，若今之當直佐吏也。宰士者，風俗通云：謹案春秋尊公云宰，其吏爲士，言于四海無所不統焉。自長史以下，莫不震肅。永元六年，入爲大司農，拜太尉。和帝甚禮之。十五年，南巡祠園廟，禹以太尉兼衞尉留守。東觀記曰：禹留守北宮，太官朝夕送食，賜闒登具物，除子男盛爲郎也。〔集解〕朱一新曰：闒登即毾㲪，毾㲪後出字，闒登其本字也。闒與闒同。文選司馬遷報任安書、任昉奏彈劉整文內闒茸皆作闒茸。說文新附有毾㲪字，即闒登之俗。本書西域傳又有細布好毾㲪，注引埤蒼曰：毛席

也。釋名曰：施之承大牀前小榻上，登以上牀也。釋名作榻登。說文無榻字，見於大徐新附，古或借闒爲之。隸釋載孟郁修堯廟碑「石闒二坐」，闒即榻也。一切經音義卷三出毾㲪壁字，注云：毛席也，施之於壁，因以名焉。經文作闒，知闒登即毾㲪也。聞車駕當進幸江陵，以爲不宜冒險遠，驛馬上諫。詔報曰：「祠謁既訖，當南禮大江，會得君奏，臨漢回輿而旋。」及行還，禹特蒙賞賜。延平元年，遷爲太傅，錄尚書事。鄧太后以殤帝初育，育，生也。欲令重臣居禁內，乃詔禹舍宮中，給帷帳牀褥，太官朝夕進食，五日一歸府。每朝見，特贊，與三公絕席。〔集解〕通鑑胡注：特贊者，每朝見，贊拜者先獨贊禹名，既乃贊太尉名以下，禹不與三公同贊也。絕席者，朝位獨在百僚上，不與三公聯席也。禹上言：「方諒闇密靜之時，不宜依常有事於苑囿。鄭玄注論語曰：諒闇謂凶廬也。尚書曰：帝乃徂落，四海遏密八音。其廣成、上林空地，宜且以假貧民。」太后從之。〔集解〕先謙曰：官本脫太字。及安帝即位，數上疾乞身，詔遣小黃門問疾，賜牛一頭，酒十斛，勸令就第，其錢布刀劍衣物，前後累至。永初元年，以定策功封安鄉侯，食邑千二百戶，與太尉徐防、司空尹勤同日俱封。其秋，以寇賊雨水，策免防、勤，而禹不自安，上書乞骸骨，更拜太尉。四年，新野君病，鄧太后母陰氏。皇太后車駕幸其第，禹與司徒夏勤、司空張敏俱上表言：「新野君不安，車駕連日宿止，臣等誠竊惶懼。臣聞王者動設先置，止則交戟，〔集解〕沈欽韓曰：先置，後世謂之頓遞。周禮掌舍設戟門，鄭司農云：以戟爲門。清道而後行，清室而後御，前書曰：舊典，天子行幸所至，必遣靜室令先按行清靜殿中，以虞非常。離宮不宿，所以重宿衞也。陛下體烝烝之至孝，〔集解〕先謙曰：今文尚書讀以烝烝上屬。親省方藥，恩情發中，久處單外，〔集解〕惠棟曰：單外猶單處也。周書曰老弱單處，孔晁曰：單處無保障。百官露止，識者所不安。宜且還宮，上爲宗廟社稷，下爲萬國子民。」比三上，固爭，乃還宮。後連歲災荒，府藏虛空，禹上疏求入三歲租稅，以助郡國稟假。稟，給也。假，貸也。詔許之。五年，以陰陽不和策免。七年，卒于家。使者弔祭。除小子曜爲郎中。長子盛嗣。〔集解〕惠棟曰：黃瓊傳有尚書張盛，其禹子與？

徐防字謁卿，沛國銍人也。銍故城，今亳州臨渙縣也。〔集解〕沈欽韓曰：臨渙城在鳳陽府宿州西南九十里。祖父宣，爲講學大夫，以易教授王莽。王莽置六經祭酒各一人，秩上卿。長安國由爲講易祭酒，宣爲講學大夫，蓋當屬於祭酒也。父憲，亦傳宣業。防少習父祖學，永平中，舉孝廉，除爲郎。防體貌矜嚴，占對可觀，顯宗異之，特補尚書郎。職典樞機，周密畏慎，奉事二帝，未嘗有過。〔集解〕汪文臺曰：初學記十一引續漢書云：在臺閣典職十年，奏事三世，未嘗有過。御覽二百十五同。和帝時，稍遷司隸校尉，出爲魏郡太守。永元十年，遷少府、大司農。防勤曉政事，所在有迹。十四年，拜司空。防以五經久遠，聖意難明，宜爲章句，以悟後學。上疏曰：「臣聞詩書禮樂，定自孔子；發明章句，始於子夏。史記：孔子沒，子夏居西河教弟子三百人，爲魏文侯師。〔集解〕惠棟曰：司馬貞云：案子夏文學著于四科，序詩，傳易。又孔子以春秋屬商，又傳禮，著在禮志。洪邁云：孔子弟子惟子夏于諸經獨有書，于易則有傳，于詩則有序，而毛詩之學，一云子夏授高行子，四傳而至小毛公；一云子夏傳曾申，五傳而至大毛公。于禮則有儀禮喪服一篇，馬融、王肅諸儒多爲之訓說。于春秋所云不能贊一辭，蓋亦嘗從事于斯矣。公羊高、穀梁赤者，風俗通云子夏門人。于論

語則鄭康成以爲仲弓子夏等所撰定也防云發明章句始于子夏斯其證云棟案孝經緯鉤命決云孔子曰吾志在春秋行在孝經以春秋屬商孝經屬參此子夏傳春秋之明驗也論語譔攷讖曰子夏等七十二人共撰仲尼微言以當素王故鄭康成作論語序以爲子夏等所撰也其後諸家分析各有異說前書仲尼沒而微言絕七十子喪而大義乖故春秋分爲五詩分爲四易有數家之傳漢承亂秦經典廢絕本文略存或無章句收拾缺遺建立明經博徵儒術開置太學武帝時開學官置博士弟子員也孔聖既遠微旨將絕故立博士十有四家漢官儀曰光武中興恢弘稽古易有施孟梁丘賀京房書有歐陽和伯夏侯勝建詩有申公轅固韓嬰春秋有嚴彭祖顏安樂禮有戴德戴聖凡十四博士太常差選有聰明威重一人爲祭酒總領綱紀也設甲乙之科前書曰歲課甲科四十人爲郎中乙科二十人爲太子舍人丙科四十人補文學掌故以勉勸學者所以示人好惡改僻就善者也伏見太學試博士弟子皆以意說不修家法諸經爲業各自名家私相容隱開生姦路每有策試輒興諍訟論議紛錯互相是非孔子稱述而不作但述先聖之言不自制作又曰吾猶及史之闕文古者史官於書事有不知則闕以待能者孔子言吾少時猶及見古史官之闕文今則無之疾時多穿鑿也見論語也

疾史有所不知而不肯闕也今不依章句妄生穿鑿以遵師爲非義〔集解〕沈欽韓曰呂覽尊師篇說義不稱師名之曰叛意說爲得理輕侮道術寖以成俗誠非詔書實選本意改薄從忠三代常道太史公曰夏之政忠忠之敝小人以野故殷人承之以敬敬之敝小人以鬼故周人承之以文文之敝小人以僿故救僿莫若以忠三王之道若循環周而復始僿音西志反史記僿或作薄〔集解〕先謙曰官本代作世引劉攽曰三世常道案世與代全別緣太宗諱遂更世爲代此合用代字乃誤爲世蓋後人知此書中世字率皆換爲代乃欲稍還正之遂誤爲此字也專精務本儒學所先臣以爲博士及甲乙策試宜從其家章句開五十難以試之解釋多者爲上第引文明者爲高說若不依先師義有相伐伐謂自相攻伐也皆正以爲非五經各取上第六人論語不宜射策雖所失或久差可矯革東觀記防上疏曰試論語本文章句但通度勿以射策冀令學者務本有所一心專精師門思核經意事得其實道得其眞於此弘廣經術尊重聖業有益於化雖從來久六經衰微學問寖淺誠宜反本改矯其失詔書下公卿皆從防言十六年拜爲司徒延平元年遷太尉〔集解〕惠棟曰漢官儀載殤帝策書云司徒防以臺閣機密施政牧守其以防爲太尉錄尚書事與太傅張禹參錄尚書事數受賞賜甚見優寵安帝即位以定策封龍鄉侯〔集解〕錢大昭曰泰山博縣鄉沈欽韓曰通志龍鄉城在泰安府泰安縣東南五十里食邑千一百戶其年以災異寇賊策免就國凡三公以災異策免始自防也東觀記曰郡國被水災比州湮沒死者以千數災異數降西羌反叛殺略人吏京師淫雨蝱賊傷稼穡防比上書自陳過咎遂策免〔集解〕官本考證曰監本脫去凡三公以災異策免八字從諸本增防卒子衡當嗣讓封於其弟崇數歲不得已乃出就爵云

張敏字伯達河閒鄭人也鄭今瀛州縣也音莫〔集解〕沈欽韓曰在河間府任邱縣北三十五里建初二年舉孝廉四遷五年爲尚書建初中有人侮辱人父者〔集解〕惠棟曰方言云秦晉之間罵奴婢曰侮郭璞云言爲人所輕弄而其子殺之肅宗貰其死刑而降宥之貰寬也音示夜反自後因以爲比〔集解〕惠棟曰鄭康成禮記注云已行故事曰比是時遂定其議以爲輕侮法敏駮議曰夫輕侮之法先帝一切之恩〔集解〕惠棟曰顏師古云一切者權時之事非經常也猶如以刀切物苟取整齊不顧長短縱橫故言一切他皆放此案漢東海廟碑云念四時享祀有常每飾

壹切旋則阤崩則知一切者權時之語顏說是也不有成科班之律令也夫死生之決宜從上下猶天之四時有生有殺若開相容恕著爲定法者則是故設姦萌生長罪隙孔子曰民可使由之不可使知之由從也言設政教可但使人從之若知其本末愚者或輕而不行事見論語春秋之義子不報讎非子也公羊傳曰父不受誅子復讎可也注云不受誅罪不當誅也〔集解〕惠棟曰公羊隱十一年傳云子沈子曰君弒臣不討賊非臣也不復讎非子也敏所引指此注誤而法令不爲之減者以相殺之路不可開故也今託義者得減妄殺者有差使執憲之吏得設巧詐非所以導在醜不爭之義導教也醜類也又輕侮之比寖以繁滋至有四五百科轉相顧望彌復增甚難以垂之萬載臣聞師言救文莫如質故高帝去煩苛之法爲三章之約建初詔書有改於古者可下三公廷尉蠲除其敝議寖不省敏復上疏曰臣敏蒙恩特見拔擢愚心所不曉迷意所不解誠不敢苟隨眾議臣伏見孔子垂經典皋陶造法律史游急就篇曰皋陶造獄

法律存也原其本意皆欲禁民爲非也未曉輕侮之法將㠯何禁必不能使不相輕侮而更開相殺之路執憲之吏復容其姦枉議者或曰平法當先論生臣愚㠯爲天地之性唯人爲貴殺人者死三代通制今欲趣生反開殺路一人不死天下受敝記曰利一害百人去城郭〔集解〕沈欽韓曰語見黃石公下略夫春生秋殺天道之常春一物枯卽爲災禮記月令曰孟春行夏令則風雨不時草木早落也秋一物華卽爲異月令曰仲秋行春令則秋雨不降草木生榮國乃有恐也王者承天地順四時法聖人從經律願陛下留意下民考尋利害廣令平議天下幸甚和帝從之九年拜司隸校尉視事二歲遷汝南太守清約不煩用刑平正有理能名坐事免延平元年拜議郎再遷潁川太守徵拜司位〔集解〕先謙曰官本位作空是在位奉法而已視事三歲㠯病乞身不聽六年春行大射禮陪位頓仆乃策罷之東觀記載策曰今君所苦未瘳有司奏君年體衰羸郊廟禮儀仍有曠廢鼎足之任不可以缺重以職事留君其上司空印綬因病篤卒於家

胡廣字伯始南郡華容人也華容縣故城在今荊州東〔集解〕惠棟曰余知古云古華容在江陵東八十里容城鄉有廣父貢墓六世祖剛〔集解〕惠棟曰渚宮故事作綱清高有志節平帝時大司農馬宮〔集解〕惠棟曰北宋本作大司徒渚宮故事亦云案元壽二年宮自右將軍遷大司徒孝平元始五年爲大司馬流俗本作司農者誤也辟之値王莽居攝剛解其衣冠懸府門而去遂亡命交阯隱於屠肆之間後莽敗乃歸鄉里〔集解〕王補曰子長敘汲黯之戇則先著其先有寵於古之衞君敘鄭當時之趨和眾意則先著鄭君之獨不名籍此史法也范書於廣傳特書六世祖剛事意蓋同此父貢交阯都尉廣少孤貧親執家苦襄陽耆舊記廣父名寵寵妻生廣早卒寵更娶江陵黃氏生康字仲始〔集解〕洪亮吉曰水經注夏水又逕交阯太守胡寵墓漢太傅廣陪陵則廣父爲太守非止都尉也注據墓碑尚得其實或廣父從都尉遷太守范史從其舊書耳惠棟曰蔡邕集交阯都尉胡夫人黃氏神誥曰夫人江陵黃氏之季女字曰列嬴初都尉娶于故豫州刺史郎黃君之姊生太傅廣及卷令康而卒繼室以夫人生童紀未齔而夭夫人撫育二孤導以義方云云則康爲廣同母弟耆舊傳誤也長大隨輩入郡爲散吏〔集解〕沈欽韓曰散吏隸續碑陰所謂從掾位從史位者是也晉職官志郡國萬戶以上職吏六十九人散吏三十九人太守法雄之子眞從家來省其父眞頗知人會歲終應舉雄敕眞助其求才雄因大會諸吏眞自於牖閒密占察之〔集解〕惠棟曰方言凡相竊視謂之占又云闚謂之占乃指廣㠯白雄〔集解〕惠棟曰三輔決錄云眞年未弱冠知廣有公卿之量也遂舉孝廉旣到京師試㠯章奏安帝㠯廣爲天下第一謝承書曰廣有雅才學究五經古今術埶皆畢覽之年二十七舉孝廉續漢書曰故事孝廉高第三公及尚書輒優之特勞來其舉將於是公府下詔書勞來雄焉及拜郎恪勤職事所掌辨護也旬月拜尙書郎〔集解〕先謙曰初學記十一引續漢書云兼理西曹轉左丞五遷尙書僕射順帝欲立皇后而貴人有寵者四人莫知所建議欲探籌〔集解〕惠棟曰高誘謂探籌捉籌也荀子云探籌投鉤㠯神定選廣與尙書郭虔史敞上疏諫曰竊見詔書㠯立后事大謙不自專欲假之籌策決疑靈神篇籍所記祖宗典故未嘗有也恃神任筮旣不必當賢就値其人猶非德選夫岐嶷形於自然詩云克岐克嶷鄭玄注云岐岐然意有所知也其貌嶷然有所識別也俔天必有異表俔音苦見反說文曰俔譬諭也詩云文王嘉止俔天之妹文王聞太姒之賢則美之言大邦有子女譬天之有女弟故求爲之配焉宜參良家簡求有德德同㠯年年均㠯貌稽之典經斷之聖慮左傳曰昔先王之命曰王后無嫡則擇立長年鈞㠯德德鈞㠯卜也政令猶汗往而不反易曰渙汗其大號王居無咎劉向曰汗出而不反者也詔文一下形之四方形見也臣職在拾遺憂深責重是㠯焦心冒昧陳聞帝從之㠯梁貴人良家子定立爲皇后時尙書令左雄議改察舉之制限年四十㠯上儒者試經學文吏試章奏廣復與敞虔上書駮之曰臣聞君㠯兼覽博照爲德郎明四目達四聰也臣㠯獻可替否爲忠左傳曰齊晏子曰君所謂可而有否焉臣獻其否以成其可君所謂否而有可焉臣獻其可以去其否書載稽疑謀及卿士稽考也考正疑事謀及卿士見尙書詩美先人詢於芻蕘詩大雅曰先人有言詢於芻蕘注云詢謀也芻蕘薪采者也言有疑事嘗與薪采者謀之也國有大政必議之於前訓諮之於故老叔向曰國有大事必順於典刑訪於耇老而後行之是㠯慮無失策舉無過事竊見尙書令左雄議郡舉孝廉皆限年四十㠯上諸生試章句文吏試牋奏周成雜字曰牋表也漢雜事曰

凡羣臣之書通於天子者四品一曰章二曰奏三曰表四曰駁議章者需頭稱稽首上以聞謝恩陳事詣闕通者也奏者亦需頭其京師官但言稽首言下稽首以聞其中有所請若罪法劾案公府送御史臺卿校送謁者臺也表者不需頭上言臣某下言誠惶誠恐頓首頓首死罪死罪左方下附曰某官臣甲乙上集解沈欽韓曰隋志雜字解詁四卷魏掖庭右丞周氏撰梁有解文字七卷周成撰明詔既許復令臣等得與相參竊惟王命之重載在篇典禮記曰動則左史書之言則右史書之尚書曰王言惟作命弗言臣下罔由稟令又曰令出惟行不惟反當令縣於日月固於金石遺則百王施之萬世詩云天難諶斯不易惟王可不慎與詩大雅也諶信也斯語詞天之意難信矣不可改易者天子也蓋選舉因才無拘定制六奇之策不出經學前書陳平設六奇策以佐高祖鄭阿之政非必章奏說苑曰子產相鄭內無國中之亂外無諸侯之患也子產從政也擇能而使之晏子化東阿三年景公召而數之晏子請改道易行明年上計景公迎而賀之晏子對曰臣前之化東阿也屬託不行貨賂不至君反以罪臣今則反是而更蒙賀景公下席而謝甘奇顯用年乖彊仕史記曰秦欲與燕共伐趙以廣河間之地甘羅年十二使於趙說趙王立割五城以廣河間秦乃封羅爲上卿說苑曰子奇年十八齊君使主東阿大化禮記曰四十彊而仕終賈揚聲亦在弱冠前書終軍年十八爲博士弟子自請願以長纓

必羈南越王而致之闕下上奇其對擢爲諫議大夫往說越越聽命天子大悅賈誼年十八以誦詩屬文稱於郡中文帝召爲博士漢承周秦兼覽殷夏祖德師經參雜霸軌宣帝曰漢家自有制度本以霸王道雜理之聖主賢臣世已致理貢舉之制莫或回革集解通鑑胡注回轉也反也今已一臣之言剗戾舊章剗削也戾乖也便利未明眾心不厭厭服也矯枉變常政之所重而不訪台司不謀卿士若事下之後議者剗異集解沈欽韓曰邵伯温聞見錄剗當作駁剗駁古通異之則朝失其便同之則王言已行臣愚已爲可宣下百官參其同異然後覽擇勝否詳採厥衷敢已瞽言冒干天禁瞽無目者也不察人君顏色而言如無目之人也孔子曰未見顏色而言謂之瞽干犯也惟陛下納焉帝不從時陳留郡缺職尚書史敞等薦廣曰臣聞德已旌賢旌明也書曰德懋懋官集解蘇輿曰德疑作官爵已建事能建立事則與之爵明試已功典謨所美明白考試之有功者則授之以官舜典咎繇謨皆有此言故云典謨所美也五服五章天秩所作五服謂天子諸侯卿大夫士之服也五者之服必須章明尚書咎繇謨曰天秩有禮自我五禮有庸哉天命有德五服五章哉秩序也是已臣竭其

忠君豐其寵也豐厚也舉不失德下忘其死竊見尚書僕射胡廣體真履規謙虛温雅博物洽聞探賾窮理六經典奧舊章憲式無所不覽柔而不犯文而有禮柔而不犯謂性和柔而不可犯以非義也忠貞之性憂公如家不矜其能不伐其勞翼翼周慎行靡玷漏密勿夙夜密勿黽勉十有餘年心不外顧志不苟進臣等竊已爲廣在尚書劬勞日久後母年老既蒙簡照宜試職千里匡盪方國詩云厥德不回以受方國陳留近郡今太守任缺廣才略深茂堪能撥煩願已參選紀綱頹俗使束修守善有所勸仰廣典機事十年出爲濟陰太守已舉吏不實免復爲汝南太守集解沈欽韓曰御覽四百八十二風俗通云汝南陳公思爲五官掾王子祐爲兵曹行會食下亭子祐曾以縣官考殺公思叔父斌斌無子公思欲爲報仇不能得卒見子祐不勝憤怒便格殺之還府歸死時太守胡廣以爲公思追念叔父仁勇奮發手刃仇敵自歸司敗便原遣之入拜大司農漢安元年遷司徒質帝崩代李固爲太尉錄尚書事已定策立桓帝封育陽安樂鄉侯集解沈欽韓曰安樂鄉在

南陽府南後魏置安樂戍已病遜位又拜司空告老致仕尋已特進徵拜太常遷太尉已日食免復爲太常拜太尉延熹二年大將軍梁冀誅廣與司徒韓縯司空孫朗坐不衞宮皆減死一等奪爵土免爲庶人集解惠棟曰案漢律有是條故云坐晉書刑法志云賈充就漢九章仍其族類因事類爲衞宮違制是也後拜太中大夫太常九年復拜司徒集解沈欽韓曰蔡邕集胡公碑云延熹末年踈字聖主革正宰臣誅斃引公爲尚書令乃拜太僕遷太常司徒靈帝立與太傅陳蕃參錄尚書事復封故國已病自乞會蕃被誅代爲太傅總錄如故時年已八十而心力克壯盛弘之荆州記曰菊水出穰縣芳菊被涯水極甘香谷中皆飲此水至壽百二十七八十者猶以爲夭太尉胡廣所患風疾休沐南歸恆飲此水後疾遂瘳年八十二薨也集解先謙曰官本注至作上繼母在堂朝夕瞻省傍無几杖言不稱老禮記曰夫爲人子者恒言不稱老及母卒集解惠棟曰摯虞決疑要注云太傅廣喪母天子使謁者以中牢弔祭且送葬胡夫人黃氏神誥曰太夫人年九十一建寧二年薨于太傅府謁者李納也居喪盡哀率禮無愆性温柔謹素常遜言恭色遜順也達練事體明解朝章集解沈欽韓曰謝承書廣

傳綜舊儀立漢制度蔡邕依以為志雖無謇直之風屢有補闕之益故京師諺曰萬事不理問伯始天下中庸有胡公庸常也中和可常行之德也孔子曰中庸之為德其至矣乎及其李固定策大議不全質帝崩固為太尉與廣及司空趙戒議欲立清河王蒜梁冀以蒜年長有德恐為後患盛意立蠡吾侯志廣戒等懾憚不能與爭而固與杜喬堅守本議集解劉攽曰大議不全案文議當作義先謙曰滕撫傳撫不交權勢宦官懷忿及論功當封太尉胡廣錄尚書事承旨奏黜撫天下怨之又與中常侍丁肅婚姻集解惠棟曰肅濟陰句陽人胡夫人黃氏神誥云濟陰故吏舊民中常侍丁肅等思應慕化廣嘗為濟陰太守故云故吏舊民以此譏毀於時自在公台三十餘年歷事六帝廣以順帝漢安元年為司空至靈帝熹平元年薨三十一年也六帝謂安順沖質桓靈也集解洪亮吉曰司空應作司徒注誤禮任甚優每遜位辭疾及免退田里未嘗滿歲輒復升進凡一履司空再作司徒三登太尉又為太傅其所辟命皆天下名士與故吏陳蕃李咸並為三司謝承書曰咸字元卓汝南西平人孤特自立家貧母老常躬耕稼以奉養學魯詩春秋公羊傳三禮三府並辟司徒胡廣舉茂才除高密令政多奇異青州表其狀建寧三年自大鴻臚拜太尉自在相位約身率下常食脫粟飯醬菜而已不與州郡交通刺史二千石牋記非

公事不發省以老乞骸骨見許悉還所賜物乘敝牛車使子男御晨發京師百僚追送盈塗不能得見家舊貧狹庇蔭草廬集解惠棟曰靈帝紀云建寧四年自太僕拜太尉與此不同蔡邕集稱咸歷官將作大匠大司農大鴻臚太僕乃遷台司位太尉則咸自太僕拜太尉明矣謝承書誤也汪文臺曰文選潘勖冊魏公九錫文注引李咸奏曰春秋之義貶纖介之惡采毫毛之美蕃等每朝會輒稱疾避廣時人榮之集解通鑑胡注夫既曰萬事不理問伯始則當時之責望亦重矣豈可以三十餘年流四公為榮哉年八十二熹平元年薨集解沈欽韓曰案碑作建寧五年三月壬戌薨其年五月方改元熹平立碑時未改元也使五官中郎將持節奉策贈太傅安樂鄉侯印綬給東園梓器謁者護喪賜冢塋於原陵謚文恭侯拜家一人為郎中集解惠棟曰蔡邕集廣有五子皆先廣卒所拜者或其孳從若孫曾也故吏自公卿大夫博士議郎以下數百人皆縗絰殯位自終及葬漢興以來人臣之盛未嘗有也初揚雄依虞箴作十二州二十五官箴揚雄傳曰箴莫大於虞箴故遂作九州箴左傳曰昔周辛甲之為太史也命百官官箴王闕於虞人之箴曰芒芒禹迹畫為九州經啟九道人有寢廟獸有茂草各有攸處德用不擾在帝夷羿冒於原獸忘其國恤而思其麀牡武不可重用不恢于夏家獸臣司原敢告僕夫其九箴亡

闕後涿郡崔駰及子瑗又臨邑侯劉騊駼增補十六篇廣復繼作四篇集解沈欽韓曰御覽二百二十九有廣陵令箴二百四十一有廣邊都尉箴初學記有廣侍中箴[illegible]雜坂文甚典美乃悉撰次首目為之解釋名曰百官箴集解王補曰御覽五百八十八引百官箴敘箴諫之興所由尚矣聖君求之於下忠臣納之於上故虞書曰予違汝弼汝無面從退有後言墨子著書稱夏箴之辭先謙曰御覽載廣百官箴敘僅存此十語又御覽五百八十八載崔瑗敘箴僅存數語後文均不具遂均莫詳所補之篇名故侍中箴初學記以為廣作而古文苑以為崔瑗作凡四十八篇其餘所著詩賦銘頌箴弔及諸解詁凡二十二篇集解王補曰初學記二十六引印衣銘綬笥銘藝文類聚三十七引弔夷齊文又文選向秀思舊賦注亦引之熹平六年靈帝思感舊德乃圖畫廣及太尉黃瓊於省內詔議郎蔡邕為其頌云謝承書載其頌曰巖巖山嶽配天作輔降神有周生申及甫允茲漢室誕育二后曰胡曰黃方軌齊武惟道之淵惟德之藪股肱元首代作心膂天之烝人有則有類我胡我黃鍾厥純懿巍巍特進仍踐其位赫赫三事七佩其紱奕奕四牡沃若六轡袞職龍章其文有蔚參曜乾台窮寵極貴功加八荒群生以遂超哉邈乎莫與為二集解王鳴盛曰西京張禹孔光東都胡廣皆以文學著皆小人之至無恥而享大福者孟堅於張孔直筆詆斥盡醜描摹洵不愧良史矣而蔚宗於胡乃別

一種筆墨冷譏毒刺寓於褒頌誇譽中其黨惡誤國反為藏過讀之輒為擊節嘆賞亦不覺捧腹絕倒夫質帝為梁冀所弒時李固為太尉與杜喬執議必欲立清河王蒜冀以蒜年長有德恐為後患貪蠡吾侯志童昏欲立之廣與司空趙戒附會成之是為桓帝於是李固罷黜卒死冀手而廣即代固為太尉廣之罪於是為大桓帝立亂政亟行後雖誅冀而宦官之權轉盛漢亡實兆於此原廣之心非必欲亂漢也特貪位懼禍耳但鄙夫之誤人家國正為患得患失使然當時廣若能與李杜同心立清河王無桓則亦無靈矣蔚宗作此傳全用美詞其前但敘順帝欲立皇后有寵者四人莫知所建欲探籌定選廣與尚書郭虔史敞上疏諫乃立梁貴人則已明著廣之黨於梁氏矣又時權在尚書郭史乃減宦之廣首先議冀勳德比臨公錫黨之及敘至質帝崩之下但云代李固為太尉錄尚書事以定策立桓帝封育陽安樂鄉侯夫傾固而奪其位又以定策受封黨惡之罪顯然矣下敘冀誅則云廣坐不衛宮減死一等奪爵土免為庶人深惡其倖免罪重而所坐輕也坐阿附梁冀則云廣其總敘云其李固定策大議不全大議不全者何謂也至劣之行以蘊藉出之其下即云在公台三十餘年每遜位辭疾及免退歸里未嘗滿歲輒復升進鄙夫情狀曲曲道破通讀此傳若有美無刺者而已不啻鑄鼎象之然犀照之且各傳中互見已多矣肆而隱微而彰其范史之謂乎又曰太平御覽引世說云胡廣本姓黃五月生父母惡之乃置之甕投之於江胡翁見甕流下聞有小兒啼聲往取養之以為子登三司流中庸之號廣後不治本親服云我於本親已為死人也世以此為深譏焉案今世說不載此條疑晏元獻削去之失求忠臣必於孝子廣之不忠自當不孝而傳中

乃稱其朝夕瞻省繼母名高位極而瞻省小節可以爲孝乎又言居喪率禮無愆率禮無愆譽詞入妙此傳故作揚筆而浮泛其語以示意生平忠言嘉謨只三事一是爲梁氏作地一則駁左雄又祭舉制議論允陋而亦與郭虔史敞同上其與二人比周可知又載他人薦廣者只一事而其人亦即同黨之史敞也蔚宗之筆刻毒至此總敘稱廣所薦舉皆天下名士而其前又言爲濟陰太守以舉吏不實免其事詳見左雄傳中

論曰：爵任之於人重矣，全喪之於生大矣。懷祿以圖存者，仕子之恒情；審能而就列者，出身之常體。 列位也 夫紆於物則非己，直於志則犯俗。 紆曲也 辭其艱則乖義，徇其節則失身。 徇營也 統之方軌易因，險塗難御。 統者總論士事也方軌謂平路也若履平路易□可因循如踐險塗則難免顚覆也 故昔人明慎於所受之分，遲遲於歧路之間也。 呈材效職則受之分明矣遲遲疑不全之貌也明其分則不可安進 集解 劉攽曰注呈材效職案文呈當作程又則受之分明矣當云則所受之分明矣 如令志行無牽於物，臨生不先其存， 集解 蘇輿曰生疑死之誤 後世何貶焉？ 守志直道視死如歸則後之人何從而貶責矣 古人以宴安爲戒，豈數公之謂乎？ 左傳曰宴安酖毒不可懷也

十三　虛受堂

贊曰：鄧張作傳，無咎無譽。 集解 惠棟曰荀子引易云括囊无咎无譽腐儒之謂也 敏正疑律，防議章句。 集解 蘇輿曰敏防位至台司建白止此一事故范史取與鄧張相次其於敏傳云徵拜司空在位奉法而已言外之意自見 胡公庸庸，飾情恭貌。朝章雖理，據正或橈。 橈曲也易曰棟橈凶也

鄧張徐張胡列傳第三十四終　後漢書四十四

後漢書集解卷四十四校補

鄧彪傳　紆前失竇氏旨 案此謂紆前爲洛陽令時不附竇氏也事詳酷吏傳

天子親臨弔臨　集解王會汾曰諸本同案上臨字疑衍 案前世大臣之喪天子親臨如霍光傳所載不數見也中興則光武於銚期之喪親臨襚斂祭遵喪至河南素服臨之望哭哀慟卓茂之喪素服親臨送葬伏湛之喪親弔祠侯霸之喪親自臨弔郭伋之喪親臨弔樊宏之喪親送葬明帝於桓榮之喪親自變服臨喪送葬章帝於趙憙之喪往臨弔牟融之薨親臨其喪其典重矣蓋自賈山述君臣之禮范升申親弔之誼至中興乃沿爲故事則升將順其美之功爲獨多焉此云弔臨則下臨字自言哭臨省下臨字猶可上臨字不得爲衍也

張禹傳　祖父況族姊爲皇祖考夫人　注　皇祖考鉅鹿都尉回 錢大昭曰當云皇考夫人夫人是況之族姊故光武呼況爲大舅祖字衍注亦誤案樊宏爲世祖之舅明見宏傳則皇考夫人乃樊氏非張氏也大舅之大蓋當讀如太公之太錢說反誤矣

永平八年舉孝廉稍遷　集解先謙曰東觀記永平六年禹爲廷尉府北曹吏　至　拜爲廷尉 柳從辰曰御覽二百三十一引漢官儀以禹代爲廷尉爲光武時事曹吏作曹史謹案漢官儀載世祖詔書有云自今以後審四科辟召及刺史二千石察茂才尤異孝廉之吏務盡實覈選擇英俊賢行廉潔平端於縣邑務授試以職以此知孝廉之舉要必先試以職中於四科然後可應詔書如鄭宏以郡督郵舉孝廉周章以郡功曹舉孝廉皆是孝廉非官凡傳言舉孝廉幾遷及稍遷者皆自吏職遷郎官以來言之也禹舉孝廉宜嘗試吏但果永平六年已拜廷尉位躋九卿何爲八年又舉孝廉如謂拜廷尉在光武時則禹卒於安帝永初七年傳雖不載其得年幾何而上溯明帝永平元年已五十六年似不相及或仍明帝時偶代廷尉旋即罷歸故范書略之耶

土民皆以江有子胥之神難於濟涉　注　酈元水經注曰　至　吳人因爲立廟而祭焉 沈銘彝曰史記伍子胥死吳人憐之爲立廟於江北命曰胥山王充論衡吳王殺子胥煮之於鑊乃以鴟夷橐投之江子胥恚憾驅水爲濤以溺人故會稽丹徒大江錢塘浙江皆立其祠

永元六年入爲大司農拜太尉 錢大昭曰禹代張酺爲太尉本紀在永元十二年九月丙寅非六年案傳當因禹自永元六年徵入爲大司農迄於十四年中間無可紀之事故略其辭

禹上言方諒闇密靜之時　注　四海遏密八音 官本注末有也字

徐防傳　沛國銍人也　注　銍故城今亳州臨渙縣也　集解沈欽韓曰

臨溪城在鳳陽府宿州西南九十里柳從辰曰鋌故城在今宿州西南四十六里乃北魏臨溪縣舊治在唐臨溪城東北

張敏傳議寢不省官本寢作寢案廣雅釋詁寢積也積不省猶言議上積久不蒙省及也寢停也前書張禹傳奏寢罷歸故官顏注寢謂不下也如作議寢則是已省之後停寢不行於不省意似未合

延平元年拜議郎再遷潁川太守徵拜司位集解先謙曰官本位作空是錢大昭曰司位當作司空敍代周章爲司空本紀在永初元年徵拜上當有永初元年四字下文六年二字乃有根否則下六年竟似延平六年矣南監本不誤案敏罷司空在永初六年四月亦見安紀官本據監本轉刊兼採諸本不解何亦未補也

胡廣傳南郡華容人也注華容縣故城在今荊州東集解惠棟曰余知古云古華容在江陵東八十里容城鄉有廣父貢墓柳從辰曰地理韻篇云在今荊州府監利縣西北案監利縣西北即江陵縣之東面而適當岳州府華容縣之北今圖可見也江陵華容皆漢舊縣監利縣晉武帝太康五年立水經注夏水又東逕監利縣南始見於記載沈約地志雖疑監利是吳所立又係吳所

省實亦因晉縣係復立而兩漢地志無此縣名想當然耳華容前漢爲縣後漢則爲侯國章懷以縣出注於說亦疏前志華容班注雲夢澤在南夏水首受江東入沔雲夢澤即今岳州之洞庭唐時已無異說孟浩然詩氣蒸雲夢澤波撼岳陽城近儒考漢華容縣舊境之廣謂今監利石首華容諸縣皆有其地葢惟江陵不與耳

安帝以廣爲天下第一注輒優之勞來其舉將官本之作文案勞來舉將正所以優此孝廉其舉將明謂孝廉舉主也且勞來由公府下詔書非三公得自以文勞來之作文誤

廣與尚書郭虔史敞錢大昭曰杜根傳作僕射郭虔葢虔爲尚書僕射也案黃瓊傳瓊拜議郎稍遷尚書僕射而周舉傳舉拜尚書與僕射黃瓊同心輔政此尚書僕射可單稱僕射之證虔於杜根傳及左雄傳均稱僕射而本傳與周舉傳均稱尚書又郎尚書僕射可通稱尚書之證然與諸僕射及諸曹尚書皆無別矣又上文旬月拜尚書郎五遷尚書僕射葢統廣在尚書十年所得官言之其與虔敞同上疏時必尚未爲尚書僕射否則順帝時是官尚止一人虔既爲之廣不應亦爲之也史敞即史弼之父由尚書嘗出爲郡守見弼傳

文吏試牋奏注頓首頓首死罪死罪官本死罪二字不重

載在篇典注尚書曰王言惟作命不言臣下罔由稟令柳從辰曰今書說命由作攸

甘奇顯用年乖彊仕注齊君使主東阿大化官本注東阿二字重文屬下

臣聞德以旌賢注書曰德懋懋官官本注末有也字

柔而不犯文而有禮案二語集左傳文柔而不犯左傳林注略與章懷同然據國語男女之饗不及宗臣宗室之謀不過宗人謀而不犯微而昭矣是不犯謂不犯分也過柔則失已分柔而不犯當即詩柔嘉維則之義

每遜位辭疾官本疾作病

其所辟命皆天下名士與故吏陳蕃李咸竝爲三司侯康曰據蔡中郎胡公碑司徒祝恬許栩皆廣故吏注謝承書曰咸字元卓至建寧三年自大鴻臚拜太尉案李咸附見陳球傳作字元貞靈紀建寧三年聞人襲爲太尉大鴻臚橋元爲司空葢咸是年實代橋元爲大鴻臚明年遷太僕遂拜太尉謝書約其辭遂至與范書本紀不合耳又據本紀桓帝延熹二年八月廣免太尉祝恬爲司徒明年六月薨於位六年二月許栩爲司徒九年四月免五月廣復爲司徒靈帝建寧元年九月栩代劉寵爲司空廣已爲太傅二年五月栩免司空四年七月又代橋元爲司徒廣仍爲太傅明年三月廣薨於位太傅爵上公位在三公上故恬栩雖亦廣故吏不竝爲三司

使五官中郎將持節奉策至謁者護喪侯康曰據胡公碑五官中郎將爲任崇謁者爲董詡

詔議郎蔡邕爲其頌云集解王鳴盛曰至其事詳見左雄傳中案范傳微旨已具論贊無取辭費王鳴盛氏沿明人評文陋習辭多枝蔓如史敞佞辭雖已見史弼傳而續漢書亦謂其爲京兆尹治有能名見稱三輔至郭虔並見左雄周舉傳當與雄舉爲同志順紀載虔永和二年由光祿勳爲司空六年坐免梁冀嗣爲大將軍後未嘗復登四府王乃謂廣黨梁氏虔與比周范意定不如此查此段底本已經刪去王補覆按又謂宜存故仍附於此

臨生不先其存集解蘇輿曰生疑死之誤案臨生不先其存即孟子可以得生而有不用耳存字承上圖存言生字亦承上全喪之於生言臨生謂臨可得生非誤字

袁張韓周列傳第三十五　後漢書四十五

宋　宣城　太守范曄撰
唐　章懷　太子賢注
王先謙集解

袁安字邵公汝南汝陽人也集解惠棟曰袁紀作汝南宛人祖父良習孟氏易孟喜字長卿東海人明易爲丞相掾見前書平帝時舉明經爲太子舍人續漢志曰太子舍人秩比二百石無員建武初至成武令成武今曹州縣安少傳良學爲人嚴重有威見敬於州里初爲縣功曹續漢志曰縣功曹史主選署功勞奉檄詣從事從事因安致書於令續漢志曰每州刺史皆有從事史安曰公事自有郵驛私請則非功曹所持辭不敢受集解先謙曰官本敢作肯從事懼然而止懼音九具反集解先謙曰官本懼均作懼與惠氏補注校本合惠棟云袁紀懼作瞿古字通周壽昌云瞿訓驚視貌卽懼也若本作懼何必音九具反黃山云前書惠帝紀贊聞叔孫通之說則懼然顏註懼讀曰瞿瞿然失守貌音居具反又東方朔傳㬰王懼然易容顏註音同說文瞿讀若章句之句禮檀弓曾子聞之瞿然曰呼釋文瞿紀具反九具卽紀具之音知亦讀懼爲瞿非讀瞿爲懼官本不誤後舉孝廉汝南先賢傳曰時大雪積地丈餘洛陽令自出案行見人家皆除雪出有乞食者至袁安門無有行路謂安已死令人除雪入戶見安僵臥問何以不出安曰大雪人皆餓不宜于人令以爲賢舉爲孝廉也集解惠棟曰陶宏景眞誥安爲書佐爲太守韓崇所拔時人以崇有識物之鑒也袁紀安舉孝廉爲郎謁者先謙曰注洛陽令自出案行至袁安門官本考證引孫鑛云安何由在洛陽臥宜陽云汝陽方是又不宜于人官本于作干是除陰平長任城令陰平縣故城在今沂州承縣西南任城今兗州縣也集解惠棟曰汝南先賢傳安除陰平長時年飢荒民皆菜食租入不畢安聽使輸芋曰百姓餓困長何得食穀先自引芋吏皆從之殷芸小說曰陰平先有雹淵冬夏未嘗消釋歲中輒出飛布十數里大爲民害安乃推誠潔齋引愆貶己至誠感神雹遂爲沈淪伏而不起乃無苦雨淒風焉所在吏人畏而愛之永平十三年楚王英謀爲逆事下郡覆考明年三府舉安能理劇拜楚郡太守是時英辭所連及繫者數千人顯宗怒甚吏案之急迫痛自誣死者甚衆安到郡不入府先往案獄理其無明驗者條上出之府丞掾史皆叩頭爭以爲阿附反虜法與同罪不可安曰如有不合太守自當坐之不以相及也

遂分別具奏帝感悟卽報許得出者四百餘家集解惠棟曰汝南先賢傳其時甘雨滂沛歲大豐稔歲餘徵爲河南尹集解惠棟曰袁紀安徵入爲河南尹召入見上問以考楚事名簿甚備安具奏對無所遺失上以爲能也問安自何爲官對曰臣本諸生上曰以尹故□吏也何意諸生耶政號嚴明然未曾以贓罪鞫人常稱曰凡學仕者高則望宰相下則希牧守錮人於聖世集解惠棟曰漢法贓吏子孫三世禁錮故云尹所不忍爲也聞之者皆感激自勵在職十年京師肅然名重朝廷建初八年遷太僕元和二年武威太守孟雲上書北虜既已和親而南部復往抄掠北單于謂漢欺之謀欲犯邊宜還其生口以安慰之詔百官議朝堂公卿皆言夷狄譎詐求欲無厭譎亦詐也既得生口當復妄自誇大不可開許安獨曰北虜遣使奉獻和親有得邊生口者輒以歸漢此明其畏威而非先違約也雲以大臣典邊不宜負信於戎狄還之足示中國優貸而使邊人得安誠便司徒桓虞改議從安太尉鄭弘司空第五倫皆恨之弘因大言激勵虞曰諸言當還生口者皆爲不忠虞廷叱之倫及大鴻臚韋彪各作色變容司隸校尉舉奏安等皆上印綬謝肅宗詔報曰久議沈滯各有所志蓋事以議從策由衆定誾誾衎衎得禮之容誾誾忠正貌衎衎和樂貌寢嘿抑心更非朝廷之福君何尤而深謝其各冠履帝竟從安議明年代第五倫爲司空章和元年代桓虞爲司徒和帝卽位竇太后臨朝后兄車騎將軍憲北擊匈奴安與太尉宋由司空任隗及九卿詣朝堂上書諫以爲匈奴不犯邊塞而無故勞師遠涉損費國用徼功萬里非社稷之計書連上輒寢宋由懼遂不敢復署議而諸卿稍自引止唯安獨與任隗守正不移至免冠朝堂固爭者十上太后不聽衆皆爲之危懼安正色自若竇憲既出而弟衛尉篤執金吾景各專威權公於京師使客遮道奪人財物景又擅使乘驛施檄緣邊諸郡發突騎及善

騎射有才力者漁陽雁門上谷三郡各遣吏將送詣景第有司畏憚莫敢言者安乃劾景擅發邊兵驚惑吏人二千石不待符信而輒承景檄當伏顯誅又奏司隸校尉河南尹阿附貴戚無盡節之義續漢書曰安奏司隸鄭據河南尹蔡嵩請免官案罪並寢不報憲景等日益橫盡樹其親黨賓客於名都大郡袁山松書曰河南尹王調漢陽太守朱徽南陽太守蒲殷高丹等皆其賓客前書曰十二萬戶爲大郡也集解先謙曰注蒲殷官本蒲作滿皆賦斂吏人更相賂遺其餘州郡亦復望風從之安與任隗舉奏諸二千石又它所連及貶秩免官者四十餘人竇氏大恨但安隗素行高集解惠士奇曰先秦兩漢文凡轉捩語從未有用但字者南宋文氣卑靡朱子集注多用但字蔚宗文氣亦卑此蔚宗之筆非東漢文也但古文袒後世改但爲袒而以但爲語辭漢文作第不作但故但去爲第去非轉語乃後世方言不合古訓亦未有以害之時竇憲復出屯武威明年北單于爲耿夔所破遁走烏孫塞北地空餘部不知所屬憲日矜己功欲結恩北虜乃上立降者左鹿蠡王阿佟徒冬反集解惠

棟曰袁紀作阿修錢大昭曰疑卽於除鞬也左當作右黃山曰安下言烏桓鮮卑新殺北單于今立其弟則二虜懷怨案南匈奴傳章和元年鮮卑擊北匈奴斬優留單于又永元三年北單于復爲耿夔所破逃亡不知所在其弟谷蠡王於除鞬自立爲單于遣使款塞竇憲上書立爲北單于朝廷從之似阿佟別爲一人乃優留之弟若於除鞬之兄是爲嗣單于但逃亡未嘗爲二虜殺也惟袁紀謂阿修誅君之子又與烏丸鮮卑爲父兄之讎則似卽爲於除鞬故通鑑不更及阿修之名也爲北單于置中郎將領護如南單于故事事下公卿議太尉宋由太常丁鴻集解惠棟曰考異袁紀云宋由丁鴻尹睦以爲阿修誅君之子又與烏丸鮮卑爲父兄之讎不可立南單于先帝所置今首破北虜新建大功宜令幷領降眾與范書不同光祿勳耿秉等十人議可許安與任隗奏以爲光武招懷南虜非謂可永安內地正以權時之筭可得捍禦北狄故也今朔漠既定宜令南單于反其北庭幷領降眾無緣復更立阿佟以增國費宗正劉方大司農尹睦同安議事奏未以時定安懼憲計遂行乃獨上封事集解錢大昭曰此章是盧江周榮具草曰臣聞功有難圖不可豫見事有易斷較然不疑伏惟光武皇帝本所以立南單于者欲安南定北之策也恩德甚備故匈奴遂分邊境無患孝明皇帝奉承先意不敢失墜赫然命將爰伐塞北至乎章和之初集解惠棟曰北宋本如此今本乎作于降者十萬餘人議者欲置之濱塞東至遼東濱邊也太尉宋由光祿勳耿秉皆以爲失南單于心不可先帝從之陛下奉承鴻業大開疆宇大將軍遠師討伐席卷北庭此誠宣明祖宗崇立鴻勳者也集解先謙曰官本鴻作弘宜審其終以成厥初伏念南單于屯集解錢大昕曰本名屯屠何此單舉上一字先父舉眾歸德自蒙恩以來四十餘年三帝積累以遺陛下陛下深宜遵述先志成就其業況屯首唱大謀空盡北虜輟而弗圖更立新降以一朝之計違三世之規失信於所養建立於無功由秉寶知舊議而欲背棄先恩夫言行君子之樞機易曰言行者君子之樞機樞機之發榮辱之主也集解惠棟曰鄭元注曰樞戶樞也機弩牙也戶樞之發或明或闇弩牙之發或中或否以喻君子之言或榮或辱賞罰理國之綱紀論語曰言忠信行篤敬雖蠻

貊行焉今若失信於一屯則百蠻不敢復保誓矣又烏桓鮮卑新殺北單于凡人之情咸畏仇讎今立其弟則二虜懷怨兵食可廢信不可去論語孔子曰足食足兵人信之矣必不得已而去於斯三者何先曰去兵曰人不得已而去於斯二者何先曰去食自古皆有死人無信不立集解先謙曰注人不得已而去人乃必之訛官本作必且漢故事供給南單于費直歲一億九十餘萬集解先謙曰官本無一字西域歲七千四百八十萬今北庭彌遠其費過倍是乃空盡天下而非建策之要也詔下其議安又與憲更相難折憲險急負埶言辭驕訐訐謂發揚人之惡至詆毀安稱光武誅韓歆戴涉故事安終不移大司徒歆坐非帝讀隗囂書自殺大司徒涉坐殺太倉令下獄死憲竟立匈奴降者右鹿蠡王於除鞬爲單于鞬音九言反後遂反叛集解黃山曰永元五年於除鞬自畔還北帝遣王輔任尚追誘將還斬之見南匈奴傳卒如安策安以天子幼弱外戚擅權每朝會進見及與公卿言國家事未嘗不噫嗚流涕噫音醫又乙戒反嗚音一故反歎傷之貌也自天子及大臣皆恃賴之四年春

蕘朝廷痛惜焉後數月竇氏敗帝始親萬機追思前議者邪正之
節乃除安子賞爲郎策免宋由㠯尹睦爲太尉劉方爲司空睦河
南人蕘於位方平原人後坐事免歸自殺初安父沒母使安訪求
葬地道逢三書生問安何之安爲言其故生乃指一處云葬此地
當世爲上公須臾不見安異之於是遂葬其所占之地故累世隆
盛焉安子京敞最知名京字仲譽〔集解〕惠棟曰風俗通曰京有堂構之稱矜于法度習孟
氏易作難記三十萬言初拜郎中稍遷侍中出爲蜀郡太守子彭
字伯楚少傳父業歷廣漢南陽太守〔集解〕惠棟曰風俗通曰彭歷典三郡順帝初爲
光祿勳行至淸爲吏麤袍糲食終於議郎〔集解〕侯康曰風俗通彭淸擬夷叔政則冉季歷
典三郡致位上列賀早失母不復繼室云曾子失妻而不娶曰吾不及尹吉甫子不如伯奇以吉甫之賢伯奇之孝尚有放逐之敗
我何人哉及臨病困敕使留葬侍衞先公愼無迎取汝母喪柩如亡者有知往來不難如其無知祇爲煩耳虞舜葬于蒼梧二妃不
從經典明文勿違吾志淸高舉動皆此類也先謙曰賀彭之子閎之父詳下閎傳尙書胡廣等追表其有

淸潔之美比前貢禹第五倫貢禹元帝御史大夫經明行修淸潔憂國也未蒙顯贈當
時皆嗟歎之彭弟湯〔集解〕惠棟曰華嶠書作陽案湯子逢字周陽湯不得爲陽也字仲河少傳
家學諸儒稱其節多歷顯位〔集解〕惠棟曰袁紀湯初爲陳留太守褒善敘舊以勸風俗嘗曰不値仲尼
夷齊西山餓夫柳下東國黜臣致聲名不泯者篇籍使然也乃使戶曹吏追錄舊聞以爲耆舊傳錢大昭曰王堂傳載尙書令袁湯
以求屬不行恨之後廬江賊入弋陽界堂追討弃散湯猶因此風州奏堂免官據此則湯非正人矣此乃云諸儒稱其節何耶桓
帝初爲司空㠯豫議定策封安國亭矦食邑五百戶累遷司徒太
尉㠯災異策免〔集解〕惠棟曰袁紀湯永興元年致仕卒諡曰康矦風俗通曰湯時年八十六有子十二
人湯長子成〔集解〕惠棟曰華嶠書曰陽四子長子平平弟成左中郎將竝早卒左中郎〔集解〕何焯曰左中郎
下當有將字早卒次子逢嗣逢字周陽〔集解〕惠棟曰案西嶽華山碑逢嘗歷宏農京兆二郡太守在桓
帝延熹中㠯累世三公子寬厚篤信著稱於時靈帝立逢㠯太僕豫議
增封三百戶後爲司空卒於執金吾朝廷㠯逢嘗爲三老特優禮
之〔集解〕惠棟曰華嶠書熹平中天子引逢爲三老錫玉杖玉當作王賜㠯珠畫特詔祕器前書曰董賢死

以砂畫棺音義云以珠砂畫之也珠與朱同祕器棺也〔集解〕先謙曰注珠砂官本珠作朱北宋本砂作沙惠校云砂俗字飯含
珠玉二十六品穀梁傳曰貝玉曰含使五官中郎將持節奉策贈㠯車騎將
軍印綬加號特進諡曰宣文矦子基嗣位至太僕逢弟隗少歷顯
官隗字次陽先逢爲三公時中常侍袁赦〔集解〕惠棟曰袁紀作袁朗案梁冀傳當作赦隗之
宗也用事於中㠯逢隗世宰相家推崇㠯爲外援故袁氏貴寵於
世富奢甚不與它公族同獻帝初隗爲太傅成子紹逢子術〔集解〕侯康
曰史不載袁隗子蔡中郎集有袁滿來墓碑卽隗子也慧而早夭又司徒袁公夫人馬氏靈表隗有子懿達仁達而行事皆不著疑
死於董卓之難矣自有傳董卓忿紹術背已遂誅隗及術兄基等男女二
十餘人〔集解〕洪亮吉曰案獻帝春秋作五十餘人先謙曰獻紀注引作尺口以上男女五千餘人千字蓋誤
敞字叔平少傳易經敎授㠯父任爲太子舍人和帝時歷爲將軍
大夫侍中〔集解〕錢大昭曰閩本爲作位先謙曰官本亦作位出爲東郡太守徵拜太僕光
祿勳元初三年代劉愷爲司空明年坐子與尙書郎張俊交通漏

泄省中語策免敞廉勁不阿權貴失鄧氏旨遂自殺〔集解〕洪亮吉曰案安紀敞
爲司空在元初二年十二月至四年四月書司空袁敞薨則敞若終於位者蓋後以張俊事辱白朝廷薄敞罪隱其死以三公禮葬
故史臣追書於此耳然三公策免後例不書卒且又遷徙年月蓋非也張俊者蜀郡人〔集解〕惠棟曰常璩曰魏郡
太守王牧薦尹方爲三公天子詔尚書郎蜀郡張俊策之然不詳其行事又曰張俊策問尹方不出五經常義也有才能
兄龕並爲尙書郎年少勵鋒氣郎朱濟丁盛立行不修俊欲舉奏
之二人聞恐因郎陳重雷義往請俊俊不聽因共私賂侍史使求
俊短得其私書與敞子遂封上之皆下獄當死俊自獄中占獄吏
上書自訟占謂占授也前書曰陳遵憑几口占書吏是也書奏而俊獄已報謂奏報論死也廷尉
將出穀門臨行刑穀門洛陽城北面中門也鄧太后詔馳騎㠯減死論俊假名
上書謝曰臣孤恩負義自陷重刑情斷意其〔集解〕錢大昭曰其當從閩本作訖先謙曰
官本作訖無所復望廷尉鞫遺歐音一口反刀在前棺絮在後魂魄飛揚形
容已枯〔集解〕惠棟曰俗本已作㠯陛下垂澤〔集解〕錢大昭曰垂閩本作聖先謙曰官本亦作聖㠯臣嘗

在近密謂爲尚書郎識臣狀貌傷臣眼目〔集解〕惠棟曰北宋本臣皆作其畱心曲慮特加偏覆喪車復還白骨更肉披棺發櫬起見白日天地父母能生臣俊不能使臣俊當死復生陛下德過天地恩重父母誠非臣俊破碎骸骨舉宗腐爛所報萬一臣俊徒也〔集解〕惠棟曰蔡邕集俊坐漏泄事當伏重刑已出穀門復聽讀鞫詔書馳救滅等輸左校上書謝恩遂以轉徙不得上書不勝去死就生驚喜踴躍觸冒拜章當時皆哀其文朝廷由此薄傚罪而隱其死吕三公禮葬之復其官子盱汎于反盱後至光祿勳時大將軍梁冀擅朝內外莫不阿附惟盱與廷尉邯鄲義正身自守及桓帝誅冀使盱持節收其印綬事已具梁冀傳

閎字夏甫彭之孫也少勵操行〔集解〕惠棟曰風俗通曰夏甫少舉孝廉爲司徒掾今傳不載袁紀閎元靜履貞不慕榮宦身安茅茨妻子御糟糠苦身修節父賀爲彭城相風俗通曰賀字元服祖父京爲侍中安帝始加元服百僚會賀臨莊垂出而孫適生喜其嘉會因名字焉閎往省謁變名姓徒行無旅

既至府門連日吏不爲通會阿母出見閎驚謝承書曰乳母從內出見在門側面貌省瘦爲其垂泣閎厚丁寧此間不知吾慎勿宣露也入白夫人乃密呼見既而辭去賀遣車送之閎稱眩疾不肯乘反郡界無知者及賀卒郡閎兄弟迎喪不受賻賵〔集解〕先謙曰惠注本作賻贈惠棟云俗本贈作賵縗絰扶柩〔集解〕惠棟曰謝承書飢食蔆芡渴飲行潦冒犯寒露體貌枯毀手足血流見者莫不傷之服闋累徵聘舉召皆不應居處側陋〔集解〕先謙曰惠注本作仄陋惠棟云俗本仄作側吕耕學爲業從父逢隗並貴盛數餽之無所受閎見時方險亂而家門富盛常對兄弟歎曰吾先公福祚後世不能吕德守之而競爲驕奢與亂世爭權此即晉之三郤矣三郤謂郤錡郤犨郤至皆晉卿也各驕奢爲厲公所殺事見左傳延熹末黨事將作閎遂散髮絕世欲投迹深林吕母老不宜遠遁乃築土室四周於庭不爲戶自牖納飲食而已旦於室中東向拜母母思閎時往就視母去便自掩閉兄弟妻子莫得見也及母歿不爲制服設位時莫能名或吕爲狂生〔集解〕惠棟曰風俗通頭不著巾身無單衣足常不履食止菫菜云我無益家事莫之能强潛身十八年黃巾賊起攻沒郡縣百姓驚散閎誦經不移賊相約語不入其閭鄉人就閎避難皆得全免年五十七卒於上室汝南先賢傳曰閎臨卒敕其子曰勿設殯棺但著禪衫疏布單衣幅巾襯尸於板牀之上以五百墼爲藏〔集解〕惠棟曰高士傳范滂美而稱之曰隱不違親貞不絕俗可謂至賢矣棟案郭泰傳亦有此二語先謙曰注禪官本作襌襯官本作親二弟忠弘

節操皆亞於閎忠字正甫與同郡范滂爲友俱證黨事得釋語在滂傳初平中爲沛相沛王琮相也琮光武八代孫也乘葦車到官吕清亮稱及天下大亂忠棄官客會稽上虞縣名城在今越州餘姚縣西一見太守王朗〔集解〕先謙曰官本考證云朗監本誤作郎今改正徒從整飾心嫌之遂稱病自絕王朗字景興肅之父也魏志有傳謝承書曰忠乘船載笠蓋詣朗見朗左右僮從皆著青絳采衣非其奢麗即辭疾發而退也後孫策破會稽忠等浮海南投交阯獻帝都許徵爲衛尉未到卒〔集解〕侯康曰魏志武帝紀注引曹瞞傳曰初袁忠爲沛相嘗欲以法治太祖沛國桓邵亦輕之及在兗州陳畱邊讓言議頗侵太祖太祖殺讓族其家忠邵俱避難交州太祖遣使就太守士燮盡族之是則忠爲曹操所殺也而史無文豈曹瞞傳之誤耶抑史闕文耶弘字邵甫恥

其門族貴執乃變姓名徒步師門從師不應徵辟〔集解〕先謙曰官本無從師二字王會汾云徒步師門即從師也後稱從師不成文從宋本刪終於家謝承書曰弘嘗入京師太學其從父逢爲太尉呼弘與相見遇逢宴會作樂弘伏稱頭痛不聽音聲而退遂不復往紹術兄弟亦不與通忠子祕爲郡門下議生黃巾起祕從太守趙謙擊之軍敗祕與功曹封觀等七人吕身扞刃皆死於陳謙吕得免詔祕等門閭號曰七賢謝承書曰祕字承甯封觀與主簿陳端門下督范仲禮賊曹劉偉德主記史丁子嗣記室史張仲然議生袁祕等七人擢刃突陳與戰並死也封觀者有志節當舉孝廉吕兄名位未顯恥先受之遂稱風疾喑不能言火起觀屋徐出避之忍而不告後數年兄得舉觀乃稱損而仕郡焉謝承書曰觀字孝起南頓人也

論曰陳平多陰謀而知其後必廢丞相陳平爲高祖謀臣出六奇歎曰我多陰謀道家之所禁吾世即廢以吾多陰謀禍也其後曾孫掌以衛氏親戚貴達願得續封而終不得也邴吉有陰德夏侯勝識

其當封及子孫武帝末戾太子巫蠱事起邴吉爲廷尉監時宣帝年二歲坐太子事繫望氣者言長安獄中有天子氣於是上遣使者分條中都官詔獄繫者亡輕重一切皆殺之內者令郭穰至郡邸獄吉閉門扞拒曰它人無辜猶不可況親曾孫乎穰不得入還以聞上曰天使之也因大赦天下曾孫賴吉得立宣帝立吉爲丞相未及封而病上憂吉不起夏侯勝曰此未死也臣聞有陰德者必饗其樂以及子孫後吉病愈封博陽侯薨子顯嗣甘露中削爵爲關內侯至孫昌復封博陽侯傳子至孫王莽敗乃絕〔集解〕劉攽曰注曾孫賴吉得立案前書立當作全終陳掌不侯而邴昌紹國雖有不類未可致詰其大致歸然矣袁公竇氏之閒乃情帝室乃情猶竭情也引義雅正可謂王臣之烈易曰王臣蹇蹇匪躬之故烈業也及其理楚獄未嘗鞫人於臧罪其仁心足以覃乎後昆爾雅曰覃延也子孫之盛不亦宜乎此論並華嶠之詞也

張酺字孟侯汝南細陽人趙王張敖之後也敖父耳自楚降漢高祖封爲趙王敖嗣後有罪廢爲宣平侯敖子壽封細陽之池陽鄉〔集解〕錢大昕曰史記呂后紀壽爲樂昌侯徐廣云今細陽之池陽鄉蓋即本此漢書功臣表不言樂昌所在宣帝封舅王武爲樂昌侯則表繫之汝南細陽本屬汝南則武所封當亦在池陽鄉矣錢大昭曰前書功臣表張敖子壽封樂昌侯樂昌屬東郡蓋壽封國在東郡之樂昌兼食細陽之池陽鄉子孫遂爲細陽人猶

張安世封國在陳留之富平而其所食別邑乃在魏郡之武始子延壽徙封于平原而其名如故延壽之玄孫純光武遂封爲武始侯也黃山曰張安世封國於昭帝時迄援立宣帝益封至萬六千戶故國在陳留而食邑延至魏郡張壽以敖前姬子推恩封國一年而除似非其比凡陳留魏郡壤地相接僅隔一河壽果國於河北之東郡不宜別邑遠及淮南之汝南前志汝南之細陽莽曰樂慶蓋必細陽舊亦有樂昌之名莽因而易之觀宣帝封舅王武爲樂昌侯仍國於汝南其非東郡之樂昌明矣富平侯國本在陳留及延壽徙封平原而前志平原郡有富平陳留郡無有也又前志北地郡別有富平不爲侯國則東郡之樂昌不爲侯國正同耳後廢〔集解〕惠棟曰史記高后崩諸呂無道大臣誅之而廢魯元王及樂昌侯信都侯因家焉酺少從祖父充受尚書能傳其業東觀記曰充與光武同門學光武即位求問充充已死〔集解〕何焯曰張充亦許子威所授又事太常桓榮勤力不怠聚徒以百數永平九年顯宗爲四姓小侯開學於南宮小侯解見明紀也置五經師酺以尚書教授數講於御前以論難當意除爲郎賜車馬衣裳遂令入授皇太子酺爲人質直守經義每侍講閒隙數有匡正之辭以嚴見憚東觀記曰太子家時爲奢侈物未嘗不正諫甚見重焉及肅宗即位擢酺爲侍中虎賁中郎將數月出爲東郡太守酺自以嘗經親近未悟見出意不自得悟曉也上疏辭曰臣愚以經術給事左右少不更職不曉文法猥當剖符典郡班政千里必有負恩辱位之咎臣竊私自分殊不慮出城闕蒙留恩託備冗官羣僚所不安耳目所聞見不敢避好醜詔曰經云身雖在外乃心不離王室尚書康王之誥曰雖爾身在外乃心罔不在王室也典城臨民益所以報效也好醜必上不在遠近好醜謂善惡也言事之善惡必以聞上此即報效豈拘外內也今賜荘三十萬〔集解〕錢大昭曰使之辦裝也荘當作裝先謙曰官本作裝黃山云陳紀傳紀見禍亂方作不復辦嚴即時之郡李注嚴讀曰荘也官本注荘亦作裝案漢諱荘爲嚴明即以荘爲裝袁閎傳父賀爲彭城相注引風俗通臨荘車出荘亦即裝官本注卻未改字惟賜荘當本作賜嚴後人改爲荘耳詔書似不得徑言荘也其亟之官酺雖儒者而性剛斷下車擢用義勇搏擊豪彊〔集解〕惠棟曰東觀記曰下車擢賢俊擊豪強賞賜分明郡中肅然長吏有殺盜徒者酺輒案之以爲令長受臧猶不至死盜徒皆飢寒傭保何足窮其法乎郡吏王青者謝承書曰青字公然東郡聊城人也祖父翁與前太守

翟義起兵攻王莽及義敗餘衆悉降翁獨守節力戰莽遂燔燒之父隆建武初爲都尉功曹青爲小史與父俱從都尉行縣道遇賊隆以身衛全都尉遂死於難青亦被矢貫咽音聲流喝流或作嘶喝音一介反廣蒼曰聲之幽也〔集解〕惠棟曰[illegible]青身有金夷竟不能舉夷傷也〔集解〕惠棟曰漢官儀博士限年五十以上其舉狀曰身無金痍痼疾青身有傷故不舉也錢大昭曰左成十六年傳察夷傷服虔注金創爲夷酺見之歎息曰豈有一門忠義而爵賞不及乎遂擢用極右曹漢官儀曰督郵功曹郡之極位乃上疏薦青三世死節宜蒙顯異奏下三公由此爲司空所辟東觀記曰青從此除步兵司馬酺傷青不遂復舉其子孝廉也自酺出後帝每見諸王師傅嘗言張酺前入侍講屢有諫正誾誾惻惻出於誠心可謂有史魚之風矣誾誾忠正也惻惻懇切也史魚衞大夫名鰌字子魚孔子曰直哉史魚邦有道如矢邦無道如矢元和二年東巡守幸東郡引酺及門生幷郡縣掾史並會庭中〔集解〕惠棟曰通鑑胡注東郡庭也帝先備弟子之儀

使酺講尙書一篇然後修君臣之禮東觀記曰時使尙書令王鮪與酺相難上甚欣悅賞賜殊特莫不沾洽酺視事十五年和帝初遷魏郡太守集解惠棟曰東觀記酺遷魏郡百姓垂涕送之郡人鄭據時爲司隸校尉奏免執金吾竇景景後復位遣掾夏猛私謝酺曰鄭據小人集解惠棟曰案續漢書袁安奏司隸鄭據阿附貴戚無盡節之義又案梁竦傳據爲漢陽太守傳考竦罪則據先嘗阿附梁竇後復背之故景云小人也爲所侵冤聞其兒爲吏放縱狼籍取是曹子一人足以警百集解先謙曰官本警作驚酺大怒卽收猛繫獄檄言執金吾府疑猛與據子不平驕稱卿意集解錢大昭曰驕疑當作矯先謙曰官本作矯以報私讎會有贖罪令猛乃得出東觀記曰據字平卿黎陽人也爲侍御史轉司隸校尉也頃之徵入爲河南尹竇景家人復擊傷市卒吏捕得之景怒遣緹騎侯海等五百人歐傷市丞說文曰緹帛丹黃色也漢官儀曰執金吾有緹騎酺部吏楊章等窮究正海罪徙朔方景忿怨乃移書辟章等六人爲執金吾吏欲因報之章等惶恐入白酺願自引臧罪以辭景命酺卽上言其狀竇太后詔報自今執金吾辟吏皆勿遣及竇氏敗酺乃上疏曰臣竇愚惷不及大體鄭玄注周禮云惷愚癡騃也惷音陟降反以爲竇氏雖伏厥辜而罪刑未著後世不見其事但聞其誅非所以垂示國典集解惠棟曰北宋本示作下貽之將來宜下理官與天下平之平之謂平論其罪也集解惠棟曰淮南子曰平詞訟高誘曰平治也方憲等寵貴羣臣阿附唯恐不及皆言憲受顧命之託懷伊呂之忠臨終之命曰顧命至乃復比鄧夫人於文母臣賢按鄧夫人卽穰侯鄧疊母元也元出入宮掖共竇憲女壻郭舉父子同謀殺害與竇氏同誅語在憲傳故張酺論憲兼及其黨稱鄧夫人者猶如前書霍光妻稱霍顯祁太伯母號祁夫人之類也文母文王之妻也詩曰既有烈考亦有文母今嚴威既行皆言當死不復顧其前後考折厥衷臣伏見夏陽侯瓌每存忠善前與臣言常有盡節之心檢敕賓客未嘗犯法臣聞王者骨肉之刑集解先謙曰官本者作政有三宥之義過厚不過薄禮記曰公族有罪獄成有司讞之於公曰某之罪在大辟公曰宥之有司又曰在大辟公又曰宥之有司又曰在大辟公又曰宥之及三宥不對走出致刑於甸人公又使人追之曰雖然必宥之有司曰無及也反命於公公素服如其倫之喪也集解劉攽曰案今禮記文注多下公又曰宥之五字今議者爲瓌選嚴能相恐其迫切必不完免宜裁加貸宥以崇厚德和帝感酺言徙瓌封就國而已永元五年遷酺爲太僕數月代尹睦爲太尉漢官儀曰睦字伯師河南鞏人也數上疏以疾乞身薦魏郡太守徐防自代帝不許使中黃門問病加以珍羞賜錢三十萬酺遂稱篤集解惠棟曰袁紀酺稱篤詔曰元首不明黎民困窮朕與君同其憂責豈可引退耶其勿復言時子蕃以郎侍講帝因令小黃門敕蕃曰陰陽不和萬人失所朝廷望公思惟得失與國同心而託病自潔求去重任誰當與吾同憂責者非有望於斷金也斷金解在皇后紀司徒固疾司空年老時司徒劉方司空張奮也公其傴僂勿露所敕傴僂言恭敬從命也左氏傳曰一命而僂再命而傴三命而俯酺惶恐詣闕謝還復視事酺雖在公位而父嘗居田里酺每有遷職輒一詣京師嘗來候酺集解惠棟曰漢時謂迎客爲候何焯云候字殊乖義埋棟案東觀記止云酺每遷轉乃一到洛父來適會正臘無候酺之語當是范氏所增也黃山

曰周景傳輒聞京師不安來候忠此雖爲子候父而詳范書文義是以自外入京探視爲候非迎客之謂也先謙曰官本嘗亦作常適會歲節公卿罷朝俱詣酺府舉酒上壽極歡卒日衆人皆慶羨之及父卒既葬詔遣使齎牛酒爲釋服後以事與司隸校尉晏稱會於朝堂酺從容謂稱曰三府辟吏多非其人稱歸卽奏令三府各實其掾史集解黃山曰光武紀建武六年詔其令司隸州牧各實所部省減吏員通鑑胡注考覈其實也酺本以私言不意稱奏之甚懷恨會復共謝闕下酺因責讓於稱稱辭語不順酺怒遂廷叱之稱乃劾奏酺有怨言天子以酺先帝師有詔公卿博士朝臣會議司徒呂蓋奏酺位居三司知公門有儀不屛氣鞠躬以須詔命反作色大言怨讓使臣不可以示四遠司隸校尉督大姦滑無所不察故曰使臣也於是策免酺歸里舍集解惠棟曰袁紀策免酺曰詩云節彼南山惟石巖巖赫赫師尹民具爾瞻今君正位八年于茲康哉之歌既無聞焉而于兩觀之下有醜慢之音傷南山之體虧穆穆之風將何以宣示四方儀刑百寮履霜知冰朕甚缺焉君其上太尉綬君自取之靡有後言謝遣諸生閉門不通賓客

左中郎將何敞及言事者多訟酺公忠〔集解〕惠棟曰袁紀敞等多言酺公直忠正不宜久棄草廬也帝亦雅重之十五年復拜爲光祿勳〔集解〕錢大昭曰五當作六數月代魯恭爲司徒月餘薨乘輿縞素臨弔賜冢塋地賵贈恩寵異於它相酺病臨危敕其子曰顯節陵埽地露祭顯節明帝陵也明帝遺詔無起寢廟故言埽地而祭也故酺遵奉之吾爲三公既不能宣揚王化令吏人從制豈可不務節約乎其無起祠堂可作稾蓋廡施祭其下而已廡屋也

曾孫濟〔集解〕惠棟曰續漢書濟爲河南令中常侍段珪奴乘犢車于道濟即收捕梟懸尸都市也好儒學華嶠書曰蕃生磐磐生濟濟字元江靈帝初楊賜薦濟明習典訓爲侍講光和中至司空病罷及卒靈帝以舊恩〔集解〕惠棟曰項峻始學篇注曰有龍淵者桓靈時善相人也于聽音聲九妙二千石相者龍淵下牀贊之令長起時贊之自六百石以下皆坐而言之先相張濟當以財得三公濟常依淵以觀視有相者佩往求之會解瀆侯往相至門閭當有至相何憂貧乎侯去淵謂濟曰可厚事之濟遂往盡爲償債别數百萬修居業桓帝崩無嗣解瀆侯入爲太子而濟遂至司空贈車騎將軍關內侯印綬其年追濟侍講有勞封子根爲蔡陽鄉侯濟弟

喜初平中爲司空

韓稜〔集解〕先謙曰官本稜皆從木此或從禾乃俗體字字伯師潁川舞陽人弓高侯穨當之後也穨當韓王信之子見前書世爲鄉里著姓父尋建武中爲隴西太守稜四歲而孤養母弟以孝友稱及壯推先父餘財數百萬與從昆弟鄉里益高之初爲郡功曹太守葛興中風病不能聽政稜陰代興視事〔集解〕惠棟曰漢典吏病百日應免故稜代之視事也出入二年令無違者興子嘗發教欲署吏稜拒執不從因令怨者章之章謂令上章告言之事下按驗吏以稜掩蔽興病專典郡職遂至禁錮顯宗知其忠後詔特原之由是徵辟五遷〔集解〕惠棟曰東觀記稜除下邳令視事未朞吏民愛慕時鄉縣皆雹傷稼惟下邳獨無案袁宏紀稜先辟司徒府也爲尚書令與僕射郅壽尚書陳寵同時俱以才能稱肅宗嘗賜諸尚書劍惟此三人特以寶劍自手署其名曰韓稜楚龍淵晉太康記汝南西平縣有龍泉水可淬刀劍特堅利汝南即楚分野〔集解〕先謙曰官本注野作也郅壽蜀漢文陳寵濟南椎成椎音直追反漢官儀椎成作鍛成〔集解〕惠棟曰椎成東觀記一室兩刃其餘皆平劍注漢官儀作鍛成案謝承書袁紀皆作鍛成蒼頡書鍛椎也時論者爲之說以稜淵深有謀故得龍淵壽明達有文章故得漢文寵敦朴善不見外故得椎成和帝即位侍中竇憲使人刺殺齊殤王子都鄉侯暢於上東門有司畏憲咸委疑於暢兄弟詔遣侍御史之齊案其事稜上疏以爲賊在京師不宜捨近問遠恐爲姦臣所笑〔集解〕惠棟曰宋本無所字竇太后怒以切責稜稜固執其議及事發果如所言憲惶恐白太后求出擊北匈奴以贖罪稜復上疏諫太后不從及憲有功還爲大將軍威震天下復出屯武威會帝西祠園陵詔憲與車駕會長安及憲至尚書以下議欲拜之伏稱萬歲稜正色曰夫上交不諂下交不黷易下繫之辭也禮無人臣稱萬歲之制議者皆慚而止尚書左丞王龍私奏記上牛酒於憲〔集解〕錢大昭曰竇憲爲大將軍征匈奴公卿以下及郡國無不遣吏子弟奉獻遺惟東平相應順守正不阿即韓稜所舉良吏也黃山曰

順即應奉曾祖父事見陳寵傳稜舉奏龍論爲城旦前書音義曰城旦輕刑之名也晝日司寇虜夜暮築長城故曰城旦稜在朝數薦舉良吏應順呂昌周紆等皆有名當時及竇氏敗稜典按其事深竟黨與數月不休沐〔集解〕惠棟曰漢律吏五日得一下沐言休息以洗沐也帝以爲憂國忘家賜布三百匹遷南陽太守特聽稜得過家上冢鄉里以爲榮稜發擿姦盜郡中震慄政號嚴平〔集解〕惠棟曰東觀記下車表行義拔幽滯權豪慴伏數歲徵入爲太僕九年冬代張奮爲司空明年薨子輔安帝時至趙相趙王良孫商之相也稜孫演順帝時爲丹陽太守政有能名〔集解〕惠棟曰風俗通韓演伯南爲丹陽守坐從兄季朝爲南陽太守刺探尚書演法車徵遇赦復爲沛相本傳所不載也桓帝時爲司徒演字伯南大將軍梁冀被誅演坐阿黨抵罪以減死論遣歸本郡華嶠書曰梁皇后崩梁貴人大幸將立大將軍冀欲分其寵謀冒姓爲貴人父演陰許諾及冀誅事發演坐抵罪也後復徵拜司隸校尉〔集解〕惠棟曰延熹八年事見五行志

周榮字平孫廬江舒人也肅宗時舉明經辟司徒袁安府安數與

論議甚器之及安舉奏竇景及與竇憲爭立北單于事〔集解〕劉攽曰案文多一及字黄山曰兩及字各爲一義都無可省皆榮所具草竇氏客太尉掾徐齮深惡之脅榮曰子爲袁公腹心之謀排奏竇氏竇氏悍士刺客滿城中謹備之矣榮曰榮江淮孤生蒙先帝大恩吕歷宰二城今復得備宰士榮辟司徒府故稱宰士〔集解〕惠棟曰王應麟云周官太宰之屬有上士下士公羊所云宰士隱元年宰咺鹽鐵論文學謂丞相史曰處宰士之列無忠正之心是也又見翟方進傳縱爲竇氏所害誠所甘心故常敕妻子若卒遇飛禍無得殯斂飛禍言倉卒而死也〔集解〕通鑑胡注卒讀曰猝飛禍者言刺客竊發不可得而備若鳥之飛集也冀吕區區腐身覺悟朝廷及竇氏敗榮由此顯名自郾令擢爲尙書令〔集解〕惠棟曰東觀記榮本傳曰榮爲尙書盡心奉職夙夜不怠出爲潁川太守坐法當下獄和帝思榮忠節左轉共令共縣名屬河內郡故城在今衞州共城縣東郎古共國也歲餘復吕爲山陽太守所歷郡縣皆見稱紀吕老病乞身卒于家詔特賜錢二十萬除子男興爲郎中興少有名譽永寧中尙書陳忠

後漢書四十五　十五

上疏薦興曰臣伏惟古者帝王有所號令言必弘雅辭必溫麗垂於後世列於典經故仲尼嘉唐虞之文章從周室之郁郁論語孔子曰大哉堯之爲君也煥乎其有文章又曰周監於二代郁郁乎文哉吾從周臣竊見光祿郎周興光祿主郎故曰光祿郎〔集解〕惠棟曰漢官儀曰光祿勳屬官有五官中郎將左右中郎將曰三署署中各有中郎議郎侍郎郎中皆無員多至千人孝友之行著於閨門〔集解〕惠棟曰古文孝經有閨門章其文曰閨門之內具禮矣嚴親嚴兄妻子臣妾繇百姓徒役也清麗之志〔集解〕先謙曰官本麗作厲聞於州里蘊匵古今博物多聞蘊藏也匵匱也三墳之篇五典之策無所不覽伏羲神農皇帝之書曰三墳少昊顓頊高辛唐虞之書曰五典也〔集解〕惠棟曰延篤張平子說三墳三禮禮爲人防爾雅曰墳大防也書曰誰能典朕三禮三禮天地人之禮也五典五帝之常道也賈逵左傳訓故曰三墳三皇之書五典五帝之典屬文著辭有可觀採尙書出納帝命爲王喉舌尙書爲王之喉舌官也李固對策曰今陛下有尙書猶天之有北斗也北斗爲天之喉舌尙書亦爲陛下之喉舌也臣等既愚闇而諸郎多文俗吏鮮有雅才每爲詔文〔集解〕惠棟曰周禮御史掌贊書鄭元曰贊爲辭若今尙書作詔文百官志尙書侍郎三十六人一曹有六人主作文章起草宣示內外轉相

求請或吕不能而專己自由辭多鄙固興抱奇懷能隨輩棲遲〔集解〕惠棟曰輩等輩也誠可歎息詔乃拜興爲尙書郎〔集解〕惠棟曰延光中興與張衡審曆數見律曆志卒興子景

景字仲饗〔集解〕惠棟曰謝承書作仲嚮云少以廉能見稱以明學察孝廉棟案饗或作嚮古字通見大嚮記殘碑前書宣帝紀曰上帝嘉嚮讀爲饗也又案仲饗名景若讀爲影響之影則當作嚮嚮又與饗通見易繫辭傳及鄭烈碑也辟大將軍梁冀府稍遷豫州刺史〔集解〕惠棟曰謝承書曰景辟汝南陳蕃爲別駕潁州李膺荀緄杜密沛國朱寓爲從事皆天下英俊之士也河內太守好賢愛士其拔才薦善常恐不及每至歲時延請舉吏入上後堂與共宴會如此數四乃遣之賂送什物無不充備既而選其父兄子弟事相優異嘗稱曰臣子同貫若之何不厚先是司徒韓縯在河內志在無私舉吏當行一辭而已恩亦不及其家曰我舉若可矣豈可令偏積一門〔集解〕惠棟曰風俗通載此語曰我舉若豈可令恩偏積于一門乎俗本漢書云我舉若可矣豈可令偏積一門此後人妄增耳北宋本無此二字故當時論

後漢書四十五　十六

者議此二人〔集解〕惠棟曰應劭論之曰謹案春秋左氏傳夫舉無他惟善所在親疏一也蓋人君者闢門開聰號咷博求得賢而賞聞善若驚無適也無莫也周不綜臧否而務蘊崇之韓演不惟善惡是務越此一概夫不擇而彊用與可用而敗之其罪一也景後徵入爲將作大匠及梁冀誅景吕故吏免官禁錮朝廷吕景素著忠正頃之復引拜尙書令蔡質漢儀曰延熹中京師游俠有盜發順帝陵賣御物於市市長追捕不得周景以尺一詔召司隸校尉左雄詣臺對詰雄伏於廷答對景使虎賁左騶頓頭血出覆面與三日期賊便擒也遷太僕衞尉六年代劉寵爲司空是時宦官任人及子弟充塞列位景初視事與太尉楊秉舉奏諸姦猾自將軍牧守吕下免者五十餘人遂連及中常侍防東陽侯侯覽〔集解〕劉攽曰案覽本傳覽防東人封高鄉侯今此載其侯爵郎當云高鄉侯若載其本縣名則非例也蓋誤高鄉二字錢大昕曰劉據覽傳證此文當爲高鄉之誤是矣予又疑高鄉郎防東之鄉故傳稱爲防東鄉侯因下文有東武陽字又誤鄉爲陽也東武陽侯具瑗皆坐黜朝廷莫不稱之視事二年吕地震策免歲餘復代陳蕃爲太尉建寧元年薨吕豫議定策立靈帝追封安陽鄉侯長子崇嗣至甘陵相甘陵王理

祐也理郎章帝曾孫中子忠少歷列位累遷大司農吳書曰忠字嘉謀與朱儁共敗李傕於曹陽也忠子暉前爲洛陽令去官賜歸〔集解〕先謙曰官本無賜字兄弟好賓客雄江淮間出入從車常百餘乘及帝崩暉聞京師不安來候忠董卓聞而惡之使兵劫殺其兄弟忠後代皇甫嵩爲太尉錄尚書事以災異免復爲衞尉從獻帝東歸洛陽

贊曰袁公持重誠單所奉單盡也惟德不忘延世承寵逢侯經博傳言帝幰棱榮事君志同鶡雀左傳曰見無禮於其君者誅之如鷹鸇之逐鳥雀也〔集解〕先謙曰注遂乃逐之訛官本作逐

袁張韓周列傳第三十五終　後漢書四十五

後漢書集解卷四十五校補

袁安傳建武初至成武令注成武今曹州縣續志成武濟陰郡縣前志屬山陽今曹州府城武縣治

左中郎集解何焯曰左中郎下當有將字柳從辰曰袁紀亦作左中郎將與華嶠書同

廷尉府出穀門注穀門洛陽城北面中門也柳從辰曰御覽一百八十三引李尤穀城門銘曰穀門北中位當於丑太陰主刑殺伐爲首

廷尉鞫遣官本鞫作鞠

忠棄官客會稽上虞注縣名城在今越州餘姚縣西已詳度尚傳

獻帝都許徵爲衞尉未到卒集解侯康曰至豈曹瞞傳之誤耶抑史闕文耶案忠子祕既先死黃巾之難忠弟宏又不應徵辟終於家則忠族無幾矣且忠棄官避亂就合與桓邵同投交阯未必皆能以其族往操又何從盡族之乎況據桓榮傳則初平中避地會稽遂浮海客交阯者乃桓華華一名嚴本或作曄初不名邵華雖以誣死合浦獄亦無被族誅事自係曹瞞傳聞之誤

乃變姓名徒步師門從師不應徵辟集解先謙曰官本無從師二字至從宋本刪謹案徵辟必於其家宏蓋欲避徵辟故常從師不歸玩文義自是屢變姓名徒步於各經師之門所從非一師也是二字自不應刪

忠子祕至皆死於陳案汝南黃巾敗太守趙謙於邵陵事在中平元年四月見靈紀

陳平多陰謀而知其後必廢注吾世即廢以吾多陰謀也案前書陳平傳作吾世即廢亦已矣終不能復起以吾多陰禍也注乃并亦已矣三字省去遂至語氣不完

張酺傳可謂有史魚之風矣注邦無道如矢官本注矢下有也字

有三宥之義注獄成有司讞之於公曰官本注無之字

和帝感酺至徙瓌封就國而已柳從辰曰竇憲傳瓌徙封羅侯袁宏紀作長沙侯羅即長沙屬縣也案竇融傳遣謁者僕射收憲大將軍印綬更封爲冠軍侯及篤景瓌皆遣就國事在永元四年其始就國惟憲已更封篤景瓌皆未徙封則瓌國仍夏陽也酺爲瓌請卽在四年憲篤景到國皆被迫自殺瓌獨免被逼迫自卽賴酺之救惟融傳載瓌徙封在明年此傳乃屬之本年又徙封後乃就國兩傳岐出蓋本傳實並瓌後之徙封就國終言之明和帝感酺言之深雖瓌後以

稾假貧人坐罪猶得不失侯耳長沙郡名不當爲侯國袁紀或因永元十年梁棠兄弟路由長沙迫壞自殺而誤也

嘗來候酺集解惠棟曰漢時以迎客爲候至非迎客之謂也柳從辰曰前書張禹傳上臨候禹雖孝成敬重師傅不以自嫌而以君候臣史文亦不謂失體要以苛戈候敵登臺候星同爲伺望之常辭臣可候子亦可候未容以後世之說輕議古書也

光和中至司空集解惠棟曰項峻始學篇注曰至而濟遜至司空柳從辰曰御覽七百二十九引後漢書云龍淵善相劉宏造淵淵聞宏聲乃起迎曰公當極位也宏曰家貧負責何得貴乎淵曰公相然也張濟就淵相淵曰事劉宏可至三公濟事宏宏後爲解瀆侯既去南陽桓帝崩迎解瀆侯爲天子是爲靈帝濟爲司空也今按范書固無此文又此文前載朱祐自日角之相後載馬皇后母使善相者相后蓋輯眾後漢書中論相事原不主一書也以文字與惠氏所引畧異錄之以備參攷

其年追濟侍講有勞封子根爲蔡陽鄉侯柳從辰曰據陽賜傳則濟子之封由賜之請袁宏紀亦載賜上言乞減已戶以封劉寬及濟上嘉其至誠乃封濟子根爲蔡陽侯

韓稜傳陳寵濟南椎成注漢官儀椎成作鍛成官本注無儀字

卷四十五校補　二

論爲城旦注晝曰司寇虜晝原缺下晝已補正司與何同官本注作何柳從辰曰何俗字兩漢博聞亦作司

演坐阿黨抵罪注及冀誅事發演坐抵罪也官本注抵字在演坐上

周榮傳左轉共令注共縣名至郎古共國也地詳皇后紀卷下公主傳

誠可歎息官本息作惜

郭陳列傳第三十六　郭躬弟子鎮　陳寵子忠　　後漢書四十六

宋　宣　城　太　守　范　曄　撰

唐　章　懷　太　子　賢　注

王先謙集解

郭躬字仲孫潁川陽翟人也家世衣冠父弘習小杜律前書杜周武帝時爲廷尉御史大夫斷獄深刻少子延年亦明法律宣帝時又爲御史大夫對父故言小集解惠棟曰案周所定者爲大杜律荆州從事苑鎭碑云翻律大杜是也其延年所定者爲小杜律丹陽太守郭旻碑云治律小杜是也旻字巨公太尉禧之子乃知郭氏世傳小杜律矣太守寇恂以弘爲決曹掾斷獄至三十年用法平諸爲弘所決者退無怨情郡內比之東海于公年九十五卒于公東海人丞相于定國父也

躬少傳父業講授徒眾常數百人後爲郡吏辟公府永平中奉車都尉竇固出擊匈奴集解先謙曰官本護作尉是騎都尉秦彭爲副集解惠棟曰東觀記彭字國平案彭見循吏傳也彭在別屯而輒以法斬人固奏彭專擅集解惠棟曰漢雜事云彭擅斬軍司馬固奏彭不由督率專賊殺人請誅之顯宗

虛受堂　一

乃引公卿朝臣平其罪科躬以明法律召入議議者皆然固奏躬獨曰於法彭得斬之帝曰軍征校尉一統於督督謂大將彭既無斧鉞可得專殺人乎躬對曰一統於督者謂在部曲也前書音義曰大將軍行有伍部部有曲也今彭專軍別將有異於此兵事呼吸不容先關督帥且漢制棨戟即爲斧鉞於法不合罪有衣之戟曰棨集解惠棟曰漢雜事云有詔躬上殿令尚書令與公卿雜難躬曰督將受斧鉞稱令故得擅行法部尉別將行軍法何以明之躬對曰軍正校尉別將兵假斧鉞即得事軍法難者曰今不假故不得擅殺躬曰漢制假棨戟以當斧鉞議者皆屈帝從躬議又有兄弟共殺人者而罪未有所歸集解惠棟曰續漢書云共以繩絞殺人各持一端辜不可分帝以兄不訓弟故報兄重而減弟死中常侍孫章宣詔誤言兩報重尚書奏章矯制罪當腰斬集解惠棟曰漢律云矯詔大害要斬鄭氏章句云矯詔有害不害也陳羣新律序云賊律有矯制帝復召躬問之躬對章應罰金帝曰章矯詔殺人何謂罰金躬曰法令有故誤

〔集解〕惠棟曰張斐律表云知而犯之謂之故不意誤犯謂之過失章傳命之謬於事爲誤誤者其文則輕〔集解〕惠棟曰鄭衆云今律過失殺人不坐死帝曰章與囚同縣疑其故也躬曰周道如砥其直如矢詩小雅也如砥貢賦平如矢賞罰平君子不逆詐論語孔子之言君王法天刑不可以委曲生意帝曰善遷躬廷尉正坐法免後三遷元和三年拜爲廷尉躬家世掌法務在寬平及典理官〔集解〕官本考證曰舊本無典字決獄斷刑多依矜恕乃條諸重文可從輕者四十一事奏之事皆施行著于令章和元年赦天下繫囚在四月丙子以前減死罪一等勿笞詣金城而文不及亡命未發覺者躬上封事曰聖恩所以減死罪使戍邊者重人命也今死罪亡命無慮萬人廣雅曰無慮都凡也又自赦以來捕得甚衆而詔令不及皆當重論伏惟天恩莫不蕩宥死罪以下並蒙更生而亡命捕得獨不沾澤臣以爲赦前犯死罪而繫在赦後者可皆勿笞詣金城以全人命有益於邊肅宗善

之即下詔赦焉躬奏讞法科多所生全永元六年卒官中子晊亦明法律晊音質至南陽太守政有名迹弟子鎮

鎮字桓鍾少修家業辟太尉府再遷延光中爲尚書及中黃門孫程誅中常侍江京等而立濟陰王鎮率羽林士擊殺衞尉閻景以成大功事在宦者傳再遷尚書令太傅三公奏鎮冒犯白刃手劒賊臣姦黨殄殲宗廟以寧功比劉章章齊王肥子也高帝孫誅諸呂有功封朱虛侯也宜顯爵土以勵忠貞乃封鎮爲定潁侯食邑二千戶拜河南尹轉廷尉〔集解〕汪文臺曰初學記十二引華嶠書云鎮自廷尉左監遷廷尉免永建四年卒於家詔賜冢塋地長子賀〔集解〕惠棟曰謝承書云賀字惠公當嗣爵讓與小弟時而逃去積數年〔集解〕惠棟曰謝承書云逃匿三年詔大鴻臚下州郡追之賀不得已乃出受封累遷復至廷尉及賀卒順帝追思鎮功下詔賜鎮謚曰昭武侯賀曰成侯賀弟禎〔集解〕惠棟曰蔡邕橋公碑載廷尉郭貞私與公書公封書以聞貞以文章得用鬼薪公離司寇貞郎禎也亦以能法律至廷尉鎮弟子僖許其反〔集解〕惠棟曰依帝紀及後碑僖當作禧沈欽韓曰後碑禧字君房隸續云禧兄旻爲丹陽太守延熹元年卒少明習家業兼好儒學有名譽延熹中亦爲廷尉建武二年代劉寵爲太尉〔集解〕惠棟曰禧卒於光和二年夏五月甲寅見後碑禧子鴻至司隸校尉封成安鄉侯〔集解〕沈欽韓曰郭旻碑隸續鴻光和中爲五原太守鴻弟柔爲議郎郭氏自弘後數世皆傳法律子孫至公者一人廷尉七人侯者三人刺史二千石侍中中郎將者二十餘人侍御史正監平者甚衆順帝時廷尉河南吳雄季高〔集解〕惠棟曰雄河南原武人見孔廟置守廟百石碑袁紀作河問誤以明法律斷獄平起自孤宦致位司徒雄少時家貧喪母營人所不封土者擇葬其中喪事趣辦不問時日醫巫皆言當族滅而雄不顧〔集解〕劉攽曰案卜葬何關醫事明衍醫字也惠棟曰案華嶠書云雄不卜時日巫皆言其族滅及子訢孫恭三世廷尉爲法名家名爲明法之家〔集解〕先謙曰初學記十二引華嶠書云以法爲名家御覽二百三十一同初肅宗時司隸校尉下邳趙興亦不卹諱忌卹優也〔集解〕先謙曰官本注優作憂是每

入官舍輒更繕修館宇移穿改築故犯妖禁而家人爵祿益用豐熾官至潁川太守子峻太傅以才器稱孫安世魯相三葉皆爲司隸時稱其盛桓帝時汝南有陳伯敬者〔集解〕惠棟曰事見風俗通行必矩步坐必端膝呵叱狗馬終不言死目有所見不食其肉行路聞凶便解駕留止還觸歸忌則寄宿鄉亭陰陽書厤法曰歸忌日四孟在丑四仲在寅四季在子其日不可遠行歸家及徙也〔集解〕沈欽韓曰論衡辨祟篇塗上之暴尸未必出以往亡室中之殯柩未必還以歸忌年老寢滯不過舉孝廉後坐女壻亡吏太守邵夔怒而殺之〔集解〕惠棟曰夔河南人見周嘉傳時人罔忌禁者多談爲證焉罔無也

論曰曾子云上失其道民散久矣如得其情則哀矜而勿喜言人離散犯法乃自上之所爲非下之過當哀矜之勿以得情爲喜也見論語夫不喜於得情則恕心用恕心用則可寄枉直矣夫賢人君子斷獄其必主於此乎郭躬起自佐史小大之獄必察焉左傳曰小大之獄雖不能察必以情原其平刑審斷庶於勿喜

者乎若乃推己以議物捨狀以貪情（秦彭孫章不死爲推己亡命得減爲貪情也貪與探同也集解周壽昌曰釋名貪探也探入他分也易繫辭疏探謂闚探求取貪與探音義同故注取訓於此）法家之能慶延于世蓋由此也（集解王補曰東京讖緯之說啟自帝室當時牽拘忌諱如陳伯敬之比者何可勝數而吳雄趙興卓然不惑三人者弛禁懸殊而禍福相反范氏綴此於郭躬傳末用見家世刑法延慶累禩要在乎平恕而已區區忌禁之陋奚益乎以此祛世大惑不攻自醒宋世大儒著書以悟陰陽家言者綦詳而迷謬相承拘而多畏者如故也范氏其亦深戒之矣）

陳寵字昭公沛國洨人也（洨縣名故城在今泗州虹縣西南洨音戶交反集解先謙曰官本注戶作戶今鳳陽府靈璧縣南五十里）曾祖父咸成哀閒以律令爲尚書（集解惠棟曰謝承書云咸字子成爲廷尉監議入常從輕比多所全活東觀記曰以明律令爲侍御史）平帝時王莽輔政多改漢制咸心非之及莽因呂寬事誅不附己者何武鮑宣等（平帝時王莽輔政隔絕平帝外家不得至京師莽子宇恐帝長大後見怨教帝舅衞寶令帝母上書求入莽不許宇與婦兄呂寬謀以爲莽不可說而好鬼神乃夜以血灑莽第門以驚懼之事覺並誅死何武爲前將軍王莽先從武求舉武不敢鮑宣爲司隸免徙之上黨寬事起莽案鞫幷誅不附己者武與宣坐見誣中皆被誅並見前書）咸乃歎曰易稱君子見幾而作不俟終日

吾可以逝矣（幾者事之微吉凶之先見者逝往也）即乞骸骨去職及莽篡位召咸以爲掌寇大夫謝病不肯應（集解惠棟曰案王莽傳建國三年以咸爲講禮則咸嘗仕莽矣王補曰漢史姓名同者若公孫宏李固張禹梁松各二而陳咸則三一廢於成帝之綏和元年以憂死一仕於王莽始建國三年爲講禮皆見前書一求去於平帝之元始三年即范書此傳是也傳明言莽篡位召咸爲掌寇大夫謝病不肯應再徵稱病篤矣又曰三子皆在位悉令解官而惠注乃曰咸嘗仕莽將遂合宏固禹松爲一人邪誤矣）時三子參豐欽皆在位乃悉令解官父子相與歸鄉里閉門不出入猶用漢家祖臘（應劭風俗通曰共工之子好遠遊死爲祖神漢家火行盛於午故以午日爲祖也臘者歲終祭眾神之名臘接也新故交接故大祭以報功也漢火行衰於戌故臘用戌日也集解何焯曰祖臘猶言先祖相承所用之臘非祭名注誤惠棟曰案祖臘漢法也高堂隆魏臺訪議曰詔問何以用未祖丑臘臣隆對曰案月令孟冬十月臘先祖五祀謂薦田獵所得禽獸謂之臘左傳曰虞不臘矣唯見此二者而皆不書日聞先頵昫刪魏師說王者各以行之盛而祖以其終而臘水始生于申盛于子終于辰故水行之君以子祖辰臘火始生于寅盛于午終于戌故火行之君以午祖戌臘木始生于亥盛于卯終于未故木行之君以卯祖未臘金始生于巳盛于酉終于丑故金行之君以酉祖丑臘土始生于未盛于戌終于辰故土行之君以戌祖辰臘王莽自謂土德當用戌祖辰臘漢家火行以午祖以戌臘故咸用之豈得謂先祖相承所用之臘乎獻帝紀曰祖臘皆如漢制明皆祭名何氏之說斯謂陋矣先謙曰何說雖不稽古但下文止承臘言不得竟指爲陋從何不誤也）人問其故咸曰我先人豈知王氏臘乎其後莽復徵咸遂稱病篤於是乃收斂其家律令書文皆壁藏之咸性仁恕常戒子孫曰爲人議法當依於輕雖有百金之利慎無與人重比（集解沈欽韓曰王制鄭注已行故事曰比）建武初欽子躬爲廷尉左監早卒躬生寵明習家業少爲州郡吏辟司徒鮑昱府是時三府掾屬專尚交遊以不肯視事爲高（集解先謙曰御覽二百四十九引華嶠書云不肯視事但出入養虛）寵常非之獨勤心物務數爲昱陳當世便宜昱高其能轉爲辭曹掌天下獄訟（續漢志曰三公掾屬二十四人有辭曹主訟事也）其所平決無不厭服眾心時司徒辭訟久者數十年事類溷錯易爲輕重不良吏得生因緣（因緣謂依附以生輕重也）寵爲昱撰辭訟比七卷決事科條皆以事類相從昱奏上之其後公府奉以爲法（集解沈欽韓曰晉刑法志司徒鮑公撰嫁娶辭訟決爲法比都目）三遷肅宗初爲尚書

是時承永平故事吏政尚嚴切尚書決事率近於重寵以帝新即位宜改前世苛俗乃上疏曰臣聞先王之政賞不僭刑不濫與其不得已寧僭不濫（事見左傳晉大夫聲子辭）故唐堯著典眚災肆赦（尚書舜典之辭也眚過也災害也肆緩也言過誤有害當緩赦也集解惠棟曰眚災肆赦舜受終以後事而稱唐堯著典者以其在堯典故也舜雖創法實終堯事故舜事冠以唐堯晉豫章內史梅賾始分慎徽五典以下爲舜典後人襲其訛遂以眚災肆赦爲舜典之辭也）周公作戒勿誤庶獄（尚書立政之辭也言文子文孫從今以往惟以正道理眾獄勿誤也）伯夷之典惟敬五刑以成三德（三德剛柔正直尚書呂刑曰伯夷降典折民惟刑惟敬五刑以成三德）由此言之聖賢之政以刑罰爲首（集解王補曰此下袁宏紀有咨歎相戒者重刑之至也）往者斷獄嚴明所以威懲姦慝姦慝既平必宜濟之以寬（濟益也）陛下即位率由此義數詔羣僚弘崇晏晏（晏晏溫和也尚書考靈燿曰堯聰明文塞晏晏）而有司執事未悉奉承典刑用法猶尚深刻斷獄者急於篣格酷烈之痛（篣即榜也古字通用聲類曰笞也說文曰格擊也集解惠棟曰篣東觀記作榜故云篣即榜也淮南子云身枕格而死高誘云格榜牀也榜之于格上枕）

格而死杭音尤訓格爲擊失之執憲者煩於詆欺放濫之文或因公行私逞縱威福夫爲政猶張琴瑟大弦急者小弦絕故子貢非臧孫之猛法而美鄭喬之仁政臧孫魯大夫行猛政子貢非之曰夫政猶張琴瑟也大弦急則小弦絕矣故曰罰得則姦邪止賞得則下歡悅子之賊心見矣獨不聞子產之相鄭乎推賢舉能抑惡揚善有大略者不問其短有厚德者不非小疵家給人足囹圄空虛子產卒國人皆叩心流涕三月不聞竽琴之音其生也見愛死也可悲故曰德莫大於仁禍莫大於刻今子病而人賀子愈而人相懼曰嗟乎何命之不善臧孫慙而避位終身不出見新序集解錢大昕曰春秋傳喬作僑古人名字恒相應產者生也木高曰喬有生長之義故名喬字子產後人增加人旁先謙曰官本注不善下有子又不死四字詩云不剛不柔布政優優優優和也方今聖德充塞假于上下假至也音格上下天地也宜隆先王之道蕩滌煩苛之法輕薄箠楚以濟羣生全廣至德以奉天心帝敬納寵言每事務於寬厚其後遂詔有司絕鉆鑽諸慘酷之科蒼頡篇曰鉆持也說文曰鉆鐵鉗也其炎反鉗音陟葉反鑽臏刑謂鑽去其臏骨也鑽音作喚反解妖惡之禁除文致之請讞五十餘事定著于令文致謂前人無罪文飾致於法中也是後人俗和平屢有

嘉瑞漢舊事斷獄報重常盡三冬之月報論也重死刑也是時帝始改用冬初十月而已元和二年旱長水校尉賈宗等上言集解惠棟曰東觀記云宗字武孺復少子以爲斷獄不盡三冬故陰氣微弱陽氣發泄招致災旱事在於此帝以其言下公卿議寵奏曰夫冬至之節陽氣始萌故十一月有蘭射干芸荔之應易通卦驗曰十一月廣莫風至則蘭射干生月令仲冬日短則陰陽爭諸生蕩芸始生荔挺出射音夜即今之烏扇也芸香草荔馬薤集解先謙曰官本日短下則作至是時令曰諸生蕩安形體時令月令也蕩動也仲冬一陽爻生草木皆欲萌動也禮記月令仲冬諸生蕩君子齋戒安形性也集解沈欽韓曰此漢所引月令也鄭[illegible]百官志司隸校尉有月令師天以爲正周以爲春正春皆始也十一月萬物微而未著天以爲正而周以爲歲首十二月陽氣上通雉雊雞乳地以爲正殷以爲春十二月二陽爻生鴈北鄉陽氣上通諸生皆動始萌互地以爲正殷以爲歲首也月令季冬雉雊雞乳也十三月陽氣已至天地已交萬物皆出蟄蟲始振人以爲正夏以爲春十三月今正月也天子迎春東郊陰陽交合萬物皆出於地人始初見故曰人以爲正夏以爲歲首也月令孟春天氣下降地氣上騰天地和同草木萌動東風解凍蟄蟲始振也三微成著以通三統統者統一歲之事王者三正遞用周環無窮故曰通三統三禮義宗曰三微三正也言十一月陽氣始施萬物動於黃泉之下微而未著其色皆赤赤者陽氣故周以天正爲歲色尚赤夜半爲朔十二月萬物始牙色白白者陰氣故殷以地正爲歲色尚白雞鳴爲朔十三月萬物始達其色皆黑人得加功以展其業夏以人正爲歲色尚黑平旦爲朔故曰三微王者奉而成之各法其一以改正朔也易乾鑿度曰三微而成著三著而體成當此之時天地交萬物通也集解惠棟曰易乾鑿度云天氣三微而成一著三著而成一體鄭元注云五日爲一微十五日爲一著冬至陽始生積十五日一至小寒爲一著至大寒爲二著至立春爲三著凡四十五日而成一節則泰卦用事也三著者三王各用其一故云以通三統鄭氏又義一說曰三微而成一著一爻也三著成體乃泰卦也是則十日爲微一月爲著復周也臨殷也泰夏也亦合于三統之義崔氏以三微爲三正其說未盡故備述之周以天元殷以地元夏以人元若以此時行刑則殷周歲首皆當流血不合人心不稽天意月令曰孟冬之月趣獄刑無留罪臣賢案月令及淮南子皆言季秋趣獄刑無留罪今言孟冬未詳其故集解何焯曰下文云畢在立冬則孟冬者當作季秋明大刑畢在立冬也又孟冬之月身欲甯事欲靜月令仲冬君子齋戒身欲甯事欲靜以待陰陽之所定也集解劉攽曰案文并注意孟當作仲若以降威怒不可

謂甯若以行大刑不可謂靜議者咸曰旱之所由咎在改律臣以爲殷周斷獄不以三微而化致康平無有災害自元和以前皆用三冬而水旱之異往往爲患由此言之災害自爲它應不以改律秦爲虐政四時行刑聖漢初興改從簡易蕭何草律季秋論囚俱避立春之月草謂創造之也論決也而不計天地之正二王之春實頗有違言蕭何不論天地之正及殷周之春實乖正道陛下探幽析微允執其中允信也中正也言信執中正之道語見尚書革百載之失建永年之功尚書曰立功立事可以永年上有迎承之敬下有奉微之惠三正之月不用斷獄敬承天意奉順三微也稽春秋之文當月令之意春秋於春每月書王所以通三統也何休注云二月三月皆有王者二月殷正月三月夏正月也聖功美業不宜中疑書奏帝納之遂不復改寵性周密集解惠棟曰東觀記云寵性純淑周密重慎時有所表薦輒自手書削草人莫得知時賜劍得鍛成以其敦朴棟案周亦密也荀子正論云上周密則下疑元矣楊倞註云周密也蓋主道宜明臣道周密以法天地也常稱人臣之義苦不畏慎自在樞機謝遣門人拒

絕知友唯在公家而已朝廷器之器重也皇后弟侍中竇憲臣賢案竇后紀及憲傳並云竇憲后兄今諸本皆言弟蓋誤也薦眞定令張林爲尚書帝以問寵寵對林雖有才能而素行貪濁憲以此深恨寵林卒被用而以臧汙抵罪及帝崩憲等秉權常銜寵乃白太后令典喪事欲因過中之黃門侍郎鮑德集解惠棟曰德文淵子一作得素敬寵說憲弟夏陽侯瓌曰陳寵奉事先帝深見納任故久留臺閣賞賜有殊今不蒙忠能之賞而計幾微之故幾微也微細也集解先謙曰官本微也作微言是誠傷輔政容貸之德瓌亦好士深然之故得出爲太山太守後轉廣漢太守西州豪右幷兼吏多姦貪訴訟日百數寵到顯用良吏王渙鐔顯等以爲腹心鐔音徒南反集解惠棟曰華陽國志云顯字子誦廣漢郪人也顯與王稚子同見察于太守陳司空歷豫州刺史光祿大夫侍中衞尉訟者日減郡中淸肅先是洛縣城南洛縣名故城在今益州雒縣南也集解官本考證曰縣字監本誤作雒陽從宋本改錢大昕曰洛當作雒廣漢郡治所每陰雨常有哭聲聞於府中積數十年寵

聞而疑其故使吏按行還言世衰亂時此下多死亡者而骸骨不得葬儻在於是寵愴然矜歎卽敕縣盡收斂葬之自是哭聲遂絕及竇憲爲大將軍征匈奴公卿以下及郡國無不遣吏子弟奉獻遺者而寵與中山相汝南張郴光武子中山王焉相也東平相應順東平王蒼孫敞之相也集解錢大昕曰應順亦汝南人奉之曾大父也其爲東平相遷左馮翊則奉傳所未及載守正不阿後和帝聞之擢寵爲大司農郴太僕順左馮翊永元六年寵代郭躬爲廷尉性仁矜及爲理官數議疑獄集解先謙曰東觀記云有疑獄輒手筆作議所活者甚多常親自爲奏每附經典務從寬恕帝輒從之濟活者甚眾其深文刻敝於此少衰寵又鉤校律令條法溢於甫刑者除之鉤猶動也前書曰鉤校得其姦贓鉤音工侯反溢出也孔安國注尚書曰呂侯後爲甫侯故或稱甫侯也集解先謙曰官本注甫侯也作刑是曰臣聞禮經三百威儀三千禮記曰禮經三百曲禮三千鄭玄注云禮篇多亡本數未聞其中事儀有三千也故甫刑大辟二百五刑之屬三千禮之所去刑之所取去禮之人刑以加之故曰取也失禮則入刑相爲表裏者也今律令死刑六百一十耐罪千六百九十八耐者輕刑之名也贖罪以下二千六百八十一溢於甫刑者千九百八十九其四百一十大辟千五百耐罪七十九贖罪春秋保乾圖曰王者三百年一蠲法漢興以來三百二年憲令稍增科條無限又律有三家其說各異集解沈欽韓曰晉刑法志後人生意各爲章句叔孫宣郭令卿馬融鄭玄諸儒章句十有餘家宜令三公廷尉平定律令應經合義者可使大辟二百而耐罪贖罪二千八百幷爲三千悉刪除其餘令集解惠棟曰東觀記其餘千九百八十九事悉可詳除與禮相應以易萬人視聽以致刑錯之美集解先謙曰官本錯作措傳之無窮未及施行會坐詔獄吏與囚交通抵罪詔特免刑拜爲尚書遷大鴻臚寵歷二郡三卿所在有迹見稱當時十六年代徐防爲司空集解沈欽韓曰書鈔華嶠書云故事屬籍不通賓客以防交關寵去籍通客以明無所不受論者大之惠棟曰時朱倀荀遷共爲寵掾屬也寵雖傳法律而兼通經書奏議溫粹號爲任

職相在位三年薨以太常南陽尹勤代爲司空勤字叔梁篤性好學屛居人外荊棘生門時人重其節集解惠棟曰東觀記云勤治韓詩事薛漢身牧豕事親至孝無有交遊後以定策立安帝封福亭侯五百戶永初元年以雨水傷稼策免就國病卒無子國除寵子忠

忠字伯始永初中辟司徒府三遷廷尉正廷尉屬官也秩千石以才能有聲稱司徒劉愷舉忠明習法律宜備機密於是擢拜尚書使居三公曹成帝置五尚書三公曹尚書主斷獄也忠自以世典刑法用心務在寬詳初父寵在廷尉上除漢法溢於甫刑者未施行上音時掌反及寵免後遂寢而苛法稍繁人不堪之忠略依寵意奏上二十三條爲決事比比例也必寐反以省請讞之敝又上除蠶室刑蠶室宮刑名也或云犗刑也音奇敗反作窨室畜火如蠶室說文曰犗騬牛也騬音繩漢舊儀注曰少府若盧獄有蠶室也解臧吏三世禁錮狂易殺人得減重論狂易謂狂而易性也母子兄弟相代死聽赦所代者事皆施行集解先謙

曰忠以罪疑惟輕議活人爲應劭所駮見劭傳及鄧太后崩安帝始親朝事忠㠯爲臨政之初宜徵聘賢才㠯宣助風化數上薦隱逸及直道之士馮良周燮杜根成翊世之徒集解惠棟曰良燮事見周燮傳於是公車禮聘良燮等集解先謙曰忠薦光祿郎周興見周榮傳後連有災異詔舉有道公卿百僚各上封事忠㠯詔書既開諫爭慮言事者必多激切或致不能容乃上疏豫通帝意曰臣聞仁君廣山藪之大納切直之謀左氏傳曰川澤納汙山藪藏疾瑾瑜匿瑕國君含垢天之道也忠臣盡謇諤之節不畏逆耳之害史記曰趙簡子有臣周舍好直諫周舍死簡子曰吾聞千羊之皮不如一狐之腋衆人之唯唯不如周舍之諤諤家語孔子曰忠言逆耳而利於行也是㠯高祖舍周昌桀紂之譬周昌爲御史大夫嘗燕入奏事高帝方擁戚姬昌走出高帝逐得騎昌項問曰我何如主也昌仰曰陛下桀紂之主也上笑不之罪孝文嘉爰盎人豕之譏文帝幸慎夫人常與皇后同坐後幸上林慎夫人從盎爲中郎將郤慎夫人坐慎夫人怒不坐帝亦起盎前說曰陛下爲慎夫人適所以禍之也獨不見人豕乎上大悅人豕解見皇后紀集解蘇輿曰人豕本作人彘章懷避高宗嫌名改皇后紀注作彘當是後人回改武帝納東方朔宣室之正武帝爲館陶公主私人董偃置酒宣室東方朔爲太中大夫諫曰不可夫宣室者先帝之正處也非法度之正不得入焉上曰善更置酒北宮

元帝容薛廣德自刎之切元帝酎祭宗廟出便門欲御樓船御史大夫薛廣德當車免冠諫曰宜從橋詔曰大夫冠廣德曰陛下不聽臣臣自刎以血汙車輪帝乃從橋集解先謙曰官本注酎作酎是昔晉平公問於叔向曰國家之患孰爲大對曰大臣重祿不極諫小臣畏罪不敢言下情不上通此患之大者公曰善於是下令曰吾欲進善有謁而不通罪至死此已上皆見新序今明詔崇高宗之德高宗殷王武丁也有雊登鼎耳而雊懼而修德位以永年推宋景之誠史記曰宋景公時熒惑守心星太史子韋請移之大臣國人與歲公皆不聽天感其誠熒惑爲之退三舍也引咎克躬諮訪羣吏言事者見杜根成翊世等新蒙表錄顯列二臺謂杜根爲侍御史成翊世爲尚書郎也集解通鑑胡注漢制尚書御史皆曰臺必承風響應爭爲切直若嘉謀異策宜輒納用如其管穴妄有譏刺管穴言小也史記扁鵲曰若以管窺天以隙視文隙郤穴也雖苦口逆耳不得事實且優游寬容㠯示聖朝無諱之美若有道之士對問高者宜垂省覽特遷一等㠯廣直言之路書御集解通鑑胡注御進也書進而經覽也有詔拜有道高第士沛國施延爲侍中集解通鑑胡注姓譜魯大夫施伯出於魯惠公之子子尾字施父延後位至太尉謝承書曰延字君子蘄縣人也少爲諸生明於五經星官風角靡有不綜家貧母老周流傭賃常避地於廬江臨湖縣種瓜後到吳郡海鹽取卒月直賃作半路亭父以養其母是時吳會未分山陰馮敷爲督郵到縣延持篇往敷知其賢者下車謝使人亭請與飲食脫衣與之餉餞不受順帝徵拜太尉年七十六薨集解王會汾曰父字一本作卒案前書音義云亭有兩卒其一亭父掌開閉掃除其一求盜掌逐捕盜賊此下文云持篲往則知爲亭父無疑惠棟曰盧熊云延墓在吳興沈欽韓曰王象之輿地紀勝半邏市在嘉興府海鹽縣西北三十五里昔云半路亭今訛爲半邏先謙曰官本篇作篲是餞當作錢常侍江京李閏等皆爲列侯共秉權任帝又愛信阿母王聖封爲野王君忠內懷懼懣而未敢陳諫乃作搢紳先生論㠯諷文多故不載搢插也紳大帶也自帝即位㠯後頻遭元二之戹元二解見鄧騭傳集解惠棟曰洪适以元二爲元元年二年周壽昌曰章懷注以元二爲重文作元元解趙明誠金石錄洪邁隸釋已詳辨其非是惠氏備引之此文元二亦謂安帝即位永初元年二年也此兩年之戹詳本紀可據不得循章懷舊注作元元解先謙曰官本頓作頻是百姓流亡盜賊並起郡縣更相飾匿

莫肯糾發更相文飾隱匿盜賊也忠獨㠯爲憂上疏曰臣聞輕者重之端小者大之源故隄潰蟻孔氣泄鍼芒韓子曰千丈之隄以螻蟻之穴而潰黃帝素問曰鍼頭如芒氣出如筐也集解惠棟曰揚雄幽州牧箴云隄潰蟻穴氣漏鍼芒是㠯明者慎微智者識幾書曰小不可不殺尚書康誥曰有厥罪小乃不可不殺詩云無縱詭隨㠯謹無良詩大雅也詭詐委隨之人不可縱宜即罪之用謹敕不善之人也蓋所㠯崇本絕末鉤深之慮也集解惠棟曰易繫辭云探賾索隱鉤深致遠虞翻注云賾初也初隱未見故探賾索隱初深故曰鉤深致遠謂乾棟案上云明者慎微智者識幾則鉤深亦慎微識幾之義易爲王弼韓康伯孔穎達所亂故宋元以後解經多不合漢法臣竊見元年㠯來盜賊連發攻亭劫掠多所傷殺夫穿窬不禁則致彊盜論語孔子曰色厲而內荏其猶穿窬之盜乎彊盜不斷則爲攻盜攻盜成羣必生大姦故亡逃之科憲令所急集解惠棟曰在捕律至於通行飲食罪至大辟通行飲食猶今律云過致資給與同罪也飲音蔭食音寺而頃者㠯來莫㠯爲憂州郡督錄怠慢長吏防禦不肅皆欲採獲虛名諱㠯盜賊爲負雖有發覺不務清澄至有逞威濫怒

無辜僵仆或有跼蹐比伍轉相賦斂說文曰蹐小步也言跼身小步畏吏之甚也或隨吏追赴周章道路是以盜發之家不敢申告鄰舍比里共相壓迮迮迫也或出私財以償所亡其大章著不可掩者乃肯發露陵遲之漸遂且成俗寇攘誅咎皆由於此寇攘寇盜攘竊也尚書曰無敢寇攘也集解劉攽曰案文但言寇攘誅不成文理當有一逋字先謙曰官本注首無寇攘二字前年渤海張伯路集解惠棟曰永初二年事可以爲至戒覆車之軌其迹不遠蓋失之末流求之本源宜糺增舊科以防來事自今彊盜爲上官若它郡縣所糺覺一發部吏皆正法上官謂郡府也若及也部吏謂督郵游徼也正法依法也集解沈欽韓曰注云督郵游徼案督郵是郡職縣自有督盜賊掾亭長游徼尉貶秩一等令長三月奉贖罪二發尉免官令長貶秩一等三發以上令長免官便可撰立科條處爲詔文切敕刺史嚴加糺罰冀以猛濟寬驚懼姦慝頃季夏大暑而消息不協前書音義曰息卦曰太陽消卦曰太陰其餘雜卦曰少陰少陽集解惠棟曰卦氣之說乾坤各六主十二月乾六爻爲息坤六爻爲消每月譬一卦如復姤等是也

消息爲辟卦其餘爲雜卦消息不協者謂風雨寒温不應卦也寒氣錯時水漏爲變集解先謙曰官本漏作痛是天之降異必有其故所舉有道之士可策問國典所務王事過差令處煖氣不效之意庶有讜言以承天誡元初三年有詔大臣得行三年喪服闋還職忠因此上言孝宣皇帝舊令集解惠棟曰宣帝地節四年詔後遂著爲令也人從軍屯及給事縣官者大父母死未滿三月皆勿徭令得葬送請依此制太后從之至建元中尚書令祝諷祝或作祋集解劉攽曰案文祝當作役惠棟曰案來歷傳及華陽國志皆作祋洪頤煊曰歷傳李注祋丁外反鄧騭傳亦作祋諷尚書孟布等奏以爲孝文皇帝定約禮之制約儉也孝文皇帝崩遺詔薄葬以日易月凡三十六日釋服後以爲故事集解蘇輿曰孝文創禮乃已葬後服喪三十六日釋服翟方進傳可證自荀爽對策應劭注漢書有以日易月之說世沿其誤而唐元肅二宗之喪且降三十六日爲二十七日以合月數矣此注以日易月爲出遺詔卽用爽語光武皇帝絕告寍之典前書音義曰告寍休謁之名吉曰告凶曰寍古者名吏休假曰告吏二千石有子告賜告子告在官有功法所當得也賜告病三月當免天子優賜其告使帶印綬將官屬歸家養疾也貽則萬世誠不可改宜復建

武故事集解惠棟曰唐六典云建武有律令故事上中下三篇皆刑法制度也隋經籍志云建武律令故事二卷忠上疏曰臣聞之孝經集解王補曰袁宏紀作昔先王孝治天下始於愛親終於哀戚上自天子下至庶人尊卑貴賤其義一也夫父母於子同氣異息一體而分三年乃免於懷抱集解惠棟曰馬融論語注云子生三歲爲父母所懷抱先聖緣人情而著其節制服二十五月是以春秋臣有大喪君三年不呼其門閔子雖要絰服事以赴公難退而致位以究私恩故稱君使之非也臣行之禮也自此已上至臣有大喪並公羊傳之文也閔子騫孔子弟子也遭喪君使之從軍騫乃要絰而服以從軍役事了退家致位喪次極盡私恩故君使之雖非臣從君命有禮也周室陵遲禮制不序蓼莪之人作詩自傷曰缾之罄矣惟罍之恥小雅蓼莪之詩也蓼蓼長大貌也莪蘿也言孝子憂思中心不精不識莪蘿誤以爲蒿也其詩曰蓼蓼者莪匪莪伊蒿哀哀父母生我劬勞缾之罄矣惟罍之恥注云缾小而罍大也罄盡也缾小而盡罍大而盈言爲罍恥者刺幽王不使富分貧眾恤寡也言己不得終竟子道者亦上之恥也高祖受命蕭何創制大臣有寍告之科合於致憂之義論語曾子

曰吾聞夫子人未有自致者也必也親喪乎集解惠棟曰漢律不爲親行三年服不得察舉顏師古云寍謂處家持喪服建武之初新承大亂凡諸國政多趣簡易大臣既不得告寍而羣司營祿念私鮮循三年之喪以報顧復之恩者禮義之方實爲彫損集解王補曰袁宏紀此下有仁道無遠宏之卽是大漢之興雖承衰敝而先王之制稍以施行故藉田之耕起於孝文文帝二年詔曰農天下之本也其開藉田也孝廉之貢發於孝武武帝元光元年初令郡國舉孝廉郊祀之禮定於元成元帝成帝時匡衡韋玄成定迭毀郊祀之禮也三雍之序備於顯宗三雍明堂辟雍靈臺也雍和也解見明紀也大臣終喪成乎陛下謂安帝詔大臣得行三年喪也聖功美業靡以尚茲孟子有言老吾老以及人之老幼吾幼以及人之幼天下可運於掌言敬吾老亦敬人之老愛吾幼亦愛人之幼有敬愛之心則天下歸順之也運掌言易也臣願陛下登高北望以甘陵之思揆度臣子之心則海內咸得其所甘陵安帝母陵在清河故言北望也宦豎不便之竟寢忠奏而從諷布議遂著于令忠以久次轉爲僕射時帝數遣黃門常

侍及中使伯榮往來甘陵伯榮帝乳母王聖女也而伯榮負寵驕蹇所經郡國莫不迎爲禮謁又霖雨積時河水涌溢百姓騷動忠上疏曰臣聞位非其人則庶事不敘庶事不敘則政有得失政有得失則感動陰陽妖變爲應陛下每引災自厚不責臣司臣司狃恩莫以爲負狃音女九反詩曰將叔無狃注云狃習也言屢被恩貸不以災變爲憂負也故天心未得隔并屢臻隔并謂水旱不節也尚書曰一極備凶一極亡凶并音必姓反集解沈濤曰順帝紀政失厥和陰陽隔并鄭顗傳若令雨可請降水可禳止則歲無隔并翟酺傳注引益部耆舊傳曰時詔問酺陰陽失序水旱隔并皆以隔并爲災歎之名元氏祀三公山碑遭羅羌寇蝗旱鬲并鬲并即隔并乃東漢人恒語靑冀之域淫雨漏河漏溢也徐岱之濱海水盆溢集解周壽昌曰祭義夫人繅三盆手釋文盆淹也盆即溢前書溝洫志云是歲渤海淸河信都河水盆溢盆溢同兗豫蝗蝝滋生蝝蝗子也荆揚稻收儉薄幷涼二州羌戎叛戾加以百姓不足府帑虛匱自西徂東杼柚將空杼柚謂機也小雅大東詩曰小東大東杼柚其空也臣聞洪範五事一曰貌貌以恭恭作肅貌傷則狂而致常雨洪範五行傳辭春

秋大水皆爲君上威儀不穆臨莅不嚴臣下輕慢貴倖擅權陰氣盛彊陽不能禁故爲淫雨陛下以不得親奉孝德皇園廟孝德皇安帝父淸河王慶也比遣中使致敬甘陵朱軒駢馬相望道路可謂孝至矣朱軒車使者所乘軿竝也集解惠棟曰尚書大傳唐傳云未命爲士不得朱軒軿馬鄭元注軒輿也士以朱飾軿倂也然臣竊聞使者所過威權翕赫震動郡縣王侯二千石至爲伯榮獨拜車下儀體上僭侔於人主長吏惶怖譴責或邪諂自媚發人修道繕理亭傳多設儲跱徵役無度儲積也跱具也老弱相隨動有萬計賂遺僕從人數百匹集解周壽昌曰布帛故以匹計也本紀中書賜帛若干匹可證上云杼柚將空卽指此頓踣呼嗟莫不叩心河間託叔父之屬河間王開安帝叔也淸河有陵廟之尊淸河王延平也陵廟所在故曰尊及剖符大臣皆猥爲伯榮屈節車下陛下不問必以陛下欲其然也伯榮之威重於陛下陛下之柄在於臣妾水災之發必起於此昔韓嫣託副車之乘受馳視之使江都誤爲一拜而嫣受毆刀之誅韓嫣弓高侯之孫也得幸於武帝武帝獵上林中先使嫣乘副車從數十百騎馳視獸江都王望見以爲天子伏謁道傍嫣驅不見王怒爲皇太后泣言太后銜之後嫣出入永巷以姦聞太后賜嫣死也集解先謙曰官本毆作歐是臣願明主嚴天元之尊正乾剛之位天元猶乾元也易曰大哉乾元也職事巨細皆任賢能不宜復令女使干錯萬機重察左右得無石顯泄漏之姦石顯字君房少時坐法腐刑爲中書令元帝委以政事公卿畏之重足一迹顯恐天子一旦納用左右間己乃取一言爲驗上嘗使至諸宮徵發先白上恐漏盡宮門閉請詔開門上許之顯故投夜還詔開宮門後果有上書告顯矯詔開宮門天子聞之笑顯泣曰陛下過私小臣屬任以事羣下無不嫉妒欲陷害者唯明主能知之上以爲然而憐之尚書納言得無趙昌譖崇之詐鄭崇哀帝時爲尚書僕射數諫爭帝不許尚書令趙昌佞諂因奏崇與宗族通疑有姦上怒下崇獄死獄中也公卿大臣得無朱博阿傅之援哀帝時博爲丞相承傅太后指奏免大司馬傅喜哀帝怒下博獄殺自外屬近戚得無王鳳害商之謀成帝舅王鳳爲大將軍專權驕僭王商爲丞相論議不能平鳳陰求商短使人上書告商閨門內事商坐免王商宣帝舅樂昌侯王武之子非成帝舅成都侯也若國政一由帝命王事每決於己則下不得偪上臣不得干君常雨大水必當

霽止霽亦止也四方衆異不能爲害書奏不省時三府任輕機事專委尚書而災眚變咎輒切免公台切責也集解惠棟曰仲長統昌言云光武皇帝慍數世之失權忿彊臣之竊命矯枉過直政不任下雖置三公事歸臺閣自此以來三公之職備員而已然政有不理猶加譴責忠以爲非國舊體上疏諫曰臣聞君使臣以禮臣事君以忠論語孔子對魯定公之辭也故三公稱曰冢宰王者待以殊敬在輿爲下御坐爲起漢舊儀云皇帝見丞相起謁者贊稱曰皇帝爲丞相起立乃坐皇帝在道丞相迎謁者贊稱曰皇帝爲丞相下輿立乃升車入則參對而議政事出則監察而董是非董督也漢典舊事丞相所請靡有不聽今之三公雖當其名而無其實選舉誅賞一由尚書尚書見任重於三公陵遲以來其漸久矣臣忠心常獨不安是故臨事戰懼不敢穴見有所興造穴見言不廣也又不敢希意同僚以謬平典而謗讟日聞罪足萬死近以地震策免司空陳褒褒字伯仁盧江人也今者災異復欲切讓三公昔孝成皇帝以妖星守心移咎丞相使賁麗納說方進

方進自引卒不蒙上天之福成帝時熒惑守心議郎李尋奏記丞相翟方進曰唯君侯盡節轉凶方進憂不知所出有郎賁麗善爲星言大臣宜當之上乃召見方進賜養牛上尊酒令審處焉方進即日自殺賁音肥徙乖宋景之誠解見前文言景公有災身自引咎成帝不然故曰徙也故知是非之分較然有歸矣又尚書決事多違故典罪法無例詆欺爲先文慘言醜有乖章憲宜責求其意集解先謙曰責如簿責謂問也割而勿聽上順國典下防威福置方員於規矩審輕重於衡石衡秤衡也三十斤爲鈞四鈞爲石也集解通鑑胡注言決事當依典法也誠國家之典萬世之法也忠意常在褒崇大臣待下㠯禮其九卿有疾使者臨問加賜錢布皆忠所建奏頃之遷尚書令集解惠棟曰案律歷志忠延光三年爲尚書令也先謙曰東觀記云爲尚書令數進忠言詞采鴻麗前後所奏悉上于官閣以爲故事疏曰語云迎新千里送舊不出門案所云詞采鴻麗者郎謂上數疏乃前爲尚書時也此疏范書不載前後文闕未知何指延光三年拜司隸校尉糾正中官外戚賓客近倖憚之不欲忠在內明年出爲江夏太守復留拜尚書令會疾卒初太尉張禹司徒防集解先謙曰官本防上有徐字是欲與忠父寵共奏追封和熹皇后父護羌校尉鄧訓寵㠯先世無奉請故事爭之連日不能奪乃從二府議又訓追加封謚禹防復約寵俱遣子奉禮於虎賁中郎將鄧騭寵不從騭心不平之故忠不得志於鄧氏及騭等敗衆庶多怨之集解何焯曰怨當作究而忠數上疏陷成其惡遂詆劾大司農朱寵順帝之爲太子廢也諸名臣來歷祝諷等守闕固爭時忠爲尚書令與諸尚書復共劾奏之及帝立司隸校尉虞詡追奏忠等罪過當世㠯此譏焉

論曰陳公居理官則議獄緩死相劾主則正不借寵集解劉攽曰案文不當作下謂正下之借事也然陳寵無正借寵之事陳忠乃有言伯榮疏論說似誤也可謂有宰相之器矣忠能承風亦庶乎明慎用刑而不留獄然其聽狂易殺人集解惠棟曰廷尉決事云河內太守上民張太有狂病病發殺母弟應梟首遇赦謂不當除之梟首如故是漢律狂易殺人無末減之條忠議聽之者非也開父子兄弟得相代死集解何焯曰聽相代而赦所代應劾驗之斯大謬矣是則不善人多幸而善人常代其禍進退無所措也

贊曰陳郭主刑人賴其平寵矜枯胔躬斷㠯情忠用詳密損益有程程品式也謂彊盜發敗黜令長各有科條故曰程也施于孫子且公且卿施延也音羊豉反

郭陳列傳第三十六終

後漢書集解卷四十六校補

郭躬傳太守寇恂召宏爲決曹掾 侯康曰御覽四百六十三引謝承書云郭宏爲郡上計吏正月朝觀宏進殿下謝祖宗受恩言辭辯麗專對移時天子曰潁川乃有此辯士邪子貢晏嬰何以加之羣公屬目卿士歎伏又云郭宏爲郡上計吏朝廷問宏潁川風俗所尚土地所出先賢將相儒林文學之士宏援經以對陳事荅問出言如浮引義如流

永平中奉車都護竇固出擊匈奴集解先謙曰官本護作尉是 錢大昭曰護當作尉南監本不誤 騎都尉秦彭爲副至請誅之 案循吏傳秦賓副駙馬都尉耿秉非副竇固明紀永平十五年十二月遣竇固耿秉屯涼州十六年二月固出酒泉秉出居延伐北匈奴本各爲一路竇融傳明載耿忠爲固副彭爲秉副耿弇傳亦載秉永平十五年拜駙馬都尉十六年以騎都尉秦彭爲副與奉車都尉竇固等俱伐北匈奴此傳乃以彭爲固副誤也當由固以秉彭同役無功奏劾及之

一統於督者謂在部曲也注前書音義曰大將軍行有伍部部有曲也 柳從辰曰續百官志領軍皆有部曲部校尉一人部下有曲曲有軍侯一人案在部曲者謂在所領部曲之內彭既專軍別將亦一領軍督將矣其所領部曲有罪彭正得專之也

中子晊 官本文注晊均作晊

建武二年代劉寵爲太尉 錢大昭曰建武當作建寧南監本不誤案官本亦作建寧 禧子鴻 案僖禧岐出各本皆同

廷尉七人 錢大昭曰據本傳所載止五人

則哀矜而勿喜注見論語 官本注末有也字

恕心用則可寄枉直矣 案中論云枉直以相舉託之乎隨時蓋論語能使枉者直推及皋陶伊尹古義本如此枉原譌往已正官本不誤

法家之能慶延于世蓋由此也集解王補曰東京讖緯之說啟自帝室當時牽拘忌諱如陳伯敬之比者何可勝數 案大詳而衆忌諱使人拘而多畏是爲陰陽家說讖緯依於七經乃儒家之支流取驗前言號曰內學並無臨時之趨避光武雖至以讖決事然恢豁大度同符高祖不聞拘牽忌諱也拘忌小數前世起於孝武而極於新莽莽自始篡即好爲厭勝旋席隨斗幾至裂支班書載之詳矣范書雖概屏於方技要其所傳豈當有陳伯敬之比者哉

陳寵傳曾祖父咸集解惠棟曰謝承書云咸字子成爲廷尉監議入常從輕比 柳從辰曰今御覽二百三十一引謝承書成作咸入作人案入作人非也

及莽篡位召咸以爲掌寇大夫謝病不肯應集解惠棟曰案王莽傳至誤矣 案前書莽傳載莽始建國元年收捕長安狂女子碧殺之治者掌寇大夫陳成自免去官此陳成當即陳咸之誤三年莽以沛郡陳咸爲講禮祭酒則又復徵到官矣前漢沛不爲國故謂咸爲郡人耳陳萬年亦沛郡相人其子咸亦黨附王氏然自莽發洎于長罪連及王立被遣就國咸以立黨亦被斥歸數年以憂卒則爲莽講禮祭酒者自即寵曾祖父咸也班氏父子親更莽亂而前書王貢兩龔鮑傳附載諸不仕莽者既不數咸光武中興昭顯忠節而寵祖若父累世無聞則本書所傳寵之先德實無可徵信當由子忠能文章附會其說舊史採之范亦因之也方中德博極羣書而古事比亦止兩陳咸安得有三耶

猶用漢家祖臘集解先謙曰何說雖不稽古但下文止承臘言不得竟指爲陋從何不誤也 謹案續志劉注引秦靜說亦云古禮無正月必祖之祀漢以午南方故以祖冬者歲之終物畢成故以戌臘小數學者因爲之說非典文

尚書決事率近於重 侯康曰晉書刑法志明帝即位常臨聽訟觀錄洛陽諸獄帝性既明察能得下姦故尚書奏決罰近于苛碎

除文致之請讞五十餘事 案漢舊制季秋後請讞見前書刑法志請讞當各依事例除其事例則重罪名不立得從輕比無待請也襄楷傳言永平舊典諸當重論皆先請後刑州郡欲避請讞之煩輒託疾病多死牢獄知請讞事例之多爲害益甚矣

注文致謂前人無罪文飾致於法中也 柳從辰曰注前字疑其之誤又文致前書師古云致至密也言其文案整密也案前書宣紀中五年詔曰諸獄疑若雖文致於法而於人心不厭者輒讞之此即章懷注所本至嚴延年傳言按其獄皆文致不可得反此就已定讞之文案言重在不得反故顏注別爲之說古以文致爲文飾傳致之常言如賈逵傳謂逵能附會文致最差貴顯則與文心雕龍謂劉琨張駿文致耿介另一義矣

故十一月有蘭射干芸荔之應注廣莫風至則蘭射干生 注射干原作夜干依傳文以官本注亦作射案射夜古本通作故注射即音夜

十二月陽氣上通注諸生皆動始萌牙 官本注牙作芽

十三月 沈銘彝曰正月稱十三月亦見隋書牛宏傳案夏以十三月爲正說本元命苞管子亦有十三月令人之魯之文廣

川題跋留及之

寵性周密集解棟案周亦密也至楊倞註周密也案荀子儒效篇注亦訓周密爲盡善原無定詁據前書張湯傳載張安世職典樞機以謹愼周密自著外內無間每定大政已決輒移病出則周密止是周詳嚴密不漏洩省中事觀本傳下文謝遣門人拒絕知交卽其義矣

顯用艮吏王渙鐔顯等案渙事詳循吏傳顯事卽附渙傳後寵守廣漢以渙爲功曹顯爲主簿

先是洛縣城南集解錢大昕曰洛當作雒廣漢郡治所續志幷爲州刺史治今在成都府漢州治

應經合義者可使大辟二百柳從辰曰晉書刑法志引作應經合義可施行者大辟二百

悉刪除其餘令集解惠棟曰東觀記其餘千九百八十九事悉可詳除柳從辰曰今聚珍本東觀記無此文亦見晉書刑法志

寵子忠柳從辰曰晉書刑法志云寵子思忠後復爲尚書是忠尚有兄名思也

三遷廷尉正柳從辰曰漢舊儀廷尉正以御史高第補之

奏上二十三條錢大昭曰晉書刑法志引作三十三條

是呂高祖舍周昌桀紂之譬注上笑不之罪官本注末有也字孝文嘉爰盎人豕之譏注人豕解見皇后紀官本注末有也字武帝納東方朔宣室之正注上曰善更置酒北宮官本注末有也字

必承風響應官本響作嚮

頓遭元二之戹集解惠棟曰至不得循章櫰舊注作元元解案元二爲文必有所本章懷說爲元元以本傳及鄧禹傳下文皆言人民死亡盜賊四起於文義尙順如以爲元年二年[illegible]則本傳言頓遭元二之戹鄧傳言時遭元二之災豈兩年之災戹並於一時而頓遭之乎抑頓或作頻將安帝卽位以後十九年間之災戹皆元二兩年之所致乎且元二兩年何以例應有災戹說又茫無依據是於文不順於義亦不順也第災戹者天地之所成國家之所致亦不得謂爲元元所自有而重文作二以竹素例金石推之他書不可通準之本書亦不可通固皆非確詁耳竊以謂元者天也二者地也本淮南子說文之義元二卽天地也又元者氣之始也二者陰陽之數也本易九家注及說苑之義元二卽氣之陰陽也天地不交則否二氣不調則逆以災戹屬之天地與陰陽之氣候庶幾近之然

莫詳二字所本終無由定也

人從軍屯至尚書令祝諷集解劉攽曰案文祝當作役案劉說祝字乃屯字涉上文注祝字而譌說文役戍邊也漢時有卒更踐更過更之律天下人民皆應戍邊三日謂之繇戍旣云未滿三月皆勿繇自係言軍役非言軍屯且屯壘者亦不得歸家葬送也

不敢穴見有所興造注穴見言不廣也案上文如其管穴章懷已釋穴爲隙故此注止就見字通訓也續志論廉云帝知訢梵穴見勑毋拘其義亦同然孟子謂鑽穴隙相窺則又兼爲不正之行穿鑿之見矣

皆忠所建奏集解先謙曰至未知何指柳從辰曰袁紀永初七年高麗王死安帝從尚書陳忠言弔問事具本書東夷傳忠傳亦失載案此事已於馮緄傳校補論之安紀永初無七年卽永寧元年也而東夷傳載高麗王宮之死乃在建光元年仍有不合又忠有論西域不當棄疏見西域傳序

宋　宣　城　太　守　范　曄　撰
唐　章　懷　太　子　賢　注
王先謙集解

班超字仲升扶風平陵人徐令彪之少子也爲人有志不修細節然內孝謹居家常執勤苦不恥勞辱有口辯而涉獵書傳（涉獵如涉水獵獸言不能周悉粗窺覽之也東觀記曰超持公羊春秋多所窺覽〔集解〕先謙曰注持當爲治避高宗諱改）永平五年兄固被召詣校書郎（〔集解〕校書郎解見班固傳）超與母隨至洛陽家貧常爲官傭書以供養（〔集解〕沈欽韓曰藝文志孝武置寫書之官）久勞苦嘗輟業投筆歎曰大丈夫無它志略猶當效傅介子張騫立功異域以取封侯安能久事筆研間乎（傅介子北地人元帝時使西域刺殺樓蘭王封義陽侯張騫漢中人武帝時鑿空開西域封博望侯續漢書作久事筆研華嶠書作久事筆耕乎研音硯〔集解〕洪頤煊曰文選任彥昇爲蕭楊州作薦士表既筆耕爲養李注東觀漢記班超歎曰安久筆耕乎或爲研）左右皆笑之超曰小子安知壯士志哉其後行詣相者曰祭酒布衣諸生耳（一坐所尊則先祭酒今稱祭酒相尊敬之詞也〔集解〕顧起元曰相稱得爲祭酒猶唐人之稱先輩耳）而當封侯萬里之外超問其狀相者指曰生燕頷虎頸（〔集解〕先謙曰東觀記作頭）飛而食肉此萬里侯相也久之顯宗問固卿弟安在固對爲官寫書受直以養老母帝乃除超爲蘭臺令史（續漢志曰蘭臺令史六人秩百石掌書劾奏及印主文書）後坐事免官十六年奉車都尉竇固出擊匈奴以超爲假司馬（〔集解〕通鑑胡注百官志大將軍營五部部有校尉一人軍司馬一人又有軍假司馬爲副貳）將兵別擊伊吾戰於蒲類海多斬首虜而還（伊吾匈奴中地名在今伊州納職縣界前書音義曰蒲類匈奴中海名在敦煌北也〔集解〕惠棟曰袁宏紀出塞千五百里到蒲類海破白山走呼衍王斬首千餘級）固以爲能遣與從事郭恂俱使西域超到鄯善（鄯善本西域樓蘭國也昭帝元鳳四年改爲鄯善去陽關一千六百里去長安一千六百里也〔集解〕先謙曰次一千六百里官本作六千一百里是）鄯善王廣奉超禮敬甚備後忽更疏懈超謂其官屬曰寧覺廣禮意薄乎此必有北虜使

來狐疑未知所從故也明者覩未萌（〔集解〕沈欽韓曰趙策愚者闇於事知者見於未萌）況已著邪乃召侍胡詐之曰匈奴使來數日今安在乎侍胡惶恐具服其狀（〔集解〕惠棟曰袁宏紀侍胡恐怖曰到已三日去此三十里）超乃閉侍胡悉會其吏士三十六人與共飲酒酣因激怒之曰卿曹與我俱在絕域（曹輩也）欲立大功以求富貴今虜使到裁數日而王廣禮敬即廢如令鄯善收吾屬送匈奴骸骨長爲豺狼食矣爲之柰何官屬皆曰今在危亡之地死生從司馬超曰不入虎穴不得虎子當今之計獨有因夜以火攻虜使彼不知我多少必大震怖可殄盡也滅此虜則鄯善破膽功成事立矣眾曰當與從事議之超怒曰吉凶決於今日從事文俗吏聞此必恐而謀泄死無所名非壯士也眾曰善初夜（〔集解〕通鑑胡注初夜甲夜也）遂將吏士往奔虜營會天大風超令十人持鼓藏虜舍後約曰見火然皆當鳴鼓大呼餘人悉持弓弩夾門而伏超乃順風縱火前後鼓譟虜眾驚亂超手格殺三人吏兵斬其使及從士三十餘級餘眾百餘人悉燒死（東觀記曰斬得匈奴節使屋賴帶副使比離支首及節也）明日乃還告郭恂恂大驚既而色動（〔集解〕通鑑胡注意欲分超功而不能自揜於外故色動）超知其意舉手曰掾雖不行班超何心獨擅之乎恂乃悅超於是召鄯善王廣以虜使首示之一國震怖超曉告撫慰遂納子爲質還奏於竇固固大喜具上超功效并求更選使使西域帝壯超節詔固曰吏如班超何故不遣而更選乎今以超爲軍司馬令遂前功（〔集解〕惠棟曰袁宏紀賜布二百匹遣超使于窴）超復受使固欲益其兵超曰願將本所從三十餘人足矣（〔集解〕汪文臺曰御覽三百五十引張璠漢紀云班超使于窴願將三十六人以爲蒿矢彈丸之用類聚六十引同）如有不虞多益爲累是時于窴王廣德新攻破莎車遂雄張南道（于窴國去長安九千六百七十里南與婼羌西與姑墨接莎車國去長安九千九百五十里西域南北有大山中央有河東西六千餘里東至玉門陽關有兩道從鄯善傍南山北波河西行至莎車爲南道雄張猶熾盛也張音丁亮反波傍也波音

詖〔集解〕通鑑胡注張者自大之意而匈奴遣使監護其國超既西先至于窴廣德禮意甚疏且其俗信巫巫言神怒何故欲向漢漢使有騧馬急求取以祠我廣德乃遣使就超請馬續漢及華嶠書騧字並作騩說文馬淺黑色也音京媚反〔集解〕惠棟曰袁宏紀云遣國相私來比白超超密知其狀報許之而令巫自來取馬有頃巫至超即斬其首以送廣德〔集解〕惠棟曰袁宏紀又云收私來比鞭笞數百因辭讓之廣德素聞超在鄯善誅滅虜使大惶恐即攻殺匈奴使者而降超超重賜其王以下因鎮撫焉時龜茲王建爲匈奴所立倚恃虜威據有北道攻破疏勒殺其王龜茲國居延城去長安七千四百八十里南與精絕東與且末北與烏孫西與姑墨接前書音義龜茲音丘慈今龜音丘勿反茲音沮惟反葢急言耳自車師前王庭隨北山波河西行至疏勒爲北道疏勒國居疏勒城去長安九千三百五十里也〔集解〕先謙曰官本疏作疏是而立龜茲人兜題爲疏勒王明年春超從閒道至疏勒〔集解〕惠棟曰袁宏紀超令廣德專驛自到疏勒去兜題所居槃橐城九十里逆遣吏田慮〔集解〕惠棟曰王幼學云逆謂上書猶今言上表也謂奏上而遣之周禮宰夫主諸臣之復萬民之逆注復之言報也反也反報于王謂于朝廷奏事自下而上曰逆正誤云逆遣猶言預遣超未至而先遣田慮故曰逆遣陳槩正誤是也梁槿傳云逆詔槿留爲諸軍援亦謂兵未至而先留之也袁宏紀田慮作陳憲古陳田字通憲當爲慮字之誤也先往降之敕慮曰兜題本非疏勒種國人必不用命若不即降便可執之慮既到兜題見慮輕弱殊無降意慮因其無備遂前劫縛兜題左右出其不意皆驚懼奔走慮馳報超超即赴之悉召疏勒將吏說以龜茲無道之狀因立其故王兄子忠爲王續漢書曰求得故王兄子榆勒立之更名曰忠也〔集解〕王補曰袁宏紀求索故王近屬得兄榆勒立之更名忠國人大悅忠及官屬皆請殺兜題超不聽欲示以威信釋而遣之疏勒由是與龜茲結怨

十八年帝崩焉耆焉耆國居員渠城去長安七千三百里北與烏孫接遂攻沒都護陳睦〔集解〕惠棟曰袁宏紀殺都護陳睦副校尉郭恂沈宇曰明帝紀焉耆攻沒陳睦在十八年六月而帝崩以八月王子與此傳云因喪者不合超孤立無援而龜茲姑墨數發兵攻疏勒姑墨國王居南城去長安八千一百五十里超守槃橐城與忠爲首尾士吏單少拒守歲餘肅

宗初即位以陳睦新沒恐超單危不能自立下詔徵超超發還疏勒舉國憂恐其都尉黎弇曰漢使棄我我必復爲龜茲所滅耳誠不忍見漢使去因以刀自剄超還至于窴王侯以下皆號泣曰依漢使如父母誠不可去互抱超馬腳不得行超恐于窴終不聽其東又欲遂本志乃更還疏勒疏勒兩城自超去後復降龜茲而與尉頭連兵尉頭國居尉頭谷去長安八千六百五十里南與疏勒接衣服類烏孫也超捕斬反者擊破尉頭殺六百餘人疏勒復安建初三年超率疏勒康居于窴拘彌兵一萬人攻姑墨石城破之康居國去長安萬二千三百里不屬都護斬首七百級超欲因此叵平諸國叵猶遂也〔集解〕沈欽韓曰說文叵不可也从反可此及隗囂傳皆作遂字解乃上疏請兵曰臣竊見先帝欲開西域故北擊匈奴西使外國鄯善于窴即時向化今拘彌莎車疏勒月氏烏孫康居復願歸附欲共并力破滅龜茲平通漢道若得龜茲則西域未服者百分之一耳臣伏自惟念卒伍小吏實願從谷吉效命絕域庶幾張騫棄身曠野谷吉長安人永之父也元帝時爲衛司馬使送郅支單于侍子爲郅支所殺張騫武帝時爲郎使月氏爲匈奴所閉留之十餘歲乃亡走大宛窮急即射禽獸給食昔魏絳列國大夫尚能和輯諸戎魏絳晉大夫晉悼公時山戎使孟樂如晉因魏絳納虎豹之皮請和諸戎公悅使魏絳盟諸戎事見左傳輯亦和也況臣奉大漢之威而無鉛刀一割之用乎賈誼曰莫邪爲鈍兮鉛刀爲銛楚詞曰捐棄大阿寶鉛刀兮〔集解〕惠棟曰韓詩外傳云陳饒謂宋燕曰鉛刀畜之而干將用之不亦難乎東觀記載超疏曰臣乘聖漢威神冀傚鉛刀一割之用前世議者皆曰取三十六國號爲斷匈奴右臂前書曰漢遣公主爲烏孫夫人結爲昆弟則是斷匈奴右臂也哀帝時劉歆上議曰武帝時立五屬國起朔方伐朝鮮起玄菟樂浪以斷匈奴之左臂也西伐大宛結烏孫裂匈奴之右臂南面以西爲右也今西域諸國自日之所入莫不化向西域傳曰自條支國乘水西行可百餘日近日所入也〔集解〕先謙曰官本化向作向化是大小欣欣貢奉不絕唯焉耆龜茲獨未服從臣前與官屬三十六人奉使絕域備遭艱戹自孤守疏勒於今五載胡夷情數臣頗識之問其城郭小大皆言倚漢與依天等〔集解〕通鑑胡注謂城

郭之國若大小其言皆然 若㠯是效之則葱領可通 效猶驗也西河舊事曰葱領山其上多葱因以爲名 葱領通則龜兹可伐今宜拜龜兹侍子白霸爲其國王㠯步騎數百送之與諸國連兵歲月之間龜兹可禽㠯夷狄攻夷狄計之善者也 前書晁錯曰以蠻夷攻蠻夷中國之利也 臣見莎車疏勒田地肥廣草木饒衍不比敦煌鄯善間也 敦煌今涼州縣 兵可不費中國而糧食自足且姑墨温宿二王特爲龜兹所置 温宿國王居温宿城去長安八千三百五十里 既非其種更相厭苦其埶必有降反若二國來降則龜兹自破願下臣章參考行事誠有萬分死復何恨臣超區區特蒙神靈竊冀未便僵仆目見西域平定陛下舉萬年之觴 詩曰躋彼公堂稱彼兕觥萬壽無疆前書兒寬傳曰臣寬再拜上千萬歲壽集解通鑑胡注言西域平定廷臣畢賀天子爲之舉觴也 薦勳祖廟布大喜於天下 薦進也勳功也左氏傳曰反行飲至舍爵策勳焉 書奏帝知其功可成議欲給兵平陵人徐幹 集解惠棟曰張懷瓘書斷云幹字伯張扶風平陵人善章草書與班固善固與超書稱之曰得伯張書藁勢殊工知識讀之莫不歎息實亦勢

由己立名由人成也 素與超同志上疏願奮身佐超五年遂㠯幹爲假司馬將弛刑及義從千人就超 集解通鑑胡注弛刑徒也義從自奮願從行者或曰義從胡也 先是莎車㠯爲漢兵不出遂降於龜兹而疏勒都尉番辰 番音潘下同 亦復反叛會徐幹適至超遂與幹擊番辰大破之斬首千餘級多獲生口超既破番辰欲進攻龜兹㠯烏孫兵彊宜因其力乃上言烏孫大國控弦十萬故武帝妻㠯公主 烏孫國居赤谷城去長安八千九百里武帝元封中以江都王女細君爲公主以妻烏孫贈送甚盛烏孫以爲右夫人 至孝宣皇帝卒得其用 西域傳曰宣帝卽位烏孫遣使上書言匈奴連發大兵侵擊烏孫欲隔絕漢烏孫願發國半精兵五萬騎盡力擊匈奴唯天子出兵以救公主漢大發十五萬騎五將軍分道並出烏孫以五萬騎從西方入至右谷蠡王庭獲四萬餘級馬牛羊七千餘萬 今可遣使招慰與共合力帝納之八年拜超爲將兵長史假鼓吹幢麾 將兵長史解見和帝紀平帝元始二年使謁者大司馬掾持節行邊兵遣執金吾候陳茂假以鉦鼓古今樂錄曰橫吹胡樂也張騫入西域傳其法於長安唯得摩訶兜勒一曲李延年因之更造新聲二十八解乘輿以爲武樂後漢以給邊將萬人將軍得之在俗用者有黃鵠隴頭出關入關出

塞入塞折楊柳黃覃子赤之楊望行人十曲劉熙釋名曰幢童也其貌童童然蔡邕月令章句曰羽鳥翼也以爲旌幢麾也橫吹麾幢皆大將所有超非大將故言假集解惠棟曰劉瓛定軍禮謂鼓吹不知誰造漢氏以雄朝野 㠯徐幹爲軍司馬別遣衞候李邑護送烏孫使者賜大小昆彌㠯下錦帛 前書曰烏孫國王先號昆莫名獵驕靡後書昆彌云後代取昆字靡彌聲相近音有輕重耳昆莫既死子孫爭國漢令立元貴靡爲大昆彌烏就屠爲小昆彌賜印綬故有大小昆彌之號焉 李邑始到于寘而值龜兹攻疏勒恐懼不敢前因上書陳西域之功不可成又盛毀超擁愛妻抱愛子安樂外國無內顧心超聞之歎曰身非曾參而有三至之讒恐見疑於當時矣 三至解見寇榮傳 遂去其妻帝知超忠乃切責邑曰縱超擁愛妻抱愛子思歸之士千餘人何能盡與超同心乎令邑詣超受節度詔超若邑任在外者便留與從事超卽遣邑將烏孫侍子還京師徐幹謂超曰邑前親毀君欲敗西域今何不緣詔書留之更遣他吏送侍子乎超曰是何言之陋也以邑毀超故今遣之內省不疚何卹人言 疚病也卹憂也論語孔子曰內省不疚夫何憂何懼左氏傳曰詩云禮儀不愆何恤乎人之言詩謂逸詩也集解惠棟曰

詩云長夜漫兮永思騫兮大古之不漫兮禮義之不愆兮何恤人之言兮載見荀子正名篇也先謙曰官本注儀作義是 快意留之非忠臣也明年復遣假司馬和恭等四人 集解通鑑胡注姓譜和本自義和之後一云卞和之後 將兵八百詣超超因發疏勒于寘兵擊莎車莎車陰通使疏勒王忠啖㠯重利 謂多以珍寶誘引之啖音徒濫反前書高祖令陸賈往說秦將昭以利昭與啖同集解先謙曰官本作啖與昭同 忠遂反從之西保烏卽城超乃更立其府丞成大爲疏勒王 集解沈欽韓曰百官志四夷國王皆有丞北郡縣 悉發其不反者㠯攻忠積半歲而康居遣精兵救之超不能下是時月氏新與康居婚相親超乃使使多齎錦帛遺月氏王令曉示康居王康居王乃罷兵執忠㠯歸其國烏卽城遂降於超後三年忠說康居王借兵還據損中 損中未詳東觀記作頓中續漢及華嶠書並作損中本或作楨未知孰是也集解惠棟曰通鑑植作楨胡注西域傳靈帝建甯三年涼州刺史孟佗遣兵討疏勒攻楨中城楨中是也 密與龜兹謀遣使詐降於超超內知其

姦而外僞許之忠大喜卽從輕騎詣超超密勒兵待之爲供張設樂供音居用反張音竹亮反酒行乃叱吏縛忠斬之因擊破其衆殺七百餘人南道於是遂通明年超發于窴諸國兵二萬五千人復擊莎車而龜茲王遣左將軍發温宿姑墨尉頭合五萬人救之超召將校及于窴王議曰今兵少不敵其計莫若各散去于窴從是而東長史亦於此西歸〔集解〕通鑑胡注班超時爲將兵長史葢西歸疏勒也可須夜鼓聲而發〔集解〕通鑑胡注須待也夜鼓聲鼓鼙之聲也周禮軍旅夜鼓鼜注云鼜夜戒守鼓也司馬法曰昏鼓四通爲大鼜夜半三通爲晨戒旦明五通爲發呴所謂三鼜也此則待夜半鼓聲也陰緩所得生口龜茲王聞之大喜自以萬騎於西界遮超温宿王將八千騎於東界徼于窴超知二虜已出密召諸部勒兵雞鳴馳赴莎車營胡大驚亂奔走追斬五千餘級大獲其馬畜財物莎車遂降龜茲等因各退散自是威震西域初月氏嘗助漢擊車師有功是歲貢奉珍寶符拔師子續漢書曰符拔形似麟而無角因

求漢公主超拒還其使由是怨恨永元二年月氏遣其副王謝〔集解〕惠棟曰王幼學云副王猶裨王也謝副王之名將兵七萬攻超超衆少皆大恐超譬軍士曰月氏兵雖多然數千里踰葱領來非有運輸何足憂邪但當收穀堅守彼飢窮自降不過數十日決矣謝遂前攻超不下又鈔掠無所得超度其糧將盡必從龜茲求救〔集解〕惠棟曰袁宏紀救作食乃遣兵數百於東界要之謝果遣騎齎金銀珠玉以賂龜茲超伏兵遮擊盡殺之持其使首以示謝謝大驚卽遣使請罪願得生歸超縱遣之月氏由是大震歲奉貢獻明年龜茲姑墨温宿皆降乃以超爲都護徐幹爲長史拜白霸爲龜茲王遣司馬姚光送之超與光共脅龜茲廢其王尤利多而立白霸使光將尤利多還詣京師超居龜茲它乾城徐幹屯疏勒西域唯焉耆危須尉犁以前沒都護懷二心其餘悉定六年秋超遂發龜茲鄯善等八國兵合七萬人及吏

士賈客千四百人討焉耆兵到尉犁界而遣曉說焉耆尉犁危須曰都護來者欲鎭撫三國卽欲改過向善宜遣大人來迎當賞賜王侯以下大人謂其酋豪事畢卽還今賜王綵五百匹焉耆王廣遣其左將北鞬支奉牛酒迎超鞬音九言反〔集解〕惠棟曰袁宏紀廣與國中議曰先王前殺陳都護今超都護將大兵來故且降重獻遺無令入國北一作比超詰鞬支曰汝雖匈奴侍子而今秉國之權都護自來王不以時迎皆汝罪也或謂超可便殺之超曰非汝所及此人權重於王〔集解〕惠棟曰袁宏紀北鞬支本匈奴人舉國敬信之今未入其國而殺之遂令自疑設備守險豈得到其城下哉於是賜而遣之廣乃與大人迎超於尉犁奉獻珍物焉耆國有葦橋之險〔集解〕沈欽韓曰唐書焉耆國所都周三十里四面大山海水繚其外廣乃絕橋不欲令漢軍入國超更從它道厲度由帶以上爲厲由膝以下爲揭見爾雅也〔集解〕惠棟曰西域傳云焉耆國四面有大山道險阸易守有海水曲入四山之內周匝其城故超涉水而度也七月晦到焉耆去城二十里正營大澤中〔集解〕劉攽曰案文正當作止惠

棟曰案袁宏紀正字當衍廣出不意大恐乃欲悉驅其人共入山保焉耆左候元孟先嘗質京師密遣使以事告超超卽斬之示不信用乃期大會諸國王因揚聲當重加賞賜於是焉耆王廣尉犁王汎〔集解〕王補曰袁宏紀汎作沈及北鞬支等三十人〔集解〕惠棟曰袁宏紀云四十二人相率詣超其國相腹久等十七人懼誅皆亡入海十七字本或爲七十而危須王亦不至坐定超怒詰廣曰危須王何故不到腹久等所緣逃亡遂叱吏士收廣汎等於陳睦故城斬之傳首京師因縱兵鈔掠斬首五千餘級獲生口萬五千人馬畜牛羊三十餘萬頭更立元孟爲焉耆王超留焉耆半歲撫慰之於是西域五十餘國悉皆納質內屬焉〔集解〕通鑑胡注班超所以成西域之功者以匈奴衰困力不能及西域也明年下詔曰往者匈奴獨擅西域寇盜河西永平之末城門晝閉先帝深愍邊萌嬰羅寇害乃命將帥擊右地破白山臨蒲類西河舊事曰白山之中有好木匈奴謂之天山去蒲類海百里郭義恭廣志曰西域有白

山通歲有雪亦名雪山破白山見明紀也取車師城郭諸國震慴響應遂開西域置都
護而焉耆王舜舜子忠獨謀悖逆[集解]錢大昕曰案明帝紀西域傳不載焉耆王之名獨見於此
詔恃其險隘覆沒都護并及吏士先帝重元元之命憚兵役之興
故使軍司馬班超安集于窴以西超遂踰葱領迄縣度迄至也縣度山名縣
音玄謂以繩索縣縋而過也其處在皮山國以西罽賓國之東也出入二十二年莫不賓從改立
其王而綏其人不動中國不煩戎士得遠夷之和同異俗之心而
致天誅蠲宿恥以報將士之讎致猶至也蠲除也司馬法曰賞不踰月欲
人速覩爲善之利也其封超爲定遠侯邑千戶東觀記曰其以漢中郡南鄭之西鄉
戶千封超爲定遠侯故城在今洋州西鄉縣南[集解]沈欽韓曰紀要在漢中府西鄉縣南班超封邑縣志縣南二百五十步超
自以久在絕域年老思土十二年上疏曰臣聞太公封齊五世葬
周狐死首丘代馬依風禮記曰太公封於營丘比及五世皆反葬于周君子曰樂樂其所自生禮不忘其本
古之人有言曰狐死正丘首仁也鄭玄注曰正丘首正首丘也代郡名在趙北韓詩外傳曰代馬依北風飛鳥揚故巢也[集解]惠棟曰呂

覽馬郡宜馬代君以善馬奉襄子先謙曰鹽鐵論文學曰代馬依北風飛鳥翔故巢莫不哀其生論語孔子曰關雎哀而不傷哀解
如哀窈窕之哀謂思之極也而鄭君讀哀爲衷與文學相去三百年間古義已就湮滅矣夫周齊同在中土千
里之間況於遠處絕域小臣能無依風首丘之思哉蠻夷之俗畏
壯侮老案前書曰匈奴其俗壯者食肥美老者食其餘貴壯健賤老弱也[集解]王補曰袁宏紀此下有自其天性臣超
犬馬齒殲常恐年衰奄忽僵仆孤魂棄捐昔蘇武留匈奴中尚十
九年今臣幸得奉節帶金銀護西域金銀謂印也金印紫綬銀印青綬也如自以壽
終屯部誠無所恨[集解]王補曰袁宏紀此下有臣義不營私然恐後世或名臣爲沒西
域臣不敢望到酒泉郡但願生入玉門關玉門關屬敦煌郡今沙州也去長安三千六百
里關在敦煌縣西北酒泉今肅州也去長安八千二百五十里也[集解]惠棟曰李吉甫云玉門故關在沙州壽昌縣西北一百十八
里謂之北道西趣車師前庭及疏勒此西域之門戶也先謙曰官本注八千二百作二千八百是臣老病衰困以
死瞽言謹遣子勇隨獻物入塞東觀記曰時安息遣使獻大爵師子超遣子勇隨入塞也[集解]惠棟
曰曹昭集云大家同產兄西域都護定遠侯班超獻大雀詔令大家作賦案袁宏紀在十三年冬十月也及臣生在令

勇目見中土而超妹同郡曹壽妻昭亦上書請超曰妾同產兄西
域都護定遠侯超幸得以微功特蒙重賞爵列通侯位二千石天
恩殊絕誠非小臣所當被蒙超之始出志捐軀命冀立微功以自
陳效會陳睦之變道路隔絕超以一身轉側絕域曉譬諸國因其
兵衆每有攻戰輒爲先登身被金夷夷傷也不避死亡賴蒙陛下神
靈且得延命沙漠至今積三十年骨肉生離不復相識所與相隨
時人士衆皆已物故超年最長今且七十衰老被病頭髮無黑兩
手不仁不仁猶不遂也耳目不聰明扶杖乃能行雖欲竭盡其力以報塞
天恩迫於歲暮犬馬齒索蠻夷之性悖逆侮老而超旦暮入地久
不見代恐開姦宄之源生逆亂之心而卿大夫咸懷一切[集解]先謙曰一
切猶言權宜解具張敏傳莫肯遠慮如有卒暴超之氣力不能從心便爲上損
國家累世之功下棄忠臣竭力之用誠可痛也故超萬里歸誠自

陳苦急延頸踰望三年於今未蒙省錄踰遙也高祖踰謂縣布曰何苦而反[集解]通鑑胡注
案前書踰當作隃讀曰遙傳寫誤作踰妾竊聞古者十五受兵六十還之周禮鄉大夫職曰國
中七尺以及六十野自六尺以及六十有五皆征之征謂賦稅從征役也韓詩外傳曰二十行役六十免役與周禮國中同鄭知一
與周禮七尺同禮國中六十免役野郎六十有五晚於國中五年國中七尺從役野六尺郎是野又早於國中五年七尺謂二十六
尺郎十五也此言十五受兵謂據野外爲言六十還之據國中爲說也[集解]劉攽曰注郎知一與周禮七尺同禮國中六十免役案
文一字當作二十又下文禮國中當云周禮國中亦有休息不任職也緣陛下以至孝理
天下得萬國之歡心不遺小國之臣況超得備侯伯之位故敢觸
死爲超求哀匄超餘年匄乞也一得生還復見闕庭使國永無勞遠
之慮西域無倉卒之憂超得長蒙文王葬骨之恩子方哀老之惠
葬骨解見明紀田子方魏文侯之師也見君之老馬棄之曰少盡其力老而棄之非仁也於是收而養之事見史記也詩云
民亦勞止汔可小康惠此中國以綏四方詩大雅也汔其也康綏皆安也言先施恩惠於
中國然後乃安四方超有書與妾生訣[集解]惠棟曰服虔通俗文云與死者辭曰訣超恐與昭不相見故生訣也

恐不復相見妾誠傷超以壯年竭忠孝於沙漠疲老則便捐死於曠野誠可哀憐如不蒙救護超後有一旦之變冀幸超家得蒙趙母衞姬先請之貸（趙母謂趙奢之妻趙括之母也括敗先請得不坐事見史記衞姬者齊桓公之姬桓公與管仲謀伐衞桓公入姬請衞之罪事見列女傳也）妾愚戇不知大義觸犯忌諱書奏帝感其言乃徵超還超在西域三十一年十四年八月至洛陽拜爲射聲校尉超素有胷脅疾既至病遂加帝遣中黃門問疾賜醫藥其九月卒（〔集解〕惠棟曰袁宏紀超到數月薨案傳八月至洛陽九月卒相距月餘不得言數月也樂史云超墓在齊州長濟縣北二十五里）年七十一朝廷愍惜焉使者弔祭贈賵甚厚子雄嗣初超被徵以戊己校尉任尙爲都護（〔集解〕劉攽曰案是時但有戊校尉多己字）與超交代尙謂超曰（〔集解〕王補曰袁宏紀作尙與超書曰）君侯在外國三十餘年而小人猥承君後任重慮淺宜有以誨之超曰（〔集解〕王補曰據袁紀尙與超書則超此語亦答書非面論也）年老失智任君數當大位豈班超所能及哉必不得已願進愚言塞外吏士本非孝子順孫皆以罪過徙補邊屯而蠻夷懷鳥獸之心難養易敗今君性嚴急水清無大魚察政不得下和（家語孔子曰水至清則無魚人至察則無徒）宜蕩佚簡易（〔集解〕惠棟曰史炤云蕩佚無儀檢也）寬小過總大綱而已超去後尙私謂所親曰我以班君當有奇策今所言平平耳尙至數年而西域反亂以罪被徵如超所戒有三子長子雄累遷屯騎校尉會叛羌寇三輔詔雄將五營兵屯長安就拜京兆尹雄卒子始嗣尙清河孝王女陰城公主主順帝之姑貴驕淫亂與嬖人居帷中而召始入使伏牀下始積怒永建五年遂拔刃殺主帝大怒腰斬始同產皆棄市（〔集解〕惠棟曰汝南先賢傳云薛勤字子恭定遠侯班始尙公主主遇始傲慢無婦禮始殺主詔書怒欲滅其家勤建議執志不顧遂奏上施行）超少子勇

勇字宜僚少有父風永初元年西域反叛以勇爲軍司馬與兄雄俱出敦煌迎都護及西域甲卒而還因罷都護後西域絕無漢吏

十餘年元初六年敦煌太守曹宗遣長史索班將千餘人屯伊吾車師前王及鄯善王皆來降班後數月北單于與車師後部遂共攻沒班（〔集解〕通鑑考異曰案本紀及車師傳皆云永甯元年事蓋班以去年末屯伊吾今春見殺或今春奏事方到也）進擊走前王略有北道鄯善王急求救於曹宗宗因此請出兵五千人擊匈奴報索班之恥因復取西域鄧太后召勇詣朝堂會議（〔集解〕通鑑胡注班固西都賦左右廷中朝堂百僚之位朝堂蓋在殿廷左右）先是公卿多以爲宜閉玉門關遂棄西域勇上議曰昔孝武皇帝患匈奴強盛兼總百蠻以逼障塞於是開通西域離其黨與論者以爲奪匈奴府藏斷其右臂遭王莽篡盜徵求無厭胡夷忿毒遂以背叛光武中興未遑外事故匈奴負彊驅率諸國及至永平再攻敦煌河西諸郡城門晝閉孝明皇帝深惟廟策（古者謀事必就祖故言廟策也〔集解〕通鑑胡注謂古者遣將必於廟先定制勝之策故謂之廟策）乃命虎臣出征西役（毛詩曰進厥虎臣闞如虓虎〔集解〕先謙曰官本役作域是）故匈奴遠遁邊境得安及至永元莫不內屬會間者羌亂西域復絕北虜遂遣責諸國備其逋租（〔集解〕通鑑胡注備償也西域屬漢之後不復以馬畜旃罽輸匈奴及與漢絕匈奴復遣使責其積年所逋逋欠也）高其價直嚴以期會鄯善車師皆懷憤怨思樂事漢其路無從前所以時有叛者皆由牧養失宜還爲其害故也今曹宗徒耻於前負欲報雪匈奴（〔集解〕通鑑胡注負敗也報雪謂報伊吾之役雪索班之恥也）而不尋出兵故事未度當時之宜也夫要功荒外萬無一成若兵連禍結悔無及已況今府藏未充師無後繼是示弱於遠夷暴短於海內臣愚以爲不可許也舊敦煌郡有營兵三百人今宜復之復置護西域副校尉居於敦煌如永元故事又宜遣西域長史將五百人屯樓蘭西當焉耆龜茲徑路南彊鄯善于窴心膽北扞匈奴東近敦煌如此誠便尙書問勇曰今立副校尉何以爲便又置長史屯樓蘭利害云何（〔集解〕通鑑胡注勇既上議尙書復問使悉陳其利害）勇對曰昔永平之末

始通西域初遣中郎將居敦煌〔集解〕通鑑胡注謂鄭衆也後置副校尉於車師〔集解〕通鑑胡注謂耿恭關寵也既爲胡虜節度又禁漢人不得有所侵擾故外夷歸心匈奴畏威今鄯善王尤還尤還王名漢人外孫若匈奴得志則尤還必死此等雖同鳥獸亦知避害若出屯樓蘭足已招附其心愚已爲便〔集解〕通鑑胡注此勇所謂利也長樂衞尉鐔顯〔集解〕惠棟曰顯字子誦廣漢郪人見華陽國志廷尉綦毋參〔集解〕通鑑胡注綦毋姓也左傳晉有綦毋張司隸校尉崔據難曰朝廷前所已棄西域者已其無益於中國而費難供也今車師已屬匈奴鄯善不可保信一旦反覆班將能保北虜不爲邊害乎以勇爲軍司馬故以將言將音子亮反勇對曰今中國置州牧者已禁郡縣姦猾盜賊也若州牧能保盜賊不起者臣亦願已要斬保匈奴之不爲邊害也今通西域則虜埶必弱虜埶必弱則爲患微矣〔集解〕劉攽曰案文此句多一必字孰與歸其府藏續其斷臂哉今置校尉已扞撫西域設長史已招懷諸國

若棄而不立則西域望絕望絕之後屈就北虜緣邊之郡將受困害恐河西城門必復有晝閉之儆矣〔集解〕通鑑胡注明帝永平中北匈奴脅諸國共寇河西郡縣城門晝閉今不廓開朝廷之德而抱屯戍之費〔集解〕先謙曰官本抱作拘是若北虜遂熾豈安邊久長之策哉〔集解〕通鑑胡注此勇所謂害也太尉屬毛軫難曰今若置校尉則西域駱驛遣使求索無厭〔集解〕通鑑胡注百官志大尉掾屬二十四人東西曹掾比四百石餘比三百石屬比二百石與之則費難供不與則失其心一旦爲匈奴所迫當復求救則爲役大矣勇對曰今設已西域歸匈奴而使其恩德大漢不爲鈔盜則可矣如其不然則因西域租入之饒兵馬之衆已擾動緣邊是爲富仇讎之財贈暴夷之埶也〔集解〕先謙曰官本贈作增是置校尉者宣威布德已繫諸國內向之心已疑匈奴覬覦之情而無財費耗國之慮也且西域之人無宅求索其來入者不過稟食而已今若拒絕埶歸北屬夷虜〔集解〕通鑑胡注言其事埶所歸必至北屬匈奴并力已寇并涼則中國之費不止千億置之誠便於是從勇議復敦煌郡營兵三百人置西域副校尉居敦煌雖復羈縻西域然亦未能出屯〔集解〕通鑑胡注謂未能如勇計出屯樓蘭西也然使盡行勇之計亦未必能羈制西域何者武帝通西域未必盡臣屬西域也及宣帝時日逐降呼韓邪內附始盡得西域明帝使班超通西域未必盡臣屬西域也及竇憲破北匈奴超始盡得西域今漢內困於諸羌而北匈奴游魂蒲類安能以五百人成功哉其後匈奴果數與車師共入寇鈔河西大被其害延光二年夏復已勇爲西域長史將兵五百人出屯柳中柳中今西州縣明年正月勇至樓蘭已鄯善歸附特加三綬〔集解〕通鑑胡注三綬疑當作王綬而龜茲王白英猶自疑未下勇開已恩信白英乃率姑墨溫宿自縛詣勇降勇因發其兵步騎萬餘人到車師前王庭擊走匈奴伊蠡王於伊和谷收得前部五千餘人於是前部始復開通還屯田柳中四年秋勇發敦煌張掖酒泉六千騎及鄯善疏勒車師前部兵擊後部王軍就大破之軍就名也首虜八千餘人馬畜五萬

餘頭捕得軍就及匈奴持節使者將至索班沒處斬之已報其恥傳首京師永建元年更立後部故王子加特奴爲王勇又使別校誅斬東且彌王亦更立其種人爲王且音子余反於是車師六國悉平〔集解〕通鑑胡注西域傳卑陸蒲類東且彌移支車師前後王是爲六國其冬勇發諸國兵擊匈奴呼衍王呼衍王亡走其衆二萬餘人皆降捕得單于從兄勇使加特奴手斬之已結車師匈奴之隙北單于自將萬餘騎入後部至今且谷〔集解〕先謙曰官本今作金是勇使假司馬曹俊馳救之單于引去俊追斬其貴人骨都侯於是呼衍王遂徙居枯梧河上是後車師無復虜跡城郭皆安唯焉耆王元孟未降〔集解〕通鑑胡注元孟和帝永元六年班超所立也二年勇上請攻元孟於是遣敦煌太守張朗將河西四郡兵三千人配勇河西四郡金城敦煌張掖酒泉因發諸國兵四萬餘人分騎爲兩道擊之勇從南道朗從北道約期俱至焉耆〔集解〕惠棟曰袁宏紀初勇發諸國兵使龜茲鄯善自南道入勇將諸

郡兵率車師六國兵自北道入而朗先有罪欲徼功自贖遂先期至爵離關〔集解〕通鑑胡注釋氏西域記龜茲國北四十里山上有寺名雀離遣司馬將兵前戰首虜二千餘人元孟懼誅逆遣使乞降張朗徑入焉耆受降而還元孟竟不肯面縛唯遣子詣闕貢獻朗遂得免誅勇以後期徵下獄免後卒于家〔集解〕通鑑胡注夏之政典曰先時者殺無赦不及時殺無赦張朗先期以徼功法所必誅則班勇非後期也漢之用刑不審厥衷勇免之後西域事去矣

梁慬字伯威慬音勤北地弋居人也弋居縣名郡國志曰有鐵官〔集解〕沈欽韓曰紀要在慶陽府寧州南父諷歷州宰永元元年車騎將軍竇憲出征匈奴除諷爲軍司馬令先齎金帛使北單于宣國威德其歸附者萬餘人〔集解〕惠棟曰東觀記諷征匈奴屯軍于邊以大漢威靈招之匈奴畏威奔馳來降諷輒爲信旛遣還營前後萬餘人相屬于道後坐失憲意髡輸武威武威太守承旨殺之竇氏既滅和帝知其爲憲所誣徵慬除爲郎中慬富勇氣〔集解〕先謙曰官本富作有常慷慨好功名初爲車騎將

軍鄧鴻司馬再遷延平元年拜西域副校尉慬行至河西會西域諸國反叛攻都護任尙於疏勒尙上書求救詔慬將河西四郡羌胡五千騎馳赴之慬未至而尙已得解會徵尙還以騎都尉段禧爲都護西域長史趙博爲騎都尉禧博守它乾城〔集解〕通鑑胡注班超爲都護居龜茲他乾城它乾城小慬以爲不可固乃譎說龜茲王白霸欲入共保其城白霸許之吏人固諫白霸不聽慬既入遣將急迎禧博合軍八九千人龜茲吏人並叛其王而與溫宿姑墨數萬兵反共圍城慬等出戰大破之連兵數月胡衆敗走乘勝追擊凡斬首萬餘級獲生口數千人駱駝畜產數萬頭龜茲乃定而道路尙隔檄書不通歲餘朝廷憂之〔集解〕通鑑胡注梁慬非不健鬬然終不能定西域者徒勇而無策略也公卿議者以爲西域阻遠數有背叛吏士屯田其費無已永初元年遂罷都護〔集解〕通鑑胡注和帝永元三年復置西域都護今罷遣騎都尉王弘發關中兵迎慬禧博

及伊吾盧柳中屯田吏士二年春還至敦煌會衆羌反叛朝廷大發兵西擊之逆〔集解〕通鑑胡注逆迎也詔慬留爲諸軍援慬至張掖日勒日勒縣名屬張掖郡故城在今甘州刪丹縣東南羌諸種萬餘人攻亭候殺略吏人慬進兵擊大破之乘勝追至昭武昭武縣名屬張掖郡故城在今張掖縣西北也虜遂散走其能脫者十二三及至姑臧羌大豪三百餘人詣慬降並慰譬遣還故地河西四郡復安〔集解〕王會汾曰宋本無四字案武帝取匈奴昆邪休屠地置武威張掖酒泉敦煌是爲河西四郡今從監本慬受詔當屯金城聞羌轉寇三輔迫近園陵卽引兵赴擊之轉戰武功美陽關美陽縣名故城在武功縣北七里於其所置關慬臨陣被創不顧連破走之盡還得所掠生口獲馬畜財物甚衆羌遂奔散朝廷嘉之數璽書勞勉委以西方事令爲諸軍節度〔集解〕周壽昌曰案唐以後置節度使總各道軍事應昉於此三年冬南單于與烏桓大人俱反以大司農何熙行車騎將軍事中郎將龐雄爲副將羽林五校營士及發緣邊十郡兵二

萬餘人緣邊十郡謂五原雲中定襄鴈門朔方代郡上谷漁陽遼西右北平又遼東太守耿夔率將鮮卑種衆共擊之詔慬行度遼將軍事龐雄與耿夔共擊匈奴奧鞬日逐王破之單于乃自將圍中郎將耿种於美稷連戰數月攻之轉急种移檄求救明年正月慬將八千餘人馳往赴之至屬國故城〔集解〕通鑑胡注班志西河美稷縣屬國都尉治故城蓋在美稷縣界與匈奴左將軍烏桓大人戰破斬其渠帥殺三千餘人虜其妻子獲財物甚衆單于復自將七八千騎迎攻圍慬慬被甲奔擊所向皆破虜遂引還虎澤〔集解〕通鑑胡注班志西河郡穀羅縣武澤在西北武澤卽虎澤也沈欽韓曰紀要虎澤在榆林鎮東北三月何熙軍到五原曼柏曼柏縣名屬五原郡暴疾不能進遣龐雄與慬及耿种步騎萬六千人攻虎澤連營稍前單于惶怖遣左奧鞬日逐王詣慬乞降慬乃大陳兵受之單于脫帽徒跣面縛稽顙納質會熙卒于師卽拜慬度遼將軍龐雄還爲大鴻臚雄巴郡人有勇略稱爲名將〔集解〕惠棟曰華

陽國志云雄字宣孟宕渠人 明年〔集解〕通鑑考異曰慬爲度遼將軍在永初四年年徙三郡民在五年參下獄在今年不得云明年融訟之也疑傳誤 安定北地上郡皆被羌寇穀貴人流不能自立詔慬發邊兵迎三郡太守使將吏人徙扶風界慬卽遣南單于兄子優孤塗奴將兵迎之既還慬以塗奴接其家屬有勞輒授以羌侯印綬坐專擅徵下獄抵罪明年校書郎馬融上書訟慬與護羌校尉龐參有詔原刑語在龐參傳會叛羌寇三輔關中盜賊起拜慬謁者將兵擊之至湖縣病卒何熙字孟孫〔集解〕何焯曰熙父英琅邪相見魏志高柔傳注陳國人〔集解〕錢大昭曰熙書國不書縣魏志何夔陳國陽夏人卽熙曾孫也少有大志永元中爲謁者身長八尺五寸善爲威容贊拜殿中音動左右〔集解〕惠棟曰華嶠書體貌環偉與人絕異漢舊儀云謁者缺選郎中美鬚髯大聲者以補之和帝偉之擢爲御史中丞歷司隸校尉大司農及在軍臨歿遺言薄葬三子臨〔集解〕何焯曰臨爲李子堅所薦魏志注字子陵爲平原太守 瑾阜臨瑾竝有政能阜俊才早歿臨子衡爲尚書以正直稱坐訟李膺等下獄免官廢于家〔集解〕先謙曰熙附慬傳諸本提行誤

論曰時政平則文德用而武略之士無所奮其力能故漢世有發憤張騫爭膏身於夷狄以要功名多矣祭彤耿秉啟匈奴之權班超梁慬奮西域之略卒能成功立名享受爵位薦功祖廟勒勳于後亦一時之志士也

贊曰定遠慷慨專功西遐坦步葱雪咫尺龍沙葱領雪山白龍堆沙漠也八寸曰咫坦步言不以爲艱咫尺言不以爲遠也 慬亦抗憤勇乃負荷左傳曰其父析薪其子弗克負荷言勇能繼超之功業

班梁列傳第三十七終　後漢書四十七

後漢書集解卷四十七校補

班超傳將兵別擊伊吾注伊吾匈奴中地名在今伊州納職縣界 今哈密橙槽溝境卽唐納職縣故地

超到鄯善集解先謙曰次一千六百里宮本注作六千七百里是 謹案注本前書西域傳文原亦作去長安六千一百里

餘衆百餘人 柳從辰曰百餘官本作百許 注東觀記曰斬得匈奴節使屋賴帶 今東觀記賴作類

是時于寘王廣德 柳從辰曰寘音致與置同韻目也于寘之寘其字从穴其讀爲塡有平去二音本一作闐前書西域傳序其河有兩源一出葱嶺山一出于闐師古注云闐字與寘同音徒賢反又音徒見反是其音義與寘迥別矣今各本輒誤寘爲寘卽官本亦未正所當極辨也通鑑于寘其字皆从穴 注南與婼羌西與姑墨接 案前書西域傳作北與姑墨接

時龜茲王建注龜茲國至今龜音丘勿反 國原譌固已正官本注不誤柳從辰曰龜無入聲丘勿當爲勿丘誤倒

十八年帝崩焉耆以中國大喪遂攻沒都護陳睦集解沈宇曰至與此傳云因喪者不合 錢大昕曰西域傳序亦作明帝崩焉耆龜茲攻沒都護陳睦似此傳得之

草木饒衍 官本木作牧

且姑墨溫宿二王注去長安八千三百五十里 官本注末有也字

故武帝妻以公主注以江都王女細君爲公主 官本注王下有建字

假鼓吹幢麾集解惠棟曰劉瓛定軍禮謂鼓吹不知誰造漢世以雄朝野 柳從辰曰宋史樂志云鼓吹者軍樂也昔黃帝涿鹿有功命岐伯作凱歌以建威武揚德風陸機鼓吹賦亦云原鼓吹之伊始蓋稟命於黃軒是鼓吹始於黃帝作於岐伯也案宋史以黃帝使岐伯作凱歌爲鐃歌又卽爲鼓吹所自昉陸賦之意亦本如此周官鼓人以金鐲節鼓以金鐃止鼓鐃爲軍樂始見於經有無樂歌雖不能定然無鼓吹之名則固可見也漢樂府乃有鼓吹曲卽宋史樂志所謂漢有短簫鐃歌之曲二十二章軍中謂之鼓吹是矣而短簫非古樂所有樂府又自孝武始立明爲後王之制但亦不得謂自武帝始觀前書敍傳載班壹當孝惠高后時出入弋獵旌旗鼓吹知漢初

已先有之據前書禮樂志叔孫通制樂多因秦樂則鼓吹之名亦必起於秦特終莫詳造者誰氏耳史稱劉子珪儒學冠當時其不敢定蓋愼之也

明年復遣假司馬和恭等四人集解通鑑胡注至一云卞和之後錢大昭曰後漢有右北平太守和旻

遣其左將北鞮支北原譌此據後文作北改官本亦作北集解惠棟曰至北亦作比錢大昭曰閩本作此

超留焉耆半歲撫慰之官本撫慰作慰撫

狐死首邱注禮不忘其本官本忘作亡誤

長樂衞尉鐔顯集解惠棟曰顯字子誦廣漢郪人見華陽國志柳從辰曰惠說已詳陳寵傳此誤複

廷尉綦毋參毋原譌母官本亦譌據通鑑正

而抱屯戍之費集解先謙曰官本抱作拘是錢大昭曰抱讀與抛同謹案此抱字自是

拘字之譌錢讀爲拋於文義不合已詳安成孝侯賜傳按補

復曰勇爲西域長史柳從辰曰袁宏紀云勇習邊事有籌略於是以勇爲西域長史案據西域傳敘以勇爲西域長史乃安帝納陳忠之議也

勇發諸國兵擊匈奴呼衍王呼衍王亡走錢大昭曰閩本呼衍王三字不重

勇遂得免誅勇曰後期徵下獄免柳從辰曰袁宏紀張朗乃要徑自尉黎入焉耆王請降於朗既而不出漢兵罷還焉耆王卒不加誅漢以兩將不和皆徵免故勇不論案范書不言張朗徵免疑被徵在勇之後蓋因朗卒未得焉耆要領察知朗之先期邀功貽誤故並徵之朗既徵而勇亦得出獄也然朗雖受焉耆之降而范於西域傳仍歸功於勇又西域傳敘言所傳建武以後西域事皆勇所記則勇並優於文事矣

梁慬傳慬富勇氣集解先謙曰官本富作有錢大昭曰富閩本作有

慬至張掖日勒注日勒縣名屬張掖郡故城在今甘州刪丹縣東南今甘州府山丹縣東南

乘勝追至昭武注昭武縣名屬張掖郡故城在今張掖縣西北也官本注無昭武二字今甘州府張掖縣西北

轉戰武功美陽關注美陽縣名故城在武功縣七里於其所置關武功美陽二縣前續志皆屬右扶風武功今乾州武功縣西南美陽地詳安紀

何熙軍到五原曼柏注曼柏縣名屬五原郡地詳明紀

卽拜慬度遼將軍至明年集解通鑑考異曰慬爲度遼將軍在永初四年徙三郡民在五年參下獄在今年不得云明年融訟之也疑傳誤案本傳於永初三年後三書明年上明年卽四年此明年卽五年其敘慬行度遼將軍破南單于於屬國故城及詔徙三郡事與安紀西羌傳合固不誤也惟據龐參傳參之被徵下獄及融之上書訟參與慬事皆在元初二年西羌傳司馬鈞坐徵自殺與參失期軍敗抵罪連文安紀鈞自殺亦在元初二年足證參實以是年相繼下獄上距永初五年徙三郡民已四年矣則本傳下明年融訟之明明誤也然當時三郡並徙塗奴往來迎護事固非一年可畢又接慬家屬未詳何年慬於塗奴既還乃授以侯印藉賞私勞罪發被徵疑已在元初元年舊史慬傳亦疑本別有元初元年事故復出明年范書刪其事而未正其年遂成駁文耳至考異以五年今年分爲兩年又不確正參下獄與融上書爲在何年猶之誤也

至湖縣病卒湖前志屬京兆續志屬宏農地詳劉盆子傳

擢爲御史中丞柳從辰曰東觀記云熙爲御史中丞羣僚憚之

楊李翟應霍爰徐列傳第三十八　後漢書四十八

宋　宣　城　太　守范　曄　撰

唐　章　懷　太　子　賢　注

王先謙集解

楊終字子山蜀郡成都人也年十三爲郡小吏太守奇其才遣詣京師受業習春秋袁山松書曰時蜀郡有雷震決曹終上白記以爲斷獄煩苛所致太守乃令終賦雷電之意而奇之也〔集解〕惠棟曰華陽國志終年十三能作雷賦通屈原七諫章顯宗時徵詣蘭臺〔集解〕沈欽韓曰論衡云子山爲郡上計吏見三府爲哀牢傳不成歸郡作上孝明奇之徵在蘭臺案歸郡下當有邸字拜校書郎建初元年大旱穀貴終目爲廣陵楚淮陽濟南之獄徙者萬數又遠屯絕域吏民怨曠乃上疏曰臣聞善善及子孫惡惡止其身百王常典不易之道也春秋昭公二十年曹公孫會自鄸出奔宋公羊傳曰畔也曷爲不言畔爲公子喜時之後諱也春秋爲賢者諱也何賢乎公子喜時讓國也君子善善也長惡惡也短惡惡止其身善善及子孫賢者子孫故君子爲之諱〔集解〕官本考證曰注鄸字舊本誤鄭從春秋原文改

秦政酷烈違牾天心一人有罪延及三族前書音義曰父族母族妻族也高祖平亂約法三章太宗至仁除去收孥太宗文帝也史記曰文帝德至盛也豈不仁哉除去收孥相坐之律也萬姓廓然蒙被更生澤及昆蟲功垂萬世陛下聖明德被四表今目比年久旱災疫未息災字或作牛疫病也躬自菲薄廣訪失得三代之隆無目加焉臣竊按春秋水旱之變皆應暴急惠不下流自永平目來仍連大獄有司窮考轉相牽引掠拷冤濫家屬徙邊加目北征匈奴西開三十六國頻年服役轉輸煩費及遠屯伊吾樓蘭車師戊己民懷土思怨結邊域傳曰安土重居謂之眾庶元帝詔曰安土重遷黎人之性也昔殷人近遷洛邑且猶怨望尚書盤庚序曰盤庚五遷將治亳殷人咨胥怨亳今河南偃師故曰近遷洛邑〔集解〕王鳴盛曰周公遷殷頑民於洛邑殷人迪屢不靜見書多士多方等篇李注引盤庚五遷將治亳亳洛非一地注非何況去中土之肥饒寄不毛之荒極乎毛草也爾雅曰觚竹北戶西王母日下謂之四荒又曰東至於泰遠西至於邠國南至於濮鉛北至於祝栗謂之四極言不毛荒極直論遠耳非必此地也且南方暑溼障毒互生愁困之民足目感動天地移變陰陽矣陛下留念省察目濟元元書奏肅宗下其章司空第五倫亦同終議太尉牟融司徒鮑昱校書郎班固等難倫目施行既久孝子無改父之道先帝所建不宜回異終復上書曰秦築長城功役繁興胡亥不革卒亡四海故孝元棄珠崖之郡光武絕西域之國不目介鱗易我衣裳元帝初元三年珠崖郡反待詔賈捐之以爲宜棄珠崖救人飢餓乃罷珠崖郡光武二十一年鄯善車師王等十六國皆遣子入侍請都護帝以中國初定未遑外事還其侍子厚加賞賜介鱗喻遠夷言其人與魚鼈無異也衣裳謂中國也楊雄法言曰珠崖之絕捐之之力也否則鱗介易我衣裳魯文公毀泉臺春秋譏之曰先祖爲之而已毀之不如勿居而已目其無妨害於民也公羊傳曰毀泉臺何以書譏爾築之譏毀之譏先祖爲之而已毀之勿居而已也〔集解〕王會汾曰注譏爾下按原文譏字下脫何譏二字勿居而已也按原文勿居上脫不如二字襄公作三軍昭公舍之君子大其復古目爲不舍則有害於民也公羊傳曰襄公十一年作三軍三軍者何三卿也昭公五年傳曰舍中軍舍中軍者

何復古也言舍之與留量時置宜也今伊吾之役樓蘭之屯久而未還非天意也帝從之聽還徙者悉罷邊屯終又言宣帝博徵羣儒論定五經於石渠閣方今天下少事學者得成其業而章句之徒破壞大體〔集解〕惠棟曰前書夏侯勝云章句小儒破碎大道也宜如石渠故事永爲後世則於是詔諸儒於白虎觀論考同異焉會終坐事繫獄博士趙博校書郎班固賈逵等目終深曉春秋學多異聞表請之終又上書自訟即日貰出乃得與於白虎觀焉與音預後受詔刪太史公書爲十餘萬言〔集解〕周壽昌曰隋書經籍志衞颯史要十卷約史記要言以類相從颯當建武時本傳不載終在顯宗建初間又後於颯又應奉漢事十七卷亦云刪史記漢書及漢記則史公書在東漢屢被刪削然世所行原本也時太后兄衞尉馬廖謹篤自守不訓諸子終與廖交善目書戒之曰終聞堯舜之民可比屋而封桀紂之民可比屋而誅事見陸賈新語〔集解〕沈欽韓曰見無爲篇何者堯舜爲之隄防桀紂示之驕奢故也詩曰皎皎練絲在所染之逸詩曰皎皎白貌也墨子曰墨子見

染絲者歎曰染於蒼則蒼染於黃則黃故染不可不慎也集解官本考證曰注曰字誤當改也字惠棟曰高誘淮南子注云練白也論衡云詩曰彼姝之子何以與之傳曰譬猶練絲染之藍則青染之朱則赤其傳者謂詩之傳也王逸正部曰皎皎練絲得藍則青得丹則赤得蘗則黃得泥則黑上智下愚謂之不移中庸之流要在教化春秋殺太子母弟直稱君甚惡之者坐失教也公羊傳曰晉侯殺其太子申生曷爲直稱晉侯以殺其太子母弟直稱君者甚之也集解劉攽曰注稱晉侯曰以殺其太子案今文當云曷爲直稱晉侯以殺其太子惠棟曰隱元年鄭伯克段于鄢左氏曰稱鄭伯譏失教也禮制人君之子年八歲爲置少傅教之書計以開其明大戴禮曰古者八歲出就外舍學小藝焉履小節焉又曰爲置三少曰少保少傅少師是與太子宴者也禮記內則曰十年出就外傅居宿于外學書計也十五置太傅教之經典以道其志漢興諸侯王不力教誨多觸禁忌故有亡國之禍而乏嘉善之稱今君位地尊重海內所望豈可不臨深履薄以爲至戒集解先謙曰末有複語疑此衍文黃門郎年幼血氣方盛廖子防及光俱爲黃門郎孔子曰及其壯也血氣方剛戒之在鬭也既無長君退讓之風文帝竇后兄長君弟廣國字少君此兩人所出微絳灌等選長者之有節行者與之居長君少君由此爲

退讓君子不敢以富貴驕人也集解王會汾曰案史記外戚傳云選長者士之有節行者與居此注脫一士字衍一之字當改正而要結輕狡無行之客縱而莫誨視成任性馬防傳曰兄弟貴盛賓客奔湊四方畢至數百餘人皆爲賓客也鑒念前往集解先謙曰官本往作世可爲寒心君侯誠宜以臨深履薄爲戒廖不納子豫後坐縣書誹謗縣音懸廖以就國終兄鳳爲郡吏太守廉范爲州所考遣鳳候終終爲范游說坐徙北地益都耆舊傳曰終徙於北地望松縣而母於蜀物故終自傷被罪充邊乃作晨風之詩以舒其憤也集解惠棟曰案前志望松屬上郡不屬北地華陽國志云終坐太守徙邊作孤憤詩卽晨風詩也帝東巡狩鳳皇黃龍竝集終贊頌嘉瑞上述祖宗鴻業凡十五章奏上詔貰還故郡著春秋外傳十二篇改定章句十五萬言集解惠棟曰華陽國志云終作生民詩制封禪書皆傳于世周壽昌曰案終本傳未言習春秋何家而考終上疏三引皆公羊傳語知所治必公羊春秋外傳及改定之章句亦是公羊學也永元十二年徵拜郎中以病卒袁山松書曰侍中賈逵薦忠博達忠直徵拜郎中及卒賜錢二十萬集解先謙曰官本薦下忠作終是

李法字伯度漢中南鄭人也博通羣書性剛而有節和帝永元九年應賢良方正對策除博士遷侍中光祿大夫歲餘上疏以爲朝政苛碎違永平建初故事宦官權重椒房寵盛又譏史官記事不實後世有識尋功計德必不明信坐失旨下有司免爲庶人還鄉里杜門自守故人儒生時有候之者言談之次問其不合上意之由法未嘗應對友人固問之法曰鄙夫可與事君乎哉苟患失之無所不至此以上論語孔子之言也鄭玄注云無所不至謂諂佞邪媚無所不爲也孟子有言夫仁者如射正己而後發發而不中不怨勝己者反求諸身而已矣孟子公孫丑篇之言也反諸身而已言克己自責不責人也在家八年徵拜議郎諫議大夫正言極辭無改於舊出爲汝南太守集解惠棟曰華陽國志拜汝南太守遷司隸校尉湛然無自得之容傳不載其爲司隸也政有聲迹後歸鄉里卒于家

翟酺字子超廣漢雒人也雒屬廣漢郡漳山雒水所出南入湔故城在今雒縣南湔音子田反集解王補曰通鑑作廣陵誤

四世傳詩酺好老子尤善圖緯天文歷算集解惠棟曰華陽國志酺少事段翳以報舅讎當徙日南亡於長安爲卜相工後牧羊涼州遇赦還仕郡徵拜議郎遷侍中時尚書有缺詔將大夫六百石以上試對政事天文道術以高第者補之酺自恃能高而忌故太史令孫懿恐其先用乃往候懿既坐言無所及唯涕泣流連懿怪而問之酺曰圖書有漢賊孫登集解洪亮吉曰案讖卽可信則中興時上郡賊孫登已應之矣懿豈未之知耶將以才智爲中官所害觀君表相似當應之春秋保乾圖曰漢賊臣名孫登大形小口長七尺九寸巧用法多技方詩書不用賢人杜口也酺受恩接悽愴君之禍耳懿憂懼移病不試移病謂作文移而稱病也由是酺對第一拜尚書時安帝始親政事追感祖母宋貴人悉封其家又元舅耿寶及皇后兄弟閻顯等竝用威權酺上疏諫曰臣聞微子佯狂而去殷叔孫通背秦而歸漢彼非自疏其君時不可也臣荷殊絕之恩蒙值不諱之政豈敢雷同受寵

而㠯戴天履地雷之發聲物皆同應言無是非者謂之雷同禮記曰毋雷同左傳曰君履后土而戴皇天也伏惟陛下應天履祚歷值中興當建太平之功而未聞致化之道蓋遠者難明請㠯近事徵之昔竇鄧之寵傾動四方兼官重紱盈金積貨至使議弄神器改更社稷神器謂天位也老子曰天下神器不可爲也竇憲出入禁中得幸太后圖爲殺害帝知其謀誅之鄧太后崩宮人告鄧悝鄧弘等取廢帝故事謀立平原王得帝聞遂免鄧氏爲庶人也集解通鑑胡注此言弄威福耳威福人主之神器豈不㠯埶尊威廣㠯致斯患乎及其破壞頭顙墮地願爲孤豚豈可得哉莊子曰或聘莊子莊子謂其使曰子見夫犧牛乎衣以文繡食以芻菽及其牽而入于太廟欲爲孤犢其可得乎此作豚不同也夫致貴無漸失必暴受爵非道殃必疾今外戚寵幸功均造化漢元㠯來集解通鑑胡注漢元漢初也未有等比陛下誠仁恩周洽㠯親九族然祿去公室政移私門覆車重尋寧無摧折賈誼曰諺云前車覆後車誡也而朝臣在位莫肯正議翕翕訿訿更相佐附詩小雅曰翕翕訿訿亦孔之哀毛傳曰翕翕然患其上訿訿然不思稱職爾雅曰翕翕訿訿莫供職也訿音將徙反訿與訾古字通臣

恐威權外假歸之良難虎翼一奮卒不可制韓詩外傳曰無爲虎傅翼將飛入邑擇人而食夫置不肖之人於位是爲虎傅翼也故孔子曰吐珠於澤誰能不含春秋保乾圖曰臣功大者主威侵權幷族害己姦行吐珠於澤誰能不含論君之權柄外假則必競取以爲己利猶珠出於澤中誰能不含取以爲己寶也吐猶出也集解先謙曰官本注論作諭老子稱國之利器不可㠯示人老子道經曰魚不可脫於泉國之利器不可示人河上公注曰利器謂權道也理國權道不可以示執事之臣此最安危之極戒社稷之深計也夫儉德之恭政存約節左氏傳魯大夫御孫曰儉德之恭侈惡之大也故文帝愛百金於露臺飾帷帳於皁囊文帝嘗欲作露臺計直百金曰百金中人十家之產何以臺爲遂止不作又東方朔曰文帝集上書囊以爲殿帷或有譏其儉者上曰朕爲天下守財耳豈得妄用之哉至倉穀腐而不可食錢貫朽而不可校今自初政已來日月未久費用賞賜已不可算斂天下之財積無功之家帑藏單盡民物彫傷卒有不虞復當重賦百姓怨叛既生危亂可待也昔成王之政周公在前召公在後畢公在左史佚在右集解沈欽韓曰語見大戴保傅篇四子挾而維之目見正容耳聞正言一日卽位天下曠然言其法度素定也今陛下有成王之尊而無數子之佐雖欲崇雍熙致太平其可得乎自去年已來災譴頻數地坼天崩高岸爲谷修身恐懼則轉禍爲福輕慢天戒則其害彌深願陛下親自勞卹研精致思勉求忠貞之臣誅遠佞諂之黨損玉堂之盛集解沈欽韓曰玉堂嬖幸所居也韓子守道篇人主甘服於玉堂之中尊天爵之重孟子曰公卿大夫人爵也仁義禮智信天爵也割情欲之歡罷宴私之好帝王圖籍陳列左右心存亡國所㠯失之鑒覩興王所㠯得之庶災害可息豐年可招矣書奏不省而外戚寵臣咸畏惡之延光三年出爲酒泉太守叛羌千餘騎徙敦煌來鈔郡界集解劉攽曰案文徙當作從酺赴擊斬首九百級羌衆幾盡威名大震遷京兆尹順帝卽位拜光祿大夫遷將作大匠損省經用歲息四五千萬經常也屢因災異多所匡正益部耆舊傳曰時詔問酺陰陽失序水旱隔幷其設銷復興濟之本

酺上奏陳圖書之意曰漢四百年將有弱主閉門聽難之禍數在三百年之間宜升歷改憲行先王至德要道奉率時禁抑損奢侈宣明質樸以延四百年之難帝從之集解惠棟曰華陽國志酺上言漢四百年當有弱主閉門聽政數在三百年之間薦故太尉龐參故司徒李郃明通三才忠正可以輔世所言每指利病由是權貴共誣酺集解惠棟曰續漢志云是時中常侍高梵張防將作大匠翟酺尚書令高堂芝僕射張敦尚書尹就郎姜述楊鳳等及兗州刺史鮑就使匈奴中郎將張國金城太守張篤敦煌太守張朗相與交通漏泄就述棄市梵防酺芝敦鳳就國皆抵罪及尚書令高堂芝等交通屬託坐減死歸家復被章云酺前與河南張楷等謀反逮詣廷尉及杜眞等上書訟之事得明釋卒於家益部耆舊傳曰杜眞字孟宗廣漢綿竹人也少有孝行習易春秋誦百萬言兄事同郡翟酺酺後被繫獄眞上檄章救酺繫獄笞六百竟免酺難京師莫不壯之集解王會汾曰案自上移下曰檄此止可言上章耳不應有檄字明衍惠棟曰華陽國志眞以漢道微散財施宗族不應公車辟命長吏候迎每交于門乃斷髮以自絕著援神鉤命解詁十二篇援神契鉤命決皆孝經緯篇名也詁音古初酺之爲大匠上言孝文皇帝始置五經博士武帝建武五年始置五經博士文帝之時未遑庠序之事酺之此言不知何據集解何焯曰劉歆移太常博士云漢興至孝文皇帝天下衆書往往頗出皆諸子傳說猶廣立學官爲置博士酺言

非無據也惠棟曰趙岐孟子題辭云孝文欲廣游學之路論語孝經孟子爾雅皆置博士周壽昌曰前書楚元王傳文帝時聞申公爲詩精以爲博士儒林傳韓嬰文帝時爲博士轅固景帝時爲博士皆詩博士也據王氏王海引此作文帝始置一經博士殆宋本此書有作一經者非五經也先謙曰官本建武作建元是五經官本正作一經武帝大合天下之書武帝詔曰其令禮官勸學舉遺興禮舉遺謂搜求遺逸是合天下之書也而孝宣論六經於石渠學者滋盛弟子萬數宣帝甘露三年詔諸儒講五經於殿中兼平公羊穀梁同異上親臨決焉時更崇穀梁傳故言此六經也石渠閣名昭帝時博士弟子員百人宣帝末增倍之元帝時詔無置弟子員以廣學者故言以萬數也光武初興愍其荒廢起太學博士舍內外講堂諸生橫卷爲海內所集明帝時辟雍始成欲毀太學太尉趙憙以爲太學辟雍皆宜兼存故並傳至今而頃者頹廢至爲園採芻牧之處宜更修繕誘進後學帝從之酺免後遂起太學更開拓房室學者爲酺立碑銘於學云

應奉字世叔汝南南頓人也集解惠棟曰孫愐云漢有應曜隱於淮陽山中與四皓俱徵曜獨不至時人語之曰南山四皓不如淮陽一老八代孫劭集解漢書曾祖父順字華仲和帝時爲河南尹

後漢書四十八　七

將作大匠集解沈欽韓曰藝文類聚應劭漢官儀曰永元七年大匠應順字華仲上言百郡計吏觀國之光而舍逆旅崎嶇私館貢篚之物朽蠹暴露朝會邈遠事不肅給昔晉霸國之主耳舍諸侯於隸人子產以爲大譏況今四海之大而可無乎和帝嘉納之郎創業焉案前書言郡邸者不一孝宣在襁褓繫郡邸獄朱買臣步歸郡邸百官表大鴻臚屬官有郡邸長丞至東京百事省約故未之建也續志中興省郡邸長丞但令郎治郡邸何進傳引兵百郡郡邸蓋在華仲建議之後也公廉約己明達政事華嶠書曰華仲少給事郡縣爲吏清公不發私書舉孝廉尚書郎轉右丞遷冀州刺史廉直無私遷東平相賞罰必信吏不敢犯有梓樹生於廳事室上事後母至孝眾以爲孝感之應時竇憲出屯河西刺史二千石皆遣子弟奉賂遺憲憲敗後咸被繩黜順獨不在其中由是顯名爲將作大匠視事五年省費億萬汝南記曰華仲妻本是汝南鄧元義前妻也元義父伯考爲尚書僕射元義還鄉里妻留事姑甚謹姑憎之幽閉空室節其飲食羸露日困妻終無怨言後伯考怪而問之時義子朗年數歲言母不病但苦饑耳伯考流涕曰何意親姑反爲此禍因遣歸家更嫁爲華仲妻仲爲將作大匠妻乘朝車出元義於路傍觀之謂人曰此我故婦非有他過家夫人遇之實酷本自相貴其子朗時爲郎母與書皆不荅與衣裳輒以燒之母不以介意意欲見之乃至親家李氏堂上令人以它詞請朗朗至見母再拜涕泣因起出母追謂之曰我幾死自爲汝家所棄我何罪過乃如此耶因此遂絕也集解先謙曰東觀記順事後母至孝精誠感應梓樹生廳前屋上徙置府庭繁茂長大生十子皆有才學中子曇江夏太守曇生彬武陵太守彬生奉集解洪亮吉曰廬州府志應融字義高汝南人安帝朝爲廬江太守八年拜司隸校尉以時度之當屬順子又緒漢書載徐州刺史應志字仲節曾祖父順則屬奉兄弟也先謙曰官本彬並作郴奉少聰明自爲童兒及長凡所經履莫不暗記讀書五行並下集解先謙曰魏志王粲傳注引華嶠書曰奉才敏善諷誦故世稱應世叔讀書五行俱下爲郡決曹史行部四十二縣集解錢大昕曰郡國志汝南郡領三十七城此云四十二未詳錄囚徒數百千人及還太守備問之奉口說罪繫姓名坐狀輕重無所遺脫時人奇之謝承書曰奉少爲上計吏許訓爲計掾俱到京師訓自發鄉里在路晝頓莫宿所見長吏賓客亭長吏卒奴僕訓皆密疏姓名欲試奉還郡出疏示奉奉云前食潁川綸氏都亭亭長胡奴名祿以飲漿來何不在疏坐中皆驚又云奉年二十時嘗詣彭城相袁賀賀時出行閉門造車匠於內開扇出半面視奉奉即委去後數十年於路見車匠識而呼之集解劉攽曰注奉少爲上計吏許訓爲計掾案吏當爲史總而言掾史皆吏別而言之不同上計有史有掾也王會汾曰彭城相城字監本誤丞案袁閎傳父賀爲彭城相今改正著漢書後序多所述載袁山松書曰奉又刪史記漢書及漢記三百六十餘年自漢興至其時凡十七卷名曰漢事集解惠棟曰華嶠書云著後序十餘篇經籍志曰後序十二卷大將軍梁冀舉茂才先是

後漢書四十八　八

武陵蠻詹山等四千餘人反叛執縣令屯結連年詔下公卿議四府舉奉才堪將帥四府解見皇后紀永興元年拜武陵太守到官慰納山等皆悉降散於是興學校舉側陋政稱變俗坐公事免延熹中武陵蠻復寇亂荊州車騎將軍馮緄以奉有威恩爲蠻夷所服上請與俱征拜從事中郎謝承書曰時詔奉曰蠻夷叛逆作難積惡放恣鑊中之魚火燋湯盡當悉燋爛以刷國恥朝廷以奉昔守南土威名播越故復式序重任奉之廢興期在於今賜奉錢十萬駮犀方具劍金錯把刀劍革帶各一奉其勉之奉勤設方略賊破軍罷緄推功於奉薦爲司隸校尉糾舉姦違不避豪戚以嚴厲爲名及鄧皇后敗而田貴人見幸集解惠棟曰采女田聖永康初立爲貴人也桓帝有建立之議奉以田氏微賤不宜超登后位上書諫曰臣聞周納狄女襄王出居于鄭左傳襄王將以狄女爲后富辰諫曰不可狄固貪惏王又啟之王不從狄人伐周襄王出奔集解先謙曰官本注辰作臣引劉攽曰注富臣案臣當作辰漢立飛燕成帝胤嗣泯絕母后之重興廢所因宜思關雎之所求遠五禁之所忌韓詩外傳

日婦人有五不娶喪婦之長女不娶爲其不受命也世有惡疾不娶棄於天也世有刑人不娶棄於人也亂家女不娶類不正也逆家子不娶廢人倫也帝納其言竟立竇皇后及黨事起李乃慨然㠯疾自退追愍屈原因㠯自傷著感騷三十篇數十萬言諸公多薦舉會卒集解先謙曰官本會下有病字子劭

劭字仲遠謝承書曰應氏譜並云字仲遠續漢書文士傳作仲援漢官儀又作仲瑗未知孰是集解劉攽曰注謝承書曰應氏譜並云案文多一曰字惠棟曰劉寬碑陰有故吏南頓應劭仲瑗洪适云漢官儀作瑗官儀既劭所著又此碑可據則知遠援皆非也少篤學博覽多聞靈帝時舉孝廉辟車騎將軍何苗掾集解錢大昕曰按風俗通正失篇予爲蕭令謁辭故司空宣伯應玫宣鄭爲司空在延熹九年十二月次年四月免是劭爲蕭令在靈帝初而傳失書中平二年漢陽賊邊章韓遂與羌胡爲寇東侵三輔時遣車騎將軍皇甫嵩西討之嵩請發烏桓三千人北軍中候鄒靖上言烏桓眾弱宜開募鮮卑事下四府大將軍掾韓卓議㠯爲烏桓兵寡而與鮮卑世爲讐敵若烏桓被發則鮮卑必襲其家烏桓聞之

當復棄軍還救非唯無益於實乃更沮三軍之情鄒靖居近邊塞究其態詐若令靖募鮮卑輕騎五千必有破敵之效劭駮之曰集解惠棟曰案漢名臣奏劭與司徒屬孫嵩司空掾孔曲等議也曲當作佃鮮卑隔在漠北犬羊爲羣無君長之帥廬落之居而天性貪暴不拘信義故數犯障塞且無寍歲唯至互市乃來靡服苟欲中國珍貨非爲畏威懷德計獲事足旋踵爲害是㠯朝家外而不內蓋爲此也朝家猶國家也公羊傳曰春秋內諸夏而外夷狄也往者匈奴反叛度遼將軍馬續烏桓校尉王元發鮮卑五千餘騎又武威太守趙沖集解惠棟曰順帝紀作武都太守案西羌傳亦作武威紀誤亦率鮮卑征討叛羌斬獲醜虜既不足言而鮮卑越溢多爲不法裁㠯軍令則忿戾作亂制御小緩則陸掠殘害集解沈欽韓曰玉篇掠有力尚力酌二音釋名掠狠也陸掠蓋與陸梁義同劫居人鈔商旅噉人牛羊掠人兵馬得賞既多不肯去復欲㠯物買鐵邊將不聽便取縑帛聚欲燒之邊將恐怖畏其反叛

辭謝撫順無敢拒違今狡寇未殄而羌爲巨害如或致悔其可追乎臣愚㠯爲可募隴西羌胡守善不叛者簡其精勇多其牢賞牢稟食也或作勞勞功也太守李參沈靜有謀必能獎厲得其死力當思漸消之略不可倉卒望也韓卓復與劭相難反覆於是詔百官大會朝堂皆從劭議三年舉高第再遷集解沈欽韓曰案風俗通城陽景王祠云予爲營陵令以爲章本封朱虛幷食此縣春秋國語以勞定國能御大災凡在於他倘列祀典章功烈如彼餘郡禁之可也朱虛與莒宜常血食於是乃移書案此是劭從公府爲令時也六年拜太山太守初平二年黃巾三十萬眾入郡界劭糾率文武連與賊戰前後斬首數千級獲生口老弱萬餘人輜重二千兩賊皆退郤郡內㠯安興平元年前太尉曹嵩及子德從琅邪入太山劭遣兵迎之未到而徐州牧陶謙素怨嵩子操數擊之乃使輕騎追嵩德集解惠棟曰郭頒世語云謙密遣數千騎掩捕嵩家嵩以爲劭迎不設備謙兵至殺太祖弟德于門中嵩懼穿後垣先出其妾妾肥不能得出嵩逃于廁與妾俱被害闔門皆死竝殺之於郡界劭畏

操誅棄郡奔冀州牧袁紹初安帝時河閒人尹次潁川人史玉皆坐殺人當死次兄初及玉母軍並詣官曹求代其命因縊而物故尚書陳忠㠯罪疑從輕議活次玉劭後追駮之據正典刑有可存者其議曰尚書稱天秩有禮五服五章哉天討有罪五刑五用哉而孫卿亦云凡制刑之本將㠯禁暴惡且懲其末也凡爵列官秩賞慶刑威皆㠯類相從使當其實也若德不副位能不稱官賞不酬功刑不應罪不祥莫大焉殺人者死傷人者刑此百王之定制集解惠棟曰以上皆見荀子正論篇有法之成科高祖入關雖尚約法然殺人者死亦無寬降夫時化則刑重時亂則刑輕犯化之罪固重犯亂之罪爲輕集解錢大昕曰案漢書刑法志治則刑重亂則刑輕犯治之罪固重犯亂之罪爲輕也此傳及注中化字本是治字唐人諱治故章懷注范史多改治爲理亦有改爲化者張奮傳王者化定制禮功成作樂曹襃傳功成作樂化定制禮王符傳亂生於化危生於安化國之日舒以長亂國之日促以短仲長統傳亂世長而化世短此世字後人所改君子用法制而至於化小人用法制而至於亂或以之化或以之亂爰延傳

尚書令陳蕃任事則化中常侍黃門豫政則亂是也世皆改爲代亦有改爲時者此傳時輕時重是也書曰刑罰時輕時重此之謂也集解惠棟曰以上亦見正論篇今次玉公以清時釋其私憾阻兵安忍僵屍道路阻恃也左傳曰衞州吁阻兵而安忍朝恩在寬幸至冬獄而刻軍愚猾妄自投斃昔召忽親死子糾之難而孔子曰經於溝瀆人莫之知召忽齊大夫子糾齊襄公之庶子也子糾與小白爭國子糾被殺召忽其傅也遂死之論語孔子論召忽曰豈若匹夫匹婦之爲諒也自經於溝瀆而莫之知也鼂氏之父非錯刻峻遂能自隕其命班固亦云不如趙母指括以全其宗前書鼂錯爲御史大夫改更律令諸侯讙譁錯父聞而非之曰劉氏安而鼂氏危矣遂飲藥而死史記曰趙母趙將馬服君趙奢之妻趙括之母也奢死趙欲以括爲將母謂趙王曰王以爲括如其父父子異心願王勿遣王曰吾計決矣括母曰王終將之即有不稱妾得無隨乎王許諾及括敗王以母先言竟不誅也而班固引之以爲鼂錯贊辭集解先謙曰官本正文鼂作朝傳曰僕妾感慨而致死者非能義勇顧無慮耳言僕妾之致死者顧無由計慮耳語見史記欒布傳贊也集解惠士奇曰俚改爲慮夫刑罰威獄以類天之震燿殺戮也溫慈和惠以放天之生殖長育也左傳鄭大夫游吉之語是故春一草枯則爲災秋一木華亦爲異今殺無罪之初軍而活當死之次玉其爲枯華不亦然乎陳忠不詳制刑之本而信一時之仁遂廣引八議求生之端夫親故賢能功貴勤賓豈有次玉當罪之科哉周禮小司寇職鄭司農曰親宗室有罪先請也故謂舊知也賢謂有德行者能謂有道藝者功謂有大勳也貴謂若今墨綬有罪先請也勤謂憔悴國事賓謂二王後若乃小大以情原心定罪左傳曰小大之獄雖不能察必以情原心定罪解見霍諝傳也此爲求生非謂代死可以生也敗法亂政悔其可追劭凡爲駮議三十篇皆此類也又刪定律令爲漢儀建安元年乃奏之曰夫國之大事莫尚載籍也集解劉攽曰案文多一也字載籍也者決嫌疑明是非禮記曰夫禮者決嫌疑明是非賞刑之宜允獲厥中俾後之人永爲監焉故膠東相董仲舒老病致仕集解錢大昕曰膠東當作膠西朝廷每有政議數遣廷尉張湯親至陋巷問其得失於是作春秋決獄二百三十二事集解惠棟曰論衡云仲舒表春秋之義稽合於律無乖異者經籍志春秋決事十卷動以經對言之

詳矣逆臣董卓蕩覆王室典憲焚燎靡有孑遺開闢以來莫或茲酷或有也今大駕東邁巡省許都拔出險難其命維新臣累世受恩榮祚豐衍竊不自揆貪少云補輒撰具律本章句集解惠棟曰晉書刑法志云叔孫宣郭令卿馬融鄭元諸儒章句十有餘家家數十萬言凡斷罪所當由用者合二萬六千二百七十二條七百七十三萬二千二百餘言陳寵云漢興以來律有三家其說各異棟案漢書注引律說及鄭氏說者皆諸家章句也尚書舊事集解惠棟曰卽尚書故事也謝承云高祖及光武之後將相名臣策文通訓條在南宮祕于省閣惟臺郎升復道取急因得開覽武帝案尚書大行無遺詔左雄案尚書故事無乳母爵邑之制靈帝徙南宮閱錄故事胡三省云漢故事皆尚書主之也廷尉板令集解惠棟曰漢有尉律廷尉所用之律許慎云今雖有尉律不課又云廷尉說律至以字斷法是也張湯傳云上所是受而著讞法廷尉挈令挈獄之要也板令者猶云板官板詔也決事比例集解惠棟曰鄭眾周禮注云邦成若今時決事比也賈公彥云若今律其有斷事皆依舊事斷之其無條所比類以決之故云決事比陳寵傳云寵爲鮑昱撰辭訟比七卷決事科條皆以事類相從晉書志云漢時決事集爲令甲以下三百餘篇司徒都目五曹詔書司徒卽丞相也總領綱紀佐理萬機故有都目成帝初置尚書員五人漢舊儀有常侍曹二千石曹戶曹主客曹三公曹也集解惠棟曰東觀記云司徒鮑昱奏定決事都目八卷鄭眾周禮注云八成者行事有八篇若今之決事比風俗通云光武中興以來五曹詔書題鄉亭壁歲補正多有闕謬永建中兗州刺史過翔箋撰卷别改著板上一勞而久逸王充論衡云五曹自有條品簿書自有故事及春秋斷獄集解蘇輿曰隋唐志載董仲舒春秋決獄七畧作斷獄此疑是譔著董書惜今不傳凡二百五十篇蠲去復重爲之節文復音複重音定容反又集駮議三十篇以類相從凡八十二事其見漢書二十五漢記四卽東觀記皆刪敘潤色以全本體其二十六博採古今瓌瑋之事文章煥炳德義可觀其二十七臣所創造豈繄自謂必合道衷繄音烏衣反繄猶是也心爲憤邑聊以藉手藉音自夜反集解惠棟曰成二年左傳云若苟有以藉口而復于寡君君之惠也服虔云今河南俗謂治生求利小有所得皆言可用藉手矣昔鄭人以乾鼠爲璞鬻之於周宋愚夫亦寶燕石緹緭十重夫覩之者掩口盧胡而笑斯文之俗無乃類旃尹文子曰鄭人謂玉未琢者爲璞周人謂鼠未腊者爲璞周人遇鄭賈人曰欲買璞乎鄭賈曰欲之出璞視之乃鼠也因謝不取戰國策亦然今此乃云鄭人以乾鼠爲璞便與二說不同此云乾鼠彼云未腊事又差舛闕子曰宋之愚人得燕石梧臺之東歸而藏之以爲大寶周客聞而觀之主人父齋七日端冕之衣釁之以

特牲革匱十重緹巾十襲客見之俛而掩口盧胡而笑曰此燕石也與瓦甓不殊主人父怒曰商賈之言豎匠之心藏之愈固守之彌謹旃之也褶音襲緹赤色繒也楚詞曰襲英衣兮緹褶鮮明之衣集解錢大昕曰古文襲與習通士喪禮襚者以褶則必有裳注古文褶為襲沈欽韓曰孔叢抗志篇衞君乃胡盧大笑作胡盧左氏實云雖有姬姜絲麻不棄憔悴菅蒯蓋所以代匱也左傳曰詩云雖有絲麻無棄菅蒯雖有姬姜無棄蕉萃凡百君子莫不代匱杜預云逸詩也姬姜大國之女蕉萃陋賤之人蕉萃憔悴古字通集解先謙曰官本注憔作蕉是是用敢露頑才廁于明哲之末雖未足剛紀國體集解先謙曰官本剛作綱是宣洽時雍庶幾觀察增闡聖聽唯因萬機之餘暇遊意省覽焉獻帝善之二年詔拜劭為袁紹軍謀校尉時始遷都於許舊章堙沒書記罕存劭慨然歎息乃綴集所聞著漢官禮儀故事集解惠棟曰經籍志云漢官五卷漢官儀十卷云禮儀故事者如漢官名秩漢官鹵簿圖之類是也續漢書曰劭所敘漢官儀及禮儀故事凡十一種朝廷制度百官儀式所以不亡由劭記之凡朝廷制度百官典式多劭所立初父奉為司隸時並下諸官府郡國各上前人像贊集解惠棟曰應劭漢官云郡府廳事壁諸尹畫贊肇自建武訖於陽嘉注其清濁進退甚得述事之實劭乃連綴其名錄為狀人紀又論當時行事著中漢輯序撰風俗通集解惠棟曰經籍志云風俗通儀三十一卷已辯物類名號識時俗嫌疑文雖不典後世服其洽聞集解王鳴盛曰論云劭撰著篇籍甄紀異知雖云小道亦有可觀者焉案劭著述今存者惟風俗通明新安吳琯刻四卷元大德丁未無錫州守劉平父刻十卷然亦非全本如李注所引出此刻外甚多知佚者多矣劭俗儒風俗通小說家蔚宗譏其不典又云異知小道王充傳著論衡八十五篇釋物類同異正時俗嫌疑與風俗通品題略同蓋兩書正是一類皆撫拾謏聞鄙書燕說也凡所著述百三十六篇又集解漢書集解惠棟曰經籍志漢書集解一百十五卷漢書集解音義二十四卷皆傳于時後卒于鄴弟子瑒璩並以文才稱華嶠書曰劭弟珣字季瑜司空掾珣生瑒魏志曰瑒字德璉瑒弟璩字休璉咸以文章顯也中興初有應嫗者生四子而寡集解惠棟曰應亨為其叔應立像讚序曰王莽居攝以告病歸後亦居賊攻其所居城糧盡以私穀數十萬斛賑城中于時粟斛錢數萬無不稱其仁棟案立當中興之初當為應氏之始祖也見神光照社試探之乃得黃金集解惠棟曰孝子傳云嫗見光以問卜人卜人曰此天符也子孫其興乎乃探得黃金廣記云自是諸子宦學並有才名至瑒七世通顯應順將作大匠子壘江夏太守壘生郴武

陵太守郴生奉從事中郎奉生劭車騎將軍掾劭弟珣司空掾珣子瑒曹操辟為丞相掾集解惠棟曰應亨集讓著作表曰自司隸校尉奉至臣五世著作不絕鄉族以為美談崔駰三世相繼其後無聞若乃談遷接武彪固踵迹亦各一時之良也

霍諝字叔智魏郡鄴人也少為諸生明經有人誣諝舅宋光於大將軍梁商者以為妄刊章文坐繫洛陽詔獄掠考困極諝時年十五奏記於商曰將軍天覆厚恩愍舅光冤結前者溫教許為平議雖未下吏斷決其事已蒙神明顧省之聽皇天后土實聞德音竊獨踴躍私自慶幸諝聞春秋之義原情定過赦事誅意故許止雖弒君而不罪趙盾以縱賊而見書許止許悼公之子名止也公羊傳曰冬葬許悼公賊未討何以書葬不成乎弒也許悼公是止進藥而殺是以君子加弒焉葬許悼公是君子之赦止也赦止者免止罪之辭也何休注云原止欲愈父之病無害父之意故赦之是原情定過也又曰晉史書趙盾弒其君趙盾曰天乎無辜吾不弒君太史曰爾為仁為義人殺爾君而不討賊此非弒君如何此赦事誅意也此仲尼所以垂王法漢世所宜遵前修也傳曰人心不同譬若其面左傳鄭子產謂子皮曰人心不同譬如面焉吾豈敢謂子面如吾面乎斯蓋

謂大小窾隆醜美之形至於鼻目眾竅毛髮之狀集解王補曰袁宏紀作鼻從目橫眉在眼上未有不然者也情之異者剛柔舒急倨敬之間至於趨利避害畏死樂生亦復均也諝與光骨肉義有相隱言其冤濫未必可諒且以人情平論其理光衣冠子孫集解惠棟曰袁子正書云古者命士已上皆有冠冕故謂之冠族徑路平易謂依遵常轍無所規求也位極州郡日望徵辟亦無瑕穢纖介之累無故刊定詔書欲以何名就有所疑當求其便安豈有觸冒死禍以解細微譬猶療飢於附子止渴於酖毒未入腸胃已絕咽喉豈可為哉史記蘇秦曰飢人之所以飢而不食烏喙者以其愈充腹而與餓死者同患也附子烏喙根同而狀異也集解沈欽韓曰急就篇注烏喙形如烏之嘴也附子附大根而旁出者一歲為側子二歲為烏喙三歲為附子四歲為烏頭五歲為天雄昔東海孝婦見枉不幸幽靈感革天應枯旱前書曰東海有孝婦少寡無子養姑甚謹姑欲嫁之終不肯姑告鄰人曰孝婦養我勤苦哀我老久累丁壯乃自經死姑女告吏曰婦殺我母吏驗之急孝婦自誣服具獄上府太守竟論殺婦郡中枯旱三年後太守至自祭孝婦墓天立大雨歲熟光之所坐情既可原守

闕連年而終不見理呼嗟紫宮之門泣血兩觀之下天有紫微宮是上帝之所居也王者立宮象而爲之兩觀謂闕也傷和致災爲害滋甚凡事更赦令不應復案
夫吕罪刑明白尚蒙天恩豈有冤謗無徵反不得理是爲刑宥正
罪戮加誣侵也不偏不黨其若是乎明將軍德盛位尊人臣無二
言行動天地舉措移陰陽誠能留神沛然曉察必有于公高門之
福于公東海人爲郡決曹決獄平其閭門壞父老共修之于公曰少高大門閭令容駟馬蓋車我決獄多有陰德子孫必有興者至子定國爲丞相孫永爲御史大夫和氣立應天下幸甚商高譎才志郎爲奏原光
罪由是顯名仕郡舉孝廉稍遷金城太守性明達篤厚能吕恩信
化誘殊俗甚爲羌胡所敬服遭母憂自上歸行喪服闋公車徵再
遷北海相入爲尚書僕射是時大將軍梁冀貴戚秉權自公卿吕
下莫敢違啎謫與尚書令尹勳數奏其事又因陛見陳聞罪失〔集解〕
周壽昌曰引見謝恩始見馮異傳引見他傳亦多有惟陛見此僅見及冀誅後桓帝嘉其忠節封鄰

都亭侯前後固讓不許出爲河南尹遷司隸校尉轉少府廷尉卒
官子雋安定太守
爰延字季平陳留外黃人也清苦好學能通經教授性質慤少言
辭縣令隴西牛述好士知人乃禮請延爲廷掾范丹爲功曹濮陽
潛爲主簿濮陽姓也〔集解〕惠棟曰潛爲上黨太守見高士傳常共言談而已後令史昭吕
爲鄉嗇夫仁化大行人但聞嗇夫不知郡縣在事三年州府禮請
不就桓帝時徵博士太尉楊秉等舉賢良方正再遷爲侍中帝游
上林苑從容問延曰朕何如主也對曰陛下爲漢中主〔集解〕通鑑胡注中主
爲中材之主言可以上可以下顧輔佐者何如耳帝曰何吕言之對曰尚書令陳蕃任事
則化中常侍黃門豫政則亂是吕知陛下可與爲善可與爲非前書
曰齊桓公管仲相之則霸豎貂輔之則亂可與爲善可與爲惡是謂中人帝曰昔朱雲廷折欄檻今侍
中面稱朕違敬聞闕矣朱雲字游成帝時上書求見曰今朝廷大臣上不能匡主下無以益人臣願賜上方

斬馬劍斷佞臣一人以厲其餘上問曰誰也對曰安昌侯張禹上
大怒曰小臣廷辱師傅罪死不赦御史將雲下雲攀殿檻折雲呼
曰臣從龍逢比干遊于地下足矣未知朝廷如何耳上意乃解及
後當修檻上曰勿易因而輯之以旌直臣〔集解〕劉攽曰昔朱雲廷
折欄檻案文廷下少爭字拜五官中郎將〔集解〕汪文臺曰御覽十一謝承書云奚延轉議郎徐州遣旱延使持節到
東海請雨豐澤應澍雨與京師同日俱霈還拜五官中郎將奚疑爰字之誤轉長水校尉遷魏郡太守
徵拜大鴻臚帝吕延儒生常特宴見時太史令上言客星經帝坐
〔集解〕通鑑胡注帝坐一星在太微宮中帝密吕問延延因上封事曰臣聞天子尊無
爲上故天吕爲子位臨臣庶威重四海動靜吕理則星辰順序意
有邪僻則晷度錯違陛下吕河南尹鄧萬〔集解〕惠棟曰蔣杲云鄧萬世也脫世字案唐諱
世故削之猶韓擒虎爲韓擒也王補曰通鑑作鄧萬世又本書鄧后陳蕃傳引並作鄧萬世故蔣直疑此爲脫世字有龍潛
之舊封爲通侯恩重公卿惠豐宗室加頃引見與之對博上下媟
黷有虧尊嚴臣聞之帝左右者所吕咨政德也故周公戒成王曰
其朋其朋言慎所與也尚書周公戒成王曰孺子其朋孺子其朋慎其往昔宋閔公與彊

臣其博列婦人於側積此無禮吕致大災公羊經書宋萬弒其君捷傳曰宋萬嘗與魯莊
公戰獲于莊公歸舍諸宮中數月然後歸之與宋閔公博婦人在
側萬曰甚矣魯侯之淑魯侯之美天下諸侯宜爲君者唯魯侯爾
閔公矜此婦人妒其言顧曰此虜也魯侯之美惡乎至萬怒搏閔公絕其脰武帝與幸臣李延年韓嫣
同臥起尊爵重賜情欲無厭遂生驕淫之心行不義之事卒延年
被戮嫣伏其辜李延年中山人也身及父母兄弟皆故倡人也武帝時延年女弟得幸號曰李夫人延年善歌舞爲
協律都尉佩二千石印綬與上臥起弟季與中人亂出入驕恣上
遂誅延年兄弟韓嫣韓王信之曾孫也武帝爲王時與嫣相愛後
位至上大夫賞賜擬鄧通與上臥起出入永巷以姦聞被誅夫愛之則不覺其過惡之則不知
其善所吕事多放濫物情生怨故王者賞人必酬其功爵人必甄
其德甄明也善人同處則日聞嘉訓惡人從游則日生邪情孔子曰
益者三友損者三友論語孔子曰友直友諒友多聞益矣友便辟友善柔友便佞損矣邪臣惑君
亂妾危主吕非所言則悅於耳吕非所行則翫於目故令人君不
能遠之仲尼曰唯女子與小人爲難養近之則不遜遠之則怨蓋

聖人之明戒也昔光武皇帝與嚴光俱寢上天之異其夕郎見事見逸人傳夫以光武之聖德嚴光之高賢君臣合道尙降此變豈況陛下今所親幸以賤爲貴以卑爲尊哉惟陛下遠讒諛之人納謇謇之士除左右之權寵宦官之敝使積善日熙熙廣也佞惡消殄則乾災可除帝省其奏因以病自上乞骸骨還家靈帝復特徵不行病卒子驥白馬令亦稱善士謝承書曰與字驥

徐璆字孟玉璆音仇集解洪亮吉云案先賢行狀作孟平汝南先賢傳作孟玉璆歷敘歸先謙曰官本玉作本仇下有字孟玉三字廣陵海西人也父淑度遼將軍有名於邊謝承書曰淑字伯進寬裕博學習孟氏易春秋公羊傳禮記周官善誦太公六韜交接英雄常有壯志集解汪文臺曰文選沈約齊安陸昭王碑文注謝承書云徐淑戒卓首路璆少博學辟公府舉高第袁山松書曰璆少履清高立朝正色稱揚後進惟恐不及稍遷荊州刺史時董太后姊子張忠爲南陽太守因埶放濫臧罪數億璆臨當之部太后遣中常侍以忠屬璆璆對曰臣身爲國不敢

後漢書四十八　七

聞命太后怒遽徵忠爲司隸校尉以相威臨璆到州舉奏忠臧餘一億使冠軍縣上簿詣大司農以彰暴其事又奏五郡太守及屬縣有臧汙者悉徵案罪威風大行中平元年與中郎將朱儁擊黃巾賊於宛破之張忠怨璆與諸閹宦構造無端璆遂以罪徵有破賊功得免官歸家後再徵遷汝南太守轉東海相所在化行獻帝遷許以廷尉徵當詣京師道爲袁術所劫授璆以上公之位璆乃歎曰龔勝鮑宣獨何人哉守之必死龔勝字君賓楚人也好學明經哀帝時爲光祿大夫乞骸骨王莽即位遣使以上卿徵勝不食而死鮑宣字子都渤海人也哀帝時爲司隸校尉王莽輔政誅漢忠臣不附己者宣及何武等皆死術不敢逼術死軍破璆得其盜國璽及還許上之衞宏曰秦以前以金玉銀爲方寸璽秦以來天子獨稱璽又以玉羣下莫得用其玉出藍田山題是李斯書其文曰受命于天旣壽永昌號曰傳國璽漢高祖定三秦子嬰獻之高祖即位乃佩之王莽篡位就元后求璽后乃出以投地上螭一角缺及莽敗時仍帶璽綬杜吳殺莽不知取璽公賓就斬莽首幷取璽更始將李松送上更始赤眉至高陵更始奉璽上赤眉建武三年盆子奉以上光武孫堅從桂陽入雒討董卓軍於城南見井中有五色光軍人莫敢汲堅乃浚得璽袁術有僭盜意乃拘堅妻求之術得璽舉以向肘魏武謂之曰我在不聽汝乃至此時璆得而獻之集解沈欽韓曰魏志袁紹嘗得一玉印於太祖坐中舉向其肘注又引魏書云太祖大笑曰吾不聽汝也紹之事在共討董卓時其云玉印不必定是傳國璽又術拘堅妻奪之璽在堅歿後距討卓時已三年術在淮南何緣舉向曹操此注合二袁兩事爲一大謬幷送前所假汝南東海二郡印綬司徒趙溫謂璆曰君遭大難猶存此邪璆曰昔蘇武困於匈奴不墜七尺之節集解惠士奇曰使節長七尺或云八尺況此方寸印乎後拜太常使持節拜曹操爲丞相操以相讓璆璆不敢當卒於官

論曰孫懿以高明見忌而受欺於陰計翟酺資譎數取通而終之以謇諫豈信智自有周偏先後之要殊度乎應氏七世才聞而奉劭采章爲盛及撰著篇籍甄紀異知雖云小道亦有可觀者焉延璆應對辯正而不可犯陵上之尤集解何焯曰可字衍斯固辭之不可已也左氏傳孔子曰辭之不可以已也如是夫子產有辭諸侯賴之

虛受堂　八

贊曰楊終李法華陽有聞益州古梁州之域尙書曰華陽黑水惟梁州孔安國注曰北拒華山之陽南拒黑水故常璩敘蜀事而謂之華陽國志焉二應克聽亦表汝墳鄭玄注周禮曰水涯曰墳翟酺詐懿霍諝請舅延能許帝璆亦牾后

楊李翟應霍爰徐列傳第三十八終　後漢書四十八

後漢書集解卷四十八按補

楊終傳太守奇其才注決曹終上白記 案白記不見他書漢世白事有奏記周禮內史疏諸侯凡事有書奏白于王內史讀示王亦謂白事也此白記當卽掾屬白事之所用

及遠屯伊吾樓蘭車師戊已 官本及作又錢大昭曰及閩本作又

寄不毛之荒極乎注爾雅曰觚竹北戶西王母日下謂之四荒 注北戶原譌北為土據爾雅釋地正官本注不誤觚官本注作孤

魯文公毀泉臺注公羊傳曰 至 勿居而已也 案章懷引經傳鮮不刪節如此注者多矣王會汾以為脫字非也

襄公作三軍昭公舍之注壘時置宜也 官本置作制

鑒念前往集解先謙曰官本往作世 錢大昭曰往閩本作世

坐徙北地注益都耆舊傳曰 官本注都作部

已病卒注賜錢二十萬 官本注末有也字

李法傳後歸鄉里卒于家 侯康曰列女傳陳文矩妻卽法之姊年八十餘卒臨終敕諸子曰吾弟伯度智達士也所論薄葬其義至矣

翟酺傳廣漢雒人也注故城在今雒縣南 已詳陳寵傳按補

捐玉堂之盛 官本捐作損

屢因災異多所匡正注數在三百年之間宜升厤改憲 錢大昭曰升當作斗見春秋保乾圖古斗字作斗與升相近而誤案續志律厤中篇論厤凡三引保乾圖讖文皆作三百年斗厤改憲所謂斗厤者郎古法冬至日在建星建星謂北斗也歲十二月以配天之十二辰取斗杓所指為驗閏月無中氣則北斗邪指兩辰之間以定四時而成歲漢興迄章帝改用四分厤適當三百年已應斗厤改憲之讖矣酺本謂漢更有四百年之難其數卽起於三百年改憲之間宜豫修省以銷其禍則注引書舊傳宜字並當在斗厤改憲下也

及杜眞等上書訟之集解惠棟曰 至 乃斷髮以自絕 侯康曰御覽七百十七引益都耆舊傳杜眞孟宗周覽求師經歷齊魯資用將乏磨鏡自給

孝文皇帝始置五經博士集解先謙曰 至 五經官本正作一經 又惠所據本亦作一經謹案錢大昭以南監本閩本按閣本不言有異字惠所據乃北宋本疑惟是本作一經玉海所引官本所據皆是本也然證以章懷注則仍以作五經者為合否則未遑庠序之事注既引用前書儒林傳序於序言孝文時頗登用諸博士具官待問及傳言韓嬰孝文時為博士何反忘之而疑文帝時並一經博士不當有乎蓋正以文帝時雖已置博士實未嘗徧及五經也

諸生橫卷 錢大昭曰閩本卷作巷橫古黌字亦學堂也

應奉傳應奉字世叔汝南南頓人也 地詳光武紀 集解惠棟曰 至 南山四皓 柳從辰曰高士傳四皓深自匿終南山不能屈己案楊雄解嘲四皓采榮於南山

公廉約己明達政事注為將作大將視事五年省費億萬 侯康曰御覽二百三十六引汝南先賢傳應仲華遷大匠除藻飾之無用割有損之浮費凡所省息七億餘萬 集解先謙曰東觀記 至 繁茂長大 柳從辰曰東觀記順少與同郡許敬善敬家貧親老無子為敬去妻更娶

壘生彬武陵太守 侯康曰彬曾為汲令見風俗通 集解先謙曰官本彬並作郴 錢大昭曰彬閩本皆作郴

著感騷三十篇數十萬言 官本無十字

大將軍掾韓卓議 錢大昭曰卓字子助陳留人

又刪定律令為漢儀 至 允獲厥中 柳從辰曰漢儀晉書刑法志引作漢議又允執厥中此執作獲晉志仍作執

數遣廷尉張湯親至陋巷問其得失 官本此下有事見前書四字注

博採古今瓌瑋之事 官本事作士

斯文之俗 官本俗作族

增闡聖聽 柳從辰曰聖聽晉書刑法志引作聖德

識時俗嫌疑 官本識作釋

至埸七世通顯注壘生郴武陵太守郴生奉從事郎中 案上文文注均作彬此注又均作郴與官本同疑郴彬古本通作

霍諝傳必有于公高門之福注少高大門閭 官本注門閭作閭門是

爰延傳孔子曰益者三友損者三友官本無損者三友四字

徐璆傳字孟玉集解先謙曰官本玉作本仇下有字孟玉三字官案本注仇下當是一作字孟玉脫一作二字官本係就監本改刊其正文作孟本與先賢行狀之作孟平非異文乃譌文以古書本平輒互譌也洪氏歷舉孟平孟玉兩說知所見本正文亦必作孟本廣陵海西人也地詳光武紀

王充王符仲長統列傳第三十九　後漢書四十九

宋　宣城太守范曄撰

唐　章懷太子賢注

王先謙集解

王充字仲任會稽上虞人也其先自魏郡元城徙焉〔集解〕惠棟曰論衡云其先本魏郡元城一姓孫一幾世嘗從軍有功封會稽陽亭一歲倉卒國絕因家焉充少孤〔集解〕惠棟曰論衡云祖父汎以買販為事生子二人長曰蒙少曰誦誦即充父錢大昕曰論衡自紀篇六歲教書有臣人之志父未嘗笞母未嘗非不云少孤也鄉里稱孝〔集解〕惠棟曰劉知幾云王充論衡之自紀也述其父祖不肖為州閭所鄙而己答以瞽頑舜神鯀惡禹聖夫自敘而言家世固當以揚名顯親為主苟無其人闕之可也若至盛矜于己而厚辱其先此何異證父攘羊學子名母必責以名教實三千之罪人也棟案充鄉里稱孝此猶華耦稱其祖督之罪魯人以為敏明君子所不許也後到京師受業太學袁山松書曰充幼聰明詣太學觀天子臨辟雍作六儒論師事扶風班彪好博覽而不守章句家貧無書常游洛陽市肆閱所賣書一見輒能誦憶遂博通眾流百家之言後歸鄉里屏居教授仕郡為功曹以數諫爭不合去〔集解〕沈欽韓曰論衡對作篇建初五年中州頗歉潁川汝南民流四散聖主憂懷詔書數至論衡之人奏記郡守宜禁奢侈以備困乏言不納用退題記草名曰備乏酒縻五穀生起盜賊奏記郡守禁民酒退題記草名曰禁酒充好論說始若詭異終有理實以為俗儒守文多失其真乃閉門潛思絕慶弔之禮戶牖牆壁各著刀筆〔集解〕先謙曰官本著作置是初學記二十四引謝承書云於宅鉥作內門戶墉鉥作柱各置筆硯簡牘見事而作類聚二十一三十五五十八引同御覽四百三十二四百八十四六百十二引同著論衡八十五篇二十餘萬言袁山松書曰充所作論衡中土未有傳者蔡邕入吳始得之恆祕玩以為談助其後王朗為會稽太守又得其書及還許下時人稱其才進或曰不見異人當得異書問之果以論衡之益由是遂見傳焉抱朴子曰時人嫌蔡邕得異書或搜求其帳中隱處果得論衡抱數卷持去邕丁寧之曰惟我與爾共之勿廣也〔集解〕先謙曰中郎不當鄙陋至此袁葛記事麤疏止無識耳釋物類同異正時俗嫌疑刺史董勤辟為從事轉治中自免還家〔集解〕惠棟曰論衡云充以元和三年徙家辟詣揚州部丹陽九江廬江後入為治中材小任大職在刺劃章和二年罷州家居沈欽韓曰天府凡官府鄉州及都鄙之治中受而藏之鄭司農云治中謂其治職簿書之要然則刺史之治中從事主職

事綱紀於中者其別駕從事則別乘隨刺史考覈於外也友人同郡謝夷吾上書薦充才學謝承書曰夷吾薦充曰充之天才非學所加雖前世孟軻孫卿近漢揚雄劉向司馬遷不能過也肅宗特詔公車徵病不行年漸七十志力衰耗乃造性書十六篇〔集解〕惠棟曰論衡自紀篇曰章和二年罷州家居年漸七十時可懸輿仕路隔絕歷數冉冉庚辛域際雖懼終徂恐猶沛沛乃作養性之書凡十六篇先謙曰性上奪養字官本有裁節嗜欲頤神自守永元中病卒于家

王符字節信安定臨涇人也少好學有志操與馬融竇章張衡崔瑗等友善安定俗鄙庶孼何休注公羊傳云孼賤也〔集解〕惠棟曰司馬貞云何休注公羊曰孼賤子也以非嫡子故曰孼張晏曰孺子曰孼而符無外家〔集解〕惠棟曰禮妾子爲君母之父母從母服小功而所生之母無文是無服也蓋妾賤妾子不以所生之父母爲外祖父母且無服也故云無外家爲鄉人所賤自和安之後世務游宦當塗者更相薦引而符獨耿介不同於俗以此遂不得升進志意蘊憤乃隱居著書三十餘篇以譏當時失得不欲章顯其名故號曰潛夫論〔集解〕沈欽韓曰一統志潛夫山在平涼府鎮原縣北里許相傳王符隱此其指訐

時短討讁物情訐攻也讁責也足以觀見當時風政著其五篇云爾

貴忠篇曰夫帝王之所尊敬者天也皇天之所愛育者人也今人臣受君之重位牧天之所愛焉可以不安而利之養而濟之哉是以君子任職則思利人達上則思進賢故居上而下不怨在前而後不恨也書稱天工人其代之王者法天而建官尚書咎繇謨曰亡曠庶官天工人其代之孔安國注云言人代天理官不可以天官私非其才也又曰明王奉若天道建邦設都孔安國注云天有日月北斗五星二十八宿皆有尊卑相正之法言明王奉順此道以立國設都也故明主不敢以私授忠臣不敢以虛受竊人之財猶謂之盜況偷天官以私已乎左傳介之推曰竊人之財猶謂之盜況貪天功以爲己力乎以罪犯人必加誅罰況乃犯天得無咎乎夫五世之臣以道事君五代謂唐虞夏殷周也〔集解〕劉攽曰五世之臣案此世字當是代字後人誤改先謙曰官本注殷作商澤及草木仁被率土是以福祚流衍本支百世詩大雅曰文王孫子本支百世季世之臣以諂媚主不思順天專杖殺伐白起蒙恬秦以爲功天以爲賊史記曰白起爲秦將與趙戰於長平阬趙卒四十五萬人蒙恬爲秦將北逐戎翟築長城起臨洮至遼東延袤萬餘里此爲虐於人也息夫董賢主以爲忠天以爲盜息夫躬字子微哀帝時告東平王雲事封宜陵侯董賢字聖卿得幸哀帝爲賢起大第於北闕下封爲高安侯易曰德薄而位尊智小而謀大鮮不及矣易繫辭之言是故德不稱其禍必酷能不稱其殃必大〔集解〕劉攽曰案文少兩字蓋本云德不稱其位能不稱其祿蘇輿曰潛夫論貴忠篇作德不稱其任其禍必酷能不稱其位其殃必大夫竊位之人天奪其鑒論語孔子曰臧文仲其竊位者歟左傳晉卜偃曰虢必亡矣天奪之鑒而益其疾也杜預注云鑒所以自照也雖有明察之資仁義之志一旦富貴則背親捐舊喪其本心疎骨肉而親便辟薄知友而厚犬馬寧見朽貫千萬而不忍貸人一錢情知積粟腐倉而不忍貸人一斗骨肉怨望於家細人謗讟於道前人以敗後爭襲之誠可傷也歷觀前政〔集解〕蘇輿曰潛夫論政作世速下讀此疑避唐諱改仲長統傳前政以來御前世以來而世亦有避作政者貴人之用心也與嬰兒子何其異哉嬰兒有常病貴人有常禍父母有常失人君有常過嬰兒常病傷於

飽也貴臣常禍傷於寵也哺乳多則生癎病〔集解〕惠棟曰潛夫論云小兒哺乳太多則必掣縱而生癎蓺文志有瘛瘲方三十卷服虔曰音掣引之掣說文云瘛小兒瘛瘲病也富貴盛而致驕疾愛子而賊之驕臣而滅之者非一也極其罰者乃有仆死深牢銜刀都市趙將李牧爲韓倉所譖賜死將自誅臂短不能及銜刀於柱以自殺見戰國策〔集解〕沈欽韓曰趙策作銜劍徵之於柱以自刺豈非無功於天有害於人者乎夫鳥以山爲埤而增巢其上魚以泉爲淺而穿穴其中卒所以得者餌也曾子之文也亦見大戴禮貴戚願其宅吉而制爲令名〔集解〕惠棟曰漢圖宅術云宅有八術以六甲之名數而第之第定名立宮商殊別宅有五音姓有五聲宅不宜其姓姓與宅相賊則疾病死亡犯罪遇禍又曰商家門不宜南向徵家門不宜北向商金南方火也徵火北方水也水勝火火滅金五行之氣不相得故五姓之宅門有宜嚮嚮得其宜富貴吉昌嚮失其宜貧賤衰耗案圖宅術班氏藝文不錄載見王充論衡欲其門堅而造作鐵樞卒其所以敗者非苦禁忌少而門樞朽也常苦崇財貨而行驕僭耳不上順天心下育人物而欲任其私智竊弄君威反戾天地欺誣神明居累卵之危而圖太山之安

爲朝露之行而思傳世之功朝露言易盡也蘇子曰人生一世若朝露之託於桐葉耳其與幾同集解先謙曰注同誤官本作何是豈不惑哉豈不惑哉

浮侈篇曰王者㠯四海爲家兆人爲子一夫不耕天下受其飢一婦不織天下受其寒文子曰神農之法曰丈夫丁壯不耕天下有受其飢者婦人當年不織天下有受其寒者故其耕不强者無以養生其織不力者無以衣形今舉俗舍本農趨商賈牛馬車輿塡塞道路游手爲巧充盈都邑游手爲巧謂雕鏤之屬也務本者少浮食者衆商邑翼翼四方是極詩商頌文也鄭玄注云極中也翼翼然可則効乃四方之中正也今察洛陽資末業者什於農夫虛僞游手什於末業是則一夫耕百人食之一婦桑百人衣之㠯一奉百孰能供之天下百郡千縣市邑萬數類皆如此本末不足相供則民安得不飢寒飢寒竝至則民安能無姦軌姦軌繁多則吏安能無嚴酷嚴酷數加則下安能無愁怨愁怨者多則咎徵竝臻下民無聊而上天降災則國危矣夫貧生於富

弱生於强亂生於化危生於安富而不節則貧强而驕人則弱居理而不修德則亂時安而不愼微則危矣集解先謙曰官本注時作恃是是故明主之養民憂之勞之教之誨之愼微防萌㠯斷其邪故易美節㠯制度不傷財不害民節以制度以下竝節卦彖辭也鄭玄注云空府藏則傷財力役繁則害人二者奢泰之所致七月之詩大小教之終而復始由此觀之人固不可惑也七月詩豳風也大謂耕桑之法小謂索綯之類自春及冬終而復始也集解沈欽韓曰七月箋以于貉取狐狸爲助女功食鬱至剝棗爲助男功大者男女正功農桑也小者男女佐功皮裘蔬果也注云索綯之類非今人奢衣服侈飲食事口舌而習調欺或㠯謀姦合任爲業合任謂相合爲任俠也或㠯游博持掩爲事博謂六博掩謂意錢也前書貨殖傳曰又況掘冢博掩犯姦成富也集解惠棟曰陳羣新律序云雜律有博戲功臣表曰安邱侯張拾坐博揜髡爲城旦師古曰搏或作博六博也揜意錢也皆謂戲而取人財也丁夫不扶犁鋤而懷丸挾彈攜手上山遨遊或好取土作丸賣之外不足禦寇盜內不足禁鼠雀或作泥車瓦狗諸戲弄之具㠯巧詐小兒集解沈欽韓曰泥車遣車也陸機士庶挽歌陶犬不能吠瓦雞焉能鳴此皆無益也詩刺

不績其麻市也婆娑詩陳風也婆娑舞貌謂婦人於市中歌舞以事神也又婦人不修中饋休其蠶織易家人卦六二曰在中饋貞吉鄭玄注云中饋酒食也詩大雅曰婦無公事休其蠶織而起學巫祝鼓舞事神㠯欺誣細民熒惑百姓妻女羸弱疾病之家懷憂憒憒集解先謙曰官本下憒作憒當是易爲恐懼至使奔走便時去離正宅崎嶇路側風寒所傷姦人所利盜賊所中或增禍重祟至於死亡而不知巫所欺誤反恨事神之晚此妖妄之甚者也或刻畫好繒㠯書祝辭或虛飾巧言希致福祚或糜折金綵令廣分寸或斷截衆縷繞帶手腕或裁切綺縠縫紩成幡集解沈欽韓曰蓋采勝五色繒辟兵及續命縷之類皆單費百縑用功千倍集解蘇輿曰千倍當從元書作十倍先謙曰單讀曰殫破牢爲僞㠯易就難坐食嘉穀消損白日損或作捐夫山林不能給野火江海不能實漏巵皆所宜禁也昔孝文皇帝躬衣弋綈前書音義曰弋皁也綈繒也革舃韋帶集解惠棟曰潛夫論足履革舃以韋帶劍而今京師貴戚衣服飲食車輿廬第奢過王制

固亦甚矣且其徒御僕妾皆服文組綵牒牒即今疊布也錦繡綺紈葛子升越筩中女布說文曰綺文繒也前書曰齊俗作冰紈子細稱也沈懷遠南越志曰蕉布之品有三有蕉布有竹子布又有葛馬雖精粗之殊皆同出而異名揚雄蜀都賦曰布則蜘蛛作絲不可見風筩中黃潤一端數金盛弘之荆州記曰秭歸縣室多幽閑其女盡織布至數十升今永州俗猶呼貢布爲女子布也集解沈欽韓曰吳都賦注升越越之細者廣東新語葛越南方之布以葛爲之以其產於越故曰葛越御覽八百二十竹林七賢論曰南郡太守劉肇遺戎筩中布五十端犀象珠玉虎魄瑇瑁石山隱飾金銀錯鏤廣雅曰虎魄珠也生地中其上及旁不生草深者八九尺初時如桃膠凝堅乃成其方人以爲枕出罽賓及大秦國吳錄曰瑇瑁似龜而大出南海山石謂隱起爲山石之文也集解先謙曰注謂上山石二字當依正文倒作石山窮極麗美轉相誇咤郭景純注子虛賦曰詫誇也咤與詫通也其嫁娶者車軿數里緹帷竟道蒼頡篇曰軿衣車軿音薄丁反又步田反騎奴侍童夾轂竝引富者競欲相過貧者恥其不逮一饗之所費破終身之業古者必有命然後乃得衣繒絲而乘車馬尚書大傳曰古之帝王者必有命民能敬長矜孤取舍好讓者命於其君得乘飾車軿馬衣文錦未有命者不得衣不得乘乘衣者有罰今雖不能復古宜令細民略

用考文之制古之葬者厚衣之以薪葬之中野不封不樹喪期無數後世聖人易以棺槨易繫辭之言也〔集解〕先謙曰官本易下多之字桐木爲棺葛采爲緘尸子曰禹之喪法死於陵者葬於陵死於澤者葬於澤桐棺三寸制喪三日墨子曰舜西教乎七戎道死葬南巴之中衣衾三領款木之棺葛以緘之采猶蔓也緘束也〔集解〕惠棟曰緘古墨子作緘從系崩聲說文曰緘束也墨子曰禹葬會稽桐棺三寸葛以緘之沈欽韓曰墨子節葬篇南巴之中作南已之市呂覽安死篇舜葬於紀市不變其肆高注九疑山下亦有紀邑已與巴相似而誤下不及泉上不泄臭中世以後轉用楸梓槐柏杶樗之屬各因方土裁用膠漆使其堅足恃其用足任如此而已今者京師貴戚必欲江南檽梓豫章之木檽音乃巨反見埤蒼爾雅曰栵檽音而注反檽似槲樕而痺小恐非棺槨之用豫章即樟木也〔集解〕沈欽韓曰類篇檽或从耎木名一曰木栮又尼主切木名可染又兒兖切木名槫棗字書則栭檽爲二木爾雅翼混楔棗與芝栭爲一故李注亦疑栵栭不可爲棺檽疑楔字之借爾雅楔鼠梓郭注楸屬也今人謂之苦楸先謙曰注注反官本反作云是邊遠下土亦競相放效夫檽梓豫章所出殊遠伐之高山引之窮谷入海乘淮逆河泝洛工匠雕刻連累日月會衆而後動多

牛而後致重且千斤功將萬夫而東至樂浪西達敦煌費力傷農於萬里之地古者墓而不墳中世墳而不崇仲尼喪母冢高四尺遇雨而崩弟子請修之夫子泣曰古不修墓孔子合葬母於防曰吾聞之古也墓而不墳於是封之崇四尺孔子先反門人後雨甚至孔子曰爾來何遲也曰防墓崩孔子泫然流涕曰吾聞之古不修墓見禮記也及鯉也死有棺無槨文帝葬芷陽芷陽縣名屬京兆文帝後改曰霸陵明帝葬洛南皆不藏珠寶不起山陵墓雖卑而德最高今京師貴戚郡縣豪家生不極養死乃崇喪或至金縷玉匣檽梓楩柟〔集解〕先謙曰官本楩作楄是多埋珍寶偶人車馬造起大冢廣種松柏廬舍祠堂務崇華侈案鄗畢之陵南城之冢畢周文王武王葬地也司馬遷云在鄗東南杜中無墳隴在今咸陽縣西北孔安國注尚書云在長安西北南城山曾子父所葬在今沂州費縣西南也周公非不忠曾子非不孝以爲褒君愛父不在於聚財揚名顯親無取於車馬昔晉靈公多賦以雕牆春秋以爲非君左傳晉靈公不君厚斂以雕牆杜預注云不君失君道也雕畫也華元樂舉厚葬文

公君子以爲不臣左傳曰宋文公卒始厚葬用蜃炭益車馬始用殉槨有四阿棺有翰檜君子謂華元樂舉於是不臣是棄君於惡也〔集解〕先謙曰官本注櫓作檜況於羣司士庶乃可僭侈主上過天道乎前書貢禹曰今大夫僭諸侯諸侯僭天子天子過天道其日久矣實貢篇曰國以賢興以諂衰君以忠安以佞危此古今之常論而時所共知也然衰國危君繼踵不絕者豈時無忠信正直之士哉誠苦其道不得行耳夫十步之閒必有茂草十室之邑必有忠信說苑曰十步之澤必有芳草論語曰十室之邑必有忠信也是故亂殷有三仁小衞多君子亂殷謂紂時也三仁箕子微子比干也左傳吳季札適衞悅蘧瑗史狗史鰌公子荆公叔發公子朝曰衞多君子未有患也又臧宣叔曰衞之於晉不得爲次國杜預注云春秋之時以强弱爲大小衞雖侯爵猶爲小國今以大漢之廣土士民之繁庶朝廷之清明上下之修正而官無善吏位無良臣此豈時之無賢諒由取之乖實夫志道者少與逐俗者多疇是以朋黨用私乖實趨華其貢士者不復依其質幹準其才行但虛造聲譽妄

生羽毛略計所舉歲且二百覽察其狀則德侔顏冉詳覈厥能則鮮及中人皆總務升官自相推達夫士者貴其用也不必求備故四友雖美能不相兼尚書大傳孔子曰文王得四臣丘亦得四友謂回也爲胥附賜也爲奔走師也爲先後由也爲禦侮其能各不同也三仁齊致事不一節高祖佐命出自亡秦光武得士亦資暴莽況太平之時而云無士乎夫明君之詔也若聲忠臣之和也如響〔集解〕惠棟曰左傳析父謂子革曰今與王言如響長短大小清濁疾徐必相應也且攻玉以石洗金以鹽詩小雅曰它山之石可以攻玉今之金工發金色者皆淬之於鹽水焉濯錦以魚浣布以灰夫物固有以賤理貴以醜化好者矣智者棄短取長以致其功今使貢士必覈以實其有小疵勿彊衣飾衣飾謂裝飾以成其過也衣音於氣反〔集解〕蘇輿曰言有疵者勿彊舉爲美潛夫論下有以壯虛聲四字可證出處默語〔集解〕先謙曰官本作語默各因其方則蕭曹周韓之倫何足不致吳鄧梁竇之屬企踵可待孔子曰未之思也夫何遠之有

愛日篇曰國之所吕爲國者吕有民也民之所吕爲民者吕有穀也穀之所吕豐殖者吕有民功也功之所吕能建者吕日力也化國之日舒吕長集解惠棟曰唐諱治章懷注後漢書隨文改易浮侈篇亂生於治實貢篇上下之修治治金以鹽以賤治貴以醜治好述赦篇凡治病者必知脈之虛實或作化或作正或作洗此篇治國之日舒以長改爲化國後人因之遂有光天化日之語豈非郢書而燕說乎故其民閒暇而力有餘亂國之日促吕短故其民困務而力不足舒長者非謂羲和安行羲和日也山海經曰東南海之外甘水之間有羲和之國有女子曰羲和方浴日於甘泉羲和者帝俊之妻是生十日郭璞注曰羲和蓋天地始生日月者也乃君明民靜而力有餘也促短者非謂分度損減洛書甄耀度曰凡周天三百六十五度四分度之一一度爲千九百三十二里日一日行一度月一日行十三度十九分度之一也乃上闇下亂力不足也孔子稱既庶則富之既富又教之是故禮義生於富足盜竊起於貧窮富足生於寬暇貧窮起於無日聖人深知力者民之本國之基也故務省徭役使之愛日是吕堯勑羲和欽若昊天敬授民時明帝

時公車吕反支日不受章奏凡反支日用月朔爲正戌亥朔一日反支申酉朔二日反支午未朔三日反支辰巳朔四日反支寅卯朔五日反支子丑朔六日反支見陰陽書也帝聞而怪曰民廢農桑遠來詣闕而復拘吕禁忌豈爲政之意乎於是遂蠲其制令冤民仰希申訴而令長吕神自畜難見如神也集解劉攽曰令冤民仰希申訴案文令當作今百姓廢農桑而趨府廷者相續道路非朝餔不得通非意氣不得見說文曰餔謂日加申時也今爲晡字也集解惠棟曰餔日加申則朝爲日加辰也說文又曰申神也七月陰氣成體自申束吏以餔時聽事申旦政也意氣謂請託也古人以竹簡相問遺修意氣謂之竿牘說見司馬彪莊子注周壽昌曰案既云餔即不得言朝疑作日字始合意氣猶言聲氣或連日累月更相瞻視或轉請鄰里饋糧應對歲功既虧天下豈無受其飢者乎孔子曰聽訟吾猶人也從此言之中才吕上足議曲直鄉亭部吏亦有任決斷者而類多枉曲蓋有故焉夫理直則恃正而不撓事曲則諂意吕行賕不撓故無恩於吏行賕故見私於法若事有反覆吏應坐之吏吕應坐之故不得不枉之於廷吕羸民之少黨而與豪吏對訟其勢得無屈乎縣承吏言故與之同若事有反覆縣亦應坐之縣吕應坐之故而排之於郡吕一民之輕而與一縣爲訟其理豈得申乎事有反覆郡亦坐之郡吕共坐之故而排之於州吕一民之輕與一郡爲訟其事豈獲勝乎既不肯理故乃遠詣公府公府復不能察而當延吕日月集解先謙曰而猶乃也言習慣成例貧弱者無吕曠旬強富者可盈千日理訟若此何枉之能理乎正士懷怨結而不見信信讀曰伸猾吏崇姦軌而不被坐此小民所吕易侵苦而天下所吕多困窮也且除上天感痛致災但吕人功見事言之自三府州郡至於鄉縣典司之吏辭訟之民官事相連更相檢對者日可有十萬人一人有事二人經營是爲日三十萬人廢其業也吕中農率之則是歲三百萬人受其飢者也然則盜賊何從而銷太平何由而作乎詩云莫肯念亂誰無父母

詩小雅也百姓不足君誰與足可無思哉可無思哉

述赦篇曰凡療病者必知脈之虛實氣之所結然後爲之方故疾可愈而壽可長也爲國者必先知民之所苦禍之所起然後爲之禁故姦可塞而國可安也今日賊良民之甚者莫大於數赦贖赦贖數則惡人昌而善人傷矣何吕明之哉夫謹敕之人身不蹈非又有爲吏正直不避彊禦而姦猾之黨橫加誣言者皆知赦之不久故也善人君子被侵怨而能至闕庭自明者萬無數人數人之中得省問者百不過一既對尚書而空遣去者復什六七矣其輕薄姦軌既陷罪法怨毒之家冀其辜戮吕解畜憤而反一槩悉蒙赦釋令惡人高會而誇咤集解沈欽韓曰潛夫論述赦中有云洛陽有主諧合殺人者謂之會任之家受人十萬謝客數千此所謂惡人高會而誇咤也案范史皆節錄非全文老盜服臧而過門孝子見讐而不得討遭盜者覩物而不敢取痛莫甚焉夫養稂莠者傷禾稼

惠姦軌者賊良民（爾雅曰稂童稂郭璞注云莠類也詩曰不稂不莠稂音郎）書曰文王作罰刑茲無赦（康誥之言也）先王之制刑法也非好傷人肌膚斷人壽命也貴威姦懲惡除人害也故經稱天命有德五服五章哉天討有罪五刑五用哉詩刺彼宜有罪汝反脫之（詩大雅也此宜無罪汝反收之彼宜有罪汝反脫之毛萇注云脫赦也〔集解〕先謙曰此引詩用今文）古者唯始受命之君承大亂之極寇賊姦軌難爲法禁故不得不有一赦與之更新頤育萬物以成大化非以養姦活罪放縱天賊也夫性惡之民民之豺狼雖得放宥之澤終無改悔之心旦脫重梏夕還囹圄嚴明令尹不能使其斷絕何也凡敢爲大姦者才必有過於衆而能自媚於上者也多散誕得之財奉以諂諛之辭以轉相驅（誕猶虛也）非有第五公之廉直孰不爲顧哉（謂第五倫也爲司空性廉直也〔集解〕惠棟曰顧其財與辭也史記曰招權顧金錢又曰掉臂而不顧顧者商賈人之語也）論者多曰久不赦則姦軌熾而吏不制宜數肆眚以解散之此未昭政亂之本源不察禍福之所生也後度遼將軍皇甫規解官歸安

定鄉人有以貨得雁門太守者亦去職還家書刺謁規（〔集解〕惠棟曰釋名云書稱刺書以筆刺簡紙之上也又曰寫所寫此文也書姓字於奏上曰書刺作再拜起居字皆達其體使書盡邊徐引筆書之如畫者也下官刺曰長刺長書中央一行而下之又曰爵里刺書其官爵郡縣鄉里也孔平仲曰古者未有紙削竹木以書姓名故謂之刺）規臥不迎既入而問鄉前在郡食雁美乎（〔集解〕惠棟曰魚豢典略云又以其刺刮髀）有頃又白王符在門規素聞符名乃驚遽而起衣不及帶屣履出迎（〔集解〕惠棟曰服虔風俗文云履不著跟曰屣）援符手而還與同坐極歡時人爲之語曰徒見二千石不如一縫掖（禮記儒行孔子曰丘少居魯衣逢掖之衣鄭玄注云逢猶大也大掖之衣大袂單衣也）言書生道義之爲貴也符竟不仕終于家

仲長統（〔集解〕通鑑胡注仲姓也商左相仲虺周有仲山甫舜十六相有仲堪仲熊周八士有仲突仲忽）字公理山陽高平人也少好學博涉書記贍於文辭年二十餘游學青徐并冀之間與交友者多異之并州刺史高幹（〔集解〕惠棟曰謝承書幹字元才）袁紹甥也素貴有名招致四方遊士士多歸附統過幹幹善待遇訪以當時之事統謂幹曰君有雄志而無雄才好士而不能擇人所以爲君深戒也幹雅自多不納其言統遂去之無幾幹以并州叛卒至於敗（魏志曰高幹叛欲奔南荊州上洛都尉王琰捕斬之也）并冀之士皆以是異統（異其有知人之鑒也）統性俶儻敢直言不矜小節默語無常時人或謂之狂生每州郡命召輒稱疾不就常以爲凡遊帝王者欲以立身揚名耳而名不常存人生易滅優游偃仰可以自娛欲卜居清曠以樂其志論之曰使居有良田廣宅背山臨流溝池環帀竹木周布場圃築前果園樹後舟車足以代步涉之難使令足以息四體之役養親有兼珍之膳妻孥無苦身之勞（孥讀曰奴）良朋萃止則陳酒肴以娛之嘉時吉日則烹羔豚以奉之躕躇畦苑遊戲平林（躕躇猶踟躕也）濯清水追涼風釣遊鯉弋高鴻諷於舞雩之下詠歸高堂之上（雩祭旱之名也爲壇而儛其上以祈雨焉論語曾點曰春服既成冠者五六人童子六七人浴乎沂風乎舞雩詠而歸〔集解〕吳仁傑曰論語包氏注浴乎沂水之上風涼於舞雩之下案王充書浴乎沂涉沂水也風乎舞雩風歌也說者以爲風乾身時尚寒安得風乾身乎充說與統合包氏諸家讀如本字誤又曰歸當作饋鄭氏論語曰詠而饋注云饋酒食也魯讀饋爲歸今從古王充曰詠歌饋祭也史記仲尼弟子傳云咏而歸徐廣曰一作饋統言詠歌饋食於高堂之上與古文論語合也）安神閨房思老氏之玄虛呼吸精和求至人之彷彿（老子曰玄之又玄虛其心實其腹呼吸謂咽氣養生也莊子曰吹呴呼吸吐故納新又曰至人無已也）與達者數子論道講書俯仰二儀錯綜人物彈南風之雅操發清商之妙曲（家語曰舜彈五絃之琴造南風之詩曰南風之薰兮可以解吾人之慍兮南風之時兮可以阜吾人之財兮三禮圖曰琴本五絃曰宮商角徵羽文王增二曰少宮少商絃最清也）逍遙一世之上睥睨天地之間不受當時之責永保性命之期如是則可以陵霄漢出宇宙之外矣豈羨夫入帝王之門哉又作詩二篇以見其志辭曰

飛鳥遺跡蟬蛻亡殼騰蛇棄鱗神龍喪角（王充論衡曰蠐螬化爲復育復育轉爲蟬蟬之去復育龜之解甲蛇之脫皮可謂尸解矣蛻音式銳反爾雅曰騰蛇有鱗廣雅曰有角曰龍喪角解角也〔集解〕惠棟曰殼音穀角音

祿沈欽韓曰釋魚騰作螣無有鱗二字廣雅有角曰蘢蜩龍無角曰蚘蜩龍注脫蚪字至人能變達士拔俗乘雲無轡騁風無足垂露成幃張霄成幄沆瀣當餐九陽代燭霄摩天赤氣也在旁曰幃在上曰幄陵陽子明經曰沆瀣者北方夜半氣也九陽謂日也山海經曰陽谷上有扶木九日居下枝一日居上枝也〔集解〕惠棟曰幄音屋恒星豔珠朝霞潤玉六合之內恣心所欲人事可遺何爲局促天道雖夷見幾者寡〔集解〕惠棟曰寡音鼓任意無非適物無可古來繞繞委曲如瑣百慮何爲至要在我寄愁天上埋憂地下〔集解〕惠棟曰左傳叔向曰以樂慆憂杜注慆藏也孔穎達云言以音樂樂身埋藏憂愁於樂中猶古詩云埋憂地下也下音戶叛散五經滅棄風雅百家雜碎請用從火抗志山西游心海左〔集解〕官本考證曰西字監本作栖王會汾曰案山西與海左對今從宋本元氣爲舟微風爲杝杝船尾也音徒可反敖翔太清縱意容冶〔集解〕惠棟曰冶音古尚書令荀彧聞統名奇之舉爲尚書郎後參丞相曹操軍事每論說古今及時俗行事恒發憤歎息因著論名曰昌言昌當也尚書曰汝亦昌言〔集解〕沈欽韓曰抱朴子統作昌言未竟而亡後董襲撰次之案董當作繆魏志劉劭傳注繆襲撰統昌言表凡三十四篇十餘萬言獻帝遜位之歲統卒時年四十一友人東海繆襲常稱統才章足繼西京董賈劉楊董仲舒賈誼劉向楊雄也襲字熙伯辟御史府後至尚書光祿勳今簡撮其書有益政者略載之云

理亂篇曰豪傑之當天命者未始有天下之分者也〔集解〕蘇輿曰此論固然然以此昌言於曹氏秉政之時何以爲漢地邪無天下之分故戰爭者競起焉于斯之時竝僞假天威矯據方國擁甲兵與我角才智程勇力與我競雌雄不知去就疑誤天下蓋不可數也角知者皆窮角力者皆負形不堪復伉勢不足復校乃始羈首係頸就我之銜紲耳銜勒也紲韁也夫或曾爲我之尊長矣或曾與我爲等儕矣或曾臣虜我矣或曾執囚我矣彼之蔚蔚皆匈詈腹詛幸我之不成蔚與鬱古字通而已奮其前志詎肯用此爲終死之分邪及繼體之時民心定矣普天之下賴我而得生育由我而得富貴安居樂業長養子孫天下晏然皆歸心於我矣豪傑之心既絕士民之志已定貴有常家尊在一人當此之時雖下愚之才居之猶能使恩同天地威侔鬼神暴風疾霆不足以方其怒陽春時雨不足以喻其澤周孔數千無所復角其聖賁育百萬無所復奮其勇矣彼後嗣之愚主見天下莫敢與之違自謂若天地之不可亡也乃奔其私嗜騁其邪欲君臣宣淫上下同惡左傳洩冶諫陳靈公曰公卿宣淫人無效焉杜預注云宣示也目極角觝之觀耳窮鄭衛之聲武帝元封三年作角觝戲音義云兩兩相當角力角伎藝射馭故名角觝蓋雜伎樂以巴俞戲魚龍曼延之屬也後更名平樂觀禮記曰鄭音好濫淫志宋音晏安溺志也入則耽於婦人出則馳於田獵荒廢庶政棄亡人物澶漫彌流無所底極澶漫猶縱逸也澶音徒旦反莊子外篇曰澶漫爲樂也信任親愛者盡佞諂容說之人也寵貴隆豐者盡后妃姬妾之家也使餓狼守庖廚飢虎牧牢豚遂至熬天下之脂膏斲生人之骨髓怨毒無聊禍亂竝起中國擾攘四夷侵叛土崩瓦解一朝而去昔之

爲我哺乳之子孫者今盡是我飲血之寇讎也至於運徙勢去猶不覺悟者豈非富貴生不仁〔集解〕蘇輿曰不仁猶痺頑謂於治亂漠不相關醫書有以手足風頑謂之四體不仁亦或言麻木班超傳兩手不仁是也沈溺致愚疾邪存亡以之迭代政亂從此周復〔集解〕先謙曰政亦治字避諱政天道常然之大數也左傳曰美惡周必復天之道也又政之爲理者取一切而已〔集解〕先謙曰一切猶權宜也非能斟酌賢愚之分以開盛衰之數也日不如古彌以遠甚豈不然邪漢興以來相與同爲編戶齊民而以財力相君長者世無數焉而清潔之士徒自苦於茨棘之間無所益損於風俗也豪人之室連棟數百膏田滿野奴婢千羣徒附萬計徒眾也附親也船車賈販周於四方廢居積貯滿於都城史記曰轉轂百數廢居蓄邑注云有所廢有所蓄言其乘時射利也〔集解〕先謙曰廢猶置也琦賂寶貨巨室不能容琦瑋也抱朴子曰片玉可以琦奚必侯盈尺也馬牛羊豕山谷不能受妖童美妾填乎綺室倡謳伎樂列乎深堂賓客待見而不敢去車騎交錯而不

敢進三牲之肉臭而不可食清醇之酎敗而不可飲睇盼則人從其目之所視喜怒則人隨其心之所慮此皆公侯之廣樂君長之厚實也苟運智詐者則得之焉苟能得之者人不以爲罪焉源發而橫流路開而四通矣求士之舍榮樂而居窮苦舍音式者反棄放逸而赴束縛夫誰肯爲之者邪束縛謂自潔清如拘執也夫亂世長而化世短亂世則小人貴寵君子困賤當君子困賤之時跼高天蹐厚地猶恐有鎮壓之禍也詩小雅曰謂天蓋高不敢不跼謂地蓋厚不敢不蹐毛萇注云跼曲也蹐累足也集解先謙曰官本壓作厭逮至清世則復入於矯枉過正之檢老者耄矣不能及寬饒之俗少者方壯將復困於衰亂之時是使姦人擅無窮之福利而善士挂不赦之罪辜苟目能辯色耳能辯聲口能辯味體能辯寒溫者將皆以修潔爲諱惡設智巧以避之焉況肯有安而樂之者邪斯下世人主一切之愆也昔春秋之時周氏之亂世也逮乎戰

國則又甚矣秦政乘并兼之埶放狼虎之心政始皇名也屠裂天下吞食生人暴虐不已以招楚漢用兵之苦甚於戰國之時也集解官本考證曰之時也三字監本誤作則又甚從宋本改漢二百年而遭王莽之亂漢至王莽簒位二百一十四年云二百者舉全數計其殘夷滅亡之數又復倍乎秦項矣以及今日名都空而不居百里絕而無民者不可勝數孝平帝時凡郡國一百三縣邑一千三百一十四道三十四侯國二百四十一地東西九千二百二里南北一萬三百六十八里人戶一千二百二十三萬三千六十二口五千九百五十九萬四千九百七十八此漢家極盛之時遭王莽喪亂暨光武中興海內人戶準之於前十裁二三邊方蕭條略無孑遺孝靈遭黃巾之寇獻帝嬰董卓之禍英雄棊峙白骨膏野兵亂相尋三十餘年三方既寧萬不存一也集解洪亮吉曰注孝平帝時道三十四東西九千二百二里案前書地理志三十四作三十二九千二百作九千三百續志劉昭補注作九千二百王鳴盛曰南北一萬下彼有三千二字此脫此則又甚於亡新之時也悲夫不及五百年大難三起秦三王二帝通在位四十九年前漢二百三十年後漢百九十五年凡四百七十四年故云不及五百年也三起謂秦末及王莽并獻帝時也中間之亂尚不數焉變而彌猜下而加酷下猶後也推此以往可及於盡矣嗟乎不知來世聖人救此之道將何用也又不知天若窮此之數欲何至邪

損益篇曰作有利於時制有便於物者可爲也事有乖於數法有翫於時者可改也故行於古有其迹用於今無其功者不可不變變而不如前易而多所敗者亦不可不復也漢之初興分王子弟委之以士民之命假之以生殺之權於是驕逸自恣志意無厭極魚肉百姓以盈其欲集解先謙曰官本無極字報蒸骨血以快其情上有篡叛不軌之姦下有暴亂殘賊之害雖藉親屬之恩集解先謙曰官本藉作籍通用字蓋源流形埶使之然也降爵削土稍稍割奪卒至於坐食奉祿而已然其洿穢之行淫昏之罪猶尚多焉故淺其根本輕其恩義猶尚假一日之尊收士民之用況專之於國擅之於嗣豈可鞭笞叱咤而使唯我所爲者乎時政彫敝風俗移易純樸已去智慧已來

老子曰智慧出有大僞也集解先謙曰官本慧作惠出於禮制之防放於嗜欲之域久矣固不可授之以柄假之以資者也是故收其奕世之權校其縱橫之埶善者早登否者早去去音丘莒反故下土無壅滯之士國朝無專貴之人此變之善可遂行者也井田之變豪人貨殖館舍布於州郡田畝連於方國身無半通青綸之命而竊三辰龍章之服十三州志曰有秩嗇夫得假半章印續漢輿服志曰百石青紺綸一采宛轉繆織長丈二尺說文綸青絲綬也鄭玄注禮記曰綸今有秩嗇夫所佩也三辰日月星也龍章謂山龍之章皆畫於衣也集解惠棟曰法言云五兩之綸半通之銅李軌曰皆有秩嗇夫之印綬印綬之微者也不爲編戶一伍之長而有千室名邑之役周禮小司徒職五人爲伍前書曰五家爲伍伍有長論語孔子曰千室之邑百乘之家言豪强之家身無品秩而强富比於公侯也榮樂過於封君埶力侔於守令財賂自營犯法不坐刺客死士爲之投命至使弱力少智之子被穿帷敗寄死不斂冤枉窮困不敢自理雖亦由網禁疏闊蓋分田無限使之然也今欲張太平之紀綱立至化之基址齊

民財之豐寡正風俗之奢儉非井田實莫由也此變有所敗而宜復者也肉刑之廢輕重無品下死則得髡鉗下髡鉗則得鞭笞下猶減也死者不可復生而髡者無傷於人髡笞不足以懲中罪安得不至於死哉言髡笞太輕不足畏懼而姦人冒罪以陷於死明復古肉刑則人不陷於死也夫雞狗之攘竊男女之淫奔酒醴之賂遺謬誤之傷害集解惠棟曰四者皆髡爲城旦之刑也漢律過失殺人不坐死皆非值於死者也集解惠棟曰值猶當也殺之則甚重髡之則甚輕不制中刑以稱其罪則法令安得不參差殺生安得不過謬乎今患刑輕之不足以懲惡則假臧貨以成罪託疾病以諱殺假增臧貨以益其罪託稱疾病令死於獄也科條無所準名實不相應恐非帝王之通法聖人之良制也或曰過刑惡人可也過刑善人豈可復哉曰若前政以來未曾枉害善人者則有罪不死也言善人有罪亦當殺之也是爲忍於殺人也集解劉攽曰案文多一也字而不忍於刑人也今令五刑有品輕重有數科條

有序名實有正非殺人逆亂鳥獸之行甚重者皆勿殺鳥獸之行謂蒸報也嗣周氏之祕典續呂侯之祥刑此又宜復之善者也周禮大司寇職掌邦之三典以佐王刑邦國詰四方一曰刑新國用輕典二曰刑平國用中典三曰刑亂國用重典祥善也尚書曰敬爾祥刑易曰陽一君二臣君子之道也陰二君一臣小人之道也繫辭之文也陽卦一陽而二陰陰卦一陰而二陽陽爲君陰爲臣然則寡者爲人上者也眾者爲人下者也一伍之長才足以長一伍者也一國之君才足以君一國者也天下之王才足以王天下者也愚役於智猶枝之附幹此理天下之常法也制國以分人立政以分事人遠則難綏事總則難了今遠州之縣集解王補曰縣下通典有一界字或相去數百千里雖多山陵洿澤猶有可居人種穀者焉集解王補曰通典此下有而諸夏有十畝共桑之迫遠州有曠野不發之田代俗安土有死無去君長不使誰能自任緣邊之地亦可因罪徙人便於守禦四十九字當更制其境界使遠者不過二百里明版籍以相數閱審什伍以相連持周禮曰凡在版者注云版名籍也以版爲之也集解惠棟曰尉繚子云軍中之制五人爲伍伍相保也十人爲什什相保也限夫田以斷并兼定五刑以救死亡司馬法曰步百爲畝畝百爲夫夫三爲屋屋三爲井并兼謂豪富之家以財勢并取貧人之田而兼有之益君長以興政理急農桑以豐委積去末作以一本業敦教學以移情性表德行以厲風俗覈才藝以敘官宜簡精悍以習師田周禮曰凡師田斬牲以左右徇陳注云示犯誓必殺也修武器以存守戰嚴禁令以防僭差信賞罰以驗懲勸糾游戲以杜姦邪察苛刻以絕煩暴審此十六者以爲政務操之有常課之有限安寧勿懈墮有事不迫遽聖人復起不能易也向者天下戶過千萬際其老弱集解先謙曰官本際作除是但戶一丁壯則千萬人也遺漏既多又蠻夷戎狄居漢地者尚不在焉丁壯十人之中必有堪爲其什伍之長推什長已上則百萬人也又十取之則佐史之才已上十萬人也又十取之則可使在政理之位者萬人也以筋力用者謂之人人求丁壯以才智用者謂之士士

貴者老充此制以用天下之人猶將有儲何嫌乎不足也故物有不求未有無物之歲也士有不用未有少士之世也夫如此而後可以用天性究人理興頓廢屬斷絕屬猶續也網羅遺漏拱押天人矣拱執也押檻也押音下甲反或曰善爲政者欲除煩去苛并官省職爲之以無爲事之以無事何子之言云云也老子云爲無爲事無事也曰若是三代不足摹聖人未可師也摹法也三代皆由肉刑又井田之法今不用是不摹之也集解先謙曰官本注又作及是君子用法制而至於化小人用法制而至於亂均是一法制也或以之化或以之亂行之不同也苟使豺狼牧羊豚盜跖主征稅國家昏亂吏人肆則惡復論損益之閒哉惡音烏夫人待君子然後化理國待蓄積乃無憂患君子非自農桑以求衣食者也蓄積非橫賦斂以取優饒者也奉祿誠厚則割剝貿易之罪乃可絕也蓄積誠多則兵寇水旱之災不足苦也故由其道而得之民不以爲奢

由其道而取之民不㠯爲勞天災流行開倉廩㠯稟貸不亦仁乎衣食有餘損靡麗㠯散施不亦義乎彼君子居位爲士民之長固宜重肉累帛朱輪四馬今反謂薄屋者爲高藿食者爲清既失天地之性又開虛僞之名使小智居大位庶績不咸熙未必不由此也得拘絜而失才能非立功之實也（拘絜謂自拘束而絜其身者卽隱逸之人也）㠯廉舉而㠯貪去非士君子之志也（去音欺呂反）夫選用㠯取善士（〔集解〕先謙曰官本㠯作必）善士富者少而貧者多祿不足㠯供養安能不少營私門乎從而罪之是設機置穽㠯待天下之君子也（穽穿地陷獸也機弩牙也）盜賊凶荒九州代作飢饉暴至軍旅卒發橫稅弱人割奪吏祿所恃者寡所取者猥（猥猶多也）萬里懸乏首尾不救徭役並起農桑失業兆民呼嗟於昊天貧窮轉死於溝壑矣今通肥饒之率計稼穡之入令畝收三斛斛取一𣁽未爲甚多一歲之閒則有數年之儲雖興非法

之役恣奢侈之欲廣愛幸之賜猶未能盡也不循古法規爲輕稅及至一方有警一面被災未逮三年校計騫短（〔集解〕沈欽韓曰詩傳騫虧也）坐視戰士之蔬食立望餓殍之滿道如之何爲君行此政也（孟子曰塗有餓殍而不知發趙岐注云餓死者曰莩莩與殍同音皮表反〔集解〕先謙曰官本注同作通）二十稅一名之曰貊況三十稅一乎（孟子載白圭曰吾欲二十而取一何如孟子曰子之道貊道也趙岐注云貊夷貊之人在荒者也貊在北方其氣寒不生五穀無中國之禮故可二十取一而足也此言欲輕稅也）夫薄吏祿㠯豐軍用緣於秦征諸侯續㠯四夷漢承其業遂不改更危國亂家此之由也今田無常主民無常居吏食日稟（稟給也）祿班未定（〔集解〕劉攽曰案文當作班祿）可爲法制畫一定科租稅十一更賦如舊（更賦已見光武紀也）今者土廣民稀中地未墾（上田已耕唯中地以下未也〔集解〕惠棟曰崔實政論云三輔左右及涼幽州內附近郡皆土廣人稀厥田宜稼悉不墾發其說與統同也）雖然猶當限㠯大家勿令過制其地有草者盡曰官田力堪農事乃聽受之若聽其自取後必爲姦也

法誡篇曰（〔集解〕沈欽韓曰案統此篇㠯不專任大臣故有外戚宦官之禍於模擬成迹則然矣獨不思曹操已爲丞相天子擁虛器若玄默之尸尚欲專任一相是猶厝薪揚湯謂之㠯言可乎）周禮六典冢宰貳王而理天下（爾雅曰冢大也貳猶副貳也周禮天官冢宰掌建邦之六典以佐王理邦國一曰理典以理官府二曰教典以擾萬姓三曰禮典以諧萬姓四曰政典以均萬姓五曰刑典以糾萬姓六曰事典以生萬姓也〔集解〕先謙曰官本注猶作謂）春秋之時諸侯明德者皆一卿爲政爰及戰國亦皆然也秦兼天下則置丞相而貳之㠯御史大夫自高帝逮于孝成因而不改多終其身漢之隆盛是惟在焉夫任一人則政專任數人則相倚政專則和諧相倚則違戾和諧則太平之所興也違戾則荒亂之所起也光武皇帝慍數世之失權忿彊臣之竊命（慍猶恨也數代謂元成哀平彊臣謂王莽）矯枉過直政不任下雖置三公事歸臺閣（臺閣謂尚書也〔集解〕惠棟曰唐六典云秦置尚書禁中有令丞常通章奏而已事皆決丞相府漢武宣後稍委任光武親總吏職天下事皆上尚書與人主參決乃下三府王鳴盛曰案李注甚確漢世官府不見臺閣之號所云臺閣者猶言宮掖中祕云爾蔡邕傳邕上封事云司隸校尉諸州刺史虓縱莫相舉察公府臺閣亦

復默然以公府與臺閣並稱所謂宮中府中也蓋尚書令尚書僕射與尚書皆宦者與士人迭爲之權歸於此有事可直達上前故三公無權有事反藉尚書以達於上自成帝以災異令丞相翟方進自殺終漢世三公以災異死免者至多不可枚舉至魏黃初二年方詔天地眚勿劾三公統論切中其弊又黃瓊傳云遷尚書僕射初瓊隨父在臺閣習見故事及居職達練官曹文苑黃香傳云香遷尚書令上疏曰臣弱冠特蒙徵用連階累任遂極臺閣皆謂尚書爲臺閣也又袁紹傳紹檄曹操云坐召三臺專制朝政注云漢官尚書爲中臺御史爲憲臺謁者爲外臺是爲三臺據此則知臺閣者尚書也又酷吏陽球傳舉孝廉補尚書侍郎閑達故事其章奏常爲臺閣所崇信又三國魏志王肅傳太和四年上疏曰除無事之位損不急之祿止浮食之費并從容之官使官必有職職任其事事必受祿祿代其耕乃往古之常式當今之所宜也官寡而祿厚則公家之費鮮進仕之志勸各展才力莫相倚杖敷奏以言明試以功能之與否簡在帝心是以唐虞之設官分職申命公卿各以其事然後惟龍爲納言猶今尚書也以出內帝命而已夏殷不可得而詳甘誓曰六事之人明六卿亦典事者也周官則備矣五日視朝公卿大夫並進而司士辨其位焉其記曰坐而論道謂之三公作而行之謂之士大夫乃漢之初依擬前代公卿皆親以事升朝故高祖躬追反走之周昌武帝遥可其奏之汲黯宣帝使公卿五日一朝成帝始置尚書五人自是陵遲朝禮遂闕可復五日視朝之儀使公卿尚書各以事進廢禮復興肅立言雖若爲欲汰冗員其實則事爲防壅閉蓋尚書之官漢以宦者士人迭爲之公卿之權分於近倖而君臣不相接見上下否隔禍有不可勝

言者王肅所論正仲長統所謂事歸臺閣三公備員而已者也又曰尚書固爲權要而漢又別有中書爲尚書者士人多宦者少中書則皆宦者也以尚書與王公對言三公權不及尚書以尚書與中書對言尚書又不及中書矣前漢蕭望之傳望之以前將軍領尚書事而宏恭石顯則中書令僕射也望之卒爲恭顯所殺矣尚書中書皆管機密出納王命其職皆要而宦則微百官公卿表篇首敘九卿其於少府之屬官有尚書及中書謁者皆爲屬官其品秩皆不高而表中竝無尚書中書官也望之官之尊在前將軍而其要則在尚書故恭顯使鄭朋告其罪必候其假歸洗沐方上之要之士人之不如宦人之尤親密故恭顯終能殺望之萬斯同補東漢將相大臣年表有尚書令尚無中書蓋此官侍直宮禁不在朝廷大臣之列其後魏文帝黃初中改祕書爲中書以劉放爲監孫資爲令各加給事中遂掌機密見三國志放傳中書令之爲宰相始於此矣王肅傳注明帝太和中祕書丞薛夏以公事移蘭臺蘭臺自以臺也祕書署耳謂夏爲不得儀當坐夏報之曰蘭臺爲外臺祕書爲內閣臺閣一也何不相移之有然則臺閣本名在尚書也而又屬之中書矣宦不論貴賤唯視其職之閑要而閑要唯視時主之意向其制無時不改是以書之史籍紛若亂絲使人眩目因論臺閣連及之自此以來三公之職備員而已然政有不理猶加譴責而權移外戚之家寵被近習之豎親其黨類用其私人內充京師外布列郡顛倒賢愚貿易選舉疲駑守境貪殘牧民撓擾百姓忿怒四夷撓音火高反招致乖叛亂離斯瘼瘼病也怨氣竝作陰陽失和三

光虧缺怪異數至蟲螟食稼水旱爲災此皆戚宦之臣所致然也反以策讓三公至於死免乃足爲叫呼蒼天號咷泣血者也又中世之選三公也務於清慤謹慎循常習故者是婦女之檢柙鄉曲之常人耳惡足以居斯位邪檢柙猶規矩也集解通鑑胡注楊子云蠢迪檢柙注云檢柙猶隱括也毛晃曰檢柙就檢束也輔也俗作檢押非埶既如彼選又如此而欲望三公勳立於國家績加於生民不亦遠乎昔文帝之於鄧通可謂至愛而猶展申屠嘉之志展猶申也文帝時大中大夫鄧通居上傍有怠慢禮丞相申屠嘉奏事見之罷朝召通責之曰通小臣戲殿上大不敬當斬通頓首首盡出血文帝使人召通謝丞相曰此吾弄臣君其釋之夫見任如此則何患於左右小臣哉至如近世外戚宦豎請託不行意氣不滿立能陷人於不測之禍惡可得彈正者哉曩者任之重而責之輕今者任之輕而責之重昔賈誼感絳侯之困辱因陳大臣廉恥之分開引自裁之端文帝時賈誼上書曰大臣有罪不得縛係引而行也其有大罪者聞命則北面再拜跪而自裁之不使人捽抑而刑之也是時丞相絳侯周勃免就國人有告勃謀反繫長安獄中無事復爵邑故誼以此譏上上深納其言是後大臣有罪皆自殺不受刑也集解先謙曰官本注得作執裁下之作上自此以來遂以成俗繼世之主生而見之習其所常曾莫之悟嗚呼可悲夫左手據天下之圖右手刎其喉愚者猶知難之況明哲君子哉言不以重利害其生事見莊子光武奪三公之重至今而加甚不假后黨以權數世而不行蓋親疎之勢異也言光武奪三公重任今奪更甚光武不假后黨威權數代遂不遵行此爲三公疏后族親故也母后之黨左右之人有此至親之勢故其貴任萬世常然之敗無世而無之莫之斯鑒亦可痛矣未若置丞相自總之若委三公則宜分任責成夫使爲政者不當與之婚姻婚姻者不當使之爲政也如此在位病人病人謂萬姓困敝也舉用失賢百姓不安爭訟不息天地多變人物多妖然後可以分此罪矣或曰政在一人權甚重也曰人實難得何重之嫌昔

者霍禹竇憲鄧騭梁冀之徒藉外戚之權管國家之柄及其伏誅以一言之詔詰朝而決何重之畏乎今夫國家漏神明於媟近輸權重於婦黨算十世而爲之者八九焉不此之罪而彼之疑何其詭邪此謂后黨彼謂三公也詭猶違也

論曰百家之言政者尚矣尚猶遠也大略歸乎寍固根柢革易時敝也夫遭運無常意見偏雜故是非之論紛然相乖嘗試妄論之謙不敢正言也以爲世非胥庭人乖𪏆飲化迹萬肇情故萌生赫胥氏大庭氏竝古之帝號莊子曰夫聖人鶉居而𪏆飲言鶉鳥無常居𪏆飲不假物竝淳朴時也肇始也雖周物之智不能研其推變山川之奧未足況其紆險易繫辭曰知周乎萬物而道濟天下推遷也莊子曰凡人心險於山川難於知天也則應俗適事難以常條如使用審其道則殊塗同會才爽其分則一豪以乖用得其人審其道也授非其才爽其分也易繫辭曰天下同歸而殊塗一致而百慮易緯曰差以毫釐失之千里何以言之若夫玄聖御世則天同極施舍之道宜無殊典

莊子曰玄聖素王道也極猶致也言法天之道同其致也施舍猶興廢也而損益異運文朴遞行論語孔子曰殷因於夏禮所損益可知也朴質也禮記曰文質再而復也用明居晦回穴於曩時與戈陳俎參差於上世回穴猶攜互不齊一也穴音穴及至戴黃屋服絺衣豐薄不齊而致化則一前書音義曰天子車以黃繒爲蓋裏故曰黃屋韓子曰堯之王天下也冬日鹿裘夏日葛衣絺葛也集解沈欽韓曰注用僞孔傳說鄭注絺讀爲黹黹紩也司服注希讀爲絺或作黹字之誤也江聲云古字叚借以絺爲黹其作希者乃絺字之誤賈公彥誤會鄭意亦有宥公族黥國儲寬慘巨隔而防非必同此其分波而共源百慮而一致者也禮記曰公族有死罪獄成有司讞于公曰某之罪在大辟公曰宥之有司又曰在大辟公又曰宥之史記曰秦孝公太子犯法衛鞅曰太子君嗣也不可施刑刑其傅公子虔黥其師公孫賈也若乃偏情矯用則枉直必過孟子曰矯枉過直矯正也枉曲也言正曲者過於直以喻爲政者懲奢則太儉患寬則傷猛不能折衷也故葛屨履霜敝由崇儉詩衛風序曰葛屨刺褊也其君儉嗇褊急而無德以將之詩曰糾糾葛屨可以履霜鄭玄注云葛屨賤皮屨貴魏俗至冬猶葛屨可用履霜利其賤也楚楚衣服戒在蜉蝣詩曹風序曰蜉蝣刺奢也詩曰蜉蝣之羽衣裳楚楚毛萇注云蜉蝣渠略也朝生夕死猶有羽翼以自飾楚楚鮮貌也喻曹朝君臣皆小人也徒

飾其衣裳不知其死亡之無日賖奢同集解先謙曰官本君作羣是疎禁厚下曰尾大陵弱疎禁謂防制太寬厚下謂封建太廣言周室微弱而諸侯強盛如尾大然左傳楚申無宇曰末大必折尾大不掉也斂威峻罰曰苛薄分崩斂聚也言秦酷法以至分崩也斯曹魏之刺所曰明乎國風周秦末軌所曰彰於微滅故用舍之端興敗資焉是曰繁簡唯時寬猛相濟刑書鑄鼎事有可詳三章在令取貴能約左傳曰鄭人鑄刑書杜預注云鑄刑書於鼎以爲國之常法也高祖初入關除秦苛法約法三章言其詳約也太叔致猛政之褒國子流遺愛之涕左傳曰鄭子產有疾謂子太叔曰我死子必爲政唯有德者能以寬服人其次莫如猛又曰子產卒仲尼聞之出涕曰古之遺愛也國子即子產也鄭穆公子國之子因以爲姓也宣孟政冬日之和平陽循畫一之法斯實弛張之弘致可曰徵其統乎宣孟晉大夫趙盾也左傳賈季對酆舒曰趙衰冬日之日也趙盾夏日之日也注云冬日可愛夏日可畏前書平陽侯曹參爲相國百姓歌之曰蕭何爲法講若畫一曹參代之守而勿失載其清靜人以寍一數子之言當世失得皆究矣然多謬通方之訓好申一隅之說一隅謂一方偏見也貴清靜者曰席上爲腐議束名實者曰杜下爲誕辭清靜謂道家也席上謂儒也腐朽也禮記儒行曰儒有席上之珍高祖折隋何曰安用腐儒哉名實名家也柱下老子也誕虛也言志各不同也集解先謙曰官本隋作隨是或推前王之風可行於當年有引救敝之規宜流於長世稽之篤論將爲敝矣如曰舟無推陸之分瑟非常調之音古法不施於今猶舟不可行之於陸也今法有合於時如瑟可移柱而調也莊子曰是推舟於陸勞而無功也前書董仲舒曰琴瑟不調甚者必解而更張之乃可鼓也爲政不行甚者必變而更化之乃可理也不限局曰疑遠集解蘇輿曰局近也釋名曲局也相近局也文選魏文帝與吳質書塗路雖局官守有限李注引爾雅局近也不拘玄曰妨素則化樞各管其極理略可得而言與音余

贊曰管視好偏羣言難一救朴雖文矯遲必疾舉端自理滯隅則失祥觀時蠹成昭政術滯隅謂偏執一隅也淮南子曰非循一跡之路守一隅之指而不與俗推移也集解先謙曰官本祥作詳古字通

王充王符仲長統列傳第三十九終

後漢書集解卷四十九校補

王充傳仕郡爲功曹侯康曰論衡自紀篇在縣位至掾功曹在都尉府位亦掾功曹在太守爲列掾五官功曹行事

著論衡八十五篇集解先謙曰中郎不當鄙陋至此袁蔦記事麤疏止自形其無識耳謹案論衡一書自劉知幾以下代有繩其失者近儒錢大昕舉其尤紕繆者至謂國之存亡在期之長短不在政之得失世治非聖賢之功衰亂非無道之致賢君之立偶在當治之世無道之君偶生於當亂之時善惡之證不在禍福實啟後世是今非古之端今觀其書凡此類詭異之論並無理實可求且與他篇之說亦自相背盭中郎之藉資談助豈以生丁亂世失身權門權辭解闓本有不可告人者耶

乃造性書十六篇集解先謙曰性上奪養字官本有錢大昭曰性書閩本作養性書

王符傳安定臨涇人也臨涇故城在今涇州鎮原縣南五十里

乃隱居著書三十餘篇錢大昭曰今見存三十五篇序錄一篇

父母有常失至傷於寵柳從辰曰今潛夫論寵下有父母常失在不能已於媚子人君常過在不能已於驕臣

銜刀都市注趙將李牧爲韓蒼所譖官本蒼作倉集解沈欽韓曰趙策柳從辰曰事見秦策五趙字誤

以巧詐小兒官本無巧字

車騈數里注騈衣車輧薄丁反官本注上騈作輧下輧作騈案此章懷注誤也尚書大傳然後得乘飾車騈馬注騈併也謂二馬也前書平紀元始三年又詔光祿大夫劉歆雜定婚禮四輔公卿大夫博士郎吏家屬皆以禮娶親迎立軺併馬服虔曰軺立乘小車也併馬驪駕也車騈數里本指車馬言注乃誤騈爲輧遂至音義皆誤注既與文岐故注字各本莫衷一是耳當改云騈二馬也漢婚禮得乘軺車駕二馬騈部田反

文帝葬芷陽注芷陽縣名官本注無芷陽二字明帝葬洛南錢大昭曰南閩本作陽

春秋以爲非君官本非作不是錢大昭曰非閩本作不華元樂舉錢大昭曰舉潛夫論作呂

乖實趨華官本乖作背錢大昭曰乖閩本作背

穀之所以豐植者官本植作殖是

既富又教之官本又作乃

非朝餔不得通集解周壽昌曰案既云餔卽不得言朝疑作日字案朝餔皆食時故求通者苦之非有誤

仲長統傳垂露成幃注在旁曰幃官本文作幃注乃作帷誤也

名曰昌言凡三十四篇錢大昭曰魏志劉劭傳注作一十四篇柳從辰曰今裴注引作二十四篇隋經籍志仲長子昌言十二篇案與三國時少十二篇

苟運智詐者則得之焉錢大昭曰閩本苟下有能字

秦政乘并兼之埶注政始皇名也官本注末無也字

名都空而不居集解洪亮吉曰注孝平帝時至九千二百作九千三百官本注亦作九千三百

拱押天人矣注拱執也押檻也官本注檻作擥从手案古無从手之押字前書息夫躬傳押讀爲狎

本卽押之譌文此訓押爲檻則又押之譌文也檻卽擥字官本注誤

開倉廩以稟貸官本廩作庫

朱輪四馬官本四作駟

校計籌短官本短作矩非

二十稅一名之曰貊注貊道也官本注無道字

開引自裁之端集解先謙曰官本注得作埶裁下之作上又獄中中作卒均依前書賈誼傳文

若乃偏情矯用則枉直必過注孟子曰矯枉過直案今孟子無此文柳從辰曰章懷注凡四見王符仲長統傳論張晧傳贊作矯枉過正朱祐等傳論作矯枉者過其正黨錮傳矯枉故直必過注稱見孟子海甯周廣業據爲孟子逸文

楚楚衣服注毛萇注云官本注云作曰

刑書鐫鼎事有可祥官本祥作詳

孝明八王列傳第四十　　後漢書五十

宋　宣城太守范曄撰

唐　章懷太子賢注

王先謙集解

孝明皇帝九子賈貴人生章帝陰貴人生梁節王暢餘七王本書不載母氏本書謂東觀記也

千乘哀王建永平三年封明年薨年少無子國除

陳敬王羨永平三年封廣平王建初三年有司奏遣羨與鉅鹿王恭樂成王黨俱就國肅宗性篤愛不忍與諸王乖離遂皆留京師明年按輿地圖集解惠棟曰前書云武帝元狩六年御史大夫奏輿地圖請所立國名立齊燕廣陵三王令諸國戶口皆等租入歲各八千萬羨博涉經書有威嚴與諸儒講論於白虎殿七年帝曰廣平在北多有邊費廣平縣故城在今洛州永年縣北乃徙羨爲西平王西平縣屬汝南郡也集解先謙曰注見更始傳分汝南八縣爲國及帝崩遺詔徙封爲陳王食淮陽郡集解王會汾曰諸本或作淮南或作淮陽皆非也前後書志兩漢並無淮南淮陽郡名前漢之淮陽國卽後漢之陳國也陳與淮陽既爲一所則徙封陳王之下不須更言食淮陽郡以上下文義參之明是汝南郡無疑也前云徙爲西平王分汝南八縣爲國至此雖徙封陳王而所食租稅仍兼汝南正所以優異之陳與汝南並隸豫州刺史部也下云坐削西華項新陽三縣又坐削圉宜祿扶溝三縣據郡國志西華項新陽宜祿並屬汝南則監本僅誤一淮字別本作淮陽尤爲謬矣錢大昕曰淮南當作淮陽和帝紀改淮陽爲陳國遣詔徙西平王羨爲陳王是其證也淮南王昞以章和元年薨未爲立嗣故以其地改封羨參攷紀傳左驗明白或疑淮當爲汝者非也後見嘉靖閩本果作淮陽私喜予言之不妄惠棟曰淮南卽廬江兩漢志無是郡當作淮陽也洪頤煊曰西平長平西華項新陽宜祿六縣皆舊屬汝南羨徙封陳其八縣幷入淮陽未嘗幷入汝南疑紀誤先謙曰食淮陽郡上范史誤脫一益字遂致聚訟閎宅傳如此例者自知其年就國立三十七年薨子思王鈞嗣鈞立多不法遂行天子大射禮天子將祭擇士而祭謂之大射大射之禮張三侯虎侯熊侯豹侯示服猛也皆以其皮方制之樂用騶虞九節謝承書曰陳國戶曹史高愼諫國相曰諸侯射豕天子射能八彝六樽禮數不同昔季氏設朱干玉戚以舞大夏左傳曰唯名與器不可以假人僭之漸不可聽也于是諫爭不合爲王所非坐司寇罪也集解沈欽韓曰北堂書鈔陳留耆舊傳云高愼字孝甫敦質少華口不能劇談默好沈深之謀爲州從事號曰臥虎人爲之語曰嚴然不語高孝甫歷二縣令東萊太守其妻謂曰君累爲宰官何不儲蓄以遺子孫愼曰我之勤苦以清名爲基以二千石遺之也愼懃性隱賊喜文法國相二千石不與相得者輒陰中之憯怨敬王夫人李儀等永元十一年遂使客隗久久或作文殺儀家屬吏捕得久繫長平獄長平縣屬陳國集解先謙曰注見劉隆傳鈞欲斷絕辭語復使結客篡殺久事發覺有司舉奏鈞坐削西華項新陽三縣西華故城在今陳州溵水縣西北項今陳州項城縣也新陽故城在今豫州眞陽縣西南也集解惠棟曰三縣皆屬汝南先謙曰西華注見靈紀項今同新陽今潁州府太和縣西北六十里十二年封鈞六弟爲列侯列侯古今注曰番爲陽都鄉侯千秋爲新平侯參爲周亭侯壽爲樂陽亭侯寶爲博平侯旦爲高亭侯也集解惠棟曰案漢雜事有宗正劉千秋或曰胡廣漢官篇有劉千秋又案胡氏漢官所稱劉千秋乃字也非名也當以鈞弟爲正參一作恭平周亭屬扶溝郎小扶城也見水經注高亭侯高陽亭侯也屬陳留圉縣先謙曰注列當作伏官本不誤後鈞取掖庭出女李嬈爲小妻嬈音寕了反復坐削圉宜祿扶溝三縣圉扶溝並屬陳留郡宜祿屬汝南郡集解先謙曰圉注見曹褒傳宜祿在陳州府沈邱縣北扶溝在縣東北四十里永初七年封敬王孫安國爲耕亭侯鈞立二十一年薨子懷王竦嗣立二年薨無子國絕永寧元年立敬王子安壽亭侯崇爲陳王是爲頃王立五年薨子孝王承嗣承薨子愍王寵嗣熹平二年國相師遷追奏前相魏愔集解惠棟曰案東觀記愔時爲沛相與寵共祭天神希幸非冀罪至不道有司奏遣使者案驗是時新誅勃海王悝靈帝熹平元年悝被誣謀反自殺也靈帝不忍復加法詔檻車傳送愔遷詣北寺詔獄使中常侍王酺華嶠書及宦者傳諸本並作甫此云酺未詳孰是也與尚書令侍御史雜考愔辭與王共祭黃老君集解劉攽曰案文黃老君不成文當云黃帝老君吳仁傑曰案洛陽上清宮有漢所作石梧窪桙以祠五君者其文唯大老君三字最大蓋尊老子也漢人因以老子爲大老君眞誥云大洞之道至精至妙是守素眞人之經昔中央黃老君祕此經世不知也則道家又自有黃老君案國相奏王祭天神希幸非冀正以黃老君非經祠耳若所祭黃帝老子不應謂之天神沈欽韓曰眞誥甄命授云中央黃老君爲太虛眞人南岳赤君之師又云老君者太上之弟子也年七歲而知長生之要爲太極眞人注云卽黃老君也求長生福而已無它冀幸酺等奏愔

職在匡正而所爲不端遷誣告其王罔以不道皆誅死有詔赦寵不案寵善弩射十發十中中皆同處華嶠書曰寵射其祕法以天覆地載參連爲奇又三微三小三微爲經三小爲緯經緯相將萬勝之方然要在機牙集解惠棟曰鄭衆周禮注云五射一曰參連賈公彥云參連者前放一矢後三矢連續而去也惠士奇曰新序云審參連吳越春秋云射之道從分望敵合以參連列子曰善射者能令後鏃中前括發發相及矢矢相屬前矢造準而無絕落後矢之括猶衘弦視之若一焉是謂參連中平中黃巾賊起郡縣皆棄城走寵有彊弩數千張出軍都亭置軍營於國之都亭也集解惠棟曰元和郡縣志云弩臺在宛邱縣治古陳城南八十步敬王常於此臺教弩國人數聞王善射不敢反叛故陳獨得完百姓歸之者衆十餘萬人及獻帝初義兵起寵率衆屯陽夏縣名屬淮陽國夏音公雅反集解洪亮吉曰案肅宗章和二年已改淮陽國爲陳國此安得復稱淮陽自稱輔漢大將軍國相會稽駱俊素有威恩時天下飢荒鄰郡人多歸就之俊傾資賑贍竝得全活後袁術求糧於陳而俊拒絕之術忿恚遣客詐殺俊及寵陳由是破敗謝承書曰俊字孝遠烏傷人察孝廉補尚書侍郎擢拜陳國相人有產子厚致

米肉達府主意生男女者以駱爲名袁術使部曲將張闓陽私行到陳之俊所俊往從飲酒因詐殺俊一郡吏人哀號如喪父母集解惠棟曰會稽典錄云俊孝靈皇帝擢拜陳相汝南葛陂盜賊竝起陳與接境四面受敵俊厲吏民爲保障之計出倉見穀以贍貧民鄰郡士庶咸往歸之身捐奉祿給其衣食先謙曰官本桓作傷是是時諸國無復租祿而數見虜奪幷日而食轉死溝壑者甚衆夫人姬妾多爲丹陵兵烏桓所略云集解官本考證曰陵監本誤作陽今改正

彭城靖王恭永平九年賜號靈壽王取其美名也下重熹王亦同東觀記曰賜號未有國邑也十五年封爲鉅鹿王建初三年徙封江陵王改南郡爲國元和二年三公上言江陵在京師正南不可以封乃徙爲六安王以廬江郡爲國肅宗崩遺詔徙封彭城王食楚郡其年就國恭敦厚威重舉動有節度吏人敬愛之永初六年封恭子阿奴爲竹邑侯竹邑縣屬沛郡故城在今徐州符離縣也竹邑或爲邑字傳寫誤也集解先謙曰今鳳陽府宿州北二十里元初三年恭以事怒子酺酺自殺東觀記曰恭子男丁前妻物故酺侮慢丁小妻恭怒閉酺馬廄酺亡夜詣彭城縣欲上書恭遣從官蒼頭曉令歸數責之乃自殺也集解先謙曰今本東觀記前下有妻字是也下又引記云丁爲魯陽鄉侯則是丁未物故而物故者乃其妻也國相趙牧以狀上因誣奏恭祠祀惡言大逆不道有司奏請誅之恭上書自訟朝廷以其素著行義令考實無徵牧坐下獄會赦免死決錄注曰牧字仲師長安人少知名以公正稱修春秋事樂恢恢以直諫死牧爲陳寵得申高第爲侍御史會稽太守皆有稱績及誣奏恭安帝疑其侵乃遣御史母丘歆覆案其事實下牧廷尉會赦不誅終于家恭立四十六年薨子孝王道嗣元初五年封道弟三人爲鄉侯東觀記曰丙爲都鄉侯國爲安鄉侯丁爲魯陽鄉侯恭孫順爲東安亭侯道立二十八年薨子頃王定嗣本初元年封定兄弟九人皆爲亭侯東觀記曰定兄據卞亭侯弟光昭陽亭侯固公梁亭侯興蒲亭侯延昌城亭侯祀梁父亭侯堅西安亭侯代林亭侯也定立四年薨子孝王和嗣和性至孝太夫人薨行喪陵次毀胔過禮集解顧炎武曰胔是瘠字古胔字皆有作瘠者故誤爲胔耳惠棟曰田君斷碑云憔悴毀胔婁壽云字書皆與瘠同傅相以聞桓帝詔使奉牛酒迎王還宮和敬賢樂施國中愛之初平中天下大亂和爲賊昌務所攻集解惠棟曰孫

㥄云昌姓後漢有東海相昌豨避奔東阿後得還國立六十四年薨孫祗嗣立七年魏受禪以爲崇德侯

樂成靖王黨永平九年賜號重熹王十五年封樂成王集解沈欽韓曰續志明帝改信都國名樂成此偶與河間所治之樂成縣同名耳永元間樂成河間兩國並立不得同都此一縣一統志以爲即河間府獻縣東南之樂成非也黨聰慧善史書喜正文字與肅宗同年尤相親愛建初四年以清河之游觀津勃海之東光成平涿郡之中水饒陽安平南深澤八縣益樂成國前書及郡國志清河無游縣觀津故城在今德州蓨縣東北東光在滄州東光縣南成平在景城縣南中水在今瀛州樂壽縣西北南深澤在今定州深澤縣東也集解錢大昕曰觀津本屬信都郡不知何時改隸清河也史記外戚世家竇皇后清河觀津人此在信都置郡之前郡國志中水成平屬河間先謙曰觀津注見劉植傳中水見李忠傳饒陽安平見光武紀南深澤今定州深澤縣東南三十五里及帝崩其年就國黨急刻不遵法度舊禁宮人出嫁不得適諸國有故掖庭技人哀置嫁爲男子章初妻哀姓置名也稱男子者無官爵也集解惠棟曰孫㥄云哀姓漢有哀章姓秦有章邯黨召哀置入

宮與通初欲上書告之黨恐懼乃密賂哀置姊焦使殺初事發覺黨乃縊殺內侍三人以絕口語又取故中山簡王傅婢李羽生爲小妻永元七年國相舉奏之和帝詔削東光鄡二縣鄡縣屬鉅鹿郡鄡音羌堯反〔集解〕錢大昕曰鄡本屬鉅鹿不知何時改隸樂成竊意建初所益八縣鉅鹿之鄡當居其一史誤以爲淸河之游淸河本無游縣也先謙曰今保定府東鹿縣東東光注見獻紀立二十五年薨子哀王崇嗣立二月薨無子國絕明年和帝立崇兄修侯巡爲樂成王是爲釐王修縣及條縣皆屬勃海條字或作修〔集解〕洪亮吉曰前書地理志修市縣屬勃海郡修縣屬信都國水經注引地理風俗記曰修縣西北二十餘里有修市城故縣也二縣蓋光武時幷省爲一縣治在修故續志云屬信都耳是後漢書本無修市縣此注止應云修縣屬勃海沈欽韓曰注及當爲郎又衍一皆字先謙曰沈說是立十五年薨子隱王賓嗣立八年薨無子國絕明年復立濟北惠王子萇爲樂成王後萇到國數月驕淫不法愆過累積冀州刺史與國相舉奏萇罪至不道安帝詔曰萇有靦其面而放逸其心靦姡也言面姡然無媿姡音胡八反知陵廟至重承繼有禮不惟

致敬之節肅穆之愼乃敢擅損犧牲不備苾芬詩小雅曰苾苾芬芬祀事孔明〔集解〕惠棟曰東觀記載安帝詔曰樂成王居諒闇衰服在身彈棊爲戲不肯謁陵慢易大姬不震厥教大姬萇所繼之母郎震懼也出入顚覆風淫于家〔集解〕惠棟曰風淫猶姍淫也古文尙書曰姍淫于家許愼云淫門內風姍音相近一說牝牡相誘謂之風風淫周禮所謂鳥獸行也娉取人妻饋遺婢妾毆擊吏人專己凶暴愆罪莫大甚可恥也朕覽八辟之議不忍致之于理周禮司寇以八辟麗邦法一曰議親之辟二曰議故之辟三曰議賢之辟四曰議能之辟五曰議功之辟六曰議貴之辟七曰議勤之辟八曰議賓之辟其貶萇爵爲臨湖侯臨湖屬廬江郡〔集解〕惠棟曰通鑑作蕪湖侯案蕪湖屬丹陽非侯國通鑑非周壽昌曰章帝紀齊王晃貶蕪湖侯傳子昌徙蕪湖侯蕪湖本侯國不得謂通鑑爲非朕無則哲之明致簡統失序罔以尉承大姬增懷永歎袁宏記曰尙書侍郎冷宏議以爲自非聖人不能無過故王太子生爲立賢師傅以訓導之是以目不見惡耳不聞非能保其社稷高明令終萇少長藩國內無過庭之訓外無師傅之導血氣方剛卒受榮爵幾微生過遂陷不義臣聞周官議親惷愚見赦萇不殺無辜以譴呵爲非無赫赫大惡可裁削奪損其租賦令得改過自新革心向道案黃香集香與宏共奏此香之辭也〔集解〕惠棟曰注冷宏袁宏紀作岑宏延光元年以河間孝

王子得嗣靖王後以樂成比廢絕故改國曰安平是爲安平孝王立三十年薨子續立〔集解〕先謙曰官本績作續·考證云續字一本作績中平元年黃巾賊起爲所劫質囚于廣宗今貝州宗城縣也隋室諱改焉〔集解〕先謙曰注見靈紀賊平復國其年秋坐不道被誅立三十四年國除

下邳惠王衍永平十五年封衍有容貌肅宗卽位常在左右建初初冠詔賜衍師傅已下官屬金帛各有差四年以臨淮郡及九江之鍾離當塗東城歷陽全椒合十七縣益下邳國鍾離在今豪州鍾離縣東當塗在縣西南東城在定遠縣東南歷陽和州縣也全椒今滁州縣也〔集解〕錢大昕曰下邳本東海屬縣今置爲王國而以臨淮郡地益之志稱下邳國十七城除下邳曲陽司吾良成夏丘本不屬臨淮其餘十二縣幷鍾離五縣正合十七之數但志所載東城卽九江之東城實重出一縣當併下邳計之爲十七也鍾離當塗歷陽全椒四縣志仍屬九江傳又不見削地事攷漢世王子封侯者例別屬它郡鍾離歷陽志稱侯國必王子侯也其二縣志不言侯國或分封未幾而國除爲縣乎先謙曰東城見質紀歷陽見法雄傳全椒見馬成傳鍾離今鳳陽府東北東城今定遠縣東南帝崩其年就國衍後病荒忽而太子

卬有罪廢諸姬爭欲立子爲嗣連上書相告言和帝憐之使彭城靖王恭至下邳正其嫡庶立子成爲太子東觀記載和帝賜恭詔曰皇帝問彭城王始夏無恙蓋聞堯親九族萬國協和書典之所美也下邳王被病沈滯之疾昏亂不明家用不寧姬妾適庶諸子分爭紛紛至今前太子卬頑凶失道陷于大辟是後諸子更相誣告迄今適嗣未知所定朕甚傷之惟王與下邳王恩義至親正此國嗣非王而誰禮重適庶之序春秋之義大居正孔子曰惟仁者能好人能惡人貴仁者所好惡得其中也太子國之儲嗣可不愼歟王其差次下邳諸子可爲太子者上名將及景風拜授印綬焉〔集解〕先謙曰官本注無和帝二字衍立五十四年薨子貞王成嗣永建元年封成兄二人及惠王孫二人皆爲列侯成立二年薨子愍王意嗣陽嘉元年封意弟八人爲鄉亭侯中平元年意遭黃巾棄國走賊平復國數月薨立五十七年年九十子哀王宜嗣數月薨〔集解〕錢大昭曰數月二字衍因上文有數月薨句而譌耳自中平元年至建安十一年相距廿載豈數月乎熊表亦然是宋本已誤無子建安十一年國除

梁節王暢永平十五年封爲汝南王母陰貴人有寵暢尤被愛幸

國土租入倍於諸國書宗立緣先帝之意賞賜恩寵甚篤建初二年封暢舅陰棠爲西陵侯（西陵縣屬江夏郡集解先謙曰今黃州府黃岡縣西北）四年徙爲梁王以陳留之鄢甯陵濟陰之薄單父已氏成武凡六縣益梁國（鄢今許州鄢陵縣也甯陵今宋州縣也薄故城在今曹州考城縣東北單父今宋州縣也已氏今宋州楚丘縣也成武今曹州縣也集解惠棟曰鄢屬潁川說當依注作鄢錢大昕曰案前志已氏本屬梁國薄單父成武本屬山陽且濟陰王長亦同時益封以理揆之不應奪濟陰以畀梁恐傳文誤也郡國志鄢作傿此字亦誤當爲鄢先謙曰甯陵今歸德府甯陵縣南單父注見光武紀已氏見桓紀成武見宗室傳）帝崩其年就國暢性聰慧然少貴驕頗不遵法度歸國後數有惡夢從官卞忌（集解通鑑胡注姓譜卞本自有周曹叔振鐸之後曹之支子封於卞遂以建族又魯有卞莊子楚有卞和）自言能使六丁善占夢（六丁謂六甲中丁神也若甲子旬中則丁卯爲神甲寅旬中則丁巳爲神之類也役使之法先齋戒然後其神至可使致遠方物及知吉凶也集解沈欽韓曰春秋合誠圖云黃帝請問長生之道太一曰齋戒六丁道乃可成抱朴子雜應篇甘始法召六甲六丁玉女各有名字宋崇文總目有祭六丁神法一卷）暢數使卜筮又暢乳母王禮等因此自言能見鬼神事遂共占氣（集解惠棟曰占日月星氣也）祠祭求福忌等謟媚云神言王當爲天子暢心喜與相應

荅永元五年豫州刺史梁相舉奏暢不道考訊辭不服有司請徵暢詣廷尉詔獄和帝不許有司重奏除暢國徙九眞帝不忍但削成武單父二縣暢慙懼上疏辭謝曰臣天性狂愚生在深宮長養傅母之手信惑左右之言及至歸國不知防禁從官侍史（集解惠棟曰袁宏紀從官卞忌侍史李阿也）利臣財物熒惑臣暢臣暢無所昭見與相然諾不自知陷死罪以至考案肌慄心悸自悔無所復及自謂當即時伏顯誅魂魄去身分歸黃泉不意陛下聖德枉法曲平不聽有司（曲平曲法申恩平處其罪）横貸赦臣戰慄連月未敢自安上念以負先帝而令陛下爲臣收汙天下（汙惡也天下以帝赦王爲惡故言收惡天下也集解顧炎武曰收汙猶云含垢袁紀作收恥通鑑作受汙惠棟曰收汙猶受垢也老子道德經曰受國之垢是爲社稷主）誠無氣以息筋骨不相連臣暢知大貸不可再得自誓束身約妻子不敢復出入失繩墨不敢

復有所横費租入有餘乞裁食睢陽穀熟虞蒙甯陵五縣還餘所食四縣臣暢小妻三十七人（集解惠棟曰漢制諸王小夫人不得過四十人）其無子者願還本家自選擇謹敕奴婢二百人其餘所受虎賁官騎及諸工技鼓吹蒼頭奴婢兵弩廄馬皆上還本署（集解通鑑胡注漢官儀云騶騎王家名官騎與廄馬皆屬太僕工技屬尚方鼓吹屬黃門蒼頭奴婢屬永巷御府奚官等令兵弩屬考工令各有本署也）臣暢以骨肉近親亂聖化汙清流既得生活誠無心面目（集解蘇輿曰心字疑衍）以凶惡復居大宮食大國張官屬藏什物願陛下加大恩開臣自悔之門假臣小善之路（集解先謙曰官本小作遷義並通）令天下知臣蒙恩得去死就生頗能自悔臣以公卿所奏臣罪惡詔書常置於前晝夜誦讀臣小人貪見明時不能即時自引（集解惠棟曰言不能引分自裁）唯陛下哀臣令得喘息漏刻若不聽許臣實無顏以久生下入黃泉無以見先帝此誠臣至心臣欲多還所受恐天恩不聽許節量所留於臣暢饒足詔報

曰朕惟王至親之屬淸淑之美傅相不良不能防邪至令有司紛紛有言今王深思悔禍端自克責朕惻然傷之志匪由于咎在彼小子（謂由卞忌及王禮等也集解惠棟曰王禮乳母不得稱小子暢自云從官侍史利臣財物熒惑臣暢則指卞忌李阿明矣蘇輿曰志匪由于咎疑當作咎匪由王）一日克己復禮天下歸仁王其安心靜意茂率休德易不云乎一謙而四益小有言終吉（易謙卦曰天道虧盈而益謙地道變盈而流謙鬼神害盈而福謙人道惡盈而好謙爲謙是一而天地神人皆益之故曰一謙而四益訟卦初六曰小有言終吉言王雖小有訟言而終吉也）强食自愛暢固讓章疏上（集解先謙曰官本疏作數是）卒不許立二十七年薨子恭王堅嗣永平十六年封堅弟二人爲鄉亭侯堅立二十六年薨子懷王匡嗣永建二年封匡兄弟七人爲鄉亭侯匡立十一年薨無子順帝封匡弟孝陽亭侯成爲梁王是爲夷王立二十九年薨子敬王元嗣立十六年薨子彌嗣立四十年魏受禪以爲崇德侯

淮陽頃王昞永平五年封常山王建初四年徙爲淮陽王㠯汝南之新安西華益淮陽國（集解錢大昕曰案汝南郡無新安縣疑新陽之譌也郡國志西華仍屬汝南）立十六年薨未及立嗣永平二年和帝立昞小子側復爲常山王奉昞後是爲殤王立十三年薨父子皆未之國竝葬京師側無子其月立兄防子侯章爲常山王和帝憐章早孤數加賞賜延平元年就國立二十五年薨是爲靖王子頃王儀嗣永建二年封儀兄二人爲亭侯儀立十七年薨子節王豹嗣永嘉元年封豹兄四人爲亭侯（集解錢大昕曰永嘉當作元嘉）豹立八年薨子暠嗣三十二年遭黃巾賊棄國走建安十一年國除

濟陰悼王長永平十五年封建初四年㠯東郡之離狐陳留之長垣益濟陰國（集解錢大昕曰郡國志長垣仍屬陳留）立十三年薨于京師無子國除

論曰晏子稱夫人生厚而用利於是乎正德㠯幅之謂之幅利言人情須節㠯正其德亦由布帛須幅㠯成其度焉（左傳曰齊景公與晏子邶殿之邑六十晏子不受曰夫富如布帛之有幅焉爲之度使無遷也夫人生厚而用利於是正德以幅之謂之幅利過則爲敗吾不敢貪多所謂幅也）明帝封諸子租歲不過二千萬馬后爲言而不得也（東觀明紀曰皇子之封皆減舊制嘗案輿地圖皇后在傍言鉅鹿樂成廣平各數縣租穀百萬帝令滿三千萬止諸小王皆當略與楚淮陽相比什減三四我子不當與先帝子等者也集解先謙曰官本注三千作二千是）賢哉豈徒儉約而已乎知驕貴之無厭嗜欲之難極也故東京諸侯鮮有至於禍敗者也

贊曰孝明傳肖維城八國陳敬嚴重彭城厚德下邳嬰痾梁節邪惑三藩夙齡（謂千乘淮陽濟陰竝早歿）黨惟荒忒

虛受堂　九

孝明八王列傳第四十　終　　後漢書五十

後漢書集解卷五十校補

陳敬王羨傳帝㠯廣平在北注廣平縣故城在今洛州永年縣北（已詳吳漢傳洛當爲洺官本注不誤）

遂行天子大射禮集解沈欽韓曰北堂書鈔　至　以二千石遣之也（侯康曰此引陳留耆舊傳未詳魏志高柔傳注所引可證案愼亦作順非異名乃宋時諱愼避改耳）

釣坐削西華項新陽三縣集解惠棟曰　至　平周亭屬扶溝即小扶城也見水經注高亭侯高陽亭侯也屬陳留圉縣（柳從辰曰惠據校本周亭侯作平周亭侯是此注與官本注皆奪平字也案觀高陽亭侯注亦止作高亭侯又無一定）

立敬王子安壽亭侯崇爲陳王（案此又前注所不數疑伏侯注亦未盡可據）

彭城靖王恭傳封恭子阿奴爲竹邑侯注竹邑或爲邕字傳寫誤也（沈銘彝曰竹邑侯相張壽碑立於建寧元年今在城武縣學宮）

卷五十校補　一

封定兄弟九人皆爲亭侯注東觀記曰　至　代林亭侯也（錢大昭曰據東觀記當作兄弟八人）

樂成靖王黨傳增懷永歎注袁宏記曰尚書侍郎泠宏（官本注記作紀泠作冷案作紀是作冷非也前書五行志下之上泠州鳩曰應劭曰泠官也師古曰樂官曰泠後遂以爲氏泠音零其字從水顏說甚明泠非中國姓漢世所無也）集解惠棟曰泠宏袁宏紀作岑宏（柳從辰曰今袁紀亦作泠宏案此疑今本所改）

下邳惠王衍傳子哀王宜嗣數月薨集解錢大昭曰數月二字衍　至　相距廿載豈數月乎（案靈紀中平元年十二月己巳大赦天下改元中平是歲下邳王意薨無子國除如自中平二年起算至六年止凡五年歷獻帝初平四興平二建安十一凡十七年則中間相距廿二年前後且廿三年不止廿載矣惟靈紀於中平元年已載意無子國除獻紀建安十一年又載下邳等八國皆除則是下邳嘗復封矣或建安十年始復立宜爲意後數月即薨故國再除傳未及詳數月反非誤也）

梁節王暢傳暢尤被愛幸（尤原作猶錢大昭曰猶南監本作尤今據正官本不誤案原本作猶當爲獨之誤）

㠯陳留之鄢甯陵注鄢今許州鄢陵縣也（案據注作鄢則知正文鄢即鄢也官本注亦作

鄢乃沿監本改合正文之失集解惠棟曰鄢屬潁川訛當依注作鄾錢大昕曰至郡國志鄾作隝此字亦誤當作鄾案光武紀三月光武別與諸將徇昆陽定陵鄢皆下之彼注云鄾今豫州鄾城縣也章懷既釋鄾為豫州之鄢城則此云許州鄢陵當然是鄾非鄢不獨官本注作鄢誤各本正文作鄢皆誤矣惟鄢之作隝似不應遽指為誤春秋隱元年鄭伯克段于鄢成十六年晉侯及楚子鄭伯戰于鄢陵皆鄭地左昭十三年傳王沿夏將欲入鄢此鄢之鄢乃楚地其字則同作鄢漢惟楚之鄢始仍名鄢前志屬南郡惠帝三年更名宜城班注說文注可證鄢陵前續志均屬潁川郡鄢前志屬陳留郡續志屬梁國字則前志均作傿續志均作隝無更作鄢者如以為誤則前志亦誤矣許州鄢陵新舊唐書均作鄢陵今開封府鄢陵縣治

暢性聰慧官本慧作惠

數有惡夢柳從辰曰袁宏紀云夢見星宿

還餘所食四縣下邑碭鄢薄也

志匪由予咎在彼小子集解蘇輿曰志匪由予咎疑當作咎匪由王柳從辰曰予字係王字之譌咎字屬下讀案予當作王錢大昭已有是說注云謂由卞忌及王禮等也此由字卽承上非

由王來不必如蘇說

永平十六年官本平作元是

淮陽頃王昞傳永平五年錢大昭曰五年當作十五年脫十字

永平二年錢大昭曰永平當作永元南監本不誤案官本亦作永元

子頃王儀嗣案常山本昞舊國儀無卽用昞謚之理疑誤

濟陰悼王長傳曰東郡之離孤錢大昭曰孤當作狐

亦由布帛須幅曰成其度焉注左傳曰官本曰作云

下邳嬰疴官本疴作痾

李陳龐陳橋列傳第四十一　後漢書五十一

宋　宣　城　太　守　范　曄　撰

唐　章　懷　太　子　賢　注

王先謙集解

李恂[集解]惠棟曰東觀記恂作珣字叔英安定臨涇人也少習韓詩韓嬰所傳詩也教授諸生常數百人太守潁川李鴻請署功曹未及到而州辟為從事會鴻卒恂不應州命而送鴻喪還鄉里既葬留起冢墳持喪三年辟司徒桓虞府[集解]黃山曰虞字仲春馮翊萬年人建初四年五月以南陽太守入為司徒見章紀後拜侍御史持節使幽州宣布恩澤慰撫北狄所過皆圖寫山川屯田聚落百餘卷悉封奏上肅宗嘉之拜兗州刺史以清約率下[集解]惠棟曰東觀記珣為兗州所種小麥胡蒜悉付從事一無所留常席羊皮服布被遷張掖太守有威重名時大將軍竇憲將兵屯武威天下州郡遠近莫不修禮遺恂

恂奉公不阿為憲所奏免後復徵拜謁者使持節領西域副校尉[集解]黃山曰班超傳昔永平之末始通西域初遣中郎將居敦煌後置副校尉於車師明紀永平十七年遂入車師初置戊己校尉十八年北匈奴及車師後王圍戊己校尉耿恭章紀建初元年討擊車師大破之罷戊己校尉官是班勇所指副校尉駐車師者本卽戊己校尉故通鑑胡注直以為指耿恭關寵也梁慬傳延平元年拜西域副校尉安紀遣副校尉梁慬救任尚益鄧后稱制始易名西域殷富多珍寶諸國侍子及督使賈胡督使土蕃國之使也賈胡胡之商賈也[集解]先謙曰注土官本作主數遣恂奴婢宛馬金銀香罽之屬一無所受袁山松書曰西域出諸香石蜜罽織毛為布者北匈奴數斷西域車師伊吾隴沙以西使命不得通前書曰車師前國王居交河城伊吾故城在今瓜州晉昌縣北廣志曰流沙在玉門關外東西數百里有三斷名曰三隴也[集解]惠棟曰永平中北虜脅西域諸國共寇河西郡縣城門晝閉也黃山曰竇憲為大將軍在和帝永元元年恂之復徵又在其後副校尉之名始見安紀梁慬為之恂更為之則上距明帝永平遠矣惠說非也班超傳安帝元初六年北單于與車師後部共攻沒索班擊走前王略有北道鄧太后從班勇議復敦煌郡營兵三百人置西域副校尉西域傳同不言所置何人疑卽恂也自竇憲誅而北虜復熾隔斷西域又逾十年矣恂設購賞遂斬虜帥縣首軍門自是道路夷清威

恩竝行〔集解〕惠棟曰當作班超定西域時黃山曰此亦誤當在班勇復破平車師擊降十七國時西域傳所謂三絕三通也遷武威太守後坐事免步歸鄉里潛居山澤結草爲廬獨與諸生織席自給會西羌反畔恂到田舍爲所執獲羌素聞其名放遣之恂因詣洛陽謝時歲荒司空張敏司徒魯恭等各遺子饋糧悉無所受徙居新安關下拾橡實以自資橡櫟實也武帝元鼎三年徙函谷關於新安也年九十六卒

陳禪字紀山巴郡安漢人也仕郡功曹舉善黜惡爲邦內所畏察孝廉州辟治中從事續漢志曰每州有侍中從事也〔集解〕錢大昕曰按章懷避唐諱凡治字或改爲理或改爲化或改爲持此治中字亦必改易宋人校書者又回改耳袁紹傳以審配爲治中又有治中劉惠先謙曰注侍官本作治時刺史爲人所上受納臧賂〔集解〕黃山曰書鈔七十三引謝承書時刺史爲人苛刻受納臧賄是納賄本爲事實此但言爲人所上賢禪諱之耳然贊曰禪爲君隱猶著其實也禪當傳考傳謂逮捕而考之也無它所齎但持喪斂之具而已及至笞掠無算五毒畢加〔集解〕通鑑胡注五毒四肢及身備受楚毒也或云鞭箠及灼及徽纆爲五毒禪神意自若辭對無變事遂散釋車騎將軍鄧騭聞其名而辟焉舉茂才時漢中蠻夷反畔以禪爲漢中太守夷賊素聞其名聲卽時降服〔集解〕惠棟曰華陽國志虜素憚禪更來盤結禪知攻守未可卒下而年荒民困乃矯詔赦之大小咸服遷左馮翊入拜諫議大夫永寧元年西南夷撣國王撣音徒丹反〔集解〕劉攽曰案和紀皆作擅音撣字亦無作平聲者而此音徒丹當由注者見前音擅誤以爲擅而音之也又檢說文撣音徒旱反如此則與徒丹平側之閒耳語音或容有輕重之殊然注書當定從一說不宜二三也獻樂及幻人能吐火自支解易牛馬頭明年元會作之於庭安帝與羣臣共觀大奇之禪獨離席舉手大言曰昔齊魯爲夾谷之會齊作侏儒之樂仲尼誅之家語曰魯定公與齊侯會於夾谷孔子攝相事齊奏中宮之樂倡優戲於前孔子趨曰匹夫而侮諸侯者其罪應誅於是斬侏儒手足異處〔集解〕劉攽曰案文當作首足黃山曰注趨下當有進字先謙曰官本注諸侯下無者其二字又曰放鄭聲遠佞人論語孔子之言帝王之庭不宜設夷狄之技尚書陳忠劾奏禪曰古者合歡之樂舞於堂四夷之樂陳於門〔集解〕惠棟曰河閒獻王樂元語受命而六樂樂先王之樂明有法也與其所自作明有制也與四夷之樂明德廣及之也故合歡之樂儛于堂四夷之樂陳于右先王所以得之順命重始也棟案陳于右者孝經緯鉤命決曰四夷之樂皆于四門之外右辟辟猶偏也白虎通德論曰作之門外者何夷在外故就之也夷狄無禮義不在內黃山曰御覽引援神契作合忻之樂舞于堂四夷之樂陳於戶陳立謂王者內諸夏而外夷狄不應四夷之樂反陳於堂上之戶戶仍右之誤山案樂舞與聲歌有別四夷之舞宜在四門之外若其聲歌則非列於門內堂戶之閒無由與堂上之樂相應不僭矣明堂位云納夷蠻之樂於太廟白虎通釋之云言納明有所入蓋未可拘故詩云以雅以南韎任朱離詩小雅鼓鍾之詩曰以雅以南以籥不僭薛君云南夷之樂曰南四夷之樂唯南可以和於雅者以其人聲音及籥不僭差也周禮鞮鞻氏掌四夷之樂鄭玄注云東方曰韎南方曰任西方曰朱離北方曰禁毛詩無韎任朱離之文蓋見齊魯之詩也今亡韎音昧禮記曰九夷八蠻六戎五狄來朝立於明堂四門之外也〔集解〕錢大昕曰予謂韎任句上下當有脫文未必詩有此語黃山曰白虎通東夷之樂曰朝離南夷之樂曰南西夷之樂曰味北夷之樂曰禁其言東南西夷樂名皆與鄭岐而南夷之樂曰南乃與薛君說合班鄭皆習齊詩則忠所據亦齊詩也賢注引薛君韓詩說不及韎任朱離是韓詩亦無此句不獨毛詩也今曰毛詩無毛字當爲後人妄改注不及毛傳必不舍韓而討毛也今撣國越流沙踰縣度前書西域傳曰縣度者山名也谿谷不通以繩索相引而度去陽關五千八百八十里萬里貢獻非鄭衛之聲佞人之比而禪定訕朝政訕謗也〔集解〕錢大昭曰定當作廷言于朝廷之上肆行訕謗南監本廷不誤惠棟曰應劭云鄧太后時西夷檀國來朝賀詔令爲之而諫大夫陳禪以爲夷狄僞道不可施行後數日尚書陳忠案漢舊書世宗時犛軒獻見幻人天子大悅與俱巡狩迺知古有此事而禪以鄭聲斥之故忠以爲廷訕朝政也先謙曰官本定作廷是請劾禪下獄有詔勿收左轉爲玄菟候城障尉候城縣在遼東詔敢不之官上妻子從者名禪既行朝廷多訟之會北匈奴入遼東追拜禪遼東太守胡憚其威彊退還數百里禪不加兵但使吏卒往曉慰之單于隨使還郡〔集解〕惠棟曰考異云案北單于漢朝所不能臣未嘗入朝安肯見遼東太守此事可疑胡注和帝以來北單于益西徙自代郡以東至遼東塞外之地皆鮮卑烏桓居之北單于安能至遼東耶禪於學行禮爲說道義以感化之單于懷服遺以胡中珍貨而去及鄧騭誅廢禪以故吏免復爲車騎將軍閻顯長史順帝卽位遷司隸校尉明年卒於官子澄有清名官至漢中太守〔集解〕惠棟曰華陽國志天子以羌畏服禪拜禪子澄漢中太守禪曾孫寶〔集解〕惠棟曰寶亦作實字盛先與王文表爲友見華陽國志亦剛壯有禪風爲州別

後漢書五十一　三

駕從事顯名州里

龐參字仲達，河南緱氏人也。初仕郡，未知名，河南尹龐奮見而奇之，舉爲孝廉，拜左校令。坐法輸作若盧。若盧，獄名。〔集解〕惠棟曰：衞宏漢舊儀若盧獄有蠶室，若盧獄官主鞫將相大臣也。黃山曰：永元九年十二月復置若盧獄官，見和紀。前書若盧獄屬少府。永初元年，涼州先零種羌反畔，遣車騎將軍鄧騭討之。參於徒中使其子俊上書曰：「方今西州流民擾動，而徵發不絕，水潦不休，地力不復。言其耗損不復於舊。重之昌大軍，疲之昌遠戍，農功消於轉運，資財竭於徵發。田疇不能墾闢，禾稼不得收入，搏手困窮，無望來秋。兩手相搏，言無計也。〔集解〕先謙曰：官本搏均作摶。百姓力屈，不復堪命。臣愚昌爲萬里運糧，遠就羌戎，不若總兵養衆，昌待其疲。車騎將軍騭宜且振旅，留征西校尉任尚使督涼州士民，轉居三輔。休徭役昌助其時，止煩賦昌益其財，令男得耕種，女得織紝，紝音如深反。杜預注左傳云：織紝，織繒布也。然後畜精銳，乘懈沮，出其不意，攻其不備，則邊人之仇報，奔北之恥雪矣。」書奏，會御史中丞樊準上疏薦參曰：「臣聞鷙鳥累百，不如一鶚。前書鄒陽諫吳王之辭也。鶚，大鵰也。昔孝文皇帝悟馮唐之言，而赦魏尚之罪，使爲邊守，匈奴不敢南向。前書馮唐謂文帝曰：「臣聞魏尚爲雲中守，匈奴遠避，不近雲中之塞。上功莫府，一言不相應，文吏以法繩之。愚以爲陛下法太明而賞太輕。」文帝悅，是日令唐持節赦魏尚，復以爲雲中守也。夫昌一臣之身，折方面之難者，選用得也。臣伏見故左校令河南龐參，勇謀不測，卓爾奇偉，高才武略，有魏尚之風。前坐微法，輸作經時。今羌戎爲患，大軍西屯，臣昌爲如參之人，宜在行伍。惟明詔採前世之舉，觀魏尚之功，免赦參刑，昌爲軍鋒，必有成效，宣助國威。」鄧太后納其言，卽擢參於徒中，召拜謁者，使西督三輔諸軍屯，而徵鄧騭還。四年，羌寇轉盛，兵費日廣，且連年不登，穀石萬餘。參奏記於鄧騭曰：「比年羌寇特困隴右，供徭賦役爲損日滋，官負人責數十億萬。責音側懈反。今復募發百

姓，調取穀帛，衒賣什物，昌應吏求，外傷羌虜，內困徵賦。爲羌寇所傷也。遂乃千里轉糧，遠給武都西郡，塗路傾阻，難勞百端，疾行則鈔暴爲害，遲進則穀食稍損，運糧散於曠野，牛馬死於山澤。縣官不足，輒貸於民。民已窮矣，將從誰求？名救金城，而實困三輔。三輔既困，還復爲金城之禍矣。參前數言宜棄西域，乃爲西州士大夫所笑。今苟貪不毛之地，營恤不使之民，恤，憂也。不使之人，謂戎虜凶橫不堪爲用。〔集解〕黃山曰：營，經營也；恤，救恤也。營恤與營救、經恤同義，恤不當訓憂。先謙曰：注橫官本作獷。暴軍伊吾之野，昌慮三族之外，言勞師救遠，以爲親戚之憂慮。果破涼州，禍亂至今。夫拓境不寧，無益於疆；〔集解〕先謙曰：官本疆作彊。多田不耕，何救飢敝！故善爲國者，務懷其內，不求外利；務富其民，不貪廣土。三輔山原曠遠，民庶稀疏，故縣丘城，可居者多。丘，空也。今宜徙邊郡不能自存者，入居諸陵，田戍故縣。孤城絕郡，昌權徙之；轉運遠費，聚而近之；徭役煩數，休而息之。此善之善者也。」

騭及公卿昌國用不足，欲從參議，衆多不同，乃止。拜參爲漢陽太守。郡人任棠者，有奇節，隱居教授。參到，先候之。棠不與言，但昌薤一大本，水一盂，置戶屏前，自抱孫兒伏於戶下。主簿白昌爲倨。參思其微意，良久曰：「棠是欲曉太守也。水者，欲吾清也。拔大本薤者，欲吾擊強宗也。抱兒當戶，欲吾開門恤孤也。」於是歎息而還。〔集解〕惠棟曰：皇甫謐高士傳棠字季卿，詔徵不至。及卒，鄉里圖畫其形，至今稱任徵君也。參在職，果能抑強助弱，昌惠政得民。元初元年，遷護羌校尉，〔集解〕惠棟曰：西羌傳校尉侯霸病卒，參代之也。畔羌懷其恩信。明年，燒當羌種號多等皆降，始復得還都令居，〔集解〕黃山曰：通鑑都作治，此避唐諱改。通河西路。令居，縣，屬金城郡。令音零。時先零羌豪僭號北地，詔參將降羌及湟中義從胡七千人，湟，水名，今在鄯州。與行征西將軍司馬鈞期會北地擊之。參於道爲羌所敗。〔集解〕惠棟曰：西羌傳參兵至勇士東，爲杜季貢所敗。既已失期，乃稱病引兵還，坐昌詐疾徵下獄。校書郎中馬融上書請之曰：

伏見西戎反畔寇鈔五州陛下愍百姓之傷痍哀黎元之失業單竭府庫以奉軍師昔周宣玁狁侵鎬及方詩小雅六月之詩曰侵鎬及方至於涇陽鄭玄注云鎬方在北方地名集解先謙曰注在官本作皆孝文匈奴亦略上郡而宣王立中興之功文帝建太宗之號非惟兩主有明叡之姿抑亦扞城有虓虎之助詩曰公侯干城又曰闞如虓虎干扞也虓虎怒貌也集解惠棟曰左傳郤至曰百官承事朝而不夕此公侯所以扞城其民也詩曰赳赳武夫公侯干城釋文曰干戶旦反是以南仲赫赫列在周詩亞夫赳赳載於漢策詩曰赫赫南仲薄伐西戎周亞夫爲漢將赳赳武貌竊見前護羌校尉龐參文武昭備智略弘遠既有義勇果毅之節兼以博雅深謀之姿又度遼將軍梁慬前統西域勤苦數年還留三輔功效克立閒在北邊單于降伏今皆幽囚陷于法網昔荀林父敗績於邲晉侯使復其位左傳曰晉荀林父及楚師戰於邲晉師敗績林父請死晉侯欲許之士貞子諫曰不可夫其敗也如日月之食何損於明晉侯使復其位也孟明視喪師於崤秦伯不替其官左傳曰晉敗秦師於崤獲百里孟明視後赦而歸之秦伯曰孤

之罪也不替孟明故晉景并赤狄之土秦穆遂霸西戎左傳曰晉荀林父敗赤狄遂滅之晉侯賞林父狄臣千室亦賞士貞子瓜衍之縣曰吾獲狄土子之功也又曰秦伯伐晉遂霸西戎用孟明也宜遠覽二君使參慬得在寬宥之科誠有益於折衝毗佐於聖化書奏赦參等後以參爲遼東太守永建元年遷度遼將軍四年入爲大鴻臚尚書僕射虞詡薦參有宰相器能順帝時以爲太尉錄尚書事是時三公之中參名忠直數爲左右所陷毀以所舉用忤帝旨司隸承風案之時當會茂才孝廉集解通鑑胡注漢郡國歲舉茂才孝廉與上計吏皆至京城受計之日公卿皆會于庭茂孝豫焉參以被奏稱疾不得會上計掾廣漢段恭集解惠棟曰華陽國志恭字節英雒人少周流七十餘郡求師受學經三十年馮胡駱異孫泰山彥之章勃海紀叔陽遂明天文二卷東平虞叔雅學絕高當世遂遊于蜀恭以明友禮待之因會上疏曰伏見道路行人農夫織婦皆曰太尉龐參竭忠盡節徒以直道不能曲心孤立羣邪之閒自處中傷之地臣猶冀在陛下之世當蒙安全而復以讒佞傷毀忠正此天地之大禁人主之至誡昔白起賜死諸侯酌酒相賀季子來歸魯人喜其紓難紓緩也季子魯公子季友也閔公之時國家多難以季子忠賢故請齊侯復之公羊傳曰季子來歸其言季子何賢也言其來歸何喜之也集解劉攽曰注言其來歸案文當云其言來歸誤倒之明此書中多有誤倒一兩字者夫國以賢化集解惠棟曰化當作治君以忠安集解惠棟曰王符潛夫論國以賢興以諂衰君以忠安以佞危此古今之常論而世所共知也棟案此似有成語未詳所出今天下咸欣陛下有此忠賢願卒寵任以安社稷書奏詔即遣小黃門視參疾集解惠棟曰華陽國志帝悟即日召西曹掾問疾太醫致羊酒後參夫人疾前妻子投於井而殺之參素與洛陽令祝良不平謝承書曰良字邵平長沙人聰明博學有才幹以廉平見稱也集解惠棟曰長沙耆舊傳良字邵卿案水經注亦作邵卿章懷誤也良聞之率吏卒入太尉府案實其事乃上參罪集解侯康曰東觀記祝良爲雒陽令常侍樊豐妻殺侍婢置井中良收其妻殺之與案治龐參事相類遂因災異策免有司以良不先聞奏輒折辱宰相坐繫詔獄良能得百姓心集解惠棟曰長沙耆舊傳良爲洛陽令貴戚斂手桴鼓希鳴時亢旱天子祈雨不得良乃曝身階庭告誠引罪自辰至午紫雲沓起甘雨乃降民爲之歌

曰天久不雨烝民失所天王自出祝令特苦精符感應滂沱雨下洛陽吏人守闕請代其罪者日有數千萬人詔乃原刑陽嘉四年復以參爲太尉永和元年以久病罷卒於家

陳龜字叔珍上黨泫氏人也泫氏故城今澤州高平縣也泫音公玄反家世邊將便習弓馬雄於北州龜少有志氣永建中舉孝廉五遷五原太守集解黃山曰初學記六引謝承書安帝時尚書陳龜上表曰仁恩廣被化流殊方使老者以壽終孤幼得保年猶臨河轉石易於反掌山案龜此爲尚書當在遷五原太守前若後復徵爲尚書則在桓帝時矣永和五年拜使匈奴中郎將時南匈奴左部反亂龜以單于不能制下外順內畔促令自殺集解惠棟曰袁紀永和五年夏四月南單于寇河西天子開以恩信喻而降之單于脫帽辟帳謝罪龜以單于無足可效迫切令自殺也坐徵下獄免集解惠棟曰南單于傳龜又欲徙單于近親于內郡而降者狐疑龜坐下獄也後再遷拜京兆尹時三輔強豪之族多侵枉小民龜到厲威嚴悉平理其怨屈者郡內大悅集解惠棟曰北堂書鈔引風俗通龜遷京兆尹民有疾病則給醫藥常使戶曹巡行會羌胡寇邊

殺長吏驅略百姓桓帝以龜世諳邊俗拜為度遼將軍〔集解〕惠棟曰案通鑑延熹元年十二月也龜臨行上疏曰臣龜蒙恩累世馳騁邊垂雖展鷹犬之用頓斃胡虜之庭魂骸不返薦享狐狸猶無以塞厚責荅萬分也至臣頑駑〔集解〕劉攽曰案文至臣無義當作臣至器無鉛刀一割之用過受國恩榮秩兼優生年死日永懼不報臣聞三辰不軌〔集解〕通鑑胡注言三辰之行不順軌也擢士為相蠻夷不恭拔卒為將臣無文武之才而忝鷹揚之任詩曰維師尚父時維鷹揚上慙聖明下懼素餐素空也無功受祿為素餐雖歿軀體無所云補今西州邊鄙土地塉埆塉音覺又音確謂薄土也〔集解〕通鑑胡注塉秦昔反鞍馬為居射獵為業男寡耕稼之利女乏機杼之饒守塞候望懸命鋒鏑聞急長驅去不圖反自頃年以來匈奴數攻營郡謂郡有屯兵者即護羌校尉屯金城烏桓校尉屯上谷之類殘殺長吏侮略良細戰夫身膏沙漠居人首係馬鞍或舉國掩戶盡種灰滅孤兒寡婦號哭空城野無青草室如懸磬左傳曰室

如懸磬野無青草言其屋居如磬之懸下無所有〔集解〕黃山曰左傳本作縣罄杜注如而也言居室而資糧縣盡魯語乃作懸磬韋注罄磬兩作云懸罄言魯府藏空虛但有榱梁如懸磬也陸氏左傳釋文罄亦作磬盡也是即作磬亦當訓盡如禮記之磬於甸人及石聲磬皆借磬為罄也又孔氏左傳正義引服虔注云言室屋皆發撤榱椽在如縣罄又孔晁云縣罄但有桷無覆二說正與國語韋注合亦縣罄順說獨劉炫謂如磬在縣下無粟帛始以磬為鐘磬而倒說之賢注蓋出於劉雖含生氣實同枯朽往歲并州水雨灾螟互生稼穡荒耗租更空闕更謂卒更錢也老者慮不終年少壯懼於困厄陛下以百姓為子品庶以陛下為父焉可不日昃勞神書曰文王至于日中昃不遑暇食也垂撫循之恩哉唐堯親舍其子以禪虞舜者是欲民遭聖君不令遇惡主也史記曰堯知子丹朱不肖不足授天下乃推授舜則天下得其利而丹朱病授丹朱則天下病而丹朱得其利堯曰終不以天下之病而利一人卒授舜以天下也〔集解〕劉攽曰注乃推授舜則天下得其利案史記本文更有授舜二字故古公杖策其民五倍帝王世紀曰古公亶父是為大王為百姓所附狄人攻之事之以皮幣玉帛不能免焉王遂杖策而去踰梁山止於岐山之陽邑於周地豳人從者如歸市一年成邑二年成都三年五倍其初也文王西伯天下歸之帝王世紀曰西伯至仁百姓襁負而至豈

復興金聲寶以為民惠乎近孝文皇帝感一女子之言除肉刑之法女子即太倉令淳于公之女緹縈也事見前書體德行仁為漢賢主陛下繼中興之統承光武之業臨朝聽政而未留聖意且牧守不良或出中官〔集解〕通鑑胡注言牧守出于中官之所引也懼逆上旨取過目前〔集解〕通鑑胡注過度也呼嗟之聲招致災害胡虜凶悍因衰緣隙而令倉庫單於豺狼之口〔集解〕通鑑胡注單與殫同盡也功業無銖兩之効皆由將帥不忠聚姦所致前涼州刺史祝良初除到州多所糾罰太守令長貶黜將半政未踰時功効卓然實應賓異以勸功能改任牧守去斥姦殘又宜更選匈奴烏桓護羌中郎將校尉〔集解〕通鑑胡注護匈奴中郎將護烏桓護羌校尉簡練文武授之法令除并涼二州今年租更寬赦罪隸埽除更始則善吏知奉公之祐惡者覺營私之禍胡馬可不窺長城塞下無候望之患矣帝覺悟乃更選幽并刺史自營郡太守都尉以下多所革易〔集解〕通鑑胡注京兆虎牙營扶風雍營皆都尉領之諸郡皆有太守都尉下詔為陳將軍除并涼一年租賦以賜吏民

龜既到職州郡重足震慄〔集解〕通鑑胡注言重足而立也重直龍反鮮卑不敢近塞省息經用歲以億計經常也大將軍梁冀與龜素有隙譖其沮毀國威挑取功譽挑猶取也獨取其名如挑戰之義〔集解〕先謙曰挑猶取也官本作挑取猶獨取也不為胡虜所畏坐徵還遂乞骸骨歸田里復徵為尚書冀暴虐日甚龜上疏言其罪狀請誅之帝不省自知必為冀所害不食七日而死西域胡夷并涼民庶咸為舉哀弔祭其墓

橋玄〔集解〕惠棟曰橋或作喬見陳球碑古文通字公祖梁國睢陽人也七世祖仁從同郡戴德學〔集解〕朱彝尊曰橋楊本傳小戴之學謂戴聖也班史敘次甚明此云戴德恐誤著禮記章句四十九篇號曰橋君學成帝時為大鴻臚〔集解〕洪亮吉曰案前書百官表平帝元始元年始云大鴻臚橋仁今言成帝時誤祖父基廣陵太守〔集解〕惠棟曰蔡邕橋公碑祖侍中廣川相父肅東萊太守玄少為縣功曹〔集解〕惠棟曰續漢書玄少治禮及嚴氏春秋時豫州刺史周景行

部到梁國玄謁景因伏地言陳相羊昌〔集解〕何焯曰羊舊抄廣川書跋作芊罪惡乞爲部陳從事部猶領也窮案其姦景壯玄意署而遣之玄到悉收昌賓客具考臧罪昌素爲大將軍梁冀所厚冀爲馳檄救之景承旨召玄玄還檄不發案之益急昌坐檻車徵玄由是著名舉孝廉補洛陽左尉左部尉也〔集解〕錢大昭曰百官志尉大縣二人小縣一人洛陽大縣故有左右尉魏武紀除洛陽北部尉時梁不疑爲河南尹玄以公事當詣府受對恥爲所辱棄官還鄉里後四遷爲齊相〔集解〕惠棟曰太尉橋公廟碑舉高第補侍御史以考司隸校尉趙祁事離司寇又以高第補侍御史拜涼州刺史遷齊相坐事爲城旦〔集解〕惠棟曰謝承書玄遷齊國相有孝子爲父報仇繫臨淄獄玄愍其至孝欲上讞減縣令路芝酷烈苛暴因殺之懼玄收錄佩印綬欲走玄自以爲深負孝子捕得芝束縛籍械以還笞殺以謝孝子冤魂太尉橋公廟碑臨淄令路芝之贓多罪正受鞫就刑沒齒無怨竟以不先請免官棟案合二書觀之元雖以芝殺孝子仍坐以贓罪而刑之也刑竟徵再遷上谷太守〔集解〕侯康曰橋公廟碑蕃縣有帝舜廟以故事齋祠戶曹史張機有懲罰貨祠巫自託以舜命約公不得譴公覺其姦態收考首服即日伏辜又爲漢陽太守時上邽令皇甫禎有臧

罪玄收考髡笞死于冀市冀縣名屬漢陽郡一境皆震郡人上邽姜岐守道隱居名聞西州〔集解〕惠棟曰高士傳岐字子平少失父獨以母兄居治書易春秋恬居守道名重西州母死喪禮畢盡讓平水田與兄岑遂隱居以畜蜂豕爲事教授滿于天下營業者三百餘人辟州從事不詣後舉賢良公府辟以爲茂才爲蒲坂令皆不就以壽終于家玄召以爲吏稱疾不就玄怒敕督郵尹益逼致之曰岐若不至趣嫁其母趣音促益固爭不能得〔集解〕惠棟曰高士傳玄怒益揭之益得杖目諫曰岐少修孝義棲遲衡廬鄉里歸仁名宣州里實無罪狀益敢以死爭之玄乃止遽曉譬岐岐堅臥不起郡內士大夫亦競往諫玄乃止時頗以爲譏後謝病免復公車徵爲司徒長史拜將作大匠〔集解〕惠棟曰橋公廟碑勃海王悝桓帝同產以懷逆謀黜封癭陶王以公長于襟帶拜鉅鹿太守悝畏怖明憲檢于靜息自將作大匠徵未到而謗章先入故轉拜議郎遂用免官棟案風俗通義玄以延熹八年七月二日拜鉅鹿太守本傳不載也桓帝末鮮卑南匈奴及高句驪嗣子伯固〔集解〕錢大昭曰伯固句驪王遂成之子也並畔爲寇鈔四府舉玄爲度遼將軍假黃鉞〔集解〕錢大昭曰假黃鉞始見於此玄至鎮休兵養士〔集解〕惠棟曰蔡邕集度遼將軍始受黃鉞銘曰孝桓之季年鮮卑入塞抄盜起匈奴左部梁州叛羌逼迫兵誅淫衍東夷高句驪嗣子伯固逆謀並發三垂騷然四府表公徵拜度遼將軍始受旄鉞鉦鼓之任并禦三垂公以吏士頻年在外勤于奔命人馬疲羸撓鈍請且息州營橫發之役以輔困憊朝廷許之然後督諸將守〔集解〕惠棟曰將謂耿臨等討擊胡虜及伯固等皆破散退走在職三年邊境安靜靈帝初徵入爲河南尹轉少府大鴻臚〔集解〕黃山曰錢大昭補表列玄爲度遼將軍於永康元年爲河南尹於建寧元年爲少府大鴻臚於建寧二年今案皇甫規張奐傳奐於延熹九年被徵爲大司農規復代爲度遼將軍永康元年規被徵爲尚書而後度遼將軍缺出且靈紀建寧三年八月載玄由大鴻臚爲司空與玄傳合則玄之爲度遼將軍自當同在永康元年而爲河南尹爲少府大鴻臚亦自不外建寧元二年間玄果永康元年爲度遼將軍次年即入爲河南尹傳似不應言在職三年邊境安靜然規果於九年復爲度遼將軍次年春即入爲尚書其夏有日食之對在事日尤淺而規傳亦云在事數歲北邊威服何耶是則規奐兩傳有駮文錢表偶沿其誤耳建寧三年遷司空轉司徒素與南陽太守陳球有隙及在公位而薦球爲廷尉玄以國家方弱自度力無所用乃稱疾上疏引衆災以自劾遂策罷歲餘拜尚書令時大中大夫蓋升與帝有舊恩〔集解〕惠棟曰橋公廟碑河閒相蓋升以朝廷在藩國時鄰

近舊恩歷河南太守大中大夫前爲南陽太守臧數億以上玄奏免升禁錮沒入財賄〔集解〕惠棟曰橋公廟碑公表升貪放狼籍不顧天罔損辱國家爲上招怨當肆市朝以謝兆民幸遇贖令罪除惡在可免升官禁錮終身沒入財賂非法之物以充帑藏懲戒羣下帝不從而遷升侍中玄託病免拜光祿大夫光和元年遷太尉數月復以疾罷拜太中大夫就醫里舍玄少子十歲獨游門次卒有三人持杖劫執之〔集解〕惠棟曰漢律所謂持質在盜篇入舍登樓就玄求貨玄不與有頃司隸校尉陽球率河南尹洛陽令圍守玄家球等恐并殺其子未欲迫之玄瞋目呼曰姦人無狀玄豈以一子之命而縱國賊乎促令兵進於是攻之玄子亦死玄乃詣闕謝罪乞下天下凡有劫質皆并殺之不得贖以財寶開張姦路詔書下其章初自安帝以後法禁稍弛京師劫質不避豪貴自是遂絕玄以光和六年卒〔集解〕惠棟曰橋公廟碑七年五月甲寅以大中大夫薨于京師案橋公二碑皆云光和七年疑傳誤也侯康曰玄卒時年七十五而蔡伯喈西鼎銘載玄于光和元年有犬馬齒七十之語則實卒於六年傳

不誤時年七十五。玄性剛急無大體，然謙儉下士，子弟親宗無在大官者。〔集解〕侯康曰：橋公廟碑性謙克，不吝于利欲，雖眾子羣孫並在仕次，曾無順媚一言之求，身沒之日，無獲大位，在百里莫能好縣比方公孫，未有若茲者也。及卒，家無居業，〔集解〕惠棟曰：張璠漢記作餘業。喪無所殯。〔集解〕侯康曰：橋公廟碑初公為舍于舊里，弟卒，雖與其孤至于卽世，柩殯無所。當時稱之。〔集解〕黃山曰：魏武紀注引張璠漢記，玄卒，家貧乏產業，柩無所殯，當世以此稱為名臣。

初，曹操微時，人莫知者。嘗往候玄，玄見而異焉，謂曰：「今天下將亂，安生民者其在君乎！」〔集解〕惠棟曰：續漢書玄嚴明有才略，長于知人。操嘗感其知己，及後經過玄墓，〔集解〕惠棟曰：樂史云玄墓在宋州宋城縣北十里，墓前碑云漢故太尉橋玄之碑。輒悽愴致祭。自為其文曰：「故太尉橋公，懿德高軌，〔集解〕錢大昭曰：魏武帝本紀注載此文作誕敷明德。汎愛博容。國念明訓，士思令謨。幽靈潛翳，邈哉緬矣！操以幼年，逮升堂室，特以頑質，見納君子。〔集解〕錢大昭曰：魏本紀注作特以頑鄙之姿，為大君子所納。增榮益觀，皆由獎勗。猶仲尼稱不如顏淵，論語孔子謂子貢曰：汝與回也孰愈？子貢曰：賜也何敢望回。子曰：吾與汝俱不如也。〔集解〕惠棟曰：論衡引論語吾與女俱不如也，包咸注曰：既

然子貢不如，復云吾與汝俱不如者，蓋欲以慰子貢也。鄭玄別傳又云：皆與女皆不如也。李生厚歎賈復。復少好學，師事舞陰李生，李生奇之，曰：賈君國器也。士死知己，懷此無忘。又承從容約誓之言：『徂沒之後，路有經由，不以斗酒隻雞過相沃酹，車過三步，腹痛勿怨。』雖臨時戲笑之言，非至親之篤好，何肯為此辭哉？懷舊惟顧，念之悽愴。惟思也。奉命東征，屯次鄉里，北望貴土，乃心陵墓。〔集解〕沈銘彝曰：此人臣墓亦稱陵，與樊宏傳之稱敕、趙咨傳之稱顧命，古人文質，今則當有所避矣。裁致薄奠，公其享之！」魏志曰：建安七年，曹公軍譙，遂至浚儀，遣使以太牢祀橋玄，進軍官度也。

玄子羽，官至任城相。〔集解〕洪亮吉曰：水經注睢城南有漢太傅掾橋載墓碑，載字元賓，梁國睢陽人也。睢陽公子，熹平五年立，亦橋公子而先死者耶。

論曰：任棠、姜岐世著其清，結瓮牖而辭三命，結猶構也。莊子曰：原憲處魯，居環堵之室，桑樞而瓮牖。周禮一命受職，再命受服，三命受位。謂任、姜辭太守之辟也。殆漢陽之幽人乎！易曰：履道坦坦，幽人貞吉。〔集解〕惠棟曰：易履九二幽人貞吉，虞仲翔注曰：履自訟來，二在坎獄中，故稱幽人。荀子曰：公侯失禮則幽，是幽人為幽繫之人明矣。蔚宗逸民傳論曰：光武側席幽人。蓋自東晉以來，漢學淪亡，末學之徒始目高士為幽人矣。龐參躬求賢之禮，故民悅其政；橋玄厲邦君之威，而眾失其情。夫豈力不足歟？將有道在焉。橋玄舍姜岐以道，不可違，故不得以威力逼也。如令其道可忘，則彊梁勝矣。語曰：「三軍可奪帥，匹夫不可奪志。」鄭玄注論語云：匹夫之守志，重於三軍之死將者也。子貢曰：「寧喪千軍，不失士心。」昔段干木踰牆而避文侯之命，高士傳曰：段干木者，晉人也，守道不仕。魏文侯造其門，段干木踰牆而避之。泄柳閉門不納穆公之請。泄柳，魯之賢人也。魯穆公時請見之，泄柳閉門而不納。事見孟子。貴必有所屈，賤亦有所伸矣。

贊曰：李、姜勤身，甘飢辭饋。禪為君隱，〔集解〕惠棟曰：君謂巴郡刺史。之死靡貳。寵習邊功，參起徒中。橋公識運，先覺時雄。

李陳龐陳橋列傳第四十一　終　後漢書五十一

後漢書集解卷五十一挍補

李恂傳李恂集解惠棟曰東觀記恂作珣柳從辰曰今聚珍本東觀記仍作恂案此永樂大典挍改之失

安定臨涇人也今涇州鎮原縣南五十里

陳禪傳巴郡安漢人也今順慶府南充縣北

今揮國越流沙踰縣度注前書西域傳曰縣度者山名也至去陽關五千八百八十里案今檢前書山名作石山八十里作八十八里

龐參傳不如一鶚注鶚大鵰也官本注作鶚大鵬也誤

陳龜傳上黨泫氏人也注泫氏故城今澤州高平縣今澤州府高平縣治

故古公杖策注古公亶父官本注父作甫同

橋元傳乞為部陳從事注部猶領也案續志刺史十二人各主一州常以八月巡行所部郡國錄囚徒考殿最皆有從事史假佐本注云員職畧與司隸同無都官從事其功曹從事為治中從事而志載司隸從事史十二

人據本注有部郡國從事每郡國各一人主督促文書察舉非法皆州自辟除元乞為部陳從事正謂刺史部郡國從事主察舉陳國者也注說未憭

後四遷為齊相集解惠棟曰太尉橋公碑至拜涼州刺史遷齊相柳從辰曰袁宏紀元為梁州刺史值梁州大饑元開倉以稟之主者以舊典宜先表聞元曰民以死矣稟訖乃上奏詔書以元有汲黯憂民之心復不得以為常本書失載案此事亦詳著橋公廟碑正元為涼州時事本傳於元之刺涼州守鉅鹿皆畧而不書固無由更入涼州鉅鹿之事也漢十二州無梁袁紀作梁州刺史誤

死于冀市注冀縣名屬漢陽郡漢陽即故天水冀縣今鞏昌府伏羌縣治

何肯為此辭哉官本何作胡

甯喪千軍官本軍作金是

崔駰列傳第四十二子瑗　孫寔　　後漢書五十二

宋　宣城太守范曄撰

唐　章懷太子賢注

王先謙集解

崔駰字亭伯涿郡安平人也集解錢大昕曰安平縣本屬涿章帝建初四年改隸樂成國順帝改樂成國為安平因縣以名也桓靈之世安平改隸博陵郡故孔彪碑陰故吏名有博陵安平崔烈而程夫人亦稱烈為冀州名士也涿郡屬幽州樂成博陵則屬冀州高祖父朝集解惠棟曰世系云崔氏仲牟生融融生石石生廓字少通生寂寂生欽欽生朝昭帝時為幽州從事諫刺史無與燕刺王通及刺王敗擢為侍御史燕刺王旦武帝子坐與上官桀等謀亂自殺刺力割反生子舒歷四郡太守所在有能名舒小子篆王莽時為郡文學以明經徵詣公車太保甄豐集解黃山曰前書王莽傳甄邯為太保豐為太阿未為太保也保豐二字當有一誤舉為步兵校尉篆辭曰吾聞伐國不問仁人前書董仲舒曰昔者魯君問柳下惠曰吾欲伐齊如何柳下惠曰不可歸而有憂色曰吾聞伐國不問仁人此言何為至於我哉

戰陳不訪儒士論語云衛靈公問陳於孔子孔子對曰俎豆之事則嘗聞之軍旅之事未之學也此舉奚為至哉遂投劾歸投辭自劾有過不合應舉莽嫌諸不附已者多以法中傷之時篆兄發以佞巧幸於莽位至大司空集解黃山曰崔發以林能幸於莽居攝三年為騎都尉始建國元年封說符侯為五威中城將軍三年為講樂祭酒秩上卿地皇元年為將作四年七月為司空十月莽誅發降於申屠建建令劉賜斬以徇均見前書莽傳是發為大司空前後僅數月篆為大尹三年事當在先傳於發位蓋終言之下言後以篆為新建大尹乃單指其母賜號之後耳又莽傳天鳳三年十月戊辰王路朱鳥門鳴崔發等曰虞帝闢四門通四聰門鳴者明當修先聖之禮招四方之士故左將軍公孫祿曰說符侯崔發阿諛取容是佞巧也母師氏能通經學百家之言莽寵以殊禮賜號義成夫人金印紫綬文軒丹轂顯於新世後以篆為建新大尹莽改千乘郡曰建新守曰大尹篆不得已乃歎曰吾生無妄之世集解惠棟曰易有无妄大旱之卦故雜卦云无妄災也值无妄之卦則為災與陽九百六同義谷永對策曰遭无妄之卦運是也值澆羿之君易曰無妄之行窮之災也左傳曰昔有夏之方衰也后羿自鉏遷於窮石因夏人以代夏政而淫於原獸用寒浞伯明氏之讒子弟也而虞羿于田以取其國家浞因羿室生澆及豷恃其讒慝詐偽而不德

於人澆音五弔反猹音許旣反上有老母下有兄弟安得獨潔己而危所生哉乃
遂單車到官稱疾不視事三年不行縣續漢志曰郡國常以春行至縣勸人農桑振救乏絕
門下掾倪敞諫篆乃強起班春班布春令所至之縣獄犴填滿犴音岸前書音
義曰鄉亭之獄曰犴篆垂涕曰嗟乎刑罰不中乃陷人於穽此皆何罪而至
於是遂平理所出二千餘人掾吏叩頭諫曰集解劉攽曰案吏當作史總言之掾史皆
吏也獨言之當云史耳朝廷初政州牧峻刻初政謂莽卽位集解黃山曰上旣云後以篆爲新建大尹篆到
官又已三年則非莽卽位之初矣此特爲犯罪者追溯由來在初時州牧峻刻耳宥過申枉誠仁者之心
然獨爲君子集解惠棟曰傳曰昔蘧伯玉恥獨爲君子蓋秦漢間有此語未詳所出張儉傳亦云將有悔乎
篆曰邾文公不以一人易其身君子謂之知命左傳曰邾文公卜遷於繹史曰利於
人不利於君邾子曰苟利於人孤之利矣人旣利矣孤必與焉遂遷于繹五月邾文公卒君子曰知命也如殺一大尹
贖二千人蓋所願也遂稱疾去建武初朝廷多薦言之者幽州刺
史又舉篆賢良篆自以宗門受莽僞寵慚愧漢朝遂辭歸不仕客

居滎陽閉門潛思著周易林六十四篇集解黃山曰唐藝文志載十六卷用決吉
凶多占驗臨終作賦以自悼名慰志其辭曰嘉昔人之遘辰兮遘遇
也辰時也集解先謙曰官本嘉字提行美伊傅之遌時伊尹干湯傅說遇高宗爾雅曰遌遇也音五故反應
規矩之淑質兮過班倕而裁之公輸班魯人也倕舜時爲共工之官皆巧人也以喻湯及高宗也
協準矱之貞度兮同斷金之玄策準繩也矱尺也貞正也易曰二人同心其利斷金玄策猶妙策
也何天衢於盛世兮超千載而垂績易大畜卦乾下艮上其上九曰何天之衢亨鄭玄云艮爲
手手上肩也乾爲首首肩之間荷物處乾爲天艮爲徑路天衢象也豈修德之極致兮將天祚之攸
適愍余生之不造兮造成也丁漢氏之中微丁當也氛霓鬱以橫厲兮
羲和忽以潛暉氛祲也霓日傍之氣橫厲謂氣盛而陵於天也羲和日也氣盛而日光微喻王莽篡漢六柄
制于家門兮王綱漼以陵遲國語管仲對齊桓公曰昔者聖人之理天下也而愼用其六柄焉韋昭注
云六柄生殺貧賤富貴也漼猶摧落也音千隗反黎共奮以跋扈兮羿浞狂以恣睢國語曰昔
少皥之衰九黎亂德人神雜揉不可方物淮南子曰昔者共工與顓頊爭爲帝怒而觸不周之山天柱折地維絕跋扈強梁也恣睢

自用之貌也恣音咨睢音許維反羿浞已見上睹嫚臧而乘釁兮竊神器之萬機易曰嫚藏誨盜
釁隙也神器帝王之位老子曰天下神器不可爲也書曰兢兢業業一日二日萬機思輔弼以媮存兮亦號
咷以訓咨輔弼謂王莽輔政也媮苟且也號咷哀呼也前書王莽策孺子嬰爲定安公莽親執孺子手流涕歔欷也集解
惠棟曰易同人先號咷而後笑訓與疇同漢時皆作訓下主有訓
咨之憂仍作疇當因僞孔氏尚書改從俗也應劭風俗通曰夫人
君者闢門開聽號咷博求得賢若賞聞善若驚然則號咷訓咨者
亦求賢之意言莽思輔弼以偷存其國號咷博求訓資羣僚三事
甄豐舉余迫余于暴君之威遂屈節委身也注引王莽策孺子嬰
執手流涕以釋號咷之義失之黃山曰惠言此爲莽思輔弼是也
然訓咨非卽疇咨說文訓讀也讀訓也讀若疇玉篇訓咨也南史
謝瀹傳彼上人者難爲訓對北史劉芳傳訓咨論難皆卽以訓爲
酬此謂輔弼訓莽所咨問耳莽傳崔發言易稱先號咷而後
笑宜呼嗟告天以求救莽因搏心大哭正發爲大司空時事嗟三
事之我負兮乃迫余以天威三事謂三公也負謂太保甄豐舉也集解黃山曰甄豐自殺於始建國二
年豐前舉篆篆投劾歸豐未嘗迫之也後爲大尹當在三年崔發爲祭酒秩上卿以後時豐已死則三事我負亮非指豐豈無
熊僚之微介兮悼我生之殲夷左傳曰楚白公勝爲亂石乞曰市南有熊相宜僚者若得之可以當
五百人矣從白公而見之與之言說告之故辭承之以劍不動勝曰不爲利諂不爲威惕不泄人言以求媚者去之介耿介也我生

謂母也殲滅也夷傷也言其母老恐禍及也庶明哲之末風兮懼大雅之所譏詩大雅曰旣明
且哲以保其身遂翕翼以委命兮受符守乎艮維艮東北之位謂篆爲千乘太守也集解惠棟曰
說卦艮東北之卦也易坎離震兌爲四正艮巽坤乾爲四維淮南天文云東北爲報德之維故曰艮維千乘在洛陽東北也恨
遭閉而不隱兮違石門之高蹤易曰天地閉而賢人隱論語曰子路宿於石門晨門曰奚自子路曰
自孔氏曰是知其不可而爲之者歟揚蛾眉於復關兮犯孔戒之冶容楚辭曰眾女皆妒余之蛾
眉詩國風序曰氓刺時也淫風大行男女無別故序其事以風焉其詩曰乘彼垝垣以望復關毛萇注曰垝毀也復關君子所近之
處也易繫辭曰冶容誨淫鄭玄云謂飾其容而見於外曰冶集解錢大昕曰冶容鄭本作野容故有見於外之訓懿氓蚩
之悟悔兮慕白駒之所從詩曰氓之蚩蚩抱布貿絲匪來貿絲來卽我謀注云氓人也蚩蚩敦厚之貌布
幣也卽就也言此之人非買絲來就我爲室家也又曰及爾偕老老使我怨注云我欲與汝俱至老汝反薄我使怨也又曰皎皎白
駒喻賢人也乃稱疾而屢復兮歷三祀而見許復猶白也悠輕舉以遠遯兮
託峻峗以幽處峻峗謂山也峗音魚委反竫潛思於至賾兮集解惠棟曰廣韻竫停安也黃山曰
說文竫亭安也乃廣韻所本又呂覽貴因竫立安坐而至者因其械也高誘注竫正也案竫立謂立於車此對騁言亦當訓正騁

六經之奧府賾深也皇再命而紹卹兮乃云眷乎建武皇天也紹繼也卹憂也言天憂卹眷顧漢家所以再命光武也運欃槍㠯電埽兮清六合之土宇欃槍彗也聖德滂㠯橫被兮黎庶愷㠯鼓舞闢四門㠯博延兮彼幽牧之我舉開闢四方之門廣求賢也幽牧謂爲幽州刺史所舉也分畫定而計決兮豈云賁乎鄙耇賁飾也易曰束帛戔戔賁於丘園也集解黃山曰韋孟詩我雖鄙耇心其好而遂懸車㠯縶馬兮絕時俗之進取歎莫春之成服兮闔衡門㠯埽軌論語曾點曰莫春者春服既成衡橫也謂橫木爲門軌跡也聊優游㠯永日兮守性命㠯盡齒齒年也貴啟體之歸全兮庶不忝乎先子論語曰曾子有疾召門弟子曰啟予足注云父母全而生之亦當全而歸之忝辱也先子謂先人也孟子曾西曰吾先子之所畏集解錢大昕曰案崔宗仕莽顯貴篆亦至二千石已昧守貞之誼漢室中興正當匡時以蓋前愆乃更辭歸不仕去就僨到如此而云無忝先子何顏之厚乎此傳敘述家世詞多溢美蓋由東觀諸臣阿其所好蔚宗承其舊文不加芟削未爲有識也東觀記儒林傳有崔篆乃元嘉初增入其時崔寔爲史官卽篆元孫也篆生毅㠯疾隱身不仕毅生駰年十三能通詩易春秋博學有偉才盡通古今訓詁百家之言善屬文少游太學

與班固傅毅同時齊名常㠯典籍爲業未遑仕進之事時人或譏其太玄靜將㠯後名失實駰擬揚雄解嘲作達旨㠯荅焉華嶠書曰駰譏揚雄以爲范蔡鄒衍之徒乘釁相傾詆曜諸侯者也而云彼我異時又曰竊貲卓氏割炙細君斯盍士之贅行而云不能與此數公者同以爲失類而改之也其辭曰或說已曰集解先謙曰官本或字提行易稱備物致用可觀而有所合故能扶陽㠯出順陰而入備物致用易繫辭之文也可觀而有所合序卦之文也鄭玄注易乾鑿度曰陽起於子陰起於午天數大分以陽出離以陰入坎坎爲中男離爲中女太一之行出從中男入從中女因陰陽男女之偶爲終始也集解惠棟曰易繫辭備物致用立成器以爲天下利莫大乎聖人虞翻注云神農黃帝堯舜也民多否閉取乾之坤謂之備物以坤之乾謂之致用說卦可觀而後有所合虞翻注云臨反成觀三陽在上故可觀棟案臨觀消息之卦臨周二月卦觀周八月卦故下云扶陽以出順陰而入備物致用亦謂乾坤往來易以道陰陽漢法已亡故章懷之注不詳先謙曰注一官本作乙春發其華秋收其實有始有極爰登其質今子韞櫝六經服膺道術韞匣也櫝匱也論語曰有美玉韞櫝而藏諸歷世而游高談有日俯鉤深於重淵仰探遠乎九乾易曰探賾索隱鉤深致遠九乾謂天有九重也離騷天問曰圓則九重孰營度之集解惠棟曰易繫辭鉤深致遠虞翻注云初深故曰鉤深淵亦謂初天數九故曰九乾乾爲遠故曰探遠窮至賾於幽微潛隱之無源然下不步卿相之廷上不登王公之門進不黨㠯讚已退不黷於庸人讚猶稱也集解黃山曰尚書序讚易道以黜八索孔疏訓作贊贊助也廣雅釋言黷狎也獨師友道德合符曩眞抱景特立與士不羣蓋高樹靡陰獨木不林隨時之宜道貴從凡華嶠書作高樹不庇易曰隨時之義大矣哉老子曰和其光而同其塵故言道貴從凡于時太上運天德㠯君世憲王僚而布官太上明帝也傳曰太上立德天德含宏光大也易曰乃位乎天德尚書曰唐虞稽古建官惟百夏商官倍亦克用乂憲法也僚官也言法三王而建官也集解惠棟曰天德乾元也黃山曰周禮惟王建國辨方正位設官分職以爲民極卽所謂王僚布官注引僞古文周書文非也臨雍泮㠯恢儒疏軒冕㠯崇賢天子辟雍諸侯頖宮壁雍者環之以水圓而如璧也頖半也諸侯半天子之宮皆所以立學垂教也集解惠棟曰呂覽疏爵而貴之疏猶分也率惇德㠯厲忠孝揚茂化㠯砥仁義砥礪也選利器於良材求鏌鋣於明智吳越春秋曰干將吳人也造二劍一曰干將二曰莫邪莫邪者干將之妻名也干將作劍采五山之精合六金之英百神臨觀遂以成劍說苑曰所以尚干將莫邪者貴其立斷所以尚騏驥者貴其立至必

且歷日曠久絲氂猶能挈石駑馬亦能致遠是以聰明敏捷人之美材也不㠯此時攀台階闚紫闥三台謂之三階三公之象也據高軒望朱闕夫欲千里而咫尺未發八寸爲咫蒙竊惑焉故英人乘斯時也文子曰智過萬人謂之英千人謂之俊猶逸禽之赴深林蝱蚋之趣大沛蚋小蟲蚊之類蚋音芮說文曰秦謂之蚋楚謂之蚊孟子曰汙池沛澤劉熙曰沛水草相半胡爲嘿嘿而久沈滯也荅曰有是言乎子苟欲勉我㠯世路不知其跌而失吾之度也古者陰陽始分天地初制制協韻音之設反皇綱云緒帝紀乃設集解惠棟曰何休公羊注云德合元者稱皇德合天者稱帝傳序歷數三代興滅昔大庭尙矣赫胥罔識大庭赫胥並古帝王號也尙遠也罔無也識記也淯樸散離人物錯乖高辛攸降厥趣合違高辛氏帝嚳也道無常稽與時張弛隨時弛張不考之於常道也失仁爲非得義爲是老子曰失道後德失德後仁失仁後義失義後禮君子通變各審所履故士或掩目而淵潛莊子曰北人無擇與舜爲友舜以天下讓之無擇乃自投清冷之淵終身不反也集解先謙曰注冷官本作泠或盥耳而山棲盥洗也許由字武仲隱於沛澤之中堯聞之乃致天下而讓焉由以爲汙乃臨

池洗耳其友巢父飲犢聞由爲堯所讓曰何以汚吾犢口牽於上流而飲之見莊子及高士傳或草耕而僅飽伯成子高唐虞時爲諸侯至禹去而耕禹往見之則耕在野見呂氏春秋或木茹而長饑說苑曰鮑焦衣木皮食木實韓詩外傳曰焦棄其蔬而立槁死於洛濱也或重聘而不來狂接輿者楚人也耕而食楚王聞其賢使使者持金百鎰車二駟聘之曰願煩先生理江南接輿笑而不應使者去而遠徙莫知所之見莊子集解先謙曰注鎰官本作溢聘官本作騁考證云監本作鎰今從宋本萬斯齡云案荀子千溢之寶從水旁古今字本通用黃山曰秦策黃金萬溢字亦從水禮記喪大記朝一溢米鄭注二十兩爲溢是古鎰本作溢也或屢黜而不去論語曰柳下惠爲士師三黜人曰可以去矣曰直道而事人何往而不三黜也或冒詢㠯干進或望色而斯舉詢辱也音火豆反新序曰伊尹蒙恥辱負鼎俎以干湯論語曰色斯舉矣翔而後集舉協韻音據或㠯役夫發夢於王公高宗夢得說乃使百工營求諸野得諸傅巖孔安國曰傅氏之巖在虞虢之界通道所經有澗水壞道常使胥靡刑人築護此道說賢而隱代胥靡築之以供食事見尚書王公總而言也爾雅皇王后辟公侯君也集解黃山曰水經注沙澗水出虞山東南逕傅巖歷傳說隱室前俗名謂之聖人窟巖東北十餘里即左傳之顛軨坂有東西絕澗左右幽空窮深地壑中則築以成道指南北之路謂之爲軨橋也說執役正于此地僞孔傳以爲在虞虢之界地勢雖合而云代築供食則臆說也或㠯漁父見兆於元龜戰國策曰呂尚

後漢書五十二　六

之遇文王也身爲漁父史記曰太公以釣干周西伯西伯將出獵卜之曰所獲非龍非螭非熊非羆所獲霸王之輔於是西伯獵果遇太公渭水之陽與語大說元大也集解惠棟曰案六弢及史記皆云非龍非彲非虎非羆無非熊語當因章懷避唐諱改虎爲熊故李瀚蒙求亦有呂望非熊之句後人承其訛不及改正耳侯康曰今史記作非虎文選荅賓戲注引史記亦作非熊故周方叔卮林疑宋來史記非復唐世之舊但東京賦注引史記又與今本同若夫紛纜塞路凶虐播流方言云纜盛多也音奴董反集解惠棟曰纜依方言作纜云南楚凡大而多謂之纜或謂之纜郭璞曰纜音奴動反人有昏墊之戹主有疇咨之憂尚書曰下人昏墊孔安國曰昏瞀墊溺皆困水災也又曰帝曰咨洪水滔天浩浩懷山襄陵有能俾乂集解先謙曰注下人官本作下民條垂藟蔓上下相求藟藤也音壘詩曰南有樛木葛藟纍之於是乎賢人授手援世之災孟子曰天下溺則援之以道嫂溺則援之以手也跋涉赴俗急斯時也草行爲跋昔堯含戚而臯陶謨高祖歎而子房慮謨謀也堯遭洪水咨嗟憂愁訪下人有能理者臯陶大禹陳其謨見尚書及史記高祖爲項羽所敗下馬踞鞍而問子房曰吾欲捐關以東誰可與共功者子房曰九江王黥布彭越韓信即欲捐之此三人楚可破之集解劉攽曰注末之字案文當作也先謙曰官本注王下無黥字禍不散而曹絳奮曹參及絳侯周勃皆從高祖征伐以定天下也結不解而陳平權高祖擊匈奴至白登被圍七日用陳平計得出及其策合道從克亂弭衝乃將鏤玄珪冊顯功珪玉也詩含神霧曰刻之玉板藏之金匱銘昆吾之冶墨子曰昔夏后開治使飛廉析金於山以鑄鼎於昆吾蔡邕銘論曰呂尚作周太史其功銘於昆吾之鼎也勒景襄之鍾國語曰晉魏顆以其身退秦師於輔氏其勳銘於景鍾此兼言襄也與其有事則褰裳濡足冠挂不顧褰裳涉水也新序曰今爲濡足之故不救人溺可乎淮南子曰禹之趨時冠挂而不顧履遺而不取也集解劉攽曰與其有事案文與合作當上又合有故字揚雄蔡邕同用此律也人溺不拯則非仁也當其無事則躧纓整襟規矩其步躧音呂涉反躧躧也此字宜從手廣雅云躧持也言持纓整襟修其容止史記曰攝纓整襟華嶠書躧作攝也集解錢大昕曰案說文攝理持也字宜從手不從足史記日者傳本作獵纓正襟獵亦攝之譌此作躧者因下文相涉而誤黃山曰躧持也之躧當作攝儀禮聘禮尚攝坐啐醴德讓不修則非忠也是以險則救俗平則守禮舉㠯公心不私其體今聖上之育斯人也樸㠯皇質雕㠯唐文孔子曰大哉堯之爲君也煥乎其有文章故言唐文六合怡怡比屋爲仁壹天下之眾異齊品類之萬殊參差同量坏冶一陶坏土器之未燒者郭璞注爾雅曰坏胎物之始也坏音普才反羣生得理庶績其凝

後漢書五十二　七

凝成也家家有㠯樂和人人有㠯自優威械藏而俎豆布六典陳而九刑厝械謂器械甲兵之屬厝謂置之不用周禮太宰之職掌建邦之六典以佐王理邦國一曰理典二曰教典三曰禮典四曰政典五曰刑典六曰事典左傳曰周有亂政而作九刑杜預注云周之衰爲刑書謂之九刑集解惠棟曰左傳在九刑不忘服虔曰正刑一議刑八議刑即周禮八議棟案九刑謂刑書九篇也成王時所作見周書嘗麥解黃山曰前書刑法志引左氏昭六年傳周有亂政而作九刑韋昭注謂正刑五及流贖鞭扑也堯典象以典刑鄭玄注正刑五加之流宥鞭扑此之謂九刑與韋說合流宥鞭扑贖本虞夏所有當以不用刀鋸之屬不名刑周始并名之耳成康之世刑厝不用九刑自在穆作呂刑推本有夏遡而用之故叔向謂三辟之興皆叔世文十八年傳在九刑不忘此自言九刑之書書因刑著如蕭何之作律九章非即以書當刑騶言刑厝未必指書厝也濟茲兆庶出於平易之路雖有力牧之略尚父之厲力牧黃帝臣也史記尚父呂望相武王以伐紂厲謂威容嚴厲伊皐不論奚事范蔡伊尹皐繇范睢蔡澤夫廣廈成而茂木暢遠求存而良馬縶廣廈既成不求材故林木條暢也遠求謂遠方珍異之物也存猶止息也言所求之物既止不貪良馬之力也集解黃山曰戰國策古之人君有以千金求千里馬者三年不能得涓人請求之三月得千里馬馬已死買其骨五百金此言遠求存謂馬未死明良馬多陰事終而水宿藏立冬之後盛德在水陰氣

用事故曰陰事水宿謂北方七宿斗牛女虛危室壁也月令曰孟冬之月昏危中仲冬昏東壁中季冬昏婁中孟春昏參中水星伏藏不見也場功畢而大火入爾雅曰心爲大火詩豳風曰七月流火又曰九月築場圃也方斯之際處士山積學者川流衣裳被宇冠蓋雲浮譬猶衡陽之林岱陰之麓山南曰陽山北曰陰穀梁傳曰林屬於山曰麓伐尋抱不爲之稀蓺拱把不爲之數八尺曰尋蓺植也兩手曰拱數猶概也數音疏角反悠悠罔極亦各有得悠悠眾多也罔極猶無窮也亦各有得言皆自以爲得也彼採其華我收其實舍之則藏已所學也彼眾人也論語曰用之則行舍之則藏故進動以道則不辭執珪而秉柱國呂氏春秋曰得伍員者位執珪前書音義曰古爵名也又曰柱國楚官猶秦之相國也復靜以理集解惠棟曰乾鑿度地靜而理曰義言法地之靜藏而不仕也則甘糟糠而安藜藿夫君子非不欲仕也恥夸毗以求舉夸毗謂佞人足恭善爲進退非不欲室也惡登牆而摟處孟子曰踰東家牆摟其處子則得妻不摟則不得將摟之乎趙岐注云摟牽也其字從手處子處女也叫呼衒鬻集解惠棟曰說文衒行而賣也俗作衒縣旌自表非隨和之寶也暴智燿世因以干祿非仲尼之道也華嶠書曰因字作同同邪也集

解何焯曰詩干祿不回作因非也游不倫黨苟以狥已倫謂等倫黨謂朋黨狥營也言交非其類苟以營己而已汗血競時利合而友汗血謂勞力也競時謂趨時也利合而友不以道義子笑我之沈滯吾亦病子屑屑而不已也屑屑猶區區也集解錢大昕曰案王艮傳往來屑屑不憚煩也注引方言云屑屑不安也二注互異當以彼注爲是錢大昭曰屑說詳前書王莽傳注非黃山曰莽傳晨夜屑屑顏注屑屑猶切切動作之意案對沈滯言自以訓動作爲長說文屑動作切切也又顏所本先人有則而我弗虧行有枉徑而我非隨枉曲也徑道也臧否在予唯世所議固將因天質之自然誦上哲之高訓詠太平之清風行天下之至順懼吾躬之穢德勤百畝之不耘尚書曰穢德彰聞禮記曰夫人情者聖王之田也修禮以耕之陳義以種之講學以耨之古者夫田百畝耘除草也集解黃山曰穢德謂蕪穢其德乃對下不耘言前書東方朔傳贊穢德似隱義同非穢惡之德縶余馬以安行俟性命之所存安行不奔馳也天命之謂性言隱居以體命昔孔子起威於谷口解見陳禪傳晏嬰發勇於崔杼解見馮衍傳曹劌舉節於柯盟曹劌曹沫也史記曰曹沫以勇事魯莊公爲魯將與齊戰三敗莊公懼乃獻遂邑地以和猶以爲將齊桓公與莊公會于柯盟桓公與莊公既盟於壇上曹沫以匕首劫齊桓公左右莫敢動乃還魯之侵地卞嚴克捷於彊禦新序曰卞莊子養母戰而三北交游非之國君辱之及母死三年齊與魯戰莊子請從遂赴敵而鬬三獲甲首曰夫三北以養母也今志節小具而責塞矣吾聞之節士不以辱生遂反敵殺十人而死君子曰三北已塞滅世斷宗於孝未終也范蠡錯埶於會稽錯置也音七故反埶謂畧也史記曰吳王敗越於夫椒越王乃以餘兵五千人保於會稽吳師追而圍之越王謂范蠡曰奈何范蠡對曰卑辭厚禮以遺之句踐乃命大夫種行成於吳膝行頓首曰句踐請爲臣妻爲妾吳王乃赦越王越王反國拊循其士范蠡曰可矣乃伐吳吳師敗越復棲吳王姑蘇之山也集解先謙曰注遺官本作遺伍員樹功於柏舉伍子胥名員楚人也子胥父誅於楚子胥挾弓矢而干吳王闔閭闔閭甚勇之爲興師伐楚戰於柏舉楚師敗績事見穀梁傳魯連辯言以退燕史記曰魯仲連齊人也燕將攻下齊聊城固保守之田單攻之不下魯仲連乃爲書遺燕將燕將見書泣三日乃自殺遂平聊城包胥單辭而存楚左傳曰楚昭王爲吳所敗奔隨申包胥如秦乞師曰吳爲封豕長蛇以荐食上國寡君越在草莽使下臣告急立依於庭牆而哭日夜不絕聲勺飲不入口七日秦師乃出軍敗吳復楚國集解先謙曰注隨官本誤隋又敗吳下有而字唐且華顛以悟秦唐且唐雎也戰國策曰齊楚伐魏魏使人求救於秦不至魏人有唐雎者年九十餘矣西見秦王秦王曰丈人忙然乃遠至此魏之來者數矣寡人知魏之急矣唐且曰夫魏萬乘之國也稱東藩者以秦之彊也今齊楚之兵已在魏郊矣大王之救不至

魏急且割地而約從是王亡一萬乘之魏而強二敵之齊楚秦王悟遽發兵救魏爾雅曰顛頂也華顛謂白首也集解惠棟曰華顛見墨子黃山曰墨子修身篇華髮墮顛而猶弗舍者其爲聖人乎先謙曰注至此官本無此字甘羅童牙而報趙甘羅下蔡人甘茂孫也年十二事秦相呂不韋秦使張唐往相燕羅曰借臣車五乘請爲張唐先報趙不韋乃言之於始皇召見使甘羅於趙趙襄王郊迎事見史記童牙謂幼小也原衰見廉於壺飧昔趙衰爲原大夫故曰原衰左傳曰晉侯問原守於寺人勃鞮對曰昔趙衰以壺飧從徑餒而不食故使處原見音胡殿反集解先謙曰注胡誤官本作故宣孟收德於束脯呂覽曰昔趙宣孟將之絳見桑下有餓人宣孟止車下食而餔之再咽而能視宣孟問之曰汝何爲而餓若是對曰臣宦於絳歸而糧絕羞行乞故至於此宣子與脯二朐拜受而弗敢食問其故曰臣有老母將以遺之宣孟曰食之吾更與汝乃復與脯二束吳札結信於丘木史記曰吳公子季札使過徐徐君好季札劍口不敢言季札知之爲使上國未獻泊還至徐徐君已死於是乃解其寶劍繫之徐君家樹而去展季效貞於門女展季柳下惠也韓詩外傳曰魯有男子獨處夜暴風雨至婦人趨而託之男子閉戶不納曰吾聞男女不六十不聞居婦人曰子何不學柳下惠然嫗不逮門之女國人不稱其亂焉集解先謙曰注聞居官本作閒居顏回明仁於度轂程嬰顯義於趙武程嬰解見馮衍傳度轂未詳僕誠不能編德於數者竊慕古人之所序元和中肅

宗始修古禮巡狩方嶽駰上四巡頌以稱漢德辭甚典美文多故不載案駰集有東西南北四巡頌流俗本四多作西者誤〔集解〕侯康曰駰上四巡頌表曰臣聞陽氣發而鶬鶊鳴秋風厲而蟋蟀吟氣之動也唐虞之世樵夫牧豎擊轅中韶感于和也臣不知手足之動音聲敢獻頌云黃山曰侯引出駰集案御覽九百四十九引袁山松後漢書載崔駰上書曰竊聞春陽發而倉庚鳴秋風厲而蟋蟀鳴蓋氣使之然也與集少異帝雅好文章自見駰頌後常嗟歎之謂侍中竇憲曰卿寧知崔駰乎對曰班固數爲臣說之然未見也帝曰公愛班固而忽崔駰此葉公之好龍也試請見之劉向新序曰子張見魯哀公七日哀公不禮焉而去曰君之好士有似葉公子高好龍天龍聞而降之窺頭於牖拖尾於堂葉公見之失其魂魄五色無主是葉公非好龍也好夫似龍而非龍者駰由此候憲憲屣履迎門屣履謂納履曳之而行言怱遽也屣音山爾反笑謂駰曰亭伯吾受詔交公公何得薄哉遂揖入爲上客居無幾何帝幸憲第時駰適在憲所帝聞而欲召見之憲諫以爲不宜與白衣會〔集解〕惠棟曰白衣猶白徒也義見高誘呂覽注帝悟曰吾能令駰朝夕在傍何必於此適欲官之會帝崩竇太后臨朝

憲以重戚出內詔命駰獻書誡之曰駰聞交淺而言深者愚也在賤而望貴者惑也未信而納忠者謗也三者皆所不宜而或蹈之者思効其區區憤盈而不能已也竊見足下體淸淑之姿躬高明之量意美志厲有上賢之風駰幸得充下館列後陳陳列也〔集解〕惠棟曰駰集載駰與憲牋曰駰幸得充下館序在眾賢後塵與此異也先謙曰列後陳官本列作序是以竭其拳拳敢進一言傳曰生而富者驕生而貴者傲生富貴而能不驕傲者未之有也今寵祿初隆百僚觀行當堯舜之盛世處光華之顯時尚書大傳曰舜時百工相和爲卿雲之歌曰卿雲爛兮禮漫漫兮日月光華旦復旦兮〔集解〕錢大昭曰注禮漫漫兮禮當作糺先謙曰官本注禮作糺豈可不庶幾夙夜以永眾譽〔集解〕惠棟曰眾音終古字通錢大昕曰古音眾如終春秋傳眾父卒釋文音終作終非殿本改黃山曰儀禮士相見禮眾皆若是鄭注今文眾爲終則古文作終者今文亦必爲眾矣禮記中庸引此詩而釋之曰有譽於天下明是眾義蓋本齊詩字仍作終者疑後人據毛詩改之弘申伯之美致周邵之事乎申伯周宣王之元舅周公邵公皆輔佐周室也語曰不患無位患所以立論語曰孔子之言也言但患立身不處於仁義也昔馮野王以外戚居位稱爲賢臣前書曰馮野王字君卿妹爲元帝昭儀野王爲左馮翊御史大夫缺上使尚書選第中二千石而野王行能第一近陰衛尉克己復禮終受多福陰衛尉光烈皇后同母弟興也以謹敕親幸焉郯氏之宗非不尊也史丹封郯故云郯氏前書史丹字君仲魯國人也祖父恭有女弟武帝時爲衛太子良娣成帝即位擢丹爲長樂衛尉遷右將軍封爲武陽侯封東海郯之武彊聚以舊恩見褒賞賜累千金陽侯之族非不盛也〔集解〕劉攽曰案文侯當作平王鳳封陽平侯前書亦謂爲陽平之王也黃山曰鳳乃嗣侯始封陽平者鳳父頃侯禁也重侯累將建天樞執斗柄王氏九侯五大司馬春秋運斗樞曰北斗七星第一名天樞第二至第四爲魁第五至第七爲杓杓即柄前書斗運中央制臨四海其所以獲譏於時垂愆於後者何也蓋在滿而不挹〔集解〕黃山曰朱浮傳屢有降挹之言賢注挹損也位有餘而仁不足也漢興以後迄於哀平外家二十保族全身四人而已外家當爲后家也二十者謂高帝呂后產祿謀反誅惠帝張皇后廢文帝母薄太后弟昭被殺孝文帝竇皇后從昆弟子嬰誅景帝薄皇后廢武帝陳皇后並廢衛皇后自殺昭帝上官皇后家族誅宣帝祖母史良娣爲巫蠱死宣帝母王夫人弟子商下獄死霍皇后家破元帝王皇后弟王莽篡位成帝許皇后賜死趙皇后廢自殺哀帝祖母傅太后家屬徙合浦平帝母衛姬

家屬誅昭帝趙太后憂死是也四人者哀帝母丁姬景帝王皇后宣帝許皇后王皇后其家族並全書曰鑒于有殷可不慎哉竇氏之興肇自孝文二君以淸淑守道成名先日竇太后之弟長君少君退讓君子不敢以富貴驕人故云淸淑守道也安豐以佐命著德顯自中興竇融封爲安豐侯內以忠誠自固外以法度自守卒享祚國垂祉於今夫謙德之光周易所美滿溢之位道家所戒易曰謙尊而光卑而不可踰老子曰富貴而驕自遺其咎功成名遂而身退天之道也故君子福大而愈懼爵隆而益恭遠察近覽俯仰有則銘諸几杖刻諸盤杅太公金匱曰武王曰吾欲造起居之誡隨之以身几之書曰安無忘危存無忘亡孰惟二者必後無凶杖之書曰輔人無苟扶人無容墨子曰堯舜禹湯書其事於竹帛琢之盤盂杅亦盂也〔集解〕錢大昭曰扶人無容容當作咎先謙曰官本注容作咎兢兢業業〔集解〕先謙曰官本兢兢作矜矜無怠無荒如此則百福是荷慶流無窮矣及憲爲車騎將軍辟駰爲掾憲府貴重掾屬三十人皆故刺史二千石惟駰以處士年少擢在其間憲擅權驕恣駰數諫之及出擊匈奴道路愈多不法駰爲主簿前後奏記

數十集解惠棟曰駰集與憲牋曰主簿崔駰言今旦漢陽太守稜史卒數十人皆臂鷹牽狗陳于道側云欲上幕府駰聞傳曰禽獸之皮不足以備器用其肉不可以將獻養則公不舉焉禮公侯非兕麋射且以服猛爲民除害因以登臨器械也故晉唐叔射兕于徒林以爲大甲夫鷹犬所獲不過雉兔而有歷險阻之難斯乃細人匹夫之事非王公大人所爲要貴也又與憲牋曰駰幸得充下館序在衆賢後塵是以極其倦倦敢進一言指切長短，憲不能容，稍疏之。因察駰高第，出爲長岑長。長岑縣屬樂浪郡其地在遼東駰自以遠去，不得意，遂不之官而歸。永元四年，卒于家。所著詩、賦、銘、頌、書、記、表、七依、集解侯康曰曹子建七啟序曰昔枚乘作七發傅毅作七激張衡作七辯崔駰作七依辭各美麗文心雕龍崔駰七依入博雅之巧御覽五百九十引傅元七謨序曰七依卓轢一致婚禮結言、集解惠棟曰鄭仲師有婚禮謁文駰因之作結言蓋納徵問名之辭也侯康曰藝文類聚四十引崔駰婚禮結言曰乾坤其德恒久不已爰定天經夫婦作始乃降英媛有淑其儀姬姜是侔比則姚媯載納嘉贄申結縈褵達旨、酒警合二十一篇。集解惠棟曰經籍志駰集十卷中子瑗。

瑗字子玉，集解惠棟曰世說駰有文才不具縣令往造之駰子瑗年九歲書門曰雖無干木君非文侯何爲光光入我里問令見之問駰曰必兒所書召瑗使書乃書曰君使臣以禮臣事君以忠早孤，銳志好學，盡能傳其父

業。年十八，至京師，從侍中賈逵質正大義，逵善待之，瑗因留游學，遂明天官、歷數、京房易傳、六日七分。解見郎顗傳諸儒宗之。與扶風馬融、南陽張衡篤相友好。集解先謙曰官本篤作特初，瑗兄章爲州人所殺，瑗手刃報仇，因亡命。會赦，歸家。家貧，兄弟同居數十年，鄉邑化之。年四十餘，始爲郡吏，以事繫東郡發干獄。發干縣之獄也獄掾善爲禮，瑗閒考訊時，輒問以禮說。其專心好學，雖顛沛必於是。後事釋歸家，爲度遼將軍鄧遵所辟。集解惠棟曰遵爲太后從弟以功封武陽侯居無何，遵被誅，瑗免歸。後復辟車騎將軍閻顯府。時閻太后稱制，顯入參政事。先是，安帝廢太子爲濟陰王，而以北鄉侯爲嗣。瑗以侯立不以正，知顯將敗，欲說令廢立，集解通鑑胡注說式芮反下同而顯日沈醉，不能得見。乃謂長史陳禪曰：「中常侍江京、陳達等，得以嬖寵惑蠱先帝，集解先謙曰官本無得字遂使廢黜正統，扶立疎孽。少帝即位，發病廟中，周勃之徵，以斯復見。呂后立惠帝後宮子爲少帝周勃廢之也集解先謙曰以斯官本作於斯是今欲與長史君共求見，說將軍白太后，收京等，廢少帝，引立濟陰王，必上當天心，下合人望。伊、霍之功，不下席而立，則將軍兄弟傳祚於無窮。若拒違天意，久曠神器，則將以無罪并辜元惡。元大也書曰元惡大憝此所謂禍福之會，分功之時。」史記蔡澤說范睢曰君獨不觀夫博者乎或欲大投或欲分功今君相秦坐制諸侯使天下皆畏秦此亦秦分功之時也禪猶豫未敢從。會北鄉侯薨，孫程立濟陰王，是爲順帝。閻顯兄弟悉伏誅，瑗坐被斥。門生蘇祇具知瑗謀，欲上書言狀，瑗聞而遽止之。時陳禪爲司隸校尉，召瑗謂曰：「第聽祇上書，禪請爲之證。」第但也司馬相如曰第如臨邛集解先謙曰官本第均作弟通鑑胡注弟讀如第知宋本原作弟黃山云前書司馬相如傳文君久之不樂謂長卿曰第俱如臨邛注相如下當有傳字前書弟仍作第亦後人誤改瑗曰：「此譬猶兒妾屏語耳，願使君勿復出口。」遂辭歸，不復應州郡命。久之，大將軍梁商初開莫府，復首辟瑗。自以再爲貴戚吏，不遇被斥，遂以疾固辭。歲中舉茂才，

遷汲令。汲縣名屬河內在事數言便宜，爲人開稻田數百頃。視事七年，百姓歌之。集解惠棟曰崔鴻崔氏家傳瑗爲汲令有澤田不殖五穀瑗爲開渠瀆與造稻田萑蒲之利更爲沃壤民賴其利長老歌之曰上天降神君錫我慈仁父臨民布德澤恩惠施以序穿溝廣灌溉決渠作甘雨漢安初，大司農胡廣、少府竇章共薦瑗宿德大儒，從政有迹，不宜久在下位，由此遷濟北相。時李固爲太山太守，美瑗文雅，奉書禮致殷勤。歲餘，光祿大夫杜喬爲八使，徇行郡國，八使見周舉傳以臧罪奏瑗，徵詣廷尉。瑗上書自訟，得理出。會病卒，集解惠棟曰書斷子玉以順帝漢安二年卒年六十六。臨終，顧命子寔曰：「夫人稟天地之氣以生，及其終也，歸精於天，還骨於地。何地不可藏形骸，勿歸鄉里。其賵贈之物，羊豕之奠，一不得受。」寔奉遺令，遂留葬洛陽。瑗高於文辭，尤善爲書、記、箴、銘，所著賦、碑、銘、箴、頌、七蘇、瑗集載其文即枚乘七發之流集解惠棟曰一作七厲見文心雕龍侯康曰案文心雕龍云崔瑗七厲植義純正又云七厲敘賢歸以儒道雖文非拔羣而意實卓爾矣則厲乃厲之誤又傅元七謨序稱馬季長作七厲恐誤以季長爲瑗則瑗

所著仍從傳作七蘇爲是南陽文學官志歎辭移社文悔祈草書蓺七言凡五十七篇集解惠棟曰經籍志梁有崔瑗集五卷其南陽文學官志稱於後世集解惠棟曰劉勰云崔瑗文學蔡邕樊渠竝致美于序而簡約乎篇諸能爲文者皆自以弗及瑗愛士好賓客盛修肴膳單極滋味不問餘產居常蔬食菜羹而已家無擔石儲當世淸之華嶠書曰瑗愛士好賓客盛修肴膳或言其太奢瑗聞之怒敕妻子曰吾并日而食以供賓客而反以獲譏士大夫不足養如此後勿過菜具無爲諸子所耑終不能改奉祿盡於賓饗也

寔集解先謙曰寔官本皆作實字子眞一名台字元始少沈靜好典籍父卒隱居墓側服竟三公竝辟皆不就集解侯康曰藝文類聚二十五引崔寔荅譏曰客有譏夫人之享天爵而應睿哲也必將振民毓德弭難濟時故或階滕以納說或桎梏而不辭或擊角以自衒或養老以待期及其規合策從勳績克章撥亂夷險九台一匡聖人大寶唯斯爲光今子遊精太淸潛思九玄勵節摽霄抗志浮雲口顧甘而嘗若身樂逸而長勤志求貴而永卑情好富而困貧慕容名而失厚思慮勞乎形神荅曰子徒休彼繡衣不知嘉遁之獨肥也且麟隱於遐荒不紆機穽之路鳳凰翔於寥廓故節高而可慕李斯奮激果失其度胥種遂功身乃無處觀夫人之進趨也不揣己而干祿不揆時而要會或遭否而不遇或志小而謀大纖芒毫末禍亟無外榮速激電辱必爾世故曰愛餌銜鉤悔在鸞刀披文食豢乃啟其毛若夫守恬履靜澹爾無求沈縟濬壑棲息高邱雖無炎炎之樂亦無灼灼之憂余竊嘉茲庶遵厥休黃山曰荅譏本傳但曰荅文心雕龍雜文篇謂之客譏云崔寔客譏整而微質黃叔琳疑當作荅譏是也惟其門客注引本傳誤以爲荅時人譏其酤釀販鬻當由未見本文桓帝初詔公卿郡國舉至孝獨行之士寔以郡舉徵詣公車病不對策除爲郎明於政體吏才有餘論當世便事數十條名曰政論集解惠棟曰經籍志政論六卷指切時要言辯而确确堅正也音曰角反集解先謙曰注曰角誤官本曰作口當世稱之仲長統曰凡爲人主宜寫一通置之坐側其辭曰自堯舜之帝集解先謙曰官本自字提行湯武之王皆賴明哲之佐博物之臣故皋陶陳謨而唐虞以興伊箕作訓而殷周用隆伊尹作伊訓箕子作洪範集解惠棟曰伊訓尚書逸篇也在孔氏十六篇中漢劉歆鄭玄皆嘗引之非今所有伊訓也及繼體之君欲立中興之功者曷嘗不賴賢哲之謀乎凡天下所不理者常由人主承平日久俗漸敝而不悟政寖衰而不改習亂安危怢不自覩怢音他沒反怢忽忘也或

荒耽嗜欲不恤萬機或耳蔽箴誨厭僞忽眞厭飫姦僞輕忽至眞或猶豫歧路莫適所從或見信之佐括囊守祿易曰括囊無咎無譽括結也結囊不言持祿而已或疏遠之臣言以賤廢是以王綱縱弛於上智士鬱伊於下鬱伊不申之貌楚詞曰獨鬱伊而誰語也悲夫自漢興以來三百五十餘歲矣政令垢翫上下怠懈垢惡也風俗彫敝人庶巧僞百姓囂然咸復思中興之救矣且濟時拯世之術豈必體堯蹈舜然後乃理哉期於補綻決壞枝柱邪傾綻音直莧反禮記曰衣裳綻裂紉箴請補綴注音陟主反集解惠棟曰古樂府故衣誰當補新衣誰當綻補綻漢時語隨形裁割要措斯世於安甯之域而已故聖人執權遭時定智權謂變也遭遇其時而定法制不循於舊也步驟之差各有云設不彊人以不能背急切而慕所聞也背當時之急切而慕所聞之事則非濟時之要蓋孔子對葉公以來遠哀公以臨人景公以節禮非其不同所急異務也韓子曰葉公問政於仲尼仲尼曰政在悅近而來遠魯哀公問政於仲尼仲尼曰政在選賢齊景公問政於仲尼仲尼曰政在節財此云臨人節禮文不同也集解惠棟曰韓書武帝元朔六年詔與此畧同彼書以節禮爲節用當從之又以葉公爲定公與韓非子異或別有據也黃山曰此節韓非而外又見尚書大傳畧說及說苑政理文各小異倪近皆作附近選賢畧說作論臣與武帝詔合政理則作論臣而作葉公作節用皆與韓非同是以受命之君每輒創制中興之主亦匡時失昔盤庚愍殷遷都易民盤庚殷王也自耿遷於亳邑作書三篇以告之周穆有闕甫侯正刑甫侯即呂侯也爲周穆王訓暢夏禹用刑之法竝見尚書集解惠棟曰說見王符潛夫論俗人拘文牽古不達權制奇偉所聞簡忽所見烏可與論國家之大事哉故言事者雖合聖德輒見掎奪掎音居蟻反賈逵注國語曰從後牽曰掎何者其頑士闇於時權安習所見不知樂成況可慮始前書劉歆曰夫可與樂成難與慮始此乃衆庶所爲耳苟云率由舊章而已其達者或矜名妒能恥策非己舞筆奮辭以破其義寡不勝衆遂有擯棄雖稷契復存猶將困焉斯賈生之所以排於絳灌屈子之所以慮其幽憤者也孝文帝時賈誼請更定律令列侯就國周勃灌嬰等毀之屈原爲楚三閭大夫上官靳尙妒害其能憂愁憤懣遂作離騷經集解錢大昭曰慮當作攄先謙曰官本慮作攄夫以文帝之明賈生之

賢絳灌之忠而有此患況其餘哉故宜量力度德春秋之義左氏傳曰息侯伐鄭不度德不量力集解劉攽曰故宜量力度德案文多故宜二字下文自有用故宜字處今既不能純法八世故宜參以霸政八世謂三王五帝也霸政謂齊桓晉文也集解惠棟曰文選注引作八代前書元帝紀帝見宣帝以刑名繩下常從容言陛下持刑太深宜用儒生宣帝作色曰漢家自有制度本以霸王道雜之奈何純任德教用周政乎棟案嚴刑峻法事不可久孝宣不得不變爲元成者勢使然也實謂孝宣之業壞于元帝是也謂優于孝文竊謂未然則宜重賞深罰以御之明著法術以檢之自非上德嚴之則理寬之則亂何以明其然也近孝宣皇帝明於君人之道審於爲政之理故嚴刑峻法破姦軌之膽海內清肅天下密如密靜也薦勳祖廟享號中宗算計見效優於孝文元帝即位多行寬政卒以墮損墮讀曰隳威權始奪遂爲漢室基禍之主政道得失於斯可監昔孔子作春秋褒齊桓懿晉文歎管仲之功夫豈不美文武之道哉誠達權救敝之理也左傳齊桓公伐楚責以包茅不貢王祭不供晉文公召王盟諸侯於踐土管仲相公子糾而射桓公此亦權變之道也集解王會汾曰注管仲相公子糾而射桓公案文當云管仲背公子糾而相桓公乃合黃山曰原注射桓公句下當有卒乃相桓公句故聖人能與世推移而俗士苦不知變楚詞漁父曰聖人不凝滯於物而與時推移也以爲結繩之約可復理亂秦之緒干戚之舞足以解平城之圍易曰上古結繩而化後世聖人易之以書契干盾也戚鉞也尚書曰苗人逆命禹乃舞干羽於兩階七旬有苗格前書高祖被匈奴圍於平城用陳平計得解言干戚之舞非平城之所用也夫熊經鳥伸雖延歷之術非傷寒之理呼吸吐納雖度紀之道非續骨之膏莊子曰吹噓呼吸吐故納新熊經鳥伸此導引之士養形之人也黃帝素問曰人傷於寒而轉爲熱何也夫寒盛則生於熱也度紀猶延年也言鳥伸不可療傷寒吸氣不能續斷骨也蓋爲國之法有似理身平則致養疾則攻焉夫刑罰者治亂之藥石也德教者興平之粱肉也夫以德教除殘是以粱肉理疾也以刑罰理平是以藥石供養也方今承百王之敝值尼運之會自數世以來政多恩貸馭委其轡馬駘其銜四牡橫奔皇路險傾家語曰古者天子以德法爲銜勒以百官爲轡策善御馬者正銜勒齊轡策鈞馬力和馬心故口無聲而

極千里善御人者一其德法正其百官均齊人物和安人心故刑不用而天下化也說文曰駘馬銜脫也音達來反皇路大路也集解先謙曰注而天下化也宜本無也字方將拑勒鞮鞥以救之豈暇鳴和鑾清節奏哉何休注公羊傳曰拑以木銜其口也拑音巨炎反勒馬轡鞥車鞮鞥猶束也說苑曰鑾設於鑣和設於軾馬動則鑾鳴鑾鳴則和應節也集解惠棟曰公羊傳子反曰柑馬而秣之字本從木不從手先謙曰官本拑均作柑昔高祖令蕭何作九章之律有夷三族之令黥劓斬趾斷舌梟首故謂之具五刑文帝雖除肉刑當劓者笞三百當斬左趾者笞五百當斬右趾者棄市右趾者既殞其命笞撻者往往至死雖有輕刑之名其實殺也當此之時民皆思復肉刑至景帝元年乃下詔曰加笞與重罪無異幸而不死不可爲民乃定律減笞輕捶自是之後笞者得全此以上並見前書刑法志以此言之文帝乃重刑非輕之也以嚴致平非以寬致平也必欲行若言當大定其本使人主師五帝而式三王式法也盪亡秦之俗遵先聖之風棄苟全之政蹈稽古之蹤復五等之爵立井田之制畝百爲夫九夫爲井然後選稷契爲佐伊呂爲輔樂作而鳳皇儀擊石而百獸舞尚書曰簫韶九成鳳皇來儀又夔曰於余擊石拊石百獸率舞若不然則多爲累而已其後辟太尉袁湯大將軍梁冀府集解黃山曰湯袁安之孫紹之祖父字仲和建和三年爲太尉竝不應大司農羊傅少府何豹集解惠棟曰豹何休父上書薦寔才美能高宜在朝廷召拜議郎遷大將軍冀司馬與邊韶延篤等著作東觀出爲五原太守五原土宜麻枲而俗不知織績民冬月無衣積細草而臥其中見吏則衣草而出寔至官斥賣儲峙爲作紡績織紝練縕之具以教之民得以免寒苦杜預注左傳曰織紝織布者孔安國論語注曰縕枲也集解惠棟曰寔政論云賣儲峙得二十餘萬詣雁門廣武迎織師使巧手作機乃紡以教民織具以上聞是時胡虜連入雲中朔方殺略吏民一歲至九奔命寔整厲士馬嚴烽候虜不敢犯常爲邊最最爲第一以病徵拜議郎復與諸儒博士共雜定五經會梁冀誅寔以故吏免官禁錮數年時鮮卑數犯邊詔三公舉

威武謀略之士司空黃瓊薦寔拜遼東太守行道母劉氏病卒上疏求歸葬行喪母有母儀淑德博覽書傳初寔在五原常訓以臨民之政寔之善績母有其助焉〔集解〕侯康曰蔡中郎集有濟北相崔君夫人誄即寔母也文云仰覽篇籍俯釐絲枲多才多藝于何不有又云堂堂其胥爲世之良于其令母受茲義方訓以柔和董以嚴剛怒不傷愛喜不亂莊納之軌度終然允臧服竟召拜尚書寔以世方阻亂稱疾不視事數月免歸初寔父卒剽賣田宅起冢塋立碑頌廣雅曰剽削也音匹妙反一作標葬訖資產竭盡因窮困以酤釀販鬻爲業時人多以此譏之寔終不改亦取足而已不致盈餘及仕宦〔集解〕劉攽曰文宦當作官王會汾曰古書中言仕宦者甚多仕官不成文理此傳寫互誤儀及注宦字當本作官劉注官當本爲宦歷位邊郡而愈貧薄建寧中病卒〔集解〕惠棟曰世系云寔生皓皓生質質生讚家徒四壁立無以殯斂光祿勳楊賜太僕袁逢少府段熲爲備棺槨葬具大鴻臚袁隗樹碑頌德所著碑論箴銘答七言詞文表記書凡十五篇〔集解〕惠棟曰經籍志梁崔寔集二卷錄一卷寔從兄烈〔集解〕惠棟曰摯虞文章志烈字威考駰之孫瑗之兄子世系云駰子盤生烈案博陵大守孔彪碑陰有司徒掾博陵崔烈字威考也有重名於北州歷位郡守九卿靈帝時開鴻都門榜賣官爵公卿州郡下至黃綬各有差其富者則先入錢貧者到官而後倍輸或因常侍阿保別自通達阿保謂傳母也是時段熲樊陵張溫等雖有功勤名譽然皆先輸貨財而後登公位〔集解〕惠棟曰案項峻始學篇張濟亦以財得三公烈時因傅母入錢五百萬得爲司徒〔集解〕惠棟曰九州春秋烈時爲廷尉及拜日天子臨軒百寮畢會帝顧謂親倖者曰悔不小靳可至千萬靳固惜之也靳或作鄢說文曰鄢引爲價也音一建反〔集解〕黃山曰說文鄢南郡縣傿引爲賈也前書地理志陳留郡傿應劭注鄭伯克段於鄢是也穎川郡傿陵李奇曰六國爲安陵戰國策安陵君受地于先王說苑引作鄢陵君是鄢可通傿之證惟注據說文用傿本義不當作鄢耳先謙曰官本注鄢均作傿程夫人於傍應曰崔公冀州名士豈肯買官賴我得是反不知姝邪姝美也言反不知斯事之美也或作株根本也〔集解〕先謙曰官本注株下另有株字烈於是聲譽衰減〔集解〕惠棟曰蠡思云漢時諺曰問誰毀之小人譽之女子與小人一也棟案此語見高誘呂覽注久之不自安從容問其子鈞曰〔集解〕惠棟曰世系云鈞字州平司馬彪九州春秋曰鈞字元平案崔氏譜州平爲鈞之弟世系誤也吾居三公於議者何如鈞曰大人少有英稱歷位卿守論者不謂不當爲三公而今登其位天下失望烈曰何爲然也鈞曰論者嫌其銅臭烈怒舉杖擊之鈞時爲虎賁中郎將服武弁戴鶡尾狼狽而走烈罵曰死卒父撾而走孝乎以其武官故罵爲卒或作孔卒者誤也鈞曰舜之事父小杖則受大杖則走非不孝也家語曰曾子耘瓜誤傷其根曾晳怒建大杖以擊其首曾子仆地不知人有頃乃蘇孔子聞之怒謂門弟子曰參來勿內也昔瞽叟有子曰舜瞽叟欲使之未嘗不往則欲殺之未嘗可得小箠則待大杖則逃不陷父於不義也烈慚而止〔集解〕惠棟曰九州春秋鈞曰舜之事父小杖則受大杖則走不陷父于不義也烈曰爾以吾爲瞽叟邪烈後拜太尉〔集解〕惠棟曰摯虞文章志烈自司徒遷太尉封陽平亭侯周書昌曰烈以中平四年四月拜太尉十一月罷其在太尉位不過八月鈞少交結英豪有名稱爲西河太守獻帝初鈞與袁紹俱起兵山東董卓以是收烈付郿獄錮之鋃鐺鐵鎖說文曰鋃鐺鎖也前書曰人犯鑄錢以鐵鎖鋃鐺其頸鋃音郎鐺音當〔集解〕惠棟曰顏之推云鋃鐺大鏁也錢大昭曰鋃鐺古作琅當西域傳後軍候趙德使罽賓國與陰末赴相失陰末赴鎖琅當德又王莽傳以鐵鎖琅當其頸傳詣鍾宮師古曰琅當長鎖也卓既誅拜烈城門校尉及李傕入長安爲亂兵所殺〔集解〕惠棟曰梁祚魏國統曰州平兄元平爲議郎以忠直稱董卓之亂烈爲卓兵所害元平常思有報復之心會病卒黃山曰獻紀書城門校尉崔烈越騎校尉王頎竝戰歿蓋因惡李傕而特予之烈有文才所著詩書教頌等凡四篇

論曰崔氏世有美才兼以沈淪典籍遂爲儒家文林〔集解〕惠棟曰案朱穆撰東觀記以崔篆等入儒林傳駰瑗雖先盡心於貴戚而能終之以居正則其歸旨異夫進趣者乎李固高潔之士也與瑗鄰郡奉贄以結好儀禮曰士相見之禮贄冬用雉夏用腒奉之曰某也欲見無由達腒乾腒音渠〔集解〕先謙曰注乾腒官本作乾雉由此知名〔集解〕先謙曰官本無名字杜喬之劾殆其過矣寔之政論言當世理亂雖鼂錯之徒不能過也

贊曰崔爲文宗世禪雕龍史記曰談天衍雕龍奭劉向別錄曰言騶奭修飾之文若雕龍文也禪謂相傳

授也建新恥潔摧志求容永矣長岑于遼之陰不有直道曷取泥沈
瑗不言祿亦離冤辱子眞持論感起昏俗

列傳第四十二終

後漢書集解卷五十二校補

崔駰傳吾聞伐國不問仁人注昔者魯君官本注者作在

郲文公不已一人易其身注孤之利矣官本注矣作也

用決吉凶多占驗官本多下有所字

過班倕而裁之注倕舜時爲共工之官官本注官或譌言

豈無熊僚之微介兮注不爲威揚官本注揚作惕是

揚蛾眉於復關兮注毛萇注曰官本注曰作云

竫潛思於至賾兮集解惠棟曰至亦當訓正案此條集解原在下句注賾深也之下

庶不忝乎先子集解錢大昕曰案崔宗仕莽顯貴至未爲有識也

案陳寵崔駰傳述其先世之美均涉矯飾范史不能正東觀之失疑亦有所嫌也然崔氏不諱仕莽篆亦僅一爲郡守不如發之巧佞逢惡固可推見中興被賢良之舉辭歸不仕亦足明其非汩於榮利者將何譏焉而陳咸事新莽傳同有可稽之迹陳氏乃引爲深諱猶用漢臘後世且沿爲美談則史之失誣貽誤爲尤甚矣

昔大庭尙矣赫胥罔識注大庭赫胥竝古帝王號也惠棟曰羅泌云大庭氏之膺籙也適有嘉瑞三辰曾煇五鳳異色都于曲阜故魯有大庭氏之庫昔者黃帝禱於大庭氏之館茲其所矣赫蘇氏是爲赫胥氏赫胥氏之治也尊民而重事出三入一愉悅如遺註云傳謂赫然之德爲人胥附而號之也柳從辰曰寰宇記赫胥氏在臨濟東故朝陽城內一里今章邱左傳杜注大庭氏古國名在魯城內魯於其庭作庫風俗通英賢傳大庭氏古天子後以爲姓見姓纂

厥趣合違官本合作各

或曰役夫發夢於王公注有凋水壞道官本注壞作環或曰漁父見兆於元龜集解惠棟曰案六弢及史記至又與今本同柳從辰曰御覽四百四引六弢文云非熊非羆非虎非狼天遺汝師以之佐昌則熊虎並見復出一狼反無龍彲與史記文初不相合

主有疇咨之憂注浩浩懷山襄陵官本注陵作林

銘昆吾之鼎注呂尙作周太史官本注史作師是

彼採其華注彼衆人也官本注彼字重文

汗血競時注汗官本文注均作汚

唐且華顛吕悟秦注魏使人求救於秦不至官本注求作請

帝雖好文章自見駰頌後常嗟歎之常官本亦作帝

語曰不患無位患所吕立注論語曰孔子之言也案文注論語下多一曰字

漢興吕後迄於哀平外家二十注元帝王皇后弟王莽篡位案王乃子之譌莽乃后弟曼子也各本皆未正

百姓歌之集解上天降神君柳從辰曰御覽三百六十八引崔氏家傳上天降神君作天降神明君

尤善爲書記箴銘柳從辰曰胡廣傳言楊雄官箴亡闕崔駰及子瑗劉駒駼增補十六篇今駰傳不言駰著箴御覽五百八十八有崔瑗敍箴云昔揚子雲讀春秋傳虞人箴而善之於是作爲九州及二十五官箴規匡救言君德之所宜斯乃體國之宗也文既不完亦莫識所補者何箴矣案世傳崔瑗侍中箴亦以爲胡廣作已詳胡廣傳集解至瑗有座右銘一首文選已錄

智士鬱伊於下注楚詞曰獨鬱伊而誰語也官本注獨鬱伊作獨伊蔚

因時定智官本智作制與注合

誠達權救敝之理也注此亦權變之道也官本注亦作並

夫熊經鳥伸至非續骨之膏注莊子曰吹噓呼吸官本注噓作呴

平則致養官本無致字

皇路險傾注皇路大路也官本注大作天

幸而不死不可爲民案前志本作不可爲人此轉改之失

所著碑論箴銘答七言詞文表記書凡十五篇官本詞作祠

父摑而走孝乎官本摑作摑同

後漢書五十三

周黃徐姜申屠列傳第四十三

宋　宣城太守范曄撰

唐　章懷太子賢注

王先謙集解

易曰君子之道或出或處或默或語上繫之辭也言賢哲所行其趣異也孔子稱蘧伯玉邦有道則仕邦無道則可卷而懷也論語蘧伯玉名瑗衞大夫也卷而懷謂不預時政不忤於人者也然用舍之端君子之所吕存其誠也誠實也孔子曰用之則行舍之則藏易曰閑邪存其誠故其行也則濡足蒙垢出身吕效時新序曰申屠狄非時將自投河崔嘉聞而止之曰吾聞聖人從事於天地之間人之父母也今爲濡足之故不救溺人乎及其止也則窮棲茹菽臧寶吕迷國爾雅曰啜茹也孫卿子曰君子啜菽飲水非愚也是節然也論語曰陽貨謂孔子曰懷其寶而迷其邦可謂仁乎集解惠棟曰石經論語避漢祖諱凡邦字皆作國如國君爲兩君之好何必去父母之國之類是也太原閔仲叔者謝承書曰閔貢字仲叔世稱節士雖周黨之潔清自吕弗及也黨見其含菽飲水遺吕生蒜受而不食黨與仲叔同郡亦貞介士也見逸人傳皇甫謐高士傳曰黨見仲叔食無菜遺之生蒜仲叔曰我欲省煩耳今更作煩邪受而不食建武中應司徒侯霸之辟既至霸不及政事徒勞苦而已勞其勤苦也勞音力到反仲叔恨曰始蒙嘉命且喜且懼今見明公喜懼皆去吕仲叔爲不足問邪不當辟也辟而不問是失人也遂辭出投劾而去案罪曰劾自投其劾狀而去也投猶下也今有投辭投牒之言也集解惠棟曰高士傳劾作檄復吕博士徵不至客居安邑老病家貧不能得肉日買猪肝一片屠者或不肯與安邑令聞敕吏常給焉仲叔怪而問之集解惠棟曰東觀記仲叔家貧不能得錢買肉安邑令候之問諸子何飯食對曰但食猪肝屠者或不肯與令出敕市吏後買輒得仲叔怪問其子道狀如此知乃歎曰閔仲叔豈吕口腹累安邑邪遂去客沛吕壽終仲叔同郡荀恁字君大恁音而甚反集解惠棟曰東觀記一作郇任云雁門人也袁宏紀作郇恁案前書有太原郇越郇相任疑越相後人師古曰郇音荀又音胡頑反今荀郇二姓並有之俱稱周武王後也錢大昕曰案劉平傳數薦達名士承宮郇恁等即此荀恁也說文無荀字當吕郇爲正恁父越見漢書鮑宣傳亦作郇少亦修清節資

財千萬父越卒悉散與九族集解沈銘彝曰前書載越散其先人訾千餘萬㠯分施九族州里合之此傳父子同志宜其俱不從新室也黃山曰前書鮑宣傳載太原郇越字臣仲郇相同族昆弟相爲莽太子四友而越不仕莽故班史稱其志節尤高恁與閔仲叔同郡而父名越故惠沈均疑恁即其後案潛夫論志姓氏荀息作郇息是荀郇本通作又漢因避宣帝諱荀卿改孫卿荀姓之不能無所避從可知隱居山澤㠯求厥志王莽末匈奴寇其本縣廣武廣武縣屬太原郡故城在今代州鴈門縣聞恁名節相約不入荀氏閭光武徵㠯病不至永平初東平王蒼爲驃騎將軍開東閣延賢俊辟而應焉集解惠棟曰東觀記辟任祭酒敬禮焉及後朝會顯宗戲之曰先帝徵君不至驃騎辟君而來何也對曰先帝秉德㠯惠下故臣可得不來驃騎執法㠯檢下檢猶察也故臣不敢不至集解惠棟曰東觀記載任對曰先帝秉德㠯惠下臣可㠯禮進退驃騎執法御臣臣懼法而至後月餘罷歸卒于家桓帝時安陽人魏桓字仲英亦數被徵其鄉人勸之行桓曰夫干祿求進所㠯行其志也今後宮千數其可損乎廄馬萬匹其可減乎左右悉權豪其可去乎皆對

曰不可桓乃慨然嘆曰使桓生行死歸於諸子何有哉若忤時強諫死而後歸於諸勸行者復何益也遂隱身不出若二三子可謂識去就之槩候時而處槩節也候時㠯居不失去就也夫然豈其枯槁苟而已哉集解惠棟曰二字出莊子黃山曰蘇秦形容枯槁見秦策屈原形容枯槁見漁父惟莊子刻意所云枯槁赴淵與此爲合蓋詭時審己㠯成其道焉詭違也亦若違時志存量已也集解錢大昕曰案中庸云君子之道費而隱鄭氏注言可隱之節也費猶佹也道不費則仕佹與詭同費本又作拂拂亦訓違此序云詭時審己以成其道郎記所謂君子之道費而隱也馮衍傳詭於眾意注亦訓詭爲違余故列其風流區而載之言其清潔之風各有條流故區別而紀之

周燮字彥祖汝南安城人決曹掾燕之後也燕見獨行篇周嘉傳集解先謙曰決官本同考證云監本作法王會汾云百官志太尉公府諸曹有法曹主郵驛科程有決曹主罪法郡太守下置諸曹掾史略如公府則法曹決曹並有之周嘉傳言燕於宣帝時爲郡決曹掾太守欲枉殺人燕諫不聽知監本作法曹者誤矣燮生而欽頤折頞醜狀駭人頤頷也欽頤曲頷也說文曰頞鼻莖也折亦曲也欽音巨凡反欽或作頷音同集解惠棟曰吳氏補遺蔡澤領頤師古曰頷曲頤也音欽仁傑案文選作頷頤韋昭云頷邱甚切案古語以曲爲欽至今猶然王得臣云巾作前詘者謂之欽巾釋名形體篇曰頞鞍也偃折如鞍也其母欲棄之其父不聽曰吾聞賢聖多有異貌伏羲牛首女媧蛇軀皋陶鳥喙孔子牛脣是聖賢異貌也又蔡澤亦頷頤蹙頞與我宗者乃此兒也於是養之始在髫鬌而知廉讓髫髮也禮記曰子生三月之末擇日翦髮爲鬌男角女羈否則男左女右鬌音徒果反十歲就學能通詩論及長專精禮易不讀非聖之書集解惠棟曰揚雄自序語不修賀問之好集解惠棟曰袁宏紀所與交游者不過數四人有先人草廬結于岡畔山脊曰岡下有陂田常肆勤㠯自給肆陳也集解錢大昕曰肆當爲肄字之譌非身所耕漁則不食也鄉黨宗族希得見者謝承書曰燮居家清處非法不言兄弟父子室家相待如賓鄉曲不善者皆從其教也舉孝廉賢良方正特徵皆㠯疾辭延光二年安帝㠯玄纁羔幣聘燮禮卿執羔董仲舒春秋繁露曰凡贄卿用羔羔有角而不用類仁者執之不鳴殺之不嗥類死義者羔飲其母必跪類知禮者故以爲贄及南陽馮良集解惠棟曰眞誥云良南陽冠軍人二郡各遣丞掾致禮宗族更勸之曰夫修德立行所㠯爲國自先世㠯來勳寵相承君獨何爲守東岡之陂乎燮曰吾既不能隱處巢穴追綺

季之跡綺季東園公夏黃公用里先生謂之四皓隱於商山見前書也集解惠棟曰董逌云姓書有綺里先生季其字也先謙曰注用里之用乃角字殘缺官本作角而猶顯然不遠父母之國斯固㠯滑泥揚波同其流矣滑混也楚詞何不滑其泥而揚其波滑音古沒反夫修道者度其時而動動而不時焉得亨乎亨通也書曰慮善以動動惟厥時集解惠棟曰左傳相時而動易彖傳動靜不失其時其道光明注引梅賾書東漢時無此書因自載到潁川陽城遣生送敬遂辭疾而歸送敬猶致謝也集解劉攽曰案文當云遣門生送敬良亦載病到近縣送禮而還送禮猶送其所致之禮也詔書告二郡歲㠯羊酒養病良字君郎集解惠棟曰袁宏紀良字君卿出於孤微少作縣吏年三十爲尉從佐從佐謂隨從而已不主案牘也奉檄迎督郵即路慨然恥在廝役廝賤也集解惠棟曰易旅瑣瑣斯其所取災注云斯賤之役黃山曰左氏哀二年傳人臣隸圉免杜注云斯役釋文斯如字又作廝說文斯析也詩曰斧以斯之前書陳餘傳有廝養卒蘇林注廝取薪者也是名從義起字本作斯廝乃後起字也然公羊宣十二年傳廝役扈養何注艾草爲防者曰廝汲水漿者曰役字之作廝由來久矣因壞車殺馬毀裂衣冠乃遁至犍爲從杜撫學集解惠棟曰眞誥云從師受詩傳禮易復學道術占候華陽國志云撫弟子南

陽馮良以道學徵聘妻子求索蹤迹斷絕後乃見草中有敗車死馬衣裳腐朽謂爲虎狼盜賊所害發喪制服積十許年【集解】惠棟曰眞誥云十五年乃還鄉里志行高整【集解】惠棟曰袁宏紀良雖處幽闇必自整頓非禮不動遇妻子如君臣鄉黨以爲儀表燮良年皆七十餘終【集解】惠棟曰眞誥云良年六十七乃弃世東渡入山

黃憲字叔度汝南愼陽人也在愼水之南因以名縣南陽有愼陽國而流俗書此或作順陽者誤【集解】黃山曰前書地理志汝南郡愼陽顏注愼本作滇音眞今猶有眞邸眞陽縣並作眞其音不改闞駰云永平五年失印更刻遂誤以水爲心注南陽有愼陽國案此愼字乃順之譌賢本因流俗之或作順陽處讀者誤以憲爲順陽國人而反疑汝南爲南陽之誤耳今郡國志南陽郡載順陽侯國故博山而前書地理志南陽郡博山班注侯國哀帝置故順陽是其明證如證俗作順陽之誤而更引一愼陽國於文義爲窒況兩志均無愼陽國名乎世貧賤【集解】惠棟曰魚豢典略云族出孤鄙父爲牛醫潁川荀淑至愼陽遇憲於逆旅逆旅客舍時年十四淑竦然異之揖與語移日不能去【集解】惠棟曰公羊傳二大夫相與踦閭而語移日然後相去謂憲曰子吾之師表也既而前至袁閎所一作閬【集解】陳景雲曰黃憲袁閬俱愼陽人故荀淑有子國顏子之語愼陽本侯國也若

汝陽袁閎與憲同郡異縣則作閎非矣黃山曰易林送至予邦予國猶言予邦耳不必定指侯國閬爲汝南郡功曹宜淑有此問陳以愼陽爲侯國是亦沿前注之譌也後漢有愼侯無愼陽侯愼亦汝南縣未及勞問逆曰子國有顏子甯識之乎顏子顏回也【集解】惠棟曰周斐汝南先賢傳憲黃中通理齊聖廣淵不矜名以詭時不抗行以矯俗闚其門者莫敢踐其庭睹其流者不敢測其深論者咸曰顏子復生乎漢之代矣閎曰見吾叔度邪是時同郡戴良【集解】惠棟曰良字叔鸞見逸民傳才高倨傲而見憲未嘗不正容及歸罔然若有失也其母問曰汝復從牛醫兒來邪對曰良不見叔度不自以爲不及既覩其人則瞻之在前忽焉在後論語顏回慕孔子之言也固難得而測矣同郡陳蕃周舉【集解】惠棟曰案世說及袁宏紀皆作周子居汝南先賢傳周乘字子居汝南安城人天資聰明高峙嶽立非陳仲舉黃叔度之儔則不交也爲太山太守甚有惠政常相謂曰時月之閒不見黃生則鄙吝之萌復存乎心吝貪也及蕃爲三公臨朝歎曰叔度若在吾不敢先佩印綬矣太守王龔在郡禮進賢達多所降致卒不能屈憲郭林宗少游汝南先過袁閎【集解】劉攽曰案袁閬字奉高閎字夏甫此下言奉高則閎當作閬也惠棟曰案汝南先賢傳袁宏字奉高一作閎黃山曰袁閬字奉高見王龔傳袁閎字夏甫見本傳古人字依名立說文閬門高也閎巷門也巷卽鄉之重文鄉里中道皆在邑中所共也夏中國之人也故閬字曰高閎字曰夏夏與閎宏又皆訓大也是則以奉高爲閎字自出周斐之誤合陳劉二說此傳閎皆當作閬惟後徐穉傳所載則確爲袁閎耳不宿而退進往從憲累日方還或以問林宗郭泰別傳曰時林宗過薛恭祖問曰聞足下見袁奉高車不停軌鑾不輟軛從叔度乃彌信宿也林宗曰奉高之器譬諸汎濫雖清而易挹奉高閬字也爾雅曰側出汎泉正出濫泉汎音範濫音檻【集解】惠棟曰氿俗作汎訛先謙曰官本汎作氿注範作軌黃山云郭太傳載此事汎作泛汎泛同義同爲孚梵切則音範不誤惟汎濫之濫乃盧瞰切不當音檻注既明據雅訓音檻自以作汎濫爲确錢大昭云此事又見郭林宗傳者乃俗本以注文雜入叅郭傳初太始至南州以下六十七字接上注入汝南則交黃叔度皆引謝承書文故展轉致誤也叔度汪汪若千頃陂【集解】惠棟曰千頃續漢書作萬頃澄之不清淆之不濁不可量也淆混也憲初舉孝廉【集解】惠棟曰杜元凱女誡憲與同郡周子居艾伯堅郅伯向封武典盛孔叔同爲太守李張所舉受服未行張死子居等遂駐行喪張妻于柩側下帷見之厲以宜行子居曰不有行者莫宣公不有居者莫邮居于是與伯堅卽日辭行封黃四人留隨柩居又辟公府友人勸其仕憲亦不拒之暫到

京師而還竟無所就年四十八終天下號曰徵君

論曰黃憲言論風旨無所傳聞然士君子見之者靡不服深遠去玼吝玼音此說文曰鮮色也據此文當爲疵作玼者古字通也【集解】惠棟曰鄭玄引云莫不深服遠去疵吝將以道周性全無德而稱乎道周備性全一無德而稱言其德大無能名焉余曾祖穆侯晉書曰范汪字玄平安北將軍謚曰穆侯汪生甯甯生泰泰生曄【集解】錢大昕曰案范甯撰穀梁集解往往采其先人及兄弟子姪之說蔚宗作史亦舉曾祖穆侯汪王父豫章君甯先大夫宣侯泰以爲憲隤然其處順易繫辭曰坤隤然示人簡矣隤柔順貌淵乎其似道老子曰道沖而用之或不盈淵乎似萬物之宗言淵深不可知也淺深莫臻其分清濁未議其方廣雅曰方所也若及門於孔氏其殆庶乎易繫辭曰顏氏之子其殆庶幾乎殆近也故嘗著論云

徐穉字孺子豫章南昌人也豫章郡今洪州也南昌縣卽今豫章縣也謝承書曰穉少爲諸生學嚴氏春秋京氏易歐陽尙書兼綜風角星官算歷河圖七緯推步變易異行矯時俗閭里服其德化有失物者縣以相還道無拾遺四察孝廉五辟宰府三舉茂才也【集解】朱栻曰水經注贛水又北歷南塘塘之東有孺子宅際湖南小洲上寰宇記孺子宅在州東北三

里孺子少有高節追美梅福之風乃於福宅東築室以居高士傳稱少以經行高於南州家貧常自耕稼非其
力不食集解朱杭曰袁紀此下有非其衣不服句恭儉義讓集解朱杭曰袁紀此下有非禮不言句所居
服其德集解朱杭曰袁紀此下有道不拾遺句屢辟公府不起集解朱杭曰高士傳稱五舉孝廉賢良皆
不就連辟公府不詣未嘗答命後公車三徵不就以壽終時陳蕃爲太守以禮請署功曹穉不
免之集解何焯曰免疑作就惠棟曰通鑑作穉不之免胡注不辭免也袁宏紀作不之起黃山曰免當爲說之殘體蓋不曰署
已功曹爲說故猶以時上謁既謁而退集解朱杭曰袁紀穉既謁而退蕃饋之粟受而分諸鄰里侯康曰御覽四百三
引海內先賢行狀徐孺子徵聘未嘗出門陳仲舉爲豫章太守召之則到饋之則受但不服事以成其節蕃在郡不接
賓客唯穉來特設一榻去則縣之集解惠棟曰漢雜事云陳蕃請穉爲功曹及師友祭酒時設東
面之坐重席漆几以俟之後舉有道家拜太原太守就家而拜之也皆不就延熹二年
尚書令陳蕃僕射胡廣等上疏薦穉等集解惠棟曰通鑑考異云袁紀延熹五年尚書令陳
蕃薦五處士案二年胡廣已爲太尉五年蕃已爲光祿勳曰臣聞善人天地之紀政之所由也
左傳曰晉三郤害伯宗譖而殺之及欒弗忌韓獻子曰郤氏其不免乎善人天地之紀也而驟絕之不亡何待也詩云思

後漢書五十三　六

皇多士生此王國大雅文王之詩也思願也皇天也思願天多生賢人於此王國天挺俊乂爲陛
下出當輔弼明時左右大業者也左右助也伏見處士豫章徐穉彭城
姜肱汝南袁閎閎見袁安傳謝承書曰閎少修志節爲俗高京兆韋著著見韋彪傳謝承書曰爲三輔
冠族著少修節操持京氏易韓詩博通術藝潁川李曇德行純備著于人聽若使擢登
三事協亮天工必能翼宣盛美增光日月矣桓帝乃以安車玄纁
備禮徵之並不至集解朱杭曰陶潛聖賢羣輔錄魏明帝甄表徐穉云公車徵士豫章徐孺子妙德高偉清英絕
世前後三徵未嘗降志抗名山棲養志浩然有夷齊之高遂伯玉卷舒之術帝因問蕃曰徐穉袁閎韋
著誰爲先後蕃對曰閎生出公族聞道漸訓著長于三輔禮義之
俗所謂不扶自直不鏤自雕說苑曰蓬生枲中不扶自直也集解惠棟曰鄒陽獄中上書亦引此語兩
句連文似有成語未知所出注引說苑殊未當也至於穉者爰自江南卑薄之域而角立
傑出宜當爲先如角之特立也穉嘗爲太尉黃瓊所辟不就及瓊卒歸葬
穉乃負糧徒步到江夏赴之設雞酒薄祭哭畢而去不告姓名謝承
書曰穉諸公所辟雖不就有死喪負笈赴弔常於家豫炙雞一隻以一兩綿絮漬酒中暴乾以裹雞徑到所起家隧外以水漬綿使
有酒氣斗米飯白茅爲藉以雞置前醊酒畢留謁則去不見喪主集解惠棟曰魏文帝海內士品云孺子往會葬無資以自致齎磨
鏡具自隨每所在賃磨鏡取資然後得前朱杭曰風俗通公車徵士豫章徐孺子比爲太尉黃瓊所辟禮文有加孺子隱者初不答
命瓊薨既葬負笥幷涉𦫳餅之鵝一盤醊哭于墳前袁紀初穉少年遊學國中江夏黃瓊教授於家故穉從之諮訪大義瓊後仕
進位至三司穉絕不復交及瓊薨當葬穉乃往赴弔進醊哀哭而去人莫知者時會者四方名士郭林宗
等數十人聞之疑其穉也乃選能言語生茅容輕騎追之及於塗
容爲設飯共言稼穡之事集解惠棟曰風俗通時瓊孫子琰故五官中郎將以長孫制杖聞有哭者不知
其誰亦于倚廬哀泣而已孺子無有謁刺事訖便去子琰大怪其故遣瓊門生茅季瑋追請辭謝終不肯還朱杭曰袁紀時琰天下名
士遠近四方無不會者各言聞豫章徐孺子來何不相見推問喪宰曰頃當有書生來邪對曰先時有一書生來衣麤薄而哭之哀
不記姓字衆曰必孺子也於是推選能言語者陳留茅季瑋候與相見酤酒市肉穉爲飲食季瑋請問國家之事穉不答更問稼穡之
事穉乃答之季瑋還爲諸君說之或曰可與言而不與之言穉其失人乎郭林宗曰不如君言也孺子之爲人也清潔高廉饑不可
得食寒不可得衣而爲季瑋飲酒進食此爲已知季瑋之賢故也所以不答國事者是其知可及其愚不可及也何不知之乎臨

後漢書五十三　七

訣去謂容曰爲我謝郭林宗大樹將顛非一繩所維何爲栖栖不
遑寧處顛仆也維繫也喻時將衰季豈一人可能救邪集解惠棟曰袁紀林宗感悟曰謹拜斯言以爲師表及林宗
有母憂穉往弔之置生芻一束於廬前而去衆怪不知其故林宗
曰此必南州高士徐孺子也詩不云乎生芻一束其人如玉小雅白駒
詩此戒賢者行所舍主人之餼雖薄要就賢主人其德如玉然也吾無德以堪之靈帝初欲蒲輪
聘穉會卒集解惠棟曰豫章記徐孺子墓在郡南十四里曰白社亭哭嘉禾中太守長沙徐熙于墓隧種松太守南陽謝
景于墓側立碑永安中太守梁鄢夏侯嵩于碑邊立思賢亭松碑亭今並在松大合抱亭世世修治至今謂之聘君亭樂史曰徐穉
家在洪州南十里今號白社朱杭曰徐穉別傳穉亡海內羣英論其清風高致乃比夷齊或參許由夏侯豫章追美明德立亭於穉
墓首號曰思賢亭通志載孺子墓在南昌進賢門外望仙寺東消濠隧道深五尺墓前有石刻隸書漢南州高士徐孺子之墓碑本
元明來傳說在此亦未知卽古白社否時年七十二子胤字季登篤行孝悌亦隱居
不仕謝承書曰胤少遭父母喪致哀毀瘁嘔血發病服闋隱居林藪躬耕稼穡勤則誦經貧窶困乏執志彌固不受惠於人也
太守華歆禮請相見固病不詣魏志曰歆字子魚平原人爲豫章太守爲政清淨不煩吏人感而

愛之集解先謙曰官本考證云固病諸本同推尋文義當作固稱病不詣此脫去稱字也漢末寇賊縱橫皆敬脩禮行轉相約敕不犯其閭建安中卒李曇字雲集解惠棟曰續漢書嵇康高士傳及善文俱云曇字子雲袁宏紀云子雲潁川陽翟人少孤繼母嚴酷曇事之愈謹謝承書曰曇少喪父躬事繼母繼母酷烈曇性純孝定省恪勤妻子恭奉寒苦執勞不以爲怨得四時珍玩先以進母與徐孺子等海內列名五處士焉爲鄉里所稱法集解惠棟曰袁紀鄉里有父母者宗其孝行以爲法度養親行道終身不仕

姜肱字伯淮彭城廣戚人也廣戚故城今徐州沛縣東集解惠棟曰姜伯淮碑彭城廣人案二漢志皆云廣戚無廣縣所未詳也黃山曰郡國志廣戚故屬沛國前書地理志屬沛郡爲侯國此云屬沛國指本志沛國言也光武建武二十年徙封子輔爲沛王以郭后爲沛太后封地益廣廣戚盍當爲國縣也家世名族謝承書曰祖父豫章太守父任城相肱與二弟仲海季江集解惠棟曰此二弟字也謝承書亦失其名俱以孝行著聞其友愛天至常共卧起謝承書曰肱性篤孝事繼母恪勤母既年少又嚴厲肱感凱風之孝兄弟同被而寢不入房室以慰母心也及各娶妻兄弟相戀不能別寢以係嗣當立集解先謙曰官本攷

證云係嗣諸本同係當作繼黃山曰御覽五百十五引續漢書作繼案繫係繼古以同義通作易同人王注心無係吝釋文係作繫詩何彼襛矣毛序車服不繫其夫釋文繫本或作繼乃遯往就室肱博通五經兼明星緯士之遠來就學者三千餘人諸公爭加辟命皆不就集解惠棟曰高士傳凡一舉孝廉十辟公府九舉有道至孝賢良公車三徵皆不就也二弟名聲相次亦不應徵聘時人慕之肱嘗與季江謁郡夜於道遇盜欲殺之肱兄弟更相爭死賊遂兩釋焉謝承書曰肱與季江俱乘車行適野廬爲賊所劫取其衣物欲殺其兄弟肱謂盜曰弟年幼父母所憐愍又未聘娶願自殺身濟弟季江言兄年德在前家之珍寶國之英俊乞自受戮以代兄命盜戢刃曰二君所謂賢人吾等不良妄相侵犯棄物而去肱車中尚有數千錢盜不見也使從者追以與之亦復不受肱以物經歷盜手因以付亭吏而去也集解黃山曰御覽四百二十引謝承書亦云但奪衣資文乃與傳大同不與注合但掠奪衣資而已既至郡中見肱無衣服怪問其故肱託以他辭終不言盜盜聞而感悔後乃就精廬精廬即精舍也集解黃山曰儒林蔡玄傳精廬暫建彼注云精廬講讀之舍又黨錮劉淑傳遂隱居立精舍講授諸生常數百人是精廬精舍皆研精學術之地也求見徵君肱與相見皆叩頭謝罪而還所略物肱不受勞以酒食而遣之後與徐穉俱徵不至桓帝乃下彭城使畫工圖其形狀肱卧於幽闇以被韜面韜藏也言感眩疾不欲出風工竟不得見之中常侍曹節等專執朝事新誅太傅陳蕃大將軍竇武欲借寵賢德以釋衆望乃白徵肱爲太守集解惠棟曰姜伯淮碑就家拜犍爲太守高士傳同肱得詔乃私告其友曰吾以虛獲實遂藉聲價明明在上猶當固其本志況今政在閹豎夫何爲哉乃隱身遯命遠浮海濱集解惠棟曰風俗通遂乘桴浮于海莫知其極時人以爲非凡再以玄纁聘不就即拜大中大夫詔書至門謝承書曰靈帝手筆下詔曰肱抗陵雲之志養浩然之氣以朕德薄未肯降志昔許由不屈王道爲化夷齊不撓周德不虧州郡以禮優順勿失其意肱使家人對云久病就醫遂羸服間行竄伏青州界中賣卜給食召命得斷家亦不知其處歷年乃還年七十七熹平二年終于家弟子陳留劉操追慕肱德共刊石頌之集解惠棟曰碑云從遊弟子陳留申屠蟠等乃建碑于墓甄述景行

申屠蟠字子龍陳留外黃人也九歲喪父哀毀過禮服除不進酒肉十餘年每忌日輒三日不食海內先賢傳曰蟠在冢側致甘露白雉以孝稱集解黃山曰御覽五百十五引續漢書每忌日下有哀戚二字是因哀戚廢食非故不食也同郡緱氏女玉爲父報讎緱姓也殺夫氏之黨吏執玉以告外黃令梁配續漢書曰同縣大女緱玉爲從父報讎殺夫之從母兄李士姑執玉以告吏也配欲論殺玉集解惠棟曰杜預女記獄竟當行刑蟠時年十五爲諸生進諫曰玉之節義足以感無恥之孫激忍辱之子不遭明時尚當表旌廬墓況在清聽而不加哀矜配善其言集解惠棟曰女記載蟠奏記于縣曰伏聞大女緱玉爲父報仇獄已決不勝感悼之情敢陳所聞昔太原周黨感春秋義辭師復讎當時論者猶高其節況玉女弱耳無所聞心無所激內無同生之謀外無交游之助直推父子之情奮發怒之心十刃剌讎僵尸流血當時聞之人無勇怯莫不強膽增氣輕身殉義攘袂高談稱羨今聞玉幽執犴檻罪名已定皆心低氣沮悵悵長歎蟠雖愚昧以爲玉之節義歷代未有足以感無恥之孤激忍辱之子假玉不值明時尚望追旌閭墓顯其後嗣況事在清聽不加八議哀矜之貸誠爲朝廷痛之乃爲讞讞請也集解惠棟曰爲請讞於廷尉也得減死論鄉人稱美之家貧傭爲漆工郭林宗

見而奇之同郡蔡邕深重蟠及被州辟乃辭讓之曰申屠蟠稟氣玄妙性敏心通喪親盡禮幾於毀滅至行美義人所鮮能安貧樂潛味道守眞不爲燥濕輕重律歷志曰銅爲物至精不爲燥濕寒暑變其節不爲風雨暴露改其形介然有常似於士君子之行〔集解〕黃山曰論衡草木之生者濕濕者重死者枯枯而輕者易舉濕而重者難移也案濕重燥輕物理之常王制言凡居民材必因天地寒煖燥濕廣谷大川異制剛柔輕重遲速易齊亦以地氣之燥濕與人性之輕重並論不爲窮達易節易曰窮則獨善其身達則兼善天下方之於邕吕齒則長吕德則賢後郡召爲主簿不行謝承書曰蟠前後徵辟文書悉掛于樹初不顧眄也遂隱居精學博貫五經〔集解〕惠棟曰高士傳治京氏易嚴氏春秋小戴禮三業先通因博貫五經兼明圖緯始與濟陰王子居〔集解〕惠棟曰子居亦字也同在太學子居臨沒吕身託蟠蟠乃躬推輦車送喪歸于鄉里遇司隸從事於河鞏之間百官志曰司隸從事史十二人秩百石也從事義之爲封傳護送傳謂符牒使人監送之蟠不肯受投傳於地而去事畢還學太尉黃瓊辟不就及瓊卒歸葬江夏四方名豪會帳下者六七千

人帳下葬處互相談論莫有及蟠者唯南郡一生與相酬對既別執蟠手曰君非聘則徵如是相見於上京矣蟠勃然作色曰始吾吕子爲可與言也何意乃相拘教樂貴之徒邪樂音五孝反〔集解〕黃山曰拘音鉤曲也見鄧禹子訓傳注相拘教謂相曲誘使從貴也因振手而去不復與言再舉有道不就謝承書曰詔書令郡以禮發遣蟠到河南萬歲亭折轅而旋也先是京師游士汝南范滂等非訐朝政自公卿吕下皆折節下之訐謂橫議是非也訐或作評也太學生爭慕其風吕爲文學將興處士復用蟠獨歎曰昔戰國之世處士橫議孟子曰聖王不作諸侯恣行處士橫議前書曰秦既稱帝患周之敗以爲起於處士橫議諸侯力爭音義曰言由橫議而敗之列國之王至爲擁篲先驅史記鄒衍如燕昭王擁篲先驅請列弟子之坐而受業築碣石宮身親往師之卒有阬儒燒書之禍今之謂矣乃絕迹於梁碭之間梁國有碭縣因樹爲屋自同傭人謝承書曰居蓬萊之室依桑樹吕爲棟也〔集解〕惠棟曰注居蓬萊之室案謝承書蟠恥郡無處士遂閉門養志處蓬室依大桑樹以爲棟梁王會汾曰蓬萊雖皆草名然古人或作蓬蒿或作蒿萊至蓬萊二字並用恐與山名相混此注萊字當是藁字之誤

居二年滂等果罹黨錮或死或刑者數百人蟠確然免於疑論後蟠友人陳郡馮雍坐事繫獄豫州牧黃琬欲殺之或勸蟠救雍蟠不肯行曰黃子琰爲吾故邪未必合罪如不用吾言雖往何益琬聞之遂免雍罪大將軍何進連徵不詣進必欲致之使蟠同郡黃忠書勸曰前莫府初開至如先生特加殊禮優而不名申吕手筆設几杖之坐經過二載而先生抗志彌高所尙益固竊論先生高節有餘於時則未也今潁川荀爽載疾在道北海鄭玄北面受署彼豈樂羈牽哉知時不可逸豫也昔人之隱遭時則放聲滅迹巢棲茹薇放棄也謂棄聲名也巢棲謂巢父也說文薇似藿也其不遇也則裸身大笑被髮狂歌楚詞曰桑扈裸行史記曰箕子被髮佯狂歌謂楚狂接輿歌而過孔子也今先生處平壤壤地也游人閒吟典籍襲衣裳事異昔人而欲遠蹈其迹〔集解〕惠棟曰蓋思云處平壤異于巢棲茹薇者也游人閒異于放聲滅迹者也吟典籍異于大笑狂歌者也襲衣裳異于裸身被髮者也故云事異昔人而欲遠蹈其迹也

不亦難乎孔氏可師何必首陽孔子使子路語隱者云不仕無義長幼之節不可廢也君臣之義如之何其可廢也欲潔其身而亂大倫首陽夷齊所隱山也蟠不荅中平五年復與爽玄及潁川韓融融字元長韶之子也見韶傳陳紀等十四人並博士徵不至明年董卓廢立蟠及爽融紀等復俱公車徵續漢志曰徵爽爲司空融爲尙書紀爲侍中唯蟠不到衆人咸勸之蟠笑而不應居無幾爽等爲卓所脅迫西都長安京師擾亂及大駕西遷公卿多遇兵飢室家流散融等僅吕身脫唯蟠處亂末終全高志年七十四終于家

贊曰琛寶可懷貞期難對琛寶喻道德也貞期謂明時也對偶也道苟違運理用同廢與其遐棲豈若蒙穢蒙穢謂仕亂朝悽悽碩人陵阿窮退碩人謂賢者悽悽飢病貌也言賢者退而窮處詩國風曰考槃在阿碩人之薖曲陵曰國陵升也薖飢也薖音苦戈反韜伏明姿甘是堙曖堙沈也曖猶翳也

周黃徐姜申屠列傳第四十三終　　後漢書五十三

後漢書集解卷五十三挍補

太原閔仲叔者至喜懼皆去柳從辰曰東觀記此下有所望明公問屬何以爲政美俗成化

仲叔同郡荀恁集解惠棟曰東觀記作郇任柳從辰曰今聚珍本東觀記作郇恁與袁宏紀同不作任案此官書挍改之失

開東閤延賢俊官本閤作閣柳從辰曰古書閤閣通作案段玉裁說文解字注以閤爲本字

葢詭時審己以成其道焉注詭違也亦若違時官本注亦作迹是

周燮傳遺生送敬集解劉攽曰案文當云遺門生送敬據官本注後附載劉說敬下尚有少一門字四字此卷底本已失未審因何脫去

送禮而還注送禮猶送其所致之禮也官本注猶作謂是案遺生送敬燮葢始本未敢當禮也良則不敢逆詔既拜受禮命而復陳病奉還之故云送禮

黃憲傳汝南慎陽人也注在慎水之南柳從辰曰南當是北之誤穀梁僖二十八年傳水北爲陽又前書地理志慎陽應劭注慎水出東北入淮案水既出縣東北則縣仍在水西南矣惟前志汝南郡之慎陽顏注既謂本即滇陽之沿譌應說亦難可深據至章懷注南字則誤無疑或即陽字音近之誤

累日方還注乃彌信宿也柳從辰曰袁宏紀作乃彌日信宿也多日字文義更較圓足

徐穉傳固病不詣集解先謙曰官本考證云至此脫去稱字也謹案王扶傳固病不起劉攽謂當作固以病不起是亦疑固下有脫字也實則范本文皆如此

姜肱傳彭城廣戚人也注廣戚故城今徐州沛縣東今徐州府沛縣東

申屠蟠傳乃爲讞注讞請也案乃爲讞得減死論本七字連文此注及集解皆本在論字下誤刻當正

不爲窮達易節注易曰窮則獨善其身達則兼善天下案語出孟子作易誤

送喪歸于鄉里官本無于字

陵阿窮退注曲陵曰國國當作阿本毛詩說官本注不誤

楊震列傳第四十四 子秉 孫賜 曾孫彪 玄孫修　後漢書五十四

宋　宣城太守范曄撰

唐　章懷太子賢注

王先謙集解

楊震字伯起弘農華陰人也八世祖喜集解惠棟曰太尉楊震碑作憙喜讀爲憙也世系曰喜生敷敷生肩肩生敞敞生忠忠生譚譚生寶寶生震自喜至震凡八世高祖時有功封赤泉侯史記曰喜追殺項羽以功封高祖敞昭帝時爲丞相封安平侯集解何焯曰前書楊敞不云是喜之後安得據附託之諸學大書于史功臣表赤泉侯之後居茂陵惠棟曰案太尉楊震碑云聖漢龍興楊憙佐命克項于垓云云碑爲建寧以後震之孫沛相統之門人陳熾等所立當時必有所據班固撰漢書畢力于文蕭曹一代宗臣至有不詳其字者各傳非不能詳世次有所不暇也何氏不加深考槩斥譜學以爲妄斯亦過矣洪亮吉曰據此則敞係喜元孫世次甚近班史于敞傳何以不書且公孫賀田千秋與敞同在一卷賀傳書其祖父昆邪景帝時封平曲侯千秋傳則追述其先爲齊諸田徙長陵無獨略敞傳之理由班史爲張湯傳贊推之則敞或非赤泉侯本支故傳不列入今攷高祖功臣表赤泉侯後傳至八世亦並不涉敞等未識范史何據若

本宏農家乘則世系甚近又兼望族何以即有此誤耶父寶續齊諧記曰寶年九歲時至華陰山北見一黃雀爲鴟梟所搏墜於樹下爲螻蟻所困寶取之以歸置巾箱中唯食黃花百餘日毛羽成乃飛去其夜有黃衣童子向寶再拜曰我西王母使者君仁愛救拯實感成濟以白環四枚與寶令君子孫潔白位登三事當如此環矣習歐陽尚書哀平之世隱居教授居攝二年與兩龔蔣詡俱徵遂遁逃不知所處龔勝字君賓龔舍字君倩蔣詡字元卿並以高節著名見前書集解惠棟曰嵇康高士傳云詡字元卿杜陵人爲兗州刺史王莽爲宰衡詡奏事到灞上稱病不進歸杜陵荊棘塞門終身不出時人諺曰楚國二龔不如杜陵蔣翁光武高其節建武中公車特徵老病不到卒于家集解惠棟曰世系云寶字稚淵二子震衡震少好學受歐陽尚書於太常桓郁明經博覽無不窮究集解惠棟曰太尉碑云公明尚書歐陽河洛緯度窮神知變與聖同符諸儒爲之語曰關西孔子楊伯起常客居於湖今湖城縣不荅州郡禮命數十年續漢志曰敎授二十餘年州請召數稱病不就少孤貧獨與母居假地種植以給供養諸生嘗有助種藍者震輒拔更以距其後鄉里稱孝也集解沈欽韓曰注志當作書御覽九百九十六引作謝承書唐詩紀事吳融詩自注阿對是楊伯起家僮嘗引泉灌蔬至今阿對泉尙在一統志阿對泉在陝州閿鄉縣西五十里眾人謂之晚暮而

震志愈篤〔集解〕惠棟曰郡國志云虢州楊震宅西有龍望原南崖有太尉公藏書窟太原初有獸人入穴見古書二千餘卷後有冠雀銜三鱣魚飛集講堂前冠音貫卽鸛雀也鱣音善韓子云鱣似蛇臣賢案續漢及謝承書鱣字皆作鱓然則鱣鱓古字通也鱣魚長者不過三尺黃地黑文故都講云蛇鱓卿大夫之服象也郭璞云鱣魚長二三丈音知然反安有鸛雀能勝二三丈乎此爲鱣明矣〔集解〕沈欽韓曰莊子寓言篇作觀雀音義觀本亦作鸛與此冠雀同荀子王制篇富國篇鰌鱣或作鱣集御覽者誤以爲鱣鮪之鱣都講取魚進曰蛇鱣者卿大夫服之象也數三者法三台也先生自此升矣年五十乃始仕州郡大將軍鄧騭聞其賢而辟之舉茂才四遷〔集解〕沈欽韓曰隸釋太尉楊公碑舉茂才除襄城令遷荊州刺史案漢制舉茂才者例爲令令則直遷刺史不須四遷也四字衍荊州刺史東萊太守當之郡道經昌邑昌邑故城在今兗州金鄉縣西北故所舉荊州茂才王密爲昌邑令謁見至夜懷金十斤以遺震震曰故人知君君不知故人何也密曰暮夜無知者震曰天知神知我知子知〔集解〕惠棟曰袁宏紀君知我知天知地知先謙曰東觀記惟作天知神知則四知不全何謂無知〔集解〕沈欽韓曰四知廟在萊州府昌邑縣東北密愧而出後轉

涿郡太守性公廉不受私謁子孫常蔬食步行故舊長者或欲令爲開產業震不肯曰使後世稱爲清白吏子孫以此遺之不亦厚乎元初四年徵入爲太僕遷太常先是博士選舉多不以實震舉薦明經名士陳留楊倫等倫字仲桓謝承書曰薦楊仲桓等五人各從家拜博士〔集解〕惠棟曰案儒林傳倫字仲理東昏人倫理名字相副作桓者未詳顯傳學業諸儒稱之永寧元年代劉愷爲司徒明年鄧太后崩內寵始橫安帝乳母王聖因保養之勤緣恩放恣聖子女伯榮出入宮掖傳通姦賂震上疏曰臣聞政以得賢爲本理以去穢爲務墨子曰夫尚賢者政本也左傳曰爲國者如農夫之務去草焉是以唐虞俊乂在官四凶流放天下咸服以致雍熙尚書曰四罪而天下咸服又曰黎人於變時雍庶績咸熙雍和也熙廣也方今九德未事尚書臯繇謨曰亦行有九德寬而栗柔而立愿而龔亂而敬擾而毅直而溫簡而廉剛而塞强而誼曰九德咸事俊乂在官又嬖倖充庭謚法曰賤而得愛曰嬖阿母王聖出自賤微得遭千載奉養聖躬雖有推燥居溼之勤孝經援神契曰母之於子也鞠養殷勤推燥居溼絕少分甘也〔集解〕惠棟曰宋均注少則自絕材則分也前後賞惠過報勞苦而無厭之心不知紀極左傳曰縉雲氏有不材子聚斂積實不知紀極〔集解〕惠棟曰富辰云女德無極外交屬託擾亂天下損辱清朝塵點日月書誡牝雞牡鳴牝雌也牡雄也尚書古人有言牝雞無晨牝雞之晨唯家之索詩刺哲婦喪國詩大雅曰哲夫成城哲婦傾城昔鄭嚴公從母氏之欲恣驕弟之情幾至危國然後加討春秋貶之以爲失教嚴公莊公也避明帝諱改焉左傳鄭莊公殺母弟段稱鄭伯譏失教也夫女子小人近之喜遠之怨實爲難養論語曰唯女子與小人爲難養近之則不遜遠之則怨也易曰無攸遂在中饋家人卦六二爻辭也鄭玄注曰二爲陰爻得正於內五陽爻也得正於外猶婦人自修正于內丈夫修正于外無攸遂言婦人無敢自遂也爻體離又互體坎火位在下水在上飪之象也饋食也故云在中饋也言婦人不得與於政事也宜速出阿母令居外舍斷絕伯榮莫使往來令恩德兩隆上下俱美惟陛下絕婉孌之私割不忍之心詩國風候人篇序曰曹共公遠君子而近小人其詩曰婉兮孌兮季女斯飢婉少貌孌好貌也留神萬機誡愼拜爵減省獻御損節徵發令野無鶴鳴之嘆詩小雅序

曰鶴鳴誨宣王也鄭玄注云敎周宣王求賢人之未仕者其詩曰鶴鳴于九皋聲聞于野言身隱而名著喻賢者雖隱居人咸知之朝無小明之誨詩小雅序曰小明大夫悔仕於亂也小明者言周幽王日小其明損其政事以至於亂〔集解〕惠棟曰案鄭氏箋氏謂漢氏文字未有引詩序者惟魏黃初四年有曹蒸公遠君子近小人之語蓋詩序至是而始行棟案伯起已用詩序乃知宋人之妄先謙曰官本誨並作悔是大東不興於今詩小雅序大東刺亂也其詩曰小東大東杼柚其空鄭玄注云小亦於東大亦於東言賦斂多也勞止不怨於下詩小雅序曰人勞刺厲王也其詩曰人亦勞止迄可小康擬蹤往古比德哲王豈不休哉奏御帝以示阿母等內倖皆懷忿恚而伯榮驕淫尤甚與故朝陽侯劉護從兄瓌交通護泗水王歙之從曾孫瓌遂以爲妻得襲護爵位至侍中震深疾之復詣闕上疏曰臣聞高祖與羣臣約非功臣不得封故經制父死子繼兄亡弟及以防篡也公羊傳曰劉子單子以王猛入于王城者何西周也其言入何篡辭也冬十月王子猛卒此未踰年之君其稱王子猛卒何不予當也不予當者不予當父死子繼兄亡弟及也伏見詔書封故朝陽侯劉護再從兄瓌襲護爵爲侯護同產弟威今猶見在臣聞天子專封封有功諸

侯專爵爵有德今瓌無他功行但㠯配阿母女一時之間既位侍中又至封侯不稽舊制不合經義行人讙譁百姓不安陛下宜覽鏡既往順帝之則書奏不省延光二年代劉愷爲太尉帝舅大鴻臚耿寶薦中常侍李閏兄於震震不從寶乃自往候震曰李常侍國家所重欲令公辟其兄寶唯傳上意耳言非己本心傳在上之意震曰如朝廷欲令三府辟召故宜有尚書敕遂拒不許寶大恨而去皇后兄執金吾閻顯亦薦所親厚於震震又不從司空劉授聞之漢官儀授字孟春武原人即辟此二人旬日中皆見拔擢由是震益見怨時詔遣使者太爲阿母修第〔集解〕王補曰官本太作大大者無限極之謂前書鮑宣論丁傅董賢多賞賜以大萬數何武等可大委任是也中常侍樊豐及侍中周廣謝惲等更相扇動傾搖朝廷震復上疏曰臣聞古者九年耕必有三年之儲故堯遭洪水人無菜色言有儲蓄人無食菜之飢色也臣伏念方今災害發起彌彌滋甚彌彌猶稍稍也韋孟詩曰彌彌

其失也百姓空虛不能自贍重㠯螟蝗羌虜鈔掠三邊震擾〔集解〕通鑑胡注三邊東西北也袁紀作二邊戰鬬之役至今未息兵甲軍糧不能復給大司農帑藏匱乏殆非社稷安寧之時伏見詔書爲阿母興起津城門內第舍津城門洛陽南面西頭門也合兩爲一連里竟街合兩坊而爲一宅里即坊也雕修繕飾窮極巧伎今盛夏土王而攻山採石其大匠左校別部將作合數十處續漢志將作大匠秩二千石左校令秩六百石轉相迫促爲費巨億周廣謝惲兄弟與國無肺腑枝葉之屬依倚近倖姦佞之人與樊豐王永等分威共權屬託州郡傾動大臣宰司辟召〔集解〕惠棟曰指劉授承望旨意招來海內貪汙之人受其貨賂至有臧錮棄世之徒復得顯用有臧賄禁錮之人也〔集解〕惠棟曰臧吏三世禁錮故云臧錮棄世白黑溷淆清濁同源天下讙譁咸曰財貨上流爲朝結譏臣聞師言上之所取財盡則怨力盡則叛〔集解〕惠棟曰穀梁文也穀梁叛作懟怨叛之人不可復使故曰百姓不足君誰與足論語有若

對魯哀公之詞惟陛下度之豐惲等見震連切諫不從無所顧忌遂詐作詔書調發司農錢穀大匠見徒材木各起家舍園池廬觀役費無數震因地震復上疏曰臣蒙恩備台輔不能奉宣政化調和陰陽去年十一月四日〔集解〕通鑑考異曰下文其日戊辰十二月丙申朔戊辰十二月四日京師地動臣聞師言地者陰精當安靜承陽〔集解〕惠棟曰坤彖云安貞吉傳曰坤道其順乎承天而時行是安靜承陽之義也而今動搖者陰道盛也其日戊辰三者皆土位在中宮戊干辰支皆土也并地動故言三者此中臣近官盛於持權用事之象也臣伏惟陛下㠯邊境未寧躬自菲薄宮殿垣屋傾倚枝柱而已倚邪也柱音竹主反無所興造欲令遠近咸知政化之清流商邑之翼翼也詩商頌商邑翼翼四方之極也而親近倖臣未崇斷金易繫辭曰二人同心其利斷金言邪佞之臣不與上同心驕溢踰法多請徒士盛修第舍賣弄威福〔集解〕惠棟曰前書刑法志云延平招權而爲亂首蘇林云招音翹翹舉也猶賣弄也道路讙譁衆所聞見地動之變近在城郭殆爲此發又冬無

宿雪春節未雨百僚焦心而繕修不止誠致旱之徵也書曰僭恒陽若臣無作威作福玉食尚書洪範之辭也僭差也若順也君行僭差則常陽順之也言唯君得專威福爲美食〔集解〕惠棟曰鄭元尚書注云此凡君抑臣之言也作威專刑罰也作福專慶賞也玉食備珍美也唯陛下奮乾剛之德易曰大哉乾乎剛健中正純粹精也〔集解〕惠棟曰雜卦傳云乾剛坤柔棄驕奢之臣㠯掩訞言之口奉承皇天之戒無令威福久移於下震前後所上轉有切至帝既不平之而樊豐等皆側目憤怨俱㠯其名儒未敢加害尋有河間男子趙騰詣闕上書指陳得失帝發怒遂收考詔獄結㠯罔上不道震復上疏救之曰臣聞堯舜之世諫鼓謗木立之於朝帝王紀曰堯置敢諫之鼓舜立誹謗之木殷周哲王小人怨詈則皇自敬德尚書曰自殷王中宗及高宗及祖甲及我周文王茲四人迪哲厥或告之曰小人怨汝詈汝則皇自敬德也所㠯達聰明開不諱博採負薪盡極下情也今趙騰所坐激訐謗語爲罪與手刃犯法有差乞爲虧除全騰之命㠯誘芻蕘輿人之言輿衆也詩曰詢于芻蕘左氏傳曰聽

輿人之謀也帝不省騰竟伏尸都市〔集解〕惠士奇曰張皓傳清河趙騰譏刺朝政以誹謗當伏重法皓上疏諫得減死一等此河間趙騰名同而事亦同一在安帝之末一在順帝之初時又相近然彼得減罪一等此乃伏尸都市或記者誤耶抑一時而有兩趙騰耶顧炎武洪亮吉說同王補曰考袁紀通鑑均係之安帝延光三年並無順帝即位張皓救騰事予謂此斷爲楊震事傳者誤以屬張皓范氏遂兩存之以附於傳疑之條豈有三年之中姓同名同地同事同特一尸都市一減死罪爲稍異又何以並不見他書耶故證以袁紀通鑑可無兩趙騰之疑矣史家好摭歧說以博異聞如本書設稱事於徐穉傳見之及傳陳蕃則又以爲周璆文勝則史聖人所以嘅也會三年春東巡岱宗樊豐等因乘輿在外競修第宅震部掾高舒召大匠令史考校之史謂府吏也〔集解〕通鑑胡注案漢諸官府皆有令史得豐等所詐下詔書具奏須行還上之豐等聞惶怖會太史言星變逆行遂共譖震云自趙騰死後深用怨懟懟怨怒也且鄧氏故吏有恚恨之心震初鄧騭辟之故曰故吏及車駕行還便時太學且於太學待吉時而後入也故曰便時前書便時上林延壽門也〔集解〕惠棟曰杜佑云便時取日時之便夜遣使者策收震太尉印綬於是柴門絕賓客〔集解〕通鑑胡注柴塞其門也惠棟曰淮南子道應訓柴箕子之門柴門猶杜門不通賓客

也王鳴盛曰周紆傳紆爲洛陽令令屬吏折辱皇后弟黃門郎竇篤免官後竇氏貴盛紆自謂無全乃柴門自守以待其禍是也豐等復惡之乃請大將軍耿寶奏震大臣不服罪懷恚望有詔遣歸本郡震行至城西夕陽亭〔集解〕王會汾曰夕宋本作几案种暠傳亦有夕陽亭從監本是惠棟曰東觀記洛陽都亭袁宏紀洛陽沈亭通鑑作几陽亭乃慷慨謂其諸子門人曰慷慨悲歎死者士之常分吾蒙恩居上司疾姦臣狡猾而不能誅惡嬖女傾亂而不能禁何面目復見日月身死之日已雜木爲棺布單被裁足蓋形勿歸冢次勿設祭祠因飲酖而卒時年七十餘弘農太守移良風俗通曰齊公子雍食采于移其後氏焉承樊豐等旨遣吏於陝縣留停震喪露棺道側謝承書曰震臨沒謂諸子以牛車薄簀載柩還歸謫震諸子代郵行書道路皆爲隕涕說文郵境上行書舍也廣雅曰郵驛也〔集解〕沈欽韓曰此如今之鋪卒詣公文者世說俗誕篇殷洪喬不能作致書郵蓋郵卒本雇人爲之今震諸子以罪謫使代也歲餘順帝即位樊豐周廣等誅死震門生虞放陳翼詣闕追訟震事朝廷咸稱其忠乃下詔除二子爲郎〔集解〕沈欽韓曰隸釋沛相楊統碑孝順皇帝西巡以掾史召見帝嘉其忠臣之裔詔拜郎中是不獨二子爲郎又恩及其孫贈錢百萬以禮改葬於華陰潼亭墓在今潼關西大道之北其一尚存〔集解〕先謙曰官本一作碑是在今縣東三十里潼關西七里是遠近畢至先葬十餘日有大鳥高丈餘集震喪前俯仰悲鳴淚下霑地葬畢乃飛去郡以狀上續漢書曰大鳥來止亭樹下地安行到柩前正立低頭淚出眾人更共摩撫抱持終不驚駭謝承書曰其鳥五色高丈餘兩翼長二丈三尺人莫知其名也時連有災異帝感震之枉乃下策書曰故太尉震正直是與俾匡時政而青蠅點素同茲在藩藩樊也詩云營營青蠅止于樊愷悌君子無信讒言青蠅汙白使黑汙黑使白喻佞人變亂善惡也上天降威災眚屢作爾卜爾筮惟震之故朕之不德用彰厥咎山崩棟折我其危哉禮記曰孔子將終歌曰泰山其頹乎梁木其壞乎今使太守丞以中牢具祠魂而有靈儻其歆享於是時人立石鳥象於其墓所震之被讒也高舒亦得罪以減死論及震事顯舒拜侍御史至荊州刺史震五子〔集解〕惠棟曰太尉碑云長子牧富波侯相次讓趙常山相次秉次奉黃門侍郎洪适曰碑載震諸子官祿凡四人而傳云五子

誤也棟案世系云太尉五子牧里秉讓奉周壽昌曰傳與碑不及里者或未仕早夭故不載也長子牧富波相富縣屬汝南郡〔集解〕惠棟曰世系云牧字孟侯太尉碑云牧子統金城太守沛相案統碑云統少有令問順帝特召爲郎歷常山長史犍爲府丞銅陽侯相金城太守車騎將軍從事議郎五官中郎將沛相以靈帝建寧二年卒牧孫奇〔集解〕汪文臺曰御覽百八十一謝承書云奇字公挺震之元孫少有志不以家勢爲名交結英彥不與豪右相交通於河南緱氏界中立精舍門徒常二百人書鈔五十八謝承書云奇字公緯與御覽異靈帝時爲侍中〔集解〕汪文臺曰書鈔五十謝承書云奇通經才性敏暢入補侍中天子所問引經據義靡不條對帝常從容問奇曰朕何如桓帝對曰陛下之於桓帝亦猶虞舜比德唐堯帝不悅曰卿強項真楊震子孫強項言不低屈也光武謂董宣爲強項令也死後必復致大鳥矣出爲汝南太守帝崩後復入爲侍中衛尉從獻帝西遷有功勤及李傕脅帝歸其營奇與黃門侍郎鍾繇誘傕部曲將宋曄楊昂令反傕傕由此孤弱帝乃得東魏志曰繇爲黃門侍郎傕脅天子繇與尚書郎韓斌同策謀天子得出長安繇有力焉後徙都許追封奇子亮爲陽成亭侯亮舊宅在門鄉縣西南〔集解〕錢大昭曰此潁川縣亭案文當是追封奇爲陽成亭侯

以子亮襲爵先謙曰官本門作閤是震少子奉集解惠棟曰世系云奉字季叔城門校尉中書侍郎案中書當作黃門奉子敏篤志博聞議者以爲能世其家敏早卒子眾亦傳先業以謁者僕射從獻帝入關累遷御史中丞及帝東還夜走度河眾率諸官屬步從至太陽拜侍中太陽縣屬河東郡建安二年追前功封蓩亭侯郡國志桃林縣有蓩鄉音莫老反集解惠棟曰郡國志宏農郡宏農縣有桃邱聚故桃林有蓩鄉桃林非縣名註誤洪頤煊曰劉玄傳與赤眉戰於蓩鄉李注續漢志弘農有蓩鄉得之震中子秉

秉字叔節少傳父業兼明京氏易博通書傳常隱居教授集解惠棟曰蔡邕楊公碑云四方學者自遠而至蓋踰三千年四十餘乃應司空辟拜侍御史集解惠棟曰謝承書云秉拜侍御史多所彈糾名由此顯京城稱有宰相之才頻出爲豫荊徐兖四州刺史集解惠棟曰碑云遷豫州兖州刺史遷任城相自爲刺史二千石計日受奉餘祿不入私門故吏齎錢百萬遺之閉門不受以廉潔稱集解惠棟曰此郎任城孝廉景慮事謝承書序入延熹三年免官後桓帝即位以明尚書徵入勸講勸講猶侍講也拜太中

大夫左中郎將遷侍中尚書帝時微行私過幸河南尹梁胤府舍胤梁冀子也集解沈欽韓曰袁宏紀云幸梁不疑府梁冀子爲河南尹在元嘉初元之後袁紀是是日大風拔樹晝昏秉因上疏諫曰臣聞瑞由德至災應事生傳曰禍福無門唯人自召左傳閔子騫之詞集解何焯曰注誤以閔子馬爲子騫此傳寫致然文選注中亦如之王補曰袁紀此下有乃者暴風迅疾必有異天不言語以災異譴告是以孔子迅雷風烈必有變動集解惠棟曰高誘云迅雷聲頻頻自拍解謝咎也詩云敬天之威不敢驅馳詩大雅曰敬天之怒無敢戲豫敬天之渝無敢馳驅與此文稍異也王者至尊出入有常警蹕而行靜室而止蹕止行人也靜室謂先使清宮也前書音義曰漢有靜室令也集解惠棟曰袁宏紀作清室自非郊廟之事則鑾旗不駕漢官儀曰前驅有雲罕皮軒鑾旗車也故詩稱自郊徂宮詩大雅雲漢之詞也郊祭天也易曰王假有廟致孝享也萃卦辭也假至也假音格諸侯如臣之家春秋尚列其誠左傳齊莊公如崔杼之家爲杼所殺也況以先王法服而私出槃游法服謂天子服日月星辰山龍華蟲藻火粉米黼黻十二章集解王補曰袁紀作私從意志曰般遊諸臣之家降亂尊卑等威無序等威謂威儀有等差也左傳曰貴有常尊賤有等威也侍衛守空宮紱璽委女妾設有非常之變任章之謀前書曰代郡太守任宣坐謀反誅宣子章爲公車丞亡在渭城界中夜玄服入廟居廊閒執戟立于廟門待上至欲爲逆發覺伏誅也上負先帝下悔靡及臣奕世受恩奕猶重也集解先謙曰官本奕上有臣字得備納言納言尚書又以薄學充在講勸特蒙哀識集解王補曰袁紀作光識見照日月恩重命輕義使士死敢憚摧折略陳其愚帝不納秉以病乞退集解先謙曰官本幷作秉是出爲右扶風太尉黃瓊惜其去朝廷上秉勸講帷幄不宜外遷留拜光祿大夫是時大將軍梁冀用權秉稱病六年冀誅後乃拜太僕遷太常延熹三年白馬令李雲以諫受罪集解沈欽韓曰袁紀李雲事在二年此傳與紀同在三年然誅梁冀立皇后皆在二年雲上書指此二事當從袁紀推校第五種及秉傳定在二年則紀言三年單超死事無齟齬也秉爭之不能得坐免官歸田里謝承書曰秉兒歸雅素清儉家至貧窶并日而食任城故孝廉景慮齎錢百餘萬就以餉秉秉閉門距絕不受其年冬復徵拜河南尹先是中常侍單超弟匡爲濟陰太守集解錢大昕曰案第五種傳以匡爲超兄子宦

者傳以爲超弟子以臧罪爲刺史第五種所劾窘急乃賂客任方刺兖州從事衞羽事已見種傳及捕得方囚繫洛陽匡慮秉當窮究其事密令方等得突獄亡走尚書召秉詰責秉對曰春秋不誅黎比而魯多盜左傳曰邾庶其以漆閭丘來奔於是魯多盜臣賢案黎比莒國之君恐別有所據也集解王會汾曰案左傳文公十八年莒僕以寶玉來奔納諸宣公季文子曰其人則盜賊也其器則姦兆也但杜氏注不言莒僕名黎比又與此文不相當方等無狀釁由單匡刺執法之吏害奉公之臣復令得逃竄集解先謙曰官本無命字是寬縱罪身元惡大憝終爲國害乞檻車徵匡考覈其事則姦慝蹤緒必可立得而秉竟坐輸作左校以久旱赦出會日食太山太守皇甫規等訟秉忠正不宜久抑不用有詔公車徵秉及處士韋著二人各稱疾不至有司並劾秉著大不敬請下所屬正其罪尚書令周景與尚書邊韶議奏秉儒學侍講常在謙虛著隱居行義以退讓爲節俱徵不至誠違側席之望然逶迤退食足抑

苟進之風詩國風羔羊詩曰退食自公委蛇委蛇退食謂減膳也從於公謂正直順於事也委蛇委曲自得之貌也夫明王之世必有不召之臣堯時許由禹時伯成子高湯時務光等聖朝弘養宜用優游之禮可告在所屬〔集解〕劉攽曰案文多一在字喻㠯朝廷恩意如遂不至詳議其罰於是重徵乃到拜太常五年冬代劉矩爲太尉〔集解〕惠棟曰袁宏紀七年黃瓊薨秉乃爲太尉范書不載瓊爲太尉又在五年未詳孰是是時宦官方熾任人及子弟爲官任謂保任布滿天下競爲貪淫朝野嗟怨秉與司空周景上言內外吏職多非其人自頃所徵皆特拜不試致盜竊縱恣怨訟紛錯〔集解〕先謙曰官本作錯是舊典中臣子弟不得居位秉埶而今枝葉賓客〔集解〕通鑑胡注枝葉謂中臣族親也布列職署或年少庸人典據守宰上下忿患四方愁毒可遵用舊章退貪殘塞災謗請下司隸校尉中二千石城門五營校尉北軍中候各實覈所部應當斥罷自㠯狀言三府廉察有遺漏續上〔集解〕通鑑胡注言各官實覈所部以當斥罷者言之公府吏察其遺漏者續上狀使無有佚罰者帝從之

於是秉條奏牧守㠯下匈奴中郎將燕瑗青州刺史羊亮遼東太守孫諠等五十餘人或死或免天下莫不肅然時郡國計吏多留拜爲郎秉上言三署見郎七百餘人三署郎解見安帝紀帑臧空虛浮食者眾而不良守相欲因國爲池澆濯釁穢宜絕橫拜㠯塞覬覦之端左傳曰下無覬覦杜預注曰無冀望上位自此終桓帝世計吏無復留拜者七年南巡園陵特詔秉從南陽太守張彪與帝微時有舊恩㠯車駕當至因傍發調多㠯入私秉聞之下書責讓荊州刺史㠯狀副言公府南陽郡荊州所部也〔集解〕惠棟曰袁宏紀延熹三年五月甲戌詔曰汝南太守張彪故河南尹鮑吉與朕有潛龍之舊皆封列侯及行至南陽左右並通姦利詔書多所除拜秉復上疏諫曰臣聞先王建國順天制官尚書曰明王奉若天道建邦設都孔安國注云天有日月北斗五星二十八宿皆有尊卑相正之法明王奉順此道建邦設都太微積星名爲郎位史記天官書曰太微宮五帝坐後聚二十五星蔚然曰郎位積聚也入奉宿衛出牧百姓皋陶誡虞在於官人尚書皋陶誡舜曰在知人在官人也

〔集解〕惠棟曰蓋思云案今尚書皋陶曰都在知人在安民禹曰吁咸若時惟帝其難之知人則哲能官人與此異也頃者道路拜除恩加豎隸爵㠯貨成化由此敗所㠯俗夫巷議白駒遠逝孔子曰天下有道庶人不議詩小雅曰皎皎白駒食我場苗所謂伊人於焉逍遙言宣王官失其人賢者乘白駒而去之穆穆清朝遠近莫觀宜割不忍之恩㠯斷求欲之路於是詔除乃止時中常侍侯覽弟參爲益州刺史累有臧罪暴虐一州明年秉劾奏參檻車徵詣廷尉參惶恐道自殺謝承書曰秉奏參取受罪臧累億牂牁男子張攸居爲富室參橫加非罪云造訛言殺攸家八人沒入廬宅又與同郡諸生李元之官其飲酒醉飽之後戲故相犯誣言有淫慝之罪應時捶殺以人臣之勢行桀紂之態傷和逆理痛感天地宜當糾持以謝一州又曰京兆尹袁逢於長安客舍中得參重車三百餘乘金銀珍玩不可稱紀秉因奏覽及中常侍具瑗曰臣案國舊典宦豎之官本在給使省闥司昏守夜而今猥受過寵執政操權其阿諛取容者則因公褒舉㠯報私惠有忤逆於心者必求事中傷肆其凶忿居法王公富擬國家飲食極肴饍僕妾盈紈素雖季氏專魯穰侯擅秦何㠯尚茲季氏魯卿世專魯政孔子曰季氏富於周公史記曰穰侯魏冉者秦昭王母宣太后弟也爲秦相國侈富於王室尚猶加也案中常侍侯覽弟參貪殘元惡自取禍滅覽固知釁重必有

自疑之意臣愚㠯爲不宜復見親近昔懿公刑邴歜之父奪閻職之妻而使二人參乘卒有竹中之難春秋書之㠯爲至戒左傳曰齊懿公之爲公子也與邴歜之父爭田弗勝及即位乃掘而刖之而使歜僕納閻職之妻而使職驂乘夏五月公遊于申池歜以扑扶職職怒歜曰人奪汝妻而不怒一扶汝庸何傷職曰與刖其父而弗能病者何如乃謀殺懿公納諸竹中歸舍爵而行也蓋鄭詹來而國亂四佞放而眾服公羊傳曰鄭詹自齊逃來何以書其佞也曰佞人來後魯莊公取齊淫女卒爲後敗四佞即四凶也〔集解〕先謙曰官本注其作甚是㠯此觀之容可近乎覽宜急屏斥投畀有虎畀與也詩小雅曰取彼譖人投畀豺虎〔集解〕劉攽曰正文有當作豺注無他說知與詩同若斯之人非恩所宥請免官送歸本郡書奏尚書召對秉掾屬曰召秉掾屬問之公府外職而奏劾近官經典漢制有故事乎〔集解〕惠棟曰袁宏紀尚書詰掾曰夫設官分職各有司存三公統外御史察內今越左右何所依據秉使對曰春秋趙鞅㠯晉陽之甲逐君側之

惡公羊傳曰趙鞅取晉陽之甲以逐荀寅士吉射曷爲此逐君側之惡人也傳曰除君之惡唯力是視左傳曰晉寺人披言也鄧通懈慢申屠嘉召通詰責文帝從而請之前書鄧通文帝幸臣爲太中大夫居上傍怠慢丞相申屠嘉罷朝坐府中召通至不爲禮責曰通小臣戲殿上大不敬當斬通頓首盡出血上使使持節召通而謝丞相此吾弄臣君釋之漢世故事三公之職無所不統〔集解〕惠棟曰蓋思曰秉對春秋趙鞅以下所謂經典也鄧通以下所謂漢制也棟案袁宏紀何敞謂宗由曰春秋稱三公爲宰者言無所不統也前書翟方進云春秋之義尊上公謂之宰海內無不統也又百官公卿表日三公參天子坐而議政無不總統故不以一職爲官名尚書不能詰帝不得已竟免覽官而削璦國每朝廷有得失輒盡忠規諫多見納用〔集解〕惠棟曰袁宏紀秉盡心正諫退而削草雖子弟不知也秉性不飲酒又早喪夫人遂不復娶所在以淸白稱嘗從容言曰我有三不惑酒色財也〔集解〕惠棟曰張璠漢記此下又云天下稱爲名公八年薨〔集解〕惠棟曰碑云八年五月丙戌薨風俗通云六月九日未明暴薨未明蕭雞鳴時也時年七十四賜塋陪陵子賜賜字伯獻〔集解〕惠棟曰太尉楊公碑及文烈楊公碑皆云字伯猷袁宏紀字子猷沈欽韓曰謝承書作伯欽少傳

家學篤志博聞嘗退居隱約教授門徒不答州郡禮命後辟大將軍梁冀府非其好也出除陳倉令因病不行公車徵不至連辭三公之命後以司空高第再遷侍中越騎校尉建寧初靈帝當受學詔太傅三公選通尚書桓君章句宿有重名者三公舉賜乃侍講於華光殿中洛陽宮殿名曰華光殿在崇光殿北〔集解〕惠棟曰袁宏紀賜與劉寬劉濟侍講於華德殿蘇輿曰楊震受歐陽尚書於太常桓郁賜傳家學則所習爲小桓君章句也遷少府光祿勳熹平元年青蛇見御坐〔集解〕惠棟曰案張奐傳建寧二年夏云青蛇見于御坐軒前袁宏紀建寧二年四月壬辰青蛇見惟五行志云熹平元年甲午青蛇見御坐通鑑考異從袁紀帝以問賜賜上封事曰臣聞和氣致祥乖氣致災休徵則五福應休美也徵驗也五福一曰壽二曰富三曰康寧四曰攸好德五曰考終命咎徵則六極至咎惡也六極一曰凶短折二曰疾三曰憂四曰貧五曰惡六曰弱並見尚書夫善不妄來災不空發王者心有所惟意有所想雖未形顏色而五星以之推移陰陽爲其變度〔集解〕惠士奇曰周官眡祲十曰想以此以此而觀天之與人豈不符哉尚

書曰天齊乎人假我一日是其明徵也我謂君也天意欲整齊于人必假于君也今尚書文假作俾俾使也義亦通夫皇極不建則有蛇龍之孼洪範五行傳曰皇大也極中也建立也孼災也君不合大中是謂不立蛇龍陰類也詩云惟虺惟蛇女子之祥詩小雅也虺蛇穴居陰之類故爲女子之祥也故春秋兩蛇鬬於鄭門昭公殆以女敗洪範五行傳曰初鄭厲公劫相祭仲而篡兄昭公立爲鄭君後雍糾之難厲公出奔鄭人立昭公旣立內蛇與外蛇鬬鄭南門中內蛇死是時傅瑕仕於鄭欲內厲公故內蛇死者昭公將敗厲公將勝之象也是時昭公宜布恩施惠以撫百姓舉賢崇德以厲羣臣覩察左右以省姦謀則內變不得生外謀無由起矣昭公不覺果殺於傅瑕二子死而厲公入此其效也詩云惟虺惟蛇女子之祥鄭昭公殆以女子敗矣〔集解〕惠棟曰案左傳乃子儀非昭公也賜據洪範五行傳故與左傳異康王一朝晏起關雎見幾而作前書曰佩玉晏鳴關雎嘆之音義曰后夫人雞鳴佩玉去君所周康王后不然故詩人嘆而傷之此事見魯詩今亡失也〔集解〕惠棟曰袁宏紀昔周公承文王之盛一朝晏起夫人不鳴璜宮門不擊柝關雎之人見幾而作也夫女謁行則讒夫昌讒夫昌則苞苴通故殷湯以之自戒終濟亢旱之災洪範曰湯自伐桀後大旱七年洛川竭使人持三足鼎祝於山川曰政不節耶使人疾耶苞苴行耶讒夫昌耶宮室榮耶女謁行耶何不雨之極言未已而天大雨〔集解〕惠棟曰濟止也先謙曰官本洪範作說苑是

惟陛下思乾剛之道別內外之宜崇帝乙之制受元吉之祉易泰卦六五曰帝乙歸妹以祉元吉也抑皇甫之權割豔妻之愛豔妻周幽王后襃姒也皇甫卿士等皆后之黨用后嬖寵而居位也詩云皇甫卿士豔妻煽方處也則蛇變可消禎祥立應殷戊宋景其事甚明殷王太戊時桑穀共生於朝修德而桑穀死景公時熒惑守心修德而星退舍並見史記二年代唐珍爲司空〔集解〕錢大昕曰靈帝紀熹平二年正月司空宗俱薨二月以光祿勳楊賜爲司空七月司空楊賜免太常唐珍爲司空是賜代宗俱而珍代賜也傳誤以災異免復拜光祿大夫秩中二千石五年代袁隗爲司徒是時朝廷爵授多不以次而帝好微行遊幸外苑賜復上疏曰臣聞天生蒸民不能自理蒸衆也故立君長使司牧之司主也牧養也是以唐虞兢兢業業兢兢戒愼業業危懼尚書皋陶謨曰兢兢業業一日二日萬機周文日昃不暇尚書曰文王自朝至於日中昃弗遑暇食明愼庶官俊乂在職三載考績尚書曰三載考績黜陟幽明也以觀厥成而今所序用無他德有形埶者旬日累遷守眞之徒歷載不轉勞逸無別善惡同流北山之

詩所爲訓作（詩小雅曰陟彼北山言採其杞偕偕士子朝夕從事大夫不均我從事獨賢）又聞數微行出幸苑囿觀鷹犬之埶極槃遊之荒（槃樂也詩云槃于遊田書曰內作色荒外作禽荒）政事日墮（許規切集解惠棟曰古隳字皆作墮魏修孔子廟碑云百事墮壞是也俗皆作隳）大化陵遲陛下不顧二祖之勤止（二祖高祖光武也詩云文王既勤止）追慕五宗之美蹤（文帝太宗武帝世宗宣帝中宗明帝顯宗章帝肅宗也）而欲以望太平是由曲表而欲直景卻行而求及前人也（孫卿子曰猶立枉木而求其影之直也韓詩外傳曰夫明鏡所以照形也往古所以知今也夫知惡往古之惡而不知修今之善惡往古之所以危亡而不知襲迹其所以安存則無以異乎卻行而求逮於前人也）宜絕慢慠之戲念官人之重割用板之恩慎貫魚之次（板謂詔書也易剝卦曰貫魚以宮人寵言王者御宮人如貫魚之有次序也集解惠棟曰板謂板詔尺一也）無令醜女有四殆之歎（劉向列女傳曰鍾離春者齊無鹽邑之女齊宣王之正后也其爲人也極醜無雙臼頭深目長壯大節卬鼻結喉肥項少髮折腰凸胸皮膚若漆年四十行嫁不售自謁宣王舉手撫膝曰殆哉殆哉曰今王之國西有衡秦之患南有強楚之讎外有二國之難一旦山陵崩弛社稷不安此一殆也漸臺五重萬人罷極此二殆也賢者伏匿于山林諂諛被強於左右此三殆也飲酒沈湎以夜繼晝外不修諸侯之禮內不秉國家之政此四殆也集解沈欽韓曰列女傳壯作指凸作出行作衍四十新序及初學記並作三十）遐邇有憤怨之聲臣受恩偏特忝任師傅不敢自同凡臣括囊避咎（括結也易曰括囊無咎無譽）謹自手書密上（集解惠棟曰袁宏紀云謹自手書皁囊密上）後坐辟黨人免復拜光祿大夫光和元年有虹蜺晝降於嘉德殿前（洛陽記殿在九龍門內郭景純注爾雅曰雙出色鮮盛者爲雄曰虹闇者爲雌曰蜺集解惠棟曰謝承書云嘉德殿前有青赤氣沈欽韓曰衆經音義引郭注與此同今釋天注無其語詩正義爾雅疏引作音義）帝惡之引賜及議郎蔡邕等入金商門崇德署（戴延之西征記曰太極殿西有金商門）使中常侍曹節王甫問以祥異禍福所在（集解惠棟曰蔡邕集云光和元年七月十日詔書尺一召光祿大夫楊賜諫議大夫馬日磾議郎張華蔡邕太史令單颺詣金商門引入崇德殿署門內南辟幃中爲都坐漏下未盡三刻中常侍育陽侯曹節冠軍侯王甫從東省出就都坐東西十門劉寵龐訓北面賜南面日磾華邕西面受詔書各一通尺一木板草書兩常侍又諭旨朝廷以災異憂懼特旨密問政事所變改施行務令分明賜等稱臣再拜受詔起就坐又人各二處給筆硯爲對）賜仰天而歎謂節等曰吾每讀張禹傳未嘗不憤恚歎息不能竭忠盡情極言其要而反留意少子乞還

女壻（張禹成帝時爲丞相以師傅恩禹每疾輒以起居聞車駕自臨問之拜禹牀下禹頓首謝恩言老臣有四男一女愛女甚於男遠嫁爲張掖太守蕭咸妻不勝父子私情思與女相近上即時徙咸爲弘農太守又屬少子未有官上臨候禹禹數視其少子上即禹牀下拜爲黃門給事中也）朱游欲得尚方斬馬劍以理之固其宜也（朱雲字游張禹以帝師尊重雲上書求見公卿在前雲曰今朝廷大臣不能匡主臣願得尚方斬馬劍斷佞臣一人頭以厲其餘上問誰也對曰安昌侯張禹尚方少府之屬官也作供御器物故有斬馬劍利可以斬馬也並見前書）吾以微薄之學充先師之末累世見寵無以報國猥當大問死而後已乃書對曰臣聞之經傳或得神以昌或得神以亡（左傳曰有神降于莘周內史過曰國之將興明神降之監其德也將亡神又降之觀其惡也故有得神以興亦有以亡國語曰昔夏之興也祝融降于崇山其亡也回祿信于黔遂商之興也檮杌次于平山其亡也夷羊在牧周之興也鸑鷟鳴于岐山其衰也杜伯射王于鄗也）國家休明則鑒其德邪辟昏亂則視其禍今殿前之氣應爲虹蜺皆妖邪所生不正之象詩人所謂蝃蝀者也（韓詩序曰蝃蝀刺奔女也蝃蝀在東莫之敢指詩人言蝃蝀在東者邪色乘陽人君淫佚之徵臣子爲君父隱藏故言莫之敢指蝃音帝蝀音東集解先謙曰官本音東作音董）於中孚經曰蜺之比無

德以色親（易稽覽圖中孚經之文也比類也鄭玄注曰蜺邪氣也陰無德以好色得親幸於陽也）方今內多嬖倖外任小臣上下並怨諠譁盈路是以災異屢見前後丁寧今復投蜺可謂孰矣（孰成也集解惠棟曰指嬖倖也公羊傳云季氏之惡已孰矣）案春秋讖曰天投蜺天下怨海內亂（春秋演孔圖曰蜺者斗之亂精也失度投霓見宋均注曰投霓投應也）加四百之期亦復垂及（漢終于四百年解見獻帝紀）昔虹貫牛山管仲諫桓公無近妃宮（春秋文曜鉤曰白虹貫牛山管仲諫曰無近妃宮君恐失權齊侯大懼退去色黨更立賢輔使后出望上牛山四面聽之以厭神宋均注曰山君位也虹蜺陰氣也陰氣貫之君惑於妻黨之象也望謂祭以謝過也流俗本山作升者誤也）易曰天垂象見吉凶聖人則之（上繫之詞則效也）今妾媵嬖人閹尹之徒共專國朝欺罔日月又鴻都門下招會羣小造作賦說以蟲篆小技見寵於時（法言曰賦者童子雕蟲篆刻壯夫不爲也集解沈欽韓曰晉書衛恆傳靈帝好書時多能者而師宜官爲最李壁王文公詩注時天下工書者皆聚於鴻都門）如驩兜共工更相薦說（尚書驩兜曰都共工方鳩孱功）旬月之間並各拔擢樂松處常伯（集解惠棟曰松後爲奉車都尉見劉陶傳）任芝居納言郤儉（集解

惠棟曰三國志注儉字正祖梁鵠集解惠棟曰三國志注鵠字孟黃安定人俱㠯便辟之性佞辯之
心各受豐爵不次之寵而令搢紳之徒委伏畎畝口誦堯舜之言
身蹈絕俗之行棄捐溝壑不見逮及冠履倒易陵谷代處楚詞曰冠履兮
雜處詩曰高岸為谷深谷為陵從小人之邪意順無知之私欲不念板蕩之作虺
蜴之誡詩大雅序曰板凡伯刺厲王也其詩曰上帝板板下人卒癉蕩召穆公傷周室大壞也其詩曰蕩蕩上帝下民之辟
又云哀今之人胡為虺蜴注云蜴蠑螈也虺蜴之性見人則走哀哉今之人何為如是傷時政也殆哉之危莫過
於今無鹽女之詞解見上幸賴皇天垂象譴告周書曰天子見怪則修德諸
侯見怪則修政卿大夫見怪則修職士庶人見怪則修身唯陛下
愼經典之誡圖變復之道謂變改而銷復之集解惠棟曰漢時易家言災異者有變復之說斥遠
佞巧之臣速徵鶴鳴之士內親張仲外任山甫詩曰張仲孝友又曰袞職有闕仲山
甫補之皆周宣王賢臣也斷絕尺一集解蘇輿曰事由中下者為尺一光武時以尺一出陳升是也觀觸然不常用其藏
在尚書者詔板宜有定式除拜諸令由府具板經上覽乃下自宦妾用事乃借尺一之名行之桓帝時竇武諫言黃門侍郎自造制

後漢書五十四　十六

度妄爵非人見竇武傳靈帝時乳母趙嬈及中常侍曹節王甫等詔事竇太后數出詔命有所封拜故陳蕃請尺一選舉委尚書三公見陳
蕃傳陽球自司隸校尉徙衛尉曹節敕尚書令召拜不得稽留尺一見陽球傳而李雲上書亦言尺一拜用不經省御蓋此等詔書上不經
天子下不歸臺閣殆如唐世斜封之類故賜請斷絕尺一又云制用板之恩也抑止槃游留思庶政無敢
怠遑龔上天還威眾變可弭集解先謙曰官本弭作彌同老臣過受師傅之任
數蒙寵異之恩豈敢愛惜垂沒之年而不盡其僂僂之心哉僂僂猶勤
勤也音力侯反書奏甚忤曹節等蔡邕坐直對抵罪徙朔方賜㠯師傅之
恩故得免咎其冬行辟雍禮引賜為三老復拜少府光祿勳代劉
郃為司徒集解沈欽韓曰案文當有二年冬三字此傳與紀並云從光祿勳為司徒袁紀作太常帝欲造畢
圭靈琨苑集解沈欽韓曰袁紀為三年事其年夏虎見平樂觀又見憲陵詔問司徒楊賜對曰虎者金行參伐之精很戾
之獸也今在位率多奢暴貪殘酷虐乎賜復上疏諫曰竊聞使者並出規度城南人
田集解惠棟曰韋昭國語注規猶存也先謙曰東觀記人作民此皆避唐諱所未及回改者欲㠯為苑昔先王
造囿裁足㠯修三驅之禮薪萊芻牧皆悉往焉先帝之制左開鴻

池右作上林鴻池在洛陽東上林在西不奢不約㠯合禮中今猥規郊城之地
㠯為苑囿壞沃衍杜預注左傳曰衍沃平美之地也廢田園驅居人畜禽獸殆非
所謂若保赤子之義書曰若保赤子唯人其康乂也今城外之苑已有五六陽嘉元年
起西苑延熹二年造顯陽苑洛陽宮殿名有平樂苑上林苑桓帝延熹元年置鴻德苑也可㠯逞情意順四節
也逞快也四節謂春蒐夏苗秋獮冬狩也宜惟夏禹卑宮孔子曰禹惡衣服卑宮室也太宗露臺
之意文帝欲作露臺召匠計之直百金帝曰百金中人十家之產吾奉先帝宮室常恐羞之何以臺為也㠯慰下民
之勞集解先謙曰官本慰作尉書奏帝欲止㠯問侍中任芝中常侍樂松集解錢大
昕曰案中常侍惟宦者為之樂松初為鴻都文學觀驩繼為侍中祭酒觀鯈又為奉車都尉觀鯈皆非宦者之職賜前上書言樂
松處常伯漢人稱侍中為常伯則松官侍中明矣此云中常侍誤也松等曰昔文王之囿百里人㠯
為小齊宣五里人㠯為大孟子齊宣王問曰文王之囿方七十里人猶以為小寡人之囿方四十里人猶
以為大何也曰文王之囿方七十里芻蕘者往焉雉兔者往焉與人同之猶以為小不亦宜乎此云文王百里齊宣五里與孟子不
同也集解惠棟曰王懋云世說舉樂松之語云齊五十里乃知非五里也當時史文于五字下脫一十字蓋七十里近于百里四十

後漢書五十四　七

里近于五十樂松舉其大要耳揚雄亦曰文王之囿百里齊宣王之囿四十里是亦明以文王之囿為百里文王之囿豈眞百里哉
章懷不深攷耳今與百姓共之無害於政也帝悅遂令築苑四年賜㠯病
罷居無何拜太常詔賜御府衣一襲衣單複具曰襲自所服冠幘綬玉壺
革帶金錯鉤佩金錯以金閒錯其文五年冬復拜太尉中平元年黃巾賊起
賜被召會議詣省閤切諫忤旨因㠯寇賊免先是黃巾帥張角等
執左道稱大賢㠯誑燿百姓天下繈負歸之賜時在司徒召掾劉
陶告曰張角等遭赦不悔而稍益滋蔓今若下州郡捕討恐更騷
擾速成其患且欲切敕刺史二千石簡別流人各護歸本郡㠯孤
弱其黨然後誅其渠帥可不勞而定何如陶對曰此孫子所謂不
戰而屈人之兵廟勝之術也孫子曰未戰而廟勝得算多也未戰而廟不勝得算少也賜遂上
書言之會去位事留中謂所論事留在禁中未施用之後帝徙南宮閱錄故事得
賜所上張角奏及前侍講注籍籍所注之錄乃感悟下詔封賜臨晉侯

邑千五百戶臨晉縣屬馮翊故城在今同州朝邑縣西南集解惠棟曰袁宏紀云帝感悟遂下詔云大司馬楊賜敦德允元忠肅恭懿親以尚書侍講累評張角始謀禍釁未彰賜陳便宜欲緩誅夷令德既光嘉謀恒然詩不云乎無德不報無言不讎故褒成君孔霸故太尉黃瓊侍講先帝並宜茅土之封初賜與太尉劉寬司空張濟濟字元江細陽人濟張輔曾孫並入侍講集解官本考證曰宋本作倶入侍中講入侍下不得再加中字宋本不可從自以不宜獨受封賞上書願分戶邑於寬濟帝嘉歎復封寬及濟子拜賜尚書令數日出為廷尉賜自以代非法家言曰三后成功惟殷于民臯陶不與焉蓋吝之也吝恥也殷盛也尚書曰伯夷降典折人惟刑禹平水土主名山川稷降播種農殖嘉穀三后成功惟殷于人吉臯陶不預其數者蓋恥之遂固辭集解沈欽韓曰蔡邕楊公碑公作廷尉惟刑之恤旁施四方惟明折獄據碑所云似賜已經為廷尉也以特進就第二年九月復代張温為司空其月薨天子素服三日不臨朝贈東園梓器襚服賜錢三百萬布五百匹策曰故司空臨晉侯賜華嶽所挺九德純備挺生也九德卽臯陶謨九德三葉宰相輔國以忠朕昔初載授道帷幄詩大雅曰文王初載毛萇注云載識也

後漢書五十四　六

遂階成勳以陟大猷師範之功昭于內外庶官之務勞亦勤止七在卿校殊位特進五登袞職弭難乂寧雖受茅土未荅厥勳哲人其萎將誰諮度朕甚懼焉禮記曰孔子負手曳杖消搖于門歌曰太山其頹乎梁木其壞乎哲人其萎乎禮設殊等物有服章今使左中郎將郭儀持節追位特進前書張禹為丞相以老罷就第以列侯朝朔望位特進見禮如丞相漢雜事曰諸侯功德優盛朝廷所敬異賜位特進在三公下贈司空驃騎將軍印綬及葬又使侍御史持節送喪蘭臺令史十人發羽林騎輕車介士續漢書輕車古之戰車也同朱輪輿不巾不蓋矛戟撞麾蕭音側事反蕭謂插也集解先謙曰官本同作彤是前後部鼓吹又敕驃騎將軍官屬司空法駕送至舊塋續漢志三公列侯車倚鹿伏熊黑轓朱斑輪鹿文飛軨九斿降龍騎吏四人皆帶劍持棨戟為前列三百石長導從置門下五吏賊曹功曹皆帶劍車道主簿主記兩車為從也集解劉攽曰注案後漢志文此不台有三百石長四字又云賊曹督盜賊功曹皆帶劍三車導此文少督盜賊三字又少一三字又誤導字也蓋門下五吏賊曹一督盜賊一功曹一主簿一主記一凡五車也公卿已下會葬諡文烈侯及小祥又會焉子彪嗣禮朞而小祥又朞而大祥鄭玄注云祥吉也吉其鞹卽吉也

彪字文先少傳家學初舉孝廉州舉茂才辟公府皆不應熹平中以博習舊聞公車徵拜議郎華嶠書曰與馬日磾盧植蔡邕等著作東觀遷侍中京兆尹光和中黃門令王甫使門生於郡界辜榷官財物七千餘萬華嶠書曰甫使門生王翹辜榷解見靈帝紀彪發其姦言之司隸校尉楊球集解官本考證曰楊應作陽因此奏誅甫天下莫不愜心徵還為侍中五官中郎將遷潁川南陽太守復拜侍中三遷永樂少府太僕衞尉中平六年代董卓為司空其冬代黃琬為司徒明年關東兵起董卓懼欲遷都以違其難也違避乃大會公卿議曰高祖都關中十有一世光武宮洛陽於今亦十世矣案石包讖集解惠棟曰石包室中之讖也蘇竟與劉龔書曰孔邱祕經為漢赤制元包幽室文隱事明甚此類也宜徙都長安以應天人之意百官無敢言者彪曰移都改制天下大事故盤庚五遷殷民胥怨盤庚殷王之名也胥相也遷都於亳殷人相與怨恨湯遷亳仲丁遷囂河亶甲居相祖乙居耿并盤庚五遷也昔關中遭王莽變亂宮室焚

後漢書五十四　九

蕩民庶塗炭百不一在光武受命更都洛邑今天下無虞虞度也言無可度之事也書曰四方無虞百姓樂安明公建立聖主光隆漢祚無故捐宗廟棄園陵恐百姓驚動必有糜沸之亂如糜粥之沸也詩曰如沸如羹集解先謙曰糜通作麋石包室讖妖邪之書豈可信用卓曰關中肥饒故秦得并吞六國且隴右材木自出致之甚易又杜陵南山下有武帝故瓦陶竈數千所并功營之可使一朝而辦百姓何足與議若有前卻我以大兵驅之可令詣滄海言不敢避險難也彪曰天下動之至易安之甚難惟明公慮焉卓作色曰公欲沮國計邪沮止也太尉黃琬曰此國之大事楊公之言得無可思卓不荅司空荀爽見卓意壯恐害彪等因從容言曰相國豈樂此邪集解沈欽韓曰帝紀卓為相國在中平六年山東兵起非一日可禁故當遷以圖之此秦漢之埶也卓意小解爽私謂彪曰諸君

堅爭不止禍必有歸故吾不爲也議罷卓使司隸校尉宣播【集解】惠棟曰播後爲廷尉李傕之亂爲所殺也以災異奏免琬彪等詣闕謝卽拜光祿大夫十餘日遷大鴻臚從入關轉少府太常以病免復爲京兆尹光祿勳再遷光祿大夫三年秋代淳于嘉爲司空以地震免復拜太常興平元年代朱儁爲太尉錄尙書事及李傕郭汜之亂彪盡節衞主崎嶇危難之閒幾不免於害語在董卓傳及車駕還洛陽復守尙書令建安元年從東都許時天子新遷大會公卿兗州刺史曹操上殿見彪色不悅恐於此圖之未得讌設託疾如廁因出還營彪以疾罷時袁術僭亂操託彪與術婚姻【集解】通鑑胡注彪子修袁術之甥彪蓋娶于袁氏也惠棟曰古文苑載曹公卞夫人與楊太尉夫人袁氏書又楊夫人荅書稱彪袁氏頓首是也誣以欲圖廢置奏收下獄【集解】王鳴盛曰魏志滿寵傳作故太尉楊彪收付縣獄時彪已以疾罷而天子都許彪亦在許寵方爲許令縣獄者許縣獄也劾以大逆獻帝春秋曰操刑之不鑑君之明也楊彪獲罪懼者甚衆【集解】劉攽曰案此注當在見操曰下

又當云融見操曰云云少融見曰三字將作大匠孔融聞之不及朝服往見操曰楊公四世清德海內所瞻周書父子兄弟罪不相及左傳曰康誥曰父不慈子不祗兄不友弟不恭不相及也況以袁氏歸罪楊公易稱積善餘慶徒欺人耳易文言曰積善之家必有餘慶操曰此國家之意【集解】通鑑胡注國家謂帝也融曰假使成王殺邵公周公可得言不知邪今天下纓緌搢紳說文曰纓冠系也鄭玄注禮記曰緌冠飾也紳帶也搢插也插笏於紳也或作縉者淺赤言帶之色所以瞻仰明公者以公聰明仁智輔相漢朝舉直措枉致之雍熙也今橫殺無辜則海內觀聽誰不解體左傳曰季文子謂晉韓穿曰四方諸侯誰不解體杜預注曰言不復肅敬也孔融魯國男子明日便當拂衣而去不復朝矣國一男子不復更來朝也若以非罪殺彪融則還爲魯操不得已遂理出彪【集解】沈欽韓曰滿寵傳彪付縣獄荀彧孔融等並屬寵但當受辭勿加考掠寵一無所報考訊如法數日求見太祖言之曰楊彪考訊無他詞語當殺者宜先彰其罪此人有名海內若罪不明必大失民望竊爲明公惜之太祖卽日赦出彪四年復拜太常十年免十一年諸以恩澤爲侯者皆奪封彪父賜以師傅封臨晉侯

彪見漢祚將終遂稱腳攣【集解】通鑑胡注攣閭緣反牽縮也不復行積十年後子修爲曹操所殺操見彪問曰公何瘦之甚對曰愧無日磾先見之明猶懷老牛舐犢之愛前書曰金日磾子二人武帝所愛以爲弄兒其後弄兒壯大不謹自殿下與宮人戲日磾適見之惡其淫亂遂殺弄兒操爲之改容

修字德祖好學有俊才爲丞相曹操主簿典略曰修建安中舉孝廉除郎中丞相請署倉曹屬主簿是時軍國多事修總知內外事皆稱意自魏太子以下並爭與交好【集解】沈欽韓曰世說捷悟篇楊德祖爲魏武主簿時作相國門始構榱桷魏武自出看使人題門作活字便去楊見卽令壞之既竟曰門中活闊字王正嫌門大也又魏武征袁本初治裝餘有數十斛竹片咸長數寸衆云並不堪用正令燒除太祖思所以用之謂可爲竹椑楯而未顯其言馳使問主簿楊德祖應聲荅之與太祖意同衆稱其辨悟用事曹氏及操自平漢中欲因討劉備而不得進欲守之又難爲功護軍不知進止何依操於是出教唯曰雞肋而已外曹莫能曉修獨曰夫雞肋食之則無所得棄之則如可惜公歸計決矣乃令外白稍嚴【集解】先謙曰嚴謂治裝操於此迴師修之幾決多

有此類修又嘗出行籌操有問外事乃逆爲荅記敕守舍兒若有令出依次通之既而果然如是者三操怪其速使廉之知狀廉察也【集解】沈欽韓曰世說注文士傳修嘗白事知必有反覆教豫爲荅對數紙以次牒之而行敕守者曰白事必教出相反覆若案此次第連荅之已而風吹紙次亂守者不別而遂錯誤公怒推問修慚懼然以所白甚有理終亦是修於此忌修且以袁術之甥慮爲後患遂因事殺之續漢書曰人有白修與臨淄侯曹植飲醉共載從司馬門出謗訕鄢陵侯章太祖聞之大怒故遂收殺之時年四十五矣【集解】沈欽韓曰魏志注典略曰二十四年秋公以修前後漏洩言教交關諸侯乃收殺之是時臨淄侯植以才捷愛幸降意投修植後以驕縱見疏而故連綴修不止修亦不敢自絕臨死謂故人曰我固自以死之晚也其意以爲坐曹植也古文苑操與彪書曰與足下同海內大義足下不遺以賢子見輔比中國雖靖方外未夷今軍征事大百姓騷擾吾制鍾鼓之音主簿宜守而足下賢子恃豪父之勢每不與吾同懷卽欲直繩顧頗恨恨謂其能改遂轉寬舒復卽宥貸將延足下尊門大累便令刑之念卿父息之情同此悼楚修所著賦頌碑讚詩哀辭表記書凡十五篇【集解】惠棟曰經籍志云梁有楊修集二卷錄一卷及魏文帝受禪欲以彪爲太尉先遣吏示旨【集解】惠棟曰續漢書云令近臣宣旨彪辭曰彪備漢三公遭世傾亂不

能有所補益耄年被病豈可贊惟新之朝遂固辭乃受光祿大夫集解先謙曰官本受作授是賜几杖衣袍續漢書曰魏文帝詔曰先王制几杖之賜所以賓禮黃耇太尉楊彪乃祖以來世著名積其賜公延年杖延請之日便使杖入也因朝會引見令彪著布單衣鹿皮冠杖而入待以賓客之禮集解惠棟曰續漢書云朝見位次三公如孔光故事彪上章固讓帝不聽又為門施行馬致吏卒以優崇之沈欽韓曰魏志黃初二年冬十月授楊彪光祿大夫裴注秩中二千石愚案彪之苦節幽貞始終如一在魏代欲飾美談以掩篡迹若著於彪傳徒穢清名袁紀削之斯為得體年八十四黃初六年卒于家自震至彪四世太尉德業相繼與袁氏俱為東京名族云華嶠書曰東京楊氏袁氏累世宰相為漢名族然袁氏車馬衣服極為奢僭能守家風為世所貴不及楊氏也

論曰孔子稱危而不持顛而不扶則將焉用彼相矣論語載孔子之言也相扶持者論臣當輔君也集解先謙曰官本者下論作諭是誠以負荷之寄不可以虛冒負荷之寄周公霍光之傳崇高之位憂重責深也延光之間震為上相抗直方以臨權枉坤六二曰直方大不習無不利也先公道而後身名可謂懷王臣之節易曰王臣蹇蹇匪躬之故識所任之體矣遂累葉載德易曰德積載載重也繼踵宰相信哉積善之家必有餘慶先世韋平方之蔑矣韋賢平當父子並相繼為丞相

贊曰楊氏載德仍世柱國言世為國柱臣也震畏四知秉去三惑賜亦無諱彪誠匪忒忒差也修雖才子渝我清則渝變也集解劉攽曰案楊氏有兩族赤泉氏從木子雲自敘其受氏從才而楊修書稱曰修家子雲又似震族亦是揚氏不知文士聊如此云其亦實然也今書中華陰之族從木從才相半未知所從學者辨之王鳴盛曰震秉賜彪四世名德彪為操所忌幾死得免修當遠去權勢韜晦以避之反為操總知內外與丕植親昵又數炫其才於操死非不幸袁紀言自震至彪皆儒素相承孝友篤誠不忝前烈修有俊才而德業之風盡矣意與范同先謙曰古从木从手旁之字多通作揚雄即楊雄也說詳雄傳

楊震列傳第四十四終　　後漢書五十四

後漢書集解卷五十四校補

楊震傳宏農華陰人也地詳獻紀

銜三鱣魚注鱣字皆作鱓官本注無字字

舉茂才四遷集解沈欽韓曰至四字衍案范書凡言舉孝廉茂才幾遷皆上溯始仕經過吏職數之漢世察舉率歸吏職故世祖詔書亦云自今以後審四科辟召及刺史二千石察茂才尤異孝廉之吏也舉孝廉者例為郎舉茂才例為令郎令即所遷之官孝廉茂才非即官非有前官則不得言遷震始仕由州而郡而大將軍府而襄城令乃為荊州刺史蓋已歷四遷矣沈謂四字為衍誤也

步從至太陽注太陽縣屬河東郡今解州平陸縣東北續漢志太作大地理韻編太陽北魏縣今地同大陽

秉字叔節柳從辰曰御覽二百七引張璠漢記作字叔卿

唯人自召官本自作所

諸侯如臣之家春秋尚列其誠注左傳齊莊公如崔杼之家為杼所殺也案穀梁宣九年傳陳靈公通于夏徵舒之家公孫甯儀行父亦通其家十年陳夏徵舒弒其君平國十一年楚入殺夏徵舒楚子入陳注引左傳齊事似未合

特蒙哀識案哀字疑當作表

出為右扶風柳從辰曰袁紀謂梁冀怨秉出為扶風太守太尉黃瓊柳從辰曰太尉袁紀作太常又袁紀載秉上疏在元嘉元年而瓊為太尉在永興二年則作太常是也案本書桓紀元嘉元年十一月後置閏瓊於閏月始由太常為司空亦與袁紀合

是時大將軍梁冀用權秉稱病柳從辰曰袁紀云當冀之時抑而不用

延熹三年白馬令李雲以諫受罪集解沈欽韓曰至事無齟齬也案李雲傳桓帝延熹二年誅大將軍梁冀而中常侍單超等五人並封列侯立掖庭民女為皇后數月間后家封者四人據桓紀誅冀立后封單超等皆在延熹二年八月以後再數月閏迫年終矣雲由縣露布上書或仍在二年至逮雲至洛陽獄雜考定罪罔當至三年也則此傳言雲以諫受罪紀言雲下獄死均屬之三年非有誤也沈謂當從袁紀而袁紀亦係承二年事終言之何可過泥至第五種為單超所陷事本在前任方突獄亡走事又在後觀此傳文以先是二字別之似與超之死原無齟

齮且於李雲事亦無涉沈乃謂推挍第五種秉傳定二年則紀言超死事無齟齬豈其然哉

匡慮秉當窮究其事官本究作竟

五年冬代劉矩爲太尉集解惠棟曰袁宏紀七年黃瓊薨秉乃爲太尉柳從辰曰袁紀書瓊薨與本書瓊傳卒年合但本書桓紀延熹四年太尉黃瓊免劉矩代五年太尉劉矩免楊秉代與此傳抑無不合若據范書瓊四年已罷太尉袁紀於七年書太尉黃瓊薨爲故太尉矣案袁紀與范書不符處儘多原不礙爲異惟七年書太尉黃瓊薨不免有誤據瓊傳瓊罷太尉之後尚曾一爲司空即書前官亦不當仍書太尉矣

秉劾奏參注應捶殺官本注捶作棰同

必求事中傷沈銘彝曰唐書苗晉卿傳獎而不言其善斯謂曲貸罰而不書其惡斯謂中傷曲貸則投受不明而私幸之門啟中傷則枉直無辨而讒間之術行

賜字伯獻集解惠棟曰至袁宏紀字子猷柳從辰曰今袁紀作字子獻又東觀記作字伯獻與此傳同

休徵則五福應注四曰攸好德官本注攸作逌案前書五行志彝倫逌敘攸亦作逌知古書通作

康王一朝晏起關雎見幾而作集解惠棟曰袁宏紀昔周公承文王之盛柳從辰曰今袁紀公作王又三家詩義集疏引作周康王是今本王上仍脫康字案關雎之作古今文說各不同惠據袁紀作周公晏起洵一異說然周南本承文王之化而繫之周公此文又僅言夫人不鳴璜而不及后疑亦有所據

經濟亢旱之災集解惠棟曰濟止也案濟度也訓止義窒

殷戊宋景其事甚明注桑穀共生於朝修德而桑穀死案此从木之穀非从禾之穀各本注皆未正

極槃遊之荒注詩云槃於遊田書曰內作色荒外作禽荒柳從辰曰槃于遊田乃尚書無逸篇文詩云當作書云書曰當作又曰案注引書無逸文是也惟當引作不敢槃于遊田如僅引末四字是西京賦句非書文矣至內作色荒二句乃晉世所出僞古文則非桓君章句所有也且使僞古文而可引則引乃槃遊無度不反勝無逸篇文乎當改云詩云好樂無荒孟子從獸無厭謂之荒

無令醜女有四殆之歎注舉手撫膝官本撫作拊柳從辰曰作拊與列女傳合新序作肘膝案爾雅釋訓辟拊心也釋文拊本亦作撫知撫拊古通作列女傳舊亦作撫

後坐辟黨人免案靈紀免在六年十二月

光和元年有虹蜺晝降於嘉德殿前集解惠棟曰謝承書云嘉德殿前有青赤氣柳從辰曰袁宏紀光和元年六月丁丑溫明殿庭中有黑氣長十餘丈形貌似龍案袁紀所載與續志投蜺合而與此傳文注迥異惠氏獨引謝承書者以殿名既同爲嘉德而青赤兩色又即注引郭璞爾雅說所謂雙出者於傳文虹蜺均有證明也羽翼范書足稱補注矣

使中常侍曹節王甫問㠯祥異禍福所在集解惠棟曰蔡邕集云至給筆硯爲對案邕集所記已見本書邕傳虹蜺事即特旨密問者也據本書桓紀光和元年六月丁丑有黑氣墮所御溫德殿庭中七月壬子青虹見御坐玉堂後殿庭中實各爲一事章懷彼注於青虹之見曾引賜傳云墮嘉德殿前是此傳所傳乃七月壬子事而續志及袁宏紀皆誤合六月丁丑事爲一事則虹與氣無別矣

或得神㠯昌注商之興也檮杌次于平山官本平作丕案平乃丕之譌

蜺之比無德㠯色親注易稽覽圖中孚經之文也錢大昭曰易稽覽圖云黃之比知善不舉青白之比疑也黑之比不掩惡也白之比弱也霓之比無德㠯色親也案蜺霓古通作

不念板蕩之作注下民之辟官本注民猶作人

周書曰天子見怪則修德至則修身沈銘彝曰先君雲門隨筆云應劭風俗通晉文公出獵見大蛇文公曰天子見妖則修德諸侯修政大夫修家士修身與楊賜傳畧同乃知漢人傳述固有此語今案賜引周書當爲逸周書文今已無可考見沈氏雲門筆記引風俗通文據御覽九百三十三乃賈誼書語文亦小異並見新序

中常侍樂松集解錢大昕曰至漢人稱侍中爲常伯則松官侍中明矣案錢大昕氏以樂松本鴻都門學生非宦者歷官亦非宦職不得爲中常侍其論不爲無見至謂漢人稱侍中爲常伯可證中常侍爲侍中之誤一則非也賜前上書謂樂松處常伯任芝居納言則兩人必非同一官使樂松果與任芝同官侍中則傳可云以問侍中任芝樂松無再於樂松上複出侍中之理且侍中祭酒位在諸侍中之上尤不應先任芝而後樂松此以史文言之而知其不然也漢人稱侍中爲常伯稱中常侍亦曰常伯本書襄楷傳謂宦者當給使主市里今乃反在常伯之位則據非其位久矣又朱暉傳朱穆疏云案漢故事中常侍參選士人建武以後乃悉用宦者自延平以來浸益貴盛假貂璫之飾處常伯之任賜謂樂松處常伯其辭正與穆疏同安見常伯必爲侍中乎雖前書谷永傳云戴金貂之飾執常伯之職者皆使學先王之道知君臣之義顏注常伯侍中也然蔡質漢儀謂侍中常伯必選舊儒高德博學淵懿者豈於先王之道君臣之

義尙待學知則顏說亦未盡確矣此以他傳證之又知其不然也納言謂尙書也若如錢氏之說以賜前上書所稱爲準則改樂松爲侍中必並改任芝爲尙書否則仍不能盡合竊謂傳於侍中任芝之下別出中常侍官名其官名定不誤或者人名有誤非樂松耳劉陶傳奉車都尉樂松亦㝡人名有誤另詳陶傳校補否則直是松蔡宦者之得地接前世參選士人之例請試爲之也賢如欒巴猶嘗給事掖庭況世亂主昏憸人腐身熏子以求媚優爲之矣亦何足怪耶

昔文王之囿百里人㠯爲小注猶以爲小不亦宜乎官本注猶作人

下詔封賜臨晉侯注臨晉縣屬馮翊故城在今同州朝邑縣西南今同州府大荔縣治

於此忌修至遂因事殺之集解顧頫恨恨恨恨疑恨之誤

司空張濟注濟張輔曾孫柳從辰曰注輔乃酺之譌各本皆未正案濟爲酺曾孫已見酺傳此注措辭略不照顧又兩出濟名均有未合

二年九月復代張溫爲司空其月卒案靈紀薨在十月庚寅

七在卿校侯康曰據本傳賜再爲少府光祿勳一爲太常一爲越騎校尉凡六在卿校惟並是尉數之其數適合案本傳言拜賜尙書令數日出爲廷尉後云遂固辭是已嘗爲之固辭乃罷故蔡邕楊公碑仍數廷尉也否則當云遂固辭不拜不僅云遂固辭矣

宮室焚蕩官本蕩作燒

修字德祖官本修字不提行

遂因事殺之注續漢書曰至時年四十五矣侯康曰楊太尉夫人袁氏答曹公卞夫人書云小兒違越分應至此憐其始立之年畢命埃土據此則修卒時似未至四十五也

章帝八王傳第四十五　　後漢書五十五

宋　宣城太守范曄撰

唐　章懷太子賢注

王先謙集解

孝章皇帝八子宋貴人生清河孝王慶梁貴人生和帝申貴人生濟北惠王壽河閒孝王開四王不載母氏

千乘貞王伉建初四年封和帝即位㠯伉長兄甚見尊禮立十五年薨子寵嗣一名伏胡永元七年改國名樂安立二十八年薨是爲夷王父子薨于京師皆葬洛陽子鴻嗣安帝崩始就國鴻生質帝質帝立梁太后下詔㠯樂安國土卑溼租委鮮薄改鴻封勃海王委謂委輸也立二十六年薨是爲孝王無子太后立桓帝弟蠡吾侯悝爲勃海王奉鴻祀悝蠡吾侯翼子河閒王開孫也集解官本考證曰祀北宋本作嗣惠棟曰案文當作祀

延熹八年悝謀爲不道有司請廢之帝不忍乃貶爲癭陶王食一縣悝後因中常侍王甫求復國許謝錢五千萬帝臨崩遺詔復爲勃海王悝知非甫功不肯還謝錢甫怒陰求其過初迎立靈帝道路流言悝恨不得立欲鈔徵書而中常侍鄭颯颯音立中黃門董騰並任俠通剽輕數與悝交通剽疾也王甫司察集解先謙曰司伺通官本作伺㠯爲有姦密告司隸校尉段熲熹平元年遂收颯送北寺獄北寺獄名屬黃門署前書音義曰郎若盧獄也使尙書令廉忠誣奏颯等謀迎立悝大逆不道遂詔冀州刺史收悝考實又遣大鴻臚持節與宗正廷尉之勃海迫責悝悝自殺妃妾十一人子女七十人伎女二十四人皆死獄中傅相㠯下㠯輔導王不忠悉伏誅悝立二十五年國除眾庶莫不憐之

平春悼王全續漢志平春縣屬江夏郡也集解沈欽韓曰今汝寧府信陽州西北㠯建初四年封其年薨葬于京師無子國除

清河孝王慶母宋貴人貴人宋昌八世孫扶風平陵人也昌文帝時爲中尉以代邸功封壯武侯集解惠棟曰東觀記宋揚傳宋義後有宋昌會稽典錄云昌宋義孫也父揚集解先謙曰揚官本作楊考證云案楊北宋本作揚以恭孝稱於鄉閭不應州郡之命集解惠棟曰袁宏紀揚恬于榮勢不願仕宦事親色養以揚姑卽明德馬后之外祖母也集解惠棟曰馬后母藺夫人揚姑適藺氏馬后聞揚二女皆有才色迎而訓之永平末選入太子宮甚有寵肅宗卽位竝爲貴人建初三年大貴人生慶集解惠棟曰續漢書云小貴人明年立爲皇太子徵揚爲議郎褒賜甚渥貴人長於人事供奉長樂宮身執饋饌太后憐之太后崩後竇皇后寵盛以貴人姊妹竝幸慶爲太子心內惡之與母比陽主謀陷宋氏比陽主東海王彊女外令兄弟求其纖過內使御者偵伺得失偵候也音丑政反廣雅曰偵問也後於掖庭門邀遮得貴人書云病思生菟令家求之因誣言欲作蠱道祝詛以菟爲厭勝之術日夜毀譖貴人母子遂漸見疏慶出居承祿觀數月集解通鑑胡注續漢志中藏府有承祿署竇后諷掖庭令誣奏前事請加驗實七年帝遂廢太子慶而立皇太子肇肇梁貴人子也乃下詔曰皇太子有失惑無常之性爰自孩乳至今益章恐襲其母凶惡之風不可以奉宗廟爲天下主大義滅親況降退乎左傳衛石碏殺其子厚君子曰石碏純臣也惡州吁而厚預焉大義滅親其是之謂乎今廢慶爲清河王皇子肇保育皇后承訓懷衽導達善性將成其器蓋庶子慈母尚有終身之恩儀禮喪服曰慈母如母謂妾子之無母父命妾養之故曰慈母如母者貴父之命也豈若嫡后事正義明哉今以肇爲皇太子遂出貴人姊妹置丙舍集解通鑑胡注丙舍宮中之室以甲乙丙丁爲次也續漢志南宮有丙署使小黃門蔡倫考實之皆承風旨傅致其事傅讀曰附乃載送暴室二貴人同時飲藥自殺續漢志曰暴室署名主中婦人疾病也帝猶傷之勑掖庭令葬于樊濯聚在洛陽城北也集解惠棟曰袁紀并葬于濯龍中案延平元年袁紀慶上書求葬于樊濯中云云則樊濯在濯龍宮之地也濯龍在北宮見續漢志於是免揚歸本郡郡縣因事復捕繫之揚友人前懽

後漢書五十五　二

令山陽張峻左馮翊沛國劉均等奔走解釋得以免罪揚失志憔悴卒于家慶時雖幼而知避嫌畏禍言不敢及宋氏帝更憐之勑皇后令衣服與太子齊等太子特親愛慶入則共室出則同輿及太子卽位是爲和帝待慶尤渥諸王莫得爲比常共議私事後慶以長別居丙舍永元四年帝移幸北宮章德殿講於白虎觀慶得入省宿止帝將誅竇氏欲得外戚傳前書外戚傳也懼左右不敢使乃令慶私從千乘王求夜獨內之又令慶傳語中常侍鄭眾求索故事謂文帝誅薄昭武帝誅竇嬰故事及大將軍竇憲誅慶出居邸賜奴婢三百人輿馬錢帛帷帳珍寶玩好充牣其第又賜中傅以下至左右錢帛各有差前書音義曰中傅官名也集解先謙曰官名官本作宦者也惠棟云北宋本作宦者名慶多被病或時不安帝朝夕問訊進膳藥所以垂意甚備慶小心恭孝自以廢黜尤畏事愼法每朝謁陵廟常夜分嚴裝衣冠待明分半也約勑官屬

後漢書五十五　三

不得與諸王車騎競驅常以貴人葬禮有闕每竊感恨至四節伏臘輒祭於私室竇氏誅後始使乳母於城北遙祠及竇太后崩慶求上冢致哀帝許之詔太官四時給祭具慶垂涕曰生雖不獲供養終得奉祭祀私願足矣欲求作祠堂恐有自同恭懷梁后之嫌遂不敢言恭懷梁后和帝母梁貴人常泣向左右以爲沒齒之恨沒終也齒年也後上言外祖母王年老遭憂病下土無醫藥願乞詣洛陽療疾於是詔宋氏悉歸京師除慶舅衍俊蓋暹等皆爲郎十五年有司以日食陰盛奏遣諸王侯就國詔曰甲子之異集解惠棟曰夏四月甲子也責由一人諸王幼稚早離顧復弱冠相育詩小雅曰父兮生我母兮鞠我顧我復我出入腹我常有蓼莪凱風之哀詩小雅曰蓼蓼者莪匪莪伊蒿哀哀父母生我劬勞詩國風曰凱風自南吹彼棘心棘心夭夭母氏劬勞選懦之恩知非國典且復須留選懦仁弱慈戀不決之意也懦音仁兗反東觀記須留作宿留集解惠棟曰北音讀宿爲須故宿留一作須留然宿留之宿前輩皆讀爲秀至冬從祠章陵詔假諸王羽

林騎各四十人後中傅衞訢私爲臧盜千餘萬詔使案理之并責
慶不舉之狀慶曰訢以師傅之尊選自聖朝臣愚唯知言從事聽
不甚有所糾察帝嘉其對悉以訢臧財賜慶及帝崩慶號泣前殿
嘔血數升因以發病明年諸王就國鄧太后特聽清河王置中尉
內史【集解】沈欽韓曰案志當是特置內史王國自有中尉不獨清河然前書既云中尉如郡都尉職東京省都尉而不省中尉則未曉
賜什物皆取乘輿上御以宋衍等並爲清河中大夫續漢書曰中大夫秩六百石無員掌奉王使至京師慶到國下令寡人生於深宮長於朝廷魯哀公與孔子
言曰寡人生於深宮之中長於婦人之手事見孫卿子也【集解】劉攽曰正文到國下令寡人案文少一曰字仰恃明主
垂拱受成垂拱言無爲也書曰垂拱仰成尙既以薄祜【集解】惠棟曰蔡邕集云邕以薄祜二親早喪錢大昭
曰尙字係上注文誤作大字先謙曰官本無尙字上注作尙書曰是屬遭大憂屬近也悲懷感傷蒙恩
大國職惟藩輔新去京師憂心煢煢夙夜屏營未知所立煢煢孤特也屏
營彷徨也蓋聞智不獨理必須明賢今官屬並居爵任失得是均庶望

上遵策戒下免悔咎其糾督非枉明察典禁無令孤獲怠慢之罪
焉鄧太后以殤帝襁抱遠慮不虞襁以繒帛爲之郎今之小兒繃也繃音必衡反留慶長
子祜【集解】惠棟曰依說文當作祐與嫡母耿姬【集解】惠棟曰耿寶女居清河邸至秋帝崩
立祜爲嗣是爲安帝太后使中黃門送耿姬歸國帝所生母左姬
字小娥姊字大娥犍爲人也【集解】先謙曰官本無也字初伯父聖坐妖言伏誅
家屬沒官二娥數歲入掖庭及長並有才色小娥善史書喜辭賦
【集解】惠棟曰王愔載入文字志和帝賜諸王宮人因入清河第慶初聞其美賞傅
母以求之及後幸愛極盛姬妾莫比姊妹皆卒葬于京師慶立凡
二十五年乃歸國其年病篤謂宋衍等曰清河埤薄埤音婢【集解】惠棟曰埤與
卑古字通見李翕碑師古曰埤謂下地也欲乞骸骨於貴人冢傍下棺而已【集解】惠棟曰樂史云
郡國記曰隋清陽城內有清河王慶陵在今清河郡東南二十里故歷城是也朝廷大恩猶當應有祠室
庶母子并食魂靈有所依庇死復何恨乃上書太后曰臣國土下

溼願乞骸骨下從貴人於樊濯雖沒且不朽矣及今口目尙能言
視冒昧干請命在呼吸願蒙哀憐遂薨年二十九遣司空持節與
宗正奉弔祭又使長樂謁者僕射中謁者二人副護喪事【集解】惠棟曰時
車騎將軍鄧騭護喪事故云副也沈欽韓曰續志大長秋屬有中宮謁者令中宮謁者此中謁者乃省文賜龍旂九旒
虎賁百人儀比東海恭王旂有九旒天子制也恭王彊葬贈以殊禮升龍旄頭鸞輅龍旂虎賁百人太
后使掖庭丞送左姬喪與王合葬廣丘【集解】沈欽韓曰據此則王請葬宋貴人冢旁不遂也
水經河水注甘陵是周之甘泉市地也陵在潰北邱墳高巨雖中經發壞猶若層陵矣一統志甘陵在廣平府清河縣東南三十里
俗名英陵子愍王虎威嗣永初元年太后封宋衍爲盛鄉侯分清河爲
二國封慶少子常保爲廣川王【集解】惠棟曰時分置廣川王國也沈欽韓曰一統志在冀州棗強縣
東三十里子女十一人皆爲鄉公主食邑奉明年常保薨無子國除虎
威立三年薨亦無子鄧太后復立樂安王寵子延平爲清河王是
爲恭王寵郎千乘王伉之子太后崩有司上言清河孝王至德淳懿載育明

聖承天奉祚爲郊廟主漢興高皇帝尊父爲太上皇宣帝號父爲
皇考宣帝父諱進武帝時號史皇孫坐戾太子事遇害帝即位追尊皇考立廟序昭穆置園邑太宗之
義舊章不忘太宗謂繼嗣也左傳季桓子曰舊章不可忘也【集解】官本考證曰何焯校本太改大是宜上尊
號曰孝德皇皇妣左氏曰孝德后孝德皇母宋貴人追謚曰敬隱
后乃告祠高廟使司徒持節與大鴻臚奉策書璽綬清河追上尊
號又遣中常侍奉太牢祠典護禮儀侍中劉珍等及宗室列侯皆
往會事尊陵曰甘陵【集解】惠棟曰應劭云安帝以孝德皇后葬于厝改曰甘陵廟曰昭廟置令
丞設兵車周衞比章陵皇考南頓君陵復以廣川益清河國尊耿姬爲甘
陵大貴人又封女弟侍男爲涅陽長公主【集解】惠棟曰適細陽侯岑熙彭元孫也別
得爲舞陰長公主【集解】惠棟曰適高密侯鄧褒禹元孫也久長爲濮陽長公主【集解】惠棟
曰適好畤侯耿良弇曾孫也直得爲平氏長公主【集解】惠棟曰適虎賁中郎將來定欽兄孫也餘七
子並早卒【集解】先謙曰官本子作主故不及進爵追贈敬隱后女弟小貴人印

綬追封謚宋揚爲當陽穆侯當陽今荊州也【集解】惠棟曰東觀記宋揚傳云永寧元年遣大鴻臚持節至墓所追封當陽侯揚四子皆爲列侯【集解】惠棟曰衍先封盛鄉侯案東觀記宋揚傳建光元年封俊爲長垣侯餘無攷沈欽韓曰宋俊亦見水經注七食邑各五千戶宋氏爲卿校侍中大夫謁者郎吏十餘人孝德后異母弟次及達生二人諸子九人皆爲清河國郎中耿貴人者牟平侯舒之孫也貴人兄寶襲封牟平侯帝以寶嫡舅寵遇甚渥位至大將軍事已見耿舒傳立三十五年薨【集解】劉攽曰案文少延平兩字子蒜嗣沖帝崩徵蒜詣京師將議爲嗣會大將軍梁冀與梁太后立質帝【集解】王補曰袁紀梁冀欲立幼主而專其權與太后定策禁中罷歸國蒜爲人嚴重動止有度【集解】王補曰袁紀時清河王蒜年二十餘最有名德大臣歸心朝臣太尉李固等莫不歸心焉初中常侍曹騰謁蒜蒜不爲禮宦者由此惡之及帝崩公卿皆正義立蒜【集解】蘇輿曰義當作議而曹騰說梁冀不聽遂立桓帝語在李固傳蒜由此得罪建和元年甘陵人劉文與南郡妖賊

劉鮪交通訛言清河王當統天下欲共立蒜【集解】洪頤煊曰李固傳甘陵劉文魏郡劉鮪各謀立蒜爲天子甘陵魏郡皆與清河相近此作南郡誤朱穆傳作嚴鮪事發覺文等遂劫清河相謝暠將至王宮司馬門帝紀謝作射葢紀傳不同曰當立王爲天子暠爲公暠不聽罵之文因刺殺暠於是捕文鮪誅之有司因劾奏蒜坐貶爵爲尉氏侯徙桂陽【集解】惠棟曰天文志徙爲犍爲都鄉侯蒜國絕自殺立三年國絕【集解】王補曰東都之亡自桓帝始桓帝之立由梁冀貪立幼主故清河王蒜名德著聞再議嗣立而輒爲冀所扼卒以誣劾貶爵自殺漢於是不復振矣梁冀惡清河名明年乃改爲甘陵【集解】惠棟曰建和二年改梁太后立安平孝王子經侯理爲甘陵王安平王德河間王開子【集解】惠棟曰經縣屬安平奉孝德皇祀是爲威王理立二十五年薨子貞王定嗣定立四年薨子獻王忠嗣黃巾賊起忠爲國人所執既而釋之靈帝以親親故詔復忠國忠立十三年薨嗣子爲黃巾所害建安十一年以無後國除

濟北惠王壽母申貴人潁川人也世吏二千石貴人年十三入掖庭壽以永元二年封分太山郡爲國和帝遵肅宗故事兄弟皆留京師恩寵篤密有司請遣諸王歸藩不忍許之及帝崩乃就國永初元年鄧太后封壽舅申轉爲新亭侯壽立三十一年薨自永初已後戎狄叛亂國用不足始封王薨減賻錢爲千萬布萬匹嗣王薨賻錢五百萬布五千匹時唯壽最尊親特賻錢三千萬布三萬匹子節王登嗣永寧元年封登弟五人爲鄉侯皆別食太山邑登立十五年薨子哀王多嗣多立三年薨無子永和四年立戰鄉侯安國爲濟北王是爲釐王釐音僖也【集解】惠棟曰戰鄉疑作闞鄉錢大昕曰和帝紀封故濟北王壽子安爲濟北王無國字安國立十年薨子孝王次嗣本初元年封次弟猛爲亭侯次九歲喪父至孝建和元年梁太后下詔曰濟北王次以幼年守藩躬履孝道父沒哀慟焦毀過禮草廬土席衰杖在身頭不枇沐【集解】周壽昌曰枇沐卽櫛沐也廣韻枇音俾細櫛釋名枇其細相比也體生瘡腫諒闇已來二十

八月自諸國有憂未之聞也朝廷甚嘉焉書不云乎用德章厥善尚書盤庚之辭也言以道德明之使競爲善也詩云孝子不匱永錫爾類詩大雅也匱竭也類善也永長也孝子之行無有匱竭長賜與汝之族類教道天下今增次封五千戶廣其土宇以慰孝子惻隱之勞次立七年薨子鸞嗣鸞薨子政嗣政薨無子建安十一年國除【集解】惠棟曰獻帝起居注建安十八年正月壬子濟北王加冠給事黃門侍郎劉瞻兼侍中假貂蟬加濟北王紿之云云安得有十一年國除之事當是二十一年耳

河間孝王開以永元二年封分樂成勃海涿郡爲國【集解】沈欽韓曰續志河間國治樂成縣此云分樂成者以光武曾省河間入信都永平中信都又改名樂成此言分樂成王國仍爲河間國也一統志誤讀遂謂樂成河間二國並在樂成縣不知樂成國自治信都今冀州也延平元年就國奉遵法度吏人敬之【集解】惠棟曰案文奉上有開字續漢書云開忠貞敬恭聽敏畏愼上以開小弟特親友愛永寧元年鄧太后封開子翼爲平原王奉懷王勝祀勝和帝子子德爲安平王奉樂成王黨祀黨明帝子也【集解】錢大昕曰安帝紀是年與平原王同封者乃濟北王壽之子樂成王萇也其明年爲建光元年鄧

太后崩樂成王萇亦以罪廢又明年爲延光元年始改樂成國爲安平封河間王開子得爲王得與德本一人也此傳蓋有脫文不可考矣開立四十二年薨子惠王政嗣政傲狠不奉法憲順帝以侍御史吳郡沈景有彊能稱故擢爲河間相景到國謁王王不正服箕踞殿上侍郎贊拜景峙不爲禮峙立也〔集解〕惠棟曰謝承書云景爲河間相恂食乾糒妻子不歷官舍五日一炊問王所在虎賁曰是非王邪景曰王不服常人何別〔集解〕劉攽曰王不服案文少一王字先謙曰案劉意當作王不王服今相謁王豈謁無禮者邪王慙而更服景然後拜出住宮門外請王傅責之曰前發京師陛下見受詔以王不恭使相檢督諸君空受爵祿而無訓導之義因奏治罪詔書讓政而詰責傅景因捕諸姦人上案其罪上奏上也音市上反殺戮尤惡者數十人出冤獄百餘人政遂爲改節悔過自修陽嘉元年封政弟十三人皆爲亭侯政立十年薨子貞王建嗣建立十年薨子安王利嗣利立二十八年薨子陔嗣陔立四十一年魏受禪以爲

崇德侯蠡吾侯翼元初六年鄧太后徵濟北河間王諸子詣京師奇翼美儀容故以爲平原懷王後焉平原王得無子故立之也留在京師歲餘太后崩安帝乳母王聖與中常侍江京等譖鄧隲兄弟及翼云與中大夫趙王〔集解〕官本考證曰王字疑當作玉鄧太后紀有宮人趙玉惠棟曰蔣果云中大夫疑作中大人謀圖不軌闚覦神器懷大逆心神器喻帝位也老子曰天下神器不可爲也貶爲都鄉侯〔集解〕惠棟曰案水經注翼以永初七年貶封也遣歸河間翼於是謝賓客閉門自處永建五年父開上書願分蠡吾縣以封翼順帝從之翼卒子志嗣爲大將軍梁冀所立〔集解〕王補曰史法罪梁冀也是爲桓帝梁太后詔追尊河間孝王爲孝穆皇夫人趙氏曰孝穆后廟曰清廟陵曰樂成陵〔集解〕沈欽韓曰一統志陵在河間府獻縣治西南縣志土人呼爲樂陵臺蠡吾先侯曰孝崇皇〔集解〕惠棟曰沈約云謚法所不載者如孝崇皇之類是也廟曰烈廟陵曰博陵〔集解〕惠棟曰地理風俗記云博陵縣史記蠡吾故縣矣質帝本初元年繼孝沖爲帝追尊父翼陵曰博陵因以爲縣又置郡漢末罷還安平沈欽韓曰一統志陵在保定府蠡縣東二里皆置令丞使司徒持節奉策書璽綬祠以太牢建和二年更封帝兄都鄉侯碩爲平原王留博陵奉翼後尊翼夫人馬氏爲孝崇博園貴人〔集解〕惠棟曰隃糜侯耿援尙桓帝妹長社公主當是翼之女無攷以涿郡之良鄉故安河間之蠡吾三縣爲湯沐邑碩嗜酒多過失帝令馬貴人領王家事建安十一年國除解瀆亭侯淑以河間孝王子封淑卒子長嗣〔集解〕劉攽曰案紀長作萇他書亦然明此誤長卒子宏嗣爲大將軍竇武所立是爲靈帝建寧元年竇太后詔追尊皇祖淑爲孝元皇夫人夏氏曰孝元后陵曰敦陵廟曰靖廟皇考長爲孝仁皇夫人董氏爲愼園貴人陵曰愼陵〔集解〕沈欽韓曰一統志二王陵在獻縣東南即敦陵愼陵也魏書地形志樂成有二王陵廟曰奐廟皆置令丞使司徒持節之河間奉策書璽綬祠以太牢常以歲時遣中常侍持節之河間奉祠熹平三年使使拜河間安王利子康爲濟南王〔集解〕錢大昕曰案光武子有濟南安王康此濟南王亦名康先後同國同名亦可疑也御覽引續漢書此濟南王名康奉孝仁皇祀

康薨子贊嗣建安十二年爲黃巾賊所害子開嗣〔集解〕惠棟曰開爲孝王六世孫不應與始封之祖同諱有誤立十三年魏受禪以爲崇德侯

城陽懷王淑以永元二年分濟陰爲國〔集解〕沈欽韓曰據此文城陽乃濟陰郡之成陽縣在今曹州府濮州東南者是也非省入琅邪之城陽國城陽國今莒州此城陽當爲成先謙曰沈說是城成二志通作立五年薨葬於京師無子國除還并濟陰

廣宗殤王萬歲〔集解〕沈欽韓曰一統志廣宗在廣平府威縣東以永元五年封分鉅鹿爲國其年薨葬於京師無子國除還并鉅鹿

平原懷王勝和帝長子也不載母氏少有痼疾延平元年封立八年薨葬於京師〔集解〕沈欽韓曰東觀記平原王葬鄧太后悲傷命史官述其行迹爲作傳誄藏於王府無子鄧太后立樂安夷王寵子得爲平原王奉勝後是爲哀王得立六年薨無子永寧元年太后又立河間王開子都鄉侯翼爲平原王嗣〔集解〕洪亮吉曰案是以同祖兄弟相爲後非也安帝廢之國除

論曰傳稱吳子夷昧甚德而度有吳國者必其子孫 夷昧吳君之名左傳屈狐庸謂趙文子曰若天所啟其在今嗣君乎甚德而度德不失人度不失事有吳國者必此君之子孫也杜預注曰嗣君謂夷昧也 章帝長者事從敦厚繼祀漢室咸其苗裔古人之言信哉

贊曰章祚不已本枝流祉質惟伉孫安亦慶子河閒多福桓靈承祀濟北無驕皇恩寵饒平原抱痼三王薨朝 平春王全廣宗王萬歲城陽王淑並薨於京師也 振振子孫或秀或苗 振振仁厚貌也音之人反詩國風曰宜爾子孫振振兮論語曰苗而不秀者有矣夫秀而不實者有矣夫苗謂早天秀謂成長也集解惠棟曰法言云育而不苗者吾家之童烏乎李軌曰仲尼悼顏淵苗而不秀子雲傷童烏育而不苗

章帝八王傳第四十五 終　後漢書五十五

後漢書集解卷五十五校補

千乘貞王伉傳改鴻封勃海王 案文鴻封當作封鴻

乃貶爲癭陶王 官本癭作廮案此字本以作廮从广爲正而舊刻沿譌已久不能悉挽其失也

清河孝王慶傳貴人宋昌八世孫 柳從辰曰東觀記敬隱后宋貴人以王莽末年生遭世倉卒其母不舉棄之南山下時天寒冬十一月再宿不死外家出過于道南聞有兒啼聲憐之因往就視有飛鳥紆翼覆之沙石滿其口鼻能喘心怪偉之以有神靈遂取而持歸養長至十三歲乃以歸宋氏

心內惡之 柳從辰曰東觀記竇皇后以貴人名族節操高妙心內害之欲爲萬世長久計陰設方略譖毀貴人

皆承風旨 官本風作諷

垂拱受成注垂拱仰成 成字原本漫漶略似侍字據尚書注疏本正官本注不誤

與王合葬廣邱集解沈欽韓曰據此則王請葬宋貴人冢旁不遂也 柳從辰曰袁宏紀慶求葬於樊濯中貴人冢旁不聽案以子祔母於禮無徵天子之妃尤不得以諸侯祔貴人又姊妹同冢其能無嫌乎是慶之請本不可聽非和熹寡恩也慶徒痛母之未得有祠堂思合食己祠然貴人未得爲清河太后亦無由食於慶祠厥後敬隱追尊典禮既備置園立廟亦足慰慶孝思於無窮矣

使司徒持節與大鴻臚奉策書璽綬清河 案文清河上少一之字

餘七子並早卒故不及進爵 案安帝女弟自郎孝王子女爲鄉公主者及是進爵爲長公主也七子合上涅陽舞陰濮陽平氏四主仍爲十一人也惟班始尚孝王女陰城公主爲順帝之姑永建五年始殺之見班超傳及順紀紀注引東觀記陰城公主名賢得此自當在十一主之內既非早卒而傳不數誤也

濟北惠王壽傳特賻錢三千萬布三萬匹 謂仍用中興舊制不減也

河間孝王開傳分樂成勃海涿郡爲國集解沈欽韓曰至此言分樂成王國仍爲河間國也 案前志河間國本治樂成故與弓高均自樂成國分出藉復河間國名也惟章帝崩樂成王黨始就國和帝立甫二年黨尊親罪狀未彰不容無故奪其二縣以封弟萇實以鉅鹿之東光鄚易之否則黨初封及益封地皆不及鉅鹿何以罪發削地乃有東光鄚乎河間國當本爲十二城分自樂成國者二分自勃海者四分自涿郡者六也蠡吾故本屬涿自開分出以封子翼是以續志河間國僅載十一城耳

上案其罪注上奏上也音市上反 市上上字譌官本注作丈是

譖鄧騭兄弟及翼翼原譌儀錢大昭曰當作翼已據改官本不誤貶爲都鄉侯集解惠棟曰案水經注翼以永初七年貶封也據安紀永初七年平原王勝始薨閱七年至永甯元年翼始嗣爲平原王明年爲建光元年太后崩鄧騭鄧遵並以譖自殺翼乃貶封都鄉侯水經注之謬所當急正者也

更封帝兄都鄉侯碩爲平原王錢大昭曰碩蠡吾侯翼之子也翼以孝王子出後平原王勝建光元年貶都鄉侯遣還河間勝傳云安帝廢翼國除不言有王碩嗣封是平原國已改爲郡矣嗣後翼復受蠡吾侯封由孝王分國與之故桓之封碩紀云奉孝崇皇祀傳云奉翼後卽追尊本生亦止及翼與孝王不及懷王勝可見碩以帝兄特封非繼絕也熊方以碩爲紹封懷王非是案碩雖特封而仍以平原爲國實嗣父翼也翼以平原貶封都鄉碩仍以都鄉復封平原復碩封卽復翼封也但與懷王勝則無與矣帝兄當依紀作帝弟已詳桓紀校補蓋翼本兼兩封其卒也桓帝嗣封蠡吾碩嗣封都鄉耳紀文略未言都鄉故於傳互見之

平原懷王勝傳國除沈欽韓曰桓帝更封都鄉侯碩爲平原王奉翼後不可言國除惟懷王自絕案杜喬傳楊匡還平原令時國相徐曾中常侍璜之兄匡恥與接事託疾牧豕事在徐璜等謀誅梁冀後平原有相則國未除明矣且碩國至建安十一年始除而續志終列平原爲郡亦志地之疏也

有吳國者必其子孫注其在今嗣君乎乎原作子據左傳改官本注不誤杜預注曰官本注曰作云

張王种陳列傳第四十六　　後漢書五十六

宋　宣城　太守范　曄　撰

唐　章懷　太子　賢　注

王先謙集解

張晧集解惠棟曰蜀志作浩字叔明犍爲武陽人也六世祖良集解何焯曰功臣表元康四年良元孫之子陽陵公乘千秋詔復家是子孫居陽陵無緣徙蜀也千秋當宣帝時已爲良六世孫不應自元康四年至世祖建武之元又八十七年晧猶爲六世孫也又蜀志張翼傳晧作浩是翼之高祖亦不言其出於留侯如孔明之於豐鄧芝之於禹來歙之於歙也惠棟曰譜諜之學淆於六朝輕信無稽傳託之說於是張魯子孫皆冒留侯之後班氏不信馮商言張湯與留侯同祖何其卓也王懋云余考世系晧正良九世孫非六世也良生不疑不疑生典典生默默生全全生千秋千秋生嵩嵩生睦睦生晧自不疑以數至晧恰九世吳國圖經亦曰良七世孫睦後漢蜀郡太守始居吳郡張氏皆其後白樂天作張公碑曰良後睦避地渡江始居于吳其子孫稱吳郡人然則吳郡之張正良之後耳棟案如王懋之說晧本良九世孫乃千秋之元孫也傳誤爲六世耳睦爲蜀郡太守子孫或居吳或居蜀無足異者何氏之駁未爲得也文士傳云世系曰睦字選公高帝時爲太子少傅

封留侯晧少游學京師集解惠棟曰益都耆舊傳晧治律春秋游學京師與廣陵譚粲漢中李郁蜀郡張霸共結爲友初永元中歸仕州郡集解劉攽曰案文多一初字辟大將軍鄧騭府五遷尚書僕射職事八年出爲彭城相明帝子彭城王恭之相也永甯元年徵拜廷尉晧雖非法家而留心刑斷數與尚書辯正疑獄多以詳當見從詳審而平當也時安帝廢皇太子爲濟陰王晧與太常桓焉太僕來歷廷争之不能得事已具來歷傳退而上疏曰昔賊臣江充造構讒逆至令戾園興兵終及禍難趙人江充字次倩武帝時爲直指繡衣見上年老意多所惡因言左右皆爲巫蠱上乃使充捕案巫蠱既知上意太子乃言宮中有蠱氣遂掘蠱太子宮得桐木人時上疾在甘泉宮太子懼不能自明收充斬之發兵與丞相劉屈氂戰敗亡走湖自殺後太子孫宣帝卽位追謚太子曰戾於湖置園邑奉祠故曰戾園後壺關三老一言上乃覺悟雖追前失悔之何逮逮及也太子死後壺關三老令狐茂上書訟太子冤武帝感悟憐太子無辜乃族滅江充作思子宮爲歸來望思之臺于湖天下聞而悲之事見前書今皇太子春秋方始十歲未見保傅九德之義尚書皋陶陳九德曰寬而慄柔

而立愿而恭亂而敬擾而毅直而溫簡而廉剛而塞彊而誼也宜簡賢輔就成聖質書奏不省及順帝卽位拜晧司空在事多所薦達天下稱其推士時清河趙騰上言災變譏刺朝政章下有司收騰繫考〔集解〕王鳴盛曰案楊震傳河閒男子趙騰詣闕上書乃安帝時事此乃以爲順帝又彼言河間此云清河彼言騰伏尸都市此言晧諫帝悟減騰死罪一等亦不合錢大昕曰楊震傳河間男子趙騰詣闕上書指陳得失帝怒收考詔獄震上疏救之帝不省騰竟伏尸都市此安帝延光三年事也晧爲司空在順帝永建元年冬又有趙騰以言事獲咎因晧上疏諫得減死一等相距僅三載姓名又相同疑一事而傳聞異詞也王補曰錢說是也說見楊震傳所引黨輩八十餘人皆㠯誹謗當伏重法晧上疏諫曰臣聞堯舜立敢諫之鼓三王樹誹謗之木春秋採善書惡聖主不罪芻蕘左氏傳曰春秋之稱微而顯志而晦懲惡而勸善非聖人誰能修之騰等雖干上犯法所言本欲盡忠正諫如當誅戮天下杜口塞諫爭之源非所㠯昭德示後也帝乃悟減騰死罪一等餘皆司寇前書音義曰司空二歲刑也輸作司寇因以名焉〔集解〕惠棟曰華陽國志云騰等坐謗訕當誅所引八十餘人晧以聖賢明義爭之咸稱平當王補曰范氏好據風俗通與華陽國志惠氏所引卽晧傳孤證不知其爲傳聞之誤也四年㠯陰陽不和策免陽嘉元年復爲廷尉其年卒官時年八十三〔集解〕周壽昌曰後漢年老不致仕者頗多周舉傳長樂少府朱倀年過八十黃瓊以太尉卒官七十九李尤順帝時爲安樂相卒年八十三如晧以八十歲罷八十三而復起尤少見遣使者弔祭賜葬地於河南縣子綱

綱字文紀少明經學雖爲公子而厲布衣之節舉孝廉不就司徒辟高第爲御史〔集解〕先謙曰官本辟在爲上考證云別本作司徒辟高第爲御史周壽昌云陽球傳辟公府舉高第拜侍御史蔡邕傳卓爲司空舉高第補侍御史文法俱相近似毛本可從又案王允傳三公並辟以司徒高第爲侍御史或官本是據此改正也時順帝委縱宦官有識危心綱常感激慨然歎曰穢惡滿朝不能奮身出命埽國家之難雖生吾不願也退而上書曰詩曰不愆不忘率由舊章詩大雅也愆過也率循也言成王令德不過循用舊典之文尋大漢初隆及中興之世文明二帝德化尤盛觀其理爲易循易見但恭儉守節約身尚德而已中官常侍不過兩人近倖賞賜裁滿數金惜費重人故家給人足夷狄聞中國優富任信道德所㠯姦謀自消而和氣感應而頃者㠯來不遵舊典無功小人皆有官爵富之驕之而復害之非愛人重器承天順道者也器謂車服也言無功小人不可妄授也左傳曰唯器與名不可以假人也伏願陛下少留聖思割損左右㠯奉天心書奏不省漢安元年選遣八使徇行風俗皆耆儒知名多歷顯位周舉傳曰詔遣八使巡行風俗同時俱拜天下號曰八俊刺史二千石有臧罪者驛馬上之墨綬以下便收其有清勤忠惠宜表異者狀聞八使名見順帝紀〔集解〕惠棟曰八俊續漢書作八彥唯綱年少官次最微餘人受命之部而綱獨埋其車輪於洛陽都亭曰豺狼當路安問狐狸前書京兆督郵侯文之辭〔集解〕蘇輿曰案孫子九地篇方馬埋輪注埋輪持不動也馬融傳埋根行道以先吏士注埋根言不退傳亦謂駐車輪於此不肯之部非眞埋之於地也陳虞寄與陳寶應書長驅深入擊馬埋輪遂奏曰大將軍冀河南尹不疑蒙外戚之援荷國厚恩㠯芻蕘之資居阿衡之任不能敷揚五教翼讚日月而專爲封豕長蛇肆其貪叨左傳申包胥曰吳爲封豕長蛇薦食上國也甘心好貨縱恣無底多

樹諂諛㠯害忠良誠天威所不赦大辟所宜加也謹條其無君之心十五事斯皆臣子所切齒者也左傳曰有無君之心而後動於惡也前書鄒陽謂蓋侯王信君曰太后怫鬱泣血切齒側目於貴臣矣書御京師震竦御進也時冀妹爲皇后內寵方盛諸梁姻族滿朝帝雖知綱言直終不忍用時廣陵賊張嬰等眾數萬人殺刺史二千石寇亂揚徐間積十餘年朝廷不能討〔集解〕通鑑考異曰帝紀漢安元年九月張嬰寇郡縣又云是歲嬰詣綱降傳云寇亂十餘年則非元年九月始寇郡縣也冀乃諷尚書㠯綱爲廣陵太守〔集解〕惠棟曰華陽國志綱出宮垣埋車先奏太尉桓馬司徒劉壽尸祿素餐不堪其職出城又奏司隸校尉趙峻河南尹梁不疑汝南太守梁乾等臧穢濁亂檻車送廷尉治罪天子以乾梁冀叔父貶秩免峻等又奏魯相寇儀儀自殺威風大行郡縣莫不肅懼冀恨之出爲廣陵太守因欲㠯事中之前遣郡守率多求兵馬綱獨請單車之職〔集解〕惠棟曰綱受拜詔問當得兵馬幾何綱對曰無用兵馬既到乃將吏卒十餘人徑造嬰壘㠯慰安之求得與長老相見申示國恩嬰初大驚〔集解〕王補曰通鑑嬰大驚遽走閉壘綱於門罷遣吏民獨留所親者十餘人以書喻嬰請與相見其事與韓愈書成

王碑討艮相類既見綱誠信乃出拜謁綱延置上坐集解先謙曰盖郎嬰營外別爲會所以延之問所疾苦乃譬之曰前後二千石多肆貪暴二千石謂太守也故致公等懷憤相聚二千石信有罪矣然爲之者又非義也今主上仁聖欲以文德服叛故遣太守思以爵祿相榮不願以刑罰相加今誠轉禍爲福之時也若聞義不服天子赫然震怒荊揚兗豫大兵雲合豈不危乎若不料强弱非明也棄善取惡非智也去順效逆非忠也身絕血嗣非孝也凡祭皆用牲故曰血嗣集解惠棟曰案此則嗣當作祀背正從邪非直也見義不爲非勇也六者成敗之幾利害所從公其深計之嬰聞泣下曰荒裔愚人不能自通朝廷不堪侵枉遂復相聚偷生若魚遊釜中喘息須臾閒耳集解通鑑胡注人以氣一出入之頃爲一息喘者息之疾音尺兗反今聞明府之言乃嬰等更生之晨也既陷不義實恐投兵之日不免孥戮綱約之以天地誓之以日月嬰深感悟乃辭還營集解惠棟曰續漢書綱謂嬰曰方當相顯以爵位何禍之有嬰曰苟赦其罪得全首領以親隴畝則抱戴沒齒爵祿非所望也嬰雖爲大賊起於狂暴自以爲必死及得綱言曠然開明乃辭還營明日將所部萬餘人與妻子面縛歸降集解先謙曰據順帝紀九月張嬰寇郡縣後云是歲嬰詣綱降未詳何月也綱單車到郡自當在嬰寇郡之後通鑑依袁紀置嬰降事於八月下十月上恐非綱乃單車入嬰壘大會置酒爲樂散遣部眾任從所之親爲卜居宅相田疇相視也田並畔曰疇集解惠棟曰續漢書綱悉解縛慰納謂嬰曰卿諸人一旦解散方垂盪然當條名上之必受封賞嬰曰乞歸故業不願以穢名干明時也綱以其至誠乃各從其意沈欽韓曰寰宇記張綱瀆在廣陵縣東三十里從岱石湖入四里至溝中心與海陵分界綱爲廣陵太守勸課農桑於東陵村東開此溝引湖水灌田以此立名子弟欲爲吏者皆引召之人情悅服南州晏然朝廷論功當封梁冀遏絕乃止天子嘉美徵欲擢用綱而嬰等上書乞留乃許之綱在郡一年年三十六卒集解惠棟曰袁宏紀年四十六百姓老幼相攜詣府赴哀者不可勝數綱自被疾吏人咸爲祠祀祈福皆言千秋萬歲何時復見此君張嬰等五百餘人制服行喪送到犍爲負土成墳集解沈欽韓曰方輿勝覽

綱墓在眉州犍爲縣崌崍山東詔曰故廣陵太守張綱大臣之苗剖符統務正身導下班宣德信降集劇賊張嬰萬人息干戈之役濟蒸庶之困未升顯爵不幸早卒嬰等縗杖若喪考妣朕甚愍焉集解先謙曰帝紀永嘉元年廣陵賊張嬰等復反攻殺堂邑江都長則嬰終非善良而後人撫輯之者亦未盡得宜也拜綱子續爲郎中集解惠棟曰華陽國志云綱子植郎中植弟續尚書續弟方字公始豫州牧子孫數至大官賜錢百萬

王龔字伯宗山陽高平人也世爲豪族初舉孝廉稍遷青州刺史劾奏貪濁二千石數人安帝嘉之徵拜尚書建光元年擢爲司隸校尉集解惠棟曰袁紀龔爲司隸京邑肅然有高名于天下明年遷汝南太守政崇溫和好才愛士引進郡人黃憲陳蕃等憲雖不屈蕃遂就吏蕃性氣高明初到龔不即召見之乃留記謝病去龔怒使除其錄功曹袁閬請見言曰聞之傳曰人臣不見察於君不敢立於朝蕃既以賢見引不宜退以非禮龔改容謝曰是吾過也乃復厚遇待之由是後進知名之士莫不歸心焉閬字奉高數辭公府之命不修異操而致名當時集解沈欽韓曰世說注汝南先賢傳閬慎陽人友黃叔度于童齒薦陳仲舉于家巷辟太尉掾卒世說言邊讓見袁奉高云明府初臨堯德未彰劉孝標辨其未嘗爲太守也惠棟曰閬爲功曹辟太尉掾太守唐珍曰今君當應宰府宜選功曹以自代因薦陳仲舉珍即請蕃爲功曹先謙曰閬又見黃憲傳永建元年徵龔爲太僕轉太常四年遷司空集解汪文臺曰文選劉琨勸進表注所稱王龔幹事遂陟鼎司也以地震策免永和元年拜太尉在位恭慎自非公事不通州郡書記其所辟命皆海內長者龔深疾宦官專權志在匡正乃上書極言其狀集解惠棟曰續漢書云龔以中常侍張昉等弄國權欲奏誅之時龔宗親有以楊震行事諫止之與此異也請加放斥諸黃門恐懼各使賓客誣奏龔罪順帝命亟自實亟急也音紀力反集解惠棟曰王幼學云自實自首其罪也前掾李固時爲大將軍梁商從事中郎乃奏記於商曰今旦聞下太尉王公勑令自實未審其事深淺何如王公束修厲節敦樂蓺文不求苟得不爲苟行前書曰楊子雲曰蜀嚴湛冥不作苟見不爲苟得但以堅貞之操

違俗失衆橫爲讒佞所構毀衆人聞知莫不歎慄夫三公尊重承天象極未有詣理訴寃之義三公承助天子位象三台故曰承天象極哀帝時丞相王嘉有罪召議廷尉詔獄主簿曰將相不對理陳寃相踵以爲故事君侯宜引去也集解先謙曰官本去作決是纖微感槩輒引分決是㠯舊典不有大罪不至重問大臣獄重故曰重問武帝時丞相薛宣御史大夫翟方進有罪上使五二千石雜問音義云大獄重故以二千石五人同問之集解先謙曰官本武作成王會汾云成帝監本作武帝按薛宣翟方進乃成帝時人非武帝時也從何焯校本改惠棟曰引分如溝昭殺使者文帝欲令引分是也王公沈靜內明不可㠯加非理卒有他變則朝廷獲害賢之名羣臣無救護之節矣昔絳侯得罪袁盎解其過文帝時丞相絳侯周勃免就國人告以爲反諸公莫敢爲言唯郎中袁盎明絳侯無罪絳侯得釋盎有力也魏尚獲戾馮唐訴其寃馮唐安陵人文帝時爲郎署長上與論將帥唐曰臣聞魏尚爲雲中守坐上功首虜差六級陛下下之吏削其爵罰作之臣愚以爲陛下法太明罰太重文帝悅捨尚復官也時君善之列在書傳今將軍內倚至尊外典國柄言重信著指撝無違宜加表救濟王公之艱難語曰善人在患飢不及餐斯其時也商

卽言之於帝事乃得釋龔在位五年㠯老病乞骸骨卒于家集解惠棟曰張璠漢記云初山陽太守薛勤喪妻不哭將殯臨之曰幸不爲天復何恨哉及龔妻卒龔與諸子並杖行服時人或兩譏焉子暢

論曰張晧王龔稱爲推士若其好通汲善明發外薦集解先謙曰官本外作升是仁人之情也夫士進則世收其器賢用則人獻其能能獻既㠯厚其功器收亦理兼天下言賢人見用卽人競獻其所能但有能卽獻動必有功功多賞厚故言已厚其功有才器必被收用則海內蒙福故曰理兼天下其利甚博而人莫之先豈同折枝於長者㠯不爲爲難乎以不爲爲難言不之難也謂進賢達士同折枝之易而不爲之孟子謂齊宣王曰今恩足以及禽獸而不能加於百姓者何非力不能是不爲也王曰不爲二者謂何也孟子曰夫挾泰山以超北海王能乎王曰不能爲長者折枝王能乎曰不能也孟子曰夫挾泰山以超北海是實不能不可彊也爲長者折枝甚易而王不爲非不能也老吾老以及人之老幼吾幼以及人之幼天下可運諸掌何爲不能加於百姓乎劉熙注孟子曰折枝若今之按摩也集解惠棟曰孟子趙岐注折枝案摩折手節解罷枝也昔柳下惠見抑於臧文柳下惠姓展名禽字獲食邑於柳下謚曰惠臧文仲魯大夫姓臧孫名辰左傳仲尼曰臧文仲不仁者三下展禽廢六關妾織蒲言文仲知柳下惠之賢而使在下位故曰抑之湻于長受稱于方進成帝時定陵侯湻于長以太后姊子爲九卿翟方進爲丞相獨與長交稱薦之然則立德者㠯幽陋好遺顯登者㠯貴塗易引故晨門有抱關之夫論語子路宿於石門晨門曰奚自注云石門魯城外門也晨主守門晨夜開閉也史記侯嬴夷門抱關者守門必抱關故兼言之集解沈欽韓曰寰宇記古魯城凡有七門次南第二門名石門柱下無朱文之軫也神仙傳曰老子周宣王時爲柱下史朱文晝車爲文也軫車後橫木也言貧賤之人多被淪棄所以晨門之下必有抱關之賢柱下之微永無朱文之轍也

暢字叔茂集解惠棟曰司隸校尉魯峻碑作暢少㠯淸實爲稱無所交黨初舉孝廉辭病不就大將軍梁商特辟舉茂才四遷尚書令出爲齊相齊王喜之相集解惠棟曰案黃瓊傳暢嘗爲御史中丞也徵拜司隸校尉轉漁陽太守所在㠯嚴明爲稱坐事免官是時政事多歸尚書桓帝特詔三公令高選庸能庸功也太尉陳蕃薦暢清方公正有不可犯之色禮記曰介胄之士則有不可犯之色由是復爲尚書尋拜南陽太守前後二千石逼懼帝鄉貴戚多不

稱職暢深疾之下車奮厲威猛其豪黨有釁穢者莫不糾發會赦事得散暢追恨之吏爲設法諸受臧二千萬㠯上不自首實者盡入財物若其隱伏使吏發屋伐樹堙井夷竈豪右大震功曹張敞奏記諫曰五教在寬著之經典湯去三面八方歸仁史記曰湯爲夏方伯得專征伐出見野張四面網祝曰自天下四方皆入吾網湯曰嘻盡之矣去其三面祝曰欲左左欲右右不用命乃入吾網諸侯聞曰湯德至禽獸於是諸侯畢服嘻音僖武王入殷先去炮烙之刑列女傳紂爲銅柱以膏塗之加于炭之上使有罪緣焉足滑跌墮紂與妲己笑以爲樂名曰炮烙之刑臣賢案史記及帝王代紀皆言文王爲西伯獻洛西之地請除炮烙之刑今云武王與此不同集解沈欽韓曰江鄰幾雜志引陳叔和云呂覽過理篇糟邱酒池肉圃爲格雕柱而炮注云格以銅爲之布火其下加炮格之事作烙者誤索隱殷本紀引鄒誕生云爲銅烙炊炭其下烙明格之訛高祖鑒秦唯定三章之法孝文皇帝感一緹縈蠲除肉刑文帝時太倉令湻于公有罪罪當刑湻于公無男有五女罵其女曰生女不生男緩急非有益也其少女緹縈自傷悲泣隨父至長安上書請沒官爲婢以贖父文帝悲憐其意爲除肉刑卓茂文翁召父之徒皆疾惡嚴刻務崇温厚景帝時文翁爲蜀郡守仁愛教化宣帝時

召信臣爲南陽太守視人如子教化大行集解先謙曰官本教作其仁賢之政流聞後世夫明哲之君網漏吞舟之魚韓詩外傳曰夫吞舟之魚不居潛澤前書曰高祖約法三章號爲網漏吞舟之魚也然後三光明於上人物悅於下言之若迂其效甚近迂遠也發屋伐樹將爲嚴烈雖欲懲惡難㠯聞遠㠯明府上智之才日月之曜莊子曰飾智㠯驚愚修身以明汙昭昭乎若揭日月以行也敷仁惠之政則海內改觀實有折枝之易而無挾山之難郡爲舊都侯甸之國園廟出於章陵五百里甸服千里侯服南陽去洛千里故曰侯甸南頓君以上四廟在焉三后生自新野光烈皇后和帝陰后鄧后並新野人士女沾教化黔首仰風流自中興㠯來功臣將相繼世而隆愚㠯爲懇懇用刑集解惠棟曰廣雅云懇懇誠也曹憲音苦艮切不如行恩孳孳求姦集解通鑑胡注孳孳猶汲汲也未若禮賢舜舉皐陶不仁者遠論語子夏之辭也隨會爲政晉盜奔秦左傳晉命隨會將中軍且爲太傅晉國之盜奔秦也虞芮入境讓心自生史記曰文王爲西伯陰行善化諸侯皆來決平於是虞芮之人有獄不決乃如周入界見耕者讓畔少者讓長虞芮二人不見西伯慙而相謂曰吾所爭周人所恥曷爲取辱

遂俱讓而還也集解先謙曰官本化作行化人在德不在用刑暢深納敞諫更崇寬政愼刑簡罰教化遂行郡中豪族多㠯奢靡相尚暢常布衣皮褥車馬羸敗㠯矯其敝集解汪文臺曰書鈔七十四謝承書云暢拜南陽太守計日受俸不噉魚肉又云羊皮庇身車毀不改馬羸不易同郡劉表時年十七從暢受學進諫曰夫奢不僭上儉不逼下禮記曰君子上不僭上下不逼下也循道行禮貴處可否之閒蘧伯玉恥獨爲君子集解惠棟曰未見所出王補曰意漢時有此常語故毛欽亦以此語李篤也見張儉傳府君不希孔聖之明訓而慕夷齊之末操論語孔子曰奢則不遜儉則固言仲尼得奢儉之中而夷齊餓死是末操也無乃皎然自貴於世乎暢曰昔公儀休在魯拔園葵去織婦史記曰魯相公儀休之其家見織帛怒而出其婦食於舍而茹葵慍而拔其葵曰吾已食祿又奪園夫女子利乎孫叔敖相楚其子被裘刈薪史記曰孫叔敖爲楚相且死屬其子曰我死汝貧困往見優孟言孫叔敖子也居數年其子貧負薪逢優孟優孟言之於王封之寢丘四百人也集解先謙曰官本人作戶是夫㠯約失之鮮矣論語孔子之辭也言儉則無失聞伯夷之風者貪夫廉懦夫有立志孟子之辭集解錢大昕曰此語見孟子今本貪作頑貪與廉相反當從貪爲是詒讓補雖㠯不德敢慕遺烈後徵爲長樂衞尉建寧元年遷司空集解惠棟曰暢爲司空嘗舉九江太守魯峻見司隸校尉魯峻碑也數月㠯水災策免明年卒於家集解惠棟曰張璠漢記云暢名在八俊以水災免李膺亦免歸故郡二人以直道不容當時天下以暢膺爲高士諸危言危行之徒皆推宗之願涉其流惟恐不及會連有災異而言事者皆言三公非其人宜因其變以暢膺代之則禎祥必至由是宦豎深怨之及膺誅死而暢遂終廢於家沈欽韓曰袁紀云暢與李膺等下獄誅誤子謙爲大將軍何進長史謙子粲㠯文才知名粲字仲宣蔡邕見而奇之時邕才學顯著貴重朝廷車騎塡門賓客盈坐聞在門倒屣迎之既至年幼容狀短小一坐盡驚邕曰王公之孫有異才吾不如也太祖辟粲爲丞相掾後爲侍中博物多識問無不對嘗與人行讀道邊碑人問卿能闇記乎因使背而誦之一字不失觀人圍棊棊爲覆之棊者不信以帊葢之更以宅局爲之不誤一道年四十卒魏志有傳集解先謙曰官本注闕下有粲字是

种暠字景伯集解通鑑胡注暠工老反河南洛陽人仲山甫之後也父爲定陶令有財三千萬父卒暠悉㠯賑卹宗族及邑里之貧者其有進趣名利皆不與交通始爲縣門下史時河南尹田歆外甥王諶名知

人有知人之名也集解沈欽韓曰御覽四百四十四三輔決錄云諶字子嗣博學有才辨洛陽种景伯武原吳季高未知名武之詠郭鎮傳長𡡉赤河南人諶數稱二人於朱伯厚有宰輔之器退語二人曰卿必爲公後景伯至司徒季高至司空世以是服諶之知人也歆謂之曰今當舉六孝廉集解沈欽韓曰書鈔陳羣同歲論云初選孝廉鄉舉里選郡各一人後積增益乃至六人案此去和帝時裁三十年而丁鴻劉方所定之制已自不行葢私門競開倖進多方其選不精則仕途可知矣多得貴戚書命不宜相違欲自用一名士㠯報國家爾助我求之集解惠棟曰袁紀歆謂諶曰欲㠯五副之自舉一清名堪成就者上以報國下以託子孫明日諶送客於大陽郭集解惠棟曰袁宏紀諶東出送客駐車大陽郭裏遥見暠異之還白歆曰爲君得孝廉矣近洛陽門下史也歆笑曰當得山澤隱滯迺洛陽吏邪諶曰山澤不必有異士異士不必在山澤歆卽召暠於庭辯詰職事暠辭對有序歆甚知之召署主簿遂舉孝廉辟太尉府舉高第順帝末爲侍御史時所遣八使光祿大夫杜喬周舉等多所糾奏而大將軍梁冀及諸宦官互爲請救事皆被寢遏集解通鑑胡注寢者已却其奏寢而不行遏者其奏未達

遏而不上暠自以職主刺舉志案姦違乃復劾諸爲八使所舉蜀郡太守劉宣等罪惡章露宜伏歐刀又奏請勑四府條舉近臣父兄及知親爲刺史二千石尤殘穢不勝任者免遣案罪帝乃從之擢暠監太子於承光宮集解惠棟曰續漢書云監護太子中常侍高梵集解通鑑胡注梵房叢反又房汎反從中單駕出迎太子集解惠棟曰王幼學云從中從宮中出也時太傅杜喬等集解通鑑胡注一作高襄疑不欲從惶惑不知所爲暠乃手劍集解通鑑胡注手守又反當車曰太子國之儲副集解惠棟曰前書疏廣云太子國儲副君均元命包注云儲君副主言設以待之人命所係今常侍來無詔信何以知非姦邪集解惠棟曰續漢書云梵受勑迎太子不齎詔書以衣車載太子欲出太子太傅杜喬不知所以力不能止開門臨去暠至橫劍當車曰御史受詔監護太子太子國之儲貳常侍來無尺一詔書安知非挾姦邪今日有死而已梵辭屈不敢對馳命奏之集解劉攽曰案文多一命字詔報太子乃得去喬退而歎息愧暠臨事不惑集解通鑑胡注愧己之不然也帝亦嘉其持重稱善者良久出爲益州刺史暠素慷慨好立功立

事在職三年宣恩遠夷開曉殊俗岷山雜落皆懷服漢德其白狼槃木唐菆卭僰諸國菆音側留反自前刺史朱輔集解惠棟曰西南夷傳作酺東觀記有傳仍作輔也卒後遂絕暠至乃復舉種向化時永昌太守集解惠棟曰杜喬傳云永昌太守劉君世冶鑄黃金爲文蛇以獻梁冀暠糾發逮捕馳傳上言而二府畏懦不敢案之冀由是銜怒於暠會巴郡人服直聚黨百餘人自稱天王直或作宜集解惠棟曰北宋本作數百人暠與太守應承討捕不克吏人多被傷害冀因此陷之傳逮暠承集解通鑑胡注逮暠承傳詣京師也太尉李固上疏救曰臣伏聞討捕所傷本非暠承之意實由縣吏懼法畏罪迫逐深苦致此不詳集解通鑑胡注詳審也言不能審知賊勢驅民赴賊以致死傷也比盜賊羣起處處未絕暠承以首舉大姦而相隨受罪臣恐沮傷州縣糾發之意更共飾匿莫復盡心言各飾僞辭隱匿眞狀也梁太后省奏乃赦暠承罪免官而已後梁州羌動以暠爲梁州刺史集解陳景雲曰梁當作涼漢無梁州至晉始置耳甚得百姓歡心被徵當遷吏人詣闕請留之太后歎曰未聞刺史得人心若是乃許之暠復留一年遷漢陽太守戎夷男女送至漢陽界暠與相揖謝千里不得乘車及到郡化行羌胡禁止侵掠遷使匈奴中郎將時遼東烏桓反叛復轉遼東太守烏桓望風率服迎拜於界上坐事免歸後司隸校尉舉暠賢良方正不應徵拜議郎遷南郡太守入爲尚書會匈奴寇并涼二州桓帝擢暠爲度遼將軍暠到營所先宣恩信誘降諸胡其有不服然後加討羌虜先時有生見獲質於郡縣者悉遣還之誠心懷撫信賞分明由是羌胡龜茲莎車烏孫等皆來順服暠乃去烽燧除候望書舉烽夜燔燧解見光武紀邊方晏然無警入爲大司農延熹四年遷司徒推達名臣橋玄皇甫規等爲稱職相集解王會汾曰監本無相字案橋玄於光和元年一爲太尉皇甫規歷職邊郡官止度遼將軍未嘗爲相也相字舛誤無疑若從監本則語勢又似不完疑爲字亦誤今姑仍從宋本周壽昌曰范史不誤讀者誤也此蓋言所推達者

名臣橋玄皇甫規等皆非常流從等字斷句司徒是漢相故爲稱職相也相字必不可去王補曰周說是在位三年年六十一薨并涼邊人咸爲發哀匈奴聞暠卒舉國傷惜單于每入朝賀望見墳墓輒哭泣祭祀二子岱拂

岱字公祖好學養志舉孝廉茂才辟公府皆不就公車特徵病卒初岱與李固子燮同徵議郎燮聞岱卒痛惜甚乃上書求加禮於岱曰臣聞仁義興則道德昌道德昌則政化明政化明而萬姓寧集解惠棟曰北宋本四字作政化明則萬姓寧伏見故處士种岱淯和達理耽悅詩書富貴不能回其慮萬物不能擾其心稟命不永奄然殂殞若不槃桓難進等輩皆已公卿矣易屯卦曰槃桓利居貞昔先賢既沒有加贈之典春秋隱公五年臧僖伯卒隱公葬之加一等杜預曰加命服之一等周禮盛德有銘誄之文周禮司勳曰凡有功者銘書於王之太常又曰卿大夫之喪賜謚誄也而岱生無印綬之榮卒無官謚之號雖未建忠效用而爲聖恩所拔遐邇具瞻宜有異賞朝廷竟不能從

拂字穎伯，初爲司隸從事，拜宛令。時南陽郡吏好因休沐游戲市里，爲百姓所患。拂出逢之，必下車公謁，吕愧其心，自是莫敢出者。政有能名，累遷光祿大夫。〔集解〕惠棟曰：案劉㻞傳，拂嘗爲潁川太守。初平元年，代荀爽爲司空。明年，吕地震策免，復爲太常。李傕、郭汜之亂，長安城潰，百官多避兵衞，拂揮劒而出曰：「爲國大臣，不能止戈除暴，致使凶賊兵刃向宮，去欲何之！」遂戰而死。子劭。

劭字申甫，少知名。中平末，爲諫議大夫。大將軍何進將誅宦官，召并州牧董卓，至澠池，而進意更狐疑，遣劭宣詔止之。卓不受，遂前至河南。劭迎勞之，因譬令還軍。卓疑有變，使其軍士吕兵脅劭。劭怒，稱詔大呼叱之，軍士皆披，披音芳靡反。遂前質責卓。卓辭屈，乃還軍夕陽亭。夕陽亭在河南城西。及進敗，獻帝卽位，拜劭爲侍中。卓旣擅權，而惡劭強力，遂左轉議郎，出爲益涼二州刺史。會父拂戰死，竟不之職。

服終，徵爲少府、大鴻臚，皆辭不受。曰：「昔我先父吕身徇國，吾爲臣子，不能除殘復怨，何面目朝覲明主哉！」〔集解〕惠棟曰：張璠漢記載劭語曰「我父盡忠於朝，爲時所妒，父以身殉，爲賊所害，吾爲臣子，不能除賊，何面目復覲明主」。三輔聞之，爲之感動。遂與馬騰、韓遂及左中郎劉範、諫議大夫馬宇〔集解〕錢大昕曰：董卓傳，侍中馬宇、右中郎將劉範。共攻李傕、郭汜，吕報其讎。與汜戰於長平觀下，長平，陵名也，有觀，在長安西十五里。〔集解〕惠棟曰：紀注及董卓傳注皆云去長安五十里。軍敗，劭等皆死。騰遂還涼州。

陳球字伯眞，下邳淮浦人也。歷世著名。謝承書曰：祖父屯，有令名。〔集解〕惠棟曰：陳球後碑云「周存六代，嬀滿繼虞，筵國於陳，逮完徂齊，實爲陳氏。公缺父自營州來，宅海淮，世躭典籍，兼通勤誨，振裘褐，卽徵聘，答宰司，荀顯貢者，繼世而傳焉」。父亹，廣漢太守。亹音尾。球少涉儒學，善律令。陽嘉中，舉孝廉，稍遷繁陽令。繁陽，魏郡縣也。〔集解〕惠棟曰：陳球後碑云除郎中、尙書符節郎、愼陵園令，換中東城門候，遷繁陽令。時魏郡太守諷縣求納貨賄，球不與之，太守怒而撾督郵，欲令逐球。撾，擊也。督郵不肯，曰：「魏郡十五城，獨繁陽有異政，今受命逐之，將致議於天下矣。」太守乃止。復辟公府，〔集解〕惠棟曰：太尉陳球碑云遷繁陽令，喪母去官，服除，辟司徒府。後碑云遭繼母憂。舉高第，拜侍御史。是時桂陽黠賊李研等羣聚寇鈔，陸梁荊部，州郡懦弱，不能禁，太尉楊秉表球爲零陵太守。〔集解〕惠棟曰：宋白續通典云零陵郡古治在今全州清湖縣南七十八里，故城存焉。球到，設方略，期月閒，賊虜消散。而州兵朱蓋等〔集解〕惠棟曰：碑云叛兵朱蓋等。汪文臺曰：御覽二百六十三、三百四十七，類聚六十引張璠漢記作朱益。反，與桂陽賊胡蘭數萬人轉攻零陵。零陵下溼，編木爲城，不可守備，郡中惶恐。掾史白遣家避難，球怒曰：「太守分國虎符，受任一邦，文帝初與郡守分銅虎符。〔集解〕惠棟曰：球漢人，不應斥高祖諱，張璠漢記邦作郡。豈顧妻孥而沮國威重乎？復言者斬！」乃悉內吏人老弱，與共城守，弦大木爲弓，羽矛爲矢，引機發之，遠射千餘步，多所殺傷。賊復激流灌城，球輒於內因地埶，反決水淹賊。相距十餘日，不能下。會中郎將度尙將救兵至，球募士卒，與尙共破斬朱蓋等。賜錢五十萬，拜子一人爲郎。遷魏郡

太守。徵拜將作大匠，作桓帝陵園，所省巨萬吕上。〔集解〕惠棟曰：謝承書云球躬親作事，爲士卒先，百工畢力。遷南陽太守，吕糾舉豪右，爲埶家所謗，徵詣廷尉抵罪。會赦，歸家。復拜廷尉。〔集解〕劉攽曰：案球初未嘗爲廷尉，何得言復，當作徵字。惠棟曰：球後碑云爲南陽太守，父病去官，居家半年，引授廷尉。汪文臺曰：書鈔五十五謝承書云橋元表球明法律，徵拜廷尉正。熹平元年，竇太后崩。太后本遷南宮雲臺，太后父竇武與陳蕃謀誅宦官，反爲中常侍曹節矯詔殺武、蕃，遷太后焉。宦者積怨竇氏，遂吕衣車載后尸，〔集解〕惠棟曰：衣車，前戶，所吕載衣服之車也。置城南市舍數日。中常侍曹節、王甫欲用貴人禮殯，帝曰：「太后親立朕躬，統承大業。詩云：『無德不報，無言不酬。』大雅抑詩也。豈宜吕貴人終乎？」於是發喪成禮。及將葬，節等復欲別葬太后，而吕馮貴人配祔。祔謂新死之主祔於先死者之廟，婦祔於其夫所祔之妃，妾祔於妾祖姑也。詔公卿大會朝堂，令中常侍趙忠監議。太尉李咸時病，乃扶輿而起，擣椒自隨，〔集解〕通鑑胡注：本草云椒大熱有毒。齊明帝將殺高武諸孫，敎大官煑椒二斛，蓋其毒能殺人也。惠棟曰：魏氏春秋載鍾繇引鴆弗獲，餐椒致斃也。謂妻子曰：「若

皇太后不得配食桓帝吾不生還矣既議坐者數百人各瞻望中官良久莫肯先言趙忠曰議當時定怪公卿㠯下各相顧望球曰皇太后㠯盛德良家母臨天下宜配先帝是無所疑忠笑而言曰陳廷尉宜便操筆球卽下議曰皇太后自在椒房有聰明母儀之德遭時不造援立聖明承繼宗廟功烈至重先帝晏駕因遇大獄遷居空宮不幸早世家雖獲罪事非太后今若別葬誠失天下之望且馮貴人冢墓被發骸骨暴露與賊幷尸魂靈汙染段熲爲河南尹坐盜發馮貴人冢左遷諫議大夫〔集解〕惠棟曰魏文帝列異傳云漢桓帝馮夫人病亡靈帝時有盜賊穿冢七十餘年顏色如故但小冷共姦通之至鬬爭相殺且無功於國何宜上配至尊忠省球議作色俛仰蚩球曰陳廷尉建此議甚健球曰陳竇既冤皇太后無故幽閉臣常痛心天下憤歎今日言之退而受罪宿昔之願公卿㠯下皆從球議李咸始不敢先發見球辭正然後大言曰臣本謂宜爾誠與臣

後漢書五十六　十四

意合會者皆爲之愧〔集解〕通鑑考異曰袁紀河南尹李咸執藥上書曰昔秦始皇幽閉母后感茅焦之言立駕迎母供養如初夫以秦后之惡始皇之暴尙納忠直之語不失母子之恩況皇太后不以罪歿陛下之過有重始皇臣謹左手齎章右手執藥詣闕自聞如遂不省臣當飮鴆自裁下覲先帝具陳得失章省上感其言使公卿更議廷尉陳球乃下議與范不同宜從范書曹節王甫復爭㠯爲梁后家犯惡逆別葬懿陵武帝黜廢衞后而㠯李夫人配食戾太子衞皇后共太子斬江充自殺武帝崩霍光緣上雅意以李夫人配食也今竇氏罪深豈得合葬先帝乎李咸乃詣闕上疏曰臣伏惟章德竇后虐害恭懷安思閻后家犯惡逆而和帝無異葬之議順朝無貶降之文至於衞后孝武皇帝身所廢棄不可㠯爲比今長樂太后尊號在身親嘗稱制坤育天下周易曰坤爲母且援立聖明光隆皇祚太后㠯陛下爲子陛下豈得不㠯太后爲母子無黜母臣無貶君宜合葬宣陵一如舊制帝省奏謂曹節等曰竇氏雖爲不道而太后有德於朕不宜降黜節等無復言於是議者乃定咸字元貞〔集解〕惠棟曰蔡邕太

尉李公碑云咸字元卓汝南西平人案靈紀及胡廣傳注皆云字元卓也汝南人累經州郡〔集解〕惠棟曰李公碑云咸歷官衞國公相高密令徐州刺史漁陽太守㠯廉幹知名在朝清忠權倖憚之六年遷球司空〔集解〕惠棟曰陳球碑云乃遷衞尉遂作司空本紀亦云由衞尉遷司空也㠯地震免拜光祿大夫復爲廷尉太常光和元年遷太尉數月㠯日食免復拜光祿大夫明年爲永樂少府桓帝母孝崇皇后宮曰永樂置太僕少府〔集解〕通鑑胡注據此時帝母孝仁董太后居永樂宮非孝崇后也乃潛與司徒河間劉郃謀誅宦官初郃兄侍中儵與大將軍竇武同謀俱死故郃與球相結事未及發球復㠯書勸郃曰公出自宗室位登台鼎天下瞻望社稷鎭衞豈得雷同容容無違而已今曹節等放縱爲害而久在左右又公兄侍中受害節等永樂太后所親知也今可表徙衞尉陽球爲司隸校尉㠯次收節等誅之政出聖主天下太平可翹足而待也又尙書劉納㠯正直忤宦官出爲步兵校尉亦深勸於郃郃曰凶豎多耳目恐事未會

後漢書五十六　十五

先受其禍納曰公爲國棟梁傾危不持焉用彼相邪論語孔子之辭也郃許諾亦結謀陽球球小妻鄭璜之女〔集解〕先謙曰官本鄭作程是璜用事宮中所謂程大人也節等頗得聞知乃重賂於璜且脅之璜懼迫㠯球謀告節節因共白帝曰郃等常與藩國交通有惡意數稱永樂聲埶受取狼籍步兵校尉劉納及永樂少府陳球衞尉陽球交通書疏謀議不軌帝大怒策免郃郃與球及劉納陽球皆下獄死球時年六十二子瑀吳郡太守〔集解〕惠棟曰英雄記云瑀字公璋瑀弟琮汝陰太守弟子珪沛相珪子登廣陵太守並知名謝承書曰瑀舉孝廉辟公府洛陽市長後辟太尉府未到永漢元年就拜議郎遷吳郡太守不之官球兄子珪字漢瑜舉孝廉劇令去官舉茂才濟北相珪子登字元龍學通今古處身循禮非法不行性兼文武有雄姿異略一領廣陵太守魏志曰登在廣陵有威名有功加伏波將軍年三十九卒後許汜與劉備並在荆州牧劉表坐備共論天下人汜曰陳元龍淮海之士豪氣不除備問汜曰君言豪寧有事邪汜曰昔遭亂過下邳見元龍無客主之意不相與語自上大牀臥使客臥下牀備曰君有國士之名今天下大亂帝王失所君須憂國忘家有救世之意乃求田問舍言無

可采是元龍所諱也何緣當與君語如我自卧百尺樓上卧君於地下何但上下牀之間哉表大笑也

贊曰安儲遭譖張卿有請〔張晧爲廷尉故曰卿〕龔糾便佞以直爲眚〔眚過也集解惠棟曰謝承書敘云王龔幹事遂陟鼎司〕二子過正埋車堙井〔張綱埋輪王暢堙井孟子曰矯枉過正〕种公自徵臨官以威陳球專議桓思同歸

後漢書集解卷五十六校補

張晧傳犍爲武陽人〔地詳光武紀下〕

六世祖良集解何焯曰　至　世系曰睦字選公〔案何氏以蜀志不言張翼系出留侯爲疑此不足疑也晧之官位名德炳於後漢既著晧爲翼之高祖自無庸遠溯留侯與諸葛鄧來固異矣六世九世字形易譌世字亦後人回改自不能保其不誤范書著良爲晧遠祖必非無本況又有世系可證乎且文苑傳載張超河間鄚人亦留侯良之後尤不容以非陽陵致疑也良之有後明矣而洪容齋乃有張良無後之說故沈銘彝氏謂其說爲非〕

其年卒官年八十三集解周壽昌曰　至　黃瓊以太尉卒官七十九〔柳從辰曰周謂黃瓊以太尉卒官殆亦用袁宏紀之說據本書瓊傳及桓紀則瓊以延熹四年免太尉復爲司空數月免七年卒非卒於太尉也惟胡廣以太傅卒官年八十二周遺未數當以易之〕

寇亂揚徐間〔官本揚誤楊〕

乃嬰等更生之晨也〔案晨當作辰各本均未正〕

親爲卜居宅相田疇集解沈欽韓曰寰宇記張綱溝在廣陵縣東

三十里〔案御覽七十五引揚子圖經言張綱溝在六合縣東三十里考六合乃漢堂邑縣地與此微異〕

張嬰等五百餘人〔柳從辰曰袁紀作三百餘人〕

王龔傳山陽高平人也〔地詳隗囂傳〕

各使賓客誣奏龔罪〔柳從辰曰袁紀作宦官乃使客作飛章欲陷龔以罪〕

先去炮烙之刑集解沈欽韓曰江鄰幾雜志引陳叔和云呂覽過理篇糟邱酒池肉圃爲格雕柱而炮〔柳從辰曰據呂覽炮作桔注云施桔槔於端舉而上下之案叔和引呂覽證烙當作格並引注格以銅爲之布火其下謂卽炮格之事是其取證止在爲格二字雕柱而桔乃相因及之轉寫者誤桔爲炮耳說文有炮無烙格則烙斷非本字晉書音義烙一作格是烙亦可讀格矣〕

日月之明注昭昭乎若揭日月以行也〔官本注以作而〕

种暠傳始爲縣門下史〔柳從辰曰袁宏紀始上有年四十四句史作吏〕

爲君得孝廉矣〔官本君作尹是〕

迺洛陽吏邪〔官本迺作近誤〕

時太傅杜喬等集解通鑑胡注一作高褎案杜喬傳漢安元年徇察兖州還拜太子太傅順紀漢安三年立皇子炳爲太子改元建康則此傳作太傅杜喬不誤也

人命所係案柳從辰曰袁宏紀人作巨則人當是大之譌巨人皆本民字儲君副主民所係命也

與汜戰於長平觀下注在長安西十五里官本注末有也字

陳球傳下邳淮浦人也今淮安府安東縣西

獨繁陽有異政柳從辰曰東觀記球爲繁陽令清高不動

分國虎符注文帝初與郡守分銅虎符官本注守作子誤

乃悉內吏人老弱與共城守柳從辰曰御覽二百六十引張璠漢記內上有郡字吏人作吏民案內當讀入聲猶斂也謂斂己之吏人老弱共城守也若悉郡內吏人老弱城守而己之老弱不與惡得爲賢乎

各瞻望中官官本官作宮

珪子登注陳元龍淮海之士柳從辰曰淮海魏志淮作湖御覽七百六引同然登淮浦人則作淮爲長

二子過正注孟子曰矯枉過正案今孟子無此文詳王符仲長統傳論校補

杜欒劉李劉謝列傳第四十七　後漢書五十七

宋　宣　城　太　守　范　曄　撰

唐　章　懷　太　子　賢　注

王先謙集解

杜根字伯堅潁川定陵人也父安字伯夷少有志節集解惠棟曰謝承書云豫章宗度拜定陵令縣民杜伯夷清高不仕度就與高談伯夷感德詣縣縣署功曹度字叔平年十三入太學號奇童京師貴戚慕其名或遺之書安不發悉壁藏之及後捕案貴戚賓客安開壁出書印封如故竟不離其患時人貴之離被也位至巴郡太守政甚有聲集解惠棟曰先賢行狀云安徵拜巴郡太守率身正下以禮化俗以病卒官時服薄斂素器不漆子自將車州郡賢之表章墳墓根性方實好絞直絞急也永初元年舉孝廉爲郎中時和熹鄧后臨朝權在外戚根以安帝年長宜親政事集解何焯曰案此皆採潁川先賢行狀以積十五年之語觀之則事有違反和熹之崩在永寍二年三月至五月而鄧騭等以罪自殺計下詔求根等卽在是年攷和熹既立安帝久不歸政至是凡十五年遂稱制終身誠過于持權若永初元年帝尚未加元服不得謂之年長根等何據輒進諫哉乃與同時郎上書直諫太后大怒收執根等令盛以縑囊於殿上撲殺之執法者以根知名私語行事人使不加力既而載出城外根得蘇太后使人檢視根遂詐死三日目中生蛆集解通鑑胡注蛆子余反凡蠅所集其遺子之處生爲蛆惠棟曰說文云蛆蠅乳肉中也因得逃竄爲宜城山中酒家保宜城縣故城在今襄州率道院南其地出美酒廣雅云保使也言爲人傭力保任而使也集解惠棟曰司馬貞云欒布傳賣庸于齊爲酒家人漢書作酒家保案謂庸作于酒家言可保使也鶡冠子云伊尹酒保周壽昌曰三國魏志引先賢行狀云根以輕撲得蘇息遂閉目不動搖經三日乃密起逃竄又云年八十七以壽終與此作七十八微異案國策秦茅焦有囊撲二弟語是撲刑起於暴秦本書申屠剛傳尚書近臣至乃捶撲牽曳於前則光武時已有撲刑左雄傳孝明皇帝始有撲罰皆非古典順帝陽嘉年間從雄言改之其後九卿無復捶撲者根尚在安帝時且爲郎中非九卿先謙曰官本院作縣是積十五年酒家知其賢厚敬待之及鄧氏誅左右皆言根等之忠帝謂根已死乃下詔布告天下錄其子孫根方歸鄉里徵詣公車拜侍御史初

平原郡吏成翊世亦諫太后歸政坐抵罪與根俱徵擢爲尙書郎並見納用或問根曰往者遇禍天下同義【集解】通鑑胡注天下之士以根直諫同義之也知故不少何至自苦如此根曰周旋民間非絕迹之處邂逅發露禍及知親故不爲也順帝時稍遷濟陰太守去官還家年七十八卒翊世字季明少好學深明道術延光中中常侍樊豐帝乳母王聖共譖皇太子廢爲濟陰王翊世連上書訟之又言樊豐王聖誣罔之狀帝既不從而豐等陷以重罪下獄當死有詔免官歸本郡及濟陰王立是爲順帝司空張晧辟之晧以翊世前訟太子之廢薦爲議郎翊世自以其功不顯恥於受位自劾歸三公比辟不應比猶頻也尙書僕射虞詡雅重之欲引與共參朝政乃上書薦之徵拜議郎後尙書令左雄僕射郭虔復舉爲尙書在朝正色百僚敬之

欒巴字叔元魏郡內黃人也神仙傳云巴蜀郡人也少而學道不修俗事好道順帝世以宦者給事掖庭補黃門令非其好也【集解】惠棟曰周禮云宮者使守門鄭玄云以其人道絕也今世或然性質直學覽經典雖在中官不與諸常侍交接後陽氣通暢白上乞退【集解】官本考證曰白上二字舊本作自下惠棟曰自下今本作白上屬下讀今從北宋本擢拜郎中四遷桂陽太守以郡處南垂不閑典訓爲吏人定婚姻喪紀之禮興立學校以獎進之【集解】先謙曰官本學校倒引劉攽曰立校學案文當作學校雖幹吏卑末皆課令習讀程試殿最隨能升授幹府吏之類也晉令諸郡國不滿五千以下置幹吏二人郡縣皆有幹幹猶主也政事明察視事七年以病乞骸骨荊州刺史李固薦巴治迹徵拜議郎守光祿大夫與杜喬周舉等八人徇行州郡巴使徐州還再遷豫章太守郡土多山川鬼怪小人常破貲產以祈禱巴素有道術能役鬼神乃悉毀壞房祀翦理姦巫房謂爲房堂而祀者於是妖異自消百姓始頗爲懼終皆安之神仙傳曰時廬山廟有神於帳中與人言語飮酒投杯能令宮亭湖中分風船行者舉帆相逢巴未到十數日廟中神不復作聲郡中常患黃父鬼爲百姓害巴到皆不知所在郡內無復疾疫也遷沛相所在有績徵拜尙書神仙傳曰巴爲尙書正朝大會巴獨後到又飮酒西南噀之有司奏巴不敬有詔問巴巴頓首謝曰臣本縣成都市失火臣故因酒爲雨以滅火臣不敢不敬詔即以驛書問成都成都荅言正旦大失火食時有雨從東北來火乃息雨皆酒臭後復一旦大風天霧晦暝對坐皆不相見失巴所在尋問之云其日還成都與親故別也會帝崩營起憲陵陵左右或有小人墳冢主者欲有所侵毀巴連上書苦諫時梁太后臨朝詔詰巴曰大行皇帝晏駕有日卜擇陵園務從省約塋域所極裁二十頃而巴虛言主者壞人冢墓【集解】惠棟曰魚豢典略載太后詔曰巴小子弄口鳴舌云云事既非實寢不報下巴猶固遂其愚復上誹謗苟肆狂瞽益不可長巴坐下獄抵罪禁錮還家【集解】惠棟曰續漢志云建康元年順帝崩梁太后攝政欲爲帝作陵制度奢廣多壞吏民冢巴諫爭太后怒癸卯詔書收巴下獄欲殺之九月丙午地震于是太后乃出巴免爲庶人二十餘年靈帝即位大將軍竇武太傅陳蕃輔政徵拜議郎蕃武被誅巴以其黨復謫永昌太守以功自效【集解】先謙曰官本效作劾引劉攽曰案功不可以自劾當是無功自劾少一無字辭病不行上書極諫理陳竇

之冤帝怒下詔切責收付廷尉巴自殺子賀官至雲中太守

劉陶字子奇一名偉潁川定陵人【集解】惠棟曰魚豢典略云世祖十八年徙六郡大族陶曾祖自齊來也濟北貞王勃之後陶爲人居簡【集解】官本考證曰宋本作居間何焯校本疑是倨簡不修小節所與交友必也同志好尙或殊富貴不求合情趣苟同貧賤不易意同宗劉愷以雅德知名獨深器陶時大將軍梁冀專朝而桓帝無子連歲荒饑災異數見陶時游太學乃上疏陳事曰【集解】王補曰通鑑繫此於永興二年袁紀繫此於永壽元年臣聞人非天地無以爲生天地非人無以爲靈書曰惟天地萬物父母惟人萬物之靈也【集解】惠棟曰注引書乃梅氏後出太誓也梅以陶習古文故附會其說是故帝非人不立人非帝不寧夫天之與帝帝之與人猶頭之與足相須而行也伏惟陛下年隆德茂中天稱號中謂當天之中也【集解】惠棟曰法言云漢興二百一十載而中天柳宗元云楊子極陰陽之數此言知漢祚之方半耳陶在靈帝而稱中天非也愚謂中天猶日之中天言歷數方永耳襲常存之慶循不易之制目不視鳴條之事耳不聞檀

車之聲[鳴條地名在安邑之西尚書曰伊尹相湯伐桀遂與桀戰於鳴條之野檀車兵車也詩曰檀車嘽嘽四牡痯痯征夫不遠嘽音昌善反痯音管集解通鑑胡注陶用檀車事言桀紂貴爲天子得罪於天流毒於民而湯武伐之亡國之事不接於帝之耳目帝不知以爲戒也]天災不有痛於肌膚震食不即損於聖體故蔑三光之謬輕上天之怒[集解通鑑胡注震食謂地震日食也]伏念高祖之起始自布衣[高祖曰吾以布衣提三尺劍以取天下]拾暴秦之敝追亡周之鹿[前書蒯通曰秦失其鹿天下共逐之音義云以鹿喻帝位也]合散扶傷克成帝業功既顯矣勤亦至矣流福遺祚至於陛下陛下既不能增明烈考之軌而忽高祖之勤妄假利器委授國柄使羣醜刑隸芟刈小民雕敝諸夏虐流遠近[利器謂威權也周禮太宰以八柄詔王馭羣臣謂爵祿與置生奪廢誅也刑隸謂閹人也]故天降眾異以戒陛下陛下不悟而競令虎豹窟於麑場豺狼乳於春囿[鹿子曰麑乳產也]斯豈唐咨禹稷益典朕虞議物賦土蒸民之意哉又令牧守長吏[集解劉攽曰案文令當作今]上下交競封豕長蛇蠶食天下貨殖者爲窮冤之魂貧餒者作飢寒之鬼高門獲東觀之辜豐室羅妖叛之罪[說苑曰孔子謂魯司寇七日而誅少正卯於東觀之下也集解惠棟曰豐室即豐屋也說文作寷謂富厚之家]死者悲於窀穸生者戚於朝野[杜元凱注左傳曰窀厚也穸夜也厚夜猶長夜也]是愚臣所爲咨嗟長懷歎息者也且秦之將亡正諫者誅諛進者賞[前書賈山上書曰秦始皇進諛諂之人殺直諫之士也]嘉言結於忠舌國命出於讒口擅閻樂於咸陽授趙高以車府[趙高爲車府令與壻咸陽令閻樂謀殺胡亥事見史記也]權去已而不知威離身而不顧古今一揆成敗同埶願陛下遠覽強秦之傾近察哀平之變得失昭然禍福可見臣又聞危非仁不扶亂非智不救故武丁得傅說以消鼎雉之災[武丁殷王高宗也尚書曰高宗得傅說爲相殷復興焉高宗時有雉登鼎耳而雊武丁懼而修德位以永寍]周宣用申甫以濟夷厲之荒[申伯仲山甫周宣王之臣也詩曰維申及甫惟周之翰史記曰周孝王之子燮是爲夷王夷王崩子厲王胡立行暴虐死于彘也]竊見故冀州刺史南陽朱穆前烏桓校尉臣同郡李膺[集解通鑑胡注前年朱穆得罪李膺時亦免居綸氏王補曰陶又詣闕上書訟朱穆見本書朱穆傳]皆履正

清平貞高絕俗穆前在冀州奉憲操平摧破姦黨掃清萬里膺歷典牧守正身率下及掌戎馬威揚朔北斯實中興之良佐國家之柱臣也宜還本朝挾輔王室上齊七燿下鎮萬國臣敢吐不時之義於諱言之朝[不時謂不合於時諱言謂拒諫也]猶冰霜見日必至消滅臣始悲天下之可悲今天下亦悲臣之愚惑也書奏不省時有上書言人以貨輕錢薄故致貧困宜改鑄大錢事下四府羣僚及太學能言之士陶上議曰聖王承天制物與人行止[集解惠棟曰時止則止時行則行與民同意也]建功則眾悅其事興戎而師樂其旅是故靈臺有子來之人武旅有鳧藻之士[詩大雅曰經始靈臺經之營之不日成之經始勿亟庶人子來武旅周武王之旅鳧得水藻言喜悅也集解惠棟曰鄭氏太誓云惟丙午王還師前師乃鼓鼓譟師乃慆前歌後舞魏大饗碑云士有拊譟之歡民懷惠懷之德拊譟與鼓譟同漢人讀爲鳧噪言如鳧之噪呼是以王逸注楚詞曰武王三軍人人樂戰並馳驅赴敵爭先前歌後舞鳧噪讙呼是也杜詩傳及此又作鳧藻釋云如鳧之戲于藻非尚書之義也周壽昌曰武旅即虎旅猶虎賁也唐人避諱改之周禮夏官有虎賁氏旅賁氏]皆舉合時宜動順人道也臣伏讀鑄錢之詔平輕重之議訪覃幽微不遺窮賤是以藿食之人謬延逮及[說苑曰有東郭祖朝者上書於晉獻公曰願請聞國家之計獻公使人告之曰肉食者已慮之矣藿食者尚何預焉祖朝曰肉食者一旦失計於廟堂之上若臣等藿食者寧得無肝膽塗地於中原之野其禍亦及臣之身安得無預國家之計乎]蓋以爲當今之憂不在乎貨在乎民飢夫生養之道先食後民[集解劉攽曰案文民當作貨]是以先王觀象育物敬授民時[象天象也尚書曰欽若昊天敬授人時]使男不逋畝女不下機故君臣之道行王路之教通由是言之食者乃有國之所寶生民之至貴也竊見比年以來良苗盡於蝗螟之口杼柚空於公私之求[詩小雅曰小東大東杼柚其空]所急朝夕之餐所患靡盬之事豈謂錢貨之厚薄銖兩之輕重哉就使當今沙礫化爲南金瓦石變爲和玉[詩曰大路南金和玉卞和之玉也]使百姓渴無所飲飢無所食雖皇羲之純德唐虞之文明猶不能以保蕭牆之內也[集解惠棟曰鄭玄論語注蕭之言肅也牆猶屏也君臣相見之禮至屏而加肅敬是以謂之蕭牆]

蓋民可百年無貨不可一朝有飢故食爲至急也議者不達農殖之本多言鑄冶之便或欲因緣行詐㠯賈國利國利將盡取者爭競造鑄之端於是乎生蓋萬人鑄之一人奪之猶不能給況今一人鑄之則萬人奪之乎雖㠯陰陽爲炭萬物爲銅賈誼之言役不食之民使不飢之士猶不能足無厭之求也夫欲民殷財阜〔集解〕通鑑胡注揚子云君人者務在殷民阜財要在止役禁奪則百姓不勞而足陛下聖德愍海內之憂戚傷天下之艱難欲鑄錢齊貨㠯救其敝此猶養魚沸鼎之中棲鳥烈火之上水木本魚鳥之所生也用之不時必至燋爛願陛下寬鍥薄之禁後冶鑄之議鍥刻也音口結反〔集解〕先謙曰官本口作曰聽民庶之謠吟問路叟之所憂列子曰堯理天下五十年不知天下理亂堯乃微服游於康衢兒童謠曰立我蒸民莫不爾極不識不知順帝之則說苑曰孔子行游中路聞哭者聲其音甚悲孔子避車而問之曰夫子非有喪也何哭之悲虞丘子對曰吾有三失吾少好學周徧天下還後吾親亡是一失也事君驕奢不遂是二失也厚交友而後絕是三失也〔集解〕劉攽曰注文莫不

爾極案文不當作非瞰三光之文耀視山河之分流三光日月星也分謂山流謂河言日月有謫食之災星辰有錯行之變故視其文耀也山崩川竭皆亡之徵也天下之心國家大事粲然皆見無有遺惑者矣臣嘗誦詩至於鴻鴈于野之勞哀勤百堵之事每喟爾長懷中篇而歎詩小雅鴻鴈之篇曰鴻鴈于飛肅肅其羽之子于征劬勞于野鴻鴈于飛集于中澤之子于垣百堵皆作鄭玄注云壞滅之國徵人起屋舍築牆壁百堵同時而起言勸事也近聽征夫飢勞之聲甚於斯歌是㠯追悟匹婦吟魯之憂始於此乎列女傳曰魯漆室邑之女過時未適人當穆公之時君老太子幼女倚柱而嘯傍人聞之心莫不慘慘者鄰婦從之遊謂曰何哭之悲子欲嫁乎吾爲子求偶漆室女曰嗟乎始吾以子爲知今反無識也豈爲嫁之故不樂而悲哉吾憂魯君老而太子少也見白駒之意屛營彷徨不能監寐詩曰皎皎白駒食我場苗縶之維之以永今朝白駒喻賢人也監寐猶寤寐也伏念當今地廣而不得耕民眾而無所食羣小競起進〔集解〕先謙曰起字當衍秉國之位鷹揚天下烏鈔求飽〔集解〕惠棟曰烏當作烏周禮射烏氏以弓矢敺烏鳶鄭元云烏鳶喜鈔盜故云烏鈔鈔初教反又初交反吞飢及骨〔集解〕先謙曰官本飢作肌是並噬無厭誠恐卒有役夫窮匠起於

板築之間役夫謂陳涉起蘄也窮匠謂驪山之徒也並見史記也〔集解〕通鑑胡注卒讀曰猝投斤攘臂登高遠呼使愁怨之民嚮應雲合八方分崩中夏魚潰公羊傳曰其言梁亡何魚爛而亡也何休曰魚潰從中發潰爛也雖方尺之錢何能有救〔集解〕通鑑胡注錢大方尺不能救天下之亂也其危猶舉函牛之鼎絓纖枯之末函牛之鼎謂大鼎也淮南子曰函牛之鼎沸則蠅不得置一足焉絓掛也音胡賣反詩人所㠯眷然顧之潸焉出涕者也詩小雅大東之文也潸涕下貌鄭玄注云傷今不如古也臣東野狂闇不達大義緣廣及之時對過所問知必㠯身脂鼎鑊爲天下笑〔集解〕王補曰袁紀二十一晉書食貨志通典八皆引此議詳略互異帝竟不鑄錢後陶舉孝廉除順陽長〔集解〕汪文臺曰類聚十九謝承書作縱陽長類聚五十御覽二百六十七續漢書作湞陽長縣多姦猾陶到官宣募吏民有氣力勇猛能㠯死易生者不拘亡命姦臧於是剽輕劍客之徒過晏等十餘人過姓也過國之後見左傳〔集解〕惠棟曰風俗通云過國夏諸侯後因爲氏漢有兗州刺史過栩皆來應募陶責其先過要㠯後效使各結所厚少年得數百人皆嚴兵待命於是覆案姦軌

所發若神㠯病免吏民思而歌之曰邑然不樂思我劉君何時復來安此下民陶明尚書春秋爲之訓詁推三家尚書三家謂夏侯建夏侯勝歐陽和伯也及古文〔集解〕惠棟曰張懷瓘云陶以杜北山本爲正案杜北山本即漆書古文也賈逵鄭元皆傳其學是正文字三百餘事名曰中文尚書〔集解〕惠棟曰三百北宋本作七百埶文志云劉向以中古文校三家經文文字異者七百有餘蓋古文與今文異者本有此數故陶從而是正也頃之拜侍御史靈帝宿聞其名數引納之時鉅鹿張角僞託大道妖惑小民陶與奉車都尉樂松議郎袁貢連名上疏言之曰聖王㠯天下耳目爲視聽故能無不聞見今張角支黨不可勝計前司徒楊賜奏下詔書切敕州郡護送流民〔集解〕惠棟曰楊賜傳賜爲司徒時陶爲掾建此議也會賜去位不復捕錄雖會赦令而謀不解散四方私言云角等竊入京師覘視朝政鳥聲獸心私共鳴呼州郡忌諱不欲聞之但更相告語莫肯公文宜下明詔重募角等賞㠯國士有敢回避與之同罪帝殊不悟方詔陶次

第春秋條例明年張角反亂海內鼎沸帝思陶言封中陵鄉侯三遷尚書令以所舉將爲尚書難與齊列乞從冗散拜侍中以數切諫爲權臣所憚徙爲京兆尹到職當出修宮錢直千萬時拜職名當出買官之錢謂之修宮錢也陶既清貧集解惠棟曰魚豢典略云陶常典六郡然世業儒學安貧樂道所居不過孝廉府第而恥以錢買職稱疾不聽政帝宿重陶才原其罪徵拜諫議大夫是時天下日危寇賊方熾陶憂致崩亂復上疏曰臣聞事之急者不能安言心之痛者不能緩聲竊見天下前遇張角之亂後遭邊章之寇每聞羽書告急之聲心灼內熱四體驚竦今西羌逆類私署將帥皆多段熲時吏曉習戰陳識知山川變詐萬端臣常懼其輕出河東馮翊鈔西軍之後東之函谷據阸高望今果已攻河東恐遂轉更豕突上京集解通鑑胡注河東東南至雒陽五百里耳惠棟曰案豕性駭突難制以喻寇盜也前書食貨志云王莽大募天下囚徒人奴名豬突豨勇服虔云豬性觸突人故取以喻如是則南道斷絕車騎之

軍孤立時湟中義從胡北宮伯玉等叛遣左車騎將軍皇甫嵩討之不克也關東破膽四方動搖威之不來叫之不應雖有田單陳平之策計無所用臣前驛馬上便宜集解惠棟曰漢時上言變事及警事告急者皆乘傳詣雒陽見漢律廄篇梅福傳云數因縣道上言變事求假軺傳詣行在所條對急政是也急絕諸郡賦調冀尚可安事付主者留連至今莫肯求問今三郡之民皆以奔亡南出武關北徙壺谷三郡河東馮翊京兆也壺谷壺關之谷在上黨也冰解風散唯恐在後今其存者尚十三四軍吏士民悲愁相守民有百走退死之心而無一前鬭生之計西寇浸前去營咫尺胡騎分布已至諸陵將軍張溫天性精勇而主者旦夕迫促軍無後殿假令失利其敗不救臣自知言數見厭而言不自裁者以爲國安則臣蒙其慶國危則臣亦先亡也謹復陳當今要急八事乞須臾之間深垂納省其八事大較言天下大亂皆由宦官宦官事急共讒陶曰前張角事發詔書示以威恩自此以來各各改悔今

者四方安靜而陶疾害聖政專言妖孽州郡不上陶何緣知疑陶與賊通情於是收陶下黃門北寺獄掠按日急陶自知必死對使者曰朝廷前封臣云何今反受邪譖恨不與伊呂同疇而以三仁爲輩論語曰殷有三仁焉微子去之箕子爲之奴比干諫而死遂閉氣而死集解惠棟曰釋名云屈頸閉氣曰雉經如雉之爲也袁宏紀云不食而死天下莫不痛之陶著書數十萬言又作七曜論匡老子反韓非復孟軻集解惠棟曰韓非有解老喻老之篇故陶作書匡老子之失反韓非之說而折中於孟子也及上書言當世便事條教賦奏書記辯疑凡百餘篇時司徒東海陳耽亦以非罪與陶俱死集解錢大昕曰蔚宗作史重風節而輕爵位意在矯班氏之失故三公多不得立傳若耽之忠正無過觸宦者而誣死乃大臣之賢者何以亦從附見之例耽以忠正稱歷位三司光和五年詔公卿以謠言舉刺史二千石謠言謂聽百姓風謠善惡而黜陟之也集解先謙曰官本注在爲民蠹害者下爲民蠹害者集解王補曰舉謠言本書凡數見范滂蔡邕及此傳是也而陳耽極言其弊卒被誣死獄中時太尉許馘司空張濟承望內官受取貨賄集解先謙曰官本賄作賂

其宦者子弟賓客雖貪汙穢濁皆不敢問而虛糺邊遠小郡清修有惠化者二十六人吏人詣闕陳訴耽與議郎曹操上言集解通鑑考異案耽已爲司徒不應與議郎同上言王沈魏書云是歲以災異博問得失太祖因此上書切諫不言與耽同上言也公卿所舉率黨其私所謂放鴟梟而囚鸞鳳其言忠切帝以讓馘濟由是諸坐謠言徵者悉拜議郎宦官怨之遂誣陷耽死獄中集解王補曰靈帝紀三月司徒陳耽免中平二年十月前司徒陳耽諫議大夫劉陶坐直言下獄死

李雲字行祖甘陵人也性好學善陰陽初舉孝廉再遷白馬令桓帝延熹二年誅大將軍梁冀而中常侍單超等五人皆以誅冀功並封列侯專權選舉又立掖庭民女亳氏爲皇后集解洪頤煊曰桓帝鄧皇后紀后少冒姓梁氏及梁冀誅立后爲皇后改姓爲薄薄即亳也四年有司奏后本郎中鄧香之女於是復爲鄧氏此在延熹三年故稱亳也五行志延熹四年五月尚稱亳后其復姓當在五月以後桓帝紀延熹二年八月壬午立皇后鄧氏史臣追書之數月間后家封者四人賞賜巨萬時封后兄康爲比陽侯弟統昆陽侯統從兄會安陽侯統弟秉爲淯陽侯

集解惠棟曰濟誤當作泲是時地數震裂眾災頻降雲素剛憂國將危心不能忍乃露布上書移副三府露布謂不封之也并以副本上三公府也曰臣聞皇后天下母德配坤靈得其人則五氏來備不得其人則地動搖宮史記曰庶徵曰雨曰暘曰燠曰風曰寒五者來備各以其序庶草繁廡是與氏古字通耳春秋漢含孳曰女主盛臣制命則地動集解周壽昌曰今書作五者來備王伯厚引史記作五是來備今本史記仍作五者王尚見舊本也荀爽傳云五韙咸備氏是古通段字比年災異可謂多矣皇天之戒可謂至矣高祖受命至今三百六十四歲君期一周當有黃精代見姓陳項虞田許氏不可令此人居太尉太傅典兵之官黃精謂魏氏將興也陳項虞田並舜之後舜土德亦尚黃故忌也集解惠棟曰春秋緯保乾圖曰漢以魏徵黃精接期天下歸高舉厝至重不可不慎班功行賞宜應其實梁冀雖持權專擅虐流天下今以罪行誅猶召家臣搤殺之耳而猥封謀臣萬戶以上集解通鑑胡注謂單超等五侯也高祖聞之得無見非西北列將得無解體列將謂皇甫規段熲等孔子曰帝者諦也春秋運斗樞曰五帝修名立功修德成化統調

陰陽招類使神故稱帝帝之諦言也鄭玄注云審諦於物色也集解劉攽曰注帝之諦言也案文言當在諦字上先謙曰官本無色字今官位錯亂小人諂進財貨公行政化日損尺一拜用不經御省尺一之板謂詔策也見漢官儀是帝欲不諦乎帝得奏震怒下有司逮雲詔尚書都護劍戟送黃門北寺獄使中常侍管霸與御史廷尉雜考之集解惠棟曰都護當作都候左右都候主劍戟士徼巡宮中及天子有所收考也時弘農五官掾杜眾傷雲以忠諫獲罪上書願與雲同日死帝愈怒遂并下廷尉大鴻臚陳蕃上疏救雲曰李雲所言雖不識禁忌干上逆旨其意歸于忠國而已昔高祖忍周昌不諱之諫成帝赦朱雲腰領之誅周昌解見陳忠傳朱雲上書曰臣願賜尚方斬馬劍斷佞臣一人以厲其餘上問誰也對曰安昌侯張禹上大怒曰小臣居下訕上廷辱師傅罪死不赦御史將雲去左將軍辛慶忌以死爭上意解然後得已事並見前書今日殺雲臣恐剖心之譏復議於世矣比干以死諫紂紂怒曰吾聞聖人心有七竅乃剖比干而觀其心事見史記故敢觸龍鱗冒昧以請韓子曰夫龍之為蟲也可狎而馴也然喉下有逆鱗嬰之則殺人人主有逆鱗說者嬰之則亦幾矣太常楊

秉洛陽市長沐茂集解通鑑胡注洛陽市長秩四百石屬大司農沐姓也風俗通漢有東平太守沐寵郎官上官資集解惠棟曰孫愐云楚莊王少子為上官大夫以上官為氏並上疏請雲帝恚甚有司奏以為大不敬詔切責蕃秉免歸田里茂資貶秩二等時帝在濯龍池管霸奏雲等事集解惠棟曰袁紀廷尉奏雲不遜欲獲抗直之名眾遠為邀訴皆大逆不道請論如律霸入奏也霸跪言曰李雲野澤愚儒杜眾郡中小吏出於狂戇不足加罪集解通鑑胡注霸跪奏若為雲等言而獄詞則致之死故下云使小黃門可其奏也王補曰是時救雲者蕃秉免歸茂資貶秩帝之恚怒為何如邪廷尉既當以大逆不道請論如律而管霸持入覆奏跪言若此實欲以冷語激帝趣之速殺耳自古小人陷害君子每假手於人君而己不欲居其名類如此此機穽相襲私為祕計世主不悟輒墮術中此足為世永戒者也帝謂霸曰帝欲不諦是何等語而常侍欲原之邪顧使小黃門可其奏集解惠棟曰百官志云舊光祿勳有二曹秩以二千石上殿中主受尚書奏平省之世祖省使小黃門受事案袁宏紀乃小黃門史伉也雲眾皆死獄中後冀州刺史賈琮集解惠棟曰水經注作賈瑤使行部過祠雲墓刻石表之集解惠棟曰水經注云今石柱尚存俗猶謂之李氏石柱

論曰禮有五諫諷為上五諫謂諷諫順諫闚諫指諫陷諫也諷諫者知禍患之萌而諷告也順諫者出辭遜順不逆君心也闚諫者視人君顏色而諫也指諫者質指其事而諫也陷諫者言國之害忘生為君也見大戴禮若夫託物見情因文載旨使言之者無罪聞之者足以自戒卜商詩序之文也貴在於意達言從理歸乎正曷其絞訐摩上以衒沽成名哉絞直也訐正也沽賣之也集解蘇輿曰論若貶雲然以一令而為立專傳則范氏之激揚風節意可見矣[illegible]雲議自正至以黃精代見請黜陳項虞田許氏諸姓是則陰陽之蔽也李雲草茅之生不識失身之義儀禮曰凡自稱於君宅者在邦則曰市井之臣在野曰草茅之臣庶人則曰刺草之臣易曰臣不密則失身集解先謙曰官本者在邦下引劉攽曰注宅在邦者案儀禮文云宅者在邦此誤遂乃露布帝者班檄三公至於誅死而不顧斯豈古之狂也論語曰古之狂也直今之狂也詐而已矣夫未信而諫則以為謗己論語曰事君信而後諫其君未信則以為謗己故說者識其難焉韓非有說難篇

劉瑜字季節廣陵人也高祖父廣陵靖王父辯清河太守謝承書曰父祥為清河太守瑜少好經學尤善圖讖天文歷算之術州郡禮請不就延

熹八年太尉楊秉舉賢良方正〔集解〕惠棟曰廣陵列士傳云瑜舉方正對策高第人呼爲長鬢方正及到京師上書陳事曰臣瑜自念東國鄙陋得以豐沛枝胄被蒙復除〔集解〕惠棟曰前書王子侯表云詔復家師古曰復家蠲賦役也周禮鄉大夫其舍者國中貴者皆舍先鄭曰舍者謂有復除舍不收役事也貴者謂若今宗室及關內侯皆復也不給卒伍故太尉楊秉知臣竊闚典籍猥見顯舉誠冀臣愚直有補萬一而秉忠謨不遂命先朝露臣在下土聽聞歌謠驕臣虐政之事遠近呼嗟之音竊爲辛楚泣血漣如幸得引錄備荅聖問泄寫至情不敢庸回庸用也回邪也〔集解〕惠棟曰李善云楚猶痛也周壽昌曰案即堯典靖言庸違之庸違也左文公十八年作靖譖庸回可證注即本杜注誠願陛下且以須臾之慮覽今往之事人何爲咨嗟天曷爲動變蓋諸侯之位上法四七垂文炳燿關之盛衰者也四七二十八宿也諸侯爲天子守四方猶天之有二十八宿漢官儀曰天子建侯上法四七也〔集解〕何焯曰關字下有脫文今中官邪孽比肩裂土皆競立胤嗣繼體傳爵或乞子疏屬或買兒市道殆乖開國承家之義易曰大君有命開國承家古者天子一娶九女公羊傳曰諸侯一娉三女天子一娶九女夏殷制也〔集解〕惠棟曰案公羊傳無此文逸禮王度記有之知章懷何據以爲公羊傳也未娣姪有序河圖授嗣正在九房〔集解〕惠棟曰九房疑即太一所行之九宮費士璣云九房似即九宮易乾鑿度有太乙下行九宮之說而無河圖之名据此文則以戴九履一者爲河圖宜可信錢大昕曰易稱河出圖聖人則之劉歆以爲伏羲受河圖則而畫之八卦是也八卦震東巽東南離南坤西南兌西乾西北坎北艮東北此即伏羲所傳伏羲以水德王故云帝出乎震也依八卦方位倂中央數之即爲九宮羲皇畫卦既取則於河圖則九宮爲河圖信矣若雒書本文但有初一曰五行以下六十五字河有圖雒無圖也無圖而強以五行生成之圖附會之既又知其數之不合更以九宮當雒書轉借五行生成之圖以爲河圖且謂合於大衍之數不知宣尼繫易固言大衍之數不言圖也自天一至地十衍之爲五十有五不待圖而顯也即以圖顯之但可云五位相得之圖不可以當河圖也今女變令色充積閨帷皆當盛其玩飾冗食空宮勞散精神生長六疾左傳曰天有六氣淫生六疾六氣曰陰陽風雨晦明過則爲災陰淫寒疾陽淫熱疾風淫末疾雨淫腹疾晦淫惑疾明淫心疾女陰物也而晦時淫則生內熱惑蠱之疾也此國之費也生之傷也且天地之性陰陽正紀隔絕其道則水旱爲并〔集解〕蘇輿曰并即隔并覵䫻蠲謝遊上隔字因省言并詩云五日爲期六日不詹詩小雅曰終朝采藍不盈一襜五日爲期六日不詹注云詹至也婦人過時而怨曠期至五日而歸今六日不至是以憂也怨曠作歌仲尼所錄詩謂仲尼刪詩編錄也況從幼至長幽藏歿身又常侍黃門亦廣妻娶怨毒之氣結成妖眚行路之言官發略人女取而復置轉相驚懼孰不悉然無緣空生此謗鄒衍匹夫杞氏匹婦尚有城崩霜隕之異況乃羣輩咨怨能無感乎淮南子曰鄒衍事燕惠王盡忠左右譖之王繫之仰天而哭五月天爲之下霜列女傳曰齊人杞梁襲莒戰死其妻無所歸乃就夫尸於城下而哭之七日城崩也昔秦作阿房國多刑人今第舍增多窮極奇巧掘山攻石不避時令禮記月令曰孟夏之月無有壞墮無起土功無發大眾也促以嚴刑威以正法〔集解〕先謙曰官本作法正引劉攽曰案文當作正法民無罪而覆入之民有田而覆奪之州郡官府各自考事姦情賕賂皆爲吏餌民愁鬱結起入賊黨官輒興兵誅討其罪貧困之民或有賣其首級以要酬賞父兄相代殘身妻孥相視分裂窮之如彼代之如此豈不痛哉又陛下以北辰之尊〔集解〕惠棟曰天之貴神曰太一太一者北辰之神也神器之寶而微行近習之家私幸宦官之舍近習謂親近狎者〔集解〕惠棟曰宦官本一作宦者賓客市買熏灼道路因此暴縱無所不容今三公在位皆博達道藝而各正諸己莫或匡益者非不智也畏死罰也惟陛下設置七臣以廣諫道孝經曰古者天子有爭臣七人鄭玄注七人謂三公及前疑後承左輔右弼及開東序金縢史官之書從堯舜禹湯文武致興之道爾雅曰東西廂謂之序書曰天球河圖在東序縢緘也以金緘之不欲人開也遠佞邪之人放鄭衛之聲則政致和平德感祥風矣孝經援神契曰德至八方則祥風至臣悾悾推情言不足采悾悾誠懇之貌懼以觸忤征營悼悸〔集解〕惠棟曰征本或作征於是特詔召瑜問災咎之徵指事案經讖以對執政者欲令瑜依違其辭而更策以他事瑜復悉心以對八千餘言有切於前帝竟不能用拜爲議郎及帝崩大將軍竇武欲大誅宦官乃引瑜爲侍中又以侍中尹勳爲尚書令共同謀畫及武敗瑜勳並被誅事在武傳勳字伯元河南

人從祖睦爲太尉睦孫頌爲司徒勳爲人剛毅直方少時每讀書得忠臣義士之事未嘗不投書而仰歎自以行不合於當時不應州郡公府禮命桓帝時以有道徵四遷尚書令延熹中誅大將軍梁冀帝召勳部分眾職甚有方略封宜陽鄉侯僕射霍諝〔集解〕惠棟曰鄴都亭侯尚書張敬〔集解〕惠棟曰山陽西鄉侯案敬先爲符節令見來歷傳歐陽參〔集解〕惠棟曰修武仁亭侯李偉〔集解〕惠棟曰宜陽金門侯虞放〔集解〕惠棟曰冤句呂都亭侯周永〔集解〕惠棟曰下邳高遷鄉侯黃瓊疏曰尚書周永昔爲沛令素事梁冀幸其威勢坐事當罪越拜今職見冀將衰乃陽毀示忠遂因奸計亦取封侯並封亭侯勳後再遷至九卿以病免拜爲侍中八年中常侍具瑗左悺等有罪免奪封邑因黜勳等爵瑜誅後宦官悉焚其上書以爲訛言子琬傳瑜學明占候能著災異舉方正不行

謝弼字輔宣東郡武陽人也謝承書曰輔字輔鸞東郡濮陽人也與此不同中直方正猶言中正方直也爲鄉邑所宗師建寧二年詔舉有道之士〔集解〕錢大昕曰靈帝紀建寧元年五月詔郡國守相舉有道之士各一人二年當是元年之誤弼與東海陳敦玄菟公孫度〔集解〕惠棟曰度字升濟遼東襄平人見魏志俱對策皆除郎中時青蛇見前殿〔集解〕惠棟曰建寧二年四月壬辰事一云熹平元年四月甲午錢大昕曰五行志熹平元年四月甲午青蛇見御坐上楊賜傳亦以弼封事證之當是建寧元年非熹平也大風拔木〔集解〕惠棟曰五行志建寧二年四月癸巳京都大風雨雹拔郊道樹十圍已上百餘枚詔公卿以下陳得失弼上封事曰臣聞和氣應於有德妖氣生乎失政上天告譴則王者思其愆政道或虧則姦臣當其罰夫蛇者陰氣所生鱗者甲兵之符也謝承書曰蛇者陰之所生龍之類也龍有鱗甲兵之符也〔集解〕先謙曰官本注陰之作陰氣鴻範傳曰厥極弱時則有蛇龍之孼前書曰皇之不極是謂不建厥極弱時則有下伐上之痾龍蛇之孼也又熒惑守亢〔集解〕惠棟曰熹平九年十月熒惑入南斗中錢大昕曰天文志不載此事裴回不去法有近臣謀亂發於左右不知陛下所與從容帷幄之內親信者爲誰宜急斥黜以消天戒臣又聞惟虺惟蛇女子之祥詩小雅之文也鄭玄注云虺蛇穴處陰之祥也故爲生女伏惟皇太后定策宮闈援立聖明書云父子兄弟罪不相及竇氏之誅豈宜咎延太后幽隔空宮愁感天心如有霧露之疾陛下當何面目以見天下文帝徙淮南王長於蜀袁盎曰淮南王爲人剛今暴摧折之臣恐其逢霧露病死陛下有殺弟之名也昔周襄王不能敬事其母戎狄遂至交侵史記曰周襄王母早死後母曰惠后生叔帶有寵帶與戎狄謀伐襄王王〔集解〕蘇輿曰僖二十四年公羊傳王者無外此其言出何不能乎母也此用其義前書如嚴助霍光傳並引春秋此事又見春秋繁露王道篇鹽鐵論孝養篇孝和皇帝不絕竇氏之恩前世以爲美談竇太后崩張酺等奏云不宜合葬先帝和帝手詔曰臣子無貶尊上之文恩不忍離於是合葬見皇后紀也禮爲人後者爲之子今以桓帝爲父豈得不以太后爲母哉援神契曰天子行孝四夷和平方今邊境日蹙兵革蜂起自非孝道何以濟之願陛下仰慕有虞蒸蒸之化俯思凱風慰母之念尚書舜典曰蒸蒸乂不格姦孔安國注曰蒸蒸猶進進也言舜進於善道詩凱風曰有子七人莫慰母心臣又聞爵賞之設必酬庸勳開國承家小人勿用易師卦上六爻詞也今功臣久外未蒙爵秩阿母寵私乃享大封大風雨雹亦由於茲

又故太傅陳蕃輔相陛下勤身王室夙夜匪懈而見陷羣邪一旦誅滅其爲酷濫駭動天下門生故吏並離徙錮蕃身已往人百何贖詩國風曰如可贖兮人百其身宜還其家屬解除禁網夫台宰重器國命所繼〔集解〕惠棟曰繼卽繫也李固傳羣下繼望亦讀爲繫古文繼繫通用易繫用徽墨繫亦作繼詳棟所撰九經會最今之四公唯司空劉寵斷斷守善餘皆素餐致寇之人四公謂劉矩爲太尉許訓爲司徒胡廣爲太傅及寵也書曰如有一介臣斷斷猗無它技孔安國注云斷斷猗然專一之臣也素空也無德而食其祿曰素餐易曰負且乘致寇至也〔集解〕錢大昕曰案劉寵爲司空在建寧元年注所舉太尉劉矩亦以元年十一月免官似章懷本元是建寧元年非二年矣惟許訓爲司徒與本紀未合惠棟曰袁宏紀云寵在朝廷正色不可干以私閉戶靜居不接賓客教諸子孫而已故進不見惡退無謗言必有折足覆餗之凶可因災異並加罷黜易曰鼎折足覆公餗鼎以喻三公餗鼎實也折足覆餗言不勝其任徵故司空王暢長樂少府李膺並居政事庶災變可消國祚惟永臣山藪頑闇未達國典策曰無有所隱敢不盡愚用忘諱忌伏惟陛下裁其誅罰左右惡其言出爲廣陵府丞去官

歸家中常侍曹節從子紹爲東郡太守忿疾於弼遂以他罪收考掠按死獄中時人悼傷焉初平二年司隸校尉趙謙上訟弼忠節求報其怨魂乃收紹斬之

贊曰鄧不明辟尚書曰朕復子明辟孔安國注云復還明君之政于成王也言鄧后臨朝不還政於安帝也梁不損陵慊慊欒杜諷辭以興黃寇方熾子奇有識識叶韻音式侍反集解惠棟曰古知識字讀爲志武謀允臧瑜亦協志弼忤宦情雲犯時忌成仁喪已同方殊事集解王補曰杜欒二劉李謝皆以直言强諫不得其死弼誣死於他罪尤爲冤抑根既死復蘇而在朝廷固已縑囊撲殺之矣李雲之死獨爲當世所中訟者蓋黃精代見帝欲不諦覩鳴條擅車等語倍爲顯切激厲又所上書既露布不封并移其副於三府且杜衆上書請與同死跡似黨訐故帝之恚怒益甚而論救者亦愈急及雲既死而黃瓊病篤襄楷詣闕並上疏極訟其冤漢季之以忠諫死者多矣而雲爲尤烈哉

杜欒劉李劉謝列傳第四十七終　後漢書五十七

後漢書集解卷五十七校補

杜根傳潁川定陵人也地詳光武紀上

位至巴郡太守案先賢行狀云三府辟公車特徵拜宛令先是宛有報讐者其令不忍致理將與俱亡縣中豪彊有告其處者致捕得安深疾惡之到官治戮肆之于市懼有司繩彈遂自免後徵拜巴郡太守是其前僅一爲宛令也

爲宜城山中酒家保集解周壽昌曰至非九卿案撲本卽扑字虞書扑作敎刑月令司徒搢扑皆謂以榎楚撻之卽杖刑也一切經音義十四引通俗文連杖曰撲則撲殺猶杖殺耳明帝捶撲尚書近臣開後世廷杖之漸三代所未有雖秦之暴亦不聞有此定規明帝固非然未至殺人也至以囊盛人而加撲於殿上至於死則迴非常法不得與明帝之捶撲牽曳並論周以始皇之囊撲二弟爲比可也乃謂撲卽始於秦而疑根非九卿可撲則誤甚

執法者以根知名私語行事人使不加力沈銘彝曰袁宏紀云根先知之召司撲者陰共爲意使不加力故以撲輕得免但如范書則根身分更高

積十五年酒家知其賢厚敬待之柳從辰曰袁宏紀載根上書直諫在永初二年十二月後積十五年作積十年餘

拜侍御史錢大昭曰先賢行狀作符節郎

稍遷濟陰太守柳從辰曰袁宏紀根爲濟陰太守以德讓爲政移風易俗

欒巴傳魏郡內黃人也地詳光武紀上

劉陶傳劉陶柳從辰曰御覽二百六十七引續漢書作劉騊駼四百六十五引本書作劉陶騊亦多一駼字案臨邑侯劉騊駼乃安帝時人見本書胡廣張衡等傳及文苑傳與劉珍等校書東觀同作漢紀者也陶一名偉而仕在桓靈之世事迹爵位又無一合者御覽之誣所易見也

潁川定陰人官本定作潁柳從辰曰潁川郡無定陰縣袁宏紀亦作潁陰官本是案閣本此處原板斷爛缺雖德雖字定字正與雖字平行有新補痕蓋原亦缺字書賈妄補之耳

濟北貞王勃之後案勃淮南厲王長子前書有傳

不修小節柳從辰曰袁宏紀陶沈勇有大謀不修威儀疾惡太甚以此見憎

耳不聞檀車之聲注詩曰檀車嘽嘽四牡痯痯征夫不遠錢大昭曰檀車用牧野洋洋檀車煌煌也注非

妄假利器注利器謂威權也官本注無威字

高門獲東觀之宰注孔子謂魯司寇官本注謂作爲是

武旅有㒈藻之士集解惠棟曰鄭氏太誓云惟丙午王還師柳從辰曰詩大明疏引律歷志還作逮是御覽五百七十四引作建亦逮之譌師乃慆柳從辰曰慆本亦作搯段玉裁云搯乃抽之段借謂抽刀以擊鼓也

其危猶舉函牛之鼎絓纖枯之末注則蛾不得置一足焉官本注一上有其字絓掛也音胡賈反官本注賈作賣是

除順陽長集解汪文臺曰至作湞陽長柳從辰曰御覽四百六十五引本書仍作順陽長

陶與奉車都尉樂松議郎袁貢連名上疏言之案樂松阿諛細人素黨奄官楊賜蔡邕陽球皆亟請廢黜者也以劉陶之有識何肯比匪且角等竊入京師本以中常侍封諝徐奉爲內應松所厚也護送流民各還本郡以孤弱賊勢所陳者楊賜之本計松所仇也松亦不應肯爲陶助奉車都尉一官中興以來率親故大臣子弟爲之松新進小生並非勳裔亦不稱爲此官此與楊震傳之中常侍樂松均疑姓名有誤

會賜去位不復捕錄案上文止言護送流民未言捕賊楊賜又本以下州郡捕討恐更騷擾明不主捕先捕後錄亦不成文理捕當爲補之譌

車騎之軍孤立注不克也官本注克作尅俗字

冰駭風散案駭當爲解聲近之譌

李雲傳甘陵人也地詳安紀

移副三府注并以副本上三府也沈銘彝曰卽今揭帖先呈部科也

當有黃精代見注黃精謂魏氏將興也官本注無也字顧炎武曰李雲本不知是魏故下言陳項虞田許氏爾黃之代赤自是五運之序王莽亦自以爲祖黃帝也案雲書自高祖以下專言封爵之濫又單超時並拜車騎將軍也亳以國爲姓本出自陳宦官姓多假託疑亦有出五氏者也

郞官上官資官本郞官作郞中是

劉瑜傳高祖父廣陵靖王案靖王名守前書有傳

生長六疾注女陰物也而晦時案左傳陰作陽杜預注云女常隨男故言陽物家道常在夜故言晦時顧炎武云女陰也陰中有陽其物屬火故爲陽

代之如此官本代作伐

又陛下㠯北辰之尊集解惠棟曰天之貴神曰太一太一者北辰之神也案北辰北極天之樞也天子代天立極尊無二上是卽北辰之尊也爾雅北極天之中以正四時謂之北辰論語譬如北辰居其所而衆星共之前書天文志中宮天極星其一明者泰一之常居也惠引太一天神釋北辰仍與天文志合說本鄭君乾鑿度注張衡傳注已詳載矣

勳字伯元至因黜勳等爵案尹勳既列黨錮傳不應又附出於此且一人手筆而兩傳互異處甚多將何從乎故錢大昭侯康皆極論其失蘇輿亦於黨錮傳補論之然如彼傳之州郡連辟察孝廉三遷邯鄲令則與此言不應州郡公府禮命者異彼傳之舉高第五遷尚書令則與此言以有道徵四遷尚書令者異彼傳之封都鄉侯遷汝南太守徵拜將作大匠乃轉大司農不云奪爵與此言再遷至九卿改侍中黜爵者又異蘇氏亦未徧及也侯康謂彼傳睦爲司徒頌爲太尉攷和紀永元四年大司農尹睦爲太尉五年薨於位桓紀永興二年光祿勳尹頌爲司徒永壽三年薨於位則此言睦爲太尉頌爲司徒者是頌字公孫疑卽因祖爲三公而字之則頌爲睦孫亦以此傳所言爲近茲觀靈紀建甯元年瑜勳被禍書尚書令

尹勳侍中劉瑜並與此傳引瑜爲侍中以侍中尹勳爲尚書令者相合是正當舍黨錮傳而從此傳未可以附出爲贅矣蓋范氏撰後漢書實先成諸總傳未及釐訂勘合而卒故總傳所傳往往有與本紀及他傳岐異者亦不獨黨錮傳爲然也

謝弼傳東郡武陽人也武陽當云東武陽地詳劉植傳注東郡濮陽人也地詳安紀

建甯二年詔舉有道之士官本二作三集解錢大昕曰至二年當是元年之誤案靈紀舉有道下詔雖在元年郡國守相遵旨薦舉奉准以某人爲有道之士豈必尚在元年錢說殊泥惟官本作三年證以弼上封事所言各事無一合者殆必誤矣

時青蛇見前殿集解錢大昕曰五行志熹平元年四月甲午青蛇見御坐上以弼封事證之當是建甯元年非熹平也柳從辰曰靈紀誅陳竇遷太后皆建甯元年九月事弼上封事以蛇見爲太后幽隔之故則青蛇之見不當作元年四月錢說誤案柳說是也攷靈帝時漢祚將終災異迭出青蛇青氣皆見不一見紀志列傳互有詳略亦書不勝書也熹平元年青蛇見御坐楊賜上封事雖極論無所諱而不復及陳竇太后事則必以陳竇之事既往帝又已率羣臣朝太后於南宮親饋上壽供養有加無可言也若爲建甯元年帝年甫十二而賜乃陳關睢刺晏起皇甫懲豔妻有是理乎足知熹平之青蛇別爲一事不可臆改也錢氏惟堅

執建甯二年爲元年之誤又以劉寵官司空在元年而谿上封事稱司空劉寵據一孤證以改續志而反忘元年四月尚無陳竇太后之事可謂蔽矣且靈帝之詔公卿以下陳得失如在元年四月則是時舉有道之詔猶未下谿何從入京陳言乎至谿之上封事在二年則尤有可證之數事靈紀建甯二年四月癸巳大風雨雹詔公卿以下各上封事可證谿上封事卽應癸巳之詔一也紀雖未及拔木與青蛇見而續志載大風雨雹拔郊道樹年月日既皆與紀同則可證是日大風實有拔木事矣又袁宏紀明載建甯二年四月壬辰青蛇見則可證青蛇見前殿卽在大風拔木之前一日故傳連類言之二也又本書張奐傳奐建甯元年振旅還明年夏青蛇見御坐軒前又大風雨雹霹靂拔樹詔使百僚各言災應奐上疏亦極言陳竇以讒誅戮人懷震憤太后恩禮不接遠近失望竟與谿上封事其事其時其言一一可證三也又傳言蛇見拔木卽在谿上對策除郎中時亦可證谿之被舉已同在建甯二年不當改元年矣

妖氣生乎失政官本妖氣作祅異

仰慕有虞蒸蒸之化注蒸蒸猶進進也柳從辰曰詩文王蒸哉韓詩云蒸美也蒸蒸皇皇毛傳云蒸厚也則書云蒸蒸亦爲言舜德之美與厚尚書孔傳參正已取之似可補注義之未備謹案參正博采旁徵兼存別義惟虞書此文上言克諧以孝則於孝德之美厚已贊之矣蒸蒸而進取足上文於義順也孔傳雖不足據然毛詩泮水鄭箋亦同此訓自非無所本否則竟依雅訓蒸

蒸作也如物盛興作之貌義亦可通

今之四公唯司空劉寵注四公謂劉矩爲太尉許訓爲司徒胡廣爲太傅及寵也案靈紀詔公卿以下各上封事在建甯二年四月其時劉寵尚爲司徒傳文司空明爲司徒之誤至寵同時四公則聞人襲爲太尉許栩爲司空胡廣爲太傅及寵也谿上封事後至五月而襲罷栩免至六月而寵轉太尉惟廣庸庸保位而已劉矩與寵同爲循吏負當時重名無論谿決不至斥爲素餐致寇之人且矩自建甯元年十一月以日食免後未嘗再出許訓則至二年六月始由太常代寵爲司徒章懷注之謬誤所當亟糾者也至錢大昕因傳文一字之誤而並疑章懷本元是建甯元年則其說抑仍不合以元年劉矩爲太尉在五月劉寵爲司空在八月胡廣爲太傅在九月寵爲司徒卽代廣也並無寵爲司空而廣同時爲太傅之事則仍必改傳文空字爲徒字說乃可通而錢氏又疑續志之熹平元年四月甲午青蛇見御坐上爲是建甯元年事若在建甯元年四月則司空王暢長樂少府李膺尚皆在位不獨寵未爲司空廣未爲太傅卽矩時亦未爲太尉況許訓乎故曰仍不合也

斷斷首善官本首作守

虞傅蓋臧列傳第四十八　後漢書五十八

宋　宣　城　太　守　范　曄　撰

唐　章　懷　太　子　賢　注

王先謙集解

虞詡字升卿陳國武平人也武平故城在今亳州鹿邑縣東北鄲元水經注云武平城西南七里有漢尚書令虞詡碑題云君諱詡字定安虞仲之後定安蓋詡之別字也集解先謙曰武平今歸德府鹿邑縣西四十里祖父經爲郡獄吏案法平允務存寬恕每冬月上其狀恒流涕隨之嘗稱曰東海于公高爲里門而其子定國卒至丞相前書于定國字曼倩東海人其父于公爲縣獄吏郡法曹所決皆不恨爲之生立祠其門閭壞父老方共修之于公曰少高大閭門令容駟馬高蓋車我決獄多陰德未嘗有所冤子孫必有興者至定國爲丞相孫永爲御史大夫也吾決獄六十年雖不及于公其庶幾乎子孫何必不爲九卿邪故字詡曰升卿詡年十二能通尚書早孤孝養祖母縣舉順孫集解周壽昌曰案兩漢以孝弟設科舉順孫者此僅見國相奇之

欲以爲吏詡辭曰祖母九十非詡不養相乃止後祖母終服闋辟太尉李修府拜郎中漢官儀曰修字伯游襄城人也集解汪文臺曰書鈔續漢書云虞詡從弟遜容長沙詡迎與俱江水漲墮船詡投水中救之一浮一没遇救皆得不死永初四年羌胡反亂殘破幷涼大將軍鄧隲以軍役方費事不相贍欲棄涼州幷力北邊乃會公卿集議隲曰譬若衣敗壞一以相補猶有所完若不如此將兩無所保議者咸同詡聞之乃說李修曰集解惠棟曰袁紀詡說太尉張禹與傳異也竊聞公卿定策當棄涼州求之愚心未見其便先帝開拓土宇劬勞後定而今憚小費舉而棄之涼州既棄卽以三輔爲塞三輔爲塞則園陵單外集解惠棟曰前書何並傳云冢間單外胡注單外言無蔽障此不可之甚者也諺曰關西出將關東出相說文曰諺傳言也前書曰秦漢以來山東出相山西出將秦時郿白起頻陽王翦漢興義渠公孫賀傅介子成紀李廣李蔡上邽趙充國狄道辛武賢皆名將也丞相則蕭曹魏邴韋平孔翟之類也觀其習兵壯勇實過餘州今羌胡所以不敢入據三輔爲心腹之害者以涼州

在後故也其士人所吕推鋒執銳無反顧之心者爲臣屬於漢故也若棄其境域徙其人庶安土重遷必生異志如使豪雄相聚席捲而東[席捲言無餘也前書曰雲徹席捲後無餘災也]雖賁育爲卒太公爲將猶恐不足當禦議者喻吕補衣猶有所完詡恐其疽食侵淫而無限極棄之非計[疽癰瘡也集解惠棟曰言如疽之食肉浸淫腐潰而無止極也]修曰吾意不及此微子之言幾敗國事然則計當安出詡曰今涼土擾動人情不安竊憂卒然有非常之變誠宜令四府九卿[四府謂太傅太尉司徒司空之府也九卿謂太常光祿衛尉廷尉太僕大鴻臚宗正大司農少府等也集解惠棟曰王伯厚云樊準傳永初初上疏五府調省中都官吏注太傅太尉司徒司空大將軍也五府辟張楷辟黃瓊所注皆然或缺其一則謂之四府順帝紀永和三年令大將軍三公各舉故刺史二千石及四府掾屬趙典傳建初初典以四府表薦拜議郎注太尉司徒司空大將軍府以史考之永初永和皆缺太傅故稱四府注準典傳皆是此注則失矣當云太傅三公大將軍謂之五府見樊準傳今謂四府是時缺太傅也]子弟皆除爲冗官[冗散也音人勇反]外吕勸厲答其功勤內吕拘致防其

邪計修善其言更集四府皆從詡議[集解惠棟曰王符潛夫論云前羌始反公卿師尹咸欲捐棄涼州卻保三輔朝廷不聽後羌遂侵而論者多恨不從咸議余竊笑之所謂媾亦悔不媾亦悔者爾未始識變之理地無邊則亡是故失涼州則三輔爲邊三輔內入則宏農爲邊宏農內入則洛陽爲邊推此以相況雖盡東海猶有邊也今不厲武以捍虜選材以全境而云邊不可守欲先自割便寇敵不亦惑乎其說與虞定安傳南容之議合]於是辟西州豪傑爲掾屬拜牧守長吏子弟爲郎吕安慰之鄧騭兄弟吕詡異其議因此不平欲吕吏法中傷詡後朝歌賊甯季等數千人攻殺長吏屯聚連年州郡不能禁乃吕詡爲朝歌長故舊皆弔詡曰得朝歌何衰[集解惠棟曰袁紀作可哀]詡笑曰志不求易事不避難臣之職也不遇槃根錯節何吕別利器乎始到謁河內太守馬棱[棱字伯威援族孫也]棱勉之曰君儒者當謀謨廟堂反在朝歌邪詡曰初除之日士大夫皆見弔勉吕詡疇之知其無能爲也[疇當作籌也]朝歌者韓魏之郊[韓界上黨魏界河內相接犬牙故云郊也]背大行臨黃河去敖倉百里[敖倉在滎陽解見安紀也]而青冀之人流亡萬數賊不知開倉招眾劫庫兵守成皐斷天下右臂[右臂喻要便也]此不足憂也今其眾新盛難與爭鋒兵不厭權願寬假轡策不令有所拘閡而已[閡與礙同]及到官設令三科吕募求壯士自掾史吕下各舉所知其攻劫者爲上傷人偷盜者次之帶喪服而不事家業爲下收得百餘人詡爲饗會悉貰其罪使入賊中誘令劫掠乃伏兵吕待之遂殺賊數百人又潛遣貧人能縫者傭作賊衣吕采綖縫其裾爲幟[幟記也續漢書曰以絳縷縫其裾也集解惠棟曰一本作識]有出市里者吏輒禽之賊由是駭散咸稱神明遷懷令後羌寇武都鄧太后吕詡有將帥之畧遷武都太守[集解惠棟曰考異云下云賊敗散南入益州本紀元初元年羌寇武都漢中據此似元初元年爲武都太守也然案西羌傳元初二年龐參抵罪後任尚屯三輔時詡猶爲懷令說尚用騎兵袁紀亦云懷令虞詡說尚又云上問何從發此尚表云受于懷令虞詡由是知名遷武都太守以此驗之當在元初二年遷太守也]引見嘉德殿厚加賞賜羌乃率眾數千遮詡於陳倉崤谷詡卽停軍不進而宣言

上書請兵須到當發羌聞之乃分鈔傍縣詡因其兵散日夜進道兼行百餘里令吏士各作兩竈日增倍之羌不敢逼或問曰孫臏減竈而君增之[孫臏爲齊軍將與魏龐涓戰使齊軍入魏地爲十萬竈明日爲五萬竈明日爲三萬竈龐涓行三日大喜曰我固知齊卒怯入吾地三日士卒亡過半矣事見史記]兵法日行不過三十里吕戒不虞[前書王吉上疏曰古者師行三十里吉行五十里]而今日且二百里何也詡曰虜眾多吾兵少徐行則易爲所及速進則彼所不測虜見吾竈日增必謂郡兵來迎眾多行速必憚追我孫臏見弱吾今示強勢有不同故也既到郡兵不滿三千而羌眾萬餘攻圍赤亭數十日[赤亭故城在今渭州襄武縣東南有赤亭水也集解通鑑胡注案唐渭州漢隴西郡地漢武都唐階成州也此自是武都之赤亭非渭州之赤亭也又案郡國志武都下辨縣有赤亭卽此]詡乃令軍中使彊弩勿發而潛發小弩羌吕爲矢力弱不能至并力急攻詡於是使二十彊弩共射一人發無不中羌大震退[集解汪文臺曰御覽三百四十八引續漢書云三發而三中虜眾潰]詡因出城奮擊多所

傷殺明日悉陳其衆令從東郭門出北一作西郭門入貿易衣服回轉數周羌不知其數更相恐動詡計賊當退乃潛遣五百餘人於淺水設伏候其走路〔集解〕通鑑胡注詡知賊遇水必踏淺而渡因于其處設伏以待之虜果大奔因掩擊大破之斬獲甚衆賊由是敗散南入益州詡乃占相地埶築營壁二百八十所招還流亡假賑貧人郡遂以安〔集解〕惠棟曰袁宏紀招還流民三千餘戶先是運道艱險舟車不通驢馬負載僦五致一廣雅曰僦賃也音子救反僦五致一謂用五石賃而致一石也詡乃自將吏士案行川谷自沮至下辯沮及下辯並縣名沮今興州順政縣也下辯今成州同谷縣也沮音七余反〔集解〕惠棟曰劉昫云漢下辯道屬武都魏於此置廣業郡領白石縣又改白水爲同谷辯音步免反棟案漢李翕碑題名辯當作辨數十里皆燒石翦木開漕船道續漢志曰下辯東三十餘里有峽中當水泉生大石障塞水流每至春夏輒溢沒秋稼壞敗營郭詡乃使人燒石以水灌之石皆坼裂因鐫去石遂無汎溺之患也〔集解〕先謙曰官本注水泉作泉水以人僦直雇借傭者於是水運通利歲省四千餘萬詡始到郡戶裁盈萬及綏聚荒餘招還流散

二三年間遂增至四萬餘戶鹽米豐賤十倍於前續漢書曰詡始到穀石千鹽石八千見戶萬三千視事三歲米石八十鹽四百流人還歸郡戶數萬人足家給一郡無事〔集解〕惠棟曰續漢書始到郡穀千五百脫五百字續漢書引見御覽八百六十五卷坐法免永建元年代陳禪爲司隸校尉數月間奏太傅馮石太尉劉熹中常侍程璜陳秉孟生李閏等〔集解〕惠棟曰許沖上說文云愼前以詔書校書東觀教小黃門孟生李喜等疑即是也百官側目號爲苛刻三公劾奏詡盛夏多拘繫無辜爲吏人患〔集解〕通鑑胡注三公欲致詡罪言盛夏當順天地長物之性不當違法拘繫無辜詡上書自訟曰法禁者俗之隄防刑罰者人之御轡禮記曰夫禮禁亂之所由生猶防止水之所自來也故以舊防爲無用壞之者必有水敗尸子曰刑罰者人之鞭策也今州曰任郡郡曰任縣更相委遠百姓怨窮以苟容爲賢盡節爲愚臣所發舉臧罪非一二府恐爲臣所奏〔集解〕劉攽曰案上文三公劾詡則二府當爲三府也遂加誣罪臣將從史魚死即以尸諫耳韓詩外傳曰昔者衞大夫史魚病且死謂其子曰我數言蘧伯玉之賢而不能進彌子瑕不肖不能退爲人臣生不能進賢而退不肖死不當理喪正堂殯我於室足矣衞君問其故子以父言聞君乃立召蘧伯玉而貴之彌子瑕而退之徙殯於正堂成禮而後去也順帝省其章乃爲免司空陶敦漢官儀曰敦字文理京兆人也〔集解〕通鑑考異案袁紀孫程就國在九月而敦免在十月蓋帝由此知敦不直因事免之不然何三府共奏而獨免敦也時中常侍張防特用權埶每請託受取詡輒案之而屢寑不報詡不勝其憤乃自繫廷尉奏言曰昔孝安皇帝任用樊豐遂交亂嫡統幾亡社稷今者張防復弄威柄國家之禍將重至矣臣不忍與防同朝謹自繫以聞無令臣襲楊震之跡震爲樊豐所譖而死書奏防流涕訴帝詡坐論輸左校防必欲害之二日之中傳考四獄獄吏勸詡自引詡曰寧伏歐刀以示遠近歐刀刑人之刀也〔集解〕通鑑胡注自引謂引分自裁也宦者孫程張賢等知詡以忠獲罪乃相率奏乞見程曰陛下始與臣等造事之時謂順帝爲太子被江京等廢爲濟陰王程等謀立之時也常疾姦臣知其傾國今者即位而復自爲何以非先帝乎司隸校尉虞詡爲陛下盡忠而更被拘繫常侍張防臧罪明正反構忠良今客星守羽林其占宮中有姦臣史記天官書曰虛危南有衆星曰羽林也宜急收防送獄以塞天變下詔出

詡還假印綬時防立在帝後程乃叱防曰姦臣張防何不下殿防不得已趨就東箱埤蒼云箱序也字或作廂〔集解〕惠棟曰顏師古云正寢之東西室皆號曰箱言如箱篋之形也程曰陛下急收防無令從阿母求請阿母宋娥也帝問諸尚書尚書賈朗素與防善證詡之罪帝疑焉謂程曰且出吾方思之於是詡子顗與門生百餘人舉幡候中常侍高梵車叩頭流血訴言枉狀梵乃入言之防坐徙邊賈朗等六人或死或黜即日赦出詡程復上書陳詡有大功語甚切激帝感悟復徵拜議郎數日遷尚書僕射是時長吏二千石聽百姓讁罰者輸贖號爲義錢託爲貧人儲而守令因以聚斂詡上疏曰元年以來貧百姓章言長吏受取百萬以上者匈匈不絕讁罰吏人至數千萬而三公刺史少所舉奏尋永平章和中州郡以走卒錢給貸貧人走卒伍伯之類也續漢志曰伍伯公八人中二千石

六人千石六百石皆四人自百石以下至二百石皆二人黃綬武官伍伯文官辟車鈴下侍閤門蘭部署街走卒皆有程品多少隨所典領率皆赤幘絳韝卽今行鞭杖者也此言錢者令其出資錢不役其身也集解劉攽曰注街走卒又赤幘絳韝案後漢志街下有一里字又云絳韝字誤司空劾案州及郡縣皆坐免黜今宜遵前典蠲除權制於是詔書下詡章切責州郡謫罰輸贖自此而止先是甯陽主簿詣闕訴其縣令之枉甯陽縣屬東平國故城在今兗州龔丘縣南也集解先謙曰今兗州府甯陽縣治積六七歲不省主簿乃上書曰臣爲陛下子陛下爲臣父臣章百上終不見省臣豈可北詣單于㠯告怨乎帝大怒持章示尚書尚書遂劾㠯大逆詡駮之曰主簿所訟乃君父之怨集解蘇輿曰漢世郡縣自辟屬吏恩禮比古陪臣故縣令於主簿得蒙君父之稱雖對於朝廷不以爲嫌也郅惲傳惲爲縣令門下掾詣縣首狀曰虧君以生非臣節也又爲功曹時斥太守曰司正舉觥以君之罪告謝於天又曰此旣無君又復無臣北海景君碑府君欲養臣子弗留魏志高堂隆傳隆爲督郵督軍名泰山太守薛悌隆按劍叱曰臨臣名君義之所討也鍾毓傳入爲御史中丞侍中廷尉聽君父已後臣子得爲理謗毓所創也此君父亦指長官言之荀爽傳又私諡其君父及諸名士百上不達是有司之過愚蠢之人不足多誅帝納詡言笞之而已詡因謂尚書曰小人有怨不遠千里斷髮刻肌詣闕告訴而不爲理豈臣下之義君與濁長吏何親而與怨人何仇乎聞者皆慙詡又上言臺郎顯職仕之通階今或一郡七八或一州無人宜令均平㠯厭天下之望及諸奏議多見從用詡好刺舉無所回容回曲也數㠯此忤權戚遂九見譴考三遭刑罰而剛正之性終老不屈永和初遷尚書令㠯公事去官朝廷思其忠復徵之會卒臨終謂其子恭曰吾事君直道行已無愧所悔者爲朝歌長時殺賊數百人其中何能不有冤者自此二十餘年家門不增一口斯獲罪於天也集解王補曰載詡此語於傳末與史記陳丞相世家末載平言我多陰謀云云王翦傳末載客言爲將三世者不祥云云同爲史法之所在恭有俊才官至上黨太守集解惠棟曰恭漢安二年爲太史令見律歷志

傅燮字南容北地靈州人也靈州縣也集解惠棟曰此傳全採燮孫傅玄所撰傅子也本字幼起慕南容三復白圭乃易字焉家語子貢對衞文子曰一日三復白圭之玷是南宮縚之行也王肅注云玷缺也詩云白圭之玷尚可磨也斯言之玷不可爲也一日三復愼之至也身長八尺有威容少師事太尉劉寬集解惠棟曰案劉寬碑陰有傅南容名字再舉孝廉聞所舉郡將喪乃棄官行服集解蘇輿曰此爲舉主行服之始桓鸞傳太守向苗舉鸞孝廉苗卒鸞去膠東令職奔喪終三年乃歸荀爽傳袁逢舉爽有道不應及逢卒爽制服三年並其事也此外屬吏之於其長如郡吏樂恢爲太守行服功曹李恂爲太守李鴻服喪三年弟子之於師如馮胄之於李郃制服心喪三年封巨令王元賞之門生斬杖三年見趙明誠金石錄當時風氣之厚如此但與親喪無別則昧等差耳禮爲師喪及吏服長官緦麻三月顯合古制後爲護軍司馬與左中郎皇甫嵩集解劉攽曰案嵩傳此少一字俱討賊張角燮素疾中官旣行因上疏曰臣聞天下之禍不由於外皆興於內是故虞舜升朝先除四凶然後用十六相左傳曰昔高陽氏有才子八人蒼舒隤敳檮戭大臨尨降庭堅仲容叔達謂之八愷高辛氏有才子八人伯奮仲堪叔獻季仲伯虎仲熊叔豹季貍謂之八元明惡人不去則善人無由進也今張角起於趙魏黃巾亂於六州皇甫嵩傳曰連結郡國自青徐幽冀荊揚兗豫八州之人莫不畢應此云六州蓋初起時也此皆釁發蕭牆而禍延四海者也集解惠棟曰劉陶疏曰角等竊入京師覘視朝政故謂釁發蕭牆也先謙曰官本無者字臣受戎任奉辭伐罪始到潁川戰無不剋黃巾雖盛不足爲廟堂憂也臣之所懼在於治水不自其源末流彌增其廣耳陛下仁德寬容多所不忍故閹豎弄權忠臣不進誠使張角梟夷黃巾變服臣之所憂甫益深耳甫始也何者夫邪正之人不宜共國亦猶冰炭不可同器韓子曰冰炭不同器而久寒暑不同時而至也彼知正人之功顯而危亡之兆見皆將巧辭飾說共長虛偽夫孝子疑於屢至甘茂對秦武王曰昔曾參之居費魯人有與曾參同姓名者殺人人告其母曰曾參殺人其母織自若也又告之其母自若也又告之其母投杼下機踰牆而走夫㠯曾參之賢與其母之信也三人疑之其母懼焉見史記市虎成於三夫解見馬援傳若不詳察眞僞忠臣將復有杜郵之戮矣白起與應侯有隙構之秦昭王免起爲士伍遷之陰密行出咸陽西門十里至杜郵使賜劍自裁見史記案杜郵是其處酈元注水經云渭水北有杜郵亭也陛下宜思虞舜四罪之舉速行讒佞放殛之誅殛音紀力反殛亦誅也則善人思進姦凶自息臣

聞忠臣之事君猶孝子之事父也子之事父焉得不盡其情使臣身被鈇鉞之戮陛下少用其言國之福也書奏宦者趙忠見而忿惡及破張角燮功多當封忠訴譖之續漢書曰燮軍斬賊三帥卜已張伯梁仲寍等功高爲封首靈帝猶識燮言識記也音志得不加罪竟亦不封以爲安定都尉以疾免後拜議郎會西羌反邊章韓遂作亂隴右徵發天下役賦無已司徒崔烈以爲宜棄涼州詔會公卿百官烈堅執先議燮厲言曰斬司徒天下乃安集解王補曰虞傅同傳以勿棄涼州觀贊首四語可知尚書郎楊贊集解惠棟曰王允傳有護羌校尉楊贊後爲尚書奏燮廷辱大臣帝以問燮燮對曰昔冒頓至逆也樊噲爲上將願得十萬眾橫行匈奴中憤激思奮未失人臣之節顧計當從與不耳季布猶曰噲可斬也冒頓匈奴單于名也前書曰季布爲中郎將單于爲書嫚呂太后呂太后怒召諸將議之將軍樊噲曰願得十萬眾橫行匈奴中諸將皆阿太后以噲言爲然布曰樊噲可斬也夫以高帝兵三十萬困於平城噲時亦在其中今奈何以十萬眾橫行匈奴中今涼州天下要衝國

家藩衞高祖初興使酈商別定隴右前書韓王賜酈商爵信成君以將軍爲隴西都尉別定北地集解先謙曰官本韓作漢是世宗拓境列置四郡議者以爲斷匈奴右臂前書武帝分武威酒泉置張掖敦煌謂之四郡劉歆等議曰孝武帝北攘匈奴除昆邪十萬之眾置五屬國起朔方以奪其肥饒之地東伐朝鮮起玄菟樂浪以斷匈奴之左臂西伐大宛并六國結烏孫起敦煌酒泉張掖以高婼羌裂匈奴之右臂婼音而遮反集解劉攽曰注以高婼羌案高當作鬲今牧御失和使一州叛逆海內爲之騷動陛下臥不安寢烈爲宰相不念爲國思所以弭之之策乃欲割棄一方萬里之土臣竊惑之若使左衽之虜得居此地說文曰衽衣衿也士勁甲堅因以爲亂此天下之至慮社稷之深憂也集解王補曰袁紀此下有且無涼州則三輔危三輔危則京師薄矣若烈不知之是極蔽也知而故言是不忠也帝從燮議由是朝廷重其方格方正也格猶標準也每公卿有缺爲眾議所歸頃之趙忠爲車騎將軍詔忠論討黃巾之功執金吾甄舉等謂忠曰傅南容前在東軍有功不侯故天下失望今將軍親當重任宜進賢理屈以

副眾心忠納其言遣弟城門校尉延致殷勤延謂燮曰南容少荅我常侍萬戶侯不足得也燮正色拒之曰遇與不遇命也有功不論時也傅燮豈求私賞哉忠愈懷恨然憚其名不敢害權貴亦多疾之是以不得留一作封出爲漢陽太守初郡將范津明知人集解劉攽曰案文明當作名聲之誤也明雖可通但前後多云名知人舉燮孝廉及津爲漢陽與燮交代合符而去鄉邦榮之津字文淵南陽人燮善卹人叛羌懷其恩化並來降附乃廣開屯田列置四十餘營時刺史耿鄙委任治中程球球爲通姦利士人怨之漢官曰司隸功曹從事即治中也中平四年鄙率六郡兵討金城賊王國韓遂等燮知鄙失眾必敗諫曰使君統政日淺人未知教孔子曰不教人戰是謂棄之集解周壽昌曰案論語本作以不教民戰民作人是唐本避諱改燮引此語應有以字觀下云率不習之人率即以也然案鄭太傳亦有不教人戰是謂棄之之語益其書以四字成句直截去以字也今率不習之人越大隴之阻將十舉十危而賊聞大軍將

至必萬人一心邊兵多勇其鋒難當而新合之眾上下未和萬一內變雖悔無及不若息軍養德明賞必罰賊得寬挺挺解也集解蘇輿曰挺緩也必謂我怯羣惡爭埶其離可必然後率已教之人討成擒之賊其功可坐而待也今不爲萬全之福而就必危之禍竊爲使君不取鄙不從行至狄道果有反者先殺程球次害鄙賊遂進圍漢陽城中兵少糧盡燮猶固守時北胡騎數千隨賊攻郡集解劉攽曰時北胡騎數千案文少一地字下文云鄉里羌胡是與燮同北地人也皆夙懷燮恩共於城外叩頭求送燮歸鄉里子幹年十三從在官舍知燮性剛有高義恐不能屈志以免進諫曰國家昏亂遂令大人不容於朝今天下已叛而兵不足自守鄉里羌胡燮北地人故云鄉里也先佩恩德欲令棄郡而歸願必許之徐至鄉里率厲義徒見有道而輔之以濟天下言未終燮慨然而歎呼幹小字曰別成幹集曰幹字彥林集解惠棟曰林一作材見三國志注汝知吾必死邪

蓋聖達節次守節（左傳曰曹公子臧曰前志有之聖達節次守節下失節）且殷紂之暴伯夷不食周粟而死仲尼稱其賢（史記曰伯夷孤竹君之子也武王載文王木主伐紂殷既平伯夷恥之義不食周粟遂餓死論語子貢問曰伯夷叔齊何人也孔子曰古之賢人也）今朝廷不甚殷紂吾德亦豈絕伯夷世亂不能養浩然之志（孟子曰養吾浩然之氣趙岐注曰浩然天氣也）食祿又欲避其難乎（左傳曰子路曰食焉不避其難也）吾行何之必死於此汝有才智勉之主簿楊會吾之程嬰也（程嬰解見馮衍傳）幹哽咽不能復言左右皆泣下王國使故酒泉太守黃衍說勳曰成敗之事已可知矣先起上有霸王之業下成伊呂之勳天下非復漢有府君寧有意爲吾屬師乎（師郎君也尚書曰作之君作之師也）勳按劍叱衍曰若剖符之臣反爲賊說邪遂麾左右進兵臨陣戰歿謚曰壯節侯（集解周壽昌曰案勳未封侯豈死後贈爵耶范史不敘明少疎）幹知名位至扶風太守（集解惠棟曰裴松之云終於丞相倉曹屬有子曰元王補曰船山言漢之將亡有可爲社稷臣者唯傅燮乎朱雋盧植王允未足以當之文多不具載）

蓋勳字元固敦煌廣至人也（廣至縣名故城在今瓜州常樂縣東今謂之縣泉堡是也集解先謙曰今安西州東）家世二千石（續漢書曰曾祖父進漢陽太守祖父彪大司農謝承書曰父字思齊官至安定屬國都尉）初舉孝廉爲漢陽長史時武威太守倚恃權埶恣行貪橫從事武都蘇正和案致其罪涼州刺史梁鵠畏懼貴戚欲殺正和以免其負乃訪之於勳勳素與正和有仇或勸勳可因此報隙勳曰不可謀事殺良非忠也乘人之危非仁也乃諫鵠曰夫紲食鷹鳶欲其鷙（紲繫也廣雅曰鷙執也蒼頡解詁曰鳶鳴也食音嗣集解先謙曰官本注鳴作鴟是）鷙而亨之將何用哉鵠從其言正和喜於得免而詣勳求謝勳不見曰吾爲梁使君謀不爲蘇正和也怨之如初（續漢書中平元年黃巾賊起故武威太守酒泉黃雋被徵失期梁鵠欲奏誅雋勳爲言得免雋以黃金二十斤謝勳勳謂雋曰吾以子罪在八議故爲子言吾豈賣評哉終辭不受）中平元年北地羌胡與邊章等寇亂隴右刺史左昌因軍興斷盜數千萬（斷謂割絕）勳固諫昌怒乃使勳別屯阿陽以拒賊鋒（阿陽縣屬天水郡集解惠棟曰後漢改天水爲漢陽）欲因軍事罪之而勳數有戰功邊章等遂攻金城殺郡守陳懿勳勸昌救之不從邊章等進圍昌於冀（集解惠棟曰冀刺史治也）昌懼而召勳勳初與從事辛曾孔常俱屯阿陽及昌檄到曾等疑不肯赴勳怒曰昔莊賈後期穰苴奮劍（齊景公時燕晉侵齊景公以司馬穰苴爲將扞之仍令寵臣莊賈監軍與穰苴期日日會賈素驕貴夕時至穰苴召軍正問曰軍法期而後者云何對曰當斬遂斬賈以徇三軍集解錢大昕曰後漢避明帝諱改莊爲嚴此稱莊賈董卓傳亦有穰苴斬莊賈之語明帝紀楚莊無災以致戒懼皆後來校書者不學輒改之也西南夷傳楚頃襄王時遣將莊豪又云滇王者莊蹻之後西羌傳魯莊公伐秦此蔚宗敘事之詞故不避漢諱）今之從事豈重於古之監軍哉曾等懼而從之勳即率兵救昌到乃誚讓章等責以背叛之罪皆曰左使君若早從君言以兵臨我庶可自改今罪已重不得降也乃解圍而去昌坐斷盜徵以扶風宋梟代之（續漢書梟字作泉也集解汪文臺曰范作梟非作泉亦非疑本作因音近誤作淵又以避諱作泉）梟患多寇叛謂勳曰涼州寡於學術故屢致反暴今欲多寫孝經令家家習之庶或使人知義勳

諫曰昔太公封齊崔杼殺君伯禽侯魯慶父篡位（崔杼齊大夫齊莊公先通其妻杼殺之慶父魯莊公弟莊公子開立是爲湣公慶父襲殺湣公並見史記）此二國豈乏學者今不急靜難之術遽爲非常之事既足結怨一州又當取笑朝廷勳不知其可也梟不從遂奏行之果被詔書詰責坐以虛慢徵時叛羌圍護羌校尉夏育於畜官（前書尹翁歸傳曰有論罪輸掌畜官音義曰右扶風畜牧所在有苑師之屬故曰畜官畜音許救反集解惠棟曰育事見鮮卑傳先謙曰官本官皆作宮）勳與州郡合兵救育至狐槃爲羌所破勳收餘眾百餘人爲魚麗之陳（麗音離左傳曰王以諸侯伐鄭鄭原繁高渠彌奉公爲魚麗之陳先偏後伍伍承彌縫杜預注曰此魚麗陳法也集解惠棟曰晉書載記曰狐槃在天水冀縣袁宏紀作孤磐）羌精騎夾攻之急士卒多死勳被三創堅不動乃指木表（表標也）曰必尸我於此句就種羌滇吾（句就羌別種也句音古侯反）素爲勳所厚乃以兵扞眾曰蓋長史賢人汝曹殺之者爲負天勳仰罵曰死反虜汝何知促來殺我眾相視而驚滇吾下馬與勳勳不肯上遂爲賊所執羌戎服

其義勇不敢加害送還漢陽後刺史楊雍即表勳領漢陽太守時人飢相漁食勳調穀稟之（調猶發也）先出家糧以率衆存活者千餘人（集解惠棟曰袁紀諸富室或匿不肯出穀勳曰我知罪矣乃自出家穀以率之郡中聞之不督而送冀倉者二千餘斛）後去官徵拜討虜校尉（集解惠棟曰袁紀勳著績西州知耿鄙之必敗也自免歸家於是徵爲武都太守詔大將軍何進上軍校尉蹇碩爲勳祖道京師榮之未至武都徵爲討虜校尉也）靈帝召見問天下何苦而反亂如此勳曰倖臣子弟擾之時宦者上軍校尉蹇碩在坐帝顧問碩碩懼不知所對而以此恨勳帝又謂勳曰吾已陳師於平樂觀多出中藏財物以餌士何如（中藏謂內藏也）勳曰臣聞先王曜德不觀兵（國語曰穆王將征犬戎祭公謀父諫曰不可先王曜德不觀兵韋昭注曰曜明也觀示也集解先謙曰官本曜作燿）今寇在遠而設近陳不足昭果毅秖黷武耳（左傳曰戎昭果毅以聽之之謂武殺敵爲果致果曰毅也）帝曰善恨見君晚羣臣初無是言也勳時與宗正劉虞佐軍校尉袁紹同典禁兵勳謂虞紹曰吾仍見上上甚聰明但擁蔽於左右耳

後漢書五十八　十二

若共併力誅嬖倖然後徵拔英俊以興漢室功遂身退豈不快乎虞紹亦素有謀因相連結未及發而司隸校尉張溫舉勳爲京兆尹帝方欲延接勳而蹇碩等心憚之並勸從溫奏遂拜京兆尹時長安令楊黨父爲中常侍倚埶貪放勳案得其贓千餘萬貴戚咸爲之請勳不聽具以事聞并連黨父有詔窮案威震京師時小黃門京兆高望爲尚藥監倖於皇太子太子因蹇碩屬望子進爲孝廉勳不肯用或曰皇太子副主望其所愛碩帝之寵臣而子違之所謂三怨成府者也（府聚也集解惠棟曰魯語子叔聲伯曰苦成氏有三亡少德而多寵位下而欲上政無大功而欲大祿皆怨府也爲怨三府可謂多矣韋昭曰怨之所聚故曰府）勳曰選賢所以報國也非賢不舉死亦何悔勳雖在外每軍國密事帝常手詔問之（續漢書曰是時漢陽叛人王國衆十餘萬攻陳倉三輔震動勳領部兵五千人自請滿萬人因表用處士扶風孫瑞爲鷹鷂都尉桂陽魏傑爲破敵都尉京兆杜楷爲威虜都尉弘農楊儒爲鳥擊都尉長陵第五儁爲清寇都尉凡五都尉皆素有名悉領屬勳每有密事靈帝以手詔問之集解惠棟曰注孫瑞上脫士字又魏傑獻帝紀有步兵校尉魏傑疑即是人先謙曰官本注手詔上無以字）數加賞賜甚見親信在朝臣右（集解惠棟曰袁紀勳雖身在外甚見信重乃著琴詩十二章奏之帝善焉）及帝崩董卓廢少帝殺何太后勳與書曰昔伊尹霍光權以立功猶可寒心足下小醜何以終此賀者在門弔者在廬可不慎哉（孫卿子曰慶者在堂弔者在閭福與禍鄰莫知其門也）卓得書意甚憚之徵爲議郎時左將軍皇甫嵩精兵三萬屯扶風勳密相要結將以討卓會嵩亦被徵勳以衆弱不能獨立遂並還京師自公卿以下莫不卑下於卓唯勳長揖爭禮見者皆爲失色卓問司徒王允曰欲得快司隸校尉誰可作者允曰唯有蓋京兆耳卓曰此人明智有餘然不可假以雄職乃以爲越騎校尉卓又不欲令久典禁兵復出爲潁川太守未及至郡（集解先謙曰書鈔七十六謝承書云勳遷潁川太守民吏歎詠不容於口則是已至郡矣或無幾徵還慕其先聲也）徵還京師時河南尹朱儁爲卓陳軍事卓折儁曰我百戰百勝決之於心卿

後漢書五十八　十三

勿妄說且污我刀勳曰昔武丁之明猶求箴諫（武丁殷王高宗也謂傅說曰啟乃心沃朕心說復于王曰惟木從繩則正后從諫則聖見尚書集解惠棟曰此事見楚語梅氏說命出自東晉蓋元固安得見之）況如卿者而欲杜人之口乎卓曰戲之耳勳曰不聞怒言可以爲戲卓乃謝儁勳雖彊直不屈而內厭於卓不得意疽發背卒時年五十一遺令勿受卓賻贈卓欲外示寬容表賜東園祕器賵襚送之如禮葬於安陵子順官至永陽太守

臧洪（集解惠棟曰洪傳全用王仲宣英雄記也）字子源廣陵射陽人也（射陽故城在今楚州安宜縣東也集解惠棟曰唐贈工部尚書臧懷恪碑歷敘臧氏作子原案字从厂从泉後人復添三點見顧炎武金石文字記）父旻有幹事才（謝承書曰旻達於從政爲漢良吏遷匈奴中郎將還京師太尉袁逢問其西域諸國土地風俗人物種數旻具荅言西域本三十六國後分爲五十五稍散至百餘國大小道里遠近人數多少風俗燥溼山川草木鳥獸異物名種不與中國同者口陳其狀手畫地形逢奇其才歎息言雖班固作西域傳何以加此乎）熹平元年會稽妖賊許昭起兵句章（句章縣故城在今越州鄮縣西十三州志云句踐之地南至句餘其後併吳因大城之章伯功以示子孫故曰句章集解

何焯曰注南至句餘餘當作無自稱大將軍立其父生爲越王集解惠棟曰吳志作許昌自稱陽明皇帝攻破城邑衆以萬數拜旻揚州刺史旻率丹陽太守陳夤擊昭破之昭遂復更屯結大爲人患旻等進兵連戰三年破平之獲昭父子斬首數千級遷旻爲使匈奴中郎將洪年十五以父功拜童子郎漢法孝廉試經者拜爲郎洪以年幼才俊故拜童子郎也續漢書曰左雄奏徵海內名儒爲博士使公卿子弟爲諸生有志操者加其俸祿及汝南謝廉河南趙建章年始十二各能通經雄並奏拜童子郎於是負書來學雲集京師也集解惠棟曰注河南趙建章依左雄傳衍章字知名太學洪體貌魁梧有異姿魁梧壯大之貌也梧音吾集解惠棟曰注梧音吾前書張良傳贊曰聞張良之知勇以爲其貌魁梧奇偉應劭云魁梧邱虛壯大之意也蘇林云梧音悟師古曰魁大貌也梧者言其可驚悟今人讀爲吾非也舉孝廉補卽丘長卽丘縣屬琅邪國故城在今沂州臨沂縣東南卽春秋之祝丘也中平末棄官還家太守張超請爲功曹時董卓弑帝圖危社稷洪說超曰明府歷世受恩兄弟並據大郡謂超爲廣陵兄邈爲陳留也今王室將危賊臣虎視此誠義士效命之秋也今郡境尙全吏人殷

富若動桴鼓可得萬人以此誅除國賊爲天下唱義不亦宜乎超然其言與洪西至陳留見兄邈計事邈先謂超曰聞弟爲郡委政臧洪洪者何如人超曰臧洪海內奇士才略智數不比於超矣邈卽引洪與語大異之乃使詣兗州刺史劉岱岱字公山豫州刺史孔伷伷字公緒遂皆相善邈既先有謀約會超至定議乃與諸牧守大會酸棗設壇場將盟旣而更相辭讓莫敢先登咸共推洪洪乃攝衣升壇操血而盟曰漢室不幸皇綱失統賊臣董卓乘釁縱害禍加至尊毒流百姓大懼淪喪社稷翦覆四海兗州刺史岱豫州刺史伷陳留太守邈東郡太守瑁橋瑁也廣陵太守超等糾合義兵並赴國難糾收也凡我同盟齊心一力以致臣節隕首喪元必無二志有渝此盟俾墜其命無克遺育左傳曰王子虎盟諸侯于王庭要言曰皆獎王室無相害也有渝此盟神明殛之俾墜其師無克祚國也皇天后土祖宗明靈實皆鑒之洪辭氣慷慨聞其言

者無不激揚自是之後諸軍各懷遲疑莫適先進遂使糧儲單竭兵衆乖散時討虜校尉公孫瓚與大司馬劉虞有隙超乃遣洪詣虞共謀其難行至河間而値幽冀交兵行塗阻絕因寓於袁紹紹見洪甚奇之與結友好以洪領靑州刺史前刺史焦和好立虛譽能淸談集解洪亮吉曰案淸談二字始此然則東漢之末漸尙元虛其風不自魏晉始也時黃巾羣盜處處飈起而靑部殷實軍革尙衆和欲與諸同盟西赴京師未及得行而賊已屠城邑和不理戎警但坐列巫史禜禱羣神巫女巫也史祝史也禜謂營攢用幣以禳風雨霜雪水旱厲疫於日月星辰山川也禱謂告事求福也又恐賊乘凍而過命多作陷冰丸以投於河衆遂潰散集解惠棟曰前書郊祀志云堅冰淖溺晉灼曰方士詐以藥石若陷冰丸投之冰上冰卽消液經籍志曰扁鵲陷冰丸方一卷和亦病卒洪收撫離叛百姓復安任事二年袁紹憚其能徙爲東郡太守都東武陽時曹操圍張超於雍丘甚危急超謂軍吏曰今日之事唯有臧洪必來救我或曰袁

曹方穆而洪爲紹所用恐不能敗好遠來違福取禍超曰子源天下義士終非背本者也或見制强力不相及耳洪始聞超圍乃徒跣號泣並勒所領將赴其難自以衆弱從紹請兵而紹竟不聽之超城遂陷張氏族滅洪由是怨紹絕不與通紹興兵圍之歷年不下集解惠棟曰水經注云今東武陽城四周紹圍郭尙存水匝隍塹于城東北合爲一瀆使洪邑人陳琳以書譬洪示其禍福責以恩義獻帝春秋曰紹使琳爲書八條責以恩義告喩使降也洪答曰隔闊相思發於寤寐相去步武爾雅曰武迹也而趣舍異規其爲愴恨胡可勝言前日不遺比辱雅況比頻也述敘禍福公私切至以子之才窮該典籍豈將闇於大道不達余趣哉是以捐棄翰墨一無所酬亦冀遙忖褊心粗識鄙性重獲來命援引紛紜雖欲無對而義篤其言僕小人也本乏志用中因行役特蒙傾蓋家語孔子之郯與程子相遇於途傾蓋而語也恩深分厚遂竊大州寵樂今日自還接刃乎每登城臨兵觀

主人之旗鼓洪常寓於紹故謂之主人也瞻望帳幄感故友之周旋撫弦搦矢搦捉也音女卓反不覺涕流之覆面也何者自㠯輔佐主人無㠯爲悔主人相接過絕等倫〔集解〕劉攽曰案文悔字無義未詳何字或曰悔當作益陸宗楷曰案無以爲悔猶言內省不疚也義本明顯解者失之受任之初志同大事掃清寇逆共尊王室豈悟本州被侵郡將遘厄〔集解〕通鑑胡注郡將謂張超也請師見拒辭行被拘使洪故君遂至淪滅區區微節無所獲申豈得復全交友之道重虧忠孝之名乎所㠯忍悲揮戈收淚告絕若使主人少垂古人忠恕之情來者側席去者克己來者側席而待之去者克己自責不責人也則僕抗季札之志不爲今日之戰矣吳王餘昧卒欲授弟季札季札逃去見史記昔張景明登壇喢血奉辭奔走卒使韓馥讓印主人得地後但㠯拜章朝主賜爵獲傳之故不蒙觀過之貸而受夷滅之禍英雄記云袁紹使張景明郭公則高元才等說韓馥使讓冀州與紹然則馥之讓位景明亦有其功其餘未詳也〔集解〕惠棟曰郭圖字公則高幹字元才呂奉先討卓來奔請兵不獲

告去何罪復見斫刺魏志呂布傳曰布破張燕軍而求益兵衆將士鈔掠紹患忌之布覺其意從紹求去英雄記布求還洛紹假布領司隸校尉外言當遣內欲殺布明日當發紹遣甲士三十人辭以送布止於帳側布僞使人於帳中鼓箏紹兵臥亡何出帳去而兵不覺夜半兵起亂斫布牀被謂已死明旦紹訊問知布尙在乃閉城門布遂引去劉子璜〔集解〕惠棟曰裴松之云案公孫瓚表列紹罪過云紹與故虎牙將軍劉勳首共造兵勳仍有效而以小忿枉害於勳紹罪七也疑此是子璜也奉使踰時辭不獲命畏君懷親㠯詐求歸可謂有志忠孝無損霸道亦復僵尸麾下不蒙虧除幕進者蒙榮違意者被戮此乃主人之利非遊士之願也是㠯鑒戒前人守死窮城亦㠯君子之違不適敵國故也左傳云公山不狃曰君子違不適敵國杜預注曰違奔亡也足下當見久圍不解救兵未至感婚姻之義推平生之好㠯爲屈節而苟生勝守義而傾覆也昔晏嬰不降志於白刃南史不曲筆㠯求存崔杼殺齊莊公欲劫晏子與盟以戟拘其頸劍承其心晏子曰劫吾以刃而失其意非勇也崔杼遂釋之事見晏子左傳曰太史書曰崔杼弒其君崔子殺之其弟嗣書而死者二人其弟又書乃舍之南史氏聞太史盡死執簡㠯往聞既書矣乃還也故身傳圖象名垂後世況僕據金城之固驅士人之力散三年之畜㠯爲一年之資匡困補乏㠯悅天下何圖築室反耕哉左傳曰楚子圍宋築室反耕杜預注曰築室於宋反共耕田示無還意也但懼秋風揚塵伯珪馬首南向伯珪公孫瓚字張揚飛燕旅力作難魏志曰張揚字稚叔雲中人也以武勇給并州爲從事何進令於本州募兵得千餘人因留上黨擊山賊進敗揚遂以所將兵攻上黨仍略諸縣衆至數千又與袁紹合張燕常山人本姓褚黃巾起燕合聚少年爲羣盜衆萬人博陵張牛角立起衆次癭陶牛角爲飛矢所中且死告其衆曰必以燕爲帥角死衆奉燕故改姓張燕慓悍捷速過人軍中號爲飛燕衆至百萬號曰黑山後助公孫瓚與紹爭冀州也〔集解〕劉攽曰注張牛角立起案文立當作之北鄙將告倒懸之急股肱奏乞歸之記耳股肱猶手足也言北邊有倉卒之急股肱之臣將告歸自救耳主人當鑒戒曹輩反旌退師何宜久辱盛怒暴威於吾城之下哉足下譏吾恃黑山㠯爲救獨不念黃巾之合從邪昔高祖取彭城於鉅野前書彭越將其衆居鉅野中無所屬漢王乃使人賜越將軍印使下濟陰以擊楚也光武創基兆於綠林卒能龍飛受命中興帝業苟可輔主興化夫何嫌哉況僕親奉璽書與之從事行

矣孔璋足下徼利於境外臧洪投命於君親吾子託身於盟主盟主謂袁紹也臧洪策名於長安〔集解〕通鑑胡注帝在長安子謂余身死而名滅僕亦笑子生死而無聞焉本同末離努力努力夫復何言〔集解〕王補曰此書較魏志臧洪傳少四百四十餘字多出者亦四十餘字

紹見洪書知無降意增兵急攻城中糧盡外無援救洪自度不免呼吏士謂曰袁紹無道所圖不軌且不救洪郡將洪於大義不得不死念諸軍無事空與此禍與音預〔集解〕何焯曰軍當從三國志作君可先城未破將妻子出將吏皆垂泣曰明府之於袁氏本無怨隙今爲郡將之故自致危困吏人何忍當捨明府去也初尙掘鼠煮筋角後無所復食主簿啓內廚米三斗請稍爲饘粥杜預注左傳曰饘糜也音之延反洪曰何能獨甘此邪使爲薄糜徧班士衆又殺其愛妾㠯食兵將兵將咸流涕無能仰視男女七八十人相枕而死莫有離叛城陷生執洪紹盛帷幔大會諸將見洪謂曰臧洪何相負若

是今日服未洪據地瞋目曰諸袁事漢四世五公（集解通鑑胡注自袁安至袁隗四世安爲司徒子敞爲司空孫湯爲司空曾孫逢爲司空隗爲大傅凡五公）可謂受恩今王室衰弱無扶翼之意而欲因際會觖望非冀（前書音義曰觖猶冀也觖音羌恚反）多殺忠良以立姦威洪親見將軍呼張陳留爲兄則洪府君亦宜爲弟而不能同心戮力爲國除害坐擁兵眾觀人屠滅惜洪力劣不能推刃爲天下報仇（公羊傳曰事君猶事父也父受誅子復仇推刃之道）何爲服乎紹本愛洪意欲屈服赦之見其辭切知終不爲用乃命殺焉洪邑人陳容少爲諸生親慕於洪隨爲東郡丞先城未敗洪使歸紹時容在坐見洪當死起謂紹曰將軍舉大事欲爲天下除暴而專先誅忠義豈合天意臧洪發舉爲郡將奈何殺之紹慙使人牽出謂曰汝非臧洪疇空復爾爲容顧曰夫仁義豈有常所蹈之則爲君子背之則爲小人今日寧與臧洪同日死不與將軍同日生也遂復見殺在紹坐者無不歎息竊相謂曰如何一日戮二烈士先是洪遣司馬二人出求救於呂布比還城已陷皆赴敵死

論曰雍丘之圍臧洪之感憤壯矣想其行跣且號束甲請舉誠足憐也夫豪雄之所趨舍其與守義之心異乎若乃締謀連衡懷詐筭以相尙者蓋惟利勢所在而已況偏城既危曹袁方穆洪徒指外敵之衡以紓倒縣之會忿悁之師兵家所忌（前書魏相上書曰救亂誅暴謂之義兵兵義者王敵加於己不得已而起者謂之應兵兵應者勝爭恨小故不勝憤怒者謂之忿兵兵忿者敗利人土地貨寶者謂之貪兵兵貪者破恃國家之大矜其人眾欲見威於敵者謂之驕兵兵驕者滅此非但人事乃天道也）可謂懷哭秦之節存荆則未聞也（吳破楚申包胥如秦乞師立依於庭牆而哭日夜不絕聲勺飲不入口七日秦師乃出以車五百乘救楚敗吳兵於稷事見左傳及史記言臧洪徒守節致死不能如包胥之存楚也集解王補曰宋楊時言袁曹方穆而紹之與超無一日之雅則雍丘之圍非切於己欲其背好用師以濟不切之難則紹之不聽未爲過而洪之絕紹毋乃不諒彼己與其不屈而死過矣與范論同意而范言豪傑所趨舍與守義之心異尤中當日事勢然觀洪策名長安之語所謂義存君父者矣）

贊曰先零擾疆鄧崔棄涼詡變令圖再全金方（集解惠棟曰金方謂涼州涼州在西金西方之行故涼州有金城郡）蓋勳抗董終然允剛洪懷偏節力屈志揚

後漢書五十八終

虞詡傳東海于公注其父于公爲縣獄吏郡法曹（官本法作決是）

吾決獄六十年（官本年下有矣字）

諺曰關西出將關東出相注說文曰諺傳言也至丞相則蕭曹魏邴韋平孔翟之類（諺官本文注皆作喭又注之類也官本注類下無也字案諺說文正字喭假借字）

去敖倉百里注見安紀也（官本注末無也字）

明日悉陳其衆（官本衆上有兵字）

自沮至下辯（官本自作由）

開漕船道注續漢志曰（柳從辰曰注續漢志御覽五十三引作書）

十倍於前注續漢書曰（官本注書作志）

刑罰者人之御轡（官本御作銜是）注禮記曰（官本注無禮字）

愚蠢之人（官本蠢作惷是）

及諸奏議多見從用（案詡永建四年奏復安定北地上郡三郡疏見西羌傳）

永和初遷尚書令（柳從辰曰袁宏紀永和元年武陵太守奏蠻夷望上恩請入貢比漢民議者以爲可聽尚書令虞詡曰自古聖王不臣異俗非德不能及威不能加以蠻夷獸心貪婪難整是故羈縻綏撫受而不逆叛而不追今賦而稅之必有怨叛叛而伐之必復興士衆計其所得不償所費必有後悔之不追上不從）

會卒（柳從辰曰河南通志詡墓在鹿邑縣西北四十七里）

傅變傳（官本變皆作變俗字）然後用十六相注謂之八元（官本注末有也字）

夫孝子疑於屢至注見史記（官本注末有也字）

議者以爲斷匈奴右臂注除昆邪十萬之衆（官本注除作降是）

然憚其名不敢害（案文此處當脫仍奏請封變某侯并變轉某官否則下文似不接且議郎亦不得即拜太守也）

權貴亦多疾之（柳從辰曰袁紀變嚴恪有志操性剛直履正不爲權貴改節）

謚曰壯節侯集解周壽昌曰至少疏（柳從辰曰袁紀上甚悼惜策謚曰壯節侯案謚壯節侯錢大昭氏亦疑傳誤然范氏史法本密不至一傳之中前後文亦不相應如此其爲上脫變封侯事明矣惟下文不言幹嗣蓋前爲官官沮抑僅得關內侯耳禮曰生無爵死無謚漢治近古有追謚無追爵故孝宣推恩張賀必先封賀子彭祖爲陽都侯而後追賜賀謚爲陽都哀侯後漢恩澤諸侯之追謚一稟此例也方中德云漢制列侯比於春秋有謚無爵不謚故西漢雖嗣侯亦謚東漢雖三公不謚無爵而賢者亦予之謚自東晉始也據此則漢亦生無爵死無謚矣乃傅變當封被沮黃瓊讓封見許及其卒也一謚壯節侯一謚忠侯而變子幹瓊孫琬時並未侯亦不言嗣幹未嘗推恩之封則壯節必非追謚琬不嗣郤鄉之爵琬後自以功由關內侯更封陽泉侯則瓊謚亦必非由郤鄉此易知也如非生嘗另受封爵而所封又僅爲關內侯及身而止則無說以通之傳既不載非有脫文而何若謂壯節之謚爲誤未必袁紀亦誤也至謚必由大行奏策見前書景紀中元二年）

蓋勳傳斷盜數千萬注斷謂割絕（官本注絕作截同）

乃使勳別屯阿陽注阿陽縣屬天水郡（地詳宋均傳案宋均傳均族子意爲阿陽侯相此本上黨郡陽阿侯國之誤注所釋郤即此阿陽）

邊等進圍昌於冀集解惠棟曰冀刺史治也（地詳安紀）

今罪已重不得降也（罪原作重據錢大昭辨疑本改官本不誤案原作今重已句重不得降也句亦通）

以扶風宋梟代之注續漢書梟字作泉也（案宋出扶風疑即孝靈宋后之族也以服膺孝

經之人而以梟爲名固宜不類且以是名入官亦朝廷所不許疑本是梟字誤爲梟復譌爲泉耳汪氏乃謂梟泉爲因淵展轉之誤其說近鑿蓋以梟因同是牙音耳然梟亦牙音也）

時叛羌圍護羌校尉夏育於畜官集解先謙曰官本官皆作宮（錢大昭曰漢制有牧師苑分在河西六郡界中皆令官主養馬此所云畜官是也注以爲右扶風畜牧所在誤謹案如錢說則作官是也柳從辰曰袁紀亦作畜官）

滇吾下馬與勳勳不肯上（柳從辰曰此下袁紀有勳曰我欲死不去也衆曰金城購君羊萬頭馬千匹欲與君爲一勳咄咄曰我死不知也）

帝常手詔問之注衆十餘萬（十餘萬袁紀同官本注作十萬餘非）凡五都尉（官本注都上衍郡字）

子順官至永陽太守（柳從辰曰漢末置永陽郡百官志注引獻帝起居注永陽郡建安十八年屬雍州案郡國志不載魏志建安十九年省今地無攷）

臧洪傳父旻有幹事才注道里遠近（官本注遠近作近遠）

起兵句章注南至句餘注句餘原誤句章據何焯校本改官本不誤

旻率丹陽太守陳夤官本陽作楊誤

可得萬人官本作可得二萬人

禜禱羣神注以禳風雨霜雪水旱厲疫官本禳譌穰

都東武陽錢大昭曰郡治本在濮陽故特書都東武陽

則僕抗季札之志注見史記官本注末有也字

卒使韓馥讓印官本馥作牧

亦復僵尸麾下官本僵作彊

不適敵國故也注杜預注曰官本注曰作云

南史不曲筆目求存注崔書弒其君官本注弒作殺

男女七八十人相枕而死柳從辰曰袁紀十作千疑誤

知終不爲用乃命殺焉柳從辰曰山東通志洪墓在朝城縣南二里

兵家所忌注兵義者王注兵義承上義兵言原譌兵敵依前書改官本不誤

張衡傳第四十九

集解洪亮吉曰案注最草率當時不知何人分注又卷頁獨長蓋注後未加校勘耳

後漢書五十九

宋　宣　城　太　守　范　曄　撰

唐　章　懷　太　子　賢　注

王先謙集解

張衡字平子南陽西鄂人也西鄂縣故城在今鄧州向城縣南有平子墓及碑在焉崔瑗之文也集解惠棟曰張平子碑云其先出自張老爲晉大夫納規趙武而反其侈書傳美之沈欽韓曰一統志張衡墓在南陽縣北　世爲著姓祖父堪蜀郡太守集解錢大昕曰案張堪在列傳第二十一卷彼云南陽宛人此云南陽西鄂人縣名小異耳何焯謂別一張堪非是朱穆傳稱同縣蓋堪暨亦宛人也　衡少善屬文游於三輔因入京師觀太學遂通五經貫六藝雖才高於世而無驕尚之情常從容淡靜不好交接俗人集解通鑑胡注驕者以才驕人尚者以才尚人惠棟曰碑云體性溫良聲氣芬芳仁愛篤密與世無傷可謂淑人君子者矣　永元中舉孝廉不行連辟公府不就時天下承平日久自王侯以下莫不踰侈衡乃擬班固兩都作二京賦因以諷諫精思傅會十年乃成文多故不載大將軍鄧騭奇其才累召不應衡善機巧尤致思於天文陰陽歷算常耽好玄經桓譚新論曰揚雄作玄書以爲玄者天也道也言聖賢制法作事皆引天道以爲本統而因附續萬類王政人事法度故宓羲氏謂之易老子謂之道孔子謂之元而揚雄謂之玄玄經三篇以紀天地人之道立三體有上中下如禹貢之陳三品三三而九因以九九八十一故爲八十一卦以四爲數從一至四重累變易竟八十一而徧不可損益以三十五著揲之玄經五千餘言而傳十二篇也集解通鑑胡注致極也思相吏反劉攽曰注以三十五著揲之案太玄乃用三十六揲作五字誤也　謂崔瑗曰吾觀太玄方知子雲妙極道數乃與五經相擬非徒傳記之屬使人難論陰陽之事漢家得天下二百歲之書也子雲當哀帝時著太玄經自漢初至哀帝二百歲也　復二百歲殆將終乎自中興至獻帝一百八十九年也　所以作者之數必顯一世常然之符也漢四百歲玄其興矣自此已上並衡與崔瑗書之文也集解惠棟曰衡集與崔子玉書曰乃者與朝賀明日披讀太元經知子雲特極陰陽之數也以其滿汎故時人不務此非特傳記之屬心實與五經擬漢家得二百歲卒乎所以作興者之數

其道必顯一代常然之符也元四百歲其興乎竭己精思以揆其義更使人難論陰陽之事足下累世窮道極微子孫必命世不絕且幅寫一通藏之以待能者安帝雅聞衡善術學公車特徵拜郎中集解惠棟曰碑云舉孝廉爲尚書侍郎再遷爲太史令漢官儀太史令屬太常秩六百石也遂乃研覈陰陽妙盡璇機之正作渾天儀著靈憲算罔論言甚詳明漢名臣奏曰蔡邕曰言天體者有三家一曰周髀二曰宣夜三曰渾天宣夜之學絕無師法周髀術數具存考驗天狀多所違失故史官不用唯渾天者近得其情今史官所用候臺銅儀則其法也靈憲序曰昔在先王將步天路用定靈軌尋緒本元先準之于渾體是爲正儀故靈憲作興衡集無算罔論蓋綱絡天地而算之因名焉集解沈欽韓曰隋書天文志永元十五年詔左中郎將賈逵始造太史黃道銅儀至桓帝延熹七年太史令張衡更以銅製以四分爲一度周天一丈四尺六寸一分亦于密室中以漏水轉之令司之者閉戶而唱之以告靈臺之觀天者璇璣所加某星始見某星已中某星今沒皆如合符案衡歿於永和四年志言延熹者誤洪頤煊曰九章算術劉徽注引張衡算謂立方爲質立圓爲渾又言質六十四之面渾二十五之面又云方八之面圓六之面疑皆算罔論之文順帝初再轉復爲太史令衡不慕當世所居之官輒積年不徙自去史職五載復還乃設客問作應閒以見其志云閒非也衡集云觀者觀余去史官五載而復還非進

後漢書五十九 二

取之勢也唯衡內識利鈍操心不改或不我知者以爲失志矣用爲閒余余應之以時有遇否性命難求因茲以露余誠焉故名之應閒云有閒余者曰蓋聞前哲首務務於下學上達佐國理民有云爲也論語曰孔子曰下學而上達注云下學人事上知天命也朝有所聞則夕行之立功立事式昭德音尚書曰立功立事可以永年逸詩曰祈昭之愔愔式昭德音式用也昭明也集解惠棟曰注立功立事可以永年今文尚書太誓文是故伊尹思使君爲堯舜而民處唐虞彼豈虛言而已哉必旌厥素爾尚書伊尹曰予弗克俾厥后惟堯舜其心愧恥若撻于市旌明也素猶志也集解惠棟曰事見孟子注引僞尚書非也咎單巫咸寔守王家咎單巫咸並殷賢臣也尚書曰咎單作明居又曰巫咸保乂王家也申伯樊仲實幹周邦服袞而朝介圭作瑞申伯申國之伯也樊仲仲山甫也爲樊侯並周宣王之卿士詩大雅曰維申及甫維周之翰注翰幹也服袞謂申伯爲冢宰服袞冕之服也又曰錫爾介圭以作爾寶注云寶瑞也圭長尺二寸謂之介也厥跡不朽垂烈後昆不亦丕歟且學非以要利而富貴萃之貴以行令富以施惠惠施令行故易稱以大業易繫辭曰盛德大業至矣哉富有之謂大業日新之謂盛德也質以文美實由華興器賴雕飾爲好人以輿

服爲榮吾子性德體道篤信安仁約己博藝無堅不鑽以思世路斯何遠矣論語曰篤性好學又曰仁者安仁又曰鑽之彌堅博我以文約我以禮曩滯日官今又原之日官史官也左傳曰天子有日官爾雅曰原再也雖老氏曲全進道若退然行亦以需老子曰曲則全枉則直又曰夷道若類進道若退易雜卦曰需不進也集解官本考證曰舊本或無此雖下十四字必也學非所用術有所仰故臨川將濟而舟楫不存焉徒經思天衢內昭獨智固合理民之式也故嘗見謗于鄙儒天衢天道也言徒銳思作靈憲渾天儀等也深厲淺揭隨時爲義曾何貪於支離而習其孤技邪揭褰衣也音巨厲反詩邶風曰深則厲淺則揭爾雅曰由帶以上爲厲由膝以下爲揭言遭時制宜遇深水則厲淺則揭也易隨卦曰隨時之義大矣哉莊子曰朱泙曼學屠龍於支離益單千金之家三年技成而無所用技音渠綺反責衡何獨妙思於機巧者也集解劉攽曰注支離益案莊子蓋當作益支離其名益耳後人不讀莊子妄改爲蓋參音三輪可使自轉集解沈欽韓曰王應麟以爲即記里鼓車案宋書志指南車其始周公作張衡始復𤨏造木雕猶能獨飛集解沈欽韓曰公輸子削竹木以爲鵲成而飛之三日不下抱朴子應嘲墨子刻木雞以厲天韓非說林墨子爲木鳶三年而成蜚一如廣博物志文士傳張衡嘗作木鳥假以羽翮腹中施機能飛

後漢書五十九 三

數里說文雖鷇也已垂翅而還故棲盍亦調其機而銛諸垂翅故棲謂再爲史官也盍何不也銛利也諸之也閒者言衡作三輪木雕尚能飛轉己乃垂翅故棲何不調其機關使利而高飛邪傅子曰張衡能令三輪獨轉也昔有文王自求多福詩大雅文王篇曰永言配命自求多福也集解劉攽曰正文昔有當作昔者人生在勤不索何獲左傳曰人生在勤勤則不匱又曰不索何獲吾欲求之集解先謙曰官本無注曷若卑體屈己美言以相尅尅勝也衡集作美言以市也鳴于喬木乃金聲而玉振之詩小雅曰伐木丁丁鳥鳴嚶嚶出自幽谷遷于喬木喻求仕遷於高位振揚德音如金玉之聲孟子曰金聲而玉振之用後勳雪前吝婞佷不柔以意誰靳也吝恥也左傳曰宋公靳之杜預注云戲而相愧曰靳應之曰是何觀同而見異也君子不患位之不尊而患德之不崇不恥祿之不夥而恥智之不博方言曰凡物盛而多齊宋之郊謂之夥音和果反是故藝可學而行可力也天爵高懸得之在命孟子曰仁義忠信樂善不倦此天爵也公卿大夫此人爵也案此謂天子高懸爵位得者在命也或不速而自懷或羨旃而不臻速召也懷來也旃之也求之無益故智者面而不思面偝也集解先謙曰官本面作偭古偭止作面阽身以徼幸固

貪夫之所爲未得而豫喪也陷危也枉尺直尋議者譏之盈欲虧志
孰云非羞孟子陳代問孟子曰枉尺而直尋若可爲也孟子曰昔齊景公田招虞人以旌不至將殺之志士不忘在溝壑
如不待招而往何哉且夫枉尺而直尋者以利言也如以利則枉尋直尺而利亦可爲歟趙岐注志士守義者也君子固窮故虞人
不得其招尚不往如何君子不待其招而妄見也尺小尋大不可枉大就小而以要利也於心有猜待則簋飱
饌餔猶不屑餐旌瞀已之猜嫌也簋食器也飱音孫詩云有饛簋飱饌仕卷反餔補故反並謂食也屑猶
介也以用也爰旌瞀餓人也一作爰精目列子曰東方有人焉曰爰精目將有適也而餓於道狐丘父之盜曰丘見而下壺飱以餔
之爰精目三餔而後能視曰子何爲者也我狐父之人丘也爰精目曰譆汝非盜邪吾義不食子之食也兩手據地而歐之不出喀
喀而死之也集解劉攽曰注子何爲者也案文是對荅之辭也字當作曰沈欽韓曰呂覽介立篇作爰旌目列子說符亦作旌目新
序節士作旌目注引作精目非先謙曰正文待字衍官本無意之無疑則兼金盈百而不嫌辭
孟軻已之孟子陳臻問曰前日於齊王餽兼金一百而不受于宋餽七十鎰而受前日之不受是則今日受之非也孟子曰
皆是也當在宋也予將遠行遠行者必以贐予何爲不受若於齊則未有處也無處而餽之是貨之也焉有君子而可以貨取乎趙
岐注云兼金好金也價兼倍於惡者故曰兼金一百百鎰也二十兩爲鎰贐送行者贈賄之禮也在齊時無事于義未有所處也義

後漢書五十九　四

無所處而餽之是以貨賄所取我欲使我懷惠也集解劉攽曰注是以貨賄所取我案文多一所字先謙曰官本注受之無之字遠
行者無遠字處也無也字士或解裋褐而襲黼黻或委臿築而據文軒者度德
拜爵量績受祿也解裋褐謂甞賤也委臿築謂傅說也裋音常主反方言曰自關而西謂襜褕短者謂之裋也
輸力致庸受必有階受或作爰渾元初基靈軌未紀吉凶紛錯人用朣
朦朣朦言未晤也集解劉攽曰案蔡邕亦有此二字作曈曚從目是也此誤黃帝爲斯深慘有風后者
是焉亮之察三辰於上跡禍福乎下經緯歷數然後天步有常則
風后之爲也史記曰黃帝迎日推策舉風后力牧以理人順天地之紀幽明之占又曰旁羅日月星辰春秋內事曰黃
帝師於風后風后善於伏義氏之道故推演陰陽之事蓺文志陰陽流有風后十三篇也當少昊清陽之末實
或亂德人神雜擾不可方物重黎又相顓頊而申理之日月即次
則重黎之爲也帝王紀曰少昊字清陽國語楚觀射父曰少皞之衰也九黎亂德人神雜揉不可方物顓頊承之乃
命南正重司天以屬神命火正黎司地以屬人重少昊氏之子黎顓頊氏之子人各有能因蓺受任鳥師
別名四叔三正官無二業事不並濟左傳郯子曰少皞鳥師而鳥名鳳鳥氏歷正也玄鳥氏司

分也伯趙氏司至也靑鳥氏司啟也丹鳥氏司閉也又晉蔡墨曰少皞氏有四叔曰重曰該曰修曰熙實能金木及水使重爲句芒
該爲蓐收修及熙爲玄冥四叔分主三正言其不兼業也晝長則宵短日南則景北夏至日北極而影短
晝六十刻夜四十刻冬至日南極而影長夜六十刻晝四十刻也易通卦驗曰冬至晷長丈三尺夏至晷長尺五寸謂立八尺表之
陰也天且不堪兼況已人該之也該補夫玄龍迎夏則陵雲而奮鱗樂
時也涉冬則淈泥而潛蟠避害也說文曰龍鱗蟲之長能幽能明能小能巨能短能長春分而登
天秋分而入川言出入有時也賈逵注國語曰淈亂也淈音骨公旦道行故制典禮已尹天下懼
教誨之不從有人之不理尹正也道行言道得申也流俗本作行道者非也仲尼不遇故
論六經已俟來辟辟君也公羊傳曰孔子制春秋以俟後聖也恥一物之不知集解惠棟曰揚
子法言聖人之于天下恥一物之不知有事之無範所考不齊如何可一衡集考字作丁丁當
也夫戰國交爭戎車競驅君若綴旒人無所麗麗附也公羊傳曰君若贅旒然旒旂
旒也言爲下所執持西東也燭武縋而秦伯退師燭之武鄭大夫也縋縣繩於城而下也左傳曰秦伯圍
鄭鄭伯使燭之武夜縋而出說秦秦伯爲之退師魯連係箭而聊城弛柝魯仲連齊人也時燕將守聊城

後漢書五十九　五

仲連爲書係箭射聊城中燕將自殺見史記弛廢也柝行夜木也從往則合橫來則離安危無常
要在說夫張儀說諸侯連和事秦爲橫蘇秦說諸侯連兵拒秦爲從蘇秦往則從合張儀來則從離咸已得人
爲梟失士爲尤梟猶勝也猶大博得梟爲勝故樊噲披帷入見高祖前書曰樊噲沛人也
封舞陽侯高帝常病惡見人臥禁中詔戶者無得入噲乃排闥直入流涕曰獨不見趙高之事乎帝笑而起也高祖踞洗
已對酈生前書曰沛公方踞牀令兩女子洗足而見酈食其食其曰必欲聚徒合義兵誅無道不宜踞見長者於是沛公
輟洗謝之當此之會乃鼉鳴而鼈應也喻君臣相感也焦贛易林曰鼉鳴岐野鼈應於泉也集解沈欽
韓曰莊子天運篇雄鳴於上風雌應於下風而化司馬彪注雄者鼉類雌者鼈類故能同心勠力勤恤人
隱隱病也國語曰勤恤人隱而除其害也奄受區夏遂定帝位皆謀臣之由也故一
介之策各有攸建集解惠棟曰左傳文子長謀之爛然有第前書音義曰諜譜第也與牒通
司馬遷字子長作史記著功臣等傳粲然各有第序也夫女魃北而應龍翔洪鼎聲而軍容
息女魃旱神也北猶退也應龍能興雲雨者也山海經曰蚩尤作兵伐黃帝黃帝乃令應龍攻之冀州之野應龍蓄水蚩尤請風
伯雨師從大風雨黃帝乃下天女曰妖雨止遂殺蚩尤妖不得復上所居不雨妖亦魃也音步末反聲或作馨容或作客衡集容作

害並未詳也集解沈欽韓曰大荒北經作魃吳任臣本作妭文字指歸云女妭禿無髮注妖乃妭之譌國容不入軍軍容不入國燕亭好合鼎俎在前則干戈自息矣聲是升之譌注謂聲或作磬容或作客皆非溽暑至而鶉火棲寒冰沍而鼃黽蟄棲息也禮記月令曰季夏土潤溽暑鶉火午之宿也三月在午六月在酉言當季夏之時鶉火退於酉沍凝也今也皇澤宣洽海外混同萬方億醜并質共劑若修成之不暇尚何功之可立質劑猶今分支契也并共猶言交通也周禮曰凡賣買者質劑焉大市以質小市以劑鄭玄注云兩書一札同而別之長曰質短曰劑音子隨反集解先謙曰官本支作文考證曰注文字別本作支立事有三言爲下列下列且不可庶矣奚冀其二哉左傳魯叔孫豹曰太上有立德其次有立功其次有立言杜預注云立德黃帝堯舜也立功禹稷也立言史佚周任臧文仲于茲搢紳如雲儒士成林及津者風攄失塗者幽僻遭遇難要趨偶爲幸世易俗異事勢舛殊不能通其變而一度以揆之易繫辭曰通其變使人不倦也斯契船而求劍守株而伺兔也契猶刻也呂氏春秋曰楚人有涉江者其劍自舟中墜於水遽契其舟曰是吾劍所從墜也舟已行而劍不行若此求劍不亦惑乎韓子曰宋人有耕者田中有株兔走觸之折頸而死因釋耕守株冀復得兔爲宋國笑也冒愧逞願必無

仁以繼之有道者所不履也越王句踐事此故厥緒不永史記曰越王句踐先吳興師吳王聞之悉發精兵擊越敗之於夫椒越王乃以餘兵五千人保棲於會稽此爲冒愧逞願自取敗也捷徑邪至我不忍以投步干進苟容我不忍以歙肩捷疾也歙斂也音翕孟子曰阿意事貴脅肩所尊俗之情也歙亦脅也集解王會汾曰案章懷所引孟子每與今本大同小異此注二語尤不相合或別有所本雖有犀舟勁楫猶人涉卬否有須者也前書曰羌戎弓矛之兵器不犀利音義曰今俗謂刀兵利爲犀犀堅也詩衞風曰招招舟子人涉卬否人涉卬否卬須我友卬我也須待也鄭玄注云人皆涉我友未至我獨待而不涉言室家之道非得所適貞女不行非得禮義婚姻不成喻仕當以道不求安進也姑亦奉順敦篤守以忠信得之不休不獲不吝姑且也休美也吝恥也不見是而不惛居下位而不憂允上德之常服焉惛猶悶也易曰不見是而無悶樂則行之憂則違之又曰居上位而不驕在下位而不憂也集解惠棟曰今易惛作悶宜據古文方將師天老而友地典與之乎高睨而大談孔甲且不足慕焉稱殷彭及周聃帝王紀曰黃帝以風后配上台天老配中台五聖配下台謂之三公其餘知天規紀地典力牧常先封胡孔甲等或以爲師或以爲將藝文志陰陽有地典六篇殷彭即老彭殷賢人也睨視也高視大談言

不同流俗衡集作矢談矢亦直也義亦通也集解沈欽韓曰論語摘輔象黃帝命知命糾俗天老錄教力牧準斥鵷治決法五聖道級闕紀補闕地典州絡七輔得而天地治與世殊技固孤是求技巧也音伎本或作拔誤也子憂朱泙曼之無所用吾恨輪扁之無所教也輪扁爲輪者名扁也扁音皮殄反莊子曰輪扁對齊桓公曰斲輪之法徐則甘而不固疾則苦而不入不疾不徐得之於手而應之於心口不能言也臣不能以喻臣之子臣子亦不能受之於臣言泙曼屠龍既無所用輪扁斲輪亦不能教人也泙音匹萌反子覩木雕獨飛愍我垂翅故棲吾感鼃黽附鳴悲爾先笑而後號也鼃蝦蟇也音胡媧反周易旅卦上九曰先笑而後號咷集解先謙曰官本鼃作去沈欽韓云鼃疑鼁之譌說文鼁詹諸也徐鍇繫傳鼁七宿切爾雅郭注鼁鼁似蝦蟆居陸地淮南謂之去蚊案去鼃即去蚊也若使附逐喈腐鼠之鳴必爲所食故下云先笑後咷斐豹以斃督燔書禮至以掖國作銘左傳曰晉欒盈復入於晉欒氏之力臣曰督戎國人懼之斐豹謂范宣子曰苟焚丹書我殺督戎宣子曰而殺之所不請於君焚丹書者有如日乃殺之杜預注曰蓋豹犯罪沒爲官奴以丹書其罪左傳衞伐邢禮至與國子巡城掖以赴外殺之禮至自爲銘曰余掖殺國子莫余敢止國子邢正卿禮至本衞人仕邢爲大夫掖謂挾之而投于城外也衡集豹字作隸也弦高以牛餼退敵墨翟以縈帶全城左傳曰秦師襲鄭及滑鄭商人弦高將市於周遇之以牛十二

犒師曰寡君聞吾子將出於敝邑敢犒從者秦孟明曰鄭有備矣滅滑而還墨子曰公輸般爲雲梯以攻宋墨子解帶爲城以牒爲械公輸般九攻墨子九拒公輸之攻盡墨子之守有餘楚王曰善哉吾請無攻宋矣集解沈欽韓曰御覽引牒作褋方言禪衣江淮南楚之閒謂之褋北堂書鈔引褋作褋義同字誤與解帶義連不當爲牒貫高以端辭顯義蘇武以禿節效貞貫高趙相也端猶正也獨正言趙王不反高帝賢而赦之蘇武使匈奴中持節臥起節毛盡落並見前書蒲且以飛矰逞巧詹何以沈鉤致精列子曰蒲且子之弋弱弓纖繳乘風振之連雙鶬於青雲之際又曰詹何以獨繭絲爲綸芒針爲鉤荊篠爲竿剖粒爲餌引盈車之魚周禮曰矰矢用弋射鄭玄注云結繳於矢謂之矰矰高也奕秋以碁局取譽王豹以清謳流聲奕圍局也碁即所執之子秋名也孟子曰奕秋通國之善奕者又曰王豹處於淇而河西善謳也僕進不能參名於二立退又不能羣彼數子二立謂太上立德其次立功也上云立事有三言爲下列下列且不可庶況其二哉故言不能參名於二立之流也臣賢案古本作二立流俗本及衡集立字多作匹非也數子謂斐豹以下也愍三墳之既頹惜八索之不理左傳楚左史倚相能讀三墳五典八索九丘孔安國以爲三墳五典三皇之書八卦之說謂之八索此以下言不能立德立功惟欲立言而已庶前訓之可鑽聊朝隱乎柱史前書東方朔曰首陽爲拙柱下爲工應劭曰老子爲周柱下史

朝隱終身無患是爲上也且韞櫝以待價踵顏氏以行止論語子貢曰有美玉於斯韞櫝而藏諸求善價而沽諸子曰我待價者也夫子謂顏回曰用之則行舍之則藏唯我與爾有是夫曾不慊夫晉楚敢告誠於知己孟子曾子曰晉楚之富不可及也彼以其富我以吾仁彼以其爵我以吾義吾何慊也慊猶恨也音苦簟反

陽嘉元年復造候風地動儀以精銅鑄成圓徑八尺合蓋隆起形似酒尊集解汪文臺曰御覽七百五十二引續漢書酒尊作傾尊飾以篆文山龜鳥獸之形中有都柱傍行八道施關發機外有八龍首銜銅丸下有蟾蜍張口承之蟾蜍蝦蟇也蟾音時占反蜍音時諸反其牙機巧制皆隱在尊中覆蓋周密無際如有地動尊則振龍機發吐丸而蟾蜍銜之振聲激揚伺者因此覺知雖一龍發機而七首不動尋其方面乃知震之所在驗之以事合契若神自書典所記未之有也嘗一龍機發而地不覺動京師學者咸怪其無徵後數日驛至果地震隴西於是皆服其妙集解沈欽韓曰帝紀陽嘉二年京師地震袁紀同衡於陽嘉元年造此器而三四年內只有京師地震無隴西地震事作傳者但欲

美衡之巧思不復推檢實事自此以後乃令史官記地動所從方起時政事漸損權移於下衡因上疏陳事曰伏惟陛下宣哲克明繼體承天中遭傾覆龍德泥蟠傾覆謂順帝爲太子時廢爲濟陰王蟠音薄寒反廣雅曰蟠曲也揚雄方言曰未升天龍謂之蟠今乘雲高躋磐桓天位誠所謂將隆大位必先倥傯之也倥音口弄反傯音子弄反埤蒼曰倥傯窮困也亦謂順帝被廢時也親履艱難者知下情備經險易者達物偽左傳曰晉侯在外十九年矣險阻艱難備嘗之矣人之情偽盡知之矣故能一貫萬機靡所疑惑百揆允當庶績咸熙宜獲福祉神祇集解蘇輿曰福祉疑衍一字受譽黎庶而陰陽未和災眚屢見神明幽遠宜鑒在茲福仁禍淫景響而應集解先謙曰官本響作嚮通用字因德降休乘失致咎天道雖遠吉凶可見近世鄭蔡江樊周廣王聖皆爲效矣事見宦者傳故恭儉畏忌必蒙祉祚奢淫諂慢鮮不夷戮前事不忘後事之師也夫情勝其性流遯忘反性者生之質情者性之欲性善情惡情勝則荒淫也豈唯不肖中才皆然苟非大賢不能見得思義故積惡成釁罪不可解也向使能瞻前顧後援鏡自戒則何陷於凶患乎楚辭曰瞻前而顧後兮援鏡自戒謂引前事以爲鏡而自戒救也韓詩外傳曰明鏡所以照形往古所以知今貴寵之臣眾所屬仰其有愆尤上下知之褒美譏惡有心皆同故怨讟溢乎四海神明降其禍辟也辟罪也音頻亦反頃年雨常不足思求所失則洪範所謂僭恆暘若者也恆常也若順也孔安國注洪範云君行僭差則常暘順之常暘則多旱也集解先謙曰官本暘作陽懼羣臣奢侈昏踰典式自下逼上集解惠棟曰尚書云無敢昏逾逾與踰同韓非子云管仲父庭有陳鼎家有三歸孔子曰良大夫也其侈逼上用速咎徵又前年京師地震土裂順帝永建三年正月京師地震也裂者威分震者人擾也君以靜唱臣以動和威自上出不趣於下禮之政也竊懼聖思厭倦制不專己恩不忍割與眾共威威不可分德不可共洪範曰臣有作威作福玉食害于而家凶于而國天鑒孔明雖疏不失災異示人前後數矣而未見所革以復往悔革改也復反也自非聖人不能無過願陛

下思惟所以稽古率舊勿令刑德八柄不由天子周禮太宰以八柄詔王馭羣臣一曰爵二曰祿三曰予四曰置五曰生六曰奪七曰廢八曰誅若恩從上下事依禮制禮制修則奢僭息事合宜則無凶咎然後神望允塞災消不至矣初光武善讖及顯宗肅宗因祖述焉自中興之後儒者爭學圖緯兼復附以妖言衡以圖緯虛妄非聖人之法乃上疏曰臣聞聖人明審律歷以定吉凶重之以卜筮雜之以九宮易乾鑿度曰太一取其數以行九宮鄭玄注云太一者北辰神名也下行八卦之宮每四乃還於中央中央者北神之所居故謂之九宮天數大分以陽出以陰入陽起於子陰起於午是以太一下九宮從坎宮始自此而從於坤宮自此而從於震宮又自此而從於巽宮所以行半矣還息於中央之宮既又自此而從於乾宮又自此而從於兌宮又自此而從於艮宮又自此而從於離宮行則周矣上游息於太一之星而反紫宮行起從坎宮始終于離宮也集解惠士奇曰紫宮者午位之離反紫宮所謂陰起於午由此逆行自離而艮而兌而乾而中央而巽而震而坤而坎坎一坤二震三巽四乾六兌七艮八離九先謙曰北神當作北辰經天驗道本盡於此或觀星辰逆順寒燠所由或察龜策之占巫覡之言前書曰齊肅聰明者神或降之在男曰覡在女曰巫

魏音胡歷反其所因者非一術也立言於前有徵於後故智者貴焉謂之讖書讖書始出蓋知之者寡自漢取秦用兵力戰功成業遂可謂大事當此之時莫或稱讖若夏侯勝眭孟之徒以道術立名其所述著無讖一言劉向父子領校祕書閲定九流亦無讖錄成哀之後乃始聞之眭弘字孟魯國蕃人也昭帝時以明經爲議郎夏侯勝字長公東平人好洪範五行傳說宣帝時爲太子太傅又成哀時有詔使劉向及子歆爲祕書校定經傳諸子等九流謂儒家道家陰陽家法家名家墨家縱横家雜家農家見藝文志並無讖說也集解閻若璩曰緯起哀平而平子言成哀之後乃始聞之蓋班書李尋傳成帝元延中尋說王根曰五經六緯尊術顯士則知成帝朝已有緯名矣下言成於哀平之際最分明也惠棟曰荀悅申鑒云世稱緯書仲尼之作也臣悅叔父故司空爽辨之蓋發其僞也有起于中興之前終張之徒所作乎惠士奇云錄圖幡簿見呂覽亡秦者胡亦錄圖中語似起戰國至哀平而大興棟案以亡秦者胡爲錄圖中語據王充論衡也尚書堯使鯀理洪水九載績用不成鯀則殛死禹乃嗣興殛誅死也集解何焯曰理當作湮因下共工理水致誤惠棟曰理本作治尚書有能俾乂乂治也堯使鯀治洪水而鯀陻之故箕子謂鯀汨陳其五行也何說非而春秋讖云共工理水集解惠棟曰理亦治字共工治河事見汲郡竹書周語在鯀前而張平子駁之非也及

凡讖皆云黃帝伐蚩尤而詩讖獨以爲蚩尤敗然後堯受命春秋元命苞中有公輸班與墨翟事見戰國非春秋時也衡集云班與墨翟並當子思時出仲尼後也集解惠棟曰吳仁傑云禮記季康子之母死公輸若尚幼般請以機封般與班同則公輸班正出春秋時矣案今墨子作公輸盤古文通也又言別有益州益州之置在於漢世前書武帝始置益州其名三輔諸陵世數可知至於圖中訖于成帝一卷之書互異數事集解惠棟曰揚子法言云一卷之書不勝異說也聖人之言埶無若是殆必虛僞之徒以要世取資往者侍中賈逵摘讖互異三十餘事諸言讖者皆不能說至於王莽簒位漢世大禍八十篇何爲不戒則知圖讖成於哀平之際也且河洛六藝篇錄已定後人皮傅無所容簒衡集上事云河洛五九六藝四九謂八十一篇也傳音附臣賢案衡集云後人皮傅無所容簒又揚雄方言曰秦晉言非其事謂之皮傅謂不深得其情核皮膚淺近强相傅會也後人不達皮膚之意流俗本多作頗傳者誤也無所容簒謂不容妄有加增也莊子曰簒句箝辭續漢書亦作簒本作篡者義亦通也集解惠棟曰說文云讖驗也河洛所出書曰讖蒼頡篇曰讖書河洛書也鄭元六藝論曰六藝者圖所生也又曰郊祀志云上使梁松等案河雒讖文以章句細微相況八十一卷明者爲驗又其十卷皆不昭指是當日河洛讖文八十一卷皆有章句故云篇錄已定其餘皆不昭指故云無所容簒也皮傅猶皮續也論衡云盡也皮續桓譚新論云讖出河圖洛書但有朕兆而不可知後人妄復加增依托孔丘誤之甚也洪頤煊曰頗猶偏也頗傅謂以偏詞相傅會義亦得通永元中清河宋景遂以歷紀推言水災而僞稱洞視玉版遯甲開山圖曰禹遊於東海得玉珪碧色長一尺二寸圓如日月以目照自達幽冥言宋景歷紀推知水災非洞視玉版所見者也集解惠棟曰王子年拾遺記云堯得玉版方尺圖天地之形又曰神人操玉簡授禹長一尺二寸以合十二時之數使量度天地禹即執持此簡以平定水土先謙曰官本注目作自下無自字者字或者至於弃家業入山林後皆無效而復采前世成事以爲證驗至於永建復統則不能知永建順帝即位年也復統謂廢而復立言讖家不論也此皆欺世罔俗以昧埶位情僞較然莫之糾禁且律歷卦候九宮風角數有徵效世莫肯學而競稱不占之書謂競稱讖家也集解通鑑胡注黃帝命伶倫吹律大橈作甲子容成造歷而律歷之學傳矣京房分六十四卦更直日用事以風雨寒溫爲候伏羲之時龍馬負圖出於河伏羲觀河圖而畫八卦陰陽家謂之九宮一六八爲白

二黑三碧四綠五黃七赤九紫至今承用之惠棟曰京氏分六十卦更直日用事而坎離震兌不與焉胡氏以爲六十四卦誤也九宮之說見易乾鑿度劉牧取以爲河圖妄也詳棟所撰易漢學譬猶畫工惡圖犬馬而好作鬼魅誠以實事難形而虛僞不窮也韓子曰客爲齊王畫者問畫孰難對曰狗馬最難孰易曰鬼魅最易狗馬人所知也故難鬼魅無形故易也宜收藏圖讖一禁絕之則朱紫無所眩典籍無瑕玷矣後遷侍中集解惠棟曰碑云遷公車司馬令侍中帝引在帷幄諷議左右集解惠棟曰文士傳云從容諷議拾遺左右嘗問衡天下所疾惡者宦官懼其毀己皆共目之衡乃詭對而出集解惠棟曰穀梁傳云士造辟而言詭辭而出閹豎恐終爲其患遂共譏之衡常思圖身之事以爲吉凶倚伏幽微難明乃作思玄賦玄道也德也老子曰玄之又玄衆妙之門以宣寄情志集解惠棟曰李善云順桓二帝之時國政稍微專恣內豎平子欲言政事又爲奄豎所讒蔽意不得志欲游六合之外勢既不能義又不可但思其元遠之道而賦之以申其志耳其辭曰仰先哲之玄訓兮雖彌高其弗違玄訓道德之訓也論語顏回曰仰之彌高匪仁里其焉宅兮匪義迹其焉追論語孔子曰里仁爲美宅不處仁焉得知里宅皆居也集解先謙曰注擇作宅異文

潛服膺以永靚兮緜日月而不衰說文曰膺匈也禮記曰服膺拳拳而不息靚音才性反前書音
義曰靚與靜同伊中情之信修兮慕古人之貞節修謂自修爲善也楚辭曰苟中情其好修兮
竦余身而順止兮遵繩墨而不跌竦企立也禮記曰爲人臣止於恭爲人子止於孝爲人父止於
慈與國人交止於信跌蹉也音徒結反繩墨喻禮法也楚辭曰遵繩墨而不頗志團團以應懸兮誠心固
其如結團團垂貌詩曰心之憂矣如或結之集解先謙曰官本團作團旌性行以制佩兮佩夜
光與瓊枝旌明也夜光美玉瓊枝玉樹以喻堅貞也楚辭曰折瓊枝以繼佩也纗幽蘭之秋華兮又
綴之以江蘺案纗音祖緩反字書亦纂字也纂繫也諸家音竝戶珪反誤也江蘺香草也本草經曰蘪蕪一名江蘺郎
芎藭苗也楚辭曰扈江蘺與薜芷兮紉秋蘭以爲佩皆取芬芳以象德也集解錢大昕曰說文纗維綱中繩也讀若畫又讀若維諸
家讀爲戶珪反者是也章懷讀爲纂則文當從雋說文有纗無纗章懷音誤惠士奇曰文選纗作纗引說文曰繫幃曰纗幃一名縭
爾疋婦人之幃謂之縭今之香囊在男曰幃在女曰縭然則纗者係囊之繩也美襞積以酷裂兮允塵邈
而難虧襞積衣襵也酷裂香氣盛也司馬相如曰酷裂淑郁又曰襞積褰縐允信也塵久也邈遠也虧猶歇也衣服芬芳久
而不歇以喻道德著美幽而不屈也集解惠棟曰裂當依集作烈先謙曰官本裳作褰是既姱麗而鮮雙兮非

是時之攸珍姱音口瓜反王逸注楚辭曰姱好也攸所也言德雖美好而時人不珍也奮余榮而莫見
兮播余香而莫聞幽獨守此仄陋兮敢怠皇而舍勤怠惰也皇暇也舍廢也
幸二八之遻虞兮嘉傅說之生殷尚前良之遺風兮恫後辰而無
及二八八元八愷也遻遇也音五故反虞虞舜也尚慕也恫痛也音通辰時也痛已後時而不及之也集解惠棟曰恫舊音他公
切何孤行之煢煢兮孑不羣而介立感鸞鷖之特棲兮悲淑人之
稀合山海經曰女牀山有鳥五采名曰鸞見則天下安寧又曰九疑山有五采之鳥名鷖鷖淑善也特獨也言靈鳥既獨棲善人
亦少合也集解惠棟曰李善云廣雅曰鷖鳳屬也彼無合其何傷兮患眾僞之冒眞旦獲
讟于羣弟兮啟金縢而乃信旦周公也讟謗也信音申成王立周公攝政其弟管叔蔡叔等謗言云公
將不利於孺子周公乃誅二叔秋大熟未穫天大雷電以風禾盡偃成王與大夫啟金縢之書乃得周公所自以爲功代武王之策
方信周公忠於國家也見尚書集解先謙曰官本注見上有事字覽烝民之多僻兮畏立辟以危
身烝眾也僻邪也辟法也詩曰人之多僻無自立辟也曾煩毒以迷或兮羌孰可與言已曾重
也羌發語辭也言己之志無可與言之也集解惠棟曰或與惑同集作惑私湛憂而深懷兮思繽紛而

不理湛音沈繽紛亂貌也願竭力以守義兮雖貧窮而不改執雕虎而試象
兮阽焦原而跟止雕虎有文也阽臨也焦原原名也跟足踵也尸子曰中黃伯曰我左執太行之獶右執雕虎唯
象之未試吾或焉有力者則又願爲牛與象自謂天下之義人也惡乎試之曰夫貧窮太行之獶也跡賤者義之雕虎也吾日試之
矣又曰莒國有名焦原者廣尋長五十步臨百仞之谿莒國莫敢近也有以勇見莒子者獨卻行劑踵焉此所以服莒國也夫義之
爲焦原也高矣此義所以服一世也衡言躬履仁義不避險難亦足以服一代之人也集解惠棟曰義集作誼鄭眾周禮注云古者
書儀但爲義今時所謂義爲誼庶斯奉以周旋兮要既死而後已左傳史克曰奉以周旋不敢失
墜論語孔子曰死而後已不亦遠乎俗遷渝而事化兮泯規矩之圜方化變也泯滅也珍蕭
艾於重笥兮謂蕙芷之不香蕭蒿也笥篋也蕙芷並香草也貴蕭艾喻任小人謂蘭芷爲不香喻弃賢
人也集解先謙曰官本蘭作蕙斥西施而弗御兮羈要褭以服箱斥遠也西施越之美女也要音
於皎反褭音奴了反呂氏春秋曰要褭古之駿馬也服駕也箱車也言疏遠美女又以駿馬駕車並喻不能用賢也集解劉攽曰案
要褭古良馬當作褭從馬錢大昕曰要褭之名本取疊韻劉必行改從馬則要亦當作騕所謂泥俗而不通于古也文選騕作褭
陂僻而獲志兮循法度而離殃陂不正也離被也惟天地之無窮兮何遭

遇之無常不抑操而苟容兮譬臨河而無航航船也孫卿子曰偷合苟容以持祿周書
陰符曰四輔不存若濟河無舟矣欲巧笑以干媚兮非余心之所嘗襲溫恭之黻
衣兮披禮義之繡裳襲重也周禮黑與青謂之黻五色備曰繡集解惠棟曰披集作被辮貞亮以
爲鞶兮雜技藝以爲珩說文曰辮交織也音蒲殄反禮記曰男鞶革女鞶絲鄭玄注云鞶小囊盛帨巾也珩
佩玉也昭綵藻與雕琢兮璜聲遠而彌長璜佩玉也爾雅曰半璧曰璜言佩服之美喻道德之
盛也淹棲遲以恣欲兮燿靈忽其西藏淹久也棲遲游息也燿靈日也楚辭曰燿靈安藏言年歲
之蹉跎也恃己知而華予兮鶗鴂鳴而不芳己知猶知己也華榮也予衡自謂也鶗鴂鳥名喻讒
人也廣雅曰鶗鴂布穀也楚辭曰恐鶗鴂之先鳴兮使夫百草爲之不芳王逸注云以喻讒言先至使忠直之士被罪也言恃知己
以相榮反遇讒而見害也集解沈欽韓曰龍龕手鑑云子鴂鳥大如布穀不得即以爲布穀也案廣雅鶗鴂子鴂也鴂音鵙鶪布穀
也注引誤羅願爾雅翼或以鶗鴂爲伯勞太史公云昔古厤建正作於孟春於時冰泮發蟄百草奮興秭鳺先滜滜即鳴也離騷鶗鴂
先鳴即秭鳺先滜也此物以芳時最先鳴若伯勞以仲夏時鳴豈復有芳草邪冀一年之三秀兮遒白露
之爲霜三秀芝草也楚辭曰采三秀於山間說文曰遒迫也方秀遇霜喻以賢被讒也時亹亹而代序兮

疇可與乎比伉疇進貌也謂四時更進而代序疇誰也伉偶也伉協韻音苦郎反咨妒嫮之難並兮想依韓以流亡咨歎也妒忌也嫮美也音胡故反楚辭曰嫮目宜笑言嫉妒者憎惡美人故難與並也韓謂齊仙人韓終也爲王採藥王不肯服終自服之遂得仙楚辭曰羨韓衆之得一流亡謂流遁亡去也集解先謙曰官本注仙人韓終終一作衆恐漸冉而無成兮留則蔽而不章心猶與而狐疑兮即岐阯而攄情岐阯山足也周文王所居也集解惠棟曰攄集作臚舊注云臚陳也文君爲我端蓍兮利飛遁以保名文君文王也端正也楚辭曰詹尹端策拂龜周易遁卦上九曰肥遁無不利淮南九師道訓曰遁而能飛吉孰大焉集解惠棟曰晁說之云遯上九肥遯陸希聲云本作飛說之未知陸所據棟案姚寬西溪叢語曰周易肥遯無不利肥古字作巷與古蜚字相似卽今之飛字後世遂改爲肥字張平子賦引易上九飛遯無不利謂去而遷也曹子建七啟云飛遯離俗是古易皆作飛故陸氏據以爲說王輔嗣注此爻云矰繳不能及似王本作飛也子夏傳云肥饒裕也孔氏正義從之遂改爲肥注淮南九師訓云云案劉向別錄云所校讎中易傳淮南九師道訓除復重定著十二篇淮南王聘善爲易者九人從之採獲故中書署曰淮南九師書棟案九師道訓唐時已亡此採自張衡集中舊注也歷衆山以周流兮翼迅風以揚聲遁卦艮下乾上艮爲山故曰歷衆山從二至四爲巽巽爲風故曰翼迅風也二女感於崇岳兮或冰折

而不營遁上九變而爲咸咸感也咸卦艮下兌上從二至四爲巽與兌爲二女也崇岳謂艮也從三至五爲乾易說卦曰乾爲冰兌爲毀折陽不求陰故曰冰折而不營也天蓋高而爲澤兮誰云路之不平乾變爲兌乾爲天兌爲澤故曰天爲澤言天高尚爲澤誰云路之不平言可行也勔自強而不息兮蹈玉階之嶢崢勔勉也乾爲金玉故曰玉階嶢崢高峻貌嶢音堯崢音士耕反懼筮氏之長短兮鑽東龜以觀禎左傳晉卜人曰筮短龜長不如從長言筮之未盡復以龜卜之也周禮龜人掌六龜之屬東龜曰東屬其色青也集解惠棟曰左傳筮短龜長馬融注曰筮史短龜史長故云筮氏先謙曰官本東屬作果屬遇九皐之介鳥兮怨素意之不逞詩小雅曰鶴鳴九皐注云皐澤中溢水出所爲也自外數至九喻深遠也介耿介也龜經有棲鶴兆也言卜得鶴兆也逞快也協韻音丑貞反遊塵外而瞥天兮據冥翳而哀鳴瞥視也音普列反冥翳高遠也鵰鶚競於貪婪兮我修絜以益榮鵰鶚鷙鳥也以喻讒佞也子有故於玄鳥兮歸母氏而後寧子謂衡也有故於玄鳥謂卜得鶴兆也易曰鳴鶴在陰其子和之我有好爵吾與汝靡之言予歸母氏然後得寧猶臣遇賢君方享爵祿勸衡求聖君以仕之也集解先謙曰文選注古文周書曰周穆王姜后晝寢而孕越姬嬖竊而育之毀以玄鳥二七塗以犧血寘諸姜后遽以告王王恐發書而占之曰蜉蝣之羽飛集於戶鴻之戾止弟弗克理皇靈降誅尚復其所問左史氏史豹曰蟲飛集戶是曰失所惟彼小人弗克以育君子史良曰是謂闕親將留其身歸於母氏而後獲寧冊而藏之厥休將振王與令尹冊而藏之於櫝居三月越姬死七日而復言其情曰先君怒予甚曰爾夷隸也胡竊君之子不歸母氏將寘而大戮反王子於后占旣吉而無悔兮簡元辰而俶裝悔惡也元辰吉辰也俶整也旦余沐於清原兮晞余髮於朝陽晞乾也朝陽日也爾雅曰山東曰朝陽楚辭曰朝濯髮於陽谷夕晞余身乎九陽也漱飛泉之瀝液兮咀石菌之流英瀝液微流也咀嚼也石菌芝也英華也翾鳥舉而魚躍兮將往走乎八荒翾飛也音許緣反走猶赴也音奏八荒八方荒遠地也淮南子曰登太山履石封以望八荒過少皞之窮野兮問三丘乎句芒帝王紀曰少昊邑于窮桑都曲阜故或謂之窮桑帝地在魯城北衡欲往東方故先過窮桑之野三丘東海中三山也謂蓬萊方丈瀛洲句芒木正東方之神也何道眞之淯粹兮去穢累而票輕道眞謂道德之眞班固幽通賦曰泂洗身於道眞不澆曰淯不雜曰粹票音匹妙反猶飄颻也登蓬萊而容與兮鼇雖抃而不傾鼇大龜也列子曰勃海之東有大壑焉其中有五山一曰岱輿二曰員嶠三曰方壺四曰瀛洲五曰蓬萊隨波上下往還不得暫峙仙聖訴於帝使巨鼇十五舉首而戴之迭爲三番六萬歲一交焉五山始不動抃音皮變反楚辭曰鼇戴山抃說文抃拚手也留瀛洲而採芝兮聊且以

乎長生東方朔十洲記曰瀛洲在東海之東上生神芝仙草玉石膏出泉如酒味名之爲玉酒飲之令人長生也有憑歸雲而遐逝兮夕余宿乎扶桑扶桑日所出在陽谷中桑相扶而生見淮南子噏青岑之玉醴兮餐沆瀣以爲糧爾雅曰山小而高曰岑郭璞注曰言岑崟也楚辭曰餐六氣而飲沆瀣王逸注云沆瀣夜半氣也糧或作粻發昔夢於木禾兮穀崑崙之高岡山海經曰崑崙墟在西北方八百里高萬仞上有木禾長五尋大五圍昔夜也穀生也衡此夜夢禾生於崑崙山之上郎下文云抨巫咸以占夢含嘉秀以爲敷是也衡集注及近代注解皆云昔曰夢至木禾今親往見焉是爲發昔夢也臣賢案衡之此賦將往走乎八荒以後卽先往東方次往南方乃適西方此時正在陽谷扶桑之地崑崙乃西方之山安得已往崑崙見木禾乎良由尋究不精致斯謬耳朝吾行於暘谷兮從伯禹於稽山暘谷日所出也孔安國注尚書曰禹代鯀爲崇伯故稱伯吳越春秋曰禹登茅山大會計治國之道故更名其山曰會稽也集羣神之執玉兮疾防風之食言左傳曰禹合諸侯於塗山執玉帛者萬國國語仲尼曰昔禹致羣神於會稽之山防風氏後至禹殺而戮之客曰敢問誰爲神仲尼曰山川之守足以紀綱天下者其守爲神食言謂後至也爾雅曰食僞也指長沙以邪徑兮存重華乎南鄰長沙今潭州也從稽山西南向長沙故云邪徑存猶問也重華舜名葬于蒼梧在長沙南故云南鄰也哀二妃之未從

兮馴儃處彼湘瀕二妃舜妻堯女娥皇女英馴漣馴也儃弃也瀕水涯也劉向列女傳曰舜陟方死于蒼梧二妃死于江湘之間俗謂之湘君湘夫人也禮記云舜葬蒼梧二妃不從也集解沈欽韓曰案列女傳無湘夫人也四字流目覜夫衡阿兮睹有黎之圮墳痛火正之無懷兮託山陂以孤魂衡阿衡山之曲也黎顓頊之子祝融也爲高辛氏之火正葬於衡山圮毀也盛宏之荊州記云衡山南有南正重黎墓楚靈王時山崩毀其墳得營丘九頭圖焉愁蔚蔚以慕遠兮越卬州而愉敖河圖曰天有九部八紀地有九州八柱東南神州曰晨土正南卬州曰深土西南戎州曰滔土正西弇州曰幷土正中冀州曰白土西北柱州曰肥土北方玄州曰成土東北咸州曰隱土正東揚州曰信土愉樂也敖遊也集解錢大昕曰蔚蔚文選作鬱鬱躋日中于昆吾兮憩炎天之所陶淮南子曰日至于昆吾是謂正中高誘注云昆吾丘名在南方憩息也東方朔神異經曰南方有火山長四十里廣四五里晝夜火然陶猶炎熾也揚芒熛而絳天兮水泫沄而涌濤芒光芒也字林曰熛飛火也音必遙反泫音胡犬反沄音戶昆反並水流貌也溫風翕其增熱兮惄鬱邑其難聊溫風炎風也淮南子曰南方之極自北戶之外南至委火炎風之野二萬二千里惄音奴歷反爾雅曰惄思也顲羈旅而無友兮余安能乎留茲顲獨也音苦骨反不能留此將復西行也集解錢大昕曰顲與塊同聲相近說文顲讀若魁

顧金天而歎息兮吾欲往乎西嬉金天氏西方之帝少皞也嬉戲也前祝融使舉麾兮纚朱鳥以承旗纚繫也音山綺反朱鳥鳳也楚辭曰鳳皇翼其承旂也躔建木於廣都兮拓若華而躊躇躔次也拓猶折也淮南子曰建木在廣都若木在建木西末有十日其華照地山海經曰廣都之野后稷葬焉楚辭曰折若木以拂日躊躇猶徘徊也躊音直流反躇音直余反集解先謙曰官本末作木疑當作末超軒轅於西海兮跨汪氏之龍魚聞此國之千歲兮曾焉足以娛余山海經曰軒轅之國在窮山之際其下壽者八百歲龍魚在其北一曰蝦魚有神巫乘此以行九野一曰鼈魚在汪野北其爲魚也如鯉魚白人之國在龍魚北也集解周壽昌曰李善注汪氏國在西海此國足龍魚也山海經有白民無白人李注避諱改思九土之殊風兮從蓐收而遂徂九土九州也蓐收西方神也徂往也欲還中土也欻神化而蟬蛻兮朋精粹而爲徒欻疾貌也音許勿反蛻音稅說文曰蟬蛻蟬所解皮也言去故就新若蟬蛻也朋猶侶也精粹美也集解劉攽曰注案文當云蛻蟬所解皮也蹶白門而東馳兮云台行乎中野蹶音厥鄭玄注禮記云蹶行遠之貌也淮南子曰自東北方曰方土之山曰蒼門東方曰東極之山曰開明之門東南方曰波母之山曰陽門南方曰南極之山曰暑門西南方曰編駒之山曰白門西方曰西極之山曰閶闔之門西北方曰不周之山曰幽都之門北方

曰北極之山曰寒門凡八極之雲是雨天下八門之風是節寒暑爾雅曰台我也野協韻音神渚反亂弱水之潺湲兮逗華陰之湍渚正絕流曰亂山海經曰崑崙之丘其下有弱水之川環之注云其水不勝鳥毛潺湲流貌也逗止也華陰華山之北也臨河故云湍渚號馮夷俾清津兮櫂龍舟以濟予號呼也聖賢冢墓記曰馮夷者弘農華陰潼鄉隄首里人服八石得水仙爲河伯河圖曰河伯姓呂名公子夫人姓馮名夷俾使也清靜也津濟度處靜之使無波濤也櫂檝也淮南子曰龍舟鷁首浮吹以虞予我也集解劉攽曰注爲河伯龍魚案文伯下當有一字未詳或云是主字惠棟曰得水仙爲河伯句龍魚河圖古書名也所載五嶽四瀆諸神姓氏甚詳引見御覽劉以龍魚屬上讀殊失考據會帝軒之未歸兮悵相佯而延佇帝軒黃帝也鑄鼎於湖在今湖城縣與河華相近未歸謂黃帝得仙升天神靈未歸相佯猶徘徊也集解惠棟曰仲佚握河紀云帝軒題像配永循機鄭元注云軒轅黃帝名也咽河林之蓁蓁兮偉關雎之戒女咽音許吏反爾雅曰咽息也蓁蓁茂盛貌山海經云北望河林其狀如蒨偉美也詩國風曰關關雎鳩在河之洲窈窕淑女君子好仇衡覩河洲而思之也黃靈詹而訪命兮摎天道其焉如黃靈黃帝神也爾雅曰詹至也訪謀也摎求也曰近信而遠疑兮六籍闕而不書曰黃帝荅言也六籍六經也神逵昧其難覆兮疇克謨而從諸逵道也爾雅曰覆審也疇誰也謨謀

也牛哀病而成虎兮雖逢昆其必噬昆兄也淮南子曰昔公牛哀病七日化而爲虎其兄覘之虎搏而殺之不知其兄也鼈令殪而尸亡兮取蜀禪而引世鼈令蜀王名也令音靈殪死也禪傳位也引長也揚雄蜀王本紀曰荊人鼈令死其尸流亡隨江水上至成都見蜀王杜宇杜宇立以爲相杜宇號望帝自以德不如鼈令以其國禪之號開明帝下至五代有開明尚始去帝號復稱王也死生錯而不齊兮雖司命其不晰錯交錯也司命天神也春秋佐助期曰司命神名爲滅黨長八尺小鼻望羊多髭癯瘦通於命運期度晰明也協韻音之逝反集解惠棟曰鄭元云司命掌察三命晰集作喇舊注云喇昭晰也音云曳切古制折通本與世韻不須協也竇號行於代路兮後膺祚而繁廡竇謂孝文竇皇后也繁廡茂盛也呂太后時出宮人以賜諸王竇姬家在淸河願如趙近家遺宦者吏必置我趙伍中宦者忘之誤置代伍中姬涕泣不欲往相彊乃行至代代王獨幸竇姬生景帝後立爲皇后景帝生十四子後至光武中興也王肆侈於漢庭兮卒銜恤而絕緒王謂孝平王皇后莽之女也前書聘以黃金二萬斤遣劉歆奉乘輿法駕迎后于第及莽篡位后嘗稱疾不朝會莽誅后自投火中而死恤憂也詩小雅曰出則銜恤絕緒言無後也尉尨眉而郎潛兮逮三葉而遘武尉謂都尉顏駟也尨蒼雜色也遘遇也漢武故事曰上至郎署見一老郎鬢眉皓白問何時爲郎何其老也對曰臣姓顏名駟以文帝時爲郎文帝好文而臣好武景帝好老

而臣尚少陛下好少而臣已老是以三葉不遇也上感其言擢爲會稽都尉也董弱冠而司袞兮設王隧而弗處董賢字聖卿哀帝時爲大司馬年二十二袞三公服也時哀帝令爲賢起冢至尊無以加及帝崩王莽殺賢於獄中左傳曰晉侯請隧曰王章也禮記曰二十曰弱冠也夫吉凶之相仍兮恒反側而靡所穆負天吕悅牛兮豎亂叔而幽主穆魯大夫叔孫豹也謚曰穆牛謂豎牛豹之子也幽閉也大夫稱主左傳曰叔孫豹奔齊宿於庚宗遇婦人而私焉至齊夢天壓己弗勝顧而見人號之曰牛助余乃勝之及後還魯庚宗之婦人獻以雉曰余子長矣召而見之則所夢也遂使爲豎有寵及穆子遇疾豎牛欲亂其室曰夫子疾病不欲見人牛不進食穆子遂餓而死文斷袪而忌伯兮閹謁賊而甯后文晉文公也袪袂也忌怨也伯謂伯楚也謁告也賊謂呂甥冀芮等甯安也后文公也初晉獻公使寺人勃鞮伐公于蒲城公踰垣勃鞮斬其袪及公入國呂甥冀芮謀作亂伯楚知之以告公公會秦伯于王城殺呂郤伯楚勃鞮字也事見國語通人闇於好惡兮豈愛惑之乃剖通人謂穆子文公等闇於好惡謂初悅豎牛後以餓死始怨勃鞮終能告賊剖分也言通人尚闇於好惡況愛寵昏惑者豈能分之集解先謙曰官本乃作能是嬴擿讖而戒胡兮備諸外而發內嬴秦姓也擿猶發也謂始皇發讖云亡秦者胡乃使蒙恬北築長城以爲外備而不知胡亥竟爲趙高所殺秦氏遂亡是發內也或輦賄而違車兮孕行

產而爲對輦運也違避也車謂張車子也有夫婦夜田者天帝見而矜之問司命曰此可富乎司命曰命當貧有張車子財可以借而與之期曰車子生急還之田者稍富及期夫婦輦其賄以逃同宿有婦人夜生子問名於其父曰生車間名車子其家自此之後遂大貧徹見搜神記集解洪亮吉曰張車子事不知始出何書今惟見搜神記及鬼神志愼竈顯於言天兮占水火而妄誶爾雅曰誶告也左傳曰日有食之梓慎曰將水叔孫昭子曰旱也後果大旱又曰宋衞陳鄭將火鄭大夫裨竈請瓘斝玉瓚禳火子產弗予竈曰不用吾言鄭又將火子產曰天道遠人道邇非爾所及遂不與亦不復火也集解惠棟曰誶劉伯莊音素對反師古音碎梁叟患夫黎丘兮丁厥子而事刃親所睇而弗識兮矧幽冥之可信梁叟梁國之老人也丁當也睇視也矧況也呂氏春秋曰梁北有黎丘鄉有丈人往市醉而歸者黎丘奇鬼效其子之狀而道苦之丈人醒謂其子曰吾爲而父我醉女道苦我何故其子泣曰必奇鬼也丈人明日之市醉其眞子迎之丈人拔劍而刺之事音側利反前書音義曰江東人以物插地中爲事也毋綿攣吕涬已兮思百憂吕自疚綿攣猶牽制也涬音胡鼎反衡集注云涬引也言物牽制於俗引憂於己詩曰無思百憂祇自重兮彼天監之孔明兮用棐忱而佑仁監視也孔甚也棐輔也忱誠也佑助也言天之視人甚明唯輔誠信而助仁德也尚書曰天監厥德又曰天威棐忱湯蠲體吕禱祈兮蒙厖褫吕拯人蠲潔

也祈求也爾雅曰厖大也褫福也帝王紀曰湯時大旱七年殷史卜曰當以人禱湯曰必以人禱吾請自當遂齋戒翦髮斷爪以己爲犧禱于桑林之社果大雨言蒙天大福以拯人衡集祈字作祈祈祭也禠音斯集解先謙曰官本注拯下有救字景三慮吕營國兮熒惑次於它辰景宋景公也三慮謂三善言也景公有疾司馬子韋曰熒惑守心心宋之分野君當祭之可移於相公曰相股肱也除心腹之疾而寘之股肱可乎曰可移於民公曰民所以爲國無民何以爲君曰可移於歲公曰歲所以養人也歲不登何以畜人乎子韋曰君善言三熒惑必退三舍見呂氏春秋也魏顆亮吕從理兮鬼亢回吕斃秦魏顆魏武子之子也亮信也左傳曰晉魏顆敗秦師於輔氏獲杜回杜回秦之力人也初魏武子有嬖妾武子疾命顆曰必嫁是妾疾病則曰必以爲殉及卒顆嫁之曰疾病則亂吾從其治也輔氏之役顆見老人結草以亢杜回躓而顚故獲之夜夢之曰余而所嫁婦人之父也爾用先人治命余是以報也咎繇邁而種德兮德樹茂乎英六尚書曰咎繇邁種德注云邁行也種布也英六並國名咎繇能行布道德子孫茂盛封於英六帝王紀皐陶卒葬之於六禹封其少子於六以奉其祀六故城在今壽州安豐縣南也集解惠棟曰見左傳桑末寄夫根生兮卉既彫而已毓根生謂寄生也言百草至寒皆彫落唯寄生獨榮於桑之末本草經桑上寄生一名寄屑一名寓木一名宛童以喻咎繇封於英六餘國先滅英六獨存也集解洪亮吉曰案唐虞諸臣之後唯皐陶之裔英六滅最早何得謂餘國先滅此獨存

乎衡意當謂二國既滅至漢時復有英布繼起故云卉既彫而已毓似此解稍近有無言而不讐兮又何往而不復言咎繇布德行仁慶流後裔詩曰無言不讐易曰無往不復也盍遠迹吕飛聲兮孰謂時之可蓄盍何不也蓄猶待言何不遠遊以飛聲譽誰謂時之可待言易逝也仰矯首吕遙望兮魂懺惘而無疇懺惘猶敞悅也集解惠棟曰李善云楚辭曰悵懺惘兮未思王逸曰懺惘悵失望志錯越也偪區中之隘陋兮將北度而宣遊偪迫也宣徧也行積冰之磑磑兮清泉沍而不流淮南子曰北方之極自九澤窮大海之極有凍寒積冰雪雹羣冰之野磑音牛哀反世本云公輸作石磑說文曰皚皚霜雪之貌也蓋古字磑與皚通沍音胡故反杜預注左傳云沍閉也集解惠棟曰李善云方言曰磑磑堅也寒風淒而永至兮拂穹岫之騷騷玄武縮於殼中兮螣蛇蜿而自糾玄武謂龜蛇也曲禮曰前朱雀而後玄武殼龜甲也爾雅曰螣螣蛇蜿屈也糾結也騷騷叶韻音修糾音古由反魚矜鱗而并凌兮鳥登木而失條矜竦也并猶聚也凌冰也音力澄反失條言寒也坐太陰之屛室兮慨含欷而增愁太陰北方極陰之地也楚詞曰選鬼神於太陰集解惠棟曰案集作屛李善云屛與屏古字通怨高陽之相寓兮伷顓頊之宅幽高陽氏帝顓頊也山海經曰東北海之外附禺之山帝顓頊與九嬪葬焉相視

也寓居也佪屈也音乞鳳反宅幽謂居北方幽都之地尚書曰宅朔方曰幽都集解惠棟曰舊注云佪小貌也去鳳切庸織
絡於四裔兮斯與彼其何瘳庸勞也織絡猶經緯往來也瘳愈也言勞於往來四方經積冰炎火之地
彼此亦何差也織或作識絡或作駱集解惠士奇曰絡集作路涉路東西有似乎織望寒門之絕垠兮縱余
緤乎不周淮南子曰北極之山曰寒門楚辭曰躋絕垠乎寒門垠音玉巾反廣雅曰垠咢也緤馬韁也音思列反不周西
北方山也垠或作限也迅飇潚其媵我兮鶩翩飄而不禁飇風也潚疾也音潚媵送也翩飄亦
疾貌也禁協韻音金趨谽嗰之洞穴兮標通淵之碄碄谽嗰深貌也谽音呼含反嗰音呼加反碄
音林亦深貌也既遊四方又入地下經重陰乎寂寞兮愍墳羊之潛深重陰地中也國語曰魯季
桓子穿井得土缶中有蟲若羊焉使問仲尼仲尼對曰土之怪曰墳羊集解惠棟曰陰集作瘖舊注云瘖古陰字追慌忽
於地底兮軼無形而上浮慌忽無形貌也集解惠棟曰張逸遺令云地底冥冥長無曉期楚辭遠遊云恐
時俗之迫阨兮願輕舉而遠遊質菲薄而無因兮焉托乘而上浮注上浮升雲也出右密之闇野兮不識
蹊之所由右謂西方也密山名也山海經曰西北曰密山黃帝取密山之玉策投之鍾山之陰闇幽隱也蹊路也集解惠
棟曰集作石密章懷此注誤當刪李善得之沈欽韓曰西山經作峚山之玉榮策字誤穆天子傳注引亦譌玉策蔡邕傳注引山海

經亦作玉策陰作陽逨燭龍令執炬兮過鍾山而中休逨召也燭龍北山之神也山海經曰西北
海之外有神人面蛇身而赤其眼及晦視乃明不食不寢是燭九陰是謂燭龍炬可以照明集解沈欽韓曰大荒北經其瞑乃晦其
視乃明注誤瞰瑤谿之赤岸兮弔祖江之見劉瑤谿瑤岸也山海經曰鍾山之東曰瑤岸又曰
鍾山其子曰鼓其狀人面而龍身是與欽䲹殺祖江於崑崙之陽䲹音邳爾雅曰劉殺也聘王母於銀臺兮羞
玉芝以療飢王母西王母也銀臺仙人所居也羞進也本草經曰白芝一名玉芝戴勝慭其既歡兮
又誚余之行遲山海經曰崑崙之丘有人戴勝虎齒有尾穴處名曰西王母慭相傳音宜覲反杜預注左傳慭發語
之音也臣賢案張揖字詁慭笑貌也嗚之別體音許近反與此義合也集解沈欽韓曰注嗚乃听之誤說文听笑貌慭與听通載
太華之玉女兮召洛浦之宓妃詩含神霧曰太華之山上有明星玉女主持玉漿服之成仙宓妃洛
水神也咸姣麗以蠱媚兮增嫮眼而蛾眉姣好也音古巧反蠱音野謂妖麗也嫮音胡故反好
貌也楚辭曰嫮目宜笑也集解惠棟曰呂氏春秋云公姣且麗蠱與冶通冶又作野易繫詞冶容誨淫古文作野舒妙婧
之纖腰兮揚雜錯之袿徽婧音財性反謂妍婧也袿音圭婦人之上服爾雅曰婦人之徽謂之褵郭璞注
云即今之香纓也離朱脣而微笑兮顏的礰以遺光的礰明也遺光言光彩射也集解先謙曰

官本射下有人字是獻環琨與璵縞兮申厥好以玄黃環琨並玉佩也白虎通曰修道無窮即佩
環能本道德即佩琨也玄黃謂繒綺也尚書曰厥篚玄黃言玉女宓妃等既獻環佩又贈以繒綺也雖色豔而賂美
兮志浩蕩而不嘉賂或作貽浩蕩廣大也言不以玉女贈遺為美也楚辭曰怨靈修之浩蕩及雙材悲
於不納兮並詠詩而清歌雙材謂玉女宓妃也即上文所謂二女感於崇岳也歌曰天地烟
熅百草含蘤鳴鶴交頸雎鳩相和處子懷春精魂回移烟熅氣也易繫辭曰
天地烟熅張揖字詁曰蘤古花字也處子處女也懷思也莊子曰綽約若處子詩曰有女懷春集解惠棟曰蘤集作葩李善云說文
曰葩古花字本誤作蘤音爲詭切非也回移移音弋多反如何淑明忘我實多淑善也詩曰如何如何忘我實
多集解惠棟曰論語摘輔象曰仲弓淑明清理將答賦而不暇兮爰整駕而亟行女所歌賦謂玉
詩也亟疾也音紀力反即上所謂冰折不營也瞻崑崙之巍巍兮臨縈河之洋洋伏靈龜
以負坻兮亘螭龍之飛梁山海經曰河出崑崙西北隅縈曲也爾雅曰小沚曰坻謂水中高地以龜負之
可以駕橋也亘猶橫度也廣雅曰無角曰螭龍也登閬風之曾城兮搆不死而為牀閬風山名
在崑崙山上楚辭曰登閬風而緤馬淮南子曰崑崙山有曾城九重高萬一千里上有不死樹在其西今以不死木為牀也集解沈

欽韓曰案前文發昔夢於木禾兮穀崑崙之高岡二句當在此下蓋彼敘東方暘谷不合有崑崙之語錯入也屑瑤蘂以
為糇兮斟白水以為漿瑤瓊也楚辭曰屑瓊蘂以為粻糇糧也斟音居于反謂酌也河圖曰崑山出五色流
水其白水東南流人中國名為河也抨巫咸以占夢兮迺貞吉之元符抨使也音普耕反又補耕
反巫咸神巫也山海經曰大荒之中有靈山巫咸巫彭巫謝等十巫巫衡既夢木禾令故令巫咸占之也元善也滋令德於
正中兮含嘉禾以為敷滋茂也淮南子曰昏張中則務種穀說文曰禾嘉穀也至二月始生八月而熟得時
之中故謂之禾既垂穎而顧本兮爾要思乎故居穎穟也本禾本也言禾既垂穟顧本人亦當思
故居也淮南子曰孔子見禾三變始於粟生於苗成於穟乃歎曰我其首禾乎高誘注云禾穟向根君子不忘本也集解惠棟曰爾
集作亦安和靜而隨時兮姑純懿之所廬姑且也懿美也廬猶居也戒庶寮以夙
會兮僉恭職而並迓僉皆也迓迎也豐隆軒其震霆兮列缺曄其照夜豐隆
雷也軒聲也音普耕反震霆霹靂也霆音廷列缺電也曄光也雲師䨺以交集兮涷雨沛其灑塗
雲師屏翳也䨺陰貌音徒感反爾雅曰暴雨謂之涷沛雨貌也塗協韻音徒故反楚辭曰使涷雨兮灑塵轙琱輿而樹
葩兮擾應龍以服輅轙音魚綺反爾雅曰載轡謂之轙郭璞注云轙軛上環也轡所貫也琱以玉飾車也樹立

也葩華也於車上建華蓋擾馴也廣雅曰有翼曰應龍也百神森其備從兮屯騎羅而星布周頌
曰懷柔百神森眾貌也屯從也振余袂而就車兮修劍揭已低昂修長也揭低昂貌也冠咢
咢其映蓋兮佩綝纚已煇煌咢音五各反一作岌並冠高貌也映蓋謂冠與車蓋相映也綝音林纚音
離盛貌也煇音胡本反光貌也集解惠棟曰咢咢集作嵒嵒五咸切僕夫儼其正策兮八乘攄而超
驤八乘八龍也楚辭曰駕八龍之蜿蜿攄猶騰也氛旄溶已天旋兮蜺旌飄而飛揚氛天氣也
旄羽旄也溶音勇王逸注楚辭曰溶廣大貌也蜺雌虹也撫軨軹而還睨兮心灼藥其如湯軨音
零說文曰車轖間橫木也楚辭曰倚結軨兮太息軹音之是反杜子春注周禮云軹兩轊也說文云車輪小穿也還睨顧瞻也藥音
鑠熱貌也言顧瞻鄉國而心熱也羨上都之赫戲兮何迷故而不忘上都謂天上也赫戲盛貌
也衡既徧歷四海方欲遊於天上故云何不忘其故居而苦迷惑思之左青琱已揵芝兮右素威已
司鉦青琱青文龍也揵堅也音巨偃反芝蓋也素威白虎也禮記曰左青龍而右白虎說文曰鉦鐃也似鈴也前長離
使拂羽兮委水衡乎玄冥長離即鳳也水衡官名主水官也玄冥水神也司馬相如大人賦曰前長離而
後矞皇也屬箕伯已函風兮澂淟涊而為清箕伯風師也函猶含也澂清也淟音它典反涊音乃

典反楚辭曰切淟涊之流俗王逸注曰淟涊垢濁也曳雲旗之離離兮鳴玉鸞之譻譻鸞鈴也在
鑣譻聲也音嚶楚辭曰鳴玉鸞之啾啾也涉清霄而升遐兮浮蔑蒙而上征霄雲也蔑蒙氣也蒙
音莫孔反上征上於天也揚雄甘泉賦曰浮蔑蒙而撇天紛翼翼已徐戾兮焱回回其揚靈翼翼
飛貌戾至也回回光貌楚辭曰皇剡剡其揚靈王逸注云揚其光靈也叫帝閽使闢扉兮覿天皇于
瓊宮閽主門者天皇天帝也揚雄甘泉賦曰選巫咸兮叫帝閽聆廣樂之九奏兮展洩洩已彤
彤史記曰趙簡子曰我之帝所甚樂與百神遊於鈞天廣樂九奏左傳鄭莊公賦大隧之中其樂也融融姜出□賦大隧之外其
樂也洩洩彤與融同也集解惠棟曰洩洩彤彤左傳文衡文多用左傳融字作彤當用古文考理亂於律鈞兮
意建始而思終詩序曰太平之音安以樂其政和亂世之音怨以怒其政乖律十二律也樂叶圖徵曰聖人承天以
立均宋均注曰均長八尺施絃以調六律也建立也衡言聽九奏之樂考政化之得失而思其終始也集解惠棟曰注治世改太平
避唐諱惟盤逸之無斁兮懼樂往而哀來盤樂也逸縱也斁厭也音亦又音徒故反古度字也
莊子曰樂未畢也哀又繼之素撫弦而餘音兮大容吟曰念哉素素女也史記曰太常使素女
鼓五十弦琴大容黃帝樂師也念哉戒逸樂也集解先謙曰太常當作太帝琴當作瑟既防溢而靜志兮迨

我暇已翱翔溢滿也迨反也翱翔將遠逝也出紫宮之肅肅兮集太微之閬閬紫宮
太微並星名也肅肅清也閬閬明大也命王良掌策騶兮踰高閣之鏘鏘史記曰天騶旁一星
曰王良高閣閣道星也史記曰絕漢抵營室曰閣道鏘鏘高貌也建罔車之幕幕兮獵青林之芒
芒罔車畢星也幕幕罔貌青林天苑也集解惠棟曰李善云河圖曰桐柏山上為掩畢三危山上為天苑彎威弧之
撥剌兮射嶓冢之封狼弧星名也易曰弧矢之利以威天下撥音方割反剌音力達反撥剌張弓貌也嶓冢
山也封大也狼星名河圖曰嶓冢之精上為狼星觀壁壘於北落兮伐河鼓之磅硠壁東壁也
史記曰羽林天軍西為壁壘旁大星為北落牽牛北為河鼓磅硠聲也磅音普郎反硠音郎乘天潢之汎汎兮
浮雲漢之湯湯史記曰王良旁有八星絕漢曰天潢雲漢曰天河也倚招搖攝提已低回剹
流兮察二紀五緯之綢繆遹皇招搖攝提星名也剹音居流反低回剹流回轉之貌二紀日月也五
緯五星也綢繆相求之貌也遹皇行貌也集解惠棟曰揚子太元云陽交于陰陰交于陽物登明堂矞矞皇皇偃蹇夭矯
娩已連卷兮雜沓叢顇颯已方驤娩音孚萬反卷音拳並翱翔自恣之貌也集解惠棟曰娩集作
婉李善云跳也䫌汨飂戾沛已罔象兮爛漫麗靡藐已迭逷䫌音一六反汨音于筆反

飂音遼沛音普蓋反並疾貌也藐小也藐音亡小反逷音徒郎反集解先謙曰官本逷作逷是淩驚雷之砊礚兮
弄狂電之淫裔砊礚雷聲也砊音康礚音苦蓋反淫裔電貌狂疾也集解先謙曰官本貌下多之字踰厖澒
於宕冥兮貫倒景而高厲厖音亡孔反澒音胡孔反孝經援神契曰天度濛澒宋均注云濛澒未分之象
也說文曰宕過也冥幽冥也貫穿也前書谷永上書曰登遐倒景音義曰在日月之上日月反從下照故其景倒也厲陵厲也集解
惠棟曰澒集作鴻廓盪盪其無涯兮乃令窮乎天外據開陽而頫盼兮臨
舊鄉之暗藹春秋運斗樞曰北斗第六星為開陽頫音俯暗藹遠貌也暗音烏感反悲離居之勞心
兮情悁悁而思歸說文曰悁悁憂也音於緣反詩國風曰勞心悁悁也魂眷眷而屢顧兮馬
倚輈而徘徊輈轅也雖遨遊已媮樂兮豈愁慕之可懷媮音通侯反懷安也出
閶闔兮降天塗乘飆忽兮馳虛無閶闔天門雲霏霏兮繞余輪風眇眇
兮震余旟纚聯翩兮紛暗曖倏眩眃兮反常閭倏忽也眩音縣眃音混疾貌常閭故
里也收疇昔之逸豫兮卷淫放之遐心謂初遊於四方天地之間以自淫放今改悔也修初
服之娑娑兮長余珮之參參楚辭曰退將復修吾初服王逸注云修吾初始清潔之服也娑娑衣貌參

參長貌文章煥以粲爛兮美紛紜以從風御六藝之珍駕兮遊道德之平林以六藝爲車而駕之也以道德爲林而遊之也結典籍而爲罟兮歐儒墨而爲禽罟網也音古儒家子思孟軻孫卿等墨家爲墨翟胡非尹佚等集解先謙曰注爲謂古通玩陰陽之變化兮詠雅頌之徽音嘉曾氏之歸耕兮慕歷陵之欽崟琴操曰歸耕者曾子之所作也曾子事孔子十餘年晨覺眷然念二親年衰養之不備於是援琴鼓之曰往而不反者年也不可而再事者親也歔欷歸耕來日安所耕歷山盤乎欽崟山貌崟音吟集解先謙曰官本注不可下有得字是其夙昔而不貳兮固終始之所服也夕惕若厲以省諐兮懼余身之未勑也共音恭易曰君子終日乾乾夕惕若厲惕懼也厲病也勑整也苟中情之端直兮莫吾知而不恧恧慙也音女六反墨無爲以凝志兮與仁義乎逍搖老子曰上德無爲也不出戶而知天下兮何必歷遠以劬勞老子曰不出戶而知天下系曰天長地久歲不留俟河之清祇懷憂系繫也老子曰天長地久左氏傳曰俟河之清人壽幾何也願得遠度以自娛上下無常窮六區六區謂四方上下也超踰騰躍絕世俗飄颻神舉逞所欲天不可階仙夫希

柏舟悄悄吝不飛階升也論語曰夫子之不可及猶天之不可階而升仙夫仙人也詩邶風曰柏舟言行而不遇也其詩曰汎彼柏舟亦汎其流憂心悄悄慍于羣小靜言思之不能奮飛鄭玄注云舟載度物者也今不用而與眾物相混俱流水中論仁人不用而與羣小並列悄悄憂貌也臣不遇於君猶不忍奮翼而飛去吝惜也衡亦不遇其時而爲宦者所譏故引以自喻也集解先謙曰相混官本作汎汎然松喬高跱孰能離結精遠遊使心攜松赤松子也喬王子喬也列仙傳曰赤松子神農時雨師服水玉教神農能入火自燒至崑崙山上常止西王母石室隨風上下王子喬周靈王太子晉也好吹笙作鳳鳴遊伊洛間道士浮丘公接上嵩高山二十餘年後來於山上見桓良曰告我家七月七日待我緱氏山頭果乘白鶴往山巔望之不得到舉手謝時人數日去字林曰跱踞也謂得仙高踞也離附也攜離也同志揭來從玄諆揭去也音巨列反諆或作謨謨亦謀也音基字從其集解惠棟曰李善云劉向七言云揭來歸耕永自疏楚辭曰車既駕兮揭而歸不得見兮心傷悲韻書曰揭卻也去也沈欽韓曰集韻謨謀也或作基作諆注云或作謨謨乃傳寫之譌本云或作謀耳文選譌爲謀獲我所求夫何思永和初出爲河間相河間王名政集解沈欽韓曰趙明誠金石錄跋云傳云再遷爲太史令而碑乃一遷碑云遷公車司馬令遂相河間而傳不載其公車令傳云在河間三年上書乞骸骨拜尚書乃卒而碑不載其爲尚書此數事當以碑爲正案袁紀陽嘉二年太史令衡與李固馬融同對策而傳不載又張平子四愁詩序云陽嘉中出爲河間相與傳言永和初不合李善注據傳駁序竊謂序言縱非平子自造要亦摯虞輩序文章流別者爲之在范史前未可定其是非先謙曰文選序言多謬如長門賦陳皇后復得幸洛神賦曹植感甄類皆是未可依據應間云囊滯日官今又原之是再爲太史令衡自言之此等處亦不能信碑而疑傳也時國王驕奢不遵典憲又多豪右共爲不軌衡下車治威嚴整法度陰知姦黨名姓一時收禽上下肅然稱爲政理集解惠棟曰集云諸豪俠悉惶懼逃出境郡中大治爭訟息獄無繫囚視事三年上書乞骸骨徵拜尚書年六十二永和四年卒集解沈欽韓曰袁紀永和五年侍中張衡上書云云卽此傳上疏陳事一篇大約范敘先後容有失次未可定袁紀之誤太平廣記殷芸小說云張衡死月蔡邕母始懷孕此二人才貌甚相類時人云邕是衡之後身攷衡以永和四年卒邕以初平三年誅相去五十四年邕壽六十有一則衡死時邕生七年矣著周官訓詁集解惠棟曰胡廣漢官解詁敘云順帝時平子爲侍中典校書方作周官解說崔瑗以爲不能有異於諸儒也又欲繼孔子易說彖象殘缺者竟不能就所著詩賦銘七言靈憲集解沈欽韓曰劉昭補注及御覽天部並引之應閒七辯集解沈欽韓曰雕龍雜文篇張衡七辯結采綿靡巡誥集解沈欽韓曰藝文類聚張衡東巡誥云惟二月初吉帝將狩於岱岳度義省方觀民設教率

羣賓備法駕以祖於東門屆於靈宮是日也有鳳雙集於臺王辰祀上帝於明堂攷帝紀安帝延光三年事也縣圖凡三十二篇衡集作玄圖蓋玄與懸通集解惠棟曰經籍志云衡集十二卷又一本十四卷永初中謁者僕射劉珍校書郎劉騊駼等著作東觀撰集漢記因定漢家禮儀上言請衡參論其事會並卒集解惠棟曰事載胡廣漢官解詁敘而衡常歎息欲終成之乃爲侍中集解先謙曰官本乃作及是上疏請得專事東觀收檢遺文畢力補綴衡表曰臣仰幹史職敢徼官守竊貪成訓自忘頑愚願得專於東觀畢力於紀記竭思於補闕俾有漢休烈比久長於天地並光明於日月照示萬嗣永永不朽也集解先謙曰官本照作昭又條上司馬遷班固所敘與典籍不合者十餘事衡集其略曰易稱宓犧氏王天下宓犧氏沒神農氏作神農氏沒黃帝堯舜氏作史遷獨載五帝不記三皇今宜并錄又一事曰帝系黃帝產青陽昌意周書曰乃命少皡行清清卽青陽也今宜實定之集解惠棟曰注周書曰乃命少皡清見嘗麥篇今本作少昊請誤也棟案平子以少皡爲五帝則黃帝爲三皇矣先謙曰注行字衍官本無又以爲王莽本傳但應載篡事而已至於編年月紀災祥宜爲元后本紀又更始居位人無異望光武初爲其將然後卽眞宜以更始之號建

於光武之初書數上竟不聽及後之著述多不詳典時人追恨之集解王鳴盛曰衡說皆迂謬不可從以更始之號建於光武前者意謂宜別作更始本紀耳非如今書以更始元二年書於光武紀而更始自爲列傳也范蔚宗固未嘗用衡謬說又曰更始雖立而力不能一天下若守臣節則漢業墮矣且伯升首義而更始信讒殺之是固不當臣附王郎既誅遂貳於更始至河北關西略定方建尊號可無慚德乃袁紀三卷論云王莽乘權竊有神器劉氏德澤實繫人心更始之起乘義而動號令稟乎一人爵命班乎天下及定咸陽而臨四海淸舊宮而饗宗廟成爲君矣世祖經略受節而出奉辭征伐臣道定矣然則三王作亂勤王之師不至長安猶存建武之號已立雖南面而有天下道未盡也宏此論竟以光武卽尊號爲大非其迂謬又出衡下洪頤煊曰前書律厤志更始帝著紀以漢宗室滅王莽卽位二年赤眉賊立宗室劉盆子滅更始帝自漢元年訖更始二年凡二百三十歲更始稱帝其說頗與衡同先謙曰光武於更始未得其尺地一民之業在漢史無爲更始立紀之理宜衡上書而帝不聽也通鑑漢紀從光武所封書曰淮陽王綱目雖用分注之例而直書曰漢帝元皆以更始紀年卽衡所謂以更始之號建於光武之初者後世自當如此

論曰崔瑗之稱平子曰數術窮天地制作侔造化瑗撰平子碑文也斯致可得而言歟推其圍範兩儀天地無所蘊其靈易繫辭曰範圍天地之化王弼注云擬範天地而周備其理也謂作渾天儀也運情機物有生不能參其智機物謂作候地動儀等故智思引淵微人之上術集解先謙曰智當作知官本亦誤記曰德成而上藝成而下禮記文也量斯思也豈夫藝而已哉何德之損乎損減也言藝不減於德也

贊曰三才理通人靈多蔽三才天地人言人雖與天地通爲三才而性靈多蔽罕能知天道也近推形算遠抽深滯不有玄慮孰能昭晰玄猶深也晰音制

張衡傳第四十九終　　後漢書五十九

後漢書集解卷五十九校補

張衡傳祖父堪蜀郡太守集解錢大昕曰案張堪在列傳第二十一卷至何焯謂別一張堪非是案張君游雖曾官蜀郡太守而終於漁陽太守不應以前官稱衡果卽其孫則廉吏有後雖別爲傳應於書祖父堪蜀郡太守下聲明已見前傳君游傳末亦不應不附及之況又縣名各異乎以此推之何說未可非也

作二京賦因以諷諫錢大昭曰夏侯湛張平子碑云二京南都所以贊美畿輦者與雅頌爭流英英乎其有味歟見隷釋

常耽好玄經官本無耽字

作應閒注故名之曰應閒云官本注無故字

深厲淺揭注揭褰衣也音邱厲反官本注厲作列

人生在勤不索何獲集解先謙曰官本無注謹案惠棟補注於傳文二句下云皆左傳文是惠氏所據北宋本此下原亦無注

枉尺直尋議者譏之注如何君子不待其招而妄見也原本注待字脫誤在下正文內已據趙注補正官本待作得誤

於心有猜待集解先謙曰正文待字衍官本無錢大昭曰注待字誤入正文閩本不誤

則簋飧饌餔注饌仕卷反餔補故反官本注饌餔下皆有音字

則風后之爲也注藝文志陰陽流有風后十三篇也錢大昭曰案藝文志陰陽家者流二十一家兵陰陽十六家此風后十三篇及後地典六篇均在兵陰陽十六家中注均云陰陽流殊欠審

君若綴旒注旒旍旒也官本注無也字

故樊噲披帷入見高祖注高帝常病注常當作嘗各本皆未正詔戶者無得入案前書本作詔戶者無得入羣臣注省羣臣二字殊乖文義

蘇武以禿節效貞注持節臥起官本注持作杖案前書本云杖漢節牧羊臥起操持注專就臥起言故云持節若改作杖則臥豈能杖作杖非

詹何以沈鉤致精注荆篠爲竿官本注篠誤蓧

慼三墳之旣頹注孔安國謂三墳五典三皇之書案注五典二字衍

曾不慊夫晉楚注慊猶㥏也音苦簟反官本注簟作簞是

果地震隴西集解沈欽韓曰至無隴西地震事案地震不爲災史未必書且或嘗有此事在後傳究言之以著其驗不必定在造此器三四年內也沈說太泥

必先倥傯之也注埤蒼曰官本注埤誤埋

奢淫詔慢官本詔作謟

又前年京師地震土裂注順帝永建三年京師地震也官本注末無也字柳從辰曰袁紀載衡上疏在永和五年則注永建當爲永和之誤案柳說是也傳言衡造候風地動儀已在陽嘉元年次言衡上疏陳事自當在後不應反在前永建時注永建之誤無疑惟史稱前年猶云上年據順紀永和三年二月乙亥京師及金城隴西地震四年三月乙亥京師亦地震如依注作三年則上疏當屬四年袁紀記事恆覼范書後一二年殆不足異如依袁紀作五年上疏則注三年並當改四年矣

恩不忍割官本恩作心

勿令刑德八柄官本刑誤形

事合宜則無凶咎官本合作令

然後神望允塞案望猶怨也詩曰神罔時怨

劉向父子領校秘書注使劉向及子歆爲秘書官本注爲作於柳從辰曰桓紀延熹二年初置祕書監官是前漢時無祕書官也宋書百官志言武帝建藏書之冊置寫書之官於是天下文籍皆在天祿石渠延閣廣內祕府之室謂之祕書至成哀世使劉向父子以本官典其事據此當時典校祕書者皆用本官耳案以祕書爲官名乃後世之失如以祕書爲地名尤不可通祕書書也今作爲祕書則疑於官作於祕書又疑於地均之誤也觀前書成紀作劉向校中祕書向傳作詔向領校中五經祕書傳文又本作劉向父子領校祕書注文自應與傳文合爲字卽領字轉寫之譌於字又明明校字形近之譌也兩本固皆有脫譌也

其工治水集解惠棟曰至而張平子駁之非也案書鄭注謂堯時共工水官名鯀治水當卽承其官春秋讖以其官言之也若與顓頊爭爲帝之共工自在鯀前衡豈不知必讖文本指堯時耳

有公輸班與墨翟注出仲尼後也官本注末無也字

無所容纂注本作纂者義亦通也官本注末無也字

㠯昧埶位案昧冒也

志團圜㠯應懸兮集解先謙曰官本團圓作團圞錢大昭曰閩本作團圞文選作摶摶柳從辰曰文選李注引毛詩曰勞心摶摶憂勞也團團卽摶摶作團圓誤案柳說是也文選此賦文字多與傳異然如團團作摶摶蔚蔚作鬱鬱鏘鏘作將將灼藥作勺爍蔑蒙作蠛蠓消搖作逍遙酷裂作酷烈翩儐作翩繽猶與作猶豫票輕作飄輕飄旅作飄旅事刃作剸刃颮潚作猋潚撥剌作拔剌颮戾作颮淚之類則皆字之古今通假異而不異者也

喜傳說之生殷文選喜作嘉

感鸞鷖之特棲兮集解惠棟曰李善云廣雅曰鷖鳳屬也柳從辰曰文選離騷經駟玉虬而乘鷖兮王逸注鷖鳳皇別名也今本離騷或作翳古字通用

彼無合其何傷兮至啟金縢而乃信文選其作而乃作後

羌孰可與言已文選與作爲

跕焦原而跟止文選止作趾注焦原原名也官本注無也字跡賤者文選注引尸子跡作

疏是

要既死而後已官本要作安文選作惡皆要字形近之譌

珍蕭艾於重笥兮文選珍作寶

昭綵藻與雕琢兮文選雕琢作琱瑑案作琢無義乃瑑之譌

想依韓以流亡集解官本注仙人韓終一作眾謹案楚辭遠遊篇王逸注眾一作終梁華林文選旁注引本書注作韓謂仙人韓終也與閣本合官本下文終自服之仍作終雖終眾本同似亦不可兩岐也

鑽東龜㠯觀禎注東龜曰東屬集解先謙曰官本東屬作果屬謹案作果是也文選舊注引作甲屬甲亦果之譌

予有故於玄鳥兮歸母氏而后寗集解先謙曰至反王子於后謹案文選注各本多誤字此據胡刻本及海錄軒本

問三邱乎句芒文選乎作于

鼇雖抃而不傾注鼇大龜也至鼇戴山抃案章懷釋鼇爲大龜卽本楚辭天問王注淮南

子斷鼇足以立四極高注亦云鼇大龜又一切經音義十九引字林鼇海中大龜也力負蓬瀛壺三山說文無鼇字字林本以補許書乃鼎臣新附則云鼇海大鼈也蓋明爲誤文

朝吾行於暘谷兮文選暘作湯

指長沙曰邪徑兮文選以作之

翩儐處彼湘瀕文選儐作繽

託山陂曰孤魂文選陂作阪

愁蔚蔚曰慕遠兮越卭州而愉敖注河圖曰至正南卭州曰深土柳從辰曰淮南子所言九州與此微異且無卭州故注不取案以淮南所記校此注所引河圖說似互有誤字非果異也文選舊注云卭州正南州名也四海圖曰交廣南有卭州其處極熱則淮南作正南次州曰沃土次沃當即卭深之譌又如西北台州正北濟州亦當依河圖台作柱濟作元至河圖之晨土开土白土咸州揚州又當依淮南晨作農开作并白作中咸作薄揚作陽其餘兩州固無異也集解錢大昕曰蔚蔚文選作鬱鬱案愉敖文選作遊遨愉注訓樂義迴別錢氏失未校至蔚字則本有鬱音乃同音通假也

卷五十九校補　四

愬炎天之所陶文選天作火

顝羈旅而無友兮文選作羇案前書陳餘傳兩君羇旅張晏注羈寄也是羈可通羇

躔建木於廣都兮注淮南子曰建木在廣都柳從辰曰今淮南墬形訓作都廣高注都廣西方山名案今山海經亦作西南黑水之間有都廣之野后稷葬焉章懷乃均引作廣都文選李注引淮南子亦作廣都豈以賦本作廣都注書之體當然耶集解先謙曰官本末作木疑當作末謹案據文選注及淮南子本皆作末高注末端也

聞此國之千歲兮注其下壽者八百歲下官本注作不文選李注亦引作不案文選考異云何校不改下陳云不當依范書注作下是也據此則官本作不乃誤改矣

歘神化而蟬蛻兮集解劉攽曰注案文當云蛻蟬所解皮也柳從辰曰闕本注作蟬蛻蟬所解皮也自不誤官本沿監本之舊蟬蛻下脫一蟬字故劉氏云然

蹶白門而東馳兮注蹶行遠之貌也官本注遠作處柳從辰曰遠處皆遽之譌注引鄭注禮記雖未明指何篇然曲禮足毋蹶注固作行遽貌也案柳說是曲禮釋文亦作蹶急遽貌文選注引漢書韋昭說作蹶蹋也蹋如蹋鞠亦急遽貌

悵相佯而延佇文選相佯作徜徉舊注云悵徜徉思貌與相佯義別

曰近信而遠疑兮注曰黃帝荅言也官本注無也字

疇克謨而從諸文選謨作謀

尉尨眉而郎潛兮注尨蒼雜色也官本注無也字

董弱冠而司袞兮注年二十二官本注作年二十脫下二字王莽殺賢於獄中案前書賢罷歸自殺非被殺於獄中注誤

穆負天曰悅牛兮文選負作屆李注引孔傳云屆至也案穆子夢天壓己弗勝非夢至天也屆極也詩曰致天之屆與傳作負均就天壓言

豈愛惑之乃剖集解先謙曰官本乃作能是謹案文選亦作能又愛作昏之作而

慎寵顯於言天兮占水火而妄訐文選於作以訐作訐案李注訐息對反疑本訐之譌

親所睇而弗識兮文選睇作睼注睇視也官本注睇誤挮

卷五十九校補　五

毋緜攣曰涬己兮文選涬作倖注言物牽制於俗官本注物作勿是

用棐忱而佑仁文選佑作祐案舊注祐助也疑本佑之譌

鬼亢回曰敝秦文選敝作斃

德樹茂乎英六文選德樹作樹德注六故城在今壽州安豐縣南也唐安豐縣在今鳳陽府壽州西南六十里

寒風淒而永至兮至滕蛇蜿而自糾文選淒而作凄其滕蛇作騰蛇

佃顓頊之宅幽文選之作而

斯與彼其何瘳官本瘳誤廖

迅飈潚其媵我兮文選飈作猋案猋譌字當作猋後文猋忽同

鶩翩飄而不禁鶩文選同官本作鶩

趨谽嘲之洞穴兮標通淵之碄碄官本標作摽文選趨作越嘲作嘲標作漂淵作川案標作摽是嘲與嘲同

慇墳羊之潛深文選潛深作深潛考異云五臣本仍作潛深 追慌忽於地底兮文選慌作荒

出右密之闇野兮集解惠棟曰集作石密章懷此注誤當刪李善得之案文選右雖作石李善並未爲石字作注至引山海經釋密爲密山章懷又先有是說密山初無石密之名惠何由知右字之必誤而斷章懷右字注當刪耶似未可據

戴太華之玉女兮注服之成仙成仙原作神仙依詩緯改官本注不誤

獻環琨與璵縞兮文選璵作琜

志浩蕩而不嘉文選浩作皓

百草含蘤官本草作卉是文選亦同

爰整駕而亟行注郎上所謂冰折不營也營原誤縈據上傳文正官本注不誤

抨巫咸以占夢兮文選以作作

合嘉禾以爲敷禾文選作秀官本傳文亦作秀注仍作禾錢大昭曰秀乃光武諱作禾者不誤案錢說是官本傳文作秀乃誤改

屯騎羅而星布注屯從也官本注從作聚是文選舊注亦同

八乘攄而超驤文選攄作騰 注攄猶騰也案攄舒也謂八乘展其材也訓騰與超驤義複非文選攄作騰亦誤

蜺旌飄而飛揚文選而作以

心灼藥其如湯文選如作若

左青琱以揵芝兮文選以作之

委水衡乎元冥文選委上有後字是

澂澳溷而爲清文選澂作徵是

素撫弦而餘音兮文選素下有女字是

旣防溢以靜志兮文選靜作靖

乘天潢之汎汎兮注曰天潢官本注潢誤漢

凌驚雷之砊磕兮注磕音苦葢反官本注無音字

乃令窮乎天外令官本作今文選同作令誤也窮文選作窺 據開陽而頫眄兮文選眄作眡

雖遨遊以媮樂兮遨遊文選作遊娛

歐儒墨而爲禽文選歐作毆而作以柳從辰曰作毆是案歐譌爲毆歐毆又譌爲毆古書相承已久前人論之備矣此文雖字作毆仍當讀爲毆今文選作毆从支亦小誤

嘉曾氏之歸耕兮慕歷陵之欽崟注獻欽歸耕來日安所耕歷山盤乎文選李注引琴操曰乎均作兮

共夙昔而不貳兮固終始之所服也夕惕若厲以省𠎝兮懼余身之未勅也文選昔作夜無兩也字

柏舟悄悄吝不飛注柏舟言行而不遇也官本注行作仁是

松喬高跱孰能離注二十餘年官本注二作三

回志朅來從元諆注諆或作謨謨亦謀也官本注作諆或作謀諆亦謀也

永和初出爲河間相集解先謙曰文選序言多謬至未可依據侯康曰傳言永和初則必在永和元年卽陽嘉五年也或衡出相時尚未改元故仍稱陽嘉詩序與本傳未始不可兼通獨五臣注繫之陽嘉元年則大誤耳謹案永和改元據順紀卽在正月衡卽以正月出相亦不得仍繫元嘉況序又明言陽嘉中不云陽嘉末何能曲爲之解仍未可依據也

永和四年卒柳從辰曰河南通志衡墓在南陽府東北石橋保

時人追恨之柳從辰曰御覽七百五十一引歷代名畫記後漢善畫者趙岐劉褒蔡邕張衡昔建州蒲城縣山有獸名駭神豕身人首狀貌惡百鬼畏之好出水邊石上平子往寫之獸入潭中不出或云此獸畏畫故不出可去紙筆卽去之獸果出平子拱手不動潛以足指畫獸今號畫獸潭是衡之多埶非一端也案此與三齊略記載始皇巧人潛以腳畫海神狀同一不經皆非解畫者之言也衡上疏論圖緯虛妄有云譬猶畫工惡圖犬馬而好作鬼魅葢深鄙之豈自蹈之哉畫獸潭一作巴獸潭云

宋　宣　城　太　守　范　曄　撰

唐　章　懷　太　子　賢　注

王先謙集解

馬融字季長扶風茂陵人也融集云茂陵成懽里人也將作大匠嚴之子嚴援兄余之子爲人美辭貌有俊才初京兆摯恂㠯儒術教授隱于南山不應徵聘名重關西三輔決錄注曰恂字季直好學善屬文隱於南山之陰集解沈欽韓曰皇甫謐高士傳云恂十二世祖峻字伯陵與司馬遷交好退身修德隱於岍山岍人立祠號曰岍君恂明禮易遂治五經博通百家之言又善屬文詞論清美渭濱弟子扶風馬融沛國桓驎自遠方至者十餘人嘗慕其先人之高遂隱於南山之陰恂以女妻融後果爲大儒文冠當世以是服恂之知人永和中公車徵不詣大將軍竇憲舉賢良不就以壽終三輔稱焉融從其游學博通經籍集解惠棟曰融自敘云融少而好問學無常師恂奇融才㠯女妻之永初二年大將軍鄧騭聞融名召爲舍人非其好也遂不應命集解沈欽韓曰北堂書鈔引謝承書云融年十三明經召爲太子舍人案此傳則爲鄧騭舍人非太子舍人也客於涼州武都漢陽界中會羌虜飈起邊方擾亂米穀踊貴自關㠯西道殣相望左傳曰叔向云道殣相望杜注云餓死爲殣也音覲融既飢困乃悔而歎息謂其友人曰古人有言左手據天下之圖右手刎其喉愚夫不爲莊子曰言不以名害其生者集解沈欽韓曰御覽四百七十四韓詩外傳及莊子語亦見文子上義篇所㠯然者生貴於天下也今㠯曲俗咫尺之羞滅無貲之軀殆非老莊所謂也故往應騭召四年拜爲校書郎中謝承及續漢書並云爲校書郎又拜郎中也集解洪頤煊曰騭傳郎中馬融龐參傳校書郎中馬融並不稱校書郎詣東觀典校祕書是時鄧太后臨朝騭兄弟輔政而俗儒世士㠯爲文德可興武功宜廢遂寢蒐狩之禮息戰陳之法故猾賊從橫乘此無備融乃感激㠯爲文武之道聖賢不墜五才之用無或可廢五才金木水火土也左傳曰宋子罕曰天生五材人並用之廢一不可誰能去兵元初二年上廣成頌㠯諷諫其辭曰廣成苑在今汝州梁縣西集解惠棟曰續漢書云融在東觀十年窮覽典籍上廣成頌文章流別論頌者詩之美也若馬融廣成上林之屬純爲今賦之體而謂之頌失之遠矣郡國志云河南郡新城縣有廣成聚注云有廣成苑河南十二縣簿曰廣成澤在新城縣界黃阜樂成史曰在梁縣西四十里臣聞孔子曰奢則不遜儉則固奢儉之中㠯禮爲界界猶限也是㠯蟋蟀山樞之人並刺國君諷㠯太康馳驅之節詩國風序曰蟋蟀刺晉僖公也儉不中禮其詩曰無已太康職思其居毛萇注云已甚也鄭箋云君雖當自樂亦無甚太樂欲其用禮以爲節也又序曰山有樞刺晉昭公也有才不能用其詩曰子有車馬弗馳弗驅宛其死矣他人是愉言僖公以太康貽戒昭公以不能馳驅被譏言文武之道須折衷也樞音謳集解劉攽曰註有才不能用案文才當作財夫樂而不荒憂而不困左傳曰吳季札聘於魯魯爲之歌頌季札曰樂而不荒爲之歌衛曰憂而不困先王所㠯平和府藏頤養精神致之無疆韓詩外傳曰人有五藏六府何謂五藏精藏於腎神藏於心魂藏於肝魄藏於肺志藏於脾此之謂五藏也何謂六府喉咽者量腸之府也胃者五谷之府也大腸者轉輸之府也小腸者受成之府也膽者積精之府也旁光者湊液之府也詩曰天生蒸民有物有則故戛擊鳴球載於虞謨吉日車攻序於周詩戛敔也音古八反形如伏獸背上有二十七刻以木長尺櫟之所以止樂擊柷也象桶中有椎柄連底撞之所以作樂見三禮圖球玉磬也虞謨舜典也詩小雅曰吉日維戊既伯既禱田車既好四牡孔阜又曰我車既攻我馬既同集解惠棟曰虞謨謂

虞書之皋陶謨也伏生尚書以益稷合於皋陶謨故馬鄭古文別有益稷篇孔平仲據融此頌遂以二典可以爲謨失之聖主賢君㠯增盛美豈徒爲奢淫而已哉伏見元年已來遭值尼運元年謂安帝即位年也尼運謂地震大水雨雹之類陛下戒懼災異躬自菲薄荒棄禁苑廢弛樂懸集解惠棟曰周禮大司樂弛懸鄭元曰弛釋下若今休兵鼓之爲勤憂潛思十有餘年㠯過禮數重㠯皇太后體唐堯親九族篤睦之德陛下履有虞烝烝之孝外舍諸家每有憂疾聖恩普勞遣使交錯稀有曠絕時時寧息又無㠯自娛樂殆非所㠯逢迎太和裨助萬福也臣愚㠯爲雖尚頗有蝗蟲今年五月㠯來雨露時澍祥應將至方涉冬節農事間隙宜幸廣成覽原隰觀宿麥勸收藏因講武校獵使寮庶百姓復覩羽旄之美聞鐘鼓之音歡欣喜樂鼓舞疆畔孟子對齊宣王曰今王鼓樂于此百姓聞王鐘鼓之聲舉欣欣然有喜色而相告曰吾王庶幾無疾病歟何以能鼓樂也今王田獵於此百姓見羽旄之美欣欣有喜色而相告曰吾王庶幾無疾病歟何以能田獵也此無宅與人同樂也集解劉攽曰注今王頗鼓樂案文多一頗字㠯迎和

氣招致休慶小臣螻蟻不勝區區〔集解〕惠棟曰廣雅云區區誠也職在書籍謹依
舊文重述蒐狩之義作頌一篇幷封上淺陋鄙薄不足觀省臣聞
昔命師於鞬櫜偃伯於靈臺或人嘉而稱焉鞬以藏箭櫜以藏弓鞬音紀言反櫜音高
禮記孔子曰武王克殷倒載干戈包以獸皮名之曰鞬櫜鄭注曰
鞬讀爲鍵音其蹇反謂藏閉之也此馬鄭異義司馬法曰櫜古者武
軍三年不興則凱樂凱歌偃伯靈臺苔人之勞告不興也偃休也
伯謂師節也靈臺望氣之臺也〔集解〕吳仁傑曰詩既伯既禱說文
禡字注以既伯爲既禡周官甸祝表貉杜子春讀貉爲百爾所思
之百云書或爲禡兵器也[illegible]然則伯
與貉與禡皆同百音實一而已古者兵祭必立表爲位兵不出則
偃之伯者表也章懷注謂伯爲師節特揣量云然其實周之罕旗
漢之靈旗則古所謂伯也沈欽韓曰毛傳伯馬祖也重物愼徵將
用馬力必先爲之禱其祖爾雅既伯既禱馬祭也又云是類是禡
師祭也皇矣傳於內曰類於野曰禡後鄭肆師注貉師祭也於所
立表之處爲師祭造軍法者其神蓋蚩尤[illegible]
駁[illegible]則伯乃馬祭禡是師祭或可以馬爲戎事所重禡可兼馬
祭言之說文之義自得通大司馬職虞人萊所田之野爲表百步
則一爲三表又五十步爲一表表者從南至北立竿以識車徒進
退之節禡祭既無壇埒故立表以指處亦猶禜祭以綿蕝爲之表
不可謂之禡猶綿蕝不可謂之禜也吳以伯爲表謬矣彼意以後
之禡丏卽是祭旗故以表爲旗然大司馬職云建旗於表之中則

表非旗明矣又以郊祀志中泰一鋒旗爲古之伯尤誕妄余謂毛
傳以伯爲馬祖則偃伯者息馬也師行受命於祖受成於學反釋
奠於學鄭駁五經異義云太學卽辟雍也靈臺辟雍同處在郊覩
禮讀其建櫜散馬云在靈臺故曰偃伯靈臺今文太誓武王伐紂
鼓鍾亟觀臺亟觀臺卽靈臺蓋天子諸侯
之異名耳先謙曰官本注鞬作建義作議彼固未識夫靁霆之爲
天常金革之作昏明也左傳鄭子太叔曰爲刑罰威獄以類天之震耀殺戮杜預注曰靁霆震耀天之威也
聖人作刑獄以象類之也又宋子罕曰兵之設久矣所以威不軌
而昭文德也聖人以興亂人以廢廢興存亡昏明之術皆兵之由
也〔集解〕惠棟曰明音謨郎反自黃炎之前傳道罔記三五巳來越可略聞且區
區之鄷郊猶廓七十里之囿盛春秋之苗鄷周文王所都孟子曰文王之囿方七十里爾
雅曰春獵爲蒐夏曰苗秋曰獮冬曰狩〔集解〕沈欽韓曰方言張小使大曰廓詩詠圃艸樂奏騶虞韓詩曰東
有圃艸駕言行狩毛詩曰彼茁者葭一發五豝于嗟乎騶虞毛萇
注云騶虞義獸也白虎黑文不食生物有至信之德則應之周禮
大司樂王大射則奏騶虞〔集解〕先謙曰官本圃作囿錢
大昕云圃常從閩本作圃詩東有甫艸鄭氏讀如圃是曰大漢
之初基也宅茲天邑總風雨之會交陰陽之和周禮曰風雨之所會也陰陽之所和
也乃建王國焉天邑謂洛陽也揆厥靈囿營于南郊揆度也詩大雅曰王在靈囿言作廣成苑以比之徒

觀其坰埸區宇恢胎曠蕩藐敻勿罔寥豁鬱泱藐音眇泱音烏郎反竝廣大貌也
騁望千里天與地莽于是周阹環瀆右釁三塗左槪嵩嶽阹音欺於反上
林賦曰江河爲阹郭璞注曰因山谷遮禽獸曰阹廣
雅曰釁視也音馬板反三塗山名在陸渾縣西南面據衡陰箕
背王屋浸以波溠貫以榮洛衡陰衡山之北山海經曰雉山澧水出焉東曰衡山多青雘地里志云雉
縣衡山澧水所出在今鄧州向城縣北王屋山在今王屋縣北周
禮曰豫州其浸波溠其川滎洛水經注云溠水出黃山在今隨州
棗陽縣東北又云波水出歇馬嶺卽應劭所謂孤山波水所出者
今在汝州魯山西北滎水在滎陽縣東是也〔集解〕惠棟曰顏籀云
波卽禹貢所云滎波既豬說文曰溠水在漢南荊州浸也春秋傳
曰修涂梁溠水經注曰溠水出隨縣西北黃山春秋除道梁溠軍
臨于隨謂此水也說文貫水脈行地中濆濆也从水貫聲淮南子
曰乃有八貫高誘曰貫猶遠也音貫沈欽韓曰明統志雉衡山在
南陽府城北七十五里波水出汝州魯山縣西南歇馬嶺下流入
汝一統志溠水今名扶恭河德安府志溠水出隨州西北百五十
里栲栳山東南合魯城河又合騶騎陂水又東逕安貴金山石林
鎮西入溳先謙曰箕其者山形如箕向前而背王屋也
殷起乎其中峩峩磑磑鏘鏘嶵嶵隆穹槃回嵎峗錯崔金山金門山也水經
注云在澠池縣南石林大石山也一名萬安山在河南郡境縛云
洛陽縣南大石山中有雜樹木有祠名大石祠山高二百丈也殷

音於謹反磑音五來反嶵音徂回反嵎音隅峗音魚軌反並高峻
貌〔集解〕沈欽韓曰元和志大石山在河南府潁陽縣西北四十五
里大石祠亦見魏志司馬芝傳神泉側出丹水涅池怪石浮磬燿焜于其陂爾雅曰氿
泉穴出穴出側出也丹水涅水在今鄧州怪石怪異好石似玉者
浮磬若泗水中石可以爲磬也燿焜光也〔集解〕沈欽韓曰明統志
丹水出陝西商縣竹山東流至鄧州內鄉
縣與淅水合涅水出鄧州東北流入湍其土毛則推牧薦草芳
茹甘茶毛草也左傳云楚芊尹無宇曰食土之毛誰非君臣推音角推牧未詳莊子曰麋鹿食薦一曰草稠曰薦茹推相
也爾雅曰茶苦菜也詩曰堇茶如飴亦甘也〔集解〕錢大昕曰推
蓋與萑同爾雅萑山韭是也牧苜蓿也沈欽韓曰說文萑草也詩
曰食鬱及萑李時珍本草郭璞作牧宿雚王禎謂其宿根自生可飼
牧牛馬也惠棟曰楚詞天問云中央共牧王逸云牧草名也岐首
之蛇所食管子八觀云薦草多衍則六畜易繁也注薦
茂草也說文云薦獸之所食草古者神人以薦遺黃帝茈萁芸蒩
昌本深蒲茈音紫萁音其爾雅曰綦月爾郭璞注曰卽紫綦也似蕨可食芸香草也說文云似苜蓿蒩音資都反廣雅曰
蒩蕰也其根似茅根可食昌本昌蒲根也深蒲謂蒲白生深水之
中〔集解〕惠棟曰廣雅云茈綦蕨也茈與紫通先謙曰官本蒲作蒲
是芝荋堇荁蘘荷芋蕖芝荋草也禮記曰芝栭菱棋荋音而堇茱花紫葉可食而滑荁音戶官反禮記曰堇
荁枌榆鄭注云荁堇類也蘘荷苗似薑根色紅紫似芙
蓉可食芋葉卽芋魁也一名蹲鴟大葉其根亦可食也桂荏鳧葵

格菲菹于爾雅曰蘇桂荏方言曰蘇亦荏也爾雅曰茆鳧葵葉圓似蓴生水中今俗名水葵爾雅曰茖山蔥格與落古字通菹音子閭反郎芭苴一名芭蕉于軒于也一名猶生於水中矣集解惠棟曰注巴苴軒于見子虛賦說文曰苴酢菜也其植物則玄林包竹藩陵蔽京珍林嘉樹建木叢生玄猶幽也包叢生也爾雅曰大阜曰陵絕高曰京藩亦蔽也建木長木也椿梧栝柏柜柳楓楊並木名也柜音矩楊協韻音以征反豐形對蔚崟領蔘爽並林木貌也對音徒對反崟音吟蔘音所金反爽協韻音生翕習春風含津吐榮鋪于布濩蘤扈蘳熒惡可殫形鋪音敷蘤音以揆反郭璞注爾雅云草木花初出爲笋與蘤通其字從唯本作從荏者誤也扈音戶蘳音胡瓦反字從圭並花葉貌本作蘳說文云蘳黃花也廣雅曰好色也熒光也惡何也音烏集解惠棟曰蘤扈猶荏蔰也淮南子曰荏蔰炫煌高誘曰荏蔰炫煌色貌荏音委蔰音戶說文曰蘤朵也从草唯聲蘳讀若壞周壽昌曰官本蘳正文與注俱作蘳似誤注明云字从圭則不應从主又注本作蘳無草頭也官本亦書作蘳尤誤毛本較明至于陽月陰慝害作百草畢落林衡戒田焚萊柞木爾雅曰十月爲陽孫炎注曰純陰用事嫌於無陽故以名云左傳曰唯正月之朔慝未作杜注云慝陰氣也害作言陰氣肅殺害於百草也周禮曰林衡掌巡林麓之禁令又曰牧師掌牧地凡田事贊焚萊除草也柞音士雅反邪斫木也周禮柞氏掌攻草木及林麓然後舉天網頓

八紘摯斂九藪之動物繯橐四野之飛征摯聚也音子由反周禮職方氏掌九藪揚州具區荊州雲夢豫州圃田青州孟諸兗州泰野雍州弦蒲幽州貕養冀州楊紆并州昭余祁鄭玄注云澤無水曰藪動物謂禽獸也繯音胡犬反又胡串反說文曰繯落也國語曰繯於山有罕賈逵注云繯還也橐囊也音託四野四方之野也飛征飛走也集解惠棟曰大戴禮四代篇云詩云東有開明於時雞三號以興庶虞庶虞動蜚征作嗇民執功百草咸淯鳩之乎茲囿之中山敦雲移羣鳴膠膠鄙駭譟讙子野聽聳離朱目眩隸首策亂陳子籌昬鳩聚也敦音屯亦積聚也鄙駭獸奮迅貌也鄙音普美反駭音侯韓詩曰駓駓俟俟或羣或友眩亂也叶韻音玄隸首黃帝時善算者也陳子陳平善於籌策也昬亂也言禽獸多不可算計集解錢大昕曰陳子古之善算者周髀經云榮方問于陳子是也章懷以爲陳平誤矣於是營囿恢廓充斥川谷罦罝羅羉彌綸阬澤皋牢陵山罦音浮雉網也罝兔罟也羉彘網也音力官反並見爾雅阬音苦庚反蒼頡篇曰阬壑也皋牢猶牢籠也孫卿子曰皋牢天下而制之若制子孫也諸本有作牢柵者非也集解惠棟曰皋牢今荀子王霸篇作睪牢註如薅蓼之薅睪與皋古字通鄭元儀禮注曰牢讀爲樓先謙曰官本皇作皋是校隊案部前後有屯甲乙相伍戊己爲堅周禮司馬職曰前後有屯甲乙謂相次也伍伍長也戊己居中爲中堅也集解惠棟曰鄭元鄉師注曰前後屯車徒異部也王彥賓云戊己土也屯田以耕土爲事故取爲名棟案堅中堅也漢有中堅將軍見杜茂傳袁宏紀陳俊將中堅士是也乘輿乃㠯吉月之陽朔登于疏鏤之金路六驌驦之玄龍建雄虹之旄夏揭鳴鳶之修橦陽朔十月朔也疏鏤謂雕鏤也周遷輿服雜記曰玉路重較也金路玉路形制如一六駕六馬也續漢志曰天子五路駕六馬驌驦馬名左傳云唐成公有兩驌驦馬周禮曰馬高八尺曰龍禮記曰孟冬乘玄輅駕鐵驪今此亦順冬氣而乘玄也郭璞注爾雅云虹雙出色鮮盛者爲雄左傳云舞師題以旌夏杜預注云旌夏大旌也揭舉也音渠列反禮記曰前有塵埃則載鳴鳶鳶鳴則風動故畫之於旌旗以候埃塵也橦者旗之竿也音直江反集解惠棟曰賈逵云色如霜紈馬融曰肅爽鴈也其羽如練高首修頸馬似之天下稀有故子常欲之論衡云師曠曰昔黃帝合鬼神於西大山之上駕象輿六元龍畢方並轄蚩尤居前曳長庚之飛髾載日月之太常棲招搖與玄弋注枉矢于天狼長庚即太白星髾音所交反即旗旒所垂之羽毛也太常天子所建大旗也畫之日月周禮曰日月爲常招搖玄弋天狼並星名也枉矢妖星蛇行有尾目赤畫于旗也集解劉攽曰案妖星可見尾目而已又言其赤非也赤當作亦上文大常畫日月故云亦畫也惠棟曰大人賦云摲彗星而爲髾張揖曰髾燕尾也摲彗星綴著旄以爲燕尾也羽毛紛其髟颷揚金鍐而拖玉瓖髟颷羽旄飛揚貌也髟音必由反颷音羊救反蔡邕獨斷曰金鍐者馬冠也高廣各四寸

在馬鬉前鍐音無犯反一音子公反瓖馬帶以玉飾之音襄集解惠棟曰服虔通俗文云髮垂而髟說文曰白髮雜而髟字林亦同音匹料切屯田車于平原播同徒于高岡旃旝摻其如林錯五色㠯摛光詩小雅曰我車既好又曰射夫既同言徒眾齊同也旝亦旗也音古會反左傳曰旝動而鼓摻音所今反與森字同集解劉攽曰注我車既好案我當作田錢大昕曰說文旝建大木置石其上發以機以追敵也詩曰其旝如林李長所見本與叔重同惠士奇曰周禮稍人職云若有會同師田行役之事則以縣師之法作其同徒輂輦注云同徒司馬所調之同凡用役者不必一時皆徧以人數調之使勞逸遞焉惠棟曰說文云旃旗曲柄也春秋傳曰旝動而鼓詩曰其旝如林棟案說文所引詩蓋據齊魯韓三家也今詩作會清氛埃埽野場誓六師搜儁良野場謂除其艸萊令得驅馳也左傳曰天子六軍儁良馬之善者司徒勒卒司馬平行車攻馬同教達戒通周禮曰司徒若將有軍旅會同田役之戒則受法於司馬以作其眾又曰司馬符田以旗爲左右和之門前後有屯百步有司巡其前後鄭注云正其士之行列詩小雅曰我車既攻我馬既同毛萇注曰攻堅也同齊也戎車齊力尚强也田獵齊足尚疾也集解惠士奇曰周禮遂大夫職曰以四達戒其功事伐咎鼓撞華鍾獵徒縱赴榛叢咎鼓大鼓也音公刀反周禮咎鼓長尋有四尺微嫿霍奕別鶩分奔騷擾聿皇往來交舛紛紛回回南北東西嫿音呼獲反莁

奔馳貌風行雲轉匈磕隱訇黃塵勃滃闇若霧昏磕音苦蓋反訇音火宏反竝聲也滃
音烏童反集解惠棟曰磕曹憲音苦代切日月為之籠光列宿為之翳昧僄狡課才勁
勇程氣僄狡勇捷僄匹妙反狗馬爭逐鷹鸇競鶩驍騎旁佐輕車橫厲相與
陸梁聿皇于中原絹猑䝞鏦特肩脰完羝搗介鮮散毛族梏羽羣
絹繫也與罥通音工犬反猑䝞野馬也爾雅曰猑䝞硏善升甗猑音昆鏦猶撞也揚雄方言曰吳楚之間或謂矛為鏦音楚江反韓
詩齊風曰竝驅從兩肩兮薛君傳曰獸三歲曰肩脰頸也謂中其頭也脰音豆完羝野羊也臣賢案字書作羦音戶官反與完通梏
音諸家竝古酷反案字書梏從手即古文攪字謂攪擾也集解惠棟曰類篇云羦山羊細角者然後飛鋋電激流
矢雨墜各指所質不期俱殪竄伏扔輪發作梧轊鋋矛也周禮曰王弓以授射甲
革椹質者鄭玄云質正也正音征扔音人證反聲類曰扔摧也言為輪所摧也梧支梧也音俉謂支著車也轊車軸頭也音衛謂車
軸轥而殺之集解惠棟曰廣雅云扔引也音仍殺殳狂擊頭陷顱碎獸不得猭禽不得瞥
殺亦殳也音丁外反顱額也音盧猭走也音丑戀反瞥視也協韻音疋例反殳音殊集解惠棟曰李善云張揖埤蒼曰猭逃也字書
曰猭豫獸逃走也或夷由未殊顛狽頓躓蝡蝡蟫蟫充衢塞隧葩華蹸布

不可勝計夷由不行也楚辭曰君不行兮夷由未殊謂未死蝡音而兗反說文曰動也蟫音似林反亦動貌也集解惠棟
曰左思吳都賦曰輕禽狡獸周章夷猶由與猶古字通廣雅曰殊斷也又曰蝡音軟淮南子曰蠉飛蝡動若夫鷙獸毅
蟲倨牙黔口大匈哨後緼巡歐紆負隅依阻莫敢嬰禦爾雅曰駮如馬倨牙
食虎豹黔黑也周禮考工記曰大匈燿後有力而不能走鄭玄注曰燿讀曰哨哨小也音稍緼巡竝行貌也緼音於粉反孟子曰有
眾逐虎虎負隅莫之敢攖攖迫也禦扞也乃使鄭叔晉婦之徒睽孤刲刺裸裎袒裼鄭叔
鄭莊公弟太叔段也詩鄭風曰大叔于田乘乘馬襢裼暴虎獻于公所孟子曰晉人有馮婦者善搏虎攘臂下車眾皆悅之睽離也
孤獨也謂挺身刺獸刲亦刺也音苦圭反爾雅曰袒裼肉袒也孟子曰袒裼裸裎於我側說文曰裎裸也其字从衣集解惠棟曰廣
雅云刲屠也刳也冒櫟柘搓棘枳窮浚谷底幽嶰暴斥虎搏狂兕獄齧熊
抾封狶爾雅曰櫟山桑也音一桼反搓斫也音仕雅反嶰謂山澗也蒼頡篇曰斥大也齧亦狂也音吉曳反說文曰兕似野
牛而青色抾音劫古字通封大也狶猪也虛起反集解惠棟曰搓當作槎說文曰衺斫莊下反廣雅曰搏捕也齧熊猶噬熊也易林
曰前有噬熊後有齧虎丁度云抾持也或作挒錢大昕曰齧當作猘或輕訬趬悍廋疏嶁領犯歷嵩
巒陵喬松履修樠踔攳枝杪標端尾蒼蜼掎玄猨木產盡寓屬單

訬輕捷也音初稍反趬音丘昭反說文曰趬行輕貌廋疏猶搜索也廋音所由反字林曰嶁山巔也音力于反爾雅曰山大而高曰
嵩山小而高銳曰巒樠音莫寒反踔跳也音敕教反攳音尋謂長枝也杪音亡小反標音必遙反竝木末也蜼音以藥反爾雅曰蜼
卬鼻而長尾郭璞注曰似獼猴而大黃黑色尾長數尺末有兩歧雨則自懸於樹以尾塞鼻零陵南康人呼之音餘建平人呼之音
相贈遺之遺也又音余救反皆土俗輕重不同耳掎音居蟻反說文曰偏引一足也木產謂巢棲之類也寓屬謂穴居之屬也集解
惠棟曰趙充國傳云合疏捕山間虜蘇林云疏搜索也廋與搜通左傳云楚武王卒於樠木之下杜預云樠木之名說文云樠松心
木方言云木細枝謂之杪郭璞云言杪梢也寓屬謂蜼猨之類也爾雅釋獸有寓屬蜼猨皆寄寓木上故云寓屬注以為穴居之屬
非是罕罔合部罾弋同曲類行竝驅星布麗屬曹伍相保各有分局
罕亦網也相如上林賦曰載雲罕續漢志曰將軍有部部下有曲罾魚網也音增弋繳射也分音扶問反集解惠棟曰類行見易竝
驅見詩麗屬猶麗矚也屬與矚同矰碆飛流纖羅絡縸遊雉羣驚晨鳧輩作翬然
雲起雪爾雹落矰弋矢也碆與磻同音補何反又補佐反說文曰以石著隿繳也絡縸張羅貌也縸與幕通翬飛也
音揮雪音素洽反廣雅曰雪雨也言鳥中繳如雹之落集解惠棟曰翬作同作也漢時語亦見鄭氏周禮注爾乃藐觀
高蹈改乘回轅泝恢方撫馮夷策句芒超荒忽出重陽厲雲漢橫

天潢藐遠也音名小反田獵既罷故改乘回轅也左傳曰改乘轅而北之泝上也恢大也馮夷河伯也句芒東方之神也荒忽
幽遠也重陽天也雲漢天河也天潢星也集解惠棟曰高蹈猶企足也左傳曰使我高蹈導鬼區徑神場詔靈
保召方相驅厲疫走蜮祥靈保神巫也楚詞九歌曰思靈保兮賢姱周禮方相氏掌執戈揚楯帥百隸以
毆疫洪範五行傳曰蜮射人生於南越謂之短狐詩蟲魚疏曰一名射景如鼈三足今俗謂之水弩也集解劉攽曰正文案導當作
道捎罔兩拂游光枷天狗緤墳羊捎音所交反鄭玄注周禮曰捎除也國語曰木石之怪曰夔罔
兩游光神也兄弟八人天狗星名也春秋元命包曰天狗主守財緤繫也音息列反墳羊土之怪其形似羊見家語集解惠棟曰風
俗通云夏至著五綵辟兵題曰游光屬鬼知其名者無溫疾禮說云枷說文作迦三秦記云麗山上有白鹿原原有狗枷堡秦襄公
時天狗來下有賊則吠之一堡無患於是有狗枷之名然後緩節舒容裴回安步降集波籞
川衡澤虞矢魚陳罟波籞池籞也前書音義曰籞在池中作室可用棲鳥入則捕之又曰折竹以繩綿連禁禦
使人不得往來也周禮川衡掌川澤之禁令澤虞掌國澤之政令也左傳曰魯隱公矢魚于棠矢亦陳也國語曰魯宣公夏濫罟於
泗川里革斷其罟而弃之曰古者大寒降水虞於是登川禽而嘗之於廟行諸國助宣氣也今魚方孕又行罟貪無藝也公曰吾之
過也籞音圉茲飛宿沙田開古蠱音冶翬終葵揚關斧刊重冰撥蟄戶測

潛鱗踵介旅茲飛郎佽飛也呂氏春秋曰荆人佽飛涉江中流兩
蛟繞其船佽飛拔劒赴江刺蛟殺之魯連子曰古善
漁者宿沙渠子使漁山側雖十宿沙子不得魚焉宿沙非闇於漁
道也彼山者非漁之所生也晏子春秋曰公孫捷田開疆古冶子
事景公以勇晏子勸公餽之二桃曰計功而食之公孫捷曰捷持
楯而再搏乳虎若捷之功可以食桃田開疆曰吾仗兵而禦三軍
者再可以食桃古冶子曰吾嘗濟河黿銜左驂以入砥柱之流吾
逆而百步順流九里得黿頭鶴躍而出可以食桃矣二子皆反其
桃契領而死古冶子曰二子死之吾獨生不仁亦契領而死蠱與
冶通暈亦揮也廣雅曰終葵椎也闗斧斧名也刊除也踵猶尋也
介謂鱗蟲之屬也旅衆也集解劉攽曰注公孫捷持楯而再搏乳
虎案如下文則此少曰吾二字惠棟曰案今廣雅作揬揆方言云
齊人謂椎爲終葵顧炎武云古人以椎逐鬼若大儺之爲耳周禮
考工記云車人爲車柯長三尺五分其長以其一爲之首鄭元云
首六寸謂今剛闗頭斧賈公彥疏云漢
時斧近刃皆以剛鐵爲之又以柄闗孔逆獺㵄瀨濟薄汾撓淪滅
潭淵左挈夔龍右提蛟鼉春獻王鮪夏薦鼈黿濟音蒲艮反撓奴
教反竝入水貌也
淪滅謂沒於水中也鼉音壇鮪鱣屬也大者爲王鮪小者爲叔鮪
禮記季春之月天子始乘舟薦鮪於寢廟季夏之月令漁師取黿
也集解惠棟曰鼉音徒官反相如
子虛賦亦以黿鼉爲一韻也於是流覽徧照殫變極態上下究
竟山谷蕭條原野寥愀上無飛鳥下無走獸虞人植旍獵者效具

車弊田罷旋入禁囿流覽謂周流觀覽也周禮曰植虞旌以屬禽
鄭注曰植猶樹也田上樹旗令獲者皆致其
禽也又曰車弊獻禽以享礿注曰車弊車止也寥音力救反愀音
七救反亦蕭條貌也集解惠棟曰淮南子云劉覽偏照高誘曰劉
猶留連之留
劉覽囘觀也棲遲乎昭明之觀休息乎高光之榭以臨乎宏池宏
大
也集解惠棟曰李巡爾雅注
云但有大殿無室名曰榭鎮以瑤臺純以金堤樹以蒲柳被以
綠莎瀵瀁沆漭錯紾槃委天地虹洞固無端涯大明生東月朔西
陂純緣也音之尹反蒲亦柳也瀵音胡廣反瀁音養沆音胡朗反
漭音莽竝水貌也錯紾交結也紾音之忍反委音於危反虹洞
相連也虹音胡貢反朔生也禮記曰大明生於東月生於西鄭注
曰大明日也言池水廣大日月出於其中也集解錢大昕曰虹洞
與鴻絧同惠棟曰淮南子云水靡濫振蕩與
天地鴻洞高誘云鴻大也洞通也音贛同乃命壺涿驅水蠱逐
罔蛧滅短狐簎鯨鯢周禮壺涿氏掌除水蟲涿音丁角反蠱音公
戶反罔謂罔兩也蛧龍屬短狐卽蜮也簎音
七亦反說文曰刺也周禮鼈人掌以時簎魚
鼈黿蜃鄭衆注云簎謂以杖刺泥中搏取之然後方餘皇連舼舟
張雲帆施蜺幬靡颸風陵迅流發櫂歌縱水謳淫魚出蓍蔡浮湘
靈下漢女游方猶竝也餘皇吳之船名也見左傳舼小舟也音渠
恭反淮南子曰越舼蜀艇不能無水而浮帆音凡幬

帳也音直由反颸疾風也音楚疑反武帝秋風詞曰簫鼓鳴兮發
櫂歌劉向列女傳曰津吏之女中流奏河激之歌韓詩外傳曰孤
巴鼓琴淫魚出聽淮南子曰上有叢蓍下有伏龜論語曰臧文仲
居蔡注云龜出蔡地故以爲名也湘靈舜妃溺於湘水爲湘夫人
也見楚詞漢女漢水之神女詩云漢有游女
集解惠棟曰廣韻引韓詩曰櫂歌巴人歌也水禽鴻鵠鴛鴦鷗鷖
鶬鴰鸕鷁鷺鴈鷿鷉乃安斯寢戢翮其涯鴛鴦匹鳥也鷗白鷗也
鷖鳧屬也爾雅曰鶬麋
鴰今謂之鴰鹿也鴰音括鸕鷀也楊孚異物志云能沒於深水
取魚而食之不生卵而孕雛於池澤閒既胎而又吐生多者生八
九少者生五六相連而出若絲緒焉水鳥而巢高樹之上鶂白鶂
也鷺白鷺也鷺音步歷反鷉音梯楊雄方言曰野鳧也甚小好沒
水中膏可以瑩刀劍寢宿也魴鱮鱏鯿鰋鱧鱨鯋樂我純德騰踊
詩曰乃安斯寢涯水濱也
相隨雖靈沼之白鳥孟津之躍魚方斯蔑矣鱮音緒似魴而弱鱗
鱏音徐林反口在頷
下大者長七八尺鯿音卑連反魴之類也鰋音匽今鰋額白魚也
鱨音嘗詩蟲魚疏曰今黃頰魚也鯋音沙或作鯊郭義恭廣志曰
吹沙魚大如指沙中行詩大雅曰王在靈沼於牣魚躍鄭玄注云
靈沼之水魚盈滿其中也皆以跳躍又曰白鳥翯翯翯肥澤也翯
音學言竝得其所也尚書中候曰武王渡孟津白
魚躍入于王舟中也集解惠棟曰隨音句禾反
簫韎陳於方策豈不哀哉伶樂官也詩國風序曰衞之賢者仕於
伶官禮記曰文武之道布在方策又曰

百名以上書之於策不滿百名書之於方鄭注云方板也集解何
焯曰伶簫出魯語惠棟曰案魯語叔孫穆子曰今伶簫詠歌及鹿
鳴之三韋昭云伶伶人簫樂器言樂
人以簫作此三篇之聲與歌者相應於是宗廟既享庖廚既充車
馬既簡器械既攻禮記曰天子歲三田一爲乾
豆二爲賓客三爲充君之庖然後擺牲班禽淤
賜犒功羣師疊伍伯校千重山罍常滿房俎無空廣雅曰擺開也
字書擺亦捭字
也音步買反班固西都賦曰置互擺牲班布也淤與飫同左傳曰
加饍則飫賜犒勞也山罍畫爲山文禮記曰山罍夏后氏之樽也
又曰周以房俎鄭玄注云房謂足下跗也
有似於堂房也集解惠棟曰淤類篇作飫酒正案隊膳夫巡行清
醪車湊燔炙騎將鼓駭舉爵鐘鳴既觴周禮酒正中士辯五齊之
名三酒之物膳夫上士掌
王之食飲膳羞說文曰醪汁滓酒也大雅曰或燔或炙將行也既
盡也流俗本爵字作爵既字作暨皆誤也集解惠棟曰古人皆以
車騎行酒肉王充論
衡云車行酒騎行炙若乃陽阿衰斐之晉制闔鼉華羽之南音淮南
子曰歌采菱發陽阿禮記曰嘽諧慢易之音作而
人康樂鶡冠子曰南方萬物華羽焉故以謂羽也所以洞蕩匈臆
發明耳目疏越蘊慉駭洞底伏越散也蘊慉猶積聚也慉與畜通
侗音洞底伏猶滯伏也呂氏春秋
曰昔陰康氏之始陰多滯伏湛積故作爲舞以宣導之此言作樂
亦以疏散滯伏之象集解錢大昕曰春秋傳物乃坻伏鬱湮不育

注坻止也坻與底同鍠鍠鎗鎗奏於農郊大路之衢與百姓樂之鍠鍠鎗鎗鐘鼓之聲
也鍠音橫鎗音側庚反孟子謂齊宣王曰今王與百姓同其樂則王矣農郊田野也是以明德燿乎中夏威
靈暢乎四荒東鄰浮巨海而入享西旅越葱嶺而來王南徼因九
譯而致貢朔狄屬象胥而來同入享謂來助祭也孔安國注尚書曰西旅西戎遠國也葱嶺西域山
也西河舊事曰嶺上多葱因以名焉徼塞之道也九譯謂九重譯語而通中國也尚書大傳曰周成王時越裳氏重九譯而貢白雉
朔狄北狄也周禮象胥掌蠻夷戎翟之國使傳王之言而論說焉以和親之鄭注云通夷狄之言者曰象胥其有才智者也此類之
本名東方曰寄南方曰象西方曰狄鞮北方曰譯此官正爲象者周始有南越重譯來貢獻是以名通言語之官爲象胥胥音諝集
解劉攽曰注名通言語之官爲象胥案文當作通名謂總稱言語之官爲象胥也惠棟曰東鄰東夷也古文作叩安平相孫根碑云
至于東叩大虐班固幽通賦云東厶虐而殲仁注云古鄰字蓋安不忘危治不忘亂道在乎茲
斯固帝王之所以曜神武而折遐衝者也晏子春秋曰晉平公欲攻齊使范昭觀焉景公
觴之范昭曰願請君之弃酌景公曰諾范昭已飲晏子命徹尊更之范昭歸以報晉平公曰齊未可伐也吾欲慙其君而晏子知之
仲尼聞之曰起於尊俎之閒而折衝千里之外方今大漢收功於道德之林致獲於仁義

之淵忽蒐狩之禮闕槃虞之佃槃樂也虞與娛同闇昧不覩日月之光聾
昏不聞雷霆之震于今十二年爲日久矣亦方將刊禁臺之祕藏
發天府之官常由質要之故業率典刑之舊章周禮八法四曰官常以聽官理天府
掌祖廟之守藏與其禁令察羣吏之理左傳云晉趙盾爲國政由質要杜預注曰由用也質要契券也刑音苦寒反采清原
嘉岐陽登俊桀命賢良舉淹滯拔幽荒清原地在河東聞喜縣北左傳曰晉蒐于清原作五
軍又楚椒舉曰周武有孟津之誓成有岐陽之蒐禮記月令孟夏令大尉贊桀俊遂賢良左傳楚平王詰姦慝舉淹滯杜預注云淹
滯有才德而未敘者也察淫侈之華譽顧介特之實功聘畎畝之羣雅宗重
淵之潛龍華譽虛譽也介特謂孤介特立也畎畝謂隱於隴畝之中也司馬相如上林賦曰掩羣雅音義云謂大雅小雅
之人也潛龍喻賢人隱也集解惠棟曰昭十四年傳收介特杜氏以爲單身民非馬義也乃儲精山藪歷思河
澤目矖鼎俎耳聽康衢營傅說於胥靡求伊尹於庖廚索膠鬲於
魚鹽聽甯戚於大車矖視也音所解反鼎俎謂伊尹負鼎以干湯也墨子曰湯舉伊尹於庖廚之中康衢謂甯
戚也說苑曰甯戚飯牛於康衢擊車輻而歌碩鼠傳說代胥靡刑人築於傅巖之野高宗夢得之孟子曰膠鬲舉於魚鹽也俾

之昌言而宏議軼越三家馳騁五帝悉覽休祥總括羣瑞俾使也昌當也
宏大也前書楊雄曰宏言崇議軼過也三家三皇也遂棲鳳皇於高梧宿麒麟於西園納僬
僥之珍羽受王母之白環韓詩外傳曰黃帝時鳳皇止帝東園集帝梧桐食帝竹實尚書中候曰黃帝時
麒麟在園帝王記曰堯時僬僥氏來貢沒羽西王母慕舜之德來獻白環永逍遙乎宇內與二儀乎無
疆貳造化於后土參神施於昊乾超特達而無儔煥巍巍而無原
論語孔子曰堯之爲君煥乎其有文章巍巍乎其有成功豐千億之子孫歷萬載而永延詩大雅曰
天錫百祿子孫千億也禮樂既闋北蘱反旆至自新城背伊闕反洛京闋止也音
苦穴反新城縣屬河南郡今伊闕縣頌奏忤鄧氏滯於東觀十年不得調因兄子喪
自劾歸融集云時兄佽子在融舍物故融因是自劾而歸集解惠棟曰鄧氏謂太后也案鄧騭傳云騭子鳳嘗與尚書郎張
龕書屬郎中馬融宜在臺閣又中郎將任尚嘗遺鳳馬後鳳懼事泄先自首於騭騭遂髡妻及鳳以謝云云則融以請託事泄故十
年不調不必因奏頌爲忤鄧氏也史官因融自序而作傳非實錄矣佽馬嚴第二子也見世系太后聞之怒謂融
羞薄詔除欲仕州郡遂令禁錮之融集云時左將奏融道兄子喪自劾而歸離署當免官制曰融

典校祕書不推忠盡節而羞薄詔除希望欲仕州郡免官勿罪禁錮六年矣太后崩安帝親政召還郎
署復在講部出爲河閒王廄長史時車駕東巡岱宗延光三年集解劉攽曰正
文廄長史案廄長自是官名後人不知妄加史字融上東巡頌集解沈欽韓曰藝文類聚有融東巡頌帝奇
其文召拜郎中及北鄉侯即位融移病去爲郡功曹陽嘉二年詔
舉郭樸集解先謙曰官本郭作敦是城門校尉岑起舉融徵詣公車對策拜議
郎續漢書曰融對策於北宮端門集解惠棟曰前書公孫宏傳乃移病免歸師古曰移病謂移書言病一曰以病移居續漢志曰
延光四年三月戊午朔日有食之劉昭案融集時融爲許令自縣上書曰乃者茀氣干參臣前得敦朴之人後三年二月對策端門
以爲參者西方之位其於分野并州是也殆謂西戎北狄其後種羌叛戾烏桓犯上郡并涼動兵驗略效矣今復見大異申誡重譴
云云是則端門對策在延光四年以前傳及注皆謂陽嘉二年以後事所未詳也沈欽韓曰袁紀載融策大將軍梁商
表爲從事中郎轉武都太守時西羌反叛征西將軍馬賢與護羌
校尉胡疇征之而稽久不進融知其將敗上疏乞自效曰今雜種
諸羌轉相鈔盜宜及其未并亟遣深入破其支黨集解通鑑胡注并合也及其勢

未合而攻其支黨王幼學云支猶枝也師古曰謂其黨與之分散如木之有枝故曰支黨而馬賢等處處留滯羌胡百里望塵千里聽聲集解沈欽韓曰御覽三十七兵書曰名將望塵知馬步之多少也北齊書斛律金傳金行兵用匈奴法望塵識馬步多少嗅地知軍度遠近今逃匿避回集解通鑑胡注回胡對反繞也曲也王幼學曰前書王溫舒傳郎有避回注謂不盡意捕擊盜賊也漏出其後集解惠棟曰王幼學云謂脫漏在人之後則必侵寇三輔爲民大害臣願請賢所不可用關東兵五千裁假部隊之號盡力率厲埋根行道目先吏士埋根言不退集解惠棟曰左傳云塞井夷竈而疏行首王幼學云行首行伍也胡注先悉薦反先謙曰官本行道作行首是孫子九地篇方馬埋輪注方馬縛馬埋輪持不動也即此埋根之意三旬之中必克破之臣少習學藝不更武職猥陳此言必受誣罔之辜昔毛遂厮養爲衆所蚩終目一言克定從要毛遂趙平原君趙勝客也居門下三年時平原將與楚合從以毛遂備二十人數其十九人相與笑之比至楚毛遂果按劒與楚定從楚立發兵救趙事見史記厮養賤人也臣懼賢等專守一城言攻於西而羌出於東且其將士必有高克潰叛之變左傳曰鄭使高克率師次於河上久而不召師潰而歸高克奔陳集解王補曰袁紀載此疏與

傳多異又御覽七百六十一七百八所引並出本傳及袁紀之外朝廷不能用又陳星孛參畢參西方之宿畢爲邊兵至於分野幷州是也參在申爲晉分幷州之地西戎北狄殆將起乎宜備二方尋而隴西羌反烏桓寇上郡皆卒如融言三遷桓帝時爲南郡太守集解惠棟曰商芸小說云融歷二郡兩縣政務無爲事從其約在武都七年南郡四年未嘗案論刑殺一人先是融有事忤大將軍梁冀旨集解惠棟曰梁冀傳云南郡太守馬融初除過詣梁不疑冀諷州郡以他事陷之冀諷有司奏融在郡貪濁集解惠棟曰三輔決錄注云融爲南郡太守二府以融在郡貪濁受主記掾岐肅錢四十萬融子強又受吏白向錢六十萬布三百匹以肅爲孝廉向爲主簿免官髡徙朔方自刺不死得赦還復拜議郎重在東觀著述目病去官融才高博洽爲世通儒施養諸生常有千數涿郡盧植北海鄭玄皆其徒也善鼓琹好吹笛集解沈欽韓曰融集云融性好音律鼓琴吹笛獨臥郿平陽塢中有雒客舍逆旅吹笛爲氣出精列相和融去京師逾年暫聞甚悲而樂之作長笛賦達生任性不拘儒者之節居宇器服多存侈飾常坐高堂施絳紗帳前授生徒後列女樂弟子

目次相傳鮮有入其室者嘗欲訓左氏春秋及見賈逵鄭衆注乃曰賈君精而不博鄭君博而不精既精既博吾何加焉但著三傳異同說注孝經集解惠棟曰經籍志云梁有融注孝經二卷陸德明云融作古文孝經傳而世不傳論語集解惠棟曰何晏論語序云順帝時南郡太守馬融亦爲之訓說詩易集解惠棟曰經籍志云梁有融注毛詩十卷周易一卷三禮集解惠棟曰經籍志云梁有融注周官禮十二卷喪服經傳注一卷融周官傳敘云吾六十爲武都守郡小少事乃述生平之志著易尚書詩禮傳皆訖惟念前業未畢者惟周官年六十有六目瞑意倦自力補之謂之周官傳也孔穎達云馬融爲周禮注欲省學者兩讀故具載本文後漢以來始就經爲注尚書集解惠棟曰經籍志云融注尚書十一卷列女傳老子淮南子離騷所著賦頌碑誄書記表奏七言琹歌集解惠棟曰案董仲舒集有七言琹歌二首對策遺令凡二十一篇集解惠棟曰經籍志云融集九卷案今有馬融忠經一卷宋蓺文志著於錄而融傳不載其書間引晉世後出古文融東漢人何緣知晉以後書案其文亦不類也初融懲於鄧氏不敢復違忤埶家遂爲梁冀艸奏李固集解王補曰袁紀從事中郎馬融主爲冀作章表長史吳祐謂融曰李公之罪成於卿手李公若誅卿何面目示天下人通鑑從之又作大將軍西第頌目此頗爲正直所羞集解王補曰馬融儒之通經而無節概者一忤權貴倡披無似傳末總敘性行著述足當實錄其特

月敘誣奏李固與頌西第正史法所在垂戒深矣穀梁子言春秋之義有不待貶絕而罪惡見者此類是也史記平津叔孫前書張禹孔光悉得此旨范氏所以追蹤馬班者正賴有胡廣馬融等傳耳王鳴盛顧謂其敘事顛倒錯雜眩目蓋瞽說也年八十八延熹九年卒于家遺令薄葬集解惠棟曰樂史云融冢在齊州臨縣一里一百七十步融爲郡太守卒葬於此晏殊云融墓在漢州什邡縣西二十里融爲南郡太守死葬於此有碑字已磨滅族孫日磾獻帝時位至太傅三輔決錄注云日磾字翁叔集解錢大昕曰三輔決錄云馬融族子見袁紹融傳注孔惠棟曰決錄注云日磾少傳融業以才學進與楊彪盧植蔡邕典校中書歷位九卿遂登台輔

論曰馬融辭命鄧氏逡巡隴漢之間將有意於居貞乎隴漢之間謂客於漢陽時易屯卦初九曰磐桓利居貞既而羞曲士之節惜不貲之軀孔子曰曲士不可語於道者束於教也集解惠棟曰即融所云以曲俗咫尺之羞滅無貲之軀殆非老莊所謂也蔚宗意謂融節不終實兆於此前書蓋寬饒傳云用不訾之軀師古曰訾與貲同不貲者言無貲量可以比之貴重之極也終目奢樂恣性黨附成譏固知識能匡欲者鮮矣識性也匡正也集解蘇輿曰言融無定識以正其私欲也識不當訓性融委曲梁鄧卒以

見忤滯斥徙辱其身而已夫事苦則矜全之情薄生厚故安存之慮深老子曰人之輕死者以其求生生之厚也是以輕死登高不懼者胥靡之人也前書音義曰胥相也靡隨也謂相隨受刑之人也莊子曰胥靡登高也不懼遺死生也此爲矜全之情薄也集解劉攽曰注胥靡登高也案文多也字坐不垂堂者千金之子也前書鼂錯曰千金之子坐不垂堂此爲安存之慮深也原其大略歸於所安而已矣物我異觀亦更相笑也

五十上終

後漢書集解卷六十上校補

馬融傳將作大將嚴之子柳從辰曰東觀記融嚴第五子也

拜爲校書郎中集解洪頤煊曰至並不稱校書郎案宋懂傳郎作校書郎蓋中郎侍郎郎中通謂之三署郎校書郎中本可省稱校書郎猶尚書僕射之省稱尚書耳不必如衆漢書說也洪氏殆偶有未照

無或可廢注誰能去兵官本注末有也字

先王所㠯平和府藏注胃者五谷之府也官本谷作穀案谷穀古通作

臣聞昔命師於鞬櫜注鄭注曰官本注曰作云

彼固未識靁霆之爲天常注聖人作刑獄以象類之也官本注無也字

蘋蕢勿罔寥豁鬱泱注竝廣大貌也官本注無也字

神泉側出注洸泉冗出冗出側出也洸當作氿从九官本注亦誤冗當作宂从宀官本注不誤

茈其芸蒩昌本深蒱蒱通蒲注蒩音資都反官本注都上衍云字

蘘荷芋蕖蕖官本文注皆作渠是

格韭菹于注生於水中矣官本注矣作涘是

揫斂九藪之動物注揫聚也錢大昭曰說文揫束也詩曰百祿是揫音子由反官本注無音字

於是營圍恢廓官本是作時恢誤烣

皇牢陵山集解先謙曰官本皇作皋是錢大昭曰閩本作皋

登于疏鏤之金路注玉路重較也官本注較作輅是

載日月之太常注周禮曰日月爲常官本注曰作云

司馬平行車攻馬同注司馬符田符當作狩官本注不誤毛萇注曰官本注曰作云

黃塵勃滃注滃音烏童反官本注童作董是柳從辰曰滃渤霧出皃勃同渤

狗馬爭逐官本爭作角非

顛狽頓躓官本狽作狽是案一切經音義十五引聲類云狽跟顛跟也是其字本从足已詳任光傳

廋疏嶁領注字林曰嶁山巔也音力于反案力于之音爲弗曳弗婁之婁古从婁之字虞

九並叶故樓亦可叶敷饑黜詘東孟子方寸之木可使高於岑樓趙注岑樓山之銳巔嶁義正同

雲霧雹落注如雹之落官本注雹作雨

降集波籞注折竹以繩綿遶禁籞官本注折作拆

茲飛宿沙田開古蠱注音冶案二字當係融集舊音章懷因而存之故與下注文別也錢大昭氏嘗疑古蠱爲蠱冶之誤此不然張衡傳咸姣麗以蠱媚兮注亦云蠱音野野冶古通作 彼山者非漁之所生也官本注漁作魚是 田開疆官本注疆作彊 吾仗兵而禦三軍官本注無而字 逆而百步而亦流字之譌 集解劉攽曰案劉上脫先謙曰官本注無曰捷二字故凡十二字

逐罔螭注螭龍屬官本注屬作也非

鷗鷺鶬鴰注鷗白鷗也官本注鷗作鷗案白鷗非卽鷗也鷗性閒而色白故一名白鷗 今謂之鴰鹿也鴰音括官本注無也鴰二字 既胎而又吐生官本注吐作哇

靈沼之白鳥注翯音學官本注無翯字

然後擺牲班禽至房俎無空注擺開也官本擺作捭 字書擺亦捭字也

官本注亦捭作布 有似於堂房也官本注也作矣

鼓駭舉爵鐘鳴既觴注皆誤也官本注末無也字

若乃陽阿衰斐之晉制闡鼉華羽之南音案衰斐闡鼉未有能究其說者疑皆誤文也淮南子亦云奏雅樂者始於陽阿采菱衰斐當卽采菱二字形近之誤故注卽以采菱說之又融長笛賦從容闡緩文選李注亦云闡開也漢書曰闡諧慢易之音作闡嘽通作融固如此班志已然鼉一作鼃卽古哇字淫鼃之音不當入頌明卽諧字轉寫之誤鼃形近諧相亂故注卽以嘽諧說之唐本必仍不誤否則章懷注例於傳文不得其解者必曰未詳何至郢書燕說若是之謬耶今融集亦出後人裒輯不免沿誤

東鄰浮巨海而入享注入享謂來助祭也官本注無謂字

遂棲鳳皇於高梧至受王母之白環注鳳皇止帝東園官本注止誤上來

獻白環官本注末有也字

至自新城注新域縣屬河南郡今伊闕縣地詳靈紀

遂令禁錮之注時左將奏融道兒子喪道當作遭官本注不誤案左將亦左中郎將之省稱

融官盩本左署郎中也

帝奇其文侯康曰融集載東巡頌云允迪在昔紹烈陶唐殷天衷克揺光若時則運璣衡敷六典經八成肆類乎上帝賓柴乎三辰禋祀乎六宗祗燎乎羣神遂發號羣司申戒百工卜筮稱吉蓍龜襲從南征有時馮相告祥淸夷道而後行曜四國而揚光展聖義於巡狩喜圻時而詠八荒指宗嶽以爲期固岱神之所望散齋旣畢越翼良辰槭標熛增構烈火燔然暉光四煬炎爛薄天蕭香肆升靑煙冒雲珪璋峩峩犧牲潔純鬱鬯宗彝明水元樽空桑孤竹咸池雲門六八匝變神祇並存張溥云御覽經八成下有變和萬殊總領神明二句案此文呆編虞書春官鄙陋可笑若此何奇之有作僞者亦太不自量矣而類聚亦收之豈不謬哉

遺令薄葬集解惠棟曰至字已磨滅柳從辰曰陝西通志融墓在興平縣西南三十里案傳言卒於家漢茂陵卽今興平縣似樂史及晏說皆非也

族孫日磾注王輔決錄注云官本注無云字

蔡邕列傳第五十下　　後漢書六十下

宋　宣　城　太　守　范　曄　撰

唐　章　懷　太　子　賢　注

王先謙集解

蔡邕字伯喈〔集解〕沈欽韓曰論衡別通篇右扶風蔡伯偕覽達今古別是一人而字音同陳留圉人也圉縣故城在今汴州陳留縣東南六世祖勳謝承書曰勳字君嚴〔集解〕惠棟曰前書功臣表云肥如敬侯蔡寅以車騎將軍破龍且及彭城侯千戶邕之始祖也邕集讓高陽侯表曰臣十四世祖肥如侯佐命高祖以受爵賞沈欽韓曰黃宗羲金石要例云邕至勳連身六世故傳稱勳爲六世祖好黃老平帝時爲郿令王莽初授以厭戎連率王莽改隴西郡曰厭戎郡守曰連率勳對印綬仰天歎曰吾策名漢室死歸其正昔曾子不受季孫之賜況可事二姓哉禮記曰曾子有疾童子曰華而睆大夫之簀歟曾子曰然斯季孫之賜也我未之能易也元起易簀曾元曰幸而至于旦請敬易之曾子曰爾之愛我也不如彼也君子之愛人也以德細人之愛人也以姑息吾何求哉吾得正而斃焉斯已矣舉扶而易之反席未安而沒言雖臨死不失正道也〔集解〕劉攽曰注爾之愛我也不如彼也案文多一也字遂攜將家屬逃入深山與鮑宣卓茂等同不仕新室〔集解〕惠棟曰將扶也字亦作攜卓茂傳云勳與南陽孔休安泉劉宣楚國龔勝上黨鮑宣及茂六人同志不仕王莽王補曰首敘勳拒王莽事用史記汲鄭列傳法說見胡廣傳父棱亦有清白行謚曰貞定公邕祖攜碑云攜字叔業有周之胄昔蔡叔沒成王命其子仲使踐諸侯之位以國氏姓君其後也君曾祖父勳哀帝時以孝廉爲長安部長及君之身增修厥德順帝時以司空高第遷新蔡長年七十九卒長子棱字伯直處俗孤黨不協于時垂翼華髮人爵不升年五十三卒謚法曰淸白守節曰貞純行不差曰定〔集解〕惠棟曰據邕碑則是棱未嘗仕也書斷云棱徐州刺史未知何據周壽昌曰貞定出於私謚公字疑衍邕性篤孝母常滯病三年邕自非寒暑節變未嘗解襟帶不寢寐者七旬〔集解〕官本考證曰宋本作七旬惠棟曰先賢行狀伯喈母袁曜卿之姑女母卒廬于冢側動靜以禮有菟馴擾其室傍又木生連理遠近奇之多往觀焉與叔父從弟同居三世不分財鄉黨高其義〔集解〕惠棟曰邕集與人書曰邕薄祜早喪二親年踰三十鬢髮二色叔父親之猶若幼童陸則對坐食則比豆案叔父謂蔡子文也少博學師事太傅胡廣〔集解〕惠棟曰邕別傳曰邕與李則遊學時在弱冠始共讀左氏傳姓通敏兼人舉一反三好辭章數術天文妙操音律桓帝時中常侍徐璜左悺等五侯擅恣聞邕善鼓琴遂白天子敕陳留太守督促發遣邕不得已行到偃師稱疾而歸〔集解〕惠棟曰蔡邕集延熹二年秋霖雨逾月是時梁冀新誅而徐璜左悺五侯擅貴於其處又起顯明苑於城西人徒凍餓不得其命者甚眾白馬令李雲以直死鴻臚陳君以救雲抵罪璜以余能琴白朝廷敕陳留郡守遣余到偃師已病不前得歸沈欽韓曰邕集有述行賦閒居翫古不交當世感東方朔客難及楊雄班固崔駰之徒設疑以自通楊雄作解嘲班固作荅賓戲崔駰作達旨乃斟酌羣言韙其是而矯其非韙亦是也作釋誨以戒厲云爾〔集解〕沈欽韓曰蔡邕釋誨體奧而文炳有務世公子誨於華顚胡老曰顚頂也華顚謂白首也新序齊宣王對閭丘卬曰士亦華髮墮顚而後可用耳左傳宋司馬子魚曰雖及胡耇獲則取之杜預注曰胡耇元老之稱〔集解〕惠棟曰墨子云華髮墮顚而猶弗舍者其唯聖人乎邕年三十餘已白髮故自號華顚胡老蓋聞聖人之大寶曰位故以仁守位以財聚人易曰聖人之大寶曰位何以守位曰仁何以聚人曰財也然則有位斯貴有財斯富行義達道士之司也故伊摯有負鼎之衒仲尼設執鞭之言摯伊尹名也史記曰伊尹欲干湯而無由乃爲有莘氏媵臣負鼎俎以滋味說湯致於王道衒自媒衒也論語孔子曰行義以達其道又曰富而可求雖執鞭之士吾亦爲之周禮滌狼氏下士八人執鞭以辟道也甯子有清商之歌百里有豢牛之事淮南子曰甯戚欲干齊桓公窮困無以自達於是爲商旅將車以適於齊暮宿於郭門飯牛車下望見桓公乃擊牛角而商歌桓公聞之曰異哉歌者非常人也命後車載之三齊記載其歌曰南山矸白石爛生不遭堯與舜禪短布單衣適至骭從昏飯牛薄夜半長夜漫漫何時旦公說之以爲大夫矸音岸骭音戶諫反百里奚虞大夫也史記趙良曰百里奚自鬻於秦衣褐食牛朞年而後穆公知之舉之牛口之下說文曰豢養也〔集解〕先謙曰注文商歌上當有疾字歌詞止此文選注引作三首其詞鄙陋不可采夫如是則聖哲之通趣古人之明志也夫子生淸穆之世稟醇和之靈覃思典籍韞櫝六經安貧樂賤與世無營沈精重淵抗志高冥包括無外綜析無形其已久矣曾不能拔萃出羣揚芳飛文孟子曰若仲尼者拔乎其萃出乎其類登天庭序彝倫埽六合之穢慝淸宇宙之埃塵連光芒於白日屬炎氣於景雲瑞應圖曰景雲者太平之應也一曰慶雲也〔集解〕沈欽韓曰炎氣當如左傳其氣炎之炎下煙炎字同時逝歲暮默而無聞小子惑焉是以有云方今聖上寬明輔弼賢

知崇英逸偉不墜於地德弘者建宰相而裂土才羨者荷榮祿而蒙賜羨音以戰反本或作美集解沈欽韓曰小司徒注羨饒也封禪文功羨於五帝盍亦同塗要至俛仰取容同曲也要音一遙反言履直道則不能有所至也輯當世之利定不拔之功榮家宗於此時遺不滅之令蹤遺猶留也夫獨未之思邪何爲守彼而不通此彼謂貧賤此謂榮祿胡老傲然而笑曰若公子所謂覩曖昧之利而忘昭晢之害專必成之功而忽蹉跌之敗者已公子謖爾歛袂而與曰胡爲其然也謖然翕歛之貌音所六反胡老曰居吾將釋汝居猶坐也釋解也昔自太極君臣始基太極天地之始也易曰易有太極是生兩儀有義皇之洪寍唐虞之至時洪大也三代之隆亦有緝熙五伯扶微勤而撫之于斯已降天綱縱人紘弛王塗壞大極阤賈逵注國語曰小崩曰阤君臣土崩上下瓦解淮南子曰武王伐紂左操黃鉞右執白旄而麾之則瓦解而走遂土崩而下於是智者騁詐辯者馳說武夫奮略戰士講銳講習也電駭風馳霧散雲披變詐乖詭以合時宜或畫一

策而綰萬金或談崇朝而錫瑞珪戰國策曰秦昭王見頓弱頓弱曰韓天下之喉咽也魏天下之匈臆也王資臣萬金而遊之天下可圖也秦王曰善乃資萬金使東遊韓魏入其將相北遊燕趙而殺李牧齊王入朝四國畢從頓子說之也史記曰虞卿說趙孝成王一見賜黃金百鎰再見賜白璧一雙連衡者六印磊落合從者駢組流離連衡謂張儀合從謂蘇秦竝佩六國之印駢竝也組綬也流離光彩貌也隆貴翕習積富無崖據巧蹈機以忘其危夫華離蔕而萎條去幹而枯女治容而淫士背道而辜人毀其滿神疾其邪利端始萌害漸亦牙速速方轂天天是加詩小雅曰速速方轂天天是椓毛萇注云速速陋也鄭玄注云轂祿也言鄙陋小人將貴而得祿也天殺也椓破之也韓詩亦同此作轂者蓋謂小人乘寵方轂而行方猶竝也集解劉攽曰正文天天是加案上天當作天據今詩文正然惠棟曰邪音徐先謙曰速速二句出詩三家欲豐其屋乃蔀其家易豐卦上六云豐其屋蔀其家王弼注云蔀覆也屋厚覆闇之甚也蔀音部是故天地否閉聖哲潛形易文言曰天地閉賢人隱石門守晨沮溺耦耕論語曰子路宿於石門晨門曰奚自子路曰自孔氏鄭玄注云石門魯城外門也晨門主晨夜開閉者又曰長沮桀溺耦而耕竝隱遁人也顏歜抱璞蘧瑗保生戰國策齊宣王謂顏歜歜曰願先生與寡人游歌辭曰玉生於山制則毀焉非不寶也然夫璞不完士生鄙野選而祿焉非不貴也而形神不全歜願得晚食以當肉安步以當車無罪以當貴清靜以自娛知足以歸反於樸則終身不辱論語孔子曰蘧伯玉邦有道則仕邦無道則可卷而懷之此爲保其生也集解先謙曰官本夫璞作大璞是齊人歸樂孔子斯征雍渠驂乘逝而遺輕論語曰齊人饋女樂季桓子受之三日不朝孔子行史記曰衛靈公與夫人同車宦者雍渠驂乘孔子曰吾未見好德如好色者也於是醜之去衛適曹遺輕謂若弃輕細之物而去言惡之甚也夫豈傲主而背國乎道不可以傾也且我聞之曰南至則黃鍾應融風動而魚上冰蕤賓統則微陰萌蒹葭蒼而白露凝月令仲冬律中黃鍾融風艮之風也月令孟春東風解凍魚上冰又仲夏之月律中蕤賓微陰謂一陰爻生也詩秦風曰蒹葭蒼蒼白露爲霜爾雅曰蒹薕也葭蘆也寒暑相推陰陽代興運極則化理亂相承今大漢紹陶唐之洪烈盪四海之殘災隆隱天之高拆絙地之基絙音古鄧反絙與亘同皇道惟融帝猷顯丕泯泯庶類含甘吮滋泯泯齊貌檢六合之羣品濟之乎雍熙羣僚恭己於職司聖主垂拱乎兩楹君臣穆穆守之以平濟濟多士端委縉綖端委禮衣也左傳曰太伯端委以持周禮說文曰縉赤白

色也綖系綬也音它丁反鴻漸盈階振鷺充庭易曰鴻漸于陸鴻水鳥也漸出于陸喻君子仕進於朝詩曰振振鷺鷺于下注云鷺白鳥也喻潔白之士羣集君之朝也譬猶鍾山之玉泗濱之石累珪璧不爲之盈採浮磬不爲之索山海經曰黃帝取密山之玉策投之鍾山之陽尚書曰泗濱浮磬注曰水中見石可以爲磬言鍾山多玉泗水多石喻漢多賢人索盡也音所格反集解先謙曰官本格作洛是曩者洪源辟而四隩集武功定而干戈戢獫狁攘而吉甫宴城濮捷而晉凱入辟開也音頻亦反謂禹理洪水而開導之尚書曰四隩既宅隩居也音於六反武功定謂武王伐紂詩周頌曰載戢干戈詩小雅曰薄伐獫狁至於太原吉甫燕喜既多受祉鄭玄注曰吉甫既伐獫狁而歸天子以燕禮樂之也左傳晉與楚戰於城濮楚師敗績故晉凱樂而歸也集解惠棟曰左僖二十八年傳云振旅愷以入于晉故當其有事也則蓑笠竝載擐甲揚鋒不給於務蓑音素和反詩小雅曰荷蓑荷笠毛萇注云荷揭也蓑所以備雨笠所以禦暑擐貫也集解惠棟曰左傳云擐甲執兵其無事也則舒紳緩佩鳴玉以步綽有餘裕夫世臣門子暬御之族詩小雅曰曾我暬御毛萇注云暬御侍御也天隆其祜主豐其祿抱膺從容爵位自從攝須理髯集解沈欽韓曰釋名鑷攝也攝取髮也餘官委貴集解惠棟曰委

亦餘也其取進也順傾轉圓不足吕喻其便逸巡放屣不足目況其易夫有逸羣之才人人有優贍之智集解何焯曰衍一人字沈欽韓曰夫字當重此揚雄家家自以爲稷契人人自以爲咎陶例先謙曰沈說是童子不問疑於老成瞳矇不稽謀於先生心恬澹於守高意無爲於持盈老子曰持而盈之不如其已河上公注云持滿必傾不如止也粲乎煌煌莫非華榮明哲泊焉不失所寍泊猶靜也狂淫振蕩乃亂其情貪夫殉財夸者死權賈誼服鳥賦之文也言夸華者必死於權埶也瞻仰此事體躁心煩闇謙盈之効迷損益之數易曰天道虧盈而益謙又曰損益盈虛與時偕行王弼注云自然之質各定其分短者不爲不足長者不爲有餘損益將何加焉騁駑駘於修路慕騏驥而增驅卑俯乎外戚之門乞助乎近貴之譽榮顯未副從而顛踣踣音步北反協韻音赴下獲熏胥之辜高受滅家之誅詩小雅曰若此無罪勳胥以痛勳帥也胥相也痛病也言此無罪之人而使有罪者相帥而病之是其大甚見韓詩前書曰史遷熏胥以刑音義云謂相熏蒸得罪也誅協韻音丁注反集解惠士奇曰熏胥以刑謂腐刑卽詩所謂昏椓也古熏昏通沈欽韓曰前書敘傳注晉灼曰齊魯韓詩作薰薰帥也後人得罪相坐之刑也惠棟

云薰閽也胥靡也薰與閽通易艮之九三曰厲薰心荀爽本薰作動虞翻本作閽胡廣案漢官解詁光祿動動猶閽也易曰爲閽寺是動與閽通之證光祿動主宿衞殿門故如淳亦主此說左傳鬻拳爲大閽此文云薰胥之辜若作相帥解不辭惠所正是也先謙曰蔡學魯詩據傳魯作熏班學齊詩作薰韓作勳顏引晉注云然者三字古通三家各又有通作本也以文義論熏胥以痛仍訓牽率相引陷罪爲是詩言陷罪者多非必人人皆受宫刑後人泥前書史遷之注非也遷之熏胥正謂爲李陵牽率陷罪耳前車已覆襲軌而鶩曾不鑒禍吕知畏懼予惟悼哉害其若是害何也音曷集解惠棟曰晏子春秋云前車覆後車戒先謙曰官本子作予是天高地厚跼而蹐之詩小雅曰謂天蓋高不敢不跼謂地蓋厚不敢不蹐怨豈在明患生不思戰戰兢兢必慎厥尤且用之則行聖訓也舍之則藏至順也論語孔子曰用則行舍則藏故言聖訓也夫九河盈溢非一凷所防九河謂河水分謂九道爾雅曰徒駭太史馬頰覆鬴胡蘇簡潔鉤般鬲津是謂九河也集解惠棟曰類篇云凷土也或作墤說文云塊也又苦會切東觀記云青泥一墣是也先謙曰官本分謂作分爲謂古通帶甲百萬非一勇所抗抗協韻音苦郎反兮子責匹夫吕清宇宙庸可吕水旱而累堯湯乎懼煙炎之毀熸何光芒之敢揚哉煙炎煙火之微細者言常懼微細以致毀滅杜預注左傳

曰吳楚之間謂火滅爲熸音子廉反炎音焰且夫地將震而樞星直井無景則日陰食晏子見伯常騫問曰昔吾見維星絕樞星散地其動乎見晏子春秋陰食謂不顯食也凡日陰食則井無影也集解沈欽韓曰隋書天文志河中九星如鉤狀曰鉤星伸則地震井無景者因日旣入則水中無影今人以槃水候之知其虧復不獨井也元首寬則望舒朓侯王肅則月側匿望舒月也尚書大傳曰晦而月見西方謂之朓朔而月見東方謂之側匿側匿則侯王肅朓則侯王舒注肅急也舒緩也集解惠棟曰鄭元注云朓猶條達行急貌側匿猶縮朒行遲貌日君象也月政象也君政急則日行疾月行遲臣逡遁君政緩日行徐月行疾臣放恣也是吕君子推微達著尋端見緒履霜知冰踐露知暑時行則行時止則止消息盈沖取諸天紀易坤文言曰履霜堅冰至艮卦曰時行則行時止則止豐卦曰天地盈虛與時消息利用遭泰可與處否樂天知命持神任己羣車方奔乎險路安能與之齊軌思危難而自豫故在賤而不恥方將騁馳乎典籍之崇塗休息乎仁義之淵藪前書司馬相如曰游于六藝之囿馳騖乎仁義之塗班固曰肴覈仁義之林藪也槃旋乎周孔之庭宇揖儒墨而與爲友舒之足吕光四表收之則莫能知其所有若乃丁

千載之運應神靈之符闓閶闔乘天衢擁華蓋而奉皇樞古今注曰華蓋黃帝所作也與蚩尤戰於涿鹿之野常有五色雲氣金枝玉葉因而作華蓋納玄策於聖德宣太平於中區計合謀從己之圖也勳績不立予之辜也龜鳳山翳霧露不除踴躍草萊秖見其愚不我知者將謂之迂龜鳳喻賢人霧露喻昏闇也迂曲也修業思眞棄此焉如靜吕俟命不斁不渝斁厭也渝變也集解惠棟曰左傳云靜以待命百歲之久歸乎其居詩晉風也毛萇注云居墳墓也集解沈欽韓曰注引毛傳案是鄭箋幸其獲稱天所誘也謂小人妄得稱舉者天之所誘後必遇害也集解何焯曰幸而獲稱君子有沒世之名罕漫而已非己咎也罕漫猶無所知聞也非君子之咎也昔伯翳綜聲於鳥語葛盧辯音於鳴牛董父受氏於豢龍奚仲供德於衡輈伯翳卽秦之先伯益也能與鳥語見史記葛盧東夷介國之君也介葛盧聘於魯聞牛鳴曰是生三犧皆用之矣問之如其言晉太史蔡墨曰昔有董父實甚好龍能求嗜欲以飮食之以服事帝舜帝賜姓曰董氏曰豢龍竝見左傳奚仲辪之祖也世本曰奚仲作車衡輈也輈轅也倕氏興政於巧工造父登御於驊騮非子享土於善圉狠瞫取右於禽囚倕舜之巧人也見尙

書造父者秦之先也爲周穆王御驊騮騄耳之乘非子亦秦之先善養馬周孝王使主馬於汧渭之閒馬大蕃息分土爲附庸邑之於秦竝見史記圉養馬人也見周禮左傳曰戰於殽晉襄公縛秦囚使萊駒以戈斬之囚呼萊駒失戈狼瞫取戈斬之遂以爲車右瞫音舒飪反**弓父畢精於筋角佽飛明勇於赴流壽王創基於格五東方要幸於談優**弓父弓工也闞子曰宋景公使弓工爲弓九年來見公公曰爲弓亦遲矣對曰臣精盡於弓矣獻弓而歸三日而死公張弓東向而射矢踰西霜之山集彭城之東其餘力逸勁飲羽於石梁呂氏春秋曰荆人佽飛入江斬蛟前書武帝時吾丘壽王字子贛以善格五待制格五今之塞也東方朔以善談笑俳優得幸班固曰朔應諧似優杜預注左傳曰優調戲也集解先謙曰官本塞作簺**上官効力於執蓋弘羊據相於運籌僕不能參跡於若人故抱璞而優游**前書上官桀武帝封爲期門郎從上甘泉大風車不得行解蓋授桀雖風蓋常屬車桑弘羊洛陽賈人也以能心計爲侍中**於是公子仰首降階忸怩而避**忸怩心慙也忸音女六反怩音尼**胡老乃揚衡含笑援琴而歌**衡眉目之間也**歌曰練余心兮浸太清滌穢濁兮存正靈和液暢兮神氣寍情志泊兮心亭亭嗜欲息兮無由生踪宇宙而遺俗兮眇翩翩而獨征**太清謂天也和液謂和氣靈液也亭亭孤峻之貌踪猶越也音丑敎反

建寍三年辟司徒橋玄府集解洪頤煊曰司徒當作司空靈帝紀建寍三年八月大鴻臚橋玄爲司空四年三月司徒許訓免司空橋玄爲司徒**玄甚敬待之出補河平長**集解錢大昕曰郡國志無河平縣沇欽韓曰河平蓋平阿之誤**召拜郎中校書東觀遷議郎邕以經籍去聖久遠文學多謬俗儒穿鑿疑誤後學熹平四年乃與五官中郎將堂谿典光祿大夫楊賜諫議大夫馬日磾議郎張馴韓說太史令單颺等**堂谿姓也先賢行狀曰典字子度潁川人爲西鄂長集解惠棟曰黃長睿云石經有一板公羊其末云臣趙䧌議郎臣劉宏郎中臣張文臣蘇陵臣傅楨論語之末題曰詔與博士臣左立郎中臣孫表洪适云石經自堂谿典以下別有趙䧌數人竊意其間必有同時揮毫者**奏求正定六經文字**集解杭世駿曰按此與張馴傳皆云奏求正定六經文字而靈帝紀云詔諸儒正五經文字儒林傳序云詔諸儒正定五經刻於石碑盧植傳云時始立太學石經以正五經文字李巡傳云乃白帝與諸儒共刻五經文於石考邕傳注引洛陽記亦祇有尙書周易公羊傳禮記論語晉羊欣筆法魏酈元水經注亦祇言五經意熹平四年邕等所奏求定者六經暨光和六年書丹立石祇五經耳周壽昌曰案熹平四年邕與五官中郎將堂谿典等奏求正定六經文字靈帝紀同水經注以爲光和六年考漢高陽令楊著碑有云特以儒學詔書留定經東觀順元邱之指矚歷世之疑天子異焉擢拜議郎案著是太尉楊震孫常山相讓之子以遺從兄沛相統憂歸遂卒統卒於建寍元年著當同時也建寍爲靈帝初年著自是桓帝時人王昶謂碑所謂受詔定經者乃桓帝時事尙在蔡邕堂谿典等奏求正定六經文字之前可補范史之闕而著刊定之功亦不必在邕典等下也余案漢碑多諛墓之辭不可據以爲信若桓帝果有定經之詔著有刊正之功縱著無專傳而桓帝紀楊震傳總皆附及范史不應疏略至此惟水經注稱光和六年與紀傳俱異者洪适云諸儒受詔在熹平而碑成則在光和壽昌案邕正誤書丹刊石構屋皆非卽歲可成之事此語或近之**靈帝許之邕乃自書冊於碑**集解何焯曰冊當依水經注作丹朱錫鬯案滕縣秦君碑銘云丹書刻石垂示後昆以知此刊石書丹實始於漢其來古矣沈欽韓曰北堂書鈔三輔決錄云韋誕奏邕自矜能兼斯籀之長非納素不妄下筆案隸釋公羊殘碑末有堂谿典馬日磾趙䧌劉宏張文臣傅楨論語殘碑末有左立孫表則他經定碑亦必有同事校勘者郎文字之繁亦非邕一人所能偏寫也**使工鐫刻立於太學門外**洛陽記曰太學在洛城南開陽門外講堂長十丈廣三丈堂有石經四部本碑凡四十六枚西行尙書周易公羊傳十六碑存十二碑毀南行禮記十五碑悉崩壞東行論語三碑二碑毀禮記碑上有諫議大夫馬日磾議郎蔡邕名集解劉攽曰注論語二碑毀案文當是一碑毀若二碑毀者當云皆毀而已顧炎武曰水經注以此爲正始中所立而蔡邕等名別在堂東與此不合惠棟曰孔穎達云石經書公羊傳皆無經文周壽昌曰劉氏所校宋時舊本必注云論語二碑故劉云應作一碑毀今

毛本注云論語三碑二碑毀似不爲誤殿本及監本俱作論語二碑獨此本作三碑壽昌案注引陸機洛陽記明云碑凡四十六枚論語必是三碑始合其數宋董逌廣川書跋云昔朱越石與兄書曰石經文都其碑高一丈許廣四尺駢羅相接大學在南明門外講堂長十丈廣三丈堂上石經四部本碑四十六枚元魏時西行尙書公羊傳十六碑存十二碑毀南行禮記十五碑悉毀壞東行論語三碑毀又洛陽記云碑凡四十六書易公羊二十八碑其二毀論語三碑其二毀禮記十五碑皆毀云云據此論語確是三碑劉氏所見本有誤也一本作論語三碑毀無其二毀之說與注所引洛陽記又異要之論語是三碑斷然也**於是後儒晚學咸取正焉及碑始立其觀視及摹寫者車乘日千餘兩塡塞街陌**集解惠棟曰摹水經注作筆**初朝議以州郡相黨人情比周乃制婚姻之家及兩州人士不得對相監臨至是復有三互法**三互謂婚姻之家及兩州人不得交互爲官也謝承書曰史弼遷山陽太守其妻鉅野薛氏女以三互自上轉拜平原相是也集解王補曰藝文類聚六十御覽三百四十八載諫用三互法疏與傳多異**禁忌轉密選用艱難幽冀二州久缺不補邕上疏曰伏見幽冀舊壤鎧馬所出**鎧甲也周禮考工記曰燕無函函亦甲也言幽燕之地家家皆能爲函故無函匠也左傳曰冀之北土馬之所生集解惠棟曰邕集載疏云伏見幽州突騎冀州强弩爲天下精兵國家瞻仗四方

有事軍師奮攻未嘗不取辦於二州也楊泉物理論云幽州之騎冀州之弓勁悍之士比年兵飢漸至空耗今者百姓虛縣萬里蕭條縣音玄闕職經時吏人延屬集解通鑑胡注延屬延頸而屬望也屬之欲反而三府選舉踰月不定臣經怪其事而論者云避三互十一州有禁當取二州而已又二州之士或復限以歲月狐疑遲淹以失事會愚以爲三互之禁禁之薄者今但申以威靈明其憲令在任之人豈不戒懼而當坐設三互自生留閡邪昔韓安國起自徒中朱買臣出於幽賤並以才宜還守本邦前書安國字長孺梁人坐法抵罪居無幾天子使使者拜安國爲梁內史起徒中爲二千石買臣字翁子吳人家貧負薪賣以給食歌謳道中後拜會稽太守又張敞亡命擢授劇州豈復顧循三互繼以末制乎前書敞字子高河東人也爲京兆尹坐與楊惲厚善制免爲庶人從闕下亡命數月冀州部有大賊天子思敞功使使者召拜爲冀州刺史三公明知二州之要所宜速定當越禁取能以救時敝而不顧爭臣之義苟避輕微之科選用稽滯以失其人臣願陛下上則先帝蠲除近禁其諸州刺史器用可換者無拘日月三互以差厥中書奏不省初帝

好學自造皇羲篇五十章因引諸生能爲文賦者本頗以經學相招後諸爲尺牘及工書鳥篆者皆加引召遂至數十人說文曰牘書板也長一尺藝文志曰六體者古文奇字篆書隸書繆篆蟲書音義曰古文謂孔子壁中書也奇字卽古文而異者也篆書謂小篆蓋秦始皇使程邈所作也隸書亦程邈所獻主於徒隸從簡易也繆篆謂其文屈曲纏繞所以摹印章也蟲書謂爲蟲鳥之形所以書旛信也集解先謙曰皇羲篇案典略熹平四年五月造官本注旛作旛是侍中祭酒樂松賈護集解通鑑胡注百官志侍中有僕射一人中興轉爲祭酒多引無行趣埶之徒並待制鴻都門下憙陳方俗閭里小事帝甚悅之待以不次之位又市賈小民爲宣陵孝子者復數十人悉除爲郎中太子舍人時頻有靁霆疾風傷樹拔木地震隕雹蝗蟲之害又鮮卑犯境役賦及民六年七月制書引咎誥羣臣各陳政要所當施行邕上封事曰臣伏讀聖旨雖周成遇風訊諸執士集解先謙曰官本士作事是宣王遭旱密勿祗畏無以或加尚書金縢日秋大孰未穫天大雷電以風王乃問諸史百執事詩大雅雲漢篇序曰宣王遇旱側身修行欲消去之故大夫仍叔作雲漢之詩以美之密勿祗畏言勤勞戒懼也集解錢大昕曰案雲漢之詩云黽勉畏去劉向引詩黽勉從事作密勿從事向世習魯詩知魯詩黽勉字皆作密勿矣伯喈封事蓋用雲漢詩文而章懷不能注也胡廣傳密勿夙夜傅毅傳密勿朝夕謝夷吾傳密勿在公臣聞天降災異緣象而至辟歷數發辟音普歷反史記曰霹靂陽氣之動也殆刑誅繁多之所生也風者天之號令所以教人也翼氏風角曰風者天之號令所以譴告人君者夫昭事上帝則自懷多福詩大雅曰昭事上帝聿懷多福聿遂也懷來也宗廟致敬則鬼神以著國之大事實先祀典左傳曰國之大事在祀與戎天子聖躬所當恭事臣自在宰府及備朱衣宰府謂司徒橋玄府朱衣謂祭官也漢官儀曰漢家赤行齊者絳袴韈韈音文伐反迎氣五郊而車駕稀出四時至敬集解劉攽曰案文當作致敬屢委有司雖有解除猶爲疏廢解除猶謝過也集解沈欽韓曰論衡解除篇解除初禮先設祭祀設膳食已驅以刀杖所除宅中客鬼也然邕此言謂雖祓除不祥車駕猶不出也故皇天不悅顯此諸異洪範傳曰政悖德隱厥風發屋折木坤爲地道易稱安貞易坤文言曰地道也妻道也其象曰安貞之吉應地無疆陰氣憤盛則

當靜反動法爲下叛夫權不在上則雹傷物政有苛暴則虎狼食人貪利傷民則蝗蟲損稼去六月二十八日太白與月相迫兵事惡之鮮卑犯塞所從來遠今之出師未見其利上違天文下逆人事誠當博覽衆議從其安者臣不勝憤懣謹條宜所施行集解蘇輿曰宜所倒七事表左表左謂陳之於表左也猶今云如左如右一事明堂月令天子以四立及季夏之節迎五帝於郊天子居明堂各依其月布政故云明堂月令四立謂立春立夏立秋立冬各以其日天子親迎氣於其方并祭其方之帝季夏之末祭中央帝也集解惠棟曰鄭元禮記注云今漢亦四時迎氣其禮則簡所以導致神氣祈福豐年清廟祭祀追往孝敬養老辟雍示人禮化皆帝者之大業祖宗所祗奉也而有司數以蕃國疏喪宮內產生集解惠棟曰王充云俗諱婦人乳子以爲不吉將舉吉事皆不與之交通及吏卒小汙廢生忌故小汙謂病及死也集解惠棟曰如尚書左丞馮方毆殺指揮使於尚西祠詔問免齋戒否議郎臣邕博士臣敏對以爲元和詔禮無免齋宜以自潔靜交神明可齋無疑是也見邕集竊見南郊齋戒

未嘗有廢至於它祀輒興異議豈南郊卑而它祀尊哉孝元皇帝策書曰禮之至敬莫重於祭所㠯竭心親奉㠯致肅祗者也又元和故事復申先典章帝元和二年制曰山川百神應典禮者尚未咸秩其議修羣祀以祈豐年又宗祀五帝於汶上明堂三年望祀華霍東柴岱宗爲人祈福前後制書推心懇惻而近者㠯來更任太史忘禮敬之大任禁忌之書拘信小故㠯虧大典集解通鑑胡注漢制凡齋天地七日宗廟山川五日小祀三日日齋內有汙染解齋副倅行先齋一日有汙穢災變齋祀如儀禮妻妾產者齋則不入側室之門無廢祭之文也禮記曰妻將生子及月辰居側室夫使人日再問之夫齋則不入側室之門也所謂宮中有卒三月不祭者謂士庶人數堵之室共處其中耳禮儀曰有死於宮中者則爲之三月不舉祭豈謂皇居之曠臣妾之衆哉自今齋制宜如故典庶答風霆災妭之異集解先謙曰官本妭作妖

二事臣聞國之將興至言數聞內知己政外見民情是故先帝雖有聖明之姿而猶廣求得失又因災異援引幽隱重賢良方正敦

朴有道之選危言極諫不絕於朝陛下親政已來頻年災異而未聞特舉博選之旨誠當思省述修舊事使抱忠之臣展其狂直㠯解易傳政悖德隱之言集解惠棟曰據上封事乃鴻範傳文此云易傳必京房所作易傳上誤稱鴻範傳也

三事夫求賢之道未必一塗或㠯德顯或㠯言揚頃者立朝之士曾不㠯忠信見賞恒被謗訕之誅遂使羣下結口莫圖正辭郎中張文前獨盡狂言聖聽納受㠯責三司臣子曠然衆庶解悅漢名臣奏張文上疏其略曰春秋義曰蝗者貪擾之氣所生天意若曰貪狠之人蠶食百姓若蝗食禾稼而擾萬民獸齧人者象暴政若獸而齧人京房易傳曰小人不義而反尊榮則虎食人辟歷殺人亦象暴政妄有喜怒政以賄成刑放於寵推類叙意探指求源皆象羣下貪狠威教妄施或若蝗蟲宜敕正衆邪清審選舉退屏貪暴魯僖公小國諸侯敕政修己斥退邪臣尙獲其報六月甚雨之應豈況萬乘之主修善求賢宜舉敦朴以輔善政陛下體堯舜之聖覽桄讕佃綰秉獨見之明恢太平之業敦經好學流布遠近可留須臾神慮則可致太平招休徵矣制曰下太尉司徒司空夫瑞不虛至災必有緣朕以不德筆統未明饑機麲慊和以招祅僞將何以昭顯憲法哉三司任政者也所當夙夜而各拱默訖未有聞將何以奉答天意救寍我人其各悉心思所崇改務消復之術稱朕意焉集解惠棟曰案石經公羊末有郎中臣張文即是人也臣愚㠯爲宜擢文右職㠯勸忠謇右用事之便謂樞要之官集解惠棟曰王劭案董勛荅禮云職高者名錄在上於人爲右職卑者名錄在下於人爲左是以謂下遷爲左宣聲海內博開政路

四事夫司隸校尉諸州刺史所㠯督察姦枉分別白黑者也伏見幽州刺史楊熹益州刺史龐芝涼州刺史劉虔各有奉公疾姦之心熹等所糾其效尤多餘皆枉橈集解惠棟曰撓當作橈音女教反又乃絞反字林作撓訛不能稱職或有抱罪懷瑕與下同疾綱網弛縱莫相舉察公府臺閣亦復默然五年制書議遣八使又令三公謠言奏事漢官儀曰三公聽採長史臧否人所疾苦條奏之是爲舉謠言者也是時奉公者欣然得志邪枉者憂悸失色未詳斯議所因寢息昔劉向奏曰夫執狐疑之計者開羣枉之門養不斷之慮者來讒邪之口語見前書今始聞善政旋復變易足令海內測度朝政宜追定八使糾舉非法更選忠清平章賞罰平和也章明也集解

惠棟曰平本古文辨字辨治也注訓爲和非是三公歲盡差其殿最使吏知奉公之福營私之禍則衆災之原庶可塞矣

五事臣聞古者取士必使諸侯歲貢尚書大傳曰古者諸侯之於天子三年一貢士一適謂之攸好德再適謂之賢賢三適謂之有功注云適猶得也孝武之世郡舉孝廉又有賢良文學之選於是名臣輩出文武並興漢之得人數路而已數路謂孝廉賢良文學之類也夫書畫辭賦才之小者匡國理政未有其能陛下即位之初先涉經術聽政餘日觀省篇章聊㠯游意當代博奕非㠯教化取士之本而諸生競利作者鼎沸其高者頗引經訓風喻之言下則連偶俗語有類俳優或竊成文虛冒名氏臣每受詔於盛化門差次錄第其未及者亦復隨輩皆見拜擢既加之恩難復收改但守奉祿於義已弘不可復使理人及仕州郡昔孝宣會諸儒於石渠章帝集學士於白虎通經釋義其事優大文武之道所宜從之若乃

小能小善雖有可觀孔子以爲致遠則泥君子故當志其大者論語子貢曰雖小道必有可觀者焉致遠恐泥鄭玄注云小道如今諸子書也泥謂滯陷不通此邕以爲孔子之言當别有所據也〔集解〕惠棟曰前書蓺文志引孔子曰雖小道必有可觀者焉王伯厚云蔡邕因志之誤也六事墨綬長吏職典理人漢官儀曰秩六百石銅章墨綬也皆當以惠利爲績日月爲勞褒責之科所宜分明而今在任無復能省及其還者多召拜議郎郎中若器用優美不宜處之冗散如有釁故自當極其刑誅豈有伏罪懼考反求遷轉更相放效臧否無章先帝舊典未嘗有此可皆斷絕以覈眞僞

七事伏見前一切以宣陵孝子者爲太子舍人〔集解〕劉攽曰案文多一者字臣聞孝文皇帝制喪服三十六日雖繼體之君父子至親公卿列臣受恩之重皆屈情從制〔集解〕官本考證曰屈情二字監本訛作出清從宋本改不敢踰越今虛僞小人本非骨肉既無幸私之恩又無祿仕之實惻隱思慕情

何緣生而羣聚山陵假名稱孝行不隱心義無所依至有姦軌之人通容其中恒思皇后祖載之時周禮曰喪祝掌大喪及祖飾棺及載遂御之鄭玄注云祖謂將葬祖祭於庭載升柩於車也〔集解〕劉攽曰正文恒思皇后案恒當作桓謂桓帝后也惠棟曰恒通鑑作桓邕集同東郡有盜人妻者亡在孝中本縣追捕乃伏其辜虛僞雜穢難得勝言又前至得拜後輩被遺或經年陵次以暫歸見漏或以人自代亦蒙寵榮爭訟怨恨凶凶道路太子官屬宜搜選令德豈有但取丘墓凶醜之人其爲不祥莫與大焉宜遣歸田里以明詐僞　書奏帝乃親迎氣北郊及行辟雍之禮又詔宣陵孝子爲舍人者悉改爲丞尉焉〔集解〕通鑑胡注漢縣置丞尉丞署文書典知倉獄尉主盜賊　光和元年遂置鴻都門學畫孔子及七十二弟子像其諸生皆敕州郡三公舉用辟召或出爲刺史太守入爲尚書侍中乃有封侯賜爵者士君子皆恥與爲列焉時妖異數見人相驚擾其年七月詔召邕與光祿大夫楊賜諫議大夫馬日磾議郎張華太史令單颺詣金商門引入崇德殿洛陽記曰南宮有崇德殿太極殿西有金商門也使中常侍曹節王甫就問災異及消改變故所宜施行邕悉心以對事在五行天文志其志今亡續漢志曰光和元年詔問曰連年蝗蟲其咎焉在邕對曰易傳云大作不時天降災厥咎蝗蟲來河圖祕徵篇曰帝貪則政暴吏酷則誅慘生蝗蟲貪苛之所致也又南宮侍中寺雌雞欲化爲雄一身毛皆似雄但頭冠尚未變詔以問邕對曰貌之不恭則有雞禍宣帝黃龍五年未央宮雌雞化爲雄不鳴無距是歲元帝初即位將立王皇后至初元元年丞相史家雌雞化爲雄距而鳴將是后父禁爲平陽侯女立爲后至哀帝晏駕后攝政王莽以后兄子爲大司馬由是爲亂臣竊推之頭爲元首人君之象今雞一身已變未至於頭而止是將有其事而不遂成之象也若應之不精政無所改頭冠或成爲患茲大也〔集解〕劉攽曰注是后父禁爲平陽侯案如上文此處少一歲字又當作陽平侯非平陽也惠棟曰集云是歲脫歲字先謙曰官本改作及茲作滋　又特詔問曰比災變互生未知厥咎朝廷焦心載懷恐懼每訪羣公卿士庶聞忠言而各存括囊莫肯盡心括囊喻閉口而不言易曰括囊无咎王弼注云括結也以邕經學深奧故密特稽問宜披露失得指陳政要勿有依違自生疑諱具對經術以

皁囊封上漢官儀曰凡章表皆啟封其言密事得皁囊也〔集解〕惠棟曰袁夢麒漢制叢錄曰漢官儀凡章奏皆啟封其言密事乃用皁囊東方朔言文帝集書囊爲殿帷翟酺又言文帝飾帳於皁囊者指此其後靈帝詔蔡邕指陳政要具對經術以皁囊封上遵前制也邕對曰〔集解〕沈欽韓曰此對與前上疏均非邕原文爲范史刊改臣伏惟陛下聖德允明深悼災咎褒臣末學特垂訪及非臣螻蟻所能堪副斯誠輸寫肝膽出命之秋豈可以顧患避害使陛下不聞至戒哉臣伏思諸異皆亡國之怪也天於大漢殷勤不已故屢出祆變以當譴責欲令人君感悟改危即安今災眚之發不於它所遠則門垣近在寺署其爲監戒可謂至切蜺墮雞化皆婦人干政之所致也前者乳母趙嬈貴重天下嬈音奴鳥反〔集解〕惠棟曰袁山松後漢書云建甯二年爵乳母趙嬈爲平氏君廣雅云嬈泥了反生則貲藏侔於天府死則丘墓踰於園陵兩子受封兄弟典郡續以永樂門史霍玉〔集解〕通鑑胡注永樂門史董太后宮官依阻城社又爲姦邪〔集解〕沈欽韓曰又當依袁紀作大今者道路紛紛復云有程大人者〔集解〕錢大昕曰陳球傳云陽球

小妻程璜之女璜用事宮中所謂程大人也漢時宮中耆宿皆稱中大人靚倩察其風聲將爲國患宜高爲隄防明設禁令深惟趙霍㠯爲至戒趙嬈及霍玉也今聖意勤勤思明邪正而聞太尉張顥爲玉所進光祿勳姓璋姓姓也璋名也漢有姓偉集解周壽昌曰官本作光祿勳偉璋注偉姓也案作偉者誤前書食貨志臨淄人姓偉貲二十萬注姓姓也偉其名章懷此注特引以作姓璋之證若是姓偉則注文當作漢有偉姓不當如此云毛本不誤有名貪濁又長水校尉趙玹音玄蔡邕集玹作玄屯騎校尉蓋升集解惠棟曰邕集云河間相升以朝廷在藩國時鄰近舊恩歷河南太守大中大夫在郡受取數億以上遷爲侍中也王幼學云蓋公盍反袁紀作蓋延誤竝叨時幸榮富優足宜念小人在位之咎退思引身避賢之福尚書曰君子在野小人在位伏見廷尉郭禧純厚老成光祿大夫橋玄聰達方直故太尉劉寵忠實守正竝宜爲謀主數見訪問夫宰相大臣君之四體謂股肱也委任責成優劣已分不宜聽納小吏雕琢大臣也雕琢猶鐫削以成其罪也又尚方工技之作鴻都篇賦之文可且消息㠯示惟憂詩云畏天之怒不敢戲豫天戒誠不

可戲也宰府孝廉士之高選近者㠯辟召不慎切責三公而今竝㠯小文超取選舉開請託之門違明王之典衆心不猒莫之敢言猒伏也音一葉反集解惠棟曰集云竝以書疏小文一介之伎超取選舉臣願陛下忍而絕之思惟萬機㠯荅天望聖朝既自約厲左右近臣亦宜從化人自抑損㠯塞咎戒則天道虧滿鬼神福謙矣臣㠯愚戇集解先謙曰官本戇作戇是下同感激忘身敢觸忌諱手書具對夫君臣不密上有漏言之戒下有失身之禍易曰君不密則失臣臣不密則失身集解惠棟曰文六年公羊傳云射姑殺則稱其國以殺何君漏言也何休云自上言泄曰漏沈欽韓曰韓非外儲右堂谿公謂昭侯曰今爲人之主而漏其羣臣之語是猶無當之玉卮也雖有聖智莫盡其術爲其漏也願寑臣表無使盡忠之吏受怨姦仇章奏帝覽而歎息因起更衣曹節於後竊視之悉宣語左右事遂漏露其爲邕所裁黜者皆側目思報初邕與司徒劉郃素不相平叔父衞尉質質字子文著漢職儀集解周壽昌曰案隋志漢官典職儀式選用二卷漢衞尉蔡質撰唐志蔡質漢官典儀一卷此注云漢職儀殆即此書之省文也又與將作大匠楊球有隙球即中常侍程璜女夫也集解錢大昕曰楊當作陽據陳球傳則程璜即程大人乃是女子此傳云中常侍則是宦者非婦人矣未審誰得其實洪頤煊曰案陳球傳用事宮中者是程璜之女非璜也傳於用事上衍一璜字致有此錯璜遂使人飛章言邕質數㠯私事請託於郃郃不聽邕含隱切志欲相中中傷也於是詔下尚書召邕詰狀邕上書自陳曰臣被召問㠯大鴻臚劉郃前爲濟陰太守臣屬吏張宛長休百日休暇也前書音義曰吏病滿百日當免也郃爲司隸又託河內郡吏李奇爲州書佐續漢志曰書佐主幹文書及營護故河南尹羊陟侍御史胡毋班郃不爲用致怨之狀邕集其奏曰邕屬張宛長休百日郃假宛五日復屬河南李奇爲書佐郃不爲召太山黨魁羊陟與邕季父衞尉質對門九族質爲尚書營護阿擁令文書不覺郃被詔書考胡毋班等辭與陟爲黨質及邕頻詣郃問班所及郃不應遂懷怨恨欲必中傷郃制曰下司隸校尉正處上邕集作綦母班也集解沈欽韓曰對九門族謂甥舅之親爾雅注今江東人呼同門爲僚壻臣征營怖悸肝膽塗地不知死命所在竊自尋案實屬宛奇不及陟班凡休假小吏非結恨之本與陟姻家豈敢申助私黨如

臣父子欲相傷陷集解周壽昌曰父子邕自謂與其叔父質也前書疏廣傳父子竝爲師傅亦謂廣與兄子受當明言臺閣具陳恨狀所緣內無寸事而謗書外發宜㠯臣對與郃參驗臣得㠯學問特蒙襃異執事祕館操管御前姓名貌狀微簡聖心今年七月召詣金商門問㠯災異齋詔申言誘臣使言齎猶持也與賫通集解先謙曰官本上言作旨是臣實愚戇唯識忠盡出命忘軀不顧後害遂譏刺公卿內及寵臣實欲㠯上對聖問救消災異規爲陛下建康寧之計陛下不念忠臣直言宜加掩蔽誹謗卒至便用疑怪盡心之吏豈得容哉詔書每下百官各上封事欲㠯改政思譴除凶致吉而言者不蒙延納之福旋被陷破之禍今皆杜口結舌㠯臣爲戒誰敢爲陛下盡忠孝乎臣季父質連見拔擢位在上列臣被蒙恩渥數見訪逮言事者因此欲陷臣父子破臣門戶非復發糾姦伏補益國家者也臣年四十有六孤特一身集解王鳴盛曰邕無子故云列女董

祀妻傳曹操素與邕善痛其無嗣得託名忠臣死有餘榮恐陛下於此不復聞至言矣臣之愚冗職當咎患但前者所對質不及聞前在金商門對事之時質爲下邳相故不聞也而衰老白首橫見引逮隨臣摧沒并入阬埳誠冤誠痛臣一入牢獄當爲楚毒所迫趣以飲章辭情何緣復聞趣音促飲猶隱卽告人姓名無可對問章者今之表也邕集曰光和元年都官從事張恕以辛卯詔書收邕送雒陽詔獄考吏張靜謂邕曰省君章云欲仇怨未有所施法令無以此詔書又刊章家姓名不得對相指斥考事君學多所見古今如此此豈一事乎荅曰臃是吏遂飲章爲文書臣賢案俗本有不解飮字或改爲報字或改爲款並非也集解先謙曰官本注以此作此以報下無字字死期垂至冒昧自陳願身當辜戮勾質不并坐勾乞也則身死之日更生之年也惟陛下加餐爲百姓自愛於是下邕質於洛陽獄劾以仇怨奉公集解通鑑胡注誣邕以請託不聽志欲中傷爲仇怨奉公之吏謂司徒劉郃也議害大臣大不敬棄市事奏中常侍呂強愍邕無罪請之帝亦更思其章有詔減死一等與家屬髡鉗徙朔方不得以赦令除楊球使客追路刺邕客感其義

皆莫爲用球又賂其部主集解通鑑胡注部主州牧郡守也使加毒害所賂者反以其情戒邕故每得免焉居五原安陽縣卽西安陽縣也故城在今勝州銀城縣集解惠棟曰邕徙朔方報楊復書曰昔此徙者故城門校尉梁伯喜南郡太守馬季長或至三歲近者歲餘多得旋反自甘罪戾不復慕此又報羊丹書曰幸得無恙遂至徙所自城以西惟青紫鹽也沈欽韓曰西安陽在吳喇忒旗北故九原城西陰山南邕前在東觀與盧植韓說等撰補後漢記會遭事流離不及得成因上書自陳奏其所著十意猶前書十志也邕別傳曰邕昔作漢記十意未及奏上遭事流離因上書自陳曰臣既到徙所乘塞守烽藏在候望憂怖焦灼無心能復操筆成草致章闕廷誠知聖朝不責臣謝但懷愚心有所不竟臣自在布衣常以爲漢書十志下盡王莽而止光武以來唯記紀傳無續志者臣所事師故太傅胡廣知臣頗識其門戶略以所有舊事與臣雖未備悉粗見首尾積累思惟二十餘年不在其位非外史庶人所得擅述天誘其衷得備著作郎建言十志皆當撰錄會臣被罪逐放邊野恐所懷一隨軀朽腐抱恨黃泉遂不設施謹先顚踣科條諸志臣欲删定者一所當接續者四前志所無臣欲著者五及經典羣書宜捃摭本奏詔書所當依據分別首目并書章左惟陛下留神省察臣謹因臨戎長霍圉封上有律厤意第一禮意第二樂意第三郊祀意第四天文意第五車服意第六集解官本考證曰注唯記紀傳記字一本作有王鳴盛曰案第六下疑脫落四句卽以司馬氏志八篇較此已有五行郡國百官三種爲此目所無且前志所無邕欲著者五而此六者之中僅有車服一種爲前志所無其爲脫落甚明惠棟曰意猶志也避桓帝諱故作意趙戒本字志伯後避諱改字意伯見孔廟置守廟百石碑周壽昌曰劉知幾史通稱邕於熹平中作朝會車服二志知十意中尚有朝會合之可得七條續漢志卷一注引袁山松書劉洪與蔡邕共述律厤記亦不名志也分別首目連置章左帝嘉其才高會明年大赦乃宥邕還本郡邕自徙及歸凡九月焉將就還路五原太守王智餞之酒酣智起舞屬邕邕不爲報屬猶勸也音燭智者中常侍王甫弟也素貴驕慙於賓客詬邕曰徒敢輕我邕拂衣而去智銜之密告邕怨於囚放謗訕朝廷內寵惡之邕慮卒不免乃亡命江海遠跡吳會張騭文士傳曰邕告吳人曰吾昔常經會稽高遷亭見屋椽竹東間第十六可以爲笛取用果有異聲伏滔長笛賦序云柯亭之觀以竹爲椽邕取爲笛奇聲獨絕也集解沈欽韓曰抱朴子清鑒篇伯喈識絕音之器於煙爐之餘平子別逸響之竹於未用之先如彼文則張衡識柯亭之笛或葛洪誤記也往來依太山羊氏集解何焯曰案羊祜爲蔡邕外孫蓋以婚媾依之惠棟曰案邕集太山羊陟與邕季父衛尉質對門九族歐陽尚書九族妻族二對門九族乃妻族也故邕上書云與陟姻家豈敢申助私黨是羊蔡世爲婚冓不特叔子一人也積十二年

在吳吳人有燒桐以爨者邕聞火烈之聲知其良木因請而裁爲琴果有美音而其尾猶焦故時人名曰焦尾琴焉傅玄琴賦序曰齊桓公有鳴琴曰號鍾楚莊有鳴琴曰繞梁司馬相如綠綺蔡邕有焦尾皆名器也初邕在陳留也其鄰人有以酒食召邕者比往而酒以酣焉客有彈琴於屏邕至門試潛聽之曰譆歎聲也音僖以樂召我而有殺心何也遂反將命者告主人曰蔡君向來至門而去邕素爲邦鄉所宗主人遽自追而問其故邕具以告莫不憮然憮猶怪也音武彈琴者曰我向鼓琴見螳蜋方向鳴蟬蟬將去而未飛螳蜋爲之一前一卻吾心聳然惟恐螳蜋之失之也此豈爲殺心而形於聲者乎邕莞然而笑曰莞笑貌也音胡板反集解先謙曰官本莞並作莧此足以當之矣中平六年靈帝崩董卓爲司空聞邕名高辟之稱疾不就卓大怒詈曰我力能族人蔡邕遂偃蹇者不旋踵矣又切敕州郡舉邕詣府邕不得已到署祭酒甚見敬重舉高第補侍

御史又轉持書御史遷尙書三日之間周歷三臺〔集解〕惠棟曰邕集持作治錢大昕曰范史本是治書章懷避諱改作持書百官志御史中丞爲御史臺率風俗通云尙書御史臺皆以官倉頭爲吏見百官志注今本無此文是尙書御史皆稱臺也又百官志謁者僕射爲謁者臺率符節令爲符節臺率則漢時稱臺亦不止尙書御史矣袁紹傳坐召三臺專制朝政注引晉書云漢官尙書爲中臺御史爲憲臺謁者爲外臺是謂三臺然伯喈未拜謁者何以便有三臺之稱豈侍御史與治書御史亦分爲二署耶先謙曰官本作侍書乃後人不知持字之故而妄改爲侍也唐諱治作持曹褒傳治慶氏禮治作持可證遷巴郡太守復留爲侍中初平元年拜左中郎將從獻帝遷都長安封高陽鄉侯〔集解〕惠棟曰集云詔制左中郎將蔡邕今封邕陳留雍丘高陽鄉侯下印綬符策假限食五百戶歲五十萬穀董卓賓客部曲議欲尊卓比太公稱尙父卓謀之於邕邕曰太公輔周受命翦商故特爲其號〔集解〕惠棟曰事見中候尙書及今文大誓今明公威德誠爲巍巍然比之尙父愚意以爲未可宜須關東平定車駕還反舊京然後議之卓從其言初平二年六月地震卓以問邕邕對曰地動者陰盛侵陽臣下踰制之所致也前春郊天公奉引車駕

乘金華青蓋爪畫兩轓遠近以爲非宜續漢志曰乘輿大駕公卿奉引皇太子皇子皆安車朱輪青蓋金華爪畫轓廣雅轓箱也卓於是改乘皁蓋車續漢志曰中二千石二千石皆皁蓋朱兩轓卓重邕才學厚相遇待每集讌輒令邕鼓琴贊事邕亦每存匡益然卓多自佷用〔集解〕劉攽曰案文多自佷用不成文理當云卓佷多自用邕恨其言少從謂從弟谷曰董公性剛而遂非終難濟也吾欲東奔兖州若道遠難達且遯逃山東以待之何如谷曰君狀異恆人每行觀者盈集以此自匿不亦難乎邕乃止及卓被誅邕在司徒王允坐殊不意言之而歎有動於色〔集解〕惠棟曰商芸小說云初允數與邕會議允詞常屈由是銜邕後允誅卓并收邕衆人爭之不能得何焯曰裴松之以爲伯喈不應發歎於子師坐此謝承妄記是則商芸所載爲得其實也允勃然叱之曰董卓國之大賊幾傾漢室君爲王臣所宜同忿而懷其私遇以亡大節今天誅有罪而反相傷痛豈不共爲逆哉卽收付廷尉治罪邕陳辭謝乞黥首刖足繼成漢史〔集解〕通鑑胡注初邕徙朔方自徙中上書乞續漢書諸志蓋其所學所志

者在此士大夫多矜救之不能得太尉馬日磾馳往謂允曰伯喈曠世逸才多識漢事當續成後史爲一代大典且忠孝素著而所坐無名誅之無乃失人望乎允曰昔武帝不殺司馬遷使作謗書流於後世凡史官記事善惡必書謂遷所著史記但是漢家不善之事皆爲謗也非獨指武帝之身卽高祖善家令之言武帝筭緡榷酤之類是也班固集云司馬遷著書成一家之言至以身陷刑故微文刺譏貶損當世非誼士也〔集解〕惠棟曰商芸小說云太尉馬日磾謂允曰伯喈忠直數有孝行且曠世逸才多識漢事當定十志今子殺之海內失望矣允曰無蔡邕獨當無十志何損遂殺之方今國祚中衰神器不固不可令佞臣執筆在幼主左右既無益聖德復使吾黨蒙其訕議日磾退而告人曰王公其不長世乎善人國之紀也〔集解〕惠棟曰左傳云善人天地之紀也而驟絕之不亡何待制作國之典也滅紀廢典其能久乎邕遂死獄中〔集解〕惠棟曰魏收云邕冢在陳留小黃縣欒史云在開封縣東北四十五里邕死獄中葬於此允悔欲止而不及時年六十一搢紳諸儒莫不流涕北海鄭玄聞而歎曰漢世之事誰與正之兗州陳留閒皆畫像

而頌焉〔集解〕惠棟曰邕別傳云東國宗敬邕不言名咸稱蔡君兗州陳留並圖畫邕形像而頌之曰文同三閭孝齊參騫其撰集漢事未見錄以繼後史適作靈紀及十意又補諸列傳四十二篇因李傕之亂湮沒多不存所著詩賦碑誄銘讚連珠箴弔論議獨斷勸學〔集解〕惠棟曰經籍志云勸學一卷釋誨敘樂女訓篆藝祝文章表書記凡百四篇傳於世〔集解〕惠棟曰經籍志云梁蔡邕集二十卷錄一卷王補曰王厚齋攷史云蔡邕文今存九十篇而銘墓居其半曰碑曰銘曰神誥曰哀讚其實一也自云爲郭有道碑獨無愧辭則其他可知矣其頌胡廣黃瓊幾於老韓同傳若繼成漢史豈有南董之筆

論曰意氣之感士所不能忘也流極之運有生所共深悲也流極皆放也極音紀力反當伯喈抱鉗扭徙幽裔仰日月而不見照燭臨風塵而不可經過謂迫促之令不得避風塵也〔集解〕先謙曰官本可作得其意豈及語平日倖全人哉及解刑衣竄歐越潛舟江壑不知其遠捷步深林尙苦不密但願北首舊丘歸骸先壟又可得乎〔集解〕惠棟曰應劭風俗通云葬於郭北北首求諸幽之道也淮南子

云孔子曰狐向邱而死吾其首禾平廣志曰狐死首邱豹死首山董卓一旦入朝辟書先下分明枉結信宿三遷謂三日之間位歷三臺也匡導既申狂僭屢革資同人之先號易同人卦曰先號咷而後笑得北叟之後福北叟塞上叟也其馬亡入胡中人皆弔之叟曰何知非福居數月其馬引胡駿馬而歸人皆賀之叟曰何知非禍家富良馬其子好騎墮而折髀人皆弔之叟曰何知非福居一年胡夷大入丁壯皆戰死者十九其子獨以跛之故子父相保見淮南子也屬其慶者夫豈無懷懷思也荷恩遇者豈不思之乎集解蘇輿曰蔚宗蓋咎邕厭困阨而屈節懷爵祿而忘義與馬融同但以允誅之為過耳明陳子龍刺錢謙益云白頭已自羞江總青史何曾借蔡邕深得范指君子斷刑尚或為之不舉左傳鄭伯見虢叔曰司寇行戮君為之不舉杜注云不舉盛饌也況國憲倉卒慮不先圖矜情變容而罰同邪黨執政乃追怨子長謗書流後執政謂王允也集解惠棟曰儒林傳孔僖上書肅宗曰臣之愚意以為凡言誹謗者謂實無此事而虛加誣之也至如孝武皇帝政之美惡顯在漢史坦如日月是為直說實事非虛謗也此可證子長非謗之說放此為戮放音甫往反未或聞之典刑

贊曰季長戚氏才通情侈苑囿典文流悅音伎侈謂紗帳女樂之類音伎謂鼓琴吹笛之屬也邕實慕靜心精辭綺斥言金商南徂北徙謂對事於金商門指斥而言無隱諱也籍梁懷董名澆身毀籍梁謂融因籍梁冀貴幸為作西第頌懷董謂邕懷董卓之恩也澆薄也

虛受堂

蔡邕列傳第五十下終

後漢書集解卷六十下挍補

蔡邕傳蔡邕案魏晉間記載邕事邕或作雍字書亦以邕為雍之古文今經傳固多雍字而音義無由立說文所不收以雝字相沿作雍例之明即雝之俗體說文邕四方有水自邕城池者雝雝渠也故書訓雍為和即本鳥和鳴引伸其義邕字伯喈亦即本卷阿詩雝雝喈喈為義然匏葉詩雍雍鳴雁異文又作噰噰作喈喈嵇康游仙詩傳咸斑鳩賦則借作邕邕段玉裁說文注引卷阿詩亦作邕邕皆邕益即以阜之名字定漢人傳詩文字本如此耳實則借邕為雝由隸寫趨於簡易邕習魯詩亦必魯文省作邕因以定名但作雍正為本字非誤字也

陳留圉人也注圉縣故城在今汴州陳留縣東南今地詳曹褒傳

不寢寐者七旬集解官本考證曰案官本下脫作十旬三字

有兔馴擾其室傍又木生連理侯康曰邕集有祖德頌序云昔我烈祖暨于予考世載孝友重以明德率禮莫違是以靈祇降之休瑞兔擾馴以昭其仁木連理以象其義斯乃祖禰之遺靈盛德之所貺也豈我童蒙孤稺所克任哉案漢世族葬邕母家當即在祖塋故得歸美

妙操音律柳從辰曰御覽五百七十七引後漢書云邕好琴道以熹平元年入清溪訪鬼谷先生所居山五曲曲有幽居

卷六十下挍補　一

靈跡每一曲製一弄三年曲成出呈馬融王允董卓等異之今傳無此文案此等稗說自不可入史范書固無即衆後漢書亦未必有直是御覽轉鈔之謬耳郭璞游仙詩云青谿千餘仞中有一道士雲生梁棟間風出窗戶裏借問此何誰云是鬼谷子本屬寓言而注文選者不見引此事也邕於建寧三年已入仕京師五年即為熹平元年據袁紀邕方為司徒掾固無由作青溪之游製三年之曲融時年八十一引疾告歸久矣與邕及允卓仕宦皆不相接故尤不可信

釋誨集解沈欽韓曰至文炳此引文心雕龍雜文篇語

天綱縱官本綱作網

君臣土崩注右執白旄而麾之官本注無而字

合從者駢組流離注流離光彩貌也官本注貌作皃乃皃之譌

速速方轂天天是加注速速方轂至轂祿也官本注此二轂均作穀是方猶並

也官本注末無也字

欲豐其屋乃蔀其家注易豐卦上六云官本注云作曰

泗濱之石注泗濱浮磬注曰官本注曰作云

王先謙撰

後漢書集解

中華書局影印

左周黃列傳第五十一　　後漢書六十一

宋　宣　城　太　守　范　曄　撰

唐　章　懷　太　子　賢　注

王先謙集解

左雄字伯豪南郡涅陽人也〔集解〕洪亮吉曰郡應作陽刊寫之誤安帝時舉孝廉稍遷冀州刺史〔集解〕沈欽韓曰北堂書鈔謝承書云雄爲冀州刺史不舉煙火長食乾糒十日一炊州部多豪族好請託雄常閉門不與交通奏案貪猾二千石無所囘忌永建初公車徵拜議郎時順帝新立大臣懈怠朝多闕政雄數言事其辭深切尚書僕射虞詡㠯雄有忠公節上疏薦之曰臣見方今公卿㠯下類多拱默〔集解〕通鑑胡注拱默言拱手而默無一言㠯樹恩爲賢盡節爲愚至相戒曰白璧不可爲容容多後福容容猶和同也言不可獨爲白〔集解〕惠棟曰王𫊸學云璧玉之性善惡不相掩記聘義云瑕不掩瑜瑜不掩瑕忠也前書翟方進傳君何持容容之計無忠固意師古云容容隨眾上下也先謙曰官本注常作當伏見議郎左雄數上封事至引陛下身遭難戹㠯爲警戒實有王臣蹇蹇之節周公謨成王之風謨謀也即尚書立政無逸篇之類也宜擢在喉舌之官必有匡弼之益〔集解〕惠棟曰漢官儀曰尚書虞官也書曰龍汝作納言朕命惟允詩云惟仲山甫王之喉舌秦改稱尚書漢亦尊此官典機密也胡注東都謂尚書爲喉舌之官以其出納王命也由是拜雄尚書再遷尚書令上疏陳曰〔集解〕惠棟曰袁宏紀是時長吏數易去就煩費雄因上疏陳事也先謙曰官本陳下有事字是臣聞柔遠和邇莫大寧人寧人之務莫重用賢用賢之道必存考黜是㠯皋陶對禹貴在知人安人則惠黎民懷之尚書皋陶謨之詞也惠愛也黎眾也分伯建侯代位親民〔集解〕沈欽韓曰此與上皋陶對禹語文義不屬袁紀作昔三代垂統封建侯伯云云詞義爲順益范史刪截有誤也雄此奏袁紀在陽嘉元年而傳置永建三年之前民用和穆禮讓㠯興故詩云有渰淒淒興雨祁祁雨我公田遂及我私詩小雅曰渰陰雲也淒淒雲興貌祁祁徐也言陰陽和風雨時先雨我公田乃及私田〔集解〕先謙曰詩小雅官本作詩云小雅是也興雨據注當爲興雲此用三家詩而後人據毛改之及幽厲昏亂不自爲政詩小雅刺幽王曰不自爲政卒勞百姓褒豔用權七子黨進賢愚錯緒深谷爲陵故其詩云四國無政不用其良又曰哀今之人胡爲虺蜴言人畏吏如虺蜴也褒豔謂褒姒也豔色美也七子皆褒姒之親黨謂皇甫爲卿士仲允爲膳夫家伯爲宰番爲司徒蹶爲趣馬聚子爲內史楀爲師氏也厲王淫於色七子皆用言妻黨盛也四國四方之國也虺蜴之性見人則走哀今之人皆如是傷時政事也詩小雅番音方元反聚音側流反楀音記禹反〔集解〕錢大昕曰章懷注用毛氏說鄭康成則以豔妻爲厲王后謂正月惡褒姒滅周十月之交疾豔妻煽方處則褒豔非一人此疏上言幽厲昏亂下言褒豔用權則亦與鄭說同魯詩豔作閻尚書中候作剡閻剡豔文異實同蓋其女族姓非訓美色也漢成帝時谷永對策云昔褒姒用國宗周以喪閻妻驕扇日以不臧兩漢經師皆主此說故康成從之先謙曰注厲王官本作幽王是改幽爲厲乃鄭用讖說也宗周既滅六國并秦阬儒泯典剗革五等更立郡縣剗削也五等謂諸侯縣設令長郡置守尉什伍相司封豕其民史記商鞅爲秦定變法之令令人什伍而相收司犯禁相連坐不告姦者腰斬楊雄長楊賦曰秦窫窳其士封豕其人也〔集解〕沈欽韓曰雄賦作封豕其士窫窳其民大漢受命雖未復古然克慎庶官蠲苛救敝悅㠯濟難撫而循之至於文景天下康乂誠由玄靖寬柔克慎官人故也降及宣帝興於仄陋綜覈名實知時所病刺史守相輒親引見考察言行信賞必罰帝乃歎曰民所㠯安而無怨者政平吏良也與我共此者其唯良二千石乎㠯爲吏數變易則下不安業久於其事則民服教化其有政理者〔集解〕王補曰袁紀作民知不久則詐以求過故二千石有治能者輒㠯璽書勉勵增秩賜金或爵至關內侯公卿缺則㠯次用之是㠯吏稱其職人安其業漢世良吏於茲爲盛故能降來儀之瑞建中興之功宣帝時鳳皇五至因以紀年漢初至今三百餘載俗浸彫敝巧僞滋萌下飾其詐上肆其殘典城百里轉動無常各懷一切〔集解〕先謙曰一切猶苟且也注亦訓爲權宜莫慮長久謂殺害不辜爲威風聚斂整辨爲賢能〔集解〕先謙曰官本辨作辦辨辦通作㠯理己安民爲劣弱㠯奉法循理爲不化髡鉗之戮生於睚眦覆尸之禍成於喜怒視民如寇讎稅之如豺虎國語曰鬭且廷見令尹子常與之語問畜貨聚馬歸以語其弟曰楚其亡乎吾見令尹如餓獸豺虎焉殆必亡者也〔集解〕劉攽曰注畜貨聚馬案國

語作聚馬此誤監司項背相望項背相望謂前後相顧也背音輩與同疾疢〔集解〕通鑑胡注言同有此病也見非不舉聞惡不察觀政於亭傳〔集解〕通鑑胡注言郡縣長吏飾亭傳以夸過使客監司亦以是觀政也沈欽韓曰言監司按部但一過亭傳而已未嘗深考其治狀也責成於期月期匝也謂一歲言善不稱德論功不據實虛誕者獲譽拘檢者離毀離遭也或因罪而引高或色斯㠯求名因罪濳遁以求高尙之名也論語曰色斯舉矣言觀前人之顏色也〔集解〕通鑑胡注因有罪先自棄官以爲高錢大昕曰此用論語以色斯當遠舉之義三國志崔琰傳哲人君子俄有色斯之志漢張壽碑常懷色斯元賓碑翻署色斯鄭固碑將從雅意色斯自得斥彰長田君碑色斯去官抱朴子外篇或色斯而不終日蓋漢魏人用歇後語多如此州宰不覆〔集解〕通鑑胡注覆審也競共辟召踴躍升騰超等踰匹或考奏捕案而亡不受罪會赦行賂復見洗滌朱紫同色清濁不分故使姦猾枉濫輕忽去就拜除如流缺動百數鄉官部吏職斯祿薄斯賤也〔集解〕惠棟曰斯謂廝賤也易曰斯其所取災俗作廝周壽昌曰左傳哀公二年去斯役釋文本作廝車馬衣服一出於民廉者取足貪者充家特選橫調調徵也〔集解〕通鑑胡注曰特曰橫皆出於常賦之外也紛

紛不絕送迎煩費損政傷民和氣未洽災眚不消咎皆在此今之墨綬猶古之諸侯墨綬謂令長古子男之國也拜爵王庭輿服有庸庸常也而齊於匹豎叛命避負非所㠯崇憲明理惠育元元也臣愚㠯爲守相長吏惠和有顯效者可就增秩勿使移徙非父母喪不得去官〔集解〕先謙曰漢世臧污吏往往恐劾奏輒自引去見陳蕃范滂等傳故請限去官之令其不從法禁不式王命錮之終身式用也雖會赦令不得齒列若被劾奏亡不就法者徙家邊郡㠯懲其後鄉部親民之吏皆用儒生清白任從政者任堪也音人林反寬其負算負欠也算口錢也儒生未有品秩故寬之增其秩祿吏職滿歲宰府州郡乃得辟舉如此威福之路塞虛僞之端絕送迎之役損賦斂之源息循理之吏得成其化率土之民各寧其所追配文宣中興之軌文帝宣帝也文帝遭呂氏難故亦云中興流光垂祚永世不刊帝感其言申下有司〔集解〕通鑑胡注先已有此禁今復申嚴之惠棟曰袁宏紀云帝感其言復無故去官之禁考其眞僞詳所施行雄之所言皆明達政體而宦豎擅權終不能用自是選代交互令長月易迎新送舊勞擾無已或官寺空曠無人案事每選部劇乃至逃亡永建三年京師漢陽地皆震裂水泉涌出四年司冀復有大水〔集解〕錢大昕曰司冀謂司隸校尉所部及冀州也以司隸校尉領一州因有司州之目釋名釋天篇一云豫司兗冀一云兗豫司冀與此所稱同而釋州國篇云司州司隸校尉所主也蓋當時案牘省文魏及晉初皆都洛陽仍以司隸校尉領州事故皆沿司州之稱然當時命官則稱司隸校尉司隸從事初不係以州也渡江以後僑置司州於徐以刺史領之不復置司隸宋齊梁時司州治義陽郡乃得晉荊州之地而尙沿司隸舊名尤無當矣雄推較災異㠯爲下人有逆上之徵天鏡經曰大水自平地出破山殺人其國有兵〔集解〕惠棟曰經籍志有天鏡地鏡日月鏡四規鏡各一卷又上疏言宜密爲備㠯俟不虞尋而靑冀揚州盜賊連發數年之閒海內擾亂其後天下大赦賊雖頗解而官猶無備流叛之餘數月復起雄與僕射郭虔共上疏㠯爲寇賊連年死亡太半一人犯法舉宗羣亡宜及其尙微開令改悔若告黨與者聽除其罪能誅斬者明加其賞〔集解〕惠棟曰案漢律先自告除其罪又光武時遣使者下郡國聽羣盜自相糾擿五人共斬一人者除其罪蓋先時律令及建武故事本有是科雄等復申言之也而書奏竝不省又上言宜崇經術繕修太學帝

從之陽嘉元年太學新成詔試明經者補弟子增甲乙之科員各十人除京師及郡國耆儒年六十㠯上爲郎舍人諸王國郎者百三十八人雄又上言郡國孝廉古之貢士出則宰民宣協風教若其面牆則無所施用孔子曰四十不惑禮稱強仕請自今孝廉年不滿四十不得察舉皆先詣公府諸生試家法儒有一家之學故稱家法文吏課牋奏〔集解〕惠棟曰漢官儀曰尙書郎以孝廉年未五十先試牋奏初入臺稱郎中滿歲稱侍郎副之端門〔集解〕通鑑胡注宮之正南門曰端門尙書於此受天下章奏令舉者詣公府課試以副本納之端門尙書審覈之惠棟曰案副之端門覆試之也詳黃瓊傳練其虛實㠯觀異能㠯美風俗有不承科令者正其罪法若有茂才異行自可不拘年齒帝從之於是班下郡國明年有廣陵孝廉徐淑謝承書曰淑字伯進廣陵海西人也寬裕博雅好學樂道隨父愼在京師贊孟氏易春秋公羊禮記

周官善誦太公六韜交接英雄常有壯志舉茂才除渤海修令遷琅邪都尉也〔集解〕惠棟曰淑官至度遼將軍見徐璆傳先謙曰官本伯進作伯達年未及舉臺郎疑而詰之對曰詔書曰有如顏回子奇不拘年齒解見順帝紀是故本郡以臣充選郎不能屈雄詰之曰昔顏回聞一知十孝廉聞一知幾邪淑無以對乃譴卻郡於是濟陰太守胡廣等十餘人皆坐謬舉免黜〔集解〕沈欽韓曰案廣以被劾心恨故為尚書時駁其察舉之議當據此傳以定其先後次第唯汝南陳蕃潁川李膺下邳陳球等三十餘人得拜郎中自是牧守畏慄莫敢輕舉迄于永憙察選清平多得其人〔集解〕惠棟曰張璠漢記云時稱左伯豪為尚書天下皆慎選舉雄又奏徵海內名儒為博士使公卿子弟為諸生有志操者加其俸祿及汝南謝廉河南趙建年始十二各能通經雄並奏拜童子郎於是負書來學雲集京師〔集解〕沈欽韓曰北堂書鈔東觀記陽嘉三年汝南童子謝廉河南趙建年十二各通一經以太學初繕應召而至皆除郎中初帝廢為濟陰王乳母宋娥與黃門孫程等共議立帝帝後以娥前有謀遂

封為山陽君邑五千戶又封大將軍梁商子冀襄邑侯雄上封事曰夫裂土封侯王制所重高皇帝約非劉氏不王非有功不侯孝安皇帝封江京王聖等遂致地震之異〔集解〕通鑑胡注安帝延光二年封王聖是歲京師及郡國三地震永建二年封陰謀之功〔集解〕通鑑胡注陰謀事不見於史又有日食之變數術之士咸歸咎於封爵今青州饑虛盜賊未息民有乏絕上求稟貸陛下乾乾勞思以濟民為務宜循古法寧靜無為以求天意以消災異誠不宜追錄小恩虧失大典帝不聽雄復諫曰臣聞人君莫不好忠正而惡讒諛然而歷世之患莫不以忠正得罪讒諛蒙倖者蓋聽忠難從諛易也夫刑罪人情之所甚惡貴寵人情之所甚欲是以時俗為忠者少而習諛者多故令人主數聞其美稀知其過迷而不悟至於危亡臣伏見詔書顧念阿母舊德宿恩欲特加顯賞案尚書故事〔集解〕通鑑胡注漢故事皆尚書主之無乳母爵邑之制唯先

帝時阿母王聖為野王君聖造生讒賊廢立之禍生為天下所咀嚼死為海內所歡快桀紂貴為天子而庸僕羞與為比者以其無義也夷齊賤為匹夫而王侯爭與為伍者以其有德也今阿母躬蹈約儉以身率下群僚蒸庶莫不向風而與王聖並同爵號懼違本操失其常願臣愚以為凡人之心理不相遠其所不安古今一也百姓深懲王聖傾覆之禍民萌之命〔集解〕通鑑胡注萌與氓同危於累卵常懼時世復有此類怵惕之念未離於心恐懼之言未絕於口乞如前議歲以千萬給奉阿母〔集解〕通鑑胡注蓋雄先已有此議今乞行之也內足以盡恩愛之歡外可不為吏民所怪梁冀之封事非機急宜過災厄之運然後平議可否會復有地震緱氏山崩之異雄復上疏諫曰先帝封野王君漢陽地震〔集解〕通鑑胡注安帝延光二年封王聖是歲京師及郡國三地震漢陽蓋其一也今封山陽君而京城復震專政在陰其災尤大臣前後瞽言封爵至重

王者可私人以財不可以官宜還阿母之封以塞災異今冀已高讓山陽君亦宜崇其本節雄言數切至娥亦畏懼辭讓而帝戀戀不能已卒封之後阿母遂以交遘失爵是時大司農劉據以職事被譴召詣尚書傳呼促步〔集解〕通鑑胡注促步推使速行也又加以捶撲雄上言九卿位亞三事〔集解〕惠棟曰東觀記作三公班在大臣行有佩玉之節動有庠序之儀禮記曰公侯佩山玄玉而朱組綬大夫佩水蒼玉而縕組綬孝明皇帝始有撲罰皆非古典帝從而改之其後九卿無復捶撲者自雄掌納言多所匡肅每有章表奏議臺閣以為故事遷司隸校尉初雄薦周舉為尚書舉既稱職議者咸稱焉及在司隸又舉故冀州刺史馮直以為將帥而直嘗坐臧受罪舉以此劾奏雄雄悅曰吾嘗事馮直之父而又與直善今宣光以此奏吾乃是韓厥之舉也由是天下服焉韓厥韓獻子也國語曰趙宣子舉獻子于靈公以為司馬河曲之役宣子使人以其乘車干行獻子執而戮之宣子皆告諸大夫曰可賀

我矣吾舉厥也而中吾乃今知免於罪矣 集解沈欽韓曰袁宏紀詔書選武猛任將帥者雄舉直言坐罪減死又無武猛驗舉劾奏雄雄曰詔書使我選武猛不使選清高舉曰詔書選武猛不使君選貪汙也 明年坐法免後復為尚書永和三年卒

周舉字宣光汝南汝陽人陳留太守防之子防在儒林傳舉姿貌短陋 集解惠棟曰汝南先賢傳有晏子之風 而博學洽聞為儒者所宗故京師為之語曰五經從橫周宣光延熹四年 集解錢大昕曰延熹當作延光 辟司徒李郃府時宦者孫程等既立順帝誅滅諸閻議郎陳禪以為閻太后與帝無母子恩宜徙別館絕朝見 集解沈欽韓曰禪乃閻氏故吏既免阿黨之誅顧昧潁考叔之義欲隔絕帝母子何其愚而悍乎 羣臣議者咸以為宜舉謂郃曰昔鄭武姜謀殺莊公莊公誓之黃泉 集解先謙曰官本少莊公二字 秦始皇怨母失行久而隔絕後感潁考叔茅焦之言循復子道書傳美之 鄭武姜生莊公及共叔段愛叔段謀殺莊公公誓之曰不及黃泉無相見也既而悔之潁考叔為潁谷封人曰若掘地及泉隧而相見其誰曰不然公從之遂為母子如初事見左傳茅

焦事解見蘇竟傳也 今諸閻新誅太后幽在離宮若悲愁生疾一旦不虞主上將何以令於天下如從禪議後世歸咎明公宜密表朝廷令奉太后率厲羣臣朝覲如舊以厭天心以荅人望郃郎上疏陳之明年正月帝乃朝於東宮太后由此以安後長樂少府朱倀 音丑良反 代郃為司徒舉猶為吏 集解惠棟曰案風俗通舉時為東閣祭酒也 時孫程等坐懷表上殿爭功帝怒悉徙封遠縣敕洛陽令促期發遣舉說朱倀曰朝廷在西鍾下時非孫程等豈立 朝廷謂順帝也孫程與王康等十八人謀於西鍾下共立濟陰王為順帝也集解惠棟曰伐柯詩序云周大夫刺朝廷之不知也王肅云朝廷斥成王孫毓云漢魏稱人主或云國家或云朝廷古今同也 雖韓彭吳賈之功何以加諸 韓信彭越吳漢賈復也 今忘其大德錄其小過如道路夭折帝有殺功臣之譏及今未去宜急表之倀曰今詔怒 集解何焯曰詔下疑有脫文 二尚書已奏其事吾獨表此必致罪譴舉曰明公年過八十位至台輔不於今時竭忠報國惜身安寵欲以何求祿位雖全必陷佞邪之譏諫而獲罪猶有忠貞之名若舉言不足採請從此辭倀乃表諫帝果從之舉後舉茂才為平丘令 平丘縣屬陳留郡集解沈欽韓曰今開封府封丘縣東四十里 上書言當世得失辭甚切正尚書郭虔應賀等見之歎息共上疏稱舉忠直 集解汪文臺曰御覽五百九十四引張璠漢記云尚書郭虔見之歎息上疏願退位避舉虔作度未知孰是 欲帝置章御坐以為規誡 上章謂所上之書 舉稍遷并州刺史太原一郡舊俗以介子推焚骸有龍忌之禁 新序曰晉文公反國介子推無爵遂去而之介山之上文公求之不得乃焚其山推遂不出而焚死事具耿恭傳龍星木之位也春見東方心為大火懼火之盛故為之禁火俗傳云子推以此日被焚而禁火集解惠士奇曰荀爽云火生于木木盛于火其德為孝至夏乃王其精在天溫煖之氣養生百木是其孝也至冬則廢其形在地酷烈之氣焚燒山林是其不孝也故夏官掌火至冬禁焚萊後世因之而莫知其由盛冬去火曰為龍忌龍星木位火生于寅壯于午死于戌夫文戌火為威故為之禁焚萊者罰并州舊俗遂禁煙爨每冬中輒一月寒食好事者因附會介子推焉沈欽韓曰淮南要略操舍開塞各有龍忌御覽七十一魏武帝明罰令曰太原上黨西河雁門冬至後百有五日皆沍寒之地婦尊老少羸弱將有不堪之患令人不得寒食案此則不獨太原一郡亦不止一月寒食齊民要術介子

推抱樹而死百姓哀之忌日為之斷火煮醴而食之名曰寒食蓋清明前一日也然則僅斷火一日鄴中記并州之俗以介子推五月五日燒死故不舉火偷食非也北方五月五日自作飲食祀神及作五色新盤相問遺不為介子推也[illegible]鄴俗冬至一百五日為介子推斷火冷食三日作乾粥是今之糗冊府元龜六十二後魏太和二十五年詔介山之邑聽為寒食自餘禁斷癸辛雜識綿上火禁升平時禁七日喪亂以來猶三日相傳火禁不嚴則有風雹之變案寒食節莫尚於唐雖宮禁亦不然燭沈佺期詩所謂普天皆滅燄市地盡藏煙也宋後稍弛而綿上之禁猶如此 至其亡月咸言神靈不樂舉火由是士民每冬中輒一月寒食莫敢煙爨老小不堪歲多死者舉既到州乃作弔書以置子推之廟言盛冬去火殘損民命非賢者之意以宣示愚民使還溫食 其事見桓譚新論及汝南先賢傳集解沈欽韓曰桓譚何知有周舉隋唐經籍志並有華譚新論十卷蓋因彼而誤 於是眾惑稍解風俗頗革轉冀州刺史陽嘉三年司隸校尉左雄薦舉徵拜尚書舉與僕射黃瓊同心輔政名重朝廷左右憚之是歲河南三輔大旱五穀災傷天子親自露坐德陽殿東廂請雨又下司隸河南禱祀河神名山

大澤詔書吕舉才學優深特下策問曰朕吕不德仰承三統天統地統人統謂之三統事見白虎通夙興夜寐思協大中尚書洪範曰建用皇極孔安國注云皇大也極中也言立大中之道而行之也頃年以來旱災屢應稼穡焦枯民食困乏五品不訓王澤未流五品五常之敎也書曰五品不遜汝作司徒敬敷五敎在寬訓卽遜集解惠棟曰古文不遜今文作訓訓讀爲馴羣司素餐據非其位審所貶黜變復之徵厥效何由分別具對勿有所諱集解惠棟曰王充論衡云變復之家以久雨爲湛久陽爲旱旱應亢陽湛應沈溺又云水旱有歲運歲値其運氣當其世變復之家指而名之人君用其言求過自改又曰變復之家謂虎食人者功曹爲姦所致也蟲食穀者部吏所致也案變復之法當見緯書今不傳舉對曰臣聞易稱天尊地卑乾坤定矣二儀交構乃生萬物萬物之中吕人爲貴故聖人養之吕君臣之吕化集解先謙曰官本臣作成是順四時之宜適陰陽之和使男女婚娶不過其時包之吕仁恩導之吕德敎示之吕災異訓之吕嘉祥此先聖承乾養物之始也夫陰陽閉隔則二氣否塞二氣否塞則人物不昌人物不昌則

風雨不時風雨不時則水旱成災陛下處唐虞之位未行堯舜之政近廢文帝光武之法而循亡秦奢侈之欲內積怨女外有曠夫今皇嗣不興東宮未立傷和逆理斷絕人倫之所致也非但陛下行此而已豎宦之人亦復虛吕形埶威侮良家取女閉之至有白首歿無配偶逆於天心歿終也昔武王入殷出傾宮之女帝王紀曰武王入殷命召公釋箕子之囚表商容之閭出傾宮之女於諸侯成湯遭災吕六事剋己帝王紀曰湯伐桀後大旱七年洛川竭使人持三足鼎祝於山川曰政不節邪使人疾邪苞苴行邪讒夫昌邪宮室榮邪女謁行邪何不雨之極也魯僖遇旱而自責祈雨解見楊厚傳集解惠棟曰案楊厚傳無此注黃瓊傳有之皆吕精誠轉禍爲福自枯旱吕來彌歷年歲未聞陛下改過之效徒勞至尊暴露風塵誠無益也集解通鑑胡注謂露坐無益又下州郡祈神致請昔齊有大旱景公欲祀河伯晏子諫曰不可夫河伯吕水爲城國魚鼈爲民庶水盡魚枯豈不欲雨自是不能致也晏子春秋之文陛下所行但務其華不尋其實猶緣木求魚卻行求前緣木求魚見孟子之文韓詩外傳曰夫明鏡所以照形往古所以知今夫惡知往古之所以危亡無異卻行而求逮於前人也誠宜推信革政崇道變惑出後宮不御之女理天下冤枉之獄除大官重膳之費夫五品不訓責在司徒集解惠棟曰尚書大傳云天子三公一曰司徒公二曰司馬公三曰司空公百姓不親五品不訓則責之司徒蠻夷猾夏寇賊姦宄則責之司馬溝瀆壅遏水爲民害則責之司空有非其位宜急黜斥臣自藩外擢典納言學薄智淺不足吕對易傳曰陽感天不旋日易稽覽圖之文也解見郎顗傳惟陛下留神裁察因召見舉及尚書令成翊世僕射黃瓊問吕得失舉等並對吕爲宜慎官人去斥貪汙離遠佞邪循文帝之儉尊孝明之敎則時雨必應帝曰百官貪汙佞邪者爲誰乎舉獨對曰臣從下州超備機密不足吕別羣臣別音彼列反然公卿大臣數有直言者忠貞也阿諛苟容者佞邪也司徒視事六年未聞有忠言異謀愚心在此其後吕事免司徒劉崎集解沈欽韓曰帝紀崎以陽嘉三年十一月免袁紀以災

異免遷舉司隸校尉永和元年災異數見省內惡之詔召公卿中二千石尚書詣顯親殿問曰言事者多矣集解先謙曰矣字官本作云是昔周公攝天子事及薨成王欲吕公禮葬之天爲動變及更葬吕天子之禮卽有反風之應尚書洪範五行傳曰周公死成王不圖大禮故天大雷雨禾偃木拔及成王寤金縢之策改周公之葬尊以王禮申命魯郊而天立復風雨禾稼盡起北鄉侯親爲天子而葬吕王禮故數有災異宜加尊謚列於昭穆羣臣議者多謂宜如詔旨舉獨對曰昔周公有請命之應隆太平之功故皇天動威吕章聖德北鄉侯本非正統姦臣所立立不踰歲年號未改皇天不祐大命夭昏杜預注左傳曰短折曰夭未名曰昏春秋王子猛不稱崩魯子野不書葬子猛周景王之子子野魯襄公之子春秋經書王子猛卒杜元凱注云未卽位故不言崩又曰秋九月癸巳子野卒注曰不書葬未成君也今北鄉侯無它功德吕王禮葬之於事已崇不宜稱謚集解惠棟曰何休春秋漢議云孝安皇帝崩立北鄉侯未踰年薨以王禮葬于春秋何義也荅曰春秋未災踰年魯君子野卒降成君稱子從大夫禮可也其說與舉合

眚之來弗由此也於是司徒黃尙太常桓焉等七十人同舉議帝從之尙字河伯河南郡人也集解沈欽韓曰北堂書鈔引楚國先賢傳黃尙爲司隸校尉姦慝自弭周壽昌曰水經沔水注邔縣漢封黃極忠爲侯縣南有黃公闕郎司徒黃尙尙蓋極忠之後邔屬南郡故爲南郡人先謙曰官本無上河字此衍少歷顯位亦以政事稱舉出爲蜀郡太守坐事免大將軍梁商表爲從事中郎甚敬重焉六年三月上巳日商大會賓客讌于洛水周官曰女巫掌歲時祓除釁沴鄭玄云如今三月上巳水上之類也司馬彪續漢書曰三月上巳宮人皆絜於東流水上自洗濯祓除爲大絜也集解顧炎武曰季春之月辰爲建巳爲除故用三月上巳祓除不祥古人謂病愈爲已亦此意也惠士奇曰注沴當作浴沈欽韓曰玉燭寶典正月元日至月晦人並爲酺食度水士女悉湔裳酹酒於水濱以爲度厄不獨三月上巳也宋書禮志云漢書八月祓於霸上劉楨魯都賦素秋二七天漢指隅人胥祓除國子水嬉是又用七月十四也自魏以後但用三日不以巳古人用日例以十干如上辛上戊之類無用支者見周密癸辛雜識舉時稱疾不往商與親暱酣飲極歡及酒闌倡罷繼以薤露之歌坐中聞者皆爲掩涕纂文曰薤露今之挽歌也崔豹古今注薤露歌曰薤上露何易晞露晞明朝還復落人死一去何時歸集解李賡芸曰按古今注露上有朝字以七

字爲句太僕張种時亦在焉會還以事告舉舉歎曰此所謂哀樂失時非其所也殃將及乎左傳曰叔孫昭子與宋公語相泣樂祁退而告人曰君與叔孫其皆死乎吾聞之哀樂而樂哀皆喪心也心之精爽是謂魂魄魂魄去之何以能久也商至秋果薨商疾篤帝親臨幸問以遺言對曰人之將死其言也善臣從事中郎周舉清高中正可重任也集解汪文臺曰初學記十二御覽二百二十三續漢書云淸愼高亮可任諫議大夫由是拜舉諫議大夫時連有災異帝思商言召舉於顯親殿問以變眚舉對曰陛下初立遵修舊典興化致政遠近肅然頃年以來稍違於前朝多寵倖祿不序德觀天察人準今方古誠可危懼書曰僭恆暘若尙書洪範之言也孔安國注曰君行僭差則常暘順之也夫僭差無度則言不從而下不正陽無以制則上擾下竭宜密嚴敕州郡察彊宗大姦以時禽討其後江淮猾賊周生徐鳳等處處並起如舉所陳時詔遣八使巡行風俗皆選素有威名者乃拜舉爲侍中與侍中杜喬守光祿大夫周栩前靑州刺史馮羨尙書欒巴集解洪亮吉曰案巴傳由議郎守光祿大夫與周舉等同使此言尙書蓋由巴後所歷官言之舉亦由舉後所歷官言侍御史張綱兗州刺史郭遵集解汪文臺曰御覽七百七十八續漢書作甄遵太尉長史劉班並守光祿大夫分行天下其刺史二千石有臧罪顯明者驛馬上之墨綬以下便輒收舉集解通鑑胡注刺史二千石大吏驛馬上奏其罪取旨黜免驛馬欲速達京闕也墨綬縣令長也令長以下便收案舉劾上時掌反惠棟曰案漢法墨綬有罪先請今權時定制如前漢呂步舒治淮南獄顓斷于外不請也其有清忠惠利爲百姓所安宜表異者皆以狀上於是八使同時俱拜天下號曰八俊舉於是劾奏貪猾表薦公淸朝廷稱之遷河內太守徵爲大鴻臚及梁太后臨朝詔以殤帝幼崩廟次宜在順帝下太常馬訪奏宜如詔書諫議大夫呂勃以爲應依昭穆之序先殤帝後順帝詔下公卿舉議曰春秋魯閔公無子庶兄僖公代立其子文公遂躋僖於閔上孔子譏之書曰有事於太廟躋僖公傳曰逆祀也事見左氏傳及定公

正其序經曰從祀先公爲萬世法也左氏傳從祀先公杜預云從順也先公閔公僖公也將正二公之位親盡故通言先公也今殤帝在先於秩爲父順帝在後於親爲子先後之義不可改昭穆之序不可亂呂勃議是也太后下詔從之遷光祿勳會遭母憂去職後拜光祿大夫建和三年卒朝廷以舉淸公亮直方欲以爲宰相深痛惜之乃詔告光祿勳汝南太守曰昔在前世求賢如渴封墓軾閭以光賢哲尙書曰武王入殷封比干墓軾商容閭故公叔見諡翁歸蒙述所以昭忠厲俗作範後昆公叔文子衞大夫也文子卒其子戍請諡於君君曰昔者衞國凶飢夫子爲粥與國之餓者不亦惠乎衞國有難夫子以其死衞寡人不亦貞乎夫子聽衞國之政修其班制不亦文乎諡夫子貞惠文子事見禮記尹翁歸爲右扶風宣帝下詔褒揚賜金百斤班固曰翁歸承封帝揚厥聲故曰蒙述也集解劉攽曰注尹翁歸爲右扶風案文少一卒字故光祿大夫周舉性侔夷魚伯夷史魚也忠踰隨管隨會管仲前授牧守及還納言出入京輦有欽哉之績史記堯典曰咨十有二牧欽哉在禁闈有密靜之風集解惠棟曰今文尙書曰密靜殷邦予錄乃勳用登九列方

欲式序百官亮協三事不永夙終用乖遠圖朝廷愍悼良爲愴然詩不云乎肇敏戎功用錫爾祉詩大雅也肇謀也敏疾也戎汝也錫賜也祉福也其令將大夫以下到喪發日復會弔加賜錢十萬以旌委蛇素絲之節焉國風羔羊詩羔羊之皮素絲五紽退食自公委蛇委蛇子繆音叶

繆字巨勝少尚玄虛集解惠棟曰袁宏紀云元虛養道以典墳自娛以父任爲郎自免歸家父故吏河南召夔爲郡將卑身降禮致敬於繆繆恥交報之因杜門自絕後太守舉孝廉復以疾去時梁冀貴盛被其徵命者莫敢不應唯繆前後三辟竟不能屈集解惠棟曰蔡邕周巨勝碑云故大將軍梁冀專國作威海內從風世之雄才俊逸之徒莫不委質從命而顚覆者蓋亦多矣聞君洪名前後三辟卒不降身由是縉紳歸高羣公事德後舉賢良方正不應又公車徵玄纁備禮固辭廢疾常隱處竄身慕老聃清淨杜絕人事巷生荊棘十有餘歲至延熹二年乃開門延賓游談宴樂及秋而梁冀誅年終而繆卒時年五十蔡邕以爲知命

集解惠棟曰見周巨勝碑也自繆曾祖父揚至繆孫恂六世一身皆知名云

黃瓊字世英江夏安陸人魏郡太守香之子也香在文苑傳瓊初以父任爲太子舍人辭病不就遭父憂服闋五府俱辟連年不應永建中公卿多薦瓊者於是會稽賀純廣漢楊厚俱公車徵集解惠棟曰蔣杲云於是下疑脫與字瓊至綸氏稱疾不進綸氏即夏之綸國少康之邑也竹書紀年云楚及秦伐鄭綸氏今洛州故嵩陽縣城是也集解沈欽韓曰一統志潁陽故城在河南府登封縣西南春秋鄭綸氏邑漢置綸氏縣後魏改潁陽縣元和志隋改嵩陽故注云然有司劾不敬詔下縣以禮慰遣遂不得已先是徵聘處士多不稱望李固素慕於瓊乃以書逆遺之曰聞已度伊洛近在萬歲亭豈即事有漸將順王命乎萬歲亭在今洛川故嵩陽縣西北武帝元封元年幸緱氏登太室聞山上呼萬歲聲者三因以名焉集解先謙曰官本川作州是蓋君子謂伯夷隘柳下惠不恭故傳曰不夷不惠可否之間論語孔子曰伯夷叔齊不降其志不辱其身謂柳下惠少連降志辱身我則異於是無可無不可鄭玄注云不爲夷齊之清不爲惠連之屈故曰異於是也集解先謙曰揚雄法言云或問李仲元何如人揚子云不夷不惠可否之間也注未是蓋聖賢居身之所珍也誠遂欲枕山棲谷擬跡巢由斯則可矣若當輔政濟民今其時也自生民以來善政少而亂俗多必待堯舜之君此爲志士終無時矣嘗聞語曰嶢嶢者易缺皦皦者易汙集解惠棟曰廣雅嶢嶢危也曹憲曰嶢音堯胡注嶢嶢山之高也皦皦玉石之白也嶢倪么反陽春之曲和者必寡盛名之下其實難副宋玉對楚襄王問曰客有歌於郢中者爲下里巴人國中屬而和者數千人爲陽春白雪屬而和者不過數百人是其曲彌高其和彌寡集解周壽昌曰案新序其爲陽陵采薇國中屬而和者數百人其爲陽春白雪國中屬而和者數十人矣引商刻角雜以流徵國中屬和不過數人是其曲彌高其和彌寡文選同是和寡者以引商刻角流徵之曲最高也屬文時因陽春字面較工故不用流徵梁書庾肩吾與湘東王書陽春高而不和妙聲絕而不尋蓋已承其誤茲注亦漏引商刻角一層僅望文生訓不如不注原典也近魯陽樊君被徵初至朝廷設壇席猶待神明樊君樊英也事具英傳雖無大異而言行所守亦無所缺而毀謗布流應時折減者集解通鑑胡注言名譽折減也折食列反豈非觀聽望深聲名太盛乎集解通鑑胡注言其聲名之盛素動人之觀聽故所望者深也自頃徵聘之士

胡元安薛孟嘗朱仲昭顧季鴻等集解惠棟曰汝南先賢傳胡定字元安潁川潁陽人也至行絕人在喪雉兔遊其庭雪霜覆其室縣令遣戶曹掾排闥問定定已絕穀妻子皆臥在牀令遣掾以乾糒就遺之定乃受半顧奉見張霸傳沈欽韓曰吳志注吳錄云顧雍曾祖父奉字季鴻潁川太守其功業皆無所採是故俗論皆言處士純盜虛聲願先生弘此遠謨令衆人歎服一雪此言耳瓊至即拜議郎稍遷尚書僕射初瓊隨父在臺閣習見故事及後居職達練官曹集解通鑑胡注達明也練習也言明習尚書諸曹事也爭議朝堂莫能抗奪集解通鑑胡注莫能抗言以奪其議也時連有災異瓊上疏順帝曰間者以來卦位錯謬易乾鑿度曰求卦主歲術常以太歲爲歲紀歲七十六爲一紀二十紀爲一蔀首即置積蔀首歲數加所入紀歲數以三十二除之不足除者以乾坤始數二卦而得一歲未算即主歲之卦也寒燠相干蒙氣數興日闇月散蒙陰闇也散謂不精明集解惠棟曰蒙氣之說詳棟所撰九經古義原之天意殆不虛然陛下宜開石室案河洛石室藏書之府河洛圖書之文也外命史官悉條上永建以前至漢初災異與永建以後訖于今日孰爲多少又使近臣儒者參考政

事數見公卿察問得失諸無功德者宜皆斥黜臣前頗陳災眚并薦光祿大夫樊英太中大夫薛包及會稽賀純集解惠棟曰虞預晉書云賀氏本姓慶氏純儒學有重名安帝時爲侍中江夏太守去官與江夏黃瓊漢中楊厚俱公車徵避安帝父孝德皇帝諱改爲賀氏純事具見李固傳注廣漢楊厚朱蒙御省集解先謙曰官本朱作未是伏見處士巴郡黃錯集解惠棟曰案華陽國志有隱士黃錯爲巴郡太守王堂所舉後至大位漢陽任棠集解惠棟曰皇甫謐高士傳云棠字季卿見龎參傳年皆耆耋有作者七人之志論語曰作者七人注云謂伯夷叔齊虞仲夷逸朱張柳下惠少連集解先謙曰官本志作論考證云論毛本作志宜更見引致助崇大化於是有詔公車徵錯等三年大旱瓊復上疏曰昔魯僖遇旱㠯六事自讓躬節儉閉女謁放讒佞者十三人誅稅民受貨者九人春秋考異郵曰僖公之時雨澤不澍比于九月公大驚懼率羣臣禱山川以六過自讓紬女謁放下讒佞郭都之等十三人誅頭人之吏受貨賂趙祝等九人曰辜在寡人方今天旱野無生稼寡人當死百姓何謗請以身塞無狀也集解劉攽曰注郭都之等案文多一之字先謙曰官本頭作領是退舍南郊天立大雨今亦宜顧省政事有所損闕務存質儉㠯易

民聽尙方御府息除煩費明敕近臣使遵法度如有不移示㠯好惡數見公卿引納儒士訪㠯政化使陳得失又因徙尙積多致死亡亦足㠯感傷和氣招降災旱若改敝從善擇用嘉謀則災消福至矣書奏引見德陽殿使中常侍㠯瓊奏書屬主者施行自帝卽位㠯後不行籍田之禮瓊㠯國之大典不宜久廢上疏奏曰自古聖帝哲王莫不敬恭明祀增致福祥故必躬郊廟之禮親籍田之勤㠯先羣萌率勸農功昔周宣王不籍千畝虢文公㠯爲大譏卒有羌戎之難終損中興之名國語曰宣王卽位不籍千畝虢文公諫曰夫人之大事在農上帝之粢盛於是乎出故稷爲大官古者太史順時覛土農祥晨正日月底于天廟先時九日太史告稷曰陽氣俱蒸土膏其動稷以告王王卽齋宮百官御事王耕一墢班三之庶人終于千畝王弗聽後師敗績于姜氏之戎墢音扶發反竊見陛下遵稽古之鴻業體虔肅㠯應天順時奉元懷柔百神朝夕觸塵埃於道路晝暮聆庶政㠯卹人雖詩詠成湯之不怠遑書美文王之不暇食

誠不能加詩商頌曰不僭不濫不敢怠遑書曰文王至于日中昃不遑暇食也今廟祀適闋而祈穀絜齋之事近在明日臣恐左右之心不欲屢動聖躬㠯爲親耕之禮可得而廢臣聞先王制典籍田有日司徒咸戒司空除壇先時五日有協風之應王卽齋宮饗醴載耒誠重之也自癸巳㠯來仍西北風甘澤不集寒涼尙結西北風曰不周風亦曰厲風見呂氏春秋也迎春東郊既不躬親先農之禮所宜自勉㠯逆和氣㠯致時風五經通義曰八風者八卦之氣入風以時至則陰陽變化之道成萬物得以時育生之集解先謙曰官本少五經二字末之作也是易曰君子自彊不息斯其道也乾卦象曰天行健君子以自強不息也書奏帝從之頃之遷尙書令瓊㠯前左雄所上孝廉之選專用儒學文吏於取士之義猶有所遺乃奏增孝悌及能從政者爲四科事竟施行又雄前議舉吏先試之於公府又覆之於端門後尙書張盛奏除此科集解惠棟曰盛太傅禹長子瓊復上言覆試之作將㠯澄洗清濁覆實虛濫不宜改革帝乃

止出爲魏郡太守稍遷太常和平中㠯選入侍講禁中元嘉元年遷司空桓帝欲褒崇大將軍梁冀使中朝二千石㠯上會議其禮集解通鑑胡注西都中世以後以三公九卿爲外朝官東都無中外朝之別此中朝直謂朝廷惠棟曰案胡說非周禮槁人職鄭元注今司徒府中有百官朝會之殿云天子與丞相舊決大事焉是外朝之存者歟內朝路門外之朝也又朝士注曰今司徒有天子以下大會殿亦古之外朝干寶周禮注曰禮司徒府中有百官朝會殿續漢志曰詔羣臣會司徒議是東漢以來外朝之證也特進胡廣太常羊溥司隸校尉祝恬太中大夫邊韶等咸稱冀之勳德其制度賚賞㠯宜比周公錫之山川土田附庸詩魯頌曰王曰叔父建爾元子俾侯於魯大啟爾宇爲周室輔乃命魯公俾侯于東錫之山川土田附庸注云王成王也叔父周公也集解劉攽曰正文以宜周公案以宜不成文理當作宜以沈欽韓曰袁紀無以字更順胡注此西都諸臣所以尊王莽者今廣復欲以崇冀徵黃瓊之言殆哉王補曰觀此議則胡黃優劣懸殊蔡邕贊曰我黃我胡鈍厥純懿超哉邈猗莫參其二是則老韓同傳所以大爲世詬也瓊獨建議曰冀前㠯親迎之勞增邑三千又其子胤亦加封賞昔周公輔相成王制禮作樂化致太平是㠯大啟土宇開地七百禮記明堂位曰

周公相武王以伐紂武王崩成王幼弱周公踐天子位以理天下七年致政於成王成王以周公有勳勞於天下是以封周公於曲阜地方七百里革車千乘命魯公世世祀周公以天子之禮樂也今諸侯目戶邑爲制不目里數爲限蕭何識高祖於泗水霍光定傾危目興國皆益戶增封目顯其功高祖爲泗上亭長蕭何佐之後拜何爲相國益封五千戶霍光廢昌邑王立宣帝後益封光萬七千戶冀可比鄧禹合食四縣賞賜之差同於霍光使天下知賞必當功爵不越德朝廷從之冀意目爲恨會目地動策免集解沈欽韓曰帝紀元嘉元年冬閏月瓊爲司空二年十一月免袁紀元年十月爲司空十一月以會議梁冀事冀恨之因地動策免則在踰月耳元年二年皆有地動此傳亦云梁冀意以爲恨會以地動策免則與袁紀合於當年免司空也復爲太僕永興元年遷司徒轉太尉梁冀前後所託辟召一無所用雖有善人而爲冀所辟舉者亦不加命延熹元年目日食免復爲大司農明年梁冀被誅太尉胡廣司徒韓縯集解惠棟曰縯風俗通作演司空孫朗皆坐阿附免廢集解惠棟曰漢法阿附反虜與同罪見袁安傳案胡廣傳廣等坐不衞宮皆減死一等復拜瓊爲太尉目師傅之恩而不阿梁氏乃封爲邟鄉侯說文云邟潁川縣也漢潁川有周承休侯國元始二年更名曰邟音亢集解惠棟曰袁紀載詔云太尉黃瓊淸儉不撓數有忠謇加以典謀深奧有師傅之義連在三司不阿權貴疾風知勁草朕甚嘉焉其封瓊邟鄉侯也沈欽韓曰二漢志潁川均無邟縣說文葢譌鄉爲縣也集韻十一唐邟城名在陽翟類篇引同集韻又云縣名在潁川知說文之譌已久紀要承休廢縣在今汝州治子城東邑千戶瓊辭疾讓封六七上言旨懇惻乃許之梁冀既誅瓊首居公位舉奏州郡素行貪汙至死徙者十餘人海內由是翕然望之尋而五侯擅權傾動內外自度力不能匡乃稱疾不起五侯謂左悺徐璜等四年目寇賊免其年復爲司空秋目地震免七年疾篤上疏諫曰臣聞天者務剛其氣君者務彊其政集解惠棟曰解見丁鴻傳是目王者處高自持不可不安履危任力不可不據夫自持不安則顚任力不據則危故聖人升高據上則目德義爲首涉危蹈傾則目賢者爲力集解王補曰袁紀作則以忠賢爲助唐堯目德化爲冠冕目稷契爲筋力高而益崇動而愈據此先聖所目長守萬國保其社稷者也昔

高皇帝應天順民奮劒而王埽除秦項革命創制降德流祚至於哀平而帝道不剛秕政日亂遂使姦佞擅朝外戚專恣所冠不目仁義爲冕所蹈不目賢佐爲力終至顚蹶滅絕漢祚天維陵弛民鬼慘愴賴皇乾眷命炎德復輝光武目聖武天挺繼統興業創基於冰泮之上立足枳棘之林泮冰喻危陷枳棘喻艱難擢賢於衆愚之中畫功於無形之世形兆也言未有天下之兆畫或作書也崇禮義於交爭循道化於亂離是自歷高而不傾任力危而不跌興復洪祚開建中興光被八極垂名無窮至於中葉盛業漸衰陛下初從藩國爰升帝位天下拭目謂見太平而卽位目來未有勝政集解通鑑胡注言政事未有以勝于前朝也諸梁秉權豎宦充朝重封累職傾動朝廷卿校牧守之選皆出其門羽毛齒革明珠南金之寶殷滿其室殷盛也富擬王府埶回天地言之者必族附之者必榮忠臣懼死而杜口萬夫怖禍而木舌法言曰金口木舌也集解吳仁傑曰案金口木舌木鐸也所以振文事辭意不類疑木當作東楚漢春秋人銜枚馬東舌李尋曰智者結舌顏注謂不敢出言也周壽昌曰木猶內經麻木之木謂不能運掉也章懷及吳說並非塞陛下耳目之明更爲聾瞽之主故太尉李固杜喬忠目直言德目輔政念國亡身隕歿爲報而坐陳國議遂見殘滅坐音才臥反賢愚切痛海內傷懼又前白馬令李雲指言宦官罪穢宜誅皆因衆人之心目救積薪之敝賈誼上疏曰夫抱火厝之積薪之下而寢其上火未及然因謂之安方今之政何以異此也弘農杜衆知雲所言宜行懼雲目忠獲罪故上書陳理之乞同日而死所目感悟國家庶雲獲免而雲既不辜衆又并坐天下尤痛益目怨結故朝野之人目忠爲諱昔趙殺鳴犢孔子臨河而反夫覆巢破卵則鳳皇不翔刳牲夭胎則麒麟不臻誠物類相感理使其然史記曰孔子將西見趙簡子至於河而聞竇鳴犢舜華之死也臨河而歎曰美哉洋洋丘之不濟此命也夫竇鳴犢舜華晉之賢大夫也趙簡子未得志之時須此兩人而後從政及其得志而殺之丘聞刳胎殺夭則麒麟不至郊藪涸澤而漁則蛟龍不處其淵覆巢毀卵則鳳皇不翔何則君子諱傷其類

也事亦見孔子家語文也尚書周永昔爲沛令素事梁冀幸其威埶坐事當罷越拜令職見冀將衰乃陽毀示忠遂因姦計亦取封侯集解沈欽韓曰永封下邳高遷鄉侯一統志高遷亭在邳州界又黃門協邪集解惠棟曰協與挾通羣輩相黨自冀興盛腹背相親朝夕圖謀共搆姦軌臨冀當誅無可設巧復記其惡㠯要爵賞陛下不加清徵集解官本考證曰諸本同徵當作澂惠棟曰古文易曰君子以徵忿窒欲鄭玄云徵清也左傳襄二十七年云以徵過也杜預曰徵審也鄭瑗曰清徵本出楚詞君含怒以待臣兮不清徵其然否通鑑胡注失於引證審別眞僞復與忠臣竝時顯封集解惠棟曰案袁宏紀忠臣指尹勳等也使朱紫共色粉墨雜蹂所謂抵金玉於沙礫抵投也礫音紙碎珪璧於泥塗四方聞之莫不憤歎昔曾子大孝慈母投杼解見寇榮傳伯奇至賢終於流放説苑曰王國子前母子伯奇後母子伯封後母欲其子立爲太子説王曰伯奇好妾王不信其母曰令伯奇於後園妾過其旁王上臺視之卽可知王如其言伯奇入園後母陰取蜂十數置單衣中過伯奇邊曰蜂螫我伯奇就衣中取蜂殺之王遂見乃逐伯奇也集解劉攽曰注伯奇王國子案伯奇是尹吉甫子王國未詳官本考證曰劉注子字諸本皆誤作事夫讒諛所舉無高而不可升相抑集解王補曰袁紀作阿黨相抑無深而不可淪可不察歟臣至頑駑世荷國恩身輕位重勤不補過然懼於永歿負釁益深敢㠯垂絶之日陳不諱之言庶有萬分無恨三泉三者數之極一生二二生三三生萬物天地人之極數故以三爲名者取其深之極也其年卒集解惠棟曰袁紀七年以太尉薨范不載郭仲產荆州記曰安陸縣有鳳皇岡中有黃瓊墓時年七十九贈車騎將軍謚曰忠侯集解惠棟曰袁宏紀作昭侯

孫琬

琬字子琰集解惠棟曰文選注引范書作公琰少失父早而辯慧祖父瓊初爲魏郡太守集解惠棟曰文選注引云少失父母又云祖父瓊有之初爲魏郡太守云云也建和元年正月日食京師不見而瓊㠯狀聞太后詔問所食多少瓊思其對而未知所況琬年七歲在傍曰何不言日食之餘如月之初瓊大驚卽㠯其言應詔而深奇愛之後瓊爲司徒琬㠯公孫拜童子郎辭病不就知名京師時司空盛允有疾集解惠棟曰司徒盛允碑云公字伯世梁國虞人也其先奭氏至漢中葉

避孝元帝諱改姓曰盛世濟其美以迄於公察孝廉除郎累遷司徒司空也瓊遣琬候問會江夏上蠻賊事副府副本詣公府也允發書視畢微戲琬曰江夏大邦而蠻多士少琬奉手對曰蠻夷猾夏責在司空集解惠棟曰蠻夷猾夏責在司馬云司空者葢琬借以譏允也因拂衣辭去允甚奇之稍遷五官中郎將時陳蕃爲光祿勳深相敬待數與議事舊制光祿舉三署郎㠯高功久次才德尤異者爲茂才四行久次謂久居官次也集解惠棟曰應劭漢官儀云三署郎有行應四科者歲舉茂才二人四行二人三署謂五官署也左右署也四行注見吳祐傳時權富子弟多㠯人事得舉而貧約守志者㠯窮退見遺京師爲之謠曰欲得不能光祿茂才能音乃來反於是琬蕃同心顯用志士平原劉醇河東朱山蜀郡殷參等集解惠棟曰案華陽國志無殷參名獨士女目錄有殷知孫蜀人爲柳宗所拔致郡守或參之字也本傳作智孫竝㠯才行蒙舉蕃琬遂爲權富郎所見中傷事下御史中丞王暢侍御史刁韙韙暢素重蕃琬不舉其事而左右復陷㠯朋黨暢坐左轉議郎而免蕃官琬韙俱禁錮韙字子榮彭城人後陳蕃被徵而言事者多訟韙復拜議郎遷尚書在朝有鯁直臣節集解先謙曰臣字衍官本無出爲魯東海二郡相集解錢大昕曰漢制諸侯王國稱相此郡稱太守郡當爲國之誤性抗厲有明略所在稱神常㠯法度自整家人莫見墯容焉琬被廢棄幾二十年至光和末太尉楊賜上書薦琬有撥亂之才由是拜徵議郎擢爲青州刺史遷侍中中平初出爲右扶風徵拜將作大匠少府太僕集解沈欽韓曰袁紀中平末涼州叛大軍出征軍調不足貨殖之徒多以財爲官者或起家爲州郡琬由是奏太尉樊陵司徒許相皆竊位懷祿苟進無耻終無匡救之益必有覆公折足之患宜皆罷遣以淸治路軍費雖急禮義廉耻國之大本也苟非其選飛隼在墉爲國生事此猶負石救溺不可不察又爲豫州牧時寇賊陸梁州境彫殘琬討擊平之威聲大震集解沈欽韓曰袁紀是時上遣下軍校尉鮑鴻征葛陂賊鴻因軍徵發盜官物贓過千萬琬爲糾奏其姦論鴻如法汪文臺曰文選曹植贈丁儀詩注黃琬拜豫州威邁百城政績爲天下表封關內侯及董卓秉政㠯琬名臣徵爲司徒遷太尉更封陽泉鄉侯集解沈欽韓曰張宗傳爲縣陽泉鄉佐廬江有

陽泉鄉水經注泱水右會陽泉水東北流逕陽泉縣故城南故陽泉鄉也獻帝封黃琬爲侯國一統志陽泉故城在潁州府霍邱縣西卓議遷都長安琬與司徒楊彪同諫不從琬退而駮議之曰昔周公營洛邑以寧姬光武卜東都以隆漢天之所啓神之所安大業既定豈宜妄有遷動以虧四海之望時人懼卓暴怒琬必及害固諫之琬對曰昔白公作亂於楚屈廬冒刃而前新序曰白公勝殺楚惠王王出亡令尹司馬皆死勝拔劒而屬之於屈廬曰子與我將舍子不與我將殺子屈廬曰詩有之曰莫莫葛藟延于條枚愷悌君子求福不回今子殺子叔父而求福與廬也可乎且吾聞之知命之士見利不動臨死則死是謂人臣之禮故上知天命下知臣道其可劫乎子胡不推之白公勝乃入其劒焉崔杼弒君於齊晏嬰不懼其盟解見馮衍傳吾雖不德誠慕古人之節琬竟坐免卓猶敬其名德舊族不敢害後與楊彪同拜光祿大夫及徙西都轉司隸校尉與司徒王允同謀誅卓及卓將李傕郭汜攻破長安遂收琬下獄死時年五十二

論曰古者諸侯歲貢士進賢受上賞非賢貶爵土升之司馬辯論

其才論定然後官之任官然後祿之尚書大傳曰古者諸侯之於天子三年一貢士一適謂之好德再適謂之賢賢三適謂之有功有功者天子賜以車服弓矢號曰命諸侯有不貢士謂之不率正一不適謂之過再不適謂之傲三不適謂之誣誣者天子絀之一絀以爵再絀以地三絀而爵地畢也集解惠棟曰修文殿御覽引鶡冠子曰進賢受上賞則下不蔽善故王者得其人進仕勸其行經邦弘務所由久矣漢初詔舉賢良方正州郡察孝廉秀才斯亦貢士之方也中興以後復增敦朴有道賢能直言獨行高節質直淸白敦厚之屬集解王補曰前書成帝紀永始三年詔部刺史舉惇樸遜讓有行義者各一人平帝紀元始元年公卿將軍中二千石舉敦厚能直言者各一人似惇朴敦厚直言諸科非增于中興以後榮路既廣觖望難裁集解惠棟曰前書云上欲用盧綰羣臣觖望臣瓚曰觖望相觖而怨望也觖音決司馬貞曰觖又音企韋昭音冀自是竊名僞服浸以流競權門貴仕請謁繁興自左雄任事限年試才雖頗有不密固亦因識時宜集解劉攽曰案文當作因時識宜而黃瓊胡廣張衡崔瑗之徒泥滯舊方互相詭駮循名者屈其短算實者挺其效故雄在尚書天下不敢妄選十餘年間稱爲得人斯亦效實之徵乎順帝始以童弱反政而號令自出知能任使故士得用情天下喁喁仰其風采遂乃備玄纁玉帛以聘南陽樊英天子降寢殿設壇席尚書奉引延問失得急登賢之舉虛降己之禮於是處士鄙生忘其拘儒拘儒猶褊狹也集解沈欽韓曰廣雅釋詁儒短也又柔也荀子修身篇注儒謂懦弱畏事拂巾衽褐以企旌車之招矣至乃英能承風俊乂咸事若李固周舉之淵謨弘深左雄黃瓊之政事貞固桓焉楊厚以儒學進崔瑗馬融以文章顯吳祐蘇章种暠欒巴牧民之良幹龐參虞詡將帥之宏規王龔張皓虛心以推士張綱杜喬直道以糺違郎顗陰陽詳密張衡機術特妙東京之士於茲盛焉向使廟堂納其高謀彊場宜其智力帷幄容其謇辭舉厝稟其成式則武宣之軌豈其遠而而語辭也論語曰豈不爾思室是遠而詩云靡不有初鮮克有終可爲恨哉及孝桓之時碩德繼興碩大也陳蕃楊秉處稱賢宰

皇甫張段出號名將王暢李膺彌縫衮闕彌縫猶補合也詩云衮職有闕惟仲山甫補之朱穆劉陶獻替匡時郭有道獎鑒人倫陳仲弓弘道下邑其餘宏儒遠智高心絜行激揚風流者不可勝言而斯道莫振文武陵隊在朝者以正議嬰戮謝事者以黨錮致災往車雖折而來軫方遒廣雅曰遒急也集解惠棟曰韋昭國語注云軫後橫木也所以傾而未顚決而未潰豈非仁人君子心力之爲乎嗚呼集解顧炎武曰漢自孝武表章六經之後師儒雖盛而大義未明故新莽居攝頌德獻符者徧於天下光武有鑒於此故尊崇節義敦厲名實所舉用者莫非經明行修之人而風俗爲之一變至其末造朝政昏濁國事日非而黨錮之流獨行之輩依仁蹈義舍命不渝風雨如晦雞鳴不已三代以下風俗之美無尙於東京者故范氏以爲桓靈之間君道秕僻朝綱日替國隙屢啓故自中智以下靡不審其崩離而權彊之臣息其闚盜之謀豪俊之夫屈於鄙生之論所以傾而未顚決而未潰皆仁人君子之爲可謂知言者矣王補曰此論體製出於前書公孫卜兒列傳

贊曰雄作納言古之八元舉升以彙越自下蕃彙類也易曰以其彙征吉彙音謂登朝理政竝紓災昏紓解也音式余反瓊名夙知累章國疵疵病也琬亦早

秀位及志差志意差舛不能遂也差音楚宜反

左周黃列傳第五十一終　後漢書六十一

後漢書集解卷六十一校補

左雄傳稍遷冀州刺史集解沈欽韓曰至長食乾糒 柳從辰曰今書鈔及御覽糒均作飯

臣聞柔遠和邇 錢大昭曰閩本臣聞下有之字

職斯祿薄集解惠棟曰至釋文本作厮 沈銘彝曰王伯厚云此斯字卽旅卦斯其所取災之斯又左傳魏絳曰使臣斯司馬斯亦作此字解今案鄭元傳去厮役之吏周燮傳恥在厮役注皆訓厮爲賤此訓斯爲賤章懷本卽讀斯爲厮固無庸別爲之說

追配文宣中興之軌注故亦云中興 官本注末有也字

自是選代交互 錢大昭曰漢制婚姻之家及兩州人士不過對相監臨所云交互是也

令長月易 原令誤今錢大昭曰今當作令已據改官本不誤

孔子曰四十不惑 官本四十下有而字

諸生試家法注故稱家法 官本注脫法字

文吏課牋奏 沈銘彝曰牋奏已見胡廣傳羅核軒

物原漢文始以策取士武帝加問經疑左雄又加牋奏梁武帝始以詞賦唐太宗加律判及詩德宗加論及詔誥

臺郎疑而詰之 錢大昭曰謂尚書臺郎也

於是濟陰太守胡廣等十餘人皆坐謬舉免黜集解沈欽韓曰至當據此以定其先後次第 案胡廣在尚書十有餘年典機事亦十年乃出爲濟陰太守以舉吏不實免復爲汝南太守入拜大司農未嘗復爲尚書廣傳敘次甚明惟延熹二年廣坐罪免爲庶人後拜太中大夫後曾爲尚書令太僕乃爲太常但事在桓帝末年雄前卒久矣是廣駁雄察舉之議本在前爲尚書時出守濟陰舉吏仍不用雄議乃怙終耳非挾恨也且廣駁雄識駁之於初建議之時也豈有科令已布察舉已行廣既緣謬舉獲咎猶能追駁之哉沈乃謂當據雄傳以改廣傳次第是好爲紛更也

迄于永熹 案永熹卽質帝之永嘉亦郎史繩祖學齋佔畢記據邛州古竁封石文謂當作永憙者也史說已詳本紀集解

年始十二各能通經集解沈欽韓曰至年十三 柳從辰曰今書鈔作年十二與傳合臧洪傳注引亦作年十二今東觀記作年十三與沈見本書鈔同疑三是寫譌

雄並奏拜童子郎 案魏志司馬朗年十二試經爲童子郎蓋已沿爲故事

周舉傳字宣光柳從辰曰書鈔七十二引續漢書作字眞先汝南汝陽人陳留太守防之子錢大昭曰舉地已書于防傳黃瓊地已書文苑黃香傳李固地已書方術李郃傳鄭泰地已書鄭衆傳可省案既別爲傳原不礙各書地前書賈捐之傳以捐之爲賈誼曾孫不別書地而嚴延年與次弟彭祖各爲傳亦各書地明無一定故錢氏亦第云可省

太原一郡舊俗以介子推焚骸有龍忌之禁集解沈欽韓曰淮南要略操舍開塞各有龍忌案高注云中國以鬼神之事日忌北胡南越皆謂之請龍御覽七十一魏武帝明罰令曰至令人不得寒食柳從辰曰令見御覽三十作七十一誤也案沈引御覽其文脫誤不完據初學記四引魏武帝明罰令曰聞大原上黨西河鴈門冬至後百有五日皆絕火寒食云爲介子推且北方沍寒之地老少羸弱將有不堪之患令到人不得寒食若犯者家長半歲刑主吏百日刑令長奪一月俸

由是士民每冬中輒一月寒食注其事見桓譚新論及汝南先賢傳官本注末有也字侯康曰蓺文類聚三引桓譚新論云太原郡民以隆冬不火食五日雖有病緩急猶不敢犯爲介子推故也今案據類聚所引新論止記太原民俗有此初不爲周舉發沈欽韓謂桓譚何知有周舉直係誤會矣惟僅不火食五日

與傳言一月寒食者又不合先賢傳則云并州以介子推焚死每冬中輒一月寒食莫敢煙爨適與傳說同故章懷兼及之侯康又曰據魏武明罰令是此風漢末猶存故史但言頗革䂓下頗者未盡之詞也其說是矣惟詳漢世寒食本在冬中至風俗通謂冬至後百四日五日六日有疾風暴雨爲寒食葢以此三日爲寒食節之驗過此乃不寒食也徐陵報尹義尚書云歸雁衘蘆多經寒食則亦就寒食節言是寒食節與民間禁火日數之多少必當分別觀之夫冬至後百有五日正達次年淸明當以冬至一陽始生木絕復蘇已能肇火故禁火卽始冬至非有他也若止於冬至日始禁火一月則又適達大寒命名寒食亦或有因然自唐以後則皆以淸明前一日爲寒食節禁火三日唐起北方當緣敝俗相承歷世莫變遂存其名而改其制以朝廷率天下此風乃革所謂民可使由不可使知也章懷注謂懼火之盛故爲之禁火因忌火而忌木並忌木氣之復蘇也其說自當有所本至云龍星春見東方此特就龍星釋之並非誤冬禁爲春禁

五品不訓注訓卽遜官本注作訓亦遜之義

變復之徵集解惠棟曰至案變復之法當見緯書今不傳沈銘彝曰列子易變而爲一一變而爲七七變而爲九九變者究也乃復變而爲一前書武帝紀九變復貫知言之選應劭云逸詩也

乾坤定矣錢大昭曰定矣閩本作以定

少歷顯位案尙爲大司農時嘗救李固並見固傳尙或作向誤也

祿不序德柳從辰曰袁紀此下有府藏空匱有瓦解之心二句案有上當脫民字

呂勃議是也柳從辰曰袁紀此下有帝不從三字

後太守舉孝廉復以疾去侯康曰蔡邕周巨勝碑云察孝廉是時郡守梁氏外戚貴寵非其好也遂以病辭太守復察孝廉乃俯而就之以明可否然猶私存衡門講誨之樂不屑己也復以疾去

黃瓊傳嘗聞語曰官本嘗作常

陽春之曲和者必寡集解周壽昌曰至不如不注原典也案宋玉對楚王本云其始曰下里巴人國中屬而和者數千人其爲陽阿薤露國中屬而和者數百人其爲陽春白雪國中屬而和者不過數十人引商刻羽雜以流徵國中屬而和者不過數人而已所謂引商刻羽雜以流徵者乃歌聲之頓挫抑揚由開口閤口而歸注於舌齒之間卽謂就陽春白雪而曼聲歌之也成公綏嘯賦協黃宮於淸角雜商羽於流徵蘇軾水龍吟嚼徵含宮泛商流羽皆以聲言章懷引書多所刪節省去其爲陽阿薤露二句周氏乃別以引商刻角流徵爲曲名誤矣

卽拜議郎柳從辰曰書鈔五十六引東觀記瓊以德行高妙公車徵拜議郎豐之職也今東觀記無此四字葢瓊以處士卽拜議郎

李固傳亦云衆皆怪其始崇陸也

瓊遷尙書令柳從辰曰書鈔五十九引華嶠書瓊遷尙書令朝廷事號爲補職案廷上疑有脫字

雖詩詠成湯之不怠遑注不僭不濫官本注僭誤潛

太中大夫邊韶等韶在文苑傳官本作詔誤

昔周公輔相成王注七年致政於成王成王以周公有勳勞於天下官本注成王二字不重

雖有善人而爲冀所辟舉者亦不加命官本辟作飾侯康曰御覽卷二百九及四百二十八引汝南先賢傳曰李宣字公休爲太尉黃瓊辟是時寒暑不和羌夷數起瓊屬曰是太尉無德願諸掾有以匡君之東平王象對曰昔堯遭洪水之變湯遭六年之旱自上聖之君誰能無此明公日昃恪勤宣職修理小掾等無以加增如此至數人瓊欣笑亦及於宣宣乃仰曰明公被日月之衣居上司之位輔弼天子處諫諍之職未有對揚謇謇之言其所旌命不授巖谷之士小掾私以於邑小掾聞之三台不明責在三公願明公深思消復災異進納忠良衆人默然慙愧案先賢傳務表公休之伉直未免淺之乎視瓊矣然亦足見瓊於辟舉雖不徇權要亦猶未能顯拔幽隱使旌命徧逮巖谷也

乃封爲邟鄉侯集解沈欽韓曰二漢志潁川均無邟縣說文蓋譌
鄉爲縣也案邟縣之變遷段玉裁說文解字注考之詳矣前志潁川郡周承休班注本云侯國元帝置元始二年更
名鄭公不云更名邟章懷引班注更名下盍亦原是鄭公二字至邟音亢乃別爲音注也寫書者因鄭邟同一偏旁誤脫二字
耳此地未爲國之前本郎潁川之邟縣自前漢改封周後後乃有周承休國無邟縣矣前志斷自孝哀故平帝元始之改國爲
鄭亦不取也中興後雖嘗復封周承休旋又改國於衞地爲東郡之故觀縣而周承休故地遂幷省入潁川之陽城而爲邟鄉
續志自亦無邟縣及周承休矣瓊所封雖實鄉侯其地則仍邟縣故地許書著邟之得名自邟縣固當仍以邟縣解之非有譌
也周承休國今汝州東二十六里至紀要所云承休廢縣在今汝州治子城東者乃指隋承休縣非謂漢周承休國
瓊辭疾讓封六七上言旨懇惻乃許之觀瓊免司空後猶有疏薦又諡曰忠侯是必仍以列
侯就第得奉朝請矣疑雖許辭實封仍嘗受封關內侯爵止及身故瓊卒有諡而琬不聞嗣封也傳變傳已論之
而帝道不綱官本而作則
創基冰泮之上注泮冰喻危陷官本注泮冰作冰泮
伯奇至賢終於流放注伯奇好妾官本奇作子 王遜見官本見下有之字

卷六十一　校補　四

其年卒集解惠棟曰袁紀七年以太尉薨范不載案袁紀有誤已詳楊震傳校補
允甚奇之案延熹二年誅梁冀黃瓊復爲太尉允始由大鴻臚爲司空則琬之侯允非在拜童子郎不就時矣傳接上文
云時司空盛允有疾嫌於無別琬卒於初平三年年五十二延熹二年琬年已二十非童子
出爲魯東海二郡相案此互文見義言出爲東海郡魯相也集解錢大昕曰至此郡
當爲國之誤案東海非國錢說仍誤
由是拜徵議郎官本拜徵作徵拜是擢爲靑州刺史遷侍中柳從辰曰書鈔卷六十引續漢
書琬方毅廉直爲侍中尚書案傳不載琬爲尚書蓋略之
更封陽泉鄉侯集解沈欽韓曰至在潁州府霍邱縣西案續志廬江郡陽泉
侯國自係縣侯封地雖其鄉亦有陽泉之名不應縣侯鄉侯並建水經注博而多疏未可據也至張宗爲縣陽泉鄉佐宗乃南
陽魯陽人此自指魯陽之陽泉鄉沈欽韓乃與廬江之陽泉鄉幷爲一談亦誤
屈盧昌刃而前注今子殺子叔父而求福與盧也可乎官本與作於與今本
新序合案而求福句與盧也可乎句與盧郎刧盧與己承上與字說亦可通見利不動臨死則死柳從
辰曰今新序作見利不動臨死不恐爲人臣者時生則生時死則死
進賢受上賞官本上誤士集解惠棟曰至則下不蔽善案高帝云吾聞進賢受上賞見
蕭相國世家
復增敦朴有道賢能直言獨行高節質直淸白敦厚之屬錢大昭曰案潛
夫論尚有明經寬博武猛治劇等名
疆埸宜其智力官本埸誤場帷幄容其謇辭官本謇誤蹇
位及志差注差音楚宜反官本注宜作家非

卷六十一　校補　五

荀韓鍾陳列傳第五十二　　後漢書六十二

宋　宣城太守范曄撰

唐　章懷太子賢注

王先謙集解

荀淑字季和潁川潁陰人也荀卿十一世孫也卿名況趙人也爲楚蘭陵令著書二十二篇號荀卿子避宣帝諱故改曰孫也集解惠棟曰據荀氏譜及家傳云然少有高行博學而不好章句多爲俗儒所非而州里稱其知人集解惠棟曰先賢行狀云淑所拔韋褐芻牧之中執案刀筆之吏皆爲英彥汪文臺曰魏志荀彧傳注世說德行注引張璠漢記云拔李昭於小吏友黃叔度於幼童安帝時徵拜郎中後再遷當塗長當塗縣名故城在今宣州集解吳仁傑曰案有兩當塗縣一在九江郡一在宣州九江之當塗以塗山得名故城在唐屬豪州是也宣之當塗則晉成帝時以當塗流人過江在于湖者僑立爲當塗縣大業十年屬宣州是也宣之當塗晉成帝始置東都固未有之滕撫傳注亦同誤去職還鄉里當世名賢李固李膺等皆師宗之及梁太后臨朝有日食地震之變詔公卿舉賢良

方正光祿勳杜喬少府房植舉淑對策譏刺貴倖爲大將軍梁冀所忌出補朗陵侯相續漢書曰淑對策譏刺梁氏故出也莅事明理稱爲神君頃之棄官歸閒居養志產業每增輒以贍宗族知友年六十七建和三年卒李膺時爲尚書自表師喪禮記曰事師無犯無隱左右就養無方服勤至死心喪三年也二縣皆爲立祠有子八人儉緄靖燾汪爽肅專並有名稱時人謂之八龍緄音昆燾音道汪音烏光反說文云汪深廣也俗本改作注非專本或作敷集解錢大昕曰專當作旉即敷字陶淵明四八目云儉字伯慈緄字仲慈靖字叔慈燾字慈光汪字孟慈爽字慈明肅字敬慈專字幼慈見張璠漢記惠棟曰荀氏譜云緄濟南相年六十六彧之父燾舉孝廉年七十汪昆陽令年六十肅守舞陽令年五十專司徒掾年七十燾一作壽專古文敷說卦云震爲專是也故注云本或作敷俗本作專誤也汪文臺曰御覽四百三十二七百五十七袁山松書云淑及陳寔神交及其棄朗陵而歸也數命駕詣之淑御慈明從叔慈抱孫文若而行寔亦令元方侍側季方作食抱孫長文而坐相對怡然嘗一朝求食食遲季方尚少跪曰闚大人與荀君言甚善竊聽寔曰汝聽談解否乎諶曰解因令與二慈說之不失一詞二公大悅御覽二百十二書鈔六十謝承書云緄性明亮敏於衆職以勖羣僚秉機平正直而行之先謙曰官本謂下奪之字初荀氏舊里名西豪

今許州城內西南有荀淑故宅相傳云卽舊西豪里也潁陰令勃海苑康以爲昔高陽氏有才子八人左傳曰昔高陽氏有才子八人蒼舒隤敳檮戭大臨尨降庭堅仲容叔達今荀氏亦有八子故改其里曰高陽里靖有至行不仕年五十而終號曰玄行先生皇甫謐高士傳曰靖字叔慈少有俊才動止以禮靖弟爽亦以才顯於當時或問汝南許章曰爽與靖孰賢章曰皆玉也慈明外朗叔慈內潤學士惜之誄靖者二十六人潁陰令丘禎追號靖曰玄行先生也集解惠棟曰荀氏譜云年五十五高士傳又云潁川太守王懷亦謚之曰昭定先生汪文臺曰魏志荀彧傳注張璠漢記云靖亦有至德名幾亞爽隱居終身淑兄子昱字伯條集解惠棟曰條荀氏家傳作修謝承書又作脩案三君八俊錄曰天下好交荀伯條條與交韻當從本傳也曇字元智昱爲沛相曇爲廣陵太守兄弟皆正身疾惡志除閹官其支黨賓客有在二郡者纖罪必誅昱後共大將軍竇武謀誅中官與李膺俱死集解惠棟曰昱通鑑作翊李膺家傳云膺坐黨事與杜密荀翊同繫新汲縣獄時歲旦翊引杯曰正朝從小起膺謂翊曰死者人情所惡今子無恡色者何翊曰求仁得仁又誰恨也膺乃歎曰漢其亡矣漢其亡矣善人天地之紀而多害之何以存國曇亦禁錮終身

爽字慈明一名諝音息汝反集解洪頤煊曰吳志虞翻傳裴注引翻別傳潁川荀諝號爲知易幼而好學集解惠棟曰楊修荀爽述讚云其德克明誕發初齡年十二能通春秋論語太尉杜喬見而稱之曰可爲人師集解惠棟曰任昉雜傳云魏德公曰經師易獲人師難遭爽遂耽思經書慶弔不行徵命不應潁川爲之語曰荀氏八龍慈明無雙延熹九年集解先謙曰官本九作元太常趙典舉爽至孝拜郎中對策陳便宜曰臣聞之於師曰漢爲火德火生於木木盛於火故其德爲孝火木之子夏火之位木至夏而盛故爲孝集解惠棟曰袁紀載爽對云漢之謚帝稱孝者其義取此也其象在周易之離夫在地爲火在天爲日易說卦曰離爲火爲日也在天者用其精在地者用其形集解惠棟曰在天爲陽在地爲陰翼奉云陽用其精陰用其形夏則火王其精在天溫煖之氣養生百木是其孝也冬時則廢其形在地酷烈之氣焚燒山林是其不孝也故漢制使天下誦孝經選吏舉孝廉平帝時王莽作書八篇戒子孫令學官以教授吏能誦者比孝經音義云言用之得選舉之也集解周壽昌曰注說王莽書於孝經無與尤爲誤證孝經在兩漢殆人人誦之孝文

置孝經博士疏證亦屢見前書昭宣紀孝平元始三年詔置孝經師博士江公著孝經說至後漢經學益盛儒林傳自期門羽林之士悉令通孝經章句司隸有孝經師荀爽傳宋梟曰涼州寡於學術屢致反暴今欲多寫孝經令家家習之雖被詔責要可見漢制誦孝經遍天下也何休鄭康成馬融俱有孝經注高誘有孝經解劉熙有孝經注皆後漢之治孝經學者注俱不引而轉引莽書謬甚夫喪親自盡孝之終也盡謂盡其哀戚今之公卿及二千石三年之喪不得即去殆非所以增崇孝道而克稱火德者也往者孝文勞謙行過乎儉易謙卦九三爻勞謙君子有終吉故有遺詔以日易月集解王補曰漢文遺詔並無以日易月之語此爽誤會詔意也詔云以下服大紅十五日小紅十四日纖七日釋服以下謂已葬其葬前臣有服不盡于三十六日且古喪服二十七月不聞三十六月何謂以日易之乎唐世元肅二宗竟降三十六日為二十七日荀說誤之也蔡邕上封事云孝文皇帝制喪服三十六日此尚可通以葬前無改也朱子荅余正甫書漢文葬後三易服三十六日而除讀漢書最審此當時之宜不可貫之萬世古今之制雖有損益而諒闇之禮未嘗改移以示天下莫遺其親遺忘也今公卿羣寮皆政教所瞻而父母之喪不得奔赴夫仁義之行自上而始敦厚之俗以應乎下傳曰喪

祭之禮闕則人臣之恩薄背死忘生者衆矣集解惠棟曰禮記經解文曾子曰人未有自致者必也親喪乎事見論語致猶盡也極也春秋傳曰上之所為民之歸也左氏傳臧武仲之言夫上所不為而民或為之故加刑罰若上之所為民亦為之又何誅焉昔丞相翟方進以自備宰相而不敢踰制集解劉攽曰案文以自當作自以至遭母憂三十六日而除前書翟方進為丞相遭後母憂行服三十六日起視事以不敢踰國制也集解王補曰前書翟方進傳後母終既葬三十六日除服此所謂國制也爽既誤以文帝遺詔為以日易月因删此既葬二字以合之斯為巨謬夫失禮之源自上而始古者大喪三年不呼其門公羊傳之文也何休注云重奪孝子之恩所以崇國厚俗篤化之道也事失宜正過勿憚改憚難也天下通喪可如舊禮禮記曰三年之喪天下之通喪也臣聞有夫婦然後有父子有父子然後有君臣有君臣然後有上下有上下然後有禮義禮義備則人知所厝矣語見易序卦也夫婦人倫之始王化之端集解王補曰爽女采為南陽陰瑜妻瑜卒守義不嫁爽詐稱病篤召歸采懷刃自誓爽令傳婢執奪其刃扶抱載之遏嫁郭氏采卒不汙自縊而死事詳列女傳爽之所為如此今對策極言嫁娶之禮夫婦又時人不行妻服爽復引據大義正之經典所謂媢妖其身嬬其口者乎徒見其赧顏而已故文王作易上經首乾坤下經首咸恆易乾坤至離為上經咸恆至未濟為下經集解惠棟曰易乾鑿度云乾坤者陰陽之根本萬物之祖宗也為上篇始者尊之也咸恆者男女之始夫婦之道也人道之興必由夫婦所以奉承祖宗為天地主也故為下篇始者貴之也孔子曰天尊地卑乾坤定矣易繫辭也集解惠棟曰荀爽注云謂否卦也否七月萬物已成乾坤各得其位定矣夫婦之道所謂順也堯典曰釐降二女於媯汭嬪于虞降者下也嬪者婦也言雖帝堯之女下嫁於虞猶屈體降下勤修婦道易曰帝乙歸妹以祉元吉易泰卦六五爻辭也王輔嗣注云婦人謂嫁曰歸泰者陰陽交通之時女處尊位履中居順降身應二帝乙歸妹誠合斯義也案史記紂父名帝乙此文以帝乙為湯湯名天乙也集解惠棟曰九家易云五者帝位震象稱乙是為帝乙六五以陰處尊位帝者之姊妹五在震後明其為妹也五應於二當下嫁二婦人謂嫁曰歸故言帝乙歸妹謂下居二以中和相承故元吉也此言乾升坤降之義注引王弼注未當婦人謂嫁曰歸言湯以娶禮歸其妹於諸侯也春秋之義王姬嫁齊使魯主之不以天子之尊加於諸侯

也公羊傳曰夏單伯逆王姬單伯者何吾大夫之命於天子者也何以不稱使天子召而使逆之者何使我主之也曷為使我主之天子嫁女於諸侯必使同姓諸侯主之何休注云不自為主者尊卑不敵也集解惠棟曰京房易傳載湯嫁妹之辭曰無以天子之尊而乘諸侯無以天子之富而驕諸侯陰之從陽女之順夫本天地之義往事爾夫必以禮義易家皆以帝乙為湯左傳謂微子啟帝乙之子左邱明不傳易不足據也今漢承秦法設尚主之儀以妻制夫以卑臨尊違乾坤之道失陽唱之義易緯曰陽唱而陰和也孔子曰昔聖人之作易也仰則觀象於天俯則察法於地觀鳥獸之文集解惠棟曰荀爽注云乾為馬坤為牛震為龍巽為雞之屬是也與天地之宜集解惠棟曰九家易云謂四方四維八卦之位山澤高卑五土之宜今易無天字王昭素據此以為諸本皆有天字也近取諸身遠取諸物以通神明之德集解惠棟曰荀爽注云乾坤為天地離坎為日月巽震為風雷艮兌為山澤凡此皆神明之德也以類萬物之情皆易繫辭之文也集解惠棟曰謂乾坤之策今觀法於天則北極至尊四星妃后北極北辰也軒轅四星女主之象也察法於地則崐山象夫卑澤象妻崐猶高也易艮下兌上為咸艮為山夫象也兌為澤妻象也咸感也山澤通氣夫婦之相感也觀鳥獸之文鳥則雄者鳴雊雌能順服獸

則牡爲唱導牝乃相從近取諸身則乾爲人首坤爲人腹易說卦之文也遠取諸物則木實屬天根荄屬地荄音該陽尊陰卑蓋乃天性且詩初篇實首關雎禮始冠婚先正夫婦儀禮士冠禮爲始士婚禮次之天地六經其旨一揆宜改尚主之制吕稱乾坤之性集解惠棟曰乾升坤降具於天地初分之後故云性也遵法堯湯式是周孔式法也集解惠棟曰詩始關雎禮始冠婚皆周公所定孔子者繫辭所云是也合之天地而不謬質之鬼神而不疑人事如此則嘉瑞降天吉符出地五韙咸備各吕其敘矣韙是也史記曰休徵曰肅時雨若曰乂時暘若曰哲時燠若曰謀時寒若曰聖時風若五是來備各以其敘也昔者聖人建天地之中而謂之禮集解惠棟曰成十三年左傳劉子曰吾聞之民受天地之中以生所謂命也是以有動作威儀之則以定命能者養之以福不能者敗以取禍故下云興福祥之本而止禍亂之源禮者所吕興福祥之本而止禍亂之源也人能枉欲從禮者則福歸之順情廢禮者則禍歸之推禍福之所應知興廢之所由來也眾禮之中婚禮爲首故天子娶十二天之數也諸侯吕下

各有等差事之降也白虎通曰天子娶十二法天則有十二月百物畢生也又曰諸侯一娶九女也集解先謙曰官本無一字陽性純而能施陰體順而能化吕禮濟樂節宣其氣左傳曰昔晉侯有疾醫和視之曰疾不可爲也是爲近女室疾如蠱非鬼非食惑以喪志公曰女不可近乎對曰節之先王之樂所以節百事也天有六氣過則爲災於是乎節宣其氣也集解劉攽曰注昔晉侯有疾玩文多一昔字惠棟曰虞仲翔易云坤化成物故云能化也今本化爲作故能豐子孫之祥致老壽之福及三代之季淫而無節瑤臺傾宮陳妾數百列女傳曰夏桀爲琁室瑤臺以臨雲雨紂爲傾宮解見桓帝紀也陽竭於上陰隔於下故周公之戒曰不知稼穡之艱難不聞小人之勞惟耽樂之從時亦罔或克壽是其明戒事見尚書無逸篇其詞與此微有不同也後世之人好福不務其本惡禍不易其軌傳曰截趾適屨孰云其愚何與斯人追欲喪軀誠可痛也適猶從也言喪身之愚甚於截趾也集解惠棟曰韋孟風諫詩云追欲縱逸應劭云追情欲也臣竊聞後宮采女五六千人從官侍使復在其外冬夏衣服朝夕稟糧耗費縑帛空竭府藏徵調增倍十而稅一空賦不辜之民吕供無用之女百姓窮困於外陰陽隔塞於內故感動和氣災異屢臻臣愚吕爲諸非禮聘未曾幸御者一皆遣出使成妃合一曰通怨曠和陰陽二曰省財用實府藏集解先謙曰官本藏作庫三曰修禮制綏眉壽四曰配陽施祈螽斯螽斯蚣蝑也其性不妒故能子孫眾多詩曰螽斯羽詵詵兮宜爾子孫振振兮五曰寬役賦安黎民此誠國家之弘利天人之大福也夫寒熱晦明所吕爲歲尊卑奢儉所吕爲禮故吕晦明寒暑之氣尊卑侈約之禮爲其節也易曰天地節而四時成節卦彖辭文也春秋傳曰唯器與名不可吕假人杜預注左氏云器謂車服名謂爵號孝經曰安上治民莫善於禮禮者尊卑之差上下之制也昔季氏八佾舞於庭非有傷害困於人物而孔子猶曰是可忍也孰不可忍洪範曰惟辟作威惟辟作福惟辟玉食凡此三者君所獨行而臣不得同也集解惠棟曰鄭玄注云作威專刑罰也作福專爵賞也玉食備珍美也今臣僭君服下食上珍所謂害于而家凶于而

國者也宜略依古禮尊卑之差及董仲舒制度之別前書董仲舒曰王者正法度之宜別上下之序以防欲也集解沈欽韓曰繁露服制篇士止於帶緣散民不敢服雜采百工商賈不敢服狐貉刑餘僇民不敢服絲玄纁乘馬爽所指制度殆謂此仲舒對策止是汎論並無科指注以對策當之非也嚴篤有司集解先謙曰官本篤作督是必行其命此則禁亂善俗足用之要奏聞卽棄官去後遭黨錮隱於海上又南遁漢濱積十餘年吕著述爲事遂稱爲碩儒黨禁解五府並辟司空袁逢舉有道不應及逢卒爽制服三年集解沈欽韓曰慈明知禮必不爲舉主服非禮之服當是申心喪如師耳當世往往化吕爲俗集解周壽昌曰桓典國相王吉舉典孝廉爲郎會吉以罪誅人莫敢至典獨棄官收斂歸葬服喪三年負土爲墳爲立祠而去桓鸞傳太守向苗舉鸞爲孝廉遷膠東令苗卒鸞去職奔喪終三年然後歸李恂傳太守李鴻請署功曹鴻卒恂送喪還鄉里既葬留起冢墳持喪三年此皆在爽前大約漢人服舉主之喪過於子孫不但心喪而已其化以爲俗亦不自爽始然觀陳寔之喪海內奔赴者三萬餘人制衰麻者以百數一時風氣可想時人多不行妻服雖在親憂猶有弔問喪疾者集解劉攽曰案文當作弔喪問疾又私謚其君父及諸名士集解何焯曰此所謂君指太守令長言之惠棟曰君

謂州郡也爽皆引據大義正之經典雖不悉變亦頗有改喪服曰夫爲妻齊縗杖朞禮記曰曾子問三年之喪弔乎孔子曰禮以飾情三年之喪而弔哭不亦虛乎集解周壽昌曰朱穆傳穆父卒穆與諸儒考依古義諡曰貞宣先生蔡邕傳父稜諡貞定公陳寔傳寔卒何進遣使弔祭諡爲文範先生荀爽之兄靖年五十卒號曰元行先生夏恭傳官太山都尉卒諸儒共諡曰宣明君恭子牙早卒鄉人號曰文德先生范冉傳終萊蕪長大將軍移書陳留太守諡貞節先生皆私諡也諸人稱先生蔡稜無爵而稱公尤爲僭妄宜爽欲據經典大義以正之也後公車徵爲大將軍何進從事中郎進恐其不至迎薦爲侍中及進敗而詔命中絕獻帝即位董卓輔政復徵之爽欲遁命吏持之急不得去因復就拜平原相行至宛陵集解錢大昕曰宛與菀同此河南之菀陵非丹陽之宛陵沈欽韓曰一統志在許州府新鄭縣東北復追爲光祿勳視事三日進拜司空集解惠棟曰北海耆舊傳云公沙孚字允慈與爽共約出不得事貴勢而爽當董卓時脫巾未百日位至司空後相見以爽違命割席而坐也爽自被徵命及登台司九十五日集解惠棟曰荀氏譜云九十三日荀氏家傳云世人號爲白衣登三公張璠漢記云爽爲三公食不過一肉脫粟飯坐皮褥因從遷都長安爽見董卓忍暴滋甚必危社稷其所辟舉

皆取才略之士將共圖之亦與司徒王允及卓長史何顒等爲內謀會病薨年六十三集解王補曰爽與王允何顒同謀誅卓此殆荀彧因爽病薨虛構是說以掩其尸位台司了無匡正之恥耳范氏震爽盛名不察其溢美而謂潛圖董氏幾振國命誣矣通鑑不襲其誤斯爲史識姜宸英言爽之喪心一女且不欲聽其完節其肯出身除逆爲烈丈夫之舉哉尤足發旣死之覆矣又曰嘗證之袁紀已確知其誣觀其幷致顒屍葬爽家旁決此說斷由荀彧之作僞亦因其破綻已露不復能掩非苛論也不然攸亦荀氏子耳其圖卓載之袁紀載之魏志范史附之鄭太傳通鑑從而錄之何獨於爽而惔之邪此可以類推而得之者著禮易傳集解惠棟曰荀悅漢紀云臣悅叔父故司空爽著易傳據爻象承應陰陽變化之義以十篇之文解說經意由是究豫之言易者咸傳荀氏學經籍志云爽注周易凡十一卷詩傳集解惠棟曰荀悅漢紀云爽又著詩傳皆附正義無他說尙書正經春秋條例又集漢事成敗可謂鑒戒者集解先謙曰官本謂作爲古通作謂之漢語集解王補曰史記文帝紀自當給喪事服臨者皆無踐集解引晉灼云踐漢語作跣即爽書灼引以校史是其書晉時尙完又作公羊問及辯識集解惠棟曰荀悅申鑒云世稱緯書仲尼之作也臣悅叔父故司空爽辨之蓋發其僞也有起于中興之前終張之徒所作乎幷它所論敘題爲新書凡百餘篇今多所亡缺集解惠棟曰經籍志云梁荀爽集三卷錄一卷棟案今者言范蔚宗時也兄子悅彧並知名彧自有傳

論曰荀爽鄭玄申屠蟠俱㠯儒行爲處士累徵並謝病不詣及董卓當朝復備禮召之蟠玄竟不屈㠯全其高爽已黃髮矣獨至焉未十旬而取卿相意者疑其乖趣舍余竊商其情㠯爲出處君子之大致也平運則弘道㠯求志陵夷則濡跡㠯匡時濡跡解見崔駰傳荀公之急急自勵其濡跡乎不然何爲違貞吉而履虎尾焉易履卦曰履道坦坦幽人貞吉又曰履虎尾不咥人亨王輔嗣注云履虎尾者言其危也觀其遜言遷都之議㠯救楊黃之禍楊彪黃琬也集解先謙曰見彪傳及後潛圖董氏幾振國命所謂大直若屈道固逶迤也老子云大直若屈大巧若拙逶迤曲也

悅字仲豫儉之子也儉早卒悅年十二能說春秋家貧無書每之人間所見篇牘一覽多能誦記性沈靜美姿容尤好著述靈帝時閹官用權士多退身窮處悅乃託疾隱居時人莫之識唯從弟彧

特稱敬焉初辟鎭東將軍曹操府遷黃門侍郎獻帝頗好文學悅與彧及少府孔融侍講禁中旦夕談論累遷祕書監侍中時政移曹氏天子恭己而已悅志在獻替而謀無所用乃作申鑒五篇其所論辯通見政體既成而奏之其大略曰夫道之本仁義而已矣易曰立人之道曰仁與義五典㠯經之羣籍㠯緯之詠之歌之弦之舞之前監既明後復申之故古之聖王其於仁義也申重而已致政之術先屏四患乃崇五政一曰僞二曰私三曰放四曰奢僞亂俗私壞法放越軌奢敗制四者不除則政末由行矣夫俗亂則道荒雖天地不得保其性矣集解惠棟曰昭八年左傳云莫保其性杜預云性命也民不敢自保其性命法壞則世傾雖人主不得守其度矣軌越則禮亡雖聖人不得全其道矣制敗則欲肆雖四表不得充其求矣肆放也是謂四患興農桑㠯養其性集解李賡芸曰諸本同案申鑒原文作養其生審好惡㠯正其俗宣文教㠯章其化立

武備㠯秉其威明賞罰㠯統其法是謂五政人不畏死不可懼㠯罪人不樂生不可勸㠯善集解官本考證曰勸字申鑒原文作觀注云漢書作勸字惠棟曰尹文子云老子曰民不畏死如何以死懼之凡民之不畏死由刑罰過刑罰過則民不賴其生生無所賴視君之威末如也刑罰中則民畏死畏死由生之可樂知生之可樂故可以死懼之·雖使契布五教皋陶作士政不行焉尚書舜謂契曰汝作司徒敬敷五教在寬謂皋陶曰汝作士明于五刑故在上者先豐人財㠯定其志帝耕籍田后桑蠶宮籍田事解見明紀禮記曰季春之月后妃齋戒親東向桑以勸蠶事古者天子諸侯必有公桑蠶室近川而爲之宮仞有三尺也國無遊人野無荒業財不賈用言自足也集解惠棟曰賈申鑒作虛力不妄加㠯周人事是謂養生周給也君子之所㠯動天地應神明正萬物而成王化者必乎眞定而已故在上者審定好醜焉善惡要乎功罪毀譽效於準驗聽言責事舉名察實無惑詐僞㠯蕩衆心故事無不覈物無不功善無不顯惡無不章俗無姦怪民無淫風百姓上下覩利害之存乎己也故肅恭其心愼修其行內不

回惑外無異望則民志平矣是謂正俗君子㠯情用小人㠯刑用榮辱者賞罰之精華也故禮教榮辱㠯加君子化其情也桎梏鞭撲㠯加小人化其刑也君子不犯辱況於刑乎小人不忌刑況於辱乎若教化之廢推中人而墜於小人之域教化之行引中人而納於君子之塗是謂章化章明也小人之情緩則驕驕則恣恣則怨怨則叛危則謀亂安則思欲非威強無㠯懲之故在上者必有武備㠯戒不虞㠯遏寇虐安居則寄之內政有事則用之軍旅國語齊桓公問管仲曰國安可乎管仲曰未可君若正卒伍修甲兵則大國亦將修之小國設備可作內政而寄軍令焉注云正國政也言修國政而寄軍令鄰國不知是謂秉威賞罰政之柄也韓子曰二柄者刑德也殺戮之謂刑慶賞之謂德明賞必罰審信愼令賞㠯勸善罰㠯懲惡人主不妄賞非徒愛其財也賞妄行則善不勸矣不妄罰非矜其人也罰妄行則惡不懲矣賞不勸謂之止善罰不懲謂之縱惡在上者能不止下爲善不

縱下爲惡則國法立矣是謂統法四患既蠲五政又立行之㠯誠守之㠯固簡而不怠疏而不失無爲爲之使自施之無事事之使自交之老子曰爲無爲事無事又曰故德交歸也不肅而成不嚴而化垂拱揖讓而海內平矣是謂爲政之方又言尚主之制非古釐降二女陶唐之典歸妹元吉帝乙之訓王姬歸齊宗周之禮以陰乘陽違天㠯婦陵夫違人違天不祥違人不義又古者天子諸侯有事必告于廟廟有二史左史記言右史書事禮記曰天子朝日于東門之外聽朔于南門之外閏月則闔門左扉立于其中言則左史書之動則右史書之也事爲春秋言爲尚書君舉必記善惡成敗無不存焉集解惠棟曰鄭元六藝論云春秋者國史所記人君動作之事左史所記爲春秋右史所記爲尚書下及士庶苟有茂異咸在載籍或欲顯而不得或欲隱而名章得失一朝而榮辱千載善人勸焉淫人懼焉淫過也左氏傳曰或求名而不得或欲蓋而名章書齊豹盜三叛人名以懲不義也集解先謙曰官本無曰字宜於今者備置史官掌其典文紀其行事

集解惠棟曰申鑒又云爲善惡則書言行足以爲法式則書立事功則書兵戎動衆則書四夷朝獻則書皇后貴人太子拜立則書公主大臣拜免則書福淫禍亂則書祥瑞災異則書先帝故事有起居注日用動靜之節必書焉宜復其式內史掌之以紀內事每於歲盡舉之尚書㠯助賞罰㠯弘法教帝覽而善之帝好典籍常㠯班固漢書文繁難省乃令悅依左氏傳體㠯爲漢紀三十篇詔尚書給筆札辭約事詳論辨多美其序之曰集解王補曰序文校之本書頗有刪改并移易其次第蓋史家所載不必盡符本書也又案漢紀悅自有序此乃章首正文而范傳謂爲序昔在上聖惟建皇極經緯天地觀象立法乃作書契㠯通宇宙揚于王庭集解惠棟曰書契取諸夬故用彖辭之語厥用大焉先王光演大業肆于時夏詩周頌曰我求懿德肆于時夏鄭玄注曰懿美也肆陳也我武王也求美德之士而任用之故陳於是夏而歌之也亦惟厥後永世作典夫立典有五志焉一曰達道義二曰章法式三曰通古今四曰著功勳五曰表賢能於是天人之際事物之宜粲然顯著罔不備矣集解惠棟曰董仲舒對策云天人相與之際甚可畏也春秋緯曰天之與人昭昭著明甚可畏也世濟其軌不隕

其業（濟成也）損益盈虛與時消息臧否不問其揆一也漢四百有六載撥亂反正統武興文永爲祖宗之洪業思光啟乎萬嗣聖上穆然惟文之恤瞻前顧後是紹是繼闡崇大猷命立國典於是綴敘舊書㠯述漢紀中興㠯前明主賢臣得失之軌亦足㠯觀矣又著崇德正論及諸論數十篇年六十二建安十四年卒（集解通鑑胡注荀悅申鑒其立論精切關於國家興亡之大致過於彧攸至於揣摩天下之勢應敵設變以制一時之勝悅未必能也曹操奸雄親信彧攸而悅乃在天子左右悅非比於彧攸而操不之忌蓋知悅但能持論其才必不能辦也嗚呼東都之季荀淑以名德稱而彧攸以智略濟悅蓋得其祖父之彷彿耳其才不足以用世其言僅見於此書後之有天下國家者尙論其世深味其言則知悅之忠於漢室而有補於天下國家也）

韓韶字仲黃潁川舞陽人也（集解官本考證曰舞陽本或作長社誤）少仕郡辟司徒府時太山賊公孫舉僞號歷年守令不能破散多爲坐法尙書選三府掾能理劇者乃㠯韶爲嬴長（嬴縣故城在今兗州博城縣東北集解通鑑胡注嬴縣屬泰山郡沈欽韓曰嬴當爲嬴一統志在泰安府萊蕪縣西北縣志四十里北汶水之北俗名城子縣）賊聞其賢相戒不入嬴境餘縣多被寇盜廢耕桑其流入縣界求索衣糧者甚眾韶愍其飢困乃開倉賑之所稟贍萬餘戶主者爭謂不可（集解通鑑胡注主者主倉粟之吏也）韶曰長活溝壑之人而㠯此伏罪含笑入地矣太守素知韶名德竟無所坐（集解惠棟曰御覽引眾漢書云時民大飢而太守未至韶因發倉賑吏白言太守垂至軍糧重事例須來到韶言民命懸急令以擅出穀受罪合眼入地不以爲恨也後竟不坐韶一作攸通鑑曰韶與同郡荀淑鍾皓陳寔皆嘗爲縣長所至以德政稱時人謂之潁川四長）㠯病卒官同郡李膺陳寔杜密荀淑等爲立碑頌焉子融字元長少能辯理而不爲章句學聲名甚盛五府並辟獻帝初至太僕（集解惠棟曰魏明甄表狀云融聰識知機發於岐嶷時人名之曰窮神知化兄弟同居至於沒齒處卿相之位且二十年奉身守約不隕厥問）年七十卒（集解惠棟曰陶淵明遺誡曰潁川韓元長漢末名士身處卿佐八十而終七當爲八也）

鍾皓字季明潁川長社人也爲郡著姓世善刑律皓少㠯篤行稱

後漢書六十二　十二

公府連辟爲二兄未仕避隱密山（密縣山也）㠯詩律教授門徒千餘人同郡陳寔年不及皓（集解惠棟曰先賢行狀云寔少皓十七歲）皓引與爲友（集解惠棟曰海內先賢傳云寔爲西門亭長皓深獨敬異歲常禮待與同分義）皓爲郡功曹會辟司徒府臨辭太守問誰可代卿者皓曰明府欲必得其人西門亭長陳寔可寔聞之曰鍾君似不察人不知何獨識我皓頃之自劾去前後九辟公府徵爲廷尉正博士林慮長皆不就時皓及荀淑並爲士大夫所歸慕李膺嘗歎曰荀君清識難尙鍾君至德可師皓兄子瑾母（集解惠棟曰瑾袁紀及先賢行狀皆作覲）膺之姑也瑾好學慕古有退讓風與膺同年俱有聲名膺祖太尉修常言瑾似我家性（集解通鑑胡注瑾李氏之出而退讓故修云然惠棟曰案性與姓通言似我家子姓也）邦有道不廢邦無道免於刑戮復㠯膺妹妻之瑾辟州府未嘗屈志膺謂之曰孟子㠯爲人無是非之心非人也（孟子曰人無惻隱之心非人也無羞惡之心非人也無辭讓之心非人也無是非之心非人也）弟何期不與孟軻同邪（集解沈欽韓曰袁紀作弟於是何太無皁白邪）瑾常㠯膺言白皓皓曰昔國武子好昭人過㠯致怨本（集解國武子齊大夫齊慶克通於齊君之母國武子知之而責慶克夫人遂譖武子而逐之事見左傳集解劉攽曰正文案昭當作招通鑑胡注國語齊國佐見單襄公其語盡單子曰立於淫亂之國而好盡言以招人過怨之本也其後齊殺國武子蘇林曰招音翹招舉也）卒保身全家爾道爲貴其體訓所安多此類也年六十九終于家諸儒頌之曰林慮懿德非禮不處悅此詩書弦琴樂古五就州招九應台輔逡巡王命卒歲容與皓孫繇建安中爲司隸校尉（海內先賢傳曰繇字元常郡主簿迪之子也魏志曰舉孝廉爲尙書郎辟三府爲廷尉正黃門侍郎集解沈欽韓曰先賢行狀云皓二子迪敷並以黨錮不仕繇則迪之孫與此異）

陳寔字仲弓（集解錢大昕曰洪氏隸續載陳寔碑云字仲躬）潁川許人也（集解王補曰文選注漢書潁川郡有許縣魏志文帝黃初二年改許縣爲許昌縣然蔡邕之時惟有許縣或曰許昌非也）出於單微（集解惠棟曰世系云陳軫封潁川侯因徙潁川以稱陳氏生嬰秦東陽令史嬰生成安君餘餘生軌軌生審審生安安生恒恒生顧顧生齊齊生源源三子實蒯遷自軌以下皆不顯于世故云單微也）自爲兒童雖在戲弄爲等類所歸少作縣

後漢書六十二　十二

吏嘗給事廝役後爲都亭刺佐（集解先謙曰刺衍官本衍刺史二字亭長下有亭佐實爲之）而有志好學坐立誦讀縣令鄧邵試與語奇之聽受業太學（集解惠棟曰袁宏紀云邵每出候賓見實執書立誦邵嘉之即解錄遣使詣太學）後令復召爲吏乃避隱陽城山中時有殺人者同縣楊吏以疑寔縣遂逮繫考掠無實而後得出及爲督郵乃密託許令禮召楊吏遠近聞者咸歎服之家貧復爲郡西門亭長尋轉功曹時中常侍侯覽託太守高倫用吏倫教署爲文學掾寔知非其人懷檄請見（檄板書謂以高倫之教書之於檄而懷之者懼洩事也集解通鑑胡注郡守所出命曰教百官志云郡有文學守助掾六十人）言曰此人不宜用而侯常侍不可違寔乞從外署不足以塵明德倫從之（請從外署之舉不欲陷倫於請託也集解通鑑胡注功曹主選署寔乞從外白署若不出於倫者）於是鄉論怪其非舉寔終無所言倫後被徵爲尚書郡中士大夫送至輪氏傳舍（輪氏縣名屬潁川郡今故嵩陽縣是）倫謂衆人言曰（集解先謙曰謂與爲義同）吾前爲侯常侍用吏陳君密持教還而於外

白署比聞議者以此少之此咎由故人畏憚强禦（集解通鑑胡注故人倫自謂也漢人於門生故吏之前率自稱故人楊震謂王密曰故人知君君不知故人是也）陳君可謂善則稱君過則稱己者也寔固自引愆聞者方歎息由是天下服其德司空黃瓊辟選理劇補聞喜長旬月以朞喪去官復再遷除太丘長（太丘縣屬沛國故城在今亳州永城縣西北也集解沈欽韓曰北堂書鈔續漢書云寔舉灼然爲司徒屬遷太邱長案謂行義灼然晉書溫嶠傳舉秀才灼然一統志太丘在歸德府永城縣西北三十里）修德清靜百姓以安鄰縣人戶歸附者寔輒訓導譬解發遣各令還本司官行部（司官謂主司之官也集解沈欽韓曰州從事謂之州司潛夫論考績篇州司不治令遠詣闕史弼傳州司不敢彈糾是也）吏慮有訟者白欲禁之寔曰訟以求直禁之理將何申其勿有所拘司官聞而歎息曰陳君所言若是豈有怨於人乎亦竟無訟者以沛相賦斂違法乃解印綬去吏人追思之及後逮捕黨人事亦連寔餘人多逃避求免寔曰吾不就獄衆無所恃乃請囚焉遇赦得出（集解惠棟曰魏書云寔遭黨錮隱居荆山遠近宗師之）靈帝初大將軍竇武辟以爲掾屬時中常侍張讓權傾天下讓父死歸葬潁川雖一郡畢至而名士無往者讓甚恥之寔乃獨弔焉及後復誅黨人讓感寔故多所全宥寔在鄉閭平心率物其有爭訟輒求判正曉譬曲直退無怨者至乃歎曰寧爲刑罰所加不爲陳君所短時歲荒民儉有盜夜入其室止於梁上寔陰見乃起自整拂呼命子孫正色訓之曰夫人不可不自勉不善之人未必本惡習以性成遂至於此梁上君子者是矣盜大驚自投於地稽顙歸罪寔徐譬之曰視君狀貌不似惡人宜深剋己反善然此當由貧困令遺絹二匹自是一縣無復盜竊太尉楊賜司徒陳耽（集解惠棟曰耽事別詳劉陶傳中）每拜公卿羣僚畢賀賜等常歎寔大位未登愧於先之及黨禁始解大將軍何進司徒袁隗遣人敦寔（敦勸也）欲特表以不次之位寔乃謝使者曰寔久絕人事飾巾待終而已

（集解惠棟曰蔡邕陳太邱碑云大將軍何公司徒袁公前後招辟先生曰絕望已久飾巾待期而已皆遂不至）時三公每缺議者歸之累見徵命遂不起閉門懸車棲遲養老中平四年年八十四卒于家（集解錢大昕曰碑云春秋八十三中平三年卒惠棟曰趙明誠云案蔡邕集陳仲弓三碑其一碑云中平三年秋八月丙子卒而三碑皆云春秋八十有三傳以爲四年年八十四誤沈欽韓曰陳寔故里在許州府長葛縣西四十里今德星觀即其遺址）何進遣使弔祭海內赴者三萬餘人（集解惠棟曰魏書云自太原郭泰等無不造門）制衰麻者以百數（集解惠棟曰魏書云寔之亡也司空荀爽太僕令韓融並制緦麻執子孫禮）共刊石立碑（集解沈欽韓曰寔別傳云寔卒蔡邕爲立碑刻銘明統志陳寔碑在許州鄢縣西三十五里又有祠在鄢陵縣故宅）謚爲文範先生（先賢行狀曰將軍何進遣官屬弔祠爲謚集解惠棟曰蔡邕碑云傳曰郁郁乎文哉書曰洪範九疇彝倫攸敘文爲德表範爲士則存誨沒號不亦宜乎王補曰寔遺文不見於世惟異聞記載抱朴子內篇）有六子紀諶最賢（集解惠棟曰世系云文範先生有六子紀夔洽諶休光）紀字元方亦以至德稱兄弟孝養閨門廱和後進之士皆推慕其風及遭黨錮發憤著書數萬言號曰陳子（集解沈欽韓曰古文苑邯鄲湻鴻臚陳君碑云）

君既處隱約潛躬味道足不踰閾乃覃思著書三十餘萬言言不務華事不虛設其所交釋合贊規聖哲而後建旨明歸焉今所謂陳子者也黨禁解四府並命無所屈就遭父憂每哀至輒歐血絕氣雖衰服已除而積毀消瘠殆將滅性豫州刺史嘉其至行表上尚書圖象百城以厲風俗董卓入洛陽乃使就家拜五官中郎將不得已到京師遷侍中出為平原相集解沈欽韓曰碑云大將軍何進表選名儒君為舉首公車特徵起家拜五官中郎將到遷侍中旬有八日出相平原會孝靈晏駕賊臣秉政云云案以鄭君申屠蟠等傳參之則紀之解巾入仕在中平五年傳云董卓者非也往謁卓時欲徙都長安乃謂紀曰三輔平敞四面險固土地肥美號為陸海前書曰東方朔曰三輔之地南有江淮北有河渭汧隴以東商洛以西厥壤肥饒此所謂天府陸海之地今關東兵起恐洛陽不可久居長安猶有宮室今欲西遷何如紀曰天下有道守在四夷左傳曰楚沈尹戍曰古者天子守在四夷天子卑守在諸侯也宜修德政以懷不附遷移至尊誠計之末者愚以公宜事委公卿專精外任其有違命則威之以武今關東兵起民不堪命若謙

遠朝政率師討伐則塗炭之民庶幾可全若欲徙萬乘以自安將有累卵之危崢嶸之險也累卵解見皇后紀崢音士耕反卓意甚忤而敬紀名行無所復言時議欲以為司徒紀見禍亂方作不復辦嚴嚴讀曰裝也卽時之郡璽書追拜太僕集解沈欽韓曰碑云君相平原視事未朞士女向方會刺史敗于黃巾幽冀二州爭利其土君料敵知難不忍其民為己致死乃辭而去之老弱攀轅晨夜問行寓於邳郯之野不云追拜太僕所云刺史敗於黃巾者焦和也覬覦幽冀二州爭利者袁紹公孫瓚也瓚遣青州刺史田楷拒紹平原屬青禍難方殷於是去郡魏志陳羣傳隨紀避難徐州碑得其實此傳非也又徵為尚書令集解沈欽韓曰碑云袁術結婚呂布君為國深憂乃奮策出奇使絕好追女離逖姦謀惟帝念功命作尚書令據呂布傳說布絕婚者沛相陳珪初不及紀未能定其虛實也建安初袁紹為太尉讓於紀紀不受拜大鴻臚年七十一卒於官集解惠棟曰碑云建安四年六月卒子羣為魏司空羣字長文魏志曰魯國孔融才高倨傲年在羣紀之間先與羣交更為紀拜由是顯名也集解先謙曰官本先與下有紀友後與四字是此脫天下以為公慙卿卿慙長集解沈欽韓曰袁紀魏文帝嘗問羣卿何如父祖羣對曰臣祖實不言而治臣父紀言而行之至於臣羣有其言而必行案魏略羣為魏侍中與尚書桓階勸曹操

早受漢禪羣所慙者豈止乎此弟諶字季方與紀齊德同行父子並著高名集解惠棟曰海內先賢傳云諶司徒掾公車徵不就世系云諶諡獻文先生青州刺史忠陳氏譜曰忠字孝先州辟不就時號三君集解沈欽韓曰藝文類聚漢雜事云漢末太史家瞻星言有德星見當有英才賢德同遊者書下諸郡縣問潁川郡上事其日有陳太邱父子三人俱共會社案劉孝標引檀道鸞續晉陽秋則云陳仲弓從諸子姪造荀父子於時德星聚太史奏五百里賢人聚案此並造作虛文所謂揚之可使上天非通人所取每宰府辟召常同時旍命羔鴈成羣古者諸侯朝天子卿執羔大夫執鴈士執雉成羣言眾多也集解惠棟曰士相見禮云下大夫相見以鴈飾之以布維之以布如執雉上大夫相見以羔飾之以布四維之結于面左頭如麛執之曲禮云飾羔鴈以繢先儒謂飾以繢者天子之卿大夫飾以布者諸侯之卿大夫也當世者靡不榮之諶早終先賢行狀曰豫州百城皆圖畫寔紀諶形像焉集解劉攽曰案正文多一者字惠棟曰當世下疑有脫字劉攽謂多一者字非也又云陳氏家傳云紀諶以下八十六墓三十六碑並在長葛縣陘山之陽

論曰漢自中世以下闔豎擅恣故俗遂以遁身矯潔放言為高放肆其言不拘節制也論語曰隱居放言士有不談此者則芸夫牧豎已叫呼之矣叫呼讙笑

之也芸除草也集解惠棟曰高誘注淮南子云叫呼大語案周禮作嘂呼故時政彌惛而其風愈往唯陳先生進退之節必可度也據於德故物不犯安於仁故不離羣行成乎身而道訓天下故凶邪不能以權奪王公不能以貴驕所以聲教廢於上而風俗清乎下也

贊曰二李師淑陳君友皓韓韶就吏贏寇懷道太丘奧廣模我彝倫曾是淵軌薄夫以㾓曾之言則也集解惠棟曰模猶範也洪範云彝倫攸斁寔諡文範先生故云虞基既啟有蔚潁濱二方承則八慈繼塵二方元方季方也荀淑八子皆以慈為字見荀氏家傳也集解劉攽曰案凡人相語言及所論議皆當作謂以彼物為某事乃當作為其字從平聲後人傳寫之誤為謂相亂難為悉改學者宜知之先謙曰為謂古本通作劉說謬甚

荀韓鍾陳列傳第五十二終　　後漢書六十二

後漢書集解卷六十二校補

荀淑傳潁川潁陰人也地詳后紀案文也字誤衍

出補朗陵侯相地詳臧宮傳

自表師喪注心喪三年也官本注末無也字

號曰元行先生注慈明外朗叔慈內潤學士惜之官本注學上有及卒二字此脫

延熹九年太常趙典舉爽至孝集解先謙曰官本九作元謹案典傳典遷太常以諫爭違旨免官就國會帝崩據紀桓帝延熹十年六月改元永康十二月崩則作九年者是也且典諫桓帝恩澤諸侯無勞受封謂宜一切削免爵土乃延熹二年誅梁冀立皇后鄧氏以後事時典尙爲大鴻臚旣轉太僕乃遷太常安得元年已爲太常乎

故漢制使天下誦孝經注平帝時王莽作書八篇戒子孫令學官以教授吏能誦者比孝經案言比孝經則知前漢於選舉非能誦孝經者不得與至莽始以所作書頒行學官亂舊制也此章懷因漢制無可證明故舉莽事以借證周壽昌乃謂於孝經無與非也

故有遺詔官本有作其以日易月集解王補曰至何謂以日易之乎案駁以日易月之說始於顏籀取維禮制意非不善然荀爽大廷對策直指遺詔應劭躬爲漢人明習舊章苟其無徵何敢誣枉剏喪自緦麻以上至斬縗本皆計月孝文獨計日安得謂非以日易月顏氏乃以三十六日與二十七月不合斤斤致辯不太泥乎王補謂葬前有服不僅此三十六日固也然天子崩七月而葬文帝則七日而葬兩漢諸帝之葬亦從無至七月者葬前何服史旣未著葬且無定月葬前之服從何定之自禮經闕殘後人推士喪禮以說天子諸侯大夫豈能無誤二戴所述后氏所訂又出其後漢文時未著學官非當時所遵行論語說三年之喪曰子生三年然後免於父母之懷又曰三年無改於父之道未必皆以二十五月當三年也而日生與來日死與往日三日成服三年之喪二十五月而畢達乎天子諸侯大夫可盡信耶至以二十七月爲三年後世之制於經傳本無明證顏氏乃據以說漢禮王補且謂古喪服如此斯不然矣如以文帝之三十六日當三十六月則固足三年也

至遭母憂三十六日而除集解王補曰至因刪此旣葬二字以合之案爽論短喪之失禮卽省旣葬二字於辭義初無所害王補必謂爽刪此二字爲非抑不思如顏籀之說餘存三十六日仍不合以日易月又何謂刪此以合之乎

與天地之宜官本無天字錢大昭曰閩本無天字

以類萬物之情注皆易繫辭之文也官本注無辭字

瑤臺傾宮注解見桓帝紀也官本注末無也字

及逢卒爽制服三年集解沈欽韓曰至當是申心喪如師耳侯康曰風俗通司空袁周陽舉荀慈明有道太尉鄧伯條舉訾孟直方正二公薨皆制齊衰案據此則沈氏疑爲心喪非也葢漢世事舉主如君故其禮至重異於後世之以舉主爲師耳

亦與司徒王允及卓長史何顒等爲內謀案爽以白衣不十旬而致位司空其受董卓知遇有過蔡邕反共圖卓準以邕之聞卓誅而發嘆動色原似不類雖然司空大臣也何顒旣荀氏故舊王允又實爽之舉主也方允矯情屈意以附卓爽之登進允亦將有力焉而謂允顒之圖卓爽必不與聞尤非其情矣夫爽逼嫁其女范史初不爲之諱女節自高然漢世固不以改適爲非禮爽又夙持陽尊陰卑通怨曠和陰陽之說自當分別觀之姜宸英顧謂皆出荀或之作僞且於爽與顒通謀明見黨錮傳而反謂或致顒屍葬爽冢旁決爲作僞之證豈非深文乎至荀攸卽爽之從孫同與顒謀猶爽志也攸以機洩被繫故袁紀亦及之爽不及誅卓而先卒故無由及紀與傳自異體讀史者不容不辨也會病薨

柳從辰曰一統志爽墓在許州城北明統志同地形志潁陰有爽墓寰宇記爽墓在長葛縣東北七里皆與一統志異

靈帝時閹官用權錢大昭曰閩本官作宦

必乎貞定而已錢大昭曰申鑒定作實

物無不功官本功作切與申鑒合此誤

又言尙主之制非古官本古下有也字案悅漢紀有論王吉請改正尙主之禮一條與此奏正同

廟有二史官本廟作朝與申鑒合此誤

詔尙書給筆札官本札作扎

臧否不問問當作同官本不誤

韓韶傳字仲黃柳從辰曰御覽二百六十八作仲潢潁川武陽人也今地詳后紀公主傳

乃以韶爲嬴長注在今兗州博城縣東北官本注在今作今在

竟無所坐集解惠棟曰御覽引衆漢書柳從辰曰見御覽二百六十八引典略

以病卒官柳從辰曰一統志韶墓在今舞陽縣西南四十五里

獻帝初至太僕集解惠棟曰至不隕厥問侯康曰孔融汝潁優劣論曰汝南府許掾教太守鄧晨圖開稻陂灌數萬頃累世獲其功韓元長雖好地理未有成功見效如許掾者也據此則元長官績必有興治水利之事然不可攷矣柳從辰曰袁紀中平五年韓融與荀爽等補博士不就屢徵聘皆不起晚乃拜河南尹鴻臚太僕卿年七十餘兄弟同居閨庭怡怡至於沒齒也案元長爲大鴻臚安集關東見本書獻紀及袁紀傳爲太僕奉命與李傕郭汜連和并見董卓傳其言水利當卽在尹河南時也

鍾皓傳潁川長社人也地見靈紀

昔國武子好昭人過注國武子知之而責慶克官本注而作面

九應台輔官本應作膺

陳寔傳聽受業太學柳從辰曰御覽一百八十一引謝承書寔詣太學郭林宗陳仲舉爲親友歸家立精舍講授諸生數百人

遂至輪氏傳舍注輪氏縣名屬潁川郡今故嵩陽縣是輪一作綸在今河南府登封縣西南七十里嵩陽縣本隋置卽今登封縣治也相差頗遠疑注有誤

補聞喜長旬月以朞喪去官侯康曰蔡邕陳仲弓碑遷聞喜長郡政有錯爭之不從卽解綬去與本傳異蓋去官兼此二事也

修德清靜百姓以安侯康曰世說政事篇陳仲弓爲太丘長時吏有詐稱母病求假事覺收之令吏殺之主簿請付獄考衆姦仲弓曰欺君不忠病母不孝不忠不孝其罪莫大考求衆姦豈復過此有劫賊殺財主主者捕之未至發所聞民有在草不起子者回車往治之主簿曰賊大宜先案討仲弓曰盜殺財主何如骨肉相殘又云陳元方年十一時候袁公袁公問曰賢家君在太丘遠近稱之何所履行元方曰老父在太丘彊者綏之以德弱者撫之以仁恣其所安久而益敬案世說亦云客有問陳季方足下家君太丘有何功德而荷天下重名季方曰吾家君譬如桂樹生泰山之阿上有萬仞之高下有不測之深上爲甘露所霑下爲淵泉所潤當斯之時桂樹焉知泰山之高淵泉之深不知有功德與無也蓋袁公之問於禮當正對故元方以政事荅之客之問徒驚太丘之名故季方謙謂不知各有所當也

寔在鄉閭平心率物柳從辰曰袁紀云寔推誠不厲名行然羅居老少皆親而敬之

共刊石立碑集解沈欽韓曰明統志至三十五里柳從辰曰查明許州有郾城縣無郾縣又河南通志載寔墓在郾城縣西二十里一統志寔墓在長葛縣西三十里

遭父憂每哀至輒歐血絕氣侯康曰世說箴規篇陳元方遭父憂哭泣哀慟軀體骨立其母愍之竊以錦被覆上郭林宗弔而見之謂曰卿海內之儁才四方是則如何當喪錦被蒙上孔子曰衣夫錦也食夫稻也于汝安乎吾不取也奮衣而去自後賓客絕百餘日

崢嶸之險也注崢音土耕反官本注土作上是

子羣錢大昭曰魏志陳羣傳羣爲兒時寔常奇之謂宗人父老曰此兒必興吾宗

注由是顯名也官本注末無也字

弟諶字季方集解惠棟曰至忠字孝先州辟不就柳從辰曰世說元方子羣季方子忠各論其父功德爭之不能決諮於祖太丘太丘曰元方難爲兄季方難爲弟

宋　宣城太守范曄撰

唐　章懷太子賢注

王先謙集解

李固字子堅漢中南鄭人司徒郃之子也郃在數術傳集解錢大昕曰數術當作方術固貌狀有奇表鼎角匿犀足履龜文鼎角者頂有骨如鼎足也匿犀伏犀也謂骨當額上入髮際隱起也足履龜文者二千石見相書集解惠棟曰劉峻云河目龜文公侯之相少好學常步行尋師不遠千里謝承書曰固改易姓名杖策驅驢負笈追師三輔學五經積十餘年博覽古今明於風角星算河圖讖緯仰察俯占窮神知變每到太學密入公府定省父母不令同業諸生知是郃子集解惠棟曰陳祥道云禮記言入學鼓篋史言亡書三篋篋亦盛書鄭氏云篋方曰篋亦謂之笈史稱蘇章負笈是也棟案說文云极驢上負从木及聲或讀若急是古文笈作极也遂究覽墳籍結交英賢四方有志之士多慕其風而來學京師咸歎曰是復爲李公矣言復繼其父爲公也司隸益州並命郡舉孝廉辟司空掾皆不就謝承書曰五察孝廉益州再舉茂才不應五府連辟皆辭以疾集解惠棟曰固別傳云益州及司隸辟皆不就門徒或稱從事掾固曰未曾受其位不能獲其號陽嘉二年有地動山崩火災之異公卿舉固對策續漢書曰陽嘉二年詔公卿舉敦樸之士衛尉賈建舉固也集解沈欽韓曰袁紀陽嘉二年五月庚子詔舉直言對策者固與馬融張衡三人順帝覽眾對以固爲第一融對大旨言陰陽不和由守令用刑太急民以食爲本農桑失務盜賊所由起衡對言漢初舉孝廉皆先孝行自辛卯詔書以能宣章句奏案爲限雖有至孝猶不應科郡國守相一旦免黜十有餘人又言選舉之任一歸臺閣眞僞混淆下陵上替災異所由起案融對條條無取衡乃歸咎於左雄爲胡廣等訟寃文人固陋如此視固之直指近倖外戚以感悟人主有天壤之別矣惜袁范各以意刊削二書相校同者纔十之三遂不得見元本詔又特問當世之敝爲政所宜固對曰臣聞王者父天母地春秋感精符曰人主日月同明四時合信故父天母地兄日姊月宋均注曰父天於圜丘之祀也母地於方澤之祭也兄日於東郊姊月於西郊寶有山川史記曰魏武侯浮西河而下中河顧而謂吳起曰美哉乎河山之固此魏之寶也吳起對曰在德不在險王道得則陰陽和穆政化乖則崩震爲災斯皆關之天心效於成事者也夫化以職成官由能理古之進者有德有命命爵命也言有德者乃可加爵命也今之進者唯財與力伏聞詔書務求寬博疾惡嚴暴而今長吏多殺伐致聲名者必加遷賞其存寬和無黨援者輒見斥逐是以澹厚之風不宣彫薄之俗未革雖繁刑重禁何能有益前孝安皇帝變亂舊典封爵阿母阿母王聖因造妖孽使樊豐之徒乘權放恣侵奪主威改亂嫡嗣謂順帝爲太子時廢爲濟陰王至令聖躬狼狽親遇其艱既拔自困殆殆危也龍興即位天下喁喁屬望風政積敝之後易致中興誠當沛然思惟善道沛然寬廣之意集解通鑑胡注喁喁眾口向上貌而論者猶云方今之事復同於前臣伏從山草痛心傷臆實以漢興以來三百餘年賢聖相繼十有八主豈無阿乳之恩豈忘貴爵之寵然上畏天威俯案經典知義不可故不封也今宋阿母謂宋娥也雖有大功勤謹之德集解何焯曰大功二字有訛惠棟曰案袁紀亦云非訛也大功謂謀立帝勤謹謂娥爲乳母也但加賞賜足以酬其勞苦至於裂土開國實乖舊典集解惠棟曰漢書舊典無乳母爵邑之制也聞阿母體性謙虛必有遜讓陛下宜許其辭國之高使成萬安之福集解惠棟曰左雄傳娥亦畏懼辭讓也夫妃后之家所以少完全者豈天性當然但以爵位尊顯專總權柄天道惡盈不知自損故至顛仆先帝寵遇閻氏位號太疾故其受禍曾不旋時集解通鑑胡注安帝建光元年諸鄧得罪閻氏始盛延光四年閻氏誅蓋不得五稔也老子曰其進銳其退速也案孟子有此文謝承書亦云孟子而續漢書復云老子今梁氏戚爲椒房禮所不臣公羊傳曰宋殺其大夫何以不名宋三世無大夫三世內娶也何休注云內娶大夫女也言無大夫者三世禮不臣妻之父母國內皆臣無娶道故絕去大夫名正其義也椒房者皇后所居以椒泥塗也集解惠棟曰何休公羊注云禮不臣妻之父母鄭元集伏后議曰天子所不臣者三其一后之父母也尊以高爵尚可然也而子弟羣從榮顯兼加永平建初故事殆不如此宜令步兵校尉冀及諸侍中還居黃門之官使權去外戚政歸國家豈不休乎又詔書所以禁侍中尚書中臣子弟不得爲吏察孝廉者以其秉威權容請託故也而中常侍在日月之側聲埶振天下子弟祿任

曾無限極雖外託謙默不干州郡而諂僞之徒望風進舉集解通鑑胡注此中
謂州郡阿私宦官進舉其子弟也今可為設常禁同之中臣臣謂中朝臣也案前
書音義自大將軍下至給事中左右曹為中朝臣也昔館陶公主為子求郎館陶公主光武第三女也明
帝不許賜錢千萬所以輕厚賜重薄位者為官人失才害及百姓
也竊聞長水司馬武宣續漢志長水校尉一人比二千石司馬一人千石掌宿衛也開陽城門
候羊迪等續漢志曰城門每門候一人六百石集解官本考證曰羊字本或作揚無他功德初拜便
真集解通鑑胡注漢制初拜稱守滿歲為真此雖小失而漸壞舊章續漢書曰中都官千石六百石故事
先守一歲然後補真先聖法度所宜堅守政教一跌百年不復詩云上帝板
板下民卒癉刺周王變祖法度故使下民將盡病也板反也卒盡也癉病也詩
大雅凡伯刺周厲王反先王之道下人盡病也今陛下之有尚書猶天之有北斗也斗為
天喉舌集解王補曰藝文類聚四十八引續後漢書作北斗尚書亦為陛下喉舌春秋合誠圖曰天理
在斗中司三公也如人喉在咽以理舌語宋均注曰斗為天之舌口主出政教三公主導宣君命喻於人則宜如人喉在咽以理舌

口使言有條理集解惠棟曰漢官解詁云尚書出納詔命齊眾喉舌傅子云尚書出入王命喉舌之任也斗斟酌元氣
運平四時春秋保乾圖曰天皇於是斟元陳樞以五易威宋均注曰威則也法也天皇斟元氣陳列樞機受行次之當得
也集解通鑑胡注天文志云斗為帝車運乎中央臨制四方分陰陽建四時均五行移節度定諸紀皆繫于斗羅苹云宋說非也言
斟酌元化該臯極以建易道尚書出納王命賦政四海賦布也權尊埶重責之所
歸若不平心災眚必至誠宜審擇其人以毗聖政今與陛下共理
天下者外則公卿尚書內則常侍黃門譬猶一門之內一家之事
安則共其福慶危則通其禍敗集解通鑑胡注此等議論發之變倖盈朝之時謂之曲而當可也猶
以直而不見容嗚呼刺史二千石外統職事內受法則夫表曲者景必邪源
清者流必絜猶叩樹本百枝皆動也周頌曰薄言振之莫不震疊
韓詩薛君傳曰薄辭也振奮也莫無也震動也疊應也美成王能奮舒文武之道而行之則天下無不動而應其政教此言
動之於內而應於外者也猶此言之集解先謙曰官本猶作由是本朝號令豈
可蹉跌間隙一開則邪人動心利競暫啟則仁義道塞刑罰不能

復禁化導以之寖壞此天下之紀綱當今之急務陛下宜開石室
陳圖書前書曰司馬遷為太史令紬史記石室金匱之書紬音抽集解惠棟曰圖書即河洛也黃瓊傳云陛下宜開石室案
河洛河洛即讖也讖書幽祕藏之石室故蘇竟云元包幽室文隱事明是也下云引問得失指摘變象以求天意則圖書指讖書明
矣招會群儒引問得失指擿變象以求天意其言有中理即時施
行顯拔其人以表能者則聖聽日有所聞忠臣盡其所知又宜罷
退宦官去其權重裁置常侍二人方直有德者省事左右小黃門
五人才智閑雅者給事殿中如此則論者厭塞升平可致也臣所
以敢陳愚瞽冒昧自聞者儻或皇天欲令微臣覺悟陛下陛下宜
熟察臣言憐赦臣死順帝覽其對多所納用即時出阿母還弟舍
集解先謙曰官本無弟字諸常侍悉叩頭謝罪朝廷肅然以固為議郎而阿母
宦者疾固言直因詐飛章以陷其罪事從中下集解通鑑胡注從中下者不經尚書
大司農黃尚等集解惠棟曰謝承書有豫章黃向字文章案順帝紀陽嘉三年大司農黃向為司徒向疑作尚注云

尚字伯河南郡邵人請之於大將軍梁商又僕射黃瓊救明固事久乃得拜
議郎集解劉攽曰案固前已云為議郎此又云得拜議郎史之敘事理無若此蓋當云久乃得已復拜議郎少已復二字也周
壽昌曰漢官制故事先守一歲然後即真或固始為議郎尚是守官此方真拜且本傳明云以固為議郎疾固者飛章陷罪事從中
下是先雖為議郎而未得拜至是始拜也不必如劉說出為廣漢雒令至白水關解印綬還
漢中梁州記曰關城西南百八十里有白水關昔李固解印綬處也故關城今在梁州金牛縣西集解惠棟曰注梁州記劉澄
之撰沈欽韓曰明志寍羌州西南有白水自洮州衛流經此有白水關其下流至保寍府昭化縣合於嘉陵江杜門不交
人事歲中梁商請為從事中郎集解王補曰厚齋以東漢三公無出楊震李固之右而始進以鄧梁
君子以為疵故易之漸曰進以正商以后父輔政而柔和自守不能有所整裁災
異數見下權日重固欲令商先正風化退辭高滿乃奏記曰春秋
褒儀父以開義路隱公元年三月公及邾儀父盟于眛公羊傳曰儀父者何邾婁之君也何以稱字褒之也曷為
褒之為其與盟也何休注云春秋王魯託隱公為受命王因儀父先與隱公盟假以見褒賞義集解劉攽曰注為其與盟也案文少
一公字貶無駭以閉利門春秋隱公二年經書無駭帥師入極公羊傳曰無駭者何展無駭也何以不氏貶之

也曷眨疾始滅也夫義路閉則利門開利門開則義路閉也前孝安皇帝內任伯榮樊豐之屬伯榮王聖女也外委周廣謝惲之徒開門受賂署用非次天下紛然怨聲滿道朝廷初立頗存淸靜未能數年稍復墮損左右黨進者日有遷拜守死善道者滯涸窮路守死善道論語文滯涸窮路以魚爲喻也而未有改敝立德之方又卽位以來十有餘年聖嗣未立羣下繼望集解劉攽曰案繼是繼續之義不可施於此葢本是繫字繫綴天下之望也可令中宮博簡嬪媵兼采微賤宜子之人進御至尊順助天意若有皇子母自乳養無委保妾醫巫以致飛燕之禍趙飛燕成帝皇后妹爲昭儀專寵成帝貴人曹偉能等生皇子皆殺之明將軍望尊位顯當以天下爲憂崇尚謙省垂則萬方而新營祠堂費功億計非以昭明令德崇示淸儉自數年以來災怪屢見比無雨潤而沈陰鬱泱雲起貌宮省之內容有陰謀孔子曰智者見變思刑愚者覩怪諱名集解惠棟曰刑通鑑作形胡注此二語葢本之緯書天道無親可爲

祇畏祇敬也言天無親疏惟善是與可敬威也書曰皇天無親集解惠棟曰鄎顗奏事引易曰天道無親常與善人先謙曰官本威作畏加近者月食既於端門之側既盡也端門太微宮南門也集解先謙曰官本加作如考證云如字本或作加月者大臣之體也前書李尋上疏曰月者衆陰之長妃后大臣諸侯之象也夫窮高則危大滿則溢月盈則缺日中則移易豐卦曰日中則昃月盈則食天地盈虛與時消息史記蔡澤謂范雎曰日中則移月滿則虧也凡此四者自然之數也天地之心福謙忌盛易曰鬼神害盈而福謙人道惡盈而好謙又曰見天地之心也是以賢達功遂身退老子曰功成名遂身退天之道也全名養壽無有怵迫之憂爲利所誘怵迫於憂勤也怵音息律反或音黜誠令王綱一整道行忠立明公踵伯成之高全不朽之譽莊子曰伯成子高唐虞時爲諸侯至禹去而耕禹往見之則耕在野禹問曰昔堯化天下吾子立爲諸侯堯授舜舜授予子去而耕其故何也子高曰昔堯化天下至公無私不賞而人自勸不罰而人自畏今子賞而不勸罰而不威德自此衰而刑自此作夫子盍行無留吾事俋俋然耕不顧亦見呂氏春秋集解沈欽韓曰案莊子天地篇與注所引稍異豈與此外戚凡輩耽榮好位者同日而論哉固狂夫下愚不達大體竊感古人一飯之報謂靈輒也況受顧遇

而容不盡乎商不能用永和中荊州盜賊起彌年不定乃以固爲荊州刺史固到遣吏勞問境內集解沈欽韓曰北堂書鈔長沙耆舊傳云太尉李公時爲荊州刺史下辟書曰欲采明珠求之於蚌欲得名士求之文學或割一蚌不得一珠不可舍蚌求之於魚或百文學不出奇士不可捨文學求之於斗筲也由是言之蚌乃珠之所藏文學亦士之場矣赦寇盜前釁與之更始於是賊帥夏密等斂其魁黨六百餘人自縛歸首固皆原之遣還使自相招集開示威法半歲閒餘類悉降州內淸平上奏南陽太守高賜等臧穢賜等懼罪遂共重賂大將軍梁冀冀爲千里移檄言移一日行千里救之急也集解惠棟曰華陽國志云固之州先友其賢者南陽鄭叔躬宋孝節零陵支宣雅表薦長沙桂陽太守趙歷卒己奏免江夏南郡太守孔疇高賜等州土自然安靜陳留耆舊傳云高愼字孝甫生式式子昌昌弟賜並爲刺史郡守是賜爲高孝甫孫也胡注臧古贓字通先謙曰贓後出字古卽以臧爲之前書可證而固持之愈急冀遂令徙固爲太山太守時太山盜賊屯聚歷年郡兵常千人追討不能制固到悉罷遣歸農但選留任戰者百餘人集解通鑑胡注任音壬以恩信招誘之集解通鑑胡注

誘音酉未滿歲賊皆弭散集解通鑑胡注弭止也散逃潰而去也遷將作大匠集解惠棟曰袁紀侍中杜喬薦固在郡忠能由是徵固上疏陳事曰臣聞氣之淸者爲神人之淸者爲賢養身者以練神爲寶安國者以積賢爲道集解沈欽韓曰以上語並見繁露神彼作精昔秦欲謀楚王孫圉設壇西門陳列名臣秦使懼然遂爲寢兵秦欲伐楚使使者往觀楚之寶器昭奚恤乃爲壇使客東面自居西面之壇稱曰理百姓實倉廩子西在此奉珪璋使諸侯子反方在此守封疆謹境界葉公子高在此理師旅正兵戎司馬子反在此懷霸王之餘義獵治亂之遺風昭奚恤在此惟人國所觀使反言於秦君曰楚多賢臣未可謀也事見新序國語曰楚王孫圉聘於晉趙簡子鳴玉以相問圉曰楚之白珩猶在乎其爲寶也幾何對曰未嘗爲寶也楚人有觀射父能作訓辭以行諸侯有左史倚相道訓典以序百物此楚國之寶也若夫古玉白珩先王之所玩也何寶焉與此所引不同也集解沈欽韓曰子方今新序作大宗子敖魏文侯師卜子夏友田子方軾段干木故羣俊競至名過齊桓秦人不敢闚兵於西河斯葢積賢人之符也魏文侯受經於子夏過段干木閭未嘗不軾也李克曰文侯東得卜子夏田子方段干木此三人者君皆師之又秦欲伐魏或曰魏君賢人是禮國人稱仁上下和合未可圖也事見史記陛下撥亂龍飛初登大

位聘南陽樊英江夏黃瓊廣漢楊厚會稽賀純謝承書曰純字仲眞會稽山陰人少爲諸生博極羣蓺十辟公府三舉賢良方正五徵博士四公車徵皆不就後徵拜議郎數陳災異上便宜數百事多見省納遷江夏太守策書嗟歎待以大夫之位是以巖穴幽人集解惠棟曰易幽人貞吉漢人皆以爲幽繫之人六朝始以幽人爲高士此疏疑經蔚宗改竄非復本眞智術之士彈冠振衣樂欲爲用四海欣然歸服聖德厚等在職雖無奇卓然夕惕孳孳志在憂國臣前在荊州聞厚純等以病免歸誠以悵然爲時惜之一日朝會集解惠棟曰一日猶昨日也注見李充傳見諸侍中並皆年少無一宿儒大人可顧問者誠可歎息宜徵還厚等以副羣望瓊久處議郎已且十年集解沈欽韓曰黃瓊傳瓊自議郎遷尚書僕射當固對策之時瓊已爲僕射不應固爲大匠瓊猶議郎未遷也前後文自相矛盾袁紀於前則云中朝名臣黃瓊等深救解之於漢安元年固爲將作大匠上疏則云瓊等久處郎署已且十年較有斟酌衆人皆怪始隆崇今更滯也隆高也崇重也光祿大夫周舉才謨高正宜在常伯訪以言議侍中杜喬學深行直當世良臣久託疾病可敕令起又薦陳留楊倫倫見儒林傳河南尹存東平王惲陳國何臨臨字子陵熙之子爲平原太守見百家譜也集解惠棟曰案經籍志王僧孺賈執傳昭皆撰百家譜也清河房植等植見黨人篇也是日有詔徵用倫厚等而遷瓊舉以固爲大司農先是周舉等八使按察天下多所劾奏其中並是宦者親屬輒爲請乞詔遂令勿考又舊任三府選令史集解惠棟曰漢舊儀云丞相歲舉令史秀才一人光祿試尚書郎集解惠棟曰漢官儀云尚書郎初從三署郎選詣尚書臺試每一郎缺則試五人先試箋奏初入臺稱郎中滿歲稱侍郎故郎中侍郎之名猶因三署本號也時皆特拜不復選試固乃與廷尉吳雄上疏以爲八使所糾宜急誅罰選舉署置可歸有司帝感其言乃更下免八使所舉刺史二千石自是稀復特拜切責三公明加考察朝廷稱善乃復與光祿勳劉宣上言曰頃選舉牧守多非其人至行無道侵害百姓又宜止槃遊專心庶政帝納其言集解沈欽韓曰此段序述無文理既言牧守非人三語未了忽及君德又止二語卽云帝納其言云云似略未經意於是下詔諸州劾奏守令以下政有乖枉

遇人無惠者免所居官其姦穢重罪收付詔獄及沖帝卽位以固爲太尉與梁冀參錄尚書事明年帝崩梁太后以楊徐盜賊盛彊恐驚擾致亂使中常侍詔固等欲須所徵諸王侯到乃發喪固對曰帝雖幼少猶天下之父今日崩亡人神感動豈有臣子反共掩匿乎昔秦皇亡於沙丘史記曰始皇東巡道病崩于沙丘徐廣曰趙有沙丘宮在鉅鹿也胡亥趙高隱而不發卒害扶蘇以至亡國丞相李斯爲始皇崩在外恐諸公子及天下有變乃祕之不發喪獨胡亥趙高等知陰謀破去始皇所封書賜公子扶蘇死而立胡亥爲太子胡亥元年楚漢並起近北鄉侯薨閻后兄弟及江京等亦共掩祕遂有孫程手刃之事江京劉安等坐省門下孫程與王康等就斬京安等立順帝也此天下大忌不可之甚者也太后從之卽暮發喪固以清河王蒜年長有德欲立之謂梁冀曰今當立帝宜擇長年高明有德任親政事者願將軍審詳大計察周霍之立文宣周勃立文帝霍光立宣帝也集解通鑑胡注任如林反堪也戒鄧閻之利幼弱謂鄧太后立殤帝帝時誕育百餘日三歲而崩又立安帝時年十餘歲閻太后立北鄉侯其年薨又徵諸王子擬擇立之冀不從乃立樂安王子纘年八歲是爲質帝時沖帝將北卜山陵固乃議曰今處處寇賊軍興用費加倍新創憲陵賦發非一帝尚幼小可起陵於憲陵塋內依康陵制度康陵殤帝陵也其於役費三分減一乃從固議時太后以比遭不造委任宰輔固所匡正每輒從用其黃門宦者一皆斥遣天下咸望遂平而梁冀猜專每相忌疾初順帝時諸所除官多不以次及固在事奏免百餘人此等既怨又希望冀旨遂共作飛章虛誣固罪集解沈欽韓曰世以此章爲馬融所作然史不指融名又其事爲梁太后所寢得已袁紀於桓帝初元劉文謀立清河王固等下獄乃云融爲冀作表吳祐謂融曰李公之罪成於卿手范於祐傳亦載其事則融所奏卽固被誅事不在質帝時且既云飛章當沒其主名豈得先顯撰造之人其非融作明矣曰臣聞君不稽古無以承天書曰粵若稽古帝堯鄭玄注曰稽同也古天也言能同天而行者帝堯集解惠棟曰鄭玄注尚書云稽同也古天也故云不稽古無以承天也臣不述舊無以奉君昔堯殂之後舜仰慕三年坐則見堯於牆食則

覩堯於羹太公兵法曰帝堯王天下之時金銀珠玉弗服也錦繡文綺弗衣也奇怪異物弗視也玩好之器弗寶也淫佚之樂弗聽也宮垣室屋弗堊色也榱桷柱楹弗藻飾也茅茨之蓋弗翦齊也滋味重累弗食也溫飯煖羹酸餧不易也集解周壽昌曰注引太公兵法云云於文義全不合斯所謂聿追來孝不失臣子之節者聿述也詩大雅曰文王烝哉遹追來孝言文王能述追王季勤孝之行也太尉李固因公假私依正行邪離間近戚自隆支黨至於表舉薦達例皆門徒及所辟召靡非先舊或富室財賂或子壻婚屬其列在官牒者凡四十九人又廣選賈豎以補令史募求好馬臨窗呈試出入踰侈輜軿曜日大行在殯路人掩涕固獨胡粉飾貌搔頭弄姿西京雜記曰武帝過李夫人就取玉簪搔頭自此宮人搔頭皆用玉集解惠棟曰高誘注呂覽云紂作胡粉今人業之曹子建搔頭傅粉蓋漢末有是飾也槃旋偃仰從容冶步集解通鑑胡注從容舒緩也案冶步謂舉止妖冶通鑑作治步誤沈欽韓曰集韻冶女態曾無慘怛傷悴之心山陵未成違矯舊政善則稱己過則歸君斥逐近臣不得侍送作威作福莫固之甚臣聞台輔之位實和陰陽集解惠棟曰前書丙吉云三公典調

陰陽職所當憂也璇機不平寇賊姦軌書曰璇機玉衡以齊七政孔安國注曰璇美玉也機衡也王者正天文之器可運轉者也又曰寇賊姦軌注曰羣行攻劫曰寇殺人曰賊在外曰姦在內曰軌則責在太尉續漢志曰太尉掌四方兵事功課歲盡則奏殿最而行賞罰也集解惠棟曰尚書大傳云蠻夷猾夏寇賊姦宄則責之司馬司馬猶太尉也固受任之後東南跋扈兩州數郡謂九江賊徐鳳馬免等攻燒城邑廣陵賊張嬰等攻殺江都長九江廣陵是荊揚之地故云兩州也千里蕭條兆人傷損大化陵遲而詆疵先主苟肆狂狷存無廷爭之忠沒有誹謗之說夫子罪莫大於累父臣惡莫深於毀君固之過釁事合誅辟據吳祐傳此章馬融之詞集解惠棟曰昭十有九年許世子止弒其君買穀梁傳曰不弒而曰弒責止也又曰許世子不知嘗藥累及許君也棟案親病嘗藥義見墨子六經當有明文而遜耳許世子心志不通不知古人親病嘗藥之義累及其親子罪莫大於累父故不弒而書弒此與范甯之註不合蓋漢義也書奏冀以白太后使下其事太后不聽得免冀忌帝聰慧恐為後患遂令左右進鴆帝苦煩甚使促召固固入前問陛下得患所由帝尚能言曰食煮餅今腹中悶集解先謙曰官本今作令得水尚可活時冀亦在側曰

恐吐不可飲水語未絕而崩固伏尸號哭推舉侍醫集解通鑑胡注推舉者劾舉其侍疾無狀而推究其姦也設於此時固能窮冀弒君之罪倘不能正其誅以身死之豈不忠壯既不能然又且俛首於其閒欲以立長之議矯而正之卒死於凶豎之手可謂忠有餘而才不足矣惠棟曰前書顏注侍醫侍天子之醫冀慮其事泄大惡之因議立嗣固引司徒胡廣司空趙戒謝承書曰戒字志伯蜀郡成都人也戒博學明經講授舉孝廉累遷荊州刺史梁商弟讓為南陽太守倚椒房之寵不奉法戒到州劾奏之遷河間相以冀部難理整厲威嚴遷戒南陽太守糾豪傑恤吏人奏免中官貴戚子弟為令長貪濁者徵拜為尚書令出為河南尹轉拜太常永和六年特拜司空也集解惠棟曰孔廟置守廟百石孔龢碑云司空公蜀郡成都趙戒字意伯趙明誠云後漢書注皆云戒字志伯而此碑乃作意伯疑其避桓帝諱故改焉棟案蔡邕作漢記十意意即志也亦因避改趙說是先與冀書曰天下不幸仍遭大憂皇太后聖德當朝攝統萬機明將軍體履忠孝憂存社稷而頻年之間國祚三絕順帝崩沖帝立一年崩質帝一年崩今當立帝天下重器誠知太后垂心將軍勞慮詳擇其人務存聖明然愚情眷眷竊獨有懷遠尋先世廢立舊儀近見國家踐祚前事未嘗不詢訪公卿廣求

羣議令上應天心下合眾望且永初以來政事多謬地震宮廟彗星竟天誠是將軍用情之日傳曰以天下與人易為天下得人難昔昌邑之立昏亂日滋霍光憂愧發憤悔之折骨昌邑王賀武帝孫昌邑哀王子也昭帝崩霍光立之自非博陸忠勇霍光封博陸侯前書音義曰博大陸平取其嘉名無此縣也食邑北海河東也延年奮發大漢之祀幾將傾矣霍光召丞相已下議曰昌邑王行昏亂恐危社稷如何羣臣皆驚愕失色大司農田延年前離席案劍曰今日之議不得旋踵羣臣後應者臣請劍斬之於是廢立遂定至憂至重可不熟慮悠悠萬事唯此為大集解通鑑胡注就冀而言萬事皆可付之悠悠至於立嗣天下國家之大國之興衰在此一舉冀得書乃召三公中二千石列侯大議所立固廣戒及大鴻臚杜喬皆以為清河王蒜明德著聞又屬最尊親宜立為嗣集解通鑑胡注蒜於質帝為兄尊也同出樂安王寵親也先是蠡吾侯志當取冀妹集解先謙曰官本當作常誤時在京師冀欲立之眾論既異憤憤不得意而未有以相奪未有別理而易奪之中常侍曹騰等聞而夜往說冀集解惠棟曰華嶠國志云騰私

恨蒜說冀明日更議也曰將軍累世有椒房之親集解通鑑胡注謂恭懷后及太后也秉攝萬機賓客縱橫多有過差清河王嚴明若果立則將軍受禍不久矣不如立蠡吾侯富貴可長保也冀然其言明日重會公卿集解通鑑胡注重直用反再也冀意氣凶凶而言辭激切集解通鑑胡注凶凶意氣惡暴也案凶與匈同前書蕭望之傳云吏卒持匈匈自胡廣趙戒以下莫不懾憚之皆曰惟大將軍令而固獨與杜喬堅守本議冀厲聲曰罷會固意既不從猶望衆心可立集解通鑑胡注以衆心屬于清河王猶望可立也復以書勸冀冀愈激怒乃說太后先策免固竟立蠡吾侯是為桓帝後歲餘甘陵劉文魏郡劉鮪各謀立蒜為天子梁冀因此誣固與文鮪共為妖言下獄門生勃海王調貫械上書證固之枉河內趙承等數十人亦要鈇鑕詣闕通訴字林曰鈇鑕椹也鑕音質椹音竹心反太后明之乃赦焉及出獄京師市里皆稱萬歲冀

聞之大驚畏固名德終為己害乃更據奏前事遂誅之時年五十四固臨終敕子孫素棺三寸幅巾殯殮於本郡墝埆之地不得還墓塋汚先公兆域見謝承書也集解沈欽韓曰水經江水注李固與弟圄書曰固今年五十七鬢髮已白所謂容身而遊滿腹而去周觀天下獨未見益州耳書作五十七史云五十四必有一誤臨終與胡廣趙戒書曰固受國厚恩是以竭其股肱不顧死亡志欲扶持王室比隆文宣文帝宣帝皆羣臣迎立能興漢祚何圖一朝梁氏迷謬公等曲從以吉為凶集解惠棟曰案華陽國志云吉下當有物字與下成事為敗文理相屬也成事為敗乎漢家衰微從此始矣公等受主厚祿顛而不扶傾覆大事後之良史豈有所私固身已矣於義得矣夫復何言廣戒得書悲慚皆長歎流涕州郡收固二子基茲於郾城皆死獄中續漢書曰基偃師長袁宏記曰基字憲公茲字季公並為長史聞固策免並棄官亡歸巴漢南鄭趙子賤為郡功曹詔下郡殺固二子太守知其枉遇之甚寬二子託服藥死具棺器欲因出逃子賤畏法敕吏驗實就殺之集解惠棟曰茲世家作慈華陽國志云及固小子燮得還子賤慮燮報仇賃人刺之燮覺告郡殺子賤先謙曰官本郾作偃沈欽韓曰監本作偃城案傳云遣三子歸鄉里又云下郡收固三子則基茲之死當在漢中本郡云郾城誤小子燮得脫亡命冀乃封廣戒而露固尸於四衢爾雅

曰四達謂之衢郭璞注曰交通四出者也令有敢臨者加其罪集解通鑑胡注臨力鴆反哭也固弟子汝南郭亮謝承書曰亮字恒直鄖陵人也集解沈欽韓曰御覽三百八十五汝南先賢傳云郭亮童幼之年則有尚義之心年十四始欲出學聞潁川杜周甫開精黌於長社亮造門而師學焉朝受其業夕已精講動聲則宮商清暢推義則尋理釋結周甫奇而偉之案據此則亮非固弟子乃博士弟子之慕義者耳年始成童成童年十五也禮記曰十五成童舞象也遊學洛陽乃左提章鉞章謂所上章也蒼頡篇曰鉞斧也集解沈欽韓曰案文鉞字衍右秉鈇鑕詣闕上書乞收固尸不許因往臨哭陳辭於前遂守喪不去夏門亭長呵之曰洛陽北面西頭門門外有萬壽亭集解杭世駿曰夏門亭長即杜喬故掾陳留楊匡也見下喬傳王補曰案杜喬傳喬故掾陳留楊匡著故赤幘託為夏門亭吏夫既曰託為亭吏則李固傳所謂夏門亭長者非即楊匡明矣特此亭長亦非常人耳味其所以呵止郭亮者殆故謬為是語以顯斥之若誠守露尸禁臨之令不少寬假焉者庶亮與董班得相踵守喪殉尸而不去耳意將如杵臼之託程嬰乎而史軼其名氏惜哉李杜二公為大臣不能安上納忠而興造無端卿曹何等腐生公犯詔書干試有司乎腐生猶言腐儒也亮曰亮

含陰陽以生戴乾履坤義之所動豈知性命何為以死相懼亭長歎曰居非命之世非命謂衰亂之時人多不得其死也天高不敢不跼地厚不敢不蹐跼曲也蹐累足也言天高而有雷霆地厚而有淪陷上下皆可畏懼也詩云謂天蓋高不敢不跼謂地蓋厚不敢不蹐也耳目適宜視聽口不可以妄言也太后聞而不誅南陽人董班亦往哭固而殉尸不肯去殉巡也楚國先賢傳曰班字季宛人也少遊太學宗事李固才高行美不交非類嘗耦耕澤畔惡衣蔬食聞固死乃星行奔赴哭泣盡哀司隸案狀奏聞天子釋而不罪班遂守尸積十日不去桓帝嘉其義烈聽許送喪到漢中赴葬畢而還也太后憐之乃聽得襚斂歸葬集解沈欽韓曰水經沔水注固墓在南鄭縣長柳村明統志在漢中府成固縣西三十里唐韋臯作記二人由此顯名三公並辟班遂隱身莫知所歸固所著章表奏議教令對策記銘凡十一篇集解惠棟曰經籍志云梁李固集十卷隋十二卷弟子趙承等悲歎不已乃共論固言迹以為德行一篇謝承書曰固所授弟子潁川杜訪汝南鄭遂河內趙承等七十二人相與哀歎悲憤以為眼不復瞻固形容耳不復聞固嘉訓乃共論集德行一篇燮字德公初固既策罷知不免禍乃遣三子歸鄉里時燮年十三

姊文姬爲同郡趙伯英妻賢而有智見二兄歸具知事本〔集解〕通鑑胡注事本謂事之所由生也默然獨悲曰李氏滅矣自太公已來積德累仁何㠯遇此太公謂祖父郃也密與二兄謀豫藏匿燮託言還京師人咸信之有頃難作下郡收固三子二兄受害文姬乃告父門生王成〔集解〕沈欽韓曰袁紀作固之僕隸案下云燮從受學則非僕隸也曰君執義先公有古人之節今委君㠯六尺之孤六尺謂年十五以下李氏存滅其在君矣〔集解〕惠棟曰華陽國志云文姬謂成曰若李氏得嗣君之名義參於程杵矣成感其義乃將燮乘江東下入徐州界內令燮名姓爲酒家傭謝承書曰燮遠遁身於北海劇託命滕咨家以得免與此不同〔集解〕惠棟曰史記欒布傳云賣庸於齊爲酒家人司馬貞云謂庸作於酒家因別傳又云臨淄界內與謝承書略同而華陽國志仍云徐州酒庸家也而成賣卜於市各爲異人陰相往來燮從受學酒家異之意非恒人㠯女妻燮燮專精經學十餘年間梁冀旣誅而災眚屢見明年史官上言宜有赦令又當存錄大臣冤死者子孫於是大赦天下并求固後

嗣燮乃㠯本末告酒家酒家具車重厚遣之皆不受〔集解〕惠棟曰固別傳云靈帝卽位時月經陰道暈五車史官曰有流星昇漢而西揚芒迫月熒惑入大角犯大座其占當有大臣枉誅者故太尉李固西土人占在固月經陰道圍五車宜有赦令以除此異上感此變大赦天下求公子孫酒家具車乘厚送之案華陽國志言月經陽古暈字讀爲圍義得通也遂還鄉里追服姊弟相見悲感傍人旣而戒燮曰先公正直爲漢忠臣而遇朝廷傾亂梁冀肆虐令吾宗祀血食將絕今弟幸而得濟豈非天邪宜杜絕眾人勿妄往來愼無一言加於梁氏加梁氏則連主上禍重至矣唯引咎而已〔集解〕通鑑胡注婦人之識丈夫有所不及焉燮謹從其誨後王成卒燮㠯禮葬之感傷舊恩每四節爲設上賓之位而祠焉州郡禮命四府並辟皆無所就後徵拜議郎及其在位廉方自守所交皆舍短取長好成人之美時潁川荀爽賈彪雖俱知名而不相能燮並交二子情無適莫世稱其平正論語曰君子之於天下也無適也無莫也義之與比〔集解〕惠棟曰華陽國志云燮與趙元珪潁川賈偉節荀慈明張伯愼爲友伯愼爲潁川太守與慈明交相言論偉節與焉京師以爲臧否伯愼問趙元珪曰德公所言何元珪曰無言也伯愼追歎曰當如德公兒輩徒糜沸耳慈明亦悟而心變靈帝時拜安平相〔集解〕惠棟曰華陽國志作東平先是安平王續爲張角賊所掠國家贖王得還朝廷議復其國燮上奏曰續在國無政爲妖賊所虜守藩不稱損辱聖朝不宜復國時議者不同而續竟歸藩燮㠯謗毀宗室輸作左校未滿歲王果坐不道被誅乃拜燮爲議郎京師語曰父不肯立帝子不肯立王擢遷河南尹時旣㠯貨賂爲官詔書復橫發錢三億㠯實西園事見宦者傳燮上書陳諫辭義深切帝乃止先是潁川甄邵諂附梁冀爲鄴令有同歲生得罪於冀〔集解〕惠棟曰同上計者猶今同年生也孔北海陳長文皆有同歲論亡奔邵邵僞納而陰㠯告冀冀卽捕殺之邵當遷爲郡守會母亡邵且埋尸於馬屋先受封然後發喪〔集解〕劉攽曰案甄邵遷爲郡守不得言受封未知當何字或云少一璽字先受璽封謂拜郡詔也邵還至洛陽燮行塗遇之使卒投車於溝中笞捶亂下大署帛於其背〔集解〕

惠士奇曰周官注云明刑書其罪惡於大方版著其背賈山云衣赭衣書其背漢之罪人如此曰諂貴賣友貪官埋母乃具表其狀邵遂廢錮終身燮在職二年卒時人感其世忠正咸傷惜焉〔集解〕惠棟曰續漢書云時吏民愛敬乃歌曰我府君道教舉恩如春威如虎剛不吐柔不茹愛如母訓如父

杜喬字叔榮河內林慮人也續漢書曰累祖史二千石喬少好學治韓詩京氏易歐陽尚書以孝稱雖二千石子常步擔求師林慮今相州縣也〔集解〕惠棟曰魏明帝甄表狀云喬治易尚書禮記春秋晚好老子隱居不仕年四十爲郡功曹少爲諸生舉孝廉辟司徒楊震府稍遷爲南郡太守轉東海相入拜侍中漢安元年㠯喬守光祿大夫使徇察兗州表奏太山太守李固政爲天下第一陳留太守梁讓〔集解〕惠棟曰讓梁商弟濟陰太守汜宮〔集解〕惠棟曰皇甫謐云本姓凡遭秦亂避地於汜水因改焉孫愐云漢有汜勝之撰書言種植之事子輯爲敦煌太守子孫因家焉音凡又音汎濟北相崔瑗等臧罪千萬㠯上讓卽大將軍梁冀季父宮瑗皆冀所善還拜太子太傅遷大司農時梁冀子弟五人及中

常侍等以無功並封喬上書諫集解沈欽韓曰袁宏紀喬書曰大將軍梁冀兄弟姦邪傾動天下皆有正卯之惡未被兩觀之誅而横見式序各受封爵天下悯悵神人共憤案袁紀喬上書諫在已爲太尉之後考帝紀喬以建和元年六月代胡廣爲太尉袁紀梁氏五侯封於元年七月則喬已遷太尉時也當從袁紀此下有建和元年蓋衍曰陛下越從藩臣龍飛即位天人屬心萬邦攸賴不急忠賢之禮而先左右之封傷善害德興長佞諛臣聞古之明君褒罰必以功過末世闇主誅賞各緣其私今梁氏一門宦者微孽孽音魚列反公羊傳曰臣僕庶孽之事何休注云孽賤子也猶樹之有孽生也並帶無功之紱蒼頡篇紱綬也裂勞臣之土其爲乖濫胡可勝言夫有功不賞爲善失其望姦回不詰爲惡肆其凶故陳資斧而人靡畏班爵位而物無勸易旅卦九四曰旅于處得其資斧前書音義曰資利也集解惠棟曰前書敘傳注張晏云齊斧越斧也以整天下也虞喜志林云齊當爲齋齋戒入廟而受斧張軌云齊斧蓋黃鉞斧姚寬云御覽引漢書王莽傳喪其齊斧音齊棟案今御覽仍音資古文借作齊也苟遂斯道豈伊傷政爲亂而已喪身亡國可不慎哉書奏不省集解通鑑考異此章袁紀在爲太尉本傳在爲太尉前宜從袁紀益

州刺史种暠舉劾永昌太守劉君世以金蛇遺梁冀事發覺以蛇輸司農集解通鑑胡注大司農掌諸錢穀金帛故金蛇輸司農冀從喬借觀之喬不肯與冀始爲恨累遷大鴻臚時冀小女死令公卿會喪喬獨不往冀又銜之遷光祿勳建和元年代胡廣爲太尉桓帝將納梁冀妹冀欲令以厚禮迎之喬據執舊典不聽時有司奏曰春秋迎王后于紀在塗則稱后今大將軍冀女弟宜備禮章時進徵幣奏可於是悉依惠帝納后故事聘黃金一萬斤納綵鴈璧乘馬一依舊典又冀屬喬舉汜宮爲尚書喬以宮臧罪明著遂不肯用因此日忤於冀先是李固見廢內外喪氣羣臣側足而立唯喬正色無所回橈回邪也橈曲也由是海內歎息朝野瞻望焉在位數月以地震免宦者唐衡左悺等因共譖於帝曰陛下前當即位喬與李固抗議言上不堪奉漢宗祀抗舉也帝亦怨之及清河王蒜事起梁冀遂諷有司劾喬及李固與劉鮪等交通請逮案罪而梁太后素知喬忠但策免而已續漢書曰喬諸生耿伯嘗與鮪同止冀諷吏執鮪爲喬門生集解周壽昌曰通鑑考異云喬前已免官此誤也案范史意謂太后素知喬忠但仍前事策免之不欲以清河王事逮之加罪也冀愈怒使人脅喬曰早從宜妻子可得全從宜令其自盡也喬不肯明日冀遣騎至其門不聞哭者遂白執繫之死獄中妻子歸故郡與李固俱暴尸於城北家屬故人莫敢視者喬故掾陳留楊匡聞之號泣星行到洛陽集解通鑑胡注星行者戴星而行汪文臺曰類聚九十七謝承書作楊章乃著故赤幘託爲夏門亭吏集解通鑑胡注吏著赤幘著側略反守衛尸喪驅護蠅蟲積十二日都官從事執之以聞集解通鑑胡注都官從事司隸校尉之屬官也掌舉中都官非法者梁太后義而不罪匡於是帶鈇鑕詣闕上書并乞李杜二公骸骨太后許之成禮殯殮送喬喪還家集解沈欽韓曰杜喬墓在彰德府林縣北二十五里明統志在磁州北二十五里姚村葬送行服集解先謙曰葬送疑誤倒隱匿不仕匡初好學集解沈欽韓曰初當是幼之誤常在外黃大澤教授門徒補蘄長蘄今徐州縣也音機政有異績遷平原令時國相徐曾中常侍璜之兄也匡恥與接事託疾牧

家云袁山松書匡一名章字叔康也

論曰夫稱仁人者其道弘矣弘大也言非一塗也集解先謙曰官本無人字立言踐行立言必踐其而行之豈徒徇名安己而已哉徇求也將以定去就之槩正天下之風使生以理全死與義合也槩節也立身之道唯孝與忠全死生之義須得其所夫專爲義則傷生貴義則賤生也專爲生則騫義騫違也集解先謙曰騫虧也專爲物則害智爲物則役智故爲害專爲己則損仁若義重於生舍生可也生重於義全生可也孟子曰魚我所欲□熊掌我所欲也二者不可得兼舍魚而取熊掌者也生亦我所欲也義亦我所欲也二者不可得兼舍生而取義者也上以殘闇失君道下以篤固盡臣節臣節盡而死之則爲殺身以成仁去之不爲求生以害仁也論語無求生以害仁有殺身以成仁順桓之間國統三絕太后稱制賊臣虎視李固據位持重以爭大義確乎而不可奪確堅貌也易曰確乎其不可拔論語曰臨大節而不可奪豈不知守節之觸禍恥夫覆折之傷任也易曰鼎折足覆公餗言不勝其任觀其發正辭及所遺梁冀書雖

機失謀乖猶戀戀而不能已至矣哉社稷之心乎其顧視胡廣趙戒猶糞土也集解王鳴盛曰言固則喬自見王補曰李杜議立清河王蒜原與胡趙並同及胡趙黨附梁冀冀得其助遂白太后先策免李固而以胡廣代爲太尉冀之奸謀得遂李杜並罹於禍皆胡廣爲之也范氏於廣傳言共李固定策大義不全以此譏毀於時所謂直書其事也及論李固則曰至哉社稷之心顧視胡廣趙戒猶糞土也是又互文見義均爲史法所在

贊曰李杜司職朋心合力朋猶同也致主文宣抗情伊稷伊尹后稷也道亡時晦終離罔極離被也毛詩曰讒人罔極變同趙孤趙朔之子趙武史記曰晉景公三年大夫屠岸賈殺趙朔朔客程嬰公孫杵臼匿朔遺腹子於中山居十五年後景公與韓厥立趙孤而攻滅屠岸賈也世載弦直載行也集解惠棟曰弦直謂固也事見續漢志及風俗通變忠正同于固故云世載

李固傳漢中南鄭人地詳公孫述傳

少好學注明於風角星算河圖讖緯柳從辰曰袁紀永初三年地震固曰地者陰也法當安靜今乃越陰之職專陽之政故應以地震太后攝政之應也其論災異似亦有關內學案固於內學本有父業可傳兼以博訪名師不遠千里自當淹貫惟本傳載其上書奏記皆援據經義推詳漢制有典有則不愧一代儒臣即論地震爲災亦本天地陰陽動靜之常理非尋常術數家言也此所以能舍命不渝乎郃爲漢相而擯在方術故學不可不愼

遷居黃門之官官本遷作還

子弟祿任官本任作仕

斗爲天喉舌集解王補曰至作北斗柳從辰曰御覽五引本書亦作北斗天喉舌斗上有北字案據下文皆止言斗則北字非本有

斗斟酌元氣注斟元陳樞官本注元下多氣字

大司農黃尚等官本尚作向集解惠棟曰至案順帝紀陽嘉三年大司農黃向爲司徒向疑作尚柳從辰曰詳順紀閣本官本文注均作黃尚此則官本獨作向與閣本異據惠氏補注則所據北宋本順紀與本傳皆作向明矣然北宋本紀注既仍作尚字伯河不云向字文章知章懷原本固是尚字故曰向疑作尚以黃尚字伯河明見周舉傳也紀之作向既誤則此文作向亦誤可知

永和中荊州盜賊起彌年不定柳從辰曰袁紀永和二年有固議荊揚盜賊盤結事

上奏南陽太守高賜等臧穢集解惠棟曰華陽國志云至奏免江夏南郡太守孔疇高賜等侯康曰據華陽國志與高賜同見劾者尚有爲昆廣韻引風俗通云南陽太守爲昆即其人也柳從辰曰據廖寅校本華陽國志支宜雅宜作宜趙歷卒已廖注卒當作辛江夏南下廖注案脫陽南二字南陽爲昆廖作南郡

臣聞氣之淸者爲神人之淸者爲賢養身者㠯練神爲寶安國者㠯積賢爲道集解沈欽韓曰㠯上語並見繁露神彼作精柳從辰曰袁紀神亦作精練神作積精

是㠯巖穴幽人集解惠棟曰至六朝始㠯幽人爲高士此疏疑經

蔚宗改竄柳從辰曰袁紀亦作是以巖穴幽人肥遁之士疑袁先改竄而范仍之也

固乃與廷蔚吳雄上疏案雄字季高已附見郭躬傳

乃復與光祿勳劉宣上言曰官本曰作自屬下文讀

昔昌邑之立注昌邑王賀武帝孫昌邑哀王子也官本注脫孫字

先是蠡吾侯志當取冀妹集解先謙曰官本當作常誤錢大昭曰當閩本作當非也謹案當猶値也値娶冀妹故時在京師也官本依監本作常乃殘譌閩本又改常爲當耳

復㠯書勸冀冀愈激怒官本冀字不重

太后聞而不誅柳從辰曰御覽三百八十五引李固別傳作太后聞而誅之與此異

變字德公官本變字不提行

酒家具車重厚遺之案車重猶輜重

杜喬傳河內林慮人也注累祖吏二千石案祖亦世字避改林慮今相州縣也續志林慮故隆慮今彰德府林縣治少爲諸生柳從辰曰袁紀云少以孝悌稱

濟北相崔瑗等臧罪千萬㠯上案崔子玉宿德大儒家無擔石梁商首辟辭疾不應其在濟北李固奉書致禮其賢抑可知矣冀雖或善之非冀私人也喬乃意氣用事不加考察劾其臧罪至千萬以上此豈可信以此推之其謬多矣

遷光祿勳建和元年代胡廣爲太尉柳從辰曰袁紀亦作光祿勳杜喬代胡廣爲太尉則本書桓紀作大司農杜喬爲大尉乃誤文也

喬據執舊典注一依舊典官本注末有也字柳從辰曰雜事祕辛帝納冀妹有太尉喬司徒戒以迎詁

補蘄長注蘄今徐州縣也今鳳陽府宿州南

吳延史盧趙列傳第五十四　　後漢書六十四

宋　宣　城　太　守　范　曄　撰

唐　章　懷　太　子　賢　注

王先謙集解

吳祐字季英祐音又續漢書作佑陳留長垣人也父恢爲南海太守恢或作惔音徒濫反祐年十二隨從到官恢欲殺青簡㠯寫經書殺青者以火炙簡令汗取其青易書復不蠹謂之殺青亦謂汗簡義見劉向別錄也集解惠棟曰續漢書云恢欲殺青簡寫尙書章句祐諫曰今大人踰越五領領者西自衡山之南東至于海一山之限耳別標名則有五焉裴氏廣川記云大庾始安臨賀桂陽揭陽是爲五嶺鄧德明南康記曰大庾一也桂陽甲騎二也九眞都寵三也臨賀萌渚四也始安越城五也裴氏之說則爲審矣集解官本考證曰注裴氏廣川記諸本同川當作州沈欽韓曰水經注甲騎作騎田都龐作部龍遠在海濱其俗誠陋然舊多珍怪上爲國家所疑下爲權戚所望希望其賄遺也此書若成則載之兼兩車有兩輪故稱兩也昔馬援㠯薏苡興謗王陽㠯衣囊徼名徼要也音江堯反前書曰王陽好車馬衣服鮮明而遷徙轉移所載不過囊橐時人怪其奢伏其儉故俗傳王陽能作黃金嫌疑之間

誠先賢所愼也恢乃止撫其首曰吳氏世不乏季子矣季子謂札也集解周壽昌曰祐字季英故其父以季札喻之及年二十喪父居無檐石而不受贍遺常牧豕於長垣澤中續漢書曰年四十餘乃爲郡吏也集解惠棟曰袁紀作長羅澤水經注云圖稱言長垣縣有羅亭故長羅縣也後漢并長垣有長羅澤季英牧豬處先謙曰官本檐作擔是檐乃通作字行吟經書遇父故人謂曰卿二千石子而自業賤事縱子無恥奈先君何祐辭謝而已守志如初後舉孝廉陳留耆舊傳曰太守冷宏召補文學宏見異之擢舉孝廉集解惠棟曰袁紀云祐年四十餘乃爲郡吏舉孝廉將行郡中爲祖道祐越壇共小史雍丘黃眞歡語移時與結友而別祖道之禮封土爲軷壇也五經要義曰祖道行祭爲道路祈也周禮大馭掌王玉路以祀及祀軷注云祀軷者封土象山於路側以芻棘柏爲神主祭之以車轢軷而去喩無險難集解劉攽曰注以芻棘柏案禮記云苫芻棘柏此少一苫字也先謙曰官本兩祀軷作犯軷考證云爲祖道注掌王玉路以祀及犯軷犯字監本誤祀從周禮大馭文改正功曹㠯祐倨請黜之太守曰吳季英有知人之明卿且勿言眞從亦舉孝廉

除新蔡長，世稱其清節。謝承書曰眞字夏甫時公沙穆來遊太學，無資糧，乃變服客傭，爲祐賃舂。祐與語大驚，遂共定交於杵臼之間。祐以光祿四行遷膠東侯相。漢官儀曰四行敦厚質樸遜讓節儉也集解周壽昌曰御覽四百六十五陳留耆舊傳云吳祐爲宏農令勸善懲貪濁出境甘露降年穀豐童謠曰君不我憂人何以休不行略署焉知人處廣博物志引此同惟略署作界署據此祐以孝廉爲宏農令當在爲膠東相之前時濟北戴宏父爲縣丞，宏年十六，從在丞舍。祐每行園，常聞諷誦之音，奇而厚之，亦與爲友，卒成儒宗，知名東夏，東夏東方也尙書曰尹茲東夏也官至酒泉太守。濟北先賢傳曰宏字元襄剛縣人也年二十二爲郡督郵曾以職事見詰府君欲撻之宏曰今鄙郡遭明府咸以爲仲尼之君國小人少以宏爲顏回豈聞仲尼有撻顏回之義府君異其對即日敎署主簿也祐政唯仁簡，以身率物。民有爭訴者，輒閉閤自責，然後斷其訟，集解惠棟曰東觀記斷作科釋名云科課也課其不如法者罪責之也以道譬之，或身到閭里，重相和解。集解惠棟曰袁紀云民有詞訟先命三老孝弟喻解之不解祐身至閭里自和之自是之後，爭隙省息，吏人懷而不欺。嗇夫孫性私賦民錢，續漢書曰賦錢五百爲父市單衣市衣以進其父，父得而怒曰：「有君如是，何忍欺之！」促歸伏罪。

性慙懼，詣閤持衣自首。祐屏左右問其故，性具談父言。祐曰：「掾以親故，受污穢之名，所謂『觀過斯知人矣』。」論語載孔子之言也集解先謙曰官本人作仁考證云仁毛本作人何焯云他本同作人錢大昕云古書仁人二字多通用然以人義爲長使歸謝其父，還以衣遺之。又安丘男子毋丘長與母俱行市，道遇醉客辱其母，長殺之而亡，安丘追蹤於膠東得之。祐呼長謂曰：「子母見辱，人情所恥。然孝子忿必慮難，動不累親。論語孔子曰忿思難又曰一朝之忿忘其身以及其親非惑與今若背親逞怒，若汝也逞快也白日殺人，赦若非義，刑若不忍，將如之何？」長以械自繫，在手曰械曰：「國家制法，囚身犯之。明府雖加哀矜，集解沈欽韓曰縣令爲明府始見於此容齋隨筆唐人呼縣令爲明府失考王補曰明府亦稱明廷見張儉傳侯相稱明府見史弼傳太守稱明府見劉寵及杜密等傳恩無所施。」祐問長有妻子乎？對曰：「有妻未有子也。」即移安丘逮長妻，到，解其桎梏，使同宿獄中，妻遂懷孕。至冬盡行刑，長泣謂母

曰：「負母應死，當何以報吳君乎？」乃齧指而吞之，含血言曰：「妻若生子，名之『吳生』，言我臨死吞指爲誓，屬兒以報吳君。」因投繯而死。謂以繩爲繯投之而縊也繯音胡犬反祐在膠東九年，陳留耆舊傳曰祐處同僚無私書之問上司無牋檄之敬在膠東書不入京師也遷齊相，大將軍梁冀表爲長史。及冀誣奏太尉李固，祐聞而請見，與冀爭之，不聽。時扶風馬融在坐，爲冀章草，祐因謂融曰：「李公之罪，成於卿手。李公即誅，卿何面目見天下之人乎？」冀怒而起入室，祐亦徑去。冀遂出祐爲河閒相，因自免歸家，不復仕，躬灌園蔬，以經書教授。年九十八卒。長子鳳，官至樂浪太守；少子愷，新息令；鳳子馮，綱陽侯相，綱陽縣屬汝南郡音紂集解惠棟曰謝承書云馮爲州郡吏休假先存恤行喪孝子次瞻病畢拜覲鄉里老先進然後到家名昭遠近皆有名於世。陳留耆舊傳曰鳳字君雅馮字子高

延篤字叔堅，南陽犨人也。犨音昌猶反故城在汝州魯山縣東南也集解汪文臺曰御覽四百五十二引謝承書云字叔固少從潁川唐溪典受左氏傳，先賢行狀曰典字季度爲西鄂長風俗通曰吳夫槩王奔楚封唐谿因以爲氏典爲五官中郎將唐與堂同也集解惠棟曰蔡邕傳注引先賢行狀云典字季度堂谿典嵩高石闕銘云字伯并趙明誠云當以碑爲主棟案古人名字前後改易者多季度一字伯并猶虞翻一字定安也經典序錄云篤受左氏於賈逵之子伯升因而注之旬日能諷之，集解先謙曰官本諷下多誦字典深敬焉。先賢行狀曰篤欲寫左氏傳無紙唐溪典以廢牋記與之篤以牋記紙不可寫傳乃借本諷之糧盡辭歸典曰鄕欲寫傳何故辭歸篤曰已諷之矣典聞之歎曰嗟乎延生雖復端木聞一知二未足爲喻若使尼父更起於洙泗君當編名七十與游夏爭匹也又從馬融受業，博通經傳及百家之言，能著文章，有名京師。舉孝廉，爲平陽侯相。到官，表龔遂之墓，立銘祭祠，擢用其後於畎畝之閒。前書龔遂山陽南平陽人爲勃海太守南平陽故城在今兗州鄒縣集解錢大昕曰此山陽之南平陽非河東之平陽先謙曰今仍爲鄒縣治以師喪弃官奔赴，五府並辟不就。桓帝以博士徵，拜議郞，與朱穆、邊韶共著作東觀。集解惠棟曰劉知幾云大軍營司馬崔寔與議郞延篤雜作百官表順帝功臣孫程郭願及鄭衆蔡倫等傳凡百十有四篇號曰漢記稍遷侍中。帝數問政事，篤詭辭密對，穀梁傳曰故士造辟而言詭辭而出范甯注云辟君也詭辭而出不以實告人也動依典義。集解惠棟曰謝承書云篤爲侍中自在機密常見進納上數問

政事得失以經義古典諫帷幄之言不宣外也遷左馮翊又徙京兆尹其政用寬仁憂恤
民黎擢用長者與參政事郡中歡愛三輔咨嗟焉〔集解〕汪文臺曰文選辨亡論注
謝承書云篤遷京兆尹正身率下憂官如家卹民如子又書鈔七十六謝書云篤勸民農桑遂增戶口穀食豐饒鄰郡老少歸之
先是陳留邊鳳爲京兆尹亦有能名郡人爲之語曰前有趙張三
王前書趙廣漢張敞王遵王章王駿俱爲京兆尹也〔集解〕惠棟曰前書贊云自孝武置左馮翊右扶風京兆尹而吏民爲之語曰
前有趙張後有三王後有邊延二君時皇子有疾下郡縣出珍藥而大將軍
梁冀遺客齎書詣京兆幷貨牛黃吳普本草曰牛黃味苦無毒牛出入呻者有之夜有光走角中
牛死入膽中如雞子黃神農本草曰療驚癇除邪逐鬼〔集解〕惠棟曰經籍志云華佗弟子吳普本草六卷篤發書收客
曰大將軍椒房外家而皇子有疾必應陳進醫方豈當使客千里
求利乎遂殺之冀慙而不得言〔集解〕惠棟曰案漢中常侍吉成侯州輔碑有延篤題名又篤撰孫程
等傳皆敘其所承本世曲爲文飾是篤乃閹尹支黨故得不罹梁氏之禍不然冀之橫暴睚眦觸死豈有顯刑梁使而得自全者乎
史家所記葢非其實有司承旨欲求其事篤以病免歸教授家巷時人[illegible]

仁孝前後之證篤乃論之曰觀夫仁孝之辯辯爭也紛然異端互引
典文代取事據代更也可謂篤論矣篤厚也夫人二致同源總率百行
二致仁孝也易繫辭曰殊塗而同歸百慮而一致也〔集解〕惠棟曰鄭元論語注云孝爲百行之本非復銖兩輕重
必定前後之數也而如欲分其大較較猶略也體而名之則孝在事親
仁施品物施物則功濟於時事親則德歸於己於己則事寡濟時
則功多推此以言仁則遠矣然物有出微而著事有由隱而章近
取諸身則耳有聽受之用目有察見之明足有致遠之勞手有飾
衞之功功雖顯外本之者心也遠取諸物則草木之生始於萌芽
終於彌蔓枝葉扶疏榮華紛縟說文曰縟繁綵飾也末雖繁蔚致之者根也
夫仁人之有孝猶四體之有心腹四體謂手足也枝葉之有根本也聖人
知之故曰夫孝天之經也地之義也人之行也左氏傳趙簡子問子太叔何謂禮對
曰聞諸先大夫子產曰夫禮天之經也地之義也人之行也天地之經人實則之則天之明因地之性孔子取爲孝經之詞也君

子務本本立而道生孝悌也者其爲仁之本與論語載有若之辭也〔集解〕錢大昕曰
葛本仁作人今本論語人作仁案初學記友悌部御覽人事部引論語俱云其爲人之本與有子先言其爲人也孝弟後言其爲人
之本首尾相應亦當以人爲長也然體大難備物性好偏故所施不同事少兩兼
者也如必對其優劣則仁以枝葉扶疏爲大孝以心體本根爲先
可無訟也或謂先孝後仁非仲尼序回參之意論語孔子曰參也魯回也其庶乎言
庶幾於善道也魯鈍也言若先孝後仁則曾參不得不賢於顏子蓋以爲仁孝同質而生純體之
者則互以爲稱虞舜顏回是也虞舜顏回純德既備或仁或孝但隨其所稱爾若偏而體
之則各有其目公劉曾參是也史記公劉后稷曾孫也能修復后稷之業務耕種行地宜百姓懷之
多從而保歸焉故公劉以仁紀德曾參以至孝稱賢此則各自爲目不能總兼其美也〔集解〕惠棟曰[illegible]云公劉敦行葦世稱其仁
趙岐稱公劉仁慈行不踐生草運車以避葭葦蓋韓詩有是說也夫曾閔以孝悌爲至德曾參閔損也
管仲以九合爲仁功論語孔子曰桓公九合諸侯不以兵車管仲之力如其仁如其仁九合者謂再會于鄄兩
會于幽又會檉首止戴寗毋洮葵丘也未有論德不先回參考功不大夷吾以此而

言各從其稱者也前越嶲太守李文德〔集解〕惠棟曰州輔碑陰有處士李□文德亦南陽犨
人與叔堅同時則文德乃字也碑闕其名而傳稱文德爲越嶲太守豈又一人耶素善於篤時在京師謂
公卿曰延叔堅有王佐之才奈何屈千里之足乎欲令引進之篤
聞乃爲書止文德曰夫道之將廢所謂命也論語孔子曰道之將行也與命也道之將
廢也與命也流聞乃欲相爲求還東觀來命雖篤所未敢當吾嘗昧爽
櫛梳坐於客堂孔安國注尚書曰昧爽也爽明也〔集解〕沈欽韓曰容一本作容是也爾雅容謂之防郭注形如今牀
頭小曲屏風射者所以自防釋名墉容也所以蔽隱形容也幢容也施之車蓋童童然以隱蔽形容也是則隱蔽自障者皆謂之容
古者宮室自半已前虛之謂之堂[illegible]架半已後實之謂之室堂前有屏蔽之設故曰容堂也王補曰容
堂下有食赤烏之犇麥飲化益之玄醴折張騫大宛之蒜畝晉國郇瑕氏之鹽四句見御覽朝則誦羲文之易
虞夏之書歷公旦之典禮覽仲尼之春秋周公攝政七年制禮作樂班固東都賦曰今論
者但知誦虞夏之書詠殷周之詩講羲文之易論孔氏之春秋也夕則消搖內階詠詩南軒楚辭高堂
邃宇檻層軒王逸注云軒樓板也〔集解〕惠棟曰說文云逍遙猶翱翔也徐鉉案詩傳只用消搖此二字字林所加百家衆

氏投間而作言誦經典之餘投射間隙而亂百氏也洋洋乎其盈耳也洋洋美也論語曰洋洋乎盈耳哉渙爛兮其溢目也渙爛文章貌也紛紛欣欣兮其獨樂也當此之時不知天之爲蓋地之爲輿宋玉大言賦曰方地爲輿員天爲蓋也不知世之有人己之有軀也雖漸離擊筑傍若無人說文曰筑五絃之樂也沈約宋書曰筑不知誰所造也史記唯云高漸離擊筑案今筑形似箏有項有柱史記荊軻至燕日與屠狗及高漸離擊筑荊軻和而歌於市中相樂已而相泣傍若無人集解沈欽韓曰案說文作筑以竹曲五絃之樂也索隱筑似琴有弦用竹擊之取以爲名高鳳讀書不知暴雨事具逸人傳也方之於吾未足況也且吾自束修已來束修謂束帶修飾鄭玄注論語曰謂年十五已上也爲人臣不陷於不忠爲人子不陷於不孝上交不諂下交不黷易繫辭之文也從此而歿下見先君遠祖可不慙赧色愧曰赧音女板反如此而不已善止者恐如教羿射者也史記有養由基者善射者也去柳葉百步而射之百發而百中之左右觀者數千人皆曰善射有一人立其旁曰善可教射矣養由基怒釋弓搤劍曰客安能教我射乎客曰非吾能教枝左詘右也夫去柳葉百步而射之百發百中之不以善息少焉氣衰力倦弓撥矢鉤一發不中者百發盡息此言羿者蓋以俱善射而稱之

也愼勿迷其本棄其生也後遭黨事禁錮錮謂閉塞永康元年卒于家鄉里圖其形于屈原之廟屈原楚大夫抱忠貞而死篤有志行文彩故圖其像而偶之焉集解周壽昌曰案篤爲南陽人楚漢之際南陽屬楚故有屈原廟也篤論解經傳多所駮正後儒服虔等以爲折中集解惠棟曰今左傳正義引延叔堅說當是服虔所采沈欽韓曰隋志戰國策論一卷延篤撰然不載其左傳解蓋隋志佚之所著詩論銘書應訊表教令訊問也蓋客難之類凡二十篇云集解沈欽韓曰新唐書藝文志延篤集二卷周壽昌曰史記索隱序云太史公之書古今爲著注解者絕省音義亦稀後漢乃有延篤音義一書

史弼字公謙陳留考城人也父敞順帝時以佞辯至尚書郡守續漢書曰敞爲京兆尹化有能名尤善條教見稱於三輔也弼少篤學聚徒數百仕州郡謝承書曰弼年二十爲郡功曹承前太守宋訢穢濁之後悉條諸生聚斂姦吏百餘人皆白太守埽迹還縣高名由此而興集解官本考證曰注悉條諸生諸本同生字疑衍辟公府遷北軍中候是時桓帝弟渤海王悝素行險辟僭傲多不法弼懼其驕悖爲亂乃上封事曰臣聞帝王之於親

戚愛雖隆必示之以威體雖貴必禁之以度如是和睦之道興骨肉之恩遂昔周襄王恣甘昭公甘昭公王子帶周襄王弟也食邑於甘謚曰昭左傳曰初甘昭公有寵於惠后惠后將立之未及而卒昭公奔齊王復之遂以狄師攻王王出適鄭也孝景皇帝驕梁孝王梁孝王景帝弟竇太后少子愛之賜天子旌旗出警入蹕景帝常與王宴太后前曰千秋萬歲後傳王爰盎諫不許遂令人刺殺盎也而二弟階寵終用教慢卒周有播蕩之禍漢有爰盎之變竊聞勃海王悝憑至親之屬恃偏私之愛失奉上之節有僭慢之心外聚剽輕不逞之徒剽悍也逞快也謂被侵枉不快之人也左傳曰率羣不逞之人剽音疋妙反內荒酒樂出入無常所與羣居皆有口無行有虛言無實行也或家之棄子或朝之斥臣必有羊勝伍被之變前書羊勝勸梁王求漢嗣伍被勸淮南王謀反誅也州司不敢彈糾傅相不能匡輔陛下隆於友于不忍遏絕友親也尚書曰惟孝友于兄弟集解惠棟曰蔡邕石經論語云書云孝于惟孝友于兄弟包咸云孝于惟孝美大孝之辭也友于兄弟善于兄弟施行也所行有政道卽與爲政同今流俗本作孝乎梅氏撰僞尚書以惟孝屬下讀改孝于爲孝乎遂失本眞也錢大昕曰案袁紹傳亦云友于之性生于自然六朝

人好用此語三國志陳思王植傳今之否隔友于同憂吳三嗣主傳友于之義薄矣許靖傳注處室則友于不穆晉書長沙王乂傳友于十人同產皇室東萊王蕤傳曾無友于之情王惲傳虧友于欵篤之義傅咸傳無友于之情孝友傳論篤友于而宣範宋書廬江王禕傳克敦友于桂陽王休範傳先帝穆於友于范泰傳孝慈天至友于過隆南齊書豫章王嶷傳友于之愛垂友于之性朕友于之深王思遠傳友于甚至梁書陳伯之傳朱鮪涉血於友于南史齊文惠太子傳太子見上友于旣至梁臨川王宏傳武帝於友于甚厚袁彖傳辨讞之日友于讓生北史李順傳篤穆友于見稱於世李謐傳幼事兄瑒恭順盡友于之誠薛聰傳友于篤穆房彥謙傳上副聖主友于之意要皆濫觴于後漢也恐遂滋蔓爲害彌大滋長蔓延也左傳曰無使滋蔓蔓難圖也集解惠棟曰用左傳祭仲語先謙曰官本無左下十一字乞露臣奏宣示百僚使臣得於清朝明言其失然後詔公卿平處其法法決罪定乃下不忍之詔臣下固執然後少有所許如是則聖朝無傷親之譏勃海有享國之慶集解王補曰史弼封事處人骨肉義盡仁至帝以至親不忍而悝終以逆謀坐貶弼意蓋歸張敞論霍氏也二章並不見納要爲處外戚親藩之法不然懼大獄將興使者相望於路矣臣職典禁兵備禦非常而妄知藩國干犯至戚罪不容誅不勝憤懣謹冒死以聞帝以

至親不忍下其事後悝竟坐逆謀貶爲癭陶王弼遷尚書出爲平原相集解汪文臺曰蔡邕傳注謝承書云弼遷山陽太守其妻鉅野薛氏女以三互自上轉拜平原相時詔書下舉鉤黨鉤謂相連也郡國所奏相連及者多至數百唯弼獨無所上詔書前後切却州郡切急也却退也髡笞掾史從事坐傳責曰續漢志每州皆有從事史及諸曹掾史傳客舍也音知戀反坐傳舍召弼而責集解通鑑胡注髡笞掾史句絕言詔書督迫州郡至於髡笞掾史青州從事則坐平原傳舍而責弼也詔書疾惡黨人旨意懇惻青州六郡其五有黨濟南樂安齊國東萊平原北海六郡青州所管也青州在齊國臨淄見漢官儀近國甘陵亦考南北部桓帝爲蠡吾侯受學於甘陵周福及帝卽位擢福爲尚書時同郡河南尹房植有名當朝二家賓客互相譏揣遂各樹朋徒漸成尤隙由是甘陵有南北部見黨人篇序也平原何理而得獨無弼曰先王疆理天下畫界分境疆界也理正也左傳曰先王疆理天下物土之宜而布其利也水土異齊風俗不同前書曰凡人函五常之性而其剛柔緩急音聲不同繫水土之風氣故謂之風好惡取舍動靜無常隨君上之情欲故謂之俗也它郡自有平原自無胡可相比若承望上司誣陷良善淫刑濫罰㠯逞非理則

平原之人戶可爲黨相有死而已所不能也從事大怒卽收郡僚職送獄集解通鑑胡注郡僚職謂諸曹掾史也遂舉奏弼會黨禁中解弼㠯俸贖罪得免俸音扶用反濟活者千餘人弼爲政特挫抑彊豪其小民有罪多所容貸遷河東太守被一切詔書當舉孝廉集解沈欽韓曰謂大郡太守視事未及一朞皆得舉孝廉小郡亦得歲舉也陳蕃傳詔下州郡一切皆得舉孝廉桓帝時如此詔書非一度也弼知多權貴請託乃豫敕斷絕書屬屬音之欲反中常侍侯覽果遣諸生齎書請之并求假鹽稅集解沈欽韓曰案河東有兩鹽池則後漢仍榷其稅積日不得通集解惠棟曰袁紀門長不爲通生乃說㠯它事竭弼而因達覽書集解劉攽曰案文說字當作詭謂詭譎也先謙曰官本竭作謁是弼大怒曰集解先謙曰官本大上有乃字太守忝荷重任當選士報國爾何人而僞詐無狀命左右引出楚捶數百府丞掾史十餘人皆諫於廷弼不對遂付安邑獄卽日考殺之侯覽大怨集解先謙曰官本怨作怒是遂詐作飛章下司隸誣弼誹謗檻車徵吏人莫敢近者唯前孝廉裴瑜

送到崤澠之間大言於道傍曰明府摧折虐臣選德報國如其獲罪足㠯垂名竹帛願不憂不懼弼曰誰謂荼苦其甘如薺詩衞風也荼苦菜也昔人刎頸九死不恨刎割也楚詞曰雖九死其猶未悔也及下廷尉詔獄平原吏人奔走詣闕訟之又前孝廉魏劭毀變形服詐爲家僮瞻護於弼弼遂受誣事當棄市劭與同郡人賣郡邸郡邸若今之寺邸也集解惠士奇曰觀此則東漢郡邸乃郡守自爲之否則安得擅賣陸機洛陽記云百郡邸在洛陽中東城下步廣里中案百官公卿表大鴻臚屬有郡邸長丞師古曰主諸郡之邸在京師者周壽昌曰郡邸卽平原郡公置之邸猶今同郡會館也若寺邸是官舍魏劭與其同郡人安能賣乎行賂於侯覽得減死罪一等論輸左校時人或譏曰平原行貨㠯免君無乃蚩乎集解周壽昌曰案蚩卽嗤言行貨以免無乃爲人所蚩乎章紀永平六年詔示不爲諂子蚩也酷吏傳論故嚴君蚩黃霸之術與此蚩義同光武紀幾爲虜嗤樊宏傳時人嗤之皆與蚩同廣雅釋詁蚩輕也文選西京賦注蚩侮也詠懷詩嗷嗷今自蚩注與嗤同陶丘洪曰青州先賢傳曰洪字子林平原人也清達博辯文冠當代舉孝廉不行辟太尉府年三十卒集解惠棟曰元和姓纂云丹朱居陶邱爲氏先謙曰官本林作休昔文王牖里閔散懷金牖里殷獄名或作羑亦名羑城在今相州湯陰縣北帝王紀散宜生南宮括閎夭學乎呂尚尚知三人賢結朋友之交及紂囚文王乃以黃金千鎰與宜生令求諸物與紂史記曰閎夭之徒乃求有莘美女驪戎文馬有熊九駟它奇怪物因殷嬖臣費仲獻之於紂紂大說乃赦之也集解沈欽韓曰明統志羑里在彰德府湯陰縣北九里一名牖城史弼遭患義夫獻寶亦何疑焉於是議者乃息弼竟歸田里集解先謙曰官本弼作刑考證云刑他本多作弼上云論輸左校刑竟謂徒役期滿也段熲傳亦有刑竟字今仍監本稱病閉門不出數爲公卿所薦議郎何休又訟弼有幹國之器宜登台相徵拜議郎侯覽等惡之光和中出爲彭城相集解惠棟曰袁紀云爲政務抑豪彊雖有縱放然豪右斂手小民有罪率多恩貸會病卒

裴瑜位至尚書先賢行狀曰瑜字雅璜聰明敏達觀物無滯清論所加必爲成器醜議所指沒齒無怨也

論曰夫剛烈表性鮮能優寬仁柔用情多乏貞直吳季英視人畏傷發言烝烝烝烝猶仍也似夫懦者而懷憤激揚折讓權枉又何壯也仁㠯矜物義㠯退身君子哉法言曰君子於仁也柔於義也剛語曰活千人者子孫必封前書王翁孺曰聞活千人者有封孫吾所活者千人後世其興乎集解先謙曰官本有封下有子字是史弼

頡頏嚴吏頡頏猶上下也終全平原之黨而其後不大不大謂子孫衰替也左傳晉卜偃曰畢萬之後必大斯亦未可論也

盧植字子幹涿郡涿人也集解沈欽韓曰名勝志盧植故宅在涿州東十五里地名盧家㯿土壤肥饒子孫世居焉身長八尺二寸音聲如鍾少與鄭玄俱事馬融集解惠棟曰續漢書云與鄭元同門相友能通古今學好研精而不守章句融外戚豪家融明德皇后之從姪也多列女倡歌舞於前植侍講積年未嘗轉眄融以是敬之學終辭歸闔門教授性剛毅有大節常懷濟世志不好辭賦能飲酒一石集解沈欽韓曰鄭盧二大儒俱能飲酒一石然古量三而當今之一不足李時珍本草古之一升卽之二合半是四而當一也今唐六典三斗爲一大斗則古三斗當唐一斗也左定八年傳疏魏齊斗稱於古二而爲一周隋斗稱於古三而爲一日知錄宋沈括筆談云予受詔考鍾律鑄渾儀求秦漢以來度量計六斗當今一斗七升九合秤三斤當今十三兩是宋之權量又大於唐也元史言至元二十年復行宋文思院小口斛又言世祖取江南命輸米者止用宋斗斛以宋一石當今七斗故也是元之斗斛又大於宋也時皇后父大將軍竇武援立靈帝初秉機政朝議欲加封爵植雖布衣以武素有名譽乃獻書以規之曰植聞嫠有不恤緯之事左傳曰范獻子曰人亦有言嫠不恤其緯而憂宗周之隕爲將及焉杜預注曰嫠寡婦也織者常苦緯少寡婦所宜憂也漆室有倚楹之戚琴操曰魯漆室女倚柱悲吟而嘯鄰人見其心之不樂也進而問之曰有淫心欲嫁之念耶何吟之悲漆室女曰嗟乎嗟乎子無志不知人之甚也昔者楚人得罪於其君走逃吾東家馬逸蹈吾園葵使吾終年不厭菜吾西鄰人失羊不還請吾兄追之霧濁水出使吾兄溺死終身無兄政之所致也吾憂國傷人心悲而嘯豈欲嫁哉自傷懷結而爲人所疑於是褰裳入山林之中見女貞之木喟然歎息援琴而弦歌以女貞之辭自經而死集解劉攽曰注以女貞之辭案文多一以字憂深思遠君子之情詩序曰憂深思遠儉而用禮乃有堯之遺風焉夫士立爭友義貴切磋孝經曰士有爭友身不陷於不義詩云如切如磋鄭玄注云骨曰切象曰磋言友之相規誡如骨象之見切磋書陳謀及庶人尚書洪範曰謀及卿士謀及庶人也詩詠詢于芻蕘詩大雅曰先人有言詢于芻蕘毛萇注云芻蕘採薪者也植誦先王之書久矣敢愛其瞽言哉無目眀曰瞽眀音直忍反今足下之於漢朝猶旦奭之在周室建立聖主四海有繫論者以爲吾子之功於斯爲重天下聚目而視攢耳而聽前書賈山曰使天下戴目而視傾耳而聽也集解惠棟曰蒼頡篇攢聚也作官切謂準之前事將有景風之祚景風解見和紀尋春秋之義王后無嗣擇立親長年均以德德均則決之卜筮左傳王子朝曰先王之命王后無嫡則擇立長年鈞以德德鈞以卜古之制也集解惠棟曰盧植奏事下又云所以承先祖也見初學記今同宗相後披圖案牒以次建之何勳之有豈橫叨天功以爲己力乎叨貪也左傳曰貪天之功以爲己力也集解惠棟曰圖輿地圖也牒宗室名牒也披圖則知諸王分國案牒則知宗室遠近也宜辭大賞以全身名又比世祚不競競彊也仍外求嗣可謂危矣而四方未寧盜賊伺隙恆岳勃碣勃勃海也碣碣石山也特多姦盜將有楚人脇比尹氏立朝之變左傳曰楚公子比恭王之子也靈王立子比奔晉靈王卒子比自晉歸楚立爲君比弟公子棄疾欲篡其位夜乃使人周走呼曰王至矣國人大驚子比乃自殺王子朝周景王之庶子景王卒子猛立尹氏周卿士立子朝奪猛位也集解錢大昕曰公羊傳靈王作乾谿之臺三年不成楚公子棄疾脅比而立之章懷注不引公羊而引左氏周走而呼云云非植意也惠棟曰春秋經昭二十三年秋七月天王居于狄泉尹氏立王子朝何休云貶言尹氏者著世卿之權宜依古禮置諸子之官集解何焯曰諸子官司馬之屬掌國子之倅徵王侯愛子宗室賢才外崇訓道之義內息貪利之心簡其良能隨用爵之彊幹弱枝之道也以樹爲喻也謂京師爲幹四方爲枝前書曰漢興立都長安徙齊諸田楚昭屈景及諸功臣家於長陵蓋以彊幹弱枝非獨爲奉山園也武並不能用集解惠士奇曰其後冀州刺史王芬南陽許攸沛國周旌等連結豪傑謀廢靈帝立合肥侯子幹之言中矣州郡數命植皆不就建寧中徵爲博士乃始起焉熹平四年九江蠻反四府選植才兼文武拜九江太守蠻寇賓服以疾去官作尚書章句三禮解詁詁事也言解其事意集解惠棟曰續漢書云作尚書章句禮記解詁經籍志云植注禮記十卷時始立太學石經以正五經文字植乃上書曰臣少從通儒故南郡太守馬融受古學頗知今之禮記特多回冗回冗猶紆曲也臣前以周禮諸經發起粃謬粃粟不成喻義之乖僻也集解惠棟曰粃謬疑紕繆之訛禮記大傳云五者一物紕繆鄭元云紕繆猶錯也釋文云繆音謬本或作謬敢率愚淺爲之解詁而家乏無力供繕寫上繕善也言家貧不能繕寫而上也願得將能書生二人共詣東觀就官財糧專心研精合尚書章句考禮記失得庶裁定聖典刊正碑文古文科斗近於爲實而厭抑流俗

降在小學古文謂孔子壁中書也形似科斗因以爲名前書謂文字爲小學也〔集解〕惠棟曰古文科斗謂尚書毛詩周禮左傳也能通古文則知古訓故云近於爲實漢世儒者不信古文爲流俗所抑僅備六書之一體故云降在小學也中興㠯來通儒達士班固賈逵鄭興父子並敦悅之興子衆也自有傳左傳曰郄穀悅禮樂而敦詩書也令毛詩左氏周禮各有傳記〔集解〕惠棟曰指古文經說先謙曰官本令作今其與春秋共相表裏表裏言義相須而成也前書云河圖洛書相爲經緯八卦九章相爲表裏〔集解〕惠棟曰左氏傳春秋毛詩小序十五國風皆有春秋時事晉韓宣子聘於魯見魯春秋曰周禮盡在魯矣是春秋本周禮以紀事也故三經傳記與春秋相表裏宜置博士爲立學官㠯助後來㠯廣聖意會南夷反叛㠯植嘗在九江有恩信拜爲廬江太守植深達政宜務存清靜弘大體而已歲餘復徵拜議郎與諫議大夫馬日磾議郎蔡邕楊彪韓說等並在東觀校中書五經記傳補續漢記言中書以別於外也帝㠯非急務轉爲侍中遷尚書光和元年有日食之異植上封事諫曰臣聞五行傳日晦而月見謂之朓王侯其舒五行傳劉向所著朓者月行速在日前故早見劉向以爲君舒

緩則臣驕慢故日行遲而月行速也此謂君政舒緩故日食晦也春秋傳曰天子避位移時左氏傳曰日過分未至三辰有災於是乎君不舉避移時杜預注曰避正寢過日食時也〔集解〕惠棟曰日食必在朔古用平朔於是有日食在晦之說詳見別傳言其相掩不過移時而間者日食自已過午既食之後雲霧晻曖比年地震彗孛互見臣聞漢㠯火德化當寬明近色信讒忌之甚者如火畏水故也案今年之變皆陽失陰侵消禦災凶宜有其道謹略陳八事一曰用良二曰原禁原其所禁而宥之也三曰禦癘防禦疫癘之氣四曰備寇五曰修禮六曰遵堯七曰御下八曰散利用良者宜使州郡覈舉賢良覈實也隨方委用責求選舉原禁者凡諸黨錮多非其罪可加赦恕申宥回枉回邪也禦癘者宋后家屬並㠯無辜委骸橫尸不得收葬疫癘之來皆由於此宜敕收拾㠯安遊魂后以王甫程阿所構憂死父及兄弟並被誅靈帝後夢見桓帝怒曰宋皇后何罪而絕其命已訴于天上帝震怒罪在難救也備寇者侯王之家賦稅減削愁窮思亂必致非常宜使給足㠯防未然修禮者應徵有道之人若鄭玄之徒陳明洪範禳服災咎遵堯者今郡守刺史一月數遷宜依黜陟㠯章能否縱不九載可滿三歲書曰三載考績黜陟幽明孔安國注曰三年考功三考九年能否幽明有別升進其明者黜退其幽者此皆唐堯之法也御下者請謁希爵一宜禁塞希求也遷舉之事責成主者散利者天子之體理無私積宜弘大務蠲略細微蠲除也帝不省中平元年黃巾賊起四府舉植拜北中郎將〔集解〕惠棟曰劉昭云漢末有中郎將不知何時置也持節㠯護烏桓中郎將宗員副將北軍五校士發天下諸郡兵征之連戰破賊帥張角斬獲萬餘人角等走保廣宗植築圍鑿塹造作雲梯垂當拔之〔集解〕惠棟曰續漢書云征角失利抵罪案范于皇甫嵩論曰前史著平原華嶠稱其父光祿大夫表每言其祖魏太尉歆稱時人說皇甫之不伐汝豫之戰歸功朱雋張角之捷本之於盧植收名鎮策而己不有焉植抵罪後而皇甫奏捷則植之行師方略嵩實資之續漢書以爲失利抵罪失其實矣帝遣小黃門左豐詣軍觀賊形勢或勸植㠯賂送豐植不肯豐還言於帝曰廣宗賊易破耳

盧中郎固壘息軍㠯待天誅帝怒遂檻車徵植減死罪一等及車騎將軍皇甫嵩討平黃巾盛稱植行師方略嵩皆資用規謀濟成其功㠯其年復爲尚書帝崩大將軍何進謀誅中官乃召幷州牧董卓㠯懼太后植知卓凶悍難制必生後患固止之進不從及卓至果陵虐朝廷乃大會百官於朝堂議欲廢立羣僚無敢言植獨抗議不同卓怒罷會將誅植語在卓傳植素善蔡邕邕前徙朔方植獨上書請之邕時見親於卓故往請植事又議郎彭伯諫卓曰〔集解〕惠棟曰魏明帝先賢傳作彭伯羣盧尚書海內大儒人之望也今先害〔集解〕劉攽曰案文少之字不成文理惠棟曰先賢傳云今先害之天下震怖卓乃止但免植官而已植㠯老病求歸懼不免禍乃詭道從轘轅出詭詐也轘轅道在今洛州緱氏縣東南也卓果使人追之到懷不及遂隱于山谷〔集解〕先謙曰官本山作上考證云上字毛本作山沈欽韓云續漢書云隱居上谷軍都山樂史引後漢書云植隱居上谷軍都山立黌肆教授好學者自遠方而至郡國志云廣陽郡軍都故屬上

谷明統志軍都山在幽州昌平縣西北二十里不交人事冀州牧袁紹請爲軍師初平三
年卒臨困敕其子儉葬于土穴集解沈欽韓曰植墓在涿州東何村里土人呼爲南臺不用
棺椁附體單帛而已所著碑誄表記凡六篇建安中曹操北討柳
城過涿郡魏志曰建安十二年操北征烏丸涉鮮卑討柳城登白狼山也告守令曰故北中郎將
盧植名著海內學爲儒宗士之楷模國之楨幹也昔武王入殷封
商容之閭鄭喪子產仲尼隕涕左傳曰仲尼聞子產死出涕曰古之遺愛也孤到此州
嘉其餘風春秋之義賢者之後宜有殊禮公羊傳曰君子之善善也長惡惡也短惡惡止
其身善善及子孫賢者子孫故君子爲之諱也亟遣丞掾除其墳墓亟急也存其子孫幷致
薄醊醊祭酹也音張芮反以張厥德子毓知名魏志曰毓字子家十歲而孤以學行稱仕魏至侍中吏部
尚書時舉中書郎詔曰得其人與不在盧生耳選舉莫取有名如畫地爲餅不可啖也毓對曰名不足以致異人而可以得常士常
士畏敎慕善然後有名也集解惠棟曰續漢書云植有四子毓最少先謙曰官本中書郎無書字考證云中郎毛本作中書郎
論曰風霜以別草木之性論語曰歲寒然後知松柏之後凋也危亂而見貞良之節

後漢書六十四　十四

老子曰國家昏亂有忠臣則盧公之心可知矣夫蠭蠆起懷集解沈欽韓曰晉書劉毅傳蠭蠆作
於懷袖勇夫爲之驚駭出於意外故也雷霆駭耳集解沈欽韓曰六韜軍勢篇疾雷不及掩耳雖賁育荆
諸之倫孟賁多力者也夏育勇者也並衞人荆荆軻也諸專諸也未有不冘豫奪常者也冘人行貌
也音淫言冘豫不能自定也奪謂易其常分者也當植抽白刃嚴閤之下追帝河津之間
排戈刃赴戕折事見何進傳杜預注左傳曰戕者卒暴之名也集解王鳴盛曰靈帝崩何進謀誅宦官於是張讓等
劫少帝走河津盧植追帝從之此植一生大節傳中宜一見而云詳何進傳今竟無一語而突見論中非也王補曰史記論贊指意
辭事必取之本傳之外義法森然未嘗稍亂卽以黎碑志銘詞亦未有義具於本文者或體製所宜事至覆舉則必補本文之間缺
夾漈鄭氏望溪方氏言之綦詳鳴盛之說其蔽甚焉植之追帝河津詳見何進傳再舉於此則爲複矣固可互文以見義也且追帝
誠爲大節孰與固止董卓抗議廢立此詳彼略正史法嫡傳鳴盛乃云傳無一語突見論中所謂强語不知者邪豈先計
哉君子之於忠義造次必於是顚沛必於是也孔子曰君子無終食之間違仁造次
必於是顚沛必於是馬融注云造次急遽也顚沛僵仆也雖急遽僵仆不違仁也
趙岐集解先謙曰官本岐作岐古書通作以岐爲是字邠卿京兆長陵人也初名嘉生於
御史臺因字臺卿以其祖爲御史故生於臺也集解先謙曰官本考證云祖字監本誤作子從毛本改今案岐祖
名亦無考後避難故自改名字示不忘本土也岐少明經有才藝娶扶
風馬融兄女融外戚豪家岐嘗鄙之不與融相見三輔決錄志曰岐娶馬敦女宗
姜爲妻敦兄子融嘗至岐家多從賓與從妹宴飲作樂日夕乃出過問趙處士所在岐亦厲節不以妹壻之故屈志於融也與其友
書曰馬季長雖有名當世而不持士節三輔高士未曾以衣裾襒其門也岐曾讀周官二義不通一往造之賤融如此也集解惠棟
曰馬敦嚴弟官至虎賁中郎將敝衣字當作襒張揖三倉解詁云襒拂也史記襒席索隱謂側而行以衣襒席爲敬不能正坐當賓
主之禮也沈欽韓曰敦女融之從父妹傳云兄女誤先謙曰官本注志作注敝作襒考證云注三輔決錄注曰注本或作志誤
州郡以廉直疾惡見憚年三十餘有重疾臥蓐七年蓐寢蓐也聲類曰蓐薦也
自慮奄忽乃爲遺令敕兄子曰大丈夫生世遯無箕山之操易曰遯而
亨君子以遠小人王弼注遯之義避內而之外者也箕山許由所隱處也仕無伊呂之勳天不我與復
何言哉可立一員石於吾墓前刻之曰漢有逸人姓趙名嘉集解惠棟
曰嘉協韻歌北墓銘也有志無時命也奈何其後疾瘳集解沈欽韓曰御覽九百九十六趙岐藍

後漢書六十四　十五

賦序云予就醫偃師道經陳留此境人皆以種藍爲業藍田彌望黍稷不殖慨其遺本遂作賦一章永興二年辟司
空掾議二千石得去官爲親行服朝廷從之其後爲大將軍梁冀
所辟爲陳損益求賢之策冀不納舉理劇爲皮氏長皮氏故城在今絳州龍門
縣西決錄曰岐爲長抑彊討姦大興學校也會河東太守劉祐去郡而中常侍左悺兄
勝代之岐恥疾宦官卽日西歸京兆尹延篤復以爲功曹先是中
常侍唐衡兄玹爲京兆虎牙都尉玹音玄郡人以玹進不由德皆輕
侮之岐及從兄襲又數爲貶議玹深毒恨決錄注襲字元嗣先是杜伯度崔子玉以工草
書稱於前代襲與羅暉拙書見蚩於張伯英英頗自矜高與朱賜書云上比崔杜不足下方羅趙有餘也集解惠棟曰羅暉字叔景
見衞恒草書勢朱賜王僧虔佚錄作朱寬張懷瓘書斷曰太僕朱賜杜陵人時稱工書趙壹集稱朱使君延熹元年玹
爲京兆尹岐懼禍及乃與從子戩逃避之集解惠棟曰戩字叔茂見王允傳玹果
收岐家屬宗親陷以重法盡殺之決錄注曰岐長兄磐州都官從事早亡次兄無忌字世卿郡河
東從事爲玹所殺戩音翦集解沈欽韓曰魏志注魚豢魏略勇俠傳延熹中唐衡弟爲京兆虎牙都尉爲郡功曹趙息所輕侮衡弟

甚恚欲滅諸趙及爲京兆尹於是捕諸趙尺兒以上皆殺之時息從父岐爲皮氏長聞有家禍因從官舍逃走之河間變姓字又轉詣北海與此傳岐先棄官歸爲郡功曹者異岐遂逃難四方江淮海岱靡所不歷自匿姓名賣餅北海市中〔集解〕沈欽韓曰北堂書鈔魏略云著絮巾布袴賣餅時安丘孫嵩年二十餘遊市見岐〔集解〕惠棟曰三輔決錄云乘犢車入市察非常人〔集解〕沈欽韓曰藝文類聚三輔決錄注云嵩問岐曰自有餅耶曰販之嵩曰買幾錢賣幾錢岐曰買三十賣亦三十停車呼與共載岐懼失色嵩乃下帷令騎屏行人密問岐曰視子非賣餅者又相問而色動不有重怨卽亡命乎我北海孫賓石闔門百口埶能相濟岐素聞嵩名卽㠯實告之遂㠯俱歸嵩先入白母曰出行乃得死友〔集解〕惠棟曰劉向列女傳云羊角哀左伯桃爲死友迎入上堂饗之極歡藏岐複壁中數年〔集解〕沈欽韓曰岐孟子題辭云余知命之際嬰戚于天遘屯離蹇詭姓遁身十有餘年嘗息肩弛擔於濟岱之間或有温故知新雅德君子矜我劬瘁睠我皓首訪論稽古慰以大道余困吝之中精神遐漂靡所濟集聊欲係志於翰墨得以亂思遺老也後世謂孟子章句是複壁中作以此題辭知之岐作戹屯歌二十三章後諸唐死滅因赦乃出三府

聞之同時並辟九年乃應司徒胡廣之命會南匈奴烏桓鮮卑反叛公卿舉岐擢拜并州刺史岐欲奏守邊之策未及上會坐黨事免因譔次㠯爲禦寇論決錄注曰是時綱維不攝閹豎專權岐擬前代連珠之書四十章上之留中不出靈帝初復遭黨錮十餘歲中平元年四方兵起詔選故刺史二千石有文武才用者徵岐拜議郎車騎將軍張温西征關中請補長史別屯安定大將軍何進舉爲敦煌太守行至襄武縣名屬隴西郡岐與新除諸郡太守數人俱爲賊邊章等所執賊欲脅㠯爲帥岐詭辭得免展轉還長安決錄注曰岐還至陳倉復遇亂兵裸身得免在草中十二日不食也及獻帝西都復拜議郎稍遷太僕及李傕專政使太傅馬日磾撫慰天下㠯岐爲副〔集解〕王補曰李傕以黨逆遺孽竊殺王允擅秉朝政慮關東討卓之師問罪於己因遣馬日磾與趙岐爲之撫慰以王臣而受賊頤指俾資扞蔽辱莫大焉然此固温嶠出尹丹楊藉手滅敦之會也惜乎二子之智不足及此岐猶致劉表之委輸日磾則奪節於袁術良足羞已日磾行至洛陽表別遣岐宣揚國命所到郡縣百姓

皆喜曰今日乃復見使者車騎是時袁紹曹操與公孫瓚爭冀州紹及操聞岐至皆自將兵數百里奉迎岐深陳天子恩德宜罷兵安人之道又移書公孫瓚爲言利害紹等各引兵去皆與岐期會洛陽奉迎車駕岐南到陳留得篤疾經涉二年期者遂不至興平元年詔書徵岐會帝當還洛陽先遣衞將軍董承修理宮室岐謂承曰今海內分崩唯有荊州境廣地勝西通巴蜀南當交阯年穀獨登兵人差全岐雖迫大命猶志報國家欲自乘牛車南說劉表可使其身自將兵來衞朝廷與將軍并心同力共奬王室此安上救人之策也承卽表遣岐使荊州督租糧岐至劉表卽遣兵詣洛陽助修宮室軍資委輸前後不絕時孫嵩亦寓於表表不爲禮〔集解〕惠棟曰三輔決錄云嵩在表末座不爲表所識岐遥識之岐乃稱嵩素行篤烈因共上爲青州刺史〔集解〕沈欽韓曰魏略云頃之賓碩病亡岐在南爲行喪也岐㠯老病遂留荊州曹操時爲

司空舉㠯自代光祿勳桓典少府孔融上書薦之於是就拜岐爲太常年九十餘建安六年卒先自爲壽藏壽藏謂冢壙也稱壽者取其久遠之意也猶如壽宮壽器之類冢在今荊州古郢城中也圖季札子產晏嬰叔向四像居賓位又自畫其像居主位皆爲讚頌〔集解〕何焯曰水經注云冢圖賓客之容用存情好敘其宿尚當謂四賢備則兼有平生親厚也敕其子曰我死之日墓中聚沙爲牀布簟白衣散髮其上覆㠯單被卽日便下下訖便掩岐多所述作著要子章句三輔決錄傳於時決錄序曰三輔者本雍州之地世世從公卿吏二千石及高貲陪諸陵五方之俗雜會非一國之風不但繫于詩秦豳也其爲士好高尚義貴於名行其俗失則趣埶進權唯利是視余以不才生於西土耳能聽而聞故老之言目能視而見衣冠之疇心能識而觀其賢愚常以玄冬夢黃髮之士姓玄名明字子真與余寤言言必有中善否之間無所依違命操筆者書之近從建武以來暨于斯今其人既亡行乃可書玉石朱紫由此定矣故謂之決錄矣〔集解〕劉攽曰正文著要子章句案要當作孟古書無要子就令有之而岐所作孟子章句傳至今本傳何得反不記也惠棟曰案劉氏既有刊誤而萬子歷二十四年國子監本遂刊去要字改爲孟子章句此殊失古意此傳仍當作要而存劉氏刊誤乃得其實又注常以元冬下缺修夜思而未之得也忽然

而寢十二字夢下缺此字字下缺曰字言必有中下摯虞注云夢中指言褒貶之事中下缺子授其人子眞評之抑微通理十二字違下缺因字據御覽三百九十九卷補沈欽韓曰魏志注歧作三輔決錄恐時人不盡其意故隱其書惟以示嚴象

贊曰吳翁溫愛義干剛烈 謂以義干梁冀爭李固也 延史宇人風和恩結梁使顯刑誣黨潛絕子幹兼姿逢掖臨師 禮記孔子曰丘少居魯衣逢掖之衣鄭玄注曰逢猶大也大掖之衣此君子有道藝者所衣也相承本作縫義亦通集解惠棟曰謂追帝河津時也 邳卿出疆專命朝威 疆界也左傳曰大夫出疆苟利社稷專之可也集解惠棟曰注左傳無此文案公羊傳云禮大夫受命不受辭出竟有可以安社稷利國家專之可也

後漢書六十四

虛受堂 大

後漢書集解卷六十四挍補

吳祐傳今大人踰越五領注九眞都寵三也 官本注寵作龐

祐曰光祿四行 錢大昭曰舊制光祿舉三署郎以高功久次才德尤異者爲茂才四行

卒成儒宗 案戴宏傳公羊學有公羊傳序曾作解疑論以難左氏何休稱爲先師均見徐彥公羊疏

官至酒泉太守注年二十二 官本注作三十二

輒閉閤自責 官本輒誤輙

明府雖加哀矜集解沈欽韓曰縣令爲明府始見於此 柳從辰曰祐時爲膠東侯相非縣令沈說似誤案漢制王國相比太守侯國相比令長膠東侯自賈邯復封後僅食一縣沈蓋比方言之

逮長妻到 官本妻字重文

年九十八卒 柳從辰曰一統志祐墓祐父恢墓在今東明縣西二十里吳家村

延篤傳南陽犨人也注犨音昌猶反故城在汝州魯山縣東南也 今汝州魯山縣東南五十里

拚貨牛黃注吳普本草曰 柳從辰曰李時珍本草綱目云魏吳普廣陵人其書一卷分記神農黃帝岐伯桐君雷公扁鵲華佗李氏所說案吳普已附見方術華佗傳其書隋志載六卷此言一卷佚已多矣

冀憖而不得言集解惠棟曰 至 史家所記蓋非其實 柳從辰曰仲弓據德猶弔讓父之喪宜光抗言亦救孫程之徒況題名不必定出自己作傳本以述功臣乎惠氏以此譏之未免過刻

濟時則功多 官本時作事

故曰夫孝天之經也地之義也人之行也注因地之性 官本注性作利與今孝經文合

洋洋乎其盈耳也注論語曰洋洋乎盈耳哉 官本注無此九字

雝漸離擊筑集解沈欽韓曰 至 取以爲名 柳從辰曰樂書云筑形如頌琴施十三絃項細肩圓品聲按柱左手扼之右手以竹擊之唐代編入雅樂案前書高紀注引應劭云狀似琴使瑟誤而大頭安絃以竹擊之故名曰筑師古則云今筑似瑟而細頸章懷乃云今筑形似箏有項有柱說文謂箏筑身樂則筑必亦似箏是其形有三矣說文云筑五絃御覽引樂書云十三絃淮南泰族訓高注云筑曲二十一絃是其絃數抑有三矣據風俗通言箏樂記五絃今幷梁二十

州箏形如瑟或曰秦蒙恬所造段玉裁謂古箏五絃秦改十二絃變形如瑟魏晉以後箏皆如瑟十二絃唐至今十三絃筑似箏細項然則觀箏之變遷而筑之變遷從可知應氏所謂似琴者就古筑言之顔氏所謂似瑟者就唐筑言之箏變形如瑟故顔云似瑟實卽章懷之似箏也五絃二十一絃雖繁簡不同皆言舊制唐以下亦以十三絃爲斷

高鳳讀書注事具逸人傳也官本注具作見末無也字

恐如教羿射者也注左右觀者數千人數千人官本注作百餘人柳從辰曰據史記原作數千人官本非蓋以俱善射而稱之也官本注也作焉

所著詩論銘書應訊表教令凡二十篇云集解沈欽韓曰新唐書藝文志延篤集二卷柳從辰曰御覽五百九十五引篤荅張奐云離別三年夢想言念何日有違伯英來惠之書盈四紙讀之喜不可言惜不完未審所論何事矣案伯英張芝之字芝奐長子附見奐傳篤對奐稱其子蓋亦論學也

史弼傳陳留考城人也考城卽菑縣更名今衞輝府考城縣東南

終用教慢柳從辰曰袁紀教作悖

外聚剽輕不逞之徒注謂被侵枉不快之人也官本注被作彼

近國甘陵亦考南北部注由是甘陵有南北部官本注由作自

昔文王羈里閎散懷金注乃求有莘美女官本注美作氏

而其後不大注左傳晉卜偃曰畢萬之後必大官本注無此十二字

盧植傳多列女娼官本娼作倡正字

造次必於是顛沛必於是也注馬融注云官本注無此四字

趙岐傳京兆長陵人也長陵今西安府咸陽縣東北四十里

爲皮氏長注皮氏故城在今絳州龍門縣西今絳州河津縣西二里

姓趙名嘉集解惠棟曰嘉協韻歌沈銘彝曰詩其新孔嘉其舊如之何亦嘉何爲韻案古韻歌麻本不分部也

岐及從兄襲侯康曰襲仕至敦煌太守見藝文類聚卷七十四引三輔決錄

因譔次呂爲禦寇論注閼暨專權官本注閼誤閣

因共上爲靑州刺史錢大昭曰魏志閻溫傳注作豫州刺史柳從辰曰據魏志注引魏畧賓碩仕至豫州刺史在未至荆州之前而范史失載及客荆州魏畧亦僅言岐復與相遇爲表陳其本末而無共上爲靑州刺史事蓋互有詳畧惟錢氏直以豫州爲靑州異文則太疏又一統志嵩墓在安邱縣西南引水經注云汶水逕漢靑州刺史孫嵩墓西是嵩之官卒葬此也

集解沈欽韓曰魏畧云頃之賓碩同石病亡岐在南爲行喪也沈銘彝曰齊乘云孫嵩墓在安邱南四十里嘗寓宿太虛宮夢有趙先生入謁謂曰聞君修齊志僕有艮友葬安邱其人節義高天下請載之以厲衰俗及閱趙臺卿傳始悟爲孫賓石也

建安六年卒注冢在今荆州古郢城中也柳從辰曰一統志岐墓在今江陵縣東南

圖季札子產晏嬰叔向四像侯康曰漢人多於墟墓間圖寫古聖賢形像水經注所載司隸校尉魯恭冢荆州刺史李剛墓皆是也今濟甯州嘉祥縣尚存武氏墓前石室畫像邠卿亦有倣而行也

皇甫張段列傳第五十五　後漢書六十五

宋　宣城太守范曄撰

唐　章懷太子賢注

王先謙集解

皇甫規字威明安定朝那人也〔集解〕惠棟曰孫愐云漢初有皇父鸞者自魯徙居茂陵改父爲甫後漢安定太守雋始居安定朝那代爲西州著姓又徙居京兆先謙曰注見王常傳祖父稜度遼將軍父旗扶風都尉永和六年西羌大寇三輔圍安定征西將軍馬賢將諸郡兵擊之不能克規雖在布衣見賢不卹軍事審其必敗〔集解〕通鑑胡注審悉也察也乃上書言狀尋而賢果爲羌所沒郡將知規有兵略乃命爲功曹使率甲士八百與羌交戰斬首數級賊遂退卻舉規上計掾其後羌衆大合攻燒隴西朝廷患之規乃上疏求乞自效曰〔集解〕先謙曰官本無乞字是臣比年以來數陳便宜羌戎未動策其將反馬賢始出頗知必敗誤中之言在可考校臣每惟賢等擁衆四年未有成功懸師之費且百億計懸猶停也〔集解〕通鑑胡注出師遠征其勢縣絕不能相及故曰縣師縣讀爲懸案縣師猶懸軍也出於平人回入姦吏平人齊人也〔集解〕通鑑胡注謂爲姦吏所侵盜也故江湖之人羣爲盜賊青徐荒飢襁負流散夫羌戎潰叛不由承平皆由邊將失於綏御乘常守安則加侵暴〔集解〕通鑑胡注言前後乘以侵暴羌戎爲常也苟競小利則致大害微勝則虛張首級軍敗則隱匿不言軍士勞怨困於猾吏進不得快戰以徼功退不得溫飽以全命餓死溝渠暴骨中原徒見王師之出不聞振旅之聲振整旅衆也穀梁傳曰出曰治兵入曰振旅酋豪泣血驚懼生變是以安不能久敗則經年臣所以搏手叩心而增歎者也願假臣兩營二郡兩營謂馬賢及趙沖等二郡安定隴西也〔集解〕通鑑胡注兩營者扶風雍營及京兆虎牙營也屯列坐食之兵五千出其不意與護羌校尉趙沖共相首尾〔集解〕通鑑考異案西羌傳沖時尚爲武威太守傳誤也惠棟曰規文出自集中或護羌校尉沖之兼官也土地山谷

臣所曉習兵埶巧便臣已更之〔集解〕通鑑胡注更工衡反經也歷也可不煩方寸之印尺帛之賜高可以滌患下可以納降若謂臣年少官輕不足用者凡諸敗將非官爵之不高年齒之不邁也邁往也臣不勝至誠沒死自陳〔集解〕通鑑胡注沒死猶言昧死冒死也時帝不能用沖質之間梁太后臨朝規舉賢良方正對策曰伏惟孝順皇帝初勤王政紀綱四方幾以獲安後遭姦偽威分近習近習謂佞倖親近小人也禮記曰雖有貴戚近習〔集解〕通鑑胡注幾讀曰冀案袁宏紀安作治畜貨聚馬戲謔是聞又因緣嬖倖受賂賣爵輕使賓客交錯其間天下擾擾從亂如歸左傳曰人患王之無厭也故從亂如歸也故每有征戰鮮不挫傷官民並竭上下窮虛臣在關西竊聽風聲未聞國家有所先後先後謂進退也言國家不妄有褒貶進退而權倖之徒反爲禍福也而威福之來咸歸權倖陛下體兼乾坤〔集解〕通鑑胡注以坤母臨朝以君天下行乾之德故曰體兼乾坤聰哲純茂攝政之初拔用忠貞〔集解〕惠棟曰皇后紀沖帝崩復立質帝太后推心仗賢委任太尉李固等拔用忠良務從節儉其餘維

綱多所改正遠近翕然望見太平而地震之後霧氣白濁日月不光旱魃爲虐詩大雅曰旱魃爲虐如惔如焚魃旱神也大賊從橫流血丹野〔集解〕周壽昌曰官本作流血川野此作丹野亦有意丹野猶赤地也本書公孫瓚傳有流血丹水語與此同作丹爲是庶品不安譴誡累至殆以姦臣權重之所致也其常侍尤無狀者亟便黜遣無狀者謂無善狀披埽凶黨〔集解〕通鑑胡注披開也埽除也收入財賄〔集解〕王補曰袁紀作蕩滌其賄以塞痛怨以荅天誡今大將軍梁冀河南尹不疑處周邵之任爲社稷之鎮加與王室世爲姻族梁商女爲順帝后后女弟又爲桓帝后冀即商子故曰代姻也今日立號雖尊可也可猶宜也實宜增修謙節輔以儒術省去遊娛不急之務割減廬第無益之飾夫君者舟也人者水也家語孔子曰夫君者舟也人者水也水可載舟亦以覆舟君以此思危則可知也羣臣乘舟者也將軍兄弟操楫者也若能平志畢力以度元元所謂福也如其怠弛將淪波濤可不慎乎夫德不稱祿猶鑿墉之趾以益其高豈量力審功安固之道哉〔集解〕通鑑胡注量音

良凡諸宿猾酒徒戲客皆耳納邪聲口出諂言甘心逸遊唱造不義亦宜貶斥以懲不軌令冀等深思得賢之福失人之累又在位素餐尚書怠職有司依違莫肯糾察故使陛下專受諂諛之言不聞戶牖之外〔集解〕惠棟曰老子云不出戶知天下不窺牖知天道臣誠知阿諛有福深言近禍豈敢隱心以避誅責乎臣生長邊遠希涉紫庭〔集解〕惠棟曰謂王室怖慴失守言不盡心梁冀忿其刺己以規為下第拜郎中託疾免歸州郡承冀旨幾陷死者再三遂以詩易教授門徒三百餘人積十四年後梁冀被誅旬月之間禮命五至皆不就〔集解〕通鑑考異檢帝紀沖帝別無舉賢良事或者此時規舉賢良其至對策已在質帝世也故前云沖質之間自永嘉元年數至梁冀誅亦整十四年也時太山賊叔孫無忌侵亂郡縣中郎將宗資討之未服公車特徵規拜太山太守規到官廣設方略寇賊悉平延熹四年秋叛羌零吾等與先零別種寇鈔關中護羌校尉段熲坐徵熲擊羌坐為涼州刺史郭閎留兵不進下獄後

先零諸種陸梁覆沒營塢說文曰塢小障也一曰庳城也音烏古反〔集解〕惠棟曰王幼學云陸梁猶強梁也張平子西京賦云怪獸陸梁又甘泉賦注陸梁跳也規素悉羌事志自奮効乃上疏曰自臣受任志竭愚鈍實賴兗州刺史牽顥之清猛〔集解〕惠棟曰何承天姓苑云牽姓武邑人中郎將宗資之信義得承節度幸無咎譽〔集解〕惠棟曰易云括囊无咎無譽今猾賊就滅太山略平復聞群羌並皆反逆臣生長邠岐年五十有九昔為郡吏再更叛羌預籌其事有誤中之言臣素有固疾恐犬馬齒窮不報大恩願乞冗官備單車一介之使勞來三輔宣國威澤以所習地形兵埶佐助諸軍臣窮居孤危之中坐觀郡將已數十年矣自鳥鼠至于東岱其病一也郡將郡守也鳥鼠山名在今渭州西即先零羌寇鈔處也東岱謂泰山叔孫無忌反處也皆由郡守不加綏撫致使反叛其疾同也力求猛敵不如清平勤明吳孫未若奉法吳起魏將也孫武吳將也言若求猛將不如撫以清平之政明習兵書不如郡守奉法使之無反也前變未遠臣誠戚之戚憂也前變謂羌反是以越職盡其區區至冬羌遂大合

朝廷為憂三公舉規為中郎將持節監關西兵討零吾等破之斬首八百級先零諸種羌慕規威信相勸降者十餘萬明年規因發其騎共討隴右而道路隔絕軍中大疫死者十三四規親入菴廬巡視將士三軍感悅〔集解〕惠棟曰廣雅云菴廬舍也菴烏含反釋名云草圓屋曰菴菴奄也所以自覆奄也寄止曰廬廬慮也取自覆慮也毛晃云結草木曰菴其在野曰廬東羌遂遣使乞降涼州復通先是安定太守孫儁受取狼籍〔集解〕惠棟曰羅願云狼貪猛之獸聚物而不整故稱狼籍屬國都尉李翕〔集解〕周壽昌曰案漢碑有李翕西狹頌李翕析里橋郙閣頌皆翕頌翕之辭或稱其持愛德義或比之黃邵朱龔碑陰題名皆翕僚吏宜其不實也碑稱翕為漢陽阿陽人字伯都又稱武都大守與傳稱屬國都尉異蓋翕本官屬國都尉或先時曾行武都太守事作頌者遂未稱其本官至規持節時翕已去太守任復官本職督軍御史張稟〔集解〕通鑑胡注以御史督軍故曰督軍御史多殺降羌涼州刺史郭閎漢陽太守趙熹並老弱不堪任職而皆倚恃權貴不遵法度規到州界悉條奏其罪或免或誅羌人聞之翕然反善沈氏大豪滇昌飢恬等十餘萬口〔集解〕惠棟曰袁紀二十餘萬口復詣規降規出身數年持節為將擁眾立功還督鄉里既無

它私惠而多所舉奏又惡絕宦官不與交通於是中外並怨遂共誣規貨賂群羌令其文降以文簿虛降非眞心也天子璽書誚讓相屬規懼不免上疏自訟曰四年之秋戎醜蠢戾蠢動也戾乖也爰自西州侵及涇陽縣名屬安定郡其故城在今原州平源縣南也舊都懼駭〔集解〕通鑑胡注舊都謂長安朝廷西顧明詔不以臣愚駑急使軍就道就猶上也〔集解〕劉攽曰案文軍上少一字或督或領也幸蒙威靈遂振國命羌戎諸種大小稽首輒移書營郡以訪誅納訪問也規言羌種既服臣即移書軍營及郡劾問誅殺并納受多少之數曰也所省之費一億以上以為忠臣之義不敢告勞詩小雅曰密勿從事不敢告勞無罪無辜讒口嗸嗸故恥以片言自及微効然比方先事庶免罪悔先事謂前輩敗將也前踐州界先奏郡守孫儁次及屬國都尉李翕督軍御史張稟旋師南征又上涼州刺史郭閎漢陽太守趙熹陳其過惡執據大辟凡此五臣支黨半國其餘墨綬下

至小吏所連及者復有百餘吏託報將之怨子思復父之恥載贄馳車懷糧步走交搆豪門競流謗讟云臣私報諸羌謝其錢貨謝猶讐也若臣吕私財則家無擔石如物出於官則文簿易考就臣愚惑信如言者前世尚遺匈奴吕宮姬元帝賜呼韓邪單于待詔掖庭王嬙爲閼氏也鎮烏孫吕公主武帝以江都王建女細君妻烏孫王昆莫爲夫人也今臣但費千萬吕懷叛羌則良臣之才略兵家之所貴將有何罪負義違理乎自永初吕來將出不少覆軍有五動資巨億有旋車完封寫之權門言覆軍之將旋師之日多載珍寶封印完全便入權門〔集解〕通鑑胡注謂鄧騭敗于冀西任尚敗于平襄司馬鈞敗于丁奚城馬賢敗于射姑山趙沖敗于鸇陰河顧炎武曰寫卸也說文云卸舍車解馬也讀若汝南人寫書之寫惠棟曰案方言云發稅舍車也郭璞云舍宜音寫今通言發寫也通鑑胡注此言以朝廷供軍之金不發封識而輸之權門也而名成功立厚加爵封今臣還督本土糺舉諸郡絕交離親戮辱舊故眾謗陰害固其宜也臣雖汙穢廉絜無聞今見覆沒恥痛實深傳稱鹿死不擇音謹冒昧略上

左傳曰鹿死不擇音挺而走險急何能擇也〔集解〕服虔曰鹿得美草呦呦相呼至于困迫將死不暇復擇善音急之至凡閒暇而有好音急不擇音獸皆然非唯鹿也莊子亦云獸死不擇音其年冬徵還拜議郎論功當封而中常侍徐璜左悺欲從求貨數遣賓客就問功狀規終不荅璜等忿怒陷吕前事〔集解〕通鑑胡注前事即誣毀之事也下之於吏官屬欲賦斂請謝規誓而不聽遂吕餘寇不絕坐繫廷尉論輸左校漢官儀曰左校署屬將作大匠也諸公及太學生張鳳等三百餘人詣闕訟之會赦歸家徵拜度遼將軍至營數月上書薦中郎將張奐吕自代曰臣聞人無常俗而政有治亂兵無强弱而將有能否伏見中郎將張奐才略兼優宜正元帥〔集解〕通鑑胡注元帥謂度遼將軍也吕從眾望若猶謂愚臣宜充軍事者願乞冗官吕爲奐副朝廷從之吕奐代爲度遼將軍規爲使匈奴中郎將及奐遷大司農規復代爲度遼將軍規爲人多意算自吕連在大位欲退身避第〔集解〕錢大昕曰第當作弟避弟謂已避位而弟得辟召也此事見風俗通過譽篇下文避第仕塗亦弟字之譌章懷注謂欲歸第避仕宦之塗誤矣惠棟曰風俗通辨之曰弟賓篤德不患無位而徒闒茸何所堪施又云規願弟私也規以久居大位欲避弟仕途故數上病古文第舍字亦作弟傳寫譌爲第規兄節鴈門太守規弟名字未詳數上病不見聽會友人上郡太守王旻喪還規縞素越界到下亭迎之因令客密告并州刺史胡芳言規擅遠軍營公違禁憲當急舉奏芳曰威明欲避第仕塗故激發我耳欲言歸第避仕宦之塗也〔集解〕通鑑胡注度遼將軍屯西河界并州刺史所部也吾當爲朝廷愛才何能申此子計邪〔集解〕惠棟曰風俗通載芳語曰我爲朝廷惜其功用何能爲此私家計邪遂無所問及黨事大起天下名賢多見染逮〔集解〕惠棟曰續漢書染作逮規雖爲名將素譽不高自吕西州豪傑恥不得豫乃先自上言臣前薦故大司農張奐是附黨也又臣昔論輸左校時太學生張鳳等上書訟臣是爲黨人所附也臣宜坐之朝廷知而不問時人吕爲規賢〔集解〕劉攽曰案文以爲規賢非是當云以規爲賢在事數歲北邊威服永康元年徵爲尚書其夏日食詔公卿舉賢良方正下問得失

規對曰天之於王者如君之於臣父之於子也誡吕災妖使從福祥陛下八年之中三斷大獄謂誅梁冀誅鄧萬會誅李膺等黨事也一除內嬖無德而寵曰嬖謂廢鄧皇后再誅外臣殺桂陽太守任胤殺南陽太守成瑨太原太守劉質等也而災異猶見人情未安者殆賢愚進退威刑所加有非其理也前太尉陳蕃劉矩漢官儀曰矩字叔方忠謀高世廢在里巷劉祐馮緄古本反趙典尹勳正直多怨流放家門李膺王暢孔翊〔集解〕惠棟曰案黨錮傳有孔昱字元世韓敕碑有御史孔翊元世則翊卽昱魯國先賢傳載翊爲洛陽令與傳合而傳不言爲御史史闕文也潔身守禮終無宰相之階至於鉤黨之釁事起無端鉤引也謂李膺等事也虐賢傷善哀及無辜今興改善政易於覆手而羣臣杜口鑒畏前害互相瞻顧莫肯正言伏願陛下暫留聖明容受謇直則前責可弭後福必降對奏不省遷規弘農太守封壽成亭侯邑二百戶讓封不受再轉爲護羌校尉熹平三年吕疾召還〔集解〕惠棟曰案蔡邕集有薦規表當在此時未至卒于穀城年七十一

所著賦銘碑讚禱文弔章表教令書檄牋記凡二十七篇（集解惠棟曰經籍志梁皇甫規集五卷王補曰規集不傳有與劉司空牋見御覽四百七十八與馬融書見書鈔一百三十四女師箴見藝文類聚十五初學記十）

論曰孔子稱其言之不怍則其爲之也難（怍慙也）察皇甫規之言其心不怍哉夫其審己則干祿見賢則委位故干祿不爲貪而委位不求讓稱己不疑伐而讓人無懼情故能功成於戎狄身全於邦家也

張奐字然明敦煌酒泉人也（酒泉縣名地多泉水故城在今永州晉昌縣東北也集解劉攽曰注在今永州案下文永當作瓜永州無晉昌也錢大昕曰閩本永作瓜唐書地理志瓜闞駰十三州志酒泉郡名非縣名當作淵泉胡注通鑑云奐敦煌淵泉人胡所見本尚未譌也漢志敦煌郡有淵泉縣晉志作深泉蓋避唐諱章懷本亦當作深後人妄改爲酒耳郡國志作拼泉拼亦淵字之譌）父惇爲漢陽太守奐少遊三輔（集解惠棟曰謝承書云奐詣太學受業博通五經隱處在扶風郡郿縣界中立精舍斟酌法喬卿之雅訓晝誦詩書暮宿弓馬）師事太尉朱寵學歐陽尚書

初牟氏章句浮辭繁多（時牟卿受書於張堪爲博士故有牟氏章句集解洪亮吉曰注牟卿受書于張堪案張字應作周字）有四十五萬餘言奐減爲九萬言後辟大將軍梁冀府乃上書桓帝奏其章句詔下東觀以疾去官復舉賢良對策第一擢拜議郎永壽元年遷安定屬國都尉（集解惠棟曰水經注云屬國都尉治三水縣西南去安定郡三百四十里侍郎張奐爲安定屬國都尉治此）初到職而南匈奴左薁鞬臺耆且渠伯德等七千餘人寇美稷東羌復舉種應之而奐壁唯有二百許人聞即勒兵而出軍吏以爲力不敵叩頭爭止之奐不聽遂進屯長城收集兵士遣將王衞招誘東羌因據龜茲（龜茲音丘慈縣名屬上郡前書音義曰龜茲國人來降之因以名縣也）使南匈奴不得交通東羌諸豪遂相率與奐和親共擊薁鞬等連戰破之伯德惶恐將其衆降郡界以寧羌豪帥感奐恩德上馬二十匹先零酋長又遺金鐻八枚奐並受之（郭璞注山海經云鐻音渠金食器名未詳形制也集解惠棟曰續漢書作渠案說文引山海經作璩从玉處聲云環屬洪頤煊曰中山經郭注鐻金銀器之名李注食當是銀字之譌莊子達生篇釋文引司馬注鐻樂器也似夾鐘）而召主簿於諸羌前（集解何焯曰水經注召主簿張祁入）以酒酹地曰（以酒沃地謂之酹音力外反集解通鑑胡注酹自誓也以酒沃地謂之酹字林文）使馬如羊不以入廄使金如粟不以入懷悉以金馬還之（如羊如粟喻多也）羌性貪而貴吏清前有八都尉率好財貨爲所患苦及奐正身絜己威化大行遷使匈奴中郎將時休屠各（屠音直於反集解通鑑胡注屠各匈奴別種也）及朔方烏桓並同反叛燒度遼將軍門（時度遼將軍屯五原）引屯赤阬煙火相望兵衆大恐各欲亡去奐安坐帷中與弟子講誦自若軍士稍安乃潛誘烏桓陰與和通遂使斬屠各渠帥襲破其衆諸胡悉降（集解惠棟曰謝承書云奐率步騎二萬廣宣方略大破鮮卑匈奴惶懼詣奐乞降）延熹元年鮮卑寇邊奐率南單于擊之斬首數百級明年梁冀被誅奐以故吏免官禁錮奐與皇甫規友善奐既被錮凡諸交舊莫敢爲言唯規薦舉前後七上在家四歲復拜武威太守平均徭賦率厲散敗常爲

諸郡最河西由是而全其俗多妖忌凡二月五月產子及與父母同月生者悉殺之奐示以義方嚴加賞罰風俗遂改百姓生爲立祠舉尤異遷度遼將軍數載閒幽并清靜九年春徵拜大司農鮮卑聞奐去其夏遂招結南匈奴烏桓數道入塞或五六千騎或三四千騎寇掠緣邊九郡（集解先謙曰官本郡作部考證曰部毛本作郡）殺略百姓秋鮮卑復率八九千騎入塞誘引東羌與共盟詛於是上郡沈氏安定先零諸種共寇武威張掖緣邊大被其毒朝廷以爲憂復拜奐爲護匈奴中郎將以九卿秩督幽并涼三州及度遼烏桓二營（明帝永平八年初置度遼將軍屯五原郡曼柏縣漢官儀曰烏桓校尉屯上谷郡密縣故曰二營集解先謙曰官本密作甯是）兼察刺史二千石能否賞賜甚厚匈奴烏桓聞奐至因相率還降凡二十萬口奐但誅其首惡餘皆慰納之唯鮮卑出塞去永康元年春東羌先零五六千騎寇關中圍祋祤掠雲陽夏復攻沒兩營殺千餘人

叄羌岸尾摩蟞等蟞音必薛反脅同種復鈔三輔奐遣司馬尹端董卓
並擊大破之斬其酋豪首虜萬餘人三州清定論功當封奐不事
宦官故賞遂不行唯賜錢二十萬除家一人爲郎並辭不受而願
徙屬弘農華陰舊制邊人不得內移唯奐因功特聽故始爲弘農
人焉建寧元年振旅而還時竇太后臨朝大將軍竇武與太傅陳
蕃謀誅宦官事泄中常侍曹節等於中作亂以奐新徵不知本謀
矯制使奐與少府周靖率五營士圍武武自殺蕃因見害奐遷少
府又拜大司農以功封侯奐深病爲節所賣集解惠棟曰袁紀義士以此非奐上
書固讓封還印綬卒不肯當明年夏青蛇見於御坐軒前軒殿檻闌板也
又大風雨雹霹靂拔樹詔使百僚各言災應奐上疏曰臣聞風爲
號令動物通氣翼氏風角曰凡風者天之號令所以譴告人君者也木生於火相須乃明蛇
能屈申配龍騰蟄易曰龍蛇之蟄以存身也愼子曰騰蛇游霧飛龍乘雲雲罷霧散與蚯蚓同也集解惠棟曰易

家人象傳云風自火出家人馬融注云木生火火以木爲家故曰家火生於木得風而盛猶夫婦之道相須而成順至爲
休徵逆來爲殃咎陰氣專用則凝精爲雹故大將軍竇武太傅陳
蕃或志寧社稷或方直不同前以讒勝並伏誅戮海內默默人懷
震憤集解惠棟曰左傳卜楚邱云世亂讒勝昔周公葬不如禮天乃動威尚書大傳周公薨成
王欲葬之於成周天乃雷電以風禾即盡偃大木斯拔國人大恐王葬周公於畢示不敢臣也今武蕃忠貞未被
明宥妖眚之來皆爲此也宜急爲改葬徙還家屬其從坐禁錮一
切蠲除又皇太后雖居南宮而恩禮不接朝臣莫言遠近失望宜
思大義顧復之報顧旋視也復反覆也小雅曰父兮生我母兮鞠我顧我復我出入腹我天子深納
奐言以問諸黃門常侍左右皆惡之帝不得自從轉奐太常集解惠棟
曰續漢書云奐拜太常設官科限素有清節當可否之間彊禦不可奪也該覽羣籍古今詳備與尚書劉猛刁韙
衞良同薦王暢李膺可參三公之選而曹節等彌疾其言遂下詔
切責之奐等皆自囚廷尉數日乃得出並以三月俸贖罪司隸校

尉王寓出於宦官欲借寵公卿以求薦舉百僚畏憚莫不許諾唯
奐獨拒之寓怒因此遂陷以黨罪禁錮歸田里奐前爲度遼將軍
與段熲爭擊羌不相平及熲爲司隸校尉欲逐奐歸敦煌將害之
奐憂懼奏記謝熲曰小人不明得過州將千里委命以情相歸漢官
儀曰司隸州部河南雒陽管三輔三河弘農七郡所以奐屈於熲稱曰州將焉集解洪亮吉曰詳觀上下文勢此州將似指舊敦煌
守言蓋奐或舊與此守不合故奏徙宏農此時熲欲逐奐歸敦煌是以奐云此耳非稱熲也足下仁篤照其辛
苦使人未反復獲郵書恩詔分明前以寫白而州期切促郡縣惶
懼屏營延企側待歸命父母朽骨孤魂相託若蒙矜憐壹惠咳唾
則澤流黃泉施及冥寞非奐生死所能報塞夫無毛髮之勞而欲
求人丘山之用此淳于髡所以拍髀仰天而笑者也拍音片百反髀音步第反
史記楚發兵伐齊齊威王使淳于髡齎百金車馬十駟之趙請救髡仰天大笑冠纓索絕王曰先生少之乎髡曰今者臣從東方來
見道傍有穰田者操一豚蹄酒一盂而祝曰甌窶滿篝汙邪滿車五穀蕃熟穰穰滿家臣見其所持者狹所求者奢故笑於是王乃

益黃金千鎰白璧十雙車馬百駟也集解先謙曰官本窶作婁誠知言必見譏然猶未能無望何
者朽骨無益於人而文王葬之新序曰文王作靈臺掘得死人骨吏以聞文王文王曰葬之吏曰此無主
矣文王曰有天下者天下之主也有一國者一國之主也寡人固其主焉令吏以棺葬之天下聞之曰文王賢矣澤及朽骨又況人
乎死馬無所復用而燕昭寶之新序曰燕昭王即位卑身求賢謂郭隗曰齊因孤國之亂而襲燕然
得賢士與共國以雪先王之醜孤之願也先生視可者得身事之隗曰臣聞古之人君有以千金求千里馬者三年不得涓人言於
君請求之君遣焉三月得千里馬馬已死乃以五百金買其首以報君大怒曰所求者生馬安市死馬而捐五百金乎對曰死馬且
市之況生馬乎天下必以王爲能市馬馬今至矣不出朞年千里馬至者二今王誠欲必致士從隗始隗且見事況賢於隗者乎於
是王爲隗築宮而師之樂毅自魏往鄒衍自齊往劇辛自趙往士爭歸燕焉集解先謙曰官本然作欲黨同文昭之
德豈不大哉黨音徒朗反凡人之情窮則呼天窮則叩心今呼天不聞
叩心無益誠自傷痛俱生聖世獨爲匪人詩小雅曰哀我征夫獨爲匪人也孤微
之人無所告訴如不哀憐便爲魚肉言將爲人所吞噬也企心東望無所復
言熲雖剛猛省書哀之卒不忍也時禁錮者多不能守靜或死或

從奐閉門不出，養徒千人，著尚書記難三十餘萬言。奐少立志節，嘗與士友言曰：「大丈夫處世，當爲國家立功邊境。」及爲將帥，果有勳名。董卓慕之，使其兄遺縑百匹。奐惡卓爲人，絕而不受。光和四年卒，年七十八。【集解】惠棟曰：典略云奐居華陰，終遂葬焉。遺命曰：「吾前後仕進，十要銀艾，銀印綠綬也。以艾草染之，故曰艾也。【集解】惠棟曰：魏明帝甄表狀云奐前後七徵，十要，三爲邊將。孔平仲云銀郎印，艾郎綠綬，謂之十要者，一官一佩之耳，印不甚大。淮南王曰方寸之印，丈二之組，是也。不能和光同塵，爲讒邪所忌。老子曰和其光，同其塵也。通塞命也，始終常也。但地底冥冥，長無曉期，而復纏以纊綿，牢以釘密，爲不喜耳。幸有前窀，朝隕夕下，措屍靈牀，幅巾而已。【集解】惠棟曰：甄表狀云奐矯王孫裸形，宋司馬爲石槨，幅巾時服，無棺而葬焉。奢非晉文，陸翽鄴中記曰：永嘉末，發齊桓公墓，得水銀池，金蠶數十箔，珠襦玉匣，繒綵不可勝數。左傳曰晉文公朝王請隧，王不許，曰王章也，未有代德而有二王，亦叔父之所惡也。晉文既臣，請用王禮，是其奢也。【集解】官本考證曰：注陸翽鄴中記，翽監本訛翽，今改正。惠棟曰：晉續漢書作桓，案注當從桓。儉非王孫，武帝時楊王孫死，誡其子爲布囊盛屍，入地七尺，脫去其囊，以身親土。推情從意，

庶無咎吝。」諸子從之。武威多爲立祠，世世不絕。所著銘、頌、書、教、誡述、志、對策、章表二十四篇。【集解】惠棟曰：經籍志云梁張奐集二卷，錄一卷。王補曰：奐集久佚，有扶葉賦見初學記二十七、御覽九百九十九，誡兄子書見藝文類聚二十三，又與延篤、陰氏、宋季文、許季師、崔子玉、公超、孟季衞等書見御覽、書鈔、藝文類聚。長子芝，字伯英，最知名。王愔文志曰：芝少持高操，以名臣子勤學，文爲儒宗，武爲將表。太尉辟，公車有道徵，皆不至，號張有道。尤好草書，學崔、杜之法，家之衣帛，必書而後練。臨池學書，水爲之黑。下筆則爲楷則，號怱怱不暇。草書爲世所寶，寸紙不遺，韋仲將謂之草聖也。【集解】先謙曰：官本文志作文字志，不下作不暇，是。芝及弟昶，字文舒，並善草書，至今稱傳之。【集解】惠棟曰：書斷云芝以獻帝初平年卒，昶以獻帝十一年卒。初，奐爲武威太守，其妻懷孕，夢帶奐印綬，登樓而歌。訊之占者，曰：「必將生男，復臨茲邦，命終此樓。」既而生子猛，【集解】惠棟曰：典畧云猛字叔威。以建安中爲武威太守，殺刺史邯鄲商，【集解】惠棟曰：風俗通云邯鄲氏以國爲姓。棟案杜預釋例世族譜，趙夙之孫穿別爲邯鄲氏，趙施、趙勝、邯鄲午是其後也。州兵圍之急，猛恥見擒，乃登樓自燒而死，卒如占云。【集解】惠棟曰：事詳魚豢典畧，見三國志注也。

論曰：自鄭鄉之封，中官世盛，宦者鄭眾封鄛鄉侯也。暴恣數十年間，四海之內，莫不切齒憤盈，願投兵於其族。陳蕃、竇武奮義草謀，徵會天下名士，有識所共聞也，而張奐見欺豎子，揚戈以斷忠烈。奐被曹節等矯制使率五營士圍殺陳蕃、竇武等。雖恨毒在心，辭爵謝咎，詩云「啜其泣矣，何嗟及矣」。詩國風也。啜，泣貌也，音知劣反。【集解】王補曰：馬融詔附梁冀，枉奏李固以擠之死，吳祐面加詰責，不之少悛。奐之圍殺陳、竇，始由見紿，旋因災變，力爲申雪，辭爵謝咎，卒被禁錮，以視馬融，則又人禽之辨也。

段熲字紀明，武威姑臧人也。其先出鄭共叔段，西域都護會宗之從曾孫也。宗字子松，天水上邽人，元帝時爲西域都護，死城郭，諸國爲發喪立祠。【集解】惠棟曰：孫愐音古迥切，熲，光也，又輝也，故熲字紀明。周壽昌曰：顧炎武云古人無以祖父名爲氏者，凡若此類，皆不通之說，案段氏當出自段干木，段干子、田完氏家有段干朋。壽昌案顧氏所引多是段干，碻係雙姓，於段氏無與。鄭樵通志略有云：魯孝公之子曰公子展，其孫則曰展無駭、展禽；鄭穆公之子曰公子豐，其孫則曰豐卷、豐施。其他如王子狐之後爲狐氏，王子朝之後爲朝氏，樊皮之後爲皮氏，伍員之後爲員氏，此類不可枚舉，似古人以祖父名爲氏者甚多。即越王搖之後，至漢初猶有搖無餘，見功臣表。范蔚宗此傳必本段熲之家譜，不能從

數千年後懸而駮之也。熲少便習弓馬，尚遊俠，輕財賄，長乃折節好古學。初舉孝廉，爲憲陵園丞、陽陵令，憲陵，順帝陵。陽陵，景帝陵。漢官儀曰：丞秩三百石，令秩六百石也。所在能政。【集解】劉攽曰：案文單言能政不成文理，當有一有字。遷遼東屬國都尉。時鮮卑犯塞，熲即率所領馳赴之。既而恐賊驚去，乃使驛騎詐齎璽書詔熲，熲於道僞退，潛於還路設伏。虜以爲信然，乃入追熲。熲因大縱兵，悉斬獲之。坐詐璽書伏重刑，以有功論司寇。刑竟，徵拜議郎。時太山、琅邪賊東郭竇、公孫舉等聚眾三萬人，破壞郡縣，遣兵討之，連年不克。永壽二年，桓帝詔公卿選將有文武者，司徒尹訟薦熲，漢官儀曰：訟字公孫，鞏人也。【集解】惠棟曰：東觀記熲有文武智略也。胡注訟當依帝紀作頌。乃拜爲中郎將。擊竇、舉等，大破斬之，獲首萬餘級，餘黨降散。【集解】惠棟曰：東觀記熲到，設施方略，旬月羣賊悉破。封熲爲列侯，賜錢五十萬，除一子爲郎中。延熹二年，遷護羌校尉。會燒當、燒何、當煎、勒姐等八種羌姐音紫且反。【集解】惠棟曰：勒姐種因勒姐河而名也，見十三州志。

寇隴西金城塞頎將兵及湟中義從羌萬二千騎出湟谷擊破之追討南度河使軍吏田晏夏育募先登懸索相引復戰於羅亭大破之斬其酋豪㠯下二千級獲生口萬餘人虜皆降走明年春餘羌復與燒何大豪寇張掖攻沒鉅鹿塢殺屬國吏民又招同種千餘落并兵晨奔頎軍頎下馬大戰至日中刀折矢盡虜亦引退頎追之且鬭且行晝夜相攻割肉食雪四十餘日遂至河首積石山（集解惠棟曰歐陽忞云其地在今廓州漢末屬西平郡杜佑云山在今西安平鄉郡界）出塞二千餘里斬燒何大帥首虜五千餘人又分兵擊石城羌（集解惠棟曰水經注云河水又東逕石城南左合北谷水注云昔段熲擊羌於石城投河墜坑死者八百餘人卽於此也）斬首溺死者千六百人燒當種九十餘口詣頎降（集解劉攽曰案燒當一種不止九十餘口其所云九十口降亦不足記當作千字）又雜種羌屯聚白石（白石山在今蘭州狄道縣東）頎復進擊首虜三千餘人冬勒姐零吾種圍允街（允音鈆街音階）殺略吏民頎排營救之斬獲數百人四

年冬上郡沈氏隴西牢姐烏吾諸種羌共寇并涼二州頎將湟中義從討之（集解通鑑胡注湟中有義從胡卽小月氏胡從才用反）涼州刺史郭閎貪共其功稽固頎軍使不得進（稽固猶停留也）義從役久戀鄉舊皆悉反叛郭閎歸罪於頎頎坐徵下獄輸作左校羌遂陸梁覆沒營塢轉相招結唐突諸郡於是吏人守闕訟頎㠯千數朝廷知頎爲郭閎所誣詔問其狀頎但謝罪不敢言枉京師稱爲長者起於徒中（集解惠棟曰前書云韓安國起徒中爲二千石）復拜議郎遷并州刺史時滇那等諸種羌五六千人寇武威張掖酒泉燒人廬舍六年寇埶轉盛涼州幾亡冬復㠯頎爲護羌校尉乘驛之職明年春羌封僇良多滇那等（僇音良逐反又力救反）酋豪三百五十五人率三千落詣頎降當煎勒姐種猶自屯結冬頎將萬餘人擊破之斬其酋豪首虜四千餘人八年春頎復擊勒姐種斬首四百餘級降者二千餘人夏進軍擊當煎種於湟中頎兵敗被圍三日用隱士樊志張策（集解惠棟曰見方術傳）潛師夜出鳴鼓還戰大破之首虜數千人頎遂窮追展轉山谷閒自春及秋無日不戰虜遂飢困敗散北略武威閒頎凡破西羌斬首二萬三千級獲生口數萬人馬牛羊八百萬頭降者萬餘落封頎都鄉侯邑五百戶

永康元年當煎諸種復反合四千餘人欲攻武威頎復追擊於鸞鳥大破之（鳥音爵縣名屬武威郡故城在今涼州昌松縣北也集解惠棟曰劉昫云涼州神鳥縣漢鸞鳥古城先謙曰今涼州府武威縣南）殺其渠帥斬首三千餘級西羌於此弭定而東羌先零等自覆沒征西將軍馬賢後朝廷不能討遂數寇擾三輔其後度遼將軍皇甫規中郎將張奐招之連年旣降又叛桓帝詔問頎曰先零東羌造惡反逆而皇甫規張奐各擁彊衆不時輯定欲頎移兵東討未識其宜可參思術略頎因上言曰臣伏見先零東羌雖數叛逆而降於皇甫規者已二萬許落善惡旣分餘寇無幾今張

奐躊躇久不進者當慮外離內合兵往必驚且自冬踐春屯結不散人畜疲羸自亡之埶徒更招降坐制彊敵耳臣㠯爲狼子野心難㠯恩納（左傳晉叔向母曰狼子野心也）勢窮雖服兵去復動唯當長矛挾脅白刃加頸耳計東種所餘三萬餘落居近塞內路無險折非有燕齊秦趙從橫之勢而久亂并涼累侵三輔西河上郡已各內徙安定北地復至單危自雲中五原西至漢陽二千餘里（集解惠棟曰杜佑云今榆林郡卽漢雲中五原郡也漢陽今天水郡）匈奴種羌竝擅其地是爲癰疽伏疾留滯脅下如不加誅轉就滋大今若㠯騎五千步萬人車三千兩三冬二夏足㠯破定無慮用費爲錢五十四億（無慮都凡也集解惠棟曰釋名文毛晃云無慮猶言多少如是無疑也）如此則可令羣羌破盡匈奴長服內徙郡縣得反本土伏計永初中諸羌反叛十有四年用二百四十億永和之末復經七年用八十餘億費耗若此猶不誅盡餘孽復起于茲作害今不暫

疲人則永寧無期臣庶竭駑劣伏待節度帝許之悉聽如所上建寧元年春熲將兵萬餘人齎十五日糧從彭陽直指高平〔彭陽高平並縣名屬安定郡彭陽縣即今原州彭原縣也高平縣今原州也〕與先零諸種戰于逢義山虜兵盛熲眾恐熲乃令軍中張鏃〔集解劉攽曰案文鏃非可張未知何字先謙曰官本考證云案通鑑作長〕利刃長矛三重挾以強弩列輕騎為左右翼激怒兵將曰今去家數千里進則事成走必盡死努力共功名因大呼眾皆應聲騰赴熲馳騎於傍突而擊之虜眾大潰斬首八千餘級〔集解惠棟曰水經注云斬首八千級于高平苦水之上〕獲牛馬羊二十八萬頭時竇太后臨朝下詔曰先零東羌歷載為患熲前陳狀欲必埽滅涉履霜雪兼行晨夜身當矢石感厲吏士曾未浹日凶醜奔破〔浹匝也浹音子牒反謂匝十二辰也〕連尸積俘掠獲無算洗雪百年之逋負以慰忠將之亡魂〔東觀記曰太后詔云此以慰种光馬賢等亡魂也〕功用顯著朕甚嘉之須東羌盡定當并錄功勤今且賜熲錢二

十萬以家一人為郎中敕中藏府調金錢綵物增助軍費拜熲破羌將軍夏熲復追羌出橋門至走馬水上〔東觀記段熲傳曰出橋門谷也集解惠棟曰水經注云門即橋山之長城門也始皇令太子扶蘇與蒙恬築長城起自臨洮至于碣石即是城也又曰水經注云平水出盧施縣西北平谿東南入奢延水又東走馬水注之水出西南長城北陽周縣故城南橋山〕尋聞虜在奢延澤〔即上郡奢延縣界也〕乃將輕兵兼行一日一夜二百餘里晨及賊擊破之餘虜走向落川復相屯結〔集解惠棟曰水經注云落川在奢延澤之南〕熲乃分遣騎司馬田晏將五千人出其東假司馬夏育將二千人繞其西羌分六七千人攻圍晏等晏等與戰羌潰走熲急進與晏等共追之於令鮮水上〔令鮮水名在今甘州張掖縣界一名合黎水一名羌谷水也集解惠棟曰程大昌攷古編云李注令鮮水非也在張掖者亦名鮮水趙充國所謂治湟陿以西橋令可至鮮水上者是也今此紀明所追者東羌乃在上郡其下言追及靈武谷可見也胡三省辨誤曰熲之擊羌也先破之於高平逢義山遂追之出上郡橋門與戰於奢延澤落川令鮮水上連破之又破於靈武谷奢延澤在上郡奢延縣西南靈武谷在北地靈武縣則所謂令鮮水當在奢延澤西南靈武谷東北非張掖之羌谷水明矣〕熲士卒飢渴乃勒眾推方奪其水〔推方謂方頭競進也〕虜復散走熲遂與相連綴且鬬且引及於靈武谷〔靈武縣名有谷在今靈州懷遠縣西北〕熲乃被甲先登士卒無敢後者羌遂大敗棄兵而走追之三日三夜士皆重繭〔繭足下傷起形如繭也淮南子曰申包胥曾繭重胝也集解先謙曰官本曾繭作重繭〕既到涇陽〔縣名屬安定郡〕餘寇四千落悉散入漢陽山谷間時張奐上言東羌雖破餘種難盡熲性輕果慮負敗難常宜且以恩降可無後悔詔書下熲熲復上言臣本知東羌雖眾而輭弱易制所以比陳愚慮思為永寧之算而中郎將張奐說虜強難破宜用招降〔集解王補曰文選陸倕石闕銘注引段熲疏先零東羌討之難破降為上策戰為下計蓋即述奐言特詳略異耳〕聖朝明監信納瞽言故臣謀得行奐計不用事埶相反遂懷猜恨信叛羌之訴飾潤辭意云臣兵累見折衄〔傷敗曰衄音女六反〕又言羌一氣所生不可誅盡〔言羌亦稟天之一氣所生誅之不可盡也〕山谷廣大不可空靜血流汙野傷和致災臣伏念周秦之際戎狄為害中興以來羌寇

最盛誅之不盡雖降復叛今先零雜種累以反覆攻沒縣邑剽略人物發冢露尸禍及生死上天震怒假手行誅〔假借也尚書曰皇天降災假手于我有命也〕昔邢為無道衛國伐之師興而雨〔左傳曰衛大旱卜有事於山川不吉甯莊子曰昔周飢克殷而年豐今邢方無道天欲備伐邢乎從之師興而雨也〕臣動兵涉夏連獲甘澍歲時豐稔人無疵疫上占天心不為災傷〔占候也〕下察人事眾和師克〔克勝也左傳曰師克在和不在眾也〕自橋門以西落川以東故官縣邑更相通屬〔集解先謙曰官本官作宮引劉攽曰宮縣案文宮當作官舊屯田營壁皆是故官也惠棟曰杜佑云今金城會甯平涼等郡之類是也〕非為深險絕域之地車騎安行無應折衄案奐為漢吏身當武職駐軍二年不能平寇虛欲修文戢戈招降獷敵〔獷惡貌也音谷猛反集解通鑑胡注桓帝延熹九年奐督三州二營〕誕辭空說僭而無徵〔集解通鑑胡注左傳臧會卜為信與僭杜預注曰僭不信也〕何以言之昔先零作寇趙充國徙令居內〔宣帝時充國擊西羌徙之於金城郡也〕煎當亂邊馬援遷之三輔〔遷置天水隴西扶風見西羌傳也集解何焯曰徙滇吾餘種七千餘口於三輔乃永平初馬武

事惠棟曰杜佑云趙充國置金城屬國以處降羌自後賓服建武初寇金城馬援討破降之徙七千口于三輔注云今京兆馮翊扶風汧陽等郡地周壽昌曰西羌傳云建武十一年夏先零種復寇臨洮隴西太守馬援破降之後悉歸服徙置天水隴西扶風三郡又永平元年復遣中郎將竇固捕虜將軍馬武等擊滇吾破降之徙七千口置三輔考紀傳此兩役馬援功在先且最著扶風亦是三輔地熲必是引援非馬武也傳注俱不誤始服終叛至今爲鯁鯁與梗同梗病也大雅云至今爲便故遠識之士以爲深憂今傍郡戶口單少數爲羌所創毒而欲令降徙與之雜居是猶種枳棘於良田養虺蛇於室內也故臣奉大漢之威建長久之策欲絕其本根不使能殖殖生也左傳曰爲國家者見惡如農夫之惡去草焉絕其本根勿使能殖本規三歲之費用五十四億今適朞年所耗未半而餘寇殘燼將向殄滅杜預注左傳曰燼火餘木也臣每奉詔書軍不內御御制御也淮南子曰國不可從外理軍不可從中御也願卒斯言一以任臣臨時量宜不失權便

二年詔遣謁者馮禪說降漢陽散羌熲以春農百姓布野羌雖暫降而縣官無廩必當復爲盜賊不如乘虛放兵埶必殄滅夏熲自進營去羌所屯凡亭山四五十里集解通鑑胡注魏收地形志安定鶉陰縣有凡亭杜佑作瓦亭山注云瓦亭山在今平涼郡蕭關縣遣田晏夏育將五千人據其山上羌悉衆攻之厲聲問曰田晏夏育在此不湟中義從羌悉在何面今日欲決死生軍中恐晏等勸激兵士殊死大戰遂破之羌衆潰東奔復聚射虎谷分兵守諸谷上下門熲規一舉滅之不欲復令散走乃遣千人於西縣結木爲柵廣二十步長四十里遮之西縣屬天水郡故城在今秦州上邽縣西南也集解洪亮吉曰注西縣屬天水郡案天水應作漢陽明帝永平十七年所改也通鑑胡注西縣前漢屬隴西郡後漢屬漢陽郡參據二志皆云縣有嶓冢山西漢水所出是則禹貢所謂嶓冢道漾東流爲漢其發源之地也段熲討羌起於安定高平羌敗則追至上郡奢延及大敗於靈武谷乃追至安定涇陽諸羌散入漢陽山谷間東屯凡亭山凡亭既破復聚射虎谷熲乃於西漢結柵以遮之以羌奔潰所趨攻之射虎谷在西縣東北凡亭山當在射虎谷東北蓋東羌爲熲兵所迫復欲西奔出塞歸其舊來之巢穴而殲於是谷也分遣晏育等將七千人銜枚夜上西山結營穿塹去虜一里許又遣司馬張愷等將三千人上東山虜乃覺之遂攻晏等

分遮汲水道熲自率步騎進擊水上羌卻走因與愷等挾東西山縱兵擊破之羌復敗散熲追至谷上下門窮山深谷之中處處破之斬其渠帥以下萬九千級獲牛馬驢騾氈裘廬帳什物不可勝數馮禪等所招降四千人分置安定漢陽隴西三郡於是東羌悉平集解惠棟曰東觀記熲上書曰掠得羌侯君長金印四十三銅印三十一錫印一枚及紫綬十七艾綬二十八黃綬二枚尉印五皆簿入凡百八十戰斬三萬八千六百餘級獲牛馬羊騾驢駱駝四十二萬七千五百餘頭費用四十四億軍士死者四百餘人更封新豐縣侯邑萬戶熲行軍仁愛士卒疾病者親自瞻省手爲裹創在邊十餘年未嘗一日蓐寢郭璞曰蓐席也言身不自安與將士同苦故皆樂爲死戰三年春徵還京師將秦胡步騎五萬餘人及汗血千里馬生口萬餘人詔遣大鴻臚持節慰勞於鎬鎬水名在今長安縣西也集解惠棟曰東觀記時熲乘輕車介士鼓吹曲蓋朱旗馬騎殷天蔽日錚鏦金鼓雷震動地連騎繼跡彌數十里軍至拜侍中轉執

金吾河南尹有盜發馮貴人冢集解惠棟曰魏文帝列異傳云漢桓帝末馮夫人病亡靈帝時有賊盜發冢七十餘年顏色如故但小冷共姦通之至鬬爭相殺竇太后家被誅欲以馮夫人配食下邳陳公達議以爲貴人雖是先帝所幸尸體穢汙不宜配至尊乃以竇太后配食陳公卽陳球也坐左轉諫議大夫再遷司隸校尉熲曲意宦官故得保其富貴遂黨中常侍王甫枉誅中常侍鄭颯董騰等增封四千戶幷前萬四千戶明年代李咸爲太尉其冬病罷復爲司隸校尉數歲轉潁川太守徵拜太中大夫光和二年復代橋玄爲太尉在位月餘會日食自劾有司舉奏詔收印綬詣廷尉時司隸校尉陽球奏誅王甫幷及熲就獄中詰責之遂飲鴆死家屬徙邊後中常侍呂張上疏集解先謙曰官本張作强是追頌熲功靈帝詔熲妻子還本郡初熲與皇甫威明張然明並知名顯達京師稱爲涼州三明云集解王補曰皇甫恥不入黨人張奐見紿於權奄而旋悔段熲曲附宦官卒致鴆死涼州三明妍媸相懸此亦合傳之微指也

贊曰山西多猛三明儷蹤儷偶也前書班固曰秦漢以來山東出相山西出將若白起王翦李廣辛慶忌之流皆山西人也戎驂糾結塵斥河潼潼谷名谷有水曰潼水即潼關規奐審策亟遏𡰱凶文會志比更相爲容段追兩狄束馬縣鋒紛紜騰突谷靜山空

後漢書列傳第五十五終　　後漢書六十五

後漢書集解卷六十五校補

皇甫規傳年齒之不邁注邁往也官本無注

未聞國家有所先後注言國家不妄有襃貶進退案文注不妄當作不聞

霧氣白濁錢大昭曰霧氣見郎顗傳所謂白濁者易稽覽圖云太平之時太陰用事而少陽卦當效時至則於效上分一時非太平以其卦分效則可未可責時至立效也太陽用事少陽卦效亦如之凡形體不相應皆有其事而不成也其在位者有德而不行也有貌無實有實無貌故言從其類也上爲貌也寒溫爲實鄭康成注云形謂白濁清淨可得而見故言形體者以身體寒溫也不相應者溫不清淨寒白濁也德者帝王之道其在位者廢而不行故不相應也白濁清淨故寒溫不效此佞人之道也寒溫白濁清淨不效此賢者之類屈道仕也白濁清淨其上貌寒溫者是爲實

流血丹野集解周壽昌曰官本作流血川野錢大昭曰丹閩本作川

遂以詩易教授門徒三百餘人柳從辰曰袁紀云規好推賢達士太傅陳蕃太尉楊秉樂少府李膺太守張奐皆規所教授致顯名於世案楊秉卒於桓帝延熹八年年七十四陳蕃李膺被害於靈帝建甯元二年蕃年近八十膺年已六十惟張奐卒於靈帝光和四年年亦七十八規則卒於靈帝熹平三年年僅七十一以此觀之秉蕃年位皆出規

前膺奐抑年與規相若規生邊遠少在兵間中原士人固無從問業至梁后臨朝而後以郎中自免歸從事教授則秉蕃膺奐久更仕宦皆衰晚矣且本書秉蕃膺傳不及規事奐傳言與規友善規引黨事自劾初不舉蕃膺而稱奐爲故大司農謂曾薦之不謂有師弟之誼則奐非學於規亦甚明袁紀之不足據類如此

延熹四年秋錢大昭曰本紀零吾羌與先零諸種並叛在六月此作秋誤案段熲傳且列此事於是年冬蓋羌寇始於夏末經秋涉冬各據事言之規以羌寇鈔關中時在秋故言秋也

先是安定太守孫儁柳從辰曰袁紀儁作俊古字通下趙熹熹作喜亦同

屬國都尉李翕通鑑胡注翕蓋安定屬國都尉侯康曰趙紹祖以志無安定屬國疑爲涼州張掖屬國或張掖居延屬國非也安定自有屬國已詳盧芳傳集解周壽昌曰至翕已去太守任復官本職惠棟曰天井道碑載翕建甯五年時爲武都太守案規劾李翕等在桓帝延熹四年而翕官武都乃在靈帝建甯五年是先爲都尉後爲太守也蓋翕此時被劾僅免官旋復起耳漢碑題名以所終官爲稱無追稱其前官之例周未見天井道碑遂多誤會

及黨事大起至時人以爲規賢案此文九十一字當在讓封不受下以所敘乃張奐已坐黨禁錮歸

田里後事故稱奐爲故大司農據奐傳奐之被禁錮先因災應上疏追訟竇武陳蕃及言皇太后恩禮不接觸宦官忌事已在靈帝建寧二年四月奐不應反列於桓帝永康元年前也

三斷大獄注謂誅梁冀誅鄧萬鄧會誅李膺等黨事也案鄧萬即鄧萬世章懷以避諱省三斷大獄謂梁冀謀爲亂勃海王悝謀反及鄧后驕忌與郭貴人更相譖訴也至李膺被誅乃靈帝建甯二年事不在此數注誤膺此時但以鉤黨下獄規對奏李膺王暢孔翊事另具下文明不指此**一除內嬖注謂廢鄧皇后**案左傳內嬖如夫人皇后嫡配不得云內嬖且鄧氏事已列大獄不應複舉此或郭貴人亦被罪死史未之及雖不可知然注說則未是**再誅外臣注殺桂陽太守任胤**案李肅張敘任胤皆以軍敗誅非特誅亦不應單舉任胤注說仍誤當易以白馬令李雲下獄死**對奏不省**案桓紀永康元年六月帝雖大赦天下悉除黨錮乃因宦官之請與竇武霍諝之訟初非感於規等災異之對故曰不省也

再轉爲護羌校尉熹平三年以疾召還集解惠棟曰案蔡邕集有薦規表當在此時案規以疾召還當內補官未便至廢棄也況未及還而卒於道邕既非留規校尉何所用表據邕表云伏見護羌校尉皇甫規少明經術道爲儒宗修身力行忠亮闡著出處抱義皦然不污藏器林藪之中以辭徵召之寵先帝嘉之羣公歸德盜發東岳莫能攖討郎起家拜爲太山太守屠斬桀黠綏撫煢弱青兗之郊迄用康乂自是以來方外有事戎狄猾華進簡前勳連見委任仗節舉麾威靈盛行演化凶悍使爲愨愿愛財省穡每有餘資養士御眾悅以忘死論其武勞則漢室之干城課其文德則皇家之腹心誠宜試用以廣振鷺西雝之美表中僅一言其爲太山太守而不及中郎將度遼將軍諸官尤無讓封及被疾召還事且曰誠宜試用明在不用之時非召還之時故侯康謂以表中時事考之必規前者會赦歸家已嘗爲護羌校尉而邕薦之其說爲近疑規赦歸未久即曾以護羌校尉徵辭未赴邕表薦又以度遼將軍徵乃赴史略之也漢時以是官徵者即可以是官稱說已詳鄭康成傳規拜度遼將軍數月即轉薦張奐自請爲之副亦必嫌於先之以校尉徵不赴懼忌者引以爲罪也然則再轉爲護羌校尉者即謂再爲是官耳惠氏乃定邕表薦在此時恐非

孔子稱其言之不作注怍慙也官本無注

張奐傳敦煌酒泉人也集解錢大昕曰至**漢志敦煌郡有淵泉縣**案前志敦煌郡淵泉注引闞駰云地多泉水故以爲名此傳注亦云地多泉水同用闞說亦足證章懷原本文注必非作酒泉矣漢淵泉今安西州東一百六十里之東

七千餘人寇美稷官本千作十非

而奐壁唯有二百許人侯康曰御覽三百五十七引奐與崔子眞書云僕以元年到任有見兵二百馬如牿羊矛如錐鐵楯如榆葉柳從辰曰據書鈔一百二十三作馬如羖羊矛如錐鐵又御覽三百五十三引與書鈔同

於是上郡沈氏安定先零諸種官本少定字

此淳于髡所以拍髀仰天而笑者也注髀音步第反官本第作弟案髀本上聲作弟是

死馬無所復用而燕昭寶之注馬已死乃以五百金買其首柳從辰曰首字官本注同今新序首作骨案北史隱逸傳崔賾答豫章王書燕求馬首薛養雞鳴知古本原有作首者南史鄭鮮之傳燕昭市骨而駿足至則仍作骨且孔融與魏武論盛孝章書已云燕君市駿馬之骨是作骨亦由來已久疑新序自有南北本之別唐起北方章懷所據蓋是北本

長子芝字伯英最知名注下筆則爲楷則號怱怱不暇草書沈銘彝曰虞虹升云草書之作始於漢黃門之急就章本名章草張懷瓘書斷所謂損隸之規矩縱逸奔放赴速急就是也厥後張芝變爲今草較之章草尤爲便捷而晉書衛恆傳乃云怱怱不暇草書似乎草書反屬遲難子瞻所以譏也或者又矯爲之說古人草書正不苟作故較之楷書爲更遲愚以爲皆非也草書無不速者若衛恆傳所云則因急遽之中不及起草猶今草藁耳書不起草則不免塗抹添改有失敬意故云今案此語古今聚訟都無的解草藁早見史記屈賈列傳前書淮南王傳亦云召司馬相如等視草匡謬正俗云草者藁草亦未成之稱沈說未嘗不可備一義特草書不可直解作草藁耳今之楷書古謂之隸今之隸書古謂之八分漢世並無楷書之名草書解散隸法用以赴急書品謂起於建初中京兆杜操書斷則謂卽伯英所造書苑亦言杜操善草書章帝愛之謂之章草蓋草書卽濫觴於草藁其來已久至杜操始用之於章奏而有章草之別至伯英乃集其大成而有草聖之名此可知者也王愔文志謂伯英下筆則爲楷則楷者法也言其下筆便可爲法則非謂楷書也又曰號怱怱不暇草書怱怱不暇當卽其草書之名省言之卽急就是已衛恆亦云怱怱不暇草書其解猶未誤至易爲怱怱不暇作草書增一作字斯不可通矣趙壹非草書論亦云適迫遽故不及草謬說相承宜壹非之也

芝及弟昶字文舒並善草書沈銘彝曰章懷引王愔文志詳伯英事實而文舒獨未之及按博物志張芝及弟昶並善草書魏太祖亞之又龍城錄龍山史記注卽張昶著後漢末大儒而世亦不稱譽又張懷瓘書斷文舒爲黃門侍郎善章草類伯英時人謂之亞聖韋仲將謂張芝爲草聖故云亞極工八分又善隸庾肩吾書品文舒聲劣於兄允爲上之中李嗣眞書後品中上品七人張昶韋續

九品書人論上中十三人張昶八分及草又水經注華嶽祠堂碑文漢張昶造自書之元帝又列其二十餘字二書有重名傳於海內柳從辰曰書斷亦云伯英章草急就章皆一筆而成合於自然文舒伯英季弟今案古人作書有換筆法草書因勢而成不待換筆故謂一筆書非一筆連綴之謂今閣帖輯存伯英書可證也奐蓋本四子而其仲子無傳

段熲傳武威姑臧人也地詳竇融傳

西域都護會宗之從曾孫也注宗字子松官本注宗上有會字是元帝時爲西域都護死城郭諸國爲發喪立祠案前書段會宗傳會宗官終左曹中郎將光祿大夫封關內侯當兩爲西域都護集解周壽昌曰至不能從數千年後懸而駮之也柳從辰曰春秋之末已有段規爲韓康子謀臣見趙策案周禮典瑞注晉侯使段嘉平戎于王釋文段本作叚又作碫然段與叚異不能相通則又在段規之前矣周官有段氏以官爲氏亦古所恆有也周謂范蔚宗必有所本未可懸駮固亦正論至武威段氏爲段干木之後說本應劭風俗通熲正武威人應劭以漢人記漢時族姓抑豈無本乃顧氏引之周氏駮之又甚矣

南度河官本度作渡同

遂至河首積石山集解惠棟曰至漢末屬西平郡柳從辰曰水經注積石之山其下有石門河水冒以出山在隴西郡河關縣西羌之中燒當所居也燒當犯塞熲討之追出塞至積石斬首而還今案河關縣前漢屬金城後漢改屬隴西前續志注均言積石山在西南漢末分金城置西平郡領縣四臨羌安夷皆舊縣西都長甯皆新置後漢金城本無河關故河關魏時仍隸隴西而惠引歐陽忞說乃謂積石山漢末屬西平攷西平之西都亦係分金城舊縣破羌所置而長甯分自何縣則無攷或卽分自隴西之河關未可知也至水經注以爲山在隴西河關則仍據續志言

又雜種羌屯聚白石注白石山在今蘭州狄道縣東錢大昭曰白石縣名前志屬金城續志屬隴西案傳不言山自與下允街同爲言縣錢說是也惟白石山抑卽在縣東見前志應劭注知縣仍因山得名

從彭陽直指高平注彭陽縣卽今原州彭原縣也高平今原州也彭陽今涇州鎭原縣東高平今地詳隗囂傳集解

尋聞虜在奢延澤注卽上郡奢延縣界也柳從辰曰水經注奢延水出奢延縣西南赤沙阜孫潛云奢延縣故城在慶夏州西南今榆林縣北十里有赤沙阜卽熲破羌處

上天震怒假手行誅注尚書曰皇天降災假手于我有命也柳從辰曰注引僞古文非漢所有左傳伯姬逆秦伯曰上天降災又鄭伯入許曰假手於我寡人當以昜之

僭而無徵案此左氏昭公八年傳文

羌雖暫降官本降作除非

去羌所屯凡亭山四十五里集解通鑑胡注至杜佑作瓦亭山柳從辰曰今固原州北有瓦亭驛有山名六盤山卽隴山水經注隴山水歷瓦亭北謂之瓦亭溪是瓦亭山卽今之隴山也

宋　宣城太守范曄撰

唐　章懷太子賢注

王先謙集解

陳蕃字仲舉，汝南平輿人也。〔集解〕惠棟曰：風俗通云蕃本召陵人，祖冢在焉，父梁父令，別仕平輿也。祖河東太守。〔集解〕錢大昕曰：列傳敘述祖父必舉其名，此有官而無名，又別無事迹，則不如其不載矣。蔚宗好引用風俗通義，此必因應書有其祖河東太守冢在召陵之文而增入耳。蕃年十五，嘗閑處一室，而庭宇蕪穢。父友同郡薛勤來候之，〔集解〕惠棟曰：汝南先賢傳云勤字恭祖，仕郡為功曹。陳仲舉時年十五，為父齋書詣勤，勤見而察之。明日往造焉，仲舉父出迎勤，勤曰：足下有不凡子，吾來候之，不從卿也。元談竟日，乃歎曰：陳仲舉有命世才，王佐之具。又見黃叔度于童幼，云當為世盛德。其後二賢英名並耀于世。謂蕃曰：「孺子何不洒埽以待賓客？」蕃曰：「大丈夫處世，當埽除天下，安事一室乎！」勤知其有清世志，甚奇之。初仕郡，〔集解〕惠棟曰：太守王龔辟為吏，唐珍署為功曹。舉孝廉，除郎中。遭母憂，棄官行喪。〔集解〕王補曰：時制惟公卿刺史二千石不許行喪，蕃時為郎，棄官乃常事，此類皆可不載。服闋，刺史周景辟別駕從事，續漢志曰：別駕從事，校尉行部奉引，總錄眾事。〔集解〕先謙曰：景辟蕃為別駕，不就，景題其輿曰「陳仲舉座也」，不更辟。起視職。見景傳。蕃以諫爭不合，投傳而去。投，棄也。傳謂符也。音丁戀反。後公府辟舉方正，皆不就。太尉李固表薦，徵拜議郎，再遷為樂安太守。續漢志曰：樂安，縣名，本名千乘，和帝更名也。〔集解〕先謙曰：官本考證云縣當作郡。王會汾云：案千乘貞王傳，永元七年改國為樂安，質帝時改封勃海，樂安仍當為郡，故此傳言樂安太守也。樂安屬邑有千乘、樂安兩縣，前後志無改易，惟郡名改耳。時李膺為青州刺史，名有威政，屬城聞風，皆自引去，蕃獨以清績留。郡人周璆高潔之士，璆音仇，又巨秋反。前後郡守招命莫肯至，唯蕃能致焉。字而不名，特為置一榻，去則縣之。璆字孟玉，臨濟人，有美名。〔集解〕惠棟曰：魏文帝甄表狀云璆體清純之性，蹈高潔之行，前後十五辟，皆不就，除高唐令，色斯而舉。時陳仲舉、李元禮皆難其高風。案璆，樂安人。袁山松書云：璆為樂成令，道遙無事，縣中大治，去官，徵聘不至。璆，風俗通作糾。王補曰：袁紀蕃初為豫章太守，獨設一榻以候徐孺子，餘人不得而接，其高簡亮正皆此類也。通鑑蕃性方峻，不接賓客，惟徐穉來特設一榻，去則懸之，皆以懸榻設榻為徐穉事，與此傳異。即本書徐穉傳亦云然。豈在豫章則設榻以禮徐穉，樂安已先以此榻禮周璆與？故兩存之也。史氏炫博以廣異聞，類如此。

先民有趙宣葬親而不閉埏隧，埏隧，今人墓道也。杜預注左傳云：掘地通路曰隧。因居其中，行服二十餘年，鄉邑稱孝，州郡數禮請之。郡內以薦蕃，蕃與相見，問及妻子，而宣五子皆服中所生。蕃大怒曰：「聖人制禮，賢者俯就，不肖企及。禮記曰：三年之喪，可復父母之恩也。賢者俯而就之，不肖者企而及之。且祭不欲數，以其易黷故也。黷，媟也。禮記曰：祭不欲數，數則煩，煩則不敬。況乃寢宿冢藏，而孕育其中，誑時惑眾，誣汙鬼神乎？」遂致其罪。大將軍梁冀威震天下，時遣書詣蕃，有所請託，不得通，使者詐求謁，蕃怒，笞殺之，坐左轉脩武令。稍遷，拜尚書。時零陵、桂陽山賊為害，公卿議遣討之，又詔下州郡，一切皆得舉孝廉、茂才。蕃上疏駮之曰：「昔高祖創業，萬邦息肩，撫養百姓，同之赤子。尚書曰：若保赤子，惟人其康乂。今二郡之民，亦陛下之赤子也。致令赤子為害，豈非所在貪虐，使其然乎？宜嚴敕三府，隱覈牧守令長，其有在政失和，侵暴百姓者，即便舉奏，更選清賢奉公之人，能班宣法令情在愛惠者，可不勞王師，而羣賊弭息矣。又三署郎吏二千餘人，三府掾屬過限未除，但當擇善而授之，簡惡而去之。豈煩一切之詔，以長請屬之路乎！」〔集解〕惠棟曰：汝南先賢傳云蕃上書曰：昔明帝時，公主為子求郎，不許，賜錢千萬。左右問之，曰：郎，天官也，以當敘德，何可妄與人耶？今陛下以郎比一把菜，臣以為反側。以此忤左右，故出為豫章太守。〔集解〕惠棟曰：豫章耆舊傳云蕃臨郡二年，甘露降。性方峻，不接賓客，士民亦畏其高。蕃喪妻，鄉人畢至，惟許子將不往，曰：仲舉性峻，峻則少通，故不造也。〔集解〕汪文臺曰：書鈔七十四謝承書云雅正矯俗，以禮導下。徵為尚書令，送者不出郭門。遷大鴻臚。會白馬令李雲抗疏諫，桓帝怒，當伏重誅。蕃上書救雲，坐免歸田里。復徵拜議郎，數日遷光祿勳。時封賞踰制，內寵猥盛，蕃乃上疏諫曰：「臣聞有事社稷者社稷是為，有事人君者容悅是為。今臣蒙恩聖朝，備位九列，〔集解〕惠棟曰：九卿也。見非不諫，則容悅也。夫諸侯上象四七，垂耀在天，下應分土藩屏上國（上象四七謂二十八宿各主諸侯之分野故曰下應分土言皆以輔王室也）高祖之約非功臣不侯而聞追錄河南尹鄧萬世父遵之微功更爵尚書令黃儁先人之絕封近習以非義授邑左右以無功傳賞授位不料其任裂土莫紀其功至乃一門之內侯者數人故緯象失度陰陽謬序稼用不成民用不康臣知封事已行言之無及（集解通鑑胡注封事封侯之事也）誠欲陛下從是而止又比年收斂十傷五六萬人飢寒不聊生活而采女數千食肉衣綺脂油粉黛不可貲計（貲量也）鄙諺云盜不過五女門以女貧家也今後宮之女豈不貧國乎是以傾宮嫁而天下化（帝王紀曰紂作傾宮多采美女以充之武王伐殷乃歸傾宮之女於諸侯也）楚女悲而西宮災（公羊傳曰西宮災何休注云時僖公爲齊桓所脅以齊媵爲嫡楚女廢居西宮而不見恤悲愁怨曠所生）且聚而不御必生憂悲之感以致并隔水旱之困（集解惠棟曰并隔猶洪範之極備極無也劉瑜傳瑜上書曰天地之性陰陽正化隔絕其道則水旱爲并所謂并隔水旱也）夫獄以禁止姦違官以稱才

理物若法虧於平官失其人則王道有缺而令天下之論（集解劉攽曰案文令當作今）皆謂獄由怨起爵以賄成夫不有臭穢則蒼蠅不飛陛下宜採求失得擇從忠善尺一選舉委尚書三公（尺一謂板長尺一以寫詔書也集解惠棟曰摯虞決疑要注云尚書召王公及位班王公者皆用尺一）使褒責誅賞各有所歸豈不幸甚帝頗納其言爲出宮女五百餘人但賜儁爵關內侯而萬世南鄉侯延熹六年車駕幸廣城校獵（廣城苑名在今汝州梁縣西也集解錢大昕曰城當作成馬融上廣成頌即此）蕃上疏諫曰臣聞人君有事於苑囿惟仲秋西郊順時講武殺禽助祭以敦孝敬如或違此則爲肆縱故皋陶戒舜無教逸（尚書咎繇謨曰無教逸欲有邦）周公戒成王無槃于遊田（尚書無逸篇之言）虞舜成王猶有此戒況德不及二主者乎夫安平之時尚宜有節況當今之世有三空之戹哉田野空朝廷空倉庫空是謂三空加兵戎未戢四方離散是陛下焦心毀顏坐以待旦之時也豈宜揚旗耀武騁心輿馬之觀乎又前秋多雨民始種麥今失其勸種之時而令給驅禽除路之役非賢聖恤民之意也齊景公欲觀於海放乎琅邪晏子爲陳百姓惡聞旌旗輿馬之音舉首嚬眉之感（集解錢大昕曰此誤以孟子對齊宣王語爲晏子之言）景公爲之不行周穆王欲肆車轍馬跡祭公謀父爲誦祈招之詩以止其心誠惡逸遊之害人也（祭公祭國公爲周卿士謀父名也祈招逸詩也左傳曰昔周穆王欲肆其心周行天下將皆必有車轍馬跡焉祭公謀父作祈招之詩以止王心其詩曰祈招之愔愔式昭德音思我王度式如玉式如金刑人之力而無醉飽之心）書奏不納自蕃爲光祿勳與五官中郎將黃琬共典選舉不偏權富而爲埶家郎所譖訴（集解惠棟曰案風俗通埶家郎謂五侯鄧氏）坐免歸頃之徵爲尚書僕射轉太中大夫八年代楊秉爲太尉蕃讓曰不愆不忘率由舊章（詩大雅也言成王令德不過誤不遺失循用舊典文章謂周公之禮法也）臣不如太常胡廣齊七政訓五典臣不如議郎王暢聰明亮達文武兼姿（集解劉攽曰案姿是姿貌此當作資也）臣不如弛刑徒李膺帝不

許中常侍蘇康管霸等復被任用遂排陷忠良共相阿媚大司農劉祐廷尉馮緄（音古本反）河南尹李膺皆以忤旨爲之抵罪蕃因朝會固理膺等請加原宥升之爵任言及反覆誠辭懇切帝不聽因流涕而起（集解汪文臺曰世說品藻注張璠漢記云時人爲之語曰不畏强禦陳仲舉又陳仲舉軒軒如千里驥）時小黃門趙津南陽大猾張氾等奉事中官乘埶犯法（集解惠棟曰司馬貞案類集云猾狡也案謝承書張氾即張子禁乃桓帝乳母中官貴人外親也）二郡太守劉瓆成瑨考案其罪雖經赦令而並竟考殺之（集解劉攽曰案漢魏鞠獄皆云考竟此誤惠棟曰氾一作汎事詳岑晊傳錢大昕曰瓆太原太守瑨南陽太守故云二郡王允傳稱小黃門晉陽趙津晉陽太原屬縣故瓆得案之此傳刪晉陽字而二郡之文不可通矣）宦官怨恚有司承旨遂奏瓆瑨罪當棄市又山陽太守翟超沒入中常侍侯覽財產東海相黃浮（集解惠棟曰汝南先賢傳云浮字隱公陽安人詳單超傳注）誅殺下邳令徐宣超浮並坐髡鉗輸作左校蕃與司徒劉矩（集解惠棟曰考異云案時胡廣爲司徒非矩也棟案劉愷傳考異非也）司空劉茂（集解惠棟曰茂字叔盛愷子也）共諫

請瓆瑨超浮等帝不悅有司劾奏之集解惠棟曰案劉愷傳茂等坐免官也矩茂不敢復言蕃乃獨上疏曰臣聞齊桓修霸務爲內政國語曰桓公問管仲曰安國可乎對曰未可君若正卒伍修甲兵大國亦如之若欲速得志於天下諸侯則可以隱令可以寄政公曰隱令寄政若何對曰作內政而寄軍令焉春秋於魯小惡必書公羊傳莊公四年公及齊人狩于郜譏其與讎狩也僖公二十年新作南門譏其者也故曰小惡必書也集解惠棟曰春秋內大惡諱小惡舉內謂魯義見公羊也宜先自整敕後㠯及人今寇賊在外四支之疾內政不理心腹之患臣寢不能寐食不能飽實憂左右日親忠言㠯疏內患漸積外難方深陛下超從列侯繼承天位言桓帝以蠡吾侯卽位小家畜產百萬之資子孫尚恥愧失其先業況乃產兼天下受之先帝而欲懈怠㠯自輕忽乎誠不愛己不當念先帝得之勤苦邪前梁氏五侯毒徧海內五侯謂胤讓淑忠戟五人與冀同時誅事見冀傳也天啟聖意收而戮之天下之議冀當小平明鑒未遠覆車如昨而近習之權復相扇結小黃門趙津大猾張汜等肆行貪

虐姦媚左右前太原太守劉瓆南陽太守成瑨糾而戮之雖言赦後不當誅殺原其誠心在乎去惡至於陛下有何悁悁說文曰悁悁恚忿而小人道長營惑聖聽集解何焯曰校本營改熒遂使天威爲之發怒如加刑讁已爲過甚況乃重罰令伏歐刃乎又前山陽太守翟超東海相黃浮奉公不撓疾惡如讎超沒侯覽財物浮誅徐宣之罪並蒙刑坐不逢赦恕覽之從橫沒財已幸宣犯釁過死有餘辜昔丞相申屠嘉召責鄧通洛陽令董宣折辱公主而文帝從而請之光武加㠯重賞文帝時太中大夫鄧通愛幸居上旁有怠慢禮丞相申屠嘉入朝因見之爲檄召通通至嘉曰通小臣戲殿上大不敬當斬通頓首首盡出血文帝使使召通而謝丞相曰吾弄臣君釋之也湖陽公主蒼頭白日殺人匿主家吏追不得公主出宮駐車叩馬以刀畫地數主主言於帝帝賜宣錢三十萬語見董宣傳未聞二臣有專命之誅而今左右羣豎惡傷黨類妄相交構致此刑譴聞臣是言當復嘑訴陛下深宜割塞近習豫政之源引納尚書朝省之事公卿大官五日一

朝宣帝五日一聽事自丞相以下各敷奏其言簡練清高斥黜佞邪如是天和於上地洽於下休禎符瑞豈遠乎哉陛下雖厭毒臣言凡人主有自勉強敢㠯死陳帝得奏愈怒竟無所納朝廷眾庶莫不怨之宦官由此疾蕃彌甚選舉奏議輒㠯中詔譴卻長吏㠯下多至抵罪集解劉攽曰案文吏當作史太尉府有長史故因蕃見譴也猶㠯蕃名臣不敢加害瓆字文理高唐人高唐縣名今博州縣也瑨字幼平陝人並有經術稱處位敢直言多所搏擊知名當時皆死於獄中九年李膺等㠯黨事下獄考實蕃因上疏極諫曰臣聞賢明之君委心輔佐亡國之主諱聞直辭故湯武雖聖而興於伊呂桀紂迷惑亡在失人關龍逢桀臣王子比干紂諸父二人並諫悉皆誅死由此言之君爲元首臣爲股肱前書曰君爲元首臣爲股肱明其一體相須而成也伏見前司隸校尉李膺太僕杜密太尉掾范滂等正身無玷死心社稷㠯忠忤旨橫加考案或禁錮閉隔或死徙非

所杜塞天下之口聾盲一世之人與秦焚書阬儒何㠯爲異秦始皇時丞相李斯上言曰天下已定百姓力農今諸生好古惑亂黔首臣請史官非秦記及天下敢有藏詩書百家語者悉燒之事見史記衛宏詔定古文官書序曰秦既焚書患苦天下不從所改更而諸生到者拜爲郎前後七百人乃密令種瓜於驪山阬谷中溫處瓜實詔博士說之人人不同乃令就視爲伏機諸生賢儒皆至焉方相難不決因發機從上填之以土皆壓之終乃無聲今新豐縣溫湯處號愍儒鄉湯西有馬谷西岸有阬古老相傳以爲秦阬儒處也昔武王克殷表閭封墓史記武王克殷命畢公表商容之閭閎夭封比干之墓也今陛下臨政先誅忠賢遇善何薄待惡何優夫讒人似實巧言如簧詩小雅曰巧言如簧顏之厚矣簧笙簧也言讒人之口以喻笙簧也使聽之者惑視之者昬夫吉凶之效存乎識善成敗之機在於察言人君者攝天地之政秉四海之維舉動不可㠯違聖法進退不可㠯離道規謬言出口則亂及八方何況髡無罪於獄殺無辜於市乎昔禹巡狩蒼梧見市殺人下車而哭之曰萬方有罪在予一人故其興也勃焉說苑曰禹見罪人下車泣而問之左右曰夫罪人不順故使殺焉君王何爲痛之至此也禹曰堯舜之人皆以

堯舜之心爲心今寡人爲君也百姓各自以其心是以痛之書曰百姓有罪在予一人左傳曰禹湯罪己其興也勃焉桀紂罪人其亡也忽焉杜預注曰勃盛也又靑徐炎旱五穀損傷民物流遷茹菽不足廣雅曰茹食也而宮女積於房掖國用盡於羅紈外戚私門貪財受賂所謂祿去公室政在大夫論語孔子之言也昔春秋之末周室衰微數十年閒無復災眚者天所棄也春秋感精符曰魯哀公政亂絕無日食天不譴告也天之於漢悢悢無已悢悢猶眷眷也故殷勤示變以悟陛下除妖去孽實在修德臣位列台司憂責深重不敢尸祿惜生坐觀成敗如蒙採錄使身首分裂異門而出所不恨也穀梁傳曰公會齊侯于頰谷齊人使優施舞于魯之幕下孔子曰笑君者罪當死使司馬行法焉首足異門而出也帝諱其言切託以蕃辟召非其人遂策免之永康元年帝崩竇后臨朝詔曰夫民生樹君使司牧之必須良佐以固王業前書谷永曰臣聞天生蒸人不能相持爲立王者以統理之故也前太尉陳蕃忠淸直亮其以蕃爲太傅錄尚書事時新遭大喪國嗣未立諸尚書畏懼權官託病

不朝〔集解〕周壽昌曰權官卽權臣謂持權之宦官也蕃以書責之曰古人立節事亡如存言人主雖亡法度尚在當行之與不亡時同故曰如存前書袁盎曰主在與在主亡與亡也今帝祚未立政事日蹙諸君奈何委荼蓼之苦息偃在牀詩國風曰誰謂荼苦其甘如薺周頌曰未堪家多難予又集于蓼於義不足焉得仁乎〔集解〕惠棟曰古文論語云未知焉得仁仁與義知相須而成也知音智絕句諸尚書惶怖皆起視事靈帝卽位竇太后復優詔蕃曰蓋褒功以勸善表儀以厲俗無德不報大雅所歎詩大雅曰無言不讎無德不報太傅陳蕃輔弼先帝出內累年內音納尚書曰出納朕命也忠孝之美德冠本朝謇愕之操華首彌固齊宣王對閭丘邛曰夫士亦華髮墮顛而後可用見新序今封蕃高陽侯食邑三百戶蕃上疏讓曰使者卽臣廬授高陽鄉侯印綬卽就也臣誠悼心不知所裁臣聞讓身之文德之昭也然不敢盜以爲名竊惟割地之封功德是爲臣孰自思省前後歷職無它異能合亦食祿不合亦食祿臣雖無素絜之行竊慕君子不以其道得之不居也論語孔子曰富與貴是人之所欲不以其道得之不處也若受爵不讓掩面就之詩小雅曰受爵不讓至于己斯亡注云爵祿不以相讓故怨禍及之也使皇天震怒災流下民於臣之身亦何所寄願惟陛下哀臣朽老戒之在得論語孔子曰及其老也血氣旣衰戒之在得注云得貪也竇太后不許蕃復固讓章前後十上竟不受封初桓帝欲立所幸田貴人爲皇后〔集解〕惠棟曰宋女田聖也永康元年立爲貴人蕃以田氏卑微竇族良家爭之甚固帝不得已乃立竇后及后臨朝故委用於蕃蕃與后父大將軍竇武同心盡力徵用名賢共參政事天下之士莫不延頸想望太平而帝乳母趙嬈旦夕在太后側嬈音乃了反中常侍曹節王甫等與共交搆諂事太后太后信之數出詔命有所封拜及其支類多行貪虐蕃常疾之志誅中官會竇武亦有謀蕃自以旣從人望而德於太后必謂其志可申乃先上疏曰臣聞言不直而行不正則爲欺乎天而負乎人危言極意則羣凶側目禍不旋踵鈞此二者

臣寧得禍不敢欺天也今京師囂囂道路諠譁言侯覽曹節公乘昕王甫鄭颯等與趙夫人諸女尚書並亂天下趙夫人卽趙嬈也女尚書宮內官也附從者升進忤逆者中傷前書劉向上書論王鳳曰稱譽者登進忤恨者誅傷也方今一朝羣臣如河中木耳汎汎東西耽祿畏害陛下前始攝位順天行誅蘇康管霸並伏其辜是時天地淸明人鬼歡喜奈何數月復縱左右元惡大姦莫此之甚今不急誅必生變亂傾危社稷其禍難量願出臣章宣示左右並令天下諸姦知臣疾之太后不納朝廷聞者莫不震恐蕃因與竇武謀之語在武傳及事泄曹節等矯詔誅武等蕃時年七十餘〔集解〕周壽昌曰案竇武傳蕃謂武曰蕃以八十之年是蕃已近八十矣聞難作將官屬諸生八十餘人並拔刃突入承明門〔集解〕惠棟曰袁宏紀蕃到承明門使者不內曰公未被召何得勒兵入宮蕃曰趙鞅專兵向宮以逐君側之惡人春秋義之有使者出開門蕃到尚書門攘臂呼曰大將軍忠以衞國黃門反逆何云竇氏不道邪王甫時出與蕃相

迕迕猶遇也適聞其言而讓蕃曰先帝新棄天下山陵未成竇武何功兄弟父子一門三侯又多取掖庭宮人作樂飲讌旬月之閒貲財億計大臣若此是爲道邪公爲棟梁枉橈阿黨復焉求賊遂令收蕃蕃拔劍叱甫甫兵不敢近乃益人圍之數十重遂執蕃送黃門北寺獄〔集解〕惠棟曰袁紀使劍士收蕃蕃拔劍叱甫辭色愈厲遂執蕃棟又案張瑩漢南記云闍寺之黨於宮中詐稱驚云外有反者蕃奔入宮小黃門朱寓以戟刺蕃與傳異也王補曰此事通鑑不取益兵圍蕃之說而從袁紀然張奐傳曹節矯制使張奐率五營士圍武武自殺蕃因見害奐深病爲所賣急爲申雪則仍當以本傳爲是黃門從官騶騶騎士也〔集解〕惠棟曰從官騶謂吏從官及騶僕射宦者爲之黃門之屬也蹋踧蕃曰〔集解〕惠棟曰說文蹋踐也趙岐云以足踐踏死老魅復能損我曹員數奪我曹稟假不〔集解〕惠棟曰蔡質漢官典職儀云尚書僕射與右丞對掌稟假錢穀胡注時宦官恣橫黃門從官冗濫尤甚陳蕃自桓帝以來爲尚書令嫉其冗濫數格奪其稟假故也即日害之徙其家屬於比景宗族門生故吏皆斥免禁錮蕃友人陳留朱震時爲銍令銍縣屬沛郡聞而棄官哭之收葬蕃尸匿其子逸於甘陵

後漢書六十六　九

界中事覺繫獄合門桎梏震授考掠〔集解〕劉攽曰案文授當作受惠棟曰續漢書作受誓死不言故逸得免後黃巾賊起大赦黨人乃追還逸官至魯相〔集解〕惠棟曰田魯褒記云逸字子遊洪亮吉曰案司馬彪九州春秋逸與冀州刺史王芬等謀廢靈帝立合肥侯事不成震字伯厚〔集解〕汪文臺曰書鈔七十三謝承書云震仕爲郡主簿時戶曹史袁叔撰以微過太守郭琮怒閉閤罰之衆皆慷懼震排閤直入乃前諫曰袁史則故御史珍之孫何爲苛罰脫有危忽如何遂釋之初爲州從事奏濟陰太守單匡臧罪并連匡兄中常侍車騎將軍超桓帝收匡下廷尉以譴超超詣獄謝三府諺曰車如雞栖馬如狗疾惡如風朱伯厚

論曰桓靈之世若陳蕃之徒咸能樹立風聲抗論惛俗而驅馳嶮阸之中與刑人腐夫同朝爭衡前書班固曰相與提衡音義云衡平也言二人齊也終取滅亡之禍者彼非不能絜情志違埃霧也違避愍夫世士以離俗爲高而人倫莫相恤也以遯世爲非義故屢退而不去以仁心爲己任雖道遠而彌厲論語曰仁以爲己任不亦重乎死而後已不亦遠乎及遭際會協策竇武自謂萬世一遇也懔懔乎伊望之業矣懔懔有風采之貌也功雖不終然其信義足以攜持民心漢世亂而不亡百餘年閒數公之力也

王允字子師太原祁人也祁今并州縣也世仕州郡爲冠蓋同郡郭林宗嘗見允而奇之曰王生一日千里王佐才也史記田光謂燕太子丹曰臣聞騏驥盛壯之時一日千里至其老也駑馬先之遂與定交年十九爲郡吏時小黃門晉陽趙津貪橫放恣爲一縣巨患允討捕殺之而津兄弟諂事宦官因緣譖訴桓帝震怒徵太守劉瓆下獄死允送喪還平原終畢三年然後歸家復還仕郡人有路佛者少無名行而太守王球召以補吏允犯顏固爭球怒收允欲殺之刺史鄧盛聞而馳傳辟爲別駕從事允由是知名而路佛以之廢棄允少好大節有志於立功常習誦經傳朝夕試馳射三公並辟以司徒高弟爲侍御史中平元年黃巾賊起特選拜豫州刺史辟荀爽孔融等爲從事上除禁黨討擊

後漢書六十六　十

黃巾別帥大破之與左中郎將皇甫嵩右中郎將朱儁等受降數十萬於賊中得中常侍張讓賓客書疏與黃巾交通允具發其姦以狀聞靈帝責怒讓讓叩頭陳謝竟不能罪之而讓懷挾忿怨以事中允中傷也明年遂傳下獄傳逮也會赦還復刺史旬日閒復以它罪被捕司徒楊賜以允素高不欲使更楚辱更經也楚苦痛〔集解〕周壽昌曰更字宜從本音猶再也允始以傳下獄茲復被捕是再被楚辱也注訓經則當音作庚恐非乃遣客謝之曰君以張讓之事故一月再徵凶慝難量幸爲深計深計謂令自死又諸從事好氣決者共流涕奉藥而進之允厲聲曰吾爲人臣獲罪於君當伏大辟以謝天下豈有乳藥求死乎〔集解〕惠棟曰孔平仲云乳合作茹字胡注前書王嘉傳何咀藥而死乳當作咀投杯而起出就檻車既至廷尉左右皆促其事朝臣莫不歎息大將軍何進太尉袁隗司徒楊賜〔集解〕惠棟曰考異云案隗賜時皆不爲此官恐誤也共上疏請之曰夫內視反聽則忠臣竭誠寬賢矜能則義士厲節內視

自視也反聽自聽也言皆恕己不責於人也是㠯孝文納馮唐之說文帝時魏尚爲雲中守下吏免馮唐爲郎中署長奏言曰臣聞魏尚爲雲中守上功首虜差六級陛下下之吏削其爵愚以爲陛下法太明賞太輕罰太重帝卽日赦尚復爲雲中太守晉悼宥魏絳之罪左傳曰晉悼公之弟楊干亂行於曲梁魏絳戮其僕公怒之絳曰臣聞師衆以順爲武軍事有死無犯爲敬臣懼其死以及楊干無所逃罪公曰寡人有弟不能教訓使干大命寡人之過也子無重寡人之過與之禮食使佐新軍允㠯特選受命誅逆撫順曾未期月州境澄清方欲列其庸勳請加爵賞而㠯奉事不當當肆大戮責輕罰重有虧衆望臣等備位宰相不敢寢默誠㠯允宜蒙三槐之聽㠯招忠貞之心周禮朝士職三槐九棘公卿於下聽訟故曰三槐之聽集解先謙曰官本招作昭是書奏得㠯減死論是冬大赦而允獨不在宥三公咸復爲言至明年乃得解釋是時宦者横暴睚眦觸死睚音五懈反眦音士懈反前書曰原涉好殺睚眦於塵中觸死者甚多集解先謙曰官本士懈作士賜允懼不免乃變易名姓轉側河內陳留間轉側猶去來也及帝崩乃奔喪京師時大將軍何進欲誅宦官召允與謀事請爲從事中郎轉

河南尹獻帝卽位拜太僕再遷守尚書令初平元年代楊彪爲司徒守尚書令如故及董卓遷都關中允悉收斂蘭臺石室圖書祕緯要者㠯從集解惠棟曰風俗通光武車駕徙都洛陽載素簡紙凡二千兩董卓蘯覆王室天子西移中外倉卒所載書七十車於道遇雨分半投棄既至長安皆分別條上又集漢朝舊事所當施用者一皆奏之經籍具存允有力焉集解周壽昌曰東觀記尚書令王允奏曰太史令王立說孝經六隱事能消卻姦邪常以良日允與立入爲帝誦孝經一章以丈二竹簟畫九宮其上隨日時而出入焉及允被害乃不復行此一事與宋梟奏以孝經退賊何異第所謂六隱事不知何典時董卓尚留洛陽朝政大小悉委之於允允矯情屈意每相承附卓亦推心不生乖疑故得扶持王室於危亂之中臣主內外莫不倚恃焉允見卓禍毒方深篡逆已兆密與司隸校尉黃琬尚書鄭公業等謀共誅之集解王鳴盛曰此鄭泰而稱其字爲公業者蔚宗父名泰故諱之太本傳篇首一見其名以不沒其實而仍改泰爲太其餘俱稱字郭泰傳同泰謀誅董卓事亦見三國魏志泰之弟渾傳乃上護羌校尉楊瓚行左將軍事執金吾士孫瑞爲南陽太守並將兵出武關道㠯討袁術爲名實欲分路征卓而後拔天子還洛陽卓疑而留之允乃引內瑞爲僕射瓚爲尚書二年卓還長安錄入關之功封允爲溫侯食邑五千戶固讓不受士孫瑞說允曰夫執謙守約存乎其時公與董太師並位俱封而獨崇高節豈和光之道邪老子曰和其光同其塵允納其言乃受二千戶集解洪亮吉曰呂布傳殺卓後允封布爲溫侯葢允以所讓三千戶封之又示親密故同食一縣耳三年春連雨六十餘日允與士孫瑞楊瓚登臺請霽復結前謀說文曰霽雨止也郭璞曰南陽呼雨止曰霽集解周壽昌曰案禮儀志詳請雨無請霽法考禮祭法雩宗祭水旱也注謂宗爲禜字之誤似乎旱則雩祭水則禜祭也漢舊儀成帝二年六月始命諸官止雨朱繩反縈社擊鼓攻之春秋繁露詳求雨法亦有止雨法云雨太多令縣邑以土日塞水瀆絕道葢井晉書禮志云其雨多則禜祭赤幘朱衣閉諸陰朱索縈社伐朱鼓焉唐開元禮有久雨禜祭國門之法觀漢舊儀知古祭水旱而請霽之法實始自漢成帝也瑞曰自歲末㠯來太陽不照霖雨積時月犯執法執法星名史記曰太微南四星曰執法也彗孛仍見晝陰夜陽霧氣交侵此期應促盡內發者

勝幾不可後公其圖之允然其言乃潛結卓將呂布使爲內應會卓入賀呂布因刺殺之語在卓傳帝時疾愈故入賀也允初議赦卓部曲呂布亦數勸之既而疑曰此輩無罪從其主耳今若名爲惡逆而特赦之適足使其自疑非所㠯安之之道也呂布又欲㠯卓財物班賜公卿將校允又不從而素輕布㠯劍客遇之布亦負其功勞多自誇伐既失意望漸不相平允性剛稜疾惡稜威稜也音力登反初懼董卓豺狼故折節圖之卓既殲滅自謂無復患難及在際會每乏溫潤之色仗正持重不循權宜之計是㠯羣下不甚附之董卓將校及在位者多涼州人允議罷其軍或說允曰涼州人素憚袁氏而畏關東今若一旦解兵關東則必人人自危集解劉攽曰今若一旦解兵關東案文多關東二字王補曰通鑑作解兵開關可㠯皇甫義眞爲將軍就領其衆因使留陝㠯安撫之而徐與關東通謀㠯觀其變允曰不然關東舉義兵者皆吾

徒耳。今若距險屯陝，雖安涼州，而疑關東之心，甚不可也。時百姓訛言當悉誅涼州人，遂轉相恐動。其在關中者，皆擁兵自守。更相謂曰：「丁彥思、蔡伯喈但以董公親厚，並尚從坐。（〔集解〕洪亮吉曰：丁彥思不知何人，陳范二史于卓傳俱不載，裴松之注極詳，亦不及此。又案卓傳惟載主簿田儀，陳忠九州春秋儀作景。後校魏志董卓傳注引獻帝起居注：卓廢帝及遷皇太后，讀冊畢，羣臣莫有言，尚書丁宮曰：大臣量宜爲社稷計，誠合天人，請稱萬歲。疑宮即丁彥思，但未有確據耳。王補曰：通鑑無丁彥思三字。）今既不赦我曹，而欲解兵，今日解兵，明日當復爲魚肉矣。」卓部曲將李傕、郭汜等先將兵在關東，因不自安，遂合謀爲亂，攻圍長安。城陷，呂布奔走。布駐馬青瑣門外，（前書音義曰：以青畫戶邊鏤中，天子制也。）招允曰：「公可以去乎？」允曰：「若蒙社稷之靈，上安國家，吾之願也。若其不獲，則奉身以死之。朝廷幼少，恃我而已，（朝廷謂天子也。）臨難苟免，吾不忍也。努力謝關東諸公，勤以國家爲念。」初，允以同郡宋翼爲左馮翊，王宏爲右扶風。是時三輔民庶熾盛，兵穀富實，李傕等

欲即殺允，懼二郡爲患，乃先徵翼、宏。宏遣使謂翼曰：「郭汜、李傕以我二人在外，故未危王公。今日就徵，明日俱族。計將安出？」翼曰：「雖禍福難量，然王命所不得避也。」宏曰：「義兵鼎沸，在於董卓，況其黨與乎！（〔集解〕王補曰：通鑑作關東義兵鼎沸，欲誅董卓，今卓已死，其黨與易制耳。若舉兵共討傕等，語較明確。）若舉兵共討君側惡人，山東必應之，此轉禍爲福之計也。」翼不從。宏不能獨立，遂俱就徵，下廷尉。傕乃收允及翼、宏，并殺之。允時年五十六。長子侍中蓋、次子景、定及宗族十餘人皆見誅害，唯兄子晨、陵得脫歸鄉里。（〔集解〕惠棟曰：左傳云齊侯乃脫歸。魏志王淩傳云淩及兄晨時皆年少，踰城得脫，亡命歸鄉里。）天子感慟，百姓喪氣，莫敢收允尸者，唯故吏平陵令趙戩棄官營喪。（戩音翦。）

王宏字長文，（〔集解〕汪文臺曰：郭泰傳注謝承書云太原王長文弟子師位至司徒，則宏乃允之兄也。）少有氣力，不拘細行。初爲弘農太守，考案郡中有事宦官買爵位者，雖位至二千石，皆掠考收捕，遂殺數十人，威動鄰界。素與司隸校尉胡种有隙，及宏下獄，种遂迫促殺之。宏臨命詬曰：（詬，罵也，音火豆反。）「宋翼豎儒，不足議大計。（豎者，言賤劣如僮豎。）胡种樂人之禍，禍將及之。」种後眠輒見宏（〔集解〕先謙曰：官本眠作眼，考證曰諸本同，何焯校本眼改眠。）以杖擊之，因發病，數日死。（〔集解〕蘇輿曰：此與史記灌夫傳敘武安侯病見魏其、灌夫事相類。）

後遷都於許，帝思允忠節，使改殯葬之，遣虎賁中郎將奉策弔祭，賜東園祕器，贈以本官印綬，送還本郡。封其孫黑爲安樂亭侯，（〔集解〕周壽昌曰：案上文允兩子宗族十餘人皆見誅害，獨兄子晨、陵得脫，則孫黑亦必先遁。）食邑三百戶。

士孫瑞字君策，（〔集解〕惠棟曰：策一作榮，見三輔決錄。）扶風人。頗有才謀。瑞以允自專討董卓之勞，故歸功不侯，所以獲免於難。後爲國三老、光祿大夫。每三公缺，楊彪、皇甫嵩皆讓位於瑞。興平二年，從駕東歸，爲亂兵所殺。

趙戩字叔茂，（〔集解〕惠棟曰：戩，岐從子也。魚豢典略云：戩質而好學，言稱詩書，愛恤于人，不論疏密。辟公府，入爲尚書選部郎，遷平陵令。）長陵人。性質正多謀。初平中，爲尚書，典選舉。董卓數欲有所私授，戩輒堅拒不聽，言色强厲。卓怒，

召將殺之，衆人悚慄，而戩辭貌自若。卓悔，謝釋之。長安之亂，客於荊州，劉表厚禮焉。（〔集解〕惠棟曰：典略云：時禰衡來遊京師，詆呰朝士，及南見戩，歎之曰：所謂劍則干將、莫邪，木則椅桐、梓漆，人則顏、冉、仲弓也。）及曹操平荊州，乃辟之，執戩手曰：「恨相見晚。」卒相國鍾繇長史。（鍾繇字元常，魏太祖時爲相國。）

論曰：士雖以正立，亦以謀濟。若王允之推董卓而引其權，伺其間而斃其罪，當此之時，天下懸解矣。（莊子曰：斯所謂帝之懸解。懸解謂安泰也。）而終不以猜忤爲釁者，知其本於忠義之誠也。故推卓不爲失正，分權不爲苟冒，伺間不爲狙詐。及其謀濟意從，則歸成於正也。

贊曰：陳蕃蕪室，志清天綱。人謀雖緝，幽運未當。（緝，合也。易下繫曰：人謀鬼謀。言蕃設謀雖合，而冥運未符也。）言觀殄瘁，曷非云亡。（殄，盡也。瘁，病也。言國將殄瘁，豈不由賢人云亡乎？詩大雅曰：人之云亡，邦國殄瘁也。）子師圖難，晦心傾節。（謂矯性屈意於董卓。）功全元醜，身殘餘孽。時有隆夷，事亦工拙。（誅卓爲工，被殺爲拙也。）

陳王列傳第五十六終　　虛受堂　　十五　　後漢書六十六

後漢書集解卷六十六校補

陳蕃傳汝南平輿人也 地詳章彪傳

初仕郡集解惠棟曰太守王龔辟爲吏唐珍署爲功曹 柳從辰曰袁紀初袁閎爲郡功曹舉蕃自代曰蕃有匡弼之才不可久屈宜以禮致之於是爲郡功曹

璆字孟玉臨安人有美名集解王補曰 至 史氏炫博以廣異聞類如此 柳從辰曰蕃爲周璆徐穉置榻謝承書並載之見御覽七百六明是兩事非炫博也書鈔七十四亦引謝書蕃爲周璆置榻璆亦卽璆之譌案此傳下文爲豫章太守不及徐穉事非止避文法之複抑以既互載穉傳於法當省

坐左轉修武令稍遷拜尚書 案文拜上當有召字

同之赤子注惟人其康乂 官本注人作民已改回

臣聞有事社稷者社稷是爲有事人君者容悅是爲 案說本孟子君人作人君蓋異文

有三空之戹哉 柳從辰曰御覽四百五十二引本書戹作危

又前秋多雨 官本前秋作秋前是

舉首嚬眉之感 錢大昭曰感古憾字

蕃與司徒劉矩集解惠棟曰 至 考異非也 侯康曰此是劉愷傳與蕃傳之誤當從桓紀及胡廣劉矩傳是時司徒實是胡廣矩自延熹四年爲太尉五年罷靈帝建甯元年復爲太尉旋卽罷黜無論延熹九年矩不在三公之位並終身未嘗爲司徒攷異之說甚碻今案循吏傳但言矩再爲上公所辟召皆名儒宿德則矩實止兩爲太尉耳不載爲司徒非傳有漏也

前梁氏五侯毒徧海內注五侯謂胤讓淑忠戟五人 錢大昭曰梁統傳樂平侯梁安國單父侯梁翟襄邑侯梁肩城父侯梁桃潁陰侯梁馬俱以冀敗棄市所謂五侯疑卽此五人也若屯騎校尉淑越騎校尉忠長水校尉戟傳中不言封侯又傳云冀一門前後七封侯蓋指以上五侯及乘氏西平二侯也若讓淑忠戟皆侯傳何以不數及之注說非是

璆字文理高唐人注高唐縣名今博州縣也 今濟南府禹城縣西南四十里注謂博州縣誤

所謂祿去公室政在大夫注論語孔子之言也官本無注

周室衰微官本室作德

夫民生樹君注以統理之故也官本注無故字

表儀㠯厲俗官本儀作義

今封蕃高陽侯錢大昭曰高陽下脫鄉字閩本不脫

收葬蕃尸柳從辰曰一統志蕃墓在今汝陽縣東六十里射橋西御覽五十三五百五十九引南康記墓在青龍岡後者誤寰宇記云蕃子孫墓也

震字伯厚集解汪文臺曰至太守郭琮柳從辰曰今書鈔琮作宗初爲州從事柳從辰曰書鈔七十三引謝承書又云震辟爲部從事日震宿有負薪之憂力疾就車職重人輕必不堪久奏濟陰太守單匡臧罪柳從辰曰謝書又云時濟陰太守單匡常侍弟在官放恣震請見曰當爲鷹犬弁連匡兄中常侍車騎將軍超案官者傳又謂匡爲超弟之子

而驅馳嶮峗之中官本峗作阢案峗乃峞之俗體

王允傳太原祁人也注祁今幷州縣也今太原府祁縣東南

王生一日千里侯康曰虞荔鼎錄王允自鑄一鼎曰千里八分書蓋卽取諸林宗語

刺史鄧盛侯康曰御覽二百九引廣州先賢傳鄧盛字伯眞蒼梧人爲太尉諸曹掾彭城相左尚以贓罪三府掾屬攷驗踰科不竟更選盛覆攷盛到獄洗沐尚解械賜席乃謂尚曰君受國重恩而所坐事理如此今遇君子不可以小人道相待尚感盛至意對曰今使君相於如此尚獨何心敢不以死相歸乎卽引筆具對又云盛爲秭歸令聞母病解印綬決去太尉馬公嘉其所履服竟辟之初入府爲主簿今案靈紀中平元年四月太僕宏農鄧盛爲太尉注云盛字伯能與先賢傳作字伯眞蒼梧人者迥異豈同時有兩鄧盛耶

而讓懷挾忿怨官本怨作怒

大將軍何進太尉袁隗司徒楊賜集解惠棟曰考異云案隗賜時皆不爲此官恐誤也錢大昭曰袁隗未嘗爲太尉柳從辰曰據桓紀是年二月司徒袁隗免三月廷尉崔烈爲司徒五月太尉鄧盛罷大僕河南張延爲太尉九月特進楊賜爲司空傳明有誤今案傳文之誤尚不止此黃巾起事原約期在中平元年三月因事洩遂先期作亂允之拜豫州刺史討擊黃巾別帥發張讓之姦蓋皆卽元年二三月事下獄會赦還復刺史旬日間復以它罪被捕仍不出元年三月故云一月再徵隗賜之與何進共上疏請亦卽在其府時正袁隗爲司徒楊賜爲太尉官名不過互誤特本末至明年上文明年二字乃誤衍耳否則中平二年並未一赦而允前既以會赦還復刺史是冬又大赦明明指中平元年三月一赦十二月一赦也賜於是年四月曾以切諫忤旨免官此殆亦其一事如移至明年則並兩赦不合已

寬賢矜能官本矜作務非

允初議赦卓部曲至非所㠯安之之道也柳從辰曰袁紀允與士孫瑞議赦卓部曲案允既慮特赦反啟其疑必無史議罷涼州兵事當是或疑涼州人內不自安有議罷者抑有議撫留者耳惟允果不欲啟其疑卽當奏帝請詔一切不問並簡拔其材俊撫而用之則人情自安何爲茫無料理傕等乞赦反拒之耶則史言前後不讐矣

丁彥思集解洪亮吉曰至疑宮卽丁彥思柳從辰曰靈紀中平四年光祿勳沛國丁宮爲司空注云宮字元雄不云字彥思也案宮中平五年遷司徒六年七月始罷董卓廢帝遷太后卽九月事宮甫罷相何以在尙書是起居注亦有未足據者矣

若其不獲官本若作如

王宏字長文侯康曰御覽二百五十四引謝承書宏遷冀州刺史性刻不發私書不交豪族賓客號曰王獨坐

宋翼豎儒柳從辰曰王羲之筆陣圖謂宋翼鍾繇弟子

使政殯葬柳從辰曰山西通志允墓在祁縣東北五里修善村西

封其孫黑爲安樂亭侯柳從辰曰袁紀黑作異

爲亂兵所殺侯康曰文選二十三注引三輔決錄初董卓之誅也瑞知王允必敗京師不可居乃命萌蟜子將家屬至荊州依劉表去無幾果爲李傕等所殺

論曰士雖㠯正立至則歸成於正也案魏志董卓傳注引此論作華嶠後漢書而章懷不云范本華嶠似裴注誤范爲華也

黨錮列傳第五十七　後漢書六十七

宋　宣　城　太　守　范　曄　撰

唐　章　懷　太　子　賢　注

王先謙集解

孔子曰性相近也習相遠也言嗜惡之本同而遷染之塗異也嗜猶好也惡音烏故反言人好惡各有本性遷染者由其所習尚書曰維人生厚因物有遷墨子曰墨子見染絲者泣而歎曰染於蒼則蒼染於黃則黃故染不可不愼也非獨染絲然也國亦有染湯染於伊尹故王天下殷紂染於惡來故國殘身死爲天下僇夫刻意則行不肆牽物則其志流刻意刻削其意不得自恣也莊子曰刻意尚行離時異俗行音下孟反肆猶放縱也牽物謂爲物所牽制則其志流宕忘反也淮南子曰非拘繫牽連於物而不與推移也是以聖人導人理性裁抑宕佚愼其所與節其所偏雖情品萬區質文異數至於陶物振俗其道一也陶謂陶冶以成之管子曰夫法之制人猶陶之於埴冶之於金也埴猶植叔末澆訛王道陵缺叔末猶季末也謂當春秋之時而猶假仁以效己憑義以濟功舉

中於理則強梁褫氣片言違正則廝臺解情蓋前哲之遺塵有足求者褫猶奪也音直紙反廝臺賤人也齊侯伐楚楚子使與師言曰君處北海寡人處南海唯是風馬牛不相及也不虞君之涉吾地也何故管仲對曰爾貢包茅不入王祭不供無以縮酒寡人是徵對曰貢之不入寡君之罪也遂使屈完與齊盟于召陵此強梁褫氣也又晉呂甥郤芮將焚公宮而殺晉侯寺人披請見公使讓之且辭曰汝爲惠公來求殺余命汝三宿汝中宿而至雖君有命何其速也對曰臣謂君之入也其知之矣若猶未也又將及難君命無二古之制也除君之惡唯力是視蒲人狄人余何有焉今君卽位其無蒲狄乎此爲廝臺解情也並見左傳霸德既衰狙詐萌起霸德衰六國時也狙音七余反廣雅曰狙獮猴也以其多詐故比之也彊者以決勝爲雄弱者以詐劣受屈至有畫半策而綰萬金開一說而錫琛瑞蘇秦說趙王賜白璧百雙黃金萬鎰虞卿一見趙王賜白璧一雙黃金百鎰見史記及戰國策或從徒步而仕執珪解草衣以升卿相史記曰楚惠王言莊舃越之鄙細人也今仕楚執珪貴富矣解草衣謂范睢蔡澤之類集解惠棟曰前書公孫宏傳自見爲舉首起徒步數年至宰相封侯又高誘淮南子注云楚爵功臣賜以圭謂之執圭比附庸之君珪古文圭士之飾巧馳辯以要能釣利者不期而景從矣韓子李斯曰韓非飾辯作謀以釣利於秦也賈誼過秦曰贏糧而景從也集解先謙曰官本作

作詐是自是愛尚相奪與時回變其風不可留其敝不能反及漢祖杖劍武夫勃興憲令寬賒文禮簡闊緒餘四豪之烈人懷陵上之心四豪謂信陵君魏公子無忌平原君趙勝春申君黃歇孟嘗君田文前書班固曰游談者以四豪爲稱首輕死重氣怨惠必讎令行私庭權移匹庶任俠之方成其俗矣前書音義曰相與信爲任同是非爲俠所謂權行州域力折公侯者也自武帝以後崇尚儒學懷經協術所在霧會至有石渠分爭之論黨同伐異之說守文之徒盛於時矣武帝詔求賢良於是公孫弘董仲舒等出焉宣帝時集諸儒于石渠閣講論六藝召五經名儒太子太傅蕭望之等大議殿中平公羊穀梁同異同己者朋黨之異己者攻伐之劉歆書曰黨同門妒道眞集解惠棟曰協當作挾古字通黃瓊傳黃門協邪是也至王莽專偽終於篡國忠義之流恥見纓紼遂乃榮華丘壑甘足枯槁謂龔勝薛方郭欽蔣詡之類並隱居不應莽召雖中興在運漢德重開而保身懷方彌相慕襲去就之節重於時矣謂逢萌嚴光周黨尙長之屬逮桓靈之間主荒政謬國命委於閹寺士子羞與爲伍故匹夫抗憤處士橫議遂乃激揚名

聲互相題拂品覈公卿集解惠棟曰說文覈實也考事西笮邀遮其辭得實曰覈裁量執政婞直之風於斯行矣婞很也音邢鼎反集解惠棟曰離騷經云鯀婞直以亡身先謙曰官本很作佷是夫上好則下必甚矯枉故直必過其理然矣禮記曰下之事上也不從其所令從其所行上好是物下必有甚者矣矯正也正枉必過其直見孟子集解官本考證曰注正枉必過其直見孟子今孟子無此文若范滂張儉之徒清心忌惡終陷黨議不其然乎初桓帝爲蠡吾侯受學於甘陵周福及卽帝位擢福爲尚書時同郡河南尹房植有名當朝鄉人爲之謠曰天下規矩房伯武因師獲印周仲進二家賓客互相譏揣初委反集解通鑑胡注揣度也量也度量其輕重長短而爲譏議也遂各樹朋徒漸成尤隙由是甘陵有南北部黨人之議自此始矣後汝南太守宗資任功曹范滂南陽太守成瑨亦委功曹岑晊晊音質二郡又爲謠曰汝南太守范孟博南陽宗資主畫諾集解杭世駿曰讀者多以爲唯諾之辭非也此王公守相答箋啓符牒之文如人主之制惠士奇曰諾猶今施行謂之畫諾六朝有鳳尾諾王充論衡云曹下案目然後可諾然則畫諾天子亦然南陽

太守岑公孝弘農成瑨但坐嘯（謝承書曰成瑨少修仁義篤學以清名見舉孝廉拜郎中遷南陽太守郡舊多豪強中官黄門盤牙境界瑨下車振威嚴以檢攝之是時桓帝乳母中官貴人外親張子禁怙恃貴埶不畏法網功曹岑晊勸使捕子禁付宛獄笞殺之桓帝徵瑨下獄死宗資字叔都南陽安眾人也家代爲漢將相名臣祖父均自有傳資少在京師學孟氏易歐陽尚書舉孝廉拜議郎補御史中丞汝南太守署范滂爲功曹委任政事推功於滂不伐其美任善之名聞於海內也）因此流言轉入太學諸生三萬餘人郭林宗賈偉節爲其冠（冠猶首也集解錢大昕曰案何顒傳亦云郭林宗賈偉節等蔚宗避家諱故郭泰不書名並偉節亦字之岑晊傳郭林宗朱公叔等皆爲友亦因郭而並及朱也）並與李膺陳蕃王暢更相褒重學中語曰天下模楷李元禮不畏強禦陳仲舉天下俊秀王叔茂又渤海公族進階（公族姓也名進階風俗通曰晉成公立嫡子爲公族大夫韓無忌號公族穆子見左氏傳集解惠棟曰案公族進階魏齊卿皆見郭泰別傳傳中所載皆書字以進階爲名者非也又王純門生碑陰有勃海公族進階碑凡一百九十三人皆書字此其證也）扶風魏齊卿並危言深論不隱豪強（危言謂不畏危難而直言也論語孔子曰邦有道危言危行集解惠棟曰劉寬碑陰門生名曰魏傑字齊卿扶風杜陽人官皮氏長又鄭注論語云危高也）自公卿以下莫不畏其貶

議屣履到門時河內張成善說風角推占當赦（集解惠棟曰翼奉風角書云春甲寅日風高去地三四丈鳴條從甲上來有大赦期在六十日冬至後丁巳日有風從巳上來有大赦徐堅云）遂敎子殺人李膺爲河南尹（集解惠棟曰考異云膺時爲司隸非尹也）督促收捕既而逢宥獲免（集解惠棟曰裴駰云捕得七日赦出也）膺愈懷憤疾竟案殺之初成以方伎交通宦官帝亦頗誶其占（集解錢大昕曰誶當作訊詩訊之占夢訊問也古書訊誶二字多相亂然訊訓問誶訓告音義全別詩歌以訊之莫肯用訊皆誶之譌此又誤訊爲誶）成弟子牢修（集解惠棟曰袁宏紀作牢順續漢志作牢川）因上書誣告膺等養太學遊士交結諸郡生徒更相驅馳共爲部黨誹訕朝廷疑亂風俗（說文曰誹謗也蒼頡篇曰訕非也）於是天子震怒班下郡國逮捕黨人布告天下使同忿疾遂收執膺等其辭所連及陳寔之徒二百餘人或有逃遁不獲皆懸金購募（集解惠棟曰袁宏紀其逋逃不獲懸千金以購）之使者四出相望於道明年尚書霍諝城門校尉竇武並表爲請帝意稍解乃皆赦歸田里禁錮終身而黨人之名猶書王府自是

正直廢放邪枉熾結海內希風之流遂共相標搒（希望也標搒猶相稱揚也搒與榜同古字通集解通鑑胡注立表以示人曰標榜書以示人曰榜標榜猶言表揭也孫綽子或問雅俗曰判風流正位分涇渭殊流雅鄭異調題帖分明標牓可觀斯謂雅俗矣史記表商容閭崔浩云表者標榜其里門也標榜義取諸此）指天下名士爲之稱號上曰三君次曰八俊次曰八顧次曰八及次曰八廚猶古之八元八凱也竇武劉淑陳蕃爲三君君者言一世之所宗也李膺荀昱（集解惠棟曰昱一作翌三君八俊錄云語曰天下好交荀伯條）杜密（集解惠棟曰語曰天下良輔杜周甫）王暢劉祐（集解惠棟曰語曰天下稽古劉伯祖）魏朗（集解惠棟曰語曰天下忠平魏少英）趙典（集解惠棟曰語曰天下才英趙仲經）朱寓（集解惠棟曰語曰天下冰凌朱季陵薛瑩漢書作寓）爲八俊俊者言人之英也郭林宗宗慈巴肅夏馥范滂（集解惠棟曰三君八俊錄無范滂有劉儒）尹勳蔡衍羊陟爲八顧顧者言能以德行引人者也張儉岑晊劉表陳翔孔昱范康（集解錢大昕曰荀淑竇武傳並作苑康）檀敷（集解惠棟曰本傳及韓敕碑皆作敷三君八俊錄云語曰海內通士檀文有）翟超爲八及及者言其能導人追宗者也（導引也宗謂所宗仰也）度尚

（集解惠棟曰語曰海內清平度博平）張邈（集解惠棟曰語曰海內嚴恪張孟卓）王考（集解惠棟曰語曰海內依怙王文祖）劉儒（集解惠棟曰三君八俊錄無劉儒有劉翊語曰海內光光劉子相見獨行傳有劉）胡母班秦周（集解惠棟曰語曰海內貞良秦平王）蕃嚮王章爲八廚（蕃姓也音皮集解顧炎武曰蕃音皮皮古音婆漢人讀鄱爲婆不知皮之爲婆遂讀蕃爲毗矣胡三省以爲皮字乃傳寫反字之誤亦非三君八俊錄云海內修整蕃嘉景海內賢智王伯義）廚者言能以財救人者也又張儉鄉人朱並承望中常侍侯覽意旨上書告儉與同鄉二十四人別相署號共爲部黨圖危社稷以儉及檀彬褚鳳張肅薛蘭馮禧魏玄徐乾爲八俊田林張隱劉表薛郁王訪劉祗宣靖公緒恭爲八顧（公緒姓也集解惠棟曰張璠漢記云劉表與同郡人張隱等爲八交或謂之八顧也）朱楷田槃疏耽薛敦宋布唐龍嬴咨宣褒爲八及刻石立墠共爲部黨而儉爲之魁（墠除地於中爲壇墠音禪魁大帥也集解惠棟曰英雄記云先是儉等相與作衣冠糺彈彈中人相調言我彈中誠有八俊八乂猶古之八元八凱也又鄭康成禮記注云魁猶首也天文北斗魁爲首杓爲末）靈帝詔刊章捕儉等（刊削不欲宣露並名故削除之而直捕儉等）大長秋曹節因此諷有

司奏捕前黨故司空虞放太僕杜密長樂少府李膺司隸校尉朱㝢潁川太守巴肅沛相荀昱河內太守魏朗山陽太守翟超任城相劉儒太尉掾范滂等百餘人皆死獄中餘或先沒不及或亡命獲免自此諸爲怨隙者因相陷害睚眦之忿濫入黨中睚音五懈反廣雅曰睚裂也眦音才賜反前書音義曰瞋目貌也史記曰睚眦之隙必報又州郡承旨或有未嘗交關亦離禍毒其死徙廢禁者六七百人熹平五年永昌太守曹鸞上書大訟黨人言甚方切〔集解〕惠棟曰袁紀鸞上書云夫黨人者或耆年淵德或衣冠英賢皆宜股肱王室左右大猷者也而久被禁錮辱在泥塗謀反大逆尚蒙赦宥黨人何罪獨不開恕乎所以災異屢見水旱荐臻皆由於斯宜加沛然以副天心也帝省奏大怒卽詔司隸益州檻車收鸞〔集解〕惠棟曰丁度云轞載囚車通作檻送槐里獄掠殺之〔集解〕惠棟曰高誘呂覽注云掠笞也劉熙釋名云槌而死曰掠掠狠也用威大暴於豺狠也通鑑胡注掠音亮於是又詔州郡更考黨人門生故吏父子兄弟其在位者免官禁錮爰及五屬謂斬衰齊衰大功小功緦麻也光和二年上祿長和海上祿縣屬武都

郡今成州縣也〔集解〕惠棟曰靈帝紀注作和浮和姓本自義和之後一云卞和之後劉寬碑陰有𥿋氏長河內波人和政公直上言禮從祖兄弟別居異財恩義已輕服屬疏末而今黨人錮及五族旣乖典訓之文有謬經常之法左氏傳曰父子兄弟罪不相及帝覽而悟之黨錮自從祖已下皆得解釋中平元年黃巾賊起中常侍呂彊言於帝曰黨錮久積人情多怨若久不赦宥輕與張角合謀爲變滋大悔之無救帝懼其言乃大赦黨人誅徙之家皆歸故郡其後黃巾遂盛朝野崩離綱紀文章蕩然矣詩大雅蕩篇序曰厲王無道天下蕩蕩無綱紀文章鄭玄注云蕩蕩法度廢壞之貌也凡黨事始自甘陵汝南成於李膺張儉〔集解〕何焯曰牢修告膺朱並告儉故云成於二人海內塗炭二十餘年諸所蔓衍皆天下善士〔集解〕王補曰鉤黨之禍激於權奄恣爲盜藉刑賞貿亂國隨以傾倆始漢季而白馬東林覆車頻仍范序涕泣而道垂戒百世治國聞者尚其鑒諸三君八俊等三十五人其名迹存者並載乎篇陳蕃竇武王暢劉表度尙郭林宗別有傳荀昱附祖淑傳張邈附呂布傳胡毋班附袁紹傳王考字文祖東平壽張人冀州刺史秦周字平王陳留平丘人北海相蕃嚮字嘉景魯國人郞中王璋字伯儀東萊曲城人少府卿曲城縣故城在今萊州掖縣東北〔集解〕惠棟曰璋一作章儀一作義三君八俊錄云海內賢智王伯義又蔡邕王子喬碑有相國東萊王章字伯義者水經注引作王璋然則璋當作章儀當作義義同誼與儀異錢大昕曰漢以太常廷尉衞尉光祿勳宗正大司農大鴻臚太僕少府爲九卿而官名無卿字猶太尉司徒司空不繫以公也兩漢國志書太常廷尉宗正等從無繫以卿字者此傳少府卿當衍卿字漢有衞尉卿衡方碑及韓敕後碑有云故少府卿任城樊府君此流俗之稱位行並不顯翟超山陽太守事在陳蕃傳字及郡縣未詳朱㝢沛人〔集解〕洪亮吉曰案謝承書周景傳沛國朱㝢爲從事竇武傳尙書朱㝢徵廬江太守朱㝢等列于朝廷以朱㝢爲司隸校尉薛瑩書天下冰凌朱季陵范史亦略之第著爲沛人而止無㤯趙典之傳于前而忘于後也惠棟曰魏明帝甄表狀云㝢一名詡訪其中正無識知行狀者告本郡訪問耆老識㝢云桓帝時遭難無後三君八俊錄云㝢字季陵與杜密等俱死獄中唯趙典名見而已〔集解〕洪亮吉曰案尋前後義例若典官爵邑里俱無可考者故聊附于此今案十七卷中有趙典傳注引謝承後漢書靈帝卽位典與竇武王暢陳蕃等謀共誅中常侍曹節等皆下獄自殺校其行事則十七卷中之趙典與此斷非兩人且下

卷郭泰傳卽云太常趙典舉泰有道則八俊中著名者李杜王趙爲最范史何憒憒耶又崑山顧氏謂有兩趙典蓋因典傳言病卒而注引謝承書下獄自殺故疑有兩人然考王暢傳一言卒于家而承書云同典等自殺豈一時復有兩王暢耶又有辨者薛瑩漢書八俊趙典下天下才英趙仲經豈同名者復同字耶范史矛盾頗多不必爲之曲解也又有見詰者曰子著兩漢同姓名錄凡同姓名而同時者極多何由知無兩趙典耶曰縱有兩人但旣與陳竇等謀誅中常侍矣何容不列之三君八俊中而顧舍此及彼乎又斷無可疑矣

劉淑字仲承河閒樂成人也祖父稱司隸校尉淑少好學明五經遂隱居立精舍講授諸生常數百人州郡禮請五府連辟並不就永興二年司徒种暠舉淑賢良方正辭以疾桓帝聞淑高名切責州郡使輿病詣京師淑不得已而赴洛陽對策爲天下第一〔集解〕汪文臺曰書鈔五十六謝承書云對策十二科爲天下諸儒之表拜議郞又陳時政得失災異之占〔集解〕劉攽曰案文多一又字初未曾有陳何得言又周壽昌曰此承上對策而言言對策既第一而又陳占皆驗也案文應有又字不多事皆效驗再遷尙書納忠建議多所補益又再遷侍中虎賁中郞將上疏以爲宜罷宦官辭甚切直帝雖不能用亦不罪焉以淑

宗室之賢特加敬異每有疑事常密諮問之集解惠棟曰謝承書云淑爲侍中朝夕建議竭忠于朝補正二百餘事悉有章篇朝廷有疑事密詔問焉靈帝卽位宦官譖淑與竇武等通謀下獄自殺

李膺字元禮潁川襄城人也祖父修安帝時爲太尉漢官儀曰修字伯游父益趙國相集解惠棟曰世系云修生謚謚字世益趙國相生膺膺性簡亢無所交接亢高也唯以同郡荀淑陳寔爲師友初舉孝廉爲司徒胡廣所辟舉高第再遷靑州刺史守令畏威明多望風棄官集解惠棟曰商芸小說云靑州凡六郡惟陳仲舉爲樂親事其餘皆病七十縣並棄官而去其威望如此復徵再遷漁陽太守尋轉蜀郡太守以母老乞不之官謝承書曰出補蜀郡太守修庠序設條教明法令威恩並行蜀之珍玩不入於門益州紀其政化朝廷舉能理劇轉烏桓校尉轉烏桓校尉鮮卑數犯塞膺常蒙矢石每破走之虜甚憚懾謝承書曰膺常率步騎臨陣交戰身被創痍拭血進戰遂敗寇斬首二千級以公事免官還居綸氏教授常千人綸氏縣屬潁川郡故城今陽城縣也南陽樊陵求爲門徒膺謝不

受陵後以阿附宦官致位太尉爲節志者所羞漢官儀曰樊陵字德雲荀爽嘗就謁膺因爲其御旣還喜曰今日乃得御李君矣其見慕如此集解王補曰王厚齋攷史云曲禮少儀之禮廢幼不肯事長不肖不肯事賢東都之季風化何其美也魏昭請於郭泰願在左右供給洒掃荀爽謁李膺因爲其御范滂之歸鄉人殷陶黃穆侍衞於旁應對賓客闕里氣象不過是矣永壽二年鮮卑寇雲中桓帝聞膺能乃復徵爲度遼將軍集解惠棟曰袁紀天子聞劉陶之言而嘉膺之能遷度遼將軍也先是羌虜及疏勒龜茲數出攻鈔張掖酒泉雲中諸郡百姓屢被其害自膺到邊皆望風懼服先所掠男女悉送還塞下自是之後聲振遠域延熹二年徵再遷河南尹時宛陵大姓羊元羣罷北海郡臧罪狼籍郡舍溷軒有奇巧乃載之以歸溷軒廁屋集解惠棟曰劉熙釋名云廁或曰溷言溷濁也或曰軒前有狀似殿軒也膺表欲按其罪元羣行賂宦豎膺反坐輸作左校初膺與廷尉馮緄大司農劉祐等共同心志糾罰姦倖緄祐時亦得罪輸作司隸校尉應奉上疏理膺等曰昔秦人觀寶於楚昭奚恤莅以羣賢新序曰秦欲伐楚使使者往觀楚之寶器楚王聞之召昭奚恤問焉對曰此欲觀吾國之得失而圖之寶器在於賢臣遂使恤應之乃爲東面之壇一爲南面之壇四爲西面之壇一秦使者至恤曰君客也請就上位東面子西南面太宰子方次之葉公子高次之司馬子反次之恤自居西面之壇稱曰客觀楚國之寶器所寶者賢臣也理百姓實倉廩使人各得其所子西在此奉珪璋使諸侯解忿悁之難交兩國之權使無兵革之憂太宰子方在此守封疆謹境界不侵鄰國鄰亦不侵葉公子高在此理師旅正兵戎以當強敵提枹鼓以動百萬之衆使皆赴湯火蹈白刃出萬死不顧司馬子反在此若懷霸王之餘義攝理亂之遺風昭奚恤在此惟大國所觀秦使者瞿然無以對恤遂攝衣而去使反言秦君曰楚多賢臣未可謀也梁惠王瑋其照乘之珠齊威王答以四臣瑋猶美也史記曰魏惠王問齊威王曰王亦有寶乎威王曰無有魏王曰寡人之國雖小尚有徑寸珠照車前後十二乘者十枚柰何以萬乘之國而無寶乎威王曰寡人所以爲寶者與王異吾臣有檀子者使守南城楚人不敢爲寇吾臣有盼子者使守高唐則趙人不敢東漁於河吾臣有黔夫者使守徐州於是燕人祭北門趙人祭西門從者七千餘家吾臣有種首者使備盜賊則道不拾遺以此爲寶將以照千里豈特十二乘哉魏王慙不懌而去夫忠賢武將國之心膂竊見左校弛刑徒前廷尉馮緄大司農劉祐河南尹李膺等執法不撓誅舉邪臣肆之以法肆陳也集解惠棟曰呂覽仲春紀云無肆掠高誘云肆極也

衆庶稱宜昔季孫行父親逆君命逐出莒僕於舜之功二十之一紀太子僕殺紀公以其寶玉來奔納諸宣公公命與之邑季文子使司寇出之境公問其故對曰孝敬忠信爲吉德盜賊藏姦爲凶德夫莒僕則其孝敬則弒君父矣則其忠信則竊寶玉矣其人則盜賊也是以去之舜舉十六相去四凶有大功二十而爲天子今行父雖未獲一吉人去一凶矣於舜之功二十之一也見左傳今膺等投身彊禦畢力致罪陛下旣不聽察而猥受譖訴遂令忠臣同愆元惡自春迄冬不蒙降恕遐邇觀聽爲之歎息夫立政之要記功忘失是以武帝捨安國於徒中景帝時韓安國爲梁大夫坐法抵罪後梁內史缺起徒中爲二千石拜爲內史臣賢案此言武帝誤也宣帝徵張敞於亡命張敞爲京兆尹坐殺人亡命歸家冀州亂徵敞爲冀州刺史緄前討荊蠻均吉甫之功詩小雅曰顯允方叔征伐玁狁蠻荊來威鄭玄注云方叔先與吉甫征伐玁狁今特征伐蠻荊皆使來服於宣王之威美其功之多也緄以順帝時討長沙武陵蠻夷有功故以比之集解惠棟曰車騎將軍馮緄碑云君征五溪蠻夷黃加少高相法氏趙伯潘鴻等斬首萬級沒溺以千數降者十萬人收捕貨布卌萬匹不費官財振旅還師祐數臨督司有不吐茹之節謂祐奏梁冀弟旻又爲司隸校尉權豪畏之也詩曰唯仲

山甫柔亦不茹剛亦不吐不侮鰥寡不畏彊禦膺著威幽并遺愛度遼今三垂蠢動王旅未振易稱雷雨作解君子以赦過宥罪易解卦象詞也坎下震上解坎爲險爲水水者雨之象震爲動爲雷王弼注云屯難盤結於是乎解也乞原膺等以備不虞書奏乃悉免其刑再遷復拜司隸校尉時張讓弟朔爲野王令集解惠棟曰袁紀作陽翟令張奐又膺爲河南尹時考殺之也貪殘無道至乃殺孕婦聞膺厲威嚴懼罪逃還京師因匿兄讓弟舍藏於合柱中集解通鑑胡注合木爲柱安足以容人合柱謂兩柱相直兩屋相合處也膺知其狀率將吏卒破柱取朔付洛陽獄受辭畢卽殺之讓訴冤於帝詔膺入殿御親臨軒詰以不先請便加誅辟之意集解惠棟曰建武三年詔曰吏不滿百石下至墨綬長相有罪先請朔爲縣令法應先請然後加刑也膺對曰昔晉文公執衞成公歸于京師春秋是焉公羊傳曰晉人執衞侯歸之于京師歸之于者執之乎天子之側者也罪定不定已可知矣何休注云歸之于者決辭也禮云公族有罪雖曰宥之有司執憲不從解見張酺傳昔仲尼爲魯司寇七日而誅少正卯今臣到官已積一旬集解惠棟曰袁紀作二旬私懼以稽留爲愆不意獲速疾之罪誠自知釁責死不旋踵特乞留五日尅殄元惡退就鼎鑊始生之願也帝無復言顧謂讓曰此汝弟之罪司隸何愆乃遣出之自此諸黃門常侍皆鞠躬屏氣休沐不敢復出宮省帝怪問其故並叩頭泣曰畏李校尉是時朝廷日亂綱紀頹陁膺獨持風裁以聲名自高裁音才代反集解惠棟曰膺家傳云膺恒以疾不送迎賓客二十日乃一通也士有被其容接者名爲登龍門以魚爲喻也龍門河水所下之口在今絳州龍門縣辛氏三秦記曰河津一名龍門水險不通魚鼈之屬莫能上江海大魚薄集龍門下數千不得上上則爲龍也及遭黨事當考實膺等案經三府太尉陳蕃卻之曰今所考案皆海內人譽憂國忠公之臣此等猶將十世宥也解見耿弇傳豈有罪名不章而致收掠者乎不肯平署平署猶連署也集解惠棟曰釋名云書文書檢曰署署予也題所予者官號也周禮司刑詔刑罰鄭玄云詔刑罰者處其所應不如今律家所署法矣平署猶平奏也帝愈怒遂下膺等於黃門北寺獄獄名解見靈紀也膺等頗引宦官子弟宦官多懼

請帝以天時宜赦於是大赦天下膺免歸鄉里居陽城山中天下士大夫皆高尚其道而汙穢朝廷以朝廷爲汙穢也及陳蕃免太尉朝野屬意於膺荀爽恐其名高致禍欲令屈節以全亂世爲書貽曰久廢過庭不聞善誘陟岵瞻望惟日爲歲論語曰鯉趨而過庭子曰學詩乎曰未也又曰孔子恂恂然善誘人詩曰陟彼岵兮瞻望父兮又曰一日不見如三歲兮爽致敬於膺故以父爲喻也知以直道不容於時悅山樂水家于陽城道近路夷當卽聘問無狀嬰疾闕於所仰頃聞上帝震怒貶黜鼎臣上帝謂天子鼎臣卽陳蕃人鬼同謀易下繫曰人謀鬼謀百姓與能以爲天子當貞觀二五利見大人易曰天地之道貞觀也乾九二九五並曰利見大人也集解惠棟曰繫下云天地之道貞觀者也觀彖傳曰中正以觀天下觀六二九五居中正應所謂貞觀二五也大人謂五天子貞觀二五君臣同道則臣得利見故曰利見大人註以乾二五並曰利見不通從易者也不謂夷之初旦明而未融夷傷也融朗也明夷卦離下坤上離爲日坤爲地日之初出其明未朗左傳曰明而未融其當旦乎以膺黜故喻之也虹蜺揚煇弃和取同春秋考異郵曰虹蜺出亂惑弃和諂弃君子同小人也論語曰君子和而不同小人同而不和

也方今天地氣閉大人休否易文言曰天地閉賢人隱否九五曰大人休否休否謂休廢而否塞集解惠棟曰九家易云否者消卦陰欲消陽故五處私居正以否絕故曰休否智者見險投以遠害見險難故投身以遠害也易曰君子以險德避難不可榮以祿集解惠棟曰蹇彖傳云蹇難也陰在前也見陰而能止知矣哉雖匱人望內合私願也匱乏想甚欣然不爲恨也願怡神無事偃息衡門毛萇詩注曰衡門橫木爲門任其飛沈與時抑揚頃之帝崩陳蕃爲太傅與大將軍竇武共秉朝政連謀誅諸宦官故引用天下名士乃以膺爲長樂少府及陳竇之敗膺等復廢後張儉事起收捕鉤黨鄉人謂膺曰可去矣對曰事不辭難罪不逃刑臣之節也左傳曰晉侯之弟楊干亂行於曲梁魏絳戮其僕晉侯怒謂羊舌赤曰合諸侯以爲榮也楊干爲戮何辱如之必殺魏絳無失也對曰絳無貳志事君不避難有罪不逃刑其將來辭何辱命焉吾年已六十死生有命去將安之乃詣詔獄考死妻子徙邊門生故吏及其父兄並被禁錮時侍御史蜀郡景毅子顧集解惠棟曰華陽國志云毅字文堅梓潼人也太守丁羽察舉孝廉司徒舉治劇爲沇陽侯相高陵令立文學以禮讓化民遷太守上計吏守闕

請之三年不絕以子顧師事李膺膺誅自免久之拜武都令遷益州太守年八十一而卒爲膺門徒而未有錄牒故不及於譴毅乃慨然曰本謂膺賢遣子師之豈可㠯漏奪名籍苟安而已〔集解〕劉攽曰案文奪當作脫脫作奪音耳字不可通惠棟曰續漢書作漏脫奪與脫古字通見山海經注遂自表免歸時人義之膺子瓚位至東平相謝承書瓚作珪〔集解〕惠棟曰世系云膺三子瓌瓚瑾瑾字叔瑜東平相避難復居趙生志恢宣初曹操微時瓚異其才將沒謂子宣等曰時將亂矣天下英雄無過曹操張孟卓與吾善袁本初汝外親雖爾勿依必歸曹氏諸子從之並免於亂世

杜密字周甫潁川陽城人也爲人沈質少有厲俗志爲司徒胡廣所辟稍遷代郡太守徵三遷太山太守北海相其宦官子弟爲令長有姦惡者輒捕案之行春到高密縣見鄭玄爲鄉佐〔集解〕惠士奇曰鄉嗇夫謂之鄉佐知其異器卽召署郡職遂遣就學〔集解〕惠棟曰鄭玄別傳云玄去吏師故兗州刺史第五元後密去官還家每謁守令多所陳託〔集解〕惠棟曰風俗通云密每至郡縣多所陳說

牋記相屬同郡劉勝亦自蜀郡告歸鄉里閉門埽軌無所干及軌車迹也言絕人事太守王昱謂密曰劉季林清高士〔集解〕先謙曰官本林作陵考證曰陵本或作林公卿多舉之者密知昱激己對曰劉勝位爲大夫見禮上賓而知善不薦聞惡無言隱情惜己自同寒蟬此罪人也寒蟬謂寂默也楚詞曰悲哉秋之爲氣也蟬寂寞而無聲〔集解〕惠棟曰蔡邕月令章句云寒蟬應陰而鳴鳴則天涼故謂之寒蟬方言曰蟪謂之寒蜩寒蜩瘖蜩也風俗通密對昱曰劉勝位故大夫俯伏甚於鼈蝟冷澁比如寒蜓無能往來此罪人也今志義力行之賢而密達之力行謂盡力行善也禮記曰好問近乎智力行近乎仁違道失節之士而密糾之使明府賞刑得中令問休揚不亦萬分之一乎昱慙服待之彌厚〔集解〕惠棟曰應劭論此事曰云劉勝在約思純其靜已甚若時意晏及言論折中亦無嫌也杜密婆娑府縣干與王政就若所云猶有公私既見譏切不慙坐謝負而多伐善以爲己力惟顏之厚博而俗矣王補曰王厚齋攷史云爲杜密之居鄉猶效陳孟公杜季良也爲劉勝之居鄉猶效張伯松龍伯高也制行者宜知所擇後桓帝徵拜尚書令遷河南尹轉太僕黨事既起免歸本郡與李膺俱坐而名行相次故時人亦稱李杜焉前有李固杜喬故言亦也後太傅陳蕃輔政復爲太僕明年坐黨事被徵自殺

劉祐字伯祖中山安國人也安國縣故城在今定州義豐縣東南謝承書曰祐宗室肅緒代有名位少修操行學嚴氏春秋小戴禮古文尚書仕郡爲主簿郡將少子嘗出錢付之令市買果實祐悉以買筆書具與之因白郡將言郎君年可入小學而但傲佷遠近謂明府無過庭之教請出授書郡將爲使子就祐授經五日一試不滿呈限白決罰遂成學業也〔集解〕先謙曰安國今保定府祁州南安國後別屬博陵祐初察孝廉補尚書侍郎閑練故事文札強辨每有奏議應對無滯爲僚類所歸〔集解〕惠棟曰謝承書云祐有才辨自在臺閣陳國家事故每有奏決於口筆爲羣僚所伏除任城令兗州舉爲尤異遷揚州刺史是時會稽太守梁旻大將軍冀之從弟也祐舉奏其罪旻坐徵復遷祐河東太守時屬縣令長率多中官子弟百姓患之祐到黜其權強平理冤結政爲三河表三河謂河東河內河南也表猶標準也再遷延熹四年拜尚書令又出爲河南尹轉司隸校尉時權貴子弟罷州郡還入京師者每至界首輒改易輿服隱匿財寶威行朝廷拜宗正三

轉大司農時中常侍蘇康管霸用事於內遂固天下良田美業山林湖澤民庶窮困州郡累氣累氣屛息也〔集解〕通鑑胡注固障固也惠棟曰案固與錮同隗囂傳規固山澤西羌傳規固二榆亦此義祐移書所在依科品沒入之〔集解〕惠棟曰科品謂科條品制也安帝元初元年詔曰舊令制度各有科條也桓帝大怒論祐輸左校後得赦出復歷三卿輒㠯疾辭乞骸骨歸田里詔拜中散大夫遂杜門絕迹每三公缺朝廷皆屬意於祐㠯讒毀不用延篤貽之書曰昔太伯三讓人無德而稱焉三讓解見和帝紀延陵高揖華夏仰風揖讓也左傳吳王壽夢卒子諸樊旣除喪將立弟季札札棄其室而耕乃舍之吾子懷蘧氏之可卷體甯子之如愚蘧瑗字伯玉甯子名俞並衞大夫論語孔子曰君子哉蘧伯玉邦有道則仕邦無道則可卷而懷之又曰甯武子邦無道則愚微妙玄通沖而不盈老子曰古之善爲道者微妙玄通深不可識也又曰道沖而用之或不盈蔑三光之明未暇㠯天下爲事何其劭與莊子曰舜讓天下於子州支伯子州支伯曰予適有幽憂之病方且理之未暇理天下也〔集解〕惠棟曰法言云年彌高而德彌劭者是孔子之徒歟靈帝初陳蕃輔政㠯祐爲河南尹及蕃敗

祐黜歸卒于家明年大誅黨人幸不及禍

魏朗字少英會稽上虞人也(上虞縣故城在今越州餘姚縣西有虞山在縣東集解先謙曰注見度尚傳)少爲縣吏兄爲鄉人所殺朗白日操刃報讎於縣中遂亡命到陳國從博士郤仲信學春秋圖緯(孔子作春秋緯十二篇)又詣太學授五經京師長者李膺之徒爭從之初辟司徒府再遷彭城令時中官子弟爲相國(集解官本考證曰諸本同何焯校本改國相)多行非法朗與更相章奏幸臣忿疾欲中之(中猶中傷)會九眞賊起乃共薦朗爲九眞都尉到官奬厲吏兵討破羣賊斬首二千級桓帝美其功徵拜議郎頃之遷尚書屢陳便宜有所補益出爲河內太守政稱三河表尚書令陳蕃薦朗公忠亮直宜在機密復徵爲尚書(集解惠棟曰謝承書云再昇紫微謇諤禁省不屈豪右爲百僚所服)會被黨議免歸家朗性矜嚴閉門整法度家人不見墯容(集解惠棟曰謝承書云朗動有禮序室家相待如賓子孫如事嚴君焉)後竇武等誅朗以黨被急徵行

至牛渚自殺(牛渚山名突出江中謂爲牛渚圻在今宣州當塗縣北也集解惠棟曰會稽典錄云朗被徵乃慷慨曰丈夫與陳仲舉李元禮俱死得非乘龍上天乎海內列名八俊)著書數篇號魏子云(集解惠棟曰經籍志云魏子三卷)

夏馥字子治陳留圉人也少爲書生言行質直同縣高氏蔡氏並皆富植(集解先謙曰官本植作殖是)郡人畏而事之唯馥比門不與交通(比門猶並門也集解惠棟曰案高士傳高氏名儉)由是爲豪姓所仇桓帝初舉直言不就(集解惠棟曰高士傳云太尉趙戒舉馥不詣遂隱身陶宏景云馥少時被公府辟召懸辟書桑樹乃去其用懷高邁如此)馥雖不交時宦然以聲名爲中官所憚遂與范滂張儉等俱被誣陷詔下州郡捕爲黨魁及儉等亡命經歷之處皆被收考辭所連引布徧天下馥乃頓足而歎曰孽自己作空汙良善一人逃死禍及萬家何以生爲乃自翦須變形入林慮山中(林慮今相州縣)隱匿姓名爲冶家傭親突煙炭形貌毀瘁積二三年人無知者後馥弟靜乘車馬載縑帛追之於涅陽市中(涅陽縣屬南陽郡集解惠棟曰袁紀作淦陽魏郡鄴縣有釜水或是淦水之陽案漢末林慮鄴縣皆屬魏郡馥入林慮山靜追之淦陽市中爲得其實)遇馥不識聞其言聲乃覺而拜之馥避不與語靜追隨至客舍共宿夜中密呼靜曰吾以守道疾惡故爲權宦所陷且念營苟全以庇性命弟柰何載物相求是以禍見追也(集解王補曰通鑑作弟柰何載禍相餉乎係從袁紀而改也爲乎)明旦別去(集解惠棟曰高士傳云後有人識其聲者以告同郡上黨太守濮陽潛使人以車迎馥馥自匿不肯見潛車三反乃得馥)黨禁未解而卒

宗慈字孝初南陽安衆人也(安衆在今南陽縣西南仍有其名無復基址也集解先謙曰今南陽府鎮平縣東南)舉孝廉九辟公府有道徵不就後爲修武令時太守出自權豪多取貨賂慈遂棄官去徵拜議郎未到道疾卒南陽羣士皆重其義行

巴肅字恭祖勃海高城人也(高城縣故城在今滄州鹽山縣南集解先謙曰今天津府鹽山縣東南)初察孝廉歷愼令貝丘長(愼縣屬汝南郡貝丘縣屬清河郡)皆以郡守非其人辭

病去辟公府稍遷拜議郎與竇武陳蕃等謀誅閹宦武等遇害肅亦坐黨禁錮中常侍曹節後聞其謀收之肅自載詣縣縣令見肅入閤解印綬與俱去肅曰爲人臣者有謀不敢隱有罪不逃刑既不隱其謀矣又敢逃其刑乎遂被害刺史賈琮刊石立銘以記之

范滂字孟博汝南征羌人也(征羌解見來歙傳謝承書曰汝南細陽人也集解惠棟曰劉孝標案張璠漢紀云滂汝南伊陽人案汝南無伊陽或細陽之誤也先謙曰征羌注見公主傳)少厲清節爲州里所服舉孝廉光祿四行(漢官儀曰光祿舉敦厚質樸遜讓節儉此爲四行也集解惠棟曰案風俗通滂舉孝廉爲光祿主事也)時冀州饑荒盜賊羣起乃以滂爲清詔使案察之滂登車攬轡慨然有澄清天下之志及至州境守令自知臧汙望風解印綬去其所舉奏莫不厭塞衆議遷光祿勳主事時陳蕃爲光祿勳滂執公儀詣蕃蕃不止之滂懷恨投版棄官而去(版笏也集解惠棟曰沈約云滂執版入閤至坐蕃不尊滂版滂投版振衣而去)郭林宗聞而讓蕃曰若范孟博者豈宜以公

禮格之格正也今成其去就之名得無自取不優之譏邪蕃乃謝焉

復爲太尉黃瓊所辟後詔三府掾屬舉謠言漢官儀曰三公聽採長史臧否人所疾苦還條奏之是爲舉謠言也頃者舉謠言掾屬令史都會殿上主者大言州郡行狀云何善者同聲稱之不善者默爾銜枚集解蘇輿曰此與蔡邕傳熹平五年制書令三公謠言奏事爲兩事彼議旋而寢息此令三府掾屬特具文而已故滂所劾被責於尚書也王補曰彼令三公此令掾屬觀注引漢官儀甚明滂奏刺史二千石權豪之黨二十餘人尚書責滂所劾猥多疑有私故滂對曰臣之所舉自非叨穢姦暴深爲民害豈以汙簡札哉閒以會日迫促集解通鑑胡注會日謂三府掾屬會于朝堂之日也故先舉所急其未審者方更參實臣聞農夫去草嘉穀必茂左傳曰爲國家者見惡如農夫之務去草焉忠臣除姦王道以清若臣言有貳甘受顯戮吏不能詰滂覩時方艱集解王補曰袁紀艱下有難字知意不行因投劾去太守宗資先聞其名請署功曹委任政事滂在職嚴整疾惡其有行違孝悌不軌仁義者皆埽迹斥逐不與共朝顯薦異節抽拔幽陋滂外

後漢書六十七　十五

甥西平李頌公族子孫而爲鄉曲所棄中常侍唐衡以頌請資資用爲吏滂以非其人寢而不召資遷怒捶書佐朱零零仰曰范滂清裁猶以利刃齒腐朽裁音才載反今日寧受笞死而滂不可違資乃止郡中中人以下莫不歸怨乃指滂之所用以爲范黨後牢修誣言鉤黨鉤引也滂坐繫黃門北寺獄獄吏謂曰凡坐繫皆祭皋陶集解惠棟曰摯虞集記云故事祀皋陶于廷尉滂曰皋陶賢者古之直臣知滂無罪將理之於帝帝謂天也如其有罪祭之何益衆人由此亦止獄吏將加掠考滂以同囚多嬰病乃請先就格集解惠棟曰高誘淮南子注云格榜牀也遂與同郡袁忠爭受楚毒桓帝使中常侍王甫以次辯詰滂等皆三木囊頭暴於階下三木項及手足皆有械更以物蒙覆其頭也前書司馬遷曰魏其大將也衣赭關三木也餘人在前或對或否滂忠於後越次而進王甫詰曰君爲人臣不推忠國集解王會汾曰案江寧顧氏本作不惟惟字義長左氏傳曰嬰所不惟忠於君利社稷者是與而共造部黨自知褒舉評

論朝廷虛搆無端諸所謀結並欲何爲皆以情對不得隱飾滂對曰臣聞仲尼之言見善如不及見惡如探湯探湯喻去疾也見論語欲使善善同其清惡惡同其汙謂王政之所願聞不悟更以爲黨甫曰卿更相拔舉迭爲脣齒有不合者見則排斥其意如何集解劉攽曰見則案文當作則見滂乃慷慨仰天曰古之循善自求多福今之循善身陷大戮集解劉攽曰案文循皆當作修身死之日願埋滂於首陽山側上不負皇天下不愧夷齊伯夷叔齊餓死首陽山見史記首陽山在洛陽東北集解惠棟曰袁山松書滂曰願賜一幡于首陽山側甫愍然爲之改容乃得並解桎梏鄭玄注周禮曰木在足曰桎在手曰梏集解惠棟曰汝南先賢傳云滂被詔受幾臧賕滂曰曾爲北郡督郵汝陽有記囊表裏六尺若以此爲臧臧直六十耳滂後事釋南歸始發京師汝南南陽士大夫迎之者數千兩兩車也尚書曰戎車三百兩同囚鄉人殷陶黃穆亦免俱歸並衛侍於滂應對賓客集解惠棟曰案袁紀陶字仲才陶潛孝傳云陶汝南人也年十二以孝稱遭父憂率情合禮有長蛇帶其門舉家奔走陶以喪柩在焉獨居廬不動親戚扶持曉喻莫能移之啼號

後漢書六十七　十六

益盛由是顯名屢辭辟命或云陶字仲子周斐汝南先賢傳云穆字子敬安成人也爲郡主簿忠上率下朝廷肅清太守荊寓舉穆孝廉乃薦讓殷仲才寓不聽遂懷板入見寓曰若仲才者六選之首而穆先之適足以興謗議遂投板於內出則臥病寓知不可移遂從之滂顧謂陶等曰今子相隨是重吾禍也遂遁還鄉里初滂等繫獄尚書霍諝理之及得免到京師往候諝而不爲謝或有讓滂者對曰昔叔向嬰罪祁奚救之未聞羊舌有謝恩之辭祁老有自伐之色竟無所言左傳晉討欒盈之黨殺叔向之弟羊舌虎并囚叔向於是祁奚聞之見范宣子曰夫謀而鮮過惠訓不倦者叔向有焉社稷之固也猶將十代宥之今一不免其身不亦惑乎宣子說而免之祁奚不見叔向而歸叔向亦不告免焉而朝孔安國注尚書曰自功曰伐也建寧二年遂大誅黨人詔下急捕滂等督郵吳導至縣抱詔書閉傳舍伏牀而泣傳驛舍也音知戀反滂聞之曰必爲我也卽自詣獄縣令郭揖大驚出解印綬引與俱亡曰天下大矣子何爲在此滂曰滂死則禍塞何敢以罪累君又令老母流離乎其母就與之訣滂白母曰仲博孝敬足以供養仲博滂弟也滂從龍舒君

歸黃泉謝承書曰滂父顯故龍舒侯相也集解惠棟曰案風俗通顯字叔矩存亡各得其所惟大人割不可忍之恩勿增感戚母曰汝今得與李杜齊名死亦何恨李膺杜密既有令名復求壽考可兼得乎滂跪受教再拜而辭顧謂其子曰吾欲使汝為惡則惡不可為使汝為善則我不為惡行路聞之莫不流涕時年三十三

論曰李膺振拔汙險之中前書班固曰振拔汙塗跨騰風雲也集解惠棟曰膺以弛刑徒再遷為司隸校尉也蘊義生風㠯鼓動流俗周易曰鼓以動之集解先謙曰官本考證云諸本同王會汾云案易無此文激素行㠯恥威權立廉尚㠯振貴埶使天下之士奮迅感槩波蕩而從之幽深牢破室族而不顧至于子伏其死而母歡其義壯矣哉子曰道之將廢也與命也論語之文

尹勳字伯元河南鞏人也家世衣冠伯父睦為司徒兄頌為太尉宗族多居貴位者而勳獨持清操不㠯地埶尚人州郡連辟察孝

廉三遷邯鄲令政有異迹後舉高第五遷尚書令及桓帝誅大將軍梁冀勳參建大謀封都鄉侯遷汝南太守上書解釋范滂袁忠等黨議禁錮尋徵拜將作大匠轉大司農坐竇武等事下獄自殺集解蘇輿曰尹勳既自有傳不當附見劉瑜傳中又彼云從祖睦為太尉睦孫頌為司徒都鄉侯彼作宜陽鄉侯互相違盭此范氏疏處

蔡衍字孟喜汝南項人也項今陳州項城縣也少明經講授㠯禮讓化鄉里鄉里有爭訟者輒詣衍決之其所平處皆曰無怨舉孝廉稍遷冀州刺史中常侍具瑗託其弟恭舉茂才衍不受乃收齎書者案之又劾奏河間相曹鼎臧罪千萬鼎者中常侍騰之弟也騰使大將軍梁冀為書請之衍不答鼎竟坐輸作左校乃徵衍拜議郎符節令梁冀聞衍賢請欲相見衍辭疾不往冀恨之時南陽太守成瑨等㠯收糾宦官考廷尉衍與議郎劉瑜表救之言甚切厲坐免官還家杜門不出靈帝即位復拜議郎會病卒

羊陟字嗣祖太山梁父人也梁父故城在今兗州泗水縣北集解先謙曰注見光武紀家世衣冠族陟少清直有學行舉孝廉辟太尉李固府舉高第拜侍御史會固被誅陟㠯故吏禁錮歷年復舉高第再遷冀州刺史奏案貪濁所在肅然又再遷虎賁中郎將城門校尉三遷尚書令時太尉張顥司徒樊陵集解錢大昕曰靈帝紀陵為太尉非司徒大鴻臚郭防太僕曹陵大司農馮方並與宦豎相姻私公行貨賂並奏罷黜之不納㠯前太尉劉寵司隸校尉許永集解先謙曰官本亦作永考證曰永毛本作冰監本作水今從宋本先謙案毛本並不作冰不知所據何本幽州刺史楊熙涼州刺史劉恭益州刺史龐艾清亮在公薦舉升進帝嘉之拜陟河南尹計日受奉常食乾飯茹菜禁制豪右京師憚之集解汪文臺曰類聚六謝承書云陟下車禁絕豪右囑託書疏不與交通斷理冤徒進用善士節操者旌表異行會黨事起免官禁錮卒于家

張儉字元節山陽高平人趙王張耳之後也張耳大梁人也高祖立為趙王父成江夏太守儉初舉茂才㠯刺史非其人謝病不起延熹八年太守翟超請為東部督郵時中常侍侯覽家在防東縣名屬山陽郡故城在今兗州金鄉縣南殘暴百姓所為不軌儉舉劾覽及其母罪惡請誅之覽遏絕章表並不得通集解惠棟曰袁宏紀及苑康傳皆云儉殺覽母此云覽遏絕章表並不得通似與本傳互異案侯覽傳覽母生時交通賓客干亂郡國復不得御是儉先殺覽母然後奏其罪惡為覽遮截不得上也周壽昌曰案據後苑康傳云儉殺常侍侯覽母案其宗黨賓客云云是不待得請而行誅矣以常侍權勢熏灼儉位止督郵擅命誅殺并案及宗黨賓客恐於情事不合當以此傳所言為實又侯覽傳覽於建寧二年喪母還家大起塋冢督郵張儉因舉奏覽貪侈奢縱云云又奏覽母生時交通賓客干亂郡國復不得御覽遂誣儉為鉤黨及故長樂少府李膺太僕杜密等皆夷滅之是覽母已前死儉於其母死後劾之特請誅覽蔚宗錄舊史及各家傳成書未及互審耳由是結仇覽等鄉人朱並素性佞邪為儉所棄並懷怨恚遂上書告儉與同郡二十四人為黨於是刊章討捕儉得亡命困迫遁走望門投止集解通鑑胡注望門而投之以求止舍困急之甚也王幼學云窘迫

之中見門卽投歸而止宿求隱匿也莫不重其名行破家相容復流轉東萊止李篤家外黃令毛欽操兵到門〔集解〕錢大昕曰胡注外黃縣屬陳留郡衍惠棟曰袁紀督郵毛欽案外黃屬陳留或欽是外黃人衍令字耳篤引欽謂曰張儉知名天下而亡非其罪縱儉可得寧忍執之乎欽因起撫篤曰蘧伯玉恥獨爲君子〔集解〕蘇輿曰此語亦見王暢傳足下如何自專仁義篤曰篤雖好義明廷今日載其半矣明廷猶明府言不執儉得義之半也〔集解〕周壽昌曰公沙穆傳穆爲繒相稱繒侯曰明侯明侯猶明公也與此明府稱明廷相似欽歎息而去篤因緣送儉出塞〔集解〕惠棟曰袁紀篤家遂入漁陽出塞導儉經北海戲子然以故得免其所經歷伏重誅者以十數宗親並殄滅郡縣爲之殘破中平元年黨事解乃還鄉里大將軍三公並辟又舉敦樸公車特徵起家拜少府皆不就獻帝初百姓饑荒而儉資計差溫乃傾竭財產與邑里共之賴其存者以百數建安初徵爲衞尉不得已而起〔集解〕惠棟曰孔融衞尉碑州宰爭命辟皆不就復以衞尉徵明詔嚴切敕州郡乃不得已而就之

儉見曹氏世德已萌乃闔門懸車不豫政事歲餘卒于許下年八十四

論曰昔魏齊違死虞卿解印違避也史記魏齊魏之諸公子也虞卿趙相也范雎入秦爲昭王相昭王乃遺趙王書曰魏齊范雎之仇也急持其頭來趙王乃圍齊齊急見虞卿卿度趙王不可說乃解其印與齊往信陵君所信陵君初聞之疑後乃出迎齊聞信陵初疑遂自刎趙王持其頭遺秦也季布逃亡朱家甘罪季布楚人爲漢王羽敗漢購求布千金敢舍匿罪三族布匿濮陽周氏髡鉗布之魯朱家所賣之朱家心知是季布也買置田舍乃往洛陽見汝陰侯灌嬰說之曰季布何罪臣各爲主用職耳汝陰侯言於高帝帝乃赦之拜郎中後爲河東守也而張儉見怒時王顚沛假命天下聞其風者莫不憐其壯志而爭爲之主至乃捐城委爵破族屠身蓋數十百所豈不賢哉然儉以區區一掌而欲獨堙江河堙塞也前書班固曰何武王嘉區區以一簣障江河用沒其身終嬰疾甚之亂多見其不知量也論語曰人而不仁疾之已甚亂也又曰人雖欲自絕其何傷於日月乎多見其不知量也

岑晊字公孝南陽棘陽人也棘音力〔集解〕惠棟曰李善云晊音質父豫爲南郡太守〔集解〕官本考證曰豫監本作像從宋本改惠棟曰世系云岑彭生遵豫遵之曾孫也以貪叨誅死叨殘也方言曰晊年少未知名往候同郡宗慈慈方以有道見徵賓客滿門以晊非良家子不肯見晊留門下數日晚乃引入慈與語大奇之遂將俱至洛陽因詣太學受業晊有高才〔集解〕惠棟曰袁山松書云晊高才絕人五經六藝無不洞覽郭林宗朱公叔等皆爲友李膺王陽稱其有幹國器〔集解〕先謙曰官本陽作暢是雖在閭里慨然有董正天下之志爾雅曰董督正也太守弘農成瑨下車〔集解〕惠棟曰李善音津司馬光音卽忍切案瑨緷碑作晉欲振威嚴聞晊高名請爲功曹又以張牧爲中賊曹吏〔集解〕劉攽曰案文多一中字吏又當作史瑨委心晊牧襃善糾違肅清朝府宛有富賈張汎者〔集解〕惠棟曰陳蕃傳作氾徐天麟引考異當從汎又案謝承書作張子禁則汎字子禁也桓帝美人之外親善巧雕鏤玩好之物頗以賂遺中官以此並得顯位恃其伎巧用埶縱橫晊與牧勸瑨收捕汎等旣而遇赦晊竟誅之幷收其宗族賓客殺二百餘人後乃奏聞於是中常

侍侯覽使汎妻上書訟其冤帝大震怒徵瑨下獄死晊與牧遂逃亡匿齊魯之閒會赦出後州郡察舉三府交辟並不就及李杜之誅因復逃竄終于江夏山中云〔集解〕惠棟曰世系云晊逃于江夏山中徙居吳郡生亮伯亮伯生軻吳會稽鄱陽太守

陳翔字子麟汝南邵陵人也祖父珍司隸校尉翔少知名善交結察孝廉太尉周景辟舉高第拜侍御史時正旦朝賀大將軍梁冀威儀不整翔奏冀恃貴不敬請收案罪時人奇之遷定襄太守〔集解〕惠棟曰謝承書云翔遷太守寬猛俱濟徵拜議郎遷揚州刺史舉奏豫章太守王永奏事中官吳郡太守徐參在職貪穢並徵詣廷尉參中常侍璜之弟也由此威名大振又徵拜議郎補御史中丞坐黨事考黃門北寺獄以無驗見原卒于家

孔昱字元世魯國魯人也七世祖霸成帝時歷九卿封褒成侯臣賢

案前書孔霸字次儒即安國孫世習尚書宣帝時爲太中大夫授太子經遷詹事高密相元帝即位霸以師賜爵關內侯號褒成君薨謚曰烈君今范書及謝承書皆云成帝又言封侯蓋誤也詹事及相俱二千石故曰歷卿集解惠棟曰案韓敕碑陰有御史孔翊元世又史晨饗孔廟後碑有故尚書孔立元世立即翊也孔氏譜載翊爲孔子十九世孫賣刻叢編云漢御史孔翊碑熹平元年立在家前孔子十九世州舉孝廉拜御史遷中牟洛陽令見闕里記今傳云七世祖霸則昱爲二十世孫又昱未嘗爲御史尚書似有闕誤但皇甫規傳及魯國先賢傳皆作翊又皆字元世所未詳也三君八俊錄云昱字世元 自霸至昱爵位相係其卿相牧守五十三人列侯七人昱少習家學家學尚書大將軍梁冀辟不應太尉舉方正對策不合乃辭病去後遭黨事禁錮靈帝即位公車徵拜議郎補洛陽令集解惠棟曰魯國先賢傳云翊爲洛陽令置水器于庭得私書皆投其中一無所發彈治貴戚無所迴避以師喪棄官卒于家

范康字仲眞勃海重合人也重合縣故城在今滄州樂陵縣東集解惠棟曰范當作苑先謙曰重合今武定府樂陵縣西少受業太學與郭林宗親善舉孝廉再遷潁陰令有能迹遷太山太守郡內豪姓多不法康至奮威怒施嚴令莫有干犯

者先所請奪人田宅皆遽還之集解先謙曰遽蓋追之譌是時山陽張儉殺常侍侯覽母案其宗黨賓客或有迸匿太山界者康旣常疾閹官因此皆窮相收掩無得遺脫覽大怨之誣康與兗州刺史第五種及都尉壺嘉詐上賊降徵康詣廷尉減死罪一等徙日南潁陰人及太山羊陟等詣闕爲訟乃原還本郡卒于家集解惠棟曰後魏地形志云安德郡重合縣有苑康家

檀敷字文有山陽瑕丘人也瑕丘今兗州縣集解惠棟曰鄭元三禮目錄云檀弓者姓檀名弓今山陽有檀氏少爲諸生家貧而志清不受鄉里施惠舉孝廉連辟公府皆不就集解惠棟曰案韓敕碑陰敷嘗爲大將軍掾立精舍教授遠方至者常數百人桓帝時博士徵不就靈帝即位太尉黃瓊舉方正對策合時宜再遷議郎補蒙令蒙縣屬梁國以郡守非其人棄官去家無產業子孫同衣而出年八十卒于家謝承書曰敷與子孫同衣而行幷日而食也

劉儒字叔林東郡陽平人也陽平故城今魏州莘縣集解汪文臺曰類聚九十二謝承書云廣漢劉儒字叔林御覽九百七九百二十事類賦注二十三類聚九十二謝書云儒爲東郡太守赤烏巢於廳事屋梁兗產於牀下是叔林廣漢人而官東郡與范史不同先謙曰今莘縣仍治陽平郭林宗嘗謂儒口訥心辯有珪璋之質珪璋玉也半珪曰璋謝承書曰林宗歎儒有珪璋之質終必爲令德之士詩曰如珪如璋令問令望察孝廉舉高第三遷侍中桓帝時數有災異下策博求直言儒上封事十條極言得失辭甚忠切帝不能納出爲任城相頃之徵拜議郎會竇武事下獄自殺

賈彪字偉節潁川定陵人也少遊京師志節慷慨與同郡荀爽齊名初仕州郡舉孝廉補新息長新息今豫州縣小民困貧多不養子彪嚴爲其制與殺人同罪城南有盜劫害人者北有婦人殺子者彪出案發就發處案驗也而掾吏欲引南集解劉攽曰案文吏當作史說虛具前通鑑胡注引南引車而南彪怒曰賊寇害人此則常理母子相殘逆天違道遂驅車北行案驗其

罪城南賊聞之亦面縛自首數年間人養子者千數僉曰賈父所長生男名爲賈子生女名爲賈女延熹元年黨事起太尉陳蕃爭之不能得朝廷寒心莫敢復言彪謂同志曰吾不西行大禍不解集解通鑑胡注彪潁川人自潁川至洛陽爲西行乃入洛陽說城門校尉竇武尚書霍諝武等訟之桓帝以此大赦黨人李膺出曰吾得免此賈生之謀也先是岑晊以黨事逃亡親友多匿焉彪獨閉門不納時人望之望怨也彪曰傳言相時而動無累後人相視也左傳之文也公孝以要君致釁自遺其咎集解惠棟曰君謂成瑨也晊勸瑨收捕張汎故云要君吾以不能奮戈相待反可容隱之乎於是咸服其裁正以黨禁錮卒于家初彪兄弟三人並有高名而彪最優故天下稱曰賈氏三虎偉節最怒

何顒字伯求南陽襄鄉人也襄鄉故城在今隨州棗陽縣東北也集解先謙曰今襄陽府棗陽縣東北少遊學洛陽顒雖後進而郭林宗賈偉節等與之相好顯名太學

（集解惠棟曰顒別傳云顒有人倫鑒同郡張仲景總角造顒顒謂曰君用思精而韻不高將爲良醫卒如其言仲景名機）友人虞偉高有父讎未報而篤病將終顒往候之偉高泣而訴顒感其義爲復讎以頭醊其墓（醊祭酹也音竹歲反）及陳蕃李膺之敗顒以與蕃膺善遂爲宦官所陷乃變姓名亡匿汝南閒所至皆親其豪傑有聲荊豫之域（集解劉攽曰案文閒字下又云有聲荊豫之域若祇在汝南則無用閒字不當云荊蓋脫南郡兩字也南郡則屬荊州）袁紹慕之私與往來結爲奔走之友（詩大雅曰予曰有胥附予曰有先後予曰有奔走予曰有禦侮毛萇注曰諭德宣譽曰奔走也）是時黨事起天下多離其難顒常私入洛陽（集解惠棟曰張璠漢記云顒常歲再三私入洛陽）從紹計議其窮困閉厄者爲求援救以濟其患有被掩捕者則廣設權計使得逃隱全免者甚眾（集解王補曰黨錮諸公意存矯枉夏馥賈彪較爲裁正何顒保全善類近中道矣）及黨錮解顒辟司空府每三府會議莫不推顒之長累遷及董卓秉政逼顒以爲長史託病不就（集解惠棟曰漢末名士錄云顒由北軍中候遷長史也）乃與司空荀爽司徒王允等共謀

卓會爽薨顒以它事爲卓所繫憂憤而卒（集解王補曰諸史無言荀爽圖卓者惟見爽本傳及何顒傳殆由彧作僞以欺耳目范史摭而錄之耳袁紀言是時忠正者慷慨懷道者深默爽解禍於董卓之朝旬日之閒位極人臣君子以此譏之彧蓋病此獨計以爲詭稱圖卓可解當世之譏然無可附以市重而取信於時者惟爽爲顒等所薦拔又與王允同官三府二子方以殺卓爲時矜頌是足以附耳且彼皆既死孰與明其詐此飲藥以蓋謀篡之智也既而并致顒屍葬爽冢傍謂合志同穴更足證成其事其虛僞益不可掩矣史通謂八龍之目出於家傳徵彼虛譽定爲實錄何與是非其有見於斯乎）初顒見曹操歎曰漢家將亡安天下者必此人也操以是嘉之嘗稱潁川荀彧王佐之器及彧爲尚書令遣人西迎叔父爽并致顒屍而葬之爽冢傍（集解劉攽曰西迎叔父爽案文致顒屍又葬冢傍則爽亦死矣明脫一喪字王補曰袁紀顒與荀攸鄭太仲輯謀卓事垂就而發覺收攸顒繫獄顒憂懼自殺本書鄭太傳亦言太與顒攸共謀殺卓事洩顒等被執而顒本傳獨言與荀爽王允等共謀卓會爽薨顒以它事爲卓所繫與諸書異蓋允手正董卓之誅爽既死而被虛美均不可言事洩因謂顒爲他事所繫耳事涉虛僞諸多違反故通鑑不載顒死考異於攸與太輯之謀并疑魏志並列顒及伍瓊爲誤殆覺其詐耳先謙曰官本冢上多一之字）

贊曰渭以涇濁玉以礫貞物性既區嗜惡從形（礫音歷說文曰礫小石也言渭以涇濁乃顯其清玉居礫石乃見其貞區猶別也嗜愛也從形謂形有善惡也以諭彼李膺等與宦豎不同故相憎疾）蘭猶無並銷長相傾（蕕臭草也左傳曰一薰一蕕十年尚猶有臭易否卦曰小人道長君子道銷泰卦曰君子道長小人道銷老子曰高下相傾也集解先謙曰官本銷並作消是）徒恨芳膏煎灼燈明（前書龔勝死有一老父入哭甚哀曰薰以香自燒膏以明自銷）

後漢書集解卷六十七挍補

黨錮列傳宏農成瑨但坐嘯注盤互境界柳從辰曰注互應作牙卽互字官本亦誤

宗資字叔都南陽安眾人也案資卽宗承之父侯康曰世說方正篇注引楚國先賢傳宗承字世林南陽安眾人父資有美譽承少而修德雅正確然不羣徵聘不就聞德而至者如林魏武弱冠屢造其門值賓客猥積不能得言乃伺承起往要之捉手請交承拒而不納帝後爲司空輔漢朝乃謂承曰卿昔不顧吾今可爲交未承曰松柏之志猶存帝不說以其名賢猶敬禮之敕文帝修子弟禮就家拜漢中太守武帝平冀州從至鄴陳羣等皆爲之拜帝猶以舊情介意薄其位而優其禮就家訪以朝政居賓客之右文帝徵爲直諫大夫明帝欲引以爲相以老固辭御覽三十七引宋躬孝子傳宗承父資喪葬舊塋負土作墳不役僮僕一夕間土壤高五尺松生焉柳從辰曰一統志資墓在今南陽縣東北

不畏強禦陳仲舉侯康曰御覽四百六十五引袁山松書不畏強禦陳仲舉九卿直言有陳蕃又羣輔錄作天下義府陳仲舉

李膺爲河南尹集解惠棟曰考異云膺時爲司隸非尹也侯康曰通鑑繫張成事于延熹九年靈紀於是年載司隸校尉李膺等下獄故云膺時爲司隸然本紀九年無赦惟八年三月大赦天下則張成推占當赦命子殺人實在八年三月前八年二月河南尹鄧萬世下獄死膺卽代之其治張成必在是時通鑑敘此事於九年爲黨禍緣起則可竟謂爲九年事而改尹爲司隸則誤矣補注從之非是案延熹九年無赦膺按張成教子殺人事不當在九年侯說是也惟膺之官河南尹究在何年雖不能定而按張成事則必不在八年蓋據膺本傳延熹二年徵再遷河南尹表按羊元羣罪反坐輸作左校就再遷言似宦河南尹本距二年不遠至輸作左校則已在八年春故應奏上疏理膺等云自春迄冬不蒙降恕而陳蕃八年代楊秉爲太尉讓曰臣不如蒞刑徒李膺可知其爲八年春也卽使膺八年二月代鄧萬世爲河南尹三月輸作左校亦因按羊元羣事非因按張成事也據桓紀延熹二年以後四年六月及六年三月皆嘗更赦膺九年以黨事下獄由牢修之誣告范史推原禍本謂仍因前按張成事者以修爲成弟子耳實則其事固不當在九年抑不必在八年四年六年均可也孔融被害於建安十三年年五十六十歲見河南尹李膺是[illegible]延熹五年以膺四年已[illegible]翔南所難解者膺之輸作左校本傳及陳蕃傳皆謂膺河南尹馮緄傳則謂膺司隸校尉本傳有復拜司隸校尉之文是前本嘗爲是官矣如按張成事在四年六年膺爲河南尹時而輸作左校時膺亦官河南尹是亦再爲也否則中間如劉祐杜密羊陟梁不疑鄧萬世等皆嘗官河南尹膺豈能久守是官哉此則范書之疏繆不能曲爲之諱者也

皆懸金構募官本構作購是

竇武劉淑陳蕃爲三君侯康曰世說品藻篇汝南陳仲舉潁川李元禮二人共論其功德不能定蔡伯喈評之曰陳仲舉強於犯上李元禮嚴於攝下犯上難攝下易仲舉遂在三君之下元禮居八俊之上

送槐里獄掠殺之柳從辰曰袁紀作棄市時年九十本郡閔其無辜今案作棄市與掠殺異

上祿長和海注上祿縣屬武都郡今成州縣也今階州成縣西南

王璋字伯儀東萊曲城人少府卿注曲城縣故城在今萊州掖縣東北今萊州府掖縣東北六十里城與成通郡國志東萊有曲成侯國集解惠棟曰璋一作章

至 義同誼與儀異柳從辰曰羣輔錄章又作商案上文王章爲八廚字本作章此又作璋必有一誤惠氏定以作章爲正字商之篆文亦惟與章相近當亦章之譌也至故書儀通作義迭見周禮音訓書之父義和鄭讀義爲儀春秋之邾儀父前書引作邾義父似不必多爲之辯

朱寓沛人集解洪亮吉曰 至 以朱寓爲司隸校尉柳從辰曰袁紀寓爲司隸校尉奏河東太守單安河內太守徐盛臧罪上詔安盛廷尉治安盛中常侍單超徐璜之弟也馮寵干紀瀆貨害政

唯趙典名見而已集解洪亮吉曰 至 天下英才趙仲經豈名同者

復字同耶案趙典之辨已詳前趙典傳范書於黨錮傳疏舛尤甚此聚訟之所以滋多也侯康曰惠氏補注引三君八俊錄未備不知其去取之意安在今取惠氏所未收者以羣輔錄之文詳著於下天下忠誠竇游平竇武天下德宏劉仲承劉淑天下和雍郭林宗郭泰天下慕恃夏子治夏馥天下英藩尹伯元尹勳天下清苦羊嗣祖羊陟天下瑳金劉叔林劉儒天下雅志蔡孟喜蔡衍天下臥虎巴恭祖巴肅天下通儒宗孝初宗慈海內貴珍陳子鱗陳翔海內忠實張元節張儉海內奢誇范孟博范滂海內才珍孔梁人孔昱海內彬彬范仲眞范康海內珍好岑公孝岑晊海內所稱劉景升劉表海內珍奇胡母季皮胡母班

劉淑傳永興二年司徒种暠舉淑賢良方正 至 對策爲天下第一錢大昭曰种暠爲司徒在延熹四五年非永興時傳誤柳從辰曰袁紀載延熹八年詔舉賢良方正河南劉淑對曰臣聞立天之道曰陰與陽立人之道曰仁與義故夫婦正則父子親父子親則君臣通君臣通則仁義立仁義立則陰陽和而風雨時矣夫吉凶在人水旱由政故勢在臣下則地震坤裂下情不通則日月失明百姓怨恨則水旱暴興主上驕盈則澤不下流由是觀之君其綱也臣其紀也綱紀整則萬目張君臣正則萬國理故能父慈子孝夫信婦貞兄愛弟順如此則陰陽和風雨時萬物得所矣今案永興二年及延熹八年桓紀皆有詔舉賢良方正事然暠於延熹六年既以司徒免於位則八年當然無舉淑之事淑是時距下獄不過三四年必已官至侍中中郎將矣是袁紀之說不能合也然則傳書永興二年固不誤是時暠蓋尚

官大司農而傳誤爲司徒耳

李膺傳膺性簡亢侯康曰世說賞譽篇世目李元禮謖謖如勁松下風注引李氏家傳云膺岳峙淵清峻貌貴重華夏稱曰李府君頵頵如玉山

還居綸氏教授常千人侯康曰商芸小說膺居陽城時門生在門下者恆有四五百人膺每作一文出手門下共爭之注綸氏縣屬潁川郡故城今陽城縣也今地見張霸傳及陳實傳校補綸輪通

其見慕如此侯康曰御覽四百四十七引袁子正書李膺言出於口人莫得違也有難李君之言者則鄉黨非之李君與人同輿載則名聞天下

昭奚恤莅曰羣賢注新序曰至未可謀也柳從辰曰注太宰子方今新序作太宗子敖獵理亂之遺風今新序獵作攝案宰作宗今本之誤獵攝亦音近而譌

齊威王答曰四臣注吾臣有盼子者官本注盼作盻從者七千餘家官本注千作十誤

緹前討荆蠻官本荆蠻作蠻荆

名爲登龍門注薄集龍門下柳從辰曰御覽九百三十引無薄字案薄集猶迫集

弃和取同注論語曰君子和而不同小人同而不和也官本注無此十六字

乃詣詔獄考死柳從辰曰河南通志膺墓在今襄城縣蔣祠鋪東

杜密傳自同寒蟬集解惠棟曰至無能往來此罪人也柳從辰曰爾雅蜺寒蜩注寒螿也似蟬而小色青案寒蟬與寒蜩本自有別蟬本鳴者也寒則不鳴寒蜩似蟬本非蟬其鳴瘖唵無正聲故一名瘖蜩亦非不鳴者郭璞方言注云爾雅以蜺爲寒蜩月令亦曰寒蜩鳴知寒蜩非瘖者也寒蜩螿也似蟬而色青郭此注不免過泥瘖字人之病瘖者亦但不能正言語非並不能作聲音也然據此可知月令之寒蟬鳴本有作寒蜩鳴者今爾雅郭注蜺寒蜩下引月令作寒蟬鳴亦後人妄改之失郭本引月令之寒蜩以說爾雅之寒蜩其字必不作蟬至鄭注禮記本雖作蟬而仍引爾雅之寒蜩釋之此本能鳴之寒蟬原與隱情惜已自同寒蟬有別章懷引楚詞最得碻解詳楚詞王逸注亦云螗蜩斂翼而伏藏爾雅螗蜩注云俗呼胡蟬明非蜺寒蜩蟬本一作蟺故又通作蜒乃借字

魏朗傳少爲縣吏侯康曰御覽六百九十四引會稽典略朗爲郡功曹佐正旦掾史顧龕被裘以加朝服朗以裘非臣服龕不敬敕卒撤去龕恚而不聽朗右手鳴鼓左手撤裘以簡府君喜朗遂退龕以朗代之朗辭病不就案功曹佐書佐也續志諸曹掾史各有書佐據此則朗並嘗爲郡吏矣

從博士郤仲信官本郤作郄是

行至牛渚自殺柳從辰曰一統志朗墓在上虞縣北四十里

夏馥傳馥雖不交時宦柳從辰曰袁紀馥安貧樂道而不求當世嘗奔喪經洛陽太學門諸生曰此太學門也馥曰東野生希游帝王之庭徑去不復顧公卿聞而追之不得而見也案奔喪何事雖微夏馥豈合姑游太學與諸生周旋公卿追之尤爲無識東漢士夫喜逐聲氣馴至賈禍良可嘆也

黨禁未解而卒柳從辰曰高士傳後詔委放張儉等皆出馥獨嘆曰已爲人所棄不宜復齒鄉里矣留賃不歸是黨禁已解馥仍不出濮陽潛故屢迎之也與本傳異

范滂傳乃以滂爲清詔使案察之錢大昭曰第五種以司徒掾清詔使冀州見種傳汝南周勃辟太尉清詔使荆州章懷引風俗通此皆公府清詔也滂爲光祿勳之清詔微異

遷光祿勳主事錢大昭曰主事疑是掾屬百官志所無又載封及戴就俱曾爲光祿勳主事公沙穆以高第爲主事亦郎此官

滂曰非其人寢而不召侯康曰御覽二百六十四引謝承書資召功曹書佐朱零問不召頌意零以告滂滂曰答教當言頌則滂之姊子豈不樂其升進但頌穢小人不宜染污朝廷不敢以位私人是以不召

今日甯受笞死而滂不可違侯康曰謝書並載朱零語云今日之死當受忠名爲滂所廢永成惡人

滂從龍舒君歸黃泉注滂父顯故龍舒侯相也集解惠棟曰案風俗通顯字叔矩觀風俗通載顯事頗詳未言郡舉至孝拜官爲句章長無爲龍舒侯相事故惠氏不取也龍舒侯國屬廬江郡

尹勳傳勳參建大謀柳從辰曰袁紀云勳臨事明斷甚有方略

蔡衍傳汝南項人也注項今陳州項城縣也今陳州府項城縣東北

張儉傳家在防東注縣名屬山陽郡故城在今兗州金鄉縣南今濟甯州金鄉縣西南

陳翔傳奏事中官案文奏當爲奏之譌

孔昱傳孔昱字元世集解惠棟曰（至）但皇甫規傳及魯國先賢傳皆作翊又皆字元世所未詳也（案家碑題名御史似御史乃其終官或翊棄官後又曾以御史徵史失載耳闕里記以爲舉孝廉郎拜御史此不盡可據翊隸寫通作昱昱與昱提葢本一人而傳者或異也范書黨錮傳本多疏繆此尤不能必其無闕誤）

范康傳是時山陽張儉殺常侍侯覽母（案儉殺覽母惟見此傳及袁紀而儉本傳不載孔融儉碑亦不敍有此事宦者傳且明著覽建甯二年喪母還家大起塋冢不云母爲儉殺通鑑考異已辯之矣而惠氏於儉傳反謂儉實先殺覽母而後奏其罪惡故侯康極論其非謂儉雖風裁峻厲然覽位中常侍其母有罪自當請而誅之安得擅殺周壽昌亦同侯說今觀儉傳云儉舉劾覽及其母罪惡請誅之據宦者傳儉之劾覽本由覽喪母還家爲母大起塋冢而發其劾覽之罪惡而必並及其母之罪惡者明其母亦不應得厚葬也若其母果爲儉殺以覽之貴幸用事郎以儉擅殺母訴帝儉已無所逃罪豈有還家置殺母之仇於不問反畏儉劾其葬母逾制而遏絕其章表者乎意覽母本一狂蕩婦人所爲多不法宗黨賓客皆仰其勢久已無敢過問儉一驟加摧折母乃恚自殺當時遂直謂儉殺之耳覽雖欲報儉而無以爲儉罪名因亦別假鉤黨以陷之史家不暇致詳沿當時之誤也）

劉儒傳東郡陽平人也集解汪文臺曰（至）是叔林廣漢人而官東郡（柳從辰曰劉儒果廣漢人何以華陽國志不載疑謝承書亦未可盡信也）

賈彪傳彪怒曰賊寇害人此則常理母子相殘逆天違道（案此與世說載陳寔事絕相類疑本彪事而世說誤記也）

延熹元年黨事起（案元當作九形近而譌）

何伯求傳辟司空府（柳從辰曰袁紀大將軍何進引天下奇士何顒等上同腹心今本傳不載）

託病不就（案荀淑傳書卓長史何顒則似已就是官與此不合）

郭符許列傳第五十八　　後漢書六十八

宋　宣　城　太　守　范　曄　撰

唐　章　懷　太　子　賢　注

王先謙集解

郭太字林宗（范曄父名泰故改爲此太鄭公業之名亦同也）太原界休人也（界休今汾州縣）家世貧賤早孤母欲使給事縣廷（蒼頡篇曰廷直也說文廷朝中也風俗通曰廷正也言縣廷郡廷朝廷皆取平均正直也〔集解〕惠棟曰高士傳云太少事父母以孝聞）林宗曰大丈夫焉能處斗筲之役乎遂辭就成皋屈伯彥學三年業畢博通墳籍（〔集解〕惠棟曰林宗別傳云林宗貧初欲遊學無資就姊夫貸五千錢乃遠至成皋從師受業併日而食衣不蔽形常以盌幅自障出入則蔽前出則掩後續漢書曰泰年二十行學至成皋屈伯彥精廬處約味道不改其樂高士傳云與同縣宗仲至京師從屈伯彥學春秋博洽無不通案宗仲當郎宋沖沖字子浚以有道徵辟司徒舉太尉以疾辭見水經注也）善談論美音制（〔集解〕官本考證曰音監本訛言今改正周壽昌曰音制卽音聲儀制也）乃游於洛陽始見河南尹李膺膺大奇之遂相友善於是名震京師後歸鄉里衣冠諸儒送至河上車數千兩林宗唯與李膺同舟而濟眾賓望之以爲神仙焉（〔集解〕惠棟曰商芸小說云林宗游京師當還鄉里送車千許乘李膺亦在焉眾人皆詣大槐客舍而別獨膺與林宗共載乘薄笨車上大槐坂觀者數百人引領望之眇若松喬之在霄漢）司徒黃瓊辟太常趙典舉有道或勸林宗仕進者（〔集解〕惠棟曰別傳云同郡宋子浚素服其名以爲自漢元以來未見其匹嘗勸之仕）對曰吾夜觀乾象晝察人事天之所廢不可支也（左傳晉汝叔寬之詞支猶持也）遂並不應（〔集解〕惠棟曰抱朴子載林宗對曰吾晝察人事夜看乾象天之所廢不可支也方今運在明夷之爻値勿用之位蓋盤桓潛居之時非在天利見之會也雖在原陸猶恐滄海橫流吾其魚也況可冒衝風而乘奔波乎未若巖岫頤神娛心彭老優哉游哉聊以卒歲也）性明知人好獎訓士類（〔集解〕惠棟曰別傳云林宗有人倫鑒識題品海內之士或在幼童或在里肆後皆成英彥六十餘人自著書一卷論取士之本未行遭亂亡失）身長八尺容貌魁偉（〔集解〕惠棟曰別傳云音聲如鐘）襃衣博帶周遊郡國嘗於陳梁閒行遇雨巾一角墊（音丁念反周遷輿服雜事曰巾以葛爲之形如帢音口洽反本居士野人所服魏武造帢其巾乃廢今國子學生服焉以白紗爲之）時人乃故折巾一角以爲林宗巾

其見慕皆如此泰別傳曰泰名顯士爭歸之載刺常盈車或問汝南范滂曰郭林宗何如人滂曰隱不違親介推之類貞不絕俗柳下惠之類天子不得臣諸侯不得友吾不知其他禮記曰儒有上不臣天子下不事諸侯後遭母憂有至孝稱謝承書曰遭母憂歐血發病歷年乃瘳林宗雖善人倫而不爲危言覈論禮記曰擬人必於其倫鄭玄注曰倫猶類也論語孔子曰邦有道危言危行邦無道危行言遜覈猶實也集解通鑑胡注覈謂深探其實言刻覈也故宦官擅政而不能傷也及黨事起知名之士多被其害惟林宗及汝南袁閎得免焉遂閉門教授弟子以千數集解惠棟曰別傳云林宗家有書五千餘卷建寧元年太傅陳蕃大將軍竇武爲閹人所害林宗哭之於野慟既而歎曰人之云亡邦國殄瘁詩大雅之詞瞻烏爰止不知于誰之屋耳詩小雅也言不知王業當何所歸集解王補曰袁紀三君八儁之死郭太私爲之慟曰人之云亡邦國殄瘁漢室滅矣未知瞻烏爰止于誰之屋與范傳以此語爲哭陳竇異而通鑑從袁紀明年春卒于家集解惠棟曰郭有道碑云建寧二年正月乙亥卒謝承書亦云水經注獨云四年正月丁亥疑誤時年四十二四方之士千餘人皆來會葬謝承書曰泰以建寧二年正月卒自弘農函谷關以西河內湯陰以北二千里負笈荷擔彌路柴車葦裝塞塗蓋有萬數來赴集解惠棟曰水經注云陳留蔡伯喈范陽盧子幹扶風馬日磾等遠來奔喪朋友服心喪期年者如韓子助宋子浚等二十四人其餘門人著錫衰者千數同志者乃共刻石立碑集解惠棟曰李吉甫云林宗墳在介休縣東三里周武帝除天下碑惟林宗碑詔獨留蔡邕爲文既而謂涿郡盧植曰吾爲碑銘多矣皆有慙德唯郭有道無愧色耳其獎拔士人皆如所鑒謝承書曰泰之所名人品乃定先言後驗衆皆服之故適陳留則友符偉明遊太學則師仇季智之陳國則親魏德公入汝南則交黃叔度集解惠棟曰任昉雜傳云魏昭字德公謂林宗曰經師易遇人師難遭願在左右供給灑埽林宗許之別傳云林宗嘗之陳國文學見童子魏德公知其有異德公求近其房止供給灑埽林宗常不佳夜中令作粥德公爲進焉林宗一啜怒而呵之曰高明爲長者作粥不如意使沙不可食以杯擲地德公更爲粥三進三呵德公姿無變容顏色殊悅林宗曰始見子之面今乃知卿心遂友善之卒爲妙士

初太始至南州過袁奉高不宿而去從叔度累日不去或以問太集解惠棟曰案別傳薛勤問也太曰奉高之器譬之泛濫集解惠棟曰蔣杲云泛當作氾俗本誤氾爲汎臣轉誤爲泛也雖清而易挹叔度之器汪汪若千頃之波集解先謙曰官本波作陂考證

曰陂監本作波依宋本改案黃憲傳波作陂澄之不清擾之不濁不可量也已而果然太以是名聞天下集解錢大昕曰予初讀此傳至此數行疑其詞句不倫蔚宗避其父名篇中前後皆稱林宗郎它傳亦然此獨書其名一疑也且其事已載黃憲傳不當重出二疑也叔度書字而不書姓三疑也前云於是名震京師此又云以是名聞天下詞意重沓四疑也後得閩中舊本乃知此七十四字本章懷注引謝承書之文叔度不書姓者蒙上入汝南則交黃叔度而言也今本皆儳入正文惟閩本猶不失其舊閩本係明嘉靖己酉歲按察使周采等校刊其源出於宋刻較之它本爲善如左原以下十人附書林宗傳末今本各自跳行閩本獨否泛濫黃憲傳作汎濫謂汎泉濫泉也此作泛濫譌後之好事或附益增張集解惠棟曰謂別傳所載是也故多華辭不經又類卜相之書今錄其章章效於事者著之篇末章章猶昭昭也

左原者陳留人也爲郡學生犯法見斥林宗嘗遇諸路爲設酒肴以慰之謂曰昔顏涿聚梁甫之巨盜段干木晉國之大駔卒爲齊之忠臣魏之名賢呂氏春秋曰顏涿聚梁父大盜也學於孔子左傳曰晉伐齊戰于黎丘齊師敗績親禽顏庚杜預注曰黎丘隰也顏庚齊大夫顏涿聚也又曰晉荀瑤伐鄭請救於齊齊師將興陳成子屬孤子三日朝設乘車兩馬繫五邑焉召顏涿聚之子晉曰隰之役而父死焉以國之多難未汝恤也今君命汝是邑服車而朝無廢前勞呂氏春秋曰段干木晉國之駔說文曰駔會也謂合兩家之賣買如今之度市也新序曰魏文侯過段干木之閭而軾之遂致祿百萬而時往問之國人皆喜相與誦之曰吾君好正段干木之敬吾君好忠段干木之隆秦欲攻魏司馬唐諫曰段干木賢者也而魏禮之天下莫不聞無乃不可加兵乎秦君以爲然也駔音子朗反集解惠棟曰案春秋梁甫齊地駔驓怚一曰駔市儈也分見呂覽淮南子高注司馬貞云駔舊音祖明反今音鷲又注度市淮南子注云千木度市之魁也蘧瑗顏回尚不能無過況其餘乎論語曰蘧伯玉使人於孔子孔子問之曰夫子何爲對曰夫子欲寡其過而未能也又曰顏回好學不貳過愼勿恚恨責躬而已原納其言而去或有譏林宗不絕惡人者對曰人而不仁疾之已甚亂也論語孔子之言也鄭玄注云不仁之人當以風化之若疾之甚是益使爲亂也原後忽更懷忿結客欲報諸生其日林宗在學原愧負前言因遂罷去後事露衆人咸謝服焉

茅容字季偉陳留人也年四十餘耕於野時與等輩避雨樹下衆皆夷踞相對夷平也說文曰踞蹲也容獨危坐愈恭林宗行見之而奇其異

遂與共言因請寓宿旦日容殺雞爲饌林宗謂爲己設既而已供其母自已草蔬與客同飯草麁也林宗起拜之曰卿賢乎哉〔集解王補曰袁紀容分半食母餘半庋置自與泰素餐泰曰卿賢哉遠矣郭泰猶減三牲之具以供賓旅而卿如此乃我友也通鑑從之因勸令學卒已成德〔集解先謙曰容又見徐穉傳

孟敏字叔達鉅鹿楊氏人也十三州志曰楊氏縣在魏郡北地〔集解先謙曰官本地作也是客居太原荷甑墮地〔集解惠棟曰說文云甑甗也胡注音工孕切不顧而去林宗見而問其意對曰甑已破矣視之何益林宗已此異之〔集解惠棟曰林宗別傳云林宗賞其介決因以知其德性謂必爲美士介決通鑑作分決譌王補曰介決袁紀亦作分決謂分明立決也故通鑑從之非譌也因勸令遊學十年知名三公俱辟並不屈云〔集解惠棟曰別傳云三府並辟不就東夏並以爲美談

庾乘字世遊潁川鄢陵人也少給事縣庭爲門士士郎門卒林宗見而拔之勸遊學宮〔集解劉攽曰宮當作官遂爲諸生傭後能講論自已卑第每處下坐諸生博士皆就讐問〔集解惠棟曰猶難問也由是學中已坐下爲貴

徵辟並不起號曰徵君

宋果字仲乙謝承書乙作文扶風人也性輕悍憙與人報讐爲郡縣所疾林宗乃訓之義方懼已禍敗果感悔叩頭謝罪遂改節自敕後已烈氣聞辟公府侍御史并州刺史所在能治

賈淑字子厚〔集解惠棟曰袁宏紀作子序林宗鄉人也雖世有冠冕而性險害邑里患之謝承書曰淑爲舅宋瑗報仇於縣中爲吏所捕繫獄當死泰與語淑懇惻流涕泰詣縣令應操陳其報怨蹈義之士被赦縣不宥之郡上言乃得原林宗遭母憂淑來修弔既而鉅鹿孫威直亦至〔集解惠棟曰威別傳作威威直已林宗賢而受惡人弔心怪之不進而去林宗追而謝之曰賈子厚誠實凶德然洗心向善仲尼不逆互鄉故吾許其進也互鄉鄉名互鄉難與言童子見門人惑孔子曰人潔己以進與其進不保其往淑聞之改過自厲終成善士鄉里有憂患者淑輒傾身營救爲州閭所稱

史叔賓者陳留人也少有盛名林宗見而告人曰牆高基下雖得必失後果已論議阿枉敗名云

黃允字子艾〔集解惠棟曰袁宏紀作元艾濟陰人也已儁才知名林宗見而謂曰卿有絕人之才足成偉器然恐守道不篤將失之矣後司徒袁隗欲爲從女求姻見允而歎曰得壻如是足矣允聞而黜遣其妻夏侯氏婦謂姑曰今當見棄方與黃氏長辭乞一會親屬已展離決之情〔集解惠棟曰袁宏紀云夏侯氏謂父母曰婦人見去當分釵斷帶請還之於是大集賓客三百餘人婦中坐攘袂數允隱匿穢惡十五事言畢登車而去允已此廢於時〔集解通鑑胡注當時淸議爲何如哉

謝甄字子微汝南召陵人也與陳留邊讓並善談論俱有盛名〔集解惠棟曰汝南先賢傳云甄明識人倫雖郭林宗不及甄之鑒也仕爲豫州從事每共候林宗未嘗不連日達夜林宗謂門人曰二子英才有餘而並不入道惜乎甄後不拘細行爲時所毀讓已輕侮曹操操殺之

王柔字叔優弟澤字季道〔集解惠棟曰澤即王昶父見三國志注林宗同郡晉陽縣人也兄弟總角共候林宗已訪才行所宜林宗曰叔優當已仕進顯季道當已經術通然違方改務亦不能至也〔集解惠棟曰方別傳作才後果如所言柔爲護匈奴中郎將澤爲代郡太守又識張孝仲芻牧之中知范特祖郵置之役說文曰郵境上傳書舍也廣雅曰郵驛也置亦驛也風俗通曰漢改郵爲置置者度其遠近之間置之也〔集解惠士奇曰孟子置郵傳命似非漢改召公子許偉康並出屠沽〔集解汪文臺曰御覽八百二十八謝承書云郭泰拔申屠子陵於漆工之中嘉許偉康於屠酤之肆申屠子陵不見他書王補曰申屠蟠字子龍蓋即蟠也司馬子威拔自卒伍及同郡郭長信王長文韓文布李子政曹子元定襄周康子西河王季然雲中丘季智郝禮眞等六十人並已成名謝承書曰太原郭長信王長文長文弟子師韓文布李子政曹子元定襄周康子西河王季然雲中丘季智名顯舉子師位至司徒季然北地太守其餘多典州郡者〔集解惠棟曰俱見林宗別傳也

論曰莊周有言人情險於山川已其動靜可識而沈阻難徵也徵明也流

深也故深厚之性詭於情貌詭違也則哲之鑒惟帝所難帝謂堯也書曰知人則哲惟帝爲難而林宗雅俗無所失將其名姓特有主乎集解先謙曰官本作名姓考證曰明性本或作名姓誤然而遜言危行終亨時晦亨通也恂恂善導使士慕成名雖墨孟之徒不能絕也墨翟孟軻也絕過也

符融字偉明陳留浚儀人也少爲都官吏恥之委去續漢志曰都官從事主察舉百官犯法者融恥爲其吏而去後遊太學師事少府李膺膺風性高簡每見融輒絕它賓客聽其言論融幅巾奮褎談辭如雲幅巾者以一幅爲巾也褎古袖字如雲者奔踊而出也膺每捧手歎息郭林宗始入京師時人莫識融一見嗟服因以介於李膺由是知名古人相見必因紹介介因也言因此人以相接見也謝承書曰融見林宗便與之交又紹介於膺以爲海之明珠未耀其光鳥之鳳皇羽儀未翔膺與林宗相見待以師友之禮遂振名天下融之致也時漢中晉文經梁國王子艾集解先謙曰官本王作黃考證曰黃本或作王誤何焯云濟陰郡故梁國郿黃允也王補云通鑑允以此廢於時按云初允與漢中晉文經云云意宋時無訛黃爲王者並恃其才智炫曜上

京師託養疾無所通接洛中士大夫好事者承其聲名坐門問疾猶不得見謝承書曰文經子艾曜名遠近聲價已定徵辟不就療病京師不通賓客公卿將相大夫遣門生旦暮問疾郎吏公府掾屬雜坐其門不得見也三公所辟召者輒以詢訪之隨所臧否以爲與奪融察其非眞乃到太學并見李膺曰二子行業無聞以豪傑自置遂使公卿問疾王臣坐門融恐其小道破義空譽違實特宜察焉膺然之二人自是名論漸衰賓徒稍省旬日之閒慙歎逃去後果爲輕薄子並以罪廢棄融益以知名州郡禮請舉孝廉公府連辟皆不應太守馮岱有名稱到官請融相見融一往薦達郡士范冉韓卓孔伷等三人伷音胄謝承書曰馮岱字德山性慷慨有文武異才到官融往相見薦范冉爲功曹韓卓爲主簿孔伷爲上計吏袁山松書曰卓字子助臘日奴竊食祭其先卓義其心即日免之集解惠棟曰江徵陳留志云卓敦厚純固慕而多愛博學治聞好道人以善遇祉則趨見生肉不食因辭病自絕會有黨事亦遭禁錮妻亡貧無殯斂鄉人欲爲具棺服融不肯受曰古之亡者棄之中野易繫辭曰古之葬者厚衣以薪棄之中野集解惠棟曰古文易云臧之中野俗本作葬不作弃也唯妻子可以行志但即土埋藏而已謝承書曰潁川張元祖志行士也來存融弔其妻亡知其如此謂言足下欲上古道非不清妙且禮設棺椁制杖章孔子曰吾從周便推所乘羸車牛命融以給殯融受而不辭也集解惠棟曰東觀記志作之融同郡田盛字仲嚮與郭林宗同好亦名知人優游不仕並以壽終

許劭字子將汝南平輿人也輿音預集解惠棟曰陶宏景云許同承光武時許交州後本出炎帝姜氏至周武王封許叔於許今豫州許昌也至周敬王爲鄭所滅徙居山陽昌邑因以國爲姓至交州乃移於汝南平輿也少俊名節集解惠棟曰袁宏紀云劭少讀書雅好三史好人倫多所賞識若樊子昭和陽士者並顯名於世魏志曰和洽字陽士汝南西平人也初舉孝廉大將軍辟不就魏國建爲侍中集解惠棟曰蔣濟萬機論云許子將褒貶不平以拔樊子昭而抑許文休劉曄曰子昭發自賈豎年至耳順退能守靜進能不苟濟荅曰子昭誠自長幼完潔然觀其搖頰樹頰自非文休敵也汝南先賢傳云劭始發明樊子昭於鬻幘之肆出虞永賢于牧豎召李叔才鄉閭之問擢郭子瑜鞍馬之吏援楊孝祖舉和陽士茲六賢者皆當世之令懿也其餘中流之士或舉之於淹滯或顯之於童齒莫不賴劭顧採之榮故天下言拔士者咸稱許郭初爲郡功曹太守徐璆甚敬之璆音

求又巨秋反府中聞子將爲吏莫不改操飾行集解惠棟曰汝南先賢傳云廣陵徐孟本來臨汝南聞劭高名請爲功曹養放流潔士盈朝謝承書云劭仕郡功曹抗忠舉義進善黜惡正機執衡允齊風俗所稱如龍之升所貶如墮於淵清論風行所吹草偃爲眾所服同郡袁紹公族豪俠去濮陽令歸車徒甚盛將入郡界乃謝遣賓客曰吾輿服豈可使許子將見遂以單車歸家劭常到潁川多長者之遊唯不候陳寔又陳蕃喪妻還葬鄉人畢至而劭獨不往或問其故劭曰太丘道廣廣則難周仲舉性峻峻則少通故不造也其多所裁量若此集解劉攽曰案文多字宜在量字下曹操微時常卑辭厚禮求爲己目命品藻爲題目劭鄙其人而不肯對集解惠棟曰郭頒世語云橋元謂太祖君未有名可交許子將太祖乃造子將子將納焉與此異也操乃伺隙脅劭劭不得已曰君清平之姦賊亂世之英雄操大悅而去劭從祖敬敬子訓訓子相並爲三公集解惠棟曰汝南先賢傳相作栩栩字季闕桓帝時司徒栩河南人又與劭世次不相及何進傳有少府許相爲袁紹所殺未嘗爲三公未詳也相以能諂事宦官故自致台司封侯數

遣請劭劭惡其薄行終不候之劭邑人李逵壯直有高氣劭初善
之而後爲隙又與從兄靖不睦蜀志曰許靖字文休少與從弟劭並知名並有人倫臧否之稱而私
情不協劭爲郡功曹排擯靖不得齒敘以馬磨自給集解惠棟曰魏文帝典論云劭與族兄靖俱避江東保吳郡爭論於太守許貢
座至於手足相及時議以此少之初劭與靖俱有高名好共覈論鄉黨人
物每月輒更其品題故汝南俗有月旦評焉集解惠棟曰抱朴子云漢末俗弊朋黨分
部許子將之徒以口舌取戒爭訟論議門宗成讎故汝南人士無復定價而有月旦之評魏文帝深嫉之欲取其首爾乃奔波亡走
殆至屠滅司空楊彪辟舉方正敦樸徵皆不就或勸劭仕對曰方今小
人道長王室將亂吾欲避地淮海以全老幼乃南到廣陵徐州刺
史陶謙禮之甚厚劭不自安告其徒曰陶恭祖外慕聲名內非真
正待吾雖厚其埶必薄不如去之遂復投揚州刺史劉繇於曲阿
繇字正禮其後陶謙果捕諸寓士寓寄也集解惠棟曰袁宏紀云陳留史堅元陳郡相仲華逃竄江湖皆名
士也及孫策平吳劭與繇南奔豫章而卒時年四十六集解惠棟曰豫章記云許

子將墓在郡四里昔子將以中國大亂遠來渡江隨劉繇而卒藏于闔門裏于時漢興平二年也吳天紀中太守吳興沈季白日于
廳事上坐忽然如夢見一人著黃單衣黃巾稱汝南平輿許子將求改葬因忽不見即求其喪不知其處所遂招魂葬之文學施遐
爲招魂文魏志云劭子混清醇有鑒識明帝時爲尚書兄虔亦知名集解惠棟曰汝南先賢傳云虔字子政體尙高
潔雅正寬亮謝子微見虔兄弟歎曰若許子政者幹國之器虔弟劭聲未發時時人以爲不如虔恒撫髀稱劭自以爲不及也釋褐
爲郡功曹懲奸發惡一郡肅然年三十五卒汝南人稱平輿淵有二龍焉平輿故城在今豫章汝陽
縣東北有二龍鄉月旦里

贊曰林宗懷寶識深甄藻甄明也藻猶飾也明發周流永言時道明發發夕至明
也呂氏春秋曰孔子周流天下集解先謙曰詩小宛明發不寐猶達旦不寐禮祭義鄭注謂夜至旦也章懷用毛傳解未晰齊風發
夕與旦夕義同符融鑒真子將人倫守節好恥並亦逡巡逡巡自退不仕也

郭符許列傳第五十八 終　後漢書六十八

後漢書集解卷六十八校補

郭太傳身長八尺容貌魁偉侯康曰御覽三百八十八引別傳林宗秀立高峙澹然淵渟褒衣
博帶周遊郡國侯康曰御覽一百九十五引別傳林宗每行宿逆旅輒躬灑埽及明去後人至見之曰此必郭
有道昨宿處也嘗於陳梁間行遇雨巾一角墊注周遷輿服雜事官本注事
作字柳從辰曰輿服雜事引見御覽六百八十七官本事作字非

及黨事起案此黨事謂桓帝延熹九年李膺等二百餘人受誣爲黨人事也

既而歎曰至不知于誰之屋耳集解王補曰至與范傳以此爲哭
陳寶異案陳寶卽三君之一本無所謂異且劉淑死稍後八俊中王暢劉祐皆卒於家抑不與李膺等同死獄中林宗
將必待三君八俊畢死而後爲此一嘆乎將聞有死者皆爲此數語乎斯不可通矣況鉤黨禍發於建寧二年冬十月本紀及
諸傳無異辭林宗卒於是年春本傳及謝承書皆與蔡邕碑合八俊之死林宗所不及見尙何從爲是言此袁紀之失通鑑誤
取之故不容不亟爲之辨正

段干木晉國之大駔注呂氏春秋曰段干木晉國之駔柳從辰曰案呂覽尊
師篇原作晉國之大駔也學於子夏司馬唐諫曰柳從辰曰注司馬唐今新序作司馬唐且

茅容字季偉案偉一作瑋侯康云風俗通有黃瓊門生茅季瑋卽其人益林宗後勸令學遂從瓊游也

既而以供其母官本供作共同

三公俱辟並不屈云柳從辰曰袁紀敍宗人犯法恐至大辟父老令至縣請之叔達曰犯法當死不應死自活
此明理也何請之有父老董敦之叔達不得已乃行見楊氏令不言而退令曰孟徵君高雅絕世雖其不言吾爲原之矣

由是學中以坐下爲貴官本坐下作下坐

叩頭謝罪官本罪作負

所在能治官本治作化未改同

於是大集賓客三百餘人柳從辰曰袁紀作請親屬及賓客二十餘人

允以此廢於時官本時作世疑改回之誤

郝禮真等六十人柳從辰曰袁紀云其所提拔在無聞之中若陳元龍何伯求終成秀異者六十餘人其所臨官
若陳仲弓夏子治者十餘人皆名德也案陳登何伯求皆早負時名似非無聞夏馥又終身未嘗臨官不知袁紀何以云然且

何以悉在范書所舉之外也

苻融傳融一見嗟服因以介於李膺柳從辰曰袁紀融見泰而嘆曰高雅奇偉達見情理行不苟合言不夸毗此異士也言之於河南尹李膺與相見曰吾見士多矣未有如郭林宗者也今華夏鮮見其儔友而親之

薦達郡士范冉韓卓孔伷等三人注袁山松書曰卓字子助至郎

曰免之柳從辰曰袁紀卓有知人之鑒見郭泰謂融曰此子神氣沖和言合規矩高才妙識罕見其倫

許劭傳少儁名節官本儁作峻侯康曰世說賞譽篇注引海內先賢傳曰劭山峙淵渟行應規表邵陵謝子微高才遠識見劭十歲時歎曰此乃希世之偉人也案書克明俊德俊本通峻又俊大也少俊名節猶云少重名節亦不必作峻

竝顯名於世注莫不賴劭顧採之榮柳從辰曰注顧採魏志注引作顧歎

君清平之姦賊亂世之英雄柳從辰曰魏志注引世說作治世之能臣亂世之姦雄

劭從祖敬侯康曰御覽四百七引謝承書敬字鴻卿與同郡周伯靈爲友伯靈早亡鴻卿育食其子敬子訓訓

子相竝爲三公集解惠棟曰至未嘗爲三公所未詳也柳從辰曰靈紀中平二年十月光祿大夫許相爲司空注云相字公弼平輿人許訓之子四年五月司空許相爲司徒袁紀同又何進傳少府

許相袁紀作故司空許相惠云未詳抑太疏矣今案許相中平五年八月罷司徒未嘗復爲司空以何進傳證之葢郎左轉少府耳至其爲河南尹靈紀謂之僞由宦官僞以詔署之亦相詔事宦官之證袁紀不曰少府許相又不曰故司徒許相而曰故司空亦書法之失

又與從兄靖不睦注少與從弟劭竝知名官本注竝作俱與今蜀志合時議以

此少之侯康曰蜀志許靖傳注引萬機論云許文休者大較廊廟器也而子將貶之若實不貴之是不明也誠令知之蓋善人也又法正傳注裴氏自爲論云友于不穆失由子將尋蔣濟之論知非文休之尤二者所論猶當時之議也

汝南人稱平輿淵有二龍焉侯康曰御覽四百四十四引汝南先賢傳曰謝甄稟氣聰爽明識達理見許子將兄弟弱冠之歲曰平輿之淵有二龍出焉察其盼睞則賞其心覩其顧步則知其道世說亦以爲謝子微語

竇何列傳第五十九　

宋　宣　城　太　守　范　曄　撰

唐　章　懷　太　子　賢　注

王先謙集解

竇武字游平扶風平陵人安豐戴侯融之玄孫也集解惠棟曰陶宏景云武七世祖峙以藏枯骨爲業以活死爲事峙應是融祖父奉定襄太守武少以經行著稱常教授於大澤中集解惠棟曰袁宏紀云諸生自遠方來受業者百餘人不交時事名顯關西延熹八年長女選入掖庭桓帝以爲貴人集解惠棟曰袁宏紀武生五男二女長男紹次機次悟長女妙卽后也拜武郎中其冬貴人立爲皇后武遷越騎校尉封槐里侯五千戶明年冬拜城門校尉在位多辟名士清身疾惡禮賂不通妻子衣食裁充足而已是時羌蠻寇難歲儉民飢武得兩宮賞賜悉散與太學諸生及載肴糧於路匄施貧民兄子紹爲虎賁中郎將集解惠棟曰袁宏紀紹爲武長子與此異性疏簡奢侈武每數切厲相戒猶不覺悟乃上書求退紹位又自責不能訓導當先受罪由是紹更遵節大小莫敢違犯時國政多失內官專寵李膺杜密等爲黨事考逮永康元年上疏諫曰臣聞明主不諱譏刺之言以探幽暗之實忠臣不恤諫爭之患以暢萬端之事是以君臣竝熙名奮百世熙盛也臣幸得遭盛明之世逢文武之化豈敢懷祿逃罪不竭其誠陛下初從藩國爰登聖祚天下逸豫謂當中興自卽位以來未聞善政梁孫寇鄧雖或誅滅梁冀孫壽寇榮鄧萬代見桓紀也集解惠棟曰袁宏紀梁孫鄧亳貴戚專勢侵逼公卿驅略吏民惡熟罪深云云案寇榮未嘗有此袁紀是也而常侍黃門續爲禍虐欺罔陛下競行謟詐自造制度妄爵非人朝政日衰姦臣日彊伏尋西京放恣王氏佞臣執政終喪天下今不慮前事之失復循覆車之軌臣恐二世之難必將復及二世卽胡亥趙高之變不朝則夕趙高使女壻閻樂弒胡亥於望夷宮近

者姦臣牢修造設黨議遂收前司隸校尉李膺太僕杜密御史中丞陳翔太尉掾范滂等逮考連及數百人曠年拘錄事無效驗集解通鑑胡注謂自去年興獄至今年事終無其實也臣惟膺等建忠抗節志經王室此誠陛下稷卨伊呂之佐而虛爲姦臣賊子之所誣枉天下寒心海內失望惟陛下留神澄省時見理出時謂卽時也集解通鑑胡注澄清也省察也以厭人鬼喁喁之心臣聞古之明君必須賢佐以成政道今臺閣近臣尚書令陳蕃僕射胡廣集解通鑑考異案蕃廣時不爲令僕故去之尚書朱寓荀緄音古本反劉祐魏朗劉矩尹勳等皆國之貞士朝之良佐尚書郎張陵嬀皓集解惠棟曰謝承書云皓字元起吳郡餘杭人父昆爲南郡太守坐事繫獄皓懷小石至公卿門輒出石叩頭流血被面父繫得免其母至婚家醉嘔吐皓恐食得毒伏地嘗吐仰曰吐寒耳非毒也毋炙發臕皓祝而愈之嬀矩爲切祝當作呪苑康楊喬邊韶戴恢等集解惠棟曰喬載楊璇傳文質彬彬明達國典內外之職羣才並列而陛下委任近習專樹饕餮外典州郡內幹心膂宜以次貶黜案罪糾罰抑奪宦官欺國之封案其無狀誣罔之罪信任忠良平決臧否使邪正毀譽各得其所寶愛天官惟善是授集解通鑑胡注天官言天命有德人不可以私授如此咎徵可消天應可待間者有嘉禾芝草黃龍之見夫瑞生必於嘉士嘉士猶善人也集解通鑑胡注是年魏郡言嘉禾生巴郡言黃龍見福至則由善人集解先謙曰官本則作實在德爲瑞無德爲災陛下所行不合天意不宜稱慶書奏因以病上還城門校尉槐里侯印綬上音時丈反帝不許有詔原李膺杜密等自黃門北寺若盧都內諸獄繫囚罪輕者皆出之都內主藏官名前書有都內令丞屬大司農也其冬帝崩無嗣武召侍御史河間劉儵參問其國中王子侯之賢者儵稱解瀆亭侯宏武入白太后遂徵立之是爲靈帝拜武爲大將軍常居禁中帝既立論定策功更封武爲聞喜侯子機渭陽侯拜侍中兄子紹鄠侯遷步兵校尉紹弟靖西鄉侯爲侍中監羽林左騎武既輔朝政常有誅翦宦官之意太

傅陳蕃亦素有謀時共會朝堂蕃以私謂武曰中常侍曹節王甫等自先帝時操弄國權濁亂海內百姓匈匈歸咎於此今不誅節等後必難圖武深然之蕃大喜以手推席而起武於是引同志尹勳爲尚書令劉瑜爲侍中馮述爲屯騎校尉又徵天下名士廢黜者前司隸李膺宗正劉猛太僕杜密廬江太守朱寓等列於朝廷請前越巂太守荀昱爲從事中郎集解惠棟曰昱一作翊別見辟潁川陳寔爲屬共定計策於是天下雄俊知其風旨莫不延頸企踵思奮其智力續漢志曰桓帝初京都童謠曰游平賣印自有評不避賢豪及大姓案武字游平與陳蕃合策戮力唯德是建咸得其人賢豪大姓皆絕望矣會五月日食蕃復說武曰昔蕭望之困一石顯元帝時奄人石顯爲中書令譖御史大夫蕭望之令自殺也近者李杜諸公禍及妻子況今石顯數十輩乎蕃以八十之年欲爲將軍除害今可且因日食斥罷宦官以塞天變又趙夫人及女尚書旦夕亂太后女尚書內官也夫人卽趙嬈急宜退絕惟將軍慮焉武乃白太后曰故事黃門常侍但當給事省內典門戶主近署財物耳集解通鑑胡注省內謂禁中也近署財物謂少府所掌中藏府尚方內省諸署也惠棟曰案百官志云中黃門冗從僕射居則宿衞直守門戶也今乃使與政事而任權重子弟布列專爲貪暴天下匈匈正以此故宜悉誅廢以清朝廷太后曰漢來故事世有但當誅其有罪豈可盡廢邪集解惠棟曰續漢書云太后以爲此皆天所生漢興以來世世用事國典常故何可廢邪但當誅惡耳時中常侍管霸頗有才略專制省內武先白誅霸及中常侍蘇康等竟死集解惠棟曰考竟而死也武復數白誅曹節等太后冘豫未忍冘音淫冘豫不定也集解官本考證曰冘或作宂字誤冘豫卽冘豫也故事久不發至八月太白出西方劉瑜素善天官惡之集解通鑑胡注天官卽天文史記天官書卽後之天文志上書皇太后曰太白犯房左驂上將星入太微其占宮門當閉將相不利姦人在主傍願急防之又與武蕃書以星辰錯繆不利大臣宜速斷大計武蕃得書將發於是以朱寓爲司隸校尉劉

祐爲河南尹虞祁爲洛陽令武乃奏免黃門令魏彪吕所親小黃門山冰代之集解惠棟曰孫愐云周有山師之官掌山林後以官爲氏或云山古烈山氏之後使冰奏素狡猾尤無狀者長樂尚書鄭颯音立集解通鑑胡注長樂尚書蓋以太后臨朝置之以掌奏下外朝文書眾事也先謙曰音立上官本有颯字送北寺獄蕃謂武曰此曹子便當收殺何復考爲武不從令冰與尹勳侍御史祝瑨雜考颯辭連及曹節王甫勳冰即奏收節等使劉瑜內奏時武出宿歸府典中書者集解惠棟曰百官志云中宮尚書五人主中文書也先吕告長樂五官史朱瑀集解惠棟曰百官志云長信長樂宦者署少府一人職如長秋及餘吏皆以宮名爲號劉昭云如長樂五官史朱瑀之類是史當作吏瑀盜發武奏罵曰中官放縱者自可誅耳吾曹何罪而當盡見族滅因大呼曰陳蕃竇武奏白太后廢帝爲大逆乃夜召素所親壯健者長樂從官史共普張亮等十七人喢血共盟誅武等集解通鑑胡注掌太后宮從官案史亦當作吏曹節聞之驚起白帝曰外閒切切請出御德陽前殿令帝拔劍踊躍

使乳母趙嬈等擁衛左右取棨信閉諸禁門棨有衣戟也漢官儀曰凡居宮中皆施籍於掖門案姓名當入者本官爲封棨傳審印信然後受之召尚書官屬脅吕白刃使作詔板集解惠棟曰王幼學云楊賜傳割用板之恩注板詔書也史炤云謂不加告命以板策授之王補曰通鑑胡注詔板所謂尺一也曹節暮夜劫帝威脅尚書官屬爲之不經尚書故何進傳亦言尚書得詔板疑之李雲書尺一拜用不經御省是帝欲不諦乎楊賜金商對斷絕尺一抑止槃遊拜王甫爲黃門令持節至北寺獄收尹勳山冰冰疑不受詔甫格殺之遂害勳出鄭颯還共劫太后奪璽書集解劉攽曰案太后所守非璽書也當是璽綬誤作書字順帝亦先奪得璽綬惠棟曰袁紀作璽綬令中謁者守南宮閉門絕複道複音福集解惠棟曰蔡質漢官典職儀云南宮至北宮相去七里中央作大屋複道三行天子臨行中央從官夾左右十步一衛復俗作複使鄭颯等持節及侍御史謁者捕收武等武不受詔馳入步兵營與紹共射殺使者召會北軍五校士數千人屯都亭下命軍士曰黃門常侍反盡力者封侯重賞詔吕少府周靖行車騎將軍加節與護匈奴中郎將張奐率五營士討武夜漏盡王甫將虎賁羽林廄騶都候劍戟士合千餘人出屯朱雀掖門與奐等合明旦悉軍闕下與武對陳甫兵漸盛使其士大呼武軍曰竇武反汝皆禁兵當宿衛宮省何故隨反者乎先降有賞營府素畏服中官集解通鑑胡注營府謂五營校尉府也惠棟曰九州春秋袁紹說何進云黃門常侍累世太盛前竇武欲誅之而反爲所害但坐言語漏泄以五營士爲兵故耳五營士生長京師服畏中人而竇氏反用其鋒遂果叛走歸黃門是以自取滅敗於是武軍稍稍歸甫自旦至食時兵降畧盡集解惠棟曰旦平旦平旦寅也食時己也武紹走諸軍追圍之皆自殺梟首洛陽都亭續漢志曰桓帝末京師童謠曰茅田一頃中有井四方纖纖不可整嚼復嚼今年尚可後年磽案易曰拔茅連茹喻羣賢也井者法也時中常侍管霸等愶疾海內英賢並見廢錮茅田一頃言羣賢眾多也中有井者言雖厄窮不失法度也四方纖纖言姦慝不可理也嚼飲酒相強之辭也言不恤王政徒耽宴而已今年尚可者言但禁錮也後年磽者陳蕃竇武等誅天下大壞也磽音古教反磽猶惡也收捕宗親賓客姻屬悉誅之及劉瑜馮述皆夷其族徙武家屬日南遷太后於雲臺當是時凶豎得志士大夫皆喪其氣矣武府掾桂陽胡騰少師事武獨

殯斂行喪坐吕禁錮武孫輔時年二歲逃竄得全事覺節等捕之急胡騰及令史南陽張敞共逃輔於零陵界詐云已死騰吕爲己子而使聘娶焉後舉桂陽孝廉至建安中荊州牧劉表聞而辟焉吕爲從事使還竇姓吕事列上會表卒曹操定荊州輔與宗人徙居於鄴辟丞相府從征馬超爲流矢所中死飛矢曰流矢中傷也初武母產武而幷產一蛇送之林中後母卒及葬未窆有大蛇自榛草而出廣雅曰木藂生曰榛徑至喪所吕頭擊柩涕血皆流俯仰蛣屈蛣音上吉反若哀泣之容有頃而去時人知爲竇氏之祥祥吉凶之先見者尚書曰亳有祥集解惠棟曰此採自干令升搜神記也騰字子升初桓帝巡狩南陽吕騰爲護駕從事公卿貴戚車騎萬計徵求費役不可勝極騰上言天子無外乘輿所幸卽爲京師臣請吕荊州刺史比司隸校尉南陽屬荊州故請以刺史比司隸臣自同都官從事帝從之漢官儀曰都官從事主洛陽百官朝會與三府掾同也集解惠棟曰案北堂書鈔引漢官儀云

都官從事掌洛陽中百姓似百官當作百姓自是肅然莫敢妄有干欲集解惠棟曰桂陽先賢傳云帝奇其才悉許之謝承書云萬事既辦一州肅然百官敬服其能也騰以此顯名黨錮解官至尚書
張敞者太尉温之弟也漢官儀曰温字伯慎穰人也封玄鄉侯太史奏言有大臣誅死董卓取温笞殺於市而厭之集解先謙曰官本玄作互是
何進字遂高南陽宛人也異母女弟選入掖庭爲貴人有寵於靈
帝拜進郎中再遷虎賁中郎將出爲潁川太守光和三年貴人立
爲皇后徵進入拜侍中將作大匠河南尹中平元年黃巾賊張角
等起以進爲大將軍率左右羽林五營士屯都亭修理器械以鎭
京師張角別黨馬元義謀起洛陽進發其姦以功封愼侯愼縣屬汝南郡也
四年滎陽數千人羣起攻燒郡縣集解惠棟曰滎依漢碑當作熒殺中牟縣令
詔使進弟河南尹苗出擊之集解官本考證曰苗朱氏子五行志作皇后異父兄朱苗惠棟曰陶宏景云苗字叔達苗攻破羣賊平定而還詔遣使者迎於成皋拜苗爲車騎

將軍封濟陽侯五年天下滋亂望氣者以爲京師當有大兵兩宮
流血大將軍司馬許涼假司馬伍宕說進曰太公六韜有天子將
兵事太公六韜篇第一霸典文論第二文師武論第三龍韜主將第四虎韜偏裨第五豹韜校尉第六犬韜司馬龍韜云武王曰吾欲令三軍之衆親其將如父母聞金聲而怒聞鼓音而喜爲之奈何可以威厭四方進以爲然入
言之於帝於是乃詔進大發四方兵講武於平樂觀下起大壇上
建十二重五采華蓋高十丈壇東北爲小壇復建九重華蓋高九
丈列步兵騎士數萬人結營爲陳天子親出臨軍駐大華蓋下進
駐小華蓋下禮畢帝躬擐甲介馬擐音宦擐貫也介亦甲也稱無上將軍行陳
三匝而還詔使進悉領兵屯於觀下是時置西園八校尉以小黃
門蹇碩爲上軍校尉虎賁中郎將袁紹爲中軍校尉屯騎都尉鮑
鴻爲下軍校尉集解劉攽曰案文漢無屯騎都尉當誤都字宜作校也議郎曹操爲典軍校
尉趙融爲助軍校尉淳于瓊爲佐軍校尉又有左右校尉集解惠棟曰馮芳爲助軍右校尉諫議大夫夏牟爲左校尉見袁紹傳注帝以蹇碩壯健而有武略特親任之
以爲元帥督司隸校尉以下雖大將軍亦領屬焉碩雖擅兵於中
而猶畏忌於進乃與諸常侍共說帝遣進西擊邊章韓遂帝從之
賜兵車百乘虎賁斧鉞進陰知其謀乃上遣袁紹東擊徐兗二州
兵須紹還卽戎事以稽行期初何皇后生皇子辯王貴人生皇子
協羣臣請立太子帝以辯輕佻無威儀不可爲人主前書曰佻輕也然皇
后有寵且進又居重權故久不決六年帝疾篤屬協於蹇碩碩既
受遺詔且素輕忌於進兄弟及帝崩碩時在內欲先誅進而立協
及進從外入碩司馬潘隱與進早舊迎而目之進驚馳從儳道歸
營引兵入屯百郡邸廣雅曰儳疾也音在鑑反集解通鑑胡注天下郡國百餘皆置邸京師謂之百郡邸者百郡總爲一也因稱疾不入碩謀不行皇子辯乃卽位何太后臨朝進與
太傅袁隗輔政錄尚書事進素知中官天下所疾兼忿蹇碩圖己

及秉朝政陰規誅之袁紹亦素有謀因進親客張津勸之曰黃門
常侍權重日久又與長樂太后專通姦利靈帝母董太后居長樂宮集解惠棟曰津字子雲南陽人後爲交州刺史見吳志將軍宜更清選賢良整齊天下爲國家除患進
然其言又以袁氏累世寵貴海內所歸袁安爲司徒司空孫湯爲司徒太尉湯子成五官中郎將成生紹故云累代寵貴也而紹素善養士能得豪傑用其從弟虎賁中郎將
術亦尙氣俠故並厚待之因復博徵智謀之士龐紀何顒荀攸等
與同腹心蹇碩疑不自安與中常侍趙忠等書曰集解惠棟曰袁宏紀趙忠宋典
大將軍兄弟秉國專朝今與天下黨人謀誅先帝左右埽滅我曹
但以碩典禁兵故且沈吟今宜共閉上閤集解通鑑胡注上閤省閤也急捕誅
之中常侍郭勝進同郡人也集解通鑑考異袁宏紀作郭脈九州春秋作郎勝當從本傳太后
及進之貴幸勝有力焉故勝親信何氏遂共趙忠等議不從碩計
而以其書示進進乃使黃門令收碩誅之因領其屯兵袁紹復說

進曰前竇武欲誅內寵而反爲所害者㠯其言語漏泄而五營百
官服畏中人故也今將軍旣有元舅之重而兄弟並領勁兵部曲
將吏皆英俊名士樂盡力命事在掌握此天贊之時也將軍宜一
爲天下除患名垂後世雖周之申伯何足道哉申伯周申后父也詩大雅曰唯申及
甫唯周之翰今大行在前殿人主崩未有謚故稱大行也前書音義曰大行者不反之辭也將軍宜受
詔領禁兵集解劉攽曰案文多一宜字不宜輕出入宮省進甚然之乃稱疾不
入陪喪又不送山陵遂與紹定籌策而㠯其計白太后太后不聽
曰中官統領禁省自古及今漢家故事不可廢也且先帝新棄天
下我奈何楚楚與士人共對事乎楚詞曰楚楚鮮明貌也詩曰衣裳楚楚集解惠棟曰楚楚似悽
愴苦楚意承上文言先謙曰楚楚句反對上文注不誤進難違太后意且欲誅其放縱者紹
㠯爲中官親近至尊出入號令今不悉廢後必爲患而太后母舞
陽君及苗數受諸宦官賂遺知進欲誅之數白太后爲其障蔽又

言大將軍專殺左右擅權㠯弱社稷太后疑㠯爲然中官在省闥
者或數十年封侯貴寵膠固內外進新當重任素敬憚之雖外收
大名而內不能斷故事久不決紹等又爲畫策多召四方猛將及
諸豪傑使並引兵向京城㠯脅太后進然之主簿陳琳入諫曰易
稱卽鹿無虞易屯卦六三爻辭也虞掌山澤之官卽鹿猶從禽也無虞言不可得諺有掩目捕雀夫
微物尙不可欺㠯得志況國之大事其可㠯詐立乎今將軍總皇
威握兵要龍驤虎步高下在心集解惠棟曰左傳舊注云高下猶屈申杜預云因時制宜此猶
鼓洪爐燎毛髮耳夫違經合道天人所順而反委釋利器更徵外
助大兵聚會彊者爲雄所謂倒持干戈授人㠯柄前書梅福上書曰倒持太阿授
楚以柄功必不成秖爲亂階進不聽遂西召前將軍董卓屯關中上
林苑集解通鑑考異案時卓已駐河東若屯上林則更爲西去非所以脅太后也又使府掾太山王匡
東發其郡彊弩幷召東郡太守橋瑁屯成皋集解惠棟曰英雄記云瑁字元偉元族子

使武猛都尉丁原燒孟津火照城中武猛謂有武埶而勇猛者取其嘉名因以名官也皆
㠯誅宦官爲言太后猶不從苗謂進曰始共從南陽來俱㠯貧賤
依省內㠯致貴富集解通鑑胡注言何后因宦官得進進兄弟以此致富貴也國家之事亦何
容易覆水不收宜深思之集解惠棟曰光武紀馬武云反水不收後悔無及胡注水覆於地不可復收言
事發則不可收拾且與省內和也進意更狐疑紹懼進變計乃脅之曰交
搆已成形埶已露事留變生將軍復欲何待而不早決之乎進於
是㠯紹爲司隸校尉假節專命擊斷集解通鑑胡注司隸校尉本持節至元帝時諸葛豐爲司
隸始去節今假詔節重其權也從事中郎王允爲河南尹紹使洛陽方略武吏司
察宦者而促董卓等使馳驛上欲進兵平樂觀太后乃恐悉罷中
常侍小黃門使還里舍惟留進素所私人㠯守省中諸常侍小黃
門皆詣進謝罪惟所措置進謂曰天下匈匈正患諸君耳今董卓
垂至諸君何不早各就國袁紹勸進便於此決之集解通鑑胡注勸進於此時悉
誅之也至於再三進不許紹又爲書告州郡詐宣進意使捕案中官

親屬進謀積日頗泄中官懼而思變張讓子婦太后之娣也讓向
子婦叩頭曰老臣得罪當與新婦俱歸私門惟受恩累世惟思念也今
當遠離宮殿情懷戀戀願復一入直得暫奉望太后陛下顏色然
後退就溝壑死不恨矣子婦言於舞陽君入白太后乃詔諸常侍
皆復入直八月進入長樂白太后請盡誅諸常侍㠯下選三署郎
入守宦官廬諸宦官相謂曰大將軍稱疾不臨喪不送葬今欻入
省欻音許物反此意何爲竇氏事竟復起邪又張讓等使人潛聽具聞
其語乃率常侍段珪畢嵐等數十人持兵竊自側闥入伏省中及
進出因詐㠯太后詔召進入坐省閤讓等詰進曰天下憒憒亦非
獨我曹罪也說文曰憒憒亂也先帝嘗與太后不快幾至成敗陳留王協母王美人
何后鴆殺之帝怒欲廢后宦官固請得止我曹涕泣救解各出家財千萬爲禮和悅上

意但欲託卿門戶耳今乃欲滅我曹種族不亦太甚乎卿言省內穢濁公卿㠯下忠清者爲誰於是尚方監渠穆拔劍斬進於嘉德殿前（集解惠棟曰孫愐云渠姓左傳有渠孔御戎張魚反）讓珪等爲詔㠯故太尉樊陵爲司隸校尉少府許相爲河南尹（集解惠棟曰許訓子）尚書得詔板疑之曰請大將軍出共議中黃門㠯進頭擲與尚書曰何進謀反已伏誅矣進部曲將吳匡張璋（集解惠棟曰風俗通云匡字伯康河內人官至宏農太守）素所親幸在外聞進被害欲將兵入宮宮閤閉袁術與匡共斫攻之中黃門持兵守閤會日暮術因燒南宮九龍門（集解惠棟曰袁宏紀作青瑣門王補曰通鑑從袁紀）及東西宮欲㠯脅出讓等讓等入白太后言大將軍兵反燒宮攻尚書闥（集解惠棟曰尚書省在神仙門內見漢官儀）因將太后天子及陳留王又劫省內官屬從複道走北宮（複音福集解惠棟曰南宮至北宮相去七里注見上）尚書盧植執戈於閣道窗下仰數段珪段珪等懼乃釋太后太后投閣得免袁紹與叔父

隗矯詔召樊陵許相斬之苗紹乃引兵屯朱雀闕下捕得趙忠等斬之吳匡等素怨苗不與進同心而又疑其與宦官同謀乃令軍中曰殺大將軍者卽車騎也（集解通鑑胡注時苗爲車騎將軍）士吏能爲報讐乎進素有仁恩士卒皆流涕曰願致死匡遂引兵與董卓弟奉車都尉旻攻殺苗棄其屍於苑中紹遂閉北宮門勒兵捕宦者無少長皆殺之或有無須而誤死者至自發露然後得免者二千餘人（集解劉攽曰案文少一死字是時宦官死者二千餘人耳若無須發露得免者二千人則死者何可勝計矣惠棟曰依魏志免下脫一死字）紹因進兵排宮或上端門屋㠯攻省內（集解通鑑胡注宮之正南門曰端門省禁也）張讓段珪等困迫（集解何焯曰因疑作困）遂將帝與陳留王數十人步出穀門奔小平津（穀門洛城北當中門也集解通鑑胡注穀門位在子維城正北門也杜佑曰鞏縣西北有小平縣故城又北有津曰小平津）公卿並出平樂觀無得從者唯尚書盧植夜馳河上王允遣河南中部掾閔貢隨植後貢至手劍斬數人餘皆投河而死

明日公卿百官乃奉迎天子還宮㠯貢爲郎中封都亭侯董卓遂廢帝又迫殺太后殺舞陽君何氏遂亡而漢室亦自此敗亂（集解王補曰通鑑論云袁紹行之於前而董卓弱漢崔昌遐襲之於後而朱溫篡唐雖快一時之忿而國隨以亡其爲害豈不益多哉）

論曰竇武何進藉元舅之資據輔政之權內倚太后臨朝之威外迎羣英乘風之埶卒而事敗閹豎身死功頹爲世所悲豈智不足而權有餘乎（言智非不足權亦有餘蓋天敗也）傳曰天之廢商久矣君將興之斯宋襄公所㠯敗於泓也（左傳曰楚伐宋宋公將戰子魚諫曰天之廢商久矣公將興之不可宋公不從遂與楚戰大敗於泓也集解王補曰論成敗者當以人事爲主必推命而言則其理悖矣故商受拂祖伊之告德宗拒陸贄之言史氏斷不援以爲據史公魏世家不咎其不用信陵而曰天方令秦平海內雖得伊衡之佐曷益此所謂讆言也劉氏史通深譏之又以魚豢敘遼東公孫之敗虞世南述江左陳氏之亡皆與子長同病范史此論其能免劉氏之譏乎）

贊曰武生蛇祥進自屠羊（進本屠家子也集解惠棟曰續漢書云進本屠家子父曰眞）惟女惟弟來儀紫房上慴下變人靈動怨將糾邪慝㠯合人願道之屈矣

代離凶困（代更也）

竇何列傳第五十九終　後漢書六十九

後漢書集解卷六十九校補

竇武傳今臺閣近臣至戴恢等案陳蕃爲尚書令在桓帝延熹初胡廣之爲尚書僕射則在桓帝前據蔡邕胡公碑廣於延熹二年以罪廢復起曾拜尚書令亦非僕射劉祐之初補尚書侍郎當亦在桓帝前其拜尚書令則延熹四年也魏朗之徵爲尚書郎在陳蕃爲尚書令時劉矩遷尚書令以不附梁冀出爲常山相尹勳遷尚書令以誅梁冀功封侯苑康邊韶本傳皆不言其曾爲尚書郎就可考者殆無一人爲永康初臺閣近臣豈獨蕃廣時不爲令僕哉疑武疏本前述蕃廣等官令僕時之佐成政道後舉朱㻞等可爲尚書臺官而張陵等可備尚書郎之選後之修史者妄有改刪遂至成此駁文耳

太尉温之弟也錢大昭曰太尉當作衞尉案董卓傳中平三年遣使者持節就長安拜張温爲太尉三公在外始之於温靈紀亦載温三年二月爲太尉四年四月免特其官終於衞尉耳注卓取温笞殺於市而厭之官本注而作以

何進傳異母女弟選入掖庭爲貴人錢大昭曰魏志注引續漢書進本屠家子父曰眞眞死後進以妹倚黃門得入掖庭有寵案此言居家與后紀說合餘已詳靈紀

卷六十九校補　一

光和二年貴人立爲皇后錢大昭曰二當作三

吕功封愼侯注愼縣屬汝南郡也官本注末無也字

乃上遣袁紹擊徐兗二州兵案文擊當作集

從傀道歸營注傀疾也音在覽反官本注在覽作代鑒

因復博徵智謀之士龐紀何顒荀攸等陳景雲曰據荀彧袁紹傳均作逢紀此作龐誤案逢讀同龐音近而譌也

張讓子婦太后之甥也官本甥作妹柳從辰曰袁紀作姊案作姊爲長詩曰諸姊從之蓋本太后昔日宮中諸姊遣出爲讓子婦故亦可謂之妹以姊本訓女弟也太后似不得自有所謂甥也

天下憒憒柳從辰曰袁紀憒憒作憒憒

至自發露然後得免者二千餘人集解惠棟曰依魏志免下脫死字柳從辰曰袁紀亦作死者

斯宋公所以敗於泓也注天之廢商久矣官本注廢作棄與今左傳文合

鄭孔荀列傳第六十集解王補曰公業謀殺董卓北海積忤曹瞞卒不能克皆以身殉范史猥與荀彧合傳而反以此義褒或謬曰時不可並取其歸正傾己由是涑水有仁過管仲之稱東坡有道似伯夷之譽皆襲取范史之謬而擬不於倫者也吾故採袁彥伯杜牧之之論以正其失焉

後漢書七十

宋　宣　城　太　守　范　曄　撰

唐　章　懷　太　子　賢　注

王先謙集解

鄭太字公業河南開封人司農衆之曾孫也開封縣故城在今汴州南集解惠棟曰世系云衆生城門校尉安世安世生騎都尉綝綝生上計掾熙熙二子泰渾先謙曰今開封府祥符縣南五十里少有才畧靈帝末知天下將亂陰交結豪桀家富於財有田四百頃而食常不足名聞山東初舉孝廉三府辟公車徵皆不就及大將軍何進輔政徵用名士吕公業爲尚書侍郎續漢志曰尚書凡六曹侍郎三十六人四百石一曹有六人主作文書起草遷侍御史進將誅閹官欲召幷州牧董卓爲助公業謂

虛受堂　一

進曰董卓彊忍寡義志欲無厭若借之朝政授吕大事借音子夜反將恣凶慾必危朝廷明公吕親德之重據阿衡之權秉意獨斷誅除有罪誠不宜假卓吕爲資援也且事留變生殷鑒不遠又爲陳時務之所急數事進不能用乃棄官去謂潁川人荀攸曰何公未易輔也進尋見害卓果作亂公業等與侍中伍瓊卓長史何顒共說卓吕袁紹爲勃海太守吕發山東之謀及義兵起卓乃會公卿議大發卒討之羣僚莫敢忤旨公業恐其衆多益橫凶彊難制獨曰夫政在德不在衆也卓不悅曰如卿此言兵爲無用邪公業懼乃詭辭更對曰詭猶詐也非謂無用吕爲山東不足加大兵耳如有不信試爲明公畧陳其要今山東合謀州郡連結人庶相動非不彊盛然光武吕來中國無警百姓優逸忘戰日久仲尼有言不教人戰是謂棄之其衆雖多不能爲害一也明公出自西州少爲國將閑

習軍事數踐戰場名振當世人懷懾服二也袁本初公卿子弟生處京師張孟卓東平長者孟卓名邈坐不闚堂言不妄視也集解先謙曰言不出帷房也孔公緒孔伷清談高論噓枯吹生枯者噓之使生生者吹之使枯言談論有所抑揚也並無軍旅之才執銳之幹臨鋒決敵集解通鑑胡注謂臨兵鋒而與敵人決勝負也非公之儔三也集解通鑑胡注此數語公業雖以釋言於卓然關東諸將情態實不過如此山東之士素乏精悍悍勇也未有孟賁之勇慶忌之捷說苑曰孟賁水行不避蛟龍陸行不避虎狼發怒吐氣聲響動天許慎注淮南子曰孟賁衛人也呂氏春秋曰孟賁過河先於其伍船人怒以楫虓其頭不知其孟賁故也中河孟賁瞋目視船人髮植目裂舟中人盡播入河慶忌吳王僚子也射之矢滿把不能中駟馬追之不能及聊城之守史記燕將攻下聊城因保守之齊將田單攻之歲餘不下良平之謀可任㠯偏師責㠯成功四也就有其人而尊卑無序王爵不加若恃眾怙力怙亦恃也將各基峙峙止也集解劉攽曰案文基當作碁謂如碁不動作基無理先謙曰魏志鄭渾傳注張璠漢記作碁跱㠯觀成敗不肯同心共膽與齊進退五也關西諸郡頗習兵事自頃㠯來數與羌戰婦女猶戴戟

操矛集解先謙曰戟不能戴鄭渾傳注引漢記作載戟挾弓負矢挾持也況其壯勇之士㠯當妄戰之人乎集解先謙曰漢記作忘戰之人是其勝可必六也且天下強勇百姓所畏者有并涼之人集解劉攽曰案文多一有字緣者字生之及匈奴屠各湟中義從西羌八種義從八種並見西羌傳而明公擁之㠯為爪牙譬驅虎兕㠯赴犬羊七也又明公將帥皆中表腹心周旋日久恩信湻著忠誠可任智謀可恃㠯膠固之眾膠亦固也當解合之埶猶㠯烈風埽彼枯葉八也夫戰有三亡㠯亂攻理者亡㠯邪攻正者亡㠯逆攻順者亡今明公秉國平正集解先謙曰漢記作秉國政平討滅宦豎忠義克立㠯此三德待彼三亡奉辭伐罪誰敢禦之九也東州鄭玄學該古今玄北海人故云東州北海邴原清高直亮魏志原字根矩北海朱虛人也與管寧俱以操尚稱皆儒生所仰羣士楷式彼諸將若詢其計畫足知強弱且燕趙齊梁非不盛也終滅於秦吳楚七國非不眾也卒敗滎陽前書吳王濞楚王戊趙王遂淄川王賢濟南王辟光

膠西王卬膠東王雄渠景帝二年反大將軍條侯周亞夫將兵破之滎陽況今德政赫赫股肱惟良彼豈讚成其謀造亂長寇哉其不然十也若其所陳少有可採無事徵兵㠯驚天下使患役之民相聚為非棄德恃眾自虧威重卓乃悅㠯公業為將軍使統諸軍討擊關東或說卓曰鄭公業智畧過人而結謀外寇今資之士馬就其黨與竊為明公懼之卓乃收還其兵留拜議郎卓既遷都長安天下飢亂士大夫多不得其命而公業家有餘資日引賓客高會倡樂所贍救者甚眾乃與何顒荀攸共謀殺卓事洩顒等被執公業脫身自武關走東歸袁術術上㠯為揚州刺史未至官道卒時年四十二集解惠棟曰二或作一見三國志注

孔融字文舉魯國人孔子二十世孫也集解汪文臺曰世說注上之上續漢書云二十四世孫七世祖霸為元帝師位至侍中前漢霸字次儒元帝師解見孔昱傳集解惠棟曰續漢書云高祖尚鉅鹿太守父宙太山都尉集解先謙曰官本宙作伷惠棟云伷泰山都尉碑作宙碑云字季將孔子十九世孫

卒於延熹六年正月乙未年六十一棟案續漢書孔融傳亦作宙後漢別有孔伷字公緒者非融父也周壽昌云案伷應正作宙裴松之注魏志引續漢書作宙韓敕碑陰郎中魯孔宙季將魏志武帝紀許靖傳伷字公緒乃獻帝時人宙則靈帝時卒也今各本俱作伷獨毛本作宙較諸本為善融幼有異才融家傳曰兄弟七人融第六幼有自然之性年四歲時每與諸兄共食梨融輒引小者大人問其故荅曰我小兒法當取小者由是宗族奇之集解惠棟曰注兄弟七人宙七子融之外惟孔謙字德讓歷仕郡諸曹吏見孔謙碣孔褒字文禮見史晨碑洪适云宙子載于譜錄者惟有謙褒融三人年十歲隨父詣京師時河南尹李膺膺潁川襄城人融家傳曰聞漢中李公清節直亮意慕之遂造公門李固漢中人為太尉與此傳不同也集解洪頤煊曰獻帝紀建安十三年八月曹操殺孔融傳云時年五十六融當生於永興元年桓帝紀建和元年十一月前太尉李固下獄死時融尚未生㠯簡重自居不妄接士賓客敕外自非當世名人及與通家皆不得白融欲觀其人故造膺門語門者曰我是李君通家子弟門者言之膺請融問曰高明祖父嘗與僕有恩舊乎融曰然先君孔子與君先人李老君同德比義而相師友家語曰孔子謂南宮敬叔曰吾聞老聃博古而達今通禮樂之源明道德之歸卽吾之師也今將往矣遂至周問禮於老聃焉則融與君累

世通家衆坐莫不歎息【集解】惠棟曰御覽引漢書云膺大悅引坐謂曰卿欲食乎融曰須食膺曰教卿爲客之禮主人問食但讓不須融曰不然教君爲主之禮但置飲食不須問客膺歎曰吾將老死不見卿富貴也後與膺談論百家經史應荅如流膺不能下之太中大夫陳煒後至煒音于匭反坐中以告煒煒曰夫人小而聰了大未必奇融應聲曰觀君所言將不早惠乎膺大笑曰高明必爲偉器【集解】先謙曰世說注續漢書高明上有長大二字似不可少年十三喪父哀悴過毁扶而後起州里歸其孝性好學博涉多該覽山陽張儉爲中常侍侯覽所怨覽爲刊章下州郡以名捕儉刊削也謂削去告人姓名【集解】劉攽曰正文案覽何能削章下州郡蓋是詔字張儉傳中可見也周壽昌曰覽時口銜天憲詔自彼出卽刊章有何不能者儉與融兄褎有舊亡抵於褎不遇抵歸也融家傳褎字文禮也時融年十六儉少之而不告融見其有窘色窘迫也【集解】惠棟曰續漢書云融知儉長者有窘迫色謂曰兄雖在外吾獨不能爲君主邪因留舍之舍止也後事泄【集解】汪文臺曰世說注續漢書云後以客發洩覺知國相以下密就掩捕儉得脫走遂幷收褎融送獄二人未知

所坐融曰保納舍藏者融也當坐之褎曰彼來求我非弟之過請甘其罪吏問其母母曰家事任長妾當其辜一門爭死郡縣疑不能決乃上讞之前書音義曰讞請也音宜桀反詔書竟坐褎焉融由是顯名與平原陶丘洪陳留邊讓齊聲稱【集解】汪文臺曰世說注續漢書云並以俊秀爲後進冠蓋融持論經理不及讓等而逸才宏博過之州郡禮命皆不就辟司徒楊賜府時隱覈官僚之貪濁者將加貶黜融多舉中官親族尚書畏迫內寵召掾屬詰責之融陳對罪惡言無阿撓撓曲也音乃孝反【集解】王補曰此當是詔三府掾屬舉謠言時故融得以陳奏而尚書吏詰責之與范滂事同也河南尹何進當遷爲大將軍楊賜遣融奉謁賀進不時通融卽奪謁還府投劾而去河南官屬恥之私遣劒客欲追殺融客有言於進曰孔文舉有重名融家傳曰客言於進曰孔文舉於時英雄特傑譬諸物類猶衆星之有北辰百穀之有黍稷天下莫不屬目也將軍若造怨此人則四方之士引領而去矣不如因而禮之可以示廣於天下進然之既拜而辟融舉高

第爲侍御史與中丞趙舍不同託病歸家【集解】惠棟曰百官表云中丞內領侍御史融爲舍屬與舍不合故歸也後辟司空掾拜中軍候【集解】劉攽曰案漢官無中軍候唯有北軍中候耳明字有脫誤也先謙曰官本考證云刊誤補遺云郭仲奇碑額云北軍中候祝睦碑云北軍軍中候然仲奇碑中但云拜軍中候不言北軍與額不同郭究碑亦但以軍中稱之者蓋當時官稱所尚如此北海傳當云軍中候其文倒耳無脫字也中候自中興以來始有北軍軍中候之稱其辭或省則曰北軍中候軍中候云在職三日遷虎賁中郎將會董卓廢立融每因對荅輒有匡正之言以忤卓旨轉爲議郎時黃巾寇數州而北海最爲賊衝卓乃諷三府同舉融爲北海相【集解】汪文臺曰世說注續漢書云時年三十八融到郡收合士民起兵講武馳檄飛翰引謀州郡賊張饒等羣輩二十萬衆從冀州還融逆擊爲饒所敗乃收散兵保朱虛縣稍復鳩集吏民爲黃巾所誤者男女四萬餘人更置城邑立學校表顯儒術薦舉賢良鄭玄彭璆邴原等璆音巨秋反又音求【集解】汪文臺曰世說注續漢書云以彭璆爲方正邴原爲有道王修爲孝廉告高密縣爲鄭玄特立一鄉名爲鄭公鄉其禮賢如此郡人甄子然

【集解】惠棟曰融集教高密令曰志士甄子然告困焉得愛釜庾之問以錫烈士之心與豆三斛當是恤子然之後也子然高密人見第五種傳洪頤煊曰又袁宏紀有北海甄子然送張儉事而范史儉傳不載臨孝存【集解】惠棟曰孝存名碩注見鄭元傳知名早卒融恨不及之乃命配食縣社其餘雖一介之善莫不加禮焉【集解】惠棟曰秦子云人有母病瘧思食新麥家無盜熟而進之文舉爲北海相聞而特賞之郡人無後及四方游士有死亡者皆爲棺具而斂葬之時黃巾復來侵暴融乃出屯都昌都昌縣屬北海郡故城在今青州臨朐縣東北【集解】先謙曰今萊州府昌邑縣西二里漢青州北海國都昌縣也若青州臨朐縣東北之都昌後魏青州北海郡屬章懷蓋誤乃爲賊管亥所圍融逼急乃遣東萊太史慈求救於平原相劉備吳志慈字子義東萊人也避事之遼東北海相孔融聞而奇之數遣人訊問其母幷致餉遺時融爲管亥所圍慈從遼東還母謂之曰汝與孔北海未嘗相見至汝行後贍恤殷勤過於故舊今爲賊所圍汝宜赴之慈單步見融旣而求救於劉備得兵以解圍焉備驚曰孔北海乃復知天下有劉備邪卽遣兵三千救之賊乃散走時袁曹方盛而融無協附左丞祖者【集解】先謙曰官本祖上有黃字錢大昕云黃祖非融所殺魏志崔琰傳注引九州春秋作左承祖承丞古通用稱有

意謀勸融有所結納融知紹操終圖漢室不欲與同故怒而殺之融負其高氣志在靖難而才疏意廣迄無成功迄竟也在郡六年劉備表領青州刺史建安元年爲袁譚所攻自春至夏戰士所餘裁數百人流矢雨集戈矛內接融隱几讀書隱憑也莊子曰南郭子綦隱几而坐談笑自若城夜陷乃奔東山集解先謙曰東山官本作山東妻子爲譚所虜及獻帝都許徵融爲將作大匠遷少府每朝會訪對融輒引正定議公卿大夫皆隸名而已說文云隸附著集解先謙曰上書薦謝該見儒林傳初太傅馬日磾奉使山東及至淮南數有意於袁術術輕侮之遂奪取其節求去又不聽因欲逼爲軍帥集解先謙曰官本帥作師日磾深自恨遂嘔血而斃三輔決錄曰磾字翁叔馬融之族子少傳融業以才學進與楊彪盧植蔡邕等典校中書歷位九卿遂登台輔獻帝春秋曰術從日磾借節觀之因奪不還條軍中十餘人使促辟之日磾謂術曰卿先代諸公辟士云何而言促之謂公府掾可劫得乎從術求去而術不遣旣以失節屈辱憂恚及喪還朝廷議欲加禮融乃獨議曰日磾以上公之尊秉髦

節之使銜命直指直指無屈撓也前書有繡衣直指集解周壽昌曰直從也言銜命徑指其地也若云無屈撓則與下曲媚姦臣爲所牽率語相背馬日磾官太傅較繡衣直指爲尊亦不得以直指二字相同引爲訓也注誤寍輯東夏輯和也而曲媚姦臣爲所牽率章表署用輒使首名所上章表及署補用皆以日磾名爲首附下罔上前書曰附下罔上者刑姦以事君左傳叔向曰姦以事君者吾所能禦昔國佐當晉軍而不撓公羊傳曰鞌之戰齊師大敗齊侯使國佐如師郤克曰與我紀侯之甗及魯衛之侵地使耕者東西其畝以蕭同叔子爲質則吾舍子國佐曰與我紀侯之甗請諾使反魯衛之侵請諾使耕者東西其畝是則土齊也蕭同叔子者齊君母也齊君母猶晉君之母也曰不可請戰一戰而不勝再戰再戰而不勝請三戰三戰而不勝則齊國盡子之有也何必蕭同叔子爲質揖而去之集解劉攽曰注及魯衛之侵地使耕者東西其畝又云使反魯衛之侵請諾使耕者東西其畝案公羊本文及當作反又但云東其畝多西字下文又多一使字卻少一地字及多一西字先謙曰官本一戰而不勝下有請字宜僚臨白刃而正色楚白公勝欲爲亂謂石乞曰王與卿士皆以五百人當之則可乞曰不可得也曰市南有熊相宜僚者若得之可以當五百人矣乃從白公見之與言悅告之故辭承之以劍不動事見左傳王室大臣豈得以見脅爲辭又袁術僭逆非一朝一夕日磾隨從周旋歷歲漢律集解惠棟曰漢律有

九篇李悝所撰六篇盜賊囚捕雜具也蕭何定律益事律擅興廄戶三篇合爲九篇與罪人交關三日已上皆應知情集解惠棟曰司馬貞云關訓通也春秋魯叔孫得臣卒以不發揚襄仲之罪貶不書日公羊傳曰叔孫得臣卒何休注曰不日者知公子遂欲殺君而爲人臣知賊而不言明當誅也公子遂卽襄仲也鄭人討幽公之亂斲子家之棺左傳鄭子家卒鄭人討幽公之亂斲子家之棺而逐其族杜預注曰斲薄其棺不使從卿禮爲其殺君故也聖上哀矜舊臣未忍追案不宜加禮朝廷從之集解王補曰阻馬日磾之加禮劉表郊祀不班示漢季大臣知政體者孰逾於文舉時論者多欲復肉刑融乃建議曰古者敦厖善否不別左傳楚申叔時曰人生敦厖杜預注厖厚大也吏端刑清端直也政無過失百姓有罪皆自取之末世陵遲風化壞亂政撓其俗法害其人故曰上失其道民散久矣而欲繩之以古刑投之以殘棄殘其支體而棄廢之非所謂與時消息者也易曰天地盈虛與時消息紂斮朝涉之脛天下謂爲無道尚書曰紂斮朝涉之脛孔安國注曰冬日見朝涉水者謂其脛耐寒斮而觀之夫九牧之地千八百君前書賈山曰昔者周蓋千八百國以九州之人養千八百君也若各

刖一人是下常有千八百紂也集解劉攽曰案文少一天字求俗休和弗可得已且被刑之人慮不念生志在思死類多趣惡莫復歸正夙沙亂齊左傳曰靈公廢太子光立公子牙使高厚傅牙夙沙衛爲少傅崔杼逆光而立之是爲莊公莊公以夙沙衛易已衛奔高唐以叛伊戾禍宋左傳楚客聘于晉過宋太子座知之請野享之公使往伊戾請從遣之至則欲用牲加書徵之騁而告曰太子將爲亂旣與楚客盟矣公使視之則信有焉公囚太子太子縊死公徐聞其無罪乃亨伊戾趙高英布爲世大患史記胡亥謂李斯曰高故宦人也遂專信任之後殺李斯劫殺胡亥卒亡秦也前書黥布坐法黥論輸驪山亡之江中爲羣盜及屬項羽常爲先鋒陷陣後歸漢爲九江王謀反誅之不能止人遂爲非也適足絕人還爲善耳雖忠如鬻權左傳初鬻權強諫楚子弗從臨之以兵懼而從之拳曰吾懼君以兵罪莫大焉遂自刖楚人以爲大閽君子曰鬻拳可謂愛君矣諫以自納於刑刑猶不忘納君於善集解先謙曰官本權並作拳是信如卞和韓子曰楚人和氏得璞玉於楚山之中獻之武王武王使玉人相之曰石也王以和爲謾已刖其左足及文王卽位和又奉其璞玉人又曰石也又刖其右足文王薨成王卽位和乃抱其璞而哭於楚山之下三日三夜泣盡而繼以血王使玉人攻璞而得寶焉琴操曰荊王封和爲陵陽侯和辭不就而去乃作怨歌曰進寶得刑足離分兮去封立信守休芸兮斷者不續豈不冤兮集解先謙曰

官本琴操曰三字在進寶上智如孫臏史記孫臏與龐涓學兵法涓事魏惠王爲將軍自以能不及臏陰使召臏斷其兩足而黥之臏後入齊威王問兵法以爲師魏與趙攻韓齊使田忌將而往龐涓聞去韓而歸臏謂田忌曰三晉之兵素悍勇而輕齊軍半至使齊軍入魏地爲十萬竈明日爲五萬竈明日爲二萬竈龐涓行三日大喜曰我固知齊卒怯入吾地三日士卒亡者過半矣乃棄其步兵與其輕銳倍日并行逐之孫子度其行暮當至馬陵馬陵道狹旁多險阻可伏兵乃斫大樹白而書之曰龐涓死於此木下於是令齊軍曰善射者萬弩夾道而伏期日暮見火舉而俱發涓夜至斫木下見白書乃鑽火燭之讀書未畢齊軍萬弩俱發魏軍大亂相失龐涓自知智窮兵敗遂自剄曰遂成豎子之名矣集解劉攽曰注軍半至案史記彼文更有他語故末云軍半至今既節取不宜長此三字又令齊軍曰善射案文多一曰字冤如巷伯毛萇注詩云巷伯內小臣也掌王后之命於宮中故謂之巷伯伯被讒將刑寺人孟子傷而作詩以刺幽王也才如史遷李陵爲匈奴敗馬遷明陵當必立功以報漢遂被下蠶室宮刑後乃著史記達如子政劉向字子政宣帝時上言黃金可成上令典尚方鑄作事費甚多方不驗乃下吏當死上奇其才得踰冬減論班固云向博物洽聞通達古今集解洪亮吉曰案前五人皆罹肉刑似不宜雜以子政一離刀鋸沒世不齒國語中刑用刀鋸也是太甲之思庸尚書太甲既立不明伊尹放諸桐三年復歸于亳思庸孔注曰念常道也穆公之霸秦秦穆使孟明白乙等伐鄭蹇叔諫不從晉襄公敗諸崤囚孟明等後歸之穆公

日孤之罪也夫子何罪復使爲政遂霸西戎事見左傳南睢之骨立集解惠棟曰未詳衞武之初筵韓詩曰賓之初筵衞武公飲酒悔過也言賓客初就筵之時賓主秩秩然俱謹敬也賓既醉止載號載呶不知其爲惡也陳湯之都賴前書湯字子公遷西域副校尉矯制發諸國兵斬郅支單于於都賴水上魏尙之守邊文帝時尙爲雲中守坐上首虜差六級下吏削爵趙人馮唐爲郎爲言文帝赦尙復爲雲中守也無所復施也漢開改惡之路凡爲此也故明德之君遠度深惟棄短就長不苟革其政者也朝廷善之卒不改焉是時荊州牧劉表不供職貢多行僭僞遂乃郊祀天地擬斥乘輿斥指也詔書班下其事融上疏曰竊聞領荊州牧劉表桀逆放恣所爲不軌至乃郊祭天地擬儀社稷雖昏僭惡極罪不容誅至於國體宜且諱之體謂國家之大體也集解惠棟曰案表本傳不載唯零陵先賢傳云太祖問劉先曰劉牧如何郊天也先對曰劉牧托漢室肺腑處牧伯之位而遭王道未平羣凶塞路抱玉帛而無所聘頫修章表而不獲達御是以郊天祀地昭告赤誠是其事也何者萬乘至重天王至尊身爲聖躬國爲神器老子曰天下神器不可爲也陛級縣遠祿位限絕賈誼曰人主之尊譬如堂羣臣如陛衆庶如地故陛乃九級上廉遠地則堂高也集解先謙曰官本堂高作高堂猶天之不可階日月之不可踰也論語曰夫子之不可及也猶天之不可階而升也又曰仲尼如日月無得而踰焉每有一豎臣輒云圖之若形之四方非所以杜塞邪萌形兒也愚謂雖有重戾必宜隱忍賈誼所謂擲鼠忌器蓋謂此也前書賈誼曰里諺云欲投鼠而忌器此善諭也鼠近於器向憚不投恐傷其器況乎貴臣之近主乎是以齊兵次楚唯責包茅左傳齊桓伐楚責以包茅不入王祭不供無以縮酒杜預注曰包裹束也茅菁茅也東茅而灌之以酒爲縮酒也王師敗績不書晉人公羊傳成公元年秋王師敗績于貿戎孰敗之蓋晉敗之曷爲不言晉敗之王者無敵莫敢當也前以露袁術之罪今復下劉表之事是使跛牂欲闚高岸天險可得而登也史記李斯曰故城高五丈而樓季不輕犯也太山之高百仞而跛牂牧其上夫樓季而難五丈之限豈跛牂而易百仞之高哉峭漸之埶異也爾雅曰羊牝曰牂易曰天險不可升地險山川丘陵也集解王補曰天險易注向無的解惟王厚齋通鑑答問有曰坎之象曰天險不可升也天險云者君君臣臣截然分定而不可犯地險則有形之險耳觀融疏意實與王同豈漢時舊有此訓而後軼之與先謙曰官本注夫作矣案表跋扈擅誅列侯遏絕詔命斷盜貢篚鄭玄注儀禮曰篚竹器如筐也書曰

厥篚玄纁璣組招呼元惡以自營衞專爲羣逆主萃淵藪書曰今商王受亡道爲天下逋逃主萃淵藪孔注曰天下罪人逃亡者而紂爲魁主窟聚泉府藪澤也郜鼎在廟章孰甚焉左傳取郜大鼎于宋戊申納于太廟臧哀伯諫曰君人者昭德塞違以臨照百官百官於是乎戒懼郜鼎在廟章孰甚焉郜鼎郜國所作也桑落瓦解其埶可見詩曰桑之落矣其黃而隕集解惠棟曰荀子云孔子厄于陳蔡之間謂子路曰女庸安知吾不得之桑落之下瓦解見鬻子臣愚以爲宜隱郊祀之事以崇國防五年南陽王馮東海王祗薨並獻帝子集解錢大昕曰祗乃東海恭王彊之玄孫非獻帝子且立四十四年而薨初非沖幼此傳殆誤也獻帝子見於紀者有東海王敦東海北海之譌敦以建安十七年封時融已先歿矣范史雜采它書往往自相乖異如此帝傷其早歿欲爲修四時之祭以訪於融融對曰聖恩敦睦感時增思悼二王之靈發哀愍之詔稽度前典以正禮制竊觀故事前梁懷王臨江愍王齊哀王臨淮懷王並薨無後同產昆弟即景武昭明四帝是也梁懷王揖景帝弟也立十年薨臨江愍王榮武帝兄也爲皇太子四歲廢爲王坐侵廟壖地自殺齊懷王閎武帝子昭帝異母兄立八年薨臣賢案齊哀王悼惠王之子高帝之孫非昭帝兄弟當爲懷王作哀者誤也臨淮公衡明帝弟建

武十五年立未及進爵爲王而薨融家傳及本傳皆作公此爲王者亦誤也未聞前朝修立祭祀若臨時所施則不列傳紀臣愚以爲諸在沖亂聖慈哀悼禮同成人加以號謚者宜稱上恩稱音尺證反祭祀禮畢而後絕之至於一歲之限不合禮意又違先帝已然之法所未敢處處猶安也初曹操攻屠鄴城袁氏婦子多見侵略而操子丕私納袁熙妻甄氏袁紹傳熙紹之中子也甄氏中山無極人漢太保甄邯後也父逸上蔡令魏略曰熙出在幽州甄氏侍姑及鄴城破文帝入紹舍后怖伏姑膝上帝令舉頭就視見其顏色非凡太祖聞其意爲迎取之融乃與操書稱武王伐紂以妲己賜周公妲音丁末反又音旦紂之妃有蘇氏女也紂用其言毒虐衆庶武王克殷斬妲己頭縣之於小白旗以爲紂之亡由此女也出列女傳也操不悟後問出何經典對曰以今度之想當然耳後操討烏桓建安十三年也又嘲之曰大將軍遠征蕭條海外昔肅愼不貢楛矢國語曰昔武王剋商通于九夷百蠻於是肅愼氏貢楛矢石砮其長尺有咫肅愼國記曰肅愼氏其地在夫餘國北東濱大海魏畧曰挹婁一名肅愼氏說文曰楛木也今遼左有楛木狀如荊葉如榆也集解先謙曰官本矣作矢是丁零盜蘇武牛羊可并案

也山海經曰北海之內有丁零之國前書蘇武使匈奴單于徙北海上丁零盜武牛羊武遂窮厄也時年飢兵興操表制酒禁融頻書爭之多侮慢之辭融集與操書云酒之爲德久矣古先哲王類帝禋宗和神定人以濟萬國非酒莫以也故天垂酒星之耀地列酒泉之郡人著旨酒之德堯不千鍾無以建太平孔非百觚無以堪上聖樊噲解厄鴻門非豕肩鍾酒無以奮其怒趙之厮養東迎其王非引卮酒無以激其氣高祖非醉斬白蛇無以暢其靈景帝非醉幸唐姬無以開中興袁盎非醇醪之力無以脫其命定國不酣飲一斛無以決其法故酈生以高陽酒徒著功於漢屈原不餔糟歠醨取困於楚由是觀之酒何負於政哉又書曰昨承訓答陳二代之禍及衆人之敗以酒亡者實如來誨雖然徐偃王行仁義而亡今令不絕仁義燕噲以讓失社稷今令不禁謙退魯因儒而損今令不棄文學夏商亦以婦人失天下今令不斷婚姻而將酒獨急者疑但惜穀耳非以亡王爲戒也集解惠棟曰注天垂酒星之耀春秋元命苞云三酒旗主上尊酒所以侑神也又堯千鍾孔百觚皆見孔叢子既見操雄詐漸著數不能堪故發辭偏宕多致乖忤偏邪跌宕不拘正理集解錢大昕曰說文宕過也先謙曰操欲殺楊彪融爭之獲免見彪傳又嘗奏宜準古王畿之制千里寰內不以封建諸侯周禮方千里曰國畿其外五百里侯畿鄭玄注畿限也集解惠棟曰融此奏詳見袁宏紀操疑其所論建漸廣益憚之然以融名重天下外相容忍而

潛忌正議慮鯁大業山陽郗慮續漢書慮字鴻豫山陽高平人少受學於鄭玄虞溥江表傳曰獻帝嘗時見慮及少府孔融問融曰鴻豫何所優長融曰可與適道未可與權慮舉笏曰融昔宰北海政散人流其權安在遂與融互相長短以至不穆曹操以書和解之慮從光祿勳遷御史大夫集解劉攽曰注獻帝嘗時見慮案文時當作特王幼學曰案史炤釋文郗音綺戟反至晉元帝時郗鑒乃音丑之反承望風旨以微法奏免融官因顯明讎怨操故書激厲融曰蓋聞唐虞之朝有克讓之臣尚書曰舜以伯禹爲司空禹讓稷契暨皋陶以益爲朕虞益讓于朱虎熊羆以伯夷爲秩宗伯夷讓于夔龍集解王補曰文選任昉王文憲集序注引路粹爲曹公與孔融書證知此書亦路粹作注引書云邀一言之譽者計有餘矣今無此語范氏刪節也故麟鳳來而頌聲作也史記曰於是禹興九部之樂致異物鳳皇來儀後世德薄猶有殺身爲君若齊孟陽代君居牀以待賊西漢紀信乘黃屋誑楚之類也破家爲國若要離焚妻子以狥吳李通誅宗族以從漢之類也及至其微睚眦之怨必讎一餐之惠必報史記范睢一餐之德必償睚眦之怨必報故鼂錯念國遘禍於袁盎景帝時錯爲御史大夫以諸侯國大請削其土吳楚七國反以誅錯爲名袁盎素與錯不相善盎乃進說請斬錯以謝七國景帝遂斬錯也屈平悼楚受譖於椒蘭屈平楚懷王時爲三閭大夫秦昭王使張儀誘

詐懷王令絕齊交又誘請會武關平諫王不聽其言卒客死於秦懷王子子椒子蘭讒之於襄王而放逐之見史記彭寵傾亂起自朱浮朱浮與寵不相能數譖之光武寵遂反鄧禹威損失於宗馮鄧禹征赤眉令宗歆馮愔守栒邑二人爭權相攻遂殺歆因反擊禹今流俗本宗誤作宋也集解周壽昌曰案鄧禹傳宗欽作宗歆由此言之喜怒怨愛禍福所因可不愼與音余昔廉藺小國之臣猶能相下趙惠文王與秦昭王會澠池歸拜藺相如爲上卿位在廉頗右頗曰吾不忍爲之下必辱之相如每朝常避之頗聞之肉袒負荊謝之相與爲刎頸之交事見史記寇賈倉卒武夫屈節崇好光武不問伯升之怨集解何焯曰謂宥朱鮪齊侯不疑射鉤之虜公子糾與桓公爭立管仲射桓公中鉤後桓公即位以管仲爲相也夫立大操者豈累細故哉往聞二君有執法之平以爲小介介猶蔕芥也公法雖平私情爲蔕芥者也當收舊好而怨毒漸積志相危害聞之憮然中夜而起憮音舞憮失意貌也昔國家東遷文舉盛歎鴻豫名實相副綜達經學出於鄭玄又明司馬法史記齊威王使大夫追論古者司馬法其法論田及兵之法也鴻豫亦稱文舉奇逸博聞誠怪今者與始相違孤與文舉既非舊好又於鴻豫

亦無恩紀，然願人之相美，不樂人之相傷，是吕區區思協歡好。又知二君羣小所搆，孤爲人臣，進不能風化海內，退不能建德和人，然撫養戰士，殺身爲國，破浮華交會之徒，計有餘矣。集解王補曰操書意在交搆非平怨也融報曰：猥惠書教，猥曲也告所不逮。融與鴻豫州里比鄰，山陽與魯郡相鄰比知之最早。雖嘗陳其功美，欲吕厚於見私，信於爲國，不求其覆過掩惡，有罪望不坐也。前者黜退，懽欣受之。昔趙宣子朝登韓厥，夕被其戮，喜而求賀。宣子趙盾謚也國語曰宣子言韓厥於靈公以爲司馬河曲之役趙宣子使人以其乘車干行韓厥執而戮之眾咸曰韓厥必不沒矣其主朝升之而暮戮其車其誰安之宣子召而禮之謂諸大夫曰二三子可以賀我矣吾舉厥也中吾乃今知免於罪矣況無彼人之功，而敢枉當官之平哉！忠非三閭，鄖屈原也掌王族三姓曰昭屈景故曰三閭智非鼂錯，竊位爲過，免罪爲幸。乃使餘論遠聞，所吕慙懼也。朱、彭、寇、賈，爲世壯士，愛惡相攻，能爲國憂。至於輕弱薄劣，猶昆蟲之相囓，適足還害其身。夏小正云昆眾也孫卿子曰昆蟲亦有知誠無所至也。晉侯嘉其臣所爭者大，而師曠吕爲不如心競。左傳秦伯之弟鍼如晉修成叔向命召行人子員行人子朱曰朱也當御三云叔向不應子朱怒曰班爵同何以黜朱於朝撫劍從之叔向曰秦晉不和久矣今日之事幸而集晉國賴之不集三軍暴骨子員導二國之言無私子常易之姦以事君者吾所能禦也拂衣從之人救之平公曰晉其庶乎吾臣之所爭者大師曠曰公室懼卑臣不心競而力爭也性既遲緩，與人無傷，雖出胯下之負，韓信貧賤淮陰少年侮之令信出胯下榆次之辱，史記荊軻嘗游榆次與蓋聶論劍蓋聶怒而目之荊軻出去不知貶毀之於己，猶蚊虻之一過也。蚊音文虻音盲蚊虻之暫過未以爲害集解惠棟曰莊子寓言云仲尼曰夫無所縣者可以無哀乎彼視三釜三千鍾如觀雀蚊虻相過乎前也司馬彪注云觀雀飛疾與蚊相過忽然而不覺也觀亦作鸛古亂反先謙曰官本無一字子產謂人心不相似，左傳曰子產謂子皮曰人心不同其如面焉吾豈敢謂子面如吾面乎或矜埶者，欲吕取勝爲榮，不念宋人待四海之客，大鑪不欲令酒酸也。鑪累土爲之以居酒瓮四邊隆起一面高如鍛鑪故名鑪字或作壚韓子曰宋人有沽酒者斗槩甚平遇客甚謹爲酒甚美而酒不售酒酸者怪其故問所知閭長者楊倩二人曰汝狗猛耶曰狗猛何故不售曰人畏焉令孺子懷錢絜壺往沽狗逆齕之酒所以酸而不售至於屈穀巨瓠，堅而無竅，當吕無用罪之耳。韓子曰齊有居士田仲宋人屈穀往見之曰穀聞先生之義不恃仰人而食今穀有樹瓠之法堅如石厚而無竅願獻先生田仲曰夫子徒謂我也凡貴於樹瓠者爲可以盛也今厚而無竅則不可以盛物而任堅如石則不可以割而斟吾無以此瓠爲也將棄之今仲不恃仰人而食亦無益人國亦堅瓠之類集解先謙曰官本注恃作待它者奉遵嚴教，不敢失墜。郗爲故吏，融所推進。趙衰之拔郤穀，左傳晉文公謀元帥趙衰曰郤穀可乃使郤穀將中軍不輕公叔之升臣也。公叔文子衞大夫其家臣名僎行與文子同升之於公與之並爲大夫僎音七眷反見論語知同其愛，訓誨發中。言曹公與己同愛郗慮故發於中心而訓誨雖懿伯之忌，猶不得念，禮記檀弓曰滕成公之喪使子叔敬叔弔子服惠伯爲介及郊爲懿伯之忌不入惠伯曰政也不可以叔父之私不將公事遂入鄭玄注曰懿伯惠伯之叔父也忌怨也況恃舊交而欲自外於賢吏哉！賢吏謂慮也輒布腹心，修好如初。苦言至意，終身誦之。」集解王補曰觀融荅書正墮術中傳言寬容少忌信然

歲餘，復拜太中大夫。性寬容少忌，好士，喜誘益後進。及退閑職，太中大夫職在言議故云閑職賓客日盈其門。常歎曰：「坐上客恒滿，尊中酒不空，吾無憂矣。」集解惠棟曰張璠漢記云融愛才樂酒故云

與蔡邕素善。邕卒後，有虎賁士貌類於邕，漢官典職儀曰虎賁中郎將主武賁千五百人融每酒酣，引與同坐，曰：「雖無老成人，且有典刑。」詩大雅曰雖無老成人尚有典刑也融聞人之善，若出諸己，言有可采，必演而成之，面告其短，而退稱所長，薦達賢士，多所奬進，知而未言，吕爲己過，故海內英俊皆信服之。

曹操既積嫌忌，而郗慮復搆成其罪，遂令丞相軍謀祭酒路粹典略曰粹字文蔚陳留人少學於蔡邕建安初以高第擢拜尚書郎後爲軍謀祭酒與陳琳阮瑀等典記室融誅之後人覩粹所作無不嘉其才而忌其筆也枉狀奏融曰：集解王補曰魏志王粲傳注引典略與此小異「少府孔融，昔在北海，見王室不靜，而招合徒眾，欲規不軌，云『我大聖之後，而見滅於宋，史記曰魯大夫孟釐子曰孔丘聖人之後滅於宋服虔注曰聖人謂商湯也孔子六代祖孔父嘉爲宋華督所殺其子奔魯也有天下者何必卯金刀』。及與孫權使語，謗訕朝廷。訕音所諫反訕謂謗毀也蒼頡篇曰訕非也又融爲九列，不遵朝儀，禿巾微行，謂不加幘唐突宮掖。集解惠棟曰丁度云搪突觸也吳曾曰律有唐突之罪案孔融汝潁優劣論陳羣曰頗有蕪菁唐突人參蓋當時之語又前與白衣禰衡跌

蕩放言跌蕩無儀檢也放縱也云父之於子當有何親論其本意實為情欲發耳子之於母亦復奚為譬如寄物缻中說文曰缻缶也字書曰缻似缶而高集解先謙曰官本缻作瓶出則離矣集解王補曰子夏喪服傳禽獸知母而不知父野人曰父母何算焉都邑之士則知尊禰矣大夫及學士則知尊祖矣融嘗自言詣案大較要在五經四部書如非此文近為妄矣又幼持父喪哀悴過毀州里歸其孝何至謬為此語路粹嫁誣若斯以無為有當時所以忌其筆也既而與衡更相贊揚衡謂融曰仲尼不死融答曰顏回復生大逆不道宜極重誅書奏下獄棄市時年五十六集解惠棟曰樂史云融墓在揚州江都縣高士坊西北去州九里妻子皆被誅初女年七歲男年九歲以其幼弱得全寄它舍二子方弈棊融被收而不動左右曰父執而不起何也答曰安有巢毀而卵不破乎主人有遺肉汁男渴而飲之女曰今日之禍豈得久活何賴知肉味乎兄號泣而止或言於曹操遂盡殺之及收至謂兄曰若死者有知得見父母豈非至願乃延頸就刑顏色不變莫不傷之初京兆人脂習元

升與融相善每戒融剛直魏略曰曹操為司空威德日盛融故以舊意書疏倨傲習常責融令改節融不從之及被害許下莫敢收者習往撫尸曰文舉舍我死吾何用生為操聞大怒將收習殺之後得赦出魏文帝深好融文辭歎曰楊班儔也募天下有上融文章者輒賞以金帛集解王補曰唐庚嘗言魏文帝即位求孔融之文以為不減班揚晉武帝踐阼詔定諸葛亮故事而比之周誥融既魏武之讐恨而亮亦晉宣之仇敵二人之言宜非當時所欲聞而並見收錄唯恐墜失蕩然無忌猶有先王大公至正之道存焉予謂魏文晉武固可取而孔葛之文不可磨滅歐陽子所謂雖怨家仇人不能少毀而揜蔽之也所著詩頌碑文論議六言策文表檄教令書記凡二十五篇集解惠棟曰經籍志云梁孔融集十卷錄一卷文帝以習有欒布之節加中散大夫前書曰欒布梁人也為梁王彭越大夫使於齊未反漢誅越梟首雒陽下布還奏事越頭下祠而哭之

論曰昔諫大夫鄭昌有言山有猛獸者藜藿為之不採宣帝時司隸校尉蓋寬饒以直言得罪鄭昌愍傷寬饒忠直憂國以言事不當意而為文吏所詆挫故上書訟之集解洪亮吉曰案此鄭昌引文子之言范史或未見文子故此論以為鄭昌前人引用故實詳慎如此是以孔父正色不容弒虐之謀公羊傳曰孔父正色而立于朝則人莫敢過而致難於其君者孔父可謂義形於色矣平仲立朝有紓盜齊之望紓音舒解也緩也盜齊謂田常也莊子曰田成子一旦弒齊君而盜其國左傳齊景公坐於路寢公歎曰美哉室其誰有此乎晏子對曰如君之言其陳氏乎公曰是可若何對曰唯禮可以已之若夫文舉之高志直情其足以動義槩而忤雄心忤逆也故使移鼎之迹事隔於人存移鼎謂遷漢之鼎也人存謂曹操身在不得篡位也左傳曰桀有昏德鼎遷于商商紂暴虐鼎遷于周代終之規啟機於身後也代終謂代漢祚之終也身後謂曹丕受禪也集解王補曰李固為太尉梁冀不敢擅廢立故先策免以立威孔融見憚於曹操因趣路粹枉狀以擠之死范史此論與陳蕃左班儒林等論同為表揚節義垂涕而道足為炯鑒夫嚴氣正性覆折而已豈其員園委屈可以每其生哉園即刓字音五丸反前書音義曰刓謂刓團無稜角也每貪也言融正直以傾覆摧折不能委曲以貪生也賈誼曰品庶每生集解惠棟曰史記賈誼傳作馮生鄒誕生本作每生漢書正作每莊子曰無門無毒崔譔本毒作每云貪也司馬貞云每者冒也冒貪之義案方言每字合從手益刀每音莫改反懍懍焉皜皜焉其與琨玉秋霜比質可也懍懍言勁烈如秋霜也皜皜言堅貞如白玉也皜音古老反

荀彧字文若袁宏漢紀彧作郁潁川潁陰人朗陵令淑之孫也朗陵縣屬汝南郡故城在今豫州朗山縣西南集解錢大昕曰荀淑傳補朗陵侯相漢制縣為侯國則置侯相一人治之其職與令長同故亦通稱為令也東萊之不其亦侯國而董恢傳稱除不其令父緄為濟南相緄音古本反緄畏憚宦官乃為彧娶中常侍唐衡女典略曰衡欲以女妻汝南傅公明公明不取轉以妻彧集解惠棟曰裴松之云案漢紀云唐衡以桓帝延熹七年死計彧於時年始二歲則彧婚之日衡之沒久矣彧以少有才名故得免於譏議南陽何顒名知人見彧而異之曰王佐才也中平六年舉孝廉再遷亢父令亢父縣屬梁國故城在今兗州任城縣南亢音剛父音甫集解先謙曰注見劉隆傳董卓之亂棄官歸鄉里同郡韓融時將宗親千餘家避亂密西山中密縣西山也集解惠棟曰融字元長見韓韶傳彧謂父老曰潁川四戰之地也四面通也集解惠棟曰注見袁術傳天下有變常為兵衝密雖小固不足扞大難宜亟避之亟音紀力反鄉人多懷土不能去會冀州牧同郡韓馥遣騎迎之彧乃獨將宗族從馥留者後多為董卓將李傕所殺略焉彧比至冀州而袁紹已

奪覆位紹待彧以上賓之禮彧明有意數數計數也集解劉攽曰案文但云明有意數不成文史筆不如此蓋有一聰字見漢室崩亂每懷匡佐之義時曹操在東郡彧聞操有雄略而度紹終不能定大業初平二年乃去紹從操操與語大悅曰吾子房也比之張良以爲奮武司馬時年二十九明年又爲操鎮東司馬集解錢大昕曰此初平二年之明年也據魏志操爲鎮東將軍在建安元年則初平三年安得便稱鎮東司馬乎魏志彧傳本云明年太祖領兗州牧後爲鎮東將軍常以司馬從然則領兗州在此年而除鎮東司馬不在此年也范史刪去領兗州句遂誤以鎮東司馬爲是年事矣興平元年操東擊陶謙使彧守甄城縣名屬濟陰郡今濮州縣也甄今作鄄音絹集解惠棟曰縣屬濟南志作鄄說文鄄衛邑從邑垔聲先謙曰今曹州府濮州東二里任以留事會張邈陳宮以兗州反操典畧宮字公臺東郡人剛直烈壯少與海內知名之士皆相連結也而潛迎呂布布既至諸城悉應之邈乃使人譎彧譎詐也集解惠棟曰魏志云邈使劉翊告彧曰呂將軍來助曹使君擊陶謙宜亟供軍實集解惠棟曰實魏志作食彧知邈有變即勒兵設備故邈計不行豫州刺史郭貢率兵數萬來到城下求見彧彧將往東郡太守夏侯惇等止之魏志曰惇字元讓沛國人曰何知貢不與呂布同謀而輕欲見之今君爲十州之鎮往必危也彧曰貢與邈等分非素結今來速者計必未定及其猶豫宜時說之縱不爲用可使中立不令其有去就也若先懷疑嫌彼將怒而成謀不如往也貢既見彧無懼意知城不可攻遂引而去彧乃德程昱說范東阿魏志昱字仲德東郡東阿人范縣屬東郡今濮陽縣也東阿縣屬東郡今濟州縣也集解先謙曰官本德作使是使固其守卒全三城以待操焉三城謂甄范東阿也二年陶謙死操欲遂取徐州還定呂布彧諫曰昔高祖保關中高祖距項羽常留蕭何守關中光武據河內皆深根固本以制天下進可以勝敵退足以堅守故雖有困敗而終濟大業將軍本以兗州首事故能平定山東曹操初從東郡守鮑信等迎領兗州牧遂進兵破黃巾等故能平定山東也集解劉攽曰注東郡守案文少一太字此實天下之要地而將軍之關河也集解錢大昕曰案魏志彧傳云河濟天下之要地也今雖殘壞猶易以自保是亦將軍之關中河內也蓋

上言高祖保關中光武據河內皆深根固本以制天下故以兗州比關中河內范史刪去二字未當若不先定之根本將何寄乎宜急分討陳宮使虜不得西顧乘其閒而收孰麥約食稸穀以資一舉則呂布不足破也今舍之而東未見其便多留兵則力不勝敵少留兵則後不足固布乘虛寇暴震動人心縱數城或全其餘非復己有則將軍尚安歸乎集解惠棟曰數城謂三城且前討徐州威罰實行其子弟念父兄之恥必人自爲守就能破之尚不可保彼若懼而相結共爲表裏堅壁清野以待將軍將軍攻之不拔掠之無獲不出一旬則十萬之眾未戰而自困矣夫事固有棄彼取此以權一時之埶願將軍慮焉操於是大收孰麥復與布戰布敗走因分定諸縣兗州遂平建安元年獻帝自河東還洛陽操議欲奉迎車駕徙都於許眾多以山東未定韓暹楊奉負功恣睢恣睢肆怒貌睢音火季反又火佳反史記盜跖日殺不辜暴戾恣睢未可卒制彧乃勸操曰昔晉文公納周襄王而諸侯景從左傳卜偃言於晉侯曰求諸侯莫如勤王諸侯信之且大義也晉侯以左師逆王王入於王城取太叔於溫殺之於隰城遂定霸業天下服從也漢高祖爲義帝縞素而天下歸心項羽殺義帝於郴高祖爲義帝發喪高祖大哭發使告諸侯曰天下共立義帝北面事之今項羽放殺義帝大逆無道寡人親爲發喪兵皆縞素自天子蒙塵蒙冒也左傳臧文仲曰天子蒙塵於外敢不奔問官守將軍首唱義兵徒以山東擾亂未遑遠赴雖禦難於外乃心無不在王室尚書曰雖爾身在外乃心無不在王室乃汝也今鑾駕旋軫鄭玄注周禮曰軫輿後橫木也東京榛蕪義士有存本之思兆人懷感舊之哀誠因此時奉主上以從人望大順也秉至公以服天下大略也扶弘義以致英俊集解先謙曰官本俊作雄大德也四方雖有逆節其何能爲韓暹楊奉安足恤哉若不時定使豪傑生心後雖爲慮亦無及矣操從之及帝都許以彧爲侍中守尚書令操每征伐在外其軍國之事皆與彧籌焉彧又進操計謀之士從子攸魏志荀攸字公達太祖素聞攸名與語大悅謂彧曰公達非常人吾得與計事天下當何憂哉及鍾繇郭嘉

魏志嘉字奉孝潁川人也戲志才籌畫士也太祖甚器之早卒太祖與彧書曰自志才亡後莫可與計事者汝潁固多奇士誰可以繼之彧薦嘉召見論天下事太祖曰使孤成大業者必此人也陳羣杜襲襲字子緒潁川人荀彧薦襲太祖以爲丞相軍謀祭酒魏國建爲侍中司馬懿戲志才等懿字仲達郎晉宣帝集解惠棟曰孫楓云志才潁川人或別傳云戲志才郭嘉等有負俗之譏彧皆以智策舉之終各顯名案戲姓漢有北海戲子然也皆稱其舉唯嚴象爲揚州三輔決錄曰象字文則京兆人少聰博有膽智爲揚州刺史後爲孫策廬江太守李術所殺韋康爲涼州後並負敗焉康字元將京兆人父端從涼州牧徵爲太僕康代爲涼州刺史時人榮之後爲馬超所圍堅守歷時救軍不至遂爲超所殺袁紹既兼河朔之地有驕氣而操敗於張繡魏志張繡在南陽降既而悔之而復反操與戰軍敗爲流矢所中紹與操書甚倨陳琳爲紹作檄書曰操祖父騰贅養放橫父嵩乞匃攜養操贅閹遺醜並倨慢之詞也集解錢大昕曰案傳云紹與操書注以檄書當之誤也操爲張繡所敗在建安二年而紹宣檄乃在建安五年亦不相涉操大怒欲先攻之而患力不敵以謀於彧彧量紹雖彊終爲操所制乃說先取呂布然後圖紹操從之三年遂擒呂布定徐州五年袁紹率大衆以攻許操與相距紹甲兵甚盛議者咸懷

惶懼少府孔融謂彧曰袁紹地廣兵彊田豐許攸智計之士爲其謀先賢行狀豐字元皓鉅鹿人天姿瓌傑權畧多奇許攸字子遠審配逢紀盡忠之臣任其事配字正南魏郡人忠烈慷慨有不可犯之色紹領冀州委配腹心之任英雄記曰紀字元圖初紹去董卓與許攸及紀俱詣冀州紹以紀聰達有計策甚信之顏良文醜勇冠三軍統其兵殆難克乎彧曰紹兵雖多而法不整田豐剛而犯上許攸貪而不正審配專而無謀逢紀果而自用顏良文醜匹夫之勇可一戰而擒也後皆如彧之籌事在袁紹傳操保官度官度卽古之鴻溝也於滎陽下引河東南流其所保處在今鄭州中牟縣北官度口是也與紹連戰雖勝而軍糧方盡與彧議欲還許以致紹師致猶至也兵法曰善戰者致人不致於人彧報曰今穀食雖少未若楚漢在滎陽成皋間也是時劉項莫肯先退者以爲先退則埶屈也高祖與項羽於滎陽成皋間久相持不決後羽請鴻溝以西爲漢而退高祖遂乘羽敗之垓下追殺之公以十分居一之衆言與紹衆寡相懸也畫地而守之言畫地作限隔也鄒陽曰畫地而不敢犯搤其喉而不得進已半年矣搤音厄搤謂捉持之也

情見埶竭必將有變此用奇之時不可失也操從之乃堅壁持之遂以奇兵破紹紹退走集解惠棟曰魏武帝軍策令云袁本初鎧萬領吾大鎧二十領本初馬鎧三百具吾不能有十具見其少遂不施也吾遂出奇破之是時士卒鍊不與今時等也封彧萬歲亭侯邑一千戶六年操以紹新破未能爲患但欲留兵衛之自欲南征劉表以計問彧彧對曰紹既新敗衆懼人擾今不因而定之而欲遠兵江漢若紹收離糾散糾合也乘虛以出則公之事去矣操乃止九年操拔鄴自領冀州牧有說操宜復置九州者以爲冀部所統既廣則天下易服操將從之彧言曰今若依古制是爲冀州所統悉有河東馮翊扶風西河幽并之地也公前屠鄴城海內震駭各懼不得保其土守其兵衆今若一處被侵必謂以次見奪人心易動若一旦生變天下未可圖也願公先定河北然後修復舊京南臨楚郢責王貢之不入天下咸知公意則人人自安須海內大定乃議古

制此社稷長久之利也操報曰微足下之相難所失多矣遂寑九州議十二年操上書表彧曰昔袁紹作逆連兵官度時衆寡糧單圖欲還許尙書令荀彧深建宜住之便遠恢進討之略恢大也起發臣心革易愚慮堅營固守徼其軍實徼邀也音古堯反遂摧撲大寇濟危以安紹既破敗臣糧亦盡將舍河北之規改就荊南之策彧復備陳得失用移臣議故得反旆冀土左傳南轅反旆杜預曰軍前大旗克平四州謂冀青幽并也向使臣退軍官度紹必鼓行而前鼓行謂鳴鼓而行言無所畏也敵人懷利以自百各規利人百其勇也臣衆怯沮以喪氣也沮止有必敗之形無一捷之埶捷勝也復若南征劉表委棄兗豫飢軍深入踰越江沔沔卽漢水也孔安國曰漢上曰沔爲沔利既難要將失本據而彧建二策以亡爲存以禍爲福謀殊功異臣所不及是故先帝貴指縱之功薄搏獲之賞搏擊也高祖既殺項羽論功行封以蕭何爲最功臣多不服高祖曰諸君知獵乎夫獵追殺獸者狗也而發縱指示獸者人也諸君徒能追得獸耳功狗

也至如蕭何發縱指示功人也縱或作蹤兩通集解先謙曰官本蕭何發下少一縱字引劉攽曰注蕭何發指示案文少一縱字古人尚帷幄之規下攻拔之力張良未嘗有戰鬭功高帝曰運策帷幄中決勝千里外子房功也自擇齊三萬戶以封之原其績效足享高爵而海內未喻其狀所受不侔其功侔等也臣誠惜之乞重平議增疇戶邑前書曰復其後代疇其爵邑音義曰疇等也使其後常與先人等也彧深辭讓操譬之曰昔介子推有言竊人之財猶謂之盜左傳介子推晉文公臣況君奇謨拔出興亡所係可專有之邪操不專功欲分之於彧也雖慕魯連沖高之迹史記曰趙欲尊秦爲帝魯連止之平原君乃欲封魯連連笑曰所貴於天下之士爲人排患釋難解紛而無取也卽有取者是商賈之士也而連不忍爲也將爲聖人達節之義乎左傳曰聖達節次守節於是增封千戶幷前二千戶又欲授以正司或先守尚書令今欲正除也集解惠棟曰案彧別傳太祖欲表彧爲三公當得其實彧使荀攸深自陳讓至于十數乃止操將伐劉表問彧所策彧曰今華夏以平荆漢知亡矣可聲出宛葉而間行輕進以掩其不意操從之會表病死魏志操如彧計表子琮以州逆降十七

年董昭等昭字公仁濟陰人也欲共進操爵國公九錫備物禮含文嘉曰九錫一曰車馬二曰衣服三曰樂器四曰朱戶五曰納陛六曰虎賁百人七曰斧鉞八曰弓矢九曰秬鬯謂之九錫錫與也九錫皆如其德左傳曰分魯公以大輅大旂夏侯氏之璜封公父之繁弱祝宗卜史備物典策集解先謙曰官本封公父作封谷父密以訪彧彧曰曹公本興義兵以匡振漢朝雖勳庸崇著猶秉忠貞之節君子愛人以德不宜如此事遂寢禮記曰君子之愛人也以德細人之愛人也以姑息也操心不能平會南征孫權表請彧勞軍于譙因表留彧曰臣聞古之遣將上設監督之重下建副二之任史記齊景公以田穰苴爲將軍扞燕苴曰臣素卑賤擢之閭伍之中加之大夫之上士卒未附百姓不信權輕願得君之寵臣國之所尊以監軍乃可景公許之使莊賈往卽監督之義也所以尊嚴國命謀而鮮過者也左傳曰謀而鮮過惠訓不倦臣今當濟江奉辭伐罪宜有大使肅將天命文武並用自古有之使持節侍中守尚書令萬歲亭侯彧國之重臣德洽華夏旣停軍所次便宜與臣俱進宣示國命威懷醜虜軍禮尚速不及先請臣輒留彧依以爲重書奏帝從之遂以彧爲侍中光祿大夫持節參丞相軍事至濡須濡須水名也在今和州歷陽縣西南吳錄曰孫權聞操來夾水立塢狀如偃月以相拒月餘乃退彧病留壽春壽春縣屬淮南郡今壽州郡也操饋之食發視乃空器也於是飲藥而卒時年五十獻帝春秋董承之誅伏后與父完書言司空殺董承帝方爲報怨完得書以示彧彧惡之隱而不言完以示其妻弟樊普普封以呈太祖太祖陰爲之備彧恐事覺欲自發之因求使至鄴勸太祖以女配帝太祖曰今朝廷有伏后吾女何得配上彧曰伏后無子性又凶邪往嘗與父書言辭醜惡可因此廢也太祖曰卿昔何不道之彧陽驚曰昔已嘗爲公言也太祖曰此豈小事而吾忘之太祖以此恨彧而外含容之至董昭建魏公議彧意不同欲言之於太祖乃齎璽書犒軍飲饗禮畢彧請間太祖知彧欲言揖而遣之遂不得留之卒於壽春帝哀惜之祖日爲之廢讌樂祖日謂祭祖神之日因爲讌樂也風俗通曰共工氏之子曰修好遠遊祀以爲祖神漢以午日祖謚曰敬侯明年操遂稱魏公云集解通鑑胡注時以冀州之河東河內魏郡趙國中山常山鉅鹿安平甘陵平原凡十郡爲魏國王補曰冊魏公九錫文詳載袁紀三十卷魏志武帝紀文選三十五引文章志曰魏錫潘勖所作

論曰自遷帝西京山東騰沸詩曰百川沸騰天下之命倒縣矣趙岐注孟子曰倒懸猶困苦也荀君乃越河冀間關以從曹氏間關猶展轉也察其定舉措立言策措置也崇明王略以急國艱豈云因亂假義以就違正之謀乎言彧本心不背漢也誠仁爲己任期紓民於倉卒也紓緩也音舒及阻董昭之議以致非命豈數也夫世言荀君者通塞或過矣常以爲中賢以下道無求備智算有所研疏原始未必要末斯理之不可全詰者也夫以衞賜之賢一說而斃兩國兩國謂齊與吳也端木賜字子貢衞人也田常欲伐魯仲尼令出使勸田常伐吳常許之賜又至吳請夫差伐齊又之越說勾踐將兵助吳又之晉說以兵待吳伐齊之弊吳旣勝齊與晉爭強晉果敗吳越襲其後遂殺夫差故子貢一出存魯亂齊破吳強晉霸越彼非薄於仁而欲之蓋有全必有喪也斯又功之不兼者也子貢不欲違仁義而致晉但其事不兼濟也言彧豈願強曹氏令代漢哉事不得已也方時運之屯邅易曰屯如邅如邅竹連反集解先謙曰官本竹上有音字非雄才無以濟其溺功高埶強則皇器自移矣謂魏太祖功業大而神器自歸也此又時之不可並也蓋取其歸正而已亦殺身以成仁之義也集解王補曰袁紀漢自桓靈君失其柄陵遲不

振亂殄海內以弱致弊虐不及民劉氏之澤未盡天下之望未改故征伐者奉漢拜爵賞者稱帝名器之重未嘗一日非漢魏之平亂資漢之義功之克濟荀生之謀謀適則勛隆勛隆則移漢劉氏之失天下荀生爲之也若始圖一匡終與勢乖情見事屈容身無所則荀生之識爲不智矣若取濟生民振其塗炭百姓安而君位危中原定而社稷亡於魏雖親於漢已疏則荀生之功爲不義也殺身猶有餘愧焉足成名惜哉

贊曰公業稱豪駿聲升騰權詭時偪以對謂詭辭揮金僚朋揮散也北海天逸音情頓挫逸縱也頓挫猶抑揚也越俗易驚孤音少和直轡安歸高謀誰佐直轡直道也言其道無所歸謀謨之高欲誰佐也彧之有弼誠感國疾功申運改迹疑心一迹若可疑心如一也

鄭孔荀列傳第六十 終　　後漢書七十

後漢書集解卷七十校補

鄭太傳司農衆之曾孫也集解惠棟曰世系云至熙二子泰渾今案鄭渾魏志有傳合考世系則曾孫當作元孫

未有孟賁之勇注舟中人盡播入河官本注舟亦作船

乃與何顒荀攸共謀殺卓事洩顒等被執案此載何顒被執事與黨錮傳異與袁紀魏志亦互異參之荀淑王允傳抑又未嘗不各異黨錮傳言顒同謀者爲荀爽王允袁紀則謂爲荀攸鄭太种輯魏志更及伍瓊王允傳載允同謀者僅黄琬鄭公業惟荀淑傳載荀爽同謀者適如黨錮傳而黨錮傳則謂顒以它事爲卓所繫憂憤而卒此傳則謂因謀卓事洩顒等被執曰顒等似被執者不止顒而袁紀謂顒與荀攸同繫獄顒憂懼自殺魏志攸傳則云攸同被收繫顒自殺攸言語飲食自若會卓死得免是同繫者固有攸而顒之卒與自殺異蓋無論顒之死爲自殺與否要爲自死於獄非卓聲其罪而殺之也夫以卓之暴諸將言語蹉跌便戮於前伍瓊周珌李旻張溫伍孚皆死不旋踵苟知顒謀殺己將必立致之死何暇下之獄此易知也顒乃猶得死於獄且既死之後聞同繫者皆死公業脫身走矣而同謀之允琬亦尚安然無禍則顒等之被執必以它事雖其事未必不與所謀有涉而本謀仍未洩謂爲事洩者度不過公業等與謀之人蹈變驚竄自疑實然范書故兩存之耳當卓得志虐殺朝士人皆岌岌不自保謀之者固宜多也自通鑑不載荀爽之謀與何顒之死姜宸英首斷荀爽必不得有是謀後之讀考異者遂並疑顒亦無其事然則范書反可廢耶

孔融傳太中大夫陳煒袁紀煒作褘

將不早惠乎官本惠作慧同膺大笑曰高明必爲偉器侯康曰御覽四百九引會稽典錄盛憲字孝章初爲臺郎嘗出游逢一童子容貌非常憲怪而問之是魯國孔融年十餘歲憲下車執融手載以歸舍與融談宴結爲兄弟案此當亦隨父詣京師時事

融年十三喪父沈銘彝曰融父宙卒於桓帝延熹六年正月己未見宙碑以融卒年計之則宙卒時融年十一非十三也案據此則融十歲詣京師次年即喪父

時融年十六侯康曰詔捕張儉事在建甯二年融年十七矣

遂幷收褒融送獄二人未知所坐案二人未知所坐是褒融自不知當坐何罪矣於文不應蓋本作未知二人所坐誤倒

詔書竟坐褒焉沈銘彝曰褒爲豫州從事有碑今在曲阜孔廟中又史晨饗孔廟後碑稱處士孔褒文禮或其時尚未爲豫州從事也然褒卒於建甯元年史晨碑立於二年不知何故案漢世辟爲從事或未赴或在職未久仍退爲處士則稱

官稱處士無不可者袁之辟豫州從事不必其果在後也惟袁果以建甯元年卒則刊章捕張儉事在二年袁不及見矣碑之不足證史如此

拜中軍候集解劉攽曰 至 明字有脫誤也 錢大昭曰魏志崔琰傳注云累遷北軍中候此作中軍候誤

志在靖難 柳從辰曰袁紀興平元年融與陶謙謀迎天子還洛陽會曹操襲曹州而止[illegible]

乃奔東山集解先謙曰東山官本作山東 惠棟曰山東通鑑作東山謹案觀惠氏補注引通鑑明所據北宋本亦作山東而實未可以爲信也獻紀初平元年春正月山東州郡起兵以討董卓是山東乃概舉之辭[illegible]青州卽山東諸州之一更何山東之可奔乎通鑑所據本作東山則知閣本自不誤

銜命直指注前書有繡衣直指 官本注繡作錦

時論者多欲復肉刑 官本時作而柳從辰曰袁紀云潁川陳紀論復肉刑案晉書刑法志崔寔鄭元陳紀之徒咸以爲宜復行肉刑漢朝既不議其事故無所用矣及魏武帝匡輔漢室尚書令荀彧博訪百官復欲申之而融爲此議是融因當時百官論多附或故特引正定議也

善否不別 柳從辰曰不別或作區別見御覽六百四十八引本書

慮不念生 官本念作全

伊戾禍宋注則欲用牲加書徵之騁而告曰 官本注欲作坎騁作馳

信如卞和集解先謙曰官本琴操曰三字在進寶上 謹案上字下脫怨歌下無曰字凡六字

智如孫臏注自以能不及臏 官本注能不作不能

一離刀鋸 離同罹或作羅見晉書刑法志

王師敗績不書晉人注王師敗績於貿戎 官本注貿誤貿柳從辰曰貿同貿一音茅左傳卽作茅戎

斷盜貢篚注厥篚元纁璣組 官本注璣作機案斷盜貢篚承上遏絕詔命言謂阻隔朝郡交通諸郡所貢方物輒被闌奪也璣雖可通機而璣組無作機組者前書地理志引禹貢亦作厥棐元纁璣組蓋今古文同

章執甚焉注彰執甚焉 官本注無焉字

五年南陽王馮東海王祇薨集解錢大昕曰祇乃東海恭王彊之元孫非獻帝子且立四十四年而薨初非沖幼此傳殆誤也 案獻紀自建安以下可書者僅矣乃建安五年七月書立皇太子馮爲南陽王壬午南陽王馮薨十月書東海王祇薨或者據此傳注謂二王皆獻帝子則紀漏書立馮爲皇太子立祇爲東海王然皇太子無更封王之例故或又謂太字爲衍文及觀建安二十五年書太子早卒孫康立則帝太子之卒明已有孫若在五年帝年甫二十何由便有孫乎且是年正月董承謀洩董貴人爲曹操殺不能保其妾帝何暇立太子諸王蓋立皇太子爲南陽王九字全是駮文當刪馮並非帝子也至東海王祇固非帝子並不得卽定爲恭王彊之元孫以彊傳亦必誤已於獻紀校補發之矣蓋東海王彊之國傳至孝王臻薨後必已中絕而後有東海王祇祇薨國又絕而後有東海王敦魏受禪降爲侯者當卽帝子或敦爲伏后子已被害國移於羨或羨卽敦之更名舊史既不詳衆後漢書遂誤附之彊傳范書沿而未正也若祇羨皆彊後則敦爲帝子何得亦有東海之封若祇立四十四年有子羨嗣封何尚不得修四時之祭斯必不然矣然則南陽王馮東海王祇何人乎以融所對聖恩敦睦及同產昆弟之說證之實皆帝之諸弟而靈帝子耳章懷對於東海王祇之薨獻紀既未言爲皇子疑此注本作並靈帝子後人妄改爲獻之非章懷本誤也

前梁懷王注梁懷王揖 官本注揖誤相

呂妲己賜周公注出列女傳也 官本注末無也字

後操討烏桓注建安十三年也 官本注三作二是

昔肅愼不貢楛矢 官本愼下有氏字

山陽郗慮集解王幼學曰 至 乃音丑之反 侯康曰此史炤之誤胡三省已辯之郗鑒卽慮之元孫豈有祖孫一姓而二音者邪

昔廉藺小國之臣猶能相下注相與爲刎頸之交 官本注交作友

昔趙宣子朝登韓厥夕被其戮注河曲之役 官本注河曲二字誤倒

它者奉遵嚴敎 官本遵作尊

不輕公叔之升臣也注僎音七眷反 官本注七作士是

坐上客恆滿 官本恆作常今案作常疑南宋本避改

不遵朝儀 官本儀作議

嘗如寄物甑中注說文曰甑缶也字書曰甑似缶而高集解先謙

曰官本瓿作瓶謹案瓿卽缶之異文見史記李斯藺相如傳說文初無是字瓿卽瓶乃缾之重文說文雖有是字而注文不合諸引范書者悉作瓿則官本之誤已無論矣然字書既曰似缶而高則亦必非卽瓿字以缶瓿無別也疑本是罌字轉寫而譌

魏文帝深好融文辭歎曰楊班儔也案說詳典論論文

所著詩頌碑文論議六言侯康曰四庫提要孔北海集條下云六言詩之名見於本傳今所存三章詞多凡近又皆盛稱曹操功德斷以融之生平可信其義不出此卽使舊本有之亦必黃初間購求遺文贋託融作以頌曹操未可定爲眞本也因此三詩古文苑已載故云舊本有之

豈其負圂委出可以每其生哉官本其負作有員案圂卽楚辭刓方以爲圜兮之刓孔仲達說委巷之禮謂委細屈曲所爲不能方正也負恃也恃圂道以爲委屈也前書音義訓刓圜無稜角明圂亦可通員則作員圂於義爲窒似誤

荀彧傳以爲奮武司馬柳從辰曰袁紀彧爲司馬時董卓兵强山東震恐彧說操曰董卓暴虐已甚必以亂終無能爲也操善之

今君爲十州之鎭官本十作一是

計必未定官本必未作未必

彧乃使程昱說范東阿注范縣屬東郡今濮陽縣也今曹州府范縣東南二十里柳從辰曰注陽當作州舊唐書貞觀八年割濟州范縣屬濮州天寶元年改濮州爲濮陽郡章懷時不得稱濮陽也東阿縣屬東郡今濟州縣也已見光武紀下

二年陶謙死操欲遂取徐州柳從辰曰袁紀劉備在徐州案謙死劉備領徐州居下邳並見呂布傳

布乘虛寇暴案布傳陳宮說邈迎布爲兗州牧據濮陽故兗州諸縣爲布所必爭

其軍國之事皆與彧籌焉侯康曰魏志注引彧別傳載鍾繇之言曰夫明君師臣其次友之以大祖之聰明每有大事常先諮之荀君是則古師友之義也吾等受命而行猶或不盡相去顧不遠耶

韋康爲涼州注康字元將至時人榮之侯康曰御覽二百六十五引三輔決錄韋元將年十五身長八尺五寸辟爲郡主簿楊彪稱曰韋主簿年雖少有老成之風昂昂千里之駒又孔融與康父端書曰前日元將來淵才亮茂雅度宏毅偉世之器也則康固早有令名故彧舉之

與彧議欲還許官本與上有書字是

深建宜住之便官本住作往案據下文言堅營固守是住非往

是故先帝貴指縱之功注高祖曰官本注曰作云

操譬之曰官本譬作誓柳從辰曰袁紀作報今案譬論也觀下文操以魯連子臧爲說則作譬非誤

或病留壽春注壽春縣屬淮南郡今壽州郡也已見光武紀上及獻紀下郡字乃縣之譌

期紓民於倉卒也官本民作人未改回

權譎時偪注謂詭辭以對官本注對下有卓字

皇甫嵩朱儁列傳第六十一　後漢書七十一

宋　宣　城　太　守　范　曄　撰

唐　章　懷　太　子　賢　注

王先謙集解

皇甫嵩字義眞安定朝那人度遼將軍規之兄子也父節鴈門太守嵩少有文武志介集解何焯曰志介猶言志略先謙曰志介猶志節耳好詩書習弓馬初舉孝廉茂才續漢書曰舉孝廉爲郎中遷霸陵臨汾令以父喪遂去官太尉陳蕃大將軍竇武連辟並不到靈帝公車徵爲議郎遷北地太守集解錢大昕曰案下文靈帝召羣臣會議嵩亦與焉似無出守事或已遷而未之官耶初鉅鹿張角自稱大賢良師良或作郎奉事黃老道畜養弟子跪拜首過首音式受反符水呪說㠯療病集解惠棟曰事詳劉焉傳註病者頗愈百姓信向之角因遣弟子八人使於四方㠯善道教化天下轉相誑惑十餘年閒眾徒數十萬連結郡國自青徐幽

冀荊揚兗豫八州之人莫不畢應遂置三十六方集解惠棟曰袁紀方作坊方猶將軍號也大方萬餘人小方六七千各立渠帥訛言蒼天已死黃天當立歲在甲子天下大吉㠯白土書京城寺門及州郡官府集解通鑑胡注寺門在京城諸官寺舍之門皆作甲子字中平元年大方馬元義等先收荊揚數萬人期會發於鄴元義數往來京師㠯中常侍封諝徐奉等爲內應約㠯三月五日集解惠棟曰袁紀云五月乙卯內外俱起未及作亂而張角弟子濟南唐周上書告之於是車裂元義於洛陽靈帝㠯周章下三公司隸使鉤盾令周斌將三府掾屬案驗宮省直衞及百姓有事角道者誅殺千餘人推考冀州逐捕角等角等知事已露晨夜馳敕諸方一時俱起皆著黃巾爲摽幟幟音尺志反又音試時人謂之黃巾亦名爲蛾賊蛾音魚綺反卽蟻字也諭賊眾多故以爲名集解惠棟曰陳球後碑云蛘聚蛾動仲秋下旬碑云蛾附春秋傳蛾析音蟻史記五帝紀鳥獸蟲蛾漢書元帝紀蛾羣飛蔽日揚雄傳扶服蛾服皆讀爲蟻殺人㠯祠天

角稱天公將軍角弟寶稱地公將軍寶弟梁稱人公將軍集解惠棟曰袁紀梁作良考異據九州春秋云角弟梁梁弟寶所在燔燒官府劫掠聚邑州郡失據長吏多逃亡旬日之閒天下嚮應京師震動詔敕州郡修理攻守簡練器械自函谷大谷廣城伊闕轘轅旋門孟津小平津諸關並置都尉大谷轘轅在洛陽東南旋門在汜水之西集解先謙曰廣城官本作廣成召羣臣會議嵩㠯爲宜解黨禁益出中藏錢西園廄馬㠯班軍士集解通鑑胡注西園廄馬卽綠驥廄馬帝從之於是發天下精兵博選將帥㠯嵩爲左中郎將持節與右中郎將朱儁共發五校三河騎士及募精勇合四萬餘人嵩儁各統一軍共討潁川黃巾儁前與賊波才戰戰敗集解通鑑胡注姓譜波姓也其先事王莽爲波水將軍子孫以爲氏嵩因進保長社波才引大眾圍城嵩兵少軍中皆恐乃召軍吏謂曰兵有奇變不在眾寡孫子兵法曰凡戰者以正合以奇勝者也故善出奇無窮如天地無竭如江海戰勢不過奇正奇正之變不可勝也今賊依草結營易爲風火若因夜縱燒

必大驚亂吾出兵擊之四面俱合田單之功可成也田單爲齊將守卽墨城燕師攻城田單取牛千頭衣以五綵束矛盾於其角繫火於其尾穿城而出城上大譟燕師大敗事見史記其夕遂大風嵩乃約敕軍士皆束苣乘城苣音巨說文云束葦燒之使銳士閒出圍外縱火大呼城上舉燎應之嵩因鼓而奔其陳賊驚亂奔走會帝遣騎都尉曹操將兵適至嵩操與朱儁合兵更戰大破之斬首數萬級封嵩都鄉侯嵩儁乘勝進討汝南陳國黃巾追波才於陽翟擊彭脫於西華並破之西華縣屬汝南餘賊降散三郡悉平又進擊東郡黃巾卜已於倉亭生禽卜已集解惠棟曰案續漢書卜已爲傳變所獲斬首七千餘級時北中郎將盧植及東中郎將董卓討張角並無功而還乃詔嵩進兵討之嵩與角弟梁戰於廣宗今貝州宗城縣集解先謙曰注見靈紀梁眾精勇嵩不能剋明日乃閉營休士㠯觀其變知賊意稍懈乃潛夜勒兵雞鳴馳赴其陳戰至晡時大破之集解惠棟曰杜預云雞鳴者丑也晡時者申也自雞鳴歷平旦日出隅中食時

日中日昳至晡時也斬梁獲首三萬級赴河死者五萬許人焚燒車重三萬餘兩悉虜其婦子繫獲甚眾〔集解〕先謙曰官本繫作擊角先已病死乃剖棺戮屍傳首京師嵩復與鉅鹿太守馮翊郭典攻角弟寶於下曲陽〔集解〕惠棟曰虞溥江表傳典字君業爲鉅鹿太守與中郎將董卓攻張寶于下曲陽典作圍塹而卓不肯典曰受詔攻賊有死而已使諸將引兵東典獨於西當賊之衝晝夜進攻寶由是城守不敢出時人爲之語曰郭君圍塹董將不許幾令狐狸化爲豺虎賴我郭君不畏彊禦轉機之間敵爲窮虜猗猗惠君寶完彊土又斬之首獲十餘萬人築京觀於城南杜元凱注左傳曰積尸封土於其上謂之京觀〔集解〕惠棟曰李吉甫云京觀在恆州鼓城縣西南七里即拜嵩爲左車騎將軍領冀州牧封槐里侯食槐里美陽兩縣並屬扶風合八千戶以黃巾既平故改年爲中平嵩奏請冀州一年田租以贍飢民帝從之百姓歌曰天下大亂兮市爲墟母不保子兮妻失夫賴得皇甫兮復安居嵩溫卹士卒甚得眾情每軍行頓止須營幔修立然後就舍帳軍士皆食爾〔集解〕先謙曰官本爾作已是乃嘗飯吏有因事受賂者嵩更以錢物賜之吏懷慚或至自殺〔集解〕惠棟曰袁山松書云兵曹有受賂者嵩曰公素廉清必資用乏也乃出錢賜之由是皆樂爲致死嵩既破黃巾威震天下而朝政日亂海內虛困故信都令漢陽閻忠干說嵩曰干謂冒進難得而易失者時也時至不旋踵者幾也故聖人順時以動智者因幾以發今將軍遭難得之運蹈易駭之機而踐運不撫臨機不發將何以保大名乎嵩曰何謂也忠曰天道無親百姓與能今將軍受鉞於暮春收功於末冬老子曰天道無親常與善人易曰人謀鬼謀百姓與能淮南子曰凡命將王親受鉞曰從此上至天將軍制之〔集解〕先謙曰官本王作主兵動若神謀不再計摧彊易於折枯消堅甚於湯雪旬月之閒神兵電埽封尸刻石南向以報威德震本朝風聲馳海外雖湯武之舉未有高將軍者也今身建不賞之功體兼高人之德而北面庸主何以求安乎嵩曰夙夜在公心不忘忠何故不安忠曰不然昔韓信不忍一餐之遇而棄三分之業利劍以揣其喉方發

悔毒之歎者機失而謀乖也前書項羽使武涉說韓信信曰漢王解衣衣我推食食我背之不祥又蒯通說信令信背漢三分天下鼎足而立信曰漢王遇我厚豈可背之哉後信謀反爲呂后所執歎曰吾不用蒯通計爲女子所詐豈非天哉〔集解〕惠棟曰陸賈楚漢春秋云項王使武涉說淮陰侯曰臣事項王位不過郎中官不過執戟乃去楚歸漢漢王賜臣玉案之食臣闕之劍臣背之內愧于心今主上埶弱於劉項將軍權重於淮陰指撝足以震風雲叱咤可以興雷電撝即麾字古通用叱咤怒聲也赫然奮發因危抵頹抵音紙擊也崇恩以綏先附振武以臨後服徵冀方之士動七州之眾羽檄先馳於前大軍響振於後蹈流漳河飲馬孟津誅閹官之罪除羣凶之積雖僮兒可使奮拳以致力女子可使褰裳以用命況厲熊羆之卒因迅風之埶哉功業已就天下已順然後請呼上帝示以天命混齊六合南面稱制移寶器於將興寶器猶神器也謂天位也〔集解〕惠棟曰九州春秋請呼上帝作乃燎於上帝寶器作神器推亡漢於已墜實神機之至會風發之良時也夫既朽不雕衰世難佐若欲輔難佐之朝雕朽敗之木是猶逆坂走丸迎風縱棹豈云易哉且今豎宦羣居同惡如市左氏傳韓宣子曰同惡相求如市賈焉上命不行權歸近習昏主之下難以久居史記范蠡曰大名之下難以久居不賞之功讒人側目如不早圖後悔無及嵩懼曰非常之謀不施於有常之埶創圖大功豈庸才所致黃巾細孼敵非秦項新結易散難以濟業且人未忘主天不祐逆若虛造不冀之功以速朝夕之禍孰與委忠本朝守其臣節雖云多讒不過放廢猶有令名死且不朽二句皆左傳之辭反常之論所不敢聞忠知計不用因亡去英雄記曰梁州賊王國等起兵劫忠爲主統三十六郡號車騎將軍忠感傷發病死〔集解〕惠棟曰註郡當作部蘇輿曰忠恥被眾脅病死事亦見董卓傳彼云韓遂等因廢王國而劫忠與註引英雄記不同會邊章韓遂作亂隴右明年春詔嵩迴鎮長安以衛園陵章等遂復入寇三輔使嵩因討之初嵩討張角路由鄴見中常侍趙忠舍宅踰制乃奏沒入之又中常侍張讓私求錢五千萬嵩不與二人由此爲憾奏嵩連戰

無功所費者多其秋徵還收左車騎將軍印綬削戶六千更封都鄉侯二千戶〔集解顧炎武曰後漢封國之制有鄉侯有都鄉侯中常侍良賀卒帝封其養子爲都鄉侯三百戶是都鄉侯所食之戶數也梁冀得罪徙封比景都鄉侯是都鄉侯亦必有所封之地而不言者史略之也蘇輿曰案漢世都鄉侯鄉侯都亭侯亭侯均有封地其封都鄉侯者如尹勳〔劉瑜傳作宜陽鄉侯疑是宜陽都鄉侯〕朱瑀趙忠呂強均失載封地其封鄉侯者如曹節爲長安鄉侯籍建爲汝陰東鄉侯封亭侯者如興渠爲高望亭侯曹騰爲費亭侯州輔爲葉吉成侯〔見州輔碑〕著地者甚多而朱雋封都亭侯千五百戶未載地名皆史略文〕五年梁州賊王國圍陳倉〔集解洪頤煊曰靈帝紀作涼州賊王國此梁字誤〕復拜嵩爲左將軍督前將軍董卓各率二萬人拒之卓欲速進赴陳倉嵩不聽卓曰智者不後時勇者不留決速救則城全不救則城滅全滅之埶在於此也嵩曰不然百戰百勝不如不戰而屈人之兵是已先爲不可勝已待敵之可勝不可勝在我可勝在彼彼守不足我攻有餘〔孫子文〕有餘者動於九天之上不足者陷於九地之下〔孫子兵法曰善守者藏於九地之下善攻者動於九天之上玄女三宮戰法曰行兵之道天地之寶九天九地各有表裏九天

之上六甲子也九地之下六癸酉也子能順之萬全可保〕今陳倉雖小城守固備非九地之陷也王國雖強而攻我之所不救非九天之埶也夫埶非九天攻者受害陷非九地守者不拔國今已陷受害之地而陳倉保不拔之城我可不煩兵動衆而取全勝之功將何救焉遂不聽王國圍陳倉自冬迄春八十餘日城堅守固竟不能拔賊衆疲敝果自解去嵩進兵擊之卓曰不可兵法窮寇勿追歸衆勿迫〔司馬兵法之言〕今我追國是迫歸衆追窮寇也困獸猶鬭蜂蠆有毒〔皆左氏傳文〕況大衆乎嵩曰不然前吾不擊避其銳也今而擊之待其衰也所擊疲師非歸衆也國衆且走莫有鬭志已整擊亂非窮寇也遂獨進擊之使卓爲後拒連戰大破之斬首萬餘級國走而死卓大慙恨由是忌嵩明年卓拜爲并州牧詔使已兵委嵩卓不從嵩從子酈〔音歷集解惠棟曰袁紀作邐又作麗〕時在軍中說嵩曰本朝失政天下倒懸能安危定傾者唯大人與董卓耳今怨隙已結埶不俱存卓被詔委兵而上書自請此逆命也又已京師昏亂躊躇不進此懷姦也且其凶戾無親將士不附大人今爲元帥〔集解通鑑胡注嵩討王國時爲督故曰元帥〕杖國威已討之上顯忠義下除凶害此桓文之事也嵩曰專命雖罪專誅亦有責也〔春秋左氏傳曰稟命則不威專命則不孝集解王補曰通鑑作違命雖罪故胡注卓不釋兵爲違命嵩擅討卓爲專誅〕不如顯奏其事使朝廷裁之於是上書已聞帝讓卓卓又增怨於嵩及後秉政初平元年乃徵嵩爲城門校尉因欲殺之嵩將行長史梁衍說曰漢室微弱閹豎亂朝董卓雖誅之而不能盡忠於國遂復寇掠京邑廢立從意今徵將軍大則危禍小則困辱今卓在洛陽天子來西已將軍之衆精兵三萬迎接至尊奉令討逆發命海內徵兵羣帥袁氏逼其東將軍迫其西此成禽也嵩不從遂就徵〔集解通鑑胡注嵩前不能從兄子酈之言今又不從衍之策自揣其才不足以制卓故也〕有司承旨奏嵩下吏

將遂誅之嵩子堅壽與卓素善自長安亡走洛陽歸投於卓卓方置酒歡會堅壽直前質讓責已大義〔質正也〕叩頭流涕坐者感動皆離席請之卓乃起牽與共坐使免嵩因復拜嵩議郎遷御史中丞及卓還長安公卿百官迎謁道次卓風令御史中丞以下皆拜已屈嵩〔風音諷謂諷動也〕既而抵手言曰義眞犕未乎〔犕音服說文曰犕牛乘馬犕古服字今河朔人又有此言音備〕嵩笑而謝之卓乃解釋〔獻帝春秋曰初卓爲前將軍嵩爲左將軍俱征邊章韓遂爭雄及嵩拜車下卓曰可以服未嵩曰安知明公乃至於是卓曰鴻鵠固有遠志但燕雀自不知耳嵩曰昔與明公俱爲鴻鵠但明公今日變爲鳳凰耳集解汪文臺曰魏志卓傳注張璠漢紀云卓抵其手謂嵩曰義眞怖未乎嵩對曰明公以德輔朝廷大慶方至何怖之有若淫刑以逞將天下皆懼豈獨嵩乎卓默然遂與嵩和解〕及卓被誅已嵩爲征西將軍又遷車騎將軍其年秋拜太尉冬已流星策免〔續漢書曰以日有重珥免〕復拜光祿大夫遷太常尋李傕作亂嵩亦病卒贈驃騎將軍印綬拜家一人爲郎嵩爲人愛慎盡勤〔集解劉攽曰案文愛非所以配慎當是畏字勤又當在盡字上〕前後上表

陳諫有補益者五百餘事皆手書毀草不宣于外又折節下士門無留客言汲引之速〔集解〕惠棟曰謝承書嵩爲三公以身起于汗馬常折節下士時人皆稱而附之堅壽亦顯名後爲侍中辭不拜病卒

朱儁字公偉會稽上虞人也少孤母常販繒爲業儁以孝養致名爲縣門下書佐好義輕財鄉閭敬之時同郡周規辟公府當行假郡庫錢百萬以爲冠幘費而後倉卒督責規家貧無以備儁乃竊母繒帛爲規解對規被錄占對儁爲備錢以解其事〔集解〕惠棟曰會稽典錄云規字公圓太守唐鳳命爲功曹鳳中常侍衡之從兄恃中官專行貪暴規諫曰明府以負薪之才受剖符之任所謂力弱不惟顛蹶方今聖治在上不容秕政明府以教人之職行桀紂之暴鳳怒縛規捶于閤內鳳後果以檻車徵華嶠後漢書云規除臨湘令長沙太守穆徐二月行縣敕諸縣治道規以方春向農民多劇務不欲奪人良時徐出督郵規郎委官而去徐憮然有媿色遺功曹賫印綬檄書謝請還規謂功曹曰穆府君愛馬蹄不重民力徑逝不顧穆一作程 汪文臺曰御覽八百十四張璠漢記規作起母既失產業深恚責之儁曰小損當大益初貧後富必然理也本縣長山陽度尚見而

奇之薦於太守韋毅稍歷郡職後太守尹端以儁爲主簿熹平二年端坐討賊許昭失利爲州所奏罪應棄市儁乃羸服閒行輕齎數百金到京師賂主章吏〔集解〕惠士奇曰前書百官志有主章章本也此主章所主者章奏遂得刊定州奏故端得輸作左校端喜於降免而不知其由儁亦終無所言後太守徐珪舉儁孝廉再遷除蘭陵令政有異能爲東海相所表會交阯部羣賊並起牧守輭弱不能禁又交阯賊梁龍等萬餘人與南海太守孔芝反叛攻破郡縣光和元年卽拜儁交阯刺史令過本郡簡募家兵及所調家兵童僕之屬調謂調發之〔集解〕顧炎武曰古之爲將者必有素豫之卒春秋冉求以武城人三百爲己徒卒此家兵之證也惠棟曰案左傳宣十二年傳云楚熊負羈囚知罃知莊子以其族反之杜預云族家兵此證爲實合五千人分從兩道而入既到州界按甲不前先遣使詣郡觀賊虛實宣揚威德以震動其心既而與七郡兵俱進逼之遂斬梁龍降者數萬人旬月盡定以功封都亭侯千五百戶賜黃金五十斤徵爲諫議大夫及黃巾起公卿多薦儁有才略拜爲右中郎將持節與左中郎將皇甫嵩討潁川汝南陳國諸賊悉破平之嵩乃上言其狀而以功歸儁於是進封西鄉侯遷鎮賊中郎將時南陽黃巾張曼成起兵稱神上使眾數萬殺郡守褚貢〔補注〕先謙曰官本貢作袁屯宛下百餘日後太守秦頡擊殺曼成〔集解〕惠棟曰習鑿齒襄陽耆舊記云頡字初起鄀人也賊更以趙弘爲帥眾浸盛遂十餘萬據宛城儁與荊州刺史徐璆及秦頡合兵萬八千人圍弘自六月至八月不拔有司奏欲徵儁司空張溫上疏曰昔秦用白起燕任樂毅皆曠年歷載乃能克敵史記曰白起郿人也善用兵事秦昭王爲大良造攻魏拔之後五年攻趙拔光狼城後七年攻楚拔鄢鄧五城明年拔郢燒夷陵遂東至竟陵樂毅趙人也賢而好兵燕昭王以爲亞卿後爲上將軍伐齊入臨淄徇齊五歲下齊七十餘城儁討潁川以有功效引師南指方略已設臨軍易將兵家所忌宜假日月責其成功靈帝乃止儁因急擊弘斬之賊餘帥韓忠復據宛

拒儁儁兵少不敵乃張圍結壘起土山以臨城內因鳴鼓攻其西南〔集解〕惠棟曰袁山松書云修攻具曜兵於西南賊悉眾赴之儁自將精卒五千掩其東北乘城而入忠乃退保小城惶懼乞降司馬張超〔集解〕惠棟曰時超爲別部司馬及徐璆秦頡皆欲聽之儁曰兵有形同而埶異者昔秦項之際民無定主故賞附以勸來耳今海內一統唯黃巾造寇納降無以勸善討之足以懲惡今若受之更開逆意賊利則進戰鈍則乞降縱敵長寇非良計也因急攻連戰不剋儁登土山望之顧謂張超曰吾知之矣賊今外圍周固內營逼急乞降不受欲出不得所以死戰也萬人一心猶不可當況十萬乎其害甚矣不如徹圍并兵入城忠見圍解埶必自出自出則意散易破之道也既而解圍忠果出戰儁因擊大破之乘勝逐北數十里斬首萬餘級忠等遂降而秦頡積忿忠遂殺之餘眾懼不自安復以孫夏爲帥還屯宛中儁

急攻之夏走追至西鄂精山又破之西鄂故城在今鄧州向城縣南精山在其南〔集解〕惠棟曰郡國志云南陽西鄂有精山朱儁破孫夏處李吉甫云山在鄧州南陽縣西北二十七里先謙曰西鄂注見陳俊傳復斬萬餘級賊遂解散明年春遣使者持節拜儁右車騎將軍振旅還京師以爲光祿大夫增邑五千更封錢塘侯錢塘今杭州縣也錢塘記云昔郡議曹華信義立此塘以防海水始開募有能致土石一斛與錢一千旬日之閒來者雲集塘未成而譎不復取皆遂棄土石而去塘以之成也〔集解〕劉攽曰注華信義立此塘案文義當作議何焯曰錢唐自秦有此名以唐爲塘乃俗字耳注家誤信水經注故引此惠棟曰錢唐鄉侯也御覽引錢唐記云此下又云既遏絕湖漁一境蒙利縣遷治餘姚王莽時縣名泉亭於是改名錢塘百姓懷德一立碑塘所至今猶在又錢塘記云防海大塘昔議曹華信象家富乃議立此塘云云注所引有脫文劉氏刊誤亦未得也加位特進以母喪去官〔集解〕惠棟曰孔雎會稽記云永興縣東五十里有洛思山漢太尉朱公儁爲光祿大夫時遭母哀欲卜墓此土將歸洛下冢師相地冢師云去鄉既遠歸思常深忽極目千里北望京洛遂縈咽而死葬山頂故以爲名蘇輿云光祿大夫非要職故聽其去官太傅桓焉以母憂自乞聽以大夫行喪是也起家復爲將作大匠轉少府太僕自黃巾賊後復有黑山黃龍白波左校郭大賢于氐根青牛角〔集解〕惠棟曰魏志作張牛角博陵人也

張白騎劉石左髭〔集解〕先謙曰惠挍本作老髭惠氏已辯其非丈八〔集解〕惠棟曰張璠漢紀作文八平漢〔集解〕先謙曰郎陶升見袁紹傳大計司隸掾哉九州春秋大計作大洪掾哉作緣哉雷公〔集解〕惠棟曰典略云謂聲大者爲張雷公浮雲飛燕白雀楊鳳于毒五鹿李大目白繞畦固〔集解〕惠棟曰畦通鑑作眭苦唒之徒九州春秋唒作蝤音才由反並起山谷閒不可勝數其大聲者稱雷公騎白馬者爲張白騎輕便者言飛燕多髭者號于氐根左氏傳曰于思于思棄甲復來杜預注云于思多須之貌也大眼者爲大目如此稱號各有所因大者二三萬小者六七千賊帥常山人張燕輕勇趫捷故軍中號曰飛燕善得士卒心乃與中山常山趙郡上黨河內諸山谷寇賊更相交通衆至伯萬號曰黑山賊〔集解〕惠棟曰杜佑云衞州衞縣漢朝歌縣也縣西北有黑山先謙曰官本伯作百是河北諸郡縣並被其害朝廷不能討燕乃遣使至京師奏書乞降遂拜燕平難中郎將使領河北諸山谷事歲得舉孝廉計吏燕後漸寇河內逼近京師於是出儁爲河內太守將家兵擊卻之其後諸賊多爲袁紹所定事在紹傳復拜儁爲光祿大夫轉屯騎尋拜城門校尉河南尹時董卓擅政以儁宿將外甚親納而心實忌之及關東兵盛卓懼數請公卿會議徙都長安儁輒止之卓雖惡儁異己然貪其名重乃表遷太僕以爲己副使者拜儁辭不肯受因曰國家西遷必孤天下之望以成山東之釁臣不見其可也使者詰曰召君受拜而君拒之不問徙事而君陳之其故何也儁曰副相國非臣所堪也遷都計非事所急也辭所不堪言所非急臣之宜也使者曰遷都之事不聞其計就有未露何所承受儁曰相國董卓具爲臣說所以知耳使人不能屈由是止不爲副卓後入關留儁守洛陽而儁與山東諸將通謀爲內應既而懼爲卓所襲乃棄官奔荊州卓以弘農楊懿爲河南尹守洛陽儁聞復進兵還洛懿走儁以河南殘破無所資乃東

屯中牟移書州郡請師討卓徐州刺史陶謙遣精兵三千餘州郡稍有所給謙乃上儁行車騎將軍董卓聞之使其將李傕郭汜等數萬人屯河南拒儁儁逆擊爲傕汜所破儁自知不敵留關下不敢復前及董卓被誅傕汜作亂儁時猶在中牟陶謙以儁名臣數有戰功可委以大事乃與諸豪桀共推儁爲太師因移檄牧伯同討李傕等奉迎天子乃奏記於儁曰徐州刺史陶謙前揚州刺史周乾琅邪相陰德東海相劉馗馗音巨眉反彭城相汲廉北海相孔融沛相袁忠太山太守應劭汝南太守徐璆前九江太守服虔博士鄭玄等敢言之行車騎將軍河南尹莫府蔡質典職儀曰諸州刺史上郡幷列卿府言敢言之〔集解〕劉攽曰案刺史在郡上何緣有上郡之文蓋本言刺史幷郡上列卿府云云錢大昕曰是時康成避地徐州陶謙以師友待之故與謙同列名中平五年康成與荀爽韓融等竝以博士徵雖未就職猶以博士稱之也惠棟曰論衡云郡言事二府曰敢言之司空曰上國家既遭董卓重以李傕郭汜之禍幼主劫執忠良殘敝

長安隔絕不知吉凶是㠯臨官尹人搢紳有識莫不憂懼㠯爲自非明哲雄霸之士曷能剋濟禍亂自起兵已來于茲三年州郡轉相顧望未有奮擊之功而互爭私變更相疑惑謙等並共諮諏議消國難僉曰將軍君侯〔集解〕惠棟曰如淳云漢儀注列侯爲丞相稱君侯儁先封錢唐侯又推爲元帥故亦稱君 既文且武應運而出凡百君子靡不顒顒故相率厲簡選精悍堪能深入直指咸陽多持資糧足支半歲謹同心腹委之元帥會李傕用太尉周忠尚書賈詡策徵儁入朝軍吏皆憚入關欲應陶謙等儁曰㠯君召臣義不俟駕論語曰君命召不俟駕行矣俟待也況天子詔乎且傕汜小豎樊稠庸兒無他遠略又埶力相敵變難必作吾乘其閒大事可濟遂辭謙議而就傕徵復爲太僕謙等遂罷初平四年代周忠爲太尉錄尚書事明年秋㠯日食免復行驃騎將軍事持節鎭關東未發會李傕殺樊稠而郭汜又自疑與傕相攻長安中

亂故儁止不出留拜大司農獻帝詔儁與太尉楊彪等十餘人譬郭汜令與李傕和汜不肯遂留質儁等儁素剛卽日發病卒子皓亦有才行官至豫章太守

論曰皇甫嵩朱儁並㠯上將之略受脤倉卒之時春秋左氏傳曰國之大事在祀與戎祀有執膰戎有受脤脤宜社之肉也爾雅曰起大事動大眾必先有事於社然後出謂之宜 及其功成師剋威聲滿天下值弱主蒙塵獷賊放命斯誠葉公投袂之幾翟義鞠旅之日新序曰楚白公勝既殺令尹司馬欲立王子閭爲王王子閭不肯劫之以刃王子閭曰吾聞辭天下者非輕其利以明其德也不爲諸侯者非惡其位以潔其行也今子告我以利威我以兵吾不爲也白公強之不可遂殺之葉公子高率楚眾以誅白公而反惠王於國投袂奮袂也言其怒也左氏傳曰楚子聞之投袂而起翟義方進之子舉兵將誅王莽事見前書詩曰陳師鞠旅鄭玄注云鞠告也 故梁衍獻規山東連盟而舍格天之大業蹈匹夫之小諒卒狼狽虎口爲智士笑山東連盟謂上云羣師及袁氏也書稱伊尹格于皇天論語曰豈若匹夫匹婦之爲諒也莊子曰孔子見盜跖退曰吾幾不免虎口〔集解〕王補曰此與岳侯班師同歎 豈天之長斯亂也何智勇之不終甚乎前史者平原華嶠稱其父光祿大夫表華嶠譜序曰表字偉容歆之子也年二十餘爲散騎常侍 每言其祖魏太尉歆魏志曰歆字子魚 稱時人說皇甫嵩之不伐汝豫之戰歸功朱儁張角之捷本之於盧植收名斂策而已不有焉斂策不論其功 蓋功名者世之所甚重也誠能不爭天下之所甚重則怨禍不深矣〔集解〕惠棟曰以上皆華嶠之詞 如皇甫公之赴履危亂而能終㠯歸全者其致不亦貴乎故顏子願不伐善爲先斯亦行身之要與論語曰顏回曰願無伐善無施勞〔集解〕王補曰嵩爲規兄子而別與朱儁合傳者以董卓凶逆傕汜踵惡惟二人爲上將名臣堪抗斯難也乃梁衍迎接至尊之謀不行於卓在洛陽天子西來之頃陶謙等奏記同討李傕奉迎天子復見拒於董卓被誅李傕繼亂之日機宜屢失大事去矣曹操起而劫持幼主威福自由帝遂以山陽公卒於魏哀哉傳董卓而先以嵩儁其范史微意所在乎

贊曰黃妖衝發嵩乃奮鉞孰是振旅不居不伐老子曰功成而不居 儁捷陳潁亦弭于越謂平許昭也于語辭猶云句吳之類矣〔集解〕何焯曰斬梁龍非平許昭注誤平許昭乃臧旻事在其子洪傳〔集解〕先謙曰官本于並作於 言肅王命竝遵屯蹷蹷猶蹎也

皇甫嵩朱儁列傳第六十一 終

後漢書集解卷七十一校補

皇甫嵩傳及募精勇合四萬餘人案此亦後世臨時募勇所自昉

田單之功可成也注衣以五綵官本綵作采同

封尸刻石案封尸本左傳築武軍而封晉尸卽指上文築京觀於城南也原尸譌爲凡已正官本不誤又魏志賈詡傳注引作封戶以封侯爲封戶語殊費解當亦尸之譌

而棄三分之業注三分天下官本三作參與前漢書合利劍已揣其喉官本已作已是

蹈流漳河飲馬孟津誅閹官之罪錢大昭曰魏志賈詡傳注流作蹟官作宦

忠知計不行因亡去柳從辰曰袁紀云忠佯狂爲巫注忠感傷發病死官本傷作慨案董卓傳又作恚忠妄人好亂見嵩一戰而勝遂進奸謀不過欲假嵩以自取利卒之爲賊所奉而尺寸不能以自伸然後知天下事未易言感恚而死宜也嵩之不爲所惑固自知甚審抑河外之地自古帝邸兩漢相承威靈近接故家遺俗羞附亂人袁紹據之不從沮授田豐之謀速迎天子亡不旋踵曹氏挾天子以自重再世而後有之嵩如倉卒反兵取死無救矣

更封都鄉侯二千戶集解顧炎武曰至皆史略文案續志所稱但有鄉侯亭侯所謂功大者食縣小者食鄉亭是也都鄉都亭蓋猶是鄉侯亭侯加都字者疑制如古之甸侯留京都耳但前書王子侯表有都鄉孝侯景國在東海而前志東海郡無此國惟常山郡前續志均有都鄉侯國則亦縣侯非鄉侯也但嵩降封作鄉侯爲是

小則困辱困原譌囷已正官本不誤

義眞犕未乎注說文曰曰原譌由已正官本注不誤今河朔人又有此言音備官本文作犕是案言河朔人問服未乎音犕不作服而作備亦是犕字明卓當時驕橫故爲土俗語以戲侮嵩嵩因笑而謝之也

嵩亦病卒官本亦作以

朱儁傳朱儁官本儁皆作儁多人旁案閣本儁亦原作儁乃譌字據說文正

後太守徐珪舉儁孝廉柳從辰曰袁紀太守徐珪爲州所誣奏郡吏謀賂宦官儁曰明府爲州所枉不思奮命而欲行賂以穢淸政是有君無臣也今州自有贓污而求郡職介抱罪誣人儁具知之請詣京都無以賂爲也儁乃疾馬先至告刺史罪章卽下乃徵刺史珪事得解由是顯名舉孝廉爲尚書郎案此與儁賂主章吏以救尹端前後若相反而於儁之性剛好急人難則尤近也蓋事各有當且賂主章吏使刊正州奏之過當與乞奄宦自不同

簡募家兵柳從辰曰袁紀云將家兵二千人今案漢世言家兵者此爲最著矣儁起孤寒而爲郎令何以有此疑先世本亦將家史失載也

既到州界至降者數萬人柳從辰曰袁紀作至州界斬蒼梧太守陳紹遣使喻以利害降者數萬人與本傳互有詳略

討潁川汝南陳國諸賊官本潁皆誤穎

已有功效官本已作已是

儁因急擊宏斬之柳從辰曰袁紀詔切責儁儁懼誅乃急擊宏大破斬之封儁上虞侯

追至西鄂精山注在今鄧州西城縣南官本注西作向是

更封錢塘侯注錢塘今杭州縣也唐錢塘縣今杭州府錢塘縣全境及仁和縣西境皆是集解惠棟曰錢塘鄉侯也案傳不言鄉侯惠以續志不載錢塘侯國斷爲鄉侯耳然前志錢唐爲縣屬會稽郡續志不載固是已省但本書獨行傳戴就會稽上虞人仕郡倉曹薛安收就於錢塘縣獄後太守劉寵舉就孝廉是後漢又明明有錢塘縣矣循吏傳載寵由會稽太守徵爲將作大匠轉爲宗正大鴻臚延熹四年代黃瓊爲司空事在桓帝時蓋中興初併省桓帝復置靈帝時改侯國獻帝西遷而後地入於吳仍爲縣改屬吳郡沈約宋志猶以錢唐爲漢舊縣不云吳復置可知復不自吳則錢塘侯國是縣侯續志據順帝時版籍尚未復耳惟周壽昌疑併省在順帝時則恐未確御覽引錢唐記至亦未得也柳從辰曰此御覽八百三十六引錢唐記語也御覽七十四引錢唐記作華信家富無象字既過絕湖迺作過絕潮流

左髭集解先謙曰至已辯其非謹案惠棟補注出老髭云通鑑作左髭案袁紹傳作左是惠所據係北宋本惠以作左爲是則作老非丈八集解惠棟曰張璠漢記作文八案袁紹傳亦作文八

掾哉注九州春秋作緣哉通鑑作緣城

干毒案袁紹傳閣本亦作干毒官本干皆作于與魏志合通鑑作于

故顏子願不伐善爲先注論語曰顏回曰願無伐善無施勞官本無注

集解王補曰至其范史微意所在乎案董卓傕汜之亂大臣橫被誅夷惟嵩儁雖爲賊臣所忌猶得以功名終蓋亦各有善全之道焉至於就徵不避患同爲純臣之大節范史傳二子於卓前本以著臣道之終而啟

逆節諸臣也乃又惜其智勇不終是其識出華嶠下也白公亂楚而黜惠王其執己不順且五百人不可得其爲賊抑易制列國之賊又非可以語於天下之賊翟義覆轍可再蹈乎蔚宗之敗肇於此矣且夫欲爲曹操之事而又欲反操之所行未有能濟者也袁氏陶謙皆非可與共事之人使嵩從梁衍之說而拒徵已無以異於董卓嶲受陶謙之戴而迎帝亦不免卒爲劉虞何如廿屯蹕肅王命乎

董卓列傳第六十二

宋　宣　城　太　守　范　曄　撰

唐　章　懷　太　子　賢　注

王先謙集解

董卓字仲穎卓別傳曰卓父君雅爲潁川輪氏尉生卓及弟旻故卓字仲穎旻字叔穎集解劉攽曰案注言卓與弟旻生潁川明當作潁隴西臨洮人也性麤猛有謀少嘗遊羌中盡與豪帥相結後歸耕於野諸豪帥有來從之者卓爲殺耕牛與共宴樂豪帥感其意歸相斂得雜畜千餘頭以遺之由是以健俠知名爲州兵馬掾常徼守塞下說文曰徼巡也前書曰仲穎巡徼京師音義曰所謂遊徼備盜賊卓膂力過人雙帶兩鞬左右馳射方言曰所以藏箭謂之服藏弓謂之鞬左氏傳云右屬櫜鞬爲羌胡所畏桓帝末以六郡良家子爲羽林郎從中郎將張奐爲軍司馬共擊漢陽叛羌破之拜郎中賜縑九千匹卓曰爲者則己有者則士爲功者雖己共有者乃士乃悉分與吏兵無所留稍遷西域戊己校尉坐事免後爲并州刺史河東太守中平元年拜東中郎將持節代盧植擊張角於下曲陽軍敗抵罪集解惠棟曰江表傳卓不從鉅鹿太守郭典計故敗其冬北地先零羌及枹罕河關羣盜反叛遂共立湟中義從胡北宮伯玉李文侯爲將軍殺護羌校尉泠徵伯玉等乃劫致金城人邊章韓遂獻帝春秋曰涼州義從宋建王國等反詐金城郡降求見涼州大人故新安令邊允從事韓約約不見太守陳懿勸之使王國等便劫質約等數十人金城亂懿出國扶以到護羌營殺之而釋約允隴西以愛憎露布冠約允名以爲賊州購約允各千戶侯約允被購約改爲遂允改爲章集解劉攽曰注陳懿勸之使王國案此王字當作往字陳懿勸約使往也使專任軍政共殺金城太守陳懿攻燒州郡明年春將數萬騎入寇三輔侵逼園陵託誅宦官爲名詔以卓爲中郎將副左車騎將軍皇甫嵩征之嵩以無功免歸而邊章韓遂等大盛朝廷復以司空張溫爲車騎將軍假節執金吾袁滂爲副袁宏漢記曰滂字公熙純素寡欲終不言人短當權寵之盛或以同異致禍滂獨中

立於朝故愛愔不及馬拜卓破虜將軍與盪寇將軍周慎並統於溫幷諸郡
兵步騎合十餘萬屯美陽美陽故城在今雍州武功縣北〔集解〕先謙曰今乾州武功縣西南㠯衞
園陵章遂亦進兵美陽溫卓與戰輒不利十一月夜有流星如火
光長十餘丈照章遂營中驢馬盡鳴賊㠯爲不祥欲歸金城卓聞
之喜明日乃與右扶風鮑鴻等幷兵俱攻大破之斬首數千級章
遂敗走榆中榆中縣屬金城郡故城在今蘭州金城縣中〔集解〕先謙曰注見靈紀溫乃遣周慎將三
萬人追討之溫參軍事孫堅堅字文臺吳郡富春人郎孫權之父也見吳志〔集解〕惠棟曰杜佑云漢靈
帝時陶謙幽州刺史參司空軍事車騎將軍張溫軍事時孫堅亦爲參軍晉時軍府乃置爲官員說慎曰賊城中
無穀當外轉糧食堅願得萬人斷其運道將軍㠯大兵繼後賊必
困乏而不敢戰若走入羌中幷力討之則涼州可定也慎不從引
軍圍榆中城而章遂分屯葵園狹反斷慎運道慎懼乃棄車重而
退〔集解〕惠棟曰山陽公載記云卓謂長史劉艾曰孫堅隨周慎行謂慎求將萬兵造金城使慎以二萬作後駐邊韓城中無穀

當於外運畏慎大兵不敢輕與堅戰而堅兵足以斷其運道兒曹用必還羌谷中涼州或能定也溫不能用自攻金城壞其外垣馳
使語溫自以克在旦夕溫時亦以計中也而渡遼兒果斷葵園慎棄輜重走溫時亦使卓將兵三萬討
先零羌卓於望垣北望垣縣屬天水郡〔集解〕通鑑胡注望垣縣屬漢陽郡陳壽三國志云望垣峽名先謙曰今
秦州西北爲羌胡所圍糧食乏絕進退逼急乃於所度水中僞立隁㠯
爲捕魚而潛從隁下過軍續漢書隁字作堰其字義則同但異體耳比賊追之決水已
深不得度時衆軍敗退唯卓全師而還〔集解〕惠棟曰魏志云時六軍上隴西五軍敗績卓獨
全衆而還屯於扶風封斄鄉侯邑千戶斄縣故城在今雍州武功縣字或作邰音台〔集解〕惠棟曰山陽
公載記云孤昔與周慎西征慎圍邊韓於金城孤語張溫求引所將兵爲慎作後駐溫不聽孤上言其形勢知慎必不克溫又使孤
討先零叛羌以爲西方可一時蕩定孤皆知其不然而不得止後果如孤策其以此封都鄉侯也三年春遣使者持
節就長安拜張溫爲太尉三公在外始之於溫其冬徵溫還京師
韓遂乃殺邊章及伯玉文侯擁兵十餘萬進圍隴西太守李相如
反與遂連和共殺涼州刺史耿鄙而鄙司馬扶風馬騰典略曰騰字壽成扶

風茂陵人馬援後也長八尺餘身體洪大面鼻雄異而性賢厚人多敬之亦擁兵反叛又漢陽王國自
號合衆將軍皆與韓遂合共推王國爲主悉令領其衆寇掠三輔
五年圍陳倉乃拜卓前將軍與左將軍皇甫嵩擊破之韓遂等復
共廢王國而劫故信都令漢陽閻忠英雄記曰王國等起兵劫忠爲主統三十六部號車騎將
軍使督統諸部忠恥爲衆所脅感恚病死遂等稍爭權利更相殺
害其諸部曲並各分乖六年徵卓爲少府不肯就〔集解〕惠棟曰劉艾靈帝紀云五
年徵少府六年爲幷州牧上書言所將湟中義從及秦胡兵皆詣臣曰牢直不
畢稟賜斷絕前書音義曰牢稟食也古者名稟爲牢〔集解〕蘇輿曰謂牢直不備也公孫瓚傳錢不備畢宦者張讓傳有
錢不畢者或至自殺妻子饑凍牽挽臣車使不得行羌胡敝腸狗態言羌胡心腸敝
惡情態如狗也續漢書敝作憋方言云憋惡也郭璞曰憋忮急性也憋音芳別反忮音芳于反臣不能禁止輒將
順安慰增異復上如其更增異當復聞上〔集解〕通鑑胡注漢靈帝建甯二年魯相史晨祠孔廟奏後云增異輒
上光和二年樊毅復華下民租口算奏後云增異復上此蓋當時奏文結末之常語蓋言繼今事有增於此者異於此者將復奏上

也朝廷不能制〔集解〕先謙曰官本考證曰制字監本誤作爾從宋本改頗㠯爲慮及靈帝寢
疾璽書拜卓爲幷州牧令㠯兵屬皇甫嵩卓復上書言曰臣既無
老謀又無壯事天恩誤加掌戎十年士卒大小相狎彌久戀臣畜
養之恩爲臣奮一旦之命乞將之北州效力邊垂於是駐兵河東
㠯觀時變及帝崩大將軍何進司隸校尉袁紹謀誅閹宦而太后
不許乃私呼卓將兵入朝㠯脅太后卓得召卽時就道並上書並猶
兼也曰中常侍張讓等竊倖承寵濁亂海內〔集解〕王補曰袁紀濁作汨臣聞揚湯
止沸莫若去薪前漢枚乘上書曰欲湯之滄一人吹之百人揚之無益也不如絕薪止火而已滄音測亮反寒也
潰癰雖痛勝於內食〔集解〕通鑑胡注言癰疽蘊結破之雖痛勝於內食肌肉浸淫滋大也王補曰典略此下有
及溺呼船悔之無及二句昔趙鞅興晉陽之甲㠯逐君側之惡人公羊傳曰晉趙鞅取晉陽
之甲以逐荀寅與士吉射者曷爲君側之惡人也此逐君側之惡人曷爲以叛言之無君命也〔集解〕劉攽曰注荀寅與士吉射者曷
爲君側之惡人案公羊當更有荀寅士吉射五字下又更須有者也二字今臣輒鳴鍾鼓如洛陽鳴鍾鼓者

聲其罪也論語曰小子鳴鼓而攻之典略載卓表曰張讓等慆慢天常擅操王命父子兄弟並據州郡一書出門高獲千金下數百萬高腴美田皆屬讓等使變氣上蒸妖賊蜂起請收讓等以清姦穢卓未至而何進敗虎賁中郎將袁術乃燒南宮欲討宦官而中常侍段珪等山陽公載記段字作殷劫少帝及陳留王夜走小平津卓遠見火起引兵急進未明到城西聞少帝在北芒因往奉迎帝見卓將兵卒至恐怖涕泣典略曰帝望見卓涕泣羣公謂卓有詔卻兵卓曰公諸人爲國大臣不能匡正王室至使國家播蕩何卻兵之有遂俱入城卓與言不能辭對與陳留王語遂及禍亂之事卓以王爲賢且爲董太后所養卓自以與太后同族有廢立意初卓之入也步騎不過三千自嫌兵少恐不爲遠近所服率四五日輒夜潛出軍近營明旦乃大陳旌鼓而還以爲西兵復至洛中無知者尋而何進及弟苗先所領部曲皆歸於卓卓又使呂布殺執金吾丁原而幷其眾英雄記曰原字建陽爲人麤略有勇善射受使不辭有警急追寇虜輒在前卓兵士大盛乃諷朝廷策免司空劉弘而自代之魏志曰以久不雨策免漢官儀曰弘字子高安眾人因集議廢立百僚大會卓乃奮首而言曰大者天地其次君臣所以爲政皇帝闇弱不可以奉宗廟爲天下主今欲依伊尹霍光故事更立陳留王如何公卿以下莫敢對卓又抗言抗高也曰昔霍光定策延年案劍有敢沮大議皆以軍法從之坐者震動前書昭帝崩霍光迎立昌邑王賀即位二十七日行淫亂光召丞相已下會議莫敢發言田延年前離席案劍曰羣臣有後應者請斬之尚書盧植獨曰昔太甲既立不明太甲湯孫太丁子也尚書曰太甲既立不明伊尹放諸桐宮〔集解〕先謙曰官本注末有也字昌邑罪過千餘故有廢立之事昌邑王凡所徵發一千一百二十七事今上富於春秋行無失德非前事之比也卓大怒罷坐明日復集羣僚於崇德前殿遂脅太后策廢少帝〔集解〕王補曰此卓矯董太后策也范書及袁紀並言卓脅何太后爲廢帝策曰皇帝在喪無人子之心威儀不類人君今廢爲弘農王乃立陳留王是爲獻帝又議太后靈帝何皇后蹙迫永樂太后孝仁董皇后靈帝之母至令憂死逆婦

姑之禮無孝順之節左傳曰婦養姑者也虧姑以成婦逆莫大焉遷於永安宮〔集解〕王補曰魏志董卓傳注引獻帝起居注載此策全異遂以弒崩卓遷太尉領前將軍事加節傳斧鉞虎賁更封郿侯傳音直戀反郿今岐州縣卓乃與司徒黃琬司空楊彪俱帶鈇鑕詣闕上書追理陳蕃竇武及諸黨人以從人望於是悉復蕃等爵位擢用子孫尋進卓爲相國入朝不趨劍履上殿封母爲池陽君置丞令〔集解〕劉攽曰案漢書內皆言令丞此不合倒之是時洛中貴戚室第相望金帛財產家家殷積卓縱放兵士突其廬舍淫略婦女剽虜資物謂之搜牢言牢固者皆搜索取之也一曰牢漉也二字皆從去聲今俗有此言〔集解〕惠士奇曰帝牛在滌注云搜除與搜牢同義皆去聲讀匿養牢中謂之搜一作趙郎搜牢也惠棟曰郭孔大云貴州俗云打牢周壽昌曰案上卓奏言牢直不畢注牢廩食也古者名廩牢劉虞傳而卓廩懸注牢賈直也是搜牢者搜掠資物以爲廩食似不得如注言人情崩恐不保朝夕及何后葬開文陵靈帝陵卓悉取藏中珍物又姦亂公主妻略宮人虐刑濫罰睚眦必死羣僚內外莫能自固卓常遣軍至陽城時

人會於社下悉令就斬之駕其車重載其婦女以頭繫車轅歌呼而還又壞五銖錢更鑄小錢悉取洛陽及長安銅人鍾虡飛廉銅馬之屬以充鑄焉鍾虡以銅爲之故賈山上書云懸石鑄鍾虡前書音義曰虡鹿頭龍身神獸也說文鍾鼓之跗以猛獸爲飾也武帝置飛廉館音義云飛廉神禽身似鹿頭如爵有角蛇尾文如豹明帝永平五年長安迎取飛廉及銅馬置上西門外名平樂館銅馬則東門京所作致於金馬門外者也張璠紀曰太史靈臺及永安侯銅蘭楯卓亦取之〔集解〕惠棟曰潘岳關中記云秦取天下兵器鑄以爲銅人十二置之諸宮漢時皆在長安卓壞以爲錢餘二人徙在靑門裏東宮前鍾虡四枚皆在漢高祖廟故貨賤物貴穀石數萬又錢無輪郭文章不便人用魏志曰卓鑄小錢大五分無文章肉外無輪郭不磨鑢時人以爲秦始皇見長人於臨洮乃鑄銅人三輔舊事曰秦王立二十六年初定天下稱皇帝大人見臨洮身長五丈迹長六尺作銅人以厭之立在阿房殿前漢徙長樂宮中大夏殿前史記曰始皇鑄天下兵器爲十二金人卓臨洮人也而今毀之雖成毀不同凶暴相類焉卓素聞天下同疾閹宦誅殺忠良及其在事雖行無道而猶忍性矯情擢用羣士乃任吏部尚書漢陽周珌侍中汝南伍

瓊英雄記珌作毖字仲遠武威人瓊字德瑜珌音秘【集解】錢大昕曰王懋竑云漢時尚書六曹止稱尚書不以曹名官也吏部則東漢初無此稱此范史之誤予案靈帝末梁鵠爲選部尚書見續漢百官志注而蜀志許靖傳亦云以漢陽周毖爲吏部尚書似漢末已有吏部之稱矣章懷注引英雄記云周毖武威人此與蜀志俱云漢陽未知孰是惠棟曰袁宏紀云侍中周毖魏志亦作毖又魏志云城門校尉汝南伍瓊尚書鄭公業公業名泰餘人皆書名范曄父名泰避其諱耳長史何顒等
㠯處士荀爽爲司空其染黨錮者陳紀韓融之徒皆爲列卿幽滯
之士多所顯拔㠯尚書韓馥爲冀州刺史英雄記馥字文節潁川人侍中劉岱
爲兗州刺史吳志曰劉岱字公山東萊牟平人陳留孔伷爲豫州刺史英雄記伷字公緒九州春秋伷爲冑潁川張咨爲南陽太守獻帝春秋咨作資後爲孫堅所殺卓所親愛並不
處顯職但將校而已【集解】通鑑胡注將校謂中郎將校尉初平元年馥等到官與袁
紹之徒十餘人各興義兵同盟討卓而伍瓊周珌陰爲內主初靈
帝末黃巾餘黨郭太等復起西河白波谷轉寇太原遂破河東百
姓流轉三輔號爲白波賊衆十餘萬卓遣中郎將牛輔擊之不能

後漢書七十二　六

卻及聞東方兵起懼乃鴆殺弘農王欲徙都長安會公卿議太尉
黃琬司徒楊彪廷爭不能得而伍瓊周珌又固諫之卓因大怒曰
卓初入朝二子勸用善士故相從而諸君到官舉兵相圖此二君
賣卓卓何用相負遂斬瓊珌而彪琬恐懼【集解】王會汾曰監本無琬字案上下文皆彪琬並言此不應獨舉楊彪從宋本增詣卓謝曰小人戀舊非欲沮國事也請㠯不及
爲罪【集解】劉攽曰案文當云請不以及罪多爲字又倒以字卓既殺瓊珌旋亦悔之故表彪
琬爲光祿大夫於是遷天子西都初長安遭赤眉之亂宮室營寺
焚滅無餘是時唯有高廟京兆府舍遂便時幸焉便時謂時日吉便後移
未央宮於是盡徙洛陽人數百萬口於長安步騎驅蹙更相蹈藉
饑餓寇掠積尸盈路卓自屯留畢圭苑中悉燒宮廟官府居家二
百里內無復孑遺【集解】劉攽曰官府居家案文少一人字惠棟曰魏志引續漢書作民家又使呂布
發諸帝陵及公卿㠯下冢墓收其珍寶【集解】惠棟曰魏文帝典論曰喪亂以來漢氏諸陵無不發掘至乃燒取玉柙金鏤體骨幷盡士補曰縱兵發掘帝陵盜天之罪漢之董卓唐之溫韜一也韜賜死於德州卓然臍於郿塢天道固不爽矣時長沙太守孫堅亦率豫州諸郡兵討卓卓先遣將徐榮
李蒙四出虜掠與榮遇堅於梁故城在今汝州梁縣西南與戰破堅生禽潁川太
守李旻亨之【集解】惠棟曰英雄記云卓攻得李旻張安畢圭苑中生亨之二人臨入鼎相謂曰不同日生乃同日亨
卓所得義兵士卒皆㠯布纏裹倒立於地熱膏灌殺之時河內太
守王匡英雄記曰匡字公節泰山人輕財好施以任俠聞屯兵河陽津將㠯圖卓卓遣疑
兵挑戰而潛使銳卒從小平津過津北破之死者略盡明年孫堅
收合散卒進屯梁縣之陽人梁縣屬河南郡今汝州西也陽人聚故城在梁縣西卓遣將胡
軫呂布攻之布與軫不相能軍中自驚恐士卒散亂九州春秋曰卓以東郡太守胡軫爲大督呂布爲騎督軫性急豫宣言今此行也要當斬一青綬乃整齊耳布等惡之宣言相驚云賊至軍衆大亂奔走【集解】惠棟曰英雄記云軫字文才堅追擊之軫布敗走卓遣將李傕詣堅求和堅拒
絕不受進軍大谷距洛九十里大谷口在故嵩陽西北三十五里北出對洛陽故城張衡東京賦云

後漢書七十二　七

盟津達其後大谷通其前是也距至也卓自出與堅戰於諸陵墓閒卓敗走卻屯澠
池聚兵於陝堅進洛陽宣陽城門洛陽記洛陽城南面有四門從東第三門【集解】劉攽曰注從東第三門案文少名宣陽三字更擊呂布布復破走堅乃埽除宗廟【集解】惠棟曰吳書云堅入洛陽埽漢宗廟祠以太牢平塞諸陵分兵出函谷關至新安澠池閒㠯截卓後
卓謂長史劉艾曰關東諸將數敗矣無能爲也唯孫堅小戇說文曰戇愚也音都降反諸將軍宜慎之乃使東中郎將董越屯澠池中郎將段煨
屯華陰典略曰煨在華陰特修農事天子東遷煨迎貢饋周急魏志曰武威人也煨音壹回反【集解】惠棟曰西嶽華山堂闕碑銘云鎮遠將軍領北地太守閿鄉亭侯段君煨字忠明自武威占此土先謙曰官本貢作賨是中郎將牛輔屯
安邑其餘中郎將校尉布在諸縣㠯禦山東卓諷朝廷使光祿勳
宣璠璠音煩又音甫袁反持節拜卓爲太師位在諸侯王上乃引還長安百
官迎路拜揖卓遂僭擬車服乘金華青蓋爪畫兩轓時人號竿摩
車言其服飾近天子也金華以金爲華飾車也爪者蓋弓頭爲爪形也轓音甫袁反廣雅云車箱也畫爲文

彩續漢志曰幡長六尺下屈廣八寸又云皇太子青蓋金華蚤畫幡竿摩謂相逼近也今俗以事干人者謂之相干摩吕弟
旻爲左將軍封鄠侯兄子璜爲侍中中軍校尉皆典兵事於是宗
族内外並居列位其子孫雖在髫齔男皆封侯女爲邑君集解惠棟曰英
雄記云卓侍妾懷抱中子皆封侯弄以金紫孫女名白時尚未笄封爲渭陽君卓别傳曰卓孫年七歲愛以爲己子爲作小鎧冑使
騎駃騠馬與玉甲一具俱出入以爲麟駒鳳雛至殺人之子如蚤蝨耳數與百官置酒宴會淫樂縱
恣乃結壘於長安城東吕自居集解惠棟曰樂史云郡國志卓宅在永和里掘地輒得金玉寶玩
又築塢於郿高厚七丈號曰萬歲塢今案塢舊基高一丈周迴一里一百步集解惠棟曰風俗
通云營居曰塢安古切英雄記云郿去長安二百六十里積穀爲三十年儲自云事成雄據天
下不成守此足吕畢老常至郿行塢公卿已下祖道於横門外横音
光卓施帳幔飲設誘降北地反者數百人於坐中殺之先斷其舌
次斬手足次鑿其眼目吕鑊煮之未及得死偃轉柸案間會者戰
慄亡失匕箸而卓飲食自若諸將有言語蹉跌便戮於前又稍誅

關中舊族陷吕叛逆時太史望氣言當有大臣戮死者卓乃使人
誣衞尉張溫與袁術交通遂笞溫於市殺之吕塞天變前溫出屯
美陽令卓與邊章等戰無功溫召又不時應命既到而辭對不遜
時孫堅爲溫參軍勸溫陳兵斬之集解惠棟曰魯語臧文仲云大刑用甲兵韋昭云謂臣有大逆
則被甲聚兵而誅之若今陳軍也溫曰卓有威名方倚吕西行堅曰明公親帥王
師威振天下何恃於卓而賴之乎堅聞古之名將杖鉞臨衆未有
不斷斬吕示威武者也故穰苴斬莊賈史記齊景公時晉伐阿鄄而燕侵河上以司馬穰苴
爲將軍使寵臣莊賈監軍賈期後至穰苴斬以狥三軍鄄音絹魏絳戮楊干魏絳晉大夫楊干晉公弟會諸侯於曲梁
楊干亂行魏絳戮其僕事在左傳今若縱之自虧威重後悔何及溫不能從而卓
猶懷忌恨故及於難溫字伯慎漢官儀曰溫穰人集解先謙曰官本字作子何焯校本子改字少
有名譽累登公卿亦陰與司徒王允共謀誅卓事未及發而見害
集解先謙曰官本無害字考證曰諸本同何焯校本見下有害字越騎校尉汝南伍孚謝承書曰孚字德瑜

汝南吴房人質性剛毅勇壯好義力能兼人集解何焯曰孚與瓊疑是一人因其被害時人造此事以歸之耳裴注中採謝承書亦
致疑及此惠棟曰裴松之云孚字及本郡則與瓊同而致死事乃與孚異也不知孚爲瓊之别名爲别有伍孚也蓋未詳之依傳則
孚與瓊爲兩人也忿卓凶毒志手刃之乃朝服懷佩刀吕見卓孚語畢辭
去卓起送至閤吕手撫其背孚因出刀刺之不中卓自奮得免急
呼左右執殺孚而大詬詬罵也音許豆反曰虜欲反耶孚大言曰恨不得
磔裂姦賊於都市磔車裂之也音丁格反獻帝春秋磔作車吕謝天地言未畢而斃時
王允與吕布及僕射士孫瑞謀誅卓三輔決錄曰瑞字君榮扶風人博達無不通天子都許追
論瑞功封子萌津亭侯萌字文始有才學與王粲善粲作詩贈萌集解先謙曰官本考證云何焯校本榮改策有人書吕
字於布上負而行於市歌曰布乎有告卓者卓不悟英雄記曰有道士書布爲
吕字持以示卓卓不知其爲吕布也集解惠棟曰獻帝春秋云有書三尺布幅上作兩口相銜之字負之於道歌曰布乎及布殺卓
負布者不復見蘇輿曰案東觀漢記載逢萌知莽將敗乃首載蘆曰哭乎市曰辛乎辛乎與此相類蓋俱謬爲賣物者故莽卓不悟
也三年四月帝病新愈大會未央殿卓朝服升車既而馬驚墮泥

還入更衣其少妻止之卓不從遂行乃陳兵夾道自壘及宮左步
右騎屯衞周帀令吕布等扞衞前後王允乃與士孫瑞密表其事
使瑞自書詔吕授布集解通鑑胡注使尚書僕射自書詔懼謀泄也令騎都尉李肅獻帝紀曰
肅吕布同郡人也集解考異云袁紹傳作李順與布同心勇士十餘人僞著衞士服於北
掖門内吕待卓卓將至馬驚不行怪懼欲還吕布勸令進遂入門
肅吕戟刺之卓衷甲不入集解先謙曰官本少一卓字傷臂墮車顧大呼曰吕
布何在布曰有詔討賊臣卓大罵曰庸狗敢如是邪布應聲持矛
刺卓趣兵斬之趣音促九州春秋曰布素使秦誼陳衞李黑等僞作宮門衞士持長戟卓到宮門黑等以長戟挾叉
卓車或叉其馬卓驚呼布布素施鎧於衣中持矛卽應聲刺卓墜於車集解先謙曰官本無卓到宮門黑等以長戟九字主簿
田儀九州春秋儀字作景及卓蒼頭前赴其尸布又殺之馳齎赦書吕令宮
陛内外士卒皆稱萬歲百姓歌舞於道長安中士女賣其珠玉衣
裝市酒肉相慶者填滿街肆集解惠棟曰卓别傳云長安酒肉爲之踊貴使皇甫嵩攻

卓弟旻於郿塢殺其母妻男女盡滅其族英雄記曰卓母年九十走至塢門曰乞脫我死卽時斬首乃尸卓於市天時始熱卓素充肥脂流於地〔集解〕惠棟曰英雄記云膏流浸地草爲之丹守尸吏然火置卓臍中光明達曙如是積日諸袁門生又聚董氏之尸焚灰揚之於路塢中珍藏有金二三萬斤銀八九萬斤錦綺繢縠紈素奇玩積如丘山初卓以牛輔子壻素所親信使以兵屯陝輔分遣其校尉李傕郭汜張濟英雄記傕北地人劉艾獻帝紀曰傕字稚然汜張掖人將步騎數萬擊破河南尹朱儁於中牟因掠陳留潁川諸縣殺略男女所過無復遺類呂布乃使李肅以詔命至陝討輔等輔等逆與肅戰肅敗走弘農布誅殺之其後牛輔營中無故大驚輔懼乃齎金寶踰城走左右利其貨斬輔送首長安獻帝紀曰輔帳下支胡赤兒等素待之過急盡以家寶與之自帶二十餘餅金大白珠瓔胡謂輔曰城北已有馬可去也以繩繫輔腰踰城懸下之未及地丈許放之輔傷腰不能行諸胡共取其金幷珠斬首詣長安傕汜等以王允呂布殺董卓故忿怒幷

州人幷州人其在軍者男女數百人皆誅殺之牛輔既敗衆無所依欲各散去傕等恐乃先遣使詣長安求乞赦免王允以爲一歲不可再赦〔集解〕先謙曰漢時語曰一歲再赦嬰兒喑啞見崔寔政論不許之傕等益懷憂懼不知所爲武威人賈詡時在傕軍說之魏志曰卓之入洛陽詡以太尉掾爲平津尉遷討虜校尉牛輔屯陝詡在輔軍輔既死故詡在傕軍曰聞長安中議欲盡誅涼州人諸君若弃軍單行則一亭長能束君矣不如相率而西以攻長安爲董公報仇事濟奉國家以正天下若其不合走未後也傕等然之各相謂曰京師不赦我我當以死決之若攻長安剋則得天下矣不剋則鈔三輔婦女財物西歸鄉里尚可延命衆以爲然於是共結盟率軍數千晨夜西行王允聞之乃遣卓故將胡軫徐榮擊之於新豐九州春秋曰胡文才揚整修皆涼州人王允素所不善也及李傕之叛乃召文才整修使東曉喻之不假借以溫顏謂曰關東鼠子欲何爲乎卿往曉之於是二人往實召兵而還〔集解〕惠棟曰注揚整修卽揚定也興平元年爲安西將軍二年遷後將軍榮戰死

軫以衆降傕隨道收兵比至長安已十餘萬與卓故部曲樊稠李蒙等合袁宏紀曰蒙後爲傕所殺圍長安城城峻不可攻守之八日呂布軍有叟兵內反叟兵卽蜀兵也漢代謂蜀爲叟引傕衆得入城潰放兵虜掠死者萬餘人殺衞尉种拂等〔集解〕錢大昕曰按獻帝紀种拂傳皆云太常非衞尉也呂布戰敗出奔王允奉天子保宣平城門樓上三輔黃圖曰長安城東面北頭門號宣平門於是大赦天下李傕郭汜樊稠等皆爲將軍袁山松書曰允謂傕等曰臣無作威作福將軍乃放縱欲何爲乎傕等不應自拜署傕爲揚武將軍汜爲揚烈將軍樊稠等皆爲中郎將也遂圍門樓共表請司徒王允出問太師何罪允窮蹙乃下後數日見殺傕等葬董卓於郿並收董氏所焚尸之灰合斂一棺而葬之葬日大風雨霆震卓墓流水入藏漂其棺木獻帝起居注曰冢戶開大風暴雨水土流入杼出之棺向入輒復風雨水溢郭戶如此者三四冢中水半所稠等共下棺天風雨益暴甚遂閉戶戶閉大風復破其冢〔集解〕先謙曰官本天風雨作又風雨傕又遷車騎將軍開府領司隸校尉假節汜後將軍稠右將軍張濟爲鎮東將

軍並封列侯傕汜稠共秉朝政〔集解〕先謙曰此時實五府並建蓋多擁空名濟出屯弘農以賈詡爲左馮翊欲侯之詡曰此救命之計何功之有固辭乃止更以爲尚書典選明年夏大雨晝夜二十餘日漂沒人庶又風如冬時帝使御史裴茂訊詔獄原繫者二百餘人其中有爲傕所枉繫者傕恐茂赦之乃表奏茂擅出囚徒疑有姦情請收之詔曰災異屢降陰雨爲害使者銜命宣布恩澤原解輕微庶合天心欲釋寃結而復罪之乎一切勿問初卓之入關要韓遂馬騰共謀山東獻帝傳曰騰父平扶風人爲天水蘭干尉失官遂留隴西與羌雜居家貧無妻遂取羌女生騰遂騰見天下方亂亦欲倚卓起兵興平元年馬騰從隴右來朝進屯霸橋時騰私有求於傕不獲而怒遂與侍中馬宇右中郎將劉範焉之子〔集解〕惠棟曰本紀及种邵傳皆云左中郎將前涼州刺史种邵中郎將杜稟獻帝紀曰稟與賈詡有隙脅扶風吏人爲騰守槐里欲共攻傕傕令樊稠及兄子利數萬人攻圍槐里夜梯城城陷斬稟梟首合兵攻傕連日不決韓

遂聞之乃率衆來欲和騰傕既而復與騰合傕使兄子利共郭汜樊稠與騰等戰於長平觀下前書音義曰長平坂名也在池陽南有長平觀去長安五十里遂騰敗斬首萬餘級种邵劉範等皆死遂騰走還涼州稠等又追之韓遂使人語稠曰天下反覆未可知相與州里今雖小違要當大同欲共一言乃駢馬交臂相加駢並也笑語良久軍還利告傕曰樊韓駢馬笑語不知其辭而意愛甚密於是傕稠始相猜疑猶加稠及郭汜開府與三公合爲六府皆參選舉獻帝起居注曰傕等各欲用其所舉若一違之便忿憤恚怒主者患之乃以次第用其所舉先從傕起汜次之稠次之三公所舉終不見用時長安中盜賊不禁白日虜掠傕汜稠乃參分城內各備其界猶不能制而其子弟縱橫侵暴百姓是時穀一斛五十萬豆麥二千萬人相食啖啖音徒敢反白骨委積臭穢滿路帝使侍御史侯汶音問集解惠棟曰汶字文林太原中都人見宗都碑陰出太倉米豆爲飢人作糜經日而死者無限帝疑賦卹有虛賦布也卹憂也乃親於御前自加臨檢既知不實使侍中劉艾出讓有司於是尚書令以下皆詣省閣謝集解劉攽曰案文閣當作閤閤門也奏收侯汶考實詔曰未忍致汶於理可杖五十自是後多得全濟明年春傕因會刺殺樊稠於坐獻帝紀曰傕見稠果勇而得衆心疾害之醉酒潛使外生騎都尉胡封於坐中拉殺稠由是諸將各相疑異傕汜遂復理兵相攻袁宏記曰李傕數設酒請汜或留汜止宿汜妻懼與傕婢妾私而奪己愛思有以離間之會傕送饋汜妻乃以豉爲藥汜將食妻曰食從外來儻或有故遂摘藥示之曰一栖不兩雄我固疑將軍之信李公也他日傕請汜大醉汜疑傕藥之絞糞汁飲之乃解於是遂相猜疑也集解惠棟曰韓子有度篇云毋弛而弓一棲兩雄一棲兩雄其鬬嚬嚬安西將軍楊定者故卓部曲將也懼傕忍害乃與汜合謀迎天子幸其營傕知其計卽使兄子暹音纖將數千人圍宮以車三乘迎天子皇后集解惠棟曰獻帝春秋云使虎賁王曹等三百人以軺車三乘載帝及伏后幸傕營及迎宮人公卿家屬入塢棟案王曹當作王昌太尉楊彪謂暹曰古今帝王無在人臣家者諸君舉事當上順天心奈何如是暹曰將軍計決矣帝於是遂幸傕

營彪等皆徒從亂兵入殿掠宮人什物傕又徙御府金帛乘輿器服而放火燒宮殿官府居人悉盡帝使楊彪與司空張喜等十餘人和傕汜汜不從遂質留公卿集解惠棟曰袁宏紀尚書王隆光祿勳劉淵衞尉士孫瑞太僕韓融廷尉宣璠大鴻臚榮郃大司農朱儁將作大匠梁邵屯騎校尉姜宣等邵一作紹彪謂汜曰將軍達人閒事奈何君臣分爭一人劫天子一人質公卿此可行邪汜怒欲手刃彪彪曰卿尚不奉國家吾豈求生邪左右多諫汜乃止集解惠棟曰袁宏紀中郎將楊密諫汜乃止遂引兵攻傕矢及帝前獻帝紀曰汜與傕將張苞張龍謀誅傕汜將兵夜攻傕門候開門內汜兵苞等燒屋火不然汜兵弓弩並發矢及天子樓帷簾中又貫傕耳傕將楊奉本白波賊帥乃將兵救傕於是汜衆乃退是日傕復移帝幸其北塢唯皇后宋貴人俱傕使校尉監門隔絕內外獻帝紀曰傕令門設反關校尉守察盛夏炎暑不能得冷水飢渴流離上以前移宮人及侍臣不得以穀米自隨入門有禁防不得出市困之使就傕索粳米五斛牛骨五具欲爲食賜宮人左右傕不與米取久牛肉牛骨給皆已臭蟲不可啖食尋復欲從帝於池陽黃白城池陽縣故城在今涇陽縣西北集解惠棟曰樂史云黃白城在耀州三原縣西南十五里秦曲梁宮在城內三原本漢池陽地王伯厚云李傕亂政天子東遷三輔飢歎乃移保黃白城卽此地也君臣惶懼司徒趙溫深解譬之乃止詔遣謁者僕射皇甫酈和傕汜集解惠棟曰獻帝起居注云天子以酈涼州舊姓有專對之才遣令和傕汜按酈嵩從子酈先譬汜汜卽從命又詣傕傕不聽曰郭多盜馬虜耳何敢欲與我同邪必誅之君觀我方略士衆足辦郭多不多又劫質公卿所爲如是而君苟欲左右之邪左右助也音佐又汜一名多酈曰今汜質公卿而將軍脅主誰輕重乎傕怒呵遣酈因令虎賁王昌追殺之昌僞不及酈得以免傕乃自爲大司馬獻帝起居注曰傕性喜鬼怪左道之術常有道人及女巫歌謳擊鼓下神祭六丁符劾厭勝之具無所不爲又於朝廷省門外爲董卓作神坐數以牛羊祠之天子使左中郎將李國持節拜傕爲大司馬在三公之右傕自以爲得鬼神之助乃厚賜諸巫與郭汜相攻連月死者以萬數張濟自陝來和解二人仍欲遷帝權幸弘農帝亦思舊京因遣使敦請傕求東歸十反乃許袁宏紀曰濟使天官令孫篤校尉張式宣諭十反集解先謙曰

宮本作濟從太宮令考證云監本作濟使天官令王會汾云按前書百官公卿表及劉昭百官志並無天官令之名從宋本改式本或作武車駕卽日發邁獻帝起居注曰初天子出到宣平門當度橋汜兵數百人遮橋日是天子非車不得前傕兵數百人皆持大戟在乘輿車前侍中劉艾大呼云是天子也使侍中楊琦高舉車帷帝言諸兵汝卻何敢迫近至尊邪汜等兵乃卻旣度橋士衆咸稱萬歲李傕出屯曹陽吕張濟爲驃騎將軍復還屯陝遷郭汜車騎將軍楊定後將軍楊奉興義將軍又吕故牛輔部曲董承爲安集將軍蜀志曰承獻帝舅也裴松之注曰承靈帝母太后之姪汜等並侍送乘輿汜遂復欲脅帝幸郿定奉承不聽汜恐變生乃棄軍集解惠棟曰袁宏紀云汜棄軍入南山還就李傕車駕進至華陰帝王紀曰帝以尚書郎郭溥喻汜汜以屯部未定乞須留之溥因罵汜曰卿眞庸人賤夫爲國上將今天子有命何須留之吾不忍見卿所行請先殺我以章卿惡汜得溥言切意乃少喻集解惠棟曰袁宏紀云詔尚書郭溥喻汜云朕遭艱難越在西都感惟宗廟靈爽何日不歎天下未定厥心不革武夫宣威儒德合謀今得東移望遠若近視險如夷宏農近郊勿有疑也寍輯將軍段煨乃具服御及公卿已下資儲請帝幸其營初楊定與煨有隙遂誣煨欲反乃攻其營十餘日不下

袁宏紀曰煨與楊定有隙煨迎乘輿不敢下馬揖馬上侍中种輯素與定親乃言曰段煨欲反上曰煨屬來迎何謂反對曰迎不至界拜不下馬其色變必有異心太尉楊彪等曰煨不反臣等敢以死保車駕可幸其營董承楊定言曰郭汜今且將七百騎來入煨營天子信之遂露次於道南奉承定等功也而煨猶奉給御膳稟贍百官終無二意李傕郭汜旣悔令天子東乃來救段煨因欲劫帝而西楊定爲汜所遮亡奔荆州而張濟與楊奉董承不相平乃反合傕汜共追乘輿大戰於弘農東澗承奉軍敗百官士卒死者不可勝數皆棄其婦女輜重御物符策典籍略無所遺獻帝傳曰掠婦女衣被遲不時解卽斫刺之有美髮者斷取凍死及嬰兒隨流而浮者塞水射聲校尉沮儁被創墜馬李傕謂左右曰尚可活不儁罵之曰汝等凶逆逼迫天子亂臣賊子未有如汝者傕使殺之袁山松書曰儁年二十五其督戰甞寶負其屍而瘞之天子遂露次曹陽集解玉補曰是時沮授勸袁紹西迎大駕卽宮鄴都見紹傳補按紹傳車駕爲李傕所追於曹陽授進是謀考之袁紀通鑑實爲興平二年之冬十二月及曹操奉迎車駕則帝已還洛陽時爲建安元年八月帝以庚申出轘轅而東己巳幸曹操營遂遷都許是授謀發於操未奉迎之前者且數月矣格於郭圖淳于瓊之梗議紹不果從而遂爲操所先卒如授料承奉乃譎傕等與連和而密遣閒使至河東招故白波帥李樂韓暹胡才及南匈奴右賢王去卑竝率其衆數千騎來與承奉共擊傕等大破之斬首數千級乘輿乃得進董承李樂擁衞左右胡才楊奉韓暹去卑爲後距傕等復來戰奉等大敗死者甚於東澗自東澗兵相連綴四十里中方得至陝乃結營自守時殘破之餘虎賁羽林不滿百人皆有離心承奉等夜乃潛議過河袁宏紀曰傕汜繞營叫呼吏士失色各有分散意李樂懼欲令車駕御船過砥柱出盟津楊彪曰臣弘農人也自此以東有三十六灘非萬乘所當登宗正劉艾亦曰臣前爲陝令知其危險舊故河師猶時有傾危況今無師太尉所慮是也使李樂先度具舟船舉火爲應帝步出營臨河欲濟岸高十餘丈乃吕絹縋而下縋音直類反餘人或匍匐岸側或從上自投死亡傷殘不復相知爭赴船者不可禁制董承吕戈擊披之斷手指於舟中者可掬同濟唯皇后宋貴人宋貴人名都常山太守泓之女也見獻帝起居注

楊彪董承及后父執金吾伏完等數十人其宮女皆爲傕兵所掠奪凍溺死者甚衆旣到太陽止於人家太陽縣屬河東郡前書音義曰在太河之陽也卽今陝州河北縣是也十三州記曰傳巖在其界今住穴尚存集解惠棟曰應劭地理風俗記云城南太河之陽也樂史云太陽津在陝縣西北四里卽茅津也然後幸李樂營百官飢餓河內太守張楊魏志曰楊字稚叔雲中人使數千人負米貢餉帝乃御牛車因都安邑河東太守王邑奉獻綿帛悉賦公卿已下封邑爲列侯邑字文都北地涇陽人鎭北將軍見同歲名集解惠棟曰注北地涇陽人兩漢志北地有涇陽縣劉寬碑陰門生名有離石長北地泥陽王邑文都則邑當爲泥陽人傳寫誤耳案獻帝起居注邑封安陽亭侯拜胡才征東將軍張楊爲安國將軍皆假節開府其壘壁羣豎競求拜職刻印不給至乃吕錐畫之或齎酒肉就天子燕飲魏志曰乘輿時居棘籬中門戶無關閉天子與羣臣會兵士伏籬上觀互相鎭壓以爲笑諸將或遺婢詣省問或齎酒送天子侍中不通喧呼罵詈也集解劉攽曰注遺婢詣省問或案問當作閤周壽昌曰案此時天子居棘籬中尚有何省閤可詣乎省問卽存問恐魏書本如是不必作閤字也又遣太僕韓融至弘農與傕汜等連和集解惠棟曰獻

帝春秋云十二月使侍中史跱太僕韓融奉詔詔張濟悉遣宮人公卿已下婦女及乘輿服物車物諸見略者皆詣安邑跱直里切傕乃放遣公卿百官頗歸宮人婦女及乘輿器服初帝入關三輔戶口尚數十萬自傕汜相攻天子東歸後長安城空四十餘日彊者四散羸者相食二三年閒關中無復人跡建安元年春諸將爭權韓暹遂攻董承承奔張楊楊乃使承先繕修洛宮七月帝還至洛陽〔集解〕王補曰袁紀八月辛丑天子入南宮楊安殿通鑑從之卓傳以爲七月不日疑誤幸楊安殿張楊以爲己功故因以楊名殿獻帝起居注曰舊時宮殿悉壞倉卒之際拾摭故瓦材木工匠無法度之制所作並無足觀也乃謂諸將曰天子當與天下共之朝廷自有公卿大臣楊當出扞外難何事京師遂還野王楊奉亦出屯梁乃以張楊爲大司馬楊奉爲車騎將軍韓暹爲大將軍領司隸校尉皆假節鉞暹與董承並留宿衞暹矜功恣睢恣睢自任用之貌睢音火季反干亂政事董承患之潛召兗州牧曹操操乃詣闕貢獻稟公卿以下因奏韓暹張楊

之罪暹懼誅單騎奔楊奉帝以暹楊有翼車駕之功詔一切勿問於是封衞將軍董承輔國將軍伏完等十餘人爲列侯贈沮儁爲弘農太守袁宏紀曰誅議郎侯祈尚書馮碩侍中壺崇討有罪也封衞將軍董承輔國將軍伏完侍中丁沖种輯尚書僕射鍾繇尚書郭溥御史中丞董芬彭城相劉艾馮翊韓斌東郡太守楊眾議郎羅邵伏德趙蕤爲列侯賞有功也贈射聲校尉沮儁爲弘農太守旌死節也〔集解〕惠棟曰注侍中壺崇壺當作臺詳見獻帝紀曹操以洛陽殘荒遂移帝幸許〔集解〕王補曰起定與汜合謀迎天子訖移帝幸許備敘羣凶劫持車駕流離顛沛之狀及曹氏挾帝之由以明卓雖伏誅其禍實卓致之也楊奉韓暹欲要遮車駕不及曹操擊之獻帝春秋曰車駕出洛陽自轘轅而東楊奉韓暹引軍追之輕騎既至操設伏兵要于陽城山畎中大敗之〔集解〕先謙曰官本注畎作狹是奉暹奔袁術遂縱暴揚徐閒明年左將軍劉備誘奉斬之暹懼走幷州道爲人所殺九州春秋曰暹失奉孤特與千餘騎欲歸幷州爲張宣所殺胡才李樂留河東才爲怨家所害樂自病死張濟飢餓出至南陽攻穰戰死郭汜爲其將伍習所殺三年使謁者僕射裴茂詔關中諸將段煨等討李傕夷三族典略曰傕頭至有詔高懸之以段煨爲安南將軍封闅鄉侯闅鄉今虢州縣也說文闅今作閿流俗誤也四年張楊爲其將楊醜所殺魏志曰楊素與呂布善曹公之圍布楊欲救之不能乃出兵東市遙爲之埶其將楊醜殺楊以應曹公〔集解〕錢大昕曰案獻帝紀在三年十二月以董承爲車騎將軍開府自都許之後權歸曹氏天子總己百官備員而已〔集解〕王補曰議者率言唐亡於黃巢漢亡於董卓然較其凶毒卓倍於巢擅行廢立掘暴陵墓劫遷都畿自古亂臣賊子僭逆不軌之謀悉萃一身雖速伏天誅而人綱既墜由是車駕播越寄命羣盜露次棘籬不知所屆卒致奉迎都許挾令諸侯遂階曹氏之篡殄滅漢祚范史傳寫如繪永爲世戒帝忌操專偪乃密詔董承使結天下義士共誅之承遂與劉備同謀未發會備出征承更與偏將軍王服長水校尉种輯議郎吳碩結謀〔集解〕惠棟曰案蜀志碩字子蘭事泄承服輯碩皆爲操所誅韓遂與馬騰自還涼州更相戰爭乃下隴據關中操方事河北慮其乘閒爲亂七年乃拜騰征南將軍遂征西將軍並開府後徵段煨爲大鴻臚病卒〔集解〕惠棟曰劉艾獻帝紀云煨爲大鴻臚光祿大夫建安十四年以壽終復徵馬騰爲衞尉

封槐里侯騰乃應召而留子超領其部曲十六年超與韓遂舉關中背曹操操擊破之遂超敗走騰坐夷三族超攻殺涼州刺史韋康太僕端之子也弟誕魏光祿大夫〔集解〕先謙曰官本端作瑞考證曰注太僕瑞之子也瑞字舊本毛本作端康爲荀彧所進舉見彧傳復據隴右十九年天水人楊阜破超魏志曰阜字義山天水冀人也韋康以爲別駕馬超率萬餘人攻冀城阜率國士大夫及宗族子弟勝兵者千餘人使弟岳於城上作偃月營與超接戰自正月至八月拒守而救兵不至超入拘岳於冀殺刺史太守阜內有報超之志而未得其便外兄姜敘屯歷城阜少長敘家見敘母說前在冀中時事歔欷悲甚敘曰何爲耳阜曰守城不能完君亡不能死亦何面目以視息天下時敘母慨然敕從阜計超聞阜等兵起自將出襲歷城得敘母罵之曰若背父之逆子殺君之桀賊天地豈久容敢以面目視人乎超怒殺之阜與戰身被五創宗族昆弟死者七人超遂南奔張魯〔集解〕劉攽曰注阜少長詣敘家又云得敘母罵之曰案此言阜自少長於敘家後人不曉妄加一詣字下文少敘母二字超奔漢中降劉備蜀志曰超字孟起既奔漢中聞備圍劉璋於成都密書請降備遣迎超將兵徑到城下漢中震怖璋卽稽首韓遂走金城羌中爲其帳下所殺初隴西人宗建在枹罕自稱河首平漢王建以居河上流故稱河首也署置百官三十許年曹操因遣

夏侯淵擊建斬之涼州悉平魏志曰淵字妙才沛國人也爲征西護軍魏太祖使帥諸將討建拔之

論曰董卓初以虓闞爲情詩大雅曰闞如虓虎毛傳曰虎怒之貌也因遭崩剝之埶剝猶亂也左傳曰天實剝亂故得蹈藉彝倫毀裂畿服彝常也倫理也書云我不知其彝倫攸敘左傳曰裂冠毀冕畿謂王畿也服九服也夫以刳肝斮趾之性刳剖也斮斬也紂刳孕婦剖比干之心斮朝涉之脛則羣生不足以厭其快然猶折意縉紳遲疑陵奪折曲也謂忍性屈情擢用鄭泰蔡邕何顒荀爽等集解先謙曰官本曲作屈尚有盜竊之道焉莊子跖之徒問於跖曰盜亦有道乎跖曰何適無有邪夫妄意室中之藏聖也入先勇也出後義也知可否智也分均仁也五者不備而能成大盜者天下未之有也及殘寇乘之倒山傾海殘寇謂傕汜等崑岡之火自茲而焚書曰火炎崑岡玉石俱焚版蕩之篇於焉而極詩大雅曰上帝版版下人卒癉毛萇注云版版反也癉病也言厲王爲政反先王之道下人盡病也又蕩之什曰蕩蕩上帝下人之辟疾威上帝其命多辟鄭玄注云蕩蕩法度廢壞之貌嗚呼人之生也難矣左傳曰人生實難其有不獲死乎天地之不仁甚矣老子曰天地不仁以萬物爲芻狗

贊曰百六有會前書音義曰四千五百歲爲一元一元之中有九厄陽厄五陰厄四陽爲旱陰爲水初入元百六歲有陽厄故曰百六之會過剝成災易曰大過棟橈本末弱也剝不利有攸往小人長也董卓滔天干逆三才滔漫也尚書曰象龔滔天方夏崩沸方四方夏華夏也詩小雅云百川沸騰山冢崒崩皇京烟埃無禮雖及餘祲遂廣左傳曰多行無禮必自及矢延王輅兵纏魏象周禮巾車氏掌王之五輅纏遶也魏象闕也區服傾囘人神波蕩

董卓列傳第六十二終　　後漢書七十二

後漢書集解卷七十二校補

董卓傳字仲穎注卓父君雅爲潁川輪氏尉生卓及弟旻錢大昭曰英雄記卓父有三子長子擢字孟高早卒次卽卓

爲州兵馬掾常徼守塞下注仲穎巡徼京師仲穎官本作中尉是

伯玉等乃劫致金城人邊章韓遂注國扶以到護羌營殺之官本注國下有等字今案扶護也援也此作扶無義當是挾之譌

執金吾袁滂爲副注袁宏漢記曰官本注記作紀後文由是諸將各相疑異注袁宏記曰同今案注中紀記互誤各本多有官本亦未能悉正

乃拜卓前將軍柳從辰曰袁紀中平五年特進卓爲驃騎將軍是年十二月稱前將軍屯右扶風討王國今案續志驃騎將軍位亞大將軍至前將軍則雜號將軍也卓以前未嘗獨將何以得拜驃騎將軍既驃騎將軍矣而又降稱前將軍中隔車騎將軍衞將軍二位相差抑太遠范書不載魏志亦無恐或誤也

又無壯事官本事作士

策免司空劉宏注宏字于高官本注作子高是

遂脅太后策廢少帝王補曰此卓矯董太后策也案廢少帝在是年九月董太后崩於是年六月謂卓矯董太后策是矯遺詔也於說太迂世見魏志注引獻帝起居注載有廢帝策文云皇太后敎無母儀統政荒亂以爲非何太后之辭似也然下又接云永樂太后暴崩衆論惑焉又豈董太后之辭哉大抵起居注本不足據此策以廢帝及迫何太后還政并爲一時一事尤爲謬誤似此大事必當從正史

更封郿侯注郿今岐州縣今鳳翔府郿縣東北

尋進卓爲相國案自孝哀改丞相爲大司徒光武承之不更置相獻帝復置相自董卓始至曹操終矣卓爲相國而不省司徒務自矜高於官制愔然也而司徒王允卒能以其權陰制之操爲丞相並廢三公使大權歸於一己固自以爲優於卓而實則甘心爲卓之所爲而已

及長安銅人鍾虡飛廉銅馬之屬注又如豹文官本注又亦作文是張璠紀曰太史靈臺及永安侯銅蘭楯官本侯作候

卓臨洮人也官本洮或誤洮

侍中汝南伍瓊注瓊字德瑜侯康曰蔡中郎京兆樊惠渠頌有伍瓊光和時爲京兆縣令

請曰不及爲罪集解劉攽曰至又倒以字案請以不及爲罪乃陳謝請罪之辭非自辯無罪也不及者自明懷土晏安不足以知國家大計才識不及不堪大位請以此爲罪得從罷黜不以沮國事從重比也如自辯無罪則止云請不爲罪足矣而云請不以及罪語反費解劉說蓋非

滎遇堅於梁注故城在今汝州梁縣西南官本注末有也字梁今地已見劉盆子傳

進屯梁縣之陽人注梁縣屬河南郡今汝州縣也陽人聚故城在梁縣西案章懷此注與上無別今汝州縣也應攺云已見上又案陽人聚並見獻紀

進軍大谷注在故嵩陽西北三十五里官本注作八十五里

時人號竿摩車注今俗以事干人者謂之相干摩官本注相干摩干仍作竿今案注本通竿於干承上干人來作干爲長

卓施帳幔飲設案魏志原文本無設字此飲設當作設飲

及僕射士孫瑞謀誅卓注封子萌津亭侯官本注津作車有人書呂字於

布上集解惠棟曰至負布者不復見侯康曰御覽七百三十五引幽冥錄董卓信巫軍中常有巫都言禱求福利言從卓求布倉卒無布有手巾言曰可用耳取便書巾上如兩口一口大一口小相累一舉謂卓曰愼此也卓後爲呂布所殺後人乃知況呂布也今案此本一事而所載各異惟獻帝春秋與傳文爲合故惠氏取之

帝病新愈官本病作疾

布應聲持矛刺卓注挾叉卓車官本注挾誤俠

王允以爲一歲不可再赦不許之案獻紀初平三年正月大赦天下四月誅卓五月又大赦天下李傕等陷長安六月又大赦天下方傕等乞赦時是歲已再更赦矣允安得爲是言乎且卓誅後允原無意罪其部曲故胡軫徐榮並得無嫌是其證也惟傕汜復從牛輔拒敗李肅軍又殺并州男女數百人新有罪及輔敗從求特赦事容有之允固疑特赦非所以安之故仍不許傕汜輩因造此言以脅衆耳

王允聞之乃遣卓故將胡軫徐榮擊之於新豐注卽往曉之官本注卽作卿是案卽蓋本是卿字殘缺允遣卓故將往仍欲自明無猜而適以僨事坐輕敵致敗也不思傕汜之來求生於死正如困獸之思鬭誠令皇甫嵩深溝高壘拒之於前而使朱儁率一軍以規其後更遣徐榮等誘降其衆賈詡雖智尙安所施乎

已十餘萬原本十字殘譌不成字依魏志正官本不誤

於是大赦天下侯康曰御覽六百五十二引海內先賢傳王允更赦書曰射帝營宮闕不從此令是日遂及於難今案所載與傳後數日見殺異

李傕郭汜樊稠等皆爲將軍注傕爲揚武將軍汜爲揚烈將軍注揚武揚原譌陽揚烈揚原譌揚皆據袁紀正官本注不誤

並封列侯柳從辰曰袁紀傕封池陽侯汜郿陽侯後又更封美陽侯稠萬年侯濟平陽侯

疑有姦情請收之官本情作故

要韓遂馬騰注爲天水蘭干尉蘭干縣今闕李兆洛云鞏昌府境干原譌于依續志正官本注不誤

豆麥二千萬官本千作十是

帝使侍御史侯汶注音問官本注問作聞

汜妻懼與傕婢妾私柳從辰曰今袁紀作懼傕與汜婢妾

以車三乘迎天子皇后集解惠棟曰至及迎宮人公卿家屬入塢

柳從辰曰袁紀云天子一乘貴人伏氏一乘黃門侍郎賈詡左靈一乘其餘諸臣皆步今案獻帝春秋漏載賈詡左靈而旁及公卿家屬則非三乘所能容又獻紀是年三月李傕脅帝幸其營四月乃立貴人伏氏爲皇后是車迎之時后尙爲貴人亦以袁紀稱貴人爲得其實獻帝春秋稱伏后乃追稱也惠氏舍袁紀而取此者重在與傳文合蓋補注之體宜然

十反乃許注濟使天官令孫篤校尉張式柳從辰曰袁紀作太官令狐篤綏民校尉張裁

皆棄其婦女輜重注遲遽不時解官本注時誤待

傕使殺之注其督戰訾賨柳從辰曰袁紀作訾置

招故白波帥李樂韓暹胡才帥原作師依魏志改官本不誤

岸高十餘丈乃以絹縋而下柳從辰曰袁宏紀岸高十餘丈不得下議欲續馬轡繫帝腰時后兄伏德扶后一手挾絹十匹董承使符節孫儼飭斂從人間斫后左靈曰卿是何等人也以刀捍之殺旁侍者血濺后衣伏德以馬轡不可親腰以絹爲輦下校尉向宏居前負帝下

同濟惟皇后宋貴人注宋貴人名都常山太守泓之女也見獻帝起居注案此注應在上文唯皇后宋貴人俱下楊彪董承及后父執金吾伏完等

數十人柳從辰曰據袁紀同渡者皇后貴人外有郭趙二宮人伏完外有宗正劉艾侍中种輯羅邵尚書文禎郭浦中丞楊衆侍郎趙泳尚書郎馮碩中官僕射伏德侍郎王稠羽林郎侯折南郡太守左靈府史數十人案伏德后兄非中官也官或宮之誤百官志有中宮黃門冗從僕射雖本宦職但其時大誅宦官之後必已改用士人以后兄爲之可以無嫌也

拜胡才征東將軍案照下文征上亦應有爲字張楊爲安國將軍皆假節開府柳從辰曰袁紀拜胡才爲征北將軍領幷州牧李樂爲征西將軍領涼州牧韓暹爲征東將軍領幽州牧與此異今案魏志又作以暹爲征東才爲征西樂爲征北將軍與兩書所記復有不同莫能正也

七月帝還至洛陽集解王補曰至卓傳以爲七月不日疑誤案獻紀建安元年七月甲子車駕至洛陽幸故中常侍趙忠宅八月辛丑幸南宮楊安殿是至洛陽本七月甲子入南宮本八月辛丑袁紀通鑑並與范書紀傳合獨此傳幸楊安殿之上畧去月日蓋專爲張楊以繕修宮殿爲己功發不重在臨幸之月日且避與獻紀複也王補乃卽以帝至洛陽之日爲入宮之日實自有誤會耳

於是封衞將軍董承輔國將軍伏完等十餘人注誅議郎侯祈至

東郡太守楊衆柳從辰曰今袁紀議郎作羽林郎祈作折東郡太守作東萊太守

曹操擊之集解先謙曰官本注畎作狹是謹案狹與陝陿同陝陿並與峽通闕本作畎或疑卽峽之譌然廣雅釋山㟞畎嶰谿谷釋名釋山山下根之受霤處曰畎又攷工記匠人注及莊子讓王釋文引司馬注皆云壟中曰畎書禹貢岱畎絲枲僞孔傳則直云畎谷也說正與廣雅合

遂縱暴揚徐間揚原譌陽依魏志正官本不誤

遲懼懼走幷州官本作遲懼走還幷州今案下接云道爲人所殺則未得還幷州甚明於文正合言走幷州不合言走還幷州也懼懼當係惶懼之譌

張濟飢餓出至南陽攻穰戰死柳從辰曰袁紀濟至南陽爲飛矢所中死從子繡領其衆案亦見本書劉表傳

四年張楊爲其將楊醜所殺集解錢大昕曰案獻帝紀在三年十二月柳從辰曰袁紀亦屬之三年與獻紀合疑傳誤也又楊醜袁紀作眭固亦異

尚有盜竊之道焉注莊子跖之徒問於跖曰官本注莊子下有曰字

方夏崩沸注山冢崒崩官本注崒作卒

兵纏魏象注魏象闕也案周官象魏本謂懸象之闕范氏爲贊倒作魏象取協廣蕩賓六代辭章靡敝之失

劉虞公孫瓚陶謙列傳第六十三

宋　宣　城　太　守　范　曄　撰

唐　章　懷　太　子　賢　注

王先謙集解

劉虞字伯安東海郯人也謝承書曰虞父舒丹陽太守虞通五經東海王恭之後集解劉攽曰注案王恭當作恭王祖父嘉光祿勳集解惠棟曰蔡質漢儀云正月旦日百官朝賀嘉辭不能朝爲高賜所奏廷尉治罪也虞初舉孝廉稍遷幽州刺史集解惠棟曰吳書云虞仕縣爲戶曹吏以能治身召爲郡吏以孝廉爲郎民夷感其德化自鮮卑烏桓夫餘穢貊之輩皆隨時朝貢無敢擾邊者百姓歌悅之公事去官中平初黃巾作亂攻破冀州諸郡拜虞甘陵相綏撫荒餘㠯蔬儉率下遷宗正集解惠棟曰吳書云虞爲甘陵相甘陵大治徵拜尚書令光祿勳以公族有禮更爲宗正後車騎將軍張溫討賊邊章等發幽州烏桓三千突騎而牢稟逋懸皆畔還本國前書音義曰牢賈直也稟食也言軍糧不續也前中山相張純集解錢大昕曰南匈奴烏桓傳俱作前中山太守私謂前太山太守張舉曰今烏桓既畔皆願爲亂涼州賊起朝廷不能禁又洛陽人妻生子兩頭集解惠棟曰五行志云中平元年六月壬申雒陽男劉倉居上西門外妻生男兩頭共身此漢祚衰盡天下有兩主之徵也子若與吾共率烏桓之眾㠯起兵庶幾可定大業舉因然之四年純等遂與烏桓大人共連盟攻薊下燔燒城郭虜略百姓殺護烏桓校尉箕稠右北平太守劉政遼東太守楊終等眾至十餘萬屯肥如肥如縣屬遼西郡故城在今平州集解先謙曰今永平府盧龍縣北三十里舉稱天子純稱彌天將軍安定王移書州郡云舉當代漢告天子避位敕公卿奉迎純又使烏桓峭王等峭音七笑反步騎五萬入青冀二州攻破清河平原殺害吏民朝廷㠯虞威信素著恩積北方明年復拜幽州牧虞到薊罷省屯兵務廣恩信遣使告峭王等㠯朝恩寬弘開許善路又設賞購舉純舉純走出塞餘皆降散純爲其客王

政所殺送首詣虞靈帝遣使者就拜太尉封容丘侯容丘縣屬東海郡集解洪亮吉曰此縣中興省及董卓秉政遣使者授虞大司馬進封襄賁侯初平元年復徵代袁隗爲太傅道路隔塞王命竟不得達舊幽部應接荒外集解通鑑胡注荒外言荒服之外也資費甚廣歲常割青冀賦調二億有餘㠯給足之時處處斷絕委輸不至而虞務存寬政勸督農植開上谷胡市之利集解先謙曰官本胡作胡是通漁陽鹽鐵之饒集解通鑑胡注上谷舊有關市與胡人貿易漁陽舊有鹽官鐵官民悅年登穀石三十青徐士庶避黃巾之難歸虞者百餘萬口皆收視溫恤爲安立生業流民皆忘其遷徙虞雖爲上公天性節約敝衣繩履食無兼肉遠近豪俊夙僭奢者莫不改操而歸心焉夙猶舊也初詔令公孫瓚討烏桓受虞節度瓚但務會徒眾㠯自彊大集解先謙曰官本徙作徒是而縱任部曲頗侵擾百姓而虞爲政仁愛念利民物由是與瓚漸不相平集解王補曰通鑑公孫瓚志欲掃滅烏桓而虞欲以恩信招降由是與瓚有隙蓋據瓚傳也而虞傳顧云爾豈彼此各稱其美邪未可爲信史也袁紀言虞懼弃居庸欲召烏桓鮮卑以自救則虞瓚之隙灼然矣二年冀州刺史韓馥勃海太守袁紹及山東諸將議㠯朝廷幼沖逼於董卓時獻帝年十歲遠隔關塞不知存否㠯虞宗室長者欲立爲主乃遣故樂浪太守張岐等齎議集解惠棟曰獻帝起居注云紹與馥刻作金璽遣故任長畢瑜詣虞爲說符命之數與傳異傳所據九州春秋也上虞尊號虞見岐等厲色叱之曰今天下崩亂主上蒙塵左傳曰周襄王出奔于鄭魯臧文仲曰天子蒙塵于外吾被重恩未能清雪國恥諸君各據州郡宜共戮力說文曰戮力并力也左傳曰戮力同心音力周反又音六盡心王室而反造逆謀㠯相垢誤邪固拒之馥等又請虞領尚書事承制封拜復不聽遂收斬使人集解惠棟曰吳書云虞於是奉職修貢愈益恭肅諸外國羌胡有所貢獻道路不通皆爲傳送致之京師於是選掾右北平田疇從事鮮于銀魏志曰田疇字子春右北平無終人好讀書善擊劒劉虞署爲從事太祖北征烏桓令疇將眾止徐無出盧龍歷平剛登白狼堆去柳城二百餘里虜乃驚太祖與戰大斬獲論功封疇疇上疏自陳太祖令夏侯惇喻之疇曰豈可賣盧龍塞以易賞祿哉集解先謙曰官本注止作

上是蒙險閒行奉使長安獻帝既思東歸見疇等大悅時虞子和爲侍中因此遣和潛從武關出告虞將兵來迎〔集解〕通鑑考異案魏志公孫瓚傳但云天子思歸不云因田疇至也若爾當令和與疇俱還不應出武關出疇未還劉虞已死虞死在初平四年冬界橋戰在三年春范書誤道由南陽後將軍袁術聞其狀遂質和使報虞遣兵俱西虞乃使數千騎就和奉迎天子而術竟不遣之初公孫瓚知術詐固止虞遣兵虞不從瓚乃陰勸術執和使奪其兵自是與瓚仇怨益深和尋得逃術還北復爲袁紹所留瓚既累爲紹所敗而猶攻之不已虞患其黷武黷猶慢也數也尙書曰黷于祭祀也且慮得志不可復制固不許行而稍節其稟假瓚怒屢違節度又復侵犯百姓虞所賚賞典當胡夷當音丁浪反瓚數抄奪之積不能禁乃遣驛使奉章陳其暴掠之罪瓚亦上虞稟糧不周二奏交馳互相非毀朝廷依違而已〔集解〕通鑑胡注依違言甲奏上則依甲而違乙乙奏上則依乙而違甲無決然之是非也瓚乃築京於薊城以備虞京高丘也言高築丘壘以備虞焉解見獻帝紀虞數請瓚輒稱病不應虞乃密謀討之以告東曹掾右北平魏攸攸曰今天下引領以公爲歸謀臣爪牙不可無也瓚文武才力足恃雖有小惡固宜容忍虞乃止頃之攸卒而積忿不已四年冬遂自率諸屯兵衆合十萬人以攻瓚將行從事代郡程緒免冑而前曰公孫瓚雖有過惡而罪名未正明公不先告曉使得改行而兵起蕭牆非國之利加勝敗難保不如駐兵以武臨之瓚必悔禍謝罪所謂不戰而服人者也虞以緒臨事沮議遂斬之以徇戒軍士曰無傷餘人殺一伯珪而已時州從事公孫紀者瓚以同姓厚待遇之紀知虞謀而夜告瓚瓚時部曲放散在外倉卒自懼不免乃掘東城欲走虞兵不習戰又愛人廬舍敕不聽焚燒急攻圍不下瓚乃簡募鋭士數百人因風縱火直衝突之虞遂大敗與官屬北奔居庸縣居庸縣屬上谷郡有關〔集解〕先謙曰今宣化府延慶州東瓚追攻

之三日城陷遂執虞幷妻子還薊猶使領州文書會天子遣使者段訓增虞封邑督六州事拜瓚前將軍封易侯假節督幽幷青冀瓚乃誣虞前與袁紹等欲稱尊號脅訓斬虞於薊市先坐而呪曰若虞應爲天子者天當風雨以相救時旱埶炎盛遂斬焉傳首京師故吏尾敦於路劫虞首歸葬之尾敦姓名〔集解〕惠棟曰孫愐云尾姓史記有尾生又英雄記云虞之見殺故常山相孫瑾掾張逸張瓚等忠義奮發相與就虞罵瓚極口然後同死瓚乃上訓爲幽州刺史虞以恩厚得衆懷被北州百姓流舊莫不痛惜焉初虞以儉素爲操冠敝不改乃就補其穿及遇害瓚兵搜其內而妻妾服羅紈盛綺飾時人以此疑之和後從袁紹報瓚云

公孫瓚〔集解〕通鑑胡注瓚音藏旱反字伯珪〔集解〕惠棟曰劉寬碑陰作圭遼西令支人也令音力定反支音巨移反家世二千石瓚以母賤遂爲郡小吏爲人美姿貌大音聲言事辯慧典略曰瓚性辯慧每白事常兼數曹無有忘誤太守奇其才以女妻之魏志曰侯太守妻之以女後從涿郡盧植學於緱氏山中〔集解〕惠棟曰劉寬碑陰載門生姓氏中有瓚名則瓚又從寬學也略見書傳舉上計吏太守劉君〔集解〕惠棟曰英雄記太守劉基坐事檻車徵官法不聽吏下親近瓚乃改容服詐稱侍卒身執徒養御車到洛陽太守當徙日南瓚具豚酒於北芒上祭辭先人〔集解〕何焯曰瓚遼西人安得有先墓在北芒惠棟曰案謝承書乃泣辭母墓也酹觴祝曰昔爲人子今爲人臣當詣日南日南多瘴氣恐或不還便當長辭墳塋慷慨悲泣再拜而去觀者莫不歎息既行於道得赦瓚還郡舉孝廉除遼東屬國長史嘗從數十騎出行塞下卒逢鮮卑數百騎瓚乃退入空亭約其從者曰今不奔之則死盡矣乃自持兩刃矛馳出衝賊殺傷數十人瓚左右亦亡其半遂得免中平中以瓚督烏桓突騎車騎將軍張溫討涼州賊賊即邊章等會烏桓反畔與賊張純等攻擊薊中瓚率所領追討純等有功遷騎都尉張純復與畔胡丘力居等寇漁陽河間

勃海入平原，多所殺略。瓚追擊戰於屬國石門，石門山名，在今營州柳城縣西南。集解通鑑胡注屬國遼東屬國也顧炎武曰漁陽有石門峽此遼東屬國之石門也 虜遂大敗，棄妻子踰塞走，悉得其所略男女。瓚深入無繼，反爲丘力居等所圍於遼西管子城，二百餘日，糧盡食馬，馬盡煮弩楯，力戰不敵，乃與士卒辭訣，各分散還。時多雨雪，墜阬死者十五六，虜亦飢困，遠走柳城。集解劉攽曰案遠當作還 詔拜瓚降虜校尉，封都亭侯，復兼領屬國長史。職統戎馬，連接邊寇。每聞有驚，集解劉攽曰驚當作警惠棟曰英雄記作警 瓚輒厲色憤怒，如赴讎敵，望塵奔逐，或繼之以夜戰。虜識瓚聲，憚其勇，莫敢抗犯。瓚常與善射之士數十人，皆乘白馬，以爲左右翼，集解惠棟曰依英雄記十當作千數十人安能爲左右翼也 自號白馬義從。烏桓更相告語，避白馬長史。乃畫作瓚形，馳騎射之，中者咸稱萬歲。虜自此之後，遂遠竄塞外。瓚志埽滅烏桓，而劉虞欲以恩信招降，由是與虞相忤。初平二年，青徐黃巾

三十萬衆入勃海界，欲與黑山合。瓚率步騎二萬人，逆擊於東光南，大破之。東光，今滄州縣。集解惠棟曰屬勃海郡 斬首三萬餘級。賊棄其車重數萬兩，奔走渡河。集解惠棟曰廣宗縣東之清河也見桑欽水經 瓚因其半濟薄之，賊復大破，死者數萬，流血丹水，收得生口七萬餘人，車甲財物不可勝算，威名大震。拜奮武將軍，封薊侯。瓚旣諫劉虞遣兵就袁術，而懼術知怨之，乃使從弟越將千餘騎詣術自結。術遣越隨其將孫堅擊袁紹將周昕，集解官本考證曰昕魏志作昂 越爲流矢所中死。瓚因此怒紹，集解惠棟曰謝承書云瓚非紹立劉伯安斂其衆以攻紹與此異也 遂出軍屯槃河，將以報紹。槃卽爾雅九河鉤槃之河也。其枯河在今滄州樂陵縣東南。集解惠棟曰前書地理志云平原有槃縣師古曰卽九河鉤槃也鄭元注禹貢云九河之名徒駭太史馬頰覆釜胡蘇簡絜鉤槃鬲津周時齊桓公塞之因爲一河今河間弓高以東至平原鬲般往往有其遺處焉 乃上疏曰：「臣聞皇羲已來，君臣道著，張禮以導人，設刑以禁暴。今車騎將軍袁紹，託承先軌，爵任崇厚，而性本淫亂，情行浮薄。昔爲司隸，值

國多難，太后承攝，何氏輔朝，謂何進也。紹不能舉直錯枉，而專爲邪媚，招來不軌，疑誤社稷，至令丁原焚燒孟津，續漢書曰：「何進欲誅中常侍趙忠等，進乃詐令武猛都尉丁原放兵數千人，爲賊於河內，稱黑山伯，上事以誅忠等爲辭，燒平陰河津莫府人舍，以怖動太后。」 董卓造爲亂始，紹罪一也。卓旣無禮，帝主見質，紹不能開設權謀，以濟君父，而棄置節傳，傳音丁戀反。 迸竄逃亡，忝辱爵命，背違人主，紹罪二也。紹爲勃海，當攻董卓，而默選戎馬，不告父兄，至使太傅一門，纍然同斃，不仁不孝，紹罪三也。左傳曰：「兩釋纍囚。」杜預曰：「纍，繫也。」前書音義曰：「諸不以罪死曰纍。」斃，踣也。董卓很紹起兵山東，乃誅紹叔父太傅隗及宗族在京師者，盡誅滅之。 紹旣興兵，涉歷二載，不恤國難，廣自封殖，乃多引資糧，專爲不急，割刻無方，考責百姓，集解惠棟曰典略云收考責錢 其爲痛怨，莫不咨嗟，紹罪四也。逼迫韓馥，竊奪其州，矯刻金玉，以爲印璽，集解惠棟曰獻帝起居注云紹刻金璽遣劉虞擅鑄金銀印孝廉計吏皆往詣紹也 每有所下，輒皁囊施檢，文稱詔書，漢官儀曰：「凡章表皆啟封，其言密事得皁囊。」說文曰：「檢，書署也。」今俗謂之排，其字從木。集

解惠棟曰釋名云檢禁也禁閉諸物使不得開露也又曰書文書檢曰署署予也題所予官號也毛晃云檢書檢也印窠封題也 昔亡新僭侈，漸以卽眞，亡新，王莽。 觀紹所擬，將必階亂，階，梯也。詩曰：「職爲亂階。」 紹罪五也。紹令星工伺望祥妖，星工，善星者。集解周壽昌曰案典略引表云星工姓名崔巨業卽此傳紹所遣攻圍故安之將也 賂遺財貨，與共飲食，剋會期日，攻鈔郡縣，此豈大臣所當施爲，紹罪六也。紹與故虎牙都尉劉勳集解惠棟曰裴松之云勳字子橫見臧洪傳 首共造兵，勳降服張楊，累有功效，而以小忿枉加酷害，信用讒慝，濟其無道，紹罪七也。故上谷太守高焉、故甘陵相姚貢，紹以貪惏，惏音力含反。 橫責其錢，錢不備畢，二人并命，紹罪八也。春秋之義，子以母貴。公羊傳曰：「桓公幼而貴，隱公長而卑，子以母貴，母以子貴也。」 紹母親爲傳婢，地實微賤，據職高重，享福豐隆，有苟進之志，無虛退之心，紹罪九也。又長沙太守孫堅，前領豫州刺史，遂能驅走董卓，埽除陵廟，忠勤王室，其功莫大，紹遣小將盜居其位，集解惠棟曰吳錄云紹遣會稽周喁爲豫州刺史來襲取州堅慨然歎曰

同舉義兵將救社稷逆賊垂破而各若此吾當誰與戮力乎喁字仁明周昕之弟典略以周喁爲昂或云昂卽昕也斷絕堅糧不得深入使董卓久不服誅紹罪十也昔姬周政弱王道陵遲天子遷徙諸侯背叛故齊桓立柯會之盟春秋公會齊侯盟于柯公羊傳曰齊桓公之信著于天下自柯之盟始也集解錢大昕曰會當作亭典譌本徧亭晉文爲踐土之會踐土鄭地也左傳周襄王出居于鄭晉文公重耳爲踐土之會率諸侯朝天子以成霸功伐荊楚目致菁茅菁茅靈茅以供祭祀也左傳僖四年齊桓伐楚責之曰爾貢苞茅不入王祭不供無以縮酒寡人是徵誅曹衛目章無禮左傳僖二十八年晉侯伐曹假道于衛衛人不許還自河南濟侵曹伐衛責其無禮也集解惠棟曰注責其無禮也左傳無此文案左氏僖二十三年傳曰晉公子重耳過衛衛文公不禮焉及曹曹僖負羈之妻曰吾公子反國必得志于諸侯得志于諸侯而誅無禮曹其首也傳蓋指此臣雖闒茸名非先賢闒猶下也茸細也闒音吐盍反茸音人勇反蒙被朝恩負荷重任職在鈇鉞奉辭伐罪鈇音方于反莝刃也鉞斧也輒與諸將州郡共討紹等若大事克捷罪人斯得尙書周公東征三年罪人斯得庶續桓文忠誠之效遂舉兵攻紹於是冀州諸城悉畔從瓚紹懼乃目所佩勃海太守印綬授

瓚從弟範遣之郡欲目相結而範遂背紹領勃海兵目助瓚瓚乃自署其將帥爲青冀兗三州刺史又悉置郡縣守令與紹大戰於界橋橋名解見獻帝紀集解惠棟曰英雄記云合戰界橋南二十里瓚軍敗還薊紹遣將崔巨業將兵數萬攻圍故安集解惠棟曰故安縣名屬涿郡不下退軍南還瓚將步騎三萬人追擊於巨馬水水在幽州歸義縣界自易州迺縣界流入集解惠棟曰水經注云淶水東南流逕迺縣故城東謂之巨馬河亦曰渠水也又東南流大破其眾死者七八千人乘勝而南攻下郡縣遂至平原乃遣其青州刺史田楷據有齊地紹復遣兵數萬與楷連戰二年糧食並盡士卒疲困互掠百姓野無青草左傳齊侯伐魯語展喜曰室如懸罄野無青草何恃而不恐紹乃遣子譚爲青州刺史楷與戰敗退還是歲瓚破禽劉虞盡有幽州之地猛志益盛前此有童謠曰燕南垂趙北際中央不合大如礪唯有此中可避世瓚自目爲易地當之遂徙鎮焉前書易縣屬涿郡續漢志曰屬河閒瓚所居易京故城在今幽州歸義縣南十八里集解惠棟曰水經注云易京城在易城西五里今樓基尙存基上有井世名易京樓卽瓚所保也乃盛修營壘樓觀數十臨易河通遼海劉虞從事漁陽鮮于輔等合率州兵欲共報瓚輔目燕國閻柔集解惠棟曰烏桓傳云柔少沒烏桓鮮卑中爲其種人所歸信燕國後漢廣陽也素有恩信推爲烏桓司馬集解惠棟曰應劭漢官儀云護烏桓校尉有司馬三人秩六百石柔招誘胡漢數萬人與瓚所置漁陽太守鄒丹戰于潞北斬丹等四千餘級烏桓峭王感虞恩德率種人及鮮卑七千餘騎共輔南迎虞子和與袁紹將麴義合兵十萬共攻瓚興平二年破瓚於鮑丘鮑丘水名也又名路水在今幽州漁陽縣斬首二萬餘級瓚遂保易京開置屯田稍得自支相持歲餘麴義軍糧盡士卒飢困餘眾數千人退走瓚徼破之盡得其車重是時旱蝗穀貴民相食瓚恃其才力不恤百姓記過忘善睚眦必報州里善士名在其右者必目法害之常言衣冠皆自目職分富貴不謝人惠故所寵愛類多商販庸兒集解惠棟曰英雄記瓚所寵遇驕恣者若故卜數師劉緯

臺販繒李移子賈人樂何當等三人定兄弟之誓自號爲伯三人者爲仲叔季常稱古者曲周灌嬰之屬以譬也所在侵暴百姓怨之於是代郡廣陽上谷右北平各殺瓚所置長吏復與輔和兵合瓚慮有非常乃居於高京目鐵爲門斥去左右男人七歲目上不得入易門專侍姬妾其文簿書記皆汲而上之集解通鑑胡注以繩索引之而上若汲水然上時掌反令婦人習爲大言聲使聞數百步目傳宣教令疏遠賓客無所親信故謀臣猛將稍有乖散自此之後希復攻戰或問其故瓚曰昔我驅畔胡於塞表埽黃巾於孟津當此之時謂天下指麾可定九州春秋曰瓚曰始天下兵起我謂唾手而決至於今日兵革方始觀此非我所決不如休兵力耕目救凶年兵法百樓不攻今吾諸營樓樐千里樐卽櫓字見說文釋名曰櫓露也上無覆室積穀三百萬斛食此足目待天下之變建安三年袁紹復大攻瓚瓚遣子續請救於黑山諸帥集解王補曰黑山諸帥張燕等也而欲自將突騎直出傍西山目斷紹後集解通鑑胡注自易

京西抵故安閻鄉以西諸山連接中山之界山各深廣皆黑山諸賊所依阻也長史關靖諫曰集解惠棟曰英雄記靖字士起太原人今將軍將士莫不懷瓦解之心所㠯猶能相守者顧戀其老小而恃將軍為主故耳堅守曠日或可使紹自退若舍之而出後無鎮重易京之危可立待也瓚乃止紹漸相攻逼瓚眾日蹙乃却築三重營㠯自固四年春黑山賊帥張燕與續率兵十萬三道來救瓚未及至瓚乃密使行人齎書告續曰昔周末喪亂僵尸蔽地㠯意而推猶為否也不圖今日親當其鋒袁氏之攻狀若鬼神梯衝舞吾樓上鼓角鳴於地中日窮月急不遑啟處鳥尼歸人滀水陵高滀音丑六反喻急也汝當碎首於張燕馳驟㠯告急父子天性不言而動言相感也且厲五千鐵騎於北隰之中下溼曰隰起火為應吾當自內出奮揚威武決命於斯不然吾亡之後天下雖廣不容汝足矣紹候得其書獻帝春秋候者得書紹使陳琳易其辭即此書如期舉火瓚㠯為救至遂便

出戰紹設伏瓚遂大敗復還保中小城自計必無全乃悉縊其姊妹妻子然後引火自焚紹兵趣登臺斬之關靖見瓚敗歎恨曰前若不止將軍自行未必不濟吾聞君子陷人於危必同其難豈可㠯獨生乎乃策馬赴紹軍而死集解通鑑胡注公孫瓚之計與陳宮之計一也陳宮之計呂布不能用公孫瓚之計關靖止之是知不惟決計之難贊決者亦難也周壽昌曰英雄記靖字士起太原人本酷吏也諂而無大謀特為瓚所信幸續為屠各所殺屠各胡號集解惠棟曰晉中興書云胡俗其人居塞者有屠各種最豪貴故得為單于統領諸種田揩與袁紹戰死鮮于輔將其眾歸曹操集解惠棟曰魏志云輔行太守事以田豫為長史豫謂輔宜速歸命曹氏輔從其計也操㠯輔為度遼將軍封都亭侯閻柔將部曲從曹操擊烏桓拜護烏桓校尉封關內侯張燕既為紹所敗人眾稍散曹操將定冀州乃率眾詣鄴降拜北平將軍集解陳景雲曰北平當作平北封安國亭侯

論曰自帝室王公之冑皆生長脂腴不知稼穡其能厲行飭身卓然不羣者或未聞焉前書班固曰夫唯大雅卓爾不羣者河間獻王之謂歟故論引焉劉虞守道慕名㠯忠厚自牧牧養也易曰卑以自牧美哉乎季漢之名宗子也若虞瓚無間同情共力糾人完聚稸保燕薊之饒糾收也集解劉攽曰糾人完聚稸案人下少一字不成文理當有一眾字周壽昌曰案以糾人完聚為句稸字屬下讀亦可稸即蓄字袁紹傳稸士馬以討不庭呂強傳時帝多稸私臧皆用此稸字與本句饒字意尤通繕兵昭武繕修也左傳曰繕甲兵㠯臨羣雄之隙舍諸天運徵乎人文則古之休烈何遠之有天運猶天命也人文猶人事也易曰觀乎人文以化成天下集解王會汾曰案文義舍當作合

陶謙字恭祖丹陽人也丹陽郡丹陽縣人也吳書曰陶謙父故餘姚長謙少孤始以不羈聞於縣中年十四猶綴帛為幡乘竹馬而戲邑中兒童皆隨之故蒼梧太守同縣甘公出遇之見其容貌異而呼之與語甚悅許妻以女甘夫人怒曰陶家兒遨戲無度於何以女許之甘公曰彼有奇表長必大成遂與之少為諸生仕州郡吳書曰陶謙察孝廉拜尚書郎除舒令郡太守張磐同郡先輩與謙父友謙恥為之屈嘗舞屬謙謙不為起固彊之乃舞舞又不轉磐曰不當轉邪曰不可轉轉則勝人集解惠棟曰注張磐字子石丹陽人見度尚傳四遷為車騎將軍張溫司馬集解

惠棟曰魏志云參車騎將軍張溫軍事也西討邊章會徐州黃巾起㠯謙為徐州刺史擊黃巾大破走之境內晏然時董卓雖誅而李傕郭汜作亂關中是時四方斷絕謙每遣使間行奉貢西京詔遷為徐州牧加安東將軍封溧陽侯溧陽今宣州縣也溧音栗是時徐方百姓殷盛穀實甚豐流民多歸之而謙信用非所刑政不理別駕從事趙昱知名士也而㠯忠直見疏出為廣陵太守謝承書曰謙奏昱茂才遷為太守集解惠棟曰昱事詳裴松之注曹宏等讒慝小人謙甚親任之良善多被其害由斯漸亂下邳闕宣自稱天子集解劉攽曰案紀作闕宣仍云闕黨童子之後此作闕誤惠棟曰魏志作闕謙始與合從後遂殺之而并其眾初曹操父嵩避難琅邪時謙別將守陰平縣名屬東海國故城在沂州承縣西南集解先謙曰今兗州府嶧縣西南士卒利嵩財寶遂襲殺之集解錢大昕曰案應劭傳謂謙素怨嵩子操數擊之乃使輕騎追嵩殺之二說互異當以謙傳為正操欲吞併徐部文致謙罪以為出兵之名耳韋曜吳書謂歸咎於陶謙者得之惠棟曰吳書太祖迎嵩輜重百餘兩謙遣都尉張闓將二百騎送闓於泰山華費間殺嵩取財物因奔淮

南太祖歸咎於謙故伐之也初平四年曹操擊謙破彭城傅陽縣名屬彭城國本春秋時偪陽
也楚宣王滅宋改曰傅陽故城在今沂州承縣南謙退保郯操攻之不能克乃還集解惠棟曰吳
書云青州刺史田楷以兵救謙曹公引兵還過拔取慮睢陵夏丘皆屠之取慮音秋閭縣名屬下邳
郡故城在今泗州下邳縣西南睢陵縣在下邳東南夏丘縣屬沛
郡故城今泗州虹縣是集解先謙曰取慮今徐州府淮寧縣西南
睢陵今睢寧縣治夏丘今泗州治凡殺男女數十萬人雞犬無餘泗水爲之不流
自是五縣城保無復行迹集解惠棟曰鄭玄云小城曰保又裴松之案孫盛云夫伐罪弔民古之令軌罪
謙之由而殘其屬部過矣初三輔遭李傕亂百姓流移依謙者皆殲殲盡也左傳曰門官
殲焉興平元年曹操復擊謙略定琅邪東海諸縣謙懼不免欲走歸
丹陽會張邈迎呂布據兖州操還擊布是歲謙病死集解惠棟曰吳書云謙死
年六十三二子商應皆不仕初同郡人笮融笮音側格反集解惠棟曰裴松之音壯力反聚眾數百
往依於謙謙使督廣陵下邳彭城運糧遂斷三郡委輸大起浮屠
寺浮屠佛也解見西羌傳集解通鑑胡注斷讀曰短又毛晃云凡以物送之曰輸則音平聲指所送之物曰輸則音去聲委輸之

委亦音去聲上累金盤下爲重樓又堂閣周回可容三千許人作黃金
塗像依以錦綵每浴佛輒多設飲飯布席於路其有就食及觀者
且萬餘人獻帝春秋曰融敷席方四五里費以巨萬及曹操擊謙徐方不安融乃將男
女萬口馬三千匹走廣陵廣陵太守趙昱待以賓禮融利廣陵資
貨遂乘酒酣殺昱集解何焯曰魏志注引謝承書云賊笮融從臨淮見討迸入郡界昱將兵拒戰敗績見害與此
互異放兵大掠因以過江南奔豫章殺郡守朱晧集解惠棟曰晧字文淵見獻帝春秋
俗作晧入據其城後爲揚州刺史劉繇所破走入山中爲人所殺昱
字元達琅邪人清己疾惡潛志好學雖親友希得見之爲人耳不
邪聽目不妄視太僕种拂舉爲方正集解洪頤煊曰种拂傳由光祿大夫爲司空明年策免復
爲太常獻帝紀初平三年太常种拂戰歿拂未嘗爲太僕當是太常之譌
贊曰襄賁勵德維城燕北勵勉也仁能洽下忠以衞國伯珪疏獷武
才趫猛趫音去驕反虞好無終紹執難並徐方殲耗實謙爲梗

劉虞公孫瓚陶謙列傳第六十三　終

後漢書集解卷七十三校補

劉虞傳拜虞甘陵相錢大昭曰獻王忠之相也案甘陵即清河國改名詳清河孝王慶傳殺護烏桓校尉箕稠右北平太守劉政遼東太守楊終等官本護誤獲楊作陽

朝廷以虞威信素著恩積北方案魏志本作恩信流著戎狄附之范書著一威字殊爲失眞虞不知兵前無戰功安有威耶

靈帝遣使者就拜太尉柳從辰曰御覽二百七引袁山松書太尉劉虞讓位於羊續今案英雄記虞讓太尉因薦衛尉趙謨益州牧劉焉豫州牧黃琬南陽太守羊續並任爲公是不僅讓位於續也傳不載當以舉趙謨劉焉非其人故畧之

授虞大司馬進封襄賁侯案魏志云虞以功拜太尉封襄賁侯會董卓至洛陽遷虞大司馬蓋混容邸爲襄賁故與范書異

於是選掾右北平田疇注魏志田疇字子春柳從辰曰今魏志及袁紀均作字子泰

歷平剛剛字原本殘譌如則已正官本不誤案今魏志作平岡注作剛亦非

會天子遣使者段訓柳從辰曰袁紀段作殷通鑑仍從范書案魏志亦作段也

瓚兵搜其內至以此疑之柳從辰曰范史著一搜字明其爲瓚姦謀也瓚敗虞儉德豫藏羅綺使兵搜之若妻妾果服羅綺人必夙有見聞不待搜而始知也

公孫瓚傳遼西令支人也令支郎古孤竹國地今永平府遷安縣西

太守奇其才以女妻之注魏志曰官本注曰作云

略見書傳案瓚好文辭而不能創通大義故史譏之

瓚具豚酒於北芒上祭辭先人集解何焯曰瓚遼西人安得有先墓在北芒今案瓚既家世二千石先人卒京師者不必皆歸葬遼西且魏志原文如此何說似太泥

逆擊於東光南注東光今滄州縣今地詳獻紀

遂出軍屯槃河注即爾雅九河鉤槃之河也官本注末無也字其枯河在今滄州樂陵縣東南唐樂陵今武定府樂陵縣西南三十里

紹母親爲傅婢地實微賤今案瓚亦以母賤遂爲郡小吏乃數紹罪而及其母爲傅婢尤昧於大義矣

紹罪十也錢大昭曰三國志裴注引典略載瓚表紹罪狀辭句多有不同十也之下並有臣又每得後將軍袁術書云紹非術類也紹之罪戾雖南山之竹不能載二十八字

臣雖闒茸注闒猶下也茸細也柳從辰曰楚辭九歎注云闒茸駑頓也今案史記屈賈列傳索隱引應劭胡廣訓闒茸爲不才引字林訓闒茸爲不肖文選司馬遷報任安書李注引張揖訓闒茸爲猥劣楚辭注又訓闒茸爲駑頓又前書顏注賈誼傳云闒茸下材不肖之人也李夫人傳云闒茸衆賤之稱也而司馬遷傳則云闒茸猥賤也闒下也茸細毛也言非豪桀也隨文異訓亦所取不同詳章懷此注闒茸分訓即主非豪桀之義

罪人斯得注尚書周公東征三年罪人斯得柳從辰曰注引尚書與今本異

瓚乃自署其將帥爲青冀兗三州刺史錢大昭曰魏志云以嚴綱爲冀州田楷爲青州單經爲兗州案嚴剛見袁紹傳本傳僅附田楷事不及嚴單故不並舉其名

追擊於巨馬水注逕遒縣故城東遒原作遒依水經注正官本不誤今案遒遒古亦通作說文遒即遒之重文

乃遣其青州刺史田揩揩各本同魏志作楷通鑑從之

瓚自以爲易地當之注瓚所居易京故城在今幽州歸義縣南十八里唐歸義縣今保定府雄縣西北

戰于潞北通鑑胡注潞縣屬漁陽郡袁紀潞作蒯非蒯鄉屬河南也

破瓚於鮑邱注在今幽州漁陽縣唐漁陽今順天府薊州治

是時旱蝗穀貴人相食侯康曰御覽三十五引英雄記幽州歲歲不登人相食有蝗旱之災民人始知採稆以棗椹爲糧穀一石十萬錢

必以法害之柳從辰曰通鑑此下有云有材秀者必抑困使在窮苦之地案據魏志瓚傳注通鑑所補語出英雄記也

樓櫓千里注上無覆室官本注室作屋是

袁氏之攻狀若鬼神侯康曰陳琳武軍賦序云迴天軍于易水之陽以討瓚焉鴆溝參周鹿菰十里薦之以棘迺建修櫓干青霄竆深隧下三泉飛梯雲衝神鉤之具不在吳孫之篇三略六韜之術者凡數十事祕莫得聞也

乃策馬赴紹軍而死集解通鑑胡注至費決者亦難也案瓚布垂敗衆叛親

離守且不能倘安能戰況瓚非紹敵布尤非操敵棄城出戰敗或可以逃死於一時欲恃苟且之謀以徼行險之幸則瓚出而將士必從款於紹以求全其老小易京立危直如關靖所料耳布出而操以兵綴布與之戰仍決水以灌城陳宮又豈能支乎

糾人完聚稽保燕薊之饒集解劉攽曰至與本句饒字意尤通今案人下益本有民字乃糾人民句完聚稽句保燕薊之饒句唐本避諱省去民字遂乖文法耳劉謂人下少一字是也但不必爲衆字也周說非

陶謙傳封溧陽侯注溧陽今宣州縣也今鎮江府溧陽縣西北四十五里

破彭城傅陽注故城在今沂州承縣西南今兗州府嶧縣南五十里

過拔取慮睢陵夏邱注睢陵在下邳東南官本注邳下亦有縣字

是歲謙病死柳從辰曰一統志謙墓在今蕭縣東陶墟村案自董卓擁兵入京乘亂廢置西遷而後中國分崩卓雖受誅豪桀並起跨州連郡如劉虞公孫瓚陶謙袁紹劉表劉焉袁術呂布者皆嘗雄視一時其權力猶足匡正帝室且斯時傕汜相屠己就衰滅朝廷播越未有所托操之勢抑尚微苟有一人焉發至忠之忱攄撥亂之略先迎天子以爵命收攬才賢練兵實民以次削平僭逆則權不集於操漢祚未遽亡也乃劉虞守正雖遠勝表焉而迂闇尠通紐於平純舉之役罷兵息民欲以儉約感人以惠愛孚衆矜情飾貌冠敝補穿己既不知兵兵又不習戰拒戮忠諫城陷身亡非不幸也夫虞之討瓚與瓚之討紹雖曾各表其罪而憤兵自動朝廷不與知非眞能奉朝命者也特瓚猶必假託朝廷謙猶能不廢職貢均有似於虞故范史連類傳之自袁紹以下則彌不如矣

爲人所殺柳從辰曰一統志笮融墓在今上海縣北亭鄉

袁紹列傳第六十四上 子譚　後漢書七十四上

宋　宣　城　太　守　范　曄　撰

唐　章　懷　太　子　賢　注

王先謙集解

袁紹字本初汝南汝陽人司徒湯之孫父成五官中郎將袁山松書曰紹司空逢之孽子出後伯父成魏書亦同英雄記成字文開與梁冀結好言無不從京師諺曰事不諧問文開集解錢大昕曰華嶠漢書作左中郎將靚注二圖袁安傳云左中郎似失之洪亮吉曰案魏書並云術異母弟觀術與公孫瓚書言紹非袁氏子則孽子之言或信然案英雄記紹生而父死後追行父服范史亦載幼孤追服之事今考逢以靈帝光和二年罷司空復爲執金吾而卒紹中平三年已爲佐軍校尉相距不過九年且前又歷官郎令復遭母憂與追服父服六年後更歷侍御史虎賁中郎將而爲校尉則逢卒時紹久已逾成人安得云幼孤與生而父死之說乎紹斷非逢子可知魏書爲術異母兄弟亦無所徵當以陳范兩書爲是裴松之注陳志於紹爲逢子猶置疑詞蓋亦不深考也周壽昌曰華嶠書作太尉陽考桓帝紀袁安傳俱作太尉湯其作陽者因湯字近而誤

紹壯健好交結大將軍梁冀以下莫不善之集解何焯曰此指其父成衍紹字洪亮吉曰案英雄記成字文開壯健有部分自大將軍梁冀以下皆與結好則此傳壯健好交結二語當屬紹父成事賓下云紹少爲郎始序明紹壯健好交結一句衍耳紹少爲郎除濮陽長集解錢大昕曰許劭傳稱紹爲濮陽令遭母憂去官三年禮竟追感幼孤又行父服英雄記曰凡在冢廬六年集解周壽昌曰案紹爲庶出此必其嫡母也然漢臣久不服親喪紹爲母服三年喪又能追行父服此正紹少年養名之時也觀注引獻帝春秋云董卓收紹母及姊妹嬰孩以上五十餘人下獄死足徵紹之生母慘死在後而紹蕩然忘哀視行嫡母服時又一人矣服闋徙居洛陽紹有姿貌威容愛士養名英雄記曰紹不妄通賓客非海內知名不得相見又好游俠與張孟卓何伯求吳子卿許子遠皆爲奔走之友集解惠棟曰注孟卓名邈伯求名顒子遠名攸子卿未詳其名既累世台司賓客所歸加傾心折節莫不爭赴其庭士無貴賤與之抗禮輜軿柴轂填接街陌說文曰軿車衣車也鄭玄注周禮曰軿猶屏也取其自蔽隱柴轂賤者之車內官皆惡之中常侍趙忠言於省內曰袁本初坐作聲價好養死士不知此兒終欲何作叔父太傅隗聞而呼紹以忠言責之紹終不改後辟大將軍何進掾爲侍御史虎賁中郎將集解惠棟曰英雄記紹舉高第遷侍御史弟術爲尚

書紹不欲爲臺下告病求退中平五年初置西園八校尉以紹爲佐軍校尉樂資山陽公載記曰小黃門蹇碩爲上軍校尉虎賁中郎將袁紹爲中軍校尉屯騎校尉鮑鴻爲下軍校尉議郎曹操爲典軍校尉趙融爲助軍左校尉馮芳爲助軍右校尉諫議大夫夏牟爲左校尉淳于瓊爲右校尉凡八人謂之西園軍皆統於碩此云佐軍與彼文不同〔集解〕惠棟曰諸所記八校尉互有同異案何進傳佐軍校尉乃淳于瓊也此注作淳于瓊亦誤洪頤煊曰何進傳作中軍校尉袁紹蓋勳傳五行志俱作佐軍校尉袁紹靈帝崩紹勸何進徵董卓等衆軍脅太后誅宦官轉紹司隸校尉語已見何進傳及卓將兵至騎都尉太山鮑信說紹曰魏書曰信太山陽平人也少有大節寬厚愛人沈毅有謀說紹不從乃引軍還鄉里〔集解〕劉攽曰注案鮑信還鄉里安得引軍益軍當作歸或云軍字衍洪亮吉曰信太山陽平人也案陽平應如陳志鮑勳傳作平陽續志太山郡無此縣蓋中興時省惠棟曰魏志云信鮑宣八世孫後嗣有從上黨徙太山者遂家焉又劉攽說非也魏書載何進遣信歸募兵得千餘人還到成皋而進已遇害信至京師董卓亦始到信勸紹襲卓紹不敢發信乃引軍還鄉里收徒衆二萬騎七百輜重三千餘乘也董卓擁制彊兵將有異志今不早圖必爲所制其新至疲勞襲之可禽也〔集解〕先謙曰官本考證云何焯校本其字上增一及字紹畏卓不敢發頃之卓議欲廢

立謂紹曰天下之主宜得賢明每念靈帝令人憤毒毒恨也董侯似可今當立之〔集解〕惠棟曰獻帝春秋云卓謂紹曰皇帝沖闇非萬乘之主陳留王猶勝今欲立之人有少智大或癡亦復知何如爲當且耳棟案獻帝爲董太后所養故云董侯紹曰今上富於春秋未有不善宣於天下若公違禮任情廢嫡立庶恐衆議未安卓按劍叱紹曰豎子敢然天下之事豈不在我我欲爲之誰敢不從紹詭對曰此國之大事請出與太傅議之卓復言劉氏種不足復遺紹勃然曰天下健者豈惟董公橫刀長揖徑出英雄記曰紹揖卓去坐中驚愕卓新至見紹大家故不敢害懸節於上東門洛陽城東面北頭門也山陽公載記曰卓以袁紹棄節改第一葆爲赤旄而奔冀州董卓購募求紹時侍中周珌城門校尉伍瓊爲卓所信待瓊等陰爲紹說卓曰夫廢立大事非常人所及袁紹不達大體恐懼出奔非有它志今急購之埶必爲變袁氏樹恩四世門生故吏徧於天下若收豪傑以聚徒衆英雄因之而起則山東非公之有也不如赦之

拜一郡守紹喜於免罪必無患矣卓以爲然乃遣授紹勃海太守封邟鄉侯前書潁川有周承休侯國元帝置元始二年更名邟音口浪反紹猶稱兼司隸初平元年紹遂以勃海起兵以從弟後將軍術〔集解〕劉攽曰以從案文以當作與冀州牧韓馥馥字文節潁川人也豫州刺史孔伷兗州刺史劉岱陳留太守張邈廣陵太守張超河內太守王匡山陽太守袁遺東郡太守橋瑁英雄記曰孔伷字公緒陳留人也王匡字公節泰山人也袁遺字伯業紹從弟術字公路汝南汝陽人也橋瑁字元瑋橋玄族子先爲兗州刺史甚有威惠魏氏春秋云劉岱惡而殺之濟北相鮑信等同時俱起衆各數萬以討卓爲名紹與王匡屯河內伷屯潁川馥屯鄴餘軍咸屯酸棗約盟遙推紹爲盟主紹自號車騎將軍領司隸校尉董卓聞紹起山東乃誅紹叔父隗及宗族在京師者盡滅之獻帝春秋曰太傅袁隗太僕袁基術之母兄卓使司隸宣播盡口收之母及姊妹嬰孩以上五十餘人下獄死卓別傳曰悉理青城門外東都門內而加書焉又恐有盜取者復以屍送郿藏之卓乃遣大鴻臚韓融少府陰循執金吾胡母班將作大匠吳

循越騎校尉王瓌譬解紹等諸軍紹使王匡殺班瓌吳循等海內先賢傳曰韓融字元長潁川人楚國先賢傳曰陰循字元基南陽新野人也漢末名士錄曰胡母班字季友泰山人名在八廚謝承書曰班王匡之妹夫匡受紹旨收班繫獄欲殺以徇軍班與匡書略曰足下拘僕於獄欲以釁鼓此何悖暴無道之甚者也僕與董卓何親戚義豈同惡足下張虎狼之口吐長蛇之毒恚卓遷怒何其酷哉死者人之所難然恥爲狂夫所害若亡者有靈當訴足下於皇天夫婚姻者禍福之幾今日著矣曩爲一體今爲血讎亡人二女則君之甥身沒之後慎勿令臨僕尸骸匡得書抱班二子哭班遂死於獄〔集解〕錢大昕曰獻帝紀循皆作脩魏志亦作吳脩當以脩爲正袁術亦執殺陰循惟韓融以名德免是時豪傑既多附紹且感其家禍人思爲報州郡蜂起莫不以袁氏爲名韓馥見人情歸紹忌方得衆〔集解〕劉攽曰方字無義蓋是其字恐將圖己常遣從事守紹門不聽發兵橋瑁乃詐作三公移書傳驛州郡說董卓罪惡天子危逼企望義兵以釋國難馥於是方聽紹舉兵乃謀於衆曰助袁氏乎助董氏乎治中劉惠勃然曰興兵爲國安問袁董英雄記曰劉子惠中山人兗州刺史劉岱與其書道卓無道天下所共攻死在旦暮不足爲憂但卓死之

後當復回師討文節擁强兵何凶逆寵可得置封書與馥馥得此大懼歸咎于惠欲斬之別駕從事耿武等排閤伏子惠上願并見斬得不死作徒被赭衣埽除宮門外〔集解〕劉攽曰注何凶逆案文何當作阿馥意猶深疑於紹每貶節軍糧欲使離散明年馥將麴義反畔〔集解〕惠棟曰風俗通云漢有尚書令平原鞠譚其子閻避難改曰麴氏後遂爲西平著姓棟案鞠與麴古字通馥與戰失利紹既恨馥乃與義相結紹客逢紀謂紹曰英雄記曰紀字元圖初紹去董卓與許攸及紀俱詣冀州以紀聰達有計策甚親信之逢音龐夫舉大事非據一州無以自立今冀部强實而韓馥庸才可密要公孫瓚將兵南下馥聞必駭懼并遣辯士爲陳禍福馥迫於倉卒必可因據其位紹然之益親紀卽以書與瓚瓚遂引兵而至外託董卓〔集解〕劉攽曰案文少一討字緣託字誤脫而陰謀襲馥紹乃使外甥陳留高幹及潁川荀諶等魏志云諶荀彧之弟說馥曰公孫瓚乘勝來南而諸郡應之袁車騎引軍東向其意未可量也〔集解〕通鑑胡注自河內至延津爲東向竊爲將軍危之馥懼曰然則爲之柰何諶曰君自料寬仁容衆爲天下所附孰與

袁氏馥曰不如也臨危吐決〔集解〕通鑑胡注謂吐奇決策也智勇邁於人又孰與袁氏馥曰不如也世布恩德天下家受其惠又孰與袁氏馥曰不如也諶曰勃海雖郡其實州也言土廣也今將軍資三不如之埶久處其上袁氏一時之傑必不爲將軍下也且公孫提燕代之卒其鋒不可當夫冀州天下之重資若兩軍并力兵交城下危亡可立而待也夫袁氏將軍之舊且爲同盟〔集解〕通鑑胡注謂同盟討卓當今之計莫若舉冀州以讓袁氏必厚德將軍公孫瓚不能復與之爭矣是將軍有讓賢之名而身安於太山也願勿有疑馥素性恇怯因然其計馥長史耿武別駕閔純騎都尉沮授聞而諫曰獻帝傳曰沮授廣平人少有大志多謀略英雄記曰耿武字文威閔純字伯典後袁紹至馥從事十人棄馥去惟恐在後獨武純杖刀拒兵不能禁紹後令田豐殺此二人〔集解〕王補曰魏志言諫者耿閔外有治中李歷而無沮授通鑑從之觀授之附紹意當日必未諫也當以魏志爲是冀州雖鄙帶甲百萬穀支十年袁紹孤客窮軍仰我鼻息譬如嬰兒在股掌之上絕其哺乳立可餓殺柰何欲以州與之馥曰吾袁氏故吏且才不如本初度德而讓古人所貴諸君獨何病焉先是馥從事趙浮程渙〔集解〕惠棟曰魏志作奐將彊弩萬人屯孟津聞之率兵馳還請以拒紹馥又不聽英雄記曰紹在朝歌淸水口浮等從後來船數百艘衆萬餘人整兵駭鼓過紹營紹甚惡之浮等到謂馥曰袁本初軍無斗糧各欲離散旬日之間必土崩瓦解明將軍但閉戶高枕何憂何懼乃避位出居中常侍趙忠故舍遣子送印綬以讓紹紹遂領冀州牧承制以馥爲奮威將軍而無所將御引沮授爲別駕因謂授曰今賊臣作亂朝廷遷移吾歷世受寵志竭力命興復漢室然齊桓非夷吾不能成霸句踐非范蠡無以存國今欲與卿勠力同心共安社稷將何以匡濟之乎授進曰將軍弱冠登朝播名海內値廢立之際忠義奮發單騎出奔董卓懷懼濟河而北勃海稽服稽音啟擁一郡之卒撮冀州之衆廣雅曰撮持也威陵河朔名重天下若舉軍東向則黃巾可埽

還討黑山則張燕可滅黑山在今衞州衞縣西北九州春秋曰燕本姓褚黃巾賊起燕聚少年爲羣盜博陵張牛角亦起與燕合燕推牛角爲帥俱攻癭陶牛角爲飛矢所中被創且死大會其衆告曰必以燕爲帥牛角死衆奉燕故改姓張性剽悍捷速過人故軍中號曰飛燕其後人衆浸廣常山趙郡中山上黨河內諸山谷皆相通號曰黑山也回師北首則公孫必禽震脅戎狄則匈奴立定橫大河之北合四州之地四州見下收英雄之士擁百萬之衆迎大駕於長安復宗廟於洛邑號令天下誅討未服以此爭鋒誰能禦之比及數年其功不難紹喜曰此吾心也左傳秦伯曰是吾心也卽表授爲奮武將軍使監護諸將魏郡審配鉅鹿田豐先賢行狀曰配字正南少忠烈慷慨有不可犯之節紹領冀州委腹心之任豐字元皓天姿瓌傑權略多奇紹軍之敗也土崩奔走徒衆略盡軍將皆撫膺而泣曰向使田豐在此不至於是〔集解〕惠棟曰配魏郡陰安人也見陳球碑陰並以正直不得志於韓馥紹乃以豐爲別駕配爲治中甚見器任馥自懷猜懼辭紹索去英雄記曰紹以河內朱漢爲都官從事漢先時爲馥所不禮內懷忿恨且欲徼迎紹意擅發城郭兵圍守馥第拔刃登屋馥走上樓收得馥大兒搥折兩腳紹亦立收漢殺之馥猶憂怖故報紹索去往依張

遡後紹遣使詣遡有所計議因其耳語覆時在坐請見圖謀無何如廁自殺九州春秋曰至廁因以書刀自殺其冬公孫瓚大破黃巾還屯槃河爾雅有九河鉤槃是其一也故河道在今德州昌平縣界入滄州樂陵縣今名枯槃河集解惠棟曰英雄記云還屯廣宗下界橋注引九州春秋當注此下威震河北冀州諸城無不望風響應紹乃自擊之瓚兵三萬列爲方陳分突騎萬匹翼軍左右集解惠棟曰英雄記云騎爲兩翼左右各五千餘匹白馬義從爲中堅亦分兩校左射右右射左旌旗鎧甲光照天也其鋒甚銳紹先令麴義領精兵八百强弩千張以爲前登瓚輕其兵少縱騎騰之義兵伏楯下一時同發瓚軍大敗斬其所置冀州刺史嚴綱集解惠棟曰瓚遂屯廣宗改易守令故綱爲冀州見英雄記獲甲首千餘級麴義追至橋界九州春秋曰還屯廣宗界橋今貝州宗城縣東有古界城此城近枯漳水則界橋蓋當在此之側也瓚斂兵還戰義復破之遂到瓚營拔其牙門眞人水鏡經曰凡軍始出立牙竿必令完堅若有折將軍不利牙門旗竿軍之精也卽周禮司常職云軍旅會同置旌門是也集解惠棟曰國語云執枹鼓立於軍門韋昭云軍門立旌爲門若今牙門矣丁度云古者軍行有牙尊者所在後人因以所治爲衙餘衆皆走紹在後十數里聞瓚已破發鞍息馬唯衞帳下强弩數十張大戟士百許人瓚散兵二千餘騎卒至圍紹數重射矢雨下田豐扶紹使卻入空垣紹脫兜鍪抵地曰大丈夫當前鬬死而反逃垣牆閒邪促使諸弩競發多傷瓚騎衆不知是紹頗稍引卻會麴義來迎騎乃散退三年瓚又遣兵至龍湊挑戰集解通鑑胡注龍湊地名在平原界漢晉春秋載紹與瓚書曰龍河之師羸兵前誘大兵未濟而足下膽破衆散不鼓而敗則龍湊在河津也詳味紹書龍湊宜在勃海界又袁譚軍龍湊曹操攻之拔平原走保南皮蓋在平原界也紹復擊破之瓚遂還幽州不敢復出四年初天子遣太僕趙岐和解關東使各罷兵瓚因此以書譬紹曰趙太僕以周邵之德銜命來征宣揚朝恩示以和睦曠若開雲見日何喜如之昔賈復寇恂爭相危害遇世祖解紛遂同輿並出釁難既釋時人美之自惟邊鄙得與將軍共同斯好此誠將軍之羞而瓚之願也集解惠棟曰羞字誤當依英雄記作眷紹於是引軍南還三

後漢書七十四上　六

月上巳大會賓徒於薄落津歷法三月建辰巳卯退除可以祓除災也韓詩曰溱與洧方洹洹兮薛君注云鄭國之俗三月上巳之辰兩水之上招魂續魄拂除不祥故詩人願與所說者俱往也酈元水經注曰漳水經鉅鹿故城西謂之落津續漢志癭陶縣有薄落亭集解惠棟曰徐廣云安平經縣西有漳水名薄落津聞魏郡兵反□與黑山賊干毒等數萬人共覆鄴城殺郡守管子曰齊桓公築五鹿中牟鄴以衞諸侯集解惠棟曰英雄記云殺太守栗賊十餘部衆四萬人聚會鄴中坐中客家在鄴者皆憂怖失色或起而啼泣紹容貌自若不改常度獻帝春秋曰紹勸督引滿投壺言笑容貌自若賊有陶升者自號平漢將軍英雄記曰升故爲內黃小吏獨反諸賊將部衆踰西城入閉府門具車重重輜重也載紹家及諸衣冠在州內者身自扞衞送到斥丘斥丘縣屬鉅鹿郡故城在今相州成安縣東南十三州志云土地斥鹵故曰斥丘紹還因屯斥丘以陶升爲建義中郎將六月紹乃出軍入朝哥鹿腸山蒼巖谷口朝哥故城在今衞縣西續漢志曰朝哥有鹿腸山集解先謙曰官本哥作歌討于毒圍攻五日破之斬毒及其衆萬餘級集解惠棟曰英雄記云斬毒及長安所署冀州牧壺壽紹遂尋山北行進擊諸

後漢書七十四上　七

賊左髭文八等皆斬之集解惠棟曰英雄記作丈八又擊劉石青牛角黃龍左校郭大賢李大目于氐根等復斬數萬級皆屠其屯壁遂與黑山賊張燕及四營屠各鴈門烏桓戰於常山燕精兵數萬騎數千匹連戰十餘日燕兵死傷雖多紹軍亦疲遂各退麴義自恃有功驕縱不軌紹召殺之而幷其衆興平二年拜紹右將軍集解惠棟曰袁宏紀作後將軍其冬車駕爲李傕等所追於曹陽沮授說紹曰將軍累葉台輔世濟忠義今朝廷播越宗廟殘毀觀諸州郡雖外託義兵內實相圖未有憂存社稷卹人之意且今州城粗定兵强士附西迎大駕卽宮鄴都挾天子而令諸侯稸士馬以討不庭誰能禦之左傳周襄王出奔於鄭狐偃言於晉文公曰求諸侯莫如勤王諸侯信之且大義也繼文之業而信宣於諸侯今爲可矣文公從之納襄王遂成霸業紹將從其計潁川郭圖淳于瓊曰九州春秋圖字公則集解惠棟曰曹瞞傳云瓊字仲簡漢室陵遲爲日久矣今欲興之不亦難乎且英雄並起各據州郡

連徒聚衆動有萬計所謂秦失其鹿先得者王史記曰蒯通曰秦失其鹿天下共追之高才者先得焉今迎天子動輒表聞從之則權輕違之則拒命非計之善者也授曰今迎朝廷於義爲得於時爲宜若不早定必有先之者焉集解通鑑胡注紹不能從授之言果爲曹操所先帝既都許乃欲移以自近不亦晚乎夫權不失幾功不厭速願其圖之帝立既非紹意竟不能從集解惠棟曰魏志紹傳云天子在河東紹遣郭圖使焉圖還說迎天子都鄴紹不從與范書異紹有三子譚字顯思熙字顯雍集解惠棟曰魏志云熙字顯奕案王粲集粲爲劉表與尚書曰得賢兄貴弟顯雍及審別駕書乃知變起辛郭熙爲尚兄不應稱貴弟吳書云尚有弟名買或字顯雍然則熙字當從魏書也尚字顯甫譚長而惠尚少而美紹後妻劉有寵而偏愛尚數稱於紹紹亦奇其姿容欲使傳嗣乃以譚繼兄後出爲青州刺史沮授諫曰世稱萬人逐兔一人獲之貪者悉止分定故也愼子曰兔走於街百人追之貪人具存人莫之非者以兔爲未定分也積兔滿市過不能顧非不欲兔也分定之後雖鄙不爭子思子商君書並載其詞略同集解先謙曰官本具作俱且年均以賢德均則卜古之制

也左傳曰王后無嫡則擇立長年鈞以德德鈞以卜願上惟先代成則之誡集解惠棟曰則依九州春秋當作敗下思逐兔分定之議若其不改禍始此矣紹曰吾欲令諸子各據一州以視其能於是以中子熙爲幽州刺史外甥高幹爲幷州刺史建安元年曹操迎天子都許乃下詔書於紹責以地廣兵多而專自樹黨不聞勤王之師而但擅相討伐紹上書曰臣聞昔有哀歎而霜隕淮南子曰鄒衍事燕惠王盡忠左右譖之仰天而哭夏五月天爲降霜悲哭而崩城者齊莊公攻莒爲五乘之賓而杞梁獨不預歸而不食其母曰汝生而無義死而無名則雖非五乘孰不汝笑生而有義死而有名則五乘之賓盡汝下也及與莒戰梁遂鬭殺二十七人而死妻聞而哭城爲之阤而隅爲之崩見說苑每讀其書謂爲信然於今況之乃知妄作何者臣出身爲國破家立事至乃懷忠獲釁抱信見疑晝夜長吟剖肝泣血曾無崩城隕霜之應故鄒衍杞婦何能感徹臣以負薪之資負薪謂賤人也禮記曰問士之子長幼長曰能負薪矣幼曰未能負薪拔於陪隸之中陪重也左傳曰王臣公公臣卿卿臣大夫大夫臣士士臣皁皁臣隸隸臣僚僚臣僕

僕臣臺又曰是無陪臺也陪隸猶陪臺奉職憲臺擢授戎校常侍張讓等滔亂天常侵奪朝威賊害忠德扇動姦黨故大將軍何進忠國疾亂義心赫怒以臣頗有一介之節可責以鷹犬之功故授臣以督司諮臣以方略臣不敢畏憚强禦避禍求福與進合圖事無違異忠策未盡而元帥受敗元帥謂何進太后被質宮室焚燒陛下聖德幼沖親遭厄困時進既被害師徒喪沮臣獨將家兵百餘人抽戈承明竦劍翼室山陽公載記曰紹與王匡等并力入端門於承明堂上格殺中常侍高望等二人尚書曰延入翼室孔安國注翼明也室謂路寢虎叱羣司奮擊凶醜曾不浹辰罪人斯殄浹帀也左傳曰浹辰之閒杜預曰十二日也此誠愚臣效命之一驗也會董卓乘虛所圖不軌臣父兄親從並當大位謂叔隗爲太傅從兄基爲太僕不憚一室之禍苟惟寧國之義故遂解節出奔創謀河外河外河南時卓方貪結外援招悅英豪故卽臣勃海申以軍號卽謂就拜也山陽公載記曰董卓以紹爲前將軍封邟鄉侯紹受侯不受前將軍則臣之與卓

未有纖芥之嫌若使苟欲滑泥揚波偷榮求利滑混也楚詞滑其泥揚其波則進可以享竊祿位退無門戶之患然臣愚所守志無傾奪故遂引會英雄興師百萬飲馬孟津歃血漳河獻帝春秋曰紹合冀州十郡守相衆數十萬登壇歃血盟曰賊臣董卓承漢室之微負兵甲之衆陵越帝城跨蹈王朝幽鴆太后戮殺弘農提挈幼主越遷秦地殘害朝臣斬刈忠良焚燒宮室烝亂宮人發掘陵墓虐及鬼神過惡烝皇天濁穢薰后土神祇怨恫無所憑恃兆人泣血無所控告仁賢之士痛心疾首義士奮發雲興霧合咸欲奉辭伐罪躬行天誅凡我同盟畢力致命以伐凶醜同奬王室翼戴天子有渝此盟神明是殛俾墜其師無克祚國集解劉攽曰注凡我同盟之後案文當云同盟之人既盟之後此盟書常文也誤脫四字會故冀州牧韓馥懷挾逆謀欲專權埶絕臣軍糧不得踵係至使猾虜肆毒害及一門尊卑大小同日幷戮鳥獸之情猶知號呼禮記曰凡生天地之閒者有血氣之屬必有知有知之屬莫不知愛其類今見夫鳥獸則失喪其羣匹越月踰時焉則必反巡過其故鄉翔回焉鳴號焉躑躅焉踟躕焉然後乃能去之小者至於燕雀猶有啁噍之頃焉然後乃能去之臣所以蕩然忘哀貌無隱戚者隱憂也誠以忠孝之節道不兩立顧私懷己不能全功斯亦愚臣

破家徇國之二驗也又黃巾十萬焚燒靑兗黑山張楊蹈藉冀域臣乃旋師奉辭伐畔金鼓未震狡敵知亡故韓馥懷懼謝咎歸土張楊黑山同時乞降臣時輒承制竊比竇融㠯議郎曹操權領兗州牧竇融行西河五郡大將軍事以梁統爲武威太守會公孫瓚師旅南馳陸掠北境臣即星駕席捲與瓚交鋒假天之威每戰輒克臣備公族子弟生長京輦頗聞俎豆不習干戈加自乃祖先臣㠯來世作輔弼咸㠯文德盡忠得免罪戾臣非與瓚角戎馬之勢爭戰陣之功者也誠㠯賊臣不誅春秋所貶公羊傳曰趙盾弑其君夷臯弑者趙穿也曷爲加之趙盾不討賊也趙盾曰天乎予無辜史曰爾爲仁爲義人弑爾君而復國不討賊非弑如何苟云利國專之不疑左傳曰苟利社稷專之可也故冒踐霜雪不憚劬勤實庶一捷之福㠯立終身之功社稷未定臣誠恥之太僕趙岐銜命來征宣陛下含弘之施蠲除細故與下更新奉詔之日引師南轅左傳曰令尹南轅反旆杜預曰回軍南向是臣畏怖天威不

敢怠慢之三驗也又臣所上將校率皆淸英宿德令名顯達登鋒履刃死者過半勤恪之功不見書列而州郡牧守競盜聲名懷持二端優游顧望皆列土錫圭跨州連郡是㠯遠近狐疑議論紛錯者也臣聞守文之世德高者位尊倉卒之時功多者賞厚陛下播越非所洛邑乏祀海內傷心志士憤惋是㠯忠臣肝腦塗地肌膚橫分而無悔心者義之所感故也今賞加無勞㠯攜有德攜離也杜黜忠功㠯疑眾望斯豈腹心之遠圖將乃讒慝之邪說使之然也臣爵爲通侯位二千石殊恩厚德臣既叨之豈敢闚覬重禮㠯希彤弓玈矢之命哉左氏傳曰王命尹氏策晉文公爲侯伯賜之大路之服戎路之服彤弓一彤矢百玈弓十玈矢千〔集解〕先謙曰官本無戎路之服四字誠傷偏裨列校勤不見紀盡忠爲國翻成重愆斯蒙恬所㠯悲號於邊獄史記曰胡亥遣使者殺蒙恬恬不肯死使者即以屬吏繫於陽周恬喟然太息曰恬罪當死矣起臨洮屬之遼東城萬餘里此其中不能無絕地脈此乃恬之罪也遂吞藥自殺白起歔欷於杜郵也史記曰秦王免白起爲士伍遷之陰密白起既行出咸陽西門十里至杜郵秦王乃使使者賜之劍自裁太傅日磾位爲師保任配東征而耗亂王命三輔決錄注曰馬日磾字翁叔馬融之族子少傳融業以才學進歷位九卿遂登台輔獻帝春秋曰日磾假節東征循撫州郡術在壽春不肅王命侮慢日磾借節觀之因奪不還從術求去而術不遣既以失節屈辱憂恚而死寵任非所凡所舉用皆眾所捐棄而容納其策㠯爲謀主令臣骨肉兄弟還爲讎敵交鋒接刃搆難滋甚臣雖欲釋甲投戈事不得已誠恐陛下日月之明有所不照四聰之聽有所不聞乞下臣章咨之羣賢使三槐九棘議臣罪戾周官曰三槐三公位焉左九棘孤卿大夫位焉右九棘公侯伯子男位焉鄭玄注曰槐之言懷也言懷來人於此欲與謀也樹棘以爲位者取其赤心而外刺象以赤心有刺也若㠯臣今行權爲釁則桓文當有誅絕之刑齊桓晉文時周室弱諸侯不朝桓文權行征伐率諸侯以朝天子若㠯眾不討賊爲賢則趙盾可無書弑之貶矣臣雖小人志守一介若使得申明本心不愧先帝則伏首歐刀褻衣就鑊臣之願也惟陛下垂尸鳩之平尸鳩鵠鳩也詩國風曰尸鳩在桑其

子七兮淑人君子其儀一兮毛萇注曰尸鳩之養其子旦從上下暮從下上平均如一言善人君子執義亦如此絕邪諂之論無令愚臣結恨三泉三者數之小終言深也前書曰下錮三泉於是㠯紹爲太尉封鄴侯獻帝春秋曰使將作大匠孔融持節之鄴拜太尉紹爲大將軍改封鄴侯時曹操自爲大將軍紹恥爲之下太尉位在大將軍上初武帝以衞青征伐有功以爲大將軍欲尊寵之故置大司馬官號以冠之其後霍光王鳳等皆然明帝以弟東平王蒼有賢材以爲驃騎大將軍王故位公上和帝以舅竇憲征匈奴還遷大將軍在公上以勳戚者不拘常例焉僞表辭不受操大懼乃讓位於紹二年使將作大匠孔融持節拜紹大將軍錫弓矢節鉞虎賁百人禮含文嘉曰九錫一曰車馬二曰衣服三曰樂器四曰朱戶五曰納陛六曰虎賁之士百人七曰斧鉞八曰弓矢九曰秬鬯春秋元命包曰賜虎賁得專征伐賜斧鉞得誅也兼督冀靑幽幷四州然後受之紹每得詔書患有不便於己乃欲移天子自近使說操㠯許下埤溼洛陽殘破宜徙都甄城埤亦下也音婢甄音絹〔集解〕劉攽曰案文溼字當屬上句惠棟曰郡國志云甄城屬濟陰酈元云故城在河南一十八里沇州舊治魏武創業始自於此河上之邑最爲峻固棟案漢隸字源甄與鄄古字通㠯就全實操拒之田豐說紹曰徙都之

計既不克從宜早圖許奉迎天子動託詔令響號海內此算之上者不爾終爲人所禽雖悔無益也紹不從四年春擊公孫瓚遂定幽土事在瓚傳紹既并四州之地眾數十萬而驕心轉盛貢御希簡主簿耿包密白紹曰赤德衰盡袁爲黃胄宜順天意獻帝春秋曰袁舜後黃應代赤故包有此言以從民心紹以包白事〔集解〕通鑑胡注白事所白之事也示軍府僚屬議者以包妖妄宜誅紹知眾情未同不得已乃殺包以彌其迹〔集解〕王補曰贊中闕圖訊鼎葢指此事紹雖殺包以彌其跡然以包白事示僚屬則其心可知矣於是簡精兵十萬騎萬匹欲出攻許以審配逢紀統軍事田豐荀諶及南陽許攸爲謀主顏良文醜爲將帥沮授進說曰近討公孫師出歷年百姓疲敝倉庫無積賦役方殷此國之深憂也宜先遣使獻捷天子務農逸人若不得通乃表曹操隔我王路然後進屯黎陽漸營河南益作舟船繕修器械分遣精騎抄其邊鄙令彼不得安我取其逸

如此可坐定也〔集解〕通鑑胡注使紹能用授言曹其殆乎郭圖審配曰兵書之法十圍五攻敵則能戰十倍則圍之五倍則攻之今以明公之神武連河朔之强眾以伐曹操其埶譬若覆手前書陸賈謂南越王曰越殺王降漢如反覆手耳今不時取後難圖也授曰蓋救亂誅暴謂之義兵恃眾憑强謂之驕兵義者無敵驕者先滅前書魏相上書曰救亂誅暴謂之義兵兵義者王敵加於己不得已而起者謂之應兵兵應者勝爭恨小故不勝忿怒者謂之忿兵兵忿者敗利人土地貨寶者謂之貪兵兵貪者破恃國家之大矜人庶之眾欲見威於敵者謂之驕兵兵驕者滅此非但人事乃天道也曹操奉迎天子建宮許都今舉師南向於義則違且廟勝之策不在彊弱淮南子曰運籌於廟堂之中決勝乎千里之外曹操法令既行士卒精練非公孫瓚坐受圍者也今棄萬安之術而興無名之師前書曰新城三老說高祖曰順德者昌逆德者亡兵出無名事故不成音義曰有名伐有罪也〔集解〕惠棟曰禮記檀弓云陳太宰嚭曰師必有名竊爲公懼之圖等曰武王伐紂不爲不義況兵加曹操而云無名且公師徒精勇將士思奮而不及時早定大業所謂天與不取

反受其咎史記范蠡謂句踐曰天與不取反受其咎〔集解〕惠棟曰太公金匱文也此越之所以霸吳之所以滅也監軍之計在於將軍〔集解〕先謙曰官本將軍改持牢李賢裴云諸本皆作在於將軍按三國志注中載獻帝傳作監軍之計在於持牢將軍二字傳寫之誤也今改惠棟云牢重也王補云通鑑亦作持牢胡注猶今南人言把穩也而非見時知幾之變也紹納圖言圖等因是譖沮授曰授監統內外威震三軍若其浸盛何以制之夫臣與主同者亡此黃石之所忌也臣與主同者權在於主也主與臣同者權在臣也黃石者即張良於下邳圯上所得者三略也圯音以之反〔集解〕劉攽曰注案文但當云臣與主同者權在臣也誤出於主也主與臣同者權在十字惠棟曰獻帝傳云臣與主同者昌主與臣同者亡傳漏昌主與臣同者六字觀章懷注益明且御眾於外不宜知內淮南子曰國不可從外理軍不可從中御紹乃分授所統爲三都督使授及郭圖淳于瓊各典一軍未及行五年左將軍劉備殺徐州刺史車冑據沛以背曹操操懼乃自將征備田豐說紹曰與公爭天下者曹操也操今東擊劉備兵連未可卒解今舉軍而襲其後可一往而定兵以幾動斯其時也

紹辭以子疾未得行豐舉杖擊地曰嗟乎事去矣夫遭難遇之幾而以嬰兒病失其會惜哉紹聞而怒之從此遂疏焉〔集解〕王補曰沮授田豐智略與荀或等而或言如石投水授豐所謀若枘鑿之不內此袁曹成敗所由異也曹操畏紹過河乃急擊備遂破之備奔紹紹於是進軍攻許田豐以既失前幾不宜便行〔集解〕王補曰曹操擊劉備於沛豐勸紹舉軍襲其後及備敗奔紹紹進軍攻許則豐力沮之此兵機之微也諫紹曰曹操既破劉備則許下非復空虛且操善用兵變化無方眾雖少未可輕也今不如久持之將軍據山河之固擁四州之眾外結英雄內修農戰然後簡其精銳分爲奇兵孫子兵法曰凡戰者以正合以奇勝也注云正者當敵奇者擊其不備乘虛迭出以擾河南救右則擊其左救左則擊其右使敵疲於奔命人未得安業〔集解〕先謙曰官本未作不是我未勞而彼已困不及三年可坐剋也〔集解〕王補曰祿山聞房琯諸王分鎮之謀拊膺歎曰吾不能得天下矣曹操聞豐不從戎而喜又言向使紹用其別駕計尚未可知一謀之善足以破賊膽而挫雄心握軍政者須於此探其幾焉今釋廟勝之策〔集解〕通鑑

胡注定策於廟堂之上而決勝於千里之外謂之廟勝孫子曰未戰而廟勝得算多也未戰而廟不勝得算少也而決成敗於一戰若不如志悔無及也紹不從豐强諫忤紹紹㠯爲沮衆遂械繫之集解王補曰既拒沮授之諫又不納田豐之策而械繫之紹之敗形已決故操聞豐不從戎而喜也乃先宣檄曰蓋聞明主圖危㠯制變忠臣慮難㠯立權曩者强秦弱主趙高執柄專制朝命威福由己終有望夷之禍汙辱至今始皇崩胡亥立趙高爲丞相胡亥夢白虎齧其左驂馬殺之心不樂問占夢卜涇水爲崇胡亥乃齋望夷宮趙高令其壻閻樂逼胡亥使自殺張華云望夷之宮在長陵西北長平觀東臨涇水作之以望北夷事見史記及臻呂后祿產專政擅斷萬機決事禁省下陵上替海內寒心於是絳侯朱虛興威奮怒誅夷逆暴尊立太宗故能道化興隆光明融顯此則大臣立權之明表也呂后專制以兄子祿爲趙王上將軍產爲梁王相國各領南北軍呂后崩欲爲亂絳侯周勃朱虛侯劉章等共誅之立文帝廟稱太宗左傳閔子騫曰下陵上替能無亂乎集解惠棟曰左傳閔子馬云於是乎下陵上替又李善云明表謂明白之表儀也先謙曰官本騫作馬是司空曹操祖父騰故中常侍與左悺徐璜並作妖孽饕

放橫傷化虐人貪財爲饕貪食爲饕悺音烏板反父嵩乞匄攜養續漢志曰嵩字巨高靈帝時賣官嵩以貨得拜大司農大鴻臚代崔烈爲太尉魏志曰嵩騰養子莫能審其生出本末曹瞞傳及郭頒代語並云嵩夏侯氏子惇之叔父魏太祖於惇爲從父兄弟也匄亦乞也因贓買位集解惠棟曰買陳琳集作假輿金輦寶輸貨權門竊盜鼎司傾覆重器操姦閹遺醜集解錢大昕曰姦當作贅漢書如淳注淮南俗賣子與人作奴婢名曰贅子操父嵩本夏侯氏爲中常侍曹騰養子故云贅也三國志注及文選並是贅字本無令德僄狡鋒俠好亂樂禍方言曰僄輕也魏志曰操少機警有權數而任俠放蕩不修行業鋒俠言如其鋒之利也僄音方妙反或作剽劫財物也音同幕府董統鷹揚埽夷凶逆謂紹誅諸閹人無少長皆斬之續遇董卓侵官暴國左傳侵官冒也於是提劍揮鼓發命東夏集解惠棟曰東夏卽勃海也紹於勃海起兵廣羅英雄棄瑕錄用故遂與操參咨策略謂其鷹犬之才爪牙可任至乃愚佻短慮輕進易退傷夷折衂數喪師徒字書曰佻輕也魏志曰操引兵西將據成皋到滎陽汴水遇卓將徐榮戰不利士卒死傷多操爲流矢所中所乘馬被創曹洪以馬與操得夜遁又爲呂布所敗幕府輒復分兵命銳修完補輯表行東郡太守兖州刺史被

㠯虎文續漢志曰虎賁將冠鶡冠虎文單衣襄邑歲獻織成虎文衣集解惠棟曰李善云謝承後漢書云袁紹以曹操爲東郡太守劉公山爲兖州公山爲黃巾所殺乃以操爲兖州刺史錢大昕曰文選李善注謂羊質虎皮也此注誤授㠯偏師集解先謙曰官本師作帥奬就威柄冀獲秦師一克之報秦穆公使孟明視西乞術白乙丙伐鄭晉襄公敗諸殽執孟明等文嬴請而舍之歸於秦穆公復用孟明伐晉晉人不敢出封殽尸而還事見左傳集解惠棟曰文選及魏志注皆作奬賊賊成也就亦訓成與賊同義賊予六反而遂乘資跋扈肆行酷烈割剝元元殘賢害善太公金匱曰天道無親常與善人今海內陸沈於殷久矣何乃急於元元哉集解惠棟曰李善云謝沈後漢書云操得兖州兵衆强盛內懷反紹意故九江太守邊讓英才儁逸㠯直言正色論不阿諂身被梟懸之戮妻孥受灰滅之咎自是士林憤痛人怨天怒一夫奮臂擧州同聲故躬破於徐方地奪於呂布魏志曰陶謙爲徐州牧操初征之下十餘城後復征謙收五城遂略地至東海還過郯會張邈與陳宮畔迎呂布郡縣皆應布西屯濮陽而操攻之布出兵戰操兵奔陣亂馳突火出墜馬燒左手掌司馬樓異扶操上馬遂得引去彷徨東裔蹈據無所幕府惟强幹弱枝之義且不登畔人之黨强幹弱枝解見班固傳左傳宋大夫魚石等以宋彭城畔屬楚經書宋彭

城傳曰非宋地追書也且不登畔人也杜預注曰登成也故復援旍擐甲席卷赴征金鼓響震布衆破沮左傳曰擐甲執兵杜預注曰擐貫也前書揚雄曰雲徹席卷後無餘災魏志曰操襲定陶未拔會布至擊破之布將薛蘭李封屯鉅野操攻之布救蘭敗布走布復與陳宮將萬餘人來戰操時兵少設伏縱奇兵擊大破之布夜走東奔劉備集解惠棟曰李善云紹征呂布諸史不載益史略也棟案章懷以爲操破布失之拯其死亡之患復其方伯之任是則幕府無德於兖土而有大造於操也左傳使呂相絕秦曰秦師克還無害則是我有大造於西也杜預注曰造成也集解惠棟曰李善云操圍布於濮陽爲布所破投紹紹哀之乃給兵五千人還取兖州見謝承書也會後鑾駕東反羣虜亂政時冀州方有北鄙之警匪遑離局北鄙之儆謂公孫瓚攻紹也左傳曰局部也杜預注曰遠其部曲爲離局故使從事中郎徐勳就發遣操使繕修郊廟翼衞幼主而便放志專行威劫省禁集解惠棟曰魏志作脅遷禁省卑侮王僚敗法亂紀坐召三臺專制朝政晉書曰漢官尚書爲中臺御史爲憲臺謁者爲外臺是謂三臺爵賞由心刑戮在口所愛光五宗所怨滅三族五宗謂上至高祖下及孫三族謂父族母族妻族集解惠棟曰案白虎通五宗謂大宗一小宗四羣談者受顯誅腹議者

蒙隱戮大農顏異與張湯有隙人告異湯推異與客言詔令下有不便者異不言微反脣湯遂奏異九卿見令不便不入言
而腹非論死見前書道路吕目百辟鉗口國語曰厲王虐國人謗王邵公告王曰人不堪命矣王怒得衛巫使
監謗以告則殺之國人莫敢言道路以目周書曰賢哲鉗口小人鼓舌何休注公羊傳曰鉗以木銜其口也鉗或作拑音渠廉反
尚書記期會公卿充員品而已前書賈誼曰大臣特以簿書不報期會之閒以爲大故故太
尉楊彪歷典二司元綱極位續漢書曰彪代董卓爲司空又代黃琬爲司徒時袁術僭亂操託彪與術
婚姻誣以欲圖廢置奏收下獄劾以大逆操因睚眦被吕非罪榜楚并兼五毒俱至獻帝
春秋曰收彪下獄考實遂以策罷觸情放慝不顧憲章又議郎趙彥忠諫直言議
有可納故聖朝含聽改容加錫操欲迷奪時明杜絕言路擅收立
殺不俟報聞又梁孝王先帝母弟墳陵尊顯松柏桑梓猶宜恭肅
操率將吏士親臨發掘破棺裸尸掠取金寶至令聖朝流涕士民
傷懷前書曰孝文皇帝竇皇后生孝景帝梁孝王武集解惠棟曰曹瞞傳云操別入碭發梁孝王冢破棺收金寶數萬斤天子
聞之哀泣又署發丘中郎將摸金校尉所過毀突無骸不露集解惠棟曰文選注

翰云言操置發邱中郎將摸金校尉之官所過皆破壞冢墓以取金寶而露其骸骨也身處三公之官而行
桀虜之態汙國虐民毒施人鬼加其細政苛慘科防互設罾繳充
蹊阬穽塞路舉手挂網羅動足蹈機陷是吕兗豫有無聊之人帝
都有呼嗟之怨管子天下無道人在爵位者皆不自聊生歷觀古今書籍所載貪殘虐
烈無道之臣於操爲甚莫府方詰外姦未及整訓加意含覆冀可
彌縫左傳曰彌縫敝邑杜預注曰彌縫猶補合而操豺狼野心潛包禍謀左傳曰楚司馬子良生子
越椒令尹子文曰必殺之是子也熊虎之狀而豺狼之聲弗殺必滅若敖氏諺曰狼子野心是乃狼也其可畜乎乃欲橈
折棟梁孤弱漢室周易棟橈之凶不可有以輔也除忠害善專爲梟雄往歲伐鼓
北征討公孫瓚強禦桀逆拒圍一年操因其未破陰交書命欲託
助王師吕見掩襲故引兵造河方舟北濟會行人發露瓚亦梟夷
故使鋒芒挫縮厥圖不果屯據敖倉阻河爲固獻帝春秋曰操引軍造河託言助紹
實圖襲鄴以爲瓚援會瓚破滅紹亦覺之以軍退屯于敖倉集解惠棟曰太康地志云秦建敖倉於成皋括地志云敖倉在滎陽縣

西五里石門之東北臨汴水南帶三皇山乃欲運螳螂之斧禦隆車之隧韓詩外傳□曰齊莊公獵
有螳螂舉足將持其輪問其御曰此何蟲對曰此螳螂也此蟲知進而不知退不量其力而輕就敵公曰此爲天下勇士矣迴車避
之勇士歸焉亦見淮南子又莊子曰螳螂怒臂以當車轍不知其不勝任也隧道也莫府奉漢威靈折衝宇
宙長戟百萬胡騎千羣奮中黃育獲之士尸子曰黃伯曰我左執太行之猱右執彫虎唯
象未試史記范雎說秦昭王烏獲任鄙之力慶忌夏育之勇也集解劉攽曰注尸子曰黃伯曰案文少一中字騁良弓勁
弩之埶文子曰狡兔得而獵者烹高鳥盡而良弓藏史記蘇秦說韓王曰天下之強弓勁弩皆從韓出并州越太
行紹甥高幹爲并州刺史故言越太行山而來助青州涉濟漯紹長子譚爲青州刺史濟漯二水名在今齊州界漯
音他合反大軍汎黃河吕角其前荊州下宛葉而掎其後賈逵注國語曰從後牽曰
掎音居蟻反左傳曰晉人角之諸戎掎之是也荊州謂劉表也與紹交故云下宛葉雷震虎步並集虜庭若
舉炎火吕焚飛蓬楚詞曰離憂患而乃寤若縱火於秋蓬覆滄海而注熛炭黃石公三略曰
夫以義而討不義若決河而流熒火其勊必也集解惠棟曰李善云說文熛火飛也有何不消滅者哉當今
漢道陵遲綱弛網絕操吕精兵七百圍守宮闕外稱陪衛內吕拘

質懼篡逆之禍因斯而作乃忠臣肝腦塗地之秋烈士立功之會
也可不勗哉據陳琳集此檄陳琳之詞也魏志曰琳字孔璋廣陵人避難冀州袁紹使典文章紹敗歸太祖太祖謂曰
卿昔爲本初移書但可罪狀孤而已惡惡止其身何乃上及祖父邪琳謝罪太祖愛其才而不咎也流俗本此下有陳琳之辭者非
也集解周壽昌曰案三國志注引魏氏春秋載此檄後有此陳琳之辭五字章懷注所云流俗本下云云殆俗本因魏志注而誤錄
者也王補曰檄文詳見文選范書及魏志紹傳注引魏氏春秋並有刪節又檄首選署左將軍領豫州刺史郡國相守而通鑑但云
移檄州郡乃先遣顏良攻曹操別將劉延於白馬白馬縣屬東郡今滑州縣也故城在今縣
東集解惠棟曰高誘云白馬津名水經注云河過黎陽縣南爲白馬津津之東南有白馬城李吉甫云白馬故關在衞州黎陽縣一
里後更名黎陽津紹自引兵至黎陽沮授臨行會其宗族散資財吕與之
曰埶存則威無不加埶亡則不保一身哀哉其弟宗曰曹操士馬
不敵君何懼焉集解惠棟曰魏武帝軍策令云袁本初鎧萬領吾大鎧二十領本初馬鎧三百具吾不能有十具
故云不敵也授曰吕曹兗州之明略又挾天子吕爲資我雖剋伯珪衆
實疲敝而主驕將忲軍之破敗在此舉矣楊雄有言六國蚩蚩爲

嬴弱姬今之謂乎法言之文也嬴秦姓姬周姓方言蚩悖也六國悖惑侵弱周室遂爲秦所併也曹操遂救劉延擊顏良斬之蜀志曰曹公使張遼及關羽爲先鋒羽望見良麾蓋策馬刺良萬衆之中斬其首還諸將莫能當遂解白馬圍紹乃渡河壁延津南酈元水經注曰漢孝文時河決酸棗東潰金隄大發卒塞之武帝作瓠子之歌皆謂此口也又東北謂之延津杜預注左傳陳留酸棗縣北有延津集解惠棟曰獻帝傳云紹將濟河沮授諫曰勝負變化不可不詳今宜屯延津分兵官渡若其克獲還迎不晚設其有難衆弗可還紹不從沮授臨船歎曰上盈其志下務其功悠悠黃河吾其濟乎集解惠棟曰言不反也遂以疾退紹不許而意恨之復省其所部并屬郭圖紹使劉備文醜挑戰曹操又擊破之斬文醜再戰而禽二將紹軍中大震操還屯官度官度在今鄭州中牟縣北酈元水經云莨蕩渠經曹公壘北有高臺謂之官度臺在中牟城北俗謂之中牟臺紹進保陽武陽武今鄭州縣集解惠棟曰縣屬河南沮授又說紹曰北兵雖衆而勁果不及南軍南軍穀少而資儲不如北南幸於急戰北利在緩師宜徐持久曠以日月紹不從連營稍前漸逼官度遂合戰操軍不利魏志曰連營稍進前依沙埵東西四十里爲屯亦分營與相當操復還堅壁紹爲高櫓起土山射營中釋名曰櫓櫓者露上無覆屋也今官度臺北土山猶在臺之東紹舊營遺基並在焉皆蒙楯而行楯今之旁排也揚雄羽獵賦曰蒙楯負羽操乃發石車擊紹樓獻帝春秋曰紹令軍中各持三尺繩曹操誠禽但當縛之集解劉攽曰注誠案文當作成皆破軍中呼曰霹靂車以其發石聲震烈呼爲霹靂即今之拋車也拋音普孝反集解惠棟曰裴松之案魏氏春秋云以古有矢石又傳言旝動而鼓說文云旝發石也於是造發石車棟案賈逵左傳注云旝發石一曰飛石范蠡兵法云飛石重十二斤爲機發行三百步又注云即今之拋車李善云礮石今之拋石也拋車未詳拋音匹孝反紹爲地道欲襲操操輒於內爲長塹以拒之又遣奇兵襲紹運車大破之盡焚其穀食相持百餘日河南人疲困多畔應紹紹遣淳于瓊等將兵萬餘人北迎糧運沮授說紹可遣蔣奇別爲支軍於表以絕曹操之鈔以支軍爲瓊等表援紹不從許攸進曰曹操兵少而悉師拒我許下餘守埶必空弱若分遣輕軍星行掩襲許拔則操爲成禽集解劉攽曰案文爲成不須並出益多爲字如其未潰可令首尾奔命破之必也紹又不能用會

攸家犯法審配收繫之攸不得志遂奔曹操而說使襲取淳于瓊等瓊等時宿在烏巢烏巢地名在滑州酸棗城東集解惠棟曰晉太康地理記云烏巢澤在酸棗東南昔曹太祖納許攸之策破袁紹軍處也去紹軍四十里操自將步騎五千人夜往攻破瓊等悉斬之曹瞞傳曰公聞許攸來跣出迎之攸勸公襲瓊等公大喜乃選精銳步騎皆執袁軍旗幟銜枚縛馬口夜從閒道出人把束薪所歷道問者語之曰袁公恐曹操鈔掠後軍還兵以益備問者信以爲然既至圍屯大放火營中驚亂大破之盡燔其糧穀寶貨斬督將眭元進等割得將軍淳于仲簡鼻殺士卒千餘人皆取鼻牛馬割脣舌以示紹軍將士皆惶懼集解惠棟曰獻帝起居注曰斬大將淳于瓊等八人又注眭元進眭當作眭卽眭固也初紹聞操擊瓊謂長子譚曰就操破瓊吾拔其營彼固無所歸矣乃使高覽張郃等攻操營不下魏志曰張郃字雋乂河閒鄚人也郃說紹曰曹公精兵往必破瓊等則事去矣郭圖曰郃計非也不如攻其本營郃曰曹公營固攻之必不拔若瓊等見禽吾屬盡爲虜矣紹但遣輕騎救瓊而以重兵攻太祖營不能下太祖果破瓊等紹軍潰圖慙又更譖郃快軍敗郃懼歸太祖二將聞瓊等敗遂奔操於是紹軍驚擾大潰紹與譚等幅巾乘馬與八百騎度河至黎陽北岸入其將軍蔣義渠營至帳

下把其手曰孤以首領相付矣義渠避帳而處之使宣令焉衆聞紹在稍復集餘衆僞降曹操盡阬之前後所殺八萬人沮授爲操軍所執乃大呼曰授不降也爲所執耳操見授謂曰分野殊異遂用圮絕不圖今日乃相得也授對曰冀州失策自取奔北授知力俱困宜其見禽操曰本初無謀不相用計今喪亂過紀國家未定十二年曰紀方當與君圖之授曰叔父母弟縣命袁氏若蒙公靈速死爲福操歎曰孤早相得天下不足慮也遂赦而厚遇焉授尋謀歸袁氏乃誅之紹外寬雅有局度憂喜不形於色而性矜愎自高愎音平逼反短於從善故至於敗及軍還或謂田豐曰君必見重豐曰公貌寬而內忌不亮吾忠而吾數以至言迕之若勝而喜必能赦我戰敗而怨內忌將發若軍出有利當蒙全耳今既敗矣吾不望生紹還曰吾不用田豐言果爲所笑遂殺之先賢行狀曰紹謂逢紀曰冀州人聞吾軍敗皆

當念吾唯田別駕前諫止吾與衆不同吾亦慙之紀復曰豐聞將軍之退拍手大笑喜其言之中也紹於是有害豐之意初太祖聞豐不從戎喜曰紹必敗矣及紹奔遁復曰向使紹用其別駕計尙未可知也集解王補曰曹操征烏桓羣臣諫之不從及旣克而歸召前諫者厚賞之曰孤乘危以徼幸雖得之不可爲常諸君之諫萬安之計也是以相賞後勿難言觀袁紹旣敗於官渡必殺田豐可知二人之興亡所由矣蘇軾嘗言爲明主謀而不中不惟無罪乃有賞爲庸主謀而中賞固不可得而禍隨之予謂卽操征烏桓還賞諫者紹敗官度歸殺田豐之謂乎李伯紀言主之明暗國之興亡觀其賞刑則知之信矣官度之敗審配二子爲曹操所禽孟岱與配有隙因蔣奇言於紹曰配在位專政族大兵强且二子在南必懷反畔郭圖辛評亦爲然集解蘇輿曰爲謂字同紹遂以岱爲監軍代配守鄴護軍逢紀與配不睦英雄記曰審配任用與紀不睦辛評郭圖皆比於譚評辛毗兄也見魏志紹以問之紀對曰配天性烈直每所言行慕古人之節不以二子在南爲不義也公勿疑之紹曰君不惡之邪紀曰先所爭者私情今所陳者國事紹曰善乃不廢配配由是更協集解通鑑胡注逢紀能爲審配言而不肯救田豐之死果爲國事乎惠棟曰英雄記云配由是更與紀爲親善蘇輿曰配下當有紀

虛受堂　干

字冀州城邑多畔紹復擊定之自軍敗後發病七年夏薨魏志曰紹自軍破後發病歐血死獻帝春秋曰紹爲人政寬百姓德之河北士女莫不傷怨市巷揮淚如或喪親典論曰袁紹妻劉氏性酷妒紹死僵尸未殯寵妾五人盡殺之爲死者有知當復見紹於地下乃髡頭墨面以毀其形尙又爲盡殺死者之家集解惠棟曰樂史云紹墓在相州臨漳西北十六里漢之鄴也王補曰袁紀夏五月庚戌袁紹發病死未及定嗣逢紀審配宿以驕侈爲譚所病辛評郭圖皆比於譚而與配紀有隙衆以譚長欲立之配等恐譚立而評等爲害遂矯紹遺命奉尙爲嗣

袁紹列傳第六十四上 終　　後漢書七十四上

後漢書集解卷七十四上校補

袁紹列傳第六十四上注子譚 案此小題及注當係章懷分卷時所加故與下卷小題及注岐異

袁紹傳上脇太后誅宦官 官本宦官上有諸字

未有不善宣於天下 柳從辰曰袁紀宣作害

封邟鄉侯注音口浪反 官本注口作岡非

馥長史耿武別駕閔純騎都尉沮授聞而諫曰集解王補曰至當以魏志爲是 柳從辰曰據袁紀諫馥者實四人沮授李歷皆在

率兵馳還注浮等從後來 注來原譌夾依魏志注正官本不誤

句踐非范蠡無以存國 官本無以一作不能

還討黑山則張燕可滅注俱攻癭陶 注攻原作收依魏志燕傳正官本不誤 同師北首則公孫必禽 柳從辰曰袁紀作則劉虞必喪今案授欲使紹合四州之地而紹奪冀州在初平二年其時幽州尙屬劉虞不屬公孫瓚袁紀作劉虞似亦可通然虞不喜爭戰非紹所忌且魏志原作則公孫必喪陳書出袁紀前自可信

卷七十四上校補　一

大會賓徒於薄落津 案文徒當作從 注漳水經鉅鹿故城西謂之落津 柳從辰曰通鑑注引此作謂之薄落津此脫薄字又據今本水經注作漳水又歷經縣故城西水有故津謂之薄落津攷鉅鹿郡堂陽縣當分爲涇縣涇卽經也今案薄落之名續志本兩見一卽章懷注所引乃亭名一則安平國經西有漳水津名薄落津是也雖同係就此津言要以屬安平者爲切近故惠氏更取徐廣說補之堂陽前志屬鉅鹿續志亦屬安平分堂陽爲涇縣卽見前志班注但涇疑本經之譌

身自扞衞 官本扞作扜非 送到斥邱注斥邱縣屬鉅鹿郡故城在今相州成安縣東南 案斥邱前續志均屬魏郡今廣平府成安縣東南三十里章懷或因續志鉅鹿郡有斥章故誤記耳

入朝哥鹿腸山注朝哥故城在今衞縣西 今衞輝府淇縣東北

下思逐兎分定之議 官本議作義

至乃懷忠獲釁 官本乃作於

歃血漳河注登壇歃血 官本注壇作臺 翼戴天子 官本注子誤于

鳥獸之情猶知呼號注今見夫鳥獸 官本注見夫作是大與今禮記文同

苟云利國專之不疑注左傳曰苟利社稷專之可也案公羊傳大夫受命不受辭出竟有可以安社稷利國家者則專之可也注引左傳誤左傳昭四年子產曰苟利社稷死生以之亦與專之之義不合也若不得通若原譌苦依魏志注正官本不誤其執譬若覆手官本其作兵非且公師徒精勇錢大昭曰閩本公作今而㠯嬰兒病失其會案據此則紹三子之外更有幼子僄狡鋒俠注言如其鋒之利也官本注如其作其如奬就威柄官本就作蹴莫府方詰外姦案上均作幕府此下幕又均作莫殊不畫一官本通作幕是屯據敖倉注以軍退屯于敖倉官本注于作守騁良弓勁弩之執注狡兎得而獵者烹官本注者作犬是攻曹操別將劉延於白馬注白馬縣屬東郡今滑州縣也故城在今縣東今衛輝府滑縣東二十里案杜預左傳注東郡白馬縣有黎陽津有滑臺括地志黎陽津一名白馬津在滑州白馬縣北三十里本傳與魏志皆但云白馬不云白馬津又舉縣自可概津章懷釋爲縣名係依傳例不必如惠氏說也如必說白馬爲津則下文黎陽亦可說爲津轉嫌無別矣爲嬴弱姬注秦嬴姓官本姓下有也字操還屯官度注官度在今鄭州中牟縣北今開封府中牟縣東六里紹進保陽武注陽武今鄭州縣今懷慶府陽武縣東南二十八里瓊等時宿在烏巢注烏巢地名在滑州酸棗城東唐酸棗縣今衛輝府延津縣治夜往攻破瓊等悉斬之注還兵以益備注還兵官本同魏志注引曹瞞傳作遣兵

後漢書七十四下

袁紹劉表列傳第六十四下 紹子譚

宋 宣 城 太 守 范 曄 撰

唐 章 懷 太 子 賢 注

王先謙集解

譚自稱車騎將軍出軍黎陽尚少與其兵而使逢紀隨之譚求益兵審配等又議不與譚怒殺逢紀曹操度河攻譚譚告急於尚尚乃留審配守鄴〔集解〕惠棟曰魏志云尚欲分兵益譚恐譚遂奪其眾乃使配守鄴也自將助譚與操相拒於黎陽自九月至明年二月大戰城下郭緣生述征記曰黎陽城西袁譚城城南又有一城是曹公攻譚之所築譚尚敗退操將圍之乃夜遁還鄴操進軍尚逆擊破操〔集解〕通鑑胡注此諸葛孔明所謂偪於黎陽時也必有破操軍事魏人諱而不書耳操軍還許譚謂尚曰我鎧甲不精故前爲曹操所敗今操軍退人懷歸志及其未濟出兵掩之可令大潰此策不可失也尚疑而不許既不益兵又不易甲譚大怒郭圖辛評因此謂譚曰使先公出將軍爲兄後者皆是審配之所搆也譚然之遂引兵攻尚戰於外門鄴郭之門譚敗乃引兵還南皮南皮今滄州縣也章武有北皮亭故此曰南皮別駕王脩率吏人自青州往救譚〔集解〕惠棟曰魏志云脩字叔治北海營陵人脩救譚譚喜曰成吾軍者王別駕也譚還欲更攻尚問脩曰計將安出脩曰兄弟者左右手也譬人將鬭而斷其右手曰我必勝若如是者可乎夫棄兄弟而不親天下其誰親之屬有讒人交鬬其間〔集解〕惠棟曰左傳子太叔語㠯求一朝之利願塞耳勿聽也若斬佞臣數人復相親睦㠯御四方可橫行於天下譚不從尚復自將攻譚譚戰大敗嬰城固守前書蒯通曰必將嬰城固守音義曰嬰謂以城自繞也尚圍之急譚奔平原而遣潁川辛毗詣曹操請救魏志曰辛毗潁川陽翟人也譚使毗詣太祖求和毗見太祖致譚意太祖悅謂毗曰譚可信尚必可克不毗對曰明公無問信與詐也直言當論其執耳袁氏本兄弟相伐非謂他人能間其間乃謂天下可定於己也一旦求救於明公此可知也〔集解〕劉攽曰注直言當論其執耳案文多一言字劉表㠯書諫

譚集解王補曰譚求救於曹表以棄親卽讐爲言尙環攻譚又規其失義自亡厥後譚尙均爲操所擒而袁氏盡墮二書所戒其不信乎然表竟自忘覆轍廢長立愛以喪荊州是又所謂明不見其眉睫也范史合傳意在於斯故贊結以矜強少成坐談奚望囘皇家變身頽業喪垂鑒深矣曰天降災害禍難殷流初交殊族卒成同盟集解官本考證曰文義難曉疑有脫誤周壽昌曰考仲宣集魏氏春秋載此書相同葢初敍表與紹操起事非脫誤也書中稱太公與仲宣集同魏氏春秋作尊公使王室震蕩彝倫攸斁左傳曰震蕩播越書曰彝倫攸斁彝常也倫理也攸所也斁敗也是以智達之士莫不痛心入骨傷時人不能相忍也然孤與太公志同願等言太公者尊之謂紹也雖楚魏絕邈山河迥遠楚荊州也魏冀州也戮力乃心共奬王室左傳曰同好惡奬王室杜預曰奬助也使非族不干吾盟異類不絕吾好此孤與太公無貳之所致也功績未卒太公殂隕賢胤承統以繼洪業宣奕世之德履丕顯之祚奕重也國語曰奕代載德摧嚴敵於鄴都揚休烈於朔土顧定疆宇虎視河外凡我同盟莫不景附集解王補曰魏氏春秋作尊公殂隕四海悼心賢胤承統遐邇屬望咸欲展布膂力以投盟主雖亡之日猶存之願也何悟青蠅飛於

竿旌無忌游於二壘詩小雅曰營營青蠅止于榛讒人罔極搆我二人史記費無忌得寵于楚平王爲太子建少傅無寵於太子日夜讒太子於王欲誅太子太子亡奔宋左傳作無極竿旌二壘者謂譚尙也使股肱分成二體匈膂絕爲異身初聞此問尙謂不然定聞信來乃知閼伯實沈之忿已成棄親卽讐之計已決左傳子產曰高辛氏有二子伯曰閼伯季曰實沈居於曠林不相能也日尋干戈以相征討旃旆交於中原暴尸累於城下聞之哽咽若存若亡昔三王五伯下及戰國君臣相弒父子相殺兄弟相殘親戚相滅蓋時有之然或欲以成王業若周公誅管蔡之類或欲以定霸功若齊桓公殺子糾也皆所謂逆取順守而徼富強於一世也未有棄親卽異兀其根本而能全於長世者也集解王補曰魏氏春秋作而能崇業繼功垂祚後世者也若齊襄公報九世之讐公羊傳曰紀侯大去其國大去者何滅之也孰滅之也齊滅之曷爲不言齊滅之爲襄公諱也春秋爲賢者諱何賢於襄公復讐也何讐爾遠祖也哀公亨於周紀侯譖之遠祖者幾代九代矣史記曰紀侯譖齊哀公於周周夷王烹哀公其弟靖立是爲胡公弟獻公立子武公立子厲公立子文公立子成公立子莊公立子釐公立子襄公八年紀遷去其邑是爲九代也

匄卒荀偃之事是故春秋美其義君子稱其信夫伯游之恨於齊未若太公之忿於曹也宣子之臣承業未若仁君之繼統也荀偃晉大夫也左傳曰荀偃將中軍士匄佐之伐齊濟河病目出及卒而視不可含欒盈曰其爲未卒事於齊故也士匄撫之曰主苟終所不嗣事於齊有如河乃瞑受含伯游荀偃字也宣子卽士匄也士燮之子士會之孫集解官本考證曰以魏氏春秋參校衍一臣字周壽昌曰考仲宣集載此書有臣字言以臣承業未若以子繼統也有臣字對勘語更顯魏氏春秋載此書刪節頗多非原文且君子違難不適讐國交絕不出惡聲左傳曰公山不狃曰君子違難不適讐國杜預曰違奔亡也史記樂毅遺燕惠王書曰臣聞古之君子交絕不出惡聲況忘先人之讐棄親戚之好而爲萬世之戒遺同盟之恥哉蠻夷戎狄將有誚讓之言況我疾類而不痛心邪集解先謙曰官本疾作族是夫欲立竹帛於當時全宗祀於一世豈宜同生分謗爭校得失乎若冀州有不弟之傲左傳曰段不弟故不言弟無慙順之節仁君當降志辱身以濟事爲務事定之後使天下平其曲直不亦爲高義邪今仁君見憎於天人集解先謙曰官本天作夫是未若鄭莊

之於姜氏昆弟之嫌未若重華之於象敖然莊公卒崇大隧之樂象敖終受有鼻之封願捐棄百痾追攝舊義復爲母子昆弟如初鄭武公娶於申曰武姜生莊公及叔段莊公寤生驚姜氏遂惡之愛叔段欲立之武公弗許及莊公立姜氏爲請京使居之段繕甲兵將襲鄭夫人將啟之莊公遂置姜氏于城潁而誓之曰不及黃泉無相見也既而悔之潁考叔曰君何患焉若闕地及泉隧而相見其誰曰不然從之公入而賦大隧之中其樂也融融姜出而賦大隧之外其樂也洩洩遂爲母子如初事見左傳史記曰舜名重華父瞽叟盲而舜母死瞽叟更娶妻生象瞽叟愛後妻子常欲殺舜舜避帝位封弟象爲諸侯孟子曰象至不仁封諸有鼻仁人之於其弟也不藏怒焉不宿怨焉親愛之而已矣鼻國在永州營道縣北今猶謂之鼻亭集解惠棟曰邱光庭云案虞書傲是不恭之稱非兩字名棟案傲不必象名而可兼稱也今整勒士馬瞻望鵠立又與尚書諫之並不從魏氏春秋載表遺尚書曰知變起辛郭禍結同生追閼伯實沈之蹤忘常棣死喪之義親尋干戈僵尸流血聞之哽咽若存若亡昔軒轅有涿鹿之戰周公有商奄之師皆所以翦除穢害而定王業非強弱之爭喜怒之忿也故雖滅親不尤誅兄不傷今二君初承洪業纂繼前軌進有國家傾危之慮退有先公遺恨之負當唯曹是務唯國是康何者金木水火剛柔相濟然後克得其和能爲人用今青州天性峭急迷於曲直仁君度數弘廣綽然有餘當以大苞小以優容劣先除曹操以卒先公之恨事定之後乃

議曲直之訐不亦善乎若留神遠圖剋己復禮當振旅長驅共奬王室若迷而不返遵而無改則胡夷將有誚讓之言況我同盟復能勠力仁君之役哉此韓盧東郭自困於前而遺田父之獲者也憤躍鶴望冀聞和同之聲若其泰也則袁族其與漢升降乎如其否也則同盟永無望矣表二書並見王粲傳集解惠棟曰注唯曹是務曹眾也魏氏春秋作義王粲集云唯曹氏是務此後人妄加也王補曰表與尚書詳見章樵注本古文苑十韓无咎本無之其書七百七十九字章懷注及魏志紹傳注所引魏氏春秋僅錄其半且互有刪節蜀志孫乾傳乾爲先主使袁紹與劉表皆如意指後表與袁尚書說其兄弟分爭之變曰昔與劉左將軍孫公祐共論此事未嘗不痛心入骨相爲悲傷也觀此則紹以偏愛致敗表所深惜又不能取以自鑒廢長立愛卒喪荆州哀哉曹操遂還救譚十月至黎陽尚聞操度河乃釋平原還鄴尚將呂曠高翔畔歸曹氏集解惠棟曰魏志云東平呂曠呂翔譚復陰刻將軍印以假曠翔操知譚詐乃以子整娉譚女以安之魏志曰整建安二十二年封郿侯二十三年薨無子黃初二年追進爵諡曰戴公而引軍還集解通鑑胡注操本有伐尚因而取譚之心況復有誘曠翔之事乎聘其女爲子婦以安之所謂將欲取之必姑與之也九年三月尚使審配守鄴集解惠棟曰魏志云使審配蘇由守鄴復攻譚於平原配獻書於譚曰配聞良藥苦口而利於病忠言逆耳而

便於行孔子家語曰忠言逆耳而利於行願將軍緩心抑怒終省愚辭蓋春秋之義國君死社稷忠臣死君命左傳晏嬰曰君爲社稷死則死之爲社稷亡則亡之又晉解楊曰受命以出有死無隕死而成命臣之祿也苟圖危宗廟剝亂國家親疏一也左傳曰天實剝亂也是以周公垂涕以斃管蔡之獄左傳曰鄭子太叔曰周公殺管叔放蔡叔夫豈不愛王室故也集解惠棟曰斃當作弊斷也或作蔽義同季友歔欷而行叔牙之誅公羊傳曰公子牙卒何以不稱弟殺也爲季子諱殺也莊公病叔牙曰魯一生一及君以知之慶父存也季子曰夫何敢是將爲亂和藥而飲之曰公子從吾言而飲此則可以無爲天下戮笑必有後於魯國誅不避兄弟君臣之義也集解劉攽曰注慶父存也案公羊云慶父也存何則義重人輕事不獲已故也昔先公廢黜將軍以續賢兄立我將軍以爲嫡嗣上告祖靈下書諜海內遠近誰不備聞何意凶臣郭圖妄畫蛇足戰國策曰楚有祠者賜其舍人酒一卮相謂曰數人飲之不足一人飲之有餘請各畫地爲蛇先成者飲酒一人蛇先成引酒且飲乃左手持酒右手畫蛇曰吾能爲之足未成一人蛇成奪其卮曰蛇固無足子安能爲足遂飲酒爲蛇足者終亡其酒曲辭諂媚交亂懿親至令將軍忘孝友之仁襲閼沈之迹放兵鈔

突屠城殺吏冤魂痛於幽冥創痍被於草棘又乃圖獲鄴城許賞賜秦胡其財物婦女預有分數又云孤雖有老母趣使身體完具而已聞此言者莫不悼心揮涕使太夫人憂哀憤隔我州君臣監寐悲歎誠拱默以聽執事之圖則懼違春秋死命之節詒太夫人不測之患損先公不世之業我將軍辭不獲命以及館陶之役詒遺也不世猶言非常也獻帝春秋曰譚尚遂尋干戈以相征討譚軍不利保于平原尚乃軍于館陶譚擊之敗尚走保險譚追攻之尚設奇伏大破譚軍僵屍流血不可勝計譚走還平原伏惟將軍至孝蒸蒸發於岐嶷友于之性生於自然集解惠棟曰古文論語云孝于惟孝友于兄弟後人據僞尚書改爲乎章之以聰明行之以敏達覽古今之舉措覩興敗之徵符輕榮財於糞土貴名高於巨岳何意奄然迷沈墮賢哲之操墮音許規反集解惠棟曰廣雅云奄忽也積怨肆忿取破家之禍翹企延頸待望讐敵委慈親於虎狼之牙以逞一朝之志豈不痛哉若乃天啟尊心革圖易慮則我將軍匍匐悲號

於將軍股掌之上配等亦當敷躬布體以聽斧鑕之刑如又不悛禍將及之願熟詳吉凶以賜環玦孫卿子曰絕人以玦反人以環譚不納集解裴松之曰典略云譚得書悵然登城而泣既劫于郭圖亦以兵鋒累交遂戰不解曹操因此進攻鄴審配將馮札爲內應開突門內操兵三百餘人墨子備突篇曰城百步一突門突門用車兩輪以木束之塗其上維置突門內度門廣狹之令人入門四尺中置窒突門旁爲槖充竈狀又置艾寇即入下輪而塞之鼓槖薰之也集解陳景雲曰札當作禮古禮字也魏志作禮錢大昕曰闞本作馮禮先謙曰官本篇作篇是配覺之從城上以大石擊門門閉入者皆死操乃鑿塹圍城周回四十里初令淺示若可越配望見笑而不出爭利操一夜濬之廣深二丈引漳水以灌之自五月至八月城中餓死者過半尚聞鄴急將軍萬餘人還救城操逆擊破之尚走依曲漳爲營漳水之曲操復圍之未合尚懼遣陰夔陳琳求降不聽尚還走藍口相州安楊縣界有藍嵯山與鄴相近蓋藍山之口集解先謙曰官本楊作陽是操復進急圍之尚將馬延等臨陣降集解惠棟曰魏志云馬延張顗等眾大潰

尚奔中山盡收其輜重得尚印綬節鉞及衣服以示城中〔集解〕惠棟曰魏武帝上事云臣前上言逆賊袁尚還卽厲精銳討之今尚人徒震蕩部曲喪守引兵遁亡臣軍被堅執銳朱旗震耀虎士雷譟望旗眩精聞聲喪氣投戈散甲翕然沮壞尚單騎逃走捐弃僞節鉞鈇大將軍邟鄉侯印各一枚兜鍪萬九千六百二十枚其矛楯弓戟不可勝數城中崩沮審配令士卒曰堅守死戰操軍疲矣幽州方至何憂無主操出行圍配伏弩射之幾中幾音祈中音竹用反以其兄子榮爲東門校尉榮夜開門內操兵配拒戰城中生獲配操謂配曰吾近行圍弩何多也配曰猶恨其少操曰卿忠於袁氏亦自不得不爾意欲活之配意氣壯烈終無撓辭見者莫不歎息遂斬之先賢行狀曰是日先縛配將詣帳下辛毗等逆以馬鞭擊其頭罵之曰奴汝今日眞死矣配顧曰狗輩由汝曹破冀州恨不得殺汝太祖既有意活配配無撓辭辛毗等號哭不已乃殺之〔集解〕通鑑胡注袁紹下士能盡死以效節者審配一人而已惠棟曰法言云越興亢眉終無撓辭撓女教反案先賢行狀云配忿辛郭壞敗冀州遣人馳詣鄴獄指殺仲治家仲治辛評字毗之兄全尚母妻子還其財寶高幹以并州降復爲刺史曹操之圍鄴也譚復背之因略

取甘陵安平勃海河間攻尚於中山尚敗走故安從熙而譚悉收其衆還屯龍湊十二月曹操討譚軍其門譚夜遁走南皮臨清河而屯明年正月急攻之譚欲出戰軍未合而破譚被髮驅馳追者意非恆人趨奔之趨音促譚墮馬顧曰咄兒過我我能富貴汝言未絕口頭已斷地於是斬郭圖等戮其妻子熙尚爲其將焦觸張南所攻奔遼西烏桓觸自號幽州刺史驅率諸郡太守令長背袁向曹陳兵數萬殺白馬盟令曰違者斬衆莫敢仰視各以次歃至別駕代郡韓珩珩音行曰吾受袁公父子厚恩今其破亡智不能救勇不能死於義闕矣若乃北面曹氏所不能爲也一坐爲珩失色觸曰夫舉大事當立大義事之濟否不待一人可卒珩志以厲事君先賢行狀曰珩字子佩代郡人清粹有雅量少喪父母奉養兄姊宗族稱弟也曹操聞珩節甚高之屢辟不至卒於家高幹復叛執上黨太守舉兵守壺口關潞州上黨縣有壺山口因其險而置關焉十一年曹操自征幹幹乃留其將守城〔集解〕惠棟曰魏志云幹留其將夏昭鄧升守城自詣匈奴求救不得獨與數騎亡欲南奔荊州上洛都尉捕斬之典論曰上洛都尉王琰獲高幹以功封侯其妻哭於室以爲琰富貴將更娶妾媵故也十二年曹操征遼西擊烏桓尚熙與烏桓逆操軍戰敗走乃與親兵數千人奔公孫康於遼東尚有勇力先與熙謀曰今到遼東康必見我我獨爲兄手擊之且據其郡猶可以自廣也康亦心規取尚以爲功乃先置精勇於廄中然後請尚熙熙疑不欲進尚彊之遂與俱入未及坐康叱伏兵禽之坐於凍地尚謂康曰未死之間寒不可忍可相與席康曰卿頭顱方行萬里何席之爲遂斬首送之康遼東人父度〔集解〕惠棟曰魏志云度字升濟初避吏爲玄菟小吏稍仕〔集解〕劉攽曰玄菟案郡名皆作菟惠棟曰度建寧三年以對策除郎中見謝弼傳中平元年還爲本郡守在職敢殺伐郡中名豪與己夙無恩者遂誅滅百餘家因東擊高句驪西攻烏桓威行

海畔時王室方亂度恃其地遠陰獨懷幸會襄平社生大石丈餘下有三小石爲足度以爲己瑞襄平縣屬遼東郡故城在今平州盧龍縣西南魏志曰時襄平延里社生大石或謂度曰此漢宣帝冠石祥也里名與先君同社主土地明當有土地有三公輔也度益喜初平元年乃分遼東爲遼西中遼郡並置太守越海收東萊諸縣爲營州刺史爲猶置也自立爲遼東侯平州牧追封父延爲建義侯立漢二祖廟承制設壇墠於襄平城南郊祀天地藉田理兵乘鸞輅九旒旄頭羽騎建安九年司空曹操表爲奮威將軍封永寧鄉侯度死康嗣故遂據遼土焉〔集解〕惠棟曰康後事皆詳魏志

劉表字景升山陽高平人魯恭王之後也恭王景帝子名餘身長八尺餘姿貌溫偉與同郡張儉等俱被訕議號爲八顧〔集解〕杭世駿曰案黨錮傳表儉二人列於八及前後不同惠棟曰黨錮傳云張儉鄉人朱並告儉與同鄉二十四人別相署號共爲部黨以儉及檀彬等爲八俊田林張隱劉表等爲八顧刻石立墠共爲部黨也詔書捕案黨人表亡走得免黨禁解辟大將

軍何進稼初平元年長沙太守孫堅殺荊州刺史王叡王氏譜曰叡字通耀晉太保祥之伯父也吳錄曰叡見執驚曰我何罪堅曰坐無所知叡窮迫刮金飲之而死詔書㠯表爲荊州刺史集解惠棟曰鎭南碑云辟大將軍府遷北軍中候在位十旬以賢能特遷拜刺史時江南宗賊大盛宗黨共爲賊集解何焯曰宗當與巴賨之賨同義南蠻號也惠棟曰吳志注引江表傳云鄱陽民帥別立宗部又云海昏縣有五六千家相結聚作宗伍蓋漢末喪亂人民結聚劫略郡縣自下言之謂之宗部宗伍自上言之謂之宗賊不必皆南蠻賊也何說未審又袁術阻兵屯魯陽表不能得至乃單馬入宜城宜城縣屬南郡本鄀惠帝三年改名宜城請南郡人蒯越襄陽人蔡瑁與共謀畫傅子曰越字異度魏太祖平荊州與荀彧書曰不喜得荊州喜得異度耳集解惠棟曰司馬彪戰略云延中廬人蒯良蒯越良字子柔也又襄陽耆舊傳云瑁字德珪性豪自喜少爲魏武所親蔡諷小女爲劉表後婦瑁之姊也表謂越曰宗賊雖盛而眾不附若袁術因之禍必至矣吾欲徵兵恐不能集其策焉出對曰理平者先仁義理亂者先權謀兵不在多貴乎得人袁術驕而無謀宗賊率多貪暴越有所素養者使人示之㠯利必持眾來使君誅其無道施其

才用威德既行襁負而至矣兵集眾附南據江陵北守襄陽荊州八郡漢官儀曰荊州管長沙零陵桂陽南陽江陵武陵南郡章陵等是也集解洪亮吉曰案諸地志皆不言章陵郡何時所置惟禰衡傳黃祖長子射爲章陵太守魏志趙儼傳太祖征荊州以儼領章陵太守劉表傳注引傅子言蒯越拜章陵太守事又在射儼前疑郡亦建安時所立也又江陵應作江夏表傳凡言江夏者三官儀作江陵誤蘇輿曰南郡鄀雎翻仲蹟改可傳檄而定公路雖至無能爲也表曰善乃使越遣人誘宗賊帥至者十五人皆斬之而襲取其眾集解惠棟曰戰略云五十五人唯江夏賊張虎陳坐集解官本考證曰何焯校本坐改生惠棟曰戰略作陳生擁兵據襄陽城表使越與龐季往譬之乃降江南悉平諸守令聞表威名多解印綬去集解惠棟曰謂長沙太守蘇代華容長貝羽等也見戰略表遂理兵襄陽㠯觀時變袁術與其從兄紹有隙而紹與表相結故術共孫堅合從襲表表敗堅遂圍襄陽會表將黃祖救至堅爲流箭所中死餘眾退走典略曰劉表夜遣將黃祖潛出兵堅逆與戰祖敗走竄峴山中堅乘勝夜追祖祖部兵從竹木間射堅殺之英雄記劉表將呂介將兵緣山向堅堅輕騎尋山討介介下兵射中堅頭應時物故與此不同

及李傕等入長安冬表遣使奉貢傕㠯表爲鎭南將軍荊州牧集解惠棟曰鎭南碑云遣御史中丞鍾繇即拜鎭南將軍錫鼓吹大車策命褒崇謂之伯父置長史司馬從事中郎開府辟召儀如三公復遣左中郎將祝融援節以增威重并督揚交二州棟案鎭南表先拜安南將軍也封成武侯假節㠯爲己援建安元年驃騎將軍張濟自關中走南陽因攻穰城中飛矢而死荊州官屬皆賀表曰濟㠯窮來主人無禮至於交鋒此非牧意牧受弔不受賀也使人納其眾眾聞之喜遂皆服從獻帝春秋曰濟引眾入荊州賈詡隨之歸劉表襄陽城守不受濟因攻之爲流矢所中濟從子繡收眾而退劉表自責以爲己無賓主禮遣使招繡繡遂屯襄陽爲表北藩三年長沙太守張羨率零陵桂陽三郡畔表表遣兵攻圍破羨平之英雄記曰張羨南陽人先作零陵桂陽守甚得江湘間心然性屈彊不順表薄其爲人不甚禮也羨因是懷恨遂畔表集解周壽昌曰案魏志云表圍之連年不下羨病死長沙復立其子懌表遂攻并懌是表未能破羨至張懌時始能平之耳與此傳異於是開土遂廣南接五嶺裴氏廣州記云大庾始安臨賀桂陽揭陽是謂五嶺鄧德明南康記曰大庾一也桂陽甲騎二也九眞都龐三也臨賀萌渚四也始安越城五也北據漢川地方數千里帶

甲十餘萬初荊州人情好擾加四方駭震寇賊相扇處處麋沸表招誘有方威懷兼洽其姦猾宿賊更爲效用萬里肅清大小咸悅而服之關西兗豫學士歸者蓋有千數表安慰賑贍皆得資全遂起立學校集解惠棟曰王粲荊州文學記云荊州牧劉君命五等從事宋衷所作文學延朋徒焉宣德音以贊之降嘉禮以勸之五載之間道化大行耆德故老綦母闓等負書荷器自遠而至者三百有餘人鎭南碑曰武功既亢廣開雍泮設俎豆陳罍彝親行鄉射躋彼公堂篤志好學吏子弟受祿之徒蓋以千數洪生巨儒朝夕講論誾誾如也博求儒術綦母闓宋忠等闓音開集解惠棟曰經典序錄云宋衷字仲子南陽章陵人荊州五等從事衷與忠通撰立五經章句謂之後定集解惠棟曰鎭南碑云君深愍末學遠本離直乃令諸儒改定五經章句刪劉浮辭芟除煩重贊之者用日少而探微知機者又求遺書寫還新者留其本故於是古典畢集充於州閭經籍志云劉表周易章句五卷梁有宋忠注周易十卷愛民養士從容自保及曹操與袁紹相持於官度紹遣人求助表許之不至亦不援曹操且欲觀天下之變從事中郎南陽韓嵩先賢行狀曰嵩字德高義陽人少好學貧不改操別駕劉先說表零陵先賢傳曰先字始宗博學強記尤好黃老

明習漢家典故曰：今豪傑並爭，兩雄相持，天下之重在於將軍。若欲有爲，起乘其敝可也；如其不然，固將擇所宜從。豈可擁甲十萬，坐觀成敗，求援而不能助，見賢而不肯歸！此兩怨必集於將軍，恐不得中立矣。曹操善用兵，且賢俊多歸之，其埶必舉袁紹，然後移兵以向江漢，恐將軍不能禦也。今之勝計，莫若舉荊州以附曹操，操必重德將軍，長享福祚，垂之後嗣，此萬全之策也。蒯越亦勸之。表狐疑不斷，乃遣嵩詣操，觀望虛實。謂嵩曰：今天下未知所定，而曹操擁天子都許，君爲我觀其釁。嵩對曰：嵩觀曹公之明，必得志於天下。將軍若欲歸之，使嵩可也；如其猶豫，嵩至京師，天子假嵩一職，不獲辭命，則成天子之臣，將軍之故吏耳。在君爲君，不復爲將軍死也。惟加重思。表以爲憚使，彊之。至許，果拜嵩侍中，零陵太守。及還，盛稱朝廷曹操之德，勸遣子入侍。表大怒，以爲懷貳，陳兵詬嵩，將

斬之。詬，罵也。【集解】惠棟曰：陳兵注見董卓傳。嵩不爲動容，徐陳臨行之言。表妻蔡氏知嵩賢，諫止之。表猶怒，乃考殺從行者。知無它意，但囚嵩而已。傅子曰：表妻蔡氏諫之曰：韓嵩，楚國之望；且其言直，誅之無辭。表乃不誅而囚之。

六年，劉備自袁紹奔荊州，表厚相待結而不能用也。十三年，曹操自將征表，未至，八月，表疽發背卒。代語曰：表死後八十餘年，晉太康中，冢見發。表及妻身形如生，芬香聞數里。【集解】惠棟曰：鎮南碑云年六十有七。從征記云：表家在高平郡，表子琮擣四方珍香數十石，著棺中。永嘉中，郡人衞熙發其墓，見表貌如生，香聞數十里。熙懼，不敢犯。在荊州幾二十年，家無餘積。

二子：琦、琮。表初以琦貌類於己，甚愛之，後爲琮娶其後妻蔡氏之姪，蔡氏遂愛琮而惡琦，毀譽之言日聞於表。表寵耽後妻，每信受焉。又妻弟蔡瑁及外甥張允並得幸於表，又睦於琮。【集解】惠棟曰：魏文帝典論云：蔡氏稱美於內，允瑁嘆德於外，日月以之，而琦益疏。而琦不自寧，嘗與琅邪人諸葛亮謀自安之術。亮初不對。後乃共升高樓，因令去梯，謂亮曰：今日上不至天，下不至地，言出子口而入吾耳，可以言未？亮曰：君不見申生在內而危，重耳居外而安乎？申生，晉獻公之太子，爲驪姬所譖，乃自縊死。重耳，申生之弟，懼驪姬之讒，出奔。獻公卒，重耳入，是爲文公，遂爲霸主。見左氏傳。琦意感悟，陰規出計。會表將江夏太守黃祖爲孫權所殺，琦遂求代其任。

及表病甚，琦歸省疾。素慈孝，允等恐其見表而父子相感，更有託後之意，乃謂琦曰：將軍命君撫臨江夏，其任至重。今釋眾擅來，必見譴怒，傷親之歡，重增其疾，非孝敬之道也。遂遏於戶外，使不得見。琦流涕而去，之眾聞而傷焉。遂以琮爲嗣。琮以侯印授琦，琦怒投之地，將因奔喪作難。會曹操軍至新野，琦走江南。【集解】通鑑胡注：案先主敗於當陽，濟沔與琦會，然後俱到夏口，琦奔江南在劉琮降後，史究其終言之。

蒯越、韓嵩及東曹掾傅巽等說琮歸降。傅子曰：巽字公悌，瓌瑋博達，有知人鑒識。【集解】劉攽曰：正文蒯越、韓嵩及東曹掾傅巽，下文云釋嵩之囚，則此時嵩方見囚，何得有說？明多韓嵩二字。若嵩有說，亦當見封也。官本考證曰：日知錄云：是表卒之後，琮已赦嵩而出之矣。下文云操至乃釋嵩之囚，此史家欲歸美於操，而不顧上下文之相戾也。何焯曰：魏志云知嵩無他意乃止，是則嵩未嘗見囚，實勸琮降也。封者十

五人，焉知嵩不在其中？范書兼採傅子弗誅而囚之說，後又補釋嵩之囚一語，而仍陳氏越、嵩及東曹掾云，乃不覺違反也。韓嵩二字宜存而論之。琮曰：今與諸君據全楚之地，守先君之業，以觀天下，何爲不可？巽曰：逆順有大體，強弱有定埶。以人臣而拒人主，逆道也；以新造之楚而禦中國，必危也；以劉備而敵曹公，不當也。【集解】通鑑胡注：當如字，言不敵也。三者皆短，欲以抗王師之鋒，必亡之道也。將軍自料何與劉備？琮曰：不若也。巽曰：誠以劉備不足禦曹公，則雖全楚不能以自存也；誠以劉備足禦曹公，則備不爲將軍下也。願將軍勿疑。

及操軍到襄陽，琮舉州請降，劉備奔夏口。夏口城，今之鄂州也。左傳吳伐楚，楚沈尹戌奔命於夏汭。杜預注曰：漢水入口，今夏口也。【集解】劉攽曰：注漢水入口，案口當作江。操以琮爲青州刺史，封列侯。蒯越等侯者十五人。乃釋嵩之囚，【集解】劉攽曰：案韓嵩事在上，去此甚遠，不可少韓字也。周壽昌曰：此因嵩與蒯越牽連書之，故不書姓，益證傳前本有韓嵩在內，不可去。以其名重，甚加禮待，使條品州人優劣，皆擢而用之。以嵩爲大鴻臚，以交友禮待之。蒯越光

祿勳劉先尚書令集解惠棟曰先魏志作先郎上別駕劉先也零陵先賢傳云荊州平先始爲漢尚書後爲魏國尚書令初表之結袁紹也侍中從事鄧義諫不聽集解惠棟曰魏志作義裴松之云義章陵人陳景雲曰侍中當作治中因下有侍中之文而誤錢大昕曰章懷諱治爲持此治中改持中校書者妄易爲侍耳義以疾退終表世不仕操以爲侍中其餘多至大官操後敗於赤壁赤壁山名也在今鄂州蒲圻縣劉備表琦爲荊州刺史明年卒

論曰袁紹初以豪俠得衆遂懷雄霸之圖天下勝兵舉旗者莫不假以爲名及臨場決敵則悍夫爭命悍勇也深籌高議則志士傾心盛哉乎其所資也韓非曰很剛而不和愎過而好勝嫡子輕而庶子重斯之謂亡徵韓非亡徵篇曰很剛而不和愎諫而好勝不顧社稷而輕爲信者可亡也又曰太子輕庶子伉可亡也又曰太子卑而庶子尊可亡也劉表道不相越而欲臥收天運擬蹤三分其猶木禺之於人也言其如刻木爲人無所知也前書有木禺龍一音義曰禺寄也寄龍形於木

贊曰紹姿弘雅表亦長者稱雄河外擅强南夏魚儷漢舳雲屯冀

馬魚儷猶相次比也左傳曰奉公爲魚儷之陳前書音義曰舳船後持柂處也左傳曰冀之北土馬之所生闚圖訊鼎禋天類社闚圖謂若劉歆圖書改名秀訊鼎謂楚子問王孫滿鼎輕重也國語曰精意以享謂之禋爾雅曰是類是禡師祭也社者陰類將興師故祭之集解何焯曰闚圖謂紹以耿包白事示僚屬也劉表郊祀天地事在孔融傳王補曰荊州牧劉表不供職貢多行僭僞遂乃郊祀天地擬斥乘輿事見本書孔融傳而表傳略不之載僅贊中以禋天類社一語𧦝之此史法所謂互文見義也注泛引國語爾雅而不及此疏矣既云天工亦資人亮工者官也亮信也尚書曰天工人其代之又曰惟時亮天工矜彊少成坐談奚望九州春秋曰曹公征烏桓諸將曰今深入遠征萬一劉表使劉備襲許悔無及也郭嘉曰劉表坐談客耳自知才不足以禦備重任之則恐不能制輕之則備不爲用雖違國遠征無憂矣公遂征之回皇冢嬖身頹業喪冢嫡也嬖愛也集解王補曰蔚宗列袁術於劉焉呂布之間而以劉表與袁紹合傳蓋以紹雄幽冀表據荊湘謂可齮齕曹瞞摧其逆謀也此與嵩儁合傳同爲史法所在而皆以偏愛喪業覆轍相循贊末數語垂戒深矣

袁紹劉表列傳第六十四下　終　　後漢書七十四下

後漢書集解卷七十四下校補

袁紹劉表列傳第六十四下注紹子譚案范書本袁劉合傳小題自應袁紹劉表並舉注於譚亦應別爲紹子蓋舊題本如此至上卷小題無劉表注亦但云子譚乃分卷改題之失卷雖可分上下題固不容改也

袁紹傳下譚敗乃引兵還南皮注南皮今滄州縣也今天津府南皮縣東北八里

或欲以成王業注若周公誅管蔡之類官本注若誤昔

未有棄親即異兀其本根而能全於長世者也案於字誤當作族左傳保族宜家令聞長世魏志注引魏氏春秋作未有棄親即異拔其本根而能崇業濟功垂祚後世者也

忠臣死君命注又晉解揚曰官本注無又字

何意凶臣郭圖錢大昭曰郭圖魏志注作逢紀案逢紀審配與尚比辛評郭圖與譚比當從魏志注作逢紀今案錢說誤也據魏志紹傳注引漢晉春秋載審配獻書於譚其辭多於范氏所載書之後半辭意尤與范書所載有異范書伏惟將軍以下全是慰勉解釋之辭與劉表書意大同然尚方攻譚配果欲譚尚釋爭當以書止尚乃不阻尚之往攻而反獻書於譚

勸譚無爭此何理乎及觀漢晉春秋所載配書謂先公謂將軍爲兄子將軍謂先公爲叔父先公即世之日我將軍斬衰居廬而將軍齋于堊室出入之分於斯益明何圖凶險讒慝之人造飾無端誘導姦利至令將軍翻然改圖誣先公廢立之言違近者在喪之位悖綱紀之理不顧順逆之節橫易冀州之主欲當先公之繼凡此至係罪狀袁譚末又云若必不悛有以國斃圖頭不懸軍不旋踵則配之書明是爲尚檄譚令其誅郭圖以謝罪故於尚之往攻先獻此書也范氏加以刪改用意自別有在其以凶臣爲郭圖則范書必不誤志注或誤也且逢紀與配同輔袁尚晚更親善爲譚所殺死非其罪配何至反斥爲凶臣又聞尚於譚使譚先攻尚者本爲郭圖觀配書末欲得圖頭蓋知與紀無涉惟志注於交亂懿親下云將軍奮赫然之怒誅不旋時將軍亦奉命承旨加以淫刑此則不知其辭何指兩言將軍既嫌無別奉命承旨又曰淫刑亦不可通疑皆有脫誤

貴名高於邱岳錢大昭曰閩本高作位案官本高亦作位

譚夜遁走南皮官本走作奔案奔者逃亡之辭譚時尚有軍作奔非

上洛都尉捕斬之注典論曰錢大昭曰魏志注引此作典略

會襄平社生大石丈餘注襄平縣屬遼東郡故城在今平州盧龍縣西南今奉天府遼陽州北七十里

劉表傳荊州八郡集解洪亮吉曰 至 官儀作江陵誤 案續志劉注引獻帝起居注曰建安十八年三月庚寅省州并郡復禹貢之九州荊州得交州之蒼梧南海九眞交趾日南與其舊所部南陽章陵南郡江夏武陵長沙零陵貴陽凡十三郡據此則官儀江陵確爲江夏之誤而章陵亦舊郡也疑光武改舂陵爲章陵縣後車駕屢幸親祠園陵嘗升爲郡旋又并省桓靈時因而復置傕氾亂長安圖籍盡亡遂無可徵也觀表於初平元年至荊州蒯越卽云荊州八郡已數章陵矣安得云郡爲建安時立乎續志斷自孝順故荊州仍止七郡

堅爲流箭所中死注英雄記劉表將呂介將兵緣山向堅堅輕騎尋山討介介下兵射中堅頭應時物故 案吳志注引英雄記介作公介下兵射中堅頭作公兵下石中堅頭應時下多腦出二字

不獲辭命 劉攽曰案文當云辭不獲命

表疽發背卒注代語曰 錢大昭曰代語卽世語郭頒所撰頒晉襄陽令隋經籍志作魏晉世語唐人避諱改

芬香聞數里 官本注末有也字

集解惠棟曰 至 熙懼不敢犯 柳從辰曰劉表墓水經注謂在襄陽太康中爲人所發香聞三四里與章懷注所引世語大同鎭南碑謂在高平永嘉中郡人衞熙發其墓香聞數十里惠氏亦取其說入補注一統志遂兩存之從辰以爲表卒荊州襄陽漢縣屬南郡魏屬襄陽郡今襄陽府首縣一統志載表墓在縣東此本荊州地於理可信也高平漢縣屬安定郡晉屬高平郡今平涼府固原州一統志亦載表墓在州西此距荊襄千數百里琮何以能葬表及表妻於此傳會無理不解惠氏何反舍水經注而引之今案章懷注本有兼存異說之例惠氏以從征記詳著香之由來及發墓者之姓名故特取之搜神記載表前妻死在建安八九年間魏志載表卒在建安十三年八月琮九月卽降表前妻原葬何所不可知後妻猶存表時卒未久操兵已逼襄陽擣香而葬當然不在是時琮以娶於蔡氏見愛後母而與兄琦固同爲表前妻子與表合葬亦未知爲前妻抑爲後妻也如爲前妻則是琮求還荊州後遷改合葬宜在襄陽如爲後妻則先主得荊州琮與蔡旂以降操故不自安或表柩尚未葬載之出走遠至高平及後母卒遂合葬焉亦事所偶有者要之襄陽高平必皆有表一妻墓在故至一事兩傳也

二子琦琮 侯康曰表尚有子名修字季緒官至東安太守見魏志陳思王傳注引虞摯文章志子建所謂劉季緒才不能逮於作者而好詆訶文章掎摭利病卽其人也

明年卒 柳從辰曰一統志琦墓在今漢陽縣東水經注魯山縣中有琦墓

其猶木禺之於人也注前書有木禺龍一 柳從辰曰木禺龍史記封禪書索隱注禺音偶

前書郊祀志今本字皆作寓不作禺也案段玉裁說文解字注云偶者寓也寓於木之人也字亦作寓亦作禺同音假借是禺可借作偶寓讀偶讀寓義本並通惟傳言猶木禺之於人本謂猶木寓形於人仍以從章懷說爲長

坐談奚望注萬一劉表使劉備襲許 官本注備上無劉字

宋　宣　城　太　守　范　曄　撰

唐　章　懷　太　子　賢　注

王先謙集解

劉焉字君郎江夏竟陵人也竟陵今復州縣魯恭王後也恭王景帝子名餘肅宗時徙竟陵焉少任州郡以宗室拜郎中去官〔集解〕惠棟曰蜀志云以師祝公喪去官裴松之云司徒祝恬居陽城山精學教授舉賢良方正稍遷南陽太守宗正太常時靈帝政化衰缺四方兵寇焉以爲刺史威輕既不能禁且用非其人輒增暴亂乃建議改置牧伯〔集解〕王鳴盛曰案此事在中平五年酷吏樊仲華傳仲華當光武時而傳言拜揚州牧此追言之不必泥蘇輿曰百官志武帝初置刺史成帝更爲牧建武十八年復爲刺史樊曄遷牧正在建武初年儒林歐陽歙傳云建武五年坐事免明年拜揚州牧史文並非追書王說失攷鎭安方夏淸選重臣以居其任焉乃陰求爲交阯以避時難議未卽行會益州刺史郤儉〔集解〕惠棟曰蜀志作郤在政煩擾謠言遠聞而并州刺史張懿〔集解〕錢大昕曰蜀志劉二牧傳作張益惠棟曰一作壹先謙曰懿改作壹或作益避晉諱也涼州刺史耿鄙並爲寇賊所害故焉議得用出焉爲監軍使者領益州牧前書任安爲監北軍使者太僕黃琬爲豫州牧宗正劉虞爲幽州牧皆以本秩居職州任之重自此而始是時益州賊馬相亦自號黃巾合聚疲役之民數千人先殺綿竹令綿竹故城在今益州綿竹縣東〔集解〕惠棟曰華陽國志云縣令李升進攻雒縣今益州雒縣殺郤儉〔集解〕惠棟曰華陽國志云中元二年涼州黃巾逆賊馬相趙祗等聚衆緜竹募疲役之民一二日得數千人遣王饒趙播等進攻雒城殺刺史儉儉從事史燕邠宋元侯使在葭萌與從事董馥張肖同行聞故哀慟說馥肖赴難二子不可邠歎曰使君已死用生何爲獨死之焉嘉之爲圖象學宮誅馥等又擊蜀郡犍爲旬月之間破壞三郡綿竹及雒屬廣漢郡及蜀郡犍爲郡〔集解〕先謙曰官本及作并馬相自稱天子衆至十餘萬人遣兵破巴郡殺郡守趙部州從事賈龍先領兵數百人在犍爲遂糾合吏人攻相破之龍乃遣吏卒迎焉焉到以龍爲校尉徙居綿竹龍

撫納離叛務存寬惠而陰圖異計沛人張魯母有姿色兼挾鬼道往來焉家遂任魯以爲督義司馬〔集解〕惠棟曰洪适云劉焉在蜀創置督義司馬助義褒金校尉先謙曰案劉表在荆亦置綏民校尉漢衰諸侯擅命率意各置官屬遂與別部司馬張脩〔集解〕劉攽曰案文多下一遂字將兵掩殺漢中太守蘇固〔集解〕惠棟曰華陽國志云固扶風人張脩攻固固成固人陳調素遊俠學兵法固以爲門下掾說固守扞禦寇之術固不能用踰牆走投南鄭趙嵩嵩將俱逃賊盛固遣嵩求隱避處嵩未還固令鈴下偵賊賊得鈴下遂殺固嵩痛憤仗劒直入調亦聚其賓客百餘人攻脩戰死魯遂有漢中數害漢使調字元化仲卿孫嵩字伯高斷絕斜谷殺使者魯既得漢中遂復殺張脩而并其衆焉欲立威刑以自尊大乃託以它事殺州中豪彊十餘人蜀志曰殺王咸李權等〔集解〕惠棟曰注王咸蜀志作王威士民皆怨初平二年犍爲太守任岐及賈龍並反攻焉焉擊破皆殺之〔集解〕惠棟曰英雄記云岐龍皆蜀人自此意氣漸盛遂造作乘輿車重千餘乘重輜重也焉四子範爲左中郎將誕治書御史璋奉車都尉蜀志曰璋字季玉並從獻帝在長安唯別部司馬瑁隨焉在益州〔集解〕惠棟曰華陽國志云焉聞相者陳留吳懿妹當大貴爲瑁聘之故陳壽劉焉傳評云聽相者之言則求婚吳氏是也朝廷使璋曉譬焉焉留璋不復遣興平元年征西將軍馬騰與範謀誅李傕焉遣叟兵五千助之戰敗漢世謂蜀爲叟孔安國注尚書云蜀叟也〔集解〕官本考證曰孔穎達尚書疏云叟者蜀夷之別名漢世不卽謂蜀爲叟也光武紀中注引常璩華陽國志云武帝元封二年叟夷反將軍郭昌討平之因開爲益州郡是蜀人謂其西南勞深靡莫諸夷爲叟乃今雲南地也惠棟曰英雄記云焉使校尉孫肇將軍往助之敗於長安華陽國志云夷人大種曰昆小種曰叟皆曲頭木耳環鐵裹結範及誕並見殺焉既痛二子又遇天火燒其城府車重延及民家館邑無餘於是徙居成都遂發疽背卒說文曰疽久癰州大吏趙韙等〔集解〕惠棟曰案華陽國志韙及治中從事王商也蜀志韙巴西人貪璋溫仁立爲刺史詔書因以璋爲監軍使者領益州牧以韙爲征東中郎將先是荆州牧劉表表焉僭擬乘輿器服〔集解〕惠棟曰蜀志云劉表上焉有似子夏在西河疑聖人之論韙以此遂屯兵朐䏰備表朐音蠢䏰音如尹反屬蜀郡故城在今夔州雲安縣西初南陽三輔民數萬戶流入益州焉悉收以爲衆名曰東州兵璋性柔寬無威

略東州人侵暴爲民患不能禁制舊士頗有離怨趙韙之在巴中
甚得衆心璋委之以權韙因人情不輯輯和也乃陰結州中大姓建
安五年還共擊璋蜀郡廣漢犍爲皆反應東州人畏見誅滅乃同
心并力爲璋死戰遂破反者進攻韙於江州斬之江州縣名屬巴郡今渝州巴縣
張魯以璋闇懦不復承順璋怒殺魯母及弟集解惠棟曰華陽國志云建安五年璋殺魯母弟魯率巴夷杜濩朴胡袁約等叛爲讐敵而遣其將龐羲等攻魯數爲所破集解惠棟曰蜀志云議郎河南龐羲與焉通家華陽國志云龐羲李思等魯部曲多在巴土故以羲爲巴郡太
守魯因襲取之遂雄於巴漢十三年曹操自將征荊州璋乃遣使
致敬集解惠棟曰華陽國志云璋遣中郎將河內陰溥致敬操加璋振威將軍兄瑁平寇將
軍璋因遣別駕從事張松詣操而操不相接禮松懷恨而還勸璋
絕曹氏而結好劉備璋從之十六年璋聞曹操當遣兵向漢中討
張魯內懷恐懼松復說璋迎劉備以拒操璋卽遣法正將兵迎備

蜀志曰法正字孝直扶風郿人也祖眞字喬卿父衍字季謀璋主簿巴西黃權諫曰蜀志曰權字公衡閬中人也先主取益州諸縣望風景附權閉城堅守須璋稽服乃詣先主先主稱尊號將東伐吳權諫先主不從以權爲鎭北將軍督江北軍先主自在江南吳將陸義乘虛斷圍南軍敗績先主引退而道隔權不得還故率所領降于魏有司執法白收權妻子先主曰孤負黃權權不負孤也待之如初魏文帝謂權曰君舍逆效順欲追蹤陳韓邪權對曰臣過受劉氏厚遇降吳不可還蜀無路是以歸命且敗軍之將免死爲幸何古人之可慕劉備有梟名梟卽驍也集解惠棟曰華陽國志作驍今以部
曲遇之則不滿其心以賓客待之則一國不容二主此非自安之
道從事廣漢王累自倒懸於州門以諫璋一無所納備自江陵馳
至涪城涪城故城今綿州城集解惠棟曰裴松之音浮璋率步騎數萬與備會蜀志曰是歲建安十
六年張松勸備於會襲璋備不忍明年出屯葭萌松兄廣漢太守肅
懼禍及己乃以松謀白璋收松斬之益部耆舊傳曰張肅有威儀容貌甚偉松爲人短小放蕩不持節操然識理精果有才幹劉璋遣詣曹公公不甚禮楊修深器之白公辟松不納修以公所撰兵書示松飲宴之間一省卽便闇誦以此異之敕諸關戍勿復通備大怒還兵擊璋所在戰尅十九年進

圍成都數十日城中有精兵三萬人穀支一年集解惠棟曰蜀志云穀帛支二年
吏民咸欲拒戰璋言父子在州二十餘歲無恩德以加百姓而攻
戰三載肌膏草野者以璋故也何心能安遂開城出降羣下莫不
流涕備遷璋於公安公安今荊州縣歸其財寶後以病卒蜀志曰先主遷璋於公安南猶佩振威將軍印綬孫權破關羽取荊州以璋爲益州牧留駐秭歸明年曹操破張魯定漢中魯字
公旗集解官本考證曰魏志作公祺初祖父陵順帝時客於蜀學道鶴鳴山中山在今益州晉原縣南造作符書以惑百姓受其道者輒出米五斗故謂之米
賊陵傳子衡衡傳於魯魯遂自號師君其來學者初名爲鬼卒後
號祭酒祭酒各領部衆衆多者名曰理頭皆校以誠信不聽欺妄
有病但令首過而已魏志曰大抵與黃巾相似首音式殺反集解何焯曰理本治字避高宗名何若瑤曰西域傳注首猶服也先謙曰官本殺作救是諸祭酒各起義舍於路同之亭傳傳音陟戀反縣
置米肉以給行旅食者量腹取足過多則鬼能病之犯法者先加

三原原免也然後行刑不置長吏以祭酒爲理民夷信向典略曰初熹平中妖賊大起漢中有張脩爲太平道張角爲五斗米道太平道師持九節杖爲符祝敎病人叩頭思過因以符水飮之病或自愈者則云此人信道其或不愈則云不信道修法略與角同加施淨室使病人處其中思過又使人爲姦令祭酒主以老子五千文使都習號姦令爲鬼吏主爲病者請禱之法書病人姓字說服罪之意作三通其一上之天著山上其一埋之地其一沈之水謂之三官手書使病者家出米五斗以爲常故號五斗米師也實無益於療病小人昏愚競共事之後角被誅修亦亡及魯自在漢中因其人信行修業遂增飾之敎使起義舍以米肉置其中以止行人又使自隱小過者當循道百步則罪除又依月令春夏禁殺又禁酒流移寄在其地者不敢不奉也集解先謙曰官本考證云何焯校本于妖賊大起下增三輔有駱曜光和中東方有張角十三字漢中有張脩句下增駱曜敎民緬匿法角八字張脩爲五斗米道滅去張字改角爲脩又云案注中張脩裴松之云應是張衡非典略之失則傳寫之誤又主爲病者請禱之法何焯校本請禱下復增請禱二字又實無益於療病何焯校本于注下增但爲淫妄四字又以米置其中何焯校本米字下增肉字又使自隱其小過者何焯校本使字上增校字惠棟曰注循道百步何焯云循本治字亦避御名
朝廷不能討遂就拜魯鎭夷中郎將領漢寧太守袁山松書建安二十年置漢寧郡集解錢大昕曰案曹公破張魯在建安二十年而魯領漢寧太守乃在其前則漢寧之名由來已久大率劉焉父子所表授耳山

松書蓋據曹公破漢中之歲書之魏志建安二十年復漢寧郡爲漢中蓋得其實矣沈濤曰据魏志改漢中爲漢寧非置也且復漢中在二十年則漢寧之置必在其前袁書以爲二十年置亦誤通其貢獻韓遂馬超之亂關西民奔魯者數萬家時人有地中得玉印者集解何焯曰米道之後云自陵傳有玉印豈因魯常得之猶假以欺人耶羣下欲尊魯爲漢寧王魯功曹閻圃諫曰集解惠棟曰案華陽國志圃巴西人漢川之民戶出十萬四面險固財富土沃上匡天子則爲桓文次方竇融不失富貴今承制署置埶足斬斷遠稱王號必爲禍先魯從之魯自在漢川垂三十年聞曹操征之至陽平周地圖記曰褒谷西北有古陽平關其地在今梁州褒城縣西北欲舉漢中降其弟衞不聽率衆數萬拒關固守魏志曰太祖征魯至陽平關衞拒關堅守操破衞斬之魯聞陽平已陷將稽顙歸降閻圃諫曰今以急往其功爲輕不如且依巴中然後委質功必多也於是乃奔南山集解惠棟曰華陽國志云魯走巴中先主將迎之而閻圃說魯北降歸魏武不然西結劉備以歸之魯勃然曰甯爲曹公作奴不爲劉備上客遂委質魏武棟案魯本漢賊安肯附漢同惡相濟宜其甘心爲曹公奴也左右欲悉焚寶貨倉庫魯曰本欲歸命國家其意未遂今日之走以避鋒銳非有惡意遂封藏而去操入南鄭甚嘉之又以魯本有善意遣人慰安之魯卽與家屬出迎拜鎭南將軍封閬中侯邑萬戶閬中屬巴郡今隆州縣將還中國待以客禮封魯五子及閻圃等皆爲列侯集解周壽昌曰案曹操爲子彭祖取魯女見魏志魯卒謚曰原侯子富嗣

後漢書七十五　五

論曰劉焉覩時方艱先求後亡之所左傳曰鄭公孫黑肱有疾歸邑于公曰吾聞之生於亂代貴而能貧人無求焉可以後亡庶乎見幾而作易曰君子見幾而作不俟終日又曰幾者動之微吉之先見夫地廣則驕尊之心生財衍則僭奢之情用衍饒也集解先謙曰言本避時難及得益州意氣漸盛也固亦恒人必至之期也璋能閉隘養力守案先圖尚可與歲時推移而遽輸利器靜受流斥老子曰國之利器不可以示人所謂羊質虎皮見豺則恐吁哉揚子法言曰羊質虎皮見草而悅見豺而戰

袁術字公路集解通鑑胡注術字公路當讀如月令審端徑術之術音遂汝南汝陽人司空逢之子也少以俠氣聞集解惠棟曰北堂書鈔引魏志云術爲長水校尉好奢綺盛車馬以氣高人諺曰路中捍鬼袁長水今魏志不載數與諸公子飛鷹走狗後頗折節舉孝廉累遷至河南尹虎賁中郎將時董卓將欲廢立以術爲後將軍術畏卓之禍出奔南陽會長沙太守孫堅殺南陽太守張咨英雄記曰咨字子議潁川人吳歷曰孫堅至南陽咨不給軍糧又不肯見堅欲進兵恐爲後害乃詐得急疾舉軍震惶迎呼巫醫禱祀山川遣所親人說咨言病困欲以兵付咨咨聞之心利其兵卽將步騎五六百人入營看堅堅與相見無何卒然而起案劒罵咨遂執斬之引兵從術劉表上術爲南陽太守術又表堅領豫州刺史集解蘇輿曰此已在刺史改牧之後劉焉傳太僕黃琬爲豫州牧而此傳及吳志堅傳並作刺史蓋由羣雄競起朝制不一遂有參差當非史誤呂布傳布以劉備爲豫州刺史自領徐州牧意以牧較重於刺史也使率荊豫之卒擊破董卓於陽人術從兄紹因堅討卓未反遠集解劉攽曰案文術遠字蓋舊本有以反字爲還者後遂兩存而傳寫之誤乃作遠字或說反是反字遠是還字本云未及還也遣其將會稽周昕集解惠棟曰會稽典錄云昕字大明奪堅豫州術怒擊昕走之紹議欲立劉虞爲帝術好放縱憚立長君託以公義不肯同積此釁隙遂成乃各外交黨援以相圖謀術結公孫瓚而紹連劉表豪傑多附於紹術怒曰羣豎不吾從而從吾家奴乎集解通鑑胡注據袁山松書紹司空逢之孽子出後伯父成故術云然又與公孫瓚書云紹非袁氏子紹聞大怒集解惠棟曰典略云公孫瓚表紹罪云紹母親爲婢使紹實微賤不可以爲人後損辱袁宗臣每得將軍袁術書云紹非術類也棟案類族類也詳棟所撰九經會最初平三年術遣孫堅擊劉表於襄陽堅戰死公孫瓚使劉備合謀共逼紹紹與曹操會擊皆破之四年術引軍入陳留屯封丘黑山餘賊集解惠棟曰樂史云黑山在封丘縣北三里及匈奴於扶羅等佐術與曹操戰於匡亭大敗集解惠棟曰郡國志云陳留平邱有匡人亭術退保雍丘又將其餘衆奔九江殺揚州刺史陳溫集解周壽昌曰案魏志裴注引英雄記云陳溫字元悌汝南人爲揚州刺史自病死似不爲術所殺而自領之又兼稱徐州伯集解蘇輿曰時刺史改稱牧伯故術又兼伯稱李傕入長安欲結術爲援乃授以左將軍假節封陽翟侯初術在南陽戶口尚數十百萬而不修法度以鈔掠爲資奢恣無厭百姓患

後漢書七十五　六

之又少見讖書言代漢者當塗高自云名字應之當塗高者魏也然術自以術及路皆是塗故云應之又以袁氏出陳爲舜後以黃代赤德運之次陳大夫轅濤塗袁氏其後也五行火生土故云以黃代赤遂有僭逆之謀又聞孫堅得傳國璽韋昭吳書曰漢室大亂天子北詣河上六璽不自隨掌璽者以投井中孫堅北討董卓頓軍城南甄官署有井每旦有五色氣從井中出使人浚井得漢國王璽其文曰受命于天既壽永昌集解先謙曰官本考證云何焯校本漢字下添傳字遂拘堅妻奪之興平二年冬天子播越敗於曹陽術大會羣下因謂曰今海內鼎沸劉氏微弱吾家四世公輔袁安爲司空子敞及京京子湯湯子逢並爲司空百姓所歸欲應天順民於諸君何如衆莫敢對主簿閻象進曰昔周自后稷至于文王積德累功三分天下猶服事殷國語曰后稷勤周十五代而王毛詩國風序曰國君積行累功以致爵位論語孔子曰三分天下有其二猶服事殷明公雖奕世克昌奕猶重也詩云不顯奕代又曰克昌厥後孰若有周之盛漢室雖衰未至殷紂之敝也術嘿然使召張範範辭疾遣弟承往應之術問曰昔周室陵遲則有桓文之霸王肅注家語曰言若巳陵之漸遂遲秦失其政漢接而用之今孤以土地之廣士人之衆

欲徼福於齊桓擬迹於高祖可乎承對曰在德不在衆苟能用德以同天下之欲雖云匹夫霸王可也若陵僭無度干時而動衆之所棄誰能興之魏志曰範字公儀承字公先河內人司徒歆之孫也術不悅自孫堅死子策復領其部曲術遣擊楊州刺史劉繇破之策因據江東策聞術將欲僭號與書諫曰董卓無道陵虐王室禍加太后暴及弘農天子播越左傳王子朝云不穀震蕩播越播遷也越逸也言失所居集解惠棟曰典略云張昭之辭吳錄以爲張紘也宮廟焚毀是以豪傑發憤沛然俱起沛然自恣縱貌也沛音片害反元惡既斃幼主東顧乃使王人奉命宣明朝恩偃武修文與之更始然而河北異謀於黑山謂袁紹爲冀州牧與黑山賊相連曹操毒被於東徐劉表僭亂於南荊公孫叛逆於朔北正禮阻兵劉繇也玄德爭盟劉備也集解惠棟曰吳錄載策書云劉繇決力江湖劉備爭盟江淮是以未獲從命櫜弓戢戈當謂使君與國同規集解先謙曰官本當作嘗而舍是弗恤完然有自取之志完然自得貌懼非海內企望之意也成湯討桀稱有夏多罪尙書湯誓曰有夏多罪天命殛之武王伐紂曰殷有重罰史記曰武王徧告諸侯曰殷有重罰不可不伐此二王者雖有聖德假使時無失道之過無由逼而取也今主上非有惡於天下徒以幼小脅於彊臣異於湯武之時也又聞幼主明智聰敏有夙成之德夙早也天下雖未被其恩咸歸心焉若輔而興之則旦奭之美率土所望也使君五世相承安生京京生湯湯生逢逢生術凡五代爲漢宰輔榮寵之盛莫與爲比宜效忠守節以報王室時人多惑圖緯之言妄牽非類之文苟以悅主爲美不顧成敗之計古今所慎可不孰慮忠言逆耳駮議致憎駮雜也議不同也前書張良曰忠言逆耳利於行良藥苦口利於病苟有益於尊明無所敢辭術不納策遂絕之建安二年因河內張烱符命遂果僭號自稱仲家仲或作沖集解惠棟曰典略作仲氏錢大昕曰沖家猶沖人沖子也當以沖爲是沈濤曰仲乃術所僭國號其稱曰家猶漢氏之稱漢家耳公

孫述傳遂自立爲天子號成家亦是僭國號曰成也又魏志術傳注引典略曰乃建號稱仲氏則或作沖者非以九江太守爲淮南尹置公卿百官郊祀天地乃遣使以竊號告呂布并爲子聘布女布執術使送許時獻帝在許術大怒遣其將張勳橋蕤攻布大敗而還術又率兵擊陳國誘殺其王寵及相駱俊曹操乃自征之術聞大駭卽走渡淮留張勳橋蕤於蘄陽水經曰蘄水出江夏蘄春縣北山酈元注云卽蘄山也西南流經蘄山又南對蘄陽注于大江亦謂之蘄陽口集解通鑑胡注案三國志術時侵陳操東征之術留蕤等拒操蕤等敗死術乃走淮則蓋戰於淮外也安得至江夏之蘄陽哉此蓋沛國之蘄縣范史衍陽字耳以拒操操擊破斬蕤集解惠棟曰考異云范書呂布傳云布破張勳於下邳生擒橋蕤此又一橋蕤將蕤被獲又還也然魏志呂布傳無橋蕤事當是范書誤而勳退走術兵弱大將死衆情離叛加天旱歲荒士民凍餒江淮閒相食殆盡時舒仲應爲術沛相術以米十萬斛與爲軍糧仲應悉散以給飢民術聞怒陳兵將斬之仲應曰知當必死故爲之耳寧可以一人之命救百姓於塗炭術下馬牽之曰仲應足

下獨欲享天下重名不與吾共之邪術雖矜名尙奇而天性驕肆
尊己陵物及竊僞號淫侈滋甚媵御數百無不兼羅紈厭粱肉九州
春秋曰司隷馮方女國色也避亂楊州袁術登城見而悅之遂納馬甚愛幸諸婦害其寵給之曰將軍貴人有志節當時時涕泣憂
愁必長見敬重馮氏以爲然見術輒垂涕術果以有心志益哀之諸婦因是共絞殺之懸之廁梁術誠以爲不得志而死也厚加殯
斂焉自下飢困莫之簡卹於是資實空盡不能自立四年夏乃燒宮
室奔其部曲陳簡雷薄於灊山灊縣之山也灊今壽州霍山縣也灊音潛集解惠棟曰魏志作陳蘭
復爲簡等所拒遂大困窮士卒散走憂懣不知所爲遂歸帝號於
紹曰祿去漢室久矣天下提挈政在家門豪雄角逐分割疆宇此
與周末七國無異唯彊者兼之耳袁氏受命當王符瑞炳然今君
擁有四州靑冀幽幷人戶百萬以彊則莫與爭大以位則無所比高曹
操雖欲扶衰獎微安能續絕運起已滅乎謹歸大命君其興之紹
陰然其計術因欲北至靑州從袁譚曹操使劉備徼之不得過復
■後漢書七十五　九
走還壽春六月至江亭坐簀牀而歎曰簀第也謂無茵席也集解惠棟曰吳書云去壽春八
十里又簀牀吳書作欐牀袁術乃至是乎因憤慨結病歐血死妻子依故吏廬
江太守劉勳魏志曰勳字子臺琅邪人與太祖有舊爲孫策破後自歸太祖封列侯勳自恃與太祖有宿日驕慢數犯
法又誹謗遂免其官也孫策破勳復見收視術女入孫權宮子曜仕吳爲郎
中
論曰天命符驗可得而見未可得而言也然大致受大福者歸於
信順乎易曰天之所助者順也人之所助者信也履信思順自天祐之夫事不以順雖彊力廣謀
不能得也謀不可得之事日失忠信變詐妄生矣況復苟肆行之
其以欺天乎雖假符僭稱歸將安所容哉
呂布字奉先五原九原人也以弓馬驍武給幷州刺史丁原爲騎
都尉原屯河內集解劉攽曰案文下原字合在上原字下以布爲主簿甚見親待靈帝
崩原受何進召將兵詣洛陽爲執金吾會進敗董卓誘布殺原而
幷其兵卓以布爲騎都尉誓爲父子甚愛信之稍遷至中郎將封
都亭侯卓自知凶恣每懷猜畏行止常以布自衞嘗小失卓意卓
拔手戟擲之集解惠棟曰釋名云手戟手所持擿之戟也布拳捷得免集解惠棟曰裴松之云詩曰無
拳無勇注拳力也胡注勇力爲拳迅疾爲捷而改容顧謝卓意亦解布由是陰怨於卓
卓又使布守中閤而私與傅婢情通益不自安因往見司徒王允
自陳卓幾見殺之狀幾音祈時允與尚書僕射士孫瑞密謀誅卓因
以告布使爲內應布曰如父子何曰君自姓呂本非骨肉今憂死
不暇何謂父子擲戟之時豈有父子情也布遂許之乃於門刺殺
卓事已見卓傳允以布爲奮威將軍假節儀同三司封溫侯集解惠棟
曰見漢官儀允既不赦涼州人由是卓將李傕等遂相結還攻長安布
與傕戰敗乃將數百騎以卓頭繫馬鞍走出武關奔南陽袁術待
之甚厚集解何焯曰魏志云術惡其反覆拒而不受與此互異布自恃殺卓有德袁氏遂恣
■後漢書七十五　十
兵鈔掠術患之布不安復去從張楊於河內時李傕等購募求布
急楊下諸將皆欲圖之布懼謂楊曰與卿州里今見殺其功未必
多集解惠棟曰國語云戰功曰多不如生賣布可大得傕等爵寵楊以爲然集解惠棟
曰英雄記云楊於是外許汜傕內實保護汜傕患之更下大封詔書以布爲潁川太守與此異也有頃布得走投
袁紹紹與布擊張燕於常山燕精兵萬餘騎數千匹布常御良馬
號曰赤菟能馳城飛塹曹瞞傳曰時人語曰人中有呂布馬中有赤菟與其健將成廉魏
越等數十騎馳突燕陣一日或至三四皆斬首而出連戰十餘日
遂破燕軍布既恃其功更請兵於紹紹不許而將士多暴橫紹患
之布不自安因求還洛陽紹聽之承制使領司隸校尉遣壯士送
布集解惠棟曰英雄記云紹遣甲士三千人辭以送布而陰使使殺之集解先謙曰官本少一使字是布疑
其圖己乃使人鼓箏於帳中潛自遁出夜中兵起而布已亡紹聞
懼爲患募遣追之皆莫敢逼遂歸張楊道經陳留太守張邈遣使

迎之相待甚厚臨別把臂言誓邈字孟卓東平人少以俠聞初辟公府稍遷陳留太守董卓之亂與曹操共舉義兵及袁紹爲盟主有驕色邈正義責之紹既怨邈且聞與布厚乃令曹操殺邈操不聽然邈心不自安集解惠棟曰魏志云太祖責紹曰孟卓吾親友也是非當容之今天下未定不宜自相危也興平元年曹操東擊陶謙令其將武陽人陳宮屯東郡典略曰陳宮字公臺東郡人也剛直烈壯少與海內知名之士皆連結及天下亂始隨太祖後自疑乃從呂布爲布畫策布每不從宮因說邈曰今天下分崩雄桀並起君擁十萬之衆當四戰之地陳留地平四面受敵故謂之四戰之地也撫劒顧眄亦足以爲人豪而反受制不以鄙乎今州軍東征集解通鑑胡注謂操兵征徐州也其處空虛呂布壯士善戰無前迎之共據兖州觀天下形埶俟時事變通此亦從橫一時也邈從之遂與弟超及宮等迎布爲兖州牧據濮陽郡縣皆應之曹操聞而引軍擊布累戰相持百餘日是時旱蝗少穀百姓相食布移屯山陽二年

間操復盡收諸城破布於鉅野布東奔劉備邈詣袁術求救留超將家屬屯雍丘操圍超數月屠之滅其三族邈未至壽春爲其兵所害時劉備領徐州居下邳與袁術相拒於淮上術欲引布擊備乃與布書曰術舉兵詣闕未能屠裂董卓將軍誅卓爲術報恥功一也董卓殺隗及術兄基等男女二十餘人昔金元休南至封丘爲曹操所敗典略曰元休名尚京兆人同郡韋休甫第五文休俱著名號爲三休尚獻帝初爲兖州刺史東之郡而太祖已臨兖州尚依袁術術僭號欲以尚爲太尉不敢顯言私使諷之術亦不敢彊也建安初尚逃還爲術所害也集解劉攽曰注刺史東之郡案刺史不當言郡蓋是部字惠棟曰案魏志注亦作郡續志兖州刺史治山陽昌邑所云之郡謂之山陽郡也將軍伐之令術復明目於遐邇功二也術生年以來不聞天下有劉備備乃舉兵與術對戰憑將軍威靈得以破備功三也將軍有三大功在術術雖不敏奉以死生將軍連年攻戰軍糧苦少今送米二十萬斛非唯此止當駱驛復致凡所短長亦唯命布得書大悅卽勒兵襲下邳獲備

妻子備敗走海西海西縣屬廣陵郡故屬東海饑困請降於布布又恚術運糧不復至乃具車馬迎備以爲豫州刺史遣屯小沛沛高祖本泗水郡沛縣人及得天下改泗水爲沛郡小沛卽沛縣集解惠棟曰宋白續通典云郡國志云古偪陽國漢爲沛縣而沛郡理相城以沛爲小沛布自號徐州牧術懼布爲己害爲子求婚布復許之術遣將紀靈等步騎三萬以攻備備求救於布諸將謂布曰將軍常欲殺劉備今可假手於術布曰不然若破備則北連太山吾爲在術圍中不得不救也便率步騎千餘馳往赴之靈等聞布至皆斂兵而止布屯沛城外遣人招備并請靈等與共饗飲布謂靈曰玄德布弟也爲諸君所困故來救之布性不喜合鬬但喜解鬬耳乃令軍候植戟於營門布彎弓顧曰諸君觀布射戟小支周禮考工記曰爲戟博二寸內倍之胡參之援四之鄭注云援直刃胡其孑也小支謂胡也卽今之戟旁曲支中者當各解兵不中可留決鬬布卽一發正中戟支靈等皆驚言將軍天威也明日復歡會然後各罷

術遣韓胤以僭號事告布因求迎婦布遣女隨之沛相陳珪恐術報布成婚則徐楊合從爲難未已於是往說布曰曹公奉迎天子輔贊國政將軍宜與協同策謀共存大計今與袁術結姻必受不義之名將有累卵之危矣說苑曰晉靈公造九層臺費用千億謂左右曰敢有諫者斬孫息聞之求見靈公張弩操矢見之謂之曰子欲諫邪孫息曰臣不敢諫也臣能累十二博棊加九雞子於其上公曰吾未嘗見也子爲寡人作之孫息卽正顏色定志意以棊子置下加雞子其上左右慴息靈公曰危哉孫息曰復有危於此者公曰願復見之息曰九層之臺三年不成男不得耕女不得織國用空虛戶口減少吏人叛亡鄰國謀議將興兵公乃壞臺布亦素怨術而女已在塗乃追還絕婚集解惠棟曰一說勸布絕婚爲陳元方事見鴻臚陳君碑執胤送許曹操殺之陳珪欲使子登詣曹操布固不許會使至拜布爲左將軍布大喜卽聽登行并令奉章謝恩登見曹操因陳布勇而無謀輕於去就宜早圖之操曰布狼子野心誠難久養左傳曰伯石之生也叔向之母視之曰是豺狼之聲也狼子野心非卿莫究其情僞卽增珪秩中二千石拜登廣陵太守臨

別操執登手曰東方之事便以相付令陰合部衆以為內應始布因登求徐州牧不得登還布怒拔戟斫机曰卿父勸吾協同曹操絕婚公路今吾所求無獲而卿父子並顯重但為卿所賣耳登不為動容徐對之曰登見曹公言養將軍譬如養虎當飽其肉不飽則將噬人公曰不如卿言譬如養鷹飢即為用飽則颺去其言如此布意乃解袁術怒布殺韓胤遣其大將張勳橋蕤等與韓暹楊奉連埶步騎數萬七道攻布布時兵有三千馬四百匹懼其不敵謂陳珪曰今致術軍卿之由也為之奈何珪曰暹奉與術卒合之師耳卒音七忽反謀無素定素舊也不能相維子登策之比於連雞埶不俱棲戰國策曰秦惠王謂寒泉子曰蘇秦欺敝邑欲以一人之知反覆山東之君夫諸侯之不可一猶連雞之不能俱上於棲立可離也布用珪策與暹奉書曰二將軍親扶大駕集解先謙曰官本考證云何焯校本扶改拔而布手殺董卓俱立功名當垂竹帛今袁術造逆宜共誅討奈何與賊還來伐布可因今者同力破術為國除害建功天

下此時不可失也又許破術兵悉以軍資與之暹奉大喜遂共擊勳等於下邳大破之生禽橋蕤餘衆潰走其所殺傷墮水死者殆盡時太山臧霸等攻破莒城集解惠棟曰英雄記云霸襲破琅邪相蕭建得其資實也許布財幣以相結而未及送布乃自往求之其督將高順諫止英雄記曰順為人不飲酒不受饋所將七百餘兵號為千人名陷陳營布後疏順奪順所將兵亦無恨意也曰將軍威名宣播遠近所畏何求不得而自行求賂萬一不剋豈不損邪布不從既至莒霸等不測往意固守拒之無獲而還集解惠棟曰英雄記云霸後復與布和順為人清白有威嚴少言辭將衆整齊每戰必剋布性決易所為無常順每諫曰將軍舉動不肯詳思忽有失得動輒言誤誤事豈可數乎布知其忠而不能從建安三年布遂復從袁術遣順攻劉備於沛破之曹操遣夏侯惇救備魏志曰夏侯惇字元讓沛國譙人年十四就師學人有辱其師者惇殺之後從征呂布為流矢傷左目領陳留濟陰太守加建武將軍太祖常同輿載特見親重出入臥內諸將莫之比為順所敗操乃自將擊布至下邳城下遺布書為陳禍福布欲降而陳宮等自以負罪於操深沮其計而謂布曰曹公遠來埶不能久將軍若以步騎出屯於外宮將餘衆閉守於內若向將軍宮引兵而攻其背若但攻城則將軍救於外不過旬月軍食畢盡擊之可破也布然之布妻曰昔曹氏待公臺如赤子猶舍而歸我今將軍厚公臺不過於曹氏而欲委全城捐妻子孤軍遠出乎若一旦有變妾豈得為將軍妻哉布乃止而潛遣人求救於袁術集解惠棟曰英雄記云布遣許汜王楷告急於術自將千餘騎出戰敗走還保城不敢出術亦不能救曹操塹圍之壅沂泗以灌其城三月集解通鑑考異范書布傳云灌其城三月魏志亦曰圍之三月按操以十月至下邳及殺布共止一季不可言三月宜從魏志武紀上下離心其將侯成使客牧其名馬而客策之以叛成追客得馬諸將合禮以賀成成分酒肉先

入詣布而言曰蒙將軍威靈得所亡馬諸將齊賀未敢嘗也故先以奉貢布怒曰布禁酒而卿等醞釀為欲因酒共謀布邪成忿懼乃與諸將集解惠棟曰宋憲魏續等共執陳宮高順率其衆降布與麾下登白門樓宋武北征記曰下邳城有三重大城之門周四里呂布所守也魏武禽布於白門白門大城之門酈元水經注曰南門謂之白門魏武禽陳宮於此集解劉攽曰下邳有三重大城之門案文多之門二字緣下文有大城之門遂致此衍先謙曰官本酈上有也字兵圍之急令左右取其首詣操左右不忍乃下降布見操曰今日已往天下定矣操曰何以言之布曰明公之所患不過於布今已服矣令布將騎明公將步天下不足定也顧謂劉備曰玄德卿為坐上客我為降虜繩縛我急獨不可一言邪操笑曰縛虎不得不急乃命緩布縛劉備曰不可明公不見呂布事丁建陽董太師乎操領之杜預注左傳曰領搖頭也音五感反布目備曰大耳兒最叵信蜀志曰備顧自見其耳集解通鑑胡注叵普火反不可也洪邁曰叵為不可以切腳稱也周壽昌曰案英雄記云主簿王必進曰布勍虜也其衆近

在外不可寬也太祖曰本欲相緩主簿復不聽如之何據此當時勸殺布者不止一昭烈也操謂陳宮曰公臺平生自謂智有餘今意何如集解劉攽曰案文意當作竟宮指布曰是子不用宮言已至於此若見從未可量也操又曰奈卿老母何宮曰老母在公不在宮也夫已孝理天下者不害人之親操復曰奈卿妻子何宮曰宮聞霸王之主不絕人之祀左傳曰齊桓公存三亡國固請就刑遂出不顧操爲之泣涕布及宮順皆縊殺之傳首許市

贊曰焉作庸牧已希後福王莽改益州曰庸部曷云負荷地墮身逐術既叨貪布亦飜覆

劉焉袁術呂布列傳第六十五 終　　後漢書七十五

後漢書集解卷七十五挍補

劉焉傳字君郎柳從辰曰蜀志同華陽國志作字君朗江夏竟陵人也案文也字可去

先殺綿竹令進攻雒縣綿竹雒縣均已詳公孫述傳

龍撫納離叛案龍字譌衍各本皆未去此敍焉事與龍無涉兼係蜀志原文原文固無龍字也務存寬惠

殺州中豪彊十餘人集解惠棟曰注王威蜀志作王咸柳從辰曰華陽國志云巴郡太守王咸官本存作行與蜀志文同

發疽背卒發疽乃疽發誤倒官本不誤州大吏趙韙等貪璋溫仁立爲刺史案焉四子範誕見殺惟存瑁璋瑁爲璋兄於次當嗣韙等舍瑁立璋故史云然蜀志云瑁爲小子[illegible]

先是荆州牧劉表表焉僭擬乘輿器服案劉表郊祀天地擬斥乘輿見孔融傳袁術傳亦云劉表僭亂於南荆乃不自知其僭而劾焉僭與公孫瓚母賤而劾袁紹母親爲傅婢均之責人無異自訐韙因此遂屯兵朐䏰備表注朐音蠢䏰音如尹反屬蜀郡今地已詳吳漢傳蜀應改巴吳漢傳注不誤柳從辰曰朐䏰一作朐忍說文作朐䏰今案前續志皆作朐忍前志顏注朐音劬章懷吳漢傳注從之故䏰亦音忍下復引十三州志朐音春䏰音閏者兼存異說也此注䏰音如尹反雖仍是忍音而朐音蠢則又不同音劬則字本从句音春蠢則字當从旬矣然段玉裁據十三州志其地下溼多朐忍蟲仍作朐忍不作朐䏰說文新坿增朐䏰二字雖有所本段氏已極論其失至朐字明見許書五音集韻乃謂朐俗字眞大謬也故城在今夔州雲安縣西官本注末有也字

進攻韙於江州注今渝州巴縣已詳光武紀下

而遣其將龐羲等攻魯集解惠棟曰蜀志云議郎河南龐羲與焉通家柳從辰曰華陽國志初平四年馬騰自郿與焉範通謀襲長安治中從事廣漢王商亟諫不從謀泄範誕受誅議郎河南龐羲以通家將範誕諸子入蜀亦見蜀志今案蜀志裴注引英雄記義與璋有舊又免璋諸子於難故璋厚德羲是羲所將以入蜀者不僅範誕諸子矣志文作將焉諸孫自爲勝之

故㠯羲爲巴郡太守案巴郡蜀志作巴西後先主定蜀羲爲左將軍司馬亦見蜀志

兄瑁平寇將軍案蜀志此下有云瑁狂疾物故

璋主簿巴西黄權諫曰注先主稱尊號〔官本注無先字〕

備自江陵馳至涪城注涪城故城今綿州城〔已詳光武紀下〕

張松勸備於會襲璋備不忍〔案蜀志乃松令法正白先主非自言華陽國志同先主曰此大事也不可倉卒〕

遂開城出降羣下莫不流涕〔柳從辰曰華陽國志璋遣張裔奉使詣劉主主許裔禮其君而安其民又遣從事中郎簡雍說璋璋素雅雍遂與同輿而出降吏民莫不歔欷流涕〕

備遷璋於公安注公安今荆州縣〔今荆州府公安縣東北〕歸其財寶注留駐秭歸〔官本注駐誤住〕

初名爲鬼卒後號祭酒〔錢大昭曰隸續載米巫祭酒張普題字熹平二年三月一日天表鬼兵胡九原獼仙厤道成元施延命道正一元布於伯氣定召祭酒張普萌生趙廣王盛黄長楊奉等詣受微經十二卷祭酒約施天師道法元極耳此碑有天師道法祭酒鬼兵字而云受微經十二卷葢諸張妖黨指傳授之約觀其詞以是姓胡老初入米賊社中故召諸祭酒授以經法頗合史氏所載〕

民夷信向注故號五斗米師也〔官本注無也字〕競共事之〔官本注共作供〕又使自隱有小過者〔官本注有作其〕

至陽平注其地在今梁州褒城縣西北〔官本注末有也字〕

封閬中侯〔柳從辰曰魏志同華陽國志作封襄平侯〕注閬中屬巴郡今隆州縣〔已詳公孫述傳〕

袁術傳術從兄紹因堅討卓未反遠遣其將會稽周昕奪堅豫州〔案遠字可自爲一讀不必加劉說周昕據吳錄作周喁昕之弟也字仁明〕

羣豎不吾從〔官本吾從作從吾〕

公孫瓚使劉備合謀共逼紹〔錢大昭曰劉備下閩本有與術二字今案官本亦有與術二字〕

三分天下猶服事殷〔官本三作叁案魏志本作參分天下有其二猶服事殷今去此三字則文義不屬當由轉寫脫誤耳若范氏刪節胡不云三分有二乎〕注孔子曰三分天下有其二猶服事殷〔官本注無其字猶作以〕

則有桓文之霸注王肅注家語曰言若邱陵之漸逶遲〔案此注接傳文陵遲爲說應在上昔周室陵遲句下荀子宥坐注陵遲言邱陵之勢漸慢也與章懷引王肅說合惟古字夷遲通作陵遲本卽陵夷故章懷於皇后紀序之陵夷馮衍傳之陵遲又皆訓爲頹替因文而異也〕

天子播越注不穀震蕩播越　至　言失所居〔官本注不上有茲字失下有其字〕

遂果僭號〔侯康曰魏武述志令袁術僭號于九江下皆稱臣名門曰建號門衣被皆爲天子之制兩婦預爭爲皇后〕

誘殺其王寵〔案寵敬王羨曾孫事詳明八王傳〕

畱張勳橋蕤於蘄陽注酈元注云　至　亦謂之蘄陽口〔原本注蘄鄿互出據水經注正官本注皆作蘄不誤〕集解通鑑胡注　至　范史衍陽字耳〔案胡說是也前志沛郡蘄縣字本作鄿从邑鄿陽葢卽鄿北地名亦非衍陽字此與江夏之蘄春本無涉也章懷雖誤注當仍未改字故毛本注中猶閒雜从邑之字後人並改爲从斤遂無別耳〕

媵御數百注避亂楊州〔官本注楊作揚案魏志引九州春秋字仍从木〕

奔其部曲陳簡雷薄於灊山注灊縣之山也灊今壽州霍山縣也灊音潛〔已詳李憲傳案灊縣續志卽作潛屬廬江郡而憲傳及本傳皆書作灊山是灊縣一名灊山縣非指灊縣之山言也灊有天柱山卽霍山漢時以爲南嶽注云灊縣之山葢指此〕

呂布傳原屯河內集解劉攽曰案文下原字合在上原字下〔今案傳本魏志原文但屯上多一原字葢本給并州句猶云給事并州刺史丁原爲騎都尉句原屯河內句不如劉說也〕

而私與傳婢情通〔柳從辰曰傳婢魏志袁紀均作侍婢通鑑仍從范書〕

出武關奔南陽袁術待之甚厚集解何焯曰魏志云術惡其反覆拒而不受與此互異〔案范史於董卓以下至呂布九列傳本依陳志獨布傳增入袁術待之甚厚一節又謂未詣袁紹之前己詣張楊楊謀之乃詣紹紹謀之復歸楊術又與書皆不近事理實爲大謬夫布惟見忌於紹乃往投楊先過張邈邈深相結因楊部曲不相容乃仍受邈之招耳術亦惟始未與相接故以書通耳如前己嘗受楊之辟何肯後再歸楊術果先嘗相厚何爲至與書始頌其功而書又絕不復道前日之雅耶此必當從陳志者也〕

昔金元休南至封邱注第五文休〔注第原作弟已正官本不誤〕私使諷之術亦不敢彊也〔官本注彊譌疆案據魏志注引典略私使諷之下脫向無屈意四字故文義不相屬〕

恐術報布成婚〔官本婚作姻案作婚與魏志合〕

卿爲座上客官本座作坐同宮指布曰是子不用宮言㠯至於此案典略言宮爲布畫策布每不從宮謂布不用其言亦綜平昔所言論耳至謀使布自以步騎出屯於外布當自將千餘騎出戰而敗矣其言豈可用乎

循吏列傳第六十六　後漢書七十六

宋　宣　城　太　守　范　曄　撰

唐　章　懷　太　子　賢　注

王先謙集解

初光武長於民閒頗達情僞左傳楚子曰晉侯在外十九年矣人之情僞盡知之矣集解惠棟曰東觀本紀云上每幸郡國下輿見吏輒問以數十百歲能吏次第下及掾史簡練臣下之行下無所隱其情道數十歲事若案文書吏民驚惶不知所以人自以見識家自以蒙恩遠臣受顏色之惠坐席之閒以要其死力見稼穡艱難百姓病害至天下已定務用安靜解王莽之繁密還漢世之輕法前書曰莽春夏斬人於市一家鑄錢保五人沒入爲官奴婢男子檻車女子步鐵鎖琅璫其頸愁苦死者十七八輕法謂高祖約法三章孝文除肉刑也身衣大練色無重綵耳不聽鄭衛之音手不持珠玉之玩宮房無私愛左右無偏恩建武十三年異國有獻名馬者日行千里集解惠棟曰東觀記云名都王國又進寶劍賈兼百金詔㠯馬駕鼓車集解惠棟曰漢有黃門鼓車前書韓延壽傳云駕鼓車歌車孟康云如今郊駕時車上鼓吹也王幼學云鼓車載鼓之車也鹵簿中有記里鼓車劍賜騎士損上林池籞之官廢騁望弋獵之事其㠯手迹賜方國者皆一札十行細書成文說文曰札牒也勤約之風行于上下數引公卿郎將列于禁坐禁坐猶御坐也廣求民瘼觀納風謠故能內外匪懈百姓寬息自臨宰邦邑者競能其官若杜詩守南陽號爲杜母任延錫光移變邊俗斯其績用之最章章者也章章明也前書班固曰章章尤著者也又第五倫宋均之徒亦足有可稱談然建武永平之閒吏事刻深亟㠯謠言單辭轉易守長集解蘇輿曰此謠言猶浮言也晉語風聽臚言於市辨妖祥於謠潛夫論明闇篇過在於不納卿士之箴規不受民氓之謠言劉陶傳云聽民庶之謠吟桓帝時令三公謠言奏事則又以謠言爲公論故朱浮數上諫書箴切峻政鍾離意等亦規諷殷勤㠯長者爲言而不能得也時明帝性褊察好以耳目隱發爲明又引杖撞郎朝廷悚慄爭爲苛刻唯意獨敢諫爭數封還詔書見意傳也所㠯中興之美蓋未盡焉自章和㠯後其有善績者往往不絕如魯恭吳祐劉寬

及潁川四長謂荀淑爲當塗長韓韶爲嬴長陳寔爲太丘長鍾皓爲林慮長淑等皆潁川人也並㠯仁信篤誠使人不欺王堂陳寵委任賢良而職事自理王堂任陳蕃應嗣陳寵任王渙鐔顯也斯皆可㠯感物而行化也邊鳳延篤先後爲京兆尹時人㠯輩前世趙張輩類也趙謂趙廣漢張謂張敞者也又王渙任峻之爲洛陽令明發姦伏吏端禁止然導德齊禮有所未充亦一時之良能也今綴集殊聞顯迹㠯爲循吏篇云

衞颯字子產颯音立河內修武人也家貧好學問集解惠棟曰經籍志云颯撰史要十卷約史記要言以類相從隨師無糧常傭㠯自給王莽時仕郡歷州宰建武二年辟大司徒鄧禹府舉能案劇除侍御史襄城令政有名迹遷桂陽太守郡與交州接境頗染其俗不知禮則颯下車修庠序之教設婚姻之禮期年閒邦俗從化先是含洭湞陽曲江三縣越之故地含洭故城在今廣州含洭縣東湞陽今廣州縣也曲江韶州縣也集解先謙曰含洭今韶州府英德縣西七十五里湞陽今英

德縣東曲江今曲江縣西一里武帝平之內屬桂陽民居深山濱谿谷習其風土不出田租去郡遠者或且千里吏事往來輒發民乘船名曰傳役每一吏出傜及數家百姓苦之颯乃鑿山通道五百餘里列亭傳置郵驛於是役省勞息姦吏杜絕流民稍還漸成聚邑使輸租賦同之平民又耒陽縣出鐵石續漢志耒陽縣有鐵官也他郡民庶常依因聚會私爲冶鑄遂招來亡命多致姦盜颯乃上起鐵官罷斥私鑄歲所增入五百餘萬集解惠棟曰王伯厚云鐵有官自秦始太史公自序司馬昌爲秦王鐵官是也颯理卹民事居官如家其所施政莫不合於物宜視事十年郡內清理二十五年徵還集解惠棟曰御覽引郡國志云久留岡者太守衞颯罷郡還京故老送別久留此岡故名光武欲㠯爲少府會颯被疾不能拜起東觀記曰颯到卽引見賜食於前從吏二人賜冠幘錢人五千也敕㠯桂陽太守歸家須後詔書須待也居二歲載病詣闕自陳困篤乃收印綬賜錢十萬後卒于家南陽茨充代颯爲桂陽東觀記曰充字子河宛人也初舉孝廉之京師同侶馬死充到前亭輒舍車持馬還相迎鄉里號之曰一馬兩車茨子河也集解惠棟曰注充字子河水經注引東觀記作何又注一馬兩車茨子河王伯厚云古車本音居至說文有尺遮之音乃自後漢而轉其聲先謙曰今東觀記仍作河亦善其政教民種殖桑柘麻紵之屬禮記曰禁人無伐桑柘鄭玄注云愛蠶食也勸令養蠶織履民得利益焉東觀記曰元和中荊州刺史上言臣行部人長沙界觀者皆徒跣臣問御佐曰人無履亦苦之否御佐對曰十二月盛寒時並多剖裂血出燃火燎之春溫或膿潰建武中桂陽太守茨充教人種桑蠶人得其利至今江南頗知桑蠶織履皆充之化也

任延字長孫南陽宛人也年十二爲諸生學於長安明詩易春秋集解惠棟曰續漢書云治京易顯名太學學中號爲任聖童值倉卒避兵之隴西時隗囂已據四郡遣使請延延不應更始元年㠯延爲大司馬屬拜會稽都尉時年十九迎官驚其壯壯少也及到靜泊無爲唯先遣饋禮祠延陵季子季子吳王壽夢之少子札也封於延陵集解惠棟曰東觀記云下車遣吏以中牢具祠延陵季子時天下新定道路未通避亂江南者皆未還中土會稽頗稱多

士集解惠棟曰續漢書云會稽多名士延到皆聘請高行如董子儀嚴子陵等敬待㠯師友之禮掾吏貧者輒分奉祿㠯賑給之省諸卒令耕公田㠯周窮急每時行縣輒使慰勉孝子就餐飯之飯音符晚反吳有龍丘萇者隱居太末太末縣屬會稽郡今婺州龍丘縣也東觀記云秦時改爲太末有龍丘山在東有九石特秀色丹遠望如蓮華萇之隱處有一巖穴如窗牖中有石牀可寢處集解惠棟曰謝沈書云萇篤志好學王莽篡位隱居太末以耕稼爲業先謙曰太末今衢州府龍游縣治志不降辱王莽時四輔三公連辟不到四輔謂太師太傅國師國將三公謂大司馬司徒司空也並莽時官見前書也掾吏白請召之集解汪文臺曰謝沈書時鍾離意爲主簿自請萇爲門下祭酒延曰龍丘先生躬德履義有原憲伯夷之節原憲孔子弟子魯人也子貢結駟連騎排藜藋過謝原憲設敝衣冠見子貢伯夷孤竹君之子讓其國餓死於首陽山也都尉埽灑其門猶懼辱焉召之不可遣功曹奉謁修書記致醫藥吏使相望於道積一歲萇乃乘輦詣府門願得先死備錄請編名錄於都職也延辭讓再三遂署議曹祭酒萇尋病卒延自臨殯不朝三日是㠯郡中賢士大夫

爭往宦焉建武初延上書願乞骸骨歸拜王庭集解惠棟曰東觀記云延上書言臣贊拜不由王庭願收骸骨詔書徵延民攀持車轂涕泣詔徵爲九眞太守光武引見賜馬雜繒令妻子留洛陽九眞俗以射獵爲業不知牛耕東觀漢記曰九眞俗燒草種田前書曰搜粟都尉趙過教人牛耕也民常告糴交阯每致困乏延乃令鑄作田器教之墾闢田疇歲歲開廣百姓充給集解惠棟曰華嶠書云敎民以牛耕置吏巡行又駱越之民無嫁娶禮法各因淫好無適對匹適音丁歷反不識父子之性夫婦之道延乃移書屬縣各使男年二十至五十女年十五至四十皆以年齒相配其貧無禮聘令長吏以下各省奉祿以賑助之同時相娶者二千餘人是歲風雨順節穀稼豐衍其產子者始知種姓咸曰使我有是子者任君也多名子爲任於是徼外蠻夷夜郎等慕義保塞延遂止罷偵候戍卒偵何也音丑政反初平帝時漢中錫光爲交阯太守教導民夷漸以禮義化聲侔於延侔等也集解蘇輿曰化聲即治聲避唐諱改

王莽末閉境拒守建武初遣使貢獻封鹽水侯領南華風始於二守焉延視事四年徵詣洛陽以病稽留左轉睢陽令九眞吏人生爲立祠拜武威太守帝親見戒之曰善事上官無失名譽延對曰臣聞忠臣不私私臣不忠集解通鑑考異案高峻小史作忠臣不和和臣不忠意思爲長又與上語相應履正奉公臣子之節上下雷同非陛下之福善事上官臣不敢奉詔帝歎息曰卿言是也既之武威時將兵長史田紺郡之大姓其子弟賓客爲人暴害延收紺繫之父子賓客伏法者五六人紺少子尚乃聚會輕薄數百人自號將軍夜來攻郡延即發兵破之自是威行境內吏民累息累息累氣集解周壽昌曰案劉祐傳故州郡累氣即累息也孟子趙注係累猶縛結也是累亦訓結累息言氣結塞不敢出也郡北當匈奴南接種羌民畏寇抄多廢田業延到選集武略之士千人明其賞罰令將雜種胡騎休屠黃石屯據要害黃石雜種號也其有警急逆擊追討虜恒多殘傷遂絕不敢出

河西舊少雨澤乃爲置水官吏修理溝渠皆蒙其利又遣立校官校學也自掾吏子孫集解劉攽曰案吏當作史說已見前皆令詣學受業復其繇役章句既通悉顯拔榮進之郡遂有儒雅之士後坐擅誅羌不先上左轉召陵令顯宗即位拜潁川太守永平二年徵會辟雍因以爲河內太守視事九年病卒少子愷官至太常

王景字仲通樂浪䛁邯人也䛁音諾甘反邯音下甘反縣名八世祖仲本琅邪不其人好道術明天文諸呂作亂齊哀王襄謀發兵而數問於仲及濟北王興居反欲委兵師仲襄及興居並高祖孫齊悼惠王肥之子也仲懼禍及乃浮海東奔樂浪山中因而家焉父閎爲郡三老更始敗土人王調殺郡守劉憲自稱大將軍樂浪太守建武六年光武遣太守王遵將兵擊之至遼東閎與郡決曹吏楊邑等共殺調迎遵皆封爲列侯閎獨讓爵帝奇而徵之道病卒景少學易遂廣闚眾書又好天文

術數之事沈深多伎藝辟司空伏恭府時有薦景能理水者集解惠棟曰案水經注景即爲伏恭所薦也顯宗詔與將作謁者王吳共修作浚儀渠吳用景堨流法水乃不復爲害初平帝時河汴決壞未及得修建武十年陽武令張汜上言河決積久日月侵毀濟渠所漂數十許縣濟水出今洛州濟源縣西北東流經溫縣入河度河東南入鄭州又東入滑曹鄆濟齊青等州入海即此渠也王莽末旱因枯涸但入河內而已修理之費其功不難宜改修隄防以安百姓書奏光武即爲發卒方營河功而浚儀令樂俊復上言昔元光之閒武帝年人庶熾盛緣隄墾殖而瓠子河決尚二十餘年不即擁塞瓠子隄在今滑州白馬縣武帝元光中河決於瓠子東南注鉅野通於淮泗至元封二年塞之也今居家稀少田地饒廣雖未修理其患猶可且新被兵革方興役力勞怨既多民不堪命宜須平靜更議其事光武得此遂止後汴渠東侵日月彌廣而水門故處皆在河中兗豫百姓怨歎以爲縣官恒興佗役不先民急永平十

二年議修汴渠乃引見景問吕理水形便景陳其利害應對敏給
帝善之又吕嘗修浚儀功業有成乃賜景山海經河渠書山海經禹所作河渠書太史公史記也禹貢圖及錢帛衣物夏遂發卒數十萬遣景與王吳
修渠築隄自滎陽東至千乘海口千餘里景乃商度地埶鑿山阜
破砥績尚書曰原隰厎績注厎致也績功也言破禹所致功之處也或云砥績山名也集解惠棟曰王吳水經注作昊蘇輿曰此與禹貢厎績無涉上云鑿山阜則或云山名者亦非績當爲磧說文磧水陼有石者三倉云磧水中沙堆也砥說文作底柔石也砥磧山阜對文謂破水中沙石令其流通耳直截溝澗防遏衝要疏決壅積十里立一
水門令更相洄注爾雅曰逆流而上曰洄郭璞注云旋流也無復潰漏之患景雖簡省
役費然猶吕百億計十萬曰億也集解先謙曰官本無注明年夏渠成帝親自巡行
詔濱河郡國置河隄員吏如西京舊制十三州志曰成帝時河堤大壞汎濫青徐兖豫四州略徧乃以校尉王延代領河堤謁者秩千石或名其官爲護都水使者中興以三府掾屬爲之集解惠棟曰注王延代應劭漢官儀云成帝時王延世以校尉領河隄詔曰東郡決河流漂二州延世隄防立塞改爲河平元年惟延世長於計策功費約省以延世爲光祿大夫秩二千石先謙曰官本注無護字

景由是知名王吳及諸從事掾吏皆增秩
一等景三遷爲侍御史十五年從駕東巡狩至無鹽帝美其功績
拜河堤謁者賜車馬縑錢集解惠棟曰漢官儀云舊河堤謁者居酸棗建初七年遷徐
州刺史先是杜陵杜篤奏上論遷都集解劉攽曰案此少一賦字欲令車駕遷
還長安耆老聞者皆動懷土之心莫不眷然佇立西望景吕宮廟
已立恐人情疑惑會時有神雀諸瑞章帝時有神雀鳳皇白鹿白烏等瑞也乃作金
人論頌洛邑之美天人之符文有可採明年遷廬江太守先是百
姓不知牛耕致地力有餘而食常不足郡界有楚相孫叔敖所起芍
陂稻田陂在今壽州安豐縣東陂徑百里灌田萬頃芍音鵲集解先謙曰官本作孫叔敖景乃驅率吏民
修起蕪廢教用犂耕由是墾闢倍多境內豐給遂銘石刻誓令民
知常禁又訓令蠶織爲作法制皆著于鄉亭廬江傳其文辭卒于
官初景吕爲六經所載皆有卜筮作事舉止質於蓍龜而衆書錯
糅吉凶相反乃參紀衆家數術文書冢宅禁忌葬送造宅之法若黃帝青烏之書也集解惠棟曰冢若圖墓書宅若圖宅術之類先謙曰官本鳥作烏堪輿日相之屬前書藝文志堪輿金匱十四卷許慎云堪天道也輿地道也日相謂日辰王相之決也集解惠棟曰周禮保章氏以十有二歲之相觀天下之妖祥日相郎十有二歲之相適於事用者集於大衍玄基云易曰大衍之數五十其用四十有九也集解先謙曰官本於作作爲考證云爲字監本作於依宋本改
秦彭字伯平集解惠棟曰東觀記作國平扶風茂陵人也自漢興之後世位相
承六世祖襲爲潁川太守與羣從同時爲二千石者五人故三輔
號曰萬石秦氏彭同產女弟顯宗時入掖庭爲貴人有寵永平七
年吕彭貴人兄隨四姓小侯擢爲開陽城門候續漢志城門候一人六百石城南面東頭第一門也漢官儀云開陽門始成未有名夜有一柱來止樓上琅邪開陽縣上言南門一柱飛去因以名門也集解劉攽曰注城南面東頭第一門也案此解開陽少開陽二字十五年拜騎都尉副駙馬都尉耿秉北
征匈奴建初元年遷山陽太守吕禮訓人不任刑罰崇好儒雅敦

明庠序每春秋饗射輒修升降揖讓之儀乃爲人設四誡吕定六
親長幼之禮六親謂父子兄弟夫婦也集解惠棟曰東觀記云時山陽新遭地動後飢旱穀貴百姓窮困彭下車經營勞徠有遵奉教化者擢爲鄉三老集解惠棟曰東觀記云彭爲民設四誡定父母妻子兄弟長幼之序擇民能率衆者爲鄉三老選鄉三老爲縣三老令與長吏參職常吕八月致酒肉吕勸勉之吏有
過咎罷遣而已不加恥辱百姓懷愛莫有欺犯興起稻田數十頃集解先謙曰官本十作千每於農月親度頃畝分別肥塉差爲三品各立文簿
藏之鄉縣於是姦吏跼蹐無所容詐彭乃上言宜令天下齊同其
制詔書吕其所立條式班令三府并下州郡在職六年轉潁川太
守仍有鳳皇麒麟嘉禾甘露之瑞集其郡境肅宗巡行再幸潁川
輒賞賜錢穀恩寵甚異章和二年卒彭弟惇襃並爲射聲校尉
王渙字稚子廣漢郪人也郪縣故城在今梓州郪縣西南也父順安定太守渙少
好俠尚氣力數通剽輕少年剽劫狎也晚而改節敦儒學習尚書讀律

令晔舉大義爲太守陳寵功曹當職割斷不避豪右寵風聲大行入爲大司農和帝問曰在郡何以爲理寵頓首謝曰臣任功曹王渙以簡賢選能主簿鐔顯拾遺補闕臣奉宣詔書而已帝大悅渙由此顯名州舉茂才除溫令縣多姦猾積爲人患渙以方略討擊悉誅之境內清夷商人露宿於道集解汪文臺曰書鈔七十八續漢書云道不拾遺臥不閉門其有放牛者輒云以屬稚子終無侵犯集解惠棟曰東觀記云人爲謠曰王稚子代未有平徭役百姓喜在溫三年遷兗州刺史繩正部郡繩直也風威大行後坐考妖言不實論歲餘徵拜侍御史永元十五年從駕南巡還爲洛陽令集解惠棟曰袁宏紀云渙爲治循名責實抑強扶弱并官職史輒兼書佐小史無事輒令讀孝經以平正居身得寬猛之宜其冤嫌久訟歷政所不斷法理所難平者莫不曲盡情詐壓塞羣疑又能以譎數發擿姦伏譎詐數術也集解惠棟曰東觀記云盜賊發不遠走或藏溝渠或伏甕下渙以方略取之皆稱神明又云馬市正數從賣羹飯家乞貸不得輒毆罵之至忿渙聞知事實便諷吏解遣

京師稱歎以爲渙有神算智算若神也元興元年病卒百姓市道莫不咨嗟男女老壯皆相與賦斂致奠醊以千數醊音張芮反說文曰祭酹也渙喪西歸道經弘農民庶皆設槃桉於路吏問其故咸言平常持米到洛爲卒司所鈔鈔掠也恒亡其半自王君在事不見侵枉故來報恩其政化懷物如此集解惠棟曰華陽國志云賈胡左威遭其清理制服三年民思其德爲立祠安陽亭西每食輒弦歌而薦之古樂府歌曰孝和帝在時洛陽令王君本自益州廣漢蜀人少行宦學通五經論明知法令歷代衣冠從溫補洛陽令化行致賢外行猛政內懷慈仁移惡子姓名五篇著里端無妄發賦念在理冤痛身苦體宿夜勞勤化有能名遠近所聞天年不遂早就奄昏爲君作祠安陽亭西欲令後代莫不稱傳也集解劉攽曰正文每食案文當作祀惠棟曰注官學官當作宦又注惡子王符潛夫論云輕薄惡子不道凶民前書尹賞傳云輕薄少年惡子師古曰惡子不承父母教命者又注篇著里端說文云闕西謂榜曰篇篇與扁同扁署也從戶冊戶冊者署門戶之文也言渙移書取惡子姓名五人篇署里端示戒也周壽昌曰案每食正言每食不忘薦者薦其食也若改作祀則有祠必祀逢祀必絃歌以薦亦常典也何足述者民因持米之事感其德故每食必薦絃歌所以樂神且示敬也永初二年鄧太后詔曰夫忠良之吏國家所以爲理也求之甚勤得之至寡故孔子曰才難不其然乎昔大司農朱邑前書曰邑字仲卿廬江舒人爲北海太守以理行第一入爲大司農性公正不可交以私天子器之朝廷敬焉神爵元年卒宣帝下詔賜其子黃金百斤奉其祭祀右扶風尹翁歸前書云翁歸字子況河東平陽人拜東海太守以高第入守右扶風元康四年卒宣帝制詔御史右扶風翁歸廉平鄉正早夭不遂朕甚憐之其賜翁歸子黃金百斤以奉其祭祀政迹茂異令名顯聞孝宣皇帝嘉歎愍惜而以黃金百斤策賜其子故洛陽令王渙秉清修之節蹈羔羊之義韓詩羔羊曰羔羊之皮素絲五紽薛君章句曰小者曰羔大者曰羊素喻潔白絲喻屈柔紽數名也詩人賢仕爲大夫者言其德能稱有潔白之性屈柔之行進退有度數也盡心奉公務在惠民功業未遂不幸早世百姓追恩爲之立祠自非忠愛之至孰能若斯者乎今以渙子石爲郎中以勸勞勤延熹中桓帝事黃老道悉毀諸房祀唯特詔密縣存故太傅卓茂廟洛陽留王渙祠焉鐔顯後亦知名安帝時爲豫州刺史時天下飢荒競爲盜賊州界收捕且萬餘人顯愍其困窮自陷刑辟

輒擅赦之因自劾奏有詔勿理後位至長樂衞尉集解惠棟曰華陽國志云顯字子誦鄭人也與同郡蔡子弓共學冬則侍親春行受業與張霸李部張皓陳禪爲友其師司徒魯恭顯與王稚子同見察孝於太守陳司空歷豫州刺史光祿大夫侍中衞尉自渙卒後連詔三公特選洛陽令皆不稱職永和中以劇令勃海任峻補之劇縣名屬北海郡集解惠棟曰袁宏紀云峻勃海蓨人也峻擢用文武吏皆盡其能糾剔姦盜不得旋踵左傳天王策命晉文侯曰糾逖王慝杜預注云逖遠也剔與逖通集解惠士奇曰注逖遠也逖與剔通不得訓爲遠一歲斷獄不過數十威風猛於渙而文理不及之峻字叔高終於太山太守

許荊字少張謝承書曰荊字子張家貧爲吏無有船車休假常單步荷檐上下會稽陽羨人也陽羨故城在今常州義興縣南祖父武太守第五倫舉爲孝廉武以二弟晏普未顯欲令成名乃請之曰禮有分異之義家有別居之道儀禮曰父子一體也夫婦一體也昆弟一體也故父子手足也夫婦判合也昆弟四體也昆弟之義無分焉而有分者則避子之私也子不私其父則不成爲子故有東宮有西宮有南宮有北宮異居而同財有餘則歸之宗不足則資之宗也於是共割財產以爲三

分武自取肥田廣宅奴婢強者二弟所得並悉劣少鄉人皆稱弟克讓而鄙武貪婪晏等以此並得選舉武乃會宗親泣曰吾為兄不肖盜聲竊位二弟年長未豫榮祿所以求得分財自取大譏今理產所增三倍於前悉以推二弟一無所留於是郡中翕然遠近稱之集解周壽昌曰許武既自盜聲為弟竊位當時宗親不恥而反稱之雖由古人湻至易欺而西京眞篤之風邈矣又案荊之化怨家與感爭財一事皆以術行之亦許武取肥自汙之餘智也惟荊別有循政故足稱賢王補曰許武取肥自汙其事與薛包相反卒能激厲二弟以成其名視包子弟不自暨立產破待賑所濟為宏未可疵也周說太苛位至長樂少府荊少為郡吏兄子世嘗報讎殺人怨者操兵攻之荊聞乃出門逆怨者跪而言曰集解惠棟曰謝承書云乃解劍長跪世前無狀相犯皆在荊不能訓導兄既早沒一子為嗣如令死者傷其滅絕願殺身代之怨家扶荊起曰許掾郡中稱賢吾何敢相侵因遂委去荊名譽益著太守黃競舉孝廉和帝時稍遷桂陽太守郡濱南州風俗脆薄脆薄猶輕薄也不識學義荊為設喪紀婚姻制度使知禮禁嘗行春到耒陽縣人有蔣均者兄弟爭財互相言訟荊對之歎曰吾荷國重任而教化不行咎在太守乃顧使吏上書陳狀乞詣廷尉均兄弟感悔各求受罪謝承書曰郴人謝弘等不養父母兄弟分析因此皆還供養者千有餘人也在事十二年父老稱歌集解惠棟曰楚國先賢傳云耒陽胡紹字伯蕃年十八為縣門下幹迎太守許荊荊足下中風使紹抑之紹視荊蹠下而笑荊怒問之紹曰見明府蹠下有黑子紹亦有之故爾笑荊視之果有黑子令其從學後八年遂為九眞零陵二郡太守以病自上徵拜諫議大夫卒於官桂陽人為立廟樹碑荊孫馘靈帝時為太尉

孟嘗字伯周會稽上虞人也其先三世為郡吏並伏節死難嘗少修操行仕郡為戶曹史上虞有寡婦至孝養姑姑年老壽終夫女弟先懷嫌忌乃誣婦厭苦供養加鴆其母列訟縣庭郡不加尋察遂結竟其罪嘗先知枉狀備言之於太守太守不為理嘗哀泣外門集解惠棟曰會稽典錄云嘗抱具文書哭於府門因謝病去婦竟冤死自是郡中連旱二年禱請無所獲後太守殷丹到官訪問其故嘗詣府具陳寡婦冤誣之事因曰昔東海孝婦感天致旱于公一言甘澤時降解見霍諝傳也宜戮訟者以謝冤魂庶幽枉獲申時雨可期丹從之卽刑訟女而祭婦墓天應澍雨穀稼以登嘗後策孝廉舉茂才拜徐令州郡表其能遷合浦太守郡不產穀實而海出珠寶與交阯比境常通商販貿糴糧食貿易也先時宰守並多貪穢詭人採求不知紀極詭責也珠遂漸徙於交阯郡界於是行旅不至人物無資貧者死餓於道嘗到官革易前敝求民病利人所病苦及利益之事也曾未踰歲去珠復還百姓皆反其業商貨流通稱為神明以病自上被徵當還吏民攀車請之嘗既不得進乃載鄉民船夜遁去隱處窮澤身自耕傭鄰縣士民慕其德就居止者百餘家桓帝時尚書同郡楊喬上書薦嘗曰謝承書曰喬字聖達烏傷人也前後數上書陳政事也集解惠棟曰謝承書云喬拜尚書淵懿博雅治術亦辦優納王事明習國家典故幹機密之職夙夜周愼退食自公儀表偉麗每朝賀百僚側目桓帝愛其才貌詔妻以公主喬固讓不聽遂閉口不食七日而死案會稽典錄云昔王景興問士於虞仲翔仲翔對曰尚書烏傷楊喬桓帝妻以公主辭疾不納是也臣前後七表言故合浦太守孟嘗而身輕言微終不蒙察區區破心徒然而已嘗安仁弘義耽樂道德清行出俗能幹絕羣前更守宰移風改政去珠復還飢民蒙活且南海多珠財產易積掌握之內價盈兼金而嘗單身謝病躬耕壟次匿景藏采不揚華藻實羽翮之美用非徒腹背之毛也說苑曰趙簡子游於西河而樂之歎曰安得賢士而與處焉舟人古桑曰此是吾君不好之也簡子曰吾門左右客千人朝食不足暮收市征暮食不足朝收市征吾可謂不好士乎古桑曰鴻鵠高飛遠翔其所恃者六翮也背上之毛腹下之毳無尺寸之數加之滿把飛不能為之益高不知門下左右客千人者六翮之用乎將盡毛毳也新序云晉平公餘並同也而沈淪草莽好爵莫及易曰我有好爵吾與爾靡之廊廟之寶棄於溝渠尚書顧命曰赤刀大訓弘璧琬琰在西序大玉夷玉天球河圖在東序周禮大宗伯曰天府掌祖廟之守藏凡國之玉鎮大寶器藏

焉且年歲有訖桑榆行盡（謂日將夕在桑榆閒言晚暮也）而忠貞之節永謝聖時臣誠傷心私用流涕夫物以遠至爲珍（若珠翠之屬也）士以稀見爲貴槃木朽株爲萬乘用者左右爲之容耳（前書鄒陽曰蟠木根柢輪囷離奇而爲萬乘器者左右爲之先容耳）王者取士宜拔眾之所貴臣以斗筲之姿趨走日月之側（日月喻人君也易曰懸象著明莫大乎日月崇高莫大乎富貴　集解先謙曰官本無走字）思立微節不敢苟私鄉曲竊感禽息亡身進賢（禽息秦大夫薦百里奚而不見納繆公出當車以頭擊闑腦乃播出曰臣生無補於國不如死也繆公感悟而用百里奚秦以大化見韓詩外傳　集解汪文臺曰文選曹植求自試表注引謝承書云楊喬曰猶塵附泰山露集滄海雖無補益款誠至情猶不敢默替表中語又袁淑白馬篇注引云楊喬曰俟爲意氣刎頭用俟嬴事不知何指）嘗竟不見用年七十卒于家

第五訪字仲謀京兆長陵人司空倫之族孫也少孤貧常傭耕以養兄嫂有閑暇則以學文（文謂道藝者也）仕郡爲功曹察孝廉補新都令（新都縣屬蜀郡故城在今益州新都縣東）政平化行三年之閒鄰縣歸之戶口十倍遷

張掖太守歲饑粟石數千訪乃開倉賑給以救其敝吏懼譴（譴責也）爭欲上言訪曰若上須報是棄民也（上音時掌反須待也）太守樂以一身救百姓遂出穀賦人順帝璽書嘉之由是一郡得全歲餘官民並豐（集解惠棟曰袁宏紀云訪從騎循行田畝勸民耕農其年穀石百錢）界無姦盜遷南陽太守去官拜護羌校尉邊境服其威信卒於官

劉矩字叔方沛國蕭人也叔父光順帝時爲司徒（集解錢大昕曰案順帝紀永建二年七月太常劉光爲太尉四年八月免未嘗爲司徒也）矩少有高節以叔父遼未得仕進（集解錢大昕曰當云父叔遼傳寫傎倒耳見風俗通十反篇惠棟曰矩叔父光字仲遼弟字叔遼史家失其名舉其字故云叔父叔遼後人不學削去叔字也風俗通云矩父叔遼漢時叔姪稱父子故也）遂絕州郡之命太尉朱寵（集解惠棟曰風俗通云徐防誤也）太傅桓焉嘉其志義故叔遼以此爲諸公所辟拜議郎矩乃舉孝廉稍遷雍丘令以禮讓化之（集解劉攽曰化之案文之字當作人）其無孝義者皆感悟自革民有爭訟矩常引之於前提耳訓告（毛詩曰匪面命之言提其耳）以爲忿恚可忍縣官不可入使歸更尋思訟者感之輒各罷去其有路得遺者皆推尋其主在縣四年以母憂去官後太尉胡廣舉矩賢良方正四遷爲尚書令矩性亮直不能諧附貴埶以是失大將軍梁冀意出爲常山相以疾去官時冀妻兄孫祉爲沛相（集解先謙曰官本祉作祉惠棟云祉風俗通作禮）矩懼爲所害不敢還鄉里乃投彭城友人家（集解惠棟曰風俗通云友人環玉都也）歲餘冀意少悟乃止補從事中郎復爲尚書令遷宗正太常延熹四年代黃瓊爲太尉瓊復爲司空矩與瓊及司徒种暠同心輔政號爲賢相（集解王補曰瓊暠誠賢相矣矩始以不能諧附貴戚失梁冀意其爲相無可紀者寵特長者耳若以史記申屠嘉傳例之矩寵不得立傳矣皆即所謂娖娖廉謹爲丞相備員而已無所能發明功名有著於當世者也）時連有災異司隸校尉以劾三公尚書朱穆上疏稱矩等良輔及言殷湯高宗不罪臣下之義（尚書湯誥曰余一人有罪無以爾萬方萬方有罪在余一人尚書高宗誡傅說曰一夫不獲則曰時予之辜）帝不省竟以蠻夷反叛免後復

拜太中大夫靈帝初代周景爲太尉矩再爲上公所辟召皆名儒宿德不與州郡交通順辭默諫（順辭不忤旨默諫不顯揚也）多見省用復以日食免因乞骸骨卒于家

劉寵字祖榮東萊牟平人齊悼惠王之後也（悼惠王肥高祖子也）悼惠王子孝王將閭將閭少子封牟平侯子孫家焉父丕博學號爲通儒（集解惠棟曰丕一作本續漢書云本師受經傳博學羣書號爲通儒舉賢良方正爲般長卒官）寵少受業以明經舉孝廉除東平陵令（東平陵縣名屬濟南郡也　集解惠棟曰續漢書云寵以經明行修舉孝廉光祿大夫察四行）以仁惠爲吏民所愛（集解惠棟曰續漢書云是時民俗奢泰寵到官躬儉訓民以禮上下有序都鄙有章視事數年以母病棄官歸）母疾棄官去百姓將送塞道車不得進乃輕服遁歸後四遷爲豫章太守又三遷拜會稽太守（集解惠棟曰續漢書云正身率下郡中大治）山民愿朴乃有白首不入市井者（愿謹也風俗通曰俗說市井者言至市當有所鬻賣當於井上先濯乃到市也謹案春秋井田記人年三十受田百畝以食五口五口爲一戶父母妻子也公田十畝廬舍五畝成田一頃十五畝八家

而九頃二十畝共爲一井廬舍在內貴人也公田次之重公也私田在外賤私也井田之義一曰無洩地氣二曰無費一家三曰同風俗四曰合巧拙五曰通財貨因井爲市交易而退故稱市井也集解劉攽曰注市井者言至市當有所鬻賣當於井上案文多上一當字頗爲官吏所擾寵簡除煩苛禁察非法郡中大化徵爲將作大匠山陰縣有五六老叟尨眉皓髮尨雜也老者眉雜白黑也自若邪山谷閒出若邪在今越州會稽縣東南也人齎百錢㠯送寵寵勞之曰父老何自苦對曰山谷鄙生集解惠棟曰袁宏紀云山谷鄙老生未嘗到郡縣何焯云此鄙下脫一老字王補曰通鑑從范書無老字按如范書則生字句絕袁紀則生字當屬下句讀鄙生字范書凡數見然承上山民愿樸乃有白首不入市井者則袁紀爲合未嘗識郡朝集解通鑑胡注郡聽事曰郡朝府聽事曰府朝它守時吏發求民閒至夜不絕或狗吠竟夕民不得安自明府下車㠯來狗不夜吠民不見吏年老遭值聖明今聞當見棄去故自扶奉送寵曰吾政何能及公言邪勤苦父老爲人選一大錢受之集解汪文臺曰吳志劉繇傳注續漢書云會稽號寵爲一錢太守其清如是轉爲宗正大鴻臚延熹四年代黃瓊爲司空㠯陰霧愆陽

免頃之拜將作大匠復爲宗正建寧元年代王暢爲司空頻遷司徒太尉集解汪文臺曰御覽二百七書鈔三十八類聚四十七謝承書云劉寵爲司徒臥蠶布被二年㠯日食策免歸鄉里集解惠棟曰續漢書云寵三去相位輒歸本土往來京師常下道脫驂過人莫知焉寵前後歷宰二郡累登卿相而清約省素集解先謙曰官本清作准引劉攽云按文言准都無義蓋本是廉字家無貨積常出京師欲息亭舍亭吏止之曰整頓灑埽㠯待劉公不可得也寵無言而去時人稱其長者集解王補曰袁紀寵薄衣服弊車馬其與人交恂恂然在朝正色不可干以私閉門靜居不接賓客教誨子孫而已故進不見惡退無謗言㠯老病卒於家弟方官至山陽太守集解惠棟曰方一名輿見續漢書錢大昕曰此別一劉方方有二子岱字公山繇字正禮兄弟齊名稱吳志曰平原陶丘洪薦繇欲令舉茂才刺史曰前年舉公山奈何復舉正禮洪曰若使明君用公山於前擢正禮於後所謂御二龍於長塗騁騏驥於千里不亦可乎集解陳景雲曰使明君當作明使君漢代人稱州將如此董卓入洛陽岱從侍中出爲兗州刺史虛己愛物爲士人所附集解惠棟曰英雄記云岱孝悌仁恕虛己以受人初平三年青州黃巾賊入兗州殺任

城相鄭遂轉入東平岱擊之戰死興平中繇爲揚州牧振威將軍時袁術據淮南繇乃移居曲阿值中國喪亂士友多南奔繇攜接收養與同優劇集解蘇輿曰優裕劇艱也猶言與同甘苦甚得名稱袁術遣孫策攻破繇因奔豫章病卒

仇覽字季智一名香陳留考城人也續漢志考城故菑陳留風俗傳曰章帝惡其名改爲考城也少爲書生淳默鄉里無知者年四十縣召捕吏集解先謙曰官本捕作補是選爲蒲亭長集解官本考證曰謝承書作陽遂亭長惠棟曰蘇林廣舊傳云仇香性謙恭勤恪威嚴矜莊貌不爲晝夜易容言不爲喜怒變聲雖同儕羣居必正色後言終身無泄狎之交以是見憚學通三經然無知名之拔鄉里之舉年四十召爲縣主簿勸人生業爲制科令至於果菜爲限雞豕有數農事既畢乃令子弟羣居還就黌學其剽輕游恣者皆役㠯田桑嚴設科罰躬助喪事賑恤窮寡期年稱大化覽初到亭人有陳元者集解惠棟曰汝南先賢行狀作孫元獨與母居而母詣覽告元不孝覽驚曰吾近日過舍廬落整

頓廣雅曰落居也案今人謂院爲落也耕耘㠯時此非惡人當是教化未及至耳母守寡養孤苦身投老柰何肆忿於一朝欲致子㠯不義乎母聞感悔涕泣而去集解惠棟曰袁宏紀載覽語云婦人守寡養孤上欲激貞名於當世中欲不負夫於黃泉下欲育遺嗣而繼宗也此三節者婦人之妙行也母既若斯華髮矣奈何以一旦之忿棄歷年之勤乎且母養人孤遺不能成濟若死者有知百歲之後當何以見亡者覽乃親到元家與其母子飲因爲陳人倫孝行譬㠯禍福之言元卒成孝子謝承書曰覽爲縣陽遂亭長好行教化人羊元凶惡不孝其母詣覽言元覽呼元誚責元以子道與一卷孝經使誦讀之元深改悔到母牀下謝罪曰元少孤爲母所驕諺曰孤犢觸乳驕子罵母乞今自改母子更相向泣於是元遂修孝道後成佳士也集解劉攽曰注言元覽呼元誚責元案文多一元字先謙曰官本羊作陳鄉邑爲之諺曰父母何在在我庭化我鳲梟哺所生鳲梟即鴟鴞也集解先謙曰官本鳲並作鳴形近致誤若是鳴字則注釋梟足矣何必並鳴字引之時考城令河內王渙集解王會汾曰按范冉傳作王奐錢大昕曰渙當作奐河內武德人非廣漢之王渙也惠棟曰冉傳奐字子炳謝承書云字子昌政尚嚴猛聞覽㠯德化人署爲主簿謂覽曰主簿聞陳元之過不罪而化之得無少鷹

鶚之志耶左傳季孫行父曰見無禮於君者誅之如鷹鸇之逐鳥雀覽曰以爲鷹鸇不若鸞鳳渙謝遣曰枳棘非鸞鳳所棲百里豈大賢之路時渙爲縣令故自稱百里也集解惠棟曰汝南先賢傳云渙聞覽得元不治心獨望之云云渙感覽言用措刑威也今日太學曳長裾飛名譽皆主簿後耳以一月奉爲資勉卒景行卒終也覽入太學時諸生同郡符融有高名與覽比宇賓客盈室覽常自守不與融言融觀其容止心獨奇之乃謂曰與先生同郡壤鄰房牖今京師英雄四集志士交結之秋雖務經學守之何固覽乃正色曰天子修設太學豈但使人游談其中高揖而去不復與言後融以告郭林宗林宗因與融齎刺就房謁之遂請留宿林宗嗟歎下牀爲拜集解惠棟曰海內先賢傳太下牀拜曰君非太友乃太師也卞子曰郭林宗謂仇季智曰子嘗有過乎季智曰吾嘗飯牛牛不食搏牛一下覽學畢歸鄉里州郡並請皆以疾辭雖在宴居宴安也論語曰子之宴居必以禮自整妻子有過輒免冠自責妻子庭謝候覽冠乃敢升堂家人莫見

喜怒聲色之異後徵方正遇疾而卒三子皆有文史才少子玄最知名

童恢字漢宗謝承書童作憧恢作种也集解惠棟曰案不其令董君闕董字從廾從童又南陽正街碑云以府丞董祭則董與董通恢蓋姓董也集韻及漢隸字源亦皆以董爲董也汪文臺曰御覽九百二十二事類賦注十九謝承書作董仲類聚九十九作董种琅邪姑幕人也姑幕故城在今密州莒縣東北也父仲玉遭世凶荒傾家賑卹九族鄉里賴全者以百數仲玉早卒恢少仕州郡爲吏司徒楊賜聞其執法廉平乃辟之及賜被劾當免掾屬悉投刺去恢獨詣闕爭之及得理掾屬悉歸府恢杖策而逝由是論者歸美復辟公府除不其令吏人有犯違禁法輒隨方曉示若吏稱其職人行善事者皆賜以酒肴之禮以勸勵之耕織種收皆有條章一境清靜集解惠棟曰齊民要術云恢爲不其令率民養一猪雌雞四頭以供祭祀買棺木汪文臺曰御覽事類賦注謝承書云赤雀乳廳前桑上牢獄連年無囚比縣流人歸化徙居二萬餘戶民嘗爲虎所害乃設檻捕之生獲二虎恢聞而出呪虎曰天生萬物唯人爲貴虎狼當食六畜杜預注左傳云六畜馬牛羊豕犬雞也而殘暴於人王法殺人者死傷人則論法汝若是殺人者當垂頭伏罪自知非者當號呼稱冤一虎低頭閉目狀如震懼即時殺之其一視恢鳴吼踴躍自奮遂令放釋吏人爲之歌頌青州舉尤異遷丹陽太守暴疾而卒弟翊字漢文名高於恢宰府先辟之翊陽喑不肯仕喑疾不能言也及恢被命乃就孝廉除須昌長化有異政吏人生爲立碑聞舉將喪棄官歸後舉茂才不就卒于家集解惠棟曰案范氏所載循吏猶多未備今依裴松之註三國例補之東觀記云沈豐字聖達爲零陵太守爲政慎刑重殺罪法辭訟初不歷獄嫌疑不決一斷於口鞭杖不舉市無刑戮僚友有過初不暴揚有奇謀異略輒爲談述曰太守所不及也到官一年甘露降芝草生又謝承書云陳留百里嵩字景山爲徐州刺史境遭旱嵩行部傳車所經甘雨輒注東海金鄉祝其二縣僻在山間嵩傳駟不往二縣不得雨父老訴曰某等是公百姓雨口不降嵩曲路到二縣入界即雨又巴祇字敬祖爲揚州刺史在官不迎妻子俸祿不使有餘幘毀壞不復改易以水澡墨傅而用之夜與之對坐暗中不然官燭

又王阜詳西南夷傳註汪文臺曰書鈔七十四謝承書云沈豐爲太守吏有陰過長假還家又云有三黃龍見於府中類聚九十八謝承書云百里嵩爲徐州刺史甘露再降廳事前樹又云嵩爲濟南相甘露降於郡安帝嘉其致瑞徵拜大鴻臚御覽二百三十二引作白嵩字季山百訛白又脫里字也書鈔三十八引謝書巴祇事幘上有黑字墨上有膠字

贊曰政畏張急韓詩外傳曰水濁則魚喁令苛則人亂理國者譬若張琴然大弦急則小弦絕矣故急轡銜者非千里之御也理善亨鮮老子曰理大國者若亨小鮮也推忠以及眾瘼自蠲推忠恕以及於人則眾病自蠲除一夫得情千室鳴弦一夫謂守長也千室謂黎庶言上得化下之情則其下鳴弦而安樂也懷我風愛永載遺賢沈約宋書載曄與其姪及甥書論撰書之意曰吾觀史書恒覺其不可解既造後漢轉得統緒無詳觀古今著述及評論殆少可得意者班氏最有高名既任情無例不可甲乙博贍可不及之整理未必愧也吾雜傳論皆有精意深旨至於循吏已下及六夷諸序論筆勢縱放實天下之奇作其中合者往往不減過秦篇嘗比方班氏所作非但不愧之而已又欲因事發論以正一代得失意復未果贊自是吾文之傑思殆無一字空設此書行故應有賞音者紀傳例爲舉其大略耳諸細意甚多自古體大而思精未有此也恐俗人不能盡之多貴古賤今所以稱情狂言耳

循吏列傳第六十六 終

後漢書集解卷七十六校補

循吏列傳故王莽之繁密注一家鑄錢保五人沒入爲官奴婢 官本注五作伍沒入作入沒案前書莽傳云一家鑄錢五家坐之沒入爲奴婢此注引作保五人蓋莽託周官以五家爲保犯者坐全家保五家各坐一人也食貨志亦載莽法私鑄作泉布者與妻子沒入爲官奴婢吏及比伍知而不舉告與同罪犯者愈眾及五人相坐皆沒入郡國檻車鐵鎖送長安鍾官愁苦死者十六七尹翁歸傳盜賊發其比伍中顏注比謂左右相次者也五家爲伍若今五保也是志之言伍與言保同十六七注引作十七八文亦多異然五人無作伍人者沒入尤無作入沒者自係官本注誤

任延傳拜會稽都尉 侯康曰東觀記作會稽西部都尉當從之會稽有東西南三部都尉但稱都尉文不明也前漢志會稽郡錢唐西部都尉治宋書州郡志東陽太守本會稽西部都尉是兩漢都尉所治不同宋之東陽郡卽漢之太末縣此傳下文載龍邱萇隱居太末乘輂詣府門是更始時西部已徙治太末藝文類聚六引續漢書云爲南部都尉非也南部與太末無涉今案漢興沿秦制郡置郡尉掌佐太守典武職甲卒邊要郡駐兵多則分兩三部前書地理志率詳注其治所會稽郡僅云錢唐西部都尉治回浦南部都尉治則本無東部都尉也光武中興省諸郡都尉唯邊郡往往置都尉會稽亦邊郡既省復置宜也故宰鼂爲西部都尉仍見獨行傳金石錄亦有永平八年所造會稽東部都尉路君闕是已有東部都尉矣然此後漢權宜之制非必沿於前漢也桓靈之世紛紜增置迄獻帝時孫策據會稽以蔣欽爲西部都尉以韓晏領南部都尉董卓之亂詔書拜全柔爲會稽東部都尉曹操亦嘗出張紘爲會稽東部都尉均見吳志又後漢吳郡卽分會稽所立策入會稽並嘗以程普爲吳郡都尉治錢唐列在會稽三部都尉之外則會稽西南兩部都尉治所亦當然不與班志合矣沈約宋志言會稽西部卽東陽郡張勃吳錄言冶分爲會稽東南二部都尉東部臨海郡是南部建安郡是通典言後漢改冶東縣爲侯官都尉後分冶縣爲東南二都尉今福州是南部台州是東部實皆就後漢之末可考者而言亦非光武以來原有是定制卽沈約謂後漢分會稽爲吳郡都尉疑從治章安以吳志證之亦疑非所疑也乃李宗諤圖經謂文帝時以山陰爲都尉治元狩中徙治錢唐爲西部元鼎中又立東部都尉治冶光武改回浦爲章安以冶立東侯官此不知何據夫都尉之名改自景帝文帝時不當已名都尉如武帝元鼎時已立東部都尉治冶班志不應無注如光武時已就冶立東侯官續志會稽郡亦不應有冶無侯官此其失皆易辨侯氏於更始時言會稽有東西南三部都尉殆卽沿其誤新莽改郡都尉爲大尉更始亟復漢官時在搶攘延拜會稽都尉爲西部或爲南部本非范書所重侯氏據下文龍邱萇隱居太末定以爲是西部徙治太末則又誤東陽郡孫皓所立領縣九太末雖其屬而治則在長山考長山分自烏傷不分自太末安得云宋之東陽郡卽漢之太末縣乎且傳言延於龍邱萇遣功曹奉謁修書記致醫藥吏使相望於道原不必卽在治所也

唯先遣饋禮祠延陵季子注封於延陵 官本注末有也字

隱居太末注東觀記云 錢大昭曰東觀當作東陽晉志太末屬東陽郡今案錢說是也東陽記文續志劉注已先引之此作東觀記淺人妄改耳至太末屬東陽晉係沿孫吳之舊

願得先死備錄 先原誤光錢校據南監本正今從之官本不誤

又遣立校官 官本遣作造

王景傳樂浪䛁邯人也注縣名 今闕李兆洛云案當在朝鮮境

閎與郡決曹吏楊邑等 官本吏作史是錢大昭曰吏當作史南監本不誤

初平帝時河汴決壞 錢大昭曰河汴當作汴河明帝紀注引此傳亦作汴河今案河決與汴混則汴亦決觀明帝詔書亦言河汴分流復其舊迹則作河汴非誤也

明年夏渠成 胡朏明曰景修渠築隄自滎陽東至海口千餘里則所治者卽東漢以後大河之經流也而史稱汴渠又曰渠成始終皆不言河蓋建都洛陽東方之漕全資汴渠故惟此爲急河汴分流則運道無患治河所以治汴也

置河隄員吏 官本吏作史案漢官率言員吏若干人此連員言作史非

集解惠棟曰注王延代應劭漢官儀云成帝時王延世 至 秩二千石 案此文詳見前書溝洫志惠反引後出之漢官儀殆偶有不照也世作代章懷避改

郡界有楚相孫敖所起芍陂稻田集解先謙曰官本作孫叔敖 謹案錢校據閩本亦作孫叔敖是此作孫敖明脫叔字

王渙傳廣漢郪人也注郪縣故城在今梓州郪縣西南也 今潼川府三臺縣南

又能以譎數發擿姦伏集解惠棟曰東觀記云 至 或伏覽下 柳從辰曰覽音胡監切大盆也字書引續漢書亦作盜伏覽下今聚珍本東觀記作或伏甕下案廣雅賞瓶覽也說文賞大盆也故玉篇卽以大盆訓覽王念孫廣雅疏證云說文鑑大盆也周官凌人春始治鑑鄭注鑑如甀大口以盛冰置食物於其中以禦溫氣釋文覽胡暫反本或作監莊子則陽篇衞靈公有妻三人同濫而浴襄九年左傳注鑑水器盆覽之屬並字異而義同是覽本卽鑑字之鑑又通作監濫雖覽屬而非卽覽也今東觀記作甕乃轉寫之誤

百姓市道莫不咨嗟市官本或作市案市道猶言繞道義亦可通

渙喪西歸沈銘彝曰渙墓在新都縣北十二里官道西墓前有石闕高一丈五尺題曰漢故兗州刺史雒陽令王稚子闕十三字見褚千峯金石圖

民思其德爲立祠安陽亭西每食輒弦歌而薦之注古樂府歌曰

侯康曰宋書樂志三載歌辭較詳集解周壽昌曰至且示敬也案禮言薦其時食下旣言薦則上食字原可不改傳意本言每上食必弦歌以樂神或食上本脫上字也若民間每食必薦又每薦必弦歌無有遠近朝夕僕僕於廟豈有此理且立祠安陽亭西者洛陽之民也因持米感其德設樂桉於路者宏農之民也周氏牽合言之尤似不合

永和中已劇令勃海任峻補之永和官本誤永平注劇縣名屬北海郡官本注末有也字劇縣今地已詳張步傳集解惠棟曰袁宏紀云峻勃海蓨人也柳從辰曰蓨即脩音條本亦作條

許荆傳字少張注常單步荷檐上下官本注檐作擔案檐本通作擔會稽陽羡人也注陽羡故城在今常州義興縣南今常州府宜興縣南五里

孟嘗傳甘澤時見注解見霍諝傳也官本無注

且南海多珠官本珠作珍

左右爲之容耳注前書鄒陽曰官本注陽下有傳字

年七十卒于家柳從辰曰一統志嘗墓在今上虞縣東南

第五訪傳補新都令注新都縣屬蜀郡案新都前續志均屬廣漢郡注誤故城在今益州新都縣東今成都府新都縣治

拜護羌校尉柳從辰曰袁紀作拜護羌烏桓校尉

劉矩傳不與州郡交通官本州作諸

延熹四年代黃瓊爲太尉至號爲賢相集解王補曰至矩寵不得立傳矣案矩與瓊暠同心輔政朱穆稱爲良輔寵清約省素謝弼謂其斷斷守善豈當時之論定反不逮後賢耶且范書自傳循吏而乃舉史記申居嘉傳末爲丞相備員者爲比謂矩寵且不得立傳若忘黃霸爲相雖功名損於居郡時無礙其爲循吏者尤可異也

劉寵傳字榮祖官本榮祖作祖榮柳從辰曰袁紀亦作字祖榮案錢校據閩本及吳志劉繇傳注並作祖榮則此作榮祖自係誤倒

將閭少子封牟平侯錢大昭曰侯名濮

寵少受業官本業上有父字案吳志注引續漢書亦云受父業

除東平陵令注東平陵縣名屬濟南郡也已詳靈紀

欲息亭舍至不可得也錢大昭曰也當從吳志注作止

以老病卒於家柳從辰曰一統志寵墓在今甯海州北十里養馬島卽地形志之牟平也

仇覽傳陳留考城人也注續漢志考城故菑今地詳史弼傳校補

童恢傳童恢字漢宗注謝承書童作憧官本注憧作僮琅邪姑幕人也注姑幕故城在今密州莒縣東北也已詳劉盆子傳

理善亭鮮官本文注亭皆作烹古今字

懷我風愛永載遺賢注博贍可不及之案據宋書南史可不均作不可

酷吏列傳第六十七

宋　宣城太守范　曄　撰
唐　章懷太子賢　注
王先謙集解

漢承戰國餘烈多豪猾之民其并兼者則陵橫邦邑桀健者則雄
張閭里橫音胡孟反張音知亮反且宰守曠遠戶口殷大前書曰成帝戶一千二百二十三萬三千
六十口五千九百五十九萬四千九百七十八漢極盛矣故臨民之職專事威斷族滅姦軌先
行後聞先行刑而後聞奏也肆情剛烈成其不撓之威撓屈也前書甯成爲濟南都尉而郅都爲
守始前數都尉步入府因吏謁守如縣令其畏都如此及成往直陵都出其上都素聞其聲善遇之與結驩〔集解〕何焯曰不撓謂權
彊難以屈其法注指同官相陵誤違眾用己表其難測之智前書嚴延年爲河南太守眾人所謂當死
者一朝出之所謂當生者詭殺之吏人莫能測其用意深淺也至於重文橫入爲窮怒之所遷及
者亦何可勝言重猶深也橫猶枉也窮極也言遷怒於無罪之人故乃積骸滿穽漂血十

里穽阬也前書尹賞守長安令得一切以便宜從事賞至修理長安獄穿地方深各數丈名爲虎穴乃部戶曹掾吏雜舉長安中
輕薄少年惡子無市籍商販作務而鮮衣凶服者得數百人盡以次內穴中覆以大石皆相枕藉死又王溫舒爲河內太守捕郡中
豪猾論報流血十餘里也致溫舒有虎冠之吏王溫舒爲中尉窮案姦猾盡縻爛獄中其爪牙吏虎而冠者也
音義云言其殘虐之甚也延年受屠伯之名豈虛也哉前書嚴延年爲河南太守所誅殺血流數里河
南號曰屠伯言若屠人之殺六畜也若其揣挫彊執〔集解〕官本考證曰揣疑惴周壽昌曰案作揣爲是揣挫也言挫
持其罪以挫彊執也摧勒公卿碎裂頭腦而不顧亦爲壯也前書濟南瞯氏宗人三百餘家
豪猾二千石莫能制郅都爲濟南守至則誅瞯氏首惡郡中路不拾遺都後竟坐斬又趙廣漢爲京兆尹侵犯貴戚大臣將吏卒入
丞相魏相府召其夫人跪庭下受辭責以殺婢事司直蕭望之劾奏廣漢摧辱大臣傷化不道坐腰斬破碎頭腦言不避誅戮也〔集
解〕先謙曰官本跪作疏引劉敞曰注疏庭下案本傳疏當作跪自中興以後科網稍密吏人之嚴
害者方於前世省矣而閹人親婭侵虐天下爾雅曰兩壻相謂曰婭至使陽
球磔王甫之屍張儉剖曹節之墓〔集解〕何焯曰以黨錮宦者二傳參考乃侯覽非曹節也所當刊
正且未葬但可言壞不得言剖若此之類雖厭快眾憤亦云酷矣儉知名故附黨

人篇劉淑李膺等傳也
董宣字少平陳留圉人也初爲司徒侯霸所辟舉高第累遷北海
相到官以大姓公孫丹〔集解〕惠棟曰陳留耆舊傳作舟爲五官掾丹新造居宅而
卜工以爲當有死者〔集解〕惠棟曰陳留耆舊傳云舟起大宅占之曰宅成當出一喪丹乃令其子
殺道行人置屍舍內以塞其咎宣知即收丹父子殺之丹宗族親
黨三十餘人操兵詣府稱冤叫號宣以丹前附王莽慮交通海賊
乃悉收繫劇獄劇縣之獄使門下書佐水丘岑盡殺之姓水丘名岑也青州以
其多濫奏宣考岑宣坐徵詣廷尉在獄晨夜諷誦無憂色及當出
刑官屬具饌送之宣乃厲色曰董宣生平未曾食人之食況死乎
升車而去時同刑九人次應及宣光武馳使騶騎特原宣刑且令
還獄遣使者詰宣多殺無辜宣具以狀對言水丘岑受臣旨意罪
不由之願殺臣活岑使者以聞有詔左轉宣懷令令青州勿案岑

罪岑官至司隸校尉後江夏有劇賊夏喜等寇亂郡境以宣爲江
夏太守到界移書曰朝廷以太守能禽姦賊故辱斯任今勒兵界
首檄到幸思自安之宜喜等聞懼即時降散外戚陰氏爲郡都尉
宣輕慢之坐免後特徵爲洛陽令時湖陽公主蒼頭白日殺人〔集解〕
惠棟曰續漢書云甯平公主乳母子白晝殺人因匿主家吏不能得及主出行而以奴驂
乘宣於夏門亭候之乃駐車叩馬以刀畫地大言數主之失〔集解〕惠棟
曰續漢書云數主之失者三叱奴下車因格殺之主即還宮訴帝帝大怒召宣
欲箠殺之宣叩頭曰願乞一言而死帝曰欲何言宣曰陛下聖德
中興而縱奴殺良人將何以理天下乎臣不須箠請得自殺即以
頭擊楹流血被面帝令小黃門持之使宣叩頭謝主宣不從彊使
頓之〔集解〕惠棟曰說文云頓下首也宣兩手據地終不肯俯〔集解〕惠棟曰續漢書云上令小黃門持之
曰癡令令叩頭謝主宣不從上曰頓癡令頭宣兩手據地不肯低頭主曰文叔爲白衣時臧亡匿死

吏不敢至門今爲天子威不能行一令乎帝笑曰天子不與白衣同因敕彊項令出（謝承書曰敕令詣太官賜食宣受詔出飯盡覆杯食机上大官以狀聞上問宣宣對曰臣食不敢遺餘如奉職不敢遺力集解惠棟曰李子田云彊項二字出素問岐伯曰諸頸項彊皆屬溼周亮工云彊去聲）賜錢三十萬宣悉以班諸吏由是搏擊豪彊莫不震慄京師號爲臥虎歌之曰枹鼓不鳴董少平（枹擊鼓杖也音浮其字從木也）在縣五年年七十四卒於官詔遣使者臨視唯見布被覆屍妻子對哭有大麥數斛敝車一乘（謝承書曰有白馬一匹蘭輿一乘也）帝傷之曰董宣廉潔死乃知之以宣嘗爲二千石賜艾綬葬以大夫禮拜子並爲郎中後官至齊相（諸本此下有說蔡茂事二十五字亦有無者案茂自有傳也）

樊曄字仲華南陽新野人也與光武少游舊建武初徵爲侍御史遷河東都尉引見雲臺初光武微時嘗以事拘於新野（集解惠棟曰東觀記云坐文書事見拘）曄爲市吏餽餌一笥（蒼頡篇曰餽饟也說文曰餌餅也笥竹器也）帝德之不忘

仍賜曄御食及乘輿服物因戲之曰一笥餌得都尉何如曄頓首辭謝（集解惠棟曰東觀記云曄頓首曰小臣蒙恩特見拔擢陛下不忘往舊臣得竭死自効）及至郡誅討大姓馬適匡等（馬適姓也前書有馬適建俗本匡上有王字者誤也）盜賊清吏人畏之數年遷揚州牧教民耕田種樹理家之理（集解先謙曰官本下理字作術是）視事十餘年坐法左轉軹長（軹縣屬河南郡故城在今洛州濟源縣東南也集解洪亮吉曰案注河南應作河內刊寫之誤先謙曰軹今懷慶府濟源縣南十五里）隗囂滅後隴右不安乃拜曄爲天水太守政嚴猛好申韓法（申不害韓非之法也集解惠棟曰張璠漢記云曄之官與故太守喪會於隴亭堂吏移喪避曄曄讓於正堂關西稱之）善惡立斷人有犯其禁者率不生出獄吏人及羌胡畏之道不拾遺行旅至夜聚衣裝道傍曰以付樊公涼州爲之歌曰游子常苦貧力子天所富（勤力之子）寧見乳虎穴（乳產也猛獸產乳護其子則搏噬過常故以喻也諸本穴字或作六誤也集解惠棟曰顏之推云江南書本穴皆誤作六學士循迷而不寤夫虎豹穴居事之較著所以班超云不探虎穴安得虎子甯當論其六七乎）不入冀府寺（冀天水縣也集解惠棟曰府一作城）大笑期必死忿怒或見置嗟我樊府君安可再遭値視事十四年卒官永平中顯宗追思曄在天水時政能以爲後人莫之及詔賜家錢百萬子融有俊才好黃老不肯爲吏

李章字第公河內懷人也五世二千石章習嚴氏春秋（宣帝時博士嚴彭祖也）經明教授歷州郡吏光武爲大司馬平定河北召章置東曹屬數從征伐光武即位拜陽平令（陽平縣屬東郡故城今魏州莘縣也）時趙魏豪右往往屯聚清河大姓趙綱遂於縣界起塢壁繕甲兵爲在所害（集解惠棟曰所在爲人害也）章到乃設饗會而延謁綱綱帶文劍被羽衣（緝鳥羽以爲衣也前書欒大爲五利將軍服羽衣也）從士百餘人來到章與對讌飲有頃手劍斬綱伏兵亦悉殺其從者因馳詣塢壁掩擊破之吏人遂安遷千乘太守坐誅斬盜賊過濫徵下獄免歲中拜侍御史出爲琅邪太守時北海安丘大姓夏長思等反遂囚太守處興（風俗通曰史記趙有辨士處子故有處姓也）而據營陵城（營陵縣屬北海郡）章聞即發兵千人馳往擊之掾吏止章（集解劉攽曰案文吏當作史）曰二千石行不得出界兵不得擅發（前書杜欽奏記王鳳曰二千石守千里之地任兵馬之重不宜去郡也）章按劍怒曰逆虜無狀囚劫郡守此何可忍若坐討賊而死吾不恨也遂引兵安丘城下募勇敢燒城門與長思戰斬之獲三百餘級得牛馬五百餘頭而還興歸郡以狀上帝悉以所得班勞吏士後坐度人田不實徵以章有功但司寇論月餘免刑歸復徵會病卒

周紆字文通下邳徐人也爲人刻削少恩好韓非之術少爲廷尉史永平中補南行唐長到官曉吏人曰朝廷不以長不肖使牧黎民而性讐猾吏志除豪賊且勿相試遂殺縣中尤無狀者數十人吏人大震遷博平令（博平縣故城在今博州博平縣東集解先謙曰今東昌府博平縣西北三十里）收考姦臧無出獄者以威名遷齊相亦頗嚴酷專任刑法而善爲辭案

條教（辭案猶今案牘也）爲州內所則後坐殺無辜復左轉博平令建初中爲勃海太守每赦令到郡輒隱閉不出先遣使屬縣盡決刑罪乃出詔書坐徵詣廷尉免歸紡廉潔無資常築墼以自給（集解劉攽曰案墼非築所成當作塹築爲垣牆塹爲坑塹也先謙曰官本考證引楊愼丹鉛續錄云攽本南人不知土墼也字林磚未燒曰墼埤蒼刑土爲方曰墼今之土墼以木爲模實土其中非築而何錢大昕云說文墼瓴適也洪氏隸續有永初官墼文云眉州人掘武陽故城時或得之傳云築墼者以墼築城垣也劉貢父破爲塹非是）肅宗聞而憐之復以爲郎再遷召陵侯相廷掾憚紡嚴明欲損其威（續漢志每郡有五官掾縣爲廷掾也）乃晨取死人斷手足立寺門紡聞便往至死人邊若與死人共語狀陰察視口眼有稻芒乃密問守門人曰悉誰載藁入城者（悉猶知也）門者對唯有廷掾耳又問鈴下（漢官儀曰鈴下侍閤辟車此皆以名自定者也）外頗有疑令與死人語者不對曰廷掾疑君乃收廷掾考問具服不殺人取道邊死人後人莫敢欺者徵拜洛陽令下車先問大姓主名吏數閭里豪彊以對

紡厲聲怒曰本問貴戚若馬竇等輩豈能知此賣菜傭乎於是部吏望風旨爭以激切爲事貴戚跼蹐京師肅清皇后弟黃門郎竇篤從宮中歸夜至止姦亭亭長霍延遮止篤篤蒼頭與爭延遂拔劍擬篤而肆詈恣口篤以表聞詔召司隸校尉河南尹詣尚書譴問遣劍戟士（集解通鑑胡注劍戟士左右都候掌之）收紡送廷尉詔獄數日貰出（貰赦也音市夜反集解通鑑胡注貰之爲是則收之爲非王補曰章帝斥竇憲何異指鹿爲馬而不能加罪紡之徵篤意在振主威張國典旣貰出詔獄旋奏免竇氏所以橫也）帝知紡奉法疾姦不事貴戚然苛慘失中（慘虐也）數爲有司所奏八年遂免官後爲御史中丞和帝即位太傅鄧彪奏紡在任過酷不宜典司京輦（漢官儀曰御史中丞外督部刺史內領侍御史糾察百司故云典司京輦集解惠棟曰案胡廣漢官解詁云轂下喻在輦轂之下京兆之中故曰京輦）免歸田里後竇氏貴盛篤兄弟秉權睚眦宿怨無不僵仆（僵偃也仆踣也）紡自謂無全乃柴門自守以待其禍然篤等以紡公正而怨隙有素遂不敢害永元五年復徵爲御史中丞諸竇雖誅而夏陽侯瓌猶尚在朝紡疾之乃上疏曰臣聞臧文仲之事君也見有禮於君者事之如孝子之養父母見無禮於君者誅之如鷹鸇之逐鳥雀（左氏傳季孫行父稱臧文仲教行父事君之辭也）按夏陽侯瓌本出輕薄志在邪僻學無經術而妄搆講舍外招儒徒賓會姦桀輕忽天威侮慢王室又造作巡狩封禪之書惑衆不道當伏誅戮而主者營私不爲國計夫涓流雖寡浸成江河爝火雖微卒能燎野（莊子曰日月出矣而爝火不息爝火小火也）履霜有漸可不懲革（易曰履霜堅冰至其所由來者漸矣）宜尋呂產專竊之亂（呂產呂太后之兄子封爲梁王太后崩與弟祿作亂也）永惟王莽篡逆之禍上安社稷之計下解萬夫之惑會瓌歸國紡遷司隸校尉六年夏旱車駕自幸洛陽錄囚徒二人被掠生蟲坐左轉騎都尉（集解惠棟曰續漢志云永元五年郡國三雨雹大如雞子是時和帝用酷吏周紡爲司隸校尉刑誅深刻）七年遷將作大匠九年卒於官

黃昌字聖真會稽餘姚人也（餘姚今越州縣也）本出孤微（集解惠棟曰謝承書云夏多蚊貧無幬傭倩爲作幬）居近學宮（集解周壽昌曰案宮字宜正作官本書前已屢見）數見諸生修庠序之禮因好之遂就經學又曉習文法仕郡爲決曹（續漢志曰決曹主罪法事）刺史行部見昌甚奇之辟從事後拜宛令政尚嚴猛好發姦伏人有盜其車蓋者昌初無所言後乃密遣親客至門下賊曹家掩取得之（續漢志曰賊曹主盜賊事）悉收其家一時殺戮大姓戰懼皆稱神明朝廷舉能遷蜀郡太守先太守李根年老多悖政（悖亂也）百姓侵冤及昌到吏人訟者七百餘人悉爲斷理莫不得所密捕盜帥一人脅使條諸縣彊暴之人姓名居處乃分遣掩討無有遺脫宿惡大姦皆奔走它境（集解惠棟曰會稽典錄云其諸小盜皆原其死謫作棧道以代民便由是道不拾遺獄至連年無有重囚汪文臺曰書鈔七十六引謝承書云未至郡時蜀有童謠曰兩日出天兵戰）初昌爲州書佐其婦歸寧於家遇賊被獲遂流轉入蜀爲人妻其子犯事乃詣昌自訟昌疑母不

類蜀人因問所由對曰妾本會稽餘姚戴次公女州書佐黃昌妻也妾嘗歸家爲賊所略集解先謙曰官本賊作盜遂至於此昌驚呼前謂曰何以識黃昌邪對曰昌左足心有黑子常自言當爲二千石相書曰足心有黑子者二千石昌乃出足示之因相持悲泣還爲夫婦視事四年徵再遷陳相縣人彭氏舊豪縱造起大舍高樓臨道昌每出行縣彭氏婦人輒升樓而觀昌不喜遂敕收付獄按殺之又遷爲河內太守又再遷潁川太守集解劉攽曰案文多二又字永和五年徵拜將作大匠漢安元年進補大司農左轉太中大夫卒於官

陽球字方正漁陽泉州人也泉州故城在今幽州雍奴縣南也集解先謙曰今順天府武清縣東南四十里家世大姓冠蓋球能擊劒習弓馬性嚴厲好申韓之學郡吏有辱其母者球結少年數十人殺吏滅其家由是知名集解惠棟曰春秋崇尚復讎漢時不禁報怨故球以此知名初舉孝廉補尚書侍郎閑達故事其章奏處議

處斷也常爲臺閣所崇信出爲高唐令以嚴苛過理郡守收舉收繫舉劾之也會赦見原辟司徒劉寵府舉高第集解汪文臺曰御覽二百四十五續漢書云球爲幽州從事部分邊塞職事修理九江山賊起連月不解三府上球有理姦才拜九江太守球到設方略凶賊殄破收郡中姦吏盡殺之遷平原相出教曰相前莅高唐志埽姦鄙遂爲貴郡所見枉舉昔齊桓釋管仲射鉤之讎高祖赦季布逃亡之罪雖以不德敢忘前義況君臣分定而可懷宿昔哉今一蠲往愆期諸來效若受教之後而不改姦狀者不得復有所容矣郡中咸畏服焉時天下大旱司空張顥集解惠棟曰考異云案顥光和元年爲太尉未嘗爲司空條奏長吏苛酷貪污者皆罷免之球坐嚴苦徵詣廷尉當免官靈帝以球九江時有功拜議郎遷將作大匠坐事論頃之拜尚書令奏罷鴻都文學曰伏承有詔勑中尚方爲鴻都文學樂松江覽等三十二人圖象立贊以勸學者臣聞傳曰君舉必書書而不法後嗣何觀左傳曹劌諫魯莊公之辭也案松覽等皆出於微蔑集解錢大昕曰微蔑猶言微末也斗筲小人依憑世戚附託權豪俛眉承睫徼進明時或獻賦一篇或鳥篆盈簡八體書有鳥篆象形以爲字也而位升郎中形圖丹青亦有筆不點牘辭不辯心假手請字妖僞百品莫不被蒙殊恩蟬蛻滓濁說文曰蛻蟬蛇所解皮也蛻音式銳反楚詞曰濟江海兮蟬蛻或音它外反是以有識掩口天下嗟歎臣聞圖象之設以昭勸戒欲令人君動鑒得失未聞豎子小人詐作文頌而可妄竊天官垂象圖素者也今太學東觀足以宣明聖化集解惠棟曰漢法名臣有德誼者圖形東觀也願罷鴻都之選以消天下之謗書奏不省時中常侍王甫曹節等姦虐弄權扇動外內球嘗拊髀發憤曰若陽球作司隸此曹子安得容乎光和二年遷爲司隸校尉王甫休沐里舍球詣闕謝恩奏收甫及中常侍淳于登袁赦封昱昱音吐盍反集解通鑑胡注姓譜封夏封父之後中黃門劉毅小黃門龐訓

朱禹齊盛等集解官本考證曰何焯校本禹改瑀及子弟爲守令者姦猾縱恣罪合滅族太尉段熲諂附佞倖宜并誅戮於是悉收甫熲等送洛陽獄集解惠棟曰案楊彪傳王甫之姦彪發之也及甫子永樂少府萌沛相吉球自臨考甫等五毒備極萌謂球曰父子既當伏誅少以楚毒假借老父集解王補曰通鑑萌先嘗爲司隸乃謂球曰父子既當伏誅亦以先後之義少以楚毒假借老父蓋從袁紀較本書爲完足球曰若罪惡無狀若汝也死不滅責集解惠棟曰死有餘責故云不滅責乃欲求假借邪集解先謙曰官本求作球王補曰此句通鑑乃欲下多論先後三字萌乃罵曰爾前事吾父子如奴奴敢反汝主乎集解錢大昕曰案陽球誅王甫輩雖快人意然球本中常侍程璜女夫又以私憾蔡質故飛章陷質邕父子王萌所云事吾父子如奴殆非誣也傳曰無瑕者可以戮人閩本事上有奉字今日困吾行自及也球使以大窒萌口集解先謙曰官本大作土是箠朴交至父子悉死杖下熲亦自殺乃僵磔甫屍於夏城門大署牓曰賊臣王甫盡沒入財產妻子皆徙比景球既誅甫復欲以次表曹節等乃敕中都官從事曰且先

去大猾當亢案豪右權門聞之莫不屏氣諸奢飾之物皆各緘縢不敢陳設說文曰緘束篋也孔安國注尚書曰縢緘也京師畏震〔集解〕惠棟曰東觀記云權門惶怖莫不雀目鼠步而京師肅然汪文臺曰文選魏都賦注謝承書云陽球爲司隸校尉虎視帝宇時順帝虞貴人葬百官會喪還〔集解〕惠棟曰袁紀云球會虞貴人葬還入夏城門曹節見謁於道旁球大罵曰賊臣曹節收淚於車下也曹節見磔甫屍道次慨然抆淚曰抆拭也音亡粉反〔集解〕惠棟曰楚辭九章云孤子唫而抆淚我曹自可相食何宜使犬舐其汁乎語諸常侍今且俱入勿過里舍也節直入省白帝曰陽球故酷暴吏前三府奏當免官以九江微功復見擢用愆過之人好爲妄作不宜使在司隸以騁毒虐帝乃徙球爲衛尉時球出謁陵〔集解〕通鑑胡注諸陵皆在司部故司隸出謁陵節敕尚書令召拜不得稽留尺一球被召急因求見帝叩頭曰臣無清高之行橫蒙鷹犬之任〔集解〕通鑑胡注謂司隸主搏噬姦非猶鷹犬也前雖糾誅王甫段熲蓋簡落狐狸〔集解〕王補曰袁紀作狐狸小醜未足宣示天下願假臣一月必令豺狼鴟

梟各服其辜叩頭流血殿上呵叱曰衛尉扞詔邪至於再三乃受拜其冬司徒劉郃與球議收案張讓曹節節等知之共誣白郃等語已見陳球傳遂收球送洛陽獄誅死妻子徙邊

王吉者陳留浚儀人中常侍甫之養子也甫在宦者傳吉少好誦讀書傳喜名聲而性殘忍以父秉權寵年二十餘爲沛相曉達政事能斷察疑獄發起姦伏多出眾議課使郡內各舉姦吏豪人諸常有微過酒肉爲臧者雖數十年猶加貶棄注其名籍專選剽悍吏擊斷非法若有生子不養即斬其父母合土棘埋之凡殺人皆磔屍車上隨其罪目宣示屬縣罪目名也夏月腐爛則以繩連其骨周徧一郡乃止見者駭懼視事五年凡殺萬餘人其餘慘毒刺刻不可勝數郡中惴恐惴懼也音之瑞反莫敢自保及陽球奏甫乃就收執死於洛陽獄〔集解〕洪亮吉曰案酷吏傳人品俱可觀方之前史自郅都以下俱莫能及惟吉殊無可取本王甫養子宜附甫傳末不足廁此六人後也

論曰古者敦龐善惡易分左傳申叔時曰人生敦龐和同以聽杜預注云敦厚也龐大也至於畫衣冠異服色而莫之犯白虎通曰畫象者其衣服象五刑也犯墨者蒙巾犯劓者以赭著其衣犯髕者以墨蒙其髕處而畫之犯宮者雜屝犯大辟者布衣無領墨黥面也叔世偸薄左傳曰叔向曰三辟之興皆叔世也叔代猶末代也偸苟且也本或作渝渝變也上下相蒙左傳介之推曰下義其罪上賞其姦上下相蒙難與處矣蒙欺也德義不足以相洽化導不能以懲違遂乃嚴刑痛殺隨而繩之致刻深之吏以暴理姦倚疾邪之公直濟忍苛之虐情漢世所謂酷能者蓋有聞也皆以敢悍精敏巧附文理風行霜烈威譽諠赫與夫斷斷守道之吏何工否之殊乎尚書曰如有一个臣斷斷猗孔安國注云斷斷猗然專一之臣也故嚴君蚩黃霸之術前書嚴延年爲河南太守嚴刑峻罰時黃霸爲潁川太守以寬恕爲化郡中亦平屢蒙豐年鳳凰屢集上下詔稱揚其行加金爵之賞延年素輕霸爲人及比郡爲守褒賞反在己前心內不服河南界中又有蝗府丞狐義出行蝗還見延年延年曰此蝗豈鳳凰食邪密人笑卓茂之政茂傳曰初茂到縣有所廢置吏人笑之猛

既窮矣而猶或未勝然朱邑不以笞辱加物前書曰朱邑以愛利爲行未嘗笞辱人袁安未嘗鞫人臧罪安傳曰安爲河南尹政號嚴明然未曾以臧罪鞫人也而猾惡自禁人不欺犯何者以爲威辟既用而苟免之行興辟法也音頻亦反仁信道孚故感被之情著左傳曰小信未孚杜預注云孚大信也此言仁信之道大信於人苟免者威隙則姦起感被者人亡而思存若子產卒仲尼聞之曰古之遺愛也由一邦以言天下則刑訟繁措可得而求乎〔集解〕惠棟曰漢謂太守爲諸侯故云一邦言即一邦之治而推之治天下之大其刑獄繁措之故可以類求矣

贊曰大道既往刑禮爲薄老子曰大道廢有仁義又曰禮者忠信之薄而亂之始〔集解〕惠棟曰老子道德經云失道而後德又云失義而後禮夫禮者忠信之薄而亂之始斯人散矣機詐萌作論語曾子曰上失其道民散久矣如得其情則哀矜而勿喜也去殺由仁濟寬非虐論語曰善人爲邦百年亦可以勝殘去殺此言用仁德化人人知禮節可以無殺戮也左傳曰寬以濟猛猛以濟寬言政寬則人慢故須以猛濟之非故爲暴虐也末暴雖勝崇本或略春秋繁露曰君者國之本也夫爲國本其化莫大於崇本崇本則君化若神不崇本則無以兼人此言酷

暴爲政化之末雖得勝殘而崇本之道尙爲略也集解劉攽曰注夫爲國本其化莫大於崇本案文多一本字

後漢書[illegible]終

後漢書集解卷七十七挍補

酷吏列傳故乃積骸滿穽注乃部戶曹掾吏柳從辰曰注掾吏據前書吏乃史之譌

若其揣挫彊執集解周壽昌曰案作揣爲是揣控也言控持其罪以挫彊埶也案周謂揣挫不必改字是也然訓揣爲控持與挫義不相聯屬據說文揣本一訓捶之捶者擊也老子曰揣而銳之梁簡文說揣爲治擊揣挫猶云擊挫耳

樊仲華傳嘗見乳虎穴注諸本穴字或作六誤也今案下作穴上作見又覺文義不應見或覓之譌不入冀府寺注冀天水縣也地詳安紀及盧芳傳錢大昭曰冀爲太守治所故止言冀

李章傳拜陽平令注陽平縣屬東郡故城今魏州莘縣也今東昌府莘縣治

而據營陵城注營陵縣屬北海郡官本注末有也字

周紆傳無不僵仆注仆踣也仆字原譌似什已正官本不誤

黃昌傳會稽餘姚人也注餘姚今越州縣也今紹興府餘姚縣治

陽球傳遷平原相柳從辰曰袁紀作甘陵相

蟬蛻滓濁注蛻蟬蛇所解皮也官本注蛇誤蛻

奏收甫柳從辰曰袁紀載球奏云勃海之誅宋后之廢甫之罪也

及甫子永樂少府萌沛相吉錢大昭曰甫子當作甫養子案王吉傳作王甫養子曹節傳亦但作王甫子宦官之子自皆養子不言可喻也

古者敦厖官本文注厖皆作龐柳從辰曰左傳民生敦厖厖从厂不从广今案說文厖从厂龐从广厖以大爲義龐以高爲義隸寫紛亂厖或作庬龐亦作龐字書以其承用已久因而傳會之於厖庬各爲音訓又謂可以相通本不足據也經典厖不能通龐杜注訓敦厖爲厚大自當作厖爲是

至於晝衣冠異服色注犯宮者雜扉注扉原譌屝已正官本不誤

與夫斷斷守道之吏注如有一个臣官本注个作介案个本一讀爲介比郡爲守官本郡作部

宦者列傳第六十八

集解何焯曰董賢負乘莽得竊柄故西京佞幸關係存亡東都則黃巾蟻聚羣雄龍戰皆由宦者流毒廢班馬佞幸前例獨著宦者庶乎識變

後漢書七十八

宋 宣城太守范曄撰

唐 章懷太子賢注

王先謙集解

易曰天垂象聖人則之 易繫辭之文也 宦者四星在皇位之側故周禮置官亦備其數 集解惠棟曰李善云仲長子昌言曰天文宦者四星在帝座傍而周禮有其官職 閽者守中門之禁 周禮曰閽人掌守王宮中門之禁鄭玄注云中門於外內為中也閽即刖足者集解惠棟曰周禮天官屬云閽者王宮每門四人 寺人掌女宮之戒 周禮曰寺人掌王宮之內人及女宮之戒令也集解先謙曰官本舊無注續增考證曰句下依宋本添注十八字 又云王之正內者五人 周禮曰寺人掌王之正內五人注云正內路寢也集解劉攽曰正文案文多一者字此本用周禮文惠棟曰周禮天官屬云寺人王之正內五人鄭氏注云正內路寢 月令仲冬命閹尹審門閭謹房室 鄭玄注月令云閹尹主領奄豎之官者也於周禮則為內宰掌理王之內

政宮令譏出入開閉之屬也集解何焯曰月令呂不韋作故鄭注云於周則為內宰禮字不學者所增文選注中尚無禮字 詩之小雅亦有巷伯刺讒之篇 毛詩序曰巷伯刺幽王也寺人傷於讒而作是詩也毛萇注云巷伯內之小臣也 然宦人之在王朝者其來舊矣將以其體非全氣 集解王補曰文選注老子曰未知牝牡之合而全作王弼曰作長也無物以損其身故全長也 情志專良通關中人易以役養乎 關涉也中人內人也 然而後世因之才任稍廣其能者則勃貂管蘇有功於楚晉 勃貂即寺人披也一名勃鞮字伯楚左傳曰呂郤畏偪將焚公宮殺晉文公寺人披見公以難告遂殺呂郤新序曰楚恭王有疾告諸大夫曰管蘇犯我以義違我以禮與處不安不見不思然而有得焉我死之後爵之於朝也集解何焯曰勃貂當作勃鞮因齊寺人貂而訛不知貂即刁也惠棟曰李善云史記以勃鞮為履貂也 景監繆賢著庸於秦趙 史記曰商君入秦因孝公寵臣景監以求見又曰藺相如為趙宦者令繆賢舍人趙求人使報秦者未得繆賢曰臣舍人藺相如可使也著庸謂薦鞅及相如也 及其敝也則豎刁亂齊伊戾禍宋 左傳曰齊桓公卒易牙入與寺人貂因內寵以殺羣吏而立公子無虧孝公奔宋杜預注曰寺人即閹官刁即貂也音彫又曰楚客聘于晉過宋太子知之請野享之公使往寺人伊戾請從之至則坎用牲加書徵之而騁告公曰太子將為亂公使視之則信有焉太子死公徐聞其無罪乃亨伊戾也 漢興仍襲秦制置中常侍官然亦引用士人以參其選皆銀璫左貂給事殿省及高后稱制乃以張卿為大謁者出入臥內受宣詔命 前書曰齊人田生求事呂后所幸大謁者張釋卿音義曰奄人也仲長統昌言曰宦豎傳近房臥之內交錯婦人之間 文帝時有趙談北宮伯子頗見親倖至於孝武亦愛李延年 前書曰孝文時宦者則趙談北宮伯子孝武時宦者李延年也 帝數宴後庭或潛游離館故請奏機事多以宦人主之 集解惠棟曰李善云仲長子昌言曰至於武皇游宴後庭置中書之官領受軍事 至元帝之世史游為黃門令勤心納忠有所補益 前書曰急就一篇元帝黃門令史游作董巴輿服志曰禁門曰黃闥中人主之故曰黃門也 其後弘恭石顯以佞險自進卒有蕭周之禍損穢帝德焉 前書曰前將軍蕭望之及光祿大夫周堪建白以為宜罷中常侍官應古不近刑人由是大與石顯忤後皆害焉望之自殺堪廢錮不得復進用也 中興之初宦官悉用閹人 集解劉攽曰案自前漢宦官即是閹子何乃言中興乎蓋宦字當作內謂省內官不用他士也 不復雜調它士至永平中始置員數中常侍四人小黃門十人和帝即祚幼弱而竇憲兄弟專總

權威內外臣僚莫由親接所與居者惟閹宦而已故鄭眾得專謀禁中終除大憝 憝惡也音大對反謂誅竇憲也 遂享分土之封超登宮卿之位 宮卿謂為大長秋也 於是中官始盛焉自明帝以後迄乎延平委用漸大而其員稍增中常侍至有十人小黃門二十人改以金璫右貂兼領卿署之職鄧后以女主臨政而萬機殷遠朝臣國議無由參斷帷幄稱制下令不出房闈之間 爾雅曰宮中小門謂之闈也 不得不委用刑人寄之國命手握王爵口含天憲 集解惠棟曰解見朱穆傳 非復掖庭永巷之職閨牖房闥之任也 永巷及掖庭並署名也爾雅曰小閨謂之闥 其後孫程定立順之功曹騰參建桓之策續以五侯合謀梁冀受鉞迹因公正恩固主心故中外服從上下屏氣或稱伊霍之勳無謝於往載或謂良平之畫復興於當今雖時有忠公而竟見排斥 謂皇甫嵩蔡雍等並被排也集解惠棟曰忠公謂丁肅徐衍郭耽李巡輩皆屏處里巷也註謂 舉動回山海呼吸變霜露阿旨曲求則光寵三

族父族母族妻族也直情忤意則參夷五宗夷滅也參夷三族也五宗五服內之親故也〔集解〕惠棟曰白虎通云小宗有四大宗有一凡有五宗史記有五宗世家先謙曰官本注無故字是漢之綱紀大亂矣若夫高冠長劒紆朱懷金者布滿宮闈楚詞曰高余冠之岌岌又曰撫長劒兮玉珥揚雄法言曰或問使我紆朱懷金其樂不可量也李軌注曰朱朱紱也金金印也苴茅分虎南面臣人者蓋以十數封諸侯各以其方色土苴以白茅而分銅虎符也〔集解〕何焯曰苴茅分虎謂中官子弟惠棟曰案孫程傳永建元年遣十九侯就國此南面臣人之證也下云子弟支附過半於州國乃指中官子弟耳府署第館棊列於都鄙棊列如棊之布列史記曰往往棊置子弟支附過半於州國南金和寶冰紈霧縠之積盈仞珍藏詩頌曰大路南金鄭玄注云荆揚之州貢金三品和謂卞和也嬙媛侍兒歌童舞女之玩充備綺室左傳曰夫差宿有妃嬙嬪御馬杜預注曰妃嬙貴者嬙音牆前書曰初爰盎爲吳相時從史盜私盎侍兒以言曰爲音樂則歌兒舞女千曹而迭起左傳晏子曰高臺深池撞鍾舞女綺室室之綺麗者狗馬飾雕文土木被緹繡前書東方朔曰土木衣綺繡狗馬被繢罽緹厚繒也皆剝割萌黎〔集解〕錢大昕曰萌與氓通競恣奢欲構害明賢專樹黨類其有更相援引希附權彊者皆腐身熏子

以自衒達前書曰史遷熏胥以刑韋昭曰古者腐刑必熏合之同敝相濟故其徒有繁敗國蠹政之事不可單書單盡也〔集解〕先謙曰官本可作敢所以海內嗟毒志士窮棲寇劇緣間搖亂區夏寇盜劇賊緣間隙而起也雖忠良懷憤時或奮發而言出禍從旋見孥戮因復大考鉤黨轉相誣染鉤黨謂李膺杜密等凡稱善士莫不離被災毒竇武何進位崇戚近乘九服之囂怨協羣英之埶力九服已見上羣英謂劉猛朱寓之屬見竇武傳而以凝留不斷〔集解〕先謙曰官本凝作疑是至於殄敗斯亦運之極乎雖袁紹龔行芟夷無餘然以暴易亂亦何云及尚書曰龔行天罰左傳曰芟夷蘊崇之史記曰以暴易亂兮不知其非也自曹騰說梁冀竟立昏弱謂立桓帝魏武因之遂遷龜鼎龜鼎國之守器以諭帝位也尚書曰甯王遺我大寶龜左傳曰鼎遷于商也〔集解〕惠棟曰古者滅國則徙其龜鼎謂守龜寶鼎也所謂君以此始必以此終信乎其然矣此謂宦官也言漢家初寵用宦官其後終爲宦官所滅左傳楚屈蕩曰君以此始必以此終也

鄭眾字季產南陽犨人也爲人謹敏有心幾〔集解〕通鑑胡注心幾謂心事也今人謂人胷中有城府者爲有心事永平中初給事太子家肅宗卽位拜小黃門遷中常侍和帝初加位鉤盾令時竇太后秉政后兄大將軍憲等竝竊威權朝臣上下莫不附之而眾獨一心王室不事豪黨帝親信焉及憲兄弟圖作不軌眾遂首謀誅之以功遷大長秋策勳班賞每辭多受少〔集解〕惠棟曰左傳云與子尾邑辭多受少由是常與議事與音預中官用權自眾始焉十四年帝念眾功美封爲鄛鄉侯食邑千五百戶鄛音七交反說文曰南郡棘陽縣有鄛鄉〔集解〕洪亮吉曰案棘陽屬南陽非南郡也永初元年和熹皇后益封三百戶元初元年卒養子閎嗣閎卒子安嗣後國絕桓帝延熹二年紹封眾曾孫石讐爲關內侯〔集解〕王補曰案劉知幾史通元嘉元年詔大軍營司馬崔寔議郎曹壽延篤作順帝功臣孫程郭願及鄭眾蔡倫等傳今鄭蔡與孫均列宦者唯郭願不收

蔡倫字敬仲桂陽人也以永平末始給事宮掖建初中爲小黃門及和帝卽位轉中常侍豫參帷幄倫有才學盡心敦慎數犯嚴顏匡弼得失每至休沐輒閉門絕賓暴體田野後加位尙方令永元

九年監作祕劒及諸器械莫不精工堅密爲後世法自古書契多編以竹簡其用縑帛者謂之爲紙〔集解〕惠棟曰王隱晉書云王隱答華恒曰古之數帛依書長短隨事截絹枚數重沓名幡紙張揖古今字詁云紙今帋也崔龜圖云紙字從系蔡倫作紙從巾又云倫剉搗故布網抄作紙字從巾義是其聲雖同系巾則殊不得言古紙爲今帋案此則漢書舊本紙作帋也洪頤煊曰賈逵傳建初元年書奏與簡紙經傳各一通李注竹簡及紙也說文紙絮也服虔通俗文方絮曰紙皆尚是縑紙縑貴而簡重竝不便於人倫迺造意用樹膚麻頭及敝布魚網以爲紙元興元年奏上之帝善其能自是莫不從用焉故天下咸稱蔡侯紙湘州記曰耒陽縣北有漢黃門蔡倫宅宅西有一石臼云是倫舂紙臼也〔集解〕洪亮吉曰案注引湘州記耒陽縣北黃門蔡倫宅則倫桂陽耒陽人惠棟曰盛宏之荆州記云棗陽縣一百許步蔡倫宅其臼具存其傍有池卽名蔡子池倫始以魚網造紙縣人今猶多能作紙蓋倫之遺業也元初元年鄧太后以倫久在宿衞封爲龍亭侯龍亭縣故城在今洋州興埶縣東明月池在其側邑三百戶後爲長樂太僕四年帝以經傳之文多不正定迺選通儒

謁者劉珍及博士良史集解惠棟曰孫愐云良姓左傳鄭大夫良霄鄭穆公之子子良之後詣東觀各讐校漢家法集解劉攽曰案諸儒各謂其師說爲家法後人不知妄加一漢字惠棟曰劉向別錄云讐校一人讀書校其上下得謬誤爲校一人持本一人讀書若怨家相對爲讐洪頤煊曰據劉珍傳及安帝紀事在永初中非元初時令倫監典其事倫初受竇后諷旨誣陷安帝祖母宋貴人及太后崩安帝始親萬機勑使自致廷尉倫恥受辱迺沐浴整衣冠飲藥而死國除集解洪亮吉曰案此則倫死在安帝初年盛宏之荆州記謂倫順帝時人博物志幷謂桓帝時皆誤

孫程字稚卿涿郡新城人也東觀記曰北新城人衞康叔之胄孫林父之後東觀自此以下十九人與程同功者皆敍其所承本系蓋當時史官懼程等威權故曲爲文飾集解惠棟曰案北新城前漢屬中山國後漢屬涿郡案劉知幾史通云崔寔曹壽與議郎延篤雜作百官表順帝功臣孫程郭願及鄭衆蔡倫等傳又案漢中常侍吉成侯州輔碑陰首列延篤叔堅名則知篤等黨於宦者故在東觀肆行曲筆范史於篤實諸傳不舉其失豈爲之諱耶安帝時爲中黃門給事長樂宮時鄧太后臨朝帝不親政事小黃門李閏與帝乳母王聖常共譖太后兄執金吾悝等言欲廢帝立平原王德集解官本考證曰何

焯校本德當作翼帝每忿懼及太后崩遂誅鄧氏而廢平原王封閏雍鄉侯又小黃門江京以讒詔進初迎帝於邸以功封都鄉侯食邑各三百戶閏京竝遷中常侍江京兼大長秋與中常侍樊豐黃門令劉安鉤盾令陳達及王聖聖女伯榮扇動內外競爲侈虐又帝舅大將軍耿寶皇后兄大鴻臚閻顯更相阿黨遂枉殺太尉楊震廢皇太子爲濟陰王明年帝崩立北鄉侯爲天子顯等遂專朝爭權迺諷有司奏誅樊豐廢耿寶王聖及黨與皆見死徙十月北鄉侯病篤程謂濟陰王謁者長興渠曰興姓渠名集解通鑑胡注百官志王國謁者比四百石其下有禮樂長衞士長醫工長永巷長祠祀長而無謁者長竊意長興姓惠棟曰案傳云詔書錄微功封興渠爲高望亭侯不得如胡說也王以嫡統本無失德先帝用讒遂至廢黜若北鄉疾不起共斷江京閻顯事迺可成渠等然之又中黃門南陽王康先爲太子府史集解通鑑胡注太子府史掌東宮府藏自太子之廢常懷歎憤又長樂太官丞京兆王國竝附同於程集解通鑑胡注附同者既相黨附又與之同謀至二十七日北鄉侯薨閻顯白太后徵諸王子簡爲帝嗣未及至十一月二日程遂與王康等十八人聚謀於西鍾下集解惠棟曰東觀記京等譖誣太子廢爲濟陰王居西鍾下故康等聚謀於此先謙曰官本鍾作鐘皆截單衣爲誓四日夜程等共會崇德殿上集解通鑑胡注崇德殿在南宮水經注云魏文帝於漢崇德殿故處起太極殿蓋南宮正殿也因入章臺門時江京劉安及李順陳達等俱坐省門下集解先謙曰順字誤官本作閏程與王康共就斬京安達以李閏權埶積爲省內所服欲引爲主因舉刃脅閏曰今當立濟陰王無得搖動閏曰諾於是扶閏起俱於西鍾下迎濟陰王立之是爲順帝召尚書令僕射以下從輦幸南宮雲臺程等留守省門遮扞內外閻顯時在禁中集解通鑑胡注顯蓋在北宮憂迫不知所爲小黃門樊登勸顯發兵以太后詔召越騎校尉馮詩虎賁中郎將閻崇屯朔平門集解通鑑胡注百官志朔平門北宮北門也案袁宏紀云平朔門以禦程等誘詩入

省太后使授之印曰能得濟陰王者封萬戶侯得李閏者五千戶侯顯以詩所將衆少使與登迎吏士於左掖門外詩因格殺登歸營屯守顯弟衞尉景遽從省中還外府集解通鑑胡注外府衞尉府也收兵至盛德門程傳召諸尚書集解通鑑胡注傳召傳詔召之也使收景尚書郭鎮時臥病聞之卽率直宿羽林出南止車門逢景從吏士拔白刃呼曰集解通鑑胡注呼九故反無干兵鎮卽下車持節詔之景曰何等詔因斫鎮不中鎮引劍擊景墮車左右以戟叉其胸遂禽之送廷尉獄卽夜死旦日令侍御史收顯等送獄於是遂定下詔曰夫表功錄善古今之通義也故中常侍長樂太僕江京黃門令劉安鉤盾令陳達與故車騎將軍閻顯兄弟謀議惡逆傾亂天下中黃門孫程王康長樂太官丞王國中黃門黃龍彭愷孟叔李建王成張賢史汎馬國王道李元楊佗佗音駝陳予趙封李剛魏猛苗光等東觀記曰程賦棗脯又分與光曰以爲信

今暮其當著矣漏盡光爲尚席直事通燈解劍置外持燈入章臺門程等適入光走出門欲取劍王康呼還光不應光得劍欲還入門已閉光使守宜秋門會李閏來出光因與迎濟陰王幸南宮雲臺詔書錄功臣令康疏名康詐疏光入章臺門光謂康曰緩急有問者當相證也詔書封光東阿侯食邑四千戶未受符策光心不自安詣黃門令自告有司奏康光欺詐主上詔書勿問遂封東阿侯邑千戶也【集解】惠棟曰風俗通云茍姓楚大夫伯棼之後賁皇奔晉食采於苗因而氏焉東觀記云程於盛化門外與馬國等相見詐謂國天子與我棗脯與若棗者早成之乃與國等共謀立帝又注詣黃門令自告通鑑胡注黃門令主省中諸宦者故詣之自告懷忠憤發戮力協謀遂埽滅元惡㠯定王室詩不云乎無言不讎無德不報詩大雅也程爲謀首康國協同其封程爲浮陽侯食邑萬戶康爲華容侯國爲鄺侯各九千戶黃龍爲湘南侯五千戶彭愷爲西平昌侯西平昌諸縣屬平原郡【集解】洪亮吉曰案此時平原已無西平昌縣惟北海郡有之然東平昌非西平昌也又案西平昌條侯國東平昌則非今郡國志平屬北海者諫侯國恐誤前志東平昌屬琅邪先謙曰官本注無諸字是孟叔爲中廬侯中廬縣屬南郡李建爲復陽侯各四千二百戶王成爲廣宗侯【集解】惠棟曰廣宗屬鉅鹿張賢爲祝阿侯史汎爲臨沮侯臨沮縣屬南郡馬國爲廣平侯王道爲范縣侯李元

爲褎信侯楊佗爲山都侯褎信山都並屬南陽郡【集解】錢大昕曰案郡國志褎信屬汝南不屬南陽陳予爲下雋侯下雋縣屬長沙郡音似兗反趙封爲析縣侯李剛爲枝江侯各四千戶魏猛爲夷陵侯二千戶苗光爲東阿侯千戶是爲十九侯加賜車馬金銀錢帛各有差【集解】汪文臺曰廣韻三十線引續漢書云十九人帝各賜金釧指環李閏㠯先不預謀故不封遂擢拜程騎都尉永建元年程與張賢孟叔馬國等爲司隸校尉虞詡訟罪懷表上殿呵叱左右帝怒遂免程官【集解】惠棟曰袁宏紀云秋七月有司奏浮陽侯孫程祝阿侯張賢等爲司隸校尉虞詡呵叱左右謗訕大臣妄造不祥干亂悖逆王國等皆與程黨久留京師益其驕溢詔免程等徙爲都梁侯程怨恨封還印綬更封宜城侯因悉遣十九侯就國後徙封程爲宜城侯程既到國怨恨恚懟懟怨也音直季反封還印綬符策亡歸京師續漢書曰程到宜城怨恨恚懟刻瓦爲印封還印綬往來山中詔書追求復故爵土賜車馬衣物遣還國三年帝念程等功勳悉徵還京師程與王道李元皆拜騎都尉餘悉奉朝請陽嘉元年程病甚卽拜奉車都尉位特進及卒使五官郎將【集解】先謙曰官本郎上增中字引劉攽曰案文少一中字先謙案既引劉說中字疑誤增追贈車騎將軍印綬賜謚剛侯侍御史持節監護喪事乘輿幸北部尉傳北部尉之傳舍也傳音直戀反瞻望車騎程臨終遺言上書㠯國傳弟美帝許之而分程半封程養子壽爲浮陽侯後詔書錄微功封興渠爲高望亭侯四年詔宦官養子悉聽得爲後襲封爵定著乎令【集解】王補曰著濫冒之始王康王國彭愷王成趙封魏猛六人皆早卒黃龍楊佗孟叔李建張賢史汎王道李元李剛九人與阿母山陽君宋娥更相貨賂求高官增邑又誣罔中常侍曹騰孟賁等【集解】通鑑考異云案梁冀傳誣罔騰孟者乃張逵等非黃龍等也永和二年發覺並遣就國減租四分之一宋娥奪爵歸田舍惟馬國陳予苗光保全封邑初帝見廢監太子家小黃門籍建傅高梵【集解】通鑑胡注來歷傳傳中傳也長秋長趙熹丞良賀藥長夏珍【集解】通鑑胡注長秋長蓋郎大長秋中官藥長四百石皆皇后宮官皆㠯無過獲罪建

等坐徙朔方及帝卽位並擢爲中常侍梵坐臧罪減死一等建後封東鄉侯【集解】惠棟曰案東觀記順帝紀曰建卒後追封爲汝陰東鄉侯也三百戶賀清儉退厚謙退而厚重也【集解】通鑑胡注退厚者不與儕輩爭進趣競浮薄也位至大長秋陽嘉中詔九卿舉武猛賀獨無所薦帝引問其故對曰臣生自草茅長於宮掖既無知人之明又未嘗交動士類【集解】先謙曰官本動作加案交動交加文皆疑有誤昔衞鞅因景監㠯見有識知其不終史記趙良謂商君曰君之見秦王也因嬖人景監非所㠯爲名也商君竟爲秦惠所車裂也今得臣舉者匪榮伊辱固辭之及卒帝思賀忠封其養子爲都鄉侯三百戶

曹騰字季興沛國譙人也【集解】惠棟曰續漢書云曹萌長子伯興次子仲興次子叔興騰字季興安帝時除黃門從官順帝在東宮鄧太后㠯騰年少謹厚使侍皇太子書特見親愛及帝卽位騰爲小黃門遷中常侍桓帝得立騰與長樂太僕州輔等七人【集解】惠棟曰案州輔碑建和元年七月已巳詔冊曰蓋聞春秋之義采豪毛之善大

漢典制有恩澤之封輔歷世守省恪恭位著建立之際處乎左右常伯之職同勠協意已亮天工往者鄭眾蔡倫行事科比其封輔爲葉吉成侯孫楓云州姓左傳有晉大夫州綽洪頤煊曰葉吉成者南陽葉縣之吉成亭也已定策功皆封亭侯騰爲費亭侯〔集解〕惠棟曰案曹騰碑陰建和元年七月廿二日己巳遣之國也帝王世紀云沛郡鄼縣有費亭又案續漢志注已爲潤陸費亭鄭元云騰封鄼縣之費亭也洪亮吉日案水經注引騰墓碑題漢故中常侍長樂太僕特進費亭侯曹君之碑則騰亦官長樂太僕也遷大長秋加位特進騰用事省闥三十餘年奉事四帝未嘗有過其所進達皆海內名人陳留虞放邊韶南陽延固張溫弘農張奐潁川堂谿趙典等〔集解〕杭世駿曰案日知錄云蔡邕傳作五官中郎將堂谿典注堂谿姓也趙典本傳是成都人非潁川靈帝初官衛尉卒何焯校本云趙字衍王鳴盛曰據三國志魏武紀校衍趙字惠棟曰續漢書亦衍趙字蜀郡太守因計吏賂遺於騰益州刺史种暠於斜谷關搜得其書上奏太守并以劾騰請下廷尉按罪帝曰書自外來非騰之過遂寢暠奏騰不爲織介常稱暠爲能吏時人嗟美之〔集解〕王鳴盛曰曹騰宦者中之最姦狡誤國者而傳中不著其惡反多美詞以三國志注校之乃知皆司馬彪之文而蔚宗襲之司馬氏或因東觀記元文[illegible]傳可注見或魏代人潤飾也騰卒養子嵩嗣〔集解〕惠棟曰續漢書云嵩字巨高种暠後爲司徒告賓客曰今身爲公迺曹常侍力焉嵩靈帝時貨賂中官及輸西園錢一億萬故位至太尉嵩具袁紹傳及子操起兵不肯相隨迺與少子疾避亂琅邪〔集解〕官本考證曰魏志嵩少子德爲徐州刺史陶謙所殺

單超河南人徐璜下邳良城人具瑗魏郡元城人〔集解〕惠棟曰孫楓云具姓春秋時具丙之後左悺河南平陰人悺音工奐反又音綰唐衡潁川郾人也桓帝初超璜瑗爲中常侍悺衡爲小黃門史〔集解〕通鑑胡注小黃門之掌書者也初梁冀兩妹爲順桓二帝皇后冀代父商爲大將軍再世權戚威振天下冀自誅太尉李固杜喬等驕橫益甚皇后乘埶忌恣多所鴆毒上下鉗口周書曰賢智鉗口謂不言也拑與鉗古字通用音其炎反莫有言者帝逼畏久恆懷不平恐言泄不敢謀之延熹二年皇后崩帝因如廁獨呼衡問左右與外舍不相得者皆誰乎外舍謂皇后家也〔集解〕惠棟曰漢晉春秋云帝獨呼衡至北戶如廁也胡注左右謂宦官也衡對曰單超左悺前詣河南尹不疑禮敬小簡不疑收其兄弟送洛陽獄二人詣門謝迺得解徐璜具瑗常私忿疾外舍放橫口不敢道於是帝呼超悺入室謂曰梁將軍兄弟專固國朝迫脅外內公卿以下從其風旨今欲誅之於常侍意何如超等對曰誠國姦賊當誅日久臣等弱劣未知聖意何如耳帝曰審然者常侍密圖之對曰圖之不難但恐陛下復中狐疑中音丁仲反帝曰姦臣脅國當伏其罪何疑乎於是更召璜瑗等五人遂定其議帝齧超臂出血爲盟於是詔收冀及宗親黨與悉誅之悺衡遷中常侍封超新豐侯二萬戶璜武原侯瑗東武陽侯各萬五千戶賜錢各千五百萬悺上蔡侯衡汝陽侯各萬三千戶賜錢各千三百萬五人同日封故世謂之五侯又封小黃門劉普趙忠等八人爲鄉侯自是權歸宦官朝廷日亂矣超病疾〔集解〕先謙曰官本作疾病帝遣使者就拜車騎將

軍明年薨賜東園祕器棺中玉具贈侯將軍印綬使者理喪及葬發五營騎士將軍侍御史護喪將作大匠起冢塋〔集解〕劉攽曰案超贈將軍爾不可使將軍護喪明衍二字其後四侯轉橫天下爲之語曰左回天具獨坐獨坐言驕貴無偶也〔集解〕通鑑胡注回天言權力能回天也案風俗通云左旋天徐轉日具獨坐唐應聲言其信周甚於圜轉也徐臥虎唐兩墮兩墮謂隨意所爲不定也今人謂持兩端而任意爲兩墮諸本兩或作雨也〔集解〕惠棟曰東漢會要引此下注云雨墮者謂其急暴如雨之墮無有常處也皆競起弟宅〔集解〕先謙曰官本弟作第樓觀壯麗窮極伎巧金銀罽毦施於犬馬毦以羽毛爲飾音如志反多取良人美女以爲姬妾皆珍飾華侈擬則宮人其僕從皆乘牛車而從列騎又養其疏屬或乞嗣異姓或買蒼頭爲子並以傳國襲封兄弟姻戚皆宰州臨郡辜較百姓〔集解〕惠棟曰司馬貞音姑角二音與盜賊無異超弟安爲河東太守弟子匡爲濟陰太守璜弟盛爲河內太守悺弟敏爲陳留太守瑗兄恭爲沛相皆爲所在蠹害璜兄子宣爲下邳令暴虐尤甚先是

求故汝南太守下邳李暠女（〔集解〕錢大昕曰此與蘇不韋傳之李暠同時又同姓名）不能得，及到縣，遂將吏卒至暠家，載其女歸，戲射殺之，埋著寺內。時下邳縣屬東海，（〔集解〕錢大昕曰案郡國志下邳國十七城其一曰下邳故屬東海凡縣名先書者爲郡所治則下邳縣乃王都所在矣下邳王衍以永平十五年封傳國三世至建安十一年國除超傳載徐宣爲下邳令黃浮爲東海相則桓帝延熹中也豈其時下邳王已徙都它邑而以縣仍屬東海乎）汝南黃浮爲東海相，（〔集解〕惠棟曰汝南先賢傳云浮字隱公陽安人年二十在於民伍會爲墟里所差至當路亭於是感激學書慨然長歎曰黃浮非鄉里所知因隨人到京師求學歲餘補尚書令史奉公憂民以功除昌慮長濮陽令同歲子爲市掾犯罪當死一郡盡爲之請浮曰周公誅二子石碏討其子今雖同歲子所不能救也遂竟治之治政清明號曰神君）有告言宣者，浮迺收宣家屬，無少長悉考之。掾史以下固諫爭。浮曰：「徐宣國賊，今日殺之，明日坐死，足以暝目矣。」卽案宣罪棄市，暴其尸以示百姓，郡中震慄。璜於是訴怨於帝，帝大怒，浮坐髡鉗，輸作右校。五侯宗族賓客虐徧天下，民不堪命，起爲寇賊。七年，衡卒，亦贈車騎將軍，如超故事。璜卒，賻贈錢布，賜

冢塋地。明年，司隸校尉韓演（〔集解〕惠棟曰續漢書云桓帝因日蝕之變乃拜故司徒韓演爲司隸校尉以次誅鉏京師整清）因奏悺罪惡，及其兄太僕南鄉侯稱請託州郡，聚斂爲姦，賓客放縱，侵犯吏民。悺、稱皆自殺。演又奏瑗兄沛相恭臧罪，徵詣廷尉。瑗詣獄謝，上還東武侯印綬，詔貶爲都鄉侯，卒於家。超及璜、衡襲封者，竝降爲鄉侯，租入歲皆三百萬，子弟分封者，悉奪爵土。劉普等貶爲關內侯。

侯覽者，山陽防東人。桓帝初爲中常侍，以佞猾進，倚埶貪放，受納貨遺以巨萬計。延熹中，連歲征伐，府帑空虛，迺假百官奉祿，王侯租稅。覽亦上縑五千匹，賜爵關內侯。又託以與議誅梁冀功，進封高鄉侯。小黃門段珪家在濟陰，與覽竝立田業，近濟北界，僕從賓客侵犯百姓，劫掠行旅。濟北相滕延一切收捕，殺數十人，陳尸路衢。覽、珪大怨，以事訴帝，延坐多殺無辜，徵詣廷尉，免。延字伯行，北海人，後爲京兆尹，有理名，世稱爲長者。覽等得此愈放縱。覽兄參爲益州刺史，民有豐富者，輒誣以大逆，皆誅滅之，沒入財物，前後累億計。太尉楊秉奏參，檻車徵，於道自殺。京兆尹袁逢於旅舍閱參車三百餘兩，皆金銀錦帛珍玩，不可勝數。覽坐免，旋復復官。（上復音房又反）建寧二年，喪母還家，大起塋冢。督郵張儉因舉奏覽貪侈奢縱，前後請奪人宅三百八十一所，田百一十八頃。起立第宅十有六區，皆有高樓池苑，堂閣相望，飾以綺畫丹漆之屬，制度重深，僭類宮省。又豫作壽冢，（生而自爲冢爲壽冢）石椁雙闕，高廡百尺，（廡廊下周屋也）破人居室，發掘墳墓。虜奪良人，妻略婦子，及諸罪釁，請誅之。而覽伺候遮截，章竟不上。儉遂破覽冢宅，籍沒資財，具言罪狀。又奏覽母生時交通賓客，干亂郡國。復不得御。（御進也〔集解〕惠棟曰儉既殺覽母因稱其生時罪惡此奏爲覽所遮截不得上也詳見黨錮傳注）覽遂誣儉爲鉤黨，及故長樂少府李膺、太僕杜

密等，皆夷滅之。遂代曹節領長樂太僕。熹平元年，有司舉奏覽專權驕奢，策收印綬，自殺。阿黨者皆免。

曹節字漢豐，南陽新野人也。其本魏郡人，世吏二千石。順帝初，以西園騎遷小黃門。桓帝時，遷中常侍，奉車都尉。建寧元年，持節將中黃門虎賁羽林千人，北迎靈帝，陪乘入宮。及卽位，以定策封長安鄉侯，六百戶。時竇太后臨朝，后父大將軍武與太傅陳蕃謀誅中官，節與長樂五官史朱瑀、從官史共普、張亮、（共音恭〔集解〕通鑑胡注共音龔姓譜共商諸侯之國晉有左行共華又云鄭共叔段之後）中黃門王尊、長樂謁者騰是等十七人，共矯詔以長樂食監王甫爲黃門令，將兵誅武、蕃等，事已具蕃、武傳。節遷長樂衞尉，封育陽侯，增邑三千戶；甫遷中常侍，黃門令如故；瑀封都鄉侯，千五百戶；普、亮等五人各三百戶；餘十一人皆爲關內侯，歲食租二千斛。先是瑀等陰於明堂中禱皇天曰：「竇氏無

道請皇天輔皇帝誅之令事必成天下得寧既誅武等詔令大官給塞具塞報祠也音蘇代反字當爲賽通用賜瑀錢五千萬餘各有差後更封華容侯二年節病困詔拜爲車騎將軍有頃疾瘳上印綬罷復爲中常侍位特進秩中二千石尋轉大長秋熹平元年竇太后崩有何人書朱雀闕何人不知何人也言天下大亂曹節王甫幽殺太后常侍侯覽多殺黨人集解通鑑考異曰案時覽已死恐誤公卿皆尸祿無有忠言者集解惠棟曰韓詩云尸祿者頗有所知善惡不言默然不語苟欲得祿而已譬若尸矣於是詔司隸校尉劉猛集解惠棟曰猛琅邪人桓帝時爲宗正見桓彬傳逐捕十日一會猛以誹書言直不肯急捕月餘主名不立不得書闕主名猛坐左轉諫議大夫以御史中丞段熲代猛迺四出逐捕及太學游生繫者千餘人節等怨猛不已使熲以他事奏猛抵罪輸左校朝臣多以爲言迺免刑復公車徵之節遂與王甫等誣奏桓帝弟勃海王悝謀反誅之以功封者十二人甫封冠

軍侯節亦增邑四千六百戶并前七千六百戶父兄子弟皆爲公卿列校牧守令長布滿天下節弟破石爲越騎校尉越騎營五百妻有美色韋昭辨釋名曰五百字本爲伍伍當也伯道也使之導引當道陌中以驅除也案今俗呼行杖人爲五百也集解錢大昕曰輿服志謂之伍伯緹衛傳令五百將出欲加鉦破石從求之五百不敢違妻執意不肯行遂自殺其淫暴無道多此類也光和二年司隸校尉陽球奏誅王甫及子長樂少府萌沛相吉皆死獄中時連有災異郎中梁人審忠集解惠棟曰審姓春秋時有審友見管子前漢辟陽侯審食其以爲朱瑀等罪惡所感迺上書曰臣聞理國得賢則安失賢則危故舜有臣五人而天下理五臣謂禹稷契咎陶伯益也湯舉伊尹不仁者遠論語文也陛下卽位之初未能萬機皇太后念在撫育權時攝政桓思竇后故中常侍蘇康管霸應時誅殄竇后傳誅康及霸集解周壽昌曰案竇后傳無誅康及霸之語此注誤先謙曰陳蕃竇武傳皆載誅康霸事章懷注誤記也太傅陳蕃大將軍竇武考其黨與志清朝政華容侯朱瑀知事覺露禍

及其身遂興造逆謀作亂王室撞蹋省闥撞音直江反集解惠棟曰通鑑作蹹胡注與踏同執奪璽綬迫脅陛下聚會羣臣離間骨肉母子之恩遂誅蕃武及尹勳等因共割裂城社自相封賞父子兄弟被蒙尊榮素所親厚布在州郡或登九列或據三司集解通鑑胡注九列九卿三司三公不惟祿重位尊之責而苟營私門集解王補曰袁紀此下有皮剝小民甚於狼虎多蓄財貨繕修第舍連里竟巷盜取御水以作魚釣水入宮苑爲御水車馬服玩擬於天家羣公卿士杜口吞聲莫敢有言州郡牧守承順風旨辟召選舉釋賢取愚故蟲蝗爲之生夷寇爲之起天意憤盈積十餘年故頻歲日食於上地震於下所以譴戒人主欲令覺悟誅鉏無狀昔高宗以雉雊之變故獲中興之功高宗祭有雉升鼎耳而雊高宗修德殷以中興見尚書也近者神祇啟悟陛下發赫斯之怒故王甫父子應時馘截詩魯頌曰在泮獻馘馘音古獲反鄭玄注云謂所殺者之左耳路人士女莫不稱善若除父母之讎誠怪陛下復忍

孽臣之類不悉殄滅謂復任用曹節等也集解通鑑胡注忍謂含忍也隱忍也昔秦信趙高以危其國吳使刑人身遘其禍左傳曰吳伐越獲俘焉以爲閽使守舟吳子餘祭觀舟閽人以刀殺之虞公抱寶牽馬魯昭見逐乾侯以不用宮之奇子家駒以至滅辱公羊傳曰晉大夫荀息請以屈產之乘與垂棘之璧假道於虞以伐虢宮之奇諫不聽後晉滅虞虞公抱寶牽馬而至荀息見曰臣之謀何如又曰昭公將殺季氏告子家駒曰季氏無道僭于公室久矣吾欲殺之何如子家駒曰諸侯僭于天子大夫僭于諸侯久矣君無多辱焉昭公不從其言後逐季氏昭公奔于乾侯遂死焉今以不忍之恩赦夷族之罪姦謀一成悔亦何及臣爲郎十五年皆耳目聞見瑀之所爲誠皇天所不復赦願陛下留漏刻之聽裁省臣表埽滅醜類以答天怒與瑀考驗有不如言願受湯鑊之誅妻子并徙以絕妄言之路章寢不報節遂領尚書令四年卒贈車騎將軍後瑀亦病卒皆養子傳國審忠字公誠宦官誅後辟公府

呂強字漢盛河南成皐人也少以宦者爲小黃門再遷中常侍爲

人清忠奉公〔集解〕王補曰宦官良善者止東漢呂强後唐張承業明王安三人耳靈帝時例封宦者，以强爲都鄉侯。强辭讓懇惻，固不敢當，帝迺聽之。因上疏陳事曰：

臣聞諸侯上象四七，下裂王土，高祖重約，非功臣不侯，所以重天爵、明勸戒也。伏聞中常侍曹節、王甫、張讓等，及侍中許相，並爲列侯。節等宦官祐薄，〔集解〕周壽昌曰案祐薄之祐恐應作祜蓋呂强原疏避安帝諱也品卑人賤，讒諂媚主，佞邪徼寵，放毒人物，疾妒忠良，有趙高之禍，未被轘裂之誅，趙高指鹿爲馬而殺胡亥轘裂以車裂也掩朝廷之明，成私樹之黨。而陛下不悟，妄受茅土，〔集解〕先謙曰官本受作授是開國承家，小人是用。易曰開國承家小人勿用又并及家人，重金兼紫，金印紫綬重兼言累積也相繼爲蕃輔。受國重恩，不念爾祖述修厥德，詩大雅云無念爾祖聿修厥德聿述也〔集解〕惠棟曰聿述古字通而交結邪黨，下比羣佞。陛下或其瑣才，瑣小也特蒙恩澤。又授位乖越，賢才不升，素餐私倖，必加榮擢。〔集解〕汪文臺曰文選干寶晉紀總論注謝承書云强疏曰苟寵所愛私擢所幸不復爲官擇人反爲人擇官也

陰陽乖刺，稼穡荒蔬，鄭玄注周禮云蔬草有實者人用不康。罔不由茲。臣誠知封事已行，〔集解〕通鑑胡注封事詔封爵之事也言之無逮，所以冒死干觸陳愚忠者，實願陛下損改既謬，從此一止。臣又聞後宮綵女數千餘人，衣食之費，日數百金。比穀雖賤，而戶有飢色。案法當貴，而今更賤者，由賦發繁數，以解縣官，縣官調發既多故賤糶穀以供之寒不敢衣，飢不敢食。民有斯戹，而莫之卹。宮女無用，填積後庭，天下雖復盡力耕桑，猶不能供。昔楚女悲愁，則西宮致災，公羊傳西宮災何以書記災也何休注云是時僖公爲齊桓公所脅以齊媵爲嫡楚女廢居西宮而不見恤悲愁怨曠所生也況終年積聚，豈無憂怨乎！夫天生蒸民，立君以牧之。君道得，則民戴之如父母，仰之猶日月。左傳師曠對晉侯曰君養民如子蓋之如天容之如地人奉其君愛之如父母仰之如日月敬之如神明畏之如雷霆天生人而立之君使司牧之勿使失其性也雖時有征稅，猶望其仁恩之惠。易曰：「悅以使民，民忘其勞；悅以犯難，民忘其死。」易兌卦彖辭儲君副主，宜諷誦斯言；南面當國，宜履行其事。易曰聖人南面嚮明而治杜預注左傳曰當國執政也

又承詔書，當於河間故國起解瀆之館。〔集解〕惠棟曰案別部司馬張超集靈帝河間舊廬碑超之文也其辭曰赫赫在上陶康是承繼德二祖四宗是憑上龜監乎羲皇中結軌乎夏商元首既明股肱惟良乃因舊宇福德所基修飾經構農隙得時樹中天之雙闕崇冠山之華堂通樓閒道丹階紫房金窻鬱律玉壁內瑺青蒲充庭朱草棲箱川魚踴躍雲鳥舞翔煌煌大漢令德乾剛體効日月驗化陰陽格于上下震惕八荒三光宣曜四靈効祥天其嘉享豐年穰穰騶虞奏樂鹿鳴薦觴工祝致告福祿來將永保萬國南山無疆陛下龍飛即位，雖從藩國，然處九天之高，豈宜有顧戀之意。楚辭曰圜則九重營度之圜謂天也且河間疏遠，解瀆邈絕，而當勞民單力，未見其便。又今外戚四姓貴倖之家，及中官公族無功德者，造起館舍，凡有萬數，樓閣相接，丹青素堊，郭璞注山海經曰堊似土白色音惡雕刻之飾，不可單言。喪葬踰制，奢麗過禮，競相放效，莫肯矯佛。矯正也佛戾也音扶拂反〔集解〕周壽昌曰官本佛作拂注同扶佛反轉不作拂似宜依此本蓋正文作拂則不必音注也禮獻鳥者佛其首注佛捩也與此正同捩即戾古通用穀梁傳曰：「財盡則怨，力盡則懟。」尸子曰：尸子晉人也名佼秦相衞鞅客也鞅謀計未嘗不與佼規也商君被刑恐并誅乃亡逃入蜀作書二十篇十九篇陳道德仁義之紀一篇言九州險阻水泉所起也「君如杅，民如水，杅方

則水方，杅圓則水圓。」杅椀屬也音于字亦作盂上之化下，猶風之靡草。今上無去奢之儉，下有縱欲之敝，至使禽獸食民之甘，土木衣民之帛。昔師曠諫晉平公曰：「梁柱衣繡，民無褐衣；池有棄酒，士有渴死；廄馬秣粟，民有飢色。近臣不敢諫，遠臣不得暢。」此之謂也。說苑咎犯諫晉文公之辭也

又聞前召議郎蔡邕對問於金商門，而令中常侍曹節、王甫等以詔書喻旨。邕不敢懷道迷國，〔集解〕通鑑胡注蓋引論語迷邦之言避高帝諱故云迷國惠棟曰案蔡邕石經論語邦字皆作國而切言極對，毀刺貴臣，譏呵宦官。陛下不密其言，至令宣露，羣邪項領，膏脣拭舌，毛詩曰駕彼四牡四牡項領注云項大也四牡者人所駕今但養大其領不肯爲用諭大臣自恣王不能使也膏脣拭舌謂欲讒毀故也競欲咀嚼，造作飛條。飛條飛書也陛下回受誹謗，〔集解〕先謙曰官本回作同致邕刑罪，室家徙放，老幼流離，豈不負忠臣哉！今羣臣皆以邕爲戒，上畏不測之難，下懼劒客之害，謂蔡邕徙

朔方時陽球使刺客追刺邕也〔集解〕惠棟曰邕集尚書詰狀自陳表曰言者不蒙延納之福旋被陷破之禍羣臣杜口以臣爲戒誰敢爲陛下盡忠者乎臣知朝廷不復得聞忠言矣故太尉段熲武勇冠世習於邊事垂髮服戎功成皓首垂髮謂童子也歷事二主謂桓帝靈帝也勳烈獨昭〔集解〕先謙曰官本烈作列陛下既已式序〔集解〕通鑑胡注式用也式序者用敘其功也位登臺司而爲司隸校尉陽球所見誣脅一身既斃而妻子遠播天下惆悵功臣失望宜徵邕更授任反熲家屬則忠貞路開衆怨以弭矣帝知其忠而不能用時帝多稸私臧〔集解〕惠棟曰李善案字林云稸積也與畜同許六切收天下之珍每郡國貢獻先輸中署名爲導行費中署內署也導引也貢獻外別有所入以爲所獻希之導引也〔集解〕劉攽曰注希之案文希當作物強上疏諫曰天下之財莫不生之陰陽歸之陛下萬物稟陰陽而生歸之陛下豈有公私而今中尚方斂諸郡之寶中御府積天下之繒西園引司農之藏中廄聚太僕之馬〔集解〕通鑑胡注中廄即騄驥廄而所輸之府輒有導行之財調廣民困費多獻少姦吏因其利百姓受其敝〔集解〕王補曰袁紀作輒有導行之財皆出於民今發十而貢一費多而獻少無爲使姦吏用巧私門致富也又阿媚之臣好獻其私容諂姑息自此而進〔集解〕惠棟曰呂氏春秋云武王告諸侯曰商王大亂沈於酒德辟遠箕子爰近姑與息王補曰袁紀此下有其所奉獻皆御府所有無爲使從諫之臣得自媟瀆也舊典選舉委任三府三府有選參議掾屬咨其行狀度其器能咨謀也受試任用責以成功若無可察然後付之尚書尚書舉劾請下廷尉覆案虛實行其誅罰今但任尚書或復敕用如是三公得免選舉之負尚書亦復不坐責賞無歸豈肯空自苦勞乎夫立言無顯過之咎明鏡無見玼之尤如惡立言以記過則不當學也不欲明鏡之見玼則不當照也韓子曰古人之目短於自見故以鏡觀面智短於自規故以道正己鏡無見玼之罪道無明過之惡目失鏡則無以正鬚眉身失道則無以知迷惑玼與疵同也願陛下詳思臣言不以記過見玼爲責書奏不省中平元年黃巾賊起帝問強所宜施行強欲先誅左右貪濁者大赦黨人料簡刺史二千石能否〔集解〕

通鑑胡注料音聊量也度也帝納之迺先赦黨人於是諸常侍人人求退又各自徵還宗親子弟在州郡者中常侍趙忠夏惲等遂共構強云與黨人共議朝廷數讀霍光傳言其欲謀廢立也強兄弟所在並皆貪穢帝不悅使中黃門持兵召強強聞帝召怒曰吾死亂起矣丈夫欲盡忠國家豈能對獄吏乎遂自殺忠惲復譖曰強見召未知所問而就外草自屏有姦明審外草謂在外野草中自殺也遂收捕宗親沒入財產焉時宦者濟陰丁肅〔集解〕惠棟曰肅濟陰句陽人與太傅胡廣爲婚者也下邳徐衍〔集解〕惠棟曰袁宏紀作演南陽郭耽汝陽李巡〔集解〕錢大昕曰巡官中黃門郎注爾雅者惠棟曰汝陽經典序錄作汝南經籍志云中黃門李巡注爾雅三卷又王愔文字志載巡善書北海趙祐等〔集解〕惠棟曰袁宏紀作趙裕五人稱爲清忠皆在里巷不爭威權巡以爲諸博士試甲乙科爭第高下更相告言至有行賂定蘭臺漆書經字以合其私文者迺白帝與諸儒共刻五經文於石於是詔蔡邕等正其文字自後五經一定爭者用息趙祐博學多覽著作校書諸儒稱之又小黃門甘陵吳伉善爲風角博達有奉公稱知不得用常託病還寺舍從容養志云

張讓者潁川人趙忠者安平人也少皆給事省中桓帝時爲小黃門忠以與誅梁冀功封都鄉侯與音預延熹八年黜爲關中侯〔集解〕官本考證曰何焯校本中改內食本縣租千斛靈帝時讓忠並遷中常侍封列侯與曹節王甫等相爲表裏節死後忠領大長秋讓有監奴典任家事交通貨賂威刑諠赫〔集解〕先謙曰官本刑作形扶風人孟佗佗音駝資產饒贍與奴朋結傾竭饋問無所遺愛奴咸德之問佗曰君何所欲力能辦也曰吾望汝曹爲我一拜耳時賓客求謁讓者車恆數百千兩佗時詣讓後至不得進監奴迺率諸蒼頭迎拜於路遂共轝車入門賓客咸驚謂佗善於讓皆爭以珍玩賂之佗分以遺讓讓大喜遂

吕佗爲涼州刺史三輔決錄注曰佗字伯郎吕蒲陶酒一斗遺讓讓卽拜佗爲涼州刺史是時讓忠及夏惲郭勝孫璋畢嵐栗嵩〔集解〕惠棟曰孫愐云栗姓漢長安富室有栗氏力質切段珪高望張恭韓悝宋典十二人皆爲中常侍封侯貴寵父兄子弟布列州郡所在貪殘爲人蠹害黃巾旣作盜賊糜沸郎中中山張鈞〔集解〕惠棟曰袁宏紀作中郎將鈞作均上書曰竊惟張角所吕能興兵作亂萬人所吕樂附之者其源皆由十常侍多放父兄子弟婚親賓客典據州郡辜榷財利侵掠百姓百姓之冤無所告訴故謀議不軌聚爲盜賊宜斬十常侍縣頭南郊吕謝百姓又遣使者布告天下可不須師旅而大寇自消天子吕鈞章示讓等皆免冠徒跣頓首乞自致洛陽詔獄竝出家財吕助軍費有詔皆冠履視事如故帝怒鈞曰此眞狂子也十常侍固當有一人善者不鈞復重上猶如前章輒寢不報詔使廷尉侍御史考爲張角道者御史承讓等旨遂誣奏鈞

學黃巾道收掠死獄中而讓等實多與張角交通後中常侍封諝徐奏事獨發覺坐誅帝因怒詰讓等曰汝曹常言黨人欲爲不軌皆令禁錮或有伏誅今黨人更爲國用汝曹反與張角通爲可斬未皆叩頭云故中常侍王甫侯覽所爲帝迺止明年南宮災〔集解〕惠棟曰續漢志云靈帝中平二年二月己酉南宮靈臺災庚戌樂城殿門災延及北闕度道西燒嘉德和歡殿讓忠等說帝令斂天下田畝稅十錢吕修宮室發太原河東狄道諸郡材木〔集解〕錢大昕曰狄道非郡名當云隴西及文石每州郡部送至京師黃門常侍輒令譴呵不中者因强折錢買十分雇一雇謂酬其價也因復貨之於宦官復不爲卽受材木遂至腐積宮室連年不成刺史太守復增私調百姓呼嗟凡詔所徵求皆令西園騶密約勑騶養馬人號曰中使恐動州郡多受賕賂刺史二千石及茂才孝廉遷除皆責助軍修宮錢大郡至二三千萬餘各有差當之官者皆先至西園諧賈然後得去諧謂平論定其價也有錢不畢者或至自殺其守淸者乞不之官皆迫遣之時鉅鹿太守河內司馬直〔集解〕惠棟曰續漢書云直字叔異潔白美鬚髯容貌儼然鄉里奉之如神新除吕有淸名減責三百萬直被詔悵然曰爲民父母而反割剝百姓吕稱時求吾不忍也辭疾不聽行至孟津上書極陳當世之失古今禍敗之戒卽吞藥自殺書奏帝爲暫絕修宮錢又造萬金堂於西園引司農金錢繒帛仞積其中仞滿也又遷河閒〔集解〕先謙曰官本遷作還疑當作於買田宅起第觀帝本侯家宿貧每歎桓帝不能作家居故聚爲私藏復藏寄小黃門常侍錢各數千萬常云張常侍是我父趙常侍是我母宦官得志無所憚畏竝起第宅擬則宮室帝常登永安候臺永安宮也〔集解〕通鑑胡注據續漢志永安宮在北宮東北宮中有候臺宦官恐其望見居處迺使中大人尙但諫曰尙姓但名〔集解〕通鑑胡注姓譜云師尙父之後後漢有高士尙子平先謙曰中大人見鄧后傳天子不當登高登高則百姓虛散自是不敢復升臺榭春秋潛潭巴曰天子無高臺榭高臺榭則下畔之盐因此吕誑帝也明年遂使鉤盾令宋典〔集解〕惠棟曰張衡集注云鉤盾

令官主小苑繕修南宮玉堂又使掖庭令畢嵐鑄銅人四列於蒼龍玄武闕蒼龍東闕玄武北闕又鑄四鍾皆受二千斛縣於玉堂及雲臺殿前又鑄天祿蝦蟇吐水於平門外橋東轉水入宮又作翻車渴烏翻車設機車以引水渴烏爲曲筒以氣引水上也〔集解〕惠棟曰爾雅云罦覆車也郭璞云今之翻車有兩轅服虔通俗文云水碓翻車施於橋西用灑南北郊路吕省百姓灑道之費又鑄四出文錢錢皆四道〔集解〕惠棟曰獻帝春秋云有四道連於邊輪識者竊言侈虐已甚形象兆見此錢成必四道而去及京師大亂錢果流布四海復吕忠爲車騎將軍百餘日罷六年帝崩中軍校尉袁紹說大將軍何進令誅中官吕悅天下謀泄讓忠等因進入省遂共殺進而紹勒兵斬忠捕宦官無少長悉斬之讓等數十人劫質天子走河上追急讓等悲哭辭曰臣等殄滅天下亂矣惟陛下自愛皆投河而死

論曰自古喪大業絕宗禋者其所漸有由矣三代以嬖色取禍夏以妹嬉殷以妲己周以褒姒集解先謙曰官本代作世引劉攽曰正文案世當作代說已見前錢大昕云三世當爲三代章懷注范史凡世字皆改爲代以避唐諱宋以後校書者復改正之此三代字蔚宗本文校書者不知而妄改嬴氏以奢虐致災秦始皇嬴姓也西京自外戚失祚東都緣閹尹傾國成敗之來先史商之久矣商謂商略至於釁起宦夫其略猶或可言何者形餘之醜集解先謙曰官本形作刑是理謝全生聲榮無暉於門閥肌膚莫傳於來體推情未鑒其敝即事易以取信加漸染朝事頗識典物故少主憑謹舊之庸女君資出內之命顧訪無猜憚之心恩狎有可悅之色亦有忠厚平端懷術糾邪謂呂強也或敏才給對飾巧亂實若良賀對順帝不舉人也或借譽貞良先時薦譽曹騰進邊韶延周等也非直苟恣凶德止於暴橫而已然真邪並行情貌相越越違也謂貌雖似忠而情實姦邪故能回惑昏幼迷瞀視聽瞀亂也音茂蓋亦有其理焉詐利既滋朋徒日廣直臣抗議必漏先言之間謂蔡邕對詔王甫曹節竊觀之乃宣布於外而邕下獄也至戚發憤方啟專奪之隙謂竇武謀誅宦者反爲宦者所殺也斯忠賢所以智屈社稷故其爲墟易曰履霜堅冰至云所從來久矣今迹其所以亦豈一朝一夕哉易曰非一朝一夕之故其所由來者漸矣由辯之不早辯也易曰履霜堅冰至蓋言慎也言初履霜而堅冰至者以喻物漸而至大也

贊曰任失無小過用則違況迺巷職遠參天機毛詩曰寺人巷伯作爲此詩巷職即寺人之職也舞文巧態作惠作威凶家害國夫豈異歸尚書曰臣無作威作福臣有作威作福其害于而家凶于而國又曰爲惡不同同歸于亂

宦者列傳第六十八終　後漢書七十八

後漢書集解卷七十八校補

宦者列傳閹者守中門之禁注鄭元注云官本注無注字寺人掌女宮之戒注寺人掌王宮之內人及女官之戒命也官本注官作宮是

其能者則勃貂管蘇有功於楚晉注管蘇犯我以義違我以禮柳從辰曰今新序作忠我以道正我以義與注引異案本書文苑傳下注及文選李注引新序仍與此同然而有得焉案得文苑傳注引同文選注引作德我死之後官本注我作吾案毛本文苑傳注亦引作吾此作我誤集解何焯曰勃貂當作勃鞮至史記以勃鞮爲履貂也案何氏以貂即刁勃鞮不可作勃刁明傳文有誤惠氏據李善說史記以勃鞮爲履貂則勃可作履鞮可作貂明傳文非有誤然何校文選亦據今本史記係作履鞮非作履貂已將李注貂上二字改鞮字則仍不謂鞮可作貂也抑不思范書作勃貂文選亦作勃貂則貂非誤文證一李善引史記文正欲通鞮於貂若史記本作履鞮引之於義無取則貂非誤文證二又文選報任少卿書李注亦云史記履貂曰可知唐本史記實作履貂則貂非誤文證三似不得謂貂可通刁必不可通鞮矣

則豎刁亂齊注刁即貂也音彫官本注無音彫二字伊戾禍宋注而騁告公

曰至乃亨伊戾注騁原譌聘亨原譌享均依左傳文正官本不誤

下令不出房闈之間注宮中小門謂之闈也案小乃之之譌各本皆未正

若夫高冠長劒注又曰撫長劒兮玉珥兮原譌金據楚辭正官本注不誤

土木被緹繡注土木衣綺繡官本注土木作木土案文選李注引前書亦作土木今漢書東方朔傳則作木土衣綺繡官本注上字蓋仍土之譌

然以暴易亂亦何云及注不知其非官本注末有也字

鄭眾傳封爲鄛鄉侯注鄛音七交反說文曰南郡棘陽縣有鄛鄉官本注鄛皆誤剿集解洪亮吉曰案棘陽屬南陽非南郡也柳從辰曰今說文注本作南陽惟棘誤爲棗段玉裁已訂之棗陽乃隋縣名非漢所有

蔡倫傳封爲龍亭侯注龍亭縣故城在今洋州興埶縣東柳從辰曰水經沔水注漢水東歷上濤而逕於龍下有邱郭墳墟舊謂此館爲龍下亭從辰攷其地即北魏龍亭縣故城唐爲洋州興埶縣貞觀二十三年更名興道縣今漢中府洋縣治倫墓在其地蓋龍下亭一名龍亭今案後漢宦官自鄛眾以功封鄛鄉侯始有鄉亭之封尚無

縣侯也柳謂龍下亭一名龍亭以北魏名縣爲龍亭證之其說可信然在漢世仍是亭名非縣名倫所封亦仍亭侯非縣侯章懷乃以北魏之龍亭縣故城釋漢之龍亭實爲大誤

飲藥而死柳從辰曰一統志倫墓在今洋縣東三十里集解洪亮吉曰案此則倫死在

安帝初年柳從辰曰初年上應補親政二字時安帝卽位已十五年矣

孫程傳於是遂定案當時使非有馮詩格殺樊登歸營屯守郭鎭力禽閻景因令御史收顯等送獄則事不能卽定順帝非惟不得立且陷死於諸閻之手矣諸閻舉大事不與外庭爲謀以帝爲孤注也史著事所由定明功不在諸閻

彭愷爲西平昌侯集解洪亮吉曰案此時平原已無平昌縣錢大昭曰今本郡國志無此縣而西平昌三字雜入後樂安國注中通鑑胡注遂直認高帝以西平昌置千乘乃知其誤已久今案前志千乘郡班注但云高帝置與西平昌無涉且縣不可以爲郡續志注中此三字明係誤衍蓋本上平原縣名也惟平原本止九城兼數西平昌則爲十城是九字亦後人誤改矣

李元爲襃信侯楊佗爲山都侯注襃信山都並屬南陽郡官本注末有也字

陳予爲下雋侯注下雋縣長沙郡案注縣下脫屬字

而分程半案文程下少一國字

陽嘉中詔九卿舉武猛侯康曰陽嘉中無此詔永和三年有之通鑑考異謂此傳誤以永和爲陽嘉是也

曹騰傳字季興集解惠棟曰續漢書云曹萌長子伯興次子中興次子叔興騰字季興案此引續漢書騰父名萌與類聚九十四所引合魏志注引續漢書則云騰父名節字元偉萌節形近莫詳孰是也

於斜谷間錢大昭曰魏志裴注引續漢書斜谷間作函谷關

單超傳案此傳實五侯合傳傳目獨標單超名非范意也恆懷不平官本懷作有

金銀罽毦施於犬馬柳從辰曰前書東方朔傳狗馬被繢罽顏注罽織毛也卽氈㲲之屬

辜較百姓柳從辰曰孝經蓋天子之孝也疏云蓋者辜較之辭辜較猶梗概也案此以梗概說辜較卽概論之義史記汲鄭列傳索隱云辜較亦作酤榷卽後張讓傳所謂辜榷財利是也惠用其音知亦主其說

曹節傳其本魏郡人錢大昭曰其下疑脫先字

長樂謁者騰是等案字書有騰姓莫詳所出

普亮等五人各三百戶案皆都鄉侯也

封育陽侯增邑三千戶案邑下蓋脫至字此幷前六百戶合爲三千戶也否則下文增邑四千六百戶幷前不止七千六百戶矣

呂強傳再遷中常侍官本侍譌待

節等宦官祐薄官本薄誤簿

西園引司農之藏官本藏作臧案上文私臧下文亦作私藏臧藏古雖通作但文字不一律

張讓傳案亦張讓趙忠合傳十分雇一官本文注雇皆作顧

自是不敢復升臺榭注高臺榭則下畔之官本注畔誤半

又遷河間集解先謙曰官本遷作還疑當作於謹案御覽九十二引續漢書亦作還帝雖由河間入承大統然天子無外言還固不如言於也

又鑄天祿蝦蟇注見靈紀

三代呂變色取禍注夏呂妹嬉官本注妹作末

或敏才給對飾巧亂實案如單超承旨誅梁冀張讓宴罪已誅之王甫侯覽及使尙但止帝登高皆是注以良賀對不舉人爲說似於飾巧亂實未合

亦豈一朝一夕哉注由辯之不早辯也官本注辯作辨與今本易文合蓋言愼也官本注蓋作亦初言履霜而堅冰至者官本注者誤有

宋　宣　城　太　守　范　曄　撰

唐　章　懷　太　子　賢　注

王先謙集解

昔王莽更始之際天下散亂禮樂分崩典文殘落及光武中興愛好經術未及下車而先訪儒雅採求闕文補綴漏逸禮記曰武王克殷反商未及下車而封黃帝之後於薊先是四方學士多懷挾圖書遁逃林藪自是莫不抱負墳策雲會京師范升陳元鄭興杜林衞宏劉昆桓榮之徒繼踵而集於是立五經博士各㠯家法教授易有施孟梁丘京氏尚書歐陽大小夏侯詩齊魯韓毛〔集解〕何焯曰衍一毛字此時毛詩未得立也且如此乃十五非十四矣參㠯百官志博士果十四人詩三家齊魯韓氏應劭漢官儀並同禮大小戴春秋嚴顏凡十四博士太常差次總領焉建武五年迺修起太學稽式古典籩豆干戚之容備之於列籩豆禮器也竹謂之籩木謂之豆干楯也戚鉞也舞者所執服方領習矩步者委它乎其中方領直領也委它行貌也委音於危反它音以支反〔集解〕惠棟曰委它即委蛇也它音徒河反中元元年初建三雍明帝即位親行其禮天子始冠通天徐廣輿服雜注曰天子朝冠通天冠高九寸黑介幘金薄山所常服也〔集解〕何焯曰漢承秦故郊祀皆服袀玄至顯宗而革故統冠曰始詳輿服志先謙曰官本薄作博衣日月續漢志曰乘輿備文日月星辰也備法物之駕胡廣漢制度曰天子出有大駕法駕小駕大駕則公卿奉引大將軍驂乘太僕御屬車八十一乘備千乘萬騎法駕公不在鹵簿唯河南尹執金吾洛陽令奉引侍中驂乘奉車郎御屬車三十六乘小駕太僕奉駕侍御史整車騎也盛清道之儀漢官儀曰清道㠯旄頭爲前驅也坐明堂而朝羣后登靈臺㠯望雲物雲物解見明紀袒割辟雍之上尊養三老五更饗射禮畢帝正坐自講諸儒執經問難於前冠帶縉紳之人圜橋門而觀聽者蓋億萬計漢官儀曰辟雍四門外有水㠯節觀者門外皆有橋觀者水外故云圜橋門也〔集解〕惠棟曰鄭氏詩箋云辟雝者築土雝水之外圓如璧四方來觀者均也孔穎達云辟雝之宮內有館舍外無牆院故得圜門觀之也其後復爲功臣子孫四姓末屬別立校舍搜選高能㠯受其業〔集解〕劉攽曰案文此受當作授周壽昌曰案授選高能選功臣末屬之高能者也下詔高才生則選於學生中此受字與下受古文尚書云云相同非選高能者爲之師不必改作授字自期門羽林之士悉令通孝經章句匈奴亦遣子入學〔集解〕惠棟曰樊準傳云匈奴遣伊秩訾王大車且渠來入就學濟濟乎洋洋乎盛於永平矣建初中大會諸儒於白虎觀考詳同異連月迺罷肅宗親臨稱制如石渠故事石渠見章紀顧命史臣著爲通義即白虎通義是又詔高才生受古文尚書毛詩穀梁左氏春秋雖不立學官然皆擢高第爲講郎給事近署所㠯網羅遺逸博存衆家孝和亦數幸東觀覽閱書林及鄧后稱制學者頗懈時樊準徐防竝陳敦學之宜又言儒職多非其人於是制詔公卿妙簡其選三署郎能通經術者皆得察舉自安帝覽政薄於藝文博士倚席不講禮記曰凡侍坐於大司成者遠近間三席又曰若非飲食之客則布席席間函丈注云謂講問客也倚席言不施講坐也〔集解〕惠棟曰事見樊準傳朋友相視怠散學舍頹敝鞠爲園蔬詩小雅曰鞠爲茂草注云鞠窮也牧兒蕘豎至於薪刈其下順帝感翟酺之言迺更修黌宇說文曰黌學也黌與橫同〔集解〕錢大昕曰案說文無此文徐鉉㠯黌爲俗書凡所造構二百四十房千八百五十室試明經下第補弟子增甲乙之科員各十人〔集解〕惠棟曰摯虞決疑要注云漢初治博士而無弟子後治弟子十五人又增滿五百漢末至五千人與博士習禮儀胡廣漢官儀解詁云順帝時學生二百人除郡國耆儒皆補郎舍人太初元年〔集解〕先謙曰官本太作本考證云監本宋本俱作太初王會汾云按質帝無太初年號明是本字今改正梁太后詔曰大將軍下至六百石悉遣子就學每歲輒於鄉射月一饗會之㠯此爲常漢官儀曰春三月秋九月習鄉射禮禮生皆使太學學生自是遊學增盛至三萬餘生然章句漸疏而多㠯浮華相尙儒者之風蓋衰矣黨人既誅其高名善士多坐流廢後遂至忿爭更相言告亦有私行金貨定蘭臺漆書經字㠯合其私文熹平四年靈帝迺詔諸儒正定五經刊於石碑爲古文篆隸三體書法㠯相參檢樹之學門古文謂孔子壁中書篆書秦始皇使程邈所作也隸書亦程邈所獻也主於徒隸從簡易也謝承書曰碑立太

學門外瓦屋覆之四面欄障開門於南河南郡設吏卒視之楊龍驤洛陽記載朱超石與兄書云石經文都似碑高一丈許廣四尺駢羅相接集解杭世駿曰按趙明誠金石錄云儒林傳序云爲古文篆隸三體者非也蔡邕所書乃八分而三體石經乃魏時所建使天下咸取則焉初光武遷還洛陽其經牒祕書載之二千餘兩集解惠棟曰風俗通云載素簡紙凡二千兩自此以後參倍於前及董卓移都之際吏民擾亂自辟雍東觀蘭臺石室宣明鴻都諸藏典策文章競共剖散集解先謙曰官本剖作剖是其縑帛圖書大則連爲帷蓋小乃制爲縢囊縢亦幐也音徒恆反說文曰幐囊也集解惠棟曰說文云帣囊也今鹽官三斛爲一帣一作帣居倦反及王允所收而西者裁七十餘乘道路艱遠復棄其半矣後長安之亂一時焚蕩莫不泯盡焉集解王補曰光武車駕徙都洛陽載素簡紙經凡二千兩董卓盪覆王室天子西移中外倉卒所載書七十車于道遇雨分半投棄卓又燒燔觀閣經籍盡作灰燼所有餘者或作囊帳先王之道幾湮滅矣見御覽六百十九引應劭風俗通東京學者猥衆難以詳載今但錄其能通經名家者以爲儒林篇其自有列傳者則不兼書若師資所承老子曰善人者不善人之師也不善人者善人之資也故因曰師資宜標名爲證者乃著之云

前書云田何傳易授丁寬前書寬字子襄丁寬授田王孫王孫授沛人施讎東海孟喜琅邪梁丘賀前書讎字子卿喜字長卿賀字長翁由是易有施孟梁丘之學又東郡京房授易於梁國焦延壽前書延壽名贛別爲京氏學又有東萊費直前書直字長翁傳易授琅邪王橫爲費氏學前書橫作璜字平仲本以古字號古文易又沛人高相傳易授子康及蘭陵毋將永爲高氏學毋將姓也毋讀曰無施孟梁丘京氏四家皆立博士費高二家未得立

劉昆字桓公陳留東昏人東昏屬陳留郡東緡屬山陽郡諸本作緡者誤集解惠棟曰論衡昆作琨梁孝王之胤也少習容禮容儀也前書魯徐生善爲容孝文時以容爲禮官大夫集解惠士奇曰古者有容禮有容臺容其儀臺其地也帝癸三年殷容臺振說者以爲夏桀之時容臺振振之言震蓋人而無禮天必棄之故曰振而和容主賓客之官晉羊舌大夫之爲和容也溫良而好禮博聞而時出則可謂無曠其官者矣漢天下郡國有容史郎春秋之和容魯徐生善爲容後有張氏亦善焉郡國容史皆詣魯學之子孫相傳以爲家法然皆不能通經徒習其儀而已世居禮官不替其業亦有所長非苟焉者及其蔽也槃辟雅拜詭衆立異褒衣大袑飾緌養名齊魯之間遂成風俗然灑埽應對進退之禮少而習焉長而安焉儀容辭令其節似小而大行人以之同邦國親諸侯擯相之儀不朝不夕孟僖所病未能者不可以不學也季孫之喪哀公往弔曾子子貢入廄脩容闇人辟之卿大夫皆辟位公降一等而揖之蓋有德必有容見其容知其德也故曰盡飾之道斯其行者遠矣平帝時受施氏易於沛人戴賓集解惠棟曰前書施讎授張禹禹授戴崇子平賓蓋崇之後也能彈雅琴知清角之操劉向別錄曰雅琴之意事皆出龍德諸琴雜事中前書藝文志曰雅琴龍氏名德趙氏名定韓子曰師曠對晉平公曰昔黃帝合鬼神駕象車交龍畢方並轄蚩尤居前風伯進埽雨師灑道作爲清角今君德薄不足以聽之集解惠棟曰劉向別錄云龍氏雅琴百六篇師氏八篇趙氏七篇劉歆七略云雅琴琴之言禁也雅之言正也君子守正以自禁也雅琴中有少宮清角諸聲也管子曰凡聽角如雉登木以鳴音疾以清許慎淮南子注云清角絃急其聲清也王充云白雪與清角同曲而異名清角木音也王莽世教授弟子恆五百餘人每春秋饗射常備列典儀以素木瓠葉爲俎豆桑弧蒿矢以射菟首詩小雅瓠葉詩序曰刺幽王棄禮而不能行故思古之人不以微薄廢禮焉詩曰幡幡瓠葉采之亨之君子有酒酌言嘗之有菟斯首炰之燔之君子有酒酌言獻之昆懼禮之廢故引以瓠葉爲俎實射則歌菟首之詩而爲節也集解惠棟曰東觀記云以素木刳瓠葉爲俎豆歌菟首之詩以爲節也瓠葉言菟首者三家詩有異同也

每有行禮縣宰輒率吏屬而觀之王莽以昆多聚徒衆私行大禮有僭上心乃繫昆及家屬於外黃獄尋莽敗得免既而天下大亂昆避難河南負犢山中郡國志河南郡有負犢山建武五年舉孝廉不行遂逃教授於江陵光武聞之即除爲江陵令時縣連年火災昆輒向火叩頭多能降雨止風徵拜議郎稍遷侍中弘農太守先是崤黽驛道多虎災行旅不通昆爲政三年仁風大行虎皆負子渡河帝聞而異之二十二年徵代杜林爲光祿勳詔問昆曰前在江陵反風滅火後守弘農虎北渡河行何德政而致是事昆對曰偶然耳集解惠棟曰論衡以爲光武之言與此異左右皆笑其質訥帝歎曰此乃長者之言也顧命書諸策乃令入授皇太子及諸王小侯五十餘人二十七年拜騎都尉三十年以老乞骸骨詔賜洛陽第舍以千石祿終其身中元二年卒子軼字君文集解惠棟曰東觀記儒林傳作軼字君久傳

昆業門徒亦盛永平中爲太子中庶子〔集解〕惠棟曰東觀記云以中庶子入侍講建初中稍遷宗正卒官遂世掌宗正焉

洼丹字子玉風俗通注音圭〔集解〕惠棟曰孫愐云洼又音哇南陽育陽人也世傳孟氏易王莽時常避世教授專志不仕徒眾數百人建武初爲博士稍遷十一年爲大鴻臚作易通論七篇世號洼君通丹學義研深易家宗之稱爲大儒十七年卒於官年七十時中山觟陽鴻字孟孫觟姓陽名鴻也觟音胡瓦反其字從角字或作鮭從魚者音胡佳反〔集解〕惠棟曰觟孫愐音圭從魚圭亦以孟氏易教授有名稱永平中爲少府

任安字定祖廣漢綿竹人也少遊大學受孟氏易兼通數經又從同郡楊厚學圖讖究極其術時人稱曰欲知仲桓問任安又曰居今行古任定祖學終還家教授諸生自遠而至〔集解〕惠棟曰華陽國志云安弟子杜微何宗杜瓊皆名士至卿佐初仕州郡後太尉再辟除博士公車徵皆稱疾不

就〔集解〕惠棟曰高士傳云安不營名利時人稱安曰任孔子連辟不就建安中讀史記魯連傳歎曰性以潔白爲治情以得志爲樂性治情得體道而不憂彼棄我取與時而無爭遂終身不仕時人號曰任徵君云州牧劉焉表薦之〔集解〕惠棟曰益部耆舊傳云焉表薦安味精道度厲節高邈揆其器量國之元寶宜處弼疑之輔以消非常之咎元纁之禮所宜招命時王塗隔塞詔命竟不至年七十九建安七年卒於家

楊政字子行京兆人也少好學從代郡范升受梁丘易〔集解〕惠棟曰經典序錄云傳孟氏易善說經書京師爲之語曰說經鏗鏗楊子行〔集解〕惠棟曰東觀記云政治梁丘易與京兆祁聖元同好俱名善說經書京師號曰說經鏗鏗楊子行論難僠僠祁聖元僠音番教授數百人范升嘗爲出婦所告坐繫獄政迺肉袒以箭貫耳〔集解〕惠棟曰案東觀記時升爲太常丞抱升子潛伏道傍候車駕而持章叩頭大言曰范升三娶唯有一子今適三歲孤之可哀武騎虎賁懼驚乘輿舉弓射之猶不肯去旄頭又以戟叉政傷胸政猶不退哀泣辭請有感帝心詔曰乞楊生師乞讀曰氣〔集解〕惠棟曰穀梁傳云乞重辭也何重焉重人之死也案注氣當作气气匃也卽尺一出升政由是顯名爲人嗜酒不拘小節果敢自矜然篤於義時帝壻梁松皇后弟陰就皆慕其聲名而請與交友政每共言論常切磋懇至不爲屈撓嘗詣楊虛侯馬武武難見政稱疾不爲起政入戶徑升牀排武把臂責之曰〔集解〕惠棟曰東觀記云武稱疾見政對几據牀卧欲令政拜牀下政入戶前排武徑上牀坐武帳語言不擇政因把武臂責之卿蒙國恩備位藩輔不思求賢以報殊寵而驕天下英俊此非養身之道也今日動者刀入脅武諸子及左右皆大驚以爲見劫操兵滿側政顏色自若會陰就至責數武令爲交友其剛果任情皆如此也建初中官至左中郎將

張興字君上潁川鄢陵人也習梁丘易以教授建武中舉孝廉爲郎謝病去復歸聚徒後辟司徒馮勤府勤舉爲孝廉稍遷博士永平初遷侍中祭酒十年拜太子少傅顯宗數訪問經術既而聲稱著聞弟子自遠至者著錄且萬人爲梁丘家宗著於籍錄十四年卒于

官子魴傳興業位至張掖屬國都尉

戴憑字次仲汝南平輿人也習京氏易年十六郡舉明經徵試博士拜郎中時詔公卿大會羣臣皆就席憑獨立光武問其意憑對曰博士說經皆不如臣而坐居臣上是以不得就席帝卽召上殿令與諸儒難說憑多所解釋帝善之拜爲侍中數進見問得失帝謂憑曰侍中當匡補國政勿有隱情憑對曰陛下嚴帝曰朕何用嚴憑曰伏見前太尉西曹掾蔣遵清亮忠孝學通古今陛下納膚受之訴遂致禁錮論語孔子曰膚受之訴注云謂受人之訴辭皮膚之不深知其情核也〔集解〕劉攽曰注受人訴辭皮膚之不深案文少一在字一外字世以是爲嚴帝怒曰汝南子欲復黨乎憑出自繫廷尉有詔敕出後復引見憑謝曰臣無謇諤之節而有狂瞽之言不能以尸伏諫韓詩外傳曰昔衞大夫史魚病且死謂其子曰我數知蘧伯玉之賢而不能進彌子瑕不肖而不能退死不當居喪正堂殯我於側室足矣衞君問其故子以父言聞於君君迺召蘧伯玉而貴之彌子瑕退之徙殯於正堂

成禮而後去倫生苟活誠慙聖朝帝卽勑尚書解遵禁錮拜憑虎賁中郎將以侍中兼領之正旦朝賀百僚畢會帝令羣臣能說經者更相難詰義有不通輒奪其席以益通者憑遂重坐五十餘席故京師爲之語曰解經不窮戴侍中在職十八年卒於官詔賜東園梓器錢二十萬時南陽魏滿字叔牙亦習京氏易教授永平中至弘農太守

孫期字仲彧〔集解〕惠棟曰經典序錄彧作奇濟陰成武人也少爲諸生習京氏易古文尚書家貧事母至孝牧豕於大澤中以奉養焉遠人從其學者皆執經壟畔以追之里落化其仁讓黃巾賊起過期里陌相約不犯孫先生舍郡舉方正遣使齎羊酒請期期驅豕入草不顧司徒黃琬特辟不行終於家建武中范升傳孟氏易以授楊政〔集解〕錢大昭曰范升傳云習梁丘易又上疏云臣與博士梁恭山陽太守呂羌俱修梁丘易此傳亦云楊政從升受梁丘易則此云孟氏易誤

而陳元鄭衆皆傳費氏易其後馬融亦爲其傳融授鄭玄玄作易注荀爽又作易傳自是費氏興而京氏遂衰〔集解〕先謙曰官本考證云何焯校本京氏上疑當有孟氏二字

前書云濟南伏生名勝〔集解〕惠棟曰據博物志也傳尚書授濟南張生及千乘歐陽生字伯和〔集解〕先謙曰官本字上多前書二字案歐陽字和伯文誤倒歐陽生授同郡兒寬寬授歐陽生之子世世相傳至曾孫歐陽高高字子陽〔集解〕王鳴盛曰前書云寬授歐陽生子世世相傳近人遂有以上世字屬上讀爲歐陽生子名世者此增一之字則知讀爲世世相傳世非名爲尚書歐陽氏學張生授夏侯都尉都尉名都尉授族子始昌始昌傳族子勝爲大夏侯氏學勝傳從兄子建建別爲小夏侯氏學三家皆立博士〔集解〕惠棟曰劉歆七略云尚書直言也始歐陽氏先名之大夏侯小夏侯復立於學官三家之學於今傳之徐堅云伏生爲尚書傳四十一篇歐陽大小夏侯傳其學各有能名是曰今文尚書劉向五行傳蔡邕勒石經皆其本又魯人孔安國傳古文尚書授都尉朝姓都尉名朝〔集解〕惠棟曰前書云孔氏有古文尚書孔安國以今文讀之因以起其家逸書得十餘篇蓋尚書茲多於是矣馬融云逸十六篇絕無師說謂舜典汨作九共大禹謨益稷五子之歌胤征湯誥咸有一德典寶伊訓肆命原命武成旅獒冏命朝授膠東庸譚爲尚書古文學未得立

歐陽歙字正思樂安千乘人也〔集解〕錢大昕曰案和帝永元七年始置樂安國歙卒於光武之世當稱千乘人前書儒林傳歐陽和伯千乘人牟長卒章帝朝而傳稱樂安臨濟人皆史臣追書惠棟曰歐陽氏譜云歐陽欽字子敬生三子曰容曰述曰與同受業於伏生容爲博士生子曰巨巨生遠遠生高高生仲仁仲仁生地餘地餘生政政生歙歐陽脩云漢氏以歙爲和伯八世孫今譜無生而有容疑漢世所謂歐生者以其經師謂之生如伏生之類而其實名容字和伯於義爲通自歐陽生傳伏生尚書至歙八世皆爲博士〔集解〕惠棟曰東觀記云其先和伯從伏生受尚書傳至於歙七世皆爲博士與傳異也歙既傳業而恭謙好禮讓王莽時爲長社宰長社今許州縣也更始立爲原武令世祖平河北到原武見歙在縣修政遷河南都尉後行太守事世祖卽位始爲河南尹封被陽侯被陽故城在今淄州高苑縣西南建武五年坐事免官明年拜揚州牧遷汝南太守推用賢俊政稱異迹〔集解〕惠棟曰東觀記云吏民從化九年更封夜侯夜今萊州掖縣歙在郡教授

數百人視事九歲徵爲大司徒坐在汝南臧罪千餘萬發覺下獄諸生守闕爲歙求哀者千餘人〔集解〕惠棟曰王幼學云守去聲詣也至有自髡剔者〔集解〕惠棟曰王幼學云自爲刑人狀以示必獲罪也大人曰髡小兒曰鬄盡及身毛曰剔高獲傳云獲冠鐵冠帶鐵鑕詣闕請歙平原禮震謝承書曰震字仲威光武嘉其仁義拜震郎中後以公事左遷淮陽王廄長〔集解〕惠棟曰孫愐云禮姓左傳有衞大夫禮孔棟案論衡有會稽都尉禮文伯後遷東萊太守年十七聞獄當斷馳之京師行到河內獲嘉縣自繫上書求代歙死曰伏見臣師大司徒歐陽歙學爲儒宗八世博士而以臧咎當伏重辜歙門單子幼未能傳學身死之後永爲廢絕上令陛下獲殺賢之譏下使學者喪師資之益乞殺身以代歙命書奏而歙已死獄中歙掾陳元上書追訟之言甚切至帝迺賜棺木贈印綬賻縑三千匹子復嗣後卒〔集解〕先謙曰官本後作復是無子國除濟陰曹曾字伯山從歙受尚書門徒三千人〔集解〕惠棟曰拾遺記云曾家財巨億學徒貧者皆給食天下名書上古以來文篆訛落者曾皆刊正垂萬餘卷及國難既夷收天下遺書於曾家連

車繼軌輪於王府諸弟子於門外立祠謂曰曾師祠及亂世家家焚廬曾慮先文湮沒乃積石爲倉吕藏書故謂曹氏爲書倉位至諫議大夫子祉河南尹傳父業教授又陳留陳弇字叔明亦授歐陽尚書於司徒丁鴻仕爲蘄長續漢書曰弇吕尚書教授躬自耕種常有黃雀飛來隨弇翱翔〔集解〕先謙曰官本授作受是

牟長字君高樂安臨濟人也其先封牟春秋之末國滅因氏焉長少習歐陽尚書不仕王莽世祖建武二年大司空弘宋弘也特辟拜博士稍遷河內太守坐墾田不實免〔集解〕惠棟曰東觀記云長建武中嘗拜少府詔曰少府大儒不失法度其見優如此傳略不載也長自爲博士及在河內諸生講學者常有千餘人著錄前後萬人著尚書章句皆本之歐陽氏俗號爲牟氏章句〔集解〕何焯曰不足吕自名家故云俗號爲牟氏也蘇輿曰時業章句者皆謂之俗學蓋吕備試策及教授皇室之用孔僖傳子長彥好章句季彥守其家業連叢子長彥頗隨時爲今學而孔大夫昰謂季彥君獨治古義不能不非章句是也復徵爲中散大夫〔集解〕惠棟曰案東觀記建武十四年徵也賜告一歲卒於家子紓又吕隱居

教授門生千人肅宗聞而徵之欲吕爲博士道物故在路死也案魏臺訪問物故之義高堂隆答曰聞之先師物無也故事也言死者無復所能於事故也

宋登字叔陽京兆長安人也父由爲太尉登少傳歐陽尚書教授數千人爲汝陰令政爲明能號稱神父遷趙相入爲尚書僕射順帝吕登明識禮樂使持節臨太學奏定典律轉拜侍中數上封事抑退權臣由是出爲潁川太守市無二價道不拾遺病免卒於家汝陰人配社祠之

張馴字子儁〔集解〕惠棟曰馴一作訓古文通濟陰定陶人也少遊太學能誦春秋左氏傳吕大夏侯尚書教授辟公府舉高第拜議郎與蔡邕共奏定六經文字擢拜侍中典領祕書近署甚見納異多因便宜陳政得失朝廷嘉之〔集解〕惠棟曰謝承書云馴儒雅敏達有智慧也遷丹陽太守化有惠政光和七年徵拜尚書遷大司農初平中卒於官

尹敏字幼季南陽堵陽人也堵音者少爲諸生初習歐陽尚書後受古文〔集解〕惠棟曰陸德明案漢記敏本傳吕爲孔鮒所藏古文兼善毛詩穀梁左氏春秋建武二年上疏陳洪範消災之術〔集解〕惠棟曰伏生洪範五行傳云維王后元祀帝令大禹步于上帝維時洪範六沴用告于下是用知不畏而神之怒若六沴作見若是共御帝用不差神則不怒五福乃降用章于下若六沴作見若不共御六伐既侵六極其下敏疏引此傳云明供御則天報之福不供御則禍災至欲尊六事之體則貌言視聽思心之用合六事之揆吕致乎大平而消除轎輀孽害見續漢書也五行傳又云維五位復建辟厥沴鄭氏注云君失五事則五行相沴違其位復立之者明其變異則改過吕共禦之又必齋肅祭祀吕撫其神則凶咎除矣時世祖方草創天下未遑其事命敏待詔公車拜郎中辟大司空府帝吕敏博通經記令校圖讖使蠲去崔發所爲王莽著錄次比前書王莽居攝三年廣饒侯劉京車騎將軍千人扈雲太保屬臧鴻奏符命京言齊郡新井雲言巴郡石牛鴻言扶風雍石莽皆迎受十一月甲子莽上奏太后曰巴郡石牛雍石文皆到未央宮之前殿臣與太保安陽侯舜等視天風起塵冥風止得銅章帛圖於石前文曰天告帝符獻者封侯承天命用神說騎都尉崔發等視說其後莽封發爲說符侯敏對曰讖書非聖人所作其中多近鄙別字〔集解〕何焯

曰如吕劉爲卯金刀吕泉貨爲白水眞人皆別字之徵也惠棟曰袁宏紀載敏語云其中多近語吕字取類頗類世俗之辭恐疑誤後生帝不納敏因其闕文增之曰君無口爲漢輔帝見而怪之召敏問其故敏對曰臣見前人增損圖書敢不自量竊幸萬一帝深非之雖意不罪而亦吕此沈滯與班彪親善每相遇輒日旰忘食夜分不寢旰晚也〔集解〕惠棟曰分半也東觀記云每相遇與談常屏案不食晝則至暝夜則徹旦彪曰相與久語爲俗人所怪然鍾子期死伯牙破琴曷爲陶陶哉自吕爲鍾期伯牙莊周惠施之相得也說苑曰伯牙子鼓琴其友鍾子期聽之志在於山水子期皆知之子期死伯牙屏琴絕絃終身不復鼓琴莊子曰莊子送葬過惠子之墓顧謂從者曰郢人堊墁其鼻端若蠅翼使匠石斲之匠石運斤成風聽而斲之盡堊而鼻不傷郢人立不失容元君聞之召匠石曰嘗爲寡人爲之匠石曰臣則嘗斲之雖然臣之質死久矣自惠子之死吾無吕爲質矣吾無與言之堊墁有泥墁之也堊音於各反墁音莫干反蠅翼薄也後三遷長陵令永平五年詔書捕男子周慮慮素有名稱而善於敏敏坐繫免官〔集解〕惠棟曰續漢書載敏爲長陵令吕縣倉漏三所自免與此異也及出歎曰瘖聾之徒眞世之有道者也〔集解〕惠棟曰穀梁傳云上泄則下闇

下闇則上聾且闇且聾無以相通安溪李殿學云闇猶暗也何謂察察而遇斯患乎（〔集解〕劉攽曰何謂察察案文謂當作爲言何故爲此察察也後人不曉爲謂多相亂也先謙曰爲謂古字通）十一年除郎中還諫議大夫卒於家

周防字偉公汝南汝陽人也父揚少孤微常修逆旅（杜預注左傳曰逆旅客舍也〔集解〕何焯曰周勰傳云自勰曾祖父揚至勰孫恂六世知名則揚亦常顯名史略之耳）以供過客而不受其報防年十六仕郡小吏世祖巡狩汝南召掾史試經防尤能誦讀拜爲守丞防以未冠謁去（禮男子二十冠自以年未成人故請去謁請也）師事徐州刺史蓋豫受古文尚書經明舉孝廉拜郎中撰尚書雜記三十二篇四十萬言太尉張禹薦補博士稍遷陳留太守（〔集解〕汪文臺曰文選爲齊明帝讓宣城郡公表注引謝承書云周防及守近甸嘉瑞表應）坐法免年七十八卒於家子舉自有傳

孔僖字仲和（〔集解〕惠棟曰連叢子作子和）魯國魯人也自安國以下世傳古文尚書毛詩（〔集解〕李賡芸曰案此毛字亦疑衍文安國未聞受毛詩疑魯詩之譌）曾祖父子建（〔集解〕惠棟曰連

叢子云子建生子仁子仁生子豐子豐生子和子建以下皆字也傳逸其名）少遊長安與崔篆友善及篆仕王莽爲建新大尹（莽改千乘國曰建信又改曰建新郡守曰大尹）嘗勸子建仕對曰吾有布衣之心子有袞冕之志各從所好不亦善乎道既乖矣請從此辭遂歸終於家僖與崔篆孫駰復相友善同遊太學習春秋因讀吳王夫差時事僖廢書歎曰若是所謂畫龍不成反爲狗者（夫差伐越敗之越王句踐乃以甲兵五千人棲於會稽使大夫種因吳太宰嚭而行成吳王將許之伍子胥諫曰今不滅後必悔之吳王不聽後句踐滅吳吳王曰吾悔不用子胥之言遂自剄死〔集解〕劉攽曰正文畫龍不成案古語皆云畫虎不成此誤惠棟曰王懋云章懷避唐諱非誤也唐避虎字諱改作龍前書人表虎臣改作龍臣皆正文也本書馬援傳仍作畫虎不成反類狗也）駰曰然昔孝武皇帝始爲天子年方十八崇信聖道師則先王五六年間號勝文景（前書武帝年十七即位即位一年議立明堂安車蒲輪徵魯申公六年舉賢良班固贊曰以武帝之雄才大略不改文景之恭儉以濟斯人雖詩書所稱何以加茲也）及後恣己忘其前之爲善（謂武帝末年好神仙祭祀之事征伐四夷連兵三十餘年又信巫蠱天下戶口減半人相食算及舟車官賣鹽鐵也）僖曰書傳若此多矣鄰房生梁郁儳和之曰（儳謂不與之言而傍對也禮記曰無儳言儳音仕鑒反〔集解〕惠棟曰曲禮云長者不及無儳言鄭氏云儳猶暫也非類雜駰僖相與言而郁雜錯其說故云儳和案袁宏紀作遥和也先謙曰官本注仕作大）如此武帝亦是狗邪僖駰默然不對郁怒恨之陰上書告駰僖誹謗先帝刺譏當世事下有司駰詣吏受訊（〔集解〕通鑑胡注受訊謂受鞫問也）僖以吏捕方至恐誅迺上書肅宗自訟曰臣之愚意以爲凡言誹謗者謂實無此事而虛加誣之也至如孝武皇帝政之美惡顯在漢史坦如日月是爲直說書傳實事非虛謗也夫帝者爲善則天下之善咸歸焉其不善則天下之惡亦萃焉斯皆有以致之故不可以誅於人也（誅責也）且陛下即位以來政教未過而德澤有加（言政教未有過失也）天下所具也（〔集解〕通鑑胡注謂天下之人所具知也袁宏紀云天下所共見也）臣等獨何譏刺哉假使所非實是則固應悛改儻其不當亦宜含容又何罪焉陛下不推原大數深自爲計徒肆私忿以快其意臣等受戮死即

死耳顧天下之人必回視易慮以此事闚陛下心自今以後苟見不可之事終莫復言者矣臣之所以不愛其死猶敢極言者誠爲陛下深惜此大業陛下若不自惜則臣何賴焉齊桓公親揚其先君之惡以唱管仲（國語曰魯莊公束縛管仲以與齊桓公公親迎於郊而與之坐問焉昔吾先君襄公築臺以爲高位田狩畢弋不聽國政卑聖侮士而唯女是崇九妃六嬪陳妾數百食必粱肉衣必文繡戎士凍餒是以國家不日引不月長恐宗廟不埽除社稷不血食敢問爲此若何管子曰昔者聖王之理天下定人之居成人之事而慎用其六柄焉四人者勿使雜處雜處則其言哤其事易也）然後羣臣得盡其心今陛下迺欲以十世之武帝遠諱實事豈不與桓公異哉臣恐有司卒然見構銜恨蒙枉不得自敘使後世論者擅以陛下有所方比寧可復使子孫追掩之乎謹詣闕伏待重誅帝始亦無罪僖等意及書奏立詔勿問拜僖蘭臺令史元和二年春帝東巡狩還過魯幸闕里以太牢祠孔子及七十二弟子（案史記達者七十二人〔集解〕先謙曰官本無注）作六代之樂（黃帝曰雲門堯曰咸池舜曰大韶禹

日大夏湯曰大護周曰大武（集解）何焯曰案前書秦時倡部武安得經新莽之亂尙備此樂云六代者史仍一時之誇飾也先謙曰官本注護作濩大會孔氏男子二十以上者六十三人命儒者講論僖因自陳謝（集解）惠棟曰連叢子云子和自陳曰臣草莽所蔽才非幹時行非絕倫托備先聖嗣世名學家陛下謬加拔擢徵臣蘭臺令史會値車駕東巡先禮聖師猥以餘福惠及臣宗誠非碎首所能報謝帝曰今日之會寧於卿宗有光榮乎對曰臣聞明王聖主莫不尊師貴道今陛下親屈萬乘辱臨敝里此迺崇禮先師增輝聖德至於光榮非所敢承帝大笑曰非聖者子孫焉有斯言乎遂拜僖郎中賜襃成侯損及孔氏男女錢帛詔僖從還京師使校書東觀冬拜臨晉令崔駰以家林筮之崔篆所作易林也（集解）惠棟曰連叢子云其年十二月謂爲不吉止僖曰子盍辭乎僖曰學不爲人仕不擇官吉凶由己而由卜乎在縣三年卒官（集解）惠棟曰連叢子云之官三年秋八月天子巡后土登龍門子和自請從行在所天子識其狀貌燕見移時賜帛十端還而九月既望寢疾不瘳遺令即葬二子長彥季彥並十餘歲（集解）惠棟曰連叢子云長彥年十有二季彥年十歲蒲

坂令許君然勸令反魯對曰今載柩而歸則違父令舍墓而去心所不忍遂留華陰（集解）惠棟曰連叢子云汝南許君然造其宅勸使歸魯奉車二乘曰以孫就祖於禮爲得答曰若以死有知也祖猶有鄰宗族父獨留此不以劇乎吾已定矣遂還其車長彥好章句學季彥守其家業（集解）惠棟曰連叢子云長彥頗隨時爲今學季彥壹其家業兼脩史漢不好諸家之書孔大夫昱謂季彥曰今朝廷以下四海之內皆爲章句內學而君獨治古義治古義則不能不非章句非章句內學則危身之道也棟謂以圖讖說經謂之章句內學何休之於公羊鄭元之於三禮是也光武信圖讖故四海之內皆爲內學方術傳云光武信讖士之赴趣時宜者皆爭談之自是習爲內學尙奇文貴異數不乏於時意懷注云其事祕密故稱內門徒數百人（集解）惠棟曰連叢子云時人爲之語曰魯國孔氏好讀經兄弟講論皆可聽學士來者有聲名不聽孔氏那得成延光元年河西大雨雹大者如斗安帝詔有道術之士極陳變眚迺召季彥見於德陽殿帝親問其故對曰此皆陰乘陽之徵也今貴臣擅權母后黨盛陛下宜修聖德慮此二者（集解）惠棟曰連叢子云永初二年案續志永初二年延光元年皆有雨雹事而劉昭據東觀記尹敏傳有孔季彥對安帝語亦在延光元年則連叢所載爲說也帝默然左右皆惡之舉孝廉不就

（集解）惠棟曰連叢子云下邳長孫子遜爲魯相舉季彥孝廉固辭不就會遭兄憂遂止於家三年年四十七終於家（集解）惠棟曰連叢子云年四十有九延光三年十一月丁丑卒初平帝時王莽秉政迺封孔子後孔均爲襃成侯（集解）惠棟曰世系云關內侯福生房房生均字長平前書作鈞追諡孔子爲襃成宣尼（集解）劉攽曰案文此少一公字及王莽敗失國建武十三年世祖復封均子志爲襃成侯（集解）洪亮吉曰案紀在十四年四月注引古今注云志時爲密令此云十三年似誤王伯厚崇儒攷亦未校出志卒子損嗣永元四年徙封襃亭侯（集解）錢大昕曰案孔龢碑載元嘉三年司徒雄等奏稱襃成侯四時來祠又韓敕碑陰有襃成侯孔建壽名碑立于永壽二年洪适疑建壽即損之字又據安帝紀延光三年賜襃成侯帛及二碑俱稱襃成以證損未嘗徙封其說當矣攷郡國志無襃成侯國則襃成之封當是亭侯非縣侯史例當書襃成亭侯或偶脫成字蔚宗因誤以爲徙封以爲襃亭爾魏文帝黃初二年詔亦稱襃成之後絕而莫繼惠棟曰洪适云韓敕碑有襃成侯孔建壽即損也疑損未嘗徙封傳之誤耳碑永壽二年立距永元六十五年棟案肅宗元和二年東巡賜損錢帛至桓帝永壽二年爲七十二年則建壽非損明矣徙封之說范必有據未可非也損卒子曜嗣（集解）惠棟曰韓敕碑陰云曜字仲雅孔氏譜云曜爲孔子十九世孫也曜卒子完嗣（集解）惠棟曰世系云完無子以弟子魏奉議郎羨爲嗣世世

相傳至獻帝初國絕臣賢案獻帝後至魏封孔子二十一葉孫羨爲崇聖侯晉封二十三葉孫震爲奉聖亭侯後魏封二十七葉孫乘爲崇聖大夫太和十九年孝文幸魯親祠孔子廟又改封二十八葉孫珍爲崇聖侯北齊改封三十一葉孫爲恭聖侯周武帝平齊改封鄒國公隋文帝仍舊封鄒國公隋煬帝改封爲紹聖侯貞觀十一年封夫子裔孫子德倫爲襃聖侯倫今見存（集解）惠棟曰魏修孔子廟碑云黃初元年命孔子廿一世孫議郎孔羨爲宗聖侯注作崇誤魏志云黃初二年亦誤又注二十七葉孫乘案世系云羨生大常卿震震生嶷嶷生豫章太守撫撫生從事中郎懿懿生宋崇聖侯鮮鮮生後魏崇聖大夫乘周壽昌曰考北齊文宣帝紀天保元年詔封崇聖侯邑一百戶以奉孔子之祀亦無名文獻通考闕里考云三十一代孫長襲封崇聖侯天保元年改封恭聖始知其名爲長孫也

楊倫字仲理陳留東昏人也（集解）洪頤煊曰楊震傳震舉薦明經名士陳留楊倫等李注字仲桓謝承書薦楊仲桓等五人各從家拜博士與此字仲理不同少爲諸生師事司徒丁鴻習古文尙書爲郡文學掾更歷數將志乖於時以不能人間事遂去職不復應州郡命講授於大澤中弟子至千餘人元初中郡禮請三府並辟公車徵皆辭疾不就後特徵博士爲清河王傅（集解）惠棟曰案楊震傳及注震

薦明經名士楊倫五人各從家拜博士也是歲安帝崩倫輒棄官奔喪號泣闕下不絕聲閻太后以其專任去職【集解】先謙曰官本任作擅是坐抵罪順帝即位詔免倫刑遂留行喪於恭陵服闋徵拜侍中是時邵陵令任嘉在職貪穢因遷武威太守後有人奏嘉臧罪千萬徵考廷尉其所牽染將相大臣百有餘人倫迺上書曰臣聞春秋誅惡及本本誅則惡消振裘持領領正則毛理今任嘉所坐狼籍未受辜戮猥以垢臭改典大郡自非案坐舉者無以禁絕姦萌往者湖陸令張疊蕭令駟賢徐州刺史劉福等釁穢既章咸服其誅而豺狼之吏至今不絕者豈非本舉之主不加之罪乎昔齊威之霸殺姦臣五人并及舉者以弭謗讟當斷不斷黃石所戒黃石公三略曰當斷不斷反受其亂夫聖王所以聽僮夫匹婦之言者猶塵加嵩岱霧集淮海雖未有益不為損也惟陛下留神省察奏御有司以倫言切直辭不遜順下之尚書奏倫探知密事【集解】惠棟曰周禮邦汋鄭眾注云斟酌盜取國家密事若今時刺探尚書事韓演坐從兄季朝刺探尚書法車徵是也徵以求直坐不敬結鬼薪結正其罪也鬼薪取薪以給宗廟三歲刑也詔書以倫數進忠言特原之免歸田里陽嘉二年徵拜太中大夫將軍梁商以為長史諫諍不合出補常山王傅病不之官詔書勑司隸催促發遣倫迺留河內朝歌以疾自上曰有留死一尺無北行一寸刎頸不易九裂不恨裂死也楚詞曰雖九死其猶未悔也匹夫所執彊於三軍論語曰三軍可奪帥也匹夫不可奪志也固敢有辭帝迺下詔曰倫出幽升高詩曰出自幽谷升于喬木寵以藩傅稽留王命擅止道路託疾自從苟肆狷志狷狂狷也音絹遂徵詣廷尉有詔原罪倫前後三徵皆以直諫不合既歸閉門講授自絕人事公車復徵遜遁不行卒於家遁逃也中興北海牟融習大夏侯尚書東海王良習小夏侯尚書沛國桓榮習歐陽尚書榮世習相傳授東京最盛扶風杜林傳古文尚書【集解】惠棟曰林所傳漆書即孔壁中書也林

同郡賈逵為之作訓馬融作傳鄭玄注解由是古文尚書遂顯於世

儒林列傳第六十九上終

後漢書集解卷七十九上校補

儒林列傳上朋友相𥅲怠散 官本友作徒

牧兒蕘豎 官本豎誤竪

小乃制爲縢囊注縢亦幐也 注幐原譌縢已正官本不誤

注丹傳時中山鮭陽鴻注字或作鮭從魚者音胡佳反 案胡佳反牟融傳注同佳或作佳者誤

永平中爲少府 柳從辰曰牟融傳載融永平十一年代鴻爲大司農是鴻并嘗官大司農矣

任安傳州牧劉焉表薦之 侯康曰秦宓嘗奏記劉焉薦安其辭亦極推崇見蜀志宓傳蓋焉因是又薦于朝也

楊政傳楊政字子行京兆人也 侯康曰東觀記楊正爲京兆功曹光武崩京兆尹出西域賈胡共起帷帳設祭尹車過帳賈牽車令拜尹疑止車正在前導曰禮天子不食支庶況夷乎敕壞祭乃去正政字相近時代既同爲京兆功曹郡望亦合其剛正之氣與本傳所載又相類疑即一人也今東觀記分正政爲兩傳乃出自掇拾之餘恐非原本如是

歐陽歙傳字正思 官本正誤王

爲長社宰注長社今許州縣也 已詳靈紀

封被陽侯注被陽故城在今淄州高苑縣西南 今青州府高苑縣治

更封夜侯注夜今來州掖縣 案掖屬東萊郡前續志均不作夜今萊州府掖縣治

平原禮震注謝承書曰至左遷淮陽王廄長 案此注文二十九字原本及官本均在後書奏而歙已死獄中句下誤刻須正

帝乃賜棺木贈印綬賻縑三千匹子復嗣 案據此則歙臧罪必不實而身則已死獄中矣崔瑗家無擔石而杜喬乃以臧罪奏瑗徵詣廷尉亦此類也柳從辰曰一統志歙墓在今德平縣西北

濟陰曹曾 柳從辰曰拾遺記云曹曾魯人也本名平慕曾參之行改名爲曾事親盡禮時亢旱井池竭母思清水曾跪而操餅甘泉自涌今案記作魯人與傳異

張馴傳光和七年 案卽中平元年也是年十二月始改元史因冊書舊文書之耳

尹敏傳雖意不罪 官本意作竟 而亦以此沈滯 柳從辰曰袁紀云敏性恬淡不慕功名專好聖哲之學

自以爲鍾期伯牙莊周惠施之相得也注嘗爲寡人爲之 官本注嘗作當

孔僖傳因讀吳王夫差時事注因吳太宰嚭而行成 官本注成下衍矣字

天下所具也 錢大昭曰具宜作見案據通鑑已作具則字非有誤也依胡三省說則具下當補知依惠氏引袁紀則具下亦當更增見實則此具字與下獨字對文所具猶言所同耳天下所同謂無異辭也

命儒者講論 錢大昭曰閩本論下有語字今案閩本是也各本皆脫一字論語記孔子之言孔氏所同復習命儒者講之以孔氏男子不皆修儒業者也

使校書東觀 柳從辰曰袁紀云僖以才學爲郎校書東觀上言圖讖非聖人之書案僖非毀先帝所用肅宗寬大雖不加罪是冬卽出爲縣令蓋必由此僖亦自知獲咎故不敢擇官耳

拜臨晉令 地詳楊震傳

在縣三年卒官集解惠棟曰連叢子云之官三年秋八月天子巡后土登龍門 案肅紀元和四年七月改元章和八月南巡狩無登龍門祠后土事

遺令卽葬 柳從辰曰一統志僖墓在今朝邑縣東北夸谷鎮

楊倫傳咸服其誅 官本服作伏

儒林傳第六十九下　　後漢書七十九下

宋　宣　城　太　守　范　曄　撰

唐　章　懷　太　子　賢　注

王先謙集解

前書魯人申公受詩於浮丘伯爲作詁訓是爲魯詩齊人轅固生亦傳詩是爲齊詩燕人韓嬰亦傳詩是爲韓詩三家皆立博士趙人毛萇傳詩是爲毛詩未得立〔集解〕惠棟曰徐堅云荀卿授魯國毛亨作詁訓傳以授趙國毛萇時人謂亨爲大毛公萇爲小毛公

高詡字季回平原般人也般音卜滿反〔集解〕先謙曰今濟南府德平縣東北曾祖父嘉以魯詩授元帝仕至上谷太守父容少傳嘉學哀平閒爲光祿大夫詡以父任爲郎中世傳魯詩以信行清操知名王莽篡位父子稱盲逃不仕莽世光武卽位大司空宋弘薦詡徵爲郎除符離長符離縣故城在今徐州符離縣東也〔集解〕先謙曰今鳳陽府宿州治去官後徵爲博士建武十一年拜大司農在朝以方正稱〔集解〕惠棟曰東觀記云詡以文學徵拜大司農在朝以清白方正稱十三年卒官賜錢及冢田

包咸字子良會稽曲阿人也曲阿今潤州縣〔集解〕惠棟曰孫愐云包姓楚大夫申包胥之後少爲諸生受業長安〔集解〕惠棟曰謝承書云咸受業長安王莽末嘗負笈追師師事博士右師細君姓右師〔集解〕惠棟曰孫愐云左傳宋樂大心爲右師其後因官爲氏漢有中郎右師譚習魯詩論語王莽末去歸鄉里於東海界爲赤眉賊所得遂見拘執十餘日咸晨夜誦經自若賊異而遺之因往東海立精舍講授光武卽位迺歸鄉里太守黃讜署戶曹史欲召咸入授其子咸曰禮有來學而無往教禮記曰禮聞來學不聞往教也〔集解〕惠棟曰張勃吳錄云太守黃府君行春咸留守其郎君緣樓探雀卵咸責數之曰春月不宜破卵升危非子道也杖之二十讜遂遣子師之〔集解〕惠棟曰何晏論語集解云安昌侯張禹本受魯論兼講齊說善者從之號曰張侯論爲世所貴包氏周氏章句出焉疏曰章句者訓解科段之名包氏周氏就張侯論爲之章句訓解以出其義理焉周氏疏不詳何人裴松之以爲周生烈案蔡邕石經已載包周烈魏人未必如裴說也舉孝廉除郎中建武中入授皇太子論語又爲其章句拜諫議大夫侍中右中郎將永平五年遷大鴻臚每進見錫以几杖入屛不趨贊事不名經傳有疑輒遣小黃門就舍卽問顯宗以咸有師傅恩而素清苦常特賞賜珍玩束帛奉祿增於諸卿咸皆散與諸生之貧者病篤帝親輦駕臨視八年年七十一卒於官子福拜郎中亦以論語入授和帝

魏應字君伯任城人也少好學建武初詣博士受業習魯詩閉門誦習不交僚黨京師稱之後歸爲郡吏舉明經除濟陰王文學以疾免官教授山澤中徒衆常數百人永平初爲博士再遷侍中十三年遷大鴻臚十八年拜光祿大夫建初四年拜五官中郎將詔入授千乘王伉應經明行修弟子自遠方至著錄數千人肅宗甚重之數進見論難於前特受賞賜〔集解〕惠棟曰漢南記云賜紬袂衣服時會京師諸儒於白虎觀講論五經同異使應專掌難問侍中淳于恭奏之帝親臨稱制如石渠故事明年出爲上黨太守徵拜騎都尉卒於官

伏恭字叔齊琅邪東武人司徒湛之兄子也湛弟黯字稚文〔集解〕惠棟曰前書匈奴傳云天鳳二年王莽復遣王歙與五威將王咸率伏黯丁業等六人使送右廚唯姑夕王還入塞莽遂悉封黯等以明齊詩改定章句作解說九篇位至光祿勳無子以恭爲後恭性孝事所繼母甚謹少傳黯學以任爲郎建武四年除劇令視事十三年以惠政公廉聞青州舉爲尤異太常試經第一拜博士遷常山太守敦修學校教授不輟由是北州多爲伏氏學永平二年代梁松爲太僕四年帝臨辟雍於行禮中拜恭爲司空儒者以爲榮初父黯章句繁多恭迺省減浮辭定爲二十萬言在位九年以病乞骸骨罷詔賜千石奉以終其身十五年行幸琅邪引遇如三公儀建初二年冬肅宗行饗禮以恭爲三老年九十元和元年卒賜

葬顯節陵下子壽官至東郡太守

任末字叔本蜀郡繁人也繁縣故城在今益州新繁縣北少習齊詩遊京師教授十餘年【集解】惠棟曰拾遺記云末年十四學無常師負笈不遠險阻每言人而不學則何以成或依林木之下編茅爲庵削荊爲筆剋樹汁爲墨夜則映星望月暗則縛蘇蒿以自照觀書有合意者題其衣裳以記其事門生悅其勤學更以靜衣易之非聖人之言不視河洛祕奧非正典籍所載皆注記於柱壁及園林樹木好學者來輒寫之時人謂任氏爲經苑友人董奉德於洛陽病亡末迺躬推鹿車載奉德喪致其墓所由是知名爲郡功曹辭以病免後奔師喪於道物故臨命敕兄子造曰必致我尸於師門使死而有知魂靈不慙如其無知得土而已造從之【集解】惠棟曰華陽國志云師亡身病齎棺赴之道死遺令敕子載喪至師門敘平生之志也棟案古叔姪皆稱父子故華陽國志不言兄子略也

景鸞字漢伯廣漢梓潼人也少隨師學經涉七州之地【集解】惠棟曰華陽國志云少與廣漢郝伯宗蜀郡任叔本潁川李仲季一作勃海孟元叔遊學七州遂明經術能理齊詩施氏易兼受

後漢書七十九下　三

河洛圖緯作易說【集解】周壽昌曰案宋袁機仲疑河洛圖書是僞作朱子謂今讀古書一以其義理之當否而知之二以其左驗之異同而質之朱子信河洛專以義理而未取此傳爲左驗殆以其緯而非經也公沙穆傳尤銳思河洛推步之術是漢時專以河洛爲推步也明孫瑴傳易緯有河圖數一篇及詩解文句兼取河洛以類相從名爲交集又撰禮內外記號曰禮略又抄風角雜書列其占驗作興道一篇及作月令章句凡所著述五十餘萬言數上書陳救災變之術州郡辟命不就以壽終【集解】惠棟曰華陽國志云太守闕貺命爲功曹察孝廉舉有道博士徵不詣戒子孫人紀之禮及遺令期死葬不設衣衿務在節儉甚有法度卒經布衣

薛漢字公子淮陽人也【集解】惠棟曰洪适云元和姓纂云薛公獻策滅黥布其元孫曰廣德千乘又其元孫也錢大昕曰唐書宰相世系表漢御史大夫薛廣德生饒長沙太守饒生願爲洛陽太守讓僬繇陽因徙居焉生方丘字夫子方丘生漢世習韓詩父子以章句著名【集解】惠棟曰經籍志韓詩二十二卷薛氏章句棟案唐人所引韓詩其稱薛君者漢也稱薛夫子者乃方丘也故馮衍傳注有薛夫子章句是也傳不載漢父名字後人以章句專屬諸漢失之漢少傳父業尤善說災異讖緯教授常數百人【集解】惠棟曰東觀記云漢才高名遠兼通書傳無不招覽道術尤精教授常數百人弟子遠方至者著爲錄建武初爲博士受詔校定圖讖當世言詩者推漢爲長永平中爲千乘太守政有異迹後坐楚事辭相連下獄死弟子犍爲杜撫會稽澹臺敬伯【集解】錢大昕曰今吳縣南有澹臺湖蓋以姓得名建武永平之際吳地尚屬會稽也鉅鹿韓伯高最知名

杜撫字叔和犍爲武陽人也【集解】惠棟曰華陽國志資中人少有高才受業於薛漢定韓詩章句後歸鄉里教授【集解】惠棟曰華陽國志云撫治五經教授門生千人太守王卿召爲功曹司徒辟不應聞公免必往承問沈靜樂道舉動必以禮弟子千餘人後爲驃騎將軍東平王蒼所辟及蒼就國掾史悉補王官屬未滿歲皆自劾歸時撫爲大夫不忍去蒼聞賜車馬財物遣之辟太尉府建初中爲公車令數月卒官其所作詩題約義通【集解】劉攽曰作詩題約義通案文題下當有脫字蓋合云文約義通也杭世駿曰案詩題約義通是杜撫所撰書云吳陸璣著毛詩草木蟲魚疏末敘四詩源流亦有此語蓋已在范史前百餘年矣劉說誤惠棟曰華陽國志云數應三公徵撫侍送故公作詩通議說案文當云其所作詩題曰通義也學者

後漢書七十九下　四

傳之曰杜君注云

召馴字伯春九江壽春人也【集解】惠棟曰桓郁傳作召訓鄭眾周禮注云訓讀爲馴古文訓馴通也曾祖信臣元帝時爲少府召信臣爲南陽太守號曰召父【集解】先謙曰官本注作前書信臣字翁卿爲南陽太守吏人親愛號曰召父父建武中爲卷令卷縣屬滎陽郡卷音丘圓反【集解】惠棟曰史逸其名洪亮吉曰注卷縣屬滎陽案晉泰始中始分河南立滎陽郡漢時安得有滎陽注誤倜儻不拘小節馴少習韓詩博通書傳以志義聞鄉里號之曰德行恂恂召伯春累仕州郡辟司徒府建初元年稍遷騎都尉【集解】惠棟曰東觀記云馴以明經有志行能講論徵拜議郎侍講肅宗拜左中郎將入授諸王帝嘉其義學恩寵甚崇出拜陳留太守賜刀劍錢物元和二年入爲河南尹章和二年代任隗爲光祿勳【集解】洪頤煊曰章帝紀章和元年光祿勳任隗爲司空則馴之代隗亦當在章和元年卒於官賜冢塋陪園陵孫休位至青州刺史

楊仁字文義巴郡閬中人也建武中詣師學習韓詩數年歸靜居

教授。壯，郡爲功曹，舉孝廉，除郎。太常上仁經中博士，上音時掌反，下同。〔集解〕惠棟曰：漢舊儀云故令丞相設四科之辟，以博選異德名士，二科曰學通行修經中博士也。仁自以年未五十，不應舊科，漢官儀曰博士限年五十以上。上府讓選。顯宗特詔補北宮衞士令，北宮衞士令一人，秩六百石。引見，問當世政迹。仁對以寬和任賢，抑黜驕戚爲先，又上便宜十二事，皆當世急務。帝嘉之，賜以縑錢。及帝崩時，諸馬貴盛，各爭欲入宮，〔集解〕先謙曰：欲入北宮謁后也。仁被甲持戟，嚴勤門衞，莫敢輕進者。肅宗既立，諸馬共譖仁刻峻，帝知其忠，愈善之，拜什邡令。今益州什邡縣也，音十方。〔集解〕先謙曰：今成都府什邡縣治。寵惠爲政，勸課掾史弟子，悉令就學。其有遵明經術者，顯之右署，右署，上司。或貢之朝，由是義學大興。墾田千餘頃。行兄喪去官。後辟司徒桓虞府。掾有宋章者，貪奢不法，仁終不與交言同席，時人畏其節。後爲閬中令，卒於官。

趙曄字長君，會稽山陰人也。少嘗爲縣吏，奉檄迎督郵，曄恥於廝

役，遂棄車馬去。到犍爲資中，資中，縣名，今資州資陽縣。〔集解〕何焯曰：周燮傳載南陽馮良事與此相類，而所從皆杜撫，必一事而傳者互異耳。詣杜撫受韓詩，究竟其術。〔集解〕惠棟曰：會稽典錄云撫嘉其精力，盡以其道授之。積二十年，絕問不還，家爲發喪制服。撫卒，曄乃歸。〔集解〕惠棟曰：會稽典錄云撫卒，曄經營葬之，然後歸。先謙曰：曄卒業迺歸，官本作撫卒乃歸，是。州召補從事，不就。舉有道。卒於家。曄著吳越春秋、詩細歷神淵。〔集解〕惠棟曰：經籍志云梁有道徵士趙曄詩神泉一卷，以歷言詩，猶詩緯之汎歷樞也。沈濤曰：改淵爲泉，避唐諱。此與杜撫之詩題約義通，皆五字書名，或疑爲二書，非。蔡邕至會稽，讀詩細而歎息，以爲長於論衡。〔集解〕惠棟曰：二人皆會稽人，故以爲說。會稽典錄云虞翻對王府君曰：有道山陰趙曄，徵士上虞王充，各洪才淵懿，學究道源，著書垂藻，絡繹百篇，釋經傳之宿疑，解當世之槃結，或上窮陰陽之奧祕，下據人情之歸極也。蘇輿曰：據此知謂蔡邕以論衡祕枕中者誤也。邕還京師，傳之，學者咸誦習焉。時山陽張匡，字文通，亦習韓詩，作章句。後舉有道，博士徵，不就。卒於家。

衞宏字敬仲，東海人也。〔集解〕惠棟曰：宏，書斷作密。鄭康成自序云字次仲，書斷亦云。少與河南鄭興俱好古學。初，九江謝曼卿善毛詩，迺爲其訓，〔集解〕惠棟曰：經典序錄云徐敖授九江陳俠，陳俠傳謝曼卿，元始五年公車徵說詩。宏從曼卿受學，因作毛詩序，善得風雅之旨，於今傳於世。〔集解〕惠棟曰：經籍志云毛萇善詩，自謂子夏所傳，先儒相承，謂毛詩序子夏所創，毛公及敬仲又加潤益。九經古義云：六經奧論云漢氏文字未有引詩序者，惟魏黃初四年有曹共公遠君子近小人之語，蓋詩序至是而始行。葉氏說同。棟案：左傳襄二十九年季札見歌秦，曰美哉此之謂夏聲。服虔解誼云：秦仲始有車馬禮樂之好、侍御之臣，戎車四牡田守之事，與諸夏同風，故曰夏聲。此秦風車鄰序也。太尉楊震疏云：朝無小明之諫。此小雅小明序也。李尤漏刻銘云：挈壺失職，刺流在詩。此齊風東方未明序也。蔡邕獨斷載周頌三十一章，盡錄詩序。服、楊、李、蔡皆東漢儒者，當時已用詩序，何嘗至黃初時始行邪？自范史以詩序出自衞宏，後人遂有斥詩序而用其私說者，爲辨而正之。後從大司空杜林更受古文尚書，爲作訓旨。時濟南徐巡師事宏，後從林受學，亦以儒顯，由是古學大興。光武以爲議郎。〔集解〕惠棟曰：書斷云宏官至給事中。宏作漢舊儀四篇，以載西京雜事；〔集解〕洪頤煊曰：南齊書禮志序漢初叔孫通制漢禮，而班書之志不載，及至東京，太尉胡廣撰舊儀，左中郎蔡邕造獨斷，應劭、蔡質咸綴識時事。檀超傳蔡邕稱先師胡廣說漢舊儀，皆以漢舊儀爲胡廣作。隋書經籍志漢舊儀四卷，衞敬

仲撰。又著賦、頌、誄七首，皆傳於世。中興後，鄭衆、賈逵傳毛詩，後馬融作毛詩傳，〔集解〕何焯曰：後儒據此傳言詩序之出於宏，而不悟毛傳之出於融，何也？或疑融別有詩傳，亦非。范氏明與鄭箋連類言之矣。康成親受經季長，以箋爲致敬，亦得。鄭玄作毛詩箋。箋，薦也，薦成毛義也。張華博物志曰：鄭注毛詩曰箋，不解此意。或云毛公嘗爲北海相，玄是郡人，故以爲敬云。

前書魯高堂生，高堂生名隆。〔集解〕李艮裘曰：案高堂隆乃三國時人，此注疑誤。前書注中亦不記其名。惠棟曰：前書不載高堂生名，惟謝承書云秦氏季世有魯人高堂伯，則高堂字伯，而名未詳。漢興傳禮十七篇。後瑕丘蕭奮以授同郡后蒼，〔集解〕洪亮吉曰：案前書儒林傳孟卿，東海人也，事蕭奮，以授后蒼，語本甚明，今橫絕去上七字，遂若蕭奮授后蒼矣，范史率略多此類。蒼授梁人戴德及德兄子聖、沛人慶普。德字近君，聖字次君，普字孝公。於是德爲大戴禮，聖爲小戴禮，〔集解〕惠棟曰：鄭元六藝論云戴德傳記八十五篇，則大戴禮是也；戴聖傳禮四十九篇，則此禮記是也。普爲慶氏禮，三家皆立博士。孔安國所獻禮古經五十六篇，〔集解〕惠棟曰：鄭元六藝論云後得孔子壁中古文禮凡五十六篇，其十七篇與高堂生所傳同而字多異，其十七篇外則逸禮是也。及周官經六篇，〔集解〕惠棟曰：六藝論云周官壁中所得六篇。前

書載河間獻王得周官五篇失其冬官一篇取考工記補之竊意富時壁中本有六篇而李氏所獻止五篇葢既得而復失之也前世傳其書未有名家中興以後亦有大小戴博士雖相傳不絕然未有顯於儒林者建武中曹充習慶氏學傳其子褒遂撰漢禮事在褒傳

董鈞字文伯犍為資中人也習慶氏禮事大鴻臚王臨【集解】惠棟曰百官公卿表無王臨元始中舉明經遷廩犧令前書平帝元始五年舉明經漢官儀曰今廩犧令一人秩六百石病去官建武中舉孝廉辟司徒府鈞博通古今數言政事永平中為博士時草創五郊祭祀續漢志曰永平中以禮□讖及月令有五郊迎氣因采元始中故事兆五郊于洛陽四方中兆在未壇皆三尺及宗廟禮樂威儀章服輒令鈞參議多見從用【集解】惠棟曰鈞嘗議三老荅拜之禮見譙周五經然否也當世稱為通儒累遷五官中郎將【集解】惠棟曰華陽國志云永平初議天地宗廟郊祀儀禮鈞與太常定其制又定諸侯王喪禮歷城門校尉五官中郎將以儒學繼叔孫通常教授門生百餘人復坐事左轉騎都尉年七十餘卒於家

中興鄭眾傳周官經後馬融作周官傳授鄭玄玄作周官注【集解】惠棟曰鄭康成周官序云世祖以來通人達士大中大夫鄭少贛名興及子大司農仲師名眾故議郎衞次仲侍中賈君景伯南郡太守馬季長皆作周官解詁元竊觀二三君子之文章顧省竹帛之浮辭其所變易灼然如晦之見明其所彌縫奄然如合符復析斯可謂雅達廣攬者也然猶有參錯同事相違則就其原文字之聲類考訓詁捃祕逸謂二鄭者同宗之大儒明理於典籍觕識皇祖大經周官之義存古字發疑正讀亦信多善徒寡且約用不顯傳於世今讚而辨之庶成此家世所訓也玄本習小戴禮後以古經校之取其義長者故為鄭氏學【集解】惠棟曰鄭注儀禮十七篇次第皆用劉向別錄大戴尊卑吉凶雜亂故鄭不從錢大昕曰此小戴禮謂儀禮十七篇下文小戴所傳禮記則今之禮記也鄭注儀禮兼取古今文今文者小戴所授古文出於孔壁所謂禮古經也玄又注小戴所傳禮記四十九篇【集解】惠棟曰陳邵周禮論序云戴德刪古禮二百四篇為八十五篇謂之大戴禮戴聖刪大戴禮為四十九篇是為小戴禮後漢馬融盧植考諸家同異附戴聖篇章去其繁重及所敘略而行於世即今之禮記是也鄭玄亦依盧馬之本而注焉通為三禮焉【集解】惠棟曰康成自序云凡著三禮七十二篇

前書齊胡母子都傳公羊春秋【集解】惠棟曰戴宏序云子夏傳與公羊高高傳與其子平平傳與其子地地傳與其子敢敢傳與其子壽至漢景帝時壽乃共弟子齊人胡母子都著於竹帛與董仲舒皆見於圖讖何休公羊傳注云春秋其說口授相傳至漢公羊氏及弟子胡母生等乃始記於竹帛授東平嬴公【集解】惠棟曰鄭玄六藝論云治公羊者胡母生董仲舒董仲舒弟子嬴公嬴公弟子眭孟眭孟弟子莊彭祖及顏安樂安樂弟子陰豐劉向王彥嬴公授東海孟卿孟卿授魯人眭孟眭孟授東海嚴彭祖魯人顏安樂彭祖為春秋嚴氏學安樂為春秋顏氏學前書彭祖字公子安樂字公孫安樂即眭孟姊子也又瑕丘江公傳穀梁春秋三家皆立博士梁太傅賈誼【集解】惠棟曰劉向別錄云左丘明授曾申曾申授吳起起授其子期期授楚人鐸椒鐸椒作抄撮八卷授虞卿虞卿作抄撮九卷授荀卿荀卿授張蒼經典序錄云張蒼傳洛陽賈誼誼至其孫嘉嘉傳趙人貫公為春秋左氏傳訓詁授趙人貫公【集解】惠棟曰孔穎達云中興以後陳元鄭眾賈逵馬融延篤彭仲博許惠卿服虔潁容之徒皆傳左氏春秋棟案彭汪字仲博許淑字惠卿皆見經典序錄

丁恭字子然山陽東緡人也東緡今兗州金鄉縣習公羊嚴氏春秋恭學義精明教授常數百人州郡請召不應建武初為諫議大夫博士封

關內侯十一年遷少府諸生自遠方至者著錄數千人當世稱為大儒太常樓望侍中承宮長水校尉樊鯈等皆受業於恭二十年拜侍中祭酒騎都尉與侍中劉昆俱在光武左右每事諮訪焉卒於官

周澤字穉都北海安丘人也少習公羊嚴氏春秋隱居教授門徒常數百人【集解】惠棟曰東觀記云澤少修高節耿介特立隱居山野不汲汲於時俗建武末【集解】惠棟曰東觀記云建武十六年辟大司馬府署議曹祭酒數月徵試博士中元元年遷黽池令奉公尅己矜恤孤羸吏人歸愛之永平五年遷右中郎將十年拜太常澤果敢直言數有據爭【集解】先謙曰據爭猶執諫後北地太守廖信廖音力弔反坐貪穢下獄沒入財產顯宗以信臧物班諸廉吏唯澤及光祿勳孫堪大司農常沖特蒙賜焉是時京師翕然在位者咸自勉勵堪字子穉河南緱氏人也明經學有志操清白貞正愛士大

夫然一毫未嘗取於人以節介氣勇自行王莽末兵革並起宗族老弱在營保間堪常力戰陷敵無所回避數被創刃宗族賴之郡中咸服其義勇建武中仕郡縣公正廉潔奉祿不及妻子皆以供賓客及爲長吏所在有迹爲吏人所敬仰喜分明去就嘗爲縣令謁府趨步遲緩門亭長譴堪御吏堪便解印綬去不之官後復仕爲左馮翊坐御下促急司隸校尉舉奏免官數月徵爲侍御史再遷尚書令永平十一年拜光祿勳堪淸廉果於從政數有直言多見納用十八年以病乞身爲侍中騎都尉卒於官堪行類於澤故京師號曰二稺十二年以澤行司徒事如眞澤性簡忽威儀頗失宰相之望數月復爲太常（集解惠棟曰通鑑云十四年考異云案十二年不闕司徒當是賈延免後邢穆未至周澤行司徒事耳故云數月）淸潔循行盡敬宗廟常臥病齋宮其妻哀澤老病闚問所苦澤大怒以妻干犯齋禁遂收送詔獄謝罪當世疑其

後漢書七十九下　九

詭激時人爲之語曰生世不諧作太常妻一歲三百六十日三百五十九日齋（漢官儀此下云一日不齋醉如泥）十八年拜侍中騎都尉後數爲三老五更建初中致仕卒於家

鍾興字次文汝南汝陽人也少從少府丁恭受嚴氏春秋恭薦興學行高明光武召見問以經義應對甚明帝善之拜郞中稍遷左中郞將詔令定春秋章句去其復重（復音複重音直容反）以授皇太子又使宗室諸侯從興受章句封關內侯興自以無功不敢受爵帝曰生教訓太子及諸王侯非大功耶興曰臣師丁恭於是復封恭而興遂固辭不受爵卒於官

甄宇字長文北海安丘人也淸靜少欲習嚴氏春秋教授常數百人建武中爲州從事徵拜博士（東觀記曰建武中每臘詔書賜博士一羊羊有大小肥瘦時博士祭酒議欲殺羊分肉又欲投鉤宇復恥之宇因先自取其最瘦者由是不復有爭訟後召會問瘦羊博士所在京師因以號之集解惠棟曰愼子云夫投鉤以分財投策以分馬非以鉤策爲均使得美者不知所以德得惡者不知所以怨此所以塞願望也荀子云探籌投鉤者所以爲公也）稍遷太子少傅（集解惠棟曰東觀記云宇淸靜少欲常稱老氏知足之分也）卒於官傳業子普普傳子承承尤篤學未嘗視家事講授常數百人諸儒以承三世傳業莫不歸服之建初中舉孝廉卒於梁相子孫傳學不絕（集解惠棟曰後漢末北海有甄子然知名早卒常與鄭康成難問周禮見鄭志當是宇之後也）

樓望字次子陳留雍丘人也少習嚴氏春秋（集解惠棟曰江徵陳留志云少習春秋於少府丁子然）操節淸白有稱鄉閭建武中趙節王栩（光武叔父趙王良之子謚曰節）聞其高名遣使齎玉帛請以爲師望不受後仕郡功曹永平初爲侍中越騎校尉入講省內十六年遷大司農十八年代周澤爲太常建初五年坐事左轉太中大夫後爲左中郞將教授不倦世稱儒宗（集解惠棟曰前漢儒林傳諸儒論石渠者皆載本傳望與丁鴻楊終桓郁成封賈逵論定五經同異於白虎觀幷載也而范史闕如成封亦無傳）諸生著錄九千餘人年八十永元十二年卒於官門生會葬者數千人儒家以爲榮

後漢書七十九下　十

程曾字秀升豫章南昌人也受業長安習嚴氏春秋積十餘年還家講授會稽顧奉等數百人（集解惠棟曰奉字季鴻官至潁川太守亦見張霸傳）常居門下著書百餘篇皆五經通難又作孟子章句建初三年舉孝廉遷海西令卒於官

張玄字君夏河內河陽人也少習顏氏春秋（集解官本考證曰監本誤嚴氏從諸本改）兼通數家法（集解惠棟曰兼嚴氏冥氏諸家也）建武初舉明經補弘農文學遷陳倉縣丞淸淨無欲專心經書方其講問迺不食終日及有難者輒爲張數家之說令擇從所安諸儒皆伏其多通著錄千餘人玄初爲縣丞嘗以職事對府不知官曹處吏白門下責之時右扶風琅邪徐業亦大儒也聞玄諸生試引見之與語大驚曰今日相遭眞解矇矣（遭遇也）遂請上堂難問極日後玄去官舉孝廉除爲郞會顏

氏博士缺玄試策第一拜爲博士居數月諸生上言玄兼說嚴氏宣氏不宜專爲顏氏博士集解劉攽曰案前後敘說無宣氏學蓋下有宣字因誤宣氏長此兩字也惠棟曰前書儒林傳云堂谿惠授泰山冥都都與筦路又事顏安樂故顏氏復有筦冥氏之學鄭衆周禮冥氏注云讀如冥氏春秋之冥冥氏春秋即冥都也傳宣氏當作冥氏字之誤也劉氏謂前後敘說無宣氏未之攷耳元兼通數家法冥氏當在數家之內也光武且令還署未及還而卒

李育字元春扶風漆人也漆縣今幽州辛平縣集解先謙曰注見耿弇傳少習公羊春秋沈思專精博覽書傳知名太學深爲同郡班固所重固奏記薦育於驃騎將軍東平王蒼由是京師貴戚爭往交之州郡請召育到輒辭病去常避地教授門徒數百頗涉獵古學嘗讀左氏傳雖樂文采然謂不得聖人深意以爲前世陳元范升之徒更相非折折難也音之舌反而多引圖讖不據理體於是作難左氏義四十一事集解惠棟曰徐彥云賈逵作長義四十一條云公羊理短左氏理長故育亦作難左氏義四十一事以申公羊下云以公羊難逵即是也

後漢書七十九下　十一

建初元年衞尉馬廖舉育方正爲議郎後拜博士四年詔與諸儒論五經於白虎觀育以公羊義難賈逵往返皆有理證最爲通儒再遷尚書令及馬氏廢建初八年順陽侯馬廖子豫爲步兵校尉坐投書怨謗豫免廖歸國集解先謙曰官本注末有見馬援傳四字育坐爲所舉免歸歲餘復徵再遷侍中集解惠棟曰東觀記云育爲侍中時章帝西謁園陵育陪乘問舊事育輒對由是見重卒於官

何休字邵公任城樊人也樊縣故城在今兗州瑕丘縣西南集解先謙曰今兗州府滋陽縣西南六十里父豹少府休爲人質朴訥口而雅有心思精研六經世儒無及者集解惠棟曰拾遺記云休木訥多智三墳五典陰陽算術河洛讖緯及遠年古諺歷代圖籍莫不成誦也門徒有問者則爲注記而口不能說以列卿子詔拜郎中非其好也辭病而去不仕州郡進退必以禮太傅陳蕃辟之與參政事蕃敗休坐廢錮迺作春秋公羊解詁博物志曰何休注公羊云何氏學有不解者乃宜此義不出于己此言爲允也集解何若瑤曰今本作何休學非覃思不闚門十有七年集解錢大昕曰案陳蕃事敗在建寧元年九月是歲歲在戊申而休卒於光和五年壬戌首尾僅十有五載而晚年又應公府之辟歷官議郎諫議大夫則若書杜門大約不過十年耳光和二年以上祿長和海言令黨人禁錮小功以下皆除之傳所謂黨禁解者當在此時至中平元年大赦天下黨人則休已先卒矣惠棟曰徐彥云精學十五年又註訓孝經論語風角七分集解惠棟曰即六日七分皆經緯典謨不與守文同說又以春秋駮漢事六百餘條妙得公羊本意集解惠棟曰經籍志云休春秋漢議十三卷休善歷算與其師博士羊弼追述李育意以難二傳作公羊墨守言公羊之義不可攻如墨翟之守城也左氏膏肓穀梁廢疾集解惠棟曰經籍志云春秋公羊墨守十四卷左傳膏肓十卷穀梁廢疾三卷徐彥云休作墨守等書皆在注傳之前拾遺記云謂之三闕言理幽微非知機藏往不可通焉及鄭康成鋒起而攻之求學者不遠千里贏糧而至如細流之赴巨海京師謂康成爲經神何休爲學海黨禁解又辟司徒羣公表休道術深明宜侍帷幄倖臣不悅之迺拜議郎屢陳忠言再遷諫議大夫年五十四光和五年卒集解惠棟曰休卒蔡邕爲撰碑銘見文選五十六卷

服虔字子愼集解通鑑胡注案姓譜云服周內史叔服之後漢有江夏太守服徹也初名重又名祇

後漢書七十九下　十二

後改爲虔河南滎陽人也少以清苦建志入太學受業有雅才善著文論作春秋左氏傳解行之至今集解惠棟曰經籍志云服虔春秋左氏傳解誼三十一卷劉義慶世說云鄭元欲注春秋傳尚未成時行與服子愼遇宿客舍先未相識服在外車上與人說已注傳意元聽之良久多與己同元就車與語曰吾久欲注尚未了聽君向言多與吾同今當盡以所注與君遂爲服氏注棟案服氏解誼僖十五年遇歸妹之睽文十二年在師之臨皆以互體說易與鄭氏合世說所稱爲不謬矣又以左傳駮何休之所駮漢事六十條集解惠棟曰經籍志云服虔春秋漢議駮二卷舉孝廉稍遷集解惠棟曰顏籀漢書敘例云虔自尙書侍郎高平令遷九江太守中平末拜九江太守免遭亂行客病卒所著賦碑誄書記連珠九憤凡十餘篇

潁容集解先謙曰官本潁作穎字子嚴陳國長平人也長平縣故城在今陳州西北集解先謙曰注見劉隆傳博學多通善春秋左氏師事太尉楊賜郡舉孝廉州辟公車徵皆不就初平中避亂荊州聚徒千餘人劉表以爲武陵太守不肯起著春秋左氏條例五萬餘言集解惠棟曰經籍志云春秋釋例十卷公車徵士潁容撰杜預

云子嚴蹤淺近亦復名家建安中卒
謝該字文儀南陽章陵人也善明春秋左氏爲世名儒門徒數百千人建安中河東人樂詳條左氏疑滯數十事以問該皆爲通解之名爲謝氏釋行於世魏略曰詳字文載少好學聞謝該善左氏傳乃從南陽步涉詣許從該問難諸要今左氏問七十二事詳所撰也杜畿爲太守署詳文學祭酒黃初中徵拜博士十餘人學多褊又不熟悉唯詳五業並授其或難質不解詳無慍色以杖畫地牽譬引類至忘寢食也集解劉攽曰注徵拜博士十餘人案文須更有博士二字官本考證曰何焯校本注問字下添疑字又今左氏問七十二事左氏下添樂氏二字又徵拜博士下添時有博士四字又學多褊下添俠字惠棟曰五業五經也漢督郵班碑云噴意五業漢末章陵宋袁爲劉表五業博士仕爲公車司馬令以父母老託疾去官欲歸鄉里會荊州道斷不得去少府孔融上書薦之曰臣聞高祖創業韓彭之將征討暴亂陸賈叔孫通進說詩書陸賈爲太中大夫時前稱說詩書著書十二篇每奏一篇高祖未嘗不稱善叔孫通爲高祖制禮儀並見前書光武中興吳耿佐命范升衛宏修述舊業故能文武並用成長久之計陛下聖德欽明同符二祖勞謙戹運三年迺讙史記高宗諒闇三年不言言乃讙時靈帝崩後獻帝居諒闇初釋服也今尙父鷹揚方叔翰飛尙父太公也毛詩曰維師尙父時惟鷹揚又曰方叔涖止其車三千鴥彼飛隼翰飛戾天注云方叔卿士命爲將也涖臨也鴥急疾之貌也飛乃至天喻士卒至勇能深入攻敵王師電驚羣凶破殄始有櫜弓臥鼓之次毛詩曰載櫜弓矢櫜所以盛弓言今太平櫜弓臥鼓不用征伐故須賢人也宜得名儒典綜禮紀竊見故公車司馬令謝該體曾史之淑性曾參史魚兼商偃之文學卜商言偃也論語曰文學則子游子夏集解先謙曰官本無則字是博通羣蓺周覽古今物來有應事至不惑淸白異行敦悅道訓求之遠近少有疇匹若迺巨骨出吳史記曰吳伐越墮會稽得骨節專車吳使使問仲尼骨何者最大仲尼曰禹致羣臣於會稽山防風氏後至禹殺而僇之其節專車此爲大也隼集陳庭史記曰有隼集於陳庭而死楛矢貫之石砮矢長尺有咫陳湣公使問仲尼仲尼曰隼來遠矣此肅愼之矢也昔武王克商通道九夷百蠻使各以其方賄來貢於是肅愼貢楛矢石砮長尺有咫先王以分大姬配虞胡公而封諸陳試求之故府果得之黃熊入寢左傳曰鄭子產聘于晉晉侯有疾韓宣子日寡君寢疾于今三月矣今夢黃熊入於寢門其何厲鬼邪對曰昔堯殛鯀于羽山其神化爲黃熊以入羽泉實爲夏郊三代祀之

後漢書七十九下　十三

晉爲盟主其或者未之祀也韓子祀夏郊晉侯有間集解先謙曰官本熊並作能是亥有二首左傳晉悼夫人食輿人之城杞者絳縣人或年長矣無子而往與於食有與疑年使之年曰臣小人也不知紀年臣生之歲正月甲子朔四百有四十五甲子矣其季於今三之一也吏走問諸朝師曠曰魯叔仲惠伯會郤成子于承匡之歲也七十三年矣史趙曰亥有二首六身下二如身是其日數也士文伯曰然則二萬六千六百有六旬也杜注云亥字二畫在上并三六爲身如算之六也非夫洽聞者莫識其端也儁不疑定北闕之前前書昭帝時有男子成方遂詣北闕自稱衛太子丞相御史二千石至者立莫敢發言京兆尹儁不疑後到叱從吏收縛或曰是非未可知不疑曰諸君何患於衛太子昔蒯聵違命出奔輒距而不納春秋是之衛太子得罪先帝亡不卽死今來自詣此罪人也遂送下詔獄天子與大將軍霍光聞而嘉之曰公卿大臣當用經術明於大義也集解劉攽曰注遂送下詔獄案文多一下字夏侯勝辯常陰之驗然後朝士益重儒術前書曰昌邑王嗣立數出勝當乘輿車前諫曰天久陰不雨臣下有謀上者陛下欲何之王怒謂勝爲妖言縛以屬吏吏白霍光是時光與張子孺謀欲廢王光讓子孺以爲泄子孺實不泄召問勝對言在洪範光子孺以此益重儒術士賓卓然比跡前列間以父母老疾棄官欲歸道路險塞無由自致猥使良才抱璞而逃踰越山河沈淪荊楚所謂往而不反者也韓詩

後漢書七十九下　十四

外傳曰山林之士爲名故往而不能反朝廷之士爲祿故入而不能出後日當更饋樂以釣由余克像以求傅說豈不煩哉史記曰由余其先晉人也亡入戎能晉言戎王聞繆公賢故使由余觀秦秦繆公示以宮室積聚由余曰使鬼爲之則勞神矣使人爲之亦苦人矣繆公退而問內史廖曰孤聞鄰國有聖人敵國之憂也今由余賢寡人之害將奈何廖曰戎王處僻未聞中國之聲君試遺以女樂以奪其志爲由余請以疏其間留而莫遣以失其期戎王怪之必疑由余君臣有閒乃可虜也乃令內史廖以女樂二八遺戎王戎王受而說之由余數諫不聽繆公又數使人間要由余由余遂去降秦臣愚以爲可推錄所在召該令還楚人止孫卿之去國劉向孫卿子後序所論孫卿事曰卿名況趙人也楚相春申君以爲蘭陵令或謂春申君曰湯以七十里文王以百里孫卿賢者今與之百里地楚其危乎春申君謝之孫卿去之趙後客或謂春申君曰伊尹去夏入殷殷王而夏亡管仲去魯入齊魯弱而齊彊故賢者所在君尊國安今孫卿天下賢人所去之國其不安乎春申君使人聘孫卿乃還復爲蘭陵令漢朝追匡衡於平原前書匡衡爲平原文學長安令楊興薦之於車騎將軍史高曰衡材智有餘經學絕倫但以無階朝廷故隨牒在遠方將軍試召置幕府貢之朝廷必爲國器高然其言辟衡爲議曹吏薦衡於帝帝以爲郎中尊儒貴學惜失賢也書奏詔即徵還拜議郎以壽終

建武中鄭興陳元傳春秋左氏學時尚書令韓歆上疏欲爲左氏立博士范升與歆爭之未決陳元上書訟左氏遂以魏郡李封爲左氏博士後羣儒蔽固者數廷爭之及封卒光武重違眾議而因不復補集解惠棟曰外黃令高彪碑云君師汝南許公明於左氏桓帝時上立博士洪适云左氏博士既廢高君復上章於桓帝蓋不行其言也

許慎字叔重汝南召陵人也性淳篤少博學經籍集解錢大昕曰案慎子沖上說文表云慎本從賈逵受古學馬融常推敬之時人爲之語曰五經無雙許叔重爲郡功曹集解惠棟曰汝南先賢傳云慎爲功曹奉上以篤義率下以恭寬舉孝廉再遷除洨長卒于家洨音侯交反集解錢大昕曰沖表稱臣父故太尉南閤祭酒傳失書沖上表在安帝建光元年九月其時慎已病當卒于安帝之末也惠棟曰書斷云安帝末年卒蘇輿曰孫星衍許叔重木主結銜議載洪頤煊震煊議云百官志太尉官屬有黃閤主簿錄省眾事其官以令史爲之令史舊注百石不及令長之秩多至千石最小亦三百石是洨長尊於太尉官屬周澤傳建武末辟大司馬府署議曹祭酒數月徵試博士中元元年遷黽池令長一也許君由孝廉辟太尉南閤祭酒出祭酒遷洨長故本傳云

再遷洨長與周澤傳官階正合與案沖上表或尚未爲洨長否則不容舍命官而僅列辟僚當是病愈始除洨長耳初慎以五經傳說臧否不同於是撰爲五經異義集解惠棟曰案其書所載有易孟京說施讐說下邳傳甘容說古尚書說賈逵說今尚書歐陽夏侯說古毛詩說今詩齊魯韓說治魯詩丞相韋元成說匡衡說古春秋左氏說德侯陳欽說侍中騎都尉賈逵說今春秋公羊說公羊董仲舒說大鴻臚眭說古周禮說今戴禮說今大戴禮說禮王度記盛德記明堂月令講學大夫淳于登說古孝經說今論語說魯郊禮叔孫通禮古山海經鄒書公議郎尹更始待詔劉更生議石渠博存眾說蔽以己意或從古或從今經籍志云五經異義十卷又作說文解字十四篇集解惠棟曰建光元年九月己亥慎子沖上說文云臣父故太尉南閤祭酒慎本從侍中騎都尉賈逵受古學慎博問通人考之於逵作說文解字六藝羣書之詁皆訓其意而天地鬼神山川草木鳥獸蚰蟲雜物奇怪王制禮儀世間人事莫不畢載凡五十卷十三萬三千四百四十一字慎前以詔書校書東觀教小黃門孟生李喜等以文字未定未奏上今慎已病遣臣齎詣闕慎父學孝經孔氏古文說古文孝經者孝昭帝時魯國三老所獻建武時給事中議郎衞宏所授皆口傳官無說謹撰具一篇并上楊慎六書索隱云說文有孔子說楚莊王說左氏說韓非說淮南子說司馬相如說董仲舒說京房說衞宏說揚雄說劉歆說桑欽說杜林說賈逵說傅毅說譚長說王育說尹彤說張林說黃顥說周盛說逯安說歐陽僑說甯嚴說爰禮說徐巡說莊都說張徹說皆傳於世

蔡玄字叔陵汝南南頓人也學通五經門徒常千人其著錄者萬六千人徵辟並不就順帝特詔徵拜議郎講論五經異同甚合帝意遷侍中出爲弘農太守卒官

論曰自光武中年以後干戈稍戢專事經學自是其風世篤焉其服儒衣稱先王儒服爲章甫之冠縫掖之衣也禮記曰言必則古昔稱先王遊庠序聚橫橫又作黌塾者蓋布之於邦域矣若乃經生所處不遠萬里之路經生謂博士也就之者不以萬里爲遠而至也精廬暫建贏糧動有千百精廬講讀之舍贏擔負也其耆名高義開門受徒者編牒不下萬人皆專相傳祖莫或訛雜至有分爭主庭樹朋私里繁其章條穿求崖穴以合一家之說故揚雄曰今之學者非獨爲之華藻又從而繡其鞶帨揚雄法言之文也喻學者文繁碎也鞶帶也字或作帶說文曰帶覆衣巾也音盤帨佩巾也音稅夫書理無二義歸有宗而碩學之徒莫之或從無二專一也故通人鄙其固焉又雄所謂譊譊之學各習其師也

亦法言之文也譊譊喧也音奴交反且觀成名高第終能遠至者蓋亦寡焉而迂滯若是矣然所談者仁義所傳者聖法也故人識君臣父子之綱家知違邪歸正之路自桓靈之間君道秕僻秕穀不成也以喻政化之惡也朝綱日陵國隙屢啟陵陵遲也自中智以下靡不審其崩離而權彊之臣息其闚盜之謀謂閻忠勸皇甫嵩令推亡漢而自立嵩不從其言豪俊之夫屈於鄙生之議者謂董卓欲大起兵鄭泰止之卓從其言人誦先王言也下畏逆順埶也言政化雖壞而朝夕不傾危者以經籍道行下人懼逆順之埶至如張溫皇甫嵩之徒功定天下之半聲馳四海之表俯仰顧眄則天業可移猶鞠躬昏主之下狼狽折札之命散成兵就繩約而無悔心昏主謂獻帝也札簡也折簡而召言不勞重命也繩約猶拘制也謂溫及嵩並被徵而就拘制也暨乎剝橈自極人神數盡易大過曰棟橈凶橈折也極終也言漢祚自終人神之數盡橈音女教反然後羣英乘其運世德終其祚羣英謂袁術曹操之屬代德終其祚謂曹丕即位廢獻帝爲山陽公自廢至薨十四年以壽終跡衰敝之所由致而能多歷年所者斯豈非

學之效乎跡猶尋也言由有儒學故能長久也故先師垂典文褒厲學者之功篤矣集解先謙曰官本下有切矣二字不循春秋至迺比於殺逆其將有意乎史記曰爲人君父而不通春秋之義者必蒙首惡之名爲人臣子而不通春秋之義者必陷篡弒誅死之罪也集解王補曰司馬光云教化國家之急務也而俗吏慢之風俗天下之大事也而庸君忽之夫惟明智君子深識長慮然後知其爲益之大而收功之遠也光武遭漢中衰羣雄麋沸奮起布衣紹恢前緒征伐四方日不暇給乃能敦尚經術賓延儒雅開廣學校修明禮樂武功既成文德亦洽繼以孝明孝章遹追先志臨雍拜老橫經問道自公卿大夫至於郡縣之吏咸選用經明行修之人虎賁衞士皆習學經匈奴子弟亦遊太學是以教立於上俗成於下其忠厚淸修之士豈惟取重於搢紳亦見慕於衆庶愚鄙汙穢之人豈惟不容於朝廷亦見棄於鄉里自三代既亡風化之美未有若東漢之盛者也及孝和以降貴戚擅權嬖倖用事賞罰無章賄賂公行賢愚渾殽是非顚倒可謂亂矣然猶緜緜不至於亡者上則有公卿大夫袁安楊震李固杜喬陳蕃李膺之徒面引廷爭用公義以扶其危下則有布衣之士符融郭泰范滂許劭之流立私論以救其敗是以政治雖濁而風俗不衰至有觸冒斧鉞僵仆於前而忠義奮發繼起於後隨踵而就戮視死如歸夫豈特數子之賢哉亦光武明章之遺化也當是之時苟有明君作而振之則漢氏之祚猶未可量也不幸承陵夷頹敝之餘重以桓靈之昏虐保養姦回過於骨肉殄滅忠良甚於寇讎積多士之憤蓄四海之怒於是何進召戎董卓乘釁袁紹之徒從

而構難遂使乘輿播越宗廟丘墟王室蕩覆烝民塗炭大命隕絕不可復救然州郡擁兵專地者雖互相吞噬猶未嘗不以尊漢爲辭以魏武之暴戾彊伉加有大功於天下其蓄無君之心久矣乃至沒身不敢廢漢而自立豈其志之不欲哉猶畏名義而自抑也由是觀之教化安可慢風俗安可忽哉案范蔚宗父子排死節否正直不敘殺身成仁之美故本書闡揚節義不遺餘力如左雄李固陳蕃孔融諸傳推明漢祚綿絕存亡之幾有味乎其言之也及論儒林則曰跡衰敝所由致而能多歷年所者蓋勵學之效且終之曰不循春秋至迺比於殺逆其將有意乎是又垂戒來世比於涕泣而道也否之九五曰其亡其亡繫于苞桑剝之上九曰碩果不食君子得輿小人剝廬大易之義視此而已後者不察以謂漢亡於黨人宋亡於道學誣邪日熾殆將以無禮無學趣賊民以速喪亡之禍與此孟子所深懼也夫爲史者鑒取覆轍以垂善治故曰撥亂世返之正莫近於春秋涑水言曹氏久蓄無君之心加有大功於天下然沒身不敢廢漢而自立者由畏名義因歸美於光武明章之遺化其論正與范史相發治國聞者得此說而存之郎千秋之龜鑑於是焉在爰掇而系之儒林傳末且附著鄙見焉先謙曰官本注無次而字

贊曰斯文未陵亦各有承論語孔子曰天之將喪斯文也言斯文未陵遲故學者分門各自承襲其家業也塗分流別專門竝興精疏殊會通閡相徵千載不作淵源誰徵說經者各自是其一家或精或疏或通或閡去聖既久莫知是非若千載一聖不復作起則泉源混濁誰能澂之

儒林傳第六十九下 終

虛受堂

後漢書集解卷七十九下挍補

儒林列傳下包咸傳會稽曲阿人也注曲阿今潤州縣今鎮江府丹陽縣治柳從辰曰曲阿前志屬會稽續志屬吳郡案後漢至順帝始分會稽爲吳郡咸建武時人卒永平中其時曲阿固仍屬會稽史據舊文書之

太守黃讜侯康曰御覽二百五十三引鍾離意別傳汝南黃讜拜會稽太守召意署北部督郵轉中部督郵二百六十四引謝承書李壽聰明智達有俊才太守黃讜高其名德召署功曹每進見嘗薦達郡中善人有異行者讜輒序用是讜爲郡掾史號稱得人其政績必可觀而范史無述焉李壽並名不見據御覽二百五十四引謝書壽曾爲青州刺史亦以風裁著者也

拜諫議大夫侍中右中郎將侍原譌傳錢按據南監本改今從之官本不誤

魏應傳十三年遷大鴻臚案應爲大鴻臚代承宮見匈奴使者事見宮傳是應固有威容者

任末傳蜀郡繁人也注繁縣故城在今益州新繁縣北今成都府新繁縣東北

景鸞傳凡所著述五十餘萬言十原譌如才已正官本不誤

召馴傳父建武中爲卷令集解洪亮吉曰注卷縣屬滎陽案晉泰始中始分河南立滎陽郡漢時安得有滎陽案漢無滎陽郡當屬河南是也惟分河南爲滎陽不始於晉洪氏三國疆域志據水經注魏正始三年詔書割河南郡縣自鞏闕以東創建滎陽郡以李勝爲郡守曹眞傳注李勝爲滎陽太守今考傅嘏爲滎陽守亦在正始時則水經之言信也又孫禮傳太祖時遷滎陽都尉蓋河南郡漢末已別建都尉至正始三年乃升作郡耳沈志晉地理志皆以爲晉泰始元年置豈魏末暫廢晉復立邪洪爲三國疆域志在後故又蔽前說爲備

楊仁傳顯宗特詔補北宮衛士令注北宮衛士令一人秩六百石官本注北宮上有漢官儀曰四字

後爲閬中令卒於官柳從辰曰仁官治中從事見華陽國志傳不載

趙長君傳到犍爲資中注資中縣名今資州資陽縣今資州資陽縣治

衛宏傳爲作訓旨官本無爲字

丁恭傳山陽東緡人也注東緡今兗州金鄉縣已詳馮異傳

建武初爲諫議大夫博士柳從辰曰恭爲博士議封諸侯四縣不合法制已見光武紀封關內侯案據後鍾興傳恭之得封由興教訓太子諸王侯推功於師然興讓而恭不讓則師不必賢於弟子

太常樓望侍中承宮長水校尉樊儵等皆受業於恭侯康曰恭弟子又有華松亦知名松年十五師事丁子然學春秋見御覽三百九十八引謝書後爲司隸校尉亦見御覽二百五十引謝書

周澤傳奉公尅己惠棟曰東觀記云妻子釜竈馬融論語注云克己約身也案克尅尅古書皆通作官本尅作克與論語文合

甄宇傳傳業子普柳從辰曰東觀記普作晉書鈔引同普傳子承柳從辰曰東觀記云晉傳子承周澤董魯平叔叔子軼並以儒學拜議郎也

程曾傳遷海西令海西縣屬廣陵郡今海州南一百二十里

李育傳固奏記薦育於驃騎將軍東平王蒼案固奏記薦育辭見班彪傳

何休傳乃作春秋公羊解詁注何氏學有不解者乃宣此義官本注者下乃上多或答曰休謙辭受學於師十字

光和五年卒柳從辰曰一統志休墓在今濟甯州北二十里

服虔傳作春秋左氏傳解案據傳文解下無誼字與隋志所載異

謝該傳陸賈叔孫通進說詩書注時前稱說詩書官本注稱說作說稱

亥有二首注併三六爲身官本注六作人是

所謂往而不反者也注故入而不能出官本注末有也字後曰當更饋樂

曰釣由余注而問內史廖官本注問下有餘字戎王怪之官本注怪作候

漢朝追匡衡於平原注將軍試召置幕府至辟衡爲議曹吏柳從辰曰注引前書據今本試作誠吏作史

許愼傳舉孝廉再遷除洨長卒於家集解蘇輿曰孫星衍許叔重木主結銜議至與案沖上表或尙未爲洨長案孫引洪說斷洨長尊於太尉官屬其說固無可易厚菴謂沖上表時愼或尙未爲洨長則尙有應商者沖上表稱故太尉南閤祭酒愼則可知所稱乃故官時已不爲太尉屬矣傳云除洨長卒於家則可知雖除洨長並未之官矣蓋愼儒者不樂外職或已引疾辭洨長故沖表但舉故官

愼亦旋卒也如後病愈始除官則史不應接書卒於家矣

至有分爭主庭官本主作王

乂從而繡其鞶帨注喻學者文繁碎也官本注繁作煩

莫之或從官本從作徙

而權彊之臣息其闚盜之謀豪俊之夫屈於鄙生之議者案二者在桓靈之間無能確指當是概論如梁冀威權雖重然帝統屢絕不敢闚干官官子弟雖橫然清議所加亦多誅滅是也注乃以皇甫嵩董卓當之無論嵩非權彊且嵩與張温論旣於下文別言之則此語斷非指嵩鄭泰止卓尤非桓靈時事似均有未合人誦先王言也下畏逆順埶也注言政化雖壞而朝夕不傾危者官本夕作久案朝夕不傾危謂猶得保朝夕也說亦可通

然後羣英乘其運世德終其祚注謂曹丕卽位廢帝爲山陽公官本曹丕作操丕非

文苑列傳第七十上　後漢書八十上

宋　宣城太守范曄撰

唐　章懷太子賢注

王先謙集解

杜篤字季雅京兆杜陵人也【集解】惠棟曰杜恕篤論云杜始出帝堯在周爲唐杜氏漢氏有杜周杜欽杜篤高祖延年宣帝時爲御史大夫前書延年字幼公周之子也爲御史大夫延年居父官府不敢當舊位臥坐皆易其處也篤少博學不修小節不爲鄉人所禮居美陽與美陽令游數從請託不諧頗相恨令怨收篤送京師【集解】惠棟曰第五倫傳云篤爲鄉里所廢客居美陽女弟爲馬氏妻恃此交通在所縣令苦其不法收繫論之也會大司馬吳漢薨光武詔諸儒誄之篤於獄中爲誄辭最高帝美之賜帛免刑【集解】惠棟曰誄辭具吳漢傳注篤以關中表裏山河先帝舊京不宜改營洛邑迺上奏論都賦曰臣聞知而復知是爲重知韓詩外傳曰知者知其所知乃爲知矣臣所欲言陛下已知故略其梗概梗概猶粗略也不敢具陳昔般庚去奢行儉於亳帝王紀曰般庚以耿在河北迫近山川自祖辛以來奢淫不絕般庚乃南渡河徙都於亳人咨嗟相怨不欲徙乃作書三篇以告之成周之隆迺卽中洛周成王就土中都洛陽也遭時制都不常厥邑尚書曰不常厥邑于今五遷賢聖之慮蓋有優劣霸王之姿明知相絕守國之埶同歸異術或棄去阻阨務處平易淮南子曰武王克殷欲築宮於五行之山周公曰不可夫五行之山固塞險阻之地使我德能覆之則天下納其貢職者固矣使我有暴亂之行則天下之伐我難也高誘注云明周公恃德不恃險也或據山帶河并吞六國謂秦也或富貴思歸不顧見襲韓生勸項羽都關中羽曰富貴不歸故鄉如衣錦夜行乃歸都彭城而高祖自蜀漢出襲擊之也見前書【集解】先謙曰官本衣錦作錦衣或卽日車駕策由一卒前書戍卒婁敬說高祖都關中卽日車駕西都長安或知而不從久都墝埆謂光武久都洛陽也墝埆薄地也前書張良曰洛陽田地薄四面受敵墝音古交反埆音古角反臣不敢有所據竊見司馬相如楊子雲作辭賦以諷主上臣誠慕之伏作書一篇名曰論都謹并封奏如左皇帝以建武十八年二月甲辰

升輿洛邑巡于西嶽光武紀曰甲寅西巡狩推天時順斗極揚雄長楊賦曰順斗極運天關
極北極星也言順斗建及北極之星運轉而行也排閶闔入函谷閶闔天門也函谷故關在今洛州新安縣也
觀阸於崤黽圖險於隴蜀圖猶規度也其三月丁酉行至長安經營宮
室傷愍舊京即詔京兆迺命扶風齋肅致敬告覲園陵悽然有懷
祖之思懷思也喟然以思諸夏之隆喟歎聲遂天旋雲游造舟於渭北
杭涇流爾雅曰天子造舟造竝也以舟相竝而濟也杭舟度也音胡郎反方言關而東或謂舟為航說文杭字在方部今流
俗不解遂與杭字相亂者誤也千乘方轂萬騎騈羅衍陳於岐梁東橫乎大河衍布
也橫絶流度也楚辭曰橫大江兮揚舲也瘞后土瘞埋也謂埋牲幣也爾雅曰祭地曰瘞埋后土祠在今蒲州汾陰縣北也
禮邠郊甘泉祭天所也在邠地之郊其歲四月反於洛都明年有詔復函谷關
作大駕宮大駕見儒林傳大駕宮即天子行幸也六王邸高車廄於長安修理東都
城門長安外城門東面北頭第一門也橋涇渭往往繕離觀東臨霸滻西望昆明
北登長平長平坂名也在池陽宮南也規龍首撫未央覛平樂儀建章龍首山名蕭何

於其上作未央宮撫巡也或云撫亦模其字從木覛視也音麥平樂觀名建章宮名並在城西謂光武規模而修理也是時
山東翕然狐疑意聖朝之西都懼關門之反拒也恐西都置關所以拒外山東也
集解惠棟曰張衡南都賦云高祖階其塗光武攬其英是以關門反距漢德久長李善云言居西距東居東距西故言反也客
有為篤言彼埳井之潢汙固不容夫吞舟埳井喻小也莊子曰埳井之蛙潢汙渟水也吞
舟大魚也賈誼曰彼尋常之汙瀆豈容夫吞舟之魚且洛邑之渟瀯曷足以居乎萬乘哉揚雄
甘泉賦曰梁弱水之濎瀯濎瀯小貌也渟音天鼎反瀯音烏迥反咸陽守國利器不可久虛以示
姦萌老子曰國之利器不可以示人篤未甚然其言也故因為述大漢之崇崇高盛也
世據廱州之利而今國家未暇之故以喻客意曉喻也曰昔在強秦
爰初開畔畔疆界也霸自岐廱國富人衍卒以幷兼桀虐作亂衍饒也音以戰
反桀虐如桀之無道也天命有聖託之大漢大漢開基高祖有勳斬白蛇屯
黑雲前書高祖斬大蛇有一老嫗夜哭曰吾子白帝子今赤帝子斬之故曰白蛇又呂后曰季所居上常有雲氣聚五
星於東井提干將而呵暴秦高祖初至霸上五星聚東井干將劍名也高祖曰吾提三尺劍取天下

蹈滄海跨崑崙揚雄長楊賦曰橫巨海乘崑崙此言蹈跨喻遠大也奮彗光埽項軍彗星者所以除
舊布新也故曰埽遂濟人難蕩滌於泗沂項羽都彭城泗水沂水近彭城地也蕩滌謂誅之也劉敬
建策初都長安解見班固傳太宗承流守之以文太宗文帝也繼體之君以文德守之躬
履節儉側身行仁食不二味衣無異采賑人以農桑率下以約己
曼麗之容不悅於目鄭衛之聲不過於耳曼美也佞邪之臣不列於
朝巧偽之物不鬻於市禮記曰用器不中度不鬻於市布帛精麤不中數廣狹不中量不鬻於市姦色亂正
色不鬻於市故能理升平而刑幾措富衍於孝景功傳於後嗣前書景帝時太
倉之粟紅腐而不可食都內之錢貫朽而不可校也是時孝武因其餘財府帑之蓄始有鉤
深圖遠之意探冒頓之罪前書冒頓殺其父頭曼單于又為書使遺高后曰孤僨之君生於沮澤之中長
於平野牛馬之域數至邊境願遊中國陛下獨立孤僨獨居兩主不樂無以自娛願以所有易其所無校平城之讐
校報也冒頓單于圍高祖於平城七日故報之也遂命票騎票騎將軍霍去病也勤任衛青青為大將軍霍
去病舅也勇惟鷹揚軍如流星毛詩曰時惟鷹揚注云如鷹之飛揚也長楊賦曰疾如奔星深之匈

奴割裂王庭匈奴王庭也長楊賦曰遂獵乎王庭集解惠棟曰樂彥云單于無城郭不知禮義國之穹廬前地若庭故
云庭席卷漠北叩勒祁連漠沙漠也祁連匈奴中山名也叩擊也勒謂銜勒也橫分單于屠裂
百蠻百蠻夷狄之總稱也燒罽帳罽毛布也繫閼氏單于妻號也燔康居灰珍奇康居西域
國也居音渠椎鳴鏑前書曰冒頓作鳴鏑鏑今之髐箭也釘鹿蠡蠡音離匈奴有左右鹿蠡王前書作谷蠡馳
阬岸獲昆彌昆彌西域國也虜儠侲方言侲養馬人也字書侲音眞字書無儠字諸家並曰儠侲為粟牘西域
國名也傳讀如此不知所出今有肅特國恐是也驅騾驢馭宛馬大宛國名出汗血馬鞭駃騠駿馬也駃
音決騠音蹄生七日而超其母也拓地萬里威震八荒肇置四郡據守敦煌四郡謂酒
泉武威張掖敦煌也幷域屬國一郡領方幷西域以屬國都尉主之以敦煌一郡部領西方也立候隅
北建護西羌揚雄解嘲曰西北一候孟康注云敦煌玉門關候也置護羌校尉以主西羌捶驅氐僰寥
狼邛莋捶擊也寥狼猶擊擾也氐僰邛莋並西南夷號東摲烏桓蹂轔濊貊字書摲亦摩字也音靡方
反言云摩滅也蹂踐也轔轢也音吝濊貊東夷號也南羈鉤町水劍強越羈係也鉤町西南夷也水劍謂戈船
將軍等下水誅南越也鉤町音劬挺殘夷文身海波沫血穀梁傳曰越人被髮文身沫血水沫如血郡縣

日南漂槩朱崖武帝元鼎六年平南越以爲南海蒼梧鬱林合浦交阯九眞日南朱崖儋耳九郡漂槩謂摩近之也
前書音義曰珠崖言珠若崖也此作朱古字通茂陵書曰珠崖郡都郎瞫去長安七千三百里瞫音審部尉東南兼
有黃支楊雄解嘲曰東南一尉孟康注云會稽東部都尉也前書自都盧國船行可二月餘有黃支國俗與朱崖相類也
連緩耳瑣雕題緩耳耳下垂卽儋耳也禮記曰南方曰蠻雕題交阯鄭玄注曰謂刻其身以丹青涅之也王逸注楚
詞曰雕畫也題額也集解惠棟曰梁元帝金樓子云舜攝天子有緩耳貫胸之民來獻珠蝦摧天督卽天竺國也牽
象犀椎蜯蛤碎瑠璃甲瑇瑁戕觜觿郭義恭廣志曰瑇瑁形似龜出南海甲謂取其甲也戕殘
也觜觿大龜亦瑇瑁之屬觜音子期反觿音以規反於是同穴裘褐之域同穴挹婁之屬也衣裘褐北狄也
共川鼻飲之國前書賈捐之曰駱越之俗父子同川而浴相習以鼻飲也莫不袒跣稽顙失氣
虜伏稽止也方言曰顙額也以額至地而稽止也宋玉高唐賦曰虎豹豺兕失氣恐喙言其恐懼如奴虜之伏也非夫
大漢之盛世藉靡士之饒得御外理內之術孰能致功若斯故創
業於高祖嗣傳於孝惠德隆於太宗財衍於孝景威盛於聖武政
行於宣元侈極於成哀祚缺於孝平傳世十一歷載三百高祖至平帝十

一代歷涉也合二百十四年此言三百者謂出二百年涉三百年也德衰而復盈道微而復章謂呂氏亂
而文帝立昌邑廢而宣帝中興也皆莫能遷於廱州而背於咸陽宮室寢廟山陵
相望高顯弘麗可思可榮義農已來無茲著明夫廱州本帝皇所
㠯育業周始祖后稷封邰公劉居豳大王居鄷武王居鎬並在關中故曰育業也霸王所㠯衍功戰士
角難之埸也衍廣也泰都關中也禹貢所載厥田惟上尚書廱州厥田上上沃野千里
原隰彌望保殖五穀桑麻條暢濱據南山帶㠯涇渭號曰陸海蠢
生萬類濱近也前書東方朔曰漢都涇渭之南此謂天下陸海之地楩枏檀柘蔬果成實畎瀆
潤淤水泉灌漑說文曰淤澱滓也顧野王曰今水中泥草也漸澤成川粳稻陶遂薛君注韓
詩曰陶暢也爾雅曰遂生也集解何若瑤曰廣雅釋言陶喜也猶言欣欣向榮厥土之膏畝價一金前書東方
朔曰鄷鎬之間號爲土膏其價畝一金一金一斤金也集解惠棟曰王懋云漢費鳳碑云祖業良田畝值一金案漢金一斤爲錢十
千是知漢田每畝十千與今大率相口田田相如鐇钁株林相如言地皆沃美相類也廣雅曰鐇推也音芳
袁反埤蒼云鐇鏟也謂以鏟钁去林木之株櫱也火耕流種功淺得深以火燒所伐林株引水漑之而布種

也
旣有蓄積阸塞四臨西被隴蜀南通漢中北據谷口東阻嶔巖
谷口在今雲陽縣穀梁傳秦襲鄭蹇叔送其子而戒之曰汝必死於崤之巖崯之下嶔巖謂崤也嶔音吟關函守嶢山
東道窮函函谷關也嶢謂嶢山之關也在藍田南故武關之西嶢音堯置列汧隴廱偃西戎廱音擁集
解錢大昕曰偃與闕同廱偃猶壅遏也拒守褒斜嶺南不通杜口絕津朔方無從杜塞
谷口絕黃河之津鴻渭之流徑入于河大船萬艘轉漕相過東綜滄海西
綱流沙朔南曁聲諸夏是和尚書曰朔南曁聲教注云朔北方也城池百尺阸塞要
害關梁之險多所衿帶衿帶衣服之要故以喻之一卒舉礌千夫沈滯礌石也前書匈
奴乘隅下礌石音力對反集解惠棟曰周禮職金云凡國有大故用金石則掌其合鄭元云用金石者作槍雷椎椁之屬孔穎達云
雷卽礌也兵法守城用礌石以擊攻者陳思王征蜀論云下礌成雷榛殘木碎是也前書云高城深塹具藺石如湻云藺石城上礌
石也一人奮戟三軍沮敗淮南子曰狹路津關大山石塞龍蛇蟠笠居羊腸道魚笱門一人守險千人弗敢
過也地埶便利介胄剽悍可與守近利㠯攻遠剽急疾也悍勇也所據險要故可守近士
卒勇疾故可攻遠也士卒易保人不肉袒左傳鄭伯肉袒牽羊以降楚言關中士卒易與保守不降下也肇

有十二是爲贍腴尚書曰肇十有二州謂雍梁荊徐揚青兗冀幽幷營也雍州田第一故曰贍腴今流俗北地
之良沃者爲贍者也集解劉攽曰注案文北當作以又衍一者字用霸則兼幷謂秦幷六國也先據則功
殊高祖先入關功爲諸侯最也修文則財衍行武則士要修文德則財產富衍若用武則士皆奮勵
而要功也爲政則化上篡逆則難誅地險固故難誅也進攻則百剋退守則有
餘斯固帝王之淵囿而守國之利器也逮及亡新時漢之衰偷忍
淵囿篡器慢違偷忍猶盜竊也淵囿謂秦中也徒㠯埶便莫能卒危卒音倉忽反假之
十八誅自京師莽居攝篡位十八年公賓就始斬之也天畀更始不能引維畀與也言更始
不能持其綱維故致敗亡慢藏招寇復致赤眉易曰慢藏誨盜又曰負且乘致寇至言更始爲赤眉所破也
海內雲擾諸夏滅微羣龍並戰未知是非赤伏符曰四夷雲擾龍鬬于野易曰龍戰于野
謂更始敗後劉永張步等重起未知受命者爲誰也于時聖帝赫然申威荷天人之符兼不
世之姿聖帝光武也天人符謂彊華自關中持赤伏符也前書曰王吉上疏曰欲化之主不代出言有時間出難常遇也
受命於皇上獲助於靈祇皇上謂天也尚書曰惟皇上帝降衷於下人靈祇謂滹沱冰及白衣老父等也

立號高邑搴旗四麾也搴拔旹策之臣運籌出奇前書高祖曰運籌帷幄之中決勝千里之外子房是也出奇謂陳平從高祖定天下凡六出奇計以比鄧禹馮異吳漢耿弇等也虓怒之旅如虎如螭如詩闞如虓虎注云虎之怒虓然也史記周武王誓眾曰如虎如羆如豺如螭杜預注左傳曰螭山神獸形也虓音呼交反師之攸向無不靡披蕊夫燔魚剸蛇莫之方斯尚書今文泰誓篇曰太子發升舟中流白魚入於王舟王跪取出以燎羣公咸曰休哉鄭玄注云燔魚以祭變禮也剸割也音之兗反謂高祖斬蛇也大呼山東響動流沙要龍淵旹鏌鋣龍淵劍解見韓稜傳說文鏌鋣大戟也音莫邪旹謂建之於旹也吳越春秋有莫邪劍義與此不同也命騰太白親發狼弧騰馳也太白天之將軍狼弧並星名也史記曰天苑東有大星曰天狼下有四星曰弧宋均注演孔圖曰狼爲野將用兵象也合誠圖曰弧主司兵弩象也南禽公孫北背强胡西平隴冀東據洛都迺廓平帝宇濟蒸人於塗炭成兆庶之亹亹遂興復乎大漢爾雅曰亹亹勉也易曰成天下之亹亹今天下新定矢石之勤始瘳瘳差也集解惠棟曰左傳云親受矢石服虔云古者以石爲箭鏑國語云有隼集於陳侯之庭楛矢貫之石砮是也而主上方以邊垂爲憂忿葭萌之不柔揚子雲長楊賦曰遐萌爲之不安謂遠人也案篤此賦每取子

雲甘泉長楊賦事意此葭即遐也時蜀郡守將史歆及交阯徵側反盧芳亡入匈奴故云忿其不柔也未遑於論都而遺思廱州也遺猶留也方躬勞聖思以率海內厲撫名將略地疆外信威於征伐展武乎荒裔信讀曰申若夫文身鼻飲緩耳之主椎結左衽鐻鍝之君結音髻前書尉佗椎結箕踞注云如今兵士椎頭髻也孔子曰微管仲吾其被髮左衽矣鐻音渠呂反山海經曰神武羅穿耳以鐻郭璞注云金銀器之名未詳形制鍝音牛于反埤蒼曰鍝鋸也案今夷狄好穿耳以垂金寶等此並謂夷狄之君長也東南殊俗不羈之國西北絕域難制之鄰靡不重譯納貢請爲藩臣上猶謙讓而不伐勤前書司馬相如曰上猶謙讓而未兪也意以爲獲無用之虜不如安有益之民略荒裔之地不如保殖五穀之淵左傳曰吾將略地焉略取也遠救於已亡不若近而存存也易曰成性存存也集解周壽昌曰案莊子田子方篇楚王與凡君坐少焉楚王曰凡亡者三凡君曰凡之亡也不足以喪吾存則楚之存也不足以存存由是觀之則凡未始亡而楚未始存也本文存存與易全不相合應是本此章懷注誤今國家躬修道德吐惠含仁湛恩沾洽時風顯宣前書司馬相如難蜀父老曰湛恩汪濊湛音沈易通卦驗曰巽氣退則時風不至萬物不成冬至廣莫風至立春條風至春分明庶風至立夏淸明風至夏至景風至立秋涼風至秋分閶闔風至立冬不周風至也徒垂意於持平守實務在愛育元元苟有便於王政者聖主納焉何則物罔挹而不損道無隆而不移陽盛則運陰滿則虧淮南子曰孔子觀桓公之廟有器焉謂之宥坐孔子曰善哉乎得見此器顧曰弟子取水水至灌之其中則正其盈則覆孔子遽然革容曰善哉持盈者乎子貢在側曰請問持盈曰挹而損之曰何謂挹而損之曰夫物盛而衰樂極而悲日中而移月盈而虧是故聰明睿智守之以愚多聞博辯守之以儉武力毅勇守之以畏富貴廣大守之以陋德施天下守之以讓此五者先王所以守天下而弗失也故存不忘亡安不諱危雖有仁義猶設城池也易曰君子存不忘亡安不忘危客以利器不可久虛而國家亦不忘乎西都何必去洛邑之渟瀯與篤後仕郡文學掾以目疾二十餘年不闚京師篤之外高祖破羌將軍辛武賢以武略稱前書武賢狄道人爲破羌將軍以勇武稱左將軍慶忌之父篤常歎曰杜氏文明善政而篤不任爲吏謂杜周及延年並以文法著名也辛氏秉義經武而篤又怯於事外內五世至篤衰矣女弟適扶風馬氏建初三年車騎將軍馬

防擊西羌請篤爲從事中郎戰沒於射姑山所著賦誄弔書讚七言女誡及雜文凡十八篇集解惠棟曰經籍志云篤集一卷又著明世論十五篇集解何焯曰後書不立藝文志故具載著述篇數王補曰文選王融曲水詩序注引篤展武論御覽七百八引篤通邊論蓋通邊展武即明世論十五篇篇目之二子碩豪俠以貨殖聞

王隆字文山馮翊雲陽人也王莽時以父任爲郎後避難河西爲竇融左護軍建武中爲新汲令新汲縣屬潁川郡故城在今許州扶溝縣西能文章所著詩賦銘書凡二十六篇集解惠棟曰經籍志云梁王隆集二卷案胡廣漢官解詁序云故新汲令王文山小學爲漢官篇略道公卿內外之職旁及四夷博物條暢多所發明而本傳不載初王莽末沛國史岑子孝亦以文章顯莽以爲謁者著頌誄復神說疾凡四篇岑一字孝山著出師頌集解何焯曰作出師及和熹鄧后頌者又一史岑李善文選注得之此注誤也傳已著明所著四篇洪亮吉曰案文選注言係兩人字子孝者在王莽時字孝山者和熹鄧后時人也此注混爲一殊誤惠棟曰孝山和帝時人出師頌爲鄧氏作非子孝也李注自誤周壽昌曰案文選李善注流別集及集林又載岑和熹鄧后頌並序計莽之末以訖和熹百有餘年又東觀漢紀東平王蒼上光

武中興頌明帝問校書郎此與誰等對云前世史岑之比則莽末之史岑明帝時已云前世不得爲和熹之頌明矣諸家以孝山文載於子孝集非也是字孝山者別一史岑非子孝

夏恭字敬公梁國蒙人也習韓詩孟氏易講授門徒常千餘人王莽末盜賊從橫攻沒郡縣恭㠯恩信爲眾所附擁兵固守獨安全光武卽位嘉其忠果召拜郎中再遷太山都尉〔集解〕顧炎武曰光武紀建武六年初罷郡國都尉官恭之遷蓋在此年前和集百姓甚得其歡心恭善爲文著賦頌詩勵學凡二十篇四十九卒官諸儒共謚曰宣明君子牙少習家業著賦頌讚誄凡四十篇舉孝廉早卒鄉人號曰文德先生

傅毅字武仲扶風茂陵人也少博學永平中於平陵習章句因作迪志詩曰咨爾庶士迨時斯勗迨及也勗勉也日月逾邁豈云旋復尚書曰日月逾邁逾過邁行言日月之過往不可復還也哀我經營旅力靡及旅陳也言己欲經營仁義之道然非陳力之所能及也在茲弱冠靡所庶立禮記年二十曰弱冠言已在弱冠之歲無所庶幾成立也於赫我

祖顯於殷國謂傅說也二迹阿衡克光其則阿倚衡平也言依倚之以取平也謂伊尹也高宗命傅說曰爾尚明保予罔俾阿衡專美有商故曰二迹也言傅說功比伊尹而能光大其法則也武丁興商伊宗皇士武丁殷王高宗也伊惟宗尊也詩曰思皇多士皇美也言武丁所以能興殷者惟尊皇美之士謂傅說爰作殷肱萬邦是紀奕世載德迄我顯考易曰積德載載重也保膺淑懿纘修其道纘繼也漢之中葉俊乂式序秩彼殷宗光此勳緒中葉謂宣帝中興秩序也言漢代序殷高宗用傅說之事光大其勳功而用其緒肩也謂傅介子以軍功封義陽侯傅喜論議正直爲大司馬封高武侯傅晏爲孔鄉侯傅商爲汝昌侯建武中傅俊爲昆陽侯也〔集解〕洪亮吉曰案毅自言其祖必有專指必不歷引海內諸傳以侈譜系也至介子北地人喜等河內温人俊潁川襄城人俱與毅不同鄉里注何所據而引之耶伊余小子穢陋靡逮懼我世烈自茲㠯墜誰能革濁清我濯溉毛詩曰誰能執熱逝不以濯此言誰能革易我之濁而以清泉洗濯我也誰能昭闇啟我童昧先人有訓我訊我誥訓我嘉務誨我博學爰率朋友尋此舊則契闊夙夜庶不懈忒詩云與子契闊契闊謂辛苦也懈怠也忒差也〔集解〕錢大昕曰案邶風云死生契闊與子成說章懷偶誤記爾毛傳云契闊勤苦也契與勤闊與苦聲俱相近注改勤爲辛意同而聲遠矣秩秩大猷紀綱庶式匪勤匪昭匪壹匪測詩大雅曰秩秩大猷聖人謨之秩秩美也猷道也庶眾也式法也言美哉乎大道可以綱紀眾法若不勤勵則不能昭明其道不專壹則不能深測農夫不怠越有黍稷尚書曰若農服田力穡乃亦有秋惰農自安乃其罔有黍稷也誰能云作考之居息考成也言誰能有所作而居息閑暇可能成者言必須勤之也二事敗業多疾我力二事謂事不專一也疾害也言爲事不專則多害其力也如彼遵衢則罔所極遵循也如循長路則不知所終極也二志靡成聿勞我心如彼兼聽則溷於音聿辭也溷亂也志不專一徒煩勞於我心兼聽眾聲則音亂於戲君子無恒自逸徂年如流鮮茲暇日人當自勉修德義專志勤學不可自放逸年之過往如流言其速也少有閑暇之日也行邁屢税胡能有迄行邁之人屢税駕停止何能有所至也言當自勖不可中廢也密勿朝夕聿同始卒毛詩曰密勿從事密勿黽勉也聿循也卒終也言朝夕黽勉終始如一也毅㠯顯宗求賢不篤士多隱處故作七激㠯爲諷〔集解〕惠棟曰毅集載其文其略云徒華公子託病幽處游心於元妙清思乎黃老於是元通子聞而往屬曰僕聞君子當世而光迹因時以舒志必將銘勒功勳懸志隆高今公子削迹藏體當年陸沈變度易趣違拂雅心挾六經之指守偏塞之術意亦有所蔽與何圖身之謬也僕將爲公子論天下之至

妙列耳目之通好原精心之性理綜道德之彌奧豈欲聞之乎公子曰僕雖不敏固願聞之元通子曰漢之盛世存乎永平太和協暢萬機穆清於是羣俊學士雲集辟雍含詠聖術文質發曚達義農之妙旨照虞夏之典蹟遵孔氏之憲則投顏閔□之高迹推義窮類靡不博觀光潤嘉美世宗其言公子瞿然而興曰至乎主得聖道天基允臧明哲用思君子所常自知沈溺久蔽不悟請誦斯語仰子法度〔王補〕曰七激詳見藝文類聚五十七建初中肅宗博召文學之士㠯毅爲蘭臺令史〔集解〕惠棟曰典論云班固與弟書曰武仲以能文遷蘭臺令史拜郎中與班固賈逵共典校書毅追美孝明皇帝功德最盛而廟頌未立迺依清廟作顯宗頌十篇奏之清廟詩周頌篇名序文王之德也〔集解〕王補曰明帝誄見類聚十二凡百七十六字又顯宗頌表有云體天統物濟甯兆民見文選曹植責躬詩注引顯宗頌有云蕩蕩川瀆既闢且清見文選張華勵志詩注引由是文雅顯於朝廷車騎將軍馬防外戚尊重請毅爲軍司馬待㠯師友之禮及馬氏敗免官歸永元元年車騎將軍竇憲復請毅爲主記室〔集解〕惠棟曰毅集云記室掾崔駰爲主簿及憲遷大將軍復㠯毅爲司馬〔集解〕王補曰毅有竇將軍北征頌見藝文類聚五十九班固爲中護軍憲府文章之盛冠於當世毅

早卒著詩賦誄頌祝文七激連珠凡二十八篇集解惠棟曰經籍志云梁傅毅集五卷

黃香字文彊江夏安陸人也年九歲失母思慕憔悴殆不免喪免喪終鄉人稱其至孝年十二太守劉護聞而召之署門下孝子甚見愛敬香家貧內無僕妾躬執苦勤盡心奉養集解惠棟曰東觀記云父況舉孝廉爲郡五官貧無奴僕香躬勤左右盡心供養冬無被袴而親極滋味暑即扇牀枕寒即以身溫席遂博學經典究精道術能文章京師號曰天下無雙江夏黃童初除郎中元和元年肅宗詔香詣東觀讀所未嘗見書集解惠棟曰東觀記云賜淮南孟子各一通香後告休集解惠棟曰謝承書云香除郎以父老求歸供養徵拜郎中帝召香在殿下問父年幾何何故不入公府東觀記云以香父尙在賜臥几靈壽杖也及歸京師時千乘王冠千乘貞王伉章帝子也冠謂二十加冠也帝會中山邸迺詔香殿下顧謂諸王曰此天下無雙江夏黃童者也左右莫不改觀後召詣安福殿言政事拜尙書郎數陳得失賞賚增加集解惠棟曰東觀記云賜錢三百萬黃白各二端

嘗獨止宿臺上晝夜不離省闥帝聞善之永元四年拜左丞功滿當遷和帝留增秩六年累遷尙書令後以爲東郡太守香上疏讓曰臣江淮孤賤愚矇小生經學行能無可算錄遭値太平先人餘福謝承書曰香代爲冠族葉令況之子也得以弱冠特蒙徵用連階累任遂極臺閣訖無纖介稱報恩效死誠不意悟卒被非望顯拜近郡尊位千里臣聞量能授官則職無廢事因勞施爵則賢愚得宜臣香小醜少爲諸生典郡從政固非所堪誠恐矇頓孤忝聖恩又惟機密端首至爲尊要謂尙書令復非臣香所當久奉承詔驚惶不知所裁臣香年在方剛適可驅使論語曰及其壯也血氣方剛言少壯也願乞餘恩留備宂官賜以督責小職任之宮臺煩事以畢臣香螻蟻小志誠瞑目至願土灰極榮集解通鑑胡注宮謂宮中臺謂尙書臺也尙書出納王命故云宮臺煩事帝亦惜香幹用久習舊事復留爲尙書令增秩二千石賜錢三十萬是後遂管樞機甚見親重而香亦祗勤物務憂公如家集解惠棟曰東觀記云香勤力憂公畏愼周密每用奏議所建畫未嘗流布十二年東平清河奏訞言卿仲遼等集解惠棟曰風俗通云卿姓趙相虞卿之後所連及且千人香科別據奏全活甚衆集解惠棟曰律有科條罪有輕重科別奏之不濫刑也每郡國疑罪輒務求輕科愛惜人命每存憂濟又曉習邊事均量軍政皆得事宜帝知其精勤數加恩賞疾病存問賜醫藥在位多所薦達寵遇甚盛議者譏其過倖延光元年遷魏郡太守集解惠棟曰東觀記云俗每太守將交代添設儲峙輒數千萬香未入界移敕悉出所設什器及到頗有即徹去到官之日不祭竈求福閉門絕客郡舊有內外園田常與人分種收穀歲數千斛香曰田令集解惠棟曰漢有田律見鄭元周禮注後王所制爲令也商者不農王制仕者不耕王制曰上農夫食九人下士視上農夫祿足以代耕也集解惠棟曰劉般傳云永平中下令禁民二業般上言郡國以官禁二業至有田者不漁捕是田者不農之令始於永平也伐冰食祿之人不與百姓爭利伐冰解見馮衍傳迺悉以賦人課令耕種時被水年飢迺分奉祿及所得

賞賜班贍貧者於是豐富之家各出義穀助官稟貸荒民獲全後坐水潦事免數月卒於家集解惠棟曰盧熊云香墓在常熟梅里鎭初梅里有蘇忠翊直卜葬得大冢乃黃香碑刻皆隸字首兩句八字中二字不可識其碑陰乃會稽都尉張紘文又有薛綜修祠日月題刻其可辨者八字案香卒於家不應遠葬於吳或後漢有與香同名姓者耳樂史謂香墓在房陵縣東者是也所著賦牋奏書令凡五篇集解王補曰香有九宮賦詳古文苑藝文類聚七十八又天子冠頌詳通典五十六初學記十四子瓊自有傳

劉毅北海敬王子也初封平望侯平望縣屬北海郡永元中坐事奪爵毅少有文辯稱元初元年上漢德論幷憲論十二篇時劉珍鄧耽尹兌馬融共上書稱其美安帝嘉之賜錢三萬拜議郎

李尤字伯仁廣漢雒人也少以文章顯和帝時侍中賈逵薦尤有相如揚雄之風召詣東觀受詔作賦集解惠棟曰華陽國志云明帝召作東觀辟雍德陽諸觀賦銘懷戎頌百二十銘著政事論七篇帝善之王補曰嚴可均校輯後漢文從御覽藝文類聚初學記古文苑諸書得尤銘八十四賦五則銘之所亡者僅三十六耳拜蘭臺令史稍遷安帝時爲諫議大夫受詔與

謁者僕射劉珍等俱撰漢記。後帝廢太子爲濟陰王，尤上書諫爭。順帝立，遷樂安相。年八十三卒。所著詩賦銘誄頌七歎哀典凡二十八篇。〔集解〕惠棟曰李尤集序尤好爲銘贊門階戶席莫不著述經籍志云梁李尤集五卷華陽國志云尤孫充有文才尤同郡李勝〔集解〕惠棟曰華陽國志云勝字茂通亦有文才，〔集解〕惠棟曰常璩所謂兩李麗采文藻可觀也爲東觀郎，著詩誄頌論數十篇。

蘇順字孝山，京兆霸陵人也。和安閒以才學見稱。好養生術，隱處求道。晚迺仕，拜郎中，卒於官。所著賦論誄哀辭雜文凡十六篇。〔集解〕惠棟曰經籍志云順集二卷王補曰順歎懷賦見藝文類聚三十四和帝誄見類聚十二時三輔多士，扶風曹眾伯師亦有才學，著誄書論四篇。三輔決錄注曰眾與鄉里蘇孺文竇伯向馬季長並遊宦唯眾不遇以壽終于家〔集解〕惠棟曰魏文帝典論云三輔學有俊才茂陵馬季長同郡曹伯師梁葛元甫南陽張平子南郡胡伯始安定胡節等文冠當世也又有曹朔，不知何許人，作漢頌四篇。

劉珍字秋孫，諸本時有作祕孫者其人名珍與祕義相扶而作秋者多也〔集解〕惠棟曰漢官儀解詁序云安帝時越騎校尉劉千秋校書東觀後遷宗正衞尉又與張平子同郡則千秋疑即秋孫也或珍字祕孫而別字千秋如虞詡兩字也又注作祕孫古秋祕字相似史記敬侯秋彭祖漢表作祕也洪頤煊曰百官志補注引胡廣小學漢官篇注與解詁序同一名寶，南陽蔡陽人也。少好學。永初中，爲謁者僕射。鄧太后詔使與校書劉騊駼、馬融及五經博士校定東觀五經、諸子傳記、百家藝術，整齊脫誤，是正文字。永寧元年，太后又詔珍與騊駼作建武已來名臣傳，〔集解〕惠棟曰史通云珍與諫議大夫李尤雜作記表名臣節士儒林外戚諸傳起自建武訖乎永初遷侍中、越騎校尉。延光四年，拜宗正。明年，轉衞尉，卒官。著誄頌連珠凡七篇。〔集解〕惠棟曰經籍志云珍集二卷錄一卷又撰釋名三十篇，以辯萬物之稱號云。〔集解〕錢大昕曰案隋書經籍志釋名八卷劉熙撰直齋書錄解題亦云釋名八卷漢徵士北海劉熙成國撰凡二十七篇王補曰珍東觀漢紀光武章帝和帝殤帝諸紀見御覽九十九十一又上言鄧太后宜獻廟見袁宏後漢紀十六永初五年

葛龔字元甫，梁國寗陵人也。和帝時，以善文記知名。龔善爲文奏或有請龔奏以干人者龔爲作之其人寫之忘自載其名因幷寫龔名以進之故時人爲之語曰作奏雖工宜去葛龔事見笑林性慷慨壯烈，勇力過人。安帝永初中，舉孝廉，爲大官丞，上便宜四事，拜蕩陰令。蕩陰縣名今相州縣也蕩音湯辟太尉府，病不就。州舉茂才，爲臨汾令。居二縣，皆有稱績。著文賦碑誄書記凡二十篇。〔集解〕惠棟曰經籍志云梁葛龔集五卷錄一卷一本七卷王補曰龔遂初賦薦黃鳳薦郝彥薦戴昱諸文彥伯父還傳記與梁相張府君牋荅竇章書雜見文選注御覽書鈔初學記汝南先賢傳李皆零句

王逸字叔師，南郡宜城人也。元初中，舉上計吏，爲校書郎。順帝時，爲侍中。著楚辭章句行於世。〔集解〕惠棟曰逸自敘云孝武帝恢廓道訓使淮南王安作離騷章句逮至劉向典校經書分以爲十六卷孝章即位深宏道藝而班固賈逵復以所見改易前疑各作離騷經章句其餘十五卷闕而不說又以壯爲狀義多乖異事不要撮今臣復以所識所知稽之舊章合之經傳作十六卷章句雖未能究其微妙然大指之趣略可見矣其賦誄書論及雜文凡二十一篇。〔集解〕惠棟曰經籍志云梁王逸集二卷錄一卷正部論八卷又作漢詩百二十三篇。子延壽，字文考，有儁才。少遊魯國，作靈光殿賦。〔集解〕惠棟曰博物志云魯作靈光殿初成逸語其子汝寫狀歸吾欲爲賦文考遂以韻寫簡其父曰此即爲吾賦吾固不及矣後蔡邕亦造此賦，未成，及見延壽所爲，甚奇之，遂輟翰而已。曾有異夢，意惡之，迺作夢賦以自厲。〔集解〕惠棟曰延壽夢賦云臣弱冠嘗夜寢見鬼物與臣戰遂得東方朔與臣作罵鬼之書臣遂作賦一篇敘夢後人夢者讀誦以卻鬼數數有驗臣不敢蔽其詞云云王補曰夢賦見藝文類聚七十九桐柏淮源廟碑見古文苑王孫賦見初學記二十九後溺水死，時年二十餘。〔集解〕惠棟曰張華博物志曰王子山與父叔師到泰山從鮑子眞學算到魯賦靈光殿歸度湘水溺死文考一字子山也〔集解〕惠棟曰水經注云子山年二十而得惡夢二十一溺死於湘浦一作二十四經籍志云梁王延壽集三卷

崔琦字子瑋，涿郡安平人，濟北相瑗之宗也。少遊學京師，以文章博通稱。初舉孝廉，爲郎。河南尹梁冀聞其才，請與交。冀行多不軌，軌法也琦數引古今成敗以戒之，冀不能受。迺作外戚箴。其辭曰：赫赫外戚，華寵煌煌。昔在帝舜，德隆英皇。帝舜妃娥皇女英帝堯之女聰明貞仁事舜於畎畝之中事瞽瞍謙讓恭敬思盡婦道也周興三母，列女傳曰太姜者太王之妃賢而有色生太伯仲廱王季化導三子皆成賢德太王有事必諮謀焉太姙者王季之妃端懿誠莊惟德之行及其有身目不視惡色耳不聽惡聲而生文王太姒者文王之妃

號曰文母思媚太姜太姒旦夕勤勞以進婦道文王理外文母理內生十男也有莘崇湯列女傳曰湯娶有莘氏女德高
而明伊尹爲之媵臣佐湯致王訓正後宮嬪御有序咸無嫉妒也宣王晏起姜后脫簪列女傳曰周宣王當
夜臥而晏起姜后乃脫簪珥待罪於永巷使其傅母通言王曰妾不才妾之淫心見矣至使君王失禮而晏朝以見君王樂色而忘
德也敢請婢子之罪王乃勤於政早朝晏罷卒成中興焉齊桓好樂衛姬不音列女傳曰齊桓公好淫樂衛姬
不聽鄭衛之音皆輔主以禮扶君以仁達才進善以義濟身爰暨末葉漸
已頽虧貫魚不敘九御差池易曰貫魚以宮人寵謂王者之御宮人如貫魚之有次敘不偏愛也禮后
夫人已下進御之法云凡天子進御之儀從后而下十五日徧自下始以象月之初生漸進至盛法陰道之義也其法九嬪以下皆
九九而御則女御八十一人爲九夕世婦二十七人爲三夕九嬪爲一夕夫人爲一夕凡十四夕后當一夕故曰十五夕一徧也
晉國之難禍起於麗獻公麗姬也惟家之索牝雞之晨尚書曰牝雞無晨牝雞之晨惟
家之索孔安國注云索盡也雌代雄鳴則家盡婦奪夫政則國亡也專權擅愛顯己蔽人陵長間舊
圮剝至親左傳曰少陵長新間舊言其亂政也圮毀也竝后匹嫡左傳曰辛伯諗周桓公曰竝后匹嫡亂之
本也淫女斃陳陳夏姬通於孔寧儀行父又通於靈公夏姬之子徵舒弒靈公楚伐陳滅之見左傳匪賢是上

番爲司徒詩小雅也番幽王之后親黨也幽王淫色不尚賢德之人寵其后親而以番爲司徒之官苟爵負乘
采食名都易曰負且乘負也者小人之事也乘也者君子之器也以小人而乘君子之器寇必至矣毛詩曰皇父孔聖作
都于向皇甫幽王后之親黨也向邑也以向爲皇父食采邑也詩人是刺德用不憮憮大也音呼謂詩人刺番
爲司徒及皇父都向用其后親黨是以其德不大也暴辛惑婦拒諫自孤暴虐也紂字受德名辛以其暴虐故
曰暴辛惑婦謂惑妲己也紂智足以拒諫祖伊諫紂紂不從自孤謂紂爲獨夫也蝠蛇其心縱毒不辜字書
蝠音福即蝙蝠也此當作蝮音芳福反不辜謂菹梅伯脯鬼侯之類也〔集解〕先謙曰官本蝠作蝎諸父是殺孕子
是刳天怒地忿人謀鬼圖甲子昧爽身首分離王子比干紂之諸父也紂殺之尚書
曰紂刳剔孕婦爲周武王所伐甲子日紂衣其寶衣赴火而死武王乃斬以輕呂之劍也初爲天子後爲人螭
左傳曰螭魅魍魎杜預注云螭山神獸形故以比紂之惡也非但耽色母后尤然不相率以禮
而競獎以權先笑後號卒以辱殘母后不能循用禮法爭競相勸以擅權柄也易曰旅人先笑而
後號咷言初雖恃權埶而笑後競羅禍而號哭也家國泯絕宗廟燒燔末嬉喪夏末嬉桀妃有施
氏女美於色薄於德女子行丈夫心桀嘗置末嬉於膝上聽用其言昏亂失道湯伐之遂死於南巢見列女傳褒姒斃周

周幽王嬖褒姒爲犬戎所殺也妲己亡殷趙靈沙丘趙武靈王以長子章爲太子後得吳娃愛之生子何乃廢
章而立何後自號主父立何爲王吳娃死何愛弛主父憐章北面臣詘於其弟欲分趙王章於代計未決主父及王遊於沙丘宮公
子章以其徒作亂公子成與李兌自國起兵公子章敗往走主父主父開之成兌因圍主父宮章死成兌謀曰以章故圍主父即解
兵吾屬夷矣乃遂圍主父令宮人後出者夷宮中人悉出主父欲出不得飢探雀鷇而食之三月餘死沙丘宮見史記戚姬
人豕呂宗以敗解見皇后紀陳后作巫卒死於外孝武帝陳皇后以巫蠱廢霍欲鴆
子身迺罹廢孝宣帝霍皇后霍光之女欲謀毒太子被廢也故曰無謂我貴天將爾摧無
恃常好色有歇微無怙常幸愛有陵遲無曰我能天人爾違患生
不德福有慎機無德而貴寵者患害之所生也左傳曰無德而祿殃也若慎其機事則有福也日不常中
月盈有虧履道者固仗埶者危微臣司戚敢告在斯琦以言不從
失意復作白鵠賦以爲風風讀曰諷梁冀見之呼琦問曰〔集解〕惠棟曰華嶠書冀知
刺己大怒幽之谷室數月得出傳不載百官外內各有司存天下云云豈獨吾人之
尤君何激刺之過乎琦對曰昔管仲相齊樂聞譏諫之言蕭何佐

漢迺設書過之吏〔集解〕劉攽曰案吏當作史今將軍累世台輔任齊伊公伊尹公
而德政未聞黎元塗炭不能結納貞良以救禍敗反復欲鉗塞士
口杜蔽主聽將使玄黃改色馬鹿異形乎史記趙高欲爲亂恐羣臣不聽乃先設驗持鹿
獻胡亥曰馬也胡亥笑曰丞相誤耶問左右或默或言馬以阿順高或言鹿高因陰中諸言鹿者以法後羣臣畏高高遂作亂也〔集
解〕洪亮吉曰元黃改色亦趙高事鄭注禮記秦二世時趙高欲作亂或以青爲黑黑爲黃民言至今從之賢注失載惠棟曰王伯厚
云注言馬鹿而不言元黃案禮器或素或青夏造殷因注云變白黑言素青者秦二世時趙高欲作亂或以青爲黑黑爲黃民言從
之先謙曰洪不知王說在先蓋偶有未照冀無以對因遣琦歸後除爲臨濟長不敢之
職解印綬去冀遂令刺客陰求殺之客見琦耕於陌上懷書一卷
息輒偃而詠之客哀其志以實告琦曰將軍令吾要子今見君賢
者情懷忍忍忍忍猶不忍也可亟自逃吾亦於此亡矣琦得脫走冀後竟
捕殺之所著賦頌銘誄箴弔論九咨七言凡十五篇〔集解〕惠棟曰經籍志云梁
崔琦集二卷王補曰御覽初學記藝文類聚引崔琦七謁凡六處卽文選劉峻辨命論曹植王仲宣誄王康琚反招隱詩注皆引作

七鐲獨傳作七言殆言鐲音近而訛與當從鐲爲是

邊韶字孝先陳留浚儀人也【集解】惠棟曰陳留風俗傳云邊姓祖于宋平公以文學知名教授數百人韶口辯曾晝日假臥左傳趙盾坐而假寐杜注云不脫衣裳而臥也弟子私謿之曰邊孝先腹便便便音蒲堅反懶讀書但欲眠韶潛聞之應時對曰邊爲姓孝爲字腹便便五經笥但欲眠思經事寐與周公通夢靜與孔子同意師而可謿出何典記謿者大慙韶之才捷皆此類也桓帝時爲臨潁侯相徵拜太中大夫著作東觀【集解】惠棟曰史通云韶與大軍營司馬崔實議郎朱穆曹壽雜作孝穆崇二皇及順烈皇后傳又增外戚傳入安思等后儒林傳入崔篆諸人再遷北地太守入拜尚書令後爲陳相卒官著詩頌碑銘書策凡十五篇【集解】惠棟曰經籍志云梁邊韶集一卷王補曰韶塞賦見藝文類聚七十四御覽七百五十四河激頌見水經七濟水老子銘見隸釋三

文苑列傳第七十上終　後漢書八十上

後漢書集解卷八十上校補

文苑列傳上 案范史總傳多設序論以發揮己意文苑其所創也無序且無論其將以茲事原委與於斯文者莫不自能窮竟耶抑謂風尚所存關一代之運會其間甘苦得失亦惟讀者能自得之也夫謂別集之名東京所創益文滋多於是故傳文苑是一說矣有韻爲文無韻爲筆兩漢文章與漢廷大事故文多筆少因以文苑名篇又一說矣然觀選樓甄錄亦逮序論雕龍所陳眾體畢賅六代言文豈有域也必以有韻爲限則文彊讓太守疏元叔報皇甫書曼山辯和同論曷爲並隸斯傳知乃詩賦百六班志先已分家一體勢之觀區以別矣以別集爲斷亦隋書之籗言耳惟是標舉一事自爲篇翰殊經傳異子史有所造述悉謂之文則昭明之所已言無以易焉然而其在前世崇禮官考文章雖已昉於武宣而侍從之臣及公卿大臣奏御而外不關史職若後漢文苑所列多爲東觀著作之才固不可以無傳又自光武以詔孝靈免杜篤之刑圖高彪之像其間崇獎亦略見梗概終以禰衡不屈雖不載其文而讀鸚鵡賦覺建安之嬋娛六代之靡敝莫之能涸也無亦東漢氣節之重有以爲之質乎夫察變成化文之所係大矣概曰文人無足觀誣也

杜篤傳卽日車駕策由一卒 案文卽上亦應有或字高帝非自蜀漢出卽都關中則二語自另爲一事也

推天時順斗極注言順斗建及北極之星運轉而行也 官本注作言順斗建及斗極北星運轉而行也案文選長楊賦注引服虔曰隨天斗極運轉也又引雒書曰聖人受命必順斗極所謂斗極者本卽謂北斗爲極故孝經援神契云德及于天則斗極明淮南子亦云夫乘舟而惑者不知東西見斗極則曉然而悟矣爾雅釋天北極謂之北辰邢疏云極中也辰時也居天之中人望之在北因名北極斗杓所建以正四時故云北辰是仍謂北極卽斗極釋地北戴斗極爲空桐邢疏云斗北斗也極者中宮天極星其一明者泰一之常居也以其居天之中故謂之極極中也北斗拱極故云斗極則又分斗與極爲二乃與章懷說合

入函谷注函谷故關在今洛州新安縣也 唐新安今河南府新安縣治

喟然以思諸夏之隆 官本然作乎

瘞后土注后土祠在今蒲州汾陰縣北也 唐汾陰在今蒲州府榮河縣北

蹈滄海跨崑崙注乘崑崙 官本注乘作標與文選合前書作票

探冒頓之罪注孤僨之君 至 孤僨獨居 官本注僨皆作憤案前書匈奴傳注引如淳曰僨仆也作憤非

戕鬻鷫注鬻音子期反官本注子誤于

鐇钁株林注鐇推也官本注推作椎是

北據谷口注谷口在今雲陽縣唐雲陽在今西安府涇陽縣北三十里

杜口絕津注絕黃河之津官本注之作中

肇有十二錢大昭曰案文當作肇十有二

荷天人之符注謂彊華自關中持赤伏符也官本注脫伏字案循吏傳王景作金人論頌洛邑之美天人之符符對美言謂天與人歸相符合也注乃以赤伏符釋之言天而遺人符符又相捉語殊未晾

命騰太白親發狼弧案史記天官書候在太白占於狼弧謂秦之疆也篤美西都故特舉此注亦未晾南

禽公孫北背彊胡錢大昭曰閩本無此二句非今案光武征公孫述降盧芳均在平隴冀據洛都之後此二句反在前頗嫌倒置且蜀亦非南也下旣云鄘平帝宇則埽蕩羣雄可以包括本無待分疏又南北西東並言反與後文東南殊俗西北絕域犯複損之固非不可閩本亦未可輕議矣

又著明世論十五篇集解王補曰至御覽七百八引篤通邊論柳從辰曰御覽作邊論無通字

王隆傳爲新汲令注新汲縣屬潁川郡故城在今許州扶溝縣西官本注末有也字漢新汲今陳州府扶溝縣西南二十里唐扶溝今陳州府扶溝縣治

清我濯溉注而以清泉洗濯我也官本洗作溉

沛國史岑字子孝集解周壽昌曰至非也案周氏此條全與侯康補注續同侯氏非也下尙有康又攷史通云孟堅勒成漢書亦云備矣其間若薄昭揚僕顏駟史岑之徒其事所以見遺者蓋略小而存大耳則子孝竟是前漢人故范史亦云王莽末不云建武初特以前書無傳故附著之耳

傅毅傳二迹阿衡注阿倚衡平也至高宗命傅說曰爾尙明保予注高宗原譌高祖保予原脫予字均依唐注疏本尙書正官本注不誤今案注釋阿衡二字本鄭君長發詩箋之說僞孔因之史記殷本紀則固以阿衡爲伊尹名也今說命三篇非漢世所有注引誤並詳卷二十二校補

奕世載德注易曰積德載官本注積德作德積是

徂年如流注言其速也官本注無此四字

密勿朝夕注毛詩曰密勿從事毛當作韓官本注不誤

班固爲中護軍錢大昭曰前書有護軍都尉附屬大司馬平帝元始元年更名護軍中護軍之官始見于此漢季又有中領軍矣案固爲竇憲中護軍前已見班彪傳

黃香傳遂博學經典案此句上當有脫文蓋盡心奉養下必接敘其父事奉養乃有所屬亦必有所藉乃得博學經典也

先人餘福注謝承書官本注承作丞今案二字雖可通作而人名不可易作丞非

田令集解惠棟曰漢有田律案田律不可卽據爲田令錢大昭氏疑本甲令之譌所見甚是前書敘傳述景紀云匪怠匪荒務在農桑著于甲令民用寧康顏注甲令卽景紀令甲也

數月卒於家集解惠棟曰至在房陵東者是也柳從辰曰查一統志香墓在今孝感縣東四十里寰宇記云屬皇山有魏郡太守黃香墓又一統志禹州東北孝山上有黃香墓又湖北通志香墓在今德安府城內府署東據此香有五墓常熟梅里一墓惠氏已駁之尙有四墓辰案南宋之房陵今鄖陽府房陵縣治傳言香卒於家房陵非香家也考漢之安陸卽今德安府治當以湖北通志爲是

劉珍傳連珠侯康曰珍之連珠劉勰謂欲穿明珠多貫魚目蓋非傑構

葛龔傳拜蕩陰令注蕩陰縣名今相州縣也蕩陰屬河內郡今彰德府湯陰縣治

著文賦碑誄書記凡二十篇官本二十作十二

崔琦傳荷爵負乘注寇必至矣官本注矣作也

末嬉喪夏注湯伐之遂死於南巢官本注作湯遂放桀於南巢

霍欲鴆子身廼罹廢注欲謀毒太子被廢也官本注末無也字

任齊伊公注伊尹公案注公上明脫周字

反復欲鉗塞士口案文反當作乃

邊韶傳後爲陳相據隸釋在延熹八年八月卒官柳從辰曰一統志韶墓在今杞縣東三里著詩頌

碑銘書策凡十五篇集解王補曰至御覽七百五十四案御覽七百五十四引邊韶塞賦序塞乃博塞也

文苑列傳第七十下　後漢書八十下

宋　宣城太守范曄撰

唐　章懷太子賢注

王先謙集解

張升字彥眞，陳留尉氏人，富平侯放之孫也。放湯六代孫也。集解洪亮吉曰：案升傳升以黨錮事誅，年四十九，以升始生年計之，放卒已一百三十餘年，放子純孫奮皆顯名於建武中，與升相去甚遠。又前史言張湯後三徙復還杜陵，純傳亦言杜陵人，升居陳留尉氏，里居亦不同，范言升放之孫，未識何據也。案放四世孫結嗣侯，以永初二年卒，亦在升前。李賡芸曰：孫上疑有脫字。升少好學，多關覽，而任情不羈，關涉也。不羈謂超絕等倫，不可羈束也。鄒陽上書曰：使不羈之士與牛驥同皁。其意相合者，則傾身交結，不問窮賤；如乖其志好者，雖王公大人，終不屈從。杜預注左傳曰：大人謂在位者也。常歎曰：「死生有命，富貴在天。其有知我，雖胡越可親；苟不相識，從物何益？」前書鄒陽上書曰：意合則胡越爲兄弟也。仕郡爲綱紀，以能出守外黃令。吏有受賕者，即論殺之。或譏升守領一時，何足趣明威戮乎？趣，急也，讀曰促。對曰：「昔仲尼暫相，誅齊之侏儒，手足異門而出，故能威震強國，反其侵地。侏儒，短人，能爲俳優也。穀梁傳曰：魯定公與齊侯會于頰谷，兩君就壇，兩相相揖，齊人鼓譟而起，欲以執魯君。孔子歷階而上，不盡一等，曰：兩君合好，夷狄之人何爲來？齊侯逡巡而謝曰：寡人之過也。罷會，齊人使優施舞于魯君之幕下。孔子曰：笑國君者罪當死。使司馬行法焉，首足異門而出。齊人乃歸魯鄆、讙、龜陰之田。集解先謙曰：手字誤，當依注作首。君子仕不爲己，職思其憂，詩唐風曰：無以太康，職思其憂。職，主也。君子之居位，當思盡忠，不爲己身。豈以久近而異其度哉？」遇黨錮去官，後竟見誅，年四十九。著賦、誄、頌、碑、書，凡六十篇。集解惠棟曰：經籍志云梁張升集二卷，錄一卷。

趙壹字元叔，漢陽西縣人也。體貌魁梧，魁梧，壯大之貌。身長九尺，美須豪眉，望之甚偉。而恃才倨傲，爲鄉黨所擯，擯，斥也。集解惠棟曰：文士傳云壹肩高二尺，高自抗竦，爲鄉黨所擯。今集中有解擯賦。後屢抵罪，幾至死，友人救得免。壹迺貽書謝恩曰：「昔原大夫贖桑下絕氣，傳稱其仁；原大夫謂趙衰之子盾，謚曰宣。呂氏春秋曰：趙宣孟將之絳，見骫桑之下有臥餓人，宣孟與脯二朐，拜受之，不敢食。問其故，曰：臣有母，持以遺之。宣孟更賜之脯二束，遂去。贖即續也。骫，古委字也。秦越人還虢太子結脈，世著其神。扁鵲姓秦名越人，過虢，虢太子死，扁鵲曰：臣能生之。若太子病所謂尸蹷也。乃使弟子子陽厲鍼砥石，以取三陽五會，有閒，太子蘇。見史記。設曩之二人不遭仁遇神，則結絕之氣竭矣。然而犗脯出乎車軨，說文：軨，車轄閒橫木。鍼石運乎手爪。古者以砭石爲鍼，凡鍼之法，右手象天，左手法地，彈而怒之，搔而下之，此運手爪也。砭音必廉反。集解洪頤煊曰：說文砭以石刺病也。山海經高氏之山多鍼石，郭注：可以爲砭鍼。左傳美疢不如惡石，服虔注：石，砭石也。古法沿病灼石鍼以灸之，後世專用艾，而砭石之法亡矣。今所賴者，非直車軨之犗脯，手爪之鍼石也。迺收之於斗極，還之於司命，禮記曰：祭司命。鄭玄注云：文昌中星也。集解惠棟曰：禮記云王立七祀，曰司命。鄭元云：司命主督察三命者。王逸云：司命御持萬民死生之命也。李善云：史記扁鵲云疾在骨髓，雖司命無奈之何。東方朔云：司命之神總鬼錄者。使乾皮復含血，枯骨復被肉，允所謂遭仁遇神，眞所▢宜傳而著之。余畏禁不敢班班顯言，班班，明貌。竊爲窮鳥賦一篇。」其辭曰：

有一窮鳥，戢翼原野。罼網加上，機穽在下，禮記曰：羅網畢翳。鄭玄注云：小而柄長謂之罼。機，捕獸機檻也。穽，穿地陷獸。前見蒼隼，後見驅者，集解惠棟曰：見，集作遇。繳彈張右，繳以縷係箭而射者也。羿子彀左，羿子謂羿也。淮南子曰：堯時十日並出，命羿仰射十日，中其九，烏皆死，墮其羽翼。彀，引弓也。集解惠棟曰：羿子，集作羿弓。飛丸激矢，交集于我。思飛不得，欲鳴不可，舉頭畏觸，搖足恐墮。內獨怖急，乍冰乍火。幸賴大賢，我矜我憐，昔濟我南，今振我西。西協韻音先。鳥也雖頑，猶識密恩，內以書心，外用告天。天乎祚賢，歸賢永年，且公且侯，子子孫孫。

又作刺世疾邪賦，以舒其怨憤。曰：

伊五帝之不同禮，三王亦又不同樂，數極自然變化，非是故相反駮。禮記曰：五帝殊時，不相沿樂；三王異代，不相襲禮。樂極則憂，禮粗則偏矣。德政不能救世溷亂，賞罰豈足懲時淸濁？春秋時禍敗之始，戰國愈復增其荼毒。尙書曰：罹其凶害，不忍荼毒。孔注云：荼毒，苦也。秦漢無以相踰越，迺更加其怨酷。寧計生民之命，唯利己而自足。于茲迄今，情僞萬方。佞諂日熾，剛克消亡。舐痔結駟，正色徒行。莊子曰：宋有曹商者，爲宋王使秦，秦王悅之，益車百乘。見莊子，莊子曰：秦王有病召醫，舐痔者得車五乘，子豈舐痔邪？何得車之多乎？嫗㚹名埶，撫拍豪強。嫗㚹猶傴僂也。嫗音衣宇反，㚹音丘矩反。撫拍，相親狎也。集解惠棟曰：爾雅云矜憐撫掩之也郭璞云撫掩猶撫拍謂慰卹也偃蹇反俗立致咎殃偃蹇驕敖也捷懾逐物日富月昌捷疾也懾懼也急懼逐物則致富昌渾然同惑孰溫孰涼邪夫顯進直士幽藏原斯瘼之幽興〔集解〕先謙曰官本幽作攸是實執政之匪賢女謁掩其視聽兮近習秉其威權所好則鑽皮出其毛羽所惡則洗垢求其瘢痕雖欲竭誠而盡忠路絕嶮而靡緣九重既不可啟又羣吠之狺狺楚辭曰豈不思夫君兮君之門以九重猛犬狺狺以迎吠關梁閉而不通狺音銀安危亡於旦夕肆嗜慾於目前奚異涉海之失柂積薪而待燃柂可以正船也音徒我反前書賈誼曰措火積薪之下而寢於上火未及然而謂之安當今之埶何以異此榮納由於閃揄孰知辨其蚩妍閃揄頋佞之貌也行傾佞者則享榮寵而見納用揄音輸〔集解〕錢大昕曰案閃揄猶言陝輸曹大家女誡云動靜輕脫視聽陝輸注陝輸不定貌也集韻作陝揄從手旁惠棟曰釋名蚩癡也聲類云蚩騃也廣雅云妍好也說文云妍慧也故法禁屈撓於埶族恩澤不逮於單門〔集解〕惠棟曰單門猶孤門論衡云宂細族孤門是也盍飢寒於堯舜之荒歲兮不飽暖於當今之豐年乘理雖死而非亡違義雖生

而匪存有秦客者迺爲詩曰河清不可俟人命不可延左傳曰俟河之清人壽幾何言人壽促河清遲也順風激靡草富貴者稱賢文籍雖滿腹不如一囊錢伊優北堂上抗髒倚門邊伊優屈曲佞媚之貌抗髒高亢婞直之貌也佞媚者見親故昇堂婞直者見棄故倚門髒音葬魯生聞此辭繫而作歌曰秦客魯生皆寓言也埶家多所宜咳唾自成珠被褐懷金玉蘭蕙化爲芻老子曰被褐懷玉言處卑賤而懷德義也楚辭曰蘭芷變而不芳荃蕙化而爲茅也賢者雖獨悟所困在羣愚且各守爾分勿復空馳驅哀哉復哀哉此是命矣夫光和元年舉郡上計到京師是時司徒袁逢受計〔集解〕惠棟曰文士傳云袁陽案逢字周陽舉其字也洪頤煊曰靈帝紀光和元年二月光祿勳袁滂爲司徒冬十月屯騎校尉袁逢爲司空二年三月司徒袁滂免大鴻臚劉郃爲司徒司空袁逢罷元年受計者非袁逢也計吏數百人皆拜伏庭中莫敢仰視壹獨長揖而已〔集解〕惠棟曰周禮九㩦鄭司農云肅拜但俯下手今時撎是也逢望而異之令左右往讓之曰下郡計吏而揖三公何也對曰昔酈食其長揖漢王今揖三公何遽怪哉前書酈食其初見高祖長揖不拜因說高祖高祖引之上坐左傳曰豈不遽止杜預注曰遽畏也〔集解〕周壽昌曰案此遽字引杜訓畏作何畏怪哉不成語玉篇遽急也卒也禮遽數之不能終其物左傳公遽見之皆作急卒解又本書劉寬傳未嘗疾言遽色亦言急色也官本注畏也作異也然案左傳杜注遽畏懼也實不作異異則畏之譌也此本尚是舊注逢則斂衽下堂執其手延置上坐因問西方事大悅顧謂坐中曰此人漢陽趙元叔也朝臣莫有過之者吾請爲諸君分坐分坐別坐也坐者皆屬觀既出往造河南尹羊陟不得見壹以公卿中非陟無足以託名者迺日往到門陟自強許通陟意未許通壹以壹數至門故自勉強許通之尚臥未起壹逕入上堂遂前臨之曰竊伏西州承高風舊矣前書雋不疑見暴勝之曰竊伏海濱承暴公子舊矣舊久也迺今方遇而忽然謂死也奈何命也因舉聲哭門下驚皆奔入滿側陟知其非常人迺起延與語大奇之謂曰子出矣陟明旦大從車騎奉謁造壹奉謁通名也時諸計吏多盛飾車馬帷幙而壹獨柴車草屏韓詩外傳曰周子高對齊景公曰臣賴君之賜疏食惡肉可得而食駑馬柴車可得而乘柴車弊惡之車也露宿其傍延陟前坐

於車下左右莫不歎愕陟遂與言談至熏夕極歡而去執其手曰良璞不剖必有泣血以相明者矣琴操曰卞和得玉璞以獻楚懷王使樂正子占之言非玉以其欺謾斬其一足懷王死子平王立和復抱其璞而獻之平王復以爲欺斬其一足平王死和復獻恐復見斷乃抱其玉而哭荊山之中晝夜不止泣盡繼之以血陟迺與袁逢共稱薦之名動京師士大夫想望其風采及西還道經弘農過候太守皇甫規門者不卽通壹遂遁去門吏懼以白之規聞壹名大驚迺追書謝曰蹉跌不面企德懷風虛心委質爲日久矣側聞仁者愍其區區〔集解〕惠棟曰廣雅云區區愛也冀承清誨以釋遙悚今旦外白有一尉兩計吏不道屈尊門下尊謂壹也敬之故號爲尊更啟迺知已去如印綬可投夜豈待旦惟君明叡平其夙心寧當慢傲加於所天平恕也敬壹故謂爲所天〔集解〕蘇輿曰漢世推敬每多踰分如荀爽貽李膺書有久廢過庭及陟岵瞻望等語亦此類也事在悖惑不足具責倘可原察追修前好則何福如之謹遣主簿奉書下筆氣結汗流竟趾壹報曰君學成師範縉紳

歸慕仰高希驥歷年滋多詩曰高山仰止景行行止法言曰希驥之馬亦驥之乘希顏之人亦顏之徒希慕也旋轅兼道渴於言侍沐浴晨興昧旦守門實望仁兄昭其懸遲懸心遲仰之集解劉攽曰正文仁兄案二漢未嘗相呼為仁兄且壹與皇甫未嘗相接何兄之稱劉表與袁譚言呼之仁君此下文亦有仁君作君字是周壽昌曰案傳稱壹恃才倨傲則對規言何不可兄之有況此係報規書規稱之為所天則報稱仁兄所以親之也後稱仁君所以明其分也不過仁兄二字於文字此僅見必謂兩漢未嘗相呼恐未必然蜀志馬良傳良稱諸葛丞相為尊兄亦距漢末不遠以貴下賤握髮垂接易曰以貴下賤大得民也史記曰周公一沐三握髮以接天下之士集解惠棟曰易象辭高可敷翫墳典起發聖意下則抗論當世消弭時災豈悟君子自生怠倦失恂恂善誘之德同亡國驕惰之志論語曰夫子恂恂然善誘人恂恂恭順貌蓋見機而作不俟終日易繫辭曰君子見幾而作不俟終日是以夙退自引畏使君勞詩曰大夫夙退無使君勞蓋斷章以取義昔人或歷說而不遇或思士而無從皆歸之於天不尤於物歷說謂孔子也論語孔子曰不怨天不尤人下學而上達知我者其天乎馬融注云孔子不用於時而不怨天人不己知亦不尤人也思士謂孟軻也孟軻欲見魯平公臧倉譖之孟軻曰余之不遇魯侯天也臧

氏之子焉能使余不遇哉見孟子今壹自譴而已豈敢有猜仁君忽一匹夫於德何損而遠辱手筆追路相尋誠足愧也壹之區區曷云量已其嗟可去謝也可食曷何也言區區之心不量己而至君門禮記曰齊大飢黔敖為食於路以待餓者有蒙袂輯屨貿貿而來曰嗟來食曰余唯不食嗟來之食以至於斯從而謝之不食而死仲尼曰其嗟也可去其謝也可食誠則頑薄實識其趣但關節疾動膝灸壞潰人有四關十二節請俟它日迺奉其情輒誦來貺永以自慰遂去不顧州郡爭致禮命十辟公府並不就終於家初袁逢使善相者相壹云仕不過郡吏竟如其言著賦頌箴誄書論及雜文十六篇集解惠棟曰經籍志云梁趙壹集二卷錄一卷王補曰壹有非草書見御覽六百五七百四十九法書要錄一

劉梁字曼山一名岑東平寧陽人也寧陽縣故城在今兗州龔丘縣南集解何焯曰魏志注中作一名恭先謙曰甯陽注見虞詡傳梁宗室子孫而少孤貧賣書於市以自資常疾世多利交以邪曲相黨迺著破羣論時之覽者以為仲尼作春秋亂臣知懼孟子曰孔子成春秋亂臣賊子懼也今此論之作俗士豈不愧心其文不存又著辯和同之論其辭曰夫事有違而得道有順而失義有愛而為害有惡而為美其故何乎蓋明智之所得闇偽之所失也是以君子之於事也無適無莫必考之以義焉論語曰君子之於天下也無適也無莫也義之與比集解惠棟曰鄭氏莫音慕無所貪慕也適讀為敵得由和興失由同起故以可濟否謂之和好惡不殊謂之同春秋傳曰和如羹焉酸苦以劑其味左傳劑作齊爾雅曰劑翦齊也音子隨反今人相傳劑音在計反集解周壽昌曰案注劑作齊是也而引翦斷義不與本文合案周禮人凡齊事鬻鹽以待戒令注齊事和五味之事禮少儀凡羞有湆者不以齊注齊和也前書藝文志百藥齊和注與劑同君子食之以平其心同如水焉若以水濟水誰能食之琴瑟之專一誰能聽之左傳晏子對齊景公辭也是以君子之行周而不比和而不同忠信為周阿黨為比以救過為正以匡惡為忠經曰將順其美匡救其惡則上下和睦能相親也昔楚恭王有疾召其大夫曰不穀不德少主社稷楚恭王名審左傳楚王曰生十年而喪先君故曰少主社稷失先君之緒覆楚國之師緒業也謂鄢陵之戰

為晉所敗不穀之罪也若以宗廟之靈得保首領以歿請為靈若厲大夫許諸謚法亂而不損曰靈殺戮不辜曰厲左傳曰大夫擇焉莫對及五命乃許之諸之也及其卒也子囊曰不然子囊楚令尹名也夫事君者從其善不從其過赫赫楚國而君臨之撫正南海訓及諸夏其寵大矣寵榮也有是寵也而知其過可不謂恭乎大夫從之謚法既過能改曰恭案此楚語之文此違而得道者也及靈王驕淫暴虐無度芊尹申亥從王之欲以殯於乾谿殉之二女此順而失義者也國語楚靈王子圍為章華之臺伍舉對曰君為此臺國人罷焉財用盡焉年穀敗焉數年乃成左傳芊尹申亥申無宇之子也乾谿之役申亥曰吾父再干王命王不誅惠孰大焉乃求王遇諸棘闈以王歸王縊申亥以其二女殉而葬之也集解劉攽曰注楚靈王子圍案文多一子字鄢陵之役晉楚對戰陽穀獻酒子反以斃此愛而害之者也淮南子曰楚恭王與晉人戰於鄢陵戰酣恭王傷司馬子反渴而求飲豎陽穀奉酒而進之子反之為人也嗜酒而甘之不能絕於口遂醉而臥恭王欲復戰使人召子反子反辭以疾王駕而往之入幄中而聞酒臭恭王大怒斬子

反以爲戮集解惠棟曰淮南子云豎陽穀之進酒也非欲禍子反也誠愛而欲快之也而適足以殺之此所謂欲利之而反害之者也高誘云豎小使也陽穀其名臧武仲曰孟孫之惡我藥石也季孫之愛我美疢也疢毒滋厚石猶生我此惡而爲美者也武仲臧孫紇也左傳孟孫死臧子入哭甚哀多涕出其御曰孟孫之惡子也而哀如是季孫若死其若之何臧孫曰季孫之愛我疾疢也孟孫之惡我藥石也美疢不如惡石夫石猶生我疢之美其毒滋多言石能除已疾也集解惠棟曰戰國策云扁鵲怒而投其石高誘云石砭所以砭彈人癰腫也孔子曰智之難也有臧武仲之智而不容於魯國抑有由也作而不順施而不恕矣季武子無適子公彌長悼子少武子愛悼子欲立之訪於申豐曰不可訪於臧紇曰飲我酒吾爲子立之季氏飲大夫酒臧紇爲客既獻臧孫命北面重席新罇絜之召悼子降逆之大夫皆起悼子乃立季氏以公彌爲馬正其後公彌立孟孫爲與其構臧紇於季氏臧紇奔齊齊侯將與臧紇田臧孫聞之見齊侯與之言伐晉對曰多則多矣抑君似鼠鼠晝伏夜動不穴於寢廟畏人故也今君聞晉之亂而後作焉寧將事之非鼠如何乃不與田注曰紇知齊侯將敗不欲受其邑故以比鼠欲使怒而止也見左傳集解先謙曰官本矣作也是蓋善其知義譏其違道也夫知而違之僞也不知而失之闇也闇與僞焉其患一也患之所在非徒在智之

不及又在及而違之者矣故曰智及之仁不能守之雖得之必失之也論語之文夏書曰念茲在茲庶事恕施忠智之謂矣茲此也念此事也在此身也言行事當常念如在己身也庶眾也言眾事恕己而施行斯可謂忠而有智矣集解惠棟曰所引夏書本左傳非今所有大禹謨也庶事今左傳作順事故君子之行動則思義不爲利回不爲義疚左傳曰君子動則思禮行則思義不爲利回不爲義疚杜預注云回邪也疚病也進退周旋唯道是務苟失其道則兄弟不阿苟得其義雖仇讎不廢故解狐蒙祁奚之薦二叔被周公之害左傳曰晉祁奚請老晉侯問嗣焉稱解狐其讎也勃鞮以逆文爲成勃鞮晉寺人名披左傳晉獻公使寺人披伐公子重耳於蒲披斬其袪及文公歸國呂甥郤芮將焚公宮而殺文公寺人披以呂郤之難告之言初雖逆文公後竟成之也傅瑕以順厲爲敗左傳言鄭厲公爲祭仲所逐後侵鄭及大陵獲鄭大夫傅瑕傅瑕曰苟舍我吾請納子厲公與之盟而赦之傅瑕殺鄭子而納厲公遂殺傅瑕也集解先謙曰遂上當更有厲公二字管蘇以憎忤取進申侯以愛從見退考之以義也新序曰楚恭王有疾告諸大夫曰管蘇犯我以義違我以禮與處不安不見不思然而有得焉吾死之後爵之於朝申侯伯順吾所欲行吾所樂與處則安不見則思然未嘗有得焉必速遣之故曰不在逆順以義爲斷不在憎愛以道爲貴禮記曰愛而知其惡憎而知其善考義之謂也桓帝時舉孝廉除北新城長北新城屬涿縣告縣人曰昔文翁在蜀道著巴漢前書文翁爲蜀郡太守與起學校比於魯衞也集解惠棟曰注比於魯衞依前書魯當作齊魯庚桑瑣隸風移碨磥瑣碎也莊子曰老聃之後有庚桑楚者偏得老聃之道以北居碨磥之山居三年碨磥大穰碨壘之人相與言曰庚桑子之始來吾洒然異之今吾日計之不足歲計之有餘庶幾其聖人乎碨音猥磥音盧罪反集解錢大昕曰碨磥即畏壘也史記云畏累虛亢桑子之屬皆空語崔譔注莊子本作壘俗作累又加石旁耳說文作鍡鑸吾雖小宰猶有社稷論語曰子路將使子羔爲費宰曰有民人焉有社稷焉苟赴期會理文墨豈本志乎乃更大作講舍延聚生徒數百人朝夕自往勸誡身執經卷試策殿最儒化大行此邑至後猶稱其教焉特召入拜尚書郎累遷後爲野王令未行光和中病卒集解惠棟曰經籍志云梁劉梁集二卷錄一卷隋三卷王補曰梁七舉零句雜見文選注藝文類聚御覽書鈔無一完篇孫楨亦以文才知名魏志楨字公幹爲司空軍謀祭酒五官郎將文學與徐幹陳琳阮瑀應瑒俱以文章知名轉爲平原侯庶子

邊讓字文禮陳留浚儀人也少辯博能屬文作章華賦雖多淫麗之辭而終之以正亦如相如之諷也章華臺解見馮衍傳楊雄曰辭人之賦麗以淫司馬相如作上林賦發倉廩以救貧窮補不足恤鰥寡存孤獨出德號省刑罰此爲諷也集解惠棟曰魏脩云汝陽郡汝陽縣有章華臺水經注云臺高十丈基廣十五丈其辭曰楚靈王既遊雲夢之澤息於荊臺之上前方淮之水左洞庭之波洞庭湖在今岳州西南右顧彭蠡之隩南眺巫山之阿說苑曰楚昭王欲之荊臺遊司馬子綦進諫曰荊臺之遊左洞庭之波右彭蠡之水南望獵山下臨方淮其地使人遺老而忘死也王不可遊也巫山在夔州巫山縣東延目廣望騁觀終日顧謂左史倚相曰盛哉斯樂可以遺老而忘死也說苑此並司馬子綦諫昭王之言於是遂作章華之臺築乾谿之室史記曰靈王次於乾谿樂乾谿不能去窮木土之技單珍府之實舉國營之數年乃成技巧也單盡也國語楚靈王爲章華之臺與伍舉升焉曰臺美夫對曰國君安人以爲樂今君爲此臺也國人罷焉財用盡焉年穀敗焉百姓煩焉軍國苦之數年乃成設長夜之淫宴作北里之新聲史記曰紂爲酒池肉林使男女倮而相逐其閒爲長夜之飲使師涓作新聲北里之舞靡靡之樂也於是伍舉知夫

陳蔡之將生謀也陳蔡二國先爲楚所滅也集解惠棟曰子干弒靈王依陳蔡以入楚故曰生謀也迺作斯賦㠯諷之冑高陽之苗胤兮承聖祖之洪澤冑胤也高陽帝顓頊也帝系曰顓頊娶於滕隍氏女而生老童是爲楚先楚辭曰帝高陽之苗裔兮建列藩於南楚兮等威靈於二伯老童之後鬻熊事周文王早卒至孫熊繹周成王時封於楚其後子孫隆盛與齊晉彊二伯齊桓晉文也集解劉攽曰注與齊晉彊案文少一爭字超有商之大彭兮越隆周之兩虢國語曰商伯大彭豕韋左傳曰虢仲虢叔王季之穆也達皇佐之高勳兮馳仁聲之顯赫皇佐謂鬻熊佐文王也左傳曰楚自克庸以來其君無日不討國人而訓之于人生之不易禍至之無日戒懼之不可以怠此馳仁聲也集解王補曰文選曹植贈丁儀王粲詩注馳作飛惠風春施神馳電斷華夏肅清五服攸亂謂靈王承先世仁惠之風如春普施神武威稜如電雷之斷決也五服甸侯綏要荒也亂理也集解先謙曰官本馳作武是旦垂精於萬機兮夕回輦於門館設長夜之歡飲兮展中情之嬿婉嬿安也婉美也婉協韻音於願反竭四海之妙珍兮盡人生之祕玩爾迺攜窈窕從好仇窈窕幽閑也仇匹也毛詩曰窈窕淑女君子好仇集解惠棟曰韓詩云窈窕貞專貌又詩云君子好逑陸德明云本亦作仇鄭箋怨耦曰仇徑肉林

登糟丘史記紂作糟丘酒池懸肉以爲林也蘭肴山竦椒酒淵流蘭肴芳若蘭也椒酒置椒酒中也楚詞曰蕙肴兮蘭籍桂酒兮椒漿激玄醴於清池兮靡微風而行舟登瑤臺㠯回望兮冀彌日而消憂彌終也楚詞曰望瑤臺而偃蹇於是招宓妃命湘娥宓妃洛水之神女也湘娥堯之二女娥皇女英湘水之神也齊倡列鄭女羅楚辭曰二八齊容起鄭舞揚激楚之清宮兮展新聲而長歌激楚曲名也淮南子曰激楚結風繁手超於北里妙舞麗於陽阿左傳曰繁手慆聲淫堙心耳乃忘和平陽阿解見馬融傳集解先謙曰官本慆作淫淫作滔金石類聚絲竹羣兮被輕袿曳華文方言曰袿謂之裾釋名曰婦人上服謂之袿羅衣飄颻組綺繽紛組綬也綺綾也縱輕軀㠯迅赴若孤鵠之失羣集解王補曰文選洛神賦注孤作離振華袂㠯透迤若遊龍之登雲於是歡嬿既洽長夜向半琴瑟易調繁手改彈清聲發而響激微音逝而流散振弱支而紆繞兮若綠繁之垂幹忽飄颻㠯輕逝兮集解王補曰文選陸機日出東南隅行注作飄然似鸞飛於天漢舞無常態鼓無定節尋聲響應修短靡跌跌蹉也長袖奮而生風清

氣激而繞結歌聲激發縈繞纏結爾迺妍媚遞進巧弄相加俯仰異容忽兮神化化協韻音花體迅輕鴻榮曜春華進如浮雲退如激波雖復柳惠能不咨嗟柳下惠展季也家語曰柳下惠嫗不逮門之女國人不稱其亂言其貞也於是天河既回淫樂未終集解王補曰文選謝惠連詠牛女詩注回作迴淫作歡清籥發徵激楚揚風籥如笛六孔於是音氣發於絲竹兮飛響軼於雲中比目應節而雙躍兮比目魚一名鰈一名王餘不比不行江東呼爲板魚韓詩外傳伯牙鼓琴游魚出聽集解周壽昌曰官本注板魚作扳魚案爾雅郭注亦曰版魚初學記引臨海異物志云南越謂之板魚是扳字爲傳寫之誤也孤雌感聲而鳴雄枚乘七發曰暮則羈雌迷鳥宿焉羈雌孤雌也美繁手之輕妙兮嘉新聲之彌隆於是衆變已盡羣樂既考考成也歸乎生風之廣夏兮修黃軒之要道黃帝軒轅氏得房中之術於玄女握固吸氣還精補腦可以長生說苑雍門周說孟嘗君曰廣夏邃房下羅帷來清風攜西子之弱腕兮援毛嬙之素肘西子西施也越絕書曰越王句踐得採薪二女西施鄭旦以獻吳王毛嬙也莊子曰毛嬙麗姬人之美者集解先謙曰官本有正文形便娟以嬋媛兮若流風之靡草十三字注淮南子曰今舞者便娟若秋葯被風葯白芷也十八字此脫

美儀操之姣麗兮集解惠棟曰呂氏春秋云公姣且麗忽遺生而忘老爾迺清夜晨妙技單收尊俎徹鼓盤張衡七盤賦曰歷七盤而屣躡也惆焉若醒撫劍而歎醒酒病也慮理國之須才悟稼穡之艱難美呂尙之佐周善管仲之輔桓將超世而作理焉沇湎於此歡於是罷女樂墮瑤臺思夏禹之卑宮慕有虞之土階墨子曰虞舜土階三尺茅茨不翦舉英奇於仄陋拔髦秀於蓬萊蓬蒿草萊之閒也爾雅曰髦俊也君明哲㠯知人官隨任而處能能協韻音乃來反百揆時敘庶績咸熙諸侯慕義不召同期尙書武王伐紂八百諸侯不期而至繼高陽之絕軌崇成莊之洪基史記楚成王布德施惠結舊好於諸侯使人獻於天子莊王成王孫也納伍舉蘇縱之諫罷淫樂聽國政所誅數百人所進數百人國人大悅雖齊桓之一匡豈足方於大持穀梁傳曰齊桓公爲陽穀之會一匡天下匡正也爾迺育之㠯仁臨之㠯明致虔報於鬼神盡肅恭乎上京言楚尊事周室馳湻化於黎元永歷世而太平大將軍何進聞讓才名欲辟命之恐不至詭㠯軍事徵召既到署令史續漢志曰大將

軍下有令史及御史屬三十一人進㠯禮見之讓善占謝集解先謙曰官本謝作射是能辭對時賓客滿堂莫不羨其風集解惠棟曰魚豢典略云讓占對閑敏聲氣如流坐席賓客有百數皆高慕之府掾孔融王朗竝修刺候焉朗字景興魏志有傳集解惠棟曰文士傳云讓出就曹時融朗等竝前爲掾共書刺候讓讓平衡與交接議郎蔡邕深敬之㠯爲讓宜處高任迺薦於何進集解顧炎武曰蔡邕傳謂邕亡命江海積十二年中平六年靈帝崩董卓爲司空辟之稱疾不就卓切敕州郡舉邕詣府邕不得已到署祭酒而文苑傳有議郎蔡邕薦邊讓於大將軍何進一書按中平元年黃巾起以何進爲大將軍正邕亡命之時無緣得奏記薦人也惠棟曰此書載邕集中末云邕寢羸匍匐拜寄不敢須通則邕未嘗親奉書也邕雖亡命傳稱其往來太山羊氏不必專在吳會薦賢爲國寓書於進亦無不可顧氏以爲無緣薦人過矣曰伏惟幕府初開博選清英華髮舊德竝爲元龜華髮白首也元龜所以知吉凶尚書曰格人元龜雖振鷺之集西雍濟濟之在周庭無㠯或加韓詩曰振鷺于飛于彼西雍薛君章句曰鷺潔白之鳥西雍文王之雍也言文王之時辟雍學士皆潔白之人也又曰濟濟多士文王以寧竊見令史陳留邊讓天授逸才聰明賢智髫齔夙孤不盡家訓髫翦髮爲鬌也齔毀齒也集解惠棟曰盡集作墮及就學廬便受

大典初涉諸經見本知義授者不能對其問章句不能逮其意集解惠棟曰逮集作遂心通性達口辯辭長非禮不動非禮不言若處狐疑之論定嫌審之分經典交至撿括參合衆夫寂焉莫之能奪也使讓生在唐虞則元凱之次運值仲尼則顏冉之亞豈徒俗之凡偶近器而已者哉集解劉攽曰案文多一者字階級名位亦宜超然若復隨輩而進集解惠棟曰集云若復輩從此郡選舉云云非所㠯章瓌偉之高價昭知人之絕明也傳曰函牛之鼎㠯亨雞多汁則淡而不可食少汁則熬而不可熟莊子曰函牛之鼎沸蟻不得措一足焉呂氏春秋曰白圭對魏王曰市丘之鼎以烹雞多洎之則淡不可食少洎之則焦而不熟也函容也洎汁也此言大器之於小用固有所不宜也邕竊悁邑悁邑憂憤也怪此寶鼎未受犧牛大羹之和久在煎熬臠割之間願明將軍回謀垂慮裁加少納貢之機密展之力用展陳也集解惠棟曰集云願明將軍回謀守慮思垂采納就讓疾病所親察之更以屬缺招延表貢行狀列於正府躋之宗伯納之機密展其力用副其器量也蘇輿曰裁加少納疑當作少加裁納若㠯年齒爲嫌則顏回不得貫德行之首子奇終無阿宰之功說苑曰子奇年十八爲阿宰有善績苟堪其事古今一也讓後㠯高才擢進屢遷出爲九江太守不㠯爲能也初平中王室大亂讓去官歸家恃才氣不屈曹操多輕侮之言建安中其鄉人有搆讓於操操告郡就殺之文多遺失

酈炎字文勝范陽人酈食其之後也集解惠棟曰陳留風俗傳云酈氏居於高陽沛公攻陳留縣酈食其有功封高陽侯有酈峻字文山官至公府掾史將軍商有功食邑於涿炎有文才解音律言論給捷多服其能理也給敏靈帝時州郡辟命皆不就集解惠棟曰炎集炎遺令曰下邳衞府君我之諸曹掾督郵濟北甯府君我由之成就陳留韓府君察我孝廉陳留楊使辟我右北平從事祭酒注云四人舉辟炎者韓府君名卓字子助有志氣作詩二篇曰大道夷且長窘路狹且促修翼無卑棲遠趾不步局窘迫也集解惠棟曰說文云局促也從口在尺下復局之舒吾陵霄羽奮此千里足超邁絕塵驅倏忽誰能逐賢愚豈常類稟性在清濁富

貴有人籍集解惠棟曰人籍謂引籍也言富貴得通籍禁中也貧賤無天錄富貴者爲人所載於典籍也貧賤者不載於天錄天錄謂若蕭曹見名於圖書通塞苟由己志士不相卜言通塞苟若由己則志士不須相卜也故蔡澤謂唐舉曰富貴吾自取之所不知者壽也陳平敖里社陳平爲里社宰分肉均里中曰善哉陳孺子之爲宰也曰使平宰天下亦猶是見前書韓信釣河曲韓信家貧無行不得爲吏釣於淮陰城下河者水之總名也終居天下宰食此萬鍾祿大斛四斗曰鍾德音流千載功名重山岳靈芝生河洲動搖因洪波蘭榮一何晚嚴霜瘁其柯哀哉二芳草不植太山阿文質道所貴遭時用有嘉絳灌臨衡宰謂誼崇浮華賢才抑不用遠投荆南沙賈誼欲革漢土德改定律令絳侯周勃及灌嬰共毀之文帝以誼爲長沙太傅見前書集解何焯曰此篇言不得志於當世庶幾如顏之附孔以顯之抱玉乘龍驥不逢樂與和伯樂卞和安得孔仲尼爲世陳四科謂德行政事文學言語也炎後風病慌忽性至孝遭母憂病甚發動妻始產而驚死妻家訟之收繫獄炎病不能理對集解惠棟曰炎遺令云嗟哉邈之遺孤其名曰止孤汝之孤也曾未滿兩旬也熹平六年遂死獄中集解惠棟曰炎

遺令稱熹平六年冬十二月裂裳書當於是月死獄中也乃時年二十八集解惠棟曰炎集云我十七而作酈篇二十四而州書矣二十七而作七平矣注酈篇州書皆定學之書七平蓋七發之類尚書盧植爲之誄讚㠯昭其懿德集解惠棟曰植集載酈文勝誄云自亂未成童著書十餘箱文體思奧爛有文章箴縷百家云云案炎集炎自謂賦頌誄自少爲之與誄合也王補曰炎有對事及遺令四篇見古文苑

侯瑾字子瑜敦煌人也少孤貧依宗人居性篤學恒傭作爲資暮還輒爇柴㠯讀書爇古然字集解惠棟曰爇字皇德傳作蓺謝承書同常㠯禮自牧易曰卑以自牧牧養也獨處一房如對嚴賓焉州郡累召公車有道徵並稱疾不到作矯世論㠯譏切當時而徙入山中覃思著述覃靜也㠯莫知於世故作應賓難㠯自寄又案漢記撰中興㠯後事爲皇德傳三十篇行於世餘所作雜文數十篇多亡失集解惠棟曰經籍志云梁侯瑾集二卷王補曰瑾有箏賦殘篇雜見初學記藝文類聚文選注西河人敬其才而不敢名之皆稱爲侯君云集解惠棟曰王隱晉書云漢末博士侯瑾善內學語弟子曰涼州城西有泉水當竭當有雙闕起其上魏嘉平中武威太守起學舍築闕於此陳景雲曰西河當作河西瑾敦煌人河西四郡之一也

高彪字義方吳郡無錫人也無錫今常州縣家本單寒至彪爲諸生遊太學集解惠棟曰外黃令高君碑云師事緱尉汝南許公令門歛章爲敎者宗章文禮祗類乎班賈有雅才而訥於言嘗從馬融欲訪大義融疾不獲見迺覆刺遺融書曰承服風問從來有年風問風猷令問故不待介者而謁大君子之門冀一見龍光㠯敘腹心之願毛詩曰既見君子爲龍爲光龍寵也集解惠棟曰荀子仲尼篇云彼固曷足稱乎大君子之門哉不圖遺疾幽閉莫啟昔周公旦父文兄武九命作伯㠯尹華夏猶揮沐吐餐垂接白屋白屋匹夫也故周道㠯隆天下歸德公今養痾傲士故其宜也集解王補曰御覽六百六引此書互異融省書慙追謝還之彪逝而不顧

後郡舉孝廉試經第一除郎中校書東觀數奏賦頌奇文因事諷諫靈帝異之集解惠棟曰前書云詔使王襃等之太子宮朝夕誦讀奇文時京兆第五永爲督軍御史集解惠棟曰杜佑云建武初征伐四方權置督軍御史事竟罷使督幽州百官大會祖餞於長樂觀集解惠棟曰崔寔四民月令云祖道神黃帝之子好遠遊死道路故祀以爲道神以求道路之福薛君韓詩章句云送行飲酒曰餞又長樂當作平樂議郎蔡邕等皆賦詩彪迺獨作箴曰集解惠棟曰謝承書云蔡邕等天下名才士人皆會祖餞於平樂館彪送永在坐因援筆書牘也也整我皇綱董此不虔董正也古之君子卽戎忘身易曰不利卽戎司馬穰苴曰將受命之日忘其家援枹鼓卽忘其身明其果毅尙其桓桓左傳曰殺敵爲果致果爲毅尙書曰勖哉夫子尙桓桓桓桓武貌集解何焯曰明本作昭避晉諱改皇象所書可據呂尙七十氣冠三軍詩人作歌如鷹如鸇太公年七十遇文王毛詩曰惟師尙父時惟鷹揚天有太一五將三門太一式凡舉事皆欲發三門順五將發三門者開門休門生門五將者天目文昌等地有九變丘陵山川孫子九變篇曰用兵有散地有輕地有爭地有交地有衢地有重地有圮地有圍地有死地諸侯自戰其地爲散地入人之地而不深爲輕地我得則利彼得亦利者爲爭地我可以往彼可以來爲交地諸侯之地三屬先至而得衆爲衢地入人地深倍城邑多爲重地行山林阻沮澤難行之道爲圮地所由入者隘所從歸者少彼寡可以擊吾衆者爲圍地疾戰則存不疾戰則亡爲死地通九變之利知用兵矣集解劉攽曰注有圮地案孫子圮當作圯人有計策六奇五間陳平出六奇策孫子曰用間有五有因間有內間有反間有死間有生間五間俱起莫知其道是謂神紀人君之寶也因間者因其鄉人而用之也內間者內其宮人而用之也反間者因其敵間而用之也死間者爲誑事於外令吾間知之而得於敵者也生間者是反報之者也

總茲三事謀則咨詢總天地人之事而詢謀於衆也無曰已能務在求賢淮陰之勇廣野是尊臣賢案前書韓信破趙得廣武君李左車解其縛而師事之而此作廣野案廣野君酈食其無韓信師事處蓋誤也周公大聖石碏純臣㠯威克愛㠯義滅親周公誅管蔡石碏殺其子厚也克勝也前書孫寶曰周公大聖劭公大賢尙書曰威克厥愛允濟左傳曰石碏純臣也大義滅親其是之謂乎勿謂時險不正其身勿謂無人莫識己眞忘富遺貴福祿迺存枉道依合復無所觀曲道以合時者不足觀也先公高節越可永遵集解何焯曰第五倫京兆長陵人永蓋其後故以先公高節期之佩藏斯戒㠯厲終身邕等甚美其文㠯爲莫尙也後遷內黃令帝敕同僚臨送祖於上東門洛陽城東面北頭門集解錢大昕曰內黃當爲外黃之譌申屠蟠陳留外黃人此云到官上書薦縣人申屠蟠等可證其非內黃也洪氏隸釋有外黃令高彪碑惠棟曰彪碑作外黃蓋傳之誤詔東觀畫彪像㠯勸學者彪到官有德政上書薦縣人申屠蟠等病卒於官集解惠棟曰外

黃令高君碑云君舉將潁川太守南陽文府君徵詣廷尉君感綱紀捐官赴義星行載驅不日係路饑不及飧至以生疾光和七年六月丙申卒文章多亡〔集解〕惠棟曰經籍志云梁高彪集二卷錄一卷王補曰彪有清誠見藝文類聚二十三子岱亦知名〔集解〕惠棟曰吳錄云岱字孔文受性聰達輕財貴義其友士拔奇取於未顯所友八人皆世之英偉也爲孫策所殺

張超字子竝河閒鄚人也今瀛州鄚縣〔集解〕惠棟曰鄚當作鄭洪亮吉曰案唐書宰相世家系表河閒張氏漢常山景王耳之後世居鄚縣今以爲後未識何據[illegible]良留侯良之後有文才靈帝時從車騎將軍朱儁征黃巾爲別部司馬〔集解〕惠棟曰續漢志將軍領兵外討則營有五部部有軍司馬一人其別營者爲別部司馬案經籍志書斷皆云超爲別部司馬著賦頌碑文薦檄牋書謁文嘲凡十九篇〔集解〕惠棟曰經籍志云梁張超集五卷王補曰超有誚青衣賦楊四公頌靈帝河閒舊廬碑均見藝文類聚超又善於草書妙絕時人世共傳之〔集解〕惠棟曰王僧虔伎錄云超善草書不及崔張謂瑗芝

禰衡字正平平原般人也般縣故城在今德州平昌縣東般音卜蒲反少有才辯而氣

尚剛傲好矯時慢物興平中避難荊州建安初來遊許下始達潁川迺陰懷一刺既而無所之適至於刺字漫滅是時許都新建賢士大夫四方來集或問衡曰盍從陳長文司馬伯達乎陳羣字長文司馬朗字伯達河內溫人對曰吾焉能從屠沽兒耶又問荀文若趙稚長云何趙爲盪寇將軍見魏志衡曰文若可借面弔喪稚長可使監廚請客典略曰衡見荀儀容但有貌耳故可弔喪趙有腹大健噉肉故可監廚也〔集解〕劉攽曰注有腹大案舊作腹尺唯善魯國孔融及弘農楊修常稱曰大兒孔文舉小兒楊德祖餘子碌碌莫足數也融亦深愛其才衡始弱冠而融年四十遂與爲交友上疏薦之曰臣聞洪水橫流帝思俾乂孟子曰堯時洪水橫流氾濫於天下尚書帝曰咨湯湯洪水方割有能俾乂俾使也乂理也旁求四方以招賢俊尚書曰旁求天下昔孝武繼統將弘祖業疇咨熙載羣士響臻尚書帝堯曰疇咨若時登庸又曰有能奮庸熙帝之載疇誰也熙廣也載事也陛下叡聖纂承基緒遭遇厄運勞謙日昃易曰勞謙君子有終吉尚書敘文王德曰自朝至於日中昃不遑暇食言不敢懈怠也惟岳降神異人竝出毛詩曰惟岳降神生甫及申公孫弘傳贊曰異人竝出竊見處士平原禰衡年二十四字正平淑質貞亮英才卓礫初涉蓺文升堂覩奧目所一見輒誦於口耳所瞥聞不忘於心性與道合思若有神淮南子曰所謂眞人者性合於道也弘羊潛計安世默識以衡準之誠不足怪前書曰桑弘羊雒陽賈人子以心計年十三爲侍中又曰張安世字子孺爲郎上行幸河東嘗亡書三篋詔問莫能知唯安世識之具上其事後購求得書以相校無所遺失忠果正直志懷霜雪見善若驚疾惡如讎國語楚藍尹亹謂子西曰夫闔閭一善言若驚得一士若賞任座抗行史魚厲節殆無以過也呂氏春秋魏文侯飲問諸大夫曰寡人如何主也任座曰君不肖君也剋中山不以封君之弟而以封君之子是以知君不肖君也論語孔子曰直哉史魚邦有道如矢邦無道如矢也鷙鳥累百〔集解〕先謙曰官本百作伯不如一鶚鄒陽上書之言也鶚大鵰也使衡立朝必有可觀飛辯騁辭溢氣坌涌〔集解〕惠棟曰李善云坌涌貌坌步寸切解疑釋結臨敵有餘昔賈誼求試屬國詭係單于前書賈誼曰何不試以臣爲屬國之官以主匈奴行臣之計請必繫單于之頸而制其命〔集解〕惠棟曰李善云詭責也自責必繫單于也終軍

欲以長纓牽致勁越前書終軍曰願受長纓必羈南越王而致之闕下也弱冠慷慨前世美之近日路粹嚴象亦用異才擢拜臺郎衡宜與爲比如得龍躍天衢振翼雲漢揚聲紫微垂光虹蜺足以昭近署之多士增四門之穆穆尚書曰賓于四門四門穆穆鈞天廣樂必有奇麗之觀史記曰趙簡子疾五日不知人大夫皆懼醫扁鵲曰血脈理也昔秦穆公如此七日寤寤而曰我之帝所甚樂今主君之疾與之同不出三日必閒閒必有言也居二日果寤語大夫曰我之帝所甚樂與百神遊於鈞天廣樂九奏其聲動心也帝室皇居必蓄非常之寶若衡等輩不可多得激楚揚阿至妙之容臺牧者之所貪諸本竝作臺牧未詳其義融集作掌牧〔集解〕錢大昕曰文選載此表作掌技惠棟曰今集作堂伎周壽昌曰官本注融集作堂牧壽昌案明張溥刻孔融少府集作賞伎二字豈臺牧堂牧皆以字近而譌耶抑後人因臺牧二字不可解遂就其字改爲賞伎二字耶文選作掌技二字較可從飛兔騕褭絕足奔放良樂之所急呂氏春秋曰飛兔騕褭古駿馬也高誘注曰日行萬里王良伯樂善御人也臣等區區敢不以聞融既愛衡才數稱述於曹操操欲見之而衡素相輕疾自稱狂病不肯往而數有恣言操懷忿而以

其才名不欲殺之聞衡善擊鼓迺召爲鼓史因大會賓客閱試音
節諸史過者皆令脫其故衣更著岑牟單絞之服文士傳曰魏太祖欲辱衡乃令人錄用爲鼓史後至八月朝普天閱試鼓節作三重閣列坐賓客以帛絹制作衣一岑牟一單絞及小褌通史志曰岑牟鼓角士冑也鄭玄注禮記曰絞蒼黃之色也次至衡衡方爲漁陽參撾蹀躍而前文士傳曰衡擊鼓作漁陽參撾蹋地來前躡馺足腳容態不常鼓聲甚悲易衣畢復擊鼓參槌而去至今有漁陽參槌自衡始也臣賢案槌及撾並擊鼓杖也參撾是擊鼓之法而王僧孺詩云散度廣陵音參寫漁陽曲而於其詩自音云參音七紺反後諸文人多同用之據此詩意則參曲奏之名則撾字入於下句全不成文其云復參撾而去足知參撾二字當相連而讀參字音爲去聲不知何所憑也參七甘反集解惠棟曰楊文公談苑載禰衡鼓歌云邊城晏開漁陽摻黃塵蕭蕭白日暗徐鍇云摻音七鑒反三撾鼓也以其三撾鼓故因謂之參容態有異聲節悲壯聽者莫不慷慨衡進至操前而止吏訶之曰鼓史何不改裝而敢輕進乎集解先謙曰官本敢輕作輕敢衡曰諾於是先解衵衣杜預注左傳曰衵近身衣也音女一反集解先謙曰官本考證曰衵諸本俱誤祖從左氏傳杜注改正次釋餘服裸身而立徐取岑牟單絞而著之畢復參撾而去顏色不怍怍羞

也操笑曰本欲辱衡衡反辱孤孔融退而數之曰正平大雅固當爾邪雅正也言大雅君不當爾集解惠棟曰李善云字書云爾詞之終也先謙曰官本注作言大雅君子不當爾因宣操區區之意衡許往融復見操說衡狂疾今求得自謝操喜敕門者有客便通待之極晏衡迺著布單衣疏巾手持三尺梲杖說文曰梲大杖也音佗結反坐大營門以杖捶地大罵吏白外有狂生坐於營門言語悖逆請收案罪操怒謂融曰禰衡豎子孤殺之猶雀鼠耳顧此人素有虛名遠近將謂孤不能容之今送與劉表視當如何於是遣人騎送之臨發衆人爲之祖道先供設於城南迺更相戒曰禰衡勃虐無禮今因其後到咸當以不起折之也及衡至衆人莫肯興衡坐而大號衆問其故衡曰坐者爲冢臥者爲屍屍冢之閒能不悲乎劉表及荊州士大夫先服其才名甚賓禮之文章言議非衡不定表嘗與諸文人共草章奏並極其才思時衡出還見之開

省未周因毀以抵地也抵擲表憮然爲駭憮然怪之也音撫衡迺從求筆札須臾立成辭義可觀表大悅益重之後復侮慢於表表恥不能容以江夏太守黃祖性急故送衡與之祖亦善待焉衡爲作書記輕重疏密各得體宜祖持其手曰處士此正得祖意如祖腹中之所欲言也祖長子射射音亦爲章陵太守尤善於衡嘗與衡俱遊共讀蔡邕所作碑文射愛其辭還恨不繕寫衡曰吾雖一覽猶能識之識記也音志唯其中石缺二字爲不明耳因書出之射馳使寫碑還校如衡所書莫不歎伏集解惠棟曰謝承書云射寫還比校皆無所誤唯兩字缺射時大會賓客人有獻鸚鵡者射舉卮於衡曰願先生賦之以娛嘉賓衡攬筆而作集解王補曰鸚鵡賦見文選藝文類聚九十一先謙曰官本攬作覽引劉攽曰按覽當作攬文無加點辭采甚麗後黃祖在蒙衝船上釋名曰外狹而長曰蒙衝以衝突敵船大會賓客而衡言不遜順祖慙迺訶之衡更熟視曰死公云等道死公罵言也等道猶今言何勿語也

集解劉攽曰按注勿當作物又少云字何物者猶言何物老嫗古語如此者多先謙曰死公云等道謂死公云何語也並無別解重在死公二字李注固非劉說更不成語矣祖大怒令五百將出五百猶今之問事也解見官者傳欲加箠衡方大罵祖恚遂令殺之祖主簿素疾衡即時殺焉射徒跣來救不及祖亦悔之迺厚加棺斂集解惠棟曰衡別傳云十月朝祖在艨衝舟賓客皆會作黍臛既至先在衡前衡得便飲食初不顧左右既畢復搏弄以戲時江夏有張伯雲亦在坐調之曰禮敦云何而食此正平不荅弄黍如故祖曰處士不當搏之也衡謂祖曰君子甯聞車前馬櫝不祖呵之衡熟視罵曰死鍛錫公祖大怒令五百將出欲杖之而罵不止遂令絞殺黃射來救無所復及愴悽流涕曰此有異才曹操及劉荊州不殺大人柰何殺之祖曰人罵汝父作鍛錫公柰何不殺衡時年二十六其文章多亡云集解惠棟曰經籍志云梁禰衡集二卷錄一卷

贊曰情志既動篇辭爲貴毛詩序云情發於中而形於言詩者志之所之故情志動而篇辭作斯文章之爲貴抽心呈貌非雕非蔚雕琢也易曰君子豹變其文蔚殊狀共體同聲異氣言觀麗則永監淫費楊雄曰詩人之賦麗以則辭人之賦麗以淫禮記曰不辭費集解王補曰范史揔立文苑傳例以文雅知名當時未裨世用者入之又因不志藝文輒詳及著述篇目系之傳末都計東京一百九十有六年才二十二人其中劉毅蘇

順張超等十人傳特寥寥耳卽其文亦未有紀者吁綦愼矣然所傳者大率恃才傲物滋中小夫未聞君子之大道異乎游夏文學之科焉王逸以靈夢溺水死酈炎病風殞命囹圄邊韶對嘲徒衒口給未足珍也崔琦之箴外戚近矣其賦白鵠以諷梁冀是亦自貿其死乎邊讓禰衡徒以辱侮曹操取快一時操旣殺讓而以雀鼠視衡一再假手斃於黃祖奸雄意忌自古所歎然解袒裸立果大雅所當爾邪適以長後進輕儇之談而授殺士者以口實也自後史臣載筆踵而弗失無行才士率厠茲傳文人之目遂爲世詬流宕忘返君子懼旃劉摯嘗言士當以器識爲先一命爲文人無足觀矣葉適亦謂文不足關世敎雖工無益士之學古而負才俊者尙鑒於斯

文苑列傳第七十下終　後漢書八十下

後漢書集解卷八十下校補

文苑列傳下趙壹傳爲鄉黨所擯注擯斥也官本爲鄉黨所擯下有乃作解擯四字注擯斥也三字在乃作解擯句下今案官本依南監本轉刊惠氏據北宋本補注引文士傳今集中有解擯賦以釋解擯是兩宋本皆有此四字矣且無此四字則下言後屢抵罪後字亦成贅辭當是毛氏繙刻時涉上擯字寫注誤脫四字耳

遷之於司命注文昌中星也官本注末無也字

罼網加上官本文注罼皆止作畢

羿子轂左案孟子羿之教人射必至於彀羿當訓有窮之君注引淮南說近誕

捷懾逐物注急遽逐物官本注逐誤遂

門下驚皆犇入滿側官本皆字著驚上

蹉趺不面官本趺作跌是

皆歸之於天不尤於物注人不已知官本注作人不知已知

膝灸壞潰灸原譌炙依字義正官本不誤壞官本作懷亦譌

劉梁傳子囊曰不然注子囊楚令尹名也官本注也作午是

芊尹申亥注左傳芊尹注尹原譌伊依左傳正官本不誤又官本芊作芋御從辰曰此字左傳注疏本作芋从丰音于付反徐音羽姚培謙杜注補輯本作芋从于局本皆同國語范無宇注作芊从千郝在田金壺字攷芊音千芊尹複姓也芊尹無宇楚大夫又芋尹芋音吁陳有芋尹見左傳此則姚培謙本恐不足据也今案芊芊芋三字形近易譌如以音求形則注疏本之作芊蓋是誤字說文芊在羊部从羊縣婢反芋芊皆在草部芋从于得聲芊从千得聲于付反及音羽皆確爲芋之音非千之音故姚本定从于本傳官本之作芊固可互證也至郝氏作千以芊尹爲複姓謂與芋尹異則毛本之从千可知亦別有所據自不妨兩存之

臧武仲曰至石猶生我注臧子入哭官本注子作孫是

作而不順施而不恕矣注新鐏絜之官本鐏作罇是不穴於寢廟官本注無於字

管蘇曰憎忤取進注爵之於朝官本注於作以案官者傳序注引新序官本亦作於此作以誤

邊讓傳設長夜之淫宴作北里之新聲注史記曰官本注無曰字

等威靈於二伯注二伯齊桓晉文也注桓原誤王已正官本注不誤

盡人生之祕玩 錢大昭曰閩本人生作生人案官本亦作生人

繁手超於北里注左傳曰繁手慆聲 官本注繁作煩與今左傳文合釋名釋言語煩繁也故字可通作篇中繁手屢見疑字本作煩章懷有所避故注亦改繁官本注之作煩乃後人改同也

比目應節而雙躍兮注比目魚 至 江東呼爲板魚 柳從辰曰比目魚吳都賦謂之魪上林賦謂之魼段氏北戶錄謂之鰈臨海志名婢屣魚臨海風土記名奴屬魚南方異物志名箬葉魚本草俗名鞋底魚劉淵林以爲王餘魚郭璞云狀如牛脾及女人鞋底細鱗紫黑色兩片相合乃行半邊無鱗口近腹下今案比目魚明見爾雅釋地不比不行其名謂之鰈郭注但云狀似牛脾鱗細紫色一眼兩片相合乃得行今水中所在有之江東又呼爲王餘魚據史記封禪書索隱引此注江東又呼爲王餘魚作江東人呼爲王餘亦曰版魚是今注疏本誤人爲又王餘下並脫亦曰版三字也版板同字章懷蓋全據當時爾雅文及郭注爲說周壽昌氏乃直云案爾雅郭注不言出小司馬所引是其疏也說文犬部狧下云讀如比目魚鰈之鰈而魚部乃無鰈字段玉裁以爾雅鰈本或作鰨即說文鰨字其說甚精雖說文鰨虛鰨也亦不云比目魚而以虛爲義殆謂虛其一面與邛邛岠虛命名之義相近前書相如上林賦魼鰨史記本作鱋魶明即虛鰨之假借虛鰨即是鰈而爲比目魚之正名也顧史記注乃通鱋爲魼釋爲比目魚以鰨爲魶鰈鱋魼訓爲鯢與許書魼鰨之說皆不能合又說文無魪字鰈亦不同比目段氏並詳辯之但古說相承藉資多識不能偏廢耳郭璞比目魚贊云比目之鱗別號王餘雖有二片其實一魚王餘之說吳都賦注越王鱠魚未盡因以殘半棄水中化爲魚遂無其一面故曰王餘而會稽志則又云名半面魚板魚之名並見南越志北戶錄亦引之

雖振鷺之集西雍濟濟之在周庭注鷺潔白之鳥西雍文王之雍也 官本注鳥下有也字之雍作辟雍是

非禮不言 錢大昭曰閩本禮作法案官本亦作法

子奇終無阿宰之功 錢大昭曰閩本阿宰作理阿

操告郡就殺之 案御覽六百九十一引讓別傳讓才辯俊逸孔融薦讓於武帝曰邊讓爲九州之被則不足爲單襜襦則有餘此雖薦讓而辭甚婉似兼爲讓轉圜者未知讓因融薦被辟不屈耶抑融知操忌讓藉薦以爲之開說也魏志注引曹瞞傳載太祖在兗州讓言議頗侵太祖太祖殺讓族其家考操在兗州乃初平時事曹瞞傳謂操族讓或是終言之然則操之怨讓在前融之薦讓在後矣

酈炎傳酈食其之後也集解惠棟曰陳留風俗傳云 至 食邑於涿 案此傳所言與前書食其商傳皆不合食其前死後其子疥封高梁侯商先以列侯食邑於涿更封曲周侯

賢愚豈常類 官本常作嘗

志士不相卜注所不知者壽也 官本注壽下有命字

爲世陳四科注謂德行政事文學言語也 官本注文學二字在言語之下

侯瑾傳旨譏切當時 官本切作刺

高彪傳吳郡無錫人也注無錫今常州縣 今常州府無錫縣治

追謝還之 官本無謝字

六奇五間注內間者內其宮人而用之也 官本宮作官案內其官人亦因之譌

周公大聖注前書孫寶曰周公大聖 官本注大聖作上聖與孫寶傳文合

祖於上東門注洛陽城東面北頭門 注面原譌西依袁紹傳注正官本不誤又文選阮籍詠懷詩注引河南郡圖經東有三門最北頭曰上東門

張超傳河間鄭人也注今嬴州鄭縣 鄭官本文注皆作鄚嬴官本注作瀛今案續志河間國有鄚無鄭其誤本易辨惟惠氏補注亦云鄭當作鄚是所據北宋本已誤矣唐鄚縣屬瀛州今河間府任邱縣北三十里是也此注作嬴亦誤

超又善於書集解惠棟曰王僧虔伎錄云超善草書不及崔張謂瑗芝 侯康曰庾肩吾書品列於中之上論曰子並崔寔州里頗相倣傚可謂醬鹹于鹽冰寒于水案據此則超草書不逮崔瑗轉勝崔寔傳所以云妙絕時人乎

世共傳之 柳從辰曰一統志引九域志超墓在今任邱縣漢末平原太守辰案傳不言超爲平原太守亦未著超卒年當是後官今任邱即後漢鄚縣也

禰衡傳平原般人也注般縣故城在今德州平昌縣東 今濟南府德平縣東北

般音卜蒲反 官本蒲作滿是

昔孝武繼統 文選孝武作世宗案凡此皆章懷避改

疇咨熙載注有能奮容熙帝之載 官本注容作庸是

竊見處士平原禰衡 官本禰忽作禰非

英才卓礫文選礫作躒是耳所瞥聞文選瞥作暫是疾惡如讎文選如作若注引謝承書云張儉清絜中正疾惡若讎任座抗行注而以封君之子官本注無之字

前世美之文選世作代近日路粹嚴象亦用異才擢拜臺郎案路粹已見孔融傳建安初以高才與京兆嚴像擢拜尚書郎像以兼有文武出爲揚州刺史粹後爲軍謀祭酒與陳琳阮瑀等典記室轉爲祕書令從軍至漢中坐違禁賤請驢伏法並見典略本書孔融傳注引典略不及嚴像文選注引典略不及粹伏法惟魏志王粲傳注所引爲詳像象古同字

激楚揚阿文選揚作陽注云楚辭曰宮庭震驚發激楚王逸曰激楚清聲也淮南子曰足蹀陽阿之舞

臣等區區敢不目聞文選此下有陛下篤愼取士必須效試乞令衡以褐衣召見無可觀采臣等受面欺之罪二十九字案表兩言臣等非融一人之辭當時必有附名同薦衡者矣

聞衡善擊鼓迺召爲鼓史侯康曰抱朴子彈衡篇衡縛角於杜口就吹之乃有異聲並搖鼙擊鼓聞者不知其一人也案據此則衡妙於聲音之道不止善擊鼓矣

卷八十下校補　四

因大會賓客閱試音節注後至八月朝普天閱試鼓節案世說言語篇禰衡被魏武謫爲鼓吏正月半試鼓此與文士傳言八月者異又朝普天語不明魏志注引文士傳作後至八月朝大宴賓客並會疑即朝會大宴四字之譌脫

衡方爲漁陽參撾注衡擊鼓作漁陽三檛官本注檛皆作撾義同其云復參撾而去官本注其作下參七甘反官本注甘作音集解惠棟曰至三撾鼓也案世說亦云衡揚枹爲漁陽摻撾王詩本以漁陽參與廣陵散對言撾本訓擊謂擊鼓也漁陽摻撾亦謂以漁陽摻法擊之章懷以爲如王說則撾字入於下句似太泥撾或作檛固可釋爲杖然杖字引伸亦訓爲擊章懷既云參撾是擊鼓之法是亦不作擊鼓杖解矣摻法爲漁陽所獨有則舍漁陽而言摻撾亦仍是漁陽摻撾也

於是先解衵衣集解先謙曰官本考證曰衵諸本俱誤祖謹案觀毛本作衵不誤則考證之說非矣

聲節悲壯聽者莫不慷慨案世說云淵淵有金石聲四座爲之改容

操笑曰本欲辱衡衡反辱孤案世說孔融曰禰衡罪同胥靡不足發明王之夢魏武慙而赦之

衡乃著布單衣疎巾案疎粗也官本字或从足非

視當如何官本如何作何如

迺厚加棺斂柳從辰曰一統志衡墓在江夏縣西鸚鵡洲今淪於江辰案今洲尚有衡墓或非眞冢也

言觀麗則永監淫費集解王補曰至尚鑒於斯案范史文苑傳甄錄所及皆有關係文字章華一賦亦謂終之以正僅乃存之匪是必不著所謂言觀麗則永監淫費者也漢世文字其典重深厚本非可以僞爲傳中敘列惟王隆劉毅王逸張超並其卒年失載略無可徵若乃戰邊忘生扞寇保疆是謂忠義歷著稱績敷宣德政是謂循良擅著作之長克伸史職是謂立言肆貧賤之志不應辟除是謂有守而文彊之每存憂濟劉梁之儒化大行尤其卓犖可紀者內官至尚書令衞尉外官至都尉守相抑又非卑也琦升讓衡誠則不幸亦視所遭何時所不屈者何人耳要之二十二人中固未有濡忍苟賤求合當世以弋富貴者也不得中行必也狂猖而猥曰皆淺中小夫可乎哉矧酈炎以母憂動疾不獲解罪讀遺令者莫不哀其孝將有何咎延壽卒踐妖夢以隕天年乃又誤以爲逸而訾謷之尤謬史之疏也

卷八十下校補　五

獨行傳第七十一〔集解〕惠棟曰漢選士有獨行科依其名爲立傳也　後漢書八十一

宋　宣城太守范曄撰

唐　章懷太子賢注

王先謙集解

孔子曰與其不得中庸必也狂狷乎庸常也中和可常行之道謂之中庸言若不得中庸之人與之居必也須得狂狷之人又云狂者進取狷者有所不爲也此是錄論語者因夫子之言而釋狂狷之人也此蓋失於周全之道而取諸偏至之端者也然則有所不爲亦將有所必爲者矣既云進取亦將有所不取者矣如此性尙分流爲否異適矣人之好尙不同或爲或否各有所適中世偏行一介之夫能成名立方者蓋亦衆也或志剛金石而剋扞於強禦謂劉茂衞福也或意嚴冬霜而甘心於小諒戴就陸續也亦有結朋協好幽明共心范式張劭也蹈義陵險死生等節繆彤李善也雖事非通圓良其風軌有足懷者而情迹殊雜難爲條品片辭特趣不足區別措之則事或有遺也措置載之則貫序無統以其名體雖殊而操行俱絕故總爲獨行篇焉庶備諸闕文紀志漏脫云爾

譙玄字君黃巴郡閬中人也〔集解〕通鑑胡注姓譜云曹大夫食菜於譙因氏焉惠棟曰華陽國志云元父隆字伯思爲上林令諫沮武帝廣苑圃仕至侍中少好學能說易春秋仕於州郡成帝永始二年〔集解〕沈欽韓曰成帝紀二年三年均有日食之異舉惇樸遜讓行義在三年有日食之災乃詔舉敦樸遜讓有行義者各一人州舉玄詣公車對策高第拜議郎帝始作期門數爲微行前書武帝微行常與侍中常侍武騎及待詔北地良家子能騎射者期諸殿門故有期門之號自此始也成帝微行亦然故言始也立趙飛燕爲皇后后專寵懷忌皇太子多橫夭〔集解〕何焯曰案文當作皇子衍太字玄上書諫曰臣聞王者承天繼宗統極保業延祚莫急胤嗣故易有幹蠱之義詩詠衆多之福易曰幹父之蠱注云蠱事也毛詩曰螽斯后妃之德也后妃不妬忌則子孫衆多也其詩曰螽斯羽詵詵兮宜爾子孫振振兮〔集解〕惠棟曰易蠱初六云幹父之蠱有子考无咎有子幹父事則考无咎言考舉其終延祚之義也今陛下聖嗣未立天下屬望而不惟社稷之計專念微行之事愛幸用於所惑曲意留於非正竊聞後宮皇子産而不育前書成帝宮人曹偉能及許美人皆生子趙昭儀皆令殺之臣聞之怛然痛心傷剝竊懷憂國不忘須臾夫警衞不修則患生非常忽有醉酒狂夫分爭道路既無尊嚴之儀豈識上下之別此爲胡狄起於轂下而賊亂發於左右也願陛下念天下之至重愛金玉之身均九女之施九女解見崔琦傳存無窮之福天下幸甚時數有災異玄輒陳其變既不省納故久稽郎官〔集解〕沈欽韓曰華陽國志成哀之世爲諫大夫後遷太常丞以弟服去職平帝元始元年日食又詔公卿舉敦樸直言大鴻臚左咸舉玄詣公車對策復拜議郎遷中散大夫〔集解〕惠棟曰華陽國志大中大夫四年選明達政事能班化風俗者八人時並舉玄爲繡衣使者前書御史大夫領繡衣直指出討姦猾理大獄武帝所制不常置持節與太僕任惲等分行天下

觀覽風俗所至專行誅賞〔集解〕惠棟曰恩澤侯表常鄉侯王惲以太僕與閻遷陳崇李翕郝黨謝殷遂普陳鳳等八人使行風俗又王莽傳元始四年遣大司徒司直陳崇等八人分行天下觀覽風俗皆與傳合惟王惲作任惲而八人內又無元名疑范史據華陽志耆舊傳諸書云然非實錄也事未及終而王莽居攝玄於是縱使者車縱捨也變易姓名間竄歸家間私也因以隱遁後公孫述僭號於蜀連聘不詣〔集解〕洪亮吉曰案譙與李業王皓王嘉任永馮信皆至死不臣公孫述者新津縣圖又載朱遵事其節較業皓等尤烈建武初下詔贈官吳漢復表爲置祠而史略不紀固知如此類之失傳多矣述迺遣使者備禮徵之若玄不肯起便賜以毒藥太守乃自齎璽書至玄廬曰君高節已著朝廷垂意誠不宜復辭自招凶禍玄仰天歎曰唐堯大聖許由恥仕周武至德伯夷守餓彼獨何人我亦何人保志全高死亦奚恨遂受毒藥玄子瑛泣血叩頭於太守曰方今國家東有嚴敵兵師四出國用軍資或不常充足願奉家錢千萬以贖父死太守爲請述聽許之玄遂隱藏田野終述之世〔集解〕惠棟曰華陽國志云國人作詩曰肅肅清

節士執德實固貞違惡以授命沒世遺令聲時兵戈累年莫能修尚學業玄獨訓諸子
勤習經書建武十一年卒明年天下平定玄弟慶以狀詣闕自陳
光武美之策詔本郡祠以中牢敕所在還玄家錢時亦有犍爲費
貽不肯仕述集解劉攽曰案文亦字乃合在不字上通鑑胡注費音祕沈欽韓曰華陽國志貽字奉君南安人先謙曰
蜀志費詩南安人蓋其後乃漆身爲厲陽狂以避之退藏山藪十餘年述破後
仕至合浦太守集解惠棟曰華陽國志蜀中歌之曰節義至仁費奉君不仕亂世不避惡名修身於蜀紀名亦足後
世爲大族瑛善說易以授顯宗爲北宮衛士令漢官儀曰北宮衛士令一人秩六百石集解惠
棟曰華陽國志瑛至尚書郎
李業字巨游廣漢梓潼人也少有志操介特習魯詩師博士許晃
元始中舉明經除爲郎元始平帝年也會王莽居攝業以病去官杜門不
應州郡之命太守劉咸強召之業乃載病詣門咸怒出教曰賢者
不避害譬猶彀弩射市薄命者先死聞業名稱故欲與之爲治而

反託疾乎令詣獄養病欲殺之客有說咸曰趙殺鳴犢孔子臨河
而逝史記曰孔子既不得用於衞將西見趙簡子至於河而聞竇鳴犢舜華之死也臨河而歎曰美哉河水洋洋乎丘之不濟
命也夫子貢進曰敢問何謂也孔子曰竇鳴犢舜華晉國之賢大夫也趙簡子未得志之時須此兩人而後從政丘聞之也刳胎殺
夭則騏驎不至竭澤而漁則蛟龍不合覆巢毀卵則鳳凰不翔何則君子諱傷其類夫鳥獸之於不義也尚知避之而況乎丘哉乃
還也集解惠棟曰華陽國志云咸慕其名辟爲功曹□□不詣咸怒欲殺之業徑詣獄也未聞求賢而脅以牢
獄者也咸乃出之因舉方正王莽以業爲酒士王莽時官酤酒故置酒士也病
不之官遂隱藏山谷絕匿名迹終莽之世及公孫述僭號素聞業
賢徵之欲以爲博士業固疾不起數年述羞不致之乃使大鴻臚
尹融持毒酒奉詔命以劫業若起則受公侯之位不起賜之以藥
融譬旨曰方今天下分崩孰知是非而以區區之身試於不測之
淵乎朝廷貪慕名德曠官缺位于今七年四時珍御不以忘君宜
上奉知己下爲子孫身名俱全不亦優乎今數年不起猜疑寇心

集解沈欽韓曰此述使語不應目述爲寇袁紀作阻疑衆心得之凶禍立加非計之得者也業乃
歎曰危國不入亂國不居論語孔子曰危邦不入亂邦不居天下有道則見無道則隱親於其
身爲不善者義所不從君子見危授命論語曰親於其身爲不善者君子不入又曰君子見
危授命見得思義何乃誘以高位重餌哉融見業辭志不屈復曰宜呼室
家計之業曰丈夫斷之於心久矣何妻子之爲遂飲毒而死集解惠棟
曰華陽國志云業笑曰名可成不可毀身可殺不可辱飲毒死述聞業死大驚又恥有殺賢之名
乃遣使弔祠賻贈百匹業子翬逃辭不受集解惠棟曰華陽國志翬建武中察孝廉爲遂
久令蜀平光武下詔表其閭益部紀載其高節圖畫形象初平帝時
蜀郡王皓爲美陽令王嘉爲郎集解惠棟曰華陽國志皓字子離嘉字公卿皆江原人王莽
篡位並棄官西歸及公孫述稱帝遣使徵皓嘉恐不至遂先繫其
妻子使者謂嘉曰速裝妻子可全對曰犬馬猶識主況於人乎王
皓先自刎以首付使者述怒遂誅皓家屬集解惠棟曰華陽國志皓自刎子廣逃匿述破

後郡及州命察舉皆不往曰吾不能復讎敢當世榮科也王嘉聞而歎曰後之哉乃對使者伏
劍而死集解惠棟曰華陽國志述慙貫其妻子常璩贊曰公卿絕脰亦蹈節貫是時犍爲任永君業
集解惠棟曰華陽國志永字君業僰道人長歷數同郡馮信並好學博古集解惠棟曰華陽國志信字季
誠郪人也郡三察孝廉州舉茂才公府十辟公車再徵不詣公孫述連徵命待以高位皆託青
盲以避世難集解惠棟曰王幼學云眼科龍目總論云高風雀目內障肝風目暗內障後皆變爲青盲永妻淫
於前匿情無言見子入井忍而不救信侍婢亦對信姦通及聞述
誅皆盥洗更視曰世適平目即清集解惠棟曰譙周古史考云永澡盥引鏡自照曰時清則目明
也益都耆舊傳云述誅信取紙作書婢因自殺淫者自殺光武聞而徵之並會病卒
劉茂字子衞太原晉陽人也少孤獨與母居家貧以筋力致養孝
行著於鄉里及長能習禮經教授常數百人哀帝時察孝廉再遷
五原屬國候遭母憂去官服竟後爲沮陽令沮陽縣屬上谷郡故城在今嬀州東沮音
阻集解沈欽韓曰今宣化府懷來縣南會王莽篡位茂棄官避世弘農山中教授建

武二年歸爲郡門下掾時赤眉二十餘萬衆攻郡縣殺長吏及府掾史茂負太守孫福踰牆藏空穴中得免其暮俱奔盂縣（今并州盂縣也〔集解〕惠棟曰東觀記云茂負福踰牆藏城西門下空穴中擔穀給福及妻子百餘日）晝則逃隱夜求糧食積百餘日賊去乃得歸府明年詔書求天下義士福言茂曰臣前爲赤眉所攻吏民壞亂奔走趣山臣爲賊所圍命如絲髮賴茂負臣踰城出保盂縣茂與弟觸冒兵刃緣山負食臣及妻子得度死命節義尤高宜蒙表擢以厲義士詔書即徵茂拜議郎遷宗正丞（續漢書宗正丞一人比千石也）後拜侍中卒官元初中鮮卑數百餘騎寇漁陽（〔集解〕通鑑考異云案元初凡六年鮮卑不曾犯漁陽殺長吏唯是入代郡曾殺長吏今疑漁陽本是代郡乃史之誤也錢大昭曰鮮卑以下百二十二字與鮮卑傳重出唯彼云延平元年此誤爲初元耳當去此存彼錢大昕曰本紀此事亦載於延平元年）太守張顯率吏士追出塞遥望虜營煙火急趣之兵馬掾嚴授慮有伏兵苦諫止不聽顯蹙令進授不獲已前戰伏兵發授身被十創歿於陳顯拔刃追散兵不能制虜射中顯主簿衞福功曹徐咸遽赴之

顯遂墮馬福以身擁蔽虜并殺之朝廷愍授等節詔書褒歎厚加賞賜各除子一人爲郎中（〔集解〕惠棟曰宋躬孝子傳云漢法死事之子皆拜郎中）永初二年劇賊畢豪等入平原界縣令劉雄將吏士乘船追之至厭次河（厭次縣之河也〔集解〕惠棟曰水經注云畢豪等數百乘船寇平原毫與豪通古秋毫毫毛皆作豪見漢書及州輔碑）與賊合戰雄敗執雄以矛刺之時小吏所輔（所姓也風俗通曰宋大夫華所事之後也漢有所忠爲諫議大夫〔集解〕錢大昕曰按左氏傳有華御事未見名所事者洪亮吉曰所忠武帝之近臣乃謂輔所忠子也無論年代相去絕遠又茂傳末顯云詔書追傷之除父奉爲郎中則輔奉子安得云所忠子也今諸本本注無此五字徐位山管城碩記引漢注有之未識所據何本惠棟曰穀梁春秋云隱九年俠卒傳云俠者所俠也徐邈引尹更始云所者俠之氏則所忠所輔皆俠之後也周壽昌曰漢百官表武帝時置諫大夫貢禹傳可證後漢百官志始有諫議大夫補注引胡廣云武帝元狩五年以諫大夫爲光祿大夫光武中興以後爲諫議大夫此注稱所忠爲此官又於大夫上加一議字不知何所據也）前叩頭求哀願以身代雄豪等縱雄而刺輔貫心洞背即死（〔集解〕惠棟曰水經注云豪縱雄於厭次津中）東郡太守捕得豪等具以狀上詔書追傷之賜錢二十萬除父奉爲郎中

溫序字次房太原祁人也（〔集解〕惠棟曰干寶云字公次又世系云序六世祖何始居太原祁縣）仕州從事建武二年騎都尉弓里戍（弓里姓也）將兵平定北州到太原歷訪英俊大人問以策謀戍見序奇之上疏薦焉於是徵爲侍御史遷武陵都尉病免官六年拜謁者遷護羌校尉（〔集解〕沈欽韓曰考異云檢西羌傳九年方置護羌校尉牛邯爲之又云邯卒職省則序無緣作護羌案前此涼州爲隗囂竇融無庸置此官傳在六年誤矣通鑑止作校尉）序行部至襄武爲隗囂別將苟宇所拘劫宇謂序曰子若與我并威同力天下可圖也序曰受國重任分當效死義不貪生苟背恩德宇等復曉譬之序素有氣力大怒叱宇等曰虜何敢迫脅漢將因以節撾殺數人（〔集解〕通鑑胡注撾職瓜反擊也）賊衆爭欲殺之宇止之曰此義士死節可賜以劍序受劍銜鬚於口顧左右曰既爲賊所迫殺無令鬚汙土遂伏劍而死序主簿韓遵從事王忠持屍歸斂光武聞

而憐之命忠送喪到洛陽賜城傍爲冢地賻穀千斛縑五百匹除三子爲郎中（〔集解〕惠棟曰世系云序二子壽益益字伯起兗州刺史生郃）長子壽服竟爲鄒平侯相夢序告之曰久客思鄉里壽即棄官上書乞骸骨歸葬帝許之乃反舊營焉（序墓在今并州祁縣西北〔集解〕沈欽韓曰今縣西北修善村先謙曰官本營作塋字通）

彭脩字子陽會稽毗陵人也（毗陵今常州晉陵縣也吳地記曰本名延陵吳王諸樊封季札漢改曰毗陵〔集解〕錢大昕曰毗陵順帝時析屬吳郡脩與鍾離意同時其時未置吳郡張武吳郡由拳人高彪吳郡無錫人則皆在分郡以後矣陸續稱會稽吳人其孫康稱吳郡吳人續仕明帝之世康在靈帝時也）年十五時父爲郡吏得休（休假也）與脩俱歸道爲盜所劫脩困迫乃拔佩刀前持盜帥曰父辱子死卿不顧死邪盜相謂曰此童子義士也不宜逼之遂辭謝而去鄉黨稱其名後仕郡爲功曹時西部都尉宰鼂行太守事（應劭漢官儀曰都尉秦官也本名郡尉掌佐太守典其武職秩比二千石孝景時更名都尉〔集解〕惠棟曰孫愐云宰姓孔子弟子宰予之後鼂古朝字沈欽韓曰案建武六年省諸郡都尉然金石錄有永平八年所造會稽東部都尉路君闕則邊徼未嘗省也）以微過收

吳縣獄吏將殺之主簿鍾離意爭諫甚切鼂怒使收縛意欲案之掾史莫敢諫脩排閤直入拜於庭曰明府發雷霆於主簿請聞其過鼂曰受敎三日初不奉行廢命不忠豈非過邪脩因拜曰昔任座面折文侯解見文苑禰衡傳朱雲攀毀欄檻前書成帝時朱雲上書請以上方斬馬劍斬張禹上欲殺之雲攀折殿檻西京雜記云攀折玉檻自非賢君焉得忠臣今慶明府爲賢君主簿爲忠臣鼂遂原意罰貰獄吏罪後州辟從事時賊張子林等數百人作亂郡言州請脩守吳令脩與太守俱出討賊賊望見車馬競交射之飛矢雨集脩障扞太守而爲流矢所中死太守得全賊素聞其恩信卽殺弩中脩者餘悉降散言曰自爲彭君故降不爲太守服也〔集解〕沈欽韓曰北堂書鈔謝承書云海賊丁義欲向郡郡內驚惶不能捍禦太守祕君聞脩義勇請守吳令身與義相見宣國威德賊遂解去民歌之曰時歲倉卒盜賊縱橫大戟强弩不可當賴遇賢令彭子陽事在張子林前而傳不載

索盧放字君陽索盧姓也〔集解〕沈欽韓曰呂覽尊師篇禽滑釐弟子索盧參東方之巨狡也其姓戰國時已有東郡人也以尚書敎授千餘人初署郡門下掾更始時使者督行郡國太守有事當就斬刑放前言曰今天下所以苦毒王氏歸心皇漢者實以聖政寬仁故也而傳車所過未聞恩澤太守受誅誠不敢言但恐天下惶懼各生疑變夫使功者不如使過若秦穆赦孟明而用之霸西戎願以身代太守之命遂前就斬使者義而赦之由是顯名建武六年徵爲洛陽令政有能名以病乞身徙諫議大夫數納忠言後以疾去建武末復徵不起光武使人輿之見於南宮雲臺賜穀二千斛遣歸除子爲太子中庶子卒於家續漢書曰太子中庶子秩六百石

周嘉字惠文汝南安城人也高祖父燕宣帝時爲郡決曹掾太守欲枉殺人燕諫不聽遂殺囚而黜燕〔集解〕惠棟曰周斐汝南先賢傳云燕爲決曹掾平因罪不當死太守劉虔欲殺之燕犯顏諫至於九復虔怒竟殺之囚家守闕稱冤詔遣覆考燕見太守曰願謹定文書皆著燕名府君但言時病而已出謂掾史曰諸君被問悉當以罪推燕如有一言及於府君燕手劍相刃使乃收燕〔集解〕劉攽曰案文少一者字繫獄屢被掠楚辭無屈撓當下蠶室〔集解〕沈欽韓曰案漢除肉刑已久惟死罪自募耳雜傳記所說非理乃歎曰我平王之後正公玄孫謝承書曰燕字少卿其先出自周平王之後漢興紹嗣封爲正公食采於汝墳也〔集解〕惠棟曰世系云平王少子烈食采汝墳秦滅周幷其地遂爲汝南著姓漢興續周之嗣後封烈之後仁爲汝墳侯賜號正公以汝南下溼徙於安城十子長曰球球生應應生道道生約約生燕也洪亮吉曰案武帝元鼎四年行幸滎陽還至洛陽詔曰瞻望河洛巡省豫州觀乎周室邈而無祀詢問諸耆老乃得孽子嘉其封嘉爲周子南君以奉周祀至元帝初元五年又以周子南君爲周承休侯成帝綏和中始進爵爲公安得有漢興卽嗣封正公之事如謂漢興二字卽指綏和以後而言則燕在宣帝時下距此尙遠又女陰縣王莽時始改名汝墳漢興安得有汝墳縣承蓋因燕正公之言附會而成不知燕所云正公蓋戰國末東西周皆降稱公燕是其裔故云然耳承說非也又案唐宰相世系表及杜牧爲周墀墓志皆云漢興周仁續封爲汝墳侯更曰賜號正公蓋因承之悞而更爲之說皆不足信牧言周平王之子烈封女墳侯恐東周時亦無此名號豈可以刀鋸之餘下見先君遂不食而死〔集解〕惠棟曰汝南先賢傳云葬王城之隱樹碑以旌其葬燕有五子皆至刺史太守〔集解〕惠棟曰汝南先賢傳云燕五子號曰五龍各居一里子孫竝以儒素退讓爲業陶潛案周氏譜云重合令子輿居宋里櫟陽令子羽居東觀里東海太守子仲居宜唐里兗州刺史子明居西南里潁陽令子良居遂與里

嘉仕郡爲主簿王莽末羣賊入汝陽城嘉從太守何敞討賊敞爲流矢所中郡兵奔北賊圍繞數十重白刃交集嘉乃擁敞以身扞之因呵賊曰卿曹皆人隸也爲賊既逆豈有還害其君者邪嘉請以死贖君命因仰天號泣羣賊於是兩相視曰此義士也給其車馬遣送之後太守寇恂舉爲孝廉拜尚書侍郎光武引見問以遭難之事嘉對曰太守被傷命懸寇手臣實駑怯不能死難帝曰此長者也詔嘉尚公主嘉稱病篤不肯當稍遷零陵太守視事七年卒零陵頌其遺愛吏民爲立祠焉嘉從弟暢字伯持性仁慈爲河南尹〔集解〕惠棟曰干寶云暢少至孝獨與母居每出入母欲呼之常自齧其手暢卽覺手痛而至治中從事未之信候暢在田使母齧其手暢卽歸永初二年夏旱久禱無應暢因收葬洛陽城傍客死骸骨凡萬餘人應時澍雨歲乃豐稔〔集解〕惠棟曰干寶云洛陽城傍

案陳寵傳亦有收葬死亡骸骨事彼作洛陽城南沈欽韓曰百生墓在緱氏縣東十里墓有千數皆相類對列成行在洛城之東北近洛水卽暢之遺址也位至光祿勳

范式字巨卿山陽金鄉人也一名氾少游太學爲諸生與汝南張劭爲友劭字元伯二人竝告歸鄉里式謂元伯曰後二年當還將過拜尊親見孺子焉見其子也孺子稚子也乃共剋期日後期方至元伯具㠯白母請設饌㠯候之母曰二年之別千里結言爾何相信之審邪對曰巨卿信士必不乖違母曰若然當爲爾醞酒至其日巨卿果到升堂拜飮盡歡而別〔集解〕惠棟曰謝承書云巨卿與元伯爲友春別京師以秋爲期至九月十五日殺雞作黍二親笑曰山陽去此幾千里何必至元伯曰巨卿信士不失期者言未絕而巨卿至升堂拜母式仕爲郡功曹後元伯寑疾篤同郡郅君章殷子徵晨夜省視之〔集解〕惠棟曰汝南先賢傳云殷燀字子徵上蔡人生而有謹愿之性其在襁負母育之不勞少戲出得瓜果可食之物輒進與其母未嘗先食元伯臨盡歎曰恨不見吾死友子徵曰吾與君章盡心於子是非死友復

欲誰求元伯曰若二子者吾生友耳山陽范巨卿所謂死友也尋而卒式忽夢見元伯玄冕垂纓屣履而呼曰巨卿吾㠯某日死當㠯爾時葬永歸黃泉子未我忘豈能相及式怳然覺寤悲歎泣下具告太守請往奔喪太守雖心不信而重違其情許之式便服朋友之服儀禮喪服記曰朋友在它國袒免歸則已注云謂無親者爲之主喪服又曰朋友麻注云朋友雖無親有同道之恩相爲服緦之經帶投其葬日馳往赴之式未及到而喪已發引既至壙將窆窆下棺也〔集解〕惠棟曰儀禮士喪禮云屬引鄭氏云屬猶著也引所以引柩車在軸輴曰紼古者人引柩春秋傳云坐引而哭之三鄭氏注周禮云在車曰紼行道曰引故下云執紼而引柩也而柩不肯進其母撫之曰元伯豈有望邪遂停柩移時乃見有素車白馬號哭而來其母望之曰是必范巨卿也巨卿既至叩喪言曰行矣元伯死生路異永從此辭會葬者千人咸爲揮涕式因執紼而引柩於是乃前〔集解〕惠棟曰杜預左傳注云紼所以引柩孔穎達云紼字禮或作紼或作綍繩之別名也大夫士葬用二紼式遂留止冢次〔集解〕沈欽韓曰張劭墓在汝寧府汝陽縣北雞黍臺西二里許爲修墳樹然後乃去後到京師受業太學時諸生長沙陳平子亦同在學與式未相見而平子被病將亡謂其妻曰吾聞山陽范巨卿烈士也可㠯託死吾歿後但㠯屍埋巨卿戶前乃裂素爲書㠯遺巨卿既終妻從其言時式出行適還省書見瘞愴然感之向墳揖哭㠯爲死友乃營護平子妻兒身自送喪於臨湘未至四五里乃委素書於柩上哭別而去其兄弟聞之尋求不復見長沙上計掾史到京師上書表式行狀三府竝辟不應舉州茂才四遷荆州刺史〔集解〕惠棟曰廬江太守范君碑云三府舉高第侍御史拜冀州刺史洪适云傳云荆州而碑云冀州以新野之事證之則碑誤也友人南陽孔嵩〔集解〕沈欽韓曰水經注孔嵩宛人三公城西有嵩舊居家貧親老乃變名姓傭爲新野縣阿里街卒阿里里名也式行部到新野而縣選嵩爲導騎迎式導引之騎式見而識之呼嵩把臂謂曰子非孔仲山邪對之歎息語及平生曰昔與子俱曳長裾遊

集帝學〔集解〕先謙曰官本集作息惠棟云華嶠書作遊集案學記云息焉遊焉當作息也吾蒙國恩致位牧伯而子懷道隱身處於卒伍不亦惜乎嵩曰侯嬴長守於賤業史記曰侯嬴年七十家貧爲大梁夷門卒魏公子聞之往請欲厚遺之不肯受曰臣修身潔行數十年終不以監門困故受公子財晨門肆志於抱關解見張晧傳也子欲居九夷不患其陋論語曰孔子欲居九夷或曰陋如之何孔子曰君子居之何陋之有貧者士之宜豈爲鄙哉式敕縣代嵩嵩㠯爲先傭未竟不肯去嵩在阿里正身厲行街中子弟皆服其訓化遂辟公府之京師道宿下亭盜共竊其馬尋問知其嵩也乃相責讓曰孔仲山善士豈宜侵盜乎於是送馬謝之嵩官至南海太守〔集解〕惠棟曰嵇康高士傳贊云仲山通達卷舒無方屈身廝役挺秀含芳式後還廬江太守有威名卒於官

李善字次孫南陽淯陽人本同縣李元蒼頭也建武中疫疾元家相繼死沒唯孤兒續始生數旬而貲財千萬諸奴婢私共計議欲謀殺續分其財產善深傷李氏而力不能制乃潛負續逃去〔集解〕先謙

曰官本去作亡隱山陽瑕丘界中〔集解〕沈欽韓曰今兗州府滋陽縣親自哺養乳爲生湩湩乳汁也音竹用反推燥居溼備嘗艱勤〔集解〕惠棟曰孝經援神契云母之於子也鞠養殷勤推燥居溼絕少分甘也續雖在孩抱奉之不異長君有事輒長跪請白然後行之閭里感其行皆相率修義續年十歲善與歸本縣修理舊業告奴婢於長吏悉收殺之時鍾離意爲瑕丘令上書薦善行狀光武詔拜善及續竝爲太子舍人〔集解〕惠棟曰東觀漢記云光武詔云平陽丞李善稱故令范遷於張堪令人面熱汗出則建武時善嘗爲平陽丞也善顯宗時辟公府以能理劇再遷日南太守從京師之官道經淯陽過李元冢未至一里乃脫朝服持鉏去草及拜墓哭泣甚悲身自炊爨執鼎俎以修祭祀垂泣曰君夫人善在此盡哀數日乃去到官以愛惠爲政懷來異俗遷九江太守未至道病卒續至河間相

王忳字少林忳音純廣漢新都人也忳嘗詣京師於空舍中見一書生疾困愍而視之書生謂忳曰我當到洛陽而被病命在須臾腰下有金十斤願以相贈死後乞藏骸骨未及問姓名而絕忳即鬻金一斤營其殯葬餘金悉置棺下人無知者後歸數年縣署忳大度亭長〔集解〕沈欽韓曰方輿勝覽大度亭今金堂縣也屬成都府初到之日有馬馳入亭中而止其日大風飄一繡被復墮忳前即言之於縣縣以歸忳忳後乘馬到雒縣馬遂奔走牽忳入它舍〔集解〕惠棟曰華陽國志作宅舍主人見之喜曰今禽盜矣問忳所由得馬忳具說其狀并及繡被主人悵然良久乃曰被隨旋風與馬俱亡卿何陰德而致此二物忳自念有葬書生事因說之并道書生形貌及埋金處主人大驚號曰是我子也姓金名彥前往京師不知所在何意卿乃葬之大恩久不報天以此章卿德耳忳悉以被馬還之彥父不取又厚遺忳忳辭讓而去時彥父爲州從事因告新都令假忳休〔集解〕先謙曰官本有息字自與俱迎彥

喪餘金具存忳由是顯名〔集解〕惠棟曰益部耆舊傳云民謠之曰信哉少林世爲遇與被走馬與鬼語仕郡功曹州治中從事舉茂才除郿令到官至斄亭斄音台亭長曰亭有鬼數殺過客不可宿也忳曰仁勝凶邪德除不祥何鬼之避即入亭止宿夜中聞有女子稱冤之聲忳呪曰有何枉狀可前求理乎女子曰無衣不敢進忳便投衣與之女子乃前訴曰妾夫爲涪令之官過宿此亭亭長無狀殺妾家十餘口〔集解〕惠棟曰華陽國志云大小二十口埋在樓下悉盜取財貨忳問亭長姓名女子曰即今門下游徼者也忳曰汝何故數殺過客對曰妾不得白日自訴每夜陳冤客輒眠不見應不勝感恚故殺之忳曰當爲汝理此冤勿復殺良善也因解衣於地忽然不見明旦召游徼詰問具服罪即收繫及同謀十餘人悉伏辜遣吏送其喪歸鄉里於是亭遂清安

張武者吳郡由拳人也由拳縣故城在今蘇州嘉興縣南〔集解〕洪亮吉曰案武爲太守第五倫所舉孝廉倫爲會稽太守在建武永平中則武尚屬東漢初年人吳郡之立在順帝四年范史於武傳即書吳郡蓋沿郡邑志之誤陸續傳即云會稽吳人周壽昌曰謂此史臣追書當蔚宗時早分吳郡由拳故云猶前書東方朔厭次人當朔時並不名厭次亦是班氏追書同一例也先謙曰今嘉興府嘉興縣南父業〔集解〕惠棟曰謝承書云業字仲叔郡門下掾送太守妻子還鄉里至河內亭盜夜劫之業與賊戰死遂亡失屍骸武時年幼不及識父後之太學受業每節常持父遺劍至亡處祭醱而還太守第五倫嘉其行舉孝廉遭母喪過毀傷父魂靈不返因哀慟絕命

陸續字智初會稽吳人也世爲族姓祖父閎字子春〔集解〕惠棟曰顧夷吳地記云閎暢子也篤行好學聰明有令德暢世系作賜字思祖建武中爲尚書令美姿貌喜著越布單衣光武見而好之〔集解〕惠棟曰吳地記云閎姿容如玉威儀秀異光武升臺見而偉之笑曰南方故多佳人選尚甯平公主辭疾不應謝承書云閎爲潁川太守故有鳳凰甘露之瑞自是常敕會稽郡獻越布續幼孤〔集解〕惠棟曰世系云閎三子卬溫桓桓字叔文生續也仕郡戶曹史時歲荒民飢困太守尹興使續於都亭賦民饘粥〔集解〕洪亮吉曰通鑑作吳郡太守明帝時安得有吳郡且續傳明言

會稽吳人則興爲會稽太守可知鑑誤王鳴盛曰唐陸廣微吳地記都亭橋壽夢於此置驛招四方賢客基址見存宋范成大吳郡志橋梁門閶門有都亭橋在吳縣西北故傳壽夢嘗於此作都亭以招賢士遺址尙存今相去又六七百年橋固尙存土人仍以故名呼之在閶門內吳縣之北郎陸續賦民粥地也張綱李充王喬龐淯母等傳皆有都亭不獨吳魏晉宋梁書各傳亦書都亭侯知是都邑亭名通稱郎太守治所亭也續悉簡閱其民訊吕名氏事畢興問所食幾何
續因口說六百餘人皆分別姓氏無有差謬興異之刺史行部見
續辟爲別駕從事吕病去還爲郡門下掾是時楚王英謀反陰疏
天下善士及楚事覺顯宗得其錄有尹興名乃徵興詣廷尉獄續
與主簿粱宏功曹史駟勳集解惠棟曰案會稽典錄宏句章人勳餘姚人駟姓春秋時鄭大夫公子駟之後
及掾史五百餘人詣洛陽詔獄就考諸吏不堪痛楚死者太半
唯續宏勳掠考五毒肌肉消爛終無異辭集解惠棟曰正誤云五毒或云鞭箠灼徽纆
續母遠至京師覘候消息獄事特急集解先謙曰官本特作持無緣與續相聞
母但作饋食付門卒吕進之續雖見考苦毒而辭色慷慨未嘗易

容唯對食悲泣不能自勝使者怪而問其故續曰母來不得相見
故泣耳使者大怒吕爲門卒通傳意氣召將案之續曰因食餉羹
識母所自調和故知來耳非人告也使者問何吕知母所作乎續
曰母嘗截肉未嘗不方集解劉攽曰案文上嘗當作常斷蔥吕寸爲度是吕知之
使者問諸謁舍謁舍所謂停主人之舍也集解先謙曰所謂當作謂所續母果來於是陰嘉
之上書說續行狀帝卽赦興等事還鄉里禁錮終身集解先謙曰事字下疑奪文
續吕老病卒長子稠廣陵太守有理名中子逢樂安太守集解惠棟曰世系云續三子稠逢褒稠荊州刺史逢尙書右僕射樂安侯先謙曰官本中子上多一續字少子褒力行好學
不慕榮名連徵不就褒子康已見前傳
戴封字平仲濟北剛人也剛縣故城在今兗州龔丘縣東北集解沈欽韓曰今兗州府寧陽縣東北三十五里
年十五詣太學師事鄮令東海申君申君卒送喪到東海道當
經其家父母吕封當還豫爲娶妻封暫過拜親不宿而去還京師
卒業時同學石敬平溫病卒集解沈欽韓曰素問生氣通天論冬傷於寒春必溫病封養視
殯斂吕所齎糧市小棺送喪到家家更斂見敬平生時書物皆在
棺中乃大異之封後遇賊財物悉被略奪唯餘縑七匹賊不知處
封乃追吕與之曰知諸君乏故送相遺賊驚曰此賢人也盡還其
器物後舉孝廉光祿主事遭伯父喪去官詔書求賢良方正直言
之士有至行能消災伏異者公卿郡守各舉一人郡及大司農俱
舉封公車徵陛見對策第一擢拜議郎遷西華令時汝潁有蝗災
獨不入西華界時督郵行縣蝗忽大至督郵其日卽去蝗亦頓除
一境奇之其年大旱封禱請無獲乃積薪坐其上吕自焚火起而
大雨暴至於是遠近歎服遷中山相時諸縣囚四百餘人辭狀已
定當行刑封哀之皆遣歸家與剋期日皆無違者詔書策美焉永
元十二年集解惠棟曰水經注云十三年徵拜太常卒官

李充字大遜陳留人也家貧兄弟六人同食遞衣集解惠棟曰東觀記云出入更衣
妻竊謂充曰今貧居如此難吕久安妾有私財願思分異充僞
酬之曰如欲別居當醞酒具會請呼鄉里內外共議其事婦從充
置酒讌客充於坐中前跪白母曰此婦甚無狀而教充離閒母兄
罪合遣斥便呵叱其婦逐令出門婦銜涕而去集解沈欽韓曰白虎通曾子因妻蒸藜不熟而去之令其可嫁也君子於夫婦之閒雖有大譴必託微譴李充苟欲自矜對眾訐斥亦異乎君子之用心坐中驚
肅因遂罷散充後遭母喪行服墓次人有盜其墓樹者充手自殺
之集解惠棟曰陳留耆舊傳云有夜盜斫柏樹服闋立精舍講授太守魯平集解惠棟曰平魯恭弟本傳作丕請署功曹不就平怒乃援充吕捐溝中因謫署縣都亭長
不得已起親職役後和帝公車徵不行延平中詔公卿中二千石
各舉隱士大儒務取高行吕勸後進集解惠棟曰袁紀延平元年詔曰易稱天垂象聖人則之又云聖人之情見乎辭然則文章之作將以幽贊神明變暢萬物秦燔詩書禮毀樂崩大漢之興拾而宏之至乎元康五鳳之閒英

豪四集文章煥炳六經之學於斯爲盛自頃以來學者怠惰遂以淩遲宜令公卿中二千石各舉隱逸大儒碩德高操以勸後進特徵充爲博士時魯平亦爲博士每與集會常歎服焉充遷侍中大將軍鄧隲貴戚傾時無所下借下音假借音子夜反吕充高節每卑敬之嘗置酒請充賓客滿堂酒酣隲跪曰幸託椒房位列上將幕府初開欲辟天下奇偉吕匡不逮惟諸君博求其器充乃爲陳海內隱居懷道之士頗有不合隲欲絕其說吕肉啖之集解惠棟曰陳留耆舊傳充在鄧將軍坐鄧設炙肉充挾箸以噉炙冷復令溫之及溫而後食袁紀隲舉肏充曰君宜及溫食之充抵肉於地曰說士猶甘於肉遂出徑去隲甚望之同坐汝南張孟舉集解惠棟曰袁紀云侍中張孟往讓充曰一日聞足下與鄧將軍說士未究一日猶昨日也激刺面折不由中和出言之責非所吕光祚子孫者也充曰大丈夫居世貴行其意何能遠爲子孫之計集解先謙曰官本之計作計哉由是見非於貴戚遷左中郎將年八十八吕爲國三老集解惠棟曰三老取首妻完具充既斥其妻以爲三老未詳

安帝常特進見賜吕几杖卒於家集解惠棟曰袁紀年八十四

繆彤字豫公汝南召陵人也集解惠棟曰前書儒林傳蘭陵繆生索隱云繆亡救反繆氏出蘭陵一音穆所謂穆生爲楚元王所禮也少孤兄弟四人皆同財業及各娶妻諸婦遂求分異又數有鬬爭之言彤深懷憤歎乃掩戶自撾曰繆彤汝修身謹行學聖人之法將吕齊整風俗奈何不能正其家乎弟及諸婦聞之悉叩頭謝罪遂更爲敦睦之行仕縣爲主簿時縣令被章見考吏皆畏懼自誣而彤獨證據其事掠考苦毒至乃體生蟲蛆集解先謙曰官本蠱作蟲是因復傳換五獄踰涉四年令卒吕自免太守隴西梁湛召爲決曹史安帝初湛病卒官彤送喪還隴西始葬會西羌反叛湛妻子悉避亂它郡彤獨留不去爲起墳冢乃潛穿井旁吕爲窟室晝則隱竄夜則負土及賊平而墳已立其妻子意彤已死還見大驚關西咸稱傳之共給車馬衣資彤不受而歸鄉里辟公府舉尤異集解沈欽韓曰尤異之舉是在外牧民之官非公府察舉也馮緄碑除廣都長郡察廉吏州舉尤異遷武陽令則尤異是州所舉其科起於章帝此上文辟公府下脫爲縣長事遷中牟令縣近京師多權豪彤到誅諸姦吏及託名貴戚賓客者百有餘人威名遂行卒於官

陳重字景公豫章宜春人也宜春今袁州縣少與同郡雷義爲友集解錢大昕曰袁敞傳言尚書郎朱濟丁盛立行不修張俊欲舉奏之二人恐因陳重雷義往請俊俊不聽因共私賂侍史使求俊短得其私書封上之雷陳雖以善交稱然與儉人爲朋私相請託難免比匪之傷矣俱學魯詩顏氏春秋太守張雲舉重孝廉重吕讓義前後十餘通記記書也雲不聽義明年舉孝廉重與俱在郎署有同署郎負息錢數十萬責主日至詭求無已說文曰詭責也集解惠棟曰責讀爲債重乃密吕錢代還郎後覺知而厚辭謝之重曰非我之爲將有同姓名者終不言惠又同舍郎有告歸寧者集解惠棟曰父母在寧告也誤持鄰舍郎絝吕去主疑重所取重不自申說而市絝吕償之後寧喪者歸吕絝還主其事乃顯後重與義俱拜尚書郎義代同時人受罪吕此黜退重見義去亦吕病免後舉茂才除細陽令政有異化舉尤異當遷爲會稽太守遭姊憂去官集解沈欽韓曰日知錄古人凡喪皆謂之憂其父母喪謂之丁大憂[illegible]晉陶潛歸去來辭自序云尋程氏妹喪於武林情在駿奔自免去職則已嫁之妹猶去官奔喪也後爲司徒所辟拜侍御史卒

雷義字仲公豫章鄱陽人也鄱陽縣城在今饒州鄱陽縣東集解惠棟曰鄱陽記云大雷岡在縣東北後漢雷義字次公所居初爲郡功曹嘗擢舉善人不伐其功義嘗濟人死罪罪者後吕金二斤謝之義不受金主伺義不在默投金於承塵上集解惠棟曰釋名云承塵施於上承塵土也後葺理屋宇乃得之金主已死無所復還義乃吕付縣曹後舉孝廉拜尚書侍郎有同時郎坐事當居刑作義默自表取其罪吕此論司寇同臺郎覺之委位自上乞贖義罪順帝詔皆除刑義歸舉茂才讓於陳重刺史不聽義遂佯狂被髮走不應命鄉里爲之語曰膠漆自謂堅不如雷與陳三府同時俱

辟二人〔集解〕惠棟曰謝承書黃向對策云雷陳義重出則雙升是也義遂爲守灌謁者漢官儀曰謁者
三十五人以郎中秩滿歲稱給事未滿歲稱灌謁者胡廣云明章二帝服勤園陵謁者灌桓後遂稱云馬融以爲灌者習所職也應
奉云如胡公之言則吉凶異制馬云灌習也字義非也高祖承秦灌嬰服事七年號大謁者後人掌之以姓灌章豈其然乎〔集解〕沈
欽韓曰穓木木叢生曰灌謂木未有名猶言散木也灌謁者隨輩聚處未有職事故以灌爲名使持節督郡國行
風俗太守令長坐者凡七十人旋拜侍御史除南頓令卒官子授
官至蒼梧太守
范冉字史雲冉或作丹〔集解〕惠棟曰眾漢書及貞節先生碑皆作丹獨范史作冉疑誤陳留外黃人也
少爲縣小吏〔集解〕惠棟曰干寶云爲尉從佐沈欽韓曰御覽五百十六海內先賢傳丹讓財千萬與三弟初學記謝承
書爲郡功曹長休假上下常單步策杖同類以車馬與之不受年十八奉檄迎督郵冉恥之乃遁
去〔集解〕惠棟曰袁山松書云棄衣物道旁家以爲死遂西入關學貞節先生碑云託死遁去親戚莫知其謀到南陽受
業於樊英又遊三輔就馬融通經〔集解〕惠棟曰陳留耆舊傳云丹學通三經貞節先生碑云涉五
經悅書傳尤篤易與尙書歷年乃還〔集解〕惠棟曰干寶云丹遂之南郡轉入三輔從英賢遊學十三年乃歸家人不復識

冉好違時絕俗爲激詭之行〔集解〕惠棟曰謝承書云丹姊病往看之姊設食丹以姊婿不德出門留二
百錢姊使人追索還之丹不得已受之聞里中芻藁僮僕更相怒曰言汝淸高豈范史雲輩而云不盜我菜乎丹聞之曰吾之志乃
在僮豎之口不可不勉遂投錢去常慕梁伯鸞閔仲叔之爲人與漢中李固河內
王奐親善而鄙賈偉節郭林宗焉謝承書曰奐字子昌河內武德人明五經負笈追業常賃灌園
恥交埶利爲考城令遷漢陽太守徵拜議郎卒〔集解〕何焯曰下文王子炳郎奐字也與謝書互異至於李公名輩已高不得與史雲
爲友李公被難在桓帝建和元年去史雲歿時凡三十九年何始云今皆不在制之在爾也奐爲考城令以仇覽傳參校亦桓帝時
事疑史雲之友別有一李子堅史家因氏與字偶同遂以李公實之沈欽韓曰何說非史雲歿年七十四當順桓時殆非稚齒且親
從樊英遊何不可與李公爲友當曰如黃叔度郭林宗參預諸公閒未聞以名位相壓也至臨歿傷其不在追思知己何害於辭王
補曰後漢有兩李固一太尉李固字子堅與杜喬同被誣於梁冀自有傳一左中郎將李固亦字子堅與王奐同爲范冉所親善見
冉傳冉遺令所謂知我心者李子堅王子炳也董卓傳注引獻帝起居注曰天子使左中郎將李固持節拜傕爲大司馬即其人焉
特左中郎地望不著范史於冉傳亦隸之漢中遂使讀者惛然莫辨疑太尉名德輩行決非冉友固其宜矣補案水經江水注一李
固與弟圄書固今年五十七鬢髮已白所爲容身而遊滿腹而去周觀天下獨未見益州耳漢中屬益州地冉友果生此何得云未
見是其邑里異一太尉被難年五十四此書言五十七其年齒異二太尉卒桓帝建初元年此奉命獻帝興平二年世之相後且四
十有八載矣其仕時異三太尉以司徒李郃子位終太尉錄尙書事此特左中郎將耳其爵秩崇卑異四然則李固實兩人范史强
合爲一耳殆因冉之遺令姓字並同不察其固別有一李子堅者遂舉太尉以實之大書於前如何焯云云邪但義門虛揣之詞了
無證案故特援據古籍以勘其誤奐後爲考城令境接外黃屢遣書請冉冉不至
及奐遷漢陽太守將行冉乃與弟協步齎麥酒於道側設壇以待
之冉見奐車徒駱驛遂不自聞惟與弟共辯論於路奐識其聲即
下車與相揖對奐曰行路倉卒非陳契闊之所可共前亭宿息以
敘分隔冉曰子前在考城思欲相從以賤質自絕豪友耳今子遠
適千里會面無期故輕行相候以展訣別如其相追將有慕貴之
譏矣便起告違拂衣而去奐瞻望弗及冉長逝不顧桓帝時以冉
爲萊蕪長萊蕪縣屬泰山郡故城在今淄川縣東南〔集解〕惠棟曰貞節先生碑云以處士舉孝廉除郎中萊蕪長遭
母憂不到官後辟太尉府以狷急不能從俗常佩韋於朝史記曰西門豹

性急佩韋以自緩議者欲以爲侍御史因遁身逃命於梁沛之閒徒行敝
服賣卜於市遭黨人禁錮遂推鹿車載妻子捃拾自資袁山松書曰冉去官
嘗使兒捃麥得五斛鄰人尹臺遺之一斛囑兒莫道冉後知即令并送六斛言麥已雜矣遂誓不敢受〔集解〕劉攽曰注遂誓不敢受
案敢當作取緣誤作敢遂妄出受字惠棟曰貞節先生碑云君因於屢空而性多檢括不[illegible]產業以爲卜筮之術得因吉凶道治民
情以受薄償且无咎累乃鬻卜於梁宋之城好事者覺之應時輒去或寓息客廬〔集解〕沈欽韓曰漢制鄉本有客舍丹
寓宿野廬不於亭室亦言其刻苦或依宿樹蔭如此十餘年乃結草室而居焉〔集解〕
惠棟曰袁山松書云丹弟子愷見丹在藩不完載柴將室藩之時丹適行還怒敕子拔柴載還之所止單陋有時
絕粒窮居自若言貌無改閭里歌之曰甑中生塵范史雲釜中生
魚范萊蕪〔集解〕沈欽韓曰御覽六百九十一謝承書曰陳留尹苞字廷博與同郡范史雲善二人俱貧出入共一單衣到
人門外苞年長先著單衣前入須臾出解與史雲及黨禁解爲三府所辟乃應司空命〔集解〕
惠棟曰貞節先生碑云禁既錮除太尉張公司徒崔公前後四辟是時西羌反叛黃巾作難制諸
府掾屬不得妄有去就制制書也冉首自劾退詔書特原不理罪又辟

太尉府吕疾不行中平二年年七十四卒於家【集解】惠棟曰碑云二年四月臨命遺令敕其子【集解】沈欽韓曰晉書隱逸傳丹之子譽其孫粲曰齊王芳被廢陽狂不言寢於車三十六年而卒吾生於昏闇之世值乎淫侈之俗生不得匡世濟時死何忍自同於世氣絕便斂斂吕時服衣足蔽形棺足周身斂畢便穿穿畢便埋其明堂之奠禮送死者衣曰明衣器曰明器鄭玄注云明者神明之也此言明堂亦神明之堂謂壙中也干飯寒水飲食之物【集解】沈欽韓曰集韻乾或從水漧通作干勿有所下墳封高下令足自隱前書劉向曰延陵季子葬其高可隱音義云謂人立可隱肘也隱音於靳反知我心者李子堅王子炳也李子堅李固也今皆不在制之在爾勿令鄉人宗親有所加也於是三府各遣令史奔弔大將軍何進移書陳留太守【集解】惠棟曰碑云陳留太守淯于君也累行論謚僉曰宜爲貞節先生謚法清白守節曰貞好廉自剋曰節也會葬者二千餘人刺史郡守各爲立碑表墓焉【集解】惠棟曰漢有謁者景君墓表在安帝時此墓表之始也

戴就字景成會稽上虞人也仕郡倉曹掾揚州刺史歐陽參奏太守成公浮臧罪【集解】惠棟曰孫愐云成公複姓漢尚書僕射東郡成公敞遣部從事薛安案倉庫簿領收就於錢塘縣獄【集解】惠棟曰案郡國志會稽無錢唐縣幽囚考掠五毒參至就慷慨直辭色不變容又燒鋘斧使就挾於肘腋鋘從吳毛詩云不吳不敖何承天纂文曰臿今之鋘也張揖字詁云臿刃也鋘音華按說文字林三蒼並無鋘字【集解】先謙曰官本鋘作鋘注從吳毛詩云不吳不敖九字在鋘字下二吳字並作吳無腋下鋘字周壽昌云案鋘說文本作芣兩刃臿也集韻或作鏵毛詩疏吳舊如字說文作吳吳大言也何承天云吳字誤當作吳从口下大故魚之大口者名吳胡化反此音恐驚俗也音話此作鋘者或隸體也洪頤煊云鋘本從吳作鋘吳越春秋兩鋘殖宮牆者農夫就成田夫耕也一切經音義卷十六鋘此古文奇字鏵就語獄卒可熟燒斧勿令冷【集解】惠棟曰謝承書云就語獄卒此無火氣何不熟燒先謙曰熟如禮內則盜熟謙之熟謂若物之成熟然每上彭考彭郎搒也因止飯食不肯下肉焦毀墮地者掇而食之掇拾也丁活反主者窮竭酷慘無復餘方乃臥就覆船下吕馬通薰之本草經云馬通馬矢也一夜二日皆謂已死發船視之就方張眼大罵曰何不

盆火而使滅絕又復燒地吕大鍼刺指爪中使吕把土爪悉墮落【集解】惠棟曰謝承書云十指皆墮終無橈辭主者吕狀白安安呼見就謂曰太守罪穢狼籍受命考實君何故吕骨肉拒扞邪就據地答言太守剖符大臣當吕死報國卿雖銜命固宜申斷冤毒柰何誣枉忠良强相掠理令臣謗其君子證其父薛安庸騃忸行無義忸忕也猶言慣習騃音吾楷反就考死之日當白之於天與羣鬼殺汝於亭中如蒙生全當手刃相裂安深奇其壯節即解械更與美談表其言辭解釋郡事徵浮還京師免歸鄉里太守劉寵舉就孝廉光祿主事病卒風俗通曰光祿奉盼上就爲主事

趙苞字威豪甘陵東武城人今貝州武城縣【集解】先謙曰官本陸作陵是東武城在東昌府武城縣西十里從兄忠爲中常侍苞深恥其門族有宦官名埶不與忠交通初仕州郡舉孝廉再遷廣陵令視事三年政敎清明郡表其狀遷遼

西太守【集解】惠棟曰續說苑云苞靈帝時爲武威守抗厲威嚴名振邊俗吕到官明年遣使迎母及妻子垂當到郡道經柳城柳城縣屬遼西郡故城在今營州南【集解】沈欽韓曰案續志遼西郡治陽樂縣統志陽樂故城在永平府撫寧縣西外趙苞迎母到郡道經柳城則陽樂故縣應在柳城之東今府東北口外舊起徒河今錦州府西北西南百里有陽樂城是也豈魏晉時移此城於肥如東界邪柳城今屬土默特部落蒙古地值鮮卑萬餘人入塞寇鈔苞母及妻子遂爲所劫質載吕擊郡苞率步騎二萬與賊對陣賊出母吕示苞苞悲號謂母曰爲子無狀欲吕微祿奉養朝夕不圖爲母作禍昔爲母子今爲王臣義不得顧私恩毀忠節唯當萬死無吕塞罪母遙謂曰威豪人各有命何得相顧吕虧忠義昔王陵母對漢使伏劍吕固其志爾其勉之苞即時進戰賊悉摧破【集解】惠棟曰續說苑云苞瞋目擐甲厲衆碎斬其帥伏尸十里其母妻皆爲所害苞殯斂母畢自上歸葬靈帝遣策弔慰封鄃侯鄃今貝州縣也音式揄反苞葬訖謂鄉人曰食祿而避難非忠也殺母吕全義非孝也如是有何面目立

於天下遂歐血而死〔集解〕惠棟曰續說苑云遂自殺

向栩字甫興河內朝歌人向長之後（高士傳向長向字作尙也）〔集解〕惠棟曰栩一作詡見羣輔錄甫興御覽作輔興向長字書皆作尙　先謙曰官本後下有也字尙也作尙字少爲書生性卓詭不倫恒讀老子〔集解〕惠棟曰御覽云常讀老子莊子凡御覽云者皆引范史狀如學道又似狂生好被髮著絳綃頭（說文綃生絲也從糸肖聲音消案此字當作幧音此消反其字從巾古詩云少年見羅敷脫巾著幧頭鄭玄注儀禮云如今著幓頭自項中而前交額上卻繞髻也）〔集解〕惠棟曰方言云自河以北趙魏之間曰幧頭廣韻云斂髮謂之幧頭亦作幓常於竈北坐板牀上如是積久板乃有膝踝足指之處〔集解〕惠棟曰魏明帝甄表狀云詡博覽羣籍兼好黃老古虛泊然肆志不慕時倫積三十年不好語言而喜長嘯賓客從就輒伏而不視有弟子名爲顏淵子貢季路冉有之輩或騎驢入市乞匄於人或悉要諸乞兒〔集解〕先謙曰官本要作邀並通俱歸止宿爲設酒食時人莫能測之郡禮請辟舉孝廉賢良方正有道公府辟皆不到又與彭城姜肱京兆韋著竝徵栩不應後特徵到拜趙相及

之官時人謂其必當脫素從儉（脫易簡素）而栩更乘鮮車御良馬世始疑其始僞及到官略不視文書舍中生蒿萊徵拜侍中每朝廷大事侃然正色百官憚之會張角作亂栩上便宜頗譏刺左右不欲國家興兵但遣將於河上北向讀孝經賊自當消滅〔集解〕惠棟曰袁紀云尚書令王允奏云太史王立說孝經六隱事令朝廷行之消卻災邪有益聖躬詔曰聞王者當修德爾不聞孔子制孝經有此而卻邪者也允固奏請曰立學深厚此聖人祕奧行之無損帝乃從之常以良日王允與王立入爲帝誦孝經一章以丈二竹簟畫九宮其上隨日時而出入焉棟案孝經六隱未詳所出風俗通亦云到伯夷坐誦六甲孝經易本六甲其亦六隱歟疑緯書有是說也御覽七百八卷引東觀漢記與袁紀同中常侍張讓讒栩不欲令國家命將出師疑與角同心欲爲內應收送黃門北寺獄殺之〔集解〕王補曰向栩誕譎非情難近以詭見售累致徵辟漢季尚聲積僞成怪斯則然矣至乃藻飾門人名爲顏冉猥頌孝經冀消賊竣非聖無法罪在不赦狂猋所煽毒流後禩廁諸獨行范氏爲傎

諒輔字漢儒廣漢新都人也仕郡爲五官掾（百官志曰每州皆置諸曹掾史有功曹史主選署功勞有五官掾署功曹及諸曹事）〔集解〕惠棟曰干寶云輔少給佐吏漿水不交爲從事大小畢舉郡縣斂手時夏大旱太守自出祈禱山川連日而無所降輔乃自暴庭中慷慨呪曰輔爲股肱不能進諫納忠薦賢退惡和調陰陽承順天意至令天地否隔萬物焦苦百姓喁喁無所訴告咎盡在輔今郡太守改服責己爲民祈福精誠懇到未有感徹輔今敢自祈請若日中不雨乞以身塞無狀於是積薪柴聚茭茅以自環（茭乾草也）〔集解〕惠棟曰春秋考異郵云僖公三時不雨禱於山川以六過自責又曰今野無生稼寡人當死百姓何謗不敢煩民請命願撫百姓以身塞無狀搆火其傍將自焚焉未及日中時而天雲晦合須臾澍雨一郡沾潤世以此稱其志誠

劉翊字子相潁川潁陰人也家世豐產常能周施而不有其惠曾行於汝南界中有陳國張季禮遠赴師喪遇寒冰車毀頓滯道路翊見而謂曰君慎終赴義行宜速達即下車與之不告姓名自策

馬而去季禮意其子相也後故到潁陰還所假乘翊閉門辭行不與相見常守志臥疾不屈聘命河南种拂臨郡引爲功曹翊以拂名公之子（拂暠之子也）〔集解〕惠棟曰拂爲潁川本傳不載又謝承書作主簿乃爲起焉拂以其擇時而仕甚敬任之陽翟黃綱恃程夫人權力求占山澤以自營植拂召翊問曰程氏貴盛在帝左右不聽則恐見怨與之則奪民利爲之柰何〔集解〕汪文臺曰文選江淹別賦注引謝承書程夫人富貴參雲翊曰名山大澤不以封蓋爲民也（禮記曰名山大澤不以封）明府聽之則被佞倖之名矣若以此獲禍貴子申甫則自以不孤也（申甫拂之子）〔集解〕沈欽韓曰申甫种劭字拂從翊言遂不與之乃舉翊爲孝廉不就後黃巾賊起郡縣飢荒翊救給乏絕資其食者數百人鄉族貧者死亡則爲具殯葬嫠獨則助營妻娶（寡婦爲嫠無夫曰獨）〔集解〕周壽昌曰案注無夫當作無妻嫠既是寡婦則獨當屬男子言故爲之助營妻娶管子取鰥寡而和合之此之謂合獨即此意也獻帝遷都西京翊舉上計掾是時寇賊興起道路隔絕使

驛稀有達者翊夜行晝伏乃到長安詔書嘉其忠勤特拜議郎遷陳留太守翊散所握珍玩惟餘車馬自載東歸出關數百里見士大夫病亡道次翊曰馬易棺脫衣斂之又逢知故困餧於路不忍委去因殺所駕牛曰救其乏衆人止之翊曰視死不救非志士也遂俱餓死

王烈字彥方魏志烈字彥考集解周壽昌曰今魏志亦作彥方不作彥考殆後改也太原人也少師事陳寔曰義行稱鄉里有盜牛者主得之盜請罪曰刑戮是甘乞不使王彥方知也烈聞而使人謝之遺布一端或問其故烈曰盜懼吾聞其過是有恥惡之心既懷恥惡必能改善故曰此激之後有老父遺劍於路行道一人見而守之至暮老父還尋得劍怪而問其姓名曰事告烈烈使推求乃先盜牛者也諸有爭訟曲直將質之於烈或至塗而反或望廬而還其曰德感人若此察孝廉三

府並辟皆不就遭黄巾董卓之亂乃避地遼東夷人尊奉之太守公孫度接曰昆弟之禮魏志曰公孫度字叔濟本遼東襄平人度父延避吏居玄菟任爲郡吏時玄菟太守公孫域子豹年十八早死度少時名豹又與域子同年域見親哀之遣就師學爲娶妻後舉有道除尚書郎遷遼東太守集解惠棟曰注字叔濟叔當作升又注公孫域域當作琙訪酬政事集解先謙曰官本酬作州周壽昌云案度官太守治遼東郡不得言州酬有酬對之義易是故可與酬酢酬酢猶應對也徐邈讀據此似酬字義爲長無庸改作州也又案本書李充傳云充爲酬之益徵酬之訓爲占對也欲曰爲長史烈乃爲商賈自穢得免集解沈欽韓曰漢制賈人不得宦爲吏御覽六百九十七晉令曰古儈賣者皆當著巾帖額題所儈賣者及姓名一足著黑履一足著白履此其穢賤可知也唐六典工商之家不得預於士曹操聞烈高名遣徵不至建安二十四年終於遼東年七十八

贊曰乘方不忒臨義罔惑忒差也言獨行之人乘履方正不差二也惟此剛絜果行育德易蒙卦象曰君子以果行育德也

獨行傳第七十一　終

後漢書八十一

後漢書集解卷八十一挍補

獨行列傳孔子曰至狷者有所不爲也注此是錄論語者因夫子之言而釋狂狷之人也案序用孟子文注不指出非也

譙君黄傳皇太子多横夭官本夭下多折字

於是縱使者車注縱捨也官本注在傳文縱字下仍出縱字誤也捨官本注作舍古今字

仕至合浦太守柳從辰曰一統志費貽墓在今華陽縣東南十九里

李業傳譬猶彀弓射市彀原譌穀依錢校正官本不誤

猜疑寇心集解沈欽韓曰此述使語不應目述爲寇案寇害也謂業猜疑不決自害其心也不當如韓說

丈夫斷之於心久矣官本丈上多以字

遂飲毒而死柳從辰曰一統志業墓在今梓潼縣西五里

是時犍爲任永君業官本君作及非

劉茂傳再遷五原屬國侯官本侯誤候

其暮俱奔盂縣注今并州盂縣也今太原府陽曲縣東北八十里

主簿衞福功曹徐咸遽起之官本起作赴是

温序傳騎都尉弓里戌至戌見序奇之官本上戌同下戌作戍案戍戌形近易譌古人名皇戍向戍雖多是戍然弓里戌其字不著無由證其不爲戌自不應改

彭脩傳會稽毗陵人也毗原譌昆已正官本不誤注毗陵今常州晉陵縣也今常州府武進縣治

周嘉傳當下蠶室集解沈欽韓曰案漢除肉刑久矣惟死罪自募耳案漢世刑法自魏晉以來莫能究言漢文除肉刑三僅黥劓二刖宮刑本不與已有奄寺也武帝雖簡用酷吏繁增科條亦未復肉刑而史遷竟下蠶室其非已除可知後漢宦權滋張多自腐身熏子以求進如遷之不幸者未復有聞觀孔融之論肉刑並及巷伯史遷是中興已除之殆亦如斬右止者從重比矣若周燕在宣帝時未必無此刑也前書刑法志未言其餘罪次於古當生今獨死者皆可募行肉刑李奇注云欲死耶欲腐耶沈意腐刑不由奏當也然此班史折衷之說恐非事實

敞爲流矢所中 官本無所字

羣賊於是兩相視曰 官本兩字重文

范式傳一名氾 沈銘彝曰據范碑云長山相暨子氾孫允嗣罔繼無一名氾之說或因碑中有氾字而誤歟今案史非據碑碑又未盡可據不得疑史誤

乃變名姓 官本名姓作姓名

晨門肆志於抱關注解見張皓傳也 官本注末無也字

式後遷廬江太守有威名卒於官 沈銘彝曰范碑在濟甯州原石久佚乾隆中崔儒昕得碑額李鐵橋繼得正碑今皆立學宮戟門下碑字多剝蝕黃小松郡丞有舊搨本校今搨多百餘字小松爲雙鉤竝考辯刻成一冊又碑云寶疏氏之至順以疾告辭則似在廬江以病免官歸卒於金鄉者而史以爲卒於官其說之不同如此

卒於官 柳從辰曰山東通志式墓在今嘉祥縣南二十五里大鼎山

李善傳告奴婢於長吏 吏原作史依錢校改官本不誤

王忳傳未及問姓名而絕忳卽鬻金一斤 官本絕上多命字鬻下少金字

弁道書生形貌及埋金處 官本金下多之字

不知所往 官本往作在

除郿令到官至斄亭 沈銘彝曰詩申伯信邁王餞於郿說文郿右扶風縣名詩卽有部家室說文部炎帝後姜姓所封帝嚳元妃部氏女也生棄爲后稷復封於部前書郊祀志后稷封斄注讀如部今案續志郿有部亭注引徐廣曰今斄鄉又云案王忳傳郿之斄亭爲寃鬼報戮故亭長者也是知本傳部作斄舊本如此前漢扶風原有斄縣見班志後漢弁省入郿爲斄鄉也

張武傳吳郡由拳人也 案武時無吳郡書吳郡本不合惟范史必因舊文此或吳郡志乘所記因而未改

至亡處祭醊而還 官本而上有泣字是

陸續傳皆分別姓氏 官本氏作名

已爲門卒通傳意氣 官本門卒作獄門吏卒多二字

戴封傳送喪到家家更斂見敬平生時書物皆在棺中 官本更上不重家字生作行

光祿主事 案戴就傳亦云太守劉寵舉就孝廉光祿主事注引風俗通光祿奉膀上就爲主事皆以孝廉爲此官彼且須由光祿卿上請殆亦猶羽林監謁者之必用孝廉也見續志劉注引漢官及荀綽晉百官表注然以百官志不載遂莫能詳公沙穆舉孝廉以高第爲主事辦見穆傳舉不詳何屬亦孝廉爲之也

遭伯父喪去官 沈銘彝曰朱竹垞云東漢風俗以之厚期功之喪咸得棄官持服如賈逵以祖父喪戴封以伯父西鄂長楊弼以伯母繁陽令楊君以叔父上虞長度尚以從父渤海王郎中劉衡以兄思善侯相楊著以從兄太常丞譙乎槐里令曹全以弟廣平令仲定以姊王純以妹馬融以兄子皆以憂棄官輕舉至晉而嵇紹拜徐州刺史以長子喪去職陶潛以程氏妹喪自免作歸去來辭自是而後古之道莫之行也楊末孩曰古人於期功之喪棄官持服者尚有數人如韋義以兄順喪去官楊仁以兄喪去官陳寔以期喪去官范滂父字叔矩博士徵以兄喪去官園令趙君司徒楊公辟以兄憂不至陳重當遷會稽太守遭姊憂去官通典云安帝初長吏多避事去官乃令自非父母喪不得去職由是期功之喪無有解官者矣

李充傳貴戚傾時 貴原譌責已正官本不誤

年八十八 官本作年八十八無下八字案據袁紀載充卒年亦無八十八則毛本下八字或衍

賜已几杖卒於家 柳從辰曰今袁紀賜以几杖下有訪以國政句卒年作八十三與惠引袁紀異

繆肜傳皆同財業 官本業作產

乃潛穿井旁 官本旁作傍通

陳重傳豫章宜春人也注宜春今袁州縣 今袁州府宜春縣治

拜侍御史卒 柳從辰曰一統志重墓在今分宜縣北八十里

雷義傳豫章鄱陽人也注鄱陽縣城在今饒州鄱陽縣東 今饒州府鄱陽縣治

義嘗濟人死罪 案文義當作又疑又譌义义復譌義也

後葺理屋宇乃得之 官本之作金

義遂爲守灌謁者注明章二帝服勤園陵謁者灌桓 明原譌用桓原譌曰已正官本不誤今案灌曰灌桓皆無義可詮且應奉謂吉凶異制疑本作灌神墓祭非吉祭朝夕上食不灌也

范冉傳范冉字史雲集解惠棟曰衆漢書及貞節先生碑皆作丹 柳從辰曰御覽五百十七引謝承書亦作冉與傳合案本書符融傳亦作冉又融薦冉於太守馮岱當已在冉游學還家之後

謝承書謂薦爲功曹傳不復及蓋冉未應辟也

與漢中李固河南王奐親善集解王補曰後漢有兩李固至故特據古籍以勘其誤今案何沈兩說本皆存疑之辭王氏譏何而所據古籍乃不過一水經注一起居注水經注隸事恆誤起居注乖謬尤多前已屢論之矣且起居注之李固一作李國其名尚不定其字與地望何由知是亦虛揣也水經注載李固之年雖不與固傳符亦何從定其確爲獻帝時之李固是仍虛揣也又水經注載固弟名圄圖之圄此殆不能無誤獻帝時之李固有弟與否本亦不可知若太尉固則有弟名歷字季子見方術傳乃郃弟之子而固之從弟也博學善交與鄭元陳紀相結是本留漢中者固隨父生長京師游學齊魯未嘗得還故土故反以未見益州爲慨如益州非其故土又何獨以不見爲慨乎此亦易知也太尉固卒時年已三十七固年大冉十餘歲耳非必不可爲友沈說有足取者抑博雅如何豈不見水經注起居注正以二書不足證明己說不敢輕引王氏譏之誤矣柳從辰曰五十七幾六十矣乃鬢髮應白之時固何爲以爲慨且言鬢髮而不及鬢必尙未有鬢則五十當是三十之譌王氏以此一字偶誤而遂謂非指太尉固不知苟非太尉固水經注將不暇引卽引亦必詳載其本末矣此無可疑也況冉卒靈帝中平二年明云李子堅王子炳今皆不在而左中郎將李固獻帝興平二年猶在王氏乃反欲舉以充冉之友何氏固不若是之疏謬矣

呂冉爲萊蕪長注萊蕪縣屬泰山郡故城在今淄川縣東南官本注山郡二字誤倒萊蕪今濟南府淄川縣東南

捃拾自資注嘗使兒捃麥官本注捃下有拾字集解劉攽曰注遂誓不敢受案敢當作取緣誤作敢遂妄出受字今案注引袁山松書蓋本有刪節冉後知郎令并送六斛此下當有尹臺收回一斛仍送還五斛之事故冉言麥已雜矣遂誓不敢受耳改取去受於說未確

或寓息客廬集解沈欽韓曰漢制鄉本有客舍冉寓宿野廬亦言其刻苦案此錄沈說漢制上脫周禮遺人注廬若今野候徒有房也宿可止宿若今亭有室矣圉師注房廡也言但有廊屋無障蔽凡三十八字

遺令敕其子集解沈欽韓曰至寢於車三十六年而卒柳從辰曰晉書並稱粲子喬行身不穢爲物所歎服則冉後可謂世濟其美矣

戴就傳收就於錢塘縣獄集解惠棟曰案郡國志會稽無錢塘縣說詳朱儁傳校補

又燒鋘斧使就挾於肘腋注張揖字詁官本注詁譌話集解周壽昌曰至或隸體也今案說文夨本从大吳訓大言古文卽从口大茉一作鋘或又作鏵作鋘者皆推本於鋘耳纂文謬說段玉裁已辯之矣至官本作鋘直是譌字無義可說也鋘斧本各爲一器而傳文上言燒鋘斧下乃止言燒斧則是止一斧也當係斧之有兩刃者

每上彭考注彭卽篣也官本注篣誤蒡

呂馬通薰之注本草經云馬通馬矢也官本注云作曰柳從辰曰馬菌曰通諱其名也凡菌必達胴腸乃出故曰通

趙苞傳苞率步騎二萬官本無步字

封郤侯注郤今貝州縣也今地詳馬武傳

向栩傳板乃有膝踝足指之處膝原譌漆依錢校正官本不誤

諒輔傳萬物焦苦官本苦作枯案苦病也亦通枯莊子人間世此以其能苦其生者也釋文云苦崔本作枯

若日中不雨日原作至雨原譌語已正官本作若至日中不雨多一字

劉翊傳煢獨則助營妻娶案以女適人曰妻妻讀去聲詩有女同車序齊侯請妻之論語以其兄之子妻之義皆同娶本作取謂取人女爲婦也後人多捉之注無夫曰獨案周訂夫字爲誤是也然乃子之誤非妻之誤婦人夫死無子當嫁男子妻死無子當更娶也

王烈傳訪酬政事集解先謙曰官本酬作州謹案度自立爲遼東侯平州牧見魏志度傳作州固非不可但烈旅人非習知本州事者疑本是諏字音近而譌也夫烈以商賈自穢度卽有所問未必肯酬對且傳兢度言不就烈言周以作酬於義爲長恐非

方術列傳第七十二上

宋　宣城太守范曄撰

唐　章懷太子賢注

王先謙集解

仲尼稱易有君子之道四焉，曰「卜筮者尚其占」。易繫辭曰以言者尚其辭以動者尚其變以制器者尚其象以卜筮者尚其占占也者，先王所以定禍福，決嫌疑，幽贊於神明，遂知來物者也。易說卦曰聖人之作易也幽贊於神明而生蓍繫辭曰無有遠近幽深遂知來物若夫陰陽推步之學，往往見於墳記矣。左傳曰履端於始舉正於中歸餘於終尚書曰歷象日月星辰也然神經怪牒、玉策金繩，關扃於明靈之府，封縢於瑶壇之上者，靡得而闚也。至乃河洛之文，龜龍之圖，尚書中候曰堯沈璧於洛玄龜負書背中赤文朱字止壇舜禮壇於河畔沈璧禮畢至於下昃黃龍負卷舒圖出水壇畔集解惠棟曰注背中赤文朱字案中候握河紀云背甲赤文成字又注至於下昃案中候考河命云至於下稷鄭元云稷讀曰昃下之昃日西之時箕子之術，箕子說洪範五行陰陽之術也集解惠棟曰洪範有消災之術見伏生五行傳前書劉向傳云箕子爲武王陳五行陰陽休咎之應也師曠之書，占災異之書也今書七志有師曠六篇緯候之部，緯七經緯也候尚書中候也鈐決之符，兵法有玉鈐篇及玄女六韜要決曰太公對武王曰主將有陰符有大勝得敵之符符長一尺有破軍禽敵之符符長九寸有降城得邑之符符長八寸有却敵執遠之符符長七寸有交兵驚中堅守之符符長六寸有請糧益兵之符符長五寸有敗軍亡將之符符長四寸有失亡吏卒之符符長三寸諸奉使行符稽留若符事聞聞符所告者皆誅皆所以探抽冥賾參驗人區，時有可聞者焉。小爾雅曰賾深也區域也其流又有風角、遁甲、七政、元氣、六日七分、逢占、日者、挺專、須臾、孤虛之術，風角六日七分解並見郎顗傳遁甲推六甲之陰而隱遁也今書七志有遁甲經七政日月五星之政也元氣者謂開闢陰陽之書也河圖曰元氣闓陽爲天前書班固曰東方朔之逢占覆射音義云逢人所問而占之也日者卜筮掌日之術也史記司馬季主爲日者挺專折竹卜也楚辭曰索瓊茅以筳專注云筳八段竹也楚人名結草折竹曰專一筳音大寗反須臾陰陽吉凶立成之法也今書七志有武王須臾一卷孤虛者孤謂六甲之孤辰若甲子旬中戌亥無干是爲孤也對孤爲虛前書藝文志有風后孤虛二十卷集解惠棟曰鄭志目錄有七政論案元氣即太一也家語云夫禮必本之太一太一分爲天地轉爲陰陽變爲四時列爲鬼神注太一爲元氣楊由習七政元氣是也經籍志有周易飛候六

日七分八卷注氣闓陽闓當作闓音開沈欽韓曰注孤虛云云虞翻易解謂甲子之旬辰巳虛及望雲省氣，推處祥妖，時亦有以效於事也。望雲解見明帝紀省氣者觀城郭人畜氣以占之也集解惠棟曰經籍志有雲氣經七卷望氣書一卷而斯道隱遠，玄奧難原，故聖人不語怪神，罕言性命。論語曰子不語怪力亂神又曰子罕言利與命與仁或開末而抑其端，論語曰孔子有疾子路請禱子曰丘之禱久矣鄭玄注云明素恭肅於鬼神且順子路之言也或曲辭以章其義，易曰探賾索隱鉤深致遠定天下之吉凶成天下之亹亹者莫善於蓍龜也所謂民可使由之，不可使知之。論語孔子之言也鄭玄注云由從也言王者設教務使人從之若皆知其本末則愚者或輕而不行漢自武帝頗好方術，天下懷協道藝之士，莫不負策抵掌，順風而屆焉。前書武帝時李少翁欒大等並以方術見少翁拜文成將軍欒大拜五利將軍貴震天下而海上燕齊之士莫不搤腕而自言有禁方矣抵側擊也集解惠棟曰孔平仲云後漢懷挾字都作懷協後王莽矯用符命，及光武尤信讖言，士之赴趣時宜者，皆馳騁穿鑿，爭談之也。故王梁、孫咸名應圖籙，越登槐鼎之任，光武以赤伏符文拜梁爲大司空又以讖文拜孫咸爲大司馬見景丹傳鄭興、賈逵以附同稱顯，桓譚、尹敏以乖

忤淪敗，各見本傳集解惠棟曰興傳以不善讖故不能任此云附同稱顯與傳異自是習爲內學，尚奇文，貴異數，不乏於時矣。內學謂圖讖之書也其事祕密故稱內集解惠棟曰詳孔僖傳是以通儒碩生，忿其姦妄不經，奏議慷慨，以爲宜見藏擯。謂桓譚賈逵張衡之流也各見本傳集解錢大昕曰賈逵傳會圖讖見本傳此序亦云逵以附同稱顯注乃以逵與桓譚張衡並稱誤矣惠棟曰不附內學者桓譚尹敏鄭興張衡數人賈逵附會圖讖與左氏合故范於賈逵諸贊言逵能附會文致最差貴顯上云鄭興賈逵以附同稱顯此注以鄭興與傳連注又誤以逵不附內學與范連皆當是正子長亦云：「觀陰陽之書，使人拘而多忌。」蓋爲此也。司馬遷字子長其父太史公論六家之要曰觀陰陽之術太詳而眾忌使人拘而多畏見史記也夫物之所偏，未能無蔽，集解先謙曰官本未作不雖云大道，其硋或同。硋音五愛反若乃詩之失愚，書之失誣，然則數術之失，至於詭俗乎？如令溫柔敦厚而不愚，斯深於詩者也；疏通知遠而不誣，斯深於書者也。禮記曰其爲人也溫柔敦厚詩教也疏通知遠書教也詩之失愚書之失誣鄭玄注詩敦厚近愚書知遠近誣也極數知變而不詭俗，斯深於數術者也。易曰極數知來之謂占又曰知變化之道者其知神之所爲乎故曰苟非

其人道不虛行易繫辭之文也意者多迷其統取遺頗偏甚有雖流宕過誕亦失也取遺謂信與不信也陰陽之術或信或不信各有所執故偏頗也㠯爲甚有者雖流宕失中過稱虛誕者亦爲失也集解劉攽曰正文甚有雖流宕過誕亦失案此不成文理注亦不明蓋非范本眞中世張衡爲陰陽之宗郎顗咎徵最密餘亦班班名家焉謂襄楷蔡邕楊厚等也其徒亦有雅才偉德未必體極藝能今蓋糾其推變尤長可以弘補時事因合表之云表顯也

任文公巴郡閬中人也閬中今隆州縣父文孫集解惠棟曰文孫官至侍御史案華陽國志文公爲文孫弟也明曉天官風角祕要文公少修父術州辟從事哀帝時有言越巂太守欲反刺史大懼遣文公等五從事檢行郡界潛伺虛實其止傳舍時暴風卒至文公遽起白諸從事促去當有逆變來害人者因起駕速驅諸從事未能自發郡果使兵殺之文公獨得免集解惠棟曰王充論衡云風家言風至爲盜賊者感應之起非盜賊之入精氣感天使風至也盜賊瑲敵而殺皆在徙倚漏刻之間而天風已以貪狠陰賊之日至矣

後爲治中從事時天旱白刺史曰五月一日當有大水其變已至不可防救宜令吏人豫爲其備刺史不聽文公獨儲大船百姓或聞頗有爲防者到其日旱烈文公急命促載使白刺史刺史笑之日將中天北雲起須臾大雨至餔時湔水涌起十餘丈酈元水經注云湔水出綿道玉壘山在今益州湔音子延反集解沈欽韓曰玉壘山在今茂州保縣治綿虒道在今保縣南湔水出此入江後世以沱江枝流別指爲湔水故玉壘山更移於灌縣也先謙曰綿道當作綿虒道突壞廬舍所害數千人文公遂以占術馳名辟司空掾平帝即位稱疾歸家王莽篡後文公推數推歷運之數也知當大亂乃課家人負物百斤環舍趨走日數十集解劉攽曰舊本有一倒字不合刊去時人莫知其故後兵寇並起其逃亡者少能自脫惟文公大小負糧捷步捷健也悉得完免集解惠棟曰益都耆舊傳云文公有王莽之變悉賣奇物惟存銅甑蓑笠遂奔子公山集解沈欽韓曰寰宇記思公山在璧州符陽縣北二百里一統志山在保甯府通江縣北思公即子公也十餘年不被兵革公孫述時蜀武擔石折武擔山在今益州成都縣北百二十步揚雄蜀王本紀云武都丈夫化爲女子顏色美絕蓋山精也蜀王納以爲妃無幾物故乃發卒之武都擔土葬於成都郭中號曰武擔以石作鏡一枚表其墓華陽國志曰王哀念之遣五丁之武都擔土爲妃作冢蓋地數畝高七丈其石俗今名爲石笋文公曰噫西州智士死我適當之自是常會聚子孫設酒食後三月果卒故益部爲之語曰任文公智無雙

郭憲字子橫汝南宋人也續漢志汝南郡有宋公國周名郪巨漢改爲新郪章帝建初四年徙宋公於此集解洪亮吉曰案憲卒在光武時此時尚未名宋章帝建初四年始改名憲傳仍書新郪爲是少師事東海王仲子集解惠棟曰汝南先賢傳云憲學貫祕奧師事東海王仲子案仲子名良東海蘭陵人也自有傳沈欽韓曰王仲子名璜見前書溝洫志時王莽爲大司馬召仲子仲子欲往集解惠棟曰汝南先賢傳云莽召仲子欲爲兒講仲子聞之即褰裳欲往憲諫曰禮有來學無有往教之義禮記曰禮聞來學不聞往教今君賤道畏貴竊所不取仲子曰王公至重不敢違之憲曰今正臨講業且當訖事仲子從之日晏乃往莽問君來何遲仲子具以憲言對莽陰奇之及後篡位拜憲郎中賜以衣服憲受衣焚之逃於

東海之濱莽深忿恚討逐不知所在光武即位求天下有道之人迺徵憲拜博士再遷建武七年代張堪爲光祿勳從駕南郊憲在位忽回向東北含酒三潠埤蒼曰潠噴也音巽執法奏爲不敬執法糺劾之官也詔問其故憲對曰齊國失火故以此厭之後齊果上火災與郊同日八年車駕西征隗囂憲諫曰天下初定車駕未可以動憲乃當車拔佩刀以斷車靷靷在馬胸音胤帝不從遂上隴其後潁川兵起乃回駕而還帝歎曰恨不用子橫之言集解惠棟曰先賢傳云恨不用光祿之言時匈奴數犯塞帝患之乃召百僚廷議憲以爲天下疲敝不宜動衆諫爭不合乃伏地稱眩瞀不復言瞀亂也帝令兩郎扶下殿憲亦不拜帝曰常聞關東觥觥郭子橫竟不虛也觥觥剛直之貌音古橫反集解周壽昌曰橫本有光音與觥爲韻前書橫橋本書橫被皆音光屢見注音觥爲橫以就橫韻可不必也憲遂以病辭退卒於家

許楊字偉君汝南平輿人也少好術數王莽輔政召爲郎稍遷酒

泉都尉及莽篡位楊乃變姓名爲巫醫逃匿它界莽敗方還鄉里汝南舊有鴻郤陂陂在今豫州汝陽縣東〔集解〕錢大昕曰漢書作鴻隙隙與郤同沈欽韓曰陂在汝寧府城東十里受淮北諸水成帝時丞相翟方進奏毀敗之建武中太守鄧晨欲修復其功聞楊曉水脈召與議之楊曰昔成帝用方進之言前書翟方進奏壞鴻郤陂詩而自夢上天天帝怒曰何故敗我濯龍淵是後民失其利多致飢困時有謠歌曰敗我陂者翟子威飴我大豆亨我芋魁方進字子威芋魁芋根也前書飴作飯亨作羹反乎覆陂當復〔集解〕王會汾曰案前書翟方進傳此下有誰云者兩黃鵠六字昔大禹決江疏河已利天下明府今興立廢業富國安民童謠之言將有徵於此誠願已死効力晨大悅因署楊爲都水掾使典其事楊因高下形埶起塘四百餘里數年乃立塘堤堰水也〔集解〕惠棟曰謝承書云署爲永平水掾百姓得其便累歲大稔初豪右大姓因緣陂役競欲辜較在所〔集解〕惠棟曰辜較音姑角楊一無聽遂共譖楊受取賕賂晨遂收楊下獄而

械輒自解〔集解〕惠棟曰謝承書云戶自開械自解獄吏恐懼白晨晨驚曰果濫矣太守聞忠信可已感靈今其效乎即夜出楊遣歸時天大陰晦道中若有火光照之時人異焉〔集解〕汪文臺曰御覽七十二引謝承書云出時日暮陂上有火光引前淸德之感也後已病卒晨於都宮爲楊起廟圖畫形像百姓思其功績皆祭祀之

高獲字敬公汝南新息人也〔集解〕汪文臺曰御覽十一引謝承書作周獲爲人尼首方面尼首首象尼丘山中下四方高也少遊學京師與光武有舊師事司徒歐陽歙歙下獄當斷獲冠鐵冠帶鈇鑕詣闕請歙帝雖不赦而引見之謂曰敬公朕欲用子爲吏宜改常性獲對曰臣受性於父母不可改之於陛下出便辭去三公爭辟不應後太守鮑昱請獲旣至門令主簿就迎主簿曰但使騎吏迎之〔集解〕劉攽曰主簿曰案文多一曰字周壽昌曰主簿但有此言非徑遣吏迎也故曰獲聞之非曰何已聞也曰字不可去獲聞之即去昱遣追請獲獲顧曰府君但爲主簿所欺不足與談遂不留時郡境大旱獲素善天文曉遁甲能役使鬼神昱自往問何已致雨獲曰急罷三部督郵續漢書曰監屬縣有三部每部督郵書掾一人明府當自北出到三十里亭〔集解〕汪文臺曰御覽引謝承書作四十里亭雨可致也昱從之果得大雨每行縣輒軾其閭軾所已禮之禮記曰軾視馬尾也獲遂遠遁江南卒於石城石城在今蘇州西南〔集解〕沈欽韓曰漢志石城縣屬丹陽郡今池州府貴池縣西七十里地名鐵店石城人思之共爲立祠

王喬者河東人也顯宗世爲葉令喬有神術每月朔望常自縣詣臺朝帝怪其來數而不見車騎密令太史伺望之言其臨至輒有雙鳧從東南飛來於是候鳧至舉羅張之但得一隻舄焉乃詔上方訴視說文曰訴亦視也音員吝反〔集解〕惠棟曰應劭辨之云國家畏天之威思求譴告故於上西門城上候望近太史寺令丞躬親靈臺位國之陽□□別在宮中曜有得失故參之也何有一飛舄遂建其處乎世之矯誣豈一事哉則四年中所賜尚書官屬履也每當朝時葉門下鼓不擊自鳴聞於京師

後天下玉棺於堂前吏人推排終不搖動喬曰天帝獨召我邪乃沐浴服飾寢其中蓋便立覆宿昔葬於城東土自成墳其夕縣中牛皆流汗喘乏而人無知者百姓乃爲立廟號葉君祠〔集解〕沈欽韓曰風俗通正失篇春秋左氏傳葉公子高退而老於葉及其終也葉人追思而立祠功施於民已勞定國兼茲二事固祠典之所先也此乃春秋之時何有近孝明乎史通雜說篇干寶搜神記乃隱應氏所通而收流俗怪說旣而宋求漢事旁取令升之書編簡一定膠漆不移故今俗之學者說鳧履登朝則云漢書舊記撫彼虛詞成茲實錄牧守每班錄皆先謁拜之王喬墓在今葉縣東吏人祈禱無不如應若有違犯亦立能爲祟帝乃迎取其鼓置都亭下略無復聲焉或云此即古仙人王子喬也劉向列仙傳曰王子喬周靈王太子晉也好吹笙作鳳鳴遊伊洛閒道士浮丘公接上嵩山二十餘年後來於山上告桓良曰告我家七月七日待我緱氏山頭果乘白鶴駐山巔望之不得到舉手謝時人而去

謝夷吾字堯卿會稽山陰人也少爲郡吏學風角占候太守第五倫擢爲督郵〔集解〕惠棟曰會稽典錄云夷吾爲郡功曹史太守第五倫妻市馬入府無所開啟夷吾鞭功曹佐史門闌

卒率車馬出之收其人從倫爲解之良久乃已時烏程長有臧釁倫使收案其罪夷吾到縣無所驗但望閤伏哭而還一縣驚怪不知所爲及還白倫曰竊以占候知長當死近三十日遠不過六十日遊魂假息非刑所加故不收之倫聽其言至月餘果有驛馬齎長印綬上言暴卒倫以此益禮信之謝承書曰倫甚崇其道德轉署主簿使子從受春秋夷吾待之如師弟子之禮時或遊戲不肯讀書便白倫行罰遂成其業也舉孝廉爲壽張令謝承書曰縣人女子張雨早喪父母年五十不肯嫁留養孤弟二人教其學問各得通經雨皆爲娉娶皆成善士夷吾薦於州府使各選舉表復雨門戶永平十五年蝗發泰山流徙郡國荐食五穀過壽張界飛逝不集稍遷荊州刺史謝承書曰夷吾雅性明遠能決斷罪疑行部始到南陽縣遇孝章皇帝巡狩幸魯陽有詔敕荊州刺史入傳錄見囚徒誡長吏勿廢舊儀朕將覽焉上臨西廂南面夷吾處東廂分帷隔中央夷吾所決正一縣三百餘事事與上合而朝廷歎息曰諸州刺史盡如此者朕不憂天下常以勵羣臣〔集解〕惠棟曰注東廂顏籀云正寢之東西室皆號曰箱言如箱篋之形沈欽韓曰御覽六百三十九會稽典錄云夷吾省錄四徒有亭長姦部民者縣言和姦上意以爲吏姦民何得言和觀刺史決當云何夷吾決之曰亭長詔書朱幘之吏職在禁姦今爲惡之端何得言和切讓三老孝弟兄長罪其所決正一縣三

百餘事與上意合謝承書云是時恩化大行百姓樂政遷鉅鹿太守所在愛育人物有善績〔集解〕汪文臺曰書鈔七十五引謝承書云臨發陛見賜車馬劍革帶勅曰鉅鹿劇郡舊爲難治以君有撥煩之才故特授任當如刺史無毀前勞及倫作司徒令班固爲文薦夷吾曰臣聞堯登稷契政隆太平舜用皋陶政致雍熙〔集解〕劉攽曰案文勢不當駢用兩政字蓋上政本是治字避作化後人誤也殷周雖有高宗昌發之君猶賴傅說呂望之策故能克崇其業允協大中尚書洪範曰皇建其有極孔安國注云皇大極中也竊見鉅鹿太守會稽謝夷吾出自東州厥土塗泥而英資挺特奇偉秀出才兼四科行包九德四科見文苑傳尚書告繇陳九德曰寬而栗愿而恭亂而敬柔而立擾而毅直而溫簡而廉剛而塞彊而義也仁足濟時知周萬物加以少膺儒雅韜含六籍推考星度綜校圖錄探賾聖祕觀變歷徵占天知地與神合契據其道德以經王務昔爲陪隸與臣從事奮忠毅之操躬史魚之節董臣嚴綱勗臣懦弱董督也勗勵也得以免戾寔賴厥勳及其應選作宰惠敷百里降福彌異流化若神爰牧荊州威行邦國奉法作政有周召之風居儉履約紹公儀之操史記公儀休相魯拔園葵去織婦不與人爭利〔集解〕周壽昌曰邦國恐是郡國之訛漢人避邦字俱以國字代之此不合以邦國並用也尋功簡能爲外臺之表〔集解〕沈欽韓曰通典職官十四或謂州府爲外臺郎此魏志賈逵曰州本以御史出監諸郡故云臺聽聲察實爲九伯之冠左傳曰五侯九伯杜預注云九州之伯也遷守鉅鹿政合時雍德量績謀有伊呂管晏之任闡弘道奧同史蘇京房之倫左傳史蘇晉太史善筮者京房字君明善陰陽占候見前書雖密勿在公而身出心隱不殉名以求譽不馳騖以要寵念存遜遁演志箕山方之古賢實有倫序採之於今超然絕俗誠社稷之元龜大漢之棟甍尚書曰格人元龜罔敢知吉元大也甍亦棟也宜當拔擢使登鼎司上令三辰順軌於歷象下使五品咸訓於嘉時五品五常之教也謂父義母慈兄友弟恭子孝也訓順也必致休徵克昌之慶非徒循法奉職而已臣以頑駑器非其疇疇類也尸祿負乘夕惕若厲易曰負且乘致寇至又曰夕惕若厲言君子終日乾乾至于夕猶怵惕戒懼若危厲願乞骸骨更授夷吾

上以光七曜之明下以厭率土之望庶令微臣塞咎免悔後以行春乘柴車從兩吏柴車賤車也冀州刺史上其儀序失中有損國典〔集解〕惠棟曰前書景帝紀中六年詔曰吏者民之師也車駕衣服宜稱吏六百石以上皆長吏也或不吏服出入閭里與民無異令長二千石車朱兩轓千石至六百石車朱左轓車騎從者不稱其官衣服下吏出入閭里無吏體者二千石上其官屬三輔舉不如法令皆上丞相御史請之左轉下邳令豫剋死日如期果卒敕其子曰漢末當亂必有發掘露骸之禍使懸棺下葬墓不起墳墓謂塋域墳謂築土時博士勃海郭鳳〔集解〕惠棟曰東觀記云鳳字君張亦好圖讖善說災異吉凶占應先自知死期豫令弟子市棺斂具至其日而終棺音古亂反楊由字哀侯蜀郡成都人也〔集解〕沈欽韓曰華陽國志由與何英孫汶同志英字叔俊郫人少習易并七政元氣風雲占候〔集解〕惠棟曰益部耆舊傳云由有兵雲圖時竇憲將兵在外太守高安遣工從由寫圖以進華陽國志云憲從太守索雲氣圖由諫莫與尋憲受誅其明如此爲郡文學掾時有大雀夜集於庫樓上太守廉范以問由由對曰此占郡內當有小兵然不

爲害後千餘日廣柔縣蠻夷反殺傷長吏廣柔縣屬蜀郡故城在今茂州文川縣也集解惠棟曰華陽國志云殺長姚超沈欽韓曰明統志廣柔在茂州汶川縣西七十二里郡發庫兵擊之又有風吹削哺哺當作柿音孚廢反顏氏家訓曰削則札也左傳曰削而投之是也史家假借爲肝肺字今俗或作脯或作爲反哺之哺學士因云是屏障之名非也風角書曰庶人之風揚塵轉削若是屏障何由可轉集解惠棟曰益部耆舊傳云文學冷豐持雞酒㠯奉由時有客不言客去豐起欲取雞酒由止之曰向風吹削柿當有持雞酒來者度是二人豐曰賓在外須客去乃取耳其占與傳異未詳孰是說文云柿削木札樸也從木巿聲陳楚謂櫝爲柿太守㠯問由由對曰方當有薦木實者其色黃赤頃之五官掾獻橘數包由嘗從人飲敕御者曰酒若三行便宜嚴駕既而趣去後主人舍有鬬相殺者人請問何㠯知之由曰向社中木上有鳩鬬此兵賊之象也其言多驗著書十餘篇名曰其平終於家集解惠棟曰由卒東平劉梁爲撰碑銘見文選注

李南字孝山丹陽句容人也句容今潤州縣也近句曲山有所容因名焉少篤學明於風角集解沈欽韓曰藝文類聚抱朴子曰李南乘赤馬行逢人乘白馬白馬先鳴赤馬應之南謂從者曰白馬言汝當見一黃

馬左目盲是吾子可令駛行相及也須臾果逢盲黃馬赤馬果先鳴盲馬應之和帝永元中太守馬稜坐盜賊事被徵當詣廷尉吏民不寧南特通謁賀稜意有恨謂曰太守不德今將卽罪而君反相賀邪南曰旦有善風明日中時應有吉問故來稱慶旦日稜延望景晏㠯爲無徵至晡乃有驛使齎詔書原停稜事南問其遲留之狀使者曰向度宛陵浦里航宛陵縣屬丹陽郡航曰舟濟水也集解錢大昕曰說文斻方舟也从方亢聲或作航誤俗書从方之字多誤从㫃沈欽韓曰寰宇記宣州宣城縣北浦里橋引宣城記航作橋馬蹶足是㠯不得速蹶屈損也稜乃服焉後舉有道辟公府病不行終於家南女亦曉家術爲由拳縣人妻晨詣爨室卒有暴風婦便上堂從姑求歸辭其二親姑不許乃跪而泣曰家世傳術疾風卒起先吹竈突及井此禍爲婦女主爨者集解惠棟曰竈老婦之祭井神名吹簫女子故主婦事妾將亡之應因著其亡日乃聽還家如期病卒

李郃字孟節漢中南鄭人也集解惠棟曰史炤音閤王幼學曷閤反父頡集解惠棟曰世系云頡東郡太守太常卿武孫太尉修之從子也始居漢中南鄭生郃㠯儒學稱官至博士郃襲父業遊太學通五經善河洛風星外質朴人莫之識集解惠棟曰郃別傳云公居貧而不好治產有田三十畝第宅一區至京師學問常㠯賃書自給又別傳云公七尺八寸多鬚髯八眉左耳後有奇表項枕如鼎彭手握三公之字鼎彭一作鼎足縣召署幕門候吏和帝卽位分遣使者皆微服單行各至州縣觀採風謠使者二人當到益部投郃候舍時夏夕露坐郃因仰觀問曰二君發京師時寧知朝廷遣二使邪二人默然驚相視曰不聞也問何㠯知之郃指星示云有二使星向益州分野故知之耳前書觜觿參益州之分野也集解惠棟曰郃別傳云二人投公舍宿公察其人異焉時日暮露坐爲出酒與啖後三年其使者一人拜漢中太守集解惠棟曰案郃別傳云其一人乃常豐也郃猶爲吏太守奇其隱德召署戶曹史時大將軍竇憲納妻集解沈欽韓曰陳寵傳㠯爲憲征匈奴天下郡國皆有禮慶郡亦遣使郃進諫曰竇將軍椒房之親不修禮德而專權驕恣危亡之禍可翹足而待願明府一心

王室勿與交通太守固遣之郃不能止請求自行許之郃遂所在留遲㠯觀其變行至扶風而憲就國自殺支黨悉伏其誅凡交通憲者皆爲免官唯漢中太守不豫焉郃歲中舉孝廉集解惠棟曰郃別傳云豐於是奇郃能絕榮舉孝廉也五遷尚書令集解惠棟曰郃別傳云郃㠯郎謁者爲上林令華陽國志云郃爲尚書郎徙左丞稍遷至尚書僕射尚書令也又拜太常元初四年代袁敞爲司空數陳得失有忠臣節集解沈欽韓曰郃別傳云郃上書太后數陳忠言其詞不能盡施用輒褒贊馬博士著兩梁冠朝會隨將大夫列時賜經學博士乃在市長下公奏㠯爲非所㠯敬儒術明國體也上喜公言正月大朝引博士公府長史前在位四年坐請託事免安帝崩北鄉侯立復爲司徒及北鄉侯病郃陰與少府河南陶範步兵校尉趙直謀立順帝會孫程等事先成故郃功不顯明年坐吏民疾病仍有災異賜策免將作大匠翟酺上郃潛圖大計㠯安社稷於是錄陰謀之功封郃涉都侯辭讓不受年八十餘卒於家門人上黨馮胄獨制服心喪三年時人異之家語曰仲尼既

葬弟子皆家於墓行心喪之禮三年喪畢或去或留也曺字世威奉世之後也奉世字子明宣帝時爲前將軍見前書也集解洪亮吉曰案奉世未嘗爲前將軍其爲右將軍及左將軍皆在元帝時注者蓋因奉世傳有前將軍韓增舉奉世故誤以奉世當之耳一句兩誤殊屬疏忽常慕周伯況閔仲叔之爲人集解惠棟曰周名黨在逸民傳隱處山澤不應徵辟郤子固已見前傳弟子歷字季子淸白有節博學善交與鄭玄陳紀等相結爲新城長政貴無爲亦好方術集解惠棟曰華陽國志云歷弱冠拜新城令也時天下旱縣界特雨官至奉車都尉

段翳字元章廣漢新都人也集解沈欽韓曰方輿勝覽今懷安軍天慶觀即翳故宅案宋懷安軍今成都府金堂縣習易經明風角時有就其學者雖未至必豫知其姓名嘗告守津吏曰集解惠棟曰案華陽國志乃大渡津口也某日當有諸生二人荷擔問翳舍處者幸爲告之後竟如其言又有一生來學積年集解惠棟曰華陽國志云從冀州來學自謂略究要術辭歸鄉里翳爲合膏藥並以簡書封於筒中告生曰有急發視之生到葭萌與吏爭度集解沈欽韓曰舊統志桔柏渡在保寧府昭化縣東北三里即嘉陵白水二水合流處一統志昭化縣漢葭萌縣津吏撾破從者頭生開筒得書言到葭萌與吏鬭頭破者以此膏裹之生用其言創者即愈生歎服乃還卒業翳遂隱居竄跡集解惠棟曰華陽國志云翳常隱匿不使人知門人皆號夫子終於家

廖扶字文起廖音力弔反又音力救反汝南平輿人也習韓詩歐陽尚書教授常數百人父爲北地太守永初中坐羌沒郡下獄死扶感父以法喪身憚爲吏及服終而歎曰老子有言名與身孰親吾豈爲名乎遂絶志世外專精經典尤明天文讖緯風角推步之術州郡公府辟召皆不應就問災異亦無所對扶逆知歲荒乃聚穀數千斛悉用給宗族姻親又斂葬遭疫死亡不能自收者常居先人冢側未曾入城市太守謁煥謁姓也集解惠棟曰華陽國志云煥巴郡墊江人一云江州人見汝南紀風俗通作渙先爲諸生從扶學後臨郡未到先遣吏修門人之禮又欲擢扶子弟固不肯當時人因號爲北郭先生年八十終於家集解汪文臺曰御覽百九十三謝承書云扶畢志衡門死葬北郭號曰北郭先生二子孟舉偉舉竝知名

折像字伯式廣漢雒人也其先張江者封折侯集解惠棟曰華陽國志云江爲武威太守封南陽折侯因氏焉案南陽有析縣前漢屬宏農酈元音持益反顏籀音先歷反字從木不從手曾孫國爲鬱林太守徙廣漢因封氏焉國生像國有貲財二億家僮八百人像幼有仁心不殺昆蟲不折萌芽能通京氏易集解惠棟曰華陽國志云象事東平虞叔雅以道教授門人朋友自遠而至時人爲諺云折氏客誰朱雲卿段節英門有佃子趙仲平但說天文論五經雲卿名倉什邡人仲平名晏巴郡安漢人好黃老言及國卒感多藏厚亡之義老子曰多藏必厚亡也乃散金帛資產周施親疏或諫像曰君三男兩女孫息盈前當增益產業何爲坐自殫竭乎像曰昔鬭子文有言我乃逃禍非避富也國語曰楚成王每出子文之祿必逃王止而後復人謂子文曰人生求富而子逃之何也子文曰夫從政者以庇人也人多曠者而我取富是勤人以自封也死無日矣我逃死不逃富吾門戶殖財日久盈滿之咎道家所忌老子曰持而盈之不如其已金玉滿堂莫之能守今世將衰子又不才不仁而富謂之不幸左傳曰善人富謂之幸淫人富謂之殃集解惠棟曰前書論云無德而富貴謂之不幸又注謂之幸左傳幸作賞牆隙而高其崩必疾也智者聞之咸服焉自知亡日召賓客九族飲食辭訣忽然而終時年八十四家無餘貲諸子衰劣如其言云

樊英字季齊集解惠棟曰季齊一作季高見抱朴子南陽魯陽人也少受業三輔習京氏易兼明五經又善風角星算河洛七緯推步災異七緯者易緯稽覽圖乾鑿度坤靈圖通卦驗是類謀辨終備也書緯璇璣鈐考靈耀刑德放帝命驗運期授也詩緯推度災記歷樞含神霧也禮緯含文嘉稽命徵斗威儀也樂緯動聲儀稽耀嘉汁圖徵也孝經緯援神契鉤命決也春秋緯演孔圖元命包文耀鉤運斗樞感精符合誠圖考異郵保乾圖漢含孳佑助期握誠圖潛潭巴說題辭集解沈欽韓曰隋志曰詩緯孝經緯爲雜讖而以河圖洛書足七緯之數志云梁河圖洛書二十四卷目錄一卷亡攷九經注疏及類書河圖多見引而洛書絶少祭祀志云光武案河洛讖文又引洛書甄曜度是河洛在漢爲讖緯正文其後郗萌合併諸讖緯又經梁隋明禁散已殆盡章懷有所不知遂以詩孝經合爲七緯也先謙曰官本脫星字隱於壺山之陽山在今鄧州新城縣北即張衡南都賦云天封大狐是也集解沈欽韓曰明志南陽

府唐縣西北有大狐山亦曰壺山受業者四方而至州郡前後禮請不應公卿舉賢良方正有道皆不行嘗有暴風從西方起英謂學者曰成都市火甚盛因含水西向漱之乃令記其日時客後有從蜀都來云是日大火有黑雲卒從東起須臾大雨火遂得滅於是天下稱其術藝安帝初徵爲博士至建光元年復詔公車賜策書徵英及同郡孔喬謝承書曰喬字子松宛人也學古文尚書春秋左氏傳常幽居修志鋭意典籍至乃歷年身不出門鄉里莫得瞻見公車徵不行卒於家也李昺謝承書曰炳字子然鄭人也篤行好學不羨榮祿習魯詩京氏易室家相待如賓州郡前後禮請不應舉茂才除召陵令不到官公車徵不行卒也北海郎宗謝承書曰宗字仲綏安丘人也善京氏易風角星算推步吉凶常負笈荷擔貢卜給食脩服開行人莫得知安帝詔公車徵策文曰郎宗李昺孔喬等前比徵命未肯降意恐主者玩弄禮意不備使難進易退之人龍潛不屈其身各致嘉禮遣詣公車將以補察國政輔朕之不逮青州被詔書遣宗詣公車對策陳災異而爲諸儒之表拜議郎除吳令到官一月時卒暴風宗占曰爲京師有大火定火發時果如宗言諸公聞之□上博士徵宗恥以占事就徵文書未到夜懸印綬置廳上遁去終於家子顗自有傳陳留楊倫見儒林傳東平王輔六人謝承書曰

輔字公助平陸人也學公羊傳援神契嘗隱居野廬以道自娛辟公府舉有道對策拜郎中陳災異甄吉凶有驗拜議郎以病遜安帝公車徵不行卒於家唯郎宗楊倫到洛陽英等四人並不至永建二年順帝策書備禮玄纁徵之復固辭疾篤乃詔切責郡縣駕載上道英不得已到京稱病不肯起乃强輿入殿猶不以禮屈帝怒謂英曰朕能生君能殺君能貴君能賤君能富君能貧君君何以慢朕命英曰臣受命於天生盡其命天也死不得其命亦天也陛下焉能生臣焉能殺臣臣見暴君如見仇讎立其朝猶不肯可得而貴乎雖在布衣之列環堵之中環堵面一堵也莊子曰原憲居環堵之中也晏然自得不易萬乘之尊又可得而賤乎陛下焉能貴臣焉能賤臣臣非禮之祿雖萬鍾不受若申其志雖簞食不厭也簞笥也論語曰顏回在陋巷之中一簞食一瓢飲陛下焉能富臣焉能貧臣帝不能屈而敬其名使出就大醫養疾月致羊酒集解惠棟曰抱朴子云常以八月致羊二口酒二斛至四年三月天子乃爲英設

壇席集解通鑑考異曰黃瓊傳李固勸書已云樊君設壇席及瓊上疏薦英稱光祿大夫則是瓊至之時英已嘗設壇見之而爲光祿大夫矣至三年旱復上疏若四年方設壇□見英則都與瓊傳異知其不必在四年也沈欽韓曰案袁紀永建二年英與黃瓊賀純楊厚俱徵英既至天子爲設壇席延問得失拜五官中郎將而范書瓊傳則刪去樊英云瓊與賀純楊厚同徵至李固書以樊英爲比此通鑑所以致疑也考厚傳以永建二年特徵而瓊傳有稱疾不進之文未必與厚同時詣闕又瓊疏云永建以後訖於今日則其時已非永建可知帝紀陽嘉三年詔以久旱京師諸獄皆勿考瓊傳三年復上疏應即陽嘉三年據帝紀連有災異唯陽嘉改元爲甚則瓊兩上疏皆陽嘉時事以此觀之英召自在永建四年設壇場事不相妨也袁紀云二年此傳在三年四年之間袁紀於始便竟其事實在四年也令公車令導尚書奉引賜几杖待以師傅之禮延問得失英不敢辭拜五官中郎將數月英稱疾篤詔以爲光祿大夫賜告歸集解惠棟曰英別傳云詔書告南陽太守曰五官中郎將樊英委榮辭祿不降其節志不可奪今以英爲光祿大夫賜還家也令在所送穀千斛常以八月致牛一頭酒三斛如有不幸則祠以中牢英辭位不受有詔譬旨勿聽集解通鑑胡注有詔譬曉以上旨不聽其辭位也英初被詔命僉以爲必不降志及後應對又無奇謨深策談者以

爲失望謝承書曰南郡王逸素與英善因與其書多引古譬喻勸使就聘英順逸議談者失望也初河南張楷與英俱徵既而謂英曰天下有二道出與處也吾前以子之出能輔是君也濟斯人也而子始以不訾之身怒萬乘之主及其享受爵祿又不聞匡救之術進退無所據矣英既善術朝廷每有災異詔輒下問變復之效所言多驗變災異復於常也集解惠棟曰洪範五行傳京房易妖占皆有變復之術也初英著易章句世名樊氏學以圖緯教授潁川陳寔少從英學嘗有疾妻遣婢拜問英下牀答拜寔怪而問之英曰妻齊也共奉祭祀禮無不答禮記曰凡非弔喪非見國君無不答拜其恭謹若是年七十餘卒於家孫陵靈帝時以諂事宦人爲司徒集解錢大昭曰案紀中平五年永樂少府樊陵爲太尉非司徒也傳誤沈字曰此傳稱魯陽人靈帝紀注陵胡陽人亦誤陳郡郤巡學傳英業官至侍中集解沈欽韓曰太平廣記英別傳云英嘗忽被髮拔刀斫擊舍中妻怪問其故英曰郤生道遇鈔賊郤生者名巡是英弟子時遠行還云道遇賊賴被髮老人相救得全御覽三百七十三英別傳云郤巡字仲信陳郡陽夏人能傳英業

論曰漢世之所謂名士者其風流可知矣雖弛張趣舍時有未純於刻情修容依倚道蓺目就其聲價非所能通物方弘時務也易曰方目類聚物目羣分及徵樊英楊厚朝廷若待神明至竟無它異英名最高毀最甚李固朱穆等目爲處士純盜虛名無益於用故其所目然也然而後進希之目成名世主禮之目得衆原其無用亦所目爲用則其有用或歸於無用矣何目言之夫煥乎文章時或乖用本乎禮樂適末或疏文章雖美時敝則不用也禮樂誠貴代末則廢及其陶搢紳藻心性使由之而不知者豈非道邈用表乖之數跡乎言文章禮樂其道邈遠出於常用之表不可目數跡求也而或者忽不踐之地賒無用之功莊子曰惠子謂莊子曰子言無用莊子曰知無用而始可與言用矣夫地非不廣且大也人之所用容足耳然則側足而墊之致黃泉人尚有用乎惠子曰無用莊子曰然則無用之爲用也亦明矣墊猶掘也至乃誚譟遠術賤斥國華遠術謂禮樂國華謂懷道隱逸之士也集解惠棟曰魯語季文子曰且吾聞目德榮爲國華也目爲力詐可目救淪敝文律足目致寍平

智盡於猜察道足於法令雖濟萬世其將與夷狄同也前書大人賦曰雖濟萬代不足目喜孟軻有言曰目夏變夷不聞變夷於夏況有未濟者乎

方術列傳第七十二上 終　　後漢書八十二上

後漢書集解卷八十二上挍補

方術列傳上至乃河洛之文龜龍之圖集解惠棟曰至又注至於下昊案中候考河命云至於下稷鄭元云稷讀曰下𣆄之𣆄日西之時今案昃說文本作𣆄解云日在西方時側也从日仄聲易曰日𣆄之離轉寫作𣆄耳古書多作昊省作仄通作稷書無逸自朝至于日中昊釋文昊本作仄易豐卦日中則昊釋文孟本作稷春秋定十五年日下昃乃克葬左作昃公羊作昊穀梁作稷昊字見唐石經承用最久說文矢傾頭也日西傾故頭亦傾亦會意字小徐繫傳矢部已收入前書董仲舒傳周文王至于日昃不暇食顏注昃亦昊字是唐初反目昊爲正字矣昃或作㬅昊或作昗又宋目來相承俗字

鈐決之符注有却敵執遠之符官本注却誤郄皆所目探抽冥賾參驗人區注小爾雅曰官本注小作按非

元氣注河圖曰元氣闓陽爲天官本注闓作闔今案惠氏補注謂闔當作闓是所據北宋本亦作闔惟毛本爲長矣然闔闓同義似乃異文非誤字

所謂民可使由之不可使知之注論語孔子之言也官本注末無也字

莫不負策抵掌順風而屆焉注前書武帝時李少翁欒大等並目方術見少翁拜文成將軍官本注翁皆作君誤案前書郊祀志李少君病死未官拜文成將軍者齊人少翁也然少翁史不言何姓注言少翁拜文成將軍亦未復冠姓則上李字本衍文或遂並譌爲李少君耳抵側擊也案秦策抵掌而談韋注抵據也

任文公傳巴郡閬中人也注閬中今隆州縣已詳公孫述傳父文孫集解惠棟曰至文公爲文孫弟也案子名文公父乃名文孫太謬此當從志

郭憲傳憲在位忽回向東北官本回作面含酒三潠柳從辰曰漢魏叢書有洞冥記四卷漢郭憲著王謨云憲目潠酒一事降入方術好事者因爲此記並託憲自序辰案御覽引書目亦有郭子橫洞冥記本傳不載王說是也

許楊傳許楊柳從辰曰御覽七十二引謝承書及本書楊均作陽

反乎覆陂當復集解王會汾曰案前書翟方進傳此下有誰云者兩黃鵠六字柳從辰曰御覽七十二引本書亦有此六字不知所據何本也

高獲傳與光武有舊〔官本舊上多素字〕

獲冠鐵冠帶鈇鑕〔官本鈇作鐵〕

主簿曰但使騎吏迎之集解劉攽曰 至 曰字不可去〔今案劉說確不可易惟昱不知故獲謂其爲主簿所欺也言獲聞者聞其事不必是聞其言主簿就有言獲固無由親聞之周說殊泥且如周說曰亦當改白太守非有謀於主簿於文亦不當有主簿曰也〕

卒於石城〔柳從辰曰一統志獲墓在今貴池縣西南六十里〕

謝夷吾傳稍遷荆州刺史注常目勵羣臣〔原注羣誤郡已正官本不誤〕

楊由傳廣柔縣蠻夷反注廣柔縣屬蜀郡故城在今茂州文川縣也〔官本注也字作西是〕

又有風吹削哺注哺當作杮〔杮原作柿已正官本不誤今案木杮之杮本从朩果柹之柹本从市俗作柹从朿今皆譌作杮从市俗遂皆寫从朿辯之不勝辯矣〕

李南傳丹陽句容人也注句容今潤州縣也〔今江甯府句容縣治〕

先吹竈突及井集解井神名吹簫女子〔柳從辰曰見御覽一百八十九引白澤圖語〕

向度宛陵浦里航〔官本航作斻〕

李郃傳有忠臣節〔侯康曰御覽二百五十二引郃別傳不肯舉鄧豹爲河南尹沈欽韓已補入鄧騭傳〕

段翳傳津吏檛破從者頭〔官本檛作楇同〕

折像傳何爲坐自殫竭乎〔官本殫作單古今字〕

昔闘子文有言我乃逃禍非避富也注楚成王每出子文之祿必逃王止而後復人謂子文曰〔官本注無之祿二字無復上後字人作入連復字讀〕

樊英傳七緯注七緯者 至 說題辭〔案陳振孫書錄解題說河洛七緯全同此注實則河洛自在七緯之外沈欽韓據隋志爲說亦僅足備一說耳璇璣鈐鈐原作鈴解題同據鄭君緯說正官本注不誤刑德放官本注放作收非記歷樞解題記作紀鄭君作汜章懷他注亦引作汜獨此注官本亦作記本無定字故仍不改汁圖徵官本汁作叶古字通用〕

於是天下稱其術蓺〔官本術蓺作藝術〕

李昺注炳字子然〔官本注炳作昺案炳昺雖同字以字子然推之从火爲長疑謝承書本作炳也〕北海郎宗注前比徵命〔官本比作此案前比徵命者謂前徵之比又徵之也非誤字〕各致嘉禮〔原各作徵依錢校正官本注不誤〕諸公聞之上博士徵〔官本注上上有表字案史文言上卽是表上其事不敘載其所上辭者不須定言表也〕

臣非禮之祿雖萬鍾不受若申其志雖簞食不厭也〔官本若作也連上讀〕

所言多驗〔侯康曰世說文學篇注引英別傳漢順帝時殿下鐘鳴問英對曰蜀岷山崩山于銅爲母母崩子鳴非聖朝災後蜀果上山崩日月相應〕

妻遣婢拜問〔官本婢上多奴字〕英下牀答拜〔官本答上有將字〕

踪無用之功注子言無用〔官本注無子字〕知無用而始可與言用矣〔官本注無始字〕夫地非不廣且大也〔官本注無且大二字〕人之所用容足耳〔官本注人上多且字用上多欲字〕然則側足而墊之〔官本注無側足二字〕

宋　宣　城　太　守　范　曄　撰

唐　章　懷　太　子　賢　注

王先謙集解

唐檀字子產，豫章南昌人也。少遊太學，習京氏易、韓詩、顏氏春秋，尤好災異星占。後還鄉里，教授常百餘人。元初七年，郡界有芝草生，太守劉祗欲上言之，以問檀。檀對曰：「方今外戚豪盛，陽道微弱，斯豈嘉瑞乎？」祗乃止。永寧元年，南昌有婦人生四子，祗復問檀變異之應。檀以為京師當有兵氣，其禍發於蕭牆。論語孔子曰：「吾恐季孫之憂不在顓臾，而在蕭牆之內。」蕭，肅也。謂屏牆也。言人臣至屏無不肅敬也。集解惠棟曰：鄭元論語注云：「蕭之言肅也。牆謂屏也。君臣相見之禮，至屏而加肅敬焉，是以謂之蕭牆。」至延光四年，中黃門孫程揚兵殿省，揚，舉也。誅皇后兄車騎將軍閻顯等，立濟陽王為天子，果如所占。永建五年，舉孝廉，除郎中。是時白虹貫日，檀因上便宜三事，陳其咎徵。書奏，棄官去。著書二十八篇，名為唐子。卒於家。集解沈欽韓曰：隋志道家唐子十卷，吳唐滂撰。不云唐檀，蓋別一人。

公沙穆字文乂，北海膠東人也。家貧賤，自為兒童不好戲弄，長習韓詩、公羊春秋，尤銳思河洛推步之術。居建成山中，集解沈欽韓曰：一統志：公沙山在平度州北十八里，相傳漢公沙穆居此。依林阻為室，獨宿無侶，時暴風震雷，有聲於外呼穆者三，穆不與語。有頃，呼者自牖而入，音狀甚怪，穆誦經自若，終亦無它妖異，時人奇之。後遂隱居東萊山，集解沈欽韓曰：一統志：萊山在登州府黃縣東南二十里。學者自遠而至。有富人王仲，集解惠棟曰：魚豢典略云桓帝時。致產千金，謂穆曰：「方今之世，以貨自通，吾奉百萬與子為資，何如？」對曰：「來意厚矣。夫富貴在天，得之有命。以貨求位，吾不忍也。」謝承書曰：穆嘗養豬，豬有病，使人賣之於市，語之言：「如售，當告買者言病，賤取其直，不可言無病，欺人取貴價也。」賣豬者到市即售，亦不言病，其直過價。穆怪之，問其故，齎半直追以還買豬人，告語言豬實病，欲賤賣，不圖賣者人相欺，乃取貴直。買者言賣買私約，亦復辭錢不取。穆終不受錢而去也。集解劉攽曰：注「賣者人相欺」，案文多一人字。先謙曰：此事與朱穆同，疑因名同而誤記也。後舉孝廉，以高第為主事，遷繒相。繒縣屬琅邪郡，故城在今沂州承縣東北。集解先謙曰：今兗州府嶧縣東。時繒侯劉敞，東海恭王之後也，所為多不法，廢嫡立庶，傲很放恣。穆到官，謁曰：「臣始除之日，京師咸謂臣曰繒有惡侯，以弔小相。明侯何因得此醜聲之甚也？幸承先人之支體，傳茅土之重，不戰戰兢兢，而違越法度，故朝廷使臣為輔，願改往修來，自求多福。」乃上沒敞所侵官民田地，廢其庶子，還立嫡嗣。其蒼頭兒客犯法，皆收考之。因苦辭諫敞，敞涕泣為謝，多從其所規。遷弘農令。縣界有螟蟲食稼，百姓惶懼。穆乃設壇謝曰：「百姓有過，罪穆之由，請以身禱。」於是暴雨，既霽而螟蟲自銷，百姓稱曰神明。永壽元年，霖雨大水，三輔以東莫不湮沒。穆明曉占候，乃豫告令百姓徙居高地，故弘農人獨得免害。遷遼東屬國都尉，善得吏人歡心。年六十六，卒官。六子皆知名。謝承書曰：穆子孚，字允慈，亦為善士，舉孝廉，尚書侍郎，召陵令，上谷太守也。集解沈欽韓曰：六當作五。羣輔錄云：穆之五子並有令名，京師號曰公沙五龍，天下無雙。紹字子起，孚字允慈，恪字允讓，逵字義則，樊字義起。案公沙孚事別見荀爽傳。

許曼者，汝南平輿人也。集解惠棟曰：風俗通云曼字甯方。祖父峻，字季山，善卜占之術，多有顯驗，時人方之前世京房。集解惠棟曰：魯相臧仲英數有怪，季山卜之，言家有老青狗，遣御者益喜歸殺之，因斷見。風俗通怪神篇。自云少嘗篤病，三年不愈，乃謁太山請命，太山主人生死，故詣請命也。集解惠棟曰：孝經援神契云：太山天帝孫也，主召人魂魄。行遇道士張巨君，授以方術，所著易林，至今行於世。集解何焯曰：今世所傳焦氏易林，疑即峻所著，焦氏不聞有書也。周壽昌曰：焦贛易林、許峻易新林，並見隋唐志，何說不可曉。曼少傳峻學。桓帝時，隴西太守馮緄始拜郡，集解惠棟曰：案風俗通緄時為議郎。錢大昕曰：事見怪神篇。開綬笥，有兩赤蛇分南北走，緄令曼筮之。卦成，曼曰：「三歲之後，君當為邊將，官有東名，當東北行三千里。復五年，更為大將軍，南征。」延熹元年，緄出為遼東太

守討鮮卑至五年復拜車騎將軍擊武陵蠻賊皆如占其餘多此類云

趙彥者琅邪人也少有術學延熹三年琅邪賊勞丙與太山賊叔孫無忌殺都尉攻沒琅邪屬縣殘害吏民朝廷以南陽宗資爲討寇中郎將杖鉞將兵督州郡合討無忌彥爲陳孤虛之法以賊屯在莒莒有五陽之地謂城陽南武陽開陽陽都安陽並近莒集解惠棟曰孫奭云孤虛之法以一畫爲孤無畫爲虛二畫爲實以六十甲子日定東南西北四方然後占其孤虛實而向背之郎知吉凶矣吳越春秋計硯云孤虛謂天門地戶也沈欽韓曰續志城陽郡已省旁郡亦無安陽縣[illegible]且莒僅一縣注雜取旁郡以充五陽之數非也此必地勢合於陰陽納甲者不可强解宜發五陽郡兵郡名有陽謂山陽廣陽漢陽南陽丹陽郡之類也從孤擊虛以討之資具以狀上詔書遣五陽兵到彥推遁甲教以時進兵一戰破賊燔燒屯塢徐兗二州一時平夷

樊志張者漢中南鄭人也博學多通隱身不仕嘗遊隴西時破羌將軍段熲出征西羌請見志張其夕熲軍爲羌所圍數重因留軍中三日不得去夜謂熲曰東南角無復羌宜乘虛引出住百里還師攻之可以全勝熲從之果以破賊於是以狀表聞又說其人既有梓愼焦董之識焦延壽董仲舒宜翼聖朝咨詢奇異於是有詔特徵會病終

單颺字武宣山陽湖陸人也以孤特清苦自立善明天官筭術舉孝廉稍遷太史令侍中出爲漢中太守公事免後拜尙書卒於官

初熹平末黃龍見譙光祿大夫橋玄問颺此何祥也颺曰其國當有王者興不及五十年龍當復見此其應也魏郡人殷登密記之集解惠棟曰案魏志登內黃人至建安二十五年春黃龍復見譙其冬魏受禪

韓說字叔儒會稽山陰人也博通五經尤善圖緯之學舉孝廉與議郎蔡邕友善數陳災眚及奏賦頌連珠集解惠棟曰任昉文章原始曰連珠揚雄作稍遷侍中集解洪亮吉曰蔡邕傳熹平四年議郎韓說則說蓋自議郎遷侍中光和元年十月說言於靈帝云其晦日必食乞百官嚴裝帝從之果如所言中平二年二月又上封事剋期宮中有災至日南宮大火遷說江夏太守公事免年七十卒於家

董扶字茂安廣漢綿竹人也少遊太學與鄉人任安齊名集解惠棟曰華陽國志云安字定祖見儒林傳俱事同郡楊厚學圖讖還家講授弟子自遠而至集解沈欽韓曰北堂書鈔益部耆舊傳云扶發辭抗論益部少雙故時號曰談止言凡善談者遇之則止人莫能伍前後宰府十辟公車三徵再舉賢良方正博士有道皆稱疾不就集解惠棟曰益部耆舊傳云永康元年日有蝕之詔舉賢良方正之士左馮翊趙謙舉扶扶以病不詣遁還於長安上封事遂稱疾篤歸家靈帝時大將軍何進薦扶徵拜侍中甚見器重集解惠棟曰益部耆舊傳進表薦扶云資游夏之德述孔氏之風內懷焦董消復之術方今并涼騷擾西戎蠢叛宜敕公車待詔侍以異禮諮謀奇策扶私謂太常劉焉曰京師將亂益州分野有天子氣焉信之遂求出爲益州牧扶亦爲蜀郡屬國都尉相與入蜀去後一歲帝崩天下大亂乃去官還家年八十二卒後劉備稱天子於蜀皆如扶言蜀丞相諸葛亮問廣漢秦密董扶及任安所長密曰董扶褒秋豪之善貶纖芥之惡任安記人之善忘人之過云蜀志曰密字子勑廣漢綿竹人也少有才學州郡辟命稱疾不往或謂密曰足下欲自比巢許四皓何故揚文藻見瓌穎乎密荅曰僕文不能盡言言不能盡意何文藻之有揚乎虎生而文炳鳳生而五色豈以采自飾畫哉性自然也先主既定益州廣漢太守夏纂請密爲師友祭酒領五官掾稱曰仲父密稱疾臥在第舍尋拜左中郎將長水校尉吳使張溫大敬服密之文辯遷大司農而卒集解錢大昕曰蜀志密作宓宓字子勑當取謹宓之宓世俗借用堂密字惠棟曰謝承書云李咸奏曰春秋之義貶纖芥之惡采毫毛之善又谷永引周書記功忘過宜爲君王

郭玉者廣漢雒人也集解惠棟曰華陽國志云玉字通直新都人也初有老父不知何出常漁釣於涪水因號涪翁集解惠棟曰益部耆舊傳云廣漢有老翁釣於涪水自號涪翁乞食人間見有疾者時下鍼石輒應時而效乃著鍼經診脈法傳於世診候也音直刃反集解惠棟曰司馬貞云診鄒氏音文忍反劉氏音陳忍反司馬彪云診占也弟子程高尋求積年

翁乃授之高亦隱跡不仕玉少師事高學方診六微之技陰陽隱
側之術集解惠棟曰華陽國志云玉明方術伎妙用鍼作經方頌說沈欽韓曰六微三陰三陽之脈候也素問有六微旨大論言天道六六之節盛衰與人相應和帝時爲太醫丞多有效應帝奇之仍試令嬖
臣美手腕者與女子雜處帷中使玉各診一手問所疾苦玉曰左
陰右陽脈有男女狀若異人臣疑其故帝歎息稱善玉仁愛不矜
雖貧賤廝養必盡其心力而醫療貴人時或不愈帝乃令貴人羸
服變處一鍼卽差召玉詰問其狀對曰醫之爲言意也腠理至微
腠理皮膚之間也韓子曰扁鵲見晉桓侯曰君有病在腠理也集解惠棟曰古醫意同音故亦同訓隨氣用巧鍼石
之間毫芒卽乖神存於心手之際可得解而不可得言也夫貴者
處尊高吕臨臣臣懷怖懾吕承之其爲療也有四難焉自用意而
不任臣一難也將身不謹二難也骨節不彊不能使藥三難也好
逸惡勞四難也鍼有分寸時有破漏分寸淺深之度破漏日有衝破者也重吕恐懼

之心加吕裁愼之志臣意且猶不盡何有於病哉此其所吕爲不
愈也帝善其對年老卒官

華佗字元化佗音徒何反沛國譙人也一名旉音孚遊學徐土兼通數經
曉養性之術年且百歲而猶有壯容時人吕爲仙沛相陳珪舉孝
廉太尉黃琬辟皆不就精於方藥處齊不過數種齊音才計反集解惠棟曰王勃八十一難經序云岐伯以授黃帝黃帝歷九師以授伊尹伊尹以授湯湯歷九師以授太公太公以授文王文王歷九師以授醫和醫和歷六師以授秦越人秦越人定立章句歷九師以授華佗心識分銖集解沈欽韓曰陶隱居名醫別錄云古秤惟有銖兩而無分名今則以十黍爲一銖六銖爲一分四分成一兩不假稱量鍼灸不過數處集解先謙曰官本此下有裁七八九四字係依南監本轉刊魏志佗傳原作七八壯乃專就灸言今范史鍼灸合言止言其處略去灸數鍼候則此裁七八九四字明爲誤羼矣若疾發結於內鍼藥所不能及者乃令先吕酒服
麻沸散既醉無所覺因刳破腹背抽割積聚若在腸胃則斷截湔
洗除去疾穢既而縫合傅吕神膏四五日創愈一月之間皆平復

佗別傳曰人有兒山陽太守廣陵劉景宗說數見華佗見其療病平脈之候其驗若神琅邪劉勳爲河內太守有女年幾二十左腳厀裏上有瘡癢而不痛創發數十日愈愈已復發如此七八年迎佗使視佗曰易療之當得稻糠色犬一頭好馬二匹以繩繫犬頸使走馬牽犬馬極輒易計馬走犬三十餘里犬不能行復令步人拖曳計向五十餘里乃以藥飲女女卽安臥不知人因取犬斷腹近後腳之前所斷之處向創口令去三二寸停之須臾有若蛇者從創中出便以鐵錐橫貫蛇頭蛇在皮中搖動良久須臾不動牽出長三尺所純是蛇但有眼處而無童子又逆鱗耳以膏散著創中七日愈又有人苦頭眩頭不得舉目不得視積年佗使悉解衣倒懸令頭去地一二寸濡布拭身體令周帀候視諸脈盡出五色佗令弟子數人以鈹刀決脈五色血盡視赤血出乃下以膏摩被覆汗出周帀飲以亭歷犬血散立愈又有婦人長病經年世謂寒熱注病者也冬十一月中佗令坐石槽中旦用寒水汲灌云當滿百始七八灌戰欲死灌者懼欲止佗令滿數至將八十灌熱氣乃蒸出囂囂高二三尺滿百灌佗乃然火溫牀厚覆良久汗洽出著粉汗燥便愈又有人病腹中半切痛十餘日中鬢眉墮落佗曰是脾半腐可刳腹養療也佗便飲藥令臥破腹視脾半腐壞刮去惡肉以膏傅創飲之藥百日平復也集解劉攽曰注且用寒水案文且當作旦佗嘗行道見有病咽塞者咽喉也因語之曰向來道隅有賣餅人蓱齏甚酸詩義疏曰蘋澹水上浮萍麤大者謂之蘋小者爲萍季春始生可糝蒸爲茹又可苦酒淹就酒也魏志及本草並作蒜齏也集解先謙曰官本注者字在浮萍下無謂下

之字引劉攽曰注蘋澹水上浮萍者案文此者當作也沈欽韓曰陶宏景藥總訣云蜒店蒜齏乃下蛇之藥卽是指此云蓱齏誤可取三升飲之病自當去卽如佗言立吐一蛇乃懸於車而候佗
時佗小兒戲於門中逆見自相謂曰客車邊有物必是逢我翁也
及客進顧視壁北懸蛇吕十數乃知其奇魏志曰故甘陵相夫人有身六月腹痛不安佗視脈曰胎已死使人手摸知所在在左則男在右則女云在左於是爲湯下之果下男形卽愈縣吏尹代苦四肢煩口中乾不欲聞人聲小便不利佗曰試作熱食得汗卽愈不汗後三日死卽作熱食而不汗出佗曰藏氣已絕於內當啼泣而絕果如佗言府吏倪尋李延共止俱頭痛身熱所苦正同佗曰尋當下之延當發汗或難其異佗曰尋外實延內實故療之宜殊卽各與藥明旦並起者也又有一郡守篤病久佗吕爲盛怒則差乃多受其貨而不加功
無何棄去又留書罵之太守果大怒令人追殺佗不及因瞋恚吐
黑血數升而愈又有疾者詣佗求療佗曰君病根深因當剖破腹
然君壽亦不過十年病不能相殺也病者不堪其苦必欲除之佗
遂下療應時愈十年竟死廣陵太守陳登忽患匈中煩懣面赤不

食佗脈之曰府君胃中有蟲欲成內疽腥物所為也即作湯二升再服須臾吐出三升許蟲頭赤而動半身猶是生魚膾所苦便愈佗曰此病後三朞當發遇良醫可救登至期疾動時佗不在遂死曹操聞而召佗常在左右操積苦頭風眩佗鍼隨手而差有李將軍者集解沈欽韓曰抱朴子說此事云是李通妻病呼佗視脈佗曰傷身而胎不去將軍言閒實傷身胎已去矣佗曰按脈胎未去也將軍㠯為不然妻稍差百餘日復動更呼佗佗曰脈理如前是兩胎先生者去血多故後兒不得出也胎既已死血脈不復歸必燥著母脊乃為下鍼并令進湯婦因欲產而不通佗曰死胎枯燥埶不自生使人探之果得死胎人形可識但其色已黑佗之絕技皆此類也佗別傳曰人有病腳躄不能行佗切脈便使解衣點背數十處相去一寸或五寸從邪不相當言灸此各七壯灸創愈即行也後灸愈灸處夾脊一寸上下行端直均調如引繩也為人性惡難得意且恥㠯醫見業又去家思歸乃就

操求還取方因託妻疾數期不反操累書呼之又敕郡縣發遣佗侍能厭事猶不肯至操大怒使人廉之廉察也知妻詐疾乃收付獄訊考驗首服荀彧請曰佗方術實工人命所懸宜加全宥操不從竟殺之佗臨死出一卷書與獄吏曰此可㠯活人集解惠棟曰佗別傳云佗以線為書奏奏中有祕要之方吏畏法不敢受佗不強與索火燒之集解惠棟曰魏志云後太祖愛子倉舒病困太祖歎曰吾悔殺華佗令此兒彊死也初軍吏李成苦欬晝夜不寐佗㠯為腸癰與散兩錢服之即吐二升膿血於此漸愈乃戒之曰後十八歲疾當發動若不得此藥不可差也復分散與之後五六歲有里人如成先病請藥甚急成愍而與之乃故往譙更從佗求適值見收意不忍言後十八年成病發無藥而死廣陵吳普彭城樊阿皆從佗學普依準佗療多所全濟集解劉攽曰普依準佗療案文當有一病字佗語普曰人體欲得勞動但不當使極耳動搖則穀氣得銷血脈流通病不能生譬猶戶樞終不朽也是㠯古之仙者為導引之事熊經鴟顧熊經若熊之攀枝自懸也鴟顧身不動而迴顧也莊子曰吐故納新熊經鳥申此導引之士養形之人也引挽腰體動諸關節㠯求難老吾有一術名五禽之戲一曰虎二曰鹿三曰熊四曰猨五曰鳥佗別傳曰吳普從佗學微得其方魏明帝呼之使為禽戲普以年老手足不能相及粗以其法語諸醫普今年將九十耳不聾目不冥牙齒完堅飲食無損亦㠯除疾兼利蹏足㠯當導引體有不快起作一禽之戲怡而汗出因㠯著粉身體輕便而欲食普施行之年九十餘耳目聰明齒牙完堅阿善鍼術凡醫咸言背及匈藏之間不可妄鍼鍼之不可過四分而阿鍼背入一二寸巨闕匈藏乃五六寸而病皆瘳阿從佗求方可服食益於人者佗授㠯漆葉青黏散佗別傳曰青黏者一名地節一名黃芝主理五藏益精氣本出於迷入山者見仙人服之以告佗佗以為佳語阿阿又祕之近者人見阿之壽而氣力強盛怪之遂責所服食因醉亂誤道之法一施人多服者皆有大驗本字書無黏字相傳音女廉反然今人無識此者甚可恨惜集解劉攽曰注本字書案文多一本字惠棟曰黏抱朴子作蓁云漆葉青蓁凡弊之草樊阿服之得

壽二百歲而耳目聰明沈欽韓曰本草圖經陳藏器云青黏一名黃芝一名地節此即萎蕤別錄萎蕤一名地節極似偏精黃精葉偏生不對者名偏精功用不如正精黃精葉正生主聰明調血氣令人強壯即漆葉為散服主五藏益精去三蟲輕身不老惟有熱不可服廣東新語葳蕤補益之功逾黃精方家稱黃芝亦曰青黏以漆葉同為散可以延壽漆葉屑一斗集解錢大昕曰斗當依魏志作升漢隸斗作斤與升字相似故易混耳青黏十四兩㠯是為率言久服去三蟲利五藏輕體使人頭不白阿從其言壽百餘歲漆葉處所而有青黏生於豐沛彭城及朝歌閒漢世異術之士甚眾雖云不經而亦有不可誣故簡其美者列於傳末

冷壽光唐虞魯女生三人者皆與華佗同時壽光年可百五六十歲行容成公御婦人法列仙傳曰容成公者能善補導之事取精於玄牝其要谷神不死守生養氣者也髮白復黑齒落復生御婦人之術謂握固不寫還精補腦也集解惠棟曰冷水經注作靈案冷當作泠又唐虞博物志作唐雲常屈頸鷮息鷮音居妖反毛詩曰有集唯鷮毛萇注曰鷮雉也山海經曰女几之山多白鷮郭璞曰似雉長尾走且鳴也須髮盡白而色理如三四十時死於江陵集解惠棟曰水經注云光扶風人死於江陵胡岡家岡窮埋之後百餘日人有見光於小黃縣寄書與岡岡發視之惟有履存唐虞道赤眉張步家居里

落若與相及死於鄉里不其縣魯女生數說顯宗時事甚明了議
者疑其時人也董卓亂後莫知所在漢武內傳曰魯女生長樂人初餌胡麻及朮絕穀八十餘
年日少壯色如桃花日能行三百里走及麞鹿傳世見之云三百餘年後采藥嵩高山見一女人曰我三天太上侍官也以五岳真
形與之並告其施行女生道成一旦與知友故人別云入華山去後五十年先相識者逢女生華山廟前乘白鹿從玉女三十人并
令謝其鄉里親故人也集解惠棟曰注以五岳真形案此下脫一圖字
徐登者閩中人也閩中地今泉州也集解惠棟曰此傳出搜神記沈欽韓曰漢無閩中縣此史不能決其所在泛
指之本女子化爲丈夫善爲巫術又趙炳字公阿東陽人能爲越方
東陽今婺州也抱朴子曰道士趙炳以氣禁人人不能起禁虎虎伏地低頭閉目便可執縛以大釘釘柱入尺許以氣吹之釘即躍
出射去如弩箭之發異苑云趙侯以盆盛水吹氣作禁魚龍立見越方善禁呪也集解惠棟曰搜神記及水經注皆作趙昞又抱朴
子云吳越有禁呪之法甚有明效多炁耳孫汝澄云越方即封禪書所謂越巫越祝者也沈欽韓曰漢亦無東陽孫皓始分會稽爲
東陽郡此雜鈔他書而忘其與漢不相涉時遭兵亂疾疫大起二人遇於烏傷溪水之
上酈元注水經曰吳寧溪出吳寧縣經烏傷謂之烏傷溪在今婺州義烏縣東也遂結言約共以其術療

病各相謂曰今既同志且可各試所能登乃禁溪水水爲不流炳
復次禁枯樹樹即生荑易曰枯楊生荑注云荑者楊之秀也集解惠棟曰搜神記以爲楊柳二人相
視而笑共行其道焉登年長炳師事之貴尚清儉禮神唯以東流
水爲酌削桑皮爲脯但行禁架所療皆除禁架即禁術也後登物故炳東
入章安縣名屬會稽郡本名回浦光武改爲章安故城在今台州臨海縣東南百姓未之知也炳乃
故升茅屋梧鼎而爨主人見之驚懅梧枝也懅忙也集解惠棟曰水經注作支鼎炳笑
不應既而爨孰屋無損異又嘗臨水求度船人不和之和猶許也俗本作知
者誤也集解惠棟曰搜神記和作許炳乃張蓋坐其中長嘯呼風亂流而濟於是百
姓神服從者如歸章安令惡其惑衆收殺之人爲立祠室於永康
至今蚊蚋不能入也炳故祠在今婺州永康縣東俗呼爲趙侯祠至今蚊蚋不入祠所江南猶傳趙侯禁法以
療疾云集解沈欽韓曰永康乃吳赤烏八年所立屬東陽水經注作永寧寰宇記婺州永康縣東五十里金勝山有趙炳祠
費長房者汝南人也集解惠棟曰趙明誠云費有兩姓其一音祕姬姓出於魯季友其一音翡嬴姓出於伯翳

史記所載費昌費中楚費無極漢費將軍費直費長房蜀費禕之徒是其後也姓氏苑云費氏禹後漢有長房蜀志有丞相禕曾
爲市掾市中有老翁賣藥懸一壺於肆頭及市罷輒跳入壺中市
人莫之見唯長房於樓上覩之異焉集解先謙曰水經汝水注王壺公三洞珠囊云壺公謝元
歷陽人賣藥於市不二價治病皆愈語人曰服此藥必吐某物某日當愈事無不效日收錢數萬施市內貧乏饑餧者因往
再拜奉酒脯翁知長房之意其神也謂之曰子明日可更來長房
旦日復詣翁翁乃與俱入壺中唯見玉堂嚴麗旨酒甘肴盈衍其
中共飲畢而出翁約不聽與人言之後乃就樓上候長房曰我神
僊之人以過見責今事畢當去子寧能相隨乎樓下有少酒與卿
爲別長房使人取之不能勝又令十人扛之猶不舉說文曰兩人對舉爲扛音
江翁聞笑而下樓以一指提之而上視器如一升許而二人飲之
終日不盡長房遂欲求道而顧家人爲憂顧念也翁乃斷一青竹度
與長房身齊使懸之舍後家人見之即長房形也以爲縊死大小

驚號遂殯葬之長房立其傍而莫之見也於是遂隨從入深山踐
荊棘於羣虎之中留使獨處長房不恐又臥於空室以朽索懸萬
斤石於心上衆蛇競來齧索且斷長房亦不移翁還撫之曰子可
教也復使食糞糞中有三蟲臭穢特甚長房意惡之翁曰子幾得
道恨於此不成如何長房辭歸翁與一竹杖曰騎此任所之則自
至矣既至可以杖投葛陂中也陂在今豫州新蔡縣西北集解惠棟曰水經注云葛陂方數十里水
物含靈多所苞育李吉甫云周迴三十里又爲作一符曰以此主地上鬼神長房乘杖
須臾來歸自謂去家適經旬日而已十餘年矣即以杖投陂顧視
則龍也家人謂其久死不信之長房曰往日所葬但竹杖耳乃發
冢剖棺杖猶存焉遂能醫療衆病鞭笞百鬼及驅使社公集解惠棟曰許
慎五經異義云謹案春秋稱公社今民謂社神爲社公故知社位上公或在宅坐獨自恚怒人問其
故曰吾責鬼魅之犯法者耳汝南歲歲常有魅僞作太守章服詣

府門椎鼓者郡中患之時魅適來而逢長房謁府君【集解】錢大昕曰漢人稱太守爲府君然敘事之文當從其實此傳多采部俗小說未及釐正若東海君葛陂君之稱豈可職正史乎惶懼不得退便前解衣冠叩頭乞活長房呵之云便於中庭正汝故形卽成老鼈大如車輪頸長一丈長房復令就太守服付其一札㠯敕葛陂君魅叩頭流涕持札植於陂邊㠯頸繞之而死後東海君來見葛陂君因淫其夫人於是長房劾繫之三年而東海大旱長房至海上見其人請雨乃謂之曰東海君有罪吾前繫於葛陂今方出之使作雨也於是雨立注長房曾與人共行見一書生黃巾被裘無鞍騎馬下而叩頭長房曰還他馬赦汝罪人問其故長房曰此狸也盜社公馬耳又嘗坐客而使至宛市鮓須臾還乃飯【集解】劉攽曰又嘗坐客使至宛案至宛市鮓謂長房身也不當作使字當作往字　或一日之閒人見其在千里之外者數處焉後失其符爲衆鬼所殺

薊子訓者不知所由來也建安中客在濟陰宛句今曹州縣句音劬【集解】沈欽韓曰御覽三百七十三許遠別傳云薊子訓齊人漢武內傳云薊遼字子訓齊國臨淄人李少君之邑人也少仕州郡舉孝廉除郎中又從軍拜駙馬都尉晚乃從少君學治病作醫法　有神異之道嘗抱鄰家嬰兒故失手墮地而死其父母悲號怨痛不可忍聞而子訓唯謝㠯過誤終無它說遂埋藏之後月餘子訓乃抱兒歸焉父母大恐曰死生異路雖思我兒乞不用復見也兒識父母軒渠笑悅欲往就之母不覺攬取乃寶兒也【集解】惠棟曰黃朝英云軒渠者欲舉其身以就父母之狀案字說軒上下渠一直一曲受衆小水將達而不口也軒渠之義如字　雖大喜慶心猶有疑乃竊發視死兒但見衣被方乃信焉【集解】惠棟曰漢武內傳云夫婦共往掘視所埋死兒空器中泥兒長六寸許耳　於是子訓流名京師士大夫皆承風向慕之後乃駕驢車與諸生俱詣許下道過滎陽止主人舍而所駕之驢忽然卒僵蛆蟲流出主遽白之子訓曰乃爾乎方安坐飯食畢徐出㠯杖扣之驢應聲奮起行步如初卽復進道其追逐觀者常有千數旣到京師公卿㠯下候之者坐上恒數百人皆爲設酒脯終日不匱後因遁去遂不知所止初去之日唯見白雲騰起從旦至莫如是數十處時有百歲翁自說童兒時見子訓賣藥於會稽市顏色不異於今後人復於長安東霸城見之與一老翁共摩挲銅人酈元水經注曰魏文帝黃初元年徙長安金狄重不可致因留霸城南【集解】官本考證曰三國志注作明帝景初元年惠棟曰案搜神記乃正始中事也又釋名云摩挲末殺也手上下之言也潘岳關中記云秦爲銅人十二董卓壞以爲錢餘二枚魏明帝欲徙詣洛陽到霸城重不可致今在霸城大道南　相謂曰適見鑄此已近五百歲矣史記秦始皇二十六年於咸陽鑄金人十二各重千斤至此四百二十餘年【集解】洪亮吉曰案銅人遷霸城南已屬魏文帝黃初後事此見訓者當在魏晉時非建安中也范史推言之可也而注乃泥定始皇至建安時年分云四百二十餘年誤矣　顧視見人而去猶駕昔所乘驢車也見者呼之曰薊先生小住竝行應之竝猶且也音蒲郎反　視若遲徐而走馬不及於是而絕

劉根者潁川人也【集解】錢大昕曰方術一篇如徐登趙炳薊子訓左慈壽光侯及劉根事皆見搜神記彼記云根字君安京兆長安人漢成帝時入嵩山學道而傳以爲潁川人似誤獨行傳之范式陳劭諒輔列女傳之樂羊子妻叔先雄亦皆取諸搜神記　隱居嵩山中諸好事者自遠而至就根學道太守史祈㠯根爲妖妄乃收執詣郡數之曰汝有何術而誣惑百姓若果有神可顯一驗事不爾立死矣根曰實無它異頗能令人見鬼耳祈曰促召之使太守目覩爾乃爲明根於是左顧而嘯有頃祈之亡父祖近親數十人皆返縛在前向根叩頭曰小兒無狀分當萬坐顧而叱祈曰汝爲子孫不能有益先人而反累辱亡靈可叩頭爲吾陳謝祈驚懼悲哀頓首流血請自甘罪坐根嘿而不應忽然俱去不知在所【集解】惠棟曰根別傳云根棄世學道入中嶽嵩高山石室中崢嶸上東南下五十丈北入冬夏不衣身毛皆長一二尺顏狀如年十五時

左慈字元放廬江人也少有神道【集解】惠棟曰漢武內傳云封君達入元邱山臨去以五嶽真形圖傳左元放　嘗在司空曹操坐操從容顧衆賓曰今日高會珍羞略備

所少吳松江鱸魚耳［松江在今蘇州東南首受太湖神仙傳云松江出好鱸魚味異它處集解王鳴盛曰吳字當略讀不與松江連文唐宋以下皆誤連近人則幷加水傍作淞矣］元放於下坐［集解劉攽曰放于下坐又下放曰亦可得也案傳未嘗以字稱亦無或用字或用名者明放皆當作慈先謙曰據劉說正文無元字］應曰此可得也因求銅盤貯水以竹竿餌釣於盤中［集解劉攽曰案文多一竹字］須臾引一鱸魚出操大拊掌笑［集解劉攽曰案文當作拊掌大笑］會者皆驚操曰一魚不周坐席可更得乎放乃更餌釣沈之須臾復引出皆長三尺餘生鮮可愛操使目前鱠之周浹會者操又謂曰既已得魚恨無蜀中生薑耳放曰亦可得也操恐其近即所取因曰吾前遣人到蜀買錦可過敕使者增市二端語頃即得薑還并獲操使報命後操使蜀反［集解劉攽曰後操使蜀反案文少一自字］驗問增錦之狀及時日早晚若符契焉後操出近郊士大夫從者百許人慈乃爲齎酒一升脯一斤手自斟酌百官莫不醉飽操怪之使尋其故行視諸鑪悉亡其酒脯矣［鑪猶肆也］操

懷不喜［喜音許吏反］因坐上欲收殺之慈乃卻入壁中霍然不知所在或見於市者又捕之而市人皆變形與慈同莫知誰是後人逢慈於陽城山頭因復逐之遂入走羊羣［集解劉攽曰案文當作走入］操知不可得乃令就羊中告之曰不復相殺本試君術耳忽有一老羝屈前兩膝人立而言曰遽如許［言何遽如許爲事］即競往赴之而羣羊數百皆變爲羝並屈前膝人立云遽如許遂莫知所取焉［魏文帝典論論郤儉等事曰潁川郤儉能辟穀餌伏苓甘陵甘始名善行氣老而少容廬江左慈知補導之術並爲軍吏初儉至之所伏苓價暴貴數倍議郎安平李覃學其辟穀食伏苓飲寒水水寒中泄利殆至殞命後始來衆人無不鳴䶊狠顧呼吸吐納軍祭酒弘農董芬爲之過差氣閉不通良久乃蘇左慈到又競受其補導之術至寺人嚴峻往從問受奄豎眞無事於斯術也人之逐聲乃至於是也集解王補曰劉知幾史通范氏增損東觀一代自謂無慙良直而王喬鳧履出於風俗通左慈羊鳴傳於抱朴子朱紫不別穢莫大焉］

計子勳者不知何郡縣人皆謂數百歲行來於人閒一旦忽言日中當死主人與之葛衣子勳服而正寢至日中果死［集解惠棟曰仲長統昌言云劕子訓到陳公舍自云今日當死陳公與之一單衣入室寢日中果死或曰計子勳卽劕子訓不當一人兩傳也］

上成公者宓縣人也［集解劉攽曰宓縣人案宓當作密惠棟曰仲長統昌言云昔密縣有卜成者身游九山之上放心不拘之鄉抱朴子亦作卜成云河南密縣人也沈欽韓曰亦見博物志及抱朴子至理篇彼作卜成案廣韻以上成爲複姓蓋譌上爲卜］其初行久而不還後歸語其家云我已得僊因辭家而去家人見其舉步稍高良久乃沒云陳寔韓韶同見其事［集解惠棟曰博物志云潁川陳元方韓元長時之通才所以並信有仙者其父時所傳河南密有成公至今密縣傳其仙二君以信有仙蓋由此也抱朴子陳元方韓元長皆潁川之高士也與密相近其父祖及見卜成成仙昇天］

解奴辜張貂者亦不知是何郡國人也皆能隱淪出入不由門戶［集解惠棟曰桓譚新論云天下神人五一曰隱淪］奴辜能變易物形以誑幻人又河南有麴聖卿［集解惠棟曰孫愐云麴姓出西平漢有麴演博物志云魏國軍吏河南趙聖卿］善爲丹書符劾厭殺鬼神而使命之［集解惠棟曰古有劾鬼法故淮南本經云昔者蒼頡作書而天雨粟鬼夜哭高誘注云鬼恐爲書文所劾故夜哭然則劾鬼之法不始於東漢］又有編盲意亦與鬼物交通［編姓也盲意名集解惠棟

曰編姓永平時有治歷郎編訢］初章帝時有壽光侯者［壽姓也風俗通曰壽於姚吳大夫集解錢大昕曰案壽光國名光武封更始子鯉爲壽光侯又北海王普初封壽光侯是也此侯失其姓名故舉其爵下云侯爲劾之侯復劾之可證注以壽爲姓之誤惠棟曰見魏文帝列異傳洪頤煊曰葛洪神仙傳引此作劉憑以軍功封壽光金鄉侯范史無其人］能劾百鬼衆魅令自縛見形其鄉人有婦爲魅所病侯爲劾之得大蛇數丈死於門外又有神樹人止者輒死鳥過者必墜侯復劾之樹盛夏枯落見大蛇長七八丈懸死其閒帝聞而徵之乃試問之［集解劉攽曰問之案文當作曰］吾殿下夜半後常有數人絳衣被髮持火相隨豈能劾之乎侯曰此小怪易銷耳帝僞使三人爲之侯劾三人登時仆地無氣帝大驚曰非魅也朕相試耳解之而蘇［集解惠棟曰干寶謂此事與漢武時劉憑事相類］

甘始［集解惠棟曰博物志云魏時方士甘陵甘始］東郭延年［漢武內傳曰延年字公游集解惠棟曰內傳又云山陽人］封君達［集解惠棟曰神仙傳云封衡字君達］三人者皆方士也率能行容成御婦

人術或飲小便或自倒懸愛嗇精氣不極視大言甘始元放延年皆爲操所錄問其術而行之曹植辯道論曰甘始者老而有少容自諸術士咸共歸之然始辭繁寡實頗切怪言余嘗辟左右獨與之言問其所行溫顏以誘之美辭以導之始語余吾本師姓韓字雅嘗與師於南海作金前後數四投數萬斤金於海又言諸梁時西域胡來獻香罽腰帶割玉刀時悔不取也又言車師之西國兒生劈背出脾欲其食少而怒行也又言取鯉魚五寸一雙令其一著藥投沸膏中有藥奮尾鼓鰓游行沈浮有若處淵其一者已熟而可噉余時問言寧可試不言是藥去此踰萬里當出塞始不自行不能得也言不盡於此頗難悉載故粗舉其巨怪者始若遭秦始皇漢武帝則復徐市欒大之徒也集解惠棟曰列仙傳云容成公自稱黃帝師見於周穆王能善補導之事取精於元牝其要谷神不死髮白復黑齒落復生藝文志云容成陰道二十六卷神仙傳云甘始依容成元素之法更演益之爲十卷錢大昕曰元放左慈之字慈事已見前此元放二字衍也曹操不稱姓亦脫文自左慈以後中隔計子勳上成公解奴辜張貂等數人皆不與操同時不當遙承其文又注吾本師姓韓字雅裴松之注魏志引辯道論云姓韓字世雄君達號青牛師漢武帝內傳曰封君達隴西人初服黃連五十餘年入鳥舉山服水銀百餘年還鄉里如二十者常乘青牛故號青牛道士聞有病死者識與不識便以腰間竹管中藥與服或下針應手皆愈不以姓名語人聞魯女生得五岳圖連年請求女生未見授并告節度二百餘歲乃入玄丘山去集解劉攽曰注連年請求

女生未見授案文當云連年請於女生求見授凡此數人皆百餘歲及二百歲也

王眞郝孟節者皆上黨人也集解惠棟曰郎郗儉也傳寫訛爲郝耳博物志云陽城郗儉字孟節又云王使郗孟儉領諸人王郎操也與傳同則孟節爲潁川人非上黨也漢武內傳云王眞師事薊子訓孟節師事眞王眞年且百歲視之面有光澤似未五十者自云周流登五岳名山悉能行胎息胎食之方嗽舌下泉咽之不絕房室漢武內傳曰王眞字叔經上黨人習閉氣而吞之名曰胎息習嗽舌下泉而咽之名曰胎食眞行之斷穀二百餘日肉色光美力並數人抱朴子曰胎息者能不以鼻口噓噏如在胎之中嗽音朔集解劉攽曰注習嗽舌下泉而咽之名曰胎食案文多一習字孟節能含棗核不食可至五年十年又能結氣不息身不動搖狀若死人可至百日半年亦有室家爲人質謹不妄言似士君子曹操使領諸方士焉集解惠棟曰漢武內傳云魏武帝爲第舍使領諸方士晉惠懷之際人故有見孟節在長安市中者

北海王和平集解惠棟曰案典論和平光和中人性好道術自以當仙濟南孫邕少事之從至京師會和平病歿邕因葬之東陶有書百餘卷藥數囊悉以送之後弟子夏榮言其尸解邕乃恨不取其寶書仙藥焉尸解者言將登仙假託爲尸以解化也

贊曰幽貺罕徵明數難校不探精遠曷感靈效如或遷訛實乖玄奧

方術列傳第七十二下 終

後漢書集解卷八十二下校補

方術列傳下唐檀傳其禍發於蕭牆注言人臣至屏無不肅敬也官本注末無也字

公沙穆傳學者自遠而至侯康曰金樓子全德志序曰北海公沙門人成市

吕貨求位吾不忍也注語之言至告語言豬實病案文注兩言字皆云之譌

遷緇相注故城在今沂州承縣東北官本注承作丞末有也字

傲佷放恣官本佷作很案字書分佷很爲二字音讀各異而說文有很無佷本書蔡邕傳然卓多自佷用義亦與很同左傳傲很明德字仍作很則佷自卽很之異文

於是暴雨既霽官本暴雨下多不終日三字案不終日疑本注文所以釋暴雨誤入正文故爲毛本所無也

年六十六卒官柳從辰曰一統志穆墓在今平度州北公沙山陰

許曼傳君當爲邊將官有東名官本少將字

郭玉傳學方診六微之技官本微作徵非陰陽隱側之術官本隱側作不測今案隱側謂隱以探之側以求之窮陰陽之變化卽診候也雲笈七籤云子欲爲變化當得隱側圖

此其所吕爲不愈也官本無吕字

華佗傳鍼灸不過數處灸原譌炙依魏志佗傳改官本作炙亦誤集解先謙曰至明爲誤靡矣謹案官本裁七八九李賡芸據南監本九乃作丸疑指艾丸錢大昕則謂九仍當從魏志作壯顧范言鍼灸不過數處本合魏志佗傳若當灸不過一兩處若當鍼亦不過一兩處倂言之也九作丸固同是誤字卽作壯亦是單承灸言非於裁上更補灸處二字則文義亦不相接直是衍文耳兒子迪慶曰灸本通作久古讀舉友反與九同音裁七八九乃裁七八灸之譌是亦可備一說

一月之閒皆平復注長三尺所官本注所作許案古文許所同音通假詩伐木許許說文引作伐木所所而無童子官本注童作瞳古今字案魏志注作童汗㦧便愈㦧同燥魏志注卽作燥官本注誤㦧

因當剖破腹官本因作應今案魏志佗傳本作佗云君病深當破腹取范改君病根深因當剖破腹者因非破腹不能治故不欲其必除此病也作應雖可通然與當字義複

爲人性惡難得意案字書引後漢華佗傳說云多所不可曰惱惡於義甚精今范書無此注不詳何本也惟多所不可乃惱惡之惡應讀烏路反字書列於入聲下亦誤

操不從竟殺之柳從辰曰一統志佗墓在今銅山縣南有碑題曰後漢名醫華佗墓志又載佗墓在今項城縣東六十里與河南通志同則不知孰是眞墓也

佗不强與官本作佗亦不强與魏志文同

普依準佗療集解劉攽曰普依準佗療案文當有一病字官本附刊劉說案文下多不全兩字

病不能生官本能作得與魏志文同

授吕漆葉青黏散集解沈欽韓曰至此卽萎蕤柳從辰曰本草萎蕤亦名玉竹

徐登傳又趙炳字公阿注抱朴子曰道士趙炳柳從辰曰今抱朴子至理篇趙炳炳作明文亦與章懷所引略異炳昞同字明疑卽昞之譌

樹卽生荑注注云官本注注云上有王弼二字

炳東入章安注故城在今台州臨海縣東南今台州府臨海縣東南一百十五里

爲立祠室於永康官本室作堂

費長房傳而逢長房謁府君官本謁上多爲字

長房復令就太守服官本服下有罪字今案魅僞作太守章服逢長房解去長房令仍就太守服爲人形乃可叩頭持札必復令就太守服者所以正魅之罪也若既令往就太守服罪而又殺之似於說轉窒矣惟范史於華佗傳後附入冷壽光唐虞魯女生三人頗涉容成等術此下若徐登者費長房者薊子訓者劉根者或以巫術治疾本皆附及其文絕不類蔚宗蓋後人援格少孫補史之例依倣范例妄有附益故文中多漢後郡縣名而薊子訓與後計子勳複出不覺也觀蔚宗於傳計子勳以下其文皆甚簡與傳冷壽光等三人同王喬梟履左慈羊鳴史通所譏然如結以或云及書司空曹操皆具史法而薊子訓與費長房傳何其荒誕蕪冢耶又計子勳等傳亦因左慈傳附及非自爲傳也編目錄者失之耳

赦汝罪官本罪上有死字

或一日之閒人見其在千里之外者數處焉柳從辰曰葛洪神仙傳長房有神術能縮地脈千里存在目前宛然放之復舒如舊也

薊子訓傳其父母悲號怨痛官本悲作驚

時有百歲翁官本有上多或字

已近五百歲矣官本已上有而字

劉根傳皆返縛在前官本返作反是

不知在所官本在所作所在 集解惠棟曰 至 入中嶽嵩高山石室中崢嶸上東南下五十丈北入柳從辰曰神仙傳作入嵩高山石室崢嶸峻絕之上直下五十餘丈丈下無北入二字今案上言入下止可云中不可云上兩書文字皆有脫誤嵩高山有太室少室此亦不辨何指根別傳入中嶽嵩高山石室中此九字句自不誤東或本轟之譌崢嶸上轟句言峻絕也北對南言北入下脫丈數耳

左慈傳皆長三尺餘柳從辰曰松江四腮鱸魚長者不盈五寸李時珍本草亦云長數寸安得皆長三尺餘乎案淮上鱸魚有長近尺者無四腮鄭谷詩一尺鱸魚新釣得兒孫吹火荻花中是也松江鱸魚則固無甚長者鋼盆注水而引出三尺餘大魚於說亦窒三三尺疑當作三寸

行視諸鑪注鑪猶肆也官本猶作酒案史記司馬相如傳集解引韋昭說鑪酒肆也字或从金前書相如傳則但作盧顏籀引郭璞云盧酒盧鑪鑪爐壚盧古書通用非異字鑪本酒鑪非卽酒肆故顏籀亦不用韋說章懷謂鑪猶肆語

自無病不必改從韋也

遂莫知所取焉注議郎安平李覃官本覃作章

解奴辜傳又有編盲意官本文盲注皆作肓 注盲意名官本注意譌音

吾殿下夜半後常有數人絳衣披髮持火相隨官本無後字

甘始傳甘始元放延年皆爲操所錄集解錢大昕曰 至 不當遙承其文案甘始等本因傳左慈而附及非別爲傳說已具前此言元放言操亦本皆直承慈傳言之非有誤也

君達號青牛師集解劉攽曰 至 求見授今案原注女生二字連下爲文但未字譌耳或郎末字也若如劉說則是君達雖連年請於女生求其見授並告以節度而女生之授否告否仍未可知恐非

逸民列傳第七十三集解惠棟曰何晏論語注云逸民者節行超逸也 後漢書八十三

宋 宣城太守范曄撰

唐 章懷太子賢注

王先謙集解

易稱遯之時義大矣哉又曰不事王侯高尚其事是以堯稱則天不屈潁陽之高潁陽謂巢許也武盡美矣終全孤竹之絜孤竹謂夷齊也自茲以降風流彌繁長往之軌未殊而感致之數匪一或隱居以求其志或回避以全其道論語孔子曰隱居以求其志行義以達其道求志謂長沮桀溺全道若薛方詭對王莽也集解惠棟曰曲文選作回御覽引范書正作回回猶曲也先謙曰官本作曲或靜己以鎭其躁謂逢萌之類也或去危以圖其安四皓之類也或垢俗以動其槩謂申徒狄鮑焦之流也或疵物以激其清梁鴻嚴光之流然觀其甘心畎畝之中憔悴江海之上莊子曰舜以天下讓北人無擇無擇曰異哉后之爲人也居於畎畝之中而遊堯之門不若是而已又曰就藪澤處閒曠此江海之士避代之人閒暇者

之所好也豈必親魚鳥樂林草哉亦云性分所至而已分音符問反故蒙恥之賓屢黜不去其國列女傳曰柳下惠死其妻誄之曰蒙恥救人德彌大兮雖遇三黜終不敝兮蹈海之節千乘莫移其情史記曰魯連謂新垣衍曰秦卽爲帝則魯連蹈東海死耳魯連下聊城田單爵之魯連逃隱於海上適使矯易去就則不能相爲矣人各有所尚不能改其志孔子聞長沮桀溺之言乃告子路曰天下有道丘不與易也彼雖硜硜有類沽名者論語曰孔子擊磬於衞有荷蕢而過孔氏之門者曰有心哉擊磬乎既而曰鄙哉硜硜乎莫己知也又子貢曰有美玉於斯韞櫝而藏諸求善價而沽諸孔子曰沽之哉沽之哉我待價者也沽謂衒賣也然而蟬蛻囂埃之中自致寰區之外異夫飾智巧以逐浮利者乎荀卿有言曰志意修則驕富貴道義重則輕王公也荀卿子之文也集解惠棟曰見修身篇漢室中微王莽簒位士之蘊藉義憤甚矣是時裂冠毀冕相攜持而去之者蓋不可勝數左傳曰王使詹桓伯辭於晉曰伯父若裂冠毀冕拔本塞原毛詩序曰百姓莫不相攜持而去之集解惠棟曰詩北風序云衞國並爲威虐百姓不親莫不相攜持而去焉揚雄曰鴻飛冥冥弋者何簒焉言其違患之遠也篹字諸本或作慕法言作篹宋衷曰

篡取也鴻高飛冥冥薄天雖有弋人何施巧而取也喻賢者隱處不離暴亂之害也然今人謂吕計數取物爲篡篡亦取也光武側席幽人求之若不及國語曰越王夫人去笄側席而坐章昭注云側猶特也禮憂者側席而坐前書公孫弘贊曰上方欲用文武求之如弗及集解惠棟曰漢儒吕幽人爲幽繫之人故虞仲翔注易履之九二云履自訟來訟時二在坎獄中故稱幽人之正荀子云公侯失禮則幽後世輒目高士爲幽人失之旌帛蒲車之所徵賁相望於巖中矣毛詩序曰干旄美好善也其詩曰孑孑干旄在浚之城易賁卦六五曰賁于丘園束帛戔戔蒲車吕蒲裹輪取其安前書武帝吕蒲車徵魯申公也若薛方逢萌聘而不肯至前書薛方字子容嚴光周黨王霸至而不能屈羣方咸遂志士懷仁斯固所謂舉逸民天下歸心者乎論語文也肅宗亦禮鄭均而徵高鳳吕成其節自後帝德稍衰邪孽當朝處子耿介羞與卿相等列至乃抗憤而不顧多失其中行焉葢錄其絕塵不反莊子曰顏回問於仲尼曰夫子步亦步夫子趨亦趨夫子馳亦馳夫子奔軼絕塵則回瞠若乎後矣司馬彪注云言不可及也韓詩外傳曰山林之士往而不能反集解沈欽韓曰莊子逍遙遊云淖約若處子音義云在室女也郭象注處子者不吕外傷內則郭意吕爲處士也同夫作者列之此篇論語曰賢者辟代其次辟地其次辟色其次辟言子曰作者七人矣集解惠棟曰李善云論語子曰作者七人矣包咸云七人謂長沮桀溺丈人石門荷蕢儀封人楚狂接輿先謙曰官本注代作世後人回改

野王二老者不知何許人也初光武貳於更始會關中擾亂遣前將軍鄧禹西征送之於道既反因於野王獵路見二老者卽禽卽就也易云卽鹿無虞也光武問曰禽何向竝舉手西指言此中多虎臣每卽禽虎亦卽臣大王勿往也集解惠棟曰御覽引范書大上有請字光武曰苟有其備虎亦何患父曰何大王之謬邪昔湯卽桀於鳴條而大城於亳帝王紀曰案孟子桀卒於鳴條乃在東夷之地或言陳留平丘今有鳴條亭也唯孔安國注尙書云鳴條在安邑西考三說之驗孔爲近之武王亦卽紂於牧野而大城於郟鄏杜預注左傳曰今河南也河南縣西有郟鄏陌彼二王者其備非不深也是吕卽人者人亦卽之雖有其備庸可忽乎光武悟其旨顧左右曰此隱者也將用之辭而去莫知所在集解沈欽韓曰此與新序雜事篇晉文公逐麋農夫所對相類平平無奇後人剽竊傅會耳

向長字子平高士傳向字作尙河內朝歌人也隱居不仕性尙中和集解惠棟曰易道吕中和爲本故下云好誦易老也好通老易集解惠棟曰御覽云好誦老易凡稱御覽者皆范書也下倣此貧無資食好事者更饋焉受之取足而反其餘集解惠棟曰英雄記云向子平有道術爲縣功曹休歸自入山擔柴賣吕供食飲王莽大司空王邑辟之連年乃至欲薦之於莽固辭乃止潛隱於家讀易至損益卦喟然歎曰吾已知富不如貧貴不如賤但未知死何如生耳易損卦曰二簋可用享損益盈虛與時偕行易卦曰損上益下人說無疆也建武中男女娶嫁既畢敕斷家事勿相關當如我死也於是遂肆意與同好北海禽慶前書慶字子夏俱遊五岳名山竟不知所終集解沈欽韓曰此篇全用高士傳

逢萌字子慶北海都昌人也集解劉攽曰案萌北海人則當是逢非逢也惠棟曰利涉編古命氏云北海逢氏有名絲字子繡者爲漢趙王傅其孫萌不仕王莽棟案逢當作逢劉攽已辨之逢符容切逢薄江切姓出北海洪适讀爲龎鼓逢逢之逢未詳又東觀記作子康益避淸河孝王諱也先謙曰官本劉校語逢當作逢家貧給事縣爲亭長

時尉行過亭萌候迎拜謁既而擲楯歎曰亭長主捕盜賊故執楯也集解惠棟曰東觀記云萌少有大節志意抗厲爲亭長尉過迎拜問事徵久尉去因舉盾擲地也大丈夫安能爲人役哉遂去之長安學通春秋經時王莽殺其子宇前書莽隔絕平帝外家衛氏宇恐帝大後見怨吕爲莽不可諫而好鬼神卽夜持血灑莽第門吏發覺之莽執宇送獄飲藥而死萌謂友人曰三綱絕矣謂君臣夫婦父子集解通鑑胡注莽殺其叔父又自殺其家嫡是滅其天性也殺其君之祖姑又盡除忠直之臣故曰三綱絕矣不去禍將及人卽解冠挂東都城門漢宮殿名東都門今名靑門也前書音義曰長安東郭城北頭第一門集解沈欽韓曰黃圖長安城東出南頭第一門本曰霸城門民見門色靑名曰靑城門或曰靑門東出北頭第一門曰宣平門民間所謂東都門注誤歸將家屬浮海客於遼東萌素明陰陽知莽將敗有頃乃首戴瓦盎盎盆也哭於市曰新乎新乎王莽爲新都侯及簒號新室故哭之集解沈欽韓曰東觀記云首戴齋器哭於市曰辛乎辛乎此吕齋器受辛借辛爲新於事理相會若如此傳首戴瓦盆則非矣應從東觀記因遂潛藏及光武卽位乃之琅邪勞山今在萊州卽墨縣東南有大勞山小勞山集解惠棟曰袁紀云不其山養志修道人皆化其德集解惠棟曰東觀記云萌非禮不動聚落化之北海

太守素聞其高，遣吏奉謁致禮，萌不答。太守懷憤而使捕之。吏叩頭曰：「子慶大賢，天下共聞，所在之處，人敬如父，往必不獲，祗自毀辱。」太守怒，收之繫獄，更發它吏。行至勞山，人果相率以兵弩捍禦，吏被傷流血，奔而還。（【集解】惠棟曰：東觀記太守遣吏奉謁，萌不諾，遣吏捕之，民相率以石擿吏，皆流血奔走。沈欽韓曰：山谷之民何有弓弩，既相捍禦，必干討擊，東觀記作以石擿吏爲是。）後詔書徵萌，託以老耄，迷路東西，語使者云：「朝廷所以徵我者，以其有益於政，尚不知方面所在，安能濟時乎？」即便駕歸。連徵不起，以壽終。

初，萌與同郡徐房、平原李子雲、王君公相友善，（【集解】先謙曰：子雲名曇，君公名遵。高士傳云逢萌、徐房、李曇、王遵同時相善，世號四子，一作時號四友也。）並曉陰陽，懷德穢行。房與子雲養徒各千人，君公遭亂獨不去，儈牛自隱。（儈謂平會兩家賣買之價。【集解】惠棟曰：續漢書云君公深曉陰陽，懷德滅行，和光同塵，不爲皎皎之操，王莽世退身，儈牛自給，有似蜀之嚴君平。）時人謂之論（【集解】劉攽曰：案謂之論，都不是，當作爲之語。先謙曰：爲謂古通，不須改作論，亦不勞改作語。）曰：「避世牆東王君公。」（嵇康高士傳曰：君公明易，爲郎，數言事不用，乃自汙與官婢通，免歸，詐狂，儈牛口無二價也。）

周黨字伯況，太原廣武人也。家產千金。少孤，爲宗人所養，而遇之不以理，及長，又不還其財。黨詣鄉縣訟，主乃歸之。既而散與宗族，悉免遺奴婢，遂至長安遊學。

初，鄉佐嘗衆中辱黨，黨久懷之。（續漢志鄉佐主收賦稅者。）後讀春秋，聞復讐之義，（春秋經書紀侯大去其國。公羊傳曰：大去者何？滅也。孰滅之？齊滅之。曷爲不言齊滅之？爲襄公諱也。齊襄公九世祖哀公亨於周，紀侯譖之也。故襄公讐於紀。九世猶可復讐乎？雖百世可也。）便輟講而還，與鄉佐相聞，期剋鬭日。既交刃，而黨爲鄉佐所傷，困頓。鄉佐服其義，（【集解】惠棟曰：案春秋之義，復讐以死敗爲榮，故鄉佐服其義也。義見何氏公羊。）輿歸養之，數日方蘇，（【集解】惠棟曰：輿篼輿也，亦見風俗通。）既悟而去。自此敕身修志，州里稱其高。（【集解】惠棟曰：張顯逸民傳云黨整身清約，非法不行。）

及王莽竊位，託疾杜門。自後賊暴從橫，殘滅郡縣，唯至廣武，過城不入。建武中，徵爲議郎，以病去職，遂將妻子居黽池。復被徵，不得已，乃著短布單衣，穀皮綃頭，待見尚書。（以穀樹皮爲綃頭也。綃頭解見向栩傳。黨服此尚書以待見也。【集解】劉攽曰：注服此尚書以待見也，案文少一詣字。惠棟曰：尚書二字衍文，范因舊史失刪耳。東觀記云建武中徵黨，著短布單衣，穀皮幓頭，待見尚書，欲令更服，黨曰：朝廷本以是徵之，安可復更。遂以見也。）及光武引見，黨伏而不謁，自陳願守所志，帝乃許焉。（【集解】通鑑胡注：凡朝謁者必拜稽首，以姓名自言。）

博士范升奏毀黨曰：「臣聞堯不須許由、巢父，而建號天下；周不待伯夷、叔齊，而王道以成。伏見太原周黨、東海王良、山陽王成等，蒙受厚恩，使者三聘，乃肯就車。及陛見帝廷，黨不以禮屈，伏而不謁，偃蹇驕悍，同時俱逝。黨等文不能演義，武不能死君，釣采華名，庶幾三公之位。臣願與坐雲臺之下，考試圖國之道。不如臣言，伏虛妄之罪。而敢私竊虛名，誇上求高，皆大不敬。」書奏，天子以示公卿。詔曰：「自古明王聖主必有不賓之士。伯夷、叔齊不食周粟，太原周黨不受朕祿，亦各有志焉。其賜帛四十匹。」黨遂隱居黽池，著書上下篇而終。（【集解】惠棟曰：袁紀終於沔池，疑即澠池也。）邑人賢而祠之。（【集解】惠棟曰：李吉甫云黨墓在太原府祁縣東南十四里。）

初，黨與同郡譚賢伯升、鴈門殷謨君長，俱守節不仕王莽世。建武中，徵並不到。

王霸字儒仲，太原廣武人也。（【集解】惠棟曰：世系云太原王氏出自離次子威，漢揚州刺史，九世孫霸。）少有清節。及王莽篡位，棄冠帶，絕交宦。（【集解】惠棟曰：御覽宦作遊。）建武中，徵到尚書，拜稱名，不稱臣。有司問其故。霸曰：「天子有所不臣，諸侯有所不友。」（禮記曰：儒有上不臣天子，下不事諸侯。）司徒侯霸讓位於霸。閻陽毀之曰：「太原俗黨，儒仲頗有其風。」遂止。（皇甫謐高士傳曰：故梁令閻陽也。前書曰：太原多晉公族子孫，以詐力相傾，矜夸功名，報仇過直，漢興號爲難化，常擇嚴猛將，或任殺伐爲威，父兄被誅，子弟怨憤，至告訐刺史二千石。【集解】惠棟曰：馮勤傳云侯霸薦前梁令閻陽，陽素有譏議，帝常嫌之。）以病歸，隱居守志，茅屋蓬戶。連徵，不至。（【集解】惠棟曰：東觀記云霸安貧賤，居常茅屋蓬戶，藜藿不厭，然樂道不怠。）以壽終。（【集解】惠棟曰：世系云霸子殷，中山太守。）

嚴光字子陵，一名遵，（【集解】何焯曰：遵，君平名也，史家誤仍會稽典錄朱育對濮陽興之語，不以前書校之耳。洪頤煊曰：藝文類聚一引會稽典錄，卷五引鍾離意別傳，開元占經卷八十三引後漢書，俱作嚴遵字子陵。沈濤曰：嚴遵有三，御覽三百五十八引益部耆舊傳曰嚴遵字王思爲揚州刺史云云此又一嚴遵而亦蜀人會稽餘姚人也集解沈欽韓曰吳志注會稽典錄曰徵士餘姚嚴遵王莽徵聘抗節不行董斯張曰光本新野人避亂會稽任延傳云天下新定道路未通避亂江南者皆未還中土會稽頌稱多士延爲會稽都尉如董子儀嚴子陵皆待以師友之禮以此證之子陵非會稽人明矣少有高名與光武同遊學及光武卽位光乃變名姓隱身不見帝思其賢乃令以物色訪之以其形貌求之集解沈欽韓曰會稽典錄云與世祖俱受業長安藝文類聚鍾離意別傳云遵昔與光武俱爲諸生遊涉他縣同門精學暮夜宿息天寒不得寢卧更相謂曰後日豪貴憶此勿相忘別後數年光武有天下徵遵不至案高士傳與光武同學者復有牛牢光武卽位後徵之牛牢遁不出傳云光變名姓或卽牛牢若別有一人范史不應沒之皇甫謐喜僞造古事欺人未可信也後齊國上言有一男子披羊裘釣澤中帝疑其光乃備安車玄纁遣使聘之集解沈欽韓曰藝文類聚會稽典錄曰建武五年下詔徵遵三反而後至舍於北軍集解沈欽韓曰北軍舍待詔上書人所止給牀褥太官朝夕進膳集解惠棟曰會稽先賢傳云光武詔遵詣行在所遇蜀郡獻橘栗上令公卿以下各以手取遵獨不取上曰不敢取者誰遵曰君賜臣以禮臣奉君以忠今賜無所主臣是以不取司徒侯霸與光素舊遣使奉書皇甫謐高士傳曰霸使西曹屬侯子道奉書光不起於牀上箕踞抱膝發書讀訖問子道曰君房素癡今爲三公寧小差否子道曰位已鼎足不癡也光曰遣卿來何言子道傳霸言光曰卿言不癡是非癡語也天子徵我三乃來人主尚不見當見人臣乎子道求報光曰我手不能書乃口授之使者嫌少可更足光曰買菜乎求益也使人因謂光曰公聞先生至區區欲卽詣造迫於典司是以不獲願因日暮自屈語言光不答乃投札與之口授曰君房足下位至鼎足甚善懷仁輔義天下悅阿諛順旨要領絕霸得書封奏之帝笑曰狂奴故態也車駕卽日幸其館光卧不起帝卽其卧所撫光腹曰咄咄子陵不可相助爲理邪集解惠棟曰御覽云何不出相助爲治邪光又眠不應良久乃張目熟視曰昔唐堯著德巢父洗耳士故有志何至相迫乎帝曰子陵我竟不能下汝邪於是升輿歎息而去復引光入論道舊故相對累日帝從容問光曰朕何如昔時對曰陛下差增於往因共偃卧光以足加帝腹上明日太史奏客星犯御坐甚急集解惠棟曰會稽典錄云設樂陽明殿命宴會暮留宿遵以足荷上其夜客星

犯天子宿明旦大史以聞周壽昌曰御覽五引後漢書云光與光武友登阼忘之光怨是時太史云天上有客星帝曰豈非朕故人嚴子陵乎遽命徵之夜與子陵共卧光以腳加帝腹太史奏客星侵御坐與情事全不合豈別一後漢書非范史邪又光武紀及續天文志建武十七年以前並無客星犯帝坐事惟三十一年十月客星在輿鬼東北後應光武崩此事恐范雜采會稽典錄及高士傳等書成之未足爲據又案續志載客星最多不應遺此不載帝笑曰朕故人嚴子陵共卧耳除爲諫議大夫不屈集解沈欽韓曰會稽典錄云光武嘗出南郊遵曳長裾持鹿扇住立不動天子下車揖而別乃耕於富春山今杭州富陽縣也本漢富春縣避晉簡文帝鄭太后諱改曰富陽後人名其釣處爲嚴陵瀨焉顧野王輿地志曰七里瀨在東陽江下與嚴陵瀨相接有嚴山桐廬縣南有嚴子陵漁釣處今山邊有石上平可坐十人臨水名爲嚴陵釣壇也集解惠棟曰一云後名其釣處爲嚴子陵瀨沈欽韓曰水經注漸江水自桐廬縣至於潛凡十有六瀨第二是嚴陵瀨瀨帶山山下有一石室嚴子陵之所居也桐廬縣今屬嚴州府建武十七年復特徵不至年八十終於家帝傷惜之詔下郡縣賜錢百萬穀千斛

井丹字大春扶風郿人也集解惠棟曰孫愐云井姓姜子牙之後也左傳有井伯子郿切少受業太學通五經善談論故京師爲之語曰五經紛綸井大春紛綸猶浩博也

性清高未嘗修刺候人集解沈欽韓曰釋名書稱刺以筆刺紙簡之上也建武末沛王輔等五王居北宮皆好賓客更遣請丹不能致信陽侯陰就光烈皇后弟也以外戚貴盛乃詭說五王求錢千萬約能致丹而別使人要劫之丹不得已既至就故爲設麥飯葱葉之食集解惠棟曰丹御覽作葱菜推去之曰以君侯能供甘旨故來相過何其薄乎更置盛饌乃食及就起左右進輦丹笑曰吾聞桀駕人車豈此邪帝王紀曰桀以人駕車坐中皆失色就不得已而令去輦自是隱閉不關人事以壽終集解惠棟曰嵇康高士傳云越騎梁松貴震朝廷請交丹丹不肯見後丹得時疾松自將醫視之病愈久之松失大男磊丹一往弔之時賓客滿庭丹裘褐不完入門坐者皆悚望其顏色丹四向長揖前與松語客主禮畢後長揖徑坐莫得與語不肯爲吏徑出遂隱遁贊曰井丹高潔不慕榮貴抗節五王不交非類顯譏輦車左右失氣被褐長揖義陵羣萃

梁鴻字伯鸞集解沈欽韓曰列女傳字伯淯扶風平陵人也父讓王莽時爲城門校尉封修遠伯使奉少昊後寓於北地而卒前書莽改允吾爲修遠少昊金天氏之號

次黃帝者北地今靈州也〔集解〕王鳴盛曰讓仕莽封伯鴻之終身不仕所㠯雪其父之恥也惠棟曰王莽傳作梁護案趙咨傳注亦作護護讓字相似疑傳寫訛也鴻時尚幼㠯遭亂世因卷席而葬〔集解〕惠棟曰趙咨云伯鸞父卷席而葬身亡不反貝尸後受業太學家貧而尚節介〔集解〕沈欽韓曰御覽四百二十五東觀記云鴻少孤㠯童幼詣太學受業治禮詩春秋常獨止不與人同食比舍先炊已呼鴻及熱釜炊鴻曰童子不因人熱者也滅竈更然火博覽無不通而不爲章句學畢乃牧豕於上林苑中曾誤遺火延及它舍鴻乃尋訪燒者問所去失去亡也悉㠯豕償之其主猶㠯爲少鴻曰無它財願㠯身居作主人許之因爲執勤不懈朝夕鄰家耆老見鴻非恒人乃共責讓主人而稱鴻長者於是始敬異焉悉還其豕鴻不受而去歸鄉里埶家慕其高節多欲女之㠯女妻人曰女音尼慮反鴻並絕不娶同縣孟氏有女狀肥醜而黑力舉石臼擇對不嫁至年三十父母問其故女曰欲得賢如梁伯鸞者鴻聞而聘之女求作布衣麻屨織作筐緝績之具及嫁始㠯裝飾入門七日而鴻

不答〔集解〕惠棟曰續列女傳云七日而禮不成京房易傳適不答適讀爲嫡臣瓚云夫不接妻謂不答師古云答對也言不㠯恩意接對之妻乃跪牀下請曰竊聞夫子高義簡斥數婦斥遠也妾亦偃蹇數夫矣今而見擇〔集解〕沈欽韓曰家語在厄篇注擇棄也今吳俗謂揀物所遺者猶曰擇敢不請罪鴻曰吾欲裘褐之人可與俱隱深山者爾今乃衣綺縞傅粉墨豈鴻所願哉妻曰㠯觀夫子之志耳妾自有隱居之服乃更爲椎髻著布衣操作而前鴻大喜曰此眞梁鴻妻也能奉我矣字之曰德曜名孟光居有頃妻曰常聞夫子欲隱居避患今何爲默默無乃欲低頭就之乎鴻曰諾乃共入霸陵山中㠯耕織爲業詠詩書彈琴㠯自娛〔集解〕惠棟曰東觀記耕耘織作㠯供衣食彈琴誦書㠯娛其志仰慕前世高士而爲四皓㠯來二十四人作頌〔集解〕惠棟曰鴻所作頌今不傳唯李善文選十九卷引梁鴻安邱嚴平頌此其一也經籍志云梁有處士梁鴻集二卷亡王補曰文選卷十三雪賦卷十九補亡詩注並引梁鴻安邱嚴平頌止無埶無欲澹爾淵淸八字而雪賦注脫梁字楊愼丹鉛錄因謂鴻安邱爲成都人謬矣因東出關過京師作五噫之歌

曰陟彼北芒兮〔集解〕惠棟曰樂史云芒山在河南縣北十里郟山之別名也噫顧覽帝京兮噫宮室崔嵬兮噫人之劬勞兮噫遼遼未央兮噫肅宗聞而非之〔集解〕惠棟曰案御覽郭茂倩樂府引三輔決錄皆云肅宗聞而悲之今作非乃傳寫之誤求鴻不得乃易姓運期名燿字侯光〔集解〕惠棟曰孫愐云鴻改姓運期氏案續列女傳㠯爲名也與妻子居齊魯之間有頃又去適吳將行作詩曰逝舊邦兮遐征將遙集兮東南心惙怛兮傷悴志菲菲兮升降爾雅注惙怛憂也菲菲高下不定也惙音丁劣反降音下江反詩曰我心則降欲乘策兮縱邁疾吾俗兮作讒競舉枉兮措直咸先佞兮唌唌論語曰舉直措諸枉則人服舉枉措諸直則人不服唌音延讒言捷急之貌固靡慙兮獨建冀異州兮尚賢建立也言已無慙於獨立所㠯適吳者冀異州之人貴尚賢德聊逍搖兮遨嬉纘仲尼兮周流儻云覩兮我悅遂舍車兮即浮舍其車而就舟舩〔集解〕通鑑胡注舍車即浮欲從仲尼乘桴浮海也過季札兮延陵求魯連兮海隅雖不察兮光貌幸神靈兮與休光貌光儀也言雖不察見季札及魯連然冀幸其神靈與之同美也惟季春兮華阜麥含含兮方秀〔集解〕

惠棟曰陳繼儒云刻本皆作含惟藝文類聚引之作麥含金爲是金與含相似而衍爲二字也哀茂時兮逾邁愍芳香兮日臭茂盛也臭敗也悼吾心兮不獲長委結兮焉究委結懷恨也究窮也口囂囂兮余訕嗟恒恒兮誰留訕謗也鄭玄注禮記曰恒恒恐也遂至吳依大家皋伯通居廡下說文曰廡堂下周屋也釋名大屋曰廡〔集解〕惠棟曰御覽引郡國志云通門內有皋橋伯通居此橋㠯得名梁鴻賃舂之所近人修吳縣志㠯爲伯通字奉卿此誤㠯爲皋宏也近人之書不足信如此皋宏見桓榮傳爲人賃舂每歸妻爲具食不敢於鴻前仰視舉案齊眉〔集解〕惠棟曰案方言㠯案爲桮盌之屬云陳楚宋魏之閒謂之槁自關東西謂之案故楚漢春秋淮陰侯曰漢王賜臣玉案之食史記高祖過趙趙王自持案進食焦氏易林云玉杯大案王褒僮約云滌桮整案㠯此推之其爲飲食之具明矣沈欽韓曰王念孫廣雅疏證引戴氏補注云案者椀禁之屬禮器注禁如今方案隋長局足高三寸案所㠯置食器其制若如今承槃而有足凡案或㠯承食器或㠯承用器皆與几同類故說文云案几屬曲禮凡奉者當心今舉案高至眉敬之至伯通察而異之曰彼傭能使其妻敬之如此非凡人也乃方舍之於家鴻潛閉著書十餘篇〔集解〕惠棟曰東觀記云鴻嘗閉門吟咏書記遂潛思著書十餘篇疾且困告主人曰昔延陵季子葬子於嬴博

之閒不歸鄉里慎勿令我子持喪歸去及卒伯通等爲求葬地於吳要離冢傍咸曰要離烈士而伯鸞清高可令相近要離刺吳王僚子慶忌者冢在今蘇州吳縣西伯鸞墓在其北集解沈欽韓曰陸龜蒙笠澤叢書伯鸞墓在吳西門金昌亭下幾一里葬畢妻子歸扶風初鴻友人京兆高恢少好老子隱於華陰山中及鴻東遊思恢作詩曰鳥嚶嚶兮友之期毛詩曰伐木丁丁鳥鳴嚶嚶出自幽谷遷于喬木嚶其鳴矣求其友聲念高子兮僕懷思想念恢兮爰集茲二人遂不復相見恢亦高抗終身不仕高士傳曰恢字伯通集解惠棟曰高士傳作伯達沈欽韓曰御覽四百十東觀記鴻初與京邑蕭友善約不爲陪臣及友爲郡吏鴻㠯書責之而去

高鳳字文通南陽葉人也少爲書生家㠯農畝爲業而專精誦讀晝夜不息妻嘗之田曝麥於庭令鳳護雞時天暴雨而鳳持竿誦經不覺潦水流麥妻還怪問鳳方悟之其後遂爲名儒乃教授業於西唐山中山在今唐州湖陽縣西北酈元注水經云郎高鳳所隱之西唐山也集解劉攽曰正文案教授業不成文

理明衍此一業字若存業則可去教字也沈欽韓曰一統志西唐山在南陽府葉縣西南六十里一曰唐山鄰里有爭財者持兵而鬬鳳往解之不已乃脫巾叩頭固請曰仁義遜讓奈何棄之於是爭者懷感投兵謝罪鳳年老執志不倦名聲著聞太守連召請恐不得免自言本巫家不應爲吏又詐與寡嫂訟田遂不仕集解惠棟曰東觀記嫂作㛐蔡邕月令章句云叟字與更相似書者轉誤遂㠯爲更嫂字女旁叟今皆㠯爲更矣建初中將作大匠任隗舉鳳直言到公車託病逃歸推其財產悉與孤兄子隱身漁釣終於家

論曰先大夫宣侯沈約宋書曰范泰字伯倫祖汪父甯宋高祖受命拜金紫光祿大夫加散騎常侍領國子祭酒多所陳諫泰博覽篇籍好爲文章愛獎後生孜孜無倦薨謚宣侯即曄之父也嘗㠯講道餘隙寓乎逸士之篇至高文通傳輟而有感㠯爲隱者也因著其行事而論之曰古者隱逸其風尚矣潁陽洗耳恥聞禪讓許由隱於潁陽聞堯欲禪乃臨潁而洗耳孤竹長飢羞食周粟伯夷叔齊孤竹君之子不食周粟或高棲㠯違行或疾物㠯矯情雖執迹異區其去就一也若伊人者志陵青雲之上身晦泥汙之下心名且猶不顯況怨累之爲哉與夫委體淵沙鳴弦揆日者不其遠乎委體泉沙謂屈原懷沙礫而自沈也鳴弦揆日嵇康臨刑顧日景而彈琴也論者㠯事迹相明故引康爲喻

臺佟字孝威佟音大冬反魏郡鄴人也隱於武安山武安縣之山也集解沈欽韓曰一統志鼓山在彰德府武安縣三十里一名滏山即太行第四陘也鑿穴爲居采藥自給建初中州辟不就刺史行部乃使從事致謁佟載病往謝刺史乃執贄見佟曰嵇康高士傳曰刺史執棗栗之贄往集解惠棟曰禮記哀公執贄見周豐敬賢之義孝威居身如是甚苦如何佟曰佟幸得保終性命存神養和如明使君奉宣詔書夕惕庶事反不若邪遂去隱逸終不見

韓康字伯休一名恬休京兆霸陵人家世著姓常采藥名山賣於長安市口不二價三十餘年時有女子從康買藥康守價不移女子怒曰公是韓伯休那那語餘聲也音乃賀反乃不二價乎康歎曰我本欲

避名今小女子皆知有我何用藥爲乃遯入霸陵山中博士公車連徵不至桓帝乃備玄纁之禮㠯安車聘之使者奉詔造康康不得已乃許諾辭安車自乘柴車冒晨先使者發至亭亭長㠯韓徵君當過方發人牛修道橋及見康柴車幅巾㠯爲田叟也使奪其牛康即釋駕與之有頃使者至奪牛翁乃徵君也使者欲奏殺亭長康曰此自老子與之集解沈欽韓曰馬援傳頗哀老子使得敖遊甄阜梁丘賜移書光武叔父良曰老子不幸宗族單袴騎牛此野老之賤稱也晉書庾亮云老子於此興復不淺陶侃去武昌曰老子婆娑正坐君輩則貴者通自稱猶曰老夫也亭長何罪乃止康因道逃遁集解惠棟曰因下脫中字當從御覽增㠯壽終

嶠慎字仲彥風俗通曰晉大夫嶠父之後也集解惠棟曰唐韻作蟜慎字仲彥又嶠字下云晉大夫嶠父與章懷注異棟案前書百官表有執金吾嶠望東海人今慎茂陵人不當作蟜唐韻誤扶風茂陵人也少學黃老隱遯山谷因穴爲室仰慕松喬導引之術與馬融蘇章鄉里並時融㠯才博顯名章㠯廉直稱然皆推先於慎集解惠棟曰高士傳云二人純遠不及慎汝

南昜蒼甚重之因遺書㠯觀其志曰仲彥足下勤處隱約雖乘雲行泥棲宿不同每有西風何嘗不歎汝南在扶風之東蓋聞黃老之言乘虛入冥藏身遠遯亦有理國養人施於爲政老子曰致虛極守靜篤又曰窈兮冥兮其中有精又曰理大國若烹小鮮又曰非所㠯愛人治國也至如登山絕迹神不著其證人不覩其驗吾欲先生從其可者於意何如昔伊尹不懷道㠯待堯舜之君孟子曰湯使人㠯幣聘伊尹伊尹曰我何㠯湯之幣聘爲哉既而幡然改曰與我處畎畝之中由是㠯樂堯舜之道吾豈若使是君爲堯舜之君哉豈若使是人爲堯舜之人哉〔集解〕先謙曰官本注與毛多異又劉攽曰注與我豈若處畎畝之中案文多豈若二字今官本注豈若上卻無與我二字方今明明四海開闢巢許無爲箕山夷齊悔入首陽足下審能騎龍弄鳳翔嬉雲閒者列仙傳蕭史秦繆公時善吹簫公女弄玉好之㠯妻之遂教弄玉作鳳鳴居數十年吹鳳皇聲鳳來止其屋爲作鳳臺夫婦止其上一旦皆隨鳳皇飛去又曰陶安公六安治師數行火火一旦散上紫色衝天須臾赤雀止冶上曰安公安公冶與天通七月七日迎汝㠯赤龍至時安公騎之而去也亦非狐兔燕雀所敢謀也慎不答年七十餘竟不肯娶後忽歸家自言

死日及期果卒後人有見慎於敦煌者故前世異之或云神仙焉

慎同郡馬瑤隱於汧山㠯兔罝爲事罝兔網也毛詩序曰兔罝后妃之化也關雎之化行則莫不好德賢人眾多故瑤㠯爲事焉所居俗化百姓美之號馬牧先生焉〔集解〕沈欽韓曰長安志馬牧澤在京兆府興平縣東南二十里

戴良字叔鸞汝南慎陽人也曾祖父遵字子高平帝時爲侍御史王莽篡位稱病歸鄉里家富好給施尚俠氣食客常三四百人時人爲之語曰關東大豪戴子高〔集解〕惠棟曰應璩與曹公牋云昔漢光武與戴子高有撫塵之好孔融許潁人士優劣論曰汝南戴子高親止千乘萬騎與光武皇帝共揖於道中潁川士既抗節未有頡頏天子者也良少誕節母憙驢鳴憙音虛記反良嘗學之㠯娛樂焉及母卒兄伯鸞居廬啜粥非禮不行良獨食肉飲酒哀至乃哭而二人俱有毀容或問良曰子之居喪禮乎良曰然禮所㠯制情佚也情苟不佚何禮之論夫食旨不甘故致毀容之實若味不存口食之可也論者不能奪之良才既高達而論議尚奇多駭流俗〔集解〕惠棟曰海內先賢行狀云良高才磥硌英聲遠播少者懷之老者慕之鄉里縉紳下至黎庶莫敢有分爭之家同郡謝季孝問曰子自視天下孰可爲比良曰我若仲尼長東魯大禹出西羌帝王紀曰夏禹生於石紐長於西羌西夷之人也獨步天下誰與爲偶舉孝廉不就再辟司空府彌年不到州郡迫之乃遯辭詣府遯逐也悉將妻子既行在道因逃入江夏山中優游不仕㠯壽終初良五女竝賢每有求姻輒便許嫁疏裳布被竹笥木屐㠯遣之〔集解〕沈欽韓曰北堂書鈔汝南先賢傳戴良嫁女㠯竹方笥爲嚴器案嚴器即妝器也五女能遵其訓皆有隱者之風焉

法眞字高卿高一作喬扶風郿人南郡太守雄之子也好學而無常家〔集解〕惠棟曰三輔決錄注云少明五經兼通讖緯學無常師棟案通經有家法高卿不名一家故云無常家也博通內外圖典〔集解〕通鑑胡注東漢諸儒㠯七緯爲內學六經爲外學爲關西大儒弟子自遠方至者陳留范冉等數百人性恬靜寡欲不交人間事太守請見之眞乃

幅巾詣謁太守曰昔魯哀公雖爲不肖而仲尼稱臣太守虛薄欲㠯功曹相屈光贊本朝何如〔集解〕惠棟曰本朝二字出荀子眞曰㠯明府見待有禮故敢自同賓末若欲吏之眞將在北山之北南山之南矣太守矍然不敢復言矍音紀具反辟公府舉賢良皆不就〔集解〕惠棟曰抱朴子云法高卿再舉孝廉本州五辟公府八辟九舉賢良博士三徵皆不就同郡田羽薦眞曰處士法眞體兼四業謂詩書禮樂也〔集解〕惠棟曰通鑑作田弱學窮典奧幽居恬泊樂㠯忘憂將蹈老氏之高蹤不爲玄纁屈也臣願聖朝就加袞職毛詩曰袞職有闕謂三公也必能唱清廟之歌致來儀之鳳矣詩清廟曰於穆清廟肅雝顯相濟濟多士秉文之德尚書曰簫韶九成鳳皇來儀會順帝西巡羽又薦之帝虛心欲致前後四徵眞曰吾既不能遯形遠世豈飲洗耳之水哉遂深自隱絕終不降屈〔集解〕惠棟曰謝承書云眞隱居大澤講論術藝歷年不問園圃友人郭正稱之曰法眞名可得聞身難得而見逃名而名我隨避名而名我追可謂百世之師者矣乃共刊石

頌之號曰玄德先生〔集解〕惠棟曰胡廣徵士法高卿碑云言滿天下發成篇章行光宇宙動爲儀表四海英儁履義君子企望來臻者不可勝紀也翻然鳳舉匿耀遠遯名不可得而聞身難可得而覩爲堯舜所知不飲洗耳之水超越青雲之上德踰巢許之右所謂逃名而名我隨避聲而聲我追者已揆君分量輕寵傲俗乃百世之師也其辭曰邈元□膺懿資宏聖典研道機彪童蒙作世師辭皇命確不移亞洪厓超由夷垂英名揚景暉年八十九中平五年㠯壽終〔集解〕惠棟曰眞子衎字季謀司徒掾廷尉左監見三輔決錄注

漢陰老父者不知何許人也〔集解〕惠棟曰御覽作漢濱桓帝延熹中幸竟陵過雲夢臨沔水百姓莫不觀者有老父獨耕不輟尚書郎南陽張溫異之使問曰人皆來觀老父獨不輟何也老父笑而不對溫下道百步自與言老父曰我野人耳不達斯語請問天下亂而立天子邪理而立天子邪立天子㠯父天下邪役天下㠯奉天子邪昔聖王宰世茅茨采椽而萬人㠯寧韓子曰堯舜采椽不刮茅茨不翦今子之君勞人自縱逸遊無忌吾爲子羞之子何忍欲人觀之乎溫大慙問其姓名不告而去

陳留老父者不知何許人也桓帝世黨錮事起守外黃令陳留張升去官歸鄉里〔集解〕惠棟曰升見文苑傳道逢友人共班草而言班布也升曰吾聞趙殺鳴犢仲尼臨河而反覆巢竭淵龍鳳逝而不至解見獨行傳今宦豎日亂陷害忠良賢人君子其去朝乎夫德之不建人之無援左傳曰臧文仲聞六與蓼滅曰皐陶庭堅不祀忽諸德之不建人之無援哀哉將性命之不免奈何因相抱而泣老父趨而過之植其杖〔集解〕惠棟曰御覽無其字太息言曰吁二丈夫何泣之悲也夫龍不隱鱗鳳不藏羽網羅高懸去將安所雖泣何及乎毛詩曰啜其泣矣何嗟及矣言雖泣而無所及矣二人欲與之語不顧而去莫知所終〔集解〕沈欽韓曰末一語贅文

龐公者南郡襄陽人也居峴山之南峴山在今襄陽縣襄陽記曰諸葛孔明每至德公家獨拜牀下德公初不令止司馬德操嘗詣德公值其渡沔上先人墓德操徑入其室呼德公妻子使速作黍徐元直向云當來就我與德公談其妻子皆羅拜於堂下奔走共設須臾德公還直入相就不知何者是客也德操年少德公十歲兄事之呼作龐公故俗人遂謂龐公是德公名非也〔集解〕沈欽韓曰水經注沔水中有魚梁洲龐德公所居士元居漢之陰在南白沙故世謂是地爲白沙曲矣司馬德操宅洲之陽望衡對宇歡情自接泛舟褰裳率爾休暢蜀志注襄陽記曰諸葛孔明爲臥龍龐士元爲鳳雛司馬德操爲水鏡皆龐德公語也未嘗入城府夫妻相敬如賓〔集解〕惠棟曰襄陽耆舊傳云休息則正巾端坐㠯琴書自娛覩其貌者肅如也荊州刺史劉表數延請不能屈乃就候之曰夫保全一身孰若保全天下乎龐公笑曰鴻鵠巢於高林之上暮而得所棲黿鼉穴於深淵之下夕而得所宿夫趣舍行止亦人之巢穴也且各得其棲宿而已天下非所保也因釋耕於壟上而妻子耘於前表指而問曰先生苦居畎畝而不肯官祿後世何㠯遺子孫乎襄陽記曰德公子字山人亦有令名娶諸葛孔明姊爲魏黃門吏部郎子渙晉太康中爲牂牁太守〔集解〕劉攽曰正文案苦居畎畝不成文理當有一良字沈欽韓曰御覽四百三襄陽耆舊記云渙字世文爲牂牁太守去官歸鄉里居荊南白沙鄉里人宗敬之相語曰我家池中龍種來歸里人化其□德少壯皆代老者擔負龐公曰世人皆遺之㠯危今獨遺

之㠯安雖所遺不同未爲無所遺也表歎息而去後遂攜其妻子登鹿門山因采藥不反襄陽記曰鹿門山舊名蘇嶺山建武中襄陽侯習郁立神祠於山刻二石鹿夾神道口俗因謂之鹿門廟遂㠯廟名山也

贊曰江海冥滅山林長往遠性風疎逸情雲上道就虛全事違塵枉違遠也

逸民列傳第七十三終　　後漢書八十三

後漢書集解卷八十三校補

逸民列傳不屈潁陽之高文選不上多而字亦云性分所至而已文選性分作介性千乘莫移其情注魯逃隱於海上官本注末有也字彼雖硜硜有類沽名者注有荷蕢而過孔氏之門者者原作首依論語正官本注不誤孔子曰官本注無孔字是時裂冠毀冕相攜持而去之者注拔本塞原官本注原作源同百姓莫不相攜持而去之官本注末有也字弋者何篡焉文選者作人案袁本茶陵本仍作者見文選考異斯固所謂舉逸民天下歸心者乎文選民作人未回改天上多則字葢錄其絕塵不反文選反作及案注引司馬彪說又引韓詩外傳似亦及反兩說並存注夫子奔軼絕塵官本注軼誤轍

野王二老傳路見二老者即禽注易云官本注云作曰昔湯即桀於鳴條注帝王紀曰案孟子桀卒於鳴條案桀當作舜注引書專辯鳴條地所在不妨及舜事淺人妄改耳

逢萌傳不去禍將及人案上言不去則下不合言及人人當作我否則衍字即解冠挂東都城門案言挂冠則是萌時已拜官矣傳疑有脫誤集解沈欽韓曰至注誤案注引兩書兼存異說並非有誤乃之琅邪勞山注有大勞山小勞山沈銘彝曰齊乘大小二勞山在即墨東六十里又名勞盛山四極明科云軒皇一登勞盛山是也齊記泰山自言高不如東海勞吳王夫差登之得靈寶度人經山高十五里周八十里此大勞也與小勞山華樓山鼎足相聯又寰宇記云秦始皇至牢盛山望蓬萊立馬此山遺石人驅之山牢不動葢山之高以其登涉之難則名勞驅之不動又名牢也㠯壽終柳從辰曰一統志萌墓在今昌樂縣齊乘在濰州營陵古城中案水經注萌墓在都昌濰水之側疑附會初萌與同郡徐房平原李子雲王君公相友善集解先謙曰子雲名曇君公名遵柳從辰曰今御覽四百九引嵇康高士傳作李雲王尊惠氏補注引作李曇王遷遷葢即遵之譌

周黨傳過城不入柳從辰曰袁紀黨舉動必以禮赤眉之亂所在殘破至太原聞黨德行不入其邑由是名重天下

王霸傳字儒仲柳從辰曰今聚珍本東觀記及御覽五百一引本書儒均作孺惟唐書世系仍作儒

嚴光傳司徒侯霸與光素舊遣使奉書注是非癡語也案文也當作邪後人名其釣處爲嚴陵瀨焉注七里瀨官本注瀨作灘上平可坐十人官本注平作下案石下人不能坐作下非建武十七年復特徵不至至原作三已正官本不誤年八十終於家柳從辰曰浙江通志光墓在今餘姚縣客星山華清泉左

井丹傳更遣請丹不能致致原作制已正官本不誤乃詭說五王求錢千萬柳從辰曰袁紀作詭說諸王鈔二萬案二萬僅錢二十千似不足記當仍係千字殘譌

梁鴻傳同縣孟氏有女柳從辰曰東觀記亦作孟氏女獨袁紀作趙氏有女肅宗聞而非之集解惠棟曰至今作非乃傳寫之誤柳從辰曰袁紀亦作上聞而非之求索不得鴻乃逃會稽非字不誤今案五噫歌意存諷刺雖太息而道聞之朝廷實未見有可悲也夫蕭何營未央欲令後世亡以加自孝武視之爲已卑矣至東京宮室皆光武以來所建立肅宗雖顧長者而鴻追毀先帝亦將有所不安欲竟鴻說而求其人事所宜有也且鴻苟無罪於心何必易姓名以此言之作非爲是依大家皋伯通柳從辰曰一統志今蘇州府胥門西有皋伯通墓爲求葬地於要離冢旁集解沈欽韓曰至幾一里柳從辰曰一統志鴻墓在今吳縣西四里

高鳳傳心名且猶不顯官本且猶作猶且

臺佟傳存神養和柳從辰曰皇甫謐高士傳此下有云不屏營於世事以勞其精除可欲之志恬淡自得不苦也

矯慎傳章㠯廉直稱官本稱上多爲字

昔伊尹不懷道㠯待堯舜之君集解先謙曰官本注與毛多異謹案

注既而嶓然改曰官本無此六字與我處畎畝之中官本與我作豈若吾豈若使是君爲堯舜之君哉官本無是字

足下審能騎龍弄鳳注鳳來止其屋官本注屋作室

漢陰老父傳漢陰集解惠棟曰御覽作漢濱今案本書目錄亦作漢濱

陳留老父傳二丈夫官本丈作大今案二丈夫猶云二男子耳升既去官其友亦未詳何人班草抱泣而老父乃以二大夫稱之如前書之美二疏疑於不倫矣毛作丈夫非有譏也

列女傳第七十四

宋　宣　城　太　守　范　曄　撰
唐　章　懷　太　子　賢　注
王先謙集解

詩書之言女德尚矣詩謂關雎后妃之德也書稱釐降二女于嬀汭嬪于虞尚遠也若夫賢妃助國君之政哲婦隆家人之道高士弘清淯之風貞女亮明白之節則其徽美未殊也而世典咸漏焉故自中興以後綜其成事述爲列女篇如馬鄧梁后別見前紀梁嫕李姬各附家傳嫕梁竦女李姬李固女也若斯之類並不兼書餘但搜次才行尤高秀者不必專在一操而已集解惠棟曰嫌錄董祀妻故云先謙曰官本在作任

勃海鮑宣妻者桓氏之女也字少君宣嘗就少君父學父奇其清苦故以女妻之裝送資賄甚盛宣不悅謂妻曰少君生富驕習美飾而吾實貧賤不敢當禮妻曰大人以先生修德守約故使賤妾侍執巾櫛既奉承君子唯命是從宣笑曰能如是是吾志也妻乃悉歸侍御服飾更著短布裳與宣共挽鹿車歸鄉里集解惠棟曰風俗通云鹿車或云樂車乃傳舍偃臥無憂無牛馬而能行者獨一人所致耳蘇林云一木撗鹿車一人推之挽一作輓音晩拜姑禮畢提甕出汲修行婦道鄉邦稱之宣哀帝時官至司隸校尉集解王鳴盛曰此下宜增一句云以不附王莽見殺子永中興初爲魯郡太守集解惠棟曰永傳云事後母至孝然則永非桓出也先謙曰明永爲宣前妻子後母卽少君永子昱從容問少君曰太夫人寧復識挽鹿車時不集解先謙曰識去聲記也對曰先姑有言爾雅曰舅姑在則曰君舅君姑沒則曰先舅先姑存不忘亡安不忘危易繫辭之言也吾焉敢忘乎永昱已見前傳

太原王霸妻者不知何氏之女也霸少立高節光武時連徵不仕霸已見逸人傳妻亦美志行初霸與同郡令狐子伯爲友集解惠棟曰孫愐云漢複姓有令狐氏本自畢萬之後國語云晉大夫令狐文子卽魏顆也自漢以後世本太原至邁爲王莽所誅邁少子始居燉

也後子伯爲楚相而其子爲郡功曹子伯乃令子奉書於霸車馬服從雍容如也霸子時方耕於野聞賓至投耒而歸鄭玄注禮記云耒耜之上曲者也說文曰耒耜曲木見令狐子沮怍不能仰視沮喪也怍慙也集解沈欽韓曰唐書世系表霸生咸文苑英華劉禹錫王涯家廟碑云霸孫邗亦號徵君霸目之有愧容客去而久臥不起妻怪問其故始不肯告妻請罪而後言曰吾與子伯素不相若向見其子容服甚光舉措有適而我兒曹蓬髮歷齒未知禮則曹輩也集解沈欽韓曰宋玉登徒子好色賦齞脣歷齒注歷猶疏也見客而有慙色父子恩深不覺自失耳妻曰君少修清節不顧榮祿今子伯之貴孰與君之高奈何忘宿志而慙兒女子乎霸屈起而笑曰屈音渠勿反集解先謙曰屈與崛義同有是哉遂共終身隱遁

廣漢姜詩妻者同郡龐盛之女也詩事母至孝妻奉順尤篤母好飲江水水去舍六七里妻嘗泝流而汲集解惠棟曰水經注云常以雞鳴遡流而汲江後

値風不時得還母渴詩責而遣之妻乃寄止鄰舍晝夜紡績市珍羞使鄰母以意自遺其姑如是者久之姑怪問鄰母鄰母具對姑感慙呼還恩養愈謹其子後因遠汲溺死妻恐姑哀傷不敢言而託以行學不在姑嗜魚鱠又不能獨食夫婦常力作供鱠呼鄰母共之舍側忽有涌泉味如江水集解惠棟曰水經注云詩有田濱江澤鹵泉流所溉盡爲沃野華陽國志云其泉灌田六頃施及比鄰李吉甫云今泉在漢州德陽縣北三十九里先謙曰宋歐陽修詩集注峽州甘泉寺在臨江一山上與縣廨相對寺有清泉一泓俗傳姜詩泉亦有姜詩祠詩廣漢人而泉祠在此修令夷陵時有詩或詩後宦游經此人爲立祠並附會孝泉余曾過之信不誣也每旦輒出雙鯉魚常以供二母之膳赤眉散賊經詩里弛兵而過曰驚大孝必觸鬼神集解惠棟曰華陽國志云公孫述平後東精爲賊掠害不敢入詩里東精人姓名也案赤眉散賊不當至蜀華陽國志是也時歲荒賊乃遺詩米肉受而埋之集解沈欽韓曰北堂書鈔東觀記云後吏譴詩掘出示之比落蒙其安全比近也落藩也永平三年察孝廉顯宗詔曰大孝入朝凡諸舉者一聽平之由是皆拜爲郎中集解先謙曰官本無爲字詩尋除江陽令卒於官集解惠棟曰華陽國志云江陽符長沈欽韓曰江陽今瀘州治所居治鄉人爲立祀

沛郡周郁妻者同郡趙孝之女也集解惠棟曰孝字長平自有傳字阿少習儀訓閑於婦道而郁驕淫輕躁多行無禮郁父偉謂阿曰新婦賢者女集解惠棟曰皇甫謐列女傳云長平德行純粹海內知之當以道匡夫郁之不改新婦過也阿拜而受命退謂左右曰我無樊衞二姬之行列女傳曰楚莊王好田獵樊姬故不食鮮禽以諫王齊桓公好音樂衞姬不聽五音以諫公並解見文苑傳也故君以責我我言而不用君必謂我不奉教令則罪在我矣若言而見用是爲子違父而從婦則罪在彼矣生如此亦何聊哉乃自殺莫不傷之集解王補曰趙阿顯拒尊章之命隱遂良人之慝有玷女箴尤乖婦順昭茲彤管斯爲濫矣

扶風曹世叔妻者集解先謙曰據三輔決錄注世叔名壽同郡班彪之女也名昭字惠班一名姬集解沈欽韓曰陸龜蒙小名錄班昭字惠姬文選李善注引范書正作惠姬此誤衍班一名三字博

學高才世叔早卒集解沈欽韓曰案下女誡云年十有四執箕帚於曹氏於今四十餘載傷諸女方當適人而不漸訓誨則昭適曹氏四十餘年尚有未嫁之女世叔不爲早卒有節行法度兄固著漢書其八表及天文志未及竟而卒和帝詔昭就東觀藏書閣踵而成之踵繼也帝數召入宮令皇后諸貴人師事焉號曰大家集解錢大昕曰此家字相傳讀如姑攷古書家室之家亦讀爲姑詩宜爾室家樂爾妻帑以家協帑左氏傳姪其從姑六年其逋逃歸其國而棄其家以家協姑迄今人皆轉爲古牙切獨此大家字尚存古音惠棟曰今人讀大家爲大姑甪里先生爲祿里此古音之僅存者每有貢獻異物輒詔大家作賦頌及鄧太后臨朝與聞政事以出入之勤特封子成關內侯官至齊相時漢書始出多未能通者同郡馬融伏於閣下從昭受讀集解王鳴盛曰漢人讀書必有師傳無師不能讀三國吳志吳主五子傳孫權之長子登既立爲太子權欲使讀漢書知近代事以張昭有師法重煩勞之乃令昭之子休從昭受讀還以授登可見後又詔融兄續繼昭成之融兄名續見馬援傳集解何焯曰司馬彪云馬續述天文志續字季則見馬援傳末惠棟曰世系云嚴七子固伉歆鱄融留續則續爲融弟永初中太后兄大將軍鄧騭以母憂上書乞身太

后不欲許㠯問昭昭因上疏曰伏惟皇太后陛下躬盛德之美隆唐虞之政闢四門而開四聰采狂夫之瞽言納芻蕘之謀慮前書曰狂夫之言明主擇焉詩曰先人有言詢於芻蕘妾昭得㠯愚朽身當盛明敢不披露肝膽㠯效萬一妾聞謙讓之風德莫大焉故典墳述美神祇降福易曰謙尊而光又曰鬼神害盈而福謙左傳曰謙讓者德之基也昔夷齊去國天下服其廉高孟子曰聞伯夷之風者貪夫廉懦夫有立志太伯違邠孔子稱為三讓周太王有疾太伯欲讓季歷托採藥於吳時已居周此言邠者蓋本其始而言之也所㠯光昭令德揚名於後者也論語曰能㠯禮讓為國於從政乎何有論語孔子之言也何有言若無有由是言之推讓之誠其致遠矣今四舅深執忠孝引身自退四舅謂騭悝弘閶也而㠯方垂未靜拒而不許如後有豪毛加於今日謂有纖微之過則推讓之美失也誠恐推讓之名不可再得緣見逮及故敢昧死竭其愚情自知言不足采㠯示蟲螘之赤心太后從而許之於是騭等各還里第焉作女誡七篇有

後漢書八十四　四

助內訓其辭曰鄙人愚暗受性不敏蒙先君之餘寵賴母師之典訓母傅母也師女師也左傳曰宋伯姬卒傅姆也毛詩曰言告師氏言告言歸年十有四執箕帚於曹氏前書呂公謂高祖曰臣有息女願為箕帚妾言執箕帚主賤役以事舅姑于今四十餘載矣戰戰兢兢常懼黜辱㠯增父母之羞㠯益中外之累中內也夙夜劬心勤不告勞而今而後乃知免耳吾性疏頑教導無素素先也恒恐子穀負辱清朝三輔決錄注曰齊相子穀頗隨時俗注云曹成壽之子也司徒掾察孝廉為長垣長母為太后師徵拜中散大夫子穀即成之字也集解惠棟曰案注為長垣長大家集云永初七年子穀為陳留長大家隨至官作東征賦陳留長謂陳留縣之長即長垣也沈欽韓曰前云封子成關內侯章懷因以子穀為字以合之恐大家不應呼其子之字也或成一名穀耳聖恩橫加猥賜金紫漢官儀曰二千石金印紫綬集解沈欽韓曰謂成為關內侯也魏志關內侯關中侯皆金印紫綬注誤實非鄙人庶幾所望也男能自謀矣吾不復㠯為憂也但傷諸女方當適人而不漸訓誨不聞婦禮懼失容它門取恥宗族吾今疾在沈滯性命無常念汝曹如此每用惆悵閒作女誡七章願諸女

各為一通庶有補益裨助汝身去矣其勗勉之去矣猶言從今已往卑弱第一古者生女三日臥之牀下弄之瓦塼而齋告焉詩小雅曰乃生女子載寢之地載弄之瓦毛萇注曰瓦紡塼也箋云臥之於地卑之也紡塼習其所有事也集解先謙曰官本注事下有於紡績三字臥之牀下明其卑弱主下人也弄之瓦塼明其習勞主執勤也齋告先君明當主繼祭祀也毛詩傳曰采蘋大夫妻能循法度也能循法度則可以承先祖供祭祀矣于以采蘋南澗之濱于以采藻于彼行潦于以盛之維筐及筥于以湘之維錡及釜于以奠之宗室牖下誰其尸之有齊季女三者蓋女人之常道禮法之典教矣謙讓恭敬先人後己有善莫名不自名己之善也有惡莫辭忍辱含垢常若畏懼是謂卑弱下人也晚寢早作勿憚夙夜作起也集解先謙曰官本注在作下執務私事不辭劇易劇猶難也所作必成手跡整理是謂執勤也正色端操㠯事夫主清靜自守無好戲笑潔齊酒食㠯供祖宗潔清也謂食也左傳曰潔齊豐盛也是謂繼祭祀也三者茍備而患名稱之不聞黜辱之在身未之見也三者茍失之何名稱之可聞黜辱之可遠哉夫

後漢書八十四　五

婦第二夫婦之道參配陰陽通達神明信天地之弘義人倫之大節也是㠯禮貴男女之際詩著關雎之義禮記曰昏禮者將合二姓之好上以事宗廟而下以繼後世也故君子重之詩關雎樂得賢女以配君子也由斯言之不可不重也夫不賢則無㠯御婦婦不賢則無㠯事夫夫不御婦則威儀廢缺婦不事夫則義理墮闕墮音許規反墮廢也方斯二者其用一也察今之君子徒知妻婦之不可不御威儀之不可不整故訓其男檢㠯書傳殊不知夫主之不可不事義禮之不可不存也但教男而不教女不亦蔽於彼此之數乎禮八歲始教之書十五而至於學矣禮記曰八歲入小學獨不可依此㠯為則哉敬慎第三陰陽殊性男女異行陽㠯剛為德陰㠯柔為用男㠯彊為貴女㠯弱為美故鄙諺有云生男如狼猶恐其尫集解惠棟曰荀子云百姓賤之如尫惡之如鬼楊倞云字書無尫字蓋當作尫病人禮記云吾欲暴尫而奚若生女如鼠猶恐其虎然則修身莫若敬避彊莫若順故曰敬順之道婦

之大禮也夫敬非它持久之謂也夫順非它寬裕之謂也持久者知止足也寬裕者尚恭下也夫婦之好終身不離房室周旋遂生媟黷媟黷既生語言過矣語言既過縱恣必作縱恣既作則侮夫之心生矣此由於不知止足者也夫事有曲直言有是非直者不能不爭曲者不能不訟訟爭既施則有忿怒之事矣此由於不尚恭下者也侮夫不節譴呵從之忿怒不止楚撻從之夫爲夫婦者義以和親恩以好合楚撻既行何義之存譴呵既宣何恩之有恩義俱廢夫婦離矣婦行第四女有四行一曰婦德二曰婦言三曰婦容四曰婦功禮記文也夫云婦德不必才明絕異也婦言不必辯口利辭也婦容不必顏色美麗也婦功不必工巧過人也清閒貞靜守節整齊行己有恥動靜有法是謂婦德擇辭而說不道惡語時然後言不厭於人是謂婦言盥浣塵穢服飾鮮潔沐浴以時身不

垢辱是謂婦容專心紡績不好戲笑絜齊酒食以奉賓客是謂婦功此四者女人之大德而不可乏之者也然爲之甚易唯在存心耳古人有言仁遠乎哉我欲仁而仁斯至矣論語孔子之言也集解先謙曰官本注在此之謂也句下此之謂也專心第五禮夫有再娶之義儀禮曰父在爲母何以朞至尊在不敢伸也父必三年而後娶達子志也婦無二適之文故曰夫者天也儀禮曰夫者妻之天也婦人不二適者猶曰不二天也天固不可逃夫固不可離也行違神祇天則罰之禮義有愆夫則薄之故女憲曰集解沈欽韓曰前書班倢伃傳有窈窕德象女師之篇此大家所稱引者亦其類得意一人是謂永畢失意一人是謂永訖由斯言之夫不可不求其心然所求者亦非謂佞媚苟親也固莫若專心正色禮義居潔耳無淫聽目不邪視集解先謙曰官本不作無出無冶容集解惠棟曰古文易作野容鄭氏云妖野容儀入無廢飾無聚會羣輩無看視門戶此則謂專心正色矣若夫動靜輕脫視聽陝輸陝輸不定貌集解惠棟曰陝本作陜女子態說文云前却陜媚也從女陜聲入則亂髮壞形出則窈窕作態窈窕妖冶之貌也說所不當道觀所不當視此謂不能專心正色矣曲從第六夫得意一人是謂永畢失意一人是謂永訖欲人定志專心之言也舅姑之心豈當可失哉物有以恩自離者集解沈欽韓曰離讀爲麗左宣十二年傳注麗著也亦有以義自破者也夫雖云愛舅姑云非此所謂以義自破者也然則舅姑之心奈何固莫尚於曲從矣姑云不爾而是固宜從令不爾猶不然也姑云爾而非猶宜順命勿得違戾是非爭分曲直此則所謂曲從矣故女憲曰婦如影響焉不可賞影響言順從也和叔妹第七集解先謙曰昏義鄭注室人謂女妐女叔諸婦也疏女叔謂壻之妹也釋親夫之女弟爲女妹是叔妹皆謂小姑婦人之得意於夫主由舅姑之愛己也舅姑之愛己由叔妹之譽己也由此言之我臧否譽毀一由叔妹叔妹之心復不可失也皆莫知叔妹之不可失而不能和之以求親其蔽也哉自非聖人鮮能無過故顏子貴於能改仲尼嘉其不貳論語孔子曰顏回不貳過易曰顏氏之子其殆庶幾乎有不善未嘗不知知之未嘗復行也而況婦人者也雖以賢女之行聰哲之性

其能備乎是故室人和則謗掩外內離則惡揚此必然之埶也易曰二人同心其利斷金同心之言其臭如蘭此之謂也金物之堅者若二人同心則其利可以斷之二人既同心其芳馨如蘭也古人通謂氣爲臭也夫嫂妹者體敵而尊恩疏而義親若淑媛謙順之人淑善也美女曰媛則能依義以篤好崇恩以結援使徽美顯章而瑕過隱塞舅姑矜善而夫主嘉美聲譽曜於邑鄰休光延於父母若夫惷愚之人於嫂則託名以自高於妹則因寵以驕盈驕盈既施何和之有恩義既乖何譽之臻是以美隱而過宣姑忿而夫愠毀訾布於中外恥辱集於厥身進增父母之羞退益君子之累君子謂夫也詩曰未見君子憂心忡忡斯乃榮辱之本而顯否之基也可不慎哉然則求叔妹之心固莫尚於謙順矣謙則德之柄易繫辭之文也順則婦之行凡斯二者足以和矣詩云在此無惡在彼無射其

斯之謂也韓詩周頌之言也射厭也射音亦毛詩射作斁也集解先謙曰官本此作彼彼作此馬融善之令妻女習焉昭女妹曹豐生昭姊之妹也亦有才惠爲書以難之集解沈欽韓曰案女誡何可難廣博物志三輔決錄曰周季貞班固姊之子也善屬文喪婦作問神其姨曹大家難之當是因彼事而傳譌辭有可觀昭年七十餘卒皇太后素服舉哀使者監護喪事所著賦頌銘誄問注哀辭書論上疏遺令凡十六篇集解沈欽韓曰文選有東征賦藝文類聚有曹大家鍼縷賦又有大雀賦曰大家同產兄西域都護定遠侯班超獻大雀詔令大家作賦又有蟬賦子婦丁氏爲撰集之又作大家讚焉

河南樂羊子之妻者不知何氏之女也集解惠棟曰本搜神記羊子嘗行路得遺金一餠還以與妻妻曰妾聞志士不飲盜泉之水論語撰考讖曰水名盜泉仲尼不漱廉者不受嗟來之食解見文苑傳也況拾遺求利以汙其行乎羊子大慙乃捐金於野而遠尋師學一年來歸妻跪問其故羊子曰久行懷思無它異也妻乃引刀趨機而言曰此機生自蠶繭成於

機杼一絲而累以至於寸集解沈欽韓曰說文絲織絹从糸貫杼也類篇絲古還切先謙曰官本絲作絲累寸不已遂成丈匹今若斷斯織也則捐失成功稽廢時月夫子積學當日知其所亡論語孔子曰君子日知其所亡月無忘其所能亡無也集解惠士奇曰列女傳云孟子既學而歸孟母方績問曰學何所至矣孟子曰自若也孟母以刀斷其織孟子懼而問其故孟母曰子之廢學若吾斷斯織也夫樂羊子妻之言本此以就懿德若中道而歸何異斷斯織乎羊子感其言復還終業遂七年不返妻常躬勤養姑又遠饋羊子嘗有它舍雞謬入園中姑盜殺而食之妻對雞不餐而泣姑怪問其故妻曰自傷居貧使食有它肉姑竟棄之後盜欲有犯妻者乃先劫其姑妻聞操刀而出盜人曰釋汝刀從我者可全不從我者則殺汝姑妻仰天而歎舉刀刎頸而死盜亦不殺其姑太守聞之卽捕殺賊盜而賜妻縑帛以禮葬之號曰貞義

漢中陳文矩妻者同郡李法之姊也字穆姜集解惠棟曰華陽國志云穆姜安眾令程祗妻祗似文矩名以程爲陳未詳孰是有二男集解惠棟曰華陽國志云二子淮基而前妻四子集解惠棟曰華陽國志云四子興敦覲豫文矩爲安眾令喪於官安眾縣屬南陽郡四子以母非所生憎毀日積而穆姜慈愛溫仁撫字益隆衣食資供皆兼倍所生或謂母曰四子不孝甚矣何不別居以遠之對曰吾方以義相導使其自遷善也及前妻長子興遇疾困篤母惻隱自然親調藥膳恩情篤密興疾久乃瘳於是呼三弟謂曰繼母慈仁出自天愛集解先謙曰官本愛作授吾兄弟不識恩養禽獸其心雖母道益隆我曹過惡亦已深矣遂將三弟詣南鄭獄陳母之德狀己之過乞就刑辟縣言之於郡郡守表異其母蠲除家徭集解惠棟曰華陽國志云興等自知失子道謁南鄭獄受不愛親罪太守嘉之復除門戶常以二月八日社致肉三十斤酒米各二斛六斗常璩述云穆姜溫仁化繼爲親遣散四子許以修革自後訓導愈明並爲良士集解惠棟曰華陽國志云六子相化皆作令士五人州郡察舉基字稚業特雋逸爲南郡太守穆姜年八十餘卒臨終敕諸子曰吾弟伯度智達士也所論

薄葬其義至矣又臨亡遺令賢聖法也前書孝文帝楊王孫龔勝臨亡並有遺令令汝曹遵承勿與俗同增吾之累諸子奉行焉

孝女曹娥者會稽上虞人也父盱能絃歌爲巫祝漢安二年五月五日於縣江泝濤迎婆娑神集解何焯曰困學紀聞云曹娥碑云盱能撫節安歌婆娑樂神以五月五日迎伍君傳云婆娑神誤也沈欽韓曰詩正義引李巡曰婆娑槃辟舞也是婆娑非神名藝文類聚會稽典錄云於縣江泝濤迎波神波神卽伍君不知何時波下誤著女又增人娑字也先謙曰案文義是婆娑迎神寫本誤倒溺死不得屍骸娥年十四乃沿江號哭晝夜不絕聲旬有七日遂投江而死娥投衣於水祝曰父屍所在衣當沈衣隨流至一處而沈娥遂隨衣而沒衣字或作瓜見項原列女傳至元嘉元年集解惠棟曰袁宏紀云前後長吏莫有紀者縣長度尚改葬娥於江南道傍爲立碑焉會稽典錄曰上虞長度尚弟子邯鄲淳字子禮時甫弱冠而有異才尚先使魏朗作曹娥碑文成未出會朗見尚尚與之飲宴而子禮方至督酒尚問朗碑文成未朗辭不才因試使子禮爲之操筆而成無所點定朗嗟歎不暇遂毁其草其後蔡邕又題八字曰黃絹幼婦外孫齏臼集解王鳴盛曰注引會稽典錄盛誇邯鄲淳碑文之美蔡邕題云黃絹幼婦外孫齏臼謂絕妙好辭也今觀其文淺陋荒率何絕

妙之有皆文士增飾耳惠棟曰水經注云尚外甥邯鄲子禮

吳許升妻者呂氏之女也字榮升少爲博徒不理操行榮嘗躬勤家業㠯奉養其姑數勸升修學每有不善輒流涕進規榮父積忿疾升乃呼榮欲改嫁之榮歎曰命之所遭義無離貳終不肯歸升感激自厲乃尋師遠學遂㠯成名尋被本州辟命行至壽春道爲盜所害刺史尹耀捕盜得之〔集解〕惠棟曰盧熊云案順帝建康元年揚州刺史尹耀討范容敗沒榮迎喪於路聞而詣州請甘心讎人耀聽之榮乃手斷其頭㠯祭升靈後郡遭寇賊賊欲犯之〔集解〕惠棟曰列女後傳云黃巾賊陳寶欲干穢之榮踰垣走賊拔刀追之賊曰從我則生不從我則死榮曰義不㠯身受辱寇虜也遂殺之是日疾風暴雨靁電晦冥賊惶懼叩頭謝罪乃殯葬之〔集解〕王鳴盛曰曝書亭集以爲許昇妻爲黃巾所殺麋府君斂錢葬之不引正史而但以爲傳聞之言名字事迹又皆互異惠棟曰列女後傳云麋府君聞榮高行遣主簿祭之又出錢助縣爲冢於嘉興郭里墟北名曰義婦坂盧熊云麋府君即麋豹永興二年吳郡太守

汝南袁隗妻者扶風馬融之女也字倫隗已見前傳倫少有才辯融家世豐豪裝遣甚盛及初成禮隗問之曰婦奉箕箒而已何乃過珍麗乎對曰慈親垂愛不敢逆命君若欲慕鮑宣梁鴻之高者妾亦請從少君孟光之事矣隗又曰弟先兄舉世㠯爲笑今處姊未適先行可乎對曰妾姊高行殊邈未遭良匹不似鄙薄苟然而已又問曰南郡君學窮道奧文爲辭宗融爲南郡太守而所在之職輒㠯貨財爲損何邪〔集解〕王補曰馬融忤大將軍梁冀旨冀諷有司奏融在郡貪濁免官髡徙朔方見本書融傳對曰孔子大聖不免武叔之毀子路至賢猶有伯寮之愬論語曰叔孫武叔毀仲尼子貢曰無以爲也它人之賢者猶丘陵焉猶可踰也仲尼如日月也無得而踰焉公伯寮愬子路於季孫孔子曰道之將行也與命也道之將廢也與命也公伯寮其如命何家君獲此固其宜耳隗默然不能屈帳外聽者爲慚隗既寵貴當時倫亦有名於世年六十餘卒〔集解〕惠棟曰蔡邕馬氏靈表云春秋六十有三卒於光和七年倫妹芝亦有才義少喪親長而追感乃作申情賦云

酒泉龎淯母者〔集解〕先謙曰官本淯作清趙氏之女也字娥父爲同縣人所殺而娥兄弟三人時俱病物故讎乃喜而自賀㠯爲莫己報也〔集解〕何焯曰魏志注引皇甫謐列女傳云字娥親父曰趙安讎曰李壽娥陰懷感憤乃潛備刀兵常帷車㠯候讎家十餘年不能得後遇於都亭刺殺之因詣縣自首曰父讎已報請就刑戮福祿長尹嘉義之〔集解〕錢大昕曰福祿當作祿福詳見郡國志解印綬欲與俱亡娥不肯去曰怨塞身死妾之明分結罪理獄君之常理何敢苟生㠯枉公法後遇赦得免州郡表其閭太常張奐嘉歎㠯束帛禮之

沛劉長卿妻者同郡桓鸞之女也鸞已見前傳生一男〔集解〕惠棟曰案皇甫謐列女傳男名玉也五歲而長卿卒妻防遠嫌疑不肯歸甯兒年十五晚又

天歿妻慮不免乃豫刑其耳㠯自誓宗婦相與愍之共謂曰若家殊無它意假令有之猶可因姑姊妹㠯表其誠何貴義輕身之甚哉對曰昔我先君五更學爲儒宗尊爲帝師五更㠯來歷代不替男㠯忠孝顯女㠯貞順稱詩云無忝爾祖聿修厥德是㠯豫自刑翦㠯明我情沛相王吉上奏高行顯其門閭號曰行義桓嫠寡婦曰嫠縣邑有祀必膰焉膰祭餘肉也尊敬之故有祭祀必致其餘也左傳曰天子有事膰焉

安定皇甫規妻者不知何氏女也〔集解〕官本考證曰唐張懷瓘書斷云扶風馬夫人大司農皇甫規之妻也周壽昌曰案傳稱夫人善屬文能草書書斷云有才學工隸書列諸妙品是唐時眞蹟流傳張氏猶見也規初喪室家後更娶之妻善屬文能草書時爲規答書記眾人怪其工及規卒時妻年猶盛而容色美後董卓爲相國承其名聘㠯軿輜百乘馬二十匹奴婢錢帛充路妻乃輕服詣卓門跪自陳情辭甚酸愴卓使傅奴侍者悉拔刀圍之而謂曰孤之威教欲令四海風靡

何有不行於一婦人乎妻知不免乃立罵卓曰君羌胡之種毒害天下猶未足邪妾之先人清德奕世皇甫氏文武上才為漢忠臣君親非其趣使走吏乎敢欲行非禮於爾君夫人邪卓乃引車庭中以其頭懸軛鞭撲交下（周禮考工記曰軶長六尺鄭衆曰謂轅端壓牛領者）妻謂持杖者曰何不重乎速盡為惠遂死車下後人圖畫號曰禮宗云

南陽陰瑜妻者潁川荀爽之女也名采字女荀聰敏有才藝年十七適陰氏十九產一女而瑜卒采時尚豐少常慮為家所逼自防衛甚固後同郡郭奕喪妻爽以采許之（魏書奕字伯益嘉之子也為太子文學早卒〔集解〕陳景雲曰郭嘉卒於建安十二年年三十八距荀爽之歿幾二十年計爽存日嘉年方冠不得有授室壯子又爽名德素著亦定無强奪女志事爽奕二字必有誤沈欽韓曰此郭奕或别一人非魏志所云嘉子字伯益者）因詐稱病篤召采既不得已而歸懷刃自誓爽令傅婢執奪其刃扶抱載之猶憂致憤激敕衛甚嚴（〔集解〕王補曰文姬名節不振議者猶以是為伯喈玷荀采守義陰氏逼脅再醮卒致自縊為之父者竟出

後漢書八十四　十二

於當日號為人師之荀爽爽名重一時行事之傎乃至於此臣道與妻道皆取象乎坤何怪或謀篡漢顗與勛亡魏亂晉襲爽之故智以謂是家法云爾也自程子餓死事小失身事大之敎行夫人皆知崇尚名義此則正學之效焉）女既到郭氏乃偽為歡悅之色謂左右曰我本立志與陰氏同穴而不免逼迫遂至於此素情不遂奈何乃命使建四燈盛裝飾（〔集解〕惠棟曰荀氏家傳云采入郭氏室暮乃去帷帳建四燈斂色正坐）請奕入相見共談言辭不輟奕敬憚之遂不敢逼至曙而出采因敕令左右辦浴既入室而掩戶權令侍人避之以粉書扉上曰尸還陰陰字未及成懼有來者遂以衣帶自縊左右翫之不為意比視已絕時人傷焉

犍為盛道妻者同郡趙氏之女也（〔集解〕惠棟曰華陽國志云資中人）字媛姜建安五年益部亂道聚眾起兵事敗夫妻執繫當死媛姜夜中告道曰法有常刑必無生望君可速潛逃建立門戶妾自留獄代君塞咎道依違未從媛姜便解道桎梏為齎糧貨子翔時年五歲使道攜持而走媛姜代道持夜應對不失（〔集解〕沈欽韓曰獄卒夜察囚當呼問前書王章小女所云平生獄吏呼囚者也）度道已遠乃以實告吏應時見殺道父子會赦得歸道感其義終身不娶焉（〔集解〕惠棟曰華陽國志云道雖仕宦當世痛感終不更娶翔亦不仕常璩述云媛姜匹婦勉夫濟子授命囹圄義踰國士）

孝女叔先雄者犍為人也（〔集解〕惠棟曰孫愐云叔先複姓也華陽國志雄作絡范書據搜神記作雄傳寫誤也水經注云絡符人錢大昕曰水經注符縣長趙祉遣吏光尼和以永建元年十一月詣巴郡沒死子賢求喪不得女絡年二十五歲有二子五歲以還至二年二月十五日尚不得喪絡乃乘小船至父沒處哀哭自沈夢告賢曰至二十一日與父俱出至日父子果浮出江上郡縣上言為之立碑與此傳所載一事而姓名互異華陽國志亦云符有先絡僰道有張帛絡與帛協韻則其名當為絡不為雄矣[illegible]先與光字形相涉常璩書與范史皆作先而史又多叔字廣韻亦以叔先為複姓則此女本姓叔先或單稱先猶諸葛之稱葛也雄當是雒字之譌雒與絡同音國語王孫雒今本亦譌為雄此其證也王伯厚引水經注以為光絡絡亦譌字周壽昌曰此女父家姓先夫家姓叔廣韻左傳魯公子叔弓之後光武破虜將軍叔壽是有叔姓也其父泥和華陽國志作先尼和知先為姓也）父泥和（〔集解〕惠棟曰泥一作沈一作江見益部耆舊傳又華陽國志云先尼和以先為姓

後漢書八十四　十三

永建初（〔集解〕惠棟曰水經注永建元年）為縣功曹縣長遣泥和拜檄謁巴郡太守乘船墮湍水物故（〔集解〕惠棟曰水經注云溺水死成濡灘華陽國志作成湍灘）尸喪不歸雄感念怨痛號泣晝夜心不圖存常有自沈之計所生男女二人並數歲（〔集解〕惠棟曰搜神記云時雄年二十七有子男貢年五歲貰年三歲）雄乃各作囊盛珠環以繫兒數為訣別之辭家人每防閑之經百許日後稍懈雄因乘小船於父墮處慟哭遂自投水死（〔集解〕惠棟曰水經注二年二月十五日搜神記十二月十五日）弟賢其夕夢雄告之卻後六日當共父同出至期伺之果與父相持浮於江上（〔集解〕惠棟曰搜神記云至二十一日與父俱出）郡縣表言為雄立碑圖像其形焉（〔集解〕惠棟曰華陽國志云太守蕭登高之上尚書遣戶曹掾為之立碑人為語曰符有先絡僰道張帛帛黃氏張貞妻事與絡相類也）

陳留董祀妻者同郡蔡邕之女也名琰字文姬博學有才辯又妙於音律（劉昭幼童傳曰邕夜鼓琴絃絕琰曰第二絃邕曰偶得之耳故斷一絃問之琰曰第四絃並不差謬〔集解〕沈欽韓曰御覽五百七十七蔡琰別傳曰邕曰偶得之耳琰曰吳札觀樂知興亡之國師曠吹律識南風之不競由此言之何不足知也）適

河東衞仲道夫亡無子歸甯於家興平中天下喪亂文姬爲胡騎所獲沒於南匈奴左賢王集解沈欽韓曰南匈奴傳靈帝崩天下大亂於扶羅單于將數千騎與白波賊合寇河內諸郡魏志初平三年太祖擊匈奴於夫羅于內黃大破之四年春袁術引軍入陳留屯封丘黑山餘賊及於夫羅等佐之据史則匈奴曾寇陳留文姬所以沒也玩文姬詩詞則其被掠在山東牧守興兵討卓卓劫帝入長安遣將徐榮李蒙四出侵掠文姬爲羌胡所得後乃流落至南匈奴也時邕尚在故有感時念父母之語其贖歸也家門滅絕故有旣至家人盡語此當爲初平年事傳云興平非也興平則李郭之亂非董卓矣在胡中十二年生二子集解惠棟曰蔡琰別傳云琰在左賢王部中春月登胡殿感笳之音懷凱風之思作詩言志今所傳十八拍是也曹操素與邕善痛其無嗣乃遣使者以金璧贖之集解沈欽韓曰御覽八百六引魏文帝蔡伯喈女賦序曰家公與蔡伯喈有管鮑之好乃命使者周近持玄璧於匈奴贖其女還而重嫁於祀祀爲屯田都尉犯法當死文姬詣曹操請之時公卿名士及遠方使驛坐者滿堂操謂賓客曰蔡伯喈女在外今爲諸君見之及文姬進蓬首徒行叩頭請罪音辭清辯旨甚酸哀衆皆爲改容集解惠棟曰邱光庭云不乘車者謂之徒行不履韈者謂之徒跣今文姬蓋徒跣非徒行也故下文云曹公與巾韈鄭玄禮記注云徒猶空也操曰誠實相矜然文狀已去奈何文姬曰明公廐馬萬匹虎士成林何惜疾足一騎而不濟垂死之命乎操感其言乃追原祀罪時且寒賜以頭巾履韈操因問曰聞夫人家先多墳籍猶能憶識之不文姬曰昔亡父賜書四千許卷流離塗炭罔有存者今所誦憶裁四百餘篇耳集解惠棟曰張華博物志云蔡邕有書近萬卷漢末載數車與王粲又邕集巴郡太守謝表云詔書前後賜禮經素字尚書章句白虎議奏議合成二百一十二卷蓋自秦禁挾書漢以來非詔書所賜不敢藏也晉以後猶然操曰今當使十吏就夫人寫之文姬曰妾聞男女之別禮不親授禮記曰男女不親授乞給紙筆眞草唯命於是繕書送之文無遺誤後感傷亂離追懷悲憤作詩二章集解何焯曰董卓傳卓以牛輔子壻素所親信使以兵屯陝輔分遣其校尉李傕郭汜張濟擊破河南尹朱儁于中牟因略陳留潁川諸縣殺掠男女所過無復遺類文姬流離當在此時蔡邕傳邕在長安與從弟谷謀東奔兗州又欲遯逃山東時未必以家自隨也蘇氏以董卓旣誅邕乃隨坐不應文姬先罹禍亂疑此詩爲後人作考之不詳也其辭曰漢季失權柄董卓亂

天常志欲圖篡弑先害諸賢良逼迫遷舊邦擁主以自彊海內興義師欲共討不祥卓衆來東下金甲耀日光平土人脆弱來兵皆胡羌獵野圍城邑所向悉破亡斬截無孑遺尸骸相牚拒牚音直庚反馬邊懸男頭馬後載婦女長驅西入關迥路險且阻還顧邈冥冥肝脾爲爛腐所略有萬計不得令屯聚或有骨肉俱欲言不敢語失意機微間輒言斃降虜集解先謙曰官本言作此要當以亭刃集解沈欽韓曰亭蓋事之誤前書蒯通傳事刃于公之腹作亭止解不可通我曹不活女豈復惜性命不堪其詈罵或便加棰杖毒痛參幷下旦則號泣行夜則悲吟坐欲死不能得欲生無一可彼蒼者何辜乃遭此戹禍邊荒與華異人俗少義理處所多霜雪集解先謙曰官本多作生胡風春夏起翩翩吹我衣肅肅入我耳感時念父母哀歎無窮已有客從外來聞之常歡喜迎問其消息輒復非鄉里邂逅徼時願集解沈欽韓曰徼當從人旁作儌佩觿云儌古堯反儌倖徼古弔反循也小道也賈昌朝羣經音辨彳部乃混而一之骨肉來迎已己得自解免當復棄兒子天屬綴人心集解惠棟曰莊子云林回棄千金之璧負赤子而趨曰彼以利合此以天屬也以天屬者迫窮禍患害相收也念別無會期存亡永乖隔不忍與之辭兒前抱我頸問我欲何之人言母當去豈復有還時阿母常仁惻今何更不慈我尙未成人奈何不顧思見此崩五內恍惚生狂癡集解惠棟曰出韋賢傳論衡云五藏有病則人荒忽荒忽則愚癡矣號泣手撫摩當發復回疑兼有同時輩相送告離別慕我獨得歸哀叫聲摧裂馬爲立踟躕車爲不轉轍觀者皆歔欷行路亦嗚咽去去割情戀遄征日遐邁悠悠三千里何時復交會念我出腹子匈臆爲摧敗旣至家人盡又復無中外集解惠棟曰中外卽中表也費鳳別碑云中表之恩情兄弟與甥舅十七帖云與足下中表王宏撰注云舅姑之子城郭爲山林庭宇生荊艾白骨不知誰從橫莫覆蓋出門無人聲豺狼號且吠煢煢對孤景怛咤糜肝肺登高遠眺望魂神忽飛逝奄若壽命盡旁人相寬大爲

復彊視息雖生何聊賴託命於新人集解惠棟曰謂董祀也竭心自勗厲流離成鄙賤常恐復捐廢人生幾何時懷憂終年歲其二章曰嗟薄祜兮遭世患集解先謙曰祜當作祐宗族殄兮門戶單身執略兮入西關歷險阻兮之羌蠻山谷眇兮路曼曼眷東顧兮但悲歎冥當寢兮不能安冥音瞑飢當食兮不能餐常流涕兮眥不乾薄志節兮念死難雖苟活兮無形顏惟彼方兮遠陽精北方近陰遠陽陰氣凝兮雪夏零沙漠壅兮塵冥冥有草木兮春不榮人似禽兮食臭腥言兜離兮狀窈停兜離匈奴言語之貌集解沈欽韓曰兜離即侏離南蠻傳曰語言侏離兜侏聲同東都賦僸佅兜離譸張亦作侏張也先謙曰侏兜雙聲字歲聿暮兮時邁征夜悠長兮禁門扃不能寐兮起屏營登胡殿兮臨廣庭玄雲合兮翳月星北風厲兮肅泠泠胡笳動兮邊馬鳴集解惠棟曰笳別傳作葭孤雁歸兮聲嚶嚶樂人興兮彈琴箏音相和兮悲且清心吐思兮匈憤盈欲舒氣兮恐彼驚含哀咽兮涕沾頸

家既迎兮當歸寧臨長路兮捐所生兒呼母兮嗁失聲集解先謙曰官本嗁作號我掩耳兮不忍聽追持我兮走煢煢集解先謙曰官本走作徒頓復起兮毀顏形還顧之兮破人情心怛絕兮死復生列女後傳琰字昭姬也集解王補曰劉知幾史通人物云觀東漢一代賢明婦人如秦嘉妻徐氏動合禮儀言成規矩毀形不嫁哀慟傷生此則才德兼美者也董祀妻蔡氏載誕胡子受辱虜廷文詞有餘節槩不足此則言行相乖者也蔚宗後漢傳標列女徐淑不齒而蔡琰見書欲使彤管所載將安準的

贊曰端操有蹤集解惠棟曰楚詞云內唯省以端操女戒云正色端操幽閑有容區明風烈昭我管彤婦人之正其節操有蹤跡可紀者及幽都閑婉有禮容者區別其遺風餘烈以明女史之所紀也管彤赤管筆解見皇后紀

列女傳第七十四終　後漢書八十四

後漢書集解卷八十四校補

列女傳王霸妻傳沮怍不能仰視集解沈欽韓曰唐書世系表霸生咸柳從辰曰世系又云霸長子殷漢中山太守四世孫寔寔子懋後漢幽州刺史六世孫光後魏并州刺史生冏度支部尚書烏丸校尉廣陽侯因號烏丸王氏

姜詩妻傳廣漢姜詩妻者柳從辰曰詩字士遊見華陽國志

水去舍六七里柳從辰曰水經注洛縣有沈鄉去江七里姜士遊之所居

還母渴詩責而遣之柳從辰曰華陽國志云詩呼妻使為母春應命遲見遣不敢遠去與傳稍異

周郁妻傳乃自殺莫不傷之案穀梁錄伯姬之貞行斯干戒女子以無非婦道從夫在於執義守已而已夫能刑妻妻不能刑夫也故三綱並立而禮經獨無責婦以正諫其夫之明文樊衛之悟其君皆以身感之而非正諫猶脫簪之義也然亦幸遇其君之本賢耳後世如樂羊子許升之妻因事進規幾於正諫矣要未有庭訓在上而子可唯婦言是用者趙阿閑於婦道何至無以感其夫而郁之驕淫輕躁卒未變焉偉不自責而責新婦實奇謬人也阿既不見諒於夫復不見諒於夫之父誠哉生亦何聊以死悟夫郎以曲承君舅之命用心彌苦而其知禮守正為尤賢矣

曹世叔妻傳釆狂夫之瞽言注前書曰官本注書誤漢

賴母師之典訓注左傳曰宋伯姬卒傳母也案左傳本作待姆也注姆女師也此諭待為傳而又兼有脫誤耳當攷云春秋宋災伯姬卒穀梁傳曰傳母不在宵不下堂公羊傳作不見傅母不下堂母本一作姆左傳曰待姆也杜預注云姆女師也

弄之瓦塼注毛萇注曰官本注曰作云

不辭劇易注劇猶難也官本難作雜

詩著關雎之義注詩關雎樂得賢女官本注賢作淑

易曰二人同心其利斷金注若二人同心官本注無若字

樂羊子妻傳廉者不受嗟來之食注解見文苑傳也官本注末無也字

此機生自蠶繭官本機作織是

稽廢時月官本月作日

曹娥傳於縣江泝濤迎婆娑神集解先謙曰案文義是婆娑迎神

寫本誤倒謹案傳作迎婆娑神惠棟補注謂范本會稽典錄或別有據侯康曰惠所稱典錄蓋本御覽四百十五然世說捷悟篇注引典錄正作婆娑樂神御覽所引恐是後人依范書改之者耳侯說甚確蓋曹娥碑固是名碑典錄范書必兼取資碑云婆娑樂神云迎伍君范改樂神爲迎神自見筆削之妙

龐淯母傳酒泉龐淯母者集解先謙曰官本淯作清謹案淯爲誤字已詳目錄蓋宋本殘字毛氏偶失審定也

十餘年不能得柳從辰曰據魏志注引皇甫謐列女傳娥親龐子夏妻子淯出行聞讐會宗族慶賀趙氏強壯已盡以啟娥親娥親乃陰市名刀棄家事乘鹿車伺壽今案娥報父讐在已適人有子成立之後且伺之閱十餘年不懈可謂至艱矣傳書淯母不曰子夏妻必子夏亦前卒矣

陰瑜妻傳後同郡郭奕喪妻注嘉之子也注嘉各本皆譌壽依魏志改

董祀妻傳又妙於音律集解沈欽韓曰至何不足知也柳從辰曰文姬之辨絕絃別傳載時年六歲故劉昭入之童幼傳也至援引左氏出口成章恐涉傅會矣

痛其無嗣案邕傳未嘗言邕無後此云痛其無嗣或有子未能嗣業或子已卒孫猶稚也無嗣猶云無傳與無後自有別

邕有孫襲明見晉書羊祜傳固非無後也祜後母蔡同爲邕女舍巳子承不養而專養祜抑又至賢而操必遠贖文姬者正以文姬獨能傳父業耳至世說輕詆篇注引蔡充別傳云充祖睦蔡邕孫也此則有誤睦乃邕叔父質之孫於邕爲從子並見晉書蔡豹傳

作詩二章集解何焯曰至考之不詳也案本傳言文姬歸甯於家爲胡騎所獲疑本於路被略並未抵家也邕文字亦無言及其家被禍者

煢煢對孤景煢官本作煢後追持我兮走煢煢並同案煢煢皆卽煢之或體

心怛絕兮死復生注列女後傳琰字昭姬也案此注應在傳首字文姬下

東夷列傳第七十五　後漢書八十五

宋　宣　城　太　守　范　曄　撰

唐　章　懷　太　子　賢　注

王先謙集解

王制云東方曰夷夷者柢也言仁而好生萬物柢地而出事見風俗通集解惠棟曰風俗通作牴又風俗通云萬物牴觸地而出故天性柔順易㠯道御至有君子不死之國焉山海經曰君子國衣冠帶劍食獸使二文虎在旁外國圖曰去琅邪三萬里山海經又曰不死人在交脛東其爲人黑色壽不死並在東方也集解惠棟曰括地圖云君子民好讓故爲君子國說文云東夷從大大人也夷俗仁仁者壽有君子不死之國夷有九種竹書紀年曰后芬發卽位三年九夷來御也曰畎夷于夷方夷黃夷白夷赤夷玄夷風夷陽夷竹書紀年曰后泄二十一年命畎夷白夷赤夷玄夷風夷陽夷后相卽位二年征黃夷七年于夷來賓後少康卽位方夷來賓也故孔子欲居九夷也集解惠棟曰論語疏云九夷一曰元菟樂浪高麗滿飾鳧臾索家東屠倭人天鄙

昔堯命羲仲宅嵎夷曰暘谷蓋日之所出也孔安國尚書注曰東方之地曰嵎夷暘谷日之所出也夏后氏太康失德夷人始畔太康啟之子也槃于游田十旬不反不恤人事爲羿所逐也自少康已後世服王化遂賓于王門獻其樂舞少康帝仲康之孫帝相子也竹書紀年曰后發卽位元年諸夷賓于王門諸夷入舞桀爲暴虐諸夷內侵殷湯革命伐而定之至於仲丁藍夷作寇仲丁殷太戊之子也竹書紀年曰仲丁卽位征於藍夷也自是或服或畔三百餘年武乙衰敝東夷寖盛遂分遷淮岱漸居中土武乙帝庚丁之子無道爲革囊盛血仰而射之命曰射天也及武王滅紂肅慎來獻石砮楛矢尚書武王崩三監及淮夷畔周公征之作大誥又曰成王既伐管叔蔡叔滅淮夷管蔡畔周乃招誘夷狄周公征之遂定東夷康王之時肅慎復至後徐夷僭號乃率九夷㠯伐宗周西至河上集解沈欽韓曰禮檀弓徐容居曰昔我先君駒王西討濟於河卽此穆王畏其方熾乃分東方諸侯命徐偃王主之博物志曰徐君宮人娠而生卵㠯爲不祥棄於水濱孤獨母有犬名鵠倉持所棄卵銜㠯歸母母覆暖之遂成小兒生而偃故㠯爲名宮人聞之乃更錄取長襲爲徐君尸子曰偃王有筋而無骨故曰偃集解惠棟曰竹書紀年云穆王六年春徐子誕來朝錫命爲伯偃王處潢池東

地方五百里水經注曰潰水一名汪水與泡水合至沛入泗自山陽已東海陵已北其地當之也行仁義陸地而朝者三十有六國集解沈欽韓曰淮南人間訓徐偃王好行仁義陸地之朝者三十二國說苑指武篇王孫厲謂楚文王曰徐偃王好行仁義之道漢東諸侯三十二國盡服矣此云三十六從史記穆王後得驥騄之乘史記曰造父以善御幸於周穆王得赤驥盜驪驊騮騄耳之駟西巡狩樂而忘歸集解惠棟曰竹書紀年云穆王八年北唐來賓獻一驪馬是生騄耳乃使造父御以告楚令伐徐一日而至造父解見蔡邕傳於是楚文王大舉兵而滅之集解沈欽韓曰說苑指武篇王孫厲謂楚文王曰王若不伐徐楚必事徐文王遂興師伐徐殘之案偃王既當穆王時不得以楚武王熊通之子文王連文此傳記之謬洪興祖楚詞補注亦言之先謙曰竹書紀年云穆王十三年冬十月造父御王入於宗周十四年王帥楚子伐徐戎克之竹書出皇甫謐僞撰不足據信穆王克徐楚文滅徐蓋是二事合之遂不可通譙周古史考云王者行有周衞豈聞亂而獨長驅日行千里乎周之獻疑固當然尚以滅徐混而爲一終莫能明也偃王仁而無權不忍鬬其人故致於敗乃北走彭城武原縣東山下百姓隨之者以萬數因名其山爲徐山武原縣故城在今泗州下邳縣北徐山在其東博物志曰徐王妖異不常武原縣東十里見有徐山石室祠處偃王溝通陳蔡之間得朱弓朱矢以己得天瑞自稱偃王

穆王聞之遣使乘駟一日至楚伐之偃王仁不忍鬬爲楚所敗北走此山也集解沈欽韓曰徐山在今徐州府銅山縣南七十里其一在邳州西南厲王無道淮夷入寇王命虢仲征之不克宣王復命召公伐而平之毛詩序曰江漢尹吉甫美宣王也能興衰撥亂命召公平淮夷其詩曰江漢浮浮武夫滔滔匪安匪游淮夷來求王命召虎式辟四方徹我土疆集解惠棟曰竹書紀年云厲王三年淮夷侵洛王命虢公長父伐之不克及幽王淫亂四夷交侵至齊桓修霸攘而卻焉及楚靈會申亦來豫盟左傳楚靈王蔡侯陳侯鄭伯許男淮夷會於申後越遷琅邪與共征戰遂陵暴諸夏侵滅小邦秦幷六國其淮泗夷皆散爲民戶陳涉起兵天下崩潰燕人衞滿避地朝鮮前書曰朝鮮王滿燕人自始全燕時嘗略屬眞番朝鮮爲置吏築障漢興屬燕燕王盧綰反入匈奴滿亡命東走渡浿水居秦故空地稍役屬朝鮮蠻夷及故燕齊亡在者王之都王險也因王其國百有餘歲武帝滅之於是東夷始通上京王莽篡位貊人寇邊前書莽發高句麗兵當伐胡不欲行郡縣强迫之皆亡出塞因犯爲寇州郡歸咎於高句驪侯騶嚴尤奏言貉人犯法不從騶起宜慰安之建武之初復來朝貢時遼東太守祭肜威讋北方聲行海表於是濊貊倭韓萬里

朝獻故章和已後使聘流通逮永初多難始入寇鈔桓靈失政漸滋焉自中興之後四夷來賓雖時有乖畔而使驛不絕集解劉攽曰使驛不絕案郵驛中國可有之不可通於四夷自前書皆言使譯卽使者譯則譯人故合作使譯此書內有自作使驛處明是後人不曉妄改之何焯曰案西域傳論云列郵置於要害之路馳命走驛不絕於時月則西域都護所領者亦有郵驛但不可以該四夷使驛當如前書從譯耳故國俗風土可得略記東夷率皆土著憙飲酒歌舞或冠弁衣錦器用俎豆所謂中國失禮求之四夷者也左傳曰仲尼學官名於郯子既而告人曰吾聞之天子失官學在四夷其信也凡蠻夷戎狄總名四夷者猶公侯伯子男皆號諸侯云

夫餘國在玄菟北千里南與高句驪東與挹婁西與鮮卑接北有弱水集解沈欽韓曰通典營州柳城縣東南有饒樂水卽弱水也北史登國三年道武親討庫莫奚至弱水南大破之魏紀則云渡弱落水又蠕蠕傳北徙弱洛水則弱水省文也唐書北狄傳太宗以奚長可度者內附置饒樂都督府以阿會部爲弱水州奧失部爲洛瓌州通典云庫莫奚分爲五部理饒樂水北卽鮮卑故地一名如洛瓌水蓋饒樂之誤展轉四名其實一也地方

二千里本濊地也集解沈欽韓曰一統志奉天府開原縣扶餘國地唐置黑水州都督後勃海大氏取扶餘地改扶餘府初北夷索離國王出行索或作槖音度洛反集解沈欽韓曰論衡吉驗篇作槖離案晉書有裨離國在肅愼西北馬行可二百日疑此是也隋書以爲高麗非其侍兒於後妊身妊音人鴆反王還欲殺之侍兒曰前見天上有氣大如雞子來降我因以有身王囚之後遂生男王令置於豕牢牢圈也豕以口氣噓之不死復徙於馬蘭蘭卽欄也馬亦如之王以爲神乃聽母收養名曰東明東明長而善射王忌其猛復欲殺之東明奔走南至掩㴲水今高麗中有蓋斯水疑此水是也集解惠棟曰北史作掩滯水沈欽韓曰魏志注作施掩水隋百濟傳作掩水李注以爲蓋斯水此乃前志西蓋馬之馬訾水今鴨淥江也以弓擊水魚鼈皆聚浮水上東明乘之得度集解惠棟曰魏略云魚鼈浮爲橋東明得度魚鼈乃解散追兵不得度因至夫餘而王之焉於東夷之域最爲平敞土宜五穀出名馬赤玉貂豽豽似豹無前足音奴八反集解洪頤煊曰釋獸貀無前足釋文字本作豽字林云獸無前足似虎而黑此貂豽連稱當言其皮可爲裘者非豽獸也說文貀鼠屬善旋從豸穴聲篆文作豽與豽字相類而譌注誤證

大珠如酸棗【集解】沈欽韓曰東夷考畧長白山在開原城東南四百里其巔有潭流水下成湖陂湖中出東珠貴者且千金以員柵爲城有宮室倉庫牢獄其人麤大彊勇而謹厚不爲寇鈔以弓矢刀矛爲兵以六畜名官有馬加牛加狗加其邑落皆主屬諸加食飲用俎豆會同拜爵洗爵揖讓升降以臘月祭天大會連日飲食歌舞名曰迎鼓【集解】沈欽韓曰天中記謝承書云東夷三韓俗以臘日家家祭祀俗云臘鼓鳴春草生也荊楚歲時記十二月八日爲臘日是時斷刑獄解囚徒有軍事亦祭天殺牛以蹏占其吉凶【集解】魏志曰牛蹏解者爲凶合者爲吉行人無晝夜好歌吟音聲不絕其俗用刑嚴急被誅者皆沒其家人爲奴婢盜一責十二男女淫皆殺之尤治惡妒婦既殺復尸於山上【集解】沈欽韓曰北史豆莫婁國在勿吉北千里舊北夫餘也俗尤惡妒者殺之尸於國南山上至腐女家輸牛馬乃與之兄死妻嫂死則有椁無棺殺人殉葬多者以百數其王葬用玉匣漢朝常豫以玉匣付玄菟郡【集解】先謙曰魏志公孫淵伏誅玄菟庫猶有玉匣一具王死則迎取以葬焉建武中東夷諸國

皆來獻見二十五年夫餘王遣使奉貢光武厚荅報之於是使命歲通至安帝永初五年夫餘王始將步騎七八千人寇鈔樂浪殺傷吏民後復歸附永寧元年乃遣嗣子尉仇台詣闕貢獻天子賜尉仇台印綬金綵順帝永和元年其王來朝京師帝作黃門鼓吹角抵戲以遣之桓帝延熹四年遣使朝賀貢獻永康元年王夫台將二萬餘人寇玄菟玄菟太守公孫域擊破之斬首千餘級【集解】惠棟曰東觀記魏志公孫度傳皆作域至靈帝熹平三年復奉章貢獻夫餘本屬玄菟獻帝時其王求屬遼東云

挹婁古肅愼之國也【集解】沈欽韓曰元史地理志瀋陽路本挹婁故地又開元路古肅愼之地通典其國在不咸山北晉曰肅愼魏曰勿吉隋曰靺鞨一統志長白山在吉林烏喇城東南古名不咸山今奉天府鐵嶺縣承德縣及甯古塔黑龍江並挹婁國地挹婁故城在今鐵嶺南六十里在夫餘東北千餘里東濱大海南與北沃沮接不知其北所極【集解】沈欽韓曰魏書勿吉國自和龍北三百餘里有善玉山山北行十三日至祁黎山又北行七日至如洛瓌水水廣里餘[illegible]又北行十五日至太魯水又東北十八日到其國國有大水闊三里餘名速末水遼史聖宗太平四年詔改鴨子河曰混同江一統志源出長白山即古粟末水東夷考畧云混同江北過[illegible]名[illegible]江過九[illegible]夷地名兀喇江又北至海西[illegible]東人於[illegible]通名烏龍江唐書北狄傳黑水靺鞨居肅愼地明一統志黑龍江在開原城北二千五百里而出北山黑水靺鞨舊居此東瀕海西屬突厥南高麗北室韋其部酋著者曰粟末部居最南抵太白山即長白山依粟末水以居東北曰汨咄部又次曰安居骨部益東曰拂涅部西北曰黑水部粟末之東曰白山部黑水居最北渤海本粟末靺鞨姓大氏高麗滅後率眾保挹婁之東牟山唐睿宗先天中以祚榮爲渤海郡王自是始去靺鞨專稱渤海[illegible]土地多山險人形似夫餘而言語各異有五穀麻布出赤玉好貂無君長其邑落各有大人處於山林之間土氣極寒常爲穴居【集解】沈欽韓曰北史室韋冬月穴居以避太陰之氣以深爲貴大家至接九梯好養豕食其肉衣其皮冬以豕膏塗身厚數分以禦風寒夏則裸袒以尺布蔽其前後其人臭穢不絜作廁於中圜之而居自漢興以後臣屬夫餘種眾雖少而多勇力處山險又善射發能入人目弓長四尺力如弩矢用楛長一尺八寸青石爲鏃鏃皆施毒中人即死【集解】惠棟曰肅愼國記云石山在國東北取之必先祈神石利入鐵

便乘船好寇盜鄰國畏患而卒不能服東夷夫餘飲食類此皆用俎豆【集解】劉攽曰東夷夫餘飲食類此皆有俎豆案文多一此字沈欽韓曰夫餘晉時尚有其國晉書太康六年爲慕容廆所襲破其王依慮自殺子弟走保沃沮明年夫餘後王依羅遣詣東夷校尉何龕求率見人還復舊國至晉末始有百濟魏書云百濟其先出自夫餘南北史並言馬韓之一種然北史云東明至夫餘而王至仇台篤於仁信始立國於帶方遼東公孫度以女妻之遂爲東夷强國[illegible]初以百家濟因號百濟隋書云百濟出自高麗然三史所敍先系悉夫餘國也魏志尉仇台死簡位居立麻余依慮世依慮國破自殺皆無百濟之號沈約姚察書則云東晉世高麗畧有遼東百濟亦據有遼西推考百濟立國之由當在依慮自殺子弟走保沃沮之時以百家濟海故號百濟耳自晉以下有百濟無沃沮可見漢魏之沃沮即六朝之百濟而夫餘後亦自復舊土兩國並立[illegible]魏書云世宗引見使臣芮弗悉日夫餘爲勿吉所逐涉羅爲百濟所併則二國並立且二百年隋史等以爲後漢末號百濟謬矣諸史於東夷傳兩國源流未悉蓋扶餘適與中國不通乃湮沒耳魏收宋祁云百濟爲夫餘別種甚差得之唯挹婁獨無法俗最無綱紀者也

高句驪在遼東之東千里南與朝鮮濊貊東與沃沮北與夫餘接地方二千里多大山深谷人隨而爲居少田業力作不足以自資

故其俗節於飲食而好修宮室東夷相傳㠯爲夫餘別種故言語法則多同而跪拜曳一腳行步皆走凡有五族有消奴部絕奴部順奴部灌奴部桂婁部（案今高驪五部一曰內部一名黃部卽桂婁部也二曰北部一名後部卽絕奴部也三曰東部一名左部卽順奴部也四曰南部一名前部卽灌奴部也五曰西部一名右部卽消奴部也〔集解〕惠棟曰消魏志作涓）本消奴部爲王稍微弱後桂婁部代之其置官有相加對盧沛者古鄒大加（古鄒大加高驪掌賓客之官如鴻臚也）主部（〔集解〕先謙曰官本部作簿魏志南史同）優台使者帛衣先人（〔集解〕沈欽韓曰唐志帛衣頭大兄所謂帛衣者此字衍先人也通典作皁衣秉國政三歲一易）武帝滅朝鮮㠯高句驪爲縣（前書元封中定朝鮮爲眞番臨屯樂浪玄菟四部）使屬玄菟賜鼓吹伎人其俗淫皆潔淨自憙莫夜輒男女羣聚爲倡樂好祠鬼神社稷零星（前書音義龍星左角曰天田則農祥也辰日祀㠯牛號曰零星風俗通曰辰之神爲零星故㠯辰日祠於東南也）㠯十月祭天大會名曰東盟其國東有大穴號襚神亦㠯十月迎而祭之其公會衣服皆錦繡金銀㠯自飾大加主簿皆著幘如

冠幘而無後其小加著折風形如弁無牢獄有罪諸加評議便殺之沒入妻子爲奴婢其婚姻皆就婦家生子長大然後將還便稍營送終之具金銀財幣盡於厚葬積石爲封亦種松柏其人性凶急有氣力習戰鬭好寇鈔沃沮東濊皆屬焉

句驪一名貊耳有別種（〔集解〕沈欽韓曰案文當云句驪有別種一名貊耳）依小水爲居因名曰小水貊出好弓所謂貊弓是也（魏氏春秋曰遼東郡西安平縣北有小水南流入海句驪別種因名之小水貊〔集解〕沈欽韓曰小水古小遼水今渾河大遼水今太子河會爲遼水）王莽初發句驪兵㠯伐匈奴其人不欲行彊迫遣之皆亡出塞爲寇盜遼西大尹田譚追擊戰死莽令其將嚴尤擊之誘句驪侯騶入塞斬之傳首長安（〔集解〕惠棟曰魏志騶作駒前書作騶）莽大說更名高句驪王爲下句驪侯於是貊人寇邊愈甚建武八年高句驪遣使朝貢光武復其王號二十三年冬句驪蠶支落大加戴升等萬餘口詣樂浪內屬二十五年春句驪寇右北平漁陽上谷太原而遼東太守祭肜㠯恩信招之皆復款塞後句驪王宮生而開目能視國人懷之（〔集解〕官本考證曰懷魏志作惡）及長勇壯數犯邊境和帝元興元年春復入遼東寇畧六縣太守耿夔擊破之斬其渠帥安帝永初五年宮遣使貢獻求屬玄菟元初五年復與濊貊寇玄菟攻華麗城（華麗縣屬樂浪郡〔集解〕洪亮吉曰注華麗縣屬樂浪郡案後漢無華麗縣此蓋其舊城注則因前志而誤耳縣下樵鱗惠棟曰案後漢省華麗縣㠯其縣中渠帥爲縣侯見魏志）建光元年春幽州刺史馮煥（〔集解〕何焯曰本紀作馮煥先謙曰官本作煥）玄菟太守姚光遼東太守蔡諷等（〔集解〕惠棟曰魏志北史作風）將兵出塞擊之捕斬濊貊渠帥獲兵馬財物宮乃遣嗣子遂成將二千餘人逆光等遣使詐降光等信之遂成因據險阸㠯遮大軍而潛遣三千人攻玄菟遼東焚城郭殺傷一千餘人（〔集解〕惠棟曰魏志云焚燒候城入遼隧候城屬元菟郡先謙曰官本作二千餘人是）於是發廣陽漁陽右北平涿郡屬國三千餘騎同救之而貊人已去夏復與遼

東鮮卑八千餘人攻遼隊（縣名屬遼東郡〔集解〕沈欽韓曰今奉天府海城縣西）殺掠吏人蔡諷等追擊於新昌（〔集解〕沈欽韓曰今新昌縣東）戰沒功曹耿耗兵曹掾龍端（〔集解〕惠棟曰孫愐云龍姓舜納言之後）兵馬掾公孫酺㠯身扞諷俱沒於陳死者百餘人秋宮遂率馬韓濊貊數千騎圍玄菟（〔集解〕惠棟曰本紀云冬十二月）夫餘王遣子尉仇台（〔集解〕惠棟曰台一作治）將二萬餘人與州郡并力討破之斬首五百餘級是歲宮死子遂成立姚光上言欲因其喪發兵擊之（〔集解〕沈宇曰案安帝紀姚光於建光元年四月被殺據此傳則宮之死當在秋冬之間其時不得復有光也）議者皆㠯爲可許尚書陳忠曰宮前桀黠光不能討死而擊之非義也宜遣弔問因責讓前罪赦不加誅取其後善安帝從之明年遂成還漢生口詣玄菟降詔曰遂成等桀逆無狀當斬斷葅醢㠯示百姓幸會赦令乞罪請降鮮卑濊貊連年寇鈔驅畧小民動㠯千數而裁送數十百人非向化之心也自今㠯後不與縣官戰鬭而自㠯親附送

生口者皆與贖直縑人四十匹小口半之遂成死子伯固立其後濊貊率服東垂少事順帝陽嘉元年置玄菟郡屯田六部質桓之間復犯遼東西安平殺帶方令郡國志西安平帶方縣並屬遼東郡〔集解〕洪亮吉曰案郡國志西安平屬遼東帶方則屬樂浪注誤惠棟曰蔡邕集云孝桓之季年鮮卑入塞鈔盜起句奴左部梁州叛羌逼迫兵誅淫衍東夷高句驪嗣子百固逆謀竝發三垂騷然掠得樂浪太守妻子建寧二年玄菟太守耿臨討之斬首數百級伯固降服乞屬玄菟云

東沃沮在高句驪蓋馬大山之東蓋馬縣名屬玄菟郡其山在今平壤城西平壤即王險城也〔集解〕沈欽韓曰明志海州衞本沃沮國地今奉天海城縣又奉天蓋平縣高麗國蓋牟城亦其地東濱大海北與挹婁扶餘南與濊貊接其地東西夾南北長夾音狹〔集解〕惠棟曰魏志云地形東北狹西南長可折方千里土肥美背山向海宜五穀善田種有邑落長帥人性質直彊勇便持矛步戰言語飲食居處衣服有似句驪其葬作大木椁長十餘丈開一頭爲戶新死者先假埋之令皮肉盡乃取

骨置椁中家人皆共一椁刻木如生隨死者爲數焉武帝滅朝鮮以沃沮地爲玄菟郡後爲夷貊所侵徙郡於高句驪西北〔集解〕惠棟曰魏志云今所謂元菟故府是也更以沃沮爲縣屬樂浪東部都尉〔集解〕惠棟曰前志云東部都尉治不而縣魏志作不耐城至光武罷都尉官後皆以封其渠帥爲沃沮侯〔集解〕沈欽韓曰沃沮自魏後不復著蓋百濟立國於其境而沃沮亡矣其土迫小介於大國之間遂臣屬句驪句驪復置其中大人遂爲使者以相兼領〔集解〕何焯曰以魏志參校衍遂字先謙曰官本兼作監責其租稅貂布魚鹽海中食物發美女爲婢妾焉又有北沃沮一名置溝婁去南沃沮八百餘里其俗皆與南同界南接挹婁挹婁人憙乘船寇鈔北沃沮畏之每夏輒臧於巖穴至冬船道不通乃下居邑落其耆老言嘗於海中得一布衣其形如中人衣而兩袖長三丈又於岸際見一人乘破船頂中復有面與語不通不食而死又說海中有女國無男人或傳其國有神井闚之輒生子云魏志曰毋丘儉遣王頎追句驪王宮窮沃沮東界問其耆老所傳云

濊〔集解〕沈欽韓曰一統志朝鮮江原道治江陵府在國城東面本濊貊地漢爲臨屯境北與高句驪沃沮南與辰韓接東窮大海西至樂浪濊及沃沮句驪本皆朝鮮之地也昔武王封箕子於朝鮮箕子教以禮義田蠶又置八條之教前書曰箕子教以八條者相殺者以當時償殺相傷者以穀償相盜者男沒入爲其家奴女子爲婢欲自贖者人五十萬音義曰八條不具見也其人終不相盜無門戶之閉婦人貞信飲食以籩豆其後四十餘世至朝鮮侯準自稱王〔集解〕惠棟曰魏略云準朝鮮王否之子漢初大亂〔集解〕惠棟曰魏略云準立二十餘年而陳項起天下亂燕齊趙人往避地者數萬口而燕人衞滿擊破準而自王朝鮮〔集解〕惠棟曰衞滿見前注魏略云滿詐準降拜爲博士賜以圭封之百里令守西邊滿誘亡黨衆稍多遂還攻準也傳國至孫右渠〔集解〕惠棟曰顏籀云滿死傳子子死傳孫右渠者其孫名也元朔元年武帝年也濊君南閭等〔集解〕惠棟曰顏籀云南閭者薉君之名畔右渠率二十八萬口詣遼東內屬武帝以其地爲蒼海郡數年乃罷至元封三年滅朝鮮

分置樂浪臨屯玄菟眞番四部番音潘〔集解〕先謙曰四部應作四郡官本不誤至昭帝始元五年罷臨屯眞番以并樂浪玄菟玄菟復徙居句驪自單大領已東〔集解〕先謙曰官本作單單大領與魏志合沃沮濊貊悉屬樂浪後以境土廣遠復分領東七縣置樂浪東部都尉自內屬已後風俗稍薄法禁亦浸多至有六十餘條建武六年省都尉官遂棄領東地〔集解〕惠棟曰不而華麗沃沮諸縣也悉封其渠帥爲縣侯皆歲時朝賀無大君長其官有侯邑君三老耆舊自謂與句驪同種言語法俗大抵相類其人性愚愨少嗜欲不請匄男女皆衣曲領其俗重山川山川各有部界不得妄相干涉同姓不婚多所忌諱疾病死亡輒捐棄舊宅更造新居知種麻養蠶作綿布〔集解〕惠棟曰魏志無布字曉候星宿豫知年歲豐約常用十月祭天晝夜飲酒歌舞名之爲舞天又祠虎以爲神邑落有相侵犯者輒相罰責生口牛馬名之爲責禍殺人者償死少寇盜能步戰作矛長三丈或數人共

持之樂浪檀弓出其地又多文豹〔集解〕惠棟曰博物志云海出班魚皮陸出文豹管子揆度篇云發朝鮮之文皮又輕重甲篇云發朝鮮不朝請文皮毤服而以爲幣乎一豹之皮容金而金也然後八千里之發朝鮮可得而朝也爾雅太府云東北之美者有斥山之文皮焉郭璞云虎豹之屬皮有褥綵者是文皮即文豹之皮也有果下馬高三尺乘之可於果樹下行〔集解〕惠棟曰劉逵魏都賦注云漢廏舊有樂浪所獻果下馬高三尺以駕輦車海出班魚使來皆獻之

韓有三種一曰馬韓二曰辰韓三曰弁辰〔集解〕王會汾曰案晉梁二書皆作弁韓當從改下云弁辰在辰韓之南弁辰亦弁韓之訛惠棟曰魏志作弁韓馬韓在西有五十四國其北與樂浪南與倭接辰韓在東十有二國其北與濊貊接弁辰在辰韓之南亦十有二國其南亦與倭接凡七十八國伯濟是其一國焉大者萬餘戶小者數千家各在山海閒地合方四千餘里東西以海爲限皆古之辰國也馬韓最大共立其種爲辰王都目支國盡王三韓之地其諸國王先皆是馬韓種人焉馬韓人知田蠶作緜布

出大栗如梨有長尾雞尾長五尺邑落雜居亦無城郭作土室形如冢開戶在上不知跪拜無長幼男女之別不貴金寶錦罽不知騎乘牛馬唯重瓔珠以綴衣爲飾及懸頸垂耳大率皆魁頭露紒魁頭猶科頭也謂以髮縈繞成科結也紒音計布袍草履〔集解〕惠棟曰魏志云足履草蹻蹻其人壯勇少年有築室作力者輒以繩貫脊皮縋以大木嚾呼爲健常以五月田竟祭鬼神晝夜酒會羣聚歌舞舞輒數十人相隨蹋地爲節〔集解〕惠棟曰魏志云踏地低昂手足相應節奏有似鐸舞十月農功畢亦復如之諸國邑各以一人主祭天神號爲天君又立蘇塗魏志曰諸國各有別邑爲蘇塗諸亡逃至其中皆不還之蘇塗之義有似浮屠建大木以懸鈴鼓事鬼神其南界近倭亦有文身者辰韓耆老自言秦之亡人避苦役適韓國馬韓割東界地與之其名國爲邦弓爲弧賊爲寇行酒爲行觴相呼爲徒〔集解〕先謙曰魏志爲上有皆字有似秦語故或名之爲秦韓有城柵屋室諸小別邑各有渠帥大者名臣智次有儉側次有樊秖〔集解〕惠棟曰魏志作樊穢次有殺奚次有邑借皆其官名土地肥美宜五穀知蠶桑作縑布乘駕牛馬嫁娶以禮行者讓路國出鐵濊倭馬韓並從市之凡諸貨易〔集解〕先謙曰官本貨作貿皆以鐵爲貨俗憙歌舞飲酒鼓瑟兒生欲令其頭扁皆押之以石扁音補典反弁辰與辰韓雜居城郭衣服皆同言語風俗有異其人形皆長大美髮衣服潔清而刑法嚴峻其國近倭故頗有文身者初朝鮮王準爲衞滿所破乃將其餘衆數千人走入海攻馬韓破之自立爲韓王〔集解〕惠棟曰魏畧云其子及親留在國者因冒姓韓氏準王海中不與朝鮮相往來準後滅絕馬韓人復自立爲辰王建武二十年韓人廉斯人蘇馬諟等詣樂浪貢獻廉斯邑名也諟音是光武封蘇馬諟爲漢廉斯邑君使屬樂浪郡四時朝謁靈帝末韓濊並盛州縣不能制〔集解〕先謙曰官本州作郡百姓苦亂多流亡入韓者馬韓之西海島上有州胡國其人短小〔集解〕沈欽韓曰魏志人下有差字髡頭衣韋衣有上無下好養牛豕

乘船往來貨市韓中

倭在韓東南大海中依山島爲居凡百餘國〔集解〕惠棟曰前書地理志云樂浪海中有倭人如淳云如墨委面在帶方東南萬里臣瓚云倭是國名不謂用墨故謂之委師古云如淳云如墨委面蓋音委字耳此音非也倭音一戈反自武帝滅朝鮮使驛通於漢者三十許國〔集解〕劉攽曰使驛案當作譯說已見上惠棟曰驛魏志作譯國皆稱王世世傳統其大倭王居邪馬臺國案今名邪摩推音之訛反〔集解〕惠棟曰魏志臺作堆又注邪摩推案北史推當作堆樂浪郡徼去其國萬二千里去其西北界拘邪韓國七千餘里其地大較在會稽東冶之東〔集解〕惠棟曰東冶後改名侯官與朱崖儋耳相近故其法俗多同土宜禾稻麻紵蠶桑知織績爲縑布出白珠青玉其山有丹土氣溫腝冬夏生菜茹無牛馬虎豹羊鵲鵲或作鷄其兵有矛楯木弓其矢或以骨爲鏃男子皆黥面文身以其文左右大小別尊卑之差其男衣皆橫幅結束相連女人被髮屈紒衣如單被貫頭而著之並以丹朱坋身說文曰坋塵也

音蒲頓反如中國之用粉也有城柵屋室父母兄弟異處唯會同男女無別飲食㠯手而用籩豆俗皆徒跣㠯蹲踞爲恭敬人性嗜酒多壽考至百餘歲者甚眾國多女子大人皆有四五妻其餘或兩或三女人不淫不妒風俗不盜竊少爭訟犯法者沒其妻子重者沒其門族〔集解〕先謙曰官本沒作滅其死停喪十餘日家人哭泣不進酒食而等類就歌舞爲樂灼骨㠯卜用決吉凶行來度海令一人不櫛沐不食肉不近婦人名曰持衰若在塗吉利則雇㠯財物如病疾遭害㠯爲持衰不謹便共殺之建武中元二年〔集解〕惠棟曰洪适云成都有蜀郡大守何君造尊楗閣碑其末云建武中元二年六月案范史本紀建武止三十一年次年改爲中元直書爲中元元年觀此所刻乃是雖別爲中元猶冠㠯建武如文景帝中元後元之類是也又祭祀志載封禪後赦天下詔明言云㠯建武三十二年爲建武中元元年東夷傳亦云建武中元二年來奉貢援据甚明而宋莒公作紀年通譜乃云紀傳所載不同必傳寫脫誤學者失於精審㠯意刪去殆亦不深考耳倭奴國奉貢朝賀使人自稱大夫倭國之極南界也光武賜㠯印綬安帝

永初元年倭國王帥升等獻生口百六十人願請見桓靈閒倭國大亂更相攻伐歷年無主有一女子名曰卑彌呼年長不嫁事鬼神道能㠯妖惑眾於是共立爲王侍婢千人少有見者唯有男子一人給衣食傳辭語〔集解〕惠棟曰北史云有二男子給王飲食先謙曰官本衣作飲居處宮室樓觀城柵皆持兵守衞法俗嚴峻自女王國東度海千餘里至拘奴國雖皆倭種而不屬女王自女王國南四千餘里至朱儒國人長三四尺自朱儒東南行船一年至裸國黑齒國使驛所傳極於此矣會稽海外有東鯷人鯷音達奚反分爲二十餘國又有夷洲及澶洲〔集解〕沈欽韓曰吳志黃龍二年遣將軍衞溫諸葛直將甲士萬人浮海求夷洲及澶洲澶洲所在絕遠卒不可得但得夷洲數千人還傳言秦始皇遣方士徐福將童男女數千人入海事見史記求蓬萊神仙不得徐福畏誅不敢還遂止此洲世世相承有數萬家人民時至會稽市會稽東冶縣人有入海行遭風流移至澶洲者所在絕遠不可往來沈瑩臨海水土志曰夷洲在臨海東南去郡二千里土地無霜雪草木不死四面是山谿人皆髡髮穿耳女人不穿耳土地饒沃既生五穀又多魚肉有犬尾短如麕尾狀此夷舅姑子婦臥息共一大牀略不相避地有銅鐵唯用鹿格爲矛㠯戰鬬摩礪青石㠯作弓矢取生魚肉雜貯大瓦器㠯鹽鹵之歷月餘日乃啖食之㠯爲上肴也

論曰昔箕子違衰殷之運避地朝鮮始其國俗未有聞也及施八條之約使人知禁遂乃邑無淫盜門不夜扃扃關也回頑薄之俗就寬略之法行數百千年故東夷通㠯柔謹爲風異乎三方者也苟政之所暢則道義存焉仲尼懷憤㠯爲九夷可居或疑其陋子曰君子居之何陋之有亦徒有㠯焉爾其後遂通接商賈漸交上國而燕人衞滿擾雜其風擾亂也於是從而澆異焉老子曰法令滋章盜賊多有若箕子之省簡文條而用信義其得聖賢作法之原矣

贊曰宅是嵎夷曰乃暘谷巢山潛海厥區九族嬴末紛亂燕人違難謂衞滿也雜華澆本遂通有漢衞滿人朝鮮既雜華夏之風又澆薄其本化㠯至通於漢也眇眇偏譯或從或畔偏遠也

東夷列傳第七十五終　後漢書八十五

後漢書集解卷八十五校補

東夷列傳至有君子不死之國焉 案君子不死皆設言其國人仁而多壽君子二字始見關雎之詩禮記始云君子也者人之成名也百姓歸之名謂之君子之子此自中國錫之佳名非夷所知也不死猶云難老若亦必求其國以實之是爽鳩之樂爲晏子所笑矣山海經乃曰不死民在交脛東又曰在穿胸東今果安在耶

夷有九種注后芬發即位二年 官本注無發字二作三與今本竹書紀年合柳從辰曰案竹書紀年后芬本一作后芬發二年之二字郝懿行校正竹書紀年亦云後漢書東夷傳注引三年作二年是閣本自不誤

白夷赤夷注命畎夷白夷赤夷 注白譌赤與下赤夷複依竹書紀年正官本不誤

故孔子欲居九夷也 案范史全依許君說文爲說故不與論語疏合

夏后氏太康失德注槃于游田十旬不反 官本注槃作盤同案五子之歌古文與今文異說墨子非樂篇作武觀離騷啟九辯與九歌兮夏康娛以自縱不顧難以圖後兮五子用失乎家衖王逸注引書序云此逸篇章懷乃引爲古文以爲訓非也

命徐偃王主之注持所棄卵 柳從辰曰持乃得之譌博物志及御覽九百四引徐偃王志可證各本注

皆失正 故曰偃 官本注末有也字

穆王後得驥騄之乘注造父以善御幸於周穆王 官本注穆作繆同

燕人衞滿避地朝鮮注自始全燕時 至 漢興屬燕王盧綰反入匈奴 柳從辰曰今前書始下無全字王上重燕字案全燕謂燕當戰國全盛時

王莽篡位貊人寇邊注因犯爲寇 案犯下脫法字應依前書補

時遼東太守祭彤 官本彤作肜案彤本一作肜字从月即丹字毛本亦前後互見至作肜从肉則別一字矣

漸滋曼焉 通志曼作蔓案左傳無使滋蔓服虔注云蔓延也與曼義同

夫餘傳南至掩淲水注今高麗中有蓋斯水 原注高譌畜已正官本不誤

出名馬赤玉貂豽集解洪頤煊曰 至 與豽字相類 今案章懷以豽爲貀誠屬誤注漢律能捕豺貀購百錢貀非奇獸不必重於海外也洪以爲是貁字而引許書鼠屬以明之以貂亦鼠屬取從其類據魏志則本作貂狖又曰狖白黑貂狖猿類楚辭九歌猿啾啾兮狖夜鳴是也狖一作蜼从虫如說文猿之作蝯然說文無狖蜼二字段玉裁以爲即貁字鼠屬善旋當改云禺屬善倒縣以蝯固禺屬又謂字當从冗散之冗不从穴以鼠部有鼫後多譌从穴而讀同鼫故定貁亦譌字此不盡然蓋貁訓鼠屬誠爲禺屬之偶誤善旋即蜼能倒縣之義本非有誤鼫自从冗貁自从穴均不必改也今魏志貁从冗仍即穴字通志齡魏志而字从冗蓋轉寫之失文貁色本蒼黃而夫餘所產毛有白處可俱爲裘故足珍而與貂並言之非以同爲鼠屬也

有馬加牛加狗加 案魏志作有馬加牛加豬加狗加犬使

尤治惡妒婦 案通志作尤惛妒婦此治字亦當作惛蓋後人回改之失

死則有椁無棺 案魏志作有棺無椁通志同此誤

高句驪傳主部集解先謙曰官本部作簿魏志南史同 謹案通志亦作簿本傳下文大加主簿皆著幘毛本同作簿則此作部乃誤字非異文

好祠鬼神社稷零星注辰之神爲零星 官本注零作靈柳從辰曰零星前書及風俗通皆作靈今案魏志及續志亦皆作靈惟通志同作零靈霝零古本通作吳仲山碑神零有知靈已作零詩野有蔓草疏亦云靈作零可證

其國東有大穴號襚神 案襚魏志通志皆作隧

其婚姻皆就婦家 案魏志其俗作婚姻言語已定女家作小屋於大屋後名壻屋壻暮至女家戶外自名跪拜乞得就女宿如是者再三女父母乃聽就小屋中宿傍頓錢帛蓋仍甥館遺意也

小水貊傳句驪一名貊耳 案通志但云一名貊無耳字此耳字衍 有別種依小水爲居因名曰小水貊 案此明高驪本有貊名故別種依小水居者即名小水貊沈欽韓乃以貊耳爲即小水貊誤也 注魏氏春秋曰 原注氏譌志據通志注正官本不誤

國人懷之 案懷當爲怌之譌古懷多混爲怌故轉寫易譌

幽州刺史馮煥集解先謙曰官本作煥 謹案通志作煥錢大昭據閩本亦作煥煥爲馮緄父事見緄傳毛本原亦作煥此忽作煥乃宋本字畫殘損毛繙刻時因而致誤也

攻遼隊 柳從辰曰前志遼東郡遼隊莽曰順睦顏注隊音遂後漢省魏志隊作隧

姚光上言欲因其喪發兵擊之集解沈宇曰 至 其時不得復有光也 案此傳之誤已於馮緄傳校補論及之今觀魏志高句麗傳亦不載有姚光上言事蓋范史兼采雜傳記未及致詳耳但將姚光以下六十字削去則於紀傳皆不觝牾矣又魏志云宮死子伯固立不言有遂成本傳則以伯固爲遂成子此尤兩傳

不符之大者惟遂成名見安帝詔書范氏當必實有所據

明年遂成還漢生口詣元菟降柳從辰曰本紀載高句驪降在延光元年七月袁紀同

東沃沮傳其地東西夾南北長注夾音狹官本注在東西夾下

刻木如主案魏志作刻木如生形則主乃生之譌作主不須言刻也

㠯相兼領集解先謙曰官本兼作監錢大昭曰閩本作監今案魏志作主領

濊傳至朝鮮侯準魏志準作淮乃准之誤

三老耆舊老原譌者依魏志正官本不誤

不請句案三字通志同魏志作不請句麗乃譌句爲句因衍出一麗字也當依本書訂正

山川各有部界魏志界作分通志同

作綿布集解惠棟曰魏志無布字案此魏志脫一字耳通志仍有布字觀後三韓傳言馬韓人知田蠶作綿布魏志亦有布字則知於此文必不單言作綿矣

有果下馬沈銘彝曰姜西溟云定張車果下馬皆宮內所用

海出班魚班原作從錢大昭云閩本及魏志均作班今據正官本不誤今案通志亦作班其本字當作魵說文魵魚也出薉邪頭國爾雅釋魚魵鰕郭注出穢邪頭國薉穢皆卽濊也

三韓傳都目支國案魏志及通志目均作月附載五十餘國亦有月支國則此作目支誤也

馬韓割東界地與之其名國爲邦弓爲弧賊爲寇行酒爲行觴相呼爲徒案毛本此處原印版字有補綴痕故兩半行中譌誤疊見東譌東弓譌馬觴譌解相呼爲徒譌相別爲徒全依魏志更正官本皆不誤

凡諸質易集解先謙曰官本質作貿謹案錢校據閩本作貨易謂亦貿之誤然周禮質人凡賣價者質劑焉故魏都賦云質劑平而交易是作質易固不誤也

使驛通於漢者三十許國集解惠棟曰驛魏志作譯案通志文本范書仍作驛

倭傳其地大較在會稽東冶之東稽原譌籍已正傳末會稽東冶人仍作稽官本不誤

其兵有矛楯木弓其矢或㠯骨爲鏃木弓原譌才㠯已正官本不誤其矢官本其作竹今案錢大昭辨疑云才㠯其矢當從閩本作木弓竹矢是官本又與閩本合也魏志亦云兵用矛楯木弓木弓短下長上竹箭或鐵鏃或骨鏃似作竹矢爲可據然木才弓㠯形近易譌其竹則形不類一也魏志本矛楯木弓讀斷不連竹箭爲文古言矢與言箭亦微有別二也傳本以其兵其矢相次成文魏志言木弓短下長上此製不可强通故范史消之古矢材用竹鏃用鐵乃常法故范史亦略之雖僅言其矢或以骨爲鏃於義並不漏三也是知毛本之作其矢較竹矢爲長

別尊卑之差差原譌走錢大昭曰安帝紀注引此傳及閩本皆作差走字誤已據改官本不誤

名曰持衰案魏志持衰作持哀

便共殺之案魏志共作欲爲長

分爲二十餘國錢大昭曰閩本二作三

將童男女數千人入海注事見史記注史原譌成已正官本不誤

南蠻西南夷列傳第七十六　　後漢書八十六

宋　宣　城　太　守　范　曄　撰

唐　章　懷　太　子　賢　注

王先謙集解

昔高辛氏有犬戎之寇高辛帝嚳帝患其侵暴而征伐不克乃訪募天下有能得犬戎之將吳將軍頭者集解沈德潛曰案吳得姓自周命氏以後將軍之官始於魏獻子衛文子周大夫置前後左右將軍安得高辛時先有此號范氏之說本於風俗通此不經之甚者購黃金千鎰邑萬家又妻以少女集解惠棟曰杜佑云范蔚宗蠻夷傳皆怪誕不經案黃金周以前為斤秦以二十兩為鎰三代以前分土自秦漢分人又周末始有將軍之官其吳姓實自周命氏蔚宗皆以為高辛之代何不詳之甚時帝有畜狗其毛五采名曰槃瓠集解魏略曰高辛氏有老婦居王室得耳疾挑之乃得物大如繭婦人盛瓠中覆之以槃俄頃化為犬其文五色因名槃瓠集解王補曰劉知幾史通書事云范曄博採眾書裁成漢典觀其所取頗有奇工至於方術篇及諸蠻夷傳乃錄王喬左慈廩君槃瓠言惟迂誕事多詭越可謂美玉之瑕白圭之玷惜哉無是可也下令之後槃瓠遂銜人頭造闕下羣臣怪而診之乃吳將軍首也診候視也帝大喜而計

槃瓠不可妻之以女又無封爵之道議欲有報而未知所宜女聞之以為帝皇下令不可違信因請行帝不得已乃以女配槃瓠槃瓠得女負而走入南山止石室中所處險絕人跡不至今辰州盧溪縣西有武山黃閔武陵記曰山高可萬仞山半有槃瓠石室可容數萬人中有石牀槃瓠行跡今案山窟前有石羊石獸古跡奇異尤多望石窟大如三間屋遙見一石仍似狗形蠻俗相傳云是槃瓠象也於是女解去衣裳為僕鑒之結著獨力之衣僕鑒獨力皆未詳流俗本或有改鑒字為豎者妄穿鑿也結音髻帝悲思之遣使尋求輒遇風雨震晦使者不得進經三年生子一十二人六男六女槃瓠死後因自相夫妻織績木皮染以草實好五色衣服製裁皆有尾形干寶晉紀曰武陵長沙廬江郡夷槃瓠之後也雜處五溪之內槃瓠憑山阻險每每常為害糅雜魚肉叩槽而號以祭槃瓠俗稱赤髀橫裙即其子孫其母後歸以狀白帝於是使迎致諸子衣裳班蘭語言侏離侏離蠻夷語聲也好入山壑不樂平曠帝順其意賜以名山廣澤其後滋蔓號曰蠻夷外癡內黠安土重舊以先父有功母帝之女田作賈販無關梁符傳租稅之賦優寵之故蠲其賦役也荊州記曰沅陵縣居酉口有上就武陽二鄉唯此是槃瓠子孫狗種也二鄉在武溪之北有邑君長集解沈欽韓曰隸續繁長張禪等題名有邑長姿文山邑君蘭世興皆賜印綬冠用獺皮名渠帥曰精夫相呼為姎徒說文曰姎女人自稱姎我也音胡朗反此已上並見風俗通集解惠棟曰爾雅云卬我也郭璞云卬猶姎也語之轉耳今長沙武陵蠻是也集解沈欽韓曰南史諸蠻傳居武陵者有雄溪樠溪辰溪酉溪武溪謂之五溪蠻隋志長沙郡又雜有夷蜑名曰莫徭杜甫歲晏行莫徭射雁鳴桑弓蒙叟箋云常衮草莫徭江南西道觀察魏少游衡曰都團練觀察處置莫徭使莫徭江劇獵手不他徭劉長卿連州臨日觀莫徭獵詩云莫徭自生長名字無符籍市易雜鮫人婚姻通木客自云其先祖有功常免徭役其男子但著白布褌衫更無巾袴其女子青布衫班布通無鞵屩婚嫁用鐵鈷鉧為聘財通考云北江諸蠻穀辰州在黔之西南幽五溪為羈縻州二十六而下溪州為大彭氏世居之南江諸蠻自辰州達於長沙各有溪洞本唐郡縣五代失守諸酋分據其地曰敘曰峽曰中勝曰元則舒氏居之曰獎曰錦曰懿曰晃則田氏居之曰富曰保順曰天賜曰古則向氏居之曰晃州其在唐虞與之要質故曰要服夏商之時漸為邊患逮於周世黨眾彌盛宣王中興乃命方叔南伐蠻方詩人所謂蠻荊來威者也又曰蠢爾蠻荊大邦為讎毛詩小雅序曰采芑宣王南征也薄言采芑于彼新田顯允方叔振旅闐闐蠢爾蠻荊大邦為

讎注云方叔卿士命而為將也明其黨眾繁多是以抗敵諸夏也平王東遷蠻遂侵暴上國晉文侯輔政乃率蔡共侯擊破之晉文侯仇也至楚武王時蠻與羅子共敗楚師殺其將屈瑕左傳楚屈瑕伐羅及鄢亂次以濟其水遂無次且不設備羅與盧戎兩軍之大敗之莫敖縊于荒谷羣帥囚于冶父也莊王初立莊王名旅穆王之子集解惠棟曰事在左傳文十六年民飢兵弱復為所寇楚師既振然後乃服自是遂屬於楚鄢陵之役蠻與恭王合兵擊晉左傳晉楚戰于鄢陵晉郤至曰楚二卿相惡王卒以舊鄭陳而不整蠻軍而不陳也及吳起相悼王南并蠻越遂有洞庭蒼梧秦昭王使白起伐楚略取蠻夷始置黔中郡黔中故城在今辰州沅陵縣西漢興改為武陵歲令大人輸布一匹小口二丈是謂賨布說文曰南蠻賦也賨音才冬反集解沈欽韓曰隋志有獽蜒蠻賨風俗同於獠北史獠能為細布色至鮮淨唐六典涪州貢獠布雖時為寇盜而不足為郡國患光武中興武陵蠻夷特盛建武二十三年精夫相單程等據其險隘大寇郡縣遣武威將軍劉尚發南郡長沙武陵兵萬餘人乘船泝

沅水入武溪擊之沅水出牂牁故且蘭東北經辰州潭州嶽州經洞庭湖入江也集解沈欽韓曰明志辰州府沅陵縣有故劉尙城武溪在瀘溪縣西源出武山逕縣城南合沅水尙輕敵入險山深水疾舟舩不得上蠻氏知尙糧少入遠又不曉道徑遂屯聚守險尙食盡引還蠻緣路徼戰尙軍大敗悉爲所沒二十四年相單程等下攻臨沅集解沈欽韓曰今常德府武陵縣西遣謁者李嵩中山太守馬成擊之不能剋明年春遣伏波將軍馬援中郎將劉匡馬武孫永等將兵至臨沅擊破之單程等飢困乞降會援病卒謁者宗均集解惠棟曰郎宋均也辨見均本傳聽悉受降爲置吏司羣蠻遂平肅宗建初元年武陵澧中蠻陳從等反叛入零陽蠻界零陽縣屬武陵郡集解沈欽韓曰今澧州慈利縣東其冬零陽蠻五里精夫爲郡擊破從從等皆降三年冬漊中蠻覃兒健等復反漊水名源出今澧州崇義縣集解沈欽韓曰舊唐志崇義省入慈利縣郡國利病書漊水南至觀音背會澧水漊中故城在澧州安福縣西北明史土司傳洪武三年慈利安撫使覃垕連構諸洞蠻爲寇是覃氏猶世據其土地也攻燒零陽作唐孱陵界中

作唐縣屬武陵郡孱陵縣故城在今荊州公安縣西南孱音仕顏反集解沈欽韓曰作唐今澧州安鄉縣北明年春發荊州七郡及汝南潁川弛刑徒吏士五千餘人拒守零陽募充中五里蠻精夫不叛者四千人擊澧中賊充縣屬武陵郡充音衝集解沈欽韓曰明志慈利縣西有廢充縣五年春覃兒健等請降不許郡因進兵與戰於宏下集解沈欽韓曰一統志洪山在辰州沅陵縣西南三十里或卽此大破之斬兒健首餘皆棄營走還漊中復遣乞降乃受之於是罷武陵屯兵賞賜各有差和帝永元四年冬漊中澧中蠻潭戎等反燔燒郵亭殺略吏民郡兵擊破降之安帝元初二年澧中蠻㠯郡縣徭稅失平懷怨恨遂結充中諸種二千餘人攻城殺長吏州郡募五里蠻六亭兵追擊破之皆散降賜五里六亭渠帥金帛各有差明年秋漊中澧中蠻四千人竝爲盜賊又零陵蠻羊孫陳湯等千餘人零陽屬武陵郡集解洪亮吉曰武陵應作零陵注誤著赤幘稱將軍燒官寺抄掠百姓州郡募善蠻討平之順帝永和元年武陵太守上書㠯蠻夷率服可比漢人增其租賦議者皆㠯爲可尙書令虞詡獨奏曰自古聖王不臣異俗非德不能及威不能加知其獸心貪婪難率㠯禮是故羈縻而綏撫之集解惠棟曰應劭漢官儀云馬曰羈牛曰縻言四夷如牛馬之受羈縻也附則受而不逆叛則棄而不追先帝舊典貢稅多少所繇來久矣今猥增之必有怨叛計其所得不償所費必有後悔帝不從其冬澧中漊中蠻果爭貢布非舊約遂殺鄉吏舉種反叛明年春蠻二萬人圍充城八千人寇夷道遣武陵太守李進討破之斬首數百級餘皆降服進乃簡選良吏得其情和在郡九年梁太后臨朝下詔增進秩二千石賜錢二十萬桓帝元嘉元年秋武陵蠻詹山等四千餘人反叛拘執縣令屯結深山至永興元年太守應奉㠯恩信招誘皆悉降散永壽三年十一月長沙蠻反叛屯益陽至延熹三年秋遂抄掠郡界眾至萬餘人殺傷長吏

又零陵蠻入長沙冬武陵蠻六千餘人寇江陵荊州刺史劉度謁者馬睦南郡太守李肅皆奔走肅主簿胡爽扣馬首諫曰蠻夷見郡無儆備故敢乘閒而進明府爲國大臣連城千里舉旍鳴鼓應聲十萬奈何委符守之重而爲逋逃之人乎肅拔刃向爽曰掾促去太守今急何暇此計爽抱馬固諫肅遂殺爽而走帝聞之徵肅棄市度睦減死一等復爽門閭拜家一人爲郎於是㠯右校令度尙爲荊州刺史討長沙賊平之又遣車騎將軍馮緄討武陵蠻竝皆降散軍還賊復寇桂陽太守廖祈奔走廖音力弔反武陵蠻亦更攻其郡太守陳奉率吏人擊破之斬首三千餘級降者二千餘人至靈帝中平三年武陵蠻復叛寇郡界州郡擊破之禮記稱南方曰蠻雕題交阯題額也雕之謂刻其肌以丹青涅也其俗男女同川而浴故曰交阯其西有噉人國生首子輒解而食之謂之宜弟味旨則㠯遺其君君

喜而賞其父取妻美則讓其兄（〔集解〕沈欽韓曰列子湯問篇越之東有輒沐之國其長子生則鮮而食之謂之宜弟說苑建本篇蒼梧之弟娶妻而美好請與兄易蓋謂蒼梧以南之俗）今烏滸人是也（萬震南州異物志烏滸地名在廣州之南交州之北恆出道間伺候行旅輒出擊之利得人食之不貪其財貨並以其肉爲肴葅又取其髑髏破之以飲酒以人掌趾爲珍異以食老也〔集解〕沈欽韓曰紀要烏滸山在南寧府橫州東六十里昔烏滸蠻所居之地）交阯之南有越裳國周公居攝六年制禮作樂天下和平越裳以三象重譯而獻白雉曰道路悠遠山川岨深音使不通故重譯而朝（〔集解〕惠棟曰鄭元注云欲其轉相曉也）成王以歸周公公曰德不加焉則君子不饗其質（質亦贄也）政不施焉則君子不臣其人吾何以獲此賜也其使請曰吾受命吾國之黃耇（爾雅曰黃髮鮐背耇老壽也）曰久矣天之無烈風雷雨（尚書大傳作別風注雨〔集解〕惠棟曰今尚書大傳作別風淮雨鄭元云淮暴雨之名也劉勰云尚書大傳有別風淮雨帝王世紀云列風淫雨別列淮淫字似潛移淫列義當而不奇淮別理乖而新異傳毅制誄已用淮雨固知愛奇之心古今一也）意者中國有聖人乎有則盍往朝之周公乃歸之於王（事見尚書大傳）稱先王之神致

以薦於宗廟周德既衰於是稍絕及楚子稱霸朝貢百越秦并天下威服蠻夷始開領外置南海桂林象郡漢興尉佗自立爲南越王傳國五世（前書南粵王趙佗眞定人也秦時爲南海尉佗孫胡胡子嬰齊嬰齊子興也）至武帝元鼎五年遂滅之分置九郡交阯刺史領焉其珠崖儋耳二郡在海洲上東西千里南北五百里其渠帥貴長耳皆穿而縋之垂肩三寸武帝末珠崖太守會稽孫幸調廣幅布獻之蠻不堪役遂攻郡殺幸幸子豹□率善人還復破之自領郡事討擊餘黨連年乃平豹遣使封還印綬上書言狀制詔卽以豹爲珠崖太守（卽就也）威政大行獻命歲至中國貪其珍賂漸相侵侮故率數歲一反元帝初元三年遂罷之凡立郡六十五歲逮王莽輔政元始二年日南之南黃支國來獻犀牛凡交阯所統雖置郡縣而言語各異重譯乃通人如禽獸長幼無別項髻徒跣（爲髻於項上也）以布貫頭而著之後頗徙

中國罪人使雜居其間乃稍知言語漸見禮化光武中興錫光爲交阯（〔集解〕惠棟曰華陽國志云西城縣民錫光字長沖爲交州刺史徙交阯太守王莽篡位拒郡不附莽方有事海內未以爲意尋值所在兵起遂自守更始卽祚正其本官世祖嘉其忠節徵拜爲大將軍朝侯祭酒封鹽水侯）任延守九眞於是教其耕稼制爲冠履初設媒娉始知姻娶建立學校導之禮義建武十二年九眞徼外蠻里張游（里蠻之別號今呼爲俚人）率種人慕化內屬封爲歸漢里君明年南越徼外蠻夷獻白雉白菟至十六年交阯女子徵側及其妹徵貳反攻郡徵側者麊泠縣雒將之女也（麊音莫支反泠音零〔集解〕惠棟曰杜佑云麊音麋今承化郡也又云交州外域記云交阯昔未有郡縣之時土地有雒田其田從潮水上下民墾食其田因名爲雒民設雒王雒侯諸郡縣縣多爲雒將銅印青綬）嫁爲朱鳶人詩索妻甚雄勇（〔集解〕惠棟曰杜佑云漢朱鳶今安南府縣）交阯太守蘇定以法繩之側忿故反於是九眞日南合浦蠻里皆應之凡略六十五城自立爲王交阯刺史及諸太守僅得自守光武乃詔長沙合浦交阯具車船修道橋通障谿

儲糧穀十八年遣伏波將軍馬援樓船將軍段志發長沙桂陽零陵蒼梧兵萬餘人討之明年夏四月援破交阯斬徵側徵貳等餘皆降散進擊九眞賊都陽等破降之徙其渠帥三百餘口於零陵於是嶺表悉平肅宗元和元年日南徼外蠻夷究不事人（究不事人蠻夷別號也〔集解〕洪頤煊曰究蠻夷附落名不事人謂不屬於人葉楡水注馬援將兵討側詩走入金溪究交州外域記交阯郡界有扶嚴究皆是先謙曰洪以究爲附落名是也以不事人爲不屬於人則上下文義隔閡究是種落大名不事又究中之附落小名耳仍以李注爲合）邑豪獻生犀白雉和帝永元十二年夏四月日南象林蠻夷二千餘人寇掠百姓燔燒官寺郡縣發兵討擊斬其渠帥餘眾乃降於是置象林將兵長史以防其患安帝永初元年九眞徼外夜郎蠻夷舉土內屬開境千八百四十里元初二年蒼梧蠻夷反叛明年遂招誘鬱林合浦蠻漢數千人攻蒼梧郡鄧太后遣侍御史任逴（音卓）奉詔赦之賊皆降散延光元年九眞徼外蠻貢獻內屬

三年日南徼外蠻復來內屬順帝永建六年日南徼外葉調王便遣使貢獻帝賜調便金印紫綬〔集解〕劉攽曰案國名葉調其王名便此作調便衍一調字也 永和二年日南象林徼外蠻夷區憐等數千人攻象林縣燒城寺殺長吏交阯刺史樊演發交阯九眞二郡兵萬餘人救之兵士憚遠役遂反攻其府二郡雖擊破反者而賊埶轉盛會侍御史賈昌使在日南卽與州郡并力討之不利遂爲所攻圍歲餘而兵穀不繼帝㠯爲憂明年召公卿百官及四府掾屬問其方略〔集解〕通鑑胡注大將軍府掾屬二十九人太尉府二十四人司徒府三十一人司空府二十九人 皆議遣大將發荆揚兗豫四萬人赴之大將軍從事中郎李固駁曰若荆揚無事發之可也今二州盜賊槃結不散〔集解〕通鑑胡注二州荆揚也 武陵南郡蠻夷未輯長沙桂陽數被徵發如復擾動必更生患其不可一也又兗豫之人卒被徵發遠赴萬里無有還期詔書迫促必致叛亡其不可二也南州水土溫暑加有瘴氣〔集解〕通鑑胡注度嶺而南瘴氣甚重炎熱鬱蒸之所生也中之者輒死 致死亡者十必四五其不可三也遠涉萬里士卒疲勞比至嶺南不復堪鬬其不可四也軍行三十里爲程而去日南九千餘里三百日乃到計人稟五升古升小故日五升也 用米六十萬斛不計將吏驢馬之食但負甲自致費便若此其不可五也設軍到所在死亡必衆既不足禦敵當復更發此爲刻割心腹㠯補四支其不可六也九眞日南相去千里發其吏民猶尚不堪何況乃苦四州之卒㠯赴萬里之艱哉其不可七也前中郎將尹就討益州叛羌益州諺曰虜來尚可尹來殺我後就徵還〔集解〕惠棟曰就後爲尚書與中常侍交通棄市見續漢志 㠯兵付刺史張喬喬因其將吏旬月之間破殄寇虜此發將無益之效州郡可任之驗也宜更選有勇略仁惠任將帥者㠯爲刺史太守悉使共住交阯今日南兵單無穀〔集解〕通鑑胡注言孤軍處叛蠻之中又乏糧也 守既不足戰又

不能可一切徙其吏民北依交阯事靜之後乃命歸本還募蠻夷使自相攻轉輸金帛㠯爲其資有能反間致頭首者〔集解〕通鑑胡注頭首謂諸蠻渠帥也 許㠯封矦列土之賞故并州刺史長沙祝良性多勇決〔集解〕惠棟曰良事載麗參傳 又南陽張喬前在益州有破虜之功皆可任用昔太宗就加魏尚爲雲中守前書曰槐里人魏尚爲雲中守以斬首捕虜上功不實免馮唐言之於文帝帝令唐持節赦尚復以爲雲中守〔集解〕劉攽曰注前書曰案文多一曰字 哀帝卽拜龔舍爲太山太守前書曰舍字君倩初徵爲諫議大夫病免復徵爲博士又病去頃之哀帝遣使卽楚拜舍爲太山太守 宜卽拜良等便道之官〔集解〕惠棟曰謂不過行在所便道之官也 四府悉從固議卽拜祝良爲九眞太守張喬爲交阯刺史喬至開示慰誘並皆降散良到九眞單車入賊中設方略招㠯威信降者數萬人皆爲良築起府寺由是嶺外復平建康元年日南蠻夷千餘人復攻燒縣邑遂扇動九眞與相連結交阯刺史九江夏方開恩招誘賊皆降服時梁太后臨朝美方之功遷爲桂陽太守桓帝永壽三年居風令貪暴無度縣人朱達等及蠻夷相聚攻殺縣令衆至四五千人進攻九眞九眞太守兒式戰死兒五兮反 詔賜錢六十萬拜子二人爲郎遣九眞都尉魏朗討破之斬首二千級渠帥猶屯據日南衆轉彊盛延熹三年詔復拜夏方爲交阯刺史方威惠素著日南宿賊聞之二萬餘人相率詣方降靈帝建寧三年鬱林太守谷永㠯恩信招降烏滸人十餘萬內屬皆受冠帶開置七縣〔集解〕沈欽韓曰晉地志桓帝立高興郡靈帝改曰高涼郡幷合[illegible]此開置七縣卽高涼郡也 熹平二年冬十二月日南徼外國重譯貢獻光和元年交阯合浦烏滸蠻反叛招誘九眞日南合數萬人攻沒郡縣四年刺史朱儁擊破之六年日南徼外國復來貢獻

巴郡南郡蠻本有五姓巴氏樊氏瞫氏音審 相氏鄭氏皆出於武落鍾離山代本曰廩君之先故出巫誕也 其山有赤黑二穴〔集解〕惠棟曰世本云廩君之先故出巫蜑落鍾

山石穴中有二所其一色赤其一色黑如丹漆狀巴氏之子生於赤穴四姓之子皆生黑穴未有君長俱事鬼神乃共擲劍於石穴約能中者奉以爲君巴氏子務相乃獨中之衆皆歎〔集解〕惠棟曰世本云乃往登呼號穴屋以劍不能著獨廩君劍著而懸於穴屋又令各乘土船約能浮者當以爲君餘姓悉沈唯務相獨浮因共立之是爲廩君乃乘土船從夷水至鹽陽荊州圖曰副夷縣西有溫泉古老相傳此泉原出鹽于今水有鹽氣縣西一獨山有石穴有二大石竝立穴中相去可一丈俗名爲陰陽石陰石常溼陽石常燥盛弘之荊州記曰昔廩君浮夷水射鹽神于陽石之上案今施州淸江縣水一名鹽水源出淸江縣西都亭山水經云夷水巴郡魚復縣注云水色淸照十丈分沙石蜀人見澄淸因名淸江也〔集解〕劉攽曰注夷水巴郡魚復縣案文少一經字惠棟曰世本云以土爲船雕文畫之又注荊州圖曰副夷縣依御覽所引當云荊州圖副曰夷陵縣云云乙曰副字脫陵字又陽石常燥燥一作煬盛弘之荊州記云旱則鞭陰石應時雨雨則鞭陽石俄而晴但鞭者不壽復不得稱名人頗憚之又注夷水巴郡魚復縣依御覽夷水別出巴郡魚復縣漏別出二字鹽水有神女謂廩君曰此地廣大魚鹽所出願留共居廩君不許鹽神暮輒來取宿旦卽化爲蟲與諸蟲羣飛掩蔽日光天

地晦冥積十餘日〔集解〕惠棟曰世本云廩君不知東西所向七日七夜廩君思其便因射殺之〔集解〕官本考證曰文獻通考作伺其便應從之天乃開明代本曰廩君使人操靑縷以遺鹽神曰嬰此卽相宜云與女俱生宜將去鹽神受縷而嬰之廩君卽立陽石上應靑縷而射之中鹽神鹽神死天乃大開也〔集解〕劉攽曰注卽相宜云與女俱生宜將去案文少一不字惠棟曰思當作伺水經注云廩君因伺便也又注宜將去世本云弗宜將去去猶藏也言弗宜藏而不嬰也廩君於是君乎夷城此已上竝見代本也〔集解〕惠棟曰錄異記云鹽神死廩君復乘土船下夷城夷城石岸曲泉水亦曲望之如穴狀廩君歎曰我新從穴中出今又入此奈何岸卽爲崩廣三丈餘而階階相承廩君登之岸上有平石長五尺方一丈廩君休其上投策計算皆著石焉因立城其旁有而居之四姓皆臣之廩君死魂魄世爲白虎巴氏以虎飲人血遂以人祠焉及秦惠王幷巴中以巴氏爲蠻夷君長世尚秦女其民爵比不更〔集解〕劉攽曰巴氏之君可有爵耳民何故輒得之明民字衍有罪得以爵除其君長歲出賦二千一十六錢三歲一出義賦千八百錢其民戶出幏布八丈二尺雞羽三十鍭說文幏南蠻夷布也音公亞反毛詩四鍭旣均儀禮矢鍭一乘鄭玄注曰鍭猶候也候物而射之也三十鍭一百四十九俗本幏作幪鍭作鏃者竝誤也〔集解〕劉攽曰注案鍭三羽當九十若四矢爲一鍭則三百六十無緣得一百四十九未詳漢興南郡太守靳彊請一依秦時故事〔集解〕惠棟曰孫愐云靳姓楚有大夫靳尙居焮切至建武二十三年南郡潳山蠻雷遷等始反叛潳音屠寇掠百姓遣武威將軍劉尙將萬餘人討破之徙其種人七千餘口置江夏界中今沔中蠻是也和帝永元十三年巫蠻許聖等巫縣屬南郡以郡收稅不均懷怨恨遂屯聚反叛明年夏遣使者督荊州諸郡兵萬餘人討之聖等依憑阻隘久不破諸軍乃分道竝進或自巴郡魚復數路攻之蠻乃散走斬其渠帥乘勝追之大破聖等聖等乞降復悉徙置江夏靈帝建寧二年江夏蠻叛州郡討平之光和三年江夏蠻復反與廬江賊黃穰相連結十餘萬人攻沒四縣寇患累年廬江太守陸康討破之餘悉降散

板楯蠻夷者〔集解〕沈欽韓曰華陽國志世號白虎復夷今所謂弜頭虎子也隸續繁長張禪等題名有白虎夷王謝節

白虎夷王資偉蓋卽板楯之種秦昭襄王時有一白虎常從羣虎數遊秦蜀巴漢之境傷害千餘人昭王乃重募國中有能殺虎者賞邑萬家金百鎰時有巴郡閬中夷人能作白竹之弩乃登樓射殺白虎華陽國志曰巴夷廖仲等射殺之也〔集解〕惠棟曰華陽國志云巴夷朐䏰廖仲藥何射虎秦精等射虎中頭三箭白虎常從羣虎瞋恚盡搏殺羣虎大呴而死昭王嘉之而以其夷人不欲加封乃刻石盟要復夷人頃田不租十妻不筭優寵之故一戶免其一頃田之稅雖有十妻不輸口筭之錢復音福傷人者論殺人得以倓錢贖死何承天纂文曰倓蠻夷贖罪貨也音徒濫反〔集解〕惠棟曰字書皆作賧錢大昕曰說文無賧字當以倓爲正盟曰秦犯夷輸黃龍一雙夷犯秦輸淸酒一鍾夷人安之至高祖爲漢王發夷人還伐三秦〔集解〕惠棟曰舊注云今漢中秦川秦地旣定乃遣還巴中復其渠帥羅朴督鄂度夕龔七姓〔集解〕惠棟曰孫盛蜀譜云朴音浮不輸租賦〔集解〕惠棟曰風俗通云巴有賨人剽勇高祖爲漢王時閬中人范目說高祖募賨人定三秦封目爲閬中慈鳧鄉侯幷復除目所發賨人盧朴沓鄂度夕龔七姓不供租賦餘戶乃歲入賨錢口四十世號爲板楯

蠻夷閒中有渝水其人多居水左右天性勁勇初爲漢前鋒數陷陳俗喜歌舞（喜音虛記反〔集解〕惠棟曰舊注喜音虛記切）高祖觀之曰此武王伐紂之歌也乃命樂人習之所謂巴渝舞也（〔集解〕沈欽韓曰宋史蠻夷傳渝州蠻者古板楯七姓蠻唐南平獠也方輿勝覽熊本平木斗夷得地五百里乃奏建南平軍謂即板楯七蠻地案今爲重慶府綦江縣）遂世世服從（〔集解〕惠棟曰華陽國志云天下既定高祖乃分巴置廣漢郡孝武帝又兩割置犍爲郡故世曰分巴割蜀以成犍廣也）至於中興郡守常率以征伐桓帝之世板楯數反太守蜀郡趙溫以恩信降服之（〔集解〕惠棟曰華陽國志云于時宕渠出九穗之禾朐䏰有連理之木）靈帝光和二年巴郡板楯復叛寇掠三蜀及漢中諸郡靈帝遣御史中丞蕭瑗督益州兵討之連年不能克帝欲大發兵乃問益州計吏考以征討方略漢中上計程包對曰（〔集解〕惠棟曰華陽國志云包字元道南鄭人）板楯七姓射殺白虎立功先世復爲義人其人勇猛善於兵戰昔永初中羌入漢川（〔集解〕惠棟曰華陽國志作漢中）郡縣破壞得板楯救之羌死敗殆盡故號爲神兵

羌人畏忌傳語種輩勿復南行至建和二年（〔集解〕惠棟曰華陽國志作建寧）羌復大入實賴板楯連摧破之前車騎將軍馮緄南征武陵雖受丹陽精兵之銳（史記曰周成王封楚熊繹始居丹陽今歸州秭歸縣東南故城是也至楚文王始自丹陽遷于郢續漢志云南郡枝江縣有丹陽聚也）亦倚板楯以成其功近益州郡亂（〔集解〕惠棟曰華陽國志云朱龜以并涼勁卒討之無功）太守李顒亦以板楯討而平之（〔集解〕惠棟曰顒事詳西南夷傳）忠功如此本無惡心長吏鄉亭更賦至重僕役箠楚過於奴虜亦有嫁妻賣子或乃至自頸割雖陳冤州郡而牧守不爲通理闕庭悠遠不能自聞含怨呼天叩心窮谷愁苦賦役困罹酷刑故邑落相聚以致叛戾非有謀主僭號以圖不軌今但選明能牧守自然安集不煩征伐也帝從其言遣太守曹謙宣詔赦之即皆降服（〔集解〕惠棟曰華陽國志云昔中郎將尹就伐羌擾動益部百姓諺云虜來尚可尹將殺我就微還後羌自破退如臣愚見權之遺軍不如任之州郡天子從之棟案包語與李固駮議同故范史節去也）至中平五年巴郡黃巾賊起板楯蠻夷因此復叛寇掠城邑遣西園上軍別部司馬趙瑾討平之

西南夷者在蜀郡徼外有夜郎國（〔集解〕宋史蠻夷傳高州蠻故夜郎也在涪州西南一統志夜郎廢縣在石阡府城西南一百里廢葛彰司西六十里晉置縣屬牂牁郡土司傳遵義府即播州秦爲夜郎苴蘭地）東接交阯西有滇國北有邛都國（〔集解〕惠棟曰宋白續通典云漢邛都縣唐爲巂州越巂縣）各立君長其人皆椎結左衽邑聚而居能耕田其外又有巂（〔集解〕惠棟曰張守節音髓）昆明諸落西極同師（〔集解〕惠棟曰華陽國志作桐）東北至葉榆（葉榆縣屬益州郡葉或作楪臣賢案前書曰西自同師以東北至葉榆名爲巂昆明今流俗諸本並作布舊昆明益巂字誤分爲布舊也〔集解〕惠棟曰韋昭云桐師邑名顏籀云葉榆澤名後以爲號洪亮吉曰注葉榆屬益州郡案明帝永平二年分益州置永昌則葉榆又屬永昌郡）地方數千里無君長辮髮隨畜遷徙無常自巂東北有莋都國東北有冉駹國或土著或隨畜遷徙自冉駹東北有白馬國氐種是也（〔集解〕惠棟曰駹顏籀音尨）此三國亦有君長

夜郎者初有女子浣於遯水有三節大竹流入足閒聞其中有號聲剖竹視之得一男兒歸而養之及長有才武自立爲夜郎侯以竹爲姓（見華陽國志）武帝元鼎六年平南夷爲牂牁郡夜郎侯迎降天子賜其王印綬後遂殺之夷獠咸以竹王非血氣所生甚重之求爲立後牂牁太守吳霸以聞天子乃封其三子爲侯（〔集解〕王補曰前書夜郎侯降封王不言殺之至成帝時猶謂之夜郎王范史云竹王被殺後封其子爲侯與前書異）死配食其父今夜郎縣有竹王三郎神是也（前書地理志曰夜郎縣有遯水東至廣鬱華陽國志云遯水通鬱林有三郎祠皆有靈響又云竹王所捐破竹於野成竹林今王祠竹林是也王嘗從人止大石上命作羹從者白無水王以劍擊石出水今竹王水是也）初楚頃襄王時遣將莊豪（〔集解〕王補曰鄭氏通志注案史記及漢書皆云楚威王時使莊蹻略巴黔以西至滇地欲歸會秦奪楚巴黔中郡因以其衆王滇後十餘歲秦滅又案楚自威王後懷王立三十年至頃襄王之二十二年秦昭襄王遣兵攻楚取巫黔中郡地後漢史則云頃襄王時莊豪王滇豪即蹻也若莊蹻自威王時將兵略地屬秦昭巫黔中郡道塞不通凡經五十二年豈得如此淹久或恐史記誤謬班固循習而書范曄所記詳攷爲正又案莊蹻王滇後歷五十五年而楚滅又十五年而秦亡凡七十年何故云蹻之王滇後十餘歲而秦亡斯又未之詳也）從沅水伐夜郎軍至且蘭

椓船於岸而步戰既滅夜郎因留王滇池以且蘭有椓船牂柯處乃改其名為牂柯異物志曰牂柯繫船杙也牂柯地多雨潦集解惠棟曰華陽國志云郡上值天井故多雨潦俗好巫鬼禁忌寡畜生又無蠶桑故其郡最貧句町縣集解沈欽韓曰紀要今臨安府通海縣東北五里有桄根木可以為麪百姓資之臨海異物志曰桄根木外皮有毛似栟櫚而散生其木剛作鋘鋤利如鐵中石更利唯中焦根乃致敗耳皮中有似擣稻米片又似麥麪中作餅餌廣志曰桄根樹大四五圍長五六丈洪直旁無枝條其顛生葉不過數十似椶葉破其木肌堅難傷入數寸得麪赤黃密緻可食也公孫述時大姓龍傅尹董氏與郡功曹謝暹保境為漢乃遣使從番禺江奉貢南越志曰番禺縣之西有江浦焉集解沈欽韓曰番禺當為牂柯之譌水經注豚水東逕且蘭縣為牂柯水又逕母斂又逕鬱林廣鬱縣為鬱水又逕中留合溫水又東入阿林縣乾隆志豚水自貴州都勻府流經古州城合溶江車江入廣西柳州府懷遠雒容二縣界自此以下則溫水之合鬱江者自南寧府之橫州潯州府城東與黔江合為左江又逕平南藤縣至梧州府城西南與桂江合為三江口又東入廣東肇慶府封川德慶西寧高安至廣州府番禺三江口入海其為鬱水久矣不得尚目為牂柯至番禺尤不相涉彼時為公孫述所阻何不循沅江至武陵而遠出番禺乎光武嘉之並加褒賞集解惠棟曰華陽國志云聞世祖在河北乃使奉貢世祖嘉之號為義郎桓帝時郡人尹珍自以生於荒裔不知禮義乃從汝南許慎應奉受經書圖緯學成還鄉里教授於是南域始有學焉珍官至荊州刺史華陽國志曰尹珍字道真毋斂縣人也集解惠棟曰華陽國志云珍以經術選用歷尚書丞郎荊州刺史而應世叔為司隸校尉師生並顯王愔文字志載珍善書見法書要錄錢大昕曰案許慎與應奉不同時奉仕桓帝朝而慎之卒蓋在安帝之世不得到桓帝也華陽國志作明章之世則與許慎時代相及矣但珍既受業許慎豈能更與應奉同朝傳聞異詞要皆不足信

滇王者莊蹻之後也集解沈欽韓曰唐書自夜郎滇池以西皆莊蹻之裔是以松外諸番為蹻後則自南而西乃邛笮矣不可從也元封二年武帝平之集解惠棟曰華陽國志云二年叟反遣將軍郭昌討平之因開為郡治滇池以其地為益州郡割牂柯越巂各數縣配之後數年復并昆明地皆以屬之此郡有池周回二百餘里水源深廣而末更淺狹有似倒流故謂之滇池河土平敞多出鸚鵡孔雀有鹽池田漁之饒金銀畜產之富人俗豪忲忲奢侈也居官者皆富及累世及王莽政亂益州郡夷棟蠶若豆等起兵殺郡守越巂姑復夷人大牟亦皆叛集解沈欽韓曰姑復廢縣在會川衛南今為甯遠府之會理州殺略吏人莽遣寧始將軍廉丹發巴蜀吏人及轉兵穀卒徒十餘萬擊之吏士飢疫連年不能尅而還以廣漢文齊為太守造起陂池開通溉灌墾田二千餘頃率厲兵馬脩障塞降集羣夷甚得其和集解惠棟曰華陽志齊字子奇梓潼人也孝平末以城門校尉為犍為屬國都尉遷益州太守也又云齊子純有令德為北海太守及公孫述據益土齊固守拒險述拘其妻子許以封侯齊遂不降聞光武即位乃間道遣使自聞集解惠棟曰華陽國志云齊遣使由交阯貢獻河北蜀平徵為鎮遠將軍封成義侯集解先謙曰官本有注云取其嘉名於道卒詔為起祠堂郡人立廟祀之集解沈欽韓曰一統志文齊廟在雲南府昆明縣東華陽志公孫述攻犍為郡朱遵為郡功曹領軍拒戰於六水門眾少不敵為述所殺光武追贈將軍郡縣立祠而范史失載建武十八年夷渠帥棟蠶與姑復楪榆梇棟連然滇池建伶昆明諸種反叛殺長吏姑復縣屬越巂郡餘六縣並屬益州郡也集解沈欽韓曰楪榆今大理府太和縣南十五里梇棟今姚州連然今安

寧州滇池今雲南府晉寧州東建伶今雲南府治西北續漢志無昆明有昆澤今昆陽州地益州太守繁勝與戰而敗退保朱提縣屬犍為郡朱音殊提音匙集解惠棟曰孫愐云繁姓也左傳殷人七族有繁氏漢有御史大夫繁延壽音婆沈欽韓曰朱提山在敘州府宜賓縣西南五十里十九年遣武威將軍劉尚等發廣漢犍為蜀郡人及朱提夷合萬三千人擊之尚軍遂度瀘水入益州界瀘水一名若水出旄牛徼外經朱提至僰道入江在今巂州南特有瘴氣三月四月經之必死五月以後行者得無害故諸葛亮表云五月度瀘言其艱苦也羣夷聞大兵至皆棄壘奔走尚獲其羸弱穀畜二十年進兵與棟蠶等連戰數月皆破之明年正月追至不韋孫盛蜀譜曰初秦徙呂不韋子弟宗族於蜀漢武帝開西南夷置郡縣徙呂氏以充之因置不韋縣華陽國志曰武帝通博南置不韋縣徙南越相呂嘉子孫宗族資之因名不韋以章其先人之惡行也集解劉攽曰注通博南出直不韋又以宗族資之案文出直本共是置字資當作實沈欽韓曰不韋廢縣在永昌府保山縣鳳谿山下先謙曰据此劉所見本置作出直二字斬棟蠶帥凡首虜七千餘人得生口五千七百人馬三千匹牛羊三萬餘頭諸夷悉平肅宗元和中蜀郡王追為太守政化尤異有神馬四

匹出滇池河中甘露降白烏見始興起學校漸遷其俗集解惠棟曰案衆漢書及華陽國志皆云王阜東觀記云阜字世公成都人也太守第五倫察舉孝廉爲重泉令吏民向化鸞鳥集於學官阜使五官掾沙壘爲張雅樂擊磬鳥舉足垂翼應聲而舞翾翔復上縣庭屋十餘日乃去遷益州太守邊郡吏多放縱阜以法繩之吏民不敢犯禁政教清靜百姓安業神馬四出滇河中甘露降白烏見連有瑞應世謂其用法平正寬慈惠化所致大將軍竇憲貴盛嘗移書益州取六百萬錢阜疑有姦詐以狀上憲遣奴騶帳下吏李文迎錢阜以詔書未報距不與文積二十餘日詔書報給文以錢市馬謝承書云阜幼好經學從安定受韓詩年十七經學大就聲聞鄉里常璩述云世公賦政祥瑞來同范史不爲世公立傳僅一見於西南夷傳章懷又略而不注傳寫既久訛阜爲追遂使學者不知有世公名字是可慨也靈帝熹平五年諸夷反叛執太守雍陟集解惠棟曰趙相雍觀碑云陟先爲朐忍令高祖父寶字伯著九江太守父昱字伯桓右校令風俗通云雍姓文王子雍伯之後孫愐云雍於用切遣御史中丞朱龜討之不能剋朝議以爲郡在邊外蠻夷喜叛勞師遠役不如棄之集解惠棟曰幽州刺史朱龜碑云龜字伯靈廣陵太守之孫昆陽令之元子也時益州蠻夷侵寇邊鄙陸梁山野爲害日甚朝廷以君文能𢧐武不𢧐御史中丞討彼亂略太尉掾巴郡李顒建策討伐乃拜顒益州太守與刺史龐芝發板

楯蠻擊破平之集解惠棟曰華陽國志云顒字子卬墊江人還得雍陟顒卒後夷人復叛以廣漢景毅爲太守討定之毅初到郡米斛萬錢漸以仁恩少年間米至數十云少年未多年也集解惠棟曰華陽國志云毅字文堅梓潼人也太守丁羽察孝廉司徒舉治劇爲沈陽侯相高陵令立文學以禮樂化民久之拜成都令遷益州太守

哀牢夷者其先有婦人名沙壹居于牢山集解惠棟曰壹華陽國志作壺水經注作臺嘗捕魚水中觸沈木若有感因懷妊十月產子男十人後沈木化爲龍出水上沙壹忽聞龍語曰若爲我生子今悉何在九子見龍驚走獨小子不能去背龍而坐龍因舐之集解惠棟曰背作陪其母鳥語謂背爲九謂坐爲隆因名子曰九隆集解惠棟曰華陽國志云沙壹以龍與陪坐因名曰九隆猶漢言陪坐也及後長大諸兄以九隆能爲父所舐而黠遂共推以爲王後牢山下有一夫一婦復生十女子九隆兄弟皆娶以爲妻後漸相滋長種人皆刻畫其身象龍文衣皆著尾自此以上並見風俗通也集解先謙曰官本衣下無皆字九隆死世世相繼哀牢傳曰九隆代代相傳名號不可得而數至於禁高乃可記知禁高死子吸代吸死子建非代建非死子哀牢代哀牢死子桑藕代桑藕死子柳承代柳承死子柳貌代柳貌死子扈栗代乃分置小王往往邑居散在谿谷絕域荒外山川阻深生人以來未嘗交通中國建武二十三年其王賢栗集解先謙曰華陽國志作扈栗遣兵乘箄船箄音蒲佳反縛竹木爲箄以當船也集解惠棟曰水經注作革船南下江漢集解沈欽韓曰江漢字誤當爲瀾滄擊附塞夷鹿茤茤音多其種今見在集解惠棟曰水經注作鹿崩鹿茤人弱爲所禽獲於是震雷疾雨南風飄起水爲逆流翻涌二百餘里箄船沈沒哀牢之衆溺死數千人賢栗復遣其六王將萬人以攻鹿茤鹿茤王與戰殺其六王哀牢耆老共埋六王夜虎復出其尸而食之餘衆驚怖引去賢栗惶恐謂其耆老曰我曹入邊塞自古有之今攻鹿茤輒被天誅中國其有聖帝乎天祐助之何其明也二十七年賢栗等遂率種人戶二千七百七十口萬七千六百五十九詣越巂太守鄭鴻降求內屬光武封

賢栗等爲君長自是歲來朝貢永平十二年哀牢王柳貌集解惠棟曰華陽國志作抑狼案哀牢傳柳貌生扈栗子當栗子當爲抑狼也遣子率種人內屬其稱邑王者七十七人戶五萬一千八百九十口五十五萬三千七百一十一西南去洛陽七千里顯宗以其地置哀牢博南二縣割益州郡西部都尉所領六縣古今注曰永平十年置益州西部都尉居巂唐續漢志六縣謂不韋巂唐比蘇楪榆邪龍雲南也合爲永昌郡始通博南山度蘭倉水華陽國志曰博南縣西山高三十里越之度蘭倉水也集解惠棟曰追敘孝武時事也見華陽國志沈欽韓曰博南山在永昌府永平縣西南四十五里行者苦之歌曰漢德廣開不賓度博南越蘭津度蘭倉爲它人哀牢人皆穿鼻儋耳其渠帥自謂王者耳皆下肩三寸庶人則至肩而已土地沃美宜五穀蠶桑知染采文繡罽毲罽解見李恂傳毲未詳集解洪亮吉曰案集韻會毲都括切蠻夷織毛罽也帛疊外國傳曰諸薄國女子織作白疊花布蘭干細布華陽國志曰蘭干獠言紵織成文章如綾錦有梧桐木華績以爲布廣志曰梧桐有白者剽國有桐木其華有白毳取其毳淹漬緝織以爲布也集

解惠棟曰華陽國志云梧桐木其花柔如絲民績以爲布幅廣五尺潔白不受污俗名曰桐花布幅廣五尺潔白不受垢污先以覆亡人然後服之其竹節相去一丈名曰濮竹見華陽國志集解沈欽韓曰永昌府騰越州高黎共山出濮竹節甚長出銅鐵鉛錫金銀光珠華陽國志曰蘭滄水有金沙洗取融爲金有光珠穴博物志曰光珠即江珠也虎魄廣雅曰虎魄生地中其上及旁不生草深者八九尺大如斛削去皮成虎魄如斗初時如桃膠凝堅乃成博物志曰松脂淪入地千年化爲茯苓茯苓千歲化爲虎魄今大山有茯苓而無虎魄永昌有虎魄而無茯苓也集解惠棟曰注廣雅乃廣志之訛水精瑠璃軻蟲蚌珠徐衷南方草物狀曰凡採珠常三月用五牲祈禱若祠祭有失則風攪海水或有大魚在蚌左右蚌珠長三寸半凡二品珠也孔雀翡翠犀象猩猩貊獸酈元水經注曰猩猩形若狗而人面頭顏端正善與人言音聲妙麗如婦人對語聞之無不酸楚南中志曰猩猩在山谷中行無常路百數爲羣土人以酒若糟設於路又喜屩子土人織草爲屩數十緉官本作量相連結猩猩在山谷見酒及屩知其設張者即知張者先祖名字乃呼其名而罵云奴欲張我捨之而去而又還相呼試共嘗酒初嘗少許又取屩子著之若進兩三升便大醉人出收之屩子相連不得去執還內牢中人欲取者到牢邊語云猩猩汝可自相推肥者出之既擇肥竟相對而泣即左思賦云猩猩啼而就禽者也昔有人以猩猩餉封溪令令問餉何物猩猩自於籠中曰但有酒及僕耳無它飲食南中八郡志曰貊大如驢狀頗似熊多力食鐵所觸無不拉廣志曰貊色蒼白其皮溫煖雲南縣集解沈欽韓曰紀要今大理府雲南縣西有神鹿兩頭能食毒草見華陽國志集解惠棟曰華陽國志云在熊蒼山也先是西部都尉廣漢鄭純爲政清潔化行夷貊君長感慕皆獻土珍頌德美天子嘉之即以爲永昌太守純與哀牢夷人約邑豪歲輸布貫頭衣二領鹽一斛以爲常賦夷俗安之集解惠棟曰華陽國志云純字長伯郪人也爲西部都尉處地金銀琥珀犀象翠羽出作此官者皆富及十世純獨清廉毫毛不犯夷漢歌歎表聞三司及京師貴重多薦美之明帝嘉之乃改西部爲永昌郡以純爲太守常璩述云長伯撫遐聲暢中畿析虎命邦綽有餘徽也純自爲都尉太守十年卒官集解惠棟曰鍾岏良吏傳云純爲永昌太守清廉獨絕及卒列畫東觀也建初元年哀牢王類牢與守令忿爭遂殺守令而反叛攻越巂唐城集解劉攽曰案巂唐自是縣屬永昌後人不知妄增越城二字惠棟曰續書天文志云攻巂唐城衍越字太守王尋奔楪榆哀牢三千餘人攻博南燔燒民舍肅宗募發越巂益州永昌夷漢九千人討之明年春邪龍縣郡國志曰屬永昌郡也集解沈欽韓曰紀要麗江軍民府賓山州漢邪龍縣地昆明夷鹵承等應募率種人與諸郡兵擊類牢於博南大破斬之傳首洛陽賜鹵承帛萬匹封爲破虜傍邑侯永元六年郡徼外敦忍乙王莫延集解先謙曰官本莫作慕慕義遣使譯獻犀牛大象九年徼外蠻及撣國王雍由調撣音擅東觀記作擅字遣重譯奉國珍寶和帝賜金印紫綬小君長皆加印綬錢帛永初元年徼外僬僥種夷陸類等三千餘口舉衆內附獻象牙水牛封牛永寧元年撣國王雍由調復遣使者詣闕朝賀獻樂及幻人能變化吐火自支解易牛馬頭又善跳丸數乃至千自言我海西人海西即大秦也集解通鑑胡注案大秦即武帝時犂靬國今謂之拂菻撣國西南通大秦明年元會安帝作樂於庭封雍由調爲漢大都尉賜印綬金銀綵繒各有差也

邛都夷者武帝所開以爲邛都縣無幾而地陷爲汙澤因名爲邛池南人以爲邛河在今巂州越巂縣東南南中八郡志曰邛河縱廣岸二十里深百餘丈多大魚長一二丈頭特大遙視如戴鐵釜狀李膺益州記邛都縣下有一老姥家貧孤獨每食輒有小蛇頭上戴角在牀間姥憐之飴之後稍長大遂長丈餘令有駿馬蛇遂吸殺之令因大忿恨責姥出蛇姥云在牀下令即掘地愈深愈大而無所見令又遷怒殺姥蛇乃感人以靈言瞋令何殺我母當爲母報讎此後每夜輒聞若雷若風四十許日百姓相見咸驚語汝頭那忽戴魚是夜方四十里與城一時俱陷爲湖土人謂之爲陷河唯姥宅無恙訖今猶存漁人採捕必依止宿每有風浪輒居宅側恬靜無他風靜水清猶見城郭樓櫓畟然今水淺時彼土人沒水取得舊木堅貞光黑如漆今好事人以爲枕相贈畟音側集解沈欽韓曰一統志邛河在寧遠府西昌縣東南後復反叛元鼎六年漢兵自越巂水伐之以爲越巂郡巂水源出今巂州邛部縣西南巂山下前書地理志曰言其越巂水以置郡故名焉集解沈欽韓曰元和志於巂州尚載此條今地志皆失其處疑今之打沖河也其土地平原有稻田青蛉縣禺同山有碧雞金馬光景時時出見禺同山在今褒州揚波縣王褒碧雞頌曰持節使王褒謹拜南崖敬移金精神馬縹碧之雞處南之荒深谿回谷非土之鄉歸來歸來漢德無疆廉平唐虞澤配三皇華陽國志曰碧雞光景人多見之前書音義曰金形似馬碧形似雞也集解沈欽韓曰明志姚安軍民府大姚縣漢青蛉縣紀要大姚縣北三十里有方山或以爲即禺同山俗多游蕩而喜謳歌略與牂柯相類豪帥放縱難得制御王莽時郡守枚根集解惠棟曰顏籀云

枚根太守之姓名亦作牧稂風俗通云漢有越嶲太守牧根也調邛人長貴㠯爲軍候〔集解〕惠棟曰案前書西南夷傳及袁宏紀乃任貴也岑彭傳亦云邛穀王任貴蓋長字脱任字下放此更始二年長貴率種人攻殺枚根自立爲邛穀王領太守事又降於公孫述述敗光武封長貴爲邛穀王建武十四年長貴遣使上三年計天子卽授越嶲太守印綬十九年武威將軍劉尚擊益州夷路由越嶲長貴聞之疑尚既定南邊威法必行己不得自放縱卽聚兵起營臺招呼諸君長多釀毒酒欲先㠯勞軍因襲擊尚尚知其謀卽分兵先據邛都遂掩長貴誅之徙其家屬於成都永平元年姑復夷復叛益州刺史發兵討破之斬其渠帥傳首京師後太守巴郡張翕政化清平得夷人和在郡十七年卒夷人愛慕如喪父母蘇祈叟二百餘人續漢書志曰蘇祈縣屬越嶲郡〔集解〕沈欽韓曰今寧遠府西昌縣北齎牛羊送喪至翕本縣安漢安漢縣屬巴郡〔集解〕惠棟曰華陽國志云翕字叔陽安漢人爲越嶲太守布衣蔬食儉以化民自乘二馬之官久之一馬死一馬病

翕曰吾將步行矣夷漢甚安其惠愛在官十九年卒百姓號慕送葬者以千數起墳祭祀詔書嘉美爲立祠堂〔集解〕惠棟曰華陽國志云天子嗟歎賜錢十萬爲立祠堂安帝元初三年郡徼外夷大羊等八種戶三萬一千口十六萬七千六百二十慕義內屬時郡縣賦斂煩數五年卷夷大牛種封離等反畔〔集解〕先謙曰官本卷上多以字殺遂久令遂久故縣在今靡州界〔集解〕沈欽韓曰今寧遠府鹽源縣西明年永昌益州及蜀郡夷皆叛應之眾遂十餘萬破壞二十餘縣殺長吏燔燒邑郭剽略百姓骸骨委積千里無人詔益州刺史張喬選堪能從事討之喬乃遣從事楊竦將兵至楪榆擊之〔集解〕惠棟曰華陽國志云竦字子恭成都人刺史張喬以竦勇猛授從事任平南中賊盛未敢進先㠯詔書告示三郡密徵求武士重其購賞〔集解〕惠棟曰華陽國志云竦先以詔書告諭不服乃加誅殺乃進軍與封離等戰大破之斬首三萬餘級獲生口千五百人資財四千餘萬悉㠯賞軍士封離等惶怖斬其同謀渠帥詣竦乞降竦厚加慰納其餘三十六種皆來降附

〔集解〕先謙曰官本來作求竦因奏長吏姦猾侵犯蠻夷者九十人皆減死州中論功未及上會竦病創卒張喬深痛惜之乃刻石勒銘圖畫其像〔集解〕惠棟曰華陽國志云喬舉州弔贈列畫東觀天子㠯張翕有遺愛乃拜其子湍爲太守夷人懽喜奉迎道路曰郎君儀貌類我府君後湍頗失其心有欲叛者諸夷耆老相曉語曰當爲先府君故遂㠯得安〔集解〕惠棟曰華陽國志云翕卒後太守數煩擾夷人叛亂翕子端方察孝廉天子起家拜越嶲太守迎者如雲端一作瑞後順桓閒廣漢馮顥爲太守政化尤多異迹云〔集解〕惠棟曰華陽國志云顥字叔宰郪人也少師事楊仲桓及蜀郡張光超後又事東平虞叔雅初爲謁者威儀濟濟爲成都令遷越嶲太守所在著稱爲梁冀所不善風州追之隱居作易章句及刺奢說修黃老恬然終日

莋都夷者武帝所開㠯爲莋都縣〔集解〕沈欽韓曰唐書黎邛二州之東有凌蠻西有三王蠻莋都夷白馬氏之遺種其人皆被髮左衽言語多好譬類〔集解〕沈欽韓曰華陽志夷中有桀黠能言議屈服種人者謂之耆老使爲主論議好譬喻物謂之夷經南人言論雖學者亦半引夷經居處略與汶山夷

同土出長年神藥仙人山圖所居焉劉向列仙傳曰山圖隴西人好乘馬馬蹋折腳山中道士敎服地黃當歸羌活玄參服一年不嗜食病愈身輕追道士問之自云五岳使人之名山採藥能隨吾汝便不死山圖追隨人不復見六十餘年一旦歸來行母服於家閒朞年復去莫知所之也元鼎六年㠯爲沈黎郡至天漢四年幷蜀爲西部置兩都尉一居旄牛主徼外夷一居青衣主漢人

永平中益州刺史梁國朱輔好立功名慷慨有大略東觀記輔作酺梁國寧陵人也〔集解〕惠棟曰馬嚴傳作酺在州數歲宣示漢德威懷遠夷自汶山㠯西前世所不至正朔所未加白狼槃木唐菆等百餘國戶百三十餘萬口六百萬㠯上舉種奉貢稱爲臣僕輔上疏曰臣聞詩云彼徂者岐有夷之行詩周頌也傳曰岐道雖僻而人不遠韓詩薛君傳曰徂往也夷易也行道也彼百姓歸文王者皆曰岐有易道可往歸矣易道謂仁義之道而易行故岐道阻險而人不難詩人誦詠㠯爲符驗今白狼王唐菆等慕化歸義作詩三章路經邛來大山零高坂山海經曰崍山江水出焉郭璞曰中江所出也華陽國志曰邛來山一名邛莋故邛人莋人界也巖阻峻回曲折乃至山上凝冰夏結冬

則剿寒王陽行部至此而退者也有長貪若探八度之難陽母闘峻並坂名峭危峻險百倍岐道言詩人難
歎岐道之阻但以文王之道人以爲夷易今邛來峭危甚於岐繈負老幼若歸慈母遠夷之語辭
意難正草木異種鳥獸殊類有犍爲郡掾田恭集解惠棟曰通鑑作由恭與之
習狎頗曉其言臣輒令訊其風俗譯其辭語今遣從事史李陵與
恭護送詣闕并上其樂詩昔在聖帝舞四夷之樂解見陳禪傳今之所
上庶備其一帝嘉之事下史官錄其歌焉東觀記載其歌並載夷人本語並重譯訓詁爲
華言今范史所載者是也今錄東觀夷言以爲此注也遠夷樂德歌詩曰大漢是治提官隗搆與
天意合魏冒踰糟集解惠士奇曰合當作會吏譯平端罔譯劉脾不從我來旁莫支留聞風向
化徵衣隨旅所見奇異知唐桑艾多賜繒布邪毗繼補甘美酒食推潭僕遠昌樂肉飛
拓拒蘇便屈伸悉備局後仍離蠻夷貧薄僂讓龍洞無所報嗣莫支度由願主長壽陽雒
僧鱗子孫昌熾莫穉角存遠夷慕德歌詩曰蠻夷所處僂讓彼尼日入之部且交
陵悟慕義向化緸動隨旅歸日出主路且揀雒聖德深恩聖德渡諾與人富厚魏菌渡洗

冬多霜雪綜邪流藩夏多和雨莋邪尋螺寒溫時適藐潯籚灘部人多有菌補邪推涉
危歷險辟危歸險不遠萬里莫受萬柳去俗歸德術疊附德心歸慈母仍路孳摸遠夷
懷德歌曰荒服之外荒服之儀土地墝埆犂籍憐憐食肉衣皮阻蘇邪犂不見鹽
穀莫碭麤沐吏譯傳風罔譯傳微大漢安樂是漢夜拒攜負歸仁蹤優路仁觸冒險陜
雷折險龍高山岐峻倫狼藏幡緣崖磻石扶路側祿木薄發家息落服淫百宿到洛理瀝
髭雒父子同賜捕茝菌毗懷抱匹帛懷稾匹漏傳告種人傳言呼敕長願臣僕陵陽臣僕
肅宗初輔坐事免集解惠棟曰爲御史中丞馬嚴所奏免官是時郡尉府舍皆有雕飾
畫山神海靈奇禽異獸以眩耀之夷人益畏憚焉和帝永元十二
年旄牛徼外白狼樓薄蠻夷王唐繒等遂率種人十七萬口歸義
內屬詔賜金印紫綬小豪錢帛各有差安帝永初元年蜀郡三襄
種夷與徼外汙衍種并兵三千餘人反叛攻蠶陵城集解沈欽韓曰明志疊溪
千戶所本朝改疊溪營在松潘廳南二百五十里殺長吏二年青衣道夷邑長令田令姓田名

集解沈欽韓曰青衣道在雅州府雅安縣北與徼外三種夷三十一萬口齎黃金旄牛
毦顧野王曰毦結毛爲飾也即今馬及弓槊上纓毦也舉土內屬安帝增令田爵號爲奉通
邑君集解惠棟曰繁長張禪題名有邑長三人邑君三人皆夷酋之稱也延光二年春旄牛夷叛攻
零關郡國志零關道屬越巂郡集解沈欽韓曰越巂郡固有靈關道然此旄牛夷本在蜀郡西部故傳下云益州刺史與西部
都尉擊破之不言越巂太守明與越巂無涉續志延光二年以西部爲屬國都尉領漢嘉嚴道旄牛徙四縣蜀都賦廓靈關以爲門
注靈關山名在成都西南漢嘉郡劉昭注亦引之蜀之西部於唐爲雅州通典雅州盧山縣有靈關山當爲沫水之所經宋書符瑞
志晉咸寧三年黃龍見漢嘉靈關則地屬漢嘉非越巂之靈關道也越巂與蜀西部隔限大度河然相去不甚遠舊唐志貞觀二年
曾以雅州陽山漢源二縣屬巂州惟旄牛夷所攻零關不在越巂境耳殺長吏益州刺史張喬與西
部都尉擊破之於是分置蜀郡屬國都尉領四縣如太守桓帝永
壽二年蜀郡夷叛殺略吏民延熹二年蜀郡三襄夷寇蠶陵殺長
吏四年犍爲屬國夷寇郡界益州刺史山昱擊破之斬首千四百
級餘皆解散靈帝時以蜀郡屬國爲漢嘉郡

冉駹夷者集解沈欽韓曰明史土司傳茂州古冉駹國地今小金川司等皆在茂州保縣西南徼外武帝所開
元鼎六年以爲汶山郡集解惠棟曰華陽國志云四年至地節三年宣帝年也夷人以
立郡賦重宣帝乃省并蜀郡爲北部都尉其山有六夷七羌九氐
各有部落集解惠棟曰華陽國志云有六夷羌胡羌虜白蘭蛕九種之戎也其王侯頗知文書而
法嚴重貴婦人黨母族死則燒其尸土氣多寒在盛夏冰猶不釋
故夷人冬則避寒入蜀爲傭夏則違暑反其邑集解惠棟曰華陽國志云冬則避寒
入蜀傭賃自食夏則避暑反落歲以爲常故蜀人謂之作五百石子也衆皆依山居止累石爲室高
者至十餘丈爲邛籠案今彼土夷人呼爲雕也集解王鳴盛曰案今四川徼外大金川小金川諸土司有碉房
碉字字書不見殆李賢所謂雕矣又土地剛鹵不生穀粟麻菽唯以麥爲資而宜
畜牧有旄牛無角一名童牛肉重千斤毛可爲毦出名馬有靈羊
可療毒本草經曰靈羊角味鹹無毒主療青盲蠱毒去惡鬼安心氣彊筋骨也又有食藥鹿鹿麑有
胎者其腸中糞亦療毒疾又有五角羊麝香輕毛毼雞牲牲郭璞注山

海經曰羝雞似雉而大青色有毛角鬬敵死乃止其人能作旄氈班罽青頓毞毲羊羧之屬青頓毞毲羧並未詳字書無此二字周書伊尹爲四方獻令曰正西昆侖狗國鬼親枳已闟耳貫匈雕題離丘漆齒請令以丹青白旄紕罽龍角神龜爲獻湯曰善何承天纂文曰紕氐罽也音卑疑反毞卽紕也集解惠棟曰羧華陽國志作羖又注正西昆侖狗國鬼親枳已闟耳貫匈雕題離丘漆齒孔晁云九者西戎之別名闟耳貫匈雕題漆齒等亦因其事以名之也特多雜藥地有鹹土煮以爲鹽麡羊牛馬食之皆肥麡卽麡狠也異物志狀似鹿而角觸前向入林樹掛角故恒在平淺草中肉肥香美逐入林則搏之皮可作履韈角正四據南人因以爲牀音子兮反其西又有三河槃于虜北有黃石北地盧水胡其表乃爲徼外靈帝時復分蜀郡北部爲汶山郡云

白馬氐者武帝元鼎六年開分廣漢西部合以爲武都集解惠棟曰杜佑云今同谷郡武都地土地險阻有麻田出名馬牛羊漆蜜氐人勇戇抵冒貪貨死利居於河池一名仇池方百頃四面斗絕仇池山在今成州上祿縣南三秦記曰仇池縣界本名仇維山上有池故曰仇池山在滄洛二谷之間常爲水所衝激故下石而上土形似覆壺仇池記曰仇池百頃周回九千四十步天形四方壁立千仞自然樓櫓卻敵分置調均埤起數丈有蹤人功仇池凡二十一道可攀緣而上東西二門盤道下至上凡有七里上則崗阜低昂泉流交灌酈元注水經云羊腸盤道三十六回開山圖謂之仇夷所謂積石嵯峨嶔岑隱阿者也上有平田百頃煮土成鹽因以百頃爲號也數爲邊寇郡縣討之則依固自守元封三年氐人反叛遣兵破之分徙酒泉郡昭帝元鳳元年氐人復叛遣執金吾馬適建姓馬適名建也龍頟侯韓增大鴻臚田廣明將三輔太常徒討破之及王莽篡亂氐人亦叛建武初氐人悉附隴蜀及隗囂滅其酋豪乃背公孫述降漢隴西太守馬援上復其王侯君長賜以印綬後囂族人隗茂反殺武都太守氐人大豪齊鍾留爲種類所敬信威服諸豪與郡丞孔奮集解惠棟曰詳奮本傳擊茂破斬之後亦時爲寇盜郡縣討破之

論曰漢氏征伐戎狄有事邊遠蓋亦與王業而終始矣至於傾沒疆垂喪師敗將者不出時歲卒能開四夷之境款殊俗之附若乃文約之所沾漸風聲之所周流幾將日所出入處也文約謂文書要約也著自山經水志者亦略及焉雖服叛難常威澤時曠及其化行則緩耳雕腳之倫獸居鳥語之類緩耳儋耳也獸居謂穴居集解惠棟曰緩金樓子作拨卽聶耳國也其人兩手聶其耳故曰拨耳見海外北經莫不舉種盡落回面而請吏陵海越障累譯以內屬焉故其錄名中郎校尉之署謂護匈奴中郎將及戊己校尉等編數都護部守之曹集解劉攽曰案此部字合作郡動以數百萬計若乃藏山隱海之靈物沈沙棲陸之瑋寶珠玉金碧珊瑚虎珀之類莫不呈表怪麗雕被宮幄焉又其賨幏火毳馴禽封獸之賦軨積於內府火毳卽火浣布也馴禽鸚鵡也封獸象也神異經曰南方有火山長四十里廣四五里生不燼之木晝夜火然得烈風不猛暴雨不滅火中有鼠重百斤毛長二尺餘細如絲恆居火中時時出外而色白以水逐沃之卽死績其毛織以作布用之若汙以火燒之則淸潔也傅子曰長老說漢桓時梁冀作火浣布單衣會賓客行酒公卿朝臣前佯爭酒失杯而汙之冀僞怒解衣而燒之布得火燁然而熾如燒凡布垢盡火滅粲然潔白如水澣也集解劉攽曰正文軨積於內府案軨字誤當作騈字夷歌巴舞殊音異節之技列倡於外門豈柔服之道必足於斯然亦云致遠者矣蠻夷雖附阻巖谷而類有土居連涉荊交之區布護巴庸之外不可量極然其凶勇校算薄於羌狄故陵暴之害不能深也西南之徼尤爲劣焉故關守永昌肇自遠離啟土立人至今成都焉哀牢夷伐鹿茤不得乃歸中國故言肇自遠離

贊曰百蠻蠢居仞彼方徼鏤體卉衣憑深阻峭蠢小貌也鏤體文身也卉衣草服也亦有別夷屯彼蜀表參差聚落紆餘岐道往化既孚改襟輸寶孚信也襟衽也俾建永昌同編億兆

南蠻西南夷列傳第七十六終　後漢書八十六

後漢書集解卷八十六校補

南蠻列傳負而走入南山 案通志作負而走入南武山多武字以注引武山證之似今本脫武字

制裁皆有尾形 柳從辰曰御覽七百八十五引作犬形今案通志仍作尾形 注槃瓠馮山阻險 官本注馮作憑是

衣裳班蘭 官本班作斑通

相呼爲姎徒注此已上並見風俗通 官本注末有也字

始置黔中郡注黔中故城在今辰州沅陵縣西 今辰州府沅陵縣治

州郡募五里蠻六亭兵追擊破之皆散降 案傳中屢言降散此獨作散降蓋降多散少則曰降散此散多降少故改云散降也

又零陵蠻羊孫陳湯等千餘人注零陽屬武陵郡 官本注陽下有縣字郡下有也字柳從辰曰序文言零陵蠻注不應出零陽陽乃陵之譌零陽屬武陵郡注各本皆未正觀洪亮吉辯注武陵郡應作零陵郡則洪見本必作零陵不誤也今案柳說是也零陵郡前漢本郎治零陵縣後漢徙治泉陵當亦因中興後羣蠻寖盛虛爲所逼而改耳

蠻二萬人圍充城 官本二作一

其俗男女同川而浴故曰交阯 今案王制阯本作趾从足雕題交趾對文鄭注交趾足相鄉然史文多作阯此傳官本亦皆作阯毛本則阯趾岐出殊不一律雖趾阯止古皆通作然足相鄉不必專就同川而浴言也文選西京賦黑水元阯薛注謂小渚曰阯疑范義直以交爲同以阯爲川耳此與鄭注各爲一義而與禮記作趾之本義不符矣前書賈捐之傳駱越之人父子同川而浴此作男女亦微異

今烏滸人是也注萬震南州異物志烏滸地名 官本注志下有曰字名下有也字

幸子豹率善人還復破之 官本率上有合字

比至嶺南 嶺官本作領然如下文嶺外官本亦同作嶺雖嶺領本通作皆未能一律也

事靜之後乃命歸本 乃原譌又已正官本不誤

九眞太守兒式戰死注兒五兮反 官本注五上有音字

巴郡南郡蠻傳廩君思其便因射殺之集解官本考證曰文獻通考作伺其便應從之 案此集解十六字應在下文集解惠棟曰思當作伺之上 天乃開明集解惠棟曰至又注宜將去世本云弗宜將去 案通志注作乃與女俱不宜將去無生字蓋生本卽弗字或不字之譌劉謂少一不字尚失之

其民爵比不更集解劉攽曰至明衍民字 柳從辰曰御覽七百八十五引作其人今作民疑後人回改之誤今案別上君長而言其人人猶是民也通志本范書仍作其民且下文亦其君長其民對舉可知作民本不誤不更爲秦爵第四級獲此爵者不豫更卒之事故名不更秦人撫輯新坿諸蠻優其君長使得世尚秦女優其民使得不豫更卒而但出常賦本不足異漢興常賜民爵民固不妨有爵爵比不更亦尚非眞如劉氏之說以此爵屬巴氏之君旣君長矣何更須爵爵又何僅止於不更抑無君長有罪得以爵除者則於說轉窒矣

板楯蠻夷傳乃登樓射殺白虎集解惠棟曰華陽國志云巴夷胊忍廖仲藥何射虎 胊忍巴郡縣已詳吳漢傳注集解及劉焉傳校補

復其渠帥羅朴督鄂度夕龔七姓 柳從辰曰華陽國志督作昝廣韻音七感反姓也出蜀都

或乃至自頸割 案頸乃剄之譌通志可證各本皆未正

困罹酷刑 罹原譌羅已正官本不誤

巴郡黃巾賊起 錢大昕曰閩本巴下有州字非

西南夷列傳西極同師集解惠棟曰華陽國志作桐 案前書亦作桐師 東北至葉榆注葉或作楪 楪原譌楪已正官本不誤今案前志作葉榆屬益州郡續志作楪榆屬永昌郡傳文後亦作楪殊不一律

夜郎傳遺將莊豪 案後載滇王者莊蹻之後也仍作莊蹻此作莊豪者豪酋豪也前書言蹻王滇變服從其俗以長之長之者卽爲其酋豪耳書旅獒鄭君讀獒爲酋豪之豪秦俗雜西戎故莊蹻一呼莊豪非是二名

且蘭有椓船牂牁處 牁一作柯同字 注橜船杙也 橜原譌擊已正官本注不誤

句町縣有桄根木注唯中焦根乃致敗耳 焦官本注作蕉今案作焦與通志合

桓帝時郡人尹珍注毋斂縣人也 柳從辰曰續志作母斂前志作毋斂今柳州府懷遠縣地

滇王傳率厲兵馬 厲原作吏據通志正官本不誤

與姑復楪榆拼棟連然滇池建伶昆明諸種反叛 拼棟官本同前志作弄棟續志

作栟楝通志亦作栟楝說文有栟無拼然拼从手當卽弄之俗體也建伶伶原作僯官本及通志皆作伶故書以伶爲僯之僯體故又轉寫作僯但華陽國志及前續志均作伶已據正今案前志益州郡建伶應劭曰音鈴則作伶作僯皆誤也

吕廣漢景毅爲太守討定之官本定作走今案作定與通志合

哀牢夷傳因名子曰九隆柳從辰曰御覽七百八十六引本書此下有沙壹將九隆居龍山下九字

九隆死世世相繼注子扈栗代栗原譌粟據華陽國志及通志正官本注不誤

建武二十三年武原譌元據通志正官本不誤

永平十二年哀牢王柳貌集解惠棟曰華陽國志作抑狼柳從辰曰傳作柳貌通鑑同御覽七百八十六引本書乃作柳邈惠氏據華陽國志作抑狼與漢魏叢書本合廖寅本又作柳狼柳抑與貌狼邈均形近易譌無從確定也今案通鑑通志均作柳貌與傳合是宋時所傳范書卽作柳貌非有誤矣章懷注引哀牢傳與今華陽國志亦皆有柳貌名不過如注載禁高以下相傳世次則有不合然注之引此不過著九隆傳世之久范史自爲書本傳原無此等世次不能據注改傳尤不容據雜史疑正史也哀牢至後漢始通中國傳載建武二十七年賢栗等率種人求內屬永平十二年柳貌遣子率種人內屬建初元年類牢殺守令反叛其內屬及叛皆書本紀此有策書可憑其名不應有誤由永

卷八十六校補　三

平十二年至建初元年中間僅隔六年永平內屬時柳貌又尚存則類牢宜卽柳貌子曰賢栗曰類牢皆注所不載然則華陽國志以賢栗爲扈栗以柳貌爲抑狼但可藉存異文若欲據以訂范書竊有未安矣又通典作柳貊亦貌字之譌

猩猩注數十輛夾注官本作量案通志注作兩與輛同又注執還內牢中案通志注中作土連下爲句與上士人相應是也餘異字皆不足記

貊獸注所觸無不柆官本注柆作拉案說文柆折木也此本字書傳通作拉

郡徼外敦忍乙王莫延案通志敦作郭集解先謙曰官本莫作慕謹案通志作莫與毛本合

及撣國王雍由調注東觀記作擅字官本注脫記字案通志注亦無記字

邛都夷傳邛都夷者至南人吕爲邛河案邛字从邑惟毛本得之注多大魚長一二丈官本注無多字案通志注有多字姥憐之飴之案通志注上之作而令因大忿恨責姥出蛇案通志注作令因大忿姥限責出蛇唯姥宅無恙案通志注宅作宇誤今好事人案通志注今作有

吕爲越巂郡注巂水源出今巂州邛部縣西南巂山下案通志注部作都誤唐邛部縣今越巂廳北七十里

有碧雞金馬注廉平唐虞案通志注廉平乃兼平之譌各本皆失正

蘇祈叟二百餘人祈續志作沂今案言叟者專指蜀民所以別於夷也漢世謂蜀爲叟因呼蜀人爲叟耳

五年卷夷大牛種封離等反畔集解先謙曰官本卷上多以字謹案通志亦有以字

其餘三十種皆來降附集解先謙曰官本來作求謹案通志仍作來

政化尤多異迹云侯康曰御覽九百三十六引益部耆舊傳云廣漢馮顥爲謁者逐單于至雲中大將軍梁冀遣人求鷹止晉陽舍人不避顥顥收之使人擊鏃鍼脫鷹而亡也顥追捕甚急冀辭乃止

莋都夷傳梁國朱輔注梁國甯陵人也官本注末無也字

彼徂者岐原本岐皆譌从止依通志正官本不譌者乃三家異文通志從毛改矣非

遠夷樂德歌詩曰至長願臣僕今案傳載歌詩三章官本及通志均無異字然樂德慕德二章皆言

卷八十六校補　四

歌詩獨懷德一章僅言歌不言詩此無義可求直是范書原脫一詩字也至章懷采夷言爲注三本所傳頗有不同如提官隗構通志作提宮隗構官本作提官隗構罔譯劉脾譯原作驛下注罔譯傳微仍作譯可證驛爲譌字已據通志注改官本注亦不誤旁莫支留官本注同通志莫作草耶毗繼補官本注同通志繼作堪僂讓彼尼官本注彼作皮通志注僂作屢彼作被路且揀雒官本通志注揀皆作倲魏菌渡洗官本通志注皆止作度莫碭鸁沐官本注同通志注碭作楊沐作水罔譯傳微官本注同通志微作徵倫狼藏幡官本注幡作幢通志作幢傳言呼敕官本注同通志言作室以上異字方言轉譯難明聲讀今古有異東觀記又僅存輯本無從定其得失矣

攻鬻陵城集解沈欽韓曰明志疊溪千戶所本朝改疊溪營柳從辰曰鬻陵今地已詳安紀惟據地理韻編在今疊溪營西

延光二年春旄牛夷叛攻零關錢大昭曰零郡國志作靈案零靈通作說已見前集解沈欽韓曰至不在越巂境耳今案安紀載延光二年春正月旄牛夷叛寇靈關殺縣令百官志凡縣主蠻夷曰道如非靈關道何得有縣令且漢嘉之靈關山既非設守阨要夷又何必攻之乎旄牛地卽在邛峽山之表瀘水出焉距越巂本非甚遠前漢時蜀郡西部兩都尉一居旄牛主徼外夷旄牛夷本卽蜀郡夷元初五年秋越巂蠻夷及旄牛豪叛殺

長吏六年永昌益州蜀郡夷叛與越巂夷殺長吏燔城邑益州刺史張喬討破降之亦均見安紀旄牛蜀郡夷既可與越巂夷同叛又何為不可攻越巂縣道刺史主兵則太守自不必行邛都夷傳載元初五年夷叛殺遂久令詔亦命益州刺史張喬選堪能從事討之遂久與靈關道同為越巂縣道而紀傳皆不及越巂太守亦可疑與越巂無涉乎沈氏好為異說非也

冉駹夷傳其山有六夷七羌九氏集解惠棟曰華陽國志云有六夷羌胡羌虜白蘭峒九種之戎也 柳從辰曰今華陽國志漢魏叢書本與惠氏所引合廖寅本蜩作峒今案蜩峒皆無考當作蚺通志云氏其種非一或號青氏或號白氏或稱蚺氏此蓋中國人即其服色名之也

為邛籠 案邛籠二字無義可求蓋方言也以其高言疑即穹隆之異文

有靈羊可療毒 柳從辰曰御覽七百九十一引本書靈作羺音戾今案羺音獳胡羊也胡羊謂北胡所產即今拳毛豐尾者是矣字从需無由有戾音靈羊之靈本作䨩詳爾雅注及說文注後人或作羺羺疑羺仍羺之譌戾亦即䨩之誤

主療青盲 官本注盲譌肓

其人能作旄氈班罽青頓毞毲羊羧之屬注正西昆侖狗國 國原譌骨依通志正官本注不誤

闒耳貫匈 官本注耳誤茸

獸居鳥語之類 此及下文而類有𡉈居官本類皆作顡蓋南宋本俗字

布護巴庸之外 護各本同當作濩張衡東京賦聲教布濩辪綜注云布濩猶散被也

攷襟輸寶注襟袵也 官本注袵作衽案說文襟作衿交衽也又衽衣衿也則作衽為正矣

西羌傳第七十七　後漢書八十七

宋　宣　城　太　守　范　曄　撰

唐　章　懷　太　子　賢　注

王先謙集解

西羌之本 集解惠棟曰風俗通云羌本西戎卑賤者也主牧羊故羌字从羊人因以為號 出自三苗姜姓之別也其國近南岳 衡山也 集解惠棟曰左傳云晉范宣子親數戎子駒支曰羌戎氏昔秦人迫逐乃祖吾離於瓜州杜預云四岳之後皆姓姜又別為允姓瓜州地在今燉煌左傳又云先王居檮杌於四裔故允姓之姦居於瓜州杜預云言檮杌略舉四凶之一下言四裔則三苗在其中允姓與三苗俱放三危者 及舜流四凶徙之三危 三危山在今沙州敦煌縣東南山有三峯故曰三危也 集解惠棟曰禹貢三危既宅鄭元云河圖及地記書云三危山在烏鼠之西南與岐山相連 河關之西南羌地是也 河關縣屬金城郡已上並續漢書文 集解惠棟曰杜佑云今金城會寧安鄉西平等郡之西南也河關今之安鄉郡其賜支在其西 濱於賜支至乎河首綿地千里賜支者禹貢所謂析支者也 集解惠棟曰續漢書云西羌自賜支以西至河首左右居今河關西可千餘里有河曲羌謂之賜支即析支也 南接蜀漢徼外蠻夷西北鄯善車師諸國所居無常依隨水草地少五穀以產牧為業其俗氏族無定或以父名母姓為種號十二世後相與婚姻父沒則妻後母兄亡則納釐嫂 寡婦曰釐力之反 故國無鰥寡種類繁熾 集解惠棟曰郭義恭廣志云羌與北狄同其人魯鈍饒妻妾多子姓一人生子十或至百人嫁女得高貲者聘至百犢女披大華氈以為盛飾一狗皮直數十匹 不立君臣無相長一強則分種為酋豪 集解惠棟曰風俗通云無君臣上下健者為豪文穎云羌胡名大帥為酋如中國言魁如淯云酋音酒醋孰書序云西旅獻獒鄭元云獒讀為豪西戎無君名強大有政者為酋豪也 弱則為人附落更相抄暴以力為雄殺人償死無它禁令其兵長在山谷短於平地不能持久而果於觸突以戰死為吉利病終為不祥 集解惠棟曰袁宏紀病終謂之劣又以為不祥也 堪耐寒苦同之禽獸雖婦人產子亦不避風雪性堅剛勇猛得西方金行之氣焉 黃帝素問曰西方者金玉之域沙石之處其人山居而多風水土剛強 王政修則賓服德教失則寇亂昔夏后氏太康失國 太康夏啟之子盤于游田不恤人事

爲羿所逐不得反國也四夷背叛及后相卽位乃征畎夷后相卽太康孫仲康之子七年然後來賓集解惠棟曰竹書紀年云帝相元年征淮夷二年征風及黃夷七年于夷來賓也至於后泄始加爵命由是服從泄啟八代孫帝芒之子也集解惠棟曰注見東夷傳后桀之亂畎夷入居邠岐之閒邠今豳州也岐卽岐州□集解惠棟曰竹書紀年云帝癸三年畎夷入於岐以叛成湯旣興伐而攘之及殷室中衰諸夷皆叛至于武丁征西戎鬼方集解先謙曰官本戎作羌三年乃克武丁殷王也易曰高宗伐鬼方前書音義曰鬼方遠方也故其詩曰自彼氐羌莫敢不來王殷頌之文集解沈德潛曰按商頌殷武之詩祀高宗之樂也首章敍其伐荊楚功二章言昔有成湯自彼氐羌云云蓋舉成湯時遠夷慕化以責荊楚非高宗時事范氏混而爲一矣及武乙暴虐犬戎寇邊帝武乙卽武丁五代孫無道爲偶人象謂之天神與之博令人代之行天神不勝而僇辱之又爲革囊盛血仰而射之命曰射天遂被雷震而死周古公踰梁山而避於岐下梁山在今雍州好畤縣西北古公文王之祖也岐山在扶風郡也及子季歷遂伐西落鬼戎竹書紀年武乙三十五年周王季伐西落鬼戎俘二十翟王也太丁之時季歷復伐燕京之戎戎人大敗周師太丁武乙子也竹書紀年曰太丁二年周人伐燕京之戎周師大敗也集解官

本考證曰監本作武丁子也王會汾曰按武丁子爲祖庚祖庚弟爲祖甲祖甲子爲廩辛廩辛弟爲庚丁庚丁子爲武乙武乙子爲太丁則太丁乃武丁四世孫諸本俱誤今改正後二年周人克余無之戎於是太丁命季歷爲牧師季歷文王之父也竹書紀年曰太丁四年周人伐余無之戎克之周王季命爲殷牧師也自是之後更伐始呼翳徒之戎皆克之竹書紀年曰太丁七年周人伐始呼之戎克之十一年周人伐翳徒之戎捷其三大夫也及文王爲西伯西有昆夷之患北有獫狁之難遂攘戎狄而成之莫不賓服見詩小雅采薇篇乃率西戎征殷之叛國以事紂左傳晉韓獻子曰文王率殷之叛國以事紂惟知時及武王伐商羌髳率師會於牧野尚書曰庸蜀羌髳微盧彭濮人孔安國注曰皆蠻夷戎狄也至穆王時戎狄不貢王乃西征犬戎獲其五王又得四白鹿四白狼見史記集解惠棟曰竹書紀年云穆王十二年毛公班共公利逢公固帥師從王伐犬戎冬十月王北巡狩遂征犬戎王遂遷戎於太原夷王衰弱夷王穆王孫名燮也荒服不朝乃命虢公率六師伐太原之戎至于俞泉獲馬千匹見竹書紀年厲王無道戎狄寇掠乃入犬丘殺秦仲之族犬丘縣名秦曰廢丘漢曰槐里也王命

伐戎不克及宣王立四年使秦仲伐戎爲戎所殺王乃召秦仲子莊公與兵七千人伐戎破之由是少卻後二十七年王遣兵伐太原戎不克後五年王伐條戎奔戎王師敗績後二年晉人敗北戎于汾隰二水名戎人滅姜侯之邑明年王征申戎破之後十年幽王命伯士伐六濟之戎軍敗伯士死焉並見竹書紀年其年戎圍犬丘虜秦襄公之兄伯父時幽王昏虐四夷交侵遂廢申后而立褒姒申侯怒與戎寇周殺幽王於酈山周乃東遷洛邑秦襄公攻戎救周後二年邢侯大破北戎及平王之末周遂陵遲戎逼諸夏自隴山以東及乎伊洛往往有戎於是渭首有狄獂邽冀之戎狄卽狄道獂卽獂道邽卽上邽縣冀卽冀縣集解惠棟曰秦紀云秦孝公西斬戎之獂王徐廣云獂音丸前書匈奴傳云自隴以西有緜諸緄戎翟獂之戎杜佑云狄獂並今隴西郡邽冀並今天水郡邽音珪涇北有義渠之戎義渠縣屬北地郡集解惠棟曰杜佑云今安紀郡洛川有大荔之戎洛川卽洛水大荔古戎國秦獲之改曰臨晉今同州城是也集解惠棟曰杜佑云今

洛交中部郡渭南有驪戎集解惠棟曰杜佑云今昭應縣伊洛閒有楊拒泉皐之戎杜預注左傳云楊拒戎邑也集解惠棟曰杜佑云今潁川郡潁首以西有蠻氏之戎左傳曰單浮餘圍蠻氏杜預注云梁南有霍陽山皆蠻子之邑當春秋時閒在中國與諸夏盟會魯莊公伐秦取邽冀之戎後十餘歲晉滅驪戎是時伊洛戎強東侵曹魯左傳莊公十八年公追戎于濟西杜預注戎侵魯人不知去乃追之二十四年戎侵曹也後十九年遂入王城於是秦晉伐戎以救周事並見左傳僖公十二年後二年又寇京師齊桓公徵諸侯戍周後九年陸渾戎自瓜州遷於伊川瓜州今瓜州也事見僖二十二年允姓戎遷於渭汭允姓陰戎之祖與三苗俱放三危集解先謙曰官本注末有見左傳三字東及轘轅在河南山北者號曰陰戎陰戎之種遂以滋廣左傳哀公四年蠻子赤奔晉陰地杜預注曰陰地河南山北自上雒以東至陸渾集解錢大昕曰按左氏傳僖二十二年秦晉遷陸渾之戎于伊川杜注允姓之戎居陸渾在秦晉西北二國誘而徙之伊川遂從戎號至今爲陸渾縣也又昭九年晉梁丙張趯率陰戎伐潁王使詹桓伯辭于晉曰允姓之姦居於瓜州伯父惠公歸自秦而誘以來使偪我諸姬入我郊甸杜注陰戎陸渾之戎也然則陸渾之戎系出允姓與允姓戎非二種此傳似歧而二之先謙曰官本以滋上有遂字晉文公欲修

霸業乃賂戎狄通道㠯匡王室秦穆公得戎人由余遂霸西戎開地千里由余其先晉人也亡入戎戎王聞穆公賢使由余觀秦秦穆公以客禮待之秦遺戎王以女樂由余諫不聽由余乃降秦爲謀伐戎及晉悼公又使魏絳和諸戎復修霸業魏絳晉大夫見左傳襄公十三年是時楚晉强盛威服諸戎陸渾伊洛陰戎事晉而蠻氏從楚後陸渾叛晉晉令荀吳滅之荀吳晉大夫中行穆子也見左傳昭公元年後四十四年楚執蠻氏而盡囚其人是時義渠大荔最强築城數十皆自稱王至周貞王八年秦厲公滅大荔取其地趙亦滅代戎卽北戎也韓魏復共稍并伊洛陰戎滅之其遺脫者皆逃走西踰汧隴汧山隴山之閒也在今隴州汧源縣自是中國無戎寇唯餘義渠種焉至貞王二十五年秦伐義渠虜其王卽厲公二十三年伐也後十四年義渠侵秦至渭陰〔集解〕惠棟曰史記作渭南後百許年義渠敗秦師于洛後四年義渠國亂秦惠王遣庶長操將兵定之操名也庶長秦爵也事見左傳義渠遂臣於秦後八年秦伐義渠取郁郅郁郅縣名屬北地郡後二年義渠敗秦師於李伯李伯地名未詳明年秦伐義渠取徒涇二十五城徒涇縣名屬西河郡〔集解〕先謙曰涇誤當作經李兆洛以爲在山西境及昭王立義渠王朝秦遂與昭王母宣太后通生二子至王赧四十三年宣太后誘殺義渠王於甘泉宮因起兵滅之始置隴西北地上郡焉戎本無君長夏后氏末及商周之際或從侯伯征伐有功天子爵之㠯爲藩服春秋時陸渾蠻氏戎稱子戰國世大荔義渠稱王及其衰亡餘衆皆反舊爲酋豪云

羌無弋爰劍者〔集解〕惠棟曰搜神記作袁劍古字通秦厲公時爲秦所拘執㠯爲奴隸不知爰劍何戎之別也後得亡歸而秦人追之急藏於巖穴中得免羌人云爰劍初藏穴中秦人焚之有景象如虎爲其蔽火得㠯不死既出又與劓女遇於野劓截鼻也遂成夫婦女恥其狀被髮覆面羌人因㠯爲俗遂俱亡入三河閒續漢書曰遂俱亡入河湟閒今此言三河卽黃河賜支河湟河也〔集解〕惠棟曰杜佑云今金城隴西安鄉郡之西南諸羌見爰劍被焚不死怪其神共畏事之推㠯爲豪河湟閒少五穀多禽獸㠯射獵爲事湟水出金城郡臨羌縣爰劍教之田畜遂見敬信廬落種人依之者日益衆羌人謂奴爲無弋㠯爰劍嘗爲奴隸故因名之其後世世爲豪至爰劍曾孫忍時秦獻公初立欲復穆公之迹穆公霸西戎公今欲復之兵臨渭首滅狄獂戎獂音丸忍季父卬畏秦之威將其種人附落而南出賜支河曲西數千里與衆羌絕遠不復交通其後子孫分別各自爲種任隨所之或爲氂牛種越巂羌是也或爲白馬種廣漢羌是也〔集解〕惠棟曰杜佑云今梓潼遂寧以西德陽郡地或爲參狼種武都羌是也忍及弟舞獨留湟中並多娶妻婦忍生九子爲九種舞生十七子爲十七種羌之興盛從此起矣及忍子研立時秦孝公雄强威服羌戎孝公使太子駟率戎狄九十二國朝周顯王研至豪健故羌中號其後爲研種及秦

始皇時務并六國㠯諸侯爲事兵不西行故種人得㠯繁息秦既兼天下使蒙恬將兵略地西逐諸戎北卻衆狄築長城㠯界之衆羌不復南度至于漢興匈奴冒頓兵强破東胡走月氏威震百蠻臣服諸羌景帝時研種留何率種人求守隴西塞於是徙留何等於狄道安故至臨洮氐道羌道縣氐音丁兮反五縣並屬隴西郡〔集解〕惠棟曰杜佑云狄道安故今金城郡地及武帝征伐四夷開地廣境北卻匈奴西逐諸羌乃度河湟築令居塞令居縣屬金城郡令音零初開河西列置四郡酒泉武威張掖敦煌也通道玉門隔絕羌胡使南北不得交關於是障塞亭燧出長城外數千里時先零羌與封養牢姐種解仇結盟姐音紫與匈奴通合兵十餘萬其攻令居安故遂圍枹罕安故縣屬隴西郡枹罕縣屬金城郡枹音鈇漢遣將軍李息郎中令徐自爲將兵十萬人擊平之始置護羌校尉持節統領焉羌乃去湟中依西海鹽池左右金城郡臨羌縣有鹽池也〔集解〕惠棟曰杜佑云今酒泉郡之北

千餘里鹽池漢遂因山爲塞河西地空稍徙人㠯實之至宣帝時遣光祿大夫義渠安國義渠姓也䡢行諸羌其先零種豪言願得度湟水逐人所不田處㠯爲畜牧安國㠯事奏聞後將軍趙充國㠯爲不可聽後因緣前言遂度湟水郡縣不能禁至元康三年先零乃與諸羌大共盟誓將欲寇邊帝聞復使安國將兵觀之安國至召先零豪四十餘人斬之集解惠棟曰前書云三十餘人因放兵擊其種斬首千餘級於是諸羌怨怒遂寇金城乃遣趙充國與諸將將兵六萬人擊破平之至研十三世孫燒當立元帝時彡姐等七種羌寇隴西彡音先廉反又所廉反姐音紫遣右將軍馮奉世擊破降之從爰劍種五世至研研最豪健自後㠯研爲種號十三世至燒當復豪健其子孫更㠯燒當爲種號自彡姐羌降之後數十年四夷賓服邊塞無事至王莽輔政欲燿威德㠯懷遠爲名乃令譯諷旨諸羌使共獻西海之地初開

㠯爲郡築五縣邊海亭燧相望焉燧烽也

滇良者燒當之玄孫也時王莽末四夷內侵及莽敗眾羌遂還據西海爲寇更始赤眉之際羌遂放縱寇金城隴西隗囂雖擁兵而不能討之乃就慰納因發其眾與漢相拒建武九年隗囂死司徒掾班彪上言今涼州部皆有降羌集解惠棟曰杜佑云時涼州部除三輔外今安定平原郡之西天水隴西諸郡悉屬焉羌胡被髮左衽而與漢人雜處習俗既異言語不通數爲小吏黠人所見侵奪窮恚無聊故致反叛夫蠻夷寇亂皆爲此也舊制益州部置蠻夷騎都尉幽州部置領烏桓校尉涼州部置護羌校尉集解惠棟曰水經注湟水東入經戎峽口右合羌水出西南山下逕護羌城東故護羌校尉治也皆持節領護理其怨結歲時循行問所疾苦又數遣使驛通動靜使塞外羌夷爲吏耳目州郡因此可得儆備今宜復如舊㠯明威防光武從之卽㠯牛邯爲護羌校尉集解惠棟曰邯字孺都見隗囂傳持節如舊及邯卒而職省十年先零豪與諸種相結復寇金城隴西遣中郎將來歙等擊之大破事已具歙傳十一年夏先零種復寇臨洮集解惠棟曰杜佑云今和政郡地隴西太守馬援破降之後悉歸服徙置天水隴西扶風三郡集解惠棟曰杜佑據東觀記云徙七千口於三輔案永平元年滇吾餘眾散降徙七千口置三輔乃竇固馬武事而范史論仍曰煎當作寇馬文淵徙之三輔則仍據東觀記也注詳下明年武都參狼羌反援又破降之事已具援傳自燒當至滇良世居河北大允谷種小人貧而先零卑湳並皆强富數侵犯之湳音乃感反集解惠棟曰李善曰說文云湳水出西河美稷縣故羌人因水爲姓滇良父子積見陵易憤怒而素有恩信於種中於是集會附落及諸雜種乃從大榆入集解先謙曰官本作乃從入大榆掩擊先零卑湳大破之殺三千人掠取財畜奪居其地大榆中由是始强滇良子滇吾立中元元年武都參狼羌反殺掠吏人太守與戰不勝隴西太守劉盱集解惠棟曰盱見竇固傳遣從事辛都監軍掾李苞將五千人赴武都與羌戰斬其酋豪首

虜千餘人時武都兵亦更破之斬首千餘級餘悉降時滇吾附落轉盛常雄諸羌每欲侵邊者滇吾轉教㠯方略爲□渠帥二年秋燒當羌滇吾與弟滇岸率步騎五千寇隴西塞劉盱遣兵於枹罕擊之不能克又戰於允街允音鈆街音階縣名屬金城郡爲羌所敗殺五百餘人於是守塞諸羌皆復相率爲寇遣謁者張鴻領諸郡兵擊之戰於允吾唐谷允音鈆吾音牙縣名屬金城郡唐谷故城在今鄯州湟水縣西也集解惠棟曰杜佑云西平郡龍支縣漢允吾縣地後漢爲龍耆縣軍敗鴻及隴西長史田颯皆沒又天水兵爲牢姐種所敗於白石死者千餘人白石縣名屬金城郡有白石山集解惠棟曰注白石山應劭云山在白石縣東時燒何豪有婦人比銅鉗者年百餘歲多智算爲種人所信向皆從取計策時爲盧水胡所擊比銅鉗乃將其眾來依郡縣種人頗有犯法者臨羌長收繫比銅鉗而誅殺其種六七百人顯宗憐之乃下詔曰昔桓公伐戎而無仁惠故春秋貶曰齊人春秋莊公三十年齊人伐山戎

公羊傳曰此齊侯也其稱人何貶也何休注曰戎亦天地之所生乃迫殺之惡不仁也今國家無德恩不及遠羸弱何辜而當并命夫長平之暴非帝者之功言帝王好生惡殺故不以爲功也史記曰白起昭王時爲上將軍擊趙趙不利將軍趙括與六十萬人請降起乃盡坑之遺其小者二百四十人咎由太守長吏妄加殘戮比銅鉗餉生者所在致醫藥養視令招其種人若欲歸故地者厚遺送之其小種若束手自詣欲效功者皆除其罪若有逆謀爲吏所捕而獄狀未斷悉以賜有功者永平元年復遣中郎將竇固捕虜將軍馬武等擊滇吾於西邯大破之事已具武等傳滇吾遠引去餘悉散降徙七千口置三輔以謁者竇林領護羌校尉居狄道林爲諸羌所信而滇岸遂詣林降林爲下吏所欺謬奏上滇岸以爲大豪集解惠棟曰東觀記云林欲以爲功効奏言大豪承制封爲歸義侯加號漢大都尉明年滇吾復降林復奏其第一豪與俱詣闕獻見帝怪一種兩豪疑其非實以事詰林林辭窘窘窮也乃僞對曰

滇岸卽滇吾隴西語不正耳帝窮驗知之怒而免林官會涼州刺史又奏林臧罪遂下獄死集解惠棟曰東觀記云林以誣罔詣獄上不忍誅免官後涼州刺史奏林臧罪復收繫羽林監遂死獄中謁者郭襄代領校尉事到隴西聞涼州羌盛還詣闕抵罪於是復省校尉官滇吾子東吾立以父降漢乃入居塞內謹愿自守而諸弟迷吾等數爲寇盜肅宗建初元年安夷縣吏略妻卑湳種羌婦吏爲其夫所殺安夷長宗延追之出塞安夷縣名屬金城郡種人恐見誅遂共殺延而與勒姐及吾良二種相結爲寇集解惠棟曰東觀記云金城隴西卑湳勒姐種羌反出塞外胡三省云勒姐羌居勒沮溪因以爲種名隴西太守孫純遣從事李睦及金城兵會和羅谷與卑湳等戰斬首虜數百人復拜故度遼將軍吳棠集解惠棟曰袁宏紀作吳棠領護羌校尉居安夷二年夏迷吾遂與諸衆聚兵欲叛出塞金城太守郝崇追之戰於荔谷崇兵大敗崇輕騎得脫死者二千餘人集解通鑑胡注案姓譜云殷帝乙有子期封太原郝縣後因氏焉於

是諸種及屬國盧水胡悉與相應吳棠不能制坐徵免武威太守傅育代爲校尉移居臨羌集解通鑑胡注杜佑云臨羌在今西平郡水經注云湟水東合安夷川水又東逕安夷縣故城在漢西平亭東七十里湟水又東合勒姐溪水迷吾又與封養種豪布橋等五萬餘人共寇隴西漢陽集解通鑑胡注本天水郡明帝永平十七年改名漢陽於是遣行車騎將軍馬防長水校尉耿恭副討破之於是臨洮索西迷吾等悉降防乃築索西城故城在今洮州集解惠棟曰郡國志云在隴西郡臨洮縣杜佑云索西故城在今岷州和政縣東亦名臨洮東城亦謂之赤城徙隴西南部都尉戍之悉復諸亭候至元和三年迷吾復與弟號吾諸雜種反叛秋號吾先輕入寇隴西界郡督烽掾李章追之集解通鑑胡注督烽掾郡掾之督烽燧者生得號吾將詣郡號吾曰獨殺我無損於羌誠得生歸必悉罷兵不復犯塞隴西太守張紆權宜放遣羌卽爲解散各歸故地迷吾退居河北歸義城集解通鑑胡注河北逢留大河之北也歸義城本漢所築以招來諸羌之歸義者傅育不欲失信伐之乃募人鬬諸羌胡

集解通鑑胡注募人閒鬬諸羌使之自鬬也羌胡不肯遂復叛出塞更依迷吾章和元年育上請發隴西張掖酒泉各五千人諸郡太守將之育自領漢陽金城五千人合二萬兵與諸郡剋期擊之令隴西兵據河南張掖酒泉兵遮其西並未及會育軍獨進迷吾聞之徙廬落去集解通鑑胡注廬穹廬落居也育選精騎三千窮追之夜至建威南三兜谷去虜數里須旦擊之不設備迷吾乃伏兵三百人夜突育營營中驚壞散走育下馬手戰殺十餘人而死死者八百八十人及諸郡兵到羌遂引去育北地人也顯宗初爲臨羌長與捕虜將軍馬武等擊羌滇吾功冠諸軍及在武威威聲聞於匈奴食祿數十年秩奉盡贍給知友妻子不免操井臼肅宗下詔追褒美之封其子毅爲明進侯七百戶以隴西太守張紆代爲校尉將萬人屯臨羌迷吾既殺傅育狃忕邊利狃忕慣習也狃音女九反忕音時制反集解惠棟曰爾雅云狃復也郭璞云狃伏復爲孫炎云狃忕前事

復爲也張揖雜事作怢音曳云狃復過度陸德明云怢又音時設反章和元年復與諸種步騎七千人入金城塞張紆遣從事司馬防將千餘騎及金城兵會戰於木乘谷〔集解〕通鑑胡注百官志使匈奴中郎將置從事二人護羌校尉蓋亦有一人也迷吾兵敗走因譯使欲降紆納之遂將種人詣臨羌縣紆設兵大會施毒酒中羌飲醉紆因自擊伏兵起〔集解〕劉攽曰案文當云自擊鼓起伏兵誅殺酋豪八百餘人斬迷吾等五人頭以祭育冢復放兵擊在山谷閒者斬首四百餘人得生口二千餘人迷吾子迷唐及其種人向塞號哭與燒何當煎當闐等相結以子女及金銀娉納諸種解仇交質將五千人寇隴西塞太守寇盱與戰於白石迷唐不利引還大小榆谷北招屬國諸胡會集附落種眾熾盛張紆不能討永元元年紆坐徵以張掖太守鄧訓代爲校尉稍以賞賂離閒之由是諸種少解東吾子東號立是時號吾將其種人降校尉鄧訓遣兵擊迷唐迷唐去大小榆

谷徙居頗巖谷〔集解〕惠棟曰事詳鄧訓傳和帝永元四年訓病卒〔集解〕錢大昕曰案上文已有永元元年此又舉永元詞之贅也以傳例推之和帝二字應移在前文永元之上蜀郡太守聶尚代爲校尉尚見前人累征不克欲以文德服之乃遣譯使招呼迷唐使還居大小榆谷〔集解〕通鑑胡注迷唐去大小榆谷事見章和二年鄧訓驅逐迷唐而聶尚招撫之欲以反鄧訓之政也迷唐既還遣祖母卑缺詣尚尚自送之塞下〔集解〕先謙曰官本之作至爲設祖道令譯田汜等五人護送至廬落迷唐因而反叛遂與諸種共生屠裂汜等以血盟詛復寇金城塞五年尚坐徵免居延都尉貫友代爲校尉友以迷唐難用德懷終於叛亂乃遣譯使搆離諸種誘以財貨由是解散友乃遣兵出塞攻迷唐於大小榆谷獲首虜八百餘人收麥數萬斛遂夾逢留大河築城塢〔集解〕通鑑胡注此大河即黃河河水至此有逢留之名在二榆谷北作大航造河橋欲渡河擊迷唐〔集解〕通鑑胡注水經注云于河峽作橋渡兵迷唐乃率部落遠依賜支河曲〔集解〕通鑑胡注司馬彪曰西羌自析支以西濱河首在右居也河水屈而東北流逕於析支之地是爲河曲矣應劭曰禹貢析支屬雍州在河關之西東去河關千餘里羌人所居謂之河曲羌至八年友病卒漢陽太守史充代爲校尉充至遂發湟中羌胡出塞擊迷唐而羌迎敗充兵殺數百人明年充坐徵代郡太守吳祉代爲校尉其秋迷唐率八千人寇隴西殺數百人乘勝深入脅塞內諸種羌共爲寇盜眾羌復悉與相應合步騎三萬人擊破隴西兵殺大夏長〔集解〕先謙曰大夏縣名屬隴西郡今蘭州府河州東南七十里遣行征西將軍劉尚〔集解〕惠棟曰續漢志云執金吾劉尚行征西將軍事越騎校尉趙代〔集解〕惠棟曰代趙熹子和帝紀一作趙世又來歷傳有侍中趙代別是一人副將北軍五營黎陽雍營三輔積射及邊兵羌胡三萬人討之五營即五校也雍營即扶風都尉屯也黎陽營解見南匈奴傳也尚屯狄道代屯枹罕尚遣司馬寇盱監諸郡兵四面並會迷唐懼棄老弱奔入臨洮南〔集解〕通鑑胡注奔入臨洮南山也尚等追至高山迷唐窮迫率其精強大戰盱斬虜千餘人得牛馬羊萬餘頭迷唐引去漢兵死傷亦多不能復追乃還入塞明

年尚代並坐畏懦徵下獄免謁者王信領尚營屯枹罕謁者耿譚領代營屯白石譚乃設購賞諸種頗來內附迷唐恐乃請降信譚遂受降罷兵遣迷唐詣闕其餘種人不滿二千飢窘不立入居金城和帝令迷唐將其種人還大小榆谷迷唐以爲漢作河橋〔集解〕通鑑胡注即五年貫友所作之橋兵來無常故地不可復居辭以種人飢餓不肯遠出吳祉等乃多賜迷唐金帛令糴穀市畜促使出塞種人更懷猜驚十二年遂復背叛乃脅將湟中諸胡寇鈔而去王信耿譚吳祉皆坐徵以酒泉太守周鮪代爲校尉明年迷唐復還賜支河曲〔集解〕王補曰注見上初累姐附漢〔集解〕先謙曰官本姐下有種字迷唐怨之遂擊殺其酋豪由是與諸種爲讐黨援益疏其秋迷唐復將兵向塞周鮪與金城太守侯霸及諸郡兵屬國湟中月氏諸胡隴西牢姐羌合三萬人出塞至允川〔集解〕通鑑胡注水經注曰允川去賜支河曲數十里在大小榆谷之西與迷唐戰周鮪還營自守唯侯

霸兵陷陳斬首四百餘級羌衆折傷種人瓦解降者六千餘口分徙漢陽安定隴西〔集解〕惠棟曰杜佑云安定郡今安定平源會寧郡東境是迷唐遂弱其種衆不滿千人遠踰賜支河首依發羌居〔集解〕通鑑胡注發羌羌之別種或曰唐之吐番卽其後也明年周鮪坐畏懦徵侯霸代爲校尉安定降羌燒何種〔集解〕通鑑胡注燒當與燒何各是一種脅諸羌數百人反叛郡兵擊滅之悉沒入弱口爲奴婢時西海及大小榆谷左右無復羌寇〔集解〕通鑑胡注水經河水自東河曲逕西海郡南又東逕允川而歷大小榆谷隃麋相曹鳳上言隃麋縣名屬右扶風西戎爲害前世所患臣不能紀古且以近事言之自建武以來其犯法者常從燒當種起所以然者以其居大小榆谷土地肥美又近塞內諸種易以爲非難以攻伐南得鍾存以廣其衆〔集解〕惠棟曰水經注云永平八年迷唐與鍾存東寇杜佑云鍾存別種羌北阻大河因以爲固又有西海魚鹽之利〔集解〕通鑑胡注西海有允谷鹽池緣山濱水以廣田畜故能彊大常雄諸種恃其權勇〔集解〕王補曰通鑑作拳勇故胡注引

毛詩無拳無勇釋之招誘羌胡今者衰困黨援壞沮親屬離叛餘勝兵者不過數百逃亡棲竄遠依發羌〔集解〕惠棟曰水經注云其餘勝兵不過數百臣愚以爲宜及此時建復西海郡縣〔集解〕惠棟曰杜佑云武帝逐諸羌置西海郡今在酒泉郡北千二百里欲復立之胡注建立也立策復治郡縣也置西海郡在平帝元始四年規固二榆〔集解〕通鑑胡注規圖也謀也案規有二義一訓爲有陸賈新語云魯莊公興築作之役規固山林草澤之利韋昭國語注云規猶有也廣設屯田隔塞羌胡交關之路遏絕狂狡窺欲之源又植穀富邊省委輸之役國家可以無西方之憂於是拜鳳爲金城西部都尉將徙士屯龍耆龍耆卽龍支也今鄯州縣〔集解〕惠棟曰宋白續通典云鄯州龍支縣本漢允吾縣也取縣西龍支堆爲名杜佑云今西平郡縣後金城長史上官鴻上開置歸義建威屯田二十七部侯霸復上置東西邯屯田五部邯水名邯分流左右今在廓州〔集解〕惠棟曰杜佑云在今寧塞郡增留逢二部帝皆從之列屯夾河合三十四部其功垂立至永初中諸羌叛乃罷迷唐失衆病死有一子來降戶不滿數千

東號子麻奴立初隨父降居安定時諸降羌布在郡縣皆爲吏人豪右所徭役積以愁怨安帝永初元年夏遣騎都尉王弘發金城隴西漢陽羌數百千騎征西域弘迫促發遣羣羌懼遠屯不還行到酒泉多有散叛諸郡各發兵徼遮或覆其廬落於是勒姐當煎大豪東岸等愈驚遂同時奔潰麻奴兄弟因此遂與種人俱西出塞先零別種〔集解〕惠棟曰通典此下有歸南濠三字滇零與鍾羌諸種大爲寇掠斷隴道〔集解〕通鑑胡注續漢書云鍾羌九千餘戶在隴西臨洮谷隴道隴坻之道也時羌歸附旣久無復器甲或持竹竿木枝以代戈矛或負版案以爲楯或執銅鏡以象兵〔集解〕通鑑胡注銅鏡映日人遙望之以爲兵也郡縣畏懦不能制冬遣車騎將軍鄧隲征西校尉任尙副將五營及三河三輔汝南南陽潁川太原上黨兵合五萬人屯漢陽明年春諸郡兵未及至鍾羌數千人先擊敗隲軍於冀西〔集解〕通鑑胡注冀縣之西殺千餘人校尉侯霸坐衆羌反叛徵免

以西域都護段禧代爲校尉其冬隲使任尙及從事中郎司馬鈞率諸郡兵與滇零等數萬人戰於平襄縣名屬漢陽郡〔集解〕惠棟曰襄一作壞杜佑云地在今天水郡尙軍大敗死者八千餘人於是滇零等自稱天子於北地招集武都參狼上郡西河諸雜種〔集解〕惠棟曰杜佑云今西河銀川昌化郡衆遂大盛東犯趙魏南入益州殺漢中太守董炳遂寇鈔三輔斷隴道湟中諸縣粟石萬錢百姓死亡不可勝數朝廷不能制而轉運難劇遂詔隲還師留任尙屯漢陽爲諸軍節度朝廷以鄧太后故迎拜隲爲大將軍封任尙樂亭侯食邑三百戶三年春復遣騎都尉任仁督諸郡屯兵救三輔仁戰每不利衆羌乘勝漢兵數挫當煎勒姐種攻沒破羌縣〔集解〕惠棟曰杜佑云今西郡湟水縣界先謙曰注見馬援傳鍾羌又沒臨洮縣〔集解〕惠棟曰杜佑云今和汝郡和政縣界生得隴西南部都尉〔集解〕惠棟曰南部都尉治臨洮也明年春滇零遣人寇褒中縣名屬漢中郡燔燒郵亭大掠百姓於是漢中太守鄭

勤〔集解〕惠棟曰華陽國志作廑晉灼云廑古勤字移屯褒中軍營久出無功有廢農桑乃詔任尚將吏兵還屯長安罷遣南陽潁川汝南吏士置京兆虎牙都尉於長安扶風都尉於雍如西京三輔都尉故事西京左輔都尉都高陵右輔都尉都郿時羌復攻褒中鄭勤欲擊之主簿段崇諫以爲虜乘勝鋒不可當宜堅守待之勤不從出戰大敗死者三千餘人段崇及門下史王宗原展以身扞刃與勤俱死於是徙金城郡居襄武襄武縣名屬隴西郡〔集解〕惠棟曰華陽國志云段崇字禮高南鄭人也太守河間鄭廑命爲主簿永初四年涼州羌反溢入漢中廑出屯褒中虜東攻廑欲戰崇諫不可顧固壘待之廑不聽出戰敗績崇與門下吏王宗原展及子勃兄子伯生推鋒死戰衆寡不敵崇等皆死羌遂得廑殺之功曹程信時居守馳來赴難冒寇殯送還鄉里任仁戰累敗而兵士放縱檻車徵詣廷尉詔獄死段禧病卒復以前校尉侯霸代之遂移居張掖五年春任尚坐無功徵免羌遂入寇河東至河內百姓相驚多奔南度河使北軍中候朱寵將五營士屯孟津詔魏郡趙國常山中山

繕作塢候六百一十六所羌既轉盛而二千石令長多內郡人並無戰守意皆爭上徙郡縣以避寇難〔集解〕惠棟曰上書求內徙也朝廷從之遂移隴西徙襄武縣名屬隴西郡〔集解〕通鑑胡注隴西郡本治狄道考異曰上云金城徙襄武此又云隴西徙襄武紀傳皆然或者二郡皆寄治於襄武與安定徙美陽縣名屬右扶風北地徙池陽縣名屬左馮翊上郡徙衙縣名屬馮翊衙音牙百姓戀土不樂去舊遂乃刈其禾稼發徹室屋夷營壁破積聚時連旱蝗飢荒而驅蹙劫略流離分散隨道死亡或棄捐老弱或爲人僕妾喪其太半復以任尚爲侍御史擊衆羌於上黨羊頭山破之羊頭山在上黨郡穀遠縣〔集解〕李吉甫云山在潞州長子縣東五十六里誘殺降者二百餘人乃罷孟津屯其秋漢陽人杜琦及弟季貢同郡王信等與羌通謀聚衆入上邽城琦自稱安漢將軍於是詔購募得琦首者封列侯賜錢百萬羌胡斬琦者賜金百斤銀二百斤漢陽太守趙博遣刺客杜習〔集解〕惠棟曰東觀記云故吏杜習刺殺琦封習討姦侯賜錢百萬而杜季貢王信等將其衆據樗泉營侍御史唐喜領諸郡兵討破之斬王信等六百餘級沒入妻子五百餘人收金銀綵帛一億已上杜季貢亡從滇零六年任尚復坐徵免滇零死子零昌代立年尚幼少同種狼莫爲其計策以杜季貢爲將軍別居丁奚城〔集解〕通鑑胡注案東觀記丁奚城在北地郡靈州縣七年夏騎都尉馬賢與侯霸掩擊零昌別部牢羌於安定首虜千人得驢騾駱駝馬牛羊二萬餘頭以畀得者畀音必四反元初元年春遣兵屯河內通谷衝要三十三所皆作塢壁設鳴鼓〔集解〕通鑑胡注自太行北至恆山限隔并冀其間多有谷道以相通今於衝要之地作塢壁以備羌寇零昌遣兵寇雍城又號多與當煎勒姐大豪共脅諸種分兵鈔掠武都漢中巴郡板楯蠻將兵救之漢中五官掾程信率壯士與蠻共擊破之〔集解〕惠棟曰華陽國志云信結故吏冠蓋子弟嚴孳李容姜濟陳己曹廉句距劉旌等二十五人誓志報羌各募壯士預結同死以待寇太守鄧成命信爲五官孳等門下官屬元初二年羌復來信等將其士卒力奮討大破之信被八創二十五人戰死自是後羌不敢南向五年天子下詔褒歎信及段崇等賜其家穀各千斛孳及王宗原展等家穀各五百斛列畫東觀信字伯義南鄭人故常璩述云禮高殉名伯義死節也號多退走還斷隴道與零昌通謀侯霸

馬賢將湟中吏人及降羌胡於枹罕擊之斬首二百餘級涼州刺史皮楊擊羌於狄道大敗死者八百餘人〔集解〕通鑑胡注姓譜皮樊仲之後又鄭有上卿子皮出子罕之後楊坐徵免侯霸病卒漢陽太守龐參代爲校尉參以恩信招誘之二年春號多等率衆七千餘人詣參降遣詣闕賜號多侯印綬遣之參始還居令居〔集解〕通鑑胡注自張掖還令居也通河西道而零昌種衆復分寇益州遣中郎將尹就將南陽兵因發益部諸郡屯兵擊零昌黨呂叔都等至秋蜀人陳省羅橫應募刺殺叔都皆封侯賜錢又使屯騎校尉班雄屯三輔遣左馮翊司馬鈞行征西將軍督右扶風仲光〔集解〕惠棟曰東觀記作种光見段熲傳注袁宏紀云扶風太守种暠安定太守杜恢〔集解〕惠棟曰袁宏紀云南安太守杜佐北地太守盛包〔集解〕惠棟曰孫愐云盛氏其先姓奭避元帝諱改姓盛西

羌傳有北海太守盛包案北海乃北地之訛京兆虎牙都尉耿溥右扶風都尉皇甫旗等合八千餘人又龐參將羌胡兵七千餘人與鈞分道並北擊零昌參兵至勇士東爲杜季貢所敗勇士縣名屬天水郡〔集解〕洪亮吉曰案應云屬漢陽永平十七年所更名也於是引退鈞等獨進攻拔丁奚城大克獲杜季貢率衆僞逃鈞令光恢包等收羌禾稼光等違鈞節度散兵深入羌乃設伏要擊之鈞在城中怒而不救光並沒死者三千餘人鈞乃遁還坐徵自殺龐參以失期軍敗抵罪以馬賢代領校尉事後遣任尚爲中郎將將羽林緹騎五營子弟三千五百人代班雄屯三輔尚臨行懷令虞詡說尚曰使君頻奉國命討逐寇賊三州屯兵二十餘萬人棄農桑疲苦徭役而未有功效勞費日滋若此出不克誠爲使君危之尚曰憂惶久矣不知所如詡曰兵法弱不攻強走不逐飛自然之勢也今虜皆馬騎日行數百來如風雨去如絕弦以步

後漢書八十七　十六

追之勢不相及所以曠而無功也爲使君計者莫如罷諸郡兵各令出錢數千二十人共市一馬如此可捨甲胄馳輕兵以萬騎之衆逐數千之虜追尾掩截尾猶尋也〔集解〕通鑑胡注隨後而擊之也掩襲也截邀也周壽昌曰注作尋誤今俗文書作尾追尚不失此意其道自窮便人利事大功立矣〔集解〕通鑑胡注言虜之路自窮不能捷出而寇掠也尚大喜即上言用其計乃遣輕騎鈔擊杜季貢於丁奚城斬首四百餘級獲牛馬羊數千頭明年夏度遼將軍鄧遵率南單于及左鹿蠡王須沈萬騎擊零昌於靈州縣名屬北地郡斬首八百餘級封須沈爲破虜侯金印紫綬賜金帛各有差任尚遣兵擊破先零羌於丁奚城秋築馮翊北界候塢五百所〔集解〕惠棟曰杜佑云今馮翊之北洛交以南任尚又遣假司馬募陷陳士擊零昌於北地殺其妻子得牛馬羊二萬頭燒其廬落斬首七百餘級得僭號文書及所沒諸將印綬四年春尚遣當闐種羌榆鬼等五人刺殺杜季貢封榆鬼爲破羌

侯其夏尹就以不能定益州坐徵抵罪〔集解〕惠棟曰華陽國志云中郎將尹就伐羌擾動益部百姓諺曰虜來尚可尹將殺我就徵還後羌自破退也以益州刺史張喬領尹就軍屯招誘叛羌稍稍降散秋任尚復募效功種號封刺殺零昌封號封爲羌王冬任尚將諸郡兵與馬賢並進北地擊狼莫賢先至安定青石岸狼莫逆擊敗之會尚兵到高平縣名屬安定郡因合勢俱進狼莫等引退乃轉營迫之至北地相持六十餘日戰於富平河上大破之富平縣屬北地郡〔集解〕官本考證曰以本紀參校河上應作上河斬首五千級還得所掠人男女千餘人牛馬驢羊駱駝十餘萬頭狼莫逃走於是西河虔人種羌萬一千口詣鄧遵降五年鄧遵募上郡全無種羌雕何等刺殺狼莫賜雕何爲羌侯封遵武陽侯三千戶〔集解〕惠棟曰鄧隲傳作舞陽東觀記云遵破諸羌詔賜遵金剛鮮卑緄帶一具虎賁鞶囊一金錯刀五十辟把刀墨再屈環橫刀金錯屈尺八佩刀各一通鑑胡注狼莫者零昌之謀主零昌既死而狼莫敗逃虔人羌失援而降遵以太后從弟故爵封優大任尚與遵爭功又

後漢書八十七　十七

詐增首級受賕枉法臧千萬已上檻車徵棄市沒入田廬奴婢財物〔集解〕惠棟曰鄧隲傳云尚坐斷盜軍糧自零昌狼莫死後諸羌瓦解三輔益州無復寇儆自羌叛十餘年閒兵連師老不暫寧息軍旅之費轉運委輸用二百四十餘億府帑空竭延及內郡邊民死者不可勝數并涼二州遂至虛耗〔集解〕通鑑胡注永初元年羌叛至是年凡十二年六年春勒姐種與隴西種羌號良等通謀欲反馬賢逆擊之於安故斬號良及種人數百級皆降散永寧元年春上郡沈□種羌五千餘人復寇張掖其夏馬賢將萬人擊之初戰失利死者數百人明日復戰破之斬首千八百級獲生口千餘人馬牛羊以萬數餘虜悉降時當煎種大豪飢五等以賢兵在張掖乃乘虛寇金城賢還軍追之出塞斬首數千級而還燒當燒何種聞賢軍還率三千餘人復寇張掖殺長史〔集解〕通鑑胡注馬賢於時爲健鬬然觀其往來奔命羌人輒議其後賢不思所以制之之術重以不恤軍事宜其有姑射山之

敗也初飢五同種大豪盧忽忍良等千餘戶別留允街而首尾兩端首尾猶首鼠也集解先謙曰官本尾並作施此本後文仍作施建光元年春馬賢率兵召盧忽斬之因放兵擊其種人首虜二千餘人掠馬牛羊十萬頭忍良等皆亡出塞璽書封賢安亭侯食邑千戶忍良等以麻奴兄弟本燒當世嫡而賢撫恤不至常有怨心秋遂相結共脅將諸種步騎三千人寇湟中攻金城諸縣賢將先零種赴擊之戰於牧苑集解惠棟曰衞宏漢舊儀云太僕牧師諸苑三十六所分布北邊西邊以郎爲苑監中興省漢陽有牧馬苑以羽林郎監領兵敗死者四百餘人麻奴等又敗武威張掖郡兵於令居因脅將先零沈氐諸種四千餘戶緣山西走寇武威賢追到鸞鳥招引之鸞鳥縣名屬武威郡鸞音爵集解惠棟曰段熲傳云鳥音爵通鑑胡注鸞音雚鳥讀曰雀田蓺衡云鸞鳥縣卽鸛雀樓在涼州周壽昌曰注云鸞音爵者當是誤書鳥爲鸞也鸞安得有爵音哉諸種降者數千麻奴南還湟中延光元年春賢追到湟中麻奴出塞度河賢復追擊戰破之種衆散遁詣涼州刺史宗漢降集解惠棟曰卽宋漢也延光中四遷爲西河太守傳不載爲涼州略也麻奴等孤弱飢困其年冬將種衆三千餘戶詣漢陽太守耿种降安帝假金印紫綬賜金銀綵繒各有差是歲虔人種羌與上郡胡反攻穀羅城度遼將軍耿夔將諸郡兵及烏桓騎赴擊破之三年秋隴西郡始還狄道焉麻奴弟犀苦立順帝永建元年隴西鍾羌反校尉馬賢將七千餘人擊之戰於臨洮斬首千餘級皆率種人降進封賢都鄉侯自是涼州無事至四年尚書僕射虞詡上疏曰臣聞子孫以奉祖爲孝君上以安民爲明此高宗周宣所以上配湯武也禹貢雍州之域厥田惟上且沃野千里穀稼殷積又有龜茲鹽池以爲民利上郡龜茲縣有鹽官卽雍州之域也集解惠棟曰杜佑云在今上郡銀川之閒水草豐美土宜產牧牛馬銜尾羣羊塞道北阻山河乘阨據險因渠以溉水春河漕水春卽水碓也集解惠棟曰杜佑云河漕通運船也用功省少而軍糧饒足故孝武皇帝及光武築朔方開

西河置上郡皆爲此也而遭元元無妄之災衆羌內潰前書音義曰無妄者無所望也萬物無所望於天災異之大也集解惠棟曰吳氏補遺云元元當作元二又王充論衡云易无妄之應水旱之至自有期節百災萬變殆同一曲案易无妄者易緯之无妄傳也劉淵林注吳都賦引易无妄云災氣有九陽阨五陰阨四合爲九一元之中四千六百十七歲各以數至陽阨故云百六之會漢書律歷志上引易九阨云初入元百六陽九孟康云易傳也愚謂九尼當作无妄字之誤九尼之說與易无妄同孟康如淳論之詳矣今易之无妄京氏章句以爲大旱之卦萬物皆死無所希望馬鄭王肅注易亦云妄猶望謂無所希望雜卦云无妄災也是以漢書谷永對策云遭无妄之卦運應劭云天必先雲而後雷雷而後雨而今無雲而雷无妄者無所望也萬物無所望於天災異之最大者也見棟周易述郡縣兵荒二十餘年夫棄沃壤之饒損自然之財不可謂利離河山之阻守無險之處難以爲固今三郡未復園陵單外園陵謂長安諸陵園也單外謂無守固集解惠棟曰前因羌寇徙隴西安定北地上郡四郡之人今言復三郡者當爲隴西理襄武捍蔽京師尚遠不要更移餘三郡須復本處是通鑑胡注單外言無蔽障而公卿選懦容頭過身前書音義曰選懦柔怯也懦音而掾反集解惠棟曰史記律書作選蠕音軟司馬貞云謂動身欲有進取之狀也張解設難集解通鑑胡注張解者開張其說以爲解設難者鋪設其辭以發難但計所費不圖其安宜開聖德考行所長書奏帝乃復三郡使謁者郭璜督促徙者各歸舊縣繕城郭置候驛既而激河浚渠爲屯田省內郡費歲一億計遂令安定北地上郡及隴西金城常儲穀粟令周數年馬賢以犀苦兄弟數背叛因繫質於令居其冬賢坐徵免右扶風韓皓代爲校尉明年犀苦詣皓自言求歸故地皓復不遣因轉湟中屯田置兩河閒以逼羣羌集解通鑑胡注兩河謂賜支河及逢留大河也皓復坐徵張掖太守馬續代爲校尉兩河閒羌以屯田近之恐必見圖乃解仇詛盟各自儆備續欲先示恩信乃上移屯田還湟中羌意乃安集解通鑑胡注上上奏也至陽嘉元年以湟中地廣更增置屯田五部并爲十部二年夏復置隴西南部都尉如舊制前書南部都尉部隴西郡臨洮縣集解惠棟曰永初三年種羌沒臨洮縣生得南部都尉今三郡既復故復置也三年鍾羌良封等復寇隴西漢陽詔拜前校尉馬賢爲謁者鎭撫諸種馬續遣兵擊良封斬首數

百級四年馬賢以發隴西吏士及羌胡兵擊殺良封斬首千八百級獲馬牛羊五萬餘頭良封親屬並詣賢降【集解】王鳴盛曰賢當作賢先謙曰官本作賢賢復進擊鍾羌且昌【集解】先謙曰官本鍾作種且昌等率諸種十餘萬詣涼州刺史降永和元年馬續遷度遼將軍復以馬賢代爲校尉初武都塞上白馬羌攻破屯官反叛連年二年春廣漢屬國都尉擊破之斬首六百餘級馬賢又擊斬其渠帥飢指累祖等三百級於是隴右復平明年冬燒當種那離等三千餘騎寇金城塞馬賢將兵赴擊斬首四百餘級獲馬千四百匹那離等復西招羌胡殺傷吏民四年馬賢將湟中義從兵及羌胡萬餘騎掩擊那離等斬之獲首虜千二百餘級得馬騾羊十萬餘頭徵賢爲弘農太守以來機爲并州刺史劉秉爲涼州刺史並當之職【集解】惠棟曰袁宏紀作劉康大將軍梁商謂機等曰戎狄荒服蠻夷要服荒服在九州之外也言其荒忽無常要服在九州之內侯衞之外言以文德要來之

言其荒忽無常而統領之道亦無常法臨事制宜略依其俗今三君素性疾惡【集解】劉攽曰三君案時與二人語何緣得三明是二字惠棟曰袁宏紀作二君欲分明白黑孔子曰人而不仁疾之已甚亂也論語文也鄭玄注云不仁之人當以風化之疾之已甚是又使之爲亂行況戎狄乎其務安羌胡防其大故忍其小過機等天性虐刻遂不能從虐或作庸庸薄也到州之日多所擾發五年夏且凍傅難種羌等遂反叛攻金城與西塞及湟中雜種羌胡大寇三輔殺害長吏機秉並坐徵於是發京師近郡及諸州兵討之拜馬賢爲征西將軍以騎都尉耿叔副將左右羽林五校士及諸州郡兵十萬人屯漢陽又於扶風漢陽隴道作塢壁三百所置屯兵以保聚百姓且凍分遣種人寇武都燒隴關掠苑馬【集解】惠棟曰牧師苑之馬也六年春馬賢將五六千騎擊之到射姑山射音夜賢軍敗賢及二子皆戰歿順帝愍之賜布三千匹穀千斛封賢孫光爲舞陽亭侯租入歲百萬【集解】惠棟曰東觀記順帝紀云六年十二月詔故將軍馬賢前伐西夷克敵深入父子三人同命其封光爲武陽亭侯袁宏紀漢安元年封也十二月遣侍御史督錄征西營兵存恤死傷於是東西羌遂大合鞏唐種三千餘騎寇隴西【集解】通鑑胡注羌居安定北地上郡西河者謂之東羌居隴西漢陽延及金城塞外者謂之西羌又燒園陵掠關中殺傷長吏郃陽令任頵追擊戰死郃陽同州縣也頵音於筠反【集解】洪亮吉曰案注郃陽下宜增一今字遣中郎將龐浚募勇士千五百人頓美陽爲涼州援武威太守趙沖追擊鞏唐羌斬首四百餘級得馬牛羊驢萬八千餘頭羌二千餘人降詔沖督河西四郡兵爲節度罕種羌千餘寇北地【集解】惠棟曰帝紀作鞏唐羌北地太守賈福與趙沖擊之不利秋諸種八九千騎寇武威涼部震恐於是復徙安定居扶風北地居馮翊遣行車騎將軍執金吾張喬將左右羽林五校士及河內南陽汝南兵萬五千屯三輔漢安元年以趙沖爲護羌校尉沖招懷叛羌罕衆乃率邑落五千餘戶詣沖降於是罷張喬

軍屯唯燒何種三千餘落據參䜌北界參䜌縣名屬安定郡䜌音力全反【集解】洪亮吉曰案郡國志亦無此縣注亦沿前志之誤䜌下鸇陰亦然三年夏【集解】惠棟曰帝紀二年夏四月趙沖與漢陽太守張貢掩擊之斬首千五百級得牛羊驢十八萬頭冬沖擊諸種斬首四千餘級詔沖一子爲郎沖復追擊於河陽斬首八百級河陽縣屬漢陽郡【集解】惠棟曰案兩漢志皆作阿陽傳寫誤也先謙曰官本並作阿於是諸種前後三萬餘戶詣涼州刺史降建康元年春護羌從事馬玄遂爲諸羌所誘將羌衆亡出塞領護羌校尉衞瑤追擊玄等【集解】通鑑胡注將如字領也錢大昕曰順帝紀作衞琚惠棟曰通鑑瑤作琚斬首八百餘級得牛馬羊二十餘萬頭趙沖復追叛羌到建威鸇陰河續漢書建威作武威鸇陰縣名屬安定郡【集解】惠棟曰前志鸇陰作鶉陰屬安定後漢屬武威宋白續通典云會州會寧縣漢鸇陰縣地黃河西南自蘭州金城縣界流注水經云河水又東過勇士縣北東流即此處軍渡未竟所將降胡六百餘人叛走沖將數百人追之遇羌伏兵與戰歿沖雖身死而前後多所斬獲羌由是衰耗永嘉元年封沖子愷義陽亭侯以

漢陽太守張貢代爲校尉左馮翊梁竝稍以恩信招誘之於是離湳狐奴等五萬餘戶詣竝降隴右復平竝大將軍冀之宗人封爲鄠侯邑二千戶自永和羌叛至乎是歲十餘年閒費用八十餘億諸將多斷盜牢稟私自潤入前書音義曰牢價直〔集解〕通鑑胡注案李賢注云牢稟食也古者宅廩爲牢斷割也減割牢稟而盜之斷丁管反皆以珍寶貨賂左右上下放縱不恤軍事士卒不得其死者白骨相望於野桓帝建和二年白馬羌寇廣漢屬國殺長吏是時西羌及湟中胡復畔爲寇益州刺史率板楯蠻討破之斬首招降二十萬人永壽元年校尉張貢卒以前南陽太守第五訪代爲校尉甚有威惠西垂無事延熹二年訪卒以中郎將段熲代爲校尉時燒當八種寇隴右熲擊大破之四年零吾復與先零及上郡沈氐牢姐諸種幷力寇幷涼及三輔會段熲坐事徵以濟南相胡閎代爲校尉閎無威略羌遂陸梁覆沒營塢寇患轉

盛中郎將皇甫規擊破之五年沈氐諸種復寇張掖酒泉皇甫規招之皆降事已具規傳烏吾種復寇漢陽隴西金城諸郡兵其擊破之各還降附至冬滇那等五六千人復攻武威張掖酒泉燒民廬舍六年隴西太守孫羌擊破之斬首溺死三千餘人胡閎疾復以段熲爲校尉永康元年東羌岸尾等脅同種連寇三輔中郎將張奐追破斬之事已具奐傳當煎羌寇武威破羌將軍段熲復破滅之餘悉降散事已具熲傳靈帝建寧三年燒當羌奉使貢獻中平元年北地降羌先零種因黃巾大亂乃與漢中羌義從胡北宮伯玉等反寇隴右事已具董卓傳興平元年馮翊降羌反寇諸縣郭汜樊稠擊破之斬首數千級自爰劍後子孫支分凡百五十種其九種在賜支河首以西及在蜀漢徼北前史不載口數唯參狼在武都勝兵數千人其五十二種衰少不能自立分散爲附落或絕滅無後或引而遠去其八十九種唯鍾最强勝兵十餘萬其餘大者萬餘人小者數千人更相鈔盜盛衰無常無慮順帝時勝兵合可二十萬人無慮猶都凡也〔集解〕惠棟曰此注據廣雅顏籀云無慮大計也先謙曰大計卽都凡也無二解發羌唐旄等絕遠未嘗往來氂牛白馬羌在蜀漢其種別名號皆不可紀知也建武十三年廣漢塞外白馬羌豪樓登等率種人五千餘戶內屬光武封樓登爲歸義君長至和帝永元六年蜀郡徼外大牂夷種羌豪造頭等率種人五十餘萬口內屬拜造頭爲邑君長賜印綬至安帝永初元年蜀郡徼外羌龍橋等六種萬七千二百八十口內屬明年蜀郡徼外羌薄申等八種三萬六千九百口復舉土內屬冬廣漢塞外參狼種羌二千四百口復來內屬桓帝建和二年白馬羌千餘人寇廣漢屬國殺長吏益州刺史率板楯蠻討破之．

湟中月氏胡其先大月氏之別也舊在張掖酒泉地〔集解〕惠棟曰闞駰十三州志云西平張掖之閒大月氏之別小月氏之國月氏王爲匈奴冒頓所殺餘種分散西踰葱領其羸弱者南入山阻依諸羌居止遂與共婚姻及驃騎將軍霍去病破匈奴取西河地開湟中於是月氏來降與漢人錯居雖依附縣官而首施兩端其從漢兵戰鬭隨埶强弱被服飲食言語略與羌同亦以父名母姓爲種其大種有七勝兵合九千餘人分在湟中及令居又數百戶在張掖號曰義從胡中平元年與北宮伯玉等反殺護羌校尉泠徵〔集解〕惠棟曰泠帝紀作伶字當作泠古文伶泠通金城太守陳懿遂寇亂隴右焉〔集解〕惠棟曰杜佑云今天水郡之西北地

論曰羌戎之患自三代尚矣漢世方之匈奴頗爲衰寡而中興以後邊難漸大朝規失綏御之和戎帥騫然諾之信其內屬者或倥偬於豪右之手或屈折於奴僕之勤塞候時淸則憤怒而思禍桴

革暫動則屬鞬以烏驚桴擊鼓槌也革甲也鞬箭服也左傳晉文公曰右屬櫜鞬鞬音紀言反故永初之閒羣種蜂起遂解仇嫌結盟詛招引山豪轉相嘯聚揭木爲兵負柴爲械轂馬揚埃陸梁於三輔建號稱制恣睢於北地前書班固曰乃始恣睢奮其威詐恣睢肆怒之貌也睢音火季反東犯趙魏之郊南入漢蜀之鄙塞湟中斷隴道燒陵園剽城市傷敗踵係羽書日聞羽書卽檄書也魏武奏事曰邊有驚急卽插羽以示急也幷涼之士特衝殘斃壯悍則委身於兵場女婦則徽纆而爲虜說文曰徽糾繩也纆索也發冢露胔死生塗炭胔音才賜反自西戎作逆未有陵斥上國若斯其熾也和熹以女君親政威不外接朝議憚兵力之損情存茍安或以邊州難援宜見捐棄集解惠棟曰鄧騭議欲棄涼州也或懼疽食浸淫莫知所限集解惠棟曰虞詡也謀夫回遑猛士疑慮遂徙西河四郡之人雜寓關右之縣發屋伐樹塞其戀土之心燔破胔積以防顧還之思於是諸將鄧騭任尙馬賢皇甫規張奐之徒爭設雄

規更奉征討之命徵兵會眾以圖其隙馳騁東西奔救首尾搖動數州之境日耗千金之資至於假人增賦借奉侯王引金錢縑綵之珍徵糧粟鹽鐵之積所以賂遺購賞轉輸勞來之費前後數十巨萬或梟剋酋健摧破附落降俘載路牛羊滿山軍書未奏其利害而離叛之狀已言矣奏猶上也故得不酬失功不半勞暴露師徒連年而無所勝官人屈竭烈士憤喪段熲受事專掌軍任資山西之猛性練戎俗之態情窮武思盡飈銳以事之被羽前登身當百死之陳前書楊雄曰蒙盾負羽也集解惠棟曰晉語云獻公伐翟柤郤叔虎被羽先升遂破之韋昭云羽鳥羽繫於背若今軍將負眊矣蒙沒冰雪經履千折之道始殄西種卒定東寇若乃陷擊之所殲傷追走之所崩籍頭顱斷落於萬丈之山支革叛解於重崖之上不可校計顱音盧廣雅曰顱類也支謂四支革皮也其能穿竄草石自脫於鋒鏃者百不一二而張奐盛稱戎狄一氣所生不宜誅盡流血汙野

傷和致妖是何言之迂乎集解惠棟曰案係段熲語見熲本傳云張奐非也先謙曰此張奐語見熲傳惠誤記羌雖外患實深內疾若攻之不根是養疾痾於心腹也根謂盡其根本惜哉寇敵略定矣而漢祚亦衰焉嗚呼昔先王疆理九土判別畿荒知夷貊殊性難以道御故斥遠諸華薄其貢職唯與辭要而已若二漢御戎之方失其本矣何則先零侵境趙充國遷之內地前書宣帝時後將軍趙充國擊先零還於金城郡置屬國以處降羌當煎作寇馬文淵徙之三輔集解惠棟曰當煎當作煎當又段熲傳云熲上言曰昔先零作寇趙充國徙令居內煎當亂邊馬援遷之三輔始服終叛至今爲鯁江統徙戎論云建武中以馬援領隴西太守討叛羌徙其餘種於關中居馮翊河東空地而與華人雜處數代之後族類蕃息旣恃其肥强苦漢人侵之永元之初騎都尉王宏使西域調發羌氐以爲行衞於是羣羌奔駭互相扇動二州之戎一時俱發覆沒將守屠破城邑鄧隲之征棄甲委兵輿尸喪師前後相繼諸戎遂熾至於南入蜀漢東略趙魏唐突軹關過及河內十年之中大夏俱弊此其所以爲害尤甚累年不定者雖由御之者無方將非其才亦豈不以寇發心腹害起肘掖疹篤難療瘡大遲愈之故哉案永平元年馬武破滇吾徙七千口置三輔馬援降先零徙置天水隴西扶風三郡通典謂援徙七千口於三輔似涉武事而誤當考貪其暫安

之埶信其馴服之情計日用之權宜忘經世之遠略豈夫識微者之爲乎故微子垂泣於象箸帝王紀曰紂作象箸箕子爲父師歎曰象箸不施於土簋不盛於菽藿必須犀玉之杯食熊蹯豹胎臣賢案史記及韓子並云箕子今云微子蓋誤辛有浩歎於伊川也左傳曰周平王之東遷也大夫辛有適伊川見被髮而祭於野者曰不及百年此其戎乎後秦遷陸渾戎于伊川言中國之地不宜徙戎狄居之後將爲患也

贊曰金行氣剛播生西羌氐豪分種遂用殷彊虔劉隴北假僭涇陽涇陽縣屬安定郡朝勞內謀兵憊外攘憊疾亟也音白拜反

西羌傳第七十七終　後漢書八十七

後漢書集解卷八十七校補

西羌傳案范書蠻夷八傳此本惟西羌西域不題列傳官本則僅烏桓鮮卑題曰列傳餘傳皆無列字史通言范書八十列傳本皆應有列字凡此不同皆傳寫之失西北鄯善車師諸國案通志鄯善上有接字

其兵長在山谷長原作常錢校據閩本作長通志亦作長已正官本不誤

畎夷入居邠岐之閒注邠今豳州也岐即岐州原注豳譌幽已正官本不誤又官本注岐州下有也字

周古公踰梁山而避於岐下注梁山在今雍州好畤縣西柳從辰曰前志好畤縣屬右扶風注云有梁山宮光武中興以封耿弇兼食美陽四傳至耿協無聞蓋順帝時國絕併省入美陽故續志不載也唐縣今乾州西北三十五里

太丁之時柳從辰曰竹書紀年作文丁沈約注云史記作太丁非辰案郝校本竹書紀年注據帝王世紀文丁亦曰太丁

注太丁武乙子也武乙原本亦作武丁通志注同依王氏考證改官本注已正

於是渭首有狄豲邽冀之戎注冀即冀縣官本注末有也字涇北有義渠

之戎注義渠縣屬北地郡官本注末有也字集解惠棟曰杜佑云今安紀郡義渠今地已詳焉異傳

陸渾戎自瓜州遷於伊川注事見僖二十二年注僖下脫公字官本有

西踰汧隴注在今隴州汧源縣柳從辰曰唐汧源今鳳翔府隴州治

秦惠王遣庶長操將兵定之注操名也庶長秦爵也事見左傳案秦庶長見左氏襄公十一年傳杜注庶長秦爵也章懷云見左傳是惟事字當衍秦惠王時事安得見左傳乎

取郁郅注縣名屬北地郡柳從辰曰今慶陽府安化縣治

取徒涇二十五城集解先謙曰涇誤當作經李兆洛以爲在山西境柳從辰曰秦伐義渠因取徒涇其地當與義渠近接義渠今地既爲今甘肅慶陽府甯州西北界其州東南即接今之涇州傳所謂徒涇二十五城疑即在今甘肅涇州境至前漢西河郡之徒經今地雖不可考然漢西河郡爲今鄂爾多斯左翼前旗地相距遠矣且涇經字異章懷此注顯誤謹案前志西河郡有徒經無徒涇就郡求縣則涇字之誤所當先正然注誤而傳文必不誤以義渠本涇北之戎其地宜言涇也又前志北地郡雖有義渠道而在七國時義渠戎地既屢爲秦削及後秦滅義渠猶開置隴西北地上郡三郡其大可見章懷乃以漢之義渠縣釋秦之義渠戎亦明有不合但西河地連塞外孝武時始置郡如謂義渠戎前已兼有徒經之地亦必無此理故仍以柳說爲最得其近也

羌無弋爰劍傳羌人云爰劍初藏穴中秦人焚之有景象如虎爲其蔽火得已不死案爰劍實藏巖穴中追者不覺遂以得免范史既書於前矣而羌人故神其說以爲焚之不死則亦從而述之正以存其眞也凡諸蠻夷傳所傳詼詭之事蹟其始皆必由其種人所自爲說亦即此可通范例

河湟閒少五穀注湟水出金城郡臨羌縣柳從辰曰今西甯府西甯縣西境

於是徙留何等於狄道安故至臨洮氐道羌道縣集解惠棟曰杜佑云狄道安故今金城郡地柳從辰曰漢狄道今蘭州府狄道州治安故今州南四十七里臨洮今鞏昌府岷州治氐道今秦州清水縣西南羌道今階州西北百六十里西固所之西北

築令居塞注令居縣屬金城郡柳從辰曰漢令居今涼州府平番縣西北

遂圍枹罕注枹罕縣屬金城郡今地詳獻紀

於是諸羌怨怒遂寇金城案前書趙充國傳作於是諸降羌及歸義羌侯楊玉等恐怒亡所信鄉遂劫略

小種背畔犯塞攻城邑殺長吏顏注恐中國汎怒不信其心而納嚮之其說迂曲若如范書恐怒作怨怒則亡所信鄉亦就羌言不就中國言也

滇良傳又數遣使驛官本驛作譯今案通志作驛與毛本同或作譯者當是依劉攽說改之耳然東夷傳序使驛不絕何義門雖以劉說爲正並未改其字則此亦不須改字且譯驛古通作孝經注越裳重譯釋文譯本作驛是也通動靜錢大昭曰閩本通下有導字

十一年夏先零種復寇臨洮集解惠棟曰杜佑云今和政郡地柳從辰曰和政郡今鞏昌府岷州東北案臨洮今地已見光武紀下又章安二紀章懷皆有注

徙置天水隴西扶風三郡集解惠棟曰至徙七千口置三輔乃實固馬武事今案建武十一年馬援破羌徙致三郡見光武紀援本傳亦言諸羌八千餘人詣援降降者必當有以安置之此言破降言歸服仍與援傳合扶風爲三輔之一亦非必不可言三輔也下文永平元年竇固馬武破羌於西邯明紀雖亦載之而無徙置三輔事固本傳並戰事不載以主兵者武也武本傳亦但言斬首四千六百級獲生口千六百人餘皆降散未必其餘降者反多至七千口也如以此推之則固武徙羌三輔之說恐正因援事而誤傳耳

滇吾轉教吕方略爲渠帥官本爲下有其字今案通志亦無其字

又戰於允街注街音階原本文注街皆作衙已正官本不誤今案通志文注亦皆作衙是沿譌已久允街今地已詳明紀

戰於允吾唐谷注允音鉛吾音牙縣名屬金城郡已詳明紀唐谷故城在今鄯州湟水縣西也柳從辰曰唐湟水縣今西甯府碾伯縣治集解惠棟曰杜佑云至後漢爲龍耆縣柳從辰曰唐龍支縣在今碾伯縣南案下文龍耆章懷云即龍支也續志縣仍爲允吾則龍耆自即龍支堆乃地名非縣名謂後漢爲龍耆縣誤也

臨羌長收繫比銅鉗繫原作擊依錢校正官本不誤今案通志繫亦譌擊

永平元年至大破之案明紀遣固武等在元年前史約言之

於是復省校尉官復原作後依通志正官本不誤

吕父降漢乃入居塞內錢大昭曰馬防傳所云金城隴西保塞羌也

復拜故度遼將軍吳棠領護羌校尉官本復作後今案通志作復承上文省校尉官言作復是

狃忕邊利官本忕作忕从犬案从犬非已詳馮異傳校補

會集附落原無會字錢校據閩本有通志亦有已補官本不脫

永元元年紆坐徵吕張掖太守鄧訓代爲校尉案據鄧禹傳訓代紆爲校尉實在章和二年此改二年爲永和元年蓋亦就擊走迷唐約言之然因此遂與下文和帝永元四年犯復矣

是時號吾將其種人降案鄧禹傳降者爲迷唐伯父號迷吾據本傳滇吾諸弟迷吾迷吾弟號吾迷唐爲迷吾子則號吾其叔父非伯父也號吾亦即前爲李章生得者鄧禹傳作號迷吾蓋並衍迷字

初累姐附漢集解先謙曰官本姐下有種字謹案通志無種字

至允川川原作州依通鑑改官本不誤案通志亦作川

隃麋相曹鳳上言侯康曰鳳舉孝廉歷張掖屬國都尉丞右扶風隃麋侯相金城西部都尉北地太守見曹全碑也

注隃麋縣名屬右扶風已詳耿弇傳

以其居大小榆谷土地肥美錢大昭曰水經注河水逕西海郡南又東逕允川而歷大榆谷小榆谷北二榆土地肥美羌所依阻也

恃其權勇集解王補曰通鑑作拳勇今案通志亦作拳勇文選吳都賦覽將帥之拳勇李善注云毛詩曰無拳無勇拳與權同

侯霸復上置東西邯屯田五部注邯水名邯分流左右今在廓州今地已詳馬武傳官本注今在作在今案通志注作今在

東號子麻奴傳先零別種集解惠棟曰通典此下有歸南濠三字案各本及通志皆無此三字

與滇零等數萬人戰於平襄注縣名屬漢陽郡已詳安紀

如西京三輔都尉故事注右輔都尉都郿官本注末有也字案注都字亦治字避改

於是徙金城郡居襄武注襄武縣名屬隴西郡已詳安紀

遂移隴西徙襄武注縣名屬隴西郡案注複應省

侍御史唐喜侯康曰華陽國志唐喜進討羌經年不下詔賜死其得罪當在此次破羌之後

京兆虎牙都尉耿溥兆原誤師依錢校正通志官本皆作兆

參兵至勇士東注勇士縣名屬天水郡柳從辰曰今蘭州府金縣東北

光竝沒錢大昭曰閩本光下有等字案文有者是也通志亦脫

二十人共市一馬共原作各依通志正官本不誤

追尾掩截注尾猶尋也案說文尋繹理也謂從其後追繹而理之故相隨亦謂之相尋岑彭傳囂出兵尾擊諸營彼注云尾謂尋其後而擊之義亦同周以爲誤非

永甯元年春上郡沈種羌官本沈下有氏字今案通志亦作沈種羌安紀則作沈氐羌是種字或即氐字之誤官本乃别增一字矣

種衆散遁遁原作遯依通志改官本不誤今案遁遯古通作

離河山之阻離原作雜依通志改官本不誤

而公卿選懦注前書音義曰官本注無日字

恐必見圖見原作後依通志改官本不誤

四年馬賢吕發隴西吏士及羌胡兵擊殺叀封官本吕作亦今案通志作以疑皆因

字之譌如作亦則下當云擊㫐封殺之不當云擊殺㫐封

㫐封親屬竝詣實降集解王鳴盛曰實當作賢案錢大昭說同又通志作賢可證

今三君素性疾惡案上文馬賢竝徵下文機秉坐徵後賢父子亦戰歿似作三君亦可通

又於扶風漢陽隴道作塢壁三百所錢大昭曰本紀作令扶風漢陽築隴道塢三百所據此則作字當在隴道上

罕衆乃率邑落五千餘戶詣沖降官本衆作種案通志作衆

唯燒何種三千餘落據參䜌北界䜌原作戀依錢校改注同官本不誤案通志及前續志均作䜌

集解洪亮吉曰案郡國志亦無此縣注亦沿前志之誤案前志參䜌鶉陰均屬安定續志參䜌屬北地鶉陰作鸇陰屬武威皆云故屬安定事在順帝末年應已改屬而參䜌一縣章懷紀傳兩注皆仍屬之安定故洪氏訂其誤

趙沖復追叛羌到建威鸇陰河集解惠棟曰至卽此處今地已詳沖紀

乃與漢中羌義從胡北宮伯玉等反錢大昭曰漢中當作湟中案錢說是各本皆失正

戎帥騫然諾之信案詩不騫不崩毛傳騫虧也與此義合本書李固杜喬傳論專爲生則騫義章懷訓騫爲違又文選劉琨扶風歌注騫與愆通

燔破崗積錢大昭曰崗當作貲

西域傳第七十八　後漢書八十八

宋　宣　城　太　守范曄　撰

唐　章　懷　太　子　賢　注

王先謙集解

武帝時西域內屬有三十六國漢爲置使者校尉領護之前書曰自李廣利征討大宛之後屯田渠犂置使者領護營田以供使外國也宣帝改曰都護宣帝時鄭吉以侍郎田渠犂發兵攻車師遷衞司馬使護鄯善以西南道其後匈奴日逐王降吉漢以吉前破車師後降日逐遂并令護車師以西北道號曰都護都護之置始自於吉也元帝又置戊己二校尉屯田於車師前王庭漢官儀曰戊己中央鎭覆四方又開渠播種以爲厭勝故稱戊己焉車師有前王後王國也集解先謙曰戊己解詳前書哀平閒自相分割爲五十五國集解先謙曰前書云本三十六國其後稍分至五十餘徐松云如姑師分爲車師及山北六國車師分爲前後國車師後國又分爲烏貪訾離國且彌國分爲東西蒲類分爲蒲類後國卑陸分爲卑陸後國之類周壽昌云此都護分之乃衆建而小其力之意范云自相分割蓋誤先謙案前書云及破姑師未盡殄分以爲車師前後王及山北六國明爲都護分之周說是

王莽篡位貶易侯王由是西域怨叛前書曰莽卽位改匈奴單于印璽爲章和親遂絕西域亦瓦解焉與中國遂絕竝復役屬匈奴匈奴斂稅重刻諸國不堪命建武中皆遣使求內屬願請都護光武以天下初定未遑外事竟不許之集解先謙曰亦見光武紀會匈奴衰弱莎車王賢誅滅諸國賢死之後遂更相攻伐小宛精絕戎盧且末爲鄯善所并且音子余反渠勒皮山集解先謙曰以上七國附見前書有傳爲于寘所統悉有其地郁立單桓孤胡烏貪訾離集解先謙曰四國附見前書有傳孤作狐誤字辨見前書爲車師所滅後其國竝復立集解先謙曰前書所有諸國范書不必皆有傳無事不書不在國之得立與否也永平中北虜乃脅諸國共寇河西郡縣城門晝閉十六年明帝乃命將帥北征匈奴取伊吾盧地在今伊州伊吾縣也集解惠棟曰歐陽忞云西州伊吾縣本匈奴地曰伊吾盧在敦煌之北大磧之外先謙曰一統志晉立伊吾都尉隋爲伊吾郡唐置伊州附郭伊吾縣今新疆省哈密廳置宜禾都尉以屯田集解王幼學曰正義云宜禾本城名在隴西後置縣屬涼州惠棟曰輿地要覽云今瓜州本漢晉昌郡宜禾故城在晉昌縣漢宜禾都尉所居棟案

十三州志云宜禾縣屬敦煌郡晉昌名郡在後要覽失之前志云宜禾都尉治敦煌廣至縣昆侖障遂通西域于窴
諸國皆遣子入侍西域自絕六十五載乃復通焉明年始置都護
戊己校尉及明帝崩焉耆龜茲龜茲讀曰慈下並同上攻破都護陳睦集解惠棟
曰袁宏紀作陳穆悉覆其眾匈奴車師圍戊己校尉集解先謙曰校尉耿恭見明帝紀及恭傳
建初元年春酒泉太守段彭大破車師於交河城集解先謙曰交河城亦見下車
師傳一統志招哈和屯在闢展城西三百五十里亦稱交河城招哈河出其北分道南流環城左右漢時交河城故地闢展在今鎮
西廳城西六百里車師前國地國朝之哈剌和卓也今新疆省吐魯番廳章帝不欲疲敝中國以事
夷狄乃迎還戊己校尉不復遣都護二年復罷屯田伊吾匈奴因
遣兵守伊吾地時軍司馬班超留于寘綏集諸國和帝永元元年
大將軍竇憲大破匈奴二年憲因遣副校尉閻槃將二千餘騎掩
擊伊吾破之集解惠棟曰槃和帝紀作磐竇憲傳作盤字通三年班超遂定西域因以超
爲都尉集解先謙曰尉當作護官本不誤居龜茲復置戊己校尉集解劉攽曰戊己本兩校今此

下文云又置戊部候則此時當但置戊校也車師傳注中云戊校尉所統又傳云戊校尉閻詳足明置戊校而已後人不知妄增己
字亦非章懷以前失之領兵五百人居車師前部高昌壁集解惠棟曰十三州志云高昌壁故
屬敦煌有長谷在東都尉居之李吉甫云隴右道西州本漢車師國之高昌壁也以其地勢高敞人物昌盛因名高昌歐陽忞云西
州前庭縣本漢高昌壘壘有八城本中國人也先謙曰高昌壁前書見車師傳一統志晉張駿置高昌郡蠕蠕以闞伯周爲高昌王
至麴伯雅滅於唐以爲西州元爲和卓明曰土爾番又置戊部候居車師後部候城集解先謙曰一
統志闢展所轄連木齊克在闢展城西四百十三里周二里許西北行直都魯嶺漢車師後城長國也後漢無後城長蓋郎以居戊
部候故名後部候城相去五百里六年班超復擊破焉耆於是五十餘國悉
納質內屬其條支安息諸國至於海瀕四萬里外皆重譯貢獻九
年班超遣掾甘英窮臨西海而還續漢書甘英作甘莬集解先謙曰西海地中海也詳下皆
前世所不至山經所未詳集解先謙曰郎山海經莫不備其風土傳其珍怪
焉集解先謙曰傳謂傳致之於是遠國蒙奇兜勒皆來歸服遣使貢獻及孝和
晏駕西域背叛安帝永初元年頻攻圍都護任尚段禧等禧音喜基反

朝廷以其險遠難相應赴詔罷都護自此遂棄西域集解先謙曰詳梁慬傳
北匈奴卽復收屬諸國共爲邊寇十數歲敦煌太守曹宗患其暴
害集解惠棟曰通典作曹崇元初六年乃上遣行長史索班將千餘人屯伊吾
以招撫之集解先謙曰上奏也於是車師前王及鄯善王來降數月北匈奴
復率車師後部王共攻沒班等遂擊走其前王鄯善逼急求救於
曹宗因此請出兵擊匈奴報索班之恥集解先謙曰官本重一宗字是復欲進取
西域鄧太后不許但令置護西域副校尉居敦煌復部營兵三百
人羈縻而已其後北虜連與車師入寇河西朝廷不能禁議者因
欲閉玉門陽關以絕其患玉門陽關二關名也在敦煌西界集解先謙曰玉門陽關在今安西廳西百五
十里詳前書延光二年敦煌太守張璫上書陳三策集解惠棟曰袁宏紀云璫上書陳邊
事曰臣在京師亦以爲西域宜棄今親踐其土地乃知棄西域則河西不能自存謹陳西域三策也以爲北虜呼衍
王常展轉蒲類秦海之間大秦國在西海西故曰秦海也集解惠棟曰歐陽忞云西州蒲昌縣有蒲類海胡

人呼爲婆昔海先謙曰大秦在海西去北匈奴絕遠呼衍王不得展轉其間張璫卽不明地理上書何得任意妄言至此且大秦海
西同爲國名璫不能約大秦海西四字爲秦海疑匈奴中別有秦海再考專制西域共爲寇鈔今以酒
泉屬國吏士二千餘人集昆侖塞前書敦煌郡廣至縣有昆侖障也宜禾都尉居也廣至故城在
今瓜州常樂縣東集解劉攽曰宜禾都尉居也案文也當作之惠棟曰袁宏紀云可發張掖酒泉屬國之吏義從合三千五百人集
昆侖塞也先擊呼衍王絕其根本集解先謙曰絕其互相應赴之路因發鄯善兵五千
人脅車師後部此上計也若不能出兵可置軍司馬將士五百人
四郡供其犂牛穀食出據柳中此中計也武帝初置酒泉武威張掖敦煌列四郡據兩關
焉柳中今西州縣也集解先謙曰通鑑胡注柳中在後部金蒲城之北去交河城八十里杜佑云平高昌以田城爲柳中縣李吉甫
云縣西至西州五十里先謙案一統志魯克察克在闢展城西南二百十里有長河爲闢展西最大聚落漢爲柳中長史所居唐柳
中縣治如又不能則宜棄交河城收鄯善等悉使入塞此下計也朝
廷下其議尚書陳忠上疏曰臣聞八蠻之寇莫甚北虜漢興高祖
窘平城之圍太宗屈供奉之恥窘困也高帝自擊匈奴至平城爲冒頓單于圍於白登七日乃得解

太宗文帝也賈誼上疏曰匈奴嫚侮侵掠而漢歲致金絮繒綵奉之夷狄徵令是人主之操天子共貢是臣下之禮故云恥也以故孝武憤怒深惟久長之計命遣虎臣浮河絕漠窮破虜庭沙土曰漠直度曰絕也當斯之役黔首隕於狼望之北財幣靡於盧山之壑狼望匈奴中地名也前書揚雄曰前代豈樂無量之費快心於狼望之北塡盧山之壑而不悔也〔集解〕先謙曰靡是摩之誤字謂腐爛也府庫單竭杼柚空虛算至舟車貲及六畜武帝時國用不足算至車船租及六畜言皆計其所得以出算軺車一算商賈車二算船五丈以上一算六畜無文以此言之無物不算夫豈不懷慮久故也懷思也遂開河西四郡以隔絕南羌前書云起敦煌酒泉張掖以隔婼羌裂匈奴之右臂也收三十六國斷匈奴右臂是以單于孤特鼠竄遠藏至於宣元之世遂備蕃臣宣帝元帝時呼韓邪單于數入朝稱臣奉貢關徼不閉羽檄不行由此察之〔集解〕惠棟曰察一作觀戎狄可以威服難以化狎西域內附日久區區東望扣關者數矣〔集解〕惠棟曰望一作向此其不樂匈奴慕漢之效也今北虜已破車師埶必南攻鄯善棄而不救則諸國從矣〔集解〕先謙曰通鑑胡注言從北匈奴也

後漢八十八　四

若然則虜財賄益增膽埶益殖殖生也威臨南羌與之交連〔集解〕先謙曰胡注卽湟中及南山諸羌如此河西四郡危矣河西既危不得不救則百倍之役興不貲之費發矣〔集解〕惠棟曰毛晃云訾之爲言量也不訾謂無量可比也訾子斯反議者但念西域絕遠卹之煩費不見先世苦心勤勞之意也方今邊境守禦之具不精內郡武衞之備不修敦煌孤危遠來告急復不輔助內無以慰勞吏民外無以威示百蠻蹙國減土經有明誡毛詩曰昔先王受命有如邵公日辟國百里今也日蹙國百里〔集解〕先謙曰官本末多一也字臣以爲敦煌宜置校尉案舊增四郡屯兵以西撫諸國庶足折衝萬里震怖匈奴淮南子曰修政於廟堂之上而折衝千里之外也帝納之乃以班勇班勇班超之子爲西域長史將弛刑士五百人西屯柳中勇遂破平車師自建武至於延光西域三絕三通順帝永建二年勇復擊降焉耆於是龜茲疏勒于寘莎車等十七國皆來服從而烏孫葱領已西遂絕〔集解〕先謙曰烏孫及領西諸國下云西踰葱領者是六年帝以伊吾舊膏腴之地傍近西域匈奴資之以爲鈔暴復令開設屯田如永元時事置伊吾司馬一人自陽嘉以後朝威稍損諸國驕放轉相陵伐元嘉二年長史王敬爲于寘所沒〔集解〕先謙曰詳于寘傳永興元年車師後王復反攻屯營雖有降首首猶服也音式救反曾莫懲革〔集解〕先謙曰詳車師傳自此浸以疏慢矣班固記諸國風土人俗〔集解〕先謙曰民多作人皆唐避太宗諱未回改者皆已詳備前書今撰建武以後其事異於先者以爲西域傳皆安帝末班勇所記云

西域內屬諸國東西六千餘里南北千餘里東極玉門陽關西至葱領其東北與匈奴烏孫相接〔集解〕先謙曰前書云皆在匈奴之西烏孫之南南北有大山〔集解〕先謙曰胡注南山在于闐南東出金城與漢南山接北山在車師北卽唐志西州交河縣北柳谷金沙嶺等是徐松云南面大山今葉爾羌和闐諸山是北面大山今烏什阿克蘇庫車喀喇沙爾吐魯番巴里坤諸山是中央有河〔集解〕徐松曰卽塔里木河東流亘西域中其南山東出金城與漢南山屬焉〔集解〕徐松曰葉爾羌和闐

後漢八十八　五

境南諸山東出經羅布淖爾青海甘州涼州蘭州南又經渭水南爲武功太乙諸山又經西安府長安縣南爲終南山言南山至此而終也漢金城郡今甘肅蘭州府西界其河有兩源〔集解〕惠棟曰涼土異物志云葱嶺之水分流東西西入大海東爲河源禹紀所謂崑崙者也先謙曰兩河見下惠說未晰一出葱領東流葱嶺山名也西河舊事其山高大生葱故名〔集解〕惠棟曰西河舊事云葱嶺在敦煌西八千里一出于寘南山下北流與葱領河合東注蒲昌海〔集解〕惠棟曰前志云敦煌郡正西關外有蒲昌海杜佑云在今交河北庭界中蒲昌海一名鹽澤〔集解〕先謙曰詳見前書卽羅布淖爾去玉門三百餘里〔集解〕先謙曰本書上下文皆有陽關此不得獨闕且前書亦云去玉門陽關三百餘里明此玉門下奪陽關二字河水注作東去玉門陽關一千三百里徐松云玉門陽關在今色爾騰海之東羅布淖爾在今吐魯番城西南自色爾騰海西北至羅布淖爾相去千餘里不得云三百餘里而前後書皆脫去千字自敦煌西出玉門陽關涉鄯善北通伊吾千餘里〔集解〕惠棟曰袁宏紀云五千里自伊吾北通車師前部高昌壁千二百里自高昌壁北通後部金滿城五百里此其西域之門戶也〔集解〕惠棟曰滿一作蒲李光廷西域圖考云車師後部今濟木薩地其古城在今保惠城北二十里亦名金滿城故戊己校尉更互屯焉伊吾地宜五穀桑

麻蒲萄其北又有柳中皆膏腴之地故漢常與匈奴爭車師伊吾㠯制西域焉自鄯善踰蔥嶺出西諸國有兩道集解徐松曰漢時兩道皆在天山南山北爲匈奴故無道傍南山北陂河西行循河曰陂音彼義反次下亦同史記曰陂山通道集解惠棟曰袁宏紀陂作渡又注次下亦同次當作此先謙曰前書陂作波顏訓循音同段玉裁以波爲陂之段借字班超傳注波傍也音詖徐松曰亦沿泝之意河水東注西行者泝塔里木河葉爾羌河之南岸以達葉爾羌境据此作陂者是袁紀淺人妄改次下顏注屢見惠說非至莎車爲南道集解先謙曰圖考云由鄯善而西出且末精絕扜彌至于寘又西北至莎車南道西踰蔥嶺則出大月氏安息之國也集解先謙曰由莎車而西爲大月氏在大宛南此蔥嶺西國也其南爲罽賓爲高附更西南爲烏弋山離爲安息是爲蔥嶺西南諸國自車師前王庭隨北山陂河西行至疏勒爲北道集解徐松曰隨北山者烏什阿克蘇庫車喀喇沙爾諸境之北山路出山之南也陂河西行至疏勒者沿塔里木河北岸過阿克蘇則沿烏蘭烏蘇河以至今喀什噶爾境蔥嶺南北二河至阿克蘇合爲塔里木河以注蒲昌海故山有南北之別河則但曰波河不分南北明西域中央惟一大河北道西踰蔥嶺出大宛康居奄蔡焉耆集解先謙曰由疏勒而西爲大宛在大月氏北亦蔥嶺西國其北爲康居爲奄蔡又極西北爲條支是爲蔥嶺

西北諸國焉耆在蔥嶺東明書字衍說詳前書出玉門經鄯善且末精絕三千餘里至拘彌集解先謙曰前書作扜彌此更名史記作扜罙扜是扜之譌字彌罙音同又作拘睒彌僑賞彌一作俱密乃拘彌音變字詳前書

拘彌國居寧彌城去長史所居柳中四千九百里續漢書曰寧彌國王本名拘彌集解先謙曰前書云扜彌國今名寧彌與李注同然前書云治扜彌城本書云居寧彌城但改城名未改國名蓋其先國城同名既改城名傳聞以爲并國名亦改耳唐書云于闐東三百里有建德力河河東有建德力城亦曰拘彌城卽寧彌故城河北流三百里入大河一案河卽克勒底雅河一作克里雅去洛陽萬二千八百里集解先謙曰前書云去長安九千二百八十里本傳及前書各以都城計其相去里數案郡國志京兆尹在雒陽西九百五十里若依此推算不合者甚多疑所記不眞或傳寫誤也今存其崖略不復推校領戶二千一百七十三口七千二百五十一勝兵千七百六十人集解先謙曰通鑑胡注勝音升任也謂能操五兵而戰順帝永建四年于寘王放前殺拘彌王興自立其子爲拘彌王而遣使者貢獻於漢敦煌太守徐由上求討之集解惠棟曰續漢志作徐白帝赦于寘罪令歸拘彌國放前不肯陽嘉元年徐由遣疏勒王臣槃發二萬人擊于寘破之斬首數百級放兵大掠更立興宗人成國爲拘彌王而還至靈帝熹平四年于寘王安國攻拘彌大破之殺其王死者甚衆戊己校尉集解劉攽曰案文多己字但是和帝以後事並多此一字也西域長史各發兵輔立拘彌侍子定興爲王時人衆裁有千口其國西接于寘三百九十里集解惠棟曰東觀記云去于寘三百里先謙曰前書云南與渠勒東北與龜茲西北與姑墨接

于寘國集解先謙曰今新疆省和闐直隸州居西城去長史所居五千三百里集解先謙曰前書亦云治西城新唐書作西山城後魏書云連山相次所都城方八九里去洛陽萬一千七百里集解先謙曰前書去長安九千六百七十里領戶三萬二千口八萬三千勝兵三萬餘人集解先謙曰前書勝兵二千四百人新唐書勝兵四千人後漢時何得獨有三萬餘且以八萬三千之口婦女幼弱皆在其內而勝兵三萬餘豈壯者盡人皆兵乎萬蓋千之誤建武末莎車王賢強盛攻并于寘徙其王俞林爲驪歸王明帝永平中于寘將休莫霸反莎車自立爲于寘

王休莫霸死兄子廣德立後遂滅莎車其國轉盛從精絕西北至疏勒十三國皆服從而鄯善王亦始強盛自是南道自蔥嶺㠯東唯此二國爲大順帝永建六年于寘王放前遣侍子詣闕貢獻元嘉元年長史趙評在于寘病癰死評子迎喪道經拘彌拘彌王成國與于寘王建素有隙乃語評子云于寘王令胡醫持毒藥著創中故致死耳評子信之還入塞㠯告敦煌太守馬達明年㠯王敬代爲長史達令敬隱覈其事集解先謙曰胡注隱度也覈考實也先謙案不令顯言但微考察之敬先過拘彌成國復說云于寘國人欲㠯我爲王今可因此罪誅建集解先謙曰胡注謂以評死爲建罪于寘必服矣敬貪立功名且受成國之說前到于寘設供具請建集解先謙曰胡注供具宴享之具而陰圖之或㠯敬謀告建建不信曰我無罪王長史何爲欲殺我旦日建從官屬數十人詣敬坐定建起行酒敬叱左右執之吏士並無殺建意官屬悉得突走

時成國主簿秦牧隨敬在會持刀出曰大事已定何爲復疑卽時斬建集解先謙曰官本時作前是此誤于寘侯將輸僰等遂會兵攻敬集解先謙曰言于寘之侯及將也前書有輔國侯左右將敬持建頭上樓宣告曰天子使我誅建耳于寘侯將遂焚營舍燒殺吏士上樓斬敬懸首於市輸僰欲自立爲王國人殺之而立建子安國焉集解劉攽曰下文言輸僰死已經月此時安得云殺之蓋是不從字先謙曰劉說非也既欲自立爲王非僅不從可了事者非國人殺輸僰則輸僰殺不從者矣下文經月或經是數之誤文馬達聞之欲將諸郡兵出塞擊于寘桓帝不聽徵達還而已宋亮代爲敦煌太守亮到開募于寘令自斬輸僰集解先謙曰胡注開于寘國人自新之路仍使募斬輸僰也時輸僰死已經月乃斷死人頭送敦煌而不言其狀亮後知其詐而竟不能出兵于寘恃此遂驕集解先謙曰恃中國不能遠討遂益驕嫚也自于寘經皮山至西夜子合德若焉集解先謙曰皮山附見前書有傳

西夜國集解先謙曰一統志裕勒阿里克在葉爾羌西南三百里有小城在漢爲西夜國地今莎車府葉城縣地一名

漂沙去洛陽萬四千四百里集解先謙曰前書去長安萬二百五十里戶二千五百口萬餘勝兵三千人地生白草有毒國人煎以爲藥傅箭鏃集解先謙曰傳當作傅官本不誤所中卽死漢書中誤云集解劉攽曰案漢當作前並大秦國一字亦然西夜子合是一國今各自有王前書云西夜國王號子合國集解先謙曰案言號子合王非國也國字誤西夜子合前書亦別白言之未溷爲一或當時合爲一國後仍分爲二如今歐洲荷蘭與比利時瑞典與那威之例亦未可知餘詳前書注

子合國集解先謙曰一統志庫克雅爾在葉爾羌西南三百里後漢子合縣地今葉城縣地居呼犍谷犍音九言反集解徐松曰新唐書子合在蔥嶺北三百里是呼犍爲蔥嶺中谷名先謙曰前書犍作犍去疏勒千里集解先謙曰疏勒傳云去洛陽萬三百里領戶三百五十口四千勝兵千人集解先謙曰戶口勝兵與前書並同亦可疑前書云東與皮山西南與烏秅北與莎車西與蒲犁接

德若國集解先謙曰前書無一統志塞爾勒克前漢蒲犁後漢德若也在蔥嶺中有小城葉爾羌河北源經流其地又喀爾楚在蔥嶺中有小城距葉爾羌城五百餘里皆其地領戶百餘口六百七十勝兵三百五十人東去長史居三千五百三十里去洛陽萬二千一百五十里與子合相接其俗皆同集解先謙曰與子合接而較遠則已入今巴達克山境自皮山西南經烏秅前書音義音鷃拏又云烏音一加反秅音直加反急言之如鷃拏反集解先謙曰注末反官本作也前書作烏秅劉攽云秅當作秅涉懸度歷罽賓集解先謙曰前烏秅傳其西則有懸度懸度者石山也溪谷不通以繩索相引而度云烏秅罽賓附見前書有傳衆經音義引通俗文云織毛曰罽亦作𦇄說文西胡毳布也作罽者非六十餘日行至烏弋山離國地方數千里時改名排持集解先謙曰前書烏弋山離國去長安萬二千二百里不屬都護洪鈞元史譯文證補云排持卽今之俾路芝地望固合字音亦符据西人云俾路芝之名甚古也復西南馬行百餘日至條支

條支國城在山上周回四十餘里臨西海海水曲環其南及東北三面路絕唯西北隅通陸道集解先謙曰徐繼畬瀛環志畧以條支爲今阿剌伯圖考駁之謂條支在今俄羅斯國南之搗里達黑海環其三面西海卽黑海也引詳前書條支傳證補云圖考說非也黑海北境古屬希臘通舟楫利商賈名其地曰撒吉剌後爲羅馬所併希臘國史確然可徵固無條支之名亦非安息波斯所轄成周中葉波斯極盛之時西界至地中海北界至高喀斯山皆在黑海南而未有其北漢時安息繼與西界未至黑海詳下安息黑海中片壤古時通陸之路極狹常沒水中

厥後沙土繼長增高近經西人闢治遂成衢路車馬暢行遐稽漢時必非立國建都之所且須向北轉東復轉南再轉東乃達安息程途方向亦未盡符後書言由排持西南行若條支在黑海北濱當云西北行不能西南行說亦不符魏書云波斯都宿利城在忸密西古條支國也城方十里河經其城中南流通典亦云波斯郎條支故地則必知波斯故都所在乃得條支所在波斯全境多山多沙漠無南流大河惟西境體格力斯河哀甫拉特河並發源西北導流東南匯合而入波斯海灣西書紀周赧王時希臘王阿來三得之將塞魯克斯據有波斯其後建城於體格力斯河西名之曰塞魯齊亞遂爲都城城云漢初始建河東舊有城曰特昔芬於是國都有東西二城後漢末波斯故王後裔薩山恢復舊業亦都於此唐時阿剌伯人西來城始被毁肅宗寶應元年天方教主阿蒲札非爾於故城西北建八格達城卽西使記之報達其後遷都於此亦跨河爲東西二城復於故城之地建離宮博考西書漢後波斯都城在體格力斯河殆無疑義跨河爲東西城故魏書謂河經城中南流唐書亦謂波斯王居東西二城魏書言宿利後周書言蘇利隋書言蘇藺似皆塞魯之異譯[illegible]哀甫拉特河迤西波斯海灣西岸皆與阿剌伯接壤西書又載古時阿剌伯人東至體格力斯哀甫拉特兩河之間聚族而居爲附庸小國波斯等地稱阿剌伯人曰塔赤克塔赤正與條支音叶又有大抑大希之稱爲唐書大食所本[illegible]而不知由於阿剌伯也據是以考體格力斯河古爲塔赤克人居地其後乃被壤逐漢時此河上游當已無此種人而下游近海之處或尚爲其

部地故漢書謂抵條支臨海欲渡闕渡斯使臣云兩河下游西境今偽有古之阿刺伯人不李敎兇者類飾野踞播乃繹其今體格力斯哀甫拉特兩河間地統名之曰義拉克阿剌伯由古時阿剌伯人居此故蒙是稱合中西書籍以互證二千年之疑案可明近世西人考輿地者謂哀甫拉特河西古有大湖亦流入波斯海灣巨泊同環與漢書所云海水曲環其南及東北三面路絕惟西北一隅通陸之形相合或者漢時條支故城在此今沙磧堙塞沮洳遺跡地猶可考是說亦足為漢書條支城之一證徐說甚是特考之猶未盡耳先謙案條支之為阿剌伯得洪說益明以今圖證本書所謂臨西海者謂國西之海即紅海也紅海在條支西故稱西海非即地中西海也阿剌伯地形向東突出故阿勒富海轉在其北阿勒富海即波斯海灣其東南則阿剌伯海環之故曰海水曲環其南及東北也蘇伊士未通以前紅海地中海之間尙有陸路可往非洲埃及故曰三面路絕唯西北隅通陸道也下方敍入安息之道洪未達書恉求復引西人古有大湖之說以亂之則治絲自棼矣 **土地暑溼出師子**[集解]惠棟曰孟康云師子似虎正黃有頿耏尾端茸毛大如斗 **犀牛封牛孔雀大雀**[集解]先謙曰封牛即爾雅之犦牛 **大雀其卵如甕**[集解]惠棟曰師古云甕汲水瓶也先謙曰大雀即駝鳥 **轉北而東復馬行六十餘日至安息**[集解]先謙曰自蘇伊士入波斯國是轉北而東也 **後役屬條支為置大將監領諸小城焉**[集解]先謙曰蓋時波斯已盛尙在薩山未恢復舊業之前

安息國居和櫝城去洛陽二萬五千里[集解]先謙曰前書治番兜城去長安萬一千六百里洛陽至長安多一萬四千四百里明有誤字 **北與康居接南與烏弋山離接地方數千里小城數百戶口勝兵最為殷盛其東界木鹿城號為小安息去洛陽二萬里章帝章和元年遣使獻師子符拔符拔形似麟而無角和帝永元九年都護班超遣甘英使大秦抵條支臨大海欲度而安息西界船人謂英曰海水廣大往來者逢善風三月乃得度**[集解]先謙曰莊子逍遙遊篇列子御風而行泠然善也善風猶諺言好風 **若遇遲風亦有二歲者故入海人皆齎三歲糧海中善使人思土戀慕數有死亡者英聞之乃止**[集解]先謙曰志略云此波斯不欲大秦通漢設辭難英英憚於浮海遂中止耳證補云漢書有安息無波斯唐書有波斯無安息魏書安息國在蔥嶺西都蔚搜城北與康居西與波斯接去代二萬一千五百里波斯國都宿利城在忸密西古條支國也去代二萬四千二百二十八里詳述里至明是兩國西書無安息國名志略譯自西人不應有此臆說考西書之紀波斯始於中國成周中葉君其地者為柯勒施朝志畧之居魯士大流士皆柯勒施朝人也周顯王時希臘王阿來三得卽亞歷山大敗波斯攘其地顯王三十三年阿來三得滅柯勒施朝撫有波斯十年而卒諸將互相攻奪為其將賽魯克所併又為賽魯克斯朝周赧王初年後數十年波斯東北境帕而特國始其王謂之阿薩斯族裔曰阿而薩克秦亦紀年居裏海東南臨阿母河傳國七世初平盈大拓地至裏海西南抵波斯海灣與羅馬東界為鄰傳國七帝賽帕克斯特國與羅馬之時薩山敗復之自立國為薩山朝恢復伯人所滅其壤晉武帝時波斯乘其敝刺伯人所滅其王卑路斯逃入中國至唐時為阿息音類而阿薩尼都城前書曰帕而杜瓦番兜本他國人稱安之曰帕而特之轉音後書安息居和櫝城和櫝即喝克斯湯之轉音字義為門即嬀水安息之即阿薩殆無疑義仍徐自以安息當波斯阿母河域原非異地然與魏書不合且漢末波斯自立國西晉時帕而特為波斯所滅則不得以安息為波斯也明矣西書謂帕而特錢圖面男像背女像與前書鑄銀為錢文獨為王面幕為夫人面相合地產良馬故史之書漢使西界以迎木鹿即新唐書木鹿城號小安息即此木鹿城中西書皆在木鹿之西珊木鹿人亦帕而特新舊都城籍互證以明惟西書云晉武帝時帕而特亡而魏書太延中西古安息尙存疑其紀年有誤然西書又載帕而特國亡後仍有之一小國在裏海南山中阿刺伯人先滅波斯後滅此國特是亦魏書之一證

甘英所臨之海必為阿勒富海由此登舟繞阿剌伯三面以入紅海之尾蘇伊士未開陸路百七十里但有溪河可通小舟以入地中海而不能容巨船紅海之中水程最滯無風逆風皆不得行往返程期或二三載三國志裴注引魏略云大秦國在安息條支西大海之西從安息界安谷城乘船直截海西遇風利二月到風遲或一歲無風或三歲語極詳明可為安息船人實情非誑左證云海中思土戀慕數有死亡大長年涉風濤起居失調況淒寂寡能損人理有固然非危詞恐喝也先謙案洪說皆是惟以甘英所臨之海為阿勒富海水程最滯往返須二三歲者為紅海則又非也果如所言蘇伊士未通甘英入紅海往來已須二三歲載糧者航地中海至大秦也更無須復時可知謂往來二歲齎三歲糧者專以地中海言本書言英使大秦臨大海欲度乃度往大秦之海語極明顯與條支三面之海無涉即魏略所云大海之西乘船直截者亦明指地中海也特安息西界船人為阿勒富海之船人耳 **十三年安息王滿屈復獻師子及條支大鳥時謂之安息雀自安息西行三千四百里至阿蠻國從阿蠻西行三千六百里至斯賓國從斯賓南行度河又西南至于羅國九百六十里安息西界極矣**[集解]先謙曰證補云體格力斯河東舊有城曰特昔芬則近時西人考後漢書此文以斯賓即昔芬之轉音從斯賓南行度河必是體格力斯河或哀甫拉特河漢書所云里數合於古羅馬千步為一里之數皆可徵實先謙案如西人所言則由斯賓西

南行至于羅郎今西里亞之大馬士革貝魯特等處由此郎乘地中海矣**自此南乘海乃通大秦**集解先謙曰先南而西而北直指今之意大利**其土多海西珍奇異物焉**

大秦國集解先謙曰前書無**一名犂鞬**集解惠棟曰魏略作犂軒前漢犂軒國也杜佑作犂軒音虔居言反案此郎**以在海西亦云海西國**集解先謙曰志略云此海謂地中海案大秦爲今之意大利古之羅馬新舊唐書皆云拂林國古大秦舊書云東南與波斯接東濱其大海西濱地中海南之中入西里亞南之東接阿剌伯斯接拂林之名唐時始見羅馬晉時分東西東羅馬都在地中海東與波斯耳其所滅其都城名康思坦丁諾潑里斯康思坦丁猶言者案一作君其潑里斯猶言城諾爲連屬字潑里斯華文之城名今亦省文稱諾潑爾東羅馬本國之書則稱康思坦丁諾潑凝其土人省文惟稱潑凝急讀之音如潑林阿剌伯人稱之爲拂林本屬城名假爲國號唐時阿剌伯侵印度人稱波斯拂林悉歸其役屬方言流播遂入中華此唐書拂林所由來也**地方**日地爲古猶太國之都城名曰耶路撒冷說疑耶路撒冷之名路撒冷郎諾潑凝而耶乃發語聲也**數千里有四百餘城小國役屬者數十以石爲城郭列置郵亭皆堊塈之**堅飾也音火既反郭璞爾雅注曰堊白土也音惡**有松柏諸木百草人俗力田作**

集解先謙曰唐避太宗諱民皆改人此未及回改者書中甚多**多種樹蠶桑**集解先謙曰據西書言梁陳之間羅馬人有航海至中國者攜蠶桑之種以歸試植之與土性宜由是蠶桑之利興焉如漢書言是蠶桑爲歐土所固有西人豈肯讓美不居反謂得自中國之理漢人所述或彼國夸飾之詞紀西土固當以西書爲確也**皆髡頭而衣文繡乘輜軿白蓋小車**集解先謙曰宋書禮志引字林云軿車有衣蔽無後轅其有後轅者謂之輜**出入擊鼓建旌旗幡幟所居城邑周圜百餘里**集解先謙曰志略云羅馬都城最大與漢書合**城中有五宮相去各十里宮室皆以水精爲柱食器亦然**集解先謙曰西人以玻璃飾宮室及爲食器中國人見之以爲水精**其王日游一宮聽事五日而後徧常使一人持囊隨王車人有言事者郎以書投囊中王至宮發省理其枉直各有官曹文書置三十六將皆會議國事**集解惠棟曰魏略云每議事一將不至則不議也**其王無有常人皆簡立賢者國中災異及風雨不時輒廢而更立受放者甘黜不怨**集解先謙曰志略云羅馬自努馬七世後不立國王選賢者居高爵立公會以治事與此文合漢成帝建平年唯大屋路王位仍世及本書所云乃其往事也**其人民皆長大平正有類中國故謂之大秦**集解先謙曰外國以中國爲秦人見前書然因此而自名大秦則無是理西書國名譯義例不如此蓋通使者夸飾之詞非其實也又案薛福成出使日記云歐洲各國英人謂中國人曰采宜斯法人曰細納又曰細細愛其稱中國之名義人曰期納德人曰采衣納依納譯作衣納臘丁之音曰西奈問其何所取義則皆秦字之譯音也又案之轉音爲支那出自佛經蓋梵音又實與西音相通者余謂秦始皇時國勢雖極強盛其兵威未達歐洲何以西人稱中國爲秦始皇迫逐匈奴餘威震於殊俗匈奴遂水草而居其流徙至歐洲西北塞外呼中國爲漢東南洋各國呼中國爲唐而永指中國爲秦奥士耳其日耳曼諸國未必無匈奴遺種故爲大秦羅馬無大秦之號且更與秦不相稱之後漢書稱爲秦而展轉相襲也蓋西人既謂中國爲秦積久遂忘其本義但能知其納略猶曰亞洲一大統一人統之強國云爾中國爲亞洲大與亞洲國羅馬亦爲歐洲大一統之國或者歐人以爲羅馬之大與亞洲之秦相匹而競標大秦之稱東方之人偶至其國誤謂其國號如此而史家亦誤仍之耳秦追溯源流大抵如斯惟俄人稱中國曰丹代斯克短音曰迄代郎契丹之轉音蓋俄之始國較晚正值契丹強盛之世其時猶與西洋隔絕彼但知東方強國爲契丹因郎以國之呼中**土多金銀奇寶有夜光璧明月珠駭雞犀**抱朴子曰通天犀中有白理如綖者以盛米置羣雞中雞欲往啄米至輒驚卻故南人名爲駭雞集解先謙曰注啄當作啄官本不誤**珊瑚虎魄琉璃琅玕朱丹青碧刺金縷繡織成金縷罽**集解惠棟曰說文曰罽西胡毳布也劉鉅曰李恂傳注引袁宏後漢書罽毛爲布者**雜色綾作黃金塗火浣布**集解劉子火浣之布西域傳罽織毛爲布者火浣布則火色垢則布色出火而振之皓然疑乎雪東方朔十洲記炎洲在南海中有火林山山中有火光獸大如鼠取其毛以緝爲布時人號爲火浣布此是也國人衣服垢污以灰汁浣之終無潔淨唯火燒此衣服兩盤飯間振擺其垢自落潔白如雪**又有細布或言水羊毳野蠶繭所作也**集解惠棟曰魏略云名曰海西布**合會諸香煎其汁以爲蘇合**集解惠棟曰郭義恭廣志云蘇合香出大秦國或云蘇合國人采之笮其汁以爲香膏乃賣其滓與賈客或云合併香草煎爲蘇合非自然一種**凡外國諸珍異皆出焉以金銀爲錢銀錢十當金錢一與安息天竺交市於海中利有十倍其人質直市無二價穀食常賤國用富饒鄰國使到其界首者乘驛詣王都至則給以金錢其王常欲通使於漢而安息欲以漢繒綵與之交市故遮閡不得自達**閡五代反**至桓帝延熹九年大秦王安敦**集解惠棟曰袁宏紀作安都**遣使自日南徼外獻象牙犀角瑇瑁始乃一通焉**集解劉攽曰郭憲洞

冥記元封三年大秦國貢花蹄牛其色駁高六尺尾環繞其身角端有肉蹄如蓮花善走多力案大秦至桓帝始通其先不得有貢物盖元封三年四字有誤其所表貢竝無珍異疑傳者過焉集解先謙曰志略云西人紀載漢順帝十二年羅馬王安敦嗣位號爲中興與此文合或云集解惠棟曰前書云安息長老傳聞也其國西有弱水流沙近西王母所居處幾於日所入也漢書云從條支西行二百餘日集解惠棟云前書云可百餘日近日所入則與今書異矣集解先謙曰此皆因地球未通故生此揣測之語前世漢使皆自烏弋已還莫有至條支者集解先謙曰前書漢使已至安息與至烏弋南北遠近相等此亦甘英至條支爲遠於前世官本者下多也字又云從安息陸道繞海北行出海西至大秦集解先謙曰此自波斯北行由今之東西土耳其繞地中海而出其西以達意大利皆陸道也人庶連屬十里一亭三十里一置置驛也集解先謙曰羅馬古稱富庶善治道路今西人建築乃其遺法終無盜賊寇警而道多猛虎獅子遮害行旅不百餘人齎兵器輒爲所食集解先謙曰證補云古羅馬所屬之西里亞迦東帕而特所屬之美索卜塔尼亞等地皆有獅虎爲害非結隊持械不敢行載在羅馬猶太古書非妄說也又言有飛橋數百里可度海北集解何焯

曰魏志注引魏書云飛橋長二百三十里先謙曰此卽他大尼里海峽波斯王伐希臘渡此西人云昔有石橋諸國所生奇異玉石諸物譎怪多不經故不記云魚豢魏略曰大秦國俗多奇幻口中出火自縛自解跳十二丸巧妙非常

大月氏國氏音支下竝同集解先謙曰下亦作月支史駁文居藍氏城前書藍氏作監氏集解徐松曰史記大宛傳大夏民多可百餘萬其都曰藍市城卽藍氏城也西接安息四十九日行東去長史所居六千五百三十七里去洛陽萬六千三百七十里集解先謙曰前書去長安萬一千六百里戶十萬口四十萬勝兵十餘萬人集解先謙曰戶口同前書惟勝兵多餘字疑其不實初月氏爲匈奴所滅遂遷於大夏分其國爲休密雙靡貴霜肸頓都密凡五部翖侯集解先謙曰都密前書所無後百餘歲貴霜翖侯丘就卻攻滅四翖侯自立爲王國號貴霜王集解劉攽曰案文多一王字侵安息取高附地又滅濮達罽賓悉有其國集解先謙曰前書有撲挑卽濮達也注詳前書丘就卻年八十餘死子閻膏珍代爲王復滅天竺置將一人監領之月氏自此之後最爲富盛諸國稱之皆曰貴霜王漢本其故號言大月氏云集解先謙曰志略云月氏在媯水之北媯水卽今阿母河則月氏乃今之布哈爾鄙代鈞江漢書院課程云其先大夏國卽今阿富汗屬部波爾克在國北境亦卽周世之拔克德里國也

高附國集解先謙曰前書無在大月氏西南亦大國也其俗似天竺而弱易服善賈販內富於財所屬無常天竺罽賓安息三國强則得之弱則失之而未嘗屬月氏漢書以爲五翖侯數非其實也後屬安息及月氏破安息始得高附集解先謙曰課程云三國能屬高附月氏破安息始得高附是高附月氏不連壤求可與連壤之地當在天竺之西罽賓之南安息之東南必今阿富汗之堪達哈爾部地志略云堪達哈爾在阿富汗國東北隅四面皆山亦大都會商賈輻湊鄙代鈞西征紀程云罽賓國卽阿富汗之喀布爾都城喀罽一聲之轉布爾急讀爲賓或以克什米爾當之然懸度在克什米爾之北印度河上烏秅在懸度西北加非利斯坦境內罽賓更在烏秅之西其爲喀布爾無疑案圖考亦云高附阿富汗也

天竺國集解先謙曰前書無一名身毒集解劉鉅曰史記索隱身音乾毒音篤在月氏之東南

數千里俗與月氏同而卑溼暑熱其國臨大水乘象而戰其人弱於月氏修浮圖道不殺伐遂以成俗浮圖卽佛也集解惠棟曰袁宏紀云本傳稱西域造浮圖本佛道故大國之內衆數萬小國千而終不相兼幷及內屬之後漢之奸猾無行好利者羼守其中至東京時詐謀滋生轉相吞滅習俗不可不愼所以動之哉棟案本傳謂東觀記西域傳也從月氏高附國以西南至西海東至磐起國皆身毒之地身毒有別城數百城置長別國數十國置王雖各小異而俱以身毒爲名集解先謙曰今猶稱五印度其時皆屬月氏月氏殺其王而置將令統其人土出象犀瑇瑁金銀銅鐵鉛錫集解劉鉅曰御覽八百二引司馬彪續漢書天竺國出琉璃珠璣按本傳大秦國有夜光璧明月珠駭雞犀珊瑚琥珀琉璃琅玕與安息天竺交市於海中此不言琉璃珠璣蓋自大秦交市而來珠璣者卽夜光明月珊瑚琥珀之類西與大秦通有大秦珍物又有細布好毾㲪毾音它闔反㲪音登埤蒼曰毛席也釋名曰施之承大牀前小榻上登以上牀也集解先謙曰服虔通俗文云白氎細者謂之毾㲪說文新附毾㲪皆氈之屬蓋方言也毾从毛弱聲㲪从毛登聲諸香石蜜集解先謙曰張衡七辨沙餳石蜜遠國儲珍本草石蜜生武都河源山谷及諸岩間色白如膏者良魏文帝詔云南方龍眼荔

支富比西國蒲萄石蜜平胡椒薑黑鹽和帝時數遣使貢獻後西域反畔乃絶至桓帝延熹二年四年頻從日南徼外來獻世傳明帝夢見金人長大頂有光明㠯問羣臣或曰西方有神名曰佛其形長丈六尺而黃金色帝於是遣使天竺問佛道法遂於中國畫形像焉集解惠棟曰世傳以下范氏續述所聞非班勇之文也牟子云孝明時夜夢神人身有日光明日傳問羣臣通人傅毅對曰臣聞天竺有道者號曰佛輕舉能飛身有日光殆將其神也於是遣羽林將軍秦景博士弟子王遵等十二人之大月氏國寫取佛經四十二部在蘭臺石室劉鉅曰水經注穀水又南逕白馬寺東漢明帝夢見大人金色項佩白光以問羣臣或對曰西方有神名曰佛形如陛下所夢得無是乎於是發使天竺寫致經像始以榆欓盛經白馬負圖表之中夏故以白馬爲寺名此榆欓後移在城內愍懷太子浮圖中近世復遷此寺然金光流照法輪東轉創自此矣按此於圖像寫經特詳楚王英始信其術集解先謙曰詳英傳中國因此頗有奉其道者後桓帝好神數祀浮圖老子集解先謙曰此後世釋道竝奉之權輿百姓稍有奉者後遂轉盛

東離國集解先謙曰前書無居沙奇城在天竺東南三千餘里大國也其土氣物類與天竺同列城數十皆稱王大月氏伐之遂臣服焉男女皆長八尺而怯弱乘象駱駝集解先謙曰駱誤字當作橐下同往來鄰國有寇乘象㠯戰

栗弋國集解先謙曰前書無屬康居集解先謙曰康居附見前書有傳出名馬牛羊蒲萄衆果其土水美故蒲萄酒特有名焉

嚴國集解先謙曰前書無在奄蔡北屬康居出鼠皮㠯輸之

奄蔡國改名阿蘭聊國居地城屬康居土氣溫和多楨松白草前書音義曰白草草之白者又云似莠而細熟時正白牛馬所食焉民俗衣服與康居同集解先謙曰證補云後書以粟弋奄蔡爲二後魏書粟特在葱嶺之西古之奄蔡一名溫那沙居於大澤通典云粟弋卽粟特亦與奄蔡分二國且曰粟弋附庸小國四百餘城似非一國元史類編西域傳引十三州志云奄蔡粟特各有君長而魏書以爲一國誤矣當商周時古希臘國人已至黑海古希臘文爾彭特亥駐擇義卽俗黑海行舟互市築室建城周定王時黑海北濱有希[illegible]希臘羅馬秦漢時羅馬繼之故亞洲西境部族播遷於歐洲者惟希臘羅馬古史具載梗概今譯其書謂裏海以西黑海以北先有辛卑爾人居之距今二千六百餘年蓋東方種類城郭而兼游牧者黑海北境有辛

卑爾古城黑海峽口初名辛卑爾峽今俄人名烏拉日西悉畢爾彌曲於此中國漢後鮮卑部落後見一厥後有粟特族越裏海北濱自東而西奪辛卑爾地辛卑爾人四散大半竄於今之德法丹日等地有衆入羅馬爲羅馬擊殺無遺後漢時有郭特族人其王曰亥耳曼擊粟特族人粟特族人敗潰不復振晉時匈奴西徙[illegible]其王曰阿提拉用兵如神所向無敵亥耳曼兵敗自殺子威尼達爾率郭特人西竄召集流亡別立基業阿提拉復引而西戰勝攻取威震歐洲羅馬亦憚之立國於今馬加之地希臘羅馬郭特之人多爲其所撫用宋文帝元嘉二十八年西曆四百五十一年阿提拉西侵佛郞克部卽今法國地時羅馬大將葳都思率郭特佛郞克等衆禦之戰於沙隆之野沙隆在今法國巴黎東四百里兩軍死者五十萬人阿提拉敗歸南侵羅馬毀數城而去尋卒諸子爭立國亂遂爲羅馬所滅[illegible]高耶喀斯瓜亦部河山四塞特險而久屬於粟特其後郭特阿蘭尼又曰阿獨山北亦東來族類而存後稱阿蘭亦郎阿速亦昔曰阿蘭阿思皆見東羅馬書今案耶瓜亦速於明後始爲俄所併書通典十三州志說並奄蔡一國一粟爲大姊部增弋字當作粟特而刪一字名也漢書陳湯傳顏注引胡廣云康居北可一千里有奄蔡國奄蔡之爲闔蘇者闔蘇字爲啟口時西方文字往往而有戰國時名希臘人無徵洛魏書之其言語粟特音如闔蘇特故知是也郭特之爲

粟特傳匈奴殺其王而有其國至王忽倪已三世稽其時序似郎郭特王亥耳曼自戕之事而不合者多難於論定郭特西徙因其故王之名遂有日耳曼之稱丁文作日耳曼尼法稱阿爾馬尼俄稱耶耳曼於原音爲近羅馬撫用其衆旣滅匈奴而羅馬亦爲郭特所滅德人大率日耳曼苗裔皆郭特之後故亦稱日耳曼泰西諸國靑之今德意志爲列邦貴冑種英法諸國之祖皆日耳曼人諸國每遭喪亂招致日耳曼爲列侯或世立爲王大國日耳曼小國如希臘是也今德人自承其後來自東方居法人如英不承郭特豈以兵蚦有意見存乎問郭特又云漢書言康居則不承郭特地去夏所居九千一百四里其康居西北可二千里治樂越匿地臨大澤無崖蓋北海云小王五一曰蘇薤王治蘇薤城二曰附墨王治附墨城三曰窳匿王治窳匿城四曰罽王治罽城五曰奧鞬王治奧鞬城案史記大宛傳康居在大宛西北可二千里言康居西北有奄蔡距康居二千里則在今伊犂之西南北烏孫傳在烏孫西北萬里而止康居十二萬戶五千里地小南萬二千餘里烏孫月氏所居城在今伊犂之或有奪文何秋濤朔方備乘俄羅斯相較不能九千里谷數疑有訛字國之莫斯科舊都地以張騫傳使於大宛康北海之說過矣漢書大宛傳北界康居接大宛北引漢羅謂集延等地今案什干爲其極北邊以爲大宛國康居之後也今遷徙無常不恒故地自漢以來亦西界康居本姓溫月支人也舊居祁連山北昭武城因被匈奴所破西瑜葱嶺遂有國

踰葱嶺遂有其國枝庶分王並以昭武爲姓示不忘本舊唐書亦謂康國卽漢康居新唐書康者一曰薩末鞬亦曰颯秣建元魏謂悉萬斤蓋卽今之撒馬爾干唐高宗永徽時以其地爲康居都督府此皆康居故土之可徵者也新唐書康南距史百五十里史或曰佉沙曰羯霜那居獨莫水南康居小王蘇薤城故地西百五十里距那色波北二百里屬米南四百里吐火羅也有鐵門山左右巉峭石色如鐵爲關以限二國以金錮閩此卽西遊記之碣石鐵門西域記亦謂羯霜那國東南山行三百餘里入鐵門兩傍石壁其色如鐵既設門扉又以鐵錮多有鐵鈴懸諸門扇因其險固遂以爲名明史渴石在撒馬兒罕西南六十里又西三百里大山屹立中有石峽行二三里出峽口有石門色如鐵番人號爲鐵門關似非眞門詢之西人昔誠有門今則無矣碣石渴石佉沙羯霜皆一音之轉此康居小王地可徵者一何或曰屈霜你迦曰貴霜匿卽康居小王附墨城故地鄰國四至唐書未言西域記言屈霜你迦國西二百餘里至喝捍國又西四百里至捕喝國則當在布哈爾之東此康居小王地可徵者二石或曰柘支曰柘折曰赭時漢大宛北鄙去京師九千里東北距西突厥西北波臘南二百里所抵俱戰提西南五百里康也圓千餘里右涯素葉河王姓石治柘折城故康居小王窳匿城地所謂柘析赭時卽元史西北地之察赤今之塔什干西南至撒馬爾干道里適合此康居小王地可徵者三安者一曰布豁又曰捕喝元魏謂忸密西瀕烏滸河治阿濫謐城康居小君長罽王故地案烏滸河卽阿母河布豁捕喝正布哈爾之轉音魏書云忸密在悉萬斤西今布哈爾固在撒馬爾干西惟魏書悉萬斤去代一萬二千七百二十里忸密去代二

萬二千八百二十八里不能相合意二萬爲一萬之訛魏書阿弗太汗國早伽至國在忸密西諸色波羅國在忸密南皆去代二萬三千餘里則二萬非訛字然魏書所言諸國亦不甚可憑康居五王城道里當以漢書爲率此康居小王地可徵者四火尋或曰貨利習彌曰過利居烏滸水之陽東南六百里距戍地西南與波斯接西北抵突厥曷薩乃康居小王奧鞬城故地案貨利習彌卽元史西北地之花剌子模本係地名亦爲國號至今名猶未泯也元初花剌子模之都城曰烏爾鞬赤與奧鞬音叶火尋亦當卽奧鞬變音元史訛爲玉龍傑赤突厥曷薩卽突厥之可薩部居裏海北烏滸水卽阿母河古時阿母河不入鹹海自布哈爾之南轉而北行距鹹海折而西南行以入裏海奧鞬城當西流處之南故曰居水之陽此康居小王地可徵者五更以漢書道里考之最近者窳匿城去都護五千二百六十六里塔什干城固最東也次近者附墨城去都護五千七百六十七里其近相等者蘇巔城去都護五千七百七十六里以是推之唐之何國史國殆必鄰近其遠者罽城去都護六千二百九十六里布哈爾在西里數之多誠宜最遠者奧鞬城去都護六千九百六里此在五王中極西北境以今地圖方位考之大段不爽至欲規規里數求其吻合病未能也然則康居全境起今伊犁以西歷大宛月氏安息北界而西訖於裏海其北境不可知大約及於鹹海綜厥土宇橫亘西陲不待附以北荒已非褊小晉書康居在大宛西北可二千里與粟弋伊列鄰接[illegible]其王治蘇薤城地和暖饒桐柳蒲陶多牛羊出好馬泰始中其王那鼻遣使上封事獻善馬曰治蘇薤城當是昭武之分王非康居之統主蘇薤在大宛西不及二千里晉書但引用史記而不知與己說剌謬也漢書之紀奄蔡全本史記大宛傳中張騫語騫所至者大宛月氏大夏康居而傳聞其旁大國五六蓋北海云明是擕度傳言疑而不斷三國志裴注引魚豢魏略曰奄蔡國一名阿蘭西與大秦東與康居接故時羈屬康居今不屬也通典奄蔡漢時通焉西接大秦東南二千里與康居接臨大澤無涯岸多楨松白草及貂畜牧逐水草蓋近北海今以地望道里徵之自康居西境貨利習彌之地西北行出裏海北濱再西行二千里乃臨黑海所謂大澤蓋黑海也漢時黑海爲羅馬東鄙故云西接大秦若俄之所謂莫斯科舊都與羅馬版圖渺不相屬何論更北隋書鐵勒傳拂菻東則有恩屈阿蘭北褥九離伏嗢昏等拂菻卽東羅馬其都城臨地中海峽在黑海西而黑海南境悉入版圖故云阿蘭在拂菻東更以西書徵之戰國時裏海黑海之北粟特族居之耶爪亦族自東方來屬居裏海西高喀斯山北後稱阿蘭亦曰阿蘭尼又曰阿思亦曰阿蘭阿思今考耶爪亦爲奄蔡轉音阿蘭尼爲阿蘭聊轉音阿思爲阿速阿思轉音阿蘭阿思見元史西北地附錄然則漢奄蔡卽元阿速明史阿速城背山面川川南流入海大澤之卽黑海復奚疑焉魏書謂粟特去代一萬六千里又云粟弋商人多詣涼州販貨則非甚遠可知備乘謂當是二萬六千里改古史以伸己說未爲是也後書謂奄蔡土氣溫和粟弋出蒲萄酒史記正義引括地志曰奄蔡酒國也黑海之濱氣候暄和故能廣植蒲萄多釀美醞若北海之濱雪窖冰天漢魏之時窮荒未闢其地烏得有酒國哉[illegible]後書嚴國在奄蔡北若奄蔡已臨北海則此國將在海外後書無北海一語荅已知張騫此語不足爲憑志略謂此大澤卽鹹海楚失而齊亦未得也耶律鑄雙溪醉隱集行帳八珍詩駝蹄羹注康居南鄙伊麗迤西沙磧斥鹵地往往產野駝麆沆注麆沆馬搁也麆沆奄蔡語

也國朝因之又注奄蔡兩漢西域傳無音大宛傳宛王昧蔡顏注蔡千葛切書二百里蔡毛晃韻蔡桑葛切廣韻亦然奄蔡千葛切爲是今有其種率皆從事搁馬據此則康居奄蔡元人猶知其故地奄蔡不見元史蓋卽阿速也先謙案康居本書無傳洪說與粟弋奄蔡嚴連考覈特爲詳盡故備錄之兼爲前書注補證

莎車國集解先謙曰今新疆省莎車府西經蒲犂無雷集解先謙曰二國附見前書有傳至大月氏東去洛陽萬九百五十里集解先謙曰前書云去長安九千九百五十里匈奴單于因王莽之亂略有西域唯莎車王延最彊不肯附屬元帝時嘗爲侍子長於京師慕樂中國亦復參其典法集解先謙曰參用漢法治國常勑諸子當世奉漢家不可負也天鳳五年延死謚忠武王子康代立光武初康率傍國拒匈奴擁衞故都護吏士妻子千餘口檄書河西問中國動靜自陳思慕漢家建武五年河西大將軍竇融乃承制立康爲漢莎車建功懷德王西域大都尉五十五國皆屬焉九年康死謚宣成王弟賢代立攻破拘彌西夜國皆殺其王而立其兄康

兩子爲拘彌西夜王十四年賢與鄯善王安並遣使詣闕貢獻於是西域始通葱嶺以東諸國皆屬賢十七年賢復遣使奉獻請都護天子以問大司空竇融以爲賢父子兄弟相約事漢款誠又至宜加號位以鎮安之帝乃因其使賜賢西域都護印綬及車旗黃金錦繡敦煌太守裴遵上言〔集解〕惠棟曰世系云遵自雲中從光武平隴蜀徙居河東陽吉平侯茂之先也夷狄不可假以大權又令諸國失望詔書收還都護印綬更賜賢以漢大將軍印綬其使不肯易遵迫奪之賢由是始恨而猶詐稱大都護移書諸國諸國悉服屬焉號賢爲單于浸以驕橫重求賦稅數攻龜茲諸國諸國愁懼二十一年冬車師前王鄯善焉耆等十八國俱遣子入侍獻其珍寶及得見皆流涕稽首願得都護天子以中國初定北邊未服〔集解〕先謙曰謂北匈奴皆還其侍子厚賞賜之是時賢自負兵強欲并兼西域攻擊益甚諸國聞都護不出而侍子皆還大憂恐乃與敦煌太守檄願留侍子以示莎車言侍子見留都護尋出冀且息其兵裴遵以狀聞天子許之二十二年賢知都護不至遂遺鄯善王安書令絕通漢道安不納而殺其使賢大怒發兵攻鄯善安迎戰兵敗亡入山中賢殺略千餘人而去其冬賢復攻殺龜茲王遂兼其國鄯善焉耆諸國侍子久留敦煌愁思皆亡歸鄯善王上書願復遣子入侍更請都護都護不出誠迫於匈奴天子報曰今使者大兵未能得出如諸國力不從心東西南北自在也〔集解〕先謙曰言任所歸向自在語未明顯亦疑在爲任之譌於是鄯善車師復附匈奴而賢益橫嬀塞王自以國遠遂殺賢使者賢擊滅之立其國貴人駟鞬爲嬀塞王賢又自立其子則羅爲龜茲王賢以則羅年少乃分龜茲爲烏壘國〔集解〕先謙曰前書云龜茲東至都護治所烏壘城三百五十里今無都護賢即此城立國也徙駟鞬爲烏壘王又更以貴人爲嬀塞王數歲龜茲國人共殺

則羅駟鞬而遣使匈奴更請立王匈奴立龜茲貴人身毒爲龜茲王龜茲由是屬匈奴賢以大宛貢稅減少自將諸國兵數萬人攻大宛大宛王延留迎降賢因將還國徙拘彌王橋塞提爲大宛王而康居數攻之橋塞提在國歲餘亡歸賢復以爲拘彌王而遣延留還大宛使貢獻如常賢又徙于窴王俞林爲驪歸王立其弟位侍爲于窴王歲餘賢疑諸國欲畔召位侍及拘彌姑墨子合王盡殺之不復置正〔集解〕劉攽曰案文正當作王但遣將鎮守其國位侍子戎亡降漢封爲守節侯莎車將君得在于窴暴虐百姓患之明帝永平三年其大人都末出城見野豕欲射之豕乃言曰無射我我乃爲汝殺君得都末因此即與兄弟共殺君得〔集解〕劉鉅曰類聚九十四御覽九百三引張璠漢紀射並作搏餘大同而大人休莫霸復與漢人韓融等殺都末兄弟自立爲于窴王復與拘彌國人攻殺莎車將在皮山者引兵歸於是賢遣其太子國相將諸國兵二萬人擊休莫霸霸迎與戰莎車兵敗走殺萬餘人賢復發諸國數萬人自將擊休莫霸霸復破之斬殺過半賢脫身走歸國休莫霸進圍莎車中流矢死兵乃退于窴國相蘇榆勒等共立休莫霸兄子廣德爲王匈奴與龜茲諸國共攻莎車不能下廣德承莎車之敝使弟輔國侯仁將兵攻賢〔集解〕先謙曰前書莎車有輔國侯諸國亦頗有之賢連被兵革乃遣使與廣德和先是廣德父拘在莎車數歲於是賢歸其父而以女妻之結爲昆弟廣德引兵去明年莎車相且運等且音子余反下同患賢驕暴密謀反城降于窴反音畱于窴王廣德乃將諸國兵三萬人攻莎車賢城守使使謂廣德曰我還汝父與汝婦〔集解〕先謙曰與予同汝來擊我何爲廣德曰王我婦父也久不相見願各從兩人會城外結盟賢以問且運且運曰廣德女壻至親宜出見之賢乃輕出〔集解〕先謙曰謂輕騎出也廣德遂執賢而且運等因內

于窴兵虜賢妻子而幷其國鎖賢將歸歲餘殺之匈奴聞廣德滅莎車遣五將發焉耆尉黎〔集解〕先謙曰前書鄭吉傳作尉黎餘皆作犂龜茲十五國兵三萬餘人圍于窴廣德乞降以其太子爲質約歲給罽絮冬匈奴復遣兵將賢質子不居徵立爲莎車王〔集解〕先謙曰將送也不居徵蓋前匈奴龜茲共攻莎車時所質廣德又攻殺之更立其弟齊黎爲莎車王章帝元和三年〔集解〕劉攽曰案文少一也字先謙曰廣德後事亦見班超傳時長史班超發諸國兵擊莎車大破之由是遂降漢事已具班超傳莎車東北至疏勒〔集解〕先謙曰前書疏勒傳云南至莎車五百六十里

疏勒國〔集解〕先謙曰卽新疆之喀什噶爾今爲疏勒府去長史所居五千里去洛陽萬三百里〔集解〕先謙曰前書云去長安九千三百五十里領戶二萬一千〔集解〕先謙曰脫口數勝兵三萬餘人明帝永平十六年龜茲王建攻殺疏勒王成自以龜茲左侯兜題爲疏勒王〔集解〕先謙曰據前書疏勒但有左右將左右騎君而無左右侯此左侯疑左將之誤若以焉耆傳例

之或亦當作左候冬漢遣軍司馬班超劫縛兜題而立成之兄子忠爲疏勒王忠後反畔超擊斬之事已具超傳安帝元初中疏勒王安國以舅臣磐有罪徙於月支月支王親愛之〔集解〕先謙曰氏支兩作駁文官本不誤後安國死無子母持國政與國人共立臣磐同產弟子遺腹爲疏勒王臣磐聞之請月氏王曰安國無子種人微弱若立母氏我乃遺腹叔父也我當爲王月氏乃遣兵送還疏勒國人素敬愛臣磐又畏憚月氏卽共奪遺腹印綬迎臣磐立爲王更以遺腹爲磐稾城侯後莎車連畔于窴屬疏勒疏勒以强故得與龜茲于窴爲敵國焉順帝永建二年臣磐遣使奉獻帝拜臣磐爲漢大都尉兄子臣勳爲守國司馬五年臣磐遣侍子與大宛莎車使俱詣闕貢獻陽嘉二年臣磐復獻師子封牛至靈帝建寧元年疏勒王與漢大都尉〔集解〕先謙曰疏勒王漢大都尉卽臣磐也與字當衍於獵中爲其季父和得所射殺和得自立爲王〔集解〕惠棟曰案郃陽令曹全碑作和德云和德弒父篡立周壽昌曰德得古通如漢石經論語何得之衰今文作德前書項羽傳吾爲公得晉灼云或作德是也弒父自立則紀載之誤三年涼州刺史孟佗〔集解〕惠棟曰佗字伯郞見宦者傳遣從事任涉將敦煌兵五百人與戊己司馬曹寬〔集解〕劉攽曰案文亦多己字惠棟曰曹全碑云字景完隃麋相鳳之子以孝廉拜西域戊部司馬討疏勒無己字與劉說合而名異先謙曰范去漢二百餘年而傳錄文字脫落完寬字形相似故完誤爲寬也其名是全則碑有塙證西域長史張晏將焉耆龜茲車師前後部合三萬餘人討疏勒攻楨中城〔集解〕惠棟曰班超傳云疏勒王還據損中城胡注卽楨中城也四十餘日不能下引去〔集解〕周壽昌曰碑云和德面縛歸死司寇還師振旅則作碑者緣飾之詞其後疏勒王連相殺害朝廷亦不能禁東北經尉頭溫宿姑墨龜茲〔集解〕先謙曰四國附見前書有傳至焉耆

焉耆國〔集解〕先謙曰卽新疆之哈喇沙爾今爲焉耆府王居南河城〔集解〕惠棟曰前書云治員渠城袁宏紀作河南城北去長史所居八百里東去洛陽八千二百里〔集解〕先謙曰前書云去長安七千三百里戶萬五千口五萬二千勝兵二萬餘人其國四面有大山

與龜茲相連道險阸易守有海水曲入四山之內周帀其城三十餘里〔集解〕惠棟曰班超傳云其國有葦橋之險先謙曰海水卽博斯騰淖爾也裕勒都斯河環繞焉耆城下而注於淖爾引詳前書永平末焉耆與龜茲共攻沒都護陳睦副校尉郭恂〔集解〕先謙曰恂亦見班超傳殺吏士二千餘人至永元六年都護班超發諸國兵討焉耆危須尉黎山國〔集解〕先謙曰前書云山國至焉耆百六十里遂斬焉耆尉黎二王首傳送京師縣蠻夷邸蠻夷皆置邸以居之若今鴻臚寺也〔集解〕惠棟曰前書陳湯傳斬郅支首及名王以下宜縣首槀街蠻夷邸間棟案西京於槀街東京蓋於銅駝街也顏注邸若今鴻臚客館也超乃立焉耆左侯元孟爲王〔集解〕先謙曰據超傳元孟係左候此誤侯尉黎危須山國〔集解〕先謙曰三國附見前書有傳皆更立其王至安帝時西域背畔延光中超子勇爲西域長史復討定諸國元孟與尉黎危須不降永建二年勇與敦煌太守張朗擊破之元孟乃遣子詣闕貢獻〔集解〕先謙曰元孟及朗事詳勇傳

蒲類國〔集解〕先謙曰圖考云在伊吾北今爲巴里坤地巴爾庫勒淖爾卽蒲類海是也今屬鎭西廳居天山西

疏榆谷東南去長史所居千二百九十里去洛陽萬四百九十里（集解先謙曰前書云去長安八千三百六十里）戶八百餘口二千餘勝兵七百餘人廬帳而居逐水草頗知田作有牛馬駱駝羊畜（集解先謙曰駱當作槖）能作弓矢國出好馬蒲類本大國也（集解先謙曰前書合後國計之戶四百餘口三千餘勝兵千餘以爲大國不可曉）前西域屬匈奴而其王得罪單于單于怒徙蒲類人六千餘口內之匈奴右部阿惡地因號曰阿惡國南去車師後部馬行九十餘日人口貧羸逃亡山谷閒故畱爲國云（集解劉攽曰案此文不足當云其人口貧羸者逃亡山谷間故畱爲國云少一其字一者字先謙曰蒲類戶口無多徙人至六千餘口舊國墟矣故移支國居之而徙阿惡地之人貧羸逃亡也似不必加其者二字）

移支國（集解先謙曰前書無）居蒲類地戶千餘口三千餘勝兵千餘人其人勇猛敢戰以寇鈔爲事皆被髮（集解先謙曰此由他方轉徙而來者）隨畜逐水草不知田作所出皆與蒲類同

東且彌國（集解惠棟曰前書云治天山東兌虛谷先謙曰前書有西且彌國范書不言葢已併爲一）東去長史所居八百里去洛陽九千二百五十里（集解先謙曰前書云去長安八千二百五十里）戶三千餘口五千餘勝兵二千餘人廬帳居逐水草頗田作其所出有亦與蒲類同所居無常

車師前王（集解惠棟曰前王國亦曰前部）居交河城河水分流繞城故號交河去長史所居柳中八十里東去洛陽九千一百二十里（集解先謙曰前書云去長安八千一百五十里）領戶千五百餘口四千餘勝兵二千人後王居務塗谷（集解惠棟云杜佑云即金蒲城今北庭蒲類縣也）去長史所居五百里去洛陽九千六百二十里（集解先謙曰前書云去長安八千九百五十里）領戶四千餘口萬五千餘勝兵三千餘人前後部及東且彌卑陸蒲類移支是爲車師六國北與匈奴接前部西通焉耆北道後部西通烏孫建武二十一年與鄯善焉耆遣子入侍光武遣還之乃附屬匈奴明帝永平十六年漢取伊吾盧通西域車師始復內屬匈奴遣兵擊之復降北虜和帝永元二年大將軍竇憲破北匈奴車師震慴（集解惠棟曰杜佑音之涉反）前後王各遣子奉貢入侍並賜印綬金帛八年戊己校尉索頵欲廢後部王涿鞮立破虜侯細致（集解先謙曰此破虜侯葢與前書車師後部之擊胡侯同）涿鞮忿前王尉卑大賣己因反擊尉卑大（集解惠棟曰尉卑大通鑑作尉畢大下同棟案通鑑異字大要本袁宏紀也）獲其妻子明年漢遣將兵長史王林發涼州六郡兵及羌虜胡二萬餘人以討涿鞮（集解先謙曰羌虜胡三字文不成義漢人謂胡曰虜不當言虜又言胡且發爲兵者乃降胡不當更斥曰虜明虜字當衍）獲首虜千餘人涿鞮入北匈奴漢軍追擊斬之立涿鞮弟農奇爲王至永寧元年後王軍就及母沙麻反畔殺後部司馬及敦煌行事（司馬卽屬戊校尉所統也和帝時置戊己校尉鎭車師後部行事謂前行長史索班集解劉攽曰注和帝置戊己校尉案此上文云司馬卽屬戊校尉所統是也下不合添一己字先謙曰官本無後字惠棟云王厚之本作後部司馬又案漢印章圖譜有立義行事葢當時所立官名也）至安帝延光四年長史班勇擊

軍就大破斬之順帝永建元年勇率後王農奇子加特奴及八滑等發精兵擊北虜呼衍王破之勇於是上立加特奴爲後王八滑爲後部親漢侯陽嘉三年夏車師後部司馬率加特奴等千五百人掩擊北匈奴於閶吾陸谷壞其廬落斬數百級獲單于母季母及婦女數百人（季母叔母也）牛羊十餘萬頭車千餘兩兵器什物甚衆四年春北匈奴呼衍王率兵侵後部帝以車師六國接近北虜爲西域蔽扞乃令敦煌太守發諸國兵及玉門關候伊吾司馬合六千三百騎救之掩擊北虜於勒山漢軍不利秋呼衍王復將二千人攻後部破之桓帝元嘉元年呼衍王將三千餘騎寇伊吾伊吾司馬毛愷遣吏兵五百人於蒲類海東與呼衍王戰悉爲所沒呼衍王遂攻伊吾屯城夏遣敦煌太守司馬達將敦煌酒泉張掖屬國吏士四千餘人救之出塞至蒲類海呼衍王聞而引去漢軍無

功而還永興元年車師後部王阿羅多與戊部候嚴皓不相得遂忿戾反畔攻圍漢屯田且固城殺傷吏士後部候炭遮嶺餘人【集解】先謙曰謂後部所屬餘人從後部候在炭遮嶺者畔阿羅多詣漢吏降阿羅多迫急將其母妻子從百餘騎亡走北匈奴中敦煌太守宋亮上立後部故王軍就質子卑君爲後部王【集解】惠棟曰質音致先謙曰軍就爲班勇所斬其質子尚在敦煌後阿羅多復從匈奴中還與卑君爭國頗收其國人戊校尉閻詳慮其招引北虜將亂西域乃開信告示【集解】先謙曰開諭以信之又告示其衆也許復爲王阿羅多乃詣詳降於是收奪所賜卑君印綬更立阿羅多爲王仍將卑君還敦煌以後部人三百帳別屬役之食其稅【集解】惠棟曰蔡邕太尉橋元碑云公拜涼州刺史車師後部阿羅多卑君相與爭國興兵作亂公遣從事牛稱何傳輕騎奉辭責罪收阿羅多卑君繫敦煌正處以聞阿羅多王卑君侯不動干戈揮鞭而定西域之事人以爲美談傳載閻詳而不及元又不言卑君爲侯者略之也先謙曰西域諸國王下卽侯阿羅多旣王卑君別屬三百帳是必號侯矣阿羅多招引來降必無收繫敦煌之事閻詳權宜處置刺史參領聞奏史略固宜若以正論阿羅多背畔入寇豈能許復爲王但圖息事此傳首所謂雖有降首曾莫懲革者衰世粃政反謂美談誤墓之文殆於不實也帳者猶中國之戶數也【集解】先謙曰車師六國大氐俗兼廬帳故有戶有帳卑君徙居敦煌故從者以帳計俗稱算帳始此

論曰西域風土之載前古未聞也漢世張騫懷致遠之略【前世張騫漢中人爲博望侯武帝時上言大夏及安息大宛之屬大國奇物誠得而以義屬之則地廣萬里帝從之【集解】先謙曰注世官本作書】班超奮封侯之志【超少時家貧投筆歎曰丈夫當如傅介子張騫立功西域以取封侯安能久事筆硯乎語見超傳】終能立功西遐羈服外域自兵威之所讋服財賂之所懷誘莫不獻方奇納愛質【集解】先謙曰方奇土物愛質侍子露頂肘行東向而朝天子故設戊己之官分任其事建都護之師總領其權先馴則賞籯金而賜龜綬【龜謂印文也漢舊儀曰銀印皆龜紐其文刻曰某官之章】後服則繫頭顙而釁北闕【集解】先謙曰謂獻首闕下立屯田於膏腴之野列郵置於要害之路馳命走驛【集解】劉攽曰案驛當作譯不絕於時月商胡販客日款於塞下其後甘英乃抵條支而歷安息臨西海以望大秦拒玉門陽關者四萬餘里【集解】先謙曰拒距通作靡不周盡焉若其境俗性智之優薄產載物類之區品川河領障之基源【集解】先謙曰領障嶺嶂通作氣節涼暑之通隔梯山棧谷繩行沙度之道身熱首痛風災鬼難之域【前書杜欽曰罽賓本漢所立殺漢使者今悔過來順使者送至縣度歷大頭痛小頭痛之山赤土身熱之阪臨崢嶸不測之深行者騎步相持繩索相引釋法顯游天竺記云西度流沙屢有熱風惡鬼過之必死葱嶺冬夏有雪有毒龍若犯之則風雨晦冥飛沙揚礫過此難者萬無一全也【集解】劉攽曰注過此難者案當作遇惠棟曰宋膺異物志云大頭痛小頭痛山皆在渠搜之東疏勒之西經之者身熱頭痛夏不可行行則致死唯冬可行尚嘔吐山有毒藥氣之所爲也冬月枯歇故可行也】莫不備寫情形審求根實至於佛道神化興自身毒而二漢方志莫有稱焉張騫但著地多暑溼乘象而戰班勇雖列其奉浮圖不殺伐而精文善法導達之功【集解】先謙曰導達謂勸人爲善引誘開悟靡所傳述余聞之後說也其國則殷乎中土玉燭和氣【天竺國記云中天竺人殷樂無戶籍耕王地者輸地利又其土和適無冬夏之異草木常茂種田無時節爾雅曰四時和謂之玉燭【集解】先謙曰今印度全爲英國所有其地位於北緯綫八度至三十五度之間距赤道甚近酷熱異常玉燭意謂四時不寒耳】靈聖之所

降集賢懿之所挺生【本行經曰釋迦菩薩在兜率陁天爲諸天無量無邊諸衆說法又觀我今何處成道利益衆生乃觀見宜於南閻浮提生有大利益又云誰中與我爲父母者觀見天竺刹利種迦毘羅城白淨王摩耶夫人可爲父母又云四生之中何生利益觀見同衆生胎生我若化生諸外道等卽誹謗我是幻術也爾時菩薩觀已示同諸天五衰相現命諸同侶波斯匿王等諸王中生皆作國王與我爲檀越命阿難及諸人等同生爲弟子命舍利弗等外道中生我成道時當受我化回邪入正又有無量衆生同隨菩薩於天竺受生多所利益也【集解】先謙曰舍利弗官本弗作佛下同】神迹詭怪則理絕人區【維摩經曰以四大海水入一毛孔中不撓魚鼈等而彼大海本相如故又舍利弗住不思議菩薩斷取三千大千國界如陶家輪著右掌中擲過恒河沙國界之外其中衆生不覺不知又復還本處都不使人有往來相】感驗明顯則事出天外【涅槃經曰阿闍王令醉象蹋佛佛以慈善根力舒其五指遂爲五師子見爾時醉象惶懼而退又五百羣賊劫奪人庶波斯匿王收捉剜其兩目棄入坑中爾時羣賊苦痛不已同時發聲念南無佛隨達摩佛以慈善根力雪山吹藥令入賊眼皆悉平復如本】而騫超無聞者豈其道閉往運數開叔葉乎不然何誣異之甚也漢自楚英始盛齋戒之祀桓帝又修華蓋之飾將微意未

譯而但神明之邪集解先謙曰官本意作義是詳其清心釋累之訓空有兼遺之宗道書之流也清心謂忘思慮也釋累謂去貪欲也不執著爲空執著爲有兼遣謂不空不有虛實兩忘也維摩詰云我及涅槃此二皆空老子云常無欲觀其妙常有欲觀其徼故曰道書之流也且好仁惡殺蠲敝崇善所以賢達君子多愛其法焉然好大不經奇譎無已維摩經曰爾時毗耶離有長者子名曰寶積與五百長者子俱持七寶蓋來詣佛所頭面禮足各以其蓋共供養佛佛威神力令諸寶蓋合成一蓋徧覆三千大千國界諸須彌山乃至日月星宿并十方諸佛說法皆現於寶蓋中又維摩詰三萬二千師子坐高八萬四千由旬高廣嚴淨來入維摩方丈室包容無所妨礙又四大海水入毛孔須彌山入芥子等也雖鄒衍談天之辯莊周蝸角之論史記曰談天衍劉向別錄曰鄒衍之所言五德終始天地廣大其書言天事故曰談天莊子曰有國於蝸之左角者曰觸氏有國於蝸之右角者曰蠻氏相與爭地而戰伏尸數萬逐北旬有五日而後反郭璞注爾雅云蝸牛音瓜談天言大蝸角喻小尚未足以概其萬一集解王鳴盛曰李光地云此論多微詞既言道書之流又言鄒莊未足概其萬一與宋景文言李蔚贊所云大抵與黃老相出入而譎誕華人取莊列之說以助其高因而層累騰駕直出其上者同意魏書太平眞君七年詔曰雖言胡人問今胡人共言無有皆是後世漢人無賴子弟劉元眞呂伯强乞胡人之誕言用老莊之虛假附而益之皆非眞實李蔚贊又出於此詔文載魏書釋老志先謙曰印度僧國也其人夙以修道成佛爲務奉婆羅門教區分四等貴賤定分不相踰越釋迦以儲君之貴敝蹝榮華精思苦行天姿卓絕本越尋常又其興善能仁和光忍辱平等施教人所樂從智慧精神有常存不敝之理死後弟子相與神之推演傳播致諸幻說法教東漸如風掩草祈福好異華俗固然詭誕波揚彌塞宙合佛之眞諦豈在斯乎乃至景慕者莫窮其緒詆斥者謂無其人此則徒黨之咎也若其捐寶位而披鶉衲割慈愛而遁空虛雖有仁心所及不廣亦乖宏道之方焉惟我孔子本人道以研幾屏神怪而不語所以一人立極而萬世無弊也又精靈起滅因報相尋若曉而昧者故通人多惑焉精靈起滅謂死輪回無窮已因報相尋謂行有善惡各緣業報也集解先謙曰言若明明可知而又不可知故通人亦多爲所感動也官本感作惑義得兩通蓋導俗無方適物異會取諸同歸措夫疑說則大道通矣集解洪亮吉曰此北魏書列三教之濫觴也惠棟曰措置也先謙曰言以善化導世俗無一定之方其適於物情雖若異其趣會但取同歸於善而置其可疑之說亦不悖於大道也

贊曰逷矣西胡天之外區逷遠也音它狄反尚書曰逷矣西土之人土物琛麗人性淫虛不率華禮莫有典書若微神道何恤何拘言無神道以制胡人則匈猛之性何所憂懼何所拘忌也集解先謙曰言不循中國之禮又無聖人之書非神道曷制也

後漢書八十八

後漢書集解卷八十八校補

西域傳元帝又置戊己二校尉集解先謙曰戊已解詳前書謹案戊已校尉前書百官公卿表初不言有二就使隨時增置亦未必戊已分置前書西域傳徐普刁護郭欽均統名戊已校尉是其證也自顏籀謂有戊校尉有已校尉通鑑因主其說續百官志不載疑莫能詳此傳雖有置戊已二校尉一語而車師後王傳和帝永元八年仍書戊已校尉索頵與帝紀合仍未必卽已分置桓帝永興元年後乃書戊校尉閻詳或因嚴皓得罪以去始就戊部候改設之其前固無可考也餘已詳明紀校補

敦煌太守曹宗集解惠棟曰通典作曹崇案通志仍作宗

鄯善逼急求救於曹宗因此請出兵擊匈奴報索班之恥集解先謙曰官本重一宗字是謹案通志宗字不重

議者因欲閉玉門陽關注玉門陽關二關名也官本注末無也字

集昆侖塞注廣至故城在今瓜州常樂縣東柳從辰曰唐常樂縣今安西州西

不貲之費發矣貲通志作訾與惠說合蓋北宋本如此

而烏孫蔥領已西遂絕官本領作嶺同案後又多作嶺殊未畫一

于寘國傳于寘柳從辰曰寘應作窴說詳班超傳

卽時斬建集解先謙曰官本時作前是此誤謹案時字雖似可通但通志亦作前

乃斷死人頭送敦煌案此謂別斷一死人頭爲輪僰首故下文云亮後知其詐也于寘非有愛於輪僰當是輪僰前被殺首已不存或首雖存歷久腐敗不能用以詐亮耳

安息國傳遣使獻獅子符拔官本獅皆作師古今字案此本亦多作師殊未畫一

若遇遲風遲通志同官本作還非

海中善使人思土戀慕數有死亡者案通志作海中善使人悲懷思土故數有死亡者此下復有若漢使不戀父母妻子者可入凡十二字

大秦國傳其人民皆長大平正有類中國故謂之大秦集解先謙曰至或者歐人以爲羅馬之大與亞洲之秦相匹而競標大秦之稱謹案通志注引外國圖從隅巨北有國亦名大秦其國人長大無有五六尺者又引杜還經行記拂林國在苦國西

陽山數千里亦曰大秦其人顏色紅白男子悉著素衣婦人皆服珠錦好飲酒尚乾餅多工巧善織絡以今考之皆即古昔羅馬國地羅馬既本無大秦之號則大秦二字當爲中國譯音之誤據後文從安息陸道繞海北行出海西至大秦疑即泰西二字也使歐人嘗自標大秦之稱雖不以名國羅馬古史似亦當略有故實可求今乃絕未有述及者雖泰西之稱亦非羅馬所得專而當羅馬全盛時實爲泰西文明主國漢使既未能至其地宜不能詳元明後海舶交通歐人來游皆自謂泰西人中國亦概以西人目之猶不能遽詳其國籍在漢世更無論矣

合會諸香煎其汁目爲蘇合集解惠棟曰至乃賣其滓與賈客 從柳辰曰此見梁書中天竺國傳末云乃賣其滓與諸國賈人是以展轉來達中國不大香也廣志幷云蘇合香梵書謂之咄嚕瑟劒案大食國與大秦接壤亦出蘇合香見香譜

大月氏國傳分其國爲休密雙靡貴霜肸頓都密凡五部翖侯 官本肸作肹同翖前書顏注卽翕字 後百餘歲貴霜翖侯邱就卻 官本卻作郤

天竺國傳天竺國一名身毒在月氏之東南數千里 案通志注云捐毒國王治衍敦谷去長安九千八百六十里其東至都護治所二千八百六十一里至疏勒南與蔥嶺屬無人民西上蔥嶺則休循也西北至大宛千三百里北與烏孫接衣服類烏孫隨水草依蔥嶺本塞種也按漢史所云則其國甚小自改稱天竺以後則爲大國天竺亦曰身毒一名摩伽陁一名婆羅門在蔥嶺之南去月氏東南數千里地方三萬餘里其中分爲五天竺一曰中天竺二曰東天竺三曰南天竺四曰西天竺五曰北天竺地各數千里城邑數百南天竺際大海北天竺距雪山四周有山爲壁南面一谷通爲國門東天竺際大海與扶南林邑接但隔小海而已西天竺與罽賓波斯接中天竺接四天竺據四天竺之間國各有王

乘象而戰 案以東離國乘象以戰證之正著其怯於戰恃象爲助也惟下云其人弱於月氏修浮圖道不殺伐乃先著乘象而戰四字於文義頗不相屬通志作人畏戰不從范書也

東至磐起國 案磐起通志起作越

東離國傳東離國集解先謙曰前書無 謹案通志作車離國一名禮惟持一名沛隸王東車易譌未詳孰是

列城數十皆稱王 通志列作別

莎車國傳不復置正集解劉攽曰案文正當作王 案通志作王

疏勒國傳劫縛兜題 官本縛譌縛

車師後王傳發涼州六郡兵及羌虜胡二萬餘人集解先謙曰至明虜字當衍 謹案通志無虜字可證

殺後部司馬集解劉攽曰至下不合添一已字 案和帝但又置戊部候居車師後部候城至桓帝時始有戊校尉此後部司馬當爲戊部候屬官章懷注似已失之至其言和帝置戊己校尉則固據帝紀本文非有添設也劉氏曲護通鑑之說欲盡改紀傳原文殆非所安或疑本傳前言戊己校尉更互屯焉頗似早已分置實則此承上文言自伊吾北通車師前後部都凡一千七百里屯地廣遠屯卒非更互屯之不能徧及正明戊己校尉治無常所也如戊己早已分部則可各屯各部又何必更互乎

乃令敦煌太守發諸國兵至漢軍不利 案此敦煌太守在順帝陽嘉四年不詳何人據班超傳班勇於陽嘉二年與敦煌太守張朗同攻焉耆王元孟朗欲徼功自贖先期至焉耆受降勇以後期徵下獄免朗時旣有功當仍守敦煌但其後亦被徵御詳班超挍補未必此時太守仍爲朗矣沈銘彝云敦煌太守裴岑於永和二年將郡兵三千人誅呼衍王等克敵全師立石紀功其碑在西塞巴爾庫爾城西五十里地名石人子雍正七年大將軍岳公鍾琪移置將軍府十三年撤師又移置漢壽亭侯廟中裴岑爲太守領兵計其時當在徐由之後司馬達之前而范史不載今據帝紀陽嘉五年改元永和永和二年距陽嘉四年其閒亦僅隔一年或此太守卽裴岑也惟此時漢軍不利呼衍王且攻破車師後部若果永和二年裴岑有誅呼衍王等事史不當無文碑蓋難盡信矣又徐由爲敦煌太守據前拘彌國傳在順帝永建四年實居張朗之先而本傳下言敦煌太守司馬達係在桓帝元嘉元年時上溯永和二年已逾十年敦煌不知幾易太守沈說亦有未究也

身熱首痛風災鬼難之域注臨峥嶸不測之深 官本注深作淵係後人回改

南匈奴列傳第七十九

前書直言匈奴傳不言南北今稱南者明其爲北生義也以南單于向化尤深故舉其順者以冠之東觀記稱匈奴南單于列傳范曄因去其單于二字

宋　宣城　太　守　范　曄　撰

唐　章　懷　太　子　賢　注

王先謙集解

南匈奴醢落尸逐鞮單于比者醢音火兮反集解惠棟曰比烏珠留單于長子前書名蘇屠胡次當爲單于爲烏絫單于眂爲左屠耆王故不得立而立烏珠留弟輿也今後書名比或別有据呼韓邪單于之孫前書曰單于者廣大之貌也言其象天單于然也呼韓邪卽冒頓單于八代孫虛閭權渠單于子也名稽侯狦狦音山諫反東觀記曰單于北匈奴頭曼十八代孫臣賢案頭曼卽冒頓單于父自頭曼單于至比父子相承十代以單于相傳乃十八代也集解劉攽曰注單于北匈奴頭曼案北當作比烏珠留若鞮單于之子也匈奴謂孝爲若鞮自呼韓邪單于降後與漢親密見漢帝謚常爲孝慕之至其子復珠累單于以下皆稱若鞮南單于比以下直稱鞮也集解惠棟曰烏珠留單于名囊知牙斯也自呼韓邪後諸子以次立至比季父單于輿時集解惠棟曰輿呼韓邪單于第五闕氏子以比爲右薁鞬日逐王部領南邊及烏桓薁音於六反鞬音九言反下並同建武初彭寵反畔於漁陽單于與共連兵因復權立盧芳使入居五原東觀記芳安定人屬國胡數千畔在參蠻芳從之詐姓劉氏自稱西平王會匈奴句林王將兵來降參蠻胡芳因隨入匈奴留數年單于以中國未定欲輔立之遣母樓且王求入五原與假號將軍李興等結謀與北至單于庭迎芳芳外倚匈奴內因興等故能廣略邊郡集解惠棟曰注母樓且王盧芳傳云無樓且渠王且渠匈奴官號也落渠字光武初方平諸夏未遑外事也遑暇至六年始令歸德侯劉颯使匈奴集解吳仁傑曰案前書颯與陳遵往使在更始二年冬是歲光武方爲蕭王傳文誤也錢大昕曰或云漢宣帝時匈奴日逐王先賢撣率衆降封歸德侯其孫颯襲封五十六年至建武初尚存颯颯字形相涉卽一人然据班表建武二年颯子襄已嗣侯則颯當卒於建武元年安得於六年更奉使乎且先賢撣出於匈奴不聞賜姓劉氏也王莽時又有歸德侯王颯使匈奴王昭君兄子也匈奴亦遣使來獻漢復令中郎將韓統報命賂遺金帛以通舊好舊好謂宣帝和帝之代與國和親集解周壽昌曰案注和帝官本作元帝爲是而單于驕踞自比冒頓冒頓匈奴單于頭曼之子也卽夏后氏之苗裔也其先曰淳維自淳維至頭曼千有餘歲冒頓當始皇之時爲鳴鏑弒頭曼代立控弦三十餘萬強盛與諸夏爲敵國踞慢無禮窘辱高祖戲侮呂后事見前書對使者辭語悖慢前書更始二年冬遣中郎將歸德侯颯大司馬護軍陳遵使匈奴授單于漢制璽綬單于輿驕謂遵颯曰匈奴本與漢爲兄弟匈奴中亂孝宣帝輔立呼韓邪單于故稱臣以尊漢今漢亦大亂爲王莽所篡匈奴亦出擊莽空其邊境令天下騷動思漢莽卒以敗而漢復興亦我力也當復尊我遵與颯相牚距單于終持此論語詞悖慢卽此類也集解惠棟曰吳氏補遺云紀書建武六年匈奴遣使來獻使中郎將報命案此年使者自是韓統不當引遵颯事爲證注文誤周壽昌曰注牚卽牚考工記弓人維角牚之注讀如牚距之牚帝待之如初初使命常通而匈奴數與盧芳共侵北邊九年遣大司馬吳漢等擊之經歲無功而匈奴轉盛鈔暴日增十三年遂寇河東州郡不能禁於是漸徙幽并邊人於常山關居庸關已東前書代郡有常山關上谷郡居庸縣有關匈奴左部遂復轉居塞內朝廷患之增緣邊兵郡數千人大築亭候脩烽火匈奴聞漢購求盧芳貪得財帛乃遣芳還降望得其賞而芳以自歸爲功不稱匈奴所遣單于復恥言其計故賞遂不行由是大恨入寇尤深二十年遂至上黨扶風天水二十一年冬復寇上谷中山殺略鈔掠甚衆北邊無復寧歲言緣邊之郡無安寧之歲初單于弟右谷蠡王伊屠知牙師谷音鹿蠡音離集解惠棟曰韋昭云蠡音如麗反有兩音以次當左賢王左賢王卽是單于儲副單于欲傳其子遂殺知牙師知牙師者王昭君之子也昭君字嬙南郡人也前書曰南郡秭歸人集解惠棟曰蔡邕琴操云齊國王襄女也與傳異初元帝時以良家子選入掖庭時呼韓邪來朝帝敕以宮女五人賜之昭君入宮數歲不得見御積悲怨乃請掖庭令求行集解惠棟曰琴操云單于遣使者朝賀元帝陳設倡樂乃令後宮粧出昭君怨恚日久不得侍列修飾善粧盛光輝而出俱列坐元帝謂使者曰單于何所願樂曰珍奇怪物皆悉自備惟婦人醜陋不如中國帝乃問後宮欲至單于者起於是昭君喟然越席而言曰妾幸得備在後宮粗醜卑陋不合陛下之心誠願往王懋云如琴操所言則單于使者來朝非單于來朝也昭君在帝前自請行非因掖庭令求行也呼韓邪臨辭大會帝召五女以示之昭君豐容靚飾光明漢宮顧景裴回竦動左右帝見大驚意欲留之而難於失信遂與匈奴生二子及呼韓邪死其前閼氏子代立欲妻之昭君上書求歸成帝敕

令從胡俗遂復為後單于閼氏焉比見知牙師被誅出怨言曰以兄弟言之右谷蠡王次當立以子言之我前單于長子我當立〔集解〕通鑑胡注呼韓邪單于約其諸子以兄弟次相傳單于輿殺其弟知牙師而立其子亂呼韓邪之約而比則烏珠留之長子也比自謂若父子相傳則烏珠留死比當立為單于何待至輿而始傳其子也遂內懷猜懼庭會稀闊單于疑之乃遣兩骨都侯監領比所部兵二十二年單于輿死子左賢王烏達鞮侯立為單于復死弟左賢王蒲奴立為單于比不得立既懷憤恨而匈奴中連年旱蝗赤地數千里草木盡枯人畜飢疫死耗太半三分損二為太半單于畏漢乘其敝乃遣使詣漁陽求和親於是遣中郎將李茂報命而比密遣漢人郭衡奉匈奴地圖二十三年詣西河太守求內附兩骨都侯頗覺其意會五月龍祠前書曰匈奴法歲正月諸長小會單于庭祠五月大會龍城祭其先天地鬼神八月大會蹛林課校人畜計蹛音帶又音多〔集解〕惠棟曰崔浩云西方胡皆事龍神故名大會處為龍祠龍一作蘢因白單于言薁鞬日逐夙來欲為不善若

不誅且亂國時比弟漸將王在單于帳下〔集解〕通鑑胡注漸當作斬詳見下先謙曰官本作斬聞之馳以報比比懼遂斂所主南邊八郡眾四五萬人待兩骨都侯還欲殺之骨都侯且到知其謀皆輕騎亡去以告單于單于遣萬騎擊之見比眾盛不敢進而還二十四年春八部大人共議立比為呼韓邪單于以其大父嘗依漢得安故欲襲其號於是款五原塞願永為藩蔽扞禦北虜帝用五官中郎將耿國議乃許之其冬比自立為呼韓邪單于東觀記曰十二月癸丑匈奴始分為南北單于二十五年春遣弟左賢王莫將兵萬餘人擊北單于弟薁鞬左賢王生獲之又破北單于帳下并得其眾合萬餘人馬七千匹牛羊萬頭北單于震怖卻地千里初帝造戰車可駕數牛上作樓櫓置於塞上以拒匈奴櫓即樓也釋名曰樓無屋為櫓也時人見者或相謂曰讖言漢九世當卻北狄地千里豈謂此邪及是果拓地焉北部薁鞬骨都侯與右骨都侯率眾三萬餘人來歸南單于南單于復遣使詣闕奉藩稱臣獻國珍寶求使者監護遣侍子修舊約二十六年遣中郎將段郴丑吟反副校尉王郁使南單于立其庭去五原西部塞八十里〔集解〕通鑑胡注地理志五原西部都尉治田辟師古云辟讀曰壁單于乃延迎使者使者曰單于當伏拜受詔單于顧望有頃乃伏稱臣拜訖令譯曉使者曰單于新立誠慚於左右願使者眾中無相屈折也骨都侯等見皆泣下郴等反命詔乃聽南單于入居雲中遣使上書獻駱駝二頭文馬十匹杜預注文馬畫馬為文也〔集解〕惠棟曰杜注本王肅棟案周書王會云犬戎文馬文馬赤鬣縞身目若黃金名吉黃之乘邸光庭謂文馬馬毛色有文采者此說得之先謙曰官本杜預注下有左傳曰三字夏南單于所獲北虜薁鞬左賢王將其眾及南部五骨都侯〔集解〕通鑑胡注韓氏骨都侯當于骨都侯呼衍骨都侯郎氏骨都侯栗藉骨都侯凡五合三萬餘人畔歸去北庭三百餘里共立薁鞬左賢王為單于月餘日更相攻擊五骨都侯皆死左賢王遂自殺諸骨都侯

子各擁兵自守秋南單于遣子入侍奉奏詣闕詔賜單于冠帶衣裳黃金璽盭緺綬盭音戾草名以戾草染綬因以為名則漢諸侯王制戾綠色緺古蛙反說文曰紫青色也安車羽蓋華藻駕駟寶劍弓箭黑節三駙馬二黃金錦繡繒布萬匹絮萬斤樂器鼓車棨戟甲兵飲食什器有衣之戟曰棨又轉河東米糒二萬五千斛牛羊三萬六千頭以贍給之令中郎將置安集掾史將弛刑五十人〔集解〕先謙曰官本十作千持兵弩隨單于所處參辭訟察動靜單于歲盡輒遣奉奏〔集解〕劉攽曰案文少一使字送侍子入朝中郎將從事一人將領詣闕漢遣謁者送前侍子還單于庭交會道路元正朝賀拜祠陵廟畢漢乃遣單于使令謁者將送賜綵繒千匹錦四端金十斤太官御食醬及橙橘龍眼荔枝〔集解〕先謙曰官本枝作支賜單于母及諸閼氏單于子及左右賢王左右谷蠡王骨都侯有功善者繒綵合萬匹歲以為常匈奴俗歲有三龍祠常以正月五月九月戊日祭天神南單于既

內附兼祠漢帝因會諸部議國事走馬及駱駝爲樂〔集解〕惠棟曰東觀記單于歲祭三龍祠走馬鬬橐駝以爲樂事其大臣貴者左賢王次左谷蠡王次右賢王次右谷蠡王謂之四角次左右日逐王次左右溫禺鞮王次左右斬將王是爲六角皆單于子弟次第當爲單于者也異姓大臣左右骨都侯次左右尸逐骨都侯其餘日逐且渠當戶諸官號〔集解〕惠棟曰且渠史記作且居顏籀云今之沮渠姓蓋本因此官先謙曰官本號下有且音子余反五字注各以權力優劣部衆多少爲高下次第焉單于姓虛連鞮前書單于姓攣鞮氏其國稱之曰撐犂孤屠匈奴謂天爲撐犂謂子爲孤屠與此不同〔集解〕錢大昕曰案連題卽攣鞮之轉先謙曰官本鞮作題注書下有曰字異姓有呼衍氏須卜氏丘林氏蘭氏冒頓單于時大姓有呼衍氏蘭氏須卜氏三姓貴種也〔集解〕惠棟曰顏籀云呼衍卽今鮮卑姓呼延者是也蘭姓今亦有之先謙曰官本注冒上有前書二字四姓爲國中名族常與單于婚姻呼衍氏爲左蘭氏須卜氏爲右主斷獄聽訟當決輕重口白單于無文書簿領焉冬前畔五骨都侯子復將其衆三千人歸南部北單于使騎追擊

悉獲其衆南單于遣兵拒之逆戰不利於是復詔單于徙居西河美稷〔集解〕何焯曰前書屬國都尉治美稷則其地本有降胡故因而處之因使中郎將段郴及副校尉王郁留西河擁護之〔集解〕通鑑胡注使匈奴中郎將自是亦屯西河美稷杜佑曰汾州隰城縣有美稷鄉卽漢美稷縣也爲設官府從事掾史令西河長史歲將騎二千弛刑五百人助中郎將衞護單于冬屯夏罷自後以爲常及悉復緣邊八郡南單于既居西河亦列置諸部王助爲扞戍使韓氏骨都侯屯北地右賢王屯朔方當于骨都侯屯五原呼衍骨都侯屯雲中郎氏骨都侯屯定襄左南將軍屯鴈門栗籍骨都侯屯代郡皆領部衆爲郡縣偵羅耳目偵音丑政反羅音力賀反猶今言探候偵羅也北單于惶恐頗還所略漢人以示善意鈔兵每到南部下還過亭候輒謝曰自擊亡虜薁鞬日逐耳非敢犯漢人也二十七年北單于遂遣使詣武威求和親天子召公卿廷議不決皇太子言曰南單于新附北虜懼於見

伐故傾耳而聽爭欲歸義耳今未能出兵而反交通北虜臣恐南單于將有二心〔集解〕先謙曰官本二心作志字北虜降者且不復來矣帝然之告武威太守勿受其使二十八年北匈奴復遣使詣闕貢馬及裘更乞和親並請音樂又求率西域諸國胡客與俱獻見帝下三府〔集解〕通鑑胡注三府太尉司徒司空也議酬荅之宜司徒掾班彪奏曰臣聞孝宣皇帝敕邊守尉曰匈奴大國多變詐交接得其情則却敵折衝應對入其數則反爲輕欺〔集解〕通鑑胡注數術數也言入其術中也今北匈奴見南單于來附懼謀其國故數乞和親又遠驅牛馬與漢合市〔集解〕通鑑胡注合市與漢和合爲市也重遣名王多所貢獻斯皆外示富彊以相欺誕也臣見其獻益重知其國益虛歸親愈數爲懼愈多然今既未獲助南則亦不宜絕北羈縻之義禮無不荅謂可頗加賞賜略與所獻相當明加曉告以前世呼韓邪郅支行事呼韓單于稱臣受賞郅支單于背德被誅以此二者行事曉告之也郅支

卽呼韓兄名呼屠吾斯自立爲單于擊走呼韓邪單于者也〔集解〕先謙曰官本注被亦作受報荅之辭令必有適適猶所也言報荅之辭必令得所也〔集解〕通鑑胡注適當也言報荅之辭必有當乎事情也今立稾草并上〔集解〕王補曰議報荅之辭卽立稾草并上班掾固才足辦此亦見漢時朝廷朴厚人臣得抒誠於君父也曰單于不忘漢恩追念先祖舊約〔集解〕通鑑胡注謂呼韓邪舊約也欲修和親以輔身安國計議甚高爲單于嘉之往者匈奴數有乖亂呼韓邪郅支自相讎隙並蒙孝宣皇帝垂恩救護故各遣侍子稱藩保塞其後郅支忿戾自絕皇澤而呼韓附親忠孝彌著及漢滅郅支元帝時郅支坐殺使者谷吉都護甘延壽與副陳湯發西域兵誅斬之遂保國傳嗣子孫相繼今南單于攜衆向南款塞歸命自以呼韓嫡長次第當立而侵奪失職猜疑相背數請兵將歸埽北庭策謀紛紜無所不至惟念斯言不可獨聽又以北單于比年貢獻欲修和親故拒而未許將以成單于忠孝之義漢秉威信總率萬國日月所照皆爲臣妾殊俗百蠻義無親疏服順者褒賞畔逆者誅罰

善惡之效呼韓郅支是也今單于欲修和親款誠已達何嫌而欲率西域諸國俱來獻見西域國屬匈奴與屬漢何異單于數連兵亂國內虛耗貢物裁以通禮何必獻馬裘〔集解〕王補曰蔡世遠言彪草裁荅得體中其忌諱亦以漢威素著故也范仲淹與元昊書高自位置諄諭懇懇反遣其侮耳無他漢强而宋弱也今齎雜繒五百匹弓鞬韣丸一矢四發遣遺單于鞬音居言反方言云藏弓爲鞬藏箭爲韣丸即箭箙也發四矢曰發見儀禮也〔集解〕劉攽曰正文矢四發遣遺單于案文多一遺字緣上文已有齎字也惠士奇曰前書弓一張矢四發此云一矢四發誤也當云一弓四發周壽昌曰案齎者使臣遺者朝廷兩字各義不爲複先謙曰官本韣作韇又一字上屬爲句惠說誤又賜獻馬左骨都侯右谷蠡王雜繒各四百匹斬馬劍各一尚方少府屬官作供御器物故有斬馬劍言劍利可以斬馬單于前言先帝時所賜呼韓邪竽瑟空侯皆敗願復裁賜言更請裁賜也〔集解〕通鑑胡注裁量也量多少以賜也念單于國尚未安方厲武節以戰攻爲務竽瑟之用不如良弓利劍故未以齎言不齎持往遺也朕不愛小物於單于便宜所欲遣驛以聞〔集解〕王補曰以上皆稾草之詞帝悉

納從之二十九年賜南單于羊數萬頭三十一年北匈奴復遣使如前乃璽書報荅賜以綵繒不遣使者單于比立九年薨中郎將段郴將兵赴弔祭以酒米分兵衛護之比弟左賢王莫立〔集解〕先謙曰官本弟上無比字帝遣使者齎璽書鎮慰拜授璽綬遺冠幘絳單衣三襲童子佩刀緄帶各一童子刀謂小刀也說文曰緄織成帶也音古本反又賜繒綵四千匹令賞賜諸王骨都侯已下其後單于薨弔祭慰賜以此爲常弔祭其薨者慰其新立者丘浮尤鞮單于莫中元元年立一年薨弟汗立伊伐于慮鞮單于汗中元二年立永平二年北匈奴護于丘率衆千餘人來降南部單于汗立二年薨單于比之子適立醢僮尸逐侯鞮單于適永平二年立五年冬北匈奴六七千騎入於五原塞遂寇雲中至原陽南單于擊卻之原陽縣名屬雲中郡西河長史馬襄赴救虜乃引去單于適立四年薨單于莫子蘇立是爲丘除車林鞮單于數月復薨

單于適之弟長立胡邪尸逐侯鞮單于長永平六年立時北匈奴猶盛數寇邊朝廷以爲憂會北單于欲合市遣使求和親顯宗冀其交通不復爲寇乃許之八年遣越騎司馬鄭衆北使報命而南部須卜骨都侯等〔集解〕王補曰此即匈奴異姓名族與單于婚姻者見前知漢與北虜交使懷嫌怨欲畔密因北使令遣兵迎之鄭衆出塞疑有異伺候果得須卜使人乃上言宜更置大將以防二虜交通由是始置度遼營以中郎將吳棠行度遼將軍事副校尉來苗左校尉閻章右校尉張國將黎陽虎牙營士屯五原曼柏漢官儀曰光武以幽冀并州兵克定天下故於黎陽立營以謁者監領兵騎千人又遣騎都尉秦彭將兵屯美稷其年秋北虜果遣二千騎候望朔方作馬革船欲度迎南部畔者以漢有備乃引去復數寇鈔邊郡焚燒城邑殺略甚衆河西城門晝閉帝患之十六年乃大發緣邊兵遣諸將四道出塞北征匈奴南單于遣左賢王信

隨太僕祭肜及吳棠出朔方高闕攻皋林温禺犢王於涿邪山〔集解〕惠棟曰注見祭肜傳虜聞漢兵來悉度漠去肜棠坐不至涿邪山免以騎都尉來苗行度遼將軍〔集解〕劉攽曰案文行某官當有事字此傳中凡十處少皆當益之其年北匈奴入雲中遂至漁陽太守廉范擊卻之〔集解〕錢大昕曰案范爲雲中太守太守上當有雲中二字詔遣使者高弘發三郡兵追之無所得建初元年來苗遷濟陰太守以征西大將軍耿秉行度遼將軍〔集解〕劉攽曰案秉傳不爲大將軍又眞爲度遼此多一大字又行當作爲也何焯曰下文云鄧遵始眞爲度遼則耿秉傳蘷傳言拜者皆行度遼事行不當作爲時皋林温禺犢王復將衆還居涿邪山南單于聞知遣輕騎與緣邊郡及烏桓兵出塞擊之斬首數百級降者三四千人其年南部苦蝗大飢肅宗稟給其貧人三萬餘口七年耿秉遷執金吾以張掖太守鄧鴻行度遼將軍八年北匈奴三木樓訾大人〔集解〕惠棟曰訾子斯反稽留斯等〔集解〕通鑑胡注稽留斯等蓋居三木樓山也率三萬八千人馬二萬匹牛羊十餘萬

款五原塞降元和元年武威太守孟雲上言北單于復願與吏人合市詔書聽雲遣驛使迎呼慰納之(集解劉攽曰案驛當作譯見上)北單于乃遣大且渠伊莫訾王等(且音子余反下並同)驅牛馬萬餘頭來與漢賈客交易諸王大人或前至(集解劉攽曰案文前當作隨)所在郡縣為設官邸賞賜待遇之南單于聞乃遣輕騎出上郡遮略生口鈔掠牛馬驅還入塞二年正月北匈奴大人車利涿兵等亡來入塞凡七十三輩時北虜衰耗黨眾離畔南部攻其前丁零寇其後鮮卑擊其左西域侵其右不復自立乃遠引而去單于長立二十三年薨單于汗之子宣立伊屠於閭鞮單于宣元和二年立其歲單于遣兵千餘人獵至涿邪山卒與北虜溫禺犢王遇(卒音七忽反)因戰獲其首級而還冬孟雲上言北虜以前既和親而南部復往鈔掠北單于謂漢欺之謀欲犯塞謂宜還南所掠生口以慰安其意肅宗從太僕袁安議許

之乃下詔曰昔獫狁獯粥之敵中國其所由來尚矣(周曰獫狁堯曰獯粥秦曰匈奴)往者雖有和親之名終無絲髮之效墝埆之人屢嬰塗炭(墝埆謂險要之地塗苦也墝音苦交反埆音苦角反)父戰於前子死於後弱女乘於亭障孤兒號於道路老母寡妻設虛祭飲泣淚想望歸魂於沙漠之表豈不哀哉(父戰於前已下前書賈捐之之辭詔增損用之也)傳曰江海所以能長百川者以其下之也(老子曰江海所以能為百谷王者以其善下也)少加屈下尚何足病況今與匈奴君臣分定辭順約明貢獻累至豈宜違信自受其曲其敕度遼及領中郎將龐奮倍雇南部所得生口以還北虜(雇賞報也)其南部斬首獲生計功受賞如常科於是南單于復令薁鞬日逐王師子將輕騎數千出塞掩擊北虜復斬獲千人北虜眾以南部為漢所厚又聞取降者歲數千人(集解先謙曰語氣不了疑奪文)章和元年鮮卑入左地擊北匈奴大破之斬優留單于取其匈奴皮而還(集解劉攽曰案匈奴一種安能盡取其皮明多匈奴二字或云取其肎皮)北庭大亂屈蘭儲卑胡都須等五十八部(集解錢大昕曰章帝紀屈作屋)口二十萬勝兵八千人詣雲中五原朔方北地降單于宣立三年薨單于長之弟屯屠何立休蘭尸逐侯鞮單于屯屠何章和二年立時北虜大亂加以飢蝗降者前後而至南單于將并北庭會肅宗崩竇太后臨朝其年七月單于上言臣累世蒙恩不可勝數孝章皇帝聖思遠慮遂欲見成就故令烏桓鮮卑討北虜斬單于首級破壞其國今所新降虛渠等詣臣自言去歲三月中發虜庭北單于創刈南兵又畏丁令鮮卑(令音零)遯逃遠去依安侯河西今年正月骨都侯等復共立單于異母兄右賢王為單于其人以兄弟爭立並各離散臣與諸王骨都侯及新降渠帥雜議方略皆曰宜及北虜分爭出兵討伐破北成南并為一國令漢家長無北念(集解通鑑胡注謂北部既滅南部保塞則漢家無復北顧以為念也)又今月八日新降右須日逐

鮮堂輕從虜庭遠來詣臣言北虜諸部多欲內顧但恥自發遣故未有至者若出兵奔擊必有響應今年不往恐復并壹臣伏念先父歸漢以來被蒙覆載嚴塞明候大兵擁護積四十年臣等生長漢地開口仰食歲時賞賜動輒億萬雖垂拱安枕慙無報效之義(集解先謙曰官本義作地)願發國中及諸部故胡新降精兵(集解通鑑胡注故胡南部舊眾也新降新從北部來降者)遣左谷蠡王師子左呼衍日逐王須訾將萬騎出朔方左賢王安國右大且渠王交勒蘇將萬騎出居延期十二月同會虜地臣將餘兵萬人屯五原朔方塞以為拒守臣素愚淺又兵眾單少不足以防內外願遣執金吾耿秉度遼將軍鄧鴻及西河雲中五原朔方上郡太守并力而北令北地安定太守各屯要害冀因聖帝威神一舉平定臣國成敗要在今年已敕諸部嚴兵馬訖九月龍祠悉集河上唯陛下裁哀省察太后以示耿秉(集解通鑑胡注以南單于書示之也)秉上

言昔武帝單極天下欲臣虜匈奴未遇天時事遂無成宣帝之世會呼韓來降故邊人獲安中外爲一生人休息六十餘年及王莽篡位變更其號漢賜單于印文曰匈奴單于璽無漢字王莽改曰新匈奴單于章耗擾不止單于乃畔光武受命復懷納之緣邊壞郡得以還復烏桓鮮卑咸脅歸義威鎭西夷集解先謙曰官本西作四其效如此今幸遭天授北虜分爭以夷伐夷國家之利宜可聽許秉因自陳受恩分當出命效用太后從之永元元年以秉爲征西將軍與車騎將軍竇憲率騎八千與度遼兵及南單于衆三萬騎出朔方擊北虜大破之北單于奔走首虜二十餘萬人集解劉攽曰案文多一人字事已具竇憲傳二年春鄧鴻遷大鴻臚以定襄太守皇甫稜行度遼將軍南單于復上求滅北庭於是遣左谷蠡王師子等將左右部八千騎出雞鹿塞塞在朔方郡窳渾縣北窳音愈集解洪亮吉曰案窳渾縣中興時省中郎將耿譚遣從事將護之至涿邪山乃留輜重分爲二部各引輕兵兩道襲之左部北過西海至河雲北河雲匈奴中地名集解先謙曰官本注無中字右部從匈奴河水集解劉攽曰案匈河自是水名妄出奴字惠棟曰前書匈奴傳云至匈奴河水臣瓚云水名去令居千里二劉皆以爲衍奴字蓋據趙破奴傳止作匈河也西繞天山南度甘微河二軍俱會夜圍北單于大驚集解劉攽曰案文少單于二字率精兵千餘人合戰單于被創墮馬復上將輕騎數十遁走僅而免脫得其玉璽獲閼氏及男女五人斬首八千級生虜數千口而還是時南部連剋獲納降黨衆最盛領戶三萬四千口二十三萬七千三百勝兵五萬一百七十故從事中郎將置從事二人集解劉攽曰案文上事字上多從字言故事如此耿譚以新降者多上增從事十二人三年北單于復爲右校尉耿夔所破集解錢大昕曰右當作左逃亡不知所在其弟右谷蠡王於除鞬自立爲單于將右溫禺鞮王骨都侯已下衆數千人止蒲類海遣使款塞大將軍竇憲上書立於除鞬爲北單于朝廷從之四年遣耿夔卽

授璽綬賜玉劒四具羽蓋一駟集解劉攽曰案玉劒四具非是當云玉具劒四又衍一駟字使中郎將任尙持節衞護屯伊吾如南單于故事方欲輔歸北庭會竇憲被誅五年於除鞬自畔還北帝遣將兵長史王輔以千餘騎與任尙共追誘將還斬之破滅其衆單于屯屠何立六年薨單于宣弟安國立單于安國永元五年立安國初爲左賢王而無稱譽左谷蠡王師子素勇黠多知前單于宣及屯屠何皆愛其氣決故數遣將兵出塞掩擊北庭還受賞賜天子亦加殊異是以國中盡敬師子而不附安國由是疾師子欲殺之其諸新降胡初在塞外數爲師子所驅掠皆多怨之集解通鑑胡注在塞外謂先屬北部時安國因是委計降者與同謀議安國旣立爲單于師子以次轉爲左賢王覺單于與新降者有謀乃別居五原界單于每龍會議事集解何焯曰龍下當有庭字胡注匈奴龍庭本在塞外是時南單于居塞內亦謂所居爲龍庭師子輒稱病不往皇甫稜知之亦擁護不遣單于懷憤益甚六年春皇甫稜免以執金吾朱徽行度遼將軍時單于與中郎將杜崇不相平乃上書告崇崇諷西河太守令斷單于章無由自聞而崇因與朱徽上言南單于安國疏遠故胡親近新降欲殺左賢王師子及左臺且渠劉利等又右部降者謀共迫脅安國起兵背畔請西河上郡安定爲之儆備和帝下公卿議皆以爲蠻夷反覆雖難測知然大兵聚會必未敢動搖今宜遣有方略使者之單于庭集解通鑑胡注之往也與杜崇朱徽及西河太守幷力觀其動靜如無它變可令崇等就安國會其左右大臣責其部衆橫暴爲邊害者共平罪誅集解通鑑胡注相與平處其罪當誅則誅之若不從命令爲權時方略事畢之後裁行客賜言以主客之禮裁量賜物不多與也亦足以威示百蠻帝從之於是徽崇遂發兵造其庭安國夜聞漢軍至大驚棄帳而去因舉兵及將新降者欲誅師子師子先知乃悉將廬

落入曼柏城安國追到城下門閉不得入朱徽遣吏曉譬和之安國不聽城既不下乃引兵屯五原崇徽因發諸郡騎追赴之急眾皆大恐安國舅骨都侯喜爲等慮并被誅乃格殺安國安國立一年集解先謙曰官本立上有王字單于適之子師子立亭獨尸逐侯鞮單于師子永元六年立降胡五六百人夜襲師子安集掾王恬將衛護士與戰破之集解通鑑胡注使匈奴中郎將置掾隨事爲員安集掾以安集匈奴爲稱也光武在河北亦置安集掾於是新降胡遂相驚動十五部二十餘萬人皆反脅立前單于屯屠何子右薁鞬日逐王逢侯爲單于遂殺略吏人燔燒郵亭廬帳集解惠棟曰論衡云郵亭爲長吏廨將車重向朔方欲度漠北於是遣行車騎將軍鄧鴻越騎校尉馮柱行度遼將軍朱徽將左右羽林北軍五校士及郡國積射緣邊兵漢有迹射士言尋迹而射之積亦與迹同古字通也集解惠棟曰續漢志云八郡迹射烏桓校尉任尚將烏桓鮮卑合四萬人討之時南單于及中郎將杜崇屯牧師城集解

通鑑胡注漢邊郡有牧師苑以養馬此牧師苑城也當在西河美稷縣界逢侯將萬餘騎攻圍之未下冬鄧鴻等至美稷逢侯乃乘冰度隘向滿夷谷南單于遣子將萬騎及杜崇所領四千騎與鄧鴻等追擊逢侯於大城塞斬首三千餘級得生口及降者萬餘人集解通鑑胡注大城縣屬西河郡郡國志屬朔方郡馮柱復分兵追擊其別部斬首四千餘級任尚率鮮卑大都護蘇拔廆胡罪反烏桓大人勿柯八千騎要擊逢侯於滿夷谷復大破之前後凡斬萬七千餘級逢侯遂率眾出塞漢兵不能追七年正月軍還馮柱將虎牙營留屯五原罷遣鮮卑烏桓羌胡兵封蘇拔廆爲率眾王又賜金帛鄧鴻還京師坐逗留失利下獄死案軍法逗留畏懦者斬逗音豆集解先謙曰官本注無末二字後帝知朱徽杜崇失胡和又禁其上書以致反畔皆徵下獄死以雁門太守龐奮行度遼將軍逢侯於塞外分爲二部自領右部屯涿邪山下左部屯朔方西北相去數百里八年冬左部

胡自相疑畔還入朔方塞龐奮迎受慰納之其勝兵四千人弱小萬餘口悉降以分處北邊諸郡集解先謙曰官本郡作部南單于以其溫禺犢王烏居戰溫禺犢王名烏居戰始與安國同謀欲考問之烏居戰將數千人遂復反畔出塞外山谷閒爲吏民害秋龐奮馮柱與諸郡兵擊烏居戰其眾降於是徙烏居戰眾及諸還降者二萬餘人於安定北地馮柱還遷將作大匠逢侯部眾飢窮又爲鮮卑所擊無所歸竄逃入塞者駱驛不絕集解先謙曰官本入作去單于師子立四年薨單于長之子檀立萬氏尸逐鞮單于檀永元十年立十二年龐奮遷河南尹以朔方太守王彪行度遼將軍南單于比歲遣兵擊逢侯多所虜獲收還生口前後以千數逢侯轉困迫十六年北單于遣使詣闕貢獻願和親修呼韓邪故約和帝以其舊禮不備未許之而厚加賞賜不荅其使元興元年重遣使詣敦煌貢獻辭以國貧未能備禮願請大使當遣子入

侍天子降大使至國即遣子隨大使入侍時鄧太后臨朝亦不荅其使但加賜而已永初三年安帝即位之二年也夏漢人韓琮隨南單于入朝既還說南單于云關東水潦人民飢餓死盡可擊也單于信其言遂起兵反畔攻中郎將耿种於美稷秋王彪卒冬遣行車騎將軍何熙副中郎龐雄擊之集解劉攽曰案文少一將字惠棟曰華陽國志云雄字宣孟宕渠人官至大鴻臚四年春檀遣千餘騎寇常山中山以西域校尉梁慬行度遼將軍慬音勤與遼東太守耿夔擊破之事已具慬夔傳單于見諸軍並進大恐怖顧讓韓琮曰汝言漢人死盡今是何等人也顧反也讓責也反顧責韓琮也乃遣使乞降許之單于脫帽徒跣對龐雄等拜陳道死辠於是赦之遇待如初乃還所鈔漢民男女及羌所略轉賣入匈奴中者合萬餘人南單于檀信韓琮之言起兵反既被擊敗陳謝死罪還所鈔之男女五年梁慬免以雲中太守耿夔行度遼將軍元初元年安帝永初六年改爲元初元年集解洪亮吉曰案六年應作八年注誤夔免以烏

桓校尉鄧遵爲度遼將軍遵皇太后之從弟故始爲眞將軍焉自置度遼將軍以來皆權行其事今始以鄧遵爲正度遼將軍此後更無行者也四年逢侯爲鮮卑所破部衆分散皆歸北虜五年春逢侯將百餘騎亡還詣朔方塞降鄧遵奏徙逢侯於潁川郡逢侯本是前單于屯屠何子右薁鞬日逐王諸降胡萬餘人脅立爲單于既被鮮卑所破部衆分散若留在匈奴或恐更相招引故徙於潁川郡也建光元年安帝元初七年改爲永寧元年永寧二年改爲建光元年鄧遵免復以耿夔代爲度遼將軍時鮮卑寇邊夔與溫禺犢王呼尤徽將新降者連年出塞討擊鮮卑還復各令屯列衝要還使新降者屯列衝要而耿夔徵發煩劇新降者皆悉恨謀畔單于檀立二十七年堯弟拔立集解惠棟曰凡單于立皆載號謚下云烏稽侯尸逐鞮單于乃拔號謚也弟拔立已下當接此文今錯出耿夔復免以下十五字未知所屬當有脫誤耿夔復免以太原太守法度代爲將軍集解劉攽曰案一傳中處處皆云度遼將軍惟三處沒度遼字以後又復舉之明此三處脫漏也烏稽侯尸逐鞮單于拔延光三年立夏新降一部大人阿族等遂反畔集解錢大昕曰安帝紀南

匈奴左日逐王拔脅呼尤徽欲與俱去呼尤徽曰我老矣受漢家恩寧死不能相隨衆欲殺之有救者得免阿族等遂將妻子輜重亡去中郞將馬翼遣兵與胡騎追擊破之斬首及自投河死者殆盡殆近也欲死盡所餘無幾獲馬牛羊萬餘頭冬法度卒四年漢陽太守傅衆代爲將軍其冬傅衆復卒永建元年順帝卽位之年以遼東太守龐參代爲將軍先是朔方以西障塞多不修復鮮卑因此數寇南部殺漸將王匈奴有左右漸將王單于憂恐上言求復障塞順帝從之乃遣黎陽營兵出屯中山北界黎陽先置營兵以南單于求復障塞恐入侵擾亂置屯兵於中山北界舊中山郡今之定州是也定州者則在河北也集解何焯曰此禦鮮卑故屯中山北界注誤通鑑胡注予謂移黎陽營屯中山北界不過爲南部聲援耳增置緣邊諸郡兵列屯塞下敎習戰射單于拔立四年堯弟休利立去特若尸逐就單于休利永建三年立四年龐參遷大鴻臚以東平相宋漢代爲度遼將軍陽嘉二年漢遷太僕以烏桓校尉耿曄代爲

度遼將軍永和元年陽嘉五年改爲永和元年曄病徵以護羌校尉馬續代爲度遼將軍五年夏南匈奴左部句龍王吾斯車紐等背畔集解錢大昕曰順帝紀作句龍大人王與大人皆匈奴尊稱譯語小異惠棟曰句胡注音古侯反率三千餘騎寇西河因復招誘右賢王合七八千騎圍美稷殺朔方代郡長史馬續與中郞將梁並集解通鑑胡注此護匈奴中郞將也烏桓校尉王元發緣邊兵及烏桓鮮卑羌胡合二萬餘人掩擊破之吾斯等遂更屯聚攻沒城邑天子遣使責讓單于開以恩義令相招降單于本不豫謀乃脫帽避帳詣並謝辠並以病徵五原太守陳龜代爲中郞將龜以單于不能制下吾斯等攻沒城邑單于雖不預謀殺然不能制下卽是不堪其任逼迫之單于及其弟左賢王皆自殺單于休利立十三年龜又欲徙單于近親於內郡而降者遂更狐疑龜坐下獄死陳龜逼迫單于及弟皆令自殺又欲徙其親近者遂致狐疑此則陳龜之由也集解惠棟曰死通鑑作免是也案龜本傳亦作免大將軍梁商以羌胡新反黨衆初合難

以兵服宜用招降乃上表曰匈奴寇畔自知罪極窮鳥困獸皆知救死況種類繁熾不可單盡單亦盡也猶書云謀謨孔安國曰謨亦謀也卽是古書之重語今轉運日增三軍疲苦虛內給外非中國之利竊見度遼將軍馬續素有謀謨且典邊日久深曉兵要每得續書與臣策合宜令續深溝高壁以恩信招降宣示購賞明其期約如此則醜類可服醜等也言等類可服也集解先謙曰官本注無末六字國家無事矣帝從之乃詔續招降畔虜商又移書續等曰中國安寧忘戰日久良騎野合交鋒接矢決勝當時戎狄之所長而中國之所短也强弩乘城堅營固守以待其衰中國之所長也而戎狄之所短也若夫平原易地輕車突騎則匈奴之衆易撓亂也勁弩長戟射疏及遠則匈奴之弓不能格也堅甲利刃長短相雜游弩往來什伍俱前匈奴之兵不能當也材官騶發矢道同的則匈奴之革笥木薦不能支也下馬地鬬劍戟相接去就相薄則匈奴之足不能給也此中國之長技也以此觀之匈奴之長技三中國之長技五並具朝錯三章之兵體因梁商論其長短故備錄之此乃兵家之要集解先謙曰官本而戎上無也字注俱前下有則字地作步宜務先所長以觀其變設購開賞

宣示反悔集解通鑑胡注反音幡宣示招降之意以開其反悔之心勿貪小功以亂大謀續及諸郡並各遵行於是右賢王部抑鞮等萬三千口詣續降集解惠棟曰鞮丁奚反秋句龍吾師等立句龍王車紐爲單于東引烏桓西收羌戎及諸胡等數萬人攻破京兆虎牙營虎牙營卽京兆虎牙都尉也西羌傳云置虎牙都尉於長安扶風都尉於雍漢官儀曰涼州近羌數犯三輔京兆虎牙扶風都尉將兵衞護園陵也殺上郡都尉及軍司馬遂寇掠幷涼幽冀四州乃徙西河治離石離石卽西河之屬縣也集解通鑑胡注離石在郡南五百九十里郡本都平定縣至此徙於離石上郡治夏陽朔方治五原移朔方就五原郡冬遣中郎將張耽將幽州烏桓諸郡營兵擊畔虜車紐等戰於馬邑斬首三千級獲生口及兵器牛羊甚衆車紐等將諸豪帥骨都侯乞降而吾斯猶率其部曲與烏桓寇鈔六年春馬續率鮮卑五千騎到穀城擊之斬首數百級集解通鑑胡注穀城蓋卽西河郡之穀羅縣城張耽性勇銳而善撫士卒軍中皆爲用命遂繩索相懸上通天山集解通鑑胡注通天山蓋卽土軍縣之石樓山以其高絕故曰通天大破烏桓悉斬其渠帥還得漢民獲其畜生財物夏馬續復免以城門校尉吳武代爲將軍漢安元年順帝永和七年改爲漢安元年也秋吾斯與薁鞮臺耆且渠伯德等復掠幷部薁鞮或作薁鞬前書兩字通今依前書不改也呼蘭若尸逐就單于兜樓儲先在京師漢安二年立之天子臨軒大鴻臚持節拜授璽綬引上殿賜青蓋駕駟鼓車安車駙馬騎玉具刀劍什物玉具標首鐔衞盡用玉爲之給綵布二千匹賜單于閼氏以下金錦錯雜具軿車馬二乘遣行中郎將持節護送單于歸南庭詔太常大鴻臚與諸國侍子於廣陽城門外廣陽洛陽城西面南頭門祖會饗賜作樂角抵百戲角抵之戲則魚龍爵馬之屬言兩兩相當亦角而爲抵對卽今之鬪用古之角抵也集解劉攽曰注今之鬪用案用當作朋順帝幸胡桃宮臨觀之冬中郎將馬實募刺殺句龍吾斯送首洛陽集解惠棟曰謝承書云實字伯騖勤結英雄所欲交接負笈荷擔不遠萬里山陽王暢未仕時實慕高名往存之屆暢門投刺暢不肯見使從者拒之云行歷未旋實留連日日往伺之謂從者曰夫孝子事親行不踰日而至今不歸非孝子也欲待與相見如凶于路往而不反哭之以爲死友暢聞其言歎息壯志因執其手揖引與人美談畢請入見母歡宴定好而別實臨退執暢手訣曰太上立德其次立功幸俱生盛明之世免磚瓦之姿託爲丈夫當建名後載不可爲空生徒死之物穢天壤之間袁宏紀云實扶風茂陵人書誦經書夜習弓兵擧孝廉補尚書郞西羌之難暢薦實于執事由是爲匈奴中郎將建康元年漢安三年改爲建康元年進擊餘黨斬首千二百級烏桓七十萬餘口皆詣實降車重牛羊不可勝數單于兜樓儲立五年薨

伊陵尸逐就單于居車兒建和元年立桓帝卽位之年至永壽元年桓帝永興三年改爲永壽元年匈奴左薁鞬臺耆且渠伯德等復畔寇鈔美稷安定屬國都尉張奐擊破降之事已具奐傳延熹元年桓帝之年南單于諸部並畔遂與烏桓鮮卑寇緣邊九郡以張奐爲北中郎將討之單于諸部悉降奐以單于不能統理國事乃拘之上立左谷蠡王張奐上書請立左谷蠡王爲單于也集解惠棟曰袁宏紀云左谷蠡王都紺又奐上書在永康元年四月也桓帝詔曰春秋大居正春秋法五始之要故經曰元年春王正月言王者卽位之年宜大開恩宥其居車兒卽是桓帝卽位之建和元年立自立以來一心向化宜寬宥之集解惠棟曰公羊傳云君子大居正何休云修法守正討之要者居車兒一心向化所謂居正也君子大居正不當黜之也注失之居車兒一心向化何罪而黜其遣還單于居車兒立二十五年薨子某立凡言某者史失其名故稱某以記之夷狄無字既無典誥故某者卽是其名集解劉攽曰注按此是兩說中間當有一說二字屠特若尸逐就單于某熹平元年立熹平靈帝之元年六年單于與中郎將臧旻出雁門擊鮮卑檀石槐大敗而還是歲單于薨子呼徵立單于呼徵集解惠棟曰袁宏紀作呼演光和元年靈帝熹平七年改爲光和元年立集解先謙曰立字上屬爲句二年中郎將張修與單于不相能修擅斬之更立右賢王羌渠爲單于修以不先請而擅誅殺檻車徵詣廷尉抵罪前書注曰抵至也殺人者死張修擅斬單于呼徵故至其罪也集解周壽昌曰案前書傷人及盜抵罪抵當也言當其罪也不得訓爲至單于羌渠集解惠棟曰袁宏紀作羌渠光和二年立中平四年靈帝光和七年改爲中平前中山太守張純反畔遂率鮮卑寇邊郡靈帝詔發南匈奴兵配幽州牧劉虞討之單于遣左賢王將騎詣幽州國人恐

單于發兵無已五年右部醢落與休著各胡白馬銅等十餘萬人反〔集解〕錢大昕曰靈帝紀作休屠各案休屠之屠音儲而著亦音直慮切譯語有輕重其實一也烏桓鮮卑俱云休著屠各此必讀范史者音著爲屠後遂攙入正文耳晉書匈奴傳北狄以部落爲類其入居塞者有屠各鮮支寇頭烏譚等十九種屠各最豪貴故得爲單于攻殺單于單于羌渠立十年子右賢王於扶羅立於扶羅卽是前趙劉元海之祖也其元海爲亂晉之首持至尸逐侯單于於扶羅中平五年立國人殺其父者遂畔共立須卜骨都侯爲單于而於扶羅詣闕自訟會靈帝崩天下大亂單于將數千騎與白波賊合兵寇河內諸郡時民皆保聚鈔掠無利而兵遂挫傷復欲歸國國人不受乃止河東遂止河東平陽也須卜骨都侯爲單于一年而死南庭遂虛其位㠯老王行國事單于於扶羅立七年死弟呼厨泉立於扶羅卽劉元海之祖呼厨泉卽元海之叔祖單于呼厨泉興平二年獻帝初平五年改爲興平元年〔集解〕劉攽曰案下文立字當屬此句立㠯兄被逐不得歸國數爲鮮卑所鈔建安元年獻帝自長安東歸〔集解〕先謙曰官本無獻字右賢王去卑與白波賊帥韓暹等侍衞天子拒擊李傕郭汜及車駕還洛陽又徙遷許然後歸國謂歸河東平陽也二十一年單于來朝曹操因留於鄴留呼厨泉於鄴而遣去卑歸平陽監其五部國而遣去卑歸監其國焉〔集解〕洪亮吉曰案此卷注與他卷迥別推詳歷帝元年及改元餘悉從略又注中時用駢體及議論疏謬處殊屬三家村學究氣

論曰漢初遭冒頓凶黠種眾強熾高祖威加四海而窘平城之圍前書云高祖自將兵三十二萬擊韓王信先至平城冒頓縱兵三十萬騎圍帝於白登七日漢兵中外不得相救餉故歌曰平城之事甚大苦七日不得食不能彎弓弩得陳平祕計然後得免也〔集解〕惠棟曰平城縣屬鴈門郡元云縣東十七里有臺卽白登臺也太宗政鄰刑措不雪憤辱之恥前書斷獄四百幾至刑措幾近也今言政鄰刑措鄰亦近也〔集解〕先謙曰官本注書下有贊曰二字逮孝武亟興邊略有志匈奴赫然命將戎旗星屬如衆星之相連屬言其多候列郊甸火通甘泉列置候兵於近郊畿天子在甘泉宮而烽火時到甘泉宮也而猶鳴鏑揚塵出入畿內鳴鏑卽匈奴之箭也謂匈奴白羊樓煩王在河南去京師一千餘里古者王畿千里言匈奴寇邊卽出入畿內世宗逐樓煩白羊始得河南之地以築朔方今夏州是也案夏州去京師一千二百里至於窮竭武力單用天財單盡也言盡用天下之財歷紀歲㠯攘之寇雖頗折而漢之疲耗略相當矣漢武好征戶口減半卽是死亡與殺匈奴相當也宣帝值虜庭分爭呼韓邪來臣乃權納懷柔因爲邊衞虜庭分爭謂五單于爭國呼韓邪遂來臣服因請款關永爲邊衞前書云日逐王薄胥堂爲屠耆單于呼揭王爲呼揭單于薁鞬王爲車犁單于烏籍都尉爲烏籍單于并呼韓邪凡五單于也罷關徼之徼息兵民之勞匈奴既降北庭不儆備勞者並得休息也龍駕帝服鳴鐘傳鼓於清渭之上案前書宣帝甘露二年正月呼韓邪朝甘泉宮漢寵以殊禮位在諸侯王上贊謁稱臣而不名禮畢使者道單于宿長平上自甘泉宿池陽宮詔單于毋謁左右當戶及羣臣皆列觀及諸蠻夷君長王侯數萬人咸迎於渭橋下夾道陳上登渭橋咸稱萬歲〔集解〕劉攽曰注贊謁者案文多一者字南面而朝單于朔易無復匹馬之蹤匈奴既降朔方易水之地更無匈奴匹馬之蹤也六十餘年矣後王莽陵篡擾動戎夷自宣帝甘露二年至平帝末年北邊無匈奴之盜王莽陵篡之後狼心復生前書贊曰三世稱賓於漢庭六十餘歲邊城晏閉牛馬布野三世無犬吠之警黎庶忘干戈之役後六十餘歲之間遭王莽篡位始開邊隙三世謂元帝成帝各爲一世哀平二帝皆元帝之孫共爲一世故三世也王莽執政始開邊隙也續㠯更始之亂方夏幅裂更始無道擾亂方內諸夏如布帛之裂也自是匈奴得志狼心復生乘間侵佚害流傍境〔集解〕惠棟曰佚謂佚宕也范甯云佚猶更也及中興之初更通舊好及光武中興更通宣元之舊好報命連屬金幣載道報命相屬言其往來不絕金帛常載於道言其賞遺常行而單于驕踞益橫內暴滋深世祖二年令中郎將韓統報命賂遺金帛以通舊好而單于驕踞自比冒頓對使者辭語悖慢也世祖㠯用事諸華未遑沙塞之外遑暇也忍愧思難徒報謝而已雖得驕踞悖慢之詞而忍其羞愧思其患難但以善言報謝而已徒但也因徙幽并之民增邊屯之卒移徙幽并之人增益邊屯之戍卒及關東稍定隴蜀已清其猛夫扞將莫不頓足攘手爭言衞霍之事爭言衞青霍去病世宗之代北伐匈奴之事也〔集解〕惠棟曰臧宮馬武之徒帝方厭兵間修文政未之許也帝厭□用兵欲修文政未許猛夫扞將之事其後匈奴爭立日逐來奔願修呼韓之好㠯禦北狄之衝比季父孝單于輿以比爲右薁鞬日逐王日逐卽南匈奴單于比也奉藩稱臣永爲外扞天子總攬羣策和而納焉總攬羣臣之策善均從衆與之和同而納其降款也乃詔有司開北鄙擇肥美之地量水草㠯處之馳中郎之使盡法度㠯臨之制衣裳備

文物加璽紱之綬正單于之名於是匈奴分破始有南北二庭焉讎釁既深互伺便隙控弦抗戈覘望風塵雲屯烏散集解先謙曰官本烏作鳥更相驅爇於滔潰創傷者靡歲或寧而漢之塞地晏然矣由南北二庭自相馳突而漢之塞地晏然無事矣後亦頗爲出師并兵窮討命竇憲耿夔之徒前後並進皆用果譎設奇數異道同會究掩其窟穴躡北追奔軍走曰北三千餘里北虜烏孫遂奔漠北乃空其地三千餘里也遂破龍祠焚罽幕阬十角梏閼氏械在手曰梏音古督反銘功封石倡呼而還爲勒石立銘於燕然山猶前書霍去病登臨瀚海封狼居胥山也單于震懾屛氣蒙氈遁走於烏孫之地而漠北空矣漠北既空宜卽遷南虜以居之若因其時埶及其虛曠還南虜於陰山歸河西於內地河西虜眾居之于時遂爲邊境若還南虜於陰山卽爲內地也集解陳景雲曰河西當作西河時南單于屯西河美稷縣也正與上句南虜相對上申光武權宜之略下防戎羯亂華之變戎羯之亂興於永嘉之年續勒燕然乃居永元之歲中人以上始可預其將來竇憲庸才寧可責其謀慮使耿國之算不謬於當世建武二十四年八部大人共立比爲呼韓邪單于款五原塞願永爲蕃蔽扞禦北方帝用五官中郎將耿國議乃許之也袁安之議見從於後王竇憲欲立北單于安議不許也平易正直若此其弘也若從耿國袁安之議卽言平易正直之道如此之弘遠也而竇憲矜三捷之效忽經世之規狠戾不端專行威惠三捷言勝也自矜功伐專行威惠爲臣不忠卽其人也又章和二年竇太后臨朝單于屯屠何上言宜及北虜分爭出兵討伐破北成南并爲一國令漢家長無北念既威北邊卽宜權成南部更請存立其何惑哉遂復更立北虜反其故庭永元三年將軍竇憲上書請立於除鞬爲北單于朝廷從之四年卽授璽綬方欲輔歸北庭會竇憲被誅五年於除鞬自畔還北帝遣將兵長史王輔誘誅之竝恩兩護㠯私己福棄蔑天公言竇憲斬日逐刊石紀功卽宜滅其北庭以資南部重存肩緒滋生孽栽南北俱存卽是竝恩兩護以私己福乃招其禍斯則棄蔑天公之事也天公謂天子也前書云老禿翁何爲首鼠兩端禿翁卽天翁也高祖云幾敗乃公事乃公卽汝公也惇史直筆時復存其質言也集解何焯曰李殿學云天公非謂天子猶太公耳因學紀聞云注引前書謂禿翁卽天公其謬甚矣坐樹大鯁永言前載何恨憤之深乎由竇憲請立北庭遂使匈奴滋蔓卽是坐樹大鯁永言前事深可恨哉載事也自後經綸失方畔服不一其爲疢毒胡可單言單盡也與殫同降及後世翫爲常俗終於吞噬神鄉丘墟帝宅嗚呼千里之差興自毫端失得之源百世不磨矣既勤燕然之後若復南虜於漠北引侍子於京師混并匈奴之區使得專爲一部則荒服無忿爭之跡邊服息征伐之勤此之不行遂爲巨蠹自單于比入居西河美稷之後種類繁昌難以驅逼魏武雖分其眾爲五部然大率皆居晉陽暨乎左賢王豹之子劉元海假稱天號縱盜中原吞噬神鄉丘墟帝宅愍懷二帝沈沒虜庭差之毫端一至於此百代無滅誠可痛心也

贊曰匈奴既分謂分爲南北庭也羽書稀聞檄書有急卽插鳥羽其上也野心難悔終亦紛紜紛紜之事具如上解集解劉攽曰章懷注書時分與諸臣此卷不知誰値之最爲淺陋不與前同亦疑其將終篇故特草草耳後之讀者將以爲傳寫之誤聊記之云

南匈奴列傳第七十九終

後漢書八十九

後漢書集解卷八十九校補

南匈奴列傳案本書小題下注五十八字官本不在小題下另於傳文前一行低二格出南匈奴三字著注於下蓋照總目增三字與官本班彪傳下仍於小題下著注者體例岐異微嫌未合

賂遺金帛官本帛作幣案通志作帛

殺略鈔掠甚眾今案掠卽略也不當殺略鈔掠並言通志無鈔掠二字可證二字當衍

目次當左賢王錢大昭曰當下應有爲字案通志有爲字

目子言之我前單于長子我當立集解通鑑胡注至比自謂若父子相傳則烏珠留死比當立爲單于何待至輿而始傳其子也今案胡說非也匈奴傳弟畢復以次傳諸單于嫡長故下文單于汗薨仍傳單于比之子適適薨則傳單于莫之子蘇是爲先傳弟後傳子輿既殺知牙師無弟可傳次當傳比不得先自傳其子故班彪謂比次第當立而侵奪失職耳設如胡說則傳弟畢將何所傳耶

時比弟漸將王集解通鑑胡注漸當作斬詳見下案本傳下列匈奴大臣貴者有左右斬將王字作斬後殺漸將王字仍作漸官本皆作斬通志則皆作漸前書匈奴傳記匈奴諸王號尙無此王匈奴言語文字不與華同其王號非譯不曉漸將亦未嘗無義胡氏必謂漸當作斬此不然觀晉書作左漸尙王右漸尙王將尙一音之轉安知斬不正當作漸耶

遂斂所主南邊八郡柳從辰曰郡當作部卽下八部大人所部也匈奴安得有郡耶

將弛刑五十人集解先謙曰官本十作千謹案通志亦作五千人惟後文令西河長史助中郎將衞護單于猶止騎二千弛刑五百人此不過隨單于所處參辭訟察動靜耳豈須弛刑五千人之多千似仍誤

及悉復緣邊各郡錢大昭曰八郡者雲中五原朔方北地定襄鴈門上谷代也

報答之辭必令有適注必令得所也注令原譌今已正官本不誤

善惡之效原本效皆作効依通志正案効效古書本通作今專以从力者爲効力之効據前書蘇武傳殺身自効字从力藝文志儒者已試之效字从文似已有別官本此傳皆作效是也

遣驛目聞官本驛作譯

伊伐于慮鞮單于汗上于官本作於案通志亦作於

遂寇雲中至原陽注原陽縣名屬雲中郡柳從辰曰原陽故城今歸化城土默特西

目中郎將吳棠案袁紀棠作常

諸王大人或前至集解劉攽曰案文前當作隨今案諸王大人卽大且渠伊莫訾王等也或前至謂或先來郡縣與漢賈客接市生口牛馬尙均在後也南單于因郡縣設官邸賞賜待遇微知其事故遮截其在後之生口牛馬而略取之若改隨至是所驅牛馬已先諸王大人至郡縣矣南單于何從遮略鈔掠之劉說誤

北虜眾目南部爲漢所厚又聞取降者歲數千人集解先謙曰語氣不了疑奪文謹案下章和元年上疑本有一及字涉上人字誤奪也此北虜眾卽指後詣降之五十八部謂因慕南單于之見厚於漢久懷欲降之心故因北庭大亂遂舉眾來降也

依安侯河西錢大昭曰魯恭傳作史侯河西安侯史侯未知孰是

慙無報效之義集解先謙曰官本義作地錢大昭曰閩本作地今案通志亦作地

永元元年目秉爲征西將軍案此不言復拜與秉傳異者以秉前官乃征西大將軍多大字也疑原本有大字章和二年副竇憲去之史未及詳故紀傳於前官皆去大此猶存其眞也

出雞鹿塞注塞在朔方郡窳渾縣北前漢窳渾縣今鄂爾多斯右翼後旗黃河西北岸

右部從匈奴河水集解劉攽曰至蓋據趙破奴傳止作匈河也已詳竇融傳校補

獲閼氏案據和紀此閼氏單于母也紀亦言獲而耿秉傳獨言斬

三年北單于復爲右校尉耿夔所破逃亡不知所在遁走烏孫見袁安傳

其弟右谷蠡王於除鞬自立爲單于至大將軍竇憲上書立於除鞬爲北單于朝廷從之柳從辰曰據袁安傳憲始上書請立者爲左鹿蠡王阿佟後乃竟立右鹿蠡王於除鞬爲單于鹿蠡谷蠡卽又耿夔破北單于本傳與和紀皆在永元三年而以夔傳憲傳及袁安傳推之則又皆在二年卽燕然勒石之明年也至右谷蠡王於除鞬之自立與憲上書請立而朝廷從之此年皆在三年和紀則又皆在四年其岐異如此實范史之疏今案北塞遼遠出師奏捷往返稽遲本紀固必據文報而書辭尙簡要列傳則或上言之或就一事終言之故列傳敘事紀年往往不與紀符竇憲之遣耿夔蓋本在永元二年破虜金微山則已爲三年事憲聞夔大捷北單于逃亡不知所在遂請立先降者阿佟爲北單于蓋尙不知北虜已有自立者及於除鞬款塞憲知塞北餘眾已有所附其勢不能別立又因

其自立而請立之雖事亦仍在三年而朝廷遣夔授璽綬已在四年正月故和紀並約其事書於四年前之請立阿佟既未成爲事實例可從略特袁安持正其抗議原始於請立阿佟因於安傳一著之耳本傳下亦言四年遣耿夔卽授璽綬仍可與紀合也

追擊逢侯於大城塞集解通鑑胡注大成縣至朔方郡今鄂爾多斯左翼前旗

吕烏桓校尉鄧遵爲度遼將軍侯康曰東觀記鄧遵元初中爲度遼將軍討擊羌虜斬首八百餘級得鎧弩刀矛戟楯匕首二三千枚破匈奴得釜鑊二三千枚得匕首三千枚賜駁犀劒案自燕然刻石以來漢軍每出首虜千萬獲馬牛無算瑣瑣者亦何足紀侯之引東觀記明遵爲度遼其功效僅見於此而膺駁犀之賜亦以其爲皇太后從弟也

建光元年注永甯二年改爲建光元年光原本文注皆誤元據紀正官本不誤

夔與温禺犢王呼尤徽案徽通志作徵下並同

弟拔立集解惠棟曰至當有脫誤案通志耿夔復免以下十五字在烏稽侯尸逐鞮單于拔延光三年立下耿夔上並有是歲二字知今本皆涉上立字誤倒又脫二字也

不可單盡注猶書云謀謨官本注謀謨作謨謀今案尚書無謀謨謨謀連文之處疑皆謀猷之誤猷本繇訓謀也注或涉下傳文謀謨而誤

中國之所長也而戎狄之所短也集解先謙曰官本而戎上無也字謹案錢校據閩本亦無此也字通志同注若夫平原易地至中國之長技五案此注節錄前鼂錯傳言兵事書後大段突然而起末乃以數語說明之又雜以駢句故洪亮吉譏其有學究氣章懷無此體例蓋亦後人竄亂也論注並同

乃徙西河治離石注離石卽西河之屬縣今汾州府永甯州治

到穀城集解通鑑胡注穀城蓋卽西河郡之穀羅縣城柳從辰曰穀羅縣在今汾州府永甯州西北案穀羅乃前漢西河郡縣後漢幷省蓋始就城爲名

上通天山集解通鑑胡注通天山卽土軍縣之石樓山柳從辰曰土軍縣今汾州府石樓縣治案土軍亦前漢西河郡舊縣後漢省

其遺還柳從辰曰袁紀作其遺還庭攝部落

熹平元年注熹平靈帝之元年柳從辰曰注欠明應云靈帝建甯五年改爲熹平元年

前中山太守張純反畔柳從辰曰張純事已見劉虞傳中山國也虞傳書前中山相張純本傳及烏桓傳皆作前中山太守究有未合

曹操因畱於鄴注畱呼廚於鄴而遣去卑歸平陽監其五部國案通志魏武爲丞相因畱單于於鄴而遣去卑歸監其國歲給單于綿絹錢穀如列侯子孫襲號分其衆爲五部部中立其貴者爲帥選漢人爲司馬以監督之

宣帝値虜庭分爭注虜庭分爭謂五單于國案注國上當有爭字

朔易無復匹馬之蹤官本易作方非六十餘年矣注是時邊城晏閉注閉原作閑依前書改顏注晏晚也官本不誤今案晏閑卽安閒以後文塞地晏然證之說亦可通

帝方厭兵注帝厭用兵官本注厭下多其字

究掩其窟穴案究掩二字各一義不能連文疑衍一字躡北追奔注軍走曰北官本注末有也字

三千餘里注北虜烏孫遂奔漠北案注遂奔二字當在烏孫上

上申光武權宜之略下防戎羯亂華之變注戎羯之亂至盜可責其謀慮案注此等語氣與上下各注不相照顧且別一手筆明係後人竄入當分別觀之

使耿國之算不謬於當世注願永爲蕃蔽官本注蕃作藩案毛詩四國于蕃與藩通作

平易正直若此其宏也注卽言平易正直之道如此之宏遠也案注言當作謂此原譌北已正官本不誤

專行威惠注卽宜權成南部官本注權作搆

棄滅天公注秃翁卽天翁也注天原作乃已正官本不誤

百世不磨矣注暨乎左賢王豹之子劉元海注乎原譌平已正官本不誤今案蔚宗生値南北分爭之世痛懲五胡之亂華故於西羌南匈奴傳論皆歸獄於遷戎內地不早斥遠之貽誤實則當時情勢固有不同如使竇憲破北成南遺南還北南强猶北能使終不爲邊患耶是故存北亦卽所以制南苟中國無釁可乘則用夏變夷抑非無術也

終亦紛紜集解劉攽曰至聊記之云今案此傳注之可疑除引前書鼂錯傳文外並有不必注

而注者又論自及中興之初更通舊好以下所言皆已具於傳
率不須注而複沓紕繆至於不可究詰疑章懷本皆無注而妄
人附益之且又不出一手也劉攽以爲分値非其人洪亮吉
猶惜其略實今但於其當去者痛加刊削反可不累全書

烏桓鮮卑列傳第八十　　後漢書九十

宋　宣　城　太　守范　曄　撰
唐　章　懷　太　子　賢　注
王先謙集解

烏桓者本東胡也漢初匈奴冒頓滅其國餘類保烏桓山因以爲號焉俗善騎射弋獵禽獸爲事隨水草放牧居無常處以穹廬爲舍東開向日食肉飲酪以毛毳爲衣鄭玄注周禮曰毛之縟細者爲毳集解惠棟曰前書匈奴列傳云匈奴父子同穹廬臥師古曰穹廬旃帳也其形穹隆故曰穹廬貴少而賤老其性悍塞說文曰悍勇也塞謂不通集解惠棟曰魏志作悍驁怒則殺父兄而終不害其母以母有族類父兄無相讎報故也有勇健能理決鬬訟者推爲大人無世業相繼邑落各有小帥數百千落自爲一部大人有所召呼則刻木爲信雖無文字而部衆不敢違犯氏姓無常以大人健者名字爲姓集解惠棟曰續漢書云以父名字爲姓大人以下各自畜牧營產不相徭役其嫁娶則先略女通情杜預注左傳曰略不以道取爲略或半歲百日然後送牛馬羊畜以爲娉幣集解惠棟曰魏書云然後遣媒人送馬牛羊壻隨妻還家妻家無尊卑旦旦拜之而不拜其父母爲妻家僕役一二年間妻家乃厚遣送女居處財物一皆爲辦其俗妻後母報寡嫂死則歸其故夫計謀從用婦人唯鬬戰之事乃自決之父子男女相對踞蹲以髡頭爲輕便婦人至嫁時乃養髮分爲髻著句決飾以金碧猶中國有簂步搖簂音吉悔反字或爲幗婦人首飾也續漢輿服志曰公卿列侯夫人紺繒幗釋名云皇后首飾上有垂珠步則搖之也婦人能刺韋作文繡織氀毼廣雅曰氀毼罽也氀音力于反毼音胡達反男子能作弓矢鞍勒勒馬銜也鍛金鐵爲兵器其土地宜穄及東牆東牆似蓬草實如穄子至十月而熟集解惠棟曰郭義恭廣志云東牆子色青黑似蓬草粒如葵子十一月熟出涼并烏丸地河西語曰貸我東牆償我白粱也說文穄穈也从禾祭聲又云穈穄也是一物魏書作葵子見鳥獸孕乳以別四節集解惠棟

日魏書云呂四節耕種常用布穀鳴爲候俗貴兵死斂屍呂棺有哭泣之哀至葬則歌舞相送肥養一犬呂彩繩纓牽并取死者所乘馬衣物皆燒而送之言呂屬累犬屬累乃付託也屬音之欲反累音力瑞反集解惠棟日爾雅釋言諈諉累也郭璞云呂事相屬累爲諈諉先謙日官本付託作託付使護死者神靈歸赤山赤山在遼東西北數千里如中國人死者魂神歸岱山也博物志泰山天帝孫也主召人魂東方萬物始故知人生命敬鬼神祠天地日月星辰山川及先大人有健名者祠用牛羊畢皆燒之其約法違大人言者辠至死若相賊殺者令部落自相報不止詣大人告之聽出馬牛羊呂贖死集解惠棟日魏書相報不止詣大人平之有罪者出牛羊呂贖死命乃止其自殺父兄則無罪若亡畔爲大人所捕者邑落不得受之皆徙逐於雍狂之地沙漠之中其土多蝮蛇在丁令西南烏孫東北焉前書音義日丁令匈奴別種也令音零烏桓自爲冒頓所破衆遂孤弱常臣伏匈奴歲輸牛馬羊皮過時不具輒沒其妻子及武帝遣驃騎將軍

霍去病擊破匈奴左地因徙烏桓於上谷漁陽右北平遼東五郡塞外爲漢偵察匈奴動靜偵覘也音丑政反集解錢大昕日案文止有四郡蓋脫遼西二字其大人歲一朝見於是始置護烏桓校尉秩二千石擁節監領之使不得與匈奴交通昭帝時烏桓漸彊乃發匈奴單于冢墓呂報冒頓之怨匈奴大怒乃東擊破烏桓大將軍霍光聞之因遣度遼將軍范明友將二萬騎出遼東邀匈奴而虜已引去明友乘烏桓新敗遂進擊之斬首六千餘級獲其三王首而還由是烏桓復寇幽州明友輒破之宣帝時乃稍保塞降附及王莽篡位欲擊匈奴興十二部軍使東域將嚴尤領烏桓丁令兵屯代郡皆質其妻子於郡縣烏桓不便水土懼久屯不休數求謁去莽不肯遣遂自亡畔還爲抄盜而諸郡盡殺其質由是結怨於莽匈奴因誘其豪帥呂爲吏餘者皆羈縻屬之光武初烏桓與匈奴連兵爲寇代郡呂東尤被其害居止近塞朝發穹廬莫至城郭五郡民庶家受其辜至於郡縣損壞百姓流亡其在上谷塞外白山者最爲強富建武二十一年遣伏波將軍馬援將三千騎出五阮關掩擊之關在代郡集解惠棟日說文云阮代郡五阮關也案關在代郡廣昌縣高誘云郎陽原也如淳云阮音近捲師古音其遠反先謙日官本阮作院烏桓逆知悉相率逃走追斬百級而還烏桓復尾擊援後援遂晨夜奔歸比入塞馬死者千餘匹二十二年匈奴國亂烏桓乘弱擊破之集解先謙日官本乘作承匈奴轉北徙數千里漠南地空帝乃呂幣帛賂烏桓二十五年遼西烏桓大人郝旦等九百二十二人集解惠棟日魏書云郝旦等九千餘人率衆向化詣闕朝貢集解惠棟日東觀記作朝賀獻奴婢牛馬及弓虎豹貂皮是時四夷朝賀絡繹而至天子乃命大會勞饗賜呂珍寶烏桓或願留宿衛於是封其渠帥爲侯王君長者八十一人皆居塞內布於緣邊諸郡集解惠棟日魏書云布列遼東屬國遼西右北平漁陽廣陽上谷代郡雁門太原朔方諸郡界令招來種人給其衣食

遂爲漢偵候助擊匈奴鮮卑時司徒掾班彪上言烏桓天性輕黠好爲寇賊若久放縱而無總領者必復侵掠居人但委主降掾吏蓋當時權置也下兵馬掾亦同也集解先謙日官本吏作史恐非所能制臣愚呂爲宜復置烏桓校尉誠有益於附集省國家之邊慮帝從之於是始復置校尉於上谷甯城甯城縣名前書甯縣作寧史記甯城亦作寧寧甯兩字通也集解惠棟日上谷甯縣之城也魏土地記云在大寧西二十里開營府并領鮮卑賞賜質子歲時互市焉及明章和三世皆保塞無事安帝永初三年夏漁陽烏桓與右北平胡千餘寇代郡上谷秋鴈門烏桓率衆王無何允集解劉攽日案魏志名無何而已無允字此下文降時亦無之緣下有乞字遂此誤有允也與鮮卑大人丘倫等及南匈奴骨都侯合七千騎寇五原與太守戰於九原高渠谷九原縣名屬五原郡漢兵大敗殺郡長吏乃遣車騎將軍何熙度遼將軍梁慬等擊大破之無何乞降鮮卑走還塞外是後烏桓稍復親附拜其大人戎朱廆爲親漢都尉廆音胡罪反集解惠

棟曰續漢書及魏書朱作末順帝陽嘉四年冬烏桓寇雲中遮截道上商賈車牛千餘兩度遼將軍耿曄率二千餘人追擊不利又戰於沙南斬首五百級沙南縣屬雲中郡有蘭池城烏桓遂圍曄於蘭池城於是發積射士二千人度遼營千人配上郡屯吕討烏桓烏桓乃退永和五年烏桓大人阿堅羌渠等與南匈奴左部句龍吾斯反畔中郎將張耽擊破斬之餘眾悉降桓帝永壽中朔方烏桓與休著屠各並畔中郎將張奐擊平之延熹九年夏烏桓復與鮮卑及南匈奴鮮卑寇緣邊九郡俱反張奐討之皆出塞去靈帝初烏桓大人上谷有難樓者眾九千餘落遼西有丘力居者眾五千餘落皆自稱王又遼東蘇僕延眾千餘落自稱峭王峭七笑反右北平烏延眾八百餘落自稱汗魯王並勇健而多計策中平四年前中山太守張純畔入丘力居眾中自號彌天安定王遂為諸郡烏桓元帥寇掠青徐幽冀

四州五年吕劉虞為幽州牧虞購募斬純首北州乃定獻帝初平中丘力居死子樓班年少從子蹋頓有武略代立蹋音大蠟反總攝三郡眾皆從其號令集解惠棟曰魏書云總攝三王部眾建安初冀州牧袁紹與前將軍公孫瓚相持不決蹋頓遣使詣紹求和親遂遣兵助擊瓚破之紹矯制賜蹋頓難樓蘇僕延烏桓烏延等皆吕單于印綬集解惠棟曰事詳王粲英雄記見魏志注後難樓蘇僕延率其部眾奉樓班為單于蹋頓為王然蹋頓猶秉計策廣陽人閻柔集解惠棟曰柔亦見公孫瓚傳少沒烏桓鮮卑中為其種人所歸信柔乃因鮮卑眾殺烏桓校尉邢舉而代之袁紹因寵慰柔吕安北邊及紹子尚敗奔蹋頓時幽冀吏人奔烏桓者十萬餘戶尚欲憑其兵力復圖中國會曹操平河北閻柔率鮮卑烏桓歸附操即吕柔為校尉集解惠棟曰案公孫瓚傳柔拜烏桓校尉封關內侯也建安十二年集解惠棟曰魏書十一年曹操自征烏桓大破蹋頓於柳城斬之首虜二十餘萬人集解惠棟曰劉昫云柳城在昌黎縣西南六十里漢末為烏桓所據案昌黎後漢遼東屬國都尉所治也袁尚與樓班烏延等皆走遼東遼東太守公孫康並斬送之其餘眾萬餘落悉徙居中國云

鮮卑者亦東胡之支也別依鮮卑山故因號焉集解惠棟曰應奉云秦築長城徒役之士亡出塞外依鮮卑山因吕為名隋圖經云山在柳城東南二百里其言語習俗與烏桓同唯婚姻先髡頭吕季春月大會於饒樂水上水在今營州北飲讌畢然後配合又禽獸異於中國者野馬原羊角端牛吕角為弓俗謂之角端弓者郭璞注爾雅曰原羊似吳羊而大角出西方前書音義曰角端似牛角可為弓集解何焯曰原羊當改羱惠棟曰說文云角端狀如豕角善為弓出胡多休國陸璣毛詩疏云李陵曾吕此弓遺蘇武郭璞注爾雅云角端似豬角在鼻上又有貂豽鼲子皮毛柔蝡豽音女滑反鼲音胡昆反貂鼲並鼠屬豽猴屬也故天下吕為名裘漢初亦為冒頓所破遠竄遼東塞外與烏桓相接未嘗通中國焉光武初匈奴強盛率鮮卑與烏桓寇抄北邊殺掠吏人無有寧歲建武

二十一年鮮卑與匈奴入遼東遼東太守祭肜擊破之斬獲殆盡事已具肜傳由是震怖及南單于附漢北虜孤弱二十五年鮮卑始通驛使集解劉攽曰案驛當作譯見上其後都護偏何等詣祭肜求自效功因令擊北匈奴左伊育訾部集解惠棟曰祭肜傳育作秩斬首二千餘級其後偏何連歲出兵擊北虜還輒持首級詣遼東受賞賜三十年集解惠棟曰袁宏紀作三十一年鮮卑大人於仇賁滿頭等率種人詣闕朝賀慕義內屬帝封於仇賁為王滿頭為侯時漁陽赤山烏桓歆志賁等集解官本考證曰歆魏志注中作欽數寇上谷永平元年祭肜復賂偏何擊歆志賁破斬之於是鮮卑大人皆來歸附並詣遼東受賞賜青徐二州給錢歲二億七千萬為常明章二世保塞無事和帝永元中大將軍竇憲遣右校尉耿夔擊破匈奴北單于逃走鮮卑因此轉徙據其地匈奴餘種留者尚有十餘萬落皆自號鮮卑鮮卑由此漸盛九年遼東

鮮卑攻肥如縣肥如縣故城在今平州也〔集解〕惠棟曰續漢志云屬遼西郡應劭云晉滅肥肥子奔燕燕封於此故日肥如太守祭參坐沮敗下獄死十三年遼東鮮卑寇右北平因入漁陽漁陽太守擊破之延平元年〔集解〕王補曰延平上應有殤帝二字鮮卑復寇漁陽漁陽太守張顯率數百人出塞追之兵馬掾嚴授諫曰〔集解〕通鑑胡注緣邊郡曹有兵馬掾掌兵馬前道險阻賊埶難量宜且結營先令輕騎偵視之顯意甚銳怒欲斬之因復進兵遇虜伏發士卒悉走唯授力戰身被十創手殺數人而死顯中流矢主簿衞福功曹徐咸皆自投赴顯俱歿於陣鄧太后策書褒歎賜顯錢六十萬以家二人爲郎授福咸各錢十萬除一子爲郎安帝永初中鮮卑大人燕荔陽詣闕朝賀鄧太后賜燕荔陽王印綬赤車參駕〔集解〕通鑑胡注赤車者帷裳衡軛皆赤參駕者駕三馬令止烏桓校尉所居甯城下通胡市因築南北兩部質館築館以受降質鮮卑邑落百二十部各遣入質是後或降或畔與匈奴烏桓

更相攻擊元初二年秋遼東鮮卑圍無慮縣無慮縣屬遼東郡州郡合兵固保清野鮮卑無所得清野謂收斂積聚不令寇得之也復攻扶黎營殺長吏扶黎縣屬遼東屬國故城在今營州東南〔集解〕通鑑胡注案兩漢志遼東郡及遼東屬國皆無扶黎縣未知章懷所據何書惠棟曰謂後漢遼東屬國無慮縣即扶黎也遼東有無慮縣屬國不應重出扶黎誤爲無慮聲之轉也遼東屬國縣名多誤字如以昌黎爲昌遼交黎爲天遼賓從爲賓徒之類皆宋以後人傳寫之誤也四年遼西鮮卑連休等遂燒塞門寇百姓烏桓大人於秩居等與連休有宿怨共郡兵奔擊大破之斬首千三百級悉獲其生口牛馬財物五年秋代郡鮮卑萬餘騎遂穿塞入寇分攻城邑燒宮寺殺長吏而去乃發緣邊甲卒黎陽營兵屯上谷以備之冬鮮卑入上谷攻居庸關復發緣邊諸郡黎陽營兵積射士步騎二萬人屯列衝要六年秋鮮卑入馬城塞殺長吏馬城縣名屬代郡度遼將軍鄧遵發積射士三千人及中郎將馬續率南單于與遼西右北平兵馬會出塞追擊鮮卑大破之獲生口及

牛羊財物甚眾又發積射士三千人馬三千匹詣度遼營屯守永寧元年遼西鮮卑大人烏倫其至鞬率眾詣鄧遵降奉貢獻〔集解〕惠棟曰史炤釋文烏倫其至鞬鮮卑種名胡氏辨誤云烏倫其至鞬乃鮮卑種帥二人之名非種名也詔封烏倫爲率眾王其至鞬爲率眾侯賜綵繒各有差建光元年秋其至鞬復叛寇居庸雲中太守成嚴擊之兵敗散功曹楊穆以身捍嚴與俱戰歿鮮卑於是圍烏桓校尉徐常於馬城度遼將軍耿夔與幽州刺史龐參發廣陽漁陽涿郡甲卒分爲兩道救之常夜得潛出與夔等并力並進攻賊圍解之鮮卑既累殺郡守膽意轉盛控弦數萬騎延光元年冬復寇鴈門定襄遂攻太原掠殺百姓二年冬其至鞬自將萬餘騎入東領候分爲數道攻南匈奴於蔓柏縣名屬五原郡也薁鞬日逐王戰死殺千餘人三年秋復寇高柳擊破南匈奴殺漸將王〔集解〕先謙曰漸官本作斬順帝永建元年秋鮮卑其至鞬寇代郡太守李超戰死明年

春中郎將張國遣從事將南單于兵步騎萬餘人出塞擊破之獲其資重二千餘種時遼東鮮卑六千餘騎亦寇遼東玄菟烏桓校尉耿曄發緣邊諸郡兵及烏桓率眾王出塞擊之斬首數百級大獲其生口牛馬什物〔集解〕先謙曰官本作牛羊財物鮮卑乃率種眾三萬人詣遼東乞降三年四年鮮卑頻寇漁陽朔方六年秋耿曄遣司馬將胡兵數千人出塞擊破之冬漁陽太守又遣烏桓兵擊之斬首八百級獲牛馬生口烏桓豪人扶漱官勇健漱音所救反每與鮮卑戰輒陷敵詔賜號率眾君陽嘉元年冬耿曄遣烏桓親漢都尉戎朱廆率眾王侯咄歸等〔集解〕劉攽曰案魏志此眾字作將字言率將胡王等出塞後乃封爲率眾王侯長也出塞抄擊鮮卑大斬獲而還賜咄歸等已下爲率眾王侯長賜綵繒各有差鮮卑後寇遼東屬國於是耿曄乃移屯遼東無慮城拒之〔集解〕惠棟曰鮮卑寇屬國曄移屯無慮明屬國無慮縣也二年春匈奴中郎將趙稠遣從事將南匈奴骨都侯夫沈

等出塞擊鮮卑破之斬獲甚眾詔賜夫沇金印紫綬及縑綵各有
差秋鮮卑穿塞入馬城代郡太守擊之不能克後其至鞬死鮮卑
抄盜差稀桓帝時鮮卑檀石槐者其父投鹿侯初從匈奴軍三年
其妻在家生子投鹿侯歸怪欲殺之妻言嘗晝行聞雷震仰天視
而雹入其口因吞之遂妊身十月而產此子必有奇異且宜長視
投鹿侯不聽遂棄之妻私語家令收養焉名檀石槐年十四五勇
健有智略異部大人〔集解〕惠棟曰魏書云異部大人卜賁邑抄取其外家牛羊檀石
槐單騎追擊之所向無前悉還得所亡者由是部落畏服乃施法
禁平曲直無敢犯者遂推㠯為大人檀石槐乃立庭於彈汗山歠
仇水上歠音昌悅反〔集解〕惠棟曰汗通鑑作汙去高柳北三百餘里兵馬甚盛東西
部大人皆歸焉因南抄緣邊北拒丁零東卻夫餘西擊烏孫盡據
匈奴故地東西萬四千餘里〔集解〕惠棟曰魏書又云南北七千餘里網羅山川水澤

鹽池永壽二年秋檀石槐遂將三四千騎寇雲中延熹元年鮮卑
寇北邊冬使匈奴中郎將張奐率南單于出塞擊之斬首二百級
二年復入鴈門殺數百人大抄掠而去六年夏千餘騎寇遼東屬
國九年夏遂分騎數萬人入緣邊九郡竝殺掠吏人於是復遣張
奐擊之鮮卑乃出塞去朝廷積患之而不能制遂遣使持印綬封
檀石槐為王欲與和親檀石槐不肯受而寇抄滋甚乃自分其地
為三部從右北平㠯東至遼東接夫餘濊貊二十餘邑為東部〔集解〕
先謙曰官本少㠯字從右北平㠯西上谷十餘邑為中部從上谷㠯西至敦
煌烏孫二十餘邑為西部各置大人主領之〔集解〕通鑑胡注觀此則夷狄亦有邑居矣
檀石槐蓋盡有匈奴故地皆屬檀石槐〔集解〕惠棟曰魏書云東部大人曰彌加闕機素利槐頭中部大人曰柯最闕居
慕容等西部大人曰置鞬落羅日律推演宴協游等皆為大帥靈帝立幽并涼三州緣邊諸部〔集解〕
陳景雲曰部當作郡無歲不被鮮卑寇抄殺略不可勝數熹平三年冬鮮卑

人北地太守夏育率休著屠各追擊破之〔集解〕惠棟曰袁宏紀云育下邳淮浦人以忠直
稱所歷皆有名迹遷育為護烏桓校尉五年鮮卑寇幽州六年夏鮮卑寇
三邊秋夏育上言鮮卑寇邊自春㠯來三十餘發〔集解〕先謙曰官本三作二惠棟云蔡邕集作三
請徵幽州諸郡兵出塞擊之一冬二春必能禽滅朝廷未許先是
護羌校尉田晏坐事論刑被原欲立功自效乃請中常侍王甫求
得為將〔集解〕惠棟曰蔡邕集云行賄王甫甫因此議遣兵與育竝力討賊帝乃拜
晏為破鮮卑中郎將大臣多有不同乃召百官議朝堂議郎蔡邕
議曰書戒猾夏湯伐鬼方尚書舜典曰蠻夷猾夏寇賊姦宄猾亂也易既濟九三爻辭曰高宗伐鬼方三
年而克之前書淮南王安曰鬼方小蠻夷也音義曰鬼方遠方也〔集解〕沈德潛曰案此又誤㠯高宗為湯惠棟曰湯當依集作易
周有獫狁蠻荊之師詩小雅曰顯允方叔征伐獫狁蠻荊來威漢有闐顏瀚海之事武帝
使大將軍衞青擊匈奴至闐顏山斬首萬餘級使霍去病擊匈奴封狼居胥山登臨瀚海也征討殊類所由尚
矣然而時有同異埶有可否故謀有得失事有成敗不可齊也武

帝情存遠略志闢四方南誅百越北討強胡西伐大宛東并朝鮮
因文景之蓄藉天下之饒數十年間官民俱匱乃興鹽鐵酒榷之
利設告緡重稅之令武帝使東郭咸陽等領天下鹽鐵敢私鑄錢賣鹽者釱左趾榷專也官自賣酒人不得賣
也又算緡錢率緡錢二千而算一令各㠯其物自占占不悉聽人告緡㠯半與之音義曰緡絲也用㠯貫錢故曰緡錢一算百二十
也民不堪命起為盜賊關東紛擾道路不通武帝天漢二年泰山琅邪羣盜徐勃等阻
山攻城道路不通繡衣直指之使奮鈇鉞而竝出武帝使直指使者暴勝之等衣繡杖斧分部逐
捕也〔集解〕先謙曰官本注部作道既而覺悟乃息兵罷役封丞相為富人侯封丞相車千秋為富人侯㠯明休息思富
養人故主父偃曰夫務戰勝窮武事未有不悔者也武帝時齊相主父偃諫伐匈奴
之辭夫㠯世宗神武將帥良猛財富充實〔集解〕劉攽曰案富字當作賦惠棟曰蔡邕集作財賦
所拓廣遠猶有悔焉況今人財竝乏事劣昔時乎自匈奴遁逃鮮
卑強盛據其故地稱兵十萬才力勁健意智益生加㠯關塞不嚴
禁網多漏精金良鐵皆為賊有〔集解〕惠棟曰蔡邕集云善金良鐵出者莫察謂間闌出物也漢

人逋逃爲之謀主兵利馬疾過於匈奴昔段熲良將習兵善戰有事西羌猶十餘年（集解通鑑胡注段熲自桓帝延熹二年擊西羌至建甯二年始成功凡十一年也）今育晏才策未必過熲鮮卑種衆不弱於曩時而虛計二載自許有成若禍結兵連豈得中休當復徵發衆人轉運無已是爲耗竭諸夏幷力蠻夷夫邊垂之患手足之蚧搔中國之困胷背之瘭疽（蚧音介搔音新到反埤蒼曰瘭音必燒反杜預注左傳曰疽猶惡創也集解王補曰本集蚧搔作疥瘙）方今郡縣盜賊尙不能禁況此醜虜而可伏乎昔高祖忍平城之恥呂后棄慢書之詬（詬恥也音許豆反）方之於今何者爲甚天設山河秦築長城漢起塞垣所以別內外異殊俗也苟無蹙國內侮之患則可矣（蹙國解見西域傳）豈與蟲螘校寇計爭往來哉雖或破之豈可殄盡而方今本朝爲之旰食乎（旰晚也左傳伍子胥曰楚君大夫其旰食乎集解劉攽曰今本朝案文今當作令）夫專勝者未必克挾疑者未必敵（集解先謙曰官本敵作敗）衆所謂危聖人不任朝議有嫌明主不行也昔

淮南王安諫伐越曰天子之兵有征無戰言其莫敢校也（校報也）如使越人蒙死以逆執事廝輿之卒（前書音義曰廝微也輿衆也）有一不備而歸者雖得越王之首而猶爲大漢羞之而欲以齊民易醜虜皇威辱外夷就如其言猶已危矣（集解惠棟曰袁宏紀云育欲以齊民易醜虜射乾沒以爲功也）況乎得失不可量邪昔珠崖郡反孝元皇帝納賈捐之言而下詔曰珠崖背畔今議者或曰可討或曰棄之朕日夜惟思羞威不行則欲誅之通於時變復憂萬民夫萬民之飢與遠蠻之不討何者爲大宗廟之祭凶年猶有不備況避不嫌之辱哉今關東大困無以相贍又當動兵（集解惠棟曰豈集當作議）非但勞民而已其罷珠崖郡此元帝所以發德音也夫恤民救急雖成郡列縣尙猶棄之況障塞之外未嘗爲民居者乎守邊之術李牧善其略（史記曰李牧趙之北邊良將也常居代鴈門備匈奴以便宜置吏市租不入幕府爲士卒費謹烽火邊無失亡也）保塞之論嚴尤申其要（前書王莽發三十萬衆十道出擊匈奴莽將嚴尤諫曰匈奴爲害所從來久未聞上代有征之者也後世三家周秦漢征之然皆未有得上策者也周宣王時獫狁內侵至于涇陽命將出征之盡境而還是得中策武帝選將練兵深入遠戍兵連禍結三十餘年是爲下策秦始皇不忍小恥築長城之固以喪社稷是爲無策班固曰若乃征伐之功秦漢行事嚴尤論之當矣）遺業猶在文章具存循二子之策守先帝之規臣曰可矣帝不從（左傳曰楚大夫薳啓彊對楚靈王曰晉之事君臣曰可矣）遂遣夏育出高柳田晏出雲中匈奴中郎將臧旻率南單于出鴈門各將萬騎三道出塞二千餘里檀石槐命三部大人各率衆逆戰育等大敗喪其節傳輜重各將數千騎奔還（集解官本考證曰數千通鑑作數十爲是）死者十七八（集解惠棟曰續漢志云是時大司農經用不足殷斂郡國以給郡糧三將無功還者少半）三將檻車徵下獄贖爲庶人冬鮮卑寇遼西光和元年冬又寇酒泉緣邊莫不被毒種衆日多田畜射獵不足給食檀石槐乃自徇行見烏集秦水廣從數百里水停不流（從子用反集解官本考證曰烏集魏志注作烏侯）其中有魚不能得之聞倭人善網捕（集解先謙曰官本無人字）於是東擊倭人國（集解惠棟曰魏書作汗人棟謂汗當作汙汙與倭同音魏志云倭人好捕魚鰒水無淺深皆沈沒取之）得千餘家徙置秦水上令

捕魚以助糧食（集解惠棟曰魏書云至今烏侯秦水上有汗人數百戶）光和中檀石槐死時年四十五子和連代立和連才力不及父亦數爲寇抄性貪淫斷法不平衆畔者半後出攻北地廉人善弩射者（廉縣名屬北地郡）射中和連卽死其子騫曼年小兄子魁頭立後騫曼長大與魁頭爭國衆遂離散魁頭死弟步度根立自檀石槐後諸大人遂世相傳襲

論曰四夷之暴其埶互彊矣匈奴熾於隆漢西羌猛於中興而靈獻之間二虜迭盛石槐驍猛盡有單于之地蹶頓凶桀公據遼西之土其陵跨中國結患生人者靡世而寧焉然制御上略歷世無聞周漢之策僅得中下將天之冥數以至於是乎

贊曰二虜首施鯁我北垂道暢則馴時薄先離

烏桓鮮卑列傳第八十 終

後漢書九十

後漢書集解卷九十校補

烏桓傳餘類保烏桓山因以爲號焉案魏志桓皆作丸

以毛毳爲衣注毛之縟細者爲毳官本注末有也字

猶中國有簂步搖注步則搖之也官本注末無也字

出五阮關掩擊之集解先謙曰官本阮作院謹案通志作阮魏書作五原關

比入塞馬死者千餘匹比原譌北依通志改官本不誤

烏桓乘弱擊破之集解先謙曰官本乘作承謹案通志作乘

絡繹而至官本繹作驛案駱驛絡繹从馬从糸固不應岐出但驛可通繹通志已作絡驛

但委主降掾吏集解先謙曰官本吏作史謹案通志亦作吏惟據應劭漢官使匈奴中郎將設官府掾史護烏桓校尉有擁節長史一人則作史爲長

鴈門烏桓率衆王無何允集解劉攽曰案魏志名無何而已無允字案通志亦無允字

卷九十校補　一

與太守戰於九原高渠谷注九原縣名屬五原郡今地詳光武紀上

拜其大人戎朱廆爲親漢都尉集解惠棟曰續漢書及魏書朱作末案通志亦作末

又戰於沙南注沙南縣屬雲中郡有蘭池城蘭池今地詳和紀

延熹九年夏烏桓復與鮮卑及南匈奴鮮卑寇緣邊九郡俱反錢大昭曰下鮮卑二字疑衍本紀是年六月南匈奴及烏桓鮮卑寇緣邊九郡

上谷有難樓者衆九千餘落官本脫衆字案通志有衆字

自稱峭王注峭七笑反官本注峭上有音字

五年以劉虞爲幽州牧虞購募斬純首北州乃定柳從辰曰劉虞爲幽州牧設賞購純虞傳在中平五年與此傳合靈紀幽州牧劉虞購斬漁陽賊張純則在中平六年三月袁宏紀中平六年三月己丑光祿劉虞爲司馬領幽州牧使公孫瓚擊純大破之純客王政斬純首降則並虞領幽州牧亦在六年矣今案袁紀書事往往并前事於後事書之故紀年多不與范書合前已屢見據本書靈帝紀張純之叛實始於中平四年六月公孫瓚之討純在五年九月虞時葢已被命到州其設賞購純雖仍在五年而王政之斬純則固爲六年三月事范書諸傳特因虞之出牧在五年而終言之以純之誅在六年已著於紀無用再詳也六年三月己丑袁紀所載自卽純被誅之月日而據其所書直若虞之爲司馬領幽州瓚之討純政之斬純皆係於己丑一日此則書日之失矣

鮮卑傳原羊集解何焯曰原羊當改羱今案官本考證云何焯校本原改羱是何不僅以爲當改直改之矣葢據魏書作羱與爾雅文合也然說文無羱字章懷引爾雅郭注亦止作原范書冉駹夷傳𪊨羊作靈羊既不必與爾雅同則此作原羊亦無庸求合於爾雅且通志皆從范書可不改

皮毛柔蝡案說文蝡動也於義欠合疑煗之誤

鮮卑與匈奴入遼東遼東太守祭肜擊破之官本無下遼東二字案通志遼東重文

率種人詣闕朝賀錢大昭曰魏志注賀作貢

遼東鮮卑攻肥如縣注肥如縣故城在今平州也今地已詳和紀

遼東鮮卑圍無慮縣注無慮縣屬遼東郡官本注末有也字案今地已詳安紀

鮮卑入馬城塞注馬城縣名屬代郡官本注末有也字柳從辰曰馬城今宣化府懷安縣北

卷九十校補　二

攻南匈奴於蔓栢官本蔓作曼是案通志亦作蔓注縣名屬五原郡也今地詳明紀校補

獲其資重二千餘種案種疑當作輜

於是耿曄乃移屯遼東無慮城拒之官本無耿字

永壽二年檀石槐遂將三四千騎寇雲中錢大昭曰時李膺復爲度遼將軍蓋實平之故應奉疏稱膺著威幽并遺愛度遼也

三十餘發集解先謙曰官本三作二惠棟云蔡邕集作三謹案惠據北宋本作二故引邕集異文是官本與北宋本同也惟通志仍作三十

乃興鹽鐵酒榷之利注鈌左趾榷專也原注鈌譌鈇已正官本不誤榷官本譌搉

財富充實集解惠棟曰蔡邕集作財賦案此亦北宋本同作富故惠引邕集異文惟通志亦作財賦與邕集合

天設山河案通志山河作沙漠

豈與蟲螘校寇計爭往來哉柳從辰曰蔡邕集校作狡袁紀作豈與蟲螘之虜校往來之作傷哉今案

通志作豈與蟲蝗狄寇計往來哉其文又異蓋校狄皆狡之譌蝗亦螘之譌惟爭字當衍

挾疑者未必敢集解先謙曰官本敢作敗柳從辰曰蔡邕集亦作敗

雖得越王之首官本王作主

況避不嫌之辱哉柳從辰曰蔡邕集嫌作避今案前書本作嫌

守邊之術李牧善其略案通志守作備略作宜注史記曰李牧趙之北邊良將也官本注無曰之二字又注邊無失亡也官本注無譌燕

各將數千騎奔還集解官本考證曰數千通鑑作數十爲是今案上言各將萬騎下言死者十七八則育等所餘固應各有二三千騎續漢書但云三將無功還者少半少半仍數千騎也郎魏書謂旻等敗走兵馬還者什一而已亦應不止數十騎且果萬騎而止餘數十騎當書悉爲所沒餘者不必書又數十騎亦不得尚言將通志仍作數千騎則通鑑之說非也

光和元年冬又寇酒泉官本光和誤元和

見烏集秦水集解官本考證曰烏集魏志注作烏侯案通志亦作烏侯

廉人善弩射者注廉縣名屬北地郡柳從辰曰廉縣今固原州東北固原原屬平涼府

律曆志上第一 律準 候氣（集解）先謙曰官本此志依明監本式接連后紀第一行頂格作後漢書卷十一至輿服志下爲卷四十二行低二格云梁剡令劉昭補并注三行低一格云律曆志第一四行低二格云律曆志律準候氣後式並同

後漢書一

梁 剡 令劉 昭注補

（集解）盧文弨曰此晉司馬彪續漢書中之志也後人因范史闕志取司馬之志附於范書紀傳之後毛氏汲古閣本猶然明監本乃廁於范書紀之後傳之前並不載司馬氏之名又改劉昭之注補爲補并注故或有疑志爲范氏作者又有疑爲劉氏所補而兼注者皆謬改之失也劉昭序各本多失刊今載之於左臣昭曰昔司馬遷作史記爰建八書班固因廣是曰十志天人經緯帝政紘維區分源奧開廓著述創藏山之祕寶肇刊石之遐貫誠有繫於春秋亦自敏於改作至乎永平執簡東觀紀傳雖顯書志未聞推檢舊記先有地理張衡欲存炳發未有成功靈憲精遠天文已煥自蔡邕大弘鳴條實多紹宣協妙元卓律曆以詳承洽伯始禮儀克舉郊廟社稷祭祀該明輪騑冠章車服贍列於是應譙纘其業董巴襲其軌司馬續書總爲八志律曆之篇仍乎洪邕所構車服之本即依董蔡所立儀祀得於往制百官就乎故簿並籍據前修以濟一家者也王教之要國典之源粲然略備可得而知矣既接繼班書通其流貫體裁淵深雖難踰等序致膚約有傷懸越後之名史弗能罷意叔駿之書是謂十典華矜緩殺青竟亦不成二子平業俱稱麗富華轍亂亡典則偕泯雅言遂義於是俱絕沈松因循尤解功創松時改見句非更接求加藝文以矯前棄流書品採自近錄初平永嘉圖籍焚喪塵消煙滅焉識其限借南晉之新虛爲東漢之故實是以學者亦無取焉范曄後漢良誠跨眾氏循序或未周志遂全闕國史鴻曠須寄勤閑天才富博猶俟改具若草昧厥始無相憑據窮其身世少能已畢遷有承考之言固深資父之力太初以前班用馬史十志所因實多往制升入校部出二十載續志昭表以助其闕讎贍成父述者夫何易哉況曄思雜風塵心撓成毀弗克員就豈以茲乎夫辭潤婉贍可得起改覈求見事必應寫襲故序例所論備精與奪及語八志頗褒其美雖出跋前羣歸相沿也又尋本書當作禮樂志其天文五行百官車服爲名則同此外諸篇不著紀傳律曆郡國必依往式曄遺書自序應徧作諸志前漢有者悉欲備製卷中發論以正得失書雖未明其大旨也曾臺雲構所缺過乎榛栖爲山霞高不終踰乎一壝鬱絕斯作吁可痛哉徒懷纘緝理慙鉤遠迺借舊志注以補之狹見寡陋匪同博遠及其所値微得論列分爲三十卷以合范史求於齊工執曰文類比茲闕恨庶賢乎已昔褚先生補子長之削少馬氏接孟堅之不畢相成之義古有之矣引彼先志又何猜焉而歲代邈邈立言湮散義存廣求一隅未覿兼鐘律之妙素指校讎參曆算之微有慙證辨星候祕阻圖緯藏嚴是須甄明每用疑略時或有見頗邀倖遇非覽正部事乖詳密今令行禁止此書外絕其有疏漏諒不足誚

王先謙集解

古之人論數也曰物生而後有象象而後有滋滋而後有數（集解）先謙曰左僖十五年傳文然則天地初形人物既著則算數之事生矣記稱大橈作甲子呂氏春秋曰黃帝師大橈博物記曰容成氏造曆黃帝臣也月令章句大橈探五行之情占斗綱所建於是始作甲乙以名日謂之幹作子丑以名日謂之枝枝幹相配以成六旬（集解）惠棟曰世本云容成造曆大橈作甲子宋忠注云皆黃帝史官也司馬貞云案世本及律曆志黃帝使羲和占日常儀占月臾區占星氣伶倫造律呂大橈作甲子隸首作數容成綜此六術而著調曆盧文弨曰注作子丑以名日日當爲月案子丑等亦謂十二辰則當繫於月明矣後人因下有枝幹相配以成六旬遂改爲日泥甚錢大昭曰幹枝之說始見於此馮相氏掌十有二辰十日之位注云十二辰子丑之等也十日甲乙之等也並不言幹枝隸首作數博物記曰隸首黃帝之臣一說隸首善算者也（集解）惠棟曰世本云隸首作數宋忠云隸首黃帝史也二者既立以比日表表即晷景以管萬事夫一十百千萬所同用也（集解）盧文弨曰同用本或誤倒律度量衡曆其別用也（集解）先謙曰官本同考證云監本作其同用也依宋本改故體有長短檢以度說苑曰以粟生之十粟爲一分十分爲一寸十寸爲一尺十尺爲一丈（集解）盧文弨曰注以粟本書作以黍十粟二字本書無物有多少受以量說苑曰千二百粟爲一籥十籥爲一合十合爲一升十升爲一斗十斗爲一斛量有輕重平以權衡說苑曰十粟重一圭十圭重一銖二十四銖重一兩十六兩重一斤三十斤重一鈞四鈞重一石（集解）盧文弨曰本書十粟作十六黍十圭作六圭聲有清濁協以律呂三光運行紀以曆數然後幽隱之情精微之變可得而綜也前志曰夫推曆生律制器規圓矩方權重衡平準繩嘉量探賾索隱鉤深致遠莫不用焉度長短者不失毫釐量多少者不失圭撮權輕重者不失黍累紀於一協於十長於百大於千廣於萬（集解）盧文弨曰注廣前志作衍漢興北平侯張蒼首治律曆孝武正樂置協律之官至元始中博徵通知鐘律者考其意義羲和劉歆典領條奏（集解）惠棟曰歆有鍾律書見風俗通先謙曰以上並見前志前史班固取以爲志而元帝時郎中京房房字君明知五聲之音六律之數（集解）盧文弨曰甄鸞五經算術引同通典作五音六十律之數先謙曰晉宋志並作五音六十律此文譌也甄鸞書又沿誤本漢書而譌上使太子太傅韋玄成字少翁（集解）齊召南曰案文不當有字少翁三字盧文弨曰算術無韋字與下王章亦不書

姓正合下字少翁三字亦無蓋閱者偶作旁記而寫者誤入正文與上房字君明並當刪去不可以史記有解揚子虎相比例諫議大夫章雜試問房於樂府[集解]顧炎武曰樂府是官署之名其官有令有音監有游徼後人乃以樂府所采之詩即名之曰樂府誤矣曰古樂府尤誤房對受學故小黃令焦延壽六十律相生之法以上生下皆三生二以下生上皆三生四[集解]惠士奇曰以上生下二其實三其法故曰三生二以下生上四其實三其法故曰三生四陽下生陰陰上生陽終於中呂[集解]盧文弨曰此上算術有始於黃鍾四字禮運正義晉志引皆無而十二律畢矣中呂上生執始[集解]惠棟曰牛宏云執始之類皆房自造房云受法於焦延壽未知延壽所承也執始下生去滅上下相生終於南事[集解]惠棟曰禮記還相爲宮康成云終於南呂更相爲宮凡六十也孔穎達云諸本及定本多作終於南事則是京房律法先謙曰晉志作南呂宋隋志作南事六十律畢矣夫十二律之變至於六十猶八卦之變至於六十四也宓羲作易[集解]王先愼曰宓當作虙王制孔疏云或作宓戲者宓字誤也當虙下著必是古之伏字案禮含文嘉伏羲始別八卦以變化天下天下法則咸伏貢獻故曰伏犧虙古今字說文大部立部並作虙羲虙亦作包亦作庖包庖音轉義通錢大昕云伏扶富切鳥菢子伏菢互相訓而聲亦相轉此伏羲所以又爲庖羲也羲或作犧或作戲說文犧下云賈侍中說此非古字秦詛楚文圭玉犧牲當爲古犧字他書又作戲者釋名犧戲也書釋文引張揖字詁云羲古字戲今字是也紀陽氣之初以爲律法[集解]惠棟曰前書云律陰陽九六爻象所出也故黃鍾紀元氣之謂律律法也莫不取法焉建日冬至之聲以黃鍾爲宮太蔟爲商姑洗爲角林鍾爲徵南呂爲羽應鍾爲變宮蕤賓爲變徵月令章句曰以姑洗爲角南呂爲羽則徵濁也此聲氣之元五音之正也故各終一日其餘以次運行當日者各自爲宮而商徵以類從焉月令章句曰律率也聲之管也上古聖人本陰陽別風聲審清濁而不可以文載口傳也於是始鑄金作鍾以主十二月之聲然後以放升降之氣鍾難分別乃截竹爲管謂之律律者清濁之率法也聲之清濁以律長短爲制[集解]惠棟曰終禮記正義引作統北史牛宏傳同盧文弨曰算術亦作統一日作一月當日作當月此非是案隋志黃鍾三十四律每律直三十四分日之三十一大呂二十七律每律直一日及二十七分日之三合之成六旬是當作日明甚注以律官本無律字先謙曰官本注鍾並作鍾放作效晉宋志終作統晉奪各字此終字誤也當日二志同商徵宋作商角徵羽禮運篇曰五聲六律十二管還相爲宮此之謂也鄭玄曰宮數八十一黃鍾長九寸九九八十一也三分宮去一生徵徵數五十四林鍾長六寸六九五十四也三分徵益一生商商數七十二

太蔟長八寸八九七十二也三分商去一生羽羽數四十八南呂長五寸三分寸之一五九四十五又三分寸之一爲四十八也三分羽益一生角角數六十四姑洗長七寸九分寸之一七九六十三又九分寸之一爲六十四也三分角去一生變宮三分變宮益一生變徵自此已後則隨月而變所謂還相爲宮以六十律分朞之日黃鍾自冬至始及冬至而復陰陽寒燠風雨之占生焉於以檢攝羣音考其高下苟非草木之聲則無不有所合[集解]盧文弨曰草算術作革學記云鼓無當於五聲柷敔亦但始樂止樂而已作革木者是也先謙曰晉志亦作草虞書曰律和聲此之謂也房又曰竹聲不可以度調故作準以定數準之狀如瑟長丈而十三弦隱間九尺以應黃鍾之律九寸中央一弦[集解]惠棟曰李殿學云中一弦如古黃鍾之宮爲十二律本下有畫分寸以爲六十律清濁之節房言律詳於歆所奏其術施行於史官候部用之文多不悉載故總其本要以續前志律術曰[集解]惠棟曰京氏律曆一卷虞翻爲之注其書雖存學者罕究見王氏談錄陽以圓爲形其性動陰以方爲節其性靜動者數三靜者數二以陽生陰倍之以陰生陽四之皆三而一陽生陰曰下生陰生陽曰上生上生不得過黃鍾之清濁下生不得及黃鍾之數實[集解]盧文弨曰清濁清字衍及上脫不字之數實當作之清依算術改正甄鸞云是則上生不得過九寸下生不得減四寸五分正解此二句也皆參天兩地圓蓋方覆六耦承奇之道也黃鍾律呂之首而生十二律者也前書曰黃帝使伶倫自大夏之西崑崙之陰取竹之嶰谷生其竅厚均者斷兩節間而吹之以爲黃鍾之管制十二筩以聽鳳之鳴其雄鳴爲六雌鳴亦六比黃鍾之音而皆可以生之是爲律本至治之世天地之氣合以生風天地之風氣正十二律乃定[集解]盧文弨曰通鑑注十二引作十一注以爲黃鍾之管前志管作宮比黃鍾之音前志音作宮其相生也皆三分而損益之是故十二律之得十七萬七千一百四十七是爲黃鍾之實前書曰太極元氣函三爲一極中也元始也行於十二辰始動於子參之於丑得三又參之於寅得九又參之於卯得二十七又參之於辰得八十一又參之於巳得二百四十三又參之於午得七百二十九又參之於未得二千一百八十七又參之於申得六千五百六十一又參之於酉得萬九千六百八十三又參之於戌得五萬九千四十九又參之於亥得十七萬七千一百四十七此陰陽合得氣鍾於子化生萬物者也故孳萌於子紐牙於丑引達於寅冒茆於卯振羨於辰已盛於巳咢布於午昧曖於未甲堅於申畱孰於酉畢入於戌該閡於亥出甲

於甲奮軋於乙明炳於丙大成於丁豐茂於戊理紀於己斂更於庚悉新於辛懷任於壬陳揆於癸故陰陽之施化萬物之終始既類旅於律呂又經歷於日辰而變化之情則可見矣〔集解〕惠棟曰樂產云謂之該數案前書云以成之數忖該之積孟康云成之數謂黃鍾之法數該之積爲黃鍾變生十二辰積實之數也於丑得三於寅得九者樂產云丑三分寅九分者即分之餘數也盧文弨曰注振美前志作振美甲堅作申堅大成作大盛先謙曰官本得作德是前志滋作孳暖作蔓茂作楙無則字振美王氏念孫云當作振羨見前書注

又曰二乘而三約之是爲下生林鍾之實〔集解〕惠棟曰司馬貞云黃鍾長九寸二九十八以三爲法約之得六爲林鍾之長也又曰四乘而三約之是爲上生太蔟之實〔集解〕惠棟曰林鍾長六寸以四乘六得二十四以三約之得八即爲太蔟之長推此上下以定六十律之實以九三之數萬九千六百八十三爲法〔集解〕惠士奇曰一七七一四七爲實一九六八三三爲法法如實得黃鍾九寸司馬貞云除實得九爲黃鍾之長惠棟曰前書云因元一而九三之以爲法韋昭云置一而九以三乘之是也樂產云一氣生於子至丑而三是一三也又自丑至寅而九皆以三乘之是九三之也棟案一三實也即該數也九三法也即下數是也盧文弨曰以九三之當句數當作得算術本作得新刻依此書改作數案上下皆云得不當作數律爲寸〔集解〕盧文弨曰律上脫於字算術有於準爲尺〔集解〕盧文弨曰算術又有於律爲分於準爲寸八字今案不當有下文方始言分與小分之數不盈者十之所得爲分〔集解〕盧文弨曰一萬九千六百八十三爲寸不盈十之所得爲一千九百六十八有奇爲小分又不盈十之所得爲小分〔集解〕盧文弨曰爲一百九十六有奇以其餘正其強弱

黃鍾十七萬七千一百四十七

下生林鍾黃鍾爲宮太蔟商林鍾徵〔集解〕先謙曰晉志云續漢志具載其六十律準度數其相生之次與呂覽淮南同官本蔟作簇下同

一日〔集解〕錢大昕曰案黃鍾太蔟姑洗蕤賓林鍾南呂應鍾七律皆主一日所謂五音之正各終一日者也其餘五十三律或主五日或六日或七日或八日合三百六十六日所謂以六十律分朞之日也律九寸

準九尺

色育〔集解〕盧文弨曰色隋志及律呂新書俱作包當是也算術正義並作色十七萬六千七百七十

六

下生謙待色育爲宮未知商謙待徵

六日律八寸九分小分八微強

準八尺九寸萬五千九百七十三〔集解〕盧文弨曰案於律爲寸者於準爲尺則律之所爲千亦準之所爲萬也色育十七萬六千七百七十六律八寸九分小分八於數爲十七萬六千七百五十三有奇除之尚餘二十二有奇不及一小分故云八微強下皆依此推之

執始十七萬四千七百六十二

下生去滅執始爲宮時息商去滅徵

六日律八寸八分小分七大強〔集解〕惠棟曰七大強一作八弱盧文弨曰小分七大強大當作太正義作小分八弱亦相等

準八尺八寸萬五千五百一十六

丙盛十七萬二千四百一十

下生安度丙盛爲宮屈齊商安度徵

六日律八寸七分小分六微弱

準八尺七寸萬一千六百七十九

分動十七萬八十九〔集解〕惠棟曰動一作動

下生歸嘉分動爲宮隨期商歸嘉徵

六日律八寸六分小分四強

準八尺六寸八千一百五十二

質末十六萬七千八百〔集解〕盧文弨曰隋志禮運正義末作未先謙曰官本末作未下同

下生否與質末爲宮形晉商否與徵

六日律八寸五分小分二強〔集解〕盧文弨曰算術強上有半字是

準八尺五寸四千九百四十五

大呂十六萬五千八百八十八

下生夷則大呂爲宮夾鍾商夷則徵

八日律八寸四分小分三弱

準八尺四寸五千五百八

分否十六萬三千六百五十四

下生解形分否爲宮開時商解形徵

八日律八寸三分小分一强

準八尺三寸二千八百五十一

凌陰（集解盧文弨曰隋志正義凌俱作陵）十六萬一千四百五十二

下生去南凌陰爲宮族嘉商去南徵

八日律八寸二分小分一弱

準八尺二寸五百一十四

少出十五萬九千二百八十

下生分積少出爲宮爭南商分積徵

六日律八寸小分九强

準八尺萬八千一百六十

太蔟十五萬七千四百六十四

下生南呂太蔟爲宮姑洗商南呂徵

一日律八寸

準八尺

未知十五萬七千一百三十四

下生白呂未知爲宮南授商白呂徵

六日律七寸九分小分八强

準七尺九寸萬六千三百八十三

時息十五萬五千三百四十四

下生結躬時息爲宮變虞商結躬徵

六日律七寸八分小分九少强

準七尺八寸萬八千一百六十六

屈齊十五萬三千二百五十三

下生歸期屈齊爲宮路時商歸期徵

六日律七寸七分小分九弱

準七尺七寸萬六千九百三十九

隨期十五萬一千一百九十

下生未卯隨期爲宮形始商未卯徵

六日律七寸六分小分八强

準七尺六寸萬五千九百九十二

形晉十四萬九千一百五十五（集解盧文弨曰五算術作六是）

下生夷汗形晉爲宮依行商夷汗徵

六日律七寸五分小分八弱

準七尺五寸萬五千三百二十五

夾鍾十四萬七千四百五十六

下生無射夾鍾爲宮中呂商無射徵

六日律七寸四分小分九强

準七尺四寸萬八千一百一十八

開時十四萬五千四百七十

下生閉掩開時爲宮南中商閉掩徵

八日律七寸三分小分九微弱（集解盧文弨曰正義同案算術作微强是）

準七尺三寸萬七千八百四十一

族嘉十四萬三千五百一十三

下生鄰齊族嘉爲宮内負商鄰齊徵

八日律七寸二分小分九微强

準七尺二寸萬七千九百五十四

爭南十四萬一千五百八十二

下生期保爭南爲宮物應商期保徵

八日律七寸一分小分九强

準七尺一寸萬八千三百二十七

姑洗十三萬九千九百六十八

下生應鍾姑洗爲宮蕤賓商應鍾徵

一日律七寸一分小分一微强

準七尺一寸二千一百八十七

南授十三萬九千六百七十〔集解〕錢大昕曰當作七十四脫四字盧文弨曰算術有四字

下生分烏南授爲宮南事商分烏徵

六日律七寸小分九大强

準七尺萬八千九百三十

變虞十三萬八千八十四

下生遲內變虞爲宮盛變商遲內徵

六日律七寸小分一半强

準七尺三千三十

路時十三萬六千二百二十五

下生未育路時爲宮離宮商未育徵

六日律六寸九分小分二微强

準六尺九寸四千一百二十三

形始十三萬四千三百九十二

下生遲時形始爲宮制時商遲時徵

五日律六寸八分小分三弱

準六尺八寸五千四百七十六

依行十三萬二千五百八十二

上生色育依行爲宮謙待商色育徵

七日律六寸七分小分三大强〔集解〕盧文弨曰算術作半强是

準六尺七寸七千五十九

中呂十三萬一千七十二〔集解〕錢大昕曰此數以三除之卽有奇零不盡時息以下亦然由中呂下生不能及黃鍾之半律故又轉而上生此下盛變南中離宮內負制時物應依行重上生者凡七變而後終六十律之數

八日律六寸六分小分六弱

準六尺六寸萬一千六百四十二

南中十二萬九千三百八

上生丙盛南中爲宮安度商丙盛徵

七日律六寸五分小分七微弱

準六尺五寸萬三千六百八十五

內負十二萬七千五百六十七

上生分動內負爲宮歸嘉商分動徵〔集解〕惠棟曰動一作勳

八日律六寸四分小分八强〔集解〕盧文弨曰算術作微强是

準六尺四寸萬五千九百五十八

物應十二萬五千八百五十

上生質末物應爲宮否與商質末徵〔集解〕先謙曰官本末作未

七日律六寸三分小分九强

準六尺三寸萬八千四百七十一

蕤賓十二萬四千四百一十六

上生大呂蕤賓爲宮夷則商大呂徵

一日律六寸三分小分二微強

準六尺三寸四千一百三十一

南事十二萬四千一百五十四【集解】錢大昕曰：案六十律終於南事，南事之律固不能下生矣，轉而上生，其數在大呂分否之間，未始不可引而伸之也。

下生南事，窮無商徵，不爲宮【集解】錢大昕曰：案十二律之變窮於南事，安得云下生乎？疑下爲不字之譌。盧文弨曰：下生當作不生。甄鸞云南事午上管也，計南事之律次得上生八寸四分之管，便是上生不過黃鍾之濁，乃注云不生，此乃苟欲充六十之數，其於義理未之前聞。先謙曰：宋志云凡三分益一爲上生，三分損一爲下生，此其大略，猶周天斗分四分之一耳。京房不思此意，比十二律微有所增，方引而伸之，中呂下生執始，執始下生去滅，至於南事爲六十律竟，復不合彌益其疏。隋志云上下相生，三分損益其一，蓋是古人簡易之法，猶如古曆周天三百六十五度四分之一，後人改制，皆不同焉，而京房不悟，謬爲六十。

七日律六寸三分小分一弱

準六尺三寸一千五百三十一

盛變十二萬二千七百四十一

上生分否，盛變爲宮，解形商，分否徵

七日律六寸二分小分三大強【集解】盧文弨曰：算術作半強，是。

準六尺二寸七千六十四

離宮十二萬一千八百一十九【集解】錢大昕曰：當云一千八十九。盧文弨曰：百一二字誤衍，算術無，新刻轉據此增之，誤。

上生凌陰，離宮爲宮，去南商，凌陰徵

七日律六寸一分小分五微強

準六尺一寸萬二百二十七

制時十一萬九千四百六十

上生少出，制時爲宮，分積商，少出徵

八日律六寸小分七弱

準六尺萬三千六百二十

林鍾十一萬八千九十八

上生太蔟，林鍾爲宮，南呂商，太蔟徵

一日律六寸

準六尺

謙待十一萬七千八百五十一

上生未知，謙待爲宮，白呂商，未知徵

五日律五寸九分小分九弱

準五尺九寸萬七千二百一十三

去滅十一萬六千五百八

上生時息，去滅爲宮，結躬商，時息徵

七日律五寸九分小分二弱

準五尺九寸三千七百八十三

安度十一萬四千九百四十

上生屈齊，安度爲宮，歸期商，屈齊徵

六日律五寸八分小分四弱【集解】盧文弨曰：算術作微弱，是。

準五尺八寸七千七百八十六

歸嘉十一萬三千三百九十三

上生隨期，歸嘉爲宮，未卯商，隨期徵

六日律五寸七分小分六微強

準五尺七寸萬一千九百九十九

否與十一萬一千八百六十七

上生形晉，否與爲宮，夷汗商，形晉徵

五日律五寸六分小分八強

準五尺六寸萬六千四百二十二
夷則十一萬五百九十二
上生夾鍾夷則爲宮無射商夾鍾徵
八日律五寸六分小分二弱
準五尺六寸三千六百七十二
解形十一萬九千一百三〔集解〕錢大昕曰當云十萬盧文弨曰十下一字衍算術無
上生開時解形爲宮閉掩商開時徵
八日律五寸五分小分四強
準五尺五寸八千四百六十五
去南十萬七千六百三十五
上生族嘉去南爲宮鄰齊商族嘉徵
八日律五寸四分小分六大強

準五尺四寸萬三千四百六十八
分積十萬六千一百八十八〔集解〕錢大昕曰當云八十七盧文弨曰八譌算術七
上生爭南分積爲宮期保商爭南徵
七日律五寸三分小分九半強〔集解〕盧文弨曰半強算術無半字案當作少強
準五尺三寸萬八千六百八十一
南呂十萬四千九百七十六
上生姑洗南呂爲宮應鍾商姑洗徵
一日律五寸三分小分三強
準五尺三寸六千五百六十一
白呂十萬四千七百五十六
上生南授白呂爲宮分烏商南授徵
五日律五寸三分小分二強

準五尺三寸四千三百七十一
結躬十萬三千五百六十三
上生變虞結躬爲宮遲內商變虞徵
六日律五寸二分小分六少強〔集解〕盧文弨曰算術作微強案止當作強
準五尺二寸萬二千一百一十四
歸期十萬二千一百六十九
上生路時歸期爲宮未育商路時徵
六日律五寸一分小分九微強
準五尺一寸萬七千八百五十七
未卯十萬七百九十四
上生形始未卯爲宮遲時商形始徵
六日律五寸一分小分二微強

準五尺一寸四千八十七
夷汗九萬九千四百三十七
上生依行夷汗爲宮色育商依行徵
七日律五寸小分五強
準五尺萬二百二十
無射九萬八千三百四
上生中呂無射爲宮執始商中呂徵
八日律四寸九分小分九強
準四尺九寸萬八千五百七十三
閉掩九萬六千九百八十
上生南中閉掩爲宮丙盛商南中徵
八日律四寸九分小分三弱

準四尺九寸五千三百三十三
鄰齊九萬五千六百七十五
上生内負鄰齊爲宮分動商内負徵
七日律四寸八分小分六微強
準四尺八寸萬一千九百六十六
期保九萬四千三百八十八
上生物應期保爲宮質末商物應徵〔集解〕惠棟曰物一作惣先謙曰官本末作未
八日律四寸七分小分九微強〔集解〕盧文弨曰算術作半強是
準四尺七寸萬八千七百七十九
應鍾九萬三千三百一十二
上生蕤賓應鍾爲宮大呂商蕤賓徵
一日律四寸七分小分四微強
準四尺七寸八千十九
分烏〔集解〕先謙曰隋志云其依行在辰上生包育隔九偏於冬至之後分焉遲内其數遂減應鍾之淸其下文亦作分焉此作烏未知孰是九萬三千一百一十七〔集解〕錢大昕曰當作一十六盧文弨曰算術作六
上生南事分烏窮次無徵不爲宮
七日律四寸七分小分三微強
準四尺七寸六千五十九
遲内九萬二千五十六
上生盛變遲内爲宮分否商盛變徵
八日律四寸六分小分八弱
準四尺六寸萬五千一百四十二
未育九萬八百一十七
上生離宮未育爲宮淩陰商離宮徵

八日律四寸六分小分一少強
準四尺六寸二千七百五十二
遲時八萬九千五百九十五
上生制時遲時爲宮少出商制時徵
六日律四寸五分小分五強
準四尺五寸萬二百一十五

截管爲律吹吕考聲列吕物氣道之本也〔前書注曰章帝時零陵文學奚景於泠道縣舜祠下得白玉琯古以玉爲琯〕〔集解〕惠棟曰晉志物作效術家吕其聲微而體難知其分數不明故作準吕代之〔集解〕惠棟曰京房律術云上古有鍾其次有律近古有準皆稍簡易之意準之聲明暢易達分寸又巍然弦吕緩急清濁〔集解〕張文虎曰絃吕之吕疑當作之或緩急下脫爲字先謙曰晉志文同則是本未誤也非管無吕正也〔集解〕惠棟曰古法皆以管定絃均其中弦令與黃鍾相得案畫吕求諸律無不如數而應者矣〔集解〕惠棟曰京房律術云準之狀如瑟長丈而十三絃隱間九尺中央一絃下畫分寸均其中絃使應黃鍾之聲然後案分寸以求諸律則皆如畫而應矣音聲精微綜之者解元和元年待詔候鍾律殷彤上言〔集解〕惠棟曰應劭漢官云雲臺待詔四十二人其七人候鍾律又云諸以材技徵召未有正官故曰待詔官無曉六十律吕準調音者故待詔嚴崇〔集解〕惠棟曰崇晉志作嵩牛宏傳同錢大昕曰宋志亦作嵩古文崇嵩通漢武帝改嵩高山爲崇高先謙曰北魏志亦作嵩具吕準法教子男宣宣通習願召宣補學官主調樂器詔曰崇子學審曉律別其族協其聲者審試不得依託父學吕聾爲聰聲微妙獨非莫知獨是莫曉吕律錯吹能知命十二律不失一方爲能傳崇學耳〔集解〕先謙曰錯吹謂錯雜吹之命名也晉宋志方作乃太史丞弘試十二律其二中其四不中其六不知何律宣遂罷自此律家莫能爲準施弦〔集解〕盧文弨曰弦字句絕先謙曰晉宋志錄至爲準而止刪施弦二字候部莫知復見〔薛瑩書曰上以太常樂丞鮑鄴等上樂事下車騎將軍馬防防奏言建初二年七月鄴上言王者飲食必道須四時五味故有食舉之樂所以順天地養神明求福應也移風易俗莫善於樂樂者天地之和不可久廢今官樂但有太蔟皆不應月律可作十二月均各應其月氣乃

能感天地和氣宜應明帝始令靈臺六律候而未設其門樂經曰十二月行之所以宣氣豐物也月開斗建之門而奏歌其律誠宜施行願與待詔嚴崇及能作樂器者共作治考工給所當詔下太常太常上言作樂器直錢百四十六萬請太僕作成上奏寢今明詔下臣防臣輒問鄒及待詔知音律者皆言聖人作樂所以宣氣致和順陰陽也臣愚以爲可順上天之明待因歲首令正發太族之律奏雅頌之音以立太平以迎和氣其條貫甚備詔書以防言下三公〔集解〕惠棟曰候部候鍾律之部也論衡云陽城子長作樂經盧文弨曰復數見數見前志

熹平六年東觀召典律者太子舍人張光等問準意光等不知歸閱舊藏乃得其器形制如房書猶不能定其弦緩急音不可書以時〔集解〕先謙曰晉志作音不可書以曉宋志作音不可以書曉蓋書以誤倒明時字誤人知之者欲教而無從心達者體知而無師故史官能辯清濁者遂絕其可以相傳者唯大權常數及候氣而已夫五音生於陰陽分爲十二律轉生六十皆所以紀斗氣效物類也天效以景地效以響卽律也陰陽和則景至律氣應則灰除是故天子常以日冬夏至御前殿合八能之士陳八音聽樂均〔集解〕惠棟曰韋昭國語注云均者均鍾木長七尺有弦繫之以均鍾者度鍾大小清濁也漢大予樂官有之度晷景候鍾律權土灰〔集解〕惠棟曰晉灼引蔡邕律曆記作土炭漢書律曆志亦云縣土炭盧文弨曰炭譌灰下及注並同放陰陽〔集解〕惠棟曰放作效晉志作效冬至陽氣應則樂均清景長極黃鍾通土灰輕而衡仰夏至陰氣應則樂均濁景短極蕤賓通〔集解〕惠士奇曰蕤賓濁於黃鍾確然有據土灰重而衡低淮南子曰水勝故夏至溼火勝故冬至燥燥故灰輕溼故灰重進退於先後五日之中八能各以候狀聞太史封上效則和否則占易緯曰冬至人主不出宮寢兵從樂五日擊黃鍾之磬公卿大夫列士之意得則陰陽之晷如度數夏至之日如冬至之禮冬至之日樹八尺之表日中視其晷晷如度者其歲美人民和順晷不如度者則歲惡人民多譌言政令爲之不平晷進則水晷退則旱進一尺則日食退一尺則月食月食則正臣下之行日食則正人主之道〔集解〕惠棟曰易緯通卦驗云人主與羣后從八能之士從樂五日鄭元注云謂日至之前豫前五日令八能之士習作其樂以迎日至又云冬至始人主與羣臣從樂五日天下之衆亦家家從樂五日以迎日至之禮注云從者就也冬至君臣俱就大司樂之官臨其肆祭天圜丘之樂以爲祭事莫大於此日中視其晷者尚書考靈曜云視其晷影長短以占和否夏至景一尺四寸八分冬至一丈三尺劉向洪範五行傳云夏至景長一尺五分冬至一丈三尺一寸四分春秋二分景七尺三寸六分

候氣之法爲室三重戶閉塗釁必周密布緹縵室中以木爲案每律各一內庳外高〔集解〕惠棟曰孔穎達云潛埋地下入地處庳出地處高故云從其方位〔集解〕惠棟曰孔穎達云黃鍾之管埋於子位上頭嚮南以外諸管推之可悉知加律其上以葭莩灰抑其內端葭莩出河內案曆而候之〔集解〕張文虎曰曆乃律之譌觀下注自明盧氏欲據此改篇末候日如其律之律爲曆誤矣氣至者灰去〔集解〕錢大昭曰閩本作動先謙曰官本作動晉書作去其爲氣所動者其灰散人及風所動者其灰聚殿中候用玉律十二惟二至乃候靈臺用竹律六十〔集解〕惠棟曰陳祥道云竹與銅玉其質雖殊其達氣和聲一也故始於竹而銅預焉先謙曰晉志引楊泉記云取宏農宜陽縣金門山竹爲管河內葭莩爲灰或云以律著室中隨十二辰埋之上與地平以竹莩灰實律中以羅縠覆律氣至吹灰動縠小動爲和大動君弱臣強不動君嚴暴之應也候日如其律月令章句曰古之爲鍾律者以耳齊其聲後不能則假數以正其度度數正則音亦正矣鍾以斤兩尺寸中所容受升斗之數爲法律亦以寸分長短爲度故曰黃鍾之管長九寸徑三分圍九分其餘皆補短雖大小圍數無增減以度量者可以文載口傳與衆共知然不如耳決之明也〔集解〕惠棟曰李氏本補作漸雖作惟盧文弨曰通考律作曆北宋本同注黃鍾之管長九寸下御覽有孔字補御覽作穉先謙曰官本作曆說見上

律曆志上第一終

續漢志集解第一校補

律麻志上律麻志上第一集解先謙曰官本此志依明監本式 至

梁剡令劉昭補并注 謹案明監本實即承用宋乾興本舊式蓋由孫奭誤以此志爲昭所撰補又自爲之注故其題亦誤 後漢書一 案毛本前書各志下大題題曰漢書幾此志因附在范書後亦題曰後漢書幾皆統於所重也使無此大題則續漢書之志無由與范後漢書作合無所謂補矣然自一至三十必別數之者明此乃附加之數抑嚴爲之限使不至掍而莫辨

梁剡令劉昭注補集解盧文弨曰 至 皆謬改之失也 案以續漢志補後漢書據劉昭序即始於昭已詳卷首述略又據史通及新舊唐志昭之注本爲補注體然昭無自名補注之理裴注三國志亦補注體但自題曰注亦不過通題曰注而已今注下復著補字自是對范後漢書言補也 劉昭序 至 諒不足誚 案升入校部出二十載王正樞曰二一作後又素揖校讎王正樞曰揖當作暗然疑揖本擶字轉寫之譌

故體有長短檢旨度注十粟爲一分 今案十當作一粟猶黍也說文粟嘉穀實也段玉裁據禾部訓嘉穀黍訓禾屬而黏者謂嘉穀實即禾黍是粟雖說苑辨物本文亦無一黍二字然不別出數即是就一黍言前書律麻志云一黍之廣度之九十分黃鐘之長一爲一分夫黃鐘長九寸一黍之廣當黃鐘之長九十分之一亦即是一黍爲一分故知此亦一粟爲一分矣說文禾部十髮爲程一程爲分一程亦多誤作十程與此正同段玉裁已訂之

宓義作易集解王先愼曰宓當作虙 至 說文大部立部並作虙義 今案說文伏宓虙包庖五字均未及義皇之號至許君自敘引易則作庖犧班書出許書之前師古敘例謂舊文多古字而人表及律麻志均作宓義師古志注謂宓讀與伏同藝文志宓子即宓子賤十六篇宓戲即宓羲雜子道二十篇字亦作宓是舊文本作宓漢伏生系出宓子賤即得姓於宓義已詳本書伏湛傳校補蓋宓即密也與伏包爲同意字虙虎皃也其與伏通於義頗隔蓋正以同音通訓耳大立兩部讀若其音皆爲密字當作宓而反作虙說自唐以來經李陽冰轉寫變更恐不免襍以當時經師之說皇甫謐帝王世紀謂伏義或謂之宓義漢晉相承自爲可據而顏之推必謂諸經史緯候無宓義之號且分宓虙爲兩音可謂虙可通伏宓不可通伏虙義虙子賤皆當作虙實則諸經緯候無宓義亦無虙義就史而言則兩漢書確有作宓者古人讀音伏宓本自相近包庖之入聲亦即轉爲宓至宓子賤則古尤無作虙子賤者故段玉裁謂爲臆說乃孔穎達陸德明由隋入唐尊重北學故孔氏禮疏既以作宓義爲誤陸氏論語釋文亦以作宓子賤爲非皆即本顏氏家訓說也使當時說文解字已作虙義正可證成其說何反不引及故疑今本說文之作虙義亦係唐人私改

太蔟爲商 官本蔟作簇下同案此字禮經作蔟史記作簇前書作族本可通作惟毛本注中往往三體錯出鍾鐘二字亦然殊不畫一

以九三之數萬九千六百八十三爲法集解惠士奇曰 至 不當作數 王正樞曰九三之數即九箇三連乘而得之數正爲一萬九千六百八十三用之爲法以除六十律之實則得各律律之寸數於準則爲尺數也例如一九六八三除黃鐘之實一七七一四七得九爲律九寸或準九尺又以一九六八三除色育之實一七六七七六得律八寸九分小分八微强或準八尺九寸萬五千九百七十三是也[illegible]之一九五六八九七三分兩惠及盧說均誤惟惠棟氏所引前書韋昭樂産說則不誤

不盈者十之所得爲分集解盧文弨曰 至 爲小分 王正樞曰此謂如前用除法其有不盈法數之奇零則以十乘之乃除所得爲分數又不盈法數則又以十乘之乃以法數除之所得爲小分小分以下之奇零則以强弱記之也盧說全非

律曆志中第二

賈逵論曆　永元論曆　延光論曆　漢安論曆　熹平論曆　論月食

後漢書二一

梁　剡　令劉　昭注補

王先謙集解

自太初元年始用三統曆〔集解〕張永祚曰案太初元年用太初曆史記曆書具存三統之法作於劉歆前書雖備載其說而當時未嘗用也此志內章帝詔蔡邕議具有明文無用三統曆之說盧文弨曰後十三卷注中何承天已摘其誤通鑑考異亦云錢大昕曰何承天謂劉歆之生不逮太初豈讖司馬氏以爲不知而妄言其實非也太初造術以前四千六百一十七歲爲上元一元之中卽有三統三統與太初異名而同實劉子駿用太初法推衍之以說尚書春秋又追日月五星同起牽牛之始以爲太極上元初非別立一術則三統之名不自歆始也承天號稱知曆何未悟及此施行百有餘年曆稍後天〔集解〕惠棟曰通鑑及北宋本稱作稍是朔先曆〔集解〕盧文弨曰先下脫於字依御覽補朔或在晦月見〔集解〕盧文弨曰月下脫或朔二字依御覽補考其行日有退無進月有進無退建武八年中〔集解〕惠棟曰宋本無中字太僕朱浮太中大夫許淑等〔集解〕惠棟曰經典序錄云淑字惠卿魏郡人數上書言曆不正〔集解〕盧文弨曰言下脫朔字御覽補宜當改更〔集解〕惠棟曰更宋志作治時分度覺差尚微〔集解〕先謙曰覺同較晉書蔡謹傳宋書天文志可參證下相覺浸多讀同上以

天下初定未遑考正至永平五年官曆署七月十六日食〔集解〕盧文弨曰日下脫月字御覽補李銳曰永平五年壬戌歲入三統術甲子統一百六十五年以章月二百三十五乘之得三萬八千七百七十五如章歲十九而一得積月二千四十閏餘一十五其年有閏案通鑑目錄是年閏五月置積月二千四十以二十三乘之得四萬六千九百二十盈百三十五去之餘七十五加二十三者九得二百八十二盈百三十五又去之餘一十二置加數九命起十一月算外得七月是七月有食又置積月二千四十加九月共得一積月二千四十九以月法二千三百九十二乘之得四百九十萬一千二百八如日法八十一而一得積日六萬五百八小餘六十以六十去積日得大餘二十八命甲子得七月壬辰朔加朔大餘十四小餘六十二得望大餘四十三小餘四十一命如前得丁未望是七月十六日食先謙曰以下文證之食上當有月字待詔楊岑見時月食多先曆卽縮用算上爲日上言月當十五日食〔集解〕盧文弨曰御覽上言上有因字官曆不中詔書令岑普與官課〔集解〕盧文弨曰普下脫候字官下脫曆字御覽有起七月盡十一月弦望凡五官曆皆失岑皆中庚寅詔令岑署弦望月食官〔集解〕盧文弨曰詔下脫書字復令待詔張盛景防鮑鄴等以四分法與岑課歲餘盛等所中多岑六事十二年十一月丙子詔書令盛防代岑署弦望月食加時四分之術始頗施行是時盛防等未能分明曆元綜校分度故但用其弦望而已〔集解〕先謙曰宋志云但改易加時弦望未能綜校曆元

先是九年太史待詔董萌上言曆不正事下三公太常知曆者雜議訖十年四月無能分明據者至元和二年太初失天益遠日月宿度相覺浸多而候者皆知冬至之日日在斗二十一度未至牽牛五度而以爲牽牛中星從天四分日之三〔集解〕李銳曰元和二年乙酉入三統術甲子統一百八十八年以策餘八千八十乘之得一百五十一萬九千四十如統法一千五百三十九而一得大餘九百八十七小餘四百四十七大餘滿六十去之得冬至大餘二十七小餘四十七命甲子得辛卯冬至其小餘不及四分之一於四分術入辛酉蔀一十七年以日餘乘之得二千八百五十六如中法而一得大餘八十九小餘八卽四分之一大餘滿六十去之得冬至大餘二十九命辛酉得庚寅冬至兩術相課是三統後天四分日之三也後天課從天當改晦朔弦望差天一日〔集解〕惠棟曰差宋志作先李銳曰置上入三統術甲子統一百八十八年以章月二百三十五乘之得四萬四千一

百八十如章歲十九而一得積月二千三百五閏餘五以月法二千三百九十二乘積月得五百五十六萬一千四百如日法八十一而一得積日六萬八千六百五十九小餘二十一以六十去積日得大餘一十九命甲子得天正癸未朔置朔大餘一十九小餘二十一累以大餘七小餘三十一加之得上弦大餘二十六小餘五十二望大餘三十四小餘二下弦大餘四十一小餘三十三各命甲子得庚寅上弦戊戌望乙巳下弦又置上入四分術辛酉蔀一十七年以章月乘之得三千九百九十五如章歲而一得積月二百一十閏餘五以蔀日乘積月得五百八十二萬九千三百九十如蔀月而一得積日六千二百一小餘四百五十以六十去積日得大餘二十一命辛酉得天正壬午朔置朔大餘二十一小餘四百五十累以大餘七小餘三百五十九四分三加之得上弦大餘二十八小餘八百九四分三望大餘三十六小餘二百二十九四分二下弦大餘四十三小餘五百八十九四分一各命辛酉得己丑上弦丁酉望甲辰下弦是晦朔弦望皆差一日宿差五度章帝知其謬錯以問史官雖知不合而不能易故召治曆編訢李梵等綜校其狀蔡邕議云梵清河人〔集解〕惠棟曰漢官云太史待詔三十七人其六人治曆編姓訢名蔡邕議云孝章皇帝用清河李梵之言改從四分經籍志云梁有四分曆三卷漢修曆人李梵撰二月甲寅遂下詔曰朕聞古先聖王先天而天不違後天而奉天時河圖曰赤九會昌十世以光十一以興又曰九

名之世帝行德封刻政朕以不德奉承大業夙夜祗畏不敢荒寧予末小子託在於數終曷以續興崇弘祖宗拯濟元元尚書琁璣鈐曰述堯世放唐文帝命驗曰堯考德顧期立象〔集解〕惠棟曰顧一作題盧文弨曰緯書所載作順堯考德題期立象注云題五德之期立將起之象也 且三五步驟優劣殊軌〔集解〕先謙曰鉤命決云三皇步五帝驟三王馳五伯騖引見白虎通 況乎頑陋無以克堪雖欲從之末由也已每見圖書中心恧焉閒者以來政治不得陰陽不和災異不息癘疫之氣流傷於牛農本不播夫庶徵休咎五事之應咸在朕躬信有闕矣將何以補之書曰惟先假王正厥事又曰歲二月東巡狩至岱宗柴望秩于山川遂覲東后叶時月正日祖堯岱宗同律度量考在璣衡以正曆象庶乎有益春秋保乾圖曰三百年斗曆改憲〔集解〕惠棟曰宋均保乾圖注云三陽而陽備備則宜改憲憲法也案斗曆改憲並詳郎顗傳 史官用太初鄧平術有餘分一在三百年之域行度轉差〔集解〕錢大昕曰案四分術歲三百六十五日四分日之一太初術以千五百三十九分之三百八十五爲斗分較四分又多千五百三十九分之一所謂餘分一也積至三百年當贏七十五分則冬至益後天故云行度轉差 寖以謬錯琁璣不正文象不稽冬至之日日在斗二十二度〔集解〕盧文弨曰二當作一 而曆以爲牽牛中星先立春一日則四分數之立春日也以折獄〔集解〕惠棟曰以上一有而字 斷大刑於氣已迕〔集解〕惠棟曰迕逆也宋志作逆 用望平和曆時之義〔集解〕惠棟曰曆一作隨盧文弨曰作隨是 蓋亦遠矣〔集解〕惠棟曰蓋亦一作益已已一作以 今改行四分以遵於堯以順孔聖奉天之文冀百君子越有民同心敬授獲咸喜〔集解〕惠棟曰獲上一有儻字喜作熙宋志同盧文弨曰南宋本有儻字 以明予祖之遺功於是四分施行而訢梵猶以爲元首十一月當先大欲以合耦弦望命有常日而十九歲不得七閏晦朔失實行之未期章帝復發聖思考之經讖使左中郎將賈逵問治曆者衞承李崇太尉屬梁鮪司徒嚴勖〔集解〕錢大昕曰此嚴勖亦司徒之掾屬非司徒也史脫文 太子舍人徐震鉅鹿公乘蘇統及訢梵等十八人以爲月當先小據春秋經書朔不書晦者朔必有明晦〔集解〕盧文弨曰明字衍唐一行大衍曆議引更譌不可據 不朔必在其月也〔集解〕盧文弨曰不朔當作朔不 即先大則一月再朔後月無朔是明不可必〔集解〕盧文弨曰明一行作朔 梵等以爲當先大無文正驗取欲諧耦十六日月朓昏晦當滅而已又晦與合同時〔集解〕盧文弨曰合下脫朔字一行有 不得異日又上知訢梵穴見勑毋拘曆已班天元始起之月當小定後年曆數遂正永元中復令史官以九道法候弦望驗無有差跌逵論集狀後之議者用得折衷故詳錄焉

逵論曰太初曆冬至日在牽牛初者牽牛中星也古黃帝夏殷周魯〔集解〕惠棟曰孔穎達云古時眞曆遭戰國及秦而亡漢存六曆雖詳於五紀之論皆秦漢之際假託爲之實不得正董巴議云武王作周曆周公作魯曆 冬至日在建星〔集解〕惠棟曰李氏云當時不知歲差故云耳至李淳風猶以冬至日長在建星也陳大猷云案曆家自北齊向子信始首知歲差之法以古曆指之凡八十餘年差一度 建星即今斗星也〔集解〕惠棟曰鄭元月令注云建星在斗上盧文弨曰蔡葛山云凡紀度多以二十八宿爲綱此獨言建星故釋之蓋斗井度廣故古多舉建與弧爲言有議其斗建無別者非是 太初曆斗二十六度三百八十五分牽牛八度案行事史官注冬夏至日常不及太初曆五度冬至日在斗二十一度四分度之一石氏星經曰黃道規牽牛初直斗二十度去極二十五度於赤道斗二十一度也四分法與行事候注天度相應尚書考靈曜斗二十二度無餘分〔集解〕惠棟曰其歲甲子朔日月合於牽牛之初餘分皆盡也 冬至在牽牛所起又編訢等據今日所在牽牛中星五度〔集解〕盧文弨曰在下當脫未至二字 於斗二十一度四分一〔集解〕盧文弨曰二當作一 與考靈曜相近即以明事元和二年八月詔書曰石不可離〔集解〕惠棟曰石當作古張文虎曰石即上文所引石氏星經謂當以石氏爲主也下云其星閒距度皆如石氏故事文自明顯石字不誤惠氏改石爲古亦未勘上下文矣 令兩候上得算多者太史令玄等候元和二年至永元元年五歲中課日行及冬夏至斗二十一度四分一〔集解〕惠棟曰李本一十作二十 合古曆建星考靈曜日所起其星閒距度皆如石氏故事他術以爲冬

至日在牽牛初者自此遂黜也〔集解〕先謙曰宋志云黃帝以來諸曆以爲冬至在牽牛初者皆黜焉逵論曰以太初曆考漢元盡太初元年日朔二十三事〔集解〕盧文弨曰朔當作食其十七得朔四得晦二得二日新曆七得朔十四得晦二得三日以太初曆考太初元年盡更始二年二十四事十得晦〔集解〕錢大昕曰以上下文校之十得晦句上下當有脫文盧文弨曰其餘皆在朔無二日者非有脫文以新曆十六得朔七得二日一得晦以太初曆考建武元年盡永元元年二十三事五得朔十八得晦以新曆十七得朔三日晦〔集解〕惠棟曰日北宋本作得盧文弨曰日當作得先謙曰李銳本日作得三得二日又以新曆上考春秋中有日朔者二十四事失不中者二十三事天道參差不齊必有餘餘又有長短不可以等齊治曆者方以七十六歲斷之〔集解〕盧文弨曰方疑作乃則餘分稍長〔集解〕惠棟曰稍李本作消稍得一日〔集解〕惠棟曰李云四分以七十六年爲一蔀逵意似欲以一蔀爲差一日此卽歲差之說之權輿也故易金火相革之卦象曰君子以治曆明時又曰湯武革命

順乎天應乎人言聖人必曆象日月星辰明數不可貫數千萬歲其間必改更先距求度數取合日月星辰所在而已故求度數取合日月星辰有異世之術太初曆不能下通於今新曆不能上得漢元一家曆法必在三百年之間故讖文曰三百年斗曆改憲漢興當用太初而不改下至太初元年百二歲乃改故其前有先晦一日合朔下至成哀以二日爲朔故合朔多在晦此其明效也逵論曰臣前上傳安等用黃道度日月弦望多近史官一以赤道度之不與日月同於今曆弦望至差一日以上輒奏以爲變至以爲日卻縮退行於黃道自得行度不爲變〔集解〕先謙曰官本自作日願請太史官日月宿簿及星度課與待詔星象考校奏可臣謹案前對言冬至日去極一百一十五度夏至日去極六十七度春秋分日去極九十一度洪範日月之行則有冬夏五紀論日月循黃道南至牽牛北至東井率日日行一度月行十三度十九分度七也今史官一以赤道爲度不與日月行同其斗牽牛輿鬼〔集解〕錢塘曰牽牛下脫東井二字斗牽牛冬至日所在東井輿鬼夏至日所在也赤道得十五而黃道得十三度半行東壁奎婁軫角亢赤道十度〔集解〕李光地曰十當是七字黃道八度或月行多而日月相去反少謂之日卻案黃道值牽牛出赤道南二十五度其直東井輿鬼出赤道北五度〔集解〕李光地曰五度上當補二十兩字赤道者爲中天去極俱九十度非日月道而以搖準度日月〔集解〕盧文弨曰搖同遙先謙曰官本搖作遙失其實行故也以今太史官候注〔集解〕先謙曰官本令作今是考元和二年九月已來月行牽牛東井四十九事無行十一度者行婁角三十七事無行十五六度者如安言問典星待詔姚崇井畢等十二人〔集解〕惠棟曰應劭漢官云靈臺詔四十二人其十四人候星卽典星也皆曰星圖有規法日月實從黃道官無其器不知施行案甘露二年大司農中丞耿壽昌奏以圖儀

度日月行考驗天運狀〔集解〕惠棟曰藝文志耿昌月行象圖二百三十三卷耿昌月行圖三卷日月行至牽牛東井日過度〔集解〕先謙曰官本考證云推尋文義過字下疑脫一字月行十五度至婁角日行一度月行十三度赤道使然此前世所共知也如言黃道有驗合天日無前卻弦望不差一日比用赤道密近宜施用上中多臣校案逵論永元四年也至十五年七月甲辰詔書造太史黃道銅儀以角爲十三度亢十氐十六房五心五尾十八箕十斗二十四四分度之一牽牛七須女十一虛十危十六營室十八東壁十奎十七婁十二胃十五昴十二畢十六觜三參八東井三十輿鬼四柳十四星七張十七翼十九軫十八凡三百六十五度四分度之一冬至日在斗十九度四分度之一史官以郭日月行參弦望〔集解〕齊召南曰郭當作部部郭字相近而訛耳錢塘曰晉志謂課弦望於兩儀郭閒也郭字是雖密近而不爲注日儀黃道與度轉運難以候是以少循其事逵論曰又今

史官推合朔弦望月食加時率多不中在於不知月行遲疾意永平中詔書令故太史待詔張隆以四分法署弦望月食加時隆言能用易九六七八支知月行多少〔集解〕惠棟曰案九六七八皆合於十五五六三十一月之數納甲生焉故用九六七八爻知月行多少此漢法也盧文弨曰支是爻之誤今案隆所署多失臣使隆逆推前手所署不應或異日不中天乃益遠至十餘度梵統以史官候注考校月行當有遲疾不必在牽牛東井婁角之間又非所謂朓側匿乃由月所行道有遠近出入所生〔集解〕先謙曰官本行作在率一月移故所疾處三度九歲九道一復〔集解〕惠棟曰尚書考靈耀云萬世不失九道謀鄭元引河圖云黃道一青道赤道白道黑道各二也陳毅曰案晉志月行九歲一終謂之九道惠說非凡九章百七十一歲復十一月合朔旦冬至合春秋三統九道終數可以知合朔弦望月食加時據官注天度爲分率以其術法上考建武以來月食凡三十八事差密近有益宣課試上〔集解〕盧文弨曰宣當爲宜案史官舊有九道術

廢而不修熹平中故治曆郎梁國宗整〔集解〕惠棟曰梁國蒙人宗紺之孫也上九道術詔書下太史以參舊術相應部太子舍人馮恂課校〔集解〕惠棟曰時未有太子領屬少府故云部太子舍人也恂亦復作九道術增損其分與整術並校差爲近太史令颺〔集解〕惠棟曰單颺也見方術傳上以恂術參弦望然而加時猶復先後天遠則十餘度〔集解〕杜預長曆曰書稱朞三百六旬有六日以閏月定四時成歲允釐百工庶績咸熙是以天子必置日官諸侯必置日御世修其業以考其術舉全數而言故曰六日其實五日四分之一日日行一度而月日行十三度十九分度之有畸〔集解〕盧文弨曰下脫七字日官當會集此之遲疾以考成晦朔錯綜以設閏月閏月無中氣而北斗邪指兩辰之間所以異於他月也積此以相通四時八節無違乃得成歲其微密至矣得其精微以合天道事敘而不悖〔集解〕惠棟曰杜集解上有則字悖作愆故傳曰閏以正時時以作事事以厚生生民之道於是乎在然陰陽之運隨動而差差而不已遂與曆錯故仲尼丘明每於朔閏發文蓋矯正得失因以宣明曆數也桓十七年日食得朔而史闕其日單書朔僖十五年日食〔集解〕盧文弨曰下脫得朔二字而史闕朔與日故傳因其得失並起時史之謬兼以明其餘日食或曆失其正也莊二十五年經書六月辛未朔日有食之鼓用牲于社周之六月夏之四月所謂正陽之月也而時曆誤實是七月之朔非六月故傳云非常也唯正月之朔慝未作日有食之於是乎有用幣于社伐鼓于朝此非用幣伐鼓常月〔集解〕盧文弨曰此下脫食字上因變而起曆誤也文十五年經文皆同而更復發傳曰非禮明前傳欲以審正陽之月後傳發例欲以明諸侯之禮也此乃聖賢之微旨先儒所未喩也〔集解〕盧文弨曰先上脫一字昭十七年夏六月日有食之而平子言非正陽之月以誣一朝近於指鹿爲馬故傳曰不君君〔集解〕先謙曰官本下君作知且因以明此三月爲得天正也劉子駿造三統曆以修春秋春秋日食有甲乙者三十四而三統曆唯一食〔集解〕盧文弨曰唯下脫得字曆術比諸家既最疏又六千餘歲輒益一日凡歲當累日爲次而無故益之此不可行之甚者班固前代名儒而謂之最密非徒班固也自古以來諸論春秋者多述謬誤或造家術或用黃帝以來諸曆以推經傳朔日皆不得諧合〔集解〕盧文弨曰得字衍日食於朔此乃天驗經傳又書其朔食可謂得天而劉賈〔集解〕[illegible]諸儒說皆以爲月二日或三日公違聖人明文其蔽在於守一元不與天消息也余感春秋之事嘗著曆論極言曆之通理其大指曰天行不息日月星辰各運其舍皆動物也物動則不一雖行度有大量可得而限累日爲月〔集解〕[illegible]以新故相序不得不有毫毛之差此自然理也〔集解〕[illegible]故春秋日有頻月而食者有曠年不食者理不得一而算守恆數故曆無不有差失也始失於毫毛而尚未可覺積而成多以失弦望朔晦則不得不改憲以從之書所謂欽若昊天曆象日月星辰易所謂治曆明時言當順天以求合非爲合以驗天者也推此論之春秋二百餘年其治曆變通多矣雖數術絕滅還尋經傳微旨大量可知時之違謬則經傳有驗學者固當曲循經傳月日日食以考晦朔也以推時驗而皆不然〔集解〕[illegible]各據其學以非春秋此無異度己之跡而欲削他人之足

也余爲曆論之後至咸寧中善算李修夏顯〔集解〕[illegible]依論體爲術名乾度曆表上朝廷其術合日行四分之數而微增月行用三百歲改憲之意二元相推七十餘歲承以強弱強弱之差蓋少而適足以遠通盈縮時尚書及史官以乾度與大始曆參校古今記注乾度曆殊勝〔集解〕[illegible]今其術具存時又并考古今十曆以驗春秋知三統曆之最疏也今具列其時得失之數又據經傳微旨證據及失閏違時〔集解〕[illegible]考日辰晦朔以相發明爲經傳長曆諸經傳證據及失閏違時之曆也〔集解〕[illegible]必其得天蓋春秋當時之曆也學者覽焉雖未

永元十四年待詔太史霍融上言〔集解〕惠棟曰經籍志云梁有霍融等漏刻經三卷官漏刻率九日增減一刻〔集解〕惠棟曰劉向洪範五行傳記武帝時所用法云冬夏二至之間一百八十餘日晝夜差二十刻大率二至之後九日而增一刻焉孔穎達云鄭康成注書緯考靈曜仍云九日增減一刻猶未覺誤也不與天相應或時差至二刻半不如夏曆密詔書下太常令史官與融以儀校天課度遠近太史令舒承梵等對案官所施漏法令甲第六常符漏品〔集解〕惠棟曰長孫無忌云光武之初亦以百刻九日加減法編於令甲爲常符漏品如文穎云天子詔所增損不在律上者爲令令甲者前帝第一令也如淳云令有先後故有令甲令乙令丙師古云甲乙者若今之第一第二篇耳孝宣皇

帝三年十二月乙酉下建武十年二月壬午詔書施行漏刻以日長短爲數率日南北二度四分而增減一刻〔集解〕惠棟曰依日行黃道去極每差二度四分爲增減一刻也一氣俱十五日日去極各有多少今官漏率九日移一刻不隨日進退夏曆漏〔集解〕惠棟曰漏下脫刻字當從隋志增隨日南北爲長短密近於官漏分明可施行其年十一月甲寅詔曰告司徒司空漏所以節時分定昏明〔集解〕惠棟曰五經要義云昏闇也旦明也日入後漏三刻爲昏日出前漏三刻爲明也昏明長短起於日去極遠近日道周〔集解〕惠棟曰周下宋志有圜字不可以計率分當據儀度下參晷景今官漏以計率分昏明九日增減一刻違失其實至爲疏數以耦法太史待詔霍融上言不與天相應太常史官運儀下水官漏失天者至三刻以晷景爲刻少所違失密近有驗今下晷景漏刻四十八箭〔集解〕惠棟曰周禮挈壺氏分以日夜鄭元云異晝夜漏也漏之箭晝夜共百刻冬夏之閒有長短焉太史立成法有四十八箭賈公彥云以器盛四十八箭箭各百刻以壺盛水懸於箭上節而下之水水淹一刻則爲一刻四十八箭者蓋取倍二十四氣也盧文弨曰立成以下二十二字宋志無二十上有其字立成斧官府當用者計吏到班予四十八箭文多故魁取二十四氣日所在〔集解〕先謙曰官本日作目并黃道去極晷景漏刻昏明中星刻于下昔太初曆之興也〔集解〕盧文弨曰昔下係延光論曆發端當提行發謀於元封啟定於天鳳積百三十年是非乃審〔集解〕李銳曰前志云自漢秝初起至元鳳六年而是非堅定案自太初元年至元鳳六年正得三十年此文天鳳當作元鳳百字衍及用四分亦於建武施於元和〔集解〕張文虎曰案亦下疑脫一字謂始於建武而施行於元和也訖於永元七十餘年〔集解〕李銳曰自建武八年起盡永元十四年凡七十一年然後儀式備立司候有準天事幽微若此其難也中興以來圖讖漏泄而考靈曜命曆序皆有甲寅元〔集解〕錢大昕曰淮南天文訓以太陰紀歲元始甲寅而太初改麻亦云復得閼逢攝提格之歲史記曆術甲子篇云太初元年歲名焉逢攝提格則太初本用甲寅元矣但漢初言甲寅元者乃指太陰非謂太歲元帝時翼奉上封事始誤合太陰太歲爲一緯候出於哀平閒衜士習聞甲寅元而不知太陰太歲之分又不知超辰之法而甲寅元遂移於太歲矣尚書攷靈曜春秋命曆序今已不傳惟易乾鑿度尚存亦用甲寅元也先謙曰御覽時序部二引

考靈曜云月首甲子冬至日月五緯俱起牽牛初青龍甲寅攝提格莘注云青龍歲也歲在寅曰攝提格周髀算經注引同是考靈曜有甲寅元殷曆上元甲寅緯候之書多據殷曆也司馬遷等議造漢曆時用太史官殷曆以甲寅爲元及鄧平造太初曆以丙子爲元非甲寅元又歲陰即太歲不當分而爲二並詳前書補注其所起在四分庚申元後百一十四歲朔差卻二日〔集解〕李銳曰置一百一十四年滿甲子蔀七十六年去之餘三十八爲入癸卯蔀年以章月乘之得八千九百三十如章歲而一得積月四百七十日乘積月得一千三百四萬六千七百三十如蔀月而一得積日一萬三千八百七十九小餘四百七十以六十去積日得大餘一十九命癸卯得天正合朔冬至壬戌日甲寅元首日名甲子在壬戌後二日是朔差卻二日也學士修之於草澤信向以爲得正及太初曆以後大爲疾〔集解〕李銳曰大當作天而修之者云百四十四歲而太歲超一表〔集解〕錢大昕曰表當作辰百七十一歲當棄朔餘六十三中餘千一百九十七〔集解〕李銳曰置一百七十一年以章月二百三十五乘之得四萬一百八十五如章歲十九而一得積月二千一百一十五無閏餘至朔同日以月法二千三百九十二乘積月得五百五萬九千八十日法八十一而一得積日六萬二千四百五十七小餘六十三即朔餘也置朔餘六十三以十九通之得千一百九十七即中餘也乃可常行自太初元年至永平十一年百七十一當去分而不去〔集解〕惠棟曰當北宋本作常故令益有疏闊此二家常挾其術庶幾施行每有訟者百寮會議羣儒騁思論之有方益於多聞識之故詳錄焉

安帝延光二年中謁者亶誦言當用甲寅元河南梁豐言當復用太初尚書郎張衡周興皆能曆〔集解〕盧文弨曰曆字斷句惠棟曰興周榮子永甯中陳忠上疏薦興除尚書郎能數難誦豐或不對〔集解〕惠棟曰不下宋志有能字或言失誤衡興參案儀注者〔集解〕惠棟曰者字衍從宋志刪考往校今以爲九道法最密詔書下公卿詳議太尉愷等〔集解〕惠棟曰劉愷上侍中施延等議〔集解〕惠棟曰延字君子明於五經星官風角靡有不綜建元初爲侍中也太初過天日一度弦望失正月以晦見西方食不與天相應元和改從四分四分雖密於太初復不正皆不可用甲寅元與天相應合圖讖可施行博士黃廣大行令任僉議如九道河南尹祉太子舍人李泓等四十人議〔集解〕先謙曰官本泓作弘郎用甲寅

元當除元命苞天地開闢獲麟中百一十四歲推閏月六直其日或朔晦弦望二十四氣宿度不相應者非一用九道爲朔月有比三大二小皆疏遠元和變曆以應保乾圖三百歲斗曆改憲之文四分曆本起圖讖最得其正不宜易愷等八十四人議宜從太初尚書令忠上奏集解惠棟曰陳忠時爲尚書令三年遷司隸校尉諸從太初者皆無他效驗徒以世宗攘夷廓境享國久長爲辭或云孝章改四分災異卒甚集解惠棟曰卒北宋本作卒未有善應臣伏惟聖王興起各異正朔以通三統漢祖受命因秦之紀十月爲年首閏常在歲後不稽先代違於帝典集解錢大昕曰古法子丑寅月迭爲三統無以建亥爲歲首者堯典云閏月正四時成歲是四時皆可置閏而秦法置閏常在歲終此二事皆違經而背古也太宗遵修三階以平黃龍以至刑犴以錯集解先謙曰太宗文帝遵修者仍而不改三階卽三台前書東方朔傳注上階爲天子中階爲諸侯公卿大夫下階爲士庶人三階平言天象無差忒也文紀十五年黃龍見成紀贊云斷獄數百幾致刑措詩小宛釋文引韓詩云鄉亭之繫曰犴此言雖未正曆不害爲太平

之世五者以備洪範庶徵曰雨曰暘曰燠曰寒曰風五者來備各以其敘集解錢大昕曰洪範五者來備一作五是蓋漢儒傳本異也閩本汲古閣本作五者則後人據今本尚書易之李雲傳五氏來備氏古是字荀爽傳五韙咸備韙亦訓是惠棟曰者北宋本作是哀平之際同承太初而妖孽累仍痾禍非一集解先謙曰草物之類謂之妖蟲象之類謂之孽及六畜謂之旤及人謂之痾事詳前書五行志議者不以成數相參考眞求實而汎采妄說歸福太初致咎四分太初曆衆賢所立是非已定永平不審復革其弦望四分有謬不可施行元和鳳鳥不當應曆而翔集遷嘉前造則喪其休集解盧文弨曰錢氏改喪爲表近議後改則隱其福漏見曲論未可爲是臣輒復重難衡興以爲五紀論推步行度當時比諸術爲近然猶未稽於古及向子歆欲以合春秋橫斷年數損夏益周考之表紀差謬數百兩曆相課六千一百五十六歲而太初多一日集解錢大昕曰四分術歲有小餘四分日之一太初術小餘千五百三十九分日之三百八十五兩法相課則四歲之中小餘皆滿一日而太初尚贏千五百三十九分之一也積至六千一百五十六歲而餘分又滿一日李銳曰六千一百五十六歲三統術之四統歲也四分術日分四歲一終則千五百三十九終也置三統術周天五十六萬二千一百二十以四乘之得二百二十四萬八千四百八十爲六千一百二十六歲之積日又置四分術周天以一千五百三十九乘之得二百二十四萬八千四百七十九亦爲六千一百五十六歲之積日兩術相課是太初多一日冬至日直斗而云在牽牛迂闊不可復用昭然如此史官所共見非獨衡興前以爲九道密近今議者以爲有闕及甲寅元復多違失皆未可取正昔仲尼順假馬之名以崇君之義集解惠棟曰韓詩外傳孔子侍坐於季孫季孫之宰通曰君使人假馬其與之乎孔子曰吾聞君取於臣謂之取不曰假季孫悟告宰通曰今以往君有取謂之取無曰假孔子曰正假馬之名而君臣之義定矣論語云必也正名乎亦見家語況天之曆數不可任疑從虛以非易是上納其言遂改曆事集解錢大昕曰詳文義是安帝納尚書令忠言仍用四分不復議改蔡邕云延光元年中謁者亶誦亦非四分庚申上言當用命曆序甲寅元公卿百僚參議正處竟不施行謂此事也宋志亦云亶等遂寢此文遂下當有罷字或是寢字

順帝漢安二年尚書侍郎邊韶上言世微於數虧道盛於得常數虧則物衰得常則國昌孝武皇帝攄發聖思因元封七年十一月

甲子朔旦冬至乃詔太史令司馬遷治曆鄧平等更建太初改元易朔行夏之正集解惠棟曰程氏考古編云漢祖入關於十月又會五星聚見東井遂仍秦故十月爲歲首其謂十月者固秦之十月而其正月亦仍秦建寅也太初元年夏五月正曆以正月爲歲首師古云未正曆前歲首以十月今以建寅之月爲正月是也詔謂太初改元易朔行夏之正者誤也起曆而改用丁丑元紀歲而首建寅月者武帝也若夫始寅而數以次比十二爲晦朔者秦人已然不始武帝也先謙曰程氏謂漢初仍秦十月爲歲首而正月仍秦建寅是也太初正曆以正月爲歲首乃改歲首而不改月詔云改元者謂改元封七年爲太初元年也易朔行夏正者卽謂以正月爲歲首也說並不誤若顏氏之說迺謂漢初以十月爲歲首卽謂十月爲正月正曆之後記事者追改之大謬辨見前書高紀程氏全未分曉而惠氏采以入注此不可解也乾鑿度八十分之四十三爲日法集解錢大昕曰當云八十一分惠棟曰一作八十一分日之四十三乾鑿度云卽置一歲積日法二十九日與八十一分日之四十二除之得一命日月得積月十二與十九分月之七爲一歲以七十六乘之得積月九百四十積日二萬七千七百五十九此一紀也以二十乘之得積歲千五百二十積月萬八千八百積日五十五萬五千一百八十此一部首節注云此法三部而一元一元而太歲復於甲寅設清臺之候驗六異課效觕密集解李光地曰六異謂黃帝顓頊夏殷周魯六曆之異張文虎曰前志詔雜候上林淸臺課諸曆疏密乃孝昭元鳳三年事此

連元封七年之文蓋略之也 太初爲最其後劉歆研幾極深驗之春秋參以易道以河圖帝覽嬉雒書甄曜度〔集解〕惠棟曰乾作甄當是避太子承乾諱改先謙曰官本甄作乾 推廣九道〔集解〕惠棟曰九道之說見河圖帝覽嬉劉歆用其說載見天文志其後元之郭守敬定曆日行黃道月行白道舊法一歸而空之矣 百七十一歲進退六十三分百四十四歲一超次〔集解〕惠棟曰超次即服虔注左傳龍度天門之說也龍歲星也右行於天一歲移一辰又分前辰爲一百四十四分而侵一分則一百四十四年跳一辰十二辰匝則總有一千七百二十八年十二跳辰匝以此而記之十二歲而一小周謂一年移一辰故也千七百二十八年一大周十二辰匝故也太歲左行於地一與歲星跳辰年數同故下云與天相應也先謙曰超次即超辰也以列宿所在言之謂之次以日月所會言之謂之辰 與天相應少有闕謬從太初至永平十一年百七十歲〔集解〕錢大昕曰當云百七十一歲 進退餘分六十三治曆者不知處之推得十二度弦望不效挾廢術者得竄其說至永和二年小終之數寖過〔集解〕錢大昕曰永和當作元和 餘分稍增月不用晦朔而先見孝章皇帝以保乾圖三百年斗曆改憲就用四分以太白復樞甲子爲癸亥引天

從算耦之目前更以庚申爲元既無明文託之於獲麟之歲又不與感精符單閼之歲同史官相代因成習疑少能鉤深致遠案弦望足以知之詔書下三公百官雜議太史令虞恭治曆宗訢等議〔集解〕惠棟曰恭虞詡子官至上黨太守 建曆之本必先立元元正然後定日法法定然後度周天以定分至三者有程則曆可成也四分曆仲紀之元起於孝文皇帝後元三年歲在庚辰上四十五歲歲在乙未則漢興元年也又上二百七十五歲歲在庚申則孔子獲麟〔集解〕錢大昕曰今世所推甲子紀元蓋出於此古術家用百四十四年超辰之法漢志云高帝伐秦太歲在午則文帝後三年太歲當在卯也 二百七十六萬歲尋之上行復得庚申歲歲相承從下尋上其執不誤此四分曆元明文圖讖所著也太初元年歲在丁丑上極其元當在庚戌而曰丙子言百四十四歲超一辰凡九百九十三超歲有空行八十二周有奇乃得丙子〔集解〕錢大昕曰案三統術上元至太初元年十四萬三千一百二十七算以百四十四除之得九百九十三餘百三十五此爲上元以來太歲超辰之數以此數并入積算起丙子算至太初元年復得丙子矣東漢以後術家不知太歲當超辰但依六十之數上溯太初以爲歲在丁丑又以爲上元當在庚戌非太初本法也鄭康成注周官馮相氏十有二歲云歲謂太歲歲星與日同次之月斗所建之辰樂說說歲星與日常應太歲月建以見然則今曆太歲非此也東京諸儒知太歲有跳辰法者獨康成一人而已歲星與太歲相應太歲超九百九十三次十二次而一周故云八十二周有奇李銳曰置九百九十三以十二次除之得八十二周餘七故云八十二周有奇 案歲所超於天元十一月甲子朔旦冬至日月俱超日行一度積三百六十五度四分度一而周天一匝名曰歲歲從一辰日不得空周天則歲無由超辰案百七十歲二部一章〔集解〕錢大昕曰當云百七十一歲 小餘六十三自然之數也夫數出於抄智〔集解〕盧文弨曰抄當爲杪 以成毫氂毫氂積累以成分寸〔集解〕先謙曰官本氂並作釐下同 兩儀既定日月始離初行生分積分成度日行一度一歲而周故爲術者各生度法或以九百四十〔集解〕惠棟曰考靈耀云九百四十分爲一日二十九日與四百九十九分爲月 或以八十一〔集解〕惠棟曰八十一三統曆法案八十一乃乾鑿度積日法即三統曆統母也 法有細觕以生兩科其歸一也日法者日之所行分也日垂令明行有常節日法所該通遠無已損益毫氂差以千里自此言之數無緣得有虧棄之意也今欲飾平之失斷法垂分恐傷大道以步日月行度終數不同四章更不得朔餘一雖言九道去課進退恐不足以補其闕且課曆之法晦朔變弦以月食天驗昭著莫大焉今以去六十三分之法爲曆驗章和元年以來日變二十事案五行志章和元年訖漢安二年日變二十三事今注又長〔集解〕惠棟曰北宋本長下有一字盧文弨曰長下脫一字案古今注安帝永初三年三月日食志不書是多一事也 月食二十八事與四分曆更失定課相除四分尚得多而又使近〔集解〕惠棟曰北宋本使作便先謙曰官本使作便是 孝章皇帝曆度審正圖儀晷漏與天相應不可復尚文曜鉤曰高辛受命重黎說文唐堯即位羲和立禪〔集解〕盧文弨曰禪乃渾之訛謂渾儀與韻協 夏后制德昆吾列神成周改號萇弘分官運斗樞曰常占有經世史

所明洪範五紀論曰〔集解〕惠棟曰前書律曆志云劉向總六曆列是非作五紀論民閒亦有黃帝諸曆不如史官記之明也自古及今聖帝明王莫不取言於義和常占之官定精微於晷儀正衆疑祕藏中書改行四分之原及光武皇帝數下詔書草創其端孝明皇帝課校其實孝章皇帝宣行其法君更三聖年曆數十〔集解〕先謙曰官本曆作歷是信而徵之舉而行之其元則上統開闢其數則復古四分宜如甲寅詔書故事奏可靈帝熹平四年五官郎中馮光〔集解〕惠棟曰馮緄弟元字公信能理尚書善推步之術見華陽國志元光字相似或傳寫誤沛相上計掾陳晃言曆元不正故妖民叛寇益州盜賊相續爲〔集解〕先謙曰爲下疑有害字宋志作曆元不正故盜賊爲害曆用甲寅爲元而用庚申〔集解〕先謙曰宋志作曆當以甲寅爲元不用庚申圖緯無以庚爲元者〔集解〕盧文弨曰庚下脫申字近秦所用代周之元太史治曆郎中郭香劉固〔集解〕惠棟曰案西嶽華山碑有書佐新豐郭香在桓帝延熹四年袁逢守宏農時或即其人也意造妄說乞與本庚申元經緯有明

〔集解〕盧文弨曰與字有字衍明下脫文字受虛欺重誅〔集解〕盧文弨曰此句上亦有脫文乙卯詔書下三府與儒林明道者詳議〔集解〕惠棟曰道下宋志有術字務得道眞以羣臣會司徒府議蔡邕集載三月九日百官會府公殿下東面校尉南面侍中郎將大夫千石六百石重行北面議郎博士西面戶曹令史當坐中而讀詔書公議蔡邕前坐侍中西北近公卿與光晃相難問是非焉〔集解〕惠棟曰府下宋志有集字鄭元周禮注今司徒府中有百官朝會之殿云天子與丞相舊決大事徐天麟云案此可見東都集議之制先謙曰官本東面作東南議郎蔡邕議以爲曆數精微去聖久遠得失更迭術術無常是〔集解〕惠棟曰下術字衍以承秦〔集解〕惠棟曰以字誤宋志作漢興承秦徐幹中論云大漢之興海內新定先王之禮尚多有所缺故因秦之制以十月爲歲首曆用顓項曆用顓項元用乙卯蔡邕命論曰顓項曆術曰大元正月己巳朔旦立春俱以日月起於天廟營室五度今月令孟春之月日在營室〔集解〕惠棟曰藝文志顓項曆二十一卷顓項五星曆十四卷命論未詳案邕明堂月令論有之令誤命落月字也百有二歲孝武皇帝始改正朔曆用太初元用丁丑行之百八十九歲孝章皇帝〔集解〕惠棟曰議云用清河李梵之言改從四分元用庚申今光晃各以庚申爲非甲寅爲是案曆法黃帝顓項夏殷周

魯凡六家各自有元光晃所據則殷曆元也他元雖不明於圖讖各家術皆當有效於其當時〔集解〕盧文弨曰家上脫自一二字下脫之字其字衍黃帝始用太初丁丑之元有〔集解〕惠棟曰黃帝宋志作昔元有二字作後李銳曰黃帝當是武帝之譌六家紛錯爭訟是非太史令張壽王挾甲寅元以非漢曆雜候清臺課在下第〔集解〕惠棟曰元鳳三年事載見前書也卒以疏闊連見劾奏〔集解〕盧文弨曰劾一作剝與駁同太初效驗無所漏失是則雖非圖讖之元而有效於前者也及用四分以來考之行度密於太初是又新元效於今者也〔集解〕惠棟曰效上宋志多有字延光元年〔集解〕惠棟曰延上宋志有故字中謁者亶誦亦非四分庚申上言當用命曆序甲寅元公卿百寮參議正處竟不施行且三光之行遲速進退不必若一術家以算追而求之取合於當時而已故有古今之術今之不能上通於古〔集解〕惠棟曰今下宋志有術字亦猶古術之不能下通於今也元命苞乾鑿度皆以爲開闢至獲麟二百七十六萬歲

及命曆序積獲麟至漢起庚子蔀之二十三歲竟己酉戊子及丁卯蔀六十九歲合爲二百七十五歲〔集解〕錢大昕曰案元命苞乾鑿度皆云開闢至獲麟二百七十六萬歲以元法收之得六百有五餘歲一千二百又以蔀法收之得積蔀十五其餘六十則獲麟之歲入乙酉蔀六十一年依此推至漢文後二年適足五蔀之數故次年得爲元首復起甲子蔀也命曆序以甲寅爲元較元命苞積年少一百一十四算以元法蔀法收之正入庚午蔀之二十三年此云庚子當爲庚午之譌也然依此推至漢文庚申歲不當甲子蔀首不可立元矣漢元年歲在乙未上至獲麟則歲在庚申推此以上上極開闢則不在庚申〔集解〕錢大昕曰自獲麟至開闢二百七十六萬歲以六十除之恰盡獲麟之歲既是庚申則開闢之始亦必庚申矣當云元在庚申不字乃元字之譌李銳曰不在當作復在上文云二百七十六萬歲尋之上行復得庚申是也讖雖無文其數見存而光晃以爲開闢至獲麟二百七十五萬九千八百八十六歲獲麟至漢百六十二歲〔集解〕錢大昕曰案光晃說開闢至獲麟歲數與春秋命曆序同而獲麟至漢初則較命曆序少百一十四歲依此推至高帝元年則當在壬寅而非乙未矣故蔡邕譏其謬李銳曰庚申元開闢至獲麟二百七十六萬歲獲麟至漢元年二百七十五歲幷之得開闢至漢元年二百七十六萬二百七十五歲甲寅元開闢至獲麟二百

七十五萬九千八百八十六歲獲麟至漢亦二百七十五歲并之得開闢至漢元年二百七十六萬一百六十一歲立元不同故積年不合邕於甲寅元開闢至漢元年數內減去庚申元開闢至獲麟年數餘一百六十一爲獲麟至漢元年數因謂光晃差少一百一十四歲此巧辭相詆非理實也 轉差少一百一十四歲云當滿足則上違乾鑿度元命苞中使獲麟不得在哀公十四年下不及命曆序獲麟漢相去四蔀年數〔集解〕盧文弨曰麟下脫至字 與奏記譜注不相應當今曆正月癸亥朔〔集解〕李銳曰案通鑑目錄熹平五年丙辰正月癸亥朔 光晃㠯爲乙丑朔〔集解〕李銳曰置熹平五年入殷術壬午蔀七十年以章月乘之得一萬六千四百五十如章歲而一得積月八百六十五閏餘一十五加積月二得積月八百六十七以蔀日乘之得二千四百六萬七千五十三如蔀月而一得積日二萬五千六百三小餘二百三十三以六十去積日得大餘四十三命壬午算外得熹平五年正月乙丑朔 乙丑之與癸亥無題勒款識可與眾共別者須㠯弦望晦朔光魄虧滿可得而見者考其符驗而光晃曆㠯考靈曜〔集解〕惠棟曰曜下宋志有爲本二字 二十八宿度數及冬至日所在與今史官甘石舊文錯異不可考校㠯今渾天圖儀檢天文亦不合

於考靈曜光晃誠能自依其術更造望儀㠯追天度遠有驗於圖書近有效於三光可㠯易奪甘石窮服諸術者實宜用之難問光晃但言圖讖所言不服元和二年二月甲寅制書曰朕聞古先聖王先天而天不違後天而奉天時史官用太初鄧平術冬至之日日在斗二十二度而曆㠯爲牽牛中星先立春一日則四分數之立春也而㠯折獄斷大刑於氣已迕用望平和蓋亦遠矣今改行四分㠯遵於堯㠯順孔聖奉天之文是始用四分曆庚申元之詔也深引河洛圖讖㠯爲符驗非史官私意獨所興搆而光晃㠯爲固意造妄說〔集解〕盧文弨曰固上當有香字 違反經文謬之甚者昔堯命羲和曆象日月星辰舜叶時月正日湯武革命治曆明時可謂正矣且猶遭水遭旱戒㠯蠻夷猾夏寇賊姦宄而光晃㠯爲陰陽不和姦臣盜賊皆元之咎誠非其理元和二年乃用庚申至今九十二歲而

光晃言秦所用代周之元不知從秦來漢三易元不常庚申光晃區區信用所學亦妄虛無造欺語之愆〔集解〕盧文弨曰亦下文有誤 至於改朔易元往者壽王之術已課不效亶誦之議不用元和詔書文備義著非羣臣議者所能變易太尉耽司徒隗司空訓〔集解〕何焯曰陳耽袁隗許訓也 㠯邕議劾光晃不敬正鬼薪法詔書勿治罪〔集解〕臣昭曰不有君子其能國乎觀蔡邕之議可以言天機矣賢明在朝弘益遠哉公卿結正足懲淺妄之徒詔書勿治亦深盍各之致

太初曆推月食多失四分因太初法㠯河平癸巳爲元〔集解〕李銳曰河平元年癸巳入四分術癸卯蔀第四章首故可爲月食元 施行五年永元元年〔集解〕惠棟曰元一作光非 天㠯七月後閏食術㠯八月〔集解〕李銳曰永元元年己丑距河平癸巳一百一十六年以章月乘之得二萬七千二百六十如章歲而一得積月一千四百三十四閏餘十四是年閏七月以二十三乘積月得三萬二千九百八十二盈百三十五去之餘四十二加二十三者十得二百七十二盈百三十五又去之餘二置加數十命起十一月算外得八月是八月有食 其十二年〔集解〕李銳曰十二年當作二年與下十二日相涉誤衍十字案下文云以紺法署施行五十六歲自永元二年至本

初元年正得五十六年故知十字衍也 正月十二日蒙公乘宗紺上書言今月十六日月當食而曆㠯二月〔集解〕李銳曰置上食餘二加二十三者六得一百四十盈百三十五去之餘五置加數六命起八月算外得二月是二月有食 至期如紺言太史令巡上紺有益官用除待詔甲辰詔書㠯紺法署施行五十六歲〔集解〕盧文弨曰五當爲四今作五則上文其十二年十字爲衍也 至本初元年〔集解〕惠棟曰質帝 天㠯十二月食曆㠯後年正月於是始差到熹平三年〔集解〕惠棟曰靈帝 二十九年之中先曆食者十六事常山長史劉洪上作七曜術〔集解〕惠棟曰徐幹中論云靈帝時四分曆猶復後天半日於是都尉劉洪更造乾象曆以追日月星辰之行考之天文於今爲密會宮車晏駕京師大亂事不施行惜哉 甲辰詔屬太史部郎中劉固舍人馮恂等〔集解〕惠棟曰太子舍人也 課效復作八元術固等作月食術並已相參固術與七曜術同月食所失皆㠯歲在己未當食四月恂術㠯三月官曆㠯五月太史上課到時施行中者丁巳詔書報可其四年紺孫誠上書言受紺法術當復改今年十二月當

食而官曆以後年正月到期如言拜誠爲舍人丙申詔書聽行誠法光和二年歲在己未三月五月皆陰太史令修部舍人張恂等推計行度以爲三月近四月遠誠以四月奏廢誠術施用恂術其三年誠兄整【集解】惠棟曰整爲治曆郎前後上書言去年三月不食當以四月史官廢誠正術用恂不正術整所上正屬太史【集解】先謙曰官本正作五太史主者終不自言三月近四月遠食當以見爲正無遠近詔書下太常其詳案注記平議術之要效驗虛實太常就耽【集解】惠棟曰孫愐云就姓後漢書莋和氏改爲就氏案無極山碑光和四年八月辛酉朔十七日丁丑太常耽丞敏下常山相云云則耽四年已爲太常也上選侍中韓說【集解】惠棟曰說見方術傳博士蔡較穀城門候劉洪右郎中陳調於太常府覆校注記平議難問恂誠各對恂術以五千六百四十日有九百六十一食爲法【集解】錢大昕曰日當作月古法百三十五月有二十三食郎宗誠術也今馮恂術五千六百四十月有九百六十一食較古法稍強劉洪乾象術萬一千四十六月有千八百八十二食又強於恂術李銳曰置五千六百四十月以二十三乘之得一十二萬九千七百二十如百三十五而一得九百六十食不盡一百二十今云九百六十一食是恂術較舊法爲強也而除成分空加縣法推建武以來俱得三百二十七食其十五食錯案其官素注天見食九十八與兩術相應其錯辟二千一百誠術以百三十五月二十三食爲法乘除成月從建康以上減四十一建康以來減三十五以其俱不食恂術改易舊法誠術中復減損論其長短無以相踰各引書緯自證文無義要取追天而已夫日月之術日循黃道月從九道以赤道儀日冬至去極俱一百一十五度【集解】盧文弨曰日當爲日其入宿也赤道在斗二十一而黃道在斗十九兩儀相參日月之行曲直有差以生進退故月行井牛十四度以上其在角婁十二度以上皆不應率不行以是言之則術不差不改不驗不用天道精微度數難定術法多端曆紀非一未驗無以知其是未差無以知其失失然後改之是然後用

之此謂允執其中今誠術未有差錯之謬恂術未有獨中之異以無驗改未失是以檢將來爲是者也誠術百三十五月月二十三食【集解】先謙曰官本下月作有其文在書籍學者所修施行日久官守其業經緯日月厚而未愆信於天文述而不作恂久在候部詳心善意能揆儀度定立術數推前校往亦與見食相應然協曆正紀欽若昊天宜率舊章如甲辰丙申詔書以見食爲比今宜施用誠術棄放恂術史官課之後有效驗乃行其法以審術數以順改易耽以說等議奏聞詔書可恂整誠各復上書恂言不當施誠術整言不當復棄恂術爲洪議所侵事下永安臺覆實皆不如恂誠等言劾奏謾欺詔書報恂誠各以二月奉贖罪整適作左校二月【集解】盧文弨曰宋本適作輸先謙曰官本適作輸遂用洪等施行誠術光和二年萬年公乘王漢上月食注自章和元年到今年凡九十三歲合百九十六食與官曆河平元年月錯以己巳爲元事下太史令修上言漢所作注不與見食相應者二事以同爲異者二十九事尚書召穀城門候劉洪勑曰前郎中馮光司徒掾陳晃各訟曆故議郎蔡邕其補續其志今洪其詣修與漢相參推元謂分【集解】盧文弨曰謂當作課考校月食審己巳元密近有師法洪便從漢受不能對洪上言推元漢己巳元【集解】盧文弨曰推下元字衍漢即王漢則考靈曜旃蒙之歲乙卯元也與光晃甲寅元相經緯於以追天作曆校三光之步今爲疏闊孔子緯一事見二端者明曆興廢隨天爲節甲寅曆於孔子時效【集解】惠棟曰春秋命曆序云孔子爲春秋之故退修殷之故曆使其數可傳於後己巳顓頊秦所施用漢興草創因而不易至元封中迂闊不審更用太初應期三百改憲之節甲寅己巳讖雖有文略其年數是以學人各傳所聞至於課校罔得厥正夫甲寅元天正正月甲子朔旦冬至七曜之起始於牛初乙卯之元人正

己巳朔旦立春三光聚天廟五度課兩元端閏餘差自五十分之三集解盧文弨曰自當作百五十下分二誤倒三下脫十二兩字李銳曰案顓頊術乙卯元所起在殷術甲寅元後六十一年置六十一年以章月乘之得一萬四千三百三十五如章歲而一得積月七百五十四閏餘十九分之九子母各以十二通之得二百二十八分之一百八此閏餘爲冬至去天正朔之數以月閏七兩度加之得閏餘二百二十八分之一百二十二此閏餘爲雨水去人正朔之數又案此閏餘滿二百二十八成月則二百二十八卽一月積分加月閏七得二百三十五卽一中積分半之得一百一十七半卽一氣積分置人正閏餘雨水去朔二百二十八分之一百二十二以一氣積分一百一十七半減之得閏餘二百二十八分之四半此閏餘爲立春去人正朔之數子母各以一半約之得一百五十二分之三卽兩元端之閏餘差也先謙曰據李所推則盧說三下脫文非也朔三百四集解李銳曰置上積月七百五十四以蔀日乘之得二千九十三萬二百八十六如蔀月而一得積日二萬二千二百六十六小餘二百四十六以六十去積日得天正朔大餘六小餘二百四十六以一月大餘二十九小餘四百九十九兩度加之得人正朔大餘五小餘三百四命大餘甲子算外得人正己巳朔與顓頊術元首日名同而多小餘三百四是朔差三百四也中節之餘二十九集解李銳曰置上六十一年以日餘乘之得一萬二百四十八如中法而一得大餘三百二十小餘八大餘滿六十去之得冬至大餘二十小餘八以一氣大餘十五小餘七三度加之得立春大餘五小餘二十九命大餘甲子算外得己巳立春亦與顓頊術元首日名同而多小餘二十九是中節之餘差二十九也㠯效信難聚漢不解說但言先人有書而已㠯漢成注參官施行術不同二十九事不中見食二事案漢習書見己巳元謂朝不聞不知聖人獨有興廢之義史官有附天密術甲寅己巳前㠯施行效後格而已不用集解盧文弨曰已字衍河平疏闊史官已廢之而漢㠯去事分爭殆非其意雖有師法與無同課又不近密其說蔀數術家所共知無所采取遺漢歸鄉里袁山松書曰劉洪字元卓泰山蒙陰人魯王之宗室也延熹中以校尉應太史徵拜郎中遷常山長史以父憂去官後爲上計掾拜郎中檢東觀著作律曆記遷謁者穀城門候會稽東部都尉徵還未至領山陽太守卒官洪善算當世無偶作七曜術及在東觀與蔡邕共述律曆記考驗天官及造乾象術十餘年考驗日月與象相應皆傳于世博物記曰洪篤信好學觀乎六藝羣書意以爲天文數術探賾索隱鉤深致遠遂專心銳思爲曲城侯相政教清均吏民畏而愛之爲州郡之所禮異集解惠棟曰經籍志云梁有乾象曆五卷

律曆志中第二終

續漢志集解第二校補

律麻志中復令待詔張盛景防鮑鄴等錢大昭曰鮑鄴官太常樂丞

相覺浸多錢大昕曰覺與較同晉書蔡謨傳方之於前倍半之覺也魏氏春秋賢聖之分所覺懸殊見魏志高貴鄉公紀注宋書天文志斗二十一井二十五南北相覺四十八度晉志覺作應誤案覺較同音通訓覺卽較然分明之謂也楚辭服覺酷以殊俗兮又孟子注離婁下如此賢不肖相覺告子上其相覺者盡心下彼此相覺覺皆讀如較

寖㠯謬錯官本寖作浸同案上文相覺浸多毛本又與官本同作浸殊未畫一

用望平和麻時之義錢大昭曰閩本平作正

不朔必在其月也集解盧文弨曰不朔當作朔不王正樞曰此文雖譌誤不可讀然是據朔定月論首月不當先大故云卽先大則一月再朔後月無朔盧校乃作朔不必在其月則文義反戾矣今案志言春秋書朔不書晦蓋本穀梁日食之義以明例也不朔猶云不日謂不言朔也合朔在夜半言朔則已達後月如隱公三年春王二月己巳日有食之穀梁傳曰言日不言朔食晦日也宣公十年夏四月丙辰日有食之十七年六月癸卯日有食之例同徐邈曰己巳爲二月晦則三月不得有庚戌據後經書二月庚戌天王崩註之明皆是前月之晦故云不朔必在其月謂必尚在前月未至後月耳雖然日食固必在朔而夜食則難於取準所謂食晦日者亦特魯史舊文如此春秋不得而改之故但不書朔而仍係之後月也

建星卽今斗星也今原譌令錢校據閩本正今從之官本不誤

於斗二十一度四分一集解盧文弨曰二當作一柳從辰曰此疑誤王正樞曰此校語當在上斗二十二度無餘分下案是也上日在斗二十二度盧校同此可證二謂下二字

今下晷景漏刻四十八箭集解盧文弨曰立成以下二十二字宋志無二十上有其字王正樞曰此校注當在下二十四氣日所在下

乾鑿度八十分之四十三爲日法集解錢大昕曰當云八十一分惠棟曰一作八十一分日之四十三乾鑿度云至一元而太歲復於甲寅王正樞曰八十一分之四十三爲月之餘分志云爲日法已難強解至惠氏引乾鑿度文則尤難可依據今略依算法訂之當云置一歲積日以月法二十九日與八十一分日之四十三除之得一命曰月又此云一紀卽四分術之一蔀此云一部卽四分術之一紀也

益州盜賊相續爲集解先謙曰至故盜賊爲害謹案今讀皆以益州盜賊相續六字爲句爲讀如孟子爲得罪於父之爲連下二句讀之亦通

厤用顓頊注大元正月己巳朔旦立春官本大作天是

獨所興搆官本搆作構正字

復作八元術官本復作後非

太常就耽官本耽或作躭俗字

律曆志下第三

曆法〔集解〕惠棟曰李云此志章蔀紀元之法出周髀經周髀周書也而四分爲顓頊曆意者古之六曆並用四分歟

梁　剡　令劉　昭注補

王先謙集解

昔者聖人之作曆也，觀琁璣之運〔集解〕李鋭曰琁璣北極璇璣也三光之行〔集解〕李鋭曰三光日月星道之發斂〔集解〕李鋭曰道謂黃道發發南斂斂北景之長短〔集解〕李鋭曰冬至表景長夏至表景短斗綱之建〔集解〕盧文弨曰之御覽作所李鋭曰所以定月位也青龍所躔〔集解〕李鋭曰所以定歲名也青龍歲星也歲星與日同次之月斗所建之辰爲太歲四分術無超辰之法太歲不與歲星相應此依古法言之參伍以變，錯綜其數，而制術焉。天之動也，一晝一夜而運過周〔集解〕李鋭曰謂自夜半至夜半天運過周所過者日所行也星從天而西〔集解〕李鋭曰星恆星也日違天而東。日之所行與運周，在天成度，在曆成日〔集解〕李鋭曰日夜半加正北與天運而西復加正北爲一日其所東行爲一度居以列宿〔集解〕惠棟曰李云申在天成度終于四七〔集解〕李鋭曰四七二十八宿也受以甲乙，終于六旬〔集解〕惠棟曰李云申在曆成日六旬六甲之旬李鋭曰甲子至癸亥六十日日月相推，日舒月速〔集解〕惠棟曰日速月舒而云然者周髀經月度疾日度遲也朱子云曆家以進數難算止以退數算之故有日舒月速及右行之說當其同〔集解〕盧文弨曰同下脫所字御覽有謂之合朔，舒先速後，近一遠三，謂之弦〔集解〕李鋭曰一謂四分周天之一三謂四分周天之三月在日前四分周天之一謂上弦在日後四分周天之一謂下弦相與爲衡〔集解〕盧文弨曰衡疑衡下望衡同分天之中，謂之望〔集解〕李鋭曰周天三百六十五度四分一分天之中謂月去日一百八十二度八分度之五以速及舒，光盡體伏，謂之晦。晦朔合離，斗建移辰，謂之〔集解〕李鋭曰脫月字辰謂十二辰日月之術〔集解〕李鋭曰術當作行先謙曰官本作行則有冬有夏；冬夏之間，則有春有秋。是故日行北陸謂之冬，西陸謂之春，南陸謂之夏，東陸謂之秋〔集解〕惠棟曰此以列宿東西南北言也日道發南，去極彌遠，其景彌長，遠長乃極，冬乃至焉；日道斂北，去極彌近，其景彌短，近短乃極，夏乃至焉〔集解〕惠棟曰此以赤道之表裏南北言也司馬貞云漢書察發斂韋昭云發氣發斂氣斂續漢書以爲道之發斂景之長短則發斂是日行道去極盈縮也二至之中，道齊景正〔集解〕李銳曰道齊南北之中景正長短之中春秋分焉日周于天一寒一暑四時備成萬物畢改攝提遷次〔集解〕李銳曰歲星與日同次之月斗所建遷一次青龍移辰謂之歲歲首至也〔集解〕李銳曰至冬至也月首朔也至朔同日謂之章〔集解〕李銳曰章首至朔加時同同在日首謂之蔀〔集解〕李銳曰日首謂夜半也至朔加時同在夜半蔀終六旬謂之紀〔集解〕李銳曰至朔同在夜半日名又直甲子歲朔又復謂之元〔集解〕李銳曰蔀終六旬歲名又直庚辰是故日以實之月以閏之時以分之歲以周之章以明之蔀以部之紀以記之元以原之〔集解〕惠棟曰前書云合三體而爲之原故曰元三微成著三著成體故曰三體然後雖有變化萬殊贏朒無方莫不結系于此而稟正焉極建其中道營于外璇衡追日以察斂〔集解〕錢大昕曰察下脫發字光道生焉〔集解〕李銳曰光道黃道也光黃古字通先謙曰官本考證云光監本作九依宋本改齊召南云案黃道居中日光道前書天文志云日有中道月有九行中道者黃道一日光道光道北至東井去北極近南至牽牛去北極遠東至角西至婁去極中孔壺爲漏浮箭爲刻下漏數刻以考中星昏明生焉日有光道月有九行〔集解〕李銳曰九行謂青道二朱道二白道二黑道二並黃道而九

九行出入而交生焉〔集解〕惠棟曰孔穎達云日之行天一歲一周月之行天二十九日有餘已得一周日月異道互相交錯月之一周月必半在日道裏從外而入內也或六入七出或七入六出凡十三出入而與日一會所謂交也通而計之一百七十三日而有一交交在望前朔則日食交在望後望則月食後月朔則日食也李銳曰出入出入於黃道也自北而南爲出自南而北爲入朔會望衡鄰於所交虧薄生焉〔集解〕李銳曰朔近交則日食望近交則月食月有晦朔星有合見〔集解〕李銳曰合如朔伏如晦見去日與伏等月有弦望星有留逆〔集解〕李銳曰留如弦逆如望其歸一也步術生焉金水承陽先後日下〔集解〕李銳曰不能與日爲衡故先後日下速則先日〔集解〕李銳曰夕見也遲而後留留而後逆逆與日違〔集解〕李銳曰晨見也違而後速速與日競〔集解〕先謙曰官本少一速字競又先日遲速順逆晨夕生焉日月五緯各有終原而七元生焉〔集解〕李銳曰七元謂日月五星之元見伏有日留行有度而率數生焉參差齊之多少均之〔集解〕李銳曰如日行四歲一終月行十九歲一終均齊於七十六歲日行十九終月行四終是也會終生焉引而伸之觸而長之探賾索隱鉤深致遠無幽辟潛伏而

不以其精者然故陰陽有分寒暑有節天地貞觀日月貞明若夫祐術開業〔集解〕惠棟曰楚語觀射父云重黎氏世敘天地而別其分主故曰祐術開業淯耀天光〔集解〕惠棟曰鄭語史伯云荊重黎之後也夫黎爲高辛氏火正以淯耀惇大天明地德光照四海故名之曰祝融其功大矣重黎其上也顓頊曰重黎承聖帝之命若昊天典曆象三辰以授民事立閏定時以成歲功義和其隆也唐虞夏商曰義和取象金火革命創制治曆明時應天順民湯武其盛也月令章句曰帝舜叶時月正日湯武革命治曆明時言承平者叶之承亂者革之及王德之衰也〔集解〕先謙曰官本王作至亦通無道之君亂之於上頑愚之史失之於下夏后之時義和淫湎廢時亂日胤乃征之紂作淫虐喪其甲子武王誅之夫能貞而明之者其興也勃焉回而敗之者其亡也忽焉巍巍乎若道天地之綱紀帝王之壯事是以聖人寶焉君子勤之夫曆有聖人之德六焉以本氣者尚其體以綜數者尚其文以考類者尚其象以作事者尚其時以占往者尚其源以知

來者尚其流大業載之吉凶生焉是以君子將有興焉咨焉而以從事受命而莫之違也若夫用天因地揆時施教頒諸明堂以爲民極者莫大乎月令帝王之大司備矣天下之能事畢矣過此而往羣忌苟禁君子未之或知也斗之二十一度〔集解〕李銳曰不言四分一省文去極至遠也日在焉而冬至羣物於是乎生故律首黃鍾曆始冬至月先建子時平夜半當漢高皇帝受命四十有五歲陽在上章陰在執徐〔集解〕李銳曰文帝後元三年庚辰也先謙曰官本徐誤除冬十有一月甲子夜半朔旦冬至日月閏積之數皆自此始立元正朔謂之漢曆〔集解〕李銳曰元謂日月閏積之元又上兩元而月食五星之元並發端焉〔集解〕李銳曰元法四千五百六十兩之得九千一百二十從文帝後元三年推而上之九千一百二十歲歲在庚辰爲上元月食日月食也不言日食諱之也曆數之生也乃立儀表〔集解〕李銳曰儀謂渾儀表謂圭表以校日景〔集解〕李銳曰景謂日中表景景長則日遠〔集解〕李銳曰遠遠於極也冬至景最長日去極最遠天度之端也〔集解〕李銳曰術始冬至故以冬至日

所在爲天度之端。日發其端，周而爲歲，〔集解〕李銳曰：日一周天爲歲。然其景不復，〔集解〕李銳曰：冬至小餘不同，故景不復。四周千四百六十一日而景復初，〔集解〕李銳曰：日以夜半冬至發度端，凡四周一千四百六十一日，復以夜半冬至復於度端，故景復初。是則日行之終。以周除日，〔集解〕惠棟曰：置一四六一爲實，四周爲法而一，得三六五又四之一。得三百六十五四分度之一，爲歲之日數。〔集解〕錢大昕曰：度字衍。李銳曰：日行四周即四歲，故以周除日，所得爲歲之日數。日日行一度，亦爲天度。〔集解〕李銳曰：一歲三百六十五日四分日之一，即爲周天三百六十五度四分度之一。察日月俱發度端，卽是起舍合朔。日行十九周，月行二百五十四周，復會于端，〔集解〕李銳曰：復合朔於度端。是則月行之終也。以日周除月周，得一歲周天之數。〔集解〕李銳曰：日行十九周卽十九歲，故以日周除月周，得十三十九分之七，爲一歲月行周天之數。以日一周減之，餘十二十九分之七，則月行過周及日行之數也。〔集解〕李銳曰：月行過周及日，去日一周也。以一歲日行一周減一歲月行周數，餘爲一歲月行去日周數。爲一歲之月。〔集解〕李銳曰：一月行去日一周，故一歲月行去日周數，卽一歲月數。以除一歲日，爲一月之數。〔集解〕李銳曰：置一歲月十二十九分之七，以十九通分內子，得二百三十五，又以日分母四通之，得九百四十，爲法。置一歲日三百六十五四分一，以四通分內子，得一千四百六十一，又以月分母十九通之，得二萬七千七百五十九，爲實。以法除實，得二十九九百四十分之四百九十九，爲一月日數。月之餘分積滿其法，得一月，月成則其歲月大。〔集解〕李銳曰：一歲十二月，其餘分十九分之七，餘分積滿十九成一月，則有十三月，故其歲月大。盧文弨曰：歲字衍。張文虎曰：月大二字誤倒，大字絕句，月字當屬下。此謂有閏之年爲大歲也。歲之餘分滿月法而置閏，謂之大歲，與月之餘分滿日法而成日，謂之大月，正同。然閏月四時推移，或有進退，故置中氣以定之，此本易明。盧不知月字之誤倒，而以歲字爲衍；李以月大連文，皆非。四時推移，故置十二中以定月位。〔集解〕李銳曰：中謂冬至、大寒之等。位謂十二辰之位，如冬至在其月爲十一月建子，大寒在其月爲十二月建丑是。有朔而無中者爲閏月。〔集解〕李銳曰：月無中氣則爲閏也。中之始曰節，〔集解〕李銳曰：節謂十二節，小雪、小寒之等。別周天爲十二次，日至其初爲節，至其中爲中氣，故節爲中之始。與中爲二十四氣。以除一歲日，爲一氣之日數也。〔集解〕李銳曰：置二十四氣三百六十五日四分一，各以分母四通之，得九十六氣一千四百六十一日，兩數更相減損，求得等數三，以約九十六氣得三十二爲法，以約一千四百六十一日得四百八十七爲實，法除實，得十五三十二分之七，爲一氣日數。其分積而成日爲沒，〔集解〕惠棟曰：案下有推沒滅術。

沒日卽盈日，凡氣內有沒日者多一日，故曰盈。滅日卽虛日，凡月內有滅者其月小，故曰虛。并歲氣之分，如法爲一歲沒。〔集解〕李銳曰：一氣餘分七，積滿其法三十二成一日，是爲沒日。并一歲二十四氣餘分，得一百六十八，如法三十二而一，得五三十二分之八，爲一歲沒。沒分于終中，〔集解〕李銳曰：于終當作終于。三十二氣積沒日七而餘分盡，以三十二半之，得積中十六，故曰沒分終于中。中終于冬至，〔集解〕李銳曰：中氣始于冬至而終于冬至，故曰中終于冬至。冬至之分積如其法得一日，四歲而終。〔集解〕李銳曰：冬至餘分四之一，積四歲餘分滿其法得一日，故四歲而終。月分成閏，閏七而盡，其歲十九，名之曰章。〔集解〕惠棟曰：古曆十九年爲一章，章有七閏。入章三年閏九月，六年閏六月，九年閏三月，十一年閏十一月，十四年閏八月，十七年閏四月，十九年閏十二月。此據元首初章也。李銳曰：一歲月餘分七，積十九歲，得餘分一百三十三，滿其法十九，成七閏而餘分盡，故以十九歲爲章。章首分盡，四之俱終，名之曰蔀。〔集解〕李銳曰：分盡，月分盡也。冬至之分四歲一終，月分十九歲一終，以四乘十九，得七十六歲，冬至之分十九終，月分四終，故名之曰蔀。以一歲日乘之，爲蔀之日數也。以甲子命之，二十而復其初，是以二十蔀爲紀。〔集解〕李銳曰：置一蔀七十六歲，以一歲三百六十五日四分一通分內子，得一千四百六十一日乘之，得一十一萬一千三十六日，分母四除之，得二萬七千七百五十九，爲蔀之日數。以甲子六十去之，餘三十九，命甲子算外，得癸卯，是日名未復初。以六十與二萬七千七百五十九求得等數三，以約六十得二十，以二十乘二萬七千七百五十九，得五十五萬五千一百八十日，以六十去之盡，日名復於甲子。以二十乘一蔀七十六歲，得一千五百二十歲，故以一千五百二十歲爲紀。紀歲青龍未終，三終歲後復青龍爲元。〔集解〕李銳曰：一紀一千五百二十歲，以六十去之，餘二十，命起庚辰算外，得庚子，是歲名未復。以六十與一千五百二十求等數，得二十，以約六十得三，以乘一千五百二十歲，得四千五百六十歲，以六十去之盡，歲名復於庚辰，故以四千五百六十歲爲元。元法四千五百六十。樂叶圖徵曰：天元以甲子朔旦冬至，日月起于牽牛之初，右行二十八宿，以考王者終始，或盡一其曆數，或不能盡一，以四千五百六十爲紀，甲寅窮。宋均曰：紀卽元也。四千五百六十者，五行相代一終之大數也。王者卽位，或遇其統，或不盡其數，故一元以四千五百六十爲甲寅之終也。王者起，必易元，故不復沿前而終言之也。韓子曰：四千五百六十歲爲一元，元中有厄，故聖人有九歲之畜，以備之也。〔集解〕惠棟曰：案四千五百六十指經歲也，加災歲五十七，爲四千六百一十七歲。注「元中有厄」者，易无妄承復卦後，无妄，大旱卦，所謂元中有厄。序卦曰：「復則不妄矣。」妄讀爲望，言大旱萬物盡死，故復則不望。盧文弨曰：元法當提行，下每條同。李銳曰：日分、月分、日名、歲名俱終之歲數也。三紀爲元，積六十蔀，二百四十章。先謙曰：官本「故一元」作「故一共」。

紀法千五百二十月令章句曰紀還復故曆集解惠棟曰易乾鑿度云以二十度乘之得積歲千五百二十也李銳曰日分月分日名俱終之歲數也二十蔀爲紀積八十章先謙曰官本連上**紀月萬八千八百**集解惠棟曰易乾鑿度下又云積日五十五萬五千一百八十此一蔀首李銳曰以一紀蔀數二十乘蔀月得紀月**蔀法七十六**月令章句曰七十六歲爲蔀首集解李銳曰日分月分俱終之歲數也四章爲蔀**蔀月九百四十**集解李銳曰以一蔀章數四乘章月得蔀月**章法十九**集解李銳曰月分一終之歲數也**章月二百三十五**月令章句曰十九歲七閏月爲一章集解李銳曰以日行十九周減月行二百五十四周餘爲章月以章法除之得十二十九分之七爲一歲月數則此章月又爲一歲積月分章法又爲一月積分**周天千四百六十一**集解李銳曰四歲之日數也又爲四歲日行之度數以日法除之得三百六十五四分之一爲一歲日數又爲周天度數則此周天又爲一歲積日分又爲周天積度分日法又爲一日積分又爲一度積分案日日行一度日數即度數一日周天一日日法互文也先謙曰官本連上**日法四**集解李銳曰日分一終之歲數也又爲日行一終之周數**蔀日二萬七千七百五十九**集解惠棟曰乾鑿度云此一紀也李銳曰置周天四歲日數以章法十九歲乘之得蔀日以蔀月除之得二十九九百四十分之四百九十九爲一月日數又爲一月日行度數則此蔀日又爲一月積日分又爲一月日行積度分蔀月又爲一日積分又爲一度積分又以蔀法除之得三百六十五七十六分之十九即四分之一爲周天度數則此蔀日又爲周天積度分蔀法又爲一度積分**沒數二十一爲章閏**集解惠棟曰四箇五日四分之一李銳曰四歲之沒數也置周天以六十去之餘爲沒數以日法除之得五四分之一爲一歲沒數則此沒數又爲一歲積沒分日法又爲一沒積分又此沒數即四歲之大餘此五日四分一即一歲之大小餘也爲章閏三字衍文**通法四百八十七**集解惠棟曰以三除四年日李銳曰三十二氣之日數也又爲沒分一終之日數置二十四氣三百六十五日四分日之一五沒四分沒之一各以四通之得九十六氣千四百六十一日二十一沒三數求等得三以約氣得中法約日得通法約沒得沒法是爲三十二氣有四百八十七日七沒也以中法除之得十五三十二分之七爲一氣日數則此通法又爲一氣積日分中法又爲一日積分以沒法除之得六十九七分之四爲一沒日數則此通法又爲一沒積日分沒法又爲一沒日積分**沒法七因爲章閏**集解李銳曰沒法沒分一終之沒數也章閏月分一終之閏數也置一章十九歲以十二月乘之得二百二十八以減章月餘爲章閏月分一終有閏月七沒分一終有沒日七其數同故沒法即爲章閏一氣日餘分滿法成日謂之沒一歲月餘分滿法成月謂之閏其義一也**日餘百六十八**集解李銳曰一歲二十四氣之積日餘也一氣日餘三十二分之七以二十四乘之得日餘以中法除之得五三十二分之八即四分之一爲一歲大小餘命日餘爲大餘命中法爲歲數是爲三十二歲有一

大餘一百六十八也案以日法除沒數即得一歲大餘五小餘四分一推冬至不以日法沒數者緣求二十四氣以中法爲母故推冬至亦以中法爲母日法爲年率則沒數爲大餘率中法爲年率則日餘爲大餘率其相與之率同也**中法四十二**集解錢大昕曰四當作三置日餘百六十八以三十二除之得五日三十二分之八即四分一前志所謂策餘也每月中氣三十日又三十二分之十四故以三十二爲中法李銳曰日分一終之氣數也又爲沒分一終之氣數**大周三十四萬三千三百三十五**集解李銳曰亦周天也以章月乘周天得大周以蔀月除之得三百六十五九百四十分之二百三十五即四分之一爲一歲日數又爲周天度數是大周亦爲一歲積日分亦爲周天積度分以蔀月爲法者章月通周天爲大周章月通日法爲蔀月故也又以蔀日除之得十二萬七千七百五十九分之一萬二百二十七即十九分之七爲一歲月數是大周亦爲一歲積月分以蔀日爲法者周天通章月爲大周周天通章法爲蔀日故也爲算之道有繁有約繁而言之爲大周約而言之爲周天一繫則分細如九百四十之二百三十五是也約則分觕如四分之一是也以率相除大歸是一兩設其率分可約者用約分須通者用繁一便於籌策而已又以蔀月除蔀日得一月之日以蔀月除大周得一歲之日則氣朔通爲一法此大周若麟德術以後之歲實蔀月若日法蔀日若朔實矣**月周千一十六**集解李銳曰一蔀之月周數也一章月行二百五十四周爲日行一終之周數以一蔀章數四乘之得一月周以蔀法除之得十三七十六分之二十八即十九分之七爲一歲月行周數約周爲度即爲一日月行度數則此月周又爲一日月行積度分**月食數之生也乃記月食之既者**集解李銳曰上元之首日月合如璧交正在朔也分加時在晝是爲日食既故曰記其既者**率二十三食而復既其月食百三十五**集解錢大昕曰食字衍李銳曰月道半在黃道外半在黃道內月行出入黃道則有兩交日行自此交至彼交爲一食計一百三十五月日行二十三當交而食分一食終**率之相除得五百二十三之二十而一食**集解錢大昕曰百當作月春秋正義云三統之術以五月二十三分月之二十而一食也四分術亦同李銳曰日行自此交至彼交中閒積五月二十三分月之二十於今有術二十三爲食率百三十五爲月率一食爲所有數而今有之得一食積月一省不乘故曰率之相除又曰行一歲一周積月十二十九分之七半之得六月三十八分之七爲日行半周天月數今此日行自此交至彼交爲日行交半周得五月二十三分之二十課於日行半周天月數不足八百七十四分月之二百七十五者緣交有退行故也**已除一歲之月得歲有再食五百一十三分之五十也**集解錢大昕曰五十下脫五字李銳曰置一歲月十二十九分之七以十九通分內子得二百三十五又以食月分母二十三通之得五千四百五爲一歲積月分又置一食積五月二十三分之二十以二十三通分內子得一百三十五又以歲月分母十九通之得二千五百六十五爲一食積月分兩數求等得五以約一歲積月分得一千八十一爲實以約一食積月分

得五百一十三爲法法除實得二五百一十三分之五十五爲一歲食數**分終其法**〔集解〕李銳曰置食數二五百一十三分之五十五歲數一各以五百一十三通之食得一千八十一歲得五百一十三是爲五百一十三歲有一千八十一食也置五百一十三歲以章法除之得二十七章以二十七乘章月得六千三百四十五是爲六千三百四十五月有一千八十一食也又置六千三百四十五月以百三十五月除之得食分四十七終是五百一十三歲月分與食分俱復於上元**因㠯與蔀相約得四與二十七互之會二千五十二**〔集解〕先謙曰官本互誤五錢大昕云案七十六歲爲蔀以二十七乘之得二千五十二五百一十三爲會歲數以四乘之亦得二千五十二然則二千五十二歲而蔀分與會分適相直故名之曰蔀會也五之兩字難解閩本汲古閣本作互亦非是當云名之曰蔀會傳寫脫譌耳李銳云置五百一十三歲以四除之不盡一是日分未終故求與蔀俱終之歲數置五百一十三與蔀法七十六求等數得十九以約蔀法七十六得四以約五百一十三歲得二十七故曰得四與二十七互之者互乘之也四爲七十六約數以乘五百一十三得二千五十二二十七爲五百一十三約數以乘七十六亦得二千五十二爲蔀會**二十而與元會**〔集解〕李銳曰二十蔀而日名復於甲子故亦以二十乘之置蔀會二千五十二以二十乘之得四萬一千四十爲元會案二十蔀爲紀則二十蔀會當爲紀會云元會者置四萬一千四十以歲名六十除之亦盡是歲名日名俱復於上元故卽以爲元會更無紀會也**元會四萬一千四十**〔集解〕李銳曰日分月分日名歲名食分俱終之歲數也二十蔀會爲元會積九元二十七紀五百四十蔀二千一百六十章

蔀會三千五十三〔集解〕錢大昕曰當云二千五十二以蔀會除元會得數二十故云二十而與元會李銳曰日分月分食分俱終之歲數也積二十七蔀一百八章**歲數五百一十三**〔集解〕李銳曰月分食分俱終之歲數也積二十七章**食數千八十一**〔集解〕李銳曰以歲數除之得二五百一十三分之五十五爲一歲食數則此食數又爲一歲積食分歲數又爲一食積分**月數百二十五**〔集解〕錢大昕曰二當作三李銳曰食分一終之月數也以食法除之得五二十三分二十爲一食月數則此月數又爲一食之積月分食法又爲一月積分**食法二十二**〔集解〕錢大昕曰當云二十三李銳曰食分一終之食數也

推入蔀術曰㠯元法除去上元〔集解〕李銳曰謂置上元庚辰以來盡所求年以元法除去之也所除去者已往之積元前元與後元日分月分歲名日名並同數有重疊故須去之**其餘㠯紀法除之**〔集解〕李銳曰除之亦是除其重疊前紀與後紀日分月分日名並同滿元法徑去之不計所得數故曰除去紀節須求所入故曰除之**所得數從天紀算外則所入紀也**〔集解〕李銳曰紀首歲名未復故求所入紀天紀元首紀名也所得者爲已往之紀數故算外得所求無所得爲天紀得一爲地紀二爲人紀**不滿紀法者入紀年數也㠯蔀法除之**〔集解〕李銳曰前蔀與後蔀日分月分同故亦須除之**所得數從甲子蔀起算外所入紀歲名命之算上卽所求年太歲所在**〔集解〕李銳曰算外下有脫文當云算外所入蔀也不滿蔀法者入蔀年數也各以所入紀歲名命之算上卽所求年太歲所在蔀首日名未復故須求所入蔀甲子元首蔀名也算外爲所入蔀者如得一爲入癸卯蔀二爲入壬午蔀是也天地人三紀歲名不同故各以所入紀命之如入天紀甲子蔀命庚辰地紀甲子蔀命庚子是也入蔀年爲盡所求之算故算上卽得所求

推月食所入蔀會年〔集解〕盧文弨曰應提行**㠯元會除去上元其餘㠯蔀會除之**〔集解〕李銳曰與上術同意**所得㠯七十二乘之**〔集解〕李銳曰蔀會積二十七蔀以蔀會除元會餘所得爲積蔀會數以二十七乘之得積蔀數月食所入蔀會與入蔀不同今卽以蔀首之次命蔀會故須通積蔀會爲積蔀先謙曰官本亦作七十二依李說當爲二十七與錢異**滿六十除去之**〔集解〕錢大昕曰置蔀會數以六十除之尚餘十二故以七十二乘[illegible]滿六十去之乃得與紀首歲名相直也李銳曰六十蔀爲一元以六十除去積蔀數猶以元法除去積年**餘㠯二十除**〔集解〕李銳曰二十蔀爲紀猶以紀法除**所得數從天紀算之起外所㠯入紀**〔集解〕錢大昕曰之起以三字皆衍文或云起當在算上**不滿二十者數從甲子蔀起算外所入蔀會也其初不滿蔀會者**

入蔀會年數也各㠯不入紀歲名命之〔集解〕錢大昕曰不當作所**算上卽所求年蔀**〔集解〕李銳曰卽所求年蔀當作卽所求年太歲所在

天紀歲名　地紀歲名　人紀歲名　蔀首〔集解〕錢大昕曰案此四行今本皆失其次試爲別而言之自庚辰至甲申天紀歲名也自庚子至甲辰地紀歲名也自庚申至甲子人紀歲名也自甲子至乙酉則蔀首天正朔旦冬至之日因㠯爲蔀名也最下一至二十則蔀首之次第因一紀之中各有二十蔀故㠯次列之也校書者不知天紀歲名當與庚辰竝列誤升於上餘皆㠯次遞升致舛誤不可究詰當更正張文虎曰案此表首行序題各本皆誤錢說㠯天地人三紀序題各降一列而㠯蔀首二字獨對一二三四數目今局栞本從之其實蔀名甲子癸卯一列當移末列與數目字相屬蜓蜒娀巇或移蔀首數目爲第一列與蔀名相屬庶爲明白又四分術本起庚申而此㠯庚辰爲天紀者是徑載孝文後三年爲上元也上文云漢高帝受命四十有五歲陽在上章陰在執徐冬十有一月甲子夜半朔冬至日月閏積之數皆自此始立元正朔謂之漢曆又上兩元而月食五星之元竝發端焉李注云從文帝後三年推而上之九千一百二十歲歲在庚辰爲上元云云是本以庚辰爲天紀矣蓋立元本無一定祇各隨其術取其齊同觀六曆用數皆同而立元各不同可知也王氏太歲攷改以庚申爲天紀首未得其意先謙曰李本依錢說移天紀地紀人紀與庚辰庚子庚申同列移蔀首與一同列別爲一格

甲子　庚辰　庚子　庚申一
癸卯　丙申　丙辰　丙子二
壬午　壬子　壬申　壬辰三
辛酉　戊辰　戊子　戊申四
庚子　甲申　甲辰　甲子五
己卯　庚子　庚申　庚辰六
戊午　丙辰　丙子　丙申七
丁酉　壬申　壬辰　壬子八
丙子　戊子　戊申　戊辰九
乙卯　甲辰　甲子　甲申十
甲午　庚申　庚辰　庚子十一
癸酉　丙子　丙申　丙辰十二

壬子　壬辰　壬午 集解盧文弨曰當作壬子　壬申十三
辛卯　戊申　戊辰　戊子十四
庚午　甲子　甲申　甲辰十五
乙酉 集解盧文弨曰疑作己酉　庚辰　庚子　庚申十六
戊子　丙申　丙辰　丙子十七
丁卯　壬子　壬申　壬辰十八
丙午　戊辰　戊子　戊申十九
乙酉　甲申　甲辰　甲子二十 集解李銳曰求蔀首日名法置蔀日二萬七千七百五十九以六十去之餘三十九日命元首甲子算外得癸卯求次蔀復置三十九日命癸卯算外得壬午它皆倣此求每紀蔀首歲名法置蔀法七十六以六十去之餘十六年命元首庚辰算外得丙申求次蔀復置十六年命丙申算外得壬子它皆倣此

推天正術置入蔀年減一 集解李銳曰入蔀年爲盡所求之算減一者外所求也求氣朔者算盡往年卽得其年故須減一 以章月乘之滿章法得一名爲積月不滿爲閏餘 集解李銳曰此今有術也章法爲所有年率章月爲所求月率置所有入蔀年而今有之得所求積月 十二以上其歲有閏 集解李銳曰一歲閏餘七以減章法十九餘十二令歲前有閏餘十二加其歲閏餘七得十九滿章法成一月其歲有十三月故有閏

推天正朔日置入蔀積月以蔀日乘之滿蔀月得一名爲積日不滿爲小餘 集解李銳曰亦今有術也蔀月爲所有率蔀日爲所求率置入蔀月數而今有之得積日也 積日以六十除去之 集解李銳曰六十日甲子復亦是去其重疊 其餘爲大餘以所入蔀名命之算盡之外則前年天正十一月朔日也小餘四百四十一以上其月大 集解李銳曰四百四十一朔虛分也一月小餘四百九十九以減蔀月九百四十餘四百四十一令前月小餘四百四十一加其月小餘四百九十九得九百四十滿蔀月成一日則其月有三十日故月大 求後月朔加大餘二十九小餘四百九十 集解錢大昕曰九十下脫九字李銳曰以蔀月除蔀日得大餘二十九小餘四百九十九 小餘滿蔀月得一上加大餘命之如前

一術以大周乘年周天乘減之餘滿蔀日則天正朔日也 集解錢大昕曰此條有脫誤依法推之當以大周乘入蔀年又以周天乘閏餘相減大周者章月乘周天之數閏餘則不滿章法之分以周天乘之其餘則分母相同故可相減餘滿蔀月得一爲積日滿六十去之其餘爲大餘以所入蔀名命之算外卽天正朔日周天乘下當脫閏餘二字蔀日當作蔀月以大周乘入蔀年以蔀月除之所得卽天正冬至日然惟章首之歲冬至與朔同日常歲冬至後於朔由閏餘所積故以閏餘爲日分減之而得天正朔日也

推二十四氣術曰置入蔀年減一以月餘乘之滿中法得一 集解錢大昕曰月餘當作日餘 名曰大餘不滿爲小餘 集解李銳曰日餘爲一歲大餘之積分以乘入蔀年得入蔀以來大餘之積分滿中法得一爲入蔀以來之大餘及小餘 大餘滿六十除去之其餘以蔀名命之算盡之外則前年冬至之日也

求次氣加大餘十五小餘七 集解李銳曰中法除通法得大餘十五小餘七 除命之如前小寒日也

推閏月所在以閏餘減章法餘以十二乘之滿章閏數得一 集解惠棟

曰乾象曆曰以歲中乘之李銳曰閏餘爲前閏到年前十一月之閏分以閏餘減章法餘爲十一月後到所求閏之閏分一歲有閏餘七以十二月通之則爲一月有閏餘七置十一月後到所求閏之閏分以十二乘之卽如以十一月後到所求閏之月數乘每月閏餘七也故滿章閏七得一月**滿四已上亦得一**〔集解〕李銳曰於術滿半已上亦得一四爲半七已上故亦得一**月算之數從前年十一月起算盡之外閏月也或進退已中氣定之**〔集解〕李銳曰以中氣定之者以無中氣者爲閏月氣有滅沒朔有兩月頻大故閏有進退

推弦望日因其月朔大小餘之數皆加大餘七小餘三百五十九四分三〔集解〕李銳曰置蔀日二萬七千七百五十九以四除之得六千九百三十九四分之三以蔀月除之得大餘七小餘三百五十九四分三**小餘滿蔀月得一加大餘大餘命如法得上弦又加得望次下弦又後月朔其弦望小餘二百六十已下**〔集解〕李銳曰冬至夜漏刻五十五以蔀月乘之百刻而一得五百一十七爲自昏到明之日分半之得二百五十八半爲自夜半到明之日分云二百六十就成數言以冬至爲例者冬至夜漏極長餘氣皆短於冬至**每已百刻乘之滿蔀月得一刻**〔集解〕李銳曰蔀月爲一日之積分百刻爲一日刻數於今有術蔀月爲日分率百刻爲刻率置所有日分而今有之得所求刻數**不滿其數近節氣夜漏之半者**〔集解〕李銳曰數當作所聲之譌**已算上爲日**

推沒滅術置入蔀年減一已沒數乘之〔集解〕惠棟曰乾象曆云以餘數乘之**滿日法得一名爲積沒不盡爲沒餘**〔集解〕李銳曰於今有術日法爲年率沒數爲沒率置入蔀年而今有之得積沒**已通法乘積沒滿沒法得一名爲大餘不盡爲小餘**〔集解〕李銳曰於今有術沒法爲沒率通法爲大餘率置積沒數而今有之得大餘**大餘滿六十除去之其餘已蔀名命之算盡之外前年冬至前沒日也**〔集解〕惠棟曰乾象曆云冬至後沒日**求後沒**〔集解〕惠棟曰後乾象曆作次**加大餘六十九小餘四**〔集解〕惠棟曰乾象曆云小餘六十李銳曰沒法除通法得大餘六十九小餘四**小餘滿沒法從大餘命之如前無分爲滅**〔集解〕李銳曰沒日無餘分則爲滅日計三十二氣有沒日六滅日一

一術已爲五乘冬至小餘已減通法餘滿沒法得一則天正後沒也〔集解〕錢大昕曰爲五當作十五以十五乘冬至小餘與通法相減餘滿沒法得一卽冬至距後沒之日數也起冬至算外爲後沒日李銳曰一氣沒分七以一氣日數十五通之是爲一日有沒分七冬至小餘爲前沒到年前冬至之積沒分以一氣日數乘之卽如以前沒到年前冬至之日數以每日沒分七乘之也通法爲前沒到後沒之積日分滿沒法成一日故以減通法餘爲冬至後到所求沒之積日分滿沒法得一爲冬至後到所求沒之日數以冬至命之算外卽後沒也

推合朔所在度置入蔀積月已日乘之〔集解〕錢大昕曰當云置入蔀積日以蔀月乘之**滿大周除去之其餘滿蔀月得一名爲積度不盡爲餘分**〔集解〕李銳曰蔀日爲一月日行積度分以乘入蔀積月爲入蔀以來到所求合朔加時之積度分滿大周去之餘爲所求年前冬至加時到合朔加時之積度分滿蔀月得一爲積度及度餘分此以蔀月爲度法故以大周爲周天分滿周天復從度端起故須去之**積度加斗二十一度加二百三十五分**〔集解〕錢大昕曰此以蔀月爲度法九百四十分之二百三十五卽四分之一也李銳曰加斗二十一度及分則命度起斗初**已宿次除之不滿宿**〔集解〕李銳曰謂不滿其宿度數**則日月合朔所在星度也求後合朔加度二十九加分四百九十九**〔集解〕李銳曰卽一月大小餘數**分滿蔀月得一度經斗除二百三十五分**〔集解〕李銳曰除迄斗度亦除斗下分

一術已閏餘乘周天已減大周餘滿蔀月得一合已斗二十一度四分一則天正合朔日月所在度〔集解〕李銳曰此與推天正朔日一術同合猶并也九章算有合分術以蔀月爲度法則四分一亦是二百三十五分

推日所在度〔集解〕盧文弨曰北宋本提行**置入蔀積日之數已蔀法乘之**〔集解〕李銳曰日日行一度蔀法爲積分卽一日日行度分故以蔀法乘**滿蔀日除去之**〔集解〕盧文弨曰日當作月李銳曰此及推月所在術以蔀法爲度法故以蔀日爲周天分**其餘滿蔀法得一爲積度不盡爲餘分積度加斗二十一度加十九分**〔集解〕李銳曰十九分四分蔀法之一也**已宿次除之則夜半日所在宿度也**

求次日加一度求次月大加三十度小加二十九度經斗除十分〔集解〕惠棟曰乾象曆云除六分錢大昕曰當作除十九分此以蔀法爲度法七十六分之十九與九百四十分之二百三十五其比例同皆四之一也

一術已朔小餘減合度分卽日夜半所在〔集解〕盧文弨曰合下脫朔字李銳曰小餘卽夜半到合朔加時之日行分故以減合朔度分卽夜半日所在度分**其分二百三十五約之十九乘之**〔集解〕李銳曰此以蔀月分變從蔀法分也二百三十五爲章月十九爲章法章法章月蔀法蔀月皆歲月相與之率推日月所

在度以蔀法爲度法故須變之

推月所在度置入蔀積日之數以月周乘之〔集解〕李銳曰月周爲一日月行積度分故以乘滿蔀日除去之其餘滿蔀法得一爲積度不盡爲餘分積度加斗二十一十分〔集解〕錢大昕曰十分當作十九分除如上法則所求之日夜半月所在宿度也

求次日加十三度二十八分〔集解〕李銳曰以蔀法除月周得一日月行十三度二十八分求次月大加三十五度六十一分〔集解〕李銳曰置三十日以月周乘之得三萬四百八十滿蔀日二萬七千七百五十九去之餘二千七百二十一以蔀法除之得三十五度六十一分爲月大加數月小二十二度三十三分〔集解〕李銳曰置月大加數三十五度六十一分以一日月行十三度二十八分減之餘二十二度三十三分爲月小加數分滿法得一度〔集解〕李銳曰法蔀法也經斗除十九分其冬下旬月在張心署之〔集解〕惠棟曰月乾象曆作夕錢大昕曰按乾象景初術俱有此文攷隋書刑法志陳制晦朔八節六齊月在張心日竝不得行刑今術家以二十八宿配日月五星房昴虛七星屬日心張危畢屬月謂盡漏分後盡漏盡也〔集解〕

錢大昕曰此九字當是衍文李銳曰案謂盡漏當作謂晝漏晝漏分後者晝漏與夜漏分之後謂自夜上水後至夜漏盡月在張心則注於術故乾象景初術竝云夕在張心署之

一術以蔀法除朔小餘所得以減日半度也餘以減分卽月夜半所在度也〔集解〕李銳曰以蔀法除蔀月得十二度二十八分爲一日月行去日度小餘爲不滿蔀月之分以蔀法除之得夜半到合朔月行去日度卽爲夜半月去日度緣夜半有此去日度故合朔在夜半後合朔日月同度合朔以前月尙在日後故以減夜半日所在爲夜半月所在

推日明所入度分術曰置其月節氣夜漏之數以蔀法乘之二百除之得一分卽夜半到明所行分也〔集解〕李銳曰蔀法爲一日日行分以百刻爲刻率蔀法爲行分率置夜半到明刻數而今有之得夜半到明日行分今以夜漏乘蔀法爲實夜漏爲夜半到明刻數之倍故亦倍百刻得二百爲法以增夜半日所在度分爲明所在度分也

求昏日所入度以夜半到明日所行分分減蔀法〔集解〕李銳曰減上多一分字其餘卽夜半到昏所行分也〔集解〕李銳曰夜半到明日所行分卽爲昏到夜半日所行分故以減一日日行分餘爲夜半到昏日所行分以加夜半所在度分爲昏日所在度也

推月明所入度分術曰置其節氣夜半之數〔集解〕錢大昕曰夜半當作夜漏以月周乘之以二百除之爲積分積分滿蔀法得一以增夜半度卽明月所在度也〔集解〕李銳曰猶上術也盧文弨曰明月字倒

求昏月所入度以明積分減月周其餘滿蔀法得一度加夜半則昏月所在度也〔集解〕李銳曰亦猶上術也

推弦望日所入星度術曰置合朔度分之數加七度三百五十九分四分之三〔集解〕盧文弨曰三上之字衍李銳曰此猶推弦望日術也所加度分卽一弦之大小餘宿次除之〔集解〕盧文弨曰上脫以字卽得上弦日所入宿度分也

求望下弦加除如前法小分四從大分滿蔀月從度〔集解〕李銳曰小分下脫滿字大分下脫大分二字

推弦望月所入星度術曰置月合朔度分之數加度九十八加分

六百五十三半〔集解〕李銳曰一月月行過周及日以大周爲周天分蔀日爲月行過周及日分相并得三十七萬一千九十四爲一月月行積分四除之得九萬二千七百七十三半爲一弦月行積分滿蔀月得一得九十八度六百五十三半爲一弦月行度數又可置大周以四除之得八萬五千八百三十四分三爲一弦月行去日積分滿蔀月得一得九十一度二百九十三四分三爲一弦月行去日度加一弦日行七度三百五十九四分三亦得九十八度六百五十三半爲一弦月行度數以宿次除之卽上弦月所入宿度分也

求望下弦加除如前分滿蔀月從度

推月食術曰置入蔀會年數減一以食數乘之滿歲數得一名曰積食不滿爲食餘〔集解〕李銳曰於今有術歲數爲年率食數爲食率置入蔀會年數而今有之得積食以月數乘積〔集解〕錢大昕曰積下當有食字滿食法得一名爲積月不滿爲月餘分〔集解〕李銳曰於今有術食法爲食率月數爲月率置積食數而今有之得積月積月以章月除去之其餘爲入章月數當先除入章閏乃以十二除去之不滿者命以十一月算盡之外則前年十一月前食月也

求入章閏者，置入章月以章閏乘之，滿章月得一，則入章閏數也。〔集解〕李銳曰：於今有術，章月爲所有月率，章閏爲所求閏率，入章月爲所有月數，而今有之，得所求閏數。餘分滿二百二十四以上至二百三十一，爲食在閏月。〔集解〕李銳曰：以章閏乘入章月，是一月有閏分七。推閏月所在，滿四以上亦得一。置章月二百三十五，減一月閏分七，又減四，餘二百二十四。置二百二十四，加一月閏分七，得二百三十一。閏有進退，故餘分二百二十四至二百三十一，皆爲食在閏月。閏或進退，以朔日定之。〔集解〕李銳曰：卽以中氣定之也。求後食，加五百二十分。〔集解〕錢大昕曰：百當作月。李銳曰：以食法除月數，得五月二十分。滿法得一月，數命之如法。〔集解〕李銳曰：滿法，滿日法也。其分盡，食算上。〔集解〕李銳曰：食分盡則交正在朔，當日食既。云月食算上者，諱言日食故也。

推月食朔日術曰：置食積月之數，以二十九乘之，〔集解〕李銳曰：二十九，一月之大餘也。爲積日；又以四百九十乘積月，〔集解〕錢大昕曰：九十下當有九字，閩本有。李銳曰：四百九十九，一月之小餘也。滿蔀月得一，以幷積日，以六十除之，其餘以所會蔀名命之，算盡之外，則前年天正前食月朔日也。

求食日，加大餘十四，小餘七百一十九半。〔集解〕李銳曰：食日，望日也。置蔀日半之，得一萬三千八百七十九半，以蔀月除之，得大餘十四，小餘七百一十九半。小餘滿蔀月爲大餘，大餘命如前，則食日也。

求後食朔及日，皆加大餘二十七，小餘六百一十五。〔集解〕李銳曰：加食朔得後食朔，加食日得後食日。置五月，以二十九乘之，得一百四十五爲積日；又以四百九十九乘五月，得二千四百九十五，以蔀月除之，得二，以幷積日，得一百四十七，以六十除去之，餘二十七爲大餘，不滿蔀月六百一十五爲小餘。其月餘分不滿二十者，又加大餘二十九，小餘四百九十九。〔集解〕李銳曰：月餘一分，後食之月餘分也。食月餘分二十，月餘分不滿二十，此所不滿之數，必幷前食之月餘分成一月，則前食至後食中間積六月，故又加一月大小餘數。其食小餘者，當以漏刻課之，〔集解〕李銳曰：以推弦望日小餘術課之。夜漏未盡，〔集解〕李銳曰：卽是不滿夜漏之半。以算上爲日。

一術，以歲數去上元，〔集解〕李銳曰：謂置上元以來外所求年，以歲數去之。歲數爲食分終，亦是去其重疊。餘以爲積月。〔集解〕李銳曰：此省文也，以術爲之，當以章月乘餘年，滿章法得一爲積月，不滿爲閏餘。以百一十二乘之，滿月數去之，餘滿食法得一，則天正後食。〔集解〕李銳曰：以食法減月數，餘一百一十二。於術當以食法乘積月，滿月數去之，不滿者反減月數，餘滿食法得一月，爲天正後食。今先以食法減月數，卽不須反減，所得亦同。食法乘積月，滿月數去之者，一月數爲一食積月分，食法爲一得一月積分，以食法乘積月爲積分，滿一食積月分則去之也。不滿反減月數，餘滿食法得一月者，不滿月數之餘爲前食到天正之積月分，以減一食積月分，餘爲天正到後食之積月分，故滿一月積分成一月也。先謙曰：官本後食下有也字。

推諸加時，〔集解〕李銳曰：氣朔月食並有加時，故曰諸加時。以十二乘小餘，先減如法之半，得一時，其餘乃以法除之，〔集解〕李銳曰：法謂小餘之母，如朔則蔀月，氣則中法是也。此於今有術，法爲所有日分率，十二爲所求時率，以小餘爲所有日分數，而今有之，得所求時數。先減如法之半，得一時者，命起子半也。夜半日加子之中，故滿半法得一時。所得算之數從夜半子起，算盡之外，則所加時也。

推諸上水漏刻，以百乘其小餘，滿其法得一刻，〔集解〕李銳曰：於今有術，法爲日分率，百爲刻率，小餘爲分數，而今有之，得刻數。不滿法，法什之，滿法得一分。〔集解〕錢大昕曰：什之上法字衍。李銳曰：什之，十乘之也。什之滿法得一分，則十分爲一刻。積刻先減所入節氣夜漏之半，其餘爲晝上水之數。過晝漏去之，餘爲夜上水數。其刻不滿夜漏半者，乃減之，〔集解〕李銳曰：以減夜漏之半也。餘爲昨夜未晝。其弦望其日，〔集解〕李銳曰：晝當作盡。其弦望其日者，弦望小餘所變之刻不滿夜漏半者，以算上爲日，言若在弦望，不爲昨夜漏未盡，爲其日夜漏未盡也。

五星數之生也，〔集解〕錢大昕曰：當提行，各本皆誤接前行。各記於日，與周天度相約而爲率。〔集解〕李銳曰：各記於一合之日及分，如木則三百九十八日萬四千六百四十一分是也。周天度者，周天三百六十五度四分一也。相約而爲率者，率謂周率日率，置一合之日及分，以日度法通日內分，又以周天度分母日法通之，爲積日分；又置周天度及分，以日法通度內分，又以星合日分母日度法通之，爲積度分。與積日分求等，得數以約積日分得日率，約積度分得周率。案日率者，歲數也，又爲日行周數。一合日數卽一合日行度數，命度爲周，卽日行周數，故約之爲日率。周率者，合數也。一合星去日一周天，周天度卽去日一周度數，亦命度爲周，卽去日周數，故約之爲周率。以章法乘周率爲用法，章月乘日率，如月法爲積月，月餘。〔集解〕錢大昕曰：用當作月。李銳曰：周率爲積合率，日率爲積年率，又章法爲積年率，章月爲積月率。求星合月者，以日率集積合爲實，周率爲法，所得爲積年也。又以章月乘之爲實，章法爲法，所得爲積月也。是重今有也。今不用中間積年，卽以後實乘前實，後法乘前法而幷除。章法乘周率爲月法者，後法乘前法也。章月乘日率者，後實乘前實也積合一省不乘實如法得一合之積月不盡爲月餘。㠯月之月乘積爲朔大小餘，[集解]李銳曰當云以月之日乘積月爲朔大小餘乘爲入月日餘。[集解]錢大昕曰此處有脫譌今以算求之當以蔀日乘積月如蔀月而一爲積日不盡爲小餘積日滿六十去之餘爲大餘也又以蔀日乘月餘以月法乘朔小餘并之以四千四百六十五約之所得如日度法而一爲入月日不盡爲日餘也李銳曰以算求之當以蔀日乘月餘以月法乘朔小餘從之章法乘章月得數約之如日度法爲入月日餘案周率爲積合率日率爲積年率又章法爲積年率章月爲積月率又蔀月爲積月率蔀日爲積日率求星合日者以日率乘積合爲實周率爲法所得爲積也又以章月乘之爲實章法爲法所得爲積月也又以蔀日乘之爲實蔀月爲法所得爲積日也是亦重今有也今不用中閒積年積月卽以日率章月蔀日相乘爲實周率章法蔀月相乘爲法而并除又蔀日爲章法乘周天之數則以日率章月蔀日相乘卽如以日率章月章法周天相乘也蔀月爲日法乘章月之數則以周率章法蔀月相乘卽如以周率章法日法章月相乘也此法實兩數中並有章法章月各省不乘卽以日率乘周天爲實周率乘日法爲日度法而并除積合一亦省不乘實如法得一合之積日不盡爲日餘今求入月日則以月餘朔小餘推之月餘爲日率乘章月之積分蔀日爲章法乘周天之數以蔀日乘月餘猶以日率章月章法周天相乘爲實當以周率章法日法章月相乘爲法又小餘以蔀月爲法蔀月爲日法乘章月之數月法爲周率乘章法之數以月法乘朔小餘亦當以周率章法日法章月相乘爲法兩數

分同故可相并以章法乘章月得數約之則當以周率乘日法爲法故如日度法爲入月日日餘又小餘爲其朔夜半到合朔加時之分數月餘爲合朔加時到星合加時之數相加得其朔夜半到星合加時之數故所得爲入月日及日餘㠯日法乘周率爲日度法，㠯率去日率，餘㠯乘周天，如日度法爲度之餘也。[集解]錢大昕曰以率當作以周率爲度之餘當云爲積度度餘李銳曰如日度法爲度之餘也當云如日度法爲積度不盡爲度之餘也案日率爲日行周數周率爲星去日周數木火土以周率減日率餘爲星行周數金水先後日下其行與日同日率卽爲星行周數周率爲積合率木火土周率減日率之餘金水日率爲積周率又日法爲積周率周天爲積度率求星合度者木火土以減餘乘積合金水以日率乘積合爲實周率爲法所得爲積周也又以周天乘之爲實日法爲法所得爲積度也今不用中閒積周木火土卽以減餘乘周天金水卽以日率乘周天爲實以周率乘日法爲日度法而并除積合一省不乘以法除實得一合星行積度不盡爲度餘日度法者推合日以爲日法推合度以爲度法兩術所同用也日率相約取之，得二千九百九十萬一千六百二十一億五十八萬二千三百而五星終。[集解]李銳曰此五星俱終之歲數也日率相約取之者置木日率四千七百二十五火日率千八百七十六土日率九千四百一十五金日率四千六百六十一水日率千八百八十九以木日率與火日率求等得七以約木日率得六百七十五爲木約數又以木約數與土日率求等得五以約土日率得一千八百八十三爲土約數又以木約數與金日率水日率求等皆得一不約又以火日率與土約數求等得七以約土約數得二百六十九爲土再約數又以火日率與金日率水日率求等皆得一不約又以土再約數與金日率水日率求等亦皆得一不約又以金日率與水日率求等亦得一不約約畢木得六百七十五火得一千八百七十六土得二百六十九金得四千六百六十一水得一千八百八十九各爲定數置木定數六百七十五以火定數一千八百七十六乘之得一百二十六萬六千三百又以土定數二百六十九乘之得三億四千六十三萬四千七百又以金定數四千六百六十一乘之得一萬五千八百七十六億九千八百三十三萬六千七百又以水定數一千八百八十九乘之得二千九百九十九萬一千六百二十一億五千八百二萬六千三百爲五星終之積年以木日率除之得六千三百四十七億四千三百三十一萬三千八百六十八終以火日率除之得一萬五千九百八十七億五十一萬六百七十五終以土日率除之得三千一百八十五億五千一百四十七萬七千二百二十終以金日率除之得六千四百三十四億五千八百九十四萬八千三百終以水日率除之得一萬五千八百七十六億九千八百三十三萬六千七百終如蔀之數與元通。[集解]李銳曰置五星終數與元會四萬一千四十求等得五百四十以約元會得七十六以乘五星終數得二十二兆七千九百三十六萬二千二百四十億九百九十九萬八千八百爲日月月食五星終之積年以元會除之得五萬五千五百四十億三百九十九萬六千三百四十五終以五星終數除之得七十六終

部法七十六以七十六乘故曰如部之數

木，周率四千三百二十七，[集解]李銳曰合分一終之合數也以日率除之得歲有四千七百二十五分合[illegible]日率四千七百二十五，[集解][illegible]合積月十三，月餘四萬一千六百六，[集解][illegible]月法八萬二千二百一十三，大餘二十三，小餘八百四十七，虛分九十三，[集解][illegible]入月日十五，日餘萬四千六百四十七，[集解]錢大昕曰七當作一[illegible]

千四百九十四萬九百五十四又置小餘八百四十七以月法乘之得六千九百六十三萬四千四百一十一并之得一十二億二千四百五十七萬五千三百六十五以四千四百六十一約之得二十七萬四千二百六十一以日度法除之得入月日不盡爲日餘

日度法萬七千三百八　積度三十三　度餘萬三百一十四集解李銳曰置日率以周率減之餘三百九十八以周天乘之得五十八萬一千四百七十八以日度法除之得積度不盡爲度餘

火周率八百七十九集解李銳曰以日率除之得歲有千八百七十六分合之八百七十九　日率千八百七十六集解李銳曰千八百七十六年有八百七十九合也置火一終七百七十九日千八百七十二分以日度法通之得二百七十四萬八百三十六又以日法通之得一千九十六萬三千三百四十四爲積日分又置周天以日度法通之得五百一十三萬六千八百七十六爲積度分以等數五千八百四十四約積日分得日率約積度分得周率　合積月二十六　月餘六千六百三十四集解李銳曰以章月乘日率得四十四萬八百六十以月法除之得合積月不盡爲月餘　月法萬六千七百一　大餘四十七　小餘七百五十四　虛分一百八十六集解李銳曰置積月以蔀日乘之得七十二萬一千七百三十四以蔀月除之得七百六十七爲積日不盡爲小餘六十去積日餘爲大餘小餘減蔀月餘爲虛分　入月日十一集解錢大昕曰一當作二　日餘千八百七十二集解李銳曰置月餘以蔀日乘之得一億八千四百一十五萬三千二百六又置小餘以月法乘之得一千二百五十九萬二千五百五十四并之得一億九千六百七十四萬五千七百六十以四千四百六十五約之得四萬四千六十四以日度法除之得入月日不盡爲日餘　日度法三千五百一十六　積度四十九　度餘一百一十四集解李銳曰置日率以周率減之餘九百九十七以周天乘之得一百四十五萬六千六百一十七以日度法除之得四百一十四度以三百六十五度減之餘爲積度不盡九百九十三以周率減之餘爲度餘

土周率九千九十六集解李銳曰以日率除之得歲有九千四百一十五分合之九千九十六　日率九千四百一十五集解李銳曰九千四百一十五年有九千九十六合也置土一終三百七十八日二千一百六十三分以日度法通之得一千三百七十五萬五千三百一十五又以日法通之得五千五百二萬一千二百六十爲積日分又置周天以日度法通之得五千三百一十五萬七千二十四爲積度分以等數五千八百四十四約積日分得日率約積度分得周率　合積月十二　月餘十三萬八千六百三十七集解李銳曰以章月乘日率得二百二十一萬二千五百二十五以月法除之得合積月不盡爲月餘　月法十七萬二千八百二十四　大餘五十四　小餘三百四十八　虛分五百九十二集解李銳曰置積月以蔀日乘之得三十三萬三千一百八以蔀月除之得三百五十四爲積日不盡爲小餘六十去積日餘爲大餘小餘減蔀月餘爲虛分　入月日二十三集解錢大昕曰三當作四　日餘二千一百六十三集解李銳曰置月餘以蔀日乘之得三十八億四千八百四十二萬四千四百八十三又置小餘以月法乘之得六千一十四萬二千七百五十二并之得三十九億八百五十六萬七千二百三十五以四千四百六十五約之得八十七萬五千三百七十九以日度法除之得入月日不盡爲日餘　日度法三萬六千三百八十四　積度十二　度餘二萬九千四百五十一集解李銳曰置日率以周率減之餘三百一十九以周天乘之得四十六萬六千五百五十九以日度法除之得積度不盡爲度餘

金周率五千八百三十集解李銳曰以日率除之得歲有一合四千六百六十一分合之一千一百六十九　日率四千六百六十一集解李銳曰四千六百六十一年有晨合二千九百一十五夕合二千九百一十五并之有五千八百三十合也置金一合二百九十二日二百八十一分以日度法通之得六百八十萬九千七百二十一又以日法通之得二千七百二十三萬八千八百八十四爲積日分又置周天以日度法通之得三千四百七十萬五千五百二十爲積度分以等數五千八百四十四約積日分得日率約積度分得周率　合積月九　月餘九萬八千四百五集解李銳曰以章月乘日率得一百九萬五千三百三十五以月法除之得合積月不盡爲月餘　月法十一萬七千七百七十　大餘二十五　小餘七百三十一　虛分二百九集解李銳曰置積月以蔀日乘之得二十四萬九千八百三十一以蔀月除之得二百六十五爲積日不盡爲小餘六十去積日餘爲大餘小餘減蔀月餘爲虛分　入月日二十六　日餘二百八十一集解李銳曰置月餘以蔀日乘之得二十七億三千一百六十二萬四千三百九十五又置小餘以月法乘之得八千九十七萬二千八百七十并之得二十八億一千二百五十九萬二千六百二十五以四千四百六十五約之得六十二萬九千九百二十一以日度法除之得入月日不盡爲日餘　日度法二萬三千三百二十　積度二百九十二　度餘二百八十一集解李銳曰置日率以周天乘之得六百八十萬九千七百二十一以日度法除之得積度不盡爲度餘

水周率萬一千九百八集解李銳曰以日率除之得歲有六合千八百八十九分合之五百七十四

日率千八百八十九〔集解〕李銳曰千八百八十九年有晨合五千九百五十四夕合五千九百五十四幷之有萬一千九百八合也置水一合五十七日四萬四千八百五分以日度法通之得二百七十五萬九千八百二十九又以日法通之得一千一百三萬九千三百一十六爲積日分又置周天以日度法通之得六千九百五十九萬三百五十二爲積度分以等數五千八百四十四約積日分得日率約積度分得周率 合積月一　月餘二十一萬七千六百六十〔集解〕錢大昕曰六十下脫三字李銳曰以章月乘日率得四十四萬三千九百一十五以月法除之得合積月不盡爲月餘 月法二十二萬六千二百五十二　大餘二十九　小餘四百九十九　虛分四百四十九〔集解〕錢大昕曰九當作一李銳曰以蔀月除蔀日得大餘不盡爲小餘以減蔀月餘爲虛分 入月日二十七〔集解〕錢大昕曰七當作八 日餘四萬四千八百五〔集解〕李銳曰置月餘以蔀日乘之得六十億四千二百一十萬七千二百一十七又置小餘以月法乘之得一億一千二百八十九萬九千七百四十八幷之得六十一億五千五百萬六千九百六十五以四千四百六十五約之得一百三十七萬八千五百一以日度法除之得入月日不盡爲日餘 日度法四萬七千六百三十一〔集解〕錢大昕曰一當作二 積度五十七　度餘四萬四千八百五〔集解〕李銳曰置日率以周天乘

之得二百七十五萬九千八百二十九以日度法除之得積度不盡爲度餘

推五星術置上元以來盡所求年以周率乘之滿日率得一名爲積合不盡名合餘〔集解〕惠棟曰名下乾象曆有爲字應增入李銳曰今有術也日率爲積年率周率爲積合率以周率乘年滿日率爲積合 餘以周率除之不得爲退歲無所得星合其年得一合前年二合前二年〔集解〕李銳曰餘上脫合字所得爲誤不得焉退歲者合不在其年而有所退也木土以周率除日率得一故得合前年火以周率除日率得二故得合前二年金水日率少周率多以日率除周率金得一水得六則一歲中閒金一合或二合水六合或七合理不得有退歲也 金水積合奇爲晨偶爲夕〔集解〕惠棟曰乾象曆云偶爲晨奇爲夕李銳曰金水以二合爲一終有晨合一夕合一奇爲晨偶爲夕則上元起夕合也乾象術上元亦起夕合今以校之上元己丑至熹平三年甲寅積七千三百四十六算上以金周率九千二十二乘之得六千六百二十七萬五千六百一十二以金日率七千二百一十三除之得積合九千一百八十八合餘二千五百六十八積合偶爲夕四分術上元庚辰至熹平三年甲寅積九千四百五十五算上以金周率乘之得五千五百一十二萬二千六百五十以金日率除之得積合一萬一千八百二十六合餘一千六百六十四積合偶爲夕與乾象術合 其不滿周率者反減之餘爲度分〔集解〕李銳曰積年以周率乘則周率卽爲一歲之積分又推五星盡所求年則合餘卽爲星合加時到歲終冬至之積分反減周率餘卽爲歲前冬至到星合加時之積分下據以求星合度故謂之度分

推星合月以合積月乘積合爲小積又以月餘乘積合滿其月法得一從小積爲月餘〔集解〕錢大昕曰小積下脫不盡二字李銳曰當增爲積月不盡五字 積月滿紀月去之〔集解〕李銳曰紀首日名復於甲子故滿紀月去之 餘爲入紀月每以章閏乘之滿章月得一爲閏不盡爲閏餘以閏減入紀月其餘以十二去之〔集解〕先謙曰官本以閏閏作閏 餘爲入歲月數從天正十一月起算外星合所在之月也其閏滿二百二十四以上至二百三十一星合閏月閏或進退以朔制之〔集解〕惠棟曰制乾象曆作御李銳曰其閏下脫餘字此與推月食求入章閏同

推朔日以蔀日乘之入紀月〔集解〕錢大昕曰之字衍 滿蔀月得一爲積日不盡爲小餘積日滿六十去之餘爲大餘命以甲子〔集解〕李銳曰甲子紀首日名 算外星合月朔日〔集解〕李銳曰此卽推天正朔日術

推入月日以蔀日乘月餘以其月法乘朔小餘從之〔集解〕惠棟曰從乾象曆作幷 以四千四百六十五約之〔集解〕錢大昕曰四千四百六十五者章法乘章月之數也 所得得滿日度法得一〔集解〕錢大昕曰所得下衍得字 爲入月日不盡爲日餘以朔命入月日算外星合日也〔集解〕李銳曰入月日爲其朔夜半到星合加時之積日故以朔命之得星合日

推合度以周天乘度分滿日度法得一爲積度不盡爲度餘〔集解〕李銳曰已說在上文 以斗二十一四分一命度算外星合所在度也〔集解〕李銳曰度分爲冬至到星合加時之數故以冬至日所在命之得星合度

一術加退歲一以減上元〔集解〕李銳曰退歲者周率除合餘所得數也推五星盡所求年以退歲減之餘爲上元以來盡星合年之算置退歲數加一以減上元餘爲上元以來外星合年之算求星合年前冬至當外所求故須加退歲一無退歲者但減一算 滿八十除去之〔集解〕李銳曰八十年而日名復於甲子故滿八十除去之置四歲積日一千四百六十一以甲子六十去之不盡二十一與六十求等得三以約六十得二十以乘一千四百六十一日得二萬九千二百二十日以六十去之盡爲日復甲子積日以一千四百六十一爲所有日率四爲所求年率二萬九千二百二十爲所有日而今有之得八

十為所求年餘以沒數乘之滿日法得一為大餘不盡為小餘以甲子命大餘則星合歲天正冬至日也〔集解〕李銳曰此即推二十四氣術以沒數乘日法除猶以日餘乘中法除也以周率小餘并度餘餘滿日度法從度即正後星合日數也命以冬至〔集解〕盧文弨曰周率下脫乘字李銳曰正當作至小餘謂冬至小餘度餘謂星合度度餘也小餘以日法為母日度法為日法乘周率之數以周率乘小餘所得即以日度法為母故可與度餘相并星合度為歲前冬至加時度去星合加時度之積度分即為歲前冬至加時到星合加時之日分以周率乘冬至小餘并之為冬至夜半到星合加時之日分即冬至後日數也命以冬至得星合日求後合月加合積月於入歲月加月餘於月餘〔集解〕李銳曰如木則加合積月十三及月餘是也滿其月法得一從入歲月入歲月滿十二去之有閏計焉〔集解〕李銳曰有閏去十三月餘命如前筭外後合月也餘一加晨得夕加夕得晨〔集解〕錢大昕曰餘一當作金水

求朔日以大小餘加今所得〔集解〕李銳曰如木則加大餘二十三及小餘是也其月餘得一月者又餘二十九〔集解〕錢大昕曰又下疑有脫文當云加大餘二十九小餘四百九十九小餘滿

蔀月得一如大餘〔集解〕錢大昕曰如當作加大餘命如前

求入月日以入月日餘加今所得〔集解〕盧文弨曰日下脫日字李銳曰如木則加入月日十五及日餘是也餘滿日度法得一從日其前合月朔小餘不滿其虛分者空加一日〔集解〕李銳曰不字衍空加一日者空去所加一日如木本加入月日十五及日餘今空加一日則加十四日及日餘是也前合月小餘滿其虛分以其朔小餘加之即滿蔀月成日大餘多一日則入月日少一日故須空加一日日滿月先去二十九〔集解〕李銳曰月小二十九日故先減二十九其後合月朔小餘不滿四百九十九又減一日〔集解〕李銳曰一月小餘四百九十九小餘不滿此數則前月大緣所不滿之數并前月小餘成一日故也前月大故須又減一日凡小餘四百四十一已下前月大其月小四百九十九已上前月小其月大四百四十一已上四百九十九已下前月其月皆大其餘命如前

求合度以積度度餘加今所得〔集解〕李銳曰如木則加積度三十三及度餘是也餘滿日度法得一從度命如前經斗除如周率矣〔集解〕李銳曰周率為日度法四分之一故經斗除周率

木晨伏十六日七千二百三十分半〔集解〕錢大昕曰二百當作三百盧文弨曰三十當作二十先謙曰官本三十作二十行二度萬三千八百一十一分在日後十三度有奇而見東方〔集解〕李銳曰日行一度凡日數即日行度數置伏日行十六度七千三百二十分半伏星行二度萬三千八百一十一分相減餘得星在日後十三度一萬八百一十七分半凡求星去日順行與日行相減逆行則相加者星行少於日行為在日後多於日行為在日前相加者在日後以在日前日度與周天相減餘即在日後度以在日後度與周天相減餘即在日前度見順日行五十八分度之十一五十八日行十一度〔集解〕李銳曰五十八為日率十一為度率度率為實日率為法實不滿法法為母實為子得一日星行五十八分度之十一餘皆倣此以日行五十八度加前伏日行十六度有奇共得日行七十四度有奇以星行十一度加前伏星行二度有奇共得星行十三度有奇相減餘得星在日後六十度有奇微遲日行九分〔集解〕李銳曰此分亦以五十八為母不言分母承上文餘倣此五十八日行九度〔集解〕李銳曰以日行五十八度加前日行七十四度有奇共得日行一百三十二度有奇以星行九度加前星行十三度有奇共得星行二十二度有奇相減餘得星在日後一百九度有奇留不行二十五日〔集解〕李銳曰以日行二十五度加前日行一百三十二度有奇共得日行一百五十七度有奇星不行即因前二十二度有奇相減餘得星在日後

一百三十四度有奇旋逆日行七分度之一八十四日進十二度〔集解〕錢大昕曰進當作退李銳曰八十四日退十二度則日行八十四分度之十二子母求等數得十二各約之得日行七分度之一餘倣此以日行八十四度加前日行一百五十七度有奇共得日行二百四十一度有奇以星退十二度減前星行二十二度有奇共得星行一十度有奇相減餘得星在日後二百三十度有奇木火土退行之際其去日一百八十二度有奇是為與日相衡故星逆如望復留二十五日〔集解〕李銳曰以日行二十五度加前日行二百四十一度有奇共得日行二百六十六度有奇星不行即因前一星行一十度有奇相減餘得星在日後二百五十五度有奇復順五十八日行九度〔集解〕李銳曰亦日行五十八分度之九以日行五十八度加前日行二百六十六度有奇共得日行三百二十四度有奇以星行九度加前星行一十度有奇共得星行一十九度有奇相減餘得星在日後三百四度有奇又五十八日行十一度在日前十三度有奇而夕伏西方〔集解〕李銳曰亦日行五十八分度之十一不言日行分亦承上文以日行五十八度加前日行三百二十四度有奇共得日行三百八十二度有奇以星行十一度加前星行一十九度有奇共得星行三十度有奇相減餘得星在日後三百五十一度有奇置周天三百六十五度四千三百二十七分以星在日後三百五十一度一萬八百一十七分半減之餘得星在日前十三度一萬八百一十七分半除伏逆〔集解〕李銳曰日除伏度除伏逆一見〔集解〕李銳

日自見至伏為一見三百六十六日〔集解〕李銳曰置順五十八日微遲五十八日留二十五日逆八十四日復留二十五日復順五十八日又五十八日并之得三百六十六日行二十八度〔集解〕李銳曰置順行十一度微遲行九度復順行九度又行十一度并之得四十度減逆退十二度餘二十八度伏復十六日七千二百二十二分半〔集解〕錢大昕曰二百當作三百二十二分當作二十分北宋本閩本俱作二十分行二度萬三千八百一十一分而與日合〔集解〕李銳曰以日行十六度有奇加前日行三百八十二度有奇共得日行三百九十八度有奇以星行二度有奇加前星三十度有奇共得星行三十三度有奇相減餘三百六十五度四千三百二十七分滿周天去之星與日合木火土逆行前後其伏順留日度數皆同凡一終〔集解〕李銳曰木火土以一合為一終三百九十八日有萬四千六百四十一分〔集解〕李銳曰以一見日加前後伏日及分得一終日及分行星三十二度與萬三百一十四分〔集解〕錢大昕曰三十二當作三十三李銳曰以一見行度加前後伏行度及分得一終星行度及分通率日行四千七百二十五分之三百九十八〔集解〕李銳曰置一終日及分又置一終行星度及分各以日度法通之得六百九十萬三千二百二十五為一終積日分五十八萬一千四百七十八為一終行星積度分兩數求等得一千四百六十一以約積日分得四千七百二十五為法以約積度分得三百九十八為實不滿法以法命之得日行四千七百二十五分之三百九十八

火晨伏七十一日二千六百九十四分行五十五度二千二百五十四分半在日後十六度有奇而見東方〔集解〕李銳曰在日後十六度四百三十九分半見順日行二十三分度之十四八十四日行一十二度〔集解〕惠棟曰日行下乾象曆有一百字應增入錢大昕曰當云百八十四日行百一十二度李銳曰日共行二百五十五度有奇星共行一百六十七度有奇星在日後八十八度有奇微遲日行十二分九十二日行四十八度〔集解〕惠棟曰日行下乾象曆有二十三分之共五字應增入刪分字李銳曰日共行三百四十七度有奇星共行二百一十五度有奇星在日後一百三十二度有奇留不行十一日〔集解〕李銳曰日共行三百五十八度有奇星共行二百一十五度有奇星在日後一百四十三度有奇旋逆日行六十二分度之十七六十二日退十七度〔集解〕惠棟曰二乾象曆作三李銳曰日共行四百二十度有奇星共行一百九十八度有奇星在日後二百二十二度有奇復留十一日〔集解〕李銳曰日共行四百三十一度有奇星共行一百九十八度有奇星在日後二百三十三度有奇復順九十二日行四十八度〔集解〕李銳曰日共行五百二十三度有奇星共行二百四十六度有奇星在日後二百七十七度有奇又百八十四日行百一十二度在日前十六度有奇而夕伏西方〔集解〕李銳曰日共行七百七度有奇星共行三百五十八度有奇星在日後三百四十九度有奇即是在日前十六度四百三十九分半除伏逆一見六百三十六日行百三度〔集解〕錢大昕曰行下脫三字伏復七十一日二千六百九十四分行五十五度二千二百五十四分半而與日合〔集解〕李銳曰日共行七百七十五度有奇星共行四百一十四度有奇相減餘三百六十五度八百七十九分滿周天去之星與日合凡一終七百七十九日有千八百七十二分行星四百一十四度與九百九十三分通率日行千八百七十六分之九百九十七〔集解〕李銳曰以日度法通一終日及分得二百七十四萬八百三十六以等數一千四百六十一約之得一千八百七十六為分母又以日度法通一終行度及分得一百四十五萬六千六百一十七以等數約之得九百九十七為分子

土晨伏十九日〔集解〕惠棟曰九乾象曆作六千八十一分半行三度萬四千七百二十五分半在日後十五度有奇而見東方〔集解〕李銳曰在日後十五度二萬二千七百四十分見順日行四十三分度之三八十六日行六度〔集解〕李銳曰日共行一百五度有奇星共行九度有奇星在日後九十五度有奇留不行三十三日〔集解〕李銳曰日共行一百三十八度有奇星共行九度有奇星在日後一百二十八度有奇旋逆日行十七分度之一百二日退六度〔集解〕李銳曰日共行二百四十度有奇星共行三度有奇星在日後二百三十六度有奇復留三十三日〔集解〕李銳曰日共行二百七十三度有奇星共行三度有奇星在日後二百六十九度有奇復順八十六日行六度在日前十五度有奇而夕伏西方〔集解〕李銳曰日共行三百五十九度有奇星共行九度有奇星在日後三百四十九度有奇即是在日前十五度二萬二千七百四十分除伏逆見〔集解〕盧文弨曰見上脫一字三百四十日行六度伏復十九日千八十一分半行三度萬四千七百二十五分半與日合〔集解〕李銳曰日共行三百七十八度有奇星共行十二度有奇相減餘三百六十五度九千九十六分滿周天去之星與日合凡一終三百七十八日有二千一百六十三分行星十二度與二萬九千四百五十一分通率日行九千四百一十五分之三百一十九〔集解〕李銳曰以日度法通一終日及分得一千三百七十五萬

五千三百一十五以等數一千四百六十一約之得九千四百一十五爲分母又以日度法通一終行度及分得四十六萬六千五十九以等數約之得三百一十九爲分子

金晨伏五日退四度在日後九度而見東方〔集解〕李銳曰日行五度星退四度相加得星在日後九度見逆日行五分度之三十日退六度〔集解〕李銳曰日共行十五度星共退十度相加得在日後二十五度留不行八日〔集解〕李銳曰日共行二十三度星共退十度相加得星在日後三十三度順日行四十六分度之三十三〔集解〕錢大昕曰日下行字衍四十六日行三十三度〔集解〕李銳曰日共行六十九度置星行三十二度以星共退十度減之餘得星共行二十三度以減日共行度餘得星在日後四十六度爲金去日極遠之數而日行一度九十分度之十五〔集解〕錢大昕曰而下脫疾字九十下脫一字九十一日行百六度〔集解〕李銳曰日共行一百六十度星共行一百二十九度星在日後三十一度益疾日行一度二十二分九十一日行百一十三度在日後九度而晨伏東方〔集解〕李銳曰日共行二百五十一度星共行二百四十二度星在日後九度除伏逆一見二百四十六日行二百四十六度伏四十一日二百八十一分行五十度二百八十一分而與日合〔集解〕李銳曰日共行二百九十一度有奇星共行二百九十二度有奇星與日合一合二百九十二日百八十一分〔集解〕錢大昕曰日下脫二字行星如之

金夕伏四十一日二百八十一分行五十度二百八十一分在日前九度而見西方〔集解〕李銳曰日行四十一度有奇星行五十度有奇相減餘得星在日前九度見順疾日行一度九十一分度之二十二九十一日行百一十三度〔集解〕李銳曰日共行一百三十二度有奇星共行一百六十三度有奇星在日前三十一度微遲日行一度十五分九十一日行百六度〔集解〕李銳曰日共行二百二十三度有奇星共行二百六十九度有奇星在日前四十六度而進〔集解〕錢大昕曰進當作遲惠棟曰進乾象歷作遲日行四十六分度之三十三四十六日行三十三度〔集解〕李銳曰日共行二百六十九度有奇星共行三百二度有奇星在日前三十三度留不行八日〔集解〕李銳曰日共行二百七十七度有奇星共行三百二度有奇星在日前二十五度旋逆日行五分度之三十日退六度在日前九度而夕伏西方〔集解〕李銳曰日共行二百八十七度有奇星共行二百九十六度有奇星在日前九度除伏逆一見二百四十六日行二百四十六度伏五日退四度而後合〔集解〕錢大昕曰後當作復李銳曰日共行二百九十二度有奇星共行二百九十二度有奇星與日合金水晨合已後夕合已前其伏順留逆日度皆相等凡三合一終〔集解〕錢大昕曰三合當作再合惠棟曰乾象歷作再合一終李銳曰金水有晨合夕合故再合爲一終五百八十四日有五百六十二分〔集解〕李銳曰倍一合日及分得一終日及分行星如之通率日行一度〔集解〕李銳曰金水一終日及分與一終行度及分同故通率日行一度

水晨伏九日退七度在日後十六度而見東方見逆一日退一度〔集解〕李銳曰日共行十度星共退八度星在日後十八度留不行二日〔集解〕李銳曰日共行十二度星共退八度星在日後二十度旋順日行九分度之八九日行八度〔集解〕李銳曰日共行二十一度星順逆行相消適盡星在日後二十一度爲水去日極遠之數而疾日行一度四分度之一二十日行二十五度在日後十六度而晨伏東方〔集解〕李銳曰日共行四十一度星行二十五度星在日後十六度除伏逆一見三十二日行三十二度伏十六日四萬四千八百五分行三十二度四萬四千八百五分而與日合〔集解〕李銳曰日共行五十七度有奇星共行五十七度有奇星與日合一合五十七日有四萬四千八百五分行星如之

水夕伏十六日四萬四千八百五分行三十二度四萬四千八百五分在日前十六度而見西方見順疾日行一度四分度之一二十日行二十五度〔集解〕李銳曰日共行三十六度有奇星共行五十七度有奇星在日前二十一度而遲日行九分度之八九日行八度〔集解〕李銳曰日共行四十五度有奇星共行六十五度有奇星在日前二十度留不行二日〔集解〕李銳曰日共行四十七度有奇星共行六十五度有奇星在日前十八度逆〔集解〕錢大昕曰逆上脫旋字一日退一度在日前十六度而夕伏西方〔集解〕李銳曰日共行四十八度有奇星共行六十四度有奇星在日前十六度除伏逆一見三十二日行三十度〔集解〕錢大昕曰度上脫二字伏九日退七度而復合〔集解〕李銳曰日共行五十七度有奇星共行五十七度有奇星與日合凡再合一終百一十五日有四萬一千九百七十八分行星

如之通率日行一度〔集解〕李銳曰右五星步法也

步術㠯步法伏日度分〔集解〕李銳曰如木則伏十六日及分行二度及分是也如星合日度餘〔集解〕錢大昕曰如當作加惠棟曰如乾象歷作加李銳曰以日加日以度加度命之如前得星見日度也〔集解〕惠棟曰日下有及字術分母乘之分〔集解〕李銳曰術當作行行分母如木順則五十八是也之分星見度餘也日如度法而一分〔集解〕惠棟曰乾象歷而作得李銳曰日如當作如日於今有術日度法爲所有率行分母爲所求率之分爲所有數而今有之得行分不盡如法半㠯上〔集解〕盧文弨曰法半當作半法亦得一而日加所行分〔集解〕李銳曰木順則日加十一分是也滿其母得一度〔集解〕李銳曰如木順則滿五十八得一度是也逆順母不同〔集解〕李銳曰如木逆母七順母五十八爲不同是也㠯當行之母乘故分如故母如一也〔集解〕惠棟曰乾象曆云故分如母而一當行分也李銳曰如木逆則七爲當行之母五十八爲故母其初不滿五十八者爲故分是也亦今有術也如一而一也而如古通留者承前逆則減之伏不書度〔集解〕惠棟曰乾象曆書作盡李銳曰謂不以所在宿度書於術經斗除如行母四分具一〔集解〕李銳曰如木順經斗除一十五分爲四分五十八之一是也其分有損益前後相放〔集解〕惠棟曰放一作御或作遇見乾象曆李銳曰滿半以上得一爲益不滿半者棄之爲損相放者前益者後損之前損者後益之其㠯赤道命度進加退減之其步㠯黃道〔集解〕李銳曰以赤道宿度下進退數進加退減所命赤道度即黃道度也日名〔集解〕李銳曰題下文也日當爲月此下并連上文亦非當改定提行天正十一月十二月正月二月三月四月五月六月七月八月九月十月冬至大寒雨水春分穀雨小滿夏至大暑處暑秋分霜降小雪月令章句孟春㠯立春爲節驚蟄爲中中必在其月節不必在其月據孟春之驚蟄在十六日以後立春在正月驚蟄在十五日以前立春在往年十二月〔集解〕盧文弨曰此十二月數與中氣不相當志云置十二中以定月位則應相當乃明雨水爲正月中乃四分法月令章句所言從古法也李銳曰冬至在其月是名十一月大寒在其月是名十二月若月無中氣則其月無名是爲閏月先謙曰李本改定月名爲一行天正十一月與冬至平列下至十月與小雪平列各爲一行

斗二十六四分退一〔集解〕李銳曰四分一退三先謙曰官本三作二　牛八　女十二進二〔集解〕李銳曰進一　虛十進三〔集解〕李銳曰進二

危十六進二〔集解〕李銳曰當作十七　室十六進二〔集解〕李銳曰進三　壁十進二〔集解〕李銳曰壁十當作壁九進二作進一案此赤道度即太初星距見於三統術者是也自漢以後相沿承用至唐大衍術始改畢觜參鬼四宿後漢施行四分未嘗改測則二宿度數不得與三統術異今本作危十六壁十者與下文黃道度相涉而誤也

奎十六　婁十二進二〔集解〕惠棟曰注二北宋本作一李銳曰退一　胃十四進二〔集解〕李銳曰退一

北方九十八度四分一〔集解〕先謙曰官本此行低二格下並同

昴十一進二〔集解〕李銳曰退二盧文弨曰北宋本進一　畢十六進二〔集解〕李銳曰退三　觜二退二〔集解〕李銳曰退三　參九退四

西方八十度

井三十三退三　鬼四　柳十五　星七進一

張十八進一　翼十八進二〔集解〕李銳曰進一　軫十七進一

南方百一十二度

角十二　亢九退一　氐十五退二　房五退三

心五退三　尾十八進三〔集解〕李銳曰退三　箕十一退三

東方七十五度

右赤道度周天三百六十五度四分一〔集解〕先謙曰官本此行低一格下同

〔集解〕李銳曰右宿度下列進退數者進退赤道度爲黃道度也如求得日在赤道斗二十一度以退二減之則日在黃道斗十九度又如求得日在赤道女二度以進一加之則日在黃道女三度是也求進退差法四分術冬至赤道在斗二十一黃道在斗十九是黃赤二道竝起牛前五度也置五度爲赤道牛初距度端積度以赤道度牛八女十二之等加之爲赤道二十八宿距度端積度累又置五度爲黃道牛初距度端積度累以黃道度牛七女十一之等加之爲黃道二十八宿距度端積度以各宿黃赤二道距度端積度相減餘爲進退差赤道度多爲進少爲退列之如下

二十八宿	赤道距度端積度	黃道距度端積度	進退差
牛	五	五	空
女	十三	十二	進一
虛	二十五	二十三	進二
危	三十五	三十三	進二
室	五十二	四十九	進三
壁	六十八	六十七	進一
奎	七十七	七十七	空
婁	九十三	九十四	退一
胃	一百五	一百六	退一
昴	一百一十九	一百二十一	退二
畢	一百三十	一百三十三	退三
觜	一百四十六	一百四十九	退三
參	一百四十八	一百五十二	退四

井	一百五十七	一百六十	退三
鬼	一百九十	一百九十	空
柳	一百九十四	一百九十四	空
星	二百九	二百八	進一
張	二百一十六	二百一十五	進一
翼	二百三十四	二百三十二	進二
軫	二百五十二	二百五十一	進一
角	二百六十九	二百六十九	空
亢	二百八十一	二百八十二	退一
氐	二百九十	二百九十二	退二
房	三百五	三百八	退三
心	三百一十	三百一十三	退三
尾	三百一十五	三百一十八	退三
箕	三百三十三	三百三十六	退三
斗	三百四十四	三百四十六	退二

斗二十四（集解李銳曰[illegible]四分） 牛七 女十一 虛十

危十六 室十八 壁十

北方九十六度四分一

奎十七 婁十二（集解惠棟曰北宋本二作一） 胃十五 昴十二

畢十六 觜三 參八

西方八十三度

井三十 鬼四 柳十四 星七

張十七 翼十九 軫十八

南方百九度

角十三 亢十 氐十六 房五

心五 尾十八 箕十

東方七十七度

右黃道度三百六十五度四分一

黃道去極日景之生據儀表也（集解李銳曰黃道去極據儀日景據表）漏刻之生已去極遠近差乘節氣之差如遠近而差一刻已相增損（集解李銳曰去極遠近差者其氣去極度與前氣去極度相減之餘也節氣之差者冬夏二至之刻差二十刻也遠近者極遠極近相減之餘冬夏二至之去極差四十八度也以其氣去極差乘二十刻如四十八度而一得其氣漏刻差冬至後晝夏至後夜以其氣漏刻差增前氣漏刻得其氣漏刻冬至後夜夏至後晝以其氣漏刻差損前氣漏刻得其氣漏刻）昏明之生已天度乘晝漏夜漏減三百而一（集解李銳曰夜漏減三百而一當作夜漏減之二百而一）為定度已減天度餘為明加定度一為昏其餘四之如法為少（集解李銳曰此下當有二為半三為太六字）不盡三之如法為強餘半法已上已成強強三為少少四為度其強二為少弱也（集解李銳曰案星從天而西日行一周天當漏刻一百其自明至中自中至昏皆當晝漏之半以天度乘晝漏即如以天度乘半晝漏之倍數故亦倍百刻為二百除之所得為昏時日所在距中之度以減周天三百六十五度二十五分餘為明時日所在距中之度而日行自夜半至昏明又自有行分今昏明星度竝從夜半日所在起算須以日行自夜半至明至昏之行分加昏明時日所在距中之度為昏明中星度定度既以二百為法則夜漏即為日行自夜半至明之行分以夜漏減二百餘即為日行自夜半至昏之行分為術當以夜漏加明時日所在距中之度為明中星度以夜漏減二百餘以加昏時日所在距中之度為昏中星度緣此定度中先減去夜漏則以之轉減天度即少減一夜漏更不須加故所餘即為明中星度又此定度先減夜漏而後加一度即如以夜漏減二百之餘加之故加定度一為昏中星度并昏明中星度得三百六十六度二十五分多於周天一度所多一度即日所行也凡四分之一為少二為半三為大三分少之一為強二為少弱通而言之十二分之一為強二為少弱三為少四為少強五為半弱六為半七為半強八為大弱九為大十為大強十一為□弱）又曰日度餘為少強而各加焉（張衡渾儀曰赤道橫帶渾天之腹去極九十一度十分之五（集解盧文弨曰御覽無渾字分上有九字是）黃道斜帶其腹出赤道表裏各二十四度故夏至去極六十七度而強冬至去極百一十五度亦強也然則黃道斜截赤道者則春分秋分之去極也今此春分去極九十少秋分去極九十一少者就夏曆景去極之法以為率也（集解盧文弨曰御覽[illegible]）上頭橫行第一行者黃道進退之數也本當以銅儀日月度之則可知也以儀一歲乃竟而中間又有陰雨難卒成也是以作小渾盡赤道黃道乃各調賦三百六十五度四分之一從冬至所在始起令之相當值也取北極及衡各誠椓之為軸取薄竹篾穿其兩端令兩穿中間與渾半等以貫之令察之與渾相切摩也乃從減半起以為八十二度八分之五盡衡減之半焉又中分其篾拗去其半令其半之際正直與兩端減半相直令篾半之際從冬至起一度一移之視篾之半際夕多黃赤道幾也（集解盧文弨曰夕字衍文）其所多少則進退之數也從北極數之則元極之度也各分赤道黃道為二十四氣一氣相去十五度十六分之七每一氣者黃道進退一度焉所以然者黃道直時去南北極近其處地小而橫行與赤道且等故以篾度之於赤道多也設一氣令十六日皆常率四日差少半也令一氣十五日不能半耳故使中道三日之中若少半也三氣一節故四十六日而差今三度也至於差三日之時而五日同率者一其實節之間不能四十

六日也今殘日居其策故五日同率也其率雖同先之皆強後之皆弱不可勝計取至於三而復有進退者黃道稍斜於橫行不得度故也春分秋分所以退者黃道始起更斜矣於橫行不得度故也亦每一氣一度焉三氣一節亦差三度也至三氣之後稍遠而直故橫行得度而稍進也立春立秋橫行稍退矣而度猶云進者以其所退減其所進猶有盈餘未盡故也立夏立冬橫行稍進矣而度猶退者〔集解〕盧文弨曰猶下當有云字以其所進增其所退猶有不足未畢故也以此論之日行非有進退而以赤道重廣黃道使之然也本二十八宿相去度數以赤道為強耳故於黃道亦進退也冬至在斗二十一度少半最遠時也而此曆斗二十度俱百一十五強矣冬至宜與之同率焉夏至在井二十一度半強最近時也而此曆井二十三度俱六十七度強矣夏至宜與之同率焉〔集解〕李銳曰日度餘者二十四氣日所在度餘也日所在度下分以三十二為母今昏明中星度餘既命為少強故亦以日所在度下分變從少強而弁之

二十四氣〔集解〕先謙曰此下汲古本冬至等二十四氣居第一格日所在二十八宿若干度第二日所在三字不復出以下黃道去極等並同黃道去極若干度第三晷景丈尺第四晝漏刻第五夜漏刻第六昏中星第七旦中星第八以次旁行測綴劉注官本則冬至等二十四氣各頂格為一行日所在黃道去極二行晷景晝漏夜漏刻三行昏中星旦中星四行竝低一格中空無定格茲式依汲古則加注不便改做官本二十四氣各自提行日所在以次蟬聯而下各空一格字之大小一依李本仍揭二本舊式俾後有攷

〈後漢志三　三五四

冬至月令章句曰冬至之為極有三意焉晝漏極短去極極遠晷景極長極者至而還之辭也

日所在斗二十度百一十分八分退二〔集解〕錢大昕曰斗二十度百一十分八分當作二十一度八分因下有百一十五之文而重出耳此以三十二為度法分滿法即進為度無有過三十一分者　黃道去極百一十五度　晷景丈三尺　晝漏刻四十五　夜漏刻五十五

昏中星奎六弱　旦中星亢二少強退一月令章句曰中星當中而不中日行遲也未當中而中日行疾也

小寒

日所在女二度七分進二〔集解〕先謙曰李本作進一　黃道去極百一十三強

晷景丈二尺三寸　晝漏刻四十五八分　夜漏刻五十四二分

昏中星婁六半強退一　旦中星氐七少弱退二

大寒

日所在虛五度十四分進二　黃道去極百一十一大弱〔集解〕先謙曰李本作百一十

晷景丈一尺　晝漏刻四十六八分　夜漏刻五十三二分〔集解〕先謙曰李本誤八分　昏中星胃十一半強退一　旦中星心半退三〔集解〕錢大昕曰當云心二半盧文弨曰案宋志與此同若改作心二半則小寒氐七距此為十六度此距立春尾七止十度疏數相縣矣二字不當增先謙曰李本仍作半退三

立春

日所在危七度二十一分進二〔集解〕錢大昕曰七當作十先謙曰李本作十度　黃道去極百六少弱〔集解〕先謙曰李本作少強　晷景九尺六寸　晝漏刻四十八六分　夜漏刻五十一四分　昏中星畢五少弱退三〔集解〕先謙曰官本弱作強　旦中星尾七半弱退三

雨水

日所在室八度二十八分退三〔集解〕錢大昕曰八度當作九度先謙曰李本作八度退作進　黃道去極百一強　晷景七尺九寸五分　晝漏刻五十八分　夜漏刻四十九二分　昏中星參六半弱退四〔集解〕先謙曰李本作參五　旦中星箕六大弱退三〔集解〕先謙曰李本無六字

〈後漢志三　三五五

驚蟄

日所在壁八度三分進二〔集解〕錢大昕曰八當作九先謙曰李本作八　黃道去極九十五強　晷景六尺五寸〔集解〕惠棟曰北宋本寸下有五分字　晝漏刻五十三三分　夜漏刻四十六七分　昏中星井十七少弱退三〔集解〕先謙曰李本作井十一

旦中星斗二少退

春分

日所在奎十四度十分　黃道去極八十九少強〔集解〕先謙曰李本無少字

晷景五尺二寸五分　晝漏刻五十五八分　夜漏刻四十四二分

昏中星鬼四　旦中星斗十一強退二〔集解〕惠棟曰北宋本強作弱先謙曰李本作弱

清明

日所在胃一度十七分退二〔集解〕先謙曰李本作退一 黃道去極八十三少弱 晷景四尺一寸五分 晝漏刻五十八三分 夜漏刻四十一七分 昏中星星四大進〔集解〕先謙曰李本進下有一字 旦中星斗二十一半退二

穀雨

日所在昴二度二十四分退二 黃道去極七十七大強 晷景三尺二寸 晝漏刻六十五分 夜漏刻三十九五分 昏中星張十七進一〔集解〕先謙曰官本作進二李本作大進一 旦中星牛六半〔集解〕先謙曰官本牛作斗

立夏

日所在畢六度三十一分退三〔集解〕先謙曰官本六作八 黃道去極七十三少弱 晷景二尺五寸二分 晝漏刻六十二四分 夜漏刻三十七六分 昏中星翼十七大進二 旦中星女十少弱一〔集解〕先謙曰李本弱作進

小滿

日所在參四度六分退四 黃道去極六十九大弱 晷景尺九寸八分〔集解〕先謙曰李本作九分 晝漏刻六十三九分 夜漏刻三十六一分 昏中星角六弱〔集解〕先謙曰李六作大小字 旦中星危大弱進二

芒種

日所在井十度十三分退三 黃道去極六十七少弱 晷景尺六寸八分 晝漏刻六十四九分 夜漏刻三十五一分 昏中星亢五大退一 旦中星危十四強進二

夏至月令章句曰夏至之爲極有三意焉晝漏極長去極極近晷景極短

日所在井二十五度二十分退三 黃道去極六十七強 晷景尺五寸 晝漏刻六十五 夜漏刻三十五 昏中星氐十二少弱退二 旦中星室十二少弱退三〔集解〕惠棟曰北宋本三作二先謙曰李本作進三

小暑

日所在柳三度二十七分 黃道去極六十七大強 晷景尺七寸 晝漏刻六十四七分 夜漏刻三十五三分 昏中星尾一大強退三 旦中星奎二大強

大暑

日所在星四度三分進二〔集解〕錢大昕曰三當作二先謙曰李本作二分進一 黃道去極七十 晷景二尺 晝漏刻六十三八分 夜漏刻三十六二分 昏中星尾十五半弱退三 旦中星婁三大退一

立秋

日所在張十二度九分進一 黃道去極七十三半強 晷景二尺五寸五分 晝漏刻六十二三分〔集解〕惠棟曰北宋本三作二 夜漏刻三十七七分〔集解〕惠棟曰北宋本七作八 昏中星箕九大強退二〔集解〕先謙曰官本李本作退三 旦中星胃九大弱退二〔集解〕先謙曰官本弱作強李本作退一

處暑

日所在翼九度十六分退二〔集解〕先謙曰李本作進一 黃道去極七十八半強 晷景三尺三寸三分 晝漏刻六十二分 夜漏刻三十九八分 昏中星斗十少退〔集解〕先謙曰李本作少退二 旦中星畢三大退三

白露

日所在軫六度二十三分退一〔集解〕先謙曰李本作進一 黃道去極八十四少強 晷景四尺三寸五分〔集解〕惠棟曰北宋本三作二 晝漏刻五十七八分 夜漏刻四十二二分 昏中星斗二十一強退一〔集解〕先謙曰李本作退二 旦中星參五半弱退四

秋分

日所在角四度三十分〔集解〕惠棟曰北宋本四作五 黃道去極九十半強 晷景五尺五寸〔集解〕惠棟曰北宋本寸下有二分字 晝漏刻五十五二分 夜漏刻四

十四八分　昏中星牛五少　旦中星井十六少強退三集解先謙曰官本作退二

寒露

日所在亢八度五分退三集解先謙曰李本作退一　黃道去極九十六少強集解先謙曰李本作大強　晷景六尺八寸五分　晝漏刻五十二六分　夜漏刻四十七四分　昏中星女七大進一　旦中星鬼三少強

霜降

日所在氐十四度十三分退二集解錢大昕曰三當作二先謙曰李本作十二分　黃道去極百二少強　晷景八尺四寸　晝漏刻五十三分　夜漏刻四十九七分集解先謙曰官本誤十分　昏中星虛六大進一集解先謙曰李本作進二　旦中星星三大強進一

立冬

日所在房四度十九分退二集解惠棟曰北宋本房作尾先謙曰李本作尾　黃道去極百七少強　晷景丈四寸二分　晝漏刻四十八二分　夜漏刻五十一八分　昏中星危八強進二　旦中星張十五大強集解先謙曰官本李本多進一二字惠棟云北宋本一作二

小雪

日所在箕一度二十六分退三　黃道去極百一十一弱　晷景丈一尺四寸　晝漏刻四十六七分　夜漏刻五十三三分　昏中星室二半強進三集解惠棟曰北宋本二作三先謙曰官本作進二李本室二作室三　旦中星翼十五大強進二

大雪

日所在斗六度一分退三集解先謙曰李本作退二　黃道去極百一十三大強　晷景丈二尺五寸六分　晝漏刻四十五五分　夜漏刻五十四五分　昏中星壁半強進一　旦中星軫十五少強進一集解先謙曰李本作少弱

易緯所稱晷景長短不與相應今列之于後至則與不至各有所候以參廣異同　冬至晷長一丈三尺當至不至則旱多溫病未當至而至則多病暴逆心痛應在夏至　小寒晷長一丈二尺四分當至不至先小旱後小水丈夫多病喉痺未當至而至多病身熱來年麻不為耳集解[illegible]　大寒晷長一丈一尺八分當至不至先大旱後大水麥不成病厥逆未當至而至多病上氣嗌腫　立春晷長一丈六分當至不至兵起麥不成民疲瘵未當至而至多病熛疾疫[illegible]　雨水晷長九尺一寸六分當至不至早麥不成多病心痛未當至而至多病癰疽脛腫　驚蟄晷長八尺二寸當至不至霧稚禾不成老人多病嚏未當至而至多病癰疽胕腫　春分晷長七尺二寸四分當至不至先旱後水歲惡米不成多病耳癢未當至而至多病　清明晷長六尺二寸八分當至不至菽豆不熟多病嚏振寒洞泄未當至而至多病溫暴死　穀雨晷長五尺三寸六分當至不至水物雜稻等不為多病疾瘧振寒霍亂未當至而至老人多病氣腫　立夏晷長四尺三寸六分當至不至旱五穀傷牛畜疾未當至而至多病頭痛腫嗌喉痺　小滿晷長三尺四寸當至不至凶言國有大喪先水後旱多病筋急痺痛未當至而至多病　芒種晷長二尺四寸四分當至不至凶言國有狂令未當至而至多病厥眩頭痛　夏至晷長一尺四寸八分當至不至國有大殃旱陰陽並傷草木夏落有大寒未當至而至病眉腫　小暑晷長二尺四寸四分當至不至前小水後小旱有兵未當至而至多病泄注腹痛　大暑晷長三尺四寸當至不至外兵作來年飢未當至而至多病筋痺胸[illegible]痛

立秋晷長四尺三寸六分當至不至暴風為災來年黍不為未當至而至多病咳上氣咽腫　處暑晷長五尺三寸二分當至不至國多浮令兵起來年麥不為未當至而至多病脹耳熱不出行　白露晷長六尺二寸八分當至不至多病痤疽泄未當至而至多病水腹閉疝瘕　秋分晷長七尺二寸四分當至不至草木復榮多病溫悲心痛未當至而至多病胸鬲痛　寒露晷長八尺二寸當至不至來年穀不成六畜鳥獸被殃多病疝瘕腰痛未當至而至多病[illegible]　霜降晷長九尺一寸六分當至不至萬物大耗年多大風人病腰痛未當至而至多病胸脅支滿　立冬晷長一丈六分當至不至地氣不藏來年立夏反寒早旱晚水萬物不成未當至而至多病臂掌痛　小雪晷長一丈一尺八分當至不至來年蠶麥不成多病腳腕痛未當至而至亦為多肘腋痛　大雪晷長一丈二尺四分當至不至溫氣泄夏蝗蟲生大水未當至而至多病癰疽腫痛應在芒種

章句曰周天三百六十五度四分度之一十二分之為十二次日月之所躔也地有十二分王侯之所國也每次三十度三十二分度之十四集解錢大昕曰當云三十度三十二分之十四日至其初為節至其中為氣自危十度至壁八度集解錢大昕曰[illegible]謂之豕韋之次立春驚蟄居之集解[illegible]衛之分野　自壁八度至胃一度謂之降婁之次雨水春分居之魯之分野　自胃一度至畢六度謂之大梁之次清明穀雨居之集解[illegible]趙之分野　自畢六度至井十度謂之實沈之次立夏小滿居之晉之分野　自井十度至柳三度謂之鶉首之次芒種夏至居之秦之分野　自柳三度至張十二度

度謂之鶉火之次小暑大暑居之周之分野自張十二度至軫六度謂之鶉尾之次立秋處暑居之楚之分野自軫十六度至亢八度謂之壽星之次白露秋分居之鄭之分野自亢八度至尾四度謂之大火之次寒露霜降居之宋之分野自尾四度至斗六度謂之析木之次立冬小雪居之燕之分野自斗六度至須女二度謂之星紀之次大雪冬至居之越之分野自須女二度至危十度謂之玄枵之次小寒大寒居之齊之分野蔡邕分星次度數與皇甫謐不同兼明氣節所在故載焉謐所列在郡國志

集解李銳曰右二十四氣求日所在法冬至積度空累加十五度七分分滿中法三十二從度列爲二十四氣日所在積度分置其氣日所在積度分加二十一度八分數從斗初起赤道宿次除之經斗去八分算外得其氣日所在宿度及分如小寒日所在積度十五分七加二十一度八分得三十六度十五分數從斗初起經斗去八分其度下分餘七赤道宿次除之餘二度不滿女宿得小寒日所在女二度七分也它皆倣此

二十四氣	日所在積度分
冬至	空
小寒	十五度七分
大寒	三十度十四分
立春	四十五度二十一分
雨水	六十度二十八分
驚蟄	七十六度三分
春分	九十一度十分
清明	一百六度十七分
穀雨	一百二十一度二十四分
立夏	一百三十六度三十一分
小滿	一百五十二度六分
芒種	一百六十七度十三分
夏至	一百八十二度二十分
小暑	一百九十七度二十七分
大暑	二百一十三度二分
立秋	二百二十八度九分
處暑	二百四十三度十六分
白露	二百五十八度二十三分
秋分	二百七十三度三十分
寒露	二百八十九度五分
霜降	三百四度十二分
立冬	三百一十九度十九分
小雪	三百三十四度二十六分
大雪	三百五十度一分

求漏刻法置二十四氣黃道去極度及少強先以少強通爲分強爲一分少弱爲二分少爲三分少強爲四分半弱爲五分半爲六分半強爲七分大弱爲八分大爲九分大強爲十分弱則去度一爲十一分爲黃道去極度分又以其氣黃道去極度分與前去黃道去極度分相減餘爲去極遠近差置去極遠近差以分母十二通道分內子以二至刻差二十四約之得五乘之爲實亦以十二通二至去極差四十八度得五百七十六亦四約之得一百四十四爲法法除實得其氣漏刻差冬至後以其氣漏刻差加前氣晝漏刻得其氣晝漏刻以減百刻餘爲夜漏刻夏至後以其氣漏刻差減前氣晝漏刻餘爲其氣晝漏刻以減百刻餘爲夜漏刻如小寒黃道去極一百一十三度一分以減冬至黃道去極一百一十五度餘一度二十一分爲小寒去極差以十二通一度得一十二內十一分共得二十三以五乘之得一百一十五爲實以法一百四十四除之不滿法退除得八分卽小寒漏刻差也以漏刻差八分加冬至晝漏刻四十五得四十五八分爲小寒晝漏刻以減百刻餘五十四二分爲小寒夜漏刻凡冬至後夏至前各氣皆倣此又如小暑黃道去極六十七度十分以夏至黃道去極六十七度一分減之餘九分爲小暑去極差以五乘之得四十五爲實以法百四十四除之得三分卽小暑漏刻差也以漏刻差三分減夏至晝漏刻六十五餘六十四七分爲小暑晝漏刻以減百刻餘三十五三分爲小暑夜漏刻凡夏至後冬至前各氣皆倣此

二十四氣	黃道去極度分	去極差	漏刻差
冬至	一百一十五度空分	空	空
小寒	一百一十三度一分	一度一十一分	空刻八分
大寒	一百一十度八分	二度五分	一刻空分
立春	一百六度四分	四度四分	一刻八分
雨水	一百一度一分	五度三分	二刻二分
驚蟄	九十五度一分	六度空分	二刻五分
春分	八十九度一分	六度空分	二刻五分
清明	八十三度二分	五度一十一分	二刻五分
穀雨	七十七度十二分	五度四分	二刻二分
立夏	七十三度二分	四度八分	一刻九分
小滿	六十九度八分	三度六分	一刻五分
芒種	六十七度二分	二度六分	一刻空分
夏至	六十七度一分	空	空
小暑	六十七度十分	空度九分	空刻三分
大暑	七十度空分	二度二分	空刻九分
立秋	七十三度七分	三度七分	一刻五分
處暑	七十八度七分	五度空分	二刻一分
白露	八十四度四分	五度九分	二刻四分
秋分	九十度七分	六度三分	二刻六分
寒露	九十六度十分	六度三分	二刻六分
霜降	一百二度四分	五度六分	二刻三分
立冬	一百七度四分	五度空分	二刻一分
小雪	一百一十度一十分	三度七分	一刻五分
大雪	一百一十三度十分	二度一十二分	一刻一分

求昏旦中星法置前二十四氣日所在積度分以十二乘其分三十二而一卽其分以十二爲母亦列爲二十四氣積度分又以周天三百六十五度二十五分乘其氣晝漏刻及分得數以其氣夜漏刻及分減之餘爲實以二百爲法法除實所得爲定度不盡退除之爲分以減周天度及分餘爲其氣旦中星積度及分又置定度及分加一度所得爲其氣昏中星積度及分昏明積度下分各以十二乘之百除爲分此分亦以十二爲母各列之爲二十四氣昏旦中星積度及分置其氣昏旦中星積度分與其氣日所在積度分相加又加二十一度三分滿周天三百六十五度三分去之

數從斗初起以赤道宿次除之經斗除三分算外得其氣昏旦中星宿度其度下分以少半大强弱命之如冬至晝漏刻四十五以天度三百六十五二十五分乘之得一萬六千四百三十六度二十五分以冬至漏刻五十五減之餘一萬六千三百八十一度二十五分爲實以法二百除之得八十一度九十一分爲定度以減天度餘二百八十三度三十四分以十二乘三十四分得四百八分以百除之得四分共得二百八十三度四分爲明中星積度分又置定度加一度得八十二度九十一分以十二乘九十一分得一千九十二分以百除之得一十一分共得八十二度一十一分爲昏中星積度分置昏中星積度八十二度十一分與日所在積度分相加緣冬至積度空無所加卽以二十一度三分加之得一百四度二分數從斗初起經斗去三分其度下分餘十一赤道宿次除之餘五度不滿奎宿其度下十一分卽加一度命爲弱得冬至昏中星奎六弱也置明中星積度二百八十三度四分加二十一度三分得三百四度七分數從斗初起經斗去三分其度下分餘四赤道宿次除之餘二度不滿亢宿其度下分四命爲少强得冬至旦中星亢二少强也餘皆放此

二十四氣日所在積度分		昏中星度分	旦中星度分
冬至	空	八十二度十一分	二百八十三度四分
小寒	十五度三分	八十四度四分	二百八十一度十一分
大寒	三十度五分	八十六度二分	二百八十度一分
立春	四十五度八分	八十九度六分	二百七十六度九分
雨水	六十度十一分	九十三度六分	二百七十二度九分
驚蟄	七十六度一分	九十八度一分	二百六十八度二分
春分	九十一度四分	百二度八分	二百六十三度七分
清明	一百六度六分	一百七度三分	二百五十九度
穀雨	一百二十一度九分	一百一十一度三分	二百五十五度
立夏	一百三十七度	一百一十四度九分	二百五十一度六分
小滿	一百五十二度二分	一百一十七度六分	二百四十八度九分
芒種	一百六十七度五分	一百一十九度四分	二百四十六度十一分
夏至	一百八十二度八分	一百一十九度六分	二百四十六度九分
小暑	一百九十七度十分	一百一十九度	二百四十七度三分
大暑	二百一十三度一分	一百一十七度四分	二百四十八度十一分
立秋	二百二十八度三分	一百一十四度七分	二百五十一度八分
處暑	二百四十三度六分	一百一十度九分	二百五十五度六分
白露	二百五十八度九分	一百六度四分	二百五十九度十一分
秋分	二百七十三度十一分	一百一度七分	二百六十四度八分
寒露	二百八十九度二分	九十六度十分	二百六十九度五分
霜降	三百四度五分	九十二度七分	二百七十三度八分
立冬	三百一十九度七分	八十八度九分	二百七十七度六分
小雪	三百三十四度十分	八十六度	二百八十度三分
大雪	三百五十度	八十三度十分	二百八十二度五分

其晷景一行無數可校今案祖沖之術二至晷景與此同其至前後各氣晷景以此至前後晷景兩兩相加折半得之如此術大雪景丈二尺五寸六分小寒景丈二尺三寸相加半之得沖之術大雪小寒景一丈二尺四寸三分是也覆檢此文惟立冬一氣不合案祖沖之稱四分志立冬中景長一丈立春中景九尺六寸相加半之得九尺八寸與沖之術立春立冬景正合然則此文立冬晷

景丈四寸二分誤衍四寸二分四字耳

中星以日所在爲正日行四歲乃終置所求年二十四氣小餘四之如法爲少大餘不盡三之如法爲强弱以減節氣昏明中星而各定矣【集解】李銳曰節氣昏明中星上所列昏旦中星是也昏旦中星宿度並爲節氣加時在夜半之數若節氣加時在夜半後卽須減之爲定如冬至有小餘四分一則夜半日所在尙未到斗二十一度八分而在斗二十一度其昏中星尙未到奎六弱而在奎五大弱明中星尙未到亢二少强而在亢二强也以小餘變從少大强弱令可相減 强正弱直也【集解】李銳曰直當作負負猶背也 其强弱相減同名相去異名從之【集解】李銳曰如以强減少强爲少以弱減少弱亦爲少故曰同名相去如以强減少弱爲强以弱減少强爲半弱故曰異名從之 從强進少爲弱【集解】李銳曰以强加强爲少弱也 從弱退少而强【集解】李銳曰以强減少弱爲强也 從上元太歲在庚辰以來盡熹平三年歲在甲寅積九千四百五十五歲也宋世治曆何承天曰曆數之術若心所不達雖復通人前識無救其弊是以多歷年歲猶未能有定四分於天出三百年而盈一日積世不悟徒云建曆之本必先立元假託讖緯遂開治亂此之爲弊亦以甚矣劉歆三統法尤復疏闊方於四分六千餘年又益一日楊雄心

惑其說採爲太玄班固謂之最密著於漢志司馬彪曰自太初元年始用三統曆施行百有餘年曾不憶劉歆之生不逮太初二三君子爲曆幾乎不知而妄言者歟元和中穀城門候劉洪始悟四分於天疏闊更以五百八十九爲紀法百四十五爲斗分而造乾象法又制遲疾曆以步月行方於太初四分轉精密矣【集解】惠棟曰宋書志云魏文帝黃初中太史丞韓翊以爲乾象減斗分太過後當先天造黃初曆以四千八百八十三爲紀法一千二百五爲斗分案紀法卽周甲子至癸亥是也斗分卽歲餘古曆起於斗終於斗錢大昕曰四分術本以漢文帝後三年庚辰歲爲元熹平甲寅前三百三十五年又追上兩元計九千一百二十歲以爲上元距開闢之始二百七十五萬一千二百歲也四分術以章帝元和二年施行在熹平甲寅前九十一年此算積年乃及熹平者蓋劉洪撰記時附益之李銳曰案章帝施行四分月食以河平癸已爲元至光和三年始用宗誠月食術月食五星之元蓋其時所定光和三年在熹平甲寅後六年

論曰易有太極是生兩儀兩儀之分尙矣乃有皇犧皇犧之有天下也未有書計歷載彌久暨於黃帝班示文章重黎記註象應著名始終相驗準度追元乃立曆數天難諶斯是以五三迄於來今各有改作不通用故【集解】盧文弨曰故上屬爲句 黃帝造曆元起辛卯而顓頊

用乙卯【集解】錢大昕曰唐一行日度議引洪範傳云曆紀始於顓項上元太始閼逢攝提格之歲畢陬之月朔日己巳立春七曜俱在營室五度則顓項亦用甲寅與此志異然日度議又云魯宣公十五年顓項弟十三蔀首以丁巳平旦立春則顓項曆元在春秋前七百八十四年正是乙卯歲殷祖辛之元祀也衞家皆上追開闢此獨始於殷代故云斷取近距虞用戊午夏用丙寅殷用甲寅【集解】錢大昕曰案前志載殷曆云成湯用事十三年十一月甲子朔旦冬至終六蔀首當周公五年正月戊午朔旦冬至又竟十四蔀至漢元帝初元二年復為紀首初元二年歲在甲戌則前一紀首乃甲寅歲也周用丁巳【集解】錢大昕曰李淳風說周曆上元丁巳至魯僖公五年丙寅積二百七十五萬九千七百六十九算較元命包所說開闢至獲麟之歲少五十七算魯用庚子漢興承秦初用乙卯【集解】錢大昕曰唐一行日度議云顓頊曆上元甲寅辰初合朔立春七曜皆在艮維之首蓋重黎受職於顓頊帝堯復其子孫俾掌天地四時以及虞夏故本其所由生命曰顓頊其實夏曆也湯作殷曆更以冬至為上元周人因之距羲和千祀昬明中星率差半次夏時直月節者皆當十有二中故因循夏令其後呂不韋得之以為秦法更攷中星斷取近距以乙卯歲正月己巳合朔立春為上元至武帝元封不與天合乃會術士作太初曆元以丁丑王莽之際劉歆作三統追太初前世一元【集解】盧文弨曰世當作卅得五星會庚戌之歲以為上元太初曆到章帝元和旋復疏闊徵能術者課校諸曆定朔稽元追漢三十五年庚辰之歲【集解】錢大昕曰三當作四追朔一日乃與天合以為四分曆元加六百五元一紀上得庚申【集解】錢大昕曰自開闢至漢文帝後三年積二百七十六萬三百二十算以元法收之得六百有五其餘一千五百二十恰滿一紀之數有近於緯而歲不攝提以辨曆者得開其說而其元尠與緯同同則或不得於天然曆之興廢以疏密課固不主於元光和元年中議郎蔡邕郎中劉洪補續律曆志邕能著文清濁鍾律洪能為算述敘三光【集解】錢大昕曰此卷首千餘言述推步之原精微簡要非洪不能作後之步天者宜寶之先謙曰官本述作近今攷論其業義指博通術數略舉是以集錄為上下篇放續前志以備一家蔡邕戍邊上章曰朔方髠鉗徒臣邕稽首再拜上書皇帝陛下臣邕被受陛下尤異大恩初由宰府備數典城以叔父故衞尉質時為尚書召拜郎中受詔詣東觀著作遂與羣儒竝拜議郎沐浴恩澤承荅聖問前後六年質奉機密趨走日下遂竟端右出相好藩【集解】[illegible]還尹輦轂旬日之中登躡上列父子一門兼受恩寵不能輸寫心力以效絲髮之功一旦被章陷沒辜戮陛下天地之德不忍刀鋸截臣首領得就平罪父子家屬徙充邊方完全軀命喘息相隨非臣無狀所敢復望非臣罪惡所當復蒙非臣辭筆所能復陳臣初決罪雒陽詔獄生出牢戶顧念元初中故尚書郎張俊坐漏泄事當伏重刑已出穀門復聽讀鞫【集解】[illegible]詔書馳救一等輸作左校俊上書謝恩遂以轉徙【集解】[illegible]郡縣促遣徧於吏手【集解】[illegible]不得頃息含辭抱悲無由上達既到徙所乘塞守烽職在候望憂怖焦灼無心復能操筆成草致章闕庭誠知聖朝不責臣謝【集解】[illegible]但懷愚心有所不竟臣自在布衣常以為漢書十志下盡王莽而世祖以來惟有紀傳無續志者臣所師事故太傅胡廣知臣頗識其門戶略以所有舊事與臣雖未備悉粗見首尾積累思惟二十餘年不在其位非外吏庶人所得擅述天誘其衷得備著作郎【集解】[illegible]建言十志皆當撰錄遂與議郎張華等分受之其難者皆以付臣先治律曆以籌筭為本天文為驗【集解】[illegible]請太師【集解】[illegible]舊注【集解】[illegible]校連年往往頗有差舛當有增損乃可施行為無窮法道至深微不敢獨議郎中劉洪密於用算故臣表上洪與共參思圖牒尋繹度數適有頭角會臣被罪逐放邊野臣竊自痛一為不善使史籍所闕胡廣所校二十年之思中道廢絕不得究竟慺慺之情猶以結心不能違望【集解】[illegible]今年七月九日【集解】[illegible]匈奴始攻郡鹽池縣其時鮮卑連犯雲中五原一月之中烽火不絕不知所濟郡縣咸懼不守朝旦臣所在孤危懸命鋒鏑湮滅土灰呼吸無期誠恐所懷隨軀腐朽抱恨黃泉遂不設施謹先顛踣【集解】[illegible]科條諸志臣欲制刪定者一【集解】[illegible]所當接續者四前志所無臣欲著者三【集解】[illegible]及經典羣書所宜捃摭本奏詔書【集解】[illegible]所當依據分別首目并書章左臣初被考妻子迸竄亡【集解】[illegible]失文書無所案請加以惶怖愁恐思念荒散十分不得識一所識者又恐謬誤觸冒死罪披散愚情【集解】[illegible]願下東觀推求諸奏參以璽書以補綴遺闕昭明國體章聞之後雖肝腦流離白骨剖破無所復恨惟陛下省察謹因臨戎長霍圉封上臣頓首死罪稽首再拜以聞其所論志志家未以成書如有異同今隨事注之於本志也

贊曰象因物生數本杪曶律均前起準調後發該覈衡琁檢會日月

律曆志下第三　終

續漢志集解第三校補

律厤志下相與爲衡集解盧文弨曰衡疑衡下望衡同王正樞曰謂日月相距兩邊平均作衡是也

嬴朒無方官本嬴作嬴古字通用

日有光道官本考證曰光監本作九依宋本改是毛本與宋本合中道月有九行中道者黃道一曰光道光道北至東井去北極近南至牽牛去北極遠東至角西至婁去極中此光道之明文也

得三百六十五四分度之一爲歲之日數集解錢大昕曰度字衍案下旣云日日行一度亦爲天度是度數本卽日數度字不爲衍

元法四千五百六十集解惠棟曰至故復則不望王正樞曰言厤於元法之外加災歲五十七此言陰陽災變者所主也惠氏引易說以明之取存舊說究之日分月分何能歸一今案前志云凡四千六百一十七歲與一元終故有經歲災歲之別孟康所謂經歲從百六終陽三也得災歲五十七合爲一元四千六百一十七歲是矣本志以三紀爲一元則是不用前志說也卽韓子謂元中有厄亦止論元中不必別加災歲惠氏洵可不補惟前漢言厤牽於災變後漢言厤蔽於纖緯其失則同

入月日二十六王正樞曰六當改七近粵刻本已改柳從辰曰此據李銳氏所得入月日數當作二十七也惟古本字均作六無作七者

穀雨至旦中星牛六集解先謙曰官本牛作斗柳從辰曰以度數推之作斗非

附注多病蔵柳從辰曰蔵音蔑一作矆說文目眵也廣韻目赤也官本注作蔵从臣乃譌字今案釋名釋疾病目眥傷赤曰矆矆末也創在兩目末也

芒種晷長二尺四寸四分官本注種誤腫病脹耳熱不出行官本注熱誤熟多病疢熱中官本注熱亦誤熟立冬晷長丈一寸二分案此注引易緯凡丈皆作一丈此獨無一字係誤脫多病少氣五疸水腫疸字原殘與疸無別已正官本注不誤案說文疸黃病也據方書有穀疸酒疸勞疸等五名是曰五疸前書嚴助傳南方暑溼近夏癉熱顏注癉黃病音丁幹反與疸音義並同說文無癉字是疸同癉矣

謂之豕韋之次官本注韋誤掌

是㠯集錄爲上下篇放續前志㠯備一家據此則續漢律厤志原僅上下二篇今爲三篇乃刻令加注時所分蓋卽就上篇分出中篇故中篇之起其文別無提敘

注不責臣罪集解先謙曰官本罪作謝王正樞曰邕集作謝但愚心有所不竟集解但下盧文弨曰脫懷字王正樞曰邕集有懷字

二十年之思官本注思或作恩具以狀文官本注聞或誤間

謹先顯踏集解惠棟曰謹集作恐王正樞曰本書邕傳注亦引作謹謹字是臣欲制删定者一集解盧文弨曰制字衍王正樞曰邕集無制字邕本奏詔書集解盧文弨曰奏當作奉王正樞曰奏字是今案本奏詔書者邕等原奏所陳已奉有詔書者也邕傳注亦引作奏自非誤字

禮儀志上第四 合朔 立春 五供 上陵 冠 夕牲 耕 高禖 養老 先蠶 祓禊　後漢書四

梁　剡　令劉　昭注補

王先謙集解

夫威儀所㠯與君臣序六親也若君亡君之威臣亡臣之儀上替下陵此謂大亂大亂作則羣生受其殃可不慎哉故記施行威儀㠯爲禮儀志謝承書曰太傅胡廣博綜舊儀立漢制度蔡邕因以爲志譙周後改定以爲禮儀志集解先謙曰官本注謝承作謝沈案祭祀志注說志名亦引謝沈書作沈是黃山曰邕志即意見祭祀志注昭序言續書八志儀祀得於往制蓋即本周所改定並其名因之中庸禮儀三百威儀三千諸儒或云周禮爲禮儀儀禮爲威儀或云儀禮爲禮儀戴記爲威儀而以禮儀爲專指經禮則同詳本志曰如禮曰如儀乃合禮與儀併名之初不依經恉禮運諸侯以禮相與大夫以法相序左襄三十一年傳君有君之威儀臣有臣之威儀志亦剌取經文別自爲說馬班陳范無此蹈襲亦必非邕志所有矣漢志屬有吉凶事輒詔太常具禮儀殆即周所依據乎

禮威儀每月朔旦太史上其月厤有司侍郎尚書見讀其令奉行其政朔前後各二日皆牽羊酒至社下㠯祭日日有變割羊㠯祠社用救日日變執事者冠長冠衣皁單衣絳領袖緣中衣絳袴韈㠯行禮如故事公羊傳曰日有食之鼓用牲于社求乎陰之道也以朱絲縈社或曰脅之或曰爲闇恐人犯之故縈之也何休曰脅之與責求同義社者土地之主也月者土地之精也上係於天而犯日故鳴鼓而攻之脅其本也朱絲縈之助陽抑陰也或曰爲闇者社者土地之主尊也爲日光盡天闇冥恐人犯歷之故縈之然此說非也先言鼓後言用牲者明先以尊者命責之後以臣子禮接之所以爲順也白虎通曰日食必救之陰侵陽也鼓攻之以陽責陰也故春秋曰日食鼓用牲于社所以必用牲者土地別神也尊之不敢虛責也日食大水則鼓用牲大旱則雩祭求雨非虛言也助陽責下求陰之道也決疑要注曰凡救日食皆著赤幘以助陽也日將食天子素服避正殿內外嚴日有變伐鼓聞音侍臣著赤幘帶劍入侍三臺令史已下皆持劍立其戶前衛尉卿驅馳繞宮察巡守備周而復始日復常乃皆罷之集解惠棟曰沈約云晉時史官荅詔自漢故事以爲日蝕必當于交每至其時申警百官以備日變故甲寅詔有備蝕之制無攷負之法古來黃帝顓頊夏殷周魯六厤皆無推日蝕法但有考課疏密而已絳領袖緣緣疑作緣晉志引漢儀作緣絳袴韈漢官儀曰漢家赤行齊著絳袴韈又注內外嚴警太史登靈臺伺候日變更伐鼓於門聞鼓音侍臣皆著赤幘原注有闕誤從宋志校正徐廣云救日蝕文武官皆免冠著赤幘對朝服示威武也又注巡察守備宋書禮志作伺察守備黃山曰宋書禮志漢制太史每歲上其年厤先立春立夏大暑立秋立冬常讀五時令皇帝所服各隨五時之色帝升御座尚書令以下就席位尚書三公郎中以令置案上奉以先入就席伏讀訖賜酒一卮杜佑通典云讀時令非古制也自東漢始焉其後因而沿襲凡言時者謂四時耳案漢制大暑讀令明若爲五時通典亦載魏明帝景初元年通事奏前後但見讀四時令服黃之時獨闕高堂隆謂土旺四季其令隨時故無服黃之令杜云斯則魏代不讀大暑令矣是則本五時省爲四時耳但通之事既言前後皆不見服黃之令則漢末已省讀不始於魏也此志言每月朔旦太史上其月厤見讀其令又可知初制本按月讀之寖久遞減宋禮志乃改爲每歲上其年厤則於下文言朔前後者以不符開元禮皇帝讀五時令禮部尚書先讀令於三日奏讀月令承以宣告此并三月爲一時讀之雖名月令非每月朔旦上書之蓋即沿魏以來故事至志言有司尚書侍郎見讀其令即唐尚書先讀令矣郊特牲祭義皆言郊之祭主日魏文帝詔漢代不拜日於東郊旦夕常於殿下東西拜日月祭祀志建武二年立大社稷洛陽二月八日及臘一歲三祠皆太牢具使有司祠是則志所云朔前後二日牽羊酒至社祭日亦有司自爲之非國家典制志因漢制亡闕姑就有司之事存其大略故前言有司後言執事也後漢尚書六百石與尚書令殊侍郎四百石見百官志皆有司之官宋禮志乃以尚書爲郎尚書令位三公之上亦不符不容據後改前也

立春之日夜漏未盡五刻京師百官皆衣青衣郡國縣道官下至斗食令史皆服青幘立青幡施土牛耕人于門外㠯示兆民至立夏惟武官不立春之日下寬大書曰制詔三公方春東作敬始慎微動作從之罪非殊死且勿案驗皆須麥秋退貪殘進柔良下當用者如故事月令曰命相布德和令蔡邕曰此詔之謂也獻帝起居注曰建安二十二年二月壬申詔書絕立春寬緩詔書不復行集解惠棟曰案侯霸傳每春下寬大書霸所建也又案魯恭傳永元十五年案薄刑改用孟夏故須麥秋此詔當在永元十五年故事也

正月上丁祠南郊白虎通曰春秋傳曰以正月上辛尚書曰丁巳用牲于郊牛二先甲三日辛也後甲三日丁也皆可接事昊天之日集解先謙曰注牛一各本同白虎通及書召誥本文均作牛二黃山曰漢書郊祀志王商師丹翟方進等議引書牛二云周公加牲告徙新邑定郊禮於雒北堂書鈔九十引五經異義祭日以丁與辛何丁者反覆丁寧也辛者自克辛也易蠱先甲三日後甲三日正義引鄭義以爲甲者造作新令之日甲前三日取改過自新故用辛也甲後三日取丁寧之意故用丁也

禮畢次北郊明堂高廟世祖廟謂之五供五供畢㠯次上陵西都

舊有上陵東都之儀百官四姓親家婦女公主諸王大夫蔡邕獨斷曰凡與先后有瓜葛者集解黃山曰瓜葛謂上四姓親家婦女也此注引獨斷有脫誤僅存八字在諸王大夫下遂不可通詳獨斷原文云天子以正月五日畢供後上原陵以次周徧公卿百官皆從四姓小侯諸侯家婦凡與先帝先后有瓜葛者及諸侯王大夫郡國計吏匈奴朝者西國侍子皆會卽此志所本瓜葛本兼言先帝非單言先后諸王大夫謂在國諸侯王遣大夫會朝正朔者故別於百官而與郡國計吏並舉也外國朝者侍子郡國計吏會陵晝漏上水大鴻臚設九賓隨立寢殿前薛綜曰九賓謂王侯公卿二千石六百石下及郎吏匈奴侍子凡九等鍾鳴謁者治禮引客羣臣就位如儀乘輿自東廂下太常導出西向拜止旋升阼階拜神坐退坐東廂西向侍中尚書陛者皆神坐後公卿羣臣謁神坐太官上食太常樂奏食舉文始五行之舞前書志曰文始舞者本舜韶舞也高祖六年更名文始以示不相襲也五行舞者本周舞也秦始皇二十六年更名五行之舞也禮樂闋君臣受賜食畢郡國上計吏以次前當神軒占其郡穀價民所疾苦欲神知其動靜孝子事親盡禮敬愛之心也周徧如禮謝承書曰建寧五年正月車駕上原陵蔡邕爲司徒掾從公行到陵見其儀愾然謂同坐者曰聞古不墓祭朝廷有上陵之禮始爲可損今見威儀察其本意乃知孝明皇帝至孝惻隱不可易舊或曰本意云何昔京師在長安時其禮不可盡得聞也光武卽世始葬於此明帝嗣位踰年羣臣朝正感先帝不復聞見此禮乃帥公卿百寮就園陵而創焉尚書陛西陛爲神坐天子事亡如事存之意苟先帝有瓜葛之屬男女畢會王侯大夫郡國計吏各向神坐而言庶幾先帝神魂聞之今者日月久遠後生非時人但見其禮不知其哀以明帝聖孝之心親服三年久在園陵初興此儀仰察几筵下顧羣臣悲切之心必不可堪邕見太傅胡廣曰國家禮有煩而不可省者不知先帝用心周密之至於此也廣曰然子宜載之以示學者邕退而記焉魚豢曰孝明以正月旦百官及四方來朝者上原陵朝禮是謂甚遠古不墓祭之義臣昭以爲邕之言然集解惠棟曰漢雜事曰尚書官屬西除下在先帝神坐大夫計吏皆當軒前下注建寧五年正月建寧上一本有靈帝二字棟案此係熹平元年正月事是年五月始以建寧五月改元熹平蔡邕所記在改元以前袁宏不察遂列建寧五年於熹平之上又止載上陵一事公卿拜罷一無所考當合二年爲一年也又注今見威儀云云威作其創作朝陛西作階西陛爲作祭設久作又宜作當周壽昌曰案靈帝紀建寧四年次年卽改元熹平謝承稱五年者以改元在五月也黃山曰前書元本紀復孝惠皇帝寢廟園孝文太后孝昭太后寢園成本紀復太上皇寢廟園是前漢帝后本皆有園陵寢廟之祭故志言西都舊有上陵蔡邕獨斷云古不墓祭至秦始皇出寢起居於墓側漢因而不改故今陵上稱寢殿有起居衣冠象生之備本注引邕

記既云昔京師在長安時其禮不盡得聞亦必嘗聞其略不應又云創自明帝矣惠氏據技創作朝是也獨斷又云大夫計吏皆當軒下占其郡穀價四方災異記亦云王侯大夫郡國計吏各向神座而言志載占穀價及民疾苦乃不及諸王大夫蓋以郡國各有計吏而省之耳最後親陵遣計吏賜之帶佩八月飲酎上陵禮亦如之丁孚漢儀曰酎金律文帝所加以正月旦作酒八月成名酎酒因合諸侯助祭貢金漢律金布令曰皇帝齋宿親帥羣臣承祠宗廟羣臣宜分奉請諸侯列侯各以民口數率千口奉金四兩奇不滿千口至五百口亦四兩皆會酎少府受又大鴻臚食邑九眞交阯日南者用犀角長九寸以上若瑇瑁甲一鬱林用象牙長三尺以上若翡翠各二十準以當金漢舊儀曰皇帝惟八月酎車駕夕牲牛以絳衣之皇帝暮視牲以鑑燧取水於月以火燧取火於日爲明水火左袒以水沃牛右肩手執鸞刀以切牛毛薦之而卽更衣巾侍上熟乃祀之集解惠棟曰一本注旦作朝二作三鑑燧一作陰燧火燧一作陽燧周禮攷工記曰金有六齊金錫半謂之鑑燧之齊鄭元云鑑燧取水火於日月之器也劉昫曰準鄭注則水火之器皆以金錫爲之先謙曰官本牛毛作牛尾凡齋天地七日宗廟山川五日小祠三日齋日內有汙染解齋集解錢大昕曰說文引漢律云見姅變不得侍祠姅婦人汙也周壽昌曰揚愼云姅變謂月事也黃山曰孔穎達左文六年治舊洿溯疏洿者穢之別名不潔之謂也趙岐孟子蒙不潔注以不潔汙巾帽而蒙其面是巾帽犯汙郞爲不潔有汙染解齋志通男女言謂搨染外物之汙祭統及其將齋也防其邪物卽防汙染也先齋一日有汙穢可澣浴滌除故齋祀如儀在齋日內則爲不愼防誠意未至故解齋而使副倅行禮若姅變不侍祠雖見於先齋一日宜不得仍齋祀也副倅行禮先齋一日有汙穢災變齋祀如儀集解惠棟曰蔡邕集曰靈帝時詔召尚書問立春當齋迎氣東郊尚書左丞馮方毆殺指揮使于尚書西祠可齋否得無不宜具對議郎臣邕博士任敏死罪對案禮上帝之祠無所爲廢齋者所以致齋不敢渙散其意宮室至大指使至微不至齋潔之處元和詔禮無免齋宜以自潔交大喪唯天郊越紼而齋地神明本無嫌間祠日又寬可齋無疑以下皆百日後乃齋如故事魏文帝詔曰漢時不拜日於東郊而旦夕常於殿下東面拜日煩褻似家人之事非事天交神之道也於是朝日東門之外將祭必先夕牲其儀如郊集解先謙曰官本注時作氏惠棟云氏一作時黃山曰志越紼王制文鄭注越猶躐也紼輴車索孔疏未葬之前屬紼於輴以避火災今祭須越躐此紼而往正月甲子若丙子爲吉日可加元服集解黃山曰通典漢改皇帝冠爲加元服惠帝加元服用正月甲子若丙子爲吉秦蕙田云甲子丙子用剛日也亦桑弧蓬矢之意山案前書惠本紀書皇帝冠昭本紀始書帝加元服則定冠日始惠帝改冠名當始昭帝矣儀從冠禮乘輿初緇布進賢次爵弁次武弁次通天以據皆如高祖廟如禮謁冠禮曰成王冠周公使祝雍曰辭達而勿多也祝雍曰近於民遠於

年遠於佞近於義嗇於財任賢使能博物記曰孝昭帝冠辭曰陛下擒顯先帝之光耀以承皇天之嘉祿欽奉仲春之吉辰普遵大道之郊域秉率百福之休靈始加昭明之元服推遠沖孺之幼志蘊積文武之就德肅勤高祖之清廟六合之內靡不蒙德永永與天無極獻帝傳曰興平元年正月甲子帝加元服司徒淳于嘉爲賓加賜玄纁駟馬貴人公主卿司隸城門五校及侍中尚書給事黃門侍郎各一人爲太子舍人也集解惠棟曰開元禮曰用曹褒新禮四加也以一據當從五禮新儀作冠訖又五禮精義曰士冠于廟諸侯于太祖之廟天子當冠于始祖廟也如禮謁謁世祖廟也黃山曰班彪傳注在上天曰據志以據蓋謂即據此通天爲常服也士冠禮三加受爵弁服仍易服服元冠未爵於朝禮止三加則無最後可據之冠自大夫以上皆有之矣曾子問天子賜諸侯大夫冕弁服於太廟歸設奠服賜服於斯乎有冠醮無冠醴鄭注不醴明不爲改冠是即據矣輿服志通天冠爲乘輿所常服又云未冠童子幘無屋者示未成人也入學小冠幘也句卷屋者示尚幼少未遠冒也隋志後齊皇帝加元服著空頂介幘以出是其制然則必加元服而後得據通天可知況天子必冠於始祖廟故曰皆於高祖廟改以據爲冠訖是既冠而後於高祖廟矣將行冠禮於何所耶是新儀必不可從也

王公吕下初加進賢而已獻帝起居注曰建安十八年正月壬子濟北王加冠戶外以見父母給事黃門侍郎劉瞻兼侍中假貂蟬加濟北王給之

正月天郊夕牲周禮展牲干寶曰若今夕牲又郊儀先郊日未晡五刻夕牲公卿京尹眾官悉至壇東就位太祝吏牽牲入到榜廩犧令跪曰請省牲舉手曰腯太祝令繞牲舉手曰充太史令牽牲就庖豆酌毛血其一奠天神坐前其一奠太祖坐前今之郊祀然也**晝漏未盡十八刻初納夜漏未盡八刻初納**干寶周官注曰納亨納牲將告殺謂向祭之辰也**進熟獻太祝送旋皆就燎位宰祝舉火燔柴火然天子再拜興有司告事畢也明堂五郊宗廟太社稷六宗夕牲皆吕晝漏十四刻初納夜漏未盡七刻初納進熟獻送神還有司告事畢六宗燔燎火大然有司告事畢**

正月始耕月令曰天子親載耒耜措之參保介之御間帥三公九卿躬耕帝藉盧植注曰帝天也藉耕也集解惠棟曰應劭漢官儀曰天子東耕之日親帥三公九卿載青車駕蒼馬公卿以下車駕如常法**晝漏上水初納執事告祠先農已享**賀循藉田儀曰漢耕日以太牢祭先農於田所春秋傳曰耕藉之禮唯齋三日左傳曰鄅人藉稻杜預注曰藉稻履行之薛綜注二京賦曰爲天神借民力於此田故名曰帝藉田在國之辰地干寶周禮注曰古之王者貴爲天子富有四海而必私置藉田蓋其義有三焉一曰以奉宗廟親致其孝也二曰以訓于百姓在勤勤則不匱也三曰聞之子孫躬知稼穡之艱難無違也集解黃山曰注無違各本同案違當作逸此本尚書無逸爲說也在勤以訓百姓無逸以示子孫義各有當**耕時**

有司請行事就耕位天子三公九卿諸侯百官吕次耕鄭玄注周禮曰天子三推公五推卿諸侯九推庶人終於千畝庶人謂徒三百人也月令章句曰卑者殊勞故三公五推禮自上以下降殺以兩勞事反之諸侯上當有孤卿七推大夫十二士終一畝可知也盧植注禮記曰天子耕藉一發九推耒周禮二耜爲耦一耜之伐廣尺深尺伐發也天子及三公坐而論道參五職事故三公以五爲數卿諸侯當究成天子之職事故以九爲數伐皆三者禮以三爲文**力田種各耰訖有司告事畢**史記曰漢文帝詔云農天下之本其開藉田朕躬耕以給宗廟粢盛應劭曰古者天子耕藉田千畝爲天下先藉者帝王典籍之常也而應劭風俗通又曰古者使民如借故曰藉田鄭玄曰藉之言借也王一耕之使庶人耘芓終之盧植曰藉耕也春秋傳曰鄅人藉稻故知藉爲耕也韋昭曰借民力以治之以奉宗廟且以勸率天下使務農也杜預注曰鄅人藉稻其君自出藉稻蓋履行之攢日藉稻藉也本以躬親爲義不得以假借爲稱也漢舊儀曰春始東耕於藉田官祠先農先農即神農炎帝也祠以一太牢百官皆從大賜三輔二百里孝悌力田三老帛種百穀萬斛爲立藉田倉置令丞穀皆以給祭天地宗廟羣神之祀以爲粢盛皇帝躬秉耒耜而耕古爲甸師官賀循曰所種之穀黍稷種稑稑早也種晚也干寶周禮注曰種晚秔稻之屬稑陵穀黍稷之屬集解先謙曰官本注陵作麥黃山曰明紀注引續志作既事告祠先農是祠在耕之後也又明紀永平四年詔曰朕親耕藉田以祈農事此注引漢舊儀亦云耕於藉田官祠先農皆先言耕後言祠蓋耕畢而祠既祠乃頒賚賜

漢制本如此今志首著正月始耕乃言執事告祠同是此義耕時已下特補著始耕之儀賀循謂漢耕日祭先農尤可證耕祭同日矣自劉宋文帝後乃先祠先農另日親耕一遵月令元日祈穀元辰載耒之文則古文之說也然周語虢文公詳言藉田之制司空除壇於藉乃倸耕壇周頌噫嘻載芟二詩無享農之語小雅甫田之御田祖祈甘雨乂在我田既臧之後漢親耕始於文帝而前書本紀載其詔書不過曰其開藉田朕親率耕以給宗廟粢盛而已則先農之享固非漢初所尚也志載皇后親蠶亦先蠶後祠其義同蓋

是月令曰郡國守相皆勸民始耕如儀諸行出入皆鳴鍾皆作樂其有災眚有他故若請雨止雨皆不鳴鍾不作樂春秋釋痾曰漢家郡守行大夫禮鼎俎籩豆工歌縣何休曰漢家法陳師置守相故行其樂也

仲春之月立高禖祠于城南祀吕特牲月令玄鳥至之日以太牢祠詩曰克禋克祀以弗無子毛萇傳曰弗去無子求有子古者必立郊禖焉玄鳥至之日以太牢祀于郊禖天子親往后妃帥九嬪御乃禮天子所御帶以弓韣授以弓矢于郊禖之前鄭玄注云弗之言祓也禋祀上帝于郊禖以祓無子之疾而得福也月令章句曰高尊也禖祀也吉事先見之象也蓋爲人所以祈子孫之祀玄鳥感陽而至其來主爲字館[illegible]乳蕃滋故重其至日因以用事契母簡狄蓋以玄鳥至日有事高禖而生契焉故詩曰天命玄鳥降而生商鞠弓衣也祀以高禖之命飲之以醴帶以弓衣尚使得男也離騷曰簡狄在臺嚳何

宜玄鳥致胎女何嘉王逸曰言簡狄侍帝嚳於臺上有飛鳥墮其卵嘉而吞之因生契鄭玄注禮記曰後王以爲禖官嘉神館本作祥而立其祠盧植注云玄鳥至時陰陽中萬物生故於是以三牲請子於高禖之神居明顯之處故謂之高因其求子故謂之禖以爲古者有媒氏之官因以爲神晉元康中高禖壇上石破詔問出何經典朝士莫知博士束皙荅曰漢武帝晚得太子始爲立高禖之祠高禖者人之先也故立石爲主祀以太牢集解惠棟曰明堂月令曰元鳥至之日祠于高禖以請子許愼云請子必以乙至之日者乙春分來秋分去開生之候鳥帝少昊司分之官也黃山曰前書戾太子傳初上年二十九始得太子甚喜爲立禖祀使東方朔枚皋作禖祝枚乘傳乘孼子皋與東方朔作皇太子生賦及立皇子禖祝皆不從故事又朔傳朔之文詞有皇太子生禖賦是武帝皇子已生乃肇禖祀報也非祈也明非用月令之文矣後漢雖有舉不廢然帝后本紀亦訖無祀禖祈子之事葢以時使有司祠之故其禮略不著耳

明帝永平二年三月上始帥羣臣躬養三老五更于辟雍孝經援神契曰尊三老者父象也謁者奉几安車輭輪供綏執事五更寵以度接禮交容謙恭順貌宋均曰三老老人知天地人事者奉几授三老也安車坐乘之車輭輪蒲裹輪供綏三老就車天子親執綏授之五更老人知五行更代之事者度法也度以寵異之也鄭玄注禮記曰皆年老更事致仕者也名三五者取象三辰五星天所因以照明天下者玄又一注皆老人更知三德五事者也應劭漢官儀

曰三老五更三代所尊也安車輭輪送迎至家天子獨拜于屏三者道成於天地人老者久也舊也五者訓于五品更者五世長子更更相代言其能以善道改更已也三老五更皆取有首妻男女完具臣昭案桓榮五更後除兄子二人補四百石則榮非長子矣蔡邕曰五更長老之稱也集解洪亮吉曰案三老李充出妻桓榮亦去首妻復娶華嶠書榮長子雍早卒他若楊統等皆再娶生子則知官儀所說亦不足從惠棟曰國三老袁良碑曰羣書以君父子俱列二臺夫人結髮上爲三老此其證也案男女完具者謂更老所生男子備具非指長子劉昭駁之非也黃山曰白虎通言老更者何老者壽考也欲言所令者多也更者更也所更歷者衆也不但言老言三何欲其明於天地人之道而老也五更者欲其明於五行之道而更事也三老五更幾人乎曰各一人曰何以知之既以父事父一而已不宜有三注引宋均三五之說即本於此鄭說三五雖皆與此異然仍謂老更各一人蔡邕乃云三老三人五更五人方觀承據以駁白虎通謂父不可以三兄獨不可以五乎夫父既不可有三兄自不宜有加於父漢代養老亦初無兼用三人五人之事也行大射之禮袁山松曰書官本作天子皮弁素幘館本作是觀射大侯郡縣道行鄉飲酒于學校皆祀聖師周公孔子牲以犬鄭玄注儀禮曰狗取擇人孟冬亦如之石渠論曰鄉射合樂而大射不何也韋玄成曰鄉人本無樂故於歲時合樂以同其意諸侯故自有樂故不復合樂鄭玄注鄉飲酒禮曰今郡國十月行鄉飲酒禮黨正每歲邦索鬼神而祭祀則以禮屬民而飲酒于序以正齒位之禮凡鄉黨飲酒必於民聚之時欲其見化知尙賢

尊長也玄冠衣皮知館本作服與禮異服虔應劭曰漢家郡縣亭射祭祀皆假士禮而行之樂縣笙磬籩俎皆如士制集解周壽昌曰案此當時鄉校春秋常祀也前書高紀十二年十一月過魯以太牢祀孔子本書孔僖傳章帝元和二年帝過魯幸闕里以太牢祀孔子及七十二弟子闕里志桓帝元嘉二年詔河南尹給牛羊家各一大司農給米而魯相乙瑛碑有云春秋享禮出王家錢給犬酒値知此禮是隨時祭非特祭黃山曰後漢行大射禮推明紀一見至鄉飲酒禮據李忠伏湛二傳光武世郡縣已行之鄉飲酒禮鄭注既云今郡國十月行此禮則自明帝後亦無改焉漢制親祠孔子必幸闕里光武建武五年十月幸魯使大司空祠孔子尚非親祠明帝永平十五年三月幸孔子宅祠仲尼及七十二弟子則親祠在章帝前矣靈帝建寧二年詔祀孔子依社稷出王家穀春秋行禮事由魯相史晨奏請亦有碑又在乙瑛碑後葢始不用大司農給米也若桓帝元嘉二年詔孔子廟置百石卒史一人掌領禮器春秋享禮出王家錢給大酒値河南尹給牛羊豕各一大司農給米見闕里志與置百石卒史詔碑同事由司徒吳雄等援魯前相瑛所請奏行故亦名乙瑛碑中大酒兩見字皆作此大不作犬攷漢自高帝過魯祠孔子以太牢後皆遵守無用犬者此碑既言由河南尹給牛羊豕不用犬可知古惟燕射用犬不見於他祀鄉飲酒禮不祀其牲狗公云犬取擇人明非祭祀之牲周代鄉飲原不祀先聖先師漢鄉飲禮所由起因行釋奠例用酒脯肉乾也非牲闕里祀孔尤與鄉飲無涉自不用犬周氏以爲時祭用犬殆誤大酒當即大祀之文有酒備五齊三酒耳凡祭先酒脯酬奠言酒脯犬酒爲酒之偏亦不類也於是七郊

禮樂三雍之義備矣養三老五更之儀先吉日司徒上太傅若講師故三公人名用其德行年耆高者一人爲老次一人爲更也盧植禮記注曰選三公老者爲三老卿大夫中之老者爲五更亦參五之也皆服都紵大袍單衣皁緣領袖中衣冠進賢扶玉杖五更亦如之不杖皆齋于太學講堂月令章句曰三老國老也集解惠棟曰玉杖當作王杖先謙曰惠說是禮伊耆氏供王之齒杖注王之所以賜老者之杖鄭司農云謂年七十當以王命受杖者今時亦命之爲王杖其日乘輿先到辟雍禮殿御坐東廂遣使者安車迎三老五更天子迎于門屏交禮道自阼階三老升自賓階至階集解惠棟曰下應有揖字天子揖如禮三老升東面三公設几九卿正履天子親袒割牲執醬而饋執爵而酳祝鯁在前祝饐在後五更南面公進供禮禮記曰天子適饌省醴養老之珍具遂發詠焉退修之以孝養反升歌清廟孝養之詩也亦如之譙周五經然否曰漢初或云三老答天子拜遭王莽之亂法度殘缺漢中興定禮儀羣臣欲令三老答拜城門校尉董鈞駁曰養三老所以教事父之道也若答拜是使天下答子拜也詔從鈞議譙周論之曰禮尸服上服猶以非親之故答子拜士

見異國君亦答拜是皆不得視猶子也虞喜曰且據漢儀於門屏交禮交禮即答拜中興謬從鈞議後革之深得其意【集解】黃山曰白虎通天子臨辟雍親袒割牲尊三老父象也謁者奉几杖授安車輭輪供綏執授兄事五更寵接禮交加容謙敬順貌也此注上引孝經援神契亦云尊三老奉几供綏五更接禮交容其文正同是交禮本專就五更言非所論於三老董鈞爲慶氏之學秉大戴之傳駁議必本於師志文約言之虞喜自不考耳尸乃假攝故儀禮有答拜之文養老乞言非同假攝譙周以爲比儗矣陳立白虎通疏證云譙氏說經多由臆斷未可據也

明日皆詣闕謝恩以見禮遇大尊顯故也前書禮樂志曰顯宗因祀光武皇帝於明堂養三老五更於辟雍威儀既盛矣德化未流洽者以其禮樂未具羣下無所誦說而庠序尚未設之故也孔子曰譬如爲山未成一簣止吾止也

是月皇后帥公卿諸侯夫人蠶丁孚漢儀曰皇后出乘鸞輅青羽蓋駕駟馬龍旂九旒大將軍妻參乘太僕妻御前鸞旂車皮軒闟戟雒陽令奉引亦千乘萬騎車府令設鹵簿駕公卿五營校尉司隸校尉河南尹妻皆乘其官車帶夫本官綬從其官屬導從皇后置虎賁羽林騎戎頭黃門鼓吹五帝車女騎夾轂執法御史在前後亦有金鉦黃鉞五將導桑于蠶宮手三盆于繭館畢還宮月令曰禁婦人無觀按谷永對稱四月壬子皇后桑之日也則漢婦桑亦用四月

祠先蠶禮以少牢漢舊儀曰春桑生而皇后親桑於苑中於蠶室養蠶千薄以上祠以中牢羊豕今蠶神曰苑窳婦人寓氏公主凡二

神羣臣妾從桑還獻於繭觀皆賜從桑者樂皇后自行凡蠶絲絜織室以作祭服祭服者冕服也天地宗廟羣臣五時之服其皇帝得以作縷縫衣得以作巾絜而已置蠶官令丞諸天下官皆詣蠶室亦婦人從事故舊有東西織室作法晉后祠先蠶壇高一丈方二丈爲四出陛陛廣五尺在采桑壇東南【集解】惠棟曰晉書禮志引漢儀云皇后親桑東郊苑中又苑窳一作苑窊于寶曰公主者女之尊稱也苑窳婦人先蠶者也又河南十二縣境簿曰繭觀在廣陽門先謙曰官本注苑中下無於字巾作中

是月上巳官民皆絜於東流水上【集解】錢大昕曰絜古禊字應劭云禊者絜也言自絜濯也靚講說文無禊字惠棟曰蘇林云陳留俗三月上巳水上飲食爲酺黃山曰續漢書三月上巳宮人皆絜於東流水上自洗濯祓除爲大絜也文與此同而官民作宮人案作宮人是也志爲朝廷明禮儀不當僅載官民之事是月連上皇帝祠先蠶爲文郎明帝永平二年三月上巳事前書五行志高后八年三月祓霸上元后傳春幸繭館率皇后列侯夫人桑遵霸水而祓除皆其故事漢祓除之禮自天子及官民固皆行之西京雜記高祖與戚夫人正月上辰出百子池邊灌濯以祓妖邪三月上巳張樂於流水前書外戚傳武帝即位數年無子祓霸上當亦率宮人行之本書周舉袁紹二傳皆載有三月上巳之會鄭元女巫注歲時祓除如今三月上巳如水上之類足知官民相沿漢末未廢特此不當作官民耳曰洗濯祓除去宿垢疢爲大絜絜者言陽氣布暢萬物訖出始絜之矣謂之禊也風俗通曰周禮女巫掌歲時以祓除疾病禊者絜也春者蠢也蠢搖動也尚書以殷仲春厥民析言人解析也蔡邕曰論語暮春者春服既成冠者五六人童子六七人浴乎沂風乎舞雩詠而歸自上及下古有此禮今三月上巳祓禊於水濱蓋出於此杜篤祓禊賦曰巫咸之徒秉火祈福則巫祝也一說云後漢有郭虞者三月上巳產二女二日中並不育俗以爲大忌至此月日諱止家皆於東流水上爲祈禳自絜濯謂之禊祠引流行觴遂成曲水韓詩曰鄭國之俗三月上巳之溱洧兩水之上招魂續魄兼蘭草祓除不祥漢書八月祓灞水亦斯義也後之良史亦據爲正臣昭曰郭虞之說良爲虛誕假有庶民旬內夭其二女何足驚彼風俗稱爲世忌乎杜篤乃稱王侯公主暨于富商用事伊雜帷幔玄黃本傳大將軍商梁亦歌泣於雜禊也自魏不復用三日水宴者焉【集解】惠棟曰絜讀爲禊故云謂之禊也故下引風俗通曰禊者絜也又月令暮春始乘舟蔡邕章句曰陽氣和燰鮪魚時至將取以薦寢廟故因是乘舟禊于名川也又沈約云自魏以後但用三日不以巳也黃山曰續齊諧記晉武帝問曲水之義摯虞言漢章帝時徐肇以三月初生三女至三日俱亡一村以爲怪乃攜酒就水洗滌去災帝曰如此便非佳節尚書郎束晳謂虞小生不足以知之昔周公卜洛邑因流水以泛酒故逸詩云羽觴隨波又秦昭王置酒於河曲有金人自泉而出捧水心劍曰令君制有西夏及秦霸乃因此處立曲水祠二漢相沿爲盛事案摯虞所言與此注郭虞事略同而以爲章帝時徐肇事固爲不經郎束晳所言亦不足爲典要但袁紹傳注引麻法三月建辰已卯退除可以拂除災及韓詩薛君章句鄭國之俗三月上巳拂除不祥而此言漢書八月祓灞水是漢初已有春秋兩祓矣宋書禮志劉禎賦素秋三

七天漢指隅人習祓除百子水嬉亦言秋祓而時七月十四日又與漢用八月殊皆不知何所昉也

禮儀志上第四 終

續漢志集解第四校補

禮儀志上絳袴絑絑原譌絲已正官本不誤

百官四姓親家婦女公主注凡與先后有瓜葛者柳從辰曰埤雅瓜葛皆延蔓相及故屬之疏遠者取譬瓜葛案以瓜葛喻親屬昉於詩之瓜瓞葛藟本爲雅言觀王導笑謂其子相與有瓜葛義亦第主親屬不主疏遠自後世專以疏屬爲瓜葛而雅言亦等里語矣集解諸侯家婦柳從辰曰今獨斷家或作家但下文注引謝承書荀先帝有瓜葛之屬男女畢會則不必限於家婦抑侯家婦與先帝后有瓜葛者不定家婦也

八月飲酎上陵禮亦如之注以水沃牛右肩手執鸞刀以切牛毛薦之柳從辰曰孫輯本漢舊儀作以切牛毛血多血字集解先謙曰官本牛毛作牛尾柳從辰曰通典引作以切牛尾之毛今案水沃牛肩毛切牛尾猶之可也如竟切牛尾則牲體不全矣古亦無先薦尾之禮也

凡齋天地七日宗廟山川五日小祠三日侯康曰通典後漢仲長統論散齋可宴樂御史大夫郗慮奏改國家齋日從古制諸祭祀皆十日致齋七日散齋三日致齋散齋之日內有嘉慶之事或言可賀會宴樂或言不可尚書令荀彧與臺郎董遇議曰禮志云三日齋一日用之猶恐不敬二日伐鼓何居又云君致齋于外夫人致齋于內散

齋則是事之漸然則散齋未絕外內與宴樂之事也今一歲之內大小祭祀齋將三百日如此無復用樂之時古今之制當各從所宜若外張多日而內實犯禮乃所以廢齋也散齋宜從得賀會宴樂

正月甲子若丙子爲吉日可加元服錢大昭曰安帝以正月庚子冠濟北王以正月壬子冠則庚子壬子亦吉日也今案頭陽屬天而冠日用子舉甲子丙子以起筮日之例耳古之筮日吉事先近甲子不吉則筮丙子戊子庚子壬子時其吉告可用固非有異耳

正月始耕侯康曰南齊書禮志祀先農親耕宋元嘉大明以來並用立春後亥日何佟之議漢文用此日耕藉祠先農故後王相承用之顧暠之議昭帝癸亥耕於鉤盾弄田明帝癸亥耕下邳章帝乙亥耕定陶又辛丑耕懷章帝上本紀下文乙亥作乙丑睹緹此興辭之丑耕張皆不酌舊用丑實兼有據觀此知漢耕藉不田多用亥日間或參用丑耳用亥丑之義亦見南齊志文繁不錄集解惠棟曰應劭漢舊儀曰至公卿以下車駕如常法柳從辰曰孫輯本漢官儀作戴青幘冠青衣載青旂駕青龍公卿以下車駕如常法互校實皆非完文

有司告事畢注漢書儀曰春始東耕於藉田侯康曰祭統天子親耕于南郊諸侯耕於東郊注東郊少陽諸侯象也是東耕非天子禮惟白虎通云耕于東方者何東方少陽農事始起故曾子問曰天子耕東田而三反之鮒蜡好問公羊桓十四年注云禮天子親耕東田千畝諸侯百畝白虎通多公羊家言故與邵公注合據此二說則漢用公羊禮也今案漢興雖禮經殘缺古文之說卒難施用中興後言禮者多尊用慶氏其言禮必有異於二戴者祭統之說則戴氏學也唐貞觀三年初議藉田孔穎達卽援祭統駁東郊爲不合古禮太宗曰虞書云平秩東作則堯舜敬授人時已在東矣所謂天子親耕於南郊蓋說未有用之者也

如是七郊禮樂三雍之義備矣官本如是作於是錢大昭曰閩本作於是

五更南面公進供禮錢大昭曰公本又作三公

祠先蠶注而皇后親桑於菀中官本親作視非今蠶神曰菀窳婦人寓氏公主凡二神柳從辰曰孫輯本漢舊儀今作祭案黃省曾蠶經云菀窳婦人先蠶也蜀有蠶女馬頭娘歷代所祭不同據此則作今非誤矣且上巳云祠下不必更言祭文主釋蠶神亦非就祭蠶神言也天地宗廟羣臣五時之服其皇帝得以作縷縫衣得以作巾絮而已置蠶官令丞諸天下官皆詣蠶室柳從辰曰孫輯本漢官舊儀臣作神得以作巾絮上有皇后二字諸天下官下有下法二字今案臣作神及多皇后二字皆較勝此注所引惟通考注所引又全與此注同

是月上巳柳從辰曰風俗通巳者祉也邪疾已去祈介祉也

禮儀志中第五

立夏 請雨 拜皇太子 拜王公 桃印 黃郊 立秋 貙劉 案戶 祠星 立冬 冬至 臘 大儺 土牛 遣衞士 朝會

梁 剡令劉昭注補

王先謙集解

立夏之日，夜漏未盡五刻，京都百官皆衣赤，至季夏衣黃，郊。其禮：祠特，祭竈。

自立春至立夏盡立秋，郡國上雨澤。若少，府郡縣各埽除社稷；其旱也，公卿官長以次行雩禮求雨。

公羊傳曰大雩旱祭也何休注曰君親之南郊以六事謝過自責曰政不善與民失職與宮室崇與婦謁盛與苞苴行與讒夫昌與一本昌作倡使童男女各八人舞而呼雩故謂之雩春秋繁露曰大旱雩祭而請雨大水鳴鼓而攻社天地之所爲陰陽之所起也或請焉或怒焉何如也曰大旱陽滅陰也陽滅陰者尊厭卑也固其義也雖大甚拜請之而已敢有加也大水者陰滅陽也陰滅陽者卑勝尊也以賤陵貴者逆節故鳴鼓而攻之朱絲而脅之爲其不義此亦春秋之不畏强禦也變天地之位正陰陽之序貞行其道而不忘其難義之至也又仲舒奏江都王云求雨之方損陽益陰

願大王無收廣陵女子爲人祝者一月租賜諸巫者諸巫毋大小皆相聚於郭門爲小壇以脯酒祭女獨擇寬大便處移市市使無內丈夫丈夫無得相從飲食令吏妻各往視其夫皆到即起雨注而已服虔注左傳曰大雩夏祭天名雩遠也遠爲百穀求膏雨也龍見而雩龍角亢也謂四月昏龍星體見萬物始盛待雨而大故雩祭以求雨也一說大雩者祭於帝而祈雨也一說郊祀天祈農事雩祭山川而祈雨也漢舊儀求雨太常禱天地宗廟社稷山川以賽各如其常牢禮也四月立夏旱乃求雨禱雨而已後旱復重禱而已訖立秋雖旱不得禱求雨也集解惠棟曰董仲舒云廣陵女子諸巫毋大小皆相聚其郭門外爲小壇以脯酒祭便移市市使門者無內丈夫丈夫無得相從飲食又令吏妻各往視其夫皆到即起雨澍而已江都相仲舒下內史丞書從事其都間吏家在百里內皆令人故行書告縣遣妻視夫賜巫一月租使巫求雨復使巫相推擇絜淨易教者祭跪祝曰天生五穀以養人今五穀病旱恐不成謹進酒甘羞再拜請雨

閉諸陽，衣皁，興土龍，

山海經曰大荒東北隅有山名曰凶犂土丘應龍處南極殺蚩尤與夸父不得復上故下數旱旱而爲應龍之狀乃得大雨郭璞曰今之土龍本此氣應自然冥感非人所能爲也董仲舒云春旱求雨令縣邑以水日令民禱社稷家人祠戶毋伐名木毋斬山林暴巫聚蛇八日於邑東門之外爲四通之壇方八尺植蒼繒八其神共工祭之以生魚八玄酒具清酒摶脯擇巫之潔清辯口利辭者以爲祝祝齋三日服蒼衣先再拜乃跪陳陳已復再拜乃起祝曰昊天生五穀以養人今五穀病旱恐不成敬進清酒摶脯再拜請雨雨幸大澍奉牲禱館本牲以甲乙日爲大青龍一長八丈居中央爲小龍七各長四丈於東方皆東鄉其間相去八尺小僮八人皆齋三日服青衣而舞之田嗇夫亦齋三日服青衣而立之諸里社通之於閭外之溝取五蝦蟇錯置社之中池方八尺深一尺置水蝦蟇焉具清酒摶脯祝齋三日服蒼衣拜跪陳祝如初取三歲雄雞與三歲豭豬皆燔之於四通神宇令民闔邑里南門置水其外開里北門具老豭豬一置之里北門之外市中亦置一豭豬聞彼鼓聲皆燒豬尾取死人骨埋之開山淵積薪而焚之決通道橋之壅塞不行者決瀆之幸而得雨報以豚一酒鹽黍財足以茅爲席毋斷夏求雨令縣邑以水日家人祠竈毋舉土功更大浚井暴釜於壇杵臼於術七日爲四通之壇於邑南門之外方七尺植赤繒七其神蚩尤祭之以赤雄雞七玄酒具清酒摶脯祝齋三日服赤衣拜跪陳祝如春以丙丁日爲大赤龍一長七丈居中又爲小龍六長三丈五尺於南方皆南鄉其間相去七尺壯者七人皆齋三日服赤衣而舞之司空嗇夫亦齋三日服赤衣而立之鑿社而通之閭外之溝取五蝦蟇錯置社之中池方七尺深一尺酒脯祭齋衣赤拜跪陳祝如初取三歲雄雞豭豬燔之四通神宇開陰閉陽如春也季夏禱山陵以助之令縣邑一徙市於邑南門之外五日禁男子無得行入市家人祠中霤毋舉土功聚巫市旁爲之結蓋爲四通之壇於中央植黃繒五其神后稷祭之以毋飽五玄酒具清酒摶脯令各爲祝齋三日衣黃衣皆如春祠以戊己日爲大黃龍一長五丈居中央又爲小龍四各長二丈五尺於中央皆南鄉其間相去五尺丈夫五人皆齋三日服黃衣而舞之老者亦齋三日衣黃衣而立之亦通社中於閭外溝蝦蟇池方五尺深一尺他皆如前秋暴巫尫至九日毋舉火事煎金器家人

祠門爲四通之壇於邑西門之外方九尺植白繒九其神太昊祭之祠木魚九玄酒具清酒摶脯衣白衣他如春以庚辛日爲大白龍一長九丈居中央爲小龍八各長四丈五尺於西方皆西鄉其間相去九尺鰥者九人皆齋三日服白衣而舞之司馬亦齋三日衣白衣而立之蝦蟇池方九尺深一尺他如前冬舞龍六日禱於名山以助之家人祠井毋壅水爲四通之壇於邑北門之外方六尺植黑繒六其神玄冥祭之以黑狗子六玄酒具清酒摶脯祝齋三日衣黑衣祝禮如春以壬癸日爲大黑龍一長六丈居中又爲小龍五各長三丈於北方皆北鄉其間相去六尺老者六人皆齋三日衣黑衣而舞之尉亦齋三日服黑衣而立之蝦蟇池皆如春四時皆庚子日令吏民夫婦皆偶處凡求雨大體丈夫欲藏而居女子欲和而樂應龍有翼法言曰象龍之致雨艱矣哉龍乎龍乎新論曰劉歆致雨具作土龍吹律及諸方術無不備設譚問求雨所以爲土龍何也曰龍見者輒有風雨興起以迎送之故緣其象類而爲之集解惠棟曰注祭之以母飽飽一作飩母音模禮記謂之涫母飽音移周禮曰飽食又注他皆如前此下有神農求雨第十九日戊己不雨命爲黃龍又爲大龍壯者舞之季立之又曰東方小僮舞之南方壯者西方沾鰥原誤作沾人北方老原誤作鰥疑人舞之四十九字又注煎上有無字又注太昊太作少又注他如前他下有皆字又注爲四通之壇爲上有各字又注祀禮如春祀作祝北宋本亦作祝又注四時皆庚子日皆下有以水日爲龍必取潔土爲之結蓋龍成而發之四時皆以庚子之日又注緣其象類而爲之新論又云余難曰頓牟磁石不能真是何能拾針取芥子駿窮無以應黃山曰注引董說今據凌曉繁露注本除惠校己錄外又

令民禱社稷下有山川二字家人祠戶祠作祀下祠竈祠中霤祠門祠井皆同暴巫聚蛇蛇作虺具清酒搏脯搏作膊下搏脯皆同辯口利辯者口作言恐不成成下有實字爲大青龍一青作蒼諸里社作鑿社與三歲豭豬三上無與字置之里北門之外里上有於字皆燒豬尾豬上有豭字報以豚一以上無報字豚作豬拜跪陳祝如春春下有辭字爲赤大龍一赤大乃大赤二字誤倒長七丈居中中下脫央字酒脯祭齋衣赤酒上脫具字祭乃祝之誤赤下脫衣字令縣邑一徙市邑下有十日二字毋舉土功舉作興於中央皆南鄉中央乃南方之誤皆齋三日齋上無皆字老者亦齋三日者下脫五人二字亦通社中於閭外溝溝上有之字蝦蟇池方五尺蝦上衍取字冬舞龍六日舞作儛祝齋三日衣元衣元作黑蝦蟇池皆如春如上無皆字凡求雨大體雨下有之字丈夫欲藏而居而居作匿又僮作童一作壹旁作傍鄉或作向皆小異立土人舞僮二佾七日一變如故事周禮曰𦏲舞帥而舞旱暵之事鄭玄曰𦏲赤草染羽爲之也旱暵注陽也用假色者欲其有時而去之佸本草作皁反拘朱索社伐朱鼓漢舊儀曰成帝二年六月始命諸官止雨朱繩反縈社擊鼓攻之是後水旱常不和干寶曰朱絲縈社社太陰也朱火色也絲維屬天子伐鼓於社責羣陰也諸侯用幣於社請上公也伐鼓於朝退自攻也此聖人厭勝之法也集解惠棟曰注成帝二年北宋本二作五黃山曰反拘朱索社伐朱鼓乃既雨之後止雨之事志因求雨並及之禱賽㠯少牢如禮漢舊儀曰武帝元封日到七月畢賽之秋冬春不求雨古今注曰武帝元封六年五月旱女及巫丈夫不入市也集

解黃山曰杜氏通典云漢承秦滅學正雩禮廢旱太常禱天地宗廟馬氏通攷亦云漢氏未嘗舉雩祀蓋自古文之說昌僉謂雩祭有二以月令仲夏大雩帝爲正雩以司巫舞雩爲因旱而雩且以周頌噫嘻爲正雩之詩大雅雲漢爲旱雩之詩實則雩爲吁嗟求雨之祭自有定詁公羊桓五年傳大雩者何旱祭也穀梁僖十一年傳雩得雨曰雩不得雨曰旱即左氏龍見而雩亦謂龍星主雨不雨即當行雩至秋始雩則已失時正志雩盡立秋之義非月令之雩帝也周官言祭最詳而舞雩止屬旱暵不關享帝噫嘻爲春夏祈穀所歌毛序同於魯詩箸爲祈穀並非祈雨自月令以雩帝爲即祈穀之祭而祈穀之時又非即乏雨之時於是服孔二家遂訓雩爲遠謂遠爲百穀祈膏雨後儒亦誠其不經而仍墒信有祈穀之雩若祈穀於春則龍固未見準之左氏亦不合矣西京祀典皆依今文東都相承不改故但有旱雩而無正雩杜馬乃少之非也

拜皇太子之儀百官會位定謁者引皇太子當御坐殿下北面司空當太子西北東面立讀策書畢中常侍持皇太子璽綬東向授太子太子再拜三稽首謁者贊皇太子臣某中謁者稱制曰可三公升階上殿賀壽萬歲因大赦天下供賜禮畢罷

拜諸侯王公之儀百官會位定謁者引光祿勳前丁孚漢儀曰太常住蓋下東向讀文與此異也集解惠棟曰漢舊儀云冊皇子爲諸侯王皆以上東門中以東門在卯故也謁者引當拜前當坐伏殿下光祿勳前一拜舉手曰制詔其㠯某爲某丁孚漢儀有夏勤策文曰維元初六年三月甲子制詔以大鴻臚勤爲司徒曰朕承天序惟稽古建爾于位爲尊俯㮚輔往率舊職敬敷五教五教在寬左右朕躬宣力四表保乂皇家於戲實惟秉國之均旁祇厥緒時亮天工可不慎與勤而戒之集解洪頤煊曰安帝紀永初三年夏四月丙寅大鴻臚九江夏勤爲司徒與此年月全異黃山曰志言拜皇太子諸侯王公皆拜爵而注僅舉夏勤拜官策爲比蓋漢典禮殘闕他無可徵也讀策書畢謁者稱臣某再拜尚書郎㠯璽印綬付侍御史侍御史前東面立授璽印綬王公再拜頓首三下贊謁者曰某王臣某新封某公某初謝中謁者報謹謝贊者立曰謝皇帝爲公興皆冠謝起就位供賜禮畢罷臣昭曰漢立皇后國禮之大而志無其儀良未可了案蔡質所記立宋皇后儀今取以備闕云尚書令臣囂僕射臣鼎尚書臣旭臣乘臣滂臣譔臣詣稽首言伏惟陛下履乾則坤動合陰陽羣臣大小咸以長秋宮未定遵舊依典章表仍聞歷時乃聽令月吉日以宋貴人爲皇后應期正位羣生兆庶莫不式舞易稱受茲介祉詩云干祿百福子孫千億萬方幸甚今吉日以定臣請太傅太尉司徒司空太常條列禮儀正處上羣臣妾無得上壽如故事臣囂臣鼎臣旭

臣乘臣滂臣譔臣詣愚闇不達大義誠惶誠恐頓首死罪稽首再拜以聞制曰可維建寧四年七月乙未制詔皇后之尊與帝齊體供奉天地祗承宗廟母臨天下故有莘興殷姜任母周二代之隆蓋有內德長秋宮闕中宮曠位宋貴人秉淑媛之懿體山河之儀威容昭耀德冠後庭羣寮所咨僉曰宜哉卜之蓍龜卦得承乾有司奏議宜稱紱組以臨兆民今使太尉襲使持節奉璽綬宗正祖爲副立貴人爲皇后其往踐爾位敬宗禮典肅愼中饋無替朕命永終天祿皇后初即位章德殿太尉使持節奉璽綬天子臨軒百官陪位皇后北面太尉住蓋下東向宗正大長秋西向宗正讀策文畢皇后拜稱臣妾畢住位太尉襲授璽綬中常侍長樂太僕高鄉侯覽長跪受璽綬奏於殿前女史授婕妤婕妤長跪受以授昭儀昭儀受長跪以帶皇后皇后伏起拜稱臣妾訖黃門鼓吹三通鳴鼓畢羣臣以次出后即位大赦天下皇后秩比國王即位威儀赤紱玉璽集解錢大昕曰注維建寧四年七月乙未本紀七月癸丑立貴人宋氏爲皇后又按靈帝紀太尉聞人襲以三月免官此立后乃在七月或紀所書月日誤惠棟曰注尚書令臣囂疑劉囂僕射臣鼎曹鼎也尚書臣旭疑魯旭注人曰宜哉人作僉注卦得承乾兆名也坤承乾爲大吉之兆也注宗正祖劉祖字奉先南陽人見風俗通爲郡屬曹吏太守公孫慶舉孝廉又祖女春龍見眞誥注立貴人爲皇后后其踐爾位注脫一后字從北宋本增入

仲夏之月萬物方盛日夏至陰氣萌作恐物不楙其禮㠯朱索連

葦茭彌牟朴蠱鍾[集解]錢大昕曰彌牟五字未詳黃山曰正字通引郝敬說彌牟爲禦止塗抹之義不知何據前書景本紀侯牟萬民李奇注牟食苗根蟲也則牟朴蠱鍾對文蓋皆指蟲生之處而名之彌者以葦烈之氣辟之禦使不得萌生耳秋官庶氏除蠱以攻說禬之嘉草攻之翦氏掌除蠹物以攻禜攻之以莽草熏之葦茭卽嘉草莽草之屬禮致膳則用葦桃茢以辟凶邪膳於君亦有葦桃茢用桃必兼用葦也以桃印長六寸方三寸五色書文如法以施門戶[集解]錢大昕曰桃印宋書禮志作桃卯注稱桃印本漢志所以輔卯金則印當爲卯之譌黃山曰事物紀原載漢用朱索連五色剛卯爲門戶飾是桃卯卽剛卯矣而輿服志明以卯爲印則桃卯亦可謂桃印非譌也代以所尚爲飾。夏后氏金行作葦茭言氣交也風俗通曰傳曰萑葦有叢呂氏春秋曰館本無湯始得伊尹祓之於廟薰以萑葦周禮卿大夫之子名曰門子論語曰誰能出不由戶故用葦者欲人之子孫蕃植館本[illegible]不失其類有如萑葦茭者交易陰陽代興者也殷人水德以螺首愼其閉塞使如螺也周人木德以桃爲更[集解]錢大昕曰更卽梗字下文云設桃梗鬱儡葦茭是也言氣相更也漢兼用之故以五月五日朱索五色印爲門戶飾以難止惡氣桃印本漢制所以輔卯金魏除之也日夏至禁舉大火止炭鼓鑄消石冶皆絕止至立秋如故事是日浚

井改水日冬至鑽燧改火云

先立秋十八日郊黃帝是日夜漏未盡五刻京都百官皆衣黃至立秋迎氣於黃郊樂奏黃鍾之宮歌帝臨冕而執干戚舞雲翹育命所以養時訓也

立秋之日夜漏未盡五刻京都百官皆衣白施皁領緣中衣迎氣於白郊禮畢皆衣絳至立冬[集解]惠棟曰徐廣云漢制祀事五郊天子與執事所服各如方色百官不執事者自服常服常絳衣也

立秋之日自郊禮畢始揚威武斬牲於郊東門以薦陵廟其儀乘輿御戎路白馬朱鬣躬執弩射牲牲以鹿麛月令曰天子乃厲飾執弓挾矢以獵月令章句曰親執弓以射禽所以敎兆民載戰事也四時閑習以救無辜以伐有罪所以强兵保民安不忘危也太宰令謁者各一人載獲車馳駟送陵廟還宮[集解]惠棟曰還上脫於是乘輿四字遣使者齎束帛以賜武官漢官名秩曰賜太尉將軍各六十匹執金吾諸校尉各三十匹武官倍於文官武官肄兵習戰陣之儀斬牲之禮名曰貙劉兵官皆肄孫吳兵法六十四陣名曰乘之月令孟冬講武館本講肄習射御角力盧植注曰角力如漢家乘之引關蹋蹶之屬也今月令季秋天子乃敎田獵以習五戎月令章句曰寄戎事之敎於田獵武事不可空設必有以誡故寄敎於田獵閑肄五兵天子諸侯無事而不田爲不敬田不以禮爲暴天物周禮司馬以旗致民平列陣如戰之陣館本旌王執路鼓諸侯執賁鼓軍將執晉鼓師帥執提旅帥執鼙卒長執鐃兩司馬執鐸公司馬執鐲以敎坐作進退疾徐疏數之節士卒聽聲視旗隨而前卻故曰師之耳目在吾旗鼓春敎振旅以蒐田夏敎茇舍以苗田秋敎治兵以獮田冬敎大閱以狩田春夏示行禮取禽供事而已秋者殺時田獵之正其禮盛獨斷曰巡狩校獵還公卿以下陳雒陽都亭前街上乘輿到公卿下拜天子下車公卿親識顏色然後還宮古語曰在車爲下唯此時施行魏書曰建安二十一年三月曹公親耕藉田有司奏四時講武於農隙漢承秦制三時不講唯十月車駕幸長安水南門會五營士爲八陣進退名曰乘之今金革未偃士民素習可無四時講武但以立秋擇吉日大朝車騎號曰治兵上合禮名下承漢制也[集解]惠棟曰周禮射人射牲鄭元云今立秋有貙劉云賈公彥云漢時苑中有貙劉卽爾雅貙似貍劉殺也云立秋貙殺物立春遣使者齎束帛以賜文官漢官名秩曰賜司徒司空帛四十匹九卿十五匹古今注曰建武八年立春賜公十五匹卿十匹貙劉之禮祠先虞執事告先虞已烹鮮時有司告乃逡巡

射牲[集解]先謙曰官本司下無告字獲車畢有司告事畢古今注曰永平元年六月乙卯初令百官貙膢白幕皆霜風俗通稱韓子書山居谷汲者膢臘而寘水楚俗常以十二月祭飮食也又曰當新始殺食曰貙膢[集解]惠棟曰徐堅引說文云冀州北部以月朝作食爲膢祭

仲秋之月縣道皆案戶比民年始七十者授之以玉杖[集解]惠棟曰呂氏春秋八月紀曰養衰老授几杖行糜粥飮食高誘云今之八月比戶賜高年鳩杖粉餈是也周禮大羅氏掌獻鳩杖以養老供老人之杖論衡云七十賜玉杖著鳩於杖末不著爵餔之糜粥八十九十禮有加賜玉杖長尺[集解]惠士奇曰長下落九字端以鳩鳥爲飾鳩者不噎之鳥也欲老人不噎[集解]惠棟曰風俗通云漢高祖與項籍戰京索間遁叢薄中時有鳩鳴其上追者不疑遂得脫及卽位異此鳥故作鳩杖賜老人也是月也祀老人星于國都南郊老人廟季秋之月[集解]先謙曰官本季下提行祠星于城南壇心星廟

立冬之月[集解]先謙曰官本月作日是夜漏未盡五刻京都百官皆衣皁迎氣於黑郊禮畢皆衣絳至冬至絕事

冬至前後，君子安身靜體，百官絕事，不聽政，〔集解〕惠棟曰：五經通義云：冬至所以寢兵鼓，商旅不行，君不聽政事。擇吉辰而後省事。絕事之日，夜漏未盡五刻，京都百官皆衣絳，至立春。諸王時變服。〔集解〕惠棟曰：王，北宋本作五。執事者先後其時皆一日。日冬至、夏至，陰陽晷景長短之極，微氣之所生也。白虎通曰：至日所以休兵不興事、閉關商旅不行何？此日陰陽氣微，王者承天理物，故率天下靜，不復行役，以扶助微氣，成萬物也。夏至陰氣始動，冬至陽氣始萌。易曰：先王以至日閉關，商旅不行。夏至陰始起，反大熱何？陰氣始起，陽氣推而上，故大熱也。冬至陽始起，陰氣推而上，故大寒也。〔集解〕惠棟曰：注陰陽氣微，陰字衍。黃山曰：注引白虎通，今據陳立疏證本，至日以休兵，至日作冬至，不興事，興作舉，陰陽氣微作陽氣微弱，以扶助微氣，扶上無以字，夏至陰氣始動，冬至陽氣始萌，夏上有故孝經識曰五字，陰氣推而上，陰上有反大寒何四字。疏證謂月令仲夏百官靜事無刑，以待陰之所成，仲冬身欲寧，事欲靜，以待陰陽之所定，文義正同。易復象辭統言至日閉關，未分冬至、夏至。魯恭傳言五月姤用事，經曰后以施命誥四方，言君以夏至之日施命令止四方行者，所以助養陰氣，此亦當有夏至一段，文脫，志注乃約言之。山案：原文專就冬至言，故但云陽氣微弱，注統言至日，本兼冬夏二至，故云陰陽氣微，疑劉昭所見白虎通文本如此，惠氏以爲衍陰字，非也。故使八能之士八人，〔集解〕惠棟曰：易通卦驗云：冬至始，人主致八能之士，或調黃鍾，或調六律，或調五行，或調律歷，或調陰陽，或調正德。鄭元注云：致八能之士者，言選於眾人之中，取習曉者使之調焉，皆調和之也。先謙曰：八能謂撞鍾、擊鼓、磬、吹管、竽、鼓琴之士。鍾調則黃鍾、蕤賓之律應，鼓調則太簇之律應，管調則夷則之律應，磬調則林鍾之律應，竽調則無射之律應，琴調則姑洗之律應，五樂皆得則應鍾之律應。以六器應八音，故曰八能，詳見下注。或吹黃鍾之律間竽，〔集解〕惠棟曰：春秋感精符云：竽長四尺二寸。或撞黃鍾之鍾，〔集解〕惠棟曰：樂叶圖徵云：黃鍾生一，一生萬物，故君子鑠金爲鍾，四時九乳。或度晷景，權水輕重，水一升，冬重十三兩。或擊黃鍾之磬，〔集解〕惠棟曰：阮諶三禮圖引樂經云：黃鍾磬前長三律，二尺七寸；後長二律，一尺八寸。或鼓黃鍾之瑟，〔集解〕惠棟曰：春秋感精符曰：瑟用槐木，長八尺二寸。軫間九尺，二十五絃，宮處于中，左右爲商、徵、角、羽。或擊黃鍾之鼓。〔集解〕惠棟曰：春秋感精符云：用馬革，鼓圓徑八尺一寸。易通卦驗云：冬至鼓用馬革，圓徑八尺一寸；夏至鼓用牛皮，圓徑五尺七寸。鄭元云：馬，坎類；牛，離類。先之三日，太史謁之。至日，夏時四孟，冬則四仲，其氣至焉。先氣至五刻，太史令與八能之士即坐于端門左塾。〔集解〕先謙曰：官本即作郎。太子具樂器，〔集解〕錢大昕曰：太子當作大子。惠棟曰：太子當作太常。夏赤冬黑，列前殿之前，西上，鍾爲端。守宮〔集解〕惠棟曰：郎守宮令也。設席于器南，北面東上，正德〔集解〕惠棟曰：易緯通卦驗云：夏至，人主從八能之士，或調正德所行。注云：謂大韶、大夏、大頀、大武。席鼓南，西面，令晷儀東北。三刻，中黃門持兵，引太史令、八能之士入自端門，就位。二刻，侍中、尚書、御史、謁者皆陛。一刻，乘輿親御臨軒，安體靜居以聽之。太史令前，當軒溜北面跪。〔集解〕周壽昌曰：案溜與霤同。左宣二年三進及溜，正義：溜謂簷下水溜之處，今俗所謂滴水簷也。釋文：屋霤也。溜亦或作霤。前書枚乘傳泰山之霤穿石是也。舉手曰：「八能之士以備，請行事。」制曰：「可。」太史令稽首曰：「諾。」起立少退，顧令正德曰：「可行事。」正德曰：「諾。」皆旋復位。正德立，命八能士曰：「以次行事，閒音以竽。」八能曰：「諾。」五音各三十爲闋。正德曰：「合五音律。」先唱，五音並作，二十五闋，皆音以竽。樂叶圖徵曰：夫聖人之作樂，不可以自娛也，所以觀得失之效者也。故聖人不取備於一人，必從八能之士。故撞鍾者當知鍾，擊鼓者當知鼓，吹管者當知管，吹竽者當知竽，擊磬者當知磬，鼓琴者當知琴。故八士曰：或調陰陽，或調律曆，或調五音。故撞鍾者以知法度，鼓琴者以知四海，擊磬者以知民事。鍾音調則君道得，君道得則黃鍾、蕤賓之律應；君道不得則鍾音不調，鍾音不調則黃鍾、蕤賓之律不應。鼓音調則臣道得，臣道得則太簇之律應。管音調則律曆正，律曆正則夷則之律應。磬音調則民道得，民道得則林鍾之律應。竽音調則法度得，法度得則無射之律應。琴音調則四海合，歲氣百川一合德，鬼神之道行，祭祀之道得，如此則姑洗之律應。五樂皆得，則應鍾之律應，天地以和氣至，則和氣應；和氣不至，則天地和氣不應。鍾音調，下臣以法賀主；鼓音調，主以法賀臣；磬音調，主以德施於百姓；琴音調，主以德及四海。八能之士常以日冬至成天文，日夏至成地理，作陰樂以成天文，作陽樂以成地理。〔集解〕惠棟曰：注必從八能之士，鄭元易通卦驗注曰：從，就也。又注天文，鄭元通卦驗注曰：天文謂之三光，運行照天下，冬至而數訖，於是時也，祭而成之，所以報之。黃山曰：志皆音以竽，承上閒音以竽言，皆下當脫閒字也。韓非子：竽者，五聲之長。又陳氏樂書：昔女媧氏使隨裁匏竹爲竽，其形參差，以象鳥翼，火類也，冬至吹黃鍾之律而閒以竽，即言漢制也。攷周官笙師掌教吹竽笙，竽即笙類。漢德尙火，故獨有取於竽。西京自孝武置協律之官，肇開樂府，至孝元時京房作準，而後候氣之法備。樂府設聽工以律知日冬夏至，樂工惟有竽工員，而不及笙，見前書禮樂志。哀帝罷樂府，猶有存者，迨王莽時遂并廢，八能之選，備於臨時，乃東都權宜之制也。注陰樂陽樂，於樂無徵。周禮太師掌六律六同，以合陰陽之聲。陽聲：黃鍾、太簇、姑洗、蕤賓、夷則、無射；陰聲：大呂、應鍾、南呂、函鍾、小呂、夾鍾。又典同掌六律之和，以辨天地四方陰陽之聲，以爲樂器。高愈云：陽聲屬天，陰聲屬地，然則樂以聲言耳。成天者地，故作陰樂；成地者天，故作陽樂。訖，正德曰：「八能士各言事。」八能士各書板言事。文曰：「臣某言，今月若干日甲乙日冬至黃鍾之音調君道得孝道褒商臣角民徵事羽物各一板否則召太史令各板書封以皁囊[集解]惠棟曰獨斷云凡章表皆啟封其言密事得皁囊盛送西陛跪授尚書施當軒北面稽首拜上封事尚書授侍中常侍迎受報聞以小黃門幡麾節度太史令前曰禮畢[集解]惠棟曰曰北宋本作白制曰可太史令前稽首曰諸太史令八能士詣太官受賜[集解]惠棟曰令北宋本作命陛者以次罷日夏至禮亦如之蔡邕獨斷曰冬至陽氣始動夏至陰氣始起麋鹿角解故寢兵鼓身欲寧志欲靜故不聽事迎送凡田獵者館五日臘歲終大祭縱吏民宴飲非迎氣故但送不迎正月歲首亦如臘儀冬至陽氣起君道長故賀夏至陰氣起君道衰故不賀鼓以動眾鍾以止眾故夜漏盡鼓鳴則起晝漏盡鍾鳴則息

季冬之月星迴歲終陰陽以交勞農大享臘高堂隆曰帝王各以其行之盛而祖以其終而臘火生於寅盛於午終於戌故火家以午祖以戌臘秦靜曰古禮出行有祖祭歲終有蜡臘無正月必祖之祀漢氏以午祖以戌臘午南方故以祖冬者歲之終物畢成故以戌臘而小數之學者因為之說非典文也[集解]黃山曰獨斷四代臘之別名夏曰嘉

平殷曰清祀周曰大蜡漢曰臘五帝臘祖之別名青帝以未臘卯祖赤帝以戌臘午祖白帝以丑臘酉祖黑帝以辰臘子祖黃帝以辰臘未祖蓋本緯說而隆因之非小數也呂覽孟冬紀饗先祖五祀勞農夫以休息之月令饗作臘此固秦令其成書在始皇八年史記載始皇三十一年始更名臘曰嘉平則饗是更名後所易當以月令作臘為正通典載漢復嘉平曰臘知漢臘即沿秦制獨斷臘不記秦漢不以秦當一運耳後儒據左傳虞不臘矣之文謂周以前蜡以息老臘以勞農同月兩祭蔡邕據之然左氏古文漢初所不尚秦臘後改嘉平明即以代大蜡漢復臘不用蜡非蔡提之也王者禮有因革秦勞農不息老養壯佼亟耕戰者所尚漢之所因也秦以前五祀冬祀行漢冬祀井而行別為祖臘以季冬不以孟冬大享臘天子以祖配帝官民皆祭其祖不聞復及五祀又其所革也況可以八蜡之祭天地四方繩之乎先臘一日[集解]先謙曰官本此句提行大儺譙周論語注曰儺卻之也謂之逐疫漢舊儀曰顓頊氏有三子生而亡去為疫鬼一居江水是為虎一居若水是為罔兩蜮鬼一居人宮室區隅漚庾善驚人小兒月令章句曰日行北方之宿北方太陰恐為所抑故命有司大儺所以扶陽抑陰也盧植禮記注曰所以逐衰而迎新其儀選中黃門子弟年十歲以上十二以下百二十人為侲子皆赤幘皁製執大鼗漢舊儀曰方相帥百隸及童女以桃弧棘矢土鼓鼓且射之以赤丸五穀播灑之譙周論語注曰以葦矢射之薛綜曰侲之言善善童幼子也[集解]惠棟曰侲亦作振史記淮南王傳海神曰以令名男子若振女徐廣云西京賦曰振子萬童裴駰案薛綜云振子童男女李善云侲之刃切史記徐廣云海神云若侲女即得之矣又注桃弧棘矢服虔左傳解誼曰桃所以逃凶也棘矢者棘赤有箴取其名也方相氏黃金四目蒙熊皮[集解]惠棟曰熊舊漢儀作虎玄衣朱裳[集解]惠棟曰朱舊漢儀作丹執戈揚盾十二獸有衣毛角中黃門行之冗從僕射將之[集解]惠棟曰冗當作宂宂從僕射官名而隴切宂散也以逐惡鬼于禁中夜漏上水朝臣會侍中尚書御史謁者虎賁羽林郎將執事皆赤幘陛衛乘輿御前殿黃門令奏曰侲子備請逐疫[集解]惠棟曰莊子逸篇曰游島問於雄黃曰逐疫出魅擊鼓呼噪何也曰黔首多疾黃帝氏立巫咸使之沐浴齋戒以通九竅鳴鼓振鐸以動其心勞其形趨步以發陰陽之氣飲酒茹葱以通五藏擊鼓噪呼逐疫出魅黔首不知以為魅祟耳於是中黃門倡侲子和曰甲作食殉[集解]惠棟曰案漢隸殉郎古文詡字玉篇曰殉古文凶說文無此字司馬光音虛容切惡也象地穿交陷其中胇胃食虎雄伯食魅騰簡食不祥[集解]惠棟曰藝文志有執不祥劾鬼物八卷攬諸食咎伯奇食夢強梁祖明[集解]惠棟曰一作祖明見唐志黃山曰秦蕙田據舊本作祖門故惠有此校共食磔死寄生委隨食觀錯斷食巨窮奇騰根共食蠱[集解]惠棟曰封

禪書磔狗禦蠱菑說文曰梟桀死之鬼亦為蠱淮南子曰傷死者其鬼嬈凡使十二神追惡凶赫女軀拉女幹節解女肉抽女肺腸女不急去後者為糧東京賦曰捎魑魅斮獝狂斬委蛇腦方良囚耕父於清泠溺女魃於神潢殘夔魖與罔象殪壄仲而殲游光注曰魑魅山澤之神獝狂惡鬼委蛇大如車轂方良草澤神耕父女魃皆旱鬼惡水故囚溺於水中使不能為害夔魖罔象木石之怪壄仲游光兄弟八人恒在人間作怪害也孔子曰木石之怪夔罔兩水之怪龍罔象臣昭曰木石山怪也夔一足越人謂之山𤢖罔兩山精好學人聲而迷惑人龍神物也非所常見故曰怪罔象食人一名沐腫埤蒼曰獝狂無頭鬼[集解]惠棟曰論衡云除客者除宅中客鬼也宅中主神有十二焉青龍白虎列十二位有十二神舍之宅主驅逐名為去十二神之客注捎當作捎方交切薛綜注云腦陷其頭也蕭該漢書音義云獝狂無頭鬼見字林風俗通云永建中京師大疫云厲鬼字野重游光亦但流言無指見之者黃山云志追惡凶秦蕙田據舊本追作造案造謂直造惡凶所在而治之因作方相與十二獸儛嚾呼周徧前後省三過持炬火送疫出端門東京賦曰煌火馳而星流逐赤疫於四裔注曰煌火光逐驚走煌然火光如星馳赤疫疫鬼惡者也侲子合三行從東序上西序下門外騶騎傳炬出宮司馬闕門門外五營騎士傳火棄雒水中東京賦注曰衛士千人在端門外五營千騎在衛士外為三部更送至雒水凡三輩逐鬼投雒水中仍上天池

絕其橋梁使不得度還〔集解〕黃山曰秦蕙田據舊本門外作之外百官官府各以木面獸能為儺人師訖設桃梗鬱儡葦茭畢執事陛者罷山海經曰東海中有度朔山上有大桃樹蟠屈三千里其卑枝門曰東北鬼門萬鬼出入也上有二神人一曰神荼一曰鬱儡主閱領眾鬼之惡害人者執以葦索而用食虎於是黃帝法而象之毆除畢因立桃梗於門戶上畫鬱儡持葦索以御凶鬼畫虎於門當食鬼也史記曰東至於蟠木風俗通曰黃帝上古之時有神荼與鬱儡兄弟二人性能執鬼桃梗者更也歲終更始受介祉也蘇秦說孟嘗君曰土偶人語桃梗今子東國之桃木削子為人虎者陽物百獸之長能擊鷙牲食魑魅者也〔集解〕惠棟曰論衡云今縣官斬桃為人立之門戶畫虎之形著之門葦戟桃杖以賜公卿將軍特侯諸侯云漢官名秩曰大將軍三公臘賜錢各三十萬牛肉二百斤粳米二百斛特侯十五萬卿十萬校尉五萬尚書丞郎各萬五千千石六百石各七千侍御史謁者議郎尚書令各五千郎官蘭臺令史三千中黃門羽林虎賁士二人共三千以為當祠門戶直各隨多少受也〔集解〕何焯曰特侯特進侯也黃山曰鄧后紀舊事歲終當饗遣衛士大儺逐疫太后以陰陽不和軍旅數興詔饗會勿設戲作樂減逐疫侲子之半悉罷象橐駝之屬此安帝永初三年事也儺獸十二有衣毛角此作之者象橐駝皆用生物蓋踵事增華戾於舊典故可悉罷之方相氏黃金四目鄭注謂如今魌頭說文類䫇也今逐疫有類頭徐鍇云類方相四目今文作魌許言今鄭亦言今是魌頭行儺自前漢相承至後漢末尚循故事矣

是月也立土牛六頭於國都郡縣城外丑地以送大寒月令章句曰是月之昏館本作建丑丑為牛寒將極是故出其物類形象以示送達之且以升陽也

饗遣故衛士儀百官會位定謁者持節引故衛士入自端門衛司馬執幡鉦護行行定侍御史持節慰勞以詔恩問所疾苦受其章奏所欲言畢饗賜作樂觀以角抵樂闋罷遣勸以農桑周禮曰府史以下則有胥有徒鄭玄注曰此謂民給徭役若今衛士矣蔡邕曰見客平樂饗衛士瑰偉壯觀也〔集解〕惠棟曰前書武帝紀建元元年秋七月詔曰衛士轉置送迎二萬人鄭氏曰去故置新常二萬人王尊傳云正月行幸曲臺臨饗罷衛士如淳曰諸衛士更盡得代去故天子自臨而饗之後漢饗衛士於南宮見東平王蒼傳黃山曰饗遣衛士亦勞而休息之志列大儺之後儺之次日郎為勞農大享臘之日後漢有勞農之典而諸帝無勞農之事蓋郎以遣衛士當之故鄧后詔牽連及之也

每月朔歲首為大朝受賀其儀夜漏未盡七刻鍾鳴受賀及贄公侯璧中二千石二千石羔千石六百石鴈四百石以下雉獻帝起居注曰舊典市長執鴈建安八年始令執雉

百官賀正月決疑要注曰古者朝會皆執贄侯伯執珪子男執璧孤執皮帛卿執羔大夫執鴈士執雉漢魏纂依其制正旦大會諸侯執玉璧薦以鹿皮公卿以下所執如古禮古者衣皮故用皮帛為幣玉以象德璧以稱事不以貨役館本禮庶羞不踰牲宴衣不踰祭服輕重之宜也二千石以上上殿稱萬歲蔡邕獨斷曰三公奉璧上殿向御坐北面太常贊曰皇帝為君興三公伏皇帝坐乃進璧古語曰御坐則起此之謂也舉觴御坐前司空奉羹大司農奉飯奏食舉之樂百官受賜宴饗大作樂蔡質漢儀曰正月旦天子幸德陽殿臨軒公卿將大夫百官各陪朝賀蠻貊胡羌朝貢畢見屬郡計吏皆陛覲庭燎宗室諸劉雜會萬人以上立西面位定公納薦太官賜食酒西入東出既定上壽計吏中庭北面立太官上食賜羣臣酒食貢事御史四人執法殿下虎賁羽林弧弓撮矢陛戟左右戎頭偪脛館本啟館本前向後左右中郎將住東西羽林虎賁將住東北五官將館本住中央悉坐就賜作九賓徹樂舍利從西方來戲於庭極乃畢入殿前激水化為比目魚跳躍嗽水作霧鄣日畢化為黃龍長八丈出水遊戲於庭炫燿日光以兩大絲繩繫兩柱中頭間相去數丈兩倡女對舞行於繩上對面道逢切肩不傾又蹋局出身藏形於斗中鍾磬並作樂畢作魚龍曼延小黃門吹三通謁者引公卿羣臣以次拜微行出罷卑官在前尊官在後德陽殿周旋容萬人陛高二丈皆文石作壇激沼水於殿下畫屋朱梁玉階金柱刻鏤作宮掖之好廁以青翡翠一柱三帶韜以赤緹天子正旦節會朝百官於此自到偃

師去宮四十三里望朱雀五闕德陽其上鬱律與天連雒陽宮閣傳云德陽宮殿南北行七丈東西行三十七丈四尺〔集解〕惠棟曰白虎通云王者食所以有樂何樂食天下之太平富積之饒也明天子至尊非功不食非德不飽故傳曰天子食時舉樂注陛漢官儀作陛薛綜西京賦注云舍利獸名性吐金故曰舍利雒陽宮閣傳北宋本傳作簿黃山曰東都賦春王三朝會同漢京是日也天子受四海之圖籍膺萬國之貢珍內撫諸夏外接百蠻乃盛禮樂供帳置乎雲龍之庭陳百僚而贊羣后究皇儀而展帝容於是庭實千品旨酒萬鍾又云俗休兜離罔不具集與注引蔡質說合又東京賦龍路充庭鸞旗拂霓此言大朝會充庭之制謂陳乘輿車輦旌鼓於殿庭也安本紀永初元年春正月元日會徹樂不陳充庭車乃太后以年饑省之又注太官賜食酒食酒乃酒食誤倒

其每朔唯十月旦從故事者高祖定秦之月元年歲首也蔡邕曰羣臣朝見之儀視不晚朝十月朔之故以問胡廣廣曰舊儀公卿以下每月常朝先帝以其頻故省唯六月十月朔朝後復以六月朔盛暑省之蔡邕禮樂志曰漢樂四品一曰大予樂典郊廟上陵殿諸食舉之樂郊樂易所謂先王以作樂崇德殷薦上帝周官若樂六變則天神皆降可得而禮也宗廟樂虞書所謂琴瑟以詠祖考來假詩云肅雍和鳴先祖是聽食舉樂王制謂天子食舉以樂周官王大食則命奏鍾鼓二曰周頌雅樂典辟雍饗射六宗社稷之樂辟雍饗射孝經所謂移風易俗莫善於樂禮記曰揖讓而治天下者禮樂之謂也社稷所謂琴瑟擊鼓以御田祖者也館本誅禮記曰夫樂施於金石越於聲音用乎宗廟社稷繫館本事乎山川鬼神

此之謂也三曰黃門鼓吹天子所以宴樂羣臣詩所謂坎坎鼓我蹲蹲舞我者也其短簫鐃歌軍樂也其傳曰黃帝岐伯所作以建威揚德風勸士也蓋周官所謂王大獻館本作則令凱樂軍大獻則令凱歌也孝章皇帝親著歌詩四章列在食舉又制雲臺十二門詩各以其月祀而奏之熹平四年正月中出雲臺十二門新詩下太子樂官習誦彼館本作聲與舊詩並行者皆當撰錄以成樂志集解惠棟曰注諸會食舉之樂諸下脫會字

禮儀志中第五終

續漢志集解第五校補

禮儀志中自立春至立夏盡立秋郡國上雨澤若少府郡縣各埽除社稷侯康曰此當以郡國上雨澤若少爲句府字衍通典及通志禮略載此文正無府字晉書禮志上云漢儀自立春至立夏盡立秋郡國尙旱郡縣各埽除社稷彼之尙旱卽此之上雨澤若少也彼借尙爲上耳盧召弓校晉志云少府亦有田租山澤陂池之稅故有所屬之郡縣校續志云少府所領山澤之稅世祖已歸司農無所謂少府郡縣也二說自相矛盾當從後說然後說幷刪續志郡縣二字則亦非也今案侯氏讀若少爲句是也然二字自爲句不當連上爲文也郡國以時上雨澤自係定制非必少乃上多卽不上也少者旱之漸故當埽除社稷以爲民祈福其果旱也則行雩京師主於公卿郡國主於官長耳就公卿言則府當卽指京師三府亦未必定是衍文矣至謂晉志之尙旱卽此志之上雨澤若少以尙古之尙通上計之上其說抑迂曲難從

公卿官長吕次行雩禮求雨注諸巫毋大小至女獨擇寬大處移市毋原作母依通考改官本注不誤案注引仲舒奏記文與今本異而皆有脫誤注作女獨擇寬大處移市女似本對毋言且上文無收下文無內無得字皆作無亦不應此忽作毋也

與土龍注具清酒摶脯摶原作搏下摶脯者同依通考改官本注不誤案摶與膊通說文作膊脯祭之

吕毋飽官本注毋作母案通考作母

謁者贊皇太子臣某中謁者稱制曰可官本中作甲連上某字爲文錢大昭曰閩本監本均作甲柳從辰曰成帝建始四年罷中書官以中書爲中謁者令見漢舊儀作甲非今案漢禮殘闕志所輯拜皇太子拜諸侯王公兩條儀制皆甚簡略疑皆太后臨朝援立童幼倉猝之禮也中謁者卽中宮謁者令所屬百官志所謂宦者主報中章是矣拜諸侯王公贊謁者曰某王臣某新封某公某初謝中謁者報謹謝則拜皇太子謁者贊皇太子臣某中謁者稱制曰可其文一也且皇太子一而已矣必贊曰某甲又贊皇太子爲謁者稱制荅可者又卽謁者亦嫌於無別此則仍當以從毛本爲長矣

制詔其吕某爲某注勤而戒之孫星衍曰通典而作其

附注宋貴人秉淑媛之懿官本注秉誤乘威容照耀官本注照作昭柳從辰曰典職儀作照

集解惠棟曰劉祖字奉先南陽人見風俗通侯康曰御覽二百五十三引漢魏先賢行狀曰故宗正南陽劉伯字奉先少履清節忠亮正直研精文學無不綜覽嘗爲督郵時豫章太守虞績以贓饕穢污徵至郡界當就法車不肯就坐伯乃拔刃毆績績恐就車乃徑上尙書以肅王道案伯之官職郡望表字與祖俱同則伯必祖之誤

名曰乘之注旅帥執韠官本注帥誤師

貙劉之禮至獲車畢有司告事畢注膢臘而寘水案今風俗通寘作買今韓子寘水作相遺以水又曰當新始殺食曰貙膢錢大昭曰當是嘗字之譌食下當更有新字案作嘗是也可毋加新集解惠棟曰徐堅引說文云冀州北部以月朝作食爲膢祭今案前書武紀太初二年三月令天下大酺五日膢五日祠門戶比臘如淳曰膢音樓漢儀注立秋貙膢伏儺曰膢音劉劉殺也蘇林曰膢祭名也貙虎屬常以立秋日祭獸王者亦以此日出獵還以祭宗廟故有貙膢之祭也師古曰續漢書作貙劉膢劉義各通耳又本書劉聖公傳欲以立秋日貙膢時共劫更始章懷注亦云冀州北郡鄉觴以八月朝作飲食爲膢初不言本說文今說文肉部膢下但云楚俗二月祭飲食也亦無八月貙膢之說蓋膢無論以二月以三月以八月以十二月本自爲祭名貙劉字本應作劉借作膢者當由貙乃獸名而劉爲帝姓史臣意有所嫌故册書從而改之非本義也觀鄭君周禮注仍云今立秋有貙劉私居詮經固可無諱許君說文乃備進呈之書並劉字不敢列入非止以字形不與古篆合其義抑或有難說也是以豸部貙下亦但云貙貗似貍者而絕不及立秋貙劉諸家說史强相牽合要無當也至徐堅所謂說文必猶是以字林爲說文之類耳

故使八能之士八人集解先謙曰至故曰八能謹案八能所屬緯書異說下注引樂叶圖徵謂八士或調陰陽或調律麻或調五音其說未備觀易通卦驗云八能之士或調黃鐘或調六律或調五音或調五聲或調五行或調律麻或調陰陽或調五德則釐然別爲八能也

否則召太史令各板書錢大昭曰板書閩本作書板

百二十人爲侲子侯康曰劉昭云漢之舊祀肅其旨禮既總碩儒之儀亦參方士之術所以祕祝移過異于成湯之心侲子毆疫同乎越巫之祝禮失之漸也

冗從僕射將之集解惠棟曰至冗散也今案毛本宂作冗官本同據惠校北宋本自作宂不與今本同也此字依說文固以惠說爲正顧自唐以來碑版相承以冗爲宂以宂爲穴其亂久矣字書謂冗同宂蓋據沉之作沈推言之其實亦微有辨則以用代宂者下固从几不从几也

後者爲糧注囚耕父於清泠官本注泠誤冷一名沐⿰月廛柳從辰曰沐⿰月廛史記孔子世家注⿰月廛作⿰月厘集韻作⿰月厘字書無⿰月廛字今案劉注作⿰月廛各本皆同必非誤字至五音集韻之⿰月厘字其右从厘此字不合六書據五音篇海本卽市廛廛字之俗寫又集韻之⿰月厘與篇海之厘其音均讀如纏可知⿰月厘亦卽⿰月廛之俗寫而字書實漏載⿰月廛本字也

設桃梗鬱儡葦茭畢注一曰神荼一曰鬱儡柳從辰曰神荼鬱儡音伸舒玉律見郝氏增訂金壺字考毆除畢官本注毆作毆是

賜公卿將軍特侯諸侯云注郎官蘭臺令史二千官本注二千作三千

其儀夜漏未盡七刻鐘鳴受賀侯康曰南齊書禮志東京以後正旦夜漏未盡七刻鳴鐘受賀張衡賦云皇輿夙駕登天光于扶桑然則雖云夙駕必辨色而行事矣案侯意此文鐘鳴當如南齊志作鳴鐘也夫羣臣辨色入朝天子嚮明出治夜漏未盡非卽受賀之時若鐘已鳴嫌於太早至當受賀時而後鳴鐘以爲於說爲近也然鐘固是曉鐘作鐘鳴亦無不可

其每朔唯十月旦從故事者高祖定秦之月元年歲首也注蔡邕曰羣臣朝見之儀視不晚朝十月朔之故案文晚當爲免之誤

禮儀志下第六 大喪 諸侯王列侯始封貴人公主薨 後漢書六

梁 劉 昭注補

王先謙集解

不豫集解惠棟曰白虎通天子病曰不豫言不豫政也黃山曰御覽七百三十九引作天子疾稱不豫不豫者言不復豫政也案書金縢王有疾弗豫魯世家作不豫論衡死僞篇引同皆今文書序武王有疾釋文據馬融本爲有疾不豫則古文亦有作不豫者惟白虎通謂不豫者不復豫政乃疾不可爲之辭若武王不豫明日有瘳則非不復豫政矣又顧命王不懌前書麻律志亦引作王有疾不豫此亦今文釋詁懌豫樂也又懌服也豫安也服亦安之意說文豫又作悆悆下引周書曰有疾不悆悆喜也又釋文據馬融本懌作釋說文釋解也此亦古文不樂不安不喜不解皆就疾言於政無涉史家沿爲天子彌留之稱當仍據顧命今文爲說謂疾甚失其常度不自安耳然後世則皆僅知有白虎通義已太醫令丞將醫入就進所宜藥嘗藥監集解惠棟曰嘗藥監六百石宦者爲之黃山曰天官五醫臨食醫掌和王食飲膳羞治之於未病也而隸於冢宰猶內小臣以下閹寺內豎皆統於冢宰俾大臣得制馭考察之前漢太醫太官隸少府而統於丞相御史猶其遺意後漢少府專隸司空而太醫太官遂主於宦者嘗藥丞之設據百官志章和以下所增尤前漢所無也近臣中常侍小黃門皆先嘗藥過量十二公卿朝臣問起居無間太尉告請南郊司徒司空告請宗廟告五嶽四瀆羣祀竝禱求福疾病公卿復如禮集解惠棟曰沈約云後漢諸帝不豫並告泰山宏農盧江常山潁川南陽河東東郡廣陵太守禱祠五岳四瀆建司徒分詣郊廟社稷登遐皇后詔三公典喪事集解黃山曰漢之喪儀自王莽篡亂舊典不存說見趙憙傳稽之三代夏受虞禪舜之喪禹主之殷則高宗諒陰三年聽於冢宰周武王崩周公立成王成王崩召公畢公受顧命輔元子尚書史記大略可徵周禮九嬪大喪從后序哭而已不聞后得預政也漢自高帝崩於呂后之手匿相大事授指婦人祕喪植權亂於此憮稱詔主喪遂爲西京故事然光武懲前毖後一切皆以遺詔行之則皇后仍不得預憙傳言帝崩受遺詔典喪禮足其證也明章遺詔皆云如先帝法制皇后亦不預可知蓋自殤沖短祚中閒安帝崩於乘輿遺詔不行皇后遂復稱制觀安帝崩閻后祕喪還宮沖帝崩梁后不欲發喪皇后主喪史皆有據則斯志所輯亦東都中晚之典制耳百官皆衣白單衣白幘不冠閉城門宮門近臣中黃門持兵虎賁羽林郎中署皆嚴宿衞宮府各警北軍五校繞宮屯兵黃門令尚書御史謁者晝夜行陳三公啟手足色膚如禮皇后皇太子皇子哭踊如禮沐浴如禮守宮令兼東園匠將女執事黃縣緹繒金縷玉柙如故事漢舊儀曰帝崩唅以珠纏以緹繒十二重以玉爲襦如鎧狀連縫之以黃金爲縷腰以下以玉爲札長一尺二寸半爲柙下至足亦縫以黃金縷請諸衣衿斂之凡乘輿衣服已御輒藏之崩皆以斂飯唅珠玉如禮禮稽命徵曰天子飯以珠唅以玉諸侯飯以珠唅以珠卿大夫士飯以珠唅以貝集解惠棟曰范甯穀梁注云含口實禮緯云天子含用珠諸侯用玉大夫用璧士用貝璧一作碧槃冰如禮周禮淩人天子喪供夷槃冰鄭玄曰夷之言尸也實冰於槃中置之尸牀之下所以寒尸也漢禮器制度大槃廣八尺長一丈二尺深三尺漆赤中百官哭臨殿下是日夜下竹使符告郡國二千石諸侯王應劭曰凡與郡國守相竹使符皆以竹箭五枚長五寸鐫刻篆書第一至第五張晏曰符以代古之珪璋從簡易也此下大喪符亦猶斯比集解惠棟曰杜子春周禮注云今時徵郡守以竹使符竹使符到皆伏哭盡哀漢舊制發兵皆以銅虎符其餘徵調竹使而已符第合會爲大信見杜詩傳小斂如禮東園匠考工令奏東園祕器集解惠棟曰漢舊儀云東園祕器作梓宮素木長丈三尺崇廣四尺表裏洞赤虡文畫日月鳥龜龍虎連璧偃月牙檜梓宮如故事集解惠棟曰風俗通云梓宮者禮天子飲以梓器宮者存時所居緣生事也凡人呼棺亦爲宮也大斂于兩楹之間集解黃山曰穀梁定元年傳戊辰公即位殯然後即位也又引沈子曰正棺乎兩楹之間然後即位也正棺謂既內尸於棺遷而止之即所謂殯矣檀弓載殯於兩楹之間爲殷制天子諸侯南面出治位於兩楹之間殯亦如之則三代所同穀梁言諸侯通於天子徐氏乾學謂即後世柩前即位之儀所出是也惟志言大斂於兩楹之間即繼以安梓宮內諸物下釘去牙太常上奠是先置梓宮於楹間即於此大斂內尸欑塗無所謂殯矣當由漢典殘闕不能致詳耳五官左右虎賁羽林五將各將所部執虎賁戟屯殿端門陛左右廂中黃門持兵陛殿上夜漏羣臣入晝漏上水大鴻臚設九賓隨立殿下謁者引諸侯王立殿下西面北上宗室諸侯四姓小侯在後西面北上治禮引三公就位集解惠棟曰百官志治禮郎四十七人屬大行令東觀漢記百官表曰大行丞有理禮員四十七人主齋祠擯贊九賓之禮殿下北面特進次中二千石列侯次二千石六百石博士在後羣臣陪位者皆重行西上位定大鴻臚言具謁者引皇后東向貴人公主宗室婦女以次立後皇太子皇子在東西向皇子少退在南北面皆伏哭大鴻臚傳哭羣臣皆哭三公升自阼階安梓宮內珪璋諸物近臣佐如故事嗣子哭踊

如禮周禮駔珪璋璧琮琥璜之渠眉疏璧琮以斂尸鄭司農曰駔外有捷盧也謂珪璋璧琮琥璜皆爲開渠爲眉瑑璧琮以斂尸館疏璧琮令汁得流去也鄭玄曰以斂尸者以大斂焉加之也渠眉玉飾之溝瑑也以組穿聯六玉溝瑑之中以斂尸珪在左璋在首琥在右璜在足璧在背琮在腹蓋取象方明神之也疏璧琮者通於天也東園匠武士下釘衽截去牙喪大記曰君蓋用漆三衽三東鄭玄注衽古本作衽小腰太常上太牢奠太官食監中黃門尚食集解惠棟曰孝惠紀云宦官尚食應劭曰尚主也舊有五尚尚帳尚衣尚席亦是漢儀注曰省中有五尚也次奠執事者如禮太常大鴻臚傳哭如儀三公奏尚書顧命太子即日即天子位于柩前請太子即皇帝位皇后爲皇太后奏可羣臣皆出吉服入會如儀太尉升自阼階當柩御坐集解先謙曰官本坐作座北面稽首讀策畢以傳國玉璽綬東面跪授皇太子即皇帝位中黃門掌兵以玉具隨侯珠斬蛇寶劍授太尉告令羣臣集解黃山曰周禮天府凡國之玉鎮大寶器藏焉若有大祭大喪則出而陳之既事藏之鄭注玉鎮大寶器玉瑞玉器之美者禘祫及大喪陳之以華國也顧命陳寶於西序東序西房東房此其行事見於經鄭鍔云大祭之時陳之以昭其功大喪陳之以昭其能守此玉具當即玉鎮寶器之屬故與珠劍並陳如顧命儀至告令羣臣舉授太尉執爲信守自係漢家故事羣臣皆伏稱萬歲或大赦天下遣使者詔開城門宮門罷屯衞兵羣臣百官罷入成喪服如禮兵官戎文帝遺詔無布車及兵器應劭曰不施輕車介士集解黃山曰兵官戎三字爲文既不可得解合下三公太常爲文辭亦不相屬注何以涉及車器介士知此文必有誤脫矣三公太常如禮故事百官五日一會臨故吏二千石刺史在京都郡國上計掾史皆五日一會天下吏民發喪臨三日文帝遺詔天下吏民令到出臨三日釋服先葬二日皆旦晡臨既葬釋服無禁嫁娶祠祀文帝遺詔文有飲酒食肉自當給喪事服臨者皆無踐踐徒跣也佐史以下布衣冠幘絰帶無過三寸臨庭中文帝遺詔殿中當臨者以旦夕各十五舉音禮畢罷非旦夕臨時禁無得擅哭臨武吏布幘大冠大司農出見錢穀給六丈布直以葬大紅十五日小紅十四日纖七日釋服應劭曰紅者中祥大祥以紅爲領緣纖禫也凡三十六日而釋集解惠棟曰服虔云當言大功小功布也纖細布服也又注緣下有也字纖下有者字釋下脫服字部刺史二千石列侯在國者及關內侯宗室長吏及因郵奉奏集解黃山曰及及各形近之誤謂皆

得不遣人奉奏也諸侯王遣大夫一人奉奏弔臣請驛馬露布奏可以木爲重高九尺廣容八歷集解黃山曰八歷舊無得其說者此即重之變而有凶門柏歷歷即重上所縣鬲也史記滑稽傳銅歷爲棺小司馬注歷即釜鬲也是其證士喪禮重木刊鑿之鄭注木也縣物焉曰重刊斲治鑿之爲縣簪孔也士重木長三尺敖注鑿其前爲二孔而以簪貫之爲縣鬲之用又新盆槃瓶廢敦重鬲皆濯鄭注重鬲鬲將縣於重者也開元禮重三品以上長八尺四品五品長七尺六品以下長六尺橫者半之太常因革禮重一品挂鬲六五品以上四六品以下二皆即本漢魏相承之制天子重高九尺則挂鬲八可知廣即言其橫八尺之重橫半四尺容鬲六則九尺之半不足容八鬲至尊異禮故不拘橫半而以足容八鬲爲制此又義之可推見者也晉書皇后杜氏崩有司奏陵所作凶門柏歷成帝詔停之蔡謨說以二瓦器盛始死之祭繫於木裹以葦席置庭中近南名爲重今之凶門是其象也范堅說凶門非禮禮有縣重形似凶門後又出之門外以表喪俗遂行之據此柏歷即重鬲柏者以柏木爲重也置於庭爲重出於門外以表喪爲凶門天子皇后又於陵所爲之則離而爲二蔡云繫二瓦器乃六尺三尺之重所縣鬲據范云俗遂行之知當時士民皆沿用凶門柏歷而變鬲言歷則自漢已然矣裹以葦席巾門喪帳皆以簟車皆去輔轓疏布集解惠棟曰通云疏希也惡輪走卒皆布構幘太僕四輪輈爲賓車集解錢大昕曰僕下脫駕字當依獻帝紀注增大練爲屋幙中黃門虎賁各二十人執紼司空擇土造穿太史卜日集解惠棟曰凡國祭祀喪娶之事太史掌奏良日也謁者二人中謁者僕射中謁者副將作油緹帳以覆坑集解先謙曰官本坑作坑方石治黃腸題湊便房如禮漢舊儀略載諸帝壽陵曰天子即位明年將作大匠營陵地用地七頃方中用地一頃深十三丈堂壇高三丈墳高十二丈武帝墳高二十丈明中高一丈七尺四周二丈內梓棺柏黃腸題湊以次百官藏畢其設四通羨門容大車六馬皆藏之內方外陟車石外方立先閉劍戶戶設夜龍莫邪劍伏弩設伏火已營陵餘地爲西園后陵餘地爲婕好以下次賜親屬功臣漢書音義曰題頭也湊以頭向內所以爲固也便房藏中便坐也皇覽曰漢家之葬方中百步已穿築爲方城其中開四門四通足放六馬然後錯渾雜物扞漆繒綺金寶米穀及埋車馬虎豹禽獸發近郡卒徒置將軍尉候以後宮貴幸者皆守園陵元帝葬乃不用車馬禽獸等物大駕太僕御方相氏黃金四目蒙熊皮玄衣朱裳執戈揚楯立乘四馬先驅周禮曰方相氏大喪先柩及墓入壙以戈擊四隅敺方良鄭玄曰方相放想也可畏怖之貌壙穿地中也方良罔兩也天子之椁柏黃腸爲裏表以石焉國語曰木石之怪夔罔兩集解陳景雲曰注天子至石焉十三字乃上文治黃腸題湊之注誤入於此旂之制長三仞十有二斿曳地畫日月升龍書旐曰天子之柩集解惠棟曰周禮小祝置

銘鄭衆注銘書死者名於旌今謂之柩賈公彥云漢時謂銘爲柩賀循葬禮曰杠今之旐也以緇布爲之綷縿題姓名而已不爲畫飾謁者二人立乘六馬爲次大駕甘泉鹵簿金根容車蘭臺法駕喪服大行載飾如金根車皇帝從送如禮太常上啟奠夜漏二十刻太尉冠長冠衣齋衣乘高車詣殿止車門外使者到南向立太尉進伏拜受詔太尉詣南郊未盡九刻大鴻臚設九賓隨立羣臣入位太尉行禮執事皆冠長冠衣齋衣太祝令跪讀謚策太尉再拜稽首治禮告事畢〔集解〕黃山曰古之有謚本始於天子周書謚法解周公肇制文王之謚義以垂於後作謚法白虎通天子崩臣下至南郊謚之者何以爲人臣之義莫不欲褒大其君掩惡揚善者也故之南郊明不得欺天也曾子問孔子曰天子崩臣下至南郊告謚之風俗通義禮臣子無爵謚君父之義也故羣臣累其功美葬日遣太尉於南郊告天而謚之太尉奉謚策還詣殿端門太常上祖奠中黃門尚衣奉衣登容根車東園武士載大行司徒卻行道立車前治禮引太尉入就位大行車西少南東面奉策太史令奉哀策立後太常跪曰進皇帝進太

後漢志六　五

尉讀謚策藏金匱皇帝次科藏于廟〔集解〕黃山曰說文次不前不精也穆天子傳四次車之乘郭注次車副車也廣雅釋詁三科本也次科卽謚策哀策之副本推詳漢世南郊奉策有謚策有哀策謚策稱述德美以著定謚之義所以褒之哀策又累其功行稱謚以誄之卽曾子問所謂惟天子稱天以誄之也謚策稱大行皇帝哀策改稱某謚皇帝故亦曰謚哀策二者皆以篆文故別錄員書副本以進皇帝名皇帝次科耳太史奉哀策葦篋詣陵太尉旋復公位再拜立哭太常跪曰哭太鴻臚傳哭十五舉音止哭太常行遣奠皆如禮請哭止哭如儀晝漏上水請發司徒河南尹先引車轉太常跪曰請拜送載車著白系參繆紼長三十丈大七寸爲輓六行行五十人公卿以下子弟凡三百人皆素幘委貌冠衣素裳校尉三人〔集解〕錢大昕曰三下脫百字當依獻帝紀注增皆赤幘不冠絳科單衣持幢幡候司馬丞爲行首皆銜枚羽林孤兒巴俞擢歌者六十人爲六列〔集解〕錢大昕曰獻帝紀注引此文作擢歌音徒了反鐸司馬八人執鐸先〔集解〕惠棟曰司馬法云百人之帥執鐸大鴻臚設九賓隨立陵南羨門道東北面諸侯王公特進道

西北面東上中二千石二千石列侯宜九賓東北面西上皇帝白布幕素裏夾羨道東西向如禮容車幄坐羨道西南向車當坐南向中黃門尚衣奉衣就幄坐車少前太祝進醴獻如禮司徒跪曰大駕請舍太史令自車南北面讀哀策掌故在後已哀哭太常跪曰哭大鴻臚傳哭如儀司徒跪曰請就下位東園武士奉下車司徒跪曰請就下房都導東園武士奉車入房司徒太史令奉謚哀策晉時有人嵩高山下得竹簡一枚上有兩行科斗書之臺中外傳以相示莫有知者司空張華以問博士束皙皙曰此明帝顯節陵中策也檢校果然是知策用此書也〔集解〕黃山曰志前言大尉讀謚策藏金匱太史奉哀策葦篋詣陵次言太史令自車南北面讀哀策則司徒太史令奉謚哀策卽此哀策非有二也陵事掌於司徒故藏哀策明器之屬皆以司徒督之上文兩言司徒跪請則司徒非別奉有謚策可知且謚策太尉掌之不屬於司徒既藏金匱亦無緣得奉而唐大喪儀陵次乃有謚策案哀策案引祕書監取謚策哀策則謚策與哀冊並列玄宮神座不藏金匱乃禮之變矣通典載陳武帝崩沈文阿等謂應劭風俗通前帝謚未定臣子稱大行以別嗣王近檢梁儀自梓宮將登轀輬版奏皆稱某謚皇帝今祖祭已奉哀謚哀策既在庭遣祭不應猶稱大行且哀策篆

後漢志六　六

書藏于玄宮謂依梁儀稱謚以傳無窮詔可言已奉哀謚又言哀策在庭足證謚哀策之卽爲哀策六朝時猶止哀策藏陵內也言哀策篆書並可證注所云明帝顯節陵中策亦卽哀策也東園武士執事下明器禮記曰明器神明之也孔子謂爲明器知喪道矣備物而不可用也鄭玄注既夕曰陳明器以西行南端爲上筲八盛容三升鄭玄注既夕曰筲畚種類也其容蓋與簋同黍一稷一麥一粱一稻一麻一菽一小豆一甕三容三升醯一醢一屑一鄭玄注既夕曰屑薑桂之屑黍飴載以木桁覆以疏布〔集解〕惠棟曰阮氏梁正等圖云桁制若今之几狹而長以承藏具甒二容三升〔集解〕惠棟曰三禮圖云醴甒以瓦爲之受五斗口徑一尺脰高二寸大中身兌下平底醴一酒一載以木桁覆以功布〔集解〕惠棟曰三禮舊圖云功布謂以大功之布長三尺以御柩居前爲行者之節度瓦鐙一彤矢四軒輖中亦短衞彤矢四骨短衞既夕曰翭矢一乘骨鏃短衞鄭玄注曰翭猶候也候物而射之矢也四矢曰乘骨鏃短衞示不用也生時翭矢金鏃凡爲矢五分笴長而羽其一通俗文曰細毛翭也彤弓一卮八牟八鄭玄注既夕曰牟盛湯漿豆八籩八形方酒壺八槃匜一具鄭玄注既夕曰槃匜盥器也〔集解〕惠棟曰三禮圖云酒壺受一斛口徑尺足高二寸徑尺反爵著壺漆赤中杖几各一蓋一鍾十六無虡鎛四無虡

爾雅曰大鍾謂之鏞郭璞注曰書曰笙鏞以間亦名鎛磬十六無虡禮記曰有鍾磬而無簨虡鄭玄曰不懸之也壎一簫四笙一箎一柷一敔一瑟六琴一竽一筑一坎侯一禮記曰琴瑟張而不平竽笙備而不和干戈各一笮一甲一胄一既夕謂之役器鄭玄曰笮矢箙輓車九乘芻靈三十六匹鄭玄注禮記曰芻靈束茅為人馬謂之芻靈神之類瓦竈二瓦釜二瓦甑一瓦鼎十二容五升匏勺一容一升瓦案九瓦大杯十六容三升瓦小杯二十容二升瓦飯槃十瓦酒樽二容五斗匏勺二容一升祭服衣送皆畢東園匠曰可哭在房中者皆哭太常大鴻臚請哭止如儀司徒曰百官事畢臣請罷從入房者皆再拜出就位太常導皇帝就贈位司徒跪曰請進贈侍中奉持鴻洞集解惠棟曰貨殖傳云薪槀千車船長千丈木千章漢書音義曰洪洞方槀章材也舊將作大匠掌材曰章曹掾贈玉珪長尺四寸薦以紫巾廣袤各三寸緹裏赤纁周緣贈幣玄三纁二各長尺二寸廣充幅皇帝進跪臨羨道房戶西向手下贈投鴻洞中三東園匠奉封入藏房中太常跪曰皇帝敬再拜請哭大鴻臚傳哭如儀太常跪曰贈事畢皇帝促就位續漢書曰明帝崩司徒鮑昱典喪事葬日三公入安梓宮還至羨道半逢上欲下昱前叩頭言禮天子鴻洞以贈所以重郊廟也陛下奈何冒危險不以義割哀上即還容根車游載容衣集解黃山曰容根車卽金根容車游載容衣謂載以游行葢漢制日游冠衣卽始於此日司徒至便殿竝騶騎皆從容車玉帳下司徒跪曰請就幄導登尙衣奉衣以次奉器衣物藏於便殿太祝進醴獻几下用漏十刻禮畢司空將校復土皇帝皇后以下皆去麤服服大紅還宮反廬立主如禮桑木主尺二寸不書謚虞禮畢祔於廟如禮漢舊儀曰高帝崩三日小斂室中一牖下作栗木主長八寸前方後圓圍一尺置牖中望外內張緜絮以鄣外以皓木大如指長三尺四枚纏以皓皮四方置牖中主居其中央七日大斂棺以黍飯羊舌祭之牖中已葬收主為木函藏廟太室中西牆壁埳中望內外不出室堂之上坐為五時衣冠履几杖竹籠為甬人無頭坐起如生時皇后主長七寸圍九寸在皇帝主右旁高皇帝主長九寸上林給栗木長安祠廟作神主東園祕器作梓宮素木長丈三尺崇廣四尺集解惠棟曰鄭氏祭法注云案漢儀高帝廟主九寸前方後圓圍一尺后主七寸春秋正義衞次仲曰右主八寸左主七寸廣厚三

寸穿中央達四方也范甯曰天子主長尺二寸諸侯主長一尺也白虎通云納之西壁先大駕日游冠衣于諸宮諸殿羣臣皆吉服從會如儀皇帝近臣喪服如禮醳大紅服小紅十一升都布練冠醳小紅服纖醳纖服留黃冠常冠近臣及二千石以下皆服留黃冠集解惠棟曰冠用留黃色百官衣皁集解黃山曰留黃皁其質皆緇帛廣雅釋器留黃綵也集韻綵繒也說文莫艸也可以染留黃綟帛莫艸染色也帛繒也廣雅釋器緇謂之皁又皁緇黑也說文緇帛黑色也廣韻皁黑繒也改服繒帛明已釋服每變服從哭詣陵會如儀祭以特牲不進毛血首司徒光祿勳備三爵如禮古今注具載帝陵丈尺頃畝今附之後焉光武原陵山方三百二十三步高六丈六尺垣四出司馬門寢殿鍾虡皆在周垣內提封田十二頃五十七畝八十五步帝王世紀曰在臨平亭之南西望平陰東南去雒陽十五里明帝顯節陵山方三百步高八丈無周垣為行馬四出司馬門石殿鍾虡在行馬內寢殿園省在東園寺吏舍在殿北提封田七十四頃五畝帝王世紀曰故富壽亭也西北去雒陽三十七里章帝敬陵山方三百步高六丈二尺無周垣為行馬四出司馬門石殿鍾虡在行馬內寢殿園省在東園寺吏舍在殿北提封田二十五頃五十五畝帝王世紀曰在雒陽東南去雒陽三十九里和帝愼陵山方三百八十步高十丈無周垣為行馬四出司馬門石殿鍾虡在行馬內寢殿園省在東園寺吏舍在殿北提封田三十一頃二十畝二百步帝王世紀曰在雒陽東南去雒陽四十一里殤帝康陵山周二百八步高五丈五尺行馬四出司馬門寢殿鍾虡在行馬中因寢殿為廟園吏寺舍在殿北提封田十三頃十九畝二百五十步帝王世紀曰高五丈四尺去雒陽四十八里安帝恭陵山周二百六十步高十五丈無周垣為行馬四出司馬門石殿鍾虡在行馬內寢殿園吏舍在殿北提封田一十四頃五十六畝帝王世紀曰高十一丈在雒陽官本陽下有西北去雒陽五字十五里順帝憲陵山方三百步高八丈四尺無周垣為行馬四出司馬門石殿鍾虡在司馬門內館本作在行馬內寢殿園省寺吏舍在殿東提封田十八頃十九畝二十步館本作二十步帝王世紀曰在雒陽西北去雒陽十五里沖帝懷陵山方百八十三步高四丈六尺為寢殿行馬四出門園寺吏舍在殿東提封田五頃八十畝帝王世紀曰西北去雒陽十五里質帝靜陵山方百三十六步高五丈五尺為行馬四出門寢殿鍾虡在行馬中園寺吏舍在殿北提封田十二頃五十四畝因寢為廟帝王世紀曰在雒陽東去雒陽三十二里桓帝宣陵帝王世紀曰山方三百步高十二丈在雒陽東南去雒陽三十里靈帝文陵帝王世紀曰山方三百步高十二丈在雒陽西北去雒陽二十里獻帝禪陵帝王世紀曰不起墳深五丈前堂方一丈八尺後堂方一丈五尺角廣六尺在河內山陽之濁城西北去濁城直行十一里斜行七里去懷陵百一十里去山陽五十里南去雒陽三百一十里蔡質漢儀曰十二陵今見在集解先謙曰官本攻讀玄何焯校本今改令前在弦河南尹無敬也魏文帝終制略曰漢文帝之不發霸陵無求也光武之掘原陵封樹也霸陵之完功在釋之原陵之掘罪在明帝是釋之

忠以利君明帝愛以害親也忠臣孝子宜思釋之之言察明帝之戒存於所以安君定親使魂靈萬載無危斯則聖賢之忠孝矣自古及今未有不亡之國亦無不掘之墓也喪亂以來漢氏諸陵無不發掘至若棺槨燒取玉柙金鏤骸骨并盡是焚如之刑也豈不重痛哉禍由乎厚葬封樹桑霍爲我戒不亦明乎臣昭案董卓傳卓使呂布發諸帝陵及公卿以下冢墓收其珍寶卓別傳曰發成帝陵解金縷探含璣焉呂氏春秋略曰審知生聖人之要也審知死聖人之極也知生者不以物害生知死者不以物害死凡生於天地之間其必有死孝子之重其親者若親之愛其子不棄於溝壑故有葬送之義葬者藏也以生人心爲之慮則莫如無動無動莫如無利藏棺槨淺則狐貍掘之深則及水泉故必高陵之上以避二害然而忘姦寇之變豈不惑哉民之於利也犯白刃涉危難以求之忍親戚欺知交以求之今無此危無此醜而爲利甚厚固難禁也國彌大家彌富其葬彌厚珠玉金銅不可勝計姦人閒之轉以相告雖有嚴刑重罪不能止也且死者彌久生者彌疏彌疏則守之彌怠藏器如故而守之有怠其勢固必掘矣世至集解先謙曰官本考證云何焯校本云至疑之爲丘隴其高若山陵樹之若林藪或設闕庭都邑以此示富則可矣以此爲死者則惑矣夫凡死者其視萬世猶一瞚也人之壽久者不過百中者六十以百與六十爲無窮者慮其情固不相當矣必以無窮爲慮然後爲可今有銘其墓曰此中有金寶甚厚不可掘也必爲世笑矣而爲之闕庭以自表此何異彼哉自古及今未有不亡之國也無不亡之國是無不掘之墓以耳目之所聞見則齊荊燕嘗亡矣宋中山已亡矣趙韓魏皆失其故國矣自此以上亡國不可勝數故其大墓無不掘也而猶皆爭爲

之豈不悲哉今夫君之不令民父之不教子兄之不悌弟皆鄉邑之所遺而憚耕耒之勞者也仍不事耕農而好鮮衣修食智巧窮匱則合黨連眾而謀名丘大墓上曾不能禁官本禁下有止字此有葬自表之禍也昔堯葬穀林通樹之舜葬紀亦官本作市不變肆禹葬會稽不變人徒非愛其費以爲死者也先王之所惡惡死者之辱也發則必辱儉則不發則不辱故必以儉而合乎山原也宋未亡而東冢掘齊未亡而莊公冢掘國存而乃若此又況滅名之後乎葬之故也欲愛而反害之欲安而反危之忠臣孝子之慮也葬矣昔季孫以璵璠斂孔子歷級而止之爲無窮名也集解吳仁傑曰案儀禮大功布九升小功布十一升鄭康成云八十縷爲升司馬公書儀云古者五服皆用布以升數爲別每升八十縷爲一升今當時有織此布以供喪用者布之不論升數久矣呂氏鄉儀亦云今布無升數且隨精麤以意定之仁傑謂今布不可謂無升數特語轉爲知陵切耳鄭謂升當爲登登成也而知陵切亦訓爲成今織具白箴者每苑用六成七成多至十五成以上以成之多少爲布粗細之大率四十齒爲一成而兩縷共一齒正合康成之說黃山曰注沖帝懷陵西北上當有在雒陽三字質帝靜陵門上有司馬門三字吳說今織具白箴者每苑用十二齒內抽去其半朱子通解曰抽其半是一箴只用一經集韻十箴爲升具之白當作曰箴苑均箴之謫

太皇太后皇太后崩司空以特牲告謚于祖廟如儀長樂太僕少府大長秋典喪事三公奉制度他皆如禮儀丁孚漢儀曰永平七年陰太后崩晏駕詔曰柩將發於殿羣臣百官陪位黃門鼓吹三通鳴鐘鼓天子舉哀女侍史官三百人皆著素參以白素引棺挽歌下殿就車黃門宦者引以出宮省太后魂車鸞路青羽蓋駟馬龍旂九旒前有方相鳳皇車大將軍妻參乘太僕妻御悉道公卿百官如天子郊鹵簿儀後和熹鄧后葬案以爲儀自此皆降損於前事也集解惠棟曰注太僕妻御之下脫女騎夾轂四字合葬羨道開通皇帝謁便房太常導至羨道去杖中常侍受至柩前謁伏哭止如儀辭太常導出中常侍授杖升車歸宮已下反虞立主如禮諸郊廟祭服皆下便房五時朝服各一襲在陵寢其餘及宴服皆封以篋笥藏宮殿後閣室集解黃山曰志不著皇后大喪儀薄東漢諸后其前卒者率以廢死不得具禮宜矣然桓帝梁后之崩周嘗賜謚建陵雖以梁冀之誅不旋踵貶后爲貴人謚奪陵廢其自初終以訖於葬非無可言蔡邕和熹謚議云漢氏母氏無謚至于明帝始建光烈之稱是後轉因帝號加之以德上下優劣是則后謚始於東漢本惟太后有爲故得加用帝號以一字其兩字者皆追尊贈謚也梁后之謚懿獻爲漢特典何以謚無紀蓋后始崩冀方擅權自用一切儀制皆冀主之葬淹兩旬其爲逾侈必有不足案刑者敗黜罷遂并其文案刊棄之耳

諸侯王列侯始封貴人公主薨皆令贈印璽玉柙銀縷大貴人長公主銅縷諸侯王貴人公主公將軍特進皆賜器官中二十四物集解先謙曰官本作宮使者治喪穿作柏椁百官會送如故事諸侯王公主貴人皆樟棺洞朱雲氣畫公特進樟棺黑漆中二千石以下坎侯漆丁孚漢儀曰孝靈帝葬馬貴人贈步搖赤紱葬青羽蓋駟馬柩下殿女侍史一百人著素衣挽歌引木下就車黃門宦者引出宮門集解惠棟曰杜佑云空中謂合而漆之如漆坎侯即箜篌朝臣中二千石將軍使者弔祭郡國二千石六百石以至黃綬皆賜常車驛牽贈祭宜自佐史以上達大斂皆以朝服君臨弔若遣使者主人免絰去杖望馬首如禮免絰去杖不敢以戚凶服當尊者前書賈山上書曰古之賢君於臣也尊其爵祿而親之疾則臨視之無數死則往弔哭之臨其小斂大斂已棺塗而後爲之服錫衰絰而三臨其喪未斂而不飲酒食肉未葬不舉樂可謂盡禮矣服法服端容貌正顏色然後見之故臣下莫敢不竭力盡死以報其上功德立於世而令問不忘也晉起居注曰太尉賈充薨皇太子妃之父又太保也有司奏依漢元明二帝親臨師保故事皇太子素服爲發哀又臨其喪自王主貴人以下

至佐史送車騎導從吏卒各如其官府載飾以蓋龍首魚尾華布牆纁上周交絡前後雲氣畫帷裳中二千石以上有輤左龍右虎朱鳥玄武公侯以上加倚鹿伏熊千石以下緇布蓋牆魚龍首尾而已二百石黃綬以下至于處士皆以簟席爲牆蓋其正妃夫人妻皆如之諸侯王傅相中尉內史典喪事大鴻臚奏謚天子使者贈璧帛載日命謚如禮下陵羣臣醳纁服如儀主人如禮

贊曰大禮雖簡鴻儀則容天尊地卑君莊臣恭質文通變哀敬交從元序斯立家邦迺隆

禮儀志下第六終

續漢志集解第六校補

禮儀志下飯唅珠玉如禮注諸侯飯以珠唅以珠錢大昭曰下珠字當作璧案璧徑九寸不可以唅且固玉也柳與天子無別惠氏補注謂璧一作碧據說文碧石之青美者蓋次於玉也則注唅以珠宜卽唅以碧之譌

安梓宮內珪璋諸物注以大斂焉加之也官本注以作於通於天也官本注也作地是

天下吏民發喪臨三日注天下吏民官本注天下上有其令二字

佐史以下官本史作吏案據後文皆作佐史則此作吏爲誤字

方石治黃腸題湊便房如禮注漢舊儀略載諸帝壽陵曰官本注諸帝上有前漢二字

執戈揚楯注以戈擊四隅毆方良官本注毆作歐是

甂二容三升集解惠棟曰至兒下平底柳從辰曰御覽七百五十八引三禮圖醴甂文與惠引頗異然似有誤字惟容五斗則不誤禮器君尊瓦甒鄭注亦云瓦甒實五斗與志言容三升者不相侔矣今案論語鄭注筲容斗二升儀禮鄭注甕容一觳[illegible]禮記鄭注甒容五斗志所載則其容各止三升蓋明器纔取備物制自如此非有誤也否則醯醢百甕之死而致生之轉陷爲不智矣

骨短衛注鄭元注曰至示不用也官本注曰上無注字示上多亦字

牟八柳從辰曰內則敦牟卮匜鄭注敦牟黍稷器也陸氏釋文云齊人呼土釜爲牟是牟形爲釜矣今案牟卽鍪也敦牟亦卽是兜鍪兜鍪本一作兜牟首鎧也廣雅釋器鍪鬴也鎘[illegible]以金爲之曰鍪以土爲之亦曰鍪內則之牟鄭本讀爲鍪故釋文亦以土釜說之其式略如冠故並沿爲首鎧之名荀子禮論淮南子氾論均早以鍪說冠是又不必定爲軍中之冠名此如釜爲炊器亦爲量名名同而物則異至謂軍中首鎧可就爲炊具乃傳會之失前人已辯之卽此所謂牟亦專是盛物之器並非炊器也劉注以下文自有豆籩以盛黍稷故別取儀禮注說之

竽一官本竽或譌竿注並同

瓦大杯十六容三升瓦小杯二十容二升錢大昭曰御覽七百五十九引此文三升作二升二升作一升

祔於廟如禮注爲甬人官本甬作俑柳從辰曰孫輯本漢舊儀亦作甬案此譌文不可强通豈有偶人無頭而能起坐如生者太室神堂尊嚴之地抑又何容有此也

備三爵如禮注世至爲邱隴集解何焯校本云至疑之今案至當作主又

注其視萬世猶一瞑也錢大昭曰今呂覽瞑作暝舜葬紀亦不變肆錢大昭曰今呂覽亦作市案官本作市蓋本此

諸侯王列侯始封貴人公主薨至皆賜器錢大昭曰賻錢之制見中山簡王焉濟北惠王壽傳志不載今案二傳言賻僅及諸王其在諸侯公主公將軍特進當亦同有賜賻之事穀梁隱三年傳歸死者曰賵歸生者曰賻志所載皆賵之事故不及賻也

祭祀志上第七　光武即位告天　郊　封禪　　後漢書七

梁　剡　令劉　昭注補

王先謙集解

祭祀之道自生民以來則有之矣豺獺知祭祀集解黃山曰前書郊祀志豺獺有祭顏注謂殺之而布列以祭其先也詩魚麗孔疏義同陸佃埤雅舊說豺獺祭天或又以爲皆自祭其先是又兼有祭天一義禮王制月令周書時訓呂覽孟春紀皆有豺祭獺祭之文呂覽高注豺殺獸四圍陳之獺取鯉魚四面陳之世謂之祭是特陳列如祭非其義惟大戴夏小正正月獺祭魚十月豺祭獸傳皆曰善其祭而後食之乃班志所本月令獺祭魚鄭注將食之先以祭也是謂祭食之祭然豺獺食生於說亦窒非班義也孔穎達說豺祭獸謂禽獸皆殺之但殺獸又陳禽則殺之而已不以爲祭埤雅則謂祭言獸以大者祭也來道之云獺每祭必取七魚列石上人襲之少頃再列如舊又祭時取黃頰魚一枚以爪按其首使作聲如人有祝史故俗呼黃頰魚爲魚師祭畢食諸魚而縱黃頰魚於水此經目驗與陸佃說皆不以爲祭食也而況人乎故人知之至於念想猶豺獺之自然也顧古質略而後文飾耳自古以來王公所爲羣祀至於王莽漢書郊祀志既著矣故今但列自中興以來所修用者以爲祭祀志謝沈書曰蔡邕引中興以來所修者爲祭祀志即邕之意也集解黃山曰前漢祭祀多因秦後漢祭祀多本新莽誅其罪而猶用其制時爲之也莽緣飾經術仍與漢制相成故光武中興無以易之而遂爲晉魏以下相沿之定規是此志實古今得失之林矣

建武元年光武即位于鄗爲壇營於鄗之陽春秋保乾圖曰建天子於鄗之陽名曰行皇集解黃山曰光武紀即位於元年六月己未壇場在鄗南千秋亭五成陌改鄗爲高邑文選景福殿賦李注在南曰陽郡國志注五成陌在高邑縣西七里則所指縣治已非漢舊可知祭告天地采用元始中郊祭故事六宗羣神皆從未以祖配天地共犢餘牲尚約黃圖載元始儀最悉曰元始四年宰衡莽奏曰帝王之義莫大承天承天之序莫重於郊祀祭天於南就陽位祀地於北主陰義圜丘象天方澤則地圜方因體南北從位燔燎升氣瘞埋就類牲欲繭栗味尚清玄器成匏勺貴誠因質天地神所統故類乎上帝禋于六宗望秩山川班於羣神皇天后土隨王所在而事祐耳館駘耳甘泉太陰河東少陽咸失厥位不合禮制聖王之制必上當天心下合地意中考人事故曰愷悌君子求福不回回而求福厥路不通在易泰卦乾坤合體天地交通萬物聚出其律太簇天子親郊天地先祖配天先妣配地陰陽之別以日冬至祀天夏至祀后土君不省方而使有司六宗日月星山川海星則北辰川即河山岱宗三光衆明山阜百川衆流渟汙阜澤

以類相屬，各𢾭秩望相序。於是定郊祀，祀長安南北郊，罷甘泉、河東祀。宮本空一格上帝壇圜八觚，徑五丈，高九尺。茅營去壇十步，竹宮徑三百步，土營徑五百步。神靈壇各於其方面三丈，去茅營二十步，廣坐宮本作三十五步。合祀神靈以璧琮。用辟神道以通，廣各三十步。竹宮內道廣三丈，有闕，各九十一步。壇方三丈，拜位壇亦如之。為周道郊營之外，廣九步。營六甘泉北辰于南門之外，日月海東門之外，河北門之外，岱宗西門之外。為周道前望之外，廣九步。列望遂乃近前望道外，徑六十二步，壇方二丈五尺，高三尺五寸。為周道列望之外，徑九步。卿望亞列望外，徑四十步，壇廣三丈，高二尺。為周道卿望之外，徑九步。大夫望亞卿望道外，徑二十步，壇廣一丈五尺，高一尺五寸。為周道大夫望之外，徑九步。士望亞大夫望道外，徑十五步，壇廣一丈，高一尺。為周道士望之外，徑九步。庶望亞士望道外，徑九步，壇廣五尺，高五寸。為周道庶望之外，徑九步。凡天宗上帝宮壇營，徑三里，周九里。營三重，通入方。后土壇方五丈六尺，茅營去壇十步，外土營方二百步限之。其五零壇去茅營如上帝五神去營步數，神道四通，廣各十步。宮內道廣各二丈，有闕。為周道后土宮外，徑九步。營岱宗西門之外，河北門之外，海東門之外，徑各六十步，壇方二丈，高二尺。為周道前望之外，徑六步。列望亞前望道外，三十六步，壇廣一丈五尺，高一尺五寸。為周道列望之外，徑六步。卿望亞列望道外，徑二十五步，壇廣一丈，高一尺。為周道卿望之外，徑六步。大夫望亞卿望道之外，徑十九步，壇廣八尺，高八寸。為周道大夫望之外，徑九館本步。士望亞大夫望道外，徑十二步，壇廣六尺，高六寸。為周道士望之外，徑六步。凡地宗后土宮壇營，方二里，周八里。營再重，道四通。常以歲之孟春正月上辛上丁館本下上親郊祭天南郊，以地配，望秩山川，徧于羣神。天地位皆南鄉，同席，地差在東，共牢而食。太祖館本作祖高皇帝、高后配于壇上，西鄉，后在北，亦同席共牢而食。日冬至，使有司奉祭天神于南郊，高皇帝配而望羣陽。夏至，使有司奉祭地祇于北郊，高皇后配而望羣陰。天地用牲二，燔燎瘞埋用牲一，先祖先妣用牲一。天以牲左，地以牲右，皆用黍稷及樂。集解惠棟曰：注「神道以通」，以通作八通，見索隱。黃山曰：西京郊祀柔鑑。按前書郊祀志，高帝初因秦雍四畤增北畤，而備五帝。文帝復起渭陽五帝廟，始合祀。泰一地祇，武帝又增汾陰后土、甘泉泰一，皆名曰郊。蓋以泰一為天，后土為地，訖於元帝。祠泰一必之甘泉，祭后土必之汾陰，皆遠逾百里，至不能往，則遣有司告祠，尤悖親郊之義。成帝用匡衡之議，定長安南北郊，郊禮始正。乃成帝定而旋改，哀帝復而又廢。平帝元始五年，莽請復如衡議，復南北郊。乃議以孟春親郊天地，高帝、高后並配；冬夏二至，遣有司分郊天地，高帝、高后分配。古郊禮后夫人不侍祠，安有先后配郊之禮？二至帝不親往，何名為郊？附會古文，遂成奇謬。然終平帝之世，固未實行也。莽奏議在元始五年，是年十二月帝崩，則定壇場、具郊儀，必已在莽居攝之後。故莽立官稷、增學官、奏立明堂辟雍，平紀皆書之，獨復長安南北郊不見於紀。莽傳亦自言「予前在攝時建郊宮」，而注引黃圖乃有元始四年宰衡莽具郊儀之奏，其文則全襲匡衡原奏之詞，與志載莽前後各奏不合，其為僞託明矣。中興於大祭祀動稱元始中故事，實則皆莽之亂制，諱之，故曰元始耳。

其文曰：「皇天上帝后土神祇，睠顧降命，屬秀黎元，為民

父母，秀不敢當。羣下百僚，不謀同辭，集解惠棟曰：今文大誓云「八百諸侯不謀同辭」。咸曰：『王莽簒弒竊位，秀發憤興義兵，破王邑百萬衆於昆陽，誅王郎、銅馬、赤眉、青犢賊，平定天下，海內蒙恩，上當天心，下為元元所歸。』讖記曰：『劉秀發兵捕不道，卯金修德為天子。』秀猶固辭，至于再，至于三。羣下曰：『皇天大命，不可稽留。』敢不敬承。」集解黃山曰：祝文與光武紀所載有異。赤眉立劉盆子為帝，與光武即位同月，九月遂陷長安，殺更始。青犢本與赤眉合，同入函谷關，建武二年尚與銅馬、尤來餘黨共立孫登為天子。此文乃言誅王郎、銅馬、赤眉、青犢賊，不合。紀無赤眉、青犢，是也。蓋祝文本無副本，史臣補撰，未免溢美，范書已經刪潤，志則直錄史文，適成其謬耳。

二年正月，初制郊兆於雒陽城南七里，依鄗，采元始中故事。為圓壇八陛，中又為重壇，天地位其上，皆南鄉，西上。其外壇上為五帝位。集解黃山曰：前書郊祀志匡衡言「甘泉泰畤紫壇八觚，宣通象八方。紫壇有文章采鏤黼黻之飾，五帝壇周環其下，又有羣神之壇。臣聞郊柴饗帝之義，掃地而祭，上質也。其牲用犢，其席槀稭，其器陶匏，皆因天地之性，貴誠上質，不敢修其文也。上質不飾，以章天德。紫壇偽飾，宜皆勿修」。天子從之。則成帝初定長安南北郊，其制必甚簡。黃圖莽奏亦云「牲欲繭栗，氣尚清玄，貴誠因質」，其儀乃復有圜壇八觚、茅營竹宮及神靈壇各於其方面之制，蓋制為莽居攝後所定，奏則六朝撰黃圖者所附益也。此志載圓壇八陛，又有五帝外壇、重營紫宮，悉同甘泉，明即莽制。八陛者，八階也，壇八觚，故有八階；五帝別為壇，壇五階，在圓壇外，如城之有郭，故下亦云五帝陛郭也。青帝位在甲寅之地，赤帝位在丙巳之地，黃帝位在丁未之地，白帝位在庚申之地，黑帝位在壬亥之地。集解惠棟曰：案孝經緯援神契曰「周天玉衡六間，日大寒後斗指艮為立春，艮寅甲卯乙辰巽巳丙午丁未坤申庚酉辛戌乾亥壬子癸丑，斗指丑為大寒，二十四氣，周而復始」。鄭志引堪輿亦用此圖，蓋周秦以來相傳舊法也。其外為壝，重營皆紫，以像紫宮；集解惠棟曰：史記天官書云「匡衛十二，曰紫宮」。有四通道以為門。日月在中營內南道，日在東，月在西，北斗在北道之西，皆別位，不在羣神列中。八陛，陛五十八醊，集解黃山曰：史記封禪書「其下四方地為醊食」，郊祀志作「腏食」，褚少孫孝武紀作「餟食」。索隱醊音竹芮反，謂聯續而祭之。正義引劉伯莊云「謂繞壇設諸神祭座相連綴也」。顏注腏與餟同，謂聯續而祭也。皆以綴聯為義。說文「餟，綴聯也」，「綴，合箸也」。是綴聯之綴本當作叕，从叕之字皆有綴聯義。說文無醊字，「餟，祭酹也」，「腏，挑取骨間肉也」。是腏借字，醊後起字，皆當以餟為正字。祭酹者以

酒沃地聯綴祭之卽以餟位爲神位之數也合四百六十四醊五帝陛郭帝七十二醊合三百六十醊中營四門門五十四神合二百一十六神外營四門門百八神合四百三十二神皆背營內鄉中營四門門封神四外營四門門封神四合三十二神凡千五百一十四神集解黃山曰前書郊祀志載莽元始五年奏定羣望以類相從爲五部天地五帝五神日月星雷風雨而已篡位二年興神仙事遂崇鬼神淫祀至其末年自天地六宗以下至諸小鬼神凡千七百所是郊祀列神之多實莽居攝後所漸增不關元始故事也營卽壝也封封土築也背中營神五星也及中宮宿五官神集解錢大昕曰中宮當作中官及五嶽之屬也背外營神二十八宿外宮星集解錢大昕曰外宮當作外官漢書天文志經星常宿中外官凡百一十八名雷公先農風伯雨師四海四瀆名山大川之屬也

至七年五月詔三公曰漢當郊堯其與卿大夫博士議時侍御史杜林上疏曰爲漢起不因緣堯與殷周異宜而舊制曰高帝配集解黃山曰前書平紀元始四年春正月郊祀高祖以配天其時高后配地之議未興故惟依舊制以高祖配郊祀志載莽奏孝文十六

年祭泰一地祇以太祖高皇帝配是舊制昉於文帝由來已久故杜林本之也班紀於諸帝之郊或於甘泉或於南郊必著其地獨平紀四年之郊不著莽傳又卽以屬之莽此時南郊未復平帝未加元服亦不能親郊觀元始五年冬莽因帝疾請命泰時作金縢則四年之郊莽亦必於甘泉泰時行之以帝不親行故紀不著其地耳居攝元年莽祀上帝於南郊迎春於東郊南郊始復始建國元年莽言王氏虞帝之後也出自帝嚳劉氏堯之後也出自顓頊宜郊祀黃帝以配天黃后以配地蓋至是始自行其並配之制皆詳莽傳而漢當郊堯之說又實由莽啟之林殆不敢斥言其非也方軍師在外且可如元年郊祀故事上從之語在林傳東觀書載杜林上疏悉於本傳曰臣聞營河雒以爲民刻肌膚以爲刑封疆畫界以建諸侯井田什一以供國用三代之□所同及至漢興因時宜趨世務省煩苛取實事不苟貪高亢之論是以去土中之京師就關內之遠都除肉刑之重律用髡鉗之輕法郡縣不置世祿之家農人三十而取一政卑易行禮簡易從無有愚智思仰漢德樂承漢祀基業特起不因緣堯堯遠於漢民不曉信言提其耳終不悅諭后稷近於周民戶知之世據以興基由其祚本與漢異郊祀高帝誠從民望得萬國之歡心天下福應莫大于此民奉種祀且猶世主不失先俗羣臣僉薦鯀考績不成九載乃殛宗廟至重眾心難違不可卒改詩云不愆不忘率由舊章明當尊用祖宗之故文章也宜如舊制以解天下之惑合於易之所謂先天而天弗違後天而奉天時義方軍師在外祭可且如元年郊祭故事隴蜀平後乃增廣郊祀高帝配食集解黃山曰振光武紀平蜀在建武十二年十三年四月益州始傳送公孫述郊廟樂器漢郊以正月則增廣郊祀當在十四年以後高帝始配不及高后仍不用莽議也迄中元元年封泰山禪祭地於梁陰始以高后一配次年北郊成立則已爲帝之末年矣蓋帝亦知先后配郊爲不經故久而後決也位在中壇上西面北上漢舊儀曰祭天紫壇幄帷高皇帝祭天居堂下西向紺帷帳紺席鉤命決曰自外至者無主不止自內出者無匹不行天地高帝黃帝各用犢一頭青帝赤帝共用犢一頭白帝黑帝共用犢一頭凡用犢六頭漢舊儀曰祭天養牛五歲至三千斤按禮記曰天地之牛角繭栗而此云五歲本志用犢是也日月北斗共用牛一頭四營羣神共用牛四頭凡用牛五頭凡樂奏青陽朱明西皓玄冥及雲翹育命舞中營四門門用席十八枚外營四門門用席三十六枚凡用席二百一十六枚皆莞簟率一席三神日月北斗無陛郭醊既送神燎俎實於壇南巳地周禮凡以神位者掌三辰之法以猶鬼神祇之居辨其名物鄭玄曰猶圖也居謂坐也天者羣神之精日月星辰其著位也以此圖天神人鬼地祇之坐者謂布祭眾寡與其居向孝經說郊祀之禮曰燔燎掃地祭牲繭栗或象天酒旗坐星廚倉具黍稷布席極敬心也言郊之布席象五帝坐禮祭宗廟序昭穆亦有以虛危則祭天

圜丘象北極祭地方澤象后妃及社稷之席皆有明法焉集解惠棟曰注凡以神位者位作仕

建武三十年二月羣臣上言卽位三十年宜封禪泰山服虔注漢書曰封者增天之高歸功於天張晏云天高不可及於泰山上立封禪而祭之冀近神靈也項威注曰封泰山告太平升中和之氣於天祭土爲封謂負土於泰山爲壇而祭也禮記曰因名山升中於天盧植注曰封泰山告太平升中和之氣於天也東觀書載太尉趙憙上言曰自古帝王每世之隆未嘗不封禪陛下聖德洋溢順天行誅撥亂中興作民父母修復宗廟救萬姓命黎庶賴福海內淸平功成治定羣司禮官咸以爲宜登封告成爲民報德百王所同當仁不讓宜登封岱宗正三雍之禮以明靈契望秩羣神以承天心也集解惠棟曰注每世之隆袁紀云治道之隆詔書曰卽位三十年百姓怨氣滿腹吾誰欺欺天乎曾謂泰山不如林放何事汙七十二代之編錄莊子曰易姓而王封於泰山禪於梁父者七十有二代其有形兆垠堮勒石凡千八百餘處許愼說文序曰蒼頡之初作書蓋依類象形故謂之文其有形聲相益故謂之字字者言孳乳而滋多也著於竹帛謂之書書者如也以迄五帝三王之世改易殊體封於泰山者七十有二代靡有同焉集解惠棟曰汙蕭該音一故反說文汙穢也桓公欲封管仲非之若郡縣遠遣吏上壽盛稱虛美必髡兼令屯田從此羣臣不敢復言三月

上幸魯漢祀令曰天子行有所之出河沈用白馬珪璧各一衣以繒緹五尺祠用脯二束酒六升鹽一升涉渭灞涇雒佗名水如此者沈珪璧各一律在所給祠具及行沈祠佗川水先驅投石少府給珪璧不滿百里者不沈過泰山告太守㠯上過故承詔祭山及梁父時虎賁中郎將梁松等議記曰齊將有事泰山先有事配林蓋諸侯之禮也河嶽視公侯王者祭焉宜無卽事之漸不祭配林盧植注曰配林小山林麓配泰山者也謂諸侯不郊天泰山巡省所考五嶽之宗故有事將祀之先卽其漸天子則否矣泰山廟在博縣風俗通曰博縣十月祀岱宗名曰合凍十二月涸凍正月解凍太守絜齋親自執事作脯廣一尺長五寸旣祀訖取泰山君夫人坐前脯三十朐太守拜章縣次驛馬傳送雒陽集解惠棟曰風俗通云配林在泰山西南五六里泰山君夫人漢時皆稱泰山府君黃山曰注脯三十朐說文朐脯挺也朐與挺皆脯名以同物通訓公羊昭二十五年傳何注屈曰朐申曰脡士虞禮鄭注古文脡爲挺曲禮鄭注屈中曰朐是朐爲脯之屈中者作脯廣一尺長五寸故須中屈之三十二年正月上齋夜讀河圖會昌符曰赤劉之九會命岱宗不愼克用何益於承誠善用之姦僞不萌感此文乃詔松等復案索河雒讖文言九世封禪事者松等列奏乃許焉東觀書曰羣臣奏言登封告成爲民

報德百王所同陛下輒拒絕不許臣下不敢頌功述德業河雒讖書赤漢九世當巡封泰山凡三十六事傳奏左帷陛下遂以仲月令辰遵岱嶽之正禮奉圖雒之明文以和靈瑞以爲兆民上曰至泰山乃復議國家德薄災異仍至圖讖蓋如此集解黃山曰光武紀注讖符命之書讖驗也言王者受命之符驗也山案文選思元賦舊注引蒼頡篇讖書河洛書也一切經音義引三蒼讖祕密書也出河洛其言河洛者謂河圖洛書之學七經皆有讖而以河洛爲宗河洛五九六藝四九都凡八十一篇張衡所奏定衡傳載衡疏論圖讖得失最詳言聖人以律曆卜筮九宮爲本皆易之事也鄭元以讖合夢而知當終翟酺因災異推考圖書而知漢四百年將有弱主閉門聽難之禍通其術者自能用之餘皆但就流傳祕文傳會其說而已初孝武帝欲求神僊㠯扶方者言黃帝由封禪而後僊集解黃山曰釋名釋言語扶傳也傳近之也是扶方者謂李少君文成五利公孫卿諸方士其方益衰則傳會封禪著其非誠於是欲封禪封禪不常時人莫知元封元年上㠯方士言作封禪器㠯示羣儒多言不合於古於是罷諸儒不用三月上東上泰山郭璞注山海經曰泰山從山下至頂四十八里二百步乃上石立之泰山顚風俗通曰石高二丈一尺刻之曰事天以禮立身以義事父以孝成民以仁四海之內莫不爲郡縣四夷八蠻咸來貢職與天無極人民蕃息天祿永得遂東巡海上求僊人無所見而還四月封泰山風俗通曰封廣丈二尺高九尺下有玉牒書也恐所施用非是乃祕其事語在漢書郊祀志東觀書曰上至泰山有司復奏河雒圖記表章赤漢九世尤著明者前後凡三十六事與博士充等議以爲殷統未絕黎庶繼命高宗久勞猶爲中興武王因父受命之列據三代郊天因孔子甚美其功後世謂之聖王漢統中絕王莽盜位一民莫非其臣尺土靡不其有宗廟不祀十有八年陛下無十室之資奮振於匹夫除殘去賊興復祖宗集就天下海內治平夷狄慕義功德盛於高宗武王宜封禪爲百姓祈福請親定刻石紀號文太常奏儀制詔曰許昔小白欲封夷吾難之季氏旅仲尼非焉蓋齊諸侯季氏大夫皆無事於泰山今予末小子巡祭封禪德薄而任重一則以喜一則以懼喜於得承鴻業帝堯善及子孫之餘賞蓋應圖錄當得是當懼於過差執德不弘信道不篤爲議者所誘進後世知吾罪深矣集解惠棟曰注博士充曹充也建武中爲博士定封禪禮見曹褒傳上許梁松等奏乃求元封時封禪故事議封禪所施用有司奏集解黃山曰張純傳純在朝歷世明習故事中元元年帝東巡岱宗以純視御史大夫從并上元封舊儀及刻石文是當時奏上封禪所施用卽純主之前漢御史大夫成帝更名大司空光武卽位惟置大司空凡郊祀之事兼掌掃除樂器建武二十七年去大時純爲司空而傳云視御史大夫者親武帝封禪御史乘屬從行故事也當用方石再累置壇中皆方五尺厚一尺用玉牒書藏方石集解黃山曰舊唐禮儀志房元齡等奏封禪儀請方石三枚以爲再累是再累乃用方石三枚也後文梁松疏言寘寄玉牒故石下是此文當作用玉牒書藏方石下奪下字牒厚五寸長尺三寸廣五寸有玉檢又用石檢十枚列於石傍東西各三南北各二皆長三尺廣一尺厚七寸檢中刻三處深四寸方五寸有蓋檢用金縷五周㠯水銀和金㠯爲泥玉璽一方寸二分一枚方五寸集解黃山曰說文檢書署也徐云書函之蓋三刻其上繩緘之然後塡以泥題書其上而印之也檢舊唐禮儀志作簡云玉簡厚二寸長短闊狹一如玉牒其印齒隨璽大小仍纏以金繩五周石簡刻方石四邊而立之纏以金繩封以石泥印以受命璽案檢封之說其別有三地官司市鄭注璽節印章如今斗檢封賈疏漢法斗檢封其形方上有封檢其內有書是以斗形方匣貯書上加封檢也公孫瓚傳言袁紹每有所下輒皁囊封檢文稱詔書是以囊貯文書纏封囊口亦謂之檢李注今謂之排說文排擠也擠合囊口而封之也二者但可用之文書玉牒之檢則爲單簡覆牒而封之是檢卽蓋矣其石檢又加蓋者玉檢幷牒封置石下石覆其上自不外露石檢以封方石不加蓋則封不固也刻三處深四寸方五寸者亦專就石檢言卽印齒也玉璽一方寸二分以封玉檢一枚方五寸以封石檢故石檢須刻方五寸段玉裁說封禪之檢掍文書之檢爲一趙坦又以斗檢封爲用斗鎔蠟以封皆誤方石四角又有距石皆再累枚長一丈厚一尺廣二尺皆在

圓壇上其下用距石十八枚皆高三尺厚一尺廣二尺如小碑環
壇立之去壇三步距石下皆有石跗入地四尺又用石碑高九尺
廣三尺五寸厚尺二寸立壇丙地去壇三丈以上以刻書上以用
石功難又欲及二月封故詔松欲因故封石空檢集解黃山曰石空檢爲三事空讀爲孔唐書禮樂志石礛刻方其中以容玉匱卽孔是已更加封而已欲及二月者虞書歲二月東巡狩至于岱宗柴范甯曰巡狩者巡行諸侯所守二月直卯故以東巡狩也祭山曰燔柴積柴加牲於其上而燔之也松上疏爭之以
爲登封之禮告功皇天垂後無窮以爲萬民也承天之敬尤宜章
明奉圖書之瑞尤宜顯著今因舊封竄寄玉牒故石下恐非重命
之義集解惠棟曰命下徐堅引司馬書有受字受命中興宜當特異以明天意遂使泰
山郡及魯趣石工宜取完青石無必五色集解通鑑胡注舊用石蓋各依方色時以
印工不能刻玉牒欲用丹漆書之會求得能刻玉者遂書書祕刻
方石中命容玉牒二月上至奉高應劭漢官馬第伯封禪儀記曰車駕正月二十八日發雒陽宮

二月九日到魯遣守謁者郭堅伯將徒五百人治泰山道十日[illegible]魯
遣宗室諸劉及孔氏瑕丘丁氏上壽受賜[illegible]
[illegible]皆詣孔氏宅賜酒肉十一日發十
二日宿奉高是日遣虎賁郎將先上山三案行還益治道徒千人
十五日始齋國家居太守府舍諸王居府中諸侯在縣庭中齋諸
卿校尉將軍大夫黃門郎百官及宋公衞公襃成侯東方諸侯雒
中小侯齋城外汶水上太尉太常齋山虞馬第伯自云某等七十
人先之山虞觀祭山壇及故明堂宮郎官等郊肆處入其幕府觀
治石石二枚狀博平圓九尺此壇上石也其一石武帝時石也時
用五車不能上也因置山下爲屋號五車石四維距石長丈二廣
二尺厚尺半所四枚檢石長三[illegible]尺廣六寸狀如封篋長檢十
枚一紀號石高丈二尺廣三尺厚尺二寸名曰立石一枚刻文字
紀功德是朝上山騎行往往道峻峭下騎步牽馬乍步乍騎且相
半至中觀留馬去平地二十里南向極望無不覩仰望天關如從
谷底仰觀抗峰其爲高也如視浮雲其峻也石壁窅窱如無道徑
遙望其人端如行朽兀或爲白石或雪久之白者移過樹乃知是
人也殊不可上四布僵臥石上有頃復蘇亦賴齎酒脯處處有泉
水目輒爲之明復勉強相將行到天關自以已至也問道中人言
尚十餘里其道旁山脅大者廣八九尺狹者五六尺仰視巖石松
樹鬱鬱蒼蒼若在雲中俛視谿谷碌碌不可見丈尺遂至天門之
下仰視天門窔遼如從穴中視天直上七里賴其羊腸逶迤名曰
環道往往有絙索可得而登也兩從者扶挾前人相牽後人見前
人履底前人見後人頂如畫重累人矣所謂磨胸捏石捫天之難
也[illegible]初上此道行十餘步一休稍疲咽脣焦五六步一休牒
牒據頓地不避涇闇前有燥地目視而兩腳不隨早食上[illegible]後到
天門郭使者得銅物銅物形狀如鍾又方柄有孔莫能識[illegible]
疑封禪具也得之者汝南召陵人姓楊名通東上一里餘得木
甲木甲者武帝時神也東北百餘步得封所始皇立石及闕在南
方漢武在其北二十餘步得北垂圓臺高九尺方圓三丈所有兩
陛人不得從上從東陛上臺上有壇方一丈二尺所上有方石四
維有距石四面有闕鄉壇再拜謁人多置錢物壇上亦不埽除國
家上見之則詔書所謂酢梨酸棗狼籍散錢處數百幣帛具道是
武帝封禪至泰山下未及上百官爲先上跪拜置梨棗錢于道以
求福卽此也東山名曰日觀日觀者雞一鳴時見日始欲出長三
丈所秦觀者望見長安吳觀者望見會稽周觀者望見齊西北有
石室壇以南有玉盤中有玉龜山南脅神泉飲之極清美利人日
入下去行數環日暮時頗雨不見其道一人居其前先知蹈有人
乃舉足隨之比至天門下夜人定矣集解惠棟曰注郭使者郎堅
伯也又孔穎達云漢魏稱人主或言國家或言朝廷古今同也黃
山曰太康地記奉高者以事東嶽帝王禪代之處也故明堂在縣
南四里漢武立太壇于東山以登天下示增高注宋公孔安也衞
公姬常也襃成侯孔志也東方諸侯東海王彊北海王興[illegible]
[illegible]齊王石也雒中小侯鄉侯亭侯之屬太尉趙憙太常桓榮也
分見范書各紀傳又壇上石二枚圓九尺距石長丈二檢石四枚
廣六寸均與志文異遣侍御史與蘭臺令史將工先上山刻石文曰維建武
三十有二年二月皇帝東巡狩至于岱宗柴風俗通曰岱者胎也宗者長也萬物之始

陰陽之交觸石膚寸而合不崇朝而偏雨天下惟泰山乎故爲五嶽之長耳望秩於山川孔安國書注曰九州名山
大川五嶽四瀆之屬皆一時望祭之安國又曰喻以尊卑祭之也
五嶽視三公四瀆視諸侯其餘小者卿大夫伯子男[illegible]上
班于羣神孔安國曰羣神謂丘陵墳衍古之聖賢皆祭之矣集解黃山曰班于羣神書堯典班作偏史記引作辯徐廣音
班揚雄太常箴三輔黃圖皆作班與志合徐廣晉人黃圖六朝人
撰猶及見今文蓋據今文有作班者也史記作辯而廣以班讀之
若江聲云辯辨同字士虞記鄭注班或爲辨山案辯之卽辨易象
傳繫傳皆然辨之卽班前書王莽傳辨社諸侯亦其一證惟近儒
以辯無直通班之證而班氏郊祀志引書亦作偏于羣神則意古
今文同史記之辯仍當讀偏然古書亦止辯可通偏辯不能直通
偏也徐讀辯爲班則辯直辨之誤耳遂覲東后從臣太尉憙行司徒事特進高密侯
禹等漢賓二王之後在位孔子之後襃成侯序在東后蕃王十二
咸來助祭河圖赤伏符曰劉秀發兵捕不道四夷雲集龍鬭野四
七之際火爲主河圖會昌符曰赤帝九世巡省得中治平則封誠
合帝道孔矩則天文靈出地祇瑞興帝劉之九會命岱宗誠善用
之姦僞不萌赤漢德興九世會昌巡岱皆當天地扶九崇經之常

漢大興之道在九世之王封于泰山刻石著紀禪于梁父退省者
五河圖合古篇曰帝劉之秀九名之世帝行德封刻政河圖提劉
予曰九世之帝方明聖持衡拒九州平天下予〔集解〕先謙曰官本予作子考證云予本或作子雒書甄曜度曰赤三德昌九世會修符合帝際勉刻封孝經
鉤命決曰予誰行赤劉用帝三建孝九會修專兹竭行封岱青河
雒命后經讖所傳昔在帝堯聰明密微讓與舜庶後裔握機王莽
吕舅后之家三司鼎足冢宰之權勢依託周公霍光輔幼歸政之
義遂吕篡叛僭號自立宗廟隳壞社稷喪亡不得血食十有八年
揚徐青三州首亂兵革橫行延及荆州豪傑并兼百里屯聚往往
僭號北夷作寇千里無煙無雞鳴犬吠之聲皇天睠顧皇帝吕匹
庶受命中興年二十八載興兵起是吕中次誅討十有餘年罪人
則斯得黎庶得居爾田安爾宅書同文車同軌人同倫舟輿所通

人跡所至靡不貢職建明堂立辟雍起靈臺〔集解〕黃山曰光武紀是歲初起明堂靈臺辟雍及北郊兆域書在中元元年十一月晦後益據其落成追書之經始當已在二月前故刻石文及之也設庠序同
律度量衡孔安國書注曰同音律也度丈尺量斗斛衡斤兩也修五禮孔安國曰公侯伯子男朝聘之禮范甯曰
吉凶軍賓嘉也五玉范甯曰五等諸侯之瑞珪璧也三帛孔安國曰諸侯世子執纁公之孤執玄附庸之君執黃范甯曰
玄纁黃三孤所執二牲范甯曰羔雁也卿執羔大夫執雁一死雉也士所執贄范甯曰總謂上所執之以爲贄
者也吏各修職復于舊典在位三十有二年年六十二乾乾日昃不
敢荒甯涉危歷險親巡黎元恭肅神祇惠恤耆老理庶遵古聰允
明恕皇帝唯慎河圖雒書正文是月辛卯柴登封泰山甲午禪于
梁陰〔集解〕通鑑胡注謂梁父之陰錢大昕曰梁陰卽梁父也先謙曰胡說是吕承靈瑞吕爲兆民永
兹一宇垂于後昆百僚從臣郡守師尹咸蒙祉福永永無極秦相
李斯燔詩書樂崩禮壞建武元年已前文書散亡舊典不具不能
明經文吕章句細微相況八十一卷〔集解〕惠棟曰張衡集上事曰河洛五九六蓺四九共八十

篇一明者爲驗又其十卷皆不昭晰子貢欲去告朔之餼羊子曰賜
也爾愛其羊我愛其禮後有聖人正失誤刻石記封禪儀曰車駕十九日之山虞
國家居亭百官布野比日山上雲氣成宮闕百官竝見之二十一日夕牲時白氣廣一丈東南極望致濃厚時天清和無雲瑞命篇
岱嶽之瑞以日爲應也〔集解〕惠棟曰注野作列比作此從封禪儀校正瑞命篇逸禮瑞命篇也二十二日辛卯晨
燎祭天於泰山下南方羣神皆從用樂如南郊封禪儀曰晨祭也日高二丈所燔燎
燔燎煙正北也〔集解〕官本上二作三諸王王者後二公孔子後褒成君皆助祭位事也
封禪儀曰百官各以次上郡儲輦三百爲貴臣諸公王侯卿大夫百官皆步上少用輦輦者干寶周禮注曰對轝曰輦〔集解〕惠棟曰
高誘呂覽注曰人引車曰輦事畢將升封或曰泰山雖已從食於柴祭今親升
告功宜有禮祭於是使謁者吕一特牲於常祠泰山處告祠泰山
如親耕貙劉先祠先農先虞故事至食時御輦升山封禪儀曰國家御首輦人
輓升山至中觀休須臾復上日中後到山上更衣封禪儀曰須臾羣臣畢就位〔集解〕通鑑胡注易服乃卽事
也早晡時卽位于壇北面羣臣吕次陳後西上畢位升壇封禪儀曰國家

臺上北面虎賁陛戟臺下尚書令奉玉牒檢皇帝吕寸二分璽親封之訖太常
命人發壇上石封禪儀曰騶騎二千餘人發壇上方石〔集解〕惠棟曰持禮三十人發壇上石礠蓋尚書令北向跪藏
玉牒畢持禮覆石礠尚書令封上十石檢亦纏以金繩泥以金泥雜用四方土色各依其色案持禮郎治禮郎又曰壇上置石礠再
累皆方五尺厚一尺置壇中刻礠上施十枚石檢東西各二檢南北各二檢上有石蓋若今之攏子攏子先謙曰注二千官本作三
千尚書令藏玉牒已復石覆訖尚書令吕五寸印封石檢封禪儀曰以金
爲繩以石三檢東方西方各三檢檢中石泥及壇土色赤白黑各依如其方色事畢皇帝再拜羣臣稱萬
歲封禪儀曰稱萬歲音動山谷有氣屬天遙望不見山巔山巔人在氣中不知也命人立所刻石碑乃復
道下封禪儀曰封畢有頃詔百官以次下國家隨後數百人維持行相逐推百官連延二十餘里道多迫小深谿高岸數百丈
步從匍匐邪上起近炬火止亦駱驛步從觸擊大石石聲正讙但讙石見相應和者館舍腸不能已口不能默夜半後到百官明
日乃訖其中老者氣劣不能行臥巖石下明日早太醫令復遣問起居國家云昨上下山欲行迫前欲休則後人所蹈道峻危險恐
不能度國家不勞百官以下露臥木飲無一人蹉跌無一人疾病豈非天邪泰山率多暴雨如今上直下柴祭封登清晏温和明日
上壽賜百官省事事畢發暮宿奉高三十里明日發至梁甫九十里夕牲〔集解〕通鑑胡注謂復故道而下山也二十五日

甲午，禪祭地于梁陰，以高后配，山川羣神從，如元始中北郊故事。服虔曰：禪，廣土地。項威曰：除地爲墠，後改墠曰禪，神之矣。封禪儀曰：功效如彼，天應如此，羣臣上壽，國家不聽。集解黃山曰：元始五年莽議北郊配后，本與封禪無涉，盜國後屢議巡狩，亦未實行，是以高后配饗梁陰，實當時無識諸臣以意爲之耳。光武誤聽，唐高宗遵而行之，以太穆皇后、文德皇后同配禪祭，武后遂謂祀先后不當外命宰臣，抗表率六宮親禪，未嘗非光武啟之也。四月己卯，大赦天下，以建武三十二年爲建武中元元年。復博、奉高、嬴勿出元年租芻稾。以吉日刻玉牒書，函藏金匱，璽印封之。乙酉，使太尉行事，以特告至高廟。虞典曰：歸格于藝祖，用特。太尉奉匱以告高廟，藏于廟室西壁石室高主室之下。袁宏曰：夫天地者，萬物之官府；山川者，雲雨之丘墟。萬物生遂，則官府之功大；雲雨施潤，則丘墟之德厚。故化洽天下，則功配於天地；澤流一國，則德合於山川。是以王者經略，必以天地爲本；諸侯述職，必以山川爲主。體而象之，取其陶育；禮而告之，歸其宗本。書曰「東巡狩至於岱宗，柴」，傳曰「郊祀后稷，以祈農事」。夫巡狩觀化之常事，祈農撫民之定業，猶潔誠殷薦，以告昊天，況創制改物，人神易聽者乎！夫揖讓受終，必有至德於天下；征伐革命，則有大功於萬物。是故王者初基，則有封禪之事，蓋以其成功告於神明者也。夫東方者，萬物之所始；山嶽者，靈氣之所宅。故求之物本，必於其始；取其所通，必於所宅。崇其壇場，則謂之封；明其代興，則謂之禪。然則封禪者，王者開務之大禮也。德不周洽，不得輒議斯事；功不弘濟，不得髣髴斯禮。曠代一有，其道至高，故自黃帝、堯、舜至三代，各一得封禪，未有中修其禮者也。雖繼藏之君集解王補曰藏袁紀作體，時有功德，此蓋率復舊業，增修其前政，不得仰齊造國，同符改物者也。夫神道貞一，其用不煩；天地易簡，其禮尚質。故藉用白茅，貴其誠素；器用陶匏，取其易從。然封禪之禮，簡易可也。若夫金函玉牒，非天地之性也。集解黃山曰：前世封禪有得封不得封之別，故金匱告廟，既得封而後刻玉紀之，不敢誣其先，猶昭鄭重也。自唐以下，易藁秸以文錦，去匏瓦而尊罍，踵事增華，帝封后禪，金匱玉策，皆預爲之矣。

祭祀志上第七　終

續漢志集解第七校補

祭祀志上爲壇於鄗之陽集解黃山曰　至　已非漢舊可知柳從辰曰本紀作鄗南，此作鄗陽，陽即南也。劉注作西，疑仍是南字之譌耳。一統志：漢高邑故城在今柏鄉縣北二十一里，千秋亭五成陌在今柏鄉縣北十四里，去舊縣七里。據此，則壇明在漢舊縣南七里矣，云西誤也。又志沿革表：漢之高邑相沿至後魏皆治舊城，北齊天保六年廢，徙天保七年廢房子縣移高邑縣於房子縣東北，今柏鄉縣在其東。通典亦謂光武即位壇在柏鄉，則在高邑不得謂西矣。梁時高邑已在徙治之後，劉注言七里，自仍就漢舊縣言也。

采用元始中郊祀故事

注渟汗皐澤官本注汗作汙，是。案荀子「汙池淵沼川澤，謹其時禁」，注：汙，渟水之處。

其五零壇去茅營官本注去作土，非。案零與靈同，即神靈壇也。去譌土，字殘。

道之外徑十九步案之字衍，各本皆未正。

凡千五百一十四神柳從辰曰：御覽五百二十七郊丘引漢制天地以下羣臣所祭凡一千五百四十，新益爲萬五千四十。孫星衍采入所輯漢舊儀補遺，自注云：新上疑脫亡字。蓋自漢武求仙，偏增郊祀，新莽事鬼，傳會寖多。光武中興，雖采元始中故事，而所定止於千五百一十四神，視前世又損其三十六，則莽之所增必盡革矣。

語在林傳注無有愚智官本注作民無愚智，與林傳注引同。

民奉種祀　至　九載乃殛

案此謂鯀殛禹興，夏仍郊鯀，以禹治水爲修鯀之功，實王業所由基，且親近民易知也。注文有脫誤，故其說不明。

位在中壇上西面北上注漢舊儀曰祭天祭紫壇幄帷高皇帝祭天居壇下西向紺帷帳紺席柳從辰曰：注「高皇帝祭天」，官本同，此誤文也。孫輯本漢舊儀祭作配，御覽五百二十六、書鈔九十、初學記十三、類聚三十八同。至孫謂此志注亦同，則未知就全文言，抑所見續志本有作配天者獨不誤也。今案柳說是也。馬氏通考卷六十九引漢舊儀文甚長，亦作高皇帝配天，又「祭天」祭無下祭字，「紺帷帳紺席」無紺帷三字，此或馬氏嫌原文之累消去耳。馬附論云：衛敬仲撰漢舊儀，頗有正史所未見者。然西漢未嘗舉高祖配天之祀，惟武帝作汶上明堂，祠泰一、五帝於明堂上坐，合高皇帝祠坐對之，[illegible]注而三歲郊見於雍五時、甘泉，則未嘗有配天之祖也。今此謂高帝配天，而又言居堂下，則未有配神作主而坐堂下者也。此其義難曉，姑錄以廣異聞。馬此論至明，並足證志注作高皇帝祭天之誤，故約載之。

上至奉高注四枚檢石長三尺案通考亦作三尺，官本注作五尺，非。

不騎步牽馬案通考不作下，是。

汝南召陵人陵原譌陸，據錢校正。官本注不誤。

百官爲先上柳從辰曰：五字官本同。孫輯本謂續志補注無先字，不知孫所據何本也。案通考引亦有先字。

班于羣神注古之聖賢 古原譌台據錢校改官本注不誤

乾乾日昊 柳從辰曰昊卽昃但字形稍異耳凡閣本前之作昊者皆當以此字爲正案毛本前昊作昃已備論其失今得柳說可以祛惑矣

二十二日辛卯晨燎祭天於泰山下注日高二丈所燔燎燔燎煙正北也 柳從辰曰孫輯本漢官儀引此作二丈所與閣本同燔燎二字不重正北也與閣本同書鈔九十一引此作三丈所與官本同燔燎二字亦不重正北也作鄉今案二三易譌無從確定本注燔燎二字當係誤重正北也當作正北向祀天本北面北或作上者疑卽北字半體之譌

皆助祭位事也注百官各以次上 柳從辰曰書鈔引此下有國家時御輦人挽升車也二句詳文義與下郡儲輦三百正相接

尙書令以五寸印封石檢注以石三檢 案通考注三作爲是

羣臣稱萬歲注有氣屬天 柳從辰曰孫輯本漢官儀引此氣上有靑字書鈔引此又作白字

復博奉高嬴 柳從辰曰光武紀作復嬴博梁父奉高是也此脫梁父袁紀亦有梁父而無博又異今案前書武紀元封元年登封泰山至於梁父然後升禪肅然其年十月改元行所巡至博奉高蛇邱歷城梁父民逋賦皆除四縣無出今年算顏注自博至梁父凡五縣今云四縣無出算者奉高一縣素以供神非算限也然武紀及郊祀志獨給祠復無所與者止山下戶三百則餘戶似未全復也光武復奉高嬴博梁父同武帝所置三百戶未必已廢也是則武紀所謂四縣仍難確定疑歷城不屬泰山復不及耳後漢蛇邱亦不屬泰山故不數至博則泰山廟岱山皆卽在其縣內袁紀不數似非

太尉奉匱以告高廟藏于廟室西壁石室高主石之下注故藉用白茅 藉原作籍已正官本注不誤柳從辰曰袁紀作藉今案藉籍古雖通作然易藉用白茅茅固草也自以从艸爲正

梁 剡 令劉昭注補

王先謙集解

是年初營北郊明堂 周禮考工記曰周人明堂度九尺之筵東西九筵南北七筵堂崇一筵五室凡室二筵鄭玄曰明堂者明政敎之堂周度以筵亦王者相改周堂高九尺殷三尺則夏一尺矣相參之數也孝經援神契曰明堂上圓下方八窗四達布政之宮在國之陽晏子春秋曰明宮之制官本宮作[illegible]下之溫溼不能及也上之寒暑不能入也木工不鏤示民知節也呂氏春秋曰周明堂茅茨蒿柱土階三等以見儉節也前志武帝欲治明堂奉高旁未明其制度濟南人公玉帶上黃帝時明堂圖圖中有一殿四面無壁以茅蓋通水水圜宮垣爲復道上有樓從西南入名曰昆侖以拜禮上帝於是作明堂汶水上如帶圖新論曰天稱明故命曰明堂上圓法天下方法地八窗法八風四達法四時九室法九州十二坐法十二月三十六戶法三十六雨七十二牖法七十二風東京賦曰復廟重屋八達九房薛綜注曰八達謂室有八窗也堂後有九室所以異於周制也王隆漢官篇曰是古淸廟茅屋胡廣曰古之淸廟以茅蓋屋所以示儉也今之明堂茅蓋之乃加瓦其上不忘古也集解惠棟曰水經注云穀水又逕明堂北中元元年立尋其基構上圓下方九室重隅十二堂蔡邕月令章句因之故引于其下爲辟雍也注相參之數案漢司徒馬宮

議曰夏后氏世室室顯于堂故命以室殷人重屋屋顯于堂故命以屋周人明堂堂大于夏室故命以堂夏后氏益其堂之廣百四十四尺周人明堂以爲兩序間大夏后氏七十二尺如宮言則周明堂大于夏室與鄭異義

辟雍 白虎通曰辟雍所以行禮樂宣德化也辟者象璧圓以法天也雍者壅之以水象敎化流行也辟之爲言積也積天下之道德雍之爲言壅也壅天下之儀則故謂辟雍也王制曰天子辟雍諸侯泮宮外圓者欲使觀者平均也又欲言外圓內方明德當圓行當方也

靈臺未用事 禮含文嘉曰禮天子靈臺所以觀天人之際陰陽之會也揆星度之驗徵六氣之瑞官本作[illegible]應神明之變化覩因官本作日氣之所驗爲萬物獲福於無方之原招太極之淸泉以與稼穡之根倉廩實知禮節衣食足知榮辱天子得靈臺之則五車三柱明制可行不失其常水泉川流無滯寒暑之災陸澤山陵禾盡豐穰故東京賦曰左制辟雍右立靈臺薛綜注曰於之班敎曰明堂官本之作上是大合樂射饗者辟雍司曆記候節氣者曰靈臺蔡邕明堂論曰明堂者天子太廟所以崇禮其祖以配上帝者也夏后氏曰世室殷人曰重屋周人曰明堂東曰靑陽南曰明堂西曰總章北曰玄堂中曰太室易曰離也者明也南方之卦也聖人南面而聽天下嚮明而治人君之位莫正於此焉故雖有五名而主以明堂也其正中焉皆曰太廟謹承天隨時之令昭令德宗祀之禮明前功百辟之勞起尊老敬長之義顯敎幼誨稚之學朝諸侯選造士於其中以制度生者乘其能而至死者論其功而祭故爲大敎之宮而四學具焉官司備焉譬如北辰之居其所而衆星拱之萬象翼之政敎之所由生專官本敎上有[illegible]字無專字受作之所自來明一統也故言明堂事之大

義之深也取其宗祀之清貌則曰清廟取其正室之貌則曰太廟取其尊崇矣則曰太室館本無矣字取其堂館本堂作向明二字則曰明堂取其四門之學則曰太學取其四面周水圜如璧則曰辟雍異名而同事其實一也春秋因魯取宋之姦賂則顯之太廟以明聖王建清廟明堂之義經曰取郜大鼎于宋納于太廟傳曰非禮也君人者將昭德塞違故昭令德以示子孫是以清廟茅屋昭其儉也夫德儉而有度升降有數文物以紀之聲明以發之以照臨百官百官於是戒懼而不敢易紀律所以大明教也以周清廟論館本曰作之魯太廟皆明堂也魯禘祀周公於太廟明堂猶周宗祀文王於清廟明堂也禮記檀弓曰王齊禘於清廟明堂也孝經曰宗祀文王於明堂禮記明堂位曰太廟天子曰明堂又曰成王幼弱周公踐天子位以治天下朝諸侯於明堂制禮作樂頒度量而天下大服成王以周公爲有勳勞於天下館本下有大字命魯公世世禘祀周公於太廟以天子禮樂升歌清廟下管象舞所以異魯於天下館本下有也字取周清廟之歌歌於魯太廟明堂魯之廟猶周清廟也[illegible]皆所以昭文王周公之德以示子孫者也[illegible]易傳太初篇曰太子旦入東學晝入南學暮入西學在中央曰太學天子之所自學也禮記保傅篇曰帝入東學上親而貴仁入西學上賢而貴德入南學上齒而貴信入北學上貴而尊爵入太學承師而問道與易傳同魏文侯孝經傳曰太學者中學明堂之位也禮記古大明堂之禮曰膳夫是相禮日中出南闈見九侯門子[illegible]日側出西闈視五國之事日闇出北闈視帝節猶爾雅曰宮中之門謂之闈王居明堂之禮又別陰陽門南門稱門西門稱闈故周官有門闈之學師氏教以三德守王門保氏教以六藝守王闈然則師氏居東門南門保氏居西門北門也知掌教國子與易傳保傅王居明堂之禮參相發明爲四學焉文王世子篇曰凡大合樂則遂養老天子至乃命有司行事興秩節祭先師先聖焉始之養也適東序釋奠於先老遂設三老五更群老之席位焉[illegible]春夏學干戈秋冬學羽籥皆於東序凡祭與養老乞言合語之禮皆小學正詔之於東序又曰大司成論說在東序然則詔學皆在東序東序東之堂也學者詔焉故稱太學仲夏之月令祀百辟卿士之有德於民者禮記太學志曰禮士大夫學於聖人善人祭於明堂其無位者祭於太學禮記昭穆篇曰祀先賢於西學所以教諸侯之德也即所以顯行國禮之處也太學明堂之東序也皆在明堂辟雍之內月令記曰明堂者所以明天氣統萬物明堂上通於天象日辰故下十二宮象日辰也水環四周言王者動作法天地德廣及四海方此水也名曰辟雍[illegible]王制曰天子出征執有罪反舍奠於學以訊馘告樂記曰武王伐殷薦俘馘于京太室詩魯頌云矯矯虎臣在泮獻馘京鎬京也太室辟雍之中明堂太室也與諸侯泮宮俱獻馘即王制所以訊馘告者也禮記曰祀乎明堂所以教諸侯之孝也孝經曰孝悌之至通於神明光於四海無所不通詩云自西自東自南自北無思不服言行孝者則曰明堂行悌者則曰太學故孝經合以爲一義而稱鎬京之詩以明之凡此皆明堂太室辟雍太學事通合之義也其制度數各有所法堂方百四十四尺坤之策也屋圜屋徑二百一十六尺乾之策也太廟明堂方三十六丈通天屋徑九丈陰陽九六之變且[illegible]圜蓋方載六九之道也八闥以象八卦九室以象九州十二宮以

應辰三十六戶七十二牖以四戶八牖乘九室之數也戶皆外設而不閉示天下不藏也通天屋高八十一尺黃鍾九九之實也二十八柱列於四方亦七宿之象也堂高三丈亦應三統四鄉五色者象其行外廣二十四丈應一歲二十四氣四周以水象四海王者之大禮也集解官本考證曰注取其尊崇[illegible]則曰明堂監本崇字下衍矣字向明二字誤[illegible]又以周清廟論之案監本有之又與閣本異是論下衍曰字又明魯之太廟猶周清廟也明下衍堂字之下脫太字俱依宋本改又圜蓋方載六九之道也六九何焯校本改九六惠棟曰張[illegible]西有靈臺於其上頒教令者曰明堂大集合樂射鄉者曰辟雍司曆紀候節氣者曰靈臺[illegible]光武紀起北郊兆域書在中元元年十一月晦莽後就使[illegible]過矣志未用事當爲未及用事陳氏禮書奪及字注蔡邕論明堂太室辟雍太學異名同事[illegible]前則申公之制未行惟存公玉帶一書後則班固白虎通[illegible]注及邕諸說是也武帝時古文未行本不能詳其制遂毅然就公玉帶之說起明堂於汶上黃圖乃載長安西南七里有武帝明堂[illegible]惟禮樂志載成帝時丞相[illegible]宮仍仿古[illegible]是卽仿公玉帶昆侖之類皆莽所定也[illegible]運文光武紀及此志亦連言無別卽異名同事之證[illegible]月行大射禮于明堂養三老五更始建國元年又言祫祭于明堂太廟澤宮君射之卽辟雍也東膠養老卽大學也合祭太廟卽太室也皆以明堂言之明莽制也本合四者爲一明帝紀永平二年祀光武于明堂禮畢登靈臺三月臨辟雍行大射禮九月踐辟雍事三老五更是後漢明堂仍沿莽制白虎通講五經同異別原師說三禮鄭注主合經邕論則少游長安所論皆取合當時之制故與班鄭各殊焉且邕論所引書今多不見檀弓樂記今亦無邕所引之文後儒但據見存之書推測古制以難邕安知不轉誤也

遷呂太后於園集解通鑑胡注以呂太后幾危劉氏也上薄太后尊號曰高皇后當配地郊高廟語在光武紀集解袁宏紀曰夫越人而臧否者非憎於彼也親戚而加譽者非優於此也處情之地殊故公私之心異也聖人知其如此故明彼此之理開公私之塗則隱諱之義著而親尊之道長矣古之人以爲先君之體猶今君之體推近以知遠則先後義鈞也而況彰其大惡以爲貶黜者乎

北郊在雒陽城北四里爲方壇四陛張璠記云城北六里袁山松書曰行夏之時殷祭之日犧牲尚黑耳三十三年正月辛未郊別祀地祇位南面西上高皇后配西面北上皆在壇上地理羣神從食皆在壇下如元始中故事中嶽在未四嶽各在其方孟辰之地中營內海在東四瀆河西濟北淮東江南他山川各如其方皆在外營內四陛醊及中外營門

封神如南郊地祇高后用犢各一頭五嶽共牛一頭海四瀆共牛一頭羣神共二頭奏樂亦如南郊既送神瘞俎實于壇北集解先謙曰官本連下文

明帝即位永平二年正月辛未初祀五帝於明堂光武帝配孝經云宗祀文王於明堂以配上帝故鄭玄曰上帝者天之別名神無二主故異其處避后稷也五帝坐位堂上各處其方黃帝在未皆如南郊之位光武帝位在青帝之南少退西面牲各一犢奏樂如南郊卒事遂升靈臺以望雲物杜預注傳曰雲物氣色災變也素察妖祥逆爲之備迎時氣集解惠棟曰禮器曰饗帝於郊鄭元云今漢亦四時迎氣其禮則簡先謙曰此應提行官本不誤五郊之兆自永平中以禮讖集解惠棟曰禮緯含文嘉曰南郊北郊東郊西郊中郊兆正謀也注云東郊去都城八里南郊九里西郊七里北郊六里中郊西南去城五里兆者作兆域也謀者齋戒謀慮其事也及月令有五郊迎氣服色因采元始中故事集解黃山曰前書十二紀無五郊迎氣之事郊祀志載莽議羣望雖及五郊有祀無迎惟莽傳居攝元年迎春於東郊始創爲之則固非元始中所有也以讖斷郊光武屢與桓譚鄭興言之

明帝竟實行之矣兆五郊于雒陽四方中兆在未壇皆三尺階無等立春之日迎春于東郊祭青帝句芒月令章句曰東郊去邑八里因木數也車旗服飾皆青歌青陽八佾舞雲翹之舞及因賜文官太傅司徒以下縑各有差立夏之日迎夏于南郊祭赤帝祝融月令章句曰去邑七里因火數也集解李良裘曰本亦作南郊七里按下祭黃帝后土注云南郊五里互見之文也車旗服飾皆赤歌朱明八佾舞雲翹之舞先立秋十八日迎黃靈于中兆集解黃山曰張衡傳李注黃靈黃帝神也案前書郊祀志王莽議郊祀稱天神曰皇天上帝而易五帝之名爲黃靈青靈赤靈白靈黑靈蓋欲以別於天神此志復四帝之稱獨黃靈不復者嫌與軒轅同稱也莽自謂虞帝之後以黃帝配天不與太皞炎帝少皞顓頊同列則同名之避亦爲莽盜國後之變制後漢因而未政耳祭黃帝后土月令章句曰去邑五里因土數也集解先謙曰去邑五里官本作南郊五里據上李說爲互見之文官本是也黃山曰中兆若但云去邑五里不辨何方故必言南郊惟五郊四言其方則南郊注亦必原作南郊七里言七里已含有去邑之義此皆承上東郊注東郊去邑八里爲文無待互文見義車旗服飾皆黃歌朱明八佾舞雲翹育命之舞魏氏繆襲議曰漢有雲翹育命之舞不知所出舊以祀天今可兼以雲翹祀圓丘兼以育命祀方澤立秋之日迎秋于西郊祭白帝蓐收月令章句曰西郊九里因金數也車旗服飾皆白歌西皓集解錢大昕曰明帝紀注引此文云歌白藏以上下文青陽朱明玄冥例之則白藏爲是黃山曰青陽朱明西顥玄冥本武帝所造郊祀樂歌全載前書禮樂志王念孫云呂覽有始篇西方曰顥天高注金色白故曰顥天說文顥白貌楚詞天白顥顥故曰西顥明顥即是白此文字作皓从白其義尤顯是乃前漢原名也御覽引蔡邕月令章句迎春歌青陽迎夏歌朱明迎秋歌白藏迎冬歌玄英則後漢秋冬二歌已爲白藏玄英此本爾雅春爲青陽夏爲朱明秋爲白藏冬爲玄英易名也續漢書當本作白藏作玄英明帝紀李注所引乃續漢本文非此文玄冥正玄英之誤劉昭注補未改邕說遂並依班志用原名耳五郊迎氣前漢所無王莽始據月令創之莽傳載莽徵天下有爾雅鍾律月令通知其意者皆詣公車是援爾雅易名亦必由莽惟武帝樂歌本別有帝臨一篇祀中央黃帝此仍歌朱明者蓋莽自謂以土德代漢特虛其位猶秦雍四畤不立黑畤何焯謂秦白以水德當其一是也明帝不誉一切仍之斯爲失矣錢氏殆偶有不照乎八佾舞育命之舞使謁者以一特牲先祭先虞于壇有事天子入囿射牲以祭宗廟名曰貙劉語在禮儀志立冬之日迎冬于北郊祭黑帝玄冥月令章句曰北郊六里因水數也車旗服飾皆黑歌玄冥八佾舞育命之舞獻帝起居注曰建安八年公卿迎氣北郊始復

用八佾皇覽曰迎禮春夏秋冬之樂又順天道是故距冬至日四十六日則天子迎春於東堂距邦八里堂高八尺堂階三等青稅八乘旗旄尚青田車載矛號曰助天生唱之以角舞之以羽翟此迎春之樂也自春分數四十六日則天子迎夏於南堂距邦七里堂高七尺堂階二等赤稅七乘旗旄尚赤田車載戟號曰助天養唱之以徵舞之以鼓鞉此迎夏之樂也自夏至數四十六日則天子迎秋於西堂距邦九里堂高九尺堂階九等白稅九乘旗旄尚白田車載兵號曰助天收唱之以商舞之以干戚此迎秋之樂也自秋分數四十六日則天子迎冬於北堂距邦六里堂高六尺堂階六等黑稅六乘旗旄尚黑田車載甲鐵鍪號曰助天誅唱之以羽舞之以干戈此迎冬之樂也集解惠棟曰注堂階三等尚書大傳作八等堂階二等尚書大傳作七等樂元語曰東夷之樂持矛舞助時生也南夷之樂持羽舞助時養也西夷之樂持戟舞助時煞也北夷之樂持干舞助時藏也皆見尚書大傳五行篇

章帝即位元和二年正月詔曰集解錢大昕曰章帝紀作二月山川百神應祀者未盡其議增修羣祀宜享祀者東觀書詔曰經稱秩元祀咸秩無文祭法功施於民則祀之以死勤事則祀之以勞定國則祀之能禦大災則祀之以日月星辰民所瞻仰也山林川谷丘陵民所取財用也非此族也不在祀典傳曰聖王先成民而後致力於神又曰山川之神則水旱癘館本厲疫之災於是乎禜之日月星辰之神則雪霜風雨之不時於是乎禜之孝文十二年令曰比年五穀不登欲有以增諸神之祀王制曰山川神祇有不舉者爲不敬今恐山川百神應典祀者尚未盡秩其

議增修羣祀宜享祀者以祈豐年以致嘉福以蕃兆民詩不云乎懷柔百神及河喬嶽有年報功不私幸望豈嫌同辭其義一焉

二月上東巡狩將至泰山道使使者奉一太牢祠帝堯於濟陰成陽靈臺上至泰山修光武山南壇兆辛未柴祭天地羣神如故事壬申宗祀五帝於孝武所作汶上明堂光武帝配如雒陽明堂祀癸酉更告祠高祖太宗世宗中宗世祖顯宗於明堂各一太牢卒事遂覲東后饗賜王侯羣臣因行郡國幸魯祠東海恭王及孔子七十二弟子漢晉春秋曰闕里者仲尼之故宅也在魯城中帝升廟西面羣臣中庭北面皆再拜帝進爵而後坐東觀書曰祠禮畢命儒者論難四月還京都庚申告至祠高廟世祖各一特牛又爲靈臺十二門作詩各以其月祀而奏之和帝無所增改

安帝即位元初六年以尚書歐陽家說謂六宗者在天地四方之中爲上下四方之宗以元始中故事謂六宗易六子之氣日月雷公風伯山澤者爲非是三月庚辰初更立六宗祀於雒陽西北戌亥之地集解洪亮吉曰案昭七年左氏傳晉侯問伯瑕曰何謂六物對曰歲月日時星辰六宗當即此六物以古證古較諸家稍直捷也禮比太社也月令孟冬祈于天宗盧植注曰天宗六宗之神李氏家書曰司空李郃侍祠南郊不見六宗祠奏曰案尚書肆類于上帝禋于六宗六宗者上不及天下不及地傍不及四方在六合之中助陰陽化成萬物漢初甘泉汾陰天地亦禋六宗孝成之時匡衡奏立南北郊祀復祀六宗及王莽謂六宗易六子也建武都雒陽制祀不道祭六宗由是廢不血食今宜復舊制度制曰下公卿議五官將行弘等三十一人議可祭大鴻臚龐雄等二十四人議不可當祭上從郃議由是遂祭六宗六宗之議自伏生及[illegible][illegible][illegible]下後代各有不同今並抄集以證其論云虞書曰肆類于上帝禋于六宗望于山川伏生馬融曰萬物非天不覆非地不載非春不生非夏不長非秋不收非冬不藏禋于六宗此之謂也歐陽和伯夏侯建曰六宗上不謂天下不謂地傍不謂四方在六者之間助陰陽變化者也孔安國曰精意以享謂之禋宗尊也所尊祭其祀有六埋少牢于太昭祭時也相近于坎壇祭寒暑也王宮祭日也夜明祭月也幽禜祭星也雩禜祭水旱也禋于六宗此之謂也孔叢曰宰我問六宗于夫子夫子答如安國之說臣昭以此解若果是夫子所說則後儒無復紛然文秉案劉歆曰六宗謂水火雷風山澤也賈逵曰六宗謂日宗月宗星宗岱宗海宗河宗也鄭玄曰六宗星辰司中司命風伯雨師也星五緯也辰謂日月所會十二次也司中司命文昌第五第四星也風師箕也雨師畢也晉武帝初司馬紹統表駁之曰臣以爲帝在于類則禋者非天山川屬望則海岱非宗宗猶包之山則望何秩焉

伏與歆逵失其義也六合之間非制典所及六宗之數非一位之名陰陽之說又非義也并五緯以爲一分文昌以爲二箕畢既屬於辰風師雨師復特爲位玄之失也安國案祭法爲宗而除其天地于上遺其四方于下取其中以爲六宗四時寒暑日月衆星并水旱所宗者八非但六也傳曰山川之神則水旱厲疫之災於是乎禜之日月星辰之神則雪霜風雨之不時於是乎禜之又曰龍見而雩如此禜者祀日月星辰山川之名雩者周人四月祭天求雨之稱也雪霜之災非夫禜之所禳雩祭之禮非正月之所祈周人之後說有虞之典故於學者未盡喻也且類于上帝即禮天也望于山川禜所及也案周禮云昊天上帝日月星辰司中司命風師雨師社稷五祀五嶽山林川澤四方百物又曰兆五帝於四郊四類四望亦如之無六宗之兆祭法云祭天祭地祭時祭寒暑日月星祭水旱祭四方及山林川谷丘陵能出雲爲風雨見怪物皆是有天下者祭百神非此族也不在祀典復無六宗之文明六宗所禋即祭法之所及周禮之所祀即虞書之所宗不宜特復立六宗之祀也春官大宗伯之職掌玉作六器以禮天地四方以蒼璧禮天以黃琮禮地以青圭禮東方以赤璋禮南方以白琥禮西方以玄纁（館本作璜）禮北方天宗日月星辰寒暑之屬也地宗社稷五祀之屬也四方之宗者四時五帝之屬也如此則羣神咸秩而無廢百禮徧修而不瀆於理爲通幽州秀才張髦又上疏曰禋于六宗祀（館本作禰）祖考所尊者六也何以考之周禮及禮記王制天子將出類于上帝宜於社造於禰巡狩四方覲諸侯歸格於（館本於作于）祖禰用特堯典亦曰肆類于上帝禋于六宗望于山川徧于羣神班瑞于羣后肆覲東后叶時月正日同律度量衡巡狩一歲以周

爾乃歸格于藝祖用特臣以尚書與禮王制同事一義符契相合禋于六宗正謂祀祖考宗廟也文祖之廟六宗即三昭三穆也若如十家之說既各異義上下違背且没乎祖之禮考之禮考之祀典尊卑失序若但類于上帝不禋祖禰而行去時不告歸何以格以此推之較然可知也禮記曰夫政必本於天殽以降命命降於社之謂殽地降於祖廟之謂仁義降於山川之謂興作降於五祀之謂制度又曰祭帝於郊所以定天位也祀社於國所以列地利也祭祖於廟所以本仁也山川所以儐鬼神也五祀所以本事也又曰禮行於郊而百神受職焉禮行於社而百貨可極焉禮行於祖廟而孝慈服焉禮行於五祀而正法則焉故自郊社祖廟五祀義之修而禮之藏也凡此皆孔子所以祖述堯舜紀三代之教著在祀典首尾相證皆先天地次祖宗而後山川羣神耳故禮祭法曰七代之所更變者禘郊宗祖明舜受終文祖之廟察璇璣考七政審已天命之定遂上禘郊宗祖明當義合堯典則周公其人也郊祀后稷以配天宗祀文王於明堂以配上帝是以四海之內各以其職來祭者也居其位攝其事郊天地供羣神之禮巡狩天下而遺其祖宗恐非有虞之志也五嶽視三公四瀆視諸侯皆以案先儒之說而以水旱風雨先五嶽四瀆從祖考而次上帝錯於肆類而亂祀典臣以十一家皆非也太學博士吳商以爲禋之言煙也三祭皆積柴而實牲體焉以升煙而報陽非祭宗廟之名也鄭所以不從諸儒之說者將欲據周禮禋祀皆天神也日月星辰司中司命風師雨師凡八而日月并從郊故其餘爲六宗也以書禋于六宗與周禮事相符故據以爲說也且文昌雖有大體而星名異其日不同故隨事祭之而言文昌七星不得偏祭其第四第五此爲周

禮復不知文昌之禮而又安引爲司中司命箕畢二星既不係於辰且同是隨事而祭之例又無嫌於所係者范甯注虞書曰考觀衆議各有說難鄭氏證據最詳是以附之案六宗衆議未知孰是虞喜別論云地有五色太社象之總五爲一則成六六爲地數推案經句闕無地祭則祭地臣昭曰六宗紛紜衆釋互起竟無全通亦難偏舘緜折歷辨碩儒終未挺正康成見宗是多附焉盍各爾志宜尼所許顯其一說亦何傷乎竊以爲祭祀之敬莫大天地虞典首載彌久彌盛此宜學者各盡所求臣昭謂虞喜以祭地近得其實而分彼五色合爲六五本字鉿下又不通禮更成疑昧尋虞書所稱肆類于上帝是祭天天不言天而曰上帝帝是天神之極舉帝則天神斯盡日月星辰從可知也禋于六宗是實祭地地不言地而曰六宗六宗是地數之中舉中是以該數社稷等祀從可知也天稱神上地表數中仰觀俯察所以爲異宗者崇尊之稱斯亦盡敬之謂也禋也者埋祭之言也實瘞埋之異稱非周禮之祭也夫置字涉神必以今之示今之示即古之神所以社稷諸字莫不以神爲體虞書不同祀名斯隔周禮改煙音形兩異虞書改土正元祭義此焉非疑以爲可了豈六置宗更爲傍祭乎風俗通曰周禮以爲槱燎司中司命文昌上六星也槱積薪燎柴也今民猶祠司命刻木長尺二寸爲人像行者擔篋中居者別作小屋齊地大尊重之汝南諸郡亦多有者皆祠以豬率以春秋之月集解惠士奇曰禋煙同音劉昭以爲形兩異蓋小學亡而俗師失其讀矣惠棟曰注行宏後爲任城王相見光武十王傳龐雄字宣孟巴郡宕渠人延光三年上東巡狩至泰山柴祭及祠汶上明堂如元

和三年故事順帝即位修奉常祀

桓帝即位十八年好神仙事延熹八年初使中常侍之陳國苦縣祠老子九年親祠老子於濯龍集解惠棟曰東觀紀曰立黃老祠北宮濯龍中文罽爲壇飾淳金釦器集解惠棟曰胡氏云釦去厚反說文金飾器也設華蓋之坐用郊天樂也集解惠棟曰東觀紀云祠用三牲太官設珍饌倡樂以求福祥黃山曰前書王莽傳或言黃帝時建華蓋以登仙莽乃造華蓋九重高八丈一尺金瑵羽葆崔豹古今注黃帝與蚩尤戰于涿鹿有五色雲氣金枝玉葉止于帝上因而作華蓋也器物總論華蓋張帛爲之之有顏題黃屋天子蓋也案黃屋即羽葆幢顏題另以翠羽爲之飾於蓋前以爲標識以黃繒爲蓋故言屋上林賦郭注華葆也於神坐建之故曰華蓋坐

祭祀志中第八　終　　　　後漢書八

續漢志集解第八校補

祭祀志中靈臺未用事注於之班教曰明堂案文選辯注之字皆其上二字與官本注之作上者又異取其堂則曰明堂案官本注作取其向明當必有據但通考引此仍同毛本皆小學

正詔之於東序學當作樂官本注不誤薦俘馘于京太室薦原譌爲已正官本注不誤

三十六戶七十二牖以四戶九牖乘九室之數也柳從辰曰九牖當作八牖乃合乘數案柳說是東漢明堂九室一室有四戶八牖又云九室室四戶戶二牖通考屢言之矣九牖明誤

謂六宗者在天地四方之中爲上下四方之宗元始中故事謂六宗易六子之氣日月雷公風伯山澤者爲非是案六宗之說雖紛紜錯出自今論之要以尚書歐陽家說爲得其近蓋六宗猶云六合天體本祀然上下四方上帝者其中宰六宗者其分司皆謂天神亦確上不及天下不及地傍不及四方是謂在天地四方之中而以爲說抑非夫天本無所謂上下四方自人定之耳亦但可言上下而不可言天地疑今文尚書自有所受故明於天體而歐陽氏師說相承不免因附益反失其眞也

禮比太社也注舉中是以該數官本注是作足

文罽爲壇飾案范書正文罽皆省作罽毛本官本並同此又皆不省者蓋志原本如此合刻仍各存其眞也凡志與范書字同形異者皆放此

梁　　劉　　　昭注補

王先謙集解

光武帝建武二年正月立高廟於雒陽（漢舊儀曰故孝武廟古今注曰於雒陽校官立之）四時祫祀高帝爲太祖文帝爲太宗武帝爲世宗如舊餘帝四時春以正月夏以四月秋以七月冬以十月及臘一歲五祀三年正月立親廟雒陽祀父南頓君以上至舂陵節侯時寇賊未夷方務征伐祀儀未設至十九年盜賊討除戎事差息於是五官中郎將張純（集解惠棟曰案本傳純時爲虎賁中郎將也）與太僕朱浮奏議禮爲人子事大宗降其私親禮之設施不授之與自得之異意（集解黃山曰張純傳純謂光武之興雖實同創革而名爲中興宜奉先帝恭承祭祀此言祖宗雖不親授之要與高祖自得之異當法宣帝也）當除今親廟四孝宣皇帝以孫後祖爲父立廟於奉明曰皇考廟獨群臣侍祠願

下有司議先帝四廟當代親廟者及皇考廟事下公卿博士議郎大司徒涉等議（集解惠棟曰戴涉也）宜奉所代立平帝哀帝成帝元帝廟代今親廟（集解黃山曰此以代立爲說謂光武繼元成哀平而立宜以四帝代四親廟與范書紀傳異光武紀建武十九年春正月庚子追尊孝宣皇帝曰中宗始祠昭帝元帝於太廟成帝哀帝平帝於長安李注漢官儀云光武第雖十二於父子之次於成帝爲兄弟於哀帝爲諸父於平帝爲祖父皆不可爲之後上至元帝於光武爲父繼元帝而爲九代然則宣帝爲曾祖故追尊及祠之劉攽云宣帝於光武猶是祖注多一曾字張純傳大司徒戴涉大司空竇融議宜以宣元成哀平五帝四世代今親廟宣元尊爲祖父可親奉祠成帝以下有司行事帝從之據紀所祀爲昭宣元成哀平六帝據傳所祀爲宣元成哀平五帝兄弟相及皆昭宣元帝庶孫共爲一世漢官儀乃謂光武於哀帝爲諸父於平帝爲祖父其誤與以宣帝爲光武曾祖等此志原議則止元成哀平四帝宣帝爲光武所加昭帝非殷祭不祭明皆與范異山以爲純等奏請別立皇考廟本以宣帝爲證光武既以元帝爲穆尤不容不以宣帝爲昭純傳明有五帝四世之文舍宣帝則不成四世此皆可證原議之必及宣帝矣且光武繼統元帝與宣帝繼統昭帝皆拔起屬籍其迹略同因宣及昭卽不毀元廟之意昭宣元三帝而實四世亦論四親廟者所當祭也惟祭昭帝本原議所無故純傳不載耳志謂昭帝非殷祭不祭蓋據明帝後親盡而祧言遂以元成哀平四帝三世爲四親不及宣帝則其失明矣）兄弟以下使有司祠宜爲南頓君立皇考廟祭上至舂陵節侯群臣奉祠時議有異不著上可涉等議詔曰以宗廟處所未定且祫祭高廟其成哀平且祠祭長安故高廟其南陽舂陵歲時各且因故園廟祭祀（古今注曰建武十八年七月使中郎將耿遵治皇祖廟舊廬稻田）園廟去太守治所遠者在所令長行太守事侍祠（如淳曰宗廟在章陵南陽太守稱使者往祭不使侯王祭者諸侯不得祖天子凡臨祭宗廟皆爲侍祠集解惠棟曰風俗通云舊俗太守侍祠常以衣冠子孫容止端嚴學問通覽任顧問者以爲御史注宗廟宗作光武臨祭宗廟祭下有祀字）惟孝宣帝有功德其上尊號曰中宗（集解黃山曰蔡邕獨斷載元帝時匡衡貢禹以經義處正已定孝宣爲中宗而前書元紀無之或未實行若平紀元始四年尊孝宣廟爲中宗孝元廟爲高宗則固實有故事矣茲乃復上孝宣尊號曰中宗者蓋嫌於黜元帝故別從功德追尊明不主故事也）於是雒陽高廟四時加祭孝宣孝元凡五帝（集解錢大昕曰前此雒陽廟祀高帝文帝武帝今加祭宣元二帝故云五也）其西廟成哀平三帝主四時祭於故高廟東廟京兆尹侍祠冠衣車服如太常祠陵廟之禮南頓君以上至節侯皆就園廟南頓君

稱皇考廟鉅鹿都尉稱皇祖考廟鬱林太守稱皇曾祖考廟節侯稱皇高祖考廟在所郡縣侍祠二十六年有詔問張純禘祫之禮不施行幾年純奏禮三年一祫五年一禘毀廟之主陳於太祖未毀廟之主皆升合食太祖五年再殷祭舊制三年一祫毀廟主合食高廟存廟主未嘗合元始五年始行禘禮（集解黃山曰張純傳注平帝元始五年春祫祭于明堂今純云禘祭蓋禘祫俱是大祭名可通也山案公羊文二年傳大祫者何合祭也其合祭奈何毀廟之主陳于太祖未毀廟之主皆升合食于太祖五年而再殷祭何注殷盛也謂三年祫五年禘禘所以異於祫者功臣皆祭也前書韋元成傳五年而再殷祭謂一禘一祫也孔安國論語注禘祫之禮爲序昭穆故毀廟之主及羣廟之主皆合食於太祖白虎通宗廟篇禘祫及遷廟何以其能世世繼君之體持其統而不絕由親及遠不忘先祖也是今古文之說禘祫同爲殷祭祭則遷廟羣廟之主皆從禘及功臣所祭尤廣盤庚大享爾祖其從長發大禘阿衡與饗其明證也孔子曰禘自既灌而往者吾不欲觀之矣爾雅曰禘大祭也皆明禘大於祫也張純謂元始五年始行禘禮亦以明禘大於祫終前漢始一行耳自鄭元舉春秋魯禘于莊公武宮襄公爲例乃謂禘合毀廟之主不及羣廟之主而箋雝詩遂以爲禘小於祫自陸湻舉禮大傳爲證乃謂禘惟追祭始祖之所自出諸廟之主皆不得

從由其所祭者尊故爲禘大於祫夫魯之禘於羣廟乃僭祀周公之禮鄭說之誤王肅已駁之矣陸氏之說則宋以後皆宗之然傳王者禘其祖之所自出以其祖配之諸侯及其太祖大夫士有大事省於其君干祫及其高祖於王者爲之禘侯大夫亦僅祭其祫本亦合禘祫而言也若則禘僅祭其所出之殷祭而禘大於祫非其太祖高祖矣其誤一也然則禘祫雖同爲殷祭而禘實大亦於祫可互通通典乃載劉歆賈逵皆言禘祫一祭二名禮無差降章懷注亦謂其名可通則尤大謬考前漢宗廟之歲十二祠惟以酎爲殷祭初無禘祫之名宣帝以前亦並無毀廟之主自元帝用韋玄成匡衡之議罷親盡諸廟始合祭其主於太祖謂之祫祭但爲合祭之名詞猶光武詔宗廟處所未定且祫祭高廟也本因無廟而始合故未毀廟之主不升其事固與古異至元始五年祫祭則王莽主之祭於明堂不於太祖時以正月不以十月蓋據魯禮春禘之制名爲祫祭實用禘禮上溯始祖自出於太上皇旁及蕭霍諸功臣故純謂之行禘禮而提禘祫爲一卽自莽始也莽制多歆所定逵學亦出於歆宜其說同章懷注蓋因之也**父爲昭南嚮子爲穆北嚮父子不並坐而孫從王父**決疑要注曰凡昭穆父南面故曰昭昭明也子北面故曰穆穆順也始祖特於北其後以次夾始祖而南昭在西穆在東相對集解惠棟曰案說文昭從人召聲不從日也**禘之爲言諦諦諟昭穆尊卑之義以夏四月陽氣在上陰氣在下故正尊卑之義祫以冬十月五穀成熟故骨肉合飮食**集解黃山曰禘時以夏漢世蓋無異說祫則毛詩閟宮傳鄭氏禘祫志及崔靈恩說皆主用秋與純用十月異至元始五年行禘則依魯禮用春蓋王莽兼據鄭元詩說成王四年春禘于太祖周公明年攝政改元欲自比周公也胡培翬云時祭在四仲月禘祫在孟月行之羣主合食必待萬物純熟孟秋物尙未備不可以祫不如冬十月爲得其正此說蓋得之**祖宗廟未定且合祭今宜以時定語在純傳上難復立廟遂以合祭高廟爲常後以三年冬祫五年夏禘之時但就陳祭毀廟主而已謂之殷太祖東面惠文武元帝爲昭景宣帝爲穆惠景昭三帝非殷祭時不祭**漢舊儀曰宗廟三年大祫祭子孫諸帝以昭穆坐於高廟諸隳廟神皆合食設左右坐高祖南面幄繡帳望堂上西北隅帳中坐長一丈廣六尺繡絪厚一尺著之以絮四百斤曲几黃金釦器高后右坐亦幄帳卻六寸白銀釦器每牢中分之左辨上帝右辨上后俎餘委肉積於前數千斤名曰堆俎子爲昭孫爲穆昭西面曲屛風穆東面皆曲几如高祖饌陳其右各配其左坐如祖妣之法太常導皇帝入北門羣臣陪者皆舉手班辟抑首伏大鴻臚大行令九儐傳曰起復位皇帝上堂盥侍中以巾奉觶酒從帝進拜謁贊饗曰嗣曾孫皇帝敬再拜前上酒卻行至昭穆之坐次上酒子爲昭孫爲穆各父子相對也畢卻西面坐坐如乘輿坐贊饗奉高祖賜壽皇帝起再拜卽席以太牢之左辨賜皇帝如祠其夜半入行禮平明上九卮畢羣臣皆拜因賜胙皇帝出卽更衣中詔罷當從者奉

承丁字漢儀有桓帝祠恭懷皇后祝文曰孝曾孫皇帝志使有司臣太常撫夙興夜處小心畏忌不墮其身一不富敢用絜牲一元大武柔毛剛鬣商祭明視薌其嘉薦普淖鹹鹺豐本明粢醪用薦酎事於恭懷皇后尙饗嘏辭賜皇帝福恭懷皇后命工祝承致多福無疆于爾孝曾孫皇帝使爾受祿于天宜稼于田眉壽萬年介爾景福傳守爾民勿替引之大常再拜太牢左辨以致皇帝集解惠士奇曰漢無尸空設之左坐者皇后坐于左並食也此云高后右坐蓋帝之左后之右惟俎卽儀禮所俎乃尸俎也又曰使爾受祿于天云云此大夫嘏辭而天子用之非禮也惠棟曰賈逵曰傳解詁曰禘者遞也審遞昭穆又注諸瘞廟神下脫主字又曰辨讀如辨足上也辟虞周易注曰辨膝下也惟俎惟一作多前上酒上下有卮字當從者奉承承一作引太常撫或曰魯撫**光武皇帝崩明帝卽位以光武帝撥亂中興更爲起廟尊號曰世祖廟**蔡邕表志曰孝明立世祖廟以明再受命祖有功之義後嗣遵儉不復改立皆藏主其中聖明所制一王之法也自執事之吏下至學士莫能知其所以兩廟之意誠宜具錄本事建武乙未元和丙寅詔書下宗廟儀及齋令宜入郊祀志永爲典式東觀書曰永平三年八月丁卯公卿奏議世祖廟登歌八佾舞功名東平王蒼議以爲漢制舊典宗廟各奏其樂不皆相襲以明功德秦爲無道殘賊百姓高皇帝受命誅暴元元各得其所萬國咸熙武德之舞孝文皇帝躬行節儉除誹謗去肉刑澤施四海孝景皇帝制昭德之舞孝武皇帝功德茂盛威震海外開地置郡傳之無窮孝宣皇帝制盛德之舞光武皇帝受命中興撥亂反正武暢方

外震服百蠻戎狄奉貢宇內治平登封告成修建三雍肅修典祀功德巍巍比隆前代以兵平亂武功盛大歌所以詠德舞所以象功世祖廟樂名宜曰大武之舞元命包曰緣天地之所雜樂爲之文典文王之時民樂其興師征伐而詩人稱其武功琁機鈐曰有帝漢出德洽作樂各與虞韶禹夏湯濩周武無異不宜以名舞叶圖讖曰大樂必易詩傳曰頌言成也一章成篇宜列德故登歌清廟一章也漢書曰百官頌所登御者一章十四句依書文始五行武德昭眞修之舞節損益前後之宜六十四節爲武曲副八佾數十月烝祭始御用其文始五行之舞如故勿進武德舞歌詩曰於穆世廟肅雍顯淸俊乂翼翼秉文之成越序上帝駿奔來寧建立三雍封禪泰山章明圖讖放唐之文休矣惟德罔射協同本支百世永保厥功詔書曰驃騎將軍議可進武德之舞如故集解錢大昕曰注世祖廟樂名宜曰大武之舞按下文引樞機鈐曰有帝漢出德洽作樂名予各與虞韶禹夏湯濩周武無異不宜以名舞蓋言樂名予與韶夏濩武同宜名舞也又引詩傳云頌言成也一章成篇宜列德此言歌詩宜以名其德之舞不宜單稱大武也然則東平王蒼之議正主武德之舞以其前云樂名宜稱大稱武者或當時公卿有此議故博引圖緯經傳以駮之耳沈約樂志言蒼總定公卿之議曰宗廟宜各奏樂不應相襲所以明功德也承文始五行武德爲大武之舞又制舞歌一章薦之光武之廟此是錯會東觀書意蒼所制歌詩固云武德舞不一而云大武舞也近有據沈約志以議范史之誤者由未尋釋斯文而意爲之說爾惠棟曰注驃騎將軍議可蕭子顯云永平三年東平王蒼造光武廟祭歌一章二十六句**以元帝於光**

武爲穆故雖非宗不毁也集解黃山曰前漢諸帝廟皆在陵所惟高祖別有廟在故長安城中見黃圖及文獻通考王莽始建國元年以漢高廟爲文祖廟漢氏祖宗園寢廟在京師者祠薦如故二年因孫建議罷漢諸廟在京師者地皇二年並壞孝武孝昭廟分葬子孫其中遣武士入高廟壞戶鞭壁是城中高廟仍在均見前書莽傳光武建武二年二月起高廟雒陽是月赤眉焚西京宮室發掘園陵鄧禹入長安遣吏奉十一帝神主[illegible]納於雒陽高廟五年七月詔修復西京園陵語不及廟六年四月幸長安始謁高廟是城中高廟亦修復均見光武紀當時兩京各止一高廟諸帝皆四時合祭無廟可毁至莽墮壞孝元廟起長壽宮尤明見前書元后傳此言不毁特不廢其時祭而已。後遂爲常明帝臨終遺詔遵儉無起寢廟集解黃山曰謂遵光武難復立廟合祭諸帝高廟之儉也藏主於世祖廟更衣孝章即位不敢違以更衣有小別上尊號曰顯宗廟閒祠於更衣四時合祭於世祖廟語在章紀東觀書曰章帝初即位賜東平憲王蒼書曰朕夙夜伏思念先帝躬履九德對於八政勞謙克己終始之度比放三宗誠有其美今迫遺詔誠不起寢廟臣子悲結僉以爲雖於更衣猶宜有所宗之號以克配功德宗廟至重朕幼無知寤寐憂懼先帝每有著述典義之事未嘗不延問王以定厥中願王悉明處乃敢安之公卿議駁今皆并送及有可以持危扶顛宜勿隱思有所承公無困我太尉熹等奏禮祖有功宗有德孝明皇帝功德茂盛宜上尊號曰顯宗四時

祫食於世祖廟如孝文皇帝在高廟之禮奏武德文始五行之舞蒼上言昔者孝文廟樂曰昭德之舞孝武廟樂曰盛德之舞今皆祫食於高廟昭德盛德之舞不進與高廟同樂今孝明皇帝主在世祖廟當同樂盛德之樂無所施如自立廟當作舞樂者不當與世祖廟盛德之舞同名即不改作舞樂當進武德之舞臣愚戇鄙陋廟堂之論誠非所當聞所宜言陛下體純德之妙奮至謙之意猥歸美于載列之臣故不敢隱蔽愚誠披露腹心誠知愚鄙之言不可以仰四門賓于之議伏惟陛下以至德當成康之隆天下乂安刑措之時也陛下盛歌元首之德館本陛下作百雖下股肱貞良庶事寧康臣欽仰聖化嘉美盛德危顛之備非所宜稱上復報曰有司奏上尊號曰顯宗藏主更衣不敢違詔祫食世祖廟樂皆如王議以正月十八日始祠仰見榱桷俯視几筵眇眇小子哀懼戰慄無所奉承愛而勞之所望於王也謝沈書曰上以公卿所奏明德皇后在世祖廟坐位駁議示蒼上言文武宣元祖祫食高廟皆以配先帝所制典法設張大雅曰昭哉來御愼其祖武又曰不愆不忘率由舊章明德皇后宜配孝明皇帝於世祖廟同席而供饌集解杭世駿曰按昭茲來許繩其祖武大雅文也以茲爲哉漢碑有之以許爲御以繩爲愼非有避諱不知何自惠棟曰東觀記云建初四年八月事也袁宏紀曰更衣者帝王入廟之便殿也章帝臨崩遺詔無起寢廟廟如先帝故事和帝即位不敢違上尊號曰肅宗後帝承尊集解先謙曰後帝承尊獨斷作是後遵承是此文尊亦遵之誤皆藏主于世祖廟積多無別是後顯宗但爲陵寢之號永元中和帝追尊其母梁貴人曰恭懷皇后陵集解錢大昕曰當云陵曰西陵史脫去三字以竇后配食章帝恭懷皇后別就陵寢祭之和帝崩上尊號曰穆宗殤帝生三百餘日而崩鄧太后攝政以尚嬰孫集解惠棟曰孫袁紀作孩故不列于廟就陵寢祭之而已安帝以清河孝王子即位建光元年追尊其祖母宋貴人曰敬隱后陵曰敬北陵亦就陵寢祭太常領如西陵追尊父清河孝王曰孝德皇母曰孝德后清河嗣王奉祭而已安帝以讒害大臣廢太子及崩無上宗之奏後以自建武以來無毁者故遂常祭因以其陵號稱恭宗順帝即位追尊其母曰恭愍后陵曰恭北陵就陵寢祭如敬北陵順帝崩上尊號曰敬宗東觀書曰有司奏言孝順皇帝弘秉聖哲龍興統業稽乾則古欽奉鴻烈寬裕晏晏宣恩以極躬自菲薄以崇玄默遺詔貽約顧念萬國衣無製新玩好不飾塋陵損狹不起寢廟遵履前制敬敕愼終有始有卒孝經曰愛敬盡于事親而德教加於百姓詩云敬愼威儀惟民之則臣請上尊號曰敬宗廟天子世世獻奉藏主祫祭進武德之舞如祖宗故事露布奏可集解惠棟曰敬宗敬袁紀作孝

沖質帝皆小崩梁太后攝政以殤帝故事就陵寢祭凡祠廟訖三公分祭之集解惠棟曰鄭駁五經異義曰近漢諸幼小之帝皆不立廟而祭於陵蔡邕云見孝殤孝沖孝質皇帝以幼弱在位未踰年不列于廟太尉司徒分祝三陵皆宗廟典制也桓帝以河間孝王孫蠡吾侯即位亦追尊祖考王國奉祀語在章和八王傳桓帝崩上尊號曰威宗無嗣靈帝以河間孝王曾孫解犢侯即位亦追尊祖考語在章和八王傳靈帝時京都四時所祭高廟五主世祖廟七主集解錢大昕曰五主者高文武宣元也七主者光武明章和安順桓也少帝三陵追尊后三陵凡牲用十八太牢皆有副倅故高廟三主親毁之後亦但殷祭之歲奉祠決疑要注曰毁廟主藏廟外戶之外西牖之中有石函名曰宗祏函中有笥以盛主親盡則廟毁毁廟之主藏于始祖之廟一世爲祧祧猶四時祭之二世爲壇三世爲墠四世爲鬼祫乃祭之有禱亦祭之祫于始館本作祖之廟禱則迎主出陳于壇墠而祭之事訖還藏故室迎送皆蹕禮也集解惠棟曰獨斷云西廟五主東廟七主以陵寢爲廟者三殤帝康陵沖帝懷陵質帝靜陵是追號爲后者三章帝宋貴人曰敬隱后葬北陵安帝祖母也此下脫衍清河孝德皇后安帝母也什字應皆去章帝梁貴人曰恭懷皇后葬西陵和帝母也安帝

張貴人曰恭敬后葬北陵順帝母也兩廟十二主三少帝三后故用十八太牢也黃山曰志言東西廟以雒陽高廟爲東長安高廟爲西惠引獨斷言東西廟以世祖廟爲東高廟爲西皆就雒陽言

靈帝崩獻帝即位初平中相國董卓左中郎將蔡邕等以和帝以下功德無殊而有過差不應爲宗及餘非宗者追尊三后皆奏毀之袁山松書載邕議曰漢承亡秦滅學之後宗廟之制不用周禮每帝即位世輒立一廟不止於七不列昭穆不定迭毀元皇帝時丞相匡衡御史大夫貢禹始建大議請依典禮孝文孝武孝宣皆以功德茂盛爲宗不毀孝宣尊崇孝武廟稱世宗中正大臣夏侯勝等猶執異議不應爲宗至孝成皇帝議猶不定太僕王舜中壘校尉劉歆據不可毀上從其議古人據正重順不敢私其君若此其至也後遭王莽之亂光武皇帝受命中興廟稱世祖孝明皇帝聖德聰明政參文宣廟稱顯宗孝章皇帝至孝烝烝仁恩博大廟稱肅宗皆方前世得禮之宜自此以下政事多釁權移臣下嗣帝殷勤各欲褒崇至親而已臣下懦弱莫能執夏侯之直今聖朝尊古復禮以求厥中誠合禮議元帝世在第八光武世在第九故以元帝爲考廟尊而奉之孝明遵述亦不敢毀孝和以下穆宗威宗之號皆省去五年而再殷祫食于太祖以遵先典議遂施行集解先謙曰此注惠氏棟校語與今本有不符處因合湘鄉王氏補校者別訂之每帝即位世輒立一廟袁紀無位字是不列昭穆不定迭毀蔡邕集作昭穆不定宗廟迭毀元皇帝時集元上有孝字是始建大議請依典禮紀議作義集作始建斯議罷黜典禮孝宣尊崇孝武歷稱世宗紀尊作追集孝上有初字宣作昭歷作廟至孝成皇帝集成作宣據不可毀紀作據經傳義謂不可毀古人據正重順集順作慎紀作古人考據慎重不敢私其君若此其至也紀君下有父字集作不敢私其君父如此其至者也皆方前世紀皆作比莫能執夏侯之直集作莫能執正夏侯之義故遂僭濫無有防限尊古復禮集作遵復古禮誠合禮議集禮議作事宜孝明遵述紀遵作尊集遵述作因循

四時所祭高廟一祖二宗及近帝四凡七帝集解黃山曰四親廟之說出禮緯稽命徵鉤命決所謂親廟者親未盡則存親盡則毀遞遷之廟也建武以宣元成哀平四世五帝當四親廟元帝爲穆宣帝爲昭而成哀平二世非所謂親也然光武補祀昭帝于太廟合宣元而備四世則禮意猶存焉蔡邕所定七廟西京存高祖文武東京則去和安順桓四代以靈帝遂繼章明光武馬端臨謂邕以和安順桓皆由外藩入繼靈則獻帝親父奉以直繼嫡統陰有詔附不問世次之懸隔豈爲知禮其論嚴矣山以爲靈帝亦起自外藩則去四帝即爲去靈帝之斷邕非詔附獻帝也直由拘定七廟之制兩京祖宗六廟既勢不可毀僅能存一禰廟耳夫光武合祭三宗一禰於高廟明帝以下不起寢廟則東京寶止二廟前漢迭毀之議已無所施禮重所傳和安順桓四帝而三世以繼統論親皆未盡也即謂不足爲宗去宗號而仍存其時祭以待親盡而祧非不可矣況宣帝之尊號光武所特上也如以祖制爲重不去宣帝不幾並禰廟而無之乎循邕之制使漢不亡則光武明章列在近親廟當遷毀否則再傳而下並禰廟當遷矣邕好說禮而不達時變藉董卓之暴悍然行之此其所以招禍乎

古不墓祭漢諸陵皆有園寢承秦所爲也集解惠棟曰漢官儀曰秦始皇起寢于墓側漢因而不改楊泉請辭曰古不墓祭一葬于中野而廟在大門裏不敢外其親平明出葬日中反虞不敢一日使神無依也周衰禮廢不立寢廟于墓漢興而不改以先帝衣冠四時陳列進果實而禘祫祭祀皆于宗廟及其末因寢之在墓咸往祭焉蓋由京師三輔酋豪大姓力強財富婦女瞻侈車兩相追宿止墓下違日厭飫遂以成俗迄於今日夫死者骨肉歸于土神而有靈豈肯守夫敢壞棲于草莽哉黃山曰春官冢人凡祭墓爲尸檀弓有司以几筵舍奠于墓左鄭注皆謂祭土神宋儒非之曾子問庶子無爵而居者望墓爲壇而以時祭韓詩外傳亦有椎牛祭墓之文似古今文皆嘗言墓祭矣然曾子問爲庶子言韓詩外傳爲士言本皆無廟者若既有廟不當復祭于墓此鄭所以不主祭墓也攷古宮廟之制生人之寢前有廟此以寢爲主者也亡者之廟後象寢此以廟爲主者也古之寢廟本皆即在墓所天子寢廟之外復爲園寢以象生人之居乃自秦始耳徐乾學謂漢不師古諸帝之廟不立于京師各立于陵側實祭廟非祭陵蓋誤以廟即爲園而京師爲國內其說非也古者營國右社稷左宗廟亦即就生人之居而爲一廟所以敬宗收族也若寢廟則不聞建于國中隸釋載堯母慶都冢在成陽上立黃屋爲堯所奉祠括地志載洛州偃師縣東六里有湯冢近桐上宮周本紀載武王上祭于畢馬融謂畢爲文王墓地名左傳昭十二年子產將爲葬除及游氏之廟古不墓祭復無離宮無園寢皆就廟言可知似漢制尚近古也王者無外陵地亦即京師前書韋元成傳凡祖宗廟在郡國六十八而京師自高祖以下至宣

帝與太上皇悼皇考各自居陵旁立廟又園中各有寢便殿王莽傳其園寢廟在京師者勿罷祠是陵地統名京師而廟與園寢尤有別矣漢園寢設坐而無主主必立于廟明帝以下不起寢廟則藏主世祖廟更衣殤質沖三帝就陵寢祭則並無主也惟廟本近墓故無庸祭墓而無廟者之祭望墓爲壇望而祭之又別爲壇準毀廟爲祧去祧爲壇之義仍等廟祭耳謁陵則主園不主廟此志亦未能辨也

說者以爲古宗廟前制廟後制寢以象人之居前有朝後有寢也月令有先薦寢廟詩稱寢廟奕奕言相通也廟以藏主以四時祭寢有衣冠几杖象生之具以薦新物秦始出寢起於墓側漢因而弗改故陵上稱寢殿起居衣服象生人之具古寢之意也建武以來關西諸陵以轉久遠但四時特牲祠帝每幸長安謁諸陵乃太牢祠自雒陽諸陵至靈帝皆以晦望二十四氣伏臘及四時祠廟日上飯太官送用物園令食監典省其親陵所宮人隨鼓漏理被枕具盥水陳嚴具蔡邕表志曰宗廟迭毀議奏國家大體班固錄漢書乃置韋賢傳末臣以問胡廣廣以爲實宜在郊祀志去中鬼神仙道之語取賢傳宗廟事寘其中既合孝明旨又使祀事以類相從臣昭曰國史明乎得失者

也至如孝武皇帝淫祀妄祭舉天下而從焉疲耗蒼生費散國資後王深戒來世宜懲志之所取於焉斯允不先宗廟誠如廣論齊去仙道未或易罔也集解錢大昕曰王懋竑云嚴當作裝東漢諱莊為嚴遂并改焉予謂裝妝皆俗字古文本作莊故東漢人稱妝具曰嚴具魏志田疇傳戒其門下趣治嚴卽治裝也惠棟曰嚴漢官儀作莊

建武二年立大社稷于雒陽在宗廟之右馬融周禮注曰社稷在右宗廟在左或曰王者五社太社在中門之外惟松東社八里惟柏西社九里惟栗南社七里惟梓北社六里惟槐禮郊特牲曰社祭土而主陰氣也王肅注曰五行之主也能吐生百穀者也馬昭曰列為五官直一行之名耳自不專主陰氣陰氣地可以為之主曰五行之主也若社則為五行之主何復言社稷五祀乎土自列為五祀社亦自復有祀館本作駱不得同也昭又曰土地同也焉得有二書曰禹敷土又曰句龍能平九土九土九州之土地官是五行土官之名耳集解官本考證曰注馬昭曰諸本皆作馬昭何焯校本改臣昭方壇白虎通曰春秋文義天子社廣五丈諸侯半之其色東方青南方赤西方白北方黑上冒以黃土故將封東方諸侯取青土苴以白茅各取其面以為封社明土謹敬潔淨也祭社有樂乎館本鉢禮記曰樂之施於金石越於聲音用於宗廟社稷獨斷曰天子太社封諸侯者取其土苞以白茅授之以立社其國故謂之受茅土漢興唯皇子封為王者得茅土其他功臣以戶數租入為節不受茅土不立社也無屋有牆門而已禮記曰天子太社必受霜露風雨以達天地之氣也盧植曰謂無屋

二月八月及臘一歲三祠皆太牢具使有司祠禮記曰地載萬物天垂象取財於地取法於天是以尊天而親地故教民美報焉家主中霤而國主社示本也盧植曰諸主祭以土地為本也中霤其神后土卽句龍也旣祀於社又祀中霤古今注曰建武二十一年二月乙酉徙立社稷上東門內漢舊儀使者監祠南向立不拜也集解惠棟曰太宰具謂羊一牛一豕一也王制曰天子社稷皆太牢諸侯社稷皆少牢黃山曰光武紀建武元年八月壬子祭社稷春官小宗伯掌建國之神位右社稷左宗廟宗廟皆人鬼因所祀而重猶天子至於庶人皆有祖天子之太祖則可以配天也社稷居右則尤重於宗廟禮皆天子親祭白虎通社稷在中門之外外門之內何尊而親之與先祖同也王者自親祭社稷何社者土地之神也土生萬物天下之所主也尊重之故自祭也載芟頁耜歌於周頌社于新邑著在周書皆周天子親祭社稷之證故王制唯祭宗廟社稷為越紼而行事而郊特牲首社稷太牢自高祖代秦以梁巫祠天社秦巫祠社主一因秦舊遂不親祭光武亦惟卽位一親祭社稷馴至後世使者監祠南向不拜失禮之甚者也孝經援神契曰社者土地之主也稷者五穀之長也月令章句曰稷秋夏乃熟歷四時備陰陽穀之貴者禮記及國語皆謂共工氏之子曰句龍為后土官能平九土故祀以為社烈山氏之子曰柱能植百穀疏集解先謙曰官本疏作蔬自夏以上祀以為稷至殷以柱久遠而堯時棄為后稷亦植百穀故廢柱祀棄為稷案前志立官社以夏禹配王莽奏立官稷后稷配也集解黃山曰前書郊祀志湯放桀欲遷夏社不可作夏社遷烈山子柱而以周棄代為稷祀應劭注欲遷句龍德莫能繼故作夏社說不可遷之義也大司農鄭玄說古者官有大功則配食其神故句龍配食於社棄配食於稷白虎通曰王者所以有社稷何為天下求福報功人非土不立非穀不食土地廣博不可徧敬五穀眾多不可一一而祭故封土立社示有土也稷五穀之長故立館本稷而祭之也稷者得陰陽中和之氣而用又館本多故稷為長也歲再祭之何春求秋報也祭社稷以三牲重功也天子社稷皆太牢諸侯社稷皆少牢王者諸侯所以俱兩社何俱有土之君也故禮三正記曰館本作禮王者二社為天下立社曰太社自為立社曰王社諸侯為百姓立社曰國社自為立社曰侯社太社為天下報功王社為京師報功也孔竈曰館本作鼂周祀一社一稷漢及魏初亦一社一稷至景初中旣立帝社二社二社到于今是祀館本社字不重而後諸儒論之其文眾矣集解惠棟曰注三正曰正下有記字先謙曰據惠校本出三正曰則上文並無禮記字與官閣本皆異黃山曰左傳祭法皆明言句龍為社棄為稷是句龍棄卽社稷之主矣自秦漢天子不親祭社稷故鄭元創為配社配稷之說後世皆樂其便而宗之至謂句龍棄皆人臣天子可不祭亦非鄭氏本恉也郡縣置社稷太守令長侍祠牲用羊豕唯州所治有社無稷以其使官古者師行平有載

社主不載稷也自漢諸儒論句龍卽是社主或云是配其議甚眾後荀或問仲長統以社所祭者何神也統答所祭者土神也侍中鄧義以為不然而難之或令統答焉統答義曰前見逮及敢不敬對退熟惟省郊社之祭國之大事誠非學淺思薄者所宜興論重復亦以鄧君難事有先漸議則既行可謂辭而不可得因而不可已者也屯有經綸之義睽有異同之辭歸于建國立家通志斷類也意則欲廣其微以宗實備其論以求眞先難而後易出異而歸同乎難曰社祭土主陰氣正所謂句龍土行之官為社則主陰明矣不與記說有違錯也答曰今記之言社輒與郊連體有本末辭有上下謂之不錯不可得也禮運曰政必本于天殽以降命命降于社之謂殽也館本也參於天地並於鬼神又曰祭帝於郊所以定天位也祀社於國所以列地利也郊特牲曰社所以神地之道也地載萬物天垂象取財于地取法于天是以尊天而親地家主中霤國主社示本也相此之類元尚不道配食者也主以為句龍無乃失敬難曰信如此所言土尊故以為首在于上宗伯之體所當列上下之敘上句當言天神地祇人鬼何反先人而後地上文如此至下何以獨不可而云社非句龍當為地哉答曰此形成著體數自上來之次言之耳豈足據使從人鬼之例邪三科之祭各指其體今獨擿出社稷以為但句龍有烈山氏之子恐非其本意也案記言社土而云何得之為句龍則傳雖言祀句龍為社亦何嫌反獨不可謂之配食乎祭法曰周人禘嚳郊稷祖文王宗武王皆以為配食者若復可須謂之不祭天乎僞讀傳者則眞土獨據記者則疑句龍未若交錯參伍致其義以相戚之為善也難曰再特于郊牛者后稷配故也社於新邑牛一羊一豕一

所以用二牲者立社位祀句龍緣人事之也如此非祀地明矣以宮室新成故立社耳又曰軍行載社者當行賞罰明不自專故告祖而行賞造社而行戮二主明皆人鬼人鬼故以告之必若所云當言載地主於齋車又當言用命賞于天不用命戮于地非其謂也所以有死社稷之義者凡賜命受國造建宮室無不立社是奉言所受立不可棄捐苟免而去當死之也易句龍爲其社傳有見文今欲易神之相令記附食宜明其徵祀國大事不可不重據經依傳庶無咎悔答曰郊特牲者天至尊無物以稱專誠而社稷太牢者土於天爲卑緣人事以牢祭也社禮今亡幷特之義未可得明也昭告之文皆於天地何獨人鬼此言則未敢取者也郊社之次天地之序也今使句龍載冒其名耦文于天以度言之不可謂安矣土者人所依以固而最近者也故立以爲守祀居則事之時軍則告之以行戮自順義也何爲當乎於社言用命賞於天乎帝王兩儀之參宇中之莫尊者也而盛一官之臣以爲土之貴神置之宗廟之上接之郊禘之次俾守之者有死無失何聖人制法之參差用禮之偏頗其列在先王人臣之位其於四官爵侔班同比之司徒於數居二縱復令王者不同禮儀相變或有尊之則不過當若五卿之與冢宰此坐之上下行之先後耳不得同祖與社言俱坐處尊位也周禮爲禮之經而禮記爲禮之傳案經傳求索見文在於此矣鈞之兩者未知孰是去本神而不祭與貶句龍爲土配比其輕重何謂爲甚經有條例記有明義先儒未能正不可稱是鈞館錸校典籍論本考始矯前易故不從常說不可謂非孟軻曰予豈好辯哉乃不得已也鄭司農之正此之謂也集解惠棟曰辟瓚云漢初除秦社稷立漢社稷其後又立官社配以夏禹而不立官稷至元始三年始立官稷光武之後但有官社不立官稷

鄧義章陵人荆州名士見魏志劉表傳作義黃山曰左昭二十九年傳蔡墨荅魏獻子社稷五祀之問以句龍爲后土合句芒蓐收玄冥祝融爲五官又以后土爲社棄爲稷合爲社稷是句龍本爲后土合田正乃爲社稷猶修及熙共爲玄冥也經典言社多包稷與五官之后土異昭之辨明矣注仲長統以社爲土神土神者地祇即北郊所祀之后土也是其神仍爲句龍故鄭氏句龍配社棄配稷之言必不可從者也且鄭所謂配者德相配耦也故臣之配君必如伊尹之咸有一德論其德非論其位祭法言后土爲社棄爲稷與帝嚳黃帝堯舜禹湯文武並舉曷嘗以位別哉湯欲遷句龍以德莫能繼而止則句龍之德上古莫與比隆故祭法言聖王制祭祀特列社稷爲首以皆聖王所親祭也仲長統俗儒乃以班爵爲比與後周諸臣謂仲尼人臣天子無致敬之禮何以異乎

國家亦有五祀之祭有司掌之其禮簡於社稷云五祀門戶井竈中霤也韋昭曰古者穴居故名室中爲中霤也集解惠棟曰江都集禮引白虎通曰戶祭脾竈祭肺中霤祭心門祭肝井祭腎

漢興八年有言周興而邑立后稷之祀於是高帝令天下立靈星祠三輔故事長安城東十里有靈星祠言祠后稷而謂之靈星者以后稷又配食星也集解黃山曰詩周頌絲衣毛序高子曰靈星之尸也何楷世本古義靈星農祥也先王祀之而配以后稷歌絲衣之詩以樂之案周書作洛篇周公作大邑成周於土中乃設丘兆於南郊以祀上帝配以后稷日月農星先王皆與食此即志配食星及古義所本然周書言以后稷配食上帝非以配食星也周祖后稷絲衣列於頌王者所親祭也漢舊儀五年修復周家舊祠祀后稷於東南爲民祈穀報功是所祀本主后稷周語泠州鳩曰昔武王伐殷月在天駟月之所在辰馬農祥也我太祖后稷之所經緯也晉語董因曰大火閼伯之星也是謂大辰辰以成善后稷是相應劭引賈逵說辰星爲靈星唐志歲星主農祥后稷馮焉所指爲辰者雖不同要皆以農祥爲即靈星靈星實相后稷靈星之所主賴后稷經緯之故后稷即馮之靈星爲后稷之代名非后稷配靈星矣

舊說星謂天田星也一曰龍左角爲天田官主穀張晏曰農祥晨見而祭也祀用壬辰位祠之壬爲水辰爲龍就其類也牲用太牢縣邑令長侍祠漢舊儀曰古時歲再祠靈星春秋之太牢禮也舞者用童男十六人服虔應劭曰十六人卽古之二羽也舞者象教田初爲芟除次耕種芸耨驅爵及穫刈舂簸之形象其功也古今注曰元和三年初爲郡國立稷及祠社靈星禮器也

縣邑常以乙未日祠先農於乙地集解惠棟曰晉志引漢儀云以乙日祠先農乃耕于乙地以丙戌日祠風伯於戌地以己丑日祠雨師於丑地用羊豕立春之

日集解先謙曰官本立春下提行案以下皆言縣邑祭祀提行非也皆青幡幘迎春于東郭外令一童男冒青巾衣青衣先在東郭外野中迎春至者自野中出則迎者拜之而還三時不迎集解先謙曰官本還下有弗祭二字

論曰臧文仲祀爰居而孔子以爲不知漢書郊祀志著自秦以來迄今王莽集解先謙曰官本今作于是典祀或有未修而爰居之類衆焉集解黃山曰莊子至樂篇昔者海鳥止於魯郊魯侯御而觴之於廟釋文引司馬彪云國語爰居也止魯東門之外三日臧文仲使國人祭之不云魯侯也爰居一名雜縣舉頭高八尺樊光注爾雅云形似鳳皇案臧文仲事見魯語爰居雜縣釋鳥文世祖中興蠲除非常修復舊祀方之前事邈殊矣嘗聞儒言三皇無文結繩以治自五帝始有書契至於三王俗化彫文詐僞漸興始有印璽以檢姦萌然而未有金玉銀銅之器也臣昭曰禹會羣臣於塗山執玉帛者萬國故已贄不同圓方異等周禮天地四方璧琮琥璋各有其玉而云未有其器斯亦何哉自上皇以來封泰山者至周七十二代封者謂封土爲壇柴祭告天代興成功也禮記所謂

因名山升中於天者也易姓則改封者著一代之始明不相襲也繼世之王巡狩則修封㠯祭而已自秦始皇孝武帝封泰山本由好僊信方士之言造爲石檢印封之事也所聞如此雖誠天道難可度知然其大較猶有本要天道質誠約而不費者也故牲有犢器用陶匏殆將無事於檢封之間而樂難攻之石也臣昭曰玉貴五德金存不朽有告有文何敢題刻告厥成功難可知者且唯封爲改代故曰岱宗夏康周宣由廢復興不聞改封世祖欲因孝武故封實繼祖宗之道也而梁松固爭㠯爲必改乃當夫既封之後未有福而松卒被誅死雖罪由身蓋亦誣神之咎也且帝王所㠯能大顯於後者實在其德加於民不聞其在封矣臣昭曰功成道懋天下被化德敷世治所以登封封由德興興封所以成德昭告師天遞以相感若此論可通非乎七十二矣言天地者莫大於易易無六宗在中之象若信爲天地四方所宗是至大也而比太社又爲失所難㠯爲誠矣

贊曰天地禋郊宗廟享祀咸秩無文山川具止淫乃國紊典惟皇紀肇自盛敬執崖厥始集解黃山曰崖厓同字廣雅釋詁方也

祭祀志下第九終

後漢書九

續漢志集解第九校補

祭祀志下藏主於世祖廟更衣至開祠於更衣錢大昭曰更衣寢側之別殿開祠如五月嘗麥十月嘗稻之類案更衣並見本書章紀注陛下盛歌元首之德案書稱帝庸作歌歌本自帝倡之而羣臣和之盛歌元首之德謂章帝之倡德於上同符帝舜也官本注陛下作百姓轉似未合

廟日上飯廟疑朝之誤

方壇錢大昭曰據光武紀注引此志方壇下有四面及中各依方色八字今無疑脫案通考引此文已無八字則脫誤久矣

故句龍配食於社棄配食於稷注至景初中既立帝社二社二社

到于今是祀案孔鼂社議本云至景初之時更立太社太稷又特立帝社並立二社一神二位同時俱祭則注二社二社當是並立二社之譌

國家亦有五祀之祭注五祀門戶井竈中霤也侯康曰白虎通以祭五祀天子諸侯以牛卿大夫以羊因四時祭牲也一說戶以羊竈以雞中霤以豚門以犬井以豕或曰中霤用牛餘不得用豚井以魚月令五祀有行無井通典引秦靜云今月令謂行爲井是以時俗或廢行而祀井又祭法注今時民家或春秋祠司命行神山神門戶竈

在旁是必春祠司命秋祠厲也或者合而祠之山卽厲也是漢法于五祀之外又有司命山神二祀蓋本祭法七祀之義然鄭注但云民家則非國制矣今案五祀之說戴記所載王制祭法之於月令卽有參差周官小祝之於大宗伯亦難證合鄭君隨文釋義雜舉先儒及當時之所聞見以通其說實亦莫衷一是至行之與井則月令行一作井秦靜言之傳元亦言之古行作卝易與井掍也然禮經殘闕要以見存之儀禮爲可據儀禮祀行不祀井則固以祀行爲長特漢魏以來相承祀井禮家重改當時之制不欲變更耳必謂祭竈而不祭井於事有闕於情不類抑不思井之本義原不主水水亦並非井之一字所能包江淮河漢之民不資於井將何祀耶行猶言道路人所共由莫能外也亦不後於井謂井者水竈火相匹實則竈主烹飪老婦之祭原不專主火若論相因而及則祭門祭戶而獨不祭行又豈於事無闕於情克類耶尤不然矣後世禮教益失祀典益荒行之祀既已廢絕而竈與司命二祀遂掍爲一秋之厲祭其有行者亦迷失其本而別以異說主張之五祀旣紛七祀何論也

一曰龍左角爲天田官主穀注農祥晨見而祭也柳從辰曰注晨案說文當作曟或省作晨晨房星也周語農祥晨正韋注晨正謂立春之日晨中於午也風俗通作辰漢舊儀亦作辰詳前書郊祀志補注

天文志上第十

王莽三　光武十二〔集解〕先謙曰前書天文志本之史記天官書而頗有增易此志無可推演但取後漢以來星辰占驗之術入之而刪五行皇極傳星辰逆行諸說實則五行志之一門也此後遂爲修史者之定式

梁　剡　令劉　昭注補

王先謙集解

易曰天垂象聖人則之庖犧氏之王天下仰則觀象於天俯則觀法於地觀象於天謂日月星辰觀法於地謂水土州分形成於下象見於上故曰天者北辰星合元垂耀建帝形運機授度張百精三階九列二十七大夫八十一元士斗衡太微攝提之屬百二十官二十八宿各布列下應十二子天地設位星辰之象備矣星經曰歲星主泰山徐州青州兗州熒惑主霍山揚州荊州交州鎮星主嵩高山豫州太白主華陰山涼州雍州益州辰星主恆山冀州幽州并州歲星主角亢氐房心尾箕熒惑主輿鬼柳七星張翼軫鎮星主東井太白主奎婁胃昴畢觜參辰星主斗牛女虛危室壁璇璣者謂北極星也玉衡者謂斗九星也玉衡第一星主徐州常以五子日候之甲子爲東海丙子爲琅邪戊子爲彭城庚子爲下邳壬子爲廣陵凡五郡第二星主益州常以五亥日候之乙亥爲漢中丁亥爲永昌己亥爲巴郡蜀郡牂牁辛亥爲廣陵〔集解〕先謙曰廣陵與上廣陵複出官本陵作漢是癸亥爲犍爲凡七郡第三星主冀州常以五戌日候之甲戌爲魏郡勃海丙戌爲安平戊戌爲鉅鹿河間庚戌爲清河趙國壬戌爲恆山凡八郡第四星主荊州常以五卯日候之乙卯爲南陽己卯爲零陵辛卯爲桂陽癸卯爲長沙丁卯爲武陵凡五郡第五星主兗州常以五辰日候之甲辰爲東郡陳留丙辰爲濟北戊辰爲山陽泰山庚辰爲濟陰壬辰爲東平任城凡八郡第六星主揚州常以五巳日候之乙巳爲豫章辛巳爲丹陽己巳爲廬江丁巳爲吳郡會稽癸巳爲九江凡六郡第七星爲豫州常以五午日候之甲午爲潁川壬午爲梁國丙午爲汝南戊午爲沛國庚午爲魯國凡五郡第八星主幽州常以五寅日候之甲寅爲玄菟丙寅爲遼東遼西漁陽庚寅爲上谷代郡壬寅爲廣陽戊寅爲涿郡凡八郡第九星主并州常以五申日候之甲申爲五原雁門丙申爲朔方雲中戊申爲西河庚申爲太原定襄壬申爲上黨凡八郡璇璣玉衡占色春青黃夏赤黃秋白黃冬黑黃此是常明不如此者所向國有兵殃起凡有六十郡九州所領自有分而名焉三皇邁化協神醇朴謂五星如連珠日月如合璧化由自然民不犯慝至於書契之興五帝是作軒轅始受河圖鬭苞授〔集解〕官本考證曰困學紀聞云圖苞似是名氏惠棟云案圖苞受河圖篇名見李善注文選鬭當作圖授當作受規字屬下讀羅泌以圖苞爲黃帝臣名非也規日月星辰之象故星官之書自黃帝始至高陽氏使南正重司天北正黎司地唐虞之時羲仲和仲尚書曰帝在璇璣玉衡以齊七政孔安國曰在察也璇美玉也璣衡王者正天文之器可運轉者七政日月五星各異政舜察天文齊七政〔集解〕惠棟曰楚語曰顓頊命南正重司天以屬神命火正黎司地以屬民唐固曰火當爲北北陰位也夏有昆吾湯則巫咸〔集解〕官本考證曰困學紀聞巫咸三家太史公謂殷商巫咸之書有伊陟贊于巫咸作咸乂四篇又曰在太戊巫咸乂王家孔安國云巫氏也馬融謂殷之巫也鄭康成謂巫官孔穎達云咸賢父子並爲大臣必不世作巫官言巫氏是也後漢天文志乃云湯則巫咸當以書爲正周之史佚萇弘宋之子韋楚之唐蔑魯之梓慎鄭之裨竈魏石申夫或云石申父齊國甘公〔集解〕惠棟曰劉歆七略曰甘公字逢名德虞喜志林云甘公一名德皆掌天文之官仰占俯視以佐時政步變擿微通洞密至採禍福之原覩成敗之勢秦燔詩書以愚百姓六經典籍殘爲灰炭星官之書全而不毀故秦史書始皇之時彗孛大角大角以亡有大星與小星鬭於宮中是其廢亡之徵至漢興景武之際司馬談談子遷以世黎氏之後爲太史令遷著史記作天官書成帝時中壘校尉劉向廣洪範災條〔集解〕惠棟曰國三老袁良碑云災條備至許峻有易災條二卷作五紀皇極之論以參往行之事〔集解〕惠棟曰沈約云伏生創紀大傳五行之體始詳劉向廣演洪範休咎之徵孝明帝使班固敘漢書而馬續述天文志謝沈書曰蔡邕撰建武已後星驗著明以續前志譙周接繼其下者今紹漢書作天文志起王莽居攝元年迄孝獻帝建安二十五年二百一十五載言其時星辰之變表象之應以顯天戒明王事焉臣昭以張衡天文之妙冠絕一代所著靈憲渾儀略具辰耀之本今寫載以備其理焉靈憲曰昔在先王將步天路用定靈軌尋緒本元先準之於渾體是爲正儀立度而皇極有道建也樞運有道稽也乃建乃稽斯經天常聖人無心因茲以生心故靈憲作興曰太素之前幽清玄靜寂寞冥默不可爲象厥中惟靈厥外惟無如是者永久焉斯謂溟涬蓋乃道之根也道根既建自無生有太素始萌萌而未兆并氣同色渾沌不分故道志之言云有物渾成先天地生其氣體固未可得而形其遲速固未可得而紀也如是者又永久焉斯爲龐鴻蓋乃道之幹也道幹既育有物成體於是元氣剖判剛柔始分清濁異位天成於外地定於內天體於陽故圓以動地體於陰故平以靜動以行施靜以合化堙鬱構精時育庶類

斯謂太元蓋乃道之實也在天成象在地成形天有九位地有九域天有三辰地有三形有象可效有形可度情性萬殊旁通感薄自然相生莫之能紀於是人之精者作聖實始紀綱而經緯之八極之維徑二億三萬二千三百里南北則短減千里東西則廣增千里自地至天半於八極則地之深亦如之通而度之則是渾已將覆其數用重鉤股懸天之景薄地之義皆移千里而差一寸得之過此而往者未之或知也未之或知者宇宙之謂也宇之表無極宙之端無窮天有兩儀以儛道中其可覩樞星是也謂之北極在南者不著故聖人弗之名焉其世之遂九分而減二陽道左迴故天運左行有驗於物則人氣左羸形左繚也天以陽迴地以陰淳是故天致其動稟氣舒光地致其靜承施候明天以順動不失其中則四序順至寒暑不滅致生有節故品物用生地以靈靜作合成天清化致養四時而後育故品物用成凡至大莫如天至厚莫若地地至質者曰地而已至多莫若水水精爲漢漢用於天而無列焉思次質也地有山嶽以宣其氣精種爲星星也者體生於地精成於天列居錯蹄各有遒屬紫宮爲皇極之居太微爲五帝之廷明堂之房大角有席天市有坐蒼龍連蜷於左白虎猛據於右朱雀奮翼於前靈龜圈首於後黃神軒轅於中六攙旣畜而狼蚖魚鼈罔有不具在野象物在朝象官在人象事於是備矣懸象著明莫大乎日月其徑當天周七百三十六分之一地廣二百四十二分之一日者陽精之宗積而成鳥象烏而有三趾陽之類其數奇月者陰精之宗積而成獸象兎陰之類其數耦其後有馮焉者羿請無死之藥於西王母姮娥竊之以奔月將往枚筮之於有黃有黃筮之曰吉翩翩歸妹獨將西行逢天晦芒毋驚毋恐後其

大昌姮娥遂託身於月是爲蟾蠩夫日譬猶火月譬猶水火則外光水則含景故月光生於日之所照魄生於日之所蔽當日則光盈就日則光盡也眾星被耀因水轉光當日之衝光常不合者蔽於地也是謂闇虛在星星微月過則食日之薄地其明也繇闇覩明明無所屈是以望之若火方於中天天地同明繇明瞻闇闇還自奪故望之若水火當夜而揚光在晝則不明也月之於夜與日同而差微星則不然強弱之差也眾星列布其以神著有五列焉是爲三十五名一居中央謂之北斗動變挻占實司主命四布於方爲二十八宿日月運行歷示吉凶五緯經次用告禍福則天心於是見矣中外之官常明者百有二十四可名者三百二十爲星二千五百而海人之占未存焉微星之數蓋萬一千五百二十庶物蠢蠢咸得繫命不然何以總而理諸夫三光同形有似珠玉神守精存麗其職而宣其明及其衰神歆精數於是乎有隕星然則奔星之所墜至則石文曜麗乎天其動者七日月五星是也周旋右迴天道者貴順也近天則遲遠天則速行則屈屈則留回留回則逆逆則遲迫於天也行遲者覲於東覲於東屬陽行速者覲於西覲於西屬陰日與月此配合也攝提熒惑地候見晨附於日也太白辰星見昏附於月也二陰三陽參天兩地故男女取焉方星巡鎭必因常度苟或盈縮不逾於次故有列司作使曰老子四星周伯王逢芮各一錯乎五緯之間其見無期其行無度實妖經星之所然後吉凶宣周其祥可盡蔡邕表志曰言天體者有三家一曰周髀二曰宣夜三曰渾天宣夜之學絕無師法周髀數術具存考驗天狀多所違失故史官不用唯渾天者近得其情今史官所用候臺銅儀則其法也立八尺圓體之度而具天地之象以正黃

道以察發斂以行日月以步五緯精微深妙萬世不易之道也官有其器而無本書前志亦闕而不論臣求其舊文連年不得在東觀以治律未竟未及成書案略求索竊不自量卒欲寢伏儀下思惟精意案度成數扶以文義潤以道術著成篇章罪惡無狀投畀有北灰滅雨絕〔集解〕先謙曰官本雨作兩世路無由宜博問羣臣下及巖穴知渾天之意者使述其義以禪天文志撰建武以來星變彗孛占驗著明者續其後〔集解〕齊召南曰注攝提熒惑地候見晨附於日也太白辰星見昏附於月也案攝提地候熒惑俱屬陽故曰附於日非謂土木火必附日而行金水不附日而行也惠棟曰注托身於月許慎淮南子注常娥羿妻也逃月中蓋虛上夫人是也又蔽於他也他作地平子注精於天文而所著靈憲論頗涉誕妄全無發明惟指闇虛爲地影爲千古卓識宋書天文志時闇官用事邕議不行

王莽地皇三年十一月有星孛於張東南行五日不見孛星者惡氣所生爲亂兵〔星占曰其國內外用兵也〕其所以孛德孛德者亂之象不明之表又參然孛焉兵之類也故名之曰孛孛之爲言猶有所傷害有所妨蔽或謂之彗星所以除穢而布新也〔宋均注鉤命決曰彗五彗也蒼則王侯破天子苦兵赤則賊起強國恣黃則女害色權奪於后妃白則將軍逆二年兵大作黑則水精賊江河決賊處處起也韓揚占曰其象若竹彗樹木條長短無常其長大見久災深短小見不久災狹晏子春秋曰齊景公睹彗星使伯常騫禳之晏子曰不可此天教也日月之氣風雨不時彗星之出天爲民之亂見之又一曰景公彗星出而泣晏子問之公曰寡人聞之彗星出其所向之國君當之今彗星出而向吾國我是以悲晏子曰君之行義固應無德於國穿池則欲其深以廣也爲臺榭則欲其高且大也賦斂如擄奪誅戮如仇讎自是觀之孛又將出彗星之出庸何懼乎果如晏子之言孛之與彗如似匪同〕張爲周地星孛於張東南行卽翼軫之分翼軫爲楚是周楚地將有兵亂後一年正月光武起兵舂陵會下江新市賊張卬王常〔集解〕惠棟曰王常等本起兵新市後入南郡藍口爲下江兵也劉玄傳注云續漢書卬作印及更始之兵亦至俱攻破南陽斬莽前隊大夫甄阜屬正梁丘賜等殺其士眾數萬人更始爲天子都雒陽西入長安敗死光武興於河北復都雒陽居周地除穢布新之象四年六月漢兵起南陽至昆陽莽使司徒王尋司空王邑將諸郡兵號曰百萬眾已至者四十二萬人能通兵法者六十三家皆爲將帥持其圖書器械軍出關東牽從羣象虎狼猛獸放之道路以

示富彊用怖山東至昆陽山作營百餘圍城數重或爲衝車㠯撞城爲雲車高十丈㠯瞰城中弩矢雨集城中負戶而汲求降不聽請出不得二公之兵自㠯必克不恤軍事不協計慮莽有覆敗之變見焉晝有雲氣如壞山墮軍上軍人皆厭所謂營頭之星也占曰營頭之所墮其下覆軍流血三千里袁山松書曰怪星晝行名曰營頭行振大誅也是時光武將兵數千人赴救昆陽奔擊二公兵并力猋發號呼聲動天地虎豹驚怖敗振會天大風飛屋瓦雨如注水二公兵亂敗自相賊就死者數萬人競赴滍水死者委積滍水爲之不流殺司徒王尋軍皆敗走歸本郡王邑還長安莽敗俱誅死營頭之變覆軍流血之應也

四年秋太白在太微中燭地如月光太白爲兵太微爲天廷太白嬴而北入太微〔集解〕惠棟曰李湻風云行而造其中曰入是大兵將入天子廷也是時莽遣二公之兵至昆陽已爲光武所破莽又拜九人爲將軍皆㠯虎爲號號九虎將軍至華陰皆爲漢將鄧曄李松所破進攻京師倉將軍韓臣至長門十月戊申漢兵自宣平城門入二日己酉城中少年朱弟張魚等數千人起兵攻莽燒作室斧敬法闥商人杜吳殺莽漸臺之上校尉公賓就斬莽首大兵蹈藉宮廷之中仍㠯更始入長安赤眉賊立劉盆子爲天子皆㠯大兵入宮廷是其應也

光武古今注曰建武六年九月丙戌月犯太微西蕃十一月辛亥月犯軒轅七年九月庚子土入鬼中漢史鎮星逆行輿鬼女主貴親有憂巫咸曰有土功事是歲太白經太微八年四月辛未月犯房第二星光芒不見九年四月乙卯金犯婁南星甲子月犯軒轅第二星壬寅犯心火星七月戊辰月並犯昴黄帝星占土犯鬼皇后有憂失亡其勢河圖曰月犯房天子有憂四足之蟲多死漢史曰其國有憂將軍死又案嚴光傳光與帝臥足加帝腹上太史奏客星犯帝坐甚急〔集解〕官本考證曰注壬寅犯心火星何焯校本火改大

建武九年七月乙丑金犯軒轅大星〔集解〕錢大昕曰案志載五星凌犯或稱太白熒惑歲星塡星辰星或稱金木水火土前後俱不畫一惠棟曰李湻風云行而侵之曰犯石氏云經過其星而光耀侵之曰犯古占七寸以內曰犯十一月乙丑金又犯軒轅孟康曰犯七寸以內光芒相及也韋昭曰自下往觸之曰犯軒轅者後宮之官大星爲皇后金犯之爲失勢是時郭后已失勢見疏後廢爲中山太后陰貴人立爲皇后

十年三月癸卯流星如月從太微出入北斗魁第六星色白旁有小星射者十餘枚滅則有聲如雷食頃止孟康曰流星光跡相連也絕跡而去爲飛也〔集解〕惠棟曰未當去而去曰出流星爲貴使星大者使大星小者使小太微天子廷北斗魁主殺星從太微出抵北斗魁是天子大使將出有所伐殺古今注曰正月壬戌月犯心後星閏月庚辰火入輿鬼過軫北庚申月在斗赤如丹者也十二月己亥大流星如缶出柳西南行入軫且滅時分爲十餘如遺火狀須臾有聲隱隱如雷柳爲周軫爲秦蜀〔集解〕惠棟曰李殿學云軫安得爲秦蜀蓋井字也吳越音訛誤寫耳觀上文西南行可見大流星出柳入軫者是大使從周入蜀是時光武帝使大司馬吳漢發南陽卒三萬人乘船泝江而上擊蜀白帝公孫述臣昭曰述雖以白承黃而此遂號爲白帝於文繁長書例未通又命將軍馬武劉尚郭霸岑彭馮駿平武都巴郡十二年十月漢進兵擊述從弟衞尉永遂至廣都殺述女壻史興威虜將軍馮駿拔江州〔集解〕齊召南曰公孫述傳作破虜將軍光武紀又作威虜將軍馮峻斬述將田戎吳漢又擊述大司馬謝豐斬首五千餘級臧宮破涪殺述弟大司空恢十一月丁丑漢護軍將軍高午刺述洞胸其夜死明日漢入屠蜀城誅述大將公孫晃延岑等〔集解〕惠棟曰晃一作光述弟也所殺數萬人夷滅述妻宗族萬餘人㠯上是大將出伐殺之應也其小星射者及如遺火分爲十餘皆小將隨從之象有聲如雷隱隱者兵將怒之徵也

十二年正月古今注曰丁丑月乘軒轅大星己未小星流百枚㠯上或西北或正

北或東北二夜止古今注曰二月辛亥月入氐暈珥圍角亢房六月戊戌晨小流星百
枚㠯上四面行小星者庶民之類流行者移徙之象也或西北或
東北或四面行皆小民移徙之徵是時西北討公孫述〔集解〕張永祚曰案公孫述在西南北字疑誤北征盧芳匈奴助芳侵邊漢遣將軍馬武騎都尉劉
納閻興軍下曲陽臨平〔集解〕惠棟曰皆屬鉅鹿郡呼沱㠯備胡匈奴入河東中
國未安米穀荒貴民或流散後三年吳漢馬武又徙鴈門代郡上
谷關西縣吏民六萬餘口置常關居庸關㠯東㠯避胡寇是小民
流移之應古今注曰其年七月丁丑月犯昴頭兩星八月辛酉水見東方翼分九月甲午火犯輿鬼十月丁卯大星流有光發東井西行聲隆隆十三年二月乙卯火犯輿鬼西北黃帝占曰熒惑守輿鬼大人憂一日貴人當之巫咸曰水見翼多火災石氏曰爲旱郗萌占曰流星出東井所之國大水〔集解〕錢大昕曰隋書經籍志後漢中郎郗萌撰後漢災異十五卷又云漢末郎中郗萌集圖緯讖雜占爲五十篇謂之春秋災異先謙曰官本注國作出
十五年正月丁未彗星見昴炎長三丈韓楊占曰在昴大國起兵也稍西北行入營

室犯離宮韓楊占曰彗出營室東壁之間爲兵起也二月乙未至東壁滅見四十九日
彗星爲兵入除穢昴爲邊兵彗星出之爲有兵至十一月定襄都
尉陰承反太守隨誅之盧芳從匈奴入居高柳至十六年十月降
上璽綬一曰昴星爲獄事是時大司徒歐陽歙㠯事繫獄踰歲死
營室天子之常宮離宮妃后之所居彗星入營室犯離宮是除宮
室也是時郭皇后已疏至十七年十月遂廢爲中山太后立陰貴
人爲皇后除宮之象也古今注曰十六年四月土星逆行十七年三月乙未火逆行從東門入太微到執法星東己酉南出端門十八年十二月壬戌月犯木星十九年閏月戊申火逆從氐到亢二十一年七月辛酉入畢二十三年三月癸未月食火星郗萌曰熒惑逆行氐爲失火
三十年閏月甲午水在東井二十度生白氣東南指炎長五尺爲
彗東北行至紫宮西藩止五月甲子不見凡見三十一日水常㠯
夏至放於東井閏月在四月尚未當見而見是贏而進也東井爲

水衡〔集解〕先謙曰官本衡作衡春秋元命包曰東井八星主水衡也水出之爲大水是歲五月及
明年郡國大水壞城郭傷禾稼殺人民白氣爲喪有炎作彗彗所
㠯除穢紫宮天子之宮彗加其藩除宮之象荊州星經曰彗在東井國大人死七十日主當之〔集解〕先謙曰誅本作抗五十日相當之三十日兵將當之後三年光武帝崩
三十一年七月古今注曰戊申月犯心後星戊午火在輿鬼一度入鬼中出尸
星南半度十月己亥犯軒轅大星又七日間有客星炎二尺所西
南行至明年二月二十二日在輿鬼東北六尺所滅凡見百一十
三日輿鬼五星天府也黃帝占曰輿鬼天目也朱雀頭也中央星如粉絮鬼爲變害故言一名天尸斧鉞或以病亡或以誅斬火剋金天以制法其西南一星主積布帛西北一星主積金玉東北一星主積馬東南一星主積兵一曰主領珠錢郗萌曰輿鬼者參之尸也弧射狼誤中參左肩舉尸之東井治罰尸輿鬼故曰天尸鬼之爲言歸也又占月五星有入輿鬼大臣誅有干鉞乘質者君貴人憂金玉用民人多疾從南入爲男子從北入爲女從西入爲老人從東入爲丁壯棺木倍價熒惑爲凶衰輿
鬼尸星主死亡熒惑入之爲大喪軒轅爲後宮七星周地客星居

之爲死喪其後二年光武崩
中元古今注曰元年三月甲寅月犯心後星二年八月丁巳火犯太微西南角星相
去二寸十月戊子大流星從西南東北行聲如雷火犯太微西南
角星爲將相後太尉趙憙司徒李訢坐事免官大流星爲使中郎
將竇固楊虛侯馬武揚鄉侯王賞將兵征西也

天文志上第十　終　　後漢書十

續漢志集解第十校補

天文志上下應十二子案子疑野之譌注甲午爲潁川川原作州已正官本注不誤

宋之子韋錢大昭曰藝文志陰陽家有宋司星子韋三篇注云景公之史楚之唐蔑柳從辰曰楚有唐眛見史記荀子議兵篇楚人兵殆於垂沙唐蔑死楊注即楚將唐眛宋書天文志云楚有唐眛掌著天文圖驗昧當作眛諸本作昧者誤也今案春秋隱元年左傳公及邾儀父盟于蔑公羊穀梁蔑皆作眛文七年公羊傳晉先眛以師奔秦左穀梁眛皆作蔑是蔑眛本同字唐眛即唐蔑並見荀子弱民篇

吕顯天戒明王事焉注靈憲曰案據本書張衡傳注引此乃衡靈憲序文也至衡所作靈憲算罔論章懷謂衡集無之然鄭樵天文略引衡說甚備則其書固具在也用定靈軌官本注定作之案衡傳注作定之字誤斯爲龎鴻官本注爲作謂通則人氣左羸形左縮也案文人當作天天氣天形相承言之羸即羸縮之羸靈龜圈首於後官本注圈作蜷案圈轉也謂靈龜轉首於膛中也作圈義自可通其後有馮焉者官本注馮作憑古今字毋驚毋恐毋原譌母已正官本注不誤是爲蟾蠩官本注蠩作蜍案爾雅釋魚蟾諸一切經音義十引爾雅作蠩釋文云蠩音諸本今作諸是陸本原亦作蠩也蜍乃俗字蔽

於地也是謂闇虛官本注地作他又闇皆作暗今案據下文言日之薄地此作地自不誤惠氏補注亦云指闇虛爲地影爲千古卓識知所據北宋本正同毛本言天學者自非明於天地日月五星之體不能施推步古今一也虞書循七政以授人時孟子綜千歲而定日至帝王代禮其傳不失儒者類能通之觀張衡靈憲因地測天後世淺人所謂傳自異邦誑爲絕學者固已莫能外也闇暗古通作實司主命官本注主作王而海人之占未存焉案此語不知何指疑後世測天者所謂五星之外二星當時已有發明也天道者貴順也天道官本或作大道地候見晨候原譌侯已正官本注不誤言天體者有三家天原譌言與上言字複已正官本注不誤一曰周髀二曰宣夜三曰渾天案晉志周髀即蓋天也有圓方句股圖其言天地中高而四隤日月相隱蔽以爲晝夜宣夜謂天本無質日月眾星浮生虛空之中其行其止皆須氣焉渾天言天體狀如鳥卵天包地外猶殼之裹黃周圍如彈丸其形渾渾也考渾天之術原本於璣衡實非後於周髀宣夜言天者自屬後密於前然周髀宣夜所言究亦莫能偏廢前志亦闕而不論案據邕說知前漢本亦用渾天術自靈憲出乃益修明之也邕時張衡所論著者自當倘存邕蓋欲更推求其源耳或謂之彗星注韓楊占曰官本注楊作揚後並同使伯常甕禳之官本注禳誤穰槩

如晏子之言孛之與彗如似匪同案公羊左氏皆以爲孛即是彗郭璞注爾雅亦然惟穀梁文十四年傳云孛之爲言猶茀也注謂茀星亂臣之類不謂即彗也前書文帝紀注引文穎說孛星光芒短其光四出蓬蓬孛孛也彗星光芒長參參如埽彗星經亦云光芒偏指曰彗四出曰孛至今驗之猶信孛即是茀茀謂艸生茀亂孛星之光芒四出象之埽彗上斂下張而斜長彗星之光芒偏指象之彗主除穢孛主亂義當有別

能通兵法者六十三家皆爲將帥案本書光武紀作徵天下能爲兵法者六十三家數百人並以爲卑吏與志略同蓋當時兵法有六十三家莽欲備其說故徧徵之重在家數之多被徵者皆有家法也錢大昭氏據前書莽傳作徵諸明兵法六十三家術者謂紀志者字皆應在家字下似太泥

晝有雲氣如壞山墮軍上軍人皆厭所謂營頭之星也柳從辰曰據光武紀實先夜有流星墜營中而後晝有雲如壞山當營而隕袁宏紀亦同此流星同屬天文變徵志失載

太白羸而北入太微官本羸作嬴下同古通作

皆吕虎爲號號九虎將軍官本無下號字

燒作室斧敬法闥案前書莽傳作燒作室門斧敬法闥此脫門字又顏注敬法殿名也

校尉公賓就斬莽首柳從辰曰袁宏紀及荀悅漢紀皆作公孫賓就斬莽首與班范本志異

皆小民移徙之徵官本移徙作流移

彗加其藩除宮之象官本象下多也字

在輿鬼東北六尺所滅注一曰主領珠錢官本注領誤領

天文志中第十一 明十二章五和三十三殤一安四十六順二十三質三

後漢書十一

梁 剡 令劉昭注補

王先謙集解

孝明永平元年四月丁酉流星大如斗起天市樓西南行光照地流星爲外兵西南行爲西南夷是時益州發兵擊姑復蠻夷大牟替滅陵斬首傳詣雒陽古今注曰閏九月辛未火在太微左執法星所光芒相及十一月辛未土逆行乘東井北軒轅第二星二年十二月戊辰月食火星黃帝星經曰出入井爲人主一日陽爵祿事

三年六月丁卯彗星出天船北長二尺所稍北行至亢南百三十五日去天船爲水彗出之爲大水是歲伊雒水溢到津城門壞伊橋郡七縣三十二皆大水

四年八月辛酉客星出梗河西北指貫索七十日去梗河爲胡兵

至五年十一月北匈奴七千騎入五原塞十二月又入雲中至原陽貫索貴人之牢〔集解〕惠棟曰當云賤人之牢樂汁圖徵曰連營賤人牢宋均以爲連營貫索也其十二月陵鄉侯梁松坐怨望懸飛書誹謗朝廷下獄死妻子家屬徙九眞

七年正月戊子流星大如杯從織女西行光照地織女天之眞女流星出之女主憂其月癸卯光烈皇后崩古今注曰三月庚戌客星光氣二尺所在太微左執法南端門外凡見七十五日〔集解〕惠棟曰荊州占曰織女一名天女天子女也

八年六月壬午長星出柳張三十七度犯軒轅刺天船陵太微氣至上階凡見五十六日去柳周地是歲多雨水郡十四傷稼古今注曰十二月戊子客星出東方

九年正月戊申客星出牽牛長八尺歷建星至房南古今注曰歷斗建箕房過角亢至翼芒東指滅見至五十日郗萌占曰客星舍房左右羣臣有吞藥死者又占有奪地牽牛主吳越房心爲宋後廣陵王荊與沈涼楚王英與顏忠各謀逆事覺皆自殺廣陵屬吳彭城古宋地古今注曰十年七月甲寅月犯歲星十一年六月壬辰火犯土星

十三年閏月丁亥火犯輿鬼爲大喪質星爲大臣誅戮晉灼曰鬼五星其中白者爲質其十二月楚王英與顏忠等造作妖謀反事覺英自殺忠等皆伏誅古今注曰十一月客星出軒轅四十八日十二月戊午月犯木星〔集解〕洪亮吉曰案十二月宜作十一月

十四年正月戊子客星出昴六十日在軒轅右角稍滅昴主邊兵後一年漢遣奉車都尉顯親侯竇固駙馬都尉耿秉騎都尉耿忠開陽城門候秦彭太僕祭肜將兵擊匈奴一曰軒轅右角爲貴相昴爲獄事客星守之爲大獄是時考楚事未訖司徒虞延與楚王英黨與黃初公孫弘等交通〔集解〕惠棟曰與字衍皆自殺或下獄伏誅

十五年十一月乙丑太白入月中爲大將戮人主亡不出三年後三年孝明帝崩〔集解〕惠棟曰袁紀乙丑作乙卯

十六年正月丁丑歲星犯房右驂北第一星不見辛巳乃見石氏星經曰歲星守房良馬出廏古今注曰正月丁未月犯房房右驂爲貴臣歲星犯之爲見誅是後司徒邢穆坐與阜陵王延交通知逆謀自殺〔集解〕惠棟曰漢律與罪人交關三日以上皆應知情見孔融傳四月癸未〔集解〕先謙曰官本四月提行太白犯畢畢爲邊兵〔集解〕惠棟曰春秋緯元命包曰畢七星十六度主邊兵後北匈奴寇入雲中至咸陽使者高弘發三郡兵追討無所得太僕祭肜坐不進下獄

十八年六月己未彗星出張長三尺轉在郎將南入太微皆屬張張周地爲東郡太微天子廷彗星犯之爲兵喪其八月壬子孝明帝崩

孝章建初元年正月丁巳太白在昴西一尺八月庚寅彗星出天市長三尺所稍行入牽牛三度積四十日稍滅太白在昴爲邊兵彗星出天市爲外軍牽牛爲吳越是時蠻夷陳縱等及哀牢王類

反攻蕉唐城集解齊召南曰按文當作嶲唐城嶲唐永昌郡屬縣也惠棟曰蕉西南夷傳作嶲案永昌有嶲唐縣當從傳永昌太守王尋走奔楪榆安夷長宋延爲羌所殺吕武威太守傅育領護羌校尉馬防行車騎將軍征西羌又阜陵王延與子男魴謀反大逆無道得不誅廢爲侯二月九日古今注曰甲申金入斗魁集解先謙曰官本提行二月甲寅流星過紫宮中集解李賡芸曰案書日例推甲子此兼言九日訛也上書八月庚寅彗星出天市此不應更紀二月事且上書元年正月丁巳則二月九日安得爲甲寅乎下云十二月戊寅彗星出考章帝紀在建初二年此二月九日乃二年九月之訛也洪亮吉曰二月九日應作二年九月凡紀志書皆舉甲子未有直舉日者又下言十二月戊寅流星過入紫宮此亦建初二年事卽此可知長數丈散爲三滅十一月戊寅彗星出婁三度長八九尺稍入紫宮中百六日稍滅流星過入紫宮皆大人忌後四年六月癸丑明德皇后崩古今注曰五年二月戊辰木火具在參集解先謙曰官本具作俱是三月戊寅木水在東井六年七月丁酉夜有流星起軒轅大如拳歷文昌餘氣正白句曲西如文昌久久乃滅黃帝星經曰木守東井有土功之事一日大水郗萌曰歲星守參后當之熒惑守大人當之

元和元年四月丁巳客星晨出東方在胃八度長三尺歷閣道入紫宮留四十日滅閣道紫宮天子之宮也客星犯入留久爲大喪後四年孝章皇帝崩集解惠棟曰荆州占云閣道王良旗也有六星

孝和永元元年正月辛卯有流星起參長四丈古今注曰大如拳起參東南有光色黃白古今注曰癸亥鎭在參又流星大如桃色赤起太微東蕃石氏曰鎭守參有土功事二月流星起天棓東北行三丈所滅色青白集解惠棟曰棓音皮韋昭音剖詩緯曰槍三星棓五星在斗杓左右主槍人棓人壬申夜有流星起太微東蕃長三丈三月古今注曰戊子土在參丙辰流星起天津古今注曰星大如桃起天津東至斗黃白頻有光壬戌有流星起天將軍東北行古今注曰色黃無光參爲邊兵天棓爲兵太微天廷天津爲水天將軍爲兵流星起之皆爲兵其六月漢遣車騎將軍竇憲執金吾耿秉與度遼將軍鄧鴻出朔方竝進兵臨私渠北鞮海斬虜首萬餘級獲生口牛馬羊百萬頭日逐王等八十一部降凡三十餘萬人追單于至西海是歲七月又雨水漂人民是其應古今注曰十一月壬申鎭星在東井石氏曰天下水其大出流殺人

二年正月乙卯金木俱在奎丙寅水又在奎巫咸曰辰守奎多水火災亦爲旱古今注曰土在東井奎主武庫兵三星會又爲兵喪辛未水金木在婁亦爲兵又爲匿謀郗萌曰辰守婁有兵兵罷兵起巫咸石氏云多火災古今注曰丙寅水在奎土在東井金在婁木火在昴二月丁酉有流星大如桃起紫宮東蕃西北行五丈稍滅古今注曰三月甲子火在亢南端門第一星南乙亥金在東井四月丙辰有流星大如瓜起文昌東北西南行至少微西滅有頃音如雷聲已而金在軒轅大星東北二尺所古今注曰丁丑火在氐東南星東南八月丁未有流星如雞子起太微西東南行四丈所消十月癸未有流星大如桃起天津西行六丈所消十一月辛酉有流星大如拳起紫宮西行到胃消

三年九月丁卯有流星大如雞子起紫宮西南至北斗柄間消星紫宮占曰有流星出紫宮天子使也色赤言兵色白言喪色黃言吉色青言憂色黑言水出皆以所之野命東西南北紫宮天子宮文昌少微爲貴臣天津爲水北斗主殺流星起歷紫宮文昌少微天津文昌爲天子使出有兵誅也竇憲爲大將軍憲弟篤景等皆卿校尉憲女弟壻郭舉爲侍中射聲校尉與衞尉鄧疊母元俱出入宮中謀爲不軌至四年六月丙寅發覺集解洪亮吉曰案和帝紀云庚申幸北宮詔收捕憲黨則此志丙寅應作丙辰爲是案下五行志丙辰地震後五日至庚申正五日和帝幸北宮詔執金吾五校尉勒兵屯南北宮集解先謙曰官本無尉字閉城門捕舉舉父長樂少府璜及疊疊弟步兵校尉磊母元皆下獄誅憲弟篤景等皆自殺金犯軒轅女主失勢竇氏被誅太后失勢

五年古今注曰正月甲戌月乘歲星四月癸巳太白熒惑辰星俱在東井巫咸曰太白守井五穀不成黃帝經曰五星及客星守井皆爲水石氏曰爲旱又日太白入東井留一日以上乃占大臣當之期三月若一年遠五年古今注曰木在輿鬼七月壬午歲星犯軒轅大星九月金在南斗魁中爲水

石氏曰爲旱火犯房北第一星東井秦地爲法三星合內外有兵又爲法令及水金入斗口中爲大將將死火犯房北第一星爲將相其

六年正月司徒丁鴻薨古今注曰六年六月丁亥金在東井閏月己丑流星大如桃起參北西至參肩南捎有光七月水大漂殺人民傷五穀許侯馬光有罪自殺九月行車騎將軍事鄧鴻越騎校尉馮柱發左右羽林北軍五校士及八郡跡射烏桓鮮卑合四萬騎與度遼將軍朱徵〔集解〕錢大昕曰和帝紀匈奴傳俱作朱徽護烏桓校尉任尚中郎將杜崇征叛胡十二月車騎將軍鴻坐追虜失利下獄死度遼將軍徵中郎將崇皆抵罪

七年正月丁未有流星起天津入紫宮中滅色青黃有光二月癸酉金火俱在參巫咸占曰熒惑守參多火災海中占曰爲旱太白守參國有反臣郗萌曰有攻戰伐國也〔集解〕惠棟曰注海中占藝文志海中星占十二卷即張衡所謂海人之占也戊寅金火俱在東井郗萌曰熒惑守井百川皆滿太白又從舍蓋二十日流國又曰雜羅貴又將相死八月甲寅水土金俱在軫春秋緯曰五星

有入軫者皆爲兵大起巫咸占曰五星入軫者司其出入而數之〔集解〕先謙曰本入作期二十日皆爲兵發司始入處之率一日期十日軍罷石氏星經曰辰星守軫歲水郗萌曰鎭星出入畱舍軫六十日軍不下必有大喪春秋緯曰太白入軫兵大起郗萌曰太白守軫必有死亡十一月甲戌金火俱在心雒書曰太白守心後九年大饑十二月己卯有流星起文昌入紫宮消丙辰火金水俱在斗流星入紫宮金火在心皆爲大喪三星合軫爲白衣之會金火俱在參東井皆爲外兵有死將三星俱在斗有戮將若有死相八年四月樂成王黨七月樂成王宗皆薨將兵長史吳棽坐事徵下獄誅古今注曰八年九月辛丑夜有流星大如拳起婁十月北海王威自殺十二月陳王羨薨其九年閏月皇太后竇氏崩遼東鮮卑太守祭參不追虜徵下獄誅〔集解〕錢大昕曰參考鮮卑傳當作鮮卑寇肥如遼東太守祭參不追虜徵下獄誅九月司徒劉方坐事免官自殺隴西羌反遣執金吾劉尚行征西將軍事越騎校尉趙世發北軍五校黎陽雍營及邊胡兵三萬騎征西羌

十一年五月丙午流星大如瓜起氐西南行稍有光白色古今注曰六月庚辰月入畢中占曰流星白爲有使客大爲大使小亦小使疾期疾遲亦遲大如瓜爲近小行稍有光爲遲也又正王曰邊方有受王命者也明年二月蜀郡旄牛徼外夷白狼樓〔集解〕惠棟曰樓和紀作貗薄種王唐繒等率種人口十七萬歸義內屬賜金印紫綬錢帛

十二年十一月癸酉夜有蒼白氣長三丈起天園東北指軍市見積十日占曰兵起十日期歲明年十一月遼東鮮卑二千餘騎寇右北平

十三年古今注曰正月辛未水乘輿鬼十二月癸巳犯軒轅大星十一月乙丑軒轅第四星間有小客星色青黃軒轅爲後宮星出之爲失勢其十四年六月辛卯陰皇后廢古今注曰十四年正月乙卯月犯軒轅在太微中二月十日丁酉水入太微西門十一月丁丑有流星大如拳起北斗魁中北至閣道稍有光色赤黃須臾西□有雷聲

十六年四月丁未紫宮中生白氣如粉絮戊午客星從紫宮西行

至昴五月壬申滅七月庚午水在輿鬼中黃帝占曰辰星犯昴大臣誅國有憂郗萌曰多蝗蟲〔集解〕張永祚曰注辰星犯昴案正文在輿鬼而注爲犯昴必誤齊召南曰案犯昴當作犯鬼十月辛亥流星起鉤陳北行三丈有光色黃白氣生紫宮中爲喪客星從紫宮西行至昴爲趙輿鬼爲死喪鉤陳爲皇后流星出之爲中使後一年元興元年十月二日和帝崩〔集解〕錢大昕曰案和殤二帝紀俱云十二月辛未洪亮吉曰和帝崩在十二月此十月二日四字應作十二月下日字衍殤帝即位一年又崩無嗣鄧太后遣使者迎清河孝王子即位是爲孝安皇帝是其應也清河趙地也

元興元年二月庚辰有流星起角亢五丈所四月辛亥有流星起斗東北行到須女七月己巳有流星起天市五丈所光色赤閏月辛亥水金俱在氐巫咸曰辰星守氐多水災海中占曰天下大旱所在不收荆州星占曰太白守氐國君大哭流星起斗東北行至須女須女燕地天市爲外軍水金會爲兵誅其年遼東貊人反鈔六縣發上谷漁陽右北平遼西烏桓討之

孝殤帝延平元年正月丁酉，金火在婁。金火合爲爍，爲大人憂。古今注曰：七月甲申，月在南斗中。是歲八月辛亥，孝殤帝崩。

孝安永初元年五月戊寅，熒惑逆行守心前星。韓楊占曰：多火災。一曰地震。檢其年十八郡地震，明年漢陽火。八月戊申，客星在東井弧星西南。心爲天子明堂，熒惑逆行守之，爲反臣。雒書曰：熒惑守心，逆臣起。黃帝占曰：逆行守心二十日，大臣亂。集解惠棟曰：春秋說題辭曰房心爲明星，天王布政之宮。客星在東井，爲大水。荊州經曰：客星干犯東井，則大臣誅。是時安帝未臨朝，鄧太后攝政，鄧騭爲車騎將軍，弟弘、悝、閶皆吕校尉封侯，秉國勢。司空周章意不平，與王遵、叔元茂等謀欲閉宮門，捕將軍兄弟誅，常侍鄭眾、蔡倫劫刺尚書，廢皇太后，封皇帝爲遠國王。事覺，章自殺。東井、弧皆秦地。是時羌反，斷隴道，漢遣騭將左右羽林、北軍五校及諸郡兵征之。是歲郡國四十一縣三百一十五雨水，四瀆溢，傷秋稼，壞城郭，殺人民，是其應也。

二年正月戊子，太白晝見。古今注曰：四月乙亥，月入南斗魁中。八月己亥，熒惑出入太微端門。三年正月庚戌，月犯心後星。河圖曰：亂臣在旁。己亥，太白入斗中。古今注曰：三月壬寅，熒惑入輿鬼中。五月丙寅，太白入畢中。石氏經曰：太白守畢，國多淫刑也。十二月，彗星起天菀南，集解錢大昕曰：安帝紀作天苑，苑菀古字通。惠棟曰：安紀十二月乙亥。東北指，長六七尺，色蒼白。太白晝見，爲彊臣。前志曰：太白晝見，彊國弱，小國彊，女主昌。是時鄧氏方盛。月犯心後星，不利子，心爲宋。五月丁酉，沛王牙薨。太白入斗中，爲貴相凶。臣昭案：楊厚對曰以爲諸王子多在京師，容有非常，宜亟發遣還本國。太后從之，星尋滅不見。以斯而言，太白入之災在貴相。集解惠棟曰：牙當作正，傳寫誤也。王輔之孫，謚節。天菀爲外軍，彗星出其南，爲外兵。是後使羌氏討賊李貴，又使烏桓擊鮮卑，又使中郎將任尚、護羌校尉馬賢擊羌，皆降。

四年，古今注曰：二月丙寅，月犯軒轅大星。六月丙子，客星大如李，蒼白，芒氣長二尺，西南指上階星。癸酉，太白入輿鬼，指上階，爲三公。後太尉張敏免官。集解錢大昕曰：安帝紀作張禹。洪亮吉曰：張敏此時爲司空，不爲太尉，且至六年始免去，此亦遠。疑敏乃張禹，禹官太尉，以五年正月免，星變或屬此人耳。太白入輿鬼，爲將凶。後中郎將任尚坐贓千萬，檻車徵，棄市。韓楊占曰：太白入輿鬼，亂臣在內。臣昭以占爲明，豈任尚所能感也。集解洪亮吉曰：後中郎將任尚坐贓千萬，檻車徵，棄市。案尚棄市在元初五載，距此幾十年，安得言星變應此人？惟查此年七月騎都尉任仁下獄死，距此只二旬，或應將凶之驗，志乃牽合任尚當之，天官家之妄如此。又案元初四年四月太白入輿鬼中，己巳辰星入輿鬼中，注引石氏占曰將戮死，郗萌曰大臣以罪誅；六年六月鎮星入輿鬼中，注引黃帝經曰大臣誅，此或應在任尚耳。志反不據書，而又遠引鄧騭等死以當之，可謂前後失據。先謙曰：官本豈作堂。

五年六月辛丑，太白晝見經天。春秋漢含孳曰：陽弱辰逆，太白經天。注云：陽弱，君柔不堪。鉤命決曰：天失仁，太白經天。集解先謙曰：官本下文皆連接，不提行，不空格。

元初元年三月癸酉，熒惑入輿鬼。二年九月辛酉，熒惑入輿鬼。三年三月，熒惑入輿鬼中。五月丙寅，太白入畢口。黃帝占曰：火攻，近期十五日，遠期四十日。又曰：大臣當之，亂國易主。

七月甲寅，歲星入輿鬼。閏月己未，太白犯太微左執法。十一月甲午，客星見西方，己亥在虛、危南，至胃、昴。郗萌曰：客星入虛，大人當之。又曰：客星守危，強臣執國命，在后族，又且大風，有危敗。黃帝星經曰：客星入守若出危，大饑，民間食貴。四年正月丙戌，歲星留輿鬼中。石氏經曰：歲星入留輿鬼，五十日不下，民有大喪；百日不下，民半死。黃帝星經曰：守鬼十日，金錢散諸侯。郗萌曰：五穀多傷，民以饑死者無數。乙未，太白晝見丙上。四月壬戌，太白入輿鬼中。石氏占：太白入鬼，一曰病在女主，一曰將戮死。己巳，辰星入輿鬼中。郗萌曰：以罪誅大臣。一曰后疾。一曰大人憂。五月己卯，辰星犯歲星。六月丙申，熒惑入輿鬼中，戊戌犯輿鬼大星。九月辛巳，太白入南斗口中。黃帝經曰：大人當之，國易政。

五年三月丙申，鎮星犯東井鉞星。五月庚午，辰星犯輿鬼質星。丙戌，太白犯鉞星。六年四月癸丑，太白入輿鬼。郗萌曰：太白守輿鬼，疾在女主。六月丙戌，熒惑在輿鬼中。黃帝經曰：熒惑犯守鬼，國有大喪，有女喪，大將有死者。荊州星占曰：熒惑犯鬼，忠臣戮死，不出一年中。丁卯，鎮星在輿鬼中。黃帝經曰：鎮入鬼中，大臣誅。海中石氏曰：大人憂。辛巳，太白犯左執法。自永初五年到永寧十年之中，太白一晝見經天，再入輿鬼一守畢再犯左執法入南斗犯鉞星熒惑五入輿鬼鎭星一犯東井鉞星一入輿鬼歲星辰星再入輿鬼凡五星入輿鬼中皆爲死喪熒惑太白甚犯鉞質星爲誅戮斗爲貴將執法爲近臣客星在虛危爲喪爲哭泣星占曰不一年遠期二年昴畢爲邊兵又爲獄事至建光元年三月癸巳鄧太后崩五月庚辰太后兄車騎將軍騭等七侯皆免官自殺是其應也

延光古今注曰元年四月丙午太白晝見二年八月己亥熒惑出太微端門集解先謙曰官本下文不提行不空格是三年二月辛未太白犯昴石氏星占太白守昴兵從門闕入主人走郗萌曰不有亡國必有謀主又云入昴大赦五月癸丑太白入畢郗萌曰太白入畢馬驄人走又曰有中喪九月壬寅鎭星犯左執法

四年太白入輿鬼中古今注曰四月甲辰入六月壬辰太白出太微九月甲

子太白入斗口中十一月客星見天市熒惑出太微爲亂臣太白犯昴畢爲近兵一曰大人當之鎭星犯左執法有誅臣太白入輿鬼中爲大喪太白出太微爲中宮有兵入斗口爲貴將相有誅者客星見天市中爲貴喪是時大將軍耿寶中常侍江京樊豐小黃門劉安與阿母王聖聖子女永等幷構譖太子保幷惡太子乳母男集解惠棟曰順紀曰乳母王男廚監邴吉三年九月丁酉廢太子爲濟陰王已北鄉侯懿代殺男吉徙其父母妻子日南四年三月丁卯安帝巡狩從南陽還道寢疾至葉崩閻后與兄衞尉顯中常侍江京等共隱匿不令羣臣知上崩遣司徒劉喜等集解惠棟曰喜范書作憙分詣郊廟告天請命載入北宮庚午夕發喪尊閻氏爲太后北鄉侯懿病薨京等又不欲立保白太后更徵諸王子擇所立中黃門孫程王國王康等十九人共合謀誅顯京等立保爲天子是爲孝順皇帝皆數人強臣狂亂王室其於死亡誅戮兵起宮中是其應古今注曰永建元年二月甲午客星入太微五月甲子月入斗李氏家書曰時天有變氣李郃上書諫曰臣聞天不言縣象以示吉凶挺災變異以爲譴誠昔齊桓公遭虹貫牛斗之變納管仲之謀令齊去婦無近妃宮桓公聽用齊以大安趙有尹史見月生齒齕畢大星占有兵變趙君曰天下共一畢知爲何國也下史於獄其後公子牙謀殺君血書端門如史所言乃月十三日有客星氣象彗孛歷天市梗河招搖槍棓十六日入紫宮迫北辰十七日復過文昌泰陵天至天船積水間稍微不見客星一占曰魯星歷天市者爲穀貴梗河三星備非常泰陵入星爲凶喪紫宮北辰爲至尊如占恐宮廬之內有兵喪之變千里之外有非常暴逆之憂魯星不得過歷尊宿行度從疾應非一端恐復有如王阿母母子賤妾之欲居帝旁耗亂政事者誠令有之宜當抑遠饒足以財王者權柄及爵祿人天所重愼者非阿妾所宜干豫天故挺變明以示人如不承愼禍至變成悔之靡及也集解洪亮吉曰案此書郃傳不載郃在安帝時屢陳災異順帝立復上此書然攷此年中郃反以災異策免可謂其言不酬矣史似不當入郃方術傳

孝順永建二年二月癸未太白晝見三十九日古今注曰丁巳月犯心七月丁酉犯昴閏月乙酉太白晝見東南維四十一日八月乙巳熒惑入輿鬼太白晝見爲強臣熒惑爲凶輿鬼爲死喪質星爲誅戮是時中常

侍高梵張防將作大匠翟酺尚書令高堂芝僕射張敦尚書尹就集解惠棟曰兩尹就一中郎將郞姜述楊鳳等集解惠棟曰兩楊鳳一蜀郡成都人及兗州刺史鮑就使匈奴中郞張國金城太守張篤敦煌太守張朗相與交通漏泄就述棄市梵防酺芝敦鳳就國皆抵罪又定遠侯班始尙陰城公主堅得鬭爭殺堅得坐要斬馬市同產皆棄市古今注曰其年九月戊寅有白氣廣三尺長十餘丈從北落師門南至斗三年二月癸未月犯心後星六月甲子太白晝見四年二月癸丑月犯心後星五年閏月庚子太白晝見六年彗星出於斗牽牛滅於虛危虛危爲齊牽牛吳越故海賊浮於會稽山賊捷於濟南五月夏熒惑守氐諸侯有斬者是冬班始腰斬馬市集解惠棟曰洛陽記曰三市大市名也金市在大城西南市在大城東南馬市在大城東

六年四月熒惑入太微中犯左右執法西北方六寸所十月乙卯太白晝見十二月壬申客星芒氣長二尺餘西南指色蒼白在牽牛六度客星芒氣白爲兵牽牛爲吳越後一年會稽海賊曾於等集解惠棟曰於本紀作旌千餘人燒句章殺長吏又殺鄞鄮長取官兵拘殺吏

民攻東部都尉揚州六郡逆賊章何等稱將軍犯四十九縣大劫略吏民

陽嘉元年閏月戊子臣昭案郎顗表云十七日己丑〔集解〕惠棟曰案郎顗傳閏十月也客星氣白廣二尺長五丈起天苑西南〔集解〕先謙曰官本苑作菀主馬牛爲外軍色白爲兵是時敦煌太守徐白〔集解〕惠棟曰西域傳白作由使疏勤王盤等兵二萬人入于寘界虜掠斬首三百餘級烏桓校尉耿曅使烏桓親漢都尉戎末瘣等出塞〔集解〕惠棟曰末鮮卑傳作朱鈔鮮卑斬首獲生口財物鮮卑怨恨鈔遼東代郡殺傷吏民是後西戎北狄爲寇害呂馬牛起兵馬牛亦死傷於兵中至十餘年乃息臣昭案郎顗傳陽嘉元年太白與歲星合於房心二年熒惑失度盈縮往來涉歷輿鬼環繞軒轅古今注曰二年四月壬寅太白晝見五月癸巳又晝見十一月辛未又晝見十二月壬寅月犯太白三年十二月辛未太白晝見四月乙卯太白熒惑入輿鬼永和元年五月丁卯太白犯牽牛大星

永和二年五月戊申太白晝見八月庚子熒惑犯南斗斗爲吳黃帝

經曰不期年國有亂有憂海中占爲多火災一曰旱古今注曰九月壬午月入畢口中明年五月吳郡太守行丞事羊珍與越兵弟葉吏民吳銅等二百餘人起兵反殺吏民燒官亭民舍攻太守府太守王衡距守吏兵格殺珍等又江賊蔡伯流等數百人攻廣陵九江燒城郭殺都長〔集解〕錢大昕曰順帝紀作九江賊此脫九字都長上脫江字

三年二月辛巳太白晝見戊子在熒惑西南光芒相犯辛丑有流星大如斗從西北東行長八九尺色赤黃有聲隆隆如雷三月壬子太白晝見六月丙午太白晝見八月古今注曰己酉熒惑入太微乙卯太白晝見閏月甲寅辰星入輿鬼己酉熒惑入太微乙卯太白晝見古今注曰十二月丁卯月犯軒轅大星太白者將軍之官又爲西州晝見陰盛與君爭明熒惑與太白相犯爲兵喪流星爲使聲隆隆怒之象也辰星入輿鬼爲大臣有死者熒惑入太微亂臣在廷中是時大將軍梁商父子秉勢故太白常晝見也其四年正月祀南郊夕牲中常侍張逵蘧政陽定內署令石光〔集解〕錢大昕曰陽當作楊內署當作內者百官志有內者令惠棟曰署梁商傳作者尚方令傅福等與中常侍曹騰孟賁爭權白帝言騰賁與商謀反矯詔命收騰賁賁自解說順帝寤解騰賁縛逵等自知事不從各奔走或自刺解貂蟬投草中逃亡皆得免〔集解〕錢大昕曰梁商傳云收逵等悉伏誅此云皆得免者妄也其六年征西將軍馬賢擊西羌於北地謝姑山下父子爲羌所沒殺是其應也

四年七月壬午熒惑入南斗犯第三星五年四月戊午太白晝見八月己酉熒惑入太微斗爲貴相爲揚州熒惑犯入之爲兵喪其六年大將軍商薨九江丹陽賊周生馬勉等起兵攻沒郡縣梁氏又專權於天廷中

六年二月丁巳彗星見東方長六七尺色青白西南指營室及墳

墓星郗萌占曰彗星出而中營室天下亂易政以五色占之吉凶丁丑彗星在奎一度長六尺癸未昏見河圖曰彗星出貫奎庫兵悉出禍在强侯外夷胡應逆首謀也西北歷昴畢甲申在東井遂歷輿鬼柳七星張光炎及三台至軒轅中滅古今注曰五月庚寅太白晝見十一月甲午太白晝見營室者天子常宮墳墓主死彗星起而在營室墳墓不出五年天下有大喪後四年孝順帝崩昴爲邊兵又爲趙羌周馬父子後遂爲寇又劉文劫清河相謝暠欲立王蒜爲天子暠不聽殺暠王閉門距文官兵捕誅文蒜已惡人所劫廢爲尉氏侯又徙爲犍陽都鄉侯薨國絕〔集解〕洪頤煊曰桓帝紀清河孝王傳並云蒜坐貶爲尉氏侯徙桂陽自殺歷東井輿鬼爲秦皆羌所攻鈔炎及三台爲三公是時太尉杜喬及故太尉李固爲梁冀所陷入坐文書死及至注張爲周滅於軒轅中爲後宮其後懿獻后已憂死梁氏被誅是其應也

漢安古今注曰元年二月壬午歲星在太微中八月癸丑月犯南斗入魁中二年正月己亥太白晝

見五月丁亥辰星犯輿鬼古今注曰丙辰月入斗中六月乙丑熒惑光芒犯鎮星十月甲申太白晝見辰星犯輿鬼爲大喪熒惑犯鎮星爲大人忌明年八月孝順帝崩孝沖古今注曰建康元年九月己亥太白晝見韓楊占曰天下有喪一曰有白衣之會明年正月又崩

孝質本初元年古今注曰三月丁丑月入南斗三月癸丑熒惑入輿鬼四月辛巳太白入輿鬼皆爲大喪五月庚戌太白犯熒惑爲逆謀閏月一日孝質帝爲梁冀所鴆崩

天文志中第十一終

續漢志集解第十一校補

天文志中彗星出天船北長二尺所稍北行至亢南百三十五日去錢大昭曰本紀章懷注引伏侯古今注作彗長三尺許見三十五日乃去此百字疑當作見

貫索貴人之牢集解惠棟曰當云賤人之牢今案前志以北斗魁中天理四星爲貴人之牢斗杓外句圜十五星爲賤人之牢同繫於中宮自晉史以下則固皆以中宮北斗魁下天牢六星爲貴人之牢而以下宮垣外貫索九星爲賤人之牢至續志雖未言以何星別爲賤人之牢而以梁松之獄爲貫索之應松實貴人非賤人也又志本以天市爲貴人之居故後文中平五年客星出貫索西南行入天市其占亦爲貴人喪則因貫索之繫於貴人垣謂爲貴人之牢詳本文並非有誤況以天文言休咎取證於後事乃五行家支流餘裔其紛而莫定久矣

長星出柳張三十七度案前書文帝紀注引文穎說長星光芒有一直指或竟天或三丈或二丈無常也

與楚王英黨與黃初公孫宏等交通集解惠棟曰與字衍今案上與相與也下與黨與也不識惠何以云衍

太白入月中案昴宿七星月一星在東星經謂女主大臣之象

張周地爲東郡官本郡作都是案東亦京之譌

彗星出天市長三尺所官本三作二

十一月戊寅官本一作二是

後四年六月癸丑明德皇后崩注木水在東井官本注水作火

元和元年四月丁巳客星晨出東方錢大昭曰本紀作二年四月乙巳

七月水大漂殺人民傷五穀許侯馬光有罪自殺案本書和紀永元六年七月有旱無水續五行志亦不載是年七月水又馬光自殺紀屬二月亦不在七月

八月甲寅水土金俱在軫注司其出入而數之案司讀爲伺

七月樂成王宗皆薨錢大昭曰宗傳作崇將兵長史吳棽坐事徵下獄死注古今注曰八年九月官本注八年上多永元二字

遼東鮮卑太守祭參不追虜徵下獄誅案此卑下脫反字耳反太形近卽涉下太字誤脫也遼東鮮卑者鮮卑之種別本書鮮卑傳載參沮敗事亦原作遼東鮮卑上已言遼東則太守上自不必更出遼東字史例然也

錢大昕氏所作不當

其十四年六月辛卯陰皇后廢注西有雷聲 官本注西下有北字錢大昭曰西閩本作西北

孝安永初元年五月戊寅熒惑逆行守心前星 官本五月作正月柳從辰曰此事不載本書安紀據袁宏紀五月戊寅熒惑逆行守心志以爲後周章之應是官本誤也

弟宏悝閻 官本閻作閭柳從辰曰本書鄧訓傳載訓五子隲京悝宏閶袁宏紀閶作閭閶與閭均於隲京悝宏義爲近閻閭斷皆誤字而以閭閶形似求之知本字仍當爲閶

三年正月 至 己亥太白入斗中 案本書楊厚傳作二年章懷注引續志文釋之此志刻令注亦引厚傳文說之皆不言年有異必厚傳原亦是三年今本誤耳否則二年正月太白乃晝見不能辨其所入又其日爲戊子志載甚明章懷引志不應據爲正月己亥而不著其年之異也

後太尉張敏免官集解錢大昕曰 至 星變或屬此人耳 侯康曰敏未嘗爲太尉盧氏羣書拾補據御覽八百七十五補五字云後太尉張禹司空張敏皆免官

二年九月辛酉熒惑入輿鬼 官本鬼下有中字

己亥在虛危南至胃昴注民間食貴 官本注無間字

太白犯昴畢爲近兵 原脫昴字錢校據閩本補查志文本承上延光二年以來言之三年二月辛未太白犯昴五月癸丑太白入畢自不應單言犯畢今從之官本不脫

其於死亡誅戮兵起宮中是其應注公子牙謀殺君 官本注殺作弒

陽嘉元年閏月戊子集解惠棟曰案郎顗傳閏十月也 今案本書順紀陽嘉元年客星出天苑明爲閏十二月戊子郎顗傳雖作閏十月十七日己丑夜有白氣從西方天苑趨左足入玉井而章懷傳注仍云元年閏十二月己丑夜白氣入玉井戊子之於己丑僅先一日明係前夜候見客星出天苑其氣白次夜候之白氣彌盛見氣不見星故已丑專就白氣言之而顗傳之閏十月實本閏十二月誤脫二字也否則注與傳岐元年豈當有兩閏月乎

至十餘年乃息注臣昭案郎顗傳 至 環繞軒轅 今案據顗傳尚有元年八月二十四日戊辰熒惑歷輿鬼東入軒轅出后星北東去四度北旋復還一事並云出入軒轅繞還往來此非候之已久不能詳著其異蓋起上年八月至亥年正月其象仍如此而二年所謂熒惑失度盈縮往來即指此也

其六年征西將軍馬賢擊西羌於北地謝姑山下 馬原譌馮據順紀正官本不誤謝紀作射已詳卷六校補

十月甲辰太白晝見 官本十月作七月

天文志下第十二　桓三十八　靈二十　獻九　隕石　後漢書十二

梁　剡　令劉　昭注補

王先謙集解

孝桓建和元年八月壬寅熒惑犯輿鬼質星二年二月辛卯熒惑行在輿鬼中三年五月己丑太白行入太微右掖門留十五日出端門丙申熒惑入東井八月己亥鎮星犯輿鬼中南星乙丑彗星芒長五尺見天市中東南指色黃白九月戊辰不見熒惑犯輿鬼爲死喪質星爲戮臣入太微爲亂臣鎮星犯輿鬼爲喪彗星見天市中爲質貴人至和平元年十二月甲寅梁太后崩〔集解〕錢大昕曰桓帝紀在二月此衍十字梁冀益驕亂矣

元嘉元年二月戊子太白晝見永興二年閏月丁酉太白晝見時上幸後宮采女鄧猛明年封猛兄演爲南頓侯後四歲梁皇后崩梁冀被誅猛立爲皇后恩寵甚盛

永壽元年三月丙申鎮星逆行入太微中七十四日去左掖門七月己未辰星入太微中八十日去左掖門八月己巳熒惑入太微二十一日出端門太微天子廷也鎮星爲貴臣妃后逆行爲匿謀辰星入太微爲大水一曰後宮有憂是歲雒水溢至津門南陽大水熒惑留入太微中又爲亂臣是時梁氏專政九月己酉晝有流星長二尺所色黃白癸巳熒惑犯歲星爲姦臣謀大將戮

二年六月甲寅辰星入太微遂伏不見辰星爲水爲兵爲妃后八月戊午太白犯軒轅大星爲皇后其三年四月戊寅熒惑入東井口中爲大臣有誅者其七月丁丑太白犯心前星爲大臣後二年四月懿獻皇后以憂死〔集解〕洪亮吉曰四月應作七月志誤大將軍梁冀使太倉令秦宮刺殺議郎邴尊又欲殺鄧后母宣事覺桓帝收冀及妻壽襄城君印綬皆自殺誅諸梁及孫氏宗族或徙邊是其應也

延熹四年三月甲寅熒惑犯輿鬼質星五月辛酉客星在營室稍順行生芒長五尺所至心一度轉爲彗熒惑犯輿鬼質星大臣有戮死者五年十月南郡太守李肅坐蠻夷賊攻盜郡縣取財物一億以上入府取銅虎符肅皆敵走不救城郭〔集解〕先謙曰官本皆作背是又監黎陽謁者燕喬坐贓重泉令彭良殺無辜皆棄市京兆虎牙都尉宋謙坐贓下獄死〔集解〕錢大昕曰桓帝紀作宗謙客星在營室至心作彗爲大喪後四年鄧后以憂死

六年十一月丁亥太白晝見是時鄧后家貴盛

七年七月戊辰辰星犯歲星八月庚戌熒惑犯輿鬼質星庚申歲星犯軒轅大星十月丙辰太白犯房北星丁卯辰星犯太白十二月乙丑熒惑犯軒轅第二星辰星犯歲星爲兵熒惑犯質星有戮臣歲星犯軒轅爲女主憂〔集解〕惠棟曰襄楷傳熒惑與歲星俱入軒轅逆行四十餘日太白犯房北星爲後宮其八年二月太僕南鄉侯左勝以罪賜死〔集解〕錢大昕曰桓帝紀宦者傳俱作左稱趙岐傳中常侍左悺兄勝勝弟中常侍上蔡侯悺北鄉侯黨皆自殺癸亥皇后鄧氏坐執左道廢遷于祠宮死〔集解〕陳景雲曰祠當作桐和帝陰皇后廢遷桐宮事見皇后紀可互證也宗親侍中沘陽侯鄧康河南尹鄧萬〔集解〕錢大昕曰萬下脫世字蓋唐人避諱去之爰延傳亦作鄧萬越騎校尉鄧弼虎賁中郎將安鄉侯鄧魯〔集解〕錢大昕曰安鄉當作安陽據皇后紀魯當作會據皇后紀及桓帝紀侍中監羽林左騎鄧德右騎鄧壽昆陽侯鄧統淯陽侯鄧秉議郎鄧循皆繫暴室萬魯死康等免官又荊州刺史芝交阯刺史葛祗皆爲賊所拘略桂陽太守任胤背敵走皆棄市熒惑犯輿鬼質星之應也

八年五月癸酉太白犯輿鬼質星壬午熒惑入太微右執法閏月己未太白犯心前星十月癸酉歲星犯左執法十一月戊午歲星

入太微犯左執法九年正月壬辰歲星入太微中五十八日出端門六月壬戌太白行入輿鬼七月乙未熒惑行輿鬼中犯質星九月辛亥熒惑入太微西門積五十八日永康元年正月庚寅熒惑逆行入太微東門留太微中百一日出端門七月丙戌太白晝見經天太白犯心前星太白犯輿鬼質星有戮臣熒惑入太微爲賊臣太白犯心前星爲兵喪歲星入太微犯左執法將相有誅者歲星入守太微五十日占爲人主太白熒惑入輿鬼皆爲死喪又犯質星爲戮臣熒惑留太微中百一日占爲人主太白晝見經天爲兵憂在大人其九年十一月太原太守劉瓆南陽太守成瑨皆坐殺無辜（集解惠棟曰瓆殺小黃門趙津瑨殺南陽大猾張汎皆誅有罪而云殺無辜謬矣或當時坐罪之名史官不及追改）也荊州刺史李隗爲賊所拘尚書郎孟琫坐受金漏言皆棄市（集解洪亮吉曰案桓紀瑨瓆棄市承九月光祿勳周景爲太尉下不另著月據此則太尉下應增十一月三字爲是）永康元年

十二月丁丑桓帝崩太傅陳蕃大將軍竇武尚書令尹勳黃門令山冰等皆枉死太白犯心熒惑留守太微之應也

孝靈帝建寧元年六月太白在西方入太微犯西蕃南頭星太微天廷也太白行其中宮門當閉大將被甲兵大臣伏誅其八月太傅陳蕃大將軍竇武謀欲盡誅諸宦者其九月辛亥中常侍曹節長樂五官史朱瑀覺之矯制殺蕃武等家屬徙日南比景（集解洪亮吉曰辛亥靈紀作丁亥）

熹平元年十月熒惑入南斗中占曰熒惑所守爲兵亂斗爲吳其十一月會稽賊許昭聚眾自稱大將軍昭父生爲越王攻破郡縣

二年四月有星出文昌入紫宮蛇行有首尾無身赤色有光炤垣牆八月丙寅太白犯心前星辛未白氣如一匹練衝北斗第四星占曰文昌爲上將貴相太白犯心前星爲大臣後六年司徒劉羣爲中常侍曹節所譖下獄死（集解錢大昕曰案熹平之世司徒無下獄死者惟光和二年劉郃以謀誅宦官下獄死羣當爲郃之譌也自熹平二年至光和二年相距恰六載惠棟曰羣本紀作郃）白氣衝北斗爲大戰明年冬揚州刺史臧旻丹陽太守陳寅攻盜賊苴康斬首數千級（集解惠棟曰寅本紀作夤）

光和元年四月癸丑流星犯軒轅第二星東北行入北斗魁中八月彗星出亢北入天市中長數尺稍長至五六丈赤色經歷十餘宿八十餘日乃消於天菀中流星爲貴使軒轅爲內宮北斗魁主殺流星從軒轅出抵北斗魁是天子大使將出有伐殺也至中平元年黃巾賊起上遣中郎將皇甫嵩朱儁等征之斬首十餘萬級彗除天市天帝將徙帝將易都至初平元年獻帝遷都長安

三年冬彗星出狼弧東行至于張乃去張爲周地彗星犯之爲兵亂後四年京都大發兵擊黃巾賊

五年四月熒惑在太微中守屏七月彗星出三台下東行入太微至太子幸臣二十餘日而消十月歲星熒惑太白三合於虛相去各五六寸如連珠占曰熒惑在太微爲亂臣是時中常侍趙忠張讓郭勝孫璋等（集解惠棟曰勝南陽人一作脈見袁紀）竝爲姦亂彗星入太微天下易主至中平六年宮車晏駕歲星熒惑太白三合於虛爲喪虛齊地明年琅邪王據薨

光和中國皇星東南角去地一二丈如炬火狀十餘日不見占曰國皇星爲內亂外內有兵喪其後黃巾賊張角燒州郡朝廷遣將討平斬首十餘萬級中平六年宮車晏駕大將軍何進令司隸校尉袁紹私募兵千餘人陰踦雒陽城外竊呼并州牧董卓使將兵至京都共誅中官對戰南北宮闕下死者數千人燔燒宮室遷都西京及司徒王允與將軍呂布誅卓卓部曲將郭汜李傕旋兵攻

長安公卿百官吏民戰死者且萬人天下之亂皆自內發

中平二年十月癸亥客星出南門中大如半筵五色喜怒稍小至後年六月消占曰爲兵至六年司隸校尉袁紹誅滅中官大將軍部曲將吳匡攻殺車騎將軍何苗死者數千人

三年四月熒惑逆行守心後星十月戊午月食心後星占曰爲大喪後三年而靈帝崩

五年二月彗星出奎逆行入紫宮後三出六十餘日乃消六月丁卯客星如三升椀出貫索西南行入天市至尾而消占曰彗除紫宮天下易主客星入天市爲貴人喪明年四月宮車晏駕中平中夏流星赤如火長三丈起河鼓入天市抵觸宦者星色白長二三丈後尾再屈食頃乃滅狀似枉矢占曰枉矢流發其宮射所謂矢當直而枉者操矢者邪枉人也中平六年大將軍何進謀盡誅中

官中官於省中殺進俱兩破滅天下由此遂大壞亂

六年八月丙寅太白犯心前星戊辰犯心中大星其日未冥四刻大將軍何進於省中爲諸黃門所殺已車騎將軍何苗爲進部曲將吳匡所殺

孝獻初平二年九月蚩尤旗見長十餘丈色白出角亢之南占曰蚩尤旗見則主征伐四方其後丞相曹公征討天下且三十年

四年十月孛星出兩角間東北行入天市中而滅占曰彗除天市天帝將徙帝將易都是時上在長安後二年東遷明年七月至雒陽其八月曹公迎上都許

建安五年十月辛亥有星孛于大梁冀州分也時袁紹在冀州其年十一月紹軍爲曹公所破七年夏紹死後曹公遂取冀州

九年十一月有星孛于東井輿鬼入軒轅太微〔集解〕洪亮吉曰案獻紀作十月先謙曰官本連下文是

十一年正月星孛于北斗首在斗中尾貫紫宮及北辰占曰彗星埽太微宮人主易位其後魏文帝受禪

十二年十月辛卯有星孛於鶉尾荊州分也時荊州牧劉表據荊州時益州從事周羣以荊州牧將死而失土〔集解〕惠棟曰蜀志曰羣字仲直巴西閬中人也明年秋表卒以小子琮自代曹公將伐荊州琮懼舉軍詣公降

十七年十二月有星孛於五諸侯周羣以爲西方專據土地者皆將失土〔集解〕先謙曰官本郡作羣是是時益州牧劉璋據益州漢中太守張魯別據漢中韓遂據涼州宋建別據枹罕〔集解〕官本考證曰何焯校本宋改宗明年冬曹公遣偏將擊涼州十九年獲宋建韓遂逃於羌中病死其年秋璋失益州二十年秋曹公攻漢中魯降

十八年秋歲星鎮星熒惑俱入太微逆行留守帝坐百餘日占曰

歲星入太微人主改〔集解〕洪亮吉曰案獻紀守帝坐五十日與此不同惠棟曰蘇林云歲星入太微人主改姓鎮星入太微內有兵亂人主以弱三者漢改姓易代之異也

二十三年三月孛星晨見東方二十餘日夕出西方犯歷五車東井五諸侯文昌軒轅后妃太微鋒炎指帝坐〔集解〕惠棟曰指一作刺占曰除舊布新之象也

殤帝延平元年九月乙亥隕石陳留四春秋僖公十六年隕石于宋五傳曰隕星也董仲舒以爲從高反下之象或以爲庶人惟星隕民困之象也

桓帝延熹七年三月癸亥隕石右扶風一鄠又隕石二皆有聲如雷

天文志下第十二終　　後漢書十二

續漢志集解第十二挍補

天文志下 案此志下編全編無注 又荊州刺史芝交阯刺史葛祇皆爲賊所拘略桂陽太守任胤背敵走皆棄市 案荊州刺史芝志逸其姓莫詳何人據本書桓紀延熹七年七月荊州刺史度尚擊零陵桂陽盜賊及蠻夷大破平之八年五月桂陽胡蘭朱蓋復反遣中郎將度尚長沙太守抗徐等擊蘭蓋等大破斬之蒼梧太守張敘爲賊所執又桂陽太守任胤背敵畏懦皆棄市又據度尚傳尚卽於七年遷桂陽太守明年徵還京師胡蘭等反以爲中郎將與紀合芝殆卽七年代尚爲荊州刺史者任胤卽八年代尚爲桂陽太守者顧范書初無荊州交阯刺史被賊拘執之事志則並載九年荊州刺史李隗亦爲賊所拘棄市至桓紀與任胤同棄市之蒼梧太守張敘坐爲賊執志反不及恐不能無誤也

孝靈帝建甯元年 至 家屬徙日南比景 今案建甯失政之大尚有二年冬十月侯覽諷有司奏擧虞放杜密李膺等興鉤黨之獄捕殺天下豪傑及儒學行義者實爲人亡國瘁之所本天文如可據何反不及其亦疏矣

時益州從事周羣㠯荊州牧將死而失土 案文時字衍㠯下脫爲字

㠯小子琮自代 官本代譌伐

五行志一 第十三 貌不恭 淫雨 服妖 雞禍 青眚 屋自壞 訛言 旱 謠 狼食人　後漢書十三

梁　剡　令劉　昭注補

王先謙集解

五行傳說及其占應漢書五行志錄之詳矣故泰山太守應劭給事中董巴散騎常侍譙周 蜀志曰周字允南巴西西充國人也治尚書兼通諸經及圖緯州郡辟請皆不應耽古篤學誦讀典籍欣然獨笑以亡寢食蜀亡魏徵不至 並撰建武㠯來災異今合而論之㠯續前志云 集解先謙曰續志並依五行傳撰論每卷下另標題目不知何人所作殊爲疏謬今分注於各卷下以明之

五行傳曰田獵不宿 鄭玄注尚書大傳曰不宿不宿禽也角主天兵周禮四時習兵因以田獵禮志曰天子不合圍諸侯不掩羣過此則暴天物爲不宿禽角南有天庫將軍騎官漢書音義曰遊田馳騁不反宮室 飲食不享 鄭玄曰享獻也禮志曰天子諸侯無事則歲三田一爲乾豆二爲賓客三爲充君之庖周禮獸人冬獻狼夏獻麋春秋獻獸物此獻禮之大略也注五行稱鄭玄曰皆出注大傳也漢書音義曰無獻享之禮 出入不節 鄭玄曰角爲天門房有三道出入之象也集解惠棟曰易說卦曰震爲大塗鄭氏注云國中三道曰塗震上直房心塗而大者取房有三塗焉 奪民農時 鄭玄曰房心農時之候也季冬之月命農師計耦耕事是時房心晨中春秋傳曰辰爲農祥后稷之所經緯也 及有姦謀 鄭玄曰亢爲朝廷房心爲明堂謀事出政之象 則木不曲直 鄭玄曰君行此五者爲逆天東宮之政東宮於地爲木木性或曲或直人所用爲器也無故生不暢茂多折槁是爲木不曲直木金水火土謂之五材春秋傳曰天生五材民並用之其政逆則神怒神怒則材失性不爲民用其他變異皆屬沴沴亦神怒凡神怒者日月五星既見適於天矣洪範木曰曲直孔安國曰木可以揉曲直 謂木失其性而爲災也又曰貌之不恭是謂不肅 鄭玄曰肅敬也君貌不恭則是不能敬其事也洪範曰貌曰恭 厥咎狂 鄭玄曰君臣不敬則倨慢如狂方儲對策曰君失制度下不恭承臣恣淫慢 厥罰恆雨 鄭玄曰貌曰木木主春春氣生生氣失則踰其節故常雨也管子曰冬作土功發地藏則夏多暴雨秋雨霖不止淮南子曰金不收則多淫雨 厥極惡 孔安國曰醜陋集解惠棟曰鄭注云生氣失故於人則爲惡 時則有服妖 鄭玄曰服貌之飾也 時則有龜孽 鄭玄曰龜蟲之生於水而游於春者屬木 時則有雞禍 鄭玄曰雞畜之有冠翼者也屬貌洪範傳曰妖者敗胎也少小之類言其事之尚微也至孽則牙孽也至乎禍則著矣集解惠棟曰注洪範傳其稱

洪範傳則劉向所撰也時則有下體生上之痾鄭玄曰痾病也貌氣失之病也漢書音義曰若梁孝王之時牛足反出背上也時則有青眚青祥鄭玄曰青木色也眚生於此祥自外來也集解先謙曰前志每一事云時則以絕之言非必俱至或有一或亡或在前或在後也惟金沴木鄭玄曰沴殄也凡貌言視聽思心一事失則逆人之心人心逆則怨木金水火土氣爲之傷傷則衝勝來乘殄之於是神怒人怨將爲禍亂故五行先見變異以譴告人也及妖孽禍痾眚祥皆其氣類暴作非常爲時怪者也各以物象爲之占也集解惠棟曰前書五行志曰凡貌傷者病木氣木氣病則金沴之衝氣相通也金與木對金勝木故云衝勝說云氣之相傷謂之沴尚書大傳曰凡六沴之作歲之朝月之朝日之朝則后王受之歲之中月之中日之中則正卿受之歲之夕月之夕日之夕則庶民受之鄭玄曰自正月盡四月爲歲之朝自五月盡八月爲歲之中自九月盡十二月爲歲之夕上旬爲月之朝中旬爲月之中下旬爲月之夕平旦至食時爲日之朝隅中至日跌爲日之中晡時至黃昏爲日之夕受之受其凶咎也大傳又云其二辰以次相將其次受之鄭玄曰二辰謂日月也假令歲之朝也日月中則上公受之日月夕則下公受之歲之中也日月朝則孤卿受之日月夕則大夫受之歲之夕也日月朝則上士受之日月中則下士受之其餘差以尊卑多少則悉矣管子曰明王有四禁春無殺伐無割大陵伐大木斬大山行大火誅大臣收穀賦錢夏無遏水達名川塞大谷動土功射鳥獸秋無赦過釋罪緩刑冬無爵賞祿傷伐五藏故春政不禁則五穀不成夏政不禁則草木不榮秋政不禁則姦邪不勝冬政不禁則地氣不藏四者俱犯則陰陽不和風雨不時火流邑大風飄屋折樹木地草天冬雷草木夏落而秋蟲不藏宜死者生宜蟄者鳴多螣蟇蟲也六畜不蕃民多夭死國貧法亂逆氣下生故曰臺榭相望者亡國之廡也馳車充國者追寇之馬也翠羽朱飾者斬生之斧也五采纂組者蕃功之室也明王知其然故遠而不近能去此取彼則王道備也續漢書曰建武二年尹敏上疏曰六沴作見若是供御帝用不差神則大喜五福乃降用章於下若不供御六罰既侵六極其下明供御則天報之福不供御則禍災至欲尊六事之體則貌言視聽思心之用合六事之揆以致乎太平而消除轗軻孽害也

建武元年赤眉賊率樊崇逢安等共立劉盆子爲天子然崇等視之如小兒百事自由初不恤錄也後正旦至君臣欲共饗既坐酒食未下羣臣更起亂不可整時大司農楊音案劍怒曰小兒戲尚不如此其後遂破壞崇安等皆誅死唯音爲關內侯以壽終

光武崩山陽王荊哭不哀作飛書與東海王勸使作亂明帝以荊同母弟太后在故隱之後徙王廣陵荊遂坐復謀反自殺也

章帝時竇皇后兄憲以皇后甚幸於上故人人莫不畏憲憲於是強請奪沁水長公主田公主畏憲與之憲乃賤顧之後上幸公主田覺之問憲憲又上言借之上以后故但譴敕之不治其罪後章帝崩竇太后攝政憲秉機密忠直之臣與憲忤者憲多害之其後憲兄弟遂皆被誅

桓帝時梁冀秉政兄弟貴盛自恣好驅馳過度至於歸家猶馳驅入門百姓號之曰梁氏滅門驅馳後遂誅滅集解先謙曰以上貌不恭

和帝永元十年十三年十四年十五年皆淫雨傷稼古今注曰光武建武六年九月大雨連月苗稼更生鼠巢樹上十七年雒陽暴雨壞民廬舍壓殺人傷害禾稼

安帝元年四年秋郡國十淫雨傷稼方儲對策曰雨不時節妄賞賜也集解惠棟曰謝承書曰儲字聖明丹陽歙人曉風角占候爲章句洪頤煊曰藝文類聚卷八十八引後漢方儲字聖明遭母憂負土成墳松柏數十株鸞鳥棲其上白兔遊其下御覽卷三百四十五引謝承後漢書曰丹陽方儲爲郎中章帝使文郎居左武郎居右儲正住中曰臣文武兼備上所施用上嘉其才以繁亂絲付儲使理之儲拔佩刀三斷之對曰反經任勢臨事宜然又歙縣志有方儲傳云方儲字聖公精孟氏易通圖讖建初四年舉孝廉又舉賢良方正對策爲天下第一五年春二月庚辰朔日有食之詔舉直言極諫之士丹陽太守周詔以儲進儲極言天降災咎之由上召見儲等試解亂絲莫能理儲拔劍斷絲對曰反經任勢臨事宜然上深偉之除郎中尋出爲句曲令六年遷阜陵令遭母喪負土成墳種松柏嘉木數十本致鸞鶴白兔之瑞元和初轉洛陽令和帝永元五年六月將郊祭以儲善天文問之勸帝毋往其日天晴明帝遂行詔責其欺儲曰臣受書先師推步萌兆今旨時且至願乘輿亟還使者去儲歎曰爲人臣恥蒙不忠名遂自殺比駕還雨雹大如雁子鹵簿後乘士皆疾馳去帝大驚使召儲儲已死帝甚傷之追贈太常尚書令封黟侯詔護其喪還葬世皆言聖公仙去於是民皆朝祀之兄濟南郡太守儼丹陽太守剛果皆類儲注云出元祕書李孝光集疑是謝承書之文先謙曰以下空格官本皆提行

永寧元年郡國三十三淫雨傷稼

建光元年京都及郡國二十九淫雨傷稼集解錢大昕曰續志凡京師皆作京都避晉諱也百官志間有作京師者乃後人妄改是時羌反久未平百姓屯戍不解愁苦

延光元年郡國二十七淫雨傷稼案本傳陳忠奏以爲王侯二千石爲女使伯榮獨拜車下柄在臣妾

二年郡國五連雨傷稼

順帝永建四年司隸荊豫兗冀部淫雨傷稼

六年冀州淫雨傷

稼
桓帝延熹二年夏霖雨五十餘日是時大將軍梁冀秉政謀害上
所幸鄧貴人母宣冀又擅殺議郎邴尊上欲誅冀懼其持權日久
威勢強盛恐有逆命害及吏民密與近臣中常侍單超等圖其方
略其年八月冀卒伏罪誅滅案公沙穆傳永壽元年霖雨大水三輔以東莫不湮沒
靈帝建寧元年夏霖雨六十餘日是時大將軍竇武謀變廢中官
其年九月長樂五官吏朱瑀等共與中常侍曹節起兵先誅武交
兵闕下敗走追斬武兄弟死者數百人案武死無兄弟有兄子　熹平元年
夏霖雨七十餘日是時中常侍曹節等共誣白勃海王悝謀反其
十月誅悝　中平六年夏霖雨八十餘日是時靈帝新棄羣臣大
行尚在梓宮大將軍何進與佐軍校尉袁紹等共謀欲誅廢中官
下文陵畢中常侍張讓等共殺進兵戰京都死者數千集解先謙曰以上恒

雨
更始諸將軍過雒陽者數十輩皆幘而衣婦人衣繡擁髱集解錢大昕曰光武紀作繡镼惠棟曰髱依續漢書當作褊　時智者見之以爲服之不中身之災也乃
奔入邊郡避之是服妖也其後更始遂爲赤眉所殺
桓帝元嘉中京都婦女作愁眉啼粧墮馬髻折要步齲齒笑所謂
愁眉者細而曲折啼粧者薄拭目下若啼處墮馬髻者作一邊梁冀列傳曰冀婦女又有不聊生髻　折要步者足不在體下齲齒笑者若齒痛樂不欣
欣始自大將軍梁冀家所爲京都歙然諸夏皆放效此近服妖也
梁冀二世上將婚媾王室大作威福將危社稷天誡若曰兵馬將
往收捕婦女憂愁踧眉啼泣吏卒掣頓折其要脊令髻傾邪雖強
語笑無復氣味也到延熹二年舉宗誅夷
延熹中梁冀誅後京都幘顏短耳長短上長下時中常侍單超左

悺徐璜具瑗唐衡在帝左右縱其姦慝海內慍曰一將軍死五將
軍出家有數侯子弟列布州郡賓客雜襲騰翥上短下長與梁冀
同占到其八年桓帝因日蝕之變乃拜故司徒韓寅爲司隸校尉
以次誅鉏京都正清臣昭案本傳寅誅左悺貶具瑗雖剋折姦首羣閹相蒙京都未爲正清集解官本考證云寅當作演
延熹中京都長者皆著木屐婦女始嫁至作漆畫五采爲系此服
妖也到九年黨事始發傳黃門北寺臨時惶惑不能信天任命多
有逃走不就考者九族拘繫及所過歷長少婦女皆被桎梏應木
屐之象也
靈帝建寧中京都長者皆以葦方笥爲粧具下士盡然時有識者
竊言葦方笥郡國讞篋也今珍用之此天下人皆當有罪讞於理
官也到光和三年癸丑赦令詔書吏民依黨禁錮者赦除之有不

見文他以類比疑者讞於是諸有黨郡皆讞廷尉人名悉入方笥
中
靈帝好胡服胡帳胡床胡坐胡飯胡箜篌胡笛胡舞京都貴戚皆
競爲之此服妖也其後董卓多擁胡兵填塞街衢虜掠宮掖發掘
陵園
靈帝於宮中西園駕四白驢躬自操轡驅馳周旋以爲大樂於是
公卿貴戚轉相放效至乘輜軿以爲騎從互相侵奪賈與馬齊案
易曰時乘六龍以御天行天者莫若龍行地者莫如馬詩云四牡
騤騤載是常服檀車煌煌四牡彭彭夫驢乃服重致遠上下山谷
野人之所用耳何有帝王君子而驂服之乎遲鈍之畜而今貴之
天意若曰國且大亂賢愚倒植凡執政者皆如驢也集解惠棟曰如汝人才皆爲令僕乃知此語有本　其後董卓陵虐王室多援邊人以充本朝胡夷異種

跨蹈中國

熹平中省內冠狗帶綬以爲笑樂有一狗突出走入司徒府門或見之者莫不驚怪袁山松書曰光和四年又於西園弄狗以配人也〔集解〕先謙曰官本無也字犬戩互見京房易傳曰君不正臣欲篡厥妖狗冠出後靈帝寵用便嬖子弟永樂賓客鴻都羣小傳相汲引〔集解〕惠棟曰傳讀爲轉公卿牧守比肩是也又遣御史於西邸賣官關內侯顧五百萬者賜與金紫詣闕上書占令長隨縣好醜豐約有賈强者貪如豺虎弱者略不類物實狗而冠者也司徒古之丞相壹統國政天戒若曰宰相多非其人尸祿素餐莫能據正持重阿意曲從今在位者皆如狗也故狗走入其門應劭曰靈帝數以車騎將軍過拜孽臣內孽又贈亡人顯號加於頑凶印綬汙於腐屍昔辛有睹被髮之祥知其爲戎今假號雲集不亦宜乎

靈帝數遊戲於西園中令後宮采女爲客舍主人身爲商賈服行至舍采女下酒食因共飲食以爲戲樂此服妖也〔集解〕惠棟曰干寶云是天子將欲失位降在皁隸之徵也其後天下大亂風俗通曰時京師賓婚嘉會皆作魁櫑酒酣之後續以挽歌魁櫑喪家之樂挽歌執紼相偶和之者天戒若曰國家當急殄悴諸貴樂皆死亡也自靈帝崩後京師壞滅戶有兼屍蟲而相食魁櫑挽歌斯之效乎

獻帝建安中男子之衣好爲長躬而下甚短女子好爲長裙而上甚短時益州從事莫嗣以爲服妖是陽無下而陰無上也天下未欲平也後還遂大亂袁山松書曰禪位於魏〔集解〕先謙曰以上服妖

靈帝光和元年南宮侍中寺雌雞欲化雄一身毛皆似雄但頭冠尚未變詔以問議郎蔡邕邕對曰貌之不恭則有雞禍　宣帝黃龍元年〔集解〕先謙曰官本不空格是未央宮雌雞化爲雄不鳴無距是歲元帝初即位立王皇后至初元元年丞相史家雌雞化爲雄冠距鳴將是歲后父禁爲平陽侯〔集解〕錢大昕曰平陽當作陽平蔡邕傳注引此文亦誤[illegible]女立爲皇后至哀帝晏駕后攝政王莽以后兄子爲大司馬由是爲亂臣竊推之頭元首人君之象今雞一身已變未至於頭而上知之是將有其事而不遂成之象也若應之不精政無所改頭冠或成□爲患茲大是後張角作亂稱黃巾遂破壞四方疲於賦役多叛者上不改政遂致天下大亂〔集解〕何焯曰在侍中寺者北宮省臣將有雌化爲雄者曹氏之祥也莽后族操閹孽其占同惟冠未變者至子丕乃篡盜也先謙曰以上雞禍

桓帝永興二年四月丙午光祿勳吏舍壁下夜有青氣視之得玉鉤玦各一鉤長七寸二分〔集解〕惠棟曰視東觀記作掘又分下東觀記有玦字符瑞志同周五寸四分身中皆雕鏤此青祥也玉金類也七寸二分商數也五寸四分徵數也商爲臣徵爲事蓋爲人臣引決事者不肅將有禍也是時梁冀秉政專恣後四歲梁氏誅滅也〔集解〕先謙曰以上青祥

延熹五年太學門無故自壞襄楷以爲太學前疑所居本傳楷書無前疑之言也其門自壞文德將喪教化廢也是後天下遂至喪亂

永康元年十月壬戌南宮平城門內屋自壞金沴木木動也其十二月宮車晏駕

靈帝光和元年南宮平城門內屋武庫屋及外東垣屋前後頓壞〔集解〕惠棟曰紀以爲熹平六年二月事　蔡邕對曰平城門正陽之門與宮連郊祀法駕所由從出門之最尊者也武庫禁兵所藏東垣庫之外障易傳曰小人在位上下咸悖厥妖城門內崩潛潭巴曰宮瓦自墮諸侯强陵主此皆小人顯位亂法之咎也其後黃巾賊先起東方庫兵大動皇后同父兄何進爲大將軍同母弟苗爲車騎將軍兄弟並貴盛皆統兵在京都其後進欲誅廢中官爲中常侍張讓段珪等所殺兵戰宮中闕下更相誅滅天下兵大起　三年二月公府駐駕廡自壞南北三十餘間〔集解〕洪亮吉曰案靈帝紀注引此志又云四十餘間未知誰誤先謙曰官本空

格皆提行中平二年二月癸亥廣陽城門外上屋自壞也

獻帝初平二年三月長安宣平城門外屋無故自壞至三年夏司徒王允使中郎將呂布殺太師董卓夷三族袁山松書曰李傕等攻破長安城害允等集解何焯曰占在王允不在卓也袁書是李傕傳允奉天子保宣平城門樓上窮蹙乃下

興平元年十月長安市門無故自壞至二年春李傕郭汜鬬長安中傕迫劫天子移置傕塢盡燒宮殿城門官府民舍放兵寇鈔公卿已下冬天子東還雒陽傕汜追上到曹陽虜掠乘輿輜重殺光祿勳鄧淵廷尉宣璠少府田邠等數十人集解洪亮吉曰案獻紀有士孫瑞苗祀魏桀朱展沮儁而不著田邠與此不同先謙曰以上金沴木沴者氣之相傷也前志凡屋自壞皆爲金沴木

五行傳曰好攻戰鄭玄注曰參伐爲武府攻戰之象輕百姓鄭玄注曰輕之者不重民命春秋傳曰師出不正反戰不正勝也飾城郭鄭玄注曰昴畢間爲天街甘氏經曰天街保塞孔塗道衢保塞城郭之象也月令曰四鄙入保侵邊境鄭玄曰畢主邊兵則金不從革鄭玄注曰君行此四者爲逆天西宮之政西宮於地爲金金性

從刑而革人所用爲器者也無故冶之不銷或入火飛亡或鑄之裂形是爲不從革其他變異皆屬沴也洪範曰從革作辛馬融曰金之性從人而更可銷鑠也漢書音義曰言人君言不見從則金鐵亦不從人意集解惠棟曰注從人而更人作火謂金失其性而爲災也又曰言之不從是謂不乂鄭玄曰乂治也君言不從則是不能治其事也集解先謙曰官本言下無之字厥咎僭鄭玄曰君臣不治則僭差矣厥罰恒陽鄭玄曰金主秋秋氣殺殺氣失故常陽也春秋考異郵曰君行非是則言不見從言不見從則下不治下不治則僭差過制度奢侈驕泰天子僭天大夫僭人主諸侯僭上陽無以制從心之喜上憂下則常陽從之推設其蹟考之天意則大旱不雨而民庶大災傷淮南子曰殺不辜則國赤地集解先謙曰官本陽無以制作陽餘正文及注皆作暘厥極憂鄭玄曰殺氣失故於人爲憂時則有詩妖鄭玄曰詩之言志也時則有介蟲之孽鄭玄曰蜂螽蜩蟬之類生於火而藏於秋者也屬金時則有犬禍鄭玄曰犬畜之以口吠守者屬言時則有口舌之痾鄭玄曰言氣失之病時則有白眚白祥

惟木沴金介蟲劉歆傳以爲毛蟲乂治也

安帝永初元年十一月民訛言相驚司隸并冀州民人流移時鄧太后專政婦人以順爲道故禮夫死從子之命今專主事此不從而僭也古今注曰章帝建初五年東海魯國東平山陽濟陰陳留民訛言相驚有賊捕至京師民皆入城也集解先謙曰以上言不從

世祖建武古今注曰建武三年七月雒陽大旱帝至南郊求雨即日雨五年夏旱京房傳曰欲德不用茲謂張厥災荒其旱陰雲不雨變而赤因四陰衆出過時茲謂廣其旱不生上下皆蔽茲謂隔其旱天赤三月時有雹殺飛禽上緣求妃茲謂僭其旱三月大溫亡雲君高臺府茲謂犯陰侵陽其旱萬物根死有火災庶位踰節茲謂僭其旱澤物枯爲火所傷春秋考異郵曰國大旱冤獄結旱者陽氣移精不施君上失制奢淫僭差氣亂感天則旱徵見又云陰厭陽移君淫民惡陰精不舒陽偏不施又云陽偏民怨徵也在所以感之者上奢則求多求多則下竭下竭則潰君不仁管子曰春不收枯骨伐枯木而起去之則夏旱方儲對策曰百姓苦士卒煩碎責租稅失中暴師外營經歷三時內有怨女外有曠夫王者熟推其祥揆合於天圖之事情旱災可除夫旱者過日天王無意於百姓恩德不行萬民煩擾故天應以無澤是時天下僭逆者未盡誅軍多過時古今注曰建武六年六月九年春十二年五月二十一年六月明帝永平元年五月八年冬十一年八月

十五年八月十八年三月並旱

章帝章和二年夏旱時章帝崩後竇太后兄弟用事奢僭古今注曰建初二年夏雒陽旱四年夏元和元年春並旱案楊終傳建初元年大旱穀貴終以爲廣陵楚淮陽濟南之獄徙者數萬人吏民怨曠上疏云久旱孔叢曰建初元年大旱天子憂之侍御史孔豐乃上疏曰臣聞爲不善而災報得其應也爲善而災至遭時運也陛下即位日淺視民如傷而不幸耗旱時運之會耳非政教所致也昔成湯遭旱因自責省畋散積減御損食而大有年意者陛下未爲成湯之事焉天子納其言而從之三日雨即降轉拜黃門郎典東觀事

和帝永元六年秋京都旱時雒陽有冤囚和帝幸雒陽寺錄囚徒理冤囚收令下獄抵罪行未還宮澍雨降古今注曰永元二年郡國十四旱十五年丹陽郡國二十二並旱或傷稼安帝古今注曰永初元年郡國八旱分遣議郎請雨案本紀二年五月旱皇太后幸雒陽寺錄囚徒即日降雨六月京都及郡國四十大水雖去旱得水無救爲災

永初六年夏旱古今注曰三年郡國八□四年五年夏並旱七年夏旱元初元年夏旱二年夏旱三年夏旱時西羌寇亂軍屯相繼連十餘年六年夏旱古今注曰建光元年

（郡國四旱延光元年郡國五並旱傷稼【集解】先謙曰官本永初下每空格皆提行下並同）

順帝永建三年夏旱　五年夏旱　陽嘉二年夏旱時李固對策以為奢僭所致也（臣昭案本紀元年二月京師旱郎顗傳人君恩澤不施於民祿去公室臣下專權所致也又周舉傳三年河南三輔大旱五穀傷災天子親自露坐陽德殿東廂請雨【集解】惠棟曰注陽德殿案本傳作德陽殿）

沖帝永嘉元年（【集解】何焯曰嘉當作熹）夏旱時沖帝幼崩太尉李固勸太后及兄梁冀立嗣帝擇年長有德者天下賴之則功名不朽年幼未可知如後不善悔無所及時太后及冀貪立年幼欲久自專遂立質帝八歲此不用德（古今注曰本初元年二月京師旱）

桓帝元嘉元年夏旱是時梁冀秉政妻子並受封寵踰節　延熹元年六月旱（京房占曰人君無施澤惠利於下則致旱也不救必蝗蟲害穀其救也貰讁罰行寬大專兆民勞功吏賜鰥寡稟不足案陳蕃上疏宮女多聚不御憂悲之感以致水旱之困也【集解】先謙曰官本專作惠是）

靈帝熹平五年夏旱（蔡邕作伯夷叔齊碑曰熹平五年天下大旱禱請名山求獲答應時處士平陽蘇騰字玄成夢陟首陽有神馬之使在道明覺而思之以其夢陟狀上聞天子開三輔請雨使者與郡縣戶曹掾吏登山升祠手書要曰君況我聖主以洪澤之福天尋興雲即降甘雨也【集解】惠棟曰注平陽蘇騰案水經注蘇騰河南平縣人非平陽也蔡邕集作平原尤誤）　六年夏旱　光和五年夏旱　六年夏旱是時常侍黃門僭作威福

獻帝興平元年秋長安旱是時李傕郭汜專權縱肆（獻帝起居注曰建安十九年夏四月旱【集解】先謙曰以上恒陽）

更始時（【集解】先謙曰二年也）南陽有童謠曰諧不諧在赤眉得不得在河北是時更始在長安世祖為大司馬平定河北更始大臣並僭專權故謠妖作也後更始遂為赤眉所殺是更始之不諧在赤眉也世祖自河北興

世祖建武六年蜀童謠曰黃牛白腹五銖當復是時公孫述僭號於蜀時人竊言王莽稱黃述欲繼之故稱曰五銖漢家貨明當復也述遂誅滅王莽末天水童謠曰出吳門望緹羣見一蹇人言欲上天令天可上地上安得民時隗囂初起兵於天水後意稍廣欲為天子遂破滅囂少病蹇吳門冀郭門名也緹羣山名也（【集解】惠棟曰漢陽郡冀縣有緹羣山見續漢志）

順帝之末京都童謠曰直如弦死道邊曲如鉤反封侯（【集解】惠棟曰袁紀竇武上表曰忠臣李固杜喬在朝必竭忠奉之節陛下不察加以大戮冤感皇天痛入后土固等既沒宦黨受封天下咸言直如弦死道邊曲如鉤封公侯謠言之作正為於此）案順帝即位孝質短祚大將軍梁冀貪樹疏幼以為己功專國號令以贍其私太尉李固以為清河王雅性聰明敦詩說禮加又屬親立長則順置善則固而冀建白太后策免固徵蠡吾侯遂即至尊固是日幽斃于獄暴屍道路而太尉胡廣封安樂鄉侯司徒趙戒廚亭侯司空袁湯安國亭侯云

桓帝之初天下童謠曰小麥青青大麥枯誰當穫者婦與姑丈人何在西擊胡吏買馬君具車請為諸君鼓嚨胡（【集解】惠棟曰李因篤云鼓者正狀其咽不敢誦言也戴侗云喉亦謂之胡今俗謂之胡嚨漢書金日磾捽胡投何羅殿下五行志請為諸君鼓嚨胡胡喉一聲也郭璞曰嚨謂喉嚨說文曰嚨喉也從口龍聲蒼頡篇曰喉咽也先謙曰宋蘇軾石鐘山記南音函胡今楚諺云打鼓嚨是也鼓音轉訛為姑）案元嘉中涼州諸羌一時俱反南入蜀漢東抄三輔延及并冀大為民害命將出眾每戰常負中國益發甲卒麥多委棄但有婦女穫刈之也吏買馬君具車者言調發重及有秩者也請為諸君鼓嚨胡者不敢公言私咽語（【集解】惠棟曰公言猶誦言也）

桓帝之初京都童謠曰城上烏尾畢逋公為吏子為徒一徒死百乘車車班班入河間河間姹女工數錢以錢為室金為堂石上慊慊舂黃粱粱下有懸鼓我欲擊之丞卿怒案此皆謂為政貪也城上烏尾畢逋者處高利獨食不與下共謂人主多聚斂也公為吏子為徒者言蠻夷將畔逆父既為軍吏其子又為卒徒往擊之也一徒死百乘車者言前一人往討胡既死矣後又遣百乘車往（臣昭

曰志家此釋豈未盡乎化徒一死何用百乘其後驗竟爲靈帝作此言一徒似斥桓帝貴任羣閹參委機政左右前後莫非刑人有同囚徒之長故言寄一徒也且又弟則廢黜身無嗣魁然單獨非一而何百乘車者乃國之君解犢後徵正膺斯數繼以班班尤得以類焉車班班入河間者言上將崩乘輿班班入河間迎靈帝也應劭釋此句云徵靈帝者輪班擁節入河間也河間姹女工數錢一本作妖女㠯錢爲室金爲堂者靈帝既立其母永樂太后好聚金㠯爲堂也石上慊慊春黃粱者永樂雖積金錢慊慊常若不足使人春黃粱而食之也梁下有懸鼓我欲擊之丞卿怒者言永樂主教靈帝使賣官受錢所祿非其人天下忠篤之士怨望欲擊懸鼓㠯求見丞卿主鼓者亦復諂順怒而止我也

桓帝之初京都童謠曰游平賣印自有平不辟豪賢及大姓〔集解〕惠棟曰平讀爲病或云姓讀爲生與平叶案到延熹之末鄧皇后㠯譴自殺乃㠯竇貴人代之其父名武字游平拜城門校尉及太后攝政爲大將軍與太

傅陳蕃合心勠力惟德是建印綬所加咸得其人豪賢大姓皆絕望矣

桓帝之末京都童謠曰茅田一頃中有井四方纖纖不可整嚼復嚼今年尚可後年鐃風俗通作譊案易曰拔茅茹㠯其彙征吉茅喻羣賢也井者法也〔集解〕惠棟曰說文引易云井法也于時中常侍管霸蘇康憎疾海內英哲與長樂少府劉囂太常許永〔集解〕先謙曰官本永作詠尚書柳分袁山松書曰柳分權豪之黨爲范滂所奏者尋穆史佟佟後亦爲司隸應劭曰史佟左官嬐進者也司隸唐珍等代作脣齒河內牢川詣闕上書〔集解〕錢大昕曰黨錮傳作牢修惠棟曰本傳作牢修孫愐云牢姓孔子弟子琴牢之後石顯之黨有牢梁汝穎南陽上采虛譽專作威福甘陵有南北二部三輔尤甚由是博考黃門北寺始見廢閹茅田一頃者言羣賢衆多也中有井者言雖阨窮不失其法度也四方纖纖不可整者言姦慝大熾不可整理嚼復嚼者京都飲酒相強之辭也〔集解〕先謙曰既云飲酒相強之詞則嚼當爲釂言飲酒盡也此自漢世俗傳以雙聲致誤其正字須知否則不可通矣言食肉者鄙不恤王政徒耽宴飲歌嘯而已也今年尚可者言但禁錮也後年鐃者陳竇被誅天下大壞

桓帝之末京都童謠曰白蓋小車何延延河間來合諧河間來合諧〔集解〕先謙曰今俗謠尚有合諧二音案解犢亭屬饒陽河間縣也臣昭案郡國志饒陽本屬涿後屬安平靈帝既是河間王曾孫謠言自是有徵無侯明河間之縣爲驗居無幾何而桓帝崩使者與解犢侯皆白蓋車從河間來延延衆貌也是時御史劉儵建議立靈帝㠯儵爲侍中中常侍侯覽畏其親近必當間己白拜儵太山太守因令司隸迫促殺之朝廷少長思其功效乃拔用其弟郃致位司徒此爲合諧也

靈帝之末京都童謠曰侯非侯王非王千乘萬騎上北芒〔集解〕惠棟曰李因篤云言非侯王而繼之以千乘萬騎是獻帝貴徵也案到中平六年史侯登躡至尊獻帝

未有爵號爲中常侍段珪等數十人所執公卿百官皆隨其後到河上乃得來還此爲非侯非王上北芒者也英雄記曰京師謠歌咸言河臘叢進獻帝臘日生也風俗通曰烏臘烏臘案逆臣董卓滔天虐民窮凶極惡關東舉兵欲共誅之轉相顧望莫肯先進處處停兵數十萬若烏臘蟲相隨橫取之矣

靈帝中平中京都歌曰承樂世董逃遊四郭董逃蒙天恩董逃帶金紫董逃行謝恩董逃整車騎董逃垂欲發董逃與中辭董逃出西門董逃瞻宮殿董逃望京城董逃日夜絕董逃心摧傷董逃楊孚卓傳曰卓改爲董安〔集解〕惠棟曰案此則董卓別傳楊孚撰也孚字孝先漢議郎又撰異物志案董謂董卓也言雖跋扈縱其殘暴終歸逃竄至於滅族也風俗通曰卓以董逃之歌主爲己發大禁絕之死者千數靈帝之末禮樂崩壞賞刑失中毀譽無驗競飾僞服以盪典制遠近翕然咸名後生放聲者爲時人有識者竊言舊曰世人次曰俗人今更曰時人此天促其期也其間無幾天下大壞也

獻帝踐祚之初京師童謠曰千里草何青青十日卜不得生案千

里草爲董十日卜爲卓凡別字之體皆從上起左右離合無有從下發端者也今二字如此者天意若曰卓自下摩上〔集解〕先謙曰前書賈山傳論自下劘上劘切也與此摩義同呂臣陵君也靑靑者暴盛之貌也不得生者亦旋破亡獻帝初童謠曰燕南垂趙北際中央不合大如礪唯有此中可避世公孫瓚以爲易地當之遂徙鎭焉乃修城積穀以待天下之變建安三年袁紹攻瓚瓚大敗縊其姊妹妻子引火自焚紹兵趣登臺斬之初瓚破黃巾殺劉虞乘勝南下侵據齊地雄威大振而不能開廓遠圖欲以堅城觀時坐聽圍戮斯亦自易地而去世也

建安初荊州童謠曰八九年間始欲衰至十三年無孑遺言自中興已來〔集解〕何焯校本興改平荊州無破亂及劉表爲牧〔集解〕惠棟曰牧下有民字又豐樂至此逮八九年〔集解〕惠棟曰此字衍逮爲建之譌脫安字當始衰者謂劉表妻當死諸將並零落也十三年無孑遺者言十三年表又當死民當移詣冀州也干寶搜神記曰是時華容有女子忽啼呼云有大喪言語過差縣以爲妖言繫獄百餘日忽然獄中哭曰劉荊州今日死華容去州數日卽遣馬吏驗視表果死縣乃出之續又歌吟曰不意李立爲貴人後無幾曹公平荊州以涿郡李立字建賢爲荊州刺史〔集解〕惠棟曰注呼云有大喪有上脫荊州將三字又注去州數日日作百里又驗視表果死表上脫而劉二字周壽昌曰抱朴子審舉篇靈獻之世時人語曰舉秀才不知書察孝廉父別居寒素淸白濁如泥高第良將怯如雞御覽四百九十六所引同壽昌案續五行志未載此謠宜引此補之先謙曰以上詩妖

順帝陽嘉元年十月中〔集解〕惠棟曰紀云十一月中字誤當作甲申也望都蒲陰狼殺童兒九十七人時李固對策引京房易傳曰君將無道害將及人去之深山全身〔集解〕惠棟曰全上脫以字厥災狼食人〔集解〕惠棟曰災作妖陛下覺寤比求隱滯故狼災息東觀書曰中山相朱遂到官不出奉祀北嶽詔曰災暴緣類符驗不虛政失厥中狼災爲應至乃殘食孩幼朝廷愍悼思惟咎徵博訪其故山嶽尊靈國所望秩而遂比不奉祠怠慢廢典不務懇惻淫刑放濫害加孕婦毒流未生感和致災其詳思改救追復所失有不遵憲舉正以聞

靈帝建寧中羣狼數十頭入晉陽南城門齧人袁山松書曰光和三年正月虎見平樂觀又見憲陵上齧衞士蔡邕封事曰政有苛暴則虎狼食人〔集解〕先謙曰以上毛蟲之孽

五行志一第十三　終　　後漢書十三

續漢志集解第十三挍補

五行志一五行傳曰田獵不宿注角南有天庫將軍騎官官原譌宮已正官本注不誤柳從辰曰天庫在角南騎官二十七星則在氐南見星經又天官書房南衆星曰騎官此並謂在角南誤也今案步天歌云陣車氐下騎官次騎官下三車騎位天福兩星立陣傍將軍陣裏振威霜騎官在氐南騎陣將軍在騎官東南本皆繫於氐然房南衆星曰騎官前書天文志亦承其說此注又以爲將軍騎官均在角南蓋東方蒼龍七宿角亢氐房相連二星皆在其南故舊說不免於掍也則木不曲直注旣見適於天矣官本注適作讁古今字厥咎狂注方儲對策曰方儲詳後集解今案方儲對策蓋本儲所著書名因對策而論次成編者非皆臨時條對之辭也儲之卒據御覽五百二十七引謝承書以爲在章帝時元祕書李孝光集以爲在和帝時至其入仕爲郎中在章帝建初中則固無異而志注於光武建武五年夏旱安帝元初四年秋郡國十淫雨傷稼質帝本初元年五月海水溢俱引方儲對策其時皆先後於儲可知注爲引其書矣說云氣之相傷謂之沴注隔中至日跌爲日之中官本注跌作昳是案周禮司市疏昳者差昳之言也左氏昭五年傳疏日昳謂蹉跌而下也是差昳卽是蹉跌昳跌固通作矣說文無昳字蓋本卽是跌故相承有蹉跌之訓大徐新附增之非也假令歲之朝也官本注今作令與今大傳注合無割大陵伐大木官本注木作本

安帝元年四年秋郡國十淫雨傷稼今案元年乃元初之譌各本皆失正蓋誤沿上和帝永元十年十三年十四年十五年迭舉之例不覺其誤然自孝武建元以下史無書元不著年號者況安帝屢改元不書年號何以辨之且據本書安紀亦惟元初四年秋七月京師及郡國十雨水志脫京都二字而由元初元年秋上溯永初元年秋皆無此異是其爲譌亦顯而易見也集解惠棟曰至疑是謝承書之文今案惠氏引謝承書見御覽四百十一及二百六十七洪氏據藝文類聚所引御覽亦引之又御覽五百二十七及七百十一皆引謝承書方儲事參考謝書方傳之文初不與歙縣志所載方傳合且儲之自殺歙縣志謂是因和帝永元五年六月郊祭御覽五百二十七引謝承書則謂儲聰明善天文爲洛陽令章帝欲出南郊儲上言當有疾雨暴風乘輿不可以出上疑其妄令儲飲酖而死果有大風暴雨洛陽晝暝此謂和帝彼謂章帝此謂自殺彼謂帝令飲酖死其非同係謝承之文尤彰彰可證夫寬仁如章帝何至不待言之驗否而遽酖殺讖輔風憲之官和帝憫儲之自殺而贈官或亦有之而追封黟侯則漢無此制儲功亦不當侯似兩傳說皆近誣范氏不取必冊書本無徵也

其誣白勃海王悝謀反官本白作曰非

墮馬髻[官本髻下皆譌从告注亦譌]墮馬髻者作一邊[原本墮右譌作童已正官本不誤]折其

要脊[官本脊下譌从目]

轓車煌煌四牡彭彭[柳從辰曰今毛詩大明卒章作駟騵彭彭]

有一狗突出走入司徒府門[案此下言西邸賣官而不以崔烈入錢爲司徒應之蓋時有所諱也]

宣帝黃龍元年集解先謙曰官本不空格是[錢大昭曰閩本宣帝提行書之尤誤]

殺太師董卓夷三族注袁山松書曰[官本注無書字]集解何焯曰占在王允不在卓也袁書是[今案本書獻紀書長安宣平城門外屋自壞事在初平四年三月董卓王允之死在三年事皆既往豈袁山松書獨與志合故劉令引之耶然范史紀傳訖無二年三月城門屋壞之事蔡邕論災異亦未嘗及之雞禍在志又不只載四年事且覈下文興平元年十月長安市門無故自壞既與獻紀合則此不與紀合安知非誤何氏不先正其年而遽定其占亦論史之疏也]

殺光祿勳鄧淵廷尉宣璠少府田邠等數十人集解洪亮吉曰[至]與此不同[柳從辰曰袁宏紀有少府田芬御史郤聘大司農張義獻紀十一月庚午李傕郭汜等追乘輿所殺爲鄧泉鄧淵避改士孫瑞宣播苗祀魏桀朱展沮儁壬申幸曹陽十二月庚辰車駕乃進李傕等復來追戰沒者亦有少府田芬大司農張義惟不載鄧聘芬卽邠也洪說誤今案鄧淵宣播等之被殺在帝未抵曹陽之前田邠等之戰沒則在帝離曹陽之後顧其地必皆近接曹陽故志通以曹陽概之旣曰數十人紀志自不能悉著其姓名所標舉者詳略互異無足爲病實非不同也]

〈第十三挍補　二

則金不從革注無故冶之不銷[官本注冶誤治]厥罰恆陽注推設其蹟[推字原殘依鄭注正官本注不誤蹟官本注作跡同]

軍多過時注明帝永平元年五月[至]並旱[錢大昭曰鍾離意傳永平三年夏旱意上疏云竊見北宮大作人失農時此所謂宮室榮也自古非苦宮室小狹但患人不安寧宜且罷止以應天心帝從之遂應時澍雨焉據此則旱不爲災故古今注不載]

章帝章和二年夏旱[錢大昭曰魯恭傳云三輔幷涼少雨麥根焦枯]注案楊終傳建初元年大旱穀貴[錢大昭曰鮑昱傳亦載此事又東平王蒼傳云冬春旱甚所被尤廣]

行未還宮澍雨降注十五年丹陽郡國二十二並旱[案古今注京師皆稱雒陽此丹陽乃雒陽之譌各本皆未正]

安帝古今注曰[錢大昭曰安帝二字衍文今案錢說非也此安帝二字乃下條永初六年上之志文大字古今注曰亦卽安帝下之注志二安帝志五桓帝下皆有注可證也自轉寫錯誤以安帝二大字襍入本條注文故下條永初上反缺二字錢氏徒欲刪此補彼不思刪此二字則一條注中再出古今注曰又豈有此例耶]

永初六年夏旱注三年郡國八[官本注八下多旱字]

二年夏旱注三年夏旱[至]連十餘年[今案劉令補注之例非引他書則云臣昭案亦有省言案者若既不引書又不言案則明是轉寫脫誤此注三年夏旱上當有臣昭案本紀五字]

太尉李固勸太后及兄梁冀立嗣帝[太后原譌太兄已正官本不誤今案太后及兄不成文且固時不能親言於太后固傳亦無固親勸太后立長君事當作太后兄去及字蓋本后字譌成兄及二字也]

延熹元年六月旱注貫讁罰[官本注讁誤擿]

述欲繼之故稱曰[柳從辰曰曰乃白之譌各本皆未正今案此條並見本書述傳作述自號白]遂被滅[官本被作破]

敦詩說禮[官本說作悅同]

後又遣百乘車往注臣昭曰志家此釋豈未盡乎[今案劉令注疑志家釋此未盡]

〈第十三挍補　三

[而以爲徒係指帝是也至其釋徒字則又迂而近於鑿夫城上烏尾畢逋者憑高而處以喻人主尾逋無後喩皇嗣屢絕也公爲吏子爲徒者徒常畏吏不敢近貴賤懸隔喩拔立疏幼入繼大統如吏以徒爲子也一徒死百乘車者天子萬乘王國千乘諸小侯不過百乘喩蠡吾解瀆相繼入嗣而淸和王不得立也車班班入河閒者班班爲車行相次聲絡繹不絕喩桓靈皆迎自河閒也餘應如志所釋惟據本書靈紀章懷注引此亦文字微異]

嚼復嚼者京都飲酒相强之辭也集解先謙曰旣云飲酒相强之詞則嚼當爲釂言飲酒盡也[謹案釂訓飲酒盡本說文又前書郭解傳與人飲使之釂非其任彊灌之顏注盡爵曰釂此志作嚼當由形近而譌]

白拜儵太山太守因令司隸迫促殺之[案本書陳球傳謂郃兄侍中儵與大將軍竇武同謀俱死爲曹節等所害亦無出爲太山太守事與志異]朝廷少長思其功效乃拔用其弟郃致位司徒[郃原譌郤已正官本不誤案郃字季承靈帝光和二年二月代袁滂爲司徒見本書靈紀及注其年冬郃與陳球等謀誅宦官事泄下獄死並見球傳]

獻帝未有爵號[案本書靈紀末章懷注引志文略同然獻帝時已由渤海王徙封陳留王此乃云未有爵號是續漢

書本紀所載必有與范書大異者矣

民當移詣冀州也注是時華容有女子官本注有字在華容上

順帝陽嘉元年十月中望都蒲陰狼殺童兒九十七人童兒本紀作女子今案本書順紀陽嘉元年書冬十一月甲申望都蒲陰狼殺女子九十七人殆本有誤夫望都蒲陰地分兩縣狼殺人至九十七人豈是一日之事何宜書日蓋冬十一月甲申者乃帝下詔賜狼所殺人錢及責中山相之日至狼之殺人必向在十月中志本不誤惠氏補注誤也又狼殺人尤無專殺女子之理東觀記作狼殺子女九十七人爲不祠北嶽所致子女二字紀誤倒耳觀東觀詔書言政失厥中狼災爲應至乃殘食孩紀注作孤幼則所殺固多童兒子女亦就童幼言也是則本紀女子二字當乙轉甲申二字當移在九十七人之下范書紀月多據詔書舊文不妨有異也而志文十月中中字不當如惠氏說改甲申明矣

五行志二第十四 災火 草妖 羽蟲孽 羊禍

梁　剡　令劉　昭注補

王先謙集解

五行傳曰棄灋律鄭玄注尚書大傳曰東井主法令也逐功臣鄭玄曰功臣制法律者也或曰喙主尚食七星主衣裳張爲食廚翼主天倡經曰帝曰臣作朕股肱耳目予欲左右有民汝翼予欲觀古人之象日月星辰山龍華蟲作繢宗彝藻火粉米黼黻絺繡以五采章施于五色作服汝明予欲聞六律五聲八音在治忽以出納五言汝聽是則食與服樂臣之所用爲大功也七星北有酒旗南有天厨翼南有器府殺太子鄭玄曰五行火生土天文以參東井四時以秋代夏殺太子之象也春秋傳曰夫千乘之主將廢正而立不正必殺正也以妾爲妻鄭玄曰軒轅爲后妃屬南宮其大星女主之位女御在前妾爲妻之象也則火不炎上鄭玄曰君行此四者爲逆天南宮之政南宮於地爲火火性炎上然行人所用烹飪者也無故因見作熱燔熾爲害是爲火不炎上其他變異皆屬沴春秋考異郵曰火者陽之精也人合天氣五行陰陽極陰反陽極陽生陰故應人行以災不祥在所以感之萌應轉旋從逆殊心也謂火失其性而爲災也又曰視之不明是謂不悊鄭玄曰視瞭也君視不明則是不能瞭其事也洪範曰視曰明厥咎舒讖曰君舒怠臣下有倦白黑不別賢不肖並不能憂民急氣爲之舒緩草不搖鄭玄曰君臣不瞭則舒緩矣〔集解〕惠棟曰舒一作荼厥罰常燠鄭玄曰視曰火火主夏夏氣長長氣失故常燠厥極疾鄭玄曰長氣失故於人爲疾時則有草妖鄭玄曰草視之物可見者莫眾於草時則有嬴蟲之孽鄭玄曰蠶螟蟲之類蟲之生於火而藏於秋者也時則有羊禍鄭玄曰羊畜之遠視者也屬視時則有赤眚、赤祥惟水沴火嬴蟲劉歆傳曰爲羽蟲

建武中漁陽太守彭寵被徵書至明日潞縣火災起城中飛出城外燔千餘家殺人京房易傳曰上不儉下不節盛火數起燔宮室儒說火曰明爲德而主禮時寵與幽州牧朱浮有隙疑浮見浸譖故意狐疑其妻勸無應徵遂反叛攻浮卒誅滅古今注曰建武六年十二月雒陽市火二十四年正月戊子雷雨霹靂火災高廟北門明帝永平元年六月己亥桂陽見火飛來燒城寺章帝建初元年十二月北宮火燒壽安殿延及右掖門元和三年六月丙午雷雨火燒北宮朱爵西闕

和帝永元八年十二月丁巳南宮宣室殿火是時和帝幸北宮竇

太后在南宮明年竇太后崩

十三年八月己亥北宮盛饌門閤火是時和帝幸鄧貴人陰后寵衰怨恨上有欲廢之意明年會得陰后挾僞道事遂廢遷于桐宮吕憂死立鄧貴人爲皇后

十五年六月辛酉漢中城固南城門災此孝和皇帝將絕世之象也其後二年宮車晏駕殤帝及平原王皆早夭折和帝世絕

安帝（古今注曰永初元年十二月河南郡縣火燒殺百五人二年河南郡縣又失火燒五百八十四人）永初二年四月甲寅漢陽河陽城中失火（集解錢大昕曰河陽當作阿陽）燒殺三千五百七十人先是和帝崩有皇子二人皇子勝長鄧皇后貪殤帝少欲自養長立之延平元年殤帝崩勝有廢疾不篤羣臣咸欲立之太后吕前既不立勝遂更立清河王子是爲安帝司空周章等心不厭服謀欲誅鄧氏廢太后安帝而更立勝元年十一月事覺章等被誅其後涼州叛羌爲害太甚涼州諸郡寄治馮翊扶風界及太后崩鄧氏被誅

四年三月戊子杜陵園火

元初四年二月壬戌武庫火（東觀書曰燒兵物百二十五種直千萬以上）是時羌叛大爲寇害發天下兵吕攻禦之積十餘年未已天下厭苦兵役

延光元年八月戊子陽陵園寢殿火凡災發于先陵此太子將廢之象也若曰不當廢太子吕自翦如火不當害先陵之寢也明年上吕讒言廢皇太子爲濟陰王後二年宮車晏駕中黃門孫程等十九人起兵殿省誅賊臣立濟陰王

四年秋七月乙丑漁陽城門樓災

順帝永建三年七月丁酉茂陵園寢災（古今注曰三年五月戊辰守宮失火燒宮藏財物盡四年河南郡失火燒人六畜）

陽嘉元年恭陵廡災及東西莫府火（古今注曰十二月河南郡國火燒廬舍殺人也）太尉李固吕爲奢僭所致陵之初造禍及枯骨規廣治之尤飾又上欲更造宮室益臺觀故火起莫府燒材木（集解惠棟曰順帝紀云是歲起西苑修飾宮殿也）

永和元年十月丁未承福殿火（臣昭案楊厚傳是災）先是爵號阿母宋娥爲山陽君后父梁商本國侯又多益商封商長子冀當繼商爵吕商生在復更封冀爲襄邑侯追號后母爲開封君皆過差非禮（古今注曰六年十二月雒陽酒市失火燒肆殺人）

漢安元年三月甲午雒陽劉漢等百九十七家爲火所燒（東觀書曰其九十家不自存詔賜錢廪穀古今注曰火或從室屋間物中不知所從起數月乃止十二月雒陽失火）後四年宮車比三晏駕建和元年君位乃定

桓帝建和二年五月癸丑北宮掖庭中德陽殿火及左掖門先是梁太后兄冀挾姦枉吕故太尉李固杜喬正直恐害其事□□令人誣奏固喬而誅滅之是後梁太后崩而梁氏誅滅

延熹四年正月辛酉南宮嘉德殿火戊子丙署火二月壬辰武庫火五月丁卯原陵長壽門火先是亳后因賤人得幸（集解錢大昕曰案桓帝鄧皇后初冒姓梁氏帝惡梁氏改姓爲薄而李雲傳云立掖庭民女亳氏爲皇后此志亦云亳后蓋古文亳與薄通漢書地理志山陽郡薄縣臣瓚云湯所都也史記封禪書亳人謬忌亦稱薄忌）號貴人爲后上吕后母宣爲長安君封其兄弟愛寵隆崇又多封無功者去年春白馬令李雲坐直諫死至此彗除心尾火連作

五年正月壬午南宮丙署火四月乙丑恭北陵東闕火戊辰虎賁掖門火五月康陵園寢火甲申中藏府承祿署火七月己未南宮承善闥內火

六年四月辛亥康陵東署火七月甲申平陵園寢火

八年二月己酉南宮嘉德署黃龍千秋萬歲殿皆火四月甲寅安

陵園寢火閏月南宮長秋和歡殿後鉤盾掖庭朔平署各火十月壬子德陽前殿西閤及黃門北寺火殺人[袁山松書曰是時連月有火災諸宮寺或一日再三發又夜有訛言擊鼓相驚陳蕃劉智茂上疏諫曰古之火皆君弱臣強極陰之變也前始春而獄刑慘故火不炎上前入春節連寒木冰暴風折樹又八九州郡並言隕霜殺菽春秋晉執季孫行父木爲之冰夫氣弘則景星見化錯則五星開日月蝕災爲已然異爲方來恐卒有變必於三朝惟善政可以已之願察臣前言不棄愚忠則元元幸甚書奏不省集解洪亮吉曰案本紀事在十一月惠棟曰注劉智茂誤當是劉矩劉茂矩爲司徒茂爲司空陳蕃時爲太尉也]

九年三月癸巳京都夜有火光轉行民相驚譟[袁山松書曰是時宦豎專朝鉤黨事起上尋無嗣陳蕃竇武爲曹節等所害天下無復紀綱]

靈帝熹平四年五月延陵園災

光和四年閏月辛酉北宮東掖庭永巷署災[陳蕃諫曰楚女悲而西宮災不御宮女怨之所致也]

五年五月庚申德陽前殿西北入門內永樂太后宮署火

中平二年二月己酉南宮雲臺災庚戌樂城門災[南宮中門集解何焯曰靈帝紀時燒靈臺殿樂成殿此條下云周家之所造似當爲靈臺惠棟曰案御覽八百三十三卷正作靈臺]延及北闕道[集解惠棟曰闕下御覽有度字]西燒嘉德和歡殿案雲臺之災自上起榱題數百同時竝然若就縣華鐙其日燒盡延及白虎威興門尚書符節蘭臺夫雲臺者乃周家之所造也圖書術籍珍玩寶怪皆所藏在也京房易傳曰君不思道厥妖火燒宮是時黃巾作慝變亂天常七州二十八郡同時俱發命將出衆雖頗有所禽然宛廣宗曲陽尚未破壞役起負海杼柚空懸百姓死傷已過半矣而靈帝曾不克己復禮虐侈滋甚尺一雨布騶騎電激[集解何焯曰騶騎電激謂左騎督促賣官錢者也事見羊續及宦者傳]官非其人政以賄成內嬖鴻都竝受封爵京都爲之語曰今茲諸侯歲也天戒若曰放賢賞淫何以舊典爲故焚其臺門祕府也其後三年靈帝暴崩續以董卓之亂火三日不絕京都爲丘墟矣[魏志曰魏明帝青龍二年崇華殿災詔問太史令高堂隆此何咎於禮寧有祈禳之義乎對曰夫災變之發皆所以明教誡也唯率禮修德可以勝之易傳曰上不儉下不節孽火燒其室又曰君高其臺天火爲災此人君苟飾宮室不知百姓空竭故天應之以旱火從高殿起也上天降監故譴告陛下陛下宜增崇人道以答天意昔太戊有桑穀生於朝武丁有雊雉登於鼎皆聞災恐懼側身修德三年之後遠夷朝貢故號曰中宗高宗此則前代之明鑒也今案舊占災火之發皆以臺榭宮室爲戒然今宮室之所以充廣者實由宮人猥多之故宜簡擇留其淑懿如周之制罷省其餘此則祖己之所以訓高宗高宗之所以享遠號也詔問隆吾聞漢武帝時柏梁災而起宮殿以厭之其義云何對曰臣聞西京柏梁既災越巫陳方建章是營以厭火祥乃夷越之巫所爲非聖賢之明訓也五行志曰柏梁災其後有江充巫蠱衛太子事如志之言越巫建章無所厭也孔子曰災者修類應行精祲相感以戒人君是以聖主覩災責躬退以修德以消復之今宜罷散民役宮室之制務從約節內足以待風雨外足以講禮儀清埽所災之處不敢於此有所立作萐莆嘉禾必生此地以報陛下虔恭之德疲民之力竭民之財實非所以致符瑞而懷遠人也臣昭曰高堂隆之言災其得天心乎雖與本志所明不同靈帝之時有焉故載其言廣災異也]

獻帝初平元年八月霸橋災其後三年董卓見殺[臣昭案劉焉傳興平元年天火燒其城府輜重延及民家館邑無餘也集解先謙曰以上火災]

庶徵之恆燠漢書以冬溫應之中興以來亦有冬溫而記不錄云[越絕范蠡曰春燠而不生者王者德不完也夏寒而不長者臣下不奉主令也秋暑而復榮者百官刑不斷也冬溫而泄者發府庫賞無功也此四者邦之禁也管子曰臣乘君威則陰侵陽盛夏雪降冬不冰也集解先謙曰此條恆燠]

安帝元初三年[集解惠棟曰符瑞志曰三年二月]有瓜異本共生一瓜同蔕[集解惠棟曰符瑞志云東平陵有瓜異處共生八瓜同蔕一當作八]時以爲嘉瓜或以爲瓜者外延離本而實女子外屬之象也是時閻皇后初立後閻后與外親耿寶等共譖太子廢爲濟陰王更外迎濟北王子犢立之[集解錢大昕曰即北鄉侯懿也豈因名子者不以畜牲而改爲懿歟]草妖也[古今注曰和帝永元七年三月江夏縣民舍柱生兩枝其一長尺五寸分爲八枝其一長尺六寸分爲五枝皆青也集解惠棟曰仲長統昌言曰安帝時有異物生長樂宮東廡柏樹永巷南閨合歡樹議者以爲芝草也羣臣皆賀受賜此亦近草妖也]

桓帝延熹九年雒陽城局竹柏葉有傷者占曰天子凶

靈帝熹平三年右校別作中有兩樗樹皆高四尺許其一株宿夕

纍長長丈餘大一圍作胡人狀頭目鬢鬚髮備具京房易傳曰王德衰下人將起則有木生人狀臣昭以木生人狀下人將起京房之占雖以證驗貌類胡人猶未辯了董卓之亂實權胡兵傕汜之時充斥尤甚遂窺閒宮嬪剽虐百姓鮮卑之徒蹊藉畿封胡之害深亦已毒矣

五年十月壬午御所居殿後槐樹皆六七圍自拔倒豎根在上臣昭曰槐是三公之象貴之也靈帝授位不以德進貪愚是升清賢斯黜槐之倒植豈以斯乎

中平元年夏東郡陳留濟陽長垣濟陰冤句離狐縣界風俗通曰西及城皇陽武城郭路邊有草生其莖靡纍腫大如手指狀似鳩雀龍蛇鳥獸之形五色各如其狀毛羽頭目足翅皆具風俗通曰亦作人狀操持兵弩萬萬備具非但彷彿類良熟然也近草妖也是歲黃巾賊始起皇后兄何進異父兄朱苗皆爲將軍領兵集解洪亮吉曰案此則苗蓋以何姓者進傳反不載錢大昕曰案靈帝及何后紀皆稱何苗苗本姓朱惟見于此此稱異父兄而前卷稱同母弟亦小異後苗封濟陽侯進苗遂秉威權持國柄漢遂微弱自此始焉應劭曰關東義兵先起於宋衞之郊東郡太守橋瑁負衆怙亂陵蔑同盟忿嫉同類以殞厥命陳留濟陰迎助謂爲離德棄好郎戎吏民殲之草妖之興豈不或信集解惠棟曰汪橋瑁英雄記曰瑁字元偉元族子先爲兗州刺史甚有威惠

中平中長安城西北六七里空樹中有人面生鬢魏志曰建安二十五年正月曹公在雒陽起建始殿伐濯龍樹而血出又掘徙梨根傷而血出曹公惡之遂寢疾是月薨

獻帝興平元年九月桑復生椹可食臣昭曰桑重生椹誠是木異必在濟民安知非瑞乎時蒼生死敗周秦殲盡餓魂餒鬼不可勝言食此重椹大拯危命雖連理附枝亦不能及若以爲怪則建武野穀旅生麻菽尤盛復是草妖邪集解先謙曰以上草妖

安帝延光三年二月戊子有五色大鳥集濟南臺十月又集新豐時以爲鳳皇或以爲鳳皇陽明之應故非明主則隱不見凡五色大鳥似鳳者多羽蟲之孽是時安帝信中常侍樊豐江京阿母王聖及外屬耿寶等讒言免太尉楊震廢太子爲濟陰王不悊之異也章帝末號鳳皇百四十九見時直臣何敞以爲羽孽似鳳翺翔殿屋不察也臣昭曰已論之於敞傳記者以爲其後章帝崩以爲驗案宣帝明帝時五色鳥羣翔殿屋賈逵以爲胡降徵也帝多善政雖有過不及至衰缺末年胡降二十萬口是其驗也帝之時羌胡外叛讒慝內興羽孽之時也樂叶圖徵說五鳳皆五色爲瑞者一爲孽者四叶圖徵曰似鳳有四並爲妖一曰鷫鸘鳩喙圓目身義戴信嬰禮膺仁負智至則旱役之感也二曰發明烏喙大頸大翼大脛身仁戴智嬰義膺信負禮至則喪之感也三曰焦明長喙疏翼圓尾身義戴信嬰仁膺智負禮至則水之感也四曰幽昌銳目小頭大身細足脛若鱗葉身智戴信負禮膺仁至則旱之感也國語曰周之興也鸑鷟鳴岐說文曰五方神鳥東方曰發明南方曰焦明西方曰鷫鸘北方曰幽昌中央曰鳳皇

桓帝元嘉元年十一月五色大鳥見濟陰己氏時以爲鳳皇此時政治衰缺梁冀秉政阿枉上幸亳后皆羽孽時也臣昭案魏朗對策桓帝時雉入太常宗正府朗說見本傳注集解惠棟曰注見本傳注凡言本傳皆據司馬書也案此則劉昭亦注司馬紀傳也

靈帝光和四年秋集解惠棟曰案本紀及符瑞志皆言秋七月也五色大鳥見於新城衆

鳥隨之時以爲鳳皇時靈帝不恤政事常侍黃門專權羽孽之時也衆鳥之性見非常班駮好聚觀之至於小爵希見梟者虣見猶聚

中平三年八月中懷陵上有萬餘爵先極悲鳴已因亂鬬相殺皆斷頭縣著樹枝枳棘到六年靈帝崩大將軍何進以內寵外變積惡日久欲悉糾黜以隆更始冗政而太后持疑事久不決進從中出於省內見殺因是有司盪滌虔劉後祿而尊厚者無餘矣夫陵者高大之象也天戒若曰諸懷爵祿而尊厚者集解惠棟曰下還賓云爵者雀也自相害至滅亡也古今注曰建武九年六郡八縣鼠食稼張璠紀曰初平元年三月獻帝初入未央宮翟雉飛入未央宮獲之獻帝春秋曰建安七年五色大鳥集魏郡衆鳥數千隨之魏志曰二十三年禿鶖集鄴宮文昌殿後池集解先謙曰以上羽蟲孽

桓帝建和三年秋七月北地廉雨肉似羊肋說文曰肋脅骨也或大如手

近赤祥也是時梁太后攝政兄梁冀專權枉誅漢良臣故太尉李固杜喬天下冤之其後梁氏誅滅【集解】先謙曰以上赤祥

五行志二第十四 終

續漢志集解第十四校補

五行志二謂火失其性而爲災也 錢大昭曰郎顗傳顗引易天人應曰君子不思遵利茲謂無澤厥災孽火燒其宮又曰君高臺府犯陰侵陽厥災火又曰上不儉下不節炎火並作燒居室

如火不當害先陵之寢也 官本如作則非

茂陵園寢災注四年河南郡失火燒人六畜 官本注郡下有縣字又六原譌立已正官本注不誤

陽嘉元年恭陵廡災 紀在十二月庚子

永和元年十月丁未 紀作丁亥 承福殿火注臣昭案楊厚傳是災 今案紀仍作火

愛寵隆崇 案文愛當作爵

中藏府承祿署火 案承祿署署名本書桓紀承作丞古字通

延陵園災 錢大昭曰成帝陵也

永樂太后宮署火 案本書靈紀作災章懷注引志亦作災疑此作火誤

己酉南宮雲臺災集解何焯曰靈帝紀時燒靈臺殿樂成殿 案靈紀但云己酉南宮大災火半月乃滅何氏所據乃紀注引續志文其與此文不同者蓋本紀注之譌何氏未之省惠氏反援御覽以證成其誤均之非也雲臺形近易譌文選東京賦於南則有前殿雲臺龢驩安福五臣六臣本均同而李善本則文注皆誤爲靈臺遂與下乃營三宮布教頒常左制辟雍右立靈臺岐出胡氏考異已訂之矣范書中興二十八將論云乃圖畫二十八將於南宮雲臺賈逵傳亦云詔逵入講北宮白虎觀南宮雲臺與此志言南宮雲臺災正合周靈臺自在舊都此言雲臺周家之所造蓋中興初就周東都故臺成之東都賦所謂增周舊修洛邑是也又云圖書術籍珍玩寶怪皆所藏在則明帝圖畫名將於此賈逵講論古文於此於事亦合至於靈臺則天子觀祲察氣之妖祥者也與明堂辟雍並立爲三後漢光武末始營建之雖襲周家之名不得謂爲周家所造祭祀志謂北郊明堂在雒陽城北四里則左辟雍右靈臺自應皆在北郊陸機洛陽記謂靈臺在洛陽南去城三里與志異然亦在郊外也惟辟雍注東京賦綜誤以云臺爲靈臺云德陽殿東有辟雍西有靈臺如所云則辟雍靈臺不在明堂左右矣何以言三宮耶此至謬不可從今仍以祭祀志爲正明紀永平二年祀光武皇帝於明堂禮畢登靈臺三年正月詔曰朕奉郊祀登靈臺此靈臺近接明堂同在郊外之證章紀建初三年和紀永元五年皆宗祀明堂與登靈臺遞言之獨順紀永和元年宗祀明堂之下亦誤登靈臺爲登雲臺然其爲誤自易見也今靈紀明書南宮

大災與北郊靈臺何涉雲臺本一稱雲臺殿見宦者張讓傳靈臺則無以殿稱者詳考南北宮都賦諸殿志銘陽德陋章懷以殿言之益知靈臺實卽雲臺之誤御覽文字轉鈔多謬豈足爲證乎庚戌樂城門災案此事本書靈紀不書統於南宮大災也志注明言南宮中門而紀注以爲樂成殿蓋門係於殿以殿言則知是宮中之門非城門或殿下原有門字轉寫脫去耳惟樂城之城應從章懷作成京都爲邱墟矣注今案舊占官本注占誤古

有兩樗樹皆高四尺許錢大昭曰閩本許作所古字通

東都陳留濟陽長垣濟陰官本濟陰二字或誤倒似鳩雀龍蛇鳥獸之形官本形誤刑

五鳳皆五色注南方曰焦明官本南或譌東

後祿而尊厚者無餘矣案據下文後當作懷還自相害至滅亡也注禿鶖集鄴宮文昌殿後池官本注池作也

五行志三第十五

大水　水變色　大寒　雹　冬雷　山鳴　魚孽　蝗

後漢書十五

梁　剡　令劉　昭注補

王先謙集解

五行傳曰簡宗廟不禱祠鄭玄注曰虛危爲宗廟廢祭祀鄭玄曰牽牛主祭祀之牲逆天時鄭玄曰月在星紀周以爲正月在玄枵殷以爲正皆不得四時之正逆天時之象也春秋定十五年夏五月辛亥郊議運卜三正以至失時是其類也則水不潤下鄭玄曰君行此四者爲逆天北宮之政也北宮於地爲水水性浸潤下流人所用灌漑者也無故源流竭絕川澤以涸是爲不潤下其他變異皆屬沴謂水失其性而爲災也太公六韜曰人主好破壞名山壅塞大川決通名水則歲多大水五穀不成也又曰聽之不聽是謂不謀鄭玄曰君聽不聽則是不能謀其事也洪範曰聽作謀孔安國曰所謀必成當馬融曰上聽則下進其謀厥咎急鄭玄曰君臣不謀則急矣易傳曰誅罰絕理不云下也顓事有知不云謀也厥罰恒寒鄭玄曰聽曰水水主冬冬氣藏藏氣失故常寒厥極貧鄭玄曰藏氣失故於人爲貧時則有鼓妖鄭玄曰鼓聽之應也時則有魚孽鄭玄曰魚蟲之生水而遊於水者也時則有豕禍鄭玄曰豕畜之居閑衞而聽者也屬聽時則有耳痾鄭玄曰聽氣失之病時則有黑眚黑祥惟火沴水魚孽劉歆傳曰爲介蟲之孽謂蝗屬也月令章句曰介者甲也謂龜蟹之屬也古今注曰光武建武四年東郡以北傷水七年六月戊辰雒水盛溢至津城門帝自行水弘農都尉治析爲水所漂殺民溺傷稼壞廬舍二十四年六月丙申沛國睢水逆流一日一夜止章帝建初八年六月癸巳東昏城下池水變赤如血臣昭案諸史光武之時郡國亦常有水災而志不載本紀八年秋大水又云是歲大水今據杜林之傳列之孝和之前東觀書曰建武八年間郡國七大水涌泉盈溢杜林以爲倉卒時兵擅權作威張氏雖皆降散猶尙有遺脫長吏制御無術令得復熾元元侵陵之所致也上疏曰臣聞先王無二道明聖用而治見惡如農夫之務去草芟夷蘊崇之絕其本根勿使能殖畏其易也古今通道傳其法於有根狼子野心奔馬善驚成王深知其終卒之患故以殷氏六族分伯禽七族分康叔懷姓九宗分唐叔檢押其姦宄又遷其餘於成周舊地雜俗旦夕拘錄所以挫其強禦之力詘其驕恣之節也及漢初興上稽舊章合符重規徙齊諸田楚昭屈景燕趙韓魏之後以稍弱六國強宗邑里無營利之家野澤無兼并之民萬里之統海內賴安後輒因衰麤之痛脅以送終之義故遂相率而陪園陵無反顧之心追觀往法政皆神道設教強幹弱枝本支百世之要也是以皆永享康寧之福無怵惕之憂繼嗣承業恭己而治蓋此助也其被災害民輕薄無累重者兩府遣吏護送饒穀之郡或懼死亡卒爲傭賃亦所以消散其口救贍全其性命也昔魯隱有賢行將致國於桓公乃留連貪位不能早退況草創兵長卒無德能直以擾亂乘時擅權作威

主食狃猍之意微幸之望曼延無足張步之計是也小民負縣官不過身死負兵家滅門殄世陛下昭然獨見成敗之端或屬諸侯官府元元少得舉首仰視而尚遺脫二千石失制御之道令得復昌熾縱橫比年大雨水潦暴長涌泉盈溢災壞城郭官寺吏民廬舍潰徙離處潰成坑坎臣聞水陰類也易卦地上有水比言性不相害故曰樂也而猥相毀墊淪失常敗百姓安居殆陰下相爲蠹賊有大小勝負不齊均不得其所侵陵之象也詩云畏天之威于時保之唯陛下留神明察往來懼思天下幸甚謝承書曰陳宣子興沛國蕭人也剛猛性毅博學明魯詩遭王莽篡位隱處不仕光武即位徵拜諫議大夫建武十年雒水出造津城門校尉欲奏塞之宣曰昔周公卜雒以安宗廟爲萬世基水不當入城門如爲災異人主過而不可辭塞之無益昔東郡金隄大決水欲沒郡令吏民散走太守王尊亡身勑以住立不動水應時自消尊人臣尚修正弭災豈況朝廷中興聖主天所挺授水必不入言未絕水去上善其言後乘輿出宣引在前行遲乘輿欲驅鈎宣車蓋使疾行御者墮車下宣前諫曰王者承天統地動有法度車則和鸞步則佩玉動靜應天昔孝文時邊方有獻千里馬者還而不受陛下宜上稽唐虞下以文帝爲法上納其言遂徐行按轡還爲河隄謁者以病免卒於家集解惠棟曰注言性不相害故曰樂也五陰比一陽下順從故性不相雜卦曰比樂思憂故云樂也又袁宏紀永平三年鍾離意上疏曰水泉涌溢漂殺人民志不載也

和帝永元元年七月郡國九大水傷稼穀梁傳曰高下有水災曰大水京房易傳

曰顯事有知誅罰絕理厥災水其水也而殺人隕霜大風天黃饑而不損茲謂泰厥水水殺人辟遏有德茲謂狂厥水水流殺人已水則地生蟲歸獄不解茲謂追非厥水寒殺人追誅不解茲謂不理厥水五穀不收大敗不解茲謂皆陰厥水流入國邑隕霜殺穀春秋考異郵曰陰盛臣逆民悲情發則水出河決也是時和帝幼竇太后攝政其兄竇憲幹事及憲諸弟皆貴顯竝作威虐嘗所怨恨輒任客殺之其後竇氏誅滅東觀書曰十年五月丁巳京師大雨南山水流出至東郊壞民廬舍　十二年集解先謙曰空格官本提行下竝同六月潁川大水傷稼是時和帝幸鄧貴人陰有欲廢陰后之意陰后亦懷恚怨一曰先是恭懷皇后葬禮有闕竇太后崩後迺改殯梁后葬西陵徵舅三人皆爲列侯位特進賞賜累千金廣州先賢傳曰和帝時策問陰陽不和或水或旱方正鬱林布衣養奮字叔高對曰天有陰陽陰陽有四時四時有政令春夏則子惠布施寬仁秋冬則剛猛盛威行刑賞罰殺生各應其時則陰陽和四時調風雨時五穀升今則不然長吏多不奉行時令爲政舉事干逆天氣上不卹下下不忠上百姓困乏而不卹哀眾怨鬱積故陰陽不和風雨不時災害緣類水者陰盛小人居位依公營私讒言誦上雨漫溢者五穀有不升而賦稅不爲減百姓虛竭家有愁心也

殤帝延平元年五月郡國三十七大水傷稼董仲舒曰水者陰氣盛也是時帝在襁抱鄧太后專政臣昭案本紀是年九月六州大水袁山松書曰六州河濟渭雒洧水盛長泛溢傷秋稼

安帝永初元年冬十月辛酉河南新城山水虣出突壞民田壞處泉水出深三丈是時司空周章等以鄧太后不立皇太子勝而立清河王子故謀欲廢置十一月事覺章等被誅是年郡國四十一水出漂沒民人謝承書曰死者以千數　讖曰水者純陰之精也陰氣盛洋溢者小人專制擅權妒疾賢者依公結私侵乘君子小人席勝失懷得志故涌水爲災　二年大水臣昭案本紀京師及郡國四十有水周嘉傳是夏旱嘉收葬客死骸骨應時澍雨歲乃豐稔則水不爲災也集解惠棟曰注嘉收葬客死骸骨案范傳乃周嘉弟暢也注所據乃司馬書　三年

大水臣昭案本紀京師及郡國四十一雨水　四年大水臣昭案本紀云三郡　五年大水臣昭案本紀郡國八　六年河東池水變色皆赤如血水變占曰水化爲血者好任殘賊殺戮不辜延及親戚水當爲血集解惠棟曰京房易傳曰君湎於酒淫於色賢人潛國家危厥異流水赤又易妖占曰河水赤下民恨是時鄧太后猶專政古今注曰元初二年潁川襄城流水化爲血京房占曰流水化爲血兵且起以日辰占與其色博物記曰江河水赤占曰泣血道路涉蘇於河以處集解惠棟曰注流水化爲血流作臨血下脫不流二字先謙曰占曰之占官本作名

延光三年大水流殺民人傷苗稼是時安帝信江京樊豐及阿母王聖等讒言免太尉楊震廢皇太子臣昭案左雄傳順帝永建四年司冀二州大水傷禾稼楊厚專永和元年夏雒陽暴水殺千餘人集解惠棟曰京房易飛候曰小人踊躍無所畏忌陰不制于陽則水涌出

質帝本初元年五月海水溢樂安北海溺殺人物是時帝幼梁太后專政春秋漢含孳曰九卿阿黨擠排正直驕奢僭害則江河潰決方儲對策曰民悲怨則陰類强河決海溢地動土涌

桓帝建和二年七月京師大水去年冬梁冀枉殺故太尉李固杜喬　三年八月京都大水是時梁太后猶專政

永興元年秋河水溢漂害人物臣昭案朱穆傳云漂害數千萬戶京房占曰江河溢者天有制度地有里數懷容水澤浸漑萬物今溢者明在位者不勝任也三公之禍不能容也率執法者利刑罰不用常法　二年六月彭城泗水增長逆流梁冀別傳曰冀之專政天爲見異眾災竝湊蝗蟲滋生河水逆流五星失次太白經天人民疾疫出入六年羌戎叛戾盜賊略平皆冀所致敦煌實錄張衡對策曰水者五行之首滯而逆流者人君之恩不能下及而教逆也潛潭巴曰水逆者反命也宜修德以應之

永壽元年六月雒水溢至津陽城門漂流人物臣昭案本紀又南陽大水是時梁皇后兄冀秉政疾害忠直威權震主後遂誅滅

延熹八年四月濟北水清集解錢大昕曰濟北下脫河字先謙曰官本連下文　九年四月濟陰東郡濟北平原河水清襄楷上言河者諸侯之象清者陽明之徵豈獨諸侯有規京都計邪其明年宮車晏駕徵解犢亭侯爲漢嗣即尊位是爲孝靈皇帝

永康元年八月六州大水勃海海溢沒殺人是時桓帝奢侈淫祀

其十一月崩無嗣

靈帝建寧四年二月河水清袁山松書曰禱於龍墀　五月山水大出漂壞廬舍五百餘家袁山松書曰是河東水暴出也

熹平二年六月東萊北海海水溢出漂沒人物　三年秋雒水出

四年夏郡國三水傷害秋稼

光和六年秋金城河溢水出二十餘里

中平五年郡國六水大出臣昭案袁山松書曰山陽梁沛彭城下邳東海琅邪則是七郡集解惠棟曰帝紀作七大水

獻帝建安二年九月漢水流害民人是時天下大亂袁山松書曰曹操專政十七年七月大水洧水溢　十八年六月大水獻帝起居注曰七月大水上親避正殿八月以雨不止且還殿

二十四年八月漢水溢流害民人袁山松書曰明年禪位于魏也集解先謙曰以上水災

庶徵之恒寒集解洪亮吉曰案鄭興傳今年正月繁霜自爾以來率多寒日時建武七年也

靈帝光和六年冬大寒北海東萊琅邪井中冰厚尺餘袁山松書曰是時羣賊起天下始亂讖曰寒者小人暴虐專權居位無道有位讁罰無法又殺無罪其寒必暴殺集解洪亮吉曰案北海靈紀作東海今攷當以續志爲是

獻帝初平四年六月寒風如冬時袁山松書曰時帝流遷失政養奮對策曰當溫而寒刑罰慘也集解惠棟曰京房易飛候曰誅過深當燠而寒

和帝永元五年六月郡國三雨雹大如雞子春秋考異郵曰陰氣之專精凝合生雹雹之爲言合也以妾爲妻大尊重九女之妃闕而不御坐不離前無由相去之心同輿參驅房衽之內歡欣之樂專政夫人施而不博陰精凝而見成易讖曰凡雹者過由人君惡聞其過抑賢不揚內與邪人通取財利蔽賢施之並當雨不雨故反雹下也集解惠棟曰東觀書云郡國大雨雹大如雞子是時和帝用酷吏周紆爲司隸校尉刑誅深刻古今注曰光武建武十年十月戊辰樂浪上谷雨雹傷稼十二年河南平陽雨雹大如杯壞敗吏民廬舍十五年十二月乙卯鉅鹿雨雹傷稼永平三年八月郡國十二雨雹傷稼十年郡國十八或雨雹蝗易緯曰夏雹者治道煩苛繇役急促教令數變無有常法不救爲兵強臣逆謀蝗蟲傷穀救之舉賢良爵有功務寬大無誅罰則災除

安帝永初元年雨雹　二年雨雹大如雞子集解惠棟曰紀二年六月　三年雨雹集解惠棟曰紀京師及郡國四十一大如鴈子傷稼劉向以爲雹陰脅陽也是時鄧太后以陰專陽政

元初四年六月戊辰郡國三雨雹大如杅杯及雞子殺六畜古今注曰樂安雹如杅殺人京房占曰夏雨雹天下兵大作集解惠棟曰杅杯東觀記作芋魁

延光元年四月集解惠棟曰案紀四月癸未也郡國二十一雨雹大如雞子傷稼是時安帝信讒無辜死者多臣昭案尹敏傳是歲河西大雨雹如斗安帝見孔季彥問其故對曰此皆陰乘陽之徵也今貴臣擅權母后黨盛陛下宜修聖德慮此二者也集解惠棟曰連叢子云河南四縣雨雹如棬杯大者如斗殺禽畜雞兔折樹木秋苗盡注所稱尹敏傳亦司馬書錢大昕曰季彥事今在孔僖傳或司馬彪書以季彥附尹敏傳　三年雨雹大如雞子古今注曰順帝永建三年郡國十二雨雹六年郡國十二雨雹傷秋稼

桓帝延熹四年五月己卯京師雨雹大如雞子是時桓帝誅殺過差又寵小人　七年五月己丑京都雨雹是時皇后鄧氏僭侈驕

恣專幸明年廢己憂死其家皆誅

靈帝建寧二年四月雨雹　四年五月河東雨雹

光和四年六月雨雹大如雞子是時常侍黃門用權

中平二年四月庚戌雨雹傷稼

獻帝初平四年六月右扶風雹如斗袁山松書曰雹殺人前後雨雹此最爲大時天下潰亂集解先謙曰以上恒寒

和帝元興元年冬十一月壬午郡國四冬雷是時皇子數不遂皆隱之民間是歲宮車晏駕殤帝生百餘日立以爲君帝兄有疾封爲平原王卒皆夭無嗣古今注曰光武建武十年遼東冬雷草木實

殤帝延平元年九月乙亥陳留有石隕地四臣昭案天文志末己載石隕未解此篇所以重記石與雷隕俱者九月雷未爲異桓帝亦有此隕後不兼載於是爲常古今注曰章帝建初四年五月戊寅潁陰石從天墜大如鐵鑕色黑始下時聲如雷

安帝永初六年十月丙戌郡六冬雷京房占曰天冬雷地必震又曰教令擾又曰雷以十一月起黃鍾二月大聲八月闔藏此以春夏殺無辜不須冬刑致災蟄蟲出行不救之則冬溫風以其來年疾病其救也恤幼孤振不足議獄刑貰讁罰災則消矣古今注曰明帝永平七年十月丙子越嶲雷集解惠棟曰注雷以十一月起黃鍾十一月復初九震也故雷以十一月起　七年十月戊子郡國三冬雷

元初元年十月癸巳集解惠棟曰十月六日郡國三冬雷　三年十月辛亥汝南樂浪冬雷　四年十月辛酉郡國五冬雷　六年十月丙子郡國五冬雷

永寧元年十月郡國七冬雷

建光元年十月郡國七冬雷

延光四年郡國十九冬雷是時太后攝政上無所與太后既崩阿母王聖及皇后兄閻顯兄弟更秉威權上遂不親萬機從容寬仁任臣下古今注曰順帝永和四年四月戊午雷震擊高廟世祖廟外槐樹

桓帝建和三年六月乙卯雷震憲陵寢屋先是梁太后聽兄冀枉殺李固杜喬集解惠棟曰京房易飛候曰雷雨霹靂邱陵者逆先人令爲火殺人者人君用讒言殺正人

靈帝熹平六年冬十月東萊大雷

中平四年十二月晦雨水大雷電雹

獻帝初平三年五月丙申無雲而雷　四年五月癸酉無雲而雷

建安七八年中長沙醴陵縣有大山常大鳴如牛呴聲積數年後豫章賊攻沒醴陵縣殺略吏民干寶曰論語擿輔像曰山土崩川閉塞漂淪移山鼓哭閉衡夷庶桀合兵王作時天下尚亂豪桀並爭曹操事二袁於河北孫吳創基於江外劉表阻亂眾於襄陽南招零桂北割漢川又以黃祖爲爪牙而祖與孫氏爲深讎兵革歲交十年曹操破袁譚於南皮十一年走袁尚於遼東十三年吳禽黃祖是歲劉表死曹操略荊州逐劉備於當陽十四年吳破曹操於赤壁是三雄者卒共三分天下成帝王之業是所謂庶桀合兵王作者也十六年劉備入蜀與吳再爭荊州於時戰爭四分五裂之地荊州爲劇故山鳴之異作其域也集解先謙曰前志晉樞有聲如牛朱博延登受策有聲如鐘鳴並入鼓妖又無雲而雷劉向以爲雷當託於雲故無雲而雷亦入鼓妖後又云一曰易震爲雷爲貌不恭也此語並未屬之鼓妖此雷石十五事不合

靈帝熹平二年東萊海出大魚二枚長八九丈高二丈餘明年中山王暢任城王博並薨京房易傳曰海出巨魚邪人進賢人疏臣昭謂此占符靈帝之世巨魚之出於是爲徵寧獨二王之妖也集解先謙曰此條魚孽

和帝永元四年蝗臣昭案本紀光武建武六年詔稱往歲水旱蝗蟲爲災古今注曰建武二十二年三月京師郡國十九蝗二十三年京師郡國十八大蝗旱草木盡二十八年三月郡國八十蝗二十九年四月武威酒泉清河京兆魏郡弘農蝗三十年六月郡國十二大蝗三十一年郡國大蝗中元元年三月郡國十六大蝗永平四年十二月酒泉大蝗從塞外入謝承書曰永平十五年蝗起泰山彌行兗豫謝沈書鍾離意譏起北宮表云未數年豫章遭蝗穀不收民飢死縣數千百人　八年五月河內陳留蝗九月京都蝗　九年蝗從夏至秋先是西羌數反遣將軍將北軍五校征之

安帝永初四年夏蝗是時西羌寇亂軍眾征距連十餘年讖曰主失禮煩苛則旱之魚螺變爲蝗蟲集解惠棟曰案東觀記司隸豫兗徐青冀六州也　五年夏九州蝗京房占曰天生

萬物百穀以給民用天地之性人爲貴今蝗蟲四起此爲國多邪人朝無忠臣蟲與民爭食居位食祿如蟲矣不救致兵起其救也舉有道置於位命諸侯試明經此消災也　六年三月去蝗處復蝗子生古今注曰郡國四十八蝗

七年夏蝗

元初元年夏郡國五蝗　二年夏郡國二十蝗

延光元年六月郡國蝗

順帝永建五年郡國十二蝗集解惠棟曰河南及郡國十九也　是時鮮卑寇朔方用衆征之

永和元年秋七月偃師蝗去年冬烏桓寇沙南用衆征之

桓帝永興元年七月郡國三十二蝗是時梁冀秉政無謀憲苟貪權作虐春秋考異郵曰貪擾生蝗集解惠棟曰京房易飛候曰食祿不益聖化天示以蟲　二年六月京都蝗

永壽三年六月京都蝗

延熹元年五月京都蝗臣昭案劉歆傳皆逆天時聽不聰之過也養奮對策曰佞邪以不正食祿饗所致謝沈書曰九年揚州六郡連水旱蝗害也

靈帝熹平六年夏七州蝗先是鮮卑前後三十餘犯塞是歲護烏桓校尉夏育破鮮卑中郎將田晏使匈奴中郎將臧旻將南單于已下三道並出討鮮卑大司農經用不足殷斂郡國以給軍糧三將無功還者少半

光和元年詔策問曰連年蝗蟲至冬踊其咎焉在蔡邕對曰臣聞易傳曰大作不時天降災厥咎蝗蟲來河圖祕徵篇曰帝貪則政暴而吏酷酷則誅深必殺主蝗蟲蝗蟲貪苛之所致也是時百官遷徙皆私上禮西園以爲府蔡邕對曰蝗蟲出息不急之作省賦斂之費進清仁黜貪虐分損承安屈省別藏以贍國用則其救也易曰得臣無家言有天下者何私家之有

獻帝興平元年夏大蝗是歲天下大亂

建安二年五月蝗集解先謙曰以上介蟲之孽

五行志三第十五終　後漢書十五

續漢志集解第十五校補

五行志三謂蝗屬也注宏農都尉治析爲水所漂殺注析原作折官本同據前書地理志音義正錢大昭曰前志宏農有析縣續志析屬南陽然前志宏農無都尉析下亦不言都尉治建武六年已省諸郡都尉不應宏農獨存且本紀但云是夏連雨水亦無車駕親往行水之事疑古今注誤也故以殷氏六族分伯禽左傳氏作民今案殷氏與下懷姓對文自屬傳本之異撿押其姦宄官本注撿作檢古字通曼延無足案文足當作定

京房易傳曰顓事有知至隕霜殺穀今案此文以前志校之其水也而殺人而乃雨之譌各本皆未正又茲謂皆陰下前志多解舍也王者於大敗誅首惡赦其衆不則皆函陰氣凡二十字葢本京易舊注誤羼入正文中非續志之脫餘亦多一已字兩災字其兄竇憲幹事案本書竇融傳云憲以侍中內幹機密章懷注幹主也或曰古管字也然幹無由通管葢本是幹字承譌既久後世字書亦遂以譌傳譌此文幹事原文當亦是幹事非易所謂貞固幹事也賞賜累千金注春夏則予惠官本注予作子案子惠卽慈惠與下剛猛對文義亦可通

郡國三十七大水紀大水作雨水注六州河濟渭雒洧水盛長案注引袁書說六州

但舉水名不詳州名則六州仍無由確定疑有脫誤水盛長長當讀爲漲

事覺章等被誅官本被作伏二年大水注京師及郡國四十有水注有水有乃大之譌本紀可證各本皆失正錢大昭曰楊厚傳永初二年洛陽大水厚以爲諸王子多在京師容有非常宜各還本國鄧太后從之水尅期退注嘉收葬客死骸骨案詳觀此注實卽約舉本書獨行傳周嘉傳文收葬上嘉字葢本是因字後人妄改未檢本傳耳既係約舉原不必定詳收葬者何人惠氏補注因此一字之疑遂謂注所據爲司馬書然注先舉本紀卽范書本紀文也次舉周嘉傳又未別言是本傳也且嘉受知光武卒於外任其年不能逮及安帝亦無由收葬京師客死骸骨司馬書爲嘉立傳縱有異同宜不至懸絕若斯也是時鄧太后猶專政注博物記曰江河水赤占曰泣血道路涉蘇於河以處江河原作注河依錢校改官本注不誤河官本注作何今案涉蘇於何以處亦屬誤文不可强通

永興元年秋河水溢漂害人物注漂害數千萬戶錢大昭曰朱穆傳桓帝紀並云數十萬戶注千當作十二年六月彭城泗水增長逆流長與漲同注盜賊略平案文平下當有民字或亦唐所去

延熹八年四月濟北水清集解錢大昕曰濟北下脫河字錢大昭曰據本紀作濟陰東郡濟北河水清是濟北上亦脫四字襄楷上言案本書襄楷傳載楷上言事同詞異究未知孰爲可據也

三年秋雒水出紀出作溢四年夏郡國三水紀作七大水

庶徵之恆寒集解洪亮吉曰至時建武七年也錢大昭曰桓帝延熹七年冬大寒殺鳥獸害魚鼈城傍竹柏之葉有傷枯者見襄楷傳志亦失載案惟竹柏葉枯已見草妖

靈帝光和六年冬大寒注譴罰無法官本注譴作適同

獻帝初平四年六月寒風如冬時集解惠棟曰京房易飛候云誅過深當燠而寒案前志引京易此下云盡六日亦爲雹明雹亦恆寒之罰也惟本志記雹之爲災自下條和帝永元五年特起仍迄獻帝初平四年止雖附在恆寒之後實別爲一類且初平四年六月因寒雨雹同時一事必分記之與前志亦徵異也

安帝永初元年雨雹案官本此下二年三年併作一條書之是也末言占驗明係總結三年

大如杅杯杅原譌杆依本注正官本不誤

是時安帝信讒無辜死者多注今貴臣擅權母后黨盛案此時和熹已崩鄧氏已廢淸河母族亦無存者惟閻后黨方盛是此母后本卽謂后云母者臣子之詞也集解惠棟曰至或司馬彪書以季彥附尹敏傳案此注引季彥事亦明爲范書孔僖傳文當由尹敏同列儒林遂至誤截正其誤可也而惠氏補注必謂是司馬書尹敏傳如此錢氏大昕更爲季彥附尹敏傳之說以助之然季彥親爲孔僖子豈有不附僖傳而反附敏傳者若如所言必續漢書無孔僖傳而後可且季彥字也如附敏傳當書姓名注亦必引其姓今皆不然則二家之說皆非

桓帝延熹四年五月己卯京師雨雹官本師作都知此出回改

陳留雷有石隕地四注九月雷未爲異案據後文注引京房占言雷以八月閭藏是九月不藏亦得言異潁陰石從天墜官本注潁誤穎

郡六冬雷注貴譴罰官本注譴作讁同今案讁讁適古雖通作但岐出不一律官本亦有此失

和帝永元四年蝗注二十八年三月郡國八十蝗案光武時郡國九十三如八十

蝗蝗幾徧中國矣桓靈之末無此奇災況中興盛時何宜有此八十蓋是十八誤倒與上併爲一條是　九年蝗從夏至秋官本

順帝永建五年郡國十二蝗錢大昭曰楊厚傳永建四年六州大蝗志失載

是時梁冀秉政無謀憲案憲疑是慮之譌

是歲護烏桓校尉夏育破鮮卑官本破或譌被三道並出錢大昭曰夏育出高柳田晏出雲中臧旻出鴈門故云三道

五行志四第十六 地震　山崩　地陷　大風拔樹　螟　牛疫

後漢書十六

梁　剡令劉昭注補

王先謙集解

五行傳曰治宮室飾臺榭內淫亂犯親戚侮父兄則稼穡不成謂土失其性而爲災也集解惠棟曰劉向洪範五行曰王者中央爲內事宮室臺榭夫婦親戚也古者自天子至於士宮室寢居大小有差高卑略等骨肉有恩故明王賢君修宮室之制謹夫婦之別加親戚之恩敬父兄之禮則中氣和人君肆心縱意大爲宮室高爲臺榭雕文刻鏤以役人力淫佚無別妻妾過度犯親戚侮父兄中氣亂則稼穡不成又曰思心不容是謂不聖厥咎霿厥罰恒風厥極凶短折時則有脂夜之妖時則有華孽時則有牛禍時則有心腹之痾時則有黃眚黃祥惟金木水火沴土華孽劉歆傳爲贏蟲之孽謂螟屬也

世祖建武二十二年九月集解惠棟曰案袁宏紀九月戊辰也郡國四十二地震南陽尤甚地裂壓殺人其後武谿蠻夷反爲寇害至南郡發荊州諸郡兵遣武威將軍劉尚擊之爲夷所圍復發兵赴之尚遂爲所沒集解周壽昌曰案光武本紀尚以二十三年討武陵蠻戰於沅水敗沒非二十二年

章帝建初元年三月甲申山陽東平地震

和帝永元四年六月丙辰郡國十三地震春秋漢含孳曰女主盛臣制命則地動坼畔震起山崩淪是時竇太后攝政兄竇憲專權將以是受禍也後五日詔收憲印綬兄弟就國逼迫皆自殺　五年二月戊午隴西地震儒說民安土者也將大動行大震九月匈奴單于於除難鞬叛集解錢大昕曰難字衍惠棟曰紀無難字遣使發邊郡兵討之

七年九月癸卯京都地震儒說奄官無陽施猶婦人也是時和帝與中常侍鄭衆謀奪竇氏權德之因任用之及幸常侍蔡倫二人始並用權　九年三月庚辰隴西地震閏月塞外羌犯塞殺略吏

民使征西將軍劉尚擊之〔集解〕錢大昕曰此又一劉尚乃南陽宗室襲封朝陽侯者周壽昌曰袁紀作執金吾劉尚非建武二十二年之武威將軍彼前以擊夷而敗沒矣本紀作行征西將軍此無行字

安帝永初元年郡國十八地震李固曰地者陰也法當安靜今迺越陰之職專陽之政故應以震動是時鄧太后攝政專事訖建光中太后崩安帝迺得制政於是陰類並勝西羌亂夏連十餘年

二年郡國十二地震　三年十二月辛酉郡國九地震〔集解〕惠棟曰京房易飛候曰地動冬有音以十二月者其邑有行兵明年正月海賊張伯路反遣御史中丞王宗討破之　四年三月癸巳郡國四地震〔集解〕洪亮吉曰案安紀四作九　五年正月丙戌郡國十地震　七年正月壬寅二月丙午郡國十八地震〔集解〕惠棟曰京房易飛候曰地以春動歲不昌是歲夏蝗南陽八郡饑

元初元年郡國十五地震　二年十一月庚申郡國十地震　三年二月郡國十地震十一月癸卯郡國九地震　四年郡國十三地震　五年郡國十四地震　六年二月乙巳京都郡國四十二地震或地坼裂涌水敗壞城郭民室屋壓人冬郡國八地震

永寧元年郡國二十三地震

建光元年九月己丑郡國三十五地震〔集解〕洪亮吉曰安紀作十一月己丑　或地坼裂壞城郭室屋壓殺人是時安帝不能明察信宮人及阿母聖等讒云破壞鄧太后家於是專聽信聖及宦者中常侍江京樊豐等皆得用權〔集解〕先謙曰官本用作擅

延光元年七月癸卯京都郡國十三地震九月戊申郡國二十七地震〔集解〕洪亮吉曰安紀戊申作甲戌　二年京都郡國三十二地震〔集解〕洪亮吉曰安紀作京師及郡國三十地震按宋本又作三二錢大昕曰安帝紀無十二字　三年京都郡國二十三地震是時已讒免太尉楊震廢太子　四年十月丁巳京都郡國十六地震〔集解〕錢大昕曰順帝紀作十一月　時安帝既崩閻太后攝政兄弟閻顯等並用事遂斥安帝子更徵諸國王子未至中黃門遂誅顯兄弟

順帝永建三年正月丙子京都漢陽地震漢陽屋壞殺人地坼涌水出是時順帝阿母宋娥及中常侍張昉等用權

陽嘉二年四月己亥京都地震是時爵號宋娥爲山陽君〔集解〕惠棟曰魯國先賢傳曰孔扶仲淵爲司空陽嘉三年以地震免京房易飛候曰地動以夏四月五穀不熟人大饑案是年夏旱又明年春夏連旱也　四年十二月甲寅京都地震

永和二年四月庚申京都地震〔集解〕錢大昕曰順帝紀作丙申　是時宋娥構姦誣罔五月事覺收印綬歸田里十一月丁卯京都地震是時太尉王龔以中常侍張昉等專弄國權欲奏誅之宦者黨親有以楊震行事諫之止云　三年二月乙亥京都金城隴西地震裂城郭室屋多壞壓殺人閏月己酉京都地震十月西羌二千餘騎入金城塞爲涼州害　四年三月乙亥京都地震　五年二月戊申京都地震

建康元年正月涼州都郡六地震〔集解〕陳景雲曰都當作部　從去年九月以來至四月凡百八十日震〔集解〕洪亮吉曰日字衍惠棟曰紀云地百八十震非百八十日也　山谷坼裂壞敗城寺傷害人物三月護羌校尉趙沖爲叛胡所殺九月丙午京都地震是時順帝崩梁太后攝政欲爲順帝作陵制度奢廣多壞吏民冢尚書欒巴諫事〔集解〕先謙曰事疑爭之譌　太后怒癸卯詔書收巴下獄欲殺之丙午地震於是太后迺出巴免爲庶人〔集解〕惠棟曰案紀順帝於是日葬也

桓帝建和元年四月庚寅京都地震九月丁卯京都地震是時梁太后攝政兄冀持權至和平元年太后崩然冀猶秉政專事至延熹二年迺誅滅　三年九月己卯地震庚寅又震

元嘉元年十一月辛巳京都地震〔集解〕惠棟曰京房易飛候曰地震以十一月遂有大喪及饑亡

是歲任城王崇薨明年夏四月孝崇皇后匽氏崩　二年正月丙辰京都地震十月乙亥京都地震

永興二年二月癸卯京都地震

永壽二年十二月京都地震

延熹四年京都右扶風涼州地震　五年五月乙亥京都地震是時桓帝與中常侍單超等謀誅除梁冀聽之並使用事專權又鄧皇后本小人性行無恒苟有顏色立曰爲后後卒坐執左道廢曰憂死　八年九月丁未京都地震

靈帝建寧四年二月癸卯地震是時中常侍曹節王甫等皆專權

熹平二年六月地震〔集解〕洪亮吉曰靈紀言在北海　六年十月辛丑地震

光和元年二月辛未地震〔集解〕錢大昕曰靈帝紀作己未　四月丙辰地震靈帝時宦者專恣　二年三月京兆地震　三年自秋至明年春酒泉表氏地八十餘動〔集解〕惠棟曰氏紀作是古字通　涌水出城中官寺民舍皆頓縣易處更築城郭

獻帝初平二年六月丙戌地震〔集解〕惠棟曰獻帝春秋曰時董卓問蔡邕邕曰天爲陽故轉運於上地爲陰故安靖於下而震是失其性以陰而爲陽也明公車不當青蓋宜改之以應變卓改爲綠蓋

興平元年六月丁丑地震

和帝永元元年七月會稽南山崩〔集解〕惠棟曰案紀七月乙未也　會稽南方大名山也京房易傳曰山崩陰乘陽弱勝彊也劉向曰爲山陽君也水陰民也君道崩壞百姓失所也劉歆曰爲崩猶地也是時竇太后攝政兄竇憲專權　七年七月趙國易陽地裂〔集解〕惠棟曰案紀七月乙巳也　京房易傳曰地裂者臣下分離不肯相從也是時南單于眾乖離漢軍追討　十二年夏閏四月戊辰南郡秭歸山高四百丈崩填谿殺百餘人明年冬巫蠻夷反遣使募荊州吏民萬餘人擊之

元興元年五月癸酉右扶風雍地裂是後西羌大寇涼州〔集解〕惠棟曰案房易妖占曰地分裂羌夷叛

殤帝延平元年五月壬辰河東恒山崩〔集解〕洪亮吉曰案恒山在上曲陽不屬河東應如殤紀作垣山爲是　是時鄧太后專政秋八月殤帝崩

安帝永初元年六月丁巳河東楊地陷東西百四十步南北百二十步深三丈五尺　六年六月壬辰豫章員谿原山崩各六十三所

元初元年三月己卯日南地坼長百八十二里〔集解〕惠棟曰本紀六月丁巳河東地陷　其後三年正月蒼梧鬱林合浦盜賊羣起劫略吏民　二年六月河南雒陽新城地裂

延光二年七月丹陽山崩四十七所　三年六月庚午巴郡閬中山崩　四年十月丙午蜀郡越嶲山崩殺四百餘人丙午天子會日也是時閻太后攝政其十一月中黃門孫程等殺江京立順帝誅閻后兄弟明年閻后崩

順帝陽嘉二年六月丁丑雒陽宣德亭地坼長八十五丈近郊地時李固對策曰爲陰類專恣將有分離之象所曰附郊城者是上帝示象曰誡陛下也是時宋娥及中常侍各用權分爭後中常侍張逵蘧政與大將軍梁商爭權爲商作飛語欲陷之

桓帝建和元年四月郡國六地裂水涌出井溢壞寺屋殺人時梁太后攝政兄冀枉殺李固杜喬　三年郡國五山崩

和平元年七月廣漢梓潼山崩

永興二年六月東海朐山崩冬十二月泰山琅邪盜賊羣起

永壽三年七月河東地裂時梁皇后兄冀秉政桓帝欲自由內患之

延熹元年七月乙巳左馮翊雲陽地裂〔集解〕洪亮吉曰案桓紀作己巳下云甲子太尉黃瓊免則宜以續志乙巳爲是 三年五月戊申漢中山崩〔集解〕洪亮吉曰案桓紀作甲戌是時上寵恣中常侍單超等 四年六月庚子泰山博尤來山判解 八年六月丙辰緱氏地裂

永康元年五月丙午雒陽高平永壽亭上黨泫工玄反氏地各裂〔集解〕洪亮吉曰案桓紀作丙申又案水經注建安三年宜城縣泰山崩聲聞五六十里雒皆屋雒縣人惡之以問侍中龐季云國士將亡之兆也紀及續志於孝獻時災異俱闕而不書將以事當禪代故一切略之耳惠棟曰高平無考或鄉名是時朝臣患中常侍王甫等專恣冬桓帝崩明年竇氏等欲誅常侍黃門不果更爲所誅

靈帝建寧四年五月河東地裂十二處裂合長十里百七十步廣者三十餘步深不見底〔集解〕先謙曰以上水火金木沴土

和帝永元五年五月戊寅南陽大風拔樹木〔集解〕惠棟曰京房別對災異曰人君賊罰良善政教無常使命數變則致暴風折木發屋鳴瓦或害殺人其救也修舊典任忠臣思過自改則風災消

安帝永初元年大風拔樹是時鄧太后攝政以清河王子年少號精耳故立之是爲安帝不立皇太子勝以爲安帝賢必當德鄧氏也後安帝親讒廢免鄧氏令郡縣迫切死者八九人家至破壞此爲瞀霿也是後西羌亦大亂涼州十有餘年 二年六月京都及郡國四十八大風拔樹〔集解〕惠棟曰東觀記曰拔樹發屋京房易飛候曰角日疾風天下昏不出三月中兵必起是時羌貊叛戾任尚敗績於平襄 三年五月癸酉京都大風拔南郊道梓樹九十六枚〔集解〕洪亮吉曰案安紀作癸丑若以上丙申丁酉二日辰合推宜以本紀爲是 七年八月丙寅京都大風拔樹

元初二年二月癸亥京都大風拔樹〔集解〕洪亮吉曰案安紀作三月 六年夏四月沛國勃海大風拔樹三萬餘枚

延光二年三月丙申河東潁川大風拔樹〔集解〕洪亮吉曰案安紀承正月下不另著月丙申復作丙辰 六月壬午郡國十一大風拔樹是時安帝親讒曲直不分 三年京都及郡國三十六大風拔樹

靈帝建寧二年四月癸巳京都大風雨雹拔郊道樹十圍已上百餘枚其後晨迎氣東郊道於雒水西橋逢暴風雨道鹵簿車或發蓋百官霑濡還不至郊使有司行禮迎氣西郊亦壹如此

中平五年六月丙寅大風拔樹

獻帝初平四年六月右扶風大風發屋拔木〔集解〕先謙曰以上恒風

中興以來脂夜之妖無錄者

章帝七八年間郡縣大螟傷稼語在魯恭傳而紀不錄也〔集解〕周壽昌曰案魯恭傳建初七年郡國螟傷稼犬牙緣界不入中牟時恭爲中牟令也中牟河南尹屬縣傳稱螟傷稼無大字稱七年亦未至八年也是時章帝用竇皇后讒害宋梁二貴人廢皇太子

靈帝熹平四年六月弘農三輔螟蟲爲害是時靈帝用中常侍曹節等讒言禁錮海內清英之士謂之黨人

中平二年七月三輔螟蟲爲害〔集解〕先謙曰以上贏蟲之孽

明帝永平十八年牛疫死是歲遣竇固等征西域置都護戊己校尉固適還而西域叛〔集解〕先謙曰官本固下有等字是殺都護陳睦戊己校尉關寵於是大怒欲復發興討會秋明帝崩是思心不容也

章帝建初四年冬京都牛大疫是時竇皇后以宋貴人子爲太子寵幸令人求伺貴人過隙以讒毀之章帝不知竇太后不善厥咎霿也或曰是年六月馬太后崩土功非時興故也〔集解〕先謙曰以上牛旤

五行志四第十六終　後漢書十六

續漢志集解第十六校補

五行志四案此卷注亦全闕思心不容至惟金水木火沴土此節失原注今依劉例查補思心不容是謂不聖鄭注曰容當爲睿睿通也心明曰聖孔子說休徵曰聖者通也兼四而明則所謂聖者包貌言視聽而載之以思心者通以待之君思心不通則是非不能心明其事也厥咎霿鄭注曰霿冒也君臣心有不明則相蒙冒矣厥罰恆風鄭注曰思心曰土土王四時主消息生殺長藏之氣風亦出內雨陽寒奧之微皆所以殖萬物之命者也殖氣失故常風厥極凶短折鄭注曰殖氣失則於人爲凶短折未齔曰凶未冠曰短未昏曰折時則有脂夜之妖鄭注曰夜讀曰液時則有華孽鄭注曰華當爲夸夸蝑蟲之生於土而遊於土者時則有牛禍鄭注曰地厚德載物牛畜之任重者也屬思心時則有心腹之病鄭注曰思心氣失之病時則有黃眚黃祥惟木金水火沴土鄭注曰志論皆言君不寬容則地動元或疑焉今四行來沴土地乃動臣下之相帥爲畔逆之象君不通於事所致也以爲不寬容亦皆爲陰勝陽臣強君之異

其後武谿蠻夷反至尚遂爲所沒集解周壽昌曰至非二十二年柳從辰曰志明云其後非謂尚卽沒於二十二年周說殊誤

章帝建初元年三月甲申山陽東平地震紀申作寅

七年正月壬寅二月丙午郡國十八地震錢大昭曰本紀但有二月丙午之事此正月壬寅四字疑衍今案地震固有至數日者亦有震後數日復震者壬寅丙午前後在五日閒同爲郡國十八地震則似連震五日也而紀但書二月丙午或以壬寅始震甚微至丙午乃成災書其重者略其輕者則亦不必悉與志合惟是年四月丙申晦日有食之紀志並同夫四月晦爲丙申則壬寅丙午自當均在正月望前二月何容有丙午此則似紀實誤紀書正月庚戌二月丙午亦有可疑庚戌之誤章懷注已論之疑此志二月丙午四字乃後人據紀妄增正當衍也

皆得用權集解先謙曰官本用作擅錢大昭曰用閩本作擅

陽嘉二年四月己亥京都地震錢大昭曰郎顗傳四月京師地震遂陷侯康曰後漢紀載是時馬融對策云今從政者變忽法度以殺戮威刑爲能賢問其國守相及令長何如其稱之也曰大急其毀之也曰大緩夫急致寒緩致燠二者罪同而論者許急此陰陽所以不和也復之之道審察緩急之謗譽鈞同寒燠之罪罰以崇王政則陰陽和也好惡既明則宰官之吏知所避就又正身以先之嚴以涖之不變則刑罰之夫知爲善之必利爲惡之必害孰能不化則官良矣臣聞洪範八政以食爲首周禮九職以農爲本民失耕桑飢寒並至盜賊由起也古之足民仰足以養父母俯足以畜妻子然後敦五教宣三德則休嘉之化可致也夫足者非能家給而人足量其財用爲其制度故嫁娶之禮儉則婚姻以時矣喪制之禮約則終者掩藏矣不奪其時則農夫不失矣夫妻子以累其心產業以重其志舍此而爲非者雖有必不多矣今則不然此盜賊所以不息誠使制度必行禁令必止則士者不濫法式之外百工不作無用之器商賈不通難得之貨農夫不失三時之務各安所業則盜賊消除災害不起矣又張衡對策云閒者京都地震雷電赫怒夫動靜無常變改正道則有奔雷土裂之異自初舉孝廉迄今二百歲矣皆先孝行行有餘力始及文法辛卯詔以能宣章句奏案爲限雖有至孝猶不應科此棄本而就末曾子長于孝然實魯鈍文學不若游夏政事不若冉季今欲使一人兼之苟外可觀內必有闕則違選舉孝廉之制矣且郡國守相剖符寧境爲大臣一旦免黜十有餘人吏民罷于送迎之役新故交際公私放濫或臨政涖民爲百姓取便而以小過免之是爲奪人父母使嗟號也又察選舉一任三府臺閣祕密振暴于外貨賂多行人事流通令眞僞渾淆昏亂淸朝此爲下陵上替分威共德災異之興不亦宜乎

時襲宗親有邑楊震行事諫之止云錢大昭曰監本止作上非

凡百八十日震案日乃地之譌也言震不言地則無以明其確爲地震故紀亦必云地百八十震九月丙午京都地震紀作京師及太原鴈門地震三郡水涌土裂案紀言三郡別京師言之也三如非誤脫一郡名矣

延熹四年京都右扶風涼州地震紀在六月

興平元年六月丁丑地震紀云戊寅又震今案志注標目分地震山崩地陷爲三志文則此條以上地震爲一事以下山崩地陷共爲一事目固不足據志以地裂地坼同爲地陷而因地震致地坼裂者又將何以別於地陷乎

劉歆曰爲崩猶地也案地乃弛之譌前志引劉歆說崩弛崩也可證各本皆失正明年冬至蠻夷反據紀至乃巫之譌

元初元年三月己卯日南地坼紀作二月己卯長百八十二里紀注引東觀記長同廣五十六里

三年郡國五山崩紀在九月

永興二年六月東海朐山崩案明年改元永壽六月巴郡益州郡山崩見本書桓紀志失載

四年六月庚子泰山博尤來山判解紀作岱山及博尤來山並頹裂今案就志言之泰山郡名博縣名尤來山名判解是從中分裂特指尤來一山尤來卽是徂來小山也自紀言之則岱山亦言山與尤來山並頹裂明是兩山矣

八年六月丙辰緱氏地裂紀作五月丙辰

安帝永初元年大風拔樹案大風拔樹止是風災故紀多僅書大風也安紀載永初元年二十八大風雨

雹則拔樹多矣志不著月日亦統是歲言之㠯清河王子年少號精耳案精耳疑當作精敏

六年夏四月沛國勃海大風拔樹三萬餘枝案明年改元永甯據安紀永甯元年冬十月載自三月至是月京師及郡國三十三大風雨水又延光元年亦載是歲京師及郡國二十七雨水大風殺人志均失載

其後晨迎氣東郊至迎氣西郊亦壹如此案五郊迎氣夏當于南郊不當于東郊疑東字誤至迎氣西郊則在七月據本書靈紀建甯二年四月癸巳大風雨雹與志文合七月後無風災則亦壹如此葢僅承使有司行禮一語言也又中平二年夏四月庚戌亦大風雨雹見靈紀而志不載

章帝建初四年冬京都牛大疫錢大昭曰和帝初立是年牛死日甚見魯恭傳志亦不載

五行志五第十七 射妖　龍蛇孽　馬禍　人痾　人化　死復生　疫　投蜺　後漢書十七

梁　剡　令劉　昭注補

王先謙集解

五行傳曰皇之不極是謂不建尚書大傳皇作王鄭玄曰王君也不明體而言王者五事象五行則王極象天也天變化爲陰爲陽覆成五行經曰歷象日月星辰敬授民時論語曰爲政以德譬如北辰是則天之道於人政也孔子說春秋曰政以不由王出不得爲政則王君出政之號也極中也建立也王象天以性情覆成五事爲中和之政也王政不中和則是不能立其事也古文尚書皇極皇建其有極孔安國曰大中之道大立其有中謂行九疇之義馬融對策曰大中之道在天爲北辰在地爲人君厥咎眊尚書大傳作瞀鄭玄曰瞀與思心之咎同耳故傳曰眊眊亂也君臣不立則上下亂矣字林曰目少精曰眊厥罰恒陰鄭玄曰王極象天天陰養萬物陰氣失故常陰厥極弱鄭玄曰天爲剛德剛氣失故於人爲弱易說亢龍之行曰貴而無位高而無民賢人在下位而無輔此之謂弱或云懦不敬也時則有射妖鄭玄曰射王極之度也射人將發矢必先於此儀之發則中於彼矣君將出政亦先於朝廷度之出則應於民心射其象也時則有龍蛇之孽鄭玄曰龍蟲之生於淵行無形遊於天者也屬天蛇龍之類也或曰龍無角者曰蛇時則有馬禍鄭玄曰天行健馬畜之疾行者也屬王極時則有下人伐上之痾鄭玄曰夏侯勝說伐宜爲代書亦或作代陰陽之神曰精氣情性之神曰魂魄君行不由常侜張無度則是魂魄傷也王極氣失之病也天於不中之人恒耆其毒增以爲病將以開賢代之也春秋傳所謂奪伯有魄者是也不名病者病不著於身體也集解先謙曰勝傳作伐鄭說未詳所出據勝傳昌邑王事證之是作代義亦迂曲前志引劉歆一曰天地之性人爲貴凡人爲變皆屬皇極下人伐上之痾云因此類記人變續志從之是也時則有日月亂行星辰逆行鄭玄曰亂謂薄食鬬並見逆謂縮反明經天守舍之類也太公六韜曰人主好武事兵革則日月薄食太白失行皇君也極中也眊不明也說曰此沴天也不言沴天者至尊之辭也春秋王師敗績㠯自敗爲文

恒陰中興㠯來無錄者臣昭案本傳陽嘉二年郎顗上書云正月以來陰闇連日久陰不雨亂氣也得賢不用猶久陰不雨也

靈帝光和中雒陽男子夜龍㠯弓箭射北闕吏收考問辭居貧負責無所聊生因買弓箭㠯射近射妖也風俗通曰龍從兄陽求臘錢龍假取繁數頗厭患之陽與錢千龍意不滿欲破陽家因持弓矢射玄武東闕三發吏士呵縛首服因是遣中常侍尚書御史中丞直事御史謁者衞尉司

隸河南尹雒陽令悉會發所劾時爲太尉議曹掾白公鄧盛夫禮設闕觀所以飾門章於至尊懸諸象魏示民禮法也故車過者下步過者趨今龍乃敢射闕意慢事醜次於大逆宜遣主者參問變狀公曰府不主盜賊當與諸府相候劾曰丞相邴吉以爲道路死傷既往之事京兆長安職所窮逐而住車問牛喘吐舌者豈輕人而貴畜哉頗念陰陽不和必有所害掾史爾乃悅服漢書嘉其達大體今龍所犯然中外奔波邴吉防患太豫況於已形昭晰者哉明公既處宰相大任加掌兵戎之職凡在荒裔謂之大事何有近目下而致逆節之萌者孔子攝魯司寇非常卿也折僭溢之端消纖介之漸從政三月惡人走境邑門不闔外收強齊侵地內虧三桓之威區區小國尚於趣舍大漢之朝焉可無乎明公恬然謂非己詩云儀刑文王萬國作孚當爲人制法何必取法於人於是公意大悟遣令史謝申以鈴下規應掾自行之還具條奏時靈帝詔報惡惡止其身龍以重論之陽不坐集解洪亮吉曰盛以中平元年四月爲太尉至二年五月罷則夜龍事當屬中平中非光和中也其後車騎將軍何苗與兄大將軍進部兵還相猜疑對相攻擊戰於闕下苗死兵敗殺數千人雒陽宮室內人燒盡應劭曰龍者陽類君之象也夜者不明之應也此其象也集解先謙曰以上射妖

安帝延光三年濟南言黃龍見歷城琅邪言黃龍見諸是時安帝聽讒免太尉楊震震自殺又帝獨有一子以爲太子信讒廢之是

皇不中故有龍孽是時多用佞媚故以爲瑞應明年正月東郡又言黃龍二見濮陽

桓帝干寶搜神記曰桓帝即位有大蛇見德陽殿上雒陽市令淳于翼曰蛇有鱗甲兵之象也見於省中將有椒房大臣受甲兵之誅也乃棄官遁去到延熹二年誅大將軍梁冀捕治宗屬揚兵京師也集解惠棟曰淳于翼會稽上虞人也袁紀曰翼學問淵深大儒舊名常隱於甲里希見長吏延熹七年六月壬子河內野王山上有龍死長可數十丈袁山松書曰長可百餘丈集解洪亮吉曰案桓紀作七月襄楷以爲夫龍者爲帝王瑞易論大人天鳳中黃山宮有死龍漢兵誅莽而世祖復興此易代之徵也至建安二十五年魏文帝代漢臣昭曰夫屈申躍見變化無方非顯死之體橫強之畜易況大聖實類君道野王之異豈桓帝將崩之表乎妖等占殊其例斯眾苟欲附會以同天鳳則帝涉三主年踰五十此爲迂闊將恐非徵矣

永康元年八月巴郡言黃龍見時吏傅堅以郡欲上言內白事以爲走卒戲語不可太守不聽嘗見堅語云時民以天熱欲就池浴見池水濁因戲相恐此中有黃龍語遂行人間聞郡欲以爲美故言時史以書帝紀桓帝時政治衰缺而在所多言瑞應皆此類也又先儒言瑞興非時則爲妖孽而民訛言生龍語皆龍孽也

熹平元年四月甲午青虵見御坐上是時靈帝委任宦者王室微弱楊賜諫曰皇極不建則有龍虵之孽詩云惟虺惟虵女子之祥宜抑皇甫之權割豔妻之愛則虵變可消者也案張奐傳建寧二年夏青虵見御座軒前奐上疏陳蕃竇武未被明宥妖眚之來皆爲此也敦煌實錄曰虵長六尺夜於御前當軒而見集解錢大昕曰青虵事張奐傳作建寧二年謝弼傳同此志及楊賜傳並作熹平元年非也或云當作建寧元年然蕃武之被害在建寧元年九月而奐弼之言災異俱有誅陳竇事則非建寧元年之夏可知從張謝傳是先謙曰以上龍虵之孽

更始二年二月發雒陽欲入長安司直李松奉引車奔觸北宮鐵柱門三馬皆死馬禍也時更始失道將亡

桓帝延熹五年四月驚馬與逸象突入宮殿近馬禍也是時桓帝政衰缺

靈帝光和元年司徒長史馮巡馬生人風俗通曰巡馬生胡子問養馬胡蒼頭乃奸此馬以生子集解惠棟曰三公碑曰巡字季祖南陽冠軍人案漢白石神君碑光和四年甘陵相南陽馮巡詣三公神山請雨賽以白羊朱錫昆以爲國將亡聽於神者疑即是人也京房易傳曰上亡天子諸侯相伐厥妖馬生人後馮巡遷甘陵相集解惠棟曰案三公碑巡先爲常山相也黃巾初起爲所殘殺而國家亦四面受敵其後關東州郡各舉義兵卒相攻伐天子西移王政隔塞其占與京房同光和中雒陽水西橋民馬逸走遂齧殺人是時公卿大臣及左右數有被誅者集解先謙曰以上馬旤

安帝永初元年十一月戊子民轉相驚走棄什物去廬舍集解先謙曰以下皆記人變

靈帝建寧三年春河內婦食夫河南夫食婦臣昭曰案此二食夫妻不同在河南北每見死異斯豈怪妖復有徵乎河者經天亘地之水也河內河之陽也夫婦參配陰陽判合成體今以夫之尊在河之陽而陰承體卑吞食尊陽將非君道昏弱無居剛之德遂爲陰細之人所能消毀乎河南河之陰河視諸侯夫亦惟家之主而自食正內之人時宋

皇后將立而靈帝一聽闇宦無所厝心夫以宮房之愛惡亦不全中懷抱宋后終廢王甫挾姦陰中列侯賓應厥位天戒若曰徒隨嬖豎之意夫嗽其妻乎【集解】惠棟曰干寶云夫婦陰陽二儀有情之深者也今反相食陰陽相侵豈特日月之眚哉靈帝既沒天下大亂君有妄誅之暴臣有劫殺之逆兵革相殘骨肉爲讐生民之禍極矣故人妖爲之先作恨而不遭辛有屠乘之論以測其情也

熹平二年六月雒陽民訛言虎賁寺東壁中有黃人形容鬚眉良是觀者數萬省內悉出道路斷絕應劭時爲郎風俗通曰劭故往視之何在其有人也走漏汚處膩赭流漉壁有他剝數寸曲折耳劭又通之曰季夏土黃中行用事又在壁中壁亦土也以見于虎賁寺者虎賁國之祕兵扞難禦侮必示於東東者動也言將出帥行將天下搖動也天之以類告人甚於影響也到中平元年二月張角兄弟起兵冀州自號黃天三十六方四面出和將帥星布吏士外屬因其疲倦牽而勝之物理論曰黃巾被服純黃不將尺兵肩長衣翔行舒步所至郡縣無不從是日天大黃也

光和元年五月壬午【集解】惠棟曰蔡邕集正月三日何人白衣欲入德陽門辭我梁伯夏教我上殿爲天子中黃門桓賢等呼門吏僕射欲收縛何人吏未到須臾還走求索不得不知姓名時蔡邕以成帝時男子王褒絳衣入宮上前殿非常室曰天帝令我居此後王莽篡位今此與成帝時相似而有異被服不同又未入雲龍門而覺稱梁伯夏皆輕於言以往況今將有狂狡之人欲爲王氏之謀其事不成其後張角稱黃天作亂竟破壞風俗通曰光和四年四月南宮中黃門寺有一男子長九尺服白衣中黃門解步呵問汝何等人白衣妄入宮掖曰我梁伯夏後天使我爲天子步欲前收取因忽不見劭曰尚書春秋左傳曰伯益佐禹治水封於梁蓋叔安有裔子曰董父實甚好龍龍多歸之帝舜嘉之賜姓董氏董氏之祖與梁同焉到光熹元年董卓自外入因間乘釁廢帝殺后百官總己號令自由殺戮決前威重於主梁本安定而卓隴西人俱涼州也天戒若曰卓不當專制奪矯如白衣無宜蘭入宮也白衣見黃門寺及卓之末中黃門誅滅之際事類如此可謂無乎袁山松曰案張角一時狡亂不足致此大妖斯乃曹氏滅漢之徵也案劭所述與志或有不同年月舛異故俱載焉臣昭注曰檢觀前通各有未直尋梁卽魏地之名伯夏明於中夏非溥天之稱以內臣孫夫得稱王徵驗有應有若符契復云伯夏敎我爲天子後曹公曰若天命在吾吾爲周文王矣此乃魏文帝受我成策而陟帝位也風俗通云見中黃門寺曹騰之家尤見其證【集解】惠棟曰蔡邕集作桓賢

二年雒陽上西門外女子生兒兩頭異肩共胸俱前向以爲不祥墮地棄之【集解】惠棟曰人鏡經曰人生兩頭者有兩主出及三年國君崩自此之後朝廷霿亂政在私門上下無別二頭之象後董卓戮太后被以不孝之名放廢天子後復害之漢元以來禍莫踰此【集解】惠棟曰章懷注靈帝紀引以爲中平元年事也棟案搜神記亦云光和二年注誤也

四年魏郡男子張博送鐵盧詣太官博上書室殿山居屋後宮禁落屋讙呼上收縛考問辭忽不自覺知臣昭曰魏人入宮既奪漢之徵至後宮而讙呼終亦禍廢母后

中平元年六月壬申雒陽男子劉倉居上西門外妻生男兩頭共身【集解】洪亮吉曰案靈紀於中平二年又載雒陽民生兒兩頭四臂此恐屬光和二年又複出於此者故此志亦不載惠棟曰章懷注靈帝紀以爲中平四年也案搜神記注誤時中山相張純曰此漢祚將衰天下有兩主之徵也見劉虞傳

靈帝時江夏黃氏之母浴而化爲黿入於深淵其後時出見初浴簪一銀釵及見猶在其首臣昭曰黃者代漢之色女人臣妾之體化爲黿黿者元也入于深淵水實制火夫君德尊陽利見九五飛在於天乃備光盛俯等黿鼉有愧潛躍首從戴釵卑弱未盡後帝者王不專權極天德雖謝蜀猶傍纘推求斯異女爲曉著矣【集解】惠棟曰干寶云於是黃氏累世不能食黿肉

獻帝初平中長沙有人姓桓氏死棺斂月餘其母聞棺中聲發之遂生占曰至陰爲陽下人爲上其後曹公由庶士起

建安四年二月武陵充縣女子李娥年六十餘物故以其家杉木槥斂瘞於城外數里上已十四日有行聞其家中有聲便語其家往視聞聲便發出遂活干寶搜神記曰武陵充縣女子李娥年六十餘病死埋於城外已十四日娥比舍有蔡仲聞娥富謂殯當有金寶盜發冢剖棺斧數下娥於棺中言曰蔡仲汝護我頭驚遽便出走會爲吏所見遂收治依法當棄市娥兒聞來迎出娥將去武陵太守聞娥死復生召見問事狀娥對曰聞謬爲司命所召到得遣出過西門適見外兄劉伯文爲相勞問涕泣悲哀娥語曰伯文一日誤見召今得遣歸既不知道又不能獨行爲我得一伴不又我見召在此已十餘日形體又當見埋藏歸當那得自出伯文曰當爲問之郎遣門卒與戶曹相問司命一日誤召武陵人女李娥今得遣還娥在此積日尸喪又當殯斂當作何等得出又女弱獨行豈當有伴邪是吾外妹幸爲便安之答曰今武陵西男民李黑亦得遣還便可爲伴輒令黑過救娥

此舍蔡仲令發出娥也於是娥遂得出與伯文別伯文曰書一封以與兒佗娥遂與黑俱歸事狀如此太守慨然歎曰天下事眞不可知也乃表以爲蔡仲雖發冢爲鬼神所使雖欲無發勢不得已宜加寬宥詔書報可太守欲驗語虛實卽遣馬吏於西界推問李黑得之黑語協乃致伯文書與佗佗識其紙乃是父亡時送箱中文書也表文字猶在而書不可曉乃請費長房讀之曰告佗從府君出案行當以八月八日日中時武陵城南溝水畔頓汝是時必往到期悉將大小於城南待之須臾果至但聞人馬隱隱之聲詣溝水便聞有呼聲曰佗來汝得我所寄李娥書不邪曰卽得之故來至此伯文以次呼家中大小問之悲傷斷絕曰死生異路不能數得汝消息我亡後兒孫乃爾許人良久謂佗曰來春大病與汝一丸藥以塗門戶則辟來年妖厲矣言訖忽去竟不得見其形至前春武陵果大病白日見鬼唯伯文之家鬼不敢向費長房視藥曰此方相也博物記曰漢末關中大亂有發前漢宮人冢者宮人猶活既出平復如舊魏郭后愛念之錄置宮內常在左右問漢時宮中事說之了了皆有次緒郭后崩哭泣哀過遂死漢末發范明友奴冢奴猶活明友霍光女壻說光家事廢立之際多與漢書相應此奴常遊走居民間無止住處遂不知所在集解惠棟曰家中有聲有下有人字

七年越嶲有男化爲女子時周羣上言哀帝時亦有此異將有易代之事至二十五年獻帝封於山陽

建安中女子生男兩頭共身

安帝元初六年夏四月會稽大疫公羊傳曰大災者何大瘠也大瘠者何痢也何休曰民疾疫也邪亂之氣所生古今注曰光武建武十三年楊徐部大疾疫會稽江左甚案傳鍾離意爲督郵建武十四年會稽大疫案此則頻歲也古今注曰二十六年郡國七大疫集解先謙曰前志不記疫此因人變而類載之

延光四年冬京都大疫張衡明年上封事臣竊見京師爲害兼所及民多病死死有滅戶人人恐懼朝廷燋心以爲至憂臣官在於考變禳災思任防救未知所由夙夜征營臣聞國之大事在祀祀莫大於郊天奉祖方今道路流言僉曰孝安皇帝南巡路崩從駕左右行慝之臣欲徵諸國王子故不發喪衣車還宮僞遣大臣竝禱請命臣處外官不知其審然尊靈見罔豈能無怨且凡夫私小有不蠲猶爲譴謫況以大穢用禮郊廟孔子曰曾謂泰山不如林放乎天地明察降禍見災乃其理也又間者有司正以冬至之後奏開恭陵神道陛下至孝不忍距逆或發冢移尸月令仲冬土事無作愼無發蓋及起大衆以固而閉地氣上泄是謂發天地之房諸蟄則死民必疾疫又隨以喪厲氣未息恐其殆此二年欲使知過改悔五行傳曰六沴作見若時共禦帝用不差神則不怒萬福乃降用章於下臣愚以爲可使公卿處議所以陳術改過取媚神祇自求多福也

桓帝元嘉元年正月京都大疫二月九江廬江大疫

延熹四年正月大疫太公六韜曰人主好重賦役大宮室多臺遊則民多病瘟也

靈帝建寧四年三月大疫

熹平二年正月大疫

光和二年春大疫　五年二月大疫

中平二年正月大疫

獻帝建安二十二年大疫魏文帝書與吳質曰昔年疾疫親故多離其災魏陳思王常說疫氣云家家有殭尸之痛室室有號泣之哀或闔門而殪或舉族而喪者集解先謙曰以上人痾

靈帝光和元年六月丁丑有黑氣墮北宮溫明殿東庭中黑如車蓋起奮訊身五色有頭體長十餘丈形貌似龍上問蔡邕對曰所謂天投蜺者也不見足尾不得稱龍易傳曰蜺之比無德以色親也潛潭巴曰虹出后妃陰脅王者又曰五色迭至照於宮殿有兵革之事演孔圖曰天子外苦兵威內奪臣無忠則天投蜺案邕集稱曰演孔圖曰蜺者斗之精也失度投蜺見態主惑於毀譽合誠圖曰天子外苦兵者也集解惠棟曰宋均注演孔圖曰投應也變不

空生占不空言邕對又曰意者陛下樞機之內衽席之上獨有以色見進陵尊踰制以昭變象若羣臣有所毀譽聖意低廻未知誰是兵戎未息威權漸移忠言不聞則虹蜺所在生也抑內寵任中正決毀譽分直邪各得其所勤守衛整武備威權之機不以假人則其救也先是立皇后何氏皇后每齋當謁祖廟輒有變異不得謁中平元年黃巾賊張角等立三十六方起兵燒郡國山東七州處處應角遣兵外討角等內使皇后二兄爲大將統兵其年宮車晏駕皇后攝政二兄秉權譴讓帝母永樂后令自殺陰呼并州牧董卓欲共誅中官中官逆殺大將軍進兵相攻討京都戰者塞道皇太后母子遂爲太尉卓等所廢黜皆死天下之敗兵先興於宮省外延海內二三十歲其殃禍起自何氏袁山松書曰是年七月虹晝見御坐玉堂後殿前庭中色青赤也集解先謙曰此謂蒙氣

五行志五第十七終　　後漢書十七

續漢志集解第十七校補

五行志五五行傳曰皇之不極是謂不建注則王極象天也柳從辰曰今尚書大傳此下有人法天元氣純則不可已一體而言之也凡十六字譬如北辰是則天之道於人政也柳從辰曰今大傳道作通案則天之道於人政所謂唯天爲大唯堯則之則卽法也此正譬如之義作通誤天之道通於人政去道字其說亦窒也厥罰恆陰注陰氣失柳從辰曰今大傳陰作養時則有射妖注射王極之度也柳從辰曰王極之度今大傳作王度之極案王極之度卽下朝廷度之之度謂揣度也作王度之極亦誤時則有下伐上之痾注恆者其毒柳從辰曰今大傳作恆者其味厚其毒文獻通考郊祀考亦多此三字時則有日月亂行星辰逆行注謂縮反明經天守舍之類也柳從辰曰據大傳鄭注縮上脫贏字說曰官本曰作云此沴天也不言沴天者至尊之辭也柳從辰曰大傳鄭注云不言沴天天至尊無能沴之者離逢非沴維辟之功謂此也近射妖也注遣令史謝申以鈴下規應掾自行之官本注鈴作鈐非

延熹七年六月壬子河內野王山上有龍死長可數十丈集解洪亮吉曰案桓紀作七月今案紀作七月辛卯月日皆與志異但襄楷傳云七年六月十三日河內野王山上有龍死長可數十丈其文全與志同壬子當卽十三日疑紀之誤

河南夫食婦注徒隨嫛嫛之意官本注嫛作閹

中黃門桓賢等官本作相賢注百官摠己官本注摠作總正字如白衣無宜蘭入宮也官本注蘭作闌正字案闌蘭欄古皆通作袁山松曰至尤見其證案劭子弟皆仕魏故詭其辭以避時難袁書劉注匡正固當讀史者所當分別觀之也集解惠棟曰蔡邕集作桓賢柳從辰曰東觀記作桓賢袁宏紀作桓覽本書靈紀注引東觀記亦作桓賢官本同賢覽形似易譌惟惠所校本作相賢故引邕集以明異文今案惠氏所據爲北宋本可知官本作相賢非無所本毛本作桓賢與邕集東觀記合又較長也惟應劭與蔡邕同時見聞而風俗通乃作中黃門解步姓名皆異是則無說可通矣

家往視聞聲便發出遂活注娥對曰聞謬爲司命所召案文聞當是開誤召武陵人女李娥官本注人作大我亡後兒孫乃爾許人案文人當是大

延光四年冬京都大疫注臣竊見京師爲害兼所及民多病死案文害兼二字當作厲氣僞遣大臣本注僞原譌憂錢大昭據閩本作僞今從之官本注亦作僞案閩后紀作僞云帝疾甚詐遣司徒劉熹詣郊廟社稷告天請命然衛上封事豈敢斥言朝廷爲僞僞字亦誤疑當作发且凡夫私小有不觸案文夫私二字當作大祀況曰大穢大原作太已正官本注不誤奏開恭陵神道開原作閏已正官本注不誤案此事本紀不載當因閩后崩合葬恭陵以神道狹復開之也若恭北陵之營則事在永建二年矣民必疾疫必原譌不已正官本注不誤恐其殆此二年案文年當作事自求多福也錢大昭曰楊厚傳順帝永建四年疫氣流行本志及注俱不載

二月九江盧江大疫錢大昭曰閩本大作又

其殃禍起自何氏集解先謙曰此謂蒙氣謹案前志以蜺異附恆陰之後在射妖之前引京房易傳曰有蜺蒙霧霧上下合也蒙如塵雲蜺日旁氣也其言占至詳而終之以此皆陰雲之類是亦屬於恆陰矣今本志以投蜺一條列於人痾之後日月亂行之前當以爲是日之蒙氣然名續前書而亂前志之例庸非失乎

梁　剡　令劉　昭注補

王先謙集解

光武帝古今注曰建武元年正月庚午朔日有蝕之郎更始三年建武二年正月甲子朔日有食之在危八度杜預曰麻家之說謂日光以望時遙奪月光故月食日月同會月奄日故日蝕蝕有上下者行有高下日光輪存而中食者相奄密故日光溢出皆既者正相當而相奄間疏也然聖人不言月食日而以自蝕爲文闕於所不見春秋潛潭巴云甲子蝕有兵敵强臣昭案春秋緯六旬之蝕各以甲子爲說此偏舉一隅未爲通證故於事驗不盡相符今依日例注以廣其候耳京房□占曰北夷侵忠臣有謀後大水在東方集解錢大昕曰春秋潛潭巴說月蝕六旬各有占驗劉注所引未全開元占經有之引甲子日蝕下作有兵狄强起日蝕說曰日者太陽之精人君之象君道有虧爲陰所乘故蝕蝕者陽不克也其候雜說漢書五行志著之必矣春秋緯曰日之將蝕則斗第二星變色微赤不明七日而蝕儒說諸侯專權則其應多在日

所宿之國春秋漢含孳曰臣子謀日乃蝕孝經鉤命決曰失義不德白虎不出禁或逆枉矢射山崩日蝕管子曰日掌陽月掌陰星掌和陽爲德陰爲刑和爲事是故日蝕則失德之國惡之月蝕則失刑之國惡之彗星見則失和之國惡之是故聖王日蝕則修德月蝕則修刑彗星見則修和諸象附從則多爲王者事人君改修其德則咎害除孝經鉤命決曰日蝕修孝山崩理惑是時世祖初興天下賊亂未除虛危齊也集解惠棟曰也一作地賊張步擁兵據齊上遣伏隆諭步許降旋復叛稱王至五年中迺破　三年五月乙卯晦日有蝕之潛潭巴曰乙卯蝕雷不行雪殺草不長姦人入宮集解錢大昕曰占經作雷不行霜不殺草長人入宮在柳十四度柳河南也時世祖在雒陽赤眉降賊樊崇謀作亂其七月發覺皆伏誅古今注曰四年五月乙卯晦日有蝕之　六年九月丙寅晦日有蝕之潛潭巴曰丙寅蝕久旱多有徵京房曰有小旱災集解錢大昕曰占經作丙寅日蝕蟲久旱多水徵史官不見郡㠯聞本紀都尉詔以聞在尾八度朱浮上疏以郡縣數代羣陽騷動所致見浮傳　七年三月癸亥晦日有蝕之潛潭巴曰癸亥日蝕天人崩鄭興曰頃年日蝕每多在晦行疾也君亢急臣下促迫集解錢大昕曰占經引作大人崩王者憂之惠棟曰注行上當有皆月二字在畢五度畢爲邊兵秋隗囂反侵安定冬盧芳所置朔方雲中太守各舉郡降古今注曰九年七月丁酉十一年六月癸丑十二月辛亥並日有蝕之　十六年三月辛丑晦日有蝕之潛潭巴曰辛丑日蝕主疑王集解錢大昕曰占經引作主疑臣三公有免黜者在昴七度昴爲獄事時諸郡太守坐度田不實世祖怒殺十餘人然後深悔之　十七年二月乙未晦日有蝕之潛潭巴曰乙未蝕天下多邪氣鬱鬱蒼蒼京房曰君責衆庶暴害之在胃九度胃爲廩倉時諸郡新坐租之後天下憂怖㠯穀爲言故示象或曰胃供養之官也其十月廢郭皇后詔曰不可㠯奉供養　二十二年五月乙未晦日有蝕之在柳七度京都宿也柳爲上倉祭祀穀也近輿鬼輿鬼爲宗廟十九年中有司奏請立近帝四廟㠯祭之有詔廟處所未定且就高廟祫祭之至此三年遂不立廟有簡墮心奉祖宗之道有闕故示象也　二十五年三月戊申晦日有蝕之潛潭巴曰戊申蝕地動搖侵兵强一曰主兵弱諸侯强集解錢大昕曰占經引

作地動搖宮室摧侵兵强在畢十五度畢爲邊兵其冬十月㠯武谿蠻夷爲寇害伏波將軍馬援將兵擊之古今注曰二十六年二月戊子日有蝕之盡　二十九年二月丁巳朔日有蝕之潛潭巴曰丁巳蝕下有敗兵集解錢大昕曰占經引敗作聚在東壁五度東壁爲文章一名娵訾之口先是皇子諸王各招來文章談說之士去年中有人上奏諸王所招待者或眞僞雜受刑罰者子孫宜可分別於是上怒詔捕諸王客皆被㠯苛法死者甚多世祖不早爲明設刑禁一時治之過差故天示象世祖於是改悔遣使悉海侵枉也　三十一年五月癸酉晦日有蝕之潛潭巴曰癸酉蝕連陰不解淫雨毀山有兵集解錢大昕曰占經毀山作數出在柳五度京都宿也自二十一年示象至此十年後二年宮車晏駕

中元元年十一月甲子晦日有蝕之在斗二十度斗爲廟主爵祿儒說十一月甲子時王日也又爲星紀主爵祿其占重集解惠棟曰此下當

（有闕文下永平十六年日蝕儒說其占重後二歲宮車晏駕則此條下當云明年宮車晏駕或蒙三十一年之占不重出也）明帝永平三年八月壬申晦日有蝕之（潛潭巴曰壬申蝕水滅陽貴陰欲翔〔集解〕錢大昕曰占經滅作盛是）在氐二度氐爲宿宮是時明帝作北宮（古今注曰四年八月丙寅時加未日有蝕之五年二月乙未朔日有蝕之京師候者不覺河南尹郡國三十一上六年六月庚寅晦日有蝕之時雒陽候者不見）八年十月（古今注曰十二月）壬寅晦日有蝕之既（潛潭巴曰壬寅蝕天下苦兵大臣驕橫〔集解〕錢大昕曰占經作天下苦兵大起）在斗十一度斗吳也廣陵於天文屬吳後二年廣陵王荆坐謀反自殺　十三年十月（古今注曰閏八月）甲辰晦日有蝕之（潛潭巴曰甲辰蝕四騎脅大水〔集解〕錢大昕曰占經無大水二字脅作爵洪亮吉曰案明紀作壬辰）在尾十七度（京房占曰主后壽命絕後有大水）　十六年五月戊午晦日有蝕之（潛潭巴曰戊午蝕久旱穀不傷〔集解〕錢大昕曰占經不云緯）在柳十五度儒說五月戊午猶十一月甲子也又宿在京都其占重後二歲宮車晏駕　十八年十一月甲辰晦日有蝕之在斗二十一度是時明帝既崩馬太后制爵祿故陽不勝

章帝建初五年二月庚辰朔日有蝕之（潛潭巴曰庚辰蝕彗星東至有寇兵〔集解〕錢大昕曰占經作彗星東出有寇兵旱）在東壁八度例在前建武二十九年是時羣臣爭經多相非毀者（又別占云庚辰蝕大旱）　六年六月辛未晦日有蝕之（潛潭巴曰辛未蝕大水〔集解〕錢大昕曰占經大水下有湯湯二字）在翼六度翼主遠客冬東平王蒼等來朝明年正月蒼薨（古今注曰元和元年九月乙未日有蝕之）

元和元年八月乙未晦日有蝕之史官不見佗官以聞日在氐四度（星占曰天下災期三年）

和帝永元二年壬午日有蝕之（潛潭巴曰壬午蝕久雨旬望〔集解〕洪亮吉曰案今本二年下脫二月二字宜依宋本增入）史官不見涿郡以聞日在奎八度（京房占曰三公與諸侯相賊弱其君王天應而日蝕三公失國後旱且水臣昭以爲三公宰輔之位卽竇憲）　四年六月戊戌朔日有蝕之（潛潭巴曰戊戌蝕有土殃主后死天下諒陰京房占曰婚嫁家欲戮〔集解〕錢大昕曰占經引無土字）在七星二度主衣裳又曰行近軒轅在左角爲太后族是月十九日（案本紀庚申幸北宮詔捕憲等庚申是二十三日）上免太后兄弟竇憲等官遣就國選嚴能相於國璧迫自殺　七年四月辛亥朔日有蝕之（潛潭巴曰辛亥蝕子爲雄〔集解〕先謙曰占經引雄下有近臣憂三字）在觜觿爲葆旅主收斂儒說葆旅宮中之象收斂貪妒之象是歲鄧貴人始入明年三月陰皇后立鄧貴人有寵陰后妒忌之後遂坐廢一曰是將入參參伐爲斬刈明年七月越騎校尉馮柱捕斬匈奴溫禺犢王烏居戰　十二年秋七月辛亥朔日有蝕之在翼八度荆州宿也明年冬南郡蠻夷反爲寇　十五年四月甲子晦日有蝕之在東井二十二度東井主酒食之宿也婦人之職無非無議酒食是議去年冬鄧皇后立有丈夫之性與知外事故天示象是年水雨傷稼

安帝永初元年三月二日癸酉日有蝕之在胃二度胃主廩倉是時鄧太后專政去年大水傷稼倉廩爲虛（古今注曰三年三月日有蝕之）　五年

正月庚辰朔日有蝕之在虛八度正月王者統事之正日也虛空名也是時鄧太后攝政安帝不得行事俱不得其正若王者位虛故於正月陽不克示象也於是陰預乘陽故夷狄並爲寇害西邊諸郡皆至空虛　七年四月丙申晦日有蝕之（潛潭巴曰丙申蝕諸侯相攻京房占曰君臣暴虐臣下橫恣上下相賊後有地動〔集解〕錢大昕曰占經引作丙申日蝕諸侯相攻夷狄內侵旱案本書注例日名同者不更注乃此引諸侯相攻句後元初五年八月丙申朔下引夷狄內攘句同日異占不可曉）在東井一度

元初元年十月戊子朔日有蝕之（潛潭巴曰戊子蝕宮室內婬雌必成雄京房占曰妻欲害夫九族夷滅後有大水〔集解〕惠棟曰本紀三月癸酉朔日蝕錢大昕曰占經引雌必成雄作必成雄有憂）在尾十度尾爲後宮繼嗣之宮也是時上甚幸閻貴人將立故示不善將爲繼嗣禍也明年四月遂立爲后後遂與江京耿寶等共讒太子廢之　二年九月壬午晦日有蝕之在心四度心爲王者明久失位也　三年三月二日辛亥日有蝕之在婁五度史官不見遼東以聞

四年二月乙亥朔日有蝕之潛潭巴曰乙亥蝕東國發兵。京房占曰諸侯上侵以自益，近臣盜竊以爲積，天子未知，日爲之蝕。〔集解〕錢大昕曰占經引作乙亥月蝕陽不明冬無水東國兵。洪亮吉曰案安紀作乙巳，下云乙卯壬戌，則日辰當以本紀爲是。周壽昌曰案安帝本紀四年春二月乙巳朔，非乙亥，此志既與紀異日，而注又引春秋緯潛潭巴乙亥云云作證，其非字誤可知。第案下云其月十八日壬戌武庫火，與紀同，計乙巳朔至壬戌正十八日也，若是乙亥朔，則下不得有壬戌，此志與注均誤也，宜從本紀。又殿監各本及毛本均作其十月八日壬戌武庫火，係月十二字誤倒，應乙轉。在奎九度，史官不見，七郡以聞。奎主武庫兵，其十月八日壬戌，武庫火，燒兵器也。

五年八月丙申朔日有蝕之，在翼十八度，史官不見，張掖以聞。潛潭巴曰丙申蝕，夷狄內攘。石氏占曰王者失禮，宗廟不親，其歲旱。

六年十二月戊午朔日有蝕之，幾盡，地如昏狀。古今注曰星盡見。春秋緯曰日蝕既，君行無常，公輔不修德，夷狄強侵，萬事錯。在須女十一度，女主惡之。後二歲三月，鄧太后崩。李氏家書司空李郃上書曰：陛下祗畏天威，懼天變，克己責躬，博訪羣下，咎皆在臣，力小任重，招致咎徵。去年二月京師地震，今月戊午日蝕。夫至尊莫過乎天，天之變莫大乎日蝕；地之戒莫重乎震動。今一歲之中，大異兩見，日蝕之變既爲尤深，地動之戒搖宮最醜。日者陽精，君之象也。戊者土主，位在中宮；午者火德，漢之所承。地道安靜，法當由陽，今乃專恣，搖動宮闕，禍在蕭牆之內。臣恐宮中必有陰謀其陽，下圖其上，造爲逆也。災變終不虛生，推原二異，日辰行度，甚爲較明，譬猶指掌。宜察宮闕之內，如有所疑，急摧破其謀，無令得成。修政恐懼，以答天意。十月辛卯日有蝕之，周家所忌，乃爲亡徵。是時妃后用事，七子朝令。戊午之災，近相似類。宜貶退諸后兄弟羣從內外之寵，求賢良，徵逸士，下德令，施恩惠，澤及山海。時度遼將軍遵多興師重賦，出塞攻之事。上深納其言。建光二年，鄧太后崩，上收考中人趙任等，辭言地震日蝕在中宮，竟有廢立之謀，郃乃自知其言驗也。

永寧元年七月乙酉朔日有蝕之潛潭巴曰乙酉蝕，仁義不明，賢人消。京房占曰君弱臣強，司馬將兵反征其王。〔集解〕錢大昕曰石氏占經引消上有退字。在張十五度，史官不見，酒泉以聞。占曰日蝕張，王者失禮。

延光三年九月庚寅晦日有蝕之京房占曰骨肉相賊，後有水。〔集解〕洪亮吉曰案安紀作庚申，上云丁酉乙巳，則日辰當以本紀爲是。先謙曰劉注引潛潭巴在後文光和四年九月庚寅朔下，足證所見本此處不作庚寅，乃後來傳寫之誤。在氐十五度。氐爲宿宮，宮中宮也。時上聽中常侍江京、樊豐及阿母王聖等讒言，廢皇太子。

四年三月戊午朔日有蝕之，在胃十二度。隴西、酒泉、朔方各以狀上，史官不覺。案馬融集，是時爲許令，其四月庚申自縣上書曰：伏讀詔書，陛下深惟禹湯罪己之義，歸咎自責，畏天戒，詳延百僚，博問公卿，知變所自，審得厥故，修復往術，以荅天命。臣子遠近莫不延頸企踵，苟有隙空一介之知，事顧自效，所貢納聖聽。臣伏見日蝕之占，自昔典籍，十月之交，春秋傳記，漢注所載，史官占候，羣臣密對，陛下所觀覽，左右所諷誦，可謂詳悉備矣。雖復廣問，昭在前志，無以加。乃者茀氣干參，臣前得敦朴之人，後三年二月對策北宮端門，以爲參者西方之位，其於分野，并州是也。始謂西戎北狄，其後種羌叛戾，烏桓犯上郡，并涼動兵，驗略效矣。今復見大異，申誡重譴，於此二城，海內莫見。三月一日合辰在婁，婁又西方之宿，衆占顯明者，羌及烏桓有悔過之辭，將吏策動之名。臣恐受任典牧者，苟脫目前，皆麤圖身一時之權，不顧爲國百世之利，論者美近功，忽其遠，則各相不大疢病。伏惟天象不虛，老子曰：圖難於其易也，爲大於其細也。消災復異，宜在於今。詩曰：日月告凶，不用其行，四國無政，不用其良。傳曰：國無政，不用善，則自取讁於日月之災。故政不可不慎也，務三而已：一曰擇人，二曰安民，三曰從時。臣融伏惟方今有道之世，漢典設張，侯甸采衞，司民之吏，案繩循墨，雖有殿最，所差無幾，其陷罪辟，身自取禍，百姓未被其大傷。至邊郡牧御失和，吉凶之與，敗之成，優劣相懸，不誠可審擇其人，上以應天變，下以安民隸。竊見列將子孫，生長京師，食仰租奉，不知稼穡之艱難，又希遭阨困，故能果毅輕財，施與孤弱，以獲死生之用，此其所長也；不拘法禁，奢泰無度，功勞足以宣威，驗盜足以傷化，此其所短也。州郡之士，出自貧苦，長於檢押，雖專賞罰，不敢越溢，此其所長也；拘文守法，遭遇非常，孤疑無斷，畏首畏尾，威恩纖薄，外內離心，士卒不附，此其所短也。必得將兼有二長之才，無二短之累，參以吏事，任以兵法，有此數姿，然後能折衝厭難，致其功實，轉災爲福。孔子曰：十室之邑，必有忠信如丘者焉。以天下之大，四海之衆，云無若人，臣以爲誣矣。宜特選詳譽，審得其眞，鎮守二方，以應用良擇人之義，以塞大異也。〔集解〕惠棟曰注前得敦朴之人，融傳陽嘉三年詔舉敦朴，城門校尉岑起舉融，徵詣公車對策也。

順帝永建二年七月甲戌朔日有蝕之潛潭巴曰甲戌蝕，草木不滋，王命不行。京房占曰近臣欲戮身及戮辱，後小旱。〔集解〕錢大昕曰占經王命作主命。在翼九度。

陽嘉四年閏月丁亥朔日有蝕之潛潭巴曰丁亥蝕，匿謀滿玉堂。京房占曰君臣無別。在角五度，史官不見，零陵以聞。案張衡爲太史令，表奏云今年三月朔方覺日蝕，此郡懼有兵患，臣愚以爲可勅北邊須塞郡縣，明烽火，遠斥候，深藏固閉，無令穀畜外露。不詳是何年三月。

永和三年十二月戊戌朔日有蝕之，在須女十一度，史官不見，會稽以聞。明年，中常侍張逵等謀譖皇后父梁商欲作亂，推考，逵等伏誅也。

五年五月己丑晦日有蝕之潛潭巴曰己丑蝕，天下唱之。〔集解〕錢大昕曰占經作臣伐其主天下皆亡在東井三十三度東井三輔宿又近輿鬼輿鬼爲宗廟其秋西羌爲寇至三輔陵園　六年九月辛亥晦日有蝕之在尾十一度尾主後宮繼嗣之宮也以爲繼嗣不興之象

桓帝建和元年正月辛亥朔日有蝕之在營室三度史官不見郡國以聞是時梁太后攝政　三年四月丁卯晦日有食之潛潭巴曰丁卯蝕有旱有兵〔集解〕錢大昕曰占經旱上無有字京房占曰諸侯欲戮後有裸蟲之殃在東井二十三度例在永元十五年東井主法梁太后又聽兄冀枉殺公卿犯天法也明年太后崩

元嘉二年七月二日庚辰日有蝕之在翼四度史官不見廣陵以聞京房占曰庚辰蝕君易賢以剛卒以自傷後有水翼主倡樂時上好樂過阮籍樂論曰桓帝聞琴悽愴傷心倚扆而悲慷慨長息曰善乎哉爲琴若此一而足矣

永興二年九月丁卯朔日有蝕之在角五度角鄭宿也十一月泰

山盜賊羣起劫殺長吏泰山於天文屬鄭

永壽三年閏月庚辰晦日有蝕之在七星二度史官不見郡國以聞例在永元四年後二歲梁皇后崩冀兄弟被誅

延熹元年五月甲戌晦日有蝕之在柳七度京都宿也梁冀別傳曰常侍徐璜白言臣切見道術家常言漢死在戌亥今太歲在丙戌五月甲戌日蝕柳宿朱雀漢家之貴國宿分周地今京師是也史官上占去重見輕璜召太史陳援詰問乃以實對冀怨援不爲隱諱使人陰求其短發擿上聞上以亡失候儀不肅有司奏收殺獄中〔集解〕惠棟曰注陳援梁冀傳作授　八年正月丙申晦日有蝕之在營室十三度營室之中女主象也其二月癸亥鄧皇后坐酗上送暴室令自殺家屬被誅呂太后崩時亦然　九年正月辛卯朔日有蝕之潛潭巴曰辛卯蝕臣代其主〔集解〕洪亮吉曰案桓紀作辛亥下云己酉則日辰當以續志爲是在營室三度史官不見郡國以聞谷永以爲三朝尊者惡之其明年宮車晏駕

永康元年五月壬子晦日有蝕之潛潭巴曰壬子蝕妃后專恣女謀主〔集解〕錢大昕曰占經作壬子日蝕女謀王女主憂惠棟曰蘇林云日者陽精月爲侯王而以亥子日蝕皆水滅火之異也案日食皆正朔而書晦者史官不能定朔食故也在輿鬼一度儒說壬子淯水日而陽不克將有水害其八月六州大水勃海盜賊〔集解〕惠棟曰盜賊誤案紀云勃海海溢也

靈帝建寧元年五月丁未朔日有蝕之潛潭巴曰丁未蝕王者崩冬十月甲辰晦日有蝕之　二年十月戊戌晦日有蝕之右扶風以聞〔集解〕洪亮吉曰案靈紀作庚子　三年三月丙寅晦日有蝕之梁相以聞　四年三月辛酉朔日有蝕之潛潭巴曰辛酉蝕女謀主谷永上書飲酒無節君臣不別姦邪欲起傳曰酒無節茲謂荒厥異日蝕厥咎亡靈帝好爲商估飲於宮人之肆也〔集解〕錢大昕曰占經作辛酉日蝕女謁且輿奸邪欲起

熹平二年十二月癸酉晦日有蝕之在虛二度是時中常侍曹節王甫等專權蔡邕上書曰四年正月朔日體微傷羣臣服赤幘赴宮門之中無救乃各罷歸天有大異隱而不宣求御過是已事之甚者　六年十月癸酉朔日有蝕之趙相以聞谷永上書賦斂滋重不顧黎民百姓虛竭則日蝕將有潰叛之變

光和元年二月辛亥朔日有蝕之十月丙子晦日有蝕之〔集解〕錢大昕曰占經引潛潭巴曰丙子日蝕五月大霜爲災在箕四度箕爲後宮口舌是月上聽讒廢宋皇后案本傳盧植上書丙子蝕自巳過午既蝕之後雲霧掩曖陳八事以諫蔡邕對問曰詔問踐祚以來災眚屢見頃歲日蝕地動風雨不時疫癘流行勁風折樹河雒盛溢臣聞陽微則日蝕陰盛則地震思亂則風貌失則雨視闇則疾簡宗廟水不潤下川流滿溢明君臣正上下抑陰尊陽修五事於聖躬致精慮於共御其救之也　二年四月甲戌朔日有蝕之　四年九月庚寅朔日有蝕之潛潭巴曰庚寅蝕將相誅大水多死傷在角六度

中平三年五月壬辰晦日有蝕之潛潭巴曰壬辰蝕河決海久霧連陰〔集解〕錢大昕曰占經作河決海溢久霧連陰　六年四月丙午朔日有蝕之〔集解〕錢大昕曰占經引潛潭巴曰丙午日蝕民多流亡　其月浹辰宮車晏駕

獻帝初平四年正月甲寅朔日有蝕之在營室四度潛潭巴曰甲寅蝕雷電擊殺骨肉相攻〔集解〕錢大昕曰占經作雷擊殺人骨肉爭功是時李傕郭汜專政袁宏紀曰未蝕八刻太史令王

立奏曰日晷過度無有變也於是朝臣皆賀帝密令尚書候焉未晡一刻而蝕尚書賈詡奏曰立伺候不明疑誤上下太尉周忠職所典掌請皆治罪詔曰天道遠事驗難明且災異應政而至雖探道知機焉能無失而欲歸咎史官益重朕之不德也弗從於是避正殿寢兵不聽事五日

興平元年六月乙巳晦日有蝕之集解錢大昕曰占經引潛潭巴曰乙巳日蝕東國發兵

建安五年九月庚午朔日有蝕之潛潭巴曰庚午蝕後火燒官兵集解錢大昕曰占經作火燒後宮

六年十月癸未朔日有蝕之集解洪亮吉曰案十月癸未應作三月丁卯此因下文十三年而誤也又案災異有見於帝紀而志不載者桓靈時最多如巴郡益州郡五原山崩海水溢人相食及生兩頭四臂等類皆咎徵之甚大者將由志不勝書故略之耶

十三年十月癸未朔日有蝕之潛潭巴曰癸未蝕行義不明在尾十二度

十七年六月庚寅晦日有蝕之

二十一年五月己亥朔日有蝕之潛潭巴曰己亥蝕小人用事君子繫

二十四年二月壬子晦日有蝕之

凡漢中興十二世百九十六年日蝕七十二朔三十二晦三十七月二日三集解張永祚曰按此文總結日食之數月二日當連讀言蝕不於晦朔而於月之二日者有三合之朔三十二晦三十七爲七十二也和帝永元二年二月壬午不言晦朔是二日之一也安帝永初元年三月二日癸酉及元初三年三月二日辛亥是二日之三也

光武建武七年四月丙寅日有暈抱白虹貫暈在畢八度古今注曰時日加卯西面東面有抱須臾成暈中有兩鉤在南北面有白虹貫暈在西北南面有背在景加巳皆解也集解惠棟曰高誘呂覽注云暈讀如君國子民之君氣圍繞日周帀有似軍營相圍守故曰暈也畢爲邊兵秋隗囂反侵安定傳史曰[illegible]白虹貫下破軍晉分也古今注曰章帝建初曲入七年正月壬申白日貫暈十年七月庚申夾成暈有白虹出乙丑貫日殤帝延平元年四月丙寅日加卯西面有抱須臾成暈中外有僑背兩珥白虹貫日元年正月壬申白虹貫日月丙寅日丁酉日暈再重中有背僑順帝永建二年正月戊午白虹貫日十二三年正月丁酉日有白虹貫交暈中六年正月丁卯日暈兩珥白虹貫珥中永和六年正月己卯暈兩珥中赤外青白虹貫暈中案郎顗傳陽嘉二年正月乙卯白虹貫日又唐檀傳永建五年白虹貫日檀上便宜三事陳其咎徵春秋元命苞曰陰陽之氣聚爲雲氣立爲虹蜺離爲倍僑分爲抱珥考異郵曰臣謀反縞周日[illegible]体鵃巫咸占曰臣不知則日月僑如淯曰蝦蝀謂之虹蜺謂之蜺向外曰倍刺曰曰僑在傍如半環向日曰抱在傍直對曰珥孟康

日僑如僑也宋均曰黃氣抱日輔臣納忠

靈帝時日數出東方正赤如血無光高二丈餘迺有景且入西方去地二丈亦如之京房占曰國有佞讒朝有殘臣則日不光闇冥不明孟康曰日月無光曰薄其占曰事天不謹則日月赤是時月出入去地二三丈皆赤如血者數矣春秋感精符曰日無光主勢奪羣臣以讒術色赤如炭以急見伐又兵馬發禮斗威儀曰日月赤君喜怒無常輕殺不辜戮於無罪不事天地忽於鬼神時則大雨土風常起日蝕無光地動雷降其時不救兵從外來爲賊戮而不葬京房占曰日蝕無故日夕無光天下變枯社稷移主集解先謙曰官本月作日

光和四年二月己巳黃氣抱日黃白珥在其表春秋感精符曰日朝珥則有喪孽又云日已出若其入而雲皆赤黃名曰日空不出三年必有移民而去者也

中平四年三月丙申黑氣大如瓜在日中春秋感精符曰日黑則水淫溢五年正月日色赤黃中有黑氣如飛鵲數月迺銷

六年二月乙未白虹貫日春秋感精符曰虹貫日天下悉極文法大擾百官殘賊酷法橫殺下多相告刑用及族世多深刻獄多怨宿吏皆慘毒又曰國多死孽天子命絕大臣爲禍主將見殺星占曰虹蜺主內淫土精塡星之變易讖曰聰明蔽塞政在臣下婚戚干朝君不覺悟虹蜺貫日

獻帝初平元年二月壬辰白虹貫日袁山松書曰三年十月丁卯日有重兩倍吳書載韓馥與袁術書曰凶出於代郡集解惠棟曰符瑞志曰建安十九年白虹貫日

桓帝永壽三年十二月壬戌月蝕非其月古今注曰光武建武八年三月庚子夜月暈五重紫微青黃似虹有黑氣如雲月星不見丙夜乃解中元元年十一月甲辰日中星齒往往出入

延熹八年正月辛巳月蝕非其月袁山松書曰興平二年十二月白氣廣八九寸貫月東西南北集解周壽昌曰注引古今注袁山松書是月暈星齒白氣貫月三事於月蝕無與且在建武中元興平三朝於此兩朝年分亦相隔注意不可解考和帝永元元年天以七月後閏月月蝕術以八月十二年正月十六日月當食而歷以二月質帝本初元年天以十二月食歷以後年正月靈帝光和二年己未三月五月皆陰宗誠奏以三月月食而官歷以五月太史令修部舍人張恂等推計行度以爲三月近四月遠太史主者云食當以見爲正無遠近太常就耽等平議李廢誠恂等術是月蝕誤推可考者尚有三事而志僅記此兩條何也先謙曰以上日月亂行

贊曰皇極惟建五事尅端罰咎入沴逆亂浸干火下水騰木弱金酸妖眚或妄氣炎㠯觀

五行志六第十八 終

續漢志集解第十八校補

五行志六在危八度錢大昭曰後漢紀作十度其七月發覺皆伏誅官本誅誤謀史官不見郡㠯聞注本紀都尉詡㠯聞錢大昭曰此本紀當是續漢書本紀三十一年五月癸酉晦日有蝕之注有兵案占經兵下有起字

是時羣臣爭經多相非毀者注又別占云官本注占作本

元和元年八月乙未晦日有蝕之錢大昭曰元和當作章和闘本亦誤案錢說是也官本亦失正

和帝永元二年壬午日有蝕之集解洪亮吉曰案今本二年下脫二月二字宜依宋本增入官本亦有二月二字案此壬午下不言晦朔本書和紀同然以後文晦三十七證之則當爲晦蓋本穀梁言日不言朔蝕晦日之例也

婦人之職無非無議官本議作儀與毛詩合柳從辰曰列女傳引詩正作議蓋本魯詩案儀議古本通作

安帝永初元年三月二日癸酉日有蝕之案春秋日蝕三傳各異前漢先晦一日者三後漢後朔一日者亦三自今言之月蝕多在望而日蝕必在朔其曰不在朔皆失朔也而前志引京房易傳曰凡日蝕不以晦朔者名曰薄人君誅將不以理或賊臣將暴起日月雖不同宿陰氣盛薄日光也五行家因文起例豈有定乎

七年四月丙申晦日有蝕之集解錢大昕曰至不可曉今案錢氏以後注引夷狄內攘句爲即夷狄內侵之異文其說亦誤蓋注所引潛潭巴丙申蝕占驗本闕夷狄內侵旱五字說另詳後

五年八月丙申朔日有蝕之注丙申蝕夷狄內攘今案占經作庚申日蝕夷狄內攘是丙申蝕乃庚申蝕之誤而此引潛潭巴曰十一字應在後延光三年九月庚申晦日有蝕之下因庚申誤爲庚寅故注文亦誤移於此錢大昕氏偶忘夷狄內攘四字本爲庚申蝕占驗故雖知注有誤而仍不免誤說也

後二歲三月鄧太后崩注建光二年鄧太后崩官本注無太字柳從辰曰二年乃元年之誤各本皆未正據紀太后實崩於元年且建光亦無二年也今案和熹之崩實爲永甯二年三月安帝於是年七月始改元建光則策書紀太后之崩必仍作永甯二年或二年不誤而建光乃追改之誤也

隴西酒泉朔方各㠯狀上史官不覺注案馬融集至㠯塞大異也今案馬融爲許令自縣上書就書中所言對策北宮端門證以本書融傳及傳注引續漢書明係順帝陽嘉四年以後之事又言三月一日合辰在婁後注引張衡表今年三月朔方覺日蝕說正同此疑陽嘉五年正月順帝以災青屢臻震食爲重詔羣

公百僚各上封事改元永和其三月又有日蝕之變融時在許故四月上書言之志失載耳融延光中未嘗外官陽嘉後由從事郎中轉爲武都太守或嘗先爲令而後爲太守傳亦略之耳此注乃以安帝延光四年三月日食當之則全屬錯誤注中如臣前得敦朴之人人當作徵皆曬圖身一時之權身當作伸則各相不大疢疾不大二字當作美其譌脫不勝舉也又注以獲死生之用官本注死生作生死

五年五月己丑晦日有蝕之注己丑蝕官本作日蝕己丑

九年正月辛卯朔日有蝕之注臣代其主官本注代作伐與占經合案桓帝崩靈帝由外藩入繼而代其位則作代亦自可通

六年十月癸酉朔日有蝕之趙相邑閒癸酉官本作癸丑與紀合

是月上聽讒廢宋皇后注勁風折樹官本折誤拆

十三年十月癸未朔日有蝕之注行義不明官本注行作仁與占經合

月二日三集解張永祚曰至和帝永元二年二月壬午不言晦朔是二日之一也今案月二日三者安帝永初元年三月二日癸酉元初三年三月二日辛亥及桓帝元嘉二年

第十八校補　二

七月二日庚辰是也至和帝永元二年二月壬午當爲晦者試觀以朔三十二皆具而晦三十七僅具三十六知此壬午亦晦也張氏數月二日三而遺桓帝時之月二日抑何說之疏耶

秋隗囂反侵安定注臣謀反徧周日集解先謙曰官本周作刺柳從辰曰據官本作刺則徧當爲儀今案此引春秋考異郵上文不詳未知就暈抱言抑就虹言也毛本作徧周日則是指日有暈臣謀反亦與隗囂反應惟虹蜺同爲蒙氣侵日應與投蜺並爲一類與日之光氣自變者不同前志日蝕之後惟記日光氣之異續志亂之非也

六年二月乙未白虹貫日錢大昭曰郎顗傳凡日傍色氣白而純者名爲虹貫日中者侵太陽也易傳曰公能其事序賢進士後必有喜反之則白虹貫日以甲乙見者譴在中台

五事尅端官本尅作克正字

郡國志一第十九　後漢書十九

梁　剡　令劉昭注補

王先謙集解

司隸　河南　河內　河東　弘農　集解先謙曰河南等七郡司隸所部也自漢至晉中歷三國漢晉有志國志獨闕數十年中郡縣改異不復相接陽湖洪亮吉撰三國疆域志武進謝鍾英補注同時盱眙吳增僅又作三國郡縣表三書實攷地理之巨助也國志采補曾有私願未知何時諸書別行末由參見今彙而輯之閒下己意使三朝分合粲然具陳攷漢晉者無時代隔越之嫌讀國志者無畺域茫昧之歎好古之士宜有取焉三家同者止載洪志謝吳獨有者惟列一家司隸三國屬魏爲司州洪云陳畱與以漢司隸所部三河宏農四郡及分河東郡立之平陽郡與分河南所立之滎陽置司州謝云杜恕傳恕太和中上疏稱兗豫司冀孫權傳黃龍元年權乃三分天下其司州之土以函谷關爲界兩傳所言皆紀當時語是司州置於文明之世非與置也晉志元和志皆云司州領河南河東河內宏農平陽五郡是司州無滎陽郡又魏志蘇峻河南中牟人鄭渾河南開封人晉志滎陽郡縣蓋魏末已省滎陽併河南故國志書法如此一統志魏置滎陽郡尋罷晉太始元年復置三國郡縣省置移易宜以最後爲斷洪謂司州領

虛受堂　一

郡六非也吳云范書百官志注引獻帝起居注建安十八年三月省司隸部以其郡分屬豫冀雍三州豫得河南郡雍得京兆扶風馮翊宏農四郡冀得河東河內二郡其後三輔屬長隸雍州而司隸何時復置三河宏農何時還屬史無明文晉志魏受禪置司州然魏因漢舊但有司隸校尉無司州刺史又并涼等州皆復置於黃初元年以此互證知魏置司州郎復置司隸也晉志又云晉遂定名司州通鑑云太康元年以司隸部置司州考司州之名魏時屢見證之晉志通鑑可見魏時司隸但通稱司州至晉太康始定名耳案吳表又有原武野王二郡卽少帝紀罷典農爲太守事然無屬縣也又魏司州得漢舊郡四分置平陽合五郡京兆馮翊扶風漢末改隸雍州

漢書地理志記天下郡縣本末及山川奇異風俗所由至矣今但錄中興以來郡縣改異及春秋三史會同征伐地名臣昭案志猶有遺闕今衆書所載不可悉記其春秋土地通儒所據而未備者皆先列焉集解錢大昕曰三史謂史記漢書及東觀記也吳志呂蒙傳注引江表傳權謂蒙曰孤統事以來省三史諸家兵書大有益又孫峻傳注引吳書留贊好讀兵書及三史晉書傅玄傳撰論三史故事評斷得失隋書經籍志吳太子太傅張溫撰三史略二十九卷皆指此以爲郡國志本志唯郡縣名爲大書其山川地名悉爲細注今進爲大字細注證發臣劉昭采集集解齊召南曰按舊注既進爲大字則每遇縣名自不應連書監本或斷或續殊欠

分曉今悉間字以別之先謙曰官本下細字作新

凡前志有縣名今所不載者皆世祖所并省也

【集解】錢大昕曰光武紀建武六年大司徒大司空二府陳奏并省四百餘縣即其事也然志所書者據順帝時版籍言之其所不載未必皆世祖并省如泰山之華志所無也而光武十王傳稱永平二年以華縣益琅邪國是明帝之世尚有華矣盧江之縱陽亦志所無也而謝承後漢書稱劉騊駼除縱陽長御覽騊駼仕鄧太后朝是安帝之時尚有縱陽矣但史文闕略不能備載其省併之由耳

前無今有者後所置也凡縣名先書者郡所治也

帝王世紀曰自天地設闢未有經界之制三皇尚矣諸子稱神農之王天下也地東西九十萬里南北八十五萬里及黃帝受命始作舟車以濟不通乃推分星次以定律度自斗十一度至婺女七度一名須女曰星紀之次於辰在丑謂之赤奮若於律為黃鐘斗建在子今吳越分野自婺女八度至危十六度曰玄枵之次一名天黿於辰在子謂之困敦於律為大呂斗建在丑今齊分野自危十七度至奎四度曰豕韋之次一名娵訾於辰在亥謂之大淵獻於律為太蔟斗建在寅今衞分野自奎五度至胃六度曰降婁之次於辰在戌謂之閹茂於律為夾鐘斗建在卯今魯分野自胃七度至畢十一度曰大梁之次於辰在酉謂之作噩於律為姑洗斗建在辰今趙分野自畢十二度至東井十五度曰實沈之次於辰在申謂之涒灘於律為中呂斗建在巳今晉魏分野自井十六度至柳八度曰鶉首之次於辰在未謂之叶洽於律為蕤賓斗建在午今秦分野自柳九度至張十七度曰鶉火之次於辰在午謂之敦牂一名

大律於律為林鐘斗建在未今周分野自張十八度至軫十一度曰鶉尾之次於辰在巳謂之大荒落於律為夷則斗建在申今楚分野自軫十二度至氐四度曰壽星之次於辰在辰謂之執徐於律為南呂斗建在酉今韓分野自氐五度至尾九度曰大火之次於辰在卯謂之單閼於律為無射斗建在戌今宋分野自尾十度至斗七度百三十五分而終曰析木之次於辰在寅謂之攝提格於律為應鐘斗建在亥今燕分野凡天有十二次日月之所躔也地有十二分王侯之所國也故四方方七宿四七二十八宿合百八十二星東方蒼龍三十二星七十五度北方玄武三十五星九十八度四分度之一西方白虎五十一星八十度南方朱雀六十四星百一十二度周天三百六十五度四分度之一度二千九百三十二里分為十二次一次三十度三十二分度之十四各以附其七宿間距周天積百七萬九百一十三里徑三十五萬六千九百七十一里陽道左行故太歲右轉凡中外官常明者百二十四可名者三百二十合二千五百星微星之數凡萬一千五百二十星萬物所受咸系命焉此黃帝創制之大略也而他說稱日月所照三十五萬里考諸子所載神農之地過日月之表近為虛誕及少昊氏之衰九黎亂德其制無聞顓頊□之所建帝嚳受定則孔子稱其地北至幽陵南暨交阯西蹈流沙東極蟠木日月所照莫不底焉是以建萬國而制九州至堯遭洪水分為十二州今虞書是也及禹平水土還為九州今禹貢是也是以其時九州之地凡二千四百三十萬八千二十四頃定墾者九百二十萬八千二十四頃不墾者千五百萬二千頃民口千三百五十五萬三千九百二十三人至於塗山之會諸侯承唐虞之盛執玉帛亦

有萬國是以山海經稱禹使大章步自東極至於西垂二億三萬三千三百里七十一步又使豎亥步南極北盡於北垂二億三萬三千五百里七十五步四海之內則東西二萬八千里南北二萬六千里出水者八千里受水者八千里名山五千三百五十經六萬四千五十六里出銅之山四百六十七出鐵之山三千六百九以供財用儉則有餘奢則不足以男女耕織不奪其時故公家有三十年之積私家有九年之儲及夏之衰棄稷弗務有窮之亂少康中興乃復禹迹孔甲之至桀行暴諸侯相兼逮湯受命其能存者三千餘國方於塗山十損其七民離毒政將亦如之殷因於夏六百餘載其間損益書策不存無以考之又遭紂亂至周尅商制五等之封凡千七百七十三國又減湯時千三百矣民眾之損將亦如之及周公相成王致治刑錯民口千三百七十一萬四千九百二十三人多禹十六萬一千人周之極盛也其後七十餘歲天下無事民彌以息及昭王南征不反穆王失荒加以幽厲之亂平王東遷三十餘載至齊桓公二年周莊王之十三年五千里內非天王九賓之御自世子公侯以下至於庶民凡一百八十四萬七千人除有土老疾定受田者九百萬四千人其後諸侯相并當春秋時尚有千二百國二百四十二年之中弒君三十六亡國五十二諸侯奔走不得保社稷者不可勝數至於戰國存者十餘於是縱橫短長之說相奪於時殘民詐力之兵動以萬計故崤有匹馬之禍宋有易子之急晉陽之圍縣釜而炊長平之戰血流漂鹵周之列國唯有燕衞秦楚而已齊及三晉皆以篡亂南面稱王衞雖得存不絕若綫然考蘇張之說計秦及山東六國戍卒尚存五百餘萬推民口數尚當千餘萬及秦兼諸侯置三十六郡其所殺傷

三分居二猶以餘力行參夷之刑收大半之賦北築長城四十餘萬南戍五嶺五十餘萬阿房驪山七十餘萬十餘年間百姓死沒相踵於路陳項又肆其餘烈故新安之坑二十餘萬彭城之戰雎水不流至漢祖定天下民之死傷亦數百萬是以平城之卒不過三十萬方之六國五損其二自孝惠至文景與民休息六十餘歲民眾大增是以太倉有不食之粟都內有朽貫之錢武帝承其資畜軍征三十餘歲地廣萬里天下之眾亦減半矣及霍光秉政乃務省役至於孝平六世相承雖時征行不足大害民戶又息元始二年郡國百三縣邑千四百八十七地東西九千三百二里南北萬三千三百六十八里定墾田八百二十七萬五百三十六頃民戶口三百二十三萬三千六百一十二口五千九百一十九萬四千九百七十八人多周成王四千五百四十八萬五十五人漢之極盛也及王莽篡位續以更始赤眉之亂至光武中興百姓虛耗十有二存中元二年民戶四百二十七萬千六百三十四口二千一百萬七千八百二十人永平建初之際天下無事務在養民迄於孝和民戶滋殖及孝安永初元初之間兵飢之苦民人復損至於孝桓頗增於前永壽二年二千六百七萬九百六口五千六萬六千八百五十六人墾田亦多單師屢征及靈帝遭黃巾獻帝即位而董卓興亂大焚宮廟劫御西遷京師蕭條豪傑並爭郭汜李傕之屬殘害又甚是以興平建安之際海內凶荒天子奔流白骨盈野故陝津之難以箕撮指安邑之東后裳不完遂有寇戎雄雌未定割剝庶民三十餘年及魏武皇帝尅平天下文帝授禪人眾之損萬有一存景元四年與蜀通計民戶九十四萬三千四百二十三口五百三十七萬二千八百九十一人又案正始五年揚威將

軍朱照日所上吳之所領兵戶九十三萬二千推其民數不能多蜀矣昔漢永和五年南陽戶五十餘萬汝南戶四十餘萬方之於今三帝鼎足不踰二郡郡加有食祿復除之民凶年飢疾之難見可供役裁若一郡以一郡之人供三帝之用斯民亦勤矣自禹至今二千餘載六代損益備於茲焉臣昭案謚記云春秋時有千二百國未知所出班固云周之始爵五而土三蓋千八百國轉相吞滅數百年間列國耗盡至春秋時尚有數十〔集解〕齊召南曰注北方元武三十五星九十八度四分度之一案蒼龍元武白虎朱雀各言星度之數下言周天三百六十五度四分度之一不應於北方星度獨言四分度之一也四分度之一五字自是衍文又元始二年郡國百三縣邑千四百八十七案前書地理志縣邑千三百一十四道三十二侯國二百四十一然則合計有千五百八十七也本文四百應是五百之訛又前書民戶千二百二十三萬三千六十一此作千三百二十三萬三千六十一前書口五十九萬四千九百七十八此作一千九萬四千九百七十八惠棟曰注乃推分星次以定律度王伯厚案通典云國之分野上配天象始於周季世紀所云益以星官之書自黃帝始也又注自斗十一度案費直周易分野壽星起斗十度蔡邕月令章句壽星起斗六度陳卓云斗十二度又注自婺女八度案費直起女六度蔡邕起女二度又注至危十六度案陳卓云十五度又注自危十七度案費直起危十四度蔡邕起危十度陳卓云十六度又注自奎五度案費直起奎二度蔡邕起奎八度又注自胃七度案費直起婁十度蔡邕起胃一度又注自畢十二度案費直起畢九度蔡邕起畢六度又注自井十六度案費直起井十二度蔡邕起井十度又注自柳九度案費直起柳五度蔡邕起柳三度又注至張十七度案陳卓云十六度又注自張十八度案費直起張十三度蔡邕起張十二度陳卓起張十七度又注自軫十二度案費直起軫七度蔡邕起軫六度又注今韓分野案陳卓云鄭之分野鄭元案堪輿書壽星鄭也作韓者誤又注自氐五度案費直起氐十一度蔡邕起亢八度又注自尾十度案費直起尾九度蔡邕起尾四度又注至斗十度案陳卓云斗十一度又注山海經禹使大章步自東極至於西垂垂一作極又二億三萬二千二一作三案山海經無此文淮南子墬形訓有之又案論衡漢舊儀所引山海經今皆無之則知近所傳本非全書矣海外東經唯有豎亥其文亦異高誘云大章豎亥善行人也郭璞云健行人又出水者一云出水之山者又名山五千三百五十經經字當在名山上又出銅之山四百六十七出鐵之山三千六百九以上皆中山經文也案彼文九下有十字又注永壽二年戶千六百七萬九百六近本戶皆作二又注陝津之難以箕撮指興平二年事也陝津陝縣孟津獻帝渡河餘人爭赴船者不可禁制董承以戈擊披之斷手指於舟中者可掬故云以箕撮指又安邑之東后裳不完見伏皇后紀先謙曰注定墾者九百二十萬八千二十四頃官本上二作三八作六豎亥步下以上文例之奪一自字北盡於北垂上北字衍非天王九儐之御官本儐作嬪凡一百八十四萬七千人一作千民戶口三百二十三萬三千六百十二官本口作千是十二上多一字文帝授禪授作受是壽星韓也韓滅鄭故亦稱鄭竹書可證惠以韓爲誤字非

河南尹秦三川郡高帝更名世祖都雒陽建武十五年改曰河南尹應劭漢官曰尹正也郡府聽事壁諸尹畫贊肇自建武

記於陽嘉注其清濁進退所謂不隱過不虛譽甚得述事之實後人是瞻足以勸懼雖春秋采毫毛之善貶纖介之惡不避王公無以過此尤著明也〔集解〕惠棟曰應劭云河南尹所以治周地秦兼天下置三川守河洛伊地漢更名河南太守也又注秦三川郡至攻曰河南尹案郡下所載沿革皆司馬本注也下又注此郡府聽事壁諸尹畫贊應劭傳曰父奉爲司隸時並下諸官府郡國各上前人像贊劭乃連綴其名錄爲狀人紀又謝承書朱穆爲冀州刺史臨當就道從事爲畫像置聽事上劉昫經籍志曰漢明帝畫讚五十卷案此則諸郡皆有畫讚不獨河南也馬與龍曰河南太守馬況見馬援傳注武勃見馮異傳丁綝見丁鴻傳河南尹歐陽歙王梁見本傳歙梁爲河南太守皆在建武十五年以前傳云爲河南尹蓋追改書之張伋見光武紀宋嵩見宋弘傳范遷薛昭見明帝紀郭賀袁安召馴張酺郭鎮見本傳郭唐見任光傳曹祉見歐陽歙傳王調見宋意傳應順見應奉傳蔡嵩見袁安傳注龐奮見南匈奴傳周暢見周嘉傳鄧豹見鄧后傳田歆見种暠傳趙戒見李固傳注梁冀梁不疑梁胤見梁冀傳霍諝羊陟杜密橋玄見本傳房植見黨錮傳鄧萬世見鄧后紀何豹見寇榮傳李膺楊秉劉祐馮緄見本傳朱野見朱穆傳朱瑀徐灌見靈帝紀何進何苗許相見進傳朱儁袁術王允見本傳楊懿見儁傳駱業見何后紀陳導見水經河水注崇隗見毅水注趙越見犒水注董昭夏侯惇司馬芝裴潛見魏志本傳龐迪見邴原傳王肅王恂見肅傳注劉靖見劉馥傳夏侯和見夏侯淵傳呂粹阮炳見杜畿傳注李勝見曹爽傳傅嘏王觀見本傳丞雙福見穀水注河南都尉公孫仁見公孫述傳仕郡孫堪見周澤傳又郡人召夔見周緦傳吳雄子訢孫恭見郭躬傳尹存見李固傳趙建章見臧洪傳注孟穢張延見靈帝紀任棠見龐參傳單超單安單匡見宦者單超傳麴聖卿見方術解奴辜傳潘勗見魏志衛覬傳趙達見吳志趙達傳徵崇見程秉傳先謙曰三國魏河南尹司馬芝王肅見本傳河南太守辛敞見辛毗傳謝云稱太守史駁文吳云建安十八年以郡屬豫州復置司隸自豫州移還

二十一城〔集解〕先謙曰三國魏河南尹領漢舊縣二十漢末改平陰曰河陰入宏農之陸渾爲二十二城

永和五年戶二十萬八千四百八十六口百一萬八百二十七〔集解〕惠棟曰李心傳云西漢戶口至盛之時率以十戶爲四十八口有奇東漢戶口率以十戶爲五十二口可準周之下農夫

雒陽摯虞曰古之周南今之雒陽魏氏春秋曰有委粟山在陰鄉魏時營爲圓丘皇覽曰縣東北山萇弘冢縣北芒山道西呂不韋冢〔集解〕惠棟曰案東京有南北宮相去七里中央作大屋複道三道行天子從中道從官夾左右十步一衞南宮有玉堂前後殿卻非殿宣室殿嘉德殿崇德殿雲臺殿九龍殿廣德殿安福殿飾欷殿銅馬殿敬法殿清涼殿鳳凰殿翔平殿竹殿黃龍千秋萬歲殿又侍中寺中黃門寺書室署內署及雲臺謻臺皆在南宮北宮有德陽殿章德殿章德前殿宣明殿溫明殿含德殿天祿殿壽安殿迎春殿永甯殿溫飭殿章臺殿章臺下殿又蠶室掖庭永巷署朔平署增喜觀九子坊皆在北宮東觀在南宮白虎觀在北宮尚書闔在南宮尚方在北宮兩宮各有衞士主之尚書省在神仙門內大尉司徒司空府開陽城門內司徒府中有百官朝會殿五營校尉前後左右將軍府皆在城中舊文殘缺舉其大端如此耳馬與龍曰雒陽令薑宣

索盧放虞延周紆見本傳李皐見樂恢傳楊光見鄭弘傳王渙任峻見樊準傳陳歆見張奮傳种蔬見班固傳祝良見麗參傳呂放呂禹見梁冀傳袁騰見寇榮傳虞祁見竇武傳孔昱見本傳周暉見周景傳周異見吳志周瑜傳司馬防見魏志司馬朗傳江雙見水注徐循見河水注荀融見荀彧傳注鄧颺見曹爽傳注劉焉見蜀志焉傳雒陽市令宿于異見五行志市丞石脩見耿恭傳門侯郅惲見本傳何湯見穀水注又縣人孟械見靈帝紀[illegible]郗慶鴻見廉范傳韓鴻見吳漢傳种暠子岱拂拂子邵見本傳郭賀祖父堅伯父游君見本傳孟光見蜀志光傳 **周時號成周** 公羊傳曰成周者何東周也何休曰周道始成王之所都也帝王世紀曰城東西六里十一步南北九里一百步晉元康地道記曰城內南北九里七十步東西六里十步為地三百頃十二畝有三十六步城東北隅周威烈王冢 **有狄泉在城中** 左傳僖二十九年盟于狄泉杜預曰城內太倉西南地水或曰本在城外定元年城成周乃繞之案此水晉時在東宮西北帝王世紀曰狄泉本殷之墓地在成周東北今城中有殷王冢是也又太倉中大冢周景王也〔集解〕先謙曰注地水官本地作池是 **有唐聚** 左傳昭二十三年尹辛敗劉師於唐 **有上程聚** 古程國史記曰重黎之後伯休甫之國也關中更有程地帝王世紀曰文王居程從都豐故此加為上程 **有士鄉聚** 馮異斬武勃地〔集解〕先謙曰見馮異傳 **有褚氏聚** 左傳昭二十六年王宿褚氏杜預曰縣南有褚氏亭〔集解〕惠棟曰褚音張呂反[illegible]又敕呂反 **有榮錡澗** 左傳周景王崩於榮錡氏杜預曰鞏縣西〔集解〕惠棟曰錡音魚綺反陸氏云 **有**

前亭 杜預曰縣西南有泉亭即泉戎也 **有圃鄉** 左傳昭二十二年單氏伐東圃杜預曰縣東南有圃鄉又西南有戎城伊雒之戎〔集解〕惠棟曰圃音魚呂反 **有大解城** 左傳昭二十三年晉師次於解杜預曰縣西南有大解小解〔集解〕惠棟曰解音蟹先謙曰前漢縣三國魏因為五都之一晉志云光武都洛陽魏氏受禪即都漢宮洪云有大谷孫堅進軍於此見孫破虜傳一統志今洛陽縣南舊志即水泉口謝云有無澗山見司馬芝傳裴注洛陽東北有金墉城見陳羣傳今洛陽縣東北有靈芝池見文帝紀有王并見魏略有宣武場魏明帝鬭猛獸處見寰宇記高貴鄉公葬縣西北三十里瀍澗之濱見漢晉春秋有洛水浮橋見曹爽傳晉志因一統志故城今河南府洛陽縣東北二十里 **河南** 帝王世紀曰城西有郟鄏陌太康畋於有雒之表今河之南本傳有員犢山〔集解〕惠棟曰京相璠云郟山名鄏地邑也說文鄏河南直城門官陌地也馬與龍曰本傳書列傳劉昆傳昆避難河南負犢山中彼注云郡國志河南郡有負犢山作員者形近致訛李賢所見本尚不誤 **周公時所城雒邑也春秋時謂之王城** 鄭玄詩譜曰周公攝政五年成王宅雒邑使召公先相宅既成謂之王城博物記曰王城方七百二十丈郛方一十里南望雒水北至陝山地道記曰去雒城四十里左傳定八年單子伐穀城杜預曰在縣西 **東城門名鼎門** 帝王世紀曰東南門九鼎所從入又曰武王定鼎雒陽西南雒水九鼎中觀是也〔集解〕惠棟曰注鼎中觀左傳桓二年臧哀伯曰武王克商遷九鼎於雒邑服虔注今河南有鼎中觀先謙曰注雒水九下有奪文 **北城門名乾祭** 左傳昭二十四年士伯立於乾

祭皇覽曰城西南柏亭西周山上周靈王冢民祠之不絕 **又有甘城** 杜預曰縣西南有甘泉〔集解〕惠棟曰京相璠云城在河南城西二十五里有甘水北入洛 **有蒯鄉** 左傳昭二十三年尹辛攻蒯晉地道記曰在縣西南有蒯亭〔集解〕惠棟曰蒯音苦怪反先謙曰前漢縣三國魏因洪云有千金堨魏明帝更修以堰洛水案當作穀水見洛陽記[illegible]謝云有夕陽亭見魏略楊沛傳[illegible]有芒山明帝欲平北芒見魏志[illegible]有伊闕見曹植洛神賦[illegible]吳云洛陽志魏省河南入雒陽晉復置案寰宇記云歷魏晉及後魏皆理於今苑城西北隅吳說非晉志因一統志故城今洛陽縣西北五里 **梁** 〔集解〕馬與龍曰梁令閻陽見王霸傳注又縣人張楷子玄見張霸傳 **故國伯翳後** 有陽人聚史記曰秦滅東周不絕其祀以陽人地〔集解〕齊召南曰史記秦滅東周不絕其祀以陽人地賜周君此脫三字惠棟曰晉志云戰國時謂為南梁別少梁也先謙曰洪云孫堅破董卓於陽人聚見孫破虜傳[illegible] **有霍陽山** 左傳哀四年楚為一昔之期襲梁及霍 **有注城** 史記曰魏文侯四十二年敗秦於注博物記曰梁伯好土功今梁多有城〔集解〕顧炎武曰梁國近秦注誤也先謙曰前漢縣三國魏因洪云建安九年楊奉屯梁見武紀晉志因一統志故城今汝州西四十里 **滎陽** 〔集解〕惠棟曰劉寬碑陰作熒縣有河瀆廟河堤謁者掌之禮祠與五嶽同見風俗通馬與龍曰有滎陽都尉見百官志注滎陽令曹嵩見趙咨傳又縣人閻章子暢見閻后紀服虔見儒林傳諸葛誕見魏志誕傳 **有鴻溝水** 文穎曰於滎陽下引河東南為鴻溝即官度水也〔集解〕惠棟曰應劭云在縣東南三十里

博物志一渠東南流經浚儀是始皇所鑿引河灌大梁謂之鴻溝 **有廣武城** 西征記曰有三皇山或謂三室山山上有二城東者曰東廣武西者曰西廣武各在一山頭相去二百餘步其間隔深澗漢祖與項籍語處 **有虢亭虢叔國有隴城** 左傳文二年盟于垂隴〔集解〕惠棟曰京相璠云垂隴鄭地今縣東二十里即此 **有薄亭有敖倉** [illegible]曰詩云薄獸于敖鄭玄曰敖地今近滎陽 **有費澤** [illegible]〔集解〕惠棟曰費澤無攷案注及濟水注當作滎澤先謙曰惠說是注滎官本作熒案熒澤古從火作熒者後人誤改辨詳前書熒陽以澤名前漢[illegible]國魏置河南郡後省還為縣洪云濟水注[illegible]詔書割河南郡縣置滎陽郡[illegible]頵傳考證漢末河南[illegible]滎陽郡以為晉太始二年置[illegible]晉志[illegible]統八縣一皆無原武以晉初[illegible]九武縣一在河南[illegible]原之省疑在嘉平初年也先謙[illegible]陽[illegible]文紀毋邱儉徙高句麗餘種於此[illegible]河內還軍此見武紀有都尉[illegible]里魏典農都尉治見[illegible]

故城今開封府滎澤縣西南十七里 **卷** 左傳成十年晉鄭盟修澤杜預曰縣東有修武亭〔集解〕惠棟曰卷字林音立權反韋昭音邱元反 **有長城經陽武到密** 史記蘇秦說襄王曰大王之地西有長城之界〔集解〕惠棟曰鄭元案竹書紀年梁惠成王十二年龍賈率師築長城於西邊自亥谷以南鄭所城矣竹書云是梁惠成王十五年築也 **有垣雝城或曰古衡雍** 史記無忌謂魏王曰王有鄭地得垣雍者也杜預曰即是衡雍又今縣所治城〔集解〕錢大昕曰垣衡聲相近 **有扈城亭** 左傳莊二十三年盟于扈杜預曰在縣西北〔集解〕先謙曰前漢縣三國魏因案武帝使徐晃擊破卷賊見晃傳晉志改屬滎陽一統志故城今懷慶府原武縣西北 **原武** 〔集解〕惠棟曰鄭元云春秋之原圃也馬與龍曰原武令歐陽歙見本傳先謙曰前漢縣三國魏因謝云武帝使于禁別屯原武徐晃擊破原武賊見本傳是建安中有原武縣后妃傳毛曾景初時為原武典農是魏省為典農都尉晉書河間王傳仕魏歷典農中郎將原武太守即少帝紀咸熙中罷典農為太守事元魏地形志原武晉罷是終魏世有此縣也晉志省一統志故城今河南府鞏縣西南三十里 **陽武** 有武疆城史記曰曹參攻武疆秦始皇東遊至陽武博浪沙中為盜所驚〔集解〕馬與龍曰陽武令張汜見王景傳先謙曰官本疆作彊是前漢縣三國魏因案曹洪擊下陽武見洪傳謝云袁紹進軍陽武見武紀晉志因改屬滎陽寰宇記晉廢一統志故城今開封府陽武縣東南 **中牟** 左傳宣元年諸侯救鄭遇於北林杜預曰縣西南有林亭在鄭北〔集解〕馬與龍曰中牟令魯恭繆肜見本傳落皓見靈帝紀楊原見魏志任峻傳主簿潘業見靈帝紀又縣人王方見魯恭傳潘勗見魏武紀注任峻子先覽見峻傳 **有圃田澤** 左傳曰原圃爾雅十藪鄭有圃田〔集解〕惠棟曰鄭元云澤在縣西西限長城東極官渡北佩渠水 **有清口水** 左傳閔二年遇于清杜預曰縣有清陽亭 **有管城** 杜預曰管國也在京縣東北漢書音義曰故管叔邑〔集解〕惠棟曰陸德明云本或作菅古顏反 **有曲遇聚** 前書曹參破楊熊 **有蔡亭** 〔集解〕先謙曰前漢縣三國魏因曹洪擊下中牟見洪傳謝云文帝封弟彰為中牟王見魏略有故市城徐晃史渙擊袁紹運車於故市烏巢見晃傳有官渡臺一名中牟臺武帝破紹於此又有曹操壘見裴松之北征記晉志改屬滎陽一統志故城今開封府中牟縣東 **開封** 左傳哀十四年逢澤有介麋杜預曰在縣東北遠疑徐廣曰逢地也〔集解〕惠棟曰注疑下諸本脫非字先謙曰官本有非字地作池是也見前志馬與龍曰開封令鄧甫德見鄧騭傳又縣人鄭興子眾袞孫見安世曾孫亮見興傳眾曾孫公業見本傳公業弟渾渾子崇見魏志先謙曰前漢縣三國魏因晉志因改屬滎陽自魏始一統志故城今祥符縣南五十里 **苑陵** 〔集解〕錢大昕曰前志作苑陵左傳杜注作苑陵苑苑宛古通用惠棟曰前志作苑亦作宛法雄傳作宛王元賓碑作菀陸氏音於阮反又於元反先謙曰官本作苑陵馬與龍曰縣人呂蒸見魯恭傳羊元羣見李膺傳 **有棐林** 左傳宣元年諸侯會于棐林杜預曰縣東有林鄉徐齊民北征記曰縣東南有大隧澗鄭莊公所闕又大城東臨濮水水東溹水注於洧城西臨洧水〔集解〕惠棟曰渠水又注引司馬彪郡國志云苑陵有林鄉亭與此異也史記蘇秦曰兵困於林中徐廣云鄭林

鄉也劉氏云林地名蓋春秋時鄭地之棐林在大梁之西棐音芳尾反又注縣東南有林鄉諸本皆脫南字 **有制澤** 左傳宣十年諸侯遷於制田杜預曰縣東有制城〔集解〕惠棟曰諸侯遷制田成十六年事注誤又制城依杜注城當作澤 **有瑣侯亭** 左傳襄十一年諸侯之師次於瑣杜預曰縣南有瑣侯亭〔集解〕惠棟曰瑣音素果反先謙曰前漢縣作苑陵三國魏因晉志因改屬滎陽謝云晉末省見寰宇記一統志故城今新鄭縣東北三十八里 **平陰** 〔集解〕惠棟曰應劭地理風俗記云縣故晉陰地陰戎之所居在平城之南故曰平陰馬與龍曰平陰令劉章見齊武王傳申屠剛見本傳又縣人左悺兄稱弟敏見單超傳先謙曰前漢縣漢末改曰河陰三國魏因洪云魏改河陰宋志魏立徵誤謝云晉書宣帝紀葬河陰郎此韓浩傳杜陽為河陰令見夏侯惇傳在建安中是河陰係桓靈後所改洪云魏改非案謝說是晉志曰河陰一統志故城今河南府孟津縣東 **穀城** 〔集解〕惠棟曰前志作成古字通以城為成見劉寬碑陰及韓勑別碑馬與龍曰穀城門候劉洪見律歷志 **瀍水出** 博物記曰出潛亭山〔集解〕惠棟曰注潛亭山前志作朁音潛 **有函谷關** 西征記曰函谷左右絕岸十丈中容車而已〔集解〕惠棟曰尚書大傳云隆谷元王鄭元云或作函谷今河南穀城西關山也文穎云舊在宏農縣衡山嶺今移在此衡一作衙馬與龍曰武帝紀元鼎三年徙函谷關於新安關地在新安穀城間穀水注可證志云有函谷關知關前漢屬新安後屬穀城也陰識傳為關都尉鎮函谷先謙曰前漢縣作穀成三國魏因謝云明帝采穀城文石見高堂隆傳晉省併入河內見寰宇記一統志故城今洛陽縣西北 **緱氏** 左傳呂相絕秦伯殄滅我費滑杜預曰滑國都於費今緱氏縣案本紀縣有百坏山干寶搜神記曰縣有延壽城〔集解〕惠棟曰緱古侯反先謙曰官本注城作亭據前志作城是馬與龍曰緱氏令劉興見齊武王傳李膺居緱氏教授常千人見本傳又縣人麗參見本傳孫堪見周澤傳李言見汝水注 **有鄔聚** 左傳王取鄔劉杜預曰鄔在縣西南〔集解〕惠棟曰鄔烏戶反杜預注縣西北有劉亭 **有轘轅關** 瓚曰險道名在縣東南〔集解〕先謙曰前漢縣三國魏因洪云有袁術固公路澗見洛水注有公路壘曹城袁曹相拒處見元和志謝云有塢鄉建安元年胡才楊奉之塢鄉見通鑑先謙案塢卽鄔也晉志因一統志故城今偃師縣南二十里故縣村 **鞏** 鞏伯國左傳曰商湯有景亳之命杜預曰縣西南有湯亭帝王世紀曰湯亭偃師又曰夏太康五弟須于洛汭在縣東北三十里〔集解〕惠棟曰注湯亭在偃師諸本脫在字馬與龍曰縣人尹勳伯父睦兄頌見勳傳 **有尋谷水** 左傳昭二十三年王師晉師圍鄩中史記曰張儀下兵三川塞什谷之口徐廣曰縣有尋口〔集解〕惠棟曰京相璠云在鞏洛渡東入洛謂之下鄩故有上鄩下鄩之名亦謂之北鄩又案左傳云王師晉師圍郊癸卯郊鄩潰杜預云縣西南有地名鄩中 **有東訾聚今名訾城** 左傳昭二十三年單子取訾杜預曰在縣西南晉地道記曰在縣之東〔集解〕惠棟曰昭二十四年陰不佞獻玉與之東訾訾音子斯反 **有坎埳聚** 左氏周襄王出國人納之坎埳杜預曰在縣東地道記在南〔集解〕惠棟曰姓氏英賢錄云坎氏宋附庸也服虔左傳解誼云鞏東邑京相璠云鞏東地名坎欿在洞水東鄙元據晉太康地記晉書地道記二書言

在鞏西坎苦感反欿大感反又注地道記在南依水經注南當作西先謙曰注左氏氏例當作傳此駁文**有黃亭有湟水**左傳昭二十三年王子猛居于湟杜預曰有黃亭在縣西北集解惠棟曰京相璠云訾城北三里有黃亭陌注居于湟今左傳作皇又注縣西北今左傳注云西南二十三年三當作二**有明谿泉**左傳昭二十三年賈辛軍於谿泉集解惠棟曰注谿泉杜預云在縣西南先謙曰前漢縣三國魏因案鞏縣不見於國志紀傳沈約宋書州郡志云今推以續漢郡國校太康地志參伍異同用相徵驗自漢至宋郡縣無移改者則注云漢舊其有回徙隨源甄別若推云某無者則此前皆有今改沈志司州刺史下云鞏漢晉縣是三國魏有此縣也據此例錄之後同不復出晉志因一統志故城今鞏縣西南三十里**成睪**史記曰成睪北門名王門左傳破燕師於北制杜預曰北制一名虎牢亦即此縣也穆天子傳曰七萃之士生搏虎而獻天子命為柙而畜之東虢是曰虎牢左傳曰鄭子皮勞晉韓宣子於索氏杜預曰縣東有大索城尚書禹貢至於大坯張揖云成睪縣山又有旋門坂縣西南十里見東京賦云集解錢大昕曰睪當作皋字形相涉而譌河內郡平皋志亦譌為睪先謙曰官本作皋注王作玉是無云字馬與龍曰成皋令杜詩見本傳司馬朗見魏志朗傳沐並見常林傳注又縣人呂強見宦者傳**有旃然水**左傳襄十八年楚伐鄭次旃然集解惠棟曰杜預云水出縣東入汴**有瓶丘聚有漫水**集解先謙曰即鄭水詳前志**有汜水**左傳曰周襄王處鄭地汜集解錢大昕曰襄王所處在潁川之襄城注文重出當去此存彼惠棟曰春秋傳成四年取汜祭杜預云鄭地成皋縣東有汜水孔潁達云字書水旁已為汜水旁巳為氾字相亂也漢書音義古為氾今汜水上源為巳谷陸德明云汜音凡或音祀

案杜預釋例土地名云周王出居於汜楚成鄭師於汜此南汜也襄城縣南汜城是秦軍汜南晉伐鄭師於汜此東汜也滎陽中牟縣南汜澤是皆非成皋之汜水也注誤當刪先謙曰前漢縣作成皋三國魏因晉志因一統志故城今開封府汜水縣西北**京**鄭共叔所居左傳云謂之京城大叔應劭曰有索亭楚漢戰京索北征記又有索水集解惠棟曰申不害京人劉向別錄云今河南京縣是也晉灼云索音柵故水經注或作柵也晉書地道記云京有大索小索亭也馬與龍曰京令賈琮見本傳夏勤見樊儵傳又縣人陶敦見順帝紀先謙曰前漢縣三國魏因謝云曹洪擊下京縣見洪傳晉志因改屬滎陽一統志故城今滎陽縣東南二十一里**密**春秋時曰新城傳曰新密僖六年諸侯圍新城杜預曰一名密縣集解惠棟曰說文有蒸亭杜預釋例云洧水出縣西北陽城山東南至潁川長平縣入潁案今杜注云新城鄭新密今滎陽密縣注當有脫誤馬與龍曰密令卓茂見本傳孔志見光武紀注又縣人侯霸見本傳**有大騩山**山海經曰大騩之山其陰多鐵多美堊有草焉狀如蓍而毛青華而白實其名曰蒩服者不夭集解惠棟曰注多美堊今山海經云多美玉青堊又服者不夭者今作之**有梅山**左傳曰襄十八年楚伐鄭右迴梅山在縣西北集解惠棟曰左傳注作東北**有陘山**史記魏襄王六年伐楚敗之陘山秦破魏華陽地亦在縣杜預遺令曰山上有冢或曰子產墓東北向新鄭城不忘本也集解惠棟曰司馬彪云華陽亭名在密縣先謙曰前漢縣三國魏因謝云寰宇記晉太始二年分河南置陽翟郡以密縣屬焉是未分陽翟時密屬河南也有雞洛山曹仁擊破袁紹將韓荀於此見仁傳即洧水注之雞洛塢也晉志因改屬滎陽一統志故城今密縣東南三十里**新城**左傳曰文十七年周敗戎于邥垂杜預曰縣北有垂亭史記秦遷西周公於𢠸狐徐廣曰與陽人聚相近在雒陽南百五十里梁新城之間集解惠棟曰前志作成古字通呂氏春秋韓氏城新城期十五日而成高誘云新城今河南新城是也故戎蠻子之國服虔左傳解誼云鄤垂在高都南馬與龍曰新城長李歷見李郃傳**有高都城**史記蘇代說韓相國以高都與周者**有廣城聚**有廣城苑集解惠棟曰河南十二縣簿云廣成澤在新城縣界黃阜洪頤煊曰陳蕃傳車駕幸廣成校獵李注廣城苑名在今汝州梁縣西馬融傳作廣成先謙曰官本城並作成苑作苑**有鄤聚古鄤氏今名蠻中**左傳昭十六年楚殺鄤子杜預曰縣東南有蠻城又祭遵破張滿也集解惠棟曰說文新城蠻中古蠻字或相通也成十六年陸渾蠻氏侵宋杜注與昭七年同先謙曰前漢縣作新成三國魏因謝云少帝紀注魏書有征西將軍新城侯臣昭即此晉志因一統志故城今洛陽縣南**偃師**帝王世紀曰帝嚳所都殷盤庚復南亳是為西亳皇覽曰北有皐繇祠又曰有湯亭有湯祠集解惠棟曰前書匽作偃馬與龍曰偃師長祭彤見本傳李基見李固傳注又縣人郤儉子揖孫正見蜀志正傳**有尸鄉**帝王世紀曰尸鄉在縣西三十里**春秋時曰尸氏**左傳昭二十六年劉人敗子朝之師於尸氏前書田橫自殺處集解先謙曰前漢縣作偃師三國魏因洪云寰宇記縣至晉始并入洛陽則三國時有此縣也謝云有首陽山黃初三年表為壽陵見文紀晉志省一統志故城今偃師縣治**新鄭**集解馬與龍曰新鄭長楊沛見魏志賈逵傳注**詩**

鄭國祝融墟皇甫謐曰古有鄭國黃帝之所都集解惠棟曰世本文公徙鄭宋忠云即新鄭皇覽云子產冢在城西南大冢是先謙曰此與密縣注子產冢複出前漢縣三國魏因洪云元和志縣晉始省謝云寰宇記魏因之有萬歲亭荀彧為亭侯見彧傳馬與龍云韓浩為亭侯見武帝紀注晉志省一統志故城今新鄭縣北**平**集解惠棟曰熹平中天下大旱縣人蘇騰字元成夢陟首陽以狀上天子下三府遣使者登山請雨雨即降蔡邕集作平陽蘇騰誤也先謙曰閣本脫今補官本有前漢縣三國魏因謝云陳羣為平令見羣傳晉志省一統志故城今孟津縣東**河內郡**高帝置雒陽北百二十里集解馬與龍曰河內太守韓歆見岑彭傳寇恂牟長宋均任延曹褒馬棱樊準黃昌周景周舉魏朗朱傳見本傳徐盛見單超傳張楊見董卓傳劉勳見華佗傳王匡見獻帝紀李敏見魏志公孫度傳繆尚魏种見武紀辛毗見辛毗傳劉靖見劉馥傳向豹郡丞鄧方見濟水注功曹杜詩見本傳郡吏李章見本傳李奇見蔡邕傳又郡人藥崧見鍾離意傳司馬直見張讓傳趙商見鄭玄傳趙承見李固傳韓浩見魏志夏侯惇傳荀緯見王粲傳王象見衛覬傳先謙曰三國魏因吳云建安十八年以屬冀州復置司隸自冀州移還**十八城**集解先謙曰三國魏河內郡領漢舊縣十七城蕩陰改屬魏郡洪云朝歌郡魏黃初中分河內郡置領朝歌汲共林慮獲嘉脩武六縣謝云魏志楊俊河內獲嘉人張範河內脩武人蓋朝歌郡已廢入河內故承祚書法如此元和志晉武改朝歌為汲郡案晉志太始二年置汲郡賈充傳充薨時為汲郡典農中郎將少帝紀咸熙元年

罷屯田官諸典農皆爲太守原武野王宜陽三縣以典農中郞爲太守其時三縣皆升爲郡充爲汲典農廢典農爲太守故汲亦號爲郡晉受禪後遂分河內立汲郡非魏朝歌至晉改爲汲郡也吳云洪志錄朝歌郡蓋據晉志序例考魏時諸臣無守此郡者魏承漢制每郡皆置郡丞諸曹掾吏而魏志諸傳及裴注中亦不見有居是官者則朝歌立郡未久也晉志於汲郡下不言朝歌改名通鑑胡注紀曹魏冀州統郡之數亦不及朝歌先謙案謝吳說是**戶十五萬九千七百七十口八十萬一千五百五十八**

懷【集解】馬與龍曰懷令董宣趙熹見本傳張峻見清河孝王傳虞詡見本傳劉丞見濟水注又縣人蔡茂李章見本傳李子春見趙熹傳**有隰城**左傳曰王取鄭隰城杜預曰在縣西南傳又曰郤至與周爭鄇田杜預曰縣西南有鄇人亭【集解】惠棟曰注鄇音侯呂沈音候本又作候人先謙曰前漢縣三國魏因謝云曹爽誅王渾超爲懷令見晉書渾傳晉志因一統志故城今懷慶府武陟縣西南

河陽左傳曰王與鄭盟杜預曰縣南孟津【集解】惠棟曰春秋傳云天王狩于河陽十三州志云治河上酈元云孟津河也馬與龍曰縣人張玄見儒林傳**有湛城**【集解】惠棟曰酈元云湛水所經先謙曰前漢縣三國魏因晉志因一統志故城今孟縣西三十五里

軹左傳曰王以蘇忿生田向與鄭杜預曰縣西北地名向上【集解】惠棟曰軹音章是反水經湛水出縣西北山注引京相璠云或云今軹西有地名向闞駰十三州志云縣南山西曲有故向城即周向國也先謙曰程恩澤云此蘇采地非向國見前志馬與龍曰軹長樊曄見本傳**有原鄉**左傳曰王與鄭原杜

預曰沁水西北有原城**有淏梁**左傳曰襄十六年諸侯會淏梁【集解】惠棟曰杜預云淏水出縣東南至溫入河先謙曰前漢縣三國魏因謝云甘露元年正元三年靑龍見軹井中見少帝紀有鍾繇塢見濟水注有軹關司馬懿於此西還長安見郭長世語晉志因一統志故城今濟源縣南十三里

波有絺城左傳曰王與鄭絺杜預曰在野王縣西南【集解】惠棟曰絺說文作郗先謙曰前漢縣三國魏因馬與龍云晉志省杜注絺不言波縣亦晉省縣之證一統志故城今濟源縣東南二十里

沁水山海經曰沁水出井陘東【集解】惠棟曰說文有鄆鄉字林沁先社反郭璞三蒼解詁沁音狗沁之沁韋昭音思金反先謙曰前漢縣三國魏因晉志因一統志故城今濟源縣東北王寨城

野王【集解】馬與龍曰野王令王梁見光武紀張朔見李膺傳劉梁見魏志王粲傳注**有太行山**山海經曰其上有金玉下有碧有獸焉其狀如麋而四角馬尾而有距其名曰驒還驪食其說曰杜太行之道韋昭曰在縣北【集解】惠棟曰淮南高注太行在今上黨直野王縣又呂覽注山在野王之北上黨關也水經注云詩所謂徒殆野王道傾蓋上黨關即此山也注如麋今山海經作如麢羊又云其名曰驛善還驛音驒還旋旋儛也先謙曰官本驪作酈是**有射犬聚**世祖破青犢也【集解】先謙曰見光武紀**有邢城**史記曰紂以文王九侯鄂侯爲三公徐廣曰鄂一作邢武王子封在縣西北【集解】惠棟曰京相璠云縣西北三十里有故邢城邢臺說文邢又讀作區先謙曰前漢縣作埜王三國魏因洪云眭固屯射犬聚見武紀有石門司馬孚爲魏典農中郞將所造見沁水注謝云明帝鑿大行之石英見高堂隆傳有東市

張楊欲救呂布出兵於此見楊傳通鑑胡注在野王縣晉書太原王輔魏末爲野王太守即咸熙中罷典農爲太守事吳云陳留王時別立郡晉志因一統志故城今河內縣治

溫【集解】馬與龍曰初平二年封王允爲侯見允傳又封呂布爲侯見布傳溫令王渙見本傳許續見陰溝水注張緝見魏志張旣傳又縣人常林子旹靜見魏志林傳趙咨司馬雋子防孫朗懿孚朗子遺望孫洪見朗傳司馬芝見芝傳**蘇子所都濟水出王莽時大旱遂枯絕**皇覽曰縣郭東濟水南有虢公冢【集解】先謙曰前漢縣三國魏因晉志因一統志故城今溫縣西南三十里

州【集解】惠棟曰春秋傳州縣欒豹之邑也昭三年晉平公以賜公孫段先謙曰前漢縣三國魏因[illegible]晉志因一統志故城今河內縣東南四十里

平皋【集解】先謙曰即平皋已說見河南郡**有邢丘故邢國周公子所封**臣瓚曰丘名也非國在襄國西【集解】惠棟曰東觀記馬援上書云成皐令印皐字爲白下羊丞印四下羊則知皐睪二字漢時已相淆亂隸書劉寬碑陰亦作平睪又酈元云案春秋宣公六年赤狄伐晉圍邢丘晉侯送女於楚送之邢丘即是處也非無城之言師古從酈說**有李城**史記曰邯鄲李同卻秦兵趙封其父李侯徐廣曰即此城【集解】先謙曰前志作平皋三國魏因晉志因一統志故城今溫縣東二十里

山陽邑【集解】錢大昕曰順帝阿母宋娥封山陽君馬與龍曰張敬封山陽西鄉侯見桓帝紀注建安二十五年魏王丕稱天子奉帝爲山陽公都濁鹿城魏靑龍二年薨孫康立晉太康六年薨子瑾立太康十年薨子秋立永嘉中國除見獻帝紀**有雍城**杜預曰古雍國在縣

西【集解】惠棟曰雍伯爵周器有雍公緘鼎**有蔡城**蔡叔邑此猶鄭管城之類乎【集解】洪頤煊曰沁水注□□□丹水逕鄭城西司馬彪郡國志山陽有鄭城京相璠云河內山陽西北六十里有鄭城竹書紀年梁惠王元年趙成侯偃韓懿侯若伐我葵即此城也與劉昭本異先謙曰前漢縣三國魏因謝云公國以封獻帝見文帝紀洪云有禪陵獻帝陵也晉志因一統志故城今修武縣西北三十五里

武德【集解】馬與龍曰漢獻帝延康元年封曹叡爲侯國見河水注鄭稱爲武德侯傳見魏志文紀注又縣人王奐見范冉傳先謙曰前漢縣三國魏因晉志省一統志故城今武陟縣東南

獲嘉侯國【集解】錢大昕曰馮石所封獲嘉公主子馬與龍曰縣人楊俊見魏志趙越見清水注先謙曰前漢縣三國魏因晉志改屬汲郡一統志故城今衛輝府新鄉縣西南十二里

修武【集解】馬與龍曰歐陽參封修武仁亭侯見桓帝紀注修武令陳蕃宗慈見本傳又縣人衞颯見本傳張導見漳水注張範見三國魏志**故南陽秦始皇更名有南陽城**左傳僖四年晉文公圍南陽史記曰白起攻韓南陽太行道絕之山海經曰太行之山清水出焉郭璞曰修武縣北黑山亦出清水【集解】惠棟曰馬融云晉地自朝歌以北至中山爲東陽朝歌以南至軹爲南陽應劭地理風俗記云河內殷國也周名之爲南陽又云晉始啟南陽今南陽城是也呂覽高注襄王賜南陽之地本河之北晉之山南故言南陽今河北陽樊溫之屬是也**陽樊攢茅田**服虔曰樊仲山之所居故名陽樊杜預曰縣西北有攢城左傳定元年魏獻子田大陸杜預曰西北吳澤也【集解】先謙曰左傳下官本有曰字魏安釐王時荐

爲秦有見魏世家

有小修武聚春秋曰甯史記曰高祖得韓信軍小修武晉灼曰在城東〔集解〕惠棟曰注甯文五年陽處父聘於衞反過甯是也

有隤城左傳隱十一年以隤與鄭〔集解〕惠棟曰京相播云在縣北隤徒回反先謙曰前漢縣三國魏因晉志改屬汲郡一統志故城今獲嘉縣治

共〔集解〕惠棟曰荀子云武王之誅紂也至共頭而山隧注云共縣之山名馬與龍曰共令周滎見本傳丞范羌見耿恭傳

本國〔集解〕先謙曰周共伯和國詳前志

淇水出前志注曰水出北山博物記曰有奧水流入淇水有綠竹草

有汎亭凡伯邑〔集解〕惠棟曰袁山松郡國志汎亭周凡伯國杜預云在縣東南先謙曰凡城見清水注前漢縣三國魏因謝云有重門齊王紀營齊王宮於河內重門惲毓鼎云晉景帝紀御覽引魏志內下並有之字按宋本國志有之字重門地名在河內共縣西北二十里晉志因改屬汲郡一統志故城今輝縣治

汲晉地道記曰有銅關〔集解〕惠棟曰前書武紀云有新中鄉馬與龍曰汲令張歆見張禹傳崔瑗桓鸞見本傳國老王喜廷掾鄭篤功曹邠勤見清水注又縣人杜詩見本傳杜宣見清水注先謙曰前漢縣三國魏因謝云于禁樂進至汲縣焚燒堡聚見禁傳晉志置郡一統志故城今汲縣西南

朝歌有鹿腹山〔集解〕惠棟曰晉書地道記云本沬邑錢大昕曰腹當作腸先謙曰說見下馬與龍曰朝歌長虞詡見本傳吳質見魏志王粲傳又縣人向長見逸民傳向詡見獨行傳

紂所都居帝王世紀曰紂糟丘酒池肉林在城西前書注曰鹿臺在城中

南有牧野去縣十七里〔集解〕惠棟曰牧一作坶說文云縣南七十里

北有邶國南有寍鄉史記無忌說魏安僖王曰通韓上黨於共寍徐廣曰有寍鄉左傳襄二十三年救晉次雍榆杜預曰縣東有雍城是也〔集解〕先謙曰左傳下官本有曰字前漢縣三國魏因吳云建安十七年以縣益魏郡魏省朝歌郡還本郡洪云有黑山武帝大破于毒眭固等於此見武紀有枋頭武帝於淇水口下大枋木成堰過淇水以通漕運因名見淇水注謝云袁紹入鹿陽山破斬于毒見通鑑晉志改屬汲郡一統志故城今淇縣東北

蕩陰〔集解〕馬與龍曰蕩陰令葛龔見本傳

有羑里城韋昭曰羑音酉文王所拘處〔集解〕惠棟曰酈元云羑水出縣西北韓大牛泉歷黃澤入蕩先謙曰前漢縣三國魏因改隸魏郡洪吳並云建安十七年以縣益魏郡見武紀晉志因一統志故城今彰德府湯陰縣西南

林慮〔集解〕惠棟曰慮力於反酈元云縣有黃水出於神囷之山黃華谷北崖馬與龍曰耿承襲公主爵爲林慮侯見耿弇傳林慮長鍾皓見循吏傳序夏馥入林慮山中隱匿姓名見本傳又縣人杜喬見本傳

故隆慮殤帝改〔集解〕先謙曰避帝諱改

有鐵徐廣曰洹水所出蘇秦合諸侯盟處班叔皮游居賦亦曰漱余馬乎洹泉嗟西伯於牖城〔集解〕先謙曰前漢縣作隆慮三國魏因吳云建安十七年以縣益魏郡魏省朝歌郡還本郡晉志改屬汲郡一統志故城今林縣治

河東郡秦置雒陽西北五百里博物記曰有山澤近鹽沃土之民不才漢興少有名人大衣冠三世皆衰絕也〔集解〕馬與龍曰河東太守李文見鄧禹傳焦貺見鄭弘傳焦永見樂恢傳史弼劉祐董卓王邑見本傳耿援見耿弇傳注左勝見趙岐傳單安見

單超傳潘係見汾水注韓述見魏志韓暨注杜恕趙儼杜畿見魏志本傳賈穆見管寍傳注任昭郡吏上官崇見王昶傳注文學樂詳見杜恕傳掾衞固見鍾繇傳注郡都尉樊暐見本傳又第五倫將家屬客河東見本傳郡人朱山見黃琬傳裴瑜魏劭陶丘洪見史弼傳王喬見方術傳馬適匡見樊暐傳裴畢見渭水注董經見魏志管寍傳注杜摯見劉劭傳先謙曰三國魏因分置平陽郡吳云建安十八年以郡屬冀州復置司隸自冀州移還黃初三年立曹霖爲河東王六年改封館陶縣王還國爲郡甘露三年以封司馬昭爲晉公謝云正始八年分河東汾北之十縣爲平陽郡見少帝紀

二十城〔集解〕先謙曰三國魏河東郡領漢舊縣十一城平陽郡領漢舊縣九復置狐讘爲十城洪志平陽郡領十二縣蓋據晉志吳云據魏志平陽祇領十縣端氏縣在沁水東濩澤縣在沁水西皆非汾北之地澤州一志云端氏濩澤二縣屬河東郡後漢及魏皆因之晉改屬平陽郡一統志表於曹魏平陽郡下亦不列此二縣蓋爲近實謝云洪志狐讘漢舊縣中興後省魏復置寰宇記魏別置狐讘縣則縣非前漢時舊地案寰宇記曹魏狐讘縣高齊置臨河郡隋爲永和縣先謙案吳說十縣是狐讘縣洪謝說是一統志故城今隰州永和縣西南

戶九萬三千五百四十三口五十七萬八百三

安邑帝王世紀曰縣西有鳴條陌湯伐桀戰昆吾亭左傳昆吾與桀同日亡地道記咸山在南〔集解〕惠棟曰世本居篇魏昭子從安邑先謙曰咸上脫巫字班志可證昭子魏絳馬與龍曰安邑令毛義見鄭均傳長尹儉見滍水注閔仲叔客居安邑見周燮等傳序又縣人魏覬見魏志

有鐵有鹽池前志曰池在縣西南魏都賦注曰在猗氏六十四里楊佺期雒陽記曰河東鹽池長七十里廣七里水氣紫色有別御鹽四面刻如印齒文章字妙不可述〔集解〕惠棟曰王符云郤犨采于苦曰苦城地在鹽池東北後人書之或爲枯齊人聞其音則書之曰車燉煌人見其字呼之曰車城又注長七十里廣七里說文云池袤五十一里廣七里周百十六里先謙曰注在猗氏下奪文今文選魏都賦注云猗氏南有鹽池東西六十四里南北七十里前漢縣三國魏因謝云侯國毋邱儉封安邑侯見魏志儉傳晉志因一統志故城今解州夏縣北

楊有高梁亭左傳曰僖九年晉懷公死高梁杜預曰在縣西南地道記有梁城去縣五十里叔嚮邑也〔集解〕齊召南曰志引左傳紀年多訛晉文公入國而後殺懷公於高梁是僖公二十四年事惠棟曰竹書紀年晉出公二十年智伯瑤城高梁先謙曰前漢縣三國魏因改屬平陽郡見寰宇記引晉地道記謝云徐晃河東楊人見晃傳時尚仍舊晉志因屬平陽一統志故城今洪洞縣東南

平陽〔集解〕惠棟曰世本居篇韓貞子居平陽平陽在山西宋忠云今平陽縣竹書紀年晉烈公元年韓武子都平陽先謙曰班志自注韓武子玄孫貞子居此說詳彼注馬與龍曰縣人梁鮪見殤帝紀注

侯國左傳曰成七年諸侯盟馬陵杜預曰衞地也平陽東南地名馬陵又說在魏郡元城〔集解〕先謙曰衞當作魏錢大昕曰馮奮所封平陽公主子馬與龍曰建初二年封曹參後曹湛爲侯見韋彪傳建初八年馮奮襲主爵爲侯永元七年復封奮兄勁爲侯奉公主祀見馮勤傳侯相延篤見本傳

有鐵堯都此晉地道記曰有堯城〔集解〕先謙曰前漢縣三國魏因置郡見少帝紀謝云鍾繇傳匈奴單于作

亂平陽繇率諸軍圍之卽此吳云公國正始七年巳氏公琮轉封此謝云見鄧哀王沖傳晉志因一統志故城今臨汾縣西南

臨汾博物記曰有賈鄉賈伯邑集解惠棟曰說文鄈河東臨汾地卽漢之所祭后土處馬與龍曰臨汾令葛龔皇甫嵩見本傳吉茂見魏志常林傳注**有董亭**左傳曰晉改蒐于董杜預曰縣有董亭集解先謙曰前漢縣三國魏因改屬平陽見寰宇記謝云司馬芝傳有臨汾公主卽此晉志因屬平陽一統志故城今絳州東北

汾陰博物記曰古之綸少康邑集解惠棟曰案梁國虞縣有綸城少康邑注失考馬與龍曰汾陰令丁邯見百官志**有介山**縣西北有狐谷亭郭璞爾雅注曰縣有水口如車輪許濆沸涌出其深無限名之爲濆集解惠棟曰注狐谷亭案左傳注春秋之狐廚也先謙曰前漢縣三國魏因見寰宇記謝云徐晃傳韓遂馬超反關右遣晃屯汾陰以撫河東卽此晉志作汾陽謝云咸熙中郭正封汾陽子見郭淮傳孟容云郡國志寰宇記並有汾陰無汾陽晉志河東郡有汾陽而注家於汾陰汾陽並云在榮河縣北疑咸熙中改汾陰爲汾陽也一統志故城在榮河縣北

蒲坂集解惠棟曰前志作反案劉寬碑陰亦作反古字皆以阪爲反也馬與龍曰蒲坂令許君然見孔僖傳游楚徐英見魏志張旣傳注嚴幹見裴潛傳注**有雷首山**史記趙盾田首山息桑下有餓人祇彌明縣南二十里有歷山舜所耕處又伯夷叔齊隱於首陽山馬融曰在蒲坂華山之北河曲之中集解惠棟曰闞駰云一名獨頭山先謙曰注祇彌官本作示眯**有沙上亭**左傳曰文十二年秦晉戰河曲杜預曰在縣南湯伐桀孔安國曰河曲之南集解先謙曰前漢縣作蒲反三國魏因洪云有蒲津關魏武西征馬超韓遂夜渡此有風陵關一名風陵津魏武西征自潼關北渡卽此晉志因一統志故城今蒲州府城東南

大陽有吳山集解惠棟曰晉志云周武王封西周太伯後於此馬與龍曰大陽長朱南又縣人侯武陽見魏志管寧傳注**上有虞城**杜預曰虞國也帝王世紀曰舜嬪於虞虞城是也亦謂吳城史記秦昭王伐魏取吳城卽此城也皇覽曰盜跖冢臨河博物記曰傳巖在縣北集解惠棟曰注盜跖冢臨河案皇覽冢臨河曲直宏農華陰山潼鄉注脫曲字也**有下陽城**虢邑左傳曰僖二年虞晉所滅縣東北三十里**有茅津**左傳曰秦伐晉遂自茅津濟杜預曰在縣西南有茅亭卽茅城**有顛軨坂**左傳曰入自顛軨博物記曰在縣鹽池東吳城之北今之吳坂杜預曰在縣東北集解惠棟曰軨音零阪音反先謙曰前漢縣三國魏因謝云高士傳焦先漢末自陝徙居大陽卽此晉志因一統志故城今解州平陸縣東北十五里

解左傳曰咎犯與秦晉大夫盟於郇杜預曰縣西北有郇城博物記曰有智邑集解惠棟曰王符云晉張侯張老實爲大家河東解邑有張城有西張城豈晉張之祖所出耶又注郇音荀臣瓚云汲郡古文晉武公城郇以賜大夫原黯是爲郇叔馬與龍曰解長李孚見魏志賈逵傳注縣人王卓見順帝紀注關羽子興孫統彝見蜀志本傳**有桑泉城**左傳僖二十四年晉文公入桑泉杜預曰在縣西二十里**有臼城**左傳曰晉文公入取臼衰者也杜預曰在縣東南博物記曰臼季邑縣西北卑耳山縣西南齊桓公西伐所登集解惠棟曰京相璠云桑泉臼衰並在縣東南**有解城**左傳僖十五年晉侯賂秦內及解梁城集解先謙曰

官本內作伯**有瑕城**左傳文十二年秦侵晉及瑕杜預曰猗氏縣東北有瑕城集解惠棟曰京相璠云縣西南五里有郇瑕城先謙曰前漢縣三國魏因晉志因一統志故城今臨晉縣西南五姓湖北

皮氏集解馬與龍曰皮氏長趙岐見本傳**有耿鄉**尚書祖乙徙耿左傳閔元年晉滅耿杜預曰縣東南有耿鄉博物記曰有耿城集解惠棟曰服虔云耿姬姓司馬貞案地記云在汾水南**有鐵有冀亭**左傳僖二年晉荀息曰冀爲不道杜預曰國在縣東北史記蘇代說燕王曰下南陽封冀集解先謙曰前漢縣三國魏因改屬平陽見輿地廣記謝云賈逵傳逵過皮氏曰爭地先據者勝卽此晉志因屬平陽一統志故城今絳州河津縣西二里

聞喜邑博物記曰縣治涑之川史記曰伐韓到乾河郭璞曰縣東北有乾河口但有故溝處無復水左傳曰僖三十一年晉蒐清源杜預曰在縣北集解錢大昕曰和帝女聞喜公主惠棟曰劉寬碑陰作熹古字通說文有鄭聚有郿鄉又注乾河口河水注云今世人猶謂之乾澗矣馬與龍曰竇武封聞喜侯見本傳聞喜長陳寔見本傳又縣人裴茂子潛傳孫秀越見魏志潛傳毋邱興子儉見本傳**本曲沃**曲沃在縣東北數里與晉相去六七百里見毛詩譜注**有董池陂古董澤**注左傳曰董澤之蒲集解惠棟曰汾水池東西四里南北三里杜預云在縣東北**有稷山亭**縣西五十里左傳曰宣十五年晉侯治兵于稷**有涑水**左傳呂相絕秦曰伐我涑川集解惠棟曰杜預云涑水出縣西南至蒲阪縣入河涑徐邈音息錄反林音速**有洮水**集解惠棟曰左傳宣汾洮賈逵云二水名先謙曰前漢縣三國魏因晉志因寰宇記後漢移聞喜理左邑一統志左邑縣後漢徙聞喜治此故城今聞喜縣治

絳邑縣西有絳邑城杜預曰故絳也集解惠棟曰春秋之新田也杜預云澮水出縣南西入汾馬與龍曰絳邑長賈逵見魏志本傳**有翼城**左傳隱五年曲沃伐翼杜預曰在縣東八十里集解先謙曰前漢縣作絳三國魏因屬平陽吳云見平陽府志晉志因屬平陽一統志故城今平陽府曲沃縣西南

永安故彘史記曰周穆王封造父趙城徐廣曰在永安博物記曰有呂鄉呂甥邑也集解馬與龍曰縣人饒助見吳志孫瑜傳**陽嘉三年更名**杜預曰縣東北有彘城集解惠棟曰沈約二州郡志云陽嘉二年案水經注同舊本亦有作二者**有霍大山**爾雅曰西南之美者有霍山之多珠玉焉左傳曰閔元年晉滅霍杜預曰縣東北有霍大山史記曰原過受神人書稱余霍大山陽侯天吏也又蜚廉於山得石棺仍葬也集解惠棟曰世本居篇魏武侯子居魏悼子徙霍宋忠云霍今河東彘縣先謙曰前漢縣作彘三國魏因改屬平陽見寰宇記晉志因一統志故城今霍州治

河北詩魏國集解惠棟曰左傳晉獻公滅魏服虔云姬姓在晉之蒲阪司馬貞云服說非也**有韓亭**集解先謙曰前漢縣三國魏因晉志因一統志故城今解州芮城縣東北十里許

猗氏晉地道記曰左傳文十三年詹嘉處瑕在縣東北集解惠棟曰闞駰云令狐卽猗氏也刳首在西三十里猗音於宜反先謙曰前漢縣三國魏因晉志因一統志故城今蒲州府猗氏縣南二十里

垣集解惠棟曰垣音袁**有王屋山兗水出**史記曰魏武侯二年城王垣博物記曰山在東狀如垣集解惠棟曰兗當作沇山海

經王屋之山濼水出焉郭璞云濼沇聲和近殆一水也棟案沇卽濟也音輦錢大昕曰兖卽沇字古人從水字或橫寫如益顙之類沇作兖亦是以立水爲橫水隸省爲六爾兖州本以沇水得名非兩字也**有壺丘亭**左傳襄元年晉討宋五大夫寘諸狐丘杜預曰縣東南有壺丘亭**有邵亭**博物記曰縣東九十里有郫邵之阨賈季迎公子樂於陳趙孟殺諸郫邵集解先謙曰前漢縣三國魏因謝云杜畿傳白騎攻東垣胡三省云東字衍卽垣縣鍾英案東上脫河字耳卽此晉志因一統志故城今垣曲縣西**襄陵**晉地道記曰晉武公曲沃徙此集解馬與龍曰注曲沃上脫自字漢書地理志河東郡絳晉武公自曲沃徙此注地道記說蓋卽本班志在前絳邑縣下不知何以置此地道記不應若是之誤劉昭亦不應誤引若是當由後人傳寫誤脫因妄竄耳賈逵河東襄陵人見魏志逵傳先謙曰前漢縣三國魏因改屬平陽見寰宇記謝云呂虔傳有襄陵校尉杜松卽此晉志因一統志故城今平陽府襄陵縣東南十五里**北屈**左傳曰二屈杜預曰二當爲北傳曰屈產之乘有駿馬集解周壽昌曰前志注引應劭云有南故稱北臣瓚云汲郡古文翟章救鄭至於南屈是南屈北屈應稱二屈左傳不誤杜注失考昭此注尤誤引**有壺口山**禹貢曰壺口治梁及岐集解惠棟曰晉志在縣東南**有采桑津**左傳僖八年晉敗狄于采桑杜預曰縣西南有采桑津集解惠棟曰服虔左傳解誼云翟地先謙曰前漢縣三國魏因改屬平陽見寰宇記謝云有龍門晉書劉元海傳魏武分劉豹衆爲五部豹妻呼延氏祈子於龍門方輿紀要孟門山卽龍門上口晉志因一統志故城今平陽府吉州東北**蒲子**

左傳曰晉文公居蒲城杜預曰今蒲子縣集解先謙曰前漢縣三國魏因屬平陽見寰宇記晉志因一統志故城今隰州東北**濩澤侯國**集解錢大昕曰更始孫劉巡所封明帝時有濩澤侯鄧鯉馬與龍曰劉玄傳濩誤作灌**有祁城山**前志曰在縣西南集解錢大昕曰祁當作析先謙曰前漢縣三國魏因吳云屬河東見澤州志謝云杜畿傳高幹反入濩澤卽此晉志改屬平陽一統志故城今澤州府陽城縣西澤城村**端氏**史記曰趙韓魏分晉封晉端氏集解馬與龍曰劉遵降爲端氏侯遵卒子弁嗣見成武孝侯傳先謙曰前漢縣三國魏因見澤州志晉志因改屬平陽一統志故城今澤州府沁水縣東北

弘農郡武帝置其二縣建武十五年屬雒陽西南四百五十里集解齊召南曰案郡國志改隸之縣各於縣名下云故屬某此與京兆尹獨於郡下言之蓋劉昭注有詳略也馬與龍曰弘農太守景丹劉昆見蔡玄趙典皇甫規見本傳魏滿見戴憑傳劉興見齊武王傳移良見楊震傳張鳳見順帝紀王宏見王允傳張伯雅見消水注嚴幹見魏志裴潛注賈逵見魏志杜恕見魏志恕傳何楨見管寧傳劉類見梁習傳注都尉魯芝見魯芝傳注典農校尉孟康見魏志杜恕傳注郡丞令狐華見倉慈傳注文學張玄見儒林傳五官掾杜眾見李雲傳又郡人鄧盛見靈帝紀楊儒見蓋勳傳楊懿見朱儁傳董遇見魏志王肅傳先謙曰三國魏因吳云通典云避靈帝諱改恒農建安十八年以郡屬雍州復置司隸自雍州移還**九城**集解先謙曰三國魏弘農郡領漢舊縣八城陸渾改屬河南洪云弘農郡魏領縣七吳表同謝云元和志新安晉改屬河東是魏承漢制屬弘農至晉始改屬洪氏從太康志屬河

東非也先謙案謝說新安是**戶四萬六千八百一十五口十九萬九千一百一十三**

弘農集解馬與龍曰弘農令公沙穆見本傳縣吏張中見北海靖王傳注魏武移司隸校尉治弘農見魏志衛覬傳亦見晉書食貨志校尉朝齡見張既傳注李孚崔林邢顒見本傳孔乂見杜畿傳何曾見何夔傳李勝畢軌見曹爽傳注王經見夏侯尚傳注王祥見呂虔傳都官從事向雄見夏侯尚傳徐邈見本傳**故秦函谷關**左傳曰虢公敗戎于桑田杜預曰在縣東北桑田亭集解齊召南曰此注錯簡當在下陝有陝陌之下杜預左傳注云桑田虢地在弘農陝縣東北蓋舊志陝有桑田亭而劉昭引此文爲注也故泰函谷關燭水出本應連書證以前志自明但前志云衡山嶺下谷燭水所出此注又訛爲衡山耳**燭水出**前志出衡山嶺下谷集解錢大昕曰衡當作衙惠棟曰前志作燭**有枯樅山**本傳赤眉立盆子於鄭北古今注曰在此山下**有桃丘聚故桃林**左傳曰守桃林之塞博物記曰在湖縣休與之山**有務鄉**赤眉破李松處集解錢大昕曰劉聖公傳作務鄉音莫老反馬與龍曰楊震傳震曾孫眾建安二年封務亭侯卽此**有曹陽亭**史記曰章邯殺周章於曹陽晉灼曰縣東十三里又獻帝東歸敗處曹公改曰好陽集解先謙曰前漢縣三國魏因謝云晉書食貨志魏武移司隸校尉居宏農吳云建安二十二年曹幹封恒農侯卽此晉志因一統志故城今陝州靈寶縣南**陝**史記曰自陝以西召公主之自陝以東周公主之集解馬與龍曰縣人陳琯見陳蕃傳**本虢仲國**杜預曰虢都上陽在縣東

有虢城集解惠棟曰杜預云西虢伯也**有焦城**故焦國史記曰武王封神農之後於焦**有陝陌**博物記二伯所分集解先謙曰前漢縣三國魏因謝云有陝津杜畿傳太祖拜畿河東太守衛固等絕陝津畿至不得渡詭道從郖津渡郖津在湖縣晉志因一統志故城今陝州治**黽池**集解惠棟曰黽縣充反又莫忍反賈服傳作澠應劭云語云東殺西殺黽池所高馬與龍曰黽池令周澤見本傳周黨將妻子居黽池見逸民傳**穀水出**前志曰出穀陽谷**有二崤**集解惠棟曰劉昌宗音豪又戶交反先謙曰前漢縣三國魏因洪云有蠡城魏志賈逵傳逵爲令時寄理於此謝云晉書魏舒傳舒魏時對策升第除澠池令晉志因一統志故城今河南府澠池縣西**新安**集解馬與龍曰新安令邊允見董卓傳注李傕從居新安關下見傕傳**澗水出**博物記曰西漢水出新安入雒又有孝水見潘岳西征賦集解惠棟曰水經澗水出縣南白石山又注孝水水案卽山海經俞隨之水也郭璞云世謂之孝水呂忱字林孝水在河南先謙曰前漢縣三國魏因謝云有靈山毋邱儉傳儉子甸私將家屬逃走新安靈山卽此晉志因屬河南郡一統志故城在澠池縣東今改爲搭泥鎮**宜陽**有金門山竹爲律管集解惠棟曰水經注有白馬溪建武二年彊弩大將軍陳俊擊金門白馬皆破之卽此也馬與龍曰劉瑜傳尹勳封宜陽鄉侯桓帝紀注作宜陽都鄉又李瑋封宜陽金門亭侯亦見桓紀注胡昭徙宅宜陽見魏志管寧傳先謙曰前漢縣三國魏因謝云王昶傳文帝時昶爲洛陽典農毋邱儉傳儉爲洛陽典農高柔傳有宜陽典農劉龜洛水注昌澗水逕宜陽故郡舊陽市邑故洛陽典農都尉治此後

爲郡晉書魏舒傳舒魏時爲宜陽太守郎少帝紀咸熙中罷典農爲太守事有一合塢杜恕去官營宜陽一合塢因其壍壘之固小大家焉見杜氏新書晉志因一統志故城今宜陽縣西**陸渾**集解惠棟曰案陸渾戎在燉煌瓜州僖二十三年秦晉遷之伊川故以陸渾名縣馬與龍曰陸渾長張固又胡昭居陸渾山中見魏志管寧傳**西有虢略地**左傳僖十五年晉侯賂秦東盡虢略杜預曰從河曲南行而東盡故虢集解先謙曰前漢縣三國魏因改屬河南尹見元和志謝云有長樂亭見管寧傳晉志屬河南郡一統志故城今河南府嵩縣東北伏流城北二十里**盧氏有熊耳山**山海經曰其上多漆其下多櫻浮豪之水出焉西北流注於雒其中多美玉多人魚集解惠棟曰洛水注浮豪水疑即陽渠水出南陽渠山即荀渠山也又西北流注於雒今本云而四流注於雒**伊水清水出**晉地道記伊東北入雒集解先謙曰前漢縣三國魏因晉志因屬上雒郡一統志故城今盧氏縣治**湖**集解馬與龍曰楊震客居於湖見本傳**故屬京兆**鼎湖前志有**有閿鄉**皇覽曰戾太子南出葬在閿鄉南秦又改曰盩秦集解齊召南曰案此注六字亦錯簡當在下華陰注高帝改曰華陰之上證以前志自明注馬與龍曰段煨封閿鄉侯見董卓傳鄭興客授閿鄉見本傳先謙曰前漢縣三國魏因有黃巷坂魏武征韓遂馬超屯兵於此有曹公壘謝云元和志黃巷坂在閿鄉西北三十五里即潼關路也歷北出東殽通謂之函谷關有郖津杜畿詭道從郖津渡見畿傳晉志因一統志故城今陝州閿鄉縣東**華陰**集解馬與龍曰孔長彥及弟季彥留華陰見孔僖傳高恢隱華陰山中見梁鴻傳又縣人劉崎見順帝紀注崎子寬見本傳楊震子牧秉奉孫賜敷曾孫奇彪衆玄孫亮修見震傳張奐從屬華陰見本傳**故屬京兆**史記曰魏文侯三十六年齊侵陰晉前志曰高帝改曰華陰呂氏春秋九藪曰秦之華陽高誘曰或在華陰西誘又曰桃林縣西長城是也晉地道記曰潼關是也集解惠棟曰郭璞山海經注云桃林今宏農湖縣閿鄉南谷中是也湖水所出博物志亦言在宏農湖城縣休馬之山**有太華山**左傳晉略秦南及華山山海經曰太華之山削成而四方其高五千仞其廣十里鳥獸莫居有蛇焉名曰肥遺六足四翼見則天下大旱武王放馬牛於桃林墟孔安國曰在華山東晉地道記山在縣西南集解先謙曰前漢縣三國魏因有潼關元和志關在新安漢初平建安中所從建安十六年魏武破馬超於潼關即此謝云通典初平二年董卓脅帝西幸出函谷關自此以前其關在新安其後二十年至建安十六年曹公破馬超於潼關即是中間從於今所國之巨防不爲細事史官闕載斯爲失之鍾英案通典載明帝景初二年河南尹盧毓上言成皐函谷二里六十步宜卻函谷於崤下宏農太守杜恕議以爲東從潼關著郡下省函谷關是省函谷關在明帝世而議郤函谷於崤下尤可證建安中無從關事杜說蓋誤有李典營見河水注晉志因一統志故城今同州府華陰縣東南

京兆尹秦內史武帝改其四縣建武十五年屬雒陽西九百五十里決錄注曰京大也天子曰兆民集解馬與龍曰京兆尹鮮于裒閻興見第五倫傳張恂見樂恢傳注鄧壽翟酺陳龜馮緄劉陶楊彪蓋勳見本傳史敞見史弼傳袁逢見楊秉傳注邊鳳延

篤見篤傳唐玹見趙岐傳滕延見侯覽傳司馬防見魏志司馬朗傳張時見篤傳注楊沛見賈逵傳注鄭渾張既見本傳顏斐爲京兆太守見杜畿傳注京兆虎牙都尉耿溥見安帝紀宋謙見天文志郡丞趙溫見趙典傳主簿第五倫功曹第五頡見倫傳第五訪戶曹史樂恢文學掾杜篤見本傳功曹趙習見魏志閻溫傳注又郡人杜保龍述見馬援傳王丹見本傳脂習見孔融傳摯恂見馬融傳金尚韋休甫見呂布傳嚴象韋端子康見荀彧傳高恢見梁鴻傳楊政見儒林傳魏志王肅傳注先謙曰光武以先朝舊都仍[illegible]太守見晉志建安十八年以[illegible]傳魏國既建既爲雍州刺史是時不置涼州自三輔距西域皆屬雍州晉志魏文帝仍以三輔屬司隸晉初於長安置雍州通典元和志寰宇記皆仍其說今考郭淮傳黃初五年以爲雍州刺史則謂魏文帝以三輔屬司隸者誤也[illegible]寰宇記魏時三輔仍屬司隸今考魏志倉慈傳注引魏略顏斐爲京兆太守京兆豐富常爲雍州十郡最據此則曹魏雍州實統十郡足明晉志寰宇記之誤魏志黃初二年封曹禮爲秦公以京兆郡爲國三年改爲京兆王六年改封元城王國還爲秦郡青龍三年封皇子詢爲秦王改京兆郡爲秦國正始五年復爲京兆[illegible]**十城**集解先謙曰三國魏京兆郡[illegible]

氏從通典元和志移[illegible]陵改高陸案魏志張既馮翊高陵人是魏[illegible]楊沛馮翊萬年人是魏萬年屬馮翊[illegible]萬年屬馮翊據一統志補下邽先謙案謝說是[illegible]晉廢則魏宜有陽陵寰宇記云曹魏省非也[illegible]確據也**戶五萬三千二百九十九口二十八萬五千五百七十四**

長安集解馬與龍曰長安令楊黨見蓋勳傳倉慈見魏志本傳黃朗王惠陽見裴潛傳注案漢末司隸校尉胡軫[illegible]牧見彭城靖王傳注宋尚子弘嵩由曾孫漢登左孫則見尚傳見孫傳又縣人谷恭見隗囂傳張[illegible]**高帝所都**漢舊儀曰長安城方六十三里經緯各長十五里十三城門九百七十三頃城中皆屬長安令辛氏三秦記曰長安城地皆黑壤今赤如火堅如石父老所傳盡鑿龍首山爲城[illegible]松園今千人聚是集解惠棟曰索隱引漢舊儀云城方六十三里經緯各十二里三輔黃圖引漢舊儀云長安城中經緯各長三十二里十八步地九百七十二頃與此異也又桐松園松當作柏**鎬在上林苑中**孟康曰長安西南有鎬池秦始皇江神反璧曰爲吾遺鎬池君古史考曰武王遷鎬長安豐亭鎬池也皇覽曰文王周公冢皆在鎬聚東杜中集解惠棟曰廟記云鎬池在昆明池北周市二十二里泚地三十三頃**有細柳聚**前書周亞夫所屯處**有蘭池**史記曰秦始皇微行夜出逢盜蘭池三秦記曰始皇引渭水爲長池東西二百里南北三十里刻石爲鯨魚二百丈集解先謙曰官本點作鯨是**有曲郵**前書高帝征黥布張良送至曲郵

有杜郵史記曰白起死處三秦記曰長安城西有九嵕山西有杜山杜預曰畢國在西北〔集解〕先謙曰前漢縣三國魏因爲五都之一謝云有子午谷鍾會傳會統十餘萬眾分從斜谷駱谷子午谷趨漢中元和志道通南北因名子午方輿紀要南口在洋縣東一百六十里北口在西安府南百里谷長六百六十里有秦嶺魏略魏延曰今假延精兵五千負糧五千直從褒中出循秦嶺而東當子午而北三秦記曰秦嶺谷一名樊川卽終南山晉志因一統志故城今西安府長安縣西北十三里**霸陵**〔集解〕馬與龍曰霸陵令皇甫嵩見本傳梁鴻入霸陵山中耕織爲業見本傳又縣人王遵見隗囂傳韓康見逸民傳蘇順見文苑傳**有枳道亭**前書秦王子嬰降於軹道旁地道記曰霸水西〔集解〕惠棟曰漢宮殿疏云亭東去霸城觀西四里觀東去灞水百步**有長門亭**前書文帝出長門若見五人於道北立五帝壇〔集解〕先謙曰前漢縣三國魏因洪志作霸城蓋據晉志謝云明帝景初元年徙長安銅人於洛陽重不可致留之霸城卽此然霸陵舊名霸城未足爲魏改名之證吳云漢三輔諸縣以陵名者曹氏惡而改之於扶風之平陵則改爲始平意謂夷漢陵爲平陸說尤非是晉志因作霸城一統志故城今咸甯縣東**杜陵**杜預曰古唐杜氏也〔集解〕惠棟曰說文有亳亭唐杜氏亦見說文賈逵國語注武王封堯後爲唐杜二國馬與龍曰縣人王況見光武紀廉范朱寵見本傳馮衍子豹見衍傳張純子奮孫甫曾孫吉見純傳韋順弟豹義豹子著見彪傳金丹見隗囂傳杜篤子碩見篤傳杜畿見魏志**鄠在西南**杜預曰在鄠縣東決錄注曰鎬在鄠水東鄠在鎬水西相去二十五里〔集解〕官本考證曰說文

杜陵有繁鄉附袁切志失載先謙曰前漢縣三國魏因洪志作杜城云魏改謝云魏志杜畿京兆杜陵人地形志二漢杜陵晉曰杜城後魏改杜案據此魏名杜陵洪誤以元魏爲曹魏耳晉志因一統志故城今咸甯縣東南**鄭**史記殺商君鄭黽池鄭桓公封於此黃圖云下邽縣并鄭桓帝西巡復之〔集解〕惠棟曰世本鄭桓公封棫林注云今京兆鄭縣也馬與龍曰據黃圖漢末京兆有下邽縣魏當承漢舊也鄭令裴畢見渭水注杜畿見魏志先謙曰前漢縣三國魏因晉志因一統志故城今華州北**新豐**〔集解〕馬與龍曰桓帝封單超爲侯見超傳靈帝封段潁爲侯見潁傳新豐令張旣見魏志又縣人賈洪見魏志王肅傳注鮑出見閻溫傳注**有驪山**杜預曰古驪戎國韋昭曰戎來居此山故號驪戎三秦記曰始皇墓在山北有始皇祠不齋戒往卽疾風暴雨人理欲上則杳冥失道縣西有白鹿原周平王時白鹿出案關中圖縣南有新豐原白鹿在霸陵**東有鴻門亭**前書高帝見項羽處孟康曰在縣東七十里舊大道北下坂口名關中記云始皇陵北十餘里有謝聚**及戲亭**周幽王死處蘇林曰縣東南四十里〔集解〕惠棟曰述征記云戲水自驪山馮公谷北流歷戲亭東入渭**有嚴城**〔集解〕洪頤煊曰劉玄傳赤眉立劉盆子更始使王匡等屯新豐李松軍掫以拒之李注掫音子侯反續漢志新豐有鴻門亭掫城卽此也嚴是掫字之訛先謙曰前漢縣三國魏因謝云賈洪京兆新豐人見魏略寰宇記漢靈帝末移安定郡陰槃縣寄理於此城其新豐縣自陰槃寄理之後又移理於故城東三十里蓋在零水側晉志因一統志故城今西安府臨潼縣東北故城東三十里零水側之西豐則後漢末及晉魏所

治**藍田**〔集解〕惠棟曰竹書紀年梁惠王三年秦子向命爲藍君說文淮水出藍田谷入霸廣倉曰有郝鄉**出美玉**三秦記曰有川方三十里其水北流出玉銅鐵石地道記有虎候山〔集解〕官本考證曰說文藍田有吧鄉苦后切志失載先謙曰前漢縣三國魏因謝云武帝紀建安十七年馬超餘眾梁興等屯藍田使夏侯淵擊平之卽此晉志因一統志故城今藍田縣西三十里**長陵**〔集解〕馬與龍曰長陵令尹敏見本傳吉黃見魏志常林傳注縣吏樂親見樂恢傳又縣人王元見隗囂傳樂恢子已見恢傳第五倫子頡曾孫種見倫傳第五防見本傳第五儁見葢勳傳第五元見鄭玄傳第五文休見呂布傳趙岐見本傳趙戡見王允傳**故屬馮翊**蔡邕作樊陵頌云前漢戶五萬口有十七萬王莽後十不存一永初元年羌戎作虐至光和領戶不盈四千園陵蕃衞粢盛之供百役出焉民用匱乏不堪其事〔集解〕先謙曰前漢縣三國魏因謝云典略趙戡京兆長陵人晉志省一統志故城今咸陽縣東北四十里**商**〔集解〕馬與龍曰寇恂傳恂孫釐從封商鄉侯葢商縣之鄉侯**故屬弘農**帝王世紀曰契所封也左傳哀四年將通於少習杜預曰少習縣東之武關〔集解〕惠棟曰風俗通云習國名漢有習嚮陳相羅氏云先謙曰前漢縣三國魏因晉志改屬上洛郡一統志故城今商州東八十五里**上雒**〔集解〕惠棟曰地道記云郡在洛上故以爲名馬與龍曰上洛都尉王玫見袁紹傳注**侯國**〔集解〕馬與龍曰王遵封上雒侯見隗囂傳注引續漢書**有冢領山**〔集解〕惠棟曰淮南子丹水出高褚高誘云高褚山一名冢領山丹水所出褚一作猪**雒水出故屬弘農**山海經曰雒水

出讙舉之山案史記云雒水出熊耳山海經曰雒出王城南至相谷西東北流去虎牢城西四十里注河口謂之洛汭〔集解〕惠棟曰注讙舉之山山海經作讙舉**有苑和山**左傳哀四年楚司馬軍於苑和〔集解〕惠棟曰苑音徒**有蒼野聚**左傳曰昭四年楚左師軍蒼野杜預曰在縣南〔集解〕先謙曰前漢縣三國魏因據洛水注魏縣作上洛晉志置郡一統志故城今商州治**陽陵**〔集解〕馬與龍曰陽陵令段潁見本傳鍾繇見魏志繇傳又縣人丁邯見百官志注**故屬馮翊**〔集解〕先謙曰前漢縣三國魏因晉志省一統志故城今西安府咸陽縣東四十里

左馮翊秦屬內史武帝分改名雒陽西六百八十八里決錄注曰馮馮也翊明也〔集解〕惠棟曰漢官解詁曰馮輔翊蕃故以爲名魏略曰建安初關中始開詔分馮翊西數縣爲左內史郡治高陵以東數縣爲本郡治臨晉何焯云時權置旋復故故司馬氏不載然劉注當補見馬與龍曰左翊公劉焉見光武紀左馮翊王丹郭伋張湛見本傳鮮于褒葢延見第五倫傳注郭丹見明帝紀孫堪見周澤傳劉均見淸河孝王傳應順見陳寵傳司馬鈞見安帝紀鄭眾陳禪延篤滕撫見本傳梁順見順帝紀韓斌見董卓傳邢顒鄭渾賈詡見魏志本傳趙謙見蜀志劉焉傳注左內史程休見魏志鄭渾傳先謙曰三國魏因去左字漢末徙置北地郡於祋祤縣境建安十八年以郡屬雍州**十三城**〔集解〕先謙曰三國魏馮翊郡領漢舊縣十二城祋祤廢徙置北地郡領泥陽晉志北地郡治泥陽晉地形志魏分馮翊之祋祤立北地郡晉志因一統志故城今耀州東南富平寰宇記北地郡富平縣漢末移理今寧州彭原縣界一統志三國魏移理於今西安府富平縣東北晉志因寰宇記晉富平縣又移置於今富平縣西南之懷德城

二城案洪志據晉志馮翊郡去夏陽謝氏補夏陽高陵萬年又補鄜縣云據鄭渾傳渾遷左馮翊時梁興等寇掠鄜城渾率吏民斬興縣葢漢末所立然渾傳鄜城即指漢縣故城非立縣之謂吳表有懷德下邽懷德見寰宇記謂故城在富平縣西南漢末及三國時因漢舊名立縣於此未言屬何郡吳亦云旋立旋省下邽應屬京兆吳據晉志誤與洪同今皆不從 戶三萬七千九十口十四萬五千一百九十五 潘岳關中記曰三輔舊治長安城中長吏各在其縣治民光武東都之後扶風出治槐里馮翊出治高陵〔集解〕先謙曰三國魏馮翊郡自建安初移治臨晉

高陵 〔集解〕馬與龍曰永和六年徙北地居馮翊至永嘉元年隴右復平見西羌傳先謙曰前漢縣三國魏因洪云魏黃初元年改名高陸吳表同謝云魏志張既馮翊高陵人據此魏縣名高陵洪氏從通典元和志謂魏改高陸非也晉志作高陸一統志故城今西安府高陵縣西南

池陽 爾雅十藪周有焦穫郭璞曰縣瓠中是也地道記曰有巀嶭山在北有鬼谷生三所氏案史記鬼谷在潁川陽城與地記不同〔集解〕馬與龍曰安帝永初五年移北地徙池陽有太守盛包見西羌傳縣人郭虔見順帝紀注郭典見皇甫嵩傳先謙曰前漢縣三國魏因謝云魏略清介傳吉茂馮翊池陽人洪云有黃白城李傕亂政獻帝東遷三輔飢歉乃移保此晉志改屬扶風郡一統志故城今涇陽縣西北

雲陽 有荊山帝王世紀曰禹鑄鼎於荊山在馮翊懷德之南今其下荊渠也〔集解〕馬與龍曰雲陽令朱勃見馬援傳又縣人宣秉見本傳王隆見文苑傳殷禮子基孫巨祐見魏志先謙曰前漢縣三國魏因元和志司馬懿撫關中罷縣置撫夷護軍

晉志廢一統志故城今邠州淳化縣西北

祋祤 〔集解〕惠棟曰鄒誕生上音都會反下音羽馬與龍曰祋祤令劉放見魏志是時縣尚未廢也 永元九年復 〔集解〕先謙曰前漢縣三國魏省晉志無一統志魏文帝徙北地郡於此其縣遂廢故城今西安府耀州東

頻陽 〔集解〕先謙曰前漢縣三國魏因記廢晉志因一統志故城今富平縣東北五十里

萬年 帝王世紀曰秦獻公都櫟陽是也〔集解〕惠棟曰櫟音藥馬與龍曰景丹傳封櫟陽侯即此元和志高帝既葬太上皇於櫟陽之萬年陵遂分櫟陽置萬年縣理櫟陽城中後漢省櫟陽入萬年一統志後漢徙萬年治櫟陽又縣人景丹子尚孫苞遽曾孫臨見丹傳桓虞見章帝紀注楊沛見魏志賈逵傳注先謙曰前漢縣三國魏因晉志改屬京兆郡一統志故城今臨潼縣東北七十里

蓮勺 〔集解〕惠棟曰案前漢器銘有蓮勺宮宋宇文修有一古鼎款識云輦酌宮又劉原父所藏有蓮酌宮鑪五鳳三年五月己丑工胃城徐安守屬定昌造案此則蓮酌當有宮漢書不載前書音義云蓮音輦故鄭衆注周禮亦讀連爲輦孔廟禮器碑云胡輦器用釋云胡輦者胡槤也則知古蓮連輦槤音相通也馬與龍曰蓮勺令鄭興見本傳又縣人田邑見馮衍傳先謙曰前漢縣三國魏因記廢晉志因一統志故城今渭南縣東北七十里

重泉 〔集解〕馬與龍曰重泉令彭良見天文志先謙曰前漢縣三國魏因記廢晉志因一統志故城今同州府蒲城縣東南五十里

臨晉 〔集解〕馬與龍曰靈帝封楊賜爲臨晉侯見賜傳臨晉令孔僖見本傳 本大荔 有河水祠有芮鄉 古芮國與虞相讓者〔集解〕惠棟曰世本云芮姬姓 有王城 史記曰秦厲恭公伐大荔

取其王城即此城也左傳晉陰飴甥與秦伯盟王城杜預曰後改爲武鄉在縣東〔集解〕先謙曰前漢縣三國魏因馮翊郡治此吳云建安二十二年曹敏封此謝云侯國少帝紀注有步兵校尉臨晉侯臣建鍾英按郭建也見明元皇后傳晉志因一統志故城今陝西同州府治

郃陽 〔集解〕馬與龍曰郃陽令任顥見西羌傳劉放見魏志放傳 永平二年復 〔集解〕先謙曰前漢縣三國魏因謝云后妃傳齊王即位封郭太后母杜爲郃陽君即此晉志因一統志故城今同州府郃陽縣東南

夏陽 〔集解〕馬與龍曰和帝封竇瓌爲侯見竇憲傳 有梁山 詩云奕奕梁山在縣西北公羊傳曰河陽之山也杜預曰古梁國史記曰本少梁爾雅曰梁山晉望也〔集解〕惠棟曰注河陽之山陽當作上又注古梁國文十年晉伐秦取少梁 龍門山 書曰導河積石歷龍門太史公曰遷生龍門韋昭曰在縣北博物記曰有韓原韓武子采邑〔集解〕先謙曰前漢縣三國魏因謝云少帝紀青龍三年青龍見夏陽井中晉書胡奮傳五等建封奮夏陽子是終魏世有夏陽縣晉志因一統志故城今同州府韓城縣南

衙 左傳文二年晉敗秦于彭衙皇覽曰有倉頡家在利陽亭南墳高六丈〔集解〕惠棟曰音牙杜預云郃陽縣西北有彭衙城錢大昕曰漢碑作御馬與龍曰安帝永初五年移上郡徙衙見西羌傳先謙曰前漢縣三國魏因晉志省一統志故城今同州府白水縣東北六十里

粟邑 〔集解〕馬與龍曰和帝封耿夔爲侯見夔傳 永元九年復 〔集解〕先謙曰前漢縣三國魏因謝云晉書宣穆張皇后傳后父汪魏粟邑令即此晉志因一統志故城今白水縣西北八十里

右扶風 秦屬內史武帝分改名決錄曰扶風化也〔集解〕馬與龍曰右翊公劉輔見光武紀右扶風趙匡見馮異傳徐業見張玄傳王堂楊秉趙典見本傳仲光韓皓見西羌傳鮑鴻見董卓傳傅幹見傅燮傳趙儼見魏志張翼見蜀志葢遙領郡吏杜林魯恭見本傳督郵馬援見本傳蘇謙見蘇章傳功曹馬棱法雄馬融申屠剛見本傳魯丕見魯恭傳五官掾士孫奮見梁冀傳又郡人鮑恢見鮑永傳趙秉見杜林傳田羽見法眞傳朱勃見馬援傳士孫瑞子萌見王允傳魏齊卿見竇鋼傳曹衆見蘇順傳孟佗見張讓傳子二達見魏明紀注龐迪見邴原傳先謙曰三國魏因去右字分置新平郡建安十八年以郡屬雍州 十五城 〔集解〕先謙曰三國魏扶風郡領漢舊縣十四城新平郡領漢舊縣一入涼州安定之鶉觚爲二城見涼州注引袁山松書洪云漢興郡魏武分扶風置決錄注游楚爲太守獻帝起居注中平六年省扶風都尉置漢安郡領雍渝麋等五縣漢興疑即漢安改名或中平末郡立旋廢至魏武復分置又改名也謝云三輔決錄太祖定關中以游楚爲漢興太守時爲建安十六年考通典隴州下云後漢魏晉屬扶風郡隴州即漢汧縣也元和志寰宇記鳳翔府下並云魏文帝爲扶風郡鳳翔漢雍縣也是皆魏廢漢興入扶風之明證又考中山國漢昌縣魏改名魏昌知魏文受禪無取漢興之名其廢郡無疑今據之并入扶風郡吳云游楚入魏遷隴西太守魏時關中多事漢興太守史無所見葢漢末立郡入魏已省黃初初年於西城置魏興郡漢興之省當在此時先謙案漢安郡立旋廢洪說是漢興併入扶風謝吳說是

戶萬七千三百五十二口九萬三千九百十一 槐里

集解馬與龍曰光武封萬脩爲侯見脩傳桓帝封竇武爲侯見武傳靈帝封皇甫嵩爲侯食槐里美陽兩縣見嵩傳獻帝封馬騰爲侯見董卓傳注永和六年徙安定居扶風至永嘉元年隴右平見西羌傳 **周曰犬丘** 又名廢丘周懿王章邯所都 **高帝改** 集解先謙曰前漢縣三國魏因謝云寰宇記黃初元年於槐里故城置扶風郡案據此魏扶風郡治槐里晉志改屬始平郡一統志故城今西安府興平縣東南十里 **安陵** 皇覽曰縣西北畢陌秦武王冢集解馬與龍曰安陵令楊俊見魏志又縣人班況子稚孫彪曾孫固見彪傳先謙曰前漢縣三國魏因晉志省一統志故城今西安府咸陽縣東二十一里 **平陵** 集解馬與龍曰平陵令趙戩見王允傳李義見魏志裴潛傳注又縣人班超子雄勇徐幹見班超傳章彪張堪賈逵見本傳梁鴻傳何寵子敞見敞傳蘇章蘇純蘇謙子不韋見章傳魯匡子恭丕孫謙旭見恭傳宋梟見敞傳宋果見郭太傳宋鄲見宋后紀宋楊見清河孝王傳孟冀見馬援傳竇融子穆孫勳嘉霸褒曾孫憲篤景瓌萬全奉玄孫會宗章武見融傳武子穆機孫輔武見子紹靖見武傳融弟友友子固孫彪見固傳范逡見杜林傳賈徽見賈逵傳梁鴻見本傳竇士竇林見竇融傳先謙曰前漢縣三國魏改名始平見元和志晉志改屬始平郡苻堅徙廢一統志故城今西安府咸陽縣西北十五里 **茂陵** 集解馬與龍曰茂陵令衛覬見魏志又縣人公孫仁子述恢見述傳申屠剛見本傳董崇見寇恂傳郭梵子伋見伋傳杜鄴子林成孫喬見林傳孔奮弟奇子嘉見奮傳耿況子弇舒國廣舉霸弇子忠孫馮曾孫良玄孫協舒子襲孫寶曾孫箕承國子秉夔孫沖沖曾孫紀廣子恭孫溥曾孫宏子曇

霸子文金孫喜曾孫顯玄孫援援孫弘見弇傳萬脩子普孫親曾孫豐玄孫斌恭見脩傳馬援兄況余員援子廖防光援之後平平子騰孫超援兄子嚴敦嚴子續融援族孫棱毅見援傳融孫日磾見融傳秦襄秦彭弟愔褒見彭傳史苞見黨錮傳矯慎見逸民傳傅毅見文苑傳周奐見獻帝紀先謙曰前漢縣三國魏因晉志省并入始平縣見寰宇記一統志故城今西安府興安縣東北 **鄠** 古扈國集解惠棟曰說文云有蒯鄉助鄉又云澇水出鄠北入渭左傳乃舍諸靈臺杜預云在鄠縣周之故臺馬與龍曰沖帝封梁並爲侯見西羌傳靈帝封竇紹爲侯見竇武傳 **豐水出** 左傳曰康有豐宮之朝杜預曰有靈臺康王於是朝諸侯 **有甘亭** 帝王世紀曰在縣南夏啟伐扈大戰於甘又南山有王季冢集解惠棟曰馬融尚書傳云有扈姒姓之國爲無道者又云有扈甘南郊地名案說文鄠縣有扈谷集解先謙曰前漢縣三國魏因洪云有駱谷道南通蜀漢魏正始四年曹爽伐蜀軍入駱谷數百里不得前即此有姜維嶺本名沈嶺姜維率眾出駱谷經此謝云駱谷道即儻駱道南口曰儻在洋縣北三十里北口曰駱在盩厔縣西南百二十里谷長四百二十里案駱谷沈嶺皆在盩厔縣西當綠郿縣下有三嶺曹爽入漢中費禕引兵據三嶺以截爽爽苦戰僅乃得過見漢晉春秋胡三省謂三嶺爲沈嶺衙嶺分水嶺案三嶺當在駱谷中胡說非有長城有芒水姜維率眾出駱谷進至沈嶺魏司馬望鄧艾軍於長城以拒之維前住芒水見維傳晉志改屬始平一統志故城今西安府鄠縣北二里 **郿** 集解馬與龍曰董卓封郿侯見卓傳右輔都尉嚴本見劉玄傳陳訢見馬武傳郿令蔡勳見蔡邕傳王忳見本傳又縣人井丹見本傳法雄子眞見雄傳法正子穆見蜀志正傳 **有郃亭** 史記曰封棄於郃徐廣曰今斄鄉又案王忳傳郿之斄亭爲冤鬼報戮故亭長者也秦是斄縣後省帝王世紀曰秦出公徙平陽新論曰郃在漆縣其民有會日以相與夜中市如不爲則有災咎集解惠棟曰京相璠云亭在周城南五十里李殿學云郃斄古同音俱讀如今釐字馬與龍曰杜預左傳昭九年注駘在武功縣所治斄城括地志故斄城一名武功城寰宇記後漢省斄縣復自渭水南移武功縣於斄故城因謂之武功城據此則郃亭與下武功縣爲一地董卓傳封斄鄉侯即此先謙曰注如不爲官本如作奴如字是前漢縣三國魏因吳云公國建安二十一年封曹峻爲侯二十二年峻徙封襄邑復封曹整於此黃初二年追進整爵爲公以曹範奉整後洪云有積石原水經注作積水原魏司馬懿與諸葛亮相拒渭南郭淮策亮必登北原遂先據之即此見郭淮傳有五丈原謝云諸葛亮悉眾由斜谷口出據武功五丈原與懿對於渭南亮與步騭書僕前軍在五丈原原在武功西十里馬冢在武功東十餘里有高勢攻之不便是以留耳鍾英案武功謂武功水即斜谷水也見渭水注有成國渠魏衛臻征蜀所開見渭水注青龍元年穿成國渠自陳倉至槐里見晉書宣紀有蘭坑有陽遂諸葛亮出斜谷並田於蘭坑是時懿屯北原亮盛兵西行郭淮以爲此見形於西欲使官軍重應之必攻陽遂耳其夜果攻陽遂有備不得上鍾英案蘭坑當在渭南陽遂當在渭北晉志因一統志故城今郿縣東北 **武功永平八年復** 集解馬與龍曰從治前漢斄縣郿縣之郃亭說見上又縣人蘇則見魏志 **有太一山本終南垂山本敦物** 前志在縣東集

解惠棟曰終南一名終隆見淮南子 **有斜谷** 西征賦注曰褒斜谷在長安西南南口褒北口斜長百七十里其水南流集解惠棟曰華陽國志世祖遣臧宮征公孫述從斜谷道入先謙曰前漢縣三國魏因謝云有太白山魏略蘇則隱於太白山中吳云有斜谷水諸葛亮遣孟琰據武功水東即此有小槐里城魏武從武都郡治此晉志改屬始平一統志即斄縣故城今武功縣西南三十里 **陳倉** 三秦記曰秦武公都雍陳倉城是也有石鼓山將有兵此山則鳴集解惠棟曰薛瓚云縣有寶雞夫人祠或一歲二歲與葉君合葉君神來時天爲之殷殷雷鳴雉爲之雊也馬與龍曰陳倉丞張玄見本傳屯陳倉曹眞郝昭見魏志眞傳張郃見郃傳先謙曰前漢縣三國魏因洪云有上下城下城魏將軍郝昭築見魏略有三交城司馬懿築見寰宇記謝云有散關建安二十年曹公自陳倉出散關至河池攻屠氏王竇茂見魏志建興六年丞相亮出散關圍陳倉見蜀志關在大散嶺上南山自藍田而西至此方盡又西則隴首特起汧渭縈流關當山川之會爲秦蜀襟喉見方輿紀要有綏陽小谷諸葛亮與兄瑾書綏陽小谷山崖絕險溪水縱橫難用行軍昔邏候往來要道通人今使前軍斫治此道以向陳倉扳連賊勢使不得東行鍾英案故道在陳倉之東五丈原西晉志因一統志故城今鳳翔府寶雞縣東二十里 **汧** 爾雅曰十藪秦有楊紆郭璞曰在縣西集解馬與龍曰縣人馬瑤見矯慎傳 **有吳嶽山** 郭璞曰別名吳山周禮所謂嶽山者 **本名汧汧水出有回城名回中** 來歙開道處集解惠棟曰案來歙傳從番須回中徑襲略陽應劭以爲回中在安定高平則非汧縣之回中矣注誤馬與龍曰來歙傳李

注引武帝元封四年幸雍通回中道李注蓋誤引案武帝所通自
在安定高平顏師古云回中在汧者或取安定回中爲名耳非武
帝所通道其說甚明來歙所從則在汧隗囂傳建武六年帝使來
歙至汧明年囂令別將攻祭遵於汧來歙傳八年春歙與祭遵襲
略陽汧今隴州略陽今秦陽縣東北高平今固原州從汧襲略陽
無迂道高平之理劉注不誤惠又誤引劭注也先謙曰前漢縣三
國魏因謝云夏侯淵督朱靈平隃麋汧氐即此晉志因一統志故城今隴州南**渝麋侯國**〔集解〕錢大昕曰耿況所封又耿
弇封好畤侯傳四世至安順時尚無恙而志無此縣未知其審馬
與龍曰渝麋相曹鳳見西羌傳先謙曰前漢縣作隃麋三國魏因
晉志省一統志故城今鳳翔府汧陽縣東三十里**雍**左傳邵穆公采邑史記有鴻冢〔集解〕惠棟曰漢官儀云扶風都尉所都俗
人稱雍營馬與龍曰都尉皇甫旗見皇甫規傳**有鐵**帝王世紀曰秦德公徙都〔集解〕先謙曰前漢縣三國魏因晉志因一統志
故城今鳳翔府鳳翔縣南**栒邑**〔集解〕馬與龍曰光武封宋弘爲侯見弘傳**有豳鄉**鄭玄詩譜曰豳者公劉自邰而出所
徙戎狄之地名又有劉邑〔集解〕惠棟曰說文云美陽亭即豳也民俗夜市有豳山先謙曰前漢縣三國魏因晉志改名邠邑屬新平
郡一統志故城今邠州三水縣東北**美陽**〔集解〕馬與龍曰和帝封耿秉爲侯見秉傳又耿弇封好畤侯食好畤美陽兩縣見弇
傳安帝永初五年徙安定居美陽有太守杜恢見西羌傳美陽令王皓見李業傳李咼見蘇不韋傳杜篤居美陽見篤傳**有岐**
山左傳椒舉曰成王有岐山之蒐山海經曰其上多白金其下多鐵城水出焉東南流注于江〔集解〕惠棟曰說文云郊周文王所

封在美陽中水鄉**有周城**杜預曰城在縣西北帝王世紀曰周太王所徙南有周原〔集解〕先謙曰前漢縣三國魏因洪云
魏黃初中徙武都於美陽謝云一案楊阜傳建安中徙武都於槐里
蓋至文帝復徙美陽也晉志因一統志故城今乾州武功縣西南
錢坫云漢縣在今扶風縣北二十五里崇正鎮今武功縣西北七里美陽城乃後魏徙置也**漆**〔集解〕馬與龍曰縣人李育見儒
林傳**有漆水**山海經曰輸次之山漆水出焉郭璞曰漆水出岐山詩云自土沮漆地道記曰水在縣西皇覽曰有師曠冢名
師曠山〔集解〕惠棟曰十三州志云水出縣西北岐山東入渭一曰
入洛又注輸當作揄先謙曰官本注作揄與今本山海經合也
有鐵杜預曰豳國在東北帝王世紀曰有豳亭〔集解〕先謙曰前漢縣三國魏因置新平郡治此見寰宇記晉志同一統志故城
今邠州治**杜陽永和二年復**詩譜曰周原者岐山陽地屬杜陽地形險阻而原田肥美〔集解〕先謙曰前漢縣三國
魏因晉志省一統志故城今鳳翔府麟遊縣西北

右司隸校尉部郡七縣邑侯國百六漢書舊儀曰司隸治所故孝武廟魏志曰曹公
分關中置漢興郡國游楚爲太守獻帝起居注曰中平六年
省扶風都尉置漢安郡鎮雍渝麋杜陽陳倉汧五縣也〔集解〕
馬與龍曰祭祀志立高廟于雒陽注漢舊儀曰故孝武廟是
司隸治雒陽也校尉宣秉鮑永鮑昱牟融宋均見本傳亢
蘇鄴李訢見光武紀水丘岑見董宣傳郭霸王康見明帝紀
趙興見郭鎮傳鄭據見袁安傳張敏何熙徐防宋意周紆王
龔陳忠見本傳晏稱見張酺傳劉稱見劉淑傳公孫松見張
霸傳趙峻見順帝紀羊侵見羊續傳陳珍見陳翔傳陳禪虞
詡霍諝劉祐馮緄李膺見本傳馮羨見冠榮傳祝恬見黃瓊
傳王暢見王龔傳張彪見梁冀傳左雄見周景傳許永見羊
陟傳李咼見蘇不韋傳應奉見冠榮傳張忠見徐璆傳王寓
見張奐傳朱寓見黨錮傳韓演史佟唐珍見五行志段熲陽
球見本傳劉猛見曹節傳郭鴻趙安世見郭鎮傳張溫見益
勳傳董卓見靈帝紀樊陵見何進傳胡种見王允傳黃琬袁
紹見本傳宣瑤見袁紹傳注趙謙見趙典傳諸葛豐見蜀志
諸葛亮傳鍾繇見鍾皓傳楊厥見沔水注丁沖見魏志陳思
王傳注曹嵩見武紀都官從事鮑恢見鮑永傳第五頡見第
五倫傳趙磐見趙岐傳注种拂見种咼傳州吏李章趙岐見
本傳又魏武移司隸校尉居宏農見晉書食貨志錢大昕曰
注國當作以游楚事見魏志張旣傳注陳景雲曰今本魏志
無此文疑出魏略志字偶誤先謙曰漢安郡立旋廢漢興郡
併扶風說見前三國魏司隸校尉部亦稱司州得漢舊郡河
南河內河東弘農分河東立平陽爲郡五縣邑侯國六十八
[illegible]京兆馮翊扶風徙置北地分置新平
改屬雍州

郡國志一第十九終　後漢書十九

續漢志集解第十九挍補

郡國志一㠯爲郡國志集解齊召南曰至今悉開字㠯別之案官本縣名下不問有無細注隔斷悉開一字卽齊氏承挍是書時所主張者也然舊本相沿除郡國名下雖有注隔斷仍必開字而後書縣至縣與縣相次無細注相間者開一字有細注相開者不開字前志亦同非無例也今集解既依毛本舊式其縣名下原無細注已加集解者亦不復開字

先謙曰官本下細字作新錢大昭曰細閩本作新今案此刻令說明本志原有細字注已進爲大字今之細字注乃已所采集以證發大注者也義主證舊本非謀新細對大言作新注不定是細注說反無別雖官本閩本互合要以毛本爲長

凡縣名先書者郡所治也注又使豎亥步南極官本注豎作豎正俗字又注兵飢乏苦官本注乏作之案兵飢乏苦四者各爲一事乏謂空乏之作之非又注永壽二年二千六百七萬九百六口五千六萬六千八百五十六人侯康曰二千六百七萬九百六口乃戶之誤馬貴與云通典以爲戶千六十七萬七千九百六十口五千六百四十八萬六千八百五十六戶少于漢書五百三十八萬有奇口多于漢書六百四十二萬有奇未知孰是案永壽二年下如無戶字則所言之數不知何屬如以

二千餘萬爲戶數則口數僅五千餘萬將戶不盈三口其爲誤易見而各本注皆未正集解惠棟曰至案陳卓云斗十一度今案世紀所言十二次度數就前志所有者言之如自井十度至柳三度謂之鶉首之次自柳三度至張十二度謂之鶉火之次自東井六度至亢六度謂之壽星之次自危四度至斗六度謂之析木之次四次乃無一合至鄭之分野與韓同分明載班志則謂作韓爲誤實不誤也先謙曰注定墾者九百二十萬八千二十四頃官本上二作三八作六柳從辰曰以下不墾者之數合計九州之地數官本注是

河南尹雒陽前志顏注引魚豢云漢火行忌水故去洛水而加隹如魚氏說則光武以後改爲雒字也案此魏略載明帝黃初元年改雒陽爲洛陽詔書中語裴松之三國志注所引較詳段玉裁以爲雍州洛水豫州雒水自古不紊黃初以前伊雒字皆作雒與雍州渭洛字迥判已詳見說文解字注雒洛兩篆下是雒陽字本當作雒矣集解馬與龍曰雒陽市令渻于翼見五行志市丞石脩見耿恭傳柳從辰曰雒陽市長沐茂見李雲傳據百官志本注雒陽市長本屬司農中興屬河南尹劉注引漢官市長一人秩四百石丞一人二百石是雒陽有市長無市令明矣或始本爲令後降爲長志據其後者言之也馬氏以人證地試就錢大昭後漢郡國令長考校之脫漏令長已

不少守相丞尉者舊聞人自更不能無遺但爲後漢郡國縣道諸名與前志有沿革之別藉資佐證則亦無取求備非別闕攷據者概不增補周時號成周注晉元康地道記曰記原譌紀已正有狄泉在城中注帝王世紀曰紀原譌記已正以上二字官本注均不誤又以下凡記紀互譌者悉依此例改正不悉錄

有前亭注卽泉戎也官本注戎作城柳從辰曰左氏僖十一年傳揚拒泉皋伊洛之戎同伐京師杜注揚拒泉皋皆戎邑今伊闕北有泉亭是前亭本作泉亭釋例又云河南洛陽縣西南有戎城而江氏考實彙纂謂今洛陽縣西南有前城卽泉亭也然則注當爲卽前城或卽戎城官本作卽泉城亦仍未合今案左氏昭二十二年傳取前城服注前讀曰泉則前城亦本作泉城似官本注非誤至毛本作泉戎或卽指泉邑之戎抑非無說可通也惟就前泉相通言之似注又當以作卽泉亭爲合姑似更詳

有太解城集解先謙曰至見曹爽傳錢大昭曰有樊濯聚宋貴人葬處見清河孝王傳

有虢亭虢叔國侯康曰宏農郡陝下云本虢仲國據賈逵說虢仲封東虢叔封西滎陽者東虢陝者西虢與此志正相背志蓋本世紀周興封虢仲於西虢封虢叔於東虢也覩之太平寰宇記河南道虢州下然世紀多不足信此故與賈逵當見春秋時東虢之君字叔左傳東虢叔也既西虢之君字仲左傳有虢仲此虢仲八年虢叔二十年虢叔疑其因始封之君以爲稱此吳斗南說亦不知莊二十年鄭伯見虢

叔二十一年虢叔自北門入此虢叔正西虢之後若以西虢爲仲則仲之子孫亦有字叔者矣志從之誤

有長城經陽武到密集解惠棟曰至十五年築也柳從辰曰竹書紀年郝懿行本築長城在十二年顯王十三年卽梁惠成王十五年遺龍賈築陽池以備秦懿行據太平寰宇記補案水經謂惠成王十二年龍賈築長城於西邊與此併爲一事恐非將所見本古今不同耶

有扈城亭注左傳莊二十三年盟于扈柳從辰曰此引經注左傳當作春秋

有圃田澤案據杜預左傳說中牟尙有南汜澤志失載

有棐林注左傳宣元年至縣東有林鄉柳從辰曰棐水注華水又東逕棐城北卽北林亭也春秋文公與鄭伯宴于棐林子家賦鴻雁者也春秋宣公元年諸侯會于棐林以伐鄭楚救鄭遇于北林服虔曰北林鄭南地也京相璠曰今滎陽苑陵縣有故林鄉在新鄭北故曰北林也道元按林鄉故城在新鄭東如北七十許里苑陵故城在東南五十許里不得在新鄭北也考京服之說竝爲疏矣杜預云滎陽中牟縣西南有林亭在鄭北今是亭南去新鄭縣故城四十許里蓋以南有林鄉亭故杜預據是爲北林最爲密矣又以林鄉爲棐亦或疑焉諸侯會棐楚遇于此甯得知不在是而更指他處也積古之傳事或不謬矣

成睪集解錢大昕曰睪當作臯字形相涉而譌河內郡平臯志亦譌爲睪柳從辰曰河內郡平臯閣本實作睾卽臯字也荀子王霸篇睾牢天下而制之注謂睾或作睪據本書馬融傳注引孫卿子明卽臯牢也亦有荀子已改臯他書尚作睾者如荀子大略篇望其壙臯如也家語困誓篇列子天瑞篇同有是語而皆作睾如互證參觀亦知睾爲臯之或體字此作成睪蓋偶誤缺一筆未可概指爲譌今案柳說是也觀顏氏干祿字書已載睾爲俗臯字此如臯亦作皐雖均非正體不能廢也抑觀春秋繁露九大夫睪卽越臯如又列女傳臯陶亦作睪睪與臯同訓爲高則似睪本可通臯澤字從睪而自唐以來碑版文字相承作澤从睾是睾原亦卽睪字後世字書强分爲二也

有鄤聚古鄤氏今名蠻中注左傳昭十六年楚殺鄤子柳從辰曰今左昭十六年經傳鄤均作蠻注誤又成三年傳諸侯伐鄭鄭公子偃帥師禦之使東鄙覆諸鄤注鄤鄭地是杜不謂鄤卽蠻矣今案春秋昭十六年楚子誘戎蠻子殺之左氏穀梁同文集解惠棟曰公羊則作戎曼子曼卽鄤也此注引左傳未合

說文新城𢇍中古蠻𢇍字或相通也案左傳載宋景公名欒竹書作名欒趙宋祕閣有宋公𢇍餗鼎前書人表則名兜欒史記宋世家一作頭曼欒曼相通也志云今名蠻中蓋古本名欒中故說文作𢇍中耳非蠻𢇍字相通也

第十九校補　三

平柳從辰曰一統志云前漢高祖六年封工師喜爲平侯後爲平縣屬河南郡後漢初廢水經注河水又東逕平縣故城北俗謂之小平有高祖講武場集解惠棟曰至蔡邕集作平陽蘇騰誤也今案五行志靈帝熹平五年夏旱注引蔡邕作伯夷叔齊碑亦云處士平陽蘇騰似邕集非誤又首山卽雷首山在蒲坂亦與平陽差近未知孰是先謙曰閣本脫今補官本有錢大昕曰閣本汲古本新鄭縣下脫平縣監本有之今案河南尹二十一城無平則闕一城矣雖閣本亦無有以確知其爲皆脫也官本原依監本轉刊故不脫

河內郡沁水集解惠棟曰至沁音狗沁之沁今案狗沁之沁兩沁字皆吣之譌見段玉裁說文解字注

有隤城注以隤與鄭原本隤均作潰依左傳正官本不誤

南有甯鄉注安儋王官本注儋作擔古字通

林慮故隆慮殤帝改有鐵注徐廣曰洹水所出柳從辰曰水經洹水出上黨泫氏縣注云出洹山在長子縣也又東過隆慮縣北注云縣北有隆慮山是隆慮非卽洹水所出

河東郡平陽集解惠棟曰世本居篇韓貞子居平陽柳從辰曰水經汾水注作韓康子居平陽蓋誤宋忠云柳從辰曰今世本作宋衷

有董亭注杜預曰縣有董亭案今左傳注作汾陰縣有董亭考晉志無汾陰縣此或據魏舊言之而其時亭地已改隸汾陰耳注以其不與志合故省去縣名也

有沙丘亭官本丘譌兵

大陽柳從辰曰楊震傳楊眾率諸官屬步從至太陽章懷注太陽縣屬河東郡卽此大陽是矣蓋大太古通字之作太者古多作大此縣惟至北魏改屬河北郡始確定爲太陽今案前志引應劭說大陽在大河之陽是其字本當作大范書作太疑唐後轉寫之失有下陽城注左傳曰官本注無日字

聞喜邑集解惠棟曰至汾水注云今人猶謂之乾澗矣柳從辰曰涑水注云紫谷水與乾河合卽教水之枝川也史記白起取韓安邑東至乾河是也有董池陂古董澤注左傳曰改蒐于董董澤之蒲今案改蒐于董與董澤之蒲各爲一傳文杜注董亭在汾陰董池陂在聞喜說亦各異刻合迻文並引頗乖體例惟據江氏考實彙纂汾陰今絳州屬平陽府有董澤在聞喜東北四十里接絳州界則董澤董亭本二縣交界地實相通也

第十九校補　四

絳邑集解惠棟曰至澮水出縣南西入汾柳從辰曰水經澮水出絳縣東與杜說異

有祁城山官本祁作析是

宏農郡有曹陽亭注又獻帝東歸敗處曹公改曰好陽柳從辰曰洪氏補志於陝縣下列有曹陽墟後漢書獻帝東還李傕郭汜追乘輿天子幸此有曹陽澗魏武改爲好陽澗謝云元和志曹陽墟在陝縣西南七里與上曹陽亭別今案前書陳勝傳周文走出關止屯曹陽晉灼曰亭名也在宏農東十三里此卽刻合注所本也又師古曰曹水之陽也今謂之好陽澗在陝縣西四十五里又本書獻紀幸曹陽章懷注曹陽澗名在今陝州西南七里蓋漢世曹陽本亭名其亭治本在宏農灼晉人去漢未遠故水之後世鄉亭之制既廢則據地與水言之而曹陽澗水本出陝縣酈注謂出陝縣峴頭山而北流入河章懷引崔浩云自南山北流於河其說畧同故唐以下皆繫於陝耳據獻紀帝敗於東澗由庚午迄壬申閒三日乃次曹陽而五行志直云追上到曹陽似東澗卽所謂曹陽澗矣其戰地之袤長可以想見水北爲陽知曹水以北皆亭所轄境無論爲墟爲澗證以魏武改曹陽爲好陽與曹陽亭實非有別晉灼釋以亭名而墟澗可該陝縣自無取分舉也

有聞鄉柳從辰曰魏志衞覬封聞侯見本傳是聞鄉魏時亦省言聞也

華陰故屬京兆注秦之華陽官本注華陽作陽華是柳從辰曰周禮職方作楊紆爾雅釋地作楊陓淮

南墜形訓亦作楊紆說文作陽紆風俗通引爾雅亦作陽紆陽楊古本通作惟呂覽作陽華與作陓作紆皆異今案右扶風汧下注引爾雅乃作秦有楊紆亦與今本作陓異陸德明釋文云陓孫於于反郭烏花反本或作紆非也阮元校勘記以諸書多作紆於于反亦作紆謂陓不當以作紆爲非固也然郭作烏花反正與華同是陓於兩讀均可通呂覽之作華正足證成郭說實異而不異也**有太華山**案隸釋有樊毅復華下民租田口算碑稱華陰令先讜書言古文苑作華陽令誤也**注鳥獸莫居有蛇名曰肥遺**官本注莫作奠遺作蠻柳從辰曰閣本作莫官本作蠻皆與今山海經合案鳥獸莫居正言其峻削作奠疑非蠻後起字疑本通作遺

京兆尹高帝所都注長安城方亦十三里錢大昭曰亦當作六**又注十三城門**錢大昭曰三當作二又縣有虎牙都尉治安帝永初四年置京兆虎牙都尉居長安有平望亭在城東孝景薄皇后葬亭南

有長門亭錢大昭曰縣尙有郞官亭孝武陳皇后葬亭東

鄭注黃圖云下邽縣幷鄭桓帝西巡復之錢大昭曰劉寬碑陰有永安長京兆下圭駱鉞伯彥又有京兆下圭六人前志京兆有下邽疑郡國志脫此一縣或中葉以後省今案郡國志係據順帝時版籍言之不載下

邽自是光武中興時原已幷省也至桓帝時雖復之自無由闌入此志非所謂脫矣劉寬仕桓帝時迄靈帝中平二年乃卒碑陰之有京兆下邽人名宜也自是迄晉不改則魏晉皆因漢舊洪志偶忘此注故未能定漢後復立爲何時耳

雒水出集解惠棟曰注護舉之山山海經作讙舉柳從辰曰水經亦作讙舉

左馮翊高陵注縣瓠中是也地道記曰縣原譌將已正官本注不誤惟地道記下無曰字

祋祤官本二字皆譌从衣

有梁山注河陽之山也官本注無也字

右扶風有岐山注城水出焉東南流注于江南原譌西依山海經正官本注不誤柳從辰曰城當作減各本皆失正

有周城注南有周原原原譌源已正官本注不誤

郡國志二第二十　　後漢書二十

梁　剡　令劉　昭注補

王先謙集解

豫州　潁川　汝南　梁國　沛國　陳國　魯國　集解惠棟曰李巡爾雅注云河南其氣著密厥性安舒故曰豫豫舒也春秋緯曰豫之言序也先謙曰豫州三國屬魏洪云建安元年魏武迎漢帝都許及平黃巾黃邵等豫州地遂入魏統郡十二吳表亦載襄城安豐二郡云魏志裴潛傳注引魏略襄城有典農中郎將陳留王奐紀咸熙元年諸典農皆爲太守則襄城亦爲典農所改又晉書李肖傳肖爲安豐太守在正元甘露之際謝云洪氏據沈志潁川郡下魏分置襄城郡元和志亦同鍾英案魏志書杜襲潁川定陵人沈志據其初魏志要其終耳晉志武帝受命分潁川立襄城郡宜從之元和志所載因沈志而爲之詞不足據也又案王基傳基爲安豐太守時在正始八年齊王芳紀注引魏略張特遷安豐太守時在嘉平五年而吳志書丁奉廬江安豐人陳武廬江松滋人是魏末廢安豐入廬江故承祚據其終言之沈志云魏文帝分廬江置安豐又於安豐縣下云晉武立安豐郡前後互異郎安豐郡已置復廢之明證也又陽安汝陰皆旋立旋廢說詳二縣下案今從謝說魏豫州得漢舊郡國六分置譙郡弋陽合六郡二國

冀州　魏郡　鉅鹿　常山　中山　安平　河間　清河　趙國　勃海　集解惠棟曰李巡爾雅注云兩河間其氣清厥性相近故曰冀冀近也先謙曰冀州三國屬魏洪云冀州建安十年平袁氏地入魏統郡十六謝云通鑑胡注魏冀州統鉅鹿趙國常山中山安平平原樂陵博陵勃海河間清河無魏郡廣平陽平朝歌章武沈志魏郡魏晉屬司隸今考晉志元和志魏司州無魏郡蓋魏廣平陽平三郡至晉始屬司州章武據晉志元和志屬冀州朝歌據三國志幷於河內吳云洪志錄博陵郡屬縣全據晉志案輿地廣記云博野本漢蠡吾桓帝分置博陵郡晉改曰博陸水經滱水注漢桓帝追尊父翼陵曰博陵因以爲縣又置郡焉漢末罷還安平魏志常林傳林爲博陵太守在建安初年及建安十八年省州幷郡獻帝起居注所載冀州統郡其一博陵迨入魏朝遂無可考則酈注所謂漢末罷還安平者確乎可信矣平原建安十八年以隸冀州見百官志引獻帝起居注樂陵魏置屬冀州見晉地理志沈志案魏冀州得漢舊郡國九分置章武樂陵廣平陽平入青州之平原合十四郡國

潁川郡秦置洛陽東南五百里集解馬與龍曰潁川太守秦襲秦彭見彭傳遂並見郅惲傳寇恂郭伋任延見本傳葛興見韓棱傳趙興見郭躬傳顧奉見張霸傳竇瓌見竇憲傳王昱見杜密傳朱寵見鄧騭傳种拂見劉翊傳周榮張敏黃昌宋登段熲楊彪何進見本傳高倫見陳寔傳巴肅見靈帝紀司馬雋見魏志司馬朗傳曹褒見魏志曹仁傳李旻見董卓傳陰修見魏志鍾繇傳

注鄧颺見曹爽傳夏侯淵高柔見本傳郡掾馮異吏堅鐔韓韶賈彪功曹韓棱劉翊陳寔鍾皓見本傳決曹掾郭弘見郭躬傳主簿鍾迪見鍾皓傳五官掾張仲方主簿荀彧主計掾張禮賊曹掾杜佑計吏郭圖功曹鍾繇見魏志繇傳典農中郎將裴潛徐邈見魏志本傳又郡人唐瑁見何后紀呂晏見馮異傳劉勝見杜密傳李鴻見李恂傳彊華見光武紀李雲見徐穉傳張咨見袁術傳堂谿典見蔡邕傳唐珍見靈帝紀杜訪甄邵見李固傳張讓見宦者傳劉根見方術傳胡昭見魏志管寧傳棗祗見任峻傳邯鄲淳繁欽見王粲傳徐庶見蜀志諸葛亮傳司馬徽見龐統傳周昭見吳志步騭傳先謙曰三國魏因

十七城集解先謙曰三國魏郡領漢舊縣十六漢末復置郟[illegible]志魏潁川領八縣以陽翟陽城入河南餘別爲襄城郡謝云陽翟沈志云魏晉屬河南又於潁川太守下云漢舊縣自相矛盾魏志郭嘉趙儼辛毗並云潁川陽翟人洪捨國志而從沈約非也陽城一統志晉屬河南是魏承漢制屬潁川襄城郡宜并入潁川下州案謝說是

戶二十六萬三千四百四十口百四十三萬六千五百一十三

陽翟集解先謙曰呂不韋爲陽翟大賈始見史記縣名蓋昉於秦前志注謂周末韓景侯自新鄭徙此特就其地言之也馬與龍曰獻帝封袁術爲侯見術傳陽翟令耿國見耿弇傳樂進屯陽翟見魏志進傳又縣人郭弘子躬孫晊鎮曾孫賀禎禧玄孫鴻見躬傳趙儼辛毗郭嘉見魏志本傳

禹所都汲冢書禹都陽城古史考曰鄭厲公入櫟即此也晉地道記曰去雒陽二百八十六里屬河南

有鈞臺左傳曰夏啓有鈞臺之享杜預曰有鈞臺陂帝王世紀曰在縣西集解惠棟曰歸藏啓筮云昔夏后啓享神于大陵而上鈞臺枚占皐陶曰不吉連山易云啓筮亨神于大陵之上酈玄云即鈞臺先謙曰注記曰官本作紀云

有高氏亭左傳成十七年衛侵鄭至高氏杜預曰縣西南

有雍氏城左傳襄十八年楚伐鄭侵雍梁杜預曰在縣東北史記齊湣王十二年攻魏楚圍雍氏集解齊召南曰按齊攻魏一事也楚圍雍氏又一事也雍氏韓邑楚人圍之與攻魏並無干涉此劉昭采輯之失也惠棟曰雍陸氏音于用反先謙曰前漢縣三國魏因晉志改屬河南一統志故城今開封府禹州治

襄有養陰里集解[illegible]本志有襄縣無郟縣光武紀建武十七年有鳳皇見於潁川之郟縣馬成傳世祖徇河北以成守郟馮魴傳建武三年遷郟令臧宮銚期本傳並云潁川郟人汝水注汝水又右迆爲湖俗謂之東長湖古養水也水東逕沙亭南故養陰里也司馬彪郡國志云襄城有養陰里京相璠云在襄城郟縣西南與龍案酈注引郡國志京相璠所云襄城即謂襄縣非謂下襄城縣觀酈注自明酈注又云養水又東北入東長湖汝水又逕郟縣故城南又南逕龍城西城西北即摩陂魏青龍元年有龍見於郟之摩陂汝水又東南逕襄城縣故城南據此漢郟縣地近養陰里養陰里即在襄縣城疑後漢中葉省郟縣就養陰立襄縣近漢末復置郟縣故范書及

魏志均有郟縣而襄縣不見於史自彪志後莫錄焉近人李兆洛謂即前志江夏郡之襄縣誤先謙曰前漢三國魏闕晉志無一統志養陰里在今汝州寶豐縣西北

襄城左傳定四年盟皐鼬杜預曰縣東南有城皐亭集解惠棟曰京相璠云周襄王居之故曰襄城馬與龍曰襄城令劉方見章帝紀衛颯傳亭長傅俊見俊傳典農中郎將黃朗見魏略又縣人傅俊堅鐔見本傳李脩子益孫膺曾孫瓚玄孫宣見膺傳

有西不羹杜預曰有不羹城集解惠棟曰陸德明云羹舊音郎漢書地理志作更字今案地理志亦作不羹無作更者未詳孔穎達云古者羹臛之字音亦爲郎故魯頌閟宮楚辭招魂與史游急就篇羹與房漿糠爲韻但近世以來獨以此地音爲郎耳馬與龍曰汝水有注引東觀記馬防增封襄城羹亭千二百五十戶即此亭也

氾城杜預曰在縣南周襄王所處集解惠棟曰杜預云鄭南氾也又東氾在滎陽中牟縣

有汾丘左傳襄十八年楚治兵於汾杜預曰縣東北有汾丘城集解惠棟曰汾扶云反

有魚齒山左傳謂魚陵杜預曰魚齒山也在犨縣北集解先謙曰前漢縣三國魏因謝云魏置襄城郡旋省晉世語鄧艾爲襄城典農部民即此有論城魏武行營也見紀要晉志置郡治此一統志故城今許州襄城縣治西

昆陽集解馬與龍曰光武封傅俊爲侯見俊傳桓帝封鄧后母宣爲君后弟統襲封侯見鄧后紀

有湛水左傳襄十六年楚公子格與晉戰于湛阪集解官本考證曰注湛陂左傳作湛阪陸德明音義[illegible]禮云其浸潁湛京相璠云昆陽北有蒲城蒲城北有湛水杜預云東入汝湛音而林反又直斬反先謙曰前漢縣三國魏因謝云晉書宣文王平公孫淵增食昆陽并舞陽爲二縣昆陽即此晉志改屬襄城郡一統志故城今南陽府葉縣治

定陵集解惠棟曰本傳有新安鄉馬與龍曰丁綝封定陵新安鄉侯見丁鴻傳又縣人丁綝子鴻見鴻傳賈彪見本傳杜安子根孫襲見根傳襲子會見魏志襲傳陳稚叔見鍾繇傳注

有東不羹杜預曰縣西北有不羹亭地道記曰高陵山汝水所出集解惠棟曰淮南子汝出猛山高誘云一名高陵山汝水所出東南至新蔡入淮先謙曰前漢縣三國魏因吳云侯國太和元年鍾繇封此子毓嗣晉志改屬襄城郡一統志故城今南陽府舞陽縣北十五里

舞陽邑集解錢大昕曰順帝長女舞陽公主馬與龍曰建武初封吳漢爲侯見漢傳又封朱浮爲侯見浮傳舞[illegible]順帝封馬光爲舞陽亭侯見西羌傳又縣人王常見本傳[illegible]棱孫輔曾孫演見棱傳韓韶子融見韶傳韓[illegible]前漢縣三國魏因吳云侯國黃初七年司馬[illegible]改屬襄城郡一統志故城今舞陽縣西

郾集解惠棟曰酈元云史記楚昭陽伐魏取郾是也馬與龍曰更始封尹尊爲郾王見劉玄傳和帝封竇篤爲侯見竇憲傳郾令周榮見本傳又縣人唐衡見單超傳先謙曰前漢縣三國魏因謝云晉書宣帝紀正始二年增食郾臨潁即此晉志因一統志故城今許州郾城縣西南五里

臨潁集解錢大昕曰和帝女封臨潁公主志似脫邑字桓帝時邊韶爲臨潁侯相蓋公主之子襲封爲侯也惠棟曰春秋傳莊十四年鄭厲公獲傅瑕於大陵京相璠云縣東北二十五里有故巨陵亭古大陵也馬與龍曰曹仁屯臨潁見魏志仁傳張遼見遼傳先謙曰前漢縣三國魏因晉志因一統志故城今許

州臨潁縣西北十五里

潁陽集解馬與龍曰章帝封馬防爲侯見防傳安帝封馬度爲侯見馬廖傳桓帝封梁不疑爲侯見梁冀傳丁綝爲潁陽尉見丁鴻傳又縣人王霸子符孫度曾孫歆見霸傳祭遵兄午弟形遵子參見遵傳先謙曰前漢縣三國魏因元和志晉省晉志省一統志故城今許州西南

潁陰左傳文九年楚伐鄭師於狼淵杜預曰縣西有狼陂獻帝遣御史大夫張音奉皇帝璽綬策書禪帝位於魏是文帝繼王位南巡在潁陰有司乃爲壇於潁陰庚午登壇魏相國華歆跪受璽綬以進於王王既受畢降壇視燎成禮而反帝王世紀云魏文帝登禪于曲蠡之繁陽亭爲縣曰繁昌亦禹貢豫州之域今許之封內今潁川繁昌是也北征記曰城在許南七十里之東有臺高七丈方五十步臺南有壇高二丈方三十步卽受終之壇也案北征記云是外黃縣繁昌城非也集解馬與龍曰桓帝封梁馬爲侯見梁冀傳更始封宋佛爲王見劉玄傳潁陰令范康見本傳巳禎見荀淑傳注田豫李典見魏志又縣人劉陶見本傳劉翊見獨行傳荀淑子儉緄靖燾汪爽[illegible]肅旉孫悅彧湛淑兄子昱曇彧從子攸見淑傳

有狐宗鄉集解惠棟曰酈元云今胡泉城

或曰古狐人亭有垾亭史記魏哀王五年秦伐魏走犀首岸門徐廣曰岸亭集解惠棟曰當作岸門亭諸本皆脫門字先謙曰前漢縣三國魏因吳云侯國太和元年陳羣封此子泰孫恂溫紹封謝云文帝紀延康元年行至曲蠡乃爲壇於繁陽受禪改元曰黃初以潁陰之繁昌亭爲繁昌縣明帝紀太和二年立王子穆爲繁陽王疑明帝時又改繁昌爲繁陽也先謙案潁水注潁水又南逕潁鄉城潁陰縣故城在東北舊許昌典農都尉治後改

爲縣明帝封辛毗爲侯國又東逕繁昌故縣北晉志因一統志故城今許州治

許左傳莊二十八年楚伐鄭鄭奔桐丘杜預曰縣東北有桐丘城獻帝徙都改許昌集解惠棟曰杜預釋例譜云許姜姓與齊同祖堯四岳伯夷之後也周武王封其苗裔文叔于許今潁川許昌是也春秋佐助期曰漢以許昌失天下酈元云魏承漢秝改名許昌周壽昌曰考獻帝改都許在建安二年八月改許縣爲許昌縣在魏文帝黃初二年非獻帝徙都時改名也注誤馬與龍曰水經洧水注一水東逕許昌縣漢章帝建初四年封馬光爲侯國佐助期云漢以許失天下及魏承漢麻遂改名許昌也案馬防傳作許陽侯陽字衍許令馬融見五行志注鄧邵見陳寔傳滿寵見魏志本傳又縣人李憲見本傳陳寔子紀諶孫羣見寔傳羣子泰溫孫恂見魏志泰傳先謙曰前漢縣三國魏因爲五都之一謝云有讓王臺見寰宇記吳云魏遷都洛陽宮室武庫猶在許昌見元和志晉志因一統志故城今許州西南

新汲左傳文元年衞孔達侵鄭伐縣訾及匡杜預曰縣東北有匡城成十七年伐齊至曲洧杜預曰縣治曲洧城臨洧水集解惠棟曰闞駰云本汲鄉也宣帝神爵三年置以河內有汲故加新也又注洧于軌反治直吏反馬與龍曰洧水注洧水又東逕新汲縣故城北又東洧水左迺爲鴨子陂謂之大穴口也洧水自大穴口東南逕洧陽城西南漢建安中封司空祭酒郭奉孝爲侯國案此則新汲有洧陽城新汲令王隆見本傳先謙曰前漢縣三國魏因晉志因一統志故城今陳州府扶溝縣西南二十里

傿陵集解惠棟曰傿音謁晚反又於建反馬與龍曰傿陵令宋則見宋弘傳溫恢見魏志又縣人庾乘見郭泰傳張興子魴見儒林傳

春秋時

曰傿春秋鄭共叔所保故曰克段于鄢又成十六年晉敗楚於傿陵李奇曰六國曰安陵集解先謙曰前漢縣三國魏因吳云公國建安二十一年封曹彰爲侯黃初二年彰進爵謝云有燕王臺魏文帝封弟燕王宇於[illegible]因一統志故城今開封府[illegible]

長社集解[illegible]魏志賈逵傳注[illegible]遼傳又縣人鍾瑾鍾皓長子迪孫繇見皓傳[illegible]

有長葛城左傳隱五年[illegible]

有向鄉[illegible]

蜀津[illegible]

陽城[illegible]

有嵩高山[illegible]

洧水[illegible]

潁水出[illegible]

有鐵 **有負黍聚**[illegible]

許由於負黍山也集解[illegible]按周本紀無此文年表是周威[illegible]

父城[illegible]

有應鄉[illegible]

輪氏[illegible]

建初四年置[illegible]

汝南郡[illegible]

勳見本傳趙謙見靈帝紀徐璆見許邵傳楊奇見楊震傳劉翊見蜀志許靖傳荀攸李通滿寵司馬芝田豫鄧艾見魏志本傳程曉見程昱傳都尉杜詩見本傳郡將召夔見周嘉傳郡吏周防見本傳決曹史應奉繆彤見本傳決曹掾周燕見周嘉傳計掾許訓見應奉傳注郡掾陳元見歐陽歙傳功曹許劭郅惲許慎范滂見本傳袁閎見王龔傳封觀見袁閎傳督郵繇延見郅惲傳吳導見范滂傳主簿周嘉見本傳陳端見袁閎傳注門下掾鄭敬見郅惲傳書佐朱零見范滂傳議生袁祕門下督范仲禮賊曹劉偉德主記史丁子嗣記室史張仲然見袁閎傳注又郡人鄧伯考鄧朗見應奉傳黃浮見單超傳張郴見陳寵傳唐羌見和帝紀周勃見第五種傳注蔡順見周磐傳王琳見趙孝傳薛包見劉平等傳序鄧敬見郅惲傳注趙遂見李固傳傳公明見荀彧傳李巡見呂強傳張邵見范式傳費長房見方術傳鄧方見濟水注王儁見魏志武紀注孟建見溫恢傳陳祇見蜀志董允傳陳化子織見吳孫權傳注先謙曰三國魏因分置弋陽郡

三十七城【集解】先謙曰三國魏汝南郡領漢舊縣三十一城弋陽郡領漢舊縣二僑置西陵軑西陽三縣錢坫云三縣在今光州境內說見江夏郡下為二城宋城父山桑政屬譙郡宜祿省故山桑縣吳氏謂明帝紀文衍一為字山桑當是魏初屬沛郡明帝時合沛國蕭相等縣屬譙郡說既無據洪謝均據明帝紀移屬汝陰省郡仍還汝南然淮水注明言文帝以城父山桑等縣置譙郡則汝陰省郡時山桑應還屬譙也又杜注汝陰項縣潁川召陵縣皆以晉言非謂魏制謝洪以項屬汝陰吳以召陵屬潁川均非今不從

戶四十萬四千四百四十八口二百一十萬七百八十八

平輿【集解】馬與龍曰汝水注陂水又東逕平輿縣故城南縣舊沈國也建武三十年世祖封銚統為侯國案銚期傳建武十年封統為建平侯據酈注平輿之封在建武三十年當自建平徙封於此范史偶未載耳平輿令韋順見韋義傳張熹見汝水注虞成見吳志虞翻注又縣人許敬子訓孫相許劭許靖許虔李逵見劭傳許章見荀淑傳陳蕃子逸見蕃傳廖扶廖孟舉廖偉舉見扶傳許曼許揚許峻見曼傳戴憑見儒林傳許混孫見魏志和洽傳許靖子欽孫游見蜀志靖傳

有沈亭【集解】惠棟曰杜預云在縣北

故國姬姓有摯亭見說文【集解】錢大昕曰摯當作摰說文汝南平輿有摯亭讀若晉先謙曰前漢縣三國魏因吳云建安二十三年曹茂封此晉志因一統志故城今汝甯府汝陽縣東南六十里

新陽侯國【集解】錢大昕曰陰就所封先謙曰前漢縣三國魏因吳云晉初省見輿地廣記晉志省一統志故城今潁州府太和縣西北六十里

西平【集解】惠棟曰說文有閻亭太康地記有龍泉水可以淬刀劍馬與龍曰更始封李通為王見劉玄傳章帝封劉羨為王見帝紀安帝封鄧廣德為侯見鄧騭傳桓帝封梁蒙為侯見梁冀傳又縣人李成見胡廣傳郅惲見本傳和洽子离適孫嶠見魏志洽傳郭憲見王脩傳注

有鐵有柏亭故柏國【集解】先謙曰前漢縣三國魏因謝云魏略嚴苞黃初中為西平太守蓋漢末升西平作郡黃初後始復為縣也建安八年曹公征劉表至西平見武紀有二十四陂鄧艾典農時所置見寰宇記晉志因一統志故城今汝甯府西平縣西四十五里

上蔡【集解】惠棟曰說文有鄗亭又云濇水出黑閭澗入汝王符云北有古鄧城馬與龍曰安帝封鄧騭為侯見騭傳桓帝封左悺為侯見單超傳上蔡令王元見隗囂傳耿國見耿弇傳宋均見本傳周栩見東平王蒼傳甄逸見孔融傳注

本蔡國【集解】先謙曰前漢縣三國魏因晉志因一統志故城今上蔡縣西

南頓【集解】馬與龍曰桓帝封鄧演為侯見鄧后紀南頓令劉欽見光武紀第五頡見第五倫傳雷義見本傳又縣人應順子疊孫郴曾孫奉玄孫劭劭弟珣子瑒琰見奉傳應志見順帝紀蔡玄見儒林傳程秉見魏志

本頓國【集解】先謙曰前漢縣三國魏因謝云咸熙中封荀愷為南頓子見荀彧傳毋邱儉文欽作亂王基討之進據南頓見基傳有樂嘉城潁水注潁水又東南逕博陽縣故城東城在南頓縣北四十里王莽更名樂嘉少帝紀正元二年斬文欽於樂嘉即此有高陽邱應瑒兄弟自比高陽才子故名見元和志晉志因一統志故城今陳州府項城縣北五十里

汝陰【集解】馬與龍曰更始封劉信為王見劉玄傳汝陰令宋登見本傳又陳球傳球子琮汝陰太守

本胡國杜預曰縣西北有胡城地道記曰有陶丘鄉詩所謂汝墳【集解】先謙曰前漢縣作女陰三國魏因置郡後省為縣洪云元和志魏文帝黃初三年以汝陰縣屬汝陰郡郡當亦此年分立沈志云晉武帝分汝南置考晉志云汝陰魏置郡後廢太始二年復立沈蓋郡以復立為始置也魏明帝景初二年以沛郡十縣來屬謝云魏末郡廢縣已還屬沛國吳云寰宇記魏置汝陰郡鄧艾屯田於此後廢據艾傳屯田在正始中以後汝陰郡事不著史志疑汝陰廢郡在嘉平五年齊王省郡時也晉志置郡一統志故城今潁州府治

汝陽【集解】錢大昕曰案順帝季女封汝陽公主志所據者順帝時圖籍則汝陽下宜有邑字或其時尙幼未有封邑也惠棟曰酈元云縣城南有汝水枝流故縣得厥稱馬與龍曰和帝封竇景為侯見竇憲傳桓帝封唐衡為侯見單超傳汝陽令蒯越見魏志劉表傳注又縣人周揚周惝周舉子勰見舉傳周防鍾興見儒林傳袁安安祖父良子賞京敞孫彭湯盱曾孫賀成逢隗玄孫忠閎遺紹術基忠子祕見安傳先謙曰前漢縣作女陽三國魏因謝云晉書司馬衡魏封汝陽子即此有灌溉城魏志鄧艾為典農時於陳項以東至壽春開廣漕渠築此城有濦橋王基傳毋邱儉軍項王基謂司馬師速據南頓師次濦橋即此晉志因一統志故城今陳州府商水縣北

新息國【集解】錢大昕曰國上當有侯字馬援所封惠棟曰世本息國姬姓孔穎達云應劭云其後東徙故加新云若其後東徙當云故息何以反加新字乎蓋本息他處而徙此也玉篇作鄎思力切馬與龍曰光武封朱浮為侯在馬援前見浮傳新息令吳愷見吳祐傳長賈彪見本傳又縣人高獲見方術傳先謙曰前漢縣三國魏因洪云沈志汝南郡有南新息北新息俱云漢舊縣今考二漢祇一新息縣晉志亦同南北之名當屬江左及宋初分置沈志誤晉志因一統志故城今光州息縣東

北宜春【集解】惠棟曰章懷注豫章有宜春故此加北閻暢所封也先謙曰前漢縣作宜春三國魏因詎隊晉志因一統志故城今汝陽縣西南六十里

濦強【集解】惠棟曰竹書紀年云孫何取濦陽說文作濦云濦水出陽城少室山東入潁玉篇音於謹切

侯國【集解】錢大昕曰陰興子博所封馬與龍曰光武封堅鐔為侯在陰博前見鐔傳建安中宋奇封此見魏志武紀注先謙曰前漢縣三國魏因謝云魏武與袁紹相持官渡紹遣劉備徇濦強見曹仁傳徐晃擊濦強賊祝臂破

之見晃傳晉志省一統志故城今許州臨潁縣東**濯陽**集解惠棟曰說文濯水出吳房入潩玉篇音渠愚切馬與龍曰光武封吳旦爲侯見吳漢傳先謙曰前漢縣三國魏因晉志因一統志故城今汝甯府遂平縣東南**期思**集解惠棟曰左傳期思公杜預云楚邑公今爲期思縣馬與龍曰光武封臧宮爲侯見宮傳**有蔣鄉故蔣國**集解先謙曰前漢縣三國魏因改屬弋陽郡晉志因一統志故城今光州固始縣西北**陽安**集解馬與龍曰光武封郭況爲侯見郭后紀安帝封鄧珍爲侯見鄧隲傳**道亭故國**杜預曰在縣南袁山松□曰有朔山魏氏春秋曰初平三年分二縣置陽安都尉集解先謙曰前漢縣漢末置郡旋廢郡爲縣覘沈三國魏因洪云魏志李通傳分汝南二縣以通爲陽安都尉魏略通領陽安太守趙儼傳袁紹招誘豫州諸郡惟陽安不動謝云魏受禪後陽安郡不見於國志蓋罷郡旋廢今從沈志并入汝南吳表同晉志因一統志故城今汝甯府確山縣東北**項**故國左傳僖十七年魯所滅地道記曰有公路城袁術所築集解惠棟曰說文有宿鄉馬與龍曰縣人蔡衍見本傳先謙曰前漢縣三國魏因有誘城毌丘儉作亂西至項鄧艾督軍至樂嘉誘之故名有甘城晉書宣帝紀帝帥軍泛舟沿流九日而至甘城王淩計無所出面縛水次晉志改屬梁國一統志故城今陳州府項城縣東北槐坊店**西華**集解惠棟曰縣北有習陽城馬與龍曰光武封鄧晨爲侯見晨傳安帝封鄧閶爲侯見鄧隲傳西華令戴封見本傳先謙曰前漢縣三國魏因謝云有集糧城魏鄧艾營田一築以貯糧有涼馬臺鄧艾所築見元和志晉志省一統志故城今陳州府西華縣南**細陽**集解馬與龍曰光武封岑遵爲侯傳至孫杞順帝時爲光祿勳杞子熙熙子福均嗣志應有侯國字細陽令虞延陳重見本傳又縣人張酺子蕃曾孫濟喜玄孫根見酺傳先謙曰前漢縣三國魏因吳云潁州志魏省細陽入汝陰謝云吳志呂範汝南細陽人據以補吳入晉志省一統志細陽晉廢故城今潁州府太和縣東茨河西岸**安城侯國**集解錢大昕曰銚期封安成侯卽此安城也期子丹徙封葛陵光武又封劉賜爲安成侯馬與龍曰安成令桓威見魏志王粲傳又縣人周業孫磐見磐傳周暢周嘉周燕見嘉傳周燮見本傳**有武城亭**集解先謙曰前漢縣作安成三國魏因晉志因一統志故城今汝甯府汝陽縣東南**吳房**集解惠棟曰一作吳防案隸法房字其戶皆在側當是防字之誤也馬與龍曰光武封鄧汎爲侯見鄧晨傳和帝封陰綱爲侯見陰識傳又縣人伍孚見董卓傳**有棠谿亭**左傳曰房國楚靈王所滅又建封吳王夫槩於棠谿地道記曰有吳城集解惠棟曰王符云在西平縣谿谷名也徐廣云在慎縣應劭以爲在吳房也馬與龍曰光武封劉熚爲棠谿侯見泗水王歙傳先謙曰官本注作楚封吳夫槩王記下無曰字前漢縣三國魏因䚗豚晉志因李兆洛云故城今遂平縣西四十里**鮦陽**集解惠棟曰鮦孟康音紂一音童說文有鄛亭**侯國**皇覽曰縣有葛陂鄉城東北有楚武王冢民謂之楚王岑永平中葛陂城北祝社下於土中得銅鼎而銘曰楚武王之冢民傳言秦項赤眉之時欲發之輒頹壞厭不得發集解惠棟曰注葛陂一作葛陵汝水注作楚王琴云楚人謂冢曰琴也頹壞塡厭許本脫塡字錢大昕曰陰興子慶所封馬與龍曰鮦陽相吳馮見吳祐傳銚期傳期子丹徙封葛陵侯李注葛陵

縣名故城在汝南故鮦陽縣也先謙曰前漢縣三國魏因謝云有葛陂許褚傳汝南葛陂賊萬餘人攻褚壁褚飛石擲之眾不敢進晉志改屬汝陰一統志故城今新蔡縣東北七十里**慎陽**集解惠棟曰索隱路史引司馬志皆作滇陽前志作慎陽闞駰云合作滇馬與龍曰縣人黃憲見本傳戴遵曾孫良見逸民傳先謙曰前漢縣三國魏因晉志因一統志故城今汝甯府正陽縣北四十里**慎**集解惠棟曰哀十六年吳人伐慎白公敗之晉志云故楚邑馬與龍曰光武封劉陽爲侯見安成孝侯傳靈帝封何進爲侯見進傳成武孝侯順傳順子敏建武二十年封甘里侯李注潁上縣西北有甘城案在漢慎縣先謙曰前漢縣三國魏因謝云陳泰傳咸熙中封泰子溫爲慎子晉志改屬汝陰一統志故城今潁州府潁上縣西北四十里江口鎮**新蔡**集解惠棟曰王符云縣北有古鄛城馬與龍曰光武封吳國爲侯見吳漢傳新蔡長蔡攜見蔡邕傳黃眞見吳祐傳李言見汝水注**有大呂亭**地道記曰故呂侯國左傳昭四年吳伐楚入櫟杜預曰縣東北有櫟亭集解惠棟曰酈元云西南有小呂亭故此稱大先謙曰前漢縣三國魏因晉志改屬汝陰一統志故城今汝甯府新蔡縣治**安陽**集解惠棟曰說文有䣚鄉馬與龍曰安陽尉毛義奉府檄守令見劉平等傳序**侯國**集解錢大昕曰吳漢兄子彤所封馬與龍曰光武封朱祐爲侯在吳彤前桓帝時封鄧會爲侯見鄧后紀**有江亭故國嬴姓**集解先謙曰前漢縣三國魏因謝云荀彧傳太子以女妻彧長子後稱安陽公主卽此吳云侯國晉書荀勗傳司馬昭弟幹封此晉志曰南安陽一統志故城今正陽縣西南**富波侯國**集解錢大昕曰東觀記光武封皇考姊子周均爲富波侯馬與龍曰光武建武二年封王霸爲侯十三年更封向侯見霸傳富波相楊牧見楊震傳**永元中復**集解惠棟曰十三州志云和帝永元九年分汝陰置案富波漢舊縣建武中省并汝陰和帝復舊也酈元云縣多陂塘以溉稻故曰富陂案孫叔敖碑波與陂古字通先謙曰前漢縣三國魏因謝云吳志呂蒙汝南富波人晉志省一統志故城今潁州府阜陽縣南**宜祿永元中復**集解先謙曰前漢縣三國魏省覘晉志無一統志宜祿漢縣魏晉間廢故城今陳州府沈邱縣北**朗陵**集解惠棟曰應劭云西南有朗陵山縣以氏焉馬與龍曰朗陵令田豫見魏志**侯國**左傳成六年楚拒晉桑隧杜預曰縣東有桑里亭集解惠棟曰案今杜氏注云縣東有桑里在下蔡西南錢大昕曰臧宮所封馬與龍曰朗陵相荀淑見淑傳先謙曰前漢縣三國魏因謝云李通爲陽安都尉通妻伯父犯法朗陵長趙儼收治之通嘉儼執法不阿見通傳晉志因一統志故城今汝甯府確山縣西南三十五里**弋陽**集解惠棟曰說文渒水出垂山東入淮馬與龍曰鄭敬隱弋陽山中見郅惲傳**侯國**集解錢大昕曰劉國所封**有黃亭故黃國**集解惠棟曰酈元云城內有二城西卽黃城**嬴姓**集解先謙曰前漢縣三國魏置郡洪云魏分江夏汝南置弋陽郡見通典謝云沈志弋陽太守魏文帝分汝南立晉志同洪志據田豫傳□□弋陽太守在魏武時疑郡非魏文始置也陸凱傳孫皓與晉子使者丁忠自北還說皓弋陽可襲卽此黃初三年封曹彪爲王見彪傳有小弋陽陂賈逵爲豫州刺史斷山濡長谿水造小弋陽陂見逵傳輿地廣記魏於弋陽置弋陽郡是弋陽郡治弋陽或謂

治西陽非也晉志屬弋陽郡一統志故城今光州西

召陵 左傳昭十三年楚蔡公與子干子晳盟于鄧杜預曰縣西南有鄧城集解惠棟曰釋例以鄧城爲蔡地其鄧國則義陽鄧縣是也說文有郎里馬與龍曰光武封李雄爲侯見李通傳相周紆見本傳召陵令任延見本傳任嘉見楊倫傳公沙孚見公沙穆傳注鄭渾見魏志又縣人陳翔陳珍見翔傳楊通見祭祀志注謝甄見郭泰傳繆形見獨行傳許慎見儒林傳

有陘亭 左傳僖四年齊伐楚次陘杜預曰在縣南蘇秦說韓宣惠王曰南有陘山集解惠棟曰陘音刑

有安陵鄉 集解先謙曰前漢縣三國魏因謝云侯國曹貢封召陵侯見貢傳有討虜渠文紀黃初六年行幸召陵通討虜渠晉志改屬潁川郡一統志故城今許州郾城縣東三十五里

征羌 集解馬與龍曰征羌令郭揖見范滂傳焦矯見吳志步隲傳又縣人范顯范仲博范滂殷陶黃穆見滂傳

侯國 集解錢大昕曰本汝南之當鄉光武封來歙於此惠棟曰案本傳云世祖改汝南之當鄉縣以封來歙案兩漢無當鄉縣或鄉名衍縣字

有安陵亭 史記无忌說魏安僖王曰王之使者出過而惡安陵氏於秦博物記曰故安陵君也先謙曰注僖官本作釐前漢無三國魏因[illegible]晉志省一統志故城今郾城縣東南

思善侯國 集解惠棟曰酈元云章和三年分城父立案前漢志王莽改城父爲思善章帝因之先謙曰前漢無三國魏因[illegible]晉志省一統志故城今潁州府亳州東南

宋公國周名郪丘漢改爲新郪 集解惠棟曰王伯厚云蘇秦說魏王曰南有新郪則非漢改是名也說文洵水出縣入潁馬與龍曰光武封郭竟爲新郪侯見郭后紀

章帝建初四年徙宋公於此 集解馬與龍曰建武十三年以殷紹嘉公孔安爲宋公見光武紀又縣人郭憲見方術傳

有繁陽亭 左傳襄四年楚師繁陽杜預曰鯛陽南有繁陽亭集解先謙曰三國魏廢國爲縣改屬譙郡謝云景初二年以宋屬譙郡見明帝紀晉志改屬汝陰一統志故城今潁州府太和縣北七十里

褒信 集解馬與龍曰寰宇記云光武分郾縣立

侯國 集解錢大昕曰順帝封中黃門李元

有賴亭故國 史記楚封王孫勝白公杜預曰褒信縣有白亭集解先謙曰前漢無三國魏因晉志改屬汝陰一統志故城今光州息縣東北七十里

原鹿侯國 春秋左氏傳僖二十一年宋盟鹿上杜預曰原鹿縣也集解錢大昕曰光武封陰識於此先謙曰前漢無三國魏因[illegible]晉志改屬汝陰一統志故城今潁州府阜陽縣南

定潁侯國 集解惠棟曰潁水注安帝永初二年分上蔡縣置錢大昕曰順帝時封郭鎮先謙曰前漢無三國魏因[illegible]晉志因一統志故城今汝甯府西平縣東

固始侯國故寢也光武中興更名有寢丘 史記曰楚莊王封孫叔敖子又蒙恬破楚軍集解惠棟曰潁水注建武二年司空李通慕古叔敖受邑故光武以嘉之更名固始案前志淮陽國有固始縣師古云本名寢邱則固始故屬淮陽也未詳又高誘淮南子注云今汝南固始地前有垢谷後有庄邱名醜錢大昕曰案前志汝南郡有寢縣應劭云孫叔敖子所邑之寢邱是也世祖更名固始又淮陽國有固始縣師古云本名寢邱楚令尹孫叔敖所封地予意汝南淮陽地相毗連光武封李通或兼食二縣之地而國都在寢遂移固始之名於彼耳洪頤煊曰光武以固始并入寢又改寢爲固始故志於固始下不云故屬淮陽馬與龍曰縣人胡綜子沖見吳志綜傳先謙曰三國魏因謝云晉書太原王瓌傳瓌魏時封固始子即此洪云有武邱司馬懿討王淩軍到邱頭王淩面縛水次見潁水注司馬昭征諸葛誕屯兵於邱頭及陷壽春斬誕高貴鄉公改邱頭名武邱見魏志晉志改屬汝陰一統志故城今陳州府沈邱縣東南三十里

山桑侯國 集解錢大昕曰王常所封惠棟曰樂史云今城內有亭基陵阜高峻

故屬沛有下城父聚有垂惠聚 蘇茂奔垂惠王劉紆集解先謙曰前漢縣三國魏改屬譙郡說見前晉志屬譙郡一統志故城今潁州府蒙城縣北

城父 集解惠棟曰說文有楊萮亭三蒼云有蒯鄉說文作蔚讀若陪崖浩音苦懷反馬與龍曰桓帝封梁桃爲侯見梁冀傳城父令何夔見魏志本傳

故屬沛春秋時曰夷 夷屬陳左傳僖二十三年楚所取有乾谿在縣南集解惠棟曰城父名在春秋前故昭九年云楚公子棄疾遷許于夷實城父

有章華臺 杜預曰章華宮在華容城內集解先謙曰前漢縣三國魏改屬譙郡[illegible]晉志屬譙郡一統志故城今亳州東南城父村

梁國 秦碭郡高帝改其三縣元和元年屬雒陽東南八百五十里集解馬與龍曰建武二年封鄧禹爲侯後更封高密見禹傳建初四年封劉暢爲王傳至劉彌魏受禪以爲崇德侯見梁節王傳梁相甄承見甄宇傳張顥見靈帝紀注王琁見汲水注袁渙見魏志渙傳太守劉章見齊武王傳盧毓見魏志毓傳又郡人審忠見曹節傳黃琬見賈琮傳車成見趙孝傳先謙曰三國魏因謝云魏志元城王禮傳禮子悌太和六年改封梁王寰宇記自漢至晉爲梁國是也治睢陽

九城 集解先謙曰三國魏梁國領漢舊縣八城穀熟省寰宇記云魏文帝時廢洪吳從之謝云袁渙傳注有穀熟長呂岐時在建安末年

戶八萬三千三百口四十三萬一千二百八十三

下邑 左傳哀七年宋築黍丘杜預曰縣西南有黍丘亭集解馬與龍曰下邑長劉繇見吳志先謙曰前漢縣三國魏因洪云元和志後漢無下邑縣魏復立今考[illegible]元和志誤晉志因一統志故城今徐州府碭山縣東

睢陽 北征記曰城周三十七里南臨睢水凡二十四門地道記曰梁孝王築城十二里小鼓唱節杵下而和之稱睢陽曲[illegible]乙元子微子開武王封之於宋今[illegible]引太康地記作以鼓唱更始封劉永[illegible]本傳陳宗見班固傳盧毓爲典農校尉[illegible]劉永弟防少公見永傳橋仁橋基子[illegible]

本宋國閼伯墟 集解惠棟曰春秋傳陶唐氏之火正閼伯居商邱[illegible]

有盧門亭 左傳桓十四年宋伐鄭取大宮之椽爲盧門之椽[illegible]縣東有鴻口亭地道記曰昭二十一年[illegible]惠棟曰杜預云盧門宋東城南門呂覽云[illegible]邾四十里舍於盧門之椽則盧門當在睢陽東四十里

有魚門 左傳二十二年邾人公冑于魚門集解齊召南曰按睢陽宋國不應有邾城門事邾此人亦錯簡當在魯國騶本邾國下顧炎武曰案杜

氏注魚門郗城門非宋也惠棟曰魚門亦名東門見蓋延傳宋本有魚門注固失考顧亦未盡**有陽梁聚**左傳襄十二年

楚伐宋師楊梁杜預曰有梁亭僖二十八年楚子玉夢河神謂己曰吾賜汝孟諸之麋杜預曰在縣東北爾雅十藪宋有孟諸〔集解〕

先謙曰前漢縣三國魏因謝云侯國少帝紀注有越騎校尉睢陽侯臣初晉志因一統志故城今歸德府商邱縣南**虞**〔集解〕馬與

龍曰虞令馮魴見本傳又縣人盛允見獲水注**有空桐地**〔集解〕惠棟曰杜預云在縣東南**有桐地有桐亭**

左傳哀二十六年宋景公死空桐**有綸城少康邑**〔集解〕先謙曰前漢縣三國魏因訖三豩家晉志因一統志故城今虞

城縣西南三里**碭**〔集解〕惠棟曰郭緣生述征記云梁孝王葬于碭山鑿山作島穿石為藏行一里到藏曹瞞別傳云引兵入碭發

孝王冢破棺收金寶萬斛蘇林云碭音唐馬與龍曰申屠蟠絕迹於梁碭之間見蟠傳**山出文石**史記曰高祖隱於芒

碭山澤巖石之間有陳勝墓〔集解〕先謙曰前漢縣三國魏因元和志晉以縣并入下邑晉志省一統志故城今徐州府碭山縣南

蒙帝王世紀曰有北亳即景亳湯所盟處〔集解〕惠棟曰劉向別錄云莊子宋之蒙人馬與龍曰蒙令檀敷見本傳又縣人夏恭子

牙見文苑傳**有蒙澤**左傳宋萬殺宋閔公于蒙澤僖二年齊侯盟貫杜預曰縣西北有貫城貫字與貫字相近〔集解〕惠棟

曰十三州志云在縣東先謙曰前漢縣三國魏因訖三豩家晉志因一統志故城今歸德府商邱縣東北**穀熟**〔集解〕錢大昕曰前志

無光武封更始子歆為穀熟侯惠棟曰熟當作孰**有新城**左傳曰文十四年諸侯會新城帝王世紀曰有南亳〔集解〕惠棟曰

杜預云在縣西**有邔亭**古邔國〔集解〕惠棟曰司馬貞引郡國志作祁亭云劉氏音遲又如字先謙曰前漢無三國魏省見寰

宇記晉志復立一統志故城今商邱縣東南**鄢故屬陳留**〔集解〕錢大昕曰前志作傿應劭謂鄭伯克段于鄢之鄢續

志用杜預說以潁川之傿陵為春秋之鄢而劉昭以鄭伯克段事實之洪亮吉曰京城廩延皆在鄭東北自陳留之傿至共道里亦

近應氏說不可易也惠棟曰鄭邑說文有離亭馬與龍曰左傳云段入于鄢又云出奔共則鄢固鄭邑考鄭彊域祇及潁川之傿陵

此傿縣春秋時為宋地距睢陽甚近僖二十二年宋楚戰於泓寰宇記傿城在北里許有泓水即宋楚戰處是也一地與鄭共皆相懸

隔鄭不能有此為邑明地理者無容曲護應說一統志陳留之傿非鄭地應劭說誤元和志寰宇記均仍其謬先謙曰前漢縣作傿

三國魏因訖三豩家晉志省一統志故城今柘城縣北二十九里**甯陵**〔集解〕惠棟曰說文有坷亭馬與龍曰縣人葛龔見本傳朱

輔見西南夷傳**故屬陳留**左傳成十六年會沙隨杜預曰縣北有沙隨亭**有葛鄉故葛伯國**左傳曰在

縣東北〔集解〕先謙曰左傳二字應作杜預見桓十三年注諸本皆誤前漢縣三國魏因謝云侯國黃初四年曹泰封此見曹仁傳甘

露四年黃龍見甯陵井中見少帝紀晉志因一統志故城今甯陵縣南**薄故屬山陽所都**杜預曰蒙縣西北有

薄城中有湯冢左傳宋公子御說奔亳其西又有微子冢〔集解〕齊召南曰案山陽下脫湯字薄與亳通前書臣瓚注薄湯所都是也

先謙曰前漢縣三國魏因晉志省一統志薄晉省入蒙縣故城今商邱縣西北與山東曹縣接界

沛國秦泗川郡高帝改雒陽東南千二百里〔集解〕官本考證曰川何焯校本改水惠棟曰川當作水馬與龍曰光武封劉輔為

王傳至劉契魏受禪以為崇德侯見沛獻王傳沛相孫社見劉矩

傳具恭見單超傳欒巴王吉見桓典傳荀昱魏愔見靈帝紀注陳

珪見陳球傳袁忠見袁閎傳裴潛見魏志本傳淩統遙領沛相見

吳志統傳太守陳脩見蓋延傳注韓歆見侯霸傳玄賀見第五倫

傳向苗見桓鸞傳滿寵司馬芝鄭渾見魏志本傳都尉杜詩見本

傳郡吏陳寵功曹桓曄見本傳上計掾陳晃見律歷志又郡人劉

均見清河孝王傳范遷見明帝紀聞人襲丁宮見靈帝紀史岑見

王隆傳史渙見魏志夏侯惇傳丁謐桓範見曹爽傳丁沖丁儀丁

廙見陳思王傳黃朗見裴潛傳注朱建平見方術傳劉陽見王朗

傳注鄭札子胄孫豐見吳主權志注蔣纂見陸瑁傳先謙曰三國

魏因太和六年甄城王林改封此見沛王林傳治沛分置譙郡**二十一城**〔集解〕先謙曰三國魏沛國領漢舊縣十三入徐

州彭城之廣戚為十四城譙郡領漢舊縣三入汝南之宋城父山

桑陳之苦為七城臨睢省酇穀陽向太邱闕吳氏謂明帝紀文衍

一為十字表列蕭相等十縣移屬譙郡洪志屬汝陰郡謝氏據三國

志以十字縣還屬沛國然銍山桑當還屬譙說在汝南郡下今據水

經注酇譙銍均改屬譙郡**戶二十萬四百九十五口二十五萬一千三百九十三**

相左傳桓十五年會于袤杜預曰在縣西南一名犖〔集解〕惠棟曰相息亮反袤昌氏反馬與龍曰相令陳繙見魏志本

傳又縣人桓譚見本傳劉馥子熙弘見魏志馥傳先謙曰前漢縣三國魏因訖三豩家元和志故相城蓋相土舊都也晉志因一統志在

今鳳陽府宿州西北**蕭**〔集解〕馬與龍曰更始立光武為王見本紀韓歆封扶陽侯見侯霸傳故城在縣西南蕭令劉艮見本傳驅

賢見楊倫傳陳犨見魏志本傳浩周見吳主權傳注又縣人陳宣見五行志劉矩劉光劉遼見矩傳朱浮見本傳**本國**北征記城

周十四里南臨汙水〔集解〕先謙曰前漢縣三國魏因吳云王國黃

初二年追封曹熊於此太和三年追進爵為王晉志因一統志故

城今徐州府蕭縣西北**沛**〔集解〕馬與龍曰光武封劉寶為侯見沛獻王傳沛令周永見黃瓊傳閔貢客沛見周變傳序又縣人

朱寓見黨錮傳高相子康見儒林傳戴賓見劉昆傳張茂見魏志明紀注**有泗水亭**亭有高祖碑班固為文見固集地道

記有許城左傳定八年鄭伐許〔集解〕先謙曰前漢縣三國魏因謝

云泗水注許由隱於沛澤縣蓋取澤為名晉志因一統志故城今

沛縣東**豐**地道記曰去國二百六十州六百雒千二十五里〔集解〕馬與龍曰豐令牟融見本傳又縣人張魯子富見魏志本傳

西有大澤高祖斬白蛇於此有枌榆亭案前志注枌榆社在縣東北十五里或鄉名高祖里

社戴延之西征記曰縣西北有漢祖廟為亭長所處〔集解〕惠棟曰

郊祀志高祖禱枌榆社晉灼云枌白榆也音扶云反先謙曰前漢

縣三國魏因晉志因一統志故城即今豐縣治**酇**左傳昭四年吳伐楚入棘杜預曰縣東北有棘亭襄元年鄭侵宋取犬丘杜預

曰縣東北有犬丘城帝王世紀曰曹騰封費亭侯縣有費亭是也

〔集解〕惠棟曰應劭音嗟春秋傳襄公十年公會諸侯及齊世子光

于相一作鄌顏籀云縣本為鄌相與鄌古字通說文鄌沛國縣從

邑虘聲馬與龍曰光武封臧宮為侯見宮傳酇令王觀陳犨劉放

見魏志本傳**有鄍聚**左傳曰冀爲不道伐鄍三門服虔曰鄍晉別都杜預曰是虞邑地處闕則非此鄍矣博物記曰諸侯會于鄍亭集解先謙曰前漢縣三國魏因改屬譙郡見淮水注及通鑑胡注晉志屬譙郡一統志故城今歸德府永城縣西南鄭縣鄉**穀陽**集解馬與龍曰光武封岑淮爲侯見岑彭傳先謙曰前漢縣三國魏闕晉志無一統志故城今鳳陽府靈壁縣西南**譙**平陽邑左傳僖二十三年楚所取乾谿在南集解惠棟曰春秋傳僖二十三年楚伐陳取焦夷杜預云今譙縣案譙焦古字通譙敏碑譙讀以焦爲譙是也馬與龍曰譙令王阜永興時見陰溝水注譙相徐邈太守盧毓見魏志本傳又縣人曹騰子嵩孫操見騰傳華佗見方術傳曹仁子泰楷範孫初曹純子演孫亮見仁傳曹洪子馥見洪傳曹休子肇纂見休傳曹眞子爽羲訓則彥皚見眞傳夏侯惇見本傳夏侯尚子玄夏侯淵子衡霸威惠和孫續曾孫褒見淵傳許定許褚子儀孫悰見褚傳**刺史治**漢官曰去雒陽千二十里集解馬與龍曰豫州刺史鐔顯見王渙傳周景楊秉王允見本傳孔伷見藏洪傳黃琬周愼見獻帝紀注郭貢見荀彧傳孫堅孫賁見吳志本傳諸葛瑾陸凱遙領豫州見本傳孫賓碩見魏志闕溫注陰夔見武紀呂貢見溫恢傳王思見梁習傳王淩見本傳別駕從事陳蕃李膺荀緄杜密朱寓見吳志周瑜傳注先謙曰吳云沈志豫州漢治譙魏治安成錢大昭三國志辨疑豫州刺史治譙魏武立譙郡改治汝南項縣案諸說各言一時事賈逵傳文帝出征逵從至譙以逵爲豫州刺史是魏初猶治譙明帝即位時州軍在項逵卒州人立祠於項是明帝時徙治項嘉平中諸葛誕爲鎮南都督豫州正元二年毋丘儉以淮南壽春反西至

項堅守彼時不聞州軍抵禦刺史已徙治可知大將軍使諸葛誕從安風津擬壽春考安風津在安成東南二百餘里誕督豫州諸軍取道於此然則豫州徙治安成在正始嘉平之際前漢縣三國魏因置郡洪云晉志譙郡魏武分沛郡置元和志寰宇記皆云黃初元年置沈志引何承天志明帝始分立今考沈志引王粲詩旣入譙郡界粲亡在建安中則諸說非也吳云建安二十三年曹林封此黃初二年進爵爲公三年進封譙郡王五年仍改譙縣還國爲郡魏略黃初元年以譙國與長安許昌鄴洛陽號爲五都晉志譙郡治一統志故城今潁州府亳州治**洨**集解馬與龍曰光武封寇壽爲侯見寇恂傳洨長許愼見本傳又縣人陳咸子參豐欽孫躬曾孫寵玄孫忠見寵傳**有垓下聚**高祖破項羽也集解惠棟曰張揖三倉注云垓堤名先謙曰前漢縣三國魏因晉志因一統志故城今鳳陽府靈壁縣南五十里**蘄**集解馬與龍曰建武三年王艮遷沛郡太守至蘄縣稱病不之府官屬皆隨就之見艮傳蘄長王匡見杜喬傳陳弃見歐陽欽傳又縣人趙普子孝禮見孝傳施延見陳寵傳僂玄見吳志本傳**有大澤鄉陳涉起此**史記曰高祖擊黥布於會甀徐廣曰在縣西集解先謙曰前漢縣三國魏因謝云何夔傳袁術與橋蕤攻蘄陽錢儀吉云蘄陽即蘄縣鍾英案蘄水注蘄水東南逕蘄縣縣在蘄水北故三國時稱蘄陽也晉志改屬譙郡一統志故城今宿州南**銍**集解馬與龍曰銍令朱震見陳蕃傳長秦宜祿見魏志明紀注又縣人徐宜子憲孫防曾孫衡見防傳嵇康之先自會稽徙于譙之銍縣見魏志王粲傳注先謙曰前漢縣三國魏因改屬譙郡晉志屬譙郡一統志故城今宿州西南四十六里**鄲**

集解惠棟曰孟康闕騆音多先謙曰前漢[illegible]晉志無一統志故城今歸德府鹿邑縣西[illegible]**建平**集解馬與龍曰光武封銚統爲侯見銚期傳建平長[illegible]注先謙曰前漢縣三國魏因晉志省一統[illegible]縣西南**臨睢故芒光武更名**集解馬與龍曰[illegible]見惲傳先謙曰[illegible]府志晉志無一統志故城今永城縣東北**竹邑侯國**集解錢大[illegible]所封馬與[illegible]茂見魏志胡質傳注薛琮子珥瑩孫兼見吳志本傳**故竹**集解先謙[illegible]竺邑一統[illegible]北二十五里**公丘本膠國**杜預曰在縣東南集[illegible]注云公丘是滕國前[illegible]曰今沛郡公丘前志亦云故滕國膠當作[illegible]譜云滕姬姓文王子錯叔繡之後武王封[illegible]是也先謙曰官一本膠爲滕前漢縣三國[illegible]郡在咸寧三年一統志故城今兗州府滕[illegible]記曰左傳隱二年入向城在縣東南集解[illegible]水又東南逕龍亢[illegible]

符離長高誘見本傳先謙曰前漢縣三國[illegible]魏因訢豚晉志因一統志故城今宿州治[illegible]惠棟曰案前志作虹音貢又紅亭在泰山[illegible]也先謙曰官本作虹前漢縣作珄三國魏[illegible]故城今泗州五河縣西**太丘**集解惠棟曰樂史云地[illegible]前志當作犬邱馬與龍[illegible]先謙曰前漢縣作敬邱三國魏闕晉志無[illegible]統志故城今歸德府永城縣西北三十里[illegible]曰十三州記光武封劉般爲杼秋侯[illegible]明帝以屬沛杼音紓小顏音倉汝反[illegible]昕曰案春秋之澶淵杜云在頓邱縣南劉[illegible]非也先謙曰前漢縣三國魏因謝云有鄭[illegible]陂塌開稻田郡中賴其利刻石頌之見渾[illegible]志因一統志故城今徐州府碭山縣東六[illegible]**陳國**高帝置爲淮陽章和二年改雒陽東[illegible]孟康云孝明帝更名案陳敬王傳永[illegible]崩遺詔徙封爲陳王章帝崩於章和二年[illegible]更始封張卬爲淮陽王見劉玄傳光武封[illegible]紀皆在陳敬王羨前陳相朱頡見朱暉傳[illegible]玄傳師遷駱俊見陳敬王傳張歆見張禹[illegible]邊韶孔嶹見陰溝水注庭長禮震見歐陽[illegible]武紀孫該見魏志劉劭傳胡軫見吳志孫[illegible]獄吏虞經見虞詡傳綱紀梁習功曹袁渙[illegible]仲信見魏朗傳卻巡見樊英傳薛漢見儒[illegible]

吳壃見魏倉慈傳袁徽見蜀許靖傳鄭泉見吳主權傳注陳融見陸瑁傳先謙曰三國魏因吳云黃初四年淮南王邕改封此太和六年東阿王植封此植薨子志徙封濟北國復爲郡九城集解先謙曰三國魏陳郡領漢舊縣八城苦縣改屬譙郡戶十一萬二千六百五十三口百五十四萬七千五百七十二

陳帝王世紀曰庖犧氏所都舜後所封左傳僖元年會于檉杜預曰縣西北有檉城爾雅曰丘上有丘曰宛丘陳有株邑蓋朱襄之地博物記曰邛地在縣北防亭在焉詩曰邛有旨苕防有鵲巢集解馬與龍曰陳令韋義見本傳又縣人汝郁見賈逵傳張季禮見劉翊傳先謙曰前漢縣三國魏因吳云曹仁封此見仁傳晉志改屬梁國一統志故城今陳州府淮甯縣治

陽夏集解馬與龍曰光武封馮異爲侯見異傳陽夏令周磐見本傳又縣人趙宏見郭伋傳何熙子臨瑾孫衡曾孫夔見魏志夔傳

有固陵聚史記高祖五年追項羽至固陵晉灼漢書注云汝南固始縣集解惠棟曰案前志淮陽有固始縣云汝南者非也先謙曰前漢縣三國魏因謝云魏志何夔陳郡陽夏人胡三省謂魏屬梁國非也晉志改屬梁國一統志故城今太康縣治

寗平集解先謙曰前漢縣三國魏因謝云晉省縣而城存東海王越卒於項石勒自許昌追之及於苦縣之甯平城是也見紀要晉志省一統志故城今歸德府鹿邑縣西南五十里

苦集解惠棟曰徐廣云縣有頤鄉史記灌嬰與高祖會頤鄉春秋時曰相有賴鄉伏滔北征記曰有老子廟廟中有九井水相通古史考曰有曲仁里老子里也地道記曰城南三十里有平城集解先謙曰前漢縣三國魏因景初二年以屬譙郡見明帝紀晉志改屬梁國一統志故城今鹿邑縣東十里

柘集解馬與龍曰縣人梁習子施見魏志習傳先謙曰前漢縣三國魏因洪云晉太康中始廢見元和志晉志省一統志故城今柘城縣北

新平集解先謙曰前漢縣三國魏因晉志省一統志縣晉省故城今陳州府淮甯縣東北

扶樂集解錢大昕曰光武封劉隆爲扶樂侯馬與龍曰縣人袁滂子渙孫侃寓與準袁霸弟徽敏霸子亮孫粲見魏志渙傳先謙曰前漢縣三國魏因晉志省一統志故城今太康縣西北

武平左傳成十六年諸侯侵陳鳴鹿杜預曰縣西南有鹿邑集解馬與龍曰建安元年封曹操爲侯見魏志武紀有廣鄉城改曰廣世順帝陽嘉四年封摯墳爲侯國見陰溝水注又縣人虞經孫詡曾孫恭見詡傳先謙曰前漢無三國魏因晉志改屬梁國一統志故城今歸德府鹿邑縣西北四十里

長平集解馬與龍曰光武封劉隆爲侯見隆傳長平令陳羣見魏志羣傳又縣人頴容見儒林傳故屬汝南左傳宋華氏戰于鬼閻杜預曰縣西北有閻亭有辰亭左傳宣十一年盟辰陵杜預曰縣東南有辰亭有赭丘城集解惠棟曰洧水注云洧水又東逕赭丘南上有故城也先謙曰前漢縣屬汝南三國魏因晉志改屬頴川郡一統志故城今陳州府西華縣東北十八里

魯國秦薛郡高后改本屬徐州光武改屬豫州集解錢大昕曰案建武二年封兄子興爲魯王二十八年徙封北海此後無封魯王者而志稱國不稱郡蓋自光武以魯國益封東海恭王終東京之世魯常爲東海國所屬而魯國之名未改故明帝時鍾離意和帝時汝郁靈帝時陳逸皆稱魯相而曲阜孔廟永興永壽建甯諸石刻皆有魯相之稱初不稱太守也洪頤煊曰後志東海郡錢以爲國之譌案東海恭王傳帝以彊廢不以過去就有禮故優以大封兼食魯郡合二十九縣初魯恭王好宮室起靈光殿甚壯麗是時猶存故詔彊都魯是彊封東海而國都在魯故終東京之世魯稱國置相而東海仍爲郡錢說非也惠棟曰世本云煬公徙魯宋忠云今魯國馬與龍曰彊都魯稱國故東海仍爲郡然終東京之世亦不別置守矣彊傳位至劉羨魏受禪以爲崇德侯見彊傳太守梁邱壽見蓋延傳注鮑永見本傳魯相王堂鍾離意見本傳趙安世見郭鎮傳汝郁見賈逵傳刁雝見黃琬傳陳逸見陳蕃傳溫恢張遼孫禮見魏志本傳畢諶見武紀功曹褒見本傳戶曹孔訢見鍾離意傳又郡人劉琰見蜀志本傳先謙曰三國魏廢國爲郡六城集解先謙曰三國魏魯郡領漢舊縣六城戶七萬八千四百四十七口四十一萬一千五百九十

魯國奄國帝王世紀曰黃帝生於壽丘在魯東門之北少昊自窮桑登帝位窮桑在魯北後徙曲阜應劭曰曲阜在魯城中委曲長七八里左傳曰伯禽封少昊之墟僖二十九年介葛盧舍于昌衍杜預曰縣東南有昌平城皇覽曰奄里伯公冢在城內祥舍中民傳言魯五德奄里伯公葬其宅集解惠棟曰尚書大傳奄君蒲姑又云周公遂踐奄春秋傳因商奄之民命以伯禽史記從郭出魯奄中張華云卽魯之奄里先謙曰大注奄國上缺古字各本皆有馬與龍曰縣人蕃嚮見黨錮傳孔扶見順帝紀孔昱見本傳孔伷子融褒見融傳孔子建曾孫僖僖子長彥季彥見儒林傳孔疇見汝水注

疇曾孫乂見魏志倉慈傳有大庭氏庫杜預曰大庭氏古國名在城內魯於其處作庫集解惠棟曰鄭元云少昊之墟有大庭之庫春秋暨牛之所攻也故劉公幹魯都賦云戢武器于有災之庫放戎馬于巨野之坰

有鐵有闕里孔子所居漢晉春秋曰鍾離意相魯見仲尼廟頹毀會諸生於廟中慨然歎曰蔽芾甘棠勿翦勿伐況見聖人廟乎遂躬留治之周觀輿服之在焉自仲尼以來莫之開也意發視之得古文策書曰亂吾書董仲舒治吾堂鍾離意璧有七張伯盜一意尋案未了而卒張伯者治中庭治地得六璧上之意曰此有七何以不遂伯懼探璧懷中魯咸以爲神意別傳曰意省堂有孔子小車乘皆朽敗意自羅俸履漆膠之直請魯民治之及護几席劍履後得賫中素書曰護吾履鍾離意又禮記瞿相之圃亦在城中西南近孔子廟而仲尼墓在魯城北門北便之外泗水上去城一里葬地蓋一頃墓墳南北十步東西十三步高一丈二尺墓前有瓴甓爲祠壇方六尺與地平塋中異木以百數魯人莫能識皇覽曰孔子本無祠堂塋中不生荊棘及刺人草伯魚塚在孔子家東與孔子家近大小相望子思家在孔子家南案今墓書孫在祖前謂此爲騎孫祔

有牛首亭左傳桓十四年宋伐鄭取牛首集解錢大昕曰案左傳之牛首杜元凱以爲鄭邑劉昭以魯之牛首亭當之非也水經注沙水又東南逕牛首亭東左傳宋人與諸侯伐鄭東鄙取牛首者也俗謂之車牛城矣先謙曰官本左傳下有曰字

有五父衢地道記曰在城東集解先謙曰前漢縣三國魏因晉志因一統志故城今兗州府曲阜縣治

騶集解馬與龍曰騶令鄭弘見本傳本邾國有騶山高五里秦始皇刻石焉劉會騶山記曰邾城在山南去山二里城

東門外有章賢墓北有繹山左傳文十三年邾遷于繹郭璞曰繹山純石積構連屬城北有繹山牙山北有唐口山唐口山北有陽山城北有孟軻冢焉集解惠棟曰文十三年邾文公卜遷于繹杜預曰繹邾邑魯國鄒縣司馬貞云騶邾聲相近宜音邾也說文帝顓頊之後所封晉志云故小邾之國先謙曰前漢縣官本注會作蕃無焉字三國魏因晉志因作鄒一統志故城今鄒縣東南二十六里

蕃集解惠棟曰沈約云蕃音皮漢末太傅陳蕃子逸爲魯相改音案此見白褒魯記小顏頗識其非案蕃本有皮音故古今人表有司徒皮師古云即十月之交詩所謂蕃維司徒是也

有南梁水左傳襄四年戰狐台杜預曰縣東南有目台亭集解先謙曰官本亭作山前漢縣三國魏因晉志因作番一統志故城今滕縣治

薛集解馬與龍曰縣人曹充子褒見褒傳寒朗見本傳

本國地道記曰夏車正奚仲所封冢在城南二十里山上皇覽曰靖郭君冢在城中東南陬孟嘗君冢在城中向門東北邊集解惠棟曰杜預釋例譜云薛任姓黃帝之苗裔奚仲為薛今魯國薛縣是

六國時曰徐州史記曰齊宣王九年與魏襄王會徐州而相王集解惠棟曰戰國策齊一篇云楚威王戰勝於徐州高誘云徐州或作舒州是時屬齊說文郗下邑從邑余聲魯東有郗城讀若塗司馬貞云徐字從人說文作郗並音舒顧炎武云徐讀為禹貢徐州之徐者誤齊世家田常執簡公於徐州春秋正作舒州何焯定作徐先謙曰前漢縣三國魏因晉志因一統志故城今兗州府滕縣東南四十四里

卞有盜泉集解惠棟曰酈元云泉出卞城東北卞山之陰論語撰考讖水名盜泉仲尼不嗽即斯泉矣有郚鄉城左傳文公七年城郚杜預曰縣南有郚鄉城隱元年盟于蔑杜預曰蔑地名縣南有姑城襄十七年齊圍桃杜預曰縣東南有桃墟集解惠棟曰郚音吾注縣南有郚鄉城案杜氏注鄉字衍先謙曰前漢縣三國魏因晉志因一統志故城今泗水縣東

汶陽左傳桓十二年盟曲池杜預曰縣北有曲水亭地道記臨淄縣西南門曰曲門其側有池案魯桓與杞莒盟不往齊地地道記為妄集解馬與龍曰獻帝封劉琬為侯見東海恭王傳先謙曰前漢縣三國魏因晉志因一統志故城今甯陽縣東北

右豫州刺史部郡國六縣邑侯國九十九集解先謙曰三國魏豫州刺史部得漢舊郡國潁川汝南梁沛陳魯分沛置譙郡[illegible]分汝陽置弋陽[illegible]為郡國八縣邑侯國九十七[illegible]

魏郡高帝置雒陽東北七百里魏志曰建安十七年割河內之蕩陰朝歌林慮東郡之衛國頓丘東武陽發干鉅鹿之癭陶曲陽集解馬與龍曰陽當作周馬本皆誤南和廣平之廣平集解馬與龍曰廣平屬鉅鹿志廣平之三字衍任城集解馬與龍曰東平任縣屬鉅鹿志衍任城字趙國之襄國邯鄲易陽以益魏郡十八年分置東西都尉集解馬與龍曰魏郡太守陳康見吳漢傳范橫見馮勤傳注岑熙見岑彭傳銚期馮魴韋彪張酺徐防見本傳竇瑗見竇憲傳黃香子瓊爰延陳球見本傳王朗涼茂國淵徐宣徐奕賈逵鍾繇溫恢鄭渾見魏志本傳陳矯薛悌見矯傳董昭栗攀袁春卿見昭傳吳瓘見倉慈傳典農中郎將裴潛見本傳又郡人審配見荀彧傳胡潛見蜀志許慈傳先謙曰三國魏因分置

廣平陽平郡謝云建安十八年分魏郡為東西部置都尉洪云黃初二年以魏郡廣平陽平為三魏吳云文紀黃初二年以魏郡西部置廣平郡魏郡東部置陽平郡三年封曹儼為廣平王四年國除為郡廣平郡治曲梁見地形志陽平郡治館陶見河水注案一統志廣平前漢國魏置郡仍治廣平後魏移治曲梁元城三國魏為陽平郡治晉因之石趙移治館陶後魏因之洪志吳表並以後魏為曹魏非也

十五城集解先謙曰三國魏魏郡領漢舊縣八分置長樂文紀注黃初四年封山陽公女曼為長樂郡公主[illegible]安陽[illegible]入司州河內之蕩陰兗州東郡之頓丘為十二城廣平郡領漢舊縣四分武安置臨水洪云黃初三年分武安立以城臨滏水故名見元和志亦曰滏陽晉志因一統志故城今廣平府磁州西北入鉅鹿之任南和廣平曲周趙之襄國邯鄲易陽為十二城陽平郡領漢舊縣三入東郡之衛東武陽陽平樂平為七城朝歌林慮還屬河內發干還屬東郡廮陶還屬鉅鹿說見各縣下謝云頓丘沈志魏屬陽平通鑑胡注魏屬魏郡按其地望宜從胡注又洪志魏廣平郡有肥鄉縣魏黃初二年分邯鄲列人二縣立見元和志按晉書地理記太康中立肥鄉縣是肥鄉非魏縣吉甫說不足據洪志廣平郡又有列人廣年斥漳三縣蓋據晉志吳表同謝云一統志魏屬廣平今案一統志列人晉屬廣平廣年前漢屬廣平後漢屬鉅鹿晉仍屬廣平斥章晉曰斥漳屬廣平是魏承漢制均屬鉅鹿謝引為誤

戶十二萬九千三百一十口六十九萬五千六百六

鄴帝王世紀曰縣西南有上司馬殷太甲常居焉魏都賦注曰縣西北有鼓山時時自鳴鳴則兵又交谷水在縣南案本傳有西唐山又鄴北太行山西北去亦不知山所極處亦如東海不知水所窮盡也集解洪亮吉曰寰宇記後漢桓靈之間冀州刺史常理於此馬與龍曰冀州刺史羊陟蔡衍王考見黨錮傳韓馥袁紹見紹傳賈琮皇甫嵩見本傳王芬見魏志武紀李邵見魏志司馬朗傳公孫度賈昭見本傳袁尚見賈逵傳注長史耿武別駕閔純沮授田豐韓珩從事趙浮程渙治中審配劉惠見袁紹傳從事崔琰邢顒主簿崔林見魏志本傳李孚見賈逵傳注棧潛督守鄴城見高堂隆傳袁紹封鄴侯見紹傳崔諝封鄴都亭侯見諝傳鄴令甄邵見李固傳賈逵楊沛見逵傳又縣人霍諝子嶲見諝傳李暠見蘇不韋傳臺佟見逸民傳

有故大河有滏水魏都賦曰北臨漳滏則冬夏異沼注云水經鄴西北滏水熱故名滏口

有汙水有汙城史記曰項羽破秦軍汙水上集解惠棟曰酈元云汙水出武安縣山東南經汙城北入漳汙音于

有平陽城史記曰靳歙別下平陽集解惠棟曰竹書紀年梁惠成王元年鄴師敗邯鄲師于平陽

有武城有九侯城徐廣曰一作鬼侯與文王為紂三公集解先謙曰前漢縣三國魏因為五都之一洪云有三臺銅雀中臺也金虎冰井南臺北臺也謝云建安十三年公還鄴作元武池以肄舟師見武紀明永樂中漳河自張固村決入滏水成化中漳水復挾滏東南出滏水之舊流幾絕見紀要晉志因一統志故城今彰德府臨漳縣西

繁陽集解馬與龍曰繁陽令陳球見本傳又縣人馮佷馮偃孫勤勤子宗順孫勁奮由曾孫卯玄孫留見勤傳先謙曰前漢縣三國魏因吳云太和二年立皇子穆為王三年國除晉志改屬頓邱郡一統志故城今內黃縣

東北**內黃**左傳襄十九年會于柯杜預注曰縣東北有柯城昭九年荀盈卒于戲陽杜預曰縣北有戲陽城(集解)馬與龍曰內黃令高彪見本傳又縣人欒巴子賀見巴傳**清河水出有羛陽聚**世祖破五校處(集解)惠棟曰說文魏郡有羛陽鄉墨翟書義從弗讀作錡今屬鄴本內黃北二十里酈元云世謂之辟陽城又曰戲陽城世謂之義陽郭章懷云戲陽即羛陽古字通也**有黃澤**前志曰在縣西(集解)先謙曰前漢縣三國魏因謝云武紀太祖擊黑山賊眭固及匈奴於扶羅於內黃即此晉志因一統志故城今內黃縣西北**魏**(集解)馬與龍曰魏令黃朗見魏志裴潛傳注先謙曰前漢縣三國魏因謝云田豫罷官居此見魏略晉志因一統志故城今大名府大名縣西**元城**左傳成七年會馬陵杜預曰縣東南有地名馬陵史記曰龐涓死處(集解)惠棟曰案前書有委粟里馬與龍曰元城令司馬朗吳質見魏志本傳魏郡東部都尉常林見林傳又縣人具恭具瑗見單超傳**墟故沙鹿**左傳沙鹿崩穀梁傳曰林屬於山曰鹿沙山名也(集解)惠棟曰河水注引郡國志云五鹿墟故沙鹿有沙亭案前書元后傳云元城東有五鹿之墟即沙鹿地也應脫五鹿二字**有沙亭**左傳定七年盟于沙亭杜預曰在縣東南七年盟于瑣晉地道記曰縣南有瑣陽城(集解)惠棟曰沙如字又音星和反又案左傳云盟于沙衍亭字杜注云沙亭在縣東南脫沙亭二字先謙曰前漢縣三國魏因置陽平郡見元和志謝云曹禮封元城王太和中徙封國除見魏志晉志屬陽平郡一統志故城今元城縣東**黎陽**左傳定十四年會于牽杜預曰縣東北有牽城(集解)馬與龍曰光武以幽并州兵騎定天下故於黎陽立營以謁

者監之兵騎千人復除甚重見百官志黎陽謁者燕喬見天文志黎陽令馮儇見馮勤傳注荀淑見魏志鍾繇注又縣人鄭據見張酺傳先謙曰前漢縣三國魏因洪云有倉城袁紹聚糧之所見括地志有袁譚城有曹公城見述征記謝云建安四年曹公進軍黎陽五年袁紹引軍至黎陽渡河追曹公軍至延津南八年曹公還許遣賈信屯黎陽見武紀晉書鄭柔傳柔魏時為黎陽令晉志因一統志漢置黎陽縣晉灼云黎山在其南河水經其東宋史河渠志大觀三年都水監言盧水溢為患乞移城大伾山居山之間以就高仰案宋時郡治黎陽即漢時故城也在今衛輝府濬縣東北**陰安邑**(集解)錢大昕曰章帝女陰安公主先謙曰前漢縣三國魏因晉志改屬頓邱郡一統志今大名府清豐縣北**館陶**(集解)馬與龍曰館陶令諸葛原見魏志管輅傳先謙曰前漢縣三國魏改屬陽平郡吳云黃初六年曹霖封為王國太和六年徙封東海國除晉志屬陽平郡李兆洛云故城今東昌府館陶縣西南**清淵**(集解)惠棟曰酈元云縣西北有清淵故名先謙曰前漢縣三國魏因改屬陽平郡晉志曰清泉屬陽平郡一統志故城今臨清州西南**平恩**(集解)惠棟曰地理風俗記縣故館陶之別鄉也先謙曰前漢縣三國魏因改屬廣平郡見寰宇記晉志屬廣平郡一統志故城今邱縣西**沙侯國**魏都賦注曰有龍山(集解)先謙曰一統志漢沙縣後漢末改為涉漳水注漳水東過涉縣西注漳水於此有涉河之稱蓋名因地變也三國魏曰涉改屬廣平郡謝云建安九年曹操圍鄴涉長梁岐以縣降見武紀晉志屬廣平郡一統志故城今彰德府涉縣西北二里**斥丘**(集解)惠棟曰斥音尺一音昌夜反闞駰云在魏

郡東八十里前志及劉寬碑陰皆作㡿**有葛**杜預曰有乾侯魯昭公所處(集解)先謙曰前漢縣三國魏因謝云管輅從兄孝國居於斥邱見輅傳晉志因一統志故城今廣平府成安縣東南**武安**(集解)馬與龍曰武安長尹楷見魏志武紀**有鐵**即臺孝威隱于縣山(集解)惠棟曰臺佟字孝威見逸民傳酈元云縣有欽口山先謙曰前漢縣三國魏因改屬廣平見元和志吳云正始元年曹爽封此爽誅國除晉志屬廣平郡一統志故城今彰德府武安縣西南**曲梁**(集解)馬與龍曰曲梁長楊俊見魏志本傳**侯國**左傳宣十五年敗赤狄於曲梁**故屬廣平有雞澤**左傳襄三年諸侯會雞澤杜預曰在縣西南(集解)先謙曰前漢縣屬廣平三國魏因改屬廣平晉志屬廣平郡一統志故城今廣平府永年縣治**梁期**(集解)惠棟曰史記作梁淇八王故事作梁湛地理風俗記鄴北八十里先謙曰前漢縣三國魏因晉志省一統志故城今磁州東

鉅鹿郡秦置建武十三年省廣平國以其縣屬雒陽北千一百里(集解)馬與龍曰明帝封劉恭為王見帝紀鉅鹿太守邢穆見明帝紀謝夷吾魏霸樊準見本傳司馬直見張讓傳郭典見皇甫嵩傳張導見漳水注董昭李邵見魏志昭傳李休見曹爽傳注龐林見蜀龐統傳注郡丞彭參掾馬道嵩見漳水注又郡人田豐見荀或傳耿艾子純純子阜孫盱騰曾孫忠玄孫緒耿訢耿宿耿植耿級見純傳孫威直見郭林宗傳韓伯高見薛漢傳張琁見魏志管寧傳張泰見邴原傳李孚見賈逵傳張翔見蜀志許靖傳先謙曰三國魏因**十五城**(集解)先謙曰三國魏鉅鹿郡領漢舊縣十城任南和廣平曲周移屬廣平郡廣宗移屬安平郡吳表

有大陸縣據左傳定元年杜注鉅鹿大陸縣疑魏時立然今地無考當即鉅鹿縣也**戶十萬九千五百一十七口六十萬二千九十六**

廮陶(集解)惠棟曰說文廮從广嬰聲或音於郢切者非也馬與龍曰桓帝封劉悝為王見千乘貞王傳廮陶長董昭見賈琮傳**有薄落亭**(集解)先謙曰前漢縣三國魏因洪志廮陶魏屬鉅鹿一統志同謝吳並云魏武紀建安十七年以縣移入魏郡未知何時還屬也晉志因一統志故城今趙州甯晉縣西南二十五里**鉅鹿故大鹿**(集解)惠棟曰書作大陸山海經作泰陸案此則大讀為泰也鄭玄毛詩箋云河自大陸之北敷為九**有大陸澤**有廣阿澤呂氏春秋九藪趙之鉅鹿高誘注云廣阿澤也山海經曰大陸之水史記紂盈鉅橋之粟許慎云鉅鹿之大橋也鉅鹿南有棘原章邯所軍處前書曰沙丘臺在縣東北七十里(集解)惠棟曰鄭志答張逸云鉅鹿今名廣阿澤阿一作河非先謙曰前漢縣三國魏因晉志因一統志故城今順德府平鄉縣治**楊氏**(集解)惠棟曰闞駰云縣北四十里有武亭故縣也馬與龍曰縣人孟敏見郭林宗傳先謙曰前漢縣三國魏因晉志省一統志縣晉省入廮陶故城今趙州甯晉縣治**鄡**(集解)惠棟曰前志作鄡案廣韻豫章之鄡陽作鄡鉅鹿之鄡縣作鄡音與鄡同古字通也鄡元作鄡非說文鄡鉅鹿縣從邑梟聲先謙曰前漢縣作鄡三國魏因晉志改屬趙國吳云鄡晉移趙國見皇輿表一統志顏師古云鄡苦么反與鄡同酈元作鄡地形志作鄡通典舊志作鄡寰宇記作鄡皆鄡字之訛故城今保定府束鹿縣東**下曲陽**(集解)馬與龍曰建武十三年馬武將兵屯下曲

陽備匈奴見武傳鉅鹿都尉劉回見光武紀鉅鹿太守邳彤居下曲陽五官掾張萬督郵尹綏見彤傳注**有鼓聚故翟鼓子國**杜預曰縣西南有肥累城古肥國白狄別種**有昔陽亭**左傳昭十二年晉荀吳入昔陽杜預曰治縣東有昔陽城取故都也〔集解〕惠棟曰劉炫規過云齊在晉東偽會齊師當自晉而東行也假道鮮虞遂入昔陽當在鮮虞之東也今案樂平沾縣在中山新市西南五百餘里何當假道於東北之鮮虞而反入西南之昔陽也既入昔陽而別言滅肥則肥與昔陽不得為一安得以昔陽為肥國之都也若昔陽卽是肥都何以復言鉅鹿下曲陽有肥累之城疑是肥名取於彼也肥為小國境必不遠豈肥名取鉅鹿之城建都於樂平之縣也十五年荀吳伐鮮虞圍鼓杜云鼓白狄之別鉅鹿下曲陽縣有鼓聚炫謂肥鼓並在鉅鹿昔陽卽是鼓都在鮮虞之東南也二十二年傳云晉荀吳使師偽羅者負甲以息昔陽之門外遂襲鼓滅之則昔陽之為鼓都斷可知矣案劉氏此論頗為精審故備錄之先謙曰官本治作沾取作肥是前漢縣三國魏因吳云左傳昭十二年杜注鉅鹿下曲陽知晉初猶沿魏舊晉志改屬趙國一統志故城今正定府晉州西**任**〔集解〕馬與龍曰任令王觀見魏志本傳于綽張琦居任縣見管甯傳先謙曰前漢縣屬廣平三國魏因改屬廣平見通鑑胡注晉志屬廣平郡一統志故城今順德府任縣東南**南和**〔集解〕馬與龍曰南和宰常林見魏志林傳先謙曰前漢縣屬廣平三國魏因改屬廣平郡晉志屬廣平郡一統志故城今南和縣治**廣平**〔集解〕馬與龍曰明帝封劉羨為王見明紀光武封吳漢為侯見漢傳順帝封馬國為侯見孫程傳廣平令司馬芝見魏志本傳廣平太守盧毓王肅見魏志本傳先謙曰前漢縣屬廣平三國魏因置郡以縣屬晉志屬廣平郡一統志故城今廣平府雞澤縣東**斥章**〔集解〕先謙曰前漢縣屬廣平三國魏因縣晉志改為斥漳屬廣平郡一統志故城今曲周縣東南**廣宗**〔集解〕錢大昕曰平帝元始二年封代孝王元孫如意為廣宗王當卽此順帝封宦者王成為侯國惠棟曰桑欽云東為清河英雄記云公孫瓚擊青州黃巾賊大破之還屯廣宗馬與龍曰和帝封皇弟萬歲為廣宗王見本紀廣宗長邢顒見魏志本傳先謙曰前漢無三國魏因改屬安平郡見通鑑胡注吳云魏志郭后傳安平廣宗人晉志屬安平國一統志故城今威縣東**曲周**〔集解〕先謙曰前漢縣屬廣平三國魏因改屬廣平謝云鮑勛傳勛為魏郡西部都尉太子郭夫人弟為曲周縣吏斷盜官布勛不敢擅縱陳矯傳矯為西部都尉曲周民父病以牛禱縣結正棄市矯曰此孝子也表赦之案廣平郡卽故西部是曲周魏屬廣平吳云寰宇記曲周魏屬魏郡蓋據魏志建安十七年武紀言之晉志省一統志故城今曲周縣東北**列人**〔集解〕惠棟曰竹書紀年梁惠成王八年伐邯鄲取列人地理風俗記縣西南六十里有卽裴城故縣也馬與龍曰列人令鮑子春典農王宏直見魏志管甯傳先謙曰前漢縣屬廣平三國魏因晉志改屬廣平一統志列人晉屬廣平郡故城今肥鄉縣東北**廣年**〔集解〕先謙曰前漢縣屬廣平三國魏因晉志改屬廣平一統志廣年晉屬廣平永嘉後廢故城今永年縣西北**平鄉**〔集解〕馬與龍曰滕撫傳謝安封平鄉侯當卽此先謙曰前漢縣屬廣平三國魏因吳云平鄉魏屬鉅鹿見順德府志晉志改屬趙國一統志故城今順德府平鄉縣西北**南䜌**

〔集解〕惠棟曰䜌當作縊案說文䜌字亦有作縊者或古字通又廣平國有南曲或作曲也馬與龍曰光武封鄧晨為侯後徙封西華見晨傳又封陳茂為侯見郭后紀先謙曰官本作縊是前漢縣作南縊三國魏因見寰宇記晉志省一統志故城今鉅鹿縣北

常山國高帝置建武十三年省眞定國以其縣屬〔集解〕馬與龍曰光武封劉揚為眞定王見本紀明帝封劉昞為王後徙封淮陽和帝封昞子側為王側薨復封昞孫章為王見淮陽頃王傳常山相劉矩見本傳太守鄧晨伏恭見本傳郭宇見郭丹傳宋泓見董卓傳注華周見魏志華歆傳注胡質見本傳長史劉洪見律歷志又郡人張顥見靈帝紀注先謙曰建安十一年國除為郡見獻帝紀三國魏因**十三城**〔集解〕先謙曰三國魏常山郡領漢舊縣八漢末復置石邑洪云漢舊縣元和志石邑縣後漢至隋不改案魏志建安二十五年石邑縣言鳳凰見卽此晉志因一統志故城今正定府獲鹿縣東南入中山之上曲陽為十城房子元氏高邑平棘改屬趙國三家同都鄉闕洪志以上艾屬樂平郡蓋據晉志今考一統志上艾縣云晉改屬樂平則魏承上漢舊**戶九萬七千五百口六十三萬一千一百八十四**

元氏晉地道記有石塞三公塞〔集解〕惠棟曰漢有白石山碑三公山碑白石山卽石塞三公山郎三公塞白石山碑云元氏縣界有六名山謂封龍山靈山無極山暨三公山為六也馬與龍曰更始封劉歆為王見劉元傳元氏令張況見張禹傳先謙曰前漢縣三國魏因改屬趙國吳云見輿地廣記晉志屬趙國一統志故城今正定府元氏縣西北

高邑故鄗光武更名〔集解〕惠棟曰鄗林音火沃反韋昭音呼落反告反郭璞三倉解詁音羅字讀若磽确

刺史治漢官曰去雒陽千里〔集解〕馬與龍曰冀州刺史賈融見光武紀應順見應奉傳郅壽左雄蘇章周舉見本傳朱穆見度尚傳丁紹從事趙徵王球見漳水注**有千秋亭五成陌**縣西七里**光武卽位於此矣**〔集解〕先謙曰前漢縣三國魏因改屬趙國吳云見寰宇記晉志屬趙國一統志故城今趙州柏鄉縣北**都鄉侯國**〔集解〕錢大昕曰[illegible]都鄉者近郭之鄉班在鄉侯之上非皆常山之人封都鄉也熊方年表於都鄉侯皆注云常山非是[illegible]建武九年朱祐屯南行唐拒匈奴見祐傳南行唐長周紡見本傳邢顒見魏志本傳**有鐵**〔集解〕先謙曰晉志無今地闕**南行唐**〔集解〕[illegible]**有石臼谷**〔集解〕先謙曰前漢縣三國魏因晉志屬常山國一統志故城今正定府行唐縣北**房子**〔集解〕惠棟曰房子縣記晉地道記房子縣東北**有贊皇山**在縣西南十里**濟水所出**〔集解〕惠棟曰水經云濟水出房子縣贊皇山究水出究水即沈水也孔安國云泉源為沈流出為濟司馬氏所載蓋本風俗通鄭元以應氏為非也先謙曰前漢縣三國魏因改屬趙國吳云見寰宇記引太康地志晉志屬趙國一統志故城今趙州高邑縣西南**平棘有塞**〔集解〕先謙曰本紀建武元年光武從薊至中山行到南平棘諸將固請上正號位卽此前漢縣三國魏因改屬趙國見元和志晉志屬趙國一統志故城今趙州南**欒城**〔集解〕錢大昕曰在上有脫文前志在縣西北四十里無此縣惠棟曰哀五年國夏伐晉取欒杜預云

欒城在平棘縣西北此脱平棘二字故何焯疑在有塞下矣馬與龍曰前漢關縣在今正定府欒城縣北後漢改置欒城縣晉省見一統志張禹傳禹祖父況建武初爲常山關長其時尚未改置也先謙曰前漢無三國魏失考晉志不列一統志故城今正定府欒城縣南

九門史記趙武靈王出九門如野臺以望齊中山之境碣石山戰國策云在縣界〔集解〕先謙曰前漢縣三國魏因[illegible]晉志因一統志故城今槀城縣西北

靈壽〔集解〕惠棟曰世本云中山武公居顧桓公徙靈壽馬與龍曰光武封邳彤爲侯見彤傳

衛水出〔集解〕先謙曰前漢縣三國魏因[illegible]晉志因一統志故城今靈壽縣西北

蒲吾史記番吾君杜預曰晉之蒲邑也古今注曰永平十年作常山呼沱河蒲吾渠通漕船也〔集解〕馬與龍曰蒲吾長耿伋見耿純傳先謙曰前漢縣三國魏因[illegible]晉志因一統志故城今平山縣東南

井陘〔集解〕先謙曰前漢縣三國魏因[illegible]有井陘關亦曰土門關卽呂氏春秋九塞之一大行八陘之第五陘見元和志晉志因一統志故城今井陘縣北

眞定〔集解〕馬與龍曰眞定令張林見陳寵傳又縣人趙雲子統見蜀志雲傳先謙曰前漢縣屬眞定國三國魏因吳云正元元年封故楚王彪子嘉於此見彪傳晉志因一統志故城今正定府正定縣南

上艾故屬太原〔集解〕先謙曰前漢縣屬太原三國魏因見一統志晉志改屬樂平郡一統志故城今平定州境

中山國高帝置雒陽北一千四百里〔集解〕洪亮吉曰案高帝置中山郡景帝三年始改作國下清河國齊國亦然馬與龍曰光武建武元年封劉茂爲王見本紀十七年封皇子輔爲王後徙封沛見輔傳三十年封皇子焉爲王見焉傳中山相薛脩見趙憙傳張郴見陳寵傳戴封見本傳朱遂見五行志注張純見劉虞傳太守鄧晨郭伋見本傳王凌見魏志淩傳主簿劉祐見本傳又郡人張鈞見張讓傳䑣陽鴻見注丹傳先謙曰三國魏因謝云中山王袞傳太和六年改封中山王

十三城〔集解〕先謙曰三國魏中山國領漢舊縣十二城上曲陽移屬常山三家同洪志據晉志安國移屬博陵蠡吾移屬高陽今據一統志皆還屬

戶九萬七千四百一十二口六十五萬八千一百九十五

盧奴〔集解〕惠棟曰滱水注云城內西北隅有水淵而不流南北一百步東西百餘步水色正黑俗名曰黑水池或云水黑曰盧不流曰奴故此城藉水以取名馬與龍曰盧奴令臧旻見魏志臧洪傳注先謙曰前漢縣三國魏因晉志因一統志故城今定州治

北平〔集解〕馬與龍曰光武封王元才爲侯見易水注

有鐵〔集解〕先謙曰前漢縣三國魏因晉志因一統志故城今保定府滿城縣西

毋極〔集解〕惠棟曰俗本作毋馬與龍曰縣人甄逸見孔融傳注先謙曰前漢縣三國魏因謝云甄后中山無極人見后妃傳晉志省一統志故城今正定府毋極縣西

新市〔集解〕惠棟曰前志屬鉅鹿馬與龍曰光武封王仲才爲侯見易水注

有鮮虞亭故國子姓杜預曰白狄別種〔集解〕先謙曰前漢縣三國魏因晉志因一統志故城今新樂縣西南

望都左傳晉伐鮮虞及中人杜預曰縣西北有中人城晉地道記曰有馬安關〔集解〕惠棟曰滱水注引地道記作馬溺關又引中山記云人渡馬溺是山之要害也馬與龍曰望都長班彪見本傳先謙曰前漢縣三國魏因晉志因一統志故城今保定府望都縣西北三十里

唐〔集解〕馬與龍曰光武封王季才爲侯見易水注

有中人亭博物記曰唐關在中人西北百里中人在縣西四十里列子曰趙襄子使新梓穆子攻翟取左人中人〔集解〕先謙曰官本梓作穉是

有左人鄉帝王世紀曰堯封唐堯山在北唐水西入河南有望都山卽堯母慶都所居相去五十里都山一名豆山博物記曰左人唐西北四十里〔集解〕先謙曰前漢縣三國魏因晉志因一統志故城今唐縣東北

安國〔集解〕馬與龍曰縣人劉祐見本傳先謙曰前漢縣三國魏因謝云王肅封安國侯見肅傳毛嘉封安國侯一見毛后傳吳云正元元年高柔封此晉志改屬博陵一統志故城今祁州南

安憙〔集解〕馬與龍曰光武封王益才爲侯見易水注先主除安憙尉見蜀志

本安險章帝更名〔集解〕惠棟曰中山記縣在唐水之西山高岸險故曰安險邑豐民安改曰安喜喜與憙古字通先謙曰前漢縣三國魏因謝云青龍四年追封甄逸世婦張爲安喜君郎此見后妃傳晉志因一統志故城今定州東三十里

漢昌本苦陘〔集解〕惠棟曰陘音刑馬與龍曰苦陘侯杜茂見本傳

章帝更名〔集解〕先謙曰前漢縣三國魏因改曰魏昌謝云青龍三年追封甄逸爲魏昌侯見后妃傳晉志因一統志故城今正定府毋極縣東北

蠡吾〔集解〕惠棟曰應劭風俗志云縣故饒陽之下鄉也

侯國〔集解〕錢大昕曰河間孝王子翼所封桓帝父也

故屬涿〔集解〕先謙曰前漢縣三國魏因晉志改屬高陽國一統志故城今保定府博野縣西南

上曲陽故屬常山〔集解〕馬與龍曰曲陽令馮衍見本傳

恒山在西北有泉水千吉得神書晉地道記自縣北行四百二十五里恒山坂名飛狐口〔集解〕惠棟曰地道記云山在縣西北一百四十里風俗通云廟在上曲陽注四百二十五里一作四百五十里恒多山坂一云得恒山岋先謙曰前漢縣三國魏因改屬常山吳云見畿輔志晉志屬常山郡一統志故城今定州曲陽縣西

蒲陰〔集解〕馬與龍曰光武封王顯才爲侯見易水注

本曲逆章帝更名〔集解〕惠棟曰滱水注章帝章和二年行巡北岳以曲逆名不善因山水之名改曰蒲陰羅泌云逆如字以水曲而西流爲名五臣注陸機功臣頌音去遇非案泒有曲遇在河南音舉隅見高紀

有陽城晉地道記曰有陽安關陽城蒲陽山蒲水出也〔集解〕惠棟曰滱水注在縣東南三十里世謂之陽城澱注陽安關滱水注引地道記作安陽關云安陽都尉治先謙曰前漢縣三國魏因晉志因一統志故城今保定府完縣東南

廣昌〔集解〕惠棟曰高誘云五阮關在縣東水經云縣有淶山巨馬河出焉酈元云卽淶水也

故屬代郡〔集解〕先謙曰前漢縣三國魏因洪志廣昌魏屬中山吳表同謝云洪氏從寰宇記錄廣昌據一統志魏屬代郡今考一統志漢廣昌縣屬代郡後漢改屬中山晉仍屬代郡謝引爲誤晉志改屬代郡一統志故城今易州廣昌縣北

安平國故信都高帝置明帝名樂成延光元年改雒陽北二千里〔集解〕惠棟曰應劭云博陵史記蠡吾故縣質帝本初元年繼孝沖爲帝追尊父翼陵曰博陵因以爲縣又置郡焉漢末罷還安平周壽昌曰漳水注信都郡高祖六年置李公緒趙記云趙孝

威王造檀臺有宮爲趙別都以朝諸侯信四夷信都之名本此是在秦應有此縣屬邯鄲郡高帝因之二年別爲廣川國宣帝甘露四年復故觀信都國治信都縣疑高帝置縣後因置郡安帝延光元年改樂成國爲安平封河間王開子得爲安平王水經注皆作樂成應劭作樂安亦誤也馬與龍曰永平十五年封皇子黨爲樂成王安帝時廢絕以河間孝王子得嗣黨後改國曰安平見樂成靖王傳安平相楊皓見順帝紀李燮見李固傳安平太守任光宗廣見光傳李忠見本傳盧毓王基徐邈見魏志本傳五官掾郭唐功曹阮況見任光傳又郡人崔州平見蜀志諸葛亮傳先謙曰三國魏廢國爲郡**十三城**〔集解〕先謙曰三國魏安平郡領漢舊縣十三入鉅鹿之廣宗爲十四城吳表有博陸東強二縣然無確證**戶九萬一千四百四十口六十五萬五千一百一十八**

信都〔集解〕馬與龍曰信都令萬脩見任光傳闞忠見皇甫嵩傳元和志黃初中移冀州治信都刺史孫禮見魏志禮傳呂昭見杜畿傳裴徽別駕管輅見輅傳又縣人邳吉子彤孫湯曾孫音玄孫柴見彤傳**有絳水呼沱河**〔集解〕先謙曰前漢縣屬信都三國魏因謝云吳質都督河北諸軍事治信都見魏略晉志因一統志故城今冀州治**阜城故昌城**〔集解〕錢大昕曰案前志昌成縣屬信都郡而勃海郡有阜城縣惠棟曰沈約州郡志云前漢渤海有阜城縣續漢志云故昌城信都有昌城未詳孰是應劭云堂陽縣北三十里有昌城故縣也馬與龍曰光武封劉植爲昌城侯見植傳又云植鉅鹿昌城人說見堂陽縣下先謙曰前漢縣屬信都三國魏因晉志省一統志晉省縣入信都故城今冀州西北**南宮**〔集解〕先謙曰馮異傳王郎起光武自薊南馳至南宮遇大風雨卽此前漢縣屬信都三國魏因洪云地形志南宮後漢晉屬安平謝云輿地廣記縣晉省晉志省一統志故城今冀州南宮西北**扶柳**〔集解〕惠棟曰地理風俗記縣西北五十里有梁城故縣也十三州志東北有武陽城馬與龍曰寇損封扶柳侯見寇恂傳萬親封扶柳侯見萬脩傳先謙曰前漢縣屬信都三國魏因晉志因一統志魏屬安平故城今冀州西南六十里**下博**〔集解〕馬與龍曰光武封劉張爲侯見齊武王傳先謙曰前漢縣屬信都三國魏因晉志因一統志魏屬安平故城今深州南**武邑**〔集解〕馬與龍曰光武封耿植爲侯見耿純傳先謙曰前漢縣屬信都三國魏因晉志因一統志魏屬安平故城今冀州武邑縣治**觀津**本淸河下縣決錄注曰孝文竇皇后父隱身漁釣墜淵而卒景帝立后爲太后遣使者更塡父所墜淵而葬起大墳於縣城南民號曰竇氏青山〔集解〕洪亮吉曰案史記外戚世家竇皇后趙之清河觀津人地理志觀津屬信都或景帝二年取清河縣以益廣川國廣川宣帝甘露二年復名信都故觀津遂屬信都耳此注可以補前志之闕馬與龍曰光武封劉喜爲侯見劉植傳觀津長黃就見賈琮傳又縣人樂隱牽招子嘉弘見魏志招傳先謙曰前漢縣屬信都三國魏因吳云青龍三年郭表封此見郭后傳晉志因一統志故城今武邑縣東南**經**〔集解〕錢大昕曰安平孝王得子理封經侯**西有漳水津名薄落津**史記趙武靈曰吾國東有河薄洛之水〔集解〕先謙曰前漢無三國魏因寰宇記縣後魏省晉志因一統志故城今順德府廣宗縣東**堂陽**〔集解〕惠棟曰應劭云縣北三十里有昌城故縣

也案兩漢志無昌城縣惟劉植傳云植鉅鹿昌城人乃知應氏非無據也馬與龍曰志阜城故昌城卽前志信都國昌成亦卽史記趙世家之昌成史志成城通作非二地據應說縣[illegible]舊屬鉅鹿宣帝封廣川王子元爲侯國始屬信都光武以封劉植其時殆仍屬鉅鹿故植傳云鉅鹿昌城人後改曰[illegible]復屬樂成國也堂陽令司馬朗高堂隆見魏志本傳**故屬鉅鹿**〔集解〕先謙曰前漢縣三國魏因謝云魏志楊阜黃[illegible]后妃傳郭后母董封堂陽君卽此晉志省馬與龍[illegible]應有堂陽南宮二縣晉地理志蓋失載一統志故城今新河縣西**武遂**〔集解〕惠棟[illegible]及水經皆[illegible]**故屬河間**〔集解〕先謙曰前漢縣作武隧三國魏因晉志因一統志魏屬安平故城今深州武強縣東北沙窪村**饒陽**〔集解〕馬與龍曰滱水注滱水東北逕蠡吾縣故城南地理風俗記縣故饒陽之下鄉者也又東北逕博陵縣故城南卽古陸成漢質帝本初元年繼孝沖爲帝[illegible]追尊父翼陵曰博陵[illegible]郡焉漢末罷還安平據此漢末罷博陵縣地還饒[illegible]年劉珪封博陵王見趙孝王傳常林爲博陵太守見魏志林傳亦在建安時蓋尚未罷郡也**故名饒屬涿**〔集解〕惠棟曰沈約云案地理志涿惟有饒陽無饒縣洪頤煊[illegible]趣駕南轅至饒陽東京初年亦不作饒此名饒二[illegible]史記趙悼襄王六年封長安君以饒卽此縣見一統志縣故名饒前漢屬涿志自不誤**有無蔞亭**[illegible]志有解犢侯靈帝封〔集解〕馬與龍曰靈帝紀云祖[illegible]犢亭侯帝襲侯爵先謙曰前漢縣三國魏因謝云建安十六年曹林封此見魏志晉志改屬博陵郡一統志故城今饒陽縣東**安平故屬涿**〔集解〕馬[illegible]爲侯見[illegible]舒孫發篆曾孫毅元孫駰駰子瑗孫實實從兄烈[illegible]琦見文苑傳趙忠見宦者傳先謙曰前漢縣屬安[illegible]志改屬博陵一統志縣自晉至北齊皆爲博陵郡治故城今深州安平縣治**南深國故屬涿**[illegible]作澤案前志涿郡中山皆有深澤縣而涿郡加南[illegible]澤無深澤先謙曰官本國作澤是前漢縣三國魏[illegible]陵郡一統志故城今定州深澤縣東南

河間國文帝置世祖省屬信都和帝永元三年復故雒陽北二千五百里〔集解〕洪亮吉曰三年應作二年惠[illegible]帝以封河間王開分樂成勃海涿郡爲國也馬與[illegible]續見李善傳王隆見百官志沈景見河間王傳趙[illegible]曹鼎見蔡衍傳吳祐見本傳廐長馬融見本傳太[illegible]虞翻傳陳延見魏志常林傳注先謙曰三國魏爲[illegible]年曹幹封此五年攺封樂成國還爲郡**十一城**〔集解〕先謙曰三國魏[illegible]縣八城文安東州東[illegible]郡謝云晉志序例桓帝置高陽郡志又云太始元[illegible]郡後旋省至晉復置也地形志高陽國晉置洪云[illegible]舒三縣屬章武郡蓋據晉志謝從之吳云章武郡[illegible]按沈志章武令太康地志屬章武不云晉初屬勃海今從洪志**戶九萬三千七百五十四口六十三萬四千四百二十一**

樂成〔集解〕

馬與龍曰光武封劉邵爲侯見本紀又縣人劉稱稱孫淑見淑傳先謙曰吳表據寰宇記引郡國志樂成後漢桓帝改名樂陵曹魏復舊名案一統志據水經注止改孝王陵爲樂成陵未嘗改縣也前漢縣三國魏因謝云侯國黃初三年曹幹封此七年徙封鉅鹿太和元年曹洪封此見洪傳晉志因一統志故城今河間府獻縣東南

弓高 集解先謙曰前漢縣三國魏因輿地廣記晉省晉志無一統志故城今阜城縣西南

易 集解惠棟曰世本云燕桓侯徙臨易宋忠云今河間易縣是也馬與龍曰公孫瓚封易侯見劉虞傳易長寒朗見本傳 **故屬涿** 集解先謙曰前漢縣三國魏因謝云有西山通鑑公孫瓚欲將突騎傍西山擁黑山之衆胡三省云自易京西抵故安閻都以西諸山接中山界山谷深廣皆黑山賊所依阻案今雄縣迺西北至紫荊關皆西山也晉志改曰易城一統志故城今保定府雄縣西北

武垣故屬涿 集解先謙曰前漢縣三國魏因謝云寰宇記武垣城有二西武垣城即秦所置其城東稍北三十里又有一城時人謂之東武垣城蓋因曹公鑿渠引滹沱水遂自西武垣移縣於此晉志因一統志故城今河間府河間縣西南

中水 集解馬與龍曰光武封李忠爲侯見本傳 **故屬涿** 集解先謙曰前漢縣三國魏因謝云應劭曰在易滱二水間故曰中水晉志因一統志魏屬河間故城今獻縣界

鄚 集解惠棟曰說文從邑莫聲俗本作鄭誤馬與龍曰縣人張敏張超見本傳卑湛張郃子雄見魏志郃傳邢顒子友見顒傳 **故屬涿** 集解先謙曰前漢縣三國魏因吳云侯國黃初元年張郃封此晉志因一統志故城今任邱縣北

高陽 集解馬與龍曰光武封耿純爲侯見純傳靈帝封陳蕃爲侯見蕃傳 **故屬涿有葛城** 集解惠棟曰酈元云世謂之依城卽古葛城也先謙曰前漢縣三國魏因謝云夏侯尚傳有中領軍高陽許允晉志改屬高陽一統志故城今保定府高陽縣東

文安 集解馬與龍曰文安令度尚見本傳 **故屬勃海** 集解先謙曰前漢縣三國魏因改屬章武郡洪云王國正始七年曹贊封此晉志屬章武一統志故城今順天府文安縣東

東州故屬勃海 集解先謙曰前漢縣三國魏因改屬章武郡謝云田豫傳公孫瓚使豫守東州令東卽東之譌也晉志屬章武一統志故城今河間府河間縣東北

成平故屬勃海 集解先謙曰前漢縣三國魏因晉志因一統志故城今交河縣東

東平舒 集解惠棟曰酈元云代郡有平舒故加東應劭云縣西南五十里有參后亭故縣也前志作參戶 **故屬勃海** 集解先謙曰前漢縣三國魏因改屬章武郡謝云章武郡治見魏土地記晉志屬章武一統志故城今順天府大城縣治

清河國高帝置桓帝建和二年改爲甘陵雒陽北千二百八十里 集解惠棟曰淇水注作元年馬與龍曰章帝廢太子慶爲清河王桓帝建和元年貶清河王蒜爲尉氏侯明年改爲甘陵封安平孝王子理爲王見清河孝王傳傅楊倫見本傳相叔孫光見劉般傳謝暠見天文志劉虞見本傳周崇見周景傳姚貢見公孫瓚傳太守谷恭見隗囂傳劉辯見劉瑜傳鮮于冀趙高見淇水注司馬芝見魏志本傳華表見管輅傳阮武見杜恕傳任燠見倉慈傳韓宣見裴潛傳注五官黃秉功曹劉適見淇水注文學掾管輅

見魏志輅傳又國人戴涉見侯霸傳王忠見靈帝紀崔琰見鄭元傳周福房植見黨錮傳吳伉見呂强傳先謙曰建安十一年國除爲郡見獻帝紀三國魏爲清河郡見輿地廣記吳云黃初三年封曹貢爲清河王四年國除爲郡

七城 集解先謙曰三國魏清河郡領漢舊縣六城廣川移屬勃海郡洪志據寰宇記魏復立棗强縣（馬與龍云後魏復立棗强縣屬長樂郡）益誤以元魏爲曹魏今不從 **戶十二萬三千九百六十四口七十六萬四百一十八**

甘陵 集解惠棟曰地理風俗記甘陵郡東南十七里有清河故城馬與龍曰甘陵令章義見本傳丞文叔良見河水注清河令徐季龍見魏志管輅傳又郡人李雲見本傳李梵見律歷志 **故厝安帝更名** 集解先謙曰前漢縣三國魏改名清河吳云曹冏封爲王國旋除見明紀謝云太祖劉夫人生清河長公主見魏略晉志因一統志故城今東昌府清平縣南

貝丘 集解惠棟曰前志及劉寬碑陰皆作貝應劭以爲春秋之貝邱案安樂博昌有貝邱聚應說非也馬與龍曰貝邱長巴肅見本傳先謙曰前漢縣三國魏因晉志因一統志故城今清平縣西南

東武城 集解惠棟曰梁統封陵鄉侯在縣西南七十里酈元云定襄有武城故加東馬與龍曰光武封劉德爲侯見濟南安王傳又縣人趙苞見獨行傳崔琰崔林子述見魏志本傳先謙曰前漢縣三國魏因晉志因一統志故城今臨清州武城縣西

鄃 集解惠棟曰音庾娛切又音輸馬與龍曰光武封馬武爲侯見武傳靈帝封趙苞爲侯見苞傳又縣人朱靈子術見魏志徐晃傳先謙曰前漢縣三國魏因吳云黃初中朱靈封此見徐晃傳注晉志因一統志故城今濟南府平原縣西南

靈 集解惠棟曰荀卿子彊國篇其在趙者剡然有苓或曰苓與靈同卽清河靈縣也 **和帝永元九年復** 地道記曰有鳴犢河 集解先謙曰前漢縣三國魏因謝云魏志靈殤公太和五年追封謚卽此晉志因一統志故城今東昌府高唐州西南

繹幕 集解先謙曰前漢縣三國魏因晉志因一統志故城今濟南府平原縣西北

廣川 集解惠棟曰闞駰云縣有長河爲流故曰廣川地理風俗記云縣西南六十里有辟陽亭故縣也馬與龍曰安帝封劉常保爲王見帝紀廣川令溫恢見魏志恢傳 **故屬信都有棘津城** 太公呂尚困於棘津城琅邪海曲非此城也案永初元年鄧太后分置廣川王國後王薨國除太后崩還益清河 集解先謙曰前漢縣三國魏因改屬勃海謝云文選應璩有與廣川長岑文瑜書卽此晉志屬勃海郡一統志故城今冀州棗强縣東

趙國秦邯鄲郡高帝改名雒陽北千一百里 集解馬與龍曰光武封叔父良爲侯國見趙孝王傳趙相魯丕宋登向栩見本傳郭濟見郭丹傳韓輔見韓稜傳李益見李膺傳杜恕見魏志恕傳太守張承見魏志張範傳桓階見階傳任昭見王昶傳注郡吏張況見張禹傳先謙曰三國魏因吳云太和六年曹幹封此治房子見一統志

五城 集解先謙曰三國魏趙國領漢舊縣二城入常山之元氏高邑房子平棘爲六城邯鄲易陽襄國移屬廣平郡 **戶三萬二千七百一十九口一十八萬八千三百八十一**

邯鄲 張華曰趙奢冢在邯鄲西山上謂之馬服山 集解惠棟曰注在

邯鄲界西山上諸本脫界字馬與龍曰邯鄲令尹勳見本傳又有縣人王昌見本傳王芭王斌見何后紀劉劭子琳見魏志劭傳有叢臺集解惠棟曰劉劭趙都賦云結雲閣於南宇立叢臺於少陽先謙曰前漢縣三國魏因改屬廣平郡謝云魏志劉劭廣平邯鄲人吳云黃初六年陳王邕改封邯鄲見邕傳晉志屬廣平郡一統志故城今廣平府邯鄲縣西南十里

易陽魏都賦曰溫泉毖涌而自浪注曰溫泉在易陽世以治疾洗百病集解馬與龍曰易陽令韓範見魏志武紀先謙曰前漢縣三國魏因改屬廣平郡見通鑑胡注晉志屬廣平郡一統志故城今廣平府永年縣西十五里

襄國集解馬與龍曰縣人張況子歆孫禹禹子盛曜見禹傳本邢國秦爲信都項羽更名有檀臺史記曰趙成侯魏獻榮椽因以爲檀臺集解惠棟曰說文漹水出縣之西山東北入寖漹水出縣東入漹有蘇人亭集解先謙曰前漢縣三國魏因改屬廣平郡吳云見畿輔志晉志屬廣平郡一統志故城今順德府邢臺縣西南百泉村

柏人集解惠棟曰哀四年國夏伐晉納荀寅於柏人杜預云今柏人縣馬與龍曰柏人令董昭見魏志昭傳先謙曰前漢縣三國魏因晉志因一統志故城今唐山縣西

中丘晉地道記曰有石門塞燒梁關集解錢大昕曰當云故屬常山先謙曰前漢縣屬常山三國魏因吳云黃初七年曹茂封此晉志因一統志故城今內邱縣西

勃海郡高帝置雒陽北千六百里集解惠棟曰崔浩云勃旁跌也旁跌出者橫齊都賦海旁云勃也說文作郣從邑孛聲馬

後漢志二十　三十

與龍曰質帝封劉鴻爲王蠡吾侯悝奉鴻祀後徙慶陶見千乘貞王傳靈帝封皇弟協爲王後徙陳留太守鄧邯見鄧彪傳周紆楊璇見本傳袁紹見劉虞傳公孫範見公孫瓚傳孟康見魏志杜恕傳注王弘直見管輅傳又郡人任峻見王渙傳王調見李固傳公族進階見黨錮傳郭鳳見謝夷吾傳韓宣見魏志裴潛傳注先謙曰三國魏因治南皮見寰宇記分置章武郡

八城集解先謙曰三國魏勃海郡領漢舊縣六漢末分置饒安洪云元和志靈帝於千童縣置饒安水經注後漢改千童爲饒安吳云魏志延康元年饒安言白雉見裴注引勃海郡百戶牛酒賜爵是也晉志因李兆洛云故城今天津府南皮縣東南八十里入清河之廣川爲八城章武郡領漢舊縣一入河間之文安東州東平舒爲四城陽信改屬樂陵郡案洪志又有阜城東安陵二縣蓨據晉志今刪

戶十三萬二千三百八十九口百一十萬六千五百

南皮集解惠棟曰地理風俗記云縣北五十里有北皮城先謙曰前漢縣三國魏因洪云有觀臺袁譚所築魏武擒譚於此有曹公固本漢雋不疑葬所魏武因冢爲固以攻袁氏謝云有燕友臺魏文帝與吳質重遊南皮築此臺燕友因名又名射雉臺見寰宇記吳云咸熙元年司馬伷封此見晉書宗室傳晉志因一統志故城今天津府南皮縣東北

高城集解惠棟曰魏土地記云東北有篋山長七里地理風俗記云縣東北五十里有柳亭故縣也馬與龍曰高城令陸康見本傳又縣人巴肅見本傳先謙曰前漢縣作高成三國魏因冢三晉志因一統志故城今鹽山縣東南

重合集解馬與龍曰重合令周磐見本傳又縣人范康見本傳雙福見穀水注

侯國集解先謙曰前漢縣三國魏因晉志因一統志故城今武定府樂陵縣西

浮陽侯國集解錢大昕曰光武封劉植從兄歆順帝封中黃門孫程程徙封宜城死又封其養子壽先謙曰前漢縣三國魏因謝云應劭曰浮水所出晉志因一統志故城今天津府滄州東南四十里

東光有胡蘇亭胡蘇河之名見爾雅集解惠棟曰注胡蘇亭見前書李巡爾雅注云胡蘇其水下流故曰胡蘇胡下也蘇流也孫炎爾雅注云胡蘇水流多散胡蘇然馬與龍曰光武封耿純爲侯見本傳先謙曰前漢縣三國魏因吳云正元中石苞封此見晉書苞傳晉志因一統志故城今河間府東光縣東二十里

章武集解先謙曰前漢縣三國魏因置郡洪云晉地理志魏武置郡十二其一章武杜畿傳子恕嘉平元年免官徙章武郡晉志復云太始元年置益誤晉志屬章武國一統志故城今天津府滄州東北

陽信延光元年復集解先謙曰前漢縣三國魏因改屬樂陵國見元和志晉志屬樂陵國一統志故城今武定府海豐縣界

脩集解惠棟曰音條州郡志作脩十三州志云張甲河東北至脩縣入清漳地理風俗記云縣西北二十里有脩市城又六十里有蒲領鄉故縣也馬與龍曰光武封杜茂爲侯見茂傳和帝時有脩侯劉巡見樂成靖王傳注靈帝時有脩侯董重見董后紀脩令徐淑見左雄傳**故屬信都**集解先謙曰前漢縣三國魏因謝云田疇傳建安二十四年太祖拜疇爲蓨令卽此晉志因作蓨一統志故城今河間府景州南

右冀州刺史部郡國九縣邑侯國百集解先謙曰三國魏冀州刺史部得漢舊郡國魏鉅鹿常山中山安平河間清河趙勃海分魏郡置廣平陽平分勃海置章武入河間之文安東平舒入青州之平原分置樂陵爲郡國十四縣邑侯國一百二十四

虛受堂

郡國志二第二十終　後漢書二十

續漢志集解第二十校補

郡國志二潁川郡陽翟先謙曰至此特就其地言之也謹案史記項羽本紀韓王成因故都都陽翟則陽翟之地爲韓故都班說確爲有據史文先言故都而後補出陽翟縣名亦是以後名定前地也

禹所都案前志班注但云夏禹國應劭以爲夏禹都臣瓚謂禹都陽城不居陽翟然鈞臺既在陽翟則其地當然爲夏后氏相承朝諸侯之處蓋如周之有東都也

襄有養陰里集解馬與龍曰至近人李兆洛謂卽前志江夏郡之襄縣誤今案志言襄有養陰里而京相璠謂在襄城郟縣西南其時郟縣屬襄城郡也馬氏據此本謂襄卽是郟其說實不可易乃因酈注引志誤襄爲襄城而以爲里在縣城與在郟縣西南微有不合遂疑後漢中葉省郟縣就養陰里立襄縣漢末復置郟縣則反失之襄與襄城截然各爲一縣志旣明載養陰里在襄自與襄城無涉就使里在襄縣城志未之言酈注引本文何容增字其爲誤衍一城字無可疑也不必曲爲之解也郟縣至建武十七年猶見於紀自不在建武六年倂省之列當係順帝前偶易名爲襄志因錄之桓帝後旋復其舊爲時未久故紀傳均無襄縣事實可言養陰里在郟縣西南改襄縣時亦應在襄縣西南未必在城以汝水近在城南如里果在城養水可以直注汝水無用又東北入東長湖而後注汝矣且謂就

養陰立襄縣漢末復置郟縣里又何以忽移於郟縣西南此於建置離合舉無一書一事可資證明而徒爲酈注一誤衍之城字拘束殊可不必至前志江夏郡之襄縣非汝養二水流域李氏之說固不免近誤

潁陰注跪受璽綬以進官本注進下多於王二字

春秋時曰隱注春秋鄭共叔所保官本注無春秋二字共叔作叔段

有長葛城注圍長葛柳從辰曰杜預注云在縣北

有嵩高山錢大昭曰本紀熹平五年復崇高山名爲嵩高山注引東觀記云使中郎將堂谿典請雨因上言改之

汝南郡西平集解馬與龍曰至和洽子离柳從辰曰今魏志离作禽音離則仍爲离之譌

本胡國注地道記曰官本注無曰字

北宜春集解先謙曰前漢縣作宜春柳從辰曰前漢本侯國豫章之宜春別爲縣故不必加北而自可辨後漢常爲縣故雖以封閻暢爲侯國仍不去北也今案集解通魏晉言之故侯國統曰縣

道亭故國注袁山松曰官本注曰作書

固始侯國故寢也光武中興更名有寢邱集解惠棟曰至故志於固始下不云故屬淮陽柳從辰曰寢邱前志淮陽國固始下顏注寢作寢卽寢字汝南郡則作寢从穴从水顏注音子衽反乃寢字之古寫也[illegible]不審何以與寢通作今案固始之說錢氏以爲移固始之名於寢洪氏以爲固始并入於寢又改寢爲固始實則二縣地域是否毗連史無明文可證未必確也光武并省郡縣在建武六年而封李通在二年是實先改寢爲固始國而淮陽國之固始縣後乃同歸并省蓋卽陳國陽夏之固陵聚以其名與國複而省之故晉灼猶以固始說固陵但此別爲淮陽之固始原與後之固始國無涉晉灼旣誤淮陽爲汝南顏注又誤以後之固始國說前之固始縣耳知顏注爲誤則可不煩言而解矣寢本通作侵侵又可通作寢前書田蚡傳蚡爲人貌侵卽貌寢也寢邱名醜義當同此惟據史記自以作寢邱爲正

梁國有陽梁聚注左傳襄十二年官本注二誤三楚伐宋師楊梁官本楊作陽與志文合左傳本作楊

有蒙澤注左傳宋萬殺宋閔公于蒙澤柳從辰曰左傳殺作弒無宋字今案注引左傳文往往有增損字句處章懷注亦然弒多改殺則有所避忌也又注貫字與貫字相近官本注近作似

有新城注帝王世紀曰官本注無曰字

沛國注秦泗川郡川原作州已改官本注作川據前志班注當作水也

相集解先謙曰至元和志故相城蓋相土舊都也柳從辰曰水經注相縣故宋共公之所都

陳國陳注卭地在縣北柳從辰曰卭當作邛各本皆未正

春秋時曰相有賴鄉注老子里也錢大昭曰邊韶老子銘云老子楚相縣人也今屬苦故城猶在在賴鄉之東過水處其陽

魯國注本屬徐州光武改屬豫州今案前志班注云故秦薛郡高后元年爲魯國屬豫州是魯在前世已屬豫州非光武時始改屬也惟東海郡本屬徐州光武以封子彊而都魯國以都重或東海當改屬豫州此注誤言之耳順帝時東海國土屢世分封侯國東海郡故地幾盡蓋始還爲郡屬徐州而東海嗣王實僅有王都魯國之地名東海而實魯此魯之所以經爲國也又此注不載建武二十八年以魯益東海及雒陽東南若干里錢大昭氏以爲有脫誤是也

有闕里孔子所居注漢晉春秋曰至護吾履鍾離意案本書鍾離意傳注引意別傳載意此事甚詳此注所引漢晉春秋自仲尼以來莫之開也上脫懸甕事又云尋案未了而卒與傳不符所引意別傳亦

與章懷所引有異兩舉覆中書辭皆不完蓋亦兼轉寫失誤也亂吾書董仲舒章懷注亂作修此則未詳孰是

汝陽注地道記爲妄 官本注此無記字

縣邑侯國九十九 錢大昭曰兗州作縣邑公侯國八十以有東郡衞公國也今豫州汝南郡有宋公國則此侯上亦當有公字

魏郡館陶 案漢制皇女封公主者所生之子襲母封爲列侯皆傳國於後韓光尚光武女館陶公主雖以罪誅然公主嘗爲子求郎則固有襲封之子而縣曾爲國矣

鉅鹿郡南䜌集解惠棟曰 至 或作曲也 柳從辰曰光武紀王郎遣將倪宏劉奉率數萬人救鉅鹿光武逆戰於南䜌是范書亦作䜌矣今案通典鉅鹿下云漢南䜌縣地知䜌亦作欒光武紀注亦云左傳齊國夏伐晉取欒邑其地也其後南徙故加南今俗謂之倫城聲之轉也則䜌本卽是欒䜌欒古通作說已詳第十六校補此南䜌明是南欒轉寫之譌與南曲無涉常山嘗另置欒城或卽春秋時欒故地唐有欒城無南欒俗呼倫城似本指欒城章懷借以通俗音耳

常山國有千秋亭五成陌注縣西七里 柳從辰曰西當作南已詳祭祀志上校補

欒城集解馬與龍曰 至 晉省見一統志 柳從辰曰後漢欒城縣元和志謂卽後漢省方輿紀要謂魏省此以晉志不載據爲晉省耳實則三國魏已無徵非必晉始省也 先謙曰前漢無三國魏失考晉志不列 謹案通典欒城下云漢之關縣地不云後漢更名似光武中興關已併省順帝前偶就其地置欒城遂著版籍未幾復廢故范書紀傳已無事實可徵不獨魏志也

中山國毋極 毋原作母已正官本不誤案通典作無極可證

望都注晉地道記曰 官本注無曰字

有陽城集解惠棟曰 至 作安陽闞云安陽都尉治 柳從辰曰趙刻水經注均作陽安

安平國津名薄落津注吾國東有河薄落之水 官本注吾作晉柳從辰曰史記作吾

河閒國 國原作郡已正官本不誤 注和帝永元三年復故 官本注三作二是 十一城集解先謙曰三國魏河閒郡 謹案通典云漢屬涿郡後爲河閒國後漢及晉因之後魏爲河閒郡不數曹魏當以其爲國爲郡無定制

貝邱 貝原譌具已正官本不誤

趙國有檀臺注魏獻榮椽 椽原譌掾官本注同依史記正

郡國志三第二十一　　後漢書二十一

梁　劉昭注補

王先謙集解

兗州　陳留　東郡　東平　任城　泰山　濟北　山陽　濟陰〔集解〕惠棟曰李巡爾雅注云濟河間其氣專質厥性信謹故曰兗兗信也先謙曰兗州三國屬魏洪云興平二年魏武爲兗州牧其後地遂入魏魏兗州仍漢舊爲八郡

徐州　東海　琅邪　彭城　廣陵　下邳〔集解〕惠棟曰李巡爾雅注云淮海間其氣寬舒稟性安徐故曰徐徐舒也先謙曰徐州三國屬魏洪云建安三年魏武破呂布地人魏分置東莞郡謝云東莞郡魏末廢見通鑑胡注通典魏徐州領郡國七胡三省云尙有臨淮東安二說皆非魏徐州得漢舊郡四割置廣陵爲五郡吳割置廣陵郡得堂邑輿二縣地廣陵之廣陵江都高郵平安東陽射陽鹽瀆七縣下邳之盱台高山潘旌東成四縣並廢

陳留郡　武帝置雒陽東五百三十里〔集解〕馬與龍曰太守玉況見光武紀富宗見虞延傳周防召馴魯丕馬嚴劉翊見本傳魯平見李充傳梁讓見杜喬傳冷宏見吳祐傳注宋訢見史弼傳左敏見單超傳張邈見臧洪傳注馮岱見符融傳孫邕見魏志鮑勛傳夏侯惇夏侯淵劉劭高堂隆見本傳棗祗見任峻傳劉阜見劉廙傳注陳留相司馬岐見司馬芝傳功曹范冉見符融傳樓望史弼虞延綱紀張升見本傳主簿韓卓計吏孔伷見符融傳吳祐黃眞見祐傳衞臻見魏志本傳又郡人朱震見陳蕃傳田盛見符融傳陳弇見歐陽歆傳阮武弟炳見魏志杜恕傳注阮瑀子籍見王粲傳蘇林見劉劭傳吳壹吳匡子班見蜀志楊戲傳舒伯膺舒仲膺子燮見吳志孫賁傳濮陽逸子興見興傳先謙曰三國魏因謝云魏志陳留恭王峻太和六年封以郡爲國　十七城〔集解〕先謙曰三國魏陳留國領漢舊縣十七城　戶十七萬七千五百二十九口八十六萬九千四百三十三

陳留〔集解〕惠棟曰陳留風俗傳云縣有鉼鄉亭裘氏鄉馬與龍曰陳留令劉孫見第五倫傳都亭長李充見本傳又縣人孔伷見袁紹傳路粹見孔融傳茅容史叔賓左原見郭太傳劉操見姜肱傳李充見獨行傳　有鳴鴈亭左傳成十六年衞侯伐鄭鳴雁杜預曰在縣西北陳留志曰有桐陵亭古桐丘〔集解〕惠棟曰漢議郎圈稱字幼舉撰陳留風俗傳二卷又晉剡令江敞亦撰陳留志此所引蓋幼舉書也先謙曰前漢縣三國魏因洪志王國謝云魏志恭王峻黃初三年爲陳留王五年改封襄邑太和中又封陳留令考文帝紀黃初中封王以縣爲國明帝紀太和中封王以郡爲國洪氏不考文明兩朝制度以陳留爲王國非也晉志省一統志晉泰始元年封魏廢帝爲陳留王治小黃省陳留入之故城今開封府陳留縣治　浚儀〔集解〕惠棟曰陳留風俗傳云縣北有浚水像而儀之故曰浚儀馬與龍曰浚儀令樂俊見王景傳又縣人王吉符融見本傳邊鳳見延篤傳邊韶邊讓見文苑傳　本大梁帝王世紀曰禹避商均浚儀晉地道記儀封人此縣□也通俗文曰渠在浚儀曰莨蕩也〔集解〕惠棟曰竹書紀年云梁惠成王九年四月甲寅徙都大梁先謙曰前漢縣三國魏因吳云曹植封此後徙封雍邱謝云晉書魏舒傳舒魏時遷浚儀令有睢陽渠見武紀晉志因一統志故城今祥符縣西北　尉氏陳留□□志曰有陵樹鄉北有澤澤有天子苑囿有秦樂廐漢諸帝以馴養猛獸〔集解〕惠棟曰圈稱云尉氏鄭國之東鄙弊獄官名也鄭大夫尉氏之邑注陵樹鄉故平陵縣也馬與龍曰尉氏侯劉蒜見天文志建安中荀攸封陵樹亭侯見水經渠水注又縣人張升見本傳先謙曰前漢縣三國魏因謝云有鍾城鍾繇故居見元和志晉志因一統志故城今尉氏縣治　雍丘〔集解〕惠棟曰圈稱云縣有五陵之名故以氏縣馬與龍曰雍邱令劉矩見本傳又縣人黃眞見吳祐傳樓望見儒林傳　本杞國陳留志曰城內有神井能興霧雹案齊民北征記曰有呂祿臺高七丈有鄫生祠曹植禹廟讚曰有禹祠植移于其城城本名杞城〔集解〕先謙曰官本注無齊民二字是前漢縣三國魏因吳云曹植封此後徙封東阿晉志因一統志故城今杞縣治　襄邑〔集解〕惠棟曰杜預云縣東南有首鄉春秋之首止也圈稱云襄邑宋地本承匡襄陵鄉也宋襄公所葬故曰襄陵秦始皇以承匡卑溼故徙縣於襄陵謂之襄邑馬與龍曰更始封成丹爲王光武封更始子求爲侯見劉玄傳桓帝封梁肩爲侯見梁冀傳又縣人衞玆子臻孫烈京楷見魏志臻傳　有滑亭左傳莊二年次于滑杜預曰在縣西北〔集解〕先謙曰官本二作三是　有承匡城地道記曰在縣西左傳文十一年會晉郤缺于承匡有桐門亭有黃門亭襄元年會鄫杜預曰縣東南有鄫城〔集解〕先謙曰前漢縣三國魏因謝云有太壽陂夏侯惇斷太壽作陂見惇傳袁術走襄邑太祖追到太壽決渠水灌之見武紀有服官見寰宇記魏都賦曰錦繡襄邑郎此晉志因一統志故城今歸德府睢州西一里　外黃左傳惠公季年敗宋師于黃杜預曰宋邑縣東有黃城〔集解〕惠棟曰圈稱云縣有大齊亭馬與龍曰外黃令張升見本傳梁配見申屠蟠傳牛述史昭鄉嗇夫爰延功曹范丹主簿濮陽潛見延傳楊匡在外黃大澤教授見杜喬傳又縣人申屠蟠賓章子唐爰延子驥范冉弟協見本傳　有葵丘聚齊桓公會此城中有曲棘里左傳昭二十五年宋公佐卒曲棘〔集解〕惠棟曰陳留風俗傳云外黃南有渠水於春秋爲宋之曲棘里故宋之別都矣　有繁陽城〔集解〕先謙曰前漢縣三國魏因[illegible]晉志因一統志故城今開封府杞縣東　小黃漢舊儀曰高祖母起兵時死縣北爲[illegible]　東昏　故戶牖鄉[illegible]有陳平祠〔集解〕惠棟曰[illegible]音昏屬山陽者音旻棣案隸釋酸棗令劉熊碑陰有故守東昏長蘇勝仍作昏作緡者非顧炎武云東緡古字通故或作緡或作昏漢王誨碑有使河堤謁者山陽東昏司馬登則知漢時緡字亦作昏也竹書紀年云顯王十一年鄭釐侯使許息來致地平邱戶牖首垣諸邑圈稱云故陽武戶牖鄉馬與龍曰戶牖亭長虞延縣人又縣人虞放見延傳楊倫劉昆子軼見儒林傳先謙曰前漢縣三國魏因晉志省一統志縣廢五代時爲東明鎭故城今蘭陽縣

縣東北二十里**濟陽**有武父鄉左傳桓十二年盟于武父杜預曰縣東北有武父城縣東南有武城縣都鄉有行宮光武生集解惠棟曰杜預云縣東南有戎城馬與龍曰靈帝封何苗爲侯見何進傳濟陽令寒朗見本傳先謙曰前漢縣三國魏因吳云公國曹壹封此晉志因一統志故城今儀封縣北**平丘**集解惠棟曰圈稱云衞靈公邑馬與龍曰平邱令周舉見本傳又縣人秦周見黨錮傳毛玠子機見魏志玠傳**有臨濟亭田儋死此有匡**匡人之亭曹公破袁術處**有黃池亭**陳畱志云黃亭在封丘左傳哀十三年盟黃池杜預曰在縣南傳曰吳囚子服景伯以還及戶牖然即黃池在戶牖西或以爲外黃縣東溝非也集解惠棟曰案杜注在封邱縣南注脫封邱二字先謙曰前漢縣三國魏因晉志省一統志故城今大名府長垣縣西南**封丘**博物記有狄溝即敗狄于長丘是也**有桐牢亭或曰古蟲牢**左傳成五年諸侯會蟲牢陳畱志有鞠亭古鞫居集解錢大昕曰古音蟲如同詩蘊隆蟲蟲徐仙民音徒冬反韓詩亦作烔烔故蟲牢轉爲桐牢也惠棟曰樂史云在縣北二里先謙曰前漢縣三國魏因謝云魏書程仲字禮陳畱封邱人晉志因一統志故城今衞輝府封邱縣治**酸棗**左傳鄭太叔至于廩延杜預曰縣北有延津襄五年會城棣杜預曰縣西南有棣城東有地烏巢曹公破袁紹處陳畱志曰城內有韓王故宮闕集解惠棟曰淮南子云伐棘棗而爲矜高誘云棘棗酸棗也故圈稱云酸棗以棘名邦漢官儀云舊河堤謁者居之注城棣棣力計反又徙姝反晉太康記云烏巢澤在縣東南馬與龍曰河堤謁者王景吳見景傳王謁司馬登見濟水注酸棗令劉

孟陽見濟水注任旌見魏志王昶傳注先謙曰前漢縣三國魏因晉志因一統志故城今延津縣北十五里**長垣**集解惠棟曰陳畱風俗傳云縣有防垣故縣氏之有羅亭故長羅縣也又西北有訾樓垣音袁馬與龍曰光武封樊宏爲長羅侯見宏傳**侯國**集解馬與龍曰濟水注濮渠東逕長垣縣故城北孝安帝建光元年封元舅宋俊爲侯國范書偶未載也長垣長曹成見曹世叔妻傳又縣人吳恢子祐孫鳳愷曾孫馮見祐傳**有匡城**陳畱志曰孔子囚此北征記城周三里左傳僖十五年會牡丘次于匡杜預曰匡在縣西南昭十三年會平丘杜預曰縣西有平丘城**有蒲城**左傳成九年會于蒲杜預曰在縣西南史記曰孔子自匡過蒲陳畱志云有子路祠集解惠棟曰一作蒲鄉**有祭城**杜預曰鄭祭封人仲邑陳畱志曰有蘧伯玉墓及祠又西南有宛亭左傳僖二十八年會盟宛濮注曰近濮水集解惠棟曰陳畱風俗傳云縣有蘧伯玉鄉一名新鄉先謙曰官本注會作衞人是前漢縣三國魏因吳云侯國衞臻封此見臻傳晉志因一統志故城今大名府長垣縣東北**己吾**集解惠棟曰陳畱風俗傳云縣故宋也雜以陳楚之地故梁國甯陵縣之徙種龍鄉以成哀之世戶至八九千冠帶之徒求置縣矣永元十一年陳王削地以大棘鄉直陽鄉自隱隸之命以嘉名曰己吾猶有陳楚之俗馬馬與龍曰己吾令桓鸞見本傳又縣人典韋子滿見魏志韋傳**有大棘鄉**左傳宣二年鄭伐宋師大棘杜預曰在襄邑縣南**有首鄉**左傳桓八年齊侯師于首止杜預曰在襄邑東南有首止城集解齊召南曰按此二鄉注皆應在上文襄邑有承匡城之下大棘首鄉皆襄邑地非己吾地也不知

何以脫入於此又首鄉注左傳桓八年齊侯師入首止應作僖五年齊侯會于首止杜預云有首止城應作有首鄉先謙曰前漢無三國魏因晉志省一統志故城今歸德府甯陵縣西南**考城**集解馬與龍曰考城令王渙見仇覽傳又縣人史敞史弼見弼傳仇玄仇覽見覽傳**故菑**陳畱志曰古戴國地名杜預曰戴在外黃東南爾雅曰木立死曰菑呂氏春秋草鬱卽爲菑集解惠棟曰前志云甾故戴國孔穎達云古者甾戴聲相近故鄭元詩箋讀俶戴爲熾菑圈稱云有斜亭**章帝更名故屬梁**陳畱志曰有箕子祠有穀亭古句瀆之丘案本傳有蒲亭集解先謙曰官本蒲作蕭前漢縣三國魏因晉志省一統志晉初省故城今衞輝府考城縣東南**圉**集解惠棟曰陳畱風俗傳云舊陳地苦楚之難修干戈于境以虞其患故曰圉馬與龍曰圉令曹褒見本傳周疆見魏志高柔傳注又縣人蔡勳蔡攜子稜質孫邑見邑傳董宣子竝見宣傳夏馥見黨錮傳高慎子式式孫靖靖子柔孫儁誕光曾孫惲見魏志柔傳**故屬淮陽有高陽亭**陳畱志曰有萬人聚王邑破翟義積尸處前書今高陽文穎曰高陽聚邑名在縣西集解惠棟曰圈稱云在雍邱西南又云酈食其高陽鄉人史記沛公至高陽傳舍徐廣曰今在圉縣是也先謙曰前漢縣三國魏因洪云圉晉屬陳畱後罷見地形志晉志省一統志故城今開封府杞縣南**扶溝**集解惠棟曰圈稱云小扶亭有洧水溝因以名縣有帛鄉帛亭馬與龍曰光武封朱鮪爲侯見岑彭傳水經洧水注陂水又東南至扶溝城北城卽扶溝縣之平周亭和帝永元中封陳敬王子參爲侯國亦見陳敬王傳注又縣人郭禧見靈帝紀**故屬淮陽**集解先謙

曰前漢縣三國魏因洪云沈志引太康地志屬陳畱晉地理志無蓋太康後所省謝云寰宇記縣魏屬許昌郡考魏志以許昌爲都未嘗立郡樂史說誤案東魏以縣屬許昌郡見一統志晉志省馬與龍云據宋魏二志晉陳畱郡應有扶溝縣一統志故城今陳州府扶溝縣東北五十里

東郡秦置去雒陽八百餘里集解馬與龍曰太守王閎見張步傳伏壽見伏恭傳耿純張酺魯丕袁敞見本傳王尊橋瑁見五行志曹紹見謝弼傳楊衆胡軫見董卓傳注臯侯楷王肱見魏志本傳劉延見武紀嚴幹韓宣見裴潛傳注任昭見王昶傳注門下掾索盧放見本傳功曹王隆吏王青見張酺傳程威見魏志王昶傳注又郡人張恭祖見鄭元傳索盧放見獨行傳張閣見魏志邴原傳先謙曰三國魏因謝云曹植黃初六年令有東郡太守王機**十五城**集解先謙曰三國魏東郡領漢舊縣八入濟陰之廩邱甄城爲十城頓邱移屬魏郡東武陽樂平陽平衞國移屬陽平郡博平聊城移屬平原郡洪云魏志王觀傳東郡廩邱人左傳莊十四年杜預注東郡甄城吳云成九年杜注東郡廩邱寰宇記魏兗州自甄城移理東郡廩邱謝云晉志濮陽國分東郡置領廩邱甄城是縣屬東郡也**戶十三萬六千八十八口六十萬三千三百九十三**

濮陽集解惠棟曰世本云衞成公徙濮陽宋忠云帝邱地名濮音卜馬與龍曰呂布爲兗州牧屯濮陽見布傳濮陽令袁紹見紹傳**古昆吾國**杜預曰古衞也帝王世紀曰顓頊自窮桑徙商丘左傳曰衞顓頊之墟杜預曰帝丘昆吾氏因之故

曰昆吾之墟縣城內有顓頊冢皇覽曰冢在城門外廣陽里中博物記曰桑中在其中集解惠棟曰世本云陸終娶鬼方氏妹曰女嬇生子六人其一曰樊是爲昆吾昆吾者衞是宋忠云昆吾己姓所出**春秋時曰濮有鹹城或曰古鹹國**左傳僖十三年同會于鹹**有清丘**左傳曰宣十二年盟清丘杜預曰縣東南集解惠棟曰京相璠云在縣東南三十里魏都尉治**有鉏城**集解惠棟曰京相璠云在西南十五里先謙曰前漢縣三國魏因吳云曹袞封濮陽王後改封中山晉志置國以縣屬一統志故城今大名府開州西南**燕**集解馬與龍曰更始封劉慶爲王見劉玄傳明帝封樊鯈爲侯見鯈傳又縣人趙暢子咨見咨傳**本南燕國**集解惠棟曰世本云姞姓杜預釋例譜南燕伯爵不知所出**有雍鄉**謝沈書曰赤眉攻雍鄉**有胙城古胙國**集解惠棟曰杜預云在縣西南**有平陽亭**左傳哀十六年衞侯飲孔悝酒於平陽集解惠棟曰杜預云在縣東北**有瓦亭**左傳定八年會于瓦注曰縣東北集解先謙曰官本注作杜預二字**有桃城**史記曰春申君說秦□曰王又舉甲而拔桃入邢是也集解惠棟曰戰國策云拔燕酸棗虛桃人司馬貞云在縣東三十里先謙曰前漢縣三國魏因洪云杜預隱五年左傳注東郡燕縣晉志省馬與龍云據太康地志晉初當有燕縣一統志故城今衞輝府延津縣北故胙城東**白馬**集解馬與龍曰白馬令李雲見本傳爰驥見爰延傳白馬相賈洪見魏志王肅傳注**有韋鄉**杜預曰縣東南有韋城古豕韋氏之國集解惠棟曰史記注作圍鄉圍韋古字通晉志云有弧子堤先謙曰前漢縣

三國魏因吳云曹彪封白馬王後改封楚洪云有黎陽津即白馬津關雲長刺袁紹將顏良解白馬圍即此有滑臺魏武破袁紹斬文醜於此晉志屬濮陽郡一統志故城今滑縣東二十里**頓丘**白虎通曰帝嚳冢在城臺陰野是也集解惠棟曰京相璠云今衞國縣西北三十里有五鹿地酈元云今屬頓邱縣又注在城下諸本脫南字野下脫中字語見皇覽云白虎通者誤也馬與龍曰頓邱令耿國見耿弇傳曹操胡質見魏志本傳先謙曰前漢縣三國魏改屬魏郡晉志置郡以縣屬一統志故城今大名府清豐縣西南**東阿**左傳桓十年會于桃丘杜預曰縣東南有桃城襄十四年孫林父敗衞侯于阿澤杜預曰縣西南大澤魏志有渠丘山集解惠棟曰水經有漁山酈元云即吾山也馬與龍曰順帝封苗光爲侯見孫程傳東阿令棗祗丞王度見魏志祗傳又縣人程昱子武延孫克曉曾孫良見魏志昱傳**有清亭**左傳隱四年遇于清是也集解惠棟京相璠云縣東北四十里先謙曰前漢縣三國魏因吳云曹植封東阿王後改封陳謝云魏志程昱東郡東阿人洪志從晉志永初郡國志屬濟北非也晉志改屬濟北國一統志故城今兗州府陽穀縣東北五十里阿城鎮**東武陽**集解馬與龍曰光武封劉向爲侯見劉植傳桓帝封具瑗爲侯見單超傳東郡太守臧洪治東武陽見洪傳曹操見魏志又縣人謝弼見本傳陳宮見呂布傳**漯水出**集解惠棟曰前志及水經皆作漯說文作濕從水㬎聲詳見平原郡下先謙曰前漢縣三國魏改屬陽平郡謝云有倉亭津建安六年曹操擊袁紹於倉亭津破之見魏志晉志屬陽平郡一統志故城今曹州府朝城縣西**范**集解惠棟曰郭緣生述征記云倉亭津在縣界去東

阿六十里馬與龍曰順帝封王道爲侯見孫程傳程昱爲東平相屯范范令靳允見魏志昱傳劉雄見蜀先主志**有秦亭**左傳莊三十一年築臺于秦地道記在縣西北集解先謙曰前漢縣三國魏因吳表云據左傳莊三十一年杜注東平范縣移屬洪云范晉志屬東平今從郡國志謝云臧洪傳洪將兵據東平云范據此范縣漢末移屬東平故沈志東平太守下云漢舊縣鍾英按河水注河水又逕東武陽縣東范縣西按圖范縣屬東平則東阿聊城與郡隔絕又遷屬東武陽縣西按魏武初平中爲東郡太守治東武陽後領兗州牧張邈叛迎呂布郡縣皆應程昱說靳允曰君必固范我守東阿田單之功可立即斯邑也晉志改屬東平一統志故城今范縣東南二十里**臨邑**集解馬與龍曰光武封劉復爲侯見北海靖王傳**有沛廟**集解官本考證曰沛當作泲惠棟曰前志作泲案風俗通云泲出常山房子贊皇山東入沮廟在東郡臨邑縣則是濟之廟也尚書古文濟作泲當從泲先謙曰前漢縣三國魏因按一統志臨邑晉改屬濟北晉志因改屬濟北國一統志故城今泰安府東阿縣北**博平**集解馬與龍曰博平令周紆見本傳先謙曰前漢縣三國魏因改屬平原謝云見輿地廣記吳云侯國華歆封此晉志屬平原郡一統志故城今東昌府博平縣西北三十里**聊城**集解馬與龍曰聊城令范升見本傳又縣人賈琮見本傳王翁子隆孫青見張輔傳**有夷儀聚**左傳僖元年邢遷于夷儀**有聶城**左傳曰聊攝以東集解惠棟曰京相璠云聊城縣東北三十里有故攝城當作聶城先謙曰前漢縣三國魏因改屬平原吳云見輿地廣記謝云曹茂封聊城王後改封曲陽晉志屬平原郡

一統志故城今聊城縣西北十五里**發干**集解馬與龍曰光武封郭匡爲侯見郭后紀發干令徐宣王凌見魏志本傳又縣人潘璋見吳志璋傳先謙曰前漢縣三國魏因洪云建安十七年以縣屬魏郡見吳志謝云吳志潘璋東郡發干人是縣還屬東郡晉志因改屬陽平郡一統志故城今棠邑縣西南**樂平侯國**集解錢大昕曰梁竦子棠所封**故清章帝更名**集解惠棟曰酈元云建初中更名也先謙曰前漢縣三國魏因改屬陽平郡謝云據沈志魏樂平非漢舊縣據地形志魏樂平即漢清縣晉志因屬陽平郡一統志故城今棠邑縣東南**陽平**集解馬與龍曰陽平令李章見本傳陽平太守司馬芝孫禮鄭渾見魏志本傳[illegible]又縣人劉儁見賈逵傳注**侯國有莘亭**杜預注左傳曰衞作新臺在縣北衞殺公子伋之地故曰待諸莘亭集解惠棟曰京相璠云縣北一里有故莘亭**有岡成城**秦封蔡澤爲岡成君未詳集解惠棟曰水經注引作岡成亭先謙曰前漢縣三國魏因置郡以縣屬謝云侯國徐晃封此見晃傳晉志屬陽平郡一統志故城今莘縣治**衞公國本觀故國姚姓光武更名**集解馬與龍曰建武十三年以周承休公姬常爲衞公見光武紀衞相第五種門下掾孫斌又縣人閭子直見種傳樂進子綝孫肇見魏志進傳案前志畔觀注應劭云世祖更名衞國魏書武紀東郡之衞國樂進傳陽平衞國人宋魏二志並作衞國河水注亦云衞國縣皆沿應說致誤惟此志尚存其實范書光武紀第五種傳並不云衞國晉志亦祇作衞**有河牧城**左傳文元年會于戚鄭救晉中行氏晉敗鄭鐵杜預曰戚城南有鐵

上集解惠棟曰釋例土地名云戚衞縣西戚城左枯河東有竿城前書故發干城集解惠棟曰酈元云在河北又注發干城城一作縣案兩志別有發干縣未詳先謙曰官本注城作縣觀故國應劭云夏有觀扈竹書紀年齊田壽帥師圍觀觀降前漢縣作畔觀三國魏廢爲縣改屬陽平郡晉志改屬頓邱郡一統志故城今曹州府觀城縣西

穀城集解惠棟曰魏土地記縣有穀城山山出文石馬與龍曰穀城令王堂見本傳

春秋時小穀左傳莊三十二年城小穀杜預曰城中有管仲井又傳曰埋長狄榮如首於周首之北門杜預曰縣東北有周首亭集解惠棟曰京相璠云今濟北所治盧子城故齊周首邑也

有嶲下聚左傳僖二十六年追齊師至嶲杜預曰縣西有地名嶲下皇覽曰縣東十五里有項羽冢集解惠棟曰嶲戶圭反一音以轉反晉志作烏下聚先謙曰前漢無三國魏因吳表據左莊七年杜注屬濟北然杜注已在晉代今從一統志晉志改屬濟北郡一統志故城今泰安府東阿縣治

東平國故梁景帝分爲濟東國宣帝改雒陽東六百七十二里集解馬與龍曰光武封皇子蒼爲王傳至凱魏受禪以爲崇德侯東平相王元見隗囂傳陳珍見東平憲王傳應順見陳龍傳宋漢見宋弘傳李瓚見李膺傳程昱見魏志昱傳西曹掾吳良吏杜撫見本傳丁牧周栩見東平憲王傳太守范荊見耿純傳楊沛見魏志賈逵注又郡人王惲見李固傳畢諶見魏志武紀呂昭子巽安粹孫預見杜畿傳注王惠陽見裴潛傳注先謙曰官本六作九三國魏因謝云太和六年壽張王徽改封此阮籍魏時爲東平

相見晉書籍傳七城集解先謙曰三國魏東平國領漢舊縣六城章縣闕洪志有剛父益據晉志今不從戶七萬九千一十二口四十四萬八千二百七十

無鹽本宿國任姓左傳昭二十五年臧會奔郈杜預曰縣東南有郈鄉亭有章城古國左傳莊三十年齊取鄣集解馬與龍曰鄣蓋即章縣先謙曰前漢縣三國魏因晉志因一統志故城今泰安府東平州東二十里

東平陸集解惠棟曰西河有平陸故加東六國時曰平陸有闞亭左傳桓十一年會于闞杜預曰在須昌縣東南有闞城博物記云即此亭是也集解先謙曰官本無也字有堂陽亭故縣後省集解洪頤煊曰前書地理志堂陽屬鉅鹿郡東漢省與此絕遠注誤證先謙曰前漢縣三國魏因晉志因一統志故城今兗州府汶上縣北

富成集解先謙曰前漢縣作富城三國魏因晉志因成作城謝云泌水注泌水西南逕肥城縣故城南又西南逕富成縣故城西注於汶鍾英按故城當在今泰安府肥成縣西南

章集解先謙曰前漢縣三國魏闕晉志無一統志故城今東平州東六十里郕城集

壽張集解馬與龍曰光武封樊宏爲侯見宏傳壽張令謝夷吾見本傳程昱見魏志昱傳又縣人王考見黨錮傳春秋曰良漢曰壽良光武改曰壽張有堂聚故聚屬東郡地道記曰有蚩尤祠狗城皇覽曰蚩尤冢在縣闞城中高七丈集解惠棟曰永平二年改屬又狗城前志作朐城酈元以爲春秋之須朐也又注闞鄉城中諸本朐鄉字先謙曰前漢縣三國魏因謝云魏志張邈東平壽張人有安民亭汶水注汶水西南至安民亭入濟李典屯安民見典傳晉志因一統志故城今東平州西南

須昌集解馬與龍曰須昌長童翊見童恢傳故屬東郡杜預曰須句古國在西北集解惠棟曰永元二年改屬又注須句古國在西北酈元云當在壽張杜說非也京相璠云須朐一國二城兩名蓋遷都須昌朐是其本有致密城古中都集解惠棟曰酈元云即夫子所宰之邑有陽穀城左傳僖三年會陽穀杜預曰在縣北集解先謙曰前漢縣三國魏因謝云于禁傳禁別破高雅於須昌即此晉志因東平郡治此一統志故城今東平州西北十五里

寍陽集解馬與龍曰縣人劉梁孫楨見文苑傳故屬泰山集解先謙曰前漢縣三國魏因輿地廣記晉省晉志省一統志故城今兗州府甯陽縣南二十里

任城國章帝元和元年分東平爲任城雒陽東千一百里集解馬與龍曰章帝封東平憲王子尚爲王傳至劉佗魏受禪以爲崇德侯任城相行弘見任城孝王傳楊秉劉儒見本傳橋羽見橋玄傳鄭遂見劉寵傳太守徐璆見魏志武紀郡吏魏應見本傳又郡人孫該見劉劭傳注棧潛見高堂隆傳呂虔子翻孫桂見虔傳先謙曰三國魏因謝云任城王彰傳彰子楷太和六年改封任城王三城集解先謙曰三國魏任城國領漢舊縣三城謝云任城王彰傳改封任城國食五縣青龍二年削縣二其二縣無考戶三萬六千四百四十二口十九萬四千一百五十六

任城集解馬與龍曰任城令袁安劉祐長周磐見本傳又縣人鄭仲弟均見均傳魏應見儒林傳本任國集解惠棟曰春秋傳云任宿須句杜預云任今任城縣司馬貞云春秋經桓五年天王使仍叔之子來聘穀梁經傳並作任叔任仍聲相近則東平任古仍國也

有桃聚光武破龐萌於桃鄉集解錢大昕曰漢書王式東平新桃人即此桃鄉也馬與龍曰任城孝王尚傳永元中封貞王安母弟福爲桃鄉侯即此先謙曰前漢縣屬東平三國魏因晉志因一統志故城今濟甯州治

亢父左傳襄十三年取邿杜預曰縣有邿亭哀六年城邿瑕杜預曰縣北有邿瑕城集解惠棟曰劉伯莊包愷並音苦浪反司馬貞云舊音剛父音甫又注邿音詩瑕音遐邿瑕城今杜注作郝妻城馬與龍曰光武封劉隆爲侯見隆傳亢父令荀彧見彧傳先謙曰戰國策蘇秦曰亢父之險車不得方軌騎不得比行魏志呂布屯濮陽太祖曰布不能據東平斷亢父泰山之道乘險要我而屯濮陽知其無能爲也即此前漢縣屬東平三國魏因晉志因一統志故城今濟甯州南五十里

樊集解馬與龍曰縣人何休見儒林傳何豹見休傳先謙曰前漢縣屬東平三國魏因吳云曹均封樊侯子抗嗣徙封薊晉志因一統志故城今兗州滋陽縣西南

泰山郡高帝置雒陽東千四百里集解馬與龍曰泰山太守任峻見王渙傳抗徐見度尚傳陳俊朱暉陳寵范康杜密李固皇甫規見本傳劉儵見五行志張舉見劉虞傳應劭見獻帝紀涼茂呂虔薛悌見魏志本傳郡丞諸葛珪見蜀志諸葛亮傳都尉夏恭見本傳孔伷見孔融傳督郵高堂隆見魏志隆傳又郡人胡母班見袁紹傳注蒙陰人劉洪見律歷志注東平陽人羊侵子儒孫續見續傳平陽人高堂隆子琛鮑信子勛邵孫融見魏志傳先謙曰桓帝紀永壽元年置泰山琅邪都尉官志琅邪國下書本紀永

壽二年置都尉治此郡下不書脫誤三國魏因**十二城**集解先謙曰三國魏泰山郡領縣舊縣十二復置平陽華爲十四城謝云東平陽班志屬泰山魏志高堂隆鮑勛並云泰山平陽人是魏時改名平陽洪氏作東平陽非也又左傳宣八年杜注今泰山平陽縣太康地志新泰舊名平陽泰始中羊祜表改爲新泰水經注洙水西逕泰山東平陽縣晉武帝元康九年改爲新泰按武帝太康紀元十年惠帝元康紀元九年杜經注元康係太康之譌平陽之改新泰太康志水經注並有明文宋書州郡志魏書地形志謂新泰魏置者均誤馬與龍云太康地志謂太始中羊祜表改然據杜注及洙水注縣改名新泰當在太康末也晉志曰新泰一統志故城今新泰縣西北華洪云漢舊縣中興後省郭頒世語曹嵩在泰山華縣泰山都尉孔宙碑陰亦載此縣時爲延熙七年疑漢末復立也謝云魏志初平四年徐州陶謙取泰山華費滅霸傳霸泰山華人是華費二縣魏屬泰山洪志從晉志屬琅邪非也吳表據杜預左傳隱八年注琅邪費縣九年注琅邪華縣亦以二縣屬琅邪案杜注成於晉代非魏制謝說是晉志改屬琅邪一統志故城今費縣東北六十里又吳表以蓋縣屬樂安郡據魏志國淵傳樂安蓋人謝云樂安郡益漢舊縣魏志國淵樂安蓋人蓋益之訛也按謝說是然洪志以屬東莞郡亦無據今不從**戶八千九百二十九口四十三萬七千三百一十一**

奉高集解馬與龍曰奉高令徐邈見魏志邈傳**有明堂武帝造**前書曰在縣西南四里左傳昭八年大蒐于紅至于商衛紅亭在縣西北杜預曰接宋衛也集解先謙曰前漢縣三國魏因晉志因一統志故城今泰安府泰安縣東北十七

里**博有泰山廟岱山在西北有龜山**左傳定十年齊歸龜陰之田杜預曰田在山北琴操孔子作龜山之操**有龍鄉城**左傳成二年齊圍龍杜預曰在縣西南史記作隆又楚有蜀之役杜預曰縣西北有蜀亭集解馬與龍曰徐防傳防封龍鄉侯郎此先謙曰前漢縣三國魏因晉志因一統志故城今泰安府東南**梁甫**集解惠棟曰一作父服虔云云山在縣東馬與龍曰縣人羊陟見本傳**侯國有菟裘聚**左傳隱公使營菟裘吾將老焉杜預曰縣南有菟裘城集解先謙曰前漢縣三國魏因晉志因作梁父一統志故城今泰安縣南六十里**鉅平**集解馬與龍曰縣人于禁子圭見魏志禁傳**侯國有亭禪山**郎古所禪亭亭者也集解惠棟曰前志作亭亭晉灼云社首山在縣南十二里周成王所禪也**有陽關亭**左傳襄十七年師自陽關桓六年會于成杜預曰縣東南成城郎孟孫之邑集解先謙曰前漢縣三國魏因謝云晉書羊祜傳祜咸熙中封鉅平子晉志因一統志故城今泰安縣西南**嬴**集解馬與龍曰嬴長韓韶見本傳先謙曰前漢縣三國魏因洪云蜀志麋竺傳爲嬴郡太守注載魏武表云泰山郡界曠遠權時之宜可分五縣爲嬴郡蓋嬴縣名也先謙曰前後旋廢也晉志因一統志故城今萊蕪縣西北四十里**有鐵山**集解錢大昕曰山字當連下句山茌縣名也先謙曰前漢縣三國魏因洪云蜀志麋竺傳爲嬴郡太守注載魏武表云泰山郡界曠遠權時之宜可分五縣爲嬴郡蓋**桂**集解惠棟曰前志作茌此與濟北之茌平皆當作茌也先謙曰官本作茌**侯國**集解先謙曰前漢縣作茌通鑑胡注後漢改曰山茌三國魏因洪志作山茌謝云洪氏誤以郡國志山茌連句引明帝紀景初元年泰山茌縣言黃龍見證之今按魏志景初元年春正月壬辰山茌縣言黃龍見無泰字謝引誤晉志因云茌山在東北一統志故城今濟南府長清縣東北**萊蕪**集解惠棟曰十三州記曰之萊柞邑實萊云萊人流播邑落荒無故名馬與龍曰萊蕪長范冉見本傳**有原山**集解惠棟曰酈元云在縣西南六十許里**潘水出**杜預曰汶水出集解惠棟曰潘水無攷或淄水之譌前志作淄先謙曰前漢縣三國魏因謝云劉昫樂史並云縣至晉始廢晉志因一統志晉後省故城今淄川縣東南六十里**蓋**集解馬與龍曰縣人馬英見安帝紀**沂水出**左傳會于防杜預曰在縣東南有防城集解惠棟曰杜預釋例云沂水出縣之艾山南經琅邪東海至下邳入泗蓋音古害反說文洙水出臨樂山北入泗先謙曰前漢縣三國魏因洪志據晉志屬東莞謝引一統志表爲證今按一統志云晉屬東莞則魏應承漢舊也晉志因改屬東莞郡一統志故城今沂州府沂水縣西北**南武陽**集解馬與龍曰縣人[illegible]**侯國有顓臾城**集解惠棟曰杜預曰在縣東北先謙曰前漢縣三國魏因晉志因一統志故城今沂州府費縣西北七十里**南城**集解馬與龍曰縣人巢堪見和帝紀**故屬東海有東陽城**呂氏春秋夏孔甲遊田于東陽萯山左傳哀八年克東陽襄十九年城武城杜預曰南城縣哀十四年司馬牛葬丘輿杜預曰縣西北有輿城集解惠棟曰注司馬牛葬邱輿諸本脫牛字先謙曰前漢縣作南成三國魏因晉志因作南武城一統志故城今費縣西南九十里**費**集解惠棟曰陸德明音祕**侯國**曹騰封費是費亭非此國**故屬東海有祊亭**左傳隱八年鄭歸祊杜預曰在縣東南閔

二年莒人歸共仲及密杜預曰縣有密如亭**有台亭**左傳襄十二年莒圍台杜預曰縣南有台亭集解惠棟曰台敕才反又音臺一音翼之反先謙曰前漢縣三國魏因謝云有西山李典傳從於費西山中要奪之趙一清云即蒙山晉志改屬琅邪郡一統志故城今費縣西北二十里**牟故國**集解惠棟曰桓十五年牟人來朝汶水注汶水出縣西南阜下俗謂之胡盧堆淮南子汶出弗其高誘云山名也或斯曰也俗謂是水爲牟汶先謙曰前漢縣三國魏因洪志[illegible]康後所改[illegible]晉志因作東牟一統志故城今泰安府萊蕪縣東二十里

濟北國和帝永元二年分泰山置臣昭案濟北前漢之舊國此經并泰山復分雒陽東千一百五十里集解惠棟曰前漢是除濟北國爲北安縣屬泰山故志無濟北國一本傳亦云分泰山郡爲國馬與龍曰和帝封皇弟壽爲王建安十一年國除見濟北惠王傳建安十七年立皇子邈爲王見獻帝紀濟北相崔瑗見本傳滕延見侯覽傳鮑信見袁紹傳又郡人顏斐見魏志倉慈傳先謙曰三國魏因謝云陳思王植傳植子志徙封濟北王**五城**集解先謙曰三國魏濟北國領漢舊縣四城成縣闕**戶四萬五千六百八十九口二十三萬五千八百九十七**

盧左傳隱三年齊鄭尋盧之盟杜預曰今縣故城有郕山在縣北成二年封鋭司徒女石窌杜預曰縣東有地名石窌集解惠棟曰晉志縣西有石門馬與龍曰盧令陶謙見魏志謙傳**有平陰城**集解惠棟曰京相璠云在縣西南十里**有防門**左傳襄十八年齊禦

晉平陰壍防門杜預曰在縣北又齊登巫山以望晉師杜預曰在縣東北集解惠棟曰京相璠云去平陰三里有光里集解錢大昕曰光里卽春秋傳廣里也杜預謂防有門於門外作壍橫行廣一里者非是惠棟曰京相璠云在防門北齊人言廣音與光同卽春秋廣里也有景茲山杜預曰在縣東南集解惠棟曰左傳作京茲杜預云在平陰城東南有敖山左傳曰先君獻武廢二山卽敖山具山有清亭左傳哀十一年齊伐晉及清是也集解惠棟曰杜預云在縣東有長城至東海史記蘇代說燕王曰齊有長城鉅防鉅防卽防門集解先謙曰前漢縣屬泰山三國魏因晉志因一統志故城今濟南府長清縣南二十五里虵丘有遂鄉古遂國左傳莊十三年齊人滅遂集解惠棟曰京相璠云在蛇邱東北十里有下讙亭左傳桓三年送姜氏于讙集解惠棟曰鄭元云今俗謂夏暉城讙呼端反有鑄鄉亭周武王未及下車封堯後於鑄左傳有棘地成公三年叔孫僑如所圍杜預曰汶水北地有棘鄉東觀書有芳陘山集解先謙曰前漢縣屬泰山三國魏因晉志因一統志故城今泰安府肥城縣南成集解錢大昕曰前志泰山郡有式縣無成縣本國左傳衞師入郕杜預曰東平剛父縣西南有郕鄉集解惠棟曰案前志泰山有式縣卽成國傳寫誤也又羅革曰郡有剛縣晉為東平國之剛平無剛父馬與龍曰濟水注有東太山成人班孟堅碑建和十年尚書右丞拜沇州刺史又案魏書地形志濟州東濟北郡領肥城前漢屬泰山後漢屬濟北晉罷後復屬治肥城今本志無此縣未詳先謙曰前漢無三國魏闕晉志無一統志故城今兗州府甯陽縣北茬

後漢志二十一　十一

平集解惠棟曰前志作茬音仕疑反說文茬從草在聲濟北縣也孫愐云俗作茌本屬東郡集解先謙曰前漢縣屬東郡作茬三國魏因洪志據晉志屬平原今從一統志承漢舊晉志改屬平原郡一統志故城今東昌府茌平縣西剛左傳哀八年齊取闡杜預曰在縣北有闡鄉集解惠棟曰史記穰侯傳云伐齊取剛壽徐廣云卽濟北剛縣也京相璠云縣西四十里有闡亭闡尺善反馬與龍曰縣人戴宏見吳祐傳戴封見獨行傳先謙曰前漢縣屬泰山三國魏因洪志作剛父屬東平引杜預隱五年左傳注東平剛父縣為證謝云魏志剛公子勤太和五年追封諡卽此洪作剛父非也今按魏志作剛是仍漢舊晉志改曰剛平屬東平郡一統志故城今兗州府甯陽縣東北三十五里

山陽郡故梁景帝分置雒陽東八百一十里集解馬與龍曰建安十七年封皇子懿為王見獻帝紀太守呂羌見范升傳王梁秦彭周榮見本傳劉洪見律歷志單遷見馮緄傳史弼見蔡邕傳注翟超見靈帝紀袁遺見袁紹傳劉景宗見華佗傳注孫禮鄭渾見魏志本傳薛勤見王粲傳注都尉壺嘉見范康傳督郵張儉見黨錮傳張苞滿寵見魏志寵傳上計吏度尚見本傳又郡人曹竟子訓見馮異傳張峻見清河孝王傳張康見趙岐傳王成見周黨傳先謙曰三國魏因十城集解先謙曰三國魏山陽郡領漢舊縣九城防東闞洪志魏山陽郡領縣七盋據晉志高平國統縣七案晉志云高平國晉初分山陽置則知魏承漢舊洪說非戶十萬九千八百九十八口六十萬六千九十一

昌邑集解馬與龍曰昌邑令王密見楊震傳又縣人滿寵子偉涼茂見魏志本傳刺史治集解馬與龍曰刺史趙永李恂張禹王渙第五種楊秉見本傳鮑就見天文志韋顥見皇甫規傳郭遵見周舉傳橋瑁見袁紹傳劉岱見臧洪傳金尚見呂布傳楊叔恭薛季像班孟堅見濟水注從事翁羽見第五種傳孫光馮巡秦閏主簿華操見濟水注州吏萬潛見魏志武紀別駕王彧見程昱傳有梁丘城左傳莊三十二年遇于梁丘杜預曰梁丘在昌邑縣西南有甲父亭杜預曰甲父古國名在縣東南左傳隱十年取防杜預曰縣西有防城集解惠棟曰昭十六年徐人賂齊以甲父之鼎又注曰縣西南有防城諸本脫南字案本傳劉永將佼彊據馬與龍曰任隗傳隗子屯永元中徙封西陽侯注西陽縣屬山陽郡案前志山陽有西陽縣疑卽西防之譌也先謙曰前漢縣三國魏因洪云侯國滿寵封此晉志改屬高平一統志故城今濟甯州金鄉縣西北四十里東緡集解惠棟曰十三州志緡衍云余登東緡以望宋都緡音旻司馬貞云小顏音昬非也杜預云在昌邑東南陸氏音亡巾反馬與龍曰光武封馮彰為侯見馮異傳東緡令徐宣見魏志宣傳又縣人司馬苞見安帝紀丁恭見儒林傳司馬登見水經濟水注春秋時曰緡左傳僖二十三年齊圍緡集解先謙曰前漢縣屬山陽三國魏因晉志省紀要晉省入金鄉一統志故城今金鄉縣東北二十里鉅野左傳杜預曰縣西有咸亭集解惠棟曰尚書大傳鉅野鄭元云咸鉅大也野西一作南馬與龍曰縣人李典子楨見魏志典傳有大野澤春秋西狩獲麟之所爾雅十藪魯有大野杜預曰縣西南

後漢志二十一　十二

有郥亭定十三年齊伐晉之所集解惠棟曰郥古聞字先謙曰前漢縣作鉅壄三國魏因謝云濟水注何承天云鉅野湖澤廣大南通洙泗北連清濟舊縣故城正在澤中晉志改屬高平一統志故城今曹州府鉅野縣南高平集解惠棟曰鄭元云有高平山縣取名焉馬與龍曰高平令滿寵見魏志寵傳又縣人王龔子暢孫謙曾孫粲見龔傳劉表子琦琮修見陳思王傳注張儉仲長統見本傳郗慮見孔融傳李剛見濟水注伊籍見蜀志籍傳侯國故櫜章帝更名前漢志王莽改曰高平章帝復莽此號左傳隱九年費伯城郎杜預曰縣東南有郁郎亭集解惠棟曰前志作櫜州郡志作櫜案東平王傳亦作櫜有茅鄉城杜預曰茅鄉在昌邑西南集解惠棟曰京相璠云縣西三十里先謙曰前漢縣三國魏因置國以縣屬一統志故城今兗州府鄒縣西南湖陸集解馬與龍曰湖陸令張學見楊故湖陵章帝更名前漢志王莽改曰湖陸章帝復其號博物記曰荀水出地道記縣西有費亭城魏武帝初所封集解齊召南曰案前書湖陵莽曰湖陸也惠棟曰郭展云元和元年改舊至章帝又改湖陵為湖陸也光武中興郡縣名皆復其云案費亭乃曹騰故封注誤引地道記馬與龍曰案魏志建安元年天子拜太祖建德將軍遷鎮東將軍封費亭侯不云紹封知別一費亭且騰封費亭已見鄭縣注何說非是先謙曰前漢縣三國魏因謝云呂虔將家兵守湖陸見虔傳晉志改屬高平一統志故城今甯州魚臺縣東南六十里南平陽集解惠棟曰宋書紀年梁惠王二十九年齊田肹及宋人伐我東鄙圍平陽案

河東有平陽故加南**侯國有漆亭**左傳城漆**有閭丘亭**左傳襄二十一年邾庶其以漆閭丘來奔杜預曰縣東北有漆鄉西北有顯閭亭哀七年因邾子負瑕杜預曰縣西北有瑕丘城集解惠棟曰鄺元云在漆鄉東北十里閭力於反又注哀七年因邾子負瑕當注瑕邱下先謙曰前漢縣三國魏因晉志改屬高平一統志故城今兗州府鄒縣治

方與集解惠棟曰晉灼音房豫**有武唐亭**左傳桓二年盟于唐杜預曰在西南集解惠棟曰今左傳注云在縣北**魯侯觀魚臺**春秋經隱五年矢魚于棠集解惠棟曰鄺元云臺高二丈許在城北十里**有泥母亭或曰古甯母**左傳僖七年盟甯母杜預曰在縣東三十一年臧文仲宿重館杜預曰縣西北有重鄉城集解錢大昕曰泥甯聲相近惠棟曰杜預云泥讀如甯注重館重直龍反先謙曰前漢縣三國魏因晉志改屬高平一統志故城今濟甯州魚臺縣北

瑕丘集解惠棟曰有檀鄉董次仲所據鄺元曰春秋之負瑕也鄭元皇甫謐並言衞地馬與龍曰瑕邱令鍾離意見本傳李善續隱瑕邱界中見善傳又縣人檀敷見本傳先謙曰前漢縣三國魏因晉志省輿地廣記晉省入南平陽一統志故城今兗州府滋陽縣西二十五里

金鄉晉地道記曰縣多山所治名金山山北有鑿石爲冢深十餘丈隧長三十丈傍卻入爲室三方云得白兔不葬更葬南山鑿而得金故曰金山故冢今在或云漢昌邑所作或云秦時集解惠棟曰注故冢卽司隸校尉魯峻冢也見濟水注及隸釋馬與龍曰縣人范式見獨行傳先謙曰官本注室作堂前漢無三國魏因謝云魏略何晏尙魏武女金鄉公主卽此晉志改屬高平一統志故城

今濟甯州金鄉縣治

防東集解馬與龍曰縣人侯參侯覽見覽傳先謙曰前漢無三國魏闕晉志無一統志故城今金鄉縣西南

濟陰郡故梁景帝分置雒陽東八百里集解馬與龍曰明帝封皇子長爲王國旋除安帝廢皇太子保爲王卽順帝建安十七年立皇子熙爲王見本紀濟陰相盧毓見魏志毓傳太守劉育見劉平傳來苗見西羌傳胡廣杜根見本傳汜宮見杜喬傳單匡見第五種傳劉邵見蔡邕傳夏侯惇見呂布傳吳資見魏志武紀沐並見常林傳注程昱見昱傳虞昺見吳志虞翻傳文學魏應見本傳丞劉平見本傳又郡人王思見魏志梁習傳吳質見王粲傳馬普見吳志孫瑜傳先謙曰三國魏因吳云黃初中彭城王據徙封此後改封定陶**十一城**集解先謙曰三國魏濟陰郡領漢舊縣九城鄄城廩邱改屬東郡三家同**戶十三萬三千七百一十五口六十五萬七千五百五十四**

定陶集解惠棟曰徐廣作定陰案劉向七略云古文或誤以典爲與以陶爲陰如此類多是也王劭云有魏冉冢馬與龍曰更始封祉爲王見劉玄傳又縣人張馴見儒林傳董昭弟訪昭子冑見魏志昭傳**本曹國**郭璞曰城中有陶丘皇覽曰伯樂冢縣東南一里所高四五丈集解惠棟曰杜預釋例世族譜云曹姬姓文王子叔振鐸之後也武王封之陶邱今濟陰定陶是也**古陶堯所居**帝王世紀曰舜陶河濱縣西南陶丘亭是集解惠棟曰說文陶邱在濟陰有堯城堯嘗所居故堯號陶唐氏陶邱亭墨子以爲釜邱也**有三鬷亭**湯伐三鬷孔安國曰今定陶集解先謙曰前漢縣三國魏因謝云晉書宗室傳司馬幹咸熙中封定陶伯卽此吳云魏志黃初中濟陰王據改封此太和六年徙封彭城晉志屬濟陽郡案晉志濟陽當卽濟陰之譌一統志故城今曹州府定陶縣西北四里

冤句集解惠棟曰小顏音劬馬與龍曰虞放封冤句呂都亭侯見桓帝紀注**有煮棗城**史記蘇秦說魏襄王曰大王之地東有淮潁煮棗集解惠棟曰前書樊噲傳從攻項籍屠煮棗晉灼云地理志今淸河有煮棗地功臣表有煮棗侯小顏云既云攻項籍居煮棗則其地當在大河之南非淸河之城但未詳其處耳姚寬案冤句有煮棗城此正在大河之南也先謙曰前漢縣三國魏因謝云晉書山濤傳濤父曜魏冤句令卽此晉志屬濟陽郡作宛句一統志故城今荷澤縣西南

成陽集解惠棟曰帝王世紀堯葬縣西北四十里是爲穀林高誘呂覽注云成易山下有穀林堯所葬也郭緣生述征記云城陽縣城南六里堯母慶都墓廟前一池魚頭間有印文謂之印頭魚非告祠者捕不得馬與龍曰成陽令管遵見水經瓠子河注**有堯冢靈臺有雷澤**禹貢曰雷夏既澤帝王世紀曰舜耕歷山漁雷澤濟陰有歷山集解先謙曰前漢縣三國魏因三家說同晉志屬濟陽郡成作城一統志故城今濮州東南與曹州接界

乘氏集解馬與龍曰乘氏令梁習見魏志習傳又縣人李乾子整見魏志李典傳**侯國**博物記曰古乘丘集解錢大昕曰梁竦子雍所封**有泗水**集解惠棟曰鄺元云未詳**有鹿城鄉**集解惠棟曰鄺元云春秋之鹿上也杜預以鹿上爲河陰原鹿縣非也先謙曰前漢縣三國魏因吳云魏志梁

陵王茂黃初三年封乘氏公七年徙封中邱晉志屬濟陽郡一統志故城今鉅野縣界

句陽集解惠棟曰句古侯反馬與龍曰縣人魏霸見本傳**有垂亭**左傳隱八年遇于垂史記無忌說魏安僖王曰文臺隳垂都焚徐廣曰縣有垂亭集解惠棟曰京相璠云句陽縣小城陽東五里有故垂亭先謙曰前漢縣三國魏因吳云魏志范陽王敏黃初五年封此太和六年改封琅邪一統志故城今荷澤縣北句陽店

鄄城集解惠棟曰鄄衞邑從邑垔聲案漢隸字源鄄亦作甄古字通也春秋莊十四年單伯會齊侯于鄄杜預云今甄城荀彧袁紹傳皆作甄注云今濮州縣音絹孫楯曰後漢獻帝兗州刺史治此陸氏曰或音眞馬與龍曰與平中曹操領兗州牧治鄄城見魏志刺史司馬朗裴潛見魏志傳從事薛悌見程昱傳毛玠呂虔見魏志傳別駕畢諶見魏志鄄城令荀彧見本傳先謙曰前漢縣三國魏因改屬東郡吳云黃初三年鄄城侯植進王爵四年徙封雍邱七年譙王林徙封此太和六年林改封沛王謝云有陽里亭賈逵傳封陽里亭侯濟水注作羊里晉志改屬濮陽國一統志故城今濮州東二十里

離狐故屬東郡集解先謙曰前漢縣三國魏因洪云魏志李典傳典遷離狐太守據此魏曾升作郡後旋廢耳晉志屬濟陽郡一統志故城今大名府東明縣東南

廩丘集解馬與龍曰魏兗州自鄄城移治廩邱見寰宇記刺史夏侯威見魏志夏侯淵傳李翼見夏侯尙傳桓範見曹爽傳注令狐愚見倉慈傳注州泰見諸葛誕傳王昶見昶傳王凌黃華見凌傳鄧艾見艾傳吳志朱然傳然領兗州牧後以兗州在蜀分解牧職蜀志鄧芝宗預胡濟均領兗州牧廩邱令溫恢見魏志恢傳又縣人王觀子悝見觀傳

故屬東郡有高魚城有運城左傳襄二十六年齊烏餘以廩丘奔晉杜預曰今縣故城是又襲衛羊角取之杜預曰今縣所治城又襲我高魚杜預曰在縣東北〔集解〕惠棟曰春秋傳成十六年公自沙隨還待于鄆京相璠曰公羊傳作運字故城在今縣東八十里先謙曰前漢縣三國魏改屬東郡晉志改屬濮陽國一統志故城今范縣東南**單父**〔集解〕馬與龍曰單父令楊彥見睢水注**侯國**〔集解〕錢大昕曰初封劉茂後封梁竦子翟**故屬山陽**〔集解〕先謙曰前漢縣三國魏因吳云下邳王宇改封此太和六年改封燕王見魏志晉志屬濟陽郡一統志故城今單縣南一里

成武〔集解〕馬與龍曰光武封劉順為侯見成武孝侯傳獻帝封劉表為侯見表傳成武令袁良見袁安傳又縣人孫期見儒林傳**故屬山陽**左傳隱七年戎執凡伯于楚丘杜預曰在縣西南〔集解〕洪亮吉曰案此即商邱成武金日磾所封地成武本屬山陽中興後始移屬濟陰前志功臣表秺侯下郎云屬濟陰誤也**有郜城**左傳隱十年取郜杜預曰縣東南有郜城地道記有秺城〔集解〕惠棟曰呂忱字林郜音工竺反又注縣東有北郜城今本皆脫北字十三州志云俗謂之北郜酈元引郡國志云成武有楚邱亭案注當脫楚邱亭三字先謙曰前漢縣三國魏因謝云彭城王據子範奉曹整後黃初四年徙封成武侯太和三年進爵為公無後見魏志晉志屬濟陽國一統志故城今成武縣治

己氏故屬梁皇覽曰有平和鄉鄉有伊尹冢〔集解〕惠棟曰皇覽作平利先謙曰前漢縣三國魏因謝云宛侯據子琮奉曹沖後黃初四年封己氏公改封平陽見魏志晉志屬濟陽郡一統志故城今曹縣東南

右兗州刺史部郡國八縣邑公侯國八十〔集解〕先謙曰三國魏兗州刺史部得漢舊郡國陳留東郡東平任城泰山濟北山陽濟陰為郡國八縣邑侯國七十二[illegible]

東海郡高帝置雒陽東千五百里〔集解〕錢大昕曰案光武封子彊為東海王傳國最久中間無改國為郡之事案此郡字當為國之訛洪頤煊曰錢說誤辨見前魯國下馬與龍曰東海終東京世無太守國都在魯故此稱郡東海傳相鮑永見本傳郭竟為見郭后紀案傳相並在彊未都魯以前建安十七年封皇子敦為東海王見獻帝紀東海太守徐璆見魏志建安十三年注蓋自獻帝都許以後東海郡遂不屬魯矣留略領東海太守見吳志孫亮傳包咸任東海講授見本傳又郡人陳耽見靈帝紀陳敦見謝弼傳衛宏見儒林傳繆裴子襲孫悅曾孫紹播徵育見魏志劉劭傳注先謙曰三國魏因謝云魏志東海定王霖太和六年自館陶改封東海以郡為國**十三城**〔集解〕先謙曰三國魏東海國領漢舊縣十二城贛榆省見沈志洪志魏東海國領縣十一皆據晉志謝氏據寰宇記補陰平縣又據前志東海郡有都陽武陽二縣魏志曹洪傳封都陽侯少帝紀注廢齊王奏有大將軍武陽侯師蓋二縣曹魏復立補入為十四縣案後漢時多以廢縣為封地曹魏當復同之都陽武陽別無所證未可竟謂魏立此縣也**戶十四萬八千七百八十四口七十萬六千四百一十六**

剡〔集解〕先謙曰官本作郯是馬與龍曰縣人劉嘉子舒孫虞曾孫和見虞傳王朗子肅孫惲恂朗兄子詳見魏志朗傳**本國刺史治**博物記曰有勇王亭郎勇士萬匹欣〔集解〕馬與龍曰徐州刺史王景楊秉見本傳蓋豫見周防傳劉福見楊倫傳應志見順帝紀州吏童恢見本傳從事臧旻見第五種傳先謙曰官本萬作萬是王乃士之誤前漢縣三國魏因洪云魏志建安十一年割東莞之襄賁郯戚以益琅邪國二十一年國除縣蓋復舊謝云有高貴鄉見少帝紀晉志因郯安邑云故城今沂州府郯城縣西南三十里在沂沭二水之間

蘭陵〔集解〕馬與龍曰蘭陵令朱儁見本傳又縣人王良見本傳毋將永見儒林傳**有次室亭**地道記曰故魯次室邑列女傳有漆室之女或作次室〔集解〕先謙曰前漢縣三國魏因洪云侯國王朗封此見朗傳謝云寰宇記晉惠帝分東海之蘭陵承戚合城昌慮五縣置蘭陵郡是未分之日魏時並屬東海也承晉志因一統志故城今兗州府嶧縣東五十里

戚〔集解〕惠棟曰包愷音如字李登聲類音于竺反先謙曰前漢縣三國魏因晉志因一統志故城今滕縣南七十里

朐山海經曰都州在海中一曰郁州郭璞曰在縣界世俗傳此山在蒼梧徙來上皆有南方樹木博物記縣東北海邊植石秦所立之東門〔集解〕馬與龍曰縣人麋竺弟芳竺子威孫照見蜀志竺傳**有鐵有伊盧鄉**史記曰鍾離昧冢在伊盧〔集解〕惠棟曰史記作盧韋昭曰今盧中縣先謙曰前漢縣三國魏因晉志因一統志故城今海州南

襄賁〔集解〕惠棟曰魯連子云陸子謂齊湣王曰魯費之眾城甲舍於襄賁音肥馬與龍曰獻帝封劉虞為侯見虞傳襄賁令祭肜見肜傳先謙曰前漢縣三國魏因謝云晉書河間王洪傳洪仕魏封襄賁男即此縣晉志因一統志故城今沂州府蘭山縣西南百二十里

昌慮〔集解〕惠棟曰音盧**有藍**

鄉左傳昭三十一年邾黑肱以濫來奔杜預曰縣所治城東北有郳城郳小邾國也〔集解〕先謙曰前漢縣三國魏因洪云魏志建安三年置昌慮郡十一年省謝云省昌慮郡并東海見魏氏春秋晉志昌慮因一統志故城今兗州府滕縣東南六十里

承〔集解〕馬與龍曰魏志王肅傳咸熙中開建五等封肅子惲為承子先謙曰應劭音證徐松云承縣以承水得名作承者誤前漢縣三國魏因晉志因一統志作承故城今嶧縣西北一里

陰平〔集解〕馬與龍曰陰平長袁安見本傳先謙曰前漢縣三國魏因謝云通鑑初平四年陶謙別攻陰平寰宇記晉武帝封魯芝為陰平侯即此一統志晉省案此縣當在封魯芝後是魏時有此縣晉志省一統志故城今海州沭陽縣西北

利城〔集解〕馬與龍曰利城太守吳敦見魏志臧霸傳先謙曰前漢縣作利成三國魏因洪云魏志建安三年置利城郡黃初六年利城郡兵蔡方等以郡反殺太守徐質此後不復見疑因方反郡遂廢也謝云晉志有利城縣無利城郡紀要云郡魏廢晉志因一統志故城今贛榆縣西

合城鄒水自北南至湖陸〔集解〕錢大昕曰前志有合鄉無合城晉書地理志東海亦祇有合鄉縣此城字必鄉之訛惠棟曰案前志及泗水注皆作合鄉又注鄒水杜預云出合鄉縣西南經魯國至湖陸縣入泗徐邈音郭字林音口郭口獲二反馬與龍曰泗水注鄒水出東海合鄉縣漢安帝永初七年封馬光子朗為侯國亦見馬防傳先謙曰即論語所謂互鄉見元和志前漢縣作合鄉三國魏因[illegible]晉志因作合鄉一統志故城今兗州府滕縣東

祝其有羽山殛鯀之山杜預曰在縣西南博物記曰東北獨居山西南有淵水即羽泉也俗謂此山謂懲父山〔集解〕先謙曰注下謂官

本作爲春秋時曰祝其夾谷地左傳定十年會齊侯夾谷孔子相集解惠棟曰服虔左傳解誼云夾谷東
海祝其縣地二名顧炎武曰夾谷在畄州縣西南三十里非東海之祝其也先謙曰前漢縣三國魏因延隊晉志因一統志故城今
海州贛榆縣南厚丘左傳成九年城中城杜預曰在縣西南有中鄉城集解先謙曰前漢縣三國魏因寰宇記厚邱宋省晉志
因一統志故城今沭陽縣西北四十里贛榆集解惠棟曰贛音紺陸氏音古弄反如淦音耿弇反本屬琅邪建
初五年復左傳齊伐莒莒子奔紀鄣杜預曰縣東北有紀城地道記曰海中去岸百九十步有秦始皇碑長一丈八尺廣
五尺厚八尺三寸一行十三字潮水至加其上三丈去則三尺見也集解先謙曰前漢縣三國魏省晉太康元年復置覩沈寰宇記
晉移縣治艾不城晉志因一統志漢舊縣城今贛榆縣東北
琅邪國秦置建武中省城陽國以其縣屬案本紀永壽元年置都尉治雒陽東一千五百里集解齊召南曰案此注不明郡
與國亦略有別秦置琅邪郡前漢因之光武改爲國省城陽國來屬此其始末也秦置之下當有郡字馬與龍曰光武封皇子京爲
王傳至建安末國除見琅邪孝王傳琅邪相陰德見朱儁傳何英見魏志高柔傳注臧霸見霸傳太守陳俊見光武紀李章見本傳
王閎見左雄傳慶鴻見廉范傳孫康見魏志臧霸傳孫禮見禮傳單子春見管輅傳都尉徐淑見左雄傳督郵伏隆見伏湛傳吏童
恢見本傳逢萌居琅邪見本傳又郡人劉猛見桓彬傳王望見劉平傳魏譚見趙孝傳徐業見儒林傳趙彥見方術傳趙昱見陶謙

傳劉勳見袁術傳先謙曰三國魏因謝云魏志樊安公子敏奉范陽王矩後太和六年改封琅邪王以郡爲國晉書解系傳系父修
魏琅邪太守蓋在太和六年前十三城集解先謙曰三國魏琅邪國領漢舊縣九城琅邪省東武莒姑幕改屬城陽郡洪志
魏琅邪領縣皆據晉志惟以東安屬東莞案東莞東安漢末置郡旋廢郡還屬說見縣下晉志琅邪郡有華費蒙陰華費二縣應屬
泰山說見泰山郡下蒙陰前漢縣中興省洪據晉志屬琅邪謝氏引一統志證之今案一統志蒙陰晉復置謝引爲誤吳表屬東莞
據左傳莊九年杜注東莞蒙陰縣然杜注在晉初也吳又據沈志引太康志以北海之安邱劇來屬皆晉制今不從戶二萬
八百四口五十七萬九百六十七開陽杜預曰古鄅左傳哀三年城啟陽杜預曰開陽
集解惠棟曰本傳建初六年詔割即邱廣平亭屬開陽故屬東海建初五年屬集解先謙曰前漢縣三國
魏因洪云侯國謝云臧霸封此後徙封良城見霸傳卞皇后弟秉黃初七年封此秉開陽人見后妃傳晉志因一統志故城今沂州
府蘭山縣北東武集解馬與龍曰縣人伏湛子隆咸孫援見湛傳伏壽伏黯子恭見恭傳先謙曰前漢縣三國魏因改屬城
陽爲郡治見寰宇記洪云侯國謝云王基封此見基傳鄧艾嘉平中爲城陽太守見艾傳晉志屬城陽郡一統志故城今靑州府諸
城縣治琅邪山海經云有琅邪臺在勃海間琅邪之東郭璞曰琅邪臨海邊有山嶕嶢特起狀如高臺此即琅邪臺齊景公
曰吾循海而南放乎琅邪越絕曰句踐徙琅邪起觀臺臺周七里以望東海史記曰秦始皇徙黔首三萬戶琅邪臺下傳有勞山集

解惠棟曰說文濰水出箕東山東入海徐州浸先謙曰前漢縣三國魏省入東武見元和志晉志無一統志故城今諸城縣東南一
百五十里琅邪山下東枕大海東莞集解惠棟曰音官馬與龍曰縣人徐奕族子統見魏志奕傳有鄆亭左傳曰公
處鄆集解惠棟曰史記鄆誕生本作鄆司馬貞云當作鄆字變耳春秋傳文十三年城諸及鄆杜預曰姑幕縣南有員亭鄆音運員
音云有邳鄉集解惠棟曰邳蒲悲反有公來山或曰古浮來左傳隱八年盟浮來杜預曰邳來山
之間號曰邳來莊九年鮑叔受管仲及堂阜而脫之杜預曰東莞蒙陰縣西北有夷吾亭或曰鮑叔解夷吾縛於此因以爲名郎古
堂阜也東莞後爲名集解官本考證曰案杜預注原文云邳鄉西有公來山號曰邳來間惠棟曰杜預云縣北有邳鄉西有公來山
號曰邳來間間如字又注東莞後爲郡諸本皆誤爲名先謙曰前漢縣漢末置郡三國魏末廢郡還屬琅邪洪志魏東莞郡領縣七
蓋據晉志吳表魏東莞郡領縣五蓋據太康志左傳杜注謝云魏志臧霸傳太祖以霸爲琅邪相吳敦利成尹禮東莞孫觀北海孫
康城陽太守事亦見武紀是東莞與城陽等郡同爲建安三年所立胡質張既並爲東莞太守魏略張既子緝太和中爲東莞太守
晉書司馬晃爲東莞太守亦在魏代[illegible]敘沈志謂太始元年分琅邪立水經注謂曹魏黃初中立晉志謂
太康元年立三者皆誤案據魏志東莞郡自建安初訖魏太和時尙未廢然魏末必曾廢郡故沈志晉志均謂晉立非誤也通鑑胡
注魏既分而復合於琅邪晉又分置說與魏氏春秋亦合今從之晉志改屬東莞郡一統志故城今沂州府沂水縣治西海

東觀書曰有勝山博物記太公呂望所出今有東呂鄉又釣于棘津其浦今存集解錢大昕曰前志無西海蓋海曲之譌劉盆子傳
琅邪海曲有呂母注海曲縣名故城在密州莒縣東惠棟曰何焯云疑海曲之譌先謙曰前漢無三國魏因晉志省一統志晉省縣
入莒故城今日照縣西諸左傳莊二十九年城諸杜預曰諸縣在城陽郡又隱四年莒人伐杞取牟婁杜預曰郡東北有婁鄉
集解先謙曰官本注郡作縣是前漢縣三國魏因謝云魏屬琅邪晉志改屬城陽一統志故城今靑州府諸城縣西南三十里莒
集解馬與龍曰建武二年封舂陵侯敞子祉爲城陽王十一年祉薨見城陽恭王傳案城陽治莒十五年封皇子京爲琅邪公十七
年進爵爲王京都莒永平中從宮開陽見琅邪孝王傳琅邪相李子春見趙憙傳張宗見本傳案建武時相在莒莒長趙昱見魏志
臧洪傳令劉陽見王朗傳注又縣人徐盛子楷見吳志本傳本國集解惠棟曰世本云莒己姓杜預釋例譜云莒嬴姓少昊
之後周武王封茲與于莒初都許後徙莒今城陽莒縣是也故屬城陽左傳成八年申公巫臣會渠丘公杜預曰縣有
蘧丘里集解惠棟曰本傳有城陽景王祠有鐵有崢嶸谷集解惠棟曰說文作崝嶸徐鍇云俗作崢非先謙曰前漢
縣三國魏因改屬城陽見寰宇記謝云吳志徐盛琅邪莒人據此魏莒縣當屬琅邪孟容云徐盛傳係仍建安三年前舊稱也通鑑
胡注魏城陽郡治莒晉志屬城陽郡一統志故城今沂州府莒州治東安故屬城陽集解先謙曰前漢縣漢末置郡
三國魏末廢郡還屬琅邪見一統志洪云魏志建安四年魏武使臧霸入靑州破齊北海東安杜畿傳注郭智爲東安太守蓋漢末

置郡旋省吳云曹植傳注劉修官至東安太守東安置郡史無明文武紀建安十九年省安東永陽郡安東蓋東安之訛馬與龍云建安十九年因夏侯淵破羌胡省安東永陽郡地當在涼州與此東安無涉吳說非謝云沈志晉惠帝分東莞爲東安郡胡三省云蓋魏既分而又省并既省并而晉又分屬東莞又自東莞分爲郡也晉書趙王倫傳咸熙中五等建倫封東安子即此案胡三省說甚明惟東安立郡在建安中胡云魏分徵誤晉志因一統志故城今沂水縣南

陽都【集解】惠棟曰史記有陽都敬侯丁復司馬貞以爲漢志闕者蓋失考耳馬與龍曰光武封伏湛爲侯後徙封不其獻帝封劉邈爲侯見琅邪孝王傳又縣人諸葛豐諸葛誕見魏志誕傳諸葛玄諸葛珪子瑾亮均亮子瞻孫尙京瑾子喬孫攀見蜀志亮傳瑾子恪融見吳志瑾傳**故屬城陽**。**有牟臺**左傳宣元年會于平州杜預曰在縣西【集解】官本考證曰牟當作平惠棟曰春秋傳宣九年取根牟杜預云根牟東夷國也縣東南有牟鄉先謙曰前漢縣三國魏因晉志因一統志故城今沂水縣南

臨沂故屬東海【集解】惠棟曰建初五年屬**有叢亭**左傳隱六年盟于艾杜預曰縣東南有艾山七年城中丘杜預曰縣東北有中丘亭博物記曰縣東界次睢有大叢社民謂之食人社即次睢之社【集解】惠棟曰案杜氏注云泰山牟縣東南有艾山不云在臨沂未詳先謙曰前漢縣三國魏因晉志因一統志故城今蘭山縣北

即丘【集解】馬與龍曰即邱長吳良臧洪見本傳**侯國故屬東海**【集解】錢大昕曰案永平中吳良左轉爲即邱長是明帝時猶未爲侯國也**春秋曰祝丘**【集解】惠棟曰闞駰曰即祝魯之音一字承讀變先謙曰前漢縣三國魏因晉志因一統志故城今蘭山縣東南

繒【集解】惠棟曰春秋傳僖十四年鄫子來朝杜預云今鄫縣陸氏云本或作繒似綾反馬與龍曰繒令公沙穆見本傳**侯國故屬東海**【集解】錢大昕曰劉敞所封敞東海恭王之後故志云故屬東海**有概亭**左傳莊九年盟于蔇杜預曰在縣北【集解】惠棟曰蔇音其器反先謙曰前漢縣三國魏因晉志因一統志故城今兗州府嶧縣東八十里

姑幕左傳昭五年莒牟夷以牟婁及防茲來奔杜預曰縣東北有茲亭博物記曰淮水入城東南五里有公冶長墓【集解】惠棟曰前志云或曰薄姑幕音莫馬與龍曰縣人承宮子壘見宮傳童仲玉子恢翊見恢傳徐子盛見承宮傳先謙曰前漢縣三國魏因改屬城陽郡晉志屬城陽一統志故城今青州府諸城縣西南三十里

彭城國高帝置爲楚章帝改雒陽東千二百二十里【集解】錢大昕曰案袁安傳永平十三年楚王英謀爲逆事下郡覆考明年三府舉安能治劇拜楚郡太守然則國除之後本爲楚郡至肅宗遺詔徙封六安王恭爲彭城王乃更爲彭城國也惠棟曰注章帝改章和二年改也馬與龍曰光武封皇子英爲楚王永平十三年國除章帝建初二年封英子种爲楚侯後徙封六侯見楚王傳章和二年六安王恭徙封彭城王傳至祇魏受禪以爲崇德侯見楚太僕江革見本傳楚相令狐子伯見列女傳彭城相張晧趙牧見彭城靖王傳史弼見本傳袁賀見袁閎傳汲廉見朱雋傳劉艾見董卓傳注薛禮見吳志孫策傳注麋芳見蜀志麋竺傳溫恢見魏志恢傳朱桓饁見吳志桓傳楚郡太守孫萌見劉平傳袁安見本傳宗湛見楊厚傳彭城太守文穆見陰溝水注陳矯見魏志矯傳又郡人蔡款子條機見吳志張昭傳先謙曰三國魏因謝云彭城王據傳太和六年據由定陶改封此以郡爲國**八城**【集解】先謙曰三國魏彭城國領漢舊縣七城廣戚移屬沛國**戶八萬六千一百七十口四十九萬三千二十七**

彭城古大彭邑北征記城西二十里有山山有楚元王墓伏滔北征記曰城北六里有山臨泗有宋桓魋石椁皆青石隱起龜龍麟鳳之象【集解】馬與龍曰彭城令楊統見楊厚傳魏朗見本傳又縣人劉紆子般孫愷憲曾孫茂紆弟平見般傳樊阿見華佗傳呂虔見陰溝水注**有鐵**【集解】先謙曰前漢縣屬楚三國魏因洪云有呂布城見地形志有曹公城見元和志晉志因一統志故城今徐州府治

武原【集解】馬與龍曰桓帝封徐璜爲侯見單超傳武原令蘇章見本傳又縣人劉授見楊震傳先謙曰前漢縣屬楚三國魏因晉志因一統志故城今邳州西北

傳陽有柤水左傳襄十年滅偪陽杜預曰即此縣也【集解】惠棟曰左傳一作柤京相璠云縣西北有柤水溝去偪陽八十里先謙曰左傳襄十年遂伐偪陽穀梁作傳陽前漢縣屬楚三國魏因晉志因一統志故城今兗州府嶧縣南五十里

呂【集解】惠棟曰春秋傳襄元年鄭侵宋呂畱高誘云呂梁在彭城呂縣大石在水中禹決而通之號曰呂梁馬與龍曰左傳襄元年杜預注呂畱二縣今屬彭城郡先謙曰前漢縣屬楚三國魏因晉志因一統志故城今徐州府銅山縣北

畱西征記曰城中有張良廟【集解】先謙曰前漢縣屬楚三國魏因晉志因一統志故城今沛縣東南

梧【集解】先謙曰前漢縣三國魏因晉志因地闕李兆洛云當在今徐州府境

菑丘【集解】馬與龍曰光武封劉般爲侯見般傳菑邱長劉平見本傳王朗見魏志朗傳先謙曰前漢縣屬楚三國魏因晉志省一統志故城今鳳陽府宿州東北六十里

廣戚【集解】馬與龍曰縣人姜肱弟仲海季江見肱傳**故屬沛國**【集解】惠棟曰國字衍前志爲沛郡也先謙曰前漢縣三國魏改屬沛國見魏志明紀謝云于禁傳禁將兵詣徐州攻廣戚拔之李典傳攻廣戚拔之考徐州諸郡無廣威縣即廣戚之訛晉志改屬彭城國一統志故城今徐州府沛縣東

廣陵郡景帝置爲江都武帝更名建武中省泗水國以其縣屬雒陽東一千六百四十里【集解】惠棟曰沈約云海陵縣前漢屬臨淮後漢屬廣陵今廣陵十一城無海陵縣未詳馬與龍曰吳志呂岱廣陵海陵人蓋漢末復立縣三國時廢也明帝徙封母弟荊爲廣陵王後封荊子元壽爲侯見廣陵思王傳太守橋基見橋玄傳馬棱見棱傳張綱見順帝紀陸稠見陸續傳王喜見質帝紀荀曇見荀淑傳張超見臧洪傳趙昱見陶謙傳吳景見吳志妃嬪傳袁綏見陸琩傳注府丞謝弼見本傳又郡人陳琳見魏志王粲傳范慎見吳志孫登傳衛旌見步騭傳先謙曰三國吳魏分據漢郡廢魏廣陵徙治淮陰見通鑑胡注馬與龍云建安中魏武以陳登爲廣陵太守治射陽後徙東城太守見魏志陳登傳吳志孫策傳注建安末吳主權以孫韶爲廣陵太守治京城見吳志韶傳五鳳二年以吳穰爲廣陵太守使衛尉馮朝城廣陵功竟不就見孫亮孫峻傳案此則吳徙置廣陵郡治京城也先謙曰三國魏割置廣陵郡領漢舊縣淩海西入下邳之淮陰淮浦爲四城吳割置廣陵郡領漢舊縣堂邑輿二縣地餘縣廢洪志**十一城**【集解】

廣陵郡魏領縣九吳云洪志所錄之廣陵仍漢舊郡屬縣又多據晉志而廣陵江都等廢縣三少帝時地均入吳亦復錄入似於兩國疆域亦未分明謝云魏僅有淮北之淩海西淮陰淮浦凡四縣案吳志孫韶傳韶爲邊將數十年青徐汝沛頗來歸附淮南濱江屯候皆徹兵遠徙徐泗江淮之地不居者各數百里此廢縣之實吳謝說並是**戶八萬三千九百七口四十一萬百九十**

廣陵吳王濞所都城周十四里半集解馬與龍曰廣陵令趙苞見本傳又縣人劉辯劉瑜子琬見瑜傳吳普見華佗傳徐璆見魏志武紀注秦松陳端張紘子玄靖孫尙見吳志紘傳劉穎弟略見嚴畯傳袁綏子迪曾孫曄見陸瑁傳徐彪見張溫傳**有東陵亭**博物記曰女子杜姜左道通神縣以爲妖閉獄桎梏卒變形莫知所極以狀上因以其處爲廟祠號曰東陵聖母集解先謙曰前漢縣三國廢見沈志黃初六年文帝行幸廣陵故城臨江見文紀謝云有愛敬陂陳登所開見元和志晉志仍置屬廣陵郡一統志故城今揚州府東北

江都集解馬與龍曰縣人皇象見吳志趙達傳注華融子諸譚見孫綝傳孫策居江都見策傳**有江水祠**集解先謙曰前漢縣三國廢見沈志吳使呂據等自江都入淮泗以圖青徐見孫峻傳晉志仍置屬廣陵郡一統志故城今江都縣西南

高郵集解先謙曰前漢縣三國廢見沈志晉志仍置屬臨淮郡一統志故城今高郵州治

平安集解先謙曰前漢縣三國廢謝云射陽在平安北三國時尙廢則輿地廣記言晉省者誤晉志無一統志故城今寶應縣西南

凌集解馬與龍曰光武紀建武二年封更始元氏王歙爲泗水王前志泗水國治凌縣時尙未省并**故屬泗水**集解先謙曰前漢縣三國魏因晉志改屬下邳國一統志

故城今徐州府宿遷縣東南

東陽集解馬與龍曰東陽長陳登見魏志登傳又縣人張炳見徐登傳陳矯子本騫孫粲見魏志矯傳**故屬臨淮**集解惠棟曰晉灼云明帝分屬下邳後分屬廣陵**有長洲澤吳王濞太倉在此**縣多麋博物記曰十千爲羣掘食草根其處成泥名曰麋畯民人隨此畯種稻不耕而穫其收百倍又扶海洲上有草名蒒其實食之如大麥從七月稔熟民斂穫至冬乃訖名曰自然穀或曰禹餘糧集解先謙曰前漢縣三國廢謝云據孫權孫韶傳徐泗間無郡縣魏志陳矯廣陵東陽人蓋因矯而書晉志仍置改屬臨淮郡一統志故城今泗州天長縣西北

射陽集解馬與龍曰廣陵太守陳登治此功曹陳矯見魏志登傳都尉衞彌綱紀徐宣見魏志宣傳又縣人臧旻子洪陳容見洪傳**故屬臨淮**有梁湖地道記曰有博一支湖集解先謙曰前漢縣三國廢見沈志晉志仍置屬廣陵郡一統志故城今淮安府山陽縣東南

鹽瀆集解馬與龍曰鹽瀆丞孫堅見吳志堅傳又縣人嚴訢見魏志華佗傳**故屬臨淮**集解先謙曰前漢縣三國廢見沈志晉志仍置屬廣陵郡一統志故城今鹽城縣西北

輿侯國故屬臨淮集解先謙曰前漢縣三國吳據之謝云縣廢曹植求自試表南極赤岸江賦注赤岸在廣陵輿縣吳云地爲吳據晉志因一統志故城今揚州府甘泉縣西四十五里

堂邑集解惠棟曰玉篇作鄧音徒郎反馬與龍曰堂邑令逢離意見本傳**故屬臨淮有鐵春秋時曰堂**集解先謙曰前漢縣三國吳據之胡三省云魏吳兩界棄地謝云縣入吳吳志赤烏十三年作堂邑涂塘以淹北道王厚齋云涂塘即六合縣瓦梁堰水曰涂河吳云縣爲吳據寰宇記愼縣東北六十四里有滁陽城吳赤烏十三年孫權斷涂作堰築此城爲守備考愼縣今廬州府東北堂邑今六合相距太遠吳不能越境築城惟今滁州東滁陽驛當即吳滁陽城其地近出古磚有赤烏字亦可證也晉志省惠帝時置堂邑郡一統志故城今江甯府六合縣北

海西集解惠棟曰案前志東海無海西有海曲縣當作曲也馬與龍曰劉永立董憲爲海西王見永傳海西令程曾見本傳梁習見魏志習傳劉備領徐州牧軍於海西見蜀先主志又縣人徐淑子璆見璆傳徐宣子欽見魏志宣傳**故屬東海**集解先謙曰前漢縣三國魏因洪云沈志縣後漢晉皆屬廣陵晉地理志廣陵郡無海西有海陽疑漢海西縣侯考晉志省一統志縣晉廢故城今海州南

下邳國武帝置爲臨淮郡永平十五年更爲下邳國雒陽東千四百里集解馬與龍曰光武封皇子衡爲臨淮公國除見臨淮懷公傳明帝封皇子衍爲下邳王建安中國除見下邳惠王傳下邳相張禹見本傳笮融見吳志孫策傳注太守侯霸劉度朱暉見本傳關羽見蜀志本傳又郡人裴玄子欽見吳志嚴畯傳先謙曰三國魏因國廢爲郡吳云黃初三年魯陽公宇進封此五年改封單父國還爲郡謝云晉志漢章帝以臨淮合下邳太康元年以下邳縣在淮南者置臨淮郡荀凱傳又云咸熙中封臨淮侯係史駁文胡三省據之謂魏徐州有臨淮郡誤矣晉書武陔傳魏明帝時陔遷下邳太守卽此**十七城**集解先謙曰三國魏因下邳郡領漢舊縣十一城淮陰淮浦改屬廣陵盱台高山潘旌東成廢洪志魏下邳郡領縣十五謝云魏末吳兵數入淮泗諸葛誕欲

臨淮築城以禦之高山贅其潘旌並在淮南當兵衝魏時已棄不守晉志有此三縣蓋太康時所置洪氏據爲魏縣非也吳云三國之際淮南江北墟無人戶吳人何定建議欲鑿聖溪以通江淮見薛綜傳聖溪當在盱眙東其時魏無縣戍可知高山盱台東城潘旌皆在淮南孫權能至高山丁奉能至穀陽則四縣皆魏吳兩界棄地案謝吳說並是贅其前漢縣後漢省晉志屬臨淮洪錄入魏下邳尤非**戶十三萬六千三百八十九口六十一萬一千八十三**

下邳集解馬與龍曰周永封下邳高遷鄉侯見桓帝紀注徐州刺史陶謙劉備車胄見魏志武紀董昭臧霸王昶呂虔見本傳浩周見吳主權志注郭岐見曹爽傳注引魏略胡威見胡質傳治中王朗見魏志朗傳從事孫乾別駕糜竺見蜀志本傳趙昱見陶謙傳王祥見呂虔傳案漢末徐州治下邳沈志地形志云魏徐州治彭城今據魏志武紀臧霸傳魏略桓範傳考之實治下邳增僅云晉書宗室傳琅邪王伷督徐州代衞瓘鎭下邳是魏末晉初尙未改治後乃徙彭城也宋魏志並誤吳志賀齊全琮丁奉均見本傳下邳令謝東吾見吳志又縣人謝安見陳蕃傳梁習見魏志習傳武周見臧霸傳丞孫堅見吳志滕撫傳吳樹見梁冀傳桓威見魏志王粲傳**本屬東海**戴延之西征記曰有沂水自城西南注泗別下迴城南亦注泗舊有橋處張良與黃石公會此橋集解先謙曰官本注戶作西是**葛嶧山本嶧陽山**出名桐伏滔北征記曰今槃根往往而存**有鐵**集解先謙曰前漢縣三國魏因洪云有中城呂布所守有白門樓元和志下邳城有三重大城周十

二里中城周四里魏武禽呂布於白門卽大城之門謝云曹公引沂泗灌下邳而擒布見荀攸傳晉志因一統志故城今徐州府邳州東三里謝云當在今宿遷縣西一百里舊邳州是

徐 集解惠棟曰本傳縣北界有蒲陽城廣二十里徑百里馬與龍曰徐令班彪孟嘗見本傳謝云吳志謝夫人傳又縣人周紓見本傳趙峻見順帝紀注趙興趙安世見郭鎮傳 **本國有樓亭** **或曰古蔞林** 杜預曰在僮縣東南伏滔北征記曰縣北有大冢徐君墓延陵解劍之處 集解惠棟曰春秋傳作婁音力侯反先謙曰前漢縣屬臨淮三國魏因晉志改屬臨淮郡一統志故城在舊泗州城西北案泗州舊城本朝康熙十九年圮於水州沒於洪澤湖中謝云當在今盱眙縣北八十里是

僮侯國 集解錢大昕曰沛獻王子嘉所封先謙曰前漢縣屬臨淮三國魏因謝云水經注僮水首受僮縣西南潼陂潼卽僮也縣以水得名晉志因謝引輿地廣記晉省誤一統志故城今泗州治東北

睢陵 集解先謙曰前漢縣屬臨淮三國魏因吳云侯國晉書王祥傳咸熙中祥封此晉志因一統志故城今徐州府睢甯縣治

下相 集解先謙曰應劭云相水出沛國相縣故此加下前漢縣屬臨淮三國魏因謝云晉志改屬臨淮郡一統志故城今宿遷縣西謝云在縣西舊黃河南岸

淮陰 下鄉有南昌亭韓信寄食處 集解馬與龍曰縣人步騭子協闡孫璣璿見吳志騭傳先謙曰前漢縣屬臨淮三國魏改屬廣陵郡胡三省云魏廣陵郡治謝云有泗口董昭傳黃初五年幸廣陵泗口水經注淮泗之會卽角城有石亭劉備與袁術戰於淮陰石亭見英雄記有精湖有山陽池見蔣濟傳胡三省云精湖在山陽山陽在下邳淮陰縣界今楚

州山陽縣紀要山陽瀆卽古邗溝在淮安府城東津湖在寶應縣南卽精湖劉文淇云精湖一名界首湖接高郵界胡三省謂在山陽非也山陽池當在津湖南今高郵邵伯一路小湖是晉志屬廣陵郡一統志故城今淮安府清河縣南

淮浦 集解馬與龍曰縣人陳屯子壹孫球曾孫瑀琮玄孫登見球傳先謙曰前漢縣屬臨淮三國魏改屬廣陵郡洪云徐宣傳宣廣陵人爲郡綱紀海西淮浦作亂則縣蓋移屬廣陵也晉志屬廣陵郡一統志故城今安東縣治西

盱台 集解惠棟曰台一作胎張華云武陟墓在城東十五里鄭德音昫怡馬與龍曰盱台丞孫堅見吳志先謙曰前漢縣屬臨淮作盱眙三國廢晉志復置改屬臨淮郡作盱眙一統志故城今泗州盱眙縣東北

高山 集解馬與龍曰光武封梁統爲侯見統傳先謙曰前漢縣屬臨淮三國廢謝云吳赤烏十年遣諸葛壹僞叛以誘諸葛誕誕迎壹於高山權出涂中遂至高山潛軍以待之誕覺遂退卽此晉志省謝云故城在今洪澤湖中泗州之東

潘旌 集解先謙曰前漢縣屬臨淮作播旌三國廢晉志改屬臨淮郡李兆洛云故城今盱眙縣北

淮陵 集解馬與龍曰光武封王霸爲侯見霸傳先謙曰前漢縣屬臨淮三國魏因洪云有公路城魏武征袁術渡淮築此城見寰宇記晉志改屬臨淮郡一統志故城今盱眙縣西北八十五里

取慮 集解惠棟曰取音秋慮音閭力居反加淸云取音陬慮音之陬慮音鄉婁之婁顏曰取音趨慮音廬 **有蒲姑陂** 左傳昭十六年齊師至蒲隧杜預曰縣東有蒲姑陂 集解惠棟曰蒲姑一作蒲如先謙曰前漢縣屬臨淮三國魏因謝云晉志因一統志故城今徐州府睢甯縣西南

東成 集解先謙曰官本作城考證曰城當作成錢大昕曰當云故屬九江馬與龍曰縣人魯肅爲東城長肅子淑孫睦見吳志肅傳先謙曰前漢縣屬九江三國廢謝云先賢行狀陳登遷東城太守蓋漢末爲郡後其地當兵衝遂廢晉志復置作東城改屬淮南郡一統志故城今鳳陽府定遠縣東南

曲陽侯國 集解錢大昕曰留川王子鳳所封馬與龍曰曲陽長陳俊見本傳 **故屬東海** 集解先謙曰前漢縣三國魏因謝云魏志太和六年樂陵王茂改封曲陽王卽此晉志省一統志故城今海州西南

司吾 集解惠棟曰鄭元云春秋左傳楚執鍾吾子以爲司吾縣 **侯國故屬東海** 集解先謙曰前漢縣三國魏因謝云晉志改屬臨淮郡一統志故城今徐州府宿遷縣北

良成 集解先謙曰官本成作城馬與龍曰縣人徐璜徐盛徐宣見單超傳徐衍見呂强傳 **故屬東海春秋時曰良** 左傳昭十三年晉會吳於良 集解先謙曰前漢縣三國魏因謝云侯國臧霸封此見霸傳晉志因作良城一統志故城今邳州北

夏丘故屬沛 集解先謙曰堯封禹爲夏伯國於此故名見寰宇記前漢縣三國魏因太祖征陶謙引軍從泗南攻取慮睢陵夏丘卽此見曹洪傳晉志因一統志故城今泗州治

右徐州刺史部郡國五縣邑侯國六十二 魏氏春秋曰初平三年分琅邪東海爲城陽新城集解馬與龍曰徐州無新城郡新當作利形近而訛百官志注引獻帝起居注徐州八郡有利城郡可證昌慮郡建安十一年省昌慮幷東海 集解錢大昕曰魏志太祖紀建安三年分琅邪東海北海爲城陽利城昌慮郡以臧霸傳考之蓋禽呂布後所置魏氏春秋以爲初平三年

分者誤先謙曰寰宇記魏明帝復城陽郡據魏志知樂史誤也通鑑胡注城陽置郡時屬徐州後移屬青州利城郡魏廢見紀要三國魏徐州刺史部得漢舊郡國東海琅邪彭城廣陵之淩海西下邳之淮以北十三縣爲郡國五縣邑侯國四十三省縣二廣陵廢縣七下邳廢縣四改隸豫州一改隸青州三吳割屬縣二

郡國志三第二十一 終　　後漢書二十一

續漢志集解第二十一挍補

郡國志三陳留郡有匡城注孔子四此案四當是圍之譌有祭城注注曰

近濮水官本注注曰作杜預曰

東郡有竿城集解惠棟曰至官本注城作縣今案注言前書故發干城不曰前志而曰前書則固非指前志之發干蓋前志之發干所治已非故地而竿城卽前漢故發干城其地至後漢已併入於衞也如卽前志之發干城則既言前不必更言故矣前書衞青傳封青子登爲發干侯或卽在此是則故發干乃侯國城一作縣非也

東平國有闞亭案前志東平陸應劭云古厥國今有厥亭是與此言有闞亭卽春秋會于闞之闞不符未詳孰是

故聚屬東郡集解先謙曰前漢縣三國魏因柳從辰曰吳云曹徽封此後改封東平是曹魏時壽張亦嘗爲王國矣但後既還爲東平屬縣仍當以縣論

泰山郡口四十三萬七千三百一十一官本末一作七

山陽郡故橐章帝更名官本橐作櫜注王莽改曰高平官本注無王字

濟陰郡有煑棗城注東有淮穎煑棗官本注穎作潁是

東海郡有伊盧鄉注鍾離昧冢在伊盧官本注冢作家

承集解徐松云承縣以承水得名作承誤今案承字雖見晉書然不見於說文無義可言丞爲三合字不从承也玉篇引聲類謂承卽拼考說文拼下引易證以釋文及今字惟通承丞拯易文未有作承者集韻謂拼承撜拯丞五形同字承卽承之或體亦分別言之承爲縣名前志同莽曰承治可知倘讀如字徐必謂作承爲誤類於知今而不知古矣

祝其有羽山注卽羽泉也今案羽泉亦當作羽淵見左傳此回改未盡者

琅邪國繒集解惠棟曰至陸氏云本或作繒案穀梁鄫皆作繒

廣陵郡有江水祠集解先謙曰前漢縣三國廢見沈志謹案通典後漢廣陵郡魏爲重鎭後屬吳注載文帝黃初六年征吳使張遼乘舟與曹休至海陵是歲遼薨於江都是廣陵先屬魏有江都也吳志孫峻傳又云使呂據等自江都入淮泗是後屬吳亦有江都矣疑晉滅吳時嘗省之後復置而沈志失考

海西集解惠棟曰案前志東海無海西有海曲縣當作曲也柳從辰曰前書李廣利傳廣利封海西侯又疑前志海曲本海西之誤今案孝武以期廣利至貳師城取善馬因號爲貳師將軍以廣利能涉流沙通西海因封爲海西侯班表不著侯國地所屬師古亦未言是否卽東海海西縣仍難確定耳

郡國志四第二十二　後漢書二十二

梁　剡　令　劉　昭注補

王先謙集解

青州　濟南　平原　樂安　北海　東萊　齊國〔集解〕惠棟曰太康地記云東方少陽其色青其氣清歲之首事之始故以青爲名焉先謙曰青州三國屬魏洪云建安十年魏武破袁譚地遂入魏謝云通鑑胡注魏青州統齊郡濟南樂安城陽東萊無北海非也吳云後漢平原隸青州晉志隸冀州考建安十八年省州併郡以平原隸冀州見獻帝起居注以冀州之平原等十郡封曹操爲魏公見魏武紀蓋自移隸冀州後不復還隸青州晉時猶沿魏舊也案城陽漢末置郡隸徐州魏移隸青州魏青州得漢舊郡五分北海復置城陽合三郡三國平原改隸冀州

荊州　南陽　南郡　江夏　零陵　桂陽　武陵　長沙〔集解〕惠棟曰李巡云漢南其氣燥剛秉性强梁故曰荊荊强也先謙曰荊州三國魏吳分據沈志云吳得荊州以大較言之也案建安十三年劉琮降荊州地入魏其時分枝江以西立臨江郡及戰於赤壁州遂三分孫權表以先主領荊州牧分荊州南岸地給先主立營公安有武陵長沙桂陽零陵臨江五郡周瑜破走曹仁又得南郡以南地魏遂不置南郡惟立襄陽郡十五年先主改臨江曰宜都二十年先主與權分荊州以湘水爲界先主得南郡宜都零陵武陵四郡權得江夏長沙桂陽三郡二十四年吳使呂蒙襲取南郡陸遜別取宜都遂定荊州蜀章武二年先主自佷山通武陵五谿蠻夷相率響應先主沒所分之地悉復屬吳洪志吳荊州有武昌無營陽謝云據吳志武昌廢據水經注有營陽今從之魏荊州得漢舊郡南陽分置義陽南鄉魏興新城上庸割置襄陽江夏合八郡吳荊州得漢舊郡六零陵桂陽武陵長沙分置宜都蘄春衡陽湘東建平天門始安昭陵始興營陽割置南郡江夏合十六郡

揚州　九江　丹陽　廬江　會稽　吳郡　豫章〔集解〕惠棟曰李巡云江南其氣燥勁厥性輕揚太康地記云以揚州漸太陽位天氣奮揚履正含文故取名焉先謙曰揚州三國魏吳分據沈志云吳得揚州以大較言之也魏揚州得漢舊郡九江廬江之地自合肥北至壽春見晉志洪志漢興平中揚州所屬江東諸郡悉入吳案吳揚州得漢舊郡六丹陽會稽吳豫章割置廬江廣陵分置廬陵鄱陽新都臨海臨川建安東陽吳興安成廬陵南部合十五郡一都尉

濟南郡故齊文帝分雒陽東千八百里〔集解〕馬與龍曰光武封皇子康爲王永興元年國除見濟南安王傳靈帝封河間安王子康爲王傳至開魏受禪以爲崇德侯見河間孝王傳濟南相何敞見安王傳胡閎見西羌傳曹操見魏志武紀荀緄見荀或傳孔乂見倉慈傳太守劉詡見任光傳耿艾見耿純傳王梁何敞見本傳郗光主簿劉節見魏志司馬芝傳高堂隆避地濟南見魏志

隆傳又郡人淳于嘉見獻帝紀公玉帶見張純傳注徐巡見衛宏傳先謙曰官本郡作國是三國魏因吳云魏初爲郡正始七年任城王楷徙封此復爲國十城〔集解〕先謙曰三國魏濟南國領漢舊縣十城謝云武帝紀太祖遷濟南相國有十餘縣是漢末尚有增置之縣也戶七萬八千五百四十四口四十五萬三千三百八

東平陵〔集解〕馬與龍曰東平陵令劉寵見本傳有鐵有譚城故譚國〔集解〕惠棟曰杜預云在縣西南有天山〔集解〕先謙曰前漢縣三國魏因洪云沈志縣自漢迄晉不移吳云通鑑晉太康四年以濟南郡益齊國據杜預左傳注濟南有平陵歷城等縣知晉初濟南郡未省時屬縣猶仍漢魏之舊晉志省一統志晉永嘉後去東字按據左傳莊十年杜預注已作平陵紀要故城今濟南府城東七十五里著〔集解〕先謙曰顏師古云詩侯我於著乎而即此前漢縣三國魏因沈志濟南太守下云漢舊縣晉志省一統志著魏志作著當作著晉志無著縣表列晉著縣據魏志二漢晉屬文也故城今濟陽縣西南於陵杜預曰縣西北有于亭陳桓子以封齊公子周〔集解〕惠棟曰尚書大傳散宜生之於陵氏高誘淮南子注陳仲子孟子弟子居於陵馬與龍曰光武封侯昱爲侯見侯霸傳先謙曰前漢縣三國魏因洪云縣自漢迄晉不改見寰宇記吳云左傳昭十年杜注濟南於陵縣晉志省一統志故城今長山縣西南臺〔集解〕惠棟曰鄒元云芹溝水出馬案前志臺縣在鄒平下或有作平臺縣者非也馬與龍曰臺縣丞霍收見安帝紀先謙曰前漢縣三國魏因晉志省一統志晉省故城今歷城縣東北三十里菅〔集解〕馬與龍曰菅長司馬芝高柔見魏志傳誤作管有賴亭左傳襄六年公如賴〔集解〕錢大昕曰案傳云使胡姬以安焉子如賴此云公誤也先謙曰官本注襄作哀是以鮑勛爲營長見勛傳晉志作〔集解〕先謙曰前漢縣三國魏因晉志省一統志故城今章邱縣西北

鄒平〔集解〕錢大昕曰案溫序傳溫序爲鄒平侯相是晉初縣猶存先謙曰前漢縣三國魏因晉志省一統志故城今鄒平縣北東朝陽〔集解〕杜預曰縣西南有崔氏城地理風俗記曰朝陽西南有崔氏城先謙曰前漢縣三國魏因洪說非晉志北故城今章邱縣西北魏屬樂安郡猶一承魏舊屬濟南蘇林云有猇亭歷城〔集解〕惠棟曰杜預曰縣西北有歷下城先謙曰前漢縣三國魏因晉志省一統志故城今歷城縣有鐵有巨里聚耿弇破費邑處

謙曰前漢縣三國魏因城侯黃初元年進爵爲公即此吳云左傳桓十八年杜注城縣晉志省一統志晉永嘉後爲濟南郡治故城今歷城縣治西

平原郡和帝子勝爲王安帝時國除見平原懷王傳桓帝封皇弟高帝置雒陽北一千三百里〔集解〕馬與龍曰延平元年封

顧爲王見桓紀平原王石見匽后紀平原相鄭弘陽球陳紀見本傳徐曾見杜喬傳劉琬見東海恭王傳史弼見蔡邕傳注劉備見孔融傳高堂隆見魏志隆傳太守伏湛趙憙見本傳何臨見李固傳注常林孫禮楊俊見魏志本傳劉陶見劉瞱傳潘滿見衛覬傳劉邠見管輅傳郡吏成翊世見杜根傳府丞郭淮見魏志淮傳又郡人劉酯見黃琬傳禮震見歐陽歙傳李子云王君公見逢萌傳翟文耀管輅弟辰季儒見魏志輅傳先謙曰三國魏因分置樂陵郡並改隸冀州謝云黃初三年封齊公叡爲平原王七年叡入爲皇太子國除

九城[集解]先謙曰九當作十錢大昕說見下樂安國注三國魏平原郡領漢舊縣八入東郡之博平聊城爲十城西平昌漢舊縣見沈志晉志屬平原國一統志西平昌魏屬平原晉因之故城今濟南府德平縣西南樂陵郡領漢舊縣二魏復置漯沃沈志樂陵太守溼沃令魏復立晉太康地志屬樂陵晉志因一統志故城今武定府商河縣境改置新樂沈志南平昌太守下云魏分平原爲樂陵郡而新樂縣屬焉晉志同水經注無棣溝自南皮縣又東徑樂亭北地理志之臨樂故城也晉太康地志樂陵有新樂縣卽此謝云新樂卽前漢勃海國臨樂縣改道也故城今河閒府甯津縣北入勃海之陽信爲五城吳表據左傳杜注以祝阿溼陰移屬濟南然杜注晉制今不從

戶十五萬五千五百八十八口百萬二千六百五十八

平原地道記曰有篤馬河[集解]馬與龍曰平原令王匡見杜喬傳劉雄見劉茂傳劉備見蜀先主志縣吏所輔又縣人所奉見劉茂傳劉方見章帝紀先謙曰前漢縣三國魏因洪云毌邱儉襲父興爵爲平原侯見儉傳謝云明帝女淑追封平原公主見楊阜傳有龍湊通鑑袁譚軍龍湊曹操攻之胡三省云龍湊在平原界爲河津要口晉志因謝云故城今濟南府平原縣西南五十里

高唐[集解]馬與龍曰高唐令鮮于褒見第五倫傳陽球見本傳劉備見蜀志王觀見魏志觀傳郭浮見后妃傳又縣人劉瓆見陳蕃傳華歆弟緝子表傳周見歆傳

濕水出[集解]惠棟曰說文引桑欽云濕水出平原高唐前志及河水注引桑欽說皆作漯案般阮碑縣字從累蓋省文也許慎從水㬎聲李陽冰音它合反先謙曰前漢縣三國魏因謝云朱靈封高唐侯見徐晃傳注晉志因一統志故城今禹城縣西南境

般[集解]馬與龍曰縣人高嘉孫容曾孫詡見儒林傳禰衡見文苑傳先謙曰前漢縣三國魏因洪云有般河公孫瓚破黃巾於此謝云後漢書注般卽爾雅九河鈎磐河晉志因一統志故城今德平縣東北

鬲侯國[集解]錢大昕曰朱祐所封馬與龍曰鬲令袁毅見魏志王肅傳注

夏時有鬲君滅浞立少康魏都賦注曰縣有蓋節淵三齊記曰城南有蒲臺高八十尺秦始皇所頓處在臺下縈蒲繫馬今蒲猶縈者[集解]先謙曰前漢縣三國魏因晉志因一統志故城今德州北

祝阿[集解]馬與龍曰光武封陳俊爲侯見俊傳祝阿令任旄見魏志王昶傳注

春秋時曰祝柯左傳哀十年取犁及轅杜預曰縣西有轅城故縣省[集解]惠棟曰注取犁及轅杜預云犁一名隰卽隰陰縣又案地理志瑗縣屬平原水經作援酈元引杜預釋地云轅卽援也濟南祝阿縣有援城

有野井亭左傳昭二十五年齊侯唁公于野井杜預曰在縣東[集解]惠棟曰注唁音彥先謙曰前漢縣三國魏因謝云晉書濟南王遂傳遂魏時封祝阿伯卽此晉志改屬濟南郡一統志故城今長淸縣東北

樂陵[集解]馬與龍曰光武封邳湯爲侯見邳彤傳先謙曰前漢縣漢末置郡三國魏因洪云晉

地理志魏武置郡十二其一樂陵元和志棣州曹魏時屬樂陵國沈志以爲晉武分置恐誤謝云陳矯韓暨爲樂陵太守見魏志並在建安中是魏武置郡之明證蜀志費詩傳王沖降魏爲樂陵太守以李嚴傳考之沖降魏在建興九年前是魏太和中有樂陵郡魏志正始五年徙封曲陽王茂爲樂陵王[illegible]晉樂陵郡從治厭次是魏郡治樂陵[illegible]洪志從晉志屬樂陵郡一統志故城今武定府樂陵縣西南三十里

濕陰[集解]惠棟曰地理風俗記平原漯陰縣今巨漯亭前志亦作漯陰杜預注左傳又作隰陰也宗俱碑陰亦作漯陰先謙曰前漢縣三國魏因云通鑑建安八年袁譚將劉詢起兵漯陰年傳注濟南有隰陰縣是晉初改屬濟南郡也晉志省一統志故城今濟南府臨邑縣西南

安德侯國[集解]馬與龍曰安德令劉熹見三國志先謙曰前漢縣三國魏因晉志因一統志故城今陵縣治

厭次本富平明帝更名[集解]惠棟曰東觀記永平五年改案史記有厭次侯元類晉書地理志屬平原太康地記屬樂陵鄭元云厭次舊名明帝蓋復古耳馬與龍曰光武封張純始侯食富平之半見純傳先謙曰前漢縣三國魏因改屬樂陵郡寰宇記曹魏屬樂陵晉志屬樂陵國一統志故城今武定府陽信縣東南三十里

樂安國高帝西平昌置爲千乘永元七年更名雒陽東千五百二十里[集解]錢大昕曰案文當云高帝置不應有西平昌三字其爲衍字無疑後讀宦者傳彭愷爲西平昌侯注云西平昌縣屬平原郡乃悟此三字當屬上文平原郡而平原郡九城當爲十

城因此三字錯入樂安注中校書者遂改十爲九以合見存之數耳[illegible]與龍曰明帝封皇子建爲千乘王國除見千乘哀王傳章帝封皇子伉爲千乘王薨子寵嗣和帝改國名樂安寵子鴻徙封勃海見千乘王傳千乘太守崔篆見崔駰傳劉嘉見順陽懷侯傳薛漢李章見本傳樂安相魯恭李尤見本傳太守陸逢見陸續傳陸康陳蕃見本傳何夔見魏志夔傳管統見王修傳楊沛見賈逵傳夏侯惠見夏侯淵傳桓嘉見桓階傳都尉何寵見何敞傳又郡人任嘏見鄭玄傳任燠見魏志倉慈傳周宣見方伎傳先謙曰三國魏因國廢爲郡

九城[集解]先謙曰三國魏樂安郡領漢舊縣九城洪志有鄒縣蓋據晉志謝氏引一統志證之案一統志東鄒漢置屬千乘後漢省晉復置去東字謝引誤今不從

戶七萬四千四百口四十二萬四千七十五

臨濟[集解]馬與龍曰縣人牟長子紆見長傳周璆見陳蕃傳

本狄安帝更名地道記曰狄伐衛懿公[集解]惠棟曰東觀記永初二年改晉志有蚩尤祠先謙曰前漢縣曰狄三國魏因晉志因一統志故城今青州府高苑縣西北

千乘[集解]惠棟曰伏琛齊地記縣在齊城西北一百五十里隔會水地理風俗記縣西北五十里有大河河北有濕沃城故縣也馬與龍曰縣人歐陽歙子復見儒林傳先謙曰前漢縣三國魏因謝云沈志樂安太守下云漢舊縣晉志省一統志故城今高苑縣北二十五里

高苑[集解]先謙曰官本作苑前志作高宛三國魏因晉志因一統志故城有二俱在今濟南府新城縣

樂安[集解]馬與龍曰樂安長韓當見吳志當傳先謙曰前漢縣

三國魏因晉志省亦見輿地廣記一統志故城今青州府博興縣北

博昌集解惠棟曰地理風俗記縣東北八十里有琅槐鄉故縣也闞駰云縣處勢平故曰博昌馬與龍曰博昌尉張漢見魯恭傳又縣人任旌子昭見魏志王昶傳**有薄姑城**左傳姑氏杜預曰薄姑地集解惠棟曰尚書大傳作蒲姑陸澄地理書云呂尚封于齊郡薄姑薄姑故城在臨淄縣西北五十里又注古蒲姑諸本皆訛作薄姑或脫蒲字先謙曰官本左傳姑氏作古薄姑氏**有貝中聚**左傳齊侯田于貝丘杜預曰縣南有地名貝中集解惠棟曰京相璠云縣南近繩水有地名貝邱在齊西北四十里先謙曰官本注貝中作貝丘**有時水**左傳莊九年戰于乾時杜預曰時水在縣界岐流旱則竭涸故曰乾時集解惠棟曰京相璠云在縣南界西通濟其上源出盤陽北至高苑下有時邑先謙曰前漢縣三國魏因晉志因一統志故城今博興縣南二十里

蓼城侯國杜預曰縣東北有攝城集解洪頤煊曰左昭二十年傳聊攝以東杜注聊攝齊西界也平原聊城縣東北有攝城蓼城非聊城注誤證先謙曰前漢縣三國魏因三家說同晉志因錢坫云故城當在今高苑縣西北

利集解惠棟曰晏謨齊地記云在齊城北五十里**故屬齊**集解先謙曰三國魏因三家說同晉志因作利益馬與龍云晉志以利益二縣連屬蓋傳寫之誤一統志故城今博興縣東四十里租城鎮

益集解馬與龍曰劉盆子傳王莽探湯侯田況注王莽改北海益縣曰探湯案地理志注作探陽**侯國故屬北海**集解先謙曰前漢縣三國魏因謝云魏志國淵樂安蓋人蓋益之訛晉志樂安國有利益縣一統志元和志云魏置益都縣屬

齊國宋及後魏屬齊郡晉志益疑即益都傳寫者誤并二縣爲一也今案據魏志國淵傳魏縣曰益屬樂安不曰益都屬齊元和志之說未足據然晉志則誤并爲一晉當因魏爲益縣也一統志故城今壽光縣西二十里豐城鎮

壽光集解馬與龍曰光武封劉經爲侯見劉玄傳壽光侯劉普安帝時改封北海王見安帝紀**故屬北海有灌亭**古灌國集解惠棟曰杜預云在縣東南灌音古亂反先謙曰前漢縣三國魏因青龍三年隕石於壽光縣見明紀謝云侯國晉書鄭沖傳常道鄉公即位封沖壽光侯晉志因一統志故城今壽光縣東

北海國景帝置建武十三年有菑川高密膠東三國以其縣屬集解馬與龍曰光武徙封魯王興爲北海王建安十一年國除北海相董宣霍諝杜密孔融見本傳羊元羣見李膺傳秦周見黨錮傳太守處興見李章傳孫觀見魏志臧霸傳書佐水丘岑五官掾公孫丹見董宣傳主簿王脩見魏志脩傳又郡人巴茂見丁鴻傳臨孝存見孔融傳徐房見逢萌傳王和平見方術傳孫乾見蜀志乾傳孫邵見吳主權傳先謙曰三國魏因分置城陽郡洪云魏志太和六年陽平王甦改封此寰宇記魏明帝復城陽郡今考魏志魏武分北海爲城陽郡沈志止云魏復分北海立今從之**十八城**集解惠棟曰漢北海相景君碑云據北海相部城十九而志止云十八城案沈約州郡志云長廣縣前漢屬琅邪後漢屬北海今北海無是縣當是志闕載也先謙曰志東萊郡長廣故屬琅邪[illegible]也非闕載不得據景君碑及沈志轉疑此志有誤三國魏北海國領漢舊縣七入東萊之黔陬琅邪之東武姑幕爲十城東安平移屬齊郡**戶十五萬八千六百四十一口八十五萬三千六百四**

劇集解惠棟曰前志云劇魁[illegible]魯連子朐劇之人辨者也爾雅道開七達謂之劇郭璞云今北海劇有此路馬與龍曰劇令伏恭見本傳任峻見王渙傳又縣人滕撫有延見侯覽傳滕眈弟冑冑子胤見吳志胤傳**有紀亭古紀國**集解先謙曰前漢縣屬菑川三國魏因洪志縣魏屬東莞吳表魏屬琅邪蓋據沈志引太康志謝云魏志徐幹吳志滕胤並云北海劇人左傳隱元年杜注東莞劇縣蓋至晉始屬東莞有淶水孔融與黃巾於淶水之上寇令上部與融相拒兩翼一徑涉水到所治城潰融不得入見九州春秋晉志改屬東莞郡一統志故城今青州府昌樂縣西五十五里城內有紀臺

營陵集解先謙曰前漢縣三國魏因魏志王脩吳志是儀並云北海營陵人晉志改屬東莞郡一統志故城今昌樂縣東南

平壽有斟城杜預曰有斟亭古斟國故縣後省集解惠棟曰京相璠云故斟尋國禹後西北去萑亭九十里斟之林反前志作抖音同**有寒亭**集解惠棟曰杜預云在縣東**古寒國浞封此**集解惠棟曰浞任角反徐邈音在角反先謙曰前漢縣三國魏因謝云侯國晉書扶風王駿齊王芳時封平壽侯晉志改屬濟南郡馬與龍云據杜預左傳注晉初屬北海吳云晉志濟南郡領平壽下密膠東即墨祝阿五縣注或云魏平蜀徙其豪將家於濟河北故改爲濟岷郡是謂改濟南爲濟岷也然五縣中惟祝阿一縣臨濟水與平壽等四縣東西相距四五百里安得同隸一郡平壽等四縣漢時屬北

海知晉初改北海爲濟岷非改濟南也至祝阿一縣則誤爲屬入非濟岷所得屬太康初年濟南已省晉志濟南則濟岷之訛所當改正案沈志濟南太守下引晉世濟岷郡云魏平蜀立此郡案晉太康地志無濟岷郡是魏立濟岷郡旋廢也吳氏謂晉改北海爲濟岷晉志濟南則濟岷之訛說無據非是一統志故城今萊州府濰縣西南

都昌左傳莊元年齊遷紀之郚城地道記曰郚城在縣西集解惠棟曰注郚城郚子斯反亦作訾城也馬與龍曰北海相孔融屯都昌見融傳又縣人逢萌見逸民傳先謙曰前漢縣三國魏因寰宇記漢都昌縣魏晉因之謝云左傳莊二年杜注北海都昌縣晉志省一統志故城今昌邑縣西二里

安丘集解馬與龍曰光武封張步爲侯見步傳又縣人牟融子麟見融傳郎顗見本傳周澤見儒林傳甄宇傳子普孫承見宇傳**有渠丘亭**地道記曰有渠丘城集解先謙曰前漢縣三國魏因改屬城陽郡沈約云平昌太守故屬城陽領安邱縣謝云魏志田疇傳注詣安邱孫崧郎此孟康曰今渠邱是案孟康三國時人疑魏曾改安邱爲渠邱晉志改屬東莞郡一統志故城今青州府安邱縣西南

淳于集解惠棟曰應劭云縣東北六十里有平城亭故縣也馬與龍曰縣人淳于恭子孝見恭傳**永元九年復有密鄉**左傳隱二年紀莒盟密故密鄉在縣東北後省集解惠棟曰地理風俗記作密鄉亭先謙曰前漢縣三國魏因改屬城陽郡沈約云高密太守即魏城陽郡領淳于謝云曹公東擊海賊管承屯淳于見武紀晉志屬城陽郡一統志故城今安邱縣東北三十里

平昌侯國故屬琅邪有蔞鄉左傳昭五年莒牟夷以牟婁及防茲來奔杜預曰縣西南

有斐亭〔集解〕先謙曰官本注斐作防是前漢縣三國魏因改屬城陽郡沈約云平昌太守故屬城陽領平昌洪云魏志孫禮傳歷山陽平原平昌琅邪太守沈志魏文帝分城陽置平昌郡晉地理志惠帝元康十年置平昌郡蓋魏文立郡旋廢晉惠復置也謝云地形志魏文帝置平昌郡後廢晉惠帝復晉志屬城陽郡一統志故城今安邱縣南

朱虛〔集解〕惠棟曰十三州志云縣東三十里有祓亭故縣也馬與龍曰北海相孔融保朱虛縣更置城邑見融傳侯國故屬琅邪永初元年屬左傳莊元年齊遷紀郱鄑郚杜預曰朱虛縣東南有郚城鄭志曰有小泰山公玉帶曰岐伯令黃帝封泰山卽此山也〔集解〕先謙曰前漢縣三國魏因謝云魏志邴原管甯並云北海朱虛人有三山邴原別傳原自遼東歸鄉里止於三山晉志改屬東莞郡一統志故城今臨朐縣東北

東安平〔集解〕惠棟曰徐廣云古紀之酅邑齊改爲安平秦滅齊改爲東安平以定州有安平故加東字馬與龍曰淄水注女水東北流徑東安平縣故城南世祖建武七年封菑川王子茂爲侯國案泗水王傳建武二年立歆爲泗水王七年歆子終爲淄川王十年歆薨終思慕亦薨封終長子柱爲邛侯又封終子鳳曲陽侯歆從父弟茂光武至河內茂率衆降封爲中山王趙一清謂據范史茂於菑川王爲從父亦不封東安平今以光武紀及酈注考之建武元年宗室劉茂封中山王十三年詔猶云中山王茂更封單父侯泗水注單父縣世祖建武十三年封劉茂爲侯國不云菑川王子知七年所封菑川王子茂別是一人名與中山王同范史偶未載也故屬菑川〔集解〕錢大昕曰北海屬縣以前志校之如高密昌安夷安皆高密屬縣而志不云故屬高密卽墨壯

武下密皆膠東國屬縣也而志不云故屬膠東以本國下已注云建武十三年省菑川高密膠東三國以其縣屬膠東故不更出也鉅鹿郡下已注云建武十三年省廣平國則任南和斥章曲周列人廣年平鄉不更云故屬廣平盧江郡下已注云建武十三年省六安國則蓼安風陽泉安豐不更云故屬六安亦是此例若琅邪國已注云建武中省城陽國以其縣屬矣而莒陽都東安三縣又云故屬城陽廣陵郡已注云建武中省泗水國以其縣屬矣而淩縣又云故屬泗水此菑川國之省併與高密膠東同而又云故屬淄川皆所謂自亂其例也六國時曰安平有酅亭故兆左傳莊三年紀季以酅入于齊地道記有羌頭山〔集解〕陳景雲曰注故兆未詳疑紀邑之訛先謙曰前漢縣三國魏因改屬齊郡見沈志晉志屬齊國一統志故城今臨淄縣東十里

高密〔集解〕惠棟曰縣有鄭康成冢及碑是弟子河內趙商所撰在厲阜上馬與龍曰高密令李咸見胡廣傳注王脩見魏志脩傳又縣人鄭崇鄭益恩鄭玄孫小同見玄傳甄子然見第五種傳侯國〔集解〕錢大昕曰鄧禹所封馬與龍曰高密相第五種見本傳先謙曰前漢縣屬高密三國魏因改屬城陽郡沈約云高密太守卽魏城陽領高密晉志屬城陽郡一統志故城今萊州府高密縣西南

昌安侯國〔集解〕錢大昕曰鄧禹子襲所封安帝復〔集解〕惠棟曰延光元年復先謙曰前漢縣屬高密三國魏因改屬城陽郡沈約云高密太守領昌安晉志屬城陽郡一統志今青州府安邱縣治

夷安〔集解〕惠棟曰應劭云故萊夷維邑侯國〔集解〕錢大昕曰鄧禹子珍所封安帝復〔集解〕先謙曰前漢縣屬高密三國魏因改屬城陽郡沈約云高密太守領夷安晉志省一統志故城今萊州府高密縣治

膠東〔集解〕馬與龍曰膠東令桓鸞見本傳王脩見魏志脩傳嗇夫孫性見吳祐傳又縣人公沙穆子孚見穆傳侯國〔集解〕錢大昕曰賈復所封前志有膠東國無膠東縣馬與龍曰膠東相吳祐見本傳先謙曰前漢無三國魏因謝云王觀子悝咸熙初封膠東子見觀傳晉志改屬濟南郡一統志故城今平度州治

卽墨〔集解〕惠棟曰前志有天寶山晉志有天山祠馬與龍曰卽墨令王脩見魏志脩傳侯國〔集解〕錢大昕曰賈復子宗所封有棠鄉左傳襄六年圍棠杜預曰棠國也〔集解〕齊召南曰案左傳注原文棠萊邑也北海卽墨縣有棠鄉此志作棠國也非是先謙曰前漢縣屬膠東三國魏因晉志改屬濟南郡一統志故城今平度州東南康王城

壯武安帝復故夷國左傳隱元年紀伐夷〔集解〕先謙曰前漢縣屬膠東三國魏因改屬城陽郡三家說同晉志屬城陽郡一統志故城今卽墨縣西

下密〔集解〕惠棟曰晉志有三石祠馬與龍曰下密丞劉備見蜀先主志安帝復〔集解〕先謙曰前漢縣屬膠東三國魏因沈志北海太守下云後漢晉太康地志屬北海晉志改屬濟南郡一統志故城今昌邑縣東

拒地道記曰養澤在西幽州藪有萊山萊主祠〔集解〕錢大昕曰當作挺宋書州郡志挺令前漢屬膠東後漢屬北海或以琅邪之柜當之琅邪之柜從木不從手志不言故屬琅邪形偏旁亦異故知非也注所引地道記卽前志琅邪長廣注文養澤上當有奚字後漢長廣改屬東萊劉氏不注於東萊之長廣而注於北海之拒未詳其故先謙曰官本注主作王是一統志登州府挺縣故城漢置屬膠東後漢屬北海萊州府柜縣故城漢置屬

琅邪後漢屬北海所謂屬北海者並指此拒縣蓋兩存其說案漢挺縣今萊陽縣南漢長廣縣今萊陽縣東元和志㹨養澤在昌陽縣西北四十里昌陽縣今萊陽縣東南㹨養澤蓋在此三縣之西故劉氏引地道記於拒縣下拒當作挺錢說是[illegible]膠東三國魏因晉志作挺改屬長廣郡一統志故城今登州府萊陽縣南七里

觀陽〔集解〕惠棟曰應劭云在觀水之陽先謙曰前漢縣屬膠東三國魏因謝云晉書華表傳咸熙中表封觀陽伯卽此有成山太和六年田豫討吳將周賀於成山殺之見明紀齊乘成山在文登縣東北一百五十里旁多礁島海道極險處也晉志省一統志故城今萊陽縣東七十里

東萊郡高帝置雒陽東三千二百二十八里〔集解〕馬與龍曰太守爰曾見任光傳橋肅見橋玄傳楊震見本傳高慎見魏志高柔傳注管統見[illegible]王忠見王脩傳公沙穆隱居東萊張儉流轉東萊見本傳又郡人司馬均見賈逵傳王基見鄭玄傳王頎見魏志毋邱儉傳先謙曰三國魏因十三城〔集解〕先謙曰三國魏東萊郡領漢舊縣十一城黔陬移屬城陽葛盧闕洪志魏東萊郡領縣六別立長廣郡吳云洪志據魏何夔傳遷長廣太守領六縣有長廣牟平東牟昌陽其二縣當卽不其挺疑當時因黃巾起青徐間郡縣寥闊難治故置長廣郡魏末郡或旋廢至晉咸甯三年復置太康地志不其長廣挺三縣俱云屬長廣則知咸甯三年前本有長廣郡今考咸甯在太康前太康地志所云不其等縣屬長廣者卽指咸甯三年事也長廣太守見史者僅一何夔時

在建安初年治十八年獻帝起居注所載青州屬郡已無長廣蓋是時已省又洪志引管輅傳注前長廣太守陳承祐爲魏有長廣之證今考輅傳前長廣太守陳承祐口授城門校尉華長駿語晉書華表傳廣字長駿稱太守知陳承祐亦遷長廣在晉初洪志未遷長廣太守則此承祐爲承祚之訛壽長廣還入東萊故承祚書審謝云劉孫傳云東萊牟平人蓋魏之廢長廣還入東萊故承祚書法如此案吳謝說並是

戶十萬四千二百九十七口四十八萬四千三百九十三

黃 地道記曰縣東二百三十里至海中連岑有土道秦始皇登此山刻二碑東二百三十里有始皇漢武帝二碑 集解馬與龍曰黃令毛欽又縣人李篤見張儉傳李忠子威孫紀曾孫廣見忠傳太史慈子享見慈傳先謙曰前漢縣三國魏因洪云有大人城司馬懿伐遼東造此城運糧船從此入見元和志晉志因一統志故城今登州府黃縣東南

牟平 集解馬與龍曰光武封耿舒爲侯見耿弇傳又縣人劉丕子寵方子岱見寵傳孫子基繇尚見吳志繇傳先謙曰前漢縣三國魏因晉志省一統志故城今黃縣

惤侯國 地道記曰有百枝萊君祠三齊記曰南山似犬蹲伏其山有萊人也 集解惠棟曰山海經曰黃山之神祠 先謙曰前漢縣三國魏因晉志故城今黃縣東南

曲成 集解馬與龍曰東萊曲成侯王昌馬與龍曰曲成侯相劉洪見濟水注侯有曲成侯國劉建前書韓稜萬里有沙曲成侯王昌見魏志 先謙曰前漢縣三國魏因晉志因一統志故城今萊州府掖縣東北

見律歷志注先謙曰前漢縣三國魏因晉志因作曲城一統志故城今萊州府掖縣東北

掖 集解惠棟曰前志作夜音亦又音掖馬與龍曰縣人王扶見本傳

侯國 集解錢大昕曰歐陽歙封夜侯傳子復以無子國除

有過鄉 集解惠棟曰過音戈寒浞之子澆所封國也猗姓先謙曰前漢縣三國魏因晉志因一統志故城今掖縣治

當利侯國 集解先謙曰前漢縣三國魏因晉志省一統志故城今掖縣西南

東牟侯國 集解先謙曰前漢縣三國魏因晉志因一統志故城今登州府文登縣西北

昌陽 集解先謙曰前漢縣三國魏因晉志因一統志故城今登州府文登縣南

盧鄉 集解惠棟曰前漢縣三國魏因晉志省一統志故城今萊州府平度州西北

長廣 集解馬與龍曰長廣太守何夔見魏志夔傳又縣人劉寵見前書孔融傳國淵見魏志又有長廣即此見魏志典傳晉志改屬長廣郡一統志故城今萊陽縣東

故屬琅邪 集解謝云李典擊管承於長廣即此見魏志典傳晉志改屬長廣郡一統志故城今萊州府萊陽縣東

黔陬 集解馬與龍曰黔其音基漢懸隱反惠棟曰注

侯國故屬琅邪 有介亭 左傳襄二十四年伐莒侵介根杜預曰計基城計基即前志計斤縣如淳音基先謙曰前漢志屬城陽國魏晉因改屬城陽郡沈志高密太守郎魏城陽領黔陬晉志屬城陽郡一統志故城今萊州府膠州西南

葛盧有尤涉亭 集解先謙曰前漢無三國魏晉志無李兆洛云漢無故城當在今萊州府境

不期 集解惠棟曰洪适云前志不其屬琅邪注云其音基漢有不其令董君闕作不期誤也三齊略記云不其城西南方有萬歲水北有萬歲亭是漢武帝造馬與龍曰不其令童恢見本傳王扶客居不其見本傳鄭玄避難不其山見魏志崔琰傳王仲縣人見張步傳王景見本傳

侯國 集解錢大昕曰宋伏湛封不其侯見鄭玄傳卓茂傳子崇封不其侯汎郷侯注汎作汎鄉見茂傳云不其縣見其侯故屬琅邪三齊記曰鄭玄教授不期山山下生草大如韭葉長一尺餘堅韌異常土人名曰康成書帶 集解先謙曰案不期本書作不其後漢傳封不其侯亦作不其字漢作不其前書作從漢縣不其三國魏因晉志改屬長廣郡不其故城今萊州府即墨縣西南

齊國 秦置雒陽東千八百里 集解惠棟曰前志郡馬與龍曰光武封子章爲齊王建武二十年王章嗣見王章傳又王石見本傳王晃見魏志董宣傳又東平王子見太守徐宣見本傳齊相曹世叔妻見列女傳董宣見本傳又桓良劉楨見本傳曹世叔妻傳議杜度見魏志劉祐傳又周昌見本傳江革見本傳二年封皇子祖爲齊王魏國因王望見本傳書又孫嵩見本傳志王粲傳先謙曰三國魏明帝紀黃初二年封爲齊郡公魏志郡景初守王明帝紀封劉洪爲齊郡太守蓋晉青龍二年封爲魏郡因之齊國領縣六四年芳爲郡郡芳齊郡芳也四年還爲齊郡初芳爲齊王齊嘉平六年廢歸於齊改爲齊國仍嘉位嘉縣晉初爲齊國芳

六城 集解先謙曰前志臨淄齊郡縣十二後漢志改齊國領縣六三國魏因之齊國領縣六晉初爲齊國嘉平元年封齊王之後漢舊縣遂安

戶六萬四千四百一十五口四十九萬一千七百六十五

臨菑 集解馬與龍曰臨淄本齊國刺史治 爾雅十藪齊有海隅郭璞曰海濱廣斥見江革傳王莽改曰齊陵縣人郎顗趙孝傳見魏志王祖傳本縣出劉寵見本傳

齊刺史治 爾雅十藪齊有海隅郭璞曰海濱廣斥左傳齊桓公在縣西南三十里日牛山南有天齊泉五泉並出西有桓公冢在縣南十餘里傳曰召陵見袁紹傳又劉備傳見孫瓚傳傳楷見公孫瓚傳又劉表見袁紹傳見馬騰見劉岱見本傳又馬融見李傳羊亮見傳馬超傳

西安 集解馬與龍曰西安侯劉孝見劉盆子傳

有棘里亭 杜預曰在縣東有棘里亭陳桓子封子山於蘧丘里古渠丘 集解惠棟曰鄭因謝云左傳注云渠丘邑無知見先謙曰前漢縣三國魏因左傳書云下邸獻王見傳魏

時對西安縣男晉志因一統志故城今臨淄縣西三十里

昌國 集解惠棟曰酈元云德會水出縣之黃山西北流徑城南先謙曰前漢縣三國魏因魏志邴原傳太祖北伐三郡單于往還昌國卽此謝云侯國晉書任愷傳魏景元中愷封此晉志因樂毅所封一統志故城今淄川縣東北三十五里

臨朐 集解洪亮吉曰案應云故屬東萊志脫四字

有三亭古郱邑 左傳莊元年齊所徙杜預曰在縣東南應劭曰伯氏邑也地道記曰有石高山集解惠棟曰郱音蒲丁反先謙曰前漢縣三國魏因吳表據左傳莊元年杜注東莞臨朐縣然杜注在晉初晉志改屬東莞郡一統志故城今臨朐縣治

廣 集解惠棟曰呂忱字林曰濁水出為山一名濁水先謙曰前漢縣三國魏因晉志屬東莞郡一統志晉改屬東莞故城今益都縣西南四里土人目為古青州

般陽 集解惠棟曰般音盤 故屬濟南 集解先謙曰三國魏因晉志省[illegible]志晉初般陽縣有亦見寰宇記宋書沈文秀傳王元邈據般陽城蓋縣省而城存一統志故城今濟南府淄川縣治

右青州刺史部郡國六縣六十五 集解先謙曰三國魏青州刺史部得漢舊郡國濟南樂安北海東萊齊分北海置城陽入東萊之黔陬徐州琅邪之東武莒為郡國六縣國六十二闕縣一改隸冀州縣十入徐州縣二一分置縣四南西平昌縣一平原分置樂陵改隸冀州

南陽郡 秦置雒陽南七百里 集解馬與龍曰太守甄阜見李通傳王常杜詩見本傳劉騶見堅鐔傳劉順見成武孝侯傳阮況見任光傳虞延見明帝紀鮑德見鮑昱傳蘇純見蘇章傳藥崧見鍾離意傳第五頡見第五倫傳桓虞見章帝紀滿殷高丹袁彭見袁安傳郭旺見郭躬傳韓昭見質帝紀高陽梁讓趙戒見李固傳張忠見徐璆傳成瑨見天文志秦頡見朱儁傳韓稜第五訪王暢陳球楊彪劉焉羊續見本傳褚貢見靈帝紀張咨見獻帝紀士孫瑞見王允傳黃子廉見吳志黃蓋傳田豫楊俊王觀見魏志本傳東里袞見武紀注孫宏見劉放傳注郡吏任光陳俊督郵朱暉朱穆功曹周章樊準見本傳鄧衍見虞延傳岑晊賊曹史張牧見晊傳宗子卿見魏志武紀應余見少帝紀又郡人尹勤見陳寵傳程堅見趙孝王傳范津見傅燮傳樊陵見李膺傳宗武伯翟敬伯陳綏伯張弟伯見鄧彪傳魏滿見戴憑傳郭眈見呂強傳黃忠陳囂子濟李嚴子豐呂乂子辰見蜀志本傳郭攸之見董允傳杜祺見呂乂傳王柱見楊戲傳李肅見吳志步騭傳羊衜見孫登傳先謙曰三國魏因分置義陽南鄉郡章陵漢末置郡見劉表傳注及百官志注魏文改章陵縣曰安昌立義陽郡治見沔水注及寰宇記[illegible]南鄉魏置郡晉武平吳改為順陽見沈志及晉志吳表據沈志義陽郡魏文立後省按闞駰云晉太始中割南陽置義陽郡晉志云武帝平吳分南陽立義陽則在太康中今據三國志魏有義陽郡義陽之省當在晉太始初旋復立也

三十七城 集解先謙曰三國魏南陽郡領漢舊縣二十二城義陽郡領漢舊縣四改章陵曰安昌分置義陽[illegible]平林[illegible]入南郡之郡為八城南鄉郡領漢

縣八城山都改屬襄陽郡成都闕洪志義陽郡從太康地志及寰宇記入江夏之平春鄳謝氏據魏志李通傳蜀志費禕傳以二縣當屬江夏洪志又據明帝紀景初元年分襄陽之鄀葉縣屬義陽郡謝云襄陽郡不能越南陽而有葉縣義陽在襄陽之東亦不能越南陽而有葉縣是葉縣無緣自襄陽來屬明紀疑衍葉字[illegible]

戶五十二萬八千五百五十一口二百四十三萬九千六百一十八

宛 集解惠棟曰羅泌云武丁子封宛城為宛侯今南陽宛也鄭樵云光武以南陽為別都謂之南都馬與龍曰更始封劉賜為王見劉玄傳宛令杜安見樂恢傳夏勤見樊鯈傳种拂黃昌見本傳吳樹見梁冀傳通典魏荊州刺史治宛曹仁屯宛見魏志仁傳刺史夏侯尚裴潛胡質鍾繇毋邱儉孫禮王昶見本傳夏侯威見夏侯淵傳李勝見曹爽傳傅羣見蜀志楊儀傳楊肇見吳志陸抗傳從事劉望之見魏志劉廙傳桓階見本傳魏末荊州徙治新野又縣人趙匡見馮異傳宗廣見任光傳邢喬見明帝紀董班見李固傳卓茂孔休見茂傳彭宏子寵見寵傳孔喬見樊英傳李軼李守子通孫音雄音子定孫黃曾孫壽見通傳任光子隗孫屯曾孫勝玄孫世見光傳吳漢子成國孫旦盱曾孫勝代見漢傳任延子愷見延傳朱祜子商孫演曾孫沖見祜傳趙憙子代孫直曾孫淑見憙傳何貢見何后紀何進弟苗見進傳朱岑朱暉子頡孫穆曾孫野見暉傳張羨見劉表傳茨充見衛颯傳州泰見魏志鄧艾傳文聘子岱休孫武見聘傳王連子山見蜀志連傳許慈子勛見慈傳張咨見吳主權傳謝景見孫登傳

本申伯國 荊州記曰郡城周三十六里博物記有中亭南都賦注有玉池澤陂

有南就聚 集解惠棟曰酈元云在清水之南

有瓜里津 東觀書曰鄧奉拒光武瓜里

有夕陽聚 袁山松書曰賈復從擊鄧奉追至夕陽聚

有東武亭 集解惠棟曰春秋之武城也杜預云在縣北先謙曰前漢縣三國魏因謝云建安元年張濟自關中走南陽濟死從子繡領其眾二年魏武到宛繡降見武紀吳云建安二十二年曹據封宛侯後徙封章陵王晉志因一統志故城今南陽府治

冠軍邑 集解錢大昕曰順帝第二女冠軍公主馬與龍曰光武封賈復為侯見復傳靈帝封王甫為侯見曹節傳冠軍令騶協見第五倫傳吳志韓當領冠軍太守見當傳又縣人賈復子忠邯宗孫敏育參曾孫建見復傳杜茂子元孫奉見茂傳先謙曰前漢縣三國魏因謝云曹琮封冠軍公見鄧哀王傳晉志因一統志故城今鄧州西北四十里

葉 集解馬與龍曰安帝封鄧悝為侯見鄧騭傳葉令黃況見黃香傳注王喬見本傳又縣人高鳳見逸民傳

有長山曰方城 杜預曰方城山在縣南屈完曰楚國方城以為城皇覽曰縣西北去城三里葉公諸梁冢近縣祠之曰葉君丘集解官本考證曰推尋文義當云葉左傳屈完曰楚國方城以為城杜預曰方城山在縣南今此文誤倒惠棟曰前志及潕水注皆云葉有長城號曰方城晉志云有長城山號曰方城盛宏之荊州記云葉東界有故城始犨縣東至瀙水達比陽界南北聯數百里號為方城一謂之長城則長山當作長城也又唐勒奏土論云我是楚也世霸南土自越以至葉垂宏萬里故號曰萬城案此則方城本萬城轉作万字遂訛為方也

有卷城 左傳昭二十五年楚子使季然郭卷

集解惠棟曰卷音權又眷勉反先謙曰前漢縣三國魏因晉志因一統志故城今葉縣南三十里舊縣店
新野 集解惠棟曰說文有舉亭馬與龍曰新野令潘臨見齊武王傳潘叔見鄧晨傳注魯丕見本傳孔嵩爲新野阿里街卒見范式傳劉備屯新野見蜀志又縣人陰識子躬孫璜淑綱曾孫鮪識弟興子慶薄員丹孫琴曾孫萬全玄孫桂興弟就訢就子豐見識傳陰睦見陰后紀陰循見袁紹傳鄧宏子晨孫汎曾孫棠玄孫固固子國孫福見晨傳鄧禹弟寬禹子震襲珍鴻訓孫乾蕃良康隲京悝弘閶曾孫成鳳珍廣宗忠廣德甫德玄孫褒褒子昌見禹傳隲從弟豹暢遵遵子萬世見隲傳禹之後颺見魏志曹爽傳芝之子良見蜀志芝傳鄧彪見彪傳樊融樊曄見曄傳曹破石曹節見節傳來歙弟由歙子褒孫棱曾孫歷玄孫定定子豔虎見歆傳豔子敏孫忠見蜀志敏傳
有東鄉 集解馬與龍曰籍建封東鄉侯見孫程傳
故新都 王莽封也
有黃郵聚 吳漢破秦豐地集解先謙曰前漢縣三國魏因改屬義陽郡荊州都督治新野見元和志正始中王昶督荊州以爲今屯宛去襄陽三百餘里諸軍散屯有急不足相赴乃表徙治新野習水軍於三州見昶傳刺史王基屯新野見基傳謝云侯國文聘封此見聘傳蜀志鄧芝來敏並云義陽新野人是魏時新野屬義陽晉志屬義陽郡一統志故城今新野縣治南
章陵故春陵世祖更名 古今注曰建武十八年使中郎將耿遵築城集解馬與龍曰縣人光武祖父回父欽見帝紀兄縯仲叔父良劉祉劉歆劉賜劉順劉嘉見宗室傳劉玄見玄傳案光武紀云蔡陽人以建武十七年紀及紀末論校之實舂陵人也謝該見儒林傳章陵縣漢末爲郡太守蒯

越見魏志劉表傳注趙儼見儼傳魏爲義陽郡治見水經沔水注郡人董厥樊建魏延見蜀志本傳胡濟弟博見董和傳注劉邑子式武傅彤子僉郝普見楊戲傳注
有上唐鄉 前志曰故唐國下江兵荊州軍集解惠棟曰注故唐國春秋傳文十二年楚子使告唐惠侯杜預云唐屬楚之小國義陽安昌縣有上唐鄉先謙曰前漢縣三國魏改安昌義陽郡治此趙一清從顧景范說章陵曹魏省入蔡陽以酈注爲誤又謂西魏嘗置安昌郡并春陵縣於此蓋道元身後之事水經注文是後人塡補今案顧趙均誤左傳杜注有義陽安昌縣尤足爲曹魏更名之確證吳云沔水注黃初二年改章陵縣曰安昌考魏志彭城王據於黃初三年封章陵王其年徙封義陽安昌改名當在據徙封義陽之時水經注所云二年蓋卽三年之訛晉志安昌屬義陽郡一統志故城今襄陽府棗陽縣東
西鄂 有精山朱儁破孫夏山海經曰有豐山神耕父處之常遊清泠之淵出入有光見卽其國爲敗有九鍾焉是知霜鳴郭璞曰清泠水在西鄂縣山上神來時水赤光耀今有屋祠也霜降則鍾鳴故言知也物有自然感應而不可爲也南都賦注耕父旱鬼也皇覽曰王子朝冢在縣西集解惠棟曰說文有郢亭馬與龍曰西鄂長杜襲見魏志襲傳又縣人陳茂見郭后紀陳俊見本傳張堪孫衡見衡傳先謙曰前漢縣三國魏因晉志因紀要故城今南陽府南陽縣北五十里
雉 博物記滍水出集解馬與龍曰雉長堂谿典見蔡邕傳先謙曰前漢縣三國魏因晉志因紀要故城今南陽縣北八十里
魯陽 集解惠棟曰本傳有陽泉鄉盛弘之云其地重險楚之北塞也馬與龍曰魯陽長董崇見杜詩傳陽泉鄉佐張宗見本傳南陽太守袁術治魯陽孫堅領

豫州刺史住魯陽見吳志堅傳韓暨避亂魯陽山中見暨傳
有魯山 前志曰[illegible]有堯山[illegible]
解[illegible]樹谿水出魯山峡谷[illegible]西而南合牛藺也
有牛蘭累亭 [illegible]
惠[illegible]酈元云牛藺水所發也[illegible]魏[illegible]五年以任城王楷子溫嗣[illegible]改[illegible]志因一統[illegible]山縣治
犨 集解惠棟曰尺[illegible]人延篤見本傳[illegible]謙[illegible]因晉志因一統志[illegible]南五十五里
堵陽 集解[illegible]朱祜[illegible]人[illegible]孫肇玄孫邦見魏志暨傳[illegible]縣[illegible]一統志故城今南陽府裕[illegible]集[illegible]三國魏因謝云蜀志劉表[illegible]於[illegible]屯僑迺愔等追之爲伏兵[illegible]云[illegible]因一統志故[illegible]六十里
舞陰邑 集解錢[illegible]陰公主[illegible]亭[illegible]入潁馬與龍曰更始封李[illegible]光[illegible]彭傳桓帝時鄧昌襲母曾[illegible]謙[illegible]因謝云于禁傳太祖與張[illegible]敗[illegible]因一統志故城令泌陽縣[illegible]曰[illegible]雅藻水在泚陽馬與龍曰[illegible]陽[illegible]紀鄧康爲泚陽侯亦見天[illegible]比[illegible]陽長案泚均當作比寶后[illegible]校本泚改泚先謙曰前漢縣三國魏因晉志因[illegible]

今唐縣東
復陽 集解惠棟曰闞駰云胡陽縣之樂[illegible]元延二年置在桐柏大復山之陽[illegible]昕曰順帝封中黃門李建
有杏聚 集解先謙曰前漢縣三[illegible]省一統志晉省故城今[illegible]馬與龍曰更始封申屠建爲王見劉玄傳平氏長法雄見本傳
桐柏大復山 [illegible]桐柏淮源涌發其中潛流三十里東出大復[illegible]南山南有淮源廟博物記曰有陽山出紫草[illegible]集解先謙曰前漢縣三國魏因改屬義陽郡[illegible]陽縣見魏志文紀元和志本平氏縣義陽鄉[illegible]子整傳以彭城王據子範奉整後黃初三年[illegible]曰西平氏屬義陽郡案晉志西字誤連平字[illegible]義陽太守下云厥西晉太康地志屬義陽一統志故城今桐柏縣西
棘陽 荊州[illegible]城集[illegible]陽云有鄉鄉馬與龍曰樊宏傳宏弟丹爲射[illegible]出射城北建武十三年封樊重少子丹今本[illegible]所謂既入于謝者也城之西舊棘陽縣治鄭[illegible]說文棘陽縣有鄉鄉又縣入岑彭子遵淮孫[illegible]子福韓歆見彭傳馬成子衛孫香曾孫豐玄[illegible]玄昌玄子邑孫醜見成傳岑豫子睦見睦傳[illegible]
黃淯聚 又伯升攻梁丘賜杜預曰蓼國在東[illegible]集解洪頤煊曰蓼當作廖前書地理[illegible]杏云廖音力救反左氏傳作颶其音同耳蓼[illegible]楚所滅與此別先謙曰前漢縣三國魏因改[illegible]

據寰宇記魏義陽郡領五縣無棘陽案魏志鄧艾義陽棘陽人是魏棘陽屬義陽郡洪氏不信承祚而信趙宋之樂史非也晉志屬義陽郡一統志故城今新野縣東北棘陽鎮

湖陽邑 荊州記曰樊重母畏雷為石室避之悉以文石為阼今存〔集解〕錢大昕曰光武姊湖陽公主惠棟曰荊州記云春秋蓼國樊重之邑也竹書紀年楚共王會宋平公于湖陽周地圖記云光武所封外祖樊重邑又光武姊為湖陽公主馬與龍曰樊重沒在王莽末建武十八年帝過湖陽祠重墓追爵謚為壽張敬侯重湖陽縣人子宏丹孫尋鮪儵曾孫賞汜郴梵玄孫時時子建盼孫尚樊忠見宏傳樊準樊瑞見準傳馮魴子柱孫定石珧曾孫世承肅見魴傳馮艮見周燮傳馬武子檀孫震曾孫側見武傳先謙曰前漢縣三國魏因謝云魏志曹公擊張繡於穰拔湖陽即此晉志省輿地廣記晉省入棘陽紀要今南陽府唐縣東九十里

隨 古隨國〔集解〕惠棟曰世本云隨國姬姓釋例土地名云隨國在楚之東馬與龍曰更始封胡殷為王見劉玄傳隨宰侯霸又縣人周章見本傳

西有斷蛇丘 即銜珠之蛇也杜預曰有賴亭左傳僖十五年齊伐厲在縣北帝王世紀曰神農氏起列山謂列山氏今隨厲鄉是也荊州記曰縣北界有重山山有一穴云是神農所生又有周迴一頃二十畝地外有兩重塹中有九井相傳神農既育九井自穿汲一井則眾井動即此地為神農社年常祠之〔集解〕先謙曰前漢縣三國魏因改屬義陽郡謝云晉太康志屬義陽案沈志晉武分義陽為隨國是魏時隨縣屬義陽晉志屬義陽郡一統志故城今德安府隨州治

育陽邑 〔集解〕錢大昕曰光武女淯陽公主惠棟曰本傳作淯山海經攻離之山淯水出焉南流注於漢郭璞云在縣南說文縣有鄧鄉馬與龍曰淯陽侯鄧秉見天文志曹節封育陽侯見節傳胡廣封育陽安樂鄉侯見廣傳又縣人李續李善見善傳注丹見儒林傳

有小長安 漢軍為甄阜所破處

有東陽聚 朱祐破張成處〔集解〕先謙曰前漢縣三國魏因謝云侯國黃權降魏封育陽侯見蜀志權傳晉志因一統志故城今南陽縣南六十里綠楊村

涅陽 〔集解〕錢大昕曰安帝妹涅陽公主食邑當有邑字馬與龍曰縣人左雄見本傳先謙曰前漢縣三國魏因晉志因一統志故城今鎮平縣南

陰 〔集解〕惠棟曰說文有鄧鄉先謙曰前漢縣三國魏因改屬南鄉郡沈約云順陽太守魏分南陽立曰南鄉何志有陰縣左傳昭十九年杜注南鄉陰縣晉志屬順陽一統志故城今襄陽府光化縣西

酇 〔集解〕惠棟曰音贊蕭何國太康地理志云魏武帝建安中分南陽立南鄉郡馬與龍曰光武封鄧禹為侯後更封梁見禹傳明帝封蕭熊為侯見韋彪傳先謙曰前漢縣三國魏因改屬南鄉郡沈約云順陽太守何志有酇縣謝云劉放傳放為酇長即此吳云諸王傳作贊黃初四年曹袞改封贊王即此晉志屬順陽一統志故城今光化縣北

鄧 〔集解〕馬與龍曰更始封王常為王見劉玄傳諸葛亮家於鄧縣在襄陽城西二十里號曰隆中見蜀志亮傳注

有鄾聚 左傳桓九年楚師圍鄾〔集解〕惠棟曰杜預云在縣南沔水之北先謙曰前漢縣三國魏因沈約云南野太守晉分南陽立何志有鄧縣漢舊縣謝云侯國甘露元年鄧艾封此見艾傳有鄧塞洪云孫堅破黃祖於此魏略正始二年朱然圍樊城夏侯儒進屯鄧塞魏於此地裝治舟艦以伐吳故陸機表稱鄧塞之舟淯水注鄧塞者鄧城南小山淯水徑其東元和志在鄧縣故

城南臨宛口晉志改屬義陽郡一統志故城今襄陽縣北

山都侯國 〔集解〕錢大昕曰順帝封中黃門楊佗馬與龍曰光武封馬武為侯後更封鄀見武傳山都長龍述見馬援傳韓暨徙居山都見魏志暨傳先謙曰前漢縣三國魏因改屬襄陽郡見沈志晉志屬襄陽郡一統志故城今襄陽縣西北

酈 〔集解〕惠棟曰郭璞音離鄒誕生音歷玉篇音郎的切又音蹢

侯國 荊州記曰縣北八里有菊水其源旁悉芳菊水極甘馨又中有三十家不復穿井即飲此水上壽百二十中壽百餘七十者猶以為夭漢司空王暢太傅袁隗為南陽令縣月送三十餘石飲食澡浴悉用之大尉胡廣父患風癃南陽恆汲飲此水疾遂瘳此菊莖短葩大食之甘美異于餘菊廣又收其實種之京師遂處處傳植之〔集解〕官本考證曰何焯校本郎改仰錢大昕曰順帝封長樂大官丞王國先謙曰前漢縣三國魏因晉志因一統志故城今南陽府內鄉縣東北

穰 〔集解〕惠棟曰說文作鄒云有鄧鄉玉篇音如羊切馬與龍曰更始封廖湛為王見劉玄傳劉茂封穰侯見泗水王傳鄧嬰封穰侯見竇憲傳縣人張溫弟敵見竇武傳郭稚子丹孫宇清見丹傳先謙曰前漢縣三國魏因沈約云新野太守晉分南陽立領穰縣洪云有魏武城建安三年征張繡所築見沔水注晉志改屬義陽郡一統志晉初改故城今鄧州外城東南隅

朝陽 南都賦陂澤有鉗盧注曰匡縣〔集解〕惠棟曰注鉗盧李善引杜預表云所領部曲皆居南鄉界所近鉗盧大陂下有良田馬與龍曰明帝徙封劉游為侯見泗水王傳先謙曰官本注匡作在是前漢縣三國魏因晉志改屬義陽郡一統志晉初改故城今鄧州東南

蔡陽 〔集解〕惠棟曰有釜亭見續漢書馬與龍曰縣人劉珍見文苑傳

侯國 襄陽耆舊傳曰有松子亭下有神陂中多魚人捕不可得南都賦所稱〔集解〕錢大昕曰城陽恭王子平所封後徙竟陵馬與龍曰永平五年從封平竟陵侯見城陽恭王傳志侯國所封末詳靈帝封張根蔡陽鄉侯見張酺傳惠棟曰南都賦曰松子神陂赤靈解角先謙曰前漢縣三國魏因沈約云新野太守晉分南陽立何志有蔡陽晉志改屬義陽郡一統志故城今襄陽府棗陽縣西南

安眾 〔集解〕馬與龍曰安眾令陳文矩見列女傳又縣人劉隆見本傳劉宣見卓茂傳劉弘劉逸見靈帝紀宋伯子均孫條均族子意意子京孫俱見均傳均孫宗資見黨錮傳注宗慈見本傳宗預見蜀志預傳宋忠見吳志虞翻傳注案紀傳宋字疑俱宗字之訛今姑從原書劉望之弟廣廣子阜見魏志廣傳

侯國 博物記曰有土魯山出紫石英〔集解〕錢大昕曰漢書王子侯表安眾侯丹以長沙定王子封傳六世崇為王莽所滅建武二年以崇從父弟寵紹封十三年子松嗣班孟堅修史時見存馬與龍曰光武以崇從弟宣襲封安眾侯見卓茂傳有白牛邑見湍水注光武封劉嵩為白牛侯見安城孝侯傳先謙曰前漢縣三國魏因謝云三國志劉廣宗預並云南陽安眾人晉志省一統志晉省入宛縣故城今南陽府鎮平縣東南

筑陽 〔集解〕惠棟曰筑音竹

侯國 〔集解〕錢大昕曰光武封吳漢子盱後從封平春

有涉都鄉 杜預曰穀國在縣北博物記曰今穀亭荊州記曰縣北四里有開林山西北有酇山〔集解〕馬與龍曰李郃封涉都侯見郃傳先謙曰前漢縣三國魏因改屬南鄉郡左傳桓七年杜注南鄉筑陽縣晉志屬順陽郡一統志故城今襄陽府穀城縣東

武當 〔集解〕馬與龍曰光武封鄧棠為侯永建中國除見鄧

晨有和城聚吉荊州記曰縣有女思山南二百里有武當集解洪亮
傳日注引荊州記曰縣有女思山案沔水注五女激
或言女父為人所害居固城五女思復父怨立激以攻城山亦當
以此得名先謙曰前漢縣三國魏因改屬南鄉郡見寰宇記晉志
屬順陽郡一統志今均州北故城今均州
順陽侯國集解錢大昕曰光武封族兄嘉子延為侯見先馬與龍曰封傳
廖為侯傳云遷封順陽侯見馬傳故博山侯國集解惠棟曰前志有博山侯國哀帝置明帝復舊
廖傳李通屯田順陽見通傳前漢三國魏因改屬南鄉郡謝云侯國屬晉一書
聚馬望傳魏時封順陽侯晉志云三國魏順陽郡仍屬晉志
志故城今南陽縣東成都集解先謙曰前漢無李兆洛云當在今河南省境有須
府淅川縣東龍曰縣人何顒見本傳一統志曰前漢無三國魏因晉志省元和
後漢分蔡陽置襄鄉縣錢大昕曰順陽侯劉參有罪削為南鄉即今襄鄉集解
襄陽府棗陽縣東北南鄉集解錢大昕曰南陽侯左勝弟見天文志鄧萬世封侯南鄉
鄉侯見鄧騭傳永和六年封中山王暢為南鄉侯見陳留太守鄧萬世封侯
王遜傳又縣人劉乾見蜀志呂乂傳先謙曰前漢無三國魏因置南鄉郡
志遜傳又見鄧騭傳寰宇記丹水因立注為建安中割南陽右壤為南鄉郡
治南鄉縣見寰宇記丹水縣為順陽郡立南鄉南陽郡
封和中宣帝徙治南鄉故城為順陽郡太守魏分南鄉南陽立曰晉南鄉郡武帝更名南鄉
為順陽郡沈約云

後漢志二十二　七

南鄉晉志屬順陽郡一統志南陽府淅川縣東南有商城張儀與楚商於之地杜林傳曰丹水故屬弘農
故城今南陽府淅川縣東南丹水二縣有商城張儀與楚商於之間歷于中之地所謂商於也注商於
之地丹水注丹水逕流兩縣之間歷于中之北所謂商於者也
有章密鄉集解惠棟曰商密都及丹水皆作密陽鄉云古商密之
地杜預曰前志及今南鄉丹水縣北有商密城集解惠棟曰竹書紀年
任城哀四年晉執楚師入三戶郭杜預云在縣北馬與龍曰
有三戶亭左傳云壬寅孫何侵楚子昇郭預注云今淅川縣西
因改屬南鄉郡傳參戶亭先謙曰此一統志故城今淅川縣西
侯曰漢碑作樹順陽郡晉志屬南鄉博郎杜預日縣今漢析集解
侯見馮異傳作樹順帝與龍曰光武封為析侯見孫程傳
邑左傳昭十八年有武關在縣西集解惠棟曰文穎曰春
秋之少習也有豐鄉城左傳哀四年司馬起豐析集解先謙曰前漢縣
屬順陽郡一統志故城今內鄉縣西北一百二十里內鄉保
國魏因改屬南鄉郡左傳僖二十四年杜注南鄉析縣晉志
南郡秦置雒陽南一千五百里集解惠棟曰本傳建初三年
可以封乃徙封六安江陵王元和二年三公上言江陵在京師正南不
建初三年徙封江陵王元和二年為南郡見章帝紀及彭城靖王傳
郡太守劉隆見南蠻傳岑彭傳岑後見郭后傳注法雄傳見本傳
傳李肅守見劉隆見南蠻傳郭永傳見魏志郭后傳注郡吏胡廣見本傳主簿

是歲合漢字謂之後魏人攻圍南呂蒙領南郡太守住公安南郡始終理治代公蒙亦住公安今考吳
表引沈約宋志云南平內史吳志南郡治江陵諸葛瑾代呂蒙領南郡太守住公安
江陵屬吳南郡治江陵晉志云南郡統縣
吳荊州理江南平郡治今南郡治江南首陵大
謀作師前漢縣三國吳因沈約宋志曰周瑜南郡江陵南郡
以歸謂之夏州秦今說夏口城有州名有夏口集解先謙曰陳注師諸本一
所城史記蘇秦說楚威王楚東有夏州有夏口先謙曰楚莊伐陳鄉取一人
有水本名治長谷又北西十里有小城名曰治父城楚王所都東南有繙
官東越見馬劉表傳曰見先謙日注是日有津鄉州記曰縣東三里餘有三湖湖東
十里馬四十表作白上是曰劉昆見集解惠棟曰縣有津鄉
覽南郡與叔能放傳日在城中四十里江陵昭王奔郢城
十口七十四萬七千六百四江陵有江陵句史記曰楚文王自丹陽徙郢楚都也北
北歸建等平新城有郡存原房陵太守案州秦吳襄巫
郎非之謂吳建平魏屬各有建始縣吳表
魏移郡縣屬義陽郡洪亮吉志云據方輿覽

後漢志二十二　八

郭林宗傳郡人呂不能越淮沔而進取案吳志陸抗傳注引習鑿齒云三家鼎足四十餘
年吳人見南蠻傳中國不能取中國江陵長江以爭利四故其
時荊州之南郡江夏之九江魏吳各置守設督以為重
鎮而南郡曾為蜀據亦嘗於此曹仁吳江陵見志傳太
守周瑜魯肅程普見吳志本傳關羽見蜀先主志傳呂
家荊州督朱然見本傳陸抗見吳志孫皓傳張昭傳
紘傳史郭見文紀注功曹張悅見傳張昭三見傳
歲傳魏志見紀注伍延先主傳見吳志張昭傳南三張
分吳置以建平臨江郡魏劉備置襄陽宜都郡晉志云魏武平荊州
年陸遜別為都郡分枝江宜都郡孫權分宜安郡二十四州
孫休傳襄陽取宜都郡魏建平郡永安三年分宜都郡立建平郡
襄陽臨沮見晉志明帝以新城三年分巫秭歸置建平郡又分建平郡立
陽宜城臨沮縣四武帝紀又以宜城分置建都郡吳分宜都三郡十七城
領漢舊縣六城入陵之屬建平郡分宜都郡晉帝
改夷陵曰西陵為三縣之作唐二城為八都尉一縣二
南郡統縣江陵沙陽舊置唐漢陵南陽蜀國三郡
陽枝江縣監利江陵華容州陵當陽漢舊縣
五縣也晉陽羡舊志曰鄀晉南郡宜城及之城
校記南郡宜陽江陵臨沮又與南陽新野入南陽郡

1248

志南郡太守惟諸葛瑾任公安旋遷左將軍督公安瑾以前各太守周瑜魯肅程普呂蒙皆治江陵也吳謂魏攻南郡皆須渡江說九非是洪云侯國陸遜封此見遜傳江水注舊城關雲長築謝云赤烏九年朱然城江陵見孫權傳有百里洲董昭傳夏侯尚攻江陵欲將步騎入渚中安屯築浮橋南北往來潘璋傳夏侯尚圍南郡[illegible]云築浮橋渡百里洲上謝云其地在江陵南江津戍之西有中洲孫權傳曹眞分軍據江陵中洲張郃傳夏侯尚擊江陵部別督軍渡江[illegible]取洲上屯塢胡三省云卽百里洲其洲自枝江縣西至上明東及江津江津北岸卽江陵故城江陵縣志明嘉靖中江水衝斷分爲上百里洲下百里洲晉志因一統志故城今荊州府江陵縣治**巫**集解馬與龍曰巫丞李通見本傳令土變見吳志變傳吳建平太守盛曼見孫休傳吾彥爲建平太守時王濬治船於蜀彥曰宜増建平兵建平不下終不敢渡江見孫皓傳注**西有白帝城**郭璞曰有巫山集解先謙曰前漢縣三國吳置建平郡治巫城城緣山爲墉周十二里一百一十步東西北三面皆帶傍深谷南臨大江見江水注謝云襄陽記太始元年羅憲襲取巫城案羅憲取巫旋復失之至吳亡後巫始屬晉沈志以巫縣隸晉咸甯前建平郡非也又元和志寰宇記並云吳建平治秭歸今考晉書武帝紀太康元年二月王濬等克丹陽城丹陽卽秭歸而吾彥傳彥爲建平太守堅守吳亡始降是卽吳建平治巫之明證水經注不誤吉南樂史說不足據洪云有石門山先主自夷陵敗歸燒鎧斷道處案在今巴東縣東北三十五里見紀要江水注江水又東徑石門灘北岸有山上合下開洞達東西沿江步路所由劉備爲陸遜破走徑

此門追者甚急備乃燒鎧斷道孫桓爲遜前驅奮不顧命斬上夔道[illegible]截其要徑備踰山越險方免謝云先主傳自號亭至秭歸步道還魚復吳將軍李異等踵躡先主屯駐南山秋八月收兵還巫卽此晉志屬建平郡一統志巫爲吳蜀之界故城今夔州府巫山縣東白帝城漢魚復縣徙治於此蜀改名永安故城今奉節縣東**秭歸**集解惠棟曰袁山松郡國志云屈原有賢姊聞原放逐亦來歸喩令自寬全鄉人冀其見從因名曰秭歸太康地志有歸鄉故夔子國楚滅之馬與龍曰劉璋爲益州牧社秭歸見劉馬傳張飛屯秭歸見蜀先主志秭歸宰李嚴見嚴傳先謙曰稜當改秭官本作秭**本國**杜預曰夔國荊州記曰縣北一百里有屈平故宅方七頃累石爲屋基今其地名樂平宅東北六十里有女須廟集解先謙曰官本作本歸國考證云推尋文義國上衍一歸字注杜預曰夔國非歸國明矣前漢縣作秭歸三國吳改屬建平郡洪云孫權分宜都至[illegible]秭歸二縣爲固陵郡拜潘璋爲太守見璋傳郡蓋暫置旋廢有吳城在縣東八十五里居三峽要衝孫權置此以備蜀隋開皇時置大淸鎮見元和志有蜀先主城征吳時所築在秭歸東北見江水注晉志屬建平郡一統志故城今宜昌府歸州治**中盧**集解惠棟曰春秋傳盧戎黎杜預云今中盧縣音力於反又音盧先謙曰官本作盧**侯國**襄陽耆舊傳曰古盧戎也縣西山中有一道漢時常有數百匹馬出其中馬形皆小似巴湞馬三國時陸遜攻襄陽又値此穴中有數十匹馬出遜載還建業蜀使來有五部兵家濆池者識其馬色云亡父所乘對之流溯荊州記云是析縣馬頭山又縣南十五里有陵水東流注沔水中有物如馬甲如鮫

鯉不可入七八月中好在磧上自曝膝頭如虎掌爪小兒不知欲取弄戲便殺入或曰生得者摘其鼻厭可小小使名爲木盧集解錢大昕曰順帝封中黃門孟叔惠棟曰注五部兵五部溪之兵也見沔水注又案廣漢有五城縣漢時置五倉發五縣民尉部主之故號五部兵見華陽國志先謙曰官本注鮫作鮮沔水注作鮫鼻作皐便作使太盧作水虎前漢縣三國魏因改屬襄陽郡晉志屬襄陽郡一統志故城今襄陽府襄陽縣西南**編有藍口聚**下江兵所據左傳關繒以權叛楚遷於那處杜預曰縣東南有那口城集解惠棟曰注那口城那乃多反一作郡音奴甘反先謙曰前漢縣三國吳因晉志因一統志故城今安陸府荊門州西**當陽**杜預曰縣東有權城楚武王所剋荊州記曰縣東南有麥城城東有盧城沮水西有磨城伍子胥造此二城以攻麥城集解惠棟曰注縣東南有權城諸本脫南字依杜注增先謙曰官本注盧作廬沮水注作驢諺云東驢西磨麥城自破前漢縣三國吳因洪云侯國朱然封此見然傳有當陽坂曹公追先主一日一夜輕騎行三百餘里及於當陽之長坂見先主傳沮水注當陽城北枕沮川其故城在東一百四十里謂之東城在緣林長坂南長坂卽張翼德橫矛處案在今荊門州西北見紀要有麥城關雲長爲吳所破在今當陽縣東南五十里見一統志有尋口有荊城謝云文聘傳與樂進討關羽於尋口又攻羽輜重於漢津燒其舡於荊城沔水注沔水自荊城東南流在今鍾祥縣西南見一統志晉志因謝云故城今當陽縣東一百四十里**華容**集解惠棟曰杜預云有章華宮馬與龍曰華容長貝羽見魏志劉表傳注又縣人胡剛胡廣子貢見廣傳**侯國**集解錢大昕曰順帝封中

黃門王康馬與龍曰靈帝時封宋瑀見曹節傳**雲夢澤在南**杜預曰州國在縣東枝江縣有雲夢城江夏安陸縣東南有雲夢城或曰華容縣東南亦有雲夢巴巨湖江南之雲夢也爾雅十藪楚有雲夢郭璞曰巴巨湖是也集解惠棟曰夢音蒙又亡貢反又注州國在縣東南諸本脫南字依杜注增先謙曰前漢縣三國吳因山陽公載記曹公船艦爲備所燒引兵從華容道步歸卽此謝云元和志吳置南安縣寰宇記吳分孱陵置南安縣在華容東北劉煦曰華容漢孱陵縣地劉表政爲南安今考沈志南安縣宋武帝置則吉甫樂史劉煦說皆非晉志因一統志故城今荊州府監利縣西北謝云當從紀要在今監利縣東五十里**襄陽**集解馬與龍曰襄陽侯習郁見麗公傳注荊州刺史劉表治襄陽從事韓嵩別駕劉先東曹豫傳巽見表傳沔水注魏荊州刺史治襄陽蓋據魏初言之劉備屯樊見蜀先主志曹仁屯樊見仁傳樂進州泰屯襄陽關羽潘璋胡烈領襄陽太守見本傳又縣人麗山人子渙麗公見本傳蔡瑁見劉表傳麗統弟林統子宏見蜀志統傳楊儀見本傳楊顒輔臣習顧子忠孫隆見楊戲傳注張悌見吳志孫皓傳郡人董恢見董允傳羅憲見霍峻傳注廖化見本傳**有阿頭山**岑彭破張楊襄陽耆舊傳曰縣西九里有方山父老傳云交甫所見玉女游處北山之下曲限是也荊州記曰襄陽舊楚之北津從襄陽渡江經南陽出方關是周鄭晉衞之道其東津經江夏出平澤關是通陳蔡齊魯之道集解先謙曰前漢縣三國魏因置郡治此見紀要洪志治宜城謝云洪誤有樊城在今襄陽縣北與襄陽隔水對峙建安二十四年關羽攻曹仁於樊沒于禁軍見羽傳羽又圍呂仁於襄陽徐晃至陽陵陂得偃城

連營稍前去羽圍三丈所見揚聲攻頭圍而密攻四家破之見
傳有檀溪洪云蜀先主乘的盧躍渡於此見沔水注有劉琦臺琦
與諸葛亮密謀去梯之所見荊州記謝云有峴山有三州口朱然
諸葛瑾攻樊遣船兵於峴山東斫材見魏略司馬懿率衆拒然然
夜遁追至三州口見干寶晉紀晉志
屬襄陽郡一統志故城今襄陽府治
印集解惠棟曰前志及本傳
皆作邔說文從邑己聲本周
成雜字解詁音章懷音其紀反馬與龍
曰縣人黃尙見順帝紀秦豐見岑彭傳
侯國集解錢大昕曰淄
川王終子柱所封
有犂丘城朱祐禽秦豐蘇嶺山集解先謙曰前漢縣三國魏因改
屬襄陽郡元和志邔城東臨漢江古諺曰邔無東言東
逼漢江其地短促晉志屬襄陽
郡一統志故城今宜城縣東北
宜城集解馬與龍曰更始封王鳳
爲王見劉玄傳劉備封宜城
亭侯見蜀志宜城長韓暨見魏志暨傳杜根爲宜城山中酒家保
見本傳又縣人王逸子延壽見文苑傳馬良子秉良弟謖向朗子
條兄子寵充
見蜀志本傳
侯國杜預曰縣西舊羅國後徙枝江集解錢大昕曰
順帝封中黃門孫程惠棟曰注羅國世本云羅
熊姓先謙曰前漢縣三國魏因改屬襄陽郡晉志
屬襄陽郡一統志本楚鄀地故城今宜城縣南
鄀集解惠棟曰
沈約云鄀漢
舊縣屬南郡作若晉太康地志作鄀案今兩漢志皆作鄀沈所
見本異也晉志曰故鄀子國馬與龍曰縣人秦頡見沔水注
侯國永平元年復左傳楚文王伐黃還及湫杜預曰縣東南有湫城
集解先謙曰前漢縣作若三國魏因改屬襄陽郡
見明紀晉志因復屬南郡一統志楚滅都以
爲邑昭王徙都於此故城今宜城縣東南
臨沮集解馬與龍曰
馬超督臨沮見

蜀志超傳臨沮長向朗見
朗傳杜晉見魏志樂進傳
侯國集解錢大昕曰順
帝封中黃門史汎
有荊山山海經
曰其陽
多鐵其陰多赤金其中多牛荊州記曰西北三十里有清谿谿北
郎荊山首曰景山郎卞和抱璞之處南都賦注曰漢水至荊山東
別流爲滄浪之水集解惠棟曰春秋傳子革曰我先王熊繹辟在
荊山杜預云在新城沶鄉縣南先謙曰前漢縣三國魏因改屬襄
陽郡有漳鄉洪云吳將潘璋禽關雲長於此見漳水注有夾石謝
云潘璋與朱然斷關羽走道到臨沮住夾石見璋傳王昶據夾石
以逼江陵見昶傳漳鄉今當陽縣東北夾石與漳鄉近在今遠安
縣境有柤中洪云吳朱然諸葛瑾萬或從柤中尋山險出見襄陽
記元和志作沮山云司馬懿鑿八疊山開路於此停阻謝云魏時
夷王梅敷兄弟三人部曲萬餘家屯此分布在中廬宜城西山鄢
沔二谷中見寰宇記案吳朱然再征柤中破魏將蒲忠李興等柤
中土地平敞爲沔南之膏腴見然傳通典作沮中王應麟云沮中
郎襄陽南沮水左右紀要八疊山在南漳縣西南六十里自八疊
山以西山谿阻險古所謂柤中也晉志屬襄陽郡一統志故城今
安陸府當
陽縣西北
枝江集解馬與龍曰岑彭傳彭屯津鄉當荊州要會江
水注江水又東過枝江縣南注縣西三里有津鄉
春秋巴人伐楚楚子禦之大敗于津應劭云南郡江陵有津鄉今
則無聞矣郭仲產云尋楚禦巴人枝江是其塗便此津鄉殆即其
地也案本志津鄉在江陵蓋從應說覈其地望酈爲翔實彭屯軍
處郎此又縣人董和子允孫粲裕曾孫宏霍峻兄篤峻子弋見蜀
志本
傳
侯國集解錢大昕曰順
帝封中黃門李剛
本羅國有丹陽聚史記曰秦齊破楚
屈匄遂取丹陽集

解惠棟曰世本云楚鬻熊居丹陽武王徙郢宋忠云丹陽在南郡
枝江縣先謙曰前漢縣三國吳因荊州記縣舊治沮中後移出百
里洲西去郡一百里輿地紀勝[illegible]百里洲西首曰岑頭後漢
彭因此名[illegible]
[illegible]
夷道[illegible]
[illegible]
夷陵集解[illegible]
[illegible]
主伐吳自秭歸緣山截嶺於夷道猇亭駐營[illegible]
西晉志屬宜都郡一統志故城今荊州府宜都縣西北[illegible]
城今荊州府宜都縣[illegible]
遜步隲見
吳志本傳
有荊門岑彭破田戎處
虎牙山荊州記曰荊門江南虎牙江北
開集解惠棟曰荊州圖記石文黃白有似虎牙先謙曰前漢縣三
國吳改曰西陵屬宜都郡見孫權傳亦見沈志陸抗稱西陵國之
西門見抗傳有峽口陸遜守此以備蜀江水注江水又東徑夷陵
宜都記曰自黃牛灘東入西陵界至峽口百許里山水紆曲而兩

岸高山重障非日中夜半不見日月三峽此其一也荊州記自夷
陵泝江二十里入峽口名爲西陵峽長二十里案在今宜昌府城
西北二十五里洪云有步隲城有赤谿陸抗於西陵築圍自赤谿
至於故市內以圍闡外以禦寇胡三省云故市郎西陵步隲城紀要
谿在夷陵西北五里有步闡城謝云闡據西陵降晉郎今宜昌府
治[illegible]
陸抗城江水注江水東逕[illegible]四面天險[illegible]
夷陵縣之故城案在今宜昌府城東五里南岸一名東坑見陸機
辨亡論有馬鞍山劉備爲陸遜所敗升馬鞍山陳兵自繞今案在今
宜昌府西北六十里晉志作夷陵屬宜都郡一統志故城今宜昌
府東湖
縣東
州陵史記楚考烈王納州于秦集解先謙曰前漢縣三國
吳因[illegible]
吳志周瑜傳以州陵[illegible]爲奉邑亦爲呂蒙食邑見蒙傳
是吳志有此縣晉志因一統志故城今漢陽府沔陽州東南
很山
集解惠棟曰很
州郡志作很
故屬武陵集解先謙曰前漢縣三國吳因改屬宜都
郡謝云有楚關甘寧傳西據楚關以窺巴
蜀郎此晉志屬宜都郡紀要故
城今宜昌府長陽縣西六十里
高帝置雒陽南千五百里集解馬與龍曰太守侯登見岑
江夏郡彭傳劉護見黃香傳賀純見李固傳董宣應[illegible]陳忠韓說
見本傳張成見張儉傳田明見梁冀傳劉祥見蜀志劉巴傳都尉
秦頡見江水注功曹趙濯見吳志陸遜傳馬武客居江夏戴良岑
晊逃入江夏山中見本傳又郡人孟仁見吳志孫皓傳先謙曰
三國魏吳分據漢郡廢魏吳並置江夏郡吳又分置蘄春郡

四城[集解]先謙曰三國魏江夏郡領漢舊縣六新置石陽沈志安陸太守下云江夏又有石陽吳立魏志文聘傳聘屯沔口權以五萬眾圍聘於石陽二十餘日聘堅守不動縣遂屬魏晉志改曰曲陵謝云故城今德安府應城縣東南為七城吳江夏郡領漢舊縣三分置蒲圻元和志吳分沙羨立謝云呂岱傳代督蒲圻陸遜卒分武昌為二部岱督右部自武昌上至蒲圻洪志以蒲圻屬長沙非也宋白云在荊江口晉志改屬長沙郡紀要今武昌府蒲圻縣北陽新沈志武昌太守下云吳立元和志吳分鄂縣立晉志屬武昌郡紀要今興國州西南五十里入豫章之柴桑為六城蘄春郡領漢舊縣二入廬江之尋陽安豐為四城西陵西陽軑均廢案洪志據左傳僖五年杜注以軑縣屬魏弋陽郡然杜注非魏制又以西陵西陽屬魏弋陽蓋據沈志西陽太守下云本縣名二漢屬江夏魏立弋陽郡又屬馬晉廢帝分弋陽為西陽國領西陽西陵謝云漢西陵在黃岡縣為吳蘄春郡地魏西陵僑治應在光州境吳云西陽西陵軑三縣皆在今黃州府境諸地志皆屬魏弋陽而弋陽郡屬之弋陽期思二縣則在今光山境與西陽等縣南北相距三百餘里非弋陽郡所得屬矣釋地諸書西陽西陵軑三縣皆有二治蓋建安中孫權破黃祖得江夏南境魏人濱江不復立縣西陽等縣內徙故地遂為甌脫正始初年陸遜城邾其故地當為吳據史文雖不著可以地望知也戶五萬八千四百三十四口二十六萬五千四百六十四

西陵[集解]馬與龍曰章帝封陰棠為侯見梁節王傳先謙曰前漢縣三國廢晉志弋陽郡領西陽軑蘄春邾西陵期思弋陽七縣而序例云魏文分汝南立弋陽郡不云江夏知江夏所屬西陵等舊縣非魏所有魏弋陽郡惟得漢舊縣弋陽期思據沈志有西陽西陵實僑置也輿地紀勝西陵魏屬弋陽蓋因沈志為說是時吳亦置西陵郡[illegible]尋省在今蘄水縣西南見一統志皆非漢舊縣地晉志改屬弋陽郡一統志故城今黃州府黃岡縣西北

西陽[集解]惠棟曰晉書地道記云弦子國先謙曰前漢縣三國廢晉志復立改屬弋陽郡一統志故城今黃岡縣東又志光州光山縣西二十里西陽故城亦云漢置縣案據水經江水注漢縣在今黃岡其光山縣之西陽當為曹魏僑置也

軑侯國杜預曰古邔國在東南有邔城[集解]錢大昕曰王霸子符所封先謙曰前漢縣三國廢晉志改屬弋陽郡一統志故城今蘄水縣西四十里又志光山縣北軑縣故城亦云漢舊縣案據水經江水注漢縣在今蘄水縣境其光縣山縣之故城當為晉初僑置縣治

鄳史記曰無忌說魏安僖王曰秦不敢攻冥阨之塞徐廣云即此縣也[集解]惠棟曰蘇林音盲說文從邑黽聲史記音義云冥阨或言在鄳縣葙山冥一作黽馬與龍曰光武封鄧邯為侯見鄧彪傳先謙曰前漢縣三國魏因謝云蜀志費禕及楊戲輔臣贊注費觀並云江夏鄳人是三國時鄳屬江夏洪志從太康志屬義陽郡非也晉志因案左傳定四年吳伐楚自淮涉漢楚左司馬戌請還塞大隧直轅冥阨輿地紀勝大隧即黃峴關直轅即武陽關冥阨即平靖關南齊志義陽城與三關相首尾梁天監八年魏元英至義陽曰三關相須如左右手若克一關兩關自破攻難不如攻易宜先攻東關鄳武又恐其併力於東使李華向西關分其兵勢英向東關克之元和志平靖關因山為障不營濠隍史記正義即古鄳阨之塞一統志地為天下九塞之一在今羅山縣西九十里有鄳故城

竟陵[集解]馬與龍曰縣人劉焉子範誕璋璋子循闡見本傳**侯國**[集解]錢大昕曰城陽恭王子平所封**有鄖鄉**左傳桓十一年鄖人軍蒲騷[集解]惠棟曰鄖本亦作

湞音云**立章山本內方**荊州記曰山高三十丈周迴百餘里縣東有申水左傳楚公子比為王次魚陂杜預曰在縣西北[集解]惠棟曰案前志及晉志立字衍錢大昭曰注中當作臼左傳定五年涉于成臼杜預注竟陵縣有臼水出聊屈山西南入漢先謙曰前漢縣三國魏因案竟陵雲杜南新市安陸四縣地在沔北建安中屬吳黃武時皆屬魏謝云先主傳建安十三年與曹公戰於赤壁曹公引歸先主表劉琦為荊州刺史廬江雷緒率部曲數萬口稽顙蓋其時江夏全境俱為琦有迨琦既沒吳遂略取江夏諸縣以通道江陵於是程普為江夏太守及孫皎代程普督夏口賜沙羨雲杜南新市竟陵為奉邑見皎傳吳之全有江夏斷在此時其後沔北地漸入魏嘉禾五年遣將軍周峻等擊江夏新市安陸石陽見陸遜傳諸葛亮曰其智力不侔故限江自保權之不能越江猶魏賊之不能渡漢可知沔北之安陸新市雲杜竟陵於黃武中皆入魏也有石城洪云元和志長壽縣本古之石城背山臨漢水吳於此置牙門戍羊祜亦置戍焉謝云沔水注沔水又南徑石城西晉太傅羊祜鎮荊州立紀要云今安陸府治晉書羊祜傳吳石城守去襄陽七百餘里案今安陸府去襄陽僅三百里則吳石城非水經注之石城也有青泥池樂進在青泥與關羽相距見先主傳在今安陸府北三國時江夏襄陽接界處晉志因一統志故城今安陸府天門縣西北

雲杜杜預曰縣東南有鄖城故國[集解]馬與龍曰王常傳常子廣封石城侯注石城今沔陽縣東南考唐沔陽縣即漢雲杜縣境先謙曰前漢縣三國魏因有石梵文聘傳聘別屯沔口止石梵杜佑云在沔州沔口上胡三省云據梁書安成王秀傳石梵時屬竟陵郡界謝云唐沔州今沔陽州梁竟陵郡即漢竟陵縣石梵當在今天門縣東南其地去襄陽幾七百里吳石城即此顧祖禹謂石梵即石陽考元和志石陽在黃陂西即今應城縣東南為漢安陸縣地與梁書竟陵之說不合顧氏蓋誤晉志因一統志故城今漢陽府沔陽州西北

沙羨[集解]惠棟曰晉灼音夷晉志有夏口對沔口有津馬與龍曰江水注江水又東徑魯山南古翼際山也山左即沔水口矣沔左有卻月城沙羨縣治黃祖所守江夏太守黃祖屯沙羨見吳志孫策傳注劉琦見蜀志諸葛亮傳周瑜程普見本傳又江水注黃鵲山東北對夏口城孫權所築對岸則入沔津故城以夏口為名亦沙羨縣治也夏口督魯肅見吳志魯肅傳潘濬見本傳又江水注江水左徑烏林南又東右岸得蒲磯口即陸口也案即今嘉魚縣西南七十里陸溪口吳孫權漢昌太守魯肅呂蒙陸遜潘璋呂岱俱嘗屯陸口見本傳先謙曰前漢縣三國吳因輿地廣記沙羨吳省太康元年復置按孫權分江夏為武昌郡領沙羨見吳志吳末省武昌併江夏太康元年又分江夏為武昌見沈志而沙羨仍屬武昌是承吳舊屬也晉更沙羨名沙陽則縣未省可知漢志祇一沙羨沈志江夏太守下前後兩見並云漢舊縣而省屬異辭知前云吳省者非也有夏口謝云吳嘉禾中遣陸遜諸葛瑾等屯沔口以守江北馬與龍云沔口本名夏口[illegible]傳之夏沔也即今漢口赤烏中城沙羨以孫鄰為夏口督而移守江南馬與龍云江南之[illegible]城名見江水注說[illegible]吳之兵勢不能越沔僅有沔南之地又分沙羨置蒲圻縣洪云有赤壁在江南岸有烏林在江北岸魏武為周瑜所敗處謝云杜佑謂赤壁所在俗說及漢陽圖經皆譌元和志在蒲圻縣西一百三十里晉志改屬武昌郡一統志故城今武昌府江夏縣西南

邾地道記曰楚滅邾徙

其君此城集解先謙曰前漢縣三國吳因改屬蘄春郡沈約云晉省蘄春郡邾縣屬武昌洪云邾縣先屬魏後屬吳赤烏四年陸遜城邾見孫權傳寰宇記故城臨江與武昌相對陸遜城邾常以三萬兵戍之有舉口謝云黃武八年黃龍見舉口見胡綜傳舉口以南對舉洲春秋之柏舉也見江水注晉志改屬弋陽郡一統志故城今黃州府治西北**下雉**集解惠棟曰前書伍被謂淮南王曰守下雉之城絕豫章之口先謙曰前漢縣三國吳因晉志省一統志晉義熙中併入陽新故城今武昌府興國州東南下雉潭**蘄春**集解馬與龍曰蘄春長曹洪見魏志洪傳**侯國**集解錢大昕曰陳俊子浮所封先謙曰前漢縣三國吳因置蘄春郡見沈志建安十八年自廬江蘄春九江蘄春廣陵十餘萬戶皆東渡江見吳志魏使廬江謝奇為蘄春典農都尉屯皖呂蒙襲破之見蒙傳謝云以呂蒙周瑜等傳考之事在建安十五年以後黃武二年魏以吳降將晉宗為蘄春太守數犯邊境吳令將軍賀齊襲蘄春生虜宗見孫權傳蓋吳置郡後民徙渡江而地屬魏建安末仍屬吳黃武初又入魏而旋復屬吳也按洪志引吳志敘次顛倒失實今易之謝云沈志晉太康元年省蘄春郡以尋陽屬武昌改蘄春之安豐為高陵及邾縣皆屬武昌是吳蘄春郡領蘄春尋陽安豐邾四縣又考賀齊傳齊與呂範分督揚州範督扶州以下至海齊督扶州以上至皖是揚州西境至皖蘄春在皖西宜屬荊州洪志屬揚州非也晉志改屬弋陽郡一統志故城今黃州府蘄州西北**鄂**集解馬與龍曰鄂長胡綜江夏太守蔡遺見吳志本傳刁嘉見是儀傳武昌督魯叔見魯肅傳滕胤見孫綝傳范慎滕牧見孫皓傳先謙曰前漢縣三國吳因改名武昌置郡吳末省徙江夏郡治武昌孫權傳建安二十五年權自公安都鄂改

名武昌黃龍元年於此即尊位還都建業謝云元和志吳江夏郡治武昌沈志太康元年改江夏為武昌晉書王戎傳戎進攻武昌吳江夏太守劉朗率眾降是吳末江夏移治武昌改武昌為江夏郡也吳云士燮傳燮子廞為武昌太守太守祇此別無所見陸遜傳云領武昌事及遜卒諸葛恪代遜權乃分武昌為左右兩部呂岱督右部知遜傳所謂領武昌事者乃武昌都督非武昌郡事洪云有樊港吳主權於武昌試船風太甚吳主欲取蘆洲谷利拔刀趣柂工向樊口即此紀要今武昌縣西三里有流沂城謝云通鑑建安四年劉勳至彭澤為孫策所破走保流沂求救於黃祖胡三省云西塞在今壽昌軍東北三十里所近西塞拔當郎今大冶縣宋黃石港地有虎林嗣主傳朱異自虎林率眾襲夏口夏口督孫壹奔魏即此地在今武昌縣東晉志屬武昌郡一統志故城今武昌府武昌縣治**平春**集解惠棟曰說文有孤亭菥亭馬與龍曰章帝封皇子全為王見本傳國旋除又縣人李通子基緒見魏志通傳**侯國**集解錢大昕曰章帝封吳漢子盱先謙曰前漢無三國魏因謝云魏志李通江夏平春人是魏時縣屬江夏晉志因一統志故城今汝甯府信陽州西北**南新市**集解惠棟曰中山有新市故此加南**侯國**案本傳有離鄉聚綠林集解先謙曰前漢無三國魏因洪云建安中賜孫皎南新市等四縣為奉邑見吳志皎傳陸遜傳嘉禾中遣周峻張梁擊江夏新市安陸石陽三縣則新市仍屬魏也晉志因一統志故城今安陸府京山縣東北**安陸**集解馬與龍曰縣人黃香子瓊孫琬見香傳先謙曰前漢縣三國魏因江夏郡治此見元和志洪云文聘為江夏太守數十年又太守桓禺見聘傳王經見華佗傳遂式見吳

志陸遜傳王基稱安陸左右陂池沃衍若水陸並農以實軍資然後引兵詣江陵夷陵分據夏口則夏口以上必拔而江外之郡不守見基傳有上昶王基表城上昶徙江夏治之以逼夏口由是賊不敢輕越江一統志上昶今安陸縣西北謝云其地當在今孝感縣境晉志因紀要故城今德安府治

零陵郡武帝置。雒陽南三千三百里。集解馬與龍曰太守田翁見岑彭傳周嘉楊璇見本傳龍述見馬援傳夏勤見樊儵傳劉康見沖帝紀陳球見度尚傳張羨見劉表傳劉度見蜀先主志程普見吳志本傳郝普見呂蒙傳殷禮見顧邵傳劉略見嚴畯傳虞先見虞翻傳注文學奚景見律歷志注主簿劉巴見蜀志本傳先謙曰三國吳因建安十三年郡屬蜀見諸葛亮傳二十四年入吳見孫權傳分置營陽昭陵始安三郡**十三城**集解先謙曰三國吳零陵郡領漢舊縣四分置祁陽[illegible]

縣今樂入蒼梧之荔浦為六城重安湘鄉改屬衡陽郡洪志始安郡有始陽常安二縣蓋從晉志然晉志始安郡雖云吳置其領縣未足悉據也**戶二十一萬二千二百八十四口百萬一千五百七十八**

泉陵集解惠棟曰晉志有香茅云古貢之以縮酒馬與龍曰縣人黃蓋子柄見吳志蓋傳劉敏見蜀志蔣琬傳鄭產見湘水注先謙曰前漢縣三國吳因謝云永安六年泉陵言黃龍見郎此見孫休傳有呂蒙城昔太守郝普不降蒙築城以守之在零陵縣百三里見寰宇記晉志因一統志故城今永州府城北二里**零陵**集解馬與龍曰零陵長張羨見魏志劉表傳注又縣人賴恭子厷見蜀志楊戲傳注**陽朔山湘水出**羅含湘中記曰有營水有洮水有雍水有祁水有宜水有春水有烝水有表水有來水有淥水有漣水有倒水有偽水有泪水有資水皆注湘集解惠棟曰注有雍水湘中記作灌水表當作耒來當作米先謙曰官本洮作桃前漢縣三國吳因晉志因一統志故城今桂林府全州北**營道南有九疑山**舜之所葬郭璞山海經注曰其山九谿皆相似故曰九疑湘州營陽郡記曰山下有舜祠故老相傳舜登九疑集解惠棟曰高誘云山在蒼梧馮乘縣東北零陵之南文穎云山半在蒼梧半在零陵先謙曰前漢縣三國吳因改屬營陽郡謝云晉地理志序例歸命侯置郡十二一為營陽湘水注咸熙二年孫皓分零陵置營陽郡在營水之陽故名沈志營陽郡統營浦營道春陵泠道四縣元和志寰宇記並云營陽郡今道州是沈志四縣皆在道州境內今據之為吳營陽郡晉志又云營陽晉穆帝置考沈志晉懷帝分荊州之長沙零陵營

陽等八郡立湘州是不待穆帝置也晉志誤甚輿地廣記亦因晉地理志而誤晉志還屬零陵郡一統志故城今永州府甯遠縣西

營浦營陽郡記曰縣南三里餘有舜南巡止宿處今立廟〔集解〕先謙曰前漢縣三國吳因改屬營陽郡湘水注營水又東北徑營浦縣南營陽郡治晉志還屬零陵郡一統志故城今道州北

泠道有舂陵鄉〔集解〕馬與龍曰劉買封舂陵鄉侯子熊渠孫仁嗣見光武紀仁子昌留居舂陵守墳墓見城陽恭王傳注先謙曰前漢縣三國吳因改屬營陽郡三家說同晉志還屬零陵郡一統志故城今甯遠縣東南四十里

洮陽〔集解〕先謙曰前漢縣三國吳因晉志因一統志故城今桂林府全州北三十五里

都梁有路山〔集解〕馬與龍曰資水出零陵都梁縣路山見資水注先謙曰前漢縣三國吳因改屬昭陵郡資水注都梁縣有小山上有淳水既清且淺其中悉生蘭草綠葉紫莖芳風藻川蘭馨遠馥俗謂蘭爲都梁山因以號縣受名焉晉志屬邵陵郡一統志故城今寶慶府武岡州東北

夫夷〔集解〕馬與龍曰夫夷長第五倫見本傳**侯國故屬長沙**〔集解〕惠棟曰案前志夫夷本屬零陵長沙無是縣此四字衍文先謙曰前漢縣三國吳因改屬昭陵郡沈約云扶漢舊縣至晉曰夫夷今云扶者疑是避桓溫諱去夷夫不可爲縣名故爲扶云晉志屬邵陵郡一統志故城今新甯縣東北

始安侯國始安郡記曰縣東有駁樂山東有遺山〔集解〕先謙曰前漢縣三國吳因置郡甘露元年以零陵南部爲始安郡見孫皓傳謝云沈志吳始安屬廣州晉志謂吳屬荊州今考始安零陵之分宜與零陵並屬荊州有越城瀨水注灕水出西北邵陵縣界東南流至零陵縣西南徑越城西建安十六年交州刺史賴恭自廣信合兵至零陵越城迎步隲即此在今興安縣北晉志屬邵陵郡一統志故城今桂林府治紀要云在府治西南三里荔浦江口

重安侯國故鍾武永建三年更名〔集解〕馬與龍曰重安長舒燮見吳志孫賁傳先謙曰前漢縣三國吳因改屬衡陽郡晉志屬衡陽郡寰宇記後漢移重安於故城東二十里在衡陽縣西六十里謝云在今衡州府西六十里

湘鄉〔集解〕馬與龍曰湘鄉令潘濬子潘祕見吳志濬傳又縣人蔣琬子蔣斌見蜀志琬傳先謙曰前志無三國吳因改屬衡陽郡晉志屬衡陽郡一統志故城今長沙府湘鄉縣治

昭陽侯國荊州記曰縣東有余水傍有漁父廟〔集解〕先謙曰前漢無三國吳因改屬昭陵郡沈志邵陵太守下云邵陽吳立曰昭陽晉武改案昭陽後漢縣沈云吳立誤元和志謂昭陽本漢昭陵縣後漢改今名尤誤按元和志因誤讀水經注而詆洪志謂昭陽昭陵二縣皆漢昭陵舊地吳時析爲二耳則因沈志元和志而誤也資水注孫皓分零陵北部立邵陵郡于邵陵縣縣故昭陵也又雲泉水西北流徑邵陽[illegible]南縣故昭陽也趙一清云史記武帝元朔四年封長沙定王子章爲洛陵侯索隱曰表作路陵在南陽夫長沙之子何以封於南陽括地志云即昭陵是也漢表作洛陽今湖南寶慶府東北五里有洛陽山蓋以侯封得名即前漢之昭陵縣地屬長沙國後漢析置昭陽縣晉諱昭改曰邵陵邵陽云爾趙說近是吳志蔣欽傳欽徙討越中郎將以經拘昭陽爲奉邑[illegible]時在建安中今舍沈志而從本志及三國志晉志作邵陽屬邵陵郡一統志故城今寶慶府邵陽縣東

南五十里

烝陽〔集解〕惠棟曰前志作承音烝馬與龍曰縣人劉曜子祥孫巴見蜀志巴傳**侯國故屬長沙**〔集解〕[illegible]

桂陽郡[illegible]

十一城[illegible]

戶十三萬五千二十九口五十萬一千四百三

郴[illegible]

嶺山[illegible]

便[illegible]

耒陽有鐵[illegible]

陰山[illegible]

時已省孫皓又別置陽山非舊縣也晉志省一統志故城今連州陽山縣北 **南平** 集解先謙曰前漢縣三國吳因輿地紀勝故城在藍山縣東五里晉志因一統志故城今桂陽州藍山縣東之南平鄉是 **臨武** 集解馬與龍曰臨武長唐羌見和帝紀又縣人張憙見汝水注先謙曰前漢縣三國吳因晉志因一統志故城今臨武縣東 **桂陽** 集解馬與龍曰桂陽長張羨見魏志劉表傳注先謙曰前漢縣三國吳因改屬始興郡晉志屬始興郡一統志縣舊屬桂陽故謂之小桂晉書陶侃執劉沈於小桂梁書王琳將兵自小桂嶺北下皆卽此故城今廣東省連州治 **含洭** 集解惠棟曰水經縣南有洭浦關說文洭水出桂陽盧聚山洭浦關為桂水先謙曰洭浦關今英德縣西南前漢縣三國吳因改屬始興郡見輿地廣記晉志屬始興郡一統志故城今韶州府英德縣西七十里洽光鎮 **湞陽有茌領山** 始興郡記有吳山集解惠棟曰蘇林云湞音揁柱之揁音文庚反先謙曰茌嶺在今英德縣西北一百二十里見一統志前漢縣三國吳因改屬始興郡沈志漢舊縣亦見輿地廣記謝云延康元年湞陽賊帥王全合眾於南海界上卽此晉志屬始興郡一統志故城今英德縣東 **曲江** 始興郡記縣北有臨沅山集解惠棟曰湘州記有銀山山多素霧馬與龍曰始興太守羊衜見吳志鍾離牧傳先謙曰臨沅山一名洭山溱水注林水出曲江縣東北洭山今名林源山在曲江縣北見一統志前漢縣三國吳因始興郡治此見溱水注孫皓傳甘露元年以桂陽南部為始興郡元和志江流迴曲因以為名吳立為始興郡溱水注武溪水又南入重山山名藍豪廣圓五百里悉曲江縣界崖峻險阻巖嶺干天交柯雲蔚霾天晦景謂之瀧中懸湍迴注崩浪震山名之瀧水瀧水又南出峽謂之瀧口有任將軍城任囂所築瀧水又南逕曲江縣東瀧中有碑文縣東傍瀧溪號曰北瀧水左卽東溪口趙一淸云瀧中碑是後漢桂陽太守下邳周憬功勳銘也憬開六瀧有功嶺表案碑文云憬遷汝南固始相遂拜桂陽又云曲江長零陵重安區祗見隸釋晉志屬始興郡一統志故城今曲江縣西 **漢寧永和元年置** 集解先謙曰前漢無三國吳改曰陽安見沈志桂陽太守下水經鍾水又北過魏寧縣之東注魏寧故陽安也晉太康元年改曰晉寧趙一淸云晉宋以後因之無魏寧一也此魏寧如廣魏魏興之類蓋道元並經而改之晉志改曰晉寧一統志故城今郴州興寧縣東南

武陵郡 秦昭王置名黔中郡高帝五年更名雒陽南二千一百里先賢傳曰晉代太守趙厥問主簿潘京曰貴郡何以名武陵京曰鄙郡本名義陵在辰陽縣界與夷相接為所攻破光武時移東出遂得見全先識易號傳曰止戈為武高平曰陵於是改名焉臣昭案前書本名武陵不知此對何據而出荊州記曰郡社中木甗樹是光武種至今也集解錢大昕曰注晉太守趙厥晉書厥作歐周壽昌曰延江水注引先賢傳同惟趙厥作趙偉馬與龍曰太守王堂見岑彭傳李進見順帝紀應郴見應奉傳陳奉見南蠻傳陸康見本傳金旋見蜀先主志曹寅見吳志孫堅傳注謝承見妃嬪傳黃蓋鍾離牧見本傳衛旌見潘濬傳注都尉溫序見本傳避亂荊州潁容見本傳王儁見魏志武紀先謙曰三國吳因建安十四年郡入蜀見蜀先主志二十四年屬吳見吳主權志分置天門

郡 **十二城** 集解先謙曰三國吳武陵郡領漢舊縣七改漢壽曰吳壽分置龍陽黚陽復置舞陽為十一城天門郡領漢舊縣二分置漊中為三城孱陵作唐居改屬南郡龍陽吳立屬武陵見沈志有汎洲襄陽記李衡於龍陽之汎洲作宅種甘橘語其子曰洲上有木奴千頭不責衣食歲絹千匹卽此晉志因紀要今常德府龍陽縣治汎洲在縣西北五十里黚陽沈志屬武陵元和志吳分酉陽立晉志因紀要故城在辰州府西北舞陽漢舊縣元和志後漢省入辰陽沈志云太康地志有洪云疑吳時復立也晉志因謝云在今沅州府城東北漵水北漊中沅志二漢無太康地志有疑是吳立晉志因紀要今澧州慈利縣西洪志據寰宇記引蜀志蜀先主於武陵五溪立黔安郡領五縣後主又增一縣又蜀置酉陽非漢縣地附錄俟考謝云三國志無置黔安郡事章武時武陵屬吳後主無由增縣蜀涪陵與吳武陵接界涪陵郡無酉陽縣卽蜀無酉陽宋黔州今彭水縣五溪蠻今辰州府境相去五百餘里而樂史謂先主於五溪蠻置黔安郡卽今黔州黔州五溪混而為一道里未晰何知郡縣洪氏不辨其妄反獻疑焉亦信古之過也案謝說是 **戶四萬六千六百七十二口二十五萬九百一十三** **臨沅** 荊州記曰縣南臨沅水水源出牂牁且蘭縣至郡界分為五谿故曰五溪 [illegible] 辰州下云酉溪在州西次南武溪次南沅溪次南辰溪次東南熊溪次東南朗溪熊朗二溪與水經注不同惟其次第相當五溪盡在辰州界鍾英按元和志與鄺注異者不獨熊朗二溪試辨其非以明鄺注之不可易鄺注不數沅溪以沅為經流五溪皆入沅達湖也志增沅溪是六溪矣其誤一鄺注無朗溪而武溪源出武山不在五溪之列會同縣志九溪中始有朗武志強為增易其誤二就論次第辰州北酉水次南辰溪次無溪次沅溪次東南熊朗志沅在辰北地望不合其誤三然所以致誤者由李賢注後漢書引水經注武陵有五溪雄樠酉潕辰土俗雄作熊樠作朗潕作武案鄺注熊溪南帶移山下注沅水移山在今靖州北百里紀要會同縣在靖州北百里縣東北百里有洪江卽雄溪是雄在熊東北百數十里不得混熊為雄鄺注無水出故且蘭武水出武山武山今瀘溪縣西百八十里茛蘭為今平越州治北距武水幾五百里中隔長溪不得混武為無樠溪為今明溪在辰州府東北朗溪今朗水在常德府南中隔沅水不得混朗為樠然則五溪宜以沅水注為斷後人妄說不足據也若夫五溪之序樠最北次南酉為今北河次辰次無為今鎮陽江次雄為今洪江惟辰溪仍舊名晉志因一統志故城今常德府武陵縣西郯安嵒云在縣西南七十里 **漢壽** 集解先謙曰獻帝封闕羽漢壽亭侯當卽縣亭 **故索陽嘉三年更名刺史治** 漢官儀曰去雒陽二千里集解馬與龍曰刺史賁遂見侯霸傳注郭賀見蔡茂傳謝夷吾范式見本傳李固趙戒見固傳高舒楊震楊秉見震傳劉度見馮緄傳李隗見天文志李立見五行志趙凱見楊璇傳王敏見□靈帝紀王叡見獻帝紀尹珍見西南夷傳王子香見江水注李閘見濟水注從事竇輔見竇武傳又縣人潘濬子翥祕見吳志濬

傳先謙曰前漢縣曰索三國吳改曰吳壽見沈志晉志仍曰漢壽一統志故城今武陵縣東北六十里

孱陵

魏氏春秋曰劉備在荊州所都改曰公安集解惠棟曰孱音踐說文油水出縣西東南入江馬與龍曰江水注油水自孱陵縣之東北逕公安縣西又北流注於江蜀志先主為荊州牧治公安注備立營於油口改名公安案公安故城今荊州府公安縣東北南郡太守諸葛瑾治公安見吳志瑾傳公安督諸葛融鍾離牧見本傳孫遵見陸抗傳又樂鄉督朱績見朱然傳陸抗見本傳江水注江水逕孱陵縣之樂鄉城北吳陸抗所築案在今松滋縣東見紀要先謙曰前漢縣三國吳因改屬南郡沈約云南平內史吳南郡太康元年分為南平郡領孱陵吳云侯國呂蒙封此見蒙傳謝云孫權欲取蜀遺孫瑜率水軍駐夏口備不聽軍過使關羽屯江陵張飛屯秭歸諸葛亮據南郡備自屯孱陵權因召瑜還見獻帝春秋有馬頭城江水注江津戍南對馬頭岸昔陸抗屯北與羊祜相對北對江津口江大自此始也紀要今公安縣北五十里洪云蜀先主孫夫人吳大帝妹也更修孱陵城其城背油向澤見江水注晉志屬南平郡一統志故城今公安縣南

零陽

集解先謙曰前漢縣三國吳因改屬天門郡澧水注澧水東逕零陽縣南天門郡治也吳志孫休傳永安六年分武陵為天門郡謝云澧州石門縣古天門郡見輿地志晉志屬天門郡一統志零陽故城今慈利縣東吳天門故城今澧州石門縣治

充

集解先謙曰前漢縣三國吳因改屬天門郡沈志天門太守吳孫休永安六年分武陵立充縣有松梁山山有石石開處數十丈其高以弩仰射不至其上名天門因此名郡充縣後省按晉志有縣疑旄猶充澧水注吳永安六年武陵郡嵩梁山其山洞開玄明如門高三百丈廣二百丈門角上各生一竹倒垂下拂謂之天帝孫休以為嘉祥分武陵置天門郡晉志屬天門郡一統志故城今永定縣西

沅陵

集解馬與龍曰沅陵長呂种見宋均傳

先有壺頭山

馬援軍渡處有松梁山山有石開處數十丈其上名曰天門集解先謙曰壺頭山高一百里廣圓三百里山下水際有馬援征五溪蠻停軍處壺頭徑曲多險其中紆折千灘見沅水注一統志山在今沅陵縣東北一百三十里去桃源縣二百里前漢縣三國吳因晉志因一統志故城今辰州府沅陵縣西南

辰陽

集解馬與龍曰辰陽長宋均見本傳先謙曰前漢縣三國吳因沅水注沅水東徑辰陽縣又東與序溪合水出武陵郡義陵縣鄜梁山西北流徑義陵縣其城馬良出五溪率諸蠻所築也所治序溪最為沃壤亘田數百頃特宜稻案序溪今漵浦縣南三里有車靈城吳叛臣車靈入漵溪以自保號曰車王為吳將鍾離牧所禽見元和志城在漵浦縣南一里有劉尚城建武中劉尚討武陵蠻所築在辰溪縣東南五里見一統志晉志省按據沈志晉應有辰陽縣蓋脫誤一統志故城今辰溪縣西

酉陽

集解先謙曰前漢縣三國吳因晉志因一統志故城今永順府永順縣南

遷陵

集解先謙曰前漢縣三國吳因沅水注酉水東逕遷陵縣北有黔山後漢時陸康伐蠻假此禱請為援在今保靖縣西見元和志謝云有赤沙胡三省云蓋在遷陵酉陽之間晉志因一統志故城今保靖縣東

鐔成

集解惠棟曰淮南子云塞鐔成之嶺高誘云縣西南接鬱林說文潭水出鐔成玉山東入鬱林先謙曰前漢縣三國吳因沅水注無陽縣故鐔成也晉義熙中改從今名是吳時有此縣晉志因作鐔城一統志云據水經注義熙以後之舞陽實兩漢之鐔成也故城今沅州府黔陽縣西南

沅南

集解惠棟曰鄺元云縣在沅水之陰因以為名馬援討臨鄉所築也

建武二十六年置

集解先謙曰前漢無三國吳因沈志漢光武立晉志因謝云故城今常德府桃源縣西南七十里沅水之南

作唐

集解惠棟曰鄺元云後漢分孱陵縣置先謙曰前漢無三國吳因改屬南郡晉志屬南平郡一統志故城今澧州安鄉縣北

長沙郡

秦置雒陽南三千八百里集解馬與龍曰長沙王劉興建武十三年以為臨湘侯見本紀太守郅惲張禁見惲傳抗徐見度尚傳孫堅見靈帝紀張羨蘇代見劉表傳韓玄見蜀先主志廖立見立傳濮陽逸見吳志濮陽興傳中尉馮駿見岑彭傳注功曹桓階見魏志階傳鎮長沙呂岱見吳志岱傳又郡人古初見郅惲傳劉囂見靈帝紀注王阜見陰溝水注先謙曰三國吳因建安十四年郡入蜀二十年屬吳分置湘東衡陽郡

十三城

集解先謙曰三國吳長沙郡領漢舊縣五漢末置漢昌吳改曰吳昌分置建甯沈志長沙內史下云吳立晉志因湘水注湘水又北徑建甯縣西旁湘水縣北有空冷峽越一清云面當作北馬與龍云故城今湘潭縣南百四十里空冷峽南紀安湘在湘潭縣西百六十里一統志謂在縣北並誤之劉陽沈志作瀏陽云吳立周瑜傳作劉陽吳云吳谷湖醴劉旁無水晉志作劉陽紀要今長沙府劉陽縣東為八城湘東郡領漢舊縣二分置梨陽沈志湘東太守吳分長沙東部都尉立利陽吳錄作梨晉志因作利陽今地闕新平沈志吳錄有晉志因一統志今常甯縣西南新甯沈志吳立晉志因一統志今常甯縣西北謝云據水經注當在今常甯縣東南陰山沈志陰山乃是漢舊縣西屬桂陽吳謝東郡有此陰山縣疑是吳所立晉志因謝云呂岱傳有陰山城建安二十年岱所攻疑漢末立馬與龍云漢桂陽郡陰山縣今廣東連州陽山縣境吳湘東郡陰山縣今故縣西北為六城衡陽郡領漢舊縣三分置湘西沈志衡陽內史吳分長沙西部都尉立領湘西吳立晉志因一統志故潭湘新陽沈志新康吳曰新陽晉志作新康一統志故城今甯鄉縣西、衡陽沈志立曰衡山吳晉志山一統志今縣東北臨烝沈志湘東太守臨烝伯相吳屬衡陽馬與龍云諸葛亮為軍師中郎將督零陵桂陽長郡調其賦稅以充軍實亮時在臨烝見亮傳注謝云漢末立晉志改屬湘東郡一統志故城今衡陽縣治入零陵安湘鄉為九城安城別置郡改隸揚州昭陵別置郡容陵漢昌沈志後漢立吳更名周憬碑陰有長沙漢昌蹇祇碑立於時見隸釋魯肅傳拜漢昌太守寰宇記後漢分羅縣為漢昌於縣立郡又改為吳昌縣也晉紀要今岳州府平江縣東

戶二十五萬五千八百五十四口百五萬九千三百七十二、

臨湘

集解馬與龍曰建武十三年以長沙王興為臨湘侯見光武紀臨湘相韓福見岑彭傳又縣人祝良劉壽見順帝紀陳平子見范式傳桓超子勝孫階纂曾孫嘉玄孫翊見魏志階傳先謙曰前漢縣三國吳因湘水注湘水左徑麓山東又右徑臨湘縣西故城西縣治湘水濱臨川側故即名焉謝云侯國步隲封此見隲傳又故尉城洪云吳以程普為長沙西部都尉因立此城謝云寰宇記謂之三山石下城在長沙縣西北十里晉志因一統志故城今長沙府城南

攸

集解惠棟曰前志注音收史記王子侯表有攸輿侯則司馬貞云本名攸興先謙曰前漢縣作收三國吳因洣水注洣水又西北過攸縣南縣北帶攸溪蓋即溪以名縣也謝云黃忠與劉表從子磐共守長沙攸縣見忠傳晉志因一統志故城今攸縣東

茶陵

集解惠棟曰前志作茶師古音文加反先謙曰前漢縣作茶陵三國吳因改屬湘東郡洣水注洣水西北流徑茶陵縣之南又屈而過其西北流注也謝云赤烏八年茶陵鴻水溢見孫權傳晉志屬湘東郡一統志故城今茶陵州東五十

里古茶王城**安城**集解惠棟曰前志及州郡志皆作成馬與龍曰度尙傳長沙太守抗徐初試守宣城長王會汾云宣當作安安城長沙屬邑也先謙曰前漢縣作安成城成通作三國吳因改屬安城郡洪云王烈之安城記縣有兩鄉漢縣理西鄉吳縣理東鄉晉志屬安成郡改曰安復一統志故城今吉安府安福縣西**酃**荊州記曰有酃湖周迴三里取湖水爲酒酒極甘美湘東記曰縣西南母山周迴四百里集解惠棟曰十三州志大別水南出耒陽縣太山北至酃縣入湖玉篇音郎丁反馬與龍曰諸葛亮住臨丞見蜀志亮傳湘東太守張詠見吳志孫皓傳虞聳見虞翻傳先謙曰注母山一統志作雨母山前漢縣三國吳因置湘東郡湘水注承水至湘東臨承縣北東注于湘謂之承口臨承郎故酃縣也縣郎湘東郡治也吳主孫亮分長沙東部立耒水注酃縣故治西北去臨承縣十五里謝云呂蒙傳蒙既定長沙當之零陵過酃郎此晉志屬湘東郡一統志故城今衡州府清泉縣東十二里**湘南侯國**集解錢大昕曰順帝封中黃門黃龍案順帝郎位之始宦侍侯者十九人封邑具載范史此志於廣宗廣平屬鉅鹿東阿范縣屬東郡祝阿屬平原析屬南陽夷陵屬南郡下雋屬長沙諸縣皆不云侯國恐傳寫遺脫未必原文之訛**衡山在東南**郭撲曰山別名岣嶁湘中記曰衡山有玉牒禹案其文治水遙望衡山如陣雲沿湘千里九向九背迺不復見集解先謙曰前漢縣三國吳因置衡陽郡湘水注衡山東南二面臨映湘川自長沙至此沿湘七百里中有九向九背故漁者歌曰帆隨湘轉望衡九面山上有飛泉下注下映青林直注山下望之若幅練在山矣湘水又東北徑湘南縣東衡陽郡治吳孫亮分長沙西部立治晉湘南太守

何承天徙治湘西矣晉志屬衡陽郡一統志故城今長沙府湘潭縣西六十里**連道**集解先謙曰前漢縣三國吳因改屬衡陽郡漣水注漣水南逕連道縣故城在湘鄉縣西百六十里案沈志衡陽內史吳孫亮分長沙西部都尉立洪志以連道屬吳衡陽郡考其地望尙合今從之晉志屬衡陽郡一統志故城今湘鄉縣西**昭陵**集解先謙曰前漢縣三國吳因置昭陵郡治此水經資水東北過邵陵縣之北注孫皓分零陵北部立邵陵郡治邵陵縣縣故昭陵也沈志邵陵太守下云邵陵何志屬長沙按二漢無吳錄屬邵陵今按晉世避諱改昭爲邵沈約錄邵陵竟忘二漢之昭陵矣吳云以昭爲邵係晉武時避諱而改如零陵郡之昭陽改曰邵陽建安郡之昭武改曰邵武之類是也昭陵本漢縣吳既因之立郡無緣改昭爲邵吳志孫皓傳分零陵北部置邵陵郡承祚由後言之故作邵陵如晉改吳新興爲新昌而皓傳已作新昌是其例也輿地廣記云昭陵縣晉改曰邵陵縣名爲晉改則郡名亦晉改無疑矣馬與龍云承祚固晉代人故志內作邵陵晉志屬邵陵郡改曰邵陵一統志故城今寶慶府邵陽縣治**益陽**荊州記曰縣南十里有平岡岡有金井數百淺者四五尺深者不測俗傳云有金人以杖撞地輒成井集解馬與龍曰馬昌封益陽亭侯見馬成傳先謙曰前漢縣三國吳因改屬衡陽郡資水注資水又東北過益陽縣北注縣有關羽瀨所謂關侯灘也南對甘甯故壘昔關羽屯軍水北孫權令魯肅甘甯拒之於是水也茱萸江又東逕益陽縣北又謂之資水應劭曰縣在益水之陽今無益水亦或資水之殊目矣謝云黃蓋傳長沙益陽爲山賊所攻卽此晉志屬衡陽郡紀要故城今長沙府益陽縣東八十里**下雋**集解馬與龍曰順帝封陳子爲

侯見孫程傳先謙曰前漢縣三國吳因湘水注湘水又北過下雋縣西微水從東來流注又北至巴邱山入于江注湘水左會清水口資水也湘水左徑鹿角山東右徑謹亭戍西又北合查浦又北得萬石浦咸湘浦也湘水左則沅水注之謂之橫房口東對微湖郎經所謂微水經下雋者也西流注於江謂之麋湖口湘水又北徑金浦成北帶金浦水湖潴也湘水左則澧水注之凡此四水同注洞庭北會大江名之五湖巴邱山在湘水右岸山有巴陵故城本吳之巴邱邸閣城也晉太康元年立巴陵縣于此案洪志據元和志謂吳分下雋立巴陵縣今觀酈注其誤自見謝云郭嘉傳太祖征荊州還於巴邱遇疾疫燒船周瑜傳瑜卒於巴邱孫權傳建安十八年呂蒙督鮮于丹等兵二萬取長沙零陵桂陽三郡魯肅以萬人屯巴邱以禦關羽宗預傳西增白帝之兵東益巴邱之戍朱績傳績遷都護自巴邱上迄西陵孫皓傳右丞相或上鎮巴邱據國志吳未嘗改巴邱爲巴陵縣也紀要巴邱今岳州府治晉志因一統志故城今武昌府通城縣西郎岳州府巴陵縣東北境**羅**帝王世紀曰有黃陵亭湘中記亦云二妃之神劉表爲之立碑集解馬與龍曰竇瓌徙封羅侯見竇憲傳鄧隲徙封羅侯見本傳先謙曰前漢縣三國吳因謝云劉封傳封本羅侯寇氏子郎此晉志因一統志故城今湘陰縣北六十里**醴陵**荊州記曰縣東四十里有大山山有三石室室中有石牀石臼父老相傳昔有道士學仙此室郎合金沙之臼集解先謙曰前漢無三國吳因湘水注湘水又北過醴陵縣西漉水從東南來注之注續漢書五行志曰建安八年長沙醴陵縣有大山如牛响聲湘水又北徑建甯縣有空洽峽驚涙雷奔濬同三峽[illegible]

[illegible]二謝云呂岱傳岱攻醴陵擒斬袁龍郎此晉志因一統志故城今醴陵縣治**容陵**集解先謙曰前漢縣三國吳闕洣水注洣水又西北過陰山縣南注縣上有容水自侯壘山下注洣水謂之容口縣或以水氏疑吳置陰山縣時省

晉志無

今地闕

右荊州刺史部郡七縣邑侯國百一十七魏氏春秋建安二十四年吳分巫秭歸爲固陵郡二十五年分南郡之巫秭歸夷陵臨川弁房陵上庸西城七縣爲新城郡集解先謙曰官本川作沮是案吳固陵郡旋省併入建平郡說見南郡秭歸縣下臨沮魏屬襄陽郡說見南郡十七城下巫秭歸夷陵三縣建安二十五年地皆屬吳說已見前蓋魏僑立其房陵上庸西城後爲魏興新城上庸三郡地也荊州刺史部三國魏吳分據吳荊州部得漢舊郡零陵桂陽武陵長沙割置南郡作入唐武房陵之江夏揚入之州柴譯桑章分南郡置宜都建平分江夏置蘄春之入引揚州陸安廬豐江分零陵置營陽昭陵之入昭長陵沙始安楷入之楊荊州湘蒼分桂陽置陽始興交入之州中南裕梅分武陵置天門長沙置湘東衡陽湘入鄉零重陵安之爲郡十六縣邑侯國一百七三得十漢二舊廢縣縣六三十省八縣復二置改縣隸二揚分州置縣縣一之交入州揚縣州二縣三魏荊州部得漢舊郡南陽分南陽置義陽南入郡入南鄉割置襄陽之入山南部陽江夏入割益州漢中之房陵安陽上庸西城錫分置魏興新城上庸郡爲郡八縣邑侯國五十三得闕漢縣舊一縣入四益十州二縣分五置樂

九江郡秦置雒陽東一千五百里集解馬與龍曰太守房元見侯霸傳李善宋均盧植梁統陽球見本傳玄賀見第五倫傳服虔見盧植傳鄧顯見冲帝紀楊岑見質帝紀劉邈見琅邪王京傳邊讓見袁紹傳文穆見陰滿水注都尉滕撫郡吏召馴見本傳又郡人胡憲見桓榮傳夏方見南蠻傳謝曼卿見衞宏傳先謙曰三國魏吳分據吳割入廬江魏改曰淮南洪云袁術傳興平元年術建號以九江太守爲淮南尹魏略楊沛傳太祖輔政沛遷九江太守是魏武復淮南爲九江郡鄲王邑傳黃初二年封邑淮南公楚王彪傳太和六年自白馬改封楚嘉平元年國除爲淮南郡是魏以九江爲淮南國後改楚國又復爲淮南郡也

十四城集解先謙曰九江郡三國魏割置淮南郡領漢舊縣七城吳割漢舊縣歷陽全椒阜陵屬廬江郡陰陵浚遒當塗鍾離廢三國時江淮爲戰爭之地其間不居者各數百里此諸縣並在江北淮南虛其地無復民戶見沈志戶八萬九千四百三十六口四十三萬二千四百二十六

陰陵集解先謙曰前漢縣三國廢謝云孫賁傳袁術遣賁攻破周昂於陰陵即此晉志因屬淮南郡一統志東晉後省故城今鳳陽府定遠縣西北六十五里

壽春漢官云刺史治去雒陽千二百里與志不同集解惠棟曰顧野王輿地記刺史先理歷陽後理壽春後又徙曲阿錢大昕曰劉注引漢官刺史治與志不同以予考之漢末州治實在壽春初平四年袁術殺揚州刺史陳溫遂據淮南淮南即壽春也志所書者順帝永和以前之制而應劭撰漢官在獻帝之世故有不同如荊州本治漢壽而劉表治襄陽兗州本治昌邑而曹操治鄄城冀州本治高邑而韓馥袁紹皆治鄴徐州本治郯而呂布治下邳益州本治雒而劉焉父子治成都皆漢末徙治非東京之舊即以揚州論之袁術據淮南而劉繇爲刺史又移治曲阿蓋羣雄交爭各據形便非可執一爲定也馬與龍曰阜陵質王延章和元年徙都壽春見本傳初平末刺史治壽春袁術袁遺陳瑀見魏志袁術傳注嚴象見荀彧傳孫策攻殺嚴象江淮間郡縣殘破魏武方有袁紹之難時在建安五年表劉馥爲刺史馥單馬造合肥空城建立州治見馥傳建安十三年孫權圍合肥蔣濟白刺史僞得喜書見濟傳是時刺史尚治合肥魏武紀十四年置揚州刺史長吏蔣濟傳大軍南征還以溫恢爲揚州刺史濟爲別駕[illegible]魏略時苗爲壽春令揚州治在其縣時蔣濟爲治中沈志揚州魏晉治壽春蓋自建安十四年以後刺史復治此曹休王淩孫禮文欽毋邱儉諸葛誕見本傳樂綝見少帝紀又縣人夏勤見安帝紀朱張見順帝紀召馴召休見馴傳胡敏子質孫威見魏志質傳蔣欽子壹休見吳志欽傳先謙曰前漢縣三國魏因淮南郡治此見沈志肥水注肥水西北入芍陂陂周一百二十許里在壽春縣南八十里楚相孫叔敖所造孫權傳赤烏三年遣全琮略淮南決芍陂謝云有都陸有黎漿有陽淵諸葛誕據壽春吳將朱異率軍赴救留輜重於都陸屯黎漿又朱異率三萬人屯安豐爲文欽外援魏將州泰敗異於陽淵見孫綝傳胡三省云據晉紀都陸在黎漿南案黎漿今壽州南都陸在芍陂東南陽淵在壽州西有附亭吳孫峻率衆號十萬渡江魏鄧艾屯附亭遣諸葛緒於黎漿拒戰逐走之洪云有諸葛誕城今壽州南一里吳云曹彪封壽春侯後徙封白馬見彪傳晉志因屬淮南郡一統志今壽州治

浚遒左傳哀十二年會吳于橐皋杜預注曰在縣東南案宋均傳縣有唐后二山集解惠棟曰浚一作逡又注唐后二山風俗通作唐居山先謙曰前漢縣三國廢太康二年復立見沈志有曹城魏武代吳所修見寰宇記晉志因屬淮南郡一統志故城今廬州府合肥縣東北

成德集解惠棟曰水經有廣陽鄉其西肥水所出馬與龍曰縣人劉曄子寓陶見魏志曄傳先謙曰前漢縣三國魏因[illegible]晉志因屬淮南郡一統志故城今鳳陽府壽州東南謝云當在芍陂東南

西曲陽集解惠棟曰前志無西案下邳有曲陽故加西先謙曰前漢縣作曲陽三國魏因晉志因屬淮南郡一統志晉後省寰宇記故城在定遠縣西北今壽春縣以東北八十三里

合肥集解馬與龍曰合肥長顧雍見吳志雍傳曹魏以合肥爲重鎭建安中荊州刺史劉馥治此見馥傳魏明帝云先帝東置合肥南守襄陽西固祁山賊來輒破於三城之下者地有所必爭也屯合肥曹仁張遼曹休滿寵見本傳

侯國集解錢大昕曰堅鐔所封先謙曰前漢縣三國魏因施水注施水受肥于廣陽鄉東南流徑合肥縣應邵曰夏水出城父東南至此與肥合故曰合肥闞駰亦言出沛國城父東至此合爲肥余按川殊派別無沿注之理方知應闞二說非實證也蓋夏水暴長施合於肥故曰合肥也胡三省云肥水北注淮而施水東南入灤湖已自分流惟夏月暴水漲溢則二水合于合肥縣界故合肥以此得名道元之說庶乎有徵謝云有巢湖本居巢縣地後陷爲湖一統志在合肥縣東南七十里周迴四百餘里洪云有逍遙津有西津橋張遼以八百人擊追吳主權於此權上津橋南已毀撤丈餘無板權持鞍緩鞚谷利於後著鞭遂得超渡即此在合肥縣西北五里見寰宇記有新舊二城青龍元年滿寵表於縣城西北三十里立城明年吳主皓出東關丁奉至合肥即合肥新城見孫皓傳謝云即今廬州謝步鎭晉志因屬淮南郡一統志故城今廬州府合肥縣東北金斗城

歷陽侯國刺史治集解馬與龍曰刺史馬余王述見馬嚴傳注李聖見岑彭傳鄧隆見鄧晨傳注歐陽歙見李憲傳觀恂見劉般傳董勤見王充傳尹耀見冲帝紀歐陽參見戴就傳鮑永樊曄張禹劉祐陳翔見本傳臧旻見靈帝紀周乾見朱儁傳陳禕見蜀志許靖傳從事陳衆見李憲傳皋弘見桓榮傳薛安見戴就傳陸續彭脩王充見本傳孫吳以歷陽爲重鎭置濡須督張承見魯肅傳蔣欽周泰朱桓駱統鍾離牧見本傳先謙曰前漢縣三國吳因孫策傳策至歷陽衆五六千江表傳歷陽有山石臨水時歷陽長表上言石印發皓遣使以太牢祭孫皓傳天璽元年歷陽山石文理成字是歷陽縣屬吳洪志據沈志謂太康元年復立以爲吳廢非是有昭關史記伍子胥橐載而出昭關即此在今含山縣北有東關巢湖東南口有石梁鑿開渡水實守扼之所吳魏相持於此南岸吳築城北岸魏置柵見寰宇記魏嘉平四年諸葛恪於東關築大隄遏巢湖左右依山築兩城破魏將諸葛誕於此胡三省云東關即濡須口謂之東關七寶山在無爲軍界謂之西關兩山對峙中爲石梁鑿石通水通鑑地理通釋濡須水亦名天河自巢湖東口流經巢縣南又東南經七寶濡須兩山間亦曰東關水呂蒙傳從權拒曹公於濡須勸權夾水立塢一統志東關今含山縣西南七十里濡須塢之北謝云有東興隄黃龍二年所築後敗諸葛恪於東興更築大隄即東關也終魏之世淮南郡與吳以巢湖爲界吳守東興魏守合肥湖濱諸境皆爲隙地有羨溪蔣濟傳曹仁征吳

濟別襲羨溪仁攻濡須洲中濟曰賊據西岸列船上流而兵入洲中是爲自納地獄杜佑云在濡須東三十里有郝溪在居巢東濡須塢西曹公軍居巢進屯江西郝溪權在濡須口築城拒守見武紀有洞口浦洪云魏曹休張遼伐吳至此與吳軍相望謝云曹休張遼擊吳將呂範於洞口破之見休傳胡三省云在歷陽江邊一統志今和州西南臨江有橫江浦洪云孫策破劉繇將樊能於此元和志在歷陽縣東南二十五里直江南采石渡處自昔濟江津要晉志因屬淮南郡一統志故城今安徽省和州治

當塗 集解馬與龍曰當塗長荀淑見本傳 **有馬丘聚徐鳳反於此** 帝王世紀曰禹會諸侯塗山皇覽曰楚大夫子思冢在縣東山鄉西去縣四十里子思造芍陂 集解先謙曰前漢縣三國廢太康元年復立見沈志謝云建安十三年孫權圍合肥使張昭攻九江之當塗見權傳晉志因屬淮南郡一統志故城今鳳陽府懷遠縣東南

全椒 集解馬與龍曰光武封馬成爲侯見成傳全椒長劉平見本傳先謙曰前漢縣三國吳因謝云地近涂塘屬吳吳云嘉平中地入吳晉志因屬淮南郡寰宇記晉後改爲南譙縣一統志故城今滁州全椒縣治

鍾離侯國 集解惠棟曰世本云鍾離嬴姓司馬貞索隱引世本作終犂晉志故州來邑先謙曰前漢縣三國廢太康二年復立見沈志洪云吳歷馬茂本淮南鍾離長爲王凌所失叛歸據此則縣至魏中葉始廢有曹山魏武駐軍於此見寰宇記晉志因屬淮南郡一統志故城今鳳陽府鳳陽縣東

阜陵 集解錢大昕曰案章和元年置阜陵國食五縣以壽春爲王都傳國至桓帝初暫絕而復繼與漢相終始志獨不載何也惠棟曰晉志漢明帝時淪爲麻湖馬

與龍曰阜陵長舒邵見吳志孫賁傳注先謙曰前漢縣三國吳因謝云地宜屬吳孫權傳中郎將孫布詐降以誘魏將王淩權以大軍潛伏於阜陵淩覺而走即此晉志因屬淮南郡一統志故城今滁州全椒縣東十五里

下蔡 集解惠棟曰宋忠世本注蔡平侯從下蔡馬與龍曰下蔡長鄭渾見魏志渾傳又縣人周泰子邵承見吳志泰傳 **故屬沛** 左傳成七年吳入州來杜預曰下蔡縣 集解惠棟曰前志下蔡古州來國杜預釋土地名云州來淮南下蔡縣汝水之南也先謙曰前漢縣三國魏因謝云咸熙中封蔣凱爲下蔡子見蔣濟傳晉志因屬淮南郡謝云故城今鳳陽府鳳臺縣治

平阿 集解馬與龍曰淮水注淮之西有平阿縣故城建武十三年世祖更封耿阜爲侯國案范書未載又縣人蔣濟子秀孫凱見魏志濟傳 **故屬沛有塗山** 應劭云山在當塗左傳穆有塗山之會 集解先謙曰前漢縣三國魏因謝云令狐愚爲兗州刺史屯平阿即此見王淩傳晉志因屬淮南郡一統志故城今懷遠縣西南

義成 故屬沛 集解先謙曰前漢縣三國魏因晉志因屬淮南郡一統志東晉後省故城今懷遠縣東北十五里渦口城

丹陽郡 秦鄣郡武帝更名雒陽東二千一百六十里建安十三年孫權分新都郡 集解官本考證曰陽當作楊惠棟曰劉攽云秦分三十六郡無鄣郡案劉說非也西漢末會稽處士吳平字君高撰越紐錄云漢文帝前九年會稽并故鄣郡太守治故鄣都尉治山陰前十六年太守治吳郡都尉治錢塘孝武元封二年故鄣以爲丹陽郡案此則故鄣郡爲秦漢以來所置無疑故裴駰注

史記亦以鄣郡入三十六郡之數晉志秦始皇并天下以置鄣會稽九江三郡越紐錄即今之越絕也馬與龍曰太守李忠馬棱張馴童恢見本傳韓演見韓棱傳江漢見質帝紀陳貴見靈帝紀劉舒見劉虞傳臧旻見魏志臧洪傳注周昕見武紀蔣濟見本傳吳景見吳志孫策傳周尚見周瑜傳李衡見孫亮傳孫翊滕胄諸葛恪見本傳聶友見恪傳[illegible]又郡人張磐陶謙見本傳抗徐見度尚傳戴乾見魏志陳羣傳唐固見闞澤傳刁玄見孫登傳注紀陟見孫皓傳芮祉子良玄見潘濬傳注先謙曰洪云丹陽秦鄣郡謝云鄣郡非秦郡劉原父已言之漢書高帝紀以故東陽郡鄣郡吳郡五十三縣立荊王郡蓋秦漢間所置洪氏定爲秦郡非也三國吳因分置新都郡

十六城 集解先謙曰三國吳丹陽郡領漢舊縣九改秣陵曰建業復置宣城分置永平廣德懷安甯國安吳臨城始安曰陽爲十八城新都郡領漢舊縣二城分置始新新定犂陽海陽爲六城故鄣於潛分置安吉原鄉改屬吳興郡湖熟江乘省案沈志丹楊尹下云永世吳分溧陽爲永平太康元年更名[illegible]太守下云太康元年分丹楊立領廣德何志漢舊縣二漢志竝無疑是吳所立洪云後漢分故鄣置見元和志謝云呂蒙領廣德長見蒙傳晉志改屬宣城郡故城今廣德州治見紀要懷安洪云吳分宛陵立見沈志謝云周魴爲甯國長轄在懷安見魴傳晉志改屬宣城郡今甯國縣東四十里見紀要甯國洪云漢末分宛陵甯鄉置見元和志謝云孫權傳赤烏十三年鴻水溢[illegible]國即此晉志改屬宣城郡今甯國府甯國縣治見紀要安吳洪云賀齊討安吳賊見齊傳謝云吳分宛陵立見輿地廣記安吳民陳焦見孫休傳晉志改屬宣城郡今涇縣西南五十里有安吳市臨城謝云吳赤烏中置見寰宇記孫楷封臨城侯見孫韶傳晉志改屬宣城郡今池州府青陽縣南見紀要均吳立宣城漢舊縣洪云郡國志無此謝云建安三年孫策定宣城以東見通鑑縣蓋漢末立寰宇記謂漢順帝立宣城郡於宣城縣非也蔣欽傳欽子壹妃嬪傳何楯皆封宣城侯晉志改屬宣城郡今甯國府南陵縣東四十里謂弋江

上見紀要謝云賀齊傳鄱陽民尤突反陵陽始安涇縣皆應齊討之丹陽三縣皆降是丹陽郡有始安縣晉志闕地今闕吳云諸葛恪傳恪在丹陽時曰陽長胡伉得降民周遺縛送府據此則丹陽有白陽縣漢志無疑吳所立晉志闕今地闕胡三省云曰陽當屬丹陽孫權傳建安十三年使賀齊討黟歙分歙爲始新晉志改屬新安郡謝云今嚴州府遂安縣西六十里之威坪新定[illegible]犂陽[illegible]府休甯縣東南有黎陽鄉休陽沈志海甯孫權分歙爲休陽太康元年更名謝云寰宇記孫休改休陽爲海陽移治於萬歲山上晉志改屬新安郡曰海甯一統志萬歲山在休甯縣東七里以六縣爲新都郡賀齊傳齊爲太守立府於始新安吉原鄉說見故鄣縣下

戶十三萬六千五百一十八口六十三萬五百四十五

宛陵 集解惠棟曰說文泠水出縣西北入江晉志彭澤縣在西南馬與龍曰宛陵令法雄見本傳呂範見吳志範傳賀惠見孫皓傳先謙曰前漢縣三國吳因有蒲里塘孫休傳永安三年都尉嚴密議作浦里塘胡三省云據范書方術傳在丹陽郡宛陵縣界謝云即今高淳縣西丹陽湖諸葛瑾傳黃武元年封宛陵侯孫霸子壹五鳳中封宛陵侯晉志改屬宣城郡一統志今甯國府宣城縣治

溧陽 集解馬與龍曰陶謙封溧陽侯見謙傳丹陽太守孫瑜自溧陽徙屯牛渚見吳志瑜傳先謙曰前漢縣三國吳因沈志溧陽縣吳省爲屯田謝云呂範傳範以溧陽爲奉邑潘璋傳璋封溧陽侯並在建安二十五年妃嬪傳何蔣封溧陽侯在孫皓即位之後據此則吳有溧陽沈說蓋非晉志因一統志故城今鎮江府溧陽縣西北四十五里

丹陽 集解惠棟曰案晉志陽當作楊先謙曰前漢縣三國

吳因謝云孫皎傳皎子胤封丹陽侯有徐陵通鑑咸甯五年吳遣徐陵督陶濬將七千人從西道與交州牧陶璜共擊郭馬胡三省云徐陵與洞浦對岸吳將呂範洞浦之敗魏臧霸以輕船渡江攻徐陵全琮徐盛擊卻之又華覈封徐陵亭侯則徐陵蓋亭名謝云地當在今太平府西南東梁山之北晉志因作丹楊云丹楊山多赤柳一統志此吳地之丹陽也漢置郡於宛陵而此爲丹陽縣因有小丹陽之名相沿至陳無改若楚始封之丹陽一在枝江一在秭歸與此相去皆數千里班志於丹陽注爲熊繹所封而陳宣帝詔亦曰爾熊繹之遺封誤矣[illegible]故城今當塗縣東

故鄣 秦鄣郡所治吳興記曰中平年分縣南置安吉縣光和末張角亂此鄉守險助國漢嘉之故立縣中平二年又分立原鄉縣集解惠棟曰注秦鄣郡所治秦亦當作故說見前又注中平年沈約陽忞皆云中平二年諸本脫二字馬與龍曰縣人朱治子才紀孫琬朱然子績案然本治姊子姓施氏治初無子以然爲嗣然爲治行喪竟乞復本姓權不許績以五鳳中表還爲施氏見然傳先謙曰注安吉原鄉晉志並屬吳興郡安吉今湖州府安吉縣西南原鄉今孝豐縣東見紀要前漢縣三國吳因改屬吳興郡謝云朱治封故鄣侯治傳云丹陽故鄣人係仍舊言之晉志屬吳興郡一統志故城今湖州府安吉縣西北十五里

於潛 集解先謙曰前漢縣潛作替音潛三國吳因改屬吳興郡洪云吳錄舊替字無水至隋始加謝云縣西有替山蓋因山爲名見吳錄晉志屬吳興郡一統志今杭州府於潛縣治

涇 集解先謙曰前漢縣三國吳因洪云有勇里吳孫策禽太史慈於此見慈傳晉志改屬宣城郡一統志今甯國府涇縣西

歙 山海經曰三天子鄣山在閩西海北郭璞曰在縣東今謂之玉山魏氏春秋有安勒烏邪山集解先謙曰官本玉山作三王山考證曰注今謂之三王山本亦作三玉山何焯校本又減去三字前漢縣三國吳因改屬新都郡賀齊傳歙賊帥萬戶屯安勤山毛甘萬戶屯烏聊山謝云元和志安勤山作布射山一統志在歙縣北洪云有毛甘城漢末賊毛甘所屯元和志在烏聊山上一統志今歙縣城內東南隅晉志屬新安郡一統志故城今徽州府歙縣治

黝 魏氏春秋有林歷山集解惠棟曰一作黟見說文先謙曰前漢縣三國吳因改屬新都郡賀齊傳黟帥陳僕祖山等二萬戶屯林歷山今黟縣南十里見紀要謝云故城在黟縣東五里因黟川爲名見寰宇記晉志屬新安郡一統志故城今黟縣東

陵陽 陵陽子明得仙於此縣山故以爲名集解馬與龍曰光武封丁綝爲侯見丁鴻傳先謙曰前漢縣三國吳因洪云侯國周泰封此見泰傳謝云孫輔傳輔從策討陵陽生得祖郎等卽此晉志改屬宣城郡一統志故城今池州府石埭縣東北

蕪湖 集解馬與龍曰光武封傅昌爲侯見傅俊傳章帝封劉晃爲侯見本紀蕪湖令徐盛見吳志盛傳陸遜屯蕪湖見遜傳

中江在西 左傳襄三年楚子伐吳剋鳩茲杜預曰在縣之東集解先謙曰前漢縣三國吳因吳云侯國徐盛封此見盛傳謝云太史慈遁蕪湖山中見慈傳晉志因一統志故城今太平府蕪湖縣東中江詳前志補注

秣陵 其地本名金陵秦始皇改建安十六年孫權改曰建業十七年城石頭集解馬與龍曰丹楊太守呂範治建業見吳志範傳

南有牛渚 集解馬與龍曰丹楊太守孫瑜屯牛渚見吳志瑜傳先謙曰前漢縣三國吳因建安十六年孫權自丹徒徙治秣陵明年改爲建業

二十五年自建業徙都武昌黃龍元年自武昌徙都此見權傳洪云孫策攻劉繇牛渚營見策傳謝云孫桓傳桓督牛渚作橫江塢曹眞傳黃初三年擊權牛渚屯破之孫皓傳晉安東將軍王渾向牛渚杜佑云卽當塗縣采石胡三省云太平州北三十里有牛渚山山下有牛渚磯與和州橫江渡相對一統志牛渚山在太平府治西北二十里東北至江甯八十里渡江至和州二十五里周十五里山下突入江處名采石磯古津渡處也寰宇記石頭故楚金陵邑建安中吳大帝修理改名石頭用貯軍糧器械謝云諸葛亮所謂龍蟠虎踞在今江甯府西二里鍾山在今上元縣東北朝陽門外洪云有大桑浦吳將呂範屯此其水從蔡洲通大江見寰宇記胡三省云蔡洲在石頭西岸謝云有烈洲周六十里內有小水湛泊船以避烈風故名王濬伐吳宿於此見寰宇記卽今江甯縣南之溧洲有小江孫權云秣陵有小江百餘里可以安大船吾方理水軍當移據之見權傳卽今草鞋夾亦謂之夾江有青溪輿地紀勝吳赤烏四年鑿東渠自鍾山西南流通城北塹潮溝以洩元武湖水南入秦淮逶迤十五里名曰青溪在今江甯府城中東北隅有婁湖吳張昭所濬以溉田周十里昭封婁侯故名見元和志在今江甯縣東南晉志因謝云故城今江甯府城南

湖熟侯國 集解先謙曰前漢縣作胡孰三國吳省沈約云湖熟吳省爲典農都尉謝云呂範領湖熟相見範傳朱據領兵屯湖熟見據傳蓋黃龍後省晉志屬丹陽郡一統志故城今上元縣東南

句容 集解馬與龍曰縣人李南見方術傳先謙曰前漢縣三國吳因妃嬪傳孫和何姬丹陽句容人謝云有小其爲自句容至丹陽之運道孫權傳赤烏八年遣陳勳將三萬人鑿句容中道自小其至雲陽西城通會市作邸閣此鑿茅山之麓以通運道也王鳴盛云太平御覽引吳志岑昬鑿丹徒至雲陽杜野小辛間皆斬絕陵壟施力艱辛杜野屬丹陽小辛屬曲阿今水道自常州府城外經奔牛呂城以至丹陽縣再西北至丹徒縣入江大約卽孫權所鑿小其當作小辛傳寫誤也鍾英按孫權傳明言自句容至雲陽不云自雲陽至丹徒岑昬鑿丹徒或別一事與陳勳所鑿無涉王氏因小其小辛牽合爲一以丹陽至鎭江運河當之誤甚按輿地志延陵縣西有東陽臺西陽臺城相去七里與句容縣接界吳時所鑿號破岡瀆自延陵至江甯上下各七埭梁避太子綱諱廢破岡別開上容瀆晉志因一統志故城今句容縣治

江乘 集解先謙曰前漢縣三國吳省沈約云江乘吳省爲典農都尉謝云徐盛傳爲疑城自石頭至江乘卽此晉志屬丹楊郡一統志故城今句容縣北六十里

春穀 集解馬與龍曰春穀長周瑜黃蓋周泰見吳志本傳先謙曰前漢縣三國吳因洪云有赭圻城吳所置屯處見元和志謝云桓溫表稱春穀縣赭圻城在江東岸臨江西當濡須口二十里今繁昌縣西四十里赭圻嶺下晉志改屬宣城郡紀要故城今太平府繁昌縣西南

石城 集解惠棟曰吳都賦注云石都陽也馬與龍曰光武封王廣爲侯見王常傳丹陽都尉程普居石城見吳志普傳石城長黃蓋見蓋傳先謙曰前漢縣三國吳因江水注江水自石城東入爲貴池口東徑石城縣北東合大溪案此班志之分江水卽禹貢南江也源流備具前志補注洪云有石埭寰宇記貴池之源有兩石橫亘溪上因名李吉甫云韓當封石埭侯因置石埭縣韓當傳封石城侯城字誤謝云丹陽郡無石埭縣李說非有武林城吳大帝所築見輿地志吳志

封子休爲瑯邪王鎮此武林督陸允何遂皆居此寰宇記在貴池縣東北二十里胡三省云孫綝遣朱異自虎林襲夏口兵至武昌而夏口督孫壹奔魏則虎林又在武昌之下謝云在石城者名武林在夏口者名虎林本係兩地胡氏誤合爲一晉志改屬宣城郡一統志故城今池州府貴池縣西七十里地名鐵店亦曰蒼埠潭

廬江郡 文帝分淮南置建武十年省六安國以其縣屬雒陽東一千七百里 集解 齊召南曰注建武十年應作十三年後章帝元和二年復改廬江爲六安國至章和二年和帝即位復省六安入廬江此注未明馬與龍曰太守郭稚見郭丹傳第五頡見第五倫傳張磐見度尚傳王景范式羊續盧植陸康見本傳都尉劉寵見城陽恭王傳郡掾嚴麟見廉范傳又郡人陳眾見李憲傳毛義見鄭均傳注左慈見方術傳王蕃弟著延見吳志蕃傳先謙曰三國魏吳分據並置郡 **十四城** 集解 先謙曰漢廬江郡三國魏吳割置魏廬江郡得漢舊縣六分置松滋爲七城吳廬江郡得漢舊縣三入九江之歷陽全椒阜陵爲六城尋陽吳改屬蘄春郡潛舒龍舒居巢廢洪志魏安豐郡有松滋縣謝云安豐郡省入廬江說已見豫州下吳云寰宇記松滋漢屬江陵郡後漢省魏復立以屬安豐洪氏蓋據此也考漢志無江陵郡松滋古凡四一西漢侯國今宿松一晉安豐郡所屬今霍邱一南宋尋陽郡所屬今德化一晉南郡所屬今松滋四縣相去甚遠樂氏合廬江安豐南郡之松滋爲一非是案通鑑胡注魏安豐郡領縣五晉志安豐郡魏置領縣五有松滋縣蓋晉縣即魏縣而決非漢縣也馬與龍云吳志陳武廬江松滋人其地今潁州府霍邱縣東十五里 **戶**

十萬一千三百九十二口四十二萬四千六百八十三

舒 集解 馬與龍曰舒令陶謙見本傳孫策從居舒見吳志策傳又縣人陳襃見安帝紀周榮子興孫景曾孫崇玄孫輝見榮傳周尚周異子瑜見孫循肩瑜兄子峻見吳志瑜傳 **有桐鄉** 古桐國左傳昭五年吳敗楚鵲岸杜預曰縣有鵲尾渚 集解 惠棟曰春秋傳昭三年桐叛楚杜預云縣西南有桐鄉先謙曰前漢縣三國廢胡三省云舒在吳魏境上棄而不耕去舒口甚近謝云張霸傳孫權遣數萬人乘船屯舒口當即今巴洋河入巢湖之口有周瑜城瑜從孫策居舒築此今爲淨梵寺一統志今舒城縣西八十里洪云臧霸傳霸屯舒通鑑魏正始二年司馬懿將兵入舒吳志諸葛恪襲舒掩得其民而還晉志屬廬江郡一統志故城今廬州府廬江縣西

雩婁 集解 惠棟曰春秋傳襄二十六年楚侵吳及雩婁晉書地道記云在安豐縣之西南淮南子決期思之水而灌雩婁之野高誘云今廬江縣雩音于韋昭音虛婁如字徐邈音力居反如淯音樓 **侯國** 集解 先謙曰前漢縣三國魏因謝云通鑑建安十四年孫權圍合肥魏使將軍張喜將兵赴救蔣濟白刺史僞得喜書云步騎四萬已到雩婁即此晉志改屬安豐郡一統志故城今光州商城縣東北

尋陽 有置馬亭劉勳士眾散處 集解 惠棟曰本傳有魯陽鄉馬與龍曰丁鴻傳鴻從封魯陽鄉侯注東觀記曰魯陽鄉在尋陽部尋陽令黃蓋呂蒙見吳志本傳 **南有九江東合爲大江** 釋慧遠廬山記略曰山在尋陽南南濱宮亭湖北對小江山去小江三十餘里有匡俗先生者出殷周之際隱遯潛居其下受道於仙人而共嶺時謂所止爲仙人之廬而命焉其山大嶺凡七重圓基周迴垂三五百里其南嶺臨宮亭湖下有神廟七嶺會同莫升之者東南有香爐山其上氛氳若香煙西南中石門前有雙闕壁立千餘仞而瀑布流焉其中鳥獸草木之美靈藥芳林之奇所稱名代豫章舊志匡俗字君平夏禹之苗裔也 集解 官本考證曰注圖基周迴垂三五百里何焯校本減去三字惠棟曰尋陽記云烏江蚌江烏白江嘉靡江映江沔江稟江菌江張須无緣江圖云一曰三里江二曰五州江三曰嘉靡江四曰烏土江五曰白蚌江六曰白烏江七曰菌江八曰沙提江九曰廩江參差隨水長短或百里或五十里始于鄂終于江口會于桑落洲先謙曰九江以班志爲正惠雜引尋陽記非也前漢縣三國吳因改屬蘄春郡沈約云吳立蘄春郡尋陽縣屬焉謝云周瑜傳進攻尋陽破劉勳呂蒙傳蒙渡江立屯曹仁退走蒙領尋陽令明帝紀黃初七年曹休破諸葛瑾別將於尋陽曹休傳太和二年休向尋陽深入不利衛臻傳權攻合肥帝自東征到尋陽權退[illegible]諸葛恪傳恪圖起田於尋陽晉書太康元年王濬北克吳尋陽是[illegible]終魏世尋陽屬吳胡三省云尋陽縣本在大江之北尋水之陽洪云有半州吳將軍孫慮鎮此潘璋亦屯此見本傳張奮爲半州都督江[illegible]見張昭傳今[illegible]西九十里見紀要晉志屬廬江郡一統志故城今黃州府黃梅縣西北注九江即禹貢九江一班志自注甚明說詳補注

潛 左傳昭三十一年吳人侵楚伐夷侵潛六楚沈尹戌帥師救潛是也 **有天柱山** 集解 惠棟曰前志作灊古潛字杜預云在六縣西南風俗通云南方衡山一名霍廟在潛縣先謙曰前漢縣三國廢謝云吳魏境上隙地沈志廬江太守領灊舒並云漢舊縣接其地望皆魏吳交界境

亦爲棄地無疑張遼傳灊中有天柱山高二十餘里道險狹陳蘭等壁其上遼攻斬之即此晉志屬廬江郡一統志故城今六安州霍山縣東北

臨湖侯國 集解 錢大昕曰故樂成王萇所封先謙曰前漢縣三國吳因有無爲城宋白云曹公攻吳築城於此無功而還因名紀要今無爲州治有新城諸葛恪築此以居新附者因名見紀要晉志因一統志故城今廬州府無爲州西南八十里

龍舒 集解 惠棟曰世本云偃姓舒庸舒蓼舒鳩舒龍舒鮑舒龔 **侯國** 集解 錢大昕曰明帝封楚王英舅子許昌馬與龍曰龍舒相桓良見桓鸞傳注范顯見范滂傳先謙曰前漢縣三國廢謝云三國時爲隙地晉志因一統志今廬州府舒城縣治左傳文十二年杜注今廬江南有舒城舒城西南有龍舒後人以舒城即古舒今縣遂反以廬江爲龍舒誤矣

襄安 集解 馬與龍曰襄安長饒助見吳志孫瑜傳先謙曰前漢縣三國吳因晉志因一統志故城今無爲州南四十里襄安鎮

皖有鐵 集解 惠棟曰羅泌云皖伯爵漢爲侯馬與龍曰廬江太守劉勳治皖見袁術傳李術見吳志孫策傳朱光呂蒙見蒙傳孫邵諸葛恪見吳主權傳注徐盛見本傳孫河見孫韶傳先謙曰前漢縣作皖三國吳因建安十八年廬江九江蘄春廣陵十餘萬戶皆東渡江合肥以南惟有皖城十九年權克皖城自是屬吳見孫權傳洪云吳廬江郡蓋從尋陽遙領謝云建安四年孫策拔廬江[illegible]五年權攻李術於皖城梟術首十九年權克皖城黃武四年皖口言木連理六年曹休斬吳皖守將審德七年權至皖口使陸遜破曹休於石亭嘉禾六年諸葛恪屯廬江赤烏六年恪自皖遷於柴桑是吳廬江郡治皖洪氏謂遙領非也天紀二年吳人大田皖城王渾攻

破之見晉書渾傳是皖城終魏世屬吳胡三省云皖水自霍山縣東南流三百四十里入大江謂之皖口石亭今潛山縣東北見一統志洪云有夾石呂蒙伐皖張遼救之至夾石聞城已拔乃退紀要今桐城縣北六十里謝云有挂車有龍逢有無疆口孫桓傳曹休戰敗必走走當由夾石挂車一統志挂車嶺今桐城縣西張霸傳霸與吳將韓當戰於逢龍當復遣兵邀於夾石與戰破之還屯舒滿寵傳寵表言曹休入無疆口宜為之備賊從夾石要寵還斷夾石要休還路胡三省云無疆口在夾石東南晉志因一統志故城今安慶府潛山縣治

居巢

集解音勦惠棟曰張遼屯居巢後徙合肥見巢見項籍傳子為晉灼曰巢音勦絕之勦瑜以張顏連范增為居巢長見周瑜傳長吏皆在巢後徙合肥見晉書日事家皆居巢後鄭皇覽曰范增冢在居巢郭東見周瑜傳後漢志劉昭注引皇覽上長吏大初斯祀祭所而居巢見合肥廢劉皆在巢般恪南傳子中孫權傳

六安國

集解洪云廬江郡一縣六安見盧江後中又瑜合南中吳後晉晉先謙志曰故城今廬州府巢縣東北後漢志在安故陶今吳志六安縣故六國皇前日宜巢國云封弟恭六安國章帝廢武六安見度本恭六年傳後英布都廬江郡此縣和帝時復為六安國章帝時傳順帝時在安恭後順帝建初四年國除屬廬江晉太康中省國也屬廬江太守文欽前漢六安縣志封子六安王國除屬廬江志六安劉太守六安縣晉封六

後漢志二十二

安風 集解吳志孫權傳曰嘉禾二年權遣將攻六安不克二國志地理續漢志安風侯國屬廬江郡西

安豐 集解先謙曰前漢縣屬六安國後漢屬廬江郡為侯國魏晉屬安豐郡

雩婁 集解先謙曰前漢縣屬廬江郡後漢因之魏屬安豐郡續漢志

陽泉 集解先謙曰前漢侯國屬六安國後漢屬廬江郡魏屬安豐郡

蓼 集解先謙曰前漢侯國屬六安國後漢因之魏屬安豐郡

有大別山

安豐郡 集解洪云建安中分廬江郡立魏晉志合

今傳江北見豹馥魏統亮縣解丁為光豐安城傳蘂曹恪水吳頴晉滿入通見盧傳屬官奉侯州郡州今紀皋仁攻過志州志寵淮鑑蜀李江故晉六本見固一北六要峻蔣六六宋府因曰水胡先齊太城志安考吳虢始統蓼今敗萬安縣異霍一盧謂注主見守今改三證志傳縣志蓼集巢魏人六東傳邱統江之淮志吳劉固屬國曰奉又東故偃解縣將留年孫先縣志雖小泉注謙朱見縣豐因縣人今音棟北珍皋龔傳曰西故城將口陽曰桓魏東郡洪南有安了曰六於見六嘉前漢

鄴兵謂之首縣受屬六曰廣宛解年何雜傳失棟考曰三集鎮魏年有攻無安王集精守陽宜決口水安建志傳馬吳焯父昭杜二耳沈國解晉將孫蘂六安基解馬則經口謝北三安曰陽與將校本預十馬約魏先志蔣峻皋安宇見魏與時謝云徑國末有泉能朱本預日三與云因謙因班留郎不三志龍日乃云太陽魏宥陽令曰異備日三與云因謙因班留郎不三基日傳魏鄴安整眾和六泉因故泉王黃襲改縣年龍前漢日去敗於龔廢赤魏郭特見少帝紀注

侯國屬集解先謙曰前漢縣屬六安國魏因晉志改屬安豐郡一統志故城今霍邱縣東南二十里

會稽郡 秦置本治吳立郡吳乃移山陰縣東南三千八百里

集解洪云會稽郡治山陰見孫策傳孫權劉孫當改縣立吳郡當陽東與龍曰太守成集解

浮見戴就傳梁見王朗傳見注見孫盛劉吳見後漢書孫策傳謝承書見

尹端見本傳章毅見徐陵見劉濮吳劉前

吳志見孫吳傳孫朗傳陸遜見朱桓傳劉邈見

車浚見孫皓傳延陵見

志華雍見都尉任傳朱儁傳劉陸見

曹譚見吳主傳見

謝伍隆見決曹掾吾粲傳見濮陽興傳見

督霸傳周規見朱孟英傳書佐晴傳

張費齊見虞翻傳朱儁傳先謙曰晉志

宮

四城

集解先謙曰三國吳分會稽東部為建安郡海臨海郡

甯海 吳興將安末集解晉志以永嘉安陽分置松陽始甯為八城

長山 呉以永安元年分會稽立東陽郡臨海吳漢故陽東安定南城

臨海 元年分章安立

後漢志二十二

固吳立曰羅陽孫皓改曰安陽太康元年更名

安 章安 立 始平 名

晉平 太康元年更名

陽 南

志

賀齊傳 建安八年

建安 晉太康初分

部 漢 陽 建平郡

平 武興

南 太

平 安

延 康

平 三

方 年

興 武

勝 呉

覽 立

賓 建

宇 安

記 領

又 晉

太 守

休 末

武 安

戶十二

縣有二立十孫

東年曰三氏

平置平年分吳安

縣武昌孫諸甯初

義太氏暨興平

縣康分立平三

後元信禰二年

屬年安志年分

東更立紀孫太

陽名州氏末八

郡處晉分立年

亦州志常因劉諸

東見府曰山紀就暨新烏

謝與遂改縣要立安傷

云地昌東今建太上

侯地廣縣紀南衢浦

官闕記治要遂江

章吳地晉今昌

安表今志謝赤

然建無氏烏

孤安洪據二定安

諸郡志通年陽興

並有建典分建平

闕東安赤太安二

之治郡烏末二年

城都孫均

永尉皓云

康領傳孫

赤長寶策

烏山鼎置

八貨元南

年見年平

分縣賀

會屬齊

稽建傳

郡安建

立郡安

萬三千九十口四十八萬一千一百九十六 **山陰** 越絕曰句踐小城山陰是也稷山者句踐齋戒臺吳越春秋曰句踐築城已成怪山自至怪山者琅邪海中山也一夕自來故名怪山集解馬與龍曰山陰令吾粲朱然見吳志本傳魏滕見吳範傳又縣人鄭弘見本傳馮敷見陳忠傳注賀純見黃瓊傳鍾離意見本傳意七世孫牧牧子禕盛徇見吳志牧傳闞澤見本傳賀輔賀齊本子達孫質達弟景景子邵孫循見齊傳謝煚弟貞煚子承孫崇勗見妃嬪傳丁覽子固趙曄陳囂祁庚朱育見虞翻傳注先謙曰官本注稷山者者作有是 **會稽山在南上有禹冢** 山海經曰會稽之山四方上多金玉下多瑛石郭璞曰有禹井越絕曰有重山句踐葬大夫種集解惠棟曰吳會分野記云禹年九十三崩葬山陰臨江之邱名曰富陵 **有浙江** 郭璞注山海經曰江出歙縣玉山集解惠棟曰說文江水東至會稽山陰爲浙江從水折聲虞喜志林云今錢塘江口折山正居江中潮水投山下折而曲一曰江有反濤水勢所歸故云浙晉灼音逝韋昭音折獄之折司馬貞云莊子所謂淛河也前志作漸口先謙曰前漢縣三國吳因謝云侯國賀齊封此見齊傳晉志因一統志故城范蠡所築見越絕書今紹興府山陰縣治 **鄮** 集解惠棟曰說文鄮從邑貿聲馬與龍曰鄮令申君見戴封傳先謙曰前漢縣三國吳因圖經光武至越嘗爲賊所困因牧奴得免既定天下以奴爲鄮令名鄮爲牧令縣城爲官奴城十道志云官奴城宋武帝立晉志因一統志故城今甯波府鄞縣東 **烏傷** 越絕曰有常山古聖所采藥高且神英雄交爭記曰初平三年分縣南鄉爲長山縣集解惠棟曰沈約州

郡志云長山令漢獻帝初平二年分烏傷立何承天改作常山郡非也馬與龍曰楊璇高祖父茂建武中封烏傷新陽鄉侯傳國三世因家焉璇父扶兄喬見璇傳又縣人駱俊子統孫秀見吳志陸遜傳注長山縣人雷賛見孫峻傳注先謙曰前漢縣三國吳因改屬東陽郡沈約云東陽太守本會稽西部都尉吳孫皓賨鼎元年立晉志因一統志故城今金華府義烏縣治 **諸暨** 越絕曰興平二年分立吳甯縣集解惠棟曰韋昭云有句無亭注越絕曰興平二年越絕無此文傳寫誤也馬與龍曰據劉注越絕晉代出諸暨長陸凱見吳志凱傳先謙曰前漢縣三國吳因晉志因一統志故城今紹興府諸暨縣治 **餘暨** 越絕曰西施之所出謝承書有涉皇山魏都賦注有蕭山潛水出焉集解惠棟曰世本吳孰哉始居蕃離宋忠云孰哉仲雍也蕃離今吳諸暨縣馬與龍曰永興長陸凱見吳志凱傳鍾離牧居永興躬自墾田種稻見牧傳先謙曰前漢縣三國吳因改曰永興見沈志漸江水注漢末童謠云天子當興東南三餘之間故孫權改餘暨曰永興縣洪云有固陵有查瀆謝云太守王朗拒策於固陵策數渡水戰不能克孫靜曰查瀆南去此數十里宜從彼據其內便投查瀆道襲高遷屯朗將高昕迎戰策破斬之遂定會稽見孫靜傳固陵今蕭山縣西十二里查瀆在縣西南九里高遷屯在縣東北五十里見紀要晉志曰永興一統志故城今蕭山縣西長興鄉 **太末** 左傳謂姑蔑初平三年分立新安縣建安四年孫氏分立豐安縣二十三年立昌縣東陽記縣龍巨山有九石特秀林表色丹白遠望盡如蓮花龍巨長隱居於此因以爲名其峯際復有巖穴外如窗牖中有石牀巖前有一桃樹其實甚甘非山中自有莫知誰植集解先謙曰

官本石牀作石林考證曰注龍巨長長當作萇賜[illegible]錢大昕曰注建安四年孫氏分立豐安縣二十三年立遂昌縣宋書州郡志與此異未審孰是惠棟曰太當作大孟康音闔馬與龍曰太末長賀齊見吳志齊傳新安都尉陳表見陳武傳又縣人徐陵子平見虞翻傳先謙曰前漢縣三國吳因改屬東陽郡晉志屬東陽郡一統志故城今衢州府龍游縣治 **上虞** 漢末分南鄉立始甯縣集解惠棟曰晉志有仇亭舜避丹朱於此地漸江水注始甯本上虞之南鄉順帝永建四年陽羨周嘉上書始分之洪亮吉曰何承天志云漢末始分今考郡國志無此縣則當以何志爲是馬與龍曰上虞長度尚見本傳顧雍濮陽興尉華覈見吳志本傳又縣人戴就孟嘗王充朱儁子皓魏朗見本傳朗孫滕吳範見範傳孟英綦毋俊陳業樊正魏遷見虞翻傳注先謙曰前漢縣漸江水注始甯縣本上虞之南鄉漢順帝永建四年陽羨周嘉上書始分之蓋嘉上書於永建四年至漢末而後分置也賀續會稽記謂永建四年分者誤紀要今上虞縣西南五十里三國吳因漸江水注剡縣本司鹽都尉治晉志因一統志故城今紹興府上虞縣西北[illegible]集解惠棟曰張勃吳錄縣有天姥岑李善云剡植琰切馬與龍曰剡長賀齊見吳志齊傳令卜靜見顧邵傳先謙曰前漢縣三國吳因謝云孔曄記縣本在江東賀齊爲剡長移於今治晉志因作鄉一統志故城今嵊縣西南 **餘姚** 集解馬與龍曰餘姚長呂岱[illegible]然朱桓見吳志本傳又縣人黃昌嚴光見本傳董襲見吳志襲傳虞俊見張溫傳注虞光子成孫鳳曾孫歆玄孫翻翻子汜忠聳[illegible]孫譚伍隆駟勳王岐見翻傳注先謙曰前漢縣三國吳因江水[illegible]江水又東徑餘姚縣故城南縣因句餘山以名山在餘姚之南[illegible]

章之北江水又東注於海故城吳將朱然所築晉志因一統志故城今餘姚縣治句餘山卽四明山在縣南百里山之東北跨甯波府鄞縣界 **句章** 山海經曰句餘之山無草木多金玉郭璞曰山在餘姚南句章北故二縣因以爲名句踐欲遷吳王於甬東韋昭曰縣東洲集解惠棟曰注餘句之山依山海經當作句餘賈逵云甬東越東鄮又注縣東洲今韋昭注云縣東海口外縣也馬與龍曰會稽東部都尉劉洪見律歷志注全琮見吳志琮傳案後漢時東部都尉從治句章又縣人梁宏董黯鄭雲王修任爽見吳志虞翻傳注先謙曰前漢縣三國吳因謝云妃嬪傳步夫人會稽句章人孫休傳永安七年魏將王雅浮海入句章略吏民而去卽此晉志因一統志故城今甯波府慈谿縣西南 **鄞** 集解惠棟曰玉篇音五斤切先謙曰前漢縣三國吳因國語句踐之地東至於鄞卽此晉志因一統志夏時有堇子國以赤堇山爲名後加邑爲鄞故城今奉化縣東 **章安** 集解馬與龍曰會稽東部都尉張紘見吳志本傳芮艮見潘濬傳注案吳時東部都尉徙治章安見州郡志臨海太守奚熙見孫皓傳又縣人虞翔黃他見虞翻傳注 **故治** 集解惠棟曰鄭宏傳作冶沈約案張勃吳錄云閩越王冶鑄地故曰安閩王冶此不應偏以受名蓋句踐冶鑄之所故謂之冶乎治當作冶前志亦誂爲治先謙曰官本作冶是 **閩越地** 集解惠棟曰沈約引作閩中地 **光武更名** 晉元康記曰本鄞縣南之迴浦鄉章帝章和元年立未詳集解錢大昕曰注元康當作太康案鄭宏傳舊交阯七郡貢獻轉運皆從東治汎海而至所云東冶卽會稽之冶縣宏以章帝建初八年爲大司農其時尚稱東治則非光武更名明矣又改班志冶與迴浦

本是二縣意者東漢初嘗省回浦入鄞縣故有回浦鄉之稱先謙曰前漢無注引元康記本鄞縣南之迴浦鄉是三國吳因置臨海郡以縣屬沈約云臨海太守本會稽東部都尉前漢都尉治鄞後分會稽爲吳郡疑是都尉徙治章安（馬與龍云後漢東部都尉治章安見虞翻傳注）吳孫亮太平二年立領章安孫亮傳太平二年以會稽東部爲臨海郡三年封故齊王奮爲章安侯郎此晉志屬臨海郡一統志故城今台州府東一百十五里章安市

永寧（集解）惠棟曰沈約州郡志云順帝永建四年分章安東甌鄉立或云順帝永和三年立馬與龍曰永寧長賀輔韓晏賀齊見吳志齊傳

永和三年以章安縣東甌鄉爲縣。（集解）惠棟曰姚察云甌水名永嘉記水出永寧山行三十餘里去郡城五里入江昔有東甌王都城有亭積石爲道今猶在也先謙曰前漢無三國吳因改屬臨海郡沈約云永嘉太守晉明帝分臨海立領永寧謝云侯國孫綝封此見綝傳晉志屬臨海郡一統志故城今溫州府永嘉縣治

東部侯國（集解）錢大昕曰案宋書州郡志侯官前漢無後漢曰東侯官屬會稽此東部侯國當即東侯官之譌漢時未見有封東部侯者也又鄭巨君傳注引太康地志云漢武帝名爲東治後改爲東侯官是章安爲回浦東侯官爲治各不相涉太康志本自瞭然志以章安爲故治疑未可信（吳志虞翻傳太守王朗亡走浮海翻追隨營護到東部侯官侯官長閉城不受）惠棟曰都尉治（馬與龍云前漢初置東部都尉治此後徙章安見虞翻傳注與東漢無涉）案漢無東部侯晉志後漢改東治爲侯官都尉（馬與龍云晉志雖有侯官都尉之說然於前書無考）侯國當作侯官也又案謝承書鄭宏理劇東部侯則侯當作侯衍國字也（馬與龍云考鄭宏傳注引謝承書鄭宏曾祖父之少子理劇東部侯在前漢時非宏也惠氏蓋誤甚）後漢劉洪爲東部都尉（馬與龍云治句章與此無涉）任延爲西部都尉（馬與龍云考延傳延爲會稽都尉然不云東部則或卽西部也）西漢分東西部東京止有東部（馬與龍云任延卽東京時人又西部都尉宰鼂見彭修傳未知惠說所本）漢碑有東部都尉路君闕衛尉衡方碑當爲東部都尉此其證也洪頤煊曰三國志虞翻傳翻追隨營護到東部侯官侯官長閉城不受東部侯官會稽東部之侯官城也張掖屬國上郡龜茲屬國皆有候官城後省稱爲東侯官馬與龍曰侯官長商升見賀齊傳先謙曰案錢說是三國吳曰侯官改屬建安郡沈約云晉安太守晉武帝太康三年分建安立領侯官後漢曰東侯官洪云侯國謝云孫休傳永安三年黜亮爲侯官侯王朗傳朗爲太守與孫策戰敗浮海至東冶虞翻傳太守王朗亡走浮海翻追隨營護到東部侯官（馬與龍云翻傳作東冶）孫策傳屠東冶呂岱傳會稽東冶五縣蓋漢吳之際或改東侯官爲東冶故承祚據事書之惟虞翻傳東部侯官衍一部字晉志改屬晉安郡一統志故城今福州府閩縣東北冶山之麓

吳郡順帝分會稽置。雒陽東三千二百里。（集解）惠棟曰水經注永建中陽羨周嘉上書以縣遠赴會至難求得分置遂以浙江西爲吳以東爲會稽李吉甫云永建四年陽羨令周嘉山陰令殷重上書求分爲二郡會稽典錄朱育曰永建四年劉府君上書浙江之北以爲吳會稽還治山陰馬與龍曰會稽太守黃讜見包咸傳慶鴻見廉范傳馬棱第五倫張霸見本傳尹興見陸續傳趙牧見彭城靖王傳宰鼂見彭修傳杜宣見水經漸水注（順帝永建以前會稽太守）吳郡太守王衡見順帝紀陳瑀見陳球傳徐參見陳翔傳盛憲許貢見吳志孫策傳注朱治見治傳郡吏許荆戶曹史包咸功曹王充彭修見本傳騶勳主簿梁宏門下掾陸續見續傳議曹

龍邱萇見任延傳督郵鄭弘鍾離意謝夷吾見本傳馮敷見陳忠傳注（案永建以前會稽郡掾吏在吳）郡丞王珍見本傳又郡人沈景見河間孝王傳皋弘子徽見桓榮傳沈珩見吳主權志張儼見孫晧傳張敦卜靜見顧雍傳徐原見呂岱傳暨豔見張溫傳先謙曰三國吳因分（置吳興郡）

十三城（集解）先謙曰三國吳改由拳曰嘉興[illegible]建德桐廬新昌鹽官新城爲十四城分置[illegible]永安臨水入丹陽之故鄣於潛[illegible]縣闞案沈志吳郡太守[illegible]建德吳分富春立[illegible]春立新昌縣太康元年更名[illegible]記云鹽官本屬嘉興吳立爲海昌都尉治此[illegible]又沈志晉陵太守吳分吳郡無錫以西爲毗陵典農校尉[illegible]今吳郡陽羨永安餘杭臨水及丹陽故鄣安吉（沈志漢中平二年分故鄣立晉志因謝云今湖州府安吉縣西南）原鄉（沈志漢中平二年分故鄣立晉志紀要今孝豐縣東）於潛諸縣地勢水流之便悉注烏程其分此（九縣爲吳興郡治烏程）

戶十六萬四千一百六十四，口七十萬七百八十二。

吳（集解）馬與龍曰孫策封吳侯見吳志吳令郎宗見郎顗傳彭修見本傳孟宗見吳主權傳丞呂岱見岱傳殷禮見顧邵傳梁鴻至吳依大家皐伯通見逸民傳又縣人陸逢陸閎孫續曾孫稠褒玄孫康見續傳康子績孫宏叡康從子駿父紆子遜瑁孫延抗喜曾孫晏景玄機雲見遜傳陸凱子禕凱弟胤胤子式見凱傳顧奉曾孫雍孫徽雍子邵裕濟孫榮譚承見雍傳顧悌子彥禮謙祕見雍傳注朱桓子異見桓傳朱據子熊損孫宣見據傳張允子溫祇白見溫傳吳景子奮祺孫安纂見妃嬪傳

本國。越絕曰吳大城闔閭所造周四十七里二百一十步二尺又有伍子胥城居巢城昌門外闔閭冢虎丘穹窿赤松子所取赤石脂也去縣二十里有鹿湖麗溪城又石城闔閭置美山虞山巫咸山皇覽曰縣東門外孫武冢又要離冢縣西南（集解）惠棟曰越紐錄云麋湖闔閭所置麋也欐溪城闔閭所置船宮也美山無考案越紐錄石城闔閭所置美人山脫八字也先謙曰官本昌作閶鹿作麋是

震澤在西，後名具區澤。爾雅十藪吳越之間有具區郭璞曰縣南太湖也中有句山山下有洞庭穴道潛行水底去無所不通號爲地脈越絕書曰湖周三萬六千頃又有大雷山小雷山周處風土記曰舜漁澤之所臣昭案此僻在成陽是也又吳伐越敗之夫椒杜預曰太湖中椒山是也（集解）先謙曰前漢縣三國吳因洪云侯國謝云孫英封吳侯國除見孫登傳孫基封吳

侯見孫霸傳有華亭陸遜封華亭侯見遜傳晉志因一統志有欒橋吳赤烏二年建在縣東臥龍街故城今蘇州府吳縣治

海

案今計偕簿縣之故治順帝時陷而為湖今謂為當湖大旱湖

鹽

竭城郭之處可識集解洪亮吉曰注順帝案水經注作安帝馬與龍曰施延到海鹽賃作半路亭父見陳忠傳注海鹽長步騭見吳志騭傳先謙曰前漢縣三國吳因元和志城陷為柘湖移於武原又陷為當湖柘湖今華亭縣南當湖今平湖縣東謝云赤烏五年海鹽縣言黃龍見永安七年海鹽賊破海鹽殺司鹽校尉駱秀見孫休傳晉志因一統志有故邑城在故邑山下一作顧邑地近東顧句踐支庶所封後漢永建二年移縣治於此故城今嘉興府平湖縣東南

烏程左傳襄三年楚伐吳至于衡山杜預曰在縣南或云丹陽縣之橫山去鳩茲不遠子重所至也吳興記曰縣西北其山有項籍祠興平二年太守許貢奏分縣為永縣集解惠棟曰有餘不溪沈氏家傳云後漢沈戎居之不音扶鳩反馬與龍曰孫堅封烏程侯烏程相駱統見吳志本傳抗徐封烏程東鄉侯見度尚傳烏程長孫河又縣人吾粲見吳志粲傳徐詳見胡綜傳先謙曰永縣故城尋廢今烏程縣西北見一統志前漢縣三國吳因置吳興郡見沈志有石城山洪云昔嚴白虎於山下累石為城與呂蒙戰所見張元之山墟銘謝云在烏程縣西南三十里見寰宇記晉志屬吳興郡一統志故城今湖州府治

餘杭顧夷曰秦始皇至會稽經此立為縣史記曰始皇臨浙江水波惡乃西北二十里從狹中渡徐廣曰餘杭也臣昭案始皇所過乃在錢唐富春豈近餘杭之界乎集解馬與龍曰縣人淩操子統孫烈封見吳志統傳先謙曰前漢縣三國吳因改屬吳興郡謝云淩統墓在吳縣東北二十五里碑云統字公績吳興餘杭人據此可證承祚書吳郡餘杭為仍舊也漸江水注漢末陳渾移築南城晉志屬吳興郡一統志舊城在苕溪南陳渾徙溪北唐末復徙溪南今杭州府餘杭縣治

毗陵集解馬與龍曰縣人彭修見獨行傳

季札所居北江在北越絕曰縣南城在荒連上湖中冢者季子冢也名延陵墟皇覽曰暨陽鄉集解惠棟曰注上湖中之冢為季札冢也越紐錄云上湖通上洲先謙曰注在荒連官本作古淹地前漢縣三國吳因洪云侯國謝云朱治封毗陵侯見治傳陸抗子景封毗陵侯見抗傳晉志改屬毗陵郡一統志故城今常州府武進縣治

丹徒春秋曰朱方集解馬與龍曰吳志華覈傳吳郡武進人先謙曰前漢縣三國吳曰武進嘉禾三年改見孫權傳洪云元和志吳時或稱京城或稱徐陵吳志孫策使孫河屯京城又魏將臧霸襲徐陵郎此謝云孫權傳黃武元年臧霸所襲之徐陵在洞浦東岸洪氏不明地勢遂沿元和志之誤孫韶屯京城見韶傳建安十四年孫權謀拒曹操始自吳遷於京口見建康實錄洪云有神亭太史慈與吳王鬭處一統志今金壇縣西北謝云孫桓封丹徒侯見桓傳晉志復曰丹徒改屬毗陵郡一統志今鎮江府丹徒縣東南十八里

曲阿集解馬與龍曰揚州牧劉繇居曲阿見劉寵傳曲阿長顧雍丞吾粲見吳志本傳又縣人包咸子福見咸傳韋曜子隆見曜傳先謙曰前漢縣三國吳曰雲陽嘉禾三年復見孫權傳洪云顧邵傳張秉為雲陽太守則吳時雲陽曾作郡後徙廢也謝云朱據封雲陽侯見據傳有廢亭孫權射虎於此見權傳一統志在丹陽東四十七里見紀要晉志復曰曲阿改屬毗陵郡一統志故城今鎮江府丹陽縣治

由拳

左傳曰越敗吳于檇李杜預曰縣南醉李城也干寶搜神記曰秦始皇東巡望氣者云五百年後江東有天子氣始皇至令囚徒十萬人掘汙其地表以惡名故改之曰由拳縣集解惠棟曰檇音醉馬與龍曰縣人張業子武見獨行傳先謙曰前漢縣三國吳改嘉興孫權傳黃龍三年由拳野稻自生改為禾興五年改為嘉興沈約云吳郡太守領嘉興洪云侯國謝云朱桓封嘉興侯見桓傳陸凱封嘉興侯見凱傳晉志因一統志故城今嘉興府嘉興縣南五里

安越絕曰有西岑冢越王孫開所立以備春申君使其子守之子死遂葬城中集解錢大昕曰前漢晉宋志皆無此縣本志又不言何年所置前無所承後無所併疑即婁之訛因婁脫其半而為安校者不能是正疑有脫漏又增婁於無錫後並改十二城為十三盧熊蘇州府志遂謂東漢省錢唐而增安縣又謂建安中孫權以安縣屬屯田典農校尉當在無錫以西然沈約志初無此說未審盧何所據監本無婁字新刊本依宋本增之其實宋本未必是監本未必非也漢志婁下云有南武城闔閭所起以備越此志安縣下引越絕云兩志俱有備敵遺迹安必婁之譌先謙曰錢說甚悉婁縣解見下

富春集解馬與龍曰富春長李永見魏志典韋虞翻見吳志翻傳又縣人孫堅兄賁輔弟靜賁子鄰安熙績孫苗旌述曾孫惠見賁傳輔子興昭偉昕見輔傳靜子暠瑜皎奐謙孫緯超恭彌熙耀曼紘胄晞咨彌儀承壹曾孫峻綝見靜傳堅子策權翊匡見堅傳策子紹孫奉見策傳權子登慮和霸奮見本傳翊子松匡子泰孫秀曾孫儉見本傳孫韶子楷越異奕恢見韶傳韶伯父河河子助誼桓俊見河傳徐真子璪孫禱祚見徐夫人傳先謙曰前漢縣三國吳因孫權黃武五年置東安郡以全琮為太守治富春七年廢見權傳注漸江水注浙江東北徑富陽縣南故富春也洪云沈志吳黃武四年以為東安誤謝云寰宇記黃武五年於富春置臨武縣亦非孫峻封富春見孫亮傳有孫洲縣前過江中有沙漲孫堅為郡吏赴府鄉人之洲上父老云此沙狹而長君其為長沙太守乎後果如父老以長沙太守起兵為吳始祖遂名此洲為孫洲見後錄今富陽東南有陽平山一統志故城今杭州府富陽縣治西北隅晉志改曰富陽孫堅故居見寰宇記今富陽縣治西南十里

陽羨馬與龍曰陽羨長孫權見吳主權傳又縣人許武弟晏普孫荊荊孫鹹見荊傳周魴見吳志魴傳張秉見顧邵傳

邑曰縣有張公山□洞密有二堂集解先謙曰前漢縣三國吳因屬吳興郡本名荊溪見周處風土記一名蝦虎城見寰宇記沈云義興太守晉分吳興丹楊立領陽羨洪云有國山本名離里謝云太元二年陽羨離里山大石自立見孫亮傳孫皓天璽元遣董朝周處封禪國山見皓傳孫邵封陽羨侯見邵傳集解錄晉志闕一統志故城今常州府宜興縣南五里

無錫集解馬與龍曰縣人高彪子岱見文苑傳

侯國史記春申君城故吳墟以自為傳顏連見吳志孫瑜傳皇覽曰太伯冢在吳縣北梅里聚去城十里太伯始所居地名句吳吳王太伯東皇山有太伯冢民世修敬為去墓十里有舊宅井猶存臣昭為郎宅以置廟不如皇覽所說也越絕曰縣西龍尾陵道春申初封吳所造臣昭案今見在自是山名非築陵道集解先謙曰漢縣三國吳省沈志晉陵太守下云無錫吳省太康元年復立晉志改屬毗陵郡一統志故城今無錫縣治

婁集解與龍

婁長顧雍見吳志雍傳先謙曰官本考證曰監本脫此一縣依宋本添前漢縣三國吳因建安二十四年孫權封陸遜爲婁侯見遜傳吳黃龍元年封張昭爲婁侯見昭傳晉志因一統志故城今蘇州府崑山縣東北三里

豫章郡 高帝置雒陽南二千七百里【集解】馬與龍曰太守李忠欒巴劉寵雷義見本傳周生豐見馮衍傳劉祇見唐檀傳虞續見順帝紀張雲見陳重傳王永見陳翔傳朱皓見朱儁傳周術諸葛玄見蜀志諸葛亮傳注華歆見魏志歆傳張躬見贛水注孫賁孫鄰見吳志賁傳顧邵見邵傳蔡遺見呂蒙傳謝景見張昭傳謝裴見諸葛恪傳注紀陟見孫皓傳都尉鄧玄見鄧晨傳功曹聶友見吳志諸葛恪傳先謙曰三國吳因分置鄱陽臨川廬陵廬陵南部安城郡 二十一城【集解】先謙曰三國吳豫章郡領漢舊縣七分置上蔡沈志豫章太守領望蔡漢中平中汝南上蔡民徙此立縣曰上蔡晉武帝更名亦見本志注晉志曰望蔡紀要今瑞州府上高縣治富城沈志豐城吳立曰富城晉武更名通典吳分南昌置晉志曰豐城紀要今南昌府豐城縣南六十里吳平沈志漢中平中立曰漢平吳更名晉志因一統志今臨江府清江縣西三十里永修沈志漢中平中立亦見本志注寰宇記分海昏建昌立晉志因水經注縣爲修水所經當在今南康府建昌縣西南西安沈志豫甯建安中立吳曰要安晉武更名馬與龍云沈志要安爲西安之誤贛水注循水東北徑豫甯縣故西安也晉太康元年更從今名吳志潘璋爲西安長韋曜爲西安令卽此寰宇記吳分海昏立晉志作豫甯紀要今南昌府武甯縣西二十里陽樂沈志康樂吳孫權立曰陽樂晉武更名寰宇記吳分上蔡立晉志曰康樂紀要今瑞州府萬載縣東新吳沈志漢中平中立晉志因紀要今南昌府奉新縣西宜豐洪云吳立謝云孫權立見輿地紀勝元和志晉志因紀要今瑞州府新昌縣北爲十五城鄱陽郡領漢舊縣四分置廣昌沈志鄱陽太守孫權分豫章立領廣晉吳立曰廣昌晉武更名晉志曰廣晉紀要今饒州府北百五十里上饒沈志吳立寰宇記吳分鄱陽立晉志無紀要今廣信府城西北葛陽沈志吳立洪云分餘汗立謝云蔣欽傳爲葛陽尉在興平元年寰宇記謂建安十五年置謬晉志因紀要今弋陽縣治樂安沈志吳立寰宇記引豫章記云永元中置然本志不載雖以爲據元和志云靈帝時置馬與龍云樂安長韓當見當傳晉志因一統志今饒州府德興縣東新都[illegible]爲九城臨川郡領漢舊縣二分置西平[illegible]新建[illegible]永城[illegible]宜黃[illegible]南豐[illegible]安浦[illegible]西城[illegible]爲十城廬陵郡領漢舊縣一改廬陵爲高昌分置西昌[illegible]吉陽[illegible]巴邱[illegible]東昌[illegible]新興[illegible]陽城[illegible]爲九城廬陵南部郡領漢舊縣三分置平陽[illegible]楊都[illegible]陂陽[illegible]安南[illegible]爲七城安城郡領漢舊縣[illegible]分置新喻[illegible]永新[illegible]萍鄉[illegible]入長沙之安城爲六城柴桑改屬江夏郡洪氏據寰宇記豫章有鍾陵縣按一統志鍾陵故縣晉太康初分置尋廢謝云雷次宗豫章記漢永元中置東安縣在銀城孟容云輿地志東安陳天嘉元年廢考郡國志晉宋二志皆無此縣紀要銀城在饒州府德興縣東百二十里一統志樂安故城在德興東陳天嘉元年廢豫章記東安蓋卽樂安之訛也

戶四十萬六千四百九十六口百六十六萬八千九百六豫章記曰新吳上蔡

永修縣並中平立豫章縣建安立上蔡民分徙此地立名上蔡【集解】錢大昕曰注豫章縣建安立案宋書州郡志豫甯漢獻帝建安中立吳曰要安晉武帝太康元年更名一郎謂此縣也據此注似本名豫章晉初改爲豫甯惠棟曰注永修一作永循贛水注中平二年立修水所經也州郡志仍作永修又注並中平中立諸本脫中字案州郡志又有漢平縣亦中平中立馬與龍曰錢引州郡志吳曰要安案要安當作西安贛水注可證蓋謂漢末置豫章吳改西安晉又改豫甯

南昌 豫章記曰江淮唯此縣及吳臨湘三縣是也【集解】[illegible]

[illegible]

建城 [illegible]

[illegible]

新淦 [illegible]

宜春 [illegible]

廬陵 [illegible]

[illegible]陵之說考之則晉初郡治當在高昌晉志亦訛高爲西也晉志曰高昌一統志故城在今吉安府廬陵縣南一里高昌故城在今縣西十五里

贛 **有豫章水**【集解】先謙曰前漢縣三國吳因

改屬廬陵南部沈約云南康公相晉武帝以廬陵南部都尉立贛水注豫章水東北流徑南野縣北委波六十餘里又北徑贛縣東寰宇記漢高六年使灌嬰略定江南始爲贛縣立城以防趙佗晉志屬南康郡一統志今贛州府贛縣西南**雩都**集解先謙曰前漢縣三國吳因改屬廬陵南部洪云吳廬陵南部治雩都見元和志寰宇記云雩都即漢使灌嬰防趙佗所立縣也在郡城東四里地名東溪晉志屬南康郡一統志故城今雩都縣東北**南野有臺領山**集解齊召南曰案監本於有臺下空一字是領山亦似縣名矣又彭澤縣彭蠡澤在西監本於彭蠡上亦空一字皆當連不連先謙曰官本領山連上臺字是前漢縣作南壄三國吳因改屬廬陵南部見沈志淮南子秦使尉屠睢將五軍一軍守南壄之嶠九域志南康縣有南野鎭即故縣也晉志改屬廬陵郡一統志贛水注南康縣涼熱山即大庾嶺也一名臺嶺又名梅嶺爲五嶺之一郡國志南野有臺領山即此故城今南安府南康縣西南**南城**集解先謙曰前漢縣三國吳因改屬臨川郡沈約云臨川內史吳孫亮立晉志屬臨川郡一統志故城今建昌府南城縣東南**鄱陽**集解馬與龍曰鄱陽太守步騭周魴見吳志本傳魏滕見吳範傳鄱陽令魏滕見範傳又縣人雷授雷義見義傳**有鄱水黃金采**建安十五年孫權分立鄱陽郡治縣集解先謙曰前漢縣三國吳因置鄱陽郡治此沈約云鄱陽太守孫權分豫章立治鄱陽赤烏八年徙治吳芮故城贛水注鄱水出鄱陽縣東西徑其縣南武陽鄉也建安十五年分爲鄱陽郡謝云黃武元年鄱陽言黃龍見即此有利浦陸遜傳鄱陽賊帥尤突作亂遜往討之軍屯利浦當在今鄱陽縣境晉志屬鄱陽郡一統志故城今饒州

府鄱陽縣東宋志吳後縣治吳芮故城**歷陵有傅易山**集解惠棟曰易古陽字先謙曰前志師古注傅讀曰敷前漢縣三國吳因改屬鄱陽郡洪云有石印山吳志天璽元年鄱陽言山石文理成字即此在今饒州府西北百五十里鄱陽湖中見紀要晉志屬鄱陽郡一統志歷陵縣晉時割屬鄱陽郡而柴桑則屬武昌郡鄱陽在東武昌在西且中隔彭蠡不應歷陵反出柴桑之西通典以蒲塘爲歷陵徙以王莽嘗改歷陵曰蒲亭故耳在今九江府德安縣東疑屬傅會宋晁氏以歷陽故縣及傅陽山皆在今鄱陽縣界其說近是**餘汗**集解惠棟曰音干先謙曰前漢縣三國吳因改屬鄱陽郡淮南子秦始皇使尉屠睢爲五軍南征一軍結餘干之水晉志屬鄱陽郡一統志故城今饒州府餘干縣東北**鄡陽**集解先謙曰前漢縣三國吳因改屬鄱陽郡晉志屬鄱陽郡一統志劉宋省故城今鄱陽縣西北百二十里**彭澤彭蠡澤在西**集解惠棟曰張勃吳錄云今名洞庭湖馬與龍曰荊州牧劉繇駐彭澤見吳志繇傳先謙曰官本彭蠡澤連上澤字是澤即鄱陽湖非洞庭也惠引吳錄疑誤後人非是前漢縣三國吳因洪云呂範傳範爲彭澤太守屯柴桑蓋權宜所立後範領丹陽太守此郡即省晉志因一統志故城今九江府湖口縣東南三十里**柴桑**集解惠棟曰山海經柴桑之山其上多銀其下多碧多冷石郭璞云共廬山相連晉志有湓口關馬與龍曰呂範諸葛恪陸抗俱屯柴桑見吳志本傳柴桑督陸式見陸胤傳柴桑長徐盛見盛傳先謙曰前漢縣三國吳因改屬武昌郡見孫權傳武昌郡省縣屬江夏志太康元年改江夏爲武昌吳末省武昌郡併江夏治贛水注廬山下有神廟號曰宮亭廟故又有宮亭湖之名胡三省云宮

亭湖即彭蠡湖在彭澤縣西謝云周瑜傳建安十一年瑜討麻保二屯梟其渠帥還備宮亭[illegible]黃祖遣將鄧龍將兵數千人入柴桑瑜追討生虜龍送吳柴桑爲吳西境周瑜泝江越境襲麻保二屯祖遂遣龍入柴桑以報之晉志改屬武昌郡一統志故城今九江府德化縣西南**艾**左傳哀二十年吳公子慶忌所居集解惠棟曰說文艾水出縣西入湘先謙曰前漢縣三國吳因晉志因一統志今南昌府甯州北百里龍岡坪故城猶存**海昏**集解馬與龍曰孫策分海昏建昌左右六縣以太史慈爲建昌都尉治海昏見吳志慈傳程普代慈備海昏見普傳海昏令張敦見顧邵傳**侯國**在昌邑城豫章記曰城東十三里縣列江邊名慨口出豫章大江之口也昌邑王每乘流東望輒憤慨而還故謂之慨口集解錢大昕曰宣帝封昌邑王賀於此王莽篡位絕建武初復封先謙曰前漢縣三國吳因贛水注繚水又徑海昏縣謂之上繚水謝云海昏上繚宗民不受發召即此見孫權傳晉志因一統志故城今南康府建昌縣治**平都侯國故安平**集解先謙曰三國吳因置安城郡治此見通典沈約云安城太守孫皓立領平都前漢曰安平後漢更名晉志屬安城郡一統志故城今吉安府安福縣東南**石陽**集解惠棟曰沈約云前漢無酈元云和帝永元九年分廬陵立馬與龍曰廬陵太守孫輔見吳志孫策傳先謙曰前漢無三國吳因置廬陵郡治此孫策傳興平元年分豫章爲廬陵郡贛水注贛水又東北過石陽縣西漢獻帝初平二年吳長沙桓王立廬陵郡治此沈約云廬陵太守孫策分豫章立領石陽前漢無後漢有晉志屬廬陵郡一統志故城今吉安府吉水縣東北**臨汝**永元八年

置集解馬與龍曰臨川太守蔡機見吳志張昭傳注先謙曰前漢無三國吳因置臨川郡治此沈約云臨川內史吳孫亮分豫章東部立一統志吳臨川郡治臨汝縣舊唐書地理志後漢置臨汝縣吳置臨川郡歷南朝不改案晉宋志臨川郡俱首臨汝縣當爲郡治洪志據記纂淵海吳臨川郡治南城今不從晉志屬臨川郡一統志故城今撫州府臨川縣西**建昌**集解馬與龍曰建昌長潘璋見吳志璋傳謝貞見妃嬪傳**永元十六年分海昏置**集解先謙曰前漢無三國吳因孫策以太史慈爲建昌都尉見慈傳寰宇記有太史城在奉新縣西四十里太史慈刱置周迴三里西南有城角山東南有盤山北枕江水其地險固基址尚存蓋即建昌故城也晉志因一統志故城今南昌府奉新縣西鄒安邑云今奉新縣西百四十里謝云即太史城

右揚州刺史部郡六縣邑侯國九十二集解先謙曰揚州刺史部三國魏吳分據魏揚州部得漢舊郡九江廬江之地濱淮以北割置淮南廬江爲郡二縣一十四得漢舊縣一十三分置縣一廢縣八江淮之間諸縣名爲陝地吳揚州部得漢舊郡丹陽會稽吳郡豫章分丹陽置新都分會稽置臨海建安東陽分吳郡置吳興入丹陽之故鄣郡於分豫章置鄱陽臨川廬陵廬陵南部安城入長沙之安城割廬江歷陽全椒阜陵廣陵爲郡十五都尉一縣邑侯國一百五十一得漢舊縣六十五分置縣八十三省縣三臨淮一荊州縣一改屬荊州縣二入徐州縣二人

郡國志四第二十二　終

後漢書二十二

郡國志四平原郡平原集解謝云故城今濟南府平原縣西南五十里柳從辰曰李兆洛云縣南二十里案縣志有古城二一在縣南二十餘里一在縣西南三十里

鬲侯國集解馬與龍曰鬲令袁毅見魏志王肅傳注柳從辰曰吳漢傳時鬲縣五姓共逐守長據城而反守謂太原守長謂鬲長蓋鬲本小縣其時不滿萬戶故僅置長

北海國注建武十三年有菑川高密膠東三國以其縣屬今案有乃省之譌各本皆未正建武十三年定封鄧禹爲高密侯而故高密國之昌安夷安及故北海郡之淯于均省入高密定封賈復爲膠東侯而故膠東之郁秩壯武下密即墨挺觀陽均省入膠東二侯國並隸北海和安以後併縣漸復而屬北海如故故注云然至本紀作淄川屬高密膠東屬北海乃淄川下誤衍一屬字說已詳光武紀

劇集解惠棟曰至今北海劇有此路案前志北海郡有劇魁又有劇均侯國菑川國只有劇縣後漢菑川亦併北海而北海止存一劇爲郡治蓋劇魁與二劇地本相接遂亦併三爲一而前世封域已莫能詳辨也然則謂後漢北海之劇即前漢北海之劇可即謂是前漢菑川之劇北海之劇魁亦無不可其在三國魏疑亦始仍漢舊屬北海故徐幹滕肩仍云北海劇人繼屬琅邪及分琅邪北海置東莞又屬東莞晉始亦仍魏舊屬東莞後復還屬北海故杜預注左傳云東莞劇縣郭璞注爾雅復稱今北海劇此亦可互證而明也至一統志謂劇魁故城在昌樂縣西北劇縣故城在壽光縣東南又昌樂縣西五十里有廢劇縣城內有紀臺城疑爲漢菑川國所治之劇而在壽光縣東南者則漢北海郡之劇然以地理論則與劇魁故城同在昌樂境者宜爲漢北海之劇國且前志菑川國劇注云義山䳢水所出北至壽光入海通典壽光注云古紀國城在縣西南漢劇縣故城在縣南則在壽光境者亦宜爲漢菑川劇縣也

東萊郡十三城柳從辰曰牟平昌陽盧鄉三縣永平二年曾改屬琅邪國見本書琅邪孝王京傳何時還屬志失載案京傳永平二年以泰山之蓋南武陽華東萊之昌陽盧鄉東牟六縣益琅邪後京以華蓋南武陽厚邱贛榆五縣易東海之開陽臨沂今志蓋南武陽還屬泰山而華不見故琅邪之贛榆遂與厚邱並附東海志於東海贛榆下云本屬琅邪建初四年復言本屬琅邪是也言復非也贛榆本非東海縣固不得言復如本侯國既併復分之例言復則如蓋南武陽厚邱諸縣又何以反不言復此皆志之疏舛處

齊國臨朐集解洪亮吉曰案應云故屬東萊志脫四字今案東萊郡臨朐顏注云齊郡已有臨朐而東萊又有此縣蓋各以所近爲名也又齊郡臨朐下引應劭說臨朐山有伯氏駢邑今志東萊無臨朐自係中興併省至齊國之臨朐本即前志齊郡之臨朐洪說誤有三亭錢大昭曰三字誤或是鄉字

南陽郡有爪里津注東觀書曰官本注無曰字

故新都注王莽封也柳從辰曰莽封新都侯在永始元年見前書成帝紀而本書卓茂傳載孔休哀帝初守新都令疑誤或令本相之譌

雉注博物記澧水出柳從辰曰說文澧水出縣衡山東入汝今案此引博物記疑當在魯陽下說文澧水出南陽魯陽堯山東北入汝澧水出南陽雉衡山東入汝前志亦云魯陽有魯山澧水所出東北至定陵入汝雉衡山澧水所出東至郾入汝郾當作酈水經說同明此注誤

鄳侯國注上壽百二十官本注二十下多三十二字

順陽侯國柳從辰曰本書劉陶傳作順陽長說已見陶傳集解及校補今案志云侯國係據順帝時版籍也陶舉孝廉除順陽長已在桓帝末蓋其時國復爲縣矣

南郡中盧侯國注膝頭如虎掌爪官本注如作似

有阿頭山注岑彭破張楊楊原作王据岑彭傳改官本注不誤

印乃邔之譌官本不誤柳從辰曰惠氏北宋本亦譌作印故補注詳爲之辯知閣本亦沿宋本而譌也

鄀集解惠棟曰至案今兩漢志皆作鄀沈所見本異也今案前志作若如沇說是惠見本異矣

江夏郡立章山本內方集解惠棟曰案前志及晉志立字衍今案立當作有涉下章字而譌

沙羨柳從辰曰宋郭忠恕佩觿羨作羡以脂切云江夏地與羨異今諸書皆仍作羨無別也今案羨字說文从次羨省入次部今忽出一从次之字無義可求佩觿安也羨餘也因餘地以置縣江夏郡之沙羨吳郡之陽羨餔䬸䬸字本皆作羨晉灼獨謂沙羨之羨音夷故段玉裁以爲係方語字書有㳄無次古書隸寫沿譌羨或作羨猶盜亦作盜非別一字

郝案原本郝上失未空格

南新市侯國注案本傳有離鄉聚綠林林原譌村已正官本注不誤今案注言本傳自係指續漢書范書劉聖公傳亦云共攻離鄉聚藏於綠林中

零陵郡陽朔山湘水出案前志作陽海山說文同水經注謂陽海山即陽朔山注有汨水汨原

譌泊官本注亦譌今正集解惠棟曰至官本洮作桃柳從辰曰注引湘中記春當作舂倒當作劉僞當作爲

營道南有九疑山注湘州營陽郡記曰營原作縈後同均據晉志正官本注不誤

始安侯國注縣東有駮樂山柳從辰曰駮樂山一統志作駮鹿山元和志一名福祿山皆聲之轉

昭陽侯國注荆州記曰官本注無曰字

桂陽郡含涯集解惠棟曰至說文涯水出桂陽盧聚山涯浦關爲桂水柳從辰曰水經作出桂陽縣盧聚東南過含涯縣南出涯浦關爲桂水故趙一清引說文改山爲出今案段玉裁說文解字注亦改從水經並補南字作南出惟上言出盧聚是涯水來處未至含涯也次云出涯浦關乃涯水去處已過含涯矣就出關言卽不補南字出同而義自有辨

曲江錢大昭曰洪景伯云周憬碑陰有曲紅者一人貫曲紅者十六人綏民校尉熊君碑亦同兩漢書皆作曲江諸家地理書皆云水流屈曲故曰曲江惟水經溱水注云縣昔號曲紅山之名也未知水經注何所據

武陵郡注先賢傳曰至不知此對何據而出今案此引先賢傳先識易號通典注先識作共議又前志武陵郡尙有義陽縣中興始省併似傳說實有所本疑此本高帝之事誤爲光武耳古傳記多稱高帝爲高祖光武爲世祖故易譌本注光武之稱當亦唐時轉寫避改非其舊矣

臨沅注故曰五溪蠻官本注曰作云

長沙郡注雒陽南三千八百里官本注三作二

攸集解先謙曰前漢縣作收柳從辰曰前志作收惠見本同今官本仍作攸葢據監本改

益陽注輒成井官本注輒下有便字

九江郡壽春注去雒陽千二百里官本注二作三

浚遒注杜預注曰官本注無注字

丹陽郡歙集解先謙曰至何焯校本又減去三字謹案歙縣玉山並見會稽郡注且毛仿宋本卽作玉山無三字則何校本之去三字明有所本非何減之也

廬江郡潛注昭三十一年官本注三作二誤

晥官本作皖同

會稽郡集解官本考證曰注立郡吳當改吳立郡今案立郡吳謂縣升爲郡也改之於說反室

餘姚柳從辰曰周處風土記舜支庶所封舜姚姓故曰餘姚

吳郡吳本國注有鹿湖麗溪城官本麗作欐吳越絕合

餘杭注顧夷曰夷原作來錢大昭據閩本作夷官本注同今改從之

豫章郡歷陵有傅易山傅易原譌傳易據前志班注正官本不誤

臨汝集解先謙曰前漢無三國吳因置臨川郡治此柳從辰曰一統志謂後漢分南城縣置臨汝此不知何據寰宇記謂吳臨川郡卽以南城臨汝二縣立是則郡地僅得前漢南城一縣也

梁　剡　劉昭注補

王先謙集解

益州 漢中 巴郡 廣漢 蜀郡 犍爲 牂牁 越巂 益州 永昌 廣漢屬國 蜀郡屬國 犍爲屬國

集解惠棟曰春秋元命包云益之言隘也謂物類並決其氣急切決列也先謙曰應劭地理風俗記壤地益廣故名益州沈志梁州刺史下云禹貢舊州周以梁併雍漢以梁爲益治廣漢雒縣益州刺史下云漢武分梁州立所治別見梁州洪云建安十九年先主定益州二十四年進定漢中見先主傳建興七年定武都陰平二郡見後主傳謝云蜀以漢中興勢白帝爲重鎮見通典案益州三國屬蜀[illegible]案惟漢中之西城等五縣屬魏沈志蜀得益州以大較言之也蜀益州得漢舊郡十益州改曰建甯漢嘉漢末改蜀郡屬國置改置陰平朱提分置巴西巴東涪陵梓潼汶山江陽南廣興古梁水雲南入割涼州之武都合二十三郡魏割漢中郡之西城安陽錫上庸房陵五縣置魏興上庸新城郡別屬荊州

涼州 隴西 漢陽 武都 金城 安定 北地 武威 張掖 酒泉 敦煌

張掖屬國 張掖居延屬國

集解先謙曰興平元年分涼州河西四郡爲廱州見獻帝紀注云四郡謂金城酒泉敦煌張掖也[illegible]建安十八年[illegible]復禹貢之舊省涼州以其郡并[illegible]宏農京兆左馮翊右扶風四郡及寄[illegible]所置西平西郡西海漢興永陽南安[illegible]二至於民數不過漢一大郡杜恕傳恕上疏稱荊揚青徐幽并雍涼兗豫司冀不數秦州[illegible]十餘年不聞有秦州刺史備邊之事是不得有秦州也又洪詒孫三國職官表引世說注魏秦州刺史李康考李康晉書李重傳作李景云秦州刺史不云仕魏世說注蓋衍魏字謝吳說是今從之涼州三國屬魏爲雍涼二州地魏雍州得漢舊郡三[illegible]分置南安新平魏分置廣魏入雍隸部之京兆馮翊扶風及徙寓馮翊之北地合十郡魏涼州得漢舊郡六[illegible]分置西平西郡合八郡北地張掖屬國省武都割屬蜀益州

并州 上黨 太原 上郡 西河 五原 雲中 定襄 鴈門 朔方

集解惠棟曰春秋元命包云并之爲言誠也精氣交并其氣勇抗誠信也先謙曰靈帝末羌胡大擾定襄雲中五原朔方上郡等五郡並流徙分散建安十八年省并州入冀州二十年始集塞下荒地立新興郡後又分上黨立樂平郡魏黃初元年復置并州自陘嶺以北並棄之至晉因而不改見晉志魏甘露元年以并州之太原上黨西河樂平新興雁門及司州之河東平陽爲晉公國見少帝紀魏并州理晉陽見通典并州胡狄在界張雄跋扈見梁習傳謝云明帝紀太和三年復置朔方郡其後不見國志郡蓋旋省宋書武帝紀遠祖某魏定襄太守魏武省定襄不知何時復置通志定襄之盛樂魏末爲拓拔力微所居是定襄郡魏時已陷於戎矣據少帝紀魏并州爲六郡胡三省謂魏并州統太原上黨西河雁門新興五郡不數樂平非也案并州三國魏得漢舊郡三[illegible]僑置西河分置新興樂平合六郡餘郡縣皆陷於狄

幽州 涿郡 廣陽 代郡 上谷 漁陽 右北平 遼西 遼東 玄菟 樂浪 遼東屬國

集解先謙曰漢末之亂烏丸鮮卑稍更強盛中國多事不遑外討袁紹兼河北乃撫有三郡烏丸其後蹋頓恃其阻遠敢受亡命太祖潛師北伐一戰而定之民用安息後鮮卑軻比能復控御羣狄盡收匈奴故地自雲中五原以東抵遼水皆爲鮮卑庭數犯塞寇邊田豫有馬城之圍畢軌有陘北之敗青龍中明帝乃聽王雄遣劍客刺之由是邊陲差安見魏志東夷傳建安十八年省州并郡幽州諸郡俱入冀州見獻帝起居注洪云建安十二年魏武平幽州[illegible]景初二年平公孫淵地悉入魏晉志漢末公孫度自號平州牧魏分遼東昌黎元菟帶方樂浪五郡爲平州後還合爲幽州謝云蔣濟傳注太和六年明帝遣平州刺史田豫乘海攻遼東時遼東五郡爲公孫淵所據豫遙領刺史耳魏平淵後未嘗更置平州洪氏從晉志錄平州非也吳云幽州省置史無明文宣化志云曹丕更置幽州蓋與并涼同時復置也案幽州三國魏得漢舊郡十[illegible]屬國一分樂浪置帶方合十一郡一屬國

交州 南海 蒼梧 鬱林 合浦 交阯 九眞 日南

集解先謙曰建安八年改交阯曰交州見晉志亦見宋志建安十八年省交州屬荊州孫權以步隲行交州刺史見百官志注黃武五年交州刺史呂岱表分海南三郡爲交州海東四郡爲廣州旋復舊見吳志岱傳永安七年復分交州置廣州見孫休傳謝云永安七年復置交廣二州分地當仍舊制所謂海東海南者卽指欽州以南之海合浦朱崖皆在海東當屬廣州也案交州三國屬吳爲交廣二州地吳交州得漢舊郡三分置新昌武平九德合六郡吳廣州得漢舊郡四分置臨賀桂林朱崖高涼高興合浦北郡都

尉合九郡一都尉

漢中郡秦置雒陽西千九百九十里集解惠棟曰沈約云漢中秦立建安二十年魏武平張魯復漢寧郡爲漢中疑此是前改漢中曰漢寧也馬與龍曰漢中王劉嘉見劉元傳劉備見蜀志先主傳太守馬援見本傳丁邯見百官志陳禪陳澄見禪傳董炳見安帝紀單颺見本傳蘇固張魯見劉焉傳魏延呂乂王平見蜀志本傳周泰遙領漢中見吳志泰傳屯漢中夏侯淵見魏志淵傳諸葛亮見蜀後主傳蔣琬費禕見本傳胡濟見董和傳吳壹見王平傳府丞杜畿見魏志本傳上計程苞見南蠻傳功曹閻圃見劉焉傳先謙曰三國蜀因建安二十年曹公入南鄭復漢寧爲漢中見魏志武紀二十四年先主遂有漢中見蜀志蜀以漢中爲重鎮見通典魏割置魏興上庸新城郡屬荊州見沈志

九城集解先謙曰三國蜀漢中郡領漢舊縣四分置西鄉南鄉蒲池爲七城西鄉華陽國志屬漢中沔水注洋水導源巴山東北流逕平陽城漢中記曰本西鄉縣治班超以漢中郡南鄭縣之西鄉爲定遠侯即此謝云侯國章武元年張飛封此見飛傳延熙中張嶷長子瑛封此見嶷傳南鄉先主分成固立見元和志謝云侯國董厥封此見諸葛瞻傳沈志漢中郡西鄉縣蜀立曰南鄉晉武帝太康三年更名是晉之西鄉爲蜀南鄉而蜀之西鄉至晉已廢其故城當在今定遠廳西南鄉故城今西鄉縣南十五里蒲池華陽國志屬漢中晉志同李兆洛云地闕當在今漢中府境魏魏興郡領漢舊縣二改置安陽說見縣下分置魏陽魏志明帝紀景初元年分魏興之魏陽吳云疑縣與郡同立晉志無今地闕平陽沈志魏立晉改曰興晉漢水注谷甲水東逕魏興郡之熙晉縣南一統志故城今鄖陽府鄖西縣西北謝云在今鄖西縣西甲河西爲五城上庸郡領漢舊縣上庸分置巫沈志上庸太守北巫令何志晉武帝立案魏所分新城之巫應卻是此縣然則非晉武立明矣謝云明帝紀王神傳均作巫地闕安富明紀景初元年分錫郡之安富爲上庸郡沈志引太康地志永初郡國何徐並有安富縣晉志因謝云地闕廣昌沈志魏興太守下云廣昌晉地記太康元年改上庸之廣昌爲庸昌二年省疑是魏所立晉志無謝云地闕建始沈志上庸太守微陽令魏立曰建始晉武帝改晉志曰微陽李兆洛云故城今竹山縣西爲五城新城郡領漢舊縣房陵分置秭歸沈志新城太守綏陽令魏立後改爲秭歸晉志曰綏陽故城今房縣西南百七十里見紀要昌魏沈志魏立水經注筑水出新城郡昌魏縣界縣以黃初中分房陵立晉志因故城今房縣西南見紀要沶鄉沈志何志魏立太康地志作沶夷水注夷水東南流與零水合零水即沶水其水東逕新城郡之沶鄉縣縣分房陵立謂之沶水又東歷宜城西山合東水謂之沶口張郃傳郃屯荊州與司馬宣王擊孫權將劉阿等追至祁口趙一清云祁口即沶口晉志作沶鄉一統志沶鄉故城今鄖陽府保康縣南謝云祁口在今保康縣東南爲四城安陽廢戶五萬七千三百四十四口二十六萬七千四百二

南鄭華陽國志曰有池水從旱山來集解惠棟曰沔水注耆舊傳云南鄭之號始于鄭桓公死于犬戎其民南奔故以南爲稱又水經涔水出旱山注云即黃水也馬與龍曰班超傳注引東觀記云其以漢中郡南鄭之西鄉戶千封超爲定遠侯又縣人李頡子郃郃弟子歷樊志張見方術傳郃子固孫基茲燮王成見固傳李法見本傳先謙曰前漢縣三國蜀因謝云曹眞傳太和四年伐蜀司馬宣王泝漢水當會南鄭即此十道志武鄉谷即武侯受封地寰宇記在南鄭縣東北三十一里惲毓鼎云武鄉之功非魏延可比延尚侯南鄭不應武侯反封南鄭之鄉侯考武鄉縣前漢屬琅琊郡中興省建安復置故巖幹已封武鄉侯三國封爵之制多以本土爲封邑武侯琅琊人故以琅琊之武鄉縣封之當時或別有奉邑如周瑜魯肅之比今不可考矣晉志因一統志故城今漢中府城東

成固集解馬與龍曰蔡倫傳倫封龍亭侯注龍亭縣故城今洋州興勢縣東明月池在其側元和志興勢縣後魏分成固置地形志龍亭縣有鎮勢山即興勢山亦謂之興勢坂沔水注小城固城北百二十里有興勢坂諸葛亮出駱谷戍興勢置烽火樓處處通照王平傳魏曹爽向漢川前鋒已在駱谷或曰當固守漢樂二城平曰不然賊若得關便爲禍也宜遣護軍劉敏據興勢平爲後拒若賊分向黃金平自臨之魏軍還後主傳魏使司馬懿由西城張郃由子午曹眞由斜谷攻漢中丞相亮待之於城固赤坂天雨道絕眞等皆還通鑑胡注龍亭山坂色正赤按龍亭縣今洋縣東十八里興勢坂今洋縣北黃金戍今洋縣東北赤坂今洋縣東二十里見一統志

嬀墟在西北前書曰在西城帝王世紀亦云姚墟在西北有舜祠集解惠棟曰世本舜居嬀汭在漢中西城縣說文有訇鄉先謙曰前漢縣三國蜀因洪云有黑水源諸葛亮牋云朝發南鄭暮宿黑水即此有樂城後主傳建興七年丞相亮築漢樂二城華陽國志蜀以沔陽爲漢城成固爲樂城姜維傳景耀元年維令諸圍皆斂兵退就漢樂二城命監軍王含守樂城晉志因紀要成固縣舊有南北二城北城縣治南城劉封所築一統志故城今城固縣西北

西城巴漢志云漢末以爲西城郡集解馬與龍曰縣人閻溫見魏志本傳先謙曰沔水注漢水又東逕西城縣故城南漢末爲西城郡治前漢縣三國魏因改屬魏興郡沈志魏興郡魏黃初中以漢中遺民在東垂者置沔水注魏文帝改西城爲魏興治西城謝云魏武紀建安二十年曹公分漢中之安陽西城爲西城郡置太守是爲西城立郡之始先主傳建安二十四年先主遣劉封孟達等攻申耽於上庸劉封傳封乘沔水與達會上庸上庸太守申耽降先主以耽領

上庸太守耽弟儀爲西城太守是爲西城屬蜀之始魏文紀黃初元年七月孟達降魏劉封傳達勸封叛蜀封不從申儀叛封降魏魏假儀魏興太守屯洵口是爲西城還魏改名魏興之始有安橋有木蘭塞晉書宣帝紀孟達叛吳蜀各遣其將向西城安橋木蘭塞以救達通鑑胡注吳兵向安橋蜀兵向木蘭塞謝云安橋在今安康縣西漢水北近蜀漢中木蘭塞在今洵陽縣東近吳建平兩國舍近圖遠兵勢不合胡氏吳蜀二字宜互易晉志屬魏興郡一統志今興安州西北按興安州今升府

褒中華陽國志曰有唐公防嗣集解錢大昕曰注防當作房漢人隸書房或作防因誤爲皀旁惠棟曰華陽國志曰有唐公房祠漢碑亦作房敬阮碑陰作防婁壽曰隸法房字其戶皆在側或作防及助者皆誤也案月賦云徘徊房露李善曰房露古曲也房與防古字通馬與龍曰永初四年漢中太守鄭勤移屯褒中主簿段崇門下史王宗原展見西羌傳先謙曰官本注嗣作祠是前漢縣三國蜀因沔水注褒水東南逕大石門歷故棧道下谷趙子龍退軍燒壞赤崖以北閣道褒水又東南逕三交城[illegible]又東南得丙水口左思稱嘉魚出于丙穴良木攢于褒谷又東南歷小石門門在漢中之西褒中之北又東南歷褒口即褒谷之南口也北口曰斜所謂北出褒斜褒水又南逕褒縣故城東褒中縣也本褒國矣漢昭帝元鳳六年置括地志褒水與斜水同源而派分紀要大石門當即斜谷口在郿縣西南三十里小石門在箕山進褒谷口在褒城縣北十里總計川陝相通之道谷長四百七十里洪云褒城縣石門題字魏景元四年十二月十二日盪寇將軍浮亭侯譙國李苞字孝章將中軍木石工二千人始通此閣道謝云李苞題字在褒

城小石門有箕谷建興六年趙雲與鄧芝拒曹眞失利於箕谷見雲傳在小石門之北晉志因一統志與東晉時曰苞中宋書州郡志譙縱滅梁州刺史還治漢中之苞中縣所謂南城也元嘉十年刺史甄法護於南城失守刺史蕭思話還治南鄭而苞中遂廢故城今褒城縣東南

沔陽 集解 馬與龍曰沔陽長張翼見蜀志趙雲傳注屯沔陽諸葛亮見本傳蔣琬見王平傳 有鐵 華陽國志曰有定軍山博物記曰縣北有丙穴巴漢志曰縣有度水水有二原一曰清檢一曰濁檢 集解 先謙曰前漢縣三國蜀因有陽平關建安二十年曹公至陽平破張魯留夏侯淵屯漢中見魏武紀二十三年先主進兵漢中次陽平關與淵部等相拒二十四年春自陽平南渡沔水緣山稍前於定軍興勢作營淵將兵來爭之遂有漢中見先主傳建興（勢在今相隔數）五年丞相亮出屯漢中營沔北陽平石馬見後主傳沔水注濾水又南逕張魯治東水西山上有張天師堂東對白馬城一名陽平關其城西帶濾水南面沔川亦曰濾口城矣沔水又東逕武侯壘南又東逕沔陽縣故城南劉備即漢中王位于此其城南對定軍山諸葛亮遺令葬于其山塋東即八陣圖也沔水又東逕西樂城北華陽國志蜀以沔陽爲漢城紀要此漢城對樂城而言故曰西樂陽平關今沔縣西四十里石馬今沔縣東二十里定軍山今沔縣東南十里峰對峙山上平坂可駐萬軍見一統志謝云有南山張魯傳曹公破陽平關魯奔南山入巴中通鑑胡注今興元府古漢中地也興元之南有太行山通於巴州其路險峻絕頂處謂之孤雲兩角去天一握孤雲兩角二山名也巴州北境有米倉山下視興元實孔道也紀要自南鄭而南循山嶺達於四川保寧府巴州爲米倉道米倉山在南鄭縣西南百四十里鍾英按當在沔縣直南南江縣北晉志因一統志故城今沔縣東南

安陽 集解 先謙曰前漢縣三國廢魏移置屬魏興郡沈志安康太守安康令二漢安陽縣屬漢中漢末省魏復立屬魏興晉太康元年更名沔水注華陽國志曰安陽縣故隸漢中魏分漢中立魏興郡安陽隸焉漢水又東歷敖頭舊立倉儲之所魏興安康縣治有成統領流雜寰宇記漢安陽故城在漢陰縣西二十四里即今敖口東十里漢江之北故城是也一統志云漢安陽縣據漢志水經注當在今城固縣沈約志及寰宇記皆與二書不合按水經云沔水東過成固縣又東過安陽縣南則漢安陽本在今城固東界自魏晉時分屬西城又改名安康乃漸徙而東今漢陰境有故城乃晉後之安康非漢初之安陽也（[illegible]）曰安康屬魏魏興郡一統志漢安陽故城今城固縣東晉志改魏安陽今漢陰縣西謝云今興安府漢陰廳西

錫 集解 馬與龍曰錫令譙同見蜀志譙周傳 有錫春秋時曰錫穴 左傳文十一年楚伐麇至于錫穴 集解 先謙曰前漢縣作錫應劭音陽如應音一字當作錫三國魏改屬魏興郡建安二十年分錫置都尉見魏志武紀太和二年以錫縣爲錫郡景初元年省錫郡以錫縣屬魏興見明紀晉志屬魏興郡案沈志魏興太守鄖鄉令本錫縣二漢舊縣屬漢中後屬魏興晉世爲郡後省太康五年改爲鄖鄉錫縣令前漢長利縣屬漢中後漢省晉太康四年復立屬魏興五年改長利爲錫一統志據華陽國志鄖鄉縣本名長利沔水注漢水先逕錫縣故城後逕長利故城謂沈志恐不可從今考沔水注漢水又東逕魏興郡之錫縣故城北故春秋之錫穴地也又東逕長利谷南入谷有長利故城舊縣也漢水又東逕鄖鄉縣故城南即長利之鄖鄉矣地理志曰有鄖關晉太康五年立以爲縣據此則錫長利鄖鄉各有其故城沈志謂晉改錫爲鄖鄉固誤華陽國志謂鄖鄉本名長利亦非[illegible]興郡（[illegible]）一統志故城今白河縣東

上庸 集解 惠棟曰春秋傳云廬戢黎侵庸及庸方城杜預云縣東有方城亭 本庸國 集解 先謙曰此置郡治此庸置都尉見魏武紀二十四年上庸太守申耽降蜀見蜀志劉封傳魏文帝省上庸并新城太和二年分新城之上庸武陵巫縣爲上庸郡四年省郡景初元年分魏興之魏陽錫郡之安富上庸爲上庸郡見明紀嘉平[illegible]甘露四年分新城郡復置上庸郡見[illegible]注上庸（[illegible]）郡城三面際水有白馬山山石似馬上之而歎曰劉封申耽據金城千里而更失之乎切有惻人心謝云白馬山今竹山縣西南二十里晉志因一統志故城今竹山縣東南

房陵 巴漢志曰建安十三年別屬新城郡水經注維水出東入濾 集解 先謙曰前漢縣屬漢中後漢因之房陵太守蒯祺見蜀志劉封傳魏文帝合房陵上庸西城立新城郡治此孟達爲太守（後按本傳注）房陵太守鄧賢見[illegible]以爲新城郡魏文帝合房陵上庸西城立新城郡治此以孟達爲太守治房陵謝云新城郡魏文帝立巴漢志說非也又考晉書宣帝紀孟達叛吳蜀各遣其將向西城以救達是達爲新城太守治西城郡（[illegible]）新城郡一統志故城今房縣治（也晉志屬）

巴郡 秦置雒陽西三千七百里譙周巴記曰初平六年（集解 [illegible]）趙穎分巴爲二郡欲得巴舊名故郡以墊江爲治安漢以下爲永寧郡（[illegible]）以永寧爲巴東郡以墊江爲巴西郡（[illegible]）寶搜神記曰有澤水民謂神龍不可鳴鼓其旁即使大雨蜀都賦曰潛龍蟠於沮澤應鳴鼓而興雨 集解 馬與龍曰巴郡太守杜安見樂恢傳王堂見本傳趙溫見南蠻傳曹謙趙部見靈帝紀龐羲見劉焉傳嚴顏見蜀志張飛傳許靖廖立張裔見本傳董恢見董允傳注王謀費觀楊顒輔匡見楊戲傳注功曹楊仁見本傳又郡人龐雄見梁慬傳黃錯見黃瓊傳李顒見西南夷傳文立見蜀志譙周傳楊洪見楊戲傳先謙曰三國蜀因分置巴西巴東涪陵郡華陽國志獻帝初平元年（[illegible]）征東中郎將安漢趙穎（[illegible]）建議分巴爲二郡欲得巴舊名故白益州牧劉璋以墊江以上爲巴郡龐羲爲太守治安漢以江州至臨江爲永寧郡朐忍至魚復爲固陵郡建安六年魚復蹇允白璋爭巴名（[illegible]）乃復永寧爲巴郡以固陵爲巴東徙龐羲爲巴西太守（[illegible]）是爲三巴案常志說三巴證以書志最可憑信爲酈注所本一統志從之至晉

志則依違於巴記常志洪氏據之語多糾葛今不從全祖望云張
魯降魏巴郡亦隨之而入建安二十年分其地爲三以夷帥朴胡
爲巴東太守杜濩爲巴西太守見魏武紀馬與龍云任約爲
巴郡太守吳云見通鑑旋爲先主所并故史志不詳
十四城
集解先謙曰三
國蜀郡領漢舊縣四城平都省常志三巴分後巴郡屬縣七曰江
州曰枳曰臨江曰平都曰樂城曰常安曰墊江延熙十七年省平
都樂城常安[illegible]巴西郡領漢舊縣五改充國曰西
充國[illegible]曰永安
[illegible]
[illegible]
[illegible]
[illegible]
[illegible]
涪[illegible]
記吳云疑後主時旋置旋省也
八萬六千四十九
集解[illegible]但望上疏曰謹案巴郡圖經境界南北四千東
西五千周萬餘里屬縣十四鹽鐵五官各有丞史戶四十六萬四
千七百八十口百八十七萬五百三十五益桓帝時戶口增于中
戶三十一萬六百九十一口百

興所載也
江州
杜預曰巴國也有塗山禹娶塗山華陽國志曰帝禹
之廟銘存焉有清水穴巴人以此爲粉則膏澤鮮芳
貢粉京師因名粉水集解馬與龍曰督江州李嚴見蜀後主傳趙
雲鄧芝見本傳費觀見楊戲傳注先謙曰官本注因上有字前
漢縣三國蜀因江水注庾仲雍云江州縣對二水口右則涪內水
左則蜀外水[illegible]
江水東逕陽關巴子梁鄧芝爲江州都督治此寰宇記巴縣東北
二十里石峽洞是東西約長二里華陽國志都護李嚴更城大城
周十六里欲穿城後山自汝江通水入巴江丞相亮召嚴
駐漢中故穿山不逮晉志因一統志故城今重慶府治
宕渠
集解
惠棟曰說文灊水出縣西南入江華陽國志曰有石蜜山圖所採
也長老言縣故賓國今有賓城盧城馬與龍曰宕渠令第五倫見
本傳宕渠太守王士見蜀志楊戲傳注又縣人馮煥子緄
允孫鸞見緄傳玄賀見第五倫傳王平子訓見蜀志平傳
有鐵
集解
先謙曰前漢縣三國蜀置郡尋省爲縣改屬巴西郡洪云寰宇記
建安二十二年先主分巴郡置宕渠郡尋省延禧中又置見
常志謝云蜀志書王平巴西宕渠人是延熙後復省宕渠入巴西
之明證侯國句扶封此見王平傳有蒙頭盪石張郃督諸軍下巴
西進軍宕渠蒙頭盪石與張飛相拒五十餘日飛率精卒從他道
邀郃山道迮狹前後不得救飛遂破郃見飛傳紀要八濛山在渠
縣東七里八峯起伏其下平曠十餘里江水環之不匝者一里山
下有勒石云漢將張飛大破賊首張郃於八濛飛所自題者也晉志
屬巴西郡紀要今順慶府渠縣東北九十里
朐忍
巴漢志曰山有大小石城勢者集解
惠棟曰常璩曰在巴東郡西二百九
十里說文作朐䏰云地下多此蟲因以爲名朐又作朐音蠢小顏
音朐注勢者二字衍馬與龍曰趙韙屯兵朐忍見劉焉傳先謙曰
前漢縣三國蜀改屬巴東謝云晉書宣帝紀曹眞伐蜀帝自西
城斫山開道泝沔而上[illegible]朐忍拔其新豐縣
魏興按之不能守也軍次丹口遇雨班師[illegible]
統志故城今夔州府雲陽縣西四十里萬戶壩[illegible]
閬中
[illegible]
志曰有彭池大澤名山靈臺見孔子內讖[illegible]張魯封
閬中侯見劉焉傳[illegible]
志本傳劉幹呂乂傳乂見[illegible]
龔祿見楊戲傳注又縣[illegible]
任文孫任文公見方術傳[illegible]
舒子巨見蜀志本傳馬[illegible]
謙曰前漢縣三國蜀巴西郡治此常志閬水迂曲經其三面縣
處其中故名晉志屬巴西郡一統志故城今保寧府閬中縣治
魚復
古庸國左傳文十年[illegible]
是文公十六年事此[illegible]
張裔見蜀志裔傳固陵[illegible]
東閬宇見霍峻傳注鎮[illegible]
見楊戲
傳注
扞水有扞關
史記楚肅王爲扞關以拒蜀[illegible]
傳李熊說述曰東守巴郡距扞關之口[illegible]
以爲在硤州巴山縣詳見公孫述傳先謙曰前漢縣三國蜀改
永安巴東郡治此常志初平元年[illegible]劉璋分巴郡[illegible]
復爲固陵建安六年以[illegible]
建安二十年以朐忍魚[illegible]

[illegible]康立爲太守章武元年復爲
巴東先主傳章武二年[illegible]
魚復改魚復縣曰永安[illegible]
二十里江山迴瀾入峽[illegible]
圖壘南石磧平曠望兼[illegible]
石爲之自壘西去聚石[illegible]
行師庶不覆敗皆圖兵[illegible]
水漂蕩歲月消損高處[illegible]
又東逕赤岬城西公孫[illegible]
魚復縣故城南公孫名[illegible]
接赤岬山其間平處南[illegible]
瀼溪郎以爲隍西南臨[illegible]
統志舊唐書地理志漢[illegible]
今夔州府奉節縣東北[illegible]
志曰枳東四百里接朐[illegible]
政永寧爲巴東[illegible]
漢縣三國蜀因謝云[illegible]
江人晉志因一統志故[illegible]
枳
月峽廣德嶼者是也集解[illegible]
江州東四百里治涪陵[illegible]
涪陵
集解馬與龍曰[illegible]
西傳涪陵太守龐[illegible]
帝分涪陵置永寧縣巴[illegible]
涪水本與楚商於之地[illegible]
出丹
[illegible]

陽國志曰縣人多戇勇多獷蠻之民漢時赤甲軍常取其民注赤田當作赤甲齊召南曰案析丹水皆縣名與涪陵相接注當云從枳南入析丹水涪陵與商於之地接也析誤作折丹涪陵又倒其字遂不可解馬與龍曰析丹水二縣屬南陽郡與商於地接然與涪陵南北懸隔又非可從枳南入也商於爲秦商鞅封邑張儀嘗以詐楚秦又嘗使告楚王請以武關之外（案即商於地）易黔中地而皆未果行則是商於未嘗屬楚巴漢志誤齊氏說亦未審今考華陽國志涪陵巴之南郡從枳縣南入泝舟涪水秦司馬錯由之以取黔中據此疑注折當作泝丹當作舟商於當改黔中於地望方合先謙曰官本注水上有陵字無本字前漢縣三國蜀因置涪陵郡治此常志三巴既分於是涪陵謝本白璋求以丹興漢髮二縣爲郡初以爲巴東屬國後遂爲涪陵郡晉志屬涪陵一統志故城今酉陽州彭水縣治

墊江〔集解〕惠棟曰沈約云獻帝建安六年屬巴西劉禪建興十五年復舊華陽國志縣有桑蠶牛馬墊依說文當作褺從衣執聲先謙曰前漢縣三國蜀因見常志江水注涪水入漢水亦謂之爲內水北逕墊江晉志因一統志故城今重慶府合州治

安漢〔集解〕馬與龍曰縣人陳禪子澄曾孫寶見禪傳張翕子端見西南夷傳龔祿弟衡見蜀志楊戲傳注先謙曰前漢縣三國蜀因改屬巴西郡謝云侯國王平封此見平傳晉志屬巴西郡一統志故城今順慶府南充縣北

平都巴記曰和帝分枳置〔集解〕先謙曰前漢無三國蜀省見常志謝云延熙中省入臨江見巴記一統志故城今忠州酆都縣治

充國〔集解〕馬與龍曰西充國長李福見蜀志楊戲傳注又縣人譙鈃子周孫熙賢同見周傳

永元二年分閬中置

巴記曰初平四年復分爲南充國縣〔集解〕惠棟曰沈約云地理志巴郡有充國縣續漢書又云和帝立二志不同錢大昕曰前志有此疑誤先謙曰前漢縣後漢初省入閬中和帝復置見一統志三國蜀改曰西充國屬巴西郡洪云寰宇記謂晉太康中置西充國者誤晉志屬巴西郡一統志故城今保甯府南部縣西北

宣漢巴漢記曰和帝分宕渠之東置〔集解〕先謙曰前漢無三國蜀因改屬巴西郡吳云常志宕渠郡有此縣郡省仍還巴西晉志省惠帝復置屬宕渠郡一統志故城今達州治

漢昌〔集解〕馬與龍曰漢昌長馬忠見蜀志忠傳程畿見楊戲傳注又縣人句扶見王平傳

永元中置巴記曰分宕渠之北而置之〔集解〕惠棟曰何承天志作漢豐案華陽國志別有漢豐縣屬巴東漢昌屬宕渠郡也先謙曰前漢縣三國蜀因改屬巴西郡吳云常志宕渠郡有此縣郡省仍還巴西晉志屬巴西郡一統志故城今保甯府巴州治

廣漢郡高帝置雒陽西三千里〔集解〕惠棟曰華陽國志王莽改曰就都公孫述名曰子同馬與龍曰廣漢太守劉咸見李業傳蔡茂見光武紀臧宮陳寵見本傳陳龕見陳球傳袁彭見袁安傳張肅見劉焉傳夏纂見龐參傳射堅見蜀先主志注許靖鄧芝呂乂張翼見本傳何祗見張嶷傳夏侯纂見秦宓傳習禎張存姚佃李驤見楊戲傳注羅蒙見霍峻傳注主簿鐔顯見王濬傳上計掾段恭見龐參傳功曹王渙見王忳五官掾諒輔見本傳秦宓主簿王普功曹古朴見蜀志宓傳又郡人鄭伯山見楊厚傳馮信見李業傳姜詩見列女傳文齊馮顥見西南夷傳鄭度見蜀志法正傳鐔承見孟光傳王離見張裔傳注先謙曰三國蜀因分置梓潼郡

謝云按常志東廣漢郡咸熙初省是蜀有東廣漢郡寰宇記於郪縣伍城並云屬東廣漢郡然姜維傳云維等引兵由廣漢郪道楊戲輔臣贊注王甫李邵皆云廣漢郪人不云東廣漢是常璩樂史之言未可盡信今從三國志吳表引常志延熙中分廣漢四縣置東廣漢郡通鑑胡注東廣漢郡治郪縣一統志晉之廣漢郡即蜀東廣漢郡據列東廣漢郡領郪廣漢德陽伍城四縣今考一統志 [illegible]

十一城〔集解〕先謙 [illegible]

[illegible] 戶十三萬九千八百六十五口五十萬九千四百三十八

雒 [illegible] **州刺史治** [illegible]

[illegible]

都 [illegible]

新 [illegible]

晉志改屬新都郡紀要故城今新都縣東二里 **緜竹** 地道記曰有紫巖山緜水之所出焉集解馬與龍曰益州牧劉焉徙居緜竹從事賈龍緜竹令升見焉傳馬謖見蜀志馬良傳呂乂見本傳又縣人杜眞見翟酺傳任安見儒林傳董扶秦宓見扶傳案秦宓蜀志作臻宓傳見先謙曰前漢縣三國蜀因江水注緜水西出緜竹縣又與湔水合亦謂之郫江也秦宓傳廣漢緜竹人先主傳劉璝等拒先主於涪敗保緜竹後主傳諸葛瞻拒鄧艾至涪前鋒敗退住緜竹戰死皆卽此謝云侯國吳班封此見楊戲輔臣贊注晉志改屬新都郡一統志縣自古爲由涪入成都必經之要道又爲涪江所經當在綿州德陽之間紀要故城今德陽縣北三十五里 **什邡** 集解惠棟曰說文邡從邑方聲華陽國志曰山出好茶馬與龍曰什邡令楊仁見本傳王連蔣琬見蜀志本傳先謙曰前漢縣作汁方三國蜀因見常志晉志改屬新都郡一統志故城今成都府什邡縣南 **涪** 巴漢志曰孱水出孱山集解馬與龍曰蔣琬姜維屯涪見蜀志後主傳又杜微尹默子宗李譔父仁見蜀志本傳李福子驤見楊戲傳注並梓潼涪人先謙曰前漢縣三國蜀因改屬梓潼郡見常志涪水注涪水出廣漢剛氏道徼外東南流逕涪縣西劉璋傳建安十六年先主自江州北由墊江水詣涪謝云墊江水卽涪內水見通鑑胡注晉志改曰涪城屬梓潼郡一統志故城今緜州東北舊州城東五里 **梓潼** 地道記五婦山馳水出建安二十二年劉備以爲郡集解馬與龍曰梓潼太守霍峻張翼楊戲令王連見蜀志本傳又縣人李業子翬見獨行傳景鸞見儒林傳先謙曰前漢縣三國蜀因置郡見常志晉志屬梓潼郡一統志故城今緜州梓潼縣治 **白水** 山海經曰白水出蜀而東南入江郭璞曰今在縣集解先謙曰前漢縣三國蜀因改屬梓潼郡見常志白水注白水又東南逕白水縣故城東卽白水郡治也有景谷道鄧艾伐蜀自陰平由景谷道旁入元和志隋景谷縣因縣北景谷爲名一統志在今昭化縣西北有白水關常志白水縣有關尉通志關東接陰平北連文縣西達平武最爲要隘洪云有木馬山諸葛亮出祁山於此造木牛流馬在景谷縣西南二十五里見元和志謝云先主傳建安十六年劉璋推先主督白水軍通鑑胡注白水關璋置屯守卽楊懷高沛之軍陳羣傳備自成都至白水多設傳舍卽此晉志屬梓潼郡一統志景谷廢縣在今保甯府昭化縣西北一百里漢白水縣又在其北白水關在白水縣界 **葭萌** 華陽國志有水通於漢川有金銀鑛民洗取之集解馬與龍曰守葭萌霍峻見蜀志峻傳督漢壽費禕見本傳胡濟見姜維傳先謙曰前漢縣三國蜀改爲漢壽屬梓潼郡見晉志沈約云按晉起居注太康元年改梓潼之漢壽曰晉壽漢壽之名疑是蜀立漾水注漢水又西南逕關城北又西南逕通谷又西南寒水注之又西逕石亭戍漢水又逕晉壽城西而南合漢壽水法正傳魚復關頭益州禍福之門王平傳曹爽侵漢中平曰賊若得關便爲深禍姜維傳維聞鍾會理兵關中表請遣張翼廖化等分護陽安關口陰平橋頭黃皓啟後主寢其事鍾會傳會圍漢樂二城遣西出陽安口使胡烈等攻破關城皆卽漾水注之關城案今曰陽平關在漢中府甯羌州西北一百里關城東西逕二里南倚雞公山北倚嘉陵江見一統志有馬鳴閣徐晃傳太祖還鄴留晃與夏侯淵拒劉備於陽平備遣陳式等絕馬鳴閣道晃別征破之太祖曰此閣道漢中之險要咽喉也劉備欲斷絕外內以取漢中將軍一舉克奪賊

計善之善者也紀要今昭化縣北百里謝云有閬水霍峻傳峻守葭萌璋將扶禁向存等帥萬人由閬水上攻圍峻且一年不能下有籌筆驛卽朝天驛武侯出師運籌於此在今廣元縣北八十里見紀要晉志改曰晉壽屬梓潼郡李兆洛云故城今保甯府廣元縣東南五十里 **郪** 集解馬與龍曰縣人王堂子稺曾孫商王順子溪孫石見本傳王甫子祐甫從兄士李邈弟朝郡並廣漢郪人見蜀志楊戲傳注先謙曰前漢縣三國蜀因沈志郪縣令漢舊縣姜維傳鄧艾破諸葛瞻於緜竹維聞瞻破引軍由廣漢郪道以審虛實卽此晉志脫一統志晉志無郪縣而王長文傳曰廣漢郪人又華陽國志沈約宋志皆有郪縣其未嘗廢可知故城今潼川府三臺縣南 **廣漢** 集解惠棟曰說文有郪聚馬與龍曰更始封劉賜爲侯見安城孝侯傳廣漢長黃權見蜀志權傳 **有沈水** 集解先謙曰前漢縣三國蜀因沈志遂甯太守廣漢令漢舊縣水經涪水南至小廣魏與梓潼水合注小廣魏卽廣漢縣地一統志舊志云漢時縣名與郡同者類加小字以別之今縣屬廣漢一郡亦宜曰小廣漢水經本曹魏時人所作故改漢爲魏也晉志因一統志故城今潼川府遂甯縣東北 **德陽** 華陽國志曰有劍閣道三十里至險集解先謙曰前漢無三國蜀因張裔傳張飛自荆州由墊江入裔拒之於德陽陌下敗還成都卽此漾水注清水又東南逕小劍戍北西去大劍三十里連山絕險飛閣通衢故謂之劍閣小劍水西南出劍谷東北流逕其戍下入清水清水又東南注白水常志秦惠王謀伐蜀作石牛五頭朝瀉金其後曰牛便金蜀遣五丁迎石牛周愼王五年司馬錯等從石牛道伐蜀滅之元和志卽劍閣道也鄧艾傳艾上言從陰平由邪徑經漢德陽亭趣涪出劍閣西百里晉志因一統志德陽故城後漢初分梓潼縣置在今緜州梓潼縣北後移於今遂甯縣故廣漢界馬與龍云據張裔傳飛由墊江入裔拒之於德陽知是時德陽縣徙而南非梓潼北之舊縣也已而廢舊縣爲亭卽魏景元四年鄧艾所經之漢德陽亭也 **蜀郡** 秦置雒陽西三千一百里集解惠棟曰華陽國志曰去雒三千一百二十里馬與龍曰太守郭梵見郭伋傳張穆見吳漢傳張堪廉范見本傳第五倫見章帝紀袁京見袁安傳聶尙見西羌傳劉宣見种暠傳李根黃昌見昌傳李膺周舉見本傳王商見王堂傳射堅見蜀先主志許靖法正楊洪呂乂王連張翼見本傳都尉高靖見魏志高柔傳郡丞甘甯見吳志甯傳郡吏楊終楊鳳見終傳文學掾楊由功曹任末見本傳又郡人殷參見黃琬傳王追見西南夷傳張龍弟俊見袁敞傳景毅子顧見李膺傳王皓王嘉見李業傳何祇見蜀志張嶷傳張表見楊戲傳先謙曰三國蜀因分置汶山郡 **十一城** 集解先謙曰三國蜀郡領漢舊縣六城洪志吳表皆有湔縣汶山郡又列都安縣謝云後主傳建興十四年至湔登觀坂裴注湔縣名屬蜀郡胡三省謂卽漢湔氏道考湔氏道在今松潘廳與蜀郡懸隔胡說非是江水注江水又歷都安縣李冰作大堰於此謂之湔堋俗謂之都安大堰亦曰湔堰益州刺史皇甫晏至都安屯觀坂與蜀志後主登觀坂之文合準其地望都安與湔實爲一地漢志無湔縣益桓靈後所置晉志蜀郡無湔縣汶山郡有都安是湔縣改名都安移屬汶山非蜀別有都安縣易虛設地不能誣沈志謂都安蜀立屬汶山者誤也案謝氏謂都安與湔爲一地證以蜀志鄺注說是惟湔縣之立書志無考裴注增廣異聞嫌無旁證旣知湔卽都安其

名仍以都安爲合今姑舍裴注而從晉宋志汶山郡領漢舊縣五分置都安沈志汶山太守都安侯相蜀立晉志因屬汶山郡一統志都安廢今成都府灌縣西紀要都安故城今灌縣東二十里平康後主傳延熙十年汶山平康夷反姜維討平之晉志因一統志縣在今松潘廳西南白馬沈志南晉壽大守興樂令晉太康元年更名本曰白馬屬汶山何志漢舊縣險二漢益部無白馬縣洪云蜀漢所立水經注益州記曰大江東南下百餘里至白馬嶺一統志縣蓋取嶺爲名晉志改曰興樂屬汶山郡一統志故城今松潘廳西北爲八城戶三十萬四百五十二口百三十五萬四百七十六

成都蜀都賦注曰武帝元鼎二年立成都郭十八門集解馬與龍曰益州牧劉焉子璋見焉傳劉備見蜀先主志諸葛亮蔣琬費禕見蜀志本傳別駕張松法正傳張肅從事王累黃權見劉焉傳張裕見鄧芝傳鄭度見法正傳杜邊周羣譙周見本傳李邵李朝馬勳楊戲王甫書佐姚伷見戲傳洊主簿胡濟見董和傳注宗預見本傳杜微功曹五梁別駕秦宓見微傳成都令董和李嚴見蜀志本傳馬謖見馬良傳呂辰見呂乂傳李福見楊戲傳何祗見楊洪傳注又縣人楊終楊鳳見終傳楊由見方術傳趙戒子典兄子謙溫見典傳張霸見本傳先謙曰前漢縣三國蜀因建安二十五年先主即帝位於成都武擔之南杜武擔山在成都西北見先主志有萬里橋蜀使費禕聘吳諸葛亮祖之禕歎曰萬里之路始於此橋故名在城南二里有讀書臺諸葛亮相蜀一築此臺以集諸儒兼以待四方賢士號曰讀書臺城北一里見寰宇記晉志因一統志故城今成都府治

郫集解惠棟曰華陽國志曰郡西北六十里玉篇音薄靡切又音脾馬與龍曰獻帝封趙謙爲侯見趙典傳郫令鄧芝見蜀志芝傳何祗見楊洪傳注習禎又縣人何宗子雙見楊戲傳注先謙曰前漢縣三國蜀因晉志因一統志故城今成都府郫縣治古蜀王杜宇所都

江原集解惠棟曰去郡一百二十里有青城山縣覡馬與龍曰江原長董和見蜀志和傳朱游趙敦又縣人功曹常縣覡播主簿楊玩見播傳先謙曰前漢縣三國蜀因晉志因一統志故城今崇慶州東南

繁集解惠棟曰郡北九十里有泉水稻田縣覡馬與龍曰縣人任末見儒林傳延熙十年涼州胡王白虎文治縣覡無戴等降居之於繁縣見蜀後主志先謙曰前漢縣三國蜀因晉志因舊唐書地理志漢劉禪時加新字寰宇記後主居涼州降人於繁縣而移繁縣於新繁縣一統志繁縣之加新字以晉宋隋志考之惟元和志謂後周改名爲合舊唐書寰宇記皆非也蓋遷治或在蜀漢時改名在後周時耳漢繁縣故城今新繁縣東

廣都任豫益州記曰縣有望川源鑿石二十三里引郫江水灌廣都田云後漢所穿鑿者集解惠棟曰在郡西三十里有鹽井漁田之饒縣覡馬與龍曰廣都長章義見本傳蔣琬王連見蜀志本傳又縣人縣覡朱游見常播傳建興十四年徙武都氐王苻健及蜀氐民四百戶於廣都見後主志先謙曰前漢縣三國蜀因江水注江水東逕廣都縣北則左對繁田揚雄蜀本紀蜀王本治廣都之樊鄉後徙成都新都廣都爲三都號名城晉志因一統志故城有二一在成都府東南一在雙流縣東南據後漢書章懷注參考岑彭吳漢傳漢縣當在府東南江北岸據寰宇記續通典則漢縣又當在今雙流縣界

臨邛博物記曰有火井深二三丈在縣南百里以竹木投取火後人以火燭投井中火即絕滅不復然蜀都賦注曰火井欲出其火先以家火投之須臾許隆隆如雷聲爛然通天光耀十里以竹筒盛之接其光而無炭也取井火還煮井水一斛水得四五斗鹽家火煮之不過二三斗鹽耳集解惠棟曰郡西南二百里本有邛民秦始皇從上郡實之有布濮水從布濮來合縣覡馬與龍曰公孫述爲導江卒正居臨邛見述傳臨邛令李朝見蜀志楊戲傳注

有鐵集解先謙曰前漢縣三國蜀因江水注江水又逕臨邛縣江水又與文井江會李冰所導也自作道與濛溪分水至蜀郡臨邛縣與布僕水合謝云先主傳章武二年漢嘉太守黃元進兵攻臨邛縣即此晉志因一統志故城今邛州治

湔氐道蜀王本紀曰縣前有兩石對如闕號曰彭門

岷山在西徼外山海經曰岷山江水出焉東北注于海中多良龜其上多金玉其下多白珉其獸多犀象夔郭璞曰今蜀山中有大牛重數千斤曰夔蜀都賦注曰岷山特多藥其椒特多好者絕異于天下之好者集解惠棟曰盛宏之荊州記曰江出岷山其源若甕口可以濫觴在益州建甯漏江縣潛行地底數里出楚都遂廣千里馬與龍曰建寧漏江縣漢屬牂牁郡若水注葉榆水逕漏江縣伏流山下說與此異然牂牁郡爲今滇省北境水經注繩若水所逕雲南越巂等郡即在其北荊州記似指繩若水爲岷江也先謙曰前漢縣三國蜀改曰氐道水經岷山在蜀郡氐道縣大江所出一清云蜀後號湔氐道曰氐道案水經本曹魏時人作趙說是今從之酈注漢武帝分蜀郡北部置汶山郡以統之氐道縣本秦始皇置後爲昇遷縣也晉志改曰升遷屬汶山郡一統志在今松潘廳西北

汶江道華陽國志曰濊水駹水出焉多水寒盛夏凝凍不釋孝安延光三年復立之以爲郡集解謝鍾英曰郡國志以漢朝爲斷無汶山郡是汶山非安帝所立常說非先謙曰前漢縣曰汶江三國蜀因改屬汶山郡洪志蜀改汶江爲汶山其誤說見下江水注江水又逕汶江道汶水出徼外岷山西至輪坂下而

南行又東逕其縣而東注於大江晉志改置廣陽縣屬汶山郡一統志廣陽隋改曰汶山本漢汶江縣地見元和志晉置廣陽縣於汶江城西北五十里見宋白續通典汶江故城今茂州北

八陵集解錢大昕曰前志有蠶陵無八陵晉志亦作蠶陵惠棟曰靈帝以汶江蠶陵廣柔三縣置汶山郡八陵當作蠶陵先謙曰前漢縣作蠶陵三國蜀改屬汶山郡江水注益州記曰自白馬嶺回行二十餘里至龍涸又八十里至蠶陵縣晉志作蠶陵屬汶山郡一統志故縣今松潘廳南二百三十里疊溪營西

廣柔帝王世紀曰禹生石紐縣有石紐邑華陽國志曰夷人營其地方百里不敢居牧有過逃其野中不敢追云畏禹神能藏三年爲人所得則共原之云禹神靈祐之集解先謙曰前漢縣三國蜀因改屬汶山郡譙周蜀記禹本汶山郡廣柔縣人若水注繩水出徼外東南流分爲二其一水枝流東出逕廣柔縣東流注於江晉志屬汶山郡一統志故城今茂州汶川縣西北

緜虒道華陽國志曰有玉壘山出璧玉湔水所出集解馬與龍曰汶山太守何祗見蜀志楊洪傳注陳震王嗣見本傳先謙曰前漢縣三國蜀置汶山郡治此西南夷傳冉駹夷者武帝所開元鼎六年以爲汶山郡至地節三年宣帝省并蜀郡爲北部都尉靈帝復分蜀郡北部爲汶山郡蜀志陳震傳隨先主入蜀既定爲蜀郡北部都尉因易郡名爲汶山太守蓋靈帝置後復爲都尉而蜀復置也澈江水注湔水出綿虒道亦曰綿虒縣之玉壘山馬與龍曰漢置郡治當在汶山郡治劉備之所置也晉志改曰汶山屬汶山郡一統志在今保縣南

犍爲郡武帝置雒陽西三千二百七十里劉璋分立江陽郡集解惠棟曰犍爲亦作楗爲見楊統碑馬與龍曰都鄉侯劉蕤

見天文志太守任岐見劉焉傳李嚴見蜀志本傳何祗王離見楊洪傳注何宗李邈見楊戲傳注郡掾田恭見西南夷傳功曹楊洪見蜀志本傳又郡人周循見楊厚傳費貽見譙元傳任永見李業傳叔先泥和見列女叔先雄傳先謙曰三國蜀因江陽郡同分置南廣郡洪云江水注江陽故犍爲枝江都尉建安十八年劉璋立郡蜀志楊戲傳注劉璋遷程畿爲江陽太守而晉志云蜀章武元年置今考益州初定劉邑彭羕即繼爲江陽太守明非章武元年始置當以蜀志及水經注爲是江水注益州舊以蜀郡廣漢犍爲爲三蜀 **九城** 集解先謙曰三國蜀犍爲郡領漢舊縣五城江陽郡領漢舊縣三城南廣郡領漢舊縣南廣分置臨利常遷新興爲四城見常志說見南廣縣下吳表有新道縣據蜀志李嚴傳越嶲夷帥遣軍圍新道縣疑縣爲蜀立又云一本作新城未詳孰是謝云何焯改新道爲新城非是縣當屬越嶲今姑闕之 **戶十三萬七千七百一十三口四十一萬一千三百七十八**

武陽 集解惠棟曰華陽國志云有朱遵祠[illegible]雖嵋山出鐵前志有鐵官 **有彭亡聚** 岑彭死處南中志曰縣南二十里彭望山益州記曰縣有王喬仙處王喬祠今在縣下有彭祖冢上有彭祖祠集解馬與龍曰蜀人爲岑彭立廟武陽歲時祠焉見彭傳又縣人杜撫見儒林傳張皓子綱續見皓傳皓玄孫翼翼子微見蜀志翼傳楊洪楊戲見本傳李光子密見戲傳注先謙曰前漢縣三國蜀因洪云有牧馬川先主於此啟藉田牧馬於江中見寰宇記在今眉州東江中謝云有赤水漢末黃龍見於赤水先主以爲受命之符見輿地廣記紀要赤水在彭山縣東

北二十里一名黃龍溪晉志因一統志故城今眉州彭山縣東十里 **資中** 集解馬與龍曰趙瞧到資中詁杜撫受韓詩見瞧傳又縣人董鈞見儒林傳王阜見蜀志本傳先謙曰前漢縣三國蜀因晉志因一統志故城今資州資陽縣北臨中江水 **牛鞞** 集解惠棟曰華陽國志云去郡三百里孟康音髀馬與龍曰牛鞞長董和見蜀志本傳李邈見楊戲傳注先謙曰前漢縣三國蜀因晉志因一統志故城今成都府簡州東 **南安** 蜀都賦注曰縣之南有五岷山一山而五里在越嶲界集解惠棟曰華陽國志云郡東四百里又注五岷山今蜀都賦注曰一山有五重在縣南也楊雄蜀都賦注曰五岷參差馬與龍曰縣人費詩子立見蜀志詩傳五梁見祉微傳 **有魚泣津** 蜀都賦注曰魚符津數百步在縣北三十里縣臨大江岸便山嶺相連經益州郡有道廣四五丈深或百丈塹鑿之蹟今存昔唐蒙所造博物記縣西百里有牙門山華陽國志曰縣西有熊耳峽南有峨眉山去縣八十餘里集解錢大昭曰泣當作涪吳漢傳漢與公孫述將魏黨公孫永戰於魚涪津注云在南安縣北臨大江蜀都賦注作魚符津符涪聲相近也惠棟曰華陽國志峨眉山有仙藥見孔子地圖先謙曰前漢縣三國蜀因江水注江水又東南逕南安縣西有熊耳峽南有峨眉山有濛水即大渡水也涐水至南安入大渡水又東入江洪云有峽口先主疾漢嘉太守黃元反楊洪啟太子使將軍陳留鄭綽於南安峽口邀遮即使得矣見洪傳謝云峽口今嘉定府城南晉志因一統志故城今嘉定府夾江縣西北二十里南安鎮

僰道 華陽國志曰治馬湖江會水通越嶲舊本有僰人有荔枝薑蒟有玉岳蘭李冰燒之崖有五色赤白映水玄黃魚從楚來至此而止畏崖映其水故也集解惠棟曰郭義恭廣志云縣出臈骨黃魚高誘呂覽注僰讀如匍匐之匐又注玉岳蘭江水注云縣有蜀王兵蘭蘭與欄古字通今華陽國志作兵欄也先謙曰前漢縣三國蜀因水經江水又東南過僰道縣北若水淹水合從西來注之[illegible]晉志因一統志故城今敍州府宜賓縣西南

江陽 華陽國志曰江雒會有方蘭祀江中有大闕小闕蜀都賦注云沱潛既道從縣南流至漢嘉縣入大穴中通剛山下因南潛出今名復出水是也集解惠棟曰注有方山蘭祀諸本脫山字馬與龍曰江陽令姜詩見列女傳江陽太守彭羕見蜀志本傳王山見王連傳劉邑程畿見楊戲傳注長張翼見本傳先謙曰前漢縣三國蜀因江陽郡治此本犍爲枝江都尉建安十八年劉璋立郡見常志江水注綿水至江陽縣方山下入江謂之綿水口亦曰中水江陽縣枕帶雙流據江洛會也[illegible]謝云趙雲從外水上江陽與諸葛亮會成都見雲傳晉志屬江陽郡一統志故城今瀘州治

荷節 集解錢大昕曰前志有符無荷節疑荷乃符之譌而衍一節字也水經江水東過符縣注引符有先絡僰道有張帛是後漢亦名符縣矣或謂東京改名符節晉時復爲符者非也馬與龍曰符節長王士見蜀志楊戲傳注先謙曰前漢縣作符三國蜀作符節改屬江陽郡見常志洪志作符吳表作符節謝云輿地廣記東漢符節晉始曰符洪氏從晉志作符非也按常志水經皆作符縣據蜀志作符節今從之晉志作符屬江陽郡一統志故縣今瀘州合江縣西

南廣 集解惠棟曰華陽國志曰自僰道至朱提有水步道水道

有黑水及羊官水又有牛叩頭馬搏頰坂先謙曰前漢縣三國蜀置郡洪志蜀南廣縣屬朱提郡謝吳同案沈志南廣太守晉武帝分朱提立南廣令漢舊縣屬犍爲晉太康地志屬朱提水經注江水又與符黑水合水出寧州南廣郡南廣縣縣故犍爲之屬縣也劉禪延熙中分以爲郡[illegible]竺爲太守[illegible]辭[illegible]有臨利常遷新興[illegible]入朱提武帝復立沈志雖未載[illegible]信晉志改屬朱提郡一統志故城今敍州府珙縣[illegible]

漢安 集解惠棟曰華陽國志曰郡東五百里有鹽井魚池以百數[illegible]先謙曰前漢無三國蜀因改屬江陽郡[illegible]江水注洛水東逕漢安縣謂之綿水自上諸縣咸以溉灌故語曰綿洛爲沒沃也晉志屬江陽郡一統志故城今瀘州江安縣東

牂牁郡 武帝置雒陽西五千七百里集解馬與龍曰太守周歆見隗囂傳注費詩向朗馬忠見蜀志本傳郡丞朱褒見蜀先主志功曹謝暹見西南夷傳先謙曰三國蜀因分置興古梁水郡 **十六城** [illegible]廣談[illegible]領漢舊縣[illegible]縣[illegible]之律高爲六城洪志吳表皆不錄梁水郡[illegible]望梁水郡屬縣當得西隨貢古漢興進乘諸縣[illegible]皆成帝分興古立與鄖說異國志又無立郡明文按沈志謂梁水郡[illegible]

水出律高縣南監町山東逕梁水郡北賓古縣南溫水注溫水又東南逕梁水郡南溫水上合梁水故自下通得梁水之稱是以劉禪分興古之監南置郡于梁水縣也華陽國志梁水郡在興古之監南沈志梁水太守晉成帝分興古立當是蜀置郡晉初省併至成帝復立沈偶未載耳今據常志酈注沈志錄其蜀梁水郡領漢舊縣二分置梁水郡入益州郡之勝休賁古毋掇改曰西豐爲六城同並毋單改屬建甯談稾漏江省 戶三萬一千五百二十三口二十六萬七千二百五十三 故且蘭 沮云有柱蒲關 集解惠棟曰注沈是沅之誤 先謙曰前漢縣三國蜀因晉志因去故字沅水注沅水出牂牁且蘭縣沅水又云無水出故且蘭南流至無陽故縣又東南入沅溫水注夜郎豚水東北流逕談稾縣東逕牂柯郡且蘭縣謂之牂牁水水廣數里縣臨江上楚將莊蹻泝沅伐夜郎椓牂柯繫船因名且蘭爲牂牁矣武帝伐南越發夜郎精兵下牂柯江同會番禺是也牂牁水又東南逕毋斂縣西阮元云且蘭縣在今安順等府境馬與龍云故且蘭舊說今平越州而實非也平越州東有清水江下流入沅莊蹻泝沅水當至此當爲且蘭縣東境故水經云沅水出且蘭縣也夜郎豚水當爲今北盤江豚水東北流逕談稾縣又東逕牂柯郡且蘭縣又東南逕毋斂縣西談稾今曲靖府陸涼州地毋斂今貴陽府定番州西南皆北盤江所經若指且蘭在今平越則東西易位川流懸隔矣今據酈注縣臨江上之文漢

且蘭縣故城當在今安順府永甯州西南境 平夷 集解惠棟曰華陽國志曰有姚津安樂水山出茶蜜馬與龍曰庲降都督領交州刺史李恢駐平夷見蜀志恢傳庲降督張翼見馬忠傳先謙曰前漢縣三國蜀因晉志因一統志故縣今曲靖府平夷縣境 鄨 地道記曰不狼山鄨水所出 集解惠棟曰玉篇音傳逝反 先謙曰前漢縣三國蜀因晉志因水經延江水東至牂牁鄨縣酈注縣有鄨水晉志因一統志故城今遵義府遵義城西 毋斂 集解惠棟曰華陽國志曰有剛水 馬與龍曰縣人尹珍見西南夷傳注先謙曰前漢縣三國蜀因溫水注牂牁水又東南逕毋斂縣西毋斂水出焉王莽之有斂也謝云剛水卽毋斂水定番州松云故城今貴陽府定番州西南 談指 出丹 集解先謙曰前漢縣三國蜀因晉志因作談指謝云 南中志曰有不津江江有瘴氣 集解惠棟曰華陽國志曰有遯水 集解先謙曰前漢縣三國蜀因晉志作談指 紀要今大定府治 夜郎 集解惠棟曰華陽國志曰有竹王三郎祠 先謙曰前漢縣三國蜀因 桐梓縣西南謝云李兆洛云今遵義府治 出雄黃雌黃 案本傳有竹王三郎祠 先謙曰前漢縣三國蜀因晉志因作夜郎馬與龍曰見西南夷傳 通廣鬱林 集解惠棟曰華陽國志曰鬱林郡出 史記正義瀘州大江南岸協州曲州本夜郎國李恢傳朱褒反叛於牂牁丞相亮南征恢追奔逐北南至槃江東接牂牁卽此謝云漢書夜郎臨牂牁江江廣百餘步足以行船唐蒙發卒治道自僰道抵牂牁江卽謂此也晉志因阮元云夜郎故縣今霑益州亦兼有宣威州地案當 同竝 集解惠棟曰應劭音伴先謙曰前漢縣三在宣威霑益東界 國蜀因改屬建甯郡謝云案洪氏以同竝縣屬建甯郡準其地望是也今從之葉榆水注葉榆水東北逕漢同竝縣南晉志省謝云鄭安邕云今霑江府河陽縣又東逕

地 談稾 集解惠棟曰華陽國志曰有濮獠先謙曰前漢縣作談藁晉武帝三國蜀省沈志建寧太守談藁令漢舊縣屬牂牁晉武帝立吳云當是蜀省洪謝同溫水注豚水東北流逕談藁縣晉志屬建寧郡李兆洛云故縣今曲靖府陸涼州境 漏江 集解惠棟曰華陽國志曰縣九十里出蠐口先謙曰前漢縣三國蜀省沈志漢舊縣屬牂牁晉武帝立吳云當是蜀省洪謝同葉榆水注葉榆水又東逕漏江縣伏流山下復出蝮口謂之漏江諸葛亮之平南中也戰于是水之南葉榆水又逕賁古縣北東與盤江合晉志屬建甯郡阮元云漏江當卽今杞麓湖漏江故縣卽今通海縣地 毋單 集解先謙曰前漢縣三國蜀因改屬建甯郡溫水注溫水又東南逕牂牁之毋單縣建興中劉禪割屬建甯郡晉志屬建甯郡李兆洛云故縣今臨安府甯州地橋水注之謝云今赤水河卽楨木 宛溫 南中志曰縣北三百里有盤江廣數百步深十餘丈此江有毒氣 集解先謙曰前漢縣三國蜀因興古郡治此見常志沈志興古太守劉氏分建甯牂牁立溫水注溫年分牂牁置興古郡治溫縣謝云水經注溫水出律高縣東南監町山東逕梁水郡北賁古縣南又云葉榆水注盤水出律高縣東南監町山東逕梁水郡北賁古縣南水廣百餘步深處十丈甚有瘴氣朱褒之反李恢追至盤江者也建武十九年馬援上言從麋泠出賁古擊益州臣所將駱越萬餘人便習戰鬬者二千兵以上弩力射道最便蓋承藉水利用爲神捷諸葛亮入南戰于盤東鄒安邕云疑卽臨安府之瀘江河謝云郎今阿迷州東南馬與龍曰北三百里如鄒說則南盤江也李兆洛云故縣今興義府普安廳西一百里汪士鐸云今曲靖府羅平州北馬與龍說與南中志合案汪

鐔封 華陽國志曰有溫水 集解先謙曰前漢縣三國蜀因改屬興古郡沈志梁水太守領鐔封溫水注溫水東南逕鐔封縣北晉志改屬興古郡作鐔封縣沈志作鐔封汪士鐸云故縣今三板村北之馬別河西謝云馬與龍曰今廣西州東馬與龍云今廣西州東瀘江之南 漏臥 集解先謙曰前漢縣三國蜀因改屬興古郡晉志屬興古郡汪士鐸云故縣今廣西州師宗縣南境 句町 案本傳有桃椰木 集解惠棟曰地道記有文象水 前漢縣三國蜀因改屬興古郡故句町王國名也其置自濮王姓毋漢時受封迄今小顏音劬挺馬與龍曰句町侯邯弟承見隗囂傳注先謙曰注文眾水班志鄭注並作文象水前漢縣三國蜀因改屬興古郡沈志興古太守下云漢舊縣晉志屬興古郡汪士鐸云故縣今興義府興義縣治案當在廣南府北境 進乘 集解先謙曰前漢縣作進桑三國蜀因改屬興古郡洪志據晉志以進乘屬興古葉榆水又東出進桑關注進桑縣牂牁之南部都尉治也水上有關故曰進桑關馬援言從麋泠水道出進桑王國至益州賁古轉輸通利蓋兵車資運所由矣晉志屬興古郡阮元云故城當在今越南交岡境謝云據葉榆水注當在今臨安府阿迷州南境案當在臨安府東南境接越南界 西隨 地道記曰麋水西受徼外東至麋泠入尚龍谿 集解先謙曰前漢縣三國蜀因改屬梁水郡水經葉榆水入牂牁郡西隨縣北爲西隨水注自西隨至交趾崇山接險水路三千里劉嶽雲云西隨水明志名梨花江謝云卽元江州東北之禮社江李兆洛云故縣今元江州東劉嶽雲同

越嶲郡 武帝置雒陽西四千八百里 集解惠棟曰孟康音髓馬與龍曰太守枚根見岑彭傳任貴鄭鴻張翕張湍馮顥見西

南夷傳李文德見延篤傳荀昱見竇武傳馬謖見蜀志馬良傳龔祿焦璜張嶷見嶷傳先謙曰三國蜀因**十四城**集解先謙曰三國蜀越巂郡領漢舊縣八分置潛街[illegible]馬湖[illegible]安上[illegible]爲十一城遂久青蛉姑復改屬雲南郡闌莋秦大莋省**戶十三萬一百二十口六十二萬三千四百一十八**集解先謙曰官本三千作二千**邛都南山出銅**南中志曰縣東南數里有水名邛都河從廣二十里深百餘丈有魚長一二丈頭特大遙視如戴鐵釜狀華陽國志曰河有嶂舊山又有溫水穴冬夏常熱集解惠棟曰注河有嶂舊山今志無之當有脫誤或云山字屬下句又溫水一作溫泉志又曰其溫可燖雞豚下流治疾病馬與龍曰朱謀瑋水經注箋引華陽國志云邛都河中有嶂舊山是趙所見本尚不誤[illegible]先謙曰前漢縣三國蜀因晉志因一統志故縣今甯遠府西昌縣南謝云紀要云在打沖河中前千戶所西北英按今西昌縣西四十里打沖河東**遂久**華陽國志曰有繩水因名縣西北有碧石有綠碧集解先謙曰前漢縣三國蜀因改屬雲南郡見常志水經注若水又南逕雲南郡之遂久縣有青蛉水入焉晉志屬雲南郡一統志舊縣今鹽源縣西名勝志縣在金沙江北古稱爲白門言入白

後漢志二十三上　十九

果國之門也**靈關道**華陽國志曰有銅山又有利慈集解惠棟曰劉逵曰靈關山名惠士奇云一名靈道縣先謙曰沫水注縣一有利慈渚前漢縣三國蜀省二家同晉志無一統志故縣今雅州府蘆山縣西北**臺登**集解惠棟曰何氏云前志臺登應劭云今曰臺高登當作高也**出鐵**華陽國志曰有孫水一曰白沙江山有砮火燒成鐵集解惠棟曰今華陽國志曰山有砮三石火燒成鐵剛利禹貢厥賦砮是也先謙曰前漢縣三國蜀因見常志晉志因一統志舊縣今冕甯縣東**青蛉有禺同山俗謂有金馬碧雞**[illegible]漢縣三國蜀因改屬雲南郡見常志晉[illegible]青蛉水出青蛉縣西東逕其縣下[illegible]云青蛉水今大姚河[illegible]晉志屬雲南郡一統志舊縣今楚雄府大姚縣治**卑水**華陽國志曰水通馬湖集解惠棟曰孟康音班華陽國志曰去郡三百里先謙曰前漢縣三國蜀因若水注繩水又左合卑水水出卑水縣而東流注馬湖江謝云卑水即今會通河晉志因一統志舊縣今會理州東北云在會通河西境**三縫**坪中有石豬子母數千頭長老傳言夷昔牧豬於此一朝豬化爲石迄今夷不敢往牧集解惠棟曰前志作三絳[illegible]璩音播又注[illegible]華陽國志云[illegible]先謙曰前漢縣作三絳常[illegible]三國蜀因見常志若水注繩水又逕三絳縣西又逕姑復縣北對三絳縣淹水注之三絳一曰小會無故經曰淹至會無注若水謝云淹水即今鴉龍江下流爲打沖河至會理州西入金沙江晉志省一統志舊縣今會理州東南**會無出鐵**郭璞曰山

海經稱縣東山出碧亦玉類華陽國志曰故濮人邑也今有濮人冢冢不閉戶其中多珠人不可取取之不祥有元馬河元馬日行千里縣有元馬祠民居家馬牧山下或產駿駒云元馬子也今其有元馬遷厥迹存焉河中有銅船今在祠以羊可取也河中見子土地特產好犛牛東山出青碧集解惠棟曰劉伯莊曰濮在楚南爾雅曰南至濮鉛周書王會篇云卜人丹砂孔晁云西夷之蠻蓋濮人也元馬河華陽國志及水經注皆作天馬河案隸書天字有似元者故誤作元見無極山碑又今其有天馬遷其字衍又今在祠以羊一作今以羊祠之又河中見子華陽國志作見存案文不應重出當有作舛誤又產好犛牛華陽國志作產犀牛也馬與龍曰縣有駿馬河河中有貝子胎銅以羊祠之則可取也見若水注永初六年詔越巂置長利高望始昌三苑見安帝紀皆馬苑也長利苑今會理州界見一統志先謙曰前漢縣三國蜀因若水注若水又逕會無縣又有孫水一名白沙江南流逕邛都縣司馬相如定西南夷橋孫水即是水也又南至會無入若水案孫水即今安甯河見一統志有瀘水諸葛亮曰五月渡瀘即此洪云寰宇記今昆明道渡所見有武侯道在又有大冢諸葛軍此士卒遭瀘癘死者皆葬此謝云案金沙江合打沖河後通得瀘水之名寰宇記以瀘水隸會川縣下即指今會理州西南之金沙江而言新唐書由會川渡瀘水經哀州維州三百五十里至姚州[illegible]府通典武侯南征渡瀘蓋在此處今會理州西一百五十里馬與龍云據華陽國志會無縣路通甯州度瀘得任狼縣又三縫縣度瀘得青蛉縣又定莋縣在郡西度瀘水是金沙江會打沖河即有瀘水之名又犍爲朱提縣西有瀘水晉姚岳追李驤至此見若水注在今昭通

後漢志二十三上　二十

府西是至馬湖江止以上通稱瀘水晉志因一統志故縣今會理州治**定莋**華陽國志縣在郡西度瀘水賓剛徼白摩沙夷有鹽坑積薪以齊水灌而後焚之成白鹽漢末夷等皆錮之集解惠棟曰常璩云莋笮夷也汶山曰夷南中曰昆明漢嘉越巂曰笮蜀曰邛皆夷種也說文莋從草作聲馬與龍曰定莋帥豪狼岑見蜀志張嶷傳先謙曰前漢縣三國蜀因元和志凡言笮者夷人於大江水上置藤橋謂之笮定笮大笮皆是近水置藤橋處晉志因一統志故縣今鹽源縣南**闌**華陽國志曰故邛人邑治邛都城集解惠棟曰沈約云蘭漢舊縣屬越巂前志作闌華陽國志作闌未詳先謙曰前漢縣一作闌三國蜀因謝云華陽國志云闌今省則蜀有此縣也晉志省一統志故縣今越巂廳北**蘇示**集解惠棟曰示當作亓與祇同馬與龍曰蘇祁邑君冬逢見蜀志張嶷傳先謙曰前漢縣三國蜀因見常志沈志作蘇祁[illegible]蘇示同此漢舊縣晉志省一統志故縣今西昌縣北二十里**大莋**集解先謙曰前漢縣三國蜀省華陽國志云漢末省晉志無一統志故縣今冕甯縣西**莋秦**集解先謙曰官本作莋秦是前志作作秦三國蜀省李兆洛云今地闕當在甯遠府境一統志闕**姑復**地道記鹽池澤在南集解先謙曰前漢縣三國蜀因改屬雲南郡沈志雲南太守劉氏分建甯永昌立[illegible]東古復長漢屬越巂晉太康地志屬雲南並云姑復淹水注淹水東南至青蛉縣又東過姑復縣南東入于若水晉志屬雲南郡汪士鐸云故縣今元謀縣西謝云當在大姚縣東北，**益州郡**武帝置故滇王國雒陽西五千六百里諸葛亮表有耽文山澤山司彌痓山婁山辟龍山此等並皆未詳所在縣集解馬與龍曰太守文齊繁勝王追雍陟李顒景毅見西南夷傳董和見蜀志和傳王昂張裔見馬忠傳督郵李恢見恢傳先謙曰三國蜀建興三年改益州郡爲建寧郡

十七城集解先謙曰三國蜀分建寧永昌郡爲雲南郡見蜀志建甯郡領漢舊縣十二分置**存䣆**常志建甯郡存䣆縣雍闓反結壘於縣山寰宇記武侯南征蜀存䣆廢後改爲縣洪志吳表均以蜀存䣆即漢舊縣中興省蜀復立謝云漢郡䣆屬建爲今敍州府西南蜀存䣆屬建甯在雲南府宜良縣相去千里洪氏混合爲一誤甚按謝說是晉志因李兆洛云故縣今宜良縣西北百六十里**新定**沈志建甯太守下云晉太康地志有亦見常志三家同晉志因今地闕**修雲**沈志晉武帝分建甯郡修雲俞元二縣復立律高縣郡修雲縣當是蜀立沈洪吳同晉志因謝云紀要澂江府江川縣漢時名碎雲異域考漢益州無森雲縣蓋即修雲之訛**伶邛**常志伶邛縣屬建甯晉志作治邛今地闕阮元云治邛即建伶洪志複出今姑列於此入牂牁之同並毋單爲十八城雲南郡領漢舊縣一入越巂之遂久青蛉姑復永昌之楪榆邪龍雲南爲七城律高改屬興古郡勝休賁古毋棳改屬梁水郡

戶二萬九千三十六口十一萬八百二

滇池集解馬與龍曰諸葛亮南征遂至滇池見蜀志亮傳注**出鐵有池澤**澤在縣西見前書南中志曰池周二百五十里集解惠棟曰譙周異物志曰大澤水周二百餘里水作深廣下淺狹似如倒流故俗云滇池**北有黑水祠**華陽國志曰水是溫泉又有白蛸山淮有蛸集解惠棟曰華陽國志曰山無石惟有蛸淮當作惟先謙曰前漢縣三國蜀因改屬建寧郡沈志建甯太守漢益州郡劉氏更名水經注溫水又西南逕滇池城池在縣西周三百餘里李恢傳諸夷大相糾合圍恢於昆明恢出擊大破之南至盤江謝云滇池一名昆明晉志屬建甯郡一統志故城今雲南府晉甯州東

勝休南中志曰有大河從廣百四十里深數十丈地道記曰水東至毋掇入橋水集解惠棟曰沈約作騰休先謙曰前漢縣三國蜀因改屬梁水郡沈志梁水太守下云騰休縣漢舊縣說見牂牁郡下溫水注梁水上承河水于俞元縣而東南逕興古之勝休縣又東逕毋掇縣左注橋水晉志作滕休屬興古郡紀要故縣今臨安府東南城南馬與龍云據溫水注當在臨安府北境

俞元集解馬與龍曰李恢子遺弟子球建甯俞元人見蜀志恢傳**裴山出銅**華陽國志在河中州上集解惠棟曰前志作懷山先謙曰官本注州作洲是前漢縣三國蜀因改屬建甯郡見常志溫水注橋水上承俞元之南池縣治龍池洲周四十七里一名河水晉志屬建甯郡一統志故縣在澂江府河陽縣境

律高**石室山出錫**集解惠棟曰前志及華陽國志皆云在縣西**監町山出銀鉛**集解惠棟曰監音呼鷃反北宋本作呵前志華陽國志皆云在縣東南先謙曰前漢縣三國蜀因改屬興古郡溫水注溫水又東南逕律高縣南劉禪建興三年分牂牁置興古郡治溫縣晉書地道記治此謝云酈注兩存其說今據知縣屬興古也晉志屬興古郡謝云故縣今廣西州彌勒縣南或謂在陸涼州者誤

賁古集解惠棟曰賁音奔**采山出銅錫**前書曰在縣北**羊山出銀鉛**在縣西地道記曰南烏山出錫集解先謙曰前漢縣三國蜀因改屬梁水郡見常志葉榆水注盤水出律高縣南監町山東逕梁水郡北賁古縣南晉志改屬興古郡紀要故縣今臨安府東南一統志同謝云當在臨安府東

毋掇地道記曰有橋水出橋山集解錢大昕曰說文棳從木此從手誤前志亦作棳先謙曰前漢縣三國蜀改曰西豐屬梁水郡沈志梁水太守毋掇令漢舊縣屬益州郡晉太康地志屬興古劉氏改曰西豐晉武帝太始五年復爲毋掇說見牂牁郡下水經注溫水又東南逕興古郡之毋掇縣東與南橋水合晉志改屬興古郡汪士鐸云故縣今廣西州彌勒縣南李兆洛云在今臨安府甯州地

建伶集解惠棟曰應劭音鈴馬與龍曰建伶今安甯州地見蜀志李恢傳先謙曰前漢縣三國蜀因改屬建甯郡沈志晉甯太守下云漢舊縣屬益州晉太康地志屬建甯一統志故縣今雲南府昆明縣治西北

穀昌集解惠棟曰華陽國志曰漢武帝將軍郭昌討夷平之因名郭昌以威夷孝章時改爲穀昌案前志已作穀昌常氏之說非實錄也先謙曰前漢縣三國蜀因改屬建甯郡見常志晉志屬建甯郡一統志故縣今昆明縣北

牧靡李奇曰靡音麻出升麻集解惠棟曰前志作收靡華陽國志作升麻云出好升麻晉書作牧麻案靡與麻古字通山海經有壽麻之國呂覽作壽靡是也先謙曰前漢縣作收靡三國蜀改屬建甯郡沈志建甯太守牧麻令漢舊縣作收靡水經注涂水出建甯郡之牧靡南山縣與山並即草以立名西北流至越嶲入繩謝云涂水今名普渡河晉志作牧麻屬建甯郡汪士鐸云故縣今武定州案當在武定州東

味集解惠棟曰華陽國志曰有明月社孟康音昧何焯案味字從未不當從末馬與龍曰庲降督馬忠張表閻宇見蜀志忠傳楊戲傳注楊戲見本傳建甯太守李恢見恢傳霍弋見霍峻傳王士見楊戲傳注先謙曰前漢縣三國蜀因建甯郡治此見溫水注溫水又西逕昆澤縣南又逕味縣故滇國都也諸葛亮討平南中劉禪建興三年分益州郡置建寧郡於此水側皆是高山山水之間悉是木耳夷居語言不

同嗜欲亦異雖曰山居土差平和而無瘴毒晉志屬建甯郡一統志故縣今曲靖府南甯縣西鄒安邑云當在今雲南府宜良縣南蓋據溫水注阮元云溫水注又逕味縣一段當在又西逕昆澤縣之上今從一統志說詳前志補注

昆澤集解先謙曰前漢縣三國蜀改屬建甯郡晉志屬建甯郡鄒安邑云故縣今宜良縣地阮元云當在宜良縣北境

同瀨地道記曰銅虜山米水所出集解錢大昕曰前志云談虜山迷水所出銅談聲相近米迷也縣蓋以山得名瀨虜聲亦相近先謙曰前漢縣作銅瀨三國蜀因改屬建甯郡水經注溫水自夜郎縣西北流逕談稾與迷水合水西出益州郡銅瀨縣談虜山晉志屬建甯郡錢坫云故縣今曲靖府陸涼州西北地李兆洛同

同勞集解先謙曰前漢縣三國蜀因改屬建甯郡見常志晉志闕汪士鐸云故縣今曲靖府馬龍州西南

雙柏出銀集解馬與龍曰雙柏長何雙見蜀志楊戲傳注先謙曰前漢縣三國蜀因政屬建甯郡水經注葉榆水南與僕水同注滇池於連然雙柏晉志建甯郡汪士鐸云故縣今雲南府昆陽州西北

連然集解惠棟曰華陽國志曰有鹽泉南中共仰之先謙曰前漢縣三國蜀因改屬建甯郡晉志屬建甯郡紀要故縣今雲南府安甯州境

梇棟地道記連山無血水所出集解馬與龍曰雲南太守呂凱見蜀志凱傳先謙曰前漢縣作弄棟三國蜀因雲南郡治此見寰宇記若水注毋血水出益州郡弄棟縣東農山晉志屬雲南郡一統志故城今楚雄府姚州治

秦臧集解先謙曰前漢縣三國蜀因改屬建甯郡水經注葉榆水自邪龍縣東南逕秦臧縣晉志屬建甯郡一統志故縣今富民縣府志在雲南府城西汪士鐸云今祿豐縣治謝云皆

無確據姑從汪說

永昌郡明帝永平二年分益州置。雒陽西七千二百六十里。廣志曰永昌一郡見龍之耀日月相屬[集解]齊召南曰案本書永平十二年以益州徼外夷哀牢王內附置永昌郡是二年上脫十字惠棟曰案西南夷傳劉益州西部都尉所領六縣合為永昌郡又案見龍之耀謂哀牢夷沙壹事詳西南夷傳及華陽國志馬與龍曰永昌太守鄭純見西南夷傳王尋見章帝紀劉君世見杜喬傳曹鸞見靈帝紀霍弋見蜀志霍峻傳王伉功曹呂凱見凱傳先謙曰三國蜀因

八城[集解]先謙曰三國蜀永昌郡領漢舊縣五分置永壽[illegible]境雍鄉[illegible]南涪[illegible]為八城三家同楪榆邪龍雲南改屬雲南郡

戶二十三萬一千八百九十七口百八十九萬七千三百四十四

不韋[集解]馬與龍曰縣人呂凱子祥見蜀志凱傳 **出鐵**華陽國志曰孝武置不韋縣徙南越相呂嘉子孫宗族居之因名不韋以章其先人之惡[集解]洪亮吉曰案孫盛蜀世譜初秦徙呂不韋子弟宗族於蜀漢武帝時開西南夷置郡縣徙呂氏以充之因曰不韋縣二書所載不同攷史記不韋傳明言不韋宗族徙蜀而呂嘉之為不韋後馬班二史無明文恐當以世譜為是先謙曰前漢縣屬益州葉榆河東過不韋縣注不韋縣北去葉榆六百餘里[illegible]永昌郡治是晉時自不韋移治[illegible]蜀時郡仍治不韋也晉[illegible]志因一統志故城今永昌府北三十里鳳溪山下

巂唐夷史記曰古為巂昆明古今注曰永平十年置益州西部都尉治巂唐鎮尉哀牢人楪榆蠻夷華陽國志曰有同水從徼外來[集解]惠棟曰鎮尉猶鎮撫也時哀牢初內附故設都尉鎮撫之馬與龍曰西部都尉鄭純見西南夷傳先謙曰前漢縣屬益州三國蜀因見常志按前志注云周水首受徼外華陽國志之同水卽周水同周形近而誤錢坫以為今怒江也若水注類水出巂唐縣西南流曲折又北流東至不韋縣注蘭倉水[illegible]晉志因一統志故城今雲龍州南

比蘇[集解]先謙曰前漢縣屬益州三國蜀因見常志晉志因一統志故城今大理府雲龍州治西

楪榆有河廣志曰有弔鳥山縣西北八十里在阜山眾鳥千百羣共會鳴呼嗍晰每歲七月八月晦望至集六日則止歲凡六至雉雀來弔特悲其方八夜然火伺取無嗉不食者以為義鳥則不取也俗言鳳凰死于此山故眾鳥來弔地道記有澤在縣東[集解]惠棟曰沈約云前漢楪作葉酈元云縣東有葉榆澤葉榆水所鍾華陽國志曰有河洲先謙曰前漢縣作葉榆屬益州三國蜀因改屬雲南郡見常志水經益州葉榆河出其縣北界晉志屬雲南郡一統志故縣今大理府太和縣治

邪龍[集解]馬與龍曰縣人卤承見西南夷傳先謙曰前漢縣屬益州三國蜀因改屬雲南郡水經注葉榆水又東南逕永昌邪龍縣以建興三年劉禪分隸雲南于不韋縣為東北晉志屬雲南郡阮元云邪龍故縣當在今蒙化永平順寧等地汪士鐸云在今楚雄府南[illegible]

雲南南中志曰縣西高山相連有大泉水周旋萬步名馮河縣西北百數十里有山眾山之中特高大狀如扶風太一鬱然高峻與雲氣相連結因視之不見其山固陰沍寒雖五月盛暑不熱廣志曰五月霜雪皓然[集解]先謙曰前漢縣屬益州三國蜀因改屬雲南郡沈志雲南太守下云漢舊縣晉志屬雲南郡一統志故縣今大理府雲南縣

哀牢永平中置故牢王國[集解]先謙曰前漢無三國蜀因見常志晉志因一統志故縣今永昌府治東卽故址

博南永平中置南界出金華陽國志曰西山高三十里越得蘭滄水有金沙洗取融為金有光珠穴廣志曰有虎魄生地中其上及旁不生草深者四五八九尺大者如斛削去外皮中成虎魄如升初如桃膠凝堅成也[集解]先謙曰華陽國志越山得蘭滄水此注脫山字又注削去外皮官本無皮字三國蜀因見常志若水注永昌郡有蘭倉水出西南博南縣博南山名也縣以氏之其水東北流逕博南山漢武帝時通博南山道渡蘭倉津土地絕遠行者若之歌曰漢德廣開不賓渡博南越倉津渡蘭倉為作人[illegible]晉志因一統志故縣今永昌府永平縣東

廣漢屬國都尉故北部都尉屬蜀郡安帝時以為屬國都尉別領三城[集解]齊召南曰注蜀郡應是廣漢郡之訛陰平氐剛氐三道舊屬廣漢陰平道卽廣漢北部都尉治也前書可證錢大昕曰都尉二字衍惠棟曰酈元云安帝永初三年分廣漢蠻夷置馬與龍曰都尉馮緄見本傳蜀陰平太守廖惛見魏文帝志注廖化見郭淮傳先謙曰三國魏改曰陰平郡見晉志[illegible]蜀建興七年郡入蜀見蜀志[illegible]

[illegible]蜀陰平郡領漢舊縣三分置廣武[illegible]為四城洪氏據沈志蜀陰平郡領二城吳表同今不從

戶三萬七千一百一十口二十萬五千六百五十二

陰平道[集解]馬與龍曰更始封陳牧為陰平王見劉元傳先謙曰前漢縣屬廣漢三國蜀因作陰平縣陰平郡治沈志北陰平太守何志蜀分立永初郡國曰北陰平太康志陰平郡平縣注云宙底當是改宙底為陰平[illegible]也漾水注白水又東南逕陰平道故城南又東北逕橋頭昔姜維之將還蜀也諸葛緒邀之於此後期不及故維得保劍閣而鍾會不能入也[illegible]北道渡橋頭入劍閣鄧艾傳姜維保沓中[illegible]與維相綴連諸葛緒邀維令不得歸維聞引退艾遣王頎楊欣追暹於強川口[illegible]大戰維退走聞緒屯橋

頭從孔函谷一統志孔函谷在今階州西北百里西固城之南入北道欲出緒後緒聞之卻還三十里維入北道三十里聞緒軍卻尋還從橋頭過緒截維較一日不及維遂東守劍閣鍾會攻維未能克艾上言宜從陰平由邪徑經漢德陽亭趨涪出劍閣西百里掩其空虛破之必矣冬十月艾自陰平道行無人之地七百里鑿山通道造作橋閣至江油一統志今江油縣東蜀守將降洪云有馬閣山鄧艾行軍至此束馬懸車作棧閣始通江油在今平武縣東南見紀要謝云有景谷有左擔道鍾會傳鄧艾至陰平從漢德陽亭入江油左擔道詣緜竹華陽國志自景谷有步道經江油左擔出涪鄧艾入蜀所經也方輿勝覽自青唐嶺紀要今文縣界入龍州百五十里自北而南者右肩不得易所負故云左擔有石門成見姜維傳蜀都賦緣以劍閣阻以石門元和志石門成與氏羌分界去仇池四百餘里寰宇記有石壁相對如門鄧艾伐蜀歷此在平武縣東南一百七十里江油縣之北晉志屬陰平郡一統志按元和志文州治曲水縣本漢陰平道也寰宇記唐建中三年以舊城在平地窄小難守移就城東四里麻關谷口鄧艾美維故城置卽今階州文縣治也漢陰平故城今縣治西北

甸氏道華陽國志曰有白水出徼外入漢集解惠棟曰李奇甸音膝先謙曰前漢縣屬廣漢三國蜀因常志屬陰平郡晉志省一統志故道今文縣西

剛氏道華陽國志曰涪水所出有金銀鑛集解先謙曰前漢縣屬廣漢三國蜀因常志屬陰平郡案甸氏剛氏二道洪志不錄吳表云廢一統志云剛氏為涪水所出馬與龍云見水經注卽今龍安府境元和志通典惑於鄧艾傳之說遂以龍川為漢魏無人之地馬與龍云艾傳云無人之地也見後主之鄧維表而不設防一後人又以府為漢陰平縣之地皆誤今據一統志補錄晉志省一統志故道今龍安平武縣東

後漢志二十三上　二五

蜀郡屬國故屬西部都尉延光元年以為屬國都尉別領四城集解馬與龍曰都尉董扶見本傳漢嘉太守黃元見蜀先主傳先謙曰靈帝時以蜀郡屬國為漢嘉郡三國蜀因洪志謂蜀章武元年置吳表同謝云靈帝以蜀郡屬國為漢嘉見西南夷傳洪氏從晉志及胡三省說非也按謝說是蜀漢嘉郡領漢舊縣四城**戶十一萬一千五百六十八口四十七萬五千六百二十九**

漢嘉故青衣陽嘉二年改集解惠棟曰水經注公孫述之有蜀也青衣不服世祖嘉之建武十九年以為郡安帝置屬國都尉青衣王子心慕漢制上求內附順帝改曰漢嘉嘉得此良臣也馬與龍曰青衣道夷邑長令田見西南夷傳青衣侯向舉見蜀先主傳又漢嘉縣人王謀見楊戲傳注**有蒙山**下青衣水入大江土地多山蜀都賦曰廓靈關而為門注曰靈山名也地在縣南集解惠棟曰華陽國志曰有沫水從西來出岷江又從岷山西來入江合郡山青衣水所發東至其縣乃僑置於崇慶州非故地也漢嘉故城今雅州府雅安縣北

嚴道集解惠棟曰蜀記曰秦滅楚徙嚴王之族於此故謂之嚴道馬與龍曰嚴道縣人衛繼見蜀志本傳雅州府榮經縣北

有邛僰九折坂者邛刻置所出也華陽國志曰道至險有長嶺若

棟入渡之難楊母閣之峻昔楊氏倡造作閣故名焉邛崍山本名邛花故邛人花人界也巖阻峻迴曲九折乃至山上凝冰夏結冬則劇寒王陽行步至此退集解惠棟曰案司馬相如傳嚴道邛郵徐廣曰嚴道有邛僰九折坂又有邛郵傳注張晏曰王陽行步當從華陽國志作邛部洪頤煊曰前志淮南厲王傳注張晏曰邛郵置名也刻是郵之誤先謙曰前漢縣屬蜀郡三國蜀因晉志因一統志故城在今榮經縣西華陽國志曰出丹砂雌黃空青碧

徙晉志曰徙陽斯益一統志張嶷傳有斯都耆帥李求承僑置於今崇慶州非故地也

旄牛集解惠棟曰越嶲郡有舊道經旄牛中至成都既平且近自旄牛道絕已百餘年更由安上既險且遠嶷開通舊道千里肅清復古亭驛夷帥狼路為旄牛王見蜀志張嶷傳先謙曰前漢縣屬蜀郡三國蜀因水經沫水出廣柔徼外東南過旄牛縣北晉志因一統志故城今清溪縣南

犍為屬國故郡南部都尉永初元年以為屬國都尉別領二城集解馬與龍曰朱提太守李嚴見李恢傳先謙曰犍為屬國建安二十年為朱提郡洪志置郡都督李嚴傳先主定蜀既為屬國都尉建安十八年為犍為太守遷輔漢將軍戲傳注先降為朱提郡名為朱提太守安遠將軍入蜀既為郡督考作二十年為是晉志章武元年置朱提立郡當從華陽國志水經注作二十年為是晉志章武元年置元和志諸葛亮南征時置皆誤洪云是從之蜀朱提郡領漢舊縣二分置堂琅[illegible]為四城**戶七千九百三十八口三萬七千一百八十七**

朱提南中志曰縣有大池水名千頃池西南二里有堂狼山多毒草盛夏之月飛鳥過之不能得去蜀都賦注曰有靈池在縣南數十里周四十七里集解惠棟曰華陽國志作堂螂山云山出銀鉛白銅雜藥有堂螂附子**山出銀銅**一案前書朱提銀重八兩為一流直一千五百八十他銀一流直千南中志曰舊有銀窟數處諸葛亮書云漢嘉金朱提銀採之不足以自食集解先謙曰前漢縣屬犍為三國蜀因晉志朱提郡見常志沈志朱提太守劉氏分犍為立水經若水東北至朱提縣西為瀘水建安二十年立朱提郡郡治故城在今得所管堂琅縣西北行上高山羊腸繩曲八十餘里或攀木而升或牽索而上紀要東川府北百二十里有索橋以渡牛欄江晉志屬朱提郡阮元云朱提當在今昭通府境謝云東川府北以扯汧卽堂琅故縣以扯汧東北二百里為昭通府證以水經注卽朱提故縣也

漢陽集解惠棟曰華陽國志曰有漢水入延江馬與龍曰漢陽太守法邈見蜀志法正傳先謙曰前漢縣屬犍為三國蜀因屬朱提郡有石門山卽古石門道史記西南夷傳秦時常頞略通五尺道漢建元六年使唐蒙治道自僰道指牂牁江江水注唐蒙鑿石開閣以通南中迄於建甯二千餘里山道廣丈餘深三四尺塹鑿之跡猶存案石門山在今慶

符縣南五里有漢陽山諸葛亮南征駐軍此山今崖壁上鐫武侯征蠻故道六字猶存在慶符縣北八十里見一統志謝云費詩傳建興三年隨諸葛亮南征歸至漢陽縣即此馬與龍云以蜀志李恢費詩傳觀之諸葛亮南征由越巂渡瀘而還從漢陽石門道也晉志屬朱提郡紀要故城今敘州府符縣南

右益州刺史部郡國十二縣道一百一十八本梁州袁山松書曰建安二十年復置漢寧郡漢中之安陽西城郡分錫上庸爲上庸郡置都尉[集解]先謙曰漢寧復爲漢中說見漢中郡下此注當有脫誤說並見前三國蜀益州部得漢舊郡漢中巴郡廣漢蜀郡犍爲牂牁越巂永昌改益州郡曰建寧廣漢屬國曰陰平蜀郡屬國曰漢嘉犍爲屬國曰朱提分巴郡置巴西巴東涪陵分廣漢置梓潼分蜀郡置汶山分犍爲置江陽南廣分牂牁置興古梁水分建寧永昌置雲南入割涼州武都爲郡二十三縣道侯國一百五十七[illegible]十漢中郡之西城安陽錫上庸房陵五縣別屬魏荊州

隴西郡秦置雒陽西二千二百二十里[集解]馬與龍曰太守馬援見本傳韓尋見韓棱傳劉盱見光武紀鄧融見郭丹傳魯謙見魯恭傳李相如見董卓傳孫純張紆寇盱長史田颯見西羌傳功曹廉范見本傳從事辛都李睦監軍掾李苞督烽掾李章見西羌傳先謙曰三國魏因治襄武改隸雍州十一城[集解]先謙曰三國魏隴西郡領舊縣五城安故氐道大夏枹罕白石河關廢洪志錄枹罕河關闕安故氐道大夏白石西縣謝云一統志白石大夏晉初廢胡三省云洮西皆羌白石大夏在洮西今不錄吳云通鑑胡注魏討宋建枹罕縣廢郭淮傳遮塞等屯河關又皇輿表引名勝志宋建平枹罕諸縣廢爲曠野是後姜維伐魏往往經此蓋枹罕等六縣爲蜀魏兩境棄地故城多沒於氐羌不得謂魏有其縣也按吳說近是今從之戶五千六百二十八口二萬九千六百三十七

狄道[集解]馬與龍曰護羌校尉寶林郭襄見西羌傳狄道長李簡見蜀志張嶷傳又縣人牛邯見隗囂傳牛述見爰延傳梁湛見繆彤傳先謙曰前漢縣三國魏因水經注洮水北逕安故縣故城西又北逕狄道縣故城西姜維傳延熙十七年維出隴西狄道長李簡降進圍襄武敗魏將徐質拔河關狄道臨洮三縣民還十八年復出狄道大破魏雍州刺史王經於洮西經退保狄道維圍之魏陳泰進兵解圍維卻住鍾題謝云鍾題當在狄道洮水西晉志因一統志故城今蘭州府狄道州西南

安故[集解]惠棟曰十三州志曰郡南四十七里鄺元云蕃延轉擊狄道安故五谿羌大破之即此先謙曰前漢縣三國魏廢晉志無一統志故城今狄道州南

氐道養水出此巴漢志曰漢水二源東源出縣之養山名養南都賦注曰漢水源出隴西經武都至武關山歷南陽界出沔口入江巴漢志曰西漢隴西嶓冢山會白水經葭萌入漢始源曰沔故曰漢沔[集解]惠棟曰水經曰出縣之嶓冢山孔安國曰泉始出爲漾水東南流爲沔水至漢中東行爲漢水李殿學云養即漾也先謙曰前漢縣三國魏廢晉志無李兆洛云故城今秦州西南

首陽有鳥鼠同穴山爾雅曰其鳥爲鵌其鼠爲鼵如人家鼠而短尾鵌似鵽而小黃黑色穴地入三四尺鼠在內鳥在外孔安國尚書傳曰共爲雌雄張氏地理記云不爲牝牡山海經曰山多白虎白玉[集解]惠棟曰河圖曰鳥鼠同穴地之幹也上爲掩畢星渭水出地道記曰有三危三苗所處[集解]惠棟曰說文杜林說渭水出首陽渭首亭東南入河先謙曰前漢縣三國魏因水經注渭水出首陽縣渭谷亭南謝云有高城嶺姜維圍狄道陳泰自隴西進軍度高城嶺潛行夜至狄道東南山上多舉烽火鳴鼓角見泰傳紀要今渭源縣西二十五里南谷山上晉志因一統志故城今蘭州府渭源縣東北

大夏[集解]先謙曰前漢縣三國魏廢水經注大夏川水出西山二源合而亂流逕金紐城南本都尉治又東北逕大夏縣故城南一統志今狄道州西入洮之水惟三岔河稍大郎古大夏水也晉志無一統志故城今河州東南

襄武有五雞聚[集解]馬與龍曰護羌校尉溫序行部至此爲隗囂將苟宇所拘伏劍而死主簿陳遵從事王忠見序傳永初四年金城郡徙此五年隴西郡徙此隴西太守孫羌見西羌傳徐邈見魏志本傳游楚見張既傳注牽弘見牽招傳長史馬顒見張既傳又縣人廉褒子丹見馮衍傳先謙曰前漢縣三國魏因隴西郡治此見一統志水經注渭水東南逕襄武縣東北姜維傳延熙十七年維復出隴西降狄道進圍襄武即此晉志因紀要故城今鞏昌府城東南五里

臨洮有西傾山前志曰在縣西本傳縣馬防築索西城[集解]官本考證曰注縣字疑衍馬與龍曰順帝陽嘉二年復置隴西南部都尉於此見本紀[illegible]又縣人董君雅子卓見卓傳先謙曰前漢縣三國魏因[illegible]經注洮水東北流逕洮陽曾城北建初三年羌攻南部都尉於臨洮上遣馬防耿恭救之諸羌退聚洮陽洮水又東逕迷和城北又東逕臨洮縣故城又東北流屈而逕索西城西俗名赤水城謝云景曜五年姜維伐魏侵洮陽率衆出侯和爲鄧艾所破還駐沓中見通鑑董祐誠云今洮州廳西南七十里故城即洮陽城通鑑胡注侯和即迷和案今洮州廳南洮水之南紀要沓中今洮州衞南晉志因一統志故城今鞏昌府岷州治

枹罕[集解]惠棟曰闞駰云郡西二百一十里鄧展云枹音鈇罕一作罕小顏讀如本字故屬金城[集解]先謙曰前漢縣屬金城三國魏廢水經注灕水又東逕枹罕縣故城南一統志灕水在今河州南案古大夏水入洮灕水入河明統志以此水爲大夏河今土人不知爲灕水矣洪云宋建據枹罕三十餘年建安十九年夏侯淵討平之見淵傳謝云太和二年郭淮破羌唐蹏於枹罕見淮傳吳云宋建平枹罕縣廢見通鑑胡注晉志無一統志故城今蘭州府河州治

白石故屬金城[集解]先謙曰閣本全脫此縣並注今補官本不脫前漢縣屬金城三國魏廢水經注地理志曰灕水出白石縣西塞外東至枹罕入河闞駰曰白石縣在狄道縣西北二百八十五里晉志無一統志故城今河州西南

鄣[集解]馬與龍曰水經注作彰和帝封耿秉爲侯見渭水注蜀志作漳梁習爲漳長見習傳先謙曰前志無三國魏因洪云晉永嘉後縣始廢見寰宇記水經注彰水出西南溪下東北至彰縣南本屬故道候尉治[illegible]志謝云有董亭有石營姜維傳延熙十六年維出石營經董亭圍南安魏陳泰解圍至落門維糧盡退還通鑑胡注石營在董亭西南一統志石營今鞏昌府西和縣西北

後漢志二十三上

董亭今秦州西南鍾英案董亭當在今禮縣甯遠之間地望始合有麹城有牛頭山陳泰傳姜維率衆依麹山築二城使句安守之聚羌胡質任等寇偪諸郡泰曰麹城去蜀險遠當須運糧羌夷患維勞役必未肯附今圍而取之雖其有救山道阻險非行兵之地也維果來救出牛頭山泰曰今絶牛頭維無反道則我之禽矣使郭淮進軍洮水維遁走安等皆降郭淮傳麹城作麹山上謝云亦名爲麹通鑑作烏麹在今岷州東南百里胡三省云牛頭山在洮水南鍾英按今岷州東南魏蜀界上晉志省一統志故城今鞏昌府鄣縣西南謝云漢縣當在今鞏昌府南八十里 **河關** 故屬金城 積石山在西南 河水出 集解惠棟曰郭璞云水經引山海經云積石山在鄧林東河所入馬與龍曰河水注河自蒲昌有隱淪之證重源出于積石之山禹貢所謂導河自積石也河水屈而東北流逕析支之地東北歷敦煌酒泉張掖南河逕其南而纏絡遠矣通典誤以唐積石軍當禹貢之積石禹貢錐指辨之而後復明先謙曰前漢縣屬金城三國魏廢吳云縣亦因宋建亂而廢說見前水經河水又東過隴西河關縣北洮水從東南來流注之謝云夏侯淵傳淵別遣張郃等平河關卽此晉志無一統志故城今蘭州府河州西北

漢陽郡 武帝置爲天水永平十七年更名雒陽西二千里 秦州記曰中平五年分置南安郡獻帝起居注曰初平四年十二月已分漢陽上郡爲永陽以鄉亭屬縣 集解馬與龍曰案上郡與漢陽地望懸隔不得並以分郡此注有疑上郡爲上邽之訛已字當爲己字之訛謝云分漢陽上邽爲永陽郡觀注言以鄉亭爲屬縣必以縣爲郡明矣永陽太守蓋順見蓋勳傳建安十九年省永陽郡見魏志紀要云魏改永陽曰廣魏非也廣魏郡魏立見洪志漢陽太守原涉見馬援傳周業見周磐傳馬成馮異樊璑馬棱龐參仲嵩橋玄各見本傳鄭據見梁統傳朱敞見袁安傳注趙博見安帝紀蓋進蓋勳見勳傳史充耿沖張貢見西羌傳傅衆見南匈奴傳范津傅燮見燮傳王奐見范冉傳注李參見應劭傳張惇見張奐傳趙憙見皇甫規傳殷濟李翕見水經注全旋見蜀先主志嚴幹見魏志裴潛傳注天水太守馬遵見蜀姜維傳注王頎見魏鄧艾傳主簿楊會見傅燮傳尹賞主記梁虔功曹梁緒姜冏從事姜維見蜀志維傳又郡人閻忠見皇甫嵩傳巨覽見梁商傳周珌見董卓傳任棠見黃瓊傳薛夏薛宣見魏志王肅傳注武都氐王楊僕率種人內附居漢陽郡見魏文帝志先謙曰三國魏復曰天水見通鑑胡注洪志據晉志晉始復漢陽爲天水郡謝云證以國志洪說非也吳云三國志於魏未代漢之先皆言漢陽文帝郎位之後則書天水案然有別案謝吳說是今從之漢末分置南安魏分置廣魏郡並改隸雍州 **十三城** 集解先謙曰三國魏天水郡領漢舊縣八分置新陽[illegible]爲九城南安郡領漢舊縣一分置新興[illegible]爲三城廣魏郡領漢舊縣二分置臨渭[illegible]爲三城吳表廣魏郡有清水縣蓋據晉志及紀要又云中興省疑置永陽郡時復置案晉清水縣非漢清水縣故地一統志清水縣後漢廢晉更置是也今不從勇士蘭干省 戶二萬七千四

百二十三口十三萬一百三十八 **冀** 史記曰秦武公伐冀戎縣之 集解馬與龍曰案魏志閻溫傳馬超圍州所治冀城楊阜傳惟冀城奉州郡以守是靈帝中平以後迄建安末涼州治冀也刺史郭閎見皇甫規傳耿鄙見靈帝紀种劭周洪見魏志龐淯傳注趙仲臺見閻溫傳韋端韋康見荀彧傳成公就見董卓傳注程球見傅燮傳別駕閻溫從事龐悳龐淯楊阜見魏志本傳又縣人楊阜弟岳孫豹姜敘姜隱尹奉姚瓊孔信見阜傳姜維父冏見蜀志維傳 **有朱圄山** 前書曰在縣南 **有緹羣山** 集解錢大昕曰五行志王莽末天水童謠曰出吳門望緹羣吳門冀郭門也緹羣山名也 **有雒門聚** 來歙破隗囂 集解惠棟曰本傳皆作落門水經渭水又東過冀縣北注隗囂稱西伯所居也謝云姜維率數萬人圍南安魏陳泰解圍至落門維糧盡退還胡三省云卽冀縣落門聚也晉志屬天水郡一統志故城今鞏昌府伏羌縣南 **望垣** 集解先謙曰官本考證曰前書作望垣三國魏因改屬天水郡晉志省一統志故城今秦州西北 **阿陽** 集解馬與龍曰阿陽侯相宋意見本傳又縣人王捷見隗囂傳先謙曰前漢縣三國魏因改屬天水郡地形志晉罷渭水注黑水又南逕阿陽縣故城東中平元年漢陽長史蓋勳屯阿陽以拒賊卽此城也晉志省李兆洛云故城今平涼府靜甯州南 **略陽** **有街泉亭** 故縣省 集解官本考證曰街水故縣當作街泉故縣先謙曰前漢縣三國魏因改屬廣魏郡渭水注略陽川水又西逕略陽道故城北建武八年來歙與祭遵所部護軍王忠右輔將軍朱寵將二千人自番須回中伐木開道至略陽襲擊守將金梁等因保其城隗囂悉衆圍城以水灌城光武親將救之囂走西城其水自城北注川一水二川蓄以灌略陽也謝云郭淮傳姜維圍王經於狄道陳泰曰維若以戰克之威進兵來向據櫟陽積穀之實胡三省云櫟陽乃略陽之訛時屬廣魏又太和二年諸葛亮出祁山遣將軍馬謖至街亭高翔屯柳城柳城當與街亭相近案街亭卽街泉亭也在今秦安縣東北晉志改屬略陽郡一統志故城今秦州秦安縣西北九十里 **勇士** 集解先謙曰前漢縣三國魏廢見一統志表河水注苑川水出勇士縣之子城南山又北逕牧師苑故漢牧苑之地羌豪迷吾等抄苑馬卽此處也苑川水地爲龍馬之沃土晉志無李兆洛云故城今蘭州府金縣東北 **成紀** 帝王世紀曰包犧氏生于成紀 集解馬與龍曰縣人隗崔隗囂弟義見囂傳先謙曰前漢縣三國魏因改屬天水郡渭水注瓦亭水南逕成紀縣東歷長離川爲長離水謝云夏侯淵傳淵擊長離諸羌韓遂來救大破之卽此晉志屬天水郡一統志故城今秦州秦安縣北八十里 **隴** 集解惠棟曰州字衍 **刺史治** 漢官云去雒陽二千里 集解馬與龍曰雍州牧陳慶見隗囂傳郭伋見本傳鄭興見本傳尹業見馬嚴傳皮陽見陳龜傳梁鵠左昌宋梟楊雍劉秉見西羌傳劉恭見羊陟傳孟佗任涉見西域傳涼州牧竇融刺史韋康從事蘇正和見蓋勳傳韓遂兵馬掾董卓見卓傳 **有大坂** 集解惠棟曰說文隴天水大阪也 **名隴坻** 三秦記其坂九迴不知高幾許欲上者七日乃越高處可容百餘家清水四注下郭仲產秦州記曰隴山東西百八十里登山嶺

東望秦川四五百里極目泯然山東人行役升此而顧瞻者莫不悲思故歌曰隴頭流水分離四下念我行役飄然曠野登高遠望涕零雙墮度汧隴無蠶桑八月乃麥五月乃凍解

獂坻聚有秦亭 秦之先封起於此集解先謙曰前漢縣三國魏屬天水郡地形志晉罷渭水源東發小隴山又西與秦水合水出東北大隴山秦谷秦水西逕降隴縣故城南又西南歷隴川逕六槃口過清水城西南注清水清水上下咸謂之秦川晉志省一統志故城今秦州清水縣北

獂道 史記秦孝公西斬戎王集解惠棟曰小顏音完馬與龍曰南安太守游奕見魏志明紀徐邈鄧艾見本傳又郡人趙衢龐恭見楊阜傳又縣人龐惪子會見惪傳先謙曰前漢縣三國魏因南安郡治此見寰宇記渭水注渭水東逕獂道縣故城南漢靈帝中平五年別爲南安郡又東逕武城縣西武城川水入焉謝云鄧艾傳姜維向祁山聞艾已有備乃回從董亭趨南安艾據武城山以相持即此蓋以山名縣也在今甯遠縣西南晉志屬南安郡謝云故城今鞏昌府甯遠縣東南四十二里

蘭干 集解馬與龍曰蘭干尉馬平見董卓傳注先謙曰前漢縣三國魏省晉志無李兆洛云今地闕

平襄 集解馬與龍曰縣人行巡見隗囂傳先謙曰前漢縣三國魏因改屬廣魏郡見紀要三家同蜀志姜維傳維封平襄侯謝云蜀不能有平襄益虛封也渭水注溫谷水東北流逕平襄縣故城南故襄戎邑也晉志改屬略陽郡一統志故城今鞏昌府通渭縣西南

顯親 集解錢大昕曰光武封竇融弟友爲侯國先謙曰前志無三國魏因屬天水郡渭水注瓦亭水西南出顯親峽又西南逕顯親縣故城東南謝云閻溫傳馬超圍冀城州遣溫密出告於夏侯淵賊遺人追遮之於顯親界得溫即此晉志作顯新屬天水郡一統志故城今秦州秦安縣西北

上邽故屬隴西 秦州記曰縣北有利山川中平地有土堆高五丈生細竹翠茂殊常二楊樹大數十圍百姓祀之集解馬與龍曰田弇李育保上邽見隗囂傳上邽令皇甫禎見橋玄傳閻溫見魏志溫傳姜岐見橋玄傳楊廣見隗囂傳先謙曰三國魏因屬天水郡水經注渭水東歷上邽縣北邽山之陰又南得藉水口藉水東北逕上邽縣藉水東得木門谷水藉水即洋水也北有濛水出縣西北邽山東流南屈逕上邽縣故城西又南注藉水藉水又東合段溪水張郃傳諸葛亮出祁山郃督諸將西至略陽亮還保祁山郃追至木門與亮軍交戰飛矢中右膝薨木門今秦州西南八十里姜維傳維與胡濟期會上邽濟失誓不至維爲鄧艾破於段谷謝云段谷今秦州東南洪云有諸葛壘在上邽東二里旁有司馬懿壘有姜維壘見元和志在今秦州東南四十二里謝云正元二年陳泰屯上邽以備姜維見漢晉春秋晉志屬天水郡錢坫云故城今秦州東南四十里

西故屬隴西有嶓冢山西漢水 史記曰申命和仲居西土徐廣曰今之西縣鄭玄曰西在隴西西今謂之八充山集解惠棟曰嶓郭璞音波山海經曰嶓冢之山漢水出焉而東南流注于沔漢中記曰嶓冢以東水皆東流嶓冢以西水皆西流又注西在隴西之西諸本脫之字八充山一作兌山見裴駰史記注北宋本作人充山誤馬與龍曰隗囂奔此見囂傳姜敘屯西縣之歷城見漾水注又縣人趙壹見文苑傳趙昂見魏志楊阜傳閻溫見溫傳先謙曰三國魏因屬天水郡漾水注今西縣嶓冢山西漢水所導謝云楊阜傳云起兵於鹵城漢晉春秋云司馬懿至鹵城皆西城之訛沈志南天水太守下云魏晉屬天水晉志省一統志晉改置始昌縣而縣廢鄒安邑云故城今秦州西南百二十里

武都郡 武帝置雒陽西千九百六十里集解馬與龍曰太守孔奮廉范虞詡馬融見本傳趙沖見順帝紀蘇則見魏志則傳又郡人李俊王靈見魏志楊阜傳先謙曰三國蜀因諸葛亮平武都陰平二郡還屬益州亮及姜維等多從此出秦川見華陽國志謝云建安二十一年夏侯淵擊武都氐羌於下辨收氐穀十餘萬斛見夏侯淵傳二十二年劉備遣張飛馬超吳蘭等屯下辨二十三年曹洪破吳蘭等見武紀吳云建安二十四年先主取漢中以逼下辨魏武以武都孤遠徙郡小槐里以楊阜爲太守見阜傳太和初年又以韋誕爲太守見韋誕傳時武都尚屬魏故置太守遙領迨蜀建興七年地遂入蜀見後主傳

七城 集解先謙曰三國蜀武都郡領漢舊縣六城上祿省

戶二萬一百二口八萬一千七百二十八

下辨 有赤亭集解惠棟曰洪适云李翕碑題名有下辨道長任詩則志闕一道字案前志本有道字劉煦云辨音步苞反注赤亭虞詡傳到武都郡悉眾萬餘攻赤亭是也先謙曰前漢縣三國蜀因見常志漾水注濁水又東逕武街城南故下辨治也有建威城建興七年諸葛遣陳式攻武都魏郭淮率眾欲攻式亮自出至建威淮退遂平二郡見亮傳姜維請於西安建威等皆立圍守見維傳馬與龍曰建威城今成縣西北晉志因一統志故城今階州成縣西

武都道 華陽國志曰有大池澤集解惠棟曰前志及華陽國志皆作天池北宋本亦作天馬與龍曰水經注有天池大澤即仇池也先謙曰前漢縣三國蜀因見常志漾水注漢水又屈逕瞿堆南絕壁峭峙孤險雲高望之形若覆唾壺高二十餘里羊腸蟠道三十六迴開山圖謂之仇夷上有平田百頃煮土成鹽山上豐水泉漢武帝開以爲武都郡天池大澤在西故以都爲目矣常璩范曄云郡居河池一名仇池池方百頃即指此也左右悉白馬氐矣建安中有天水氐楊騰者爲氐大帥子駒勇健多計徙居仇池魏拜爲百頃氐王紀要仇池山今成縣西北百里仇池城在其上晉志因謝云故城今成縣西八十里見縣志

後漢志二十三上

上祿 集解馬與龍曰上祿長和海見黨錮傳先謙曰前漢縣三國蜀省沈志武都太守下云漢舊縣後省太康三年又立漾水注祁山有嶓冢西七十餘里山上有城極爲嚴固昔諸葛亮攻祁山即斯城也漢水逕其南城南三里有亮故壘漢水又西逕南岈北岈中上下有二城相對古諺云南岈北岈萬有餘家諸葛亮表言祁山去沮縣五百里有民萬戶矚其坻墟信爲殷矣漢水又南入嘉陵道又東南逕瞿堆西又屈逕瞿堆南又西南與龍門水合水出西北龍門谷又東南逕上祿縣故城西諸葛亮傳建興六年亮率軍攻祁山安南天水安定三郡叛魏應亮馬謖爲張郃破于街亭亮拔西縣千餘家還漢中九年亮復出祁山以木牛運糧盡退軍與張郃交戰射殺郃紀要祁山今西和縣北七里晉志無紀要故城今階州成縣西一百二十里

故道 干寶搜神記曰有奴特祠秦置旄頭騎起此集解惠棟曰注奴特史記注及魏文帝列異傳皆作怒特先謙曰前漢縣三國蜀因見常志渭水注扞水北逕武都故道縣之故城西縣有怒特祠扞水又東北歷大散關而入渭水馬與龍云謝氏誤以注之故道城爲漢縣錢坫謂卽今兩當縣

踏晉志因一統志故城今漢中府鳳縣西北馬與龍云據渭水注漢縣當在今鳳縣東北大散關之西南漢高祖從故道襲陳倉郎地道記曰有泉街水集解惠棟曰常璩云泉街水入沮合此**河池**漢也馬與龍曰公孫述使王元拒河池為來歙所破見述傳先謙曰前漢縣三國蜀因見常志漾水注仇鳩水南逕河池縣故城西其水西南流注濁水曹公征張魯自陳倉出散關至河池見武紀諸葛亮出散關圍陳倉見亮傳晉志因一統志故城今秦州徽縣西**沮沔水出東狼谷**集解惠棟曰前志云沮水華陽國志云河池水馬與龍曰劉備遣張飛馬超從沮道趣下辨見魏志楊阜傳先謙曰前漢縣三國蜀因見常志洪云有武興蜀以蔣舒為武興督郎此今略陽縣治見紀要晉志因一統志故城今漢中府略陽縣東一百十里**羌道**集解錢大昕曰當云故屬隴西馬與龍曰羌道令趙昻見魏志楊阜傳注先謙曰前漢縣三國蜀因見一統志表晉志省一統志西固故城今階州境西固所西北按西固所今設州同在階州西北百二十里

金城郡昭帝置雒陽西二千八百里集解馬與龍曰太守庫鈞見竇融傳郝崇見章帝紀侯霸見西羌傳張篤見天文志蘇謙見蘇不韋傳霍諝見本傳陳懿見靈帝紀蘇則見魏志本傳張就見閻溫傳楊欣見鄧艾傳長史上官鴻見西羌傳又郡人成公英閻行見魏志張既傳先謙曰三國魏因漢末分置西平郡謝云建安十九年韓遂為夏侯淵所破走西平見武紀建安中杜畿為西平太守見畿傳河水注謂黃初中立非也黃初中嚴苞為西平太守見魏略吳云郭憲為西平郡功曹見王修傳注韓約使閻行

別領西平郡見張既傳注均在**十城**集解先謙曰三國魏金城郡建安中洪志云郡漢末置是也領漢舊縣七又從置上金城之郡**白土**從晉志西平郡錄長甯縣謝吳並刪今從之**戶三千八百五十八口萬八千九百四十七**

允吾西羌傳有唐谷秦州有牢北山傍有三窟集解惠棟曰應劭音鉛牙先謙曰前漢縣三國魏因晉志省一統志晉初從郡治榆中而縣廢故城今蘭州府皋蘭縣西北**浩亹**有雜都谷馬武破羌處集解先謙曰官本亹作亹是前漢縣三國魏因河水注閤門河又東逕浩亹縣故城南闞駰曰浩讀閤也案孟康云浩亹音閤門晉志因一統志故城今西甯府碾伯縣東接平番縣界與大通近大堡**令居**集解惠棟曰令音零姚氏音連馬與龍曰建武九年復置護羌校尉漢官云以牛邯為護羌校尉都於令居縣見光武紀注元初二年龐參代侯霸為校尉始還居令居通河西道見西羌傳任尚見安帝紀馬賢韓皓馬續趙沖衞瑤張貢第五訪段熲胡閎見西羌傳胡疇見馬融傳田晏見鮮卑傳夏育見蓋勳傳伶徵見靈帝紀傳皇甫規見本傳楊瓚見王允傳令居令葛龔見本傳先謙曰前漢縣三國魏因謝云郭淮傳令居惡虜在石頭山之西淮討破之晉志省一統志故城今涼州府平番縣西北**枝陽**集解先謙曰前漢縣三國魏因晉志省一統志晉初

廢故城今平番縣南接皋蘭縣界**金城**集解先謙曰前漢縣三國魏因河水注闞騶曰河至金城縣謂之金城河隨地異名也河水東南逕金城縣故城北有梁泉注之耆舊傳梁暉字始娥漢大將軍梁冀後冀誅入羌其祖父為羌渠帥暉將移居枹罕為羣羌圍迫無水暉以所執榆鞭豎地以青羊祈山神泉湧出榆木成林謝云有沃干坂姜維軍從金城南至沃干坂見陳泰傳晉志因一統志故城今皋蘭縣西南四十里**榆中**集解惠棟曰水經注昔蒙恬為秦北逐戎人開榆中之地阮嗣宗所謂榆中以南者也崔浩云蒙恬樹榆為塞也先謙曰前漢縣三國魏因晉志因紀要杜佑謂榆中郎故大小榆谷誤也一統志寰宇記謂郎大小榆谷明統志又云在蘭州西二百里皆誤故城今蘭州府金縣西北**臨羌有昆侖山**集解馬與龍曰羌水逕護羌城東故護羌校尉治又東北逕臨羌城西見河水注建初二年護羌校尉傳育徙治臨羌校尉張紆鄧訓聶尚貫友史充吳祉周鮪段禧侯霸見西羌傳杜畿為護羌校尉領西平太守見魏志畿傳西海太守陳永見隗囂傳案地理志金城郡臨羌注西有卑禾羌郎獻王莽地為西海郡者也西部都尉曹鳳見西羌傳案傳云永元十三年拜曹鳳為金城西部都尉屯龍耆注龍耆郎龍支今鄯州縣與龍案唐龍支縣本漢允吾縣地郎今碾伯縣南在青海東三百里漢章懷以當漢之龍耆誤也水經注河水自河曲又東逕西海郡南王莽諷羌獻西海之地置西海郡築五縣焉周海亭燧相望河水又東逕允州而歷大榆小榆谷北注又云湟水出塞外東南流逕龍夷城城在臨羌新縣西三百一十里王莽納西零之獻以為

西海郡治此城湟水又東南逕卑禾羌海北世謂之青海東去西平二百五十里據此漢西海郡本治龍夷城曹鳳言建復西海郡縣規固二榆隔塞羌胡交關之路則所屯在郡舊治龍耆當郎龍夷也又魏志郭淮傳涼州名胡治無戴圍武威家屬西海進軍趣西海戴折回與戰於龍夷之北破走之郎此龍夷也謝鍾英錄龍夷於魏西海郡居延縣下不知魏西海郡漢獻帝所立在居延海側王莽立西海郡在青海境相去千數百里莽立之西海郡漢末已廢故治無戴得以畱家屬淮與戰於龍夷之北郎故西海郡之北謝氏誤以魏西海郡當之而龍夷亦失其故處矣臨羌長傳育見西羌傳先謙曰前漢縣三國魏因改屬西平郡河水注湟水又東逕臨羌縣故城北又東濾溪水注之又東逕臨羌新縣故城南縣在郡西百八十里東晉志屬西平郡董祐誠云漢臨羌縣故城當在今西甯縣西鎮海堡邊外圖爾根察罕河入湟水處謝云魏臨羌疑治新縣當在今和碩特左翼末旗之南界**破羌**集解馬與龍曰破羌長龐清見魏志傳先謙曰前漢縣三國魏因改屬西平郡案洪志不錄破羌縣一統一志破羌晉省為安夷縣地是魏有此縣當屬西平今據補晉志省一統志水經注破羌城在樂都東而章懷云在湟水縣西其說不同蓋二城相去不遠案樂都郎唐之湟水縣然當以鄯注為正**安夷**集解惠棟曰水經注城有東西門去西平亭東七十里闞駰云四十里馬與龍曰建初元年吳棠領護羌校尉居安夷見西羌傳安夷長宋延見天文志先謙曰前漢縣三國魏因改屬西平郡晉志屬西平郡一統志故城今西甯縣東七十里**允街**集解惠棟曰孟康云允音鉛先

謙曰前漢縣三國魏因說三國河水注湟水東逕允街縣故城南湟水又東南逕廣武城西郭淮破羌治無戴於此晉志因一統志故城今涼州府平番縣南

安定郡武帝置雒陽西千七百里集解馬與龍曰太守王向見隗囂傳馮異見本傳王順見王渙傳杜恢見安帝紀郭璜見順帝紀孫儁見皇甫規傳霍儁見霍諝傳毌丘興見魏志武紀董經見管甯傳注蘇則見則傳鄒岐見張既傳孟達見崔林傳注都尉傅燮見本傳長史楊阜又郡人梁寬見阜傳先謙曰三國魏因改隸雍州謝云郭淮傳梁州休屠胡梁元碧等附雍州淮奏請使居安定之高平據此魏安定屬雍州洪氏屬涼州非也**八城**集解先謙曰三國魏安定郡領漢舊縣五改三水置西川復置陰密前漢縣一統志魏復立屬安定三家同謝云魏車騎將軍胡遵封陰密侯見晉書宣帝紀吳表同晉志因一統志故城今涇州靈臺縣西涇陽前漢縣謝云靈帝紀建甯元年秋七月段熲至涇陽晉書王遜傳五等建遜封涇陽男是縣疑桓帝所立至魏末猶存也吳表同晉志省李光洛云故縣今平涼縣西四十里爲八城鶉觚別屬新平郡陰盤省**戶六千九十四口二萬九千六十**

臨涇謝承書曰宣仲爲長史民扳畱政曰宜民見李固傳而志無此改豈承之妄乎集解馬與龍曰縣人李恂王符見本傳先謙曰前漢縣三國魏因洪云侯國謝云楊秋封此見武紀注晉志因一統志故城今涇州鎮原縣南五十里**高平有第一城**高峻所據集解馬與龍曰高平令滿寵見魏志寵傳先謙曰前漢縣三國魏因謝云建安十九年夏侯淵轉擊高平見淵傳郭淮奏請居涼州胡於安定之高平見淮傳案高平洪吳均不錄據寰宇記云縣曹魏廢謝氏據國志補今從之

晉志省一統志故城今平涼府固原州治**朝那**有湫淵方四十里停不流冬夏不增減不生草木郭璞注山海經曰涇水出縣西丹頭山入渭集解齊召南曰案注丹頭山當作开頭各本俱誤惠棟曰依前志及山海經皆作开頭傳寫誤作丹也武都丞呂周十二人題名那作邮馬與龍曰縣人皇甫稜子旗孫規節子嵩孫堅壽嵩從子酈見規傳先謙曰前漢縣三國魏因說三國涇水導源安定朝那縣笄頭山見太平御覽六十三引水經注晉志因一統志故城今平涼府平涼縣西北**烏枝**集解錢大昕曰前志作烏氏師古讀氏爲枝梁統傳亦作烏氏惠棟曰史記漢書作烏氏音枝本傳亦作氏作枝者非也馬與龍曰梁統兄巡弟騰統子松竦恭松子扈竦子棠雍翟雍子商孫蕢不疑見統傳**有瓦亭**牛邯軍處集解先謙曰見隗囂傳**出薄落谷**本傳有龍池山地道記曰烏水出集解惠棟曰出當作山上屬淮南子涇出薄落之山高誘曰一名汧頭山在臨涇西案廣雅曰薄落謂之汧頭笄頭即汧頭也曹憲音牽隗囂傳作雞頭先謙曰官本云出作山前漢縣三國魏因說三國通鑑胡注烏氏城在彈箏峽口謝云涇水逕彈箏峽口晉志因作烏氏一統志故城今平涼縣西南**三水**有左谷盧芳傳芳所居集解惠棟曰盧芳傳注引續漢志曰三水有左右谷馬與龍曰安定屬國都尉張奐治此見河水注蓋思齊見蓋勳傳注又縣人盧芳兄禽弟程見芳傳先謙曰前漢縣三國魏改曰西川見寰宇記河水注高平川逕三水縣西肥水注之水東有山山東有三水縣故城城西南去安定郡三百四十里晉志因曰西川一統志故城今固原州北**陰盤**舊有陰密縣未詳所并杜預曰定安陰密縣古密須國史記曰秦遷白起于陰密山海經曰溫水出崆峒山在臨汾南入河華陽北郭璞曰水常溫集解惠棟曰前志及本傳皆作槃先謙曰注定安官本作安定是前漢縣漢末廢吳云靈帝末徙寄治京兆新豐此城遂廢見寰宇記三國魏因徙屬京兆晉志同一統志故城今邠州長武縣西北**彭陽**集解先謙曰前漢縣三國魏因謝云輿地廣記晉省是魏時有此縣晉志無一統志故城今平涼府鎮原縣東八十里**鶉觚故屬北地**集解惠棟曰周地圖記云鶉觚縣者秦使太子扶蘇及蒙恬築長城見此原高水淺因欲築城遂以觚爵奠祭乃有鶉鳥飛升觚上以爲靈異因以名縣先謙曰前漢縣屬北地作鶉孤三國魏因改屬新平郡謝云晉書傅玄傳五等建玄封鶉觚男即此晉志因還屬安定一統志故城今涇州靈臺縣東北

北地郡秦置雒陽西千一百里集解惠棟曰顧野王輿地志漢末北地但有富平泥陽二縣魏晉亦然馬與龍曰太守馮異見本傳廖信見周澤傳盛包賈福見西羌傳夏育見靈帝紀王季然見郭太傳皇甫嵩見本傳劉瓌見鄭玄傳曹鳳見河水注又郡人傅育子毅見西羌傳諸葛亮在祁山遣使連結鮮卑軻比能至故北地石城與相首尾見魏志牽招傳石城今皋蘭縣西北見河水注及一統志先謙曰漢末郡寄寓馮翊舊郡廢三國魏同永和六年徙安定居扶風北地居馮翊見順帝紀北地郡漢末失土寄寓馮翊置富平縣見宋書傅弘之傳魏文帝分馮翊之祋祤置北地郡見地形志是北地郡自永和六年以後不復歸舊土也**六城**集解先謙曰漢末北地郡富平泥陽二縣徙置馮翊三國魏同別見馮翊郡下舊城並廢**戶三千一百二十**

二口萬八千六百三十七

富平集解馬與龍曰南單于諸部韓氏骨都侯屯此北地見南匈奴傳先謙曰前漢縣河水注河水又北逕富平縣故城西河水又北薄骨律鎮城在河渚上是也後漢徙置永和後又徙治馮翊三國魏因晉志因一統志漢置富平縣故城今甯夏府靈州界後漢徙治於此今慶陽府安化縣境爲北地郡治永初五年以西羌亂詔徙郡池陽永建四年歸舊縣永和六年復徙治馮翊縣遂廢故城今慶陽府安化縣西南**泥陽有五柞亭**地道記曰泥水出郁郅北蠻中集解馬與龍曰縣人傅睿子巽充孫嘏曾孫祇見魏志嘏傳先謙曰前漢縣永和後廢徙置三國魏因晉志因一統志後漢末寄治馮翊此城遂廢故城今甯州東南**弋居有鐵**集解先謙曰前漢縣漢末廢三國魏因晉志無李兆洛云今地闕當在慶陽府境**廉**前志卑移山在西北集解先謙曰前漢縣漢末廢三國魏同水經注河水又東北逕廉縣故城東晉志無一統志故城今甯夏府甯夏縣北**參巒故屬安定**有青山謝沈書屬國降羌胡數千人居山田畜集解惠棟曰續漢書曰安定屬國人本屬國降胡也居參巒青山中其豪帥號肥頭少卿光武本紀建武二十一年夏四月安定屬國胡叛屯聚青山是也先謙曰前漢縣屬安定漢末廢三國魏同河水注河側有兩山相對水出其間即上河峽也世謂之爲青山峽光武紀注青山在北地參巒界晉志無一統志故城今慶陽府安化縣西北**靈州**集解馬與龍曰縣人傅燮子幹見燮傳先謙曰前漢縣漢末廢三國魏同元初三年鄧遵大破先零羌於靈州見安帝紀晉志無一統志故城今甯夏府靈州境

武威郡故匈奴休屠王地武帝置雒陽西三千五百里〔集解〕馬與龍曰太守馬期梁統見竇融傳任延鄭衆廉范李恂見本傳馮豹見馮衍傳孟雲見袁安傳趙沖見應劭傳任嘉見楊倫傳黃雋見蓋勳傳張奐張猛見奐傳傅育見天文志毋丘興見魏志毋丘儉傳長史田紺見任延傳魏涼州刺史案治武威見輿地廣記及通鑑胡注謝鍾英據張既傳治左城在酒泉界然既權一時之宜今姑從胡注鄒岐張既見魏志既傳溫恢孟建見恢傳王琰見常林傳注徐邈見劉放傳蜀魏延姜維並遙領涼州見本傳先謙曰三國魏因

十四城〔集解〕先謙曰三國魏武威郡領漢舊縣九城張掖休屠鸞鳥媼圍左騎千人官省

戶萬四十三口三萬四千二百二十六

姑臧地道記曰南山谷水所出〔集解〕惠棟曰西河舊事曰昔匈奴蓋藏城也後人音訛名姑臧案此則臧音藏也馬與龍曰姑臧長孔奮見本傳又縣人段熲段煨見董卓傳賈詡子穆訪孫模曾孫肩龍疋見魏志詡傳先謙曰前漢縣三國魏因水經注姑臧城武威郡及涼州治也本匈奴所築晉志因故城今涼州府武威縣治

張掖〔集解〕先謙曰前漢縣三國魏省[illegible]晉志無一統志故城今武威縣南

武威〔集解〕惠棟曰酈元云在姑臧城北三百里〔集解〕先謙曰前漢縣三國魏因謝云正始九年涼州名胡治無戴圍武威見郭淮傳晉志省一統志故城今鎮番縣北西套厄魯特旗界

休屠〔集解〕先謙曰前漢縣三國魏省[illegible]河水注武始澤東北流逕馬城東城即休屠縣之故城也晉志無一統志故城今武威縣北六十里

揟次〔集解〕先謙曰前漢縣三國魏因見輿地廣記謝云張既由且次出武威賊以爲神見既傳且次即揟次吳表同晉志因作揖次一統志故城今古浪縣北西套厄魯特旗界

鸞鳥〔集解〕先謙曰前漢縣三國魏省[illegible]永康元年段熲追擊當煎羌於鸞鳥大破之西羌悉平見桓帝紀晉志無一統志故城今武威縣南

樸劚〔集解〕惠棟曰孟康音蒲環先謙曰前漢縣三國魏因見一統志表晉志省一統志故城今古浪縣東

媼圍〔集解〕惠棟曰媼孟康音烏老反玉篇音烏骨切先謙曰前漢縣三國魏省[illegible]晉志無一統志故城今蘭州府皋蘭縣東北

宣威〔集解〕先謙曰前漢縣三國魏因[illegible]晉志因一統志故城今涼州府鎮番縣南

倉松地道記曰南山松陝水所出〔集解〕先謙曰官本倉作蒼前漢縣作蒼松三國魏因見輿地廣記晉志因一統志故城今古浪縣西

鸇陰故屬安定〔集解〕馬與龍曰張既討涼州賊賊拒軍於鸇陰口既揚聲出鸇陰潛由且次至武威先謙曰前漢作鶉陰三國魏因地形志晉罷謝云有鶉陰口通鑑胡注鸇陰河口也汪士鐸云即水經注二十八渡水晉志省一統志故城今蘭州府靖遠縣西北[illegible]

祖厲故屬安定〔集解〕惠棟曰前書武紀及志皆作祖厲李斐云音嗟賴案司農大人碑其字作祖今誤祖馬與龍曰祖厲長劉雋又縣人張濟張繡見魏志繡傳先謙曰前漢縣作祖厲三國魏因水經注河水東北流逕祖厲縣故城西北又東北有祖厲川水注之寰宇記祖厲城一名馬城晉志省亦見輿地廣記一統志故城今靖遠縣西南

顯美故屬張掖〔集解〕馬與龍曰張既傳遂前軍顯美先謙曰前漢縣屬張掖三國魏因見通鑑胡注謝云魏書黃初二年文帝聞胡洪水灌顯美即此晉志因一統志故城今涼州府永昌縣東

左騎千人官〔集解〕錢大昕曰此蓋別居一城并姑臧等十三縣數之爲十四也至張掖屬國則領五城以左騎千人各一城與此互異先謙曰前漢無三國魏省三家同晉志無李兆洛云今地闕

張掖郡故匈奴昆邪王地武帝置雒陽西四千二百里獻帝分置西郡〔集解〕馬與龍曰永初四年護羌校尉侯霸移居張掖見西羌傳太守任仲史苞叙鵰見竇融傳鄧訓第五訪李恂見本傳鄧鴻見南匈奴傳馬續見西羌傳杜通見魏志毋丘儉傳注先謙曰三國魏因西郡同

八城〔集解〕先謙曰三國魏張掖郡領漢舊縣七城西郡領漢舊縣一城

戶六千五百五十二口二萬六千四十

觻得〔集解〕惠棟曰觻孟康音鹿得一作祿見廣韻先謙曰前漢縣三國魏因初爲匈奴右地漢武帝置張掖郡以斷匈奴之右臂見地理志晉志因改曰永平一統志故城今甘州府張掖縣城西北

昭武〔集解〕先謙曰前漢縣三國魏因謝云魏書西域傳康居王舊居祁連山北昭武城即此晉志改曰臨澤一統志故城今張掖縣西北

刪丹〔集解〕惠棟曰杜佑云有焉支山**弱水出**〔集解〕惠棟曰淮南子弱水出窮石高誘曰在張掖北塞水也先謙曰前漢縣三國魏因括地志蘭門山一名窮石在刪丹縣西南七十里謝云青龍三年張掖刪丹縣金山玄川溢見明紀注吳表同晉志改屬西郡一統志故城今山丹縣治

氐池〔集解〕先謙曰前漢縣三國魏因謝云明紀注引漢晉春秋氐池縣大柳谷口激波湧溢吳云崔遊魏末爲氐池長見晉書遊傳晉志無一統志晉初省故城今山丹縣西南

屋蘭〔集解〕先謙曰前漢縣三國魏因[illegible]晉志因一統志故城今山丹縣西北

日勒〔集解〕惠棟曰日前志作日先謙曰前漢縣漢末置西郡三國魏因之見一統志吳云輿地廣記西郡後漢分張掖日勒置晉志屬西郡一統志故城今山丹縣東南

驪靬〔集解〕惠棟曰說文靬從革千聲李奇音虔說文又云麗軒屬武威誤也先謙曰前漢縣三國魏因洪志從晉志屬武威非也謝云毋丘儉傳注引魏名臣奏張既表張掖番和驪靬二縣吏民是二縣魏屬張掖吳表同晉志改屬武威郡一統志故城今涼州府永昌縣南

番和〔集解〕惠棟曰番如潘音盤先謙曰前漢縣三國魏因晉志曰番禾改屬武威郡一統志故城今永昌縣西

酒泉郡武帝置雒陽西四千七百里〔集解〕馬與龍曰太守梁統竺曾辛肜見竇融傳祭肜傳段彭見章帝紀耿秉見耿恭傳翟酺見本傳周鮪見西羌傳黃衍見傅燮傳戴宏見傳劉班徐揖見龐淯傳王惠陽見裴潛傳注蘇則見則傳都尉許楊見本傳梁鵠見梁統傳又郡人黃華見魏文帝紀楊阿若見閻溫傳注先謙曰三國魏酒泉郡領漢舊縣九城

戶萬二千七百六

福祿〔集解〕錢大昕曰前志作祿福魏志龐淯傳及皇甫謐列女傳載龐娥事云祿福趙君安之女又云祿福長尹嘉晉全碑亦云拜酒泉祿福長則知作福祿者誤也惠棟曰晉志亦作祿福誤馬與龍曰范書列女傳云祿福長尹嘉先謙曰前漢縣作祿福三國魏因咸熙元年安彌福祿各言嘉禾生見少帝紀謝云有左城今肅州南晉志因一統志故城今肅州治

表氏〔集解〕錢大昕曰前志作表是是氏古通用也靈帝紀光和

三年表是地震湧水出馬與龍曰縣人龐淯子曾見魏志淯傳先謙曰前漢縣三國魏因晉志因一統志故城今肅州高臺縣西

樂涫（集解）惠棟曰說文涫濇也從水官聲先謙曰前漢縣三國魏因謝云晉書隱逸傳正始中范粲以武威太守左遷樂涫令晉志因一統志故城今高臺縣西北

玉門（集解）先謙曰前漢縣三國魏因（三家說同）晉志因一統志故城今安西州玉門縣東

會水（集解）先謙曰前漢縣三國魏因（三家說同）謝云闞駰言衆羌水之所會故曰會水鍾英案今壩陽水紅水河桃東河紅山河觀音山河諸水皆會於是晉志因一統志故城今肅州高臺縣西北一百二十里鎮夷城西北

沙頭（集解）錢大昕曰前志作池頭魏志閻溫傳攻酒泉沙頭乾齊二縣惠棟曰晉志仍作沙先謙曰前漢縣作池頭三國魏因（三家說同）晉志因李兆洛云故城今安西州玉門縣北少西一百十里蘇賴河之南

安彌故曰綏彌（集解）先謙曰前漢縣作緌彌緌乃綏之誤三國魏因（三家說同）晉志因一統志故城今肅州東

乾齊（集解）先謙曰前漢縣三國魏因謝云據闞溫傳乾齊屬酒泉洪志從晉志屬敦煌非也晉志改屬敦煌郡一統志故縣今玉門縣西南

延壽博物記曰縣南有山石出泉水大如筥箋汪池爲溝其水有肥如煮肉泊羕羕永永如不凝膏然之極明不可食縣人謂之石漆（集解）先謙曰本箋作羕是前漢無三國魏因（三家說同）晉志因一統志元和志石脂水在玉門縣東南八十里延壽故縣當在其地

敦煌郡武帝置雒陽西五千里耆舊記曰國當乾位地列艮墟水有縣泉之神山有鳴沙之異川無蛇虺澤無兕虎華戎所支一都會也（集解）惠棟曰敦應劭音屯馬與龍曰太守辛彤見竇融傳張朗見順帝紀曹宗見班勇傳裴遵張璫徐由見西域傳司馬達宋亮見車師後王傳趙咨見本傳馬艾見魏志閻溫傳尹奉倉慈王遷趙基皇甫隆見慈傳又郡人曹嵩見張咨傳侯瑾見本傳張恭子就見閻溫傳周生烈見王肅傳索靖見劉廙傳先謙曰三國魏因

六城（集解）先謙曰三國魏敦煌郡領漢舊縣六分置宜禾（[illegible]）爲七城洪志錄拼泉復錄淵泉誤復出吳表有陽關案元和志後魏嘗置陽關縣吳說誤今不從

戶七百四十八口二萬九千一百七十

敦煌古瓜州出美瓜（集解）惠棟曰春秋傳有陸渾之戎先謙曰前漢縣三國魏因晉志因一統志故城今安西州敦煌縣治

冥安（集解）先謙曰前漢縣三國魏因見一統志表（三家說同）晉志因（[illegible]）汪士鐸云故縣今敦煌縣北

效穀（集解）先謙曰前漢縣三國魏因見一統志表（三家說同）晉志因一統志故縣今安西州治西

拼泉（集解）馬與龍曰縣人張惽張奐子猛芝昶見奐傳（[illegible]）先謙曰前書作淵泉三國魏因見一統志表（三家說同）闞駰云地多泉水故名晉志因作深泉一統志故城今安西州柳溝衛東李兆洛云州東一百二十里

廣至（集解）先謙曰前漢縣三國魏因見一統志表（三家說同）晉志因謝云元和志常樂縣東至沙州一百十五里本漢廣至縣地鍾英按乾隆二十五年改沙州衛爲敦煌縣廣至常在今敦煌縣西

龍勒（集解）惠棟曰杜佑云縣有蒲昌海一名鹽澤廣袤三百里

有玉門關（集解）先謙曰前漢縣三國魏因見一統志表（三家說同）班超傳

但願生入玉門關前書西域傳孝武擊破匈奴右地始置酒泉武威張掖敦煌四郡據兩關焉又西域三十六國東接漢扼以玉門陽關元和志壽昌縣東至沙州一百五十里本漢龍勒縣因山爲名玉門故關在龍勒縣西北一百十二里謂之北道西趨車師前庭及疏勒此西域之門戶也陽關在壽昌縣西六里以居玉門關之南故曰陽關謂之南道西趨鄯善莎車晉志因一統志故城今敦煌縣西謝云今敦煌縣西一百五十里

張掖屬國武帝置屬國都尉以主蠻夷降者安帝時別領五城（集解）齊召南曰注別領五城按下有候官左騎千人司馬官千人皆官名非城名也前志張掖領十城後志領入城其居延別爲居延屬國顯美改屬武威郡未知張掖屬國所領之五城爲何名也何焯曰案止四城未詳錢大昕曰張掖屬國別領五城以志考之惟有候官左騎千人司馬官千人官而不領縣以左騎千人各一城又別有千人官一城與候官司馬官爲五城與武威郡之左騎千人官爲一城者互異先謙曰三國魏省（三家同）

戶四千六百五十六口萬六千九百五十二

候官（集解）惠棟曰前志云敦煌縣中部都尉治步廣候官馬與龍曰張掖屬國都尉竇融見本傳馮宗見馮勤傳張鮪見張興傳馬毅見馬稜傳注長史劉鈞見竇融傳先謙曰候官城今地闕李兆洛云當在今甘肅境

左騎（集解）先謙曰今地闕李兆洛云當在今甘肅境

千人司馬官

千人官（集解）先謙曰官本千人官三字連上

張掖居延屬國故郡都尉安帝別領一郡（集解）官本考證曰郡字何焯校本改作城馬與龍曰居延尉貫友見西羌傳范邠見劉般傳西海太守龐淯見魏志淯傳張睦見毋邱儉傳注先謙曰漢末置西海郡三國魏因領漢舊縣一城

戶一千五百六十口四千七百三十三

居延有居延澤古流沙獻帝建安末立爲西海郡（集解）洪亮吉曰案晉書地理志獻帝興平二年武威太守張雅請置與此不同或興平中請置建安末始立耳錢大昕曰案獻帝起居注建安十八年復禹貢九州雍州部已有西海郡是立郡不在建安末也惠棟曰郭義恭廣志云流沙在玉門關外有居延澤居延城高誘呂覽注曰流沙在敦煌西八百里太康地記曰流沙形如月初生五六日先謙曰前漢縣屬張掖三國魏因屬西海郡晉志因元和志居延海在張掖縣西北一千七百里紀要居延故城在甘肅鎮西北一千二百里居延海在故城東北李兆洛云今甘州府張掖縣東北一千五百里馬與龍云今蒙古額濟納舊土爾扈特旗境

右涼州刺史部郡十二縣道候官九十八袁山松書曰興平元年分安定鶉觚右扶風之漆置新平郡（集解）先謙曰涼州刺史部三國魏爲雍涼二州雍州得漢舊郡隴西安定漢陽曰天水漢末分漢陽置南安魏分天水置廣魏入司隸部之京兆（魏雍州治京兆長安）馮翊扶風北地（[illegible]）漢末分置新平（[illegible]）十縣七十（[illegible]）涼州得漢舊郡金城武威（[illegible]）張掖酒泉敦煌漢末改

張掖居延屬國置西海分金城置西平分張掖置西郡爲郡八縣四十六得漢舊縣二十二從置縣一分置縣一二省縣十廢縣十六蜀省武都郡縣一北地廢張掖屬國省蜀割漢舊郡武都之下辨故道河池武都沮羌道六縣別隸益州

虛受堂　四十一

續漢志集解第二十三上校補

郡國志五上案郡國志五原本不分上下茲因加入集解過繁重析爲兩篇僅注上下字於旁明與原分者有別

涼州案惠氏於各州州名輒引舊說補釋其義間有未備或原書寫脫今代補之涼州古雍州漢改名釋名西方所在寒涼也

幽州案春秋元命包云幽之爲言窈也言風出入窈冥敏勁易曉故其氣躁急李巡注爾雅曰燕其氣深要厥性剽疾故曰幽幽要也釋名在北幽昧之地也

交州案漢初置交阯朔方二郡其後朔方爲并州交阯亦爲交州然順帝永和九年雖拜交阯太守周敞爲刺史其時交阯實尚未改州也續志本據順帝版籍而此有交州之稱蓋據設刺史追書之餘已詳後集解

漢中郡春秋時曰錫穴穴原譌冗注同已正官本不誤

襃中集解錢大昕曰至皆誤也沈銘彝曰水經注智水川有唐公祠唐君字公房城固人也學道得仙今城固縣有八分書碑尚存數百字可辨內有相傳以爲王莽居攝二年君爲郡吏云云則知公房固在西漢東漢之間其題額篆字則直以爲仙人耳今案公房避亂隱遯跡同梅福益本高士故後人祠之

巴郡臨江注華陽國志曰官本注無曰字

涪陵錢大昭曰有黃石灘即岑彭破侯丹處集解馬與龍曰至涪陵太守龐宏見龐統傳錢大昭曰隸續有漢故涪陵太守龐宏神道案宏異名存考出丹集解惠棟曰華陽國志曰縣人多戇勇柳從辰曰今志無多字齊召南曰至析誤作折柳從辰曰今志亦作析與齊說合案五行志三注引宏農都尉治析各本亦皆譌折說已見前

漢昌永元中置注分宕渠之北而置之官本注末之作也

蜀郡汶江道注多氺氺原譌水已正官本注不誤柳從辰曰氺俗字當作冰

犍爲郡有魚涪津注昔唐蒙所造段玉裁曰唐蒙所造之道在僰道不在南安水經注江水篇漢武感相如之言使縣令南通僰道費功無成唐蒙南入斬之乃鑿石開閣以通南中迄于建甯二千餘里山道廣丈餘深三四丈其鑿之迹猶存是也注誤

僰道注李冰燒之冰原亦譌水已正官本注不誤集解惠棟曰至今華陽國志作兵欄也柳從辰曰今志作蘭不如惠說

牂柯郡毋斂毋原譌母官本同據前志改今案毋本同無毋斂單蓋皆因無水得名莽改有斂亦對無言之也

談藁官本藁作槀

毋單毋原譌母亦據前志正官本不誤

越巂郡邛都注河有嗙巂山官本注巂誤雋

會無出鐵注河中有銅船柳從辰曰華陽國志廖寅本船作胎蓋據水經注作胎銅校改惟交州記越人鑄銅爲船在江潮退時見此銅船似不誤故惠氏正誤亦不及船字也今案就下文可取言似又不當作船

定莋注漢末夷等皆錮之錮官本注作餇柳從辰曰今華陽國志亦作錮謂封禁之也作餇非

益州郡裝山出銅注華陽國志曰官本注無曰字

監町山出銀鉛集解惠棟曰監音呼鶪反北宋本作哃柳從辰曰字書無哃字疑誤

毋掇毋原譌母據前志正官本不誤

蜀郡屬國有蒙山注有沬水從西來官本注西作邛柳從辰曰華陽國志來作崍

隴西郡渭水出集解東南入河柳從辰曰汲古閣四刻說文本作東入河段玉裁本作東南入河辰案江漢在渭東南河在渭東故禹貢皆曰又東水經注亦云東入于河似衍南字

白石故屬金城集解先謙曰閣本全脫此縣並注今補官本不脫謹案錢大昭云閩本南監本均有此縣又惠氏補注不言脫則北宋本亦有也毛氏蓋因上枹罕注亦係故屬金城失審寫脫惟以脫此一縣不足十一城乃於河關故屬金城下空格隔斷以大注積石山當一縣則尤誤矣

漢陽郡有朱圄山注前書曰官本注書作志

勇士柳從辰曰西羌東號子麻奴傳龐參兵至勇士東卽此

平襄柳從辰曰西羌東號子麻奴傳任尚及司馬鈞與滇零等戰於平襄卽此

武都郡下辨案本書光武紀下辨作辯古字通

金城郡枝陽官本陽作楊與前志合

安定郡高平有第一城注高峻所據案峻據高平第一見本書寇恂傳柳從辰曰隗囂傳囂擊破馮愔於高平西羌傳任尚兵到高平皆卽指此

武威郡姑臧注地道記曰官本注無曰字

鸞鳥柳從辰曰通鑑胡注鸞鳥音藿雀

酒泉郡延壽注有山石出泉水大如筥篋官本注大誤入集解先謙曰官本篋作簾是謹案篋卽簾之俗體古書相承有此字五音集韻已辨之矣筥篋皆竹製圓器簾又較筥爲大筥以盛飯簾以飯牛皆竹器之能漉水者方言或以筥通簾月令亦以籧代簾皆非說文正義此蓋謂泉出石隙類之也

敦煌郡注華戎所支案支當作交

張掖居延屬國口四千七百三十三官本末三作二

右涼州刺史部郡十二官本郡下多國字

郡國志五第二十三下　後漢書二十三

梁　剡　令劉　昭注補

王先謙集解

上黨郡秦置雒陽北千五百里〔集解〕馬與龍曰太守荀諶趙興見鮑永傳田邑見馮衍傳戴涉見鮑昱傳魏應見本傳虞恭見虞翻傳鄭渾見魏志本傳李休見曹爽傳注佐史鮑永都尉路平見永傳又郡人馮胄見李郃傳王眞郝孟節見方術傳浩周見吳主權傳先謙曰三國魏因漢末董卓之亂移治壺關見地形志分置樂平郡洪云晉志魏武置郡十二其一樂平水經注後魏地形志亦云漢獻帝置惟晉志樂平郡又云太始中立通典因之誤也十三城〔集解〕先謙曰三國魏上黨郡領漢舊縣十一分置轑河元和志後漢末分涅縣置轑河縣一統志後漢末置轑河三國魏因之晉改名轑陽故城今山西省遼州治為十二城樂平郡領漢舊縣二分置樂平管寧傳董昭封樂平侯見昭傳一統志建安中於沾縣置樂平郡又分置樂平縣晉因之故城今樂平縣治為三城洪志引元和志漢分涅縣置轑河又引寰宇記晉改陽阿為轑陽未免矛盾謝吳並謂元和志後漢於涅縣置陽阿晉改為轑陽寰宇記河東圖說皆同謂元和志轑河為一地案清漳水注轑水出轑河縣西北官本作轑陽云近刻譌作轑河今仍從元和志及一統志作轑河案元和志後漢分涅縣置轑河洪志引之一統志用其說謝吳二家所見元和志本或係字譌故徙滋聚訟若寰宇記河東圖謂後漢於涅縣置陽阿說本非是馬與龍曰不獨兩縣地相懸隔且陽阿本前漢縣後漢因之豈待置平陽今從一統志戶二萬六千二百二十二口十二萬七千四百三

長子山海經曰有發鳩之山章水出焉上黨記曰關城都尉所治令狐徵君隱城東山中去郡六十里郎壺關三老令狐茂上書訟戾太子者也茂郎葬其山〔集解〕惠棟曰羅泌云紂太史辛甲國紀年之尚子也案竹書紀年梁惠成王十二年鄭取屯留尚子長丁丈反或如字先謙曰前漢縣三國魏因謝云曹琬封長子公見豐王昂傳晉志因一統志故城今潞安府長子縣城西

屯留〔集解〕惠棟曰春秋傳襄十八年晉人執孫蒯於純留純音屯徒溫反馬與龍曰縣人鮑宣子永升永子昱孫德曾孫昂見永傳

絳水出上黨記曰有鹿谷山濁漳所出有余吾城在縣西北三十里〔集解〕惠棟曰桑欽云絳水逕縣西南東入漳淮南子濁漳出發包高誘云一名鹿苦山案鹿苦疑即鹿谷也馬與龍曰景丹子尚徙封余吾侯見丹傳先謙曰前漢縣三國魏因謝云公國樊安公均子抗徙封此見魏志晉志因一統志故城今屯留縣南十里

銅鞮上黨記曰晉別宮墟關猶有北城去晉宮二十里羊舌所邑左傳成九年晉執鄭伯於此〔集解〕先謙曰前漢縣三國魏因三家說縣晉志因一統志故城今沁州南

沾山海經曰有少山其上有金玉其下有銅郭璞云在沾〔集解〕先謙曰前漢縣後漢末置樂平郡於此三國魏因改屬樂平郡水經清漳水出上黨沾縣西北少山大要谷注後漢分沾縣為樂平郡治沾縣晉志因屬樂平郡一統志故城今平定州樂平縣西南三十里

涅〔集解〕惠棟曰前志云涅氏馬與龍曰涅長馮晏見馮衍傳注

有閼與聚史記曰趙奢破秦兵閼與山海經曰謁戾之山有金玉沁水出焉南流注於河郭璞曰在涅〔集解〕惠棟曰袁山松云閼與今梁榆城是也盧諶征艱賦云訪梁榆之虛險吊閼與之舊平閼音曷又音焉與音余又音預馬與龍曰清漳水注梁榆水又東北逕梁榆城南即閼與故城也其水左合北水又東南入於清漳一統志史記正義言閼與在武安括地志言在銅鞮今考趙奢二日一夜至閼與史稱其神速在武安去邯鄲甚近其不在武安明矣王翦攻韓閼與在秦拔上黨十年之後銅鞮屬上黨閼與非銅鞮明矣隋志梁榆縣開皇十年改名和順閼與故城當在今遼州和順縣治西北先謙曰前漢縣作涅氏案當作涅說詳前志補注三國魏因[illegible]晉志因一統志故城今沁州武鄉縣西五十五里

襄垣上黨記曰邑帶山林茂松生焉〔集解〕先謙曰前漢縣三國魏因晉志因一統志故城今潞安府襄垣縣北

壺關〔集解〕惠棟曰上黨記云馬亭冢在城西五里

有黎亭故黎國文王戡黎即此也上黨記曰東山在城東南晉申生所伐今名無睪〔集解〕官本考證曰平臯本亦作無睪何焯校本改平臯惠棟曰注戡黎尚書大傳作耆鄒誕生史記作黎說文從邑𨛫聲𨛫古文利字罕諸本作無罕郎古臯字先謙曰官本無臯作平澤前漢縣三國魏因洪云有曹公壘魏武破高幹時所築見元和志有界城曹公圍壺關所築見上黨記謝云有壺口關建安十年幷州刺史高幹舉兵守壺口關十一年曹公圍之壺口關案在今長治縣東南十六里壺口山下山川相錯地形如壺晉志因一統志故城今潞安府長治縣治

泫氏〔集解〕馬與龍曰萬脩子普徙封泫氏侯見脩傳又縣人陳龜見本傳

有長平亭史記曰白起破趙上黨記曰白起城在郡南山中百二十里〔集解〕官本考證曰注白城何焯校本削白字惠棟曰北宋本無白字案沁水注引上黨記云長平城在郡之南山中白起後人妄加也先謙曰前漢縣三國魏因謝云晉書李熹傳宣帝辟熹時母病篤乃竊蹤泫氏城而去郎此晉志因一統志故城今澤州府高平縣治

高都前志曰有天井關〔集解〕惠棟曰戰國策曰桀居天井郎天門也博物記曰縣南地名郎垂〔集解〕惠棟曰高誘云韓邑蔡邕云太行山上有天井關在井北遂因名焉馬與龍曰高都長鮑昱見本傳先謙曰前漢縣三國魏因謝云晉書文帝紀以立高貴鄉公定策功封高都侯晉志因一統志沁水注有高都故城是後魏高都非郎漢縣治也漢縣故城今鳳臺縣東北

潞本國左傳哀四年齊伐晉壺口杜預曰潞縣東有壺口關上黨記曰潞濁漳也縣城臨潞晉荀林父伐曲梁在城西十里今名石梁又東北八十里有黎城臨壺口關至建安十一年從洶河口鑿入潞河名泉州渠以通於海〔集解〕先謙曰前漢縣三國魏因案黎國應劭杜預謂在壺關今長治縣界也魏地形志謂在刈陵括地志謂在黎城今黎城縣也不同在長治縣西南黎侯志於壺關潞兩存其說統志云黎國故寰宇記於上黨縣曰本黎侯國郎西伯戡黎之所於今黎城縣曰古黎國引晉荀林父滅潞立黎侯至晉時之黎非商周黎國故地也晉志因一統志故城今潞安府潞城縣東北四十里

猗氏縣出鹽〔集解〕漢書音義洪亮吉曰案猗頓如前地理志作陭與河東所屬者有別惠棟曰前志作陭沁水注作猗說文陭上黨陭氏阪也從邑奇聲先謙曰前漢縣作陭氏三國魏因沁水注沁水又南過陭氏縣東晉志省入襄陵故城今平陽府岳陽縣東南一

百里陽阿侯國集解先謙曰前漢縣三國魏改屬樂平郡案洪志陽阿魏屬樂平而引寰宇記晉改陽阿爲轅陽誤說見前謝吳並刪一統志云陽阿晉罷今據一統志仍從洪志屬樂平晉志省一統志故城今澤州府鳳臺縣西北四十里大陽鎮穀遠上黨記曰有羊頭山沁水所出集解官本考證曰注沁水前書作沁惠棟曰注羊頭山案水經在太原茲氏縣西注沁當作沁酈元云水出羊頭山世麗谷先謙曰前漢縣三國魏因洪云晉省穀遠屬界休見寰宇記晉志省一統志故城今沁州沁源縣城南門外

太原郡秦置集解馬與龍曰光武封兄子章爲王見本紀太守孫福見劉茂傳王球見王允傳法度見南匈奴傳劉瓚見天文志臧旻見魏志臧洪傳注門下掾劉茂見本傳郡吏王允路佛見允傳孟敏客居太原見郭太傳又郡人宋冀見王允傳郭長信韓文布曹子元李子政王宏見郭太傳譚賢見周黨傳王烈見獨行傳郝昭見魏志明紀注令狐邵子華見倉慈傳孫資子宏孫楚見劉放傳先謙曰三國魏因於茲氏縣復置西河郡又於陽曲縣界置新興郡案漢靈帝末黃巾大亂百姓南奔西河郡廢魏黃初中復置西河郡於茲氏縣見汾水注及元和志又魏志建安二十年省雲中定襄五原朔方郡郡置一縣領其民合以爲新興郡闞駰十三州志建安中魏武集荒郡之戶以爲縣聚之九原界以立新興郡謝云十三州志之九原郎漢太原郡之陽曲縣地非五原郡之九原縣洪云漢末於太原陽曲縣地置九原縣郎漢汾陽縣舊地也魏立新興郡於此見寰宇記十六城集解先謙曰三國魏太原郡領漢舊縣十三徙

置陽曲爲十四城西河郡領漢舊縣茲氏界休僑置中陽漢縣名曹魏移置茲氏縣界見元和志[illegible]入西河舊郡之離石爲四城新興郡領僑置之九原[illegible]雲中[illegible]定襄五原朔方郡郡置一縣合爲新興郡是新興祇領四縣洪氏從元和志錄平城馬邑非也今從謝說戶三萬九百二口二十萬一百二十四

晉陽集解馬與龍曰獻帝封張楊爲侯見魏志楊傳又縣人劉茂見獨行傳王柔弟澤見郭太傳澤子昶孫渾深見魏志昶傳本唐國毛詩譜曰堯始都於此後遷河東平陽集解惠棟曰張晏云堯爲唐侯國於中山唐縣則唐是中山縣名旣爲天子乃治於晉陽釋例云晉太鹵太原大夏參墟六名又云唐太原晉陽縣也有龍山晉水所出山海經曰有懸甕之山其上多玉其下多銅其獸多閭麋晉水出焉東南注汾郭璞曰在縣左傳曰遷實沈於大夏賈逵曰陶唐之胤劉累也杜預曰今晉陽縣集解惠棟曰淮南子晉水出龍山高注在晉陽之西北晉水所出東入汾刺史治漢官曰南有梗陽城中行獻子見巫皋集解惠棟曰梗音古杏反先謙曰官本皋作矣馬與龍曰并州刺史郭伋郭丹蘇章周舉段熲趙岐見本傳胡芳見皇甫規傳宋果見郭太傳張懿見靈帝紀祝良見南蠻傳來機見西羌傳鄧盛見王允傳丁原見呂布傳董卓見鄭太傳高幹見仲長統傳趙融見渭水注張陟見魏志崔林傳畢軌見明紀注田豫孫禮陳泰見本傳廖化遙領并州見蜀志化傳從事溫序王允見本傳張揚見臧洪傳張景見魏志梁習傳注先謙曰前漢縣三國魏因洪云侯國謝云張遼封此見遼傳晉志因一統志故城今太原府太原縣治

界休集解馬與龍曰界休令應操又縣人郭太賈淑見太傳有界山有緜上聚左傳曰晉文公以緜上爲介之推田界山推焚死之山故太原俗有寒食集解惠棟曰袁山松郡國志縣有介山有緜上聚有子推廟汾水注有冠爵津

有千畝聚左傳曰晉爲千畝之戰在縣南集解先謙曰前漢縣三國魏因改屬西河郡[illegible]晉志曰介休屬西河郡一統志故城今汾州府介休縣東南

楡次左傳曰謂塗水集解先謙曰官本注無曰字惠棟曰春秋傳昭二十八年封徐吾爲塗水大夫杜預云楡次也前志作涂又左傳云石言於晉魏楡服虔云魏晉邑楡州里名也酈元以爲郎縣之楡次有鑿臺史記曰韓魏殺智伯埋於鑿臺之下集解惠棟曰史記作鑿臺汾水注縣南側水有鑿臺皆作臺也戰國策亦作鑿臺高誘云晉陽下臺名鑿地作渠以灌晉陽城因聚土爲臺而止其上故曰鑿臺也先謙曰前漢縣案漢末於縣界從置廣牧縣屬新興郡說見郡下三國魏因[illegible]晉志因一統志故城今太原府楡次縣西

中都左傳昭二年執陳無宇于中都杜預曰界休縣南中都城是也集解先謙曰前漢縣三國魏因謝云侯國孫資封此見劉放傳晉志因一統志故城今汾州府平遙縣西北

于離集解先謙

曰前漢縣三國魏因[illegible]晉志因李兆洛云今地闕當在汾州府境

茲氏集解先謙曰前漢縣三國魏因改屬西河爲郡治元和志魏黃初三年於漢茲氏縣置西河郡原公水注原公水出茲氏縣西羊頭山東過其縣北注縣故秦置也魏黃初二年分太原復置西河郡縣有西河繆王司馬子政廟碑文云西河舊處山林漢末擾攘百姓失所魏興更開疆宇分割太原四縣以爲邦邑其[illegible]謝云鍾會爲母夫人張氏傳稱太原茲氏人荅據舊言之[illegible]吳云建安中魏武以匈奴左部居此見晉書北狄傳晉志屬西河郡改曰隰城一統志故城今汾州府汾陽縣治

狼孟集解馬與龍曰狼孟長馮衍又縣人令狐略見本傳先謙曰前漢縣三國魏因[illegible]晉志因一統志故城今太原府陽曲縣東北六十里

鄔史記韓信破夏說于鄔徐廣曰音于庶反集解惠棟曰說文從邑烏聲字林音乙祛反郭璞三倉解詁音於庶反闞駰音厭飫之飫又注韓信破夏說于鄔東諸本脫東字又注音于庶反今史記注徐廣音烏古反馬與龍曰鄔長崔林見魏志林傳先謙曰前漢縣三國魏因[illegible]晉志因一統志故城今汾州府介休縣東北三十里鄔城店

盂晉大夫盂丙邑集解惠棟曰前志作盂案劉茂傳亦作盂先謙曰官本注盂邴作盂丙前漢縣三國魏因謝云盂縣後漢至晉不改所屬見寰宇記晉志因一統志故城今太原府陽曲縣西南八十里

平陶集解先謙曰前漢縣三國魏因[illegible]晉志因一統志故城今文水縣西南

京陵春秋時九京禮記曰趙武從先大夫於九京鄭玄曰晉卿大夫之墓地京字之誤當爲九原集解先謙曰前漢縣三國魏因謝云

侯國王基封此見基傳晉志因一統志故城今汾州府平遙縣東南

陽曲 集解惠棟曰晉地道記云黃河千里一曲此當其陽故曰陽曲十道志云後漢末於此置九原縣馬與龍曰新興太守諸葛原見魏志管寧傳縣人郭全子緼孫淮配鎮曾孫統玄孫正見魏志淮傳先謙曰前漢縣後漢末廢於縣界僑置九原定襄二縣置新興郡治九原說見郡下徙置陽曲縣於晉陽汾陽狼孟三縣地見一統志三國魏因汾水注汾水又南逕陽曲城馬與龍云此後漢末徙置之陽曲縣也謝云侯國郭淮封此見淮傳晉志因一統志漢縣故城今忻州定襄縣治漢末徙置故城今太原府陽曲縣東北四十五里

大陵有鐵 史記曰趙肅侯遊大陵出於鹿門卽大陵集解先謙曰前漢縣三國魏因謝云建安十六年太原商曜等以大陵叛遣夏侯淵徐晃攻破之見武紀吳云建安中魏武以匈奴中部居此見晉書北狄傳晉志因一統志故城今文水縣東北二十五里周十餘里

祁 集解惠棟曰呂忱字林音上尸反又巨支反馬與龍曰祁令楊仲續見楊厚傳又縣人溫序子壽見序傳王允子蓋景定孫黑允兄子晨陵案魏志作凌見允傳溫恕子恢見恢傳先謙曰前漢縣三國魏因吳云建安中魏武以匈奴右部居此見晉書北狄傳晉志因一統志故城今祁縣東南五里

慮虒 集解惠棟曰小顏音盧夷先謙曰前漢縣三國魏因地形志晉罷晉志省一統志故城今代州五臺縣東北

陽邑 集解馬與龍曰明帝封馮魴鄉侯見魴傳案本傳陽訛作陽

有箕城 左傳僖三十三年晉敗狄于箕集解先謙曰前漢縣三國魏因[illegible]晉志因一統志故城今太原府太谷縣東南十五里

上郡 秦置集解馬與龍曰太守馬員見馬援傳王旻見皇甫規傳案安帝永初五年先零羌寇河東遂至河內三月詔上郡徙衙順帝永建四年復歸舊土永和五年九月徙上郡居夏陽見本紀永和五年南匈奴左部句龍王吾斯車紐等東引烏桓西收羌戎殺上郡都尉及軍司馬乃徙上郡治夏陽見南匈奴傳先謙曰漢末郡廢建安十八年復禹貢九州雍州見獻帝起居注漢末上郡縣皆廢見地廣記魏武省上郡見晉志及通典

十城 集解先謙曰三國魏縣並省[illegible] **戶五千一百六十九口二萬八千五百九十九**

膚施 集解先謙曰前漢縣漢末廢三國魏無河水注奢延水又逕膚施縣南晉志無一統志故城今綏德州東南五十里

白土 集解惠棟曰史記韓王信與其將白土人曼邱臣王黃等立趙苗裔趙利為王先謙曰前漢縣漢末廢三國魏無河水注圁水出上郡白土縣圁谷東逕其縣南按地志白土故城在鹽池東北三百里晉志無一統志故城在鄂爾多斯左翼中旗南榆林府神木縣北今

漆垣 集解先謙曰前漢縣漢末廢三國魏無晉志無李兆洛云今地闕當在陝西境

奢延 集解先謙曰前漢縣漢末廢三國魏無河水注奢延水出奢延縣西南赤沙阜東北流逕其縣故城南晉志無一統志故城今鄂爾多斯左翼前旗西南之無定河及石窯川

雕陰 集解先謙曰前漢縣漢末廢三國魏無應劭云雕山在西南寰宇記雕山夾土石為鷹雕之所居在縣南二十里晉志無一統志故城今鄜州北

楨林 集解先謙曰前漢縣漢末廢三國魏無晉志無李兆洛云故城今榆林府神木縣東北界

定陽 集解先謙曰前漢縣漢末廢三國魏同晉志無一統志故城今延安府宜川縣西北

高奴 集解先謙曰前漢縣漢末廢三國魏同河水注清水又東逕高奴縣合豐林水地理志謂之洧水也故言高奴縣有洧水肥可爇案然古晉志無一統志故城今膚施縣東

龜茲屬國 集解馬與龍曰永元二年復置上郡屬國都尉見和帝紀[illegible]永壽元年南匈奴寇美稷東羌應之安定屬國張奐進屯長城因據龜茲使南匈奴不得交通見奐傳先謙曰前漢縣漢末廢三國魏同晉志無一統志故城今榆林府榆林縣北

候官 集解先謙曰前漢無漢末廢三國魏無晉志無今地闕李兆洛云當在陝西境

西河郡 武帝置雒陽北千二百里也集解馬與龍曰太守宗育見鄧禹傳宋漢見宋弘傳崔鈞見崔實傳長史馬襄見南匈奴傳又郡人王敏見明帝紀上李然見郭太傳先謙曰建安十八年西河改屬冀州見獻帝起居注漢末郡廢三國魏黃初中復僑置郡於太原茲氏縣界見元和志

十三城 集解先謙曰三國魏僑置郡治太原之茲氏縣以漢舊縣離石仍屬焉餘縣並從廢[illegible] **戶五千六百九十八口二萬八百三十八**

離石 集解惠棟曰河水注司馬彪云呂梁在縣西馬與龍曰永和五年從西河郡居離石見順帝紀先謙曰前漢縣後漢末郡縣俱廢三國魏黃初中復置屬西河郡見元和志寰宇記後漢末縣荒廢為南單于庭左國城案在今永甯州東北二十里見一統志謝云孫資封離石子見資傳晉志因一統志故城今汾州府永甯州治

平定 集解馬與龍曰順帝紀從西河郡居離石注西河本都平定縣至此徙於離石先謙曰前漢縣漢末廢三國魏同晉志無李兆洛云故城今榆林府榆林縣北境

美稷 集解惠棟曰河水注河水又左得湳水口美人因水以氏之沖帝時羌湳狐奴歸化蓋其渠帥也馬與龍曰建武二十六年詔南匈奴單于徙居美稷見本傳使匈奴中郎將[illegible]段郴龐奮耿譚任尚杜崇梁並張奐見南匈奴傳郭丹皇甫規种暠見本傳耿种馬翼見安帝紀鄭戩見南匈奴傳陳龜張耽馬寔見順帝紀張國見天文志趙稠見鮮卑傳王柔見郭太傳燕瑗見楊秉傳臧旻張脩見靈帝紀將兵長史馬嚴見本傳副校尉王郁騎都尉秦彭來苗見南匈奴傳先謙曰前漢縣漢末廢三國魏同河水注湳水出西河郡美稷縣郭伋爲并州牧行部到美稷數百小兒各騎竹馬迎拜復送郭外問使君何日還伋計日告之及還先期一日念小兒即止野亭須期乃往晉志無一統志漢縣故城今鄂爾多斯左翼前旗東南按通典陽城縣有美稷鄉在今山西平定州界[illegible]乃後漢中平中縣所徙置非漢舊縣也

樂街 集解先謙曰前漢縣[illegible]漢末廢三國魏同晉志無今地闕李兆洛云當在山西境

中陽 集解惠棟曰說文溈水出縣北入河馬與龍曰更始封鮑永爲侯見永傳先謙曰前漢縣漢末廢三國魏因晉志因別見太原郡一統志酈元云中陽縣故城東翼汾水不濱於河不知西河郡前漢治富昌後漢治離石所領諸縣皆夾黃河兩岸從無東附汾水者漢末故郡荒廢曹魏移郡東出縣亦隨之元和志謂曹魏移中陽於茲氏界是也漢縣故城今汾州府甯鄉縣西

皋狼 集解先謙曰前漢縣漢末廢三國魏同晉志無一統志故城今永甯州西北

平周 集解先謙曰前漢縣漢末廢三國魏同闕駰十三州

志古平周縣在汾州介休縣南五十里晉志無一統志故城今介休縣西**平陸**〔集解〕先謙曰前漢縣漢末廢三國魏同晉志無今地闕李兆洛云當在今山西境**益蘭**〔集解〕先謙曰前志作益闌前漢縣漢末廢三國魏同晉志無今地闕李兆洛云當在今陝西境**圜陰**〔集解〕惠棟曰司馬貞云前志作圜續漢志及太康地記並作圁漢平定鉦銘云平周金銅鉦重十六斤八兩背文云平定五年受圜陰薛尚功云此鉦先藏平周後歸圜陰復以授平定故再刻銘耳所謂五年者當是景帝以前未有年號時也顏師古云圜字本作圁縣在圁水之陰因以爲名王莽改爲方陰則是當時已誤爲圜字其說出於酈元今案茲器當時所刻乃作圜字然則師古何所依據遂以爲圁乎亦臆說也劉寬碑陰亦作圜續漢志不應作圁司馬所據本非也酈顏之說皆本韋昭三蒼仍作圜也董祐誠曰顏師古云圜字本作圁縣在圁水之陰因水爲名今有銀州銀水即是舊名猶存但字變耳案少室開母石闕所刻圜陽圜陰字皆從睘此漢時已作圜字之證至銀州之水即河水注之奢延水與闇水迴異元和志謂銀州本漢闇陰縣地亦與顏氏同誤先謙曰前漢縣漢末廢三國魏同晉志無一統志故城今榆林府神木縣南董祐誠云今葭州境**藺**〔集解〕先謙曰前漢縣漢末廢三國魏同晉志無一統志故城今汾州府永寧州西**圜陽**〔集解〕先謙曰前漢縣漢末廢三國魏同河水注闇水又東逕闇陰縣北又東逕圜陽縣南東注於河晉志無一統志故城今神木縣東**廣衍**〔集解〕先謙曰前漢縣漢末廢三國魏同晉志無今地闕李兆洛云當在今陝西境

五原郡秦置爲九原武帝更名〔集解〕馬與龍曰建武二十六年詔南匈奴諸部當于骨都侯屯五原見南匈奴傳五原太守隨昱見盧芳傳耿夔陳龜崔寔見本傳王智見蔡邕傳先謙曰建安二十年郡省見魏志三國魏同**十城**〔集解〕先謙曰漢末郡廢沒於匈奴見輿地廣記三國魏同**戶四千六百六十七口二萬二千九百五十七**

九原〔集解〕惠棟曰烏桓傳有高渠谷馬與龍曰縣人呂布見本傳先謙曰前漢縣漢末廢三國魏同河水注河水又東逕九原縣故城南其城南面長河北背連山秦始皇逐匈奴並河以東屬之陰山築亭障爲河上塞徐廣曰陰山在五原北即此山也元和志敬本故城在中受降城北四十里鄭虔云時人以張仁愿河外築三受降城自古未有今敬本城周一萬八百七十二步壕塹深峻亦古之堅守賈耽古今述云以地理求之前代九原郡城也晉志無一統志據水經注故城今烏喇忒旗北按漢九原縣其北即陰山又北爲光祿塞西即北假括地志謂勝州連谷縣本秦九原郡明統志謂在陝西神木縣皆誤**五原**〔集解〕馬與龍曰縣人李興隨昱隨憲見盧芳傳先謙曰前漢縣漢末廢三國魏同河水注九原縣故城西北接對一城蓋五原縣之故城也晉志無據水經注故城今烏喇忒旗九原故城西北**臨沃**〔集解〕先謙曰前漢縣漢末廢三國魏同河水注河水又東流石門水南注之水出石門山地理志曰北出石門障即此山也西北趣光祿城光祿徐自爲所築城東北即懷朔鎮城也一統志城在今烏喇忒旗東北其水自薄東南流逕臨沃城東東南注於河晉志無一統志故城在故九原縣城東**父國**〔集解〕先謙曰官本作文國前志縣作文國漢

末廢三國魏同晉志無今地闕馬與龍曰據河水注五原郡地求之當在今鄂爾多斯旗北接烏喇忒旗南兩界境李兆洛謂在今陝西境者誤**河除**〔集解〕錢大昕曰當作河陰先謙曰官本作陰是前漢縣作河陰漢末廢三國魏同河水注河水又逕河陰故城北晉志無案河水注所列五原郡屬縣惟河陰縣在大河之南董祐誠云故城當在今鄂爾多斯左翼後旗界內**武都**〔集解〕先謙曰前漢縣漢末廢三國魏同晉志無今地闕李兆洛云當在今烏喇忒境**宜梁**〔集解〕先謙曰前漢縣漢末廢三國魏同河水注河水又東逕宜梁縣之故城南闞駰云五原西南六十里今世謂之石崖晉志無案故城在故五原郡九原縣西南六十里**曼柏**〔集解〕惠棟曰漢官儀云永平八年初置度遼將軍屯此曼音萬馬與龍曰度遼將軍吳棠來苗耿秉鄧鴻皇甫棱朱徽麗奮王庬梁僅鄧遵耿夔法度傳眾麗參宋漢耿嗤馬續吳武見南匈奴傳徐淑見徐璆傳种暠陳龜李膺皇甫規張奐橋玄賈琮見本傳鮮于輔見公孫瓚傳校尉來苗閻章張國見南匈奴傳先謙曰前漢縣漢末廢三國魏同晉志無今地闕馬與龍曰據河水注漢五原郡地在漢朔方郡之東雲中郡之西今套北黃河東流處兩岸境也漢置度遼營以防南北二虜交通是曼柏縣去郡不遠故城當在今烏喇忒旗北境章懷注曼柏今勝州銀城縣李兆洛謂在今榆林府府谷縣北鄂爾多斯黃河西岸皆誤**成宜**〔集解〕先謙曰前漢縣漢末廢三國魏同河水注河水又東逕田辟城南地理志云故西部都尉治也又東逕成宜縣故城南案建武二十六年遣中郎將段郴副校尉王郁使南單于其庭去五原西部塞八十里見南匈奴傳晉志無一統志故城在故九原縣城西

西安陽北有陰山徐廣曰陰山在河南陽山在河北史記曰蒙恬築長城臨洮延袤萬里餘度河據陽山〔集解〕馬與龍曰蔡邕徙居安陽即此見邕傳先謙曰前漢縣漢末廢三國魏同河水注河水又東逕西安陽縣故城南晉志無一統志故城在故九原縣城西陰山南

雲中郡秦置〔集解〕馬與龍曰建武二十六年詔南單于諸部呼衍骨都侯屯雲中見南匈奴傳太守喬扈見光武紀廉范見明帝紀成嚴見安帝紀耿夔見本傳欒賀見欒巴傳功曹楊穆見鮮卑傳又郡人張楊見董卓傳邱季智郝禮眞見郭太傳先謙曰建安二十年郡省見魏志三國魏同**十一城**〔集解〕先謙曰漢末郡地荒廢見輿地廣記三國魏同**戶五千三百五十一口二萬六千四百三十**

雲中〔集解〕馬與龍曰魏黃初中牽招破鮮卑軻比能於雲中故郡見招傳先謙曰前漢縣漢末廢三國魏同河水注白渠水又西南逕雲中故城南虞氏記云趙武侯自五原河曲築長城東至陰山又于河西造大城一箱崩不就乃改卜陰山河曲而禱焉晝見羣鵠遊于雲中徘徊經日見大光在其下武侯曰此爲我乎乃即于其處築城今雲中城是也秦立雲中郡王莽更郡曰受降縣曰遠服矣又有芒干水出塞外一統志今名黑河芒干水又西南逕白道南谷口有城在右縈帶長城背山面澤謂之白道城自城北出有高阪謂之白道嶺沿路惟土穴出泉挹之不窮余每讀琴操云飲馬長城窟及其跋涉斯途遠懷古事始知信矣一統志白道嶺歸化城北地理志有陰山道出兵路也[illegible]芒干水又西南逕雲中城北白道

中溪水注之水發源武川北塞中南流逕武川鎮城城在東誌云元故今歸化城西北降城北三百里當又西南流于雲中城北南注芒于水晉志無一統志據水經注漢縣故城在陰山之南黃河自西來折南流之處今歸化城之西托克托城地唐為東受降城遼為東勝州

咸陽 集解先謙曰前漢縣漢末廢三國魏同河水注大河東逕咸陽縣故城南晉志無董祐誠云當在今歸化城薩拉齊廳西境

箕陵 集解惠棟曰何焯云前志有楨陵無箕陵先謙曰前漢無漢末廢三國魏同晉志無李兆洛云故城今歸化城西黃河東岸案李以其地卽前漢楨陵縣地

沙陵 集解先謙曰前漢縣漢末廢三國魏同河水注白渠水又西北逕沙陵縣故城南其水西注沙陵湖晉志無一統志據水經注故城今托克托地近黑水入黃河處

沙南 案烏桓有蘭池城烏桓之圖耿曲處 集解先謙曰前漢縣漢末廢三國魏同河水注河水南入楨陵縣西北緣胡山歷沙南縣東北兩山二縣之間而出北去雲中城一百二十里晉志無董祐誠云據水經注當在今鄂爾多斯左翼前旗界中

北輿 集解先謙曰前漢縣漢末廢三國魏同河水注武泉水又西屈逕北輿縣故城南晉志無一統志故城今歸化城西界

武泉 集解先謙曰前漢縣漢末廢三國魏同河水注武泉水東出武泉縣之故城西南晉志無案據水經注故城當在故北輿縣西

原陽 集解先謙曰前漢縣漢末廢三國魏同河水注芒干水又南逕原陽縣故城西晉志無董祐誠云當在今綏遠城東北黑水河西

定襄故屬定襄 集解先謙曰前漢縣屬定襄漢末廢三國魏同晉志無一統志故城今歸化城東

成樂 集解惠棟曰魏土地記云雲中城東八十里有成樂城今雲中郡治

故屬定襄 集解先謙曰前漢縣屬定襄漢末廢三國魏同河水注白渠水西北逕成樂城北晉志無一統志故城今歸化城南

武進故屬定襄 集解馬與龍曰光武封隨昱弟憲為侯見盧芳傳案水經注作趙慮二字皆形似而訛先謙曰前漢縣屬定襄漢末廢三國魏同河水注白渠水西逕定襄武進縣故城北晉志無一統志故城當在故成樂城東南

定襄郡 高帝置 集解馬與龍曰建武二十六年詔南單于諸部郎氏骨都侯屯定襄見南匈奴傳太守陳翔見本傳竇奉見竇武傳皇甫稜見南匈奴傳又郡人周康子見郭太傳先謙曰建安二十年郡省見魏志三國魏同

五城 集解先謙曰漢末郡縣荒廢見輿地廣記三國魏同

戶三千一百五十三口萬三千五百七十一

善無故屬鴈門 集解先謙曰前漢縣屬雁門漢末廢三國魏同河水注中陵水又西北流逕善無縣故城西晉志無一統志故城今朔平府右玉縣南

桐過 集解先謙曰前漢縣漢末廢三國魏同河水注河水又南過定襄桐過縣西晉志無一統志故城今歸化城西南濱河

武成 集解馬與龍曰光武封任光為侯見光傳先謙曰前漢縣作武城漢末廢三國魏同晉志無李兆洛云故城今朔平府平魯縣西北

駱 集解先謙曰前漢縣漢末廢三國魏同晉志無一統志故縣當在今歸化城界通鑑胡注謂河水注太羅城魏書作太洛城卽漢之駱縣恐非

中陵故屬鴈門 集解馬與龍曰明帝封蘇純中陵鄉侯見蘇章傳靈帝封劉陶中陵鄉侯見陶傳先謙曰前漢縣屬雁門漢末廢三國魏同河水注中陵川水流逕中陵縣故城東北俗謂之北右尖城十三州志云善無縣南七十五里有中陵縣晉志無一統志故縣今朔平府平魯縣北境

鴈門郡 秦置雒陽北千五百里 集解馬與龍曰建武二十六年詔南單于諸部左南將軍屯雁門見南匈奴傳將兵長史鄧鴻見本傳太守郭涼見杜茂傳龐奮見南匈奴傳皇甫節見皇甫嵩傳郭縕見魏志郭淮傳又郡人賈丹霍匡解勝見杜茂傳先謙曰漢末郡荒廢三國魏移郡南度句注見寰宇記治廣武見魏志牽招傳

十四城 集解先謙曰三國魏雁門郡領漢舊縣三城餘縣並廢青龍元年保塞鮮卑步度根叛敕并州刺史畢軌已出軍者慎無越塞過句注比詔書到軌已進軍屯陰館遣將軍蘇尙董弼戰於樓煩敗沒見明紀太和二年牽招傳與畢軌議欲使新興雁門二牙門出屯陘北未及行而卒見招傳通鑑胡注魏自陘嶺以北並棄之故以陘嶺為塞洪志有後人縣一統志後人晉復置謝氏補樓煩劇陽二縣吳表有繁畤崞二縣按魏以句注為塞史有明文各縣在陘北者今並刪

戶三萬一千八百六十二口二十四萬九千

陰館 史記曰漢蘇意軍句注應劭曰山險名也在縣爾雅八陵西隃鴈門是也郭璞曰卽鴈門山山海經曰鴈門山者鴈飛出於其間 集解惠棟曰沈約云前漢作觀後漢作館今案前書亦作館未詳句伏儼音俱包愷音鉤服虔音拘案呂覽九塞之一也先謙曰前漢縣漢末廢三國魏同晉咸甯元年句注碑云蓋北方之險有盧龍飛狐句注為之首天下之阻所以分別內外也漢高祖伐匈奴踰句注困於平城謂此地也李璋河東記句注以山形句轉水勢注流而名亦曰陘嶺自雁門以南謂之陘南以北謂之陘北

漢中平以後陘北之地皆為荒外魏晉中並以句注為塞分別內外實南北巨防案句注在今代州西北二十五里上為太和嶺其後為白草溝見一統志宋白云後漢雁門郡理陰館今句注山北下館城是晉志無一統志故城今代州西北四十里

繁畤 集解先謙曰前漢縣漢末廢三國魏同晉志屬雁門郡一統志晉復置故城今大同府渾源州西

樓煩 集解先謙曰前漢縣漢末廢三國魏同晉志無一統志古樓煩國及漢所置樓煩縣在今雁門關北魏書穆帝紀帝從劉琨求句注陘北之地琨乃徙馬邑陰館樓煩繁畤崞五縣之民於陘南更立城邑地形志雁門郡原平縣有樓煩城括地志在今崞縣東北蓋晉時所徙

武州 武帝誘匈奴入武州塞 集解惠棟曰崔浩云平城直西百里有武州城州一作周魏土地記云平城宮西三十里武周塞先謙曰注武帝上官本有前書二字是前漢縣漢末廢三國魏同河水注太羅水逕武州縣故城南十三州志云武州縣在善無城西南百五十里北俗謂之太羅城水亦稍稱為晉志無一統志故城今朔平府左雲縣南

汪陶 集解惠棟曰前志作淫音汪先謙曰前漢縣三國魏因晉志因一統志晉永嘉後廢故城今大同府山陰縣東

劇陽 集解先謙曰前漢縣漢末廢三國魏同十三州志云在陰館縣東北一百三里謝云晉書魏舒傳舒以文帝相國參軍封劇陽子案漢劇陽縣在陘北非魏雁門郡地舒所封地未詳晉志無一統志故城今應州東北

崞 集解先謙曰前漢縣漢末廢三國魏同晉志復置屬雁門郡一統志晉永嘉五年劉琨以縣地予魏魏改曰崞山孝宗以後陘北之地盡陷崞山徙於今代州西南而故城廢地形志屬繁畤郡者已非舊治矣漢縣故城今

大同府渾源州西 **平城** 前書高帝被圍白登服虔曰去縣七里集解惠棟曰姚察案北疆記桑乾河北有白登山冒頓圍漢高之所今猶有壘壁馬與龍曰永平十六年騎都尉來苗出平城伐北匈奴見明帝紀魏雁門太守牽招救田豫軍到故平城虜潰走見魏志招傳先謙曰前漢縣漢末廢三國魏同晉志復置屬雁門郡一統志晉劉琨封猗盧爲代王都平城按舊志拓拔猗盧所都在今山陰縣北漢縣故城今大同縣東

埒 集解官本考證曰何焯校本改坪先謙曰前漢縣漢末廢三國魏同晉志無今地闕李兆洛云當在今山西境

馬邑 干寶搜神記曰昔秦人築城於武州塞內以備胡城成而崩者數矣有馬馳走其地周旋反覆父老異之因依以築城乃不崩遂名之爲馬邑集解馬與龍曰縣人張遼兒汎遼子虎孫統見遼傳先謙曰前漢縣漢末廢三國魏同晉志復置屬雁門郡一統志永嘉五年劉琨以縣地予魏故城今朔平府朔州城外西北隅古城是

鹵城 故屬代郡 山海經曰泰戲之山無草木多金玉呼沱之水出焉郭璞曰今呼沱河縣武夫山周禮并州其川呼沱魏志曰建安十年鑿渠自呼沱入汾名平虜渠集解惠棟曰本志虖沱河在安平信都又注今呼沱河出縣武夫山諸本脫出字先謙曰前漢縣屬代郡漢末廢三國魏同晉志無一統志故城今代州繁畤縣東一百里其地多鹵故名

廣武 故屬太原有夏屋山 史記曰趙襄子北登夏屋山以銅斗殺代王郭璞曰爾雅山中有歠形如菀祖負共行土俗名之歷集解惠棟曰前志作賈屋呂覽作夏屋賈夏音相近未詳孰是也馬與龍曰光武封郭涼爲侯見任茂傳廣武令董卓見魏志卓傳又縣人周黨王霸見本傳閔貢見杜茂傳先謙曰前漢縣屬太原三國魏移雁門郡治此寰宇記魏文帝移雁門郡南度句注治廣武城洪云有牽招渠謝云廣武并州水鹹苦民皆遠汲招準望地勢鑿原開渠注水城內民賴其利見招傳晉志因之一統志故城今代州西十五里

原平 故屬太原 古史考曰趙衰居原今原平縣集解先謙曰前漢縣屬太原三國魏因晉志因一統志故城今崞縣南

彊陰 集解先謙曰官本作彊是前漢縣漢末廢三國魏同晉志無一統志故城今大同府大同縣北界外太僕寺右翼牧廠地

朔方郡 武帝置 集解馬與龍曰建武二十六年詔南單于諸部右賢王屯朔方見南匈奴傳太守田颯見光武紀賈宗見賈復傳董援見第五種傳王彪見南匈奴傳永和五年九月徙朔方治五原見順帝紀先謙曰建安二十年郡省見魏志三國魏同

六城 集解先謙曰漢末郡沒於戎狄見輿地廣記三國魏同 戶千九百八十七口七千八百四十三

臨戎 集解馬與龍曰臨戎長霍圍見律歷志先謙曰前漢縣漢末廢三國魏同河水注河水北逕臨戎縣故城西河水又北有枝渠東出謂之銅口又北屈而爲南河出焉又北迤西溢于窳渾縣故城東有道自縣西北出雞鹿塞其水積而爲屠申澤河水又屈而東流爲北河東逕高闕南史記趙武靈王既襲胡服自代並陰山下至高闕爲塞山下有長城長城之際連山刺天其山中斷望若闕焉自闕北出荒中闕口有城跨山結局謂之高闕戍自古迄今常置重捍以防塞道河水又東逕陽山南屈逕河目縣在北假中自高闕以東夾山帶河陽山以西皆北假也一統志在今烏喇特旗西北黃河之北北河又南合南河上承西河東逕臨戎縣故城北晉志無一統志據水經注故城在故朔方城西黃河向北流之東岸

三封 集解先謙曰前漢縣漢末廢三國魏同河水注河水東北逕三封縣故城東十三州志云在臨戎縣西百四十里晉志無一統志故城在河套外黃河西岸今鄂爾多斯右翼後旗正西河外

朔方 集解馬與龍曰縣人田颯見盧芳傳先謙曰前漢縣漢末廢三國魏同詩小雅城彼朔方河水注河水又東南逕朔方縣故城東北魏土地記縣有大鹽池在新秦之中[illegible]名薛瓚云秦逐匈奴收河南地徙民以實之謂之新秦也晉志無一統志故城今河套內鄂爾多斯右翼後旗境[illegible]

沃野 集解先謙曰前漢縣漢末廢三國魏同河水注河水又北有枝渠東出謂之銅口東逕沃野縣故城南枝渠東注以溉田所謂智通在我矣河水又北迤西溢于窳渾縣故城東其水積而爲屠申澤[illegible]名晉志無一統志故城今套外黃河北流一曲之西漢朔方郡惟三封沃野窳渾三縣在套外耳

廣牧 集解先謙曰前漢縣漢末廢三國魏同河水注南河上承西河東逕臨戎縣故城北又東逕臨河縣南又東逕廣牧縣故城北逕流二百許里東會于河[illegible]北河水又東南逕朔方縣故城東北晉志無一統志故城在套內故臨戎城東故朔方城西

大城 集解官本考證曰何焯校本城字去土傍馬與龍曰鄧鴻追擊逢侯於大成塞破之見南匈奴傳

故屬西河 集解先謙曰前漢縣作大成屬西河漢末廢三國魏同晉志無一統志故城在今套內鄂爾多斯左翼前旗界

右幷州刺史部郡九縣邑侯國九十八 古今注曰建武十一年十月西河上郡屬

魏志曰建安二十年省雲中定襄五原朔方郡郡置一縣領其民合以爲新興郡集解錢大昕曰魏字誤按光武紀建武十一年省朔方牧并并州此西河上郡必朔方刺史所部至是始屬并州耳班史馮野王爲上郡太守朔方刺史蕭育奏封事薦之是上郡屬朔方之證也注文當有脫漏又因下引魏志而衍一魏字耳惠棟曰十三州志漢末大亂匈奴擾邊自定襄以西盡雲中雁門之間遂空建安中丞相曹公集荒郡之戶以爲縣聚之九原界以立新興郡郡領九原等縣并州先謙曰并州刺史部三國魏得漢舊郡上黨太原分上黨置樂平分太原置新興僑置西河[illegible]爲郡六縣四十[illegible]自朔方五原郡上郡雲中定襄東至陘嶺以北陷於狄

涿郡 高帝置 雒陽東北千八百里 集解馬與龍曰太守張豐見光武紀張況見張禹傳朱英見耿純傳楊震見本傳呂虔見陰溝水注溫恕見魏志溫恢傳黃朗見裴潛傳注王雄見崔林傳王觀綱紀劉放見本傳又郡人王岑見朱浮傳李立見五行志郭特見魏少帝紀注簡雍見蜀志本傳先謙曰三國魏因謝云王觀傳明帝時爲涿郡太守孫禮盧毓劉放並書涿郡人水經注晉太始元年改爲范陽郡是也惟晉志通典云魏改涿爲范陽寰宇記遂謂黃初七年改洪志從之誤矣

七城 集解先謙曰三國魏涿郡領漢舊縣七復置容城[illegible]爲八城洪志有長鄉[illegible]後漢省晉復置爲長鄉見寰宇記是長鄉非無北新城謝云陽鄉魏縣也吳表有北新城[illegible]一統志今從之 戶十萬二千二百一

十八口六十三萬三千七百五十四

涿〔集解〕惠棟曰應劭云縣東五十里有陽鄉亭後分爲縣馬與龍曰涿令滕撫見本傳公孫瓚見魏志瓚傳又縣人盧植見本傳植子毓孫欽挺曾孫藩見魏志毓傳劉備祖雄父弘見蜀先主志張飛子苞紹孫遵見飛傳先謙曰前漢縣三國魏因晉志屬范陽郡一統志故城今順天府涿州治

遒侯國 史記漢武帝至鳴澤服虔曰在縣北界〔集解〕先謙曰前漢縣三國魏因晉志屬范陽國作遒一統志故城今易州淶水縣北

故安〔集解〕馬與龍曰王常屯故安拒盧芳見常傳 **易水出**〔集解〕惠棟曰水經出縣之閻鄉西山 **雹水出**〔案〕本紀永元十五年復置縣鐵官〔集解〕惠棟曰酈元云世祖令耿況擊故安西山賊吳耐蠡符雹上十餘營皆破之即是水也先謙曰前漢縣三國魏因易水注世謂易水爲故安河有毖水南會渾波同注俗謂之爲雹謝云建安九年袁尚敗還中山袁譚攻之尚走故安見武紀晉志屬范陽國一統志故城今易州東南

范陽侯國〔集解〕馬與龍曰縣人酈炎見文苑傳先謙曰前漢縣三國魏因謝云曹矩追封范陽王見魏志矩傳晉志屬范陽郡一統志故城今保定府定興縣南四十里故城鎮

良鄉〔集解〕先謙曰前漢縣三國魏因晉志屬范陽郡一統志故城今順天府房山縣東

北新城〔集解〕錢大昕曰當云故屬中山惠棟曰地理風俗記云縣東二十里有樊輿亭故縣也馬與龍曰北新城長劉梁見本傳又縣人孫程見宦者傳 **有汾水門** 史記曰趙與燕汾門〔集解〕先謙曰官本注汾一作分前漢縣屬中山作北新成三國魏因晉志改屬高陽國一統志故城今保定

府安肅縣西南二十里

方城〔集解〕惠棟曰王肅云有韓侯城 **故屬廣陽** **有臨鄉** 故縣後省惠文王與燕臨樂〔集解〕惠棟曰地理風俗記云縣南十里又縣東十里有蓋昌城故縣也 **有督亭** 劉向別錄曰督亢膏腴之地史記荊軻奉督亢圖入秦〔集解〕惠棟曰孫暢之述畫有督亢地圖言燕太子丹使荊軻齎入秦秦王殺軻圖亦絕滅李彤地理書載上古聖賢冢地記云督亢地在涿郡先謙曰前漢縣屬廣陽三國魏因巨馬水注督亢澤苞方城縣郡國志曰縣有督亢亭按此本注督下奪亢字吳云侯國謝云劉放封此見魏志放傳晉志屬范陽郡一統志故城今順天府固安縣南

廣陽郡 高帝置爲燕國昭帝更名爲郡世祖省幷上谷永平八年復〔集解〕齊召南曰案和帝永元八年復非永平也此注昭帝更名爲郡之下尚缺宣帝復爲國五字益本始元年更爲廣陽國至光武始幷入上谷郡耳洪亮吉曰案秦始皇二十三年滅燕以爲廣陽郡則郡亦秦置也馬與龍曰光武建武二年封叔父良爲廣陽王五年徙封趙見本紀先謙曰三國魏復爲燕國吳云黃初二年曹幹進爵封燕公三年改封河間見幹傳洪云太和六年曹宇徙封燕王見宇傳又曹仁拜廣陽太守見仁傳謝云仁爲太守在建安初時廣陽爲袁紹地仁遙領而已 **五城**〔集解〕先謙曰三國魏燕國領漢舊縣五城洪志從晉志以漁陽郡幷入謝云魏有漁陽郡吳表同說見漁陽郡下 **戶四萬四千五百五十口二十八萬六百**

薊〔集解〕惠棟曰括地志云元英磨室二宮皆燕宮在縣西四里甯臺之下杜佑云燕國都碣石宮魏土地記云縣東十里有高粱水薊說文作鄚讀若薊馬與龍曰獻帝封公孫瓚爲侯見瓚傳又縣人徐邈子武見魏志邈傳 **本燕國刺史治** 漢官曰雒陽東北二千里〔集解〕馬與龍曰幽州刺史朱浮見光武紀苗曾見耿純傳馬煥見安帝紀龐參見耿夔傳張敬見寇榮傳楊熙見羊陟傳郭勳見靈帝紀劉虞段訓見虞傳朱寵見陰溝水注陶謙常林見魏志本傳何楨見管甯傳崔林見本傳護烏桓校尉杜恕毋丘儉見本傳王雄見崔林傳吳志孫韶遙領幽州見韶傳別駕韓珩見袁紹傳從事蓋延見本傳公孫弘見虞延傳鮮于輔見公孫瓚傳鮮于銀程緒公孫紀田疇魏攸尾登見劉虞傳張昭見濡水注吳林見魏志東夷傳先謙曰前漢縣三國魏屬燕國晉志因一統志故城今順天府大興縣西南

廣陽〔集解〕惠棟曰謝承後漢書世祖與銚期出薊至廣陽欲南行即此城也馬與龍曰縣人閻柔弟志見烏桓傳士仁見蜀志楊戲傳注先謙曰前漢縣三國魏屬燕國謝云侯國韓當子綜封此見當傳晉志因一統志故城今良鄉縣東北十里

昌平故屬上谷〔集解〕馬與龍曰魏護鮮卑校尉牽招屯昌平見魏志招傳護烏丸校尉田豫屯昌平見鮮卑傳又縣人寇恂曾孫榮寇張谷崇見恂傳先謙曰前漢縣三國魏屬燕國晉志因一統志故城今昌平州東南

軍都故屬上谷〔集解〕惠棟曰續漢書尚書盧植隱上谷軍都山先謙曰前漢縣三國魏屬燕國晉志因一統志故城今昌平州西

安次故屬勃海〔集解〕馬與龍曰靈帝封王敏爲侯見聖水注先謙曰前漢縣三國魏屬燕國謝云有常道鄉陳留王奐甘露二年封安次縣常道鄉公見少帝紀晉志因一統志故城今東安縣西北四十里

代郡 秦置雒陽東北二千五百里古今注曰建武二十七年七月屬幽州〔集解〕馬與龍曰光武立盧芳爲王代相閔林閔堪見芳傳隨弟屯代郡見蘇竟傳建武二十六年詔南單于諸部粟籍骨都侯屯代郡見南匈奴傳太守趙承見耿弇傳蘇竟杜密見本傳劉興見盧芳傳李超見順帝紀王澤見郭太傳吳祉見西羌傳傳睿見魏志傳裴潛見潛傳郭沖見杜畿傳注又郡人閔林閔堪程緒見劉虞傳韓珩見袁紹傳范升見儒林傳先謙曰三國魏因案魏志任城王彰傳建安二十三年代郡烏丸反彰北征受節度不得過代彰乘勝逐北至于桑乾去代二百餘里諸將皆以爲不可深進違令輕敵鮮卑傳黃初二年軻比能出諸魏人在鮮卑者五百餘家還居代郡明年遣魏人千餘家由居上谷是魏時自代以北棄於鮮卑吳云晉志代郡治代當由魏徙也 **十一城**〔集解〕先謙曰三國魏代郡領漢舊縣代平舒當城三縣餘棄爲荒外之地洪志吳表同謝氏補桑乾靈邱廣昌平四縣餘案桑乾在代郡北曹彰北征至此非能有其地也靈邱在陘北亦非魏地廣昌晉屬代郡見一統志謝誤引昌平屬廣陽謝誤複出皆剟之 **戶二萬一百二十三口十二萬六千一百八十八**

高柳〔集解〕馬與龍曰光武封閔堪爲侯見㶟水注先謙曰前漢縣三國魏廢㶟水注山海經曰雁門之水出于雁門之山在高柳北高柳在代中也其山重巒疊巘霞舉雲高連山隱隱東出遼塞其水東南流逕高柳縣故城北城在平城東南六十七里於代爲西北寰宇記平城直東一百二十里至高柳縣又東一百八十里至代晉志無一統志晉復置故城今大同府陽高縣西北

桑乾〔集解〕先謙曰前

漢縣三國魏廢灅水注魏土地記曰代城北九十里有桑乾城晉志無一統志故城今宣化府蔚州東北

道人 集解先謙曰前漢縣三國魏廢灅水注地理風俗記云初築此城有仙人遊其地因以為城名十三州志曰道人城在高柳東北八十里所未詳也晉志無一統志故城今陽高縣東南

當城 集解惠棟曰應劭云城西北四十里有且如城又西北有延陵鄉皆故縣先謙曰前漢縣三國魏因應劭云當桓都山作城故曰當城晉志因[illegible]一統志故城今宣化府蔚州東

馬城 集解馬與龍曰元初六年鮮卑入馬城塞殺長吏建光元年圍烏桓校尉徐常於馬城見鮮卑傳魏太和二年鮮卑圍田豫於馬城見魏志豫傳城邑字當衍案招傳云招救豫軍到平城時招治廣武而軍由不城知非雁門之馬邑也先謙曰前漢縣三國魏廢灅水注灅水又東左得于延水口水出塞外柔玄鎮西通鑑胡注柔玄[illegible]哈爾旗境柔玄鎮在今察哈爾旗東南境[illegible]一統志紀要謂在大同縣界誤長川城南小山東南流逕且如縣故城南即脩水也又東南逕[illegible]馬城縣故城北十三州志曰馬城在高柳東二百四十里晉志無一統志故城今懷安縣北

班氏 集解先謙曰前漢縣三國魏廢灅水注十三州志云班氏縣在郡西南百里北俗謂之去畱城晉志無一統志故城今大同府大同縣東南

狋氏 集解惠棟曰孟康音權精說文狋讀又如銀先謙曰前漢縣三國魏廢灅水注十三州志云縣在高柳南百三十里俗謂之苦力干城晉志無一統志故城今廣靈縣西北

北平邑 集解錢大昕曰章帝女平邑公主章懷注平邑屬代郡前志無北字**永元八年復** 集解先謙曰前漢縣三國魏廢灅水注十三州志云城在高柳南百八十里北俗謂之䰩寅城晉志無一統志故城今陽高縣西南

東安陽 集解先謙曰前漢縣三國魏廢灅水注地理風俗記五原有西安陽故此加東也晉志無一統志故城今宣化府蔚州西北

平舒 集解馬與龍曰光武封馬成為侯見成傳先謙曰前漢縣三國魏因灅水注魏土地記云代城西九十里有平舒城晉志因一統志故城今大同府廣靈縣西十里

代 干寶搜神記曰代城始築立板幹一旦亡西南四五十板於澤中自立結葦為外門因就營築焉故其城周圓三十五丈為九門故城處呼之以為東城集解洪亮吉曰灅水注謂出自盧植蓋干寶又引植言也惠棟曰應劭云城徙西南去故代五十里故名代曰東城馬與龍曰注周圓三十五丈當誤灅水注云城圓而不方周四十七里又代令張暹見耿弇傳建武中王霸與杜茂治飛狐道自代至平城三百餘里築亭障凡與匈奴烏桓大小數十百戰見霸傳先謙曰前漢縣三國魏因灅水注魏土地記云代城南四十里有飛狐關晉志因一統志故城今宣化府蔚州東二十里

上谷郡 秦置雒陽東北三千二百里集解惠棟曰晉書地道記云郡在谷之頭故以上谷名焉馬與龍曰太守高嘉見高詡傳韋順耿況見耿弇傳王霸郭伋橋玄見本傳龔賜見卓茂傳任興見鄧訓傳公沙孚見公沙穆傳高焉見公孫瓚傳張平仲見灅水注閻志見魏志劉放傳長史景丹見本傳功曹寇恂門下掾閔業見恂傳又郡人鮮于裒見陰興傳先謙曰三國魏因治居庸見水經注

八城 集解先謙曰三國魏上谷郡領漢舊縣五城甯廣甯雊瞀省洪志有廣甯謝氏謂據魏志鮮卑傳護烏丸校尉閻柔治廣甯是魏有廣甯縣又云據一統志補甯縣按鮮卑傳云閻柔因鮮卑眾殺校尉邢舉代之太祖平河北柔帥鮮卑歸附因以為校尉猶持漢使節治廣甯如舊今以牽招田豫傳考之魏文踐阼以後招豫相繼為校尉幷徙屯昌平太和中田豫出塞為鮮卑圍於馬城馬城今懷安縣北廣甯縣並在今宣化縣西北地相偪近馬城為塞外則廣甯非魏所能有知已棄為荒外故校尉太守治俱內徙也一統志表於三國魏不列廣甯縣今從之

戶萬三百五十二口五萬一千二百四

沮陽 集解惠棟曰孟康音俎魏土地記云城東八十里有牧牛山下有九十九泉東北六十里有大翮山小翮山馬與龍曰沮陽令劉茂見本傳先謙曰前漢縣三國魏因[illegible]晉志因一統志故城今宣化府懷來縣南

潘永元十一年復 集解惠棟曰魏土地記云在下洛城西南四十里城西北三里有歷山山上有虞舜廟先謙曰前漢縣三國魏因[illegible]晉志改屬廣甯郡一統志故城今保安州東南

甯 集解惠棟曰前志作寍古書寍與甯通魏土地記云在廣甯西二十里應劭漢官云永平八年初置烏桓校尉屯此何焯定作寍按後漢自作甯故之無據馬與龍曰烏桓傳建武二十五年置烏桓校尉於上谷甯城校尉文穆見寶固傳鄧訓李膺張奐見本傳任尚見和帝紀吳祉徐常見安帝紀耿曄見王元見順帝紀夏育公綦稠見靈帝紀宗員見盧植傳邢舉見本傳先謙曰前漢縣三國魏廢漯水注于延水又逕小甯縣故城南魏土地記云大甯城西二十里有小甯故城地理志甯縣也晉志無一統志故城今宣化縣西北

廣甯 集解惠棟曰前志作廣寍魏土地記云在下洛西北

百三十里馬與龍曰漢末廣陽閻柔因鮮卑眾殺烏丸校尉邢舉代之治廣甯見鮮卑傳及魏志先謙曰前漢縣三國魏廢灅水注于延水逕大甯縣故城南地理志云廣甯也晉志改置廣甯郡一統志故城今宣化縣西北

居庸 集解惠棟曰高誘云居庸在沮陽之東通運都關九塞之一也酈元云居庸關在沮陽城東南六十里先謙曰前漢縣三國魏因[illegible]晉志因一統志故城今延慶州東居庸關今昌平州西北去延慶州五十里

雊瞀 集解惠棟曰孟康音句無先謙曰前漢縣三國魏[illegible]晉志無一統志故城今蔚州東

涿鹿 帝王世紀曰黃帝所都有蚩尤城阪泉地黃帝祠世本云在彭城南張宴曰在上谷于瓚案禮五帝德云黃帝與赤帝戰于阪泉之野不在涿鹿是伐蚩尤之地集解惠棟曰魏土地記云在下洛城東南六十里蚩尤城在城東南六里前書刑法志云黃帝有涿鹿之戰鄭德云在彭城南小顏云彭城者上谷別有彭城非宋之彭城也故當作彭張宴當作晏字子博中山人漢書注有臣瓚或謂之薛瓚或謂之傅瓚劉孝標姚察皆曰于瓚未詳孰是先謙曰官本注宴作晏見前漢縣三國魏因[illegible]晉志改屬廣甯郡一統志故城今保安州南

下落 集解惠棟曰魏土地記云城西九十里有協陽關先謙曰前漢縣三國魏因[illegible]晉志改屬廣甯郡作下洛一統志故城今保安州西

漁陽郡 秦置雒陽東北二千里集解馬與龍曰太守彭宏見彭寵傳陳訢見王霸傳蔡充見耿弇傳田邑見馮衍傳范遷見郭丹傳郭伋張堪李膺王暢見本傳張顯見殤帝紀廉范見南匈奴傳都尉嚴宣郭伋見吳漢傳兵馬掾嚴授主簿甯福功曹徐咸

見劉茂傳又郡人益延王梁見本傳鮮于輔見公孫瓚傳王松見魏志劉放傳容見牽招傳先謙曰三國魏因洪志不錄漁陽郡益從晉志序例漁陽魏武省也謝云今考明帝紀景初二年省漁陽之雍奴縣烏丸傳彌素利加厥機為大人在遼西右北平漁陽塞外晉書張華傳華父平魏漁陽太守清惠亭侯京傳以漁陽益其國是魏有漁陽郡吳云建安十八年省州併郡其時尚有漁陽見獻帝起居注按謝吳說是今從之

九城【集解】先謙曰三國魏漁陽郡領漢舊縣八城狐奴省 戶六萬八千四百五十六口四十三萬五千七百四十

漁陽有鐵【集解】先謙曰前漢縣三國魏因沽河注候卤水東南流逕候卤城北城在居庸縣西北二百里故名云候卤太和中更名禦夷鎮[illegible]沽水又西南逕赤城東[illegible]又西南流出山逕漁陽縣故城西晉志省一統志故城今順天府密雲縣西南三十里

狐奴【集解】馬與龍曰建初三年詔鄧訓將黎陽營兵屯狐奴六年遷護烏桓校尉見訓傳狐奴令王梁見梁傳先謙曰前漢縣三國魏省見明紀晉志復置改屬燕國一統志故城今順義縣東北

潞【集解】馬與龍曰漁陽太守彭寵治潞城見寵傳先謙曰前漢縣作路三國魏因沽水注沽水南逕潞縣為潞河魏土地記云城西三十里有潞河是也洪云有戾陵遏魏嘉平二年征北將軍劉靖立灌田二千頃見鮑邱水注謝云閻柔與公孫瓚將漁陽太守鄒丹戰於潞北大破之即此見瓚傳案戾陵遏今通州東南晉志改屬燕國一統志故城今通州東

雍奴【集解】馬與龍曰光武封寇恂為侯見恂傳又縣人田豫子彭祖見魏志豫傳先謙曰前漢縣三國魏因鮑邱水注泉州渠口故瀆又北逕雍奴縣東西去雍奴故城百二十里入鮑邱河謂之泉州口魏志曹太祖以蹋頓擾邊將征之從泃口鑿渠逕雍奴泉州以通河海者也今無水晉志改屬燕國一統志故城今武清縣東邱家莊東距白河七十里

泉州有鐵【集解】洪亮吉曰前志作有鹽官馬與龍曰縣人陽球見球傳先謙曰前漢縣三國魏因晉志改屬燕國一統志故城今武清縣東南四十里

平谷【集解】馬與龍曰建武元年吳漢等擊尤來大槍五幡於平谷大破滅之見光武紀先謙曰前漢縣三國魏因晉志省一統志故城今平谷縣東北十二里城子莊

安樂【集解】惠棟曰酈元云有丁原山馬與龍曰安樂令吳漢見本傳先謙曰前漢縣漢末廢三國魏復置道見明紀洪云公國謝云劉禪封此見後主傳晉志改屬燕國[illegible]一統志故城今順義縣西南

傂奚【集解】先謙曰前漢縣作虒奚三國魏因晉志無一統志晉志廢故城今密雲縣東北口外獷平城東北

獷平【集解】先謙曰前漢縣三國魏因謝云建安十年三郡烏丸攻漁陽太守鮮于輔於獷平曹公引兵渡潞河救獷平即此見武紀晉志省一統志故城今密雲縣東北在潮河西近古北口地

右北平郡秦置雒陽東北二千三百里【集解】馬與龍曰太守卑躬見梁后紀注劉政見靈帝紀郡吏程普見吳志普傳又郡人郭涼見杜茂傳魏攸見劉虞傳先謙曰三國魏因洪志魏去右字謝云田疇毋邱儉傳中並云右北平洪氏從寰宇記非也

四城【集解】先謙曰三國魏右北平郡領漢舊縣四城三家同 戶九千一百七十口五萬三千四百七十五

土垠【集解】馬與龍曰縣人程普子咨見吳志普傳先謙曰前漢縣三國魏因晉志因一統志故城今遵化州豐潤縣東十里南關城

徐無【集解】惠棟曰開山圖云徐無山出不灰之木生火之石魏土地記在右北平城東一百一十里馬與龍曰田疇入徐無山中營深險平敞地而居見魏志疇傳先謙曰前漢縣三國魏因有盧龍塞道建安十二年曹公北征三郡烏丸軍次無終時夏雨水濱海洿下濘滯不通虜亦遮守蹊要軍不得進田疇言此道秋夏每常有水淺不通車馬深不載舟船為難久矣舊北平郡治在平岡[illegible]以來壞絕垂二百載而尚有微徑可從[illegible]出盧龍塞塹山堙谷[illegible]經白檀歷平岡[illegible]虜乃驚覺[illegible]頓將數萬騎逆戰[illegible]遇虜眾甚盛公登高望虜陣不整縱兵擊之遂大斬獲北至柳城[illegible]一統志故城今遵化州西

俊靡【集解】惠棟曰依說文當作[illegible]

無終【集解】馬與龍曰縣人田疇見劉虞傳先謙曰前漢縣三國魏因濡水注濡水東南逕盧龍塞塞道自無終縣東出渡濡水向林蘭陘東越清陘盧龍

之險峻坂縈折故有九崢之名矣晉志因一統志故城今順天府薊州治

遼西郡秦置雒陽東北三千三百里【集解】馬與龍曰太守邳吉見邳彤傳閔業見寇恂傳趙苞見本傳廉翻見濡水注書佐公孫瓚見本傳先謙曰漢末鮮卑據遼西之土見本傳建安十二年曹公討平之見魏志

五城【集解】先謙曰三國魏遼西郡領漢舊縣五城 戶萬四千一百五十口八萬一千七百一十四

陽樂【集解】馬與龍曰濡水注風俗記云陽樂故燕地遼西郡治秦始皇二十二年置魏土地記云海陽城西南有陽樂城案陽樂縣郡注但兩引風俗記土地記之說而不云故城是酈氏未嘗明言土地記之陽樂城為漢縣也[illegible]公征蹋頓直指柳城趙苞傳苞為遼西太守迎母到郡道經柳城[illegible]

海陽【集解】[illegible]祖弟海陽哀侯見夏侯淵傳晉志因[illegible]

令支【集解】惠棟曰酈元云秦始皇二十二年分燕置[illegible]有孤竹城[illegible]伯夷叔齊本國【集解】惠棟曰爾雅作觚竹四荒之一也[illegible]北伐山戎制令支斬孤竹括地志云孤竹[illegible]

前漢縣三國魏因輿地廣記晉省晉志無一統志晉沒於鮮卑毀氏爲遼西郡治故城今遷安縣西孤竹山在今盧龍縣西孤竹城在其陰

肥如 集解惠棟曰高帝六年封蔡寅爲侯國邑十四世祖也先謙曰前漢縣三國魏因洪云有盧龍城謝云濡水注濡水東南逕盧龍故城東漢建安十二年魏武征蹋頓所築也城在今喜峯口南灤河之西晉志因一統志故城今永平府盧龍縣北

臨渝 山海經曰碣石之山編水出焉其上有玉其下多青碧水經曰在縣南郭璞曰或曰在右北平驪成縣海邊山也集解惠棟曰注編水出焉編一作繩案碣石爲累縣後漢龍屬臨渝文穎云先謙曰官本注多作有前漢縣三國魏因輿地廣記晉省大遼水注渝水西南循山逕一故城世謂之河連城疑即臨渝縣之故城晉志無一統志據酈注故城當在今口外近錦州西界酈注渝水源出白狼白狼水即京口外之老哈河

遼東郡 秦置雒陽東北三千六百里案本紀和帝永元十六年郡復置西部都尉官集解馬與龍曰太守宋京見宋意傳祭肜祭參見肜傳耿夔見和帝紀蔡諷見安帝紀陳禪龐參种暠馮緄度尚見本傳孫諠見楊秉傳侯猛見梁冀傳橋瑁見臧洪傳楊終見靈帝紀公孫度見袁紹傳公孫康見獻帝紀公孫恭公孫淵見魏志公孫度傳傳容見韋招傳都尉龐奮見馮緄傳功曹耿耗兵曹掾龍端兵馬掾公孫酺見東夷傳王烈逢萌寓居遼東見本傳管甯邴原國淵居遼東見魏志本傳又郡人李久見法雄傳李敏見公孫度傳先謙曰三國魏因洪云初平元年公孫度分遼東爲遼西中遼郡魏景初二年公孫淵滅郡復合見公孫度傳十

一城 集解先謙曰三國魏遼東郡領漢舊縣八後復置遼隧[illegible]北豐[illegible]爲十城望平改屬玄菟候城番汗省三家同洪志有樂就力城李兆洛云晉縣也 戶六萬四千一百五十八口八萬一千七百一十四

襄平 集解惠棟曰水經大遼水出塞外白平山東南入塞過縣西馬與龍曰獻帝封公孫康爲侯襄平令公孫昭又縣人徐榮公孫度見魏志度傳先謙曰前漢縣三國魏因洪云有首山有梁水謝云公孫度傳司馬宣王征淵諸軍進至首山在今遼陽州西南十五里小遼水注大梁水西南流至遼陽入小遼水司馬懿斬公孫淵父子於斯水之上案即今遼陽州東南太子河晉志因一統志故城今奉天府遼陽州北

新昌 集解馬與龍曰新昌侯劉佗見任城孝王尚傳先謙曰前漢縣三國魏因晉志因一統志故城今海城縣東

無慮 集解錢大昕曰此下當有有醫無慮山五字馬與龍曰順帝時護烏桓校尉耿曄移屯遼東無慮城見鮮卑傳先謙曰前漢縣三國魏因晉志省見一統志故城今錦州府廣甯縣治

望平 集解先謙曰前漢縣三國魏改屬玄菟郡[illegible]晉志屬玄菟郡一統志據大遼水注漢縣故城在今廣甯縣東北遼河之東一百五十里

候城 集解錢大昕曰玄菟郡有候城云故屬遼東則此候城爲衍文矣先謙曰案錢說是

安市 集解先謙曰前漢縣三國魏因晉志無安市有安平一統志安市縣晉初因之是晉志安平爲安市之訛

故城今奉天府蓋平縣東北七十里

平郭有鐵 集解先謙曰前漢縣三國魏因紀要晉省縣而城存謝云魏文帝封公孫恭爲侯見公孫度傳晉志省一統志故城今蓋平縣南

西安平 魏氏春秋曰縣北有小水南流入海句驪別種因名之小水貊集解何焯曰涿縣有安平故此加西留縣復加東先謙曰前漢縣三國魏因有安平口孫權遣謝宏陸悄封高句麗王宮爲單于悄等到安平口即此縣海口也見吳志謝云正始九年高句驪王宮寇西安平見東夷傳晉志因一統志故城今遼陽州城東謝云故城當在今蓋平縣東南馬與龍云一統志謂即泊汋城據唐書地理志當在鴨綠江北近海處

汶 集解官本考證曰何焯校本滅去氵先謙曰前志作文三國魏因謝云正始元年遼東汶北豐縣民流徙渡海見少帝紀晉志因通鑑胡注故城在平郭西謝云今蓋平縣西

番汗 集解先謙曰前漢縣三國魏省[illegible]晉志無李兆洛云故城今朝鮮京畿道國城西北一統志徐廣云番汗疑即眞番故城今朝鮮京畿道城之西南

沓氏 集解先謙曰前漢縣三國魏因吳云景初三年以遼東東沓縣吏民渡海居齊郡界然魏略作沓不曰東沓亦不曰沓氏疑漢末去氏爲沓魏以齊郡立有新沓故於遼東之沓加東以別之案一統志仍作沓氏通鑑胡注遼東郡有沓氏縣西南臨海渚今從之謝云有沓渚吳孫權嘉禾三年欲攻公孫淵陸瑁諫曰沓渚去淵道里尚遠見吳志案公孫淵居襄平吳師航海遼東登自沓渚在今遼陽故云尚遠晉志省一統志故城今遼陽州界

玄菟郡 武帝置雒陽東北四千里集解馬與龍曰太守宜虎見秉傳注姚光耿臨見安帝紀公孫域見王烈傳注王頎見

魏志毌邱儉傳王贊見吳志孫權傳注郡吏公孫度見袁紹傳公孫延見王烈傳注先謙曰三國魏因謝云吳志元菟郡在遼東北二百里通鑑胡注此非玄菟郡舊治也吳云漢末玄菟郡屢被寇故徙近遼東

六城 集解先謙曰三國魏玄菟郡領漢舊縣三入遼東之望平爲四城西蓋烏上殷台候城省 戶一千五百九十四口四萬三千一百六十三

高句驪 遼山遼水出 山海經曰遼水出白平東郭璞曰出塞外御白平山遼山小遼水所出集解官本考證曰注出塞外御白平山御當作衛[illegible]惠棟曰案今山海經云遼水出衛皋東衛皋山名轉寫既久因析皋爲白平復誤衛爲御桑欽水經一作白平先謙曰前漢縣三國魏因水經大遼水出塞外衛白平山晉志因一統志高句驪本在縣東去遼東千里漢置縣取其名耳故城今興京城北

西蓋烏 集解官本考證曰前書作西蓋馬齊召南曰案本書東沃沮在高句驪蓋馬大山之東知此作烏誤先謙曰前漢縣三國魏省三家同晉志無李兆洛云故城今奉天府蓋平縣治

上殷台 集解先謙曰前漢縣三國魏省[illegible]晉志無今地闕李兆洛云當在今盛京境

高顯故屬遼東 集解馬與龍曰高顯長鄭熙又縣人王簡見魏志少帝紀先謙曰前漢縣三國魏因晉志因今地闕徐養原云疑在今開原縣境

候城故屬遼東 集解齊召南曰按顧炎武救文格論云候城改屬玄菟而遼東復出一候城無慮改屬遼東屬國而遼東復出一無慮必有一焉宜刪者然則天下郡國少二城矣馬與龍曰陳禪傳禪爲玄菟候城校尉是玄菟有候城縣先謙曰前漢縣三國魏省[illegible]

晉志無李兆洛云故城今奉天府承德縣北

遼陽故屬遼東 東觀書安帝卽位之年分三縣來屬〔集解〕先謙曰前漢縣三國魏因晉志省一統志晉廢縣其舊址久湮以漢志及水經注考之故城當在遼陽州西北接承德縣界梁水渾河交會之處

樂浪郡 武帝置雒陽東北五千里〔集解〕馬與龍曰太守劉憲見王景傳王遵見光武紀吳鳳見吳祐傳張岐見劉虞傳涼茂見魏志茂傳劉茂鮮于輔見東夷傳決曹史楊邑郡三老王閎見王景傳先謙曰三國魏因分置帶方郡建安中公孫度分屯有縣以南荒地爲帶方郡遣公孫謨張敞收集遺民是後倭韓專屬帶方見東夷傳洪云景初二年公孫淵滅郡入魏 **十八城** 〔集解〕先謙曰三國魏樂浪郡領漢舊縣九城帶方郡領漢舊縣五城誹邯浿水增地列口省 **戶六萬一千四百九十二口二十五萬七千五十**

朝鮮 〔集解〕惠棟曰山海經云在列陽東海北山南先謙曰前漢縣三國魏因應劭云箕子故都晉志因一統志燕人衞滿都王險卽此故城今朝鮮平安道平壤城

誹邯 〔集解〕惠棟曰說文作詡馬與龍曰縣人王仲王閎子景見景傳先謙曰前漢縣三國魏省晉志省今地闕李兆洛云當在朝鮮境

浿水 〔集解〕惠棟曰水經及前志皆作浿十三州志云在樂浪東北浿音旁沛反先謙曰官本作浿是前漢縣三國魏省晉志省今地闕馬與龍云當在今平壤城東北

貪資 〔集解〕先謙曰官本作含是前漢縣作含資三國魏因改屬帶方郡晉志屬帶方郡作含資一統志故城今朝鮮京畿道城之南境

占蟬 〔集解〕官本考證曰前書作黏蟬先謙曰前漢縣三國魏因晉志省一統志晉省故城今平壤城西南

遂城 〔集解〕官本考證曰前書作遂成惠棟曰晉志秦築長城之所起先謙曰前漢縣三國魏因晉志因一統志故城今平壤城南境

增地 〔集解〕先謙曰前漢縣三國魏省晉志省紀要故城今平壤南境

帶方 〔集解〕馬與龍曰帶方太守劉昕劉夏王頎弓遵校尉梯儁見魏志東夷傳先謙曰前漢縣三國魏因爲帶方郡晉志因一統志故城今平壤南境

駟望 〔集解〕先謙曰前漢縣三國魏因謝云有梁口毋邱儉傳儉進軍沸流水上與高麗王宮大戰梁口按卽沸流水口一統志沸流江今朝鮮江東郡南西合於大同江晉志因汪士鐸云今朝鮮江東郡境

海冥 〔集解〕先謙曰前漢縣三國魏因改屬帶方郡晉志屬帶方郡今地闕李兆洛云當在今朝鮮境

列口 郭璞注山海經曰列水名列水在遼東〔集解〕惠棟曰張晏云朝鮮有濕水列水汕水三水合爲列水疑樂浪朝鮮取名於此方言云朝鮮列水之間蘇林云渡海先得列口縣先謙曰前漢縣三國魏省晉復置屬帶方郡見一統志通鑑胡注列水入海之口也李兆洛云故城今朝鮮京畿道城西南

長岑 〔集解〕馬與龍曰長岑長崔駰見本傳先謙曰前漢縣三國魏因改屬帶方郡晉志屬帶方郡今地闕當在朝鮮境李兆洛云故城今奉天府承德縣東葢據遼志周齊云帶方郡在樂浪南而長岑遠在樂浪之北葢郡屢經移徙靡得其詳矣

屯有 〔集解〕先謙曰前漢縣三國魏因晉志因李兆洛云今朝鮮平壤城南汪士鐸云今朝鮮豐德郡馬與龍云據魏志公孫度分屯有以南荒地爲帶方郡而屯有仍屬樂浪李說葢近之

昭明 〔集解〕先謙曰前漢縣三國魏[illegible]佑云公孫康分臨屯昭明爲[illegible]魏時縣猶存晉志省李兆洛云故城今平壤府南境

鏤方 〔集解〕惠棟曰[illegible]入海一云出[illegible]縣在郡東先謙曰前漢縣三國魏因晉志因汪士鐸云故城今朝鮮平山郡境

提奚 [illegible]郡晉志屬帶方郡今地闕李兆洛云當在朝鮮境

渾彌 〔集解〕先謙曰[illegible]志因汪士鐸[illegible]

樂都 〔集解〕先謙曰前漢無謝云前志吞列郎[illegible]因改屬帶方郡吳云漢志釋地晉改樂[illegible]屬帶方郡案一統志吞列城今朝鮮京畿道[illegible]國城東南謙云南新當在朝鮮國城西南

遼東屬國 故邯鄉西部都尉安帝時以爲屬國都尉別領六城雒陽東北三千二百六十里〔集解〕杭世駿曰案此郡獨無戶口馬與龍曰遼東屬國都尉治昌黎見安[illegible]安帝紀公沙穆段熲長史公孫瓚見本傳先[illegible]五年鮮卑內附置遼東屬國立昌黎縣以居[illegible]孫氏廢遼東屬國魏復置也謝云地形志晉[illegible]魏復漢舊爲遼東屬國晉志通典並云魏置[illegible]案三國魏遼東屬國領漢舊縣二城餘縣並[illegible]

昌遼故天遼屬遼西 何法盛晉書有青城山〔集解〕齊[illegible]無天遼縣顧炎武考古錄疑此[illegible]當作昌黎故交黎是也又考安帝紀鮮卑攻[illegible]縣名屬遼東屬國鮮卑傳作扶黎注文同然[illegible]

夫黎又改昌黎也疑此志當作昌黎故夫黎[illegible]錢大昕曰洪亮吉云水[illegible]遼昌黎縣故城西地理志云交黎遼應劭云[illegible]天遼當作昌黎故交黎也子謂黎也聲相近[illegible]烏氏爲烏枝序奚爲傶奚也惠棟曰案闞駟[illegible]國都尉治昌黎道又黎志遼西郡交黎縣應[illegible]遼當作昌黎天遼當前交黎又黎曰注云昌[illegible]後漢屬遼東屬國都作志胡氏所見本尚未[illegible]遼東屬國都尉馬與尉知案前志遼西郡柳[illegible]東部都尉治若本志龍曰郎交黎則屬國下[illegible]部先謙曰前漢縣屬遼西作交黎漢末公孫[illegible]昌黎見少帝紀謝云有棘城晉書慕容廆傳[illegible]從宣帝討公孫氏拜率義王建國於棘城一[illegible]西北大棘城晉志改屬昌黎郡馬與龍曰據[illegible]遷昌黎城西故城當在今錦州府義[illegible]黎縣今永平府昌黎縣地誤周濟云魏昌黎[illegible]東北三十里

賓徒故屬遼西 〔集解〕先謙曰前漢縣[illegible]晉志因紀要故縣[illegible]今喀喇沁旗東南

徒河故屬遼西 〔集解〕先謙曰前漢[illegible]志無一統志故城[illegible]相傳虞舜時已有此城魏晉時省入昌黎郡界

無慮 〔集解〕惠棟曰顧[illegible]慮縣此不應重[illegible]傳寫誤耳鮮卑傳云鮮卑復攻扶黎營注扶[illegible]城在今營州東南今兩漢志無扶黎縣而遼東不應有兩無慮必

扶黎之誤又鮮卑傳云鮮卑寇遼東屬國烏桓校尉耿曄移屯遼東無慮城拒之明屬國扶黎不作無慮也先謙曰無慮縣已見前遼東郡如惠氏說錢大昭說扶黎縣前漢無三國魏省晉志無無據章懷注扶黎故城在營州東南案在今錦州府西北

有醫無慮山 集解錢大昭曰安帝紀元初二年鮮卑圍無慮縣又攻扶黎營注云無慮屬遼東郡有醫無慮山因以爲名夫犂縣名屬遼東屬國鮮卑傳注亦同惟作扶黎然則章懷所見本遼東屬國有扶黎無無慮也無慮既屬遼東不應重出竊意此無慮當是扶黎之譌因聲相近而誤耳此有醫無慮山五字當移於遼東無慮之下先謙曰醫無慮山周禮醫巫閭幽州鎮也在今錦州府廣甯縣西十里高十餘里周二百四十里見一統志

險瀆 史記曰王險衛滿所都集解惠棟曰徐廣云昌黎有險瀆縣先謙曰前漢縣三國魏省[illegible]案應劭云險瀆朝鮮王滿都臣瓚云王險城在樂浪郡浿水之東此自是險瀆也師古云瓚說是也本志劉注蓋取應說一統志仍用瓚說晉志無一統志此遼東之西境今錦州府廣甯縣東南遼史以集州爲漢險瀆縣非是以後漢書考之當在今廣甯東南濱海之地

房 集解先謙曰前漢縣三國魏省[illegible]晉志無一統志故城今廣甯縣東南遼河之西

右幽州刺史部郡國十一縣邑侯國九十 集解先謙曰三國魏幽州刺史部得漢舊郡國涿郡代郡上谷漁陽右北平遼西遼東玄菟樂浪遼東屬國改廣陽爲燕國分樂浪置帶方爲郡國十一屬國一縣侯國六十八[illegible]

南海郡 武帝置 雒陽南七千一百里 集解洪亮吉曰案南海郡在秦所立四十郡中武帝平閩越復舊郡非始置也[illegible]馬與龍曰太守吳恢見吳祐傳孔嵩見范式傳孔芝見朱儁傳[illegible]見孝德見蜀志許靖傳士武見吳志士燮傳劉略見孫皓傳鍾離牧見牧傳又郡人黃蓋見吳志薛綜傳先謙曰三國吳因屬廣州[illegible]

七城 集解先謙曰三國吳南海郡領漢舊縣六分置平夷[illegible]爲七城復置中宿改屬始興[illegible]

戶七萬一千四百七十七 口二十五萬二百八十二

番禺 山海經注桂林八樹在賁禺東郭璞曰今番禺 集解惠棟曰張勃吳錄縣有禺山尉佗所葬馬與龍曰建安十六年交州徙治南海番禺縣[illegible]永安七年分交州立廣州治番禺見沈志交州刺史步騭見吳志騭傳呂岱傳呂岱見士燮傳廣州督虞授刺史徐旗見孫皓傳滕修見呂岱傳注先謙曰前漢縣三國吳因洪云侯國謝云呂岱封此見岱傳有蕃城即吳時司鹽都尉壘見寰宇記晉志因一統志故城今廣州府南海縣治宋嘉定三年經略使陳峴以城南闤闠稠密乃增築兩翅以衞居民謂之雁翅城元至元五年毀天下城隍惟廣州獨得不毀

博羅 有羅浮山自會稽浮往博羅山故置博羅縣 集解惠棟曰沈約云博羅二漢皆作傳字晉太康地志作博案此則班馬本書皆作傳羅後人誤爲博也又注自會稽浮往傳羅山何焯云羅字衍先謙曰前漢縣三國吳因晉志因一統志故城今惠州府博羅縣治

中宿 集解先謙曰前漢縣三國吳因改屬始興郡見沈志洪云吳孫皓分四會之北鄉立見溱水注晉志屬始興郡一統志據水經注蓋漢末廢入四會吳復置也故城今廣州府清遠縣西北六十里池水鄉

龍川 集解先謙曰前漢縣三國吳因晉志因一統志故城今惠州府龍川縣西北

四會 集解先謙曰前漢縣三國吳因晉志因一統志故城今肇慶府四會縣治

揭陽 集解惠棟曰周書王會云海陽大蟹羅泌云漢揭陽縣先謙曰前漢縣三國吳因謝云鍾離牧傳注引會稽典錄云揭陽賊帥曾夏等首服據此吳南海有揭陽縣晉志省一統志故城今潮州府揭陽縣西

增城 有勞領山 集解先謙曰前漢無三國吳因洪云寰宇記云縣吳黃武中立疑漢末縣廢至吳復立謝云通典增城縣下云漢番禺縣地吳置東莞郡於此有增江今考沈志東莞郡咸和六年分南海立通典說非晉志因一統志故城今廣州府增城縣東北五十里

蒼梧郡 武帝置 雒陽南六千四百一十里 集解馬與龍曰太守劉利見劉玄傳注杜穆見岑彭傳雷授見雷義傳陳稚叔見魏志鍾繇傳注劉曜見蜀志劉巴傳注史璜見吳志士燮傳吳巨見步騭傳[illegible]陶璜見孫皓傳督郵士燮見燮傳先謙曰三國吳因屬廣州分置臨賀郡洪志臨賀郡屬荊州吳表同蓋據晉志謝云沈志臨慶內史吳分蒼梧立爲臨賀郡屬廣州晉成帝度荊州臨賀郡蒼梧之分宜從沈志案謝說是

十一城 集解先謙曰三國吳蒼梧郡領漢舊縣五分置豐城[illegible]建陵[illegible]元溪[illegible]武城[illegible]

[illegible]入合浦之臨允爲十城臨賀郡領漢舊縣五分置建興[illegible]新甯[illegible]爲七城荔浦改屬始安郡

戶十一萬一千三百九十五 口四十六萬六千九百七十五

廣信 漢官曰刺史治去雒陽九千里 集解馬與龍曰建安八年改交阯曰交州自龍編縣移治於此見沈志刺史張津見襄楷傳注賴恭見吳志士燮傳又縣人陳堅卿陳欽子元見元傳士賜子燮壹䵋武見孫歆見燮傳先謙曰前漢縣三國吳因晉志因一統志故城今梧州府蒼梧縣治

謝沐 集解先謙曰前漢縣三國吳因改屬臨賀郡晉志屬臨賀郡一統志故城今永州府永明縣西四十里崇福鄉

高要 集解先謙曰前漢縣三國吳因浪水注鬱水又逕高要縣晉書地理志縣東去郡五百里王氏交廣春秋步騭殺吳巨區景使嚴舟船合兵二萬下取南海蒼梧人衡毅錢博一興軍逆騭於蒼梧高要峽口兩軍相逢毅投水死寰宇記零羊峽一名高要峽山高百丈江廣一里謝云舊志峽延袤二十餘里與爛柯山對峙夾東江流爲一郡鎖鑰紀要峽在肇慶府東三十里晉志因一統志故城今肇慶府高要縣治

封陽 集解先謙曰前漢縣三國吳因改屬臨賀郡晉志屬臨賀郡一統志故城今平樂府賀縣南百里信都鎮

臨賀 集解馬與龍曰臨賀太守嚴綱見吳主權志先謙曰前漢縣三國吳置郡營州沈約云臨慶內史領臨賀漢舊縣屬蒼梧吳新度晉志屬臨賀郡一統志故城今賀縣治

端谿

集解先謙曰前漢縣三國吳因晉志因一統志故城今肇慶府德慶州治東

馮乘集解先謙曰前漢縣三國吳因改屬臨賀郡一統志故城今平樂府富川縣東北七十里靈亭鄉

富川集解先謙曰前漢縣三國吳因改屬臨賀郡晉志屬臨賀郡一統志故城今富川縣西南七十里

荔浦集解先謙曰前漢縣三國吳因改屬始安郡沈約云吳孫皓甘露元年立始安郡領荔浦漢舊縣晉志屬始安郡一統志故城今荔浦縣治西

猛陵地道記曰龍山合水所出集解馬與龍曰虞翻徙此見吳志翻傳先謙曰前漢縣三國吳因晉志因一統志故城今梧州府蒼梧縣西北馬與龍云據鬱林注當在蒼梧縣西南

鄣平永平十四年置集解先謙曰前漢縣三國吳因三家同晉志因今地闕謝云紀要謂在合浦東地望不合闕以俟考

鬱林郡秦桂林郡武帝更名雒陽南六千五百里集解惠棟曰廣州記曰建安二十三年吳分鬱林立寧浦郡馬與龍曰太守劉外見光武紀張國見折像傳谷永見南蠻傳陸續見陸康傳聶友見吳志諸葛恪傳又郡人養奮見五行志先謙曰漢末無甯浦郡廣州記蓋不足據說見合浦郡下三國吳因分置桂林郡屬廣州洪云吳鳳凰三年分鬱林置桂林郡謝云見孫皓傳吳桂林太守脩允見通鑑

十一城集解馬與龍曰此郡與交趾及幽州之遼東屬國皆闕戶口之數先謙曰三國吳鬱林郡領漢舊縣[illegible]

何時後武熙本日武安應是吳立洪云據沈志吳立桂林郡時縣已移屬又爲郡治晉志日武熙改屬鬱林郡一統志故城今柳州府象州境武豐洪云寰宇記晉太康元年分吳所置宜豐置安縣晉志因紀要故城今桂林府永寧州東長為五城臨塵增食定周省洪志有武城粟平軍勝謝云三縣不見沈志吳縣晉縣未敢臆決今闕之吳云後漢書南蠻傳靈帝建甯三年谷永為鬱林太守招降烏滸人十餘萬內屬開置七縣考沈志元和志諸書吳時鬱林郡屬當有新邑長平建始陰平臨浦懷安武安七縣與谷永新開縣數適合又皆屬鬱林疑新邑等七縣皆谷永所置吳初省廣鬱入陰平省領方入臨浦省某縣入懷安又分武安置桂林郡也案陰平臨浦懷安三縣沈志明言吳改今從沈志姑存吳說於此

布山集解惠棟曰吳錄地理志云縣多虺其毒殺人有泠石可以解之石色赤黑味苦屑此石著瘡先謙曰前漢縣三國吳因謝云吳永安四年布山言黃龍見即此見孫休傳晉志因一統志故城今潯州府貴縣治

安廣集解先謙曰前漢縣三國吳因說三縣廢晉志因一統志故城今南甯府橫州境

阿林集解先謙曰前漢縣三國吳因晉志因闕案林本誤作河一統志故城今潯州府桂平縣東

廣鬱集解惠棟曰水經溫水東至縣為鬱水先謙曰前漢縣三國吳改曰陰平見元和志晉志改曰鬱平一統志故城今鬱林州興業縣西北四十里

中潿集解惠棟曰前志作畱音力救反先謙曰前漢縣三國吳因改屬桂林郡晉志省一統志故城今潯州府武宣縣西南

桂林集解先謙曰前漢縣三國吳因改屬桂林郡謝云紀要孫皓分置桂林郡縣屬焉吳云輿地廣記孫皓時謂縣為小桂林晉志省一統志故城今柳州府象州東南

潭中集解馬與龍曰馮異傳異長子彰徙封平鄉侯注東觀記曰封平鄉侯食鬱林潭中案漢臣受封者惟馮異子彰食邑太遠東觀記之說不能無疑先謙曰前漢縣三國吳因改屬桂林郡晉志屬桂林郡一統志故城今柳州府馬平縣東南

臨塵[illegible]

定周[illegible]

增食[illegible]

領方[illegible]

合浦郡武帝置雒陽南九千一百九十一里集解馬與龍曰太守費貽見譙玄傳孟嘗見本傳來達見靈帝紀王晟見吳志[illegible]明晉志通典輿地廣記並從廣州記說非也

五城集解先謙曰三國吳合浦郡[illegible]

[illegible]戶二萬三千一百二十一口八萬六千六百一十七

合浦集解先謙曰前漢縣三國因謝云有古城霍弋遣將楊稷敗吳軍於古城見晉書陶璜傳在今合浦縣西南[illegible]見紀要晉志因一統志故城今廉州府合浦縣東北

徐聞[illegible]吳公皮以冠鼓集解馬與龍曰徐聞令士䕶見吳志士燮傳先謙曰前漢縣三國吳因改屬朱崖郡沈約云徐聞令故屬朱崖晉平吳省朱崖屬合浦案元和志方輿勝覽均云吳於徐聞縣立珠崖郡洪志引其說謝吳從之今仍從沈志晉志改屬合浦郡一統志

故城今雷州府海康縣治高涼建安二十五年孫權立高梁郡集解惠棟曰注二十五年五一作三馬與龍曰案吳志宋州郡志皆作高涼涼梁聲近致譌先謙曰前漢縣三國吳因改屬高涼郡洪志建安二十三年吳分合浦置高涼郡見沈志謝云呂岱傳延康元年高涼賊帥錢博乞降岱承制以博爲西部都尉據此則沈志云建安二十三年置者誤吳云太平御覽一百七十二引南越志呂岱承制以錢博爲高涼都尉於是置郡其說與呂岱傳合則郡爲建安二十五年置也又洪志云晉地理志謂漢桓帝分交趾立高興靈帝改曰高涼今從沈志吳氏疑漢末置高興改高涼後郡廢吳復置案沈志高涼太守下云吳又分立高興郡熙太康中省併高涼郡據晉志無他證洪志從沈志是也晉志屬高涼郡一統志今肇慶府陽江縣西臨元集解官本考證曰前書作臨允先謙曰前漢縣三國吳因改屬蒼梧郡沈約云何志吳度蒼梧晉志作臨允屬蒼梧郡一統志故城今新興縣南七十里朱崖集解官本考證曰前書作朱盧馬與龍曰昭帝元始五年罷儋耳并珠崖元帝元初三年又罷珠崖後漢馬援平定交部始調立城郭置井邑見晉志先謙曰前漢朱盧縣三國吳復曰朱盧置珠崖郡赤烏五年遣將軍聶友校尉陸凱討珠崖見孫權傳陸凱除儋耳太守討珠崖斬獲有功見凱傳沈志合浦太守下云朱盧長吳立有其地又據元和志吳無珠崖故地案說與吳志不合今不從晉志闕一統志漢元帝用賈捐之言罷珠崖儋耳郡地理志合浦郡領朱盧縣爲都尉治蓋郎改故珠崖郡所置後漢志曰朱崖仍屬

合浦郡晉地理志吳赤烏五年復置珠崖郡平吳後省入合浦其合浦所領有珠官縣宋志合浦領朱盧縣吳立朱盧郎晉志之珠官也齊因之梁陳時廢故城今瓊州府瓊山縣東南三十里郎故瞫都縣交趾郡武帝置郎安陽王國雒陽南萬一千里集解惠棟曰楊孚異物志曰交趾有橘官長一人秩三百石主歲貢御橘馬與龍曰太守錫光見岑彭傳蘇定見馬援傳注張恢見鍾離意傳士燮薛綜見吳志本傳孫諝見孫休傳都尉胡貢見胡廣傳郡吏呂興見吳志孫休傳客交趾桓睢見本傳許靖見蜀志靖傳程秉劉熙見吳志秉傳先謙曰三國吳因分置新昌武平郡建衡三年分交趾爲新昌郡諸將破扶嚴置武平郡見孫晧傳洪志吳表從通典謂吳置新興郡非也謝云孫晧傳元興元年魏所置交趾太守寶鼎二年遣交州刺史劉俊等擊交趾爲晉將毛炅所破建衡三年虞汜陶璜破交趾禽殺晉所置守將九眞日南皆還屬晉書陶璜傳武平九德新昌土地阻險夷獠勁悍歷世不賓璜征討開置三郡九眞屬國三十餘縣周濟云明時安南入版圖置交趾布政使司治交州交州北至廣西憑祥州七百五十里東至海三百二十里南至占城界千九百里西至雲南老撾宣慰司界五百六十里十二城集解陳景雲曰交趾鬱林二郡皆闕戶口之數建武中馬援平交趾請分西于縣爲封谿望海二縣時西于一縣戶已有三萬二千合餘數縣計之戶口之繁必甲嶺表諸郡矣先謙曰三國吳交趾郡領漢代舊縣分置吳興沈志交趾太守吳興令吳立晉志因之本訛作交興李兆洛云在安南國交州府境軍平武寧沈志武寧令吳立晉志李兆洛云今交州府境武安

後漢志二十三下

嘉魚南爲十四城新昌郡領二漢舊縣一分置吳定有武興進山根寗安武扶安縣城洪臨西西道縣晉書陶璜傳武平九德新昌三郡屬縣交廣二州新置凡三十四縣廣二州所列新置諸縣存三家之說於此龍編集解交州記曰縣西帶江有仙山數百里有三湖有注交沅二水徙廣信又徙番禺吳孫休分立廣州交州刺史鄧勳從見鄧晨傳注楊扶見廣先武志南蠻傳賈琮見靈帝紀虞翻傳翻朱交志基毋俊見傳陸肩吳志士燮傳璜見孫晧國傳謝云士燮封此虞翻傳因洪云侯國紀要故城在明交州府和志晉志因紀要云明交州府安南南都護府周濟云州治南七百五十里鄧代鈞云今越南河內道治前書孟康曰贏音連則作康音受土夔領云來口反前漢字縣非也

故城在明交州府西地定安交州記曰道記誤說見前書高紀時見集解記云外越安定紀粟望都州郡志三國吳因謝云魏咸熙元年以交州侯郎此晉志云安定李苟漏兆洛云在交州府境志作苟屬因晉志句漏作荀句縣故在其石室出縣有句漏山相傳一統志漏三國吳因零先謙曰前漢縣三國吳因屬新昌郡云明太原府西北四百五十里濟云在今越州府南太原府境先謙曰前漢代鈞云在今交州國志作曲易前漢縣曲易李兆洛云曲易在交州府境稽徐集解先謙曰前漢縣三國吳因晉志因馬援傳交州府境城在龍編縣東當在今越南河內元和志朱鳶江在龍編縣北故城在交州府名以此晉志因李兆洛云年置交州記有隄防龍門水深百尋大魚登此門化成龍不得過九流三百餘千里共會於一口集解馬與龍曰界去庭

前漢無三國吳因改屬武平郡見輿地廣記晉志屬武平郡一統志封谿縣龍門水郎今龍門江在嘉興州蒙縣周濟云嘉興州在交州府西南六百五十里案封谿縣當在其境 望海建武十九年置[集解]先謙曰前漢無三國吳因晉志因一統志故城在交州府安明縣東馬援所築周濟云在交州府東

九眞郡武帝置雒陽南萬一千五百八十里[集解]馬與龍曰太守任延見本傳祝良兒式見南蠻傳朱治見吳志本傳士燮見士燮傳僧萌功曹番歆見薛綜傳都尉魏郎見本傳又郡人張遊見光武紀先謙曰三國吳因分置九德郡謝云沈志吳末分九眞置九德郡通典謂日南置非也周濟云九眞郡境北界新昌東北界交趾東界九德郡謝云九德郡境北界日南 五城[集解]先謙曰吳九眞郡領漢舊縣三復置都龐九德郡領漢舊縣一分置九眞郡又有扶樂晉志屬九德郡無功閾戶四萬六千五百一十三口二十萬九千八百九十四 胥浦[集解]先謙曰前漢縣三國吳因晉志因紀要明清化府西一統志秦象郡地漢九眞郡梁武帝於郡理置愛州明爲清化府宣德中

黎利以交州爲東都清華爲西都清華承政司 郎清化府周濟云清化府在交州府西南八百里 居風交州記曰山出金牛往往夜見光曜十里山有風門常有風[集解]先謙曰前漢縣三國吳改曰移風沈約云移風令故名居風吳更名晉志因紀要清化府西北 咸驩[集解]惠棟曰前志作驩古歡字先謙曰前漢縣周濟云在交州府西南七百里 無功[集解]前書作無切惠棟曰三國吳因晉志因 無編[集解]先謙曰前漢縣三國吳因晉志省是吳時有此縣晉省也紀要清化府境

日南郡秦象郡武帝更名雒陽南萬三千四百里[集解]惠棟曰南中之郡日南最遠所居之地在日之南也故日南郡也[illegible]

右交州刺史部郡七縣五十六王範交廣春秋曰交州治嬴𨻻縣元封五年移治蒼梧廣信縣[集解]馬與龍曰[illegible]持節升七郡皆授鼓吹以重威鎮[集解]先謙曰[illegible]云順帝永和九年交阯太守周敞求立爲州朝議不許即拜敞爲交阯刺史建安八年張津爲刺史[illegible]表立爲州乃拜津爲交州牧宋書州郡[illegible]八年改曰交州後漢書建安以前皆稱[illegible]年爲斷而志目前後並稱交州知原文[illegible]或司馬氏依志分列也交州三國吳分[illegible]部得漢舊部交阯九眞日南分交阯置[illegible]九德爲郡六吳廣州部得漢舊郡南海[illegible]梧置臨賀分鬱林置桂林分合浦置朱[illegible]部都尉爲郡九都尉一縣九十[illegible]

漢書地理志承秦三十六郡縣邑數百後稍分析至於孝平凡郡國百三縣邑道侯國千五百八十七世祖中興惟官多役煩乃命并合省郡國十縣邑道侯國四百餘所應劭漢官曰世祖中興海內人民可得而數裁十二三邊陲蕭條靡有孑遺鄣塞破壞亭隊絕滅建武二十一年始遣中郎將馬援謁者分築烽候堡壁稍興立郡縣十餘萬戶或空置

太守令長招還人民上笑曰今邊無人而設長吏治之難如春秋素王矣乃建立三營屯田殖穀弛刑謫徙以充實之至明帝置郡一集解惠棟曰永昌先謙曰廣陽非永平復說已見前章帝置郡國二集解洪亮吉曰晉地理志言任城吳郡案吳郡順帝時立安得言章帝章帝時所置郡國有西平任城及和帝立始并西平入汝南所云郡當屬任城西平也何焯曰順帝分會稽置吳郡此云章帝未詳和帝置三安帝又命屬國別領比郡者六又所省縣漸復分置至於孝順凡郡國百五集解錢大昕曰今以志考之世祖省郡國十廣平眞定河間城陽泗水淄川高密膠東六安廣陽也明帝置永昌郡章帝置任城國和帝置濟北河間廣陽三國安帝置蜀廣漢犍爲張掖居延遼東屬國順帝置吳郡凡二郡合之得郡國百有五此失載順帝所置之郡又稱章帝置郡國二故總數雖合而實不合也然章帝所置任城國之外尚有阜陵一國則其云置郡國二者本自無誤而志不載阜陵者或所據版籍正在永嘉本初之間阜陵絕而未繼之時乎惠棟曰晉志省前漢八分置五改舊名七因舊九十六少前漢三凡郡國百有八也案前漢郡國一百一十一也馬與龍曰晉志誤當從漢志郡國百三本志郡國百五爲是縣邑道侯國千一百八十東觀書曰永興元年鄉三千六百八十一亭萬二千四百四十三集解先謙曰吳云魏有州十二郡國九十三縣七百二十蜀有州一郡二十二蜀志後主傳注引王隱蜀記注縣一百三十九吳有州四郡四十三縣三百三十一原注此蔬所輯之數詰吳志孫皓傳注引晉陽秋作三百一十三謝云魏郡八十一國十一屬國一縣七百七十二蜀郡二十屬國一縣一百四十六吳郡四十五都尉治二屬國一縣三百五十二謝三國所有州數與吳縣宋洪志三國所得郡縣之數與吳謝復異今合校三家參考書志所錄三國魏郡國九十一屬國一魏省漢舊郡七省漢舊屬國一縣七百五十四蜀郡二十三縣一百五十一吳郡四十六都尉二縣三百五十凡三國州十七郡國一百六十屬國一都尉治二縣一千二百五十四民戶九百六十九萬八千六百三十口四千九百一十五萬二百二十應劭漢官儀曰永和中戶至千七十八萬口五千三百八十六萬九千五百八十八又帝王世紀永嘉二年戶則多九十七萬八千七百七十一口七百二十一萬六千六百三十六應載極盛之時而所殊甚眾舍永嘉多取永和少良不可解皇甫謐校覈精審復非謬記未詳孰是豈此是順朝時書後史即爲本乎伏無忌所記每帝崩輒最戶口及墾田大數今列於後以見滋減之差焉　光武中元二年戶四百二十七萬九千六百三十四口二千一百萬七千八百二十　明帝永平十八年戶五百八十六萬五千七百三十口三千四百一十二萬五千二十一　章帝章和二年戶七百四十五萬六千七百八十四口四千三百三十五萬六千三百六十七　和帝元興元年戶九百二十三萬七千一百一十二口五千三百二十五萬六千二百二十九墾田七百三十二萬一百七十頃八十畝百四十步　安帝延光四年戶九百六十四萬七千八百三十八口四千八百六十九萬七百八十九墾田六百九十四萬二千八百九十二頃一十三畝八十五步　順帝建康元年戶九百九十四萬六千九百一十九口四千九百七十三萬五百五十墾田六百八十九萬六千二百七十一頃五十六畝一百九十四步　沖帝永嘉元年戶九百九十三萬七千六百八十口四千九百五十二萬四千一百八十三墾田六百九十五萬七千六百七十六頃二十畝百八步　質帝本初元年戶九百三十四萬八千二百二十七口四千七百五十六萬六千七百七十二墾田六百九十三萬一百二十三頃三十八畝集解何焯曰注永嘉二年案永嘉無二年惠棟曰注古今注光武中元二年諸本脫古今注三字先謙曰吳云郡國志注引帝王世紀景元四年與蜀通計民戶九十四萬三千四百二十三男女口五百三十七萬二千八百九十一今據蜀後主傳注引王隱蜀記炎興元年戶二十八萬男女口九十四萬吳志孫皓傳注引晉陽秋吳亡時戶五十二萬三千男女口二百三十萬[illegible]

贊曰：眾安后載，政洽區分。侯甸守列，民無常君。稱號遷隔，封割糾紛。略存減益，多證前聞。

續漢志集解第二十三下挍補

郡國志五下　上黨郡有龍山晉水所出注杜預曰（預原譌凱已正　官本注不誤）

有界山注界山推焚死之山（官本注界作介　柳從辰曰列仙傳介子推姓王名光與公子重耳居外十餘年及還介山從伯子常遊文公禮之不出是介山乃推隱居之山也）

上郡膚施（官本膚譌慮）

西河郡注雒陽北千二百里也（官本注末無也字）

五原郡宜梁集解先謙曰　至　案故城在故五原郡九原縣西南六十里（柳從辰曰孫星衍云在五原西南六十里廢豐州今榆林府北）

西安陽集解一統志故城在故九原縣城西陰山南（柳從辰曰董祐誠云當在今烏喇旗南北距陰山南臨河水）

雲中郡原陽（柳從辰曰本書南匈奴傳云遂寇雲中至原陽）

鴈門郡汪陶集解惠棟曰前志作涶（案涶即汪之本字）

馬邑注有馬馳走其地（官本注其作一）

涿郡口六十三萬三千七百五十四（官本五作二）

廣陽郡昌平故屬上谷（惠棟曰魏土地記云在薊城東北一百四十里城西有昌平河）

上谷郡甯（甯及廣甯之甯原皆作寧官本同即甯之俗寫今並正案寧字从必从冉承用雖久無義可求）

右北平郡土垠（土原作上依前志及本書耿弇傳改官本不誤）

俊靡集解惠棟曰依說文當作浚（錢大昭曰耿弇傳作浚靡）

元菟郡遼陽故屬遼東注安帝即位之年（官本注之作二）

南海郡番禺注郭璞曰（官本注曰作云）

交阯郡羸𨻻集解先謙曰　至　云力知反（柳從辰曰前志孟康本云羸音蓮晉志作嬴周壽昌謂即因孟音製字廣韻載之爲誤今案羸蓮音相近孟康讀羸爲蓮不過方音稍異耳嬴後起字不足據故沈志亦不從也毛本作嬴亦羸之譌後注引王範交廣春秋同）

日南郡盧容（錢大昭曰閩本作盧谷）

至於孝平凡郡國百三（錢大昭曰馬援傳援與楊廣書云前披輿圖見天下郡國百有六所奈何欲以區區二邦以當諸夏百有四乎然則建武比孝平時多三郡國矣蓋王莽時分置今案據此則光武所省郡國十僅就孝平時所有者言之也）

民戶九百六十九萬八千六百三十口四千九百一十五萬二百二十注沖帝永嘉元年　至　百八步又注質帝本初元年　至　三十八畝（侯康曰馬貴與云沖質二帝享國各止一年二年之間史所載無大兵革饑饉而永嘉戶數損于建安一萬本初戶數損于永嘉五十八萬有奇殊不可曉）

百官志一第二十四　太傅　太尉　司徒　司空　將軍　後漢書二十四

梁　剡　令劉　昭注補

王先謙集解

漢之初興承繼大亂兵不及戢法度草創略依秦制後嗣因循至景帝感吳楚之難始抑損諸侯王及至武帝多所改作然而奢廣民用匱乏世祖中興務從節約並官省職費減億計【集解】先謙曰見光武紀建武六年詔所以補復殘缺及身未改而四海從風中國安樂者也昔周公作周官分職著明法度相持王室雖微猶能久存【集解】惠棟曰即周禮六篇非僞書周官也今其遺書所以觀周室牧民之德既至又其有益來事之範殆未有所窮也故新汲令王隆作小學漢官篇諸文倜說較略不究案胡廣注隆此篇其論之注曰前安帝時越騎校尉劉千秋校書東觀好事者樊長孫與書曰漢家禮儀叔孫通等所草創皆隨律令在理官藏于几閣無記錄者久令二代之業闇而不彰誠宜撰次依擬周禮定位分職各有條序令人無愚智入朝不

惑君以公族元老正丁其任焉可以已劉君甚然其言與邑子通人郎中張平子參議未定而劉君遷爲宗正衛尉平子爲尚書郎太史令各務其職未暇恤也至順帝時平子爲侍中典校書方作周官解說乃欲以漢次述漢事會復遷河閒相遂莫能立也述作之功獨不易矣既感斯言顧見故新汲令王文山小學爲漢官篇略道公卿內外之職旁及四夷博物條暢多所發明足以知舊制儀品蓋法有成易而道有因革是以聊集所宜爲作詁解各隨其下綴續後事令世施行庶明厥旨廣前後憤盈之念增助來哲多聞之覽焉【集解】惠棟曰注劉千秋即劉珍也文苑傳云珍字秋孫疑傳誤又注省隨律令在理官前禮樂志曰叔孫通所撰禮儀與律令同錄藏于理官師古曰理官法官也珍與衡皆南陽人故云邑子惟班固著百官公卿表記漢承秦置官本末訖于王莽差有條貫然皆孝武奢廣之事又職分未悉世祖節約之制宜爲常憲故依其官簿麤注職分以爲百官志臣昭曰本志既久是注曰百官簿今昭又采異同俱爲細字如或相冒兼應注本注尤須分顯故凡是舊注通爲大書稱本注曰以表其異凡置官之本及中興所省無因復見者既在漢書百官表不復悉載

太傅上公一人大戴記曰傅傅之德義也應劭漢官儀曰傅者覆也賈生曰天子不喻於先聖之德不知君民之道不見禮義之正詩書無宗學業不法此太師之責也古者齊太公職之天子不惠於庶民不禮於大臣不中於折獄無經於百官不哀於喪不敬於祭不戒於齊不信於事此太傅之責也古者周公職之天子處位不端受業不敬言語不敘音聲不中進退升降不以禮俯仰周旋無節此太保之責也古者燕召公職之天子燕業反其學左右之習詭其師答諸侯遇大臣不知文雅之辭言語之道簡聞少誦不博不習此少師之責也天子居處出入不以禮衣服冠帶不以制御器列側不以度采服從好不以章忿悅不以義與奪不以節此少傅之責也天子居處燕私安而易樂而耽飲食不時醉飽不節寢起早宴無常玩好器弄無制此少保之責也此古天子自輔弼之禮也自爲天子而賢智維之故能慮無失計舉無過事終身得中【集解】李祖楙曰位在三公上故曰上公本注曰掌以善導無常職世祖以卓茂爲太傅薨【集解】李祖楙曰茂平帝時密令建武元年爲太傅事詳本傳因省其後每帝初即位輒置太傅錄尚書事薨輒省胡廣注曰猶古冢宰總己之義也案靈帝之初以陳蕃爲太傅蕃誅以胡廣代始不止一人也董卓在長安又自尊爲太師位在太傅上應劭漢官曰太師古官也平帝元年孔光以太傅見授詔太師無朝十日一賜餐賜靈壽杖省中施坐置几太師入省中用杖自是而闕又漢官云太傅長史一人秩千石掾屬二十四人令史御屬二十二人荀綽晉百官表注曰漢太傅置掾屬二十人御屬一人令史十二人置長史與漢異【集解】先謙曰明帝初鄧禹章帝初趙熹和帝初鄧彪殤帝初張禹安帝永初元年九月遷北鄉侯

初馮石免順帝初桓焉免沖帝初趙峻薨後未置

太尉公一人應劭曰自上安下曰尉武官悉以爲稱前書曰秦官鄭玄注月令亦曰秦官尚書中候云舜爲太尉束皙據非秦官以此追難玄焉臣昭曰緯候眾書宗貴神詭出沒隱顯鈎挾讖怪該覈陰陽微迎起伏或有先徵時能後驗故守寄攜思維稱曉輔通儒達好時略文滯公輸益州具于張衡之詰無口漢輔炳乎尹敏之諷圖讖紛僞其俗多矣太尉官實司天虞舜作宰璇衡賦政將是據後位以書前非唐官之實號乎太尉所職即舜所掌遂以同掌追稱太尉乃中候之妄蓋非官之爲謬康成淵博自注中候裁及注禮而忘舜位豈其實哉此是不發識于中候而正之於月令也廣微之誚未探碩意說苑曰當堯之時舜爲司徒新論曰昔堯試于大麓者領錄天子事如今尚書官矣古史考曰舜居百揆總領百事說者以百揆堯初別置於周更名冢宰斯其然矣【集解】惠棟曰漢官儀太尉秦官也三司之職司馬主兵漢承秦制曰太尉謝靈運晉書曰秦有太尉掌兵漢仍修之或置或省蔡質漢官典職曰太尉孝文三年始置七年省武帝建元三年置五年省本注曰掌四方兵事功課歲盡即奏其殿最而行賞罰凡郊祀之事掌亞獻【集解】李祖楙曰通典郊祀祭天七獻王以匏爵酌泛齊獻尸大宗伯以匏爵酌醴齊亞獻是古禮宗伯亞獻漢以太尉掌之後世相沿不復古矣大喪則告謚南郊【集解】李祖楙曰明紀世祖崩命太尉趙熹告謚南郊禮儀志天子不豫則遣太尉告請南郊是不僅告謚凡國

有大造大疑，則與司徒司空通而論之。國有過事，則與三公通諫爭之。世祖即位，□爲大司馬。漢官儀曰：「元狩六年罷太尉，法周制置司馬。時議者以爲漢軍有官候千人司馬，故加大爲大司馬，所以別異大小司馬之號。」集解惠棟曰：韋昭辨釋名云大司馬者，馬武也，大總武事也。調馬爲武者取其健行也。大司馬掌軍，古者一車四馬，故以馬名官。李祖楙曰：大司馬見光武獻紀、吳漢、劉隆、劉虞傳。建武二十七年，改爲太尉。蔡質漢儀曰：「府開闕。王莽初起大司馬，後篡盜神器，故遂貶去其闕。」漢官儀曰：「張衡云：明帝更司馬、司空府，欲復更太尉府。時公趙憙也。西曹掾安衆鄭均素好名節，以爲朝廷新造北宮，整飾宮寺，旱魃爲虐，民不堪命，曾無殷湯六事，周宣雲漢之辭。今府本館陶公主第舍，員職既少，自足相容。憙表陳之，即聽許。其冬臨辟雍，歷二府，見皆壯麗，而太尉府獨卑陋。顯宗東顧歎息曰：『椎牛縱酒，勿令乞兒爲宰。』時憙子世爲侍中，驂乘，歸具白之。憙以爲恨，頻譴責均，均自劾去，道發病亡。」古今注曰：「永平十五年，更作太尉、司徒、司空府開陽城門內。」與此不同。臣昭案：劉虞爲大司馬而與太尉並置焉。集解錢大昕曰：注西曹掾安衆鄭均，此又一鄭均也。惠棟曰：明紀永平七年冬十月北宮成，丙子臨辟雍，憙行太尉事也。李祖楙曰：光武紀建武二十七年司馬去大，尋改太尉，罷太司馬。劉隆以趙憙爲太尉。獻帝時李傕在長安，自爲大司馬，亦與太尉並置，而位在三公之右。後以張楊爲大司馬，太尉楊彪罷，始不復置。長史一人，千石。盧植禮注曰：「如周小宰。」集解李祖楙曰：太尉長史見黨錮、周舉、董卓傳。本注曰：署

諸曹事。掾史屬二十四人。本注曰：漢舊注東西曹掾比四百石，餘掾比三百石，屬比二百石，故曰公府掾，比古元士三命者也。或曰，漢初掾史辟，皆上言之，故有秩比命士。其所不言，則爲百石屬。其後皆自辟除，故通爲百石云。漢書音義曰：「正曰掾，副曰屬。」集解惠棟曰：崔寔政論曰後漢品秩爲下，優禮甚宏，三公乃天子之股肱，掾屬則三公之喉舌，故三府掾乃言行之本，禍福之主，及其遷除，或朞月而長州郡，或數年而至公卿。李祖楙曰：太尉掾見周榮、黨錮、張禹、楊震、王龔、杜喬、南蠻西南夷傳，太尉屬見班超傳、律厤志，太尉東曹屬見酷吏傳。西曹主府史署用。集解李祖楙曰：太尉西曹掾見儒林傳。東曹主二千石長吏遷除及軍吏。戶曹主民戶、祠祀、農桑。奏曹主奏議事。辭曹主辭訟事。法曹主郵驛科程事。尉曹主卒徒轉運事。賊曹主盜賊事。集解李祖楙曰：太尉賊曹掾見銚期傳。決曹主罪法事。兵曹主兵事。金曹主貨幣、鹽、鐵事。倉曹主倉穀事。黃閤主簿錄省衆事。應劭漢官儀曰：「世祖詔：『方今選舉，賢佞朱紫錯用。丞相故事，四科取士：一曰德行高妙，志節清白；二曰學通行修，經中博士；三曰明達法令，足以決疑，能案章覆問，文中御史；四曰剛毅多略，遭事不惑，明足以決，才任三輔令：皆有孝悌廉公之行。自今以後，審四科辟召，及刺史二千石察茂才尤異孝廉之吏，務盡實覈，選擇英俊、賢行、廉潔、平端於縣邑，務授試以職。有非其人，臨計過署，不便習官事，書疏不端正，不如詔書，有司奏罪名，并正舉者。』又舊河隄謁者，世祖改以三府掾屬爲謁者領之，遷超御史中丞、刺史，或爲小郡。監察黎陽謁者，世祖以幽、并州兵騎定天下，故於黎陽立營，以謁者監之，兵騎千人，復除甚重。謁者任輕，多放情態，順帝改用公府掾有清名威重者，遷超牧守焉。」漢官目錄曰：「建武十二年八月乙未詔書，三公舉茂才各一人，廉吏各二人；光祿歲舉茂才四行各一人，察廉吏三人；中二千石歲察廉吏各一人，廷尉、大司農各二人；將兵將軍歲察廉吏各二人；監察御史、司隸、州牧歲舉茂才各一人。」集解惠棟曰：錄省衆事，一作省錄。惠氏又云注明達法令[illegible]。李祖楙曰：大司馬主簿見朱浮傳，太尉主簿見董卓傳。先謙曰：注受字官本作授。令史及御屬二十三人。集解李祖楙曰：大司馬令史見王霸傳。本注曰：漢舊注公令史百石，自中興以後，注不說石數。御屬主爲公御。荀綽晉百官表注曰：「御屬如錄事也。」閤下令史主閤下威儀事。記室令史主上章表報書記。補注先謙曰：官本章表作表章。門令史主府門。其餘令史，各典曹文書。應劭漢官儀有官騎三十人。

司徒，公一人。孔安國曰：「主徒衆，教以禮義。」集解惠棟曰：應劭漢官儀曰司徒，古官也。徒，衆也。司徒主人衆也。案劉昭用

僞孔安國尚書注以解漢官，僞書出自東晉，殊不足據。李祖楙曰：前書秦置丞相，省司徒，西京初因之，哀帝置大司徒，罷丞相。本注曰：掌人民事。凡教民孝悌、遜順、謙儉，養生送死之事，則議其制，建其度。集解惠棟曰：魏名臣奏黃門杜恕奏曰，漢故事，人民疾病責之司徒。凡四方民事功課，歲盡則奏其殿最而行賞罰。凡郊祀之事，掌省牲視濯，大喪則掌奉安梓宮。集解李祖楙曰：明紀世祖崩，命司徒李訢奉安梓宮。凡國有大疑大事，與太尉同。世祖即位，爲大司徒。漢官儀曰：「王莽時議以漢無司徒官，故定三公之號曰大司馬、大司徒、大司空。世祖即位，因而不改。」蔡質漢儀曰：「司徒府與蒼龍闕對，厭於尊者，不敢號府。」應劭曰：「此不然。丞相舊位在長安時，府有四出門，隨時聽事。明帝本欲依之，迫於太尉、司空，但爲東西門耳。國每有大議，天子車駕親幸其殿。殿西王侯以下更衣并存。每歲州郡聽採長吏臧否，民所疾苦，還條奏之，是爲之舉謠言者也。頃者舉謠言者，掾屬令史都會殿上，主者大言某州郡行狀云何，善者同聲稱之，不善者各爾銜枚。大較皆取無名勢，其中或有愛憎，微裁黜陟之闇昧也。若乃中山祝恬，踐周召之列，當軸處中，忘謇諤之節，憚首尾之譏，懸囊捉撮，無能清澄，其與申徒須責鄧通、王嘉封還詔書，邈矣乎！」周禮有外朝，干寶注曰：「禮，司徒府中有百官朝會殿，天子與丞相決大事，是外朝之存者。」集解惠棟曰：齊職儀云司徒品秩冠服同丞相，郊廟服冕同太尉。注捉撮當作括撮，淮南子云兩髀在上，燭營指天。高誘

曰蜀陰華營其竅也蜀陰讀曰括撮傴僂之象喻容悅之臣 建武李祖楙曰大司徒見光武紀鄧禹伏湛侯霸蔡茂儒林傳

二十七年去大 漢舊儀曰哀帝元壽二年以丞相爲大司徒郡國守長史上計事竟遣公出庭上親問百姓所疾苦記室掾史一人大音讀敕畢遣敕曰詔書殿下禁吏無苛暴丞史歸告二千石順民所疾苦急去殘賊審擇良吏無任苛刻治獄決訟務得其中明詔憂百姓困于衣食二千石帥勸農桑思稱厚恩有以賑贍之無煩撓奪民時今日公卿以下務飭儉恪奢侈過制度以益甚二千石身帥有以化之民冗食者請諭以法養視疾病致醫藥務治之詔書無飭廚養至今未變又更過度甚不稱歸告二千石務省約如法且案不改者長吏以聞官寺鄉亭漏敗牆垣阤壞不治無辨護者不勝任先自劾不應法歸告二千石聽十年更名相國案獻帝初董卓自太尉進爲相國而司徒不省及建安末曹公爲丞相郗慮爲御史大夫則罷三公官荀綽晉百官表注曰漢丞相府門無闌不設鈴不警鼓言其深大闊遠無節限也集解周壽昌曰案朱祐奏宜令三公並去大名以法經典奏在十五年至是始詔行也先謙曰官本飾作飾

長史一人千石 集解惠棟曰胡廣漢官解詁長史一人銅印黃綬秩千石職無不統李祖楙曰前書丞相有兩長史孝武改置司直秩比二千石哀帝改丞相爲司徒司直仍舊中興因之建武省司直置長史大司徒司直見伏湛宣秉王良杜林傳司徒長史見劉寬吳良橋玄傳五行志

掾屬三十一人 漢官目錄曰三十八人集解李祖楙曰司徒掾見班彪蔡茂楊賜儒林傳律厤志司徒辭曹掾見陳寵傳

令史及御屬三十六

人本注曰世祖卽位以武帝故事置司直居丞相府助督錄諸州

建武十八年省也 獻帝起居注曰建安八年十二月復置司直不屬司徒掌督中都官不領諸州九年十二月詔司直比司隸校尉坐同席在上假傳置從事三人書佐四人集解周壽昌曰光武紀十一年夏四月省大司徒司直官獻帝紀注亦作十一年八字誤李祖楙曰曹操爲丞相有長史王必建安十五年丞相置徵事二人以邴原王烈補又東曹掾崔琰毛玠西曹掾崔琰俱見魏志先謙曰建安二十三年丞相司直韋晃謀誅操不克死魏志同是司直仍屬丞相此獻帝復置之證惟不屬司徒句誤

司空公一人 馬融曰掌營城郭主司空土以居民集解惠棟曰白虎通云司空主土不言土言空者空尚主之何況于實以微見著漢官儀曰司空古官也空穴也司空主土古者穴居穿土爲穴以居人也

本注曰掌水土事凡營城起邑浚溝洫修墳防之事則議其利建其功凡四方水土功課歲盡則奏其殿最而行賞罰凡郊祀之事掌掃除樂器大喪則掌將校復土 集解李祖楙曰明紀世祖崩命司空馮魴將校復土 凡國有大造大疑諫爭與太尉同 韓詩外傳曰三公之得者何曰司馬司空司徒也司馬主天司空主土司徒主人故陰陽不和四時不節星辰失度災變非常則責之司馬山陵崩阤川谷不通五穀不植草木不茂則責之司空君臣不正人道不和國多盜賊民怨其上則責之司徒故三公典其職憂其分舉其辨明其得此之謂三公之事

世祖卽位爲大司空 應劭漢官儀曰綏和元年罷御史大夫官法周制初置司空議者又以縣道官獄司空故復加大爲大司空亦所以別大小之文集解李祖楙曰大司空見光武紀王梁宋宏李通馬成竇融朱浮杜林張純傳

建武二十七年去大 漢舊儀曰御史大夫勅上計丞長史曰詔書殿下布告郡國臣下承宣無狀多不究百姓不蒙恩被化守長史到郡與二千石同力爲民興利除害務有以安之稱詔書郡國有茂才不顯者言殘民貪污煩擾之吏百姓所苦務勿任用方察不稱者刑罰務於得中惡惡止其身選舉民侈過度務有以化之問今歲善惡孰與往年對上問今年盜賊孰與往年得無有羣輩大賊對上臣昭案獻帝建安十三年又罷司空置御史大夫御史大夫郗慮免不得補荀綽晉百官表注曰獻帝置御史大夫職如司空不領侍御史集解李祖楙曰世祖中元元年以張純視御史大夫從東巡岱宗是前有此官蓋權設而旋罷耳見純傳先謙曰獻紀建安二十三年丞相軍師華歆爲御史大夫魏志同此魏官也范史誤入獻紀錢氏大昕駁之

屬長史一人千石 集解李祖楙曰司空長史見江革傳

掾屬二十九人 漢官目錄云二十四人集解李祖楙曰司空掾見趙岐孔融應劭方術傳司空倉曹掾劉暉見魏志

令史及御屬四十二人 集解李祖楙曰司空西曹令史梁習見魏志

將軍不常置本注曰掌征伐背叛比公者四第一大將軍 集解李祖楙曰大將軍見章安順質桓靈獻紀吳漢耿弇杜茂竇憲鄧隲梁商梁冀耿寶竇武何進袁紹傳行大將軍事見岑彭寇恂銚期陳俊傳

次驃騎將軍 集解李祖楙曰驃騎將軍見光武明靈獻皇后紀劉隆光武十王董卓劉表傳前書孝武置驃騎將軍以霍去病爲之

次車騎將軍 集解李祖楙曰見章和殤安順桓靈獻紀馬防竇憲鄧禹鄧隲來歷馮緄何進董卓傳案靈帝時左車騎將軍皇甫嵩右車騎將軍朱儁旋去左右之號時益兵事日棘設二員掌征伐故以左右別之

次衛將軍 集解李祖楙曰衛將軍見獻皇后紀前書孝武始置衛將軍以宋昌爲之

又有前後左右將軍 蔡質漢儀曰漢興置大將軍驃騎位次丞相車騎衛將軍左右前後皆金紫位次上卿典京師兵衛四夷屯警集解惠棟曰韋昭辨釋名云大將軍將軍之大者漢時貴戚爲之或錄尚書事漢官儀驃騎車騎皆金印紫綬位次二千石韋昭云此二將軍秩本二千石武帝征四夷有前後左右將軍爲國爪牙所以揚示威靈折衝萬里漢官解詁前後左右將軍皆周末官秦因之皆掌兵及四夷有長史秩千石宣元以後雖不出征猶有其官位在諸卿上也李祖楙曰左將軍見賈復傳建武十三年罷靈帝時復以皇甫嵩爲之右將軍見鄧禹萬脩傳建武十三年罷獻帝時以袁紹樊稠爲之前將軍見獻紀鄧禹耿純李通王梁董卓趙典傳後將軍見靈獻紀董卓袁術傳

初武帝以衛青數征伐有功以爲大將軍欲尊寵之以古尊官

唯有三公皆將軍始自秦晉以爲卿號故置大司馬官號以冠之其後霍光王鳳等皆然成帝綏和元年賜大司馬印綬罷將軍官世祖中興吳漢以大將軍爲大司馬景丹爲驃騎大將軍位在公下及前後左右雜號將軍衆多皆主征伐事訖皆罷魏略曰曹公置都護軍中尉置護軍將軍亦皆比二千石旋軍並止罷明帝初即位以弟東平王蒼有賢才以爲驃騎將軍以王故位在公上數年後罷章帝即位西羌反故以舅馬防行車騎將軍征之還後罷和帝即位以舅竇憲爲車騎將軍征匈奴位在公下還復有功遷大將軍位在公上復征西羌還免官罷安帝即位西羌寇亂復以舅鄧隲爲車騎將軍征之還遷大將軍位如憲數年復罷自安帝政治衰缺始以嫡舅耿寶爲大將軍常在京都順帝即位又以皇后父兄弟相繼爲大將軍如三公焉梁冀別傳曰元嘉二年又加冀禮儀大將軍朝到端門龍門謁者將引增掾屬合人令史官騎鼓吹各十人長史司

馬皆一人千石東觀書曰竇憲作大將軍置長史司馬員吏官屬位次太傅集解李祖楙曰大將軍長史見皇后紀馬嚴吳祐王暢儒林傳車騎將軍長史見陳禪趙岐傳大將軍司馬見何進文苑傳車騎將軍司馬見陶謙傳本注曰司馬主兵如太尉從事中郎二人六百石集解李祖楙曰從事中郎見班彪應奉周舉馬融李固荀爽王允鄧隲朱穆班超竇武袁紹劉表循吏文苑西羌傳本注曰職參謀議東觀書曰大將軍出征置中護軍一人集解李祖楙曰朱祐傳世祖爲大司馬討河北以祐爲護軍郎其證也中護軍見班固傳護軍見馬成傳燮彭寵鄧禹岑彭吳漢耿弇傳竇融在河西有左護軍是護軍有左稱見文苑傳掾屬二十九人案本傳東平王作驃騎掾史四十人集解李祖楙曰將軍掾見吳良崔駰陳寔應奉袁紹劉表梁商竇武何進應劭文苑傳令史及御屬三十一人集解李祖楙曰令史見梁冀竇武文苑傳本注曰此皆府員職也又賜官騎三十人及鼓吹應劭漢官儀曰鼓吹二十人非常員舍人十人集解李祖楙曰大將軍舍人見馬融傳其領軍皆有部曲集解李祖楙曰領軍建武初常以名官如岑彭傳所稱領軍李玄是也獻帝時曹操爲相以韓浩爲護軍史奐爲領軍建安十二年改護軍爲中護軍領軍爲中領軍置長史司馬見魏志大將軍營五部部校尉一人比二千石集解李祖楙曰大將軍校尉見耿夔王[illegible]劉永竇憲傳軍司馬一人比千石集解李祖楙曰軍司馬掌行軍之事凡有征伐則署之還則免有時但稱司馬然與前司馬異軍司馬見質紀耿夔鄭衆班超班勇梁慬竇憲文苑傳但稱司馬見竇融耿恭梁慬耿夔馬援馬防文苑傳部下有曲曲有軍候一人比六百石曲下有屯屯長一人比二百石其不置校尉部但軍司馬一人又有軍假司馬假候皆爲副貳集解李祖楙曰假司馬見章紀耿夔班超傳附見班勇段熲何進傳其別營領屬爲別部司馬集解李祖楙曰別部司馬見安靈紀文苑南蠻傳附見度尚劉焉傳其兵多少各隨時宜門有門候其餘將軍置以征伐無員職亦有部曲司馬軍候以領兵其職吏部集各一人總知營事兵曹掾史主兵事器械稟假掾史主稟假禁司又置外刺刺姦主罪法明帝初置度遼將軍以衛南單于衆新降有二心者後數有不安遂爲常守應劭漢官儀曰度遼將軍孝武皇帝初用范明友明帝十八年行度遼將軍事安帝元初元年置眞銀印靑綬秩二千石長史司馬六百石東觀書云司馬二人集解惠棟曰本傳永和元年顯宗思耿國之言遂置度遼將軍李祖楙曰度遼將軍見明和安順紀賈琮龐參陳龜橋玄种暠皇甫規張奐黨錮西羌南匈奴烏桓鮮卑傳附見竇固鄧隲傳應劭云度遼者當渡遼水往擊之故以爲官號云

百官志一第二十四終

後漢書二十四

百官志一故新汲令王隆作小學漢官篇注越騎校尉劉千秋官本注千或誤于又注無記錄者官本注記作紀又注乃欲以漢次述漢事柳從辰曰孫星衍輯漢官解詁以漢作以漸是又注爲作詁解柳從辰曰孫輯本詁解作解詁

太傅上公一人注賈生曰柳從辰曰見今賈誼新書傅職篇又注進退升降不以禮官本注降誤隆又注寢起早宴無常官本注宴作晏古通

太尉公一人至世祖即位爲大司馬注元狩六年罷太尉今案前書百官公卿表太尉武帝建元二年省元狩四年初置大司馬漢官儀誤也建武二十七年改爲太尉注明帝更司馬司空府官本注更誤以其餘令史各典曹文書注有官騎三十人柳從辰曰孫輯本作二十二人

司徒公一人至世祖即位爲大司徒注其與申屠須責鄧通陳景雲曰須當作顯或作頓錢大昕曰頓字義較長今案此當據嘉傳作坐責爲是不必於字之形似求之又注干寶注曰干或譌于官本注皆誤于今並正不悉記建武二十七年去大注詔書殿下錢大昭曰永樂大典本漢舊儀作數下今案下司空注引漢舊儀亦作詔書殿下蓋謂御殿下詔重其事也殿似不誤又注丞史歸告二千石至不勝任柳從辰曰孫輯本漢舊儀丞史歸告二千石史上有長字無煩撓奪民時撓作擾今日公卿以下公上無今日二字奢侈過制度以益甚奢上有今俗二字以上有日字二千石身帥身上有務以二字無飾廚養作無飾廚傳增養食又更過度作或更尤過度陁壞不治不作所不勝任勝作稱又注十年更名相國陳景雲曰十年上有脫文掾屬三十一人柳從辰曰御覽二百九引干寶司徒儀云掾屬之職敦明教義肅厲清風非禮不言非法不行以訓羣吏以貴朝望各掌其所治之曹

司空公一人至世祖即位爲司空建武二十七年去大注多不究官本究譌充又注守長史到郡至郡國有茂才不顯者言柳從辰曰孫輯本漢舊儀長史上有丞字言上有上字

將軍不常置至如三公爲柳從辰曰大將軍之名建自孝武前世衛青霍光王鳳王商皆嘗爲之而百官公卿表敘列官名乃僅有前後左右將軍而無大將軍及驃騎車騎衛將軍權宜尊寵不爲常官也丁明於孝哀時爲驃騎大將軍驃騎著大自此始而書鈔五十一引漢官趙李收破秦始受大名則以爲大將軍昉自戰國此與通典謂秦敗楚虜其大將軍屈匄及漢高帝以韓信爲大將軍皆以大將當之而實非當時已建大將軍之官又前表大將軍位次丞相通典亦明云舊大將軍位在三公下置官屬依太尉而書鈔引漢官乃謂漢興置大將軍位在丞相上則尤無據又引拼釋名謂位在三公上奏在丞相下然漢興之初本無司徒官孝哀置大司徒省丞相其時又已無大將軍司馬則即將軍兼官惟司空位本在大將軍下是仍非在丞相上矣馬防爲車騎將軍書鈔六十四引漢官儀不過銀印青綬位次卿上與漢雜事言防位在九卿上絕席說正合此其位亦止如三公耳至竇憲遷大將軍而始位在公上及後梁冀繼之官屬皆倍餘府哀世權宜之事亦非常制故志不取也掾屬二十九人注案本傳東平王作驃騎掾史四十人柳從辰曰東平憲王蒼傳章懷引漢官儀將軍掾屬二十九人中大夫無員令史四十一人與此注異今案范書東平王傳文不載驃騎掾史刻令所引蓋是續漢書本傳文明帝初置度遼將軍注明帝十八年柳從辰曰據紀事在永平八年故志以爲明帝初十字衍今案史無紀年不著年號者蓋注實闕永字平字亦殘其半遂譌爲十字也

百官志二第二十五　太常　光祿勳　衛尉　太僕　廷尉　大鴻臚　後漢書二十五

梁　剡　令劉　昭注補

王先謙集解

太常卿一人中二千石盧植禮注曰如大樂正〔集解〕惠棟曰鄭眾周禮注曰唐虞歷三代以宗官典國之禮與其祭祀漢之太常是也漢官儀曰太常古官也常典也常典三禮也舜典帝曰咨伯夷汝作秩宗典三禮欲令國家盛大社稷常存故曰太常漢常以列侯爲之重宗廟也崔浩曰中猶滿也漢制九卿以上秩一歲滿二千斛漢官儀云中二千石俸月百八十斛本注曰掌禮儀祭祀每祭祀先奏其禮儀及行事常贊天子漢舊儀曰贊饗一人秩六百石掌贊天子〔集解〕惠棟曰常依注及袁山松百官志當作掌衞宏古文官書曰太常主導贊助祭皆平冕七旒元上纁下畫華蟲七章胡廣漢官解詁曰太常掌社稷郊時事重職尊故在九卿之首每選試博士奏其能否大射養老大喪皆奏其禮儀每月前晦察行陵廟漢官曰員吏八十五人其十二人四科十五人佐五人假佐十三人百石十五人騎吏九人學事十六人守學事臣昭曰凡漢官所載列職人數今悉以注雖頗爲繁蓋周禮列官陳人役於前以爲民極實觀國制此宏模不可闕者也〔集解〕惠棟曰齊職儀曰王朗云西京太常行陵赤車十乘漢

舊儀曰太常月一行陵也先謙曰官本宏上有則字丞一人比千石盧植禮注曰如小樂正〔集解〕惠棟曰杜佑云丞秦置一人漢多以博士議郎爲之皆銅印墨綬進賢兩梁冠李祖楙曰太常丞見律厤志獨行傳本注曰掌凡行禮及祭祀小事總署曹事漢舊儀曰丞舉廟中非法者其署曹掾史隨事爲員諸卿皆然

太史令一人六百石〔集解〕惠棟曰環濟要略曰太史令取善記述者使記時事天下圖書計最籍皆副焉李祖楙曰太史令見張衡方術傳律厤禮儀志附見梁冀翟酺傳本注曰掌天時星厤凡歲將終奏新年厤凡國祭祀喪娶之事掌奏良日及時節禁忌凡國有瑞應災異掌記之漢官曰太史待詔三十七人其六人治厤三人龜十三人廬宅四人日時三人易筮二人典禳九人籍氏許氏典昌氏各三人嘉法請雨解事各二人醫二人〔集解〕惠棟曰葛洪云王者立太史之官分拜置立有事宗廟郊祀天地皆擇良辰鄭元云太史主抱式以知天時處吉凶注龜十十當依北宋本作卜三人易筮三北宋本作二李祖楙曰太史待詔見律厤志先謙曰官本十作卜丞一人〔集解〕李祖楙曰太史丞見律厤志明堂及靈臺丞一人二百石本注曰二丞掌守明堂靈臺〔集解〕李祖楙曰明堂見光武和紀靈臺見光武明和紀靈臺掌候日月星氣皆屬太史漢官曰靈臺待詔四十二人其十四人候星二人候日三人候風十二人候氣二人候晷景七人候鍾律一人舍人〔集解〕李祖楙曰太史舍人見律厤志又有太史郎中主治厤亦見律厤志

博士祭酒一人六百石本僕射中興轉爲祭酒胡廣曰官名祭酒皆一位之元長者也古禮賓客得主人饌則老者一人舉酒以祭于地舊說以爲示有先〔集解〕錢大昕曰本僕射上當有本注曰三字惠棟曰蔡邕勸學編周之師氏居虎門今之祭酒也李祖楙曰博士僕射見史記始皇紀中興爲祭酒處士有道藝而在家者解見劉寬傳注博士十四人比六百石〔集解〕惠棟曰漢官儀博士秦官也博者博通今古士者辨于然否李祖楙曰博士見明章和桓紀承宮魯恭趙咨曹褒祖榮楊終寒朗爰延李法鍾皓范升盧植儒林獨行方術傳律厤志本注曰易四施孟梁丘京氏尚書三歐陽大小夏侯氏詩三魯齊韓氏禮二大小戴氏春秋二公羊嚴顏氏掌教弟子國有疑事掌承問對本四百石宣帝增秩本紀桓帝延熹二年置祕書監〔集解〕惠棟曰決疑要注漢初置博士而無弟子後置弟子五十人又增滿五百漢末至千人漢官儀祕書監一人秩六百石掌典圖書古今文字考合同異杜佑云後漢圖書在東觀桓帝置祕書監後省李祖楙曰祕書監見荀悅傳案桓帝以前蓋以侍中監祕書儒林傳張巡以侍中典領祕書近署甚見納異後漢藏祕書有東觀蘭臺

此或東觀之監也漢官云祕書監秩六百石

太祝令一人六百石〔集解〕惠棟曰論衡曰太史太祝職在文書無典民之用李祖楙曰太祝令見禮儀志本注曰凡國祭祀掌讀祝及迎送神漢舊儀曰廟祭太祝令主席酒漢官曰員吏四十一人其二人百石二人斗食二十二人佐二人學事四人守學事九人有秩百五十人祝人宰二百四十二人屠者六十人丞一人本注曰掌祝小神事

太宰令一人六百石〔集解〕李祖楙曰太宰令見禮儀志本注曰掌宰工鼎俎饌具之物凡國祭祀掌陳饌具漢官曰明堂丞一人二百石員吏四十二人其二人百石二人斗食二十三人佐九人有秩二人學事四人守學事宰二百四十二人屠者七十三人衞士一十五人丞一人

太子樂令一人六百石〔集解〕錢大昕曰太子當爲大予明帝紀永平三年改大樂爲大予樂注引漢官儀云大予樂令一人秩六百石惠棟曰子依北宋本當作予注同本注曰掌伎樂凡國祭祀掌請奏樂及大饗用樂掌其陳序漢官曰員吏二十五人其二人百石一人斗食七人佐十人學事四人守學事樂人八佾舞三百八十人盧植禮注曰太子令如古大胥漢大樂律卑者之子不得舞宗廟之酎除吏二千石到六百石及關內侯

到五大夫子取適子高五尺已上，年十二到三十，顏色和，身體修治者，以爲舞人。【集解】惠棟曰：漢官名秩簿曰斗食，月俸十一斛。注大樂律案康成注周禮引大樂律與此同，則鄭本盧說矣。丞一人。盧植禮注曰：大樂丞如古小胥。【集解】李祖楙曰：大予樂丞見律厤志注。

高廟令一人，六百石。本注曰：守廟，掌案行掃除。無丞。漢官曰：員吏四人，衞士一十五人。

世祖廟令一人，六百石。本注曰：如高廟。漢官曰：員吏六人，衞士二十人。

先帝陵，每陵園令各一人，【集解】李祖楙曰：園令見祭祀志。六百石。本注曰：掌守陵園，案行掃除。丞及校長各一人。【集解】李祖楙曰：陵園丞見段熲傳。本注曰：校長，主兵戎盜賊事。應劭漢官名秩曰：丞皆選孝廉郎年少薄伐者，遷補府長史、都官令、候、司馬。

先帝陵，每陵食官令各一人，六百石。本注曰：掌望晦時節祭祀。漢官曰：每陵食監一人，秩六百石，監丞一人，三百石，中黃門八人，從官二人。案食監、郎，是食官令號。【集解】李祖楙曰：食監見祭祀志。

右屬太常。本注曰：有祠祀令一人，後轉屬少府。有太卜令，六百石，後省并太史。中興以來，省前凡十官。案前書，十官者，太宰、均官、都水、雍太祝、五時各一尉也。東觀書曰：章帝又置祀令丞，延光元年省。【集解】官本考證曰：光，何焯校本改平。

光祿勳，卿一人，中二千石。本注曰：掌宿衞宮殿門戶，典謁署郎更直執戟，宿衞門戶，考其德行而進退之。胡廣曰：勳猶閽也。易曰爲閽寺，宮寺主殿宮門戶之職。【集解】惠棟曰：漢官儀曰：光者，明也；祿者，爵也；勳，功也。言光祿典郎謁者，虎賁、羽林舉不失德，賞不失勞，故曰光祿勳。又案勳與薰同，又與閽通。韓詩雨無極云：若此無罪，薰胥以痛。漢書敘傳曰：烏乎史遷，薰胥以刑。晉灼云：齊韓魯詩作薰。棟謂薰猶閽也。楚有大閽，鬻拳爲之，故楚靈王曰吾欲以韓起爲閽。易艮九三厲薰心，虞翻本作閽，云艮爲閽。閽，荀爽本作勳。滔于長夏承碑云策薰著于王室。易勳、薰、閽三等同物也。薰胥以痛者，薰，腐刑也；胥，靡也。前書楚元王傳申公、白生諫不聽，胥靡之。應劭引此詩爲證是也。郊祀之事，掌三獻。漢官曰：員吏四十四人，其十人四科，三人百石，二人斗食，二人佐，六人騎吏，八人學事，十三人守學事，一人官醫。衞士八十一人。丞一人，比千石。

五官中郎將一人，比二千石。【集解】李祖楙曰：五官中郎將見章紀、李忠、馬嚴、耿國、周章、張純、張奮、何敞、楊彪、延篤、陳紀、儒林、方術傳，附見宋均、楊秉、李固、黃瓊、蔡邕傳。案魏志獻帝命曹丕爲五官中郎將，置官屬，爲丞相曹操副。本注曰：主五官郎。蔡質漢儀曰：中郎解其府對太學。【集解】惠棟曰：漢官儀曰：秦官也。三署郎屬焉。五官中郎，比六百石。本注曰：無員。郎年五十以屬五官，故曰六百石。五官侍郎，比四百石。本注曰：無員。五官郎中，比三百石。本注曰：無員。凡郎官皆主更直執戟，宿衞諸殿門，出充車騎。唯議郎不在直中。蔡質漢儀曰：三署郎見光祿勳，執板拜，見五官、左右將，執板不拜，於三公諸卿無敬。【集解】李祖楙曰：宿衞要地，故用郎官，而郎非公卿校尉尚書諸臣子弟不得補。本書凡稱除一人爲郎，以一子爲郎者，皆指三署諸郎，非從尚書郎之職也。郎見來歷、鄧禹、耿秉、耿恭、竇融、竇憲、馬援、馬嚴、魯恭、趙熹、宣秉、杜林、樊儵、陰興、鮑昱、梁松、鄭衆、賈逵、桓郁、桓焉、桓典、滕撫、趙孝、劉般、江革、鍾離意、宋均、徐防、朱暉、胡廣、袁安、袁敞、崔寔、章八王、杜根、周紀傳。

左中郎將，比二千石。【集解】李祖楙曰：左中郎將見靈獻紀、臧宮、魯丕、承宮、韋彪、張奮、賈逵、蔡邕、皇甫規、儒林、獨行傳，附見張酺、楊賜、楊秉、劉焉傳。本注曰：主左署郎。蔡質漢儀曰：中郎解其府，府次五官。中郎，比六百石。【集解】李祖楙曰：左中郎附見袁安、种劭傳。侍郎，比四百石。郎中，比三百石。三郎本注曰：皆無員。

右中郎將，比二千石。【集解】李祖楙曰：右中郎將見靈紀、朱雋、儒林傳，附見董卓傳。本注曰：主右署郎。中郎，比六百石。侍郎，比四百石。郎中，比三百石。本注曰：皆無員。三郎並無員。【集解】李祖楙曰：本書各傳所稱中郎將者，蓋即三署之郎將，省其署名耳。案本傳劉隆以中郎將爲驃騎，本紀建武二十年以左中郎將劉隆爲驃騎，是一官兩稱，史通例也。中郎將見各帝紀、來歙、竇固、王梁、馬防、馬成、劉隆、馬武、趙熹、滕撫、度尚、班固、鄭衆、皇甫規、段熲、董卓、西羌傳，附見杜茂、馬援、耿弇、王堂、梁慬傳。以上郎中、中郎諸官，本傳渾書，未別署，以秩位相等故也。中郎見四王三侯、杜茂、楊厚傳；郎中見質靈獻紀、鄧訓、鄧騭、馮勤、羊續、張堪、賈琮、韋彪、樊準、馮魴、梁商、度尚、梁瑾、欒巴、楊終、謝弼、虞詡、張衡、馬融、蔡邕、荀淑、荀爽、陳蕃、竇武、何進、黨錮、劉焉、循吏、酷吏、儒林、文苑、方術傳，附見伏隆、魯恭、陸康、馮魴、虞延、梁冀、張禹、周榮、張綱、袁安、董卓、段熲、宦者傳。

虎賁中郎將，比二千石。【集解】李祖楙曰：虎賁中郎將中興後冠侍中，如儒林傳戴憑爲虎賁中郎將，以侍中兼領之是也。餘見皇后紀、鄧騭、竇憲、桓郁、張酺、黨錮、宦者傳，附見來歷、岑彭傳。虎賁中郎將見桓靈紀、鄧禹、馬援、馬廖、任隗、梁松、梁冀、張純、袁紹、袁術傳，附見竇章、馬嚴、桓榮、竇武、何進、孔融傳。本注曰：主虎賁宿衞。前書武帝置期門，平帝更名虎賁。蔡質漢儀曰：主虎賁千五百人，無常員，多至千人，戴鶡冠，次右將府。又虎賁舊作虎奔，言如虎之奔也。王莽以古有勇士孟賁，故名焉。孔安國曰：若虎賁獸，言其甚猛。【集解】惠棟曰：賁、奔古通用，故或作奔。毛詩鶉之奔奔，左傳作賁賁。李祖楙曰：建武初亦置

期門馬成傳光武以成爲期門從征伐又銚期傳帝嘗輕與期門近出是當時有期門之證後史不再見蓋亦如武帝改爲虎賁矣

左右僕射左右陛長各一人比六百石本注曰僕射主虎賁郎習射陛長主直虎賁朝會在殿中漢官曰陛長墨綬銅印〔集解〕李祖楙曰陰興傳興以黃門侍郎守期門僕射興將武騎從征伐此僕射猶用武帝舊號也虎賁左右之稱亦後改定虎賁中郎比六百石虎賁侍郎比四百石虎賁郎中比三百石荀綽晉百官表注曰虎賁諸郎皆父死子代漢制也〔集解〕李祖楙曰虎賁見光武安順桓靈皇后紀節從虎賁比二百石四郎本注曰皆無員掌宿衞侍從自節從虎賁久者轉遷才能差高至中郎

羽林中郎將〔集解〕李祖楙曰羽林中郎將見桓典傳附見耿弇傳或但稱羽林郎將見竇章馮魴傳比二千石本注曰主羽林郎案漢末又有四中郎將皆帥師征伐不知何時置董卓爲東中郎將盧植爲北中郎將獻帝以曹操爲南中郎將〔集解〕李祖楙曰漢末中郎將有加號者如朱雋傳鎭賊中郎將平難中郎將是劉焉傳鎭夷征東二中郎將乃隨征伐之事還則免焉羽林郎比三百石〔集解〕李祖楙曰羽林郎見安順桓靈紀董卓傳本注曰無員掌宿衞侍從常選漢陽隴西安定北地上郡西河凡六郡良家補〔集解〕李祖楙曰桓帝末董卓以六郡良家子爲羽林郎見本傳卓隴西人本武帝以便馬從獵還宿殿陛巖下室中故號巖郎前書曰初置爲建章營騎後更名出補三百石丞尉荀綽晉百官表注曰言其嚴厲整銳也案此則爲巖郎與志不同蔡質漢儀曰羽林郎百二十八人無常員府次虎賁府〔集解〕惠棟曰程大昌據李誡義訓曰屋垂謂之宇宇下謂之廡步檐謂之廊峻廊謂之巖李祖楙曰安紀順帝踐阼虎賁羽林士屯南北宮諸門注云光武中興以征伐之士勞苦者爲之故曰羽林士

羽林左監一人六百石〔集解〕李祖楙曰羽林左監見皇后紀任隗馬廖曹褒傳附見耿弇梁竦傳本注曰主羽林左騎漢官曰孝廉郎作主羽林九百人二監官屬史吏皆自出羽林中有材者作丞一人

羽林右監一人六百石〔集解〕李祖楙曰羽林右監附見來歷馮勤傳本注曰主羽林右騎〔集解〕李祖楙曰左右羽林見靈紀丞一人

奉車都尉比二千石本注曰無員漢官曰三人〔集解〕李祖楙曰奉車都尉見明紀竇固韋彪鄧彪宦者方術傳附見竇融蘇章劉陶劉焉傳掌御乘輿車〔集解〕惠棟曰劉熙釋名曰奉車都尉奉天子乘輿韋昭辨云主乘輿車尊不敢言主故言奉

駙馬都尉比二千石本注曰無員漢官曰五人〔集解〕李祖楙曰駙馬都尉見明紀耿國耿秉光武十王傳附見竇固傳掌駙馬〔集解〕李祖楙曰前書奉車駙馬皆孝武初置不屬光祿勳

騎都尉比二千石〔集解〕李祖楙曰騎都尉見明安靈皇后紀耿恭劉隆陰識張堪朱暉樂恢公孫瓚呂布循吏酷吏宦者儒林獨行傳附見耿恭王霸耿純竇固梁慬董卓袁紹傳中興初騎都尉有以侍中兼者見臧宮馬武賈逵淳于恭儒林傳本注曰無員漢官曰一十人本監羽林騎〔集解〕李祖楙曰前書羽林騎武帝置宣帝令中郎將騎都尉監之中興後有以中郎將監者見竇固陰興傳有以侍中監羽林者如來歷傳歷爲侍中監羽林右騎又竇篤以侍中監羽林左騎是也

光祿大夫比二千石〔集解〕惠棟曰漢官儀曰光祿大夫屬光祿勳門外特施行馬以旌別之荀綽晉百官表曰光祿大夫古官也職掌言議毗亮論道獻可替否贊揚德化李祖楙曰光祿大夫見安順桓靈獻紀鄧晨魏霸伏隆郭伋張堪桓焉李法翟酺楊賜楊秉楊彪橋玄陳球欒巴杜喬周舉黃琬荀或皇甫嵩朱雋儒林方術西羌傳附見楊厚黃瓊王允傳本注曰無員漢官曰三人凡大夫議郎皆掌顧問應對無常事唯詔命所使凡諸國嗣之喪則光祿大夫掌弔〔集解〕李祖楙曰元和三年楚王英母甍後遣光祿大夫持節弔祠是光祿掌弔之證又安桓紀會稽大疫遣光祿大夫將大醫循行疾病順紀周舉傳遣八使巡行風俗以杜喬等皆守光祿大夫是唯詔命所使無常事之證

太中大夫千石〔集解〕李祖楙曰太中大夫見光武桓靈獻皇后紀來歙耿純馬援馬嚴臧宮銚期劉寬伏隆宋弘張堪王良申屠剛郭伋梁統張純鄭興張宗胡廣橋玄楊秉种拂孔融段熲循吏酷吏儒林文苑傳律厤志本注曰無員漢官曰二十人秩比二千石〔集解〕惠棟曰韋昭辨釋名曰太中大夫在中最高大也

中散大夫六百石〔集解〕李祖楙曰中散大夫見皇后紀魯丕黨錮儒林傳附見來歷傳本注曰無員漢官曰三十人秩比二千石〔集解〕惠棟曰光武中興置

諫議大夫六百石〔集解〕李祖楙曰諫議大夫見靈紀王良鮑永趙孝江革陳禪李法种劭劉陶周舉朱雋段熲循吏宦者儒林文苑獨行傳附見來歷傳前書諫大夫秩比八百石本注曰無員胡廣曰光祿大夫本爲中大夫武帝元狩五年置諫大夫爲光祿大夫世祖中興以爲諫議大夫又有太中中散大夫此四等於古皆爲天子之下大夫視列國之上卿漢官曰三十人〔集解〕惠棟曰齊職儀曰秦置諫大夫屬郎中令無常員多至數十人掌論議漢初不置至武帝始因秦置之無常員皆名儒宿德爲之光武增議字爲諫議大夫置三十人

議郎六百石集解李祖楙曰議郎見和桓靈皇后紀魯恭魯丕蔡茂鄭均趙典楊厚王堂吳良蘇章賈琮陸康范升桓榮桓鸞楊琁劉平趙咨王扶王望滈于恭光武十王樂恢張敏李法翟酺崔寔楊彪章八王种暠种劭欒巴劉瑜虞詡傅燮蓋勳馬融蔡邕左雄黃瓊李固李燮延篤史弼盧植趙岐皇甫規張奐段熲陳蕃黨錮鄭太孔融皇甫嵩循吏酷吏儒林文苑傳附見韋彪陰興桓彬梁冀朱穆袁安杜根劉陶董卓傳。本注曰無員。漢官曰五十人無常員。集解惠棟曰漢舊儀曰議郎秩比六百石特徵賢良方正敦樸有道第公府掾試博士者拜郎中也李祖楙曰十三州志議郎秦官也尤無所掌

謁者僕射一人比千石。集解李祖楙曰謁者見光武明安質桓獻紀鄧訓馬棱韋彪張堪張宗周磐宋均寒朗梁慬李恂龐參文苑獨行西羌傳禮儀志附見杜茂耿恭竇憲陰興度尚段熲傳謁者僕射見章和紀耿秉文苑傳附見楊震傳本注曰爲謁者臺率主謁者天子出奉引古重習武有主射以督錄之故曰僕射蔡質漢儀曰見尚書令對揖無敬謁者見執板拜之集解惠棟曰漢官儀曰秦官也謁請也僕主也古重武事故設主射以督課之秩六百石冠高山言其矜莊高故以高山爲號常侍謁者五人比六百石本注曰主殿上時節威儀漢官曰謁者三十人其二人公府掾六百石持使也謁者三十人集解惠棟曰漢官儀曰謁者皆綳幘大冠白絹單衣其給事謁者四百石其灌謁者郎中比

三百石集解李祖楙曰灌謁者見獨行傳本注曰掌賓贊受事及上章報問將大夫以下之喪掌使弔本員七十人中興但三十人荀綽晉百官表注曰漢皆用孝廉年五十威容嚴恪能賓者爲之明帝詔曰謁者乃堯之尊官所以試舜賓于四門四門穆穆者也昔燕太子使荆軻劫始皇變起兩楹之間其後謁者持匕首刺腋高祖偃武行文故易之以板初爲灌謁者滿歲爲給事謁者蔡質漢儀曰出府丞長史陵令皆選儀容端正任奉使者

右屬光祿勳本注曰職屬光祿者自五官將至羽林右監凡七署自奉車都尉至謁者以文屬焉舊有左右曹秩以二千石上殿中主受尚書奏事平省之世祖省使小黃門郎受事集解李祖楙曰中興初左曹亦常置如本傳邳彤爲光武左曹侍中王常堅鐔俱爲左曹是車駕出給黃門郎兼有請室令車駕出在前請所幸徽車迎白示重慎中興但以郎兼事訖罷又省車戶騎凡三將如淳曰主車曰車郎主戶衛曰戶郎集解李祖楙曰中興初有騎將光武郭后兄竟初爲騎將從征伐是見皇后紀及羽林令

衛尉卿一人中二千石集解李祖楙曰衛尉見明和安順桓靈獻紀李通來歷銚期竇固馬廖劉寬趙熹趙典陰興鴻魴丁鴻周景楊彪黨錮文苑傳附見竇融竇憲馬防梁冀蔡邕董卓傳本注曰掌宮門衛士宮中徼循事漢官曰員吏四十一人其九人四科二人二百石文學三人百石十二人斗食二人佐十三人學事一人官醫衛士六十人集解惠棟曰齊職儀曰衛尉秦官也漢因之景帝更名中大夫令尋復舊丞一人比千石集解李祖楙曰衛尉丞附見來歷傳

公車司馬令一人六百石集解李祖楙曰公車見光武和靈紀公車司馬令見儒林傳本注曰掌宮南闕門集解李祖楙曰公車門名公車所在因以名焉見光武紀注所說不同公車門或卽南闕門也凡吏民上章四方貢獻及徵詣公車者獻帝起居注曰建安八年議郎衞林爲公車司馬令位隨將大夫舊公車令與都官長史位從將大夫自林始集解惠棟曰應劭漢官儀曰周官也丞尉各一人本注曰丞選曉諱掌知非法尉主闕門兵禁戒非常胡廣曰諸門部各陳屯夾道其旁當兵以示威武交戟以遮妄出入者

南宮衛士令一人六百石集解李祖楙曰衛士令見賈逵朱暉傳漢官曰衛士令掌南北宮衛士是兼掌不分南北之職列傳書不言南北蓋省文本注曰掌南宮衛士漢官曰員吏九十五人衛士五百三十七人

丞一人

北宮衛士令一人六百石集解李祖楙曰北宮衛士令見儒林獨行傳本注曰掌北宮衛士漢官曰員吏七十二人衛士四百七十二人丞一人

左右都候各一人六百石周禮司寤氏有夜士干寶注曰今都候之屬本注曰主劍戟士徼循宮及天子有所收考漢官曰右都候員吏二十二人衛士四百一十六人左都候員吏二十八人衛士三百八十三人蔡質漢儀曰宮中諸有劾奏皐左都候執戟戲車縛送付詔獄在候大小各付所屬以馬被覆見尚書令尚書僕射尚書皆執板拜見丞郎皆揖丞各一人

宮掖門每門司馬一人比千石本注曰南宮南屯司馬主平城門漢官曰員吏九人衛士百二人古今注曰建武十三年九月初開此門宮門蒼龍司馬主東門案雒陽宮門名爲蒼龍闕門漢官曰員吏六人衛士四十人玄武司馬主玄武門漢官曰員吏二人衛士三十八人集解李祖楙曰玄武司馬見班固傳附見虞延傳北屯司馬主北門漢官曰員吏二人衛士三十八人北宮

朱爵司馬主南掖門漢官曰員吏四人衞士百二十四人古今注曰永平二年十一月初作北宮朱爵南司馬門東明司馬主東門漢官曰員吏十三人衞士百八十人朔平司馬主北門漢官曰員吏五人衞士百一十七人凡七門漢官曰凡員吏皆隊長佐凡居宮中者皆有口籍於門之所屬宮名兩字爲鐵印文符案省符乃內之胡廣曰符用木長尺二寸鐵印㠯符之若外人㠯事當入本宮長史爲封棨傳其有官位出入令御者言其官

右屬衞尉本注曰中興省旅賁令衞士一人丞漢官目錄曰右三卿太尉所部

太僕卿一人中二千石集解李祖楙曰太僕見光武明章和安順質桓靈獻紀來歷祭彤任隗趙熹趙典朱浮馮魴梁松張純鄧彪袁安袁敞張酺韓稜周景楊震楊秉楊彪王龔黃瓊黃琬陳紀趙岐王允黨錮朱寓傳附見鄧禹馬防魯恭侯霸宋弘崔寔陳寵傳本注曰掌車馬天子每出奏駕上鹵簿用大駕則執馭漢官曰員吏七十人其七人四科一人二百石文學八人百石六人斗食七人佐六人騎吏三人假佐三十一人學事一人官醫集解惠棟曰應劭漢官儀曰太僕卿周穆王所置也盖大御衆僕之長中大夫也丞一人比千石集解李祖楙曰前書丞有二人

考工令一人六百石本注曰主作兵器弓弩刀鎧之屬成則傳執金吾入武庫及主織綬諸雜工漢官曰員吏百九人左右丞各一人

車府令一人六百石集解李祖楙曰車府令附見吳良傳本注曰主乘輿諸車漢官曰員吏二十四人丞一人

未央廄令一人六百石集解李祖楙曰未央廄令見鄭衆傳附見來歷傳本注曰主乘輿及廄中諸馬漢官曰員吏七十人卒騶二十人長樂廄丞一人漢官曰員吏十五人卒騶二十人苜蓿苑官田所一人守之

右屬太僕本注曰舊有六廄皆六百石令前書曰有大廄未央家馬三令各五丞一尉又車府路軨騎馬駿馬四令丞晉灼曰六廄名也主馬萬匹中興省約但置一廄後置左駿令廄別主乘輿御馬後或并省又有牧師苑皆令官主養馬分在河西六郡界中中興皆省唯漢陽有流馬苑但㠯羽林郎監領古今注曰漢安元年七月置承華廄令秩六百石集解李祖楙曰順紀東觀記注云漢安時㠯遠近獻馬衆多園廄充滿始置承華廄令

廷尉卿一人中二千石應劭曰兵獄同制故稱廷尉集解惠棟曰風俗通曰廷者平也漢官儀曰廷尉秦官也春秋魯毀中軍成于臧氏臧氏爲司寇故兵事亦成于司寇前書刑法志先兵而後刑亦此義也李祖楙曰廷尉見靈獻紀鄧晨馮緄郭躬郭鎮陳寵霍諝楊賜張皓陳球傳附見梁冀班勇傳本注曰掌平獄奏當所應凡郡國讞疑罪皆處當㠯報胡廣曰讞質也漢官曰員吏百四十人其十一人四科十六人二百石廷吏文學十六人百石十三人獄史二十七人佐二十六人騎吏三十人假佐一人官醫集解惠棟曰崔浩云當謂處其罪也胡廣漢官解詁曰廷尉當疑獄周禮訝士有治于士者造焉鄭氏注云如今郡國亦時遣主者吏詣廷尉議者李祖楙曰廷尉史見酷吏傳正左監各一人前漢有左右監平世祖省右而猶曰左集解李祖楙曰前百官表正左右監秩皆千石中興不言右盖與左平同廷尉正見鍾皓郭躬陳忠傳獻帝時鍾繇爲廷尉正見魏志廷尉左監見陳寵傳左平一人六百石本注曰掌平決詔獄集解惠棟曰衞展陳諺言表曰諺言廷尉獄平如砥有錢生無錢死此諺之起死生之出于此法獄也

右屬廷尉本注曰孝武帝㠯下置中都官獄二十六所各令長名世祖中興皆省唯廷尉及雒陽有詔獄蔡質漢儀曰正月旦百官朝賀光祿勳劉嘉廷尉趙世各辭不能朝高賜舉奏皆以被病篤困空文武之位闕上卿之贊既無忠信斷金之用而有敗禮傷化之尤不謹不敬請廷尉治嘉罪河南尹治世罪議以世掌廷尉故轉屬他官集解惠棟曰嘉東海郯人恭王之後賜後爲南陽太守見李固傳李祖楙曰和帝永元九年復置若盧獄官前書屬少府本志不載此官或即詔獄服虔注云若盧詔獄也

大鴻臚卿一人中二千石周禮象胥干寶注曰今鴻臚集解惠棟曰應劭漢官儀曰鴻臚景帝置郊廟行禮贊九賓鴻聲臚傳之也劉熙釋名曰腹前肥曰臚此主王侯及蕃國言以京師爲心體王侯蕃國爲腹臚以養之也韋昭辨曰鴻臚本故典客掌賓禮武帝時更爲鴻臚鴻大也臚陳序也言以大禮陳序于賓客也本注曰掌諸侯及四方歸義蠻夷其郊廟行禮贊導請行事既可㠯命羣司諸王入朝當郊迎典其禮儀及郡國上計匡四方來亦屬焉漢官曰員吏五十五人其六人四科二人二百石文學六人百石一人斗食十四人佐六人騎吏十五人學事五人官醫永元十年大匠應順上言百郡計吏觀國之光

而舍逆旅崎嶇私館直裝衣物敝朽暴露朝會邈遠事不肅給昔霸國盟主耳舍諸侯於隸人子產以爲大譏況今四海之大而可無平和帝嘉納其言卽創業焉皇子拜王贊授印綬及拜諸侯諸侯嗣子及四方夷狄封者臺下鴻臚召拜之王薨則使弔之及拜王嗣丞一人比千石

大行令一人六百石〔集解〕李祖楙曰大行令見律厤志本注曰主諸郎漢官曰員吏四十人〔集解〕惠棟曰司馬貞云諸侯薨大鴻臚奏謚列侯薨則大行奏誄丞一人治禮郎四十七人漢官曰其四人四科五人二百石文學五人百石九人斗食六人佐六人學事十二人守學事東觀書曰主齋祠儐贊九賓又有公室主稱中都官斗食以下功次相補案盧植禮注曰大行郎亦如謁者兼舉形貌〔集解〕官本考證曰注稱當作謂

右屬大鴻臚本注曰承秦有典屬國別主四方夷狄朝貢侍子成帝時省并大鴻臚中興省驛官別火二令丞如淳曰漢儀注別火獄令官主治改火事及郡邸長丞但令郎治郡邸漢官目錄曰右三官司徒所部

百官志二第二十五終　後漢書二十五

續漢志集解第二十五校補

百官志二太常卿一人至每月前晦察行陵廟注此宏模不可闕者也錢大昭曰閩本此下有則字無下者字案與官本注又異

太史令一人至凡國有瑞應災異掌記之注漢官曰官本注官下有儀字太史待詔三十七人柳從辰曰御覽二百三十五引應劭云太史令望郎三十人掌故三十人靈臺掌候日月星氣皆屬太史注漢官曰靈臺待詔四十二人柳從辰曰孫輯本作四十一人是

博士祭酒一人柳從辰曰書鈔六十七引漢舊儀博士祭酒選有道之人有學者祭酒今案前表博士秦官掌通古今秩比六百石多至數十人武帝建元五年初置五經博士宣帝黃龍元年稍增員十二人十三州志則云孝武初置五經博士後稍增至十四員取聰明威重者一人爲祭酒主領焉蓋通兩漢言之也

太祝令一人柳從辰曰東觀記陰猛好學溫良稱於儒林以郎遷爲太祝令

太宰令一人至及大饗用樂掌其陳序注一人斗食官本注一作二柳從辰曰

孫輯漢官亦作一然以員吏二十五人計之作二爲合又注如古大胥大原譌人已正官本注不誤

光祿勳卿一人注宦寺主殿宮門戶之職官本注宦譌官柳從辰曰孫輯本漢官解詁無宦寺二字郊祀之事掌三獻注員吏四十四人柳從辰曰據下所列合有四十五人疑誤

丞一人比千石柳從辰曰本書張霸傳霸爲光祿主事注謂光祿勳之主事見漢官儀又唐六典十五引漢官儀光祿勳有主簿志皆不載今案官簿於公卿掾屬皆略不及光祿勳之有主事早見前書張湯子安世傳而前表亦不載主簿固其類也並已詳黨錮獨行二傳校補

左中郎將至主左署郎柳從辰曰御覽二百四十一引漢舊儀左中郎將主謁者

右中郎將至主右署郎柳從辰曰御覽引漢舊儀右中郎將主常侍侍郎

羽林中郎將至主羽林郎注獻帝以曹操爲南中郎將陳景雲曰操當作植見魏志植傳故號巖郎注羽林郎百二十八人官本注二作一柳從辰曰孫輯漢官典職儀作二與毛本合

議郎六百石本注曰無員注漢官曰五十人柳從辰曰書鈔五十六引漢官儀作十二

人不屬署不直事

謁者僕射一人至其灌謁者郎中比三百石錢大昕曰灌當讀如權說文蓉灌渝即爾雅釋草其萌蘿蕍大戴禮百草權輿亦即蘿蕍之異文今案錢氏通灌爲權於義得矣然灌未必果可通權也抑單言權但可訓權假未必可訓權輿錢氏破爾雅句讀以就己說又非所安矣且官名果爲權何必代以灌今志與獨行傳皆明作灌章懷注引漢官儀及胡廣馬融應奉之說亦皆作灌字必不誤特灌之說卒莫能定已於前校補略致所疑固不敢信錢說也廣云灌桓通典桓作栢說雖可通於義則謂仍與吉凶之制無涉不知蓋闕姑俟再詳

衛尉卿至掌宮門衛士錢大昭曰周禮宮正注若今時衛士填街蹕也疏云漢儀大駕行幸使衛士填塞街巷以備非常注漢官曰員吏四十一人柳從辰曰據下所列合有四十二人

公車司馬令一人至尉主闕門兵禁戒非常注以示威武武原譌比依通典正官本注不誤今案通典注引胡廣說其旁當兵當作設交戟以遮妄出入者作交節戟以遮誤出入也

左右都候各一人至及天子有所收考注在候大小各付所屬官本注候作官今案通典注引此候作宮未詳孰是又以馬被覆四字不知何指通典注省

宮掖門至宮門蒼龍司馬主東門官本宮上有北字今案北宮三門月列在後此皆南宮門不應有北字本宮長史爲封棨傳官本宮作官是今案外人謂無官位者受本官所遣當封棨傳爲信也

舊有六廄案通典注或曰六廄未央承華騊駼龍馬輅軨大廄也皆六百石令注有大廄未央馬家三令三原譌二依前表正官本注不誤又前表顏注家馬者主供天子私用非大祀戎事軍國所須後置左駿令廄錢大昭曰令廄二字當乙今案承上但置一廄言重在廄疑令廄本同時置兼言之也

廷尉卿一人柳從辰曰御覽二百三十一引韋昭辨釋名廷尉縣尉皆古官也以尉尉人也凡掌賊及司察之官皆曰尉尉罰也言以罪罰姦非也今案說文尉從上按下也所以申繒是即尉斗矣通俗文火斗曰[illegible]以物貤火從上尉按而使之平前書車千秋傳所謂尉安衆庶之師古曰[illegible]張釋之傳所謂天下之平皆即廷尉本義又前表太尉應劭曰自上安下曰尉武官悉以爲稱此又一言以蔽凡太尉衛尉縣尉皆武官也廷尉主擊斷古者兵刑同科故亦名尉辨釋名兢兢於掌賊司察罰姦皆其餘義

正左監各一人錢大昭曰各字疑衍馮緄碑緄爲廷尉左監正今案錢說是也通典廷尉正後漢一人其非各一人甚明注前漢有左右監平漢原譌各已正官本注不誤

大鴻臚卿一人集解劉熙釋名曰至以養之也柳從辰曰御覽二百三十二引韋昭辨釋名作腹前肥者臚言以京師爲心腹王侯外國爲四體以養之也與此引微異及郡國上計匡四方來亦屬焉案孟子勞之來之匡之直之注而可無乎官本注可或譌百

梁　剡　令劉　昭注補

王先謙集解

宗正卿一人中二千石〔集解〕惠棟曰應劭漢官儀曰宗正古官也周成王時彤伯入爲宗正王充云秩宗卿官漢之宗正也李祖楙曰宗正見安順靈紀四王三侯劉寬劉平黨錮劉虞循吏儒林文苑傳附見來歷馬嚴桓彬傳本注曰掌序錄王國嫡庶之次及諸宗室親屬遠近郡國歲因計上宗室名籍〔集解〕惠棟曰禮記大傳云繫之以姓而弗別鄭氏云繫之弗別若今宗室屬籍也若有犯法當髡以上先上諸宗正宗正以聞乃報決胡廣曰又歲一治諸王世譜差序秩第漢官曰員吏四十一人其六人四科一人二百石四人百石三人佐六人騎吏二人法家十八人學事一人官醫〔集解〕惠棟曰前書平帝紀曰元始元年令公列侯嗣子有罪耐以上先請鄭司農周禮注曰今時宗室有罪先請丞一人比千石〔集解〕李祖楙曰宗正丞見獨行傳

諸公主每主家令一人六百石〔集解〕李祖楙曰主家令附見趙孝傳丞一人三百石

本注曰其餘屬吏增減無常漢官曰主簿一人秩六百石僕一人秩六百石私府長一人秩六百石家丞一人三百石直吏三人從官二人東觀書曰其主薨無子置傳一人守其家〔集解〕李祖楙曰漢時長公主官屬異於諸公主漢官儀曰長公主官屬傳一人員吏五人騶僕射五人私府長食官長永巷令家令各一人所注不同

右屬宗正本注曰中興省都司空令丞如淳曰主罪人

大司農卿一人中二千石〔集解〕惠棟曰應劭漢官儀曰大司農古官也唐虞分命羲和四子敬授民時舜時二十二官弃爲后稷播時百穀蓋其任也初秦置治粟內史掌穀貨漢因之景帝更名大農令武帝更名大司農王莽改曰羲和又改爲納言東漢復爲大司農李祖楙曰大司農見各紀李通耿國馮勤牟融鄭弘鄭玄鄭衆第五倫鄧彪張禹徐防胡廣陳寵何熙种暠尹勳黃瓊李固杜喬張奐黨錮朱雋傳附見鄧騭卓茂伏湛趙典陳元趙咨周景崔寔左雄傳本注曰掌諸錢穀金帛諸貨幣郡國四時上月旦見錢穀簿其逋未畢各具別之邊郡諸官請調度者皆爲報給損多益寡取相給足漢書曰員吏百六十四人其十八人四科九人斗食十六人二百石文學二十八人百石二十五人佐七十五人學事一人官醫丞一人比千石部丞一人六百石本注曰部丞主帑藏古今注曰建初七年七月爲大司農置丞一人秩千石別主帑藏則部丞應是而秩不同應劭漢官秩亦云二千石

太倉令一人六百石〔集解〕惠棟曰齊職儀曰周司徒屬官有廩人倉人則其職也釋名曰倉藏也藏穀物也李祖楙曰太倉令附見梁冀傳本注曰主受郡國傳漕穀漢官曰員吏九十九人〔集解〕惠棟曰傳與轉古字通丞一人

平準令一人六百石〔集解〕李祖楙曰靈帝熹平四年改爲中準見本紀本注曰掌知物賈主練染作采色漢官曰員吏百九十人〔集解〕惠棟曰劉熙釋名云平準令主染色色有常平之法故準而酌之韋昭辨云主平物價使相依準丞一人

導官令一人六百石〔集解〕李祖楙曰導官見殤帝皇后紀本注曰主舂御米及作乾糒導擇也漢官曰員吏百一十二人〔集解〕惠棟曰司馬相如傳導一莖六穗于庖環濟要畧云導官令掌諸御米飛麪也丁度云以粟爲米曰導漢有導官丞一人

右屬大司農本注曰郡國鹽官鐵官本屬司農中興皆屬郡縣魏志曰曹公置典農中郎將秩二千石典農都尉秩六百石或四百石典農校尉秩比二千石所主如中郎部分別

而少爲校尉丞〔集解〕李祖楙曰和帝永元十五年復置涿郡故鹽鐵官蓋中興後各郡縣鹽鐵官置省不常故曰復續漢書云郡縣長及有鹽官錢官者隨事廣狹置令長及丞秩皆如縣見和紀又有廩犧令六百石〔集解〕李祖楙曰廩犧令見儒林傳掌祭祀犧牲鴈鶩之屬漢官曰丞一人三百石員吏四十人其十一人斗食十七人佐七人學事五人守學事皆河南屬縣給吏者〔集解〕惠棟曰袁紀和帝永和九年秋九月庚戌初設廩犧官

及雒陽市長漢官曰市長一人秩四百石丞一人二百石明法補員吏三十六人十三人百石嗇夫十一人斗食十二人佐又有槭擢丞三百石別治中水官主水渠在馬市東有員吏六人〔集解〕惠棟曰論衡洛陽城中之道無水水工激上雒中之水日夜馳流水工之功也李祖楙曰市丞附見耿秉傳滎陽敖倉官中興皆屬

河南尹餘均輸等皆省均輸者前書孟康注曰謂諸當所有輸於官者皆令輸其土地所饒平其所在時賈官更於他處貨之輸者既便而官有利鹽鐵論大夫曰往者郡國諸侯各以其物貢輸往來煩雜物多苦惡或不償其費故郡置輸官以相給運而便遠方之貢故曰均輸開委府于京師以籠貨物賤則買貴則賣是以縣官不失實商賈無所利故曰平準準平則民不失職均輸則民不劬勞故平準均輸所以平萬物而便百姓也文學曰古之賦稅於民也因其所工不求所拙農人納其穫工女效其職今釋其所有責其所無百姓賤賣貨物以便上求閒者郡國或令民

作布絜吏[illegible]難與之爲市吏之所入非獨齊陶之縑蜀漢之布也亦民間之所爲耳行姦賣平農民重苦必苦女工𦆘稅未見輸之均也縣官猥發闔門擅市郎萬民並收則物騰躍騰躍則商賈利自市則吏容姦豪吏富商積貨儲物以待其急輕賈姦吏收以取貴未見準之平也蓋古之均輸所以齊勞逸而便貢輸非以爲利而賈萬物也王隆小學漢官篇曰調均報度輸漕委輸胡廣注曰邊郡諸官請調者皆爲調均報給之也以水通輸曰漕委積也郡國所積聚金帛貨賄隨時輸送諸司農曰委輸以供國用前書又有都內藉田令丞幹官鐵市兩長丞郡國諸倉農監六十五官長丞皆屬之〔集解〕李祖楙曰本紀桓帝永元十五年復置廩犧令蓋又另設如舊制不屬之河南尹

少府卿一人中二千石〔集解〕李祖楙曰少府見安順獻紀邳彤竇章杜林趙典丁鴻徐防霍諝橋玄楊賜楊彪黃琬張奐黨錮孔融儒林傳附見鄧禹岑彭耿秉竇憲陰興梁竦崔寔傳本注曰掌中服御諸物衣服寶貨珍膳之屬漢官曰員吏三十四人其一人四科一人二百石五人百石四人斗食三人佐六人騎吏十三人學事一人官醫少者小也小故稱少府王者以租稅爲公用山澤陂池之稅以供王之私用古皆作小府漢官儀曰田租芻藁以給經用凶年山澤魚鹽市稅少府以給私用也〔集解〕惠棟曰胡廣漢官解詁曰少府主供養陂池禁錢服御口賓掖庭中宮漢官儀曰少府掌山澤陂池之稅名曰禁錢以給私養自別爲小藏故曰少府秩中二千石大用由司農小用由少府故曰小藏也丞一

人比千石〔集解〕李祖楙曰前書有六丞

太醫令一人六百石〔集解〕李祖楙曰太醫見安紀朱暉傳太醫令附見耿秉傳禮儀志本注曰掌諸醫漢官曰員醫二百九十三人員吏十九人〔集解〕惠棟曰應劭漢官儀曰太醫令周官也兩梁冠秩千石丞三百石此云六百石不與應說同藥丞方丞各一人本注曰藥丞主藥方丞主藥方〔集解〕李祖楙曰太醫丞見禮儀志方術傳郭玉爲和帝太醫丞多有效應按其文義當是方丞然本書不再見未敢臆度或二丞雖殊事實相若史故渾書耳

太官令一人六百石〔集解〕李祖楙曰太官見光武殤靈皇后紀禮儀祭祀志附見朱暉傳本注曰掌御飲食漢官曰員吏六十九人衛士三十八人荀綽晉百官表注曰漢制大官令秩千石丞四人秩四百石不與志同〔集解〕惠棟曰應劭漢官目錄曰太官令一人秩六百石丞四人秩四百石衞宏漢舊儀曰太官皆有令丞奴婢各三十人大置酒皆緹鞲蔽膝綠幘上食用黃金釦器蔡邕曰太官職役斯碎非文雅所使杜佑曰桓帝延熹元年太官令得補二千石左丞甘丞湯官丞果丞各一人本注曰左丞主飲食甘丞主膳具湯官丞主酒果丞主果荀綽云甘丞掌諸甘肥果丞別在外諸果菜茹〔集解〕李祖楙曰太官丞見文苑傳長樂太官丞見宦者傳

太官諸丞史不書職其例似與太醫丞同〔集解〕見前書太官七丞本紀桓帝永壽二年又置太官右監丞官延熹五年省注云秩比六百石

守宮令一人六百石〔集解〕李祖楙曰本紀桓帝永壽三年初以小黃門爲守宮令是沖質以前用士人獻帝時荀彧爲守宮令見魏志是漢末復用士人本注曰主御紙筆墨及尚書財用諸物及封泥漢官曰員吏六十九人丞一人漢官曰外官丞三百石公府吏府也

上林苑令一人六百石〔集解〕李祖楙曰上林苑見明和安桓靈紀本注曰主苑中禽獸頗有民居皆主之捕得其獸送太官漢官曰員吏五十八人案桓帝又置鴻德苑令〔集解〕李祖楙曰紀云延熹元年初置是前無此令案永壽元年洛水溢壞鴻德苑後二歲乃置此令蓋苑遭水患重修之後特設此官以監之耳丞尉各一人

侍中比二千石漢官秩云千石周禮太僕于寶注曰若漢侍中〔集解〕惠棟曰應劭漢官儀志曰侍中周官也成王時號曰常伯選于侯伯轉補哀闕言其道德可常尊也故曰常伯侍中冠武弁大冠亦曰惠文冠加金璫附蟬爲文貂尾爲飾謂之貂蟬本秦丞相史使五人往來殿中東廂奏事故謂之侍中而漢無常員多至數十人入侍禁中分掌乘輿服物下至褻器虎子之屬

武帝時孔安國爲侍中以其儒者聽掌御坐唾壺朝廷榮之久次者爲僕射至東京時屬少府亦無員駕出則多識者一人負傳國璽操斬白蛇劍參乘餘皆騎在乘輿車後李祖楙曰藝文類聚云風后爲黃帝侍中泰承制而以之爲丞相史親讖西京爲加官自列侯以下至郎中得有此加官侍中見章和安順靈獻紀四王三侯來歷寇榮傳竇憲魯恭劉寬趙典陰識陰興蘇章楊厚鄭弘曹褒梁冀張霸賈逵桓郁丁鴻劉平趙孝李法翟酺爰延楊秉楊賜楊彪种劭劉陶劉瑜尹勳張衡蔡邕周舉黃琬荀爽荀悅陳紀杜喬延篤盧植段熲黨錮何進荀彧儒林循吏文苑方術獨行傳附見劉永鄧禹賈復耿弇馬防竇融伏湛馮勤梁竦馮魴劉般袁安陳忠橋玄楊震竇武董卓劉虞劉表傳本注曰無員〔集解〕錢大昕曰案朱穆傳一言漢家舊典置侍中中常侍各一人黃門侍郎一人宦者傳永平中始置員數中常侍四人小黃門十人自明帝迄乎延平其員稍增中常侍至有十人小黃門二十人此志於侍中中常侍黃門侍郎小黃門皆云無員亦未深攷耳惠棟曰徐堅云侍中東漢中無常員至靈帝時侍中舍有八樞論者因言員本八人掌侍左右贊導衆事顧問應對法駕出則多識者一人參乘餘皆騎在乘輿車後本有僕射一人中興轉爲祭酒或置或否蔡質漢儀曰侍中常伯選舊儒高德博學淵懿仰占俯視切問近對喻旨公卿上殿稱制參乘佩璽秉劍員本八人陪見舊在尚書令僕射下尚書上今官出入禁中更在尚書下司隸校尉見侍中執板揖河南尹亦如之又侍中舊與中官俱止禁中武帝時侍中

莽何羅挾刃謀逆由是侍中出禁外有事乃入畢即出王莽秉政侍中復入與中官共止章帝元和中侍中郭舉與後宮通拔佩刀驚上舉伏誅由是侍中復出外集解李祖楙曰卓茂傳更始立以茂爲侍中祭酒建武十七年拜承宮侍中祭酒是侍中祭酒更始之官號中興仍其舊制而置此官也又見儒林傳附見蔡邕傳

中常侍千石本注曰宦者無員後增秩比二千石集解惠棟曰杜佑云永平中始定員數中常侍四人掌侍左右從入內宮贊導內眾事顧問應對給事集解惠棟曰衞宏漢舊儀云中常侍得出入臥內舉法省中省中郎禁中也成帝外家王禁貴重朝中爲諱禁曰省中李祖楙曰西京初惟有常侍元成後始有中常侍之名然皆士人中興用宦者又稍異焉朱穆疏舊制侍中中常侍各一人省尚書事黃門侍郎一人傳發書奏皆用姓族自和熹太后以女主稱制不接公卿乃用閹人假貂璫之飾處常伯之任況濫驕溢制愈乖矣是中興初尚用士人後改制則不復舊也

黃門侍郎六百石本注曰無員掌侍從左右給事中關通中外及諸王朝見於殿中引王就坐漢舊儀曰黃門郎屬黃門令日暮入對青瑣門拜名曰夕郎宮閣簿青瑣門在南宮衞瓘注吳都賦曰青瑣戶邊青鏤也一曰天子門內有眉格再重裏青畫曰瑣獻帝起居注曰帝初即位初置侍中給事黃門侍郎員各六人出入禁中近侍帷幄省尚書事改給事黃門侍郎爲侍中侍郎去給事黃門之號旋復復故舊侍中黃門侍郎以在中宮者不與近密交政誅黃門後侍中侍郎出入禁闈機事頗露由是王允乃奏比尚書不得出入不通賓客自此始也又曰諸奄人官悉以議郎郎中稱秩如故諸署令兩梁冠陛殿上得召都官從事以下集解李祖楙曰黃門侍郎見鄧騭耿國祭彤竇固馬防梁商梁冀陰興荀悅傳附見來歷鄧禹岑彭竇憲馮勤陰識馮魴梁松傳中郎給事黃門見卓茂傳給事黃門見趙熹傳皆侍郎官史通稱前書有稱郎中給事黃門者侍郎給事黃門者給事黃門侍郎者文黃門侍郎者亦同官異稱之證

小黃門六百石宦者集解李祖楙曰小黃門見皇后紀虞詡宦者傳無員掌侍左右受尚書事上在內宮關通中外及中宮已下眾事諸公主及王太妃等有疾苦則使問之

黃門令一人六百石董巴曰禁門曰黃闥以中人主之故號曰黃門令集解李祖楙曰黃門令見皇后紀欒巴宦者傳本注曰宦者主省中諸宦者漢官曰員吏十八人丞從丞各一人本注曰宦者從丞主出入從集解李祖楙曰宦者傳安帝時曹騰除黃門從官遷小黃門從官疑即從丞也

黃門署長畫室署長玉堂署長各一人丙署長七人皆四百石集解惠棟曰陳思王畫讚序曰漢明帝雅好圖畫別作畫室李祖楙曰玉堂見靈紀丙署見桓紀黃綬集解錢大昕曰黃綬二字疑衍公卿以下綬制已見輿服志不應單出此條本注曰宦者各主中宮別處集解李祖楙曰獻帝即位賜公卿以下至黃門侍郎家一人爲郎以補宦官所領諸署侍於殿上見本紀注云靈帝熹平四年改平準爲中準使宦者爲令自是諸內署令悉以閹人爲之故此並令士人代領也

中黃門冗從僕射一人六百石本注曰宦者主中黃門冗從居則宿衞直守門戶出則騎從夾乘輿車集解李祖楙曰冗從僕射附見梁商傳本紀桓帝永壽三年又置冗從右僕射官延熹四年復省

中黃門比百石本注曰宦者無員後增比三百石掌給事禁中集解李祖楙曰前書給事中有特官表云加官以大夫博士議郎等冠之掌顧問應對日上朝謁平尚書奏事中興初亦常用士人如桓譚以議郎給事中鄭眾以明經給事中復以越騎司馬仍給事中後遷不補益郎使黃門兼之增秩以重其職耳

掖庭令一人六百石集解惠棟曰如淳案列女傳曰周室姜后脫簪待永巷後改爲掖庭應劭漢官儀曰掖庭謂後宮所處李祖楙曰掖庭令見桓皇后紀章八王宦者傳本注曰宦者掌後宮貴人采女事漢官曰吏從官百六十七人待詔五人員吏十人集解惠棟曰鄭元注周禮內小臣曰今掖庭令晝漏不盡八刻白錄所記推當御者漢官目錄曰郡國獻女未御者須命于掖庭故曰待詔左右丞集解李祖楙曰掖庭丞見皇后紀前書掖庭七丞暴室丞各一人集解李祖楙曰暴室見皇后紀本注曰宦者暴室丞主中婦人疾病者就此室治其皇后貴人有罪亦就此室集解惠棟曰師古曰暴室者掖庭主織作染練之署故謂之暴室取暴曬爲名耳應劭曰暴室宮人獄也今曰薄室案宣紀暴室屬官有嗇夫李祖楙曰如桓帝八年詔廢鄧后送暴室以憂死是也

永巷令一人六百石集解李祖楙曰永巷見靈皇后紀宦者傳本注曰宦者典宮婢侍使漢官曰員吏六人吏從官三十四人丞一人本注曰宦者漢官曰右丞一人暴室一人集解李祖楙曰前書永巷令武帝改併掖庭東京分爲二令

御府令一人六百石本注曰宦者典官婢作中衣服及補浣之屬漢官曰員吏七人吏從官三十人丞織室丞各一人本注曰宦者漢官曰右丞一人集解李祖楙曰前書有東織西織令丞平帝省東織改西織曰織室中興後馬后置織室於濯龍中見皇后紀

祠祀令一人，六百石。本注曰：典中諸小祠祀。漢官曰：從官吏八人，騶僕射一人，家巫八人。丞一人。本注曰：宦者。

鉤盾令一人，六百石。集解李祖楙曰：鉤盾見桓紀、宦者傳，附見皇甫規傳。宦者爲之，有時稱加位鉤盾令。案蔡倫等均以中常侍補此官，曰加位者，加諸常侍，益兼此職，兩事並任之耳。本注曰：宦者，典諸近池苑囿遊觀之處。漢官曰：吏從官四十人，員吏四十八人。丞、永安丞各一人，三百石。本注曰：宦者。永安，北宮東北別小宮名，有園觀。苑中丞、果丞、鴻池丞、南園丞各一人，二百石。本注曰：苑中丞主苑中離宮。果丞主果園。集解李祖楙曰：果園見和紀。鴻池，池名，在雒陽東二十里。集解惠棟曰：水經注池東西千步，南北千一百步，四周有藉池，中又有東西横塘，水遷遞通，故李尤鴻池陂銘曰：鴻澤之陂，聖王所規，開水東注，出自城池也。南園在雒水南。漢官曰：又有署一人，胡熟監一人。案本紀桓帝又置顯湯苑丞。集解先謙曰：官本湯作陽，是。濯龍監漢官曰秩六百石。集解李祖楙曰：濯龍見桓皇后紀。直里監各一人，四百石。本注曰：濯龍亦園名，近北宮。直里亦園名也，在雒陽城西南角。集解李祖楙曰：桓典傳注華嶠書，典於靈帝時

遷平津都尉、鉤盾令、羽林中郎將，是漢末亦用士人，不僅宦者也。

中藏府令一人，六百石。集解李祖楙曰：中藏府見桓紀，亦作中黃藏府，漢官儀同。本注曰：掌中幣帛金銀諸貨物。漢官曰：員吏十三人，吏從官六人。丞一人。

內者令一人，六百石。集解惠棟曰：應劭漢官儀曰內者，署名。宣紀注丁孚漢官曰秩千石。李祖楙曰：內者令見皇后紀，附見梁商傳。本注曰：掌中布張諸衣物。漢官曰：從官祿士一人，員吏十九人。集解惠棟曰：黃圖引續漢書曰掌宮中步帳褻物，宣紀注亦引作褻物，誤作衣也。應劭漢官儀曰內者令主帷帳。左右丞各一人。

尚方令一人，六百石。集解李祖楙曰：尚方令見殤皇后紀、宦者傳，附見梁商傳。宦者爲之，有時稱加位尚方令，與鉤盾令同，解見鉤盾令下。本注曰：掌上手工作御刀劍諸好器物。漢官曰：員吏十二人，吏從官六人。集解惠棟曰：六典又云及寶玉作器性𥖁。又云其後分爲中左右三尚方。丞一人。

尚書令一人，千石。集解李祖楙曰：尚書令見明、順、桓、靈、獻紀，劉寬、侯霸、郭賀、馮勤、申屠剛、郅壽、郭伋、樊準、鄭弘、宋均、朱暉、韓稜、周榮、周景、郭鎮、陳忠、橋玄、楊賜、章八王、王暢、劉陶、尹勳、虞詡、左雄、黃瓊、陳紀、陳蕃、王允、黨錮、荀彧、循吏、酷吏、儒林、文苑、方術、獨行傳，附見趙典、馮衍、桓彬、范升、馮魴、陳寵、翟酺、周舉、劉表傳。本注曰：承秦所置，荀綽晉百官表注曰：唐虞官也。詩云仲山甫王之喉舌，蓋謂此人。集解惠棟曰：此據尚書，非令也，詳見下。武帝用宦者，更爲中書謁者令。集解惠棟曰：杜佑云漢中書謁者令丞屬少府。自武帝游宴後庭，故用宦者，司馬遷被腐刑之後爲中書令，即其任也。不言謁者，省文也。宣帝任中尚書典事，宏恭、石顯皆宦官，恭爲令，顯爲僕射。元帝即位，恭死，顯代爲中書令，貴幸傾朝。成帝改中書謁者令曰中謁者令，罷中書宦官，更以士人爲之。成帝用士人，復故。掌凡選署及奏下尚書文書衆事。蔡質漢儀曰：故公爲之者，朝會不陛奏事，增秩二千石，故自佩銅印墨綬。集解惠棟曰：注朝會不陛奏事，以漢官儀漢官典職校之，乃下陛奏事，下訛不。又注故自佩銅印墨綬，應劭漢官儀曰尚書令主贊奏事，總典綱紀，無所不統，天子所服五時衣賜尚書令，每朝會，尚書令、御史中丞、司隸校尉皆專席，故京師號曰三獨坐，言其尊重。注五時衣，謂春青，夏朱，季夏黃，秋白，冬黑也。先謙曰：官本文上有曹字。

尚書僕射一人，六百石。集解李祖楙曰：尚書僕射見馮勤、郅壽、楊璇、鍾離意、霍諝、朱暉、樂恢、胡廣、陳忠、張晧、黃瓊、虞詡傳，附見王允、董卓傳。本注曰：署尚書事，令不在則奏下衆事。蔡質漢儀曰：僕射主封門，掌授廩假錢穀。凡三公、列卿、將、大夫、五榮校尉行復道中，遇尚書僕射、左右丞、郎、御史中丞、侍御史，皆避車，豫相迴避，衛士傳不得迕臺官，過後乃得去。臣昭案：獻帝分置左右僕射，建安四年以榮邵爲尚書左僕射是也。獻帝起居注曰：邵卒官，贈執金吾。集

解惠棟曰：應劭漢官儀曰僕射，秦官也。僕，主也。古者重武，每官必有主射以督課之。又曰僕射秩六百石，銅印青綬，公爲之，加至二千石。李善云榮邵一作榮郃，誤也。郃，烏合切。時郃爲左僕射，衛臻爲右僕射，見漢官儀。先謙曰：官本五榮作五營，復作複，是。又臺官二字官本注重文。

尚書六人，六百石。集解李祖楙曰：尚書見順、靈、獻紀，伏湛、鄭均、馮豹、張陵、鍾離意、宋意、朱穆、何敞、張敏、郭鎮、陳寵、陳忠、翟酺、仲長統、陳龜、崔寔、楊秉、王龔、王暢、种暠、欒巴、劉陶、張衡、蔡邕、左雄、周舉、史弼、皇甫規、陳蕃、盧植、黨錮、儒林、宦者、循吏、方術傳，附見王梁、馮衍、虞延、鄭弘、楊琁、胡廣、何熙、杜根、虞詡、黃瓊、黃琬、陳寔、王允、竇武、董卓傳。本注曰：成帝初置尚書四人。韋昭曰：尚，奉也。集解惠棟曰：劉熙釋名曰尚書者，尚，上也，言最在上總領之也。韋昭辨云尚猶奉也，百官尚書言事，當省案平處奉上之，故曰尚書，尚方亦然。應劭漢官儀曰尚書，唐虞官也。孝和帝詔曰尚書古之納言，出納朕命。初秦代少府遣吏四人在殿中主發書，故號尚書。尚猶主也。漢因秦置之，故尚書爲中臺，謁者爲外臺，御史爲憲臺，謂之三臺。成帝當作武帝。應劭漢官儀曰尚書四員，武帝置，成帝加一爲五，有三公曹主斷獄，世祖分爲六曹，幷一令一僕，謂之八座。李祖楙曰：前書成帝建武四年初置尚書五人，中以一人爲僕射，注云四人別僕射言。分爲四曹。漢舊儀曰：初置五曹，有三公曹，主斷獄。蔡質漢儀曰：典天下歲盡集課事。三公尚書二人，典三公文書。吏曹尚書典選舉齋祀，屬三公曹。靈帝末，梁鵠爲選部尚書。集解李祖楙曰：陳忠

傳安帝時忠拜尚書居三公曹又董卓傳獻帝時賈詡爲尚書典選是漢時常置常侍曹尚書主公卿事蔡質漢儀曰主常侍黃門御史事世祖改曰吏曹〔集解〕李祖楙曰董卓傳獻帝時周珌爲吏曹尚書是二千石曹尚書主郡國二千石事漢舊儀曰亦云主刺史蔡質漢儀曰掌中都官水火盜賊辭訟罪眚民曹尚書主凡吏上書事蔡質漢舊儀曰典繕治功作監池苑囿盜賊事客曹尚書主外國夷狄事尚書龍作納言出入帝命應劭曰今尚書官王之喉舌世祖承遵後分二千石曹又分客曹爲南主客曹北主客曹蔡質漢儀曰天子出獵駕御府曹郎屬之凡六曹周禮天官有司會鄭玄曰若今尚書

左右丞各一人四百石〔集解〕李祖楙曰尚書左丞見文苑傳附見桓彬韓棱傳尚書右丞附見桓彬傳前書有四丞皆佐領僕射之事本注曰掌錄文書期會左丞主吏民章報及騶伯史蔡質漢儀曰總典臺中綱紀無所不統右丞假署印綬及紙筆墨諸財用庫藏蔡質漢儀曰右丞與僕射對掌授廩假錢穀與左丞無所不統凡中宮漏夜盡鼓鳴則起鐘鳴則息衞士甲乙徼相傳甲夜畢傳乙夜相傳盡五更衞士傳言五更未明三刻後雞鳴衞士踵丞郎趨嚴上臺不畜宮中雞汝南出雞鳴衞士候朱雀門外專傳雞鳴于宮中應劭曰楚歌今雞鳴歌也晉太康地道記曰後漢固始鮦陽公安細陽四縣衞士習此曲於闕下歌之今雞鳴是也

侍郎三十六人四百石〔集解〕李祖楙曰尚書侍郎見黨錮酷吏獨行傳尚書郎見馮豹樊準桓彬徐防胡廣仲長統杜根鄭太文苑獨行傳禮儀志附見鄧騭袁敞周榮傳變傳本注曰一曹有六人主作文書起艸蔡質漢儀曰尚書郎初從三署詣臺試初上臺稱守尚書郎中歲滿稱尚書郎三年稱侍郎客曹郎主治羌胡事劇遷二千石或刺史其公遷爲縣令秩滿自占縣去詔書賜錢三萬與三臺祖餞餘官則否治嚴一月準謁公卿陵廟乃發御史中丞遇尚書丞郎避車執板住揖丞郎坐車舉手禮之車過遠乃去尚書言左右丞敢告知如詔書律令郎見左右丞對揖無敬稱曰左右君丞郎見尚書執板對揖稱曰明時見令僕射執板拜朝賀對揖〔集解〕惠棟曰一作三十五人又作三十四人蔡質漢官典職曰尚書郎夜更直五日于建禮門內官供青縑白綾被或以錦被晝夜更宿帷帳畫通中枕臥旃蓐冬夏隨時改易大官供食物湯官供餅餌五熟果實五日一美食下天子一等給尚書郎伯使一人女侍史二人皆選端正妖麗者伯使從至止車門還女侍史潔衣服執香爐燒薰從入臺中給護衣服奏事建禮內門得神仙門神仙門內得光明殿神仙殿因得侍省中省中皆胡粉塗壁紫青界之畫古賢人烈士重行書贊其邊以丹漆地郎握蘭含香趨走丹墀伏其下奏事黃門侍郎與對揖而跪受天子五時賜服若郎處曹三年遷二千石刺史又曰周禮御史掌贊書鄭元注云贊爲辭若今尚書作詔文魏名臣奏騶馬都尉甄毅奏曰漢時公卿皆奏事選尚書郎試然後得爲之其在職自實所發書詣天子前發省便處當事輕重口自決定或天子難問據案處正乃見郎之割斷才優李祖楙曰漢舊制尚書郎限滿補縣長令史丞尉章帝時鄭弘爲尚書令奏以爲臺職雖尊而酬賞甚薄至於開選多無樂者請使郎補二千石令史爲長帝從其議案馮勤爲郎中給事尚書蓋郎守尚書郎中也後帝以爲能令總尚書衆事旋遷尚書僕射尚書令也

令史十八人〔集解〕先謙曰官本連上不提行二百石本注曰曹有三主書後增劇曹三人合二十一人古今注曰永元三年七月增尚書令史員功滿未嘗犯禁者以補小縣墨綬蔡質漢儀曰皆選蘭臺符節上稱簡精練吏有能爲之〔集解〕錢大昕曰決錄注曰故事尚書郎以令史久缺補之世祖始改用孝廉爲郎以孝廉丁邯補焉邯稱疾不就詔問實病羞爲郎乎對曰臣實不病恥以孝廉爲令史職耳世祖怒曰虎賁減頭杖之數十詔問欲爲郎不邯曰能殺臣者陛下不能爲郎者臣中詔遣出竟不爲郎邯字叔春京兆陽陵人也有高節正直不撓後拜汾陰令治有名迹遷漢中太守妻弟爲公孫述將收妻送南鄭獄免冠徒跣自陳詔曰漢中太守妻乃繫南鄭獄誰當搔其背垢者懸牛頭賣馬脯盜跖行孔子語以邯服罪且邯一妻冠履勿謝治有異卒於官〔集解〕惠棟曰應劭漢官儀曰能通蒼頡史篇補蘭臺令史滿歲補尚書令史滿歲爲尚書郎出亦與郎同宰百里郎與令史分職受書呂氏春秋審分篇曰贊以潔白而隨以汙德高誘云以汙穢之德隨潔白之蹤里諺所謂懸牛頭而賣馬脯此理之謂也案此則懸牛頭以下皆當時諺也

符節令一人六百石〔集解〕李祖楙曰符節令見皇后紀黨錮傳附見來歷傳本注曰爲符節臺率主符節事凡遣使掌授節尙符璽郎中四人本注曰舊二人在中主璽及虎符竹符之半者漢官曰當得明法律郎周禮掌節有虎節龍節皆金也干寶注曰漢之銅虎符則其制也周禮又曰以英蕩輔之干寶曰英刻書也蕩竹箭也刻而書其所使之事以助三節之信則漢之竹使符者亦取則於故事也〔集解〕惠棟曰周禮典瑞鄭元云若今符璽郎符節令史二百石本注曰掌書魏氏春秋曰中平六年始復節上赤葆〔集解〕李祖楙曰前書符節有丞無尚符璽郎中符節令史但符璽有令御史掌者周昌傳趙堯爲符璽御史百官表符璽御史趙堯案秩如符璽郎中

御史中丞一人千石〔集解〕李祖楙曰御史中丞見安順桓紀馬嚴宣秉樊準桓典馮緄何熙黨錮皇甫嵩酷吏宦者南蠻傳附見朱祐法雄趙孝鄧彪楊震黃琬傳本注曰御史大夫之丞也舊別監御史在殿中密舉非法周禮掌建邦之宮刑以主治王宮之政令干寶注曰若御史中丞〔集解〕惠棟曰劉熙釋名曰御史中丞居中丞相者也韋昭辨云此中丞自御史大夫下丞有二其一居殿中舉不法故曰中丞又注周禮下脫小宰二字及

御史大夫轉爲司空，因別留中，爲御史臺率，風俗通曰尚書御史臺皆以官倉頭爲吏主賊舍凡守其門戶蔡質漢儀曰丞故二千石爲之或遷侍御史高第執憲中司朝會獨坐內掌蘭臺督諸州刺史糾察百寮出爲二千石魏志曰建安置御史大夫不領中丞置長史一人集解惠棟曰漢官解詁建武以來省御史大夫官屬入侍蘭臺有十五人特置中丞一人以總之此官得舉非法其權次尚書後又屬少府。治書侍御史二人，六百石。集解李祖楙曰治書侍御史見蔡邕傳附見來歷劉焉傳治一作持本注曰：掌選明法律者爲之。凡天下諸讞疑事，掌以法律當其是非。蔡質漢儀曰選御史高第補之胡廣曰孝宣感路溫舒言秋季後請讞時帝幸宣室齋居而決事令侍御史二人治書御史起此後因別置冠法冠秩百石有印綬與符節郎共平廷尉奏事罪當輕重荀綽晉百官表注曰惠帝以後無所平治備位而已侍御史十五人，六百石。集解李祖楙曰侍御史見和安順桓靈獻紀魯恭杜林申屠剛杜詩桓典寒朗何敞朱穆李恂楊秉章八王張皓張綱种暠陳球杜根蔡邕王允黨錮鄭太孔融袁紹循吏酷吏儒林獨行南蠻傳附見陸康法雄楊震黃琬竇武董卓傳本注曰：掌察舉非法，受公卿羣吏奏事，有違失舉劾之。凡郊廟之祠及大朝會、大封拜，則二人監威儀，有違失則劾奏。蔡質漢儀曰其二人者更直執法省中者皆糾察百官督州郡公法府掾屬高第補之初稱守滿歲拜眞出治劇爲刺史二千石平遷補令見中丞執板揖集解惠棟曰應劭漢官儀曰侍御史周官也爲柱下史老聃爲之張蒼秦時爲御史主柱下方書侍御史之任也冠法冠一名曰柱後以鐵爲柱言其審固不撓常淸峻也或曰古有獬豸獸主觸邪佞故執憲者以其角形爲冠耳余覽秦事云始皇滅楚以其君冠賜御史漢興襲秦因而不改謝廣李祖楙曰中興初征伐四方權置御史監軍曰督軍御史以他官監軍曰監軍使者事訖罷至桓靈後兵事日多復置之督軍御史見宋均劉焉傳附見馬武馮緄傳前書御史有繡衣直指本書四王三侯傳有繡衣御史申屠建是也中興後無蘭臺令史，六百石。集解李祖楙曰蘭臺令史見班固班超儒林文苑傳本注曰：掌奏及印工文書。集解惠棟曰應劭漢官儀曰掌書劾奏王充論衡曰蘭臺令史職校書定字班固賈逵楊終傅毅之徒名香文美委積又云令史雖微典國道藏通人所由進猶博士之官儒生所由興也李祖楙曰漢官云蘭臺令史六人秩百石見班固傳注

右屬少府。本注曰：職屬少府者，自太醫、上林凡四官；自侍中至御史，皆以文屬焉。承秦，凡山澤陂池之稅，名曰禁錢，屬少府。世祖改屬司農，考工轉屬太僕，都水屬郡國。孝武帝初置水衡都尉，秩比二千石，別主上林苑有離宮燕休之處，世祖省之，并其職於少府。每立秋貙劉之日，輒暫置水衡都尉，事訖乃罷之。少府本六丞，省五。又省湯官、織室令，置丞。又省上林十池監，胞人長丞，宦者、昆臺、昆臺本名甘泉居室武帝改佽飛佽飛本名左弋武帝改三令，二十一丞。集解李祖楙曰宦者昆臺佽飛三令宦者七丞昆臺五丞佽飛九丞也又省水衡屬官令、長、丞、尉二十餘人。章和以下，中官稍廣，加嘗藥、太官、御者、鉤盾、尚方、考工、別作監，集解李祖楙曰嘗藥監見禮儀志附見蓋勳傳尚方監附見何進傳宦者傳有長樂太官丞或郎此太官監之類皆六百石，宦者爲之，轉爲兼副，或省，故錄本官。蔡質漢儀曰少府符著出見都官從事持板都官從事入少府見符著持板漢官目錄曰古三卿司空所部集解惠棟曰太官食監也禮儀志曰不豫太醫令將醫入嘗藥監中常侍小黃門皆先嘗藥過量十二

百官志三第二十六終

續漢志集解第二十六校補

百官志三諸公主每主家令一人至其餘屬吏增減無常注從官三人官本注三作二柳從辰曰孫輯本亦作三集解李祖楙曰至所注不同柳從辰曰皇后紀注引漢官儀有鄉公主傅一人秩六百石僕一人六百石家丞一人三百石亦諸公主

大司農一人至取相給足注漢書曰柳從辰曰注書當作官各本皆未正

平準令一人錢大昭曰本紀熹平四年改平準爲中準使宦者爲令列於內署自是諸署悉以奄人爲丞令今案據靈紀知熹平五年後漢已無平準令矣紀注引漢官儀平準令一人六百石則猶是舊制續志所據蓋亦順帝時官簿耳

及雒陽市長注又有檝擢丞至水官主水渠官本注擢作櫂是官或作宮非

餘均輸等皆省注準平則民不失職準平官本注作平準與今本鹽鐵論合又注必苦女工繭稅繭稅今本鹽鐵論作再稅又注闤門擅市市原譌示已正官本注不誤

太醫令一人六百石本注曰掌諸醫注漢官曰員醫二百九十三人案員醫蓋或稱醫員或止稱醫集解惠棟曰至此云六百石不與應說同柳從辰曰本書安紀注引漢官儀亦作六百石應說或晚制

太官令一人六百石本注曰掌御飲食注漢制太官令秩千石柳從辰曰御覽二百二十九引應劭漢官儀太官令兩梁冠秩千石丞四人[illegible]皆秩四百石與荀說合而與漢官目錄又異全書無存莫能究竟也左丞甘丞湯官丞果丞各一人柳從辰曰本書桓紀永壽二年置太官右監丞官注引漢官儀太官右監丞秩比六百石此後置故志不載然據注可知漢官儀所載多晚制

侍中至或置或否注由是侍中復出外官本注由是二字在侍中下

黃門侍郎至引王就坐注衞瓘注吳都賦曰陳景雲曰瓘當作權權字伯輿見魏志衞臻傳注又注獻帝起居注曰帝初即位初置侍中給事黃門侍郎員各六人今案此並見本書獻紀注引漢官儀云給事黃門侍郎六百石無員掌侍從左右給事中使關通中外說與志合顧志但云黃門侍郎冠以給事二字爲官名前漢有之疑後漢所無[illegible]則亦獻帝晚制[illegible]志所不及

小黃門六百石宦者官本宦者上有本注曰三字是此誤脫

中黃門冗從僕射一人侯康曰洪景伯云漢故中常侍騎都尉樊君碑歷中黃門冗從假史小黃門小黃門右史臧府令中常侍漢志有中黃門冗從僕射而無假史有小黃門而無右史蓋闕文今案此亦如冗從主事少府主簿[illegible]等是屬吏從官官簿所略非所謂闕也至中黃門冗從右僕射桓帝所置亦晚制故志不及主中黃門冗從柳從辰曰黃門冗從據董巴中官傳謂黃門非尚書者冗居病衞直守戶行則騎從伏雖鈒帶赤質虎爪交劍童子佩刀從僕射領見書鈔六十三其文雖不完大要是黃門宦者之無專職者也又禮儀志大儺逐疫選中黃門子弟年十歲以上十二以下百二十人爲侲子亦冗從僕射將之宦官子弟皆乞養者蓋即此佩刀童子之屬輿服志亦載世祖以中黃門童子佩刀賜南單于也

永巷令一人至典宮婢侍使官本宮婢作官婢錢大昭曰周禮酒人注若今之侍史官婢又後御府令典官婢字不作宮則此宮字明誤今案侍使亦當依禮注作侍史濯龍監錢大昭曰本紀延熹五年又換王侯租以助軍糧出濯龍中藏錢還之是濯龍亦有幣帛金銀諸貨物矣濯龍亦稱宮延熹九年祠黃老于濯龍宮注漢官秩曰官本注漢上有應劭二字

內者令一人六百石集解惠棟曰至秩千石柳從辰曰御覽二百三十引董巴中官傳

守宮禁內署令秩千石在省內用中人省外士人內署疑即內者之譌秩亦與漢官所載同惟云守宮禁似所掌與內者令異又前文守宮令以守宮爲名而所主亦非守宮之事本士人職桓帝始以小黃門爲之究非常制與巴所謂省內用中人省外士人之說亦不合漢又別無守宮禁內署令之官疑莫能明也本注曰掌中布諸衣物集解惠棟曰至誤作衣也錢大昕曰宦紀注亦引作掌宮中知志文掌下亦脫宮字

尚方令一人至作御刀劍諸好器物注員吏十二人官本注二作三

尚書六人至二千石曹尚書主郡國二千石事注掌中都官水火盜賊辭訟罪眚都原譌郎官本注亦譌據通典正

左右丞各一人案左右丞侍郎令史皆尚書屬官不應提行官本亦惟令史不提行爲合耳右丞假署印綬及紙筆墨柳從辰曰孫輯漢官儀尚書令僕丞郎月給赤管大筆一雙篆題曰北工作楷於頭上象牙寸半著筆下又月賜渝麋大墨一枚小墨一枚

侍郎三十六人至主作文書起艸集解蔡漢官典職曰至給護衣服柳從辰曰本書鍾離意傳注引作蔡質漢官儀文字亦小異

令史十八人案本書韋彪傳云往時楚獄大起故置令史以助郎職是令史明帝時始置也合二十一人

注洽有名迹官本注名誤古

御史中丞一人至有違失舉劾之官本劾譌刻

百官志四第二十七

執金吾　太子少傅　太子太傅　將作大匠　大長秋　城門校尉　北軍中候　司隸校尉

後漢書二十七

梁　剡令劉　昭注補

王先謙集解

執金吾一人中二千石漢官秩云比二千石〔集解〕惠棟曰韋昭辨釋名曰執金吾掌徼巡宮外司執奸邪至武帝更名金吾爲外卿不見九卿之列李祖楙曰執金吾見光武順靈獻紀來歷寇恂賈復耿秉王梁陰識朱浮梁商梁冀馮魴劉般宦者西南夷傳附見竇憲馬防陰興袁安傳變王允董卓傳先謙曰前書百官公卿表有執金吾翟方進自執金吾遷丞相非不見九卿之列也本注曰掌宮外戒司非常水火之事胡廣曰衞尉巡行宮中則金吾徼於外相爲表裏以擒姦討猾月三繞行宮外及主兵器吾猶禦也應劭曰執金革以禦非常漢官曰員吏二十九人其十人四科一人二百石文學三人百石二人斗食十三人佐學事注緹騎丞一人比千石漢官秩云六百石〔集解〕李祖楙曰前書有三丞緹騎二百人本注曰無秩比吏食奉漢官曰執金吾緹騎二百人五百二十人輿服導從光滿道路羣僚之中斯最壯矣世祖歎曰仕宦當作執金吾〔集解〕惠棟曰緹衣武士之服字林曰緹帛丹黃色他迹切又注五百二十人之上脫執戟二字北堂書鈔引應劭漢官儀曰執金吾緹騎二百人持戟二百二十人車駕出從六百騎走六千二百人也李祖楙曰古今注兩漢執金吾司隸校尉京兆河南尹皆使人導引傳呼使行者止坐者起四人持弓違者則射之又云五百一伍之伯也五人曰伍五長曰伯一曰戶伯漢制兵吏五人一戶置一伯諸公行則戶伯率其伍以導引服赤幘纁衣素韎說文緹帛丹黃色葢執金吾騎以此帛爲服故名緹騎見安桓紀竇憲張酺傳五百見宦者傳

武庫令一人六百石〔集解〕李祖楙曰武庫見桓靈紀本注曰主兵器丞一人〔集解〕李祖楙曰前書有三丞

右屬執金吾本注曰本有式道左右中候三人六百石車駕出掌在前清道還持麾至宮門宮門乃開中興但一人又不常置每出已郎兼式道候事已罷不復屬執金吾又省中壘寺互都船令丞尉〔集解〕李祖楙曰前書都船三丞中壘二尉左右中候有丞及左右京輔都尉〔集解〕李祖楙曰前書秦每郡有尉一人典兵禁景帝更名都尉孝武置京輔都尉各一人二千石中興初張宗爲京輔都尉規傳建武六年省

太子太傅一人中二千石〔集解〕李祖楙曰太子太傅見張堪王丹桓焉杜喬傳附見桓榮班超傳本注曰職掌輔導太子禮如師不領官屬荀綽晉百官表注曰唐虞官〔集解〕惠棟曰應劭漢官儀曰太子太傅日就月將琢磨玉質言太子有玉之質琢磨以道也杜佑云漢魏故事太子于二傅執弟子禮皆爲書不曰令少傅稱臣而太傅不臣

大長秋一人二千石〔集解〕李祖楙曰大長秋見順獻皇后紀宦者傳本注曰承秦將行宦者景帝更爲大長秋或用士人中興常用宦者職掌奉宣中宮命凡給賜宗親及宗親當謁見者關通之中宮出則從張晏曰皇后卿〔集解〕惠棟曰劉熙釋名曰長秋自皇后官非天子卿釋云長秋主宮中凡物次春生秋成欲使中宮之祚如之故爲名韋昭辨曰皇后陰宮秋者陰之始長者願其久也周禮世婦每宮士八人鄭元注漢始大長秋詹事中少府大僕亦用士八人漢吳郡丞武開明碑曰丞和二年舉孝廉除謁者漢安二年遷大長秋丞長樂太僕丞然則東漢東宮官屬亦參用士人不盡如志所云也丞一人六百石〔集解〕李祖楙曰長秋丞見宦者傳本注曰宦者

中宮僕一人千石本注曰宦者主馭本注曰太僕秩二千石中興

省太減秩二千石〔集解〕錢大昕曰下注字衍謂本名太僕後省太字也減秩二千石當云減秩千石惠棟曰鄭元周禮內宰注云今稱皇后曰中宮李祖楙曰中宮僕卽長樂永樂宮太僕官也吕屬長秋

中宮謁者令一人六百石〔集解〕先謙曰下文中宮謁者稱中謁者故中宮謁者令稱中謁者令皆省字稱之也前書武帝時使宦者典尚書事謂之中書謁者置令僕射成帝改令曰中謁者令卽此中宮謁者令矣又有中謁者僕射見禮儀志長樂謁者僕射見章八王傳本注曰宦者中宮謁者三人四百石〔集解〕李祖楙曰中謁者見安靈紀竇憲章八王傳禮儀志又有長樂謁者本注曰宦者主報中章

中宮尚書五人六百石〔集解〕李祖楙曰前百官表不載此官惟佞倖傳有中尚書官蓋郎中宮尚書也是不自中興始本注曰宦者主中文書

中宮私府令一人六百石本注曰宦者主中藏幣帛諸物裁衣被補浣者皆主之丁孚漢儀曰中宮藏府令秩千石儀比御府令〔集解〕李祖楙曰私府令如周內司服丞一人本注曰宦者

中宮永巷令一人六百石本注曰宦者主宮人丞一人本注曰宦者〔集解〕李祖楙曰黃圖永巷永長也宮中之長巷幽閉宮女之有罪者永巷宮人見皇后紀

中宮黃門冗從僕射一人六百石本注曰宦者主中黃門冗從丁孚漢儀曰給事中宮侍郎六人比尚書郎宦者爲之給事黃門四人比黃門侍郎給事羽林郎一人比羽林將虎賁官騎下

中宮署令一人六百石本注曰宦者主中宮請署天子數女騎六人丞復道丞各一人本注曰宦者復道丞主中閤道

中宮藥長一人四百石〔集解〕李祖楙曰藥長見宦者傳本注曰宦者

右屬大長秋本注曰承秦有詹事一人位在長秋上亦宦者主中諸官成帝省之吕其職幷長秋是後皇后當法駕出則中謁中宦者職吏權兼詹事奉引訖罷宦者誅後尚書選兼職吏一人奉引云其中長信長樂宮者置少府一人職如長秋及餘吏皆吕宮名爲號員數秩次如中宮長樂五官吏朱瑀之類是也〔集解〕李祖楙曰長樂五官吏及長樂從官史附見竇武儒林宦者傳諸傳吏皆作史本注曰帝祖母稱

長信宮故有長信少府〔集解〕李祖楙曰中興無長信宮案長信平帝更名長樂是西京已無此宮名矣桓帝和平元年立孝崇皇后宮曰永樂置少府太僕以下皆如長樂故事後有司奏太后所居之宮皆以永樂爲稱永樂少府見靈紀劉寬楊彪陳球酷吏傳永樂太僕見皇后紀長樂少府〔集解〕李祖楙曰長樂少府見和殤順靈皇后紀趙典桓郁劉般黨錮循吏宦者傳附見竇憲梁松周舉傳位在長秋上及職吏皆宦者秩次如中宮長樂又有衛尉〔集解〕李祖楙曰長樂衛尉見安靈紀魯恭魏霸馬嚴韋彪趙孝張奮王暢循吏宦者傳附見陰興班超傳僕爲太僕〔集解〕李祖楙曰長樂太僕見靈紀宦者傳皆二千石在少府上丁孚漢儀曰丞六百石其崩則省不常置

太子少傅二千石〔集解〕李祖楙曰太子少傅見王丹桓焉儒林傳附見班超傳本注曰亦吕輔導爲職悉主太子官屬漢官曰員吏十三人〔集解〕惠棟曰沈約云後漢詹事太子官屬悉屬少傅而太傅不復領官屬

太子率更令一人千石本注曰主庶子舍人更直職似光祿〔集解〕李祖楙曰前書顏注率更掌知漏刻晉志主宮殿門戶及賞罰事西京率更令有丞

太子庶子四百石本注曰無員如三署中郎【集解】李祖楙曰前書庶子統中庶子言藝文類聚職官部引環濟要略云庶子謂宮中諸吏之適子及支庶俱在版籍中者行其秩敘作其徒役授八次八舍之職以徵候案此如周禮天官宮伯之職

太子舍人二百石【集解】李祖楙曰太子舍人見安順質靈獻紀竇憲賈逵湻于恭宋均袁安袁敞黃瓊獨行傳律厤志本注曰無員更直宿衞如三署郎中漢官曰十三人選良家子孫【集解】李祖楙曰太子舍人西京時常以歲課列乙科者二十人爲之中興後殆無此制解見徐防傳注

太子家令一人千石本注曰主倉穀飲食職似司農少府【集解】惠棟曰茂陵書曰秩八百石沈約云太子食湯沐邑十縣家令主之李祖楙曰前書家令有丞沈志僕率更令家令太子三卿故秩皆千石

太子倉令一人六百石本注曰主倉穀【集解】先謙曰上文家令本注主倉穀飲食此主倉穀下文食官令主飲食皆家令之佐

太子食官令一人六百石本注曰主飲食

太子僕一人千石本注曰主車馬職如太僕【集解】李祖楙曰漢世太子五日一朝因坐

東廂省識膳食非朝日遣僕輿中允且旦請問解見班彪傳

太子廄長一人四百石本注曰主車馬【集解】李祖楙曰前書廄長有丞

太子門大夫六百石漢官曰門大夫二人選四府掾屬本注曰舊注云職比郎將【集解】李祖楙曰沈志門大夫分掌遠近表牋舊有左右戶將別主左右戶直郎建武㠯來省之

太子中庶子六百石【集解】李祖楙曰太子中庶子見儒林獨行傳本注曰員五人職如侍中【集解】李祖楙曰沈志中庶子漢置古者世祿卿大夫之子既爲副倅謂之國子天子諸侯子必有庶子官以掌教之

太子洗馬比六百石本注曰舊注云員十六人職如謁者太子出則當直者在前導威儀漢官曰選郎中補也【集解】李祖楙曰前書洗作先案國語越句踐親爲夫差前馬韓非喻老篇句踐入宦於吳身執干戈爲吳王洗馬賈誼新書春秋篇楚懷王無道令大國之王編而先馬皆謂馬前引導之職如湻云洗馬前驅也義均同

太子中盾一人四百石本注曰主周衞徼循【集解】李祖楙曰中盾前表同班彪傳別作中允案班固敘傳定陶王爲太子數遣中盾請問近臣顏注盾讀曰允沈志引作中允

太子衞率一人四百石本注曰主門衞士

右屬太子少傅本注曰凡初即位未有太子官屬皆罷唯舍人不省領屬少府【集解】李祖楙曰前書太子門大夫庶子先馬舍人屬二傳率更倉令食官令家令僕廄門中盾衞率及中長秋私府永巷祠祀令長丞屬詹事成帝省詹事並改屬大長秋中興太子官屬悉屬少傅而太傅不領官屬其中宮私府永巷長秋而祠祀令則屬少府本注於太常屬云有祠祀令一人後轉屬少府此自二官據前表祠祀令係太祝改後又改曰廟祀且本注於祠祀下注曰宦者是前長秋官屬自明今太常屬有太祝本注何矛盾若是西京改太祝曰祠祀乃一時制名偶同耳既改廟祀官又省矣本注誤以爲舊制而忘長秋固有此官也

將作大匠一人二千石蔡質漢儀曰位次河南尹光武中元二年省謁者領之章帝建初元年復置【集解】惠棟曰本傳將作大匠自建武以來常謁者領之至任隗乃置眞焉李祖楙曰將作大匠見光武獻紀來歷任隗竇融馬嚴魏霸趙典王堂張奮曹褒馮緄第五倫周景翟酺橋玄陳球黃琬李固黨錮何進孔融循吏酷吏宦者傳附見鄧騭竇憲馮魴應奉袁紹傳

本注曰承秦曰將作少府景帝改爲將作大匠掌修作宗廟路寢

宮室陵園木土之功并樹桐梓之類列于道側漢官篇曰樹栗椅桐梓胡廣曰古者列樹以表道竝以爲林囿四者皆木名治宮室并主之毛詩傳曰椅梓屬也陸璣艸木疏曰梓實桐皮曰椅今民云梧桐是也梓今人所謂梓楸者是也丞一人六百石【集解】李祖楙曰前書有二丞

左校令一人六百石【集解】李祖楙曰左校令見麗參傳本注曰掌左工徒丞一人安帝復也

右校令一人六百石【集解】李祖楙曰右校令見度尚南蠻傳本注曰掌右工徒【集解】李祖楙曰左右校署名凡臣工坐法常輸作於此校也丞一人安帝復也

右屬將作大匠前書曰屬官又有左右中候右庫東園王章左右前後中校士令丞成帝省【集解】惠棟曰注王章及校士令丞北宋本王作主士作七是李祖楙曰安紀延光三年復置左校令右校丞據此左校丞右校令中興未省前表成帝省左右前後中校五丞是令未省疑記載互譌

城門校尉一人比二千石【集解】李祖楙曰城門校尉見光武順靈獻皇后紀宗室四王三侯臧官馬防趙典張奮曹褒竇武黨錮皇甫嵩朱儁傳附見竇融竇憲馮魴孔奮崔寔傳變馬融傳本注曰掌雒陽城門十

二所周禮司門干寶注曰如今校尉集解洪亮吉曰案鄭注周禮徽識也今城門僕射所被及亭長著絳衣皆其遺象則城門又有僕射惠棟曰鄭元周禮司門注曰今城門校尉主王城十二門與干注同

司馬一人千石集解李祖楙曰城門司馬見來歷傳本注曰主兵城門每門候一人周禮每門下士二人干寶曰如今門候六百石蔡質漢儀曰門候見校尉執板下拜本注曰雒陽城十二門其正南一門曰平城門漢官秩曰平城門爲宮門不置候置屯司馬秩二千石李尤銘曰平城司午厥位處中古今注曰建武十四年九月開平城門集解惠棟曰二千石北宋本作秩千石又注厥位處中樂史云在丙上北宮門屬衛尉其餘上西門應劭漢官曰上西所以不純白者漢家初成故丹鏤之李尤銘曰上西在季位月惟戌集解惠棟曰注丹下脫漆字雍門銘曰雍門處中位月在西廣陽門銘曰廣陽位孟厥月在申津門銘曰津名自定位季月未集解李祖楙曰津門候見張奮傳小苑門集解惠棟曰樂史云在午上開陽門應劭漢官曰開陽門始成未有名宿昔有一柱來在樓上琅邪開陽縣上言縣南城門一柱飛去光武皇帝使來識視悵然遂堅縛之刻記其年月因以名焉銘曰開陽在孟位月惟巳集解惠棟曰漢官又云上有九子母像國家常往祈焉李祖楙曰開陽門候見李固循吏傳耗門銘曰耗門值季月位在辰中東門銘曰中東處仲月位當卯集解李祖楙曰中東門候見張湛郅惲傳上

後漢志二十七　六

東門銘曰上東少陽厥位在寅集解惠棟曰漢舊儀冊皇子爲諸侯王皆于上東門中以東門在卯故也李祖楙曰上東門候見郅惲傳穀門銘曰穀門北中位光于子集解惠棟曰樂史云在丑上李祖楙曰穀城候見律厤志夏門銘曰夏門值孟位月在亥凡十二門蔡質漢儀曰雒陽二十四街街一亭十二城門門一亭

右屬城門校尉

北軍中候一人六百石集解李祖楙曰北軍中候見史弼西羌傳附見應劭傳本注曰掌監五營漢官曰員吏七人候自得辟召通大鴻臚一人斗食集解惠棟曰高誘云中候候望者也李祖楙曰孔融傳融拜中軍候案中興無此官惟大將軍部下有曲曲有軍候比六百石秩次中候繹傳上下文融以司空掾拜中軍候在職三日遷虎賁中郎將据史弼傳弼辟公府遷北軍中候彼由公府掾遷此亦由司空掾拜則中軍候當郎北軍中候之奪文倒亂也它傳不見附記於此以備稽攷

屯騎校尉一人比二千石集解李祖楙曰屯騎校尉見桓靈皇后紀竇章劉寬梁商馮緄桓郁劉般朱雋傳附見鄧騭來歷伏湛梁冀傳本注曰掌宿衛兵漢官曰員吏百二十八人領士七百人司馬一人千石蔡質漢儀曰五營司馬見校尉執板不拜

越騎校尉一人比二千石如淳曰越人內附以爲騎也晉灼曰取其才力超越也案紀光武改青巾右校尉爲越騎校尉臣昭曰越人非善騎所出晉灼爲允集解惠棟曰注右當作左青巾左校尉建武九年置十五年改也李祖楙曰越騎校尉見和桓獻紀宗室四王三侯梁冀桓郁楊賜益勳宦者文苑傳附見鄧禹馬援馬防趙熹袁紹董卓傳本注曰掌宿衛兵蔡質漢儀亦曰掌越騎漢官曰員吏百二十七人領士七百人司馬一人千石集解李祖楙曰越騎司馬見順紀鄭眾傳附見馬援傳

步兵校尉一人比二千石初置掌上林苑門屯兵見前書集解李祖楙曰步兵校尉見桓靈獻皇后紀梁冀桓焉方術傳附見來歷任隗竇憲馬廖趙熹馮魴劉般竇武傳本注曰掌宿衛兵漢官曰員吏七十三人領士七百人司馬一人千石

長水校尉一人比二千石如淳曰長水胡名也韋昭曰長水校尉典胡騎廄近長水故以爲名長水蓋中小水名集解惠棟曰此據辨釋名也劉熙云長水校尉長于水戰用船之事故昭辨之又沈約引辨釋名云蓋關中小水名也司馬貞曰水經云長水出白鹿原今之荆溪水是也先謙曰韋注中上奪關字本注曰掌宿衛兵蔡質漢儀曰主長水宣曲胡騎漢官曰員吏百五十七人烏桓胡騎七百三十六人司馬胡騎司馬各一人千石本注

後漢志二十七　七

曰掌宿衛主烏桓騎

射聲校尉一人比二千石服虔曰工射也冥冥中聞聲則射中之故以爲名集解李祖楙曰射聲校尉見和獻皇后紀來歷耿國曹褒丁鴻班超循吏傳附見竇固竇憲馬成董卓傳光武紀建武七年省長水射聲二校尉十五年復置本注曰掌宿衛兵蔡質漢儀曰掌待詔射聲事漢官曰員吏百二十九人領士七百人集解惠棟曰注掌待詔射聲事事北宋本作士司馬一人千石

右屬北軍中候本注曰舊有中壘校尉領北軍營壘之事集解惠棟曰衛宏漢舊儀曰中壘校尉主北軍壘門內尉一人主上書者獄上章于公車有不如法者以付北軍尉北軍尉以法治之有胡騎虎賁校尉皆武帝置中興省中壘但置中候以監五營胡騎并長水集解李祖楙曰前書胡騎校尉掌池陽胡騎不常置光武紀建武五年隗囂遣子恂入侍以爲胡騎校尉傳亦見是中興初有此官虎賁主輕車并射聲案大駕鹵簿五校在前各有鼓吹一部集解李祖楙曰西京時常命郡國選武猛之士以爲輕車騎士材官樓船士於立秋後講肄課試各有員數平地用車騎山阻用材官水泉用樓船建武七年詔罷之蓋光武一意休息故併罷之也

凡中二千石丞比千石，眞二千石丞長史六百石，比二千石丞比六百石，令相千石丞尉四百石，其六百石丞尉三百石，長相四百石及三百石丞尉皆二百石，諸侯公主家丞秩皆比百石，諸邊鄣塞尉、諸陵校尉長皆二百石，有常例者不置秩【集解】先謙曰官本置作署

司隸校尉一人，比二千石。蔡質漢儀曰職在典京師外部諸郡無所不糾封侯外戚三公以下無尊卑入宮開中道稱使者每會後到先去【集解】李祖楙曰司隸校尉見光武明和順桓靈獻紀宣秉牟融鮑永鮑昱馮緄宋均宋意徐防張敏何熙應奉霍諝陳禪王龔王暢虞詡周舉黃琬鍾皓段熲黨錮呂布酷吏宦者傳附見馬援趙典杜詩梁冀張霸羊續蘇不韋張酺韓棱郭鎭班勇徐璆楊彪黃瓊竇武傳 本注曰：孝武帝初置，荀綽晉百官表注曰司隸校尉周官也征和中陽石公主巫蠱之獄起乃依周置司隸臣昭曰周無司隸豈郎司寇乎【集解】惠棟曰大司寇屬有司隸鄭元注隸給勞辱之役者漢始置司隸亦使將徒治道溝渠之役後稍尊之使主官府及近郡賈公彥云以漢時司隸官與周同故舉以爲說劉昭謂周無司隸失之持節，掌察舉百官以下，及京師近郡犯法者。前書曰置從中都官徒千二百人捕

巫蠱督大姦猾後罷其兵【集解】惠棟曰應劭漢官儀曰司隸校尉部河南河內右扶風左馮翊京兆河東宏農七郡元帝去節，【集解】惠棟曰見前書諸葛豐傳成帝省，建武中復置，并領一州。蔡質漢儀曰司隸詣臺廷議處九卿上朝賀處公卿下陪卿上初除謁大將軍三公通謁持板揖公議朝賀無敬臺召入宮對見尙書持板朝賀揖【集解】李祖楙曰本紀更始時世祖爲司隸校尉領雒陽置僚屬從事司察一如舊章建武八年司隸校尉傅亢下獄十一年徵鮑永爲司隸校尉是中興初已有之十八年罷十三州州牧置刺史十二人各主一州其一屬司隸司隸始領州事建安元年曹操領司隸校尉十八年省以所部分屬雍州蓋操於是年爲魏公因省【集解】先謙曰官本議作儀從事史十二人。【集解】李祖楙曰司隸從事見馮衍种拂申屠蟠傳附見鮑永蘇不韋傳案秋官司隸下士十二人似與從事史同本注曰：都官從事主察舉百官犯法者。蔡質漢儀曰都官主雒陽百官朝會與三府掾同博物記曰中興以來都官從事多出之河內掊擊貴戚【集解】惠棟曰注百官官當作姓功曹從事【集解】惠棟曰應劭漢官曰即治中也主州選署及眾事。別駕從事，校尉【集解】惠棟曰杜佑云舊解以爲別乘傳車故曰別駕諸州刺史亦如之行部則奉引，錄眾事。簿曹從事主財穀簿書。其有軍事，則置兵曹從事，主兵事。其餘部郡國從事，每郡國各一人，主督促文書，察舉非法，皆州自辟除，故通爲百石云。假佐二十五人。本注曰：主簿錄閤下事，省文書。門亭長主州正門。功曹書佐主選用。孝經師主監試經。月令師主時節祠祀。律令師主平法律。簿曹書佐主簿書。其餘都官書佐及每郡國，各有典郡書佐一人，各主一部文書，以郡吏補，歲滿一更。司隸所部郡七。

河南尹一人，主京都，特奉朝請。【集解】惠棟曰應劭漢官儀河南尹所治周地也雒陽本成周周之衰微分爲東西周秦兼天下置三川守河雒伊漢始更名河南孝武皇帝增曰太守世祖從雒陽故號爲尹尹正也詩曰赫赫師尹李祖楙曰河南尹見明和桓靈紀王梁郭賀蘇章梁冀馮緄袁安張酺郭鎭霍諝橋玄楊秉段熲王允黨錮何進袁術朱雋儒林獨行傳附見任光鄧騭宋弘樂恢應奉傳其京兆尹、【集解】李祖楙曰京兆尹見郅壽馮緄翟酺陳龜楊彪劉陶蓋勳延篤宦者傳附見第五倫班超傳左馮翊、【集解】李祖楙曰左馮翊見明安質紀蓋延張湛郭丹鄭眾滕撫陳禪章八王延篤儒林傳附見陳寵王允傳右扶風【集解】李祖楙曰右扶風見趙典楊秉黃琬傳附見馮異王允傳三人，漢初都長安，皆秩中二千石，謂之三輔。中興都雒陽，更以河南郡爲尹，以三輔陵廟所在，不改其號，但減其秩。其餘弘農、河內、河東三郡。其置尹、馮翊、扶風及太守丞奉之本位，在地理志。

百官志四第二十七終

續漢志集解第二十七校補

百官志四執金吾一人至及主兵器柳從辰曰書鈔五十四引漢官儀執金吾中興以來但專徼循不預國政案通典作不預他政注注緹騎官本注注作主是柳從辰曰孫輯本仍作注緹騎二百人集解李祖楙曰至五百見宦者傳今案亦見文苑傳下又宦者傳注引辨釋名說五百義與古今注異并詳輿服志上集解

中宮僕一人至中興省太減二千石集解錢大昕曰至當云減千石今案本條與後中尉條錢皆改本注曰爲本曰其實非也下已言省言改上不須更著本曰也本條自於志文主馭下另出本注曰非衍惟減秩二千石二蓋爲之譌

中宮冗從僕射一人至主中黃門冗從注比尚書郎比原譌北錢校據閣本正今從之官本注不誤

中宮永巷令一人官本中字不提行非

職如長秋如原譌知據錢校正官本不誤

太子率更令一人至職似光祿柳從辰曰御覽二百四十七引續漢書百官志作似光祿勳掌宮殿門戶之禁郎將屯衛之士凡多十六字今案此御覽所據本異也又通典亦作似光祿勳多勳字

太子舍人惠棟曰舍人秦官也漢因之今案前表舍人無說此據通典補

太子家令一人至職似司農少府柳從辰曰御覽二百四十七引本條末亦多擬廷尉也四字

太子洗馬至太子出則當直者在前導威儀柳從辰曰御覽二百四十六引本條者字作一人二字末亦多蓋洗馬之義也六字今案此與前條擬廷尉也句均說明之辭不類本注文疑御覽有誤

城門校尉一人至主兵案司馬一人千石本注曰主兵司一字不應提行城門每門候一人案城字應提行六百石注執板下拜官本注下作不是柳從辰曰孫輯本漢官典職儀亦作下注云下當作不其餘上西門注位月惟戌戌原譌成已正官本注不誤津門錢大昭曰雒陽南面西門開陽門錢大昭曰南面東頭第一門耗門注銘曰耗門值季月位在辰柳從辰曰御覽一百八十三引李尤此銘下有順陽布惠貧乏是振二句劉注所引各門銘皆止二句本節錄以辨門位非其全也又耗門御覽引作旄門蓋此耗字本讀如毛無也故尤銘以貧乏爲言緣音近遂轉爲旄耳穀門注位光于子官本注光作當

北軍中候一人六百石本注曰掌監五營錢大昕曰漢官制以委任爲重不依秩祿之多寡五營校尉皆比二千石而中候以六百石監之郡國守相皆二千石而刺史以六百石察之其後政歸臺閣尚書令秩止千石而權任乃在三公之上矣

屯騎校尉一人至司馬一人千石司字原誤提行已正官本不誤

長水校尉一人錢大昭曰建武七年省十五年復置

司隸校尉一人至都官從事主察舉百官犯法者注都官主雒陽百官主原譌武錢校據閣本正今從之官本注不誤集解惠棟曰注百官官當作姓今案注下引博物記言都官從事掊擊貴戚則是所主者官也非民也通典亦云都官從事史至爲雄劇主察百官之犯法者惠乃謂百官當改百姓誤矣主雒陽百姓者自有雒陽令非司隸從事之職惠或疑從事不過一掾史未能主百官則未思此從事以都官名固自有說前書藝文志顏注稗官小官名漢名臣奏唐林請省置吏公卿大夫至都官稗官各減十三是也據此可知都官在稗官上而出公卿大夫下亦小官而非朝官胡騰請於桓帝得自比都官從事遂作鶡頭召夫將軍西曹掾掾至膝行辭謝則當時都官從事之職權可見主雒陽百官者謂主都中四府以下曹掾衆官犯法者耳

百官志五第二十八　後漢書二十八

州郡　縣鄉　亭里　匈奴中郎將　烏桓校尉　護羌校尉　王國　宋衞國　列侯　關內侯　四夷國　百官奉

梁　剡　令劉　昭注補

王先謙集解

外十有二州每州刺史一人六百石集解李祖楙曰豫州刺史見光武十王周景喬玄明八王楊秉臧洪王允董卓公孫瓚袁術呂布循吏傳冀州刺史見郅壽蘇章賈琮度尚朱穆明八王劉陶李雲左雄周舉王允黨錮董卓劉虞公孫瓚袁紹傳兗州刺史見第五種張禹李恂楊秉臧洪皇甫規周舉朱儁黨錮董卓公孫瓚袁紹循吏儒林傳天文志徐州刺史見楊秉种劭陶謙袁紹傳青州刺史見安紀魯丕郭賀法雄王望楊秉王龔臧洪周舉趙岐陳蕃黃琬黨錮公孫瓚袁紹劉表儒林傳荊州刺史見靈紀郭賀羊續梁冀馮緄度尚楊琁徐璆楊震楊秉欒巴李固劉表方術逸民西南夷傳天文志揚州刺史見靈獻紀馬嚴滕撫劉般張禹臧洪黨錮許劭朱儁陶謙袁術獨行傳天文志并州刺史見靈紀蘇張仲長統周舉趙岐皇甫規段熲王允郭太董卓袁紹劉焉呂布傳涼州刺史見安靈獻紀馬嚴鄭興陳寵种暠种劭傅燮蓋勳皇甫規張奐段熲黨錮董卓劉焉宦者傳益州刺史見安桓獻紀公孫述楊秉种暠种劭黨錮劉表劉焉西南夷傳幽州刺史見靈紀寇榮耿夔馬嚴馮緄楊琁黨錮劉虞袁紹東夷鮮卑傳交阯刺史見順靈紀賈琮度尚楊琁朱儁南蠻傳天文志本注曰秦有監御史監諸郡漢興省之但遣丞相史分刺諸州無常官孝武帝初置刺史十三人秩六百石古今注曰常以春分行部郡國各遣一吏迎界上諸書不同也集解李祖楙曰前書元封五年於冀豫兗徐青荊揚并益幽涼朔方交阯州各置刺史一人中興建武十一年省朔方并并州為十二州置牧各一人成帝更為牧秩二千石集解李祖楙曰前書綏和元年更名牧哀帝建平十二年復為刺史見朱博傳元壽二年復為牧建武十八年復為刺史十二人各主一州其一州屬司隸校尉蔡質漢儀曰詔書舊典刺史班宣周行郡國省察治政黜陟能否斷理冤獄以六條問事非條所問即不省一條強宗豪右田宅踰制以強陵弱以眾暴寡二條二千石不奉詔書遵承典制倍公向私旁詔守利侵漁百姓聚斂為姦三條二千石不卹疑獄風厲殺人怒則任刑喜則任賞煩擾苛暴剝戮黎元為百姓所疾山崩石裂妖祥訛言四條二千石選署不平苟阿所愛蔽賢寵頑五條二千石子弟怙恃榮勢請託所監六條二千石違公下比阿附豪強通行貨賂割損政令諸州刺史初除比諸持板揖不拜獻帝起居注曰建安十八年三月庚寅省州并郡復禹貢之九州冀州得魏郡安平鉅鹿河間清河博陵常山趙國勃海甘陵平原太原上黨西河定襄鴈門雲中五原朔方河東河內涿郡漁陽廣陽右北平上谷代郡遼東遼東屬國遼西玄菟樂浪凡三十二郡省司隸校尉以司隸部分屬豫州冀州雍州省涼州刺史以并雍州部郡得弘農京兆左馮翊右扶風上郡安定隴西漢陽北地武都武威金城西平西郡張掖張掖屬國酒泉敦煌西海漢興永陽東安南凡二十二郡省交州以其郡屬荊州荊州得交州之蒼梧南海九眞交阯日南與其舊所部南陽章陵南郡江夏武陵長沙零陵桂陽凡十三郡益州本部郡有廣漢漢中巴郡犍為蜀郡牂牁越嶲益州永昌犍為屬國蜀郡屬國廣漢屬國今并得交州之鬱林合浦凡十四郡豫州部郡本有潁川陳國汝南沛國梁國魯國今并得河南滎陽都尉凡八郡徐州部郡得下邳廣陵彭城東海琅邪利城城陽東莞凡八郡青州得齊國北海東萊濟南樂安凡五郡獻帝春秋曰孫權以步騭行交州刺史東觀書曰交阯刺史持節集解錢大昕曰注二十二郡案二十二郡之名不見於郡國志者凡六西平郡蓋分金城置晉志領西都臨羌長寧安夷四縣西郡蓋分張掖置晉志領日勒刪丹仙提萬歲蘭池五縣西海郡獻帝興平二年置即張掖居延屬國也晉志領居延一縣漢興郡蓋曹公分關中置永陽郡則獻帝初平四年分漢陽置也惟東安南一郡無可考疑本作南安而衍東字耳秦中記中平五年分漢陽置南安郡晉志南安郡領獂道新興中陶三縣又案東漢始以屬國都尉領域比于郡守嗣後內地分置都尉亦得稱郡晉泰始初置滎陽郡蓋因魏之滎陽都尉也魏志李通傳太祖分汝南二縣以通為陽安都尉而趙儼傳云袁紹遣使招誘豫州諸郡惟陽安郡不動而都尉李通急錄戶調此亦以都尉為郡之證也裴松之引魏略云李勝嘗為滎陽太守當在魏主蓋之世似魏世已有滎陽郡矣惠棟注凡十三郡下凡十四郡北宋本無十字諸州常以八月巡行所部郡國胡廣注曰巡謂驛馬也縣次驚駕以走疾猶言古附遂集解官本考證曰注猶言古附遂校本作猶古言附遂惠棟曰北宋本胡廣曰縣邑囚徒皆閱錄視參考辭錄囚徒狀實其眞偽有侵冤者即時平理也考殿最課第長吏不稱職者為殿舉免之其有治能者為最上尤異州又狀州中吏民茂才異等歲舉一人初歲盡詣京都奏事也胡廣曰所察有條應繩者輒覆問之不茹柔吐剛歲盡齎所狀納京師名奏事差其遠近各有常會中興但因計吏胡廣曰不復自詣京師其所道皆如舊典東觀書曰和帝初張酺上言臣聞王者法天熒惑奏事太微故州牧刺史入奏事所以通下問知外事也數十年以來重其道歸煩擾故時止勿奏事今因以為故事臣愚以為刺史視事滿歲可令奏事如舊典問州中風俗好惡過所道事所聞見考課眾職下章所告及所自舉有意者賞異之其尤無狀逆詔書行罪法與勅戒其餘令各敬慎所以使賢遠於以衰減貪邪便佞韓外傳曰王者必立牧方三人所以闚遠牧眾也遠方之民有飢寒而不得衣食者有獄訟而失職者有賢而不舉者入告天子天子於其君之朝也揖而進之曰意朕之政教有不得者與何其所臨之民有飢寒而不得衣食者有獄訟而失職者有賢而不舉者其君退而與其卿大夫謀之遠方之民聞之皆曰誠天子也夫我居之僻見我之近也我居之幽見我之明也可欺乎哉故牧者所以開四目通四聰也集解惠棟曰北宋本重出可欺乎哉李祖楙曰光武紀建武十一年斷州牧自還奏事後遂因之不改皆有從事史假佐集解李祖楙曰州從事史見李憲蓋延朱浮虞延桓榮班固第五種袁安

王充李恂崔駰楊秉蓋勳史弼陳蕃王允竇武劉虞公孫瓚袁紹劉表劉焉酷吏獨行儒林方術西南夷傳天文五行志本注曰員職略與司隸同〔集解〕李祖楙曰宋書刺史官屬有別駕從事史一人從刺史行部治中從事史一人主財穀簿書兵曹從事史一人主兵事部從事史每郡各一人主察非法主簿一人錄閤下眾事省署文書門亭長一人主州正門功曹書佐一人主選孝經師一人主試經月令師一人主時節祠祀律令師一人平律簿曹書佐一人主簿書典郡書佐每郡各一人主一郡文書漢制也案司隸有別駕從事史校尉行部奉引錄眾事刺史職如司隸行部故有別駕從事見陳禪陳蕃王允袁紹劉表陶謙劉焉獨行傳部從事見喬玄獨行傳主簿見劉焉呂布傳無都官從事其功曹從事爲治中從事〔集解〕李祖楙曰治中從事見王允陳禪傅燮袁紹獨行方術傳豫州部郡國六冀州部九兗州部八徐州部五青州部六荊州部七揚州部六益州部十二涼州部十二幷州部九幽州部十一交州部七凡九十八其二十七王國相〔集解〕李祖楙曰二十七王國冀州部八鉅鹿常山中山安平原樂成郡安帝改清河桓帝改甘陵河間趙國勃海也豫州部四梁國陳國原淮陽王國章帝改沛國魯國也兗州部四東平任城濟北濟陰也徐州部五東海琅邪彭城下邳原臨淮郡明帝改廣陵也青州部五濟南平原樂安原千乘郡和帝改北海齊國也揚州部一九江也原阜陵王國其七十一郡太守其屬國都尉

屬國分郡離遠縣置之如郡差小置本郡名世祖幷省郡縣四百餘所後世稍復增之臣昭曰昔在先代列爵殊等九服不同畿荒制異雖連帥相司牧伯分長而封疆置限兼庸有數如身之使臂手之使指故能高卑相固遠近維緝羣后克穆共康兆庶爰及周衰稍競吞廣邦國侵爭遞懷貪略猶歷數百年乃能成其幷一豈非樹之有本使其然乎秦兼天下開設郡縣孤立獨王郎以顯亡漢祖因循雖不頓革分置子弟終龕諸呂之難漸剖列郡以減大都之權後嚴安之徒猶慷慨發憤謂千里之威郎古之畺國慮非安本無窮之計也孝武之末始置刺史監糾非法不過六條傳車周流匪有定鎮秩裁數百威望輕寡得有察舉之勤未生陵犯之釁成帝改牧其萌始大既非識治之主故無取焉爾世祖中興監乎政本復約其職還遵舊制斷親奏事省入惜煩漸得自重之路因茲以降彌於歲年母后當朝多以弱守六合危動四海潰弊財盡力竭綱維撓毀而八方不能內侵諸侯莫敢入伐豈非幹強枝弱控制素重之所致乎至孝靈在位橫流既及劉焉徼僞自爲身謀非有憂國之心專懷狼據之策抗論昏世薦議愚主盛稱宜重牧伯謂足鎮壓萬里挾姦樹算苟罔一時豈可永爲國本長期勝術哉夫聖主御世莫不大庇生民承其休謀傳其典制猶云事久弊生無或通貫故變改正服革異質文分爵三五參差不一況在豎駁之君挾姦詐之臣其所創置故焉可仍因大建尊州之規竟無一日之治故焉牧益土造帝服于岷峨袁紹取冀下制書于燕朔劉表制南郊天祀地魏祖據兗遂構皇業漢之殄滅禍原乎此及臻後代任寄彌廣委之邦宰之命授之斧鉞之重假之都督之威開之征討之略晉太康之初武帝亦疑其然乃詔曰上古及中代或置州牧或置刺史置監御史皆總綱紀而不賦政治民之事任之諸侯郡守昔漢末四海分崩因以吳蜀自擅自是刺史內親民事外領兵馬此一時之宜爾今賴宗廟之靈士大夫之力江表平定天下合之爲一當韜戢干戈與天下休息諸州無事者罷其兵刺史分職皆如漢氏故事出頒詔條入奏事京城二千石專治民之重監司淸峻於上此經久之體也其便省州牧晉武帝又見其弊矣雖有其言不卒其事後嗣纘繼牧鎭愈重據地分爭竟覆天下昔王畿之大不過千里州之所司廣袤兼遠爭彊虎視之辰遷鼎革終之日未嘗不藉藩兵之權挾董司之力逼迫伺隙陵奪沖幼其甚者臣主揚兵骨肉戰野昆弟梟懸伯叔屠裂末壯披心尾大不掉既用此始亦病以終傾轍愈襲莫或途改致雒京有銜璧之痛秦臺有不守之酷胡羌遞興氐鮮更起摩滅羣黎流禍百世堅冰所漸兼緣茲蠹嗚呼後之聖王必不久滯斯迹靈長之終當有神算不然則雄捍反拒之事懼甚於此心憑彊作害之謀方盛於後意凡州所監都爲京都置尹一人二千石〔集解〕錢大昕曰案京都置尹一人志正文也上六字乃注文譌舛不可通予謂監都之都當作部以上文云每州部郡國若干因改部字義以足成之當云凡州所監爲部部字譌又傾倒其文耳丞一人每郡置太守一人二千石丞一人郡當邊戍者丞爲長史古今注曰建武六年三月令郡太守諸侯相病丞長史行事十四年罷邊郡太守丞長史領丞職〔集解〕惠棟曰漢官曰太守秦官也秦滅諸侯用李斯議分天

下爲三十六郡置守丞尉各一人守治民丞佐之李祖楙曰太守丞見順紀桓譚孔奮羊續劉平謝弼臧洪西南夷傳邊郡丞稱長史如索班爲敦煌長史見西域傳蓋勳爲漢陽長史見本傳田颯爲隴西長史上官鴻爲金城長史見西羌傳馬襄爲西河長史見匈奴傳是也前書郡有長史掌兵馬秩六百石王國之相亦如之每屬國置都尉一人比二千石〔集解〕李祖楙曰安定屬國都尉見桓紀皇甫規張奐傳張掖屬國都尉見竇融馮勤儒林傳張掖居延屬國都尉見劉般傳廣漢屬國都尉見馮緄傳遼東屬國都尉見安紀段熲方術傳蜀郡屬國都尉見方術傳蜀郡西部都尉見南蠻傳前書屬國都尉皆武帝初置顏注屬國者存其國號而屬漢朝故曰屬國如居延屬國等是居延匈奴中地也丞一人〔集解〕李祖楙曰公孫瓚爲遼東屬國長史蓋即都尉丞如上邊郡稱長史例也見瓚傳本注曰凡郡國皆掌治民進賢勸功決訟檢姦常以春行所主縣勸民農桑振救乏絕秋冬遣無害吏案訊諸囚平其罪法論課殿最案律有無害都吏如今言公平吏漢書音義曰文無所枉害蕭何以文無害爲沛主吏掾歲盡遣吏上計盧植禮注曰計斷九月因秦以十月爲正故也〔集解〕惠棟曰此周禮小行人秋獻功注也李祖楙曰上計吏見度尚楊秉公孫瓚文苑獨行東夷傳律厤禮儀志計者計簿也舊制使郡丞奉歲計詣京師上之幷舉孝廉郡口二十萬舉一人〔集解〕李祖楙曰前書孝武元光元年初令郡國舉孝廉各一人

與計偕拜郎中中廢中興和帝永元十四年復補郎官見和帝紀當時帝以所舉孝廉每與郡口率不均乃從丁鴻議令郡口二十萬歲舉孝廉一人四十萬二人六十萬三人八十萬四人百萬五人百二十萬六人不滿二十萬二歲一人不滿十萬三歲一人見丁鴻傳唯緣邊郡口十萬則歲舉一人不滿十萬二歲舉一人五萬以下三歲舉一人稍異見和帝紀順帝陽嘉元年初令郡國舉孝廉限年四十以上諸生通章句文史能牋奏乃得應選據此舉孝廉之例亦隨時隨地而爲制也典兵禁備盜賊〔集解〕先謙曰典上疑當有尉一人三字而奪之景帝更名都尉〔集解〕李祖楙曰前表秦每郡置尉一人掌佐守典武職甲卒秩比二千石景帝中二年更名郡亦有時不置太守幷職於都尉武帝又置三輔都尉各一人讖出入〔集解〕李祖楙曰京輔都尉見張宗傳左輔都尉見鄧禹傳右輔都尉見劉玄傳邊郡置農都尉主屯田殖穀〔集解〕李祖楙曰建武八年以梁騰爲酒泉典農都尉見梁統傳明帝永平十六年開伊吾盧屯田置宜禾都尉主之蓋農都尉比也見西域傳又置屬國都尉主蠻夷降者〔集解〕李祖楙曰前漢以典屬國掌蠻夷降者中興後無典屬國但置屬國都尉掌之中興建武六年省諸郡都尉幷職太守無都試之役古今注曰六年八月省都尉官應劭曰每有劇賊郡臨時置都尉事訖罷之〔集解〕惠棟曰胡廣漢官解詁都尉下曰舊時以八月都試講習其射力以備不虞皆絳衣戎服示揚威武折衝厭難也李祖楙曰建武初沛郡汝南都尉李忠杜詩見本傳河南都尉張宗見

傳歐陽歙見儒林傳千乘都尉何寵見獨行傳河東都尉樊曄見酷吏傳太山都尉夏恭見文苑傳武陵都尉溫序見獨行傳皆在未省以前建武七年又罷護漕都尉見本紀唯扶風都尉見本紀未省獻帝初平元年始罷之見本紀省關都尉〔集解〕李祖楙曰函谷關建武初以陰識爲關都尉鎮函谷是也見陰識傳九年省十九年復置後不云省史亦無攷靈帝中平元年又置函谷廣城伊闕大谷轘轅旋門小平津孟津八關都尉見皇甫嵩傳據此函谷關都尉蓋中省仍置也唯邊郡往往置都尉〔集解〕李祖楙曰邊郡各都尉如會稽東部都尉見順紀敦煌酒泉張掖都尉見竇融傳遼東都尉見馮緄傳交阯都尉見胡廣傳安定都尉見傅燮傳九眞都尉見黨錮傳會稽西部都尉見獨行傳案明帝時有京輔都尉陳新見馬武傳九江都尉滕撫見本傳桓帝時太山都尉侯章見桓紀抗徐見度尚傳孔宙見隸釋是內郡亦往往置之不僅邊郡順紀永壽元年置太山琅邪都尉注云因寇賊不息故也與上應說合及屬國都尉稍有分縣治民比郡〔集解〕李祖楙曰本紀和帝永元元年復置西河上郡屬國都尉十五年復置遼東西部都尉安帝永初元年分犍爲南部爲屬國都尉二年分廣漢北部爲屬國都尉延光二年分蜀郡西部爲屬國都尉[illegible]順帝陽嘉二年復置隴西南部都尉西羌西南夷傳復有金城西部都尉官此皆分縣治民也安帝以羌犯法三輔有陵園之守乃復置右扶風都尉京兆虎牙都尉應劭漢官曰蓋天生五材民幷用之廢一不可誰能去兵兵之設尚矣易稱弦木爲弧剡木爲矢弧矢之利以威天下春秋三時務農一時講武詩美公劉匪居匪康入

耕出戰乃裹餱糧干戈載揚四方莫當自郡國罷材官騎士之後官無警備實啟寇心一方有難三面救之發興雷震煙蒸電激一切取辦黔首囂然不及講其射御用其戒誓一旦驅之以即強敵猶鳩鵲捕鷹鸇豚羊弋豺虎是以每戰常負王旅不振張角懷挾妖僞遐邇搖蕩八州幷發煙炎絳天牧守梟裂流血成川爾乃遠徵三邊殊俗之兵非我族類忿鷙縱橫多僵良善以爲己功財貨糞土哀夫民氓遷流之咎見出在茲不教而戰是謂棄之跡其禍敗豈虛也哉春秋家不藏甲所以一國威抑[illegible]壞王命未洽可折衝壓難若指於掌故置右[illegible]京兆虎牙都尉見安桓紀耿恭趙岐公孫瓚[illegible]風都尉見皇甫規西羌傳漢官曰涼州近羌[illegible]兵護園林秩比二千石解見西羌傳先謙曰[illegible]置諸曹掾史新論曰王莽時置西海郡令其[illegible]行親事一曰爲四百石二歲而[illegible]本注曰諸曹略如公府曹無東西曹蔡質漢儀曰河南尹[illegible]事同〔集解〕惠棟曰注[illegible]有功曹史主選署功勞〔集解〕李祖楙曰郡功曹史見皇[illegible]述寇恂任光馬棱馮勤吳[illegible]杜詩廉范王堂樊準虞延周章曹褒桓曄法雄班固欒恢張禹袁安袁閎張酺韓稜爰延王充陳禪橋玄王龔[illegible]吳祐皇甫規黨錮許劭竇武循吏儒林獨行列女東夷傳[illegible]有五官掾署功曹及諸曹事〔集解〕李祖楙曰郡五官掾見任光邳彤蘇不韋李雲酷吏獨行西羌傳其監屬縣有五部督

郵曹掾一人〔集解〕李祖楙曰郡督郵見馮異[illegible]韋虞延鄭弘班固鍾離意何敞[illegible]黨錮儒林獨行方術傳正門有亭長一人〔集解〕李祖楙曰門亭長見陳寔儒林傳主記室史主錄記書催期會〔集解〕李祖楙曰主記室史見袁安傳無令史閤下及諸曹各有書佐幹主文書漢官曰河南尹員吏九百二十七人十二人百石諸縣有秩三十五人官屬掾史五人四部督郵吏部掾二十六人案獄仁恕□三人監津渠漕水掾二十五人百石卒吏二百五十人文學守助掾六十人書佐五十人循行二百三十人幹小史二百三十一人〔集解〕惠棟曰幹漢碑皆作循[illegible]恕魯恭傳有仁恕掾肥親是也百石卒吏之[illegible]馮翊二百石卒吏蓋秩有[illegible]又書佐漢律郡卒吏書佐各十人[illegible]晉書職官志州縣吏皆有[illegible]昌邱暹而下十九人皆[illegible]耶案王充論衡曰[illegible]從事然而郡不召佐史州不取[illegible]此則循行當作脩行無疑矣李祖楙曰郡倉曹掾見[illegible]掾見郅惲循吏儒林獨行方術傳決曹掾見[illegible]循吏酷吏獨行傳賊曹掾見銚期黨錮酷吏傳兵曹掾見[illegible]浮東夷傳漕水掾見方術傳仁恕掾見魯恭[illegible]駰陳寔儒林文苑方術傳門下掾見公孫述[illegible]袁安崔駰种暠獨行傳主簿見王堂袁安种[illegible]

欒傳書佐見樊準蔡邕酷吏傳小史見吳祐傳屬官每縣邑道大者置令一人千石其次
置長四百石小者置長三百石侯國之相秩次亦如之應劭漢官曰前書百
官表云萬戶以上爲令萬戶以下爲長三邊始孝武皇帝所開縣
戶數百而或爲令荊揚江南七郡惟有臨湘南昌吳三令爾及南
陽穰中土沃民稠四五萬戶而爲長桓帝時以江南陽安爲女公
主邑改號爲令主薨復復其故若此爲繫其本俗說令長以水土
爲之及秩高下皆無明文班固通儒述一代之書斯近其眞集解
惠棟曰注以江南陽安江誤當作汝南陽安縣屬汝南也順帝女
華延熹元年封陽安公主本注曰皆掌治民顯善勸義禁姦罰惡理訟平賊恤
民時務秋冬集課上計於所屬郡國胡廣曰秋冬歲盡各計縣戶口墾田錢穀入出盜賊多少
上其集簿丞尉以下歲詣郡課校其功功多尤爲最者於廷尉勞
勉之以勸其後負多尤爲殿者於後曹別責以糾怠慢也諸對辭
窮尤困收主者掾史關白太守使取法丞尉縛責以明下轉相
督勅爲民除害也明帝詔書不得僇辱黃綬以別小人吏也
凡縣主蠻夷曰道公主所食湯沐曰國集解錢大昕曰國當作邑李祖楙曰前表列侯所食
縣曰國皇后公主所食曰邑縣萬戶以上爲令不滿爲長侯國爲相皆秦制也
史記秦并天下夷郡縣銷兵刃示不復用丞各一人集解李祖楙曰縣丞見耿恭儒林傳尉大縣二人小

縣一人集解李祖楙曰洛陽左尉見橋玄傳本注曰丞署文書典知倉獄尉主盜賊
凡有賊發主名不立則推索行尋案察姦宄以起端緒應劭漢官曰大縣丞
左右尉所謂命卿三人小縣一尉一丞命卿二人集解李祖楙曰
縣尉見賈復魯恭丁鴻逸民傳案漢時守相丞尉皆命於朝廷曹
掾以下則用本郡之人由郡縣自辟除之常居門下
故諸掾常以門下爲號和安紀陳寵黨錮傳可參證各署諸曹掾
史本注曰諸曹略如郡員集解李祖楙曰縣功曹見袁安爰延橋玄列女傳主簿見爰延循吏獨行傳門
下書佐見朱雋酷吏傳門下史見种暠傳縣又有幕門候吏見方術傳五官爲廷掾集解李祖楙曰縣廷掾見任光
爰延酷吏傳監鄉五部春夏爲勸農掾秋冬爲制度掾漢官曰雒陽令秩千石丞三人
四百石孝廉左尉四百石孝廉右尉四百石員吏七百九十六人
十三人四百石鄉有秩獄吏五十六人佐史鄉佐七十七人斗食
令史嗇夫假五十人官掾史幹小史二百五十人書佐九十人循
行二百六十人集解李祖楙曰本紀明帝幸鄉賜縣掾史及門闌
走卒注云伍伯鈴下見酷吏傳侍閤門闌見鄭太傳部署街里走卒見虞
詡傳御騶皆有程品多少隨所典領詳輿服志獄吏見王霸袁敞虞詡
傳前表縣有丞尉秩四百石至二百石是爲長吏百石以
下有斗食佐史之秩是爲少吏按少吏亦作小吏見章紀
鄉置有秩三老集解李祖楙曰三老見各紀循吏傳游徼集解李祖楙曰游徼見臧宮獨行傳本注曰

有秩郡所署秩百石漢官曰鄉戶五千則置有秩集解惠棟曰倉
頡廟人名碑曰蓮勺左鄉有秩池陽左鄉有
秩池陽集水有秩殺阮君神祠碑曰有秩長安賈福李翕碑云敕
衙官有秩衙彈碑曰有秩定陵杜鄭趙明誠曰前漢掌故以鄉有
秩補太守卒吏百官志云云然則有秩蓋六鄉吏民也掌一鄉人
案仲長統傳注引十三州志曰有秩嗇夫得假半章印
風俗通曰秩則田間大夫言其官裁有秩耳其鄉小者縣置嗇夫一人風俗通曰嗇者省也夫賦也言
消息百姓均其役賦集解惠棟曰黃恭交廣記曰秦兼天下又除
附庸爲鄉有鄉則有里今之嗇夫是也鄉之爲言境也言在人境
域之中是社稷之臣也夫之爲言扶也扶助縣國無自專之威也
說文鄉國離邑民所封鄉也嗇夫別治封圻之內六鄉六卿治之
李祖楙曰鄉嗇夫見任光鄭弘鄭玄第五倫爰延吳祐傳嗇夫中
興後園陵廟亦往往置之知祭事徵求諸事不僅鄉也見宗室四
王三侯蓋延傳皆主知民善惡爲役先後知民貧富爲賦多少平其差品
三老掌教化凡有孝子順孫貞女義婦讓財救患及學士爲民法
式者皆扁表其門以興善行集解惠棟曰及作爲何晏景福殿賦曰爰有禁楄勒分翼張承以陽馬列
以員方李善曰楄附陽馬之短桷也說文關西謂旁曰㮰扁署也
从戶冊者署門戶之文也㮰著雖殊爲文之義則一也扁與楄同
補沔反一音必綿切游徼掌徼循禁司姦盜又有鄉佐屬鄉主民收賦稅風俗

通曰國家制度大率十里一鄉集解李祖楙曰前表大率十里一
亭亭有長十亭一鄉鄉有三老有秩嗇夫游徼三老掌教化嗇夫
職聽訟收賦稅游徼徼循禁盜賊縣大率方百
里其民稠則減稀則曠鄉亭亦如之皆秦制也
亭有亭長以禁盜賊集解李祖楙曰亭長見劉玄賈復傳俊臧宮虞延趙孝鍾離意李固循吏獨行方術逸民
傳本注曰亭長主求捕盜賊承望都尉漢官儀曰民年二十三爲正一歲以爲衞士一歲爲
材官騎士習射御騎馳戰陣八月太守都尉令長相丞尉會都試
課殿最水家爲樓船亦習戰射行船邊郡太守各將萬騎行障塞
烽火追虜置長史一人丞一人治兵民當兵行長領置部尉千人
司馬候農都尉皆不治民不給衞士材官樓船年五十六老衰乃
得免爲民就田應合選爲亭長亭長課徼巡尉游徼亭長皆習設
備五兵五兵弓弩戟楯刀劍甲鎧鼓吏赤幘行縢帶劍佩刀持楯
被甲設矛戟習射設十里一亭亭長亭候五里一郵郵間相去二
里半司姦盜亭長持二尺板以劾賊索繩以收執賊風俗通曰漢
家因秦大率十里一亭亭留也蓋行旅宿會之所館亭吏舊名負
弩改爲長或謂亭父集解官本考證曰注過郡太守過本亦作邊
惠棟曰周禮遺人職曰三十里有宿鄭元曰宿可止宿若今之亭
有室矣風俗通曰亭長者一亭之長率也又注或謂亭父方言云
楚東海之間亭父謂之亭公卒謂之弩父李祖楙曰獨行傳王忳
除郡令到官至斄亭亭長曰亭有鬼數殺過客不可宿忳曰仁德
勝邪何鬼之避即入亭止宿而漢
時亭爲行旅宿會之地可知矣

里有里魁民有什伍善惡㠯告本注曰里魁掌一里百家什主十家伍主五家㠯相檢察民有善事惡事㠯告監官風俗通曰周禮五家爲鄰四鄰爲里里者止也里有司司五十家共居止同事舊欣通其所也集解先謙曰官本舊欣作春秋

邊縣有障塞尉集解李祖楙曰陳禪爲玄菟候城障尉見禪傳卽障塞尉也漢制每塞要處別築爲城置人守塞候望謂之候城卽障也建武初匈奴諸胡犯塞遣將分障塞見祭肜傳永建元年嚴勑障塞繕設屯備見順紀此障塞之證也並見馬成馬援班勇應劭南蠻西羌傳本注曰掌禁備羌夷犯塞太公陰符曰武王問太公願聞治亂之要太公曰其本在吏武王曰吏者治也所以爲治其亂者何太公曰故吏重罪有十武王問吏之重罪太公曰一吏苛刻二吏不平三吏貪污四吏以威力迫脅於民五吏與史合姦六吏與人亡情七吏作盜賊使人爲耳目八吏賤買貴賣於民九吏增易於民十吏振懼於民夫治者有三罪則國亂而民愁盡有之則民流亡而君失其國武王曰民亦有罪乎太公曰民有十大於此除者則國治而民安武王曰十大何如太公曰民勝吏滑大臣一大也民宗强侵陵羣下二大也民甚富傾國家三大也民尊親其君天下歸慕四大也衆暴寡五大也民有百里之譽千里之交六大也民以吏威爲權七大也恩行於吏八大也民服信以少爲多奪人田宅贅人妻子九大也民之基業畜產爲人所苦十大也所謂一家害一里一里害諸侯諸侯害天下武王曰絕吏之臯塞民之大奈何大公曰察民之暴

後漢志二十八　九

吏明其賞審其誅則吏不敢犯臯民不敢大也武王曰是民吏相伺上下不和而結其讐太公曰爲君守成爲吏守職爲民守事如此各居其道則國治國治則都治都治則里治里治則家治家治則善惡分明善惡分明則國無事國無事則吏民外不懷怨內不徼事集解惠棟曰注賤買賣貴於民賣貴作貴賣

其郡有鹽官鐵官工官都水官者隨事廣狹置令長及丞秩次皆如縣道無分士給均本吏本注曰凡郡縣出鹽多者置鹽官主鹽稅出鐵多者置鐵官主鼓鑄胡廣曰鹽官掊坑而得鹽或以鑿井煮海水而以得之者鑄銅爲器械當鑄冶之時扇熾其火謂之鼓鑄有工多者置工官主工稅物有水池及魚利多者置水官主平水收漁稅在所諸縣均差吏更給之置吏隨事不具縣員

使匈奴中郎將一人比二千石集解李祖楙曰使匈奴中郎將見光武和順桓靈紀郭丹鄭衆陳龜楊秉种暠臧洪皇甫規張奐郭太竇武南匈奴鮮卑傳天文五行志本注曰主護南單于置從事二人有事隨事增之集解李祖楙曰匈奴中郎將從事見南匈奴傳司馬見張奐傳掾隨事爲員護羌烏桓校尉所置亦然應劭漢官曰擁節屯中步南設官府掾史單于歲遣侍子來朝謁者常送迎焉得賂弓馬氈罽他物百餘萬謁者事訖還具表付帑藏詔書勑自受集解惠棟曰注擁節屯中步鄭元禮記注曰節所以明信輔君命也今漢使者擁節李祖楙曰本紀建武六年匈奴遣使奉獻使中郎將韓統報命中興與匈奴通始此十四年中郎將劉襄使匈奴報命此皆以中郎將權其事也二十六年遣中郎將段彬授南單于璽書設官府令入居雲中將兵屯西河美稷以衛護之乃置員焉或稱護匈奴中郎將詳見匈奴傳

護烏桓校尉一人比二千石集解李祖楙曰護烏桓校尉見安和順靈紀鄧訓耿夔耿恭竇固應劭劉陶黨錮劉虞公孫瓚西羌烏桓鮮卑傳天文五行志本注曰主烏桓胡應劭漢官曰擁節長史一人司馬二人皆六百石並領鮮卑客賜質子歲時胡市馬晉書曰漢置東夷校尉以撫鮮卑集解惠棟曰應劭漢官儀曰護烏桓校尉孝武時烏桓屬漢始于幽州置之又注客賜質子歲時胡市馬烏桓傳客作賞胡作互李祖楙曰烏桓校尉司馬見公孫瓚傳前書護烏桓校尉武帝初置秩二千石擁節以護內附烏桓使不得與匈奴通後幷於匈奴中郎將中興建武中從班彪議復屯上谷甯城後或以中郎將護之見盧植傳

護羌校尉一人比二千石集解李祖楙曰護羌校尉見光武明章和安順桓靈紀隗囂鄧訓竇融馬嚴陳寵梁慬龐參蓋勳馬融皇甫規段熲王允董卓循吏獨行西羌傳天文五行志本注曰主西羌應劭漢官曰擁節長

後漢志二十八　十

史司馬二人皆六百石集解李祖楙曰護羌校尉長史見鄧訓傳從事見獨行西羌傳主簿見獨行傳武帝時諸羌爲寇叛服無常乃置校尉持節擁護降羌王莽亂遂罷建武九年從班彪議以牛邯爲之一如舊制邯卒官省明帝永平元年以謁者竇林領校尉林誅以謁者郭襄領之襄免官復省章帝建初元年復以度遼將軍吳棠領校尉棠免後以鄰郡太守代行其事不復專設詳見西羌傳又有護西域都尉見明章和安順紀鄭弘班超梁慬傳戊己諸校尉見明章和順紀耿恭班超班勇梁慬李傕董卓傳五行志長史見章安和順紀班超班勇梁慬傳司馬見順紀耿恭傳諸部候詳見西域傳

皇子封王其郡爲國每置傅一人集解李祖楙曰王國傅見宗室四王三侯光武十王明八王章八王杜林何敞儒林傳相一人集解李祖楙曰王國相見隗囂魯恭魯丕劉寬趙熹宋弘韋彪郭丹鮑永王堂鄭弘賈逵張宗王扶劉般劉愷趙咨鍾離意宋均張禹袁閎韓稜周景郭鎮陳寵霍諝徐璆明八王橋玄崔瑗楊震楊秉章八王陳球欒巴張衡黃琬荀淑荀爽陳紀李燮杜喬吳祐史弼孔融陳蕃黨錮朱儁劉虞呂布循吏酷吏宦者儒林文苑獨行列女傳五行志二千石本注曰傅主導王以善禮如師不臣也相如太守有長史如郡丞集解李祖楙曰馬融爲河間王廄長史見融傳常山王長史劉洪見律歷志漢初立諸王因項羽所立諸王之制地既廣大且至千里又其官職傅爲太傅相爲丞相又有

御史大夫及諸卿皆秩二千石百官皆如朝廷國家唯爲置丞相其御史大夫以下皆自置之胡廣曰後漢妾數無限別乃制設正適曰妃取小夫人不得過四十人至景帝時吳楚七國恃其國大遂以作亂幾危漢室及其誅滅景帝懲之遂令諸王不得治民令內史主治民改丞相曰相省御史大夫廷尉少府宗正博士官武帝改漢內史中尉郎中令之名前書曰改漢內史爲京兆尹中尉爲執金吾郎中令爲光祿勳而王國如故員職皆朝廷爲署不得自置至漢成帝省內史治民更令相治民漢舊儀曰大司空何武奏罷內史相如太守中尉如都尉參職是後中尉爭權與王相奏常不和也太傅但曰傅臣昭曰觀乎高祖之創業也豈直鴻勳碩德大庇羣生蕩其毒虐之和泰而已哉至於謀深慮久封建子弟蕃維盤固規謀宏遠及於三趙不終燕靈夭絕齊代淮楚皆爲外重故宋昌曰外畏齊楚淮南斯非效與事過則弊孰或通之全國之難誠固財物之富作衞之益亦既得之於前矣故賜以几杖用息姦謀嗣限局下怨生有以逮連師構亂兵交梁闕禦侮摧寇擘自密戚景帝遂削藩國之權刻骨肉之援封爲君而不聽治其民置爲主而稍賤其臣矯枉過甚遂臻於此呂霍之危朝后族愈貴於來寵吳楚之叛奔侯王徆借以受誚故賈誼欲衆建以少其力列虛以

侯其生此乃達觀深識監於親陪之要者也冢嗣必傳萬里之地分支欲使動搖不得於經維遠算且已凝矣復哀平之際劉氏偏於四海宗正著錄遂以萬數及乎後漢彌循前迹光武十子並列畿外近郡孝明八國不能開庭遠民國近則不可以大不大則不足爲強此所以本枝之援終以少固若使漢兩越置二三親則國剖吳楚樹數四列蕃割遼海而分皇枝開隴蜀而王子弟使主尊顯依漢初之貴民無定限許滋養之富若有昏虐之嗣可得廢而不得削必傳劉氏民信所奉發其侵伐兼并之釁嶮其他族篡殺之科制其入貢輕重之法疏其來朝往復之數君君臣臣永許百世之期一國之民長無遷動之志四方得志聽離官列封懷賢抱智隨所適樂土強弱相佯遠近相推舉其大歸略其小滯與其畫一班之海內天子之朝自非異姓僭奪不得興勤王之師諸蕃國自非雜互篡主不降討伐之詔犬牙相經其爲嚴國雖王莽善盜將何因而敢竊曹操雄勇亦安能以得土斯無侯極聖然克行明賢蠢識亦足立故父子首足也昆弟四肢也當使筋骨髓血動靜足以相勝長短大小幹用足以相衞豈有劃脛致腹取骨肉以增頭刻背露骨剝膏腴以禪領而謂顱頹魁岸可得比壽松喬喉咽擁腫必能長生久覩哉漢氏得之徵猶能四百載魏人失之甚不滿數十年衰自晉世矯枉太過入列皇朝非簡賢之授唯親是貴無愚智之辨不能勝衣冠早據公相之尊童蒙幼子遹登槐嶽之位職應論道而未離保母之養續侯賦政而服二三尺衣英賢大度稟彼昏稚高才碩儒恭承藐識公餗覆而不憂美錦碎而愈截兼授若流迴遷競路才鶩任重功勘釁多曉比名於公旦夕同皐於盜跖褒稱無位可以充德貶退刑蠑不足以塞咎威力強濟聲實隆重嫌猜畏逼身受其弊覆滅分體若梟仇寇齏粉同氣有過他逆忠貞之士橫罹其凶志節之人狠狽其禍闕伯實沈纖躔史筆顯思顯甫比有國書趙倫以惷愚排天齊攸以賢明謝世杜鬱珍夷冤孫就盡不可勝載矣豈周漢之君多孝悌之性晉宋之主稟豺狠之情蓋事勢使之然也朝行斯術夕窮崩亂未能革後來事愈甚蒼生爲此將盡矣四海爲此搆賊矣集解本蠸佹胆官聖帝英君欲反斯敗必當更開同姓之國置不增之約罷皇肖入宮之禍守盟牲礪河之篤乃可還險墜之路反乎全安之轍也集解惠棟曰注比壽松晉松晉赤松王子晉也先謙曰官本威作或考證云注或力強濟聲實隆重或當作威位朝廷廷字衍

中尉一人比二千石集解李祖楙曰中尉見光武十王章八王傳禮儀志本注曰職如郡都尉主盜賊東觀書曰其紹封削絀者中尉內史官屬亦以率減集解惠棟曰注減當作滅先謙曰官本作減郎中令一人集解李祖楙曰郎中令見皇后紀光武十王傳僕一人集解李祖楙曰僕見江革傳皆千石本注曰郎中令掌王大夫郎中宿衞官如光祿勳自省少府職皆并爲僕主車及馭如太僕本注曰太僕比二千石武帝改但曰僕集解錢大昕曰注字衍此言王國之僕其初亦稱太僕武帝時始去太字耳又皆減其秩治書比六百石本注曰治書本尚書更名大夫比六百石集解李祖楙曰中大夫見宗室四王三侯光武

十王章八王傳本注曰無員掌奉王使至京都奉璧賀正月及使諸國本皆持節後去節謁者比四百石集解李祖楙曰謁者見安紀本注曰掌冠長冠本員十六人後減集解錢大昕曰此句疑有脫誤據太子洗馬注云員十六人職如謁者則王國之謁者亦宜有十六人矣漢朝謁者掌賓贊受事及上章報問則王國之謁者所掌亦宜如之或云掌冠長別是一官如禮樂長衞士長之類則員不得若是之多也先謙曰上冠去聲禮樂長本注曰主樂人衞士長本注曰主衞士醫工長集解李祖楙曰第五倫傳建武中倫爲淮陽國醫工長本注曰主醫藥永巷長本注曰宦者主宮中婢使祠祀長本注曰主祠祀皆比四百石自禮樂長至此皆四百石郎中二百石集解李祖楙曰郎中見安紀劉盆子四王三侯光武十王章八王傳本注曰無員衞公宋公本注曰建武二年封周後姬常爲周承休公集解李祖楙曰本紀注武帝封周後姬嘉爲周子南君成帝封姬延爲周承休公常即延後五年封殷後孔安爲殷紹嘉公集解李祖楙曰本紀注武帝封孔吉爲殷紹嘉公安即吉裔十四年改常爲衞公安爲宋公以爲漢賓在三公上五經通義二王之後不考功有誅無絕鄭玄曰王者存二代而封及五郊天用天子禮以

祭其始祖行其正朔此謂通三統也三恪者敬其先聖封其後而已無殊異者也集解惠棟曰本紀在十三年此云十四年誤

列侯所食縣爲侯國本注曰承秦爵二十等爲徹侯金印紫綬㠯賞有功功大者食縣小者食鄉亭得臣其所食吏民後避武帝諱爲列侯集解李祖楙曰前表亦曰通侯楙靚劉攽曰顏注言其爵位上通於天子武帝元朔二年令諸王得推恩分衆子土國家爲封亦爲列侯舊列侯奉朝請在長安者位次三公中興㠯來唯㠯功德賜位特進者次車騎將軍胡廣漢制度曰功德優盛朝廷所敬異者賜特進在三公下不在車騎下賜位朝侯集解先謙曰官本有廷字次五校尉賜位侍祠侯集解李祖楙曰侍祠侯見鄧禹張奮劉般傳次大夫其餘㠯肺附及公主子孫奉墳墓於京都者亦隨時見會位在博士議郎下胡廣制度曰是爲猥諸侯諸王封者受茅土歸㠯立社稷禮也胡廣曰諸王受封皆受茅土歸立社稷本朝爲宮室自有制度至於列侯歸國者不受茅土不立宮室各隨貧富裁制黎庶以守其寵列土特進朝侯賀正月執璧云每國置相一人其秩各如本縣本注曰主治民如令長不

臣也但納租于侯㠯戶數爲限其家臣置家丞庶子各一人集解李祖楙曰列侯家丞見宋暉張奮傳本注曰主侍侯使理家事列侯舊有行人洗馬門大夫凡五官中興㠯來食邑千戶已上置家丞庶子各一人不滿千戶不置家丞又悉省行人洗馬門大夫集解李祖楙曰前表惟載家丞庶子門大夫無行人洗馬

關內侯如淳曰列侯出關就國侯但爵身其有家累者與之關內之邑食其租稅也古今注曰建武六年初令關內侯食邑者俸月二十五斛承秦賜爵十九等爲關內侯無土寄食在所縣民租多少各有戶數爲限荀綽晉百官表注曰時六國未平將帥皆家關中故以爲號劉劭爵制曰春秋傳有庶長鮑商君爲政備其法品爲十八級合關內侯列侯凡二十等其制因古義古者天子寄軍政於六卿居則以田警則以戰所謂入始治之出使長之素信者與衆相得也故啟伐有扈乃召六卿大夫之在軍爲將者也及周之六卿亦以居軍在國也則以比長閭胥族師黨正州長卿大夫爲稱其在軍也則以卒伍司馬將軍爲號所以異在國之名也秦依古制其在軍賜爵爲等級其帥人皆更卒也有功賜爵則在軍吏之例自一爵以上至不更四等皆士也大夫以上至五大夫五等比大夫也九等依九命之義也自左庶長以上至大庶長九卿之義也關內侯者依古圻內子男之義也秦都山西以關內爲王畿故曰關內侯也列侯者依古列國諸侯之義也然則卿大夫士下之品皆放古比朝之制而異其名亦所以殊軍國也古者以車戰兵車一乘步卒七十二人分翼左右車大夫在左御者處中勇士居右凡七十五人一爵曰公士者步卒之有爵爲公士者二爵曰上造造成也古者成士升於司徒曰造士雖依此名皆步卒也三爵曰簪褭御駟馬者要褭古之名馬也駕駟馬者其形似簪故曰簪褭也四爵曰不更不更者爲車右不復與凡更卒同也五爵曰大夫大夫者在車左者也六爵爲官大夫七爵爲公大夫八爵爲公乘九爵爲五大夫皆軍吏也吏民爵不得過公乘者得貰與子若同產然則公乘者軍吏之爵最高者也雖非臨戰得公卒車故曰公乘也十爵爲左庶長十一爵爲右庶長十二爵爲左更十三爵爲中更十四爵爲右更十五爵爲少上造十六爵爲大上造十七爵爲駟車庶長十八爵爲大庶長十九爵爲關內侯二十爵爲列侯自左庶長以上至大庶長皆卿大夫皆軍將也所將皆庶人更卒也故以庶更爲名大庶長卽大將軍也左右庶長卽左右偏裨將軍也古今注曰成帝鴻嘉二年令吏民得買爵級千錢集解李祖楙曰本紀明帝卽位賜天下男子人二級三老孝弟力田人三級流民欲自占者人一級後各帝卽位及諸慶典據爲常憲是爵爲二十等非賜不得有也至安帝永初三年令吏民入錢穀得爲關內侯及五大夫等[illegible]錢各有差[illegible]桓帝延熹二年占賣關內侯五大夫錢各有差由是開鬻爵之風爵賞亦云濫矣案魏志獻帝建安二十一年又置名號侯至五大夫與舊列侯關內侯凡六等以賞軍功後世虛

封之例蓋始此也

四夷國王率衆王歸義侯邑君邑長皆有丞比郡縣集解惠棟曰隸續繁長張禪等題名有邑長三人邑君三人此其證也

百官受奉例古今注曰建武二十六年四月戊戌增吏奉如此志例以明也集解李祖楙曰光武紀建武二十六年正月詔增百官奉其千石以上減於西京舊制六百石增於舊秩大將軍三公奉月三百五十斛中二千石奉月百八十斛二千石奉月百二十斛比二千石奉月百斛千石奉月八十斛六百石奉月七十斛比六百石奉月五十斛四百石奉月四十五斛比四百石奉月四十斛三百石奉月四十斛比三百石奉月三十七斛二百石奉月三十斛比二百石奉月二十七斛一百石奉月十六斛斗食奉月十一斛漢書音義曰斗食祿日以斗爲計佐史奉月八斛古今注曰永和三年初與河南尹及雒陽員吏四百二十七人奉月四十五斛臣昭曰此言豈其妄乎若人人奉四十五斛則四百石秩爲大優而無品若共進奉者人不過一斗亦非義理凡諸受奉皆半錢

斗穀荀綽晉百官表注曰漢延平中中二千石奉錢九千米七十二斛眞二千石月錢六千五百米三十六斛比二千石月錢五千米三十四斛一千石月錢四千米三十斛六百石月錢三千五百米二十一斛四百石月錢二千五百米十五斛三百石月錢二千米十二斛二百石月錢一千米九斛百石月錢八百米四斛八斗獻帝起居注曰帝在長安詔書以三輔地不滿千里而軍師用度非一公卿已下不得奏除其若公田以秩石爲率賦與令各自收其租稅〔集解〕先謙曰官本注奉錢奉作舉考證云舉當作奉

贊曰帝道淵默家帥修德寡以御衆分職乃克不置不監無驕無忒程是司徒寧民康國

百官志五第二十八終　後漢書二十八

續漢志集解第二十八校補

百官志五外十有二州 至 其一州屬司隸校尉注以六條問事 至 割損政令今案六條據前表顏注引漢官典職儀云則任賞任作淫煩擾苛暴剝戮黎元苛作刻戮作截怙特榮勢怙特作恃怙割損政作正通典注惟云則任賞與此注同餘皆與師古引同又割損政令御覽二百五十四引作割剝民人與三條剝戮黎元複自係誤文又注今并得河南滎陽都尉官本注滎誤榮世祖并省郡縣四百餘所後世稍復增之注漸得自重之路官本注路作略凡州所監都爲京都置尹一人二千石案凡字應提行集解錢大昕曰 至 字譌又傎倒其文耳今案後文凡縣亦以凡字起謂上六字爲注文之譌固非矣至改作凡州所監爲部亦不能以京都爲刺史部也此不過監都之都爲郡字之寫譌耳凡郡爲京師則置尹兩漢皆如此晉諱師是以變言京都歲盡遣吏上計注因秦以十月爲正故也官本注無也字中興建武六年省諸郡都尉無都試之役注每有劇賊官本注賊作職案都尉本注以備盜賊作職非也觀順紀置太山琅邪都尉即是因有劇賊置有功曹史柳從辰曰御覽二百六十四引辨釋名曹羣也功曹吏所羣聚也有五部督郵曹掾一人柳從辰曰後漢以郡督郵顯名者許慶字子伯家貧爲郡督郵乘牛車鄉里號曰軺車督郵嘗與友人談論漢無統嗣幸臣專勢世俗衰薄賢者放退慨然據地悲哭時人稱許子伯哭世又太尉聞人襲初爲郡督郵行則負擔臥則無被連廬皮以自覆不受人一湌之費均見御覽二百五十三引謝承書屬官 至 秩次亦如之注荆揚江南七郡揚原譌陽已正官本注亦誤

凡縣主蠻夷曰道 至 監鄉五部官本無五字及學士爲民法式者集解惠棟曰及作爲案此當是據北宋本及作爲但通典亦作及則及字不誤又有鄉佐屬鄉主民收賦稅注大率十里一鄉案此當是十里一亭十亭一鄉注有脫誤邊縣有障塞尉本注曰掌禁備羌夷犯塞注五吏與史合姦官本注史作吏是六吏與人亡情七吏作盜賊使人爲耳目今案以上二人字亦當是民字唐時功令習後漢書者兼習八志民字并經避改此亦回改未盡者又注民勝吏淯大臣官本注淯作厚中尉一人 至 本注曰掌冠長冠官本中字不提行是集解錢大昕曰 至 則員不若是之多也今案漢制諸王不得交通賓客自無賓贊報問之事通典載後漢王侯官屬亦無掌長冠官名

錢氏疑非所疑皆誤也輿服志明云唯長冠諸王國謁者以爲常朝服此不過常字沿上文偶譌爲掌耳太子洗馬員十六人職如謁者太子出則當直者在前導威儀王國謁者亦員十六人其職務自亦同於太子洗馬主爲王導威儀不必更以光祿勳屬之謁者爲比況郎謁者臺諸謁者亦以天子出奉引及主殿上時節威儀爲常職也

百官受奉例至凡諸受奉皆半錢半穀集解先謙曰至考證云舉當作奉謹案此注下文皆以月計似奉舉皆月之譌否則奉下脫月字

輿服志上第二十九

玉輅　乘輿　金根　安車　立車　耕車　戎車　獵車　軿車　青蓋車　綠車　皁蓋車　夫人安車　大駕　法駕　小駕　輕車　大使車　小使車　載車　導從車　車馬飾

後漢書二十九

梁　剡　令劉　昭補注

王先謙集解

書曰明試以功孔安國曰攷試其君國爲政以差其功車服以庸孔安國曰賜以車服以旌其德用所任也又一通諸侯四朝各使陳進治化之言明試其言以要其功功成則錫車服以表顯其能用集解黃山曰白虎通巡狩篇引尚書大傳曰山川神祇有不舉者爲不敬不敬者削以地宗廟有不順者爲不孝不孝者黜以爵變禮易樂爲不從不從者君流改衣服制度爲畔畔者君討有功者賞之尚書曰明試以功車服以庸說文試用也虞書曰明試以功山案許君說試爲用並引經文當爲此試字塙詁猶云顯用其功耳惟顯用之故以車服表彰之與伏生說義亦相成上文試可乃已我其試哉試均言用僞傳皆說爲嘗試之試非也惟此注引孔安國說今孔疏本但有又一通三十二字前兩說不詳何出近儒考證孔傳亦獨遺此今就以差其功言之差次也夏官槀人試其弓弩以上下其食先鄭據故書試爲考禮大傳考文章鄭注考校也校郎差次之是試可通考郎得有差義也視又一通明試其言以要其功連言與功提說蓋有得失之殊志引書不及敷奏以言與書大傳白虎通引同必非據此本明矣閻若璩謂眞古文亡於西晉之亂然郭璞注爾雅於釋烏釋獸均引有僞書孔氏傳裴駰注史記於五帝紀夏紀亦均引有孔安國說與僞傳絕異近儒皆定爲眞孔傳則似東晉六朝尚有遺文今注引前說爲考試其政差其功引後說爲試其言以要其功是前說亦與後說絕異或前說郎出郭裴所見之本與

言昔者聖人興天下之大利除天下之大害躬親其事身履其勤憂之勞之不避寒暑使天下之民物各得安其性命無夭昏暴陵之災是以天下之民敬而愛之若親父母則而養之若仰日月夫愛之者欲其長久不憚力役相與起作宮室上棟下宇以雍覆之欲其長久也敬之者欲其尊嚴不憚勞煩相與起作輿輪旌旗章表以尊嚴之斯愛之至敬之極也苟心愛敬雖報之至情由未盡或殺身以爲之盡其情也奕世以祀之明其功也是以流光與天地比長後世聖人知恤民之憂思深大者必饗其樂勤仁毓物使不夭折者必受其福故爲之制禮以

節之使夫上仁繼天統物不伐其功民物安逸若道自然莫知所謝老子曰聖人不仁以百姓爲芻狗此之謂也〔集解〕黃山曰老子天地不仁以萬物爲芻狗聖人不仁以百姓爲芻狗文子纘義引舊注天地生萬物聖人養百姓豈有心于物有私于人哉一以觀之有同芻狗與王芻說異芻注天不爲獸生芻而獸食芻不爲人生狗而人食狗以芻狗爲二物淮南齊俗訓譬若芻狗土龍之始成文以青黃絹以綺繡經以朱絲尸祝袀袨大夫端冕以送之及其已用之後壞土草薊而已高注芻狗束芻爲狗以謝過求福又說苑辨物篇以芻爲狗是漢說相承皆不以爲二物也志自言昔者至引老子皆釋書義以是宮室車服祭祀皆起於下民報上之功或猶以爲不足至殺身而盡其情其居上者亦以樂與福爲己所必當饗受故聖人制爲禮節歸於自然使上不伐其功下不知所謝所謂上仁不仁芻狗百姓者也疑晉人以清談說經有此新論而志取之夫禮服之興也所以報功章德尊仁尙賢故禮尊尊貴貴不得相踰所以爲禮也非其人不得服其服所以順禮也〔集解〕黃山曰王符傳古者必有命然後乃得衣繒絲而乘輿馬李注引尙書大傳古之帝王者必有命人能敬長矜孤取舍好讓者命于其君得乘飾車軿馬衣文錦未有命者不得衣不得乘乘衣者有罰順則上下有序德薄者退德盛者縟故聖人處乎天子之位服玉藻邃延日月升

龍山車金根飾黃屋左纛所以副其德章其功也賢仁佐聖封國受民〔集解〕先謙曰官本受作爰黼黻文繡降龍路車所以顯其仁光其能也及其季末聖人不得其位賢者隱伏是以天子微弱諸侯僭矣於是相貴以等相譎以貨相賂以利天下之禮亂矣至周夷王下堂而迎諸侯此天子失禮微弱之始也自是諸侯宮縣樂食祭以白牡擊玉磬朱干設錫冕而舞大武鄭玄注禮記曰此皆天子之禮也宮縣四面縣也干盾也錫傅其背如龜也武萬舞也白牡大路殷天子之禮也白牡殷牲〔集解〕黃山曰冕而舞大武下應有此諸侯之僭天子禮也一句志本據禮郊特牲爲說彼文作諸侯之僭禮也與下大夫之僭禮也一律此亦當與下此大夫之僭禮也一律明有奪誤大夫臺門旅樹反坫繡黼丹朱中衣鏤簋朱紘此大夫之僭諸侯禮也鄭玄曰此皆諸侯之禮也旅道也屏謂之樹所以蔽行道管氏樹塞門塞猶蔽也禮天子外屏諸侯內屏大夫以簾士以帷反坫反爵之坫也蓋在樽南兩君相見主君既獻於此反爵焉繡黼丹朱以爲中衣領繡也繡讀爲綃綃繒名也詩云素衣朱綃又曰素衣朱襮襮黼領也鏤簋謂刻而飾之也大夫刻之爲龜耳諸侯飾以象天子飾以玉朱紘天子冕之紘也諸侯青組大夫士當緇組紘纁邊詩剌彼己之子不稱其服傷其敗化易譏負且乘致寇至言小人乘君子器盜思奪之矣自是禮制大亂兵革並作上下無法諸侯陪臣山楶藻梲〔集解〕惠棟曰楶一作栥薄櫨也鄭元論語注曰節欂櫨也刻之爲山梲梁上楹也畫以藻文山節藻梲天子之廟飾降及戰國奢僭益熾削滅禮籍蓋惡有害己之語競修奇麗之服飾以輿馬文屬玉纓象鑣金鞍以相夸上爭錐刀之利殺人若刈艸然而宗祀亦旋夷滅榮利在己雖死不悔及秦并天下攬其輿服上選以供御其次以錫百官漢興文學既缺時亦草創承秦之制後稍改定參稽六經近於雅正孔子曰其或繼周者行夏之正乘殷之輅服周之冕樂則韶舞故撰輿服著之於篇以觀古今損益之義云上古聖人〔集解〕黃山曰上古聖人以下係專就輿服言與下卷上古穴居而野處以下專就輿服言爲對準以五行志之例應提行見轉蓬始知爲輪輪行可載因物知生復爲之輿輿輪相乘流運罔極任重致遠天下獲其利後世聖人觀於天

視斗周旋魁方杓曲春秋緯曰瑤光第一至第四爲魁第五至第七爲杓合爲斗以攜龍角爲帝車於是迺曲其輈乘牛駕馬登險赴難周覽八極故易震乘乾謂之大壯言器莫能有上之者也孝經援神契曰斗曲杓橈象成車房爲龍馬華蓋覆鉤天罡魁神不獨居故驂駕陪乘以道踦蹻宋均注曰房星既體舊龍象駕駟馬故兼言之也覆鉤既覆且鉤曲似蓋也天罡入魁又御陪乘〔集解〕黃山曰易大壯九四壯于大輿之輹京氏以壯爲馬融虞翻皆同之虞易輿作車輹作腹謂坤爲大車爲腹四之折坤故壯于大車之腹鄭氏以壯爲盛王肅王弼皆同之孰注言取象但云已得其壯無有能說其輹者案皆語震車也左閔年傳震爲土車從馬杜注震變爲坤震爲車坤爲馬僖十五年傳車說其輹杜注及孔疏引服虔注說並同此古文家之說知輹亦以震爲輿也志說大壯義本古文以九四爲卦主又震爲車坤爲馬又大象爲牛乾爲天乘謂象法之故云震乘乾謂之大壯釋名壯裝也裝其上使高也亦志義所本惟卦名爲專言車之爲器莫能上則今古文說無其說特推演之詞耳自是以來世加其飾至奚仲爲夏車正建其斿旐尊卑上下各有等級世本云奚仲始作車古史考曰黃帝作車引重致遠其後少昊時駕牛禹時奚仲駕馬臣昭案服牛乘馬以利天下其所起遠矣豈奚仲爲始世本之誤史考所說是也周室大備官有六職百工與居一焉周禮曰審曲面勢以飭五

材以辨民器謂之百工一器而羣工致巧者車最多是故具物㠯時六材皆良鄭玄曰取幹以冬取角以秋絲漆以夏筋膠未聞自此至弧旌枉矢皆出周禮鄭玄曰即是周禮注輿方法地蓋圓象天三十輻㠯象日月鄭玄曰輪象日月者以其運行也日月三十日而合宿集解黃山曰考工軫之方也以象地也賈疏據輿方而言不言輿言軫者軫是輿之本故舉言之案記本言軫方鄭於此無注而疏云據輿方而言者以上文加軫與轛焉注亦訓軫為輿也軫為車下四方材此記本即其塙證近儒攷之詳矣說文以軫為車後橫木就車後一方可見者指名之耳鄭於記車軫四尺已同許說於加軫之軫必改訓為輿者軫加於軹非一方木所可通不得不別為說疏謂軫為輿之本其意仍指四方材志本據考工為文改軫為輿即用鄭義實則軫不能直訓為輿鄭蓋讀軫為輿也宋玉大言賦方地為輿員天為蓋知鄭義亦自有所本蓋弓二十八㠯象列星龍旂九斿七仞齊軫鄭玄曰軫謂車後橫木集解惠士奇曰七仞齊軫以下皆見緯書惠棟曰說文旂旗之流也㠯象大火鄭玄曰交龍為旂諸侯之所建也大火蒼龍宿之心其屬有尾尾九星鳥旟七斿五仞齊較鄭玄曰較者車高檻木也集解黃山曰攷工以其隧之半為之較崇鄭注較兩輢上出式者兵車自較而下凡五尺五寸賈疏引左昭十年傳公卜使王黑以靈姑銔率吉請斷三尺而用之彼注云斷三尺使至於較大夫旗至較藥讀緯諸侯旗齊軫大夫齊較軫至較五尺五寸斷三尺得至較者蓋天子與其

臣乘重較之車諸侯之車不重較故有三尺之軾也或可服君誤山案賈引服注疑為誤而謂不重較之車較止於三尺此臆說也尊卑之等辨於旂旐諸經言車本無單較明文尤無諸侯車不重較之制淇澳毛傳以重較為卿士之車大車毛序以大車為周大夫之車而無將大車傳又謂大車為小人之所將初無定說然毛意固以單較屬大車也大東不以服箱毛云服牝服也箱大車箱也而攷工大車牝服鄭注牝服長八尺謂較也是則大車單較其長且遠逾五尺五寸安有所謂三尺之較乎此志後注引服說大路總名如今駕駟高車尊卑俱乘之采飾有差服固塙信諸侯之車其較不殊於天子矣左宣十二年傳楚人惎之脫扃杜注扃車上兵闌釋文引服注扃橫木校輪間鄭珍云校即較也禮緯大夫旗齊較即齊此較並非車內兩輢上出於式之較故鄭注禮緯易較為車高檻木釋名檻車上施闌檻鄭所謂檻杜所謂闌皆即此木施於車外與內較相承為重較者也雖古車制訖難推詳而以鄭此注觀彼注賈說之為誤認明矣㠯象鶉火鄭玄曰鳥隼為旟州里之所建鶉火朱鳥宿之柳其屬有七星熊旗六斿五仞齊肩㠯象參伐鄭玄曰熊虎為旗師都之所建伐屬白虎宿與參連體而六星集解惠棟曰字林曰熊旂五斿為與士卒為期于其下故曰旗也龜旐四斿四仞齊首㠯象營室鄭玄曰龜蛇為旐縣鄙之所建營室玄武宿與東壁連體而四星弧旌枉矢㠯象弧也鄭玄曰覲禮曰侯氏載龍旂館本弧韣則旌旗之屬皆有弧也弧以張縿之幅有衣謂之韣又為設矢象弧星有矢也妖星有枉矢者蛇行有尾因此云枉矢蓋畫之云

注禮含文嘉曰蓋旗有九名日月為常交龍為旂通帛為旃雜帛為物熊虎為旗鳥隼為旟龜蛇為旐全羽為旞析羽為旌盧植注禮記曰有鈴曰旂干寶注周禮曰枉矢象妖星非其義也枉蓋應為枉直謂枉矢於弧此諸侯㠯下之所建者也白虎通曰居車中不內顧也仰即觀天俯即察地前聞和鸞之聲旁見四方之運此車教之道論語曰升車必正立執綏車中不內顧所以有和鸞以正威儀節行舒疾也鸞者在衡和者在軾馬動則鸞鳴鸞鳴則和應其聲名曰和敬舒則不鳴疾則失音明得其和也故詩云和鸞雍雍萬福攸同魯訓曰和設軾者也鸞設衡者也許慎曰詩云八鸞鎗鎗則一馬二鸞也又曰輶車鸞鑣知非衡也毛詩傳曰在軾曰和在鑣曰鸞杜預注左傳亦云鸞在鑣和在衡傅玄乘輿馬賦注曰鸞在馬勒鑣干寶周禮注曰和鸞皆以金為鈴史記曰前有錯衡所以養目也步中武象驟中韶濩所以養耳也龍旂九斿所以養信也寢兕持虎蛟韅彌龍所以養威也故大路之馬必信至教順然後乘之所以養安也集解官本考證曰注其聲名曰和敬名當作鳴天子五路周禮王之五路一曰玉路二曰金路三曰象路四曰革路五曰木路釋名曰天子所乘曰路路亦軍事也謂之路言行路也集解黃山曰天子五路以下雖別上諸侯以下言仍連上文為一節不應提行五路乃玉路之譌周禮巾車鄭注玉路以玉飾諸末金路以金飾諸末象路以象飾諸末革路鞔之以革而漆之無他飾木路不鞔以革漆之而已今作天子五路下接以玉為飾不可通此涉注文五字而譌也各本皆失正㠯玉為飾古文尚書曰大路在賓階面綴路在阼階面孔安國曰大

路玉綴路金也服虔曰大路總名也如今駕駟高車矣尊卑俱乘之其采飾有差鄭玄曰玉在焉曰路以玉飾諸末也傅玄乘輿馬賦注曰玉路重較也韻集曰輒前橫木曰路集解惠棟曰注玉在為玉北宋本作王先謙曰官本亦作王此本巾車注文賈疏路大也王之所在故以大為名諸侯亦然作玉誤錫樊纓十有再就鄭玄曰錫面當盧刻金為之所謂鏤錫也樊讀如鞶帶之鞶謂今馬大帶也鄭衆曰纓謂當胸士喪禮曰馬纓三就以削革為之三就三重三匝也鄭玄曰纓今馬鞅玉路之樊及纓皆以五采罽飾之十二就就成也杜預曰纓在馬膺前如索帬乘輿馬賦注曰繁纓飾以旄尾金塗十二重建太常十有二斿九仞曳地鄭衆曰太常九旗之畫日月者鄭玄曰七尺為仞天子之旗高六丈三尺日月升龍象天明也崔駰東巡頌曰登天靈之威路駕太一之象車夷王㠯下周室衰弱諸侯大路秦并天下閱三代之禮或曰殷瑞山車金根之色殷人以為大路於是始皇作金根之車殷曰乘根秦改曰金根乘輿馬賦注曰金根以金為飾集解惠棟曰禮緯曰山車垂句注曰句曲也言不揉而自曲也又淮殷曰乘根禮記大輅殷輅也鄭元云大輅木輅也漢祭天乘殷之輅今謂之桑根車然則乘當作桑也禮志殷有山車之瑞謂桑根車又曰秦閱三代之車服獨取殷制古曰桑根車秦曰金根車也漢承秦制御為乘輿所謂孔子乘殷之路者也集解先謙曰官本所謂二字在孔子二字下路作輅

乘輿、金根、安車、立車，蔡邕曰五安五立徐廣曰立乘曰高車坐乘曰安車集解惠棟曰晉志曰車坐乘者謂之安車案周禮唯王后有之自漢以來惟乘輿乃有之又晉志車倚乘者謂之立亦謂之高車輪皆朱班重牙周禮曰牙也者以爲固抱也鄭衆曰牙謂輪輮也世間或謂之輞集解惠士奇曰重牙考工記謂之綆鄭氏謂之車箄貳轂兩轄蔡邕曰轂外復有一轂抱轄其外乃復設轄抱銅置其中東京賦曰重輪二轄疏轂飛軨集解惠棟曰注復有一轂抱轄抱當作施禮志亦作施下同又注疏轂飛鈴沈約云飛鈴以赤油爲之廣八寸長三尺注地繫軸頭謂之飛鈴也黃山曰注邕說見獨斷下抱作施轄作牽古獨轄車制後儒據經推考得此失彼訖不能明漢車制異獨轅而名目多襲古經之舊今則漢制亦不可詳矣轂以持輻軸以支轂牽設於軸耑以制轂施牽在軸耑上非施之於轂也貳轂者重輪用兩重輻其持內外輻之木亦得謂之轂邕所謂轂外復有一轂是已而云施牽其外乃復設牽施銅置其中循文以求直爲於兩轂各施一牽夫重輪仍是一輪貳轂仍止一轂貫軸一輪不能有兩軸安能施兩牽乎錢坫云乘車設二牽獨斷乘輿皆副牽東京賦重輪貳牽與服志貳轂兩牽是也坫意重輪即雙輪兩牽皆即兩頭施牽耳此非邕說也說文牽車軸耑鍵也兩穿相背蓋牽設軸耑本內外兩重以輨轄轂耑兩穿亦得謂之兩牽或謂漢制必別有持轂於外者亦謂之牽邕親見當時車制宜有實徵是則非牽而謂之牽尤讀史者所當詳辨矣金薄繆龍，爲輿倚較，徐廣曰繆交錯之形也較在箱上說文曰𣝗文畫蕃蕃箱也通俗文曰車箱爲較集解惠棟曰劉氏云薄猶飾也繆禮書作璆璆然龍貌璆音虯文虎伏軾，魏都賦注曰軾車橫覆膝人所馮止者也龍首銜軛，左右吉陽筩，鸞雀立衡，徐廣曰置金鳥於衡上𣝗文畫輈，羽蓋華蚤，徐廣曰翠羽蓋黃裏所謂黃屋車也金華施橑末有二十八枚即蓋弓也東京賦曰樹翠羽之高蓋薛綜曰樹翠羽爲蓋如雲龍矣金作華形莖皆低曲集解惠士奇曰蓋弓漢人謂之橑子黃山曰董卓傳李注引前書音義虡鹿頭龍身神獸也說文鍾鼓之跗以猛獸爲飾也案說文虡重文作鐻又作虡春官筍虡作簨此作虡均同虡文蓋畫虡龍文也建大旂，集解惠棟曰斿徐廣作常十二斿，集解惠棟曰北宋本十有二斿畫日月升龍，駕六馬，東京賦曰六玄虯之奕奕象鑣鏤錫，金鍐方釳，插翟尾，獨斷曰金鍐者馬冠也高廣各五寸上如五華形在馬髦前方釳鐵也廣數寸在馬鬉後後有三孔插翟尾其中薛綜曰釳中央兩頭高如山形而貫中翟尾結著之顏延之幼誥曰釳乘輿馬頭上防釳角所以防罔羅釳以翟尾鐵翮象之也徐廣曰金爲馬文髦集解官本考證曰鏤當作鑿又注金爲馬文髦一本或作馬文髦何焯校本作馬又髦惠棟曰晉志曰錫在馬面所謂當顱者也鏤京賦作鍐亡犯切注上如五華北宋本作三華案李善文選注引作玉華又注馬頭上防釳說文鷸走鳴長尾雉也乘輿以爲防釳著馬頭上又注金爲馬文髦文北宋本作又徐廣曰金爲又髦插以翟尾亦作又陳景雲曰注中央下脫一低字見文選注又文髦北宋本文作又朱兼樊纓，赤罽易茸，金就

十有二，左纛以氂牛尾爲之，在左騑馬軛上，大如斗，徐廣曰馬在中曰服在外曰騑騑亦名驂蔡邕曰在最後左騑馬頭上集解惠棟曰鄭元禮注曰樊讀爲鞶謂今之馬大帶也纓今馬鞅桓二年左傳曰鞶厲游纓服虔云纓如今索帬今乘輿大駕有之又注左騑馬頭上薛綜東京賦注左纛以氂牛尾大如斗置騑馬頭上以亂馬目不令相見也[illegible]李斐曰纛毛羽幢也在乘輿車衡左方上注之纛音毒又徒到切黃山曰朱兼樊纓赤罽易茸樊纓言兼蓋漢人說禮有此語猶巾車之言樊纓也義後諸馬之文亦云赤膺兼詩采芑鉤膺鞗革毛傳鉤膺樊纓也巾車樊纓先鄭本云纓謂當胸引士喪禮家說纓爲證賈疏引賈馬說亦云鞶纓馬飾在膺前十有二市以毛牛尾金塗十二重後鄭始易纓爲馬鞅則不與鞶同在膺漢制用賈逵說二者皆在膺矣故曰膺兼猶前書王莽傳所謂守兼以鈇縣宰令人守兼也後鄭說樊及纓皆以五采罽飾之賈疏引釋言氂罽也郭氏云毛氂所以爲罽茸毛爲之志云赤罽則不用五色以罽爲飾必治其茸故曰易茸易當讀如孟子易其田里之易是爲德車。五時車，安、立亦皆如之，各如方色，馬亦如之。白馬者，朱其髦尾爲朱鬣云。所御駕六，餘皆駕四，後從爲副車。古文尚書曰予臨兆民懍乎若朽索之馭六馬逸禮王度記曰天子駕六馬諸侯駕四大夫三士二庶人一周禮四馬爲乘毛詩天子至大夫同駕四士駕二易京氏春秋公羊說皆云天子駕六許慎以爲天子駕六諸侯及卿駕四大夫駕三士駕二庶人駕一史記曰秦始皇以水數制乘六馬鄭玄以爲天子四馬周禮乘馬有四圉各養一馬也諸侯亦四馬顧命時諸侯皆獻乘黃朱乘亦四馬也今帝者駕六此自漢制與古異耳蔡邕表志曰以文義不著之故俗人多失其名五時副車曰五帝車鸞旗曰雞翹耕根曰三蓋其比非一也集解惠棟曰薛綜東京賦注曰五帝車也臧榮緒晉書鹵簿志曰青立車青安車赤立車赤安車黃立車黃安車白立車白安車黑立車黑安車合十乘並駕駟建旗十二如車色又徐廣云駕六黑馬施十二鸞駕四馬施八鸞又注諸侯駕四案王度記曰諸侯駕五卿駕四也

耕車，其飾皆如之。有三蓋，一曰芝車，置轙耒耜之箙，上親耕所乘也。新論桓譚謂揚雄曰君之爲黃門郎居殿中數見輿輦玉蚤華芝及鳳皇三蓋之屬皆玄黃五色飾以金玉翠羽珠絡錦繡茵席者也東京賦曰立戈迤戛農輿路木薛綜曰戈句孑戟戛長矛置車上者邪柱之迤邪也是謂戈路農輿木路三蓋所謂耕根車耕籍乘之路無飾無木也賀循曰漢儀親耕青衣幘東京賦說親耕亦云鸞路蒼龍賀循而春獨鸞路者鸞鳳類而色青故以名春路也又曰介御間以剡耜薛綜曰耜耒金也廣五寸著耒耜而載之天子車參乘帝在左御在中介處右以耒置御之右集解黃山曰吳淑據鹵簿令耕根車青質蓋三重是三蓋乃三重蓋也張衡傳左青琱以揵芝兮李注芝蓋也車多有蓋耕車獨得芝名以三蓋所獨也轙字志凡三見其文皆有譌衍不可强通後輕車條建矛戟幢麾轓輒弩箙前書張安世傳顏注引續

漢書作菑矛戟幢也麾𨍏弩注云菑插也𨍏皮箙盛弩也東京賦𨍏弩重旃薛注亦云置弩於𨍏曰𨍏弩說文𨍏車笭間皮篋古者使奉玉以藏之从車𤤃讀與服同𨍏从𤤃本藏玉篋讀與服同卽又通服此說文例也釆薇魚服鄭語箕服皆卽矢箙說文箙弩矢箙也方言所以藏箭弩謂之箙是盛矢亦可盛弩巾車小服服注服讀爲箙尤車有服之證近人以顏注合志文建猶菑也𨍏卽𨍏也然志文弩上多輒字弩下又多箙字說文輒爲車兩輢車所固有也廣韻輒爲專輒此於義尤無取也弩箙志文婁見明卽置弩之箙如以𨍏爲𨍏於義爲複而志文言𨍏必連箙是顏引續漢文可通志文不可通矣𨍏與箙皆所以置弩必連弩言志戎車輕車𨍏箙皆連弩言獨此條置𨍏耒耜之箙舍弩而與耒耜連文耒耜不可箙藏其爲誤文尤顯然矣𨍏爲俗字說文所無古者車行循軌但有壘車之字無並車之字轟从三車取羣車聲也畐卽今逼追之逼說文凡从畐之字皆有逼追義則俗製𨍏字其會意特爲逼置物車中卽輻之俗而義取輻湊非卽𨍏字志代𨍏者正箙字也本條言置𨍏者𨍏亦卽置故下文言𨍏不復言置其義可知是則𨍏箙連文不爲複矣箙卽服也以之通𨍏固說文所許也至志文之誤輕車條輒字卽涉上𨍏字而衍當以建矛戟幢麾爲句𨍏弩箙另爲句弩箙不可並言建故別言𨍏徐注置弩於軾上卽以𨍏爲置之證言在軾上是在車中與兩輢無涉不當又言輒矣戎車條之箙之字亦涉本條而衍當以𨍏胄甲弩箙爲句胄甲不得置於箙則之字亦爲贅矣本條之箙之字卽弩字之譌當以置𨍏耒耜弩箙爲文耒耜與弩箙皆逼置車中卽月令所謂介御間也公羊毛詩周官周語言耕籍均無親載耒耜之文前漢文景武昭

各本紀親耕亦無載耒事月令始言親載王莽始具五㸬後漢因之觀鄭君月令注置耒於車右御者之間人君之車必使勇士衣甲居右而參乘備非常也其說當有所受東京賦立戈迆戛正所以備非常弩箙亦相因而及無弩不得言箙也不言𨍏胄甲者胄與甲皆著之顏以𨍏箙承菑插其義不順𨍏亦當兼藏義說猶云載櫜弓矢也彼引幢也之也亦駁文則又未可盡據以訂此志矣

戎車其飾皆如之蕃以矛麾金鼓羽析幢翳𨍏胄甲弩之箙漢制度曰戎立車以征伐周官其矢箙通俗文曰箭箙謂之步叉干寶亦曰今謂之步叉鄭玄注旣夕曰服車箱也顏延之纫誥云弩矢也集解惠棟曰徐廣云戎車立乘建牙麾邪注之載金鼓羽幢置甲弩于軾上黃山曰說文翳華蓋也此非蕃於車闕者齊語兵不解翳韋注翳所以蔽兵也管子小匡兵不解翳房注翳所以蔽兵謂脅盾之屬

獵車其飾皆如之重輞縵輪繆龍繞之一曰闟豬車親校獵乘之魏文帝改曰闟虎車集解惠棟曰縵宋志作轞黃山曰字書無轞字乃𨏥之譌衆經音義十四引倉頡篇布帛張車上爲𨏥明不屬於輪轂宋志誤也巾車鄭注夏篆五采畫轂約也夏縵亦五采畫無瑑爾賈疏言縵者亦如縵帛無文章此縵輪之制晉志獵車駕駟馬天子校獵所乘也重輞輪繆龍繞之一名闟戟車一名蹋豬車文帝改爲蹋獸車而無闟虎之名闟卽說文闟字故得通蹋然如史記商君傳持矛而操闟戟者索隱闟亦作鈒則固非可通蹋矣晉志不言縵嫌與繆龍繞之不合耳然據鄭君亦五采畫則固不爲嫌也

太皇太后皇太后集解陳景雲曰當有皇后二字法駕皆御金根重翟羽蓋者也加交路帷裳徐廣曰青交路青帷裳集解惠棟曰加宋書作駕陳景雲曰路當作絡劉盆子傳引此文正作絡注路字亦誤先謙曰陳說是也後大行載車仍作絡不誤公列侯中二千石夫人條誤與此同並應正黃山曰加交非絡名加之言增也後大行載車加施組連璧交絡是其例宋書作駕自誤交絡卽車網說文网象网交文重文作罔或作网卽網字儀制令凡車一品青油纁通幰朱裏朱絲絡網非法駕則乘紫罽軿車字林曰軿車有衣蔽無後轅者謂之輜也釋名軿屏也四屏蔽婦人乘牛車也有郅曰輜無郅曰軿傅子曰周曰輜車卽輦也集解惠棟曰說文軿輜車也又曰軿車前衣車後也沈約案字林軿車有衣蔽無後轅其有後轅者謂之輜雲𩋫文畫輈集解黃山曰西京雜記武帝作畫雲車黃金塗五末徐廣曰未詳疑謂前一輈及衡端轂頭也蓋蚤左右騑駕三馬集解惠棟曰徐廣云蓋爪施金華

長公主赤罽軿車集解黃山曰此七字並下大貴人至皆右騑而已一節均與前太皇太后以下聯屬爲文皆右騑句兼長公主車言之承上左右騑駕三馬而爲之區別也實共一條不應分行提寫皇太子皇子應提行後皇孫至右騑一條亦與皇太子以下聯屬爲文中皆左右騑駕三句亦兼皇太子皇子言之安紀李注引續漢志起皇太子皇子至皇孫則緣車爲一

節尤其明證王青蓋車連王字爲車名故安紀以下皆言以王青蓋車迎帝皇孫則緣車以從則字直貫以從爲句緊承上故曰王青蓋車迎爲文尤不應分行提寫李注引志省以從二字此文乃並刪則字非也駕三下接公列侯安車至右騑志不提行則此七字並下大貴人至皆右騑亦本與前文共爲一條明矣

大貴人貴人公主王妃封君油畫軿車大貴人加節畫輈皆右騑而已集解惠棟曰徐廣云皆駕二右騑而已皇太子皇子皆安車朱班輪集解惠棟曰班一作斑青蓋金華蚤黑櫎文畫轓集解黃山曰董卓傳乘金華青蓋爪李注金華以金爲華飾車也爪者蓋弓頭爲爪形也巾車漆車藩蔽鄭注漆車黑車也藩今時小車藩以席爲之明車轓其始本以席爲之但名曰藩轓後起字說文所無漢所謂轓蕢則巾車所謂蔽巾車木車蒲蔽素車棼蔽藻車藻蔽駹車萑蔽與漆車藩蔽皆以蔽爲車主名鄭注蔽車旁禦風塵者是也又卽箱車之箱詩大東不以服箱毛傳箱大車之箱也大車載物以席蔽兩廂因而有蔽車之通曰箱車藩本通作籓兼義故以有蔽車耳說文藩屏也屏蔽也前書景帝紀朱兩轓顏注據許愼李登說轓車之蔽也左傳以藩載欒盈卽是有郤蔽之車也又董卓傳畫兩轓李注轓車耳反出廣雅云車箱也下卽引續志此條爲證至前注徐廣引說文櫎畫蕃蕃箱也今說文蕃艸茂也無此說案說文輇蕃車下庳輪也太元君子積善至于車耳測曰至于蕃也嚴舉碑位至蕃車是字

亦得作蕃徐蕃據他書誤爲說文餘詳後文軿金塗五末皇子爲王錫㠯乘之故曰王
青蓋車徐廣曰旂旗九旒畫降龍魏武帝問東平王有金路何意爲是特賜非侍中鄭稱對曰天子五路金以封同姓諸侯得乘金路與天子同此自得有非特賜也
皇孫綠車㠯從皆左右騑駕三獨斷曰綠車名曰皇孫車天子有孫乘之公列侯安車
朱班輪倚鹿較伏熊軾皁繒蓋黑轓右騑車有轓者謂之軒集解惠棟曰顏籀曰倚鹿校者畫立鹿于車之前兩藩外也伏熊軾者車前橫軾爲伏熊之形也
中二千石二千石皆皁蓋朱兩轓其千石六百石朱左轓轓長六
尺下屈廣八寸上業廣尺二寸九文十二初後謙一寸若月初生
示不敢自滿也案本傳舊典傳車驂駕乘赤帷裳唯郭賀爲冀州勑去襜帷謝承書曰孔恂字巨卿新淦人州別駕從事車前舊有屏星如刺史車曲翳儀式是時刺史行部發去日晏刺史怒欲去別駕車屏星恂諫曰明使君傳車自發晚而欲徹去屏星毀國舊儀此不可行則駕可去屏星不可省卽投傳去刺史追辭謝請不肯還於是遂不去屏星說文曰車當謂之屏星集解惠棟曰此制見前書景帝令也應劭云車耳反出所以爲之藩屏翳塵泥也二千石雙朱其次乃偏其左軓以簟爲之或用革如涫云轓音反小車兩屏也案藩轓古字通見竹邑侯相碑亦作軓說文軓車耳反出也從車反反亦聲又注郭賀疑是賈琮屏星廣雅作屛篳玉篇曰屛篳轓也黃山曰釋詁業大也釋器大版謂之業荀子禮論棺椁其貊象版楊注版謂車上障蔽者說文版判也从片反聲片判木也从半木是版會意爲反半木與說文軓車耳反出也義正合業卽軓是矣志云上業明惟轓之屬上處如大版也軓本車耳反出於外之主名自內言之則近車耳爲輒近倚較爲輢其兩旁如墻牆爲轖轖間如窗爲轞其當車前如屏爲轛轓則藩蔽之總名矣雖轓車以耳反出爲貴言版言軓亦可槪轓故荀子以版該轓楊雄太元亦以蕃測車耳軉轓而論車制則當有別說文輢車兩旁也輒車兩輢也轖車籍交錯也轞輪之重文車轖間橫木轛車橫軨也據巾車鄭注轓本卽藩以席爲之說文席籍也與轖爲車籍義尤合是以軓槪轓不若以轓槪轓矣注車前舊有屏星卽說文之轛車當謂之屏星說文初無此語旣曰車當仍指車當前明矣舉屏星以說轓不過如言版言軓也如涫謂轓音反與董卓傳李音不合辯且以轓爲軓則轓本字爲藩之義轉失顏籀已駁之矣竹邑侯相碑自言車軓不必卽爲轓也十二初蓋象十二月朱轓不當復畫未詳何指疑志文有奪誤謙卽嗛古字通用荀子仲尼篇滿則慮嗛楊注嗛不足也先謙曰官本一寸作二寸注惟作恂是

景帝中元五年始詔
六百石㠯上施車轓得銅五末軛有吉陽筩中二千石㠯上右騑
三百石㠯上皁布蓋千石㠯上皁繒覆蓋二百石㠯下白布蓋皆
有四維杠衣賈人不得乘馬車集解惠棟曰徐廣云其餘皆乘除吏赤畫杠其餘
皆青云古今注曰武帝天漢四年令諸侯王大國朱輪特虎居前左兕右麋小國朱輪畫特熊居前寢麋居左右卿車者也集解惠棟曰徐廣云除吏赤蓋杠餘則青蓋杠云黃山曰晉天文志大帝上七星曰華蓋下九星曰杠華蓋之柄也釋名釋車杠公也衆叉所公共也
公列侯中二千石二千石夫人會朝若蠶各乘其夫之安車右騑
加交路帷裳皆皁非公會不得乘朝車得乘漆布輜軿車銅五末集解惠棟曰會朝一作會廟晉志加作皁黃山曰劉盆子傳絳襜絡李注引續漢志曰公列侯安車加交絡帷裳也案儀制令言一品車朱絲網絡此志惟后夫人車及大行載車加交絡王公列侯車無言絡者說本不同又志王與公列侯車不連言李注所引似卽約舉此條之文復衍一王字耳赤眉立盆子爲帝劉俠卿爲製車有襜帷交絡亦更始諸將服諸于繡擁之類志于交絡本言加李注引同晉志作皁仍誤下旣明言皆皁上安得先言皁乎
乘輿大駕公卿奉引太僕御大將軍參乘屬車八十一乘薛綜曰屬之言相連屬也皆在後爲三行備千乘萬騎四都行祠天郊甘泉備之集解先謙曰四官本作西

是官有其注名曰甘泉鹵簿蔡邕表志曰國家舊章而幽僻藏蔽莫之得見集解惠棟曰封演云案宋書鹵大楯也字亦作櫓又作樐音義皆同鹵以甲爲之所以扞敵賈誼過秦論曰伏尸百萬流血漂鹵是也甲楯有先後部伍之次皆著之簿天子出入則按次導從故謂之鹵簿耳儀衞具五兵今不言他兵但以甲楯爲名者行道之時甲楯居外餘兵在內但言鹵簿是舉凡也五禮精義曰鹵大楯也以大盾領一部之人故言鹵簿東都唯大行乃大駕大駕太
僕校駕法駕黃門令校駕乘輿法駕八卿不在鹵簿中河南尹執
金吾雒陽令奉引集解惠棟曰周禮小司寇前王而辟鄭司農曰小司寇爲王道辟除姦人若今時執金吾下至令尉奉引矣奉車郎御侍中參乘屬車四十六乘集解惠棟曰百官春秋曰奉車都尉執轡又曰四宋志作三錢大昕曰當作三十六乘前驅有九斿雲罕徐廣曰斿車有九乘前史不記形也武王克紂百夫荷罕旗以先驅東京賦曰雲罕九斿薛綜曰旌旗名集解惠棟曰沈約案魏命晉王建天子旌旗置旄頭雲罕是知雲罕非旌旗也雲罕疑是畢罕㚒本施游獵遂爲行衞司馬貞云說者以雲罕爲旌旗非也案中朝鹵簿圖曰雲罕駕駟不兼言九斿罕車與九旒車別鳳凰闒戟薛綜曰闒之言函也取四戟函車邊集解黃山曰注薛綜云案東京賦闒戟轇轕薛注轇轕也此與此引薛說異史記商君傳持矛而操闒戟者傍車而趨則古不函於車邊正義說闒引顧野王云鋋也與薛賦注合今王篇闒

戟名亦與正義引顧說異史記匈奴傳索隱鋋小矛鐵矜是與戟爲二物矣函義不見他書志言鳳皇闟戟則似闟與戟各二也
皮軒鸞旗應劭漢官鹵簿圖曰乘輿大駕則御鳳凰車以金根爲列〔集解〕惠棟曰列當作副黃山曰東京賦屬車九九薛
注屬車有藩者曰軒皆大夫載胡廣曰皮軒以虎皮爲軒郭璞曰皮軒革車或曰卽曲禮前有士師則載虎皮鸞旗
者編羽旄列繫幢旁胡廣曰建葢在中民或謂之雞翹非也胡廣曰鸞旗以銅作鸞鳥
車衡上與本志不同〔集解〕惠棟曰顏師古急就章注曰雞翹雞尾之曲垂者也後有金鉦黃鉞說文曰鉞大斧也司
馬法曰夏執玄鉞殷執白鉞周執黃鉞黃門鼓車〔集解〕黃山曰此車載黃門鼓吹樂人也漢樂人皆曰鼓員見前書禮
樂志故車亦曰鼓車實卽鼓吹車隋書鼓吹車上施層樓四角金龍流蘇羽葆吳淑引鹵簿令有記里車晉志並言其制置木人執
槌自鼓一里一槌非此黃門鼓車也古者諸侯貳車九乘秦滅九國兼其車服故大
駕屬車八十一乘法駕半之屬車皆皁葢赤裏〔集解〕官本考證曰裏應作裹先謙曰
前注徐廣曰翠羽葢黃裏所謂黃屋車也則皁葢赤裏非誤木轓〔集解〕惠棟曰木作朱戈矛弩箙尚書御
史所載最後一車懸豹尾薛綜曰侍御史載之〔集解〕惠棟曰晉輿服志曰自豹尾車後而鹵簿盡豹
尾已前比省中小學漢官篇曰豹尾過後罷屯解圍胡廣曰施於道路豹尾之內爲省中故須過後屯圍乃得解皆

所以戒不虞也淮南子曰軍正執豹皮所以制正其衆禮記前載虎皮亦此之義類〔集解〕惠棟曰淮南子以下見徐廣車服注似皆
漢官解詁也行祠天郊已法駕祠地明堂省什三祠宗廟尤省謂之小
駕〔集解〕惠棟曰徐廣云小駕減損副車也每出〔集解〕惠棟曰徐廣云每出警蹕清道建五旗太僕奉駕上
鹵簿中常侍小黃門副尚書主者郎令史副侍御史蘭臺令史副
〔集解〕惠棟曰漢記所謂御史乘屬也皆執注〔集解〕惠棟曰注謂儀注卽鹵簿也已督整車騎謂之護
駕〔集解〕惠棟曰晉灼云天子出御史除二人爲乘曹護車駕徐廣云其餘令史以下皆從行所謂先置也春秋上陵
尤省於小駕直事尚書一人從其餘令已下皆先行後罷
輕車古之戰車也洞朱輪輿不巾不葢建矛戟幢麾轓輒弩箙徐廣
曰置弩於軾上駕兩馬也〔集解〕惠棟曰洞顏籀引作彫建顏籀引作菑轓作琿顏籀曰菑插也琿皮箙盛弩也菑音側事反琿音服
說文琿車鈴間皮篋古者使奉玉以藏之丁度云琿或作轓黃山曰顏引續漢書無輒箙二字惠棟未及已詳上耕車條藏在
武庫大駕法駕出射聲校尉司馬吏士載已次屬車在鹵簿中諸
車有矛戟其飾幡斿旗幟皆五采制度從周禮吳孫兵法云有巾

有葢謂之武剛車武剛車者爲先驅又爲屬車輕車爲後殿焉〔集解〕
惠棟曰徐廣云駕一馬史記衞青征匈奴以武剛車爲營是也
大使車立乘駕駟赤帷持節者重導從賊曹車斧車督車功曹車
皆兩大車伍百璅弩十二人辟車四人周禮條狼氏干寶注曰今卒辟車之屬〔集解〕惠棟曰
立司馬書作五導一作道璅一作綃辟車車作居黃山曰曹節傳伍百作五百注引韋昭辨五百字本爲伍伍當也伯道也使之導
引當道陌中以驅除也案據韋說本當作伍陌五借字百伯亦借字也從車四乘無節單導從減半
小使車〔集解〕先謙曰小使車官本不提行不立乘有騑赤屛泥油〔集解〕黃山曰屛卽車前屛星劉
盆子傳乘軒車大馬赤屛泥注赤屛泥謂以緹油屛泥於軾前軾前卽車前屛泥名義葢同障泥障泥亦作韡玉篇韡泥也廣韻韡泥
馬飾屛障皆從蔽得義所以蔽泥者因以名之重絳帷導無斧車近小使車蘭輿〔集解〕黃山曰蘭
謂闌檻說文闌門遮也通作蘭前書王莽傳與牛馬同蘭顏注蘭謂遮蘭之若牛馬蘭圈也釋名釋車車上施闌檻以格猛獸亦囚
禁罪人之車也近小使車主追捕敕取故輿有闌檻赤轂白葢赤帷從騶騎四十人此謂追
捕考案有所敕取者之所乘也諸使車皆朱班輪四輻赤衡軛其

送葬白堊已下灑車而後還〔集解〕先謙曰灑官本作洒是也說文洒滌也灑汎也此當用滌義公
卿中二千石二千石郊廟明堂祠陵法出皆大車立乘駕駟他出
乘安車
大行載車其飾如金根車加施組連璧交絡四角金龍首銜璧垂
五采析羽流蘇前後雲氣畫帷裳檿文畫曲轓長縣車等太僕御
駕六布施馬布施馬者淄白駱馬也已黑藥灼其身爲虎文既下
馬斥賣車藏城北祕宮皆不得入城門當用太僕考工乃內飾治
禮吉凶不相干也〔集解〕惠棟曰徐廣云載輼輬車也懸徐廣作輿杜業奏事曰輬車駕白虎四白虎馬名先謙曰
長縣車等官本縣作懸與徐廣校本合
公卿已下至縣三百石長導從置門下五吏賊曹督盜賊功曹皆
帶劍三車從導主簿主記兩車爲從縣令已上加導斧車公乘安
車則前後并馬立乘〔集解〕先謙曰前後官本作前從長安雒陽令及王國都縣加

前後兵車亭長纂要雒陽亭長車前吹管設右騑駕兩璅弩車前伍伯公八人中二千石二千石六百石皆四人自四百石已下至二百石皆二人黃綬武官伍百文官辟車集解錢大昕曰謂黃綬武官導從用伍伯文官導從用辟車也漢制四百石至二百石皆黃綬先謙曰官本伍百皆作伯鈴下侍閤門蘭部署街里走卒皆有程品多少隨所典領集解錢大昕曰明帝紀注引作鈴下魏志管輅傳所謂老鈴下也

驛馬三十里一置臣昭案東晉猶有郵驛共置承受傍郡縣文書有郵有驛行傳以相付縣置屋二區有承驛吏皆條所受書每月言館上州郡風俗通曰今吏郵書掾府督郵職掌此集解惠棟曰釋名督郵主諸縣罰負郵殿糾攝之韋昭辨云督郵書掾者郵過也此官不自造書主督上官所下所過之書也卒皆赤幘絳韝云集解黃山曰驛馬至云云承上走卒言驛卒幘韝皆同也云字總結上文驛馬與多少隨所典領連文不應提行下古者軍出至皆罷所假另爲一條古者應提行走卒郎郵卒之屬故注郵驛並舉百官志太尉屬官有法曹主郵驛科程事則二者皆掌於太尉州郡督郵書掾僅主郵事驛殆不常置禮儀志大喪部刺史二千石列侯在國者及關內侯宗室長史因郵奏奏諸侯王遣大夫一人奏弔臣請驛馬露布奏可是郵有常郵驛馬必臨時奏請矣東平王蒼傳又置驛馬千里傳問起居亦本無特置之證古者軍出師旅

皆從秦省其卒取其師旅之名焉公已下至二千石騎吏四人千石已下至三百石縣長二人皆帶劍持棨戟爲前列揵弓韣九鞬通俗文曰弓韔謂之鞬集解惠棟曰高誘呂覽注曰韣弓韜也陳景雲曰九當作丸左傳注櫝丸箭筩也南匈奴傳弓鞬韇丸一矢四發黃山曰揵有三義上林賦揵鰭掉尾郭注揵舉也唐韻以肩舉物也此爲承之於肩鬼谷子內揵舊注揵者持之令固也此爲以手持之莊子庚桑楚夫外韄者不可繁而捉將內揵郭注揵關揵也釋文引徐說關也向說閉也是謂弓韣等皆閉之案下張弓帶鞬爲諸侯王法駕之儀此則弓有韣丸藏矢而又言鞬釋名釋兵馬上曰鞬鞬建也當爲閉而建之馬上示異於法駕且騎吏縣長既皆帶劍持棨戟手持固不給肩承亦不便矣說文韣弓衣也韔弓衣也注引通俗文以鞬爲韔與韣複疑誤諸侯王法駕官屬傅相已下皆備鹵簿似京都官騎張弓帶鞬遮迾集解惠棟曰周禮典祀職云守其厲禁而蹕之鄭衆曰遮迾禁人不得令入是遮迾亦蹕之義說文遮遏也迾遮也服虔通俗文曰天子出虎賁伺非常謂之遮迾漢書音義晉灼云迾古列字董巴輿服志曰諸侯王遮迾出入稱警設蹕出入稱謏促集解陳景雲曰謏字衍促一作娖中山簡王傳官騎百人稱娖前行注稱娖猶整齊也錢大昕曰說文無娖字稱促後人妄加女旁列侯家丞庶子導從若會耕祠主縣假給辟車鮮明卒集解錢大昕曰洪氏隸續載漢碑畫象有鮮明騎惠棟曰魯峻石壁殘畫有鮮明騎洪适云朱氏畫史朱浮恭石壁人物有鮮明隊備其威儀導從事畢皆罷所假諸車之文集解黃山曰諸車之文至輒皆有吉陽筩總論車文自爲一條應提行皇太子諸侯王不應分提後諸馬之文至終卷總論馬文亦自爲一條應提行乘輿倚龍伏虎櫕文畫輈龍首鸞衡重牙斑輪升龍飛軨薛綜曰飛軨以緹油廣八寸長注地畫左蒼龍右白虎繫軸頭二千石亦然但無畫耳盧植禮記注曰軨轄頭也楚辭云猗結軨兮太息王逸注曰重軨也李尤小車銘曰軨之嗛噓疏達開通案二家之言不如綜注所記集解黃山曰曲禮僕展軨效駕釋文引盧注軨轄頭也孔疏引舊解軨車欄也尚書大傳未命爲士車不得有飛軨鄭注如今窗車也說文軨車轖間橫木重文作轜轖車也間子猶今云格子車籍交錯橫木成閤子有似窗櫺故軨亦作轜櫺同意張衡傳撫軨軾而還睨兮䡝𨏉亦明有兩說壹傳䡝輔出乎車軨李注皆引說文爲解䡝𨏉是飛軨注引盧說奪字盧與薛說本合者也王注李銘另主車欄爲說自不能合前文五例齊較注引鄭注較爲車高檻木檻木即車欄亦即說文所謂車轖間橫木故王注釋爲重較李銘狀其疏通而漢則直名爲窗車也注謂不如綜注所記提而莫辨矣先謙曰斑官本作班古字通用注重較官本作重較

皇太子諸侯王倚虎伏鹿櫕文畫輈轓吉陽筩朱斑輪鹿文飛軨旂旗九斿降龍公列侯倚鹿伏熊黑轓朱斑輪鹿文飛軨九斿降龍卿朱兩輪五斿降龍二千石已下各從科品集解惠棟曰安帝紀元初五年詔曰舊令制度各有科品也諸轓車已上輗皆有吉陽筩諸馬之文案乘輿金鑁方釳插翟象鑣爾雅注曰鑣馬勒旁鐵也此用象牙集解黃山曰說文鑣馬銜也重文鑣或从角段注蓋古或以角之至堅者爲之山案鑣可以角爲宜亦可以象牙爲又說文觿佩角銳耑可以解結內則鄭注觿貌如錐以象骨爲之是物以象牙爲者其字亦得从角也龍畫總沫升龍赤扇汗詩云朱幩鑣鑣毛傳曰人君以朱纏鑣扇汗且以爲鑣飾集解黃山曰巾車王后之五路重翟錫面朱總厭翟勒面繢總安車彫面鷖總先鄭錫馬面錫鷖總者青黑色以繒爲之總著馬勒直兩耳與兩鑣後鄭勒面謂以如玉龍勒之韋爲當面飾也朱總繢總其施之如鷖總繢畫文也賈疏先鄭蓋見當時以況古也後鄭取先鄭總著馬勒直兩耳與兩鑣爲本案爲本者言三總之飾不同其施皆同巾車天子五路不及總飾文略王后以繢總次朱總則朱者不必繢繢者不必朱王之象路樊纓皆朱則總必繢而兼朱可知志前言乘輿朱兼樊纓赤罽易茸此以龍畫爲乘輿總飾必非繢而不朱明矣詩碩人朱幩鑣鑣釋文幩說文云馬纏鑣扇汗也鑣馬銜外鐵也一名扇汗又曰排沫沫音末此考證訂沫爲沫所本山謂排沫即是總以總沫爲文於義仍窒沫直耳月令孔疏色淺曰赤色深曰朱扇汗赤地而畫以朱故曰朱升誤

龍赤扇汗申說上文之龍畫總也先謙曰官本考證云洙應作沬惠棟云洙一作沬注人君以朱幩鑣扇汗官本幩作繢青兩披鷩尾附馬集解先謙曰官本考證云附應改駙惠棟云附北宋本作駙左右赤珥流蘇飛鳥節赤膺兼皇太子亦如之集解先謙曰官本亦上有或字王公列侯鏤錫又毛朱鑣朱鹿朱文絳扇汗青披鷩尾卿以下有騑者緹扇汗青披尾當盧又髦上下皆通中二千石以上及使者乃有騑駕云

輿服志上第二十九　終

續漢志集解第二十九校補

輿服志上小目綠車綠原譌緣已正官本亦譌

書曰明試以功注考試其君國爲政官本注君作居

見轉蓬始知爲輪柳從辰曰管子見飛蓬轉而知爲車

至奚仲爲夏車正注世本云奚仲始作車柳從辰曰說文車下亦云夏后時奚仲所造又山海經番禺生奚仲奚仲生吉光是始以木爲車郭璞注云世本曰奚仲此言吉光明其父子共創意首稱也今案左傳言薛之皇祖奚仲居薛以爲夏車正杜注謂爲禹掌車大夫似不謂奚仲始造車也劉注沿志文引傳駁世本之說亦注釋之體應爾溯黃帝造車遂建軒轅之號則椎輪所起自屬有熊但輪始爲輿而輿字从舁則其先本以手推挽即就易文服牛乘馬推之牛言服而馬言乘或其時亦止駕牛以引重而馬車則自奚仲始耳夫尚書虞夏統爲一篇禹乘四載以治水陸行乘車是仲爲禹製車早在唐虞之際且斿旐未建等級未分亦不能資以旌德表功即謂車服以庸亦緣仲始殆無不可

貳轂兩轄集解沈約云飛軨以赤油爲之廣八寸長三尺柳從辰曰赤油之油當作紬文選東京賦注引蔡邕獨斷作飛軨以緹紬廣八尺長拄地可證緹謂帛丹黃色也惟儀制令一品青油纁幰令安車紫油通幰又本書劉盆子傳注以緹油屛泥於軾前字皆作油似油即古之紬字今案前書循吏傳別駕主簿車緹油屛泥於軾前即章懷注所本晉書輿服志玉金象革木等輅皆朱漆輪重轂二轄以赤油亦與沈約說合又云皁蓋車加青油幢畫輪車綠油幢齊書輿服志白蓋以下二宮御車皆綠油幢公主則碧油幢隋書禮儀志翟車黃油幢黃裏通幰唐書車服志安車紫油纁朱裏通幰車飾之言油諸史略同無作紬者獨斷或作紬於通輿軒下注引文選獨斷注仍作緹油一作油段玉裁據以說紬字似不免孤證矣雖油究何指前史訖無說明然觀李商隱文云建幢油碧啟幕蓮紅則油明即車飾中塗澤之品爲幢幰軨幹設色所需轄以木鶻之與桼爲類後文油畫輧車即此油也

金鏤方釳注獨斷曰金鏤者馬冠也高廣各五寸上如五華在馬髦前至徐廣曰金爲馬文髦柳從辰曰文選東京賦注引蔡說五華作玉華餘同今獨斷亦作玉華又五寸作四寸馬髦作馬騣本書馬融傳揚金鑁而拖玉瓌章懷引獨斷五寸亦作四寸馬髦作馬鬉鏤止作鑁今案鑁騣髮皆晚出字當以作鑁爲合許書鑁即爾雅釋鳥其飛也翪疏翪竦也謂鶻鵃之類飛但竦翅古人多以鳥喻馬馬行則竦其髦鬣故馬髦前飾亦曰鑁說文新附補騣字考證據玉篇從之實皆誤也至五寸四寸五華玉華說均可通無取深求矣

集解官本考證曰至又文髦北宋本文作又柳從辰曰晉輿服志金鑁以鐵爲之

以金爲文旄據此則作叉作叉皆非今案柳說是也通典亦載以黃金爲文髦作文自不誤且同一北宋本或以爲叉或以爲叉其文字漫漶有難定也則髦之作尾五之作三叉無論矣

所御駕六注凜乎若朽索之馭六馬官本注凜作稟柳從辰曰今注疏本作懍古並通　又

注其比非一也比原譌此已正官本注不誤

耕車注東耕于籍官本注作藉古通作

太皇太后皇太后法駕至加交路帳裳加原譌如已正官本不誤黃金塗五末錢坫曰五末應是五束之譌今案大貴人等車亦金塗五末後又屢言銅五末且鄭君說玉路謂以玉飾諸末則志文言末自必非誤徐氏特未詳五者爲何耳

大貴人貴人公主王妃封君油畫軿車至故曰王青蓋車注魏武帝問東平王有金路何意官本注問上有令字

中二千石二千石皆皁蓋朱兩轓至示不敢自滿也集解惠棟曰至又注郭賀疑是賈琮侯康曰郭賀見蔡茂傳不必改爲賈琮惠氏於茂傳引劉昭注爲證而此反獻疑何也惟注誤以荆州爲冀州此則當改注蓋涉賈琮事而誤然琮自命御者褰車帷裳非𥬇去也

乘輿大駕至八卿不在鹵簿中錢大昭曰八卿獨斷作公卿儒林傳注作公脫卿字春秋上陵尤省於小駕柳從辰曰御覽七百七十三引應劭漢官儀天子出祭陵常乘金根車春二月青龍車在前秋八月白虎車在前

輕車至吳孫兵法云官本吳孫作孫吳案本書皇甫規傳勤明吳孫未若奉法是作吳孫不誤也惟章懷注以爲指吳起孫武而通典注則作孫子兵法而不及吳起夫二子不共爲書其書又不皆言武剛車制志文何爲並舉疑吳孫云者仍專指吳孫武也

大使車至辟車四人注周禮滌狼氏官本注滌作條與今本周禮合

大行載車至析羽流蘇析原譌折已正官本不誤

驛馬至㨗弓韣九鞬官本㨗作犍

皇太子諸侯王倚虎伏鹿柳從辰曰御覽七百七十三引本志作皇太子諸王黈纊伏虎諸侯倚虎伏鹿似皇太子諸王不與諸侯同今案本文皇太子諸侯王倚虎伏鹿公列侯倚鹿伏熊亦各爲一等也下既有列侯則上侯字亦當衍矣御覽單言伏虎仍有脫誤

輿服志下第三十

冕冠 長冠 委貌冠 皮弁冠
爵弁冠 通天冠 遠遊冠 高山冠
進賢冠 法冠 武冠 建華冠 方山冠
巧士冠 卻非冠 卻敵冠 樊噲冠 術氏冠
鶡冠 幘 佩 刀 印
黃赤綬 赤綬 綠綬 紫綬 青綬
黑綬 黃綬 青紺綸 后夫人服[集解]惠棟曰此與董巴輿服志同司馬氏採其文而復增益之也

後漢書三十

梁 剡 令劉 昭注補

王先謙集解

上古穴居而野處衣毛而冒皮未有制度[集解]惠棟曰尙書大傳曰孔子曰古者有冒而句領後世聖人易之以絲麻觀翬翟之文榮華之色[集解]惠棟曰徐廣云草木華采之色乃染帛以效之始作五采成以爲服見鳥獸有冠角頓胡之制[集解]官本考證云頓監本譌作頗依宋本改遂作冠冕纓蕤以爲首飾[集解]惠棟曰蕤作緌凡十二章[集解]黃山曰十二章經無明文班馬以前史亦不著秋官大行人言上公以下冕服有九章七章五章三等其章復無考鄭元說虞書作服乃分日月至黼黻爲十二章除日月星辰爲九章其說與尙書大傳史記夏本紀僞孔傳皆有不合鄭復援以說禮此志皆本之餘附詳於後故易曰庖犧氏之王天下也仰觀象於天俯觀法於地觀鳥獸之文與地之宜近取諸身遠取諸物於是始作八卦以通神明之德以類萬物之情黃帝堯舜垂衣裳而天下治蓋取諸乾巛乾巛有文故上衣玄下裳黃日月星辰山龍華蟲孔安國注尙書曰華象艸華蟲雉也[集解]惠棟曰尙書皐陶謨曰帝曰予欲觀古人之象古易名象春秋傳曰見易象是也伏羲觀象而作八卦黃帝以下始制衣裳九家易乾爲衣坤爲裳故云取諸乾巛帝舜觀古人之象卽伏羲之易也象之名易始于文王周官三易蒙周易之名非夏商便名易也商謂之坤乾作繢宗彝古文尙書繢作會孔安國曰以五采成此畫焉宗廟彝樽亦以山龍華蟲爲飾[集解]惠棟曰馬鄭李作繪胡對反藻火粉米孔安國曰藻水艸有文者火爲火字粉若粟米米若聚米[集解]李賡芸曰按孔傳本作粉若粟冰作米譌也此志北宋本亦作粟冰黼黻絺繡孔安國曰黼若斧形黻若兩己相背葛之精者曰絺五色備曰繡杜預注左傳曰白與黑謂之黼黑與青謂之黻以五采章施于五色作服孔安國曰以五采明施于五色作尊卑之服天子備章鄭玄周禮注曰此古天子冕服十二章公自山以下侯

伯自華蟲以下子男自藻火以下卿大夫自粉米以下至周而變之以三辰爲旂旗王祭上帝則大裘而冕鄭衆曰大裘羔裘服以祀天示質也[集解]惠棟曰尙書大傳曰天子衣服其文章華蟲作繢宗彝藻火山龍諸侯作繢宗彝藻火山龍子男宗彝藻火山龍大夫藻火山龍士山龍又曰山龍青也華蟲黃也作繢黑也宗彝白也藻火赤也天子服五諸侯服四次國服三大夫服二士服一鄭元曰元或疑焉公侯卿大夫之服用九章以下鄭玄曰華蟲五色之蟲周禮繢人職曰鳥獸蛇雜四時五色之位以章之謂是也王者相變至周而以日月星辰畫於旌旗所謂三辰旂旗昭其明也而冕服九章初一曰龍次二曰山次三曰華蟲次四曰火次五曰宗彝皆畫以爲繢次六曰藻次七曰粉米次八曰黼次九曰黻皆絺以爲繡則袞之衣五章裳四章凡九也鷩畫以雉謂華蟲也其衣三章裳四章凡七也毳畫虎蜼謂宗彝也其衣三章裳二章凡五也絺刺粉米無畫也其衣一章裳二章凡三章也希黹章法言曰聖人文質備也車服以章之藻色以明之聲音以揚之詩書以光之籩豆不陳玉帛不分琴瑟不鏗鍾鼓不鏘吾無以見乎聖也秦以戰國卽天子位滅去禮學郊祀之服皆以袀玄[集解]惠棟曰袀聶崇義音居勻反儀禮士冠禮曰兄弟畢袗元鄭元曰袗同也古文袗爲均故左傳謂之均服虔本作袀又士昏禮注云袗同也同元者上下皆元也幷詳下漢承秦故至世祖踐祚[集解]先謙曰官本祚作阼都於土中始修三雍正兆七郊[集解]黃山曰七郊天地及五方五帝之兆皆王莽於平帝元始四年建議具前書郊祀志光武建武二年定南郊雒陽城南七里中元二年定北郊雒陽城北四里顯宗永平二年始據禮讖月令定五郊迎氣中兆在未四兆各於其方一如莽議見本紀及祭祀志惟志注引蔡邕月令章句東郊去邑八里南郊去邑七里中兆去邑五里西郊去邑九里北郊去邑六里是南郊迎氣與祀天之南郊同位不知何以別之此文以正兆七郊均屬世祖非其實也顯宗遂就大業初服旒冕衣裳文章赤舄絇屨以祠天地養三老五更於三雍於始致治平矣天子三公九卿特進侯侍祠侯[集解]黃山曰天子以下言漢章服應提行百官志特進侯位次車騎將軍侍祠侯位次大夫祀天地明堂皆冠旒冕衣裳玄上纁下東觀書曰永平二年正月公卿議春南北郊東平王蒼議曰孔子曰行夏之時乘殷之輅服周之冕爲漢制法高皇帝始受命創業制長冠以入宗廟光武受命中興建明堂立辟雍陛下以聖明奉遵以禮服龍袞祭五帝禮缺樂崩久無祭天地冕服之制案尊事神祇絜齋盛服敬之至也日月星辰山龍華藻天王袞冕十有二旒以則天數旂有龍章日月以備其文今祭明堂宗廟圓以法天方以則地服以華文象其物宜以降神明肅雍備思博其類也天地之禮冕冠裳衣宜如明堂之制乘輿備文日月星辰十二章三公諸侯用山龍九章九卿以下用華蟲七章皆備五

采大佩赤舄絇履以承大祭百官執事者冠長冠皆祗服五嶽四瀆山川宗廟社稷諸沾秩祠皆袀玄長冠五郊各如方色云百官不執事各服常冠袀玄以從

冕冠垂旒前後邃延邃垂也延冕上覆集解惠棟曰叔孫通漢禮器制度曰凡冕以版廣八寸長尺六寸以上元下朱覆之乃以五采繅繩貫五采玉垂于延前後謂之邃延玉藻周禮曰五采繅十有二就皆五采玉十有二玉笄朱紘鄭玄注曰繅雜文之名也合五采絲謂之繩垂於延之前後各十二所謂邃延也就成也繩之每一帀而貫五采玉十有二旒則十二玉也每就間蓋一寸朱紘以朱組爲紘也紘一條屬兩端於武此爲袞衣之冕十二旒則用玉二百八十八鷩衣之冕繅九旒用玉二百一十六毳衣之冕七旒用玉百六十八絺衣之冕五旒用玉百二十玄衣之冕三旒用玉七十二集解惠棟曰周禮弁師繅斿鄭衆注曰繅當爲藻繅古字也藻今字也同物同音孝明皇帝永平二年初詔有司采周官禮記尚書皋陶篇集解錢大昕曰伏生今文尚書以益稷合于皋陶謨故引日月星辰山龍華蟲之文爲皋陶篇也乘輿服從歐陽氏說公卿以下從大小夏侯氏說集解先謙曰從歐陽大小夏侯說者前此無文可徵宋陳祥道禮書引大傳虞傳文惠氏已全錄見上天子至士其服章以華蟲作繢宗彝藻火山龍遞省不言日月星辰史記夏紀日月星辰作文繡服色女明之其引書不

以日月星辰並括於文繡服色之內日月星辰之用伏既不言古義遂晦夏侯歐陽親承教授既有其說因承用之此後王充論衡語增篇莫知篇郊特牲王制鄭注言古天子日月星辰畫衣皆本於此黃山曰志述顯宗章服乘輿備十二章即歐陽氏說三公諸侯九章九卿以下七章僅二等而皆備五采即大小夏侯氏說二家必有詳略異同明矣鄭謂周制變古見虞書孔疏引鄭注及鄭禮王制春官司服注司服賈疏已云此無明文鄭以意解之楊復林之奇尤極論其不經東京古學爭鳴既兼采周官禮記而仍斷以今文以古文尚書猶未大顯也楊林推求經義特以證明周制天子亦備十二章耳山謂虞書止言五服五章本無十二章之名大傳以作繢宗彝爲章說與古文迥別而大傳文之見陳氏禮書引者則山龍青也華蟲黃也作繢黑也宗彝白也藻火赤也見隋志引者則山龍純青華蟲純黃作會宗彝純黑藻純白火純赤又各不同今詳觀禮書所引諸侯以下有服四服三服二服一之殊不皆備五采隋志所引但云以此相間而成五采明不備不成是引見禮書者乃歐陽家說不可通於公卿以下引見隋志者正大小夏侯家說也顯宗既不用古文其時亦尚無十二章之說則止以備文不備文爲別此志之以十二章九章七章爲言者蓋漢制三公以下無日月星辰九卿以下遞有所省仍推鄭說名之取應前文而已冕皆廣七寸長尺二寸集解惠棟曰阮諶禮圖漢禮器制度云冕制皆長尺六寸廣八寸天子以下皆同沈重引董巴輿服志云廣七寸長尺二寸應劭漢官儀云廣七寸長八寸沈重又云廣八寸長尺六寸者天子之冕廣七寸長尺六寸者諸侯之冕廣七寸長八寸者大夫之冕前圓後方朱綠裏玄上前垂四寸後垂三寸係白玉珠爲十二旒以其綬采色爲組纓說文曰組綬屬也小者以爲冕纓焉禮記曰玄冠朱組纓館綏本天子之服是也三公諸侯七旒青玉爲珠卿大夫五旒黑玉爲珠獨斷曰三公諸侯九旒卿七旒與此不同集解洪亮吉曰案三公七旒蓋下藩王或九旒志爲是惠棟曰高誘云天子玉縣十二公侯縣玉九卿縣珠六伯子各應隨其命數皆有前無後各以其綬采色爲組纓旁垂黈纊呂忱曰黈黃色也黃綿爲之禮緯曰旒垂目纊塞耳王者示不聽讒不視非也薛綜曰以珩玉爲充耳也詩曰充耳琇瑩毛萇傳曰充耳謂之瑱天子玉瑱琇瑩美石也諸侯以石集解黃山曰禮記金榜禮箋云玉藻天子玉藻十有二旒前後邃延則歐陽氏說所本也大戴禮子張問入官古者冕而前旒所以蔽明也禮緯旒垂目纊塞耳王者示不聽讒不視非也則大小夏侯氏說所本也鄭君釋周官禮記用歐陽氏說榜聞之師曰前旒義取蔽明則無後旒可知記言十二旒未嘗謂前後皆有也前後邃延者據延言不據延之垂者言旒制當從大小夏侯說山案金氏就志文考禮推見歐陽大小夏侯尚書之說正足爲讀史之助惟玉藻前後邃延本專就天子言孔子荅子張問入官又正人臣莅民之事非天子制是明有別矣釋名釋首飾冕猶俛也俛平直貌也亦言文也玄上纁下前後垂珠有文飾也證以叔孫通漢禮器制度垂於延前後謂之邃延引志足知漢說相承前後邃延郎

爲前後玉藻鄭說玉藻但言貫以玉釋名則曰垂珠證以志用玉珠足知郎爲歐陽氏說蓋歐陽獨詳天子服制故當時乘輿服專從之注引禮緯文亦未可決王冕延後無旒白虎通冕所以前後邃延者何示進賢退不能也垂旒者示不視邪纊塞耳示不聽讒也仍承前後言之若泥定視必當前則進賢退不能難爲兼顧已郊天地宗祀明堂則冠之蔡邕曰鄙人不識謂之平天冠衣裳玉佩備章采乘輿刺史公侯九卿以下皆織成陳留襄邑獻之云集解惠棟曰劉逵魏都賦注曰襄邑屬陳留舊有服官陳留志曰襄邑渙水出其南睢水經其北傳云睢渙之間出文章故其黼黻絺繡日月華蟲以奉宗廟御服焉

長冠一曰齋冠高七寸廣三寸促漆纚爲之制如板以竹爲裏集解惠棟曰三禮圖引云而後促漆纚爲之徐爰釋問曰帽名猶冠也義取于蒙覆其首其本纚也古者有冠無幘冠下有纚以繒爲之後世施幘於冠因裁纚爲帽說文纚冠織也从系麗聲黃山曰段玉裁云冠織者爲冠而設之織成也凡繒布不須翦裁而成者謂之織成士冠禮云纚廣充幅山案春官巾車鄭注漆車黑車也漆纚亦即黑纚纚本冠內韜髮所用長冠以竹爲裏則纚施於外言漆纚明異於常纚也古齋冠用緇玄故纚亦用黑初高祖微時以竹皮爲之謂之劉氏冠集解惠棟曰淮南子曰高皇帝履天子之圖籍造劉氏之貌冠高誘云高祖于新豐所作竹皮冠也一曰委貌冠晉志曰後除竹用

漆纚黃山曰前書高帝紀以竹皮爲冠應注以竹始生皮作冠韋昭說竹筠也顏注竹皮筍皮謂竹上所解之籜耳今人筍皮巾古之遺制也韋說失之山案筍皮巾蓋以筍皮襯巾至高祖微時之冠史但言以竹皮爲之自是純用新竹皮組織而成故始但名竹皮冠此非筍皮所能爲仍當以應韋說爲得其實後增漆纚之飾乃名長冠也劉氏者有天下以後之稱故淮南承履天子之圖籍言之謂之貌冠卽指後之長冠非指始製之竹皮冠矣高注一曰委貌冠或疑委貌周制此則楚制且志別有委貌冠行大射禮冠之似高說近誤然白虎通委貌者言委曲有貌也則貌冠弱卽委貌冠淮南王安親高帝孫言當時祖制宜必可信前漢未行大射禮亦不應別有大射之冠楚制者就始之竹皮冠言之貌冠者就後之長冠言之飾以漆纚固委曲有貌矣前注引東觀書東平王蒼議云高皇帝始受命創業制長冠以入宗廟與淮南說如出一口足證竹皮爲高祖始制長冠爲高祖後制高本紀言竹皮冠及貴常冠一所謂劉氏冠也足證劉氏之稱亦在其後是高注不誤提兩製爲一事之誤也至大射之委貌或王莽居攝時行大射禮仿製或顯宗行大射禮增製要必非前漢所有矣**楚冠制也民謂之鵲尾冠非也祀宗廟諸祀則冠之皆服袀玄**獨斷曰袀紺繒也吳都賦曰袀皁服也集解惠棟曰左傳袀服振振服虔云袀服黑服也淮南子云尸祝袀元高誘云袀純服袨黑齋衣也**絳緣領袖爲中衣絳絝袜示其赤心奉神也**集解惠棟曰袜當作袜下絝袜同漢官儀曰漢家赤行齊著絳絝袜說文曰絝脛衣也先謙曰絳緣官本作絳緣黃山曰淮南說林訓鈞之縞也一端以爲冠一端以爲袜冠則戴致之袜

則履踐之案袜卽韈也釋名韈末也在腳末也眾經音義三古文韈或作韎韎二形玉篇袜腳衣司馬類篇袜同韈袜足衣也是韎韎袜袜皆卽韈字**五郊衣幘絝袜各如其色此冠高祖所造故以爲祭服尊敬之至也**

委貌冠集解惠棟曰冠作與**皮弁冠同制長七寸高四寸制如覆杯前高廣後卑銳所謂夏之毋追殷之章甫也**集解惠棟曰輿服志曰皮弁與委貌同制張鎰禮器圖曰諸侯朝服之元冠士之元端元冠諸侯之冠弁此三冠與周天子委貌形制相同則與進賢之遺象皮弁之同制者遠相異也**委貌以皁絹爲之**集解惠棟曰絹一作縉**皮弁以鹿皮爲之**集解惠棟曰三禮圖云以鹿皮淺毛黃白者爲之高尺二寸鄭氏曰以白鹿皮爲之象太古**行大射禮於辟雍公卿諸侯大夫行禮者冠委貌衣玄端素裳**鄭眾周禮傳曰衣有襦裳者爲端鄭玄曰謂之端取其正也正者士之衣袂皆二尺二寸而屬幅是廣袤等也其袪尺二寸大夫以上侈之侈之者蓋半而益一焉半而益一則其袂三尺三寸袪尺八寸集解惠棟曰徐廣云衣黑而裳素其中衣以皁緣領袖**執事者冠皮弁衣緇麻衣皁領袖下素裳所謂皮弁素積者也**皮弁質也石渠論玄冠朝服戴聖曰玄冠委貌也朝服布上素下緇帛帶素韋韠白虎通曰三王共皮弁素積素積者積素以爲裳也言要中辟積也集解惠棟曰緇輿服志一作都

爵弁一名冕廣八寸長尺二寸如爵形前小後大繒其上似爵頭色有收持笄所謂夏收殷冔者也獨斷曰殷黑而微白前大而後小夏純黑亦前小而後大皆以三十六升漆布爲之詩云常服黼冔書曰王與大夫盡弁古皆以布中古以絲孔子曰麻冕禮也今也純儉集解黃山曰有收持笄據後文尙書曠收收卽是幘蓋先著幘而後加弁如古緇布冠之先著頍也白虎通周之冠色所以爵何爲周尙赤所以不純赤但如爵頭何以本製冠者法天天色玄者不失其質故周加赤殷加白夏之冠色純玄**祠天地五郊明堂雲翹舞樂人服之禮曰朱干玉鉞**鄭玄曰朱干赤大盾也鉞斧也**冕而舞大夏此之謂也**

通天冠高九寸正豎頂少邪卻集解惠棟曰邪卻一作斜卻**乃直下爲鐵卷梁前有山展筩爲述**集解惠棟曰此下脫筩紋犀簪導五字紋當作綫黃山曰禮喪大記注武冠卷也漢大官令注梁冠上橫脊也徐廣輿服雜注通天冠高九寸黑介幘金博山徐爰釋問通天冠金博山蟬爲之謂之金顏是山卽金博山飾於冠前如幘前之有顏題也展筩後文法冠以纚爲之遠遊冠橫之於前其式未聞後文建華冠引記曰知天者冠述錢氏據前書五行

志顏注述卽爲鷸山案說文鷸下引禮記曰知天文者冠鷸與志引記曰合天下多文字述卽作鷸莊子天地篇皮弁鷸冠釋文鷸徐音述本又作鷸音同鳥名也一名翠出鬱林取其羽以飾冠說文無鷸而鷸之重文作鷸从遹遹述同字則鷸卽鷸矣省鳥爲述猶卽令晨風之例字書引餘文鷸食律切翠羽鳥不及莊子釋文偶有不照也**乘輿所常服**獨斷曰漢受之秦禮無文**服衣深衣制有袍隨時五色袍者或曰周公抱成王宴居故施袍禮記孔子衣逢掖之衣縫掖其袖合而縫大之近今袍者也**集解先謙曰官本無也字考證云者下本或有也字**今下至賤吏小史皆通制袍單衣皁緣領袖中衣爲朝服云**集解先謙曰官本綠作緣

遠遊冠制如通天有展筩橫之於前無山述諸王所服也獨斷曰禮無文

高山冠一曰側注制如通天集解惠棟曰五行志作仄注冠師古曰仄古側字也謂之側注者言形立而下注也**不邪卻**集解惠棟曰不上宜從輿服志及三禮圖增頂字**直豎無山述展筩**獨斷曰鐵爲卷梁高九寸漢書音義曰其體側立而曲注**中外官謁者僕射所服太傅胡廣說曰**集解惠棟曰胡廣上脫南郡二字**高山冠蓋齊王冠也秦滅齊以其君冠賜近臣謁者**

服之史記酈生初見高祖儒衣而冠側注漢舊儀曰乘輿冠高山冠飛月之纓幘且赤丹紈裏衣帶七尺斬蛇劍履虎尾絇履案此則亦通于天子集解惠棟曰晉志曰傳曰桓公好高冠大帶先謙曰官本且作耳

進賢冠古緇布冠也集解官本考證曰古字監本誤作右依宋本改文儒者之服也前高七寸後高三寸長八寸公侯三梁胡廣曰車駕巡狩幸其國諸侯衣玄端之衣冠九旒之冕其盛法服以就位也今列侯自不奉朝請侍祠祭者不得服此皆當三梁冠皁單衣其歸國流黃衣皁云晉公卿禮秩曰太傅司空司徒著進賢三梁冠黑介幘中二千石以下至博士兩梁自博士以下至小史私學弟子皆一梁宗室劉氏亦兩梁冠示加服也獨斷曰漢制禮無文荀綽晉百官表注曰建光中尚書陳忠以爲令史質堪上言太官宜著兩梁尚書孟希奏太官職在鼎俎不列陛位堪欲令比大夫兩梁冠不宜許臣伏惟太官令職在典掌王饔統六清之飲列八珍之饌正百品之羞納四方之貢所奉尤重用思又勤明詔愼口實之御防有敗之姦增崇其選侍御史主捕案太醫令奉方藥供養待節令掌幡信金虎故位從大夫車有韜祈冠有兩梁所以殊親疏別內外也太官令以供養言之爲最親近以職事言之爲最煩多令又高選又執法比太醫令科同服等而冠二人殊名實不副又博士秩卑以其傳先王之訓故尊而異之令服大夫之冕猶此言之兩梁冠非必列於陛位也建初中太官令兩梁冠春秋之義大於復古如

堪言合典可施行克厭帝心郎聽用之獻帝起居注曰中平六年令三府長史兩梁冠五時衣袍事位從千石六百石集解惠棟曰注孟希希作布漢隸希作布字故誤作希也黃山曰晉志緇布冠蔡邕云卽委貌冠也太古冠布齊則緇之緇布冠始冠之冠也其制有四形一似武冠又一似進賢其一上方其下加幘頗其一刺上而方下進賢冠古緇布遺象也斯蓋文儒者之服前高七寸後高三寸長八寸有五梁三梁二梁一梁人主元服始加緇布則冠五梁進賢三公及封郡公縣公郡侯縣侯鄉侯亭侯則冠三梁卿大夫八座尚書關中內侯二千石及千石以上則冠兩梁中書郎祕書丞郎著作郎尚書丞郎太子洗馬舍人六百石以下至於令史門郎小吏並冠一梁漢建初中太官令冠兩梁親省御膳爲重也博士兩梁崇儒也宗室劉氏亦得兩梁冠示加服也案冠制肇始緇布至周盡飾而有委貌漢諸冠制亦皆緣之而起據晉志進賢五梁上通天子禮儀志乘輿初加緇布進賢是其制以非常服故此不著耳

法冠一曰柱後獨斷曰柱後惠文高五寸以纚爲展筩前書注曰纚今之縰通俗文幘裏曰纚集解惠棟曰李斐云齊國春獻冠幘縰爲首服也師古云縰與纚同今之方目紗也鄭元特牲注曰纚今之幘梁也盧植禮記注云纚所以裹髻承冠以全幅疊而用之先謙曰官本縰作縱鐵柱卷荀綽晉百官表注曰鐵柱言其厲直不曲橈執法者服之侍御史廷尉正監平也集解黃山曰百官志廷尉下正左監各一人左平一人是有正監無正平也彼注前漢有左右監平世祖省右而猶曰左蓋舊制正監亦止一人左右監平各二人世祖省二存三正監本兼平故亦曰正監平實一人耳前書張敞傳且當以柱後惠文彈治之耳晉灼云漢注法冠也一號柱後惠文以纚裹鐵柱卷秦制執法服今御史服之惠氏引鄭禮注纚爲幘梁晉灼言纚裹柱卷志謂纚爲展筩然則展筩者卽以纚爲筩裹梁及柱卷之名梁爲冠上橫脊前遠游冠展筩施於梁故言橫之於前亦可推知矣晉說爲注法冠與志略異言今御史服不及廷尉等者辭有不備或晉制異漢也或謂之獬豸冠獬豸神羊能別曲直楚王常獲之故以爲冠異物志曰東北荒中有獸名獬豸一角性忠見人鬭則觸不直者聞人論則咋不正者楚執法者所服也今冠兩角非豸也臣昭曰或謂獬豸迺非定名在兩角未足斷正安不存其豎飾令兩爲冠乎集解惠棟曰淮南子云楚文王好服獬冠楚國效之高誘云獬廌之冠如今御史冠也先謙曰常官本作嘗是也胡廣說曰集解惠棟曰一作太傅胡公說曰春秋左氏傳有南冠而縶者則楚冠也秦滅楚以其君服賜執法近臣御史服之

武冠一云古緇布冠之象也或曰繁冠一曰武弁大冠諸武官冠之晉公卿禮秩曰大司馬將軍尉驃騎車騎衞軍諸大將軍開府從公者著武冠平上幘侍中中常侍加黃金璫附蟬爲文貂尾爲飾謂之趙惠文冠又名鵔鸃冠集解惠棟曰徐廣云侍中左貂常侍右貂胡廣說曰

趙武靈王效胡服以金璫飾首前插貂尾爲貴職秦滅趙以其君冠賜近臣應劭漢官曰說者以金取堅剛百鍊不耗蟬居高飲潔口在腋下貂內勁捍而外溫潤此因物生義也徐廣曰趙武靈王胡服有此秦卽趙而用之說者蟬取其清高飲露而不食貂紫蔚柔潤而毛采不彰灼故於義亦取胡廣又曰意謂北方寒涼本以貂皮煖額附施於冠因遂變成首飾集解惠棟曰注此因物生義義下脫非其實三字黃山曰趙惠文王武靈王子也趙世家武靈議變服騎射公子成以越之錯臂左衽吳之卻冠秫絀爲比其初制必甚麤簡金玉之飾當卽惠文後來所增故冠因之而名推本武靈著其本爲胡服耳遂以惠文之名歸之武靈誤也武冠著鶡尾卽爲鶡冠據後文賁武靈原制無金玉之飾亦不聞兼惠文之名也法冠本楚冠乃亦曰柱後惠文疑楚制仿趙以其近似名之不名楚冠者或避竹皮楚制之嫌耳建武時匈奴內屬世祖賜南單于衣服以中常侍惠文冠中黃門童子佩刀云

建華冠以鐵爲柱卷貫大銅珠九枚制似縷鹿獨斷曰其狀若婦人縷鹿薛綜曰下輪大上輪小集解黃山曰建華冠下引記文冠述爲證當是以翠華爲之鐵柱銅珠皆以傳羽如九重華蓋故曰建也前書司馬相如上林賦建翠華之旗顏注以翠羽爲旗上葆也漢時婦人縷鹿之式未聞薛言上下輪謂逐層如輪下大上小其設飾亦必有柱

與冠制略同耳後文皇后步搖以黃金爲山題貫白珠爲桂枝相繆一爵九華以翡翠爲華似卽其制上林賦錯翡翠之葳蕤顏注葳蕤羽飾貌文選李注引張揖說錯其羽毛以爲首飾也案錯翡翠句承上鄭女曼姬言乃婦人首飾或亦纚鹿之類與記曰知天者冠述〔集解〕錢大昕曰述讀如聿詩聿修厥德漢書引作述修爾雅遹自也孫炎云遹古述字聿與遹同故鷸冠亦爲述也惠棟曰師古云逸周書曰知天文者冠鷸冠禮圖謂之術氏冠也知地者履約〔集解〕惠棟曰說文約讀若鳩麋信春秋穀梁傳曰約者著履舃之頭卽周禮約繶及純是也春秋左傳曰鄭子臧好鷸冠前圓㠯爲此則是也說文曰鷸知天將雨鳥也〔集解〕惠棟曰張晏云鷸鳥赤足黃文以其毛飾冠韋昭曰鷸今翠鳥也李巡爾雅注曰鷸一名爲翠其羽可以爲飾樊光曰青羽出交州鼂宗義曰鷸音聿亦音術天地五郊明堂育命舞樂人服之

方山冠似進賢〔集解〕惠棟曰下脫前高七寸後高三寸纓長八寸十二字從三禮圖增㠯五采穀爲之祠宗廟大予八佾四時五行樂人服之〔集解〕先謙曰大予三禮圖作天子官本作太子今案大予本樂名作天子太子未合冠衣各如其行方之色而舞焉〔集解〕惠棟曰禮樂志曰武德高帝所作也文始舜舞也五行周舞也武德者舞人執干戚舞也文始者舞人執羽籥舞也五行舞者舞人冠冕衣服法五行色也

巧士冠高七寸〔集解〕惠棟曰高上脫前字要後相通直豎不常服唯郊天黃門從官四人〔集解〕惠棟曰官作宦者冠之在鹵簿中次乘輿車前㠯備宦者四星云獨斷曰禮無文

卻非冠制似長冠〔集解〕惠棟曰三禮舊圖云高五寸下促宮殿門吏僕射冠之〔集解〕惠棟曰三禮圖曰宮殿僕射史服之高三寸晉志曰高五寸負赤幡青翅燕尾諸僕射幡皆如之獨斷曰禮無文

卻敵冠前高四寸通長四寸後高三寸制似進賢〔集解〕先謙曰官本考證云似字監本誤作以依宋本改衛士服之獨斷曰禮無文

樊噲冠漢將樊噲造次所冠㠯入項羽軍廣九寸高七寸前後出各四寸〔集解〕惠棟曰出各一作各出制似冕司馬殿門大難衛士服之或曰樊噲常持鐵楯聞項羽有意殺漢王噲裂裳㠯裹楯冠之入軍門立漢王旁視項羽〔集解〕惠棟曰旁三禮圖引作側

術氏冠〔集解〕惠棟曰輿服志云有五采衣青元裳前圓吳制差池邐迤四重趙武靈王好服之今不施用官有其圖注淮南子曰楚莊王所復譬冠者是蔡邕曰其說未聞〔集解〕先謙曰官本復作服考證云注服監本誤作復依宋本改惠棟云注其說未聞或曰楚王鮮冠是也黃山曰錢氏引禮圖鷸冠爲術氏冠是差池邐迤四重亦言翠華與建華冠當略同矣術述古通作術氏者蓋以鳥爲氏如左傳鄭子所言

諸冠皆有纓蕤執事及武吏皆縮纓垂五寸

武冠俗謂之大冠〔集解〕黃山曰此約舉前條武官一曰武弁大冠之文以明鶡冠之制承上縮纓言環纓共爲一條不應分提鶡冠本卽前武冠惟前武冠兼爲中常侍宦者之冠故雖名武冠而纓則環緄則青系卽加鶡尾易名爲鶡冠仍是環纓與縮纓者異志非從纓起例不能著其原委異同此與後二條皆不先標冠名者也今誤從武冠分提則與前條武冠標名提複矣縮纓直纓也以兩條結頷下故有垂古緇布遺制也環纓一條屬兩耑於武則無垂者卽古冕弁之紘也環纓無蕤㠯青系爲緄加雙鶡尾豎左右爲鶡冠云莊子云縵胡之纓武士之服是也〔集解〕黃山曰注引莊子今說劒篇無武士之服四字縵作曼釋文引司馬注謂麤纓無文理也案說文縵繒無文也是注仍以縵說之古字通用也秦風竹閉緄縢毛傳訓緄爲繩說文織帶也後文公主封君以上采組爲緄乃有文理者系純青則無文理矣五官左

右虎賁羽林五中郎將羽林左右監皆冠鶡冠紗縠單衣〔集解〕惠棟曰紗上脫著字虎賁將虎文絝白虎文劒佩刀虎賁武騎皆鶡冠虎文單衣襄邑歲獻織成虎文云鶡者勇雉也其鬭對一死乃止故趙武靈王㠯表武士秦施之焉徐廣曰鶡似黑雉出于上黨荀綽晉百官表注曰冠插兩鶡鷙鳥之暴疏者也每所攫撮應爪摧衄天子武騎故以冠焉傅玄賦注曰羽騎騎者戴鶡〔集解〕先謙曰官本之焉作安焉惠棟云安焉一作用之

安帝立皇太子太子謁高祖廟世祖廟門大夫從冠兩梁進賢洗馬冠高山罷廟侍御史任方奏請非乘從時皆冠一梁不宜㠯爲常服事下有司尚書陳忠奏門大夫職如諫大夫洗馬職如謁者故皆服其服〔集解〕先謙曰官本故下有忠字考證云忠字衍先帝之舊也方言可寢奏可

謁者古者一名洗馬古今注曰建武十三年初令令長皆小冠獨斷曰公卿侍中尚書衣帛而入朝者曰朝臣諸營校尉將大夫以下不爲朝臣〔集解〕黃山曰百官志太子門大夫六百石舊職比郎將太子洗馬比六百石舊職如謁者諫議大夫六百石注引胡廣云武帝置諫大夫爲光祿大夫世祖以爲諫議大夫常侍謁者比六百石注引漢官云謁者三十人其二人公

府掾特使也案後漢六百石以下並冠一梁見晉志陳忠云先帝之舊皆指前漢故事前漢洗馬無專官故志言謁者古一名洗馬耳

古者有冠無幘其戴也加首有頍所㠯安物故詩曰有頍者弁此之謂也三代之世法制滋彰下至戰國文武並用秦雄諸侯乃加其武將首飾爲絳袙㠯表貴賤其後稍稍作顏題【集解】黃山曰左襄十五年傳舞師題以旌夏杜注題識也以大旌表識其行列孔疏以題識其舞人之首鄭風二矛重喬鄭箋喬矛矜近上及室題孔疏矛之柄近於上頭及矛之銎室之下當有物以題識之釋問通天冠金博山蟬謂之金顏輿服襍注漢桓帝延熹中京師作幘皆顏短耳長以爲服妖亦見五行志是本題識物事之制而施之首服本單言顏或連言顏題或通言題後始援之器物總論華蓋有顏題則凡事物亦連言顏題矣幘之顏題冠之山一也故後文佩刀亦言山后夫人首服又名山題漢興續其顏卻摞之施巾連題卻覆之今喪幘是其制也名之曰幘幘者賾也頭首嚴賾也至孝文乃高顏題續之爲耳崇其巾爲屋合後施收上下羣臣貴賤皆服之文者長耳武者短耳稱其冠也尚書幘收方三寸

【集解】黃山曰士冠禮緇布冠缺項鄭注缺讀如有頍者弁之頍緇布冠無笄者著頍圍髮際結項中隅爲四綴以固冠也云圍髮際頍式本圜矣秦加絳袙袙與帕同字方言帕頭幧頭也向栩傳好被髮著絳綃頭李注綃當作幧古詩脫巾著幧頭鄭玄注儀禮云如今著幓頭自項中而前交額上卻繞髻也云繞髻袙式亦去頍不遠再加顏題施巾連題卻覆之始爲幘則並髻髾覆之崇其巾爲屋合後施收始又名收屋中容髻貫之以笄前爵弁有收持笄正謂此矣是賾收方三寸者乃言其屋式也名曰納言示㠯忠正顯近職也迎氣五郊各如其色從章服也皁衣羣吏春服青幘立夏乃止助微順氣尊其方也武吏常赤幘成其威也未冠童子幘無屋者示未成人也入學小童幘也句卷屋者【集解】官本考證曰也疑作施示尚幼少未遠冒也喪幘卻摞反本禮也升數如冠與冠偕也期喪起耳有收素幘亦如之禮輕重有制變除從漸文也【集解】獨斷曰幘古者卑賤執事不冠者之所服也董仲舒止雨書曰執事者皆赤幘知不冠者之所服也元帝額有壯髮不欲使人見始進幘服之羣臣皆隨焉然尚無巾故言王莽禿幘施屋冠進賢者宜長耳冠惠文者宜短耳各隨其宜漢舊儀曰凡齋紺幘耕青幘秋貙劉服緗幘【集解】惠棟曰徐廣云始時各隨所宜後遂因冠爲別介幘服文吏平上服武官也冠進賢者宜長耳徐廣曰今介幘也冠惠文者宜短耳徐廣曰今平上幘也

古者君臣佩玉尊卑有度上有韍徐廣曰韍如巾蔽膝【集解】惠棟曰注如巾蔽膝巾當作今徐廣車服儀制曰漢明帝復制韍天子赤皮蔽膝蔽膝古韍也孔穎達云漢世蔽膝猶用赤皮魏晉以來用絳紗爲之先謙曰官本巾作今貴賤有殊佩所㠯章德服之衷也韍所㠯執事禮之共也故禮有其度威儀之制三代同之五伯迭興戰兵不息佩非戰器韍非兵旗於是解去韍佩留其係璲徐廣曰今名璲爲繸【集解】惠棟曰輿服志作絲璲爾雅曰繸綬也郭璞云卽佩玉之組所以連繫瑞玉者因通謂之繸㠯爲章表故詩曰鞙鞙佩璲此之謂也鞙鞙佩玉貌璲瑞也鄭玄箋曰佩璲者以瑞玉爲佩佩之鞙鞙然韍佩既廢秦乃㠯采組連結於璲【集解】惠棟曰璲一作繸光明章表轉相結受【集解】惠棟曰受一作授故謂之綬漢承秦制用而弗改【集解】惠棟曰漢官儀曰綬者有所受以別尊卑也彰有德也綬長一丈二尺法十二月廣三尺法天地人舊用赤韋示不忘古也秦漢易之以絲至今以爲常制故加之㠯雙印佩刀之飾至孝明皇帝乃爲大佩衝牙雙瑀璜皆㠯白玉詩云雜佩以贈之毛萇曰珩璜琚瑀衝牙之類月令

章句曰佩上有雙衡下有雙璜琚瑀以雜之衝牙蠙珠以納其間玉藻曰右徵角左宮羽進則揖之退則揚之然後玉瑲鳴焉纂要曰琚瑀所以納間在玉之間今白珠也【集解】惠棟曰注佩上有雙衡衡訛衡從三禮圖改三禮圖曰衡長五寸博一寸下有雙璜璜徑三寸又云上下爲衡半璧爲璜璜中橫以乘輿落㠯白珠【集解】黃山曰前書西域傳贊落以隨珠和璧顏注落與絡同又李廣傳禹從落中以劍斫絕纍文選景福殿賦落帶金釭莊子秋水篇落馬首並與絡通用公卿諸侯㠯采絲其視冕旒爲祭服云

佩刀乘輿黃金通身貂錯半鮫魚鱗金漆錯雌黃室五色罽隱室華諸侯王黃金錯環挾半鮫黑室公卿百官皆純黑不半鮫小黃門雌黃室中黃門朱室童子皆虎爪文虎賁黃室虎文其將白虎文皆㠯白珠鮫爲鏢口之飾通俗文曰刀鋒曰鏢乘輿者加翡翠山紆嬰其側左傳曰藻繂鞞鞛杜預曰鞞佩刀削上飾鞛下飾也鄭玄詩箋曰既爵命賞賜而加賜容刀有飾顯其能制斷也春秋繁露曰劒之在左青龍之象也刀之在右白虎之象也韍之在前朱鳥之象也冠之在首玄武之象也四者人之盛飾也臣昭案自天子至於庶人咸皆帶劒劒之與刀形制不同名稱各異故蕭何劒履上殿不稱爲刀而此志言不及劒如爲未備【集解】惠棟曰注人之盛

飾論衡曰服革于腰佩刀于右舞劒于左又注咸皆帶劒沈約云高祖爲泗水亭長拔劒斬白蛇雋不疑云劒者君子武備張衡東京賦紆黃組腰干將然則自人君至士人又帶劒也黃山曰黃金通身貂錯者韓奕毛傳錯衡文衡也廣雅釋器鏤謂之錯晉語韋注錯錯鏤也說文錯金涂也應劭云貂內勁捍而外溫潤葢乘輿刀上下通鏤文如其毛之微緻而錯以金半鮫魚鱗金漆雌黃室者淸人鄭箋矛矜近上及室題方言劒削自河而北燕趙之間謂之室是凡兵之削皆曰室周書王會篇鮫瞂利劒孔注鮫文魚也說文鮫海魚皮可飾刀西山經郭注靑雄黃即雌黃是雌黃爲黃色之近靑者此爲用雌黃色室飾以半鮫固以金漆矣五色罽隱室華葢另爲刀衣以羃之莊子說劒篇韓魏爲夾司馬注夾把也古文夾挾通作黃金錯環挾者謂環把錯文不及刀身公卿以下但言室制則刀通無飾可知鐔口者亦就室近刀鋒一面言翡翠山以翠羽爲山題也紆嬰其側東京賦紆皇組薛注紆垂也古文嬰纓亦通作

佩雙印長寸二分方六分乘輿諸侯王公列侯以白玉中二千石以下至四百石皆以黑犀二百石以至私學弟子皆以象牙上合絲乘輿以縢貫白珠赤罽蕤諸侯王以下以綔赤絲蕤〔集解〕先謙曰官本綔亦作絛縢綔各如其印質刻書文曰正月剛卯既決靈殳四方赤青

白黃四色是當帝令祝融以教夔龍庶疫剛癉莫我敢當疾日嚴卯帝令夔化愼爾周伏化茲靈殳既正既直既觚既方庶疫剛癉莫我敢當凡六十六字前書注云以正月卯日作〔集解〕惠棟曰決一作央說文攺大剛卯以逐鬼魅也左傳曰辰在子卯謂之疾日剛卯以卯日作故曰疾日愼爾周伏漢書注作順爾固伏黃山曰前書王莽傳注服虔說剛卯長三寸廣一寸四方晉灼說長一寸廣五分四方均與志異卯得名印者據漢舊儀秦以前民皆佩綬金玉銀銅犀象爲方寸璽各服所好是佩印本秦俗之舊不能驟革故漢因而製卯其分寸固亦難畫一志所言特後漢官學定制耳卯文據晉灼說疾日嚴卯以下另爲一銘葢本雙印之文志合併載之

乘輿黃赤綬四采黃赤紺縹湻黃圭長丈九尺九寸五百首漢舊儀曰璽皆白玉螭虎紐文曰皇帝行璽皇帝之璽皇帝信璽天子行璽天子之璽天子信璽凡六璽皇帝行璽凡封之璽賜諸侯王書信璽發兵徵大臣天子行璽策拜外國事天地鬼神璽皆以武都紫泥封靑囊白素裏兩端無縫尺一板中約署皇帝帶綬黃地六采不佩璽璽以金銀縢組侍中組負以從秦以前民皆佩綬金玉銀銅犀象爲方寸璽各服所好奉璽書使者乘馳傳其驛騎也三騎行晝夜千里爲程吳書曰漢室之亂天子北詣河上六璽不自隨掌璽者投井中孫堅北討董卓頓軍城南官署有井每旦有五色氣從井出堅使人浚得傳國璽其文曰受命于天既壽永昌方圜四寸上有紐文槃五龍瑨七寸管龍上一角缺獻帝起居注曰時六璽不自隨及還于閣上得晉陽秋曰冉閔大將軍蔣幹以傳國璽付河南大守戴施施獻之百僚皆賀璽光照洞徹上蟠螭文隱起書曰昊天之命皇帝壽昌秦舊璽也徐廣曰傳國璽文曰受天之命皇帝壽昌〔集解〕惠棟曰五采訛四從輿服志改縹紺從輿服志改紺縹環濟要略曰間色有五紺紅縹紫流黃也廣雅縹紺皆靑也縹音匹紹反長二丈九尺二字從三禮圖增崔豹古今志曰長二丈九尺九寸輿服志云長二丈九尺五百首又注官署有井官署謂甄官署也齊職儀曰左右甄官署掌磚瓦之作也

諸侯王赤綬徐廣曰太子及諸王金印龜紐纁朱綬四采赤黃縹紺湻赤圭長二丈一尺三百首荀綽晉百官表注曰皇太子朱綬三百二十首〔集解〕惠棟曰輿服志一作八博物志仍作一

太皇太后皇太后其綬皆與乘輿同皇后亦如之〔集解〕惠棟曰獨斷曰皇后赤綬徐廣曰皇后金璽

長公主天子貴人與諸侯王同綬者加特也

諸國貴人相國皆綠綬三采綠紫紺湻綠圭長二丈一尺二百四十首前書曰相國丞相皆秦官金印紫綬高帝相國綠綬徐廣曰金印綠綟綬綟音戾艸名也以染似綠又云似紫紫綬名緺

緺音瓜其色靑紫綟字亦盭音同也傳寫者誤作綮公加殊禮皆服之何承天云緺音媧靑紫色綬綟紫色也〔集解〕惠棟曰綠崔豹志作綬蔡邕雜章曰相國金印綠綬位在公上所以殊異休烈羣臣莫得而齊又注綟音戾綟亦作盭晉灼云盭草出琅邪平昌縣如淳云盭綠也以綠爲質又注以染似綠當云似艾可染綠說文曰莨草染色

公侯將軍紫綬二采紫白湻紫圭長丈七尺百八十首前書曰太尉金印紫綬御史大夫位上卿銀印靑綬成帝更名大司空金印紫綬將軍亦金印漢官儀曰馬防爲車騎將軍銀印靑綬在卿上絕席和帝以竇憲爲車騎將軍始加金印次司空〔集解〕官本考證曰注始加金印印應改紫惠棟曰印北宋本作紫公主封君服紫綬〔集解〕惠棟曰漢官儀曰丞相御史大夫匈奴亦同

九卿中二千石二千石靑綬三采靑白紅湻靑圭長丈七尺百二十首一號靑緺綬〔集解〕惠棟曰博物志曰光武嫌二千石綬不靑而細朱浮議更用靑羽又注靑緺綬徐廣云緺音瓜一音蝸靑綬徐堅云緺靑紫色自靑綬以上縌皆長三尺二寸與綬同采而首半之縌者古佩璲也佩綬相迎受故曰縌紫綬以上縌綬之間得施玉環鐍云通俗文曰缺環曰鐍漢舊儀曰其斷獄者印爲章也〔集解〕惠棟曰以一作已翟義傳曰持黃金印赤韍縌服虔云縌

卽今之綬也說文縌綬維也師古云縌者系也謂逆受之也音逆璲作䍁佩綬志亦作䍁陳祥道云謂之綬以其貫玉相承受也謂之璲以其貫璲玉也謂之縌以其貫玉相迎也鐍作玦陳祥道云古者佩玉有環

千石六百石黑綬三采青赤紺淳青圭長丈六尺八十首四百石集解惠棟曰丞尉三百石長同漢官曰尚書僕射銅印青綬集解惠棟曰長相四百石三百石二百石黃綬淳黃圭一采長丈五尺六十首集解惠棟曰輿服志曰皆黃綬一采淳黃圭長一丈五尺六十首崔豹志同自黑綬以下縌綬皆長三尺與綬同采而首半之

百石青紺綸集解惠棟曰綬訛綸從輿服志改一采宛轉繆織集解惠棟曰說文繆枲之十絜也長丈二尺丁孚漢儀載太僕太中大夫襄言乘輿綬黃地冒白羽青絳綠五采四百首長二丈三尺詔所下王綬冒亦五采上下無差諸王綬四采絳地冒白羽青黃去緣綰二百六十首長一丈二尺公主綬如王侯絳地紺縹三采百二十首長丈八尺二千石綬羽青地桃華縹三采百二十首長丈八尺黑綬羽青地絳二采八十首長一丈七尺黃綬一采八十首長丈七尺以爲常式民織綬不如式沒入官犯者爲不敬二千石綬以上禁民無得織以粉組皇太后詔可王綬如所下集解惠棟曰長上脫圭字

從輿服志增又注青黃去緣漢官儀去緣作赤綵又長二丈二尺北宋本作一尺又長丈八尺漢官儀長二丈八尺又黑綬漢官儀曰黑綬白羽青地

凡先合單紡爲一系四系爲一扶五扶爲一首五首爲一文文采淳爲一圭首多者系細少者系麤皆廣尺六寸東觀書曰建武元年復設諸侯王金璽綟綬公侯金印紫綬九卿執金吾河南尹秩皆中二千石大長秋將作大匠度遼諸將軍郡太守國傅相皆秩二千石校尉中郎將諸郡都尉諸國行相中尉內史中護軍司直秩皆二千石以上皆銀印青綬中外官尚書令御史中丞治書侍御史公將軍長史中二千石丞正平諸司馬中宮王家僕雒陽令秩皆千石尚書中謁者黃門冗從四僕射諸都監中外諸都官令都候館鉢司農部丞郡國長史丞候司馬千人秩皆六百石家令侍僕秩皆六百石雒陽市長秩四百石主家長秩皆四百石以上皆銅印黑綬諸署長楫櫂丞秩三百石諸秩千石者其丞尉皆秩四百石秩六百石者丞尉秩三百石四百石者其丞尉秩二百石縣國丞尉亦如之縣國三百石長丞尉亦二百石明堂靈臺丞諸陵校長秩二百石丞尉校長以上皆銅印黃綬縣國守宮令相或千石或六百石長相或四百石或三百石長相皆以銅印黃綬而有秩者侍中中常侍光祿大夫秩皆二千石太中大夫秩皆比二千石尚書諫議大夫侍御史博士皆六百石議郎中謁者秩皆比六百石小黃門黃門侍郎中黃門秩皆比四百石郎中秩皆比三百石太子舍人秩二百石集解惠棟曰說文系細絲也絩綺絲之數也漢律曰綺絲數謂之絩布謂之總綬組謂之首高誘注戰國策曰十首爲一緺又五首成一文成訛爲從北宋本及輿服志改注丞尉秩二百石二北宋本作三又長丞尉亦二百石長北宋本作相

太皇太后皇太后入廟服紺上皁下蠶青上縹下皆深衣制徐廣曰卽單衣隱領袖緣以絛翦氂蔮集解惠棟曰翦氂蔮以下皆首飾也廣雅曰簂謂之幗釋名簂恢也恢廓覆髮上也魯人曰頍傾也齊人曰幌飾形貌也錢大昕曰士冠禮注滕薛名蔮爲頍晉書宣帝紀諸葛亮遺帝巾幗婦人之飾蔮卽幗之異文簪珥耳璫垂珠簪以瑇瑁爲擿長一尺集解錢大昕曰擿卽揥字所以摘髮詩所謂象揥也惠棟曰擿一作揥又作擿音竹革反說文擿搔也其字從手從帝從啻釋名揥摘也所以摘髮也端爲華勝集解惠棟曰釋名勝言人形容正等一人著之則勝也山海經曰西王母戴勝郭璞注勝玉勝也黃山曰前書司馬相如大人賦戴勝而穴處兮顏注勝婦人首飾也漢代謂之華勝釋名又云華勝象草木華也上爲鳳凰爵以翡翠爲毛羽下有白珠垂黃金鑷集解惠棟曰釋名鑷攝也攝取髮也左右一橫簪之集解惠棟曰釋名簪兟也以兟連冠於髮也鄭元儀禮注曰笄今之簪以安蔮結諸簪珥皆同制其擿有等級焉集解惠棟曰蔮卷幘之類古作頍儀禮士冠禮曰緇布冠缺項青組纓屬于缺鄭元云缺讀如頍緇布冠無笄者著頍圍

髮際結項中隅爲四綴以固冠也

皇后謁廟服紺上皁下蠶青上縹下皆深衣制隱領袖緣以絛假結集解惠棟曰結宋志作髻廣雅曰假結謂之鬠音副鄭氏周禮副編注曰編列髮爲之其遺象若今假紒矣東觀記章帝詔東平王蒼以光烈皇后假髻帛巾各一衣一篋以遺王步搖集解惠棟曰禮記明堂副褘注副首飾也今之步搖是也孔穎達云漢之步搖亦覆首釋名曰步搖上有垂珠步則搖也陳祥道云漢之步搖以金爲鳳下有邸前有笄綴五采玉以垂下行則動搖簪珥步搖以黃金爲山題貫白珠爲桂枝相繆一爵九華集解先謙曰本作八爵惠棟引徐廣云八爵一作九華三禮圖引作一爵訛熊虎赤羆天鹿辟邪南山豐大特集解錢大昕曰獸名見史記秦本紀惠棟曰史記秦紀云伐南山梓豐大特徐廣云今武都故道有怒特祠圖大牛上生樹本從木中出後見于豐水之中六獸詩所謂副笄六珈者集解惠棟曰毛詩傳曰副者后夫人之首飾編髮爲之笄衡笄也珈笄飾之最盛者所以別尊卑鄭玄曰珈之言加也副既笄而加飾如今步搖上飾古之制所未聞諸爵獸皆以翡翠爲毛羽金題白珠璫繞以翡翠爲華云集解惠棟曰皆下脫以字從北宋本三禮圖增

貴人助蠶服純縹上下深衣制大手結墨瑇瑁又加簪珥集解黃山曰後

二條應連本文爲一條前志言車制大貴人貴人公主王妃封君其爲一條與上長公主連文互證益明此下長公主及自公主封君以上提行皆誤

長公主見會衣服加步搖公主大手結皆有簪珥衣服同制集解惠棟曰晉先蠶儀注曰皇后十二鎮步搖大手髻卽大手結亦作紒也鄭元云大手結謂露紒也以髮爲大紒如今婦人露紒其象也聶崇義云大手結者謂不用他髮爲髲同合己髮絜爲紒者也

自公主封君以上皆帶綬以采組爲緄帶各如其綬色黃金辟邪首爲帶鐍飾以白珠集解惠棟曰應劭云組者今綬紛絛是也

公卿列侯中二千石二千石夫人紺繒蔮黃金龍首銜白珠魚須擿集解惠棟曰尚書大傳夏傳曰東海魚須魚目鄭元云魚須今以爲簪魚目今以雜珠庾氏禮記注曰魚須鮫魚須也長一尺爲簪珥入廟佐祭者皁絹上下助蠶者縹絹上下集解惠棟曰縹一作青皆深衣制緣自二千石夫人以上至皇后皆以蠶衣爲朝服公主貴人妃以上嫁娶得服錦綺羅縠繒采十二色重緣袍集解惠棟曰緣訛緣從北宋本改釋名云婦人以絳作衣裳上下連四起施緣亦曰袍北宋本是也特進列侯以上錦繒采十二色六百石以上重練采九色禁丹紫紺三百石以上五色采青絳黃紅綠二百石以上四采青黃紅綠賈人緗縹而已博物記曰交州南有蟲長減一寸形似白英不知其名視之無色在陰地多緗色則赤黃之色也集解惠棟曰劉晝云白似緗緗似黃黃似朱朱似紫紫似紺紺似黑黑則白成黑矣袁孝政云緗淺黃色也新附說文曰緗帛淺黃色也公列侯以下皆單緣襈制文繡爲祭服自皇后以下皆不得服諸古麗圭襂閨緣加上之服司馬相如李夫人賦重旬始以爲襂注曰葆下旒也則襂之容如旌旒也集解惠棟曰綠亦當作緣釋名襈撰也青絳爲之緣也鄭元云今袿袍襈重繒也玉篇曰襈緣飾也仕眷切周禮司服褕衣褕狄闕狄鄭元云今世有圭衣者蓋三翟之遺俗賈公彥云漢時有圭衣刻爲圭形綴于衣是由周禮有三翟刖刻繒綴于衣漢俗尚有故云三翟遺俗江充傳曲裾後垂交輸如淳云交輸割正幅使一頭狹若燕尾垂之兩旁見于後是禮深衣續衽鉤邊賈逵謂之衣圭蘇林云交輸如今新婦袍上挂全幅繒角割注夫人賦夫作大又重旬重作垂又始以爲襂襂當作幓下同師古云幓音所銜反黃山曰注誤大人賦爲李夫人賦誤不僅一夫字惠說未了前書楊雄甘泉賦灕虖幓纚文選李善本幓作襂木華海賦被羽翮之襂纚同古字通用惟大人賦爲襂並不指衣注引仍誤

案既夕禮設明衣婦人則設中帶鄭注中帶若今之褌襂以褌襂爲婦人明衣是襂爲女服之褌者圭襂卽司服注之圭衣矣建武永平禁絕之建初永元又復中重於是世莫能有制其裁者乃遂絕矣蔡邕表志曰永平初詔書下車服制度中宮皇太子親服重繒厚練浣已復御率下以儉化起機諸侯王以下至于士庶嫁娶被服各有秩品當傳萬世揚光聖德臣以爲宜集舊事儀注本奏以成志也集解惠棟曰注各有秩品秩北宋本作科黃山曰又復中重或謂從中制之以爲重或謂中世重之皆曲爲解耳明紀永平十二年詔云有司其申明科禁和紀永元十一年詔云但且申明憲綱凡詔書遵用舊章未有不言申者易稱重巽以申命荀子富國篇爵服慶賞以申重之王霸篇案申重之以貴賤殺生中當卽申形近之訛

凡冠衣諸服旒冕長冠委貌皮弁爵弁建華方山巧士衣裳文繡赤舄服絇履大佩皆爲祭服其餘悉爲常用朝服唯長冠諸王國謁者以爲常朝服云宗廟以下祠祀皆冠長冠皁繒袍單衣絳緣領袖中衣絳袴袜五郊各從其色焉集解惠棟曰袖下脫爲字又絳袴袜下脫示赤心三字

贊曰車輅各庸旌旗異局冠服致美佩紛璽玉敬敬報情尊尊下欲孰夸華文匪豪麗縟

輿服志下第三十 終

續漢志集解第三十校補

輿服志下於始致治平矣 官本始作時錢大昭曰始閩本作時 注東觀記曰 至 宜如明堂之制 柳從辰曰袁紀永平二年正月辛未祀光武於明堂始服冕珮玉自三代服章皆有典禮周衰而其制漸微至戰國時或爲靡麗之服秦有天下收而用之上以供至尊下以賜百官而先王服章於是殘毀矣漢初文學既興時亦草創輿服旗幟一承秦制故雖少改所用尚多至是天子依周官禮記制度冠冕衣服珮玉乘輿擬古式矣今案明帝冕服諸制本肇自祀明堂東觀書言天地之禮冕冠裳衣宜如明堂之制足證議定南北郊在明堂禮成之後也袁紀所言仍專就明堂而發本書明紀永平二年詔書亦先言宗祀光武皇帝於明堂次言恭祀天地志文首重祠祀天地自是隸事之體應爾

冕冠 至 玉藻注合五采絲謂之繩 官本注謂作爲古通 冕皆廣七寸長尺二寸集解惠棟曰 至 長八寸者大夫之冕 柳從辰曰御覽六百八十六引五經異義據漢禮器作冕冠長六寸廣八寸此長下明脫尺字也應劭說見左傳桓二年正義長下亦當脫尺字漢尺度小於今建初六年銅尺每尺合今尺七寸弱六寸八寸不適爲長其前後亦不能施遂延也沈重乃云大夫冕長八寸是其制僅當天子之半則士以下又何以言之滋可疑矣今案補注羅列諸說藉廣異義也本志輿服依董巴冕皆廣七寸長尺二寸自應與董說合禮器制度所言長廣雖異亦通制也惟文選東京賦注引鄭義又作長一尺七寸廣八寸至章懷明紀注引三禮圖及蔡茂傳注均作廣八寸長尺六寸與漢禮器制度合要皆無天子諸侯異制之說沈重後說自不可從

乘輿刺史 今案對下織成言刺史蓋刺繡之譌書益稷鄭注刺者爲繡前書賈誼傳美者黼繡是古天子之服師古注繡者刺爲眾文今作刺史列乘輿下公侯上明誤

委貌冠 至 所謂夏之毋追 毋各本皆譌母今正柳從辰曰白虎通毋追言其追大也字一作無周禮追師鄭注作牟、釋名同

通天冠 至 乘輿所常服 錢大昭曰徐廣輿服雜注云天子朝冠通天冠高九寸黑介幘金薄山所常服也

遠遊冠 至 諸王所服也 柳從辰曰徐廣輿服雜注云天子雜服遠遊冠五梁太子三梁是又不第爲諸王服矣又淮南子楚莊王通梁組纓高注通梁遠遊冠也是此冠亦楚制

高山冠 至 中外官謁者僕射所服 柳從辰曰御覽二百四十六引徐邈問王珉曰漢法制冼馬冠高山冠職如謁者

進賢冠 至 示加服也集解惠棟曰 至 以非常服故此不著耳 柳從辰曰徐廣輿服雜注亦云天子雜服介幘五梁進賢冠太子諸王三梁進賢冠此與遠遊冠同爲天子雜服故雖天子所有志亦不及以天子自有常服也

武冠 至 秦滅趙以其君冠賜近臣注貂紫蔚柔潤 柔原譌朵已正官本注不誤

建華冠以鐵爲柱卷 錢大昭曰東京賦冠華秉翟列舞八佾辪綜曰冠華以鐵爲之上闊下狹以翟尾飾之舞人頭戴疑此是矣今案冠華冠之於首或即冠此建華冠省言華耳秉翟秉之以手辪謂以翟尾飾冠似誤飾冠當以鷸翠

巧士冠 至 以備宦者四星云 柳從辰曰三禮圖云巧士冠掃除從官服之禮不記與此異

古者有冠無幘 至 尚書賾收方三寸 錢大昭曰賾閩本作幘

古者君臣佩玉 至 乘輿落以白珠 白原譌自已正官本不誤 公卿諸侯以采絲

其視冕旒爲祭服云 柳從辰曰御覽六百九十二引董巴輿服志作其玉視冕旒此脫玉字又引蔡邕輿服志云孝明帝作蠙珠之佩以郊祀天地

諸國貴人相國皆綠綬 至 二百四十首注紫綬名緺緺音瓜 官本注下緺作綬連上緺字爲句

百石青紺綸一采宛轉繆織長丈二尺注諸王綬四采 至 長一丈二尺 官本注作長二丈二尺

太皇太后皇太后入廟服 至 簪珥耳璫垂珠 錢大昭曰閩本珥下重珥字珠下有也字

於是世莫能有制其裁者乃遂絕矣注董綰原練 官本注原作厚

後漢書集解坿續志集解校補跋

葵園先生刊所箸後漢書集解及續志集解共百二十卷未畢兩卷卒所居涼塘老屋其前巳就印出者屬某君總校既卒訪之并書無存矣先生副室宋大家奉遺命經理未完書乃重印屬山總校瀕甲寅秋山從先生涼塘校刊三家詩義集疏是書尚餘列傳數卷未定藁八志馬君與龍任郡國李君祖楙任百官聞皆寫定而禮儀祭祀與服未備并命輯補嘗爲說撰箸大指究未睹全書也及從事總校始悉原板寫刻譌奪紕繆百出底藁十亡三四所采掇諸家書先生因亂播遷亦多不在弃首僅先生一序篇目猶闕遂述所聞於先生者遵前漢書補注例鈔補篇目更聚羣籍比校推攷分別改錯而篇幅固定集解漏刊者莫由悉補則別爲校記系於每卷之後愚筦所及閒加案語亦坿箸焉名曰校補不敢亂原書也畢三十卷屬有杭州之行大家復延柳君從辰賡續校勘并釐剔得失疏其異同寄杭州俾山覆勘彙入校記山更與柳君往復函商然後決定大家補刊先生詩文集本設書局葵園中爰自督促手民且改且補又三涉寒暑而後觀成蓋先生晚歲所箸諸書兼營並進日力全耗於編纂此書雖付刊未及自校將竢某君總校畢再自釐正而巳不遠也時更多故先生高第弟子苓落巳甚在遠者復不相聞山嘗乞助於同門左君震黃君逢元王君正樞劉君書比來杭而左君旋殂柳無由再從諸君請益惟柳君終其是役蒐討之功爲獨多焉迴思先生於是書遠跡荒寒寂寞之區口手一編雖病不少休所爲憊心罷精不知老至者豈惟是發揮旁通藉存一家之學亦以建武纘統克迪前光援末葉之分崩而求中興盛軌於以揭櫫治亂之迹竢夫窮而思返者得所鑒以爲折衷也而大家卒能承先生遺志俾是書與前漢書補注并傳其爲賢勤古豈多得哉山賓愚冥客中又乏書卷之助强自坿於識小尚賴四方淹雅傳先生學者從而救正之斯小子之幸矣校補既畢先生長嗣與祖湘閣與弟祖陶祖恩請識其事以無忘大家之勤於是乎書癸亥季冬月朔門人同邑黃山

謹跋於杭州旅次